ADMINISTRAÇÃO PÚBLICA

José Maria Pinheiro Madeira

ADMINISTRAÇÃO PÚBLICA

11ª Edição

Data de fechamento: 09 de outubro de 2009

ELSEVIER

CAMPUS JURÍDICO

Copidesque: Maria da Glória Silva de Carvalho
Revisão: Emidia Maria de Brito
Editoração Eletrônica: SBNIGRI Artes e Textos Ltda.

Elsevier Editora Ltda.
Conhecimento sem Fronteiras
Rua Sete de Setembro, 111 – 16º andar
20050-006 – Centro – Rio de Janeiro – RJ – Brasil

Rua Quintana, 753 – 8º andar
04569-011 – Brooklin – São Paulo – SP – Brasil

Serviço de Atendimento ao Cliente
0800-0265340
sac@elsevier.com.br

ISBN 978-85-352-3661-3

Nota: Muito zelo e técnica foram empregados na edição desta obra. No entanto, podem ocorrer erros de digitação, impressão ou dúvida conceitual. Em qualquer das hipóteses, solicitamos a comunicação ao nosso Serviço de Atendimento ao Cliente, para que possamos esclarecer ou encaminhar a questão. Nem a editora nem o autor assumem qualquer responsabilidade por eventuais danos ou perdas a pessoas ou bens, originados do uso desta publicação.

CIP-Brasil. Catalogação-na-fonte.
Sindicato Nacional dos Editores de Livros, RJ

M153a Madeira, José Maria Pinheiro
11.ed. Administração pública, tomo II / José Maria Pinheiro Madeira. -
v. 2 11.ed. - Rio de Janeiro : Elsevier, 2010.

Inclui bibliografia
ISBN 978-85-352-3661-3

1. Administração pública - Brasil. 2. Direito administrativo - Brasil. I. Título.

08-4073. CDU: 342.9(81)

Homenagem

Maria Célia Feital do Carmo,

Foi num dia de agosto que seus olhos se fecharam. E que a dor que parecia sem remédio se instalou dentro de nós. Sua presença se mantém ao nosso lado. E nos leva no caudal da existência e nos dá forças para lutar e sonhos para sonhar.

Há sempre na vida um momento trágico, porém belo. Para nós, foi exatamente esse. Trágico pelo sofrimento que nos abatia. Belo pela certeza de que existe a eternidade se desdobrando na lembrança e se renovando na saudade.

Ficará na nossa memória sua inesquecível figura.

Dedicatória

Ao Professor José dos Santos Carvalho Filho, valoroso expoente da Ciência Jurídica contemporânea.

À Desembargadora Letícia de Faria Sardas, em todo seu conteúdo humano e espiritual.

Aos Desembargadores do TJRJ, André Gustavo Corrêa de Andrade, Antônio Saldanha Palheiro, Cármine Antônio Savino Filho, Cherubin Helcias Schwartz Junior, Gilberto Pereira Rego, Carlos Santos de Oliveira, Joaquim Abílio Moreira Alves de Brito, José Mota Filho, Jessé Torres Pereira Junior, Luiz Fernando Ribeiro de Carvalho, Mário Guimarães Neto, Marcus Quaresma Ferraz, Roberto Luiz Felinto de Oliveira, Sérgio Cavalieri Filho, Sidney Hartung Buarque, Suimei Meira Cavalieri exemplos de vida, de persistência, de tenacidade, de generosidade, de contemporização e, sobretudo, de amor, porque somente a conjugação desses sentimentos, aliada à compreensão, à polidez, é capaz de conduzir êxito, onde somente predomine a alegria do cumprimento de uma missão.

Aos Magistrados Werson Franco Pereira Rego, Sérgio Luiz Ribeiro de Souza, José Arthur Diniz Borges, Leonardo Teles, Luiz Roberto Ayoub, José Alfredo Soares Savedra, Alexandre José da Silva Barbosa, Profª Gloria Cardoso de Almeida Cruz - de quem recebi sólidos ensinamentos, principalmente no campo da convivência humana.

O Autor

José Maria Pinheiro Madeira

Mestre em Direito do Estado, doutor em Ciências Jurídicas e Sociais, doutor em Ciência Política e Administração Pública e pós-graduado no exterior. Foi Procurador do Legislativo (aposentado). É parecerista muito requisitado na área do Direito Administrativo. Integrou diversas bancas de Concurso Público. Membro Integrante da Banca Examinadora de Exame da Ordem dos Advogados do Brasil. Membro de diversas associações de cultura jurídica, no Brasil e no exterior. Professor Emérito da Universidade da Filadélfia. Professor-palestrante da Escola da Magistratura do Rio de Janeiro – EMERJ. Professor Coordenador de Direito Administrativo da Universidade Estácio de Sá. Professor da Fundação Getúlio Vargas. Professor integrante do Corpo Docente do Curso de Pós-Graduação em Direito Administrativo da Universidade Cândido Mendes, da Universidade Gama Filho e da Universidade Federal Fluminense. Membro Titular do Instituto Ibero-Americano de Direito Público. Membro Efetivo do Instituto Internacional de Direito Administrativo. Presidente da Comissão Nacional de Direito Administrativo.

É autor dos livros *Administração Pública – Tomo I* (10ª edição); *Administração Pública* – Tomo II (11ª edição); *Comentários à Lei de Licitação e Contratos Administrativos Interpretado pelos Tribunais*; *A questão jurídica-social da propriedade e de sua perda pela desapropriação* (esgotado), *Casos concretos de direito administrativo*; *Estatuto da Cidade* – Lei nº 10.157 – Comentários; *Comentários à Lei de Improbidade Administrativa* (esgotado); *Comentários à Lei de Responsabilidade Fiscal* (esgotado); *Desapropriação, institutos afins* (esgotado); *Exame de Ordem* – Segunda Fase – Direito Administrativo (4ª edição).

Colaborador das seguintes publicações jurídicas: Revista Pró-Ciência, Revista Ibero-Americana de Direito Público, Revista Forense, Revista Fórum, Revista da EMERJ, ADV Advocacia Dinâmica, e Revista de Informação Legislativa.

Nota à 11ª edição

A grande procura que este livro tem despertado da comunidade jurídica, a sucessiva edições, em menos de três anos, ratifica a grande responsabilidade e a honestidade intelectual.

O presente livro tem como objetivo essencial desenvolver o conteúdo indispensável, e funciona como intrumento indispensável de estudo para concursos públicos e para os cursos de graduação. Portanto, o livro funciona como autêntica ferramenta, grande "arma" de estudo a todos aqueles que almejam o sucesso nos concursos públicos de vagas na judicatura, tanto a nível estadual como federal, na prova do concurso para o Ministério Público, Procuradorias e para a Defensoria Pública.

Tratamos todos os tópicos de maneira completa e de forma atraente, moderna, dinâmica e prática.

Tivemos o máximo cuidado em usar uma linguagem simples, de modo a permitir uma assimilação rápida do seu sentido, adotando uma sistemática de desenvolvimento gradual, sem fracionamento do raciocínio, onde os assuntos se sucedem ao sabor de uma sequência e num tom expositivo que levam o leitor a enfronhar-se, gradativamente, nos meandros de um novo universo sem fadigas. E nesse particular, acreditamos residir a sua maior utilidade.

Como magistralmente frisa o Ex-Presidente do Tribunal de Justiça do Estado do Rio de Janeiro, Des. Sérgio Cavalieri Filho, podemos dizer, igualmente, que o Direito – para nós – é instrumento de trabalho, e não, tertúlia acadêmica. É, simultaneamente, teoria, prática, realidade e vivência. A prática é a alma do Direito, porque, segundo a máxima, "O Direito nasce do Fato".

Administração Pública, em seu tomo II, segue a linha de exposição abordada. Concentra-se em questões doutrinárias e evolui para os problemas de ordem prática, tecendo uma análise crítica da doutrina e da jurisprudência existentes sobre este tema que suscita tantas controvérsias.

Neste trabalho se conjugam os termos do binômio teoria x casos concretos, os quais são estribados em casos que acontecem no dia a dia, sem perder de vista, por um único instante, o sentido, a utilidade, a razão de ser dos estudos teóricos. Prática nada mais é que a aplicação de conhecimento teórico.

Todos os capítulos foram revisados, atualizados e bastante ampliados mas sem prejuízo à estrutura original, conservando, o espírito, a estrutura e a visão dos institutos que caracterizam a obra, desde a sua elaboração, em função das atuais decisões dos nossos Tribunais, das normas administrativas recentes e Emendas à Constituição Federal.

Não perdemos tempo tempo com dissertações inúteis, destinadas a exibir erudição ou a engordar o seu volume. Cada tópico recebe o tratamento justo, com a extensão necessária.

Foram adicionados, através de uma seleção rígida e cuidadosa, acórdãos e jurisprudências recentes, com o objetivo de consolidar os entendimentos dinâmicos e atuais.

Após uma análise sobre as pessoas jurídicas à luz das funções estatais e das finalidades do Estado, enfocamos as diversas modalidades de Administração Indireta, examinando os contornos legais das Autarquias, das Agências Reguladoras, Fundações, Sociedades de Economia Mista e Empresas Públicas, assim como as formas de delegação da prestação de serviços a particulares.

Abordamos, ainda, as Organizações Sociais, as Gerências Executivas em programas nacionais de conteúdo sociais, a organização da sociedade no interesse público, finalizando, com abrangência, a Desapropriação e seus Institutos afins, Responsabilidade Civil do Estado e o Controle dos Atos Administrativos.

Sensibilizado, agradecemos aos Professores Humberto Theodoro Júnior, Celso Antônio Bandeira de Mello, Jessé Torres, Luís Roberto Barroso, José dos Santos Carvalho Filho e o Ministro Marco Aurélio, pelas generosidade dos elogios. Em especial, ao Ministro Marco Aurélio, do STF, pela indicação da obra junto à biblioteca do Supremo Tribunal Federal.

Por fim, num preito de gratidão, agradecemos aos Juristas consagrados, aos Desembargadores dos nossos Tribunais e aos membros do Ministério Público pelas citações e referências extraídas do nosso livro.

Prefácio

Trata-se de cuidadosa análise científica dos temas envolvidos, onde o autor praticamente esgota os diversos desdobramentos do direito que envolve a Administração Pública como um todo, sem se descuidar dos componentes novos, tais como as questões que envolvem as diversas modalidades de Administração Indireta, examinando os contornos legais das Autarquias, das Agências Reguladoras, Fundações, Sociedades de Economia Mista e Empresas Públicas, assim como as formas de delegação da prestação de serviços a particulares. Aborda, ainda, as Organizações Sociais, as Gerências Executivas em programas nacionais de conteúdo sociais, a Organização da Sociedade no interesse público, finalizando, com abrangência, a Desapropriação e seus Institutos afins, Responsabilidade Civil do Estado e o Controle dos Atos Administrativos.

Constitui estudo e pesquisa úteis a todos os cultores do direito, tais como: juízes, advogados, administradores, estudantes, procuradores, promotores, e estudiosos de questões jurídicas.

Por certo que neste campo do direito existem grandes administrativistas, com obras ricas e profundas. Todavia, tanto o subscritor do presente trabalho como o conteúdo do mesmo se engajam nesta gloriosa jornada do "palco do saber", onde os todos os tópicos são tratados como devem ser, ou seja, em todas as suas vertentes, para que o leitor possa extrair as respostas certas e necessárias de suas dúvidas.

Os temas são abordados com precisão cirúrgica, onde o autor demonstra todo o enredo legal que deve nortear o administrador público, quando, em nome da Administração, pratica atos para movimentar a máquina estatal.

Com toda a certeza, a impressão de todos quantos se dediquem à área do direito público, ou do direito em geral, será a mesma que tive ao terminar a leitura da obra – a de que não só pela importância dos temas nela examinados, como pela visão crítica e moderna do autor – não pode a obra do Prof. Madeira deixar de ser fonte de consulta quando tivermos que enfrentai – o desafio das intrincadas questões que ladeiam a Administração Pública.

O Professor Madeira, ilustre administrativista, com o presente livro, em sua 11ª Edição, consolida o seu nome, definitivamente, no cenário jurídico, pois apresenta ótima fonte de consulta, com respostas rápidas e eficazes.

Rogério Vieira de Carvalho
Desembargador Federal do TRF- 2ª Região

Prefácio

Sumário

Capítulo 1

Administração Pública Direta e Indireta

1. Origem do Poder do Estado 1
2. O Estado e as suas funções 2
3. Estrutura Estatal – Normas Constitucionais 3
4. A Administração Pública 4
5. Diferenças entre Governo e Administracão Pública 4
6. Administração Direta e Indireta – Desconcentração e Descentralização 6
7. Criação, Extinção e Capacidade Processual dos Órgãos Públicos 8
8. Entes da Administração Indireta (Personalidade Própria – DL nº 200/1967) 13
    8.1. Autarquia 14
        8.1.1. Conceito 14
        8.1.2. Características 15
        8.1.3. Criação, Extinção, Organização e Transformação 16
        8.1.4. Personalidade Jurídica 19
        8.1.5. Forma 20
        8.1.6. Objeto 20
        8.1.7 Espécies 21
        8.1.8. Patrimônio 25
        8.1.9. Prerrogativa Fiscal 26
        8.1.10. Prerrogativas Processuais 27
        8.1.11. Exceção ao Privilégio na Execução 28
        8.1.12. Efeitos da Revelia 28
        8.1.13. Taxa Judiciária 28
        8.1.14. Regime Jurídico Funcional 28
        8.1.15. Justiça Competente para as Causas Judiciais 31
        8.1.16. Dispensabilidade do Depósito em Sede de Ação Rescisória 32
        8.1.17. Da Ação Monitória 32
        8.1.18. Atos e Contratos 32
        8.1.19. Responsabilidade Civil 34
        8.1.20. Controle 34
            8.1.20.1. Tipos de Controle 35
        8.1.21. Dirigentes 36
        8.1.22. Agências Autárquicas Reguladoras 36
            8.1.22.1. Agência reguladora 36
                8.1.22.1.1. Introdução 36
                8.1.22.1.2. Delimitação do tema 36
                8.1.22.1.3. A nova visão do Estado brasileiro 37

8.1.22.1.4. Regulação ... 39
8.1.22.1.5. Conceito ... 39
8.1.22.1.6. Regulação, Regulamentação, Desregulamentação, Deslegalização e Autorregulação ... 40
8.1.22.1.7. Regulação no Brasil ... 40
8.1.22.1.8. Essencialidade ... 41
8.1.22.1.9. Natureza Jurídica das Agências Reguladoras ... 42
8.1.22.1.10. Privilégios da Autarquia de Regime Especial ... 43
8.1.22.1.11. Independência Normativa e sua Competência ... 44
8.1.22.1.12. A Questão da Deslegalização ... 47
8.1.22.1.13. Função Reguladora ... 49
8.1.22.1.14. Limites ao Poder Normativo ... 49
8.1.22.1.15. Independência Decisória ... 50
8.1.22.1.16. Autonomia Econômico-Financeira ... 50
8.1.22.1.17. Independência Administrativa dos Gestores ... 51
8.1.22.1.18. A Investidura dos Membros Diretores ... 52
8.1.22.1.19. Controle das Agências Reguladoras ... 53
8.1.22.1.20. Natureza da Taxa de Regulação ... 55
8.1.22.1.21. Fiscalização sobre a Agência de Regulação ... 58
8.1.22.1.22. Criação e Extinção da agência reguladora ... 58
8.1.22.2. Agência Executiva ... 58
9. Empresas Públicas e Sociedades de Economia Mista ... 62
9.1. Colocação do Tema ... 62
9.2. O surgimento das Estatais ... 65
9.3. Empresas Públicas e Sociedades de Economia Mista: suas Semelhanças e Diferenças ... 65
9.4. Conceito de Empresa Pública e Sociedade de Economia Mista ... 65
9.5. Criação e Extinção ... 66
9.6. Subsidiárias ... 68
9.7. Personalidade Jurídica ... 69
9.7.1. Empresa Pública – se Reveste sob Qualquer Forma de Direito ... 69
9.7.2. Sociedade de Economia Mista – Revestimento sob a Forma de S.A. ... 70
9.7.3. Uma Empresa Pública Pode ter a Forma de S.A.? ... 70
9.8. Finalidade das Estatais ... 70
9.8.1. O que diz a Legislação ... 70
9.8.2. O que diz a Doutrina? ... 70
9.8.2.1. Primeira Corrente ... 70
9.8.2.2. Segunda Corrente ... 70
9.8.2.3. Qual o entendimento que predomina? ... 70
9.9. Imperativo de Segurança Nacional e Relevante Interesse Coletivo ... 71
9.9.1. Qual é o Limite Constitucional da Lei na Definição do que seja Imperativo de Segurança Nacional e Relevante Interesse Coletivo? ... 71
9.9.2. É Possível a sua Declaração de Inconstitucionalidade pelo STF? ... 72
9.10. Como Identificar Serviço Público de Atividade Econômica? ... 72
9.10.1. Um Atalho para Identificar o Serviço Público ... 72
9.10.2. Diferença das Estatais que Prestam Serviço Público das que Exploram Atividade Econômica quanto à Responsabilidade ... 72
9.10.3. Interpretação do Art. 37, § 6º da CF ... 73
9.10.4. Nova Interpretação do Art. 37, § 6º, da CF dada pelo STF ... 73
9.11. A Controvérsia sobre a Natureza das Normas Gerais ... 75

9.11.1. Primeira Posição 75
9.11.2. Segunda Posição 75
9.11.3. Nossa Posição 75
9.11.4. Exceção a esta Regra 75
9.11.5. A Interpretação do Termo "Prestação de Serviço" do §1º do art. 173 76
9.11.6. O Caso Polêmico da EBCT 76
9.11.6.1. O que disse o STF 76
9.12. Pessoal 78
9.13. Forma de Admissão de Pessoal das Estatais 79
9.14. Forma de Demissão de Pessoal das Estatais 80
9.14.1 Contraditório e Ampla Defesa 80
9.15. O Art. 41, *caput* da CF se Aplica ao Emprego Público? 81
9.15.1. Posição do STF 81
9.15.2. Posição Doutrinária 81
9.15.3. Conclusão 81
9.16. E quanto aos servidores admitidos antes da CF/1988, se aplicaria também a norma do art. 41, *caput*? 81
9.17. Teto Máximo Remuneratório das Estatais 82
9.18. O que justifica que certas estatais paguem salários que ultrapassem o teto remuneratório constitucional? 82
9.19. Com base na leitura do DL nº 200/1967, pode um Estado criar uma sociedade de economia mista que não seja sob a Forma de S.A., se sua Constituição nada dispor a esse Respeito? 82
9.19.1. Primeira Posição 82
9.19.2. Segunda Posição 82
9.20. Empresa Pública: Quanto à Formação de Seu Capital 82
9.20.1. Como se Forma o Capital de uma Empresa Pública? 83
9.21. Sociedade de Economia Mista: Quanto à Formação de seu Capital 83
9.22. Prerrogativas Fiscais e Processuais das Estatais 83
9.22.1 Prerrogativas Fiscais 83
9.22.2. Extensão de Benefício 84
9.22.3 Prerrogativas Processuais 84
9.23. Prescrição Quinquenal de Dívidas, Direitos e Ações 85
9.24. Do Juízo Arbitral 85
9.25. Responsabilidade Fiscal das Estatais 85
9.26. Controvérsia Acerca da Incidência do Decreto-lei nº 200/1967 85
9.27. Alienação na Forma Estatutária 86
9.27.1. Pode uma Empresa Pública Alienar Participação Societária e Criar uma Sociedade de Economia Mista? 86
9.28. Desestatização 86
9.28.1. O Argumento com Base na Lei nº 9.491/1997 86
9.28.2. A alienação 87
9.28.3. A Transferência 87
9.29. Diferenças entre Empresa Pública e Sociedade de Economia Mista 87
9.30. Diferenças da Estatal que Presta Serviço Público da que Presta Atividade Econômica 87
9.30.1. Abarcaria também o § 1º do art. 173 as Estatais que Prestam Serviço Público? 87
9.30.1.1. Primeira Corrente 87
9.30.1.2. Segunda Corrente 88
9.30.1.3. Terceira Corrente 88
9.30.1.4. Quarta Corrente 88
9.30.1.5. Quinta Corrente 88
9.30.1.6. Nossa Posição 89

9.31. Atos e Contratos ... 89
9.32. Contratos e Licitação nas Exploradoras de Atividades Econômicas ... 91
9.32.1. Como Iidentificar Atividade-fim? ... 92
9.32.2 Licitação das Estatais após a EC nº 19/1998 ... 92
9.32.2.1. Primeira Posição ... 92
9.32.2.2. Segunda Posição ... 92
9.32.2.3. Terceira Posição ... 93
9.32.3. A Licitação da Petrobras: Processo Simplificado de Licitação ... 93
9.33. Falência das Estatais ... 94
9.33.1. Na Constituição Federal ... 94
9.33.2. Na Jurisprudência ... 94
9.33.3. Na Legislação Comercial ... 94
9.33.3.1. Antes de 2001 ... 94
9.33.3.2. Qual a Interpretação Doutrinária acerca da não Falência das Estatais com Base no Art. 242 da Antiga Lei das S.A. antes da CF/1988? ... 95
9.33.3.2.1. Primeiro Fundamento ... 95
9.33.3.2.2. Segundo Fundamento ... 95
9.33.3.2.3. Terceiro Fundamento ... 95
9.33.4. O que Mudou nesta Interpretação após a CF/1988? ... 95
9.33.5. Nova Corrente Acolheu a Revogação do Art. 242 da Antiga Lei das S.A. ... 95
9.33.6. Argumentos dos que Sustentaram a não Recepção do art. 242 da Antiga Lei das S.A. pelo § 1º do Art. 173 da CF/1988 ... 96
9.33.6.1. Primeiro Argumento ... 96
9.33.6.2. Segundo Argumento ... 96
9.33.6.3. A Partir de 2001 ... 97
9.33.6.4. A Partir de 2005 ... 97
9.34. Proteção das Estatais Prestadoras de Serviço Público e de Atividade Econômica da Falência – Lei nº 11.101/2005 ... 97
9.34.1. Proteção das Estatais Prestadoras de Serviço Público da Falência – Primeira Corrente ... 98
9.34.2. Proteção das Estatais Prestadoras de Atividade Econômica da Falência – Segunda Corrente ... 98
9.34.3. Conclusão ... 98
9.35. Responsabilidade Subsidiária das Estatais ... 99
9.35.1. Primeira Posição – Incide a Responsabilidade Subsidiária ... 99
9.35.2. Segunda Posição – Responsabilidade Subsidiária Somente para as Estatais que Prestam Serviço Público ... 100
9.35.3. Conclusão ... 100
9.36. Responsabilidade Solidária na Cessão de Mão de obra ... 100
9.37. Natureza Jurídica dos Bens das Estatais ... 101
9.37.1 Primeira Posição ... 101
9.37.2. Segunda Posição ... 101
9.37.3. Terceira Posição ... 101
9.38. Quem tem Competência para Apreciar as Contas dos Bens das Estatais? ... 102
9.39. Mandado de Segurança ... 103
9.40. Dirigentes da Sociedade de Economia Mista ... 103
9.41. Casos Polêmicos: ... 103
9.41.1. Locação de Imóvel entre Empresa Pública da União e Empresa Privada é Regida por Normas de Direito Privado? ... 103
9.41.2. Os Bens das Sociedades de Economia Mista que Prestam Serviço Público podem ser Penhorados? ... 104
9.41.3. Configura-se Legítima a Penhora Incidente sobre Faturamento Mensal de Devedora Concessionária de Serviço Público? ... 105

9.41.4. Persiste a Legitimidade da Penhora sobre Faturamento de Concessionária de Serviço Público se esta ofertou bem Diverso e Suficiente para a Constrição Judicial? ... 106
9.41.5. Bens de Propriedade de Sociedade de Economia Mista Podem Usucapir? ... 106
9.41.6. Admite-se na Prática de Atividade Econômica Tratamento Diferenciado entre as Empresas Públicas e Privadas? ... 107
9.41.7. Sendo as Empresas Públicas e as Sociedades de Economia Mista Pessoas Jurídicas de Direito Privado, são elas Abarcadas pela Regra da Responsabilidade Civil Objetiva? ... 108
9.41.8. O Direito à Estabilidade Disposto no Art. 41 da CF/1988 Incide sobre o Empregado de Sociedade de Economia Mista? ... 109
9.41.9. É Correto Afirmar que os Advogados das Sociedades Paraestatais devam ter Tratamento Idêntico ao que o Estatuto da OAB – Lei nº 8.906/1994 – Garante aos Advogados de qualquer Sociedade Privada, Mormente no que Tange à Titularidade dos Honorários de Sucumbência (art. 21)? ... 109
9.41.10. Determinada Sociedade de Economia Mista Federal adota Política Salarial de seus Agentes Incompatível com as Determinações Governamentais de Contenção de Gastos e Cumprimento de Metas Orçamentárias, o que Desagrada Sobremodo ao Governo, que, embora Sabedor do Grau de Autonomia Conferida à Referida Entidade, Resolve coibir tal prática ... 110
10. Fundações Públicas ... 110
10.1. Considerações ... 110
10.2. Conceito ... 111
10.3. As Fundações Privadas ... 112
10.4. As Fundações Públicas: Dualidade de Funções ... 112
10.4.1. Fundações Públicas: Entes da Administração direta ou Indireta? ... 113
10.4.2. O Decreto-lei nº 200/1967 ... 113
10.4.3. A Constituição de 1988 ... 113
10.5. Entendimento Majoritário Atual: as Fundações são Entidades da Administração indireta ... 114
10.6. Classificação ... 114
10.7. Criação e Extinção ... 114
10.7.1. A Redação Original do Art. 37, Inciso XIX, da Constituição Federal ... 115
10.7.2. A Emenda Constitucional nº 19/1998 ... 116
10.7.3. Lei Autorizativa para Criar Fundações: Lei Ordinária ... 116
10.7.4. Lei Definidora das Áreas de Atuação: Lei Complementar Única ou de Cada Ente Federativo? ... 116
10.7.5. Obrigatoriedade ou Discricionariedade na Criação da Fundação pelo Poder Público? ... 117
10.8. Personalidade Jurídica ... 117
10.8.1. O Posicionamento do STF ... 117
10.8.2. A Corrente Privatista ... 118
10.8.3. A Corrente Publicista Integral ... 118
10.8.4. A Corrente Dualista ... 118
10.9. Objeto ... 119
10.10. Espécies ... 119
10.11. Regime Jurídico ... 120
10.12. Os Bens ... 121
10.13. Patrimônio ... 122
10.14. Regime de Pessoal ... 122
10.15. O Processo de Contratação ... 123
10.16. Competência para as Causas Judiciais ... 123
10.17. Prerrogativas ... 124
10.17.1. Prerrogativas Fiscais ... 124
10.17.2. Prerrogativas Processuais ... 124

10.18. Atos e Contratos ... 124
10.19. A Responsabilidade Civil ... 125
10.20. Fiscalização ... 125
10.20.1. Do Ministério Público ... 125
10.20.2. Perante o Código Civil ... 125
10.21. Dirigentes ... 129
11. As fundações de apoio ... 129
11.1. Considerações ... 129
11.2. Como se Apresentam as Fundações de Apoio ... 130
11.3. O Regime de Trabalho das Fundações de Apoio ... 130
11.4. Imunidade Tributária ... 130
11.5. A Fiscalização das Fundações de Apoio ... 131
11.6. Registro e Credenciamento ... 131
12. Pessoas de cooperação governamental – outras entidades com situação peculiar ... 132
12.1. Serviços Sociais Autônomos ... 132
12.1.1. Paraestatalidade ... 132
12.1.2. Serviço Social Autônomo ... 133
13. Organizações sociais e organizações da sociedade civil de interesse público ... 135
13.1. Entes de Colaboração Estatal ... 135
13.2. Organizações Não Governamentais ... 136
13.2.1. Organizações da Sociedade Civil de Interesse público – Lei nº 9.790/1990 ... 136
13.2.1.1. O Credenciamento ... 137
13.2.1.2. O Termo de Parceria ... 137
13.2.1.3. Controle ... 137
13.2.1.4. O Prazo de Dois Anos do Art. 18 ... 138
13.2.2. Organizações Sociais – Lei nº 9.637/1998 ... 138
13.2.2.1. Quem Pode se Transformar em Organização Social ... 138
13.2.2.2. A Qualificação das Organizações Sociais ... 139
13.2.2.3. Contrato de Gestão ... 139
13.2.2.4. Flexibilidade Operacional ... 140
13.2.2.5. Controle da Organização Social ... 140
13.2.2.6. Desqualificação das Organizações Sociais – Art. 16 ... 141

Capítulo 2

Serviços Públicos

1. Introdução ... 143
2. Noção Básica de Serviço Público ... 143
3. Conceitos Internacionais ... 145
4. Conclusão Quanto ao Conceito ... 146
5. Características ... 146
6. Classificação ... 147
6.1. Quanto à Delegabilidade: Serviços Delegáveis e Indelegáveis ... 148
6.2. Serviço Administrativo e de Utilidade Pública ... 148
6.3. Quanto aos Destinatários: Serviços Coletivos e Singulares ... 149
6.4. Serviços Sociais e Econômicos ... 150
7. Serviços Inerentes e por opção Político-Constitucional ... 150

8. Diferença de Serviço Público e Serviço de Utilidade Pública ... 152
9. Titularidade ... 153
10. Princípios ... 154
10.1. Princípio da Generalidade ... 154
10.2. Princípio da Continuidade ... 154
10.3. Princípio da Eficiência ... 156
10.4. Princípio da Modicidade ... 156
11. Remuneração ... 157
12. Usuários ... 157
13. Execução do Serviço ... 158
13.1. Descentralização ... 158
13.1.1. Delegação Legal ... 159
13.1.2. Delegação Negocial ... 159
14. Novas formas de prestação dos serviços públicos ... 159
14.1. Desestatização e Privatização ... 160
15. Gestão Associada ... 161
16. Regimes de Parceria ... 161
16.1. Regime de Convênios Administrativos ... 161
16.2. Regime dos Contratos de Gestão – as Organizações Sociais ... 161
16.3. Gestão por Colaboração (Organizações da Sociedade Civil de Interesse Público) ... 163

Capítulo 3

Concessão e Permissão de Serviço Público

1. A justificativa da origem da concessão e permissão de serviço público a particulares pelo poder público ... 167
2. O Atual Fundamento Constitucional da Concessão e Permissão ... 167
3. Conveniência da Concessão e Permissão como Forma de Prestação Alternativa de Serviço Público ... 167
4. Carência do estado de recursos próprios para prestar o serviço público de forma adequada e a obrigatoriedade constitucional de ser eficiente nesta prestação ... 168
5. Bens e recursos da iniciativa privada: a solução encontrada pelo estado para a prestação eficiente do serviço público ... 168
6. Pública é a natureza da atividade-fim ... 168
7. Incentivo à competitividade ... 168
8. O papel do Estado se altera de Prestador para regulador e fiscalizador ... 169
9. Com fulcro no *caput* do art. 175 da CF/1988 qualquer serviço público pode ser objeto de concessão ou permissão? ... 169
9.1. Serviços Públicos Inerentes ou Propriamente Ditos ... 169
9.2. Serviços Públicos por Opção Político Normativa ... 169
9.3. Serviços Públicos Industriais ou Comerciais ... 170
10. Com relação à competência legislativa referente ao *caput* e ao parágrafo único do art. 175 da CF/1988, existe distinção entre as leis ali citadas? ... 170
10.1. Entendimento da Primeira Corrente (majoritária) ... 170
10.2. Entendimento da Segunda Corrente (minoritária) ... 171
10.3. Qual a Relação entre os Arts. 175 e o 22, Inciso XXVII para estas Correntes Doutrinárias? ... 171
11. Natureza jurídica do contrato de concessão ... 172
12. Delegação legal e delegação negocial ... 172
13. Poder público ou empresa privada: qual a mais acertada para prestar serviço público? ... 172
14. Qual é o respaldo legal para a existência da concessão de obra pública *tout court*? ... 173

14.1. Exemplos de Concessão de Obra Pública *Tout Court* ... 173
15. Estrutura do contrato de concessão ou permissão e a sua relação trilateral ... 174
15.1. Execução de Serviço Público por Empresa Particular: Submissão às Regras de Direito Privado e não Público ... 174
15.2. A Natureza do Serviço Concedido se Mantém Pública ... 175
15.3. Componentes da Relação Trilateral: Poder Público ou poder concedente; Concessionário ou Permissionário e Usuário do Serviço Público ... 175
16. Direitos e deveres do poder concedente e da concessionária que já constarem na lei devem obrigatoriamente ser repetidos no contrato? ... 175
17. Poder concedente ... 175
18. Encargos do poder concedente ... 176
18.1. Regulamentação e Fiscalização ... 176
18.1.1. Regulamentação ... 176
18.1.2. Fiscalização ... 176
18.1.2.1. A Participação dos Usuários na Fiscalização ... 177
18.1.2.2. A Criação de Órgãos Técnicos para Atuar na Fiscalização ... 177
18.2. Intervenção na Prestação do Serviço ... 177
18.2.1. Encampação como Consequência de Intervenção do poder concedente no Serviço Concedido ... 178
18.2.2. Intervenção como Consequência do Encargo do poder concedente de Intervir no Serviço Concedido ... 178
18.2.3. Uso Compulsório dos Recursos Humanos como Consequência de Intervenção do poder concedente no Serviço Concedido ... 178
18.2.4. Aplicação de Sanções como Consequência de Intervenção do poder concedente no Serviço Concedido ... 178
19. Direito de reversão ... 178
19.1. A Reversão e o Dever de Indenização ... 180
19.2. Bens Reversíveis não Amortizados ou Depreciados ... 180
19.3. A Aquisição pelo poder concedente dos Bens Reversíveis ... 180
19.4. Pode-se Somar Créditos ou Abater Débitos à Indenização do Art. 36 da Lei nº 8.987/1995? ... 181
20. Extinção da concessão ... 181
20.1. Advento do Termo Contratual ... 182
20.2. Encampação ... 182
20.2.1. Lei Autorizativa Específica ... 183
20.2.2. Fundamento da Alegação de Inconstitucionalidade ... 183
20.2.3. Prévio Pagamento da Indenização ... 184
20.2.3.1. Essa Indenização Inclui Danos Emergentes e Lucros Cessantes? ... 185
20.3. Caducidade ... 185
20.3.1. A Indenização Devida na Caducidade ... 185
20.3.2. Hipóteses em que a Caducidade da Concessão Poderá ser Declarada ... 186
20.3.3. Quando a Paralisação do Serviço não se Caracteriza como sua Descontinuidade ... 186
20.3.4. Diferenças Básicas entre Encampação e Caducidade ... 186
20.4. Rescisão ... 187
20.4.1. As Três Modalidades de Rescisão ... 188
20.4.1.1. Rescisão Mediante Acordo Entre as Partes ... 188
20.4.1.2. Rescisão por Ato Unilateral da Administração: Encampação e Caducidade ... 188
20.4.1.3. Rescisão por Decisão Judicial ... 188
20.4.2. Qual a Diferença da Resilição para a Rescisão e Resolução? ... 189
20.4.3. Cabe a Alegação da Exceção do Contrato não Cumprido pela Concessionária? ... 189
20.4.4. Incorre o Direito de Indenização na Rescisão? ... 189

20.4.5. Subsiste Alguma Responsabilidade ao poder concedente com a Decretação da Rescisão por Culpa Deste? 190
20.4.6. O que Faz a Rescisão ser o Reverso da Caducidade? 190
20.5. Anulação 191
20.5.1. A Autotutela Administrativa 191
20.5.2. Anulação do Contrato Administrativo: Via Administrativa e Via Judicial 192
20.5.3. Força Maior 192
20.6. Falência ou Extinção da Empresa 192
20.6.1. Falecimento ou Incapacidade do Titular 193
21. A análise da responsabilidade civil do estado em relação às concessionária de serviço público 193
21.1. A Responsabilidade Subsidiária do poder concedente 194
21.2. A Responsabilidade Subsidiária Quanto aos Prejuízos Causados pela Concessionária 194
21.3. A Responsabilidade Subsidiária no Caso de Insolvência da Concessionária 194
21.4. A Análise de Casos Polêmicos que Envolvem a Responsabilidade Civil do Estado 195
21.4.1. Pode a Administração Pública ser Responsabilizada Objetivamente por Acidente de Trabalho Sofrido por Empregado da Concessionária? 195
21.4.2. Há o Dever por Parte da Concessionária de Serviço Público de Indenizar um Motorista Atingido por Pedra Lançada à Margem de Via Expressa Terceirizada? 196
21.4.3. Com base na teoria da responsabilidade objetiva, se obriga a concessionária de serviço público a indenizar família de vítima fatal por assalto à mão armada dentro de coletivo? 196
21.4.4. Pode a União ser Responsabilizada Civilmente em Decorrência de Morte em Rodovia Federal Ocasionada por Acidente com Animal na Pista? 197
21.4.5. Concessionária de Serviço Público Pode Interromper Fornecimento de Energia Elétrica à Unidade de Ensino estadual, por Inadimplência das Contas da Prestadora de Serviço? 198
21.4.6. É Possível Concessionária de Serviço Público Responder por Danos a Terceiros de Antiga Concessionária? 198
21.4.7. A Responsabilidade Civil das Concessionárias Alcança os Não Usuários do Serviço Concedido? 199
21.5. Responsabilidade Subsidiária do poder concedente em Relação aos Prejuízos Causados pela Concessionária 201
21.6. A Responsabilidade do poder concedente no Caso de Insolvência da Concessionária 201
21.7. Responsabilidade Civil da Concessionária 201
22. Garantias e Obrigações da Concessionária 202
22.1. Serviço Adequado e Qualidade do Serviço 202
22.2. Intervenção 203
22.3. Extinção Antecipada da Concessão 204
23. Principais distinções temporais entre os institutos da concessão e permissão de serviço público 204
23.1. Contrato de Concessão e Contrato Tipicamente Administrativo 204
23.2. O Contrato de Concessão 205
23.3. Subconcessão no Contrato de Concessão 205
23.4. Subcontratação no Contrato de Concessão 206
23.5. Transferência no Contrato de Concessão 206
23.6. Remuneração nos Contratos de Concessão e Permissão 206
24. Política Tarifária 207
24.1. Tarifas Módicas 207
24.2. Tarifa Diferenciada 208
23.3. Novos Benefícios Tarifários 208
23.4. A Legalidade da Fixação da Tarifa Diferenciada Mínima 209
24.5. Outras Fontes de Receitas Alternativas (paralelas ou complementares) 210

25.6. A tarifa no Contrato de Concessão e Permissão 211
24.7. O Motivo da sua Revisão 211
24.8. Reajuste e Revisão das Tarifas 212
25. Equilíbrio econômico-financeiro do contrato na concessão e permissão 212
25.1. Fato de Príncipe 213
25.2. O Direito a Recompor o Equilíbrio Econômico-Financeiro Previsto no § 4º 213
25.3. Quais são as "Condições do Contrato"? 214
25.4. A Aplicação da Cláusula *Rebus Sic Stantibus* nos Contratos Administrativos 214
25.5. O Desequilíbrio Econômico-Financeiro Causado pelos Transportes alternativos às Concessionárias e Permissionárias de Transporte Público 214
25.6. Análise da "ADI" Proposta em Face da Lei nº 7.304/2006 do estado do Espírito Santo 215
26. Obrigatoriedade de licitação 216
27. Distinção da concessão e permissão antes e depois da CF/1988 216
27.1. Concessão antes da Carta de 1988 216
27.1.1. Conceito 216
27.1.2. Cláusulas Exorbitantes 217
27.1.3. Encampação 217
27.1.4. Elevado Grau de Estabilidade 217
27.1.5. Cobrança de Tarifa e Fixação de Prazo Determinado 217
27.2. Permissão antes da Carta de 1988 218
27.2.1. Unilateralidade e Instabilidade Contratual 218
27.2.2. Menor Investimento e Maior Garantia de Amortização de Custos do Particular 218
27.3. Concessão e Permissão depois da Carta de 1988 219
28. Permissão: Contrato administrativo ou ato unilateral? 219
29. Concessão e permissão na Lei nº 8.987/1995 219
29.1. Características 219
29.2. Forma e Condição de Outorga 220
29.3. Análise do Art. 2º, Incisos II ao IV, e do Art. 40 da Lei nº 8.987/1995 221
29.4. Características Referentes à Concessão: Art. 2º, Incisos II e III 221
29.5. Características Referentes à Permissão: Art. 2º, inciso IV e art. 40 221
30. Características que distinguem a permissão da concessão 222
30.1. Prazo Determinado 222
30.2. A Inexigibilidade da Modalidade de Concorrência na Licitação da Permissão 223
30.3. Possibilidade de Delegação de Serviço Público à Pessoa Física 223
30.4. Revogabilidade Unilateral do Contrato 223
30.5. A relação da concessão e permissão com os princípios constitucionais 224
30.5.1. Princípio da Continuidade 224
30.5.1.1. O Principio da Continuidade na Administração Pública Direta e Indireta 224
30.5.1.2. A Obrigatoriedade da Concessão e a Permissão Agregarem os Princípios da Administração Pública 224
30.5.1.3. O Princípio da Continuidade na Lei nº 8.987/1995 225
30.5.1.4. A Análise dos Elementos da Regularidade e da Periodicidade Relacionados ao Princípio da Continuidade na Concessão e Permissão 225
30.5.1.5. A Relação da Continuidade entre Concessionário e Usuário 226
30.5.1.6. A Relação da Continuidade entre Concessionário e poder concedente 226
31. Usuário e poder concedente: atores responsáveis pela rescisão contratual pelo concessionário 226

31.1. Análise da Controvérsia acerca do "Inadimplemento do Usuário" Prevista no Inciso II, § 3º do Art. 6º ... 227
31.2. Controvérsia no STJ ... 227
31.2.1. Entendimento da Primeira Turma do STJ ... 227
31.2.1.1. Primeiro Entendimento do Ministro Luiz Fux ... 227
31.2.1.2. Segundo Entendimento do Ministro Luiz Fux, que Prevalece na 1ª Turma do STJ ... 228
31.2.2. Entendimento da Segunda Turma do STJ ... 230
31.2.3. Nosso Entendimento ... 230
32. A previsão da invocação do contrato não cumprido pelo contratado em caso de descumprimento do poder concedente ... 231
32.1. A Previsão do Contrato Não Cumprido Antes e Depois da Lei nº 8.666/1993 ... 232
32.2. O que Entende a Doutrina a Respeito da Retrocessão do Legislador Federal da Lei nº 8.987/1995 em Relação à Lei nº 8.666/1993? ... 232
33. Princípio da igualdade dos usuários ... 232
34. Equilíbrio econômico-financeiro nos contratos de concessão e permissão ... 233

Capítulo 4

Concessão Especial de Serviços Públicos – Parcerias Público-Privadas (PPP's)

1. Considerações iniciais ... 235
2. A competência da união para legislar normas gerais de licitação ... 235
3. Histórico das PPP's ... 236
4. Área de incidência das PPP's ... 236
5. O que implica no sucesso das PPP's ... 236
6. Do contrato das PPP's ... 237
7. As PPP's nos estados brasileiros ... 238
8. Diferença entre as leis nº 8.666/1993, nº 11.079/2004 e nº 8.987/1995 ... 238
9. Competência dos entes da federação ... 239
10. Conceitos e Objetivos ... 239
11. Princípios ... 240
12. Modalidades ... 240
13. Modalidades de delegação da prestação de serviços públicos ... 240
14. Características ... 241
15. Prazos ... 241
16. Vedações aplicáveis às PPP's ... 242
17. Diretrizes ... 243
18. Repartição de riscos entre as partes ... 243
19. Contratos ... 244
20. Fundo garantidor das PPP's ... 246
21. Contraprestação ... 246
22. Sociedade de propósito específico ... 247
23. Licitação ... 247

Capítulo 5

A responsabilidade civil do estado e a sua aplicabilidade no estado de direito

1. Introdução ... 249
1.1. Noção de Responsabilidade ... 249

1.2. Relação Entre o Direito e a Moral ... 249
1.3. O Estado ... 250
1.4. Soberania, Poder e Dignidade Humana ... 251
2. A Responsabilidade Civil do Estado ... 252
2.1. Breve Histórico ... 252
2.2. Definição ... 252
2.3. Incidência da Responsabilidade Civil do Estado ... 253
2.3.1. Responsabilidade da Administração Pública ... 253
2.4. Tipos de Responsabilidade ... 253
2.5. Síntese Evolutiva da Responsabilidade Civil do Estado ... 254
2.5.1. Teoria da Irresponsabilidade ... 255
2.5.2. Teoria Civilista ... 256
2.5.3. Teoria Publicista ou Teoria da Culpa Administrativa ... 256
2.5.4. Subsistência da Responsabilidade Subjetiva ... 258
2.5.5. Teoria da Falta do Serviço ... 260
3. Responsabilidade Objetiva ... 262
3.1. Teoria do risco criado (ou suscitado) ... 263
3.2. Teoria da Culpa ou da Falta do Serviço ... 265
3.3. Pressupostos para a Aplicação da Responsabilidade Objetiva ... 266
3.3.1. Fato Administrativo ... 266
3.3.2. Culpa *in Eligendo* ... 266
3.3.3. Culpa *in Vigilando* ... 267
3.3.4. Dano ... 269
3.3.5. Nexo Causal ... 270
4. Causas de Exclusão da Responsabilidade Civil do Estado ... 271
4.1. Força Maior ... 271
4.2. Caso Fortuito ... 272
4.3. Culpa da Vítima ... 275
4.4. Atos de Multidões ... 275
4.5. Danos de Obra Pública ... 276
4.5.1. Dano Oriundo da Obra ... 276
4.5.2. Dano Derivado da Culpa do Empreiteiro ... 276
5. A Responsabilidade Objetiva na Legislação Brasileira ... 277
5.1. Código Civil ... 277
5.2. Constituições Federais ... 278
5.2.1. A Constituição Federal de 1988 ... 278
5.2.1.1. Serviço Público ... 279
5.2.1.2. Responsabilidade Civil do Servidor Público ... 280
5.2.1.3. Agentes do Estado ... 280
5.2.1.4. Responsabilidade Civil da Pessoa Jurídica de Direito Privado que exerça Função Pública ... 281
5.2.1.5. Concessionários ou Permissionários ... 282
5.2.1.6. Serviços Sociais Autônomos ... 283
5.2.1.7. Organizações Sociais ... 283
5.2.1.8. A Regulação destes Entes por meio de Leis Ordinárias e Decretos ... 283
6. Direito de Regresso ... 284
7. Denunciação à Lide ... 285
8. Litisconsórcio ... 285

9. A Responsabilidade Civil do Estado e o Poder de Polícia 285
10. A Responsabilidade Civil do Estado e o Ato de Improbidade Administrativa 286
11. A Responsabilidade Civil do Estado e a Lei de Responsabilidade Fiscal 287
12. A Responsabilidade Civil do Estado por Atos Legislativos 288
12.1. Leis Inconstitucionais 288
12.2. Leis de Efeito Concreto 289
13. Responsabilidade Civil do Estado por Atos Judiciais 290
14. Conclusão 292

Capítulo 6

Desapropriação

1. Considerações iniciais 293
2. O Direito de Propriedade 294
2.1. O Direito de Propriedade na Legislação Brasileira 295
2.2. Limitações ao Direito de Propriedade 296
3. Origem 296
4. Conceito 296
5. Natureza Jurídica e Forma de Aquisição 297
6. Os Condicionantes Constitucionais da Desapropriação 299
6.1. Tipificações Legais de Utilidade Pública 301
6.2. A Necessidade Pública, Utilidade Pública e Interesse Social 303
6.2.1. A Necessidade Pública 305
6.2.2. A Utilidade Pública 305
6.2.3. O Interesse Social 306
6.2.4. Dificuldades em Diferenciar os Conceitos 308
7. Bens Suscetíveis de Desapropriação 309
7.1. Introdução 309
7.2. Conceito de "Bem" 309
3. Regra Básica 310
7.4. Todos os Bens 310
7.5. Subsolo e Espaço Aéreo 312
7.6. Jazidas e Demais Recursos Minerais e Energia Hidráulica 313
7.7. Bens Públicos 314
7.8. Pode um Município Expropriar Bens de outro Município, e um Estado-membro de outro Estado-membro? 319
7.9. Pode o Município Desapropriar Bem de Sociedade de Economia Mista Federal? 319
7.10. Os Bens Públicos de Uso Comum de um Ente Menor Podem ser Desapropriados e Transformados em Bem de Uso Especial de outro Ente Superior? 320
7.11. Questão Oportuna é se o Estado e o Município Podem Desapropriar Imóvel Rural com Base no Interesse Social 320
7.12. Podem as Entidades Descentralizadas e as Concessionárias de Serviço Público das Pessoas Jurídicas de Direito Público Interno Maiores Desapropriarem Bens de Pessoas Jurídicas Menores? E o Contrário? 321
7.13. Outros Bens 322
7.13.1 Dinheiro 322
7.13.2. Posse 322
7.13.3. Cadáver 323
7.13.4. Ações ou Quotas Sociais 323

7.13.5. Moedas ... 324
7.13.6. Bens Inalienáveis ... 325
7.13.7. Prédios das Embaixadas ... 325
7.13.8. Terrenos de marinha ... 326
7.13.9. As Margens dos Rios Navegáveis são Indenizáveis em Caso de Desapropriação Indireta de Propriedade Particular, Decorrente da Criação de Parque Nacional? ... 326
7.13.10. Direito Autoral ... 328
7.13.11. Bens Eclesiásticos ... 328
7.13.12. Bens Tombados ... 328
7.13.13. Bens de Família ... 329
7.13.14. Direitos Reais Limitados ... 329
8. Competência para Legislar sobre Desapropriação ... 330
9. Competência para Decretar a Desapropriação ... 331
9.1. Competência Exclusiva para Desapropriar ... 331
9.1.1. Da União ... 331
9.1.2. Do Município ... 332
10. Fases da Desapropriação ... 333
10.1. Fase Declaratória ... 333
10.2. Fase Executória ... 339
10.2.1. Via Administrativa ... 339
10.2.2. Via Judicial ... 340
11. Da Competência para Promover a Desapropriação ... 340
11.1. União, Estados-membros, Municípios, Distrito Federal e Territórios ... 340
11.2. Concessionários de Serviço Público ... 340
11.3. Estabelecimentos de Caráter Público ... 342
11.4. Estabelecimentos que Exercem Função Delegada ... 344
12. Efeitos / Consequências do Decreto Expropriatório ... 344
13. Controle Judicial ... 349
13.1. Do Mandado de Segurança nas Desapropriações ... 349
13.1.1. Introdução ... 349
13.1.2. Do Mandado de Segurança nas Desapropriações ... 350
13.1.3. Da Impossibilidade de Ingerência do Judiciário no Mérito Administrativo ... 351
13.1.4. Requisitos para a Impetração do Mandado de Segurança Contra Ato Administrativo Expropriatório ... 353
13.1.5. Pressupostos Subjetivos no Mandado de Segurança ... 354
13.1.6. Da Relevância da Ponderação de Interesses na Presente Questão ... 354
14. Intervenção do Ministério Público ... 354
15. Imissão Provisória na Posse ... 355
15.1. Introdução ... 355
15.2. Conceito ... 356
15.3. Fundamento ... 356
15.4. Conteúdo ... 358
15.5. Requisitos ... 359
15.5.1. Da alegação de urgência ... 359
15.5.2. Do Depósito do Valor Arbitrado ... 361
15.6. Espécies ... 363
15.6.1. Procedimento do Art. 15, § 1º, do Decreto-lei nº 3.365/1941 ... 363
15.6.2. Procedimento da Lei nº 1.075/1970 ... 365

15.7. Da decisão que defere a medida e do recurso cabível 367
15.8. Dos Juros Compensatórios 368
15.9. É Constitucional o Instituto em Exame? 370
15.10. Contestação 373
16. A Indenização na Desapropriação 374
16.1. Introdução 374
16.2. Regra e Exceções 375
16.3. Natureza Jurídica da Indenização na Desapropriação 376
16.4. Procedimento Administrativo e Indenização Consensual 376
16.5. Contencioso Judicial 377
16.6. O Valor do Imóvel e os Critérios Legais 377
16.7. Parcelas da Indenização Expropriatória 379
16.7.1. Honorários Advocatícios 379
16.7.2. Dos Juros 380
16.7.3. Da Correção Monetária 382
16.7.4. Custas e Despesas Processuais 382
16.7.5. Danos Emergentes e Lucros Cessantes 383
16.7.6. Benfeitorias 384
16.7.7. Fundo de Comércio e as Locações e Direitos do Inquilino 384
16.7.8. Enfiteuse 384
16.7.9. Quantia para o Desmonte e Transporte de Maquinismos 385
16.7.10. Pertenças de um Imóvel 385
16.7.11. Da Indenização pela Imissão Provisória na Posse 385
16.7.12. Outras Parcelas da Indenização 385
16.7.13. Da Apelação 386
17. Direito de Extensão 386
17.1. Definição 386
17.2. Pressupostos 386
17.3. Fundamento 387
17.4. Manutenção do Instituto na Desapropriação por Utilidade Pública 387
17.5. Momento da Alegação 389
17.6. Consequências 390
17.7. Conclusões 390
18. Desapropriação Indireta ou Apossamento Administrativo 390
18.1. Introdução 390
18.2. Fundamentos 390
18.3. Intervenções do Estado na Propriedade e a Desapropriação Indireta 392
18.3.1. Limitações Administrativas 393
18.3.2. Tombamento 394
18.4. Conceito Atual de Apossamento Administrativo 394
18.5. Desapropriação Indireta e Bens Públicos 395
18.6. Da Ação na Desapropriação Indireta 396
18.7. Ações correlatas 400
18.8. Transferência da propriedade 401
18.9. Prescrição 401
18.10. Conclusão 402

19. Desistência da Desapropriação ... 402
20. Retrocessão ... 404
20.1. Correntes Doutrinárias ... 404
20.2. A Utilização do Bem Expropriado ... 407
21. Casos Especiais da Desapropriação ... 407
21.1. A Desapropriação Urbana ... 407
21.1.1. O Conceito de Urbanização ... 407
21.1.2. A Desordem Urbana ... 408
21.1.3. A Competência para a Urbanização e Reurbanização ... 408
21.1.4. O Loteamento de Terrenos ... 408
21.1.5. Distritos Industriais ... 409
21.1.6. Implicações Sociais da Desapropriação Urbana ... 409
21.1.7. A Questão da Revenda ... 412
21.2. Desapropriação por Área Contígua ... 416
21.3. Desapropriação por Zona ... 417
22. Desapropriação para Fins de Reforma Agrária ... 418
22.1. Introdução ... 418
22.2. A Função Social da Propriedade ... 418
22.3. Da Desapropriação ... 420
22.4. Da Competência para Desapropriar ... 420
22.5. Legislação Aplicável ... 421
22.6. Bens Expropriáveis ... 423
22.6.1. Destinação *Versus* Localização ... 423
22.6.2 Cumprimento da Função Social ... 423
22.6.3. Exceções Constitucionais ... 424
22.6.4. A questão do Art. 225, § 4º da Constituição ... 424
22.7. Fase Administrativa ... 425
22.8. Fase Judicial ... 426
22.8.1. Acordo Intra ou Extra-autos ... 426
22.8.2. Competência ... 427
22.8.3. Petição Inicial ... 427
22.8.4. Imissão provisória na posse ... 427
22.8.5. Citação ... 427
22.8.6. Contestação e Direito de Extensão ... 428
22.8.7. Audiência de Conciliação ... 428
22.8.8. Perícia e Audiência de Instrução e Julgamento ... 428
22.8.9. Presença do Ministério Público Federal ... 428
22.8.10. Sentença, Recursos e Duplo Grau de Jurisdição ... 428
22.8.11. Desistência ... 429
22.9. Destino dos Bens Expropriados ... 429

Capítulo 7

Institutos afins a desapropriação

1. Notas Introdutórias ... 431
1.1. A evolução do conceito de propriedade como direito ... 431
1.2. A Disciplina da Propriedade no Ordenamento Constitucional Brasileiro ... 432

2. As Formas de Intervenção do Estado na Propriedade 436
2.1. Generalidades 436
2.2. Das modalidades de Intervenção em Espécie 437
2.2.1. Limitações Administrativas 437
2.2.1.1. Conceito 437
2.2.1.2. Natureza Jurídica 438
2.2.1.3. Fundamentos 439
2.2.1.4. Sujeitos Ativo e Passivo 439
2.2.1.5. Conteúdo 440
2.2.1.6. Distinção entre Limitação e Servidão Administrativas 441
2.2.1.7. Distinção entre Limitação Administrativa e Direito de Vizinhança 442
2.2.1.8. Limitações Administrativas no Âmbito do Direito Urbanístico e do Direito Ambiental 443
2.2.1.9. A defesa das reservas naturais 445
2.2.1.10. Limitação Administrativa e Direito Adquirido 445
2.2.1.11. Indenização 445
3. Servidões Administrativas 447
3.1. Conceito 447
3.2. Objeto 447
3.3. Natureza Jurídica 448
3.4. Fundamentos 449
3.5. Conteúdo 449
3.6. Sujeitos Ativo e Passivo 450
3.7. Distinção entre as Servidões Civil e Administrativa 454
3.8. Formas de Instituição 455
3.9. Indenização 457
3.10. Extinção 459
4. Tombamento 460
4.1. Colocação do Tema 460
4.2. Disciplina Normativa 461
4.3. Natureza Jurídica 462
4.4. Fundamentos 463
4.5. Objeto 464
4.6. Conteúdo 465
4.7. Sujeitos Ativo e Passivo 467
4.8. Instituição do Tombamento 468
4.9. Espécies 470
4.10. Indenização 473
4.11. Controle 474
4.12. Cancelamento 475
5. Ocupação Temporária 476
5.1. Conceito 476
5.2. Fundamentos 476
5.3. Natureza Jurídica 477
5.4. Objeto 477
5.5. Conteúdo 478

5.6. Sujeitos Ativo e Passivo 479
5.7. Indenização 479
5.8. Extinção 480
6. Requisição 481
6.1. Conceito 481
6.2. Fundamentos 481
6.3. Natureza Jurídica 481
6.4. Objeto 482
6.5. Conteúdo 483
6.6. Sujeitos Ativo e Passivo 483
6.7. Instituição 483
6.8. Indenização 483
6.9. Extinção 484

Capítulo 8

Controle dos Atos da Administração Pública

1. Histórico 485
2. Conceito e classificações 487
3. O controle interno exercido pela Administração 491
4. Controle Externo dos atos da Administração 536
5. Controle Externo dos atos da Administração pelo Legislativo 536
6. Controle Externo da Administração pelo Judiciário 569

Capítulo 1

Administração Pública Direta e Indireta

1. Origem do Poder do Estado

Quando se fala em Administração Pública, temos que ter uma ideia muito nítida da origem do poder do Estado e do que seja Estado, porque, na real verdade, existe uma identidade entre a instituição estatal, a Administração e o próprio exercício do governo.

As primeiras noções de Estado surgiram muito antes de Santo Tomás de Aquino, pois, na Grécia, com Aristóteles, já tínhamos os princípios basilares do Estado, considerando, este filósofo, quando tentava estabelecer a estrutura da *polis* (cidade), que o homem é um animal político.

Mais tarde, Santo Tomás de Aquino acrescentou à frase de Aristóteles o elemento social: o homem é um animal político e social. Logo, para ele, o homem tem a tendência natural de viver em sociedade. Necessita um da cooperação do outro para sobreviver e estabelecer, mesmo nas sociedades mais primitivas, as primeiras regras do convívio social.

Como nasceu o Direito? Exatamente dessa necessidade de regular o comportamento social.

Várias teorias surgiram para explicar o surgimento do Estado, o que já foi estudado na teoria geral do Estado.

Entre as teorias contratualistas, Hobbes, Locke e Rousseau foram os expoentes, até a chegada da Idade Moderna. Na posição de Hobbes, naturalmente houve *barganha*. O homem procurou negociar seus poderes individuais e tratou de transferi-los para um governante. Nessa fase teórica de Hobbes, o homem abriu mão de suas prerrogativas em prol do interesse comum, concentrando o poder num governante.

Ocorreu que, com o poder concentrado, desenvolveu-se a tirania, que surgiu porque, no governante, se concentravam todas as funções do Estado com o fundamento de garantir a segurança e a paz. Então, havia concentração do exercício do poder em uma só pessoa, ou seja, das três funções predominantes do Estado: Administrativa, Legislativa e Judiciária. Melhor explicando: o próprio governante emitia o comando geral (leis), julgava e administrava, para conseguir a segurança e a paz na sociedade.

Com a evolução da sociedade, o povo passaria a não mais suportar este estado de coisas, o que culminou com a Revolução Francesa, em 1789, na busca do resgate efetivo da liberdade, igualdade e fraternidade.

A posição de Rousseau, com *O Contrato Social*, acrescentou à teoria de Hobbes que os direitos individuais do homem, sendo fundamentais, jamais poderiam ser presos a esse governante concentrado. Daí, surge a Revolução Francesa, reestruturando, por meio das ideias liberais, o Estado.

Com a Revolução Francesa, houve a primeira descentralização do poder: a descentralização política.

Montesquieu, em sua obra *O Espírito das Leis*, propôs o funcionamento do Estado por meio da divisão de funções, da divisão dos poderes em: Legislativo, Executivo e Judiciário.

Oportunas são as observações de que o primeiro embrião do Estado foi a passagem dos direitos individuais para um representante e a primeira noção de ordenamento jurídico, existindo regras de convivência social, sobre as quais o próprio Estado ia solucionando os conflitos por meio do exercício da função judicial. Com Montesquieu, as funções foram divididas, prevalecendo até hoje.

Concomitantemente, nessa época, surgiu a Declaração Universal dos Direitos do Homem, que reza, no art. 16: "O Estado que não tem os três poderes não pode ter Constituição." Ou seja, todo Estado Constitucional tem que ter as três funções: Legislativa, Executiva e Judiciária, bem como a garantia dos direitos individuais.

Seguindo nessa esteira, chamamos a atenção para o fato de que o Estado é uno. A divisão de Poder do Estado obedece a um critério meramente operacional. Os Poderes são três, mas poderiam ser quatro, conforme era na nossa Constituição Imperial; também poderiam ser cinco, seis... Do ponto de vista do conceito abstrato, o Poder é um só e o Estado é o mesmo, ou seja: é um só, tudo é Poder Estatal. E por que houve essa divisão? Porque o homem percebeu que o exercício do poder, quando está concentrado, é um autêntico abuso. Pela sua subdivisão, o Poder, então, fica repartido entre o Legislativo, o Executivo e o Judiciário, "independentes e harmônicos entre si", consoante o art. 2º da Constituição Federal; porém, o Estado é um só. Fica repartido o Poder com um grande propósito: o de controle. O Estado de Direito deve distribuir, entre os Poderes constituídos, parcelas de responsabilidade, mediante as quais cada Poder controlará os demais.

Numa visão sociológica, o poder seria uma aptidão para impor condutas, para estabelecer comportamentos. E um fenômeno que está presente entre pessoas. O poder, aptidão de produzir mudanças, seja no meio físico, seja no comportamento das pessoas, é algo inerente a nossa natureza e exercitado pelas mais variadas formas. A princípio, parece confundir-se com a força, mas há poder no convencimento, na persuasão, na habilidade, no discurso...

O poder pode e deve ser individualizado, por conotações éticas e morais; contudo, é inevitável que ele seja usado para fins não éticos, morais ou amorais. Mudanças, não apenas com aqueles que estão próximos, mudanças em relação aos seus adversários declarados ou supostos. Se assim é, uma das primeiras necessidades que o homem sente é a de organizar o exercício do poder. O exercício tumultuado, desorganizado, do poder, torna difícil, se não impossível, a convivência.

Num empreendimento, qualquer que seja, o primeiro esforço do homem, ao se organizar, é dividir tarefas, havendo, consequentemente, a divisão e distribuição de obrigações, com o propósito de evitar a concentração de poder, que leva a conflitos, que conduz à dominação. Mas, a respeito desse exemplo, não sairia do plano da abstração se o homem também não houvesse conseguido um organismo que gerenciasse esse exercício organismo do Estado.

O Estado, então, inegavelmente, precisa desse poder, o qual ele vai receber por transferência, tendo em vista que o sistema brasileiro, consoante o art. 1º, parágrafo único, da CRFB/1988, explicite: os poderes são do povo, para que o Estado atue em benefício dele. E esse poder não se transfere a ninguém, a fim de que alguém faça o uso do poder como bem quiser. Em outras palavras, há uma sociedade que transfere poder para o Estado exercitá-lo, visando atender os interesses desta sociedade. Contudo, dizer que o Estado tem o poder não explica a existência nem define a natureza do agir do Estado, apenas está indicando um instrumento de que se deve valer esse Estado na sua ação. É necessário embutir, nesse raciocínio, um outro elemento que complemente a ideia do agir estatal. Se o Estado exige, para exercitar o poder, de representante da sociedade, exercitá-lo-á em atenção a essa mesma sociedade.

Porém, quando a sociedade transfere esse poder, não o transfere de forma incondicionada. Transferir poder, de modo incondicionado, é o mesmo que demitir-se do exercício dele, é o mesmo que abrir mão da titularidade desse poder. Como se observa facilmente, a sociedade transfere poder ao Estado de modo condicionado. E qual é a condição? Que o Estado exerça esse poder-dever sempre em função de algo que seja do interesse da sociedade. Então, tem-se o poder-dever de agir do Estado, sempre visando ao interesse público. Esse interesse público é condição vinculante do agir do Estado. Na ausência do interesse público, o Estado está proibido de agir, porque não há deveres para cumprir. Não pode o Estado fazer uso de poder algum, porque o poder é sempre um instrumento para o cumprimento do dever, e o dever só existe quando há interesse público. Para se alcançar esse interesse público, há necessidade de uma Administração proba e eficiente. Trata-se do poder conferido pela própria sociedade para defender seus interesses.

2. O Estado e as suas funções

Embora seja próprio do homem ter vontades e agir de modo a realizá-las (atuação), a doutrina jurídica já chegou à conclusão de que o Estado também as tem. Ele age para atingir determinados fins.

Como deixou consignado o prof. Darcy Azambuja, que o homem é um animal político,

> o fim do Estado é o objetivo que ele visa atingir quando exerce o poder. Esse objetivo, podemos antecipar, é invariável, é o bem público[1].

Para realizar esse objetivo, o Estado deve agir. E o agir estatal pode ser de diferentes naturezas. Daí se dizer que o Estado tem variadas competências (o que difere de dizer que ele tem variados fins).

Para desempenhar o seu papel de forma satisfatória, o Estado utiliza-se do poder político que lhe foi conferido para impor condutas, positivas ou negativas, dizendo o que se pode e o que não se pode fazer. Essa atividade estatal, que consiste na elaboração de regras jurídicas, dotadas de generalidade e abstração, é chamada função legislativa.

Definidas as condutas pelas leis, não há de esperar que todas as pessoas cumpram os seus deveres voluntariamente. Por questões de impossibilidade ou de desvio de caráter, ou até por entenderem que não são legítimos os comandos legais, as regras jurídicas são, com alguma frequência, descumpridas, dando ensejo ao surgimento

[1] AZAMBUJA, Dracy, *Introdução à Ciência Política*, 17ª ed., Rio de Janeiro: Globo, 2006, p. 114.

de litígios que, no estágio atual de evolução social, deverão ser solucionados, salvo algumas exceções, também pelo Estado.

A essa função de compor o conflito de interesses surgido no seio da sociedade, tendo em vista os comandos normativos expedidos anteriormente pelo Estado, dá-se o nome de jurisdição.

Por outro lado, a função administrativa guarda com a jurisdicional um nexo, já que ambas atuam no plano concreto (diferentemente com o que ocorre a função legislativa, que atua no plano abstrato) e tendo em vista a normatividade produzida previamente. No entanto, não se confundem, posto que a jurisdição pressupõe a existência de um conflito de interesses (uma lide) e depende de provocação das partes interessadas para que possa desencadear a atividade estatal. Diferentemente, a função administrativa pode atuar *ex officio* e independentemente de existir um conflito.

Administrar, no âmbito do Poder Público, é transpor do plano abstrato para o concreto as políticas constitucionais e legais, de modo a tornar realidade o bem comum que se vislumbrou no momento de elaboração da Constituição e das leis, sem se abandonar a acepção literal do termo, que significa gerir os recursos estatais, tais como dinheiro público, pessoal, bens etc.

Essas são, portanto, as funções estatais. A partir de agora, veremos como se distribuem entre os órgãos do Estado.

3. Estrutura Estatal – Normas Constitucionais

Além de limitar o poder político, com vistas à garantia dos direitos fundamentais, e de traçar deveres e metas de caráter social para o Estado, a Constituição deve desenhar em seu texto a estrutura básica do Estado, mencionando quais são os seus principais órgãos e quais as suas respectivas funções.

É por essa razão que a Constituição da República trata, no seu título III, "da organização do Estado" e, no seu título IV, "da organização dos poderes", dizendo quais são eles e quais as suas respectivas competências.

Tendo em vista a adoção da teoria da separação de poderes (CRFB/1988, art. 2º), aquelas funções (administrativa, jurisdicional e legislativa) são distribuídas entre os órgãos do Estado, distribuição esta que se faz com vistas a conter o abuso do poder político.

O critério utilizado é o da especialização, entregando-se a função legislativa a um Poder Legislativo, a função jurisdicional a um Poder Judiciário e a função administrativa a um Poder Executivo, não se admitindo a invasão das esferas de competência dos outros órgãos, sob pena de se negar validade aos atos praticados sem a observância dessa regra.

Assim, se o Poder Executivo, a pretexto de estar elaborando um regulamento administrativo cria uma obrigação não prevista em lei (CRFB/1988, art. 5º, II), estará invadindo a esfera de atribuições do Poder Legislativo e o seu ato não produzirá efeitos válidos. Também não será válida a sentença judicial que decidir uma causa contra *legem* e sem fundamentá-la na invalidade do comando legislativo.

É de se ver, entretanto, que essa especialização comporta exceções, podendo, nos casos especificados na Constituição, ser atribuídas competências administrativa e jurisdicional ao Poder Legislativo, competências administrativa e legislativa ao Poder Judiciário e competências legislativa e jurisdicional ao Poder Executivo.

Para confirmar essa assertiva, podemos verificar por exemplo: (a) que o Poder Legislativo tem competência para administrar seu próprio pessoal (CRFB/1988, art. 51, IV e art. 52, XIII) e para processar e julgar o presidente e o vice-presidente da República pelos crimes de responsabilidade (CRFB/1988, art. 52, I); (b) que o Poder Judiciário tem competência para administrar o seu próprio pessoal (CRFB/1988, art. 96, I, *f*) e para elaborar os seus regimentos internos (CRFB, art. 96, I, *a*); (c) que o Poder Executivo pode editar medidas provisórias (CRFB/1988, art. 62) e julgar processos administrativos (contencioso administrativo[2]).

Por fim, observa-se que o Estado brasileiro adotou a forma federativa, o que implica em admitir diversas esferas de poder dentro de um mesmo Estado. Utilizando-se de uma expressão corrente na literatura especializada, pode-se dizer que a Federação é um Estado de Estados, mas com uma observação importante: somente a República Federativa do Brasil é soberana, sendo os entes que

[2] O prof. MORAES, Alexandre, de. *Direito Constitucional*, 14ª ed., São Paulo: Atlas, 2007, p. 390, dentre outros, menciona como exemplo de função atípica do Poder Executivo o julgamento de processos administrativos. Entretanto, a rigor, essa atividade não se amolda ao conceito de função jurisdicional por várias razões, principalmente pelo fato de que a Administração Pública que julga esses processos administrativos não é totalmente imparcial, pois estão em jogo interesses seus, que, no mais das vezes, são conflitantes com os interesses dos administrados. A substitutividade, característica da função jurisdicional, portanto, está ausente.

a integram (União, Estados, Distrito Federal e Municípios) apenas autônomos[3].

Consequência disso é a contemplação de um esquema complexo de distribuição de competências, considerando não apenas os diferentes Poderes (no sentido orgânico) de cada ente da Federação, mas também as diferentes esferas governamentais, quais sejam: a federal, a municipal e a estadual[4].

Feitos esses esclarecimentos iniciais, passemos à análise da ideia de Administração Pública, fazendo a distinção entre este e outros conceitos que, às vezes, são utilizados como sinônimos.

4. A Administração Pública

Como visto, mencionar função administrativa é o mesmo que falar na implementação (concreta) das políticas contempladas abstratamente na Constituição, nas leis e definidas nas eleições, pelo voto, além da gestão dos recursos humanos, financeiros e econômicos do Estado, tudo com vistas a realizar os ideais (abstratos) eleitos pelos titulares do poder político e por seus representantes.

Por outro lado, vimos que a função administrativa, apesar de ser típica do Poder Executivo, também pode ser vista no âmbito dos Poderes Legislativo e Judiciário, de modo que não se pode imaginar que a referência à Administração Pública seja equivalente à referência ao Poder Executivo.

Portanto, no *sentido subjetivo*, o correto seria dizer que a Administração Pública é "o conjunto de agentes, órgãos e pessoas jurídicas que tenham a incumbência de executar as atividades administrativas", como magistralmente professou José dos Santos Carvalho Filho[5].

Só seria interessante acrescentar que esses órgãos, agentes e pessoas devem ser estatais, sendo certo que a delimitação dessa observação se fará mais adiante. Isso é importante pois, como veremos, há pessoas que não integram a Administração Pública, mas que exercem a função administrativa em razão de delegação negocial (contratos administrativos), como, *v. g.*, as empresas concessionárias de serviços públicos (CRFB, art. 175).

5. Diferenças entre Governo e Administracão Pública

Estado é diferente de *Governo.*

Natureza jurídica do Estado – pessoa jurídica de Direito Público Interno que tem como finalidade atender aos interesses da coletividade, ou seja, o bem comum. Para desempenhar essa finalidade específica, o Estado precisa, inegavelmente, de um aparato, de algo que lhe dê a possibilidade de concretizar e materializar essa finalidade, que é chamado de Administração Pública

Assim, Administração Pública vai ser justamente o instrumento empregado pelo Estado para poder atingir as suas finalidades. É, portanto, o instrumento de concretização da vontade estatal.

A vontade estatal é uma vontade política. E a ideia de Governo está ligada a essa vontade política do Estado. Em síntese, o Governo vai fazer uso da Administração Pública, ou seja, vai fazer uso dessa vontade política e empregá-la na Administração Pública, objetivando a finalidade do bem comum.

O Estado, como pessoa jurídica territorial soberana, não se confunde com a Administração Pública e o Governo. Este, no dizer de Hely Lopes Meirelles, consiste na condução política dos negócios públicos, enquanto aquela se caracteriza pelo desempenho quase que perene e sistemático, legal e técnico, dos serviços próprios do Estado ou por eles assumidos em benefício da coletividade.

Assim, os fins da Administração Pública, sendo esta entendida como o meio pelo qual se caracterizam os atos de governo, resumem-se na defesa do interesse público. Não havendo interesse público em qualquer ato ou contrato administrativo, está configurado o desvio de finalidade.

Notemos, então, que os termos *Governo* e *Administração* caminham juntos, lado a lado, sendo muitas vezes confundidos, embora expressem conceitos diversos.

No sentido operacional, Governo é a condução política. É a expressão política de comando, de iniciativa e de manutenção da ordem jurídica vigente.

Governo significa conjunto de agentes, órgãos, entidades que integram a estrutura constitucional do Esta-

[3] Essa autonomia se revela em três âmbitos: (a) político; (b) financeiro; (c) administrativo. A autonomia política confere aos membros da Federação poder de auto-organização, além de competências legislativas constitucionalmente delimitadas. A autonomia financeira confere aos membros da Federação competência para instituir e arrecadar recursos financeiros, mediante a tributação. E, por fim, a autonomia administrativa confere aos entes da Federação poder para administrar os recursos disponíveis, dentro dos limites legais e constitucionais.

[4] Vale lembrar que o Distrito Federal reúne as competências próprias dos Estados e Municípios, nos termos do art. 32, § 1º, da Constituição da República, até porque não pode ser dividido em municípios.

[5] CARVALHO FILHO, José dos Santos. *Manual de Direito Administrativo*, 17ª ed., Rio de Janeiro: Lumen Juris, 2007, p. 7.

do. Está investido em poder político, inerente ao Estado. Daí, Governo é algo que passa, caracterizado pela temporariedade, mudando por meio de eleições, tendo poder de decisão e de liberdade de conduzir o bem social.

Uma consideração importante: Governo é matéria própria de Direito constitucional.

Já a Administração Pública é o conjunto de agentes, órgãos, entidades que integram a estrutura administrativa do Estado. Logo, não temos uma estrutura investida em Poder Político; o que temos, na verdade, é uma estrutura que está investida em poderes administrativos. Por isso, a Administração Pública está relacionada ao Direito Administrativo.

A Administração Pública é a atividade de gestão dos interesses e das necessidades em benefício da coletividade.

A Administração não pratica atos de governo, pratica, tão somente, atos de execução, segundo a competência do órgão e seus agentes.

Comparativamente, podemos dizer que:

- Governo é atividade política e discricionária dos negócios públicos, enquanto Administração Pública é atividade neutra, normalmente vinculada à lei ou à norma técnica;
- Governo possui conduta independente, ao passo que Administração é conduta hierarquizada;
- Governo possui responsabilidade constitucional e política, mas sem responsabilidade profissional pela execução. A Administração, por sua vez, é um instrumento usado para atingir uma meta política.

Uma observação que se faz necessária diz respeito ao uso da expressão *Administração Pública*, com letras maiúsculas e minúsculas, indistintamente, traçando a seguinte linha diferencial para fins didáticos:

a) Administração Pública – em letras maiúsculas, designa o conjunto de órgãos e entidades que exercem a função administrativa do Estado. É o Estado-administração;
b) Administração pública – em letras minúsculas, tem ligação com a função administrativa do Estado. É a função que o Estado exerce, distinta das funções legislativas e jurisdicionais.

A função administrativa não é monopólio do Executivo. O máximo que podemos afirmar é que cabe ao Executivo a função típica administrativa do Estado.

Dizer que o objeto da função administrativa consiste em aplicar a lei, visando à consecução de interesses e necessidades coletivas, é muito pouco e impreciso.

É importante entender administrar como:

a) atividade-fim do Estado;
b) atividade-meio do Estado.

É atividade-fim de todo Estado, por exemplo, ordenar e coordenar o exercício das liberdades e direitos individuais, objetivando limitar esse exercício para que os interesses da coletividade sejam preservados. Limitar a atividade do particular é, portanto, uma função das mais relevantes da Administração, que limita liberdades individuais com o objetivo de viabilizar o convívio em sociedade. Ilustra-se essa atividade-fim quando a Administração estabelece normas de observância obrigatória no trânsito, no exercício da atividade econômica, e assim por diante. Todas essas atividades administrativas estão dentro de um campo específico da função administrativa, o campo do poder de polícia administrativa, presente em quase todas as atividades humanas.

Prestação de serviço público é outra atividade-fim do Estado, podendo-se inserir nesta classificação, por exemplo, a construção de obras públicas que atendem às necessidades da coletividade, entregando aos indivíduos determinadas prestações tidas como não indispensáveis, mas importantes para vida em sociedade.

É importante entender administrar como:

Fomento público é um autêntico incentivo à atividade da iniciativa privada. O Estado, em vez de ele próprio agir, estimula o particular a desempenhar determinadas atividades. O BNDS, que é uma empresa pública federal, integrante da Administração Pública indireta, é o braço do Estado para concessão de financiamentos, com vistas, por exemplo, às exportações, fomentando o desenvolvimento econômico do país. Além da prestação direta de serviços públicos à coletividade, é função do Estado contemporâneo conceder empréstimos, facilitar transações, enfim, fomentar o desenvolvimento da atividade econômica, para proporcionar o bem-estar geral, com aumento da quantidade de empregos.

A Intervenção do Estado no Domínio Econômico pode ocorrer de duas maneiras:

a) *direta* – operacionalizando diretamente por meio de empresas públicas e sociedades de economia mista, quando a atividade for de relevante interesse público. A Petrobras seria um exemplo típico;
b) *indireta* – intervindo em um determinado setor econômico para evitar a formação de monopólios e cartéis. Há outras formas de intervenção, como a meramente regulatória, a sancionatória.

É o caso do Banco Central – Bacen, que exerce uma função não propriamente de intervenção direta na atividade econômica, mas que é vital para qualquer país do mundo na função administrativa de controle monetário.

6. Administração Direta e Indireta – Desconcentração e Descentralização

A função administrativa envolve um volume enorme de atividades e de naturezas diversas; atividades que não podem ser realizadas por um único órgão ou entidade.

Imagine se seria possível que todas as atribuições que, de acordo com o art. 21 da Constituição da República, estão no âmbito de competência da União fossem desenvolvidas pelo presidente da República. Nem com a divisão das tarefas entre os ministros de Estado se viabilizaria o desenvolvimento das atividades administrativas.

Por essa razão, órgãos e mais órgãos são criados e organizados de maneira hierarquizada no âmbito de cada Poder e, também, no âmbito de cada ente da Federação. E as funções administrativas são entregues a cada um desses órgãos de acordo com o nível e o tipo de capacitação de seus agentes, exatamente como acontece nas grandes empresas[6].

Assim é que o Ministério da Fazenda é integrado por uma série de secretarias, dentre as quais podemos destacar a Secretaria da Receita Federal, que é integrada, por sua vez, por uma série de Delegacias. Estas, por seu turno, são integradas por Departamentos, e estes por agências, até chegar às portarias dos edifícios onde toda essa estrutura funciona.

A essa difusão das funções administrativas entre os órgãos da pessoa federativa (União, Estados, Distrito Federal ou Municípios) dá-se o nome de *desconcentração*. Esse fenômeno, é bom que se diga, ocorre internamente, sem que se transfira a outra pessoa as referidas incumbências.

Na verdade, a *desconcentração* é uma *diluição* de competências, de atribuições no âmbito da própria Administração Direta ou Indireta (dentro do mesmo organismo, sem criar, sem transferir atribuições para outra pessoa jurídica).

Basicamente, os motivos que levam a desconcentração, pelo poder estatal, são:

a) *em razão da matéria*. Por exemplo, cria-se um Ministério da Previdência Social para tratar de uma matéria, que é diferente da matéria tratada pelo Ministério da Saúde;

b) *em razão da complexidade da decisão*. Decisões menos complexas serão tomadas pelas autoridades inferiores e vice-versa;

c) *em razão do local*. A título de ilustração, a Superintendência da Polícia Federal em São Paulo tem atribuições diferentes da Superintendência da Polícia Federal do Rio de Janeiro.

Há uma consideração preliminar importantíssima, que deve ficar clara, qual seja: na desconcentração, temos subordinação entre as autoridades administrativas; consequentemente, há uma hierarquia permanente sobre todos os atos.

Portanto, falar em desconcentração é falar em *Administração direta*, posto que é a pessoa constitucionalmente designada que, sem intermédio de qualquer outro ente, desenvolverá as tarefas administrativas de sua competência.

Por outro lado, é possível que cada ente federativo crie outras pessoas jurídicas, transferindo a estas determinadas competências administrativas, tudo com o objetivo de, mediante a *descentralização*, melhorar o funcionamento dos serviços públicos. Há, portanto, uma transferência de uma pessoa jurídica para outra, sempre por meio de uma lei, prevista constitucionalmente da titularidade e da execução de determinadas atividades públicas para uma pessoa de Direito Público ou de Direito Privado. Cabe destacar, portanto, que a descentralização pode ocorrer por colaboração, transferindo-se, mediante contrato, apenas para a execução de uma atividade pública, de um serviço público, não obstante a titularidade permaneça com o Estado, como ocorre nas permissões e concessões.

Aqui, diferentemente do que acontece na desconcentração, tem-se a execução das tarefas administrativas por pessoas jurídicas diferentes daquelas que as criaram. Vale dizer, tem-se a execução dos serviços públicos pela chamada Administração indireta.

A Administração direta, pois, engloba uma série de órgãos (*sem personalidade jurídica*) dentro da mesma pessoa jurídica, que pode ser a União, um Estado, o Distrito Federal ou um Município.

Chama-se Administração Pública direta a prestação ou execução dos serviços públicos – centralizada –,

[6] CHIAVENATO, Idalberto. *Teoria Geral da Administração*. 9ª ed., v. 1, São Paulo: Makron Books, 2004, p. 531), ao tratar da departamentalização, faz a distinção entre a especialização vertical e a horizontal, asseverando que a primeira espécie "ocorre quando em uma organização se verifica a necessidade de aumentar a qualidade da supervisão ou chefia acrescentando mais níveis hierárquicos à estrutura"; ao passo que a segunda "ocorre quando se verifica, em uma organização, a necessidade de aumentar a perícia, a eficiência e a qualidade do trabalho propriamente dito", o que se faz "à custa de um maior número de órgãos especializados, no mesmo nível hierárquico, cada qual em sua tarefa".

quando a Administração é, ao mesmo tempo, a titular e a executora do serviço público.

De outra forma, a Administração indireta abarca outras pessoas jurídicas que, apesar de diferentes dos entes federativos que as podem criar, a estes estão vinculadas. Essas pessoas jurídicas podem ser: (a) autarquias; (b) fundações públicas; (c) empresas públicas; ou (d) sociedades de economia mista.

No âmbito federal, o art. 4º do Decreto-lei nº 200, de 25/02/1967 ofereceu um razoável conceito de Administração Pública, nos seguintes termos:

> *Art. 4º – A Administração Federal compreende:*
> *I – A Administração Direta, que se constitui dos serviços integrados na estrutura administrativa da Presidência da República e dos Ministérios.*
> *II – A Administração Indireta, que compreende as seguintes categorias de entidades, dotadas de personalidade jurídica própria:*
> *a) Autarquias.*
> *b) Empresas Públicas.*
> *c) Sociedades de Economia Mista.*
> *d) Fundações Públicas.*
> *Parágrafo único. As entidades compreendidas na Administração Indireta vinculam-se ao Ministério em cuja área de competência estiver enquadrada sua principal atividade.*

Não é muito diferente a definição encontrada no § 1º do art. 77, da Constituição do Estado do Rio de Janeiro, *ipsis litteris*:

> *Art. 77 –*
> *[...]. § 1º – Compreende-se na administração direta os serviços sem personalidade jurídica própria, integrados na estrutura administrativa de qualquer dos Poderes do Estado; na administração indireta, constituída de entidades dotadas de personalidade jurídica própria, as autarquias, as empresas públicas e as sociedades de economia mista, bem como as subsidiárias dessas entidades, incluindo as fundações instituídas e mantidas pelo Poder Público.*

Repare, entretanto, que a Constituição do Estado do Rio de Janeiro incluiu no conceito de Administração indireta as subsidiárias das empresas públicas e sociedades de economia mista estaduais, diferentemente do que ocorre no âmbito federal.

Também é bastante similar a definição contida na Lei Orgânica do Município do Rio de Janeiro, *textus*:

> *Art. 141 – Constituem aos órgãos sem personalidade jurídica própria, integrantes da estrutura administrativa de qualquer dos Poderes do Município.*
> ....
> *Art. 143 – Constituem a Administração indireta as autarquias, empresas públicas e sociedades de economia mista criadas por lei.*

Aqui parecem ter ficado excluídas as fundações públicas municipais. Entretanto, a menção a essa espécie de pessoa jurídica, no art. 147 da LOMRJ, indica a existência de uma terceira espécie de Administração Pública, que seria a fundacional. Confira a redação do mencionado dispositivo:

> *Art. 147 – Constituem a administração fundacional as fundações públicas e aquelas instituídas por particular, mas mantidas ou administradas pelo Poder Público*[7].

Antes de iniciar o estudo das entidades da Administração indireta, algumas observações ainda se revelam importantes.

No que se refere a essa *vinculação* mencionada no texto, podemos citar como exemplo a vinculação do Instituto Nacional do Seguro Social – INSS (autarquia federal) ao Ministério da Previdência e Assistência Social; a vinculação da Rede Ferroviária Federal S.A. (sociedade de economia mista federal) ao Ministério dos Transportes; a vinculação da Anatel (autarquia especial federal) ao Ministério das Comunicações etc.

Outra observação importante é a referente à inclusão das administrações dos Poderes Legislativo e Judiciário no âmbito do conceito de Administração direta, embora o Decreto-lei nº 200, de 25/02/1967, só mencione a estrutura administrativa do Poder Executivo. Mais corretas são as disposições da Constituição do Estado do Rio de Janeiro e da Lei Orgânica do Município do Rio de Janeiro, fazendo menção expressa aos demais Poderes do Estado e do Município.

Por fim, observar-se que a Constituição, quando disciplina a Administração Pública, impõe princípios e regras não só para a Administração direta, mas também

[7] A Lei Orgânica do Município do Rio de Janeiro é contraditória no que se refere às autarquias e fundações públicas. Num primeiro momento, A LOMRJ definiu a Administração direta, dizendo que a integram órgãos sem personalidade jurídica própria (art. 141). Até aí estava tudo bem. Logo em seguida, classificou tais órgãos em três níveis, a saber: (a) de direção e de assessoramento superior; (b) de direção e assessoramento intermediário; (c) de execução (art. 142, *caput*). E, quando conceitua órgãos de assessoramento intermediário, no § 2º do art. 142, menciona as autarquias e fundações públicas, que, como vimos, têm personalidade jurídica própria. Fica aqui, então, a seguinte indagação: teriam a autarquia e a fundação pública municipais sido conceituadas como órgãos do Município do Rio de Janeiro ou, de outra forma, seriam pessoas jurídicas diferenciadas? Responderemos essa pergunta quando tratarmos das espécies de pessoas que integram Administração indireta.

para a indireta, devendo todas as entidades englobadas neste trabalho observar o disposto no art. 37 da Carta Magna, que tem a seguinte redação:

> *Art. 37 – A administração pública direta e indireta, de qualquer dos Poderes da União, dos Estados, do Distrito Federal e dos Municípios obedecerá aos princípios de legalidade, impessoalidade, moralidade, publicidade e eficiência e, também, ao seguinte:*

Justifica-se a regra em razão da natureza das atividades desenvolvidas pelas pessoas administrativa que integram a Administração indireta e, também, em razão do envolvimento de dinheiro público nesse âmbito.

7. Criação, Extinção e Capacidade Processual dos Órgãos Públicos

Ao se iniciar qualquer análise, por mais sintética que seja, acerca de órgão público, é prudente que se faça breve menção do histórico da ligação originária entre o órgão e o Estado. Sendo assim, necessário registrar que em relação a estes já prevaleceram as teorias do mandato[8] e da representação[9], ambas refutadas, por terem sido consideradas inadequadas à espécie, antes que prosperasse a atual teoria do órgão.

Segundo a predominante teoria do órgão, os órgãos – pessoas despersonalizadas – são compostos de agentes – pessoas físicas – cujas condutas retratam a vontade do Estado – pessoa jurídica de Direito Público.

Dessa forma, fica claro que o Estado, por si só, não é dotado de vontade, dada a sua natureza de pessoa jurídica, e que esta vontade que dele provém não se manifesta de outra forma senão por meio de seus agentes, que, por sua vez, integram os órgãos públicos.[10] Conclusivo, pois, que são os órgãos públicos que intermediam as condutas que são praticadas em nome do Estado pelos seus agentes, nada obstando, em se tratando da teoria dos órgãos, que estes agentes sejam ou não agentes públicos.

Com efeito, se a atividade exercida teve sua origem em um órgão público, mas o agente que a praticou não era investido legitimamente para a prática de tal ato, a que se denomina função de fato, ainda assim os efeitos serão imputados à pessoa jurídica a qual o órgão se vincula. Sendo assim, pode-se dizer que basta que ao exercício da atividade proveniente de um órgão público se relacione a aparência da investidura do agente que a praticou, para que se configure o princípio da imputação volitiva.

Órgão é centro de competência, criado para a realização de serviço público; a lei ou o regulamento, por delegação, estabelece a competência de cada órgão. A soma de atribuições de todos os Ministérios corresponde às atribuições do Poder Executivo, órgão da União, encarregado de prestar serviços públicos e realizar a satisfação do interesse coletivo.

Após esta sintética análise, e levando-se então em consideração que são os órgãos – não obstante serem pessoas despersonalizadas – compartimento interno do Estado, partiremos para a análise institucional da criação e da extinção dos órgãos públicos, tendo como base o que dispõe a Constituição Federal, bem como de sua capacidade processual.

É pacífico perante toda vertente doutrinária que tanto a criação quanto a extinção dos órgãos públicos não derivam livremente da mera vontade da Administração Pública, não lhe sendo lícito criar ou extinguir órgãos ao seu bel-prazer, pois se encontra estatuído na própria Constituição Federal que estes atos dependem de lei, ou seja, são matérias inseridas no campo da reserva legal.

A este propósito, remetemos esta assertiva a uma análise constitucional, ao seu Título IV (Da Organização dos Poderes), Capítulo I (Do Poder Legislativo), Seção II, que trata das atribuições do Congresso Nacional, e mais especificamente ao art. 48, que enuncia sobre a criação e extinção dos órgãos da administração pública.

> *Art. 48. Cabe ao Congresso Nacional, com a sanção do presidente da República, não exigida esta para o especificado nos arts. 49, 51 e 52, dispor sobre todas as matérias de competência da União, especificamente sobre:*

---

[8] Segundo a teoria do mandato, os agentes é que eram os mandatários do Estado. Esta assertiva, contudo, soava contraditória, pois não poderia o Estado outorgar mandato se ele mesmo era destituído de vontade própria.

[9] A teoria da representação, por seu turno, veio em substituição à teoria do mandato, e os agentes passaram a ser considerados representantes do Estado. Ocorre que ao conceder representação a seus agentes, o Estado estaria assumindo uma condição de pessoa incapaz, pois só é representado aquele que é incapaz. Considerou-se também, ao se criticar esta teoria, que uma vez extrapolado os poderes do Estado pelos seus representantes, não poderia este ser responsabilizado, na condição de representado.

[10] Característica fundamental da teoria do órgão, o princípio da imputação volitiva representa que a vontade do órgão público se insere na pessoa jurídica a qual este se encontre integrado. Sendo assim, podemos ainda falar em duas relações distintas que são criadas a partir desta teoria, uma externa e outra interna: a primeira nasce entre a pessoa jurídica e outras pessoas estranhas a esta; e a segunda nasce a partir da vinculação entre o próprio órgão e a pessoa jurídica a que este está vinculado.

> *[...]*
> *XI – criação e extinção de Ministérios e órgãos da administração pública (Redação dada pela Emenda Constitucional nº 32, de 2001).* (grifos nossos)

Veja-se agora a redação original do inciso XI do art. 48, a qual predominava antes da edição da Emenda Constitucional nº 32/2001, e já revogada por esta.

> *XI – criação, estruturação e atribuições dos Ministérios e órgãos da administração pública. (grifos nossos)*

Conforme demonstrado, há que se observar com rigor a substancial alteração trazida nestas matérias pela Emenda Constitucional nº 32/2001. Para tanto, oportuno que se faça uma breve comparação do que predominava antes e do que passou a prevalecer após a citada Emenda, em relação à criação, extinção, estruturação e atribuições dos órgãos públicos, com a análise dos artigos pertinentes a cada uma destas competências.

Dentre as atribuições do Congresso Nacional, reza o art. 48, em seu inciso XI, acima descrito, cuja nova redação foi dada pela EC nº 32/2001, que compete a este, com sanção do presidente da República, a "criação e extinção de Ministérios e órgãos da administração pública", contrastando com a redação deste mesmo inciso anterior à Emenda, cujo texto constitucional originário previa "a criação, estruturação e atribuições dos Ministérios e órgãos da administração pública".

Conforme se verifica, antes da edição da Emenda 32/2001 era exigida lei tanto para criação quanto para estruturação e atribuições dos Ministérios e órgãos da Administração Pública. Com a nova redação dada ao artigo, a exigência legal passou a se atrelar à criação, acrescentando-se ainda a extinção, ao passo que a estruturação e as atribuições foram suprimidas em substituição às expressões "organização e funcionamento", e estas remetidas para o Capítulo II (Do Poder Executivo), Seção II (Das atribuições do presidente da República) do mesmo Título IV, cujo art. 84, inciso VI, alínea *a*, ganhou a seguinte redação:

> *Art. 84. competente privativamente ao presidente da República;*
> *[...]*
> *VI. dispor, mediante decreto, sobre (Redação dada pela Emenda Constitucional nº 32, de 2001).* (grifos nossos).
> *a) a organização e funcionamento da administração federal, quando não implicar aumento de despesa nem criação ou extinção de órgãos públicos. (Incluída pela Emenda Constitucional nº 32, de 2001).*

Com efeito, tem-se por certo que a organização e o funcionamento da Administração Pública, com a ressalva de que estes só se darão quando não implicar em aumento de despesa nem criação ou extinção de órgãos públicos, inseridos no dispositivo constitucional que trata das atribuições do presidente da República (art. 84, inciso VI, alínea *a*), equivalem verdadeiramente à estruturação e atribuições mencionados na antiga redação do art. 48, inciso XI, e que integravam o rol das atribuições do Congresso Nacional. Suprimiu-se também a expressão "na forma da lei"! do texto original do inciso VI do art. 84, visto que passou a ser regido por decreto presidencial, com a redação da EC nº 32/2001.

Em outras palavras, pode-se dizer que tais atos saíram do campo da reserva legal do Congresso Nacional e foram inseridos no rol de competência privativa do Poder Executivo, o qual passará a exercê-la por meio de decreto. Com efeito, não há mais que se falar em estruturação e atribuições de Ministérios e órgãos da administração pública por meio de lei.

Não obstante, devemos remeter o estudo desta questão de volta ao Capítulo I (Do Poder Legislativo), Seção VIII (Do Processo Legislativo), Subseção III (Das Leis), para uma análise mais específica da alínea *e* do inciso II, do § 1º, art. 61, *in verbis*:

> *Art. 61. A iniciativa das leis complementares e ordinárias cabe a qualquer membro ou Comissão da Câmara dos Deputados, do Senado Federal ou do Congresso Nacional, ao presidente da República, ao Supremo Tribunal Federal, aos Tribunais Superiores, ao Procurador-Geral da República e aos cidadãos, na forma e nos casos previstos nesta Constituição.*
> *§ 1o – São de iniciativa privativa do presidente da República as leis que:*
> *[...]*
> *II – disponham sobre:*
> *e) criação e extinção de Ministérios e órgãos da administração pública, observado o disposto no art. 84, VI (Redação dada pela Emenda Constitucional nº 32, de 2001). (grifos nossos).*

Trazemos à pauta a redação original da alínea *e*, do inciso II, § 1º do art. 61, predominante antes da EC nº 32/2001:

> e) *criação, estruturação e atribuições* dos Ministérios e órgãos da administração pública. (grifos nossos)

Conforme demonstrado, antes da edição da EC nº 32/2001, a precitada alínea *e* previa a "criação, estruturação e atribuições dos Ministérios e órgãos da administração pública". Com efeito, restou evidenciado que o art. 61, cujo § 1º dispõe acerca da reserva legal de iniciativa do presidente da República, teve a sua alínea *e* alterada por meio da EC nº 32/2001, conferindo competência ao presidente da República para dispor sobre "a criação e extinção de Ministérios e órgãos da administração pública", e acrescentando "observado o disposto no art. 84, VI".

Já quanto à "estruturação e atribuições", conforme já analisado anteriormente, estes foram substituídos pelos termos "organização e funcionamento" – com a ressalva de que estes ocorrerão quando não implicar aumento de despesa, nem criação ou extinção de órgãos públicos – e inseridos no campo da competência privativa do presidente da República, por meio de decreto, com redação dada pela EC nº 32/2001. Dispensou-se, com isso, a lei para estes atos.

Conclusivo, pois, que o art. 61, § 1º, II, *e*, da Constituição Federal, que trata da reserva legal de iniciativa do presidente da República, referia-se, antes da edição da EC nº 32/2001 à "criação, estruturação e atribuições dos Ministérios e órgãos da administração pública". Após a Emenda, contudo, passou a se referir, tão somente à "criação e extinção de Ministérios e órgãos da administração pública [...]", acrescentando, ainda, "[...] observado o art. 84, VI". Conforme já dito neste trabalho, o legislador constituinte derivado suprimiu a referência à estruturação e atribuições.

No que se refere à capacidade processual dos órgãos públicos, tendo em vista serem eles pessoas despersonalizadas que se constituem como parte integrante de uma determinada pessoa jurídica, como regra geral a capacidade processual é a esta atribuída, e não aos órgãos em si.

Isto se dá pelo fato de que os órgãos não podem ser considerados pessoas idôneas para tomar parte numa relação processual, tendo em vista a falta de personalidade jurídica que os inviabilizam, de acordo com o diploma processual vigente, de figurar como parte juridicamente capaz. Registre-se que este entendimento já foi consolidado pelo Supremo Tribunal Federal[11] e por outros tribunais superiores de diversos Estados-membros.

Sendo assim, via de regra, podemos asseverar que são as pessoas jurídicas as quais os órgãos se encontram vinculados, as que verdadeiramente possuem capacidade processual para figurar, tanto no polo ativo quanto no passivo, em qualquer relação processual, desde que a conduta que a originou tenha sido desencadeada por um agente integrante do órgão público. Isto também corrobora a ideia de que são as condutas dos agentes que integram o órgão público que exteriorizam a vontade do Estado.

Não obstante vigorar com maior incidência a regra de que os órgãos públicos não possuem capacidade processual para integrar uma relação jurídica, devemos registrar que, hodiernamente, alguns tribunais já têm admitido hipóteses em que se confere esta capacidade a órgãos públicos, a julgar pelo tipo de litígio que os envolve com terceiros.

Portanto, deve-se registrar que tal excepcionalidade quanto ao reconhecimento da capacidade processual de alguns órgãos públicos está atrelada a uma estreita graduação, ou seja, apenas aos órgãos mais elevados do Poder Público, com reconhecimento constitucional e nas hipóteses de defesa de suas prerrogativas[12] e com-

[11] A este propósito, ilustramos com o Informativo nº 443 do STF, ocasião em que a Suprema Corte não conheceu a Ação Popular ajuizada contra o Conselho Nacional do Ministério Público – CNMP, dada a sua natureza de órgão público, e não de pessoa jurídica, conforme determina a lei processual vigente: *Informativo nº 443* – Brasília, 2 a 6/10/2006. Plenário – ação popular contra o CNMP e incompetência do STF – "O Tribunal, resolvendo questão de ordem em petição, não conheceu de ação popular ajuizada por advogado contra o Conselho Nacional do Ministério Público – CNMP, na qual se pretendia a nulidade de decisão, por este proferida pela maioria de seus membros, que prorrogara o prazo concedido, pela Resolução nº 5/2006, aos membros do Ministério Público ocupantes de outro cargo público, para que estes retornassem aos cargos de origem. Entendeu-se que a alínea *r* do inciso I do art. 102 da CF (art. 102. "Compete ao Supremo Tribunal Federal [...] I – processar e julgar originariamente: [...] r) as ações contra o Conselho Nacional do Ministério Público"), introduzida pela EC nº 45/2004, refere-se a ações contra os respectivos colegiados e não aquelas em que se questiona a responsabilidade pessoal de um ou mais conselheiros, caso da ação popular. Salientou-se, tendo em conta o que disposto no art. 6º, § 3º, da Lei nº 4.41719/1965 (Lei da Ação Popular), que o CNMP, por não ser pessoa jurídica, mas órgão colegiado da União, nem estaria legitimado a integrar o polo passivo da relação processual da ação popular. Asseverou-se, no ponto, que, ainda que se considerasse a menção ao CNMP como válida à propositura da demanda contra a União, seria imprescindível o litisconsórcio passivo de todas as pessoas físicas que, no exercício de suas funções no colegiado, tivessem concorrido para a prática do ato, ou seja, os membros que compuseram a maioria dos votos da decisão impugnada. Por fim, ressaltando a jurisprudência da Corte no sentido de, tratando-se de ação popular, admitir sua competência originária somente no caso de incidência da alínea *n* do inciso I do art. 102 da CF ou de a lide substantivar conflito entre a União e Estado-membro, conclui-se que, mesmo que emendada a petição inicial no tocante aos sujeitos passivos da lide e do pedido, não seria o caso de competência originária. (Pet. 3674-00/DF; Rel. Min. Sepúlveda Pertence; 4/10/2006)

[12] Recurso Ordinário em Mandado de Segurança. Ministério Público. Requisição de Prestação de Contas do Executivo Municipal. Possibilidade. Recurso não Provido. 1. Cuida-se de recurso em mandado de segurança interposto pela Câmara Municipal de Entre Rios contra acórdão proferido em sede de mandado de segurança assim sumulado (fl. 64): "Mandado de Segurança. Direito Constitucional. Processo

petências, além do reconhecimento de que tais litígios incidem sobre órgãos da mesma natureza.

Ressalta-se, contudo, que a doutrina predominante não tem achado coerente, em termos técnicos, admitir-se litisconsórcio entre o órgão público e a pessoa jurídica a qual este integra, mas ainda assim registramos que o STJ já se pronunciou favoravelmente a esta tendência.

É o caso do julgamento pelo STJ do Recurso Especial nº 241.637/BA, que teve como relator o ministro Garcia Vieira:

> Processual Civil. Câmara Municipal. Personalidade Judiciária. A Câmara Municipal não tem personalidade jurídica e sim judiciária, e pode estar em juízo defendendo os seus interesses. Tendo o Município interesse a defender na lide, deve ele figurar em seu polo passivo. Recurso provido.

Originariamente, trata-se de Ação Declaratória interposta contra o Município de Antônio Gonçalves, pelo seu ex-prefeito, com o fim de obter a declaração de nulidade do Decreto Legislativo nº 02/1993, e do julgamento das contas por ele prestadas à época de seu mandato. Ocorre que o demandante requereu a citação do aludido Município, na pessoa de seu representante legal, bem como da Câmara Municipal, na qualidade de litisconsorte necessária, para que ambas respondessem à demanda por ele proposta.

O juízo monocrático, contudo, indeferindo a inicial, argumentou que a legitimidade passiva seria da Câmara dos Vereadores, e não do Município. Apelando da decisão, não obteve melhor sorte o demandante, pois que o Tribunal *a quo* opinou pela ilegitimidade *ad causam* do Município, também conferindo a legitimidade da parte à Câmara dos Vereadores, e desautorizando o litisconsórcio entre ambos.

Por fim, por meio de recurso especial requereu então o demandante que o Município seja declarado parte legítima para integrar o polo passivo da demanda sob análise. O relator do processo entendeu inadequadas as razões do juiz de 1º grau, pois que, tendo sido a ação movida contra o Município, mas pedida a citação da Câmara dos Vereadores para responder como litisconsorte passivo, seria coerente que o juiz, em despacho saneador, mandasse citar a Câmara e mantivesse o Município como réu, admitindo, destarte, o litisconsórcio entre o órgão e a pessoa jurídica a qual pertence.

Vale observar que, na Administração direta, existe vinculação, a inter-relação entre os órgãos, caracterizando-se pela hierarquia. A hierarquia implica os poderes de comando, delega atribuição.

Frequentemente, utiliza-se a expressão Administração Centralizada como sinônima de Administração direta ou Central.

As pessoas da Administração indireta são ligadas também com o Estado. As autarquias, por exemplo, são ligadas ao Ministério onde está concentrada a sua principal atividade (o INSS é uma autarquia ligada ao Ministério da Previdência Social). Há uma ligação entre essas pessoas e a própria Administração direta, mas essa relação não é hierárquica. Todas têm órgãos de direção, assembleias, diretorias etc., que representam e dirigem essas pessoas. Existe, assim, uma vinculação, que é diferente de hierarquia. O nome dessa vinculação é tutela administrativa ou supervisão. Na tutela/supervisão só há controle finalístico de resultado, porém não existe o poder de comando real. Por exemplo, funcionários do IBGE entraram em greve e o ministro da área exigiu que o presidente do IBGE demitisse os cabeças do movimento; no entanto ele não demitiu ninguém. Se existisse uma relação hierárquica, haveria a obrigatoriedade de se

---

Civil. Câmara Municipal. Capacidade Judiciária. Legitimidade para propositura de *Mandamus*. Requisição de contas do Executivo Municipal pelo Ministério Público. Legalidade. 1. A Câmara Municipal tem capacidade processual para impetrar *writ* com escopo de defender suas prerrogativas. (grifo sobre o original). 2. O art. 31, § 3º, da Constituição não pode ser interpretado de forma a vedar a fiscalização do Ministério Público. 3. O ordenamento constitucional assegura ao *Parquet* plenos poderes para investigar o respeito aos direitos insculpidos na Carta Política. 4. A Administração Pública é regida pelo princípio da publicidade, não podendo se furtar ao controle popular. 5. Ordem denegada". A recorrente pugna pela reforma do julgado ao pálio de argumentação assim sintetizada: a) é ilegal, inconstitucional e abusiva a requisição, pelo Ministério Público, dos documentos relativos aos autos de prestação de contas do executivo municipal durante o prazo de acesso dos contribuintes nos termos do art. 31, § 3º, da Constituição Federal; b) só detém legitimidade para ter acesso às contas o contribuinte do município, sujeito passivo tributário assim definido no art. 156 da Constituição Federal; c) o *mandamus* não se voltou contra o acesso do MP às contas do chefe do Executivo Municipal mas, sim, a retirada do original da Sede Legislativa durante o prazo de sessenta dias, o que implica redução do direito subjetivo dos contribuintes. 2. O Ministério Publico detém amplos poderes de investigação podendo, inclusive, requisitar informações de órgãos públicos na forma estabelecida pelos arts. 129, II e VI, da Constituição Federal e art. 26, I, da Lei nº 8.625/1998. *In casu*, inexiste direito líquido e certo do impetrante a ser amparado na via mandamental. 3. Recurso ordinário não provido.(RMS 21419/BA. Recurso Ordinário em Mandado de Segurança 2006/0028132-0; Min. Rel. José Delgado. STJ; Primeira Turma; DJ 14/09/2006; p. 256)

cumprir a ordem. Poderia, no caso, ocorrer o surgimento de controle até político.

A descentralização por outorga cria uma nova pessoa jurídica.

A desconcentração é a subdivisão interna da pessoa jurídica; não cria nova pessoa jurídica. Se a desconcentração não vai criá-la, o que cria, então, são os famosos órgãos públicos. A pessoa jurídica da União tem como órgãos públicos a presidência da República, os ministérios, as secretarias etc. Há órgãos que possuem independência, isto é, têm liberdade de atuação, mas não são pessoas jurídicas, estando ligados a uma pessoa jurídica – a União Federal. Então, a desconcentração é uma subdivisão interna para agilizar a atuação de uma pessoa jurídica e, ao subdividir uma pessoa jurídica, evidentemente irá surgir a figura da hierarquia.

Exemplificando melhor: o Ministério Público, a defensoria pública, as procuradorias (Municipal, Estadual, da República, da Fazenda), entre outros, todos são órgãos públicos e, consequentemente, estão em uma pessoa jurídica; aqueles, porém, por si só, não são pessoas jurídicas. Diante disso, há uma pergunta interessante: se os órgãos mencionados não possuem personalidades jurídicas, como justificar a procuradoria do Estado atuar em juízo? Como se justifica o Ministério Público postular uma ação civil pública, se não possui personalidade jurídica própria? Como pode a defensoria pública defender os menos favorecidos economicamente, se não é pessoa jurídica?

A justificativa é a seguinte: para atuar em juízo, não é preciso ser pessoa jurídica. É preciso ter, apenas, capacidade processual para atuar em juízo. E quem confere a competência postulatória ao órgão público é a legislação e, em especial, a Constituição Federal, em cujo art. 129 verificamos a competência do Ministério Público de atuar em juízo. Igualmente acontece com a procuradoria do Estado, onde a Constituição Estadual atribui essa competência, adquirindo a capacidade processual-judiciária para atuar em juízo. Portanto, mesmo não sendo pessoa jurídica, nem possuindo personalidade jurídica própria, atuam, porque a legislação atribui a eles a personalidade judiciária. Órgão não é pessoa jurídica, está em uma pessoa jurídica. Daí, ser errado mencionar, a título de ilustração, que o estado de São Paulo está representado pelo seu governador. Este governador não tem procuração nenhuma, logo não está agindo em nome da pessoa jurídica; ele é a própria pessoa jurídica atuando. Por isso, a atual doutrina joga a teoria da representatividade para o lado, substituindo-a pela teoria da imputação. A procuradoria do Estado não é representante do Estado. Ela é o Estado em juízo, isto porque a Constituição Estadual atribuiu-lhe esta competência. Na verdade, quem representa o Estado é a empresa pública, sociedade de economia mista, a fundação e a autarquia, porque são todas pessoas jurídicas.

Podemos concluir, então, que os órgãos da Administração Pública Direta apresentam, como traços marcantes:

- *Ausência de personalidade jurídica.* Logo, não podem adquirir direitos e contrair obrigações, possuindo esta capacidade a pessoa política a que o órgão estiver vinculado;
- *Ausência de patrimônio próprio.* Se os órgãos não têm personalidade jurídica, por uma questão de lógica, não possuem condições de gerir patrimônio, pois todos os seus bens são dos entes da federação vinculativos. Consequentemente, no prédio onde funciona o órgão Ministério da Justiça pertence à União.
- Como regra geral, *ausência de capacidade processual.* Não há possibilidade do órgão figurar como autor ou réu numa determinada ação, em função de sua despersonificação. Cumpre frisar que tal incapacidade processual suporta exceções.

Há órgãos que são dispostos na estrutura da administração, segundo critérios técnicos e princípios organizacionais:

A) *Quanto à posição* na estrutura organizacional da Administração Pública, os órgãos podem ser: *independentes*, *autônomos*, *superiores* e *subalternos*. Os independentes são os criados ou previstos pela Constituição, estabelecidos fora da organização hierárquica da Administração Pública, os quais se posicionam no ápice da pirâmide da organização governamental, gozando de ampla autonomia administrativa e financeira, e se encarregam ainda de formular a política do Estado nas suas diversas áreas de atuação. Sem estarem sujeitos à hierarquização administrativa, submetem-se a controles especiais, previstos na Constituição. Este controle é, em geral, exercido por um poder sobre o outro. São exemplos de órgãos dessa espécie:

No Legislativo: Congresso Nacional, Senado Federal e Câmara dos Deputados, na esfera da União. Assembleias Legislativas, nos Estados-Membros e no Distrito Federal. As Câmaras Municipais, nos Municípios.

No Executivo: no âmbito Federal, a Presidência da República. No Estadual, a Governadoria e, no Municipal, a Prefeitura.

No Judiciário: Supremo Tribunal Federal, Superior Tribunal de Justiça, Tribunais Regionais Federais e juízes federais, Tribunal Superior do Trabalho, Tribunais Regionais do Trabalho e Varas do Trabalho, Tribunal Superior Eleitoral, Superior Tribunal Militar, Tribunais Regionais Militares, na União. Tribunal de Justiça, Tribunal do Júri e Varas de Juízo Comum, nos Estados.

Órgãos Independentes: O Ministério Público Federal e os Ministérios Públicos Estaduais, os Tribunais de Conta da União (Estados e Municípios). Depois da Constituição de 1988, os municípios ficaram proibidos de instituir o seu próprio Tribunal de Contas, mas foram mantidos os já existentes.

Órgãos autônomos estão situados logo abaixo dos independentes e na parte superior da pirâmide administrativa; os órgãos hierarquicamente inferiores subordinam-se a eles. São órgãos autônomos os diretamente subordinados aos chefes dos órgãos independentes. Exemplo: Ministério de Estado, Secretarias Federais, Consultoria Geral da República, Secretarias Estaduais e Municipais. São órgãos de direção, com função de supervisão, coordenação, observadas as diretrizes traçadas pelos órgãos independentes.

Órgãos superiores são os situados na ordem hierárquica imediatamente abaixo dos autônomos; não gozam de autonomia financeira nem administrativa. Limitam-se ao planejamento das atividades que lhes competem e ao acompanhamento da execução de suas atividades-fins, a cargo, normalmente, de órgãos subalternos. Ex.: Superintendências, Departamentos, Divisões, Gabinetes, Procuradorias Administrativas.

Órgãos subalternos: os situados na base da estrutura administrativa; função executiva, sem liberdade de planejamento. Rigorosamente seguem o planejamento levado a efeito pelo órgão superior a que se subordinam. Ex.: Serviços e Seções.

B) *Quanto à estrutura* dos próprios órgãos, estes podem ser órgãos *simples* e órgãos *compostos*.

Órgãos simples: exercem suas competências por intermédio de um órgão de uma única competência, localizados na parte inferior da escala hierárquica da Administração Pública, sem subdivisões. Exemplo: seções das repartições públicas, órgão de menor complexidade ou de nenhuma complexidade.

Órgãos compostos: integrados por outros órgãos; subdividem em vários outros, por meio dos quais exercem as atividades-fins que lhes competem. Ex.: Ministérios e as Secretarias de Estados, Congresso Nacional (formado pela Câmara e pelo Senado).

C) *Quanto à atuação funcional*, os órgãos se dividem em singulares e colegiados.

Órgãos singulares: agem e atuam por meio de um só agente, o seu titular; têm competência para decidir pelo órgão que dirige, a despeito de vários outros agentes atuarem na mesma condução das atividades do órgão. Os agentes inferiores, internamente, podem opinar, mas a decisão é do agente superior. Ex.: Secretarias de Estado. O titular da pasta é quem decide em nome dela, valendo-se, em geral, de pareceres e informações elaboradas por agentes subordinados; tais manifestações inferiores não têm validade jurídica enquanto não aprovadas pela autoridade máxima do órgão a que pertencem. A Presidência da República e as Governadorias são exemplos desses órgãos, bem como os Ministérios (só há um ministro para cada Ministério).

Órgãos colegiados: compostos por diversos membros, os quais decidem em conjunto; instalam suas reuniões com a presença da maioria absoluta dos respectivos membros. As decisões são tomadas pelo voto da maioria dos presentes à reunião. O ato que materializa a decisão dessa espécie denomina-se deliberação. Exemplo: Conselho de Contribuinte e demais conselhos, juntas e comissões. São constituídos por vários agentes (Tribunais e Congresso Nacional).

8. Entes da Administração Indireta (Personalidade Própria – DL nº 200/1967)

As entidades da Administração indireta são criadas para prestarem serviços públicos ou de interesses públicos delegáveis.

Passaremos, agora, ao estudo das entidades que integram a Administração Pública indireta, analisando, entretanto, antes de tudo, os motivos que levam o Estado a descentralizar seus serviços e quais os princípios que regem essa descentralização.

A descentralização obedece a exigências do bom andamento dos serviços públicos. A concentração das tarefas no âmbito de uma única célula de competências provocaria disfunções decorrentes do acúmulo de trabalho e da diversidade da natureza dos serviços prestados. É para que essas disfunções não ocorram que o Estado descentraliza as suas atividades.

No que se refere aos princípios que regem essa delegação de competências administrativas aos entes da Administração indireta, o prof. Carvalho Filho enumera três deles, a saber: (a) o da reserva legal; (b) o da especialidade; e (c) o do controle.

O *princípio da reserva legal* indica a necessidade de haver uma participação, ao menos, do Poder Legislativo, para que se crie uma entidade da Administração indireta. Em alguns casos, é o próprio Legislativo quem as cria; em outros, esse Poder autoriza quem o Executivo as crie. Depende, como veremos, da espécie de ente administrativo que está sendo criado.

Por outro lado, o princípio da especialidade indica a necessidade de o ato legislativo, criador ou autorizativo da criação, discriminar as atividades que serão desenvolvidas pelos entes da Administração indireta, de modo a restringir a liberdade do Poder Executivo na condução do processo de descentralização.

Derradeiramente, o princípio do controle indica a impossibilidade de a atuação das entidades da Administração indireta se dar de forma totalmente livre. Neste sentido, tais entes administrativos desempenham suas atividades de acordo com algumas orientações da Administração direta, podendo-se notar controle de diferentes naturezas, a saber: (I) político; (II) institucional; (III) administrativo; (IV) financeiro.

Pelo *controle político ou tutela*, a entidade central determina as metas que deverão ser perseguidas pelas entidades controladas, de modo a que não se note incoerência entre a atuação destas e daquela, com previsão no art. 26 do DL 200/1967.

Esse controle se viabiliza pela atribuição da competência para nomear e exonerar, livremente em qualquer dos dois casos, os dirigentes daquelas entidades.

Essa questão havia sido pacificada pelo STF, dando origem ao Verbete nº 25:

> Dirigentes de autarquia, mesmo quando nomeados a termo fixo para exercício do mandato, portanto, podem ser exonerados a qualquer momento pelo presidente da República.

Com a criação das agências reguladoras federais em diversos Estados, esta questão voltou à baila para se saber se as leis criadoras dessas agências, sob a forma de autarquias, poderiam os dirigentes ser exonerados, a qualquer tempo, pelo presidente da República. A questão foi ao Supremo, que decidiu da seguinte maneira:

> É constitucional a lei que submete a nomeação dos dirigentes de agências reguladoras a prévia aprovação legislativa, em homenagem ao art. 52, III, *f* da Constituição da República ("é atribuição do senado federal aprovar previamente, por voto secreto, após arguição pública, a escolha de [...]").

O controle institucional, por sua vez, confere à Administração direta o poder de exigir que o ente da Administração indireta não extrapole os limites de atribuições fixados no ato legislativo de criação ou de autorização de sua criação. Vale dizer, proíbe-se que exerça atividades não previstas no estatuto criador ou que este contenha autorização para o exercício de atividade não prevista no referido ato legislativo.

No que tange ao controle administrativo, faculta-se ao ente central a fiscalização da atividade administrativa da entidade da Administração indireta.

Por fim, o controle financeiro se dá sobre a contabilidade e sobre o financeiro do ente descentralizado.

Passemos, enfim, à análise de cada uma das entidades da Administração indireta.

8.1. Autarquia

8.1.1. Conceito

Na realidade, as autarquias são quase um prolongamento personalizado da Administração Pública direta, funcionando como *apêndice* do Estado, um prolongamento do Estado.

A definição de autarquia pode ser buscada tanto no plano doutrinário como no plano legal, já que a legislação resolveu delimitar de maneira mais precisa esse conceito tão importante para o Direito Administrativo.

Antes de qualquer coisa, observa-se que o termo "autarquia" significa independência e, no âmbito do Direito Administrativo, vai designar o grau de independência administrativa de que goza essa espécie de pessoa jurídica integrante da Administração Pública indireta.

O prof. Diogo de Figueiredo Moreira Neto definiu a Autarquia como

> uma entidade estatal da Administração indireta, criada por lei, com personalidade jurídica de Direito Público, descentralizada funcionalmente, para desempenhar competências administrativas próprias e específicas, com autonomia patrimonial, administrativa e financeira[13].

Já o prof. José dos Santos Carvalho Filho trata a autarquia como sendo

> a pessoa jurídica de Direito Público, integrante da Administração indireta, criada por lei para desempenhar funções que, despidas de caráter econômico, sejam próprias e típicas do Estado[14].

Tais definições doutrinárias não se afastam essencialmente do conceito fornecido pelo art. 5º, I, do Decreto-lei nº 200, de 25/02/1967, *ipsis litteris*:

---

13 MOREIRA NETO, Diogo de Figueiredo. *Curso de Direito Administrativo*, 14ª ed., Rio de Janeiro: Forense, 2005, p. 245.

14 CARVALHO FILHO, José dos Santos. *Ob. cit.*, p. 337.

Art. 5º – Para os fins desta lei, consideram-se:

I – Autarquia – o serviço autônomo, criado por lei, com personalidade jurídica, patrimônio e receita próprios, para executar atividades típicas da Administração Pública, que requeiram, para seu melhor funcionamento, gestão administrativa e financeira descentralizada.

Repare que, com maior ênfase em uns pontos e menor em outros, a definição legal é praticamente copiada pela doutrina, já que apresentada de forma bastante inteligente pelo legislador.

Diga-se, ainda, que, embora o Decreto-lei nº 200, de 25/02/1967, seja disciplinador da Administração Pública Federal, a verdade é que tal definição serve para qualquer esfera governamental, sendo certo que as legislações dos Estados e Municípios basicamente copiam a definição legal supratranscrita.

Para confirmar o que se disse, confira a redação do art. 77, § 2º, da Constituição do Estado do Rio de Janeiro:

Art. 77 –

[...]

§ 2º – Considera-se:

I – Autarquia – o serviço autônomo criado por lei, com personalidade jurídica de direito público, patrimônio e receita próprios, para executar atividades típicas da administração pública, que requeiram, para seu melhor funcionamento, gestão administrativa e financeira descentralizada.

Na data que a lei instituidora entrar em vigor, a autarquia começa a existir como pessoa jurídica.

A Lei Orgânica do Município do Rio de Janeiro não definiu as autarquias. Entretanto, diferentemente de tudo o que poderia esperar, as incluiu entre os órgãos da Administração direta, negando-lhes personalidade jurídica própria. Tal conclusão se alcança a partir da leitura atenta dos arts. 141 e 142 daquele diploma normativo.

O primeiro menciona que a Administração direta é integrada por órgãos sem personalidade jurídica. O segundo classifica esses órgãos em: de direção e assessoramento superior, de direção e assessoramento intermediário e de execução. E, finalmente, o § 2º do art. 142 diz que as autarquias e fundações são órgãos de assessoramento intermediário.

Mais à frente analisaremos qual o impacto dessas equivocadas disposições e responderemos, a final, se as autarquias e fundações do Município do Rio de Janeiro são dotadas de personalidade jurídica.

8.1.2. Características

Autarquia, sendo um sujeito auxiliar direto do Poder Público, funciona como uma parcela, um apêndice do Estado. Deve executar somente serviços próprios/típicos do Estado, em condições idênticas às do Estado, gozando, por consequência, os mesmos privilégios e vantagens da Administração Pública. Realiza qualquer serviço público essencial, mas é indicada especificamente para aquele que requeira mais especialização, que apenas por questões de eficiência e maior economicidade é autarquizada, por isso exatamente é dotada de autonomia administrativa, financeira e pessoal especializado, liberto da burocracia comum das repartições centralizadas. É independente, mas não é autônoma. Administra-se a si mesma. Age por interesse próprio.

A essência do Estado não é visar lucros, raciocínio extensivo, também, às autarquias. Logo, serviços bancários ou de fabricação de produtos industriais jamais podem ser prestados por autarquias.

A autarquia é uma mão extensa do Estado, *longa manus*, portanto, nunca terá a forma de empresa, pois não tem fins lucrativos.

Há distinção entre atividade típica e atípica do Estado? O que se chama de atividade típica só pode ser explicada como as atividades que o Estado deve realizar diretamente, dada a transcendência. Então, serviço de segurança pública é uma atividade típica, razão pela qual o Estado não pode delegar a terceiros. Na atividade atípica, admite-se que alguém a execute. Apresentar o rol de atividades típicas ou atípicas é quase impossível, porque é o momento social que vai determinar a eleição desses valores. Hoje, nos Estados Unidos, há prisões-empresas. O Estado, lá, está delegando a particulares a execução de serviço de pena, o que é para nós, serviço típico do Estado. Quem sabe se daqui a 20 anos, no Brasil, o Estado estará delegando a particulares esse serviço? A situação pode ser outra e os segmentos da sociedade considerarem, com normalidade, tal delegação.

Quais seriam as atividades típicas ou próprias do Poder Público? O que é serviço típico do Estado, inegavelmente, depende do momento político, das circunstâncias. O fato social é que vai determinar o grau de intervenção do Estado nas atividades. O serviço público pode evoluir ou não. Daí, o que hoje se considera serviço típico, amanhã pode não ser mais. O Decreto-lei nº 200, em seu art. 5º, aduz que as autarquias realizam atividades típicas ou próprias do Estado. Há, porém, certas atividades às quais o Estado, hoje, não pode delegar a sua execução, devendo, unicamente, executá-las diretamente, em função de que, nessas determinadas atividades, o Estado deve apresentar-se investido do seu poder de império. Por exemplo: a segurança pública – não se concebe, no Brasil, que esse serviço seja realizado a não ser pelo Estado.

A doutrina reconhece que a Administração Pública possui, atualmente, cinco grandes atividades típicas.

Vejamos alguns exemplos de autarquias para cada uma dessas atividades típicas do Poder Público:

1. A Autarquia que atua no *poder de polícia*. Exemplo: Ibama – Instituto Brasileiro do Meio Ambiente e dos Recursos Naturais Renováveis, autarquia federal que controla o meio ambiente, atuando no sentido de preservação ambiental, impondo multas, embargando obras. Evidentemente, é uma autarquia que tem *poder de polícia*.
2. Autarquia de *serviço público*. Exemplo: CNEN – Conselho Nacional de Energia Nuclear, vinculada ao Gabinete do ministro extraordinário de projetos especiais. A princípio, o Brasil se compromete a não usar energia nuclear para fins bélicos, e sim, somente, para fins pacíficos. Outro exemplo seria o Denit (Departamento Nacional Infraestrutura de Transportes).
3. Intervenção na *ordem econômica*. Exemplo: Cade – Conselho Administrativo da Ordem Econômica, que foi criado para controlar o abuso do poder econômico.
4. Intervenção na *ordem social*. Exemplo: INSS – Instituto Nacional de Seguro Social. Atua na ordem social para fins de organização e benefícios da Previdência e da Seguridade Social.
5. *Fomento público*. Exemplo: DNOCS – Departamento Nacional de Obras Contra as Secas, no qual o Estado interfere, apoiando e dando suporte à iniciativa privada, estimulando ou desestimulando determinados comportamentos.

O fomento público ocorre, por exemplo, quando o Poder Público dá incentivos fiscais, visando à promoção de instalação de indústrias numa determinada região.

Vale acrescentar que não é lícito a autarquia terceirizar os serviços públicos que constituem a finalidade para a qual foi criada, por contrariar à lei e aos princípios que regem a Administração Pública, importando em violação ao princípio da especialização.

8.1.3. Criação, Extinção, Organização e Transformação

Como se pode extrair das definições anteriormente transcritas, as autarquias são criadas por lei ordinária, cujo projeto é de iniciativa reservada ao chefe do Poder Executivo respectivo. Então, se for uma autarquia federal, a sua instituição vai depender de um projeto de lei oferecido pelo presidente da República; se for uma autarquia estadual, será o governador quem vai oferecer o projeto da lei instituidora; e, se for uma autarquia municipal, a autoria do projeto será do prefeito[15].

Entretanto, de onde se retira essa obrigatoriedade? Naturalmente que da Constituição, que, em seu art. 37, XIX, reza:

> *Art.37 – [...].*
> *XIX – somente por lei específica poderá ser criada autarquia e autorizada a instituição de empresa pública, de sociedade de economia mista e de fundação, cabendo à lei complementar, neste último caso, definir as áreas de sua atuação*[16].

O dispositivo constitucional acima transcrito diz que o instrumento de criação será uma *lei específica*, sem, entretanto, precisar o significado da expressão. O que seria, então, uma lei específica?

Há a possibilidade de se entender que lei específica é aquela que versa somente determinado tema. *In casu*, a lei criadora da autarquia não poderia tratar de outro assunto senão sobre a estrutura organizacional dela, suas finalidades, sua vinculação a este ou aquele órgão da Administração direta, seus diretores, forma de nomeação e de exoneração etc.

A outra possibilidade é a de considerar como *lei específica* aquela que deve ser editada em cada âmbito da Federação. Assim, a criação de uma autarquia federal deveria ser mediante a edição de uma lei federal; a cria-

[15] Correta a observação de Celso Antonio Bandeira DE MELLO: "Pode ocorrer de existirem autarquias 'dentro' de autarquias. Assim, a autarquia Hospital das Clínicas do Estado de São Paulo é uma autarquia dentro da autarquia Universidade de São Paulo. Em casos desta ordem, o controle pode ser exercido por órgãos da entidade autárquica na qual outra esteja inserida, sem prejuízo daquele exrcitado sobre a 'autarquia-mãe' pela Administração-Geral (*in Curso de Direito Administrativo* p. 149-150).

[16] No regime da Constituição de 1967, não havia essa reserva legal para a criação das autarquias, tanto assim que o Supremo Tribunal Federal, ao julgar o Recurso Extraordinário nº 167.313-3/SC, exarou decisão com a seguinte ementa: "Constitucional e Administrativo. Empresa Pública Estadual. Transformação em Autarquia por meio de Decreto. Servidor. Estabilidade. Leis nº 5.784/198/1980 e nº 8.245/1991, do estado de Santa Catarina. Art. 19 do ADCT. A Emenda Constitucional nº 01/1969, diferente do que fez a Carta de 1988, no inciso XIX do art. 37, não reservou à lei a criação de autarquia ou a transformação da natureza jurídica dos entes da administração pública. Impossibilidade, por outro lado, em face da Súmula nº 279, de o STF examinar alegação de que o recorrido não contava, em outubro de 1988, com os cinco anos de serviço initerrupto exigidos pelo art. 19 do ADCT. Recurso Extraordinário não conhecido.

ção de uma autarquia estadual pela edição de uma lei estadual; a criação de uma autarquia municipal pela edição de uma lei municipal.

No nosso caso, parece-nos que as duas possibilidades devem atuar simultaneamente. Vale dizer, quando a Constituição se refere à *lei específica*, no inciso XIX do art. 37, está a exigir que a lei criadora da autarquia não trate de outro assunto que, desta ou daquela forma, não se relacione com o tema central e, além disso, está exigindo que a criação de uma autarquia se faça por ato legislativo do ente federativo a que estiver vinculada.

Essa segunda exigência, aliás, é óbvia e decorre da adoção da forma federativa de Estado (CRFB/1988, arts. 1º e 18). Afinal, falar em *federalismo* é atribuir autonomia política, financeira e administrativa aos entes que, juntos, compõem o Estado federal.

As autarquias são criadas por lei, não por uma norma qualquer, mas, sim, lei específica, de acordo com a previsão constitucional (art. 37, XLX). Sua criação ocorre justamente no momento em que a lei entrar em vigor, independentemente de qualquer registro público ou de seus estatutos por ser pessoas jurídicas de Direito Publico, diferentemente, por exemplo, da empresa pública e da sociedade de economia mista, que só passam a existir, quando possuírem seus atos constitutivos registrados na junta comercial.

Por derradeiro, é inevitável concluir-se que há tanto a possibilidade de revogação total das atribuições de uma autarquia (ab-rogação) quanto a revogação parcial de tais atribuições (derrogação), mas tudo deverá estar fundamentada em lei específica.

Autarquia, ao entrar no âmbito da existência jurídica com a lei, essa mesma lei, também, vai fixar o patrimônio da autarquia, enumerando os seus recursos e bens. Normalmente, os recursos são taxas, verbas orçamentárias, doações, subvenções, acrescido de bens do ente criador a serem transferidos.

A autarquia tem orçamento próprio, autônomo e desvinculado da entidade estatal matriz, mas pode receber auxílio da Administração que a instituiu. Este auxílio deverá constar das dotações globais da despesa e da receita do orçamento geral do Executivo. O orçamento da autarquia sempre passa pelo controle do Executivo, para ser aprovado por decreto, e enviado à consideração final do Legislativo, se assim o determinar expressamente a lei que a instituiu.

Em concurso para ingresso na classe inicial da Carreira de Procurador da República, perguntou-se aos candidatos:

Estado do Apunã do Sul e seu vizinho Pará, decidem fomentar o desenvolvimento regional criando autarquia destinada a financiar projetos de desenvolvimento nos dois estados. A autarquia interestadual, criada por lei, recebe o nome de Banco de Desenvolvimento do Centro-Norte Paraense-Apunamense. Alegando sua natureza jurídica de autarquia, pleiteia imunidade tributária com base no art. 150, VI, § 2º, da CF. A AGU impetra ação junto ao STF contestando a constitucionalidade do ente autárquico e a imunidade tributária da autarquia interestadual.

Você, como ministro relator do caso, que solução dará à contenda?

Em virtude da *autonomia federativa* (art. 18, da CF), os entes federativos têm competência para criar suas autarquias. Contudo, não podem criar autarquias interestaduais ou intermunicipais, pois essas pessoas jurídicas de Direito Público têm caráter de vinculação com o ente federativo que as cria e são descentralizações de serviços públicos específicos pertinentes à pessoa federativa criadora[17].

> Se há interesse comum entre estados da Federação em executar serviços comuns, tais serviços deverão ser executados sob a forma de convênios ou consórcios administrativos, constituindo essa forma de cooperação, a gestão associada prevista no art. 241 da Constituição. Esta é que deve ser a solução, e não a criação de autarquia única (ou outra pessoa descentralizada) para interesse de diversos entes[18].

Quanto à exigência de que haja uma lei para a criação de cada autarquia, o prof. Jessé Torres Pereira Júnior adverte que

> [...]da Emenda 19 não se infere que deverá existir uma lei para cada instituição, sendo possível imaginar-se uma lei autorizativa para um conjunto de entidades [...][19].

Portanto, quando a Constituição se refere, no art. 37, XIX, a lei específica, está dizendo acerca da necessidade de a lei criadora da Autarquia ser editada pelo ente ao qual estará vinculado o ente administrativo e, também,

[17] *Informativo STF* nº 247: "Não há a possibilidade de criação de autarquia interestadual mediante a convergência de diversas unidades federadas."

[18] É oportuna a intervenção de José dos Santos CARVALHO FILHO, *Manual de Direito Administrativo.*18ª ed.,Rio de Janeiro: Lumen Juris, 2007, p. 419.

[19] PEREIRA JÚNIOR, Jessé Torres. *Da Reforma Administrativa Constitucional.* Rio de Janeiro: Renovar, 1999, p. 156.

de a lei não tratar de outro assunto, sem que isso signifique vedação de uma lei criar mais de uma pessoa jurídica dessa natureza.

Consequência dessa exigência de lei para a criação da autarquia é a do mesmo veículo normativo para a extinção daquele ente administrativo. Ou seja, em atenção ao princípio da simetria ou paralelismo das formas jurídicas, as autarquias se extinguem por lei. E esta que extingue a autarquia também será de iniciativa reservada ao chefe do Poder Executivo. Isso está previsto no art. 37, XIX, da Constituição da República e no art. 61, § 1º, II, alínea *e*, também da Constituição Federal. Trata-se, na verdade, de irradiação do princípio da simetria das formas jurídicas, pelo qual a forma de nascimento dos institutos jurídicos deve ser a mesma para a sua extinção. Ademais, não poderia ato administrativo dar por finda a existência de pessoa jurídica instituída por lei, já que se trata de ato de inferior hierarquia[20].

Será que a transferência de patrimônio do ente criador para a autarquia se efetiva com a lei? Majoritariamente, o domínio dos bens imóveis decorre da lei, produzindo efeito *erga omnes*, isto é, ninguém pode desconhecê-la, sem necessidade de registro, porque, nessa hipótese, a autarquia, em virtude de lei, será proprietária, exercendo seus direitos sobre os imóveis sem que haja necessidade de matriculá-lo no Registro Imobiliário, ocorrendo, junto a tal registro, à margem da matrícula, somente breve anotação da ocorrência, mencionando, inclusive, o número da lei, a denominação da autarquia e a data de sua vigência. Entretanto, na parte pertinente a imóveis, se a constituição deste patrimônio for por escritura pública, inquestionavelmente o registro no RGI da situação do imóvel se faz necessário. Não se admite transferência de bens imóveis por via de decreto ou por qualquer outro ato administrativo unilateral. No caso de bens móveis, a mudança se materializa com o termo administrativo de transferência.

Insta observar que, sempre foi tranquila a doutrina, se a constituição deste patrimônio na parte relativa a imóveis for por escritura pública, torna-se imperativo o registro no competente cartório do Registro de Imóveis da situação do bem.

Seus bens e rendas são patrimônio público com destinação especial e podem ser utilizados, onerados e alienados na forma regulamentar, independentemente de autorização legislativa especial.

A organização e a estruturação das autarquias, tranquilamente, podem se operacionalizar e ser regulamentadas por decreto do chefe do Executivo.

É prudente mencionar que a iniciativa da criação da lei específica é de competência, única e exclusiva, do chefe do Executivo, sendo indelegável, como reza o art. 61, § 1º, II, *e*, do Texto Constitucional.

A transformação de uma autarquia também deverá ocorrer por lei específica, organizando-se e estruturando-se por decreto, isto porque a transformação é entendida como criação. O BNH, que já foi autarquia, para se transformar em empresa pública, não enfrentou impedimento, bastando a existência de lei. Nessa hipótese, permanece o mesmo conteúdo, alterando somente o regime jurídico.

Outro exemplo significativo, o Cade, que era um mero órgão público, não possuía, consequentemente, personalidade jurídica, foi transformado em autarquia. Aí, o Cade ganhou mais liberdade de ação e, como pessoa jurídica, contrai direitos e obrigações em seu nome, tendo mais força de atuação, em especial, porque a Lei nº 8.884/1994, definiu, com mais clareza, os crimes contra a ordem econômica. E qual o fundamento da criação dessa autarquia, pois, como órgão tinha as mesmas características? Logicamente, para maior liberdade administrativa e financeira, liberdade de ação e, até, para fugir do rigor hierárquico.

No tocante à criação de subsidiária de autarquia, obrigatoriamente, dependerá de lei autorizadora, com iniciativa exclusiva do Executivo, em conformidade com o art. 37, XX, da Constituição Federal.

Criada para funcionar por tempo indeterminado, num certo dia, uma autarquia criada com o *animus* de perenidade chega ao seu fim por não mais ser conveniente à sociedade, ou porque o serviço que presta deixou de ser importante ou por ter sido transferido para outra entidade. Então, será extinta por meio de lei especial (e não por decreto do chefe do Executivo da entidade-mãe). O patrimônio apurado na liquidação será reintegrado à origem, isto é, devolvido ao Estado, acrescido do que lhe fora agregado durante a existência da entidade em extinção. No caso de os serviços serem transferidos a outra entidade pública, o patrimônio da autarquia poderá destinar-se a novas prestadoras dos mesmos serviços.

Uma vez criada por lei, a autarquia será organizada por ato administrativo, com a forma de decreto regulamentar.

[20] CARVALHO FILHO, José dos Santos. *Ob. cit.*, p. 340.

8.1.4. Personalidade Jurídica

Como vimos, sejam os conceitos doutrinários, sejam os normativos, todos se referem à autarquia como pessoa jurídica e, portanto, como sendo titular de personalidade jurídica própria, independente daquela que se atribui aos entes federativos que a podem criar[21].

Diferentemente do que ocorre com as sociedades, o nascimento da personalidade jurídica das autarquias se dá com a só publicação da lei que a cria, sem a necessidade de se arquivar um "ato constitutivo" em qualquer espécie de registro público. Atente-se, entretanto, para o fato de que o Superior Tribunal de Justiça decidiu, recentemente, de maneira muito estranha – a nosso ver, completamente equivocada – que as pessoas jurídicas só adquirem personalidade com o registro no Cadastro Nacional das Pessoas Jurídicas – CNPJ, do Ministério da Fazenda, que, na verdade, é apenas um cadastro daquele órgão da Administração direta federal para fins tributários.

Há, ainda, que se falar na natureza pública da personalidade jurídica das autarquias. Essa característica, que se funda no fato de tais entes da Administração indireta desempenharem atividades próprias do Estado, confere-lhes autoridade e supremacia próprias das entidades federativas e, *ipso facto*, a possibilidade de gozarem de certas prerrogativas que as pessoas jurídicas de Direito Privado não podem gozar[22].

Quanto às autarquias do Município do Rio de Janeiro, devemos analisar se são dotadas ou não de personalidade jurídica, visto que os arts. 141 e 142, *caput* e § 2º da LOMRJ às incluem entre os órgãos despersonalizados de direção e assessoramento intermediário. Tais autarquias, então, são pessoas jurídicas ou órgãos da Administração direta.

Antes de se anunciar uma conclusão, convém observar que os Municípios são entes federativos e, como tais, gozam de autonomia política, podendo, pois, se autoconstituírem mediante a elaboração de suas leis orgânicas. Trata-se da manifestação do chamado Poder Constituinte Decorrente que, nos termos do art. 29 da Constituição de República, é limitado.

Assim, os Municípios não são plenamente livres para dispor sobre sua organização, devendo, antes, observar os preceitos da Constituição do Estado e da Constituição da República, senão vejamos:

> *Art. 29 – O Município reger-se-á por lei orgânica, votada em dois turnos, com interstício mínimo de dez dias, e aprovada por dois terços dos membros da Câmara Municipal, que a promulgará, atendidos os princípio estabelecidos nesta Constituição e na Constituição do respectivo Estado e os seguintes preceitos: [...]*

Em primeiro lugar, nota-se que se fosse apenas um órgão do Estado, a autarquia não seria criada por lei, como o exige o art. 37 da Constituição da República, já que a *lei* é ato que necessita da participação dos Poderes Legislativo e Executivo. Se fosse órgão do Estado, mero ato administrativo poderia criar a autarquia, sob pena de se atentar contra o princípio da separação dos Poderes.

Daí se retira que o § 2º do art. 142 da Lei Orgânica do Município do Rio de Janeiro afronta o art. 37, XIX, da Constituição da República. Embora este não seja expresso no sentido de ser a autarquia uma pessoa jurídica, pode-se extrair essa conclusão da interpretação procedida no parágrafo anterior.

Ademais, é de se ver que a LOMRJ deve respeito não só à Constituição da República, mas também à do Estado, que, além de repetir a exigência de lei para a criação das autarquias (art. 77, XXI), conceitua essa espécie de ente integrante da Administração indireta, mencionando, expressamente, que as autarquias têm personalidade jurídica (art. 77, § 2º, I).

Portanto, reconhece-se que o § 2º do art. 142 da LOMRJ é inconstitucional na parte em que inclui as autarquias entre os órgãos da Administração indireta, sendo passível, inclusive, de controle abstrato nos termos do art. 125, § 2º da Constituição da República e do art. 161, IV, *a*, da Constituição do Estado do Rio de Janeiro.

---

[21] Foi com base nesse entendimento que o Superior Tribunal de Justiça, no julgamento do Recurso Especial nº 327.332-SC, exarou decisão assim ementada: "Administrativo. Servidores Públicos Estaduais. Gratificação de Responsabilidade Técnica. Departamento de Estradas de Rodagem. Ilegitimidade Passiva *Ad Causam* da Secretária de Estado da Administração. Legitimidade do Diretor Geral da Autarquia. 1. O Departamento de Estradas de Rodagem é uma autarquia estadual, com personalidade jurídica própria e autonomia administrativa e financeira, portanto, deve figurar no polo passivo do mandado de segurança apenas seu diretor-geral, pois não possui legitimidade passiva *ad causam* a Secretária de Estado da Administração. O Estado e suas respectivas autarquias têm, cada qual, sua própria personalidade jurídica. 2. Recurso Especial conhecido". No mesmo sentido o TJMT; Terceira Turma, Apelação Cível nº 838: "Tratando-se de ato praticado pelo funcionário da autarquia que tem personalidade própria e autonomia financeira e administrativa, compete-lhe responder pelos eventuais danos causados por aquele."

[22] É por isso que o Supremo Tribunal Federal, no julgamento da ADIn nº 1.717/DF, entendeu que as autarquias profissionais não podem ter sua personalidade jurídica alterada19 por ser de direito privado, tal qual constou da Lei nº 9.649/1998, declarada inconstitucional. A propósito, confira-se um trecho interessante da ementa do acórdão que julgou o Conflito de Competência nº 33.323/DF, do Superior Tribunal de Justiça: "[...] as entidades fiscalizadoras de profissões, entre elas o Conselho Federal de Farmácia, retornaram à condição de autarquias federais, dotadas de personalidade jurídica de Direito Público."

Convém esclarecer, por fim, que as autarquias do Município do Rio de Janeiro são constituídas sob a forma de pessoa jurídica de Direito Público, como determina a normatividade aplicável, ignorando a falha antes apontada da lei orgânica.

8.1.5. Forma

A lei não fala da forma que é estabelecida para a autarquia. Trata-se de uma pessoa jurídica autônoma e independente, em relação ao Estado. É intraestado, ou seja, está dentro do Estado, possuindo uma capacidade de gestão administrativa e financeira autônoma.

Diogo Figueiredo faz a seguinte abordagem:

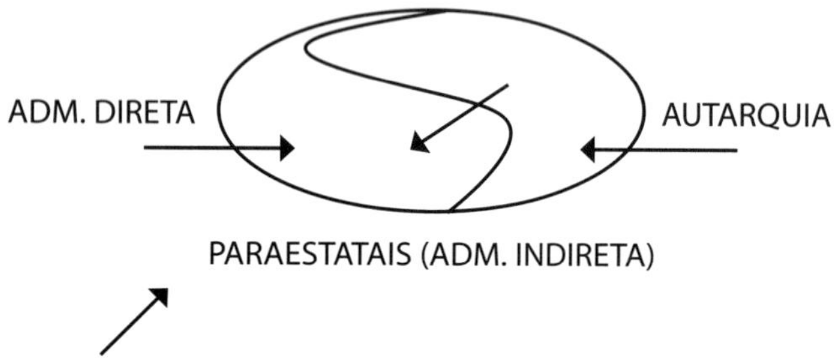

A autarquia está mais próxima da Administração direta do que qualquer outra entidade encontrada na indireta, está mais relacionada porque tem a mesma personalidade jurídica e, atua rigorosamente de modo idêntico; por isso a denominação infra ou intraestatal.

Existem outras posições doutrinárias, como a do Celso Antônio Bandeira de Melo, que denomina autarquia de *longa manus*; ou seja, é um braço do Estado.

A lei instituidora da autarquia é que vai estabelecer o grau maior ou menor de autonomia política. Por exemplo, de acordo com a posição do STF, é constitucional que a lei estabeleça mandatos sem possibilidades de exoneração *ad nutum* pelo chefe do Poder Executivo. Por outro lado, pode a lei criadora dar um grau maior ou menor da autonomia administrativa financeira, criando ou não recursos hierárquicos impróprios das decisões finais das autarquias para Ministérios ou para os chefes do Poder Executivo.

8.1.6. Objeto

A autarquia é a entidade da Administração indireta mais próxima da Administração Pública direta justamente por causa de seu objeto.

O objeto da autarquia é tipicamente estatal, mas com um detalhe: esta atividade exercida pela autarquia, apesar de ser considerada uma atividade típica do Estado, é, no entanto, desinteressante para Administração Pública direta.

Por exemplo, todas as universidades federais são autarquias. O ensino é atividade típica do Estado mas não há interesse dessa atividade (ensino) ser prestada pelo MEC (Ministério da Educação e Cultura), um órgão da Administração Pública direta.

Convém frisar que os objetos das autarquias não estão previstos em nenhuma disposição legal.

Também é comum a referência às atividades próprias do Estado ou da Administração Pública nas definições de autarquias. O que se diz é que as autarquias são criadas para desempenhar atividades próprias do Estado. Entretanto, o que é considerado e o que não é tido como uma atividade própria do Estado? Essa é a pergunta que se põe.

A resposta a essa indagação depende do modelo de Estado que se adote: o Estado liberal, o do bem-estar social ou o socialista. Isso porque, nessas diferentes espécies de formatação estatal, diversas são as considerações acerca do que seja uma atividade própria do Estado.

A Constituição de 1988 adota a posição intermediária entre o Estado liberal-burguês e o Estado socialista. Esse Estado do bem-estar social é diferente do liberal por intervir na economia para conter os abusos do poder econômico. É diferente, também, do Estado socialista, por manter nas mãos da iniciativa privada a produção econômica, só admitindo a atuação estatal como agente econômico, diretamente, em casos excepcionais (art. 173, *caput*). As funções típicas do Estado no âmbito econômico são a normatização, fiscalização, incentivo e planejamento (art. 174).

Em feliz síntese, Marcos Juruena Villela Souto aponta que a solução para o desajuste que sempre há nas extremistas concepções de Estado socialista e o liberal foi a criação do Estado do bem-estar social,

> no qual, asseguradas a propriedade privada e a livre-iniciativa, é preconizada a "função social do detentor da riqueza". Destarte, a propriedade e a atividade econômica são reservados à iniciativa privada como meios de assegurar o bem-estar social, cabendo ao Estado um papel incentivador e regulador (daí resultando a fiscalização e a repressão), com vistas ao fiel funcionamento do mercado e dos mecanismos de concorrência[23].

[23] VILLELA SOUTO, Marcos Juruena, *Desestatização, privatização, concessões e terceirizações*. 6ª ed., Rio de Janeiro: Lumen Juris, 2006, p. 389-90.

A partir dessas considerações, podemos notar que são atividades estatais todas as que o Estado desenvolve sem finalidade lucrativa ou, em outras palavras, aquelas despidas de interesses econômicos imediatos. Se o Estado, por uma circunstância especial, tiver de desenvolver essas atividades econômicas, não poderá fazê-lo por intermédio de autarquias, pois não constituem atividades próprias do Estado. Esse critério de se determinar quais são as atividades próprias do Estado por exclusão também é adotado pelo prof. Carvalho Filho, que asseverou:

> o legislador teve o escopo de atribuir às autarquias a execução de *serviços públicos de natureza social e de atividades administrativas*, com exclusão dos serviços e atividades de cunho econômico e mercantil, estes adequados a outras pessoas administrativas, como as sociedades de economia mista e empresas públicas[24].

Aliás, é por esse motivo que as autarquias gozam da imunidade de que trata o art. 150, VI, *a*, da Constituição da República, como se extrai do § 2º do mesmo dispositivo constitucional. E, se houver desvio de finalidade, vindo a autarquia a desempenhar atividades econômicas, com o objetivo de lucro, não poderá se valer da imunidade, submetendo-se à tributação (por meio de impostos) como qualquer outra pessoa. Isto porque o que justifica o tratamento diferenciado é a natureza pública das atividades desempenhadas regularmente pelas autarquias e a ausência de lucro (faltante, pois, o requisito da capacidade contributiva).

À vista do que até aqui foi dito, é de se ver que se o Estado quiser desempenhar atividades econômicas, não o poderá fazer por meio das autarquias, que só podem desenvolver atividades própria da Administração Pública, assim entendidos os serviços públicos sem caráter econômico.

O Estado, no âmbito econômico, só pode atuar como regulador, fiscalizador, incentivador e planejador do desenvolvimento econômico, principalmente para fomentar o desenvolvimento do País e conter o abuso do poder econômico.

Assim é que podemos notar, como autarquia ligada ao setor econômico, o Conselho Administrativo de Defesa Econômica – Cade, autarquia federal criada pela Lei nº 8.884, de 11/06/994, tem o objetivo de prevenir e repreender as infrações contra a ordem econômica, fazendo valer os ditames constitucionais de liberdade de iniciativa, livre-concorrência, função social da propriedade, defesa dos consumidores e repressão ao abuso do poder econômico.

8.1.7 Espécies

A doutrina administrativista não é unânime na classificação das espécies de autarquias, adotando os diferentes autores critérios diversos para proceder a essa análise.

Para não sermos parciais, faremos aqui uma combinação dessas classificações de modo a não deixar de adotar os critérios de uns autores em proveito dos critérios de outros.

No que se refere ao nível federativo, as autarquias podem ser federais (se criadas pela União), estaduais (se criadas por um Estado), distritais (se criadas pelo Distrito Federal) e municipais (se criadas por um Município).

Note-se, aqui, que uma autarquia federal só poderá desempenhar atividade que a Constituição disse ser de competência da União, sob pena de se ter de considerar inconstitucional a lei que não respeitar esse limite de competência constitucional. *Mutatis mutandis*, o mesmo acontece em relação às autarquias estaduais, distritais e municipais.

Quanto ao *objeto*, as autarquias podem ser assistenciais (ou de fomento público), previdenciárias (ou de ordenamento social), educacionais, profissionais, de controle e, por fim, administrativas e autarquias cooperativas.

As autarquias *assistenciais ou de fomento* público são aquelas que são criadas para incrementar o desenvolvimento social do País, do Estado, do Distrito Federal ou do Município, conforme o caso. São exemplos de autarquias assistenciais a Sudene, a Sudam, o Incra etc.

As autarquias *previdenciárias* são aquelas que atuam no âmbito da previdência social, auxiliando o filiado (obrigatório ou facultativo) nos casos de doença, invalidez, morte, velhice, maternidade, desemprego involuntário etc. Essas autarquias podem ser de regime geral (INSS) ou de regime especial (Previ-Rio, Iperj etc.).

As autarquias *educacionais* são aquelas criadas para possibilitar o estudo gratuito fornecido pelo Estado àqueles que demonstrarem maior capacidade para o desenvolvimento nessa área. Geralmente, organizam-se como autarquias as universidades públicas, permanecendo como meros órgão públicos (despersonalizados e integrantes da Administração direta) os colégios públicos.

[24] CARVALHO FILHO, José dos Santos. *Ob. cit.*, p. 340-41.

Assim, são exemplos de autarquias educacionais a UFRJ, a UFF etc.

No tocante às Universidades Públicas, entidades da Administração indireta, constituídas sob a forma de autarquias ou fundações públicas, cabe-nos esclarecer, logo de saída, que são dotadas de autonomia (CF, art. 207). O exercício desta autonomia não é ilimitado, por não possuir soberania. Não estão subordinadas ao MEC, mas seus atos sofrem fiscalização do Tribunal de Contas da União e devem ser submetidas as diversas normas gerais previstas na Constituição, como as que regem o orçamento (art. 165, § 5º, I), despesa com pessoal (art.169), bem como às que tratam do controle interno exercido pelo Ministério da Educação e da fiscalização. Assim é que o art. 19 do Decreto-lei nº 200/1967 estabelece que todo e qualquer órgão da Administração Federal, direta ou indireta, está sujeito à supervisão do Ministério de Estado competente. A supervisão ministerial, inegavelmente, compreende, entre outros objetivos, o de assegurar a observância da legislação federal (art. 25, I, do Decreto-lei nº 200/1967).

Na doutrina brasileira, não há ilegalidade no ato do ministro da Educação que, em observância aos preceitos legais e sem invadir a autonomia financeira, administrativa e didática, que será exercida na forma dos seus estatutos, respaldada pelo art. 207 da Constituição da República, reexamine a decisão de determinada universidade.

As autarquias de *controle* são aquelas que fiscalizam o cumprimento das normas públicas impostas àqueles que desempenham serviços públicos delegados, figurando como exemplo as agências reguladoras Anatel, Aneel, ANP, ANA, Anatel, ANP etc.

Seria possível incluir aqui, também, o Cade, embora ele não fiscalize a execução de serviços públicos, mas sim a livre-iniciativa no que tange à dominação dos mercados, ao abuso do poder econômico etc., ou colocá-lo numa categoria à parte, como o faz o prof. Diogo de Figueiredo Moreira Neto, que diz se tratar de uma autarquia de ordenamento econômico.

Por fim as autarquias administrativas seriam aquelas que não se enquadram nas hipóteses anteriores, conceituáveis, portanto, por exclusão. Os exemplos citados pelo prof. José dos Santos Carvalho Filho são o Bacen, o Inmetro, o Ibama etc.

Quanto às peculiaridades do regime jurídico aos quais podem ser submetidas, as autarquias podem ser ordinárias ou especiais. Existem, na verdade, um regime comum, ao qual se submete a maioria das autarquias, e um regime especial, ao qual se submetem as autarquias ditas especiais.

Geralmente as *autarquias especiais* são dotadas de um maior grau de autonomia que as autarquias ordinárias, recebendo, às vezes, competências para formular regramentos inovadores na ordem jurídica ou até para decidirem questões jurídicas com caráter de definitividade.

Finalmente, quanto ao modo de atuação, as autarquias podem ser executivas e reguladoras. As primeiras desempenham atividades meramente administrativas, como, de ordinário, deve ser. Por outro lado, as segundas, além das atividades administrativas, também editam normas inéditas no ordenamento jurídico com vistas à regulação de determinados serviços públicos concedidos pelo Estado aos particulares.

Dada a grande importância que têm conquistado as chamadas agências reguladoras nos últimos anos, seria de bom tom enumerar e comentar, ainda que brevemente, as suas principais características.

As autarquias profissionais são aquelas que regulam e fiscalizam as atividades profissionais regulamentadas, nos termos do art. 5º, XIII, da Constituição.

Sabe-se que as profissões são livres a quem quiser e se considerar apto a desempenhá-las. Entretanto, pode a *lei* regulamentar determinadas profissões, restringindo essa liberdade profissional mediante a imposição de requisitos para que se exerça aquele ofício regularmente, assim como acontece com a advocacia, com a medicina, com a contabilidade etc. Pois bem.

Regulamentada determinada profissão, a fiscalização do cumprimento das regras impostas pelo Estado será feita por essas autarquias profissionais, podendo figurar como exemplos a Ordem dos Advogados do Brasil, o Conselho Federal de Medicina, o Conselho Federal de Contabilidade etc.

Dizer que as autarquias corporativas são as corporações fiscalizadoras do exercício profissional, tais como CREA, CRM, CRO etc., nos parece posição controvertida, por serem entidades do tipo de cooperação.

Esta categorização está totalmente revogada, com a edição da Lei nº 9.649, de 27/05/1998.

O § 1º, do art. 58, da mencionada lei, sepultou definitivamente a categoria de autarquias corporativas, passando a não mais existir no nosso sistema jurídico. Todos os conselhos eram considerados como personalidade jurídica de Direito Público, portanto, tidos como autarquias corporativas, ao passarem, contudo, à condição de pessoa jurídica de Direito Privado, romperam o vínculo de qualquer natureza com a Administração Pública.

É de vital importância esclarecer, de forma adequada, para se evitarem dúvida e polêmica, que o art. 58 da Lei nº 9.649/1998, por força do disposto no § 9º do art. 58 desta mesma lei, não se aplica à Ordem dos Advogados do Brasil[25].

O § 9º da citada Lei nº 9.649/1998, expressamente, quando determina a não aplicação do art. 58 à entidade de que trata a Lei nº 8.906/1994, a mantém como sendo autarquia com personalidade de Direito Público, categoria denominada corporativa.

Portanto, há incompetência da Justiça estadual para o conhecimento de ações, sendo competente a Justiça federal, pois detém o Conselho personalidade jurídica de Direito Público, tratando-se de entidade autárquica federal.

Os serviços de fiscalização de profissões regulamentadas, em face da suspensão liminar da execução e aplicabilidade do art. 58 e §§, da Lei Federal nº 9.649/1998, que dotava tais órgãos de personalidade jurídica de Direito Privado, no julgamento da ADIn nº 1.717 pelo STF, são considerados autarquias dotadas de personalidade jurídica de Direito Público.

Não parece possível, a um primeiro exame, em face do ordenamento constitucional, mediante a interpretação conjugada dos arts. 5º, XIII, 22, XVI, 21, XXIV, 70, parágrafo único, 149 e 175 da Constituição, a delegação a uma entidade privada, de atividade típica de Estado, que abrange até Poder de Polícia, de tributar e de punir, no que tange ao exercício de atividades profissionais (STF– Tribunal Pleno; Rel. Min. Sydney Shanches; ADIn nº 1.717/MC/DF).

Em face de tal decisão, portanto, permanece a natureza jurídica de Direito Público.

Ainda que se desconsiderasse a suspensão liminar do art. 58 da Lei Federal nº 9.649/1998, determinado pelo STF, tal dispositivo legal, em seu § 8º, dispõe que

> compete à Justiça Federal a apreciação das controvérsias que envolvam os conselhos de fiscalização de profissões regulamentadas, quando no exercício dos serviços a eles delegados, conforme disposto no *caput*.

Nesse sentido, vale transcrever ementa proferida pelo STJ, no Agravo de Instrumento de nº 59.9074499, *verbis*:

> Processo civil. Competência. Conselhos profissionais. Natureza jurídica. Autarquias. Justiça Federal. Compete à Justiça Federal o julgamento de ação contra conselhos profissionais envolvendo o exercício de atividade profissional. Precedentes do STJ.
>
> Sendo os Conselhos Federais criados por autorização legislativa, com atribuições delegadas do Poder Público, encontram-se perfeitamente delineados na definição própria das autarquias, sendo, portanto, mais consentâneo que tenham natureza jurídica de Direito Público e não privado.

---

[25] No julgamento da ADIn nº 3.026 DF: Ação Direta de Inconstitucionalidade. § 1º do art. 79 da Lei nº 8.906, segunda parte. Servidores da Ordem dos Advogados do Brasil. Preceito que Possibilita a Opção pelo Regime Celetista. Compensação pela Escolha do Regime Jurídico no Momento da Aposentadoria. Indenização. Imposição dos Ditames Inerentes à Administração Pública Direta e Indireta. Concurso Público (Art. 37, II, da Constituição do Brasil. Inexigência de Concurso Público para Admissão dos Contratados pela OAB. Autarquias Especiais e Agências. Caráter Jurídico da OAB. Entidade Prestadora de Serviço Público Independente. Categoria Ímpar no Elenco das Personalidades Jurídicas Existentes no Direito Brasileiro. Autonomia e Independência da Entidade. Princípio da Moralidade. Violação do art. 37, *caput,* da Constituição do Brasil. Não ocorrência. 1. A Lei nº 8.906, art. 79, § 1º, possibilitou aos servidores da OAB, cujo regime outrora era estatutário, a opção pelo regime celetista. Compensação pela escolha: indenização a ser paga à época da aposentadoria. 2. Não procede a alegação de que a OAB sujeita-se aos ditames impostos à Administração Pública direta e indireta. 3. A OAB não é uma entidade da Administração indireta da União. A Ordem é um serviço público independente, categoria ímpar no elenco das personalidades jurídicas existentes no direito brasileiro. 4. A OAB não está incluída na categoria na qual se inserem essas que se têm referido como "autarquias especiais" para pretender-se afirmar equivocada independência das hoje chamadas "agências". 5. Por não consubstanciar uma entidade da Administração indireta, a OAB não está sujeita a controle da Administração, nem a qualquer das suas partes está vinculada. Essa não vinculação é formal e materialmente necessária.6. A OAB ocupa-se de atividades atinentes aos advogados, que exercem função constitucionalmente privilegiada, na medida em que são indispensáveis à administração da Justiça (art. 133 da CB/198/1988). É entidade cuja finalidade é afeita a atribuições, interesses e seleção de advogados. Não há ordem de relação ou dependência entre a OAB e qualquer órgão público. 7. A Ordem dos Advogados do Brasil, cujas características são autonomia e independência, não pode ser tida como congênere dos demais órgãos de fiscalização profissional. A OAB não está voltada exclusivamente a finalidades corporativas. Possui finalidade institucional.8. Embora decorra de determinação legal, o regime estatutário imposto aos empregados da OAB não é compatível com a entidade, que é autônoma e independente. 9. Improcede o pedido do requerente no sentido de que se dê interpretação conforme o art. 37, inciso II, da Constituição do Brasil ao *caput* do art. 79 da Lei nº 8.906, que determina a aplicação do regime trabalhista aos servidores da OAB. 10. Incabível a exigência de concurso público para admissão dos contratados sob o regime trabalhista pela OAB. 11. Princípio da moralidade. Ética da legalidade e moralidade. Confinamento do princípio da moralidade ao âmbito da ética da legalidade, que não pode ser ultrapassada, sob pena de dissolução do próprio sistema. Desvio de poder ou de finalidade.12. Julgo improcedente o pedido.

Por derradeiro, os Conselhos Regionais, obrigatoriamente, sujeitam-se à prestação de contas ao Tribunal de Contas da União por força do disposto no inciso II, do art. 71, da atual Constituição.

Vale também observar que a Lei nº 9.099/1995, em seu art. 8º, *exclui* a possibilidade de compor a relação processual, em sede de Juizados Especiais Cíveis, as pessoas jurídicas de Direito Público.

Em lúcido parecer do então consultor-geral da República Luiz Rafael Mayer, sentenciou-se que

> lei nova, sem remissão expressa à OAB, não terá por consequência a norma singular da Lei nº 4.425/1963 (atualmente, art. 44 da Lei nº 8.906/1994), que exclui a entidade dos advogados da incidência da disciplina das autarquias, estas ou aquelas. Inocorrente a incompatibilidade entre uma e outra, ter-se-á a prevalência do preceito em vigor.

O raciocínio é simples e traz-se à colação o magistério do zeloso Leon Frejda Szklarowsky, subprocurador-geral da Fazenda Nacional, porque a OAB, *ex vi* de norma constitucional, possui ainda funções constitucionais próprias, além da fiscalização profissional, com participação nos procedimentos de ingresso na Magistratura, no controle da constitucionalidade de leis, na defesa da Constituição e da ordem jurídica e a jurisprudência, por unanimidade, vem perfilhando esse entendimento, ao proclamar que a OAB é uma autarquia profissional especial com perfil de serviço público de natureza indireta.

Parece-nos inconstitucional o art. 58 da Lei Federal nº 9.649/1998, ao transferir o poder de polícia de fiscalização de profissões regulamentadas para as pessoas jurídicas de Direito Privado, por delegação do Poder Público, mediante autorização legislativa. Hoje, com a edição dessa lei, esses conselhos não integrarão a Administração Pública.

Nessas circunstâncias, não possuindo mais esses conselhos natureza autárquica pública, as contribuições anuais devidas, serviços e multas e outras receitas, coercitivamente, a cobrança terá que ser realizada via execução processual, jamais de acordo com a Lei nº 6.830/1980, isso porque o art. 1º, da citada lei, elenca as entidades que podem cobrar sua dívida ativa: União, Estado, Distrito Federal, Municípios e suas autarquias.

Há quem entenda ser inconstitucional o ato de transferir o poder de polícia de profissões regulamentadas em caráter privado, alegando que o poder de polícia seria privativo da Administração Pública, das pessoas jurídicas de Direito Público. Na Constituição Federal não há nenhuma disposição expressa nesse sentido.

O art. 175, da nossa Constituição, descreve que a Administração pode delegar serviços públicos para pessoas jurídicas mediante contrato de concessão e permissão. Acontece que o poder de polícia não é serviço público, mas uma atividade administrativa. Logo, para essa corrente seria inconstitucional, porque poder de polícia não pode ser delegado e somente os serviços públicos estrito senso. Acrescentam, também, que há uma presunção expressa no sentido do poder de polícia, em termo de competência, só poderá ser exercido pela Administração Pública, de acordo com o art. 170, parágrafo único, da Constituição. Essa questão, ou seja, da constitucionalidade ou não do art. 58, foi parar no Supremo Tribunal Federal, sem decisão ainda.

Para arrematar, se, porventura, o mencionado artigo for considerado constitucional, o que será estranho, porque, sendo os Conselhos pessoa "jurídica" de Direito Privado, não integrantes da Administração Pública, como os profissionais, terão que compulsoriamente aderir, no tocante à imposição de cobrança de tributos, multas, atos de força.

Outra situação interessante, em consequência da lei em questão, refere-se aos contratos a serem firmados por tais conselhos. Esses contratos, em nossa opinião, não serão regidos pela Lei nº 8.666/1993, sem procedimento licitatório, como reza o art. 2º:

> *Art. 2º. As obras, serviços, inclusive de publicidade, compras, alienações, concessões, permissões e locações da Administração Pública, quando contratadas com terceiros, serão necessariamente precedidas de licitação, ressalvadas as hipóteses previstas nesta Lei.*

Como podemos observar facilmente, a lei de licitação só abraça os órgãos da Administração direta, indireta, os fundos especiais, as autarquias, as fundações públicas, as empresas públicas e as sociedades de economia mista.

Cabe esclarecer a questão de que o exercício do poder de polícia administrativa é de caráter público, sendo salutar a lição de Diogo de Figueiredo afirmando que

> Desde logo, é necessário iniciar-se, assim, com uma reflexão sobre o próprio conceito de poder de polícia, propondo-se o abandono em definitivo da ideia de que se está diante de um tipo especial de poder do Estado próprio ou exclusivo da Administração Pública, para aceitar a visão mais moderna e ampla, que vem tomando fôlego doutrinário de que se trata apenas de um tipo de função estatal a ser exercida por quem receba a necessária competência da Constituição e das leis.

Em conclusão, mormente ante aos aspectos de moralidade, o controle das atividades financeiras e administrativas desses Conselhos seguirá, inegavelmente, o comando do parágrafo único do art. 70 da Constituição Federal assim, prestarão contas ao Tribunal de Contas, uma vez que, por lei, estão autorizados a cobrar anuidade. Estranha é a decisão do TCU, no Processo nº 006.255/1999-0, ao afirmar o entendimento de que o Conselho Federal e os conselhos seccionais da Ordem dos Advogados do Brasil não estão obrigados a prestar contas a este Tribunal.

Há alguns doutrinadores argumentando que, embora a OAB possua personalidade jurídica de Direito Público, não estaria entre as entidades da Administração Pública indireta, tendo em vista a independência constitucional que lhe foi dada pelo ordenamento jurídico, especialmente em sede constitucional. Há quem diga que a OAB seria uma corporação pública profissional, tentando distanciá-la do conceito de autarquia, raciocínio que não procede, pois a corporação nada mais é do que uma autarquia de regime especial.

Por fim, vale ressaltar a grande polêmica que gira em torno da Caixa de Assistência dos Advogados do Estado do Rio de Janeiro, que tem suscitado as mais acessas divergências pretorianas.

Uma corrente entende que a caixa é uma autarquia especial, já que vinculada à OAB, pelo que a Justiça Federal é que seria competente para apreciar e julgar os litígios a ela referentes.

No entanto, a corrente contrária aponta como competente a Justiça estadual, tendo em vista que a caixa tem personalidade jurídica distinta da OAB, não tendo sido criada por lei, pelo que não constitui uma autarquia.

A segunda corrente é a mais coerente, ainda mais por entendermos que a caixa se apresenta como fornecedora de serviço, traduzindo-se a hipótese em relação de consumo.

Ademais, a Caixa dos Advogados tem personalidade distinta da OAB, não tendo sido criada por lei que lhe atribua natureza de autarquia, tal como ocorreu com a própria OAB, não podendo ser considerada entidade de Direito Público e, consequentemente, não sendo abrangido pela regra de competência do art. 109, I, da Constituição Federal.

A Justiça federal, nos termos do art. 109, I, da Constituição Federal, só tem competência para processar e julgar as causas que a União, entidade autárquica ou empresa pública federal forem interessadas na condição de autoras, rés, assistentes ou oponentes. A CAARJ não se enquadra em nenhuma dessas hipóteses. É pessoa jurídica de Direito Privado, entidade paraestatal criada para promover a assistência social ao grupo de profissionais que congrega, tal como a Mútua dos magistrados e as entidades congêneres do Ministério Público, da defensoria pública etc.

Oportuno e feliz é o posicionamento do desembargador Sérgio Cavalieri Filho, no Agravo de Instrumento nº 13.444; Segunda Câmara Cível do TJ/RJ:

> Nada mais falacioso, pois, como do conhecimento trivial, órgão é núcleo de poder despersonalizado, vale dizer, não é dotado de personalidade jurídica. Trata-se, portanto, de heresia jurídica considerar a CAARJ um órgão da OAB tendo ela personalidade jurídica. E se não a tivesse, simplesmente não poderia fazer o que faz; não poderia sujeito de direito nem contrair obrigação. Tudo teria que ser feito pela OAB, contra a qual teriam que ser também dirigidas todas as ações ajuizadas contra a CAARJ.

8.1.8. Patrimônio

A autarquia tem patrimônio próprio, distinto do da pessoa federativa que a criou, assim como acontece com qualquer pessoa jurídica, seja de Direito Público ou de Direito Privado. Aliás, essa afirmação decorre da própria atribuição de personalidade jurídica às autarquias.

A confirmar esse entendimento, além das expressas referências a esses fatos nas definições legais de autarquias, está o art. 109, da Lei nº 4.320, de 17/03/1964, que tem a seguinte redação:

> *Art. 109 – Os orçamentos e balanços das entidades compreendidas no art. 107[26] serão publicados como complemento dos orçamentos e balanços da União, dos Estados, dos Municípios e do Distrito Federal a que estejam vinculados.*

Os bens que integram o patrimônio das autarquias são considerados bens públicos[27], o que é suficiente para atribuir-lhes as características de impenhorabilidade, inonerabilidade, inalienabilidade e a imprescritibilidade[28].

---

[26] Art. 107 – As entidades autárquicas ou paraestatais, inclusive de previdência social ou investidas de delegação para arrecadação de contribuições parafiscais da União, dos Estados, dos Municípios e do Distrito Federal, terão seus orçamentos aprovados por decreto do Poder Executivo, salvo se disposição legal expressa determinar que o sejam pelo Poder Legislativo.

[27] Não se ignora aqui a disposição do art. 66 do Código Civil, que diz serem públicos somente os bens da União, dos Estados, do Distrito Federal e dos Municípios. Entretanto, como observa o prof. Carvalho Filho, as autarquias surgiram mais de uma década após a edição do Código Civil, que não as considerou. Por outro lado, a atribuição de personalidade jurídica de Direito Público a essa espécie de pessoa administrativa impõe, por questões de coerência, o regime jurídico público para os seus bens.

[28] Neste sentido foi a decisão do TJRS no julgamento da Apelação Cível nº 70003189453, cujo acórdão ficou assim ementado: "As execuções por quantia certa contra as autarquias – pessoas jurídicas de direito público cujos bens são impenhoráveis – estão sujeitas às normas dos arts. 730 e seguintes do Código de Processo Civil."

Assim, uma penhora judicial não pode recair sobre os bens autárquicos, que também não podem ser dados em garantia do cumprimento de obrigações, não podem ser livremente vendidos, senão depois de observadas as restrições constantes do art. 17 da Lei nº 8.666/1993, e, por fim, não podem ser adquiridos por usucapião.

A inalienabilidade ocorre porque, em relação ao bem público, o administrador é apenas um gestor e não um proprietário, pois o bem na verdade pertence à coletividade. O Estado, a princípio, não é proprietário, consequentemente, não poderá vendê-lo. A alienação de seus bens públicos subordina a existência de interesse público devidamente justificado e obedecerá às seguintes normas: quando se tratar de bem imóvel, o mesmo terá que ser desafetado (via lei) e dependerá de autorização legislativa. Depois, haverá avaliação prévia e, por fim, a venda realizar-se-á por licitação, na modalidade de concorrência, independentemente de seu valor. Em relação ao bem móvel, a Lei nº 8.666/1993, em seu art. 17, II, não exige autorização legislativa para vendê-lo nem escolhe a modalidade de licitação, condicionando, apenas, avaliação prévia e licitação.

Quanto à imprescritibilidade, não há possibilidade de se usucapir os seus bens imóveis por terceiros. A Constituição da República expressamente proíbe o usucapião de imóvel público em dois artigos: art. 183, § 3º e art. 191, parágrafo único, em que consta que tais imóveis não poderão ser adquiridos por usucapião, de qualquer natureza, quer dominical, quer especial, quer comum.

Repetido, mais uma vez, que o bem dominical da autarquia só pode ser alienado observadas as exigências da lei, não está sujeito a usucapião, em consequência do que não há posse válida em nome de terceiro, conforme reza a Súmula nº 340 do STF.

A inonerosidade dos bens públicos, podemos explicá-las com base no art. 1.420 do Código Civil. O aludido artigo nos fala que só as coisas que se podem alienar poderão ser dadas em penhor, anticrese, ou hipoteca. Ora, o Estado, a princípio, não pode alienar bens públicos, uma vez que o Estado sobre eles não exerce uma relação de proprietário. O Estado apenas administra, é gestor da coisa pública, mas não é o dono. Daí se tem a inonerosidade. Se o Estado não é proprietário, não pode dar bens públicos como garantia de direito real.

8.1.9. Prerrogativa Fiscal

As autarquias têm imunidade tributária recíproca, ou seja, o Estado não pode cobrar tributo dele próprio ou de entes federativos diferentes. A União não pode cobrar tributos federais dos estados e municípios, assim como não pode cobrar tributos das suas autarquias nem das autarquias estaduais ou municipais e vice-versa.

A imunidade está prevista em norma constitucional, diferentemente do que ocorre na isenção, prevista em lei infraconstitucional.

Além disso, sobre os bens das autarquias não podem incidir quaisquer impostos, dada a extensão da imunidade recíproca pelo art. 150, § 2º, da Constituição da República, desde que não sejam empregados em atividades de natureza econômica, hipótese em que a imunidade não protege os bens autárquicos da tributação por meio de impostos.

Nos termos do art. 150, § 2º, da Constituição Federal:

> *Art. 150. Sem prejuízo de outras garantias asseguradas ao contribuinte, é vedado à União, aos Estados, ao Distrito Federal e aos Municípios: [...]*
>
> *VI – instituir imposto sobre:*
>
> *a) patrimônio, renda ou serviços, uns dos outros.*
>
> *§ 2º – A vedação do inciso VI, a, é extensiva as autarquias e às fundações instituídas e mantidas pelo Poder Público, no que se refere ao patrimônio, à renda e aos serviços, vinculados a suas finalidades essenciais ou delas decorrentes.*

Pelo preceito constitucional, o instituto da imunidade decorre de limitações ao poder de tributar do Estado, impondo a si mesmo o impedimento de criar impostos entre as entidades políticas. Somente não vão incidir os impostos sobre o patrimônio, a renda e os serviços relacionados com as finalidades essenciais da autarquia. Portanto, não incidirão sobre o patrimônio das autarquias o Imposto sobre a Propriedade Predial e Territorial Urbana (IPTU), o Imposto sobre Transmissão *Causa Mortis* ou Doação de Bens e Direitos (ITCD), o Imposto sobre transmissão *Inter Vivos de* Bens Imóveis (ITBI), e o Imposto sobre a Propriedade de Veículos Automotores (IPVA). Também não incidirão sobre a renda recebida pelas entidades o Imposto sobre a Renda e Proventos de qualquer natureza (IR), de competência da União e previsto no art. 153, inciso III, da nossa Constituição.

A isenção contamina os serviços prestados pelas entidades, o Imposto sobre Circulação de Mercadoria e Serviços (ICMS), e o Imposto Sobre Serviços de Qualquer Natureza, impostos de competência dos Estados e do Distrito Federal, previstos no art. 155, II, da Constituição Federal.

Nunca é demais repetir que tais privilégios só são extensivos às entidades autárquicas quando destinam-se ao uso exclusivo de suas finalidades essenciais. Logo, os imóveis que integrem o patrimônio das autarquias são imunes à incidência do IPTU mesmo que locados a terceiros, desde que a renda locatícia seja aplicada na manutenção de seus objetivos institucionais, como prevê o art. 14 do Código Tributário Nacional (CNT). Como se vê, a imunidade para as autarquias tem natureza condicionada.

Urge ressaltar, contudo, que o que se refere à imunidade não alcança as taxas e contribuições de melhoria.

Repetindo, mais uma vez, que o § 2º do art. 150, da Lei Fundamental da República, estende às autarquias a vedação prevista no inciso VI, alínea *a*, do mesmo artigo, de instituírem os entes públicos impostos sobre renda, patrimônio ou serviços uns dos outros. Todavia, essa vedação não se estende às taxas, em decorrência da regra da interpretação sistemática e restritiva da norma constitucional tributária, o que vale dizer, a imunidade recíproca não compreende as taxas (por exemplo: taxa de limpeza pública, taxa de iluminação pública etc.), limitando-se aos impostos.

Os valores percebidos por autarquia a título de taxa, decorrentes da prestação de serviço público vinculado à sua atividade essencial, são imunes à incidência de Imposto de Renda.

O Texto Constitucional é expresso ao estabelecer que a vedação atinja o patrimônio, renda ou serviços das autarquias, *desde que estes sejam vinculados às suas finalidades essenciais*. Logo, para que a entidade faça jus ao reconhecimento da imunidade tributária, é necessário que o imóvel, por exemplo, seja efetivamente ocupado e utilizado na prestação dos serviços assistenciais, no caso de cobrança de IPTU.

O Município não pode tributar uma autarquia, mesmo que o imóvel esteja locado, uma vez que a entidade, provando que, com a locação, apenas aufere receita para seus cofres, de onde saem os investimentos em prol do interesse público.

Válida a argumentação, a esse respeito, em página de inegável clareza, o ministro Ilmar Galvão assim alinhavou, no Recurso Extraordinário nº 253.394-7:

> Não há dúvida de que, por força da letra *a*, do inciso VI, do art. 150, da Constituição Federal, o Município não pode instituir imposto sobre o patrimônio da União.
>
> Porém, a imunidade constitucional no dispositivo referido é *ratione personae*.
>
> Significa dizer que há imunidade enquanto a União tiver a posse direta do imóvel.

Se, a qualquer título, aquela posse for transferida a pessoa diversa daquelas discriminadas no dispositivo constitucional retro referido, desaparece a imunidade.

O Imposto Predial e Territorial Urbano não tem como exclusivo fato gerador o domínio do bem, mas, também, a posse, conforme dispõe o art. 32 do Código Tributário Nacional.

A imunidade recíproca, como já foi afirmada, é intuito *personae* e, por isso, se a União, por exemplo, delibera ceder seu próprio patrimônio a terceiro, pessoa jurídica de Direito Privado, como instrumentalização da concessão, para a atividade que lhe compete, a imunidade não é transferida. Portanto, quando se trata de posse desdobrada – o caso da locação e do comodato –, o possuidor direto não responde.

8.1.10. Prerrogativas Processuais

As prerrogativas processuais são importantíssimas, pois estas prerrogativas são privativas da Fazenda Pública, não sendo prerrogativas exclusivas das autarquias.

Fazenda Pública, em termos técnicos, significa Pessoa Jurídica de Direito Público em juízo. Só abraça como Fazenda Pública a Administração Pública direta, as autarquias e as fundações públicas de Direto Público.

A rigor, a Fazenda Pública tem seis grandes prerrogativas:

I – Quando a Fazenda Pública é credora, passa a ter a primeira prerrogativa processual, chamada execução fiscal, prevista na Lei nº 6.830/1980, possuindo procedimento específico para executar os créditos dos quais ela for titular.

II – Quando a Fazenda é devedora, há um procedimento específico, pois não há falar em penhora de bens da Fazenda Pública. Ou seja, as suas dívidas são pagas por meio dos precatórios, previstos no art. 100 da Constituição Federal e nos arts. 730 e 731 do Código de Processo Civil.

III – Quando a Fazenda Pública está em juízo, possui prazo em quádruplo para contestar (responder) e prazo em dobro para recorrer, conforme consta no art. 188 do Código de Processo Civil.

IV – A Fazenda Pública tem duplo grau de jurisdição obrigatório ou reexame necessário, em conformidade com o art. 475, III, do Código de Processo Civil.

V – As despesas processuais são pagas ao final do processo, de acordo com o art. 27 do Código de Processo Civil. E isso não é isenção. A Fazenda paga as custas judiciais, só que ao final do processo.

VI – A Fazenda Pública não está sujeita ao concurso de credores. A Fazenda não participa da Falência (concurso de credores mercantil) nem da insolvência Civil (concurso de credores não mercantis). Isso não está previsto no atual Código Civil, pois não há nenhuma regra expressa sobre esta prerrogativa. Mas, majoritariamente, há que prevalecer o princípio da supremacia do interesse público. Tanto isso é verdade que, na nova Lei de Falência, a Fazenda tem privilégio. Com exceção dos créditos trabalhistas, os créditos da Fazenda serão pagos antes dos outros.

8.1.11. Exceção ao Privilégio na Execução

A autarquia que exerce ampla atividade econômica está sujeita ao regime próprio das empresas privadas, inclusive quanto às obrigações trabalhistas (art. 173, § 1º, da Constituição Federal), não havendo razão alguma para gozar do privilégio da execução por meio de precatório judicial, como atualmente vem ocorrendo com a Administração de alguns portos do País.

Por outro lado, o Supremo Tribunal Federal firmou entendimento, com o qual concordamos plenamente, no sentido de que a entidade autárquica que desenvolve atividade econômica, mas em regime de exclusividade, como próprias do Estado (CF, art. 177), pode se beneficiar do regime de pagamento de suas obrigações por meio de precatório, independentemente da sujeição ao regime jurídico. Dessa forma, não seria aplicável o disposto no art. 173, § 1º, da Constituição Federal, em função da ressalva prescrita logo no *caput* deste mesmo artigo ("Ressalvados os casos previstos nesta Constituição [...]").

8.1.12. Efeitos da Revelia

Majoritário e quase pacífico é o entendimento doutrinário e jurisprudencial no sentido da impossibilidade de incidência dos efeitos da revelia à Fazenda Pública, a teor do disposto no art. 320, II, do Código de Processo Civil. Portanto, ao reexaminar a sentença, em razão do duplo grau obrigatório, pode e deve o Tribunal apreciar amplamente a causa, inclusive se os fatos constitutivos da demanda se achavam ou não provados. Havemos de ter em conta que, em se tratando de direitos inerentes à Fazenda Pública, são estes indisponíveis, razão pela qual não podem ser aplicados os efeitos da revelia por ausência de contestação do Poder Público. Por isso não pode, inclusive, o Juiz promover o julgamento antecipado da lide, ainda que a questão seja unicamente de direito.[29]

8.1.13. Taxa Judiciária

Inexistindo disposição legal expressa no sentido de isentar a Fazenda Pública ao pagamento da taxa judiciária, quando vencida em processo judicial, cabível a condenação da autarquia ao pagamento do tributo, por ser contribuinte da taxa a parte vencida, senão tiver beneficiada com justiça gratuita nos processos em que o autor tiver utilizado esse benefício.

A isenção é concedida tão só àquelas pessoas, sem distinção entre naturais ou jurídicas, que litigam com o benefício da gratuidade.

8.1.14. Regime Jurídico Funcional

A atual Constituição mitigou o regime jurídico diferenciado para servidores que exercem funções diferenciadas, tanto na Administração Pública direta quanto na Administração Pública indireta.

A lei que cria uma autarquia pode atribuir a todos os seus servidores o regime estatutário ou celetista? Quais as funções que podem ser desempenhadas por celetistas e quais as funções que podem ser desempenhadas por estatutários?

De acordo com o entendimento majoritário, tudo vai depender da natureza da função. Função típica de Estado (poder de império do Estado) só pode ser desempenhada por estatutário e atividade *meio* (atividade instrumental) poderia ser desempenhada por celetista. Essa foi até agora a posição adotada pelo Supremo Tribunal Federal (ADIn nº 2310, relativa às agências reguladoras).

A total impossibilidade de haver empregos públicos nas agências reguladoras, com base no entendimento do Supremo de que o exercício de função de fiscalização, inerente às atividades exclusivas e precípuas do Estado, pressupõe prerrogativas não agasalhadas pelo contrato de trabalho.

Inegavelmente, as agências reguladoras atuam com poder de polícia, fiscalizando, cada qual em sua área.

Realmente, o cargo público, como ressaltado pelo consagrado mestre – Celso Antônio Bandeira de Mello

[29] Processual civi. Antecipação *ad tutela*. União e autarquias. Impossibilidade. Irreversibilidade. Estando a sentença proferida contra a União e suas autarquias sujeita ao duplo grau de jurisdição, não pode haver antecipação da tutela contra a União. Existindo o perigo de irreversibilidade do provimento, não há como ser concedida a tutela antecipada. Recurso provido. (STJ- REsp. nº 190361/SP; Rel. Min. Garcia Vieira; Primeira Turma)

–, propicia desempenho técnico isento, imparcial e obediente tão só a diretrizes político-administrativas inspiradas no interesse público. O cargo público é cercado de garantias institucionais, destinadas a dar proteção e independência ao servidor.

As autarquias, assim como qualquer outra pessoa jurídica, desempenha suas atividades mediante a atuação de pessoas naturais contratadas. São os servidores, que antes da entrada em vigor da Emenda Constitucional nº 19, de 04/06/1998, eram submetidos obrigatoriamente ao regime jurídico estatutário, por força do art. 39 da Constituição, que tinha a seguinte redação:

> *Art. 39 – A União, os Estados, o Distrito Federal e os Municípios instituirão, no âmbito de sua competência, regime jurídico único e plenos de carreira para os servidores da administração pública direta, das autarquias e das fundações públicas.*

Com o advento da Reforma Administrativa, o art. 39 da Constituição ganhou nova redação e desobrigou os entes da Federação de adotarem um único regime de relação com os seus respectivos servidores. Não é correto dizer que a Emenda Constitucional nº 19, de 04/06/1998, quebrou o regime jurídico único, pois apenas facultou essa providência, que poderia ou não ser tomada pelos entes da Federação. De modo que o correto é dizer que a reforma administrativa quebrou apenas a obrigatoriedade do regime jurídico único. No entanto, após decorridos oito anos de vigência da EC nº 19/1998, que aboliu o regime jurídico único para os servidores da Administração Pública direta, das autarquias e das fundações públicas, admitindo, inclusive, a contratação de pessoal pelo regime celetista, todo esse cenário se alterou profundamente, a partir do momento em que, para surpresa geral, observou-se uma grave falha, durante a tramitação nas Casas do Congresso Nacional, nas propostas de emendas à Constituição apresentadas, à época, mais especificamente a concernente à alteração do caput do art. 39 da Carta Magna.

Explicando-se melhor, tudo começou quando, na Ação Direta de Inconstitucionalidade, ora tombada sob o nº 2.135/DF, o Partido dos Trabalhadores (PT), o Partido Democrático Trabalhista (PDT), o Partido Comunista do Brasil (PC do B e o Partido Socialista do Brasil (PSB) questionaram, perante o Supremo Tribunal Federal, a eficácia do *caput* do art. 39, da CF, com a nova redação dada pela EC nº 19/1998, objetivando suspender sua vigência, sob o argumento de que houve inobservância da exigência preconizada no art. 60, § 2º, do Texto Maior. Em suma, a inconstitucionalidade da EC nº 19/1998 seria formal, em razão de sua aprovação não ter alcançado o *quorum* necessário para tal. Isto se justifica, pois, quando há propostas de emendas à Constituição, como cediço, as mesmas deverão ser discutidas e votadas, em dois turnos, em cada uma das Casas do Congresso Nacional, mas observando que, para serem aprovadas, tais emendas deverão obter a maioria qualificada dos votos, vale dizer, três quintos dos votos dos respectivos membros de ambas Casas Legislativas, Câmara dos Deputados e Senado Federal.

Com efeito, ao ser discutida a ADIn nº 2.135, pelo STF, o ministro Néri da Silveira, seu relator, entendeu que, aparentemente, estaria caracterizada a violação daquela norma insculpida no § 2º do art. 60, da CF/1988, e isto porque, para a votação em segundo turno, a comissão especial da Câmara de Deputados, incumbida de dar nova redação à proposta de emenda constitucional, simplesmente fez desaparecer a proposta de emenda ao *caput* do art. 39 (que foi rejeitada no primeiro turno), colocando em seu lugar a redação da norma referente ao § 2º do mesmo artigo, esta sim aprovada no primeiro turno. Ou seja, no segundo turno de votações, a proposta de emenda ao *caput* do art. 39 não foi discutida e nem votada, daí a alegação de que o dispositivo não obteve a maioria qualificada dos votos exigidos constitucionalmente.

Há de se considerar, contudo, que essa transposição não pode ser entendida como emenda à Constituição, de acordo com o art. 118 do Regimento Interno da Câmara dos Deputados, exigindo-se, dessa forma, uma nova votação, em dois turnos, na Câmara e no Senado, para dar cumprimento à exigência contida no art. 60, § 2º, da CF/1988.

Enquanto isso não ocorre, o Plenário do STF deferiu medida liminar no sentido de suspender a eficácia do atual art. 39, *caput*, com a redação dada pela EC nº 19/1998: *Art. 39. A União, os Estados, o Distrito Federal e os Municípios instituirão conselho de política de administração e remuneração de pessoal, integrado por servidores designados pelos respectivos Poderes[...]*, o que significa dizer que, até decisão final de mérito, o art. 39 continua em vigor como a mesma redação embrionária da CF/1988: *Art. 39. A União, os Estados, o Distrito Federal e os Municípios instituirão, no âmbito de sua competência, regime jurídico único e planos de carreira para os servidores da administração pública direta, das autarquias e das fundações públicas[...]*, que consagra o regime jurídico único dos servidores públicos, vedando, assim, a contratação de pessoal sob o regime da CLT no âmbito federal, tornando-se inaplicável, dessa feita, a Lei nº 9.962/2000, que disciplinou o regime de emprego público do pessoal da Administração federal direta, autárquica e fundacional, mas cabendo ressaltar que essa decisão tem efeito *ex nunc* não atingindo, portanto, as situações jurídicas consolidadas até o julgamento do mérito pelo STF. Vale dizer, mais uma vez, então, produzindo efeitos somente daquele instante em diante.

De acordo com as lições da prof.ª Carmen Lúcia Antunes Rocha, o regime próprio da Administração Pública é o estatutário, embora, por ocasião da promulgação da Constituição de 1988, parte da doutrina entendesse que as entidades federativas poderiam optar pelo regime celetista ou pelo de Direito Público. No entendimento da mencionada especialista, sendo de natureza pública a natureza do vínculo que une o Estado e o servidor, não podem ser de outra natureza as normas de sua regência, sob pena de se contrariar a natureza das coisas[30].

Dessa constatação, retirou-se que o regime, apesar de não ter de ser único, admitindo-se agora a convivência de servidores regidos pela Consolidação das Leis do Trabalho (vínculo de natureza privada) e de servidores regidos por estatutos (vínculo de natureza pública), a regra é, ainda, que seja de natureza pública a regência dessa relação laboral estabelecida entre o Estado e seus servidores. De modo que a regência pela CLT deverá ser excepcional.

Essa afirmação da prof.ª Carmen Lúcia Antunes Rocha é verdadeira e se confirma no âmbito do Supremo Tribunal Federal, que não vem admitindo que determinadas atribuições em que, necessariamente, se revela a supremacia estatal em face do particular sejam desempenhadas senão por servidores titulares de cargos efetivos (estatutários)[31].

Não foi por outro motivo que o Supremo Tribunal Federal julgou inconstitucional a admissão de servidores sem vínculo efetivo com as novas agências reguladoras, já que estes desempenhariam funções típicas do Estado tais como regulação e fiscalização, aplicando, inclusive, multas pelo descumprimento das obrigações impostas.

Assim, ainda que não mais seja obrigatória a existência de um único regime jurídico que caracterize a relação entre a Administração direta, as autarquias e as fundações e seus respectivos servidores, a verdade é que, via de regra, essa relação deverá ser regida por normas de Direito Público, somente se admitindo o vínculo celetista nos casos excepcionais, em que o servidor não exercer atividade típica do Estado.

A título de exemplo, o escrevente de um juízo não poderia ter vínculo celetista com a Administração judicial, visto que o seu cargo comporta atribuições que somente com a força estatal se admitiria, tais como a extração de certidões nos autos do processo. O mesmo acontece com os fiscais de tributos, de posicionamentos etc.

Pelo contrário, uma secretária de procuradoria poderia ser regida pela Consolidação das Leis do Trabalho, já que suas atribuições não são típicas do Estado.

Diga-se que, no âmbito federal, o regime jurídico único já foi quebrado pela Lei nº 9.962, de 22/02/2000, cujo art. 1º dispõe:

> *Art. 1º – O pessoal admitido para emprego público na Administração federal direta, autárquica e fundacional terá sua relação de trabalho regida pela Consolidação das Leis do Trabalho, aprovada pelo Decreto-lei nº 5.452, de 1º de maio de 1943, e legislação trabalhista correlata, naquilo que a lei não dispuser em contrário.*

No que se refere ao regime previdenciário reservado aos servidores das autarquias, este também variará, de acordo com o tipo de vínculo que ele mantém com a Administração Pública. Se o vínculo é estatutário o regime aplicável é o especial, de que trata o art. 40 da Constituição da República, senão vejamos:

> *Art. 40 – Aos servidores titulares de cargos efetivos da União, dos Estados, do Distrito Federal e dos Municípios, incluídas suas autarquias e fundações, é assegurado regime de previdência de caráter contributivo, observados os critérios que preservem o equilíbrio financeiro e atuarial e o disposto neste artigo.*

Por outro lado, se o vínculo cultuado é de natureza celetista, o regime previdenciário será o geral, assim como acontecerá com o servidor temporário e com o ocupante de cargo em comissão. É o que se infere do art. 40, § 13, da Constituição da República, *textus*:

> *Art. 40 –*
> *[...]*
> *§ 13 – Ao servidor ocupante, exclusivamente, de cargo em comissão declarado em lei de livre nomeação e exoneração bem como de outro cargo temporário ou de emprego público, aplica-se o regime geral de previdência social.*

Diga-se, por fim, que os preceitos do art. 37 da Constituição da República se aplicam aos servidores das autarquias, visto que há referência expressa no *caput* de tal dispositivo constitucional à Administração Pública direta.

---

30 ANTUNES ROCHA, Carmen Lúcia. *Princípios Constitucionais dos Servidores Públicos*. São Paulo: Saraiva, 2004, p. 127.

31 Os celetistas não são titulares de cargos públicos, mas sim de *empregos públicos*, tal qual ocorre com os funcionários das empresas públicas e sociedades de economia mista.

Assim, é obrigatório o concurso público de provas ou de provas e títulos para a regular investidura do servidor nos cargos ou empregos públicos criados no âmbito da estrutura administrativa das autarquias, submetendo-se os mesmos ao teto remuneratório de que tratam as normas constitucionais etc.

Finalmente, embora sujeitos ao regime trabalhista, os empregados das empresas públicas são equiparados a servidores públicos para alguns efeitos. Assim, são considerados *funcionários públicos para fins penais*, nos termos do art. 327 do Código Penal.

8.1.15. Justiça Competente para as Causas Judiciais

Gozando de todos os privilégios atribuídos à Fazenda Pública, isto em razão da personalidade jurídica de Direito Público que lhes é atribuída pela legislação, as autarquias também têm privilégio de foro, tal qual os entes federativos que as criam.

Se se tratar de uma autarquia federal, a competência para processar e julgar a causa em que a mesma seja parte será da Justiça Federal, nos termos do art. 109, I, da Constituição da República[32]. Já, se se tratar de autarquia estadual ou municipal, é o art. 97, I, *a* e IV, este último combinado com o art. 86, todos do Código de Organização e Divisão Judiciárias do Estado do Rio de Janeiro – CODJERJ (tais dispositivos tiveram suas redações dadas pela Lei nº 3.432, de 29/06/2000).

Repare que a competência para o julgamento das causas em que se apresenta como parte uma autarquia estadual ou municipal não é ditada pela Constituição da República, justamente pelo fato de esta ter atribuído aos Estados poderes para organizar o Judiciário regional (CRFB/1988, art. 125), mister este que o Estado do Rio de Janeiro desempenhou nos arts. 151 e s. de sua Constituição, complementando tal disciplina com a edição do Código de Organização e Divisão Judiciárias – CODJERJ.

A Medida Provisória nº 1.565/1997, convertida na Lei nº 9.469/1997, estendeu às autarquias o benefício do reexame necessário, tendo eficácia condicionada à sua sujeição ao duplo grau de jurisdição, conforme preceito contido no art. 475, inciso I do CPC. Entretanto, é de vital importância mencionar que a remessa oficial é imperativa apenas na fase de conhecimento, sendo descabida na fase de execução de sentença, desde que nenhuma outra norma específica disponha em contrário. A intenção do legislador foi unicamente proteger os entes de Direito Público contra demandas infundadas, e que confirmadas pelos juízos de 1º grau, possam levar prejuízos aos cofres públicos. O reexame necessário é estendido às autarquias e fundações públicas.

Os nossos tribunais têm decidido que a sentença que julgar improcedentes os embargos à execução de título judicial opostos pela autarquia, no caso o INSS, não está sujeita ao reexame necessário.

A competência em sede de mandado de segurança deve ser analisada sob o ponto de vista da hierarquia, a qual vai determinar em que grau de jurisdição a ação mandamental deve ser proposta, e na perspectiva da natureza da autoridade apontada como coatora, a qual determina a justiça em que o mandado de segurança deve ser impetrado.

Assim, quando o ato tido por abusivo ou ilegal tiver sido perpetrado por autoridade federal por certo que a competência, em razão da matéria, é da Justiça federal, em virtude do foro privilegiado que a União, suas autarquias e as empresas públicas federais detêm, na esteira do art. 109, VIII, da Magna Carta.

Por outro lado, se a hipótese é de autarquia estadual ou autarquia municipal, a justiça competente será a Justiça comum estadual ou Vara de Fazenda Pública, se houver.

Tal situação não se altera em nenhuma hipótese, ainda que na comarca não tenha vara federal, porquanto não há a chamada competência delegada de que trata o § 3º do art. 109 da Constituição Federal.

Por exemplo, mandado de segurança impetrado contra ato do chefe do posto de benefícios do INSS, competente para apreciá-lo é a Justiça federal. Se, por acaso, a sentença for proferida no âmbito da Justiça estadual será anulada, por incompetência absoluta. Portanto, em mandado de segurança, a competência se fixa pela autoridade apontada como coatora. Tratando-se de autarquia federal, competente é a Justiça federal para apreciar a causa (CF, art. 109, I), não caso de competência delegada da Justiça estadual (CF, art. 109, § 3º).

Por outro lado, a jurisprudência pacificou-se no sentido de que as autarquias federais podem ser demandadas no foro em que se acha a agência ou sucursal em cujo âmbito de competência ocorra os fatos que geraram a lide.

---

[32] Neste sentido foi a decisão do Superior Tribunal de Justiça, no julgamento do Conflito de Competência nº 2.311-0/GO, que ficou assim ementado: "Compete ao juízo federal decidir sobre o interesse manifestado por autarquia federal, no sentido de figurar como assistente de uma das partes em litígio".

Não obstante as autarquias federais sejam isentas de pagamento de custas processuais por força do art. 4º da Lei nº 9.289/1996, devem, quando vencidas, arcar com o ônus da sucumbência, repondo as custas adiantadas pela parte autora.

8.1.16. Dispensabilidade do Depósito em Sede de Ação Rescisória

A autarquia pertencente à Administração Pública indireta, bem como a Fundação – integra o gênero autarquia –, gozam da presunção de solvabilidade. Por isso, estão dispensadas do depósito prévio de que trata o disposto no art. 488, II, do CPC, fazendo jus às mesmas prerrogativas e privilégios da Fazenda Pública.

Por outro lado, insta frisar que, ao reexaminar a sentença, em razão do duplo grau obrigatório, pode o Tribunal apreciar amplamente a causa, inclusive se se acham ou não, provados os fatos constitutivos da demanda. Há de se ter em conta, nesse caso, que os direitos da Fazenda Pública são indisponíveis, não se lhe aplicando os efeitos da revelia, conforme determinação expressa da Legislação Processual Civil em vigor (CPC, art. 320, II).

Outro não é o entendimento do Tribunal de Justiça do Rio Grande do Sul:

> Tratando-se de direitos indisponíveis, que envolvem interesse público, são inaplicáveis os efeitos da revelia por ausência de contestação do Poder Público, não podendo o juiz promover o julgamento antecipado da lide, ainda que a questão seja unicamente de direito.

Diante do majoritário e pacífico entendimento doutrinário e jurisprudencial no sentido da impossibilidade de incidência dos efeitos da revelia à Fazenda Pública, muito menos, a ficta decorrente de não ter a contestação atacado os fatos narrados na inicial.

8.1.17. Da Ação Monitória

Inexiste qualquer incompatibilidade entre a ação monitória e as pretensões de pagamento de soma em dinheiro contra a Fazenda Pública (federal, estadual e municipal), nela compreendidas as autarquias, nos mesmos moldes que pode ser demandada na via ordinária, para satisfação de suas obrigações.

Assim, se o credor dispõe de um cheque emitido pela Fazenda Pública, que tenha perdido a eficácia de título executivo, nada impede se valha da ação monitória para o recebimento de seu crédito.

Portanto, pode-se promover ação monitória em face de uma autarquia. Hipoteticamente, se o autor é credor de uma importância de R$ 158.720,00 (cento e cinquenta e oito mil e setecentos e vinte reais) representada por cheque, no caso de não ter sido promovida, em tempo hábil, a ação de execução forçada, não terá outra alternativa senão a ação monitória. No caso exemplificado acima, como já lembrado, o autor deixou transcorrer o prazo para a promoção da ação de execução do citado cheque, mas nem por isso poderia sofrer tão elevado prejuízo se não se valesse da presente ação monitória tal como lhe é permitido por lei, pouco importando que a devedora seja a Fazenda Pública Estadual ou Autarquia, posto que o cheque é uma ordem de pagamento a vista de sua apresentação, pouco importado, também, a origem da dívida, levando-se em conta apenas que ela existe.

Sobre o tema o renomado prof. José Carreira Alvim em sua obra *Ação Monitória e Temas Polêmicos da Reforma Processual*, 1ª ed., p. 61, no que interessa, preleciona:

> Inexiste qualquer incompatibilidade entre a ação monitória e as pretensões de pagamento de soma em dinheiro contra a Fazenda Pública (federal, estadual e municipal), nela compreendidas as autarquias, nos moldes que pode ser demandada, na via ordinária, para a satisfação da suas obrigações. Sim, se o credor dispõe de um cheque emitido pela Fazenda Pública, que tenha perdido a eficácia de título executivo, nada impede se valha da ação monitória para recuperar o seu crédito.

8.1.18. Atos e Contratos

Os atos emanados das autarquias, também em decorrência de sua personalidade jurídica de Direito Público e das tarefas que compõem o seu objeto, são considerados atos administrativos e, *ipso facto*, gozam das prerrogativas inerentes aos mesmos, a saber:

(a) *Imperatividade* – característica que outorga ao ato administrativo uma coercibilidade tal que faz com que o particular esteja obrigado a cumpri-lo independentemente da concorrência de sua vontade.

A observação que aqui merece ser feita é no que respeita à impossibilidade de o ato administrativo impor obrigações ao administrado sem que haja previsão legal naquele sentido, sob pena de restar violado o princípio da legalidade administrativa (CRFB/1988, art. 37, *caput*).

(b) *Presunção de legalidade* – apesar de se tratar de presunção *juris tantum* (relativa), ou seja, que admite a demonstração do contrário (ilegitimidade), os atos administrativos presumem-se em conformidade com a lei que o sustenta, de modo a tornar viável o andamento das atividades administrativas, que, por sua natureza, interessam a toda a coletividade e não podem ficar a mercê de ataques infundados de falta de legitimidade.

Para que se desconstitua essa presunção de legitimidade do ato administrativo, deverá o interessado demonstrar que há vício de competência, forma, motivo, objeto ou finalidade. Aí sim, desconstituir-se-á tal presunção, perdendo o ato da Administração Pública todas as demais prerrogativas.

A autarquia, por ser pessoa jurídica de Direito Público e atendendo à exigência de celeridade, é beneficiada pela inversão do ônus da prova. A pessoa atingida pelo ato é que terá que descaracterizá-lo, não cabendo, pois, à Administração Pública fazer prova de sua validade.

(c) *Autoexecutoriedade* – O cumprimento dos comandos contidos nos atos administrativos pode ser exigido independentemente de recurso ao Judiciário, ao contrário do que acontece com o particular, que não pode fazer justiça com as próprias mãos.

A aplicação de multa imposta por autarquia decorre do poder de polícia inerente à Administração Pública, cujos atos administrativos são dotados de imperatividade e executoriedade, além, é claro, da presunção de legalidade e veracidade.

A Administração Pública pode se utilizar de seus próprios meios para coagir o transgressor dos comandos administrativos à observância dos mesmos, impondo multas e outras formas de penalidades.

Assim, se, *v. g.*, um estabelecimento comercial está funcionando sem o cumprimento das normas de polícia estabelecidas pelo Município, a autoridade administrativa poderá determinar o fechamento do mesmo se as exigências anteriores não forem atendidas. Não precisará ajuizar uma ação para que o Judiciário determine o cumprimento de suas ordens. Pelo contrário, se o particular entender que não deve respeitar o ato administrativo, por estar o mesmo de alguma forma eivado de vício, deverá o mesmo recorrer ao Judiciário para pleitear autorização neste sentido.

Ocorre, entretanto, que a legislação não autoriza que os atos administrativos que imponham ao particular obrigação pecuniária sejam dotados de autoexecutoriedade. Consequentemente, a cobrança de multas (administrativas) pecuniárias ou mesmo de tributos, de forma coercitiva, somente se fará por meio de *execução fiscal*[33], esta regulada pela Lei nº 6.830, de 22/09/1980.

Não é por outro motivo que o Tribunal de Justiça do Estado do Rio de Janeiro não vem admitindo que o não pagamento das multas de trânsito ou do IPVA (CRFB/1988, art. 155, III) funcione como obstáculo à realização das vistorias nos veículos automotores.

A outra hipótese de ausência de autoexecutoriedade dada pela doutrina é o caso da desapropriação, que, não encontrando solução amigável com o expropriado, deverá ser autorizada por decisão judicial, conforme procedimento estabelecido no Decreto-lei nº 3.365, de 21/06/1941.

No que se refere aos contratos firmados pelas autarquias, estes são, via de regra, caracterizados como *contratos administrativos*, razão pela qual aplicar-se-ão as prerrogativas próprias a esta espécie contratual, previstas pelo art. 54 da Lei nº 8.666, de 21/06/1993, que são:

> *(a) possibilidade de alteração unilateral do contrato pela Administração Pública;*
> *(b) possibilidade de rescisão unilateral do contrato pela Administração Pública;*
> *(c) fiscalização da execução do contrato;*
> *(d) aplicação de sanções.*

Derradeiramente, observa-se que a contratação promovida pelas autarquias, salvo os casos de dispensa (art. 24) e de inexigibilidade (art. 25), serão precedidas de licitação, conforme se extrai expressamente da leitura do art. 1º, parágrafo único da Lei nº 8.666, de 21/061993, *ipsis litteris*:

> *Art. 1º – Esta Lei estabelece normas gerais sobre licitações e contratos administrativos pertinentes a obras, serviços, inclusive de publicidade, compras, alienações e locações no âmbito dos Poderes da União, dos Estados, do Distrito Federal e dos Municípios.*
> *Parágrafo único – Subordinam-se ao regime desta Lei, além dos órgãos da administração direta Administração direta, os fundos especiais, autarquias, as fundações públicas, as empresas públicas, as sociedades de economia mista e demais entidades controladas direta ou indiretamente pela União, Estados, Distrito Federal e Municípios.*

Tal conclusão deveria ser anunciada mesmo que não houvesse previsão expressa no dispositivo legal antes transcrito, isto porque a Constituição já estabeleceu essa regra no art. 37, XXI e no art. 22, XXVII.

---

[33] Apesar do nome da ação sugerir que somente se aplique à cobrança dos créditos de natureza tributária, a leitura do art. 2º da Lei nº 6.830, de 22/09/1980 nos aponta outro entendimento, senão vejamos: "Art. 2º – Constitui Dívida Ativa da Fazenda Pública aquela definida como tributária ou não tributária na Lei 4.320, de 17 de março de 1964, com as alterações posteriores, que estatui normas gerais de direito financeiro para elaboração e controle dos orçamentos e balanços da União, dos Estados, dos Municípios e do Distrito Federal."

Portanto, os contratos administrativos, salvo as exceções legalmente estabelecidas – com respaldo na Constituição –, firmados pelas autarquias serão precedidos de procedimento licitatório, de modo a garantir igualdade de oportunidade aos interessados e a viabilizar a escolha da melhor proposta à Administração Pública, atendendo-se, deste modo, o princípio da *economicidade*, de acordo com a previsão no art. 37, XXI.

8.1.19. Responsabilidade Civil

Não responde pelas obrigações da autarquia a Administração Pública a que ela pertence, e sequer pelos danos causados pela autarquia a terceiros, decorrentes da sua atuação ou de comportamento lesivo de seus servidores. A autarquia é pessoa de direito, e como tal deve responder pelas obrigações assumidas e pelos danos que causar a alguém. Assim, não há de falar em responsabilidade solidária da Administração Pública por atos ou negócios da autarquia por ela criada. Responde, porém, nos casos de extinção, mas somente até o montante do patrimônio recebido, pois esse era o único garantidor de suas obrigações, salvo em relação ao dano decorrente da prestação do serviço público a seu cargo. Nessa hipótese, a responsabilidade é total.

Pode haver, isto sim, responsabilidade subsidiária nos casos de danos causados a terceiros em razão dos serviços que explora: ou seja, esgotadas as forças da autarquia, cabe à Administração Pública suportar o remanescente do prejuízo decorrente de sua atuação.

Nota-se que a entidade autárquica, ao arcar diretamente com os danos causados a outrem, jamais poderá deixar de instaurar processo administrativo, bem como ação regressiva, sob pena de responsabilidade por omissão de seu representante. Portanto, satisfeita a indenização, haverá, forçosamente, a ação de direito de regresso, em face do servidor autárquico, responsável direto pelo dano, no caso de ter agido com dolo ou culpa.

Enquanto a responsabilidade civil do Estado era regulada pelo art. 15 do Código Civil, a teoria adotada era a subjetiva, exigindo-se a demonstração da culpa do agente administrativo causador do dano a terceiro, sob pena de não ficar caracterizado o dever de indenizar.

Ocorre que a Constituição de 1946 (art. 194) derrogou tal disposição legal, fazendo uma cisão na matéria: a responsabilidade por *omissão* continuou a ser regida pelo mencionado dispositivo legal, aplicando-se, portanto, a *teoria da responsabilidade subjetiva*; ao passo que a responsabilidade por ação do agente administrativo passou a ser regida pela *teoria da responsabilidade objetiva*, ou seja, a responsabilidade que se caracteriza somente pela demonstração do ato causador do dano, o dano em si e o nexo causal entre os dois primeiros elementos, independentemente da culpa.

A Constituição de 1988 também adota a mesmo posicionamento quando se trata de responsabilidade por ação estatal, senão vejamos:

> *Art. 37*
>
> *[...] § 6º – As pessoas jurídicas de direito público e as de direito privado prestadoras de serviços públicos responderão pelos danos que seus agentes, nessa qualidade, causarem a terceiros, assegurado o direito de regresso contra o responsável no caso de dolo ou culpa.*

Repare que o dispositivo constitucional refere-se expressamente às pessoas jurídicas de Direito Público, abrangendo, portanto, como já tivemos a oportunidade de verificar, as autarquias.

Todavia, o atual Código Civil (Lei nº 10.406, de 10/01/2002), adotou, em seu art. 43, para todas as situações em que o responsável pelo dano seja pessoa jurídica de Direito Público, a teoria da responsabilidade objetiva, de modo que, a partir de 11/012003, a responsabilização dos mesmos independerá da demonstração de culpa ou dolo, mesmo quando for em razão de omissão estatal.

Por fim, diga-se que tal regra somente se aplica aos casos em que se tratar de responsabilidade por dano causado a terceiro, como se extrai da simples leitura da norma em comento. Por outro lado, a responsabilidade contratual da Administração Pública, aí compreendidas as autarquias, é regida pela Lei nº 8.666, de 21/06/1993.

8.1.20. Controle

As autarquias estão submetidas ao controle pela Administração direta. Vale dizer que o controle e a vinculação à Administração Pública central não é subordinação. O ato de controlar não significa que a Administração direta seja superior hierarquicamente em relação à Administração indireta controlada.

Onde há *hierarquia*, a *avocação* é possível, salvo previsão legal em sentido contrário. Acontece que, no âmbito da Administração Pública indireta, a regra é ao contrário, ou seja, se não há hierarquia, a regra é a vedação da avocação.

Na real verdade, temos um controle por vinculação. Ou melhor, a entidade da Administração indireta, no caso de autarquia, por estar vinculada à Administração direta, precisa dar explicações em relação a alguns atos. Mas, os limites desse controle precisam ser definidos em lei. Não é algo permanente em relação a todos os atos, sob pena de se esvaziar a autonomia da autarquia.

O controle é habitualmente conhecido como tutela, isto é, o poder de influir sobre elas com o propósito de conformá-las ao cumprimento dos objetivos públicos em vista dos quais foram criadas, harmonizando-as com a atuação administrativa global do Estado — designado como "supervisão ministerial". Todas as entidades da Administração indireta encontram-se sujeitas à supervisão da presidência da República ou do ministro a cuja pasta estejam vinculadas. Este último a desempenha auxiliado pelos órgãos superiores do Ministério.

Para cumprir tais propósitos, é de alçada ministerial designar os dirigentes da entidade; receber sistematicamente relatórios, boletins, balancetes, balanços e informações que lhe permitam acompanhar as atividades da entidade e a execução de seu orçamento-programa, bem como da programação financeira aprovada pelo governo; fixar as despesas de pessoal e de administração; fixar critérios para gastos de publicidade e divulgação; realizar auditoria e avaliação periódica de rendimento e produtividade e, finalmente, nela efetivar intervenção, caso o interesse público o requeira (art. 26 do Decreto-lei nº 200).

Como as autarquias são pessoas jurídicas distintas do Estado, o ministro supervisor não é autoridade de alçada para conhecer de recurso contra seus atos, pois inexiste relação hierárquica entre este e aquelas, mas apenas os vínculos de controle legalmente previstos. Assim, só poderia caber o chamado recurso hierárquico impróprio, isto é, quando previsto na lei própria da autarquia. Sem embargo, é certo que, nos termos do art. 5º, XXXIV, da Constituição, a todos é assegurado, independentemente do pagamento de taxas, "o direito de petição aos Poderes Públicos em defesa de direitos ou contra ilegalidade ou abuso de poder". Assim, em se configurando o caso, a autoridade supervisora poderá encontrar-se obrigada a exercer os cabíveis poderes de supervisão sempre que o ato atacado incorra em alguma das hipóteses que os suscitam.

8.1.20.1. Tipos de Controle

Pode-se afirmar, teoricamente, que o controle, quanto ao seu escopo, divide-se em controle de legitimidade e de mérito. Será de legitimidade quando a lei haja habilitado o controlador a examinar a conformidade do comportamento autárquico com os ditames legais e será de mérito quando, por força de lei, ao controlador assista apreciá-lo também sob o ângulo da conveniência e oportunidade, caso em que, evidentemente, seus poderes terão intensidade maior.

Contudo, esses controles não vedam nem inibem, por parte da autarquia, a propositura de medidas judiciais contra os atos abusivos da Administração Pública a que pertence. A autarquia é pessoa jurídica de Direito Público e, como pessoa, é sujeito de direitos e obrigações. Pode, além disso, não se conformar com os atos da tutela, por entendê-los ilegais, e tomar, em juízo, as medidas cabíveis com o fito de anulá-los.

Desse controle ou tutela não se infira que dos atos ou decisões finais da autarquia cabe recurso à Administração Pública a que ela pertence. A tutela é imposta no interesse da Administração Pública, não no interesse dos que se relacionam com a autarquia. Os insatisfeitos têm os recursos previstos em lei e que se perfazem no próprio interior da autarquia; fora disso, devem recorrer, os que se sentirem lesados em seus direitos, ao Poder Judiciário.

Ao Estado cabe velar para que o ente criado não se desvie de sua finalidade, exercendo um poder de controle, ou de tutela, de acordo com os termos legais, para mantê-lo em seus objetivos legalmente traçados. Não se fala, na hipótese, em poder hierárquico, mas sim em poder de controle.

Ao ente autárquico é lícito defender seus interesses mesmo que seja contra o seu próprio criador. Como pessoa jurídica que é, possui direitos e deveres, podendo, e devendo, opor os primeiros a qualquer um que lhe dificulte o exercício; impõe-se, por outro lado, que cumpra a finalidade na execução dos serviços legalmente previstos, embora, em razão de sua natureza pública, goze de certos privilégios e regalias (Decreto-lei nº 4.597/1942, art. 2º).

Por ter vida própria, espécie de governo autônomo, conforme indica o nome, apenas sofre controle limitado por parte da entidade criadora, ou seja, não há vínculo hierárquico entre ambas, mas tão somente relativo à finalidade para a qual foi instituída. Mas, nos casos em que a lei autoriza, temos três tipos de controle: político, administrativo e financeiro.

Controle financeiro	Feito pelo órgão autônomo, cujos serviços descentralizados estão a ele ligados.
Controle político	Quando o Executivo nomeia o dirigente.
Controle fiscal	Fiscalização que fica a cargo dos Tribunais de Contas respectivos.

Por sua vez, a autarquia deverá estar habilitada a fornecer todos os elementos necessários para a efetivação dessa supervisão, tais como: prestação de contas da sua gestão; prestação de informações ao Congresso Nacional, por intermédio do ministro de Estado; evidenciar os resultados de seus trabalhos, sejam positivos ou negativos, indicando suas causas e justificando as medidas postas em prática ou cuja adoção se impuser, no interesse do serviço público, tudo em conformidade com o Decreto-lei nº 200/1967, art. 28.

Acertadamente, a doutrina encarece que o controle das autarquias existe nos casos, forma e modos que a lei estabelece[34]. Com efeito, se o Legislativo entendeu de fraturar a unidade da Administração, criando tais sujeitos como pessoas diferentes do Estado, ou seja, como entidades da Administração indireta, o Executivo não poderia, por si mesmo, recompor tal unidade. A ingerência que cabe à Administração central exercer sobre elas e a própria integração de suas atividades no planejamento geral administrativo hão de se realizar segundo os meios que a lei haja previsto ao estabelecer o controle da entidade autárquica. Tal controle configura a chamada tutela ordinária. Cumpre observar, entretanto, que a doutrina admite, em circunstâncias excepcionais, perante casos de descalabro administrativo, de graves distorções no comportamento da autarquia, que a Administração central, para coibir desmandos sérios, possa exercer, mesmo à falta de disposição legal que a instrumente, o que denominam de tutela extraordinária.

Afora este controle efetuado pelo Executivo, as autarquias sujeitam-se ao que é exercido pelo Tribunal de Contas da União, órgão auxiliar do Congresso Nacional, competente para julgar as contas dos administradores autárquicos (como de outros administradores e responsáveis por bens ou valores públicos); apreciar, para fins de registro, as admissões de pessoal e concessões de aposentadoria; realizar, por iniciativa ou de uma das Casas do Congresso ou de Comissão delas, auditorias e inspeções; aplicar aos responsáveis, em casos de ilegalidade de despesa ou irregularidade de contas, as sanções previstas em lei; assinar prazo, em caso de ilegalidade verificada, para que sejam tomadas as providências corretivas; sustar, se não atendido, o ato impugnado, comunicando à Câmara e ao Senado ou, se de contrato se tratar, tudo conforme previsto no art. 71 e parágrafo da Constituição.

8.1.21. Dirigentes

São investidos nos respectivos cargos, na forma estabelecida por lei ou por disposições estatutárias.

Assim, o Senado poderá provar o preenchimento de determinados cargos, aplicados à pessoa de Direito Público. O STF já decidiu que isso não vale em relação às pessoas de Direito privado, que, inclusive, explorem atividades econômicas porque a Constituição fala "cargo", o que se aproxima das pessoas de Direito Público.

Normalmente, são de livre nomeação e livre exoneração, escolhidos pelo chefe do Poder Executivo competente.

O tema suporta o verbete 25, do Supremo Tribunal Federal, estabelecendo, inclusive, que

> A nomeação a termo não impede a livre demissão, pelo presidente da República, de ocupante de cargo dirigente de autarquia.

No interesse da Administração Pública, a qualquer tempo, o chefe do Poder Executivo tem o poder-dever de exonerar o dirigente autárquico ao perceber que este estaria praticando atos de gestão comprometedores com a política imposta pela Administração Pública direta.

Destaque-se, por oportuno, que o Supremo Tribunal Federal vem decidindo que é inconstitucional a aprovação prévia dos nomes dos dirigentes autárquicos pela Assembleia Legislativa do Estado, por afrontar a independência dos poderes.

8.1.22. Agências Autárquicas Reguladoras

8.1.22.1. Agência reguladora

8.1.22.1.1. Introdução

As agências reguladoras surgem com o firme propósito de controlar, por meio do planejamento e normatização, as atividades privadas na execução dos serviços de caráter público, sendo órgão imprescindível no processo de descentralização estatal vivido pelo Estado.

E é neste contexto que abordaremos temas polêmicos e atuais que envolvam as agências reguladoras, sem a pretensão, contudo, de esgotar o assunto, complexo e vasto, que embeleza e engrandece o Direito Administrativo neste momento de transições e reformas.

8.1.22.1.2. Delimitação do tema

O Estado pode ser encarado, em duas perspectivas, ou seja, sob a ótica orgânica ou sob o prisma funcional. No primeiro caso, apreciam-se os órgãos, entidades e agentes que compõem a estrutura estatal, enquanto no

---

[34] No Direito francês é comum o uso da expressão "*pas de tutelle au delà des tes*" (cf. Jean RIVERO, *Droit Administratif*, Dalloz, p. 278).

segundo, analisam-se as funções ou atribuições dos órgãos pré-falados.

Não obstante tal apreciação analítica, o certo é que o Estado não pode mais ser concebido e analisado hodiernamente sem atenção às constantes e crescentes mutações sociais, e nem tampouco alheio à sua evolução como instituição, o que diversifica e modifica seus órgãos, funções, formas e atuação.

Nessa evolução, ocorrida por diversos fatores apresentam-se como cernes principiológicos a busca da eficiência, economicidade, racionalidade, razoabilidade e consensualidade na atuação estatal.

Especificamente em relação ao Poder Executivo, aspira-se à atuação estatal mais eficiente nas áreas e setores em que seja fundamental a sua presença (subsidiariedade), atuando em parceria com a iniciativa privada (consensualidade) e explorando as suas potencialidades (eficiência), inclusive os recursos privados, tudo visando ao atendimento e realização em concreto dos fins do Estado[35].

Nesse particular, a atividade administrativa se dinamiza e se flexibiliza, modificando-se a até então incontestável premissa de garantia da eficácia racional da atuação administrativa por meio de procedimentos burocráticos (processualística).

Destarte, busca-se por meio de mecanismos desburocratizadores a atuação mais eficiente do Estado no exercício da função de polícia, no ordenamento social, na prestação de serviços públicos e no ordenamento econômico.

Superam-se, por outro lado, os excessos do modelo de Estado Liberal e Social que, por seus exageros ideológicos, fracassaram em seus desideratos principais de bem-estar geral.

Ultrapassa-se, ademais, o modelo de Estado do Bem-Estar Social e implementa-se, paulatinamente, a noção de Estado Instrumental e Pluriclasse, onde as finalidades a serem alcançadas se sobrelevam diante dos meios utilizados, enfatizando-se, ainda, a participação direta do cidadão na formulação e execução de políticas públicas.

Repensa-se o Estado, em última análise, a atuação administrativa, que deve se dar, como dito, de forma eficiente, econômica e em parceria com a iniciativa privada, concentrando-se o Estado no planejamento e controle das atividades[36], delegando ao particular a execução dos serviços públicos e devolvendo à iniciativa privada as atividades econômicas outrora desenvolvidas pelo Estado. Esta tem sido a orientação política, consoante se infere do movimento desestatizante que tomou fôlego no início da década de 1990, informado por privatizações de empresas estatais, concessões de serviços públicos e terceirizações de atividades instrumentais da Administração Pública[37].

Dentre os vários mecanismos postos à disposição do Estado, destaca-se a regulação, que é técnica de perseguição de um ponto ótimo de equilíbrio em dado cenário econômico.

Portanto, a ideia de rever o papel do Estado está ligada ao exercício de certas atividades por gestores privados, vinculados ao fim público. Aí surgem as agências reguladoras. Regulação é diferente de regulamentação. Pressupõe caráter mais abrangente, até pode ser feita para meio de regulamentação, mas cabe também fiscalizar. Tudo em face da maior eficiência, que não se confunde com o lucro, mas sim com o ponto de equilíbrio entre os interesses do empresariado com o dos consumidores. Com essas transferências do Estado para a iniciativa privada, porém, houve a ameaça da formação de monopólios privados. Aí entra o órgão regulador, tentando minimizar ou temperar os interesses desses monopólios privados.

As agências reguladoras surgem com o firme propósito de controlar por meio do planejamento e normatização as atividades privadas na execução dos serviços de caráter público, sendo órgão imprescindível no processo de descentralização estatal vivido pelo Estado.

8.1.22.1.3. A nova visão do Estado brasileiro

A partir da década de 1990 (noventa) o Estado brasileiro mudou sua forma de atuação na economia, tanto por conta do neoliberalismo como por conta da globalização. Ao mudar sua forma de atuar, busca ele a maior eficiência nos setores de prestação de serviços públicos e atividades econômicas, passando a atuar como "Estado regulador", e não mais como "Estado intenventor", como resultado da política descentralizadora. Esse novo modelo é baseado no modelo mediador e regulador.

A tempo o mundo vem tomando essa atitude – mudar do modelo interventor para o regulador – principalmente países como a Inglaterra e os Estados Unidos da

[35] Art. 3º da Constituição Federal.

[36] Diretrizes principiológicas, como se sabe, já perseguidas de longa data, consoante se infere do Decreto-lei nº 200/1967.

[37] Sobre o tema, verificar VILLELA SOUTO, Marcus Juruena, *Desestatização: Privatização, Concessões e Terceirizações*. 5ª ed., Rio de Janeiro: Lumen Juris, 2004.

América. De acordo com Márcio C. Coimbra[38], pode-se considerar que o novo modelo situa-se entre dois polos econômico-sociais: o liberal e o comunista/socialista. Entretanto, o Estado regulador pode pender mais para um lado liberal, ou mais para o lado social, dependendo das diretrizes que norteiam o modelo regulatório adotado por cada país.

Aqueles países que adotaram um sistema regulatório como resultado da implantação de políticas liberais, acreditam nos valores da liberdade econômica e de comércio como fundamentais. Países como Inglaterra e Estados Unidos, foram fundamentais para implantação de uma nova concepção de Estado num mundo que tinha a liberdade econômica como princípio fundamental, diziam tais Estados que tal liberdade levaria tais países ao bem-estar social, e que, para isso, flexibilizariam leis e não interfeririam no mercado, para que estes, aos poucos, pudessem prover o bem-estar social. Hoje, passados anos após o início dessas reformas liberais, tais países são grandes potências mundiais.

De outro lado, a década de 1980 apresenta a falência de um modelo inverso. O comunista/socialista, que tinha como ícone a União Soviética. O modelo econômico socialista implantado por Lênin em 1917, logo após a vitória dos bolcheviques na Revolução Russa, vigorou por 72 anos. Era calcado na forte intervenção do Estado na economia. De certa forma, podemos dizer que o Estado era a própria economia, pois não havia espaço para a livre-iniciativa. O sistema, extremamente centralizador, ditava todas as políticas econômicas e sociais. Como não havia forma de o Estado suportar os investimentos necessários ao desenvolvimento, o Estado faliu. A União Soviética era o símbolo máximo deste modelo, mas países como a Polônia, Romênia, Iugoslávia, Bulgária, Tchecoslováquia, Alemanha Oriental, Hungria entre outros, também tinham tal modelo mais o aboliram. A China, outro exemplo dessa política, começou a abrir suas fronteiras aos poucos, propiciando o surgimento do livre-mercado. Do módulo comunista/socialista, sobraram hoje somente os regimes da Coreia do Norte e Cuba[39].

Houve assim a necessidade do Estado passar a agir como agente intermediador, deixando de executar e passando a fiscalizar, limitando-se a organizar a prestação dos serviços públicos por mercados setorizados e de atividades econômicas que ele mesmo exerça, transferindo a execução dos mesmos à sociedade (mais especificamente, à iniciativa privada), por meio de privatizações.

Segundo Cristina M. Wagner Mastrobuono[40], essa nova forma de atuação do Estado caracteriza-se pela influência na área econômica, seja por meio da organização e fiscalização de determinados setores, fixação de parâmetros, regulamentação de preços, ou por meio da fiscalização e prevenção da formação de cartéis, entre outras atribuições fixadas por lei.

Dessa forma Márcio C. Coimbra[41], bem resume dizendo que a crise e falência do Estado desenvolvimentista iniciado por Getúlio Vargas no Brasil e que resiste até meados da década de 1980, surge uma nova forma de atuação do Estado, tanto no âmbito nacional, quanto no internacional. O modelo intervencionista gerou um crescimento da dívida, o que estrangulou o Estado, que, como consequência, não conseguiu mais manter o mesmo nível de investimento. Logo, com vistas a diminuir a dívida pública e fornecer algum tipo de liberdade econômica, nasce o "Estado regulador", onde o Estado não mais financia o desenvolvimento. A exploração dos serviços e obras, antes funções exclusivas do Estado, passam as mãos da iniciativa privada. Neste novo momento, ao poder estatal cabe apenas a fiscalização e regulação dos serviços concedidos.

Nesse novo contexto de Estado regulador surge as figuras das agências reguladoras, uma nova figura[42] de Direito Público que foram criadas para servir de instrumento estatal nessa nova tarefa.

---

[38] COIMBRA, Márcio C. O *Direito Regulatório Brasileiro*. <http://www.jurinforma.com.br/notas/0259.html>.

[39] No Brasil, a flexibilização das regras econômicas começou a surgir na década de 1990. A desregulamentação em certos setores e o início do processo de desestatização foi fundamental para o país, pois o Estado brasileiro não conseguia mais suportar o nível de investimento necessário para gerar desenvolvimento. Antes, quando o Estado era dono de inúmeras empresas, mantendo seu monopólio, acabava por: 1. gerar mais impostos, pois o Estado deseja manter e aumentar o nível de investimento em suas empresas estatais; 2. gerar clientelismo e troca de favores, pois pessoas que ocupam cargos importantes nestas empresas, assim como seus "padrinhos", podem usar seu poder e serviços como moeda de troca, principalmente em época eleitoral, além de poder subsidiar inúmeros projetos sem a devida fiscalização; e 3. gerar corrupção, pois a fiscalização de empresas do Estado é feita pelo próprio Estado.

[40] Mastrobuono, Cristina M. Wagner. Agências reguladoras e agências executivas. *Revista do Instituto Brasileiro de Advocacia Pública*. Ano VII, 13ª ed., mar/2001, p. 11.

[41] COIMBRA, Márcio C. O *Direito Regulatório Brasileiro*. <http://www.jurinforma.com.br/notas/0259.html>.

[42] A primeira agência reguladora criada no Brasil foi a Agência Nacional de Energia Elétrica, veiculada pela Lei nº 9.427, de 26/02/1996.

Dessa forma, podemos sintetizar, dizendo que, o Estado deixou de ser um "Estado executor", que atuava na ordem econômica por meio de pessoas jurídicas a ele vinculadas (intervenção, monopólio) e passou a ser um "Estado regulador". Ou seja, o Estado passa a ter uma administração pública gerencial[43], baseada em conceitos de administração e eficiência, advindos do Direito Privado.

Nesse contexto, a principal mudança para a população é uma nova maneira de prestação de serviços públicos, que podem se dar de duas formas, direta ou indireta. Assim, este processo, chamado de "processo de desestatização", se caracterizou pelo incremento da prestação indireta, pois aumentaram as delegações desses serviços. É bom lembrar que a forma indireta se caracteriza, basicamente, por quatro diferentes modalidades: concessão, permissão, autorização e terceirização. Nessas formas, as empresas atuam como uma *longa manus* do poder estatal, atuando em setores de "responsabilidade" do Estado.

Há, ainda, outra forma de retirada do Estado da prestação de serviços públicos, é a chamada privatização[44]. Não pode ser considerada uma forma de delegação, porque não é uma prestação indireta do Estado, pois nessa modalidade, o Estado se retira por completo da prestação do serviço, não restando responsabilidade indireta ou residual.

Vale lembrar que o Estado brasileiro não se retirou do cenário da prestação de serviços públicos, quando da delegação à iniciativa privada. As empresas privadas, concessionárias ou permissionárias, atuam como uma *longa manus* do poder estatal. A responsabilidade constitucional da prestação destes serviços concedidos, na maioria das vezes, continua com o Estado, portanto, ele está simplesmente delegando a execução para a iniciativa privada, visto que continua a ser definido por lei como um serviço público.

8.1.22.1.4. Regulação

É importante enfatizar que a função regulatória estatal constitui ênfase à uma técnica já existente entre nós, embora seu exercício tenha se dado no período pré-privatizante de forma precária e não necessariamente voltada ao atendimento imediato dos cidadãos usuários dos serviços públicos, e não fundamentalmente uma inovação no ordenamento pátrio.

A renovação, porém, tem se dado por um motivo simples. A forma que o Estado vem apresentando as agências reguladoras ao público. Eles as estão criando sob a forma de autarquias[45], mas não são autarquias comuns, são especiais; sendo, portanto, esta a natureza jurídica das agências reguladoras no Brasil, que veremos adiante.

Para entender a atividade regulatória, no entanto, mister se faz, preliminarmente, delinear os elementos conceituais da regulação.

8.1.22.1.5. Conceito

A atividade regulatória no Direito Positivo brasileiro apresenta grande fluidez conceitual[46], tendo em vista a diversidade de diplomas que tratam das agências reguladoras setoriais, conferindo-lhes feições não uniformes, de modo que a sua conceituação poderá variar em razão das particularidades de cada atividade regulada e agente regulador.

A função estatal de regulação pode ser conceituada como aquela atividade desenvolvida por agentes independentes, no sentido de estabelecer marcos ou pontos ótimos de equilíbrio em determinados segmentos do mercado, harmonizando e buscando a eficiência máxima na realização dos diversos interesses dos agentes econômicos do mercado, quer sob o ponto de vista equitativo, quer sob a ótica distributiva.

Por outro lado, e visando ao alcance do ponto de equilíbrio acima mencionado, se reveste a função regulatória de feição multifacetária, apresentando diferentes formas de atuação, quais sejam técnico-normativa, consultiva, preventiva, repressiva, fiscalizatória, sancionatória e compositiva dos conflitos de interesses entre os diversos agentes do cenário econômico.

A regulação visa, em última análise, harmonizar os interesses jus econômicos componentes do mercado e fazer com que as relações inseridas neste contexto alcancem a maior eficiência possível.

---

[43] Tal expressão é utilizada por Vanessa Vieira de MELLO. *Regime jurídico da competência regulamentar.* São Paulo: Dialética, 2001.

[44] VILLELA SOUTO Marcos Juruena (*Desestatização: privatização, concessões, terceirizações e regulação.* 4ª ed. Rio de Janeiro: Lumen Juris, 2002, p. 30) dita que utilizar o termo privatização como um termo geral, que designe todo o processo de retirada do Estado da prestação de serviços e obras públicas, não é o mais adequado. O mais indicado seria chamar este processo de "desestatização", que engloba todas as modalidades.

[45] Decreto-lei nº 200/1967, art. 5º, I.

[46] Neste sentido, Carlos Ari SUNDFELD assevera que "o conceito exato dessa figura é ainda muito incerto e flutuante, inclusive na legislação" (*Direito Administrativo Econômico.* São Paulo: Malheiros, 2004, p.32).

Embora não seja fenômeno novo no Direito brasileiro – é a tendência natural daqueles que resistem à evolução da vida e, nesse passo, dos institutos jurídicos – buscar o enquadramento de figuras repensadas, como no caso da regulação, em categorias jurídicas tradicionais, como forma de aniquilar qualquer tentativa de aprimoramento da regulação.

Assim, oportuno se apresenta proceder a distinção conceitual da regulação para outras figuras também já conhecidas entre nós.

8.1.22.1.6. Regulação, Regulamentação, Desregulamentação, Deslegalização e Autorregulação

A atividade regulatória não se confunde com a atividade regulamentar, pois enquanto a primeira é conferida no Brasil, por lei, às agências reguladoras, a atividade regulamentar é, por força de imperativo constitucional, privativa do chefe do Poder Executivo[47], cuja finalidade, consoante entende a maioria da doutrina e jurisprudência do Egrégio Supremo Tribunal Federal, é a explicitação do comando definido em lei, visando, única e exclusivamente, a sua execução.

Portanto, não convém falar, entre nós, em regulamento autônomo, pois a regulamentação do comando estabelecido em lei não permite ao chefe do Poder Executivo, como é intuitivo, inovar no mundo jurídico, não podendo, portanto, criar direitos e obrigações pela via regulamentar[48].

A regulação também não se confunde com a desregulamentação, que traduz a diminuição de regulamentação estatal. Tais funções estatais (regulação e desregulamentação) parecem se encontrar em verdadeira relação de causa e efeito, embora possam coexistir.

E assim entendemos, tendo em vista que, sendo a regulação mais setorial e dinâmica, tratando de questões que prescindem de reserva legal, satisfaz (e eventualmente substitui) o papel regulamentar a ser desempenhado pelo chefe do Poder Executivo, desinteressando-o na regulamentação, especificamente no que diz respeito às questões técnicas[49].

Tal relação, como é intuitivo, não aniquila uma prerrogativa constitucionalmente assegurada.

Portanto, desregulamentam-se aquelas matérias e setores que podem ser tratadas de forma mais dinâmica e eficiente pela regulação.

Não se confunde a regulação, por outro lado, com a deslegalização, em que a regulação funciona como efeito e a deslegalização, como causa.

E assim consideramos visto que a deslegalização se caracteriza como a diminuição da produção legislativa estatal, significando dizer que a tendência mais moderna, conforme será visto adiante, é no sentido de determinadas matérias, tendo em vista a sua especialíssima natureza, deixarem de exigir reserva de lei. Deslegalizar, portanto, é diminuir a produção legislativa e restringi-la aos casos em que seja fundamental a reserva de lei, notadamente naquelas hipóteses em que a própria Constituição da República reclame lei.

De outro lado, é consenso que a produção exagerada de leis constitui um incremento nos custos das transações, daí a noção de regulação por normas mais flexíveis e de modificação menos onerosa para os agentes regulados.

Por fim, a regulação não se confunde com a autorregulação, pois esta enfatiza a noção de que a regulação estatal é dispensável, pois o próprio mercado é capaz de se autonormatizar, buscando fundamento, portanto, na noção de "mão invisível do mercado" idealizada por Adam Smith.

Não se trata, pois, de vulnerar ou atenuar o princípio da legalidade, até porque o mesmo se constitui centro nuclear do princípio fundamental estruturante do Estado Democrático de Direito da República Federativa do Brasil[50].

Trata-se tão somente de redimensioná-lo, em vista dos relevantes interesses socioeconômicos da coletividade, como dito, em constantes mutações.

8.1.22.1.7. Regulação no Brasil

Como se viu, a reforma, que tanto falamos até o momento, também ocorreu no Brasil. O art. 174 da Constituição Federal brasileira já previa a função reguladora do mercado pelo Estado. Segundo Marcos Juruena Villela Souto[51], até a execução dos programas de desestatização, a regulação era desenvolvida no âmbito do Banco Central e do Cade, e da utilização de estoques reguladores do Estado para intervenção como instrumento de

[47] Art. 84, IV da CR/1988.

[48] Uma questão adiante enfrentada é no sentido de se saber se a atividade regulatória se confunde com o regulamento autônomo e pode ou não inovar no mundo jurídico.

[49] E só neste campo, pois quando a questão se situar no âmbito político, é plenamente legítima e reiterada a utilização pelo chefe do Poder Executivo da função regulamentar.

[50] Art. 1º *caput* da CR/1988.

[51] VILLELA SOUTO, Marcos Juruena. *Desestatização: privatização, concessões, terceirizações e regulação.* 4ª ed., Rio de Janeiro: Lumen Juris, p. 441.

política agrícola e o uso de tributos. Bem como a Comissão de Valores Mobiliários (CVM)[52] que também exerce função de regulação, fiscalização e supervisão dos mercados de títulos e contratos de investimentos coletivos.

O que se observava, assim, era uma regulação sem órgãos reguladores independentes, mais que atuavam como se fossem, pois estimulavam e desestimulavam condutas para incentivar o mercado, estabeleciam condições de competitividade e melhoria da qualidade e preço, entre outros.

A regulação só passou a ser atribuída a entidades independentes a partir de 1997, com a criação das agências de regulação nos setores de energia, petróleo e telecomunicações.

Muitos obstáculos deverão ser ultrapassados, o primeiro deles é a cultura centralizadora arraigada no país. É bom lembrar que não é a primeira vez que se tenta dotar a Administração Pública de maior flexibilidade e independência. No Estado Novo, em 1937, *criaram*-se as autarquias, prevendo-se autonomia operacional e decisória.

A agência reguladora concebida no Direito brasileiro constitui verdadeira tentativa de se resgatar o modelo autárquico clássico, teoricamente disciplinado no Decreto-lei nº 200/1967, e adequá-lo à atual realidade administrativa, dando-lhe flexibilidade e funções, dentre outras, normativas, fundamentais ao desfecho das complexas questões que lhe são submetidas.

Contudo, a agência reguladora, também denominada autarquia em regime especial[53] não se confunde com a autarquia comum, embora guarde semelhanças, tais como a personalidade jurídica de Direito Público, possuindo, portanto, prerrogativas inerentes ao Poder Público, a criação por lei ordinária específica[54], bem como o exercício de atividade tipicamente estatal.

Vemos que o estado também detém constitucionalmente a prerrogativa e o direito de intervir no ordenamento econômico e sobre o ordenamento econômico, sendo a distinção feita por Eros Roberto Grau.

Geralmente intervém no ordenamento econômico, atuando como agente econômico, por meio da Administração indireta, nos termos do art. 173 ou seja, quando estiver presente o imperativo de segurança nacional ou relevante interesse coletivo, ao revés o Estado poderá atuar no ordenamento econômico ou, melhor, sobre o ele, editando-lhe normas de direção e de indução, e essa opção que o Estado detêm é discricionária. Logo, pode o Estado atuar diretamente ou criar uma pessoa jurídica nova com finalidade específica, para assim fazê-lo.

Daí, dentro dessa transformação que o Estado brasileiro vem passando desde a década de 1990, e é tendo em vista a busca, na verdade, o intuito de dar efetividade ao princípio da eficiência, da especialidade e, sobretudo, ao princípio da subsidiariedade, que o Estado brasileiro, de forma inversa ao modelo americano, vem criando pessoas jurídicas novas, com personalidade jurídica de Direito Público para regular determinados segmentos da economia, serviços públicos e ordenamentos sociais, e foi nesse cenário, nessa ideia de transformação do Estado, que surgiram as agências reguladoras no mundo, que são autarquias, portanto, pessoas jurídicas de Direito Público interno, que tem por finalidade específica, ora intervir sobre o ordenamento econômico praticando ato de indução daquele ordenamento ou segmento da economia, ora dependendo da opção discricionária e política do Estado, praticando ato da própria direção do ordenamento econômico.

8.1.22.1.8. Essencialidade

As agências são instrumentos do Estado na busca da eficiência da Administração Pública descentralizada, na verdade, são verdadeiros garantidores da qualidade e continuidade dos serviços públicos prestados. Fazem com que o Estado deixe de ser o executor dos serviços públicos, para apenas regular setores da economia que ficam aos seus cuidados.

---

[52] Criada pela Lei nº 6.385, de 07/12/1976, que dispõe sobre o mercado de valores mobiliários e cria a respectiva Comissão de Valores Mobiliários – CVM, agora alterada pela Lei nº 9.457, de 05/05/1997.

[53] A expressão autarquia em regime especial não constitui inovação entre nós. Com efeito, consoante os ensinamentos de Odete MEDAUAR, "A expressão autarquias de regime especial surgiu, pela primeira vez, na Lei nº 5.540, de 28/11/1968, art. 4º, para indicar uma das formas institucionais das universidades públicas. Nem esta lei, nem o Decreto-lei nº 200/1967 estabeleceram a diferença geral entre as autarquias comuns e as autarquias de regime especial. As notas características das últimas vão decorrer da lei que instituir cada uma ou de uma lei que abranja um conjunto delas (como ocorre com as autarquias universitárias). Por vezes, a diferença de regime está no modo de escolha ou nomeação do dirigente. Por vezes está na existência de mandato do dirigente, insuscetível de cessação por ato do chefe do Poder Executivo. Por vezes, no grau menos intenso dos controles. Por vezes, no tocante à gestão financeira." (*Direito Administrativo Moderno.* São Paulo: Revista dos Tribunais, 7ª ed., 2006, p. 81).

[54] CR/1988, art. 37, XIX c/c art. 61, § 1º, *a*.

Sua função é regular segmentos do mercado, atividades econômicas e serviços públicos, protegendo o consumidor, garantindo a livre escolha, o abastecimento (garantia da oferta dos serviços) e preços acessíveis. Marcos Juruena Villela Souto[55] bem lembra que a ideia é sempre harmonizar o interesse do consumidor, na obtenção do melhor preço e qualidade do serviço, com os do fornecedor do serviço, que deve ter preservada a viabilidade da sua atividade, como forma de assegurar a continuidade do atendimento dos interesses sociais.

As agências possuem uma série de poder, que pode ser mais bem entendido se desmembrado em:

- poder de fiscalizar empresas sob sua jurisdição, que permite impor sanções à eventual conduta violadora de normas e obrigações específicas;
- poder de regular, que possibilita, emitir normas a incidir sobre fatos e atos próprios do curso da atividade verificada no âmbito de sua jurisdição;
- poder de formular, que habilita o órgão a sediar, mediando publicamente os interesses diretos. discussões de políticas próprias para o setor sob sua jurisdição, a serem convertidas em normas ou votadas pelo Congresso ou, por delegação, estabelecidas pelo Executivo[56].

Quanto à sua natureza jurídica, podemos dizer que quando formulada a política pública, seu acompanhamento é outorgado, por lei, à agência reguladora, que atua no campo da ação exclusiva do Estado; em outras palavras, a agência executa ação que pode implicar na restrição da liberdade empresarial em prol do interesse coletivo. Tal restrição somente deve ser executada concretamente por pessoa jurídica de Direito Público, o que, aliado à autonomia para o desempenho dessa função, justifica, no Direito brasileiro, a adoção da forma autárquica como a ideal para a descentralização da regulação estatal, mas esse assunto veremos mais adiante.

Arnoldo Wald e Luiz Rangel de Moraes[57] citam quatro dimensões que caracterizam uma agência reguladora: a independência decisória, a independência de objetivos, a independência de instrumentos e a independência financeira.

Cabe lembrar também que a agência reguladora não se confunde com a agência executiva, esta é uma característica atribuída por lei a uma autarquia ou fundação já existente, nos termos do art. 51 da Lei nº 9.649, de 27/05/1998[58]. Tal qualificação é concedida por ato do presidente da República, sendo que o Poder Executivo editará medidas de organização administrativa específica, visando assegurar a autonomia de gestão, disponibilidade de recursos orçamentários e financeiros para o cumprimento dos objetivos e metas definidos nos Contratos de Gestão.

8.1.22.1.9. Natureza Jurídica das Agências Reguladoras

Como se disse, a regulação deve ser atribuída à autoridade independente, que, no entanto, exerce poderes típicos do Estado, legitimado que está para intervir no domínio econômico.

Cabe ressaltar, aqui, que no Brasil, a citada independência dos órgãos reguladores é relativa, posto que vigora o princípio da jurisdição una, o que implica em dizer que "nenhuma lesão ou ameaça de lesão escapará à apreciação do Poder Judiciário". Essa submissão das decisões das agências reguladoras ao magistrado diminui-lhes a força e a eficácia de agilizar o procedimento, solucioná-lo por meio da intervenção de técnicos habilitados e reduzir os custos do contencioso. O ideal era introduzir a limitação da Lei nº 9.307 (que regula a arbitragem), somente admitindo o questionamento jurisdicional se houver vícios formais na decisão, respeitadas as situações em que há direitos indisponíveis do Estado. Também macula a independência da agência a admissão de recurso de suas decisões para autoridade do Poder Executivo (controle administrativo).

No Brasil, a atividade econômica é instrumento para a obtenção do desenvolvimento econômico, objetivo da República (CF, art. 3º, II), por força da qual se atingirá o pleno emprego, o respeito à dignidade humana e o bem-estar de todos; daí ser o Estado legitimado pela Lei Maior para atuar sempre que o interesse público justificar a restrição da livre-iniciativa em prol da coletividade (observados os limites e os objetivos constitucionais para tal intervenção).

Formulada a política pública, seu acompanhamento é outorgado, por lei, à agência reguladora, que atua no campo da ação exclusiva do Estado; em outras pala-

[55] VILLELA SOUTO, Marcos Juruena. *Desestatização: privatização, concessões, terceirizações e regulação.* 4ª ed. Rio de Janeiro: Lumen Juris, p. 440.

[56] BENJÓ, Issac. *Fundamentos de economia da regulação.* Rio de Janeiro: Thex, 2005,p. 109-17.

[57] MELLO, Vanessa Vieira de. *Regime jurídico da competência regulamentar.* São Paulo: Dialética, 2001, p. 89.

[58] Versa o art. 51: O Poder Executivo poderá qualificar como Agência Executiva a autarquia ou fundação que tenha cumprido os seguintes requisitos: I – ter um plano estratégico de reestruturação e de desenvolvimento institucional em andamento; II – ter celebrado contrato de gestão com o respectivo Ministério supervisor.

vras, a agência executa uma ação que pode implicar na restrição da liberdade empresarial em prol do interesse coletivo.

Tal restrição somente deve ser executada concretamente por pessoa jurídica de Direito Público, o que, aliado à autonomia para o desempenho dessa função, justifica, no Direito brasileiro, a adoção da forma autárquica como ideal para a descentralização da regulação estatal.

Em sendo, portanto, as agências reguladoras autarquia, quer disser que se trata de uma pessoa jurídica dotada de personalidade jurídica de Direito Público, que não desempenha atividade econômica em sentido restrito. Mas a qualificação da agência reguladora como autarquia não significa reconhecer a identidade de seu regime jurídico com qualquer outra autarquia. Não existe um regime jurídico único para as autarquias, incumbindo à lei instituidora definir o conjunto de princípios e regras aplicáveis – sempre observando os princípios, regras e limites constitucionais, ressalva cuja obviedade até tornaria dispensável de fazer-se.

8.1.22.1.10. Privilégios da Autarquia de Regime Especial

Diante da realidade em que a autonomia e independência são premissas imprescindíveis ao desenvolvimento da atividade reguladora, alguns privilégios devem ser firmados para que a autarquia instituída possa atuar de forma eficaz no exercício da fiscalização pelo Estado.

Dessa forma, fazem-se necessários ao exercício satisfatório da agência: I) possuir ampla autonomia técnica, administrativa e financeira, de maneira a ficar, tanto quanto possível, imune às injunções político-partidárias, aos entraves burocráticos e a falta de verbas orçamentárias; II) expedir normas operacionais e de serviço, de forma a poder acompanhar o ritmo extraordinário do desenvolvimento tecnológico e do atendimento das demandas populares; III) aplicar sanções com rapidez, respondendo aos reclamos da população e exigências do serviço; IV) por fim, associar a participação dos usuários ao controle da fiscalização do serviço.

Para o exercício dessas funções, escolheu o governo a forma de autarquia sob regime especial, outorgandolhe poderes para que, de forma austera e independente, atuasse o exercício da regulação estatal.

Arnold Wald[59] identifica a independência que caracteriza uma agência reguladora em quatro dimensões:

1ª) *Independência decisória* – consiste na capacidade da agência de resistir a pressões de grupos de interesses no curto prazo. Procedimentos como o de nomeação e demissão de dirigente, associados com a fixação de mandatos longos, escalonados e não coincidentes com ciclo eleitoral, são arranjos que procuram isolar a direção da agência de interferências indesejáveis, tanto por parte do governo, quanto da indústria regulada.

2ª) *Independência de objetivos* – compreende a escolha de objetivos que não conflitem com a busca prioritária do bem-estar do consumidor. Uma agência com um número pequeno de objetivos bem definidos e não conflitantes tende a ser bem mais eficiente que aquela com objetivos numerosos, imprecisos e conflitantes.

3ª) *Independência de instrumentos* – é a capacidade da agência de escolher os instrumentos e de regulação de modo a alcançar os objetivos da forma mais eficiente possível.

4ª) *Independência financeira* – refere-se à disponibilidade de recursos materiais e humanos suficiente para execução das atividades de regulação.

O festejado autor Diogo de Figueiredo Moreira Neto[60] elenca o que chama de quatro importantes aspectos de atuação das agências reguladoras:

1º) *independência política dos gestores*, investidos de mandatos e com estabilidade nos cargos durante um termo fixo;

2º) *independência técnica decisional*, predominando as motivações apolíticas para seus atos, preferentemente sem recursos hierárquicos impróprios;

3º) *independência normativa*, necessária para o exercício de competência reguladora dos setores de atividade de interesse público a seu cargo; e

4º) *independência gerencial orçamentária e financeira* ampliada, inclusive com a atribuição legal de fonte de recursos próprios, como, por exemplo, as impropriamente denominadas taxas de fiscalização das entidades privadas executoras de serviços públicos sob contrato.

Esta é a nova visão da atuação do Estado na economia, que, ao mesmo tempo em que diminui sua participação direta na prestação de serviços, impõe o fortalecimento de sua função reguladora e fiscalizadora.

Cumpre ainda assinalar que o caráter especial conferido a essas autarquias, apesar de aceito de forma am-

[59] WALD, Warnold e Moraes, Luiza RANGEL de,Agências Reguladoras. Brasília, *Revista de Informações Legislativas*, jan./mar., 2004.

[60] MOREIRA NETO, Diogo de Figueiredo. *Mutações do Direito Administrativo*. Rio de Janeiro: Renovar, 2004, p. 148.

plamente majoritária pela doutrina, encontra severas críticas.

Assim, também se posiciona Carlos Roberto Siqueira Castro, afirmando que o regime jurídico dessas novas autarquias seria essencialmente o mesmo das nossas já tradicionais e conhecidas autarquias, ressalvando, entretanto, a existência de finalidades institucionais diversas, já que as agências reguladoras não exploram diretamente os serviços que se prestam fiscalizar e regulamentar.

Em que se pesem, entretanto, essas importantes considerações, afiguram-se como inegáveis, para a maior parte a doutrina, o elevado grau de autonomia e independência conferidos às agências reguladoras, comparativamente às antigas e já conhecidas autarquias brasileiras.

Não há dúvidas de que é em função de seu elevado grau de independência e a autonomia que as agências reguladoras possuem os mecanismos necessários para perquirir seus fins e objetivos. Em outras palavras, as prerrogativas legais a elas conferidas funcionam como um forte instrumento para a consecução de seus fins, sem configurarem, ao revés, salvo-conduto para o transbordamento dos limites da legalidade.

Nesse sentido, convém registrar que a ideia fundamental que norteou o surgimento das agências reguladoras foi criar um ente administrativo técnico, altamente especializado, e, sobretudo, imune às injunções e oscilações típicas de um processo político, as quais, como se sabe, influenciam, demasiadamente, as decisões de órgãos situados em cada escala hierárquica da Administração.

Por esse motivo, concebeu-se um tipo de entidade que, embora mantendo vínculo com a Administração Central, possui, em relação a esta; algum grau de independência.

Logo, é evidente que não existirá uma agência independente quando os atos por ela praticados estiverem subordinados à ratificação ou revisão de outra autoridade administrativa.

Cabe ressaltar, portanto, que Marçal Justen Filho[61], afirma que as agências podem vir a ter um *status* jurídico próprio, transformando-se em nova categoria integrante da Administração indireta. Isso se passará se a especialização do seu regime jurídico conduzir a um grau de diferenciação tão significativo que torne útil agrupar as agências como um gênero, uma espécie ou uma subespécie peculiar.

Desse modo, verifica-se que com exceção das normas que instituíram a Anatel, a Anvisa, e a ANS, restringem-se a definir as agências reguladoras como autarquia especial, sem explicar em que consiste a especialidade, mas arrolam em seus textos alguns aspectos que poderiam implicar a natureza peculiar destas autarquias.

Para o § 1º do art. 1º do Anexo I do Decreto nº 2.338, de 07/10/1997, a natureza especial da Anatel decorria das seguintes características: 1) independência administrativa; 2) autonomia financeira; 3) ausência de subordinação hierárquica; 4) mandato fixo e estabilidade dos dirigentes.

No que tange à Anvisa, o legislador determina que sua especialidade advém da independência administrativa, estabilidade dos dirigentes e autonomia financeira.

Já o §1º do art. 1º da Lei nº 9.961, prevê que a natureza de autarquia especial da ANS é caracterizada por autonomia administrativa, financeira, patrimonial e de gestão de recursos humanos, autonomia nas suas decisões técnicas e mandato fixo de seus dirigentes.

8.1.22.1.11. Independência Normativa e sua Competência

Inicialmente, fazem-se necessárias algumas anotações sobre os princípios da legalidade e da tripartição dos Poderes para que se possa percorrer o tema abordado de forma precisa.

O princípio da legalidade, dogma consagrado pela Constituição vigente (art. 5º, II) e imprescindível para a existência do Estado, determina que ninguém será obrigado a fazer ou deixar de fazer alguma coisa senão em virtude de lei.

José Afonso da Silva aduz de forma expressa que

> a palavra Lei (art. 5º, II da CF), para a realização plena do princípio da legalidade, se aplica, em rigor técnico, à lei formal, isto é, ao ato legislativo emanado dos órgãos de representação popular e elaborado de conformidade com o processo legislativo previsto na Constituição (arts. 59 a 69).

Cabe então uma indagação: é possível que a própria Lei (formal) transfira do Poder Legislativo para o Poder Executivo a competência de "legislar" (não por lei, mas por ato normativo próprio) sobre matéria determinada? A resposta é positiva, na ocorrência do fenômeno denominado deslegalização, tipo de delegação de competência, que será visto detidamente em tópico próprio.

[61] *O direito das agências reguladoras independentes*. São Paulo: Dialética, 2004, p. 392.

Para Canotilho, "Lei é uma regulamentação intrinsecamente aberta estabelecida segundo critérios jurídico-constitucionais prescritos." Estaríamos, portanto, no caso das agências reguladoras, diante de uma forma de regulamentação prescrita pela lei e pela Constituição. Pela lei na forma vista acima (fenômeno da deslegalização) e, pela Constituição, no dispositivo constitucional permissivo (art. 21, XI) que acena para um órgão regulador. Deve-se ressaltar que, para os defensores do princípio da legalidade puro e inviolável, tal situação é concebida como uma exceção Constitucional à própria regra estabelecida pela Constituição.

Desta forma, entendo correta a definição moderna do princípio da legalidade trazida na lição do Constitucionalista Alexandre de Morais, na qual ensina que ninguém será obrigado a fazer ou deixar de fazer alguma coisa, senão em virtude de espécie normativa devidamente elaborada pelo Poder competente, segundo as normas do processo legislativo constitucional, determinando a Carta Magna, desta forma, quais os órgãos competentes e os procedimentos de criação das normas gerais[62].

A teoria da separação dos poderes, incorporada ao constitucionalismo por meio da obra de Montesquieu[63], tem como premissa básica assegurar a liberdade dos indivíduos. Sustenta o filósofo iluminista que o efeito da reunião dos Poderes em uma única pessoa é a constituição de um poder tirano.

De fato, quando se pretende desconcentrar o Poder, atribuindo seu exercício a vários órgãos, a preocupação maior é a defesa da liberdade dos indivíduos, pois maior a concentração do Poder, maior será o risco de um governo ditatorial[64].

Atualmente, desenvolvida e adaptada a novas concepções e relacionada à ideia do controle do Estado Democrático, a teoria da separação dos Poderes[65], além de determinar o sistema de freios e contrapesos entre as funções estatais, objetiva aumentar a eficiência do Estado pela distribuição de suas atribuições entre órgãos especializados.

O sistema Constitucional vigente adotou a tripartição dos Poderes, albergando este princípio no art. 2º do texto constitucional; trata-se de um princípio de tal relevância para o nosso ordenamento jurídico, que foi "petrificado" pelo art. 60, § 4º, III da CF.

A divisão dos Poderes, conforme foi visto, fundamenta-se em dois elementos: a especialização funcional e a independência orgânica[66].

A atividade legisferante do Estado, originariamente exercida pelo Poder Legislativo, dentro da concepção da tripartição, tem como objeto precípuo do Poder-função a ele atribuído produzir normas para o funcionamento racional e equilibrado do Estado e o desenvolvimento e convivência harmônica de seu povo. Pontua-se, aqui, o princípio da reserva legal, que constitui a garantia individual em nossa Carta Política atual, e que tem sido tradicionalmente adotado nos ordenamentos constitucionais dos Estados de Direito.

Ocorre que, embora seja o Poder Legislativo o órgão tradicionalmente competente para elaborar leis, o princípio da separação dos Poderes vem sendo gradativamente mitigado, com a ocorrência do fenômeno das delegações legislativas que têm por escopo proporcionar a outros órgãos (Executivo e Judiciário) competência normatizadora, objetivando atribuir "poder legislativo" ao próprio órgão que criará a norma coadunada com a peculiaridade dos assuntos pertinentes.

Deve-se ressaltar que a norma delegada só terá validade se houver previsão legal para sua edição; se forem cumpridos os requisitos elencados pela lei permissora e, por fim, se estiver de acordo com o ordenamento jurídico vigente.

A ocorrência de delegação de poder, inicialmente de competência privativa de outro órgão, é praxe em nosso ordenamento jurídico, e ocorre em todas as funções estatais (Executivo, Legislativo e Judiciário), enriquecendo e fortalecendo o regime democrático de Direito vigente, pois de forma mitigada cumpre-se o princípio da separação dos Poderes que previa a sua desconcentração. O que temos hoje é a desconcentração do Poder que já era desconcentrado, permitindo uma melhor gestão do Estado.

De fato, a independência normativa das agências reguladoras, como dito anteriormente, é condição *sine qua non* para que a regulação ocorra de forma satisfatória e íntegra.

---

62 MORAES, Alexandre de. *Direito Constitucional.* 86ª ed., São Paulo: Atlas, 2004, p. 487.

63 *Espírito das Leis* – Montesquieu, Livro XI, cap. VI.

64 DALLARI, Dalmo de Abreu. *Elementos de Teoria Geral do Estado.* 22ª ed. São Paulo: Saraiva, 2005.

65 Embora seja clássica a expressão separação de Poderes, é pacífico que o poder do Estado é uno e indivisível. O que existe de fato é a *separação de funções* estatais, quais sejam: função executiva, legislativa e judiciária.

66 Independência orgânica significa que, além da especialização funcional, cada órgão deve ser efetivamente independente, postulando sem qualquer meio de subordinação.

Para Diogo de Figueiredo Moreira Neto[67],

> [...]essa competência normativa atribuída às agências reguladoras é a chave de uma desejada atuação célere e flexível para a solução, em abstrato e em concreto, de questões em que predomine a escolha técnica, distanciada e isolada das disputas partidarizadas e dos complexos debates congressuais em que preponderam as escolhas abstratas político-administrativas.

Devemos diferenciar três tipos de delegação do Poder Legislativo. A delegação receptícia, que consiste na transferência ao Poder Executivo da função de produzir normas com força de lei, assumindo o Poder Legislativo como próprio o conteúdo da norma delegada. O art. 59, IV, c/c art. 68 da Constituição Federal de 1988 trata das leis delegadas, tendo suas condições formais e materiais estipuladas no art. 49, V, da mesma Carta Política, podendo, ainda, submeter-se ao controle político em caso de exorbitância dos limites da delegação, que é o chamado veto legislativo. A delegação remissiva, outra forma de delegação, consiste na remessa, pela lei, a uma norma subsequente a ela que deverá ser elaborada pela Administração, sem força de lei. Não vincula o Poder delegante, podendo ser revogada a qualquer tempo, pois o Poder Legislativo não assume como próprio o conteúdo da norma delegada. Trata-se, aqui, da regulamentação ou do Poder regulamentar[68]. A deslegalização, que será vista detidamente em tópico próprio, por tratar-se exatamente de uma modalidade nova de delegação e por ter sido a modalidade adotada pelas agências reguladoras.

Em certa ocasião, o examinador no concurso de ingresso para o Ministério Público do Rio de Janeiro indagou: Qual o sentido do "regime especial" atribuído às agências reguladoras?

Na evolução do Direito Administrativo brasileiro, pode-se afirmar que o instituto das agências reguladoras é produto do regime de desestatização, que vem sendo paulatinamente implantado na Administração Pública pátria[69].

As agências reguladoras foram introduzidas no Brasil sob a forma de autarquias e, consequentemente, com personalidade jurídica de Direito Público. Estão sujeitas, assim, ao mandamento do art. 37, XIX, da Constituição e sua criação somente poderá se dar mediante lei específica. O mesmo quanto à sua extinção, pois ato administrativo não poderia destruir o que se construiu por norma de hierarquia superior. As agências, todavia, são autarquias especiais, dotadas de prerrogativas próprias e caracterizadas por sua autonomia em relação ao Poder Público[70].

Desta feita, no contexto brasileiro, as chamadas agências reguladoras foram instituídas sob a forma de autarquias de regime especial, diferenciando-se das autarquias tradicionais (como, por exemplo, aquelas criadas de acordo com o sistema do Decreto-lei nº 200/1967), uma vez que seu regime jurídico possui características próprias.

Ao discorrer a respeito dos diversos temas envolvendo as agências reguladoras, o prof. Gustavo Binenbojm, sintetiza, com notável precisão, o sentido do "regime especial" atribuído às agências reguladoras[71]. Senão vejamos:

> Define-as a doutrina, e o próprio legislador, como autarquias dotadas de regime especial. Ora, no que consiste tal regime especial? O que as difere das demais e tradicionais autarquias?
>
> O regime diferenciado das agências reguladoras brasileiras, apresentado didaticamente, consiste na amálgama entre autonomia reforçada e concentração de funções públicas, normalmente distribuídas entre os poderes do Estado.

Assim, o *regime especial* atribuído às agências reguladoras é resultado da combinação das funções e autonomias próprias que lhes são outorgadas.

De forma resumida, de acordo com o já citado Gustavo Binenbojm, a autonomia reforçada (ou independência[72]) dessas autarquias de regime especial é caracterizada pelos seguintes aspectos[73]:

---

[67] MOREIRA NETO, Diogo de Figueiredo. Mutações do Direito Administrativo. Rio de Janeiro; Renovar, 2006, p. 162.

[68] MOREIRA NETO, Diogo de Figueiredo. *Mutações do Direito Administrativo.* Rio de Janeiro: Renovar, 2006, p. 165.

[69] CARVALHO FILHO, José dos Santos. agência reguladoras e Poder Normativo. *Revista Eletrônica sobre a Reforma do Estado*, Salvador, nº 07, setembro/outubro/novembro, 2006. Disponível na Internet: http://www.direitodoestado.com.br. Acesso em 23/11/2006.

[70] Barroso, Luis Roberto. Constituição e Ordem Econômica e Agências Reguladoras. *Revista Eletrônica de Direito Administrativo Econômico*, SALVADOR, Instituto de Direito Público da Bahia, nº 01, fev./2005. Disponível na Internet: http://www.direitodoestado.com.br. Acesso em 23/11/2006.

[71] BINENBOJM, Gustavo. *Uma teoria do Direito Administrativo: direitos fundamentais, democracia e constitucionalização.* Rio de Janeiro: Renovar, 2006, p. 252.

[72] "Os entes independentes surgem normalmente destinados à regulação de determinados aspectos e setores da economia especialmente sensíveis (gestão monetária, defesa da concorrência, mercado de capitais, mercados específicos, serviços públicos) ou de determinados direitos fundamentais (liberdade de expressão e imprensa, atividades artísticas e culturais)." BINENBOJM, Gustavo. *Uma teoria do direito administrativo: direitos fundamentais, democracia e constitucionalização.* Rio de Janeiro: Renovar, 2006, p. 311.

[73] BINENBOJM, Gustavo. *Uma teoria do Direito Administrativo: direitos fundamentais, democracia e constitucionalização.* Rio de Janeiro: Renovar, 2006, p. 311.

Independência Política	Dirigentes nomeados a termo, gozando de estabilidade durante o mandato.
Independência Administrativa	Descabimento de recursos hierárquicos impróprios de suas decisões aos agentes governamentais.
Independência Financeira	Orçamentos próprios e fontes de receita próprias.

Esta autonomia reforçada é facilmente verificada nas leis que criaram cada uma das agências reguladoras, como, por exemplo, no caso da Agência Nacional de Saúde Suplementar – ANS:

Lei nº 9.961/2000
Art. 1º [...]
Parágrafo Único. A natureza de autarquia especial conferida à ANS é caracterizada por autonomia administrativa, financeira, patrimonial e de gestão de recursos humanos, autonomia nas suas decisões técnicas e mandato fixo de seus dirigentes.

Contudo, como já enfatizado, além da autonomia reforçada, o regime especial decorre, também, da concentração de funções públicas nas mãos da pessoa jurídica de Direito Público ora analisada. Aqui, podemos, também sinteticamente, elencar as seguintes e distintas funções das agências reguladoras:

Função Normativa (Regulação)	Caracterizada, segundo parte da doutrina, pelo fenômeno da *deslegalização*, passando as agências a gozar de um amplo poder normativo[74] em relação aos setores regulados. É a função para a produção de *normas regulatórias* das atividades correlatas à agência reguladora respectiva. O fundamento de validade destas normas está na discricionariedade técnica, exclusiva das agências reguladoras. Ou seja, as normas reguladoras versam sobre disposições técnicas (e não sobre critérios políticos – administrativos).
Função Parajudicial (ou quase judicial, ou arbitral)	É a função administrativa de solucionar conflitos de interesses que envolvam o delegante (concedente ou permitente), o delegatário (concessionário ou permissionário) e o usuário do serviço.
Função Fiscalizatória	Decorre da parcela de poder de polícia que lhes foi outorgada. É a própria fiscalização da prestação dos serviços públicos concedidos ou, do exercício da atividade econômica regulada, bem como aplicação de sanções aos particulares para o caso de descumprimento dos preceitos legais e infralegais pertinentes[75].

Portanto, este é o mosaico que permite compreender o sentido do "regime especial" atribuído às agências reguladoras.

8.1.22.1.12. A Questão da Deslegalização

Surgido na França, o instituto da deslegalização traz em seu bojo a possibilidade de outras fontes normativas, estatais ou não, regular por atos próprios determinada matéria, ou seja é a retirada do âmbito da lei propriamente dita o condão de reger determinada matéria.

De forma resumida a deslegalização modificou posicionamento tradicional da técnica de delegação, no sentido de que o titular de um determinado poder não ter dele a disposição, mas tão somente o exercício, passando-se a aceitar, como fundamento da delegação, a retirada, pelo próprio legislador, de certas matérias, do domínio da lei (*domaine de la loi*) passando-as ao domínio do regulamento (*domaine de l'ordonnance*)[76].

O conceito de deslegalização oferecido por Gianmario Demuro, trazida à colação pelo mesmo Diogo, determina de forma concisa e precisa os contornos deste instituto: "é a transferência da função normativa (sobre matérias determinadas) da sede legislativa estatal a outra sede normativa"[77].

[74] BINENBOJM, Gustavo. *Uma teoria do direito administrativo: direitos fundamentais, democracia e constitucionalização.* Rio de Janeiro: Renovar, 2006, p. 252.

[75] BINENBOJM, Gustavo. *Uma teoria do Direito Administrativo: direitos fundamentais, democracia e constitucionalização.* Rio de Janeiro: Renovar, 2006, p. 258. Ver também: ARAGÃO, Alexandre Santos de, *Agências reguladoras e a evolução do Direito Administrativo econômico*, 2002, p. 317-18.

[76] MOREIRA NETO, Diogo de Figueiredo. Natureza Jurídica, Competência Normativa e Limites de Atuação, Rio de Janeiro, *Revista de Direito Administrativo* nº 215: jan./mar. 2004, p. 77.

[77] *Ob. cit.*, p. 78.

No Brasil, a Constituição Federal traz em vários dispositivos a possibilidade da deslegalização, quais sejam: art.22, parágrafo único; art. 217, I e seu § 1º; art. 220, §§ 3º e 4º; a Emenda Constitucional nº 8 que alterou a redação do art. 21, XI; a Emenda Constitucional nº 9 que alterou a redação dada ao art. 177, § 2º, III.

Como não foi proibido genericamente a deslegalização *legal* será sempre possível no ordenamento constitucional vigente desde que a Constituição não a proíba expressamente.

Deve se consignar que o art. 25 do Ato das Disposições Constitucionais Transitórias, determinou a revogação de todas as normas delegadoras de competência normativa, *in verbis*:

> *Art. 25. Ficam revogados, a partir de cento e oitenta dias da promulgação da Constituição, sujeito esse prazo a prorrogação por lei, todos os dispositivos legais que atribuam ou deleguem a órgão do Poder Executivo competência assinalada pela Constituição ao Congresso Nacional, especialmente no que tange a:*
> *I – ação normativa;*
> *II – alocação ou transferência de recursos de qualquer espécie.*

Por óbvio que o dispositivo transcrito se propõe a pôr termo aos abusos praticados pelo regime ditatorial que vigia até a promulgação da atual Carta, mas não se propõe a por termo a *delegação legislativa*, proposta por diversas vezes pela própria Constituição, conforme *supra* exposto.

No caso das agências reguladoras, trata-se de uma delegação legislativa conhecida pela doutrina e jurisprudência americana como *delegation with standards*, que ocorre quando o ato emanado pelo Poder Legislativo fixa parâmetros (*standards*) adequados e satisfatórios para se pautar a atuação do órgão delegado, ou seja é a fixação de limites à atuação do poder delegado[78].

Para o procurador do Estado do Rio de Janeiro, Luís Roberto Barroso[79]:

> a doutrina brasileira passou a encarar com certa atenuação a questão das delegações legislativas, para admiti-las, com reservas, sempre que o legislador oferecesse standards adequados, isto é, quando houvesse início de legislação apta a confirmar dentro em limites determinados a normatização secundária do órgão delegado. Inversamente, quando o órgão legislativo abdicasse de seu dever de legislar, transferindo a outros a responsabilidade pela definição das alternativas políticas e diretrizes a seguir, a invalidade seria patente.
> [...] Cumpre remarcar, nesse passo, que o poder regulamentar, em sentido rigorosamente técnico, é privativo do presidente da República, nos termos da letra expressa do inciso IV do art. 84 da Constituição Federal. De sorte que, a rigor, não deve utilizar a expressão quando se trate de atribuição desempenhada por órgão qualquer do Poder Executivo ou por entidade da Administração direta. Tais órgãos e entidades, é certo, titularizam, em certos casos, competências para expedir atos administrativos normativos – gênero do qual regulamento é espécie. Mas, por evidente, não desfrutam, no particular, de franquias mais amplas do que as que pode desfrutar o chefe do Poder Executivo.

De fato o ato normativo é gênero do qual regulamento é espécie, entretanto, em virtude do exposto pelo dr. Barroso sobre a nomenclatura errônea – Poder Regulamentar – entendo, que não se trata de Poder Regulamentar e sim de Poder Regulador (buscando aqui uma nomenclatura diferenciada), pois cria, dentro de padrões prefixados (*standards*) pela lei originária da agência reguladora, uma normatização que "inova no ordenamento" visto que não visa explicitar a lei ou lhe dar executabililidade como deve fazer o regulamento propriamente dito, mas sim direcionar a execução dos serviços públicos prestados ou resolver conflitos por meio da norma infralegal advinda da necessidade setorial concreta e inédita.

Exemplos de deslegalizações legais, visto que os exemplos supracitados são de deslegalizações constitucionais, são os casos da Lei nº 9.427/1996 que instituiu a Agência Nacional de Energia Elétrica – ANEEL, onde possibilita a agência de regular, entre outras, a produção, transmissão e comercialização de energia elétrica. (art. 2º)[80].

Essa é a espécie de delegação que as agências reguladoras deverão possuir. A lei determina seu âmbito de atuação e os atos normativos produzidos pelas agências regerão o mercado de atuação específica de cada agência. A celeridade das decisões é imprescindível para a gestão eficaz do negócio, e essas normas direcionaram rapidamente o rumo a ser tomado sem a morosidade que impera no poder legislativo seja pela desídia de seus parlamentares, seja pelo devido processo legal, normalmente longo e lento.

---

[78] BARROSO, Luís Roberto. *Temas de Direito Constitucional*. Rio de Janeiro: Renovar, 2005, p. 173.

[79] *Ob. cit.*, p. 173 e 182.

[80] MOREIRA NETO, Diogo de Figueiredo. *Mutações do Direito Administrativo*. Rio de Janeiro: Renovar, 2006.

Insta acrescentar que não há de se falar em riscos de injustiças neste processo de deslegalização pois as empresas reguladas não são hipossuficientes juridicamente para sofrerem alguma lesão irreversível visto que a Constituição Federal disponibiliza a qualquer tempo a ida ao Poder Judiciário para proteger qualquer lesão ou ameaça a direito (art. 5º, XXXV).

8.1.22.1.13. Função Reguladora

O Estado, no exercício do *ius imperi,* no decorrer do século que findou, sempre exerceu a função reguladora da economia em suas diversas vertentes. Entretanto, com surgimento do *Welfare State,* o Estado assumiu a economia, tomando para si a responsabilidade de seu desenvolvimento, sendo esta gradativamente estatizada o que determinou o afastamento da iniciativa privada e a proliferação de entidades estatais industriais, de início, sob a forma autárquica e, posteriormente de paraestatais (empresas públicas, sociedades de economia mista, fundações econômicas e subsidiárias).

Dessa forma, a regulação e o controle feitos pelo Estado passaram a se tornar inócuos e sem sentido, já que não havia necessidade de uma duplicidade de controles, haja vista a existência do controle inerente à própria atividade administrativa pública. Assim, os órgãos estatais de controle foram desaparecendo, quando não confundidos em uma mesma entidade que, ao mesmo tempo em que prestava o serviço, fazia seu controle.

Com a busca de um Estado preocupado apenas com suas atividades essenciais e, por consequência, imbuído da vontade de desestatizar a economia passando assim as atividades essencialmente econômicas para o setor privado, ressurge a necessidade da fiscalização e controle estatal dessas atividades.

No Brasil, como bem lembrou Diogo de F. M. Neto, esta evolução sofreu atraso de quase uma década, pois a Constituição de 1988 estava destinada a ser o último modelo instituidor de um Estado do Bem-Estar Social e, por isso, não continha nem previa providências para a retomada do desenvolvimento dos serviços públicos no país. Como já nasceu obsoleta, com pouco mais de três anos de existência já sofria sua primeira emenda. O Brasil, enveredando pela contramão da história, foi levado a promulgar uma Carta Política ditada pelo utopismo, pela demagogia dos populistas e progressistas, pelo corporativismo dos grupos organizados, pelo socialismo dos que criam piamente ser possível fazer justiça social sem liberdade econômica pelo estatismo, pelo paternalismo, pelo assistencialismo, pelo fiscalismo dos que despreocupavam com as consequências desmotivadoras da sobrecarga tributária, e por fim pela xenofobia dos que viam o país como alvo de um imenso complô internacional[81].

Contudo, o Estado de forma hercúlea conseguiu superar os percalços e obstáculos impostos e iniciar seu processo de modernização, tendo como passo marcante a criação das agências reguladoras.

Segundo Vital Moreira[82], podemos vislumbrar três concepções de regulação: a) sentido amplo, é toda forma de intervenção do Estado na economia, indepentemente dos seus instrumentos de fins; b) num sentido menos abrangente, é a intervenção estatal na economia por outras formas que não a participação direta na atividade econômica, equivalendo, portanto, ao condicionamento, coordenação e disciplina da atividade econômica privada; c) num sentido restrito, é somente o condicionamento normativo da atividade econômica privada (por via de lei ou outro instrumento normativo).

Tony Posner destaca que, na visão dos economistas, trata-se de uma intervenção estatal em decisões econômicas das empresas, normalmente vista como ato político de restrição de mercados.

Por fim, de forma acertada, Marcos Juruena Villela Souto[83] define a função regulatória, afirmando que a regulação deve ser considerada sob três aspectos, a saber, a regulação de monopólios, em relação aos quais devem ser minimizadas as forças de mercado por meio de controles sobre os preços e a qualidade do serviço, regulação para a competição, para viabilizar sua existência e continuidade, e a regulação social, assegurando prestação de serviços públicos de caráter universal e a proteção ambiental.

8.1.22.1.14. Limites ao Poder Normativo

O objetivo da delegação de poder normativo às agências reguladoras tem como causa única e exclusiva, dar a possibilidade de se editar de forma rápida normas de cunho exclusivamente técnico. A discricionariedade técnica é o fundamento de validade das normas reguladoras baixadas pelas agências.

[81] *Ob. cit.*, p. 149-150.

[82] VITAL MOREIRA, *Autorregulação profissional e a administração pública.* Coimbra: Almedina, 2006, p. 3-7

[83] *Ob. cit.*, item 28, p. 249.

Ultrapassar os limites técnicos ao acrescentar as normas reguladoras critérios político-administrativos onde não deviam existir, caracterizará invasão de poder próprio à esfera das decisões do poder legislativo. Deve-se atentar, portanto, que a discricionariedade técnica existe apenas quando a decisão que nela se fundar poder ser motivada também tecnicamente. Esta é, quiçá, a limitação mais importante, pois afasta, ao mesmo tempo, o arbítrio, o erro, a impostura e a irrazoabilidade[84].

Dessa forma temos limitações materiais – normas de cunho técnico – e formais, dado pela normatização de lavra sempre infralegal.

8.1.22.1.15. Independência Decisória

Para Marcos Juruena Villela Souto as agências reguladoras não são tão independentes quanto deveriam, pois, sua independência, esbarra no princípio da *jurisdição una*.

Para ele[85]:

> a citada independência dos órgãos reguladores é relativa, posto que vigora o "princípio da jurisdição una, o que implica em dizer que nenhuma lesão ou ameaça de lesão escapará à apreciação do Poder Judiciário. Essa submissão das decisões das agências reguladoras ao magistrado diminui-lhes a força e a eficácia de agilizar o procedimento, solucioná-los por meio da intervenção de técnicos habilitados e reduzir os custos do contencioso. O ideal é introduzir a limitação da Lei nº 9.307 (que regula arbitragem), somente admitindo o questionamento jurisdicional se houver vícios formais na decisão, respeitadas as situações em que há direitos indisponíveis do estado.

Peço *vênia* para discordar do douto jurista, pois se é verdade que para a reforma do Estado é necessário um órgão que haja de forma célere e eficaz na busca de uma prestação dos serviços públicos, condizentes as necessidades da população, tanto quanto é verdade que o princípio da Tripartição dos Poderes está sendo mitigado, também é verdade que não se pode transpor Garantia Constitucional para tanto. Nesse caso os meios não justificam os fins, até porque os meios são inconstitucionais sendo portanto inadmissíveis. A possibilidade legal de existência de um órgão que reúna a edição, a fiscalização e o julgamento de seus atos seria constituir legalmente um poder totalitário, execrado pelo ordenamento constitucional vigente, por meio do que dispõe o princípio pátrio da separação dos Poderes. Como citou anteriormente o próprio Montesquieu, seria a possibilidade da criação de um poder tirano.

Desta forma, entendo possível a agência reguladora normatizar, fiscalizar e julgar seus próprios atos, entretanto entendo impossível retirar do Judiciário o poder de julgar determinada causa. O que a lei visa possibilitar é uma forma mais rápida de resolver conflitos mas não retirar de ninguém a possibilidade de discutir essa causa em juízo se alguma das partes se sentir lesada.

Se a regulação no que tange à resolução de conflitos for eficiente, havendo concessões mútuas com objetivo de um fim comum, qual seja, a melhor prestação do serviço, não há por que se preocupar com a ida ao Judiciário, pois as partes não o procurarão. Contudo, se a mediação não for feita de forma adequada, a busca do Judiciário é imperativa. Assim, se houver boa atuação das agências reguladoras na resolução de conflitos e na edição de normas, o Judiciário não assusta, entretanto, se essa atuação não se der de forma eficaz e adequada o Judiciário é imprescindível para a manutenção do Estado de Direito.

Ademais, a praxe, como se sabe, é o corporativismo, por força do qual dificilmente nos processos administrativos se conclui por erro da Administração, fatos pelos quais vejo inafastável a garantia individual proposta pelo art. 5º XXXV; e 2º c/c art. 60 § 4º, III e IV de nossa Carta Política.

8.1.22.1.16. Autonomia Econômico-Financeira

Outro aspecto digno de nota é a autonomia financeira das agências reguladoras, pois suas receitas advêm da cobrança de um percentual incidente sobre o faturamento das concessionárias, em razão da atividade regulatória desenvolvida, liberta, portanto, dos repasses orçamentários do Poder Executivo. Marcos Juruena Villela Souto, afirma:

> A Agência, com isso, não depende de recursos orçamentários, mas, em compensação, submete-se à crítica de ser custeada pelo sujeito fiscalizado[86].

A natureza desta contraprestação pecuniária, no entanto, é objeto de discussão doutrinária, havendo quem

---

[84] MOREIRA NETO, Diogo de Figueiredo. Natureza Jurídica, Competência Normativa e Limites de Atuação, Rio de Janeiro, *Revista de Direito Administrativo* nº 215: jan./mar. 2004. p. 81-82.

[85] VILLELA, Marcos Juruena. Agências Reguladoras. Rio de Janeiro, *Revista de Direito Administrativo* nº 216, abr./ jun. 2005, p. 132.

[86] *Desestatização, Privatização, Concessões e Terceirizações*. Rio de Janeiro: Lumen Juris, 3ª ed, 2006, p. 268.

sustente tratar-se de encargo contratual[87], enquanto outros entendem se tratar de tributo[88].

Independente da natureza, o fato é que a mesma confere uma autonomia financeira relevante às agências, que não precisam se submeter aos repasses orçamentários condicionados à submissão da atividade regulatória à intenções políticas desarrazoadas do Poder Executivo, em troca de decisões que realizem os interesses desta instância de Poder.

A autonomia financeira do regulador é fator imprescindível para o exercício da atividade regulatória imparcial e persecutória de um ponto ótimo de equilíbrio no setor ou área regulado.

E isto se dá, de um lado, por que a atividade regulatória envolve setores e atividades exercidas por grupos econômicos muito organizados e com maciço poder econômico.

Por outro lado, a ausência de autonomia financeira da agência reguladora pode ocasionar o ambiente adequado à captura do agente regulador, quer pela a possibilidade de corrupção, quer pela contaminação de interesses, caracterizada esta pelo desenvolvimento da atividade regulatória em prol do agente regulado.

Desse modo, a autonomia financeira serve para impedir a submissão das agências reguladoras a qualquer tipo de condição, garantindo-lhe a autonomia exigida para seu funcionamento de acordo com o modelo fixado, estabeleceu-se uma forma de aquisição de receita sem que os recursos transitem pelo erário. Instituiu-se, para tanto, a "taxa de regulação" ou "taxa de fiscalização dos serviços concedidos ou permitidos", que é devida pelo concessionário ou permissionário dos serviços e pagas diretamente às agências reguladoras. Calcula-se o valor da taxa com base em percentual sobre o proveito obtido com a concessão ou permissão.

A primeira celeuma criada foi no tocante ao custeio da regulação pelo próprio fornecedor do bem ou serviço regulado, fato este assim criticado pelo douto Marcos Juruena Villela Souto[89].

Entendo, entretanto, que não há de se falar em submissão, pois as receitas adquiridas são de natureza compulsória e os valores determinados por uma base de cálculo preestabelecida por lei. Ademais, não se trata de uma relação comercial propriamente dita e sim de uma ação fiscalizadora e reguladora do Estado no exercício legítimo de seus poderes. Qualquer verba recebida a maior do valor estipulado, com objetivo outros senão os da mantença do órgão regulador, tipificaria crime punido pelas leis penais.

8.1.22.1.17. Independência Administrativa dos Gestores

As leis instituidoras das agências reguladoras estabeleceram um processo peculiar de nomeação de seus dirigentes, não sendo por meio de concurso público, provimentos de cargos de confiança por intermédio da livre nomeação ou contratação excepcional de mão de obra temporária.

A diretoria é composta por meio da escolha dos dirigentes (pessoas de reputação ilibada e notório saber do setor regulado) pelo chefe do Poder Executivo, passando em seguida pela aprovação do Poder Legislativo, conhecido como sabatina do Congresso.

Trata-se portanto de agentes políticos e não de agentes administrativos, não tendo que estar portanto submetido às condições de "contratação" do servidor público nas formas vistas (concurso, livre nomeação ou temporário). Submetem-se, os dirigentes das agências reguladoras, a critérios definidos em lei, que determina a forma e as condições de sua contratação e sua exoneração, não podendo sê-la feita senão nas hipóteses legalmente autorizadas.

Deve ainda a lei estipular que durante o mandato ou na quarentena posterior a ele não poder os dirigentes da agência manter qualquer vínculo com o concedente, concessionário ou associação de usuários.

Essas e outras medidas legais têm o intuito de desvincular da atividade reguladora qualquer interesse que não seja o interesse Público, objetivando um direciona-

[87] No sentido de ostentar natureza contratual a taxa de regulação de serviços públicos devida pelas concessionárias e permissionárias de serviços públicos à Agência Reguladora de Serviços concedidos do Estado do Rio de Janeiro – ASEP, entendeu a douta procuradoria-geral do Estado, por meio de promoção sem número, datada de 01/12/1998 da Procuradora Vera Lúcia KIRDEIKO, referendada pelo procurador João Guilherme SAUER, por meio da promoção sem número, datada de 03/02/1999.

[88] A questão foi enfrentada no âmbito da Procuradoria Geral do Estado do Rio de Janeiro pela Procuradora do Estado Vera Lúcia KIRDEIKO, por meio da promoção s/n, de 01/12/1998, que, por seu turno, foi acolhida pelo procurador João Guiherme SAUER, por meio da promoção s/n, de 03/02/1999.

[89] VILLELA SOUTO, Marcos Juruena. *Desestatização, Privatização, Concessões e Terceirizações.* 3ª ed. Rio de Janeiro: Lumen Juris, 2006, p. 268.

mento eficaz na prestação do serviço para que atenda assim os anseios da população.

8.1.22.1.18. A Investidura dos Membros Diretores

No que tange à forma de investidura, as agências reguladoras possuem normalmente em sua direção um conselho diretor, compondo um órgão colegiado, cujos dirigentes são indicados pelo Poder Executivo e aprovados pelo Poder Legislativo, com mandato fixo que lhes assegura uma autonomia decisional, não sendo demissíveis ou exoneráveis ao nuto do chefe do Poder Executivo.

Em princípio, poder-se-ia objetar que tal forma de investidura em cargos públicos não se amolda aos modelos constitucionalmente estabelecidos de ingresso no serviço público[90], que prevê como regra geral a investidura do agente público após prévio concurso público ou o exercício de cargos de provimento em comissão, livremente exoneráveis seus ocupantes[91].

Com a devida vênia dos entendimentos em sentido contrário, a lei pode criar e estabelecer a forma de investidura de determinados membros.

Assim, não se pode alegar violação ao princípio da separação e independência das funções estatais, que vem sofrendo profundas transformações hodiernamente[92].

Com efeito, o sistema tripartite de funções estatais não se apresenta exauriente, até porque o critério universalmente aceito é o da predominância das funções e não da exclusividade, não se esgotando as funções estatais historicamente concebidas nos três núcleos de poder indicados genericamente pela CR/1988.

---

[90] CR/1988, art. 37, II.

[91] A questão foi levada à apreciação do E. Supremo Tribunal Federal, por meio da ADIn nº 1949/RS, Rel. Min. Sepúlveda Pertence, que, em sede de cognição sumária, não concedeu liminar no tocante à prévia aprovação dos nomes dos Conselheiros da Agência Estadual de Regulação dos Serviços Públicos Delegados do Rio Grande do Sul – AGERGS pela Assembleia Legislativa daquele Estado, bem como assentou a impossibilidade de livre exoneração pelo chefe do Poder Executivo dos membros dirigentes da referida Agência, sem que houvesse justo motivo, embora tenha concedido liminar no tocante a necessidade de submissão à Assembleia Legislativa para destituição do mandato dos dirigentes, por aparente violação ao princípio da separação de Poderes. A tese da inconstitucionalidade também foi realçada no Parecer nº 06/1999 – GUB, da procuradoria-geral do Estado do Rio de Janeiro, da lavra do procurador do Estado Gustavo Binenbojm, asseverando que o dispositivo da agência reguladora multissetorial dos serviços públicos no Estado do Rio de Janeiro – ASEP, que submeteu a nomeação dos dirigentes da referida Agência à audiência pública, por voto secreto da Assembleia Legislativa, bem como lhes garantia estabilidade violaria os princípios da separação e independência dos Poderes e do concurso público, razão pela qual não estaria o chefe do Poder Executivo obrigado a cumprir tal preceito legal. Do referido parecer se extraem as seguintes passagens, *verbis*: "Ao condicionar a nomeação e exoneração dos Conselheiros da ASEP/RJ à prévia aprovação da ALERJ, os dispositivos da Lei nº 2.686/1997 afrontaram à norma constitucional que confere ao chefe do Poder Executivo a competência privativa para o exercício da direção superior da Administração estadual. Com efeito, a escolha dos ocupantes dos cargos comissionados, como os dirigentes das entidades da Administração indireta, constitui, por certo, o elemento mais importante da governabilidade. Esta a razão pela qual o legislador constituinte reservou tal competência, em caráter privativo, à chefia do Poder Executivo. Em linha de coerência com tal raciocínio, somente nos casos expressamente previstos na própria Constituição – como, *v. g*, indicação do procurador-geral da República e do presidente e diretores do Banco Central – é lícita a exigência de prévia chancela do Poder Legislativo para o provimento de cargos em comissão. Note-se que a interferência de um Poder em outro, inspirada na matriz norte-americana (*checks and balances*), como hipótese excepcional ao princípio da separação de Poderes, exige sempre previsão expressa e deve ser interpretada, quando prevista, restritivamente. No caso em tela, portanto, há também violação do princípio da separação dos Poderes, insculpido no art. 2º da Constituição Federal, por configurada uma invasão indevida do Poder Legislativo nos negócios do Poder Executivo.(...) Por outro lado, não se deve olvidar que o ordenamento constitucional só admite, em princípio, duas modalidades básicas de provimento de cargos públicos, previstas no art. 37, inciso II, da Constituição Federal, a saber: (i) o provimento efetivo, em que o servidor aprovado em concurso público, após três anos de efetivo exercício, adquire estabilidade, nos termos do art. 41 da Constituição Federal; e (ii) o provimento em comissão, de livre nomeação e exoneração pela chefia do Poder respectivo."

[92] Neste sentido, vale conferir os ensinamentos de Konrad HESSE, *verbis*: Para a separação de poderes, isso obriga a compreeensão reinante à dedução que o princípio da divisão de poderes "em nenhuma parte" está "completamente realizado", antes é infringido em numerosos lugares da Lei Fundamental..." (...) "As doutrinas da divisão de poderes de Locke, Montesquieu ou do federalista, nas quais ele se moldou, mal tem em comum algo com as dogmatizações posteriores, as quais têm em vista o Legislativo como estabelecimento de normas, o Executivo como execução de normas, a atividade judicial como procedimento que se efetua mecânico-logicamente e pretende validez supratemporal geral; mas sim, elas são doutrinas históricas que, em uma situação histórica determinada, querem trazer forças políticas reais e sua atividade em uma liberdade política asseguradora de ordem. Tampouco como naquela época, o princípio da divisão de Poderes deixa-se hoje separar da ordem estatal histórico-concreta e de seus pressupostos. Ele ganha configuração na Constituição e, com a divisão de poderes, tem consideração jurídico-constitucional como um princípio da Constituição, pela qual o princípio obtém sua forma histórica atual e contornos claros. Para tal consideração não decide um dogma abstrato sobre isto, se, e até que ponto, a divisão de Poderes na Constituição é "realizada completamente". Critério de realização é, antes, a organização concreta pela Constituição, à qual é importante aqui, como em toda parte, uma ordem material determinada da atividade de forças históricas reais." (*Elementos de Direito Constitucional da República Federal da Alemanha*. Porto Alegre: Sergio Antonio Fabris Editor, 2006, trad. Luís Afonso Heck, p.366-68)

A carta constitucional, portanto, pode reconhecer e legitimar a autonomia de certos órgãos que ela mesma fez questão de estruturar ou, por outro lado, traçar seus balizamentos fundamentais[93].

Ainda em sede constitucional, foi a própria Lei Maior quem trouxe os lineamentos básicos dos órgãos reguladores, reconhecendo, repita-se, sua importância e natureza institucional[94].

Ademais, o fundamento da forma de investidura ser inconstitucional não encontra ressonância em face do que dispõe o art. 52, III, *f*, da CR/1988, conforme inclusive, já se manifestou o Egrégio Supremo Tribunal Federal no processo acima citado.

Contudo, e não obstante a previsão constitucional de órgãos reguladores, ainda estão por vir fundas dificuldades na busca do ponto de equilíbrio e limites de atuação das agências reguladoras, notadamente em face do repensamento do Estado e das funções estatais em seu esquema clássico e mínimo tripartite acima mencionado.

Mesmo assim, entender pela inconstitucionalidade das Leis que dispõem sobre tal forma de investidura dos diretores das agências que, até então, frise-se, não tinham sido questionadas, é aniquilar qualquer tentativa de se conferir autonomia de decisão às agências reguladoras, consubstanciado, portanto, uma insegurança jurídica generalizada, afastando investidores e incrementando os custos das transações.

Por derradeiro, frise-se que o ponto nuclear para o êxito das agências reguladoras é a autonomia decisional de seus dirigentes, sob pena de retorno ao fracassado modelo autárquico tradicional.

8.1.22.1.19. Controle das Agências Reguladoras

A noção de controle está intimamente ligada ao princípio da legalidade e a própria noção de Estado Democrático de Direito, onde os órgãos e entidades estatais, no exercício de suas mais diversificadas e complexas funções, devem pautar suas condutas conforme os limites previstos pela Constituição e pelas leis (legalidade) e, em qualquer hipótese, de modo a atender o interesse público (legitimidade).

Liga-se, sob outra perspectiva, ao princípio da separação e independência das funções estatais, pois é premissa universal aquela no sentido de que somente o poder controla o poder (Montesquieu). Logo, a partir da análise do caso concreto, verificar-se-á se a atuação do órgão ou entidade submetido ao controle se deu em conformidade com as suas limitações constitucionais ou legais. Não é diferente o controle sobre a atividade regulatória, que também deve ser desenvolvida a partir dos limites constitucionais e legais que lhe foram impostos.

É de se remarcar que as agências reguladoras são essencialmente autárquicas, e, como tal, sofrem controles por parte dos Poderes Executivo, Legislativo e Judiciário.

Assim, o controle desenvolvido pelo Poder Executivo, diferentemente do que ocorre com as autarquias tradicionais, é redimensionado, pois não há possibilidade de intervenção substitutiva do chefe do Poder Executivo dos dirigentes das agências reguladoras, em razão de mandato fixo, que lhes garante autonomia de decisão.

De outro lado, o Poder Executivo não exerce controle instrumental, mas tão somente finalístico, no sentido de verificar a eficiência na atuação da agência, a ser comprovada por meio de índices objetivamente definidos, pois, embora não haja uma relação hierárquica entre a agência reguladora e o Poder Executivo, especialmente o Ministério ligado à área ou setor objeto da regulação, a agência tem como pressuposto de existência uma diretriz política traçada pela Administração direta, o que não se pode olvidar.

Portanto, traçada a meta política pela Administração direta na lei criadora da entidade reguladora, cabe à agência reguladora implementá-la tecnicamente, de modo que o seu descumprimento é controlado pelo chefe do Poder Executivo.

Destaca-se, assim, a característica do controle finalístico, pois as autarquias comuns até então existentes sofriam um variado e desarrazoado controle, o que negava sua noção de autonomia.

Com a implementação das agências reguladoras, busca-se resgatar a noção de controle finalístico (tutela), a ser desenvolvido pelo chefe do Poder Executivo, sendo a possibilidade de tal controle plausível, pois as caracte-

---

[93] A precisa noção de órgãos constitucionais é oferecida por Diogo de Figueiredo MOREIRA NETO, a qual passamos a transcrever, *verbis:* "Com efeito, a estruturação do poder está longe de se ter esgotado no moderno constitucionalismo, e vais prosseguindo, a destacar novas funções específicas, que passam a ser desempenhadas por órgãos, mas que não mais se incluem nos três complexos orgânicos que são denominados, por metonímia tradicional, de Poderes, porque exercem o que eram antes as únicas, mas hoje restam apenas como as mais importantes, segmentações do Poder do Estado..." ("O Tribunal de Contas do Município do Rio de Janeiro e a Emenda Constitucional nº 25/2000". Parecer dado ao Tribunal de Contas do Município do Rio de Janeiro, publicado no *Diário Oficial* da Câmara Municipal em 30/01/2001).

[94] CR/1988, arts. 21, XI e 177, § 2º, III.

rísticas acima citadas enfatizam e tem como consequências da autonomia o sistema de controle finalístico puro.

Ademais, não se pode desconsiderar que a agência reguladora é uma entidade da Administração indireta, submetendo-se, portanto, aos mesmos princípios e preceitos constitucionais aplicáveis à Administração Pública[95]. Prosseguindo nas considerações, o Poder Legislativo também controla as atividades das agências reguladoras, notadamente exercendo o controle da legalidade e legitimidade das despesas públicas[96], posteriormente à sua realização, bem como a possibilidade de instauração de Comissão Parlamentar de Inquérito visando apurar fato certo e determinado sobre as agências reguladoras[97]. A atividade finalística da agência, não sofre controle legislativo como regra geral[98].

Remarque-se, por oportuno, que a atividade regulatória, como qualquer atuação estatal, é condicionada a imperiosa observância dos princípios que informam a atuação do Estado, neste particular, no domínio econômico ou na prestação dos serviços públicos e, por se revestir da forma autárquica, portanto, componente da Administração indireta, aplicam-se os princípios previstos no art. 37 da CR/1988, além, obviamente, de outros, positivados ou não.

Avançando nas considerações, questão interessante consiste em saber quais são os limites do controle jurisdicional sobre os atos e procedimentos desenvolvidos no âmbito das agências reguladoras.

Desde logo, cumpre firmar posição no sentido de que as agências reguladoras não exercem função jurisdicional, não são dotadas de poderes inerentes aos órgãos jurisdicionais e nem tampouco a eles se equiparam.

É que na sistemática constitucional adotada entre nós, o monopólio da jurisdição, por força de imperativo constitucional, é do Poder Judiciário[99], e a estrutura orgânica ampla desta função estatal é também aquela definida pela Lei Maior[100], sendo certo que lá não se faz menção às agências reguladoras.

Por outro lado, a Constituição da República é explícita em tratar da jurisdição, cujo espectro conceitual pode alcançar ou não a noção de justiça, valor este não só alcançável por meio da função jurisdicional, pois é dever do Estado, e de todo ele, frise-se, laborar e propiciar, dentro de suas possibilidades e limitações, a justiça[101].

Neste sentido, as Agências também ostentam a atribuição de propiciar, dentro do desenvolvimento de suas atribuições, a noção de justiça. Entendemos, contudo, que a noção de justiça aqui ostenta o caráter de justiça técnica.

No que tange ao Poder Judiciário, portanto, sendo este detentor da última *ratio,* como decorrência do princípio da jurisdição una, os atos decisórios das agências reguladoras, instrumentais ou finalísticos, podem ser por ele controlados.

Mas é preciso uma advertência. Há que se ter cautela quando se tratar do controle de mérito das decisões das agências reguladoras, ou seja, da atividade regulatória propriamente dita, que só poderá ocorrer, no nosso entender, quando houver manifesta irrazoabilidade na medida regulatória. Contudo, uma vez ocorrendo tal hipótese, a apreciação jurisdicional será, em essência, da

---

[95] Como, por exemplo, os arts. 37 e 169 da CR/1988. Ainda para exemplificar, aplicam-se aos responsáveis pela gestão orçamentária e financeira das agências reguladoras as vedações constantes do art. 42 da Lei Complementar nº 101/2000, significando dizer que não podem tais agentes realizarem despesas nos dois últimos quadrimestres de seus mandatos, sem que haja efetiva disponibilidade orçamentária.

[96] CR/1988, art. 70.

[97] CR/1988, art. 58, § 3º.

[98] Parte da doutrina vem apontando a possibilidade de aplicação do art. 49, V da CR/1988 à atividade normativa das agências reguladoras o que, em princípio, parece inaceitável, a uma porque, em relação ao preceito citado, a Constituição só se referiu ao Poder Executivo, não mencionando a Administração indireta; a duas, porque não se pode conferir interpretação ampliativa ao dispositivo que trata de regra de controle, portanto, excepcional; a três, porque a Constituição quando quis se referir à Administração Indireta o fez expressamente, consoante se infere, por exemplo, dos arts. 37 e 70. Por derradeiro, não se pode olvidar que a função regulamentar é exercida, como visto anteriormente, pelo chefe do Poder Executivo, sendo, portanto, o único legitimado constitucionalmente a receber delegação legislativa o que, em regra, é vedada por nossa sistemática.

[99] CR/1988, art. 5º, XXXV.

[100] CR/1988, art. 92.

[101] Neste sentido são as pertinentes ponderações de Diogo de Figueiredo MOREIRA NETO, as quais passamos a transcrever, *verbis:* "Efetivamente, numa sociedade contemporânea, que exalta os valores liberais e democráticos, a jurisdição é e deve continuar a ser um monopólio indisputável do Estado, uma vez que é absolutamente necessário que exista esse terceiro, parte neutra e dotada do atributo da coercitividade, para dar a última palavra em todas as controvérsias litigiosas; ocorre apenas que essa prerrogativa não envolve, não elimina nem prejudica a busca da justiça, enquanto anseio e atividade humana que não é monopólio de ninguém, nem mesmo de organizações políticas" (*Mutações do Direito Administrativo.* Rio de Janeiro: Renovar, 2006, p. 222).

própria legalidade e legitimidade do ato, pois a medida regulatória irrazoável é aquela que não observa os limites de utilização da adequada discricionariedade técnica, se existente[102].

A grande questão, no entanto, é saber se o Poder Judiciário brasileiro está aparelhado e preparado tecnicamente para decidir sobre questões tão específicas, que geralmente urgem por uma solução rápida, equitativa e eficaz, sob pena de inviabilizar toda uma atividade econômica.

Logo, o controle jurisdicional é plenamente admissível e legítimo. A questão, entretanto, reside em saber quais os limites de tal atuação.

Parece-nos, em qualquer hipótese, não ser razoável substituir os técnicos das agências reguladoras pelo perito do juízo!

8.1.22.1.20. Natureza da Taxa de Regulação

A fim de garantir a autonomia das agências reguladoras, definidas no Brasil como autarquias especiais, se estabeleceu mecanismo de atribuição de receitas sem que os recursos tenham que transitar pelo Erário; foi instituída uma "taxa de regulação" ou "taxa de fiscalização do serviços concedidos ou permitidos", devida pelo concessionário ou permissionário de serviços diretamente à agência; calcula-se o valor da taxa com base em percentual sobre o proveito obtido com a concessão ou permissão.

O fato de a "taxa de regulação" ou "taxa de fiscalização dos serviços públicos" ter sido criada por lei levou a inúmeros entendimentos no sentido de se tratar de um tributo cujo fato gerador é o exercício do poder de polícia, definido no art. 145, II, CF, e no art. 78 do Código Tributário Nacional[103]. Afinal, trata-se de prestação pecuniária compulsória, que não constitui sanção de ato ilícito, instituída por lei e cobrada mediante atividade administrativa vinculada (CTN, art. 3º).

Tendo como base de cálculo a receita auferida pela concessionária, seria vedada tal previsão, eis que as taxas não podem ter base de cálculo típica de impostos[104].

É certo que o Código Tributário Nacional estabelece que poder de polícia é a atividade da administração pública que, limitando ou disciplinando direito, interesse ou liberdade, regula a prática de ato ou abstenção de fato, em razão de interesse público concernente ao exercício de atividades econômicas dependentes de concessão ou autorização do Poder Público; na expressão "concessão" estaria a base da polêmica.

Tal atividade estaria, assim, imposta à Administração por força de lei, criando para o particular a obrigação de pagamento. Não teria sido conferida uma faculdade à Administração para cobrar ou não tal prestação, mas sim uma ordem concernente ao dever de serem ressarcidas as despesas com a fiscalização dos serviços.

Logo, num primeiro exame, poder-se-ia cogitar da inexistência de dúvida quanto ao caráter tributário da prestação devida sob o nome de "taxa" (ressaltando que a taxa de regulação do estado do Rio Grande do Sul está *sub judice* no Supremo Tribunal Federal).

Este não foi, contudo, um entendimento pacífico. A ilustre procuradora do Estado do Rio de Janeiro Vera Lúcia Kirdeiko[105], esclarece que a referida "taxa" tem natureza contratual, não sendo cobrada em função de um serviço público prestado pelo Estado às concessionárias nem, tampouco, pelo exercício do poder de polícia, caracterizado este, valendo-se da lição de Celso Antonio

---

[102] Noticiou a *Gazeta Mercantil* de 08/02/2001 a decisão do juiz federal norte americano Frank DAMRELL, que, em nítida interpretação prospectiva e interventiva na atividade econômica, determinou a Reliant Energy Services Inc., de Houston, a continuar realizando o fornecimento de energia na Califórnia, a despeito da extinção de norma federal que obrigava atacadistas a venderem energia para o referido Estado.

[103] Parecer nº 05/98-WD, da lavra do Procurador do Estado do Rio de Janeiro Waldemar DECACHE, exarado em 15/12/1998 no Processo administrativo nº E-04/887.145/98, provocado por consulta da ASEP – agência reguladora de serviços públicos concedidos do Estado do Rio de Janeiro.

[104] O Informativo STF nº 137, de 10/02/1999 divulgou a seguinte decisão: "Taxa e Critérios de Incidência. Indeferida medida liminar em ação direta ajuizada pela Confederação Nacional do Transporte – CNT, contra a Taxa de Fiscalização e Controle dos Serviços Públicos Delegados, instituída pelo Estado do Rio Grande do Sul (Lei estadual nº 11.073/1997, regulamentada pelo Decreto nº 39.228/1998), cujo valor, a ser pago pelos delegatários dos serviços públicos prestados no referido Estado, é definido de acordo com o faturamento do contribuinte, conforme tabela de incidência progressiva. À primeira vista, o Tribunal, por maioria de votos, afastou a alegação de ofensa ao art. 145, § 2º, da CF ("As taxas não poderão ter base de cálculo própria de impostos."), uma vez que o referido tributo não incide sobre o faturamento das empresas contribuintes, mas apenas utiliza-o como critério para a incidência de taxas fixas. Vencido o ministro Néri da Silveira, relator, que, considerando relevante a tese de inconstitucionalidade sustentada pela autora da ação – no sentido de que a variação do valor da taxa em função do faturamento do contribuinte equivaleria à adoção desse faturamento como base de cálculo do tributo, descaracterizando sua natureza jurídica, transformando-a em imposto –, deferia o pedido de medida liminar. ADIUnMC 1.948-RS; Rel. Min. Néri da Silveira; 04/02/1999.

[105] Parecer s/nº, exarado em 01/12/1998 no Processo administrativo nº E-04/198/19887.145/98, provocado por consulta da ASEP – agência reguladora de serviços públicos concedidos do Estado do Rio de Janeiro.

Bandeira de Mello, pelas manifestações impositivas da Administração limitadoras da liberdade, distinguindo-se de outras manifestações impositivas da Administração porque "se originam de um título jurídico especial relacionador da Administração". Visa, pois, a remunerar os serviços de fiscalização do cumprimento das normas contratuais ou legais pertinentes. E o faz amparada na lição sempre atualizada de Hely Lopes Meirelles[106], que expõe que:

> É comum ainda nos contratos de concessão de serviços públicos a fixação de um preço, devido pelo concessionário ao concedente a título de remuneração dos serviços de supervisão, fiscalização e controle de execução do ajuste a cargo deste último.

Ainda em defesa de seu posicionamento, a ilustre parecerista invocou a lição de Geraldo Ataliba, que entendia que a remuneração devida por empresas concessionárias ao agente fiscalizador não tinha forma ou figura de tributo. Nessa mesma linha se posicionou o Egrégio Superior Tribunal de Justiça[107]. Tal inteligência, contudo, não passou desapercebida ao Procurador do Estado do Rio de Janeiro Waldemar Decache[108], que sustentou que a hipótese seria distinta porque havia mera autorização em decreto para a cobrança e não, como aqui em exame, lei impondo tal obrigação.

Submetida a controvérsia ao procurador do Estado do Rio de Janeiro João Guilherme Sauer[109], para decisão, foi firmada a conclusão, afinal vistada pelo procurador-geral do Estado do Rio de Janeiro, no sentido de que não se trata do exercício do poder de polícia, nos seguintes termos:

> Assim, a Administração, quando exerce o Poder de polícia, como que corrige, preventiva ou repressivamente, os rumos de direitos e liberdades potencialmente contrários ao interesse público, mesmo quando ela, Administração, não seja parte do espectro de relações engendradas por esses direitos e liberdades.
>
> Daí o caráter geral ou genérico da Polícia Administrativa: objetos dela são todos os direitos e liberdades, cujo exercício possa contrariar o interesse público.
>
> Ora, quando a Administração celebra contrato ou pratica ato de delegação a terceiros de atividade a ela atribuída pelo ordenamento – como são os serviços públicos –, a atividade delegada está, por definição, vocacionada a satisfazer o interesse público. O interesse público colimado é o mesmo que presidiu à celebração do contrato ou à prática do ato. Trata-se, aqui, não da contraposição da Administração aos rumos natural e potencialmente indesejáveis do exercício da atividade, mas sim, de colaboração entre ela e o particular em fazer com que esse exercício se faça de acordo com os termos da delegação – tanto mais quanto a responsabilidade pelo bom ou mau desempenho da atividade para com seus destinatários é do próprio delegante. O problema é, pois, de fazer cumprir o contrato, poder que cabe às partes de qualquer contrato, inclusive a Administração, só que, quanto a esta, se verifica uma posição de predominância que não está presente nas relações entre particulares.

De fato, *data venia* dos entendimentos em contrário, assiste razão à conclusão de que a taxa de regulação não é um tributo; não há prestação de serviço público – que é executado pelos concessionários e permissionários – nem exercício de poder de polícia.

A atividade administrativa, segundo Diogo de Figueiredo Moreira Neto, se classifica em poder de polícia, prestação de serviços públicos, ordenamento econômico e ordenamento social.

O poder de polícia constitui, em apertadíssima síntese, restrição, limitação ou condicionamento da liberdade *privada* em prol do interesse coletivo. Tal regramento da liberdade privada se dá pelo comando de polícia, pelo consentimento de polícia, pela fiscalização de polícia e pela sanção de polícia.

Ora, na hipótese em exame, está-se diante de atividade administrativa diversa, isto é, da prestação de serviços públicos de forma descentralizada para particular, mediante desestatização na modalidade de concessão ou permissão de serviços públicos.

Como nas demais atividades administrativas, a prestação de serviços públicos se desenvolve em três momentos, a saber, o planejamento, a execução e o controle. É deste último que se trata a hipótese, cabendo ao contratado, por encargo contratual, previamente auto-

---

[106] *Direito Administrativo Brasileiro*, 2006, p. 235, *apud* Parecer s/nº de 01/12/1998, p. 3, da procuradora do Estado Vera Lúcia KIRDEIKO.

[107] Embargos de Divergência no Recurso Especial nº 863 (Reg. 93.0015592-0), tendo como relator o Exmo. Sr. Ministro José de Jesus Filho, com ementa no sentido de que "É legítima a cobrança pela Empresa Metropolitana de Transportes Urbanos de São Paulo S.A. – EMTU pelos serviços de gerenciamento às empresas permissionárias de transporte coletivo de passageiros, na Região Metropolitana de São Paulo." Do corpo do acórdão se extrai a conclusão de que "A EMTU não presta serviço público e muito menos às empresas transportadoras de passageiros. O que faz é policiar a atividade de tais empresas."

[108] Parecer nº 05/1998, cit.

[109] Visto exarado em 05/02/1999 no citado Processo administrativo nº E-0487.145/98, aprovado pelo Exmo. Sr. procurador-geral do Estado do Rio de Janeiro; Dr. Francesco Conte em 05/02/1999.

rizado por lei, custear as despesas com a fiscalização e controle da execução dos serviços.

Ao contrário do que ocorre no poder de polícia, quando o Estado atua sobre uma esfera de liberdade cujo titular é o particular, nos serviços públicos essa titularidade já pertence ao Estado, não tendo o particular que os presta, sob normas e controle do Estado, qualquer liberdade a ser restrita pelo exercício do poder de polícia. O poder-dever do Estado de atender o interesse público, orientado pelo princípio da eficiência, já restringe a liberdade do próprio administrador público quanto às técnicas de prestação do serviço.

Ademais, a atividade regulatória é distinta da fiscalizatória, já que esta pressupõe normas, diretrizes, decisões arbitrais fixadas por aquela.

Não se tratando de exercício do poder de polícia, não há falar em tributo para o seu custeio[110].

Podemos resumir dizendo que a questão da natureza jurídica da taxa de regulação devida, se divide em uma parte da doutrina que entende que se trata de um tributo e a outra parte que entende que a referida taxa tem natureza contratual.

Para os que entendem tratar-se de um tributo, a defesa caminha no sentido de que a taxa fora instituída por lei cujo fato gerador é o exercício do poder de polícia definido no art.145, II da CF e no art. 78 do Código Tributário Nacional, posto que se trata de prestação pecuniária, compulsória, que não constitui sanção de ato ilícito, instituída por lei e cobrada mediante atividade administrativa vinculada. E assim sendo, seria vedada tal previsão, vez que taxa não pode ter base de cálculo típica de imposto.

Diferente, contudo, é o entendimento da ilustre procuradora do estado do Rio de Janeiro Vera Lucia Kirdeiko[111], que em parecer trazido a lume na obra de Marcos Juruena[112], esclarece que:

> a referida "taxa" tem natureza contratual, não sendo cobrada em função de um serviço público prestado pelo Estado às concessionárias nem, tampouco, pelo exercício do poder de polícia, caracterizado este, valendo-se da eleição de Celso Antônio Bandeira de Mello, pelas manifestações impositivas da Administração limitadoras da liberdade, distinguindo-se de outras manifestações impositivas da Administração porque "originam-se de um título jurídico especial relacionador da Administração". Visa, pois, remunerar os serviços de fiscalização do cumprimento das normas contratuais ou legais pertinentes.

Dever-se ressaltar que a aplicação prática de tal discussão se faz no sentido de transfigurar como inconstitucional a taxa de regulação sendo esta concebida como tributo, visto que por vedação constitucional a taxa não pode ter base de cálculo própria de imposto. (art. 145, § 2º, da Constituição da República).

Ocorre que o STF vem sistematicamente se posicionando no sentido de entender legitima a cobrança da taxa, o que faz esta discussão se limitar ao campo meramente doutrinário, conforme publicado em seus informativos abaixo transcritos:

> Informativo do STF nº 119. Taxa e capacidade contributiva.Iniciado julgamento de recurso extraordinário afetado ao plenário pela segunda turma (ver Informativo nº 112) em que se discute a constitucionalidade de taxa de fiscalização dos mercados de títulos e valores mobiliários, instituídos pela Lei nº 7.940/1989. O ministro Carlos Velloso, relator, proferiu voto no sentido da constitucionalidade da referida lei, afastando a tese da empresa recorrente na qual sustenta que a variação do valor da taxa em função do patrimônio líquido contribuinte equivaleria à adoção desse patrimônio como base de cálculo do tributo, descaracterizando a natureza contraprestacional da taxa. Salientou, ainda, que a tabela prevista na lei questionada – que é apenas uma referência sobre o valor fixo, não estabelecendo para agressividade de alíquotas – observa o princípio da capacidade contributiva, que também pode ser aplicado às taxas (CF, art. 145, § 1º: "sempre que possível, os impostos terão caráter pessoal e serão graduados segundo a capacidade econômica do contribuinte, facultado à administração tributária, especialmente para conferir efetividade esses objetivos, identificar, respeitados os direitos individuais e nos termos da lei, o patrimônio, os rendimentos e as atividades econômicas do contribuinte"). Após os votos do ministro Nelson Jobim, Maurício Corrêa e Ilmar Galvão, acompanhando o voto do ministro Carlos Velloso, o julgamento foi adiado em virtude do pe-

[110] O CTN menciona autorizações e concessões. Cabe, no entanto, lembrar que as autorizações, ao removerem obstáculos legais em hipóteses em que não se ataca o interesse geral, são manifestações de poder de polícia, assim como há atos unilaterais de concessão, como, por exemplo, as de outorga da exploração de minérios – CF, art. 176 e Decreto-lei nº 227 – que constituem atividades econômicas. Não se referiu, pois, aos serviços públicos sob concessão ou permissão.

[111] Parecer s/nº, exarado em 1/12/1998 no processo administrativo nº E-04/87.145/98, provocado por consulta da ASEP – agência reguladora de serviços públicos Concedidos do Estado do Rio de Janeiro. In: SOUTO, Marcos Juruena Villela. *Desestatização, Privatização, Concessões e Terceirizações.* 3ª ed., Rio de Janeiro: Lumen Juris, 2006, p. 269.

[112] SOUTO, Marcos Juruena Villela. *Desestatização, Privatização, Concessões e Terceirizações.* 3ª ed. Rio de Janeiro: Lumen Juris, 2006, p. 269.

dido de vista do ministro Marco Aurélio. RE nº 182.737/PE; Rel. Min. Carlos Velloso; 20/08/2007.

8.1.22.1.21. Fiscalização sobre a Agência de Regulação

Como entidade integrante da Administração Pública, a agência reguladora fica sujeita aos termos do art. 70 da Constituição Federal, que submete as pessoas físicas e jurídicas gestoras de bens e recursos públicos ao controle financeiro interno e externo, prevendo-se, assim, a participação do Tribunal de Contas na apreciação dos valores apresentados.

É fora de dúvida, assim, que o Tribunal de Contas não pode avançar sua atividade fiscalizatória sobre a atividade fim da agência reguladora, em clara violação ao princípio fundamental da Separação dos Poderes. Tome-se como exemplo que "não pode o Tribunal de Contas questionar decisões político-administrativas da ASEP-RJ nem tampouco requisitar planilhas e relatórios expedidos pela agência ou por concessionário, que especifiquem fiscalização e procedimentos adotados na execução contratual. Somente lhe cabe informar-se sobre aquilo que possa ser legitimamente objeto de sua apreciação."

Quanto ao controle externo das decisões das agências reguladoras pelo Poder Judiciário, já se expôs que, no Direito brasileiro, se adotou o modelo inglês de controle jurisdicional da Administração Pública. Os atos das entidades da Administração Pública, por força do princípio da jurisdição una, se submetem à apreciação do Poder Judiciário, ao contrário do modelo francês, do contencioso administrativo, que prevê uma instância própria para o controle dos feitos da Fazenda Pública.

É claro que, como dito, o princípio é da Separação de Poderes, não podendo o Judiciário interferir nos juízos privativos da entidade legalmente competente para a fiscalização e regulação de setores da economia.

Afinal, a lei que cria tais entidades lhes assegura autonomia administrativa, técnica e financeira.

Igualmente não deve caber controle administrativo pela via do recurso hierárquico impróprio, admitindo-se que a decisão da agência reguladora possa ser revista ou modificada por um agente político (como um ministro ou secretário de Estado, por exemplo). Isso retiraria toda a independência da entidade e a segurança dos investidores, que ficariam, assim, sujeitos a critérios políticos (e, por que não dizer, demagógicos) de julgamento.

8.1.22.1.22. Criação e Extinção da agência reguladora

Sérgio Nelson Mannheimer[113] aponta os seguintes aspectos a serem considerados na criação de uma agência reguladora:

> a) modelo institucional, definindo se o órgão deverá se ocupar de todos os setores (como ocorre no âmbito estadual) ou se haverá um órgão específico para cada um (modelo adotado na esfera federal);
> b) independência, assegurando um fluxo de recursos que garanta o funcionamento da agência sem a ingerência de terceiros, liberação da política salarial da agência em relação às demais entidades da Administração Pública, colegiado superior composto de membros estáveis;
> c) critério de eficiência na escolha dos conselheiros, que devem ter reputação ilibada e qualificação profissional na área objeto da regulação, com mandato fixo e desvinculado dos mandatos políticos

Conforme dispõe o art. 37, XIX, da Constituição Federal, a autarquia é criada por lei; por representar uma opção discricionária de descentralização de uma função regulatória, tal lei deve ser de iniciativa privativa de quem detém a direção superior da Administração (CF, art. 84, II c/c 61, § 1º, II, *e*).

As agências reguladoras, pelo princípio da *simetria*, só poderão ser extintas por lei, cujo juízo de conveniência e oportunidade inclui-se no exercício do poder hierárquico de quem a instituiu. Assim, a iniciativa de lei que vise a extinção de determinada agência obrigatoriamente terá que ser de iniciativa do chefe do Poder Executivo. Neste caso há de se observar o juízo de conveniência e oportunidade se inclui no exercício do poder hierárquico do administrador apenas no que concerne à estruturação das funções executivas (o que implica em dizer que não se pode invocar o poder de direção superior da Administração para interferir nas decisões dos agentes reguladores, que, como dito e repetido, devem se pautar pela independência em relação ao Poder Público). A extinção deve ser motivada por um interesse público relevante e não pela impossibilidade de o poder concedente interferir nos julgamentos do regulador independente.

8.1.22.2. Agência Executiva

É uma figura importada dos modelos norte-americano e inglês, com total autonomia operacional.

---

[113] Agências estaduais reguladoras de serviços públicos. *Revista Forense*, v. 343 p. 221 a 233. Rio de Janeiro: Forense. Tese apresentada no XXIII Congresso Nacional de Procuradores de Estado realizado em novembro de 2005 na cidade de São Luiz – Maranhão.

A respeito do tema das agências executivas, há de se fazer registro de que não se trata de novas modalidades de entes estatais.

São as autarquias e fundações, já constituídas, que poderão ser credenciadas e qualificadas pelo Poder Público como agências executivas, desde que preencham os requisitos da Lei Federal nº 9.649/1998, notadamente, nos seus arts. 51 e 52. É de salientar-se que a condição de "agência executiva", em nada, absolutamente nada, altera a natureza jurídica da autarquia/fundação, por não se criar uma nova pessoa jurídica. A esse respeito, merece registro que tais "agências", apenas, adquirirão um tratamento especial, o reconhecimento de um regime jurídico especial, em relação às outras não qualificadas. É certo, portanto, que terão um tratamento diferenciado, concernente a autonomia de gestão.

A propósito, vale ressaltar que a Emenda Constitucional nº 19 trouxe ao nosso ordenamento jurídico a figura das agências executivas, quando inseriu o § 8º no art. 37 da Constituição da República, assim dizendo:

> *Art. 37. [...]*
>
> *§ 8º A autonomia gerencial, orçamentária e financeira dos órgãos e entidades da Administração direta e Indireta poderá ser ampliada mediante contrato, a ser firmado entre seus administradores e o Poder Público, que tenha por objeto a fixação de metas de desempenho para o órgão ou entidade, cabendo a lei dispor sobre:*
>
> *I. o prazo de duração do contrato;*
>
> *II. os controles e critérios de avaliação de desempenho, direitos, obrigações e responsabilidade dos dirigentes;*
>
> *III. a remuneração do pessoal.*

Como se observa, ao lado da política de privatização das atividades do Estado, a Administração Pública, por meio das autarquias e fundações, poderá celebrar "contrato de gestão".

Entretanto, a denominação agência executiva só veio à baila com o advento da Lei nº 9.649, de 27/05/1998, que atribuiu, em seu art. 51. O Poder ao Executivo de qualificar como agência executiva a autarquia ou fundação que cumprir determinados requisitos, nos seguintes termos:

> *Art. 51. O Poder Executivo poderá qualificar como Agência Executiva a autarquia ou fundação que tenha cumprido os seguintes requisitos:*
>
> *I — ter um plano estratégico de reestruturação e de desenvolvimento institucional em andamento;*
>
> *II — ter celebrado contrato de gestão com o respectivo ministério supervisor.*
>
> *§ 1º A qualificação como Agência Executiva será feita em ato do presidente da República.*
>
> *§ 2º O poder executivo adotará medidas de organização administrativa específicas para as Agências Executivas, visando assegurar a sua autonomia de gestão, bem como a disponibilidade de recursos orçamentários e financeiros para o cumprimento dos objetivos e metas definidos nos Contratos de Gestão.*

Oxalá que essas agências executivas não sirvam de instrumento para a redução das despesas, tornando mais precário, ainda, a prestação de serviços públicos.

Para melhor se entender a definição proposta pela lei precisamos conceituar dois pontos: 1) o que se deve entender por plano estratégico de reestruturação e desenvolvimento institucional, e 2) contrato de gestão.

O plano estratégico tem por objetivo a busca da eficiência das entidades autárquicas e fundacionais que devem elaborar um programa de desenvolvimento e reestruturação de sua atuação com base nos critérios de excelência do Prêmio Nacional de Qualidade (2). O *caput* do art. 52 da Lei nº 9.649/1998 determina como se desenvolverá o plano estratégico de reestruturação, *in verbis:*

> *Art. 52. Os planos estratégicos de reestruturação e de desenvolvimento institucional definirão diretrizes, políticas e medidas voltadas para a racionalização de estruturas e do quadro de servidores, a revisão dos processos de trabalho, o desenvolvimento dos recursos humanos e o fortalecimento da identidade institucional da Agência Executiva.*

Aprovado o plano, a entidade celebrará um contrato de gestão com o Ministério encarregado de exercer o controle administrativo sobre ela. Esse contrato, que tem sua fundamentação constitucional também no art. 37, § 8º, da Constituição da República e sua definição legal nos arts. 5º e seguintes da Lei nº 9.649/1998, é conceituado por Diógenes Gasparini nos seguintes termos:

> Contrato de gestão é o ajuste celebrado pelo Poder Público com órgãos e entidades da Administração direta, indireta e entidades privadas qualificadas corno organizações sociais, para lhes ampliar a autonomia gerencial, orçamentária e financeira ou para lhes prestar variados auxílios e lhes fixar metas de desempenho na consecução de seus objetivos. Alexandre de Moraes define contrato de gestão como o "avençado entre o Poder Público e determinada empresa estatal, fixando-se um plano de metas para essa, ao mesmo tempo em que aquele se compromete a assegurar maior autonomia e liberdade gerencial, orçamentária e financeira ao contratado na consecução de seus objetivos". O contrato de gestão, firmado por certo tempo, sujeita-se a controle de resultado no que respeita à realização das metas nele estabelecidas[114].

[114] GASPARINI, Diógenes. *Direito Administrativo.* 10ª ed. São Paulo: Saraiva, 2007, p. 582.

Cabe consignar o alerta trazido por Hely Lopes Meirelles, que afirma:

> Na verdade, não se trata de um contrato propriamente dito, porque não há interesses contraditórios. Tratase mais de um acordo operacional – acordo de Direito Público – pelo qual o órgão superior da Administração direta estabelece, em conjunto com os dirigentes da entidade contratada, o programa de trabalho, com a fixação de objetivos a alcançar, prazos de execução, critério de avaliação de desempenho, limites para despesas, assim como o cronograma da liberação dos recursos financeiros previstos[115].

Reafirmamos, pois, nossa inteira concordância com o festejado Hely, porque a própria denominação "contrato gestão" é, acima de tudo, imprópria, infeliz. Será o contrato de gestão realmente um contrato? Há possibilidade de existir contrato entre o Poder Público e seus administradores, uma vez que os órgãos públicos são apenas centro de competência, sem personalidade jurídica? Não há falar de uma contrato pela ausência do *numerus apertus* e da não existência de interesses antagônicos, que pudessem caracterizar um contrato. Há somente de se falar, consequentemente, de termos de compromissos, acordo de programa ou cooperação entre as partes. Na real verdade, os compromissos assumidos e firmados assemelham-se a convênios.

Partindo-se do art. 4º, do Decreto nº 2.487/1998, o seu inciso IV prevê, em sua essência, que o contrato gestão conterá

> *medidas legais e administrativas a serem adotadas pelos signatários e partes intervenientes com a finalidade de assegurar maior autonomia de gestão orçamentária, financeira, operacional e administrativa e a disponibilidade de recursos orçamentários e financeiros imprescindíveis ao cumprimento dos objetivos e metas.*

Nesse aspecto, verifica-se que este dispositivo possibilita ao contrato de gestão ampliar a autonomia de autarquias e fundações, expedindo, inclusive, normas (quase legislativas), vetadas, terminantemente, pelo nosso ordenamento jurídico. Com isso, gozando de autonomias bastante elásticas e ampliadas, acabariam os entraves burocráticos.

Os contratos de gestão das agências executivas serão celebrados com periodicidade mínima de um ano e estabelecerão os objetivos, metas e respectivos indicadores de desempenho da entidade, bem como os recursos necessários e instrumentos para avaliação de seu cumprimento. Com base na Lei nº 9.649/1998, enquanto perdurar o Contrato de Gestão, prorrogado ou renovado, a entidade manterá o *status* como agência executiva.

Verifica-se com uma nitidez ofuscante, no Decreto nº 2.487/1998, que as entidades a serem qualificadas como agência executiva, no plano estratégico de estruturação e desenvolvimento institucional, deverá apresentar os seguintes quesitos bem delineados: I) o delineamento da missão, da visão de futuro, das diretrizes de atuação da entidade e a identificação dos macroprocessos por meio dos quais realiza sua missão, em consonância com as diretrizes governamentais para a sua área de atuação; II) a revisão de suas competências e forma de atuação, visando a correção de superposições em relação a outras entidades e, sempre que cabível, a descentralização de atividades que possam ser melhor executadas por outras esferas de governo; III) a política, os objetivos e as metas de terceirização de atividades mediante contratação de serviços e estabelecimento de convênios, observadas as diretrizes governamentais; IV) a simplificação de estruturas, compreendendo a redução de níveis hierárquicos, a descentralização e a delegação, como forma de reduzir custos e propiciar maior proximidade entre dirigentes e a agilização do processo decisório para os cidadãos; V) o reexame dos processos de trabalho, rotinas e procedimentos, com a finalidade de melhorar a qualidade dos serviços prestados e ampliar a eficiência de sua atuação; VI) a adequação do quadro de servidores às necessidades da instituição, com vistas ao cumprimento de sua missão, compreendendo a definição dos perfis profissionais e respectivos quantitativos de cargos; VII) a implantação ou aperfeiçoamento dos sistemas de informações para apoio operacional e ao processo decisório da entidade; VIII) a implantação de programa permanente de capacitação e de sistema de avaliação de desempenho dos seus servidores; IX) a identificação de indicadores de desempenho institucionais, destinados à manutenção de resultados e de produtos.

Entendidos assim os requisitos necessários para que uma autarquia ou fundação torne-se uma agência executiva, passemos a conceituá-la.

Diógenes Gasparini conceitua agência executiva como sendo

> *a* autarquia ou fundação governamental, assim qualificada por ato do Executivo, responsável pela execução de certo serviço público, livre de alguns controles e dotada de maiores privilégios que as assim não qualificadas,

[115] *Ob. cit.*, item I, p. 250

desde que celebre com a Administração Pública a que se vincula um contrato de gestão[116].

Marcos Juruena Villela Souto explica que

> a ampliação da autonomia gerencial, prevista no art. 37, § 8º, da Constituição Federal, conforme redação dada pela Emenda Constitucional nº 19, se dá por meio de um contrato de gestão, com os seguintes elementos (que são condições para que a entidade ou órgão seja transformado em agência executiva): Objetivos estratégicos; metas; indicadores de desempenho; condições de execução; gestão de recursos humanos; gestão de orçamento; gestão de compra e contratos.
>
> A agência executiva é, assim, um título jurídico atribuído a um órgão ou entidade, que depende de adesão voluntária, com metas negociadas, compatíveis com os recursos, e não impostas, obedecendo-se às seguintes etapas: protocolo de intenções; portaria interministerial, definindo responsabilidades; plano de ações, definindo prazos e recursos; elaboração e revisão do planejamento estratégico; e plano operacional de reestruturação dos processos de trabalho[117].

A qualificação e a desqualificação de agência executiva se dará por decreto do presidente da República, conforme dispõe o § 1º do art. 51 da Lei nº 9.649/1998, que atribuirá a uma autarquia ou fundação já existente tal título. Deve-se ressaltar que não há impedimento em se criar uma autarquia ou fundação já no formato da agência executiva.

Após publicação do decreto presidencial, as agências executivas celebram contrato de gestão com a Administração Pública direta, por meio da supervisão do Ministério a que estão ligadas e, no âmbito estadual e municipal, das secretarias vinculadas.

A celebração, a revisão, a renovação e as avaliações relativas ao desempenho do contrato de gestão será publicado no *Diário Oficial da União*, pelo Ministério Supervisor, em até 15 dias, contados da data de sua assinatura.

Registre-se, finalmente, que a lei estabelece que, ao assinar o contrato de gestão, a agência executiva, semestralmente, expedirá relatórios de desempenho ao Ministério a que estiver vinculado, sob pena de ensejar o descredenciamento.

O chefe do Executivo tem total liberdade para nomear e exonerar os dirigentes das Agências Executivas, caso a entidade não esteja cumprindo os seus programas e metas.

Ponto importante a ser abordado é o da distinção entre Agências executivas e agências reguladoras.

Recursos financeiros – As agências reguladoras possuem recursos próprios advindos da taxa de regulação paga pelo concessionário ou permissionário dos serviços diretamente às agências, o que lhe dá autonomia financeira. Diferentemente ocorre com as agências executivas, que depende de repasse de verbas do Executivo.

Poder normativo – Enquanto as agências reguladoras exercem função reguladora do mercado, implementando políticas por meio da edição de normas reguladoras, as agências executivas, embora possam colaborar na confecção de políticas têm o papel precípuo de execução das políticas.

Gestores – As agências reguladoras possuem agentes políticos em sua direção que ingressam por meio de um processo peculiar de admissão. As agências executivas possuem agentes administrativos, admitidos por meio de concurso público, livre nomeação ou serviço temporário.

Assim, podemos concluir que as agências executivas não são novos órgãos da Administração indireta e sim um modelo de gestão que visa ampliar a eficiência das autarquias e fundações que a esse processo aderirem.

Nesse passo, para se adquirir o título de agência executiva, que traz consigo uma série de privilégios,[118] devem ser preenchidos alguns requisitos básicos: I. ser uma autarquia ou fundação[119]; II. ter em andamento um

[116] *Ob. cit.*, item 2, p. 339.

[117] SOUTO, Marcos Juruena Villela. Agências Reguladora, *Revista de Direito Administrativo* nº 216, Rio de Janeiro, p. 127.

[118] Estes privilégios nada mais são que os já reconhecidos privilégios das autarquias, além de outros que possam surgir por leis especiais. Contudo, a doutrina é unânime em afirmar que o privilégio mais significativo adquirido pelas agências executivas é o previsto no art. 24, parágrafo único, da Lei nº 8.666/1993 (com a redação dada pela Lei nº 9.6478/1998) que permite a dispensa de licitação para compras, obras e serviços contratados no valor de 20% do valor estipulado pelos incisos I e II do mesmo artigo, em contraposição aos 10% das autarquias e fundações comuns.

[119] Embora a Lei nº 9.6478/1998 tenha determinado de forma taxativa que somente as autarquias e fundações possam ser transformadas em agência executiva, deve-se atentar que o fundamento constitucional respalda este instituto (art. 37, § 8º, da Constituição) não fez esta delimitação, atribuindo esta possibilidade a todas as entidades da Administração Pública direta e indireta, o que não impossibilita de que uma nova lei amplie o rol de entidades que possa ser beneficiada por tal regime.

plano de reestruturação e desenvolvimento; e III. acordar um contrato de gestão com a Administração Pública.

Com isso, a Administração direta, por meio de benefícios e privilégios, consegue implementar um plano de reestruturação administrativa, visando dar eficiência aos órgãos da Administração indireta e avançar mais um passo em direção à modernidade administrativa, que deverá ser profissional, precisa, rápida e eficiente deixando para trás a morosidade e ineficiência que vigoravam até pouco tempo.

O Tribunal de Contas do Estado de São Paulo, por meio de seu conselheiro, Edgard Camargo Rodrigues, mostra-se angustiante e aflito, demonstrando claramente que, com a importação da figura da agência (influência dos modelos norte-americano, inglês, francês e italiano), a Lei nº 9.649/1998 acena com a possibilidade das agências executivas elaborarem sua própria lei de licitações. Se cada organismo que se criar tiver sua própria lei de licitações, em breve não se terá lei nenhuma. A complexidade e a responsabilidade do gerenciamento da Administração Pública exige institutos unificados, conceitos jurídicos precisos que garantam o direito tanto do Estado quanto daqueles que com ele mantenham relação obrigacional em qualquer nível e a qualquer tempo. O Direito Administrativo brasileiro é ciência sábia, consolidada e de extrema riqueza, capaz de proporcionar os rumos corretos tanto para o administrador quanto para o legislador. Ciência que não é avessa à modernidade e à criatividade, mas que, evidentemente, não acolhe as aventuras da tecnocracia experimental e desavisada.

Gozando de prerrogativas, privilégios e "autonomia operacional" tão gigantescas, questiona:

> Por que razões estas entidades estariam melhor aparelhadas que o Estado para proporcionar serviços de qualidade e a custos honestos especialmente quando para estes não haverá os limites da lei[120].

Aduz mais o brilhante Conselheiro, homem de caráter reto, de honestidade inquebrantável, que os concursos públicos são instrumentos que asseguram não só a moralidade no recrutamento de pessoal com a qualidade profissional dos agentes públicos, possibilitando ao Estado arregimentar o que há de melhor no mercado de trabalho. Também não há registro, na experiência dos Tribunais de Contas, de qualquer prejuízo que a lei de licitações tenha acarretado à Administração Pública, conquanto de extremado rigor e minudência.

> A Lei nº 8.666/1993 foi produzida pelo Congresso Nacional exatamente com o intuito de preservar a ética nas contratações públicas. Por isso, não deixa de ser preocupante as várias exceções à sua aplicação que a reforma administrativa vem abrindo, por legislação especial, como no caso das agências executivas e nas organizações sociais.

9. Empresas Públicas e Sociedades de Economia Mista

9.1. Colocação do Tema

Empresas públicas e sociedades de economia mista são, fundamentalmente e acima de tudo, instrumentos de ação do Estado. O traço essencial caracterizador destas pessoas é o de se constituírem em auxiliares do Poder Público; logo, são entidades voltadas, por definição, à busca de interesses transcendentes aos meramente privados. É preciso, pois, aturado precato para não incorrer no equívoco de assumir fetichisticamente sua personalidade de Direito Privado (como costumava ocorrer no Brasil) e imaginar que, por força dela, seu regime pode ensejar-lhes uma desenvoltura equivalente à dos sujeitos cujo modelo tipológico inspirou-lhes a criação. Deveras, a personalidade de Direito Privado que as reveste não passa de um expediente técnico cujo préstimo adscreve-se, inevitavelmente, a certos limites, já que não poderia ter o condão de embargar a positividade de certos princípios e normas de Direito Público cujo arredamento comprometeria objetivos celulares do Estado de Direito.

O traço nuclear das empresas estatais, isto é, das empresas públicas e sociedades de economia mista, reside no fato de serem coadjuvantes de misteres estatais. Nada pode dissolver este signo insculpido em suas naturezas. Dita realidade jurídica representa o mais certeiro norte para a intelecção destas pessoas. Consequentemente, aí está o critério vetor para interpretação dos princípios jurídicos que lhes são obrigatoriamente aplicáveis, pena de converter-se o acidental – suas personalidades de Direito Privado – em essencial, e o essencial – seu caráter de sujeitos auxiliares do Estado – em acidental.

Como os objetivos estatais são profundamente distintos dos escopos privados, próprios dos particulares, já que almejam o bem-estar coletivo e não o proveito individual, singular (que é perseguido pelos particulares), compreende-se que exista um abismo profundo entre as entidades que o Estado criou para secundá-lo e as demais pessoas de Direito Privado, das quais se tomou por empréstimo a forma jurídica. Assim, o regime que a es-

[120] Reforma Administrativa e o Controle de Contas, *Revista do TCESP* nº 89, p. 27.

tas últimas naturalmente corresponde, ao ser transposto para empresas públicas e sociedades de economia mista, tem que sofrer – também naturalmente – significativas adaptações, em atenção a suas peculiaridades.

Se assim não fosse, e se as estatais desfrutassem da mesma liberdade que assiste ao comum das empresas privadas, haveria comprometimento de seus objetivos e funções essenciais, instaurando-se, ademais, sério risco a lisura no manejo de recursos hauridos total ou parcialmente nos cofres públicos. Além disto, sempre que o Poder Público atuasse por via destes sujeitos, estariam postas em xeque as garantias dos administrados, descendentes da própria índole do Estado de Direito ou das disposições constitucionais que o explicitam. Com efeito, o regime de Direito Privado, *sic et simpliciter*, evidentemente, não impõe o conjunto de restrições instauradas precisamente em atenção aos interesses aludidos.

Em despeito destas obviedades, durante largo tempo, pretendeu-se que, ressalvadas taxativas disposições legais que lhes impusessem contenções explícitas, estariam em tudo o mais parificadas à generalidade das pessoas de Direito Privado. Calçadas nesta tese errônea, sociedades de economia mista e empresas públicas declaravam-se, com o beneplácito da doutrina e da jurisprudência (salvo vozes combativas, mas isoladas), livres do dever de licitar, razão por que os contratos para obras públicas mais vultosos eram travados ao sabor dos dirigentes de tais empresas ou mediante arremedos de licitação; recursos destas entidades passaram a ser utilizados como válvula para acobertar dispêndios que a Administração Central não tinha como legalmente efetuar, ou mesmo para custear ostensiva propaganda governamental, mediante contratos publicitários de grande expressão econômica; a admissão de pessoal, e com salários superiores aos vigentes no setor público, efetuava-se com ampla liberdade, sem concursos, transformando-as em "cabides de emprego" para apaniguados; avançados sistemas de aposentadoria e previdência eram, por decisão *interna corporis*, instituídos em prol de seus agentes, em condições muito mais vantajosas do que as do sistema nacional de previdência ou do próprio regime previdenciário do setor público; despesas exageradas, úteis apenas à comodidade pessoal de seus agentes, eram liberalmente efetuadas, como, *exempli grafia*, suntuosas hospedagens no exterior, quando de viagens internacionais dos seus dirigentes; sempre sob arguição de serem pessoas de Direito Privado – até que a legislação explicitamente lhes impusesse sujeição de suas despesas à fiscalização do Tribunal de Contas da União –, sustentava-se que estavam livres deste controle; sobre o mesmo fundamento e da correlata liberdade que lhes concerniria, multiplicaram-se sociedades de economia mista e empresas públicas, umas criando outras, surgindo, destarte, as de chamada segunda e terceira geração, aptas, pois, a prodigalizar os mesmos desmandos. Além disto, estas, precisamente pelo fato de não terem sido criadas por lei – pasme-se –, eram, por muitos, excluídas da categoria de sociedade de economia mista ou empresa pública e, consequentemente, das disposições normativas relativas ao controle que se lhes aplica, sob o argumento de que, segundo o Decreto-lei nº 200, ditas pessoas da Administração indireta são unicamente as "criadas por lei". Não tendo havido lei criadora não se lhes poderia sequer assujeitar às regras decorrentes daquele diploma!

Ganha relevo, em matéria de interpretação das leis, que, ao se tratar de atividade econômica exercida pelo Estado com fundamento no art. 173, que determina a sujeição ao Direito Privado, este é o que deverá ser aplicado, no silêncio da norma publicística; ou por outras palavras, presume-se a aplicação do regime de Direito Privado, só derrogado por norma expressa, de interpretação escrita.

Mas, se o Estado fizer a gestão privada do serviço público, ainda que de natureza comercial ou industrial, aplicam-se, no silêncio da lei, os princípios de Direito Público, inerentes ao regime jurídico administrativo. Nem poderia ser diferente, já que alguns desses princípios são inseparáveis da noção de serviço público, tais como o da predominância do interesse público sobre o particular, o da continuidade do serviço público e, como consequência, o das limitações ao direito de greve, o da obrigatoriedade de sua execução pelo Estado, ainda que por meio de concessionárias e permissionários, daí resultando o direito do usuário do serviço.

Portanto, cabe ao intérprete, quando aplicar as leis, procurar a exegese que as tornem compatíveis com os parâmetros que decorrem dos arts. 173 e 175 da Constituição. Ao analisar, mais adiante, as normas sobre empresas estatais, serão demonstradas algumas distinções que podem e devem ser feitas entre os dois tipos de empresas, conforme o tipo de atividade que lhes incumbe.

É claro o texto constitucional:

> *Ressalvados os casos previstos nesta Constituição (que são, dizemos nós, os monopólios, ou as concessões e permissões de serviço público), a exploração direta de atividade econômica pelo Estado só é permitida quando necessária aos imperativos da segurança nacional ou a relevante interesse coletivo, conforme definidos em lei.*

O mandamento de ordem constitucional, estampada no art. 173, quer evitar, inquestionavelmente, concorrência desleal com a iniciativa privada.

Averbe-se, por mais, que, inclusive, o tema foi objeto de questão de concurso para ingresso na classe inicial da carreira do Ministério Público, nos seguintes termos:

> *Pode o Estado-membro criar legitimamente empresa pública que se destine a servir, por meio de restaurante, comida típica regional? Resposta objetivamente justificada.*

Um dos fundamentos básicos da ordem e da atividade econômica, no atual estágio da nossa sociedade, é a livre-iniciativa.

A liberdade de iniciativa indica que todas as pessoas têm o direito de ingressar no mercado de produção de bens e serviços por sua conta e risco[121].

Este postulado é enfatizado no art. 170, *caput*, da CRFB/1988, além de ser elevado a categoria de princípio fundamental, pelo art. 1º, inciso VI, da mesma Constituição:

> *Art. 1º A República Federativa do Brasil, formada pela união indissolúvel dos Estados e Municípios e do Distrito Federal, constitui-se em Estado Democrático de Direito e tem como fundamentos:*
> *IV – os valores sociais do trabalho e da livre-iniciativa;*
> *Art.170. A ordem econômica, fundada na valorização do trabalho humano e na livre-iniciativa, tem por fim assegurar a todos existência digna, conforme os ditames da justiça social, observados os seguintes princípios:*

Sem prejuízo do acima exposto, o Estado também pode agir exercendo uma atividade econômica, contudo, o exercício estatal dessa atividade não pode constituir-se em regra geral. Ao contrário, a Constituição estabelece uma série de limites à atuação dessa natureza, exatamente para preservar o princípio da liberdade de iniciativa, concedido aos particulares em geral[122].

Do escólio do prof. Diogo de Figueiredo Moreira Neto, retiramos o seguinte trecho[123]:

> Assim, qualquer exploração direta de atividade econômica pelo Estado é inconstitucional, ressalvadas, apenas, no primeiro caso, a prestação de serviço público, desde que a unidade política seja constitucionalmente competente para instituí-lo, e, no segundo caso, desde que o desempenho estatal da atividade econômica seja necessário a imperativos de segurança nacional ou a relevante interesse coletivo, sempre que ela for, assim, definida em lei.

Pois bem, a Constituição de 1988 é bem clara ao dispor que só será permitido ao Estado explorar diretamente atividade econômica quando necessário aos imperativos da segurança nacional ou a relevante interesse coletivo:

> *Art. 173. Ressalvados os casos previstos nesta Constituição, a exploração direta de atividade econômica pelo Estado só será permitida quando necessária aos imperativos da segurança nacional ou a relevante interesse coletivo, conforme definidos em lei.*

Assim, inclusive no caso das empresas estatais (gênero do qual são espécies as sociedades de economia mista e as empresas públicas), forma usual de intervenção do Estado no domínio econômico, faz-se necessário que o motivo legitimador da criação esteja, necessariamente, revestido pelos pressupostos trazidos ao final do referido art. 173.

Segundo José dos Santos Carvalho Filho, segurança nacional é um

> pressuposto de natureza claramente política. Se a ordem econômica conduzida pelos particulares estiver causando algum risco a soberania do país, fica o Estado autorizado a intervir no domínio econômico, direta ou indiretamente, tudo com vistas a restabelecer a paz e a ordem sociais[124].

Já quanto ao outro pressuposto, interesse coletivo relevante, o mesmo doutrinador afirma:

> A noção de interesse coletivo relevante constitui conceito jurídico indeterminado, porque lhe faltam a precisão e a identificação necessárias a sua determinibilidade. Por essa razão, a Constituição admitiu que essa noção viesse a ser definida em lei. Desse modo, será necessário que o Governo edite a lei definidora do que é interesse coletivo relevante para permitir a intervenção legítima do Estado no domínio econômico[125].

Complementando a noção acima trazida, esclarecedora e insuperável é a lição do aclamado Diogo de Figueiredo Moreira Neto:

> [...] não obstante a enganosa aparência de discricionariedade, o adequado entendimento sistemático da expressão permissiva utilizada pela Constituição, "conforme definido em lei", é de que o legislador ordinário deverá sempre preencher, motivadamente, as condições definitórias dos

[121] BASTOS, Celso Ribeiro e MARTINS, Ives Gandra MARTINS, *Comentários à Constituição do Brasil*, v. VII, p. 16.
[122] CARVALHO FILHO, José dos Santos. *Manual de Direito Administrativo*, Rio de Janeiro: Lumen Juris, 12ª ed., 2005, p. 841.
[123] *Curso de Direito Administrativo.* 14ª ed. Rio de Janeiro: Forense, 2005, p. 478.
[124] CARVALHO FILHO, José dos Santos. *Manual de Direito Administrativo*, Rio de Janeiro: Lumen Juris, 12ª ed., 2005, p. 842.
[125] CARVALHO FILHO, José dos Santos. *Manual de Direito Administrativo*, Rio de Janeiro: Lumen Juris, 17ª ed., 2007, p. 842.

dois conceitos indeterminados balizadores da intervenção: a segurança nacional e o relevante interesse coletivo. Outra fora a interpretação, e estaria escancarada a porta para proceder-se à estatização de qualquer atividade econômica, e, o que é mais grave, inadmissível, sem controle de constitucionalidade.

Com efeito, as exigências constitucionais de definição de motivos, que se enquadrem nos permissivos de excepcionalidade para que se admita a exploração econômica por atividade empresarial do Estado – a segurança nacional e o relevante interesse coletivo – não devem apenas estar invocadas, mas efetivamente existirem. Não há discricionariedade legislativa para fantasiar hipóteses de segurança nacional e de relevante interesse coletivo, mas, tão somente, para identificá-las, quando realmente existam.

Assim, com relação a criação de empresa pública que se destine a servir, por meio de restaurante, comida típica regional, julgamos *não estar configurado* e preenchido o referido conceito jurídico indeterminado – relevante interesse coletivo.

De fato, o simples aspecto da empresa estatal em tela comercializar produtos típicos da região não é, *sponte sua*, fundamento ou motivo suficiente para justificar e concretizar a materialidade da hipótese constitucional de criação da destacada entidade, a qual, de acordo com a atual sistemática normativa, somente pode ser estabelecida em hipóteses excepcionais.

9.2. O surgimento das Estatais

O advento das estatais está associado ao surgimento do Estado-empresário, o qual se contrapõe ao antigo e superado modelo de um Estado garantidor, ou do Bem-Estar Social, cujos órgãos públicos abarcavam para si toda gama de atividades, causando uma espécie de *congestionamento administrativo*, adornados com a burocracia e a lentidão de suas ações.

Com efeito, as estatais surgiriam com uma dinâmica exatamente oposta à predominante no Estado do Bem-Estar, qual seja, com as características da celeridade e da eficiência, as quais se tornariam verdadeiros atalhos para o Estado atingir seus objetivos de forma rápida e eficaz, tal qual ocorre com uma empresa privada.

De fato, é este o ideário que norteia as Estatais: equiparar o Estado às empresas privadas, criando o doutrinariamente denominado Estado empresário, o qual tratará de mesclar a execução de atividades econômicas com outras de interesse público por meio das empresas públicas e das sociedades de economia mista.

Ocorre que a partir daí diversas questões passaram a ser suscitadas, sobretudo pelo fato de que tais entidades foram criadas com a natureza de Direito Privado, fato este que, por si só, não justifica que tenham o mesmo tratamento das empresas privadas, tampouco que as suas prerrogativas se equiparem às da Administração direta.

É relevante que se diga que a existência das estatais só se justifica para que alcancem os objetivos colimados pelo Estado. Não são, portanto, autônomas nas suas iniciativas como são as empresas da iniciativa privada. Sequencialmente, seguiremos numa análise mais sucinta de suas características, diferenças e algumas controvérsias que as envolvem.

9.3. Empresas Públicas e Sociedades de Economia Mista: suas Semelhanças e Diferenças

Antes de iniciar a análise das empresas públicas e sociedades de economia mista, é de se ver que aqui se fez a opção da análise conjunta dessas duas espécies de pessoas administrativas em razão da imensa similaridade existente entre a disciplina de uma e de outra e são sempre estudadas conjuntamente na doutrina. Os seus conceitos se encontram preconizados tanto no Decreto-lei nº 200/1967, em seu art. 5º, incisos II e II, quanto na Constituição do Estado do Rio de Janeiro, em seu art. 77, § 2º, incisos II e III. Por isso, também, faremos uma espécie de análise comparativa nos próximos tópicos.

9.4. Conceito de Empresa Pública e Sociedade de Economia Mista

A legislação também oferece razoáveis definições de empresas públicas e de sociedades de economia mista, valendo a análise, para não contrariar a ordem seguida nos itens correspondentes anteriores, do art. 5.º do Decreto-lei nº 200, de 25 de fevereiro de 1967, *ipsis litteris*:

> *Art. 5º –*
> *[...]*
> *II – Empresa Pública: a entidade dotada de personalidade jurídica de Direito Privado, com patrimônio próprio e capital exclusivo da União, criada por lei para exploração de atividade econômica que o Governo seja levado a exercer por força de contingência ou de conveniência administrativa, podendo revestir-se de qualquer das formas admitidas em direito.*
> *III – Sociedade de Economia Mista: a entidade dotada de personalidade jurídica de Direito Privado criada por lei para a exploração de atividade econômica, sob a forma de sociedade anônima, cujas ações com direito a voto pertençam em sua maioria à União ou a entidade da Administração indireta.*

Apesar das alterações de disciplina que acabaram por prejudicar, parcialmente, essas definições, as mesmas nos parecem bastante satisfatórias, tanto que adotadas pela Constituição do Estado do Rio de Janeiro, que assim dispõe em seu art. 77, § 2º, incisos II e III:

Art. 77 –

[...]

§ 2º – Considera-se:

II – empresa pública – a entidade dotada de personalidade jurídica de Direito Privado com patrimônio próprio e capital público majoritariamente do Estado, criada por lei para a exploração de atividade econômica que o Governo seja levado a exercer por força de contingência ou de conveniência administrativa, podendo revestir-se de qualquer das formas admitidas em direito (Redação dada pelo Decreto-lei nº 900, de 1969 – sem grifos no original);

III – sociedade de economia mista – a entidade dotada de personalidade jurídica de Direito Privado, criada por lei, para a exploração de atividade econômica, sob a forma de sociedade anônima, cujas ações com direito a voto pertençam em sua maioria ao Estado ou a entidade da Administração indireta.

A Lei Orgânica do Município do Rio de Janeiro, em seus arts. 144, § 1º, e dá a seguinte definição, conjunta, de empresa pública e sociedade de economia mista:

Art. 144 –

[...]

§ 1º – As empresas públicas e sociedades de economia mista, criadas para a prestação de serviços públicos ou como instrumentos de atuação no domínio econômico, estão sujeitas às normas de licitação e contratação de pessoal definidas na Constituição da República e nesta Lei Orgânica.

A primeira constatação que se faz é a de que ambas as espécies de pessoa jurídica aqui analisadas são *sociedades*, tendo, como consequência dessa assertiva, finalidade lucrativa. Como nos ensina o prof. José Edwaldo Tavares Borba, todas as sociedades, sejam de natureza civil ou comercial, têm fins lucrativos[126]. Se a pessoa jurídica não tem fim lucrativo, pode ser uma associação (formada por pessoas associadas) ou uma fundação (patrimônio personalizado), mas nunca uma sociedade.

Atente-se, entretanto, para o fato de que não é qualquer sociedade de que participe o Estado que será uma sociedade de economia mista ou uma empresa pública, posto que essa participação pode vir a decorrer de uma desapropriação, por exemplo. Neste caso, não se terá uma sociedade estatal integrante da Administração indireta, posto que esta condição decorre da lei e não, simplesmente, da participação societária.

9.5. Criação e Extinção

A criação, tanto das empresas públicas quanto das sociedades de economia mista, está disciplinada expressamente pelo Direito Positivo.

Primeiro foi o Decreto-lei nº 200, de 25/02/1967 que disse que as empresas públicas e as sociedades de economia mista seriam criadas por lei. Depois, a Constituição de 1988 repetiu a disciplina no art. 37, XIX, que assim rezava:

Art. 37 – [...]

XIX – somente por lei específica poderão ser criadas empresa pública, sociedade de economia mista, autarquia ou fundação pública.

Com o advento da Reforma Administrativa, veiculada pela Emenda Constitucional nº 19, de 04/06/1998, a redação do art. 37, XIX, passou a ser a seguinte:

Art. 37 – [...]

XIX – somente por lei específica poderá ser criada autarquia e autorizada a instituição de empresa pública, sociedade de economia mista e de fundação, cabendo à lei complementar, neste último caso, definir as áreas de sua atuação.

Repare que, em relação às sociedades de economia mista e às empresas públicas, a lei deixou de ter a função de criá-las, conservando, entretanto, a sua importância, pois ainda cabe a essa espécie normativa a *autorização* para a criação dessas empresas estatais[127].

---

[126] BORBA, José Edwaldo Tavares Borba, *Direito Societário. Ob. cit.*, p. 03: "A sociedade *stricto sensu* tem na busca do lucro a sua finalidade, que é também a dos sócios."

[127] Parece-nos, portanto, equivocada a decisão do Superior Tribunal de Justiça, no julgamento do Mandado de Segurança nº 7.128-DF, que asseverou o seguinte: "... a formação de sociedade de economia mista pode se dar pela desapropriação de ações de sociedade privada...", pois, assim, estar-se-ia desprezando a função autorizativa do Poder Legislativo imposta pelo art. 37, XIX, da Constituição da República. O legislativo não pode ficar alijado desse processo de inclusão das sociedades no âmbito da administração indireta, sob pena de não passar de empresa de que o Estado participa. Não se inclui nessa crítica, entretanto, a decisão do Supremo Tribunal Federal, no julgamento da ADIn nº 1.840-2/DF, cujo acórdão ficou assim ementado: "Constitucional. Sociedade de Economia Mista: Criação. Telebrás: Restruturação Societária: Cisão. Lei nº 9.472, de 16/07/1997, art. 189, inciso I. Decreto nº 2.546, de 14/04/1998, art. 3º – Anexo. CF, art. 37, XIX. 1. A Lei nº 9.472, de 16/07/1997, autorizando o Poder Executivo para a restruturação da Telebrás (art. 187), a adotar a cisão, satisfaz ao que está exigido no art. 37, XIX, da CF. 2. Indeferimento do pedido de suspensão cautelar da expressão "cisão", no inciso I do art. 189 da Lei nº 9.472, de 1997, bem assim das expressões "que fica autorizada a constituir doze empresas que a sucederão como controladoras", contidas no art. 3º – Anexo, do Decreto nº 2.546, de 14/04/1998".

Além disso, observa-se que não é qualquer lei que pode autorizar a criação das empresas públicas e sociedades de economia mista. A Constituição exige, no dispositivo em apreço, que essa autorização seja dada por *lei específica*. Mas o que vem a ser essa lei?

De acordo com as lições do prof. Jessé Torres Pereira Júnior, a exigência constitucional de lei específica não obriga à edição de uma única lei para a instituição de cada empresa pública ou sociedade de economia mista, podendo-se conceber a autorização singular para a criação conjunta de empresas estatais[128]. Diferente é o posicionamento do prof. Marcos Juruena Villela Souto, que admite a exigência de uma lei para a criação de cada uma das empresas estatais, o que se justificaria por representar a instituição de uma empresa pública ou sociedade de economia mista exceção à regra da não atuação direta do Estado no domínio econômico[129].

Este último posicionamento nos parece ser o mais ajustado à opção constituinte pelo sistema econômico capitalista, em que o Estado somente age diretamente no meio econômico em casos excepcionais, devendo-se, desta forma, impor alguns obstáculos de ordem formal para essa incursão estatal em ambiente natural da iniciativa privada. O mesmo não se justifica quando o Estado se dirige para fora do mercado, de modo a se posicionar de acordo com a regra inserta no art. 174 da Constituição da República.

Ainda no que se refere à criação das empresas estatais, a lei autorizativa só é mencionada na Constituição da República, sendo certo que a Constituição do Estado do Rio de Janeiro, por exemplo, não experimentou semelhante alteração, ainda mencionando a exigência de lei criadora. À vista disso, a questão que se põe é saber se já podem, no âmbito dos Estados-membros, do Distrito Federal e dos Municípios, ser criadas empresas estatais com lei meramente autorizativa, independentemente de reforma das respectivas Constituições e Leis Orgânicas.

A resposta não nos afigura de grande dificuldade quando se compreende que o art. 37 da Constituição da República constitui norma aplicável a todos os níveis governamentais da Federação. Mais tecnicamente, tratase de princípio constitucional estabelecido, que impõe limite à autonomia dos entes federativos. Portanto, já se deve entender que também no âmbito dos Estados, do Distrito Federal e dos Municípios as empresas públicas e as sociedades de economia mista podem ser criadas por ato do Executivo precedido de mera *autorização legislativa*.

Suponhamos a hipótese de o Estado adquirir uma sociedade por herança jacente, por penhora, por doação ou por qualquer outro fato jurídico, não será considerada estatal, em face da ausência de lei autorizativa, o que caracterizaria tal estatal.

As subsidiárias das empresas públicas e sociedades de economia mista por exigência do art. 37, inciso XX, da Constituição Federal depende de autorização da Casa Legislativa para sua criação. Então, se a Petrobras, por exemplo, pretender criar uma nova subsidiária, precisará de uma lei específica? No entendimento de Sérgio de Andréa Ferreira (*Comentários à Constituição*. São Paulo: Freitas Bastos, 3º v., p. 47), a resposta é afirmativa. Majoritariamente, inclusive em bancas de concursos jurídicos, a resposta é negativa, por entender-se que a expressão "em cada caso", do art. 37, inciso XX, é para cada subsidiária. "Em cada caso" significa dizer, que cada empresa pública ou sociedade de economia mista, para criar subsidiárias ou participar de sociedades, tem que ter uma autorização legislativa, não precisando ser específica. Logicamente, se a Casa legislativa autorizou a criação da sociedade de economia mista, no caso, a Petrobras, estabelecendo genericamente que ela poderia participar de outras sociedades ou criar subsidiárias, poderá fazê-la sem necessidade de lei específica.

No que se refere à extinção das empresas estatais, a doutrina é unânime no sentido de exigir o mesmo veículo utilizado para a sua criação, em razão do princípio do paralelismo das formas. Em outras palavras, se a Constituição exige lei para a autorização de sua criação, também se exigirá autorização legislativa para a extinção das empresas públicas ou sociedades de economia mista.

Mas se isso não é controverso, outro questionamento surgiu e foi objeto de amplo debate no âmbito do Poder Judiciário. A questão que surgiu foi referente à exigência de lei específica ou não para a extinção das estatais, tendo chegado ao Supremo Tribunal Federal a ADIn nº 562/DF em que se atribuía a pecha de inconstitucionalidade ao dispositivo da Lei nº 8.031, de 12/04/1990, que autorizava a inclusão das estatais no Programa Nacional de Desestatização por meio de decreto presidencial.

Dizia-se, na espécie, que uma única lei não poderia autorizar a extinção de um número indeterminado de empresas estatais, se a Constituição exige lei específica

[128] PEREIRA JÚNIOR, Jessé Torres. *Da Reforma Administrativa Constitucional. Ob. cit.*, p. 156.

[129] VILLELA SOUTO, Marcos Juruena, *Desestatização, Privatização, Concessões e Terceirizações. Op. cit.*, p. 27-28.

para a criação das mesmas e o princípio do paralelismo das formas o exige para a extinção. E era o que acontecia – e acontece – com o Programa Nacional de Desestatização.

O prof. Marcos Juruena Villela Souto entende que não há qualquer inconstitucionalidade, argumentando no seguinte sentido:

> [...]no entendimento dominante, se houve uma lei autorizando a criação da empresa, para que ela deixe de existir sob o controle do Estado, é preciso que outra lei autorize a extinção ou alienação das ações representativas do controle. Daí, contudo, não cabe a ilação de que deve haver uma lei com autorização específica para cada privatização (não mencionada na Constituição), com demonstração de que a privatização atende a interesse coletivo ou imperativo de segurança nacional. Esta motivação se justifica para a criação da empresa, por excepcionar o princípio da livre-iniciativa e por dar personalidade jurídica e atribuir recursos orçamentários a um novo ente da Administração[130].

Foi, aliás, neste sentido a decisão do Supremo Tribunal Federal na ADIn nº 562-DF, que declarou a constitucionalidade do dispositivo legal impugnado, que utilizou os mesmos argumentos acima aduzidos[131].

Assim, a criação de empresas públicas ou sociedades de economia mista está a depender de autorização específica do Poder Legislativo, o mesmo não ocorrendo com relação à sua extinção, podendo, neste caso, uma única lei autorizar a extinção de um número indeterminado de empresas estatais por meio de decreto.

A doutrina tem entendido, no entanto, que a extinção das empresas públicas e das sociedades de economia mista reclama lei autorizadora, embora a Constituição Federal silencie a respeito. O ato de extinção deve se materializar no mesmo procedimento do ato de criação, ou seja, requer a aplicação do princípio do paralelismo das formas. O fato se justifica pela teoria da simetria, isto é, se a própria Constituição exige que a autorização criadora se faça por meio de lei, é evidente que somente ato desta natureza será legitimo para extingui-las.

Advertimos que o art. 178 do Decreto-lei nº 200/1967 previa, textualmente, a possibilidade de criação ou incorporação das empresas públicas e sociedades de economia mista a outras entidades, por ato do Poder Executivo. O mencionado artigo não há razão de prosperar, por já ter sido revogado pelo nosso texto constitucional, ao permitir ao Poder Executivo desfazer ato do próprio Legislativo, ferindo, assim, a livre independência dos poderes (art. 2º).

Diga-se, por fim, que a lei autorizativa, seja no caso de criação ou no de extinção das empresas estatais, será de iniciativa do chefe do Poder Executivo, sendo de competência do ente federativo ao qual se vincular a empresa, em atenção ao princípio federativo.

Para arrematar, torna-se inviável a estatal a acumulação de atividade econômica (sentido restrito) e de serviço público, simultaneamente.

9.6. Subsidiárias

Empresas subsidiárias são aquelas cujo controle e gestão das atividades são atribuídos à empresa pública ou à sociedade de economia mista diretamente criadas pelo Estado. Em outras palavras, o Estado cria e controla diretamente determinada sociedade de economia mista (que podemos chamar de primária) e esta, por sua vez, passa a gerir uma nova sociedade mista, tendo também o domínio do capital votante. É esta segunda empresa que constitui a sociedade subsidiária. Alguns preferem denominar a empresa primária de sociedade ou empresa de primeiro grau, e a subsidiária, de sociedade ou empresa de segundo grau. Se houver nova cadeia de criação, poderia até mesmo surgir uma empresa de terceiro grau e, assim, sucessivamente.

Dois pontos devem ser observados nessas empresas subsidiárias.

Em primeiro lugar, não fica a sua criação ao livre-alvedrio da Administração. Nos termos do art. 37, XX, da Constituição Federal, sua criação também depende de autorização legislativa. A exigência reclama, portanto, a participação efetiva da respectiva Casa Legislativa.

Além disso, não se pode perder de vista que as subsidiárias são controladas, embora de forma indireta, pela pessoa federativa que instituiu a entidade primária. A subsidiária tem apenas o objetivo de se dedicar a um dos segmentos específicos da entidade primária, mas como esta é quem controla a subsidiária, ao mesmo tempo em que é diretamente controlada pelo Estado, é este, afinal, que exerce o controle, direto ou indireto, sobre todas.

---

[130] VILLELA SOUTO, Marcos Juruena, *Op. cit.*, p. 27-28.

[131] No mesmo sentido, mas com relação à Lei nº 2.470, de 28/11/1995, do Estado do Rio de Janeiro, foi a decisão da ADIn-MC nº 1564/RJ, relatada pelo ministro Marco Aurélio, publicada no *DJ* em 14/12/2001, p. 22.

9.7. Personalidade Jurídica

As empresas públicas e as sociedades de economia mista possuem fortes semelhanças no que tange às suas características, dispostas tanto no texto da Lei Maior quanto em leis infraconstitucionais, a começar pela personalidade jurídica de Direito Privado, cuja disposição legal encontra amparo no Decreto-lei nº 200/1967, em seu art. 5º, incisos II e III, e na CERJ, em seu art. 77, § 2º, II e III.

Como já dissemos anteriormente, a atribuição de personalidade jurídica de Direito Público a uma pessoa administrativa é capaz de lhe outorgar as prerrogativas próprias do Estado, tudo em razão da supremacia do interesse público que ele procura realizar. Por outro lado, a personalidade jurídica de Direito Privado coloca as pessoas jurídicas num patamar inferior, ao lado dos particulares, isto em razão de exercerem atividades próprias destes, de modo que não podem gozar das prerrogativas estatais.

No entanto, o que no fundo inspira essa característica das empresas públicas e sociedades de economia mista é o princípio da isonomia, já que o Estado, ao criá-las, o faz para atuar como agente econômico, não podendo, por isso, manter os privilégios inerentes ao *jus imperi* que ordinariamente exerce, posto que, dessa forma, estaria prejudicando severamente os princípios da livre-iniciativa e da livre-concorrência. O Estado deve, neste âmbito, despir-se do manto que lhe confere *autoridade* em face do particular e descer do pedestal desnivelador, igualando-se, em última análise, ao particular.

Consequência disso tudo é que as empresas públicas e sociedades de economia mista não desfrutam de privilégios em face do particular, submetendo-se, antes, ao mesmo regime jurídico a estes reservados. É o que consta do art. 173, § 1º, II e § 2º, da Constituição da República, senão vejamos:

> *Art. 173 – [...]*
> *§ 1º – A lei estabelecerá o estatuto jurídico da empresa pública, da sociedade de economia mista e de suas subsidiárias que explorem atividade econômica de produção ou comercialização de bens ou de prestação de serviços, dispondo sobre:*
> *I – omissis;*
> *II – a sujeição ao regime jurídico próprio das empresas privadas, inclusive quanto aos direitos e obrigações civis, comerciais, trabalhistas e tributários;*
> *[...]*
> *§ 2º – As empresas públicas e sociedades de economia mista não poderão gozar de privilégios fiscais não extensivos às do setor privado.*

Daqui será extraída uma série de consequências, que não adiantaremos agora para explorarmos mais detidamente nos itens que se seguem[132]. Por hora, basta reter que as empresas públicas e sociedades de economia mista estão submetidas ao regime jurídico próprio das empresas privadas, salvo as exceções constitucionalmente fixadas.

Não se registra na doutrina nem na jurisprudência controvérsias acerca da personalidade jurídica das Estatais, qual seja, a de pessoa jurídica de Direito Privado, e isto se reforça pelo fato de que estas pessoas compõem a Administração indireta, e que isso nada mais é do que o Estado revestido de uma roupagem da iniciativa privada.

Por isso, quando o Estado precisa exercer certas atividades com maior celeridade, é como se ele se transformasse em um outro personagem, e tomasse emprestado as características típicas das empresas privadas para com elas atuar.

Pode-se aqui registrar que o que causa comentários na doutrina é o fato de a autarquia estar inserida, juntamente com a empresa pública e a sociedade de economia mista, no rol da Administração indireta, já que a sua personalidade jurídica é de Direito Público, diferentemente das demais. Isto a faz parecer como "um peixe fora d`água".

9.7.1. Empresa Pública – se Reveste sob Qualquer Forma de Direito

A definição da empresa pública contida no art. 5º, II do Decreto nº 200/1967 a diferencia da sociedade de economia mista ao dispor que ela pode se revestir de qualquer forma admitida em direito, ao passo que esta última apenas sob a forma de S.A.

Com efeito, elas podem vir sob as formas de sociedade anônima, sociedade por cotas de responsabilidade

[132] Interessante notar, entretanto, desde já, que é com base nesses argumentos que se sustenta a não recepção do art. 242 da Lei nº 6.404, de 15/12/1976, que não permite a decretação de falência das sociedades de economia mista, principalmente em face do disposto no art. 173, § 1º, da Constituição da República. Não obstante, foi somente com o advento da Lei nº 10, que se pôs fim a essa discussão, já que tal diploma normativo revogou expressamente o mencionado dispositivo legal. Inclusive, o Superior Tribunal de Justiça firmou no acórdão que julgou o REsp nº 337.236/SP que as sociedades de economia mista não se sujeitam ao prazo quinquenal de prescrição, mas sim ao prazo de vinte anos.

limitada, sociedade por comanditas por ações, comandita simples, ou até mesmo sociedade unipessoal, embora esta último não se encontre em voga no direito brasileiro.

Há que se atentar, contudo, para o fato de que as empresas públicas federais estão livres para adotar qualquer forma de direito, inclusive criar novas formas, valendo-se do dispositivo constitucional de que compete à União legislar sobre Direito Comercial (art. 22, I).

Já as empresas públicas estaduais e municipais se restringem àquelas já existentes, ou seja, dentre as que existem elas podem optar por qualquer uma, mas não podem criar formas inéditas, embora a lei diga "qualquer forma de direito", pois carecem de competência para tal.

Não obstante, o Decreto nº 200/1967, ao dispor sobre "qualquer forma de direito" não faz nenhuma menção de que esta liberdade é mais abrangente para as empresas públicas federais que para as estaduais e municipais.

Mas podemos asseverar que cabe uma interpretação no sentido de levar em consideração a competência legislativa para criar novas pessoas, que neste caso específico é privativa da União.

9.7.2. Sociedade de Economia Mista – Revestimento sob a Forma de S.A.

Já as sociedades de economia mista, cuja definição está no inciso III do art. 5º, do mesmo diploma legal, terá a forma de sociedade anônima, que é aquela por ações, não deixando brechas para qualquer outra forma legal de revestimento. Ressalta-se que esta mesma definição está inserida no art. 235 da Lei das S.A.

9.7.3. Uma Empresa Pública Pode ter a Forma de S.A.?

Uma empresa pública pode perfeitamente se revestir sob a forma de uma S.A., onde os acionistas seriam União, Estados e Municípios, embora esta junção sob a forma de sociedade anônima seja pouco provável de ocorrer após a edição da Lei nº 11.107/2003, que é a Lei do Consórcio Público, criada especificamente para dar respaldo legal a este tipo de junção entre os entes públicos.

A este propósito, diferenciamos o convênio do consórcio público pelo fato de que no primeiro pode ter qualquer pessoa como partícipe: pessoa física, pessoa jurídica, ente da federação, inclusive a União. Já no consórcio só podem integrar os entes da federação com a mesma atribuição, incluindo a União.

9.8. Finalidade das Estatais

A finalidade destas estatais, em linhas gerais, é a exploração de atividade econômica. Não raro, contudo, elas não só atuam em atividade econômica como prestam algum serviço público, o que faz com que os doutrinadores busquem um respaldo na lei para tais condutas.

9.8.1. O que diz a Legislação

Esta conduta ambígua adotada pelas estatais, que em geral adotam a prática tanto de atividades econômicas como de serviços públicos extrapola a disposição constitucional e infraconstitucional, pois que nem o art. 173 da Constituição Federal, nem o art. 5º do Decreto-lei nº 200/1967 fazem qualquer menção à possibilidade da prestação de serviço público por estas empresas.

9.8.2. O que diz a Doutrina?

9.8.2.1. Primeira Corrente

No afã de encontrar um amparo legal para a prática da prestação de serviço público, doutrinadores remetem a questão à Lei Orgânica do Município do Rio de Janeiro. Ou seja, a doutrina remete a questão de volta à legislação.

Esta lei orgânica tem previsão expressa em seu art. 144, § 1º, que reza que as empresas públicas e as sociedades de economia mista podem prestar indistintamente serviços públicos e atividades econômicas, o que de fato ocorre muito comumente na prática, sem nenhuma contestação jurídica que se tenha conhecimento que retire a legalidade de tais atos.

9.8.2.2. Segunda Corrente

Em razão desta lacuna legal, surgiu uma corrente mais radical e isolada que trata a questão com extremos, ao asseverar que só existe uma única espécie de empresa pública estatal que se encaixaria nos moldes da disposição constitucional, ou seja, que é a que explora apenas atividade econômica.

9.8.2.3. Qual o entendimento que predomina?

Contudo, não predomina o entendimento da primeira corrente entre os mais renomados doutrinadores e juristas brasileiros, selando-se a questão da dupla atividade como a mais aceita.

Citamos como exemplo a controvérsia acerca da ECT – Empresa de Correios e Telégrafos, que é uma estatal federal que presta serviço público, embora diversas divergências tenham norteado a questão, na tentativa de concluir se o ECT prestaria serviço público ou atividade econômica, prevalecendo a primeira opção.

9.9. Imperativo de Segurança Nacional e Relevante Interesse Coletivo

Abriremos breve parêntese para traçar uma análise sobre as expressões imperativo de segurança nacional e relevante interesse coletivo. A criação destes elementos pelo legislador constituinte derivado está diretamente associada à atividade econômica estatal, e a leitura do *caput* do art. 173 não deixa dúvidas de que esta modalidade de atividade só se justificará quando presentes tais precedentes.

Não obstante, insurge-se de plano o questionamento sobre qual dispositivo dentro do ordenamento jurídico brasileiro irá definir o que são estas expressões. De acordo com própria Constituição Federal, será a lei, senão vejamos:

> *Art. 173 Ressalvados os casos previstos nesta Constituição, a exploração direta de atividade econômica pelo Estado só será permitida quando necessária aos imperativos da segurança nacional ou a relevante interesse coletivo, conforme definidos em lei.*

Conforme sabemos, quando a Constituição Federal não faz ressalva expressamente sobre a lei a qual se refere, é o caso de lei ordinária. Então, em tese, a lei a qual o art. 173 faz alusão é uma lei ordinária.

Resta-nos saber a sua natureza, se seria esta uma lei ordinária federal, estadual, distrital ou municipal. Esta resposta, contudo, vai estar atrelada à própria natureza do ente que tem competência para regular a atividade econômica que será desenvolvida.

Podemos asseverar que a explanação de alguns autores de que a lei a que se refere o art. 173 da Constituição Federal seria uma lei ordinária federal não está de todo incorreta, mas, entendemos, incompleta.

Comungamos da tese de que a sua incidência não pode se restringir irretocavelmente ao âmbito federal, podendo se estender aos âmbitos estadual e municipal.

Sabemos ser possível a realização de determinadas atividades econômicas, sob o regime privado, por um ente da Federação diverso da União, caso em que a lei em questão não mais seria uma lei ordinária federal, mas a sua natureza estaria coadunada com a natureza do ente que efetivasse a atividade.

Já para distinguir uma atividade da outra, basta localizá-la no rol de competência elencado pela Constituição Federal para cada ente público. Ou seja, no Título III da Lei Magna tem-se o Capítulo I, que dispõe sobre a "organização político-administrativa".

O art. 21 elenca a competência da União; o art. 23 fala da competência comum entre União, Estados, Distrito Federal e Municípios; o art. 25 trata da competência dos Estados federados e o 30 da competência dos Municípios. Já os arts. 32 e 33 revelam as competências do Distrito Federal e Território, respectivamente.

Para engessar o nosso pensamento, trazemos os seguintes exemplos: Agência de fomento ao turismo regional ou local é exemplo de atividade econômica que pode ser realizado tanto pelo Estado ou Município, podendo-se criar tanto uma empresa pública quanto uma sociedade de economia mista para este fim. Nesta hipótese, podem ainda estes entes intervir diretamente na atividade econômica. No Estado do Rio de Janeiro temos a Turisrio, e no Município do Rio de Janeiro temos a Riotour.

Portanto, concluímos que a lei mencionada no *caput* do art. 173 da Constituição Federal tem a natureza de lei ordinária, e pode se aplicar a qualquer ente da Federação, desde que não haja inclusão de competências de um ente federativo sobre o outro.

Importante registrar, ainda, que é função essencial do Estado a organização e prestação de serviços públicos, e paralelamente, é irretorquivelmente, competência da iniciativa privada a exploração da atividade econômica com objetivo de lucro. Assim, fica definido, sem sombra de dúvida, o tipo de regime político-econômico a que nos submetemos.

O mandamento de ordem constitucional, estampada no art. 173, quer evitar, inquestionavelmente, concorrência desleal com a iniciativa privada.

9.9.1. Qual é o Limite Constitucional da Lei na Definição do que seja Imperativo de Segurança Nacional e Relevante Interesse Coletivo?

Em meio a esta busca de se estabelecer o parâmetro para definir imperativo de segurança nacional e relevante interesse coletivo, surge-nos um questionamento se haveria a total e absoluta discricionariedade do legislador nesta interpretação constitucional, ou se poderia haver um controle de constitucionalidade das leis que os define.

A princípio, não podemos imaginar a possibilidade de não haver nenhum controle de constitucionalidade, pois caso contrário o legislador poderia até mesmo, em casos extremos, permitir a intervenção direta do Estado na economia em qualquer hipótese que vislumbrasse, desde que o caracterizasse como relevante interesse coletivo. Mas qual seria, pois, o parâmetro de constitucionalidade desta lei, subsiste a pergunta.

9.9.2. É Possível a sua Declaração de Inconstitucionalidade pelo STF?

Em hipóteses excepcionais, certamente o STF poderá declarar a inconstitucionalidade de lei que tenha extrapolado na definição de alguma atividade econômica como relevante interesse coletivo para fins de intervenção direta do Estado na economia. Mas em regra caberá ao legislador criar este parâmetro de abrangência destes termos, e só excepcionalmente, ocorrer o controle de constitucionalidade.

Portanto, registramos que ainda não há, nos precedentes do STF, hipóteses em que diretamente tenha sido reconhecida inconstitucionalidade de lei que tenha definido atividades econômicas como sendo de relevante interesse coletivo e imperativo de segurança nacional.

9.10. Como Identificar Serviço Público de Atividade Econômica?

Diante do quadro atual que ora se instala no Brasil, inaugurado pela desestatização e onde o Estado passou a mesclar suas atividades entre a prestação de serviço público e a exploração de atividade econômica, direta e indiretamente e gerando inúmeras inovações no mundo jurídico, distinguir serviço público de atividade econômica passou a ser matéria não tão fácil de se analisar, motivo pelo qual alguns doutrinadores até se omitem em tecer discussões acerca do tema.

Enquanto isso, alguns têm se inclinado até em optar pelo fim do conceito de serviço público, dada a divergência e falta de simetria que tem norteado o tema. Com isso, conceituar serviço público tem sido tão arriscado quanto identificar a estatal que presta serviço público da que explora atividade econômica.

Trata-se de o Estado atuando, mas valendo-se de posturas completamente diferentes e que pressupõem estrutura e tratamento não menos diversos, e por vezes antagônicos.

Ora, o Estado estará se valendo das regras públicas, próprias de sua estrutura original, ora, estará se revestindo do papel de uma empresa privada, utilizando as regras aplicáveis a esta tanto na gestão de seus bens e serviços quanto na gestão de seus administrados.

Nesse quadro, mesmo estes últimos – os administrados – se perdem no emaranhado de regras públicas e privadas, e por vezes se confundem quando precisam recorrer a uma assistência estatal, como por exemplo, no plano do Judiciário, oscilando entre a justiça estadual e federal na busca de uma tutela jurídica.

Apenas para ilustrar, quando se quer demandar uma empresa pública, acabam entrando com uma ação na esfera federal, por entender que a empresa é do governo, o que, de fato, não deixa de ser, mas a competência seria a da Justiça estadual, já que empresa pública tem a natureza de pessoa jurídica de Direito Privado.

Até mesmo os próprios advogados, quando pouco interados com o Direito Administrativo, se equivocam quanto a qual seria a justiça competente para julgar a lide que envolve empresas estatais.

Daí a imprescindibilidade de se estudar e dissecar os temas que envolvem as empresas estatais, em especial quanto à responsabilidade civil, possibilidade de falência e de penhora de seus bens, entre outros. Sem este estudo mais minucioso, não será possível identificar o serviço público da atividade econômica.

9.10.1. Um Atalho para Identificar o Serviço Público

Vindo de um eminente jurista que se dedica ao tema, uma dica para facilmente se identificar serviço público e diferenciá-lo da atividade econômica está no fato de que o primeiro seria aquele que se encontra imediatamente à disposição do cidadão, ao passo que esta última teria de passar por um processo, ser trabalhada, até que se tornasse disponível para uso.

Facilmente esta assertiva pode ser comprovada no mundo prático, pois que o fornecimento de energia, o transporte urbano, o serviço de telecomunicação, são todos exemplos de serviços públicos que estão facilmente acessíveis ao cidadão.

Não precisamos comprar uma linha telefônica e esperar que esta passe por uma industrialização até que ela se torne disponível para uso, o mesmo ocorrendo com a energia elétrica e o transporte urbano.

A atividade economia, por seu turno, não está disponível para uso de forma imediata, a exemplo do petróleo. Nos beneficiamos deste bem apenas quando ele é transformado em bem de consumo, mas não num primeiro momento, como o caso dos exemplos anteriores.

Além destes, outra forma segura para identificar se o serviço da estatal é público ou atividade econômica, pode se dar na consulta do Estatuto que a criou, tendo em vista que neste diploma legal se encontra elencado o seu objeto.

9.10.2. Diferença das Estatais que Prestam Serviço Público das que Exploram Atividade Econômica quanto à Responsabilidade

Em tese, para as estatais que prestam serviço público a responsabilidade é objetiva, e para as que exploram atividade econômica a responsabilidade é subjetiva. O fundamento da responsabilidade objetiva se encontra fincado na própria Constituição Federal, em seu art. 37, § 6º, que assim dispõe:

> *as pessoas jurídicas de Direito Público e as de Direito Privado prestadoras de serviços públicos responderão pelos danos que seus agentes, seja qualidade, causarem a terceiros, assegurado o direito de regresso contra o responsável nos casos de dolo ou culta.*

9.10.3. Interpretação do Art. 37, § 6º da CF

Com fulcro no art. 37, § 6º, da CF/1988 as estatais prestadoras de serviço público, são abraçadas pela regra da responsabilidade objetiva, ao passo que as estatais que exploram atividade econômica não se encaixam neste dispositivo constitucional, e caem na regra geral da responsabilidade subjetiva, não obstante ambas terem a mesma natureza de pessoa jurídica de Direito Privado.

Importa aqui ressaltar que esta regra não é absoluta, e que se pode encontrar estatais prestadoras de atividade econômica que caem na regra da responsabilidade objetiva, e isso com fundamento em legislação infraconstitucional.

A exemplo do exposto, a Petrobras estaria abarcada pela regra constitucional, qual seja, empresa pública que explora atividade econômica, mas dotada de responsabilidade subjetiva.

Este diferencial se dá por conta de uma legislação infraconstitucional, que é a Lei nº 6.938/1991, da Política Nacional do Meio Ambiente e que dispõe sobre matéria de dano ambiental.

Portanto, conforme dispõe esta lei, em se tratando da responsabilidade subjetiva, em casos de danos causados ao meio ambiente, esta se reverterá para a responsabilidade objetiva. Este fundamento legal está inserido em seu art. 14, § 1º, que assim regula:

> *sem obstar a aplicação das penalidades previstas neste artigo, é o poluidor, independentemente da existência de culpa, a indenizar ou a reparar os danos causados ao meio ambiente e a terceiros afetados com por suas atividades.*

Este fundamento parece bastante razoável, sobretudo em tempos em que o meio ambiente nunca foi tão reverenciado, merecendo legislações que responsabilizem objetivamente, ou seja, sem que se tenha que comprovar o elemento culpa, aquele que poluir e causar danos ao meio ambiente.

A mesma lei traz em seu art. 3º, inciso IV o conceito de poluidor:

> pessoa física ou jurídica de direito púbico ou privado responsável direta ou indiretamente por atividade causadora de degradação ambiental.

Desta feita, pode-se constatar que este dispositivo legal tratou de alargar sobremaneira o conceito de poluidor, não deixando de fora pessoa física nem pessoa jurídica de Direito Privado, e quanto a esta, não fazendo menção se prestadora de serviço público ou de atividade econômica.

Para aqueles que se debruçaram sobre o argumento da inconstitucionalidade para ir contra o fato de lei infraconstitucional poder alargar a teoria da responsabilidade objetiva previsto em dispositivo constitucional, o Código Civil pode servir como uma espécie de garantidor desta teoria, pois em seu art. 927, parágrafo único reza que:

> *Haverá obrigação de reparar o dano independentemente de culpa nos casos específicos em lei.*

Com esta redação, o Código Civil de 2002 que selou a teoria objetiva, deixa claro que, nos casos específicos em lei poderá haver a obrigação de reparar o dano, sem que tenha havido a culpa, como é o caso da lei ambiental acima citada.

9.10.4. Nova Interpretação do Art. 37, § 6º, da CF dada pelo STF

Devemos registrar que em julgamento de um Recurso Extraordinário ocorrido no ano de 2004, o STF, pela maioria de seus votos, acrescentou uma nova interpretação para o art. 37, § 6º, da CF, no que alude à extensão da responsabilidade objetiva na relação entre concessionário de serviço público e terceiro que não ostenta a relação de usuário.

O caso objeto da lide é sobre um acidente de trânsito ocorrido entre um ônibus (concessionário de transporte coletivo urbano, pessoa jurídica de Direito Privado) e um carro particular, onde este pleiteia indenização daquele, com fulcro na responsabilidade objetiva contida no aludido dispositivo constitucional.

A sentença proferida originariamente condenou a concessionária a indenizar o proprietário do veículo abalroado, acolhendo a teoria da responsabilidade objetiva, mas esta inconformada com o mérito apelou da decisão, alegando que o terceiro não poderia fazer jus à incidência da responsabilidade objetiva, já que esta se aplicaria somente ao usuário, detentor de Direito Subjetivo de receber o serviço público ideal.

A apelação foi favorável ao pleito da vítima, prevalecendo o dever de indenizar da concessionária com base no art. 37, § 6º, da CF, até que a esta se seguiram recurso especial e extraordinário, a princípio negados, seguidos de agravos de instrumento e regimental, este último provido e ensejado a emissão dos autos ao crivo do Supremo Tribunal Federal.

A contenda se encontra mencionada no Informativo nº 370 do STF, a seguir exposto:

> *Boletim 370*
>
> Responsabilidade Civil do Estado: Prestadores de Serviço Público e Terceiros Não Usuários. 2. A Turma concluiu julgamento de recurso extraordinário interposto por empresa privada concessionária de serviço público de transporte coletivo contra acórdão do Tribunal de Alçada do Estado de São Paulo que entendera configurada a responsabilidade objetiva da recorrente em acidente automobilístico envolvendo veículo de terceiro. Ver *Informativo 358*. Deu-se provimento ao recurso por se entender violado o art. 37, § 6º, da CF, uma vez que a responsabilidade objetiva das prestadoras de serviço público não se estende a terceiros não-usuários, já que somente o usuário é detentor do direito subjetivo de receber um serviço público ideal, não cabendo ao mesmo, por essa razão, o ônus de provar a culpa do prestador do serviço na causação do dano. Vencidos os ministros Joaquim Barbosa e Celso de Mello que negavam provimento por entenderem que a responsabilidade objetiva incide ainda que o fato lesivo tenha atingido terceiro não-usuário. Leia o inteiro teor do voto do relator na seção de Transcrições deste Informativo. RE nº 262651/SP; Rel. Min. Carlos Velloso. (RE nº 262651)

O cerne da questão levada ao crivo da Corte Maior está no argumento da concessionária de que a responsabilidade objetiva alegada na inicial e acolhida na sentença e na Apelação, que se funda no art. 3, § 6º, da CF, limitaria o ônus de indenizar a vítima apenas em ocasiões de prestação de serviço em que esta realize mediante o passageiro transportado, excluindo-se quaisquer terceiros nesta relação.

Nesta linha de raciocínio, tratando-se de concessionária de serviço público, não se aplicaria a responsabilidade objetiva do aludido dispositivo constitucional à vítima que não estivesse sendo transportada, ou seja, que não estivesse utilizando o serviço público de transporte exercido pela concessionária.

Num primeiro momento, parece razoável o argumento de que outra não seria a finalidade de se estender a responsabilidade objetiva das entidades privadas prestadoras de serviço público, senão em benefício de quem recebe o serviço. E podemos registrar que na doutrina raros são os autores que fazem alusão a esta distinção.

Os ministros que negaram provimento ao recurso mantendo a decisão da apelação, alegaram preliminarmente que a intenção do legislador brasileiro é a de criar um sistema onde seja mais propício atender os interesses da vítima, e assim tem sido desde 1946, podendo ser pessoa física ou jurídica que venha sofrer danos decorrentes de atos praticados pelo Estado ou por seus prepostos, agentes ou colaboradores.

E mais ainda, que a teoria da responsabilidade objetiva repousa em dois fundamentos jurídicos relevantes, sendo o primeiro a teoria do risco administrativo. Esta teoria decorre do fato de que o Estado, para atuar em suas diversas vertentes da vida social, acaba por submeter tanto seus agentes quanto o particular a inúmeros riscos, inerentes a própria atividade do Estado e em razão de sua multiplicidade.

E o segundo estaria no princípio da igualdade de todos os cidadãos perante o encargo público. A partir deste princípio, tem-se que a obrigação que recai sobre o Estado de indenizar o particular quando este sofre um dano por ação daquele, se justificaria no fato de que não seria justo que apenas uma pessoa suportasse sozinha os ônus decorrentes de atividades que são exercidas em benefício de toda a sociedade.

Já os que deram provimento ao recurso sustentaram em seus votos que a responsabilidade objetiva constitucional – no que tange às pessoas privadas prestadoras de serviço público – se aplica objetivamente (sem necessidade da comprovação de dolo ou culpa) aos usuários.

Enfatizam que a razão de responder a concessionária objetivamente está no seguinte argumento: "o usuário merece receber um bom serviço", ou um "serviço ideal", e a responsabilidade objetiva seria a via utilizada para dar a devida proteção ao usuário prejudicado. Desta feita, restringe-se a aplicabilidade da responsabilidade ao usuário que sofre algum dano decorrente da ação daquelas pessoas.

Já à prestadora de serviço caberia comprovar que o usuário procedeu com culpa, na tentativa de elidir ou mitigar a sua responsabilidade. Entendem ainda os ilustres ministros que estender esta responsabilidade objetiva aos não usuários do serviço público prestado pela concessionária ou permissionária seria ir além da matéria amparada pela Constituição Federal sobre a extensão da responsabilidade objetiva.

Não obstante as alegações devidamente fundamentadas, venceu por maioria o voto que deu provimento ao recurso e reformulou a decisão originária, desconfigurando a responsabilidade objetiva da concessionária de serviço público em relação a terceiro não usuário.

9.11. A Controvérsia sobre a Natureza das Normas Gerais

A Constituição Federal, em seu art. 173, § 1º, dispõe expressamente que

> *a lei estabelecerá o estatuto jurídico da empresa pública e da sociedade de economia mista e suas subsidiárias que explorem atividade econômica de produção ou comercialização de bens ou de prestação de serviços.*

Diante deste preceito constitucional, perguntamos que, se vier lei federal dispondo sobre normas gerais de empresa pública e sociedade de economia mista, os Estados e Municípios estarão compelidos a observar esta lei? Há duas posições que divergem sobre este tema.

9.11.1. Primeira Posição

Uma primeira posição entende que, se for comprovado que se trata de matéria de Direito Administrativo, com exceção apenas das hipóteses em que a própria Constituição Federal reservou competência privativa da União para legislar sobre normas gerais e para os demais entes legislarem sobre norma específica, a matéria será de competência de todos os entes, não cabendo à União a competência privativa de legislar sobre o tema.

9.11.2. Segunda Posição

Outra posição sobre a obrigatoriedade ou não de os Estados e Municípios estarem obrigados a observar as normas da lei federal a que se refere o § 1º do art. 173 interpreta o assunto no seguinte sentido:

O art. 22, inciso I da CF, o qual confere competência privativa para a União legislar sobre Direito Civil e Comercial, entre outros, funcionaria em consonância com o § 1º do art. 173 do mesmo diploma legal, que dispõe sobre o estatuto jurídico das empresas públicas e das sociedades de economia mista, e se estenderia a este tema.

Com efeito, caberia à lei federal dispor sobre os estatutos das empresas públicas e das sociedades de economia mista, e estes estatutos se equivaleriam à norma geral a que se refere a Constituição Federal em seu art. 22.

Em outras palavras, neste art. 22 o legislador constituinte estaria incluindo na competência privativa da União para legislar sobre normas gerais, a matéria das empresas públicas e sociedades de economia mista, que se daria por meio de lei federal.

Nesta hipótese, lei federal é a que regularia o estatuto das empresas públicas e das sociedades de economia mista a serem seguidos pelos Estados e pelos Municípios em analogia ao princípio da simetria, de que o modelo federal deve prevalecer sobre os demais e por ele ser seguido.

Há quem diga, dentro desta corrente, que a competência federal seria apenas para dispor sobre a disciplina de funcionamento, mas que não obstante, a edição de lei pelo Estado e Município sempre seria possível, observado o regramento federal sobre a matéria.

9.11.3. Nossa Posição

Consideramos que esta posição se excede no aspecto constitucional do federalismo brasileiro, sobretudo porque no âmbito da organização administrativa prevalece a autonomia dos entes federativos, e não a regulação do modelo do ente central, conforme faz supor esta corrente.

De fato, o princípio da simetria seria um argumento subsidiário para esta posição, pois quando o texto constitucional do art. 173, § 1º fala que "lei definirá o estatuto jurídico da empresa pública e da sociedade de economia mista e de suas subsidiárias", o legislador constituinte mencionou a criação de uma lei federal, de âmbito nacional, para as normas gerais destas empresas, as quais deverão ser observadas pelos Estados, Municípios e Distrito Federal.

E esta ideia estaria diretamente associada ao fato de que compete à União legislar privativamente sobre direito civil e comercial, ou seja, traçar as normas gerais sobre estas matérias, e aos demais entes restaria estabelecer apenas as normas locais e regionais, subsidiariamente ao que dispõe a norma geral.

Com isso, as normas gerais sobre empresa pública e sociedade de economia mista seriam de competência da União, contrariando o que prevalece no direito brasileiro sobre competência para legislar sobre a organização administrativa.

9.11.4. Exceção a esta Regra

Um caso isolado que deve ser trazido à baila é o disposto no inciso XXVII do art. 22, que inclui a licitação no rol de competência privativa da União para legislar sobre o tema, embora este integre um assunto da organização administrativa.

Portanto, devemos ressaltar que se trata de uma exceção à regra, e que sempre que a licitação estiver relacionada às empresas públicas e às sociedades de economia mista, há que prevalecer a lei federal, de nº 8.666/1993, e não a legislação de cada ente da federação.

Com efeito, no que concerne à empresa pública e sociedade de economia mista, é certo dizer que, nas matérias em que o seu estatuto intervir nos demais entes da federação, mas que forem de competência privativa da União, como é o caso de definir normas gerais de licitação, prevalecerá sempre a lei que dispõe sobre estas normas gerais, de natureza federal.

Daí a resumir que, mesmo em se tratando de empresas públicas e sociedades de economia mista, a Lei nº 8.666/1993 no que for norma geral, prevalecerá sobre a legislação de outros entes. Mas devemos registrar que a norma excepcional, quando existente, deve ser interpretada restritivamente, não cabendo a ela ser ampliada por analogia.

9.11.5. A Interpretação do Termo "Prestação de Serviço" do §1º do art. 173

Assunto de grande importância neste trabalho é quanto ao termo "prestação de serviço" a que se refere o art. 173, § 1º, da Constituição Federal. Este dispositivo constitucional é fruto de legislação do constituinte derivado, trazido pela EC 19/1998, que introduziu a reforma administrativa na Constituição Federal.

Não obstante esta Emenda datar de 1998, até hoje perduram controvérsias acerca do termo "prestação de serviço" insculpido no § 1º do art. 173, no sentido de questionar se esta incluiria serviços públicos ou apenas prestação de serviço de natureza privada, tal como as demais entidades econômicas de produção e comercialização de bens.

Este assunto é de vital importância para a questão das empresas públicas e das sociedades de economia mista. Não para as que exploram atividade econômica privada, mas para as que atuam com a delegação de serviço público. Um julgamento polêmico que se passou na Corte Suprema dizia respeito à questão desta esfera.

9.11.6. O Caso Polêmico da EBCT

Uma ação versando sobre empresa pública que recentemente causou polêmica no mundo jurídico foi a que ventilava a possibilidade ou não de penhora sobre todos os bens, rendas e serviços de uma empresa pública federal, tratando-se esta da EBCT – Empresa Brasileira de Correios e Telégrafos em relação a seus débitos, buscando firmar que estes eram impenhoráveis e que a entidade se submetia ao regime do precatório judicial, que tem respaldo constitucional.

O caso em tese dizia respeito à possibilidade jurídica ou não de o Decreto-lei nº 509/1969 retirar a empresa pública do regime próprio das empresas privadas quanto à sua forma de execução, segundo mandamento constitucional contido no art. 173, §1º, inciso II.

De acordo com o preceito constitucional vigente, o regime próprio das empresas privadas no que alude à execução é o da penhora de bens, alienação judicial de bens e pagamento, ou seja, todo o procedimento aplicável às empresas privadas, inclusive quanto às obrigações civis, comerciais, trabalhistas e tributárias.

Entretanto, a Empresa Pública se valia das normas contidas no Decreto-lei nº 509/1969, inclusive quanto à impenhorabilidade de seus bens e ao precatório judicial, o que gerou uma grande controvérsia e demanda judicial, ate chegar ao Supremo Tribunal Federal, por meio de recurso extraordinário.

9.11.6.1. O que disse o STF

Num voto vencido e minoritário, o ministro Marco Aurélio fez a interpretação do §1º do art. 173 da Constituição Federal se posicionando que o termo "atividade econômica de produção ou comercialização de bens ou de prestação de serviços" estaria englobando toda gama de atividades econômicas que são exploradas sob o regime privado pelas empresas públicas e sociedades de economia mista, e também os serviços públicos desempenhados pelo Estado por meio dessas atividades anômalas.

Já o voto vencedor, de outra monta, entendeu que o §1º do art. 173 da Constituição Federal se refere à *atividades econômicas tipicamente privadas*. Diante dessa interpretação, asseverou que, quando as empresas públicas e as sociedades de economia mista se dedicarem à exploração de atividade econômica sob o regime próprio das empresas privadas, terão como norte o artigo constitucional em destaque e após os dispositivos infraconstitucionais.

Segue-se a ementa do recurso extraordinário levado à Corte Suprema:

> RE nº 220906/Df – Distrito Federal
> Recurso Extraordinário; Rel. Min. Maurício Corrêa; julgamento 16/11/2004; órgão julgador: Tribunal Pleno. Recurso Extraordinário. Constitucional Empresa Brasileira de Correios e Telégrafos. Impenhorabilidade de seus bens, rendas e serviços. Recepção do art. 12 do Decreto-lei nº 509/1969. Execuçao. Observância do Regime de precatório. Aplicação do art. 100 da Constituiçao Federal. 1. À Empresa Brasileira de Correios e Telégrafo, pessoa jurídica equiparada à Fazenda Pública, é aplicável o privilégio da impenhorabilidade de seus bens, rendas e serviços. Recepção do art. 12 do Decreto-lei nº 509/1969 e não incidência da restrição ocorrida no art. 173, § 1º da Constituição Federal, que submete a empresa pública, a sociedade de economia mista e outras entidades que explorem

> atividade econômica ao regime próprio das empresas privadas, inclusive quanto às obrigações trabalhistas e tributárias. 2. Empresa pública que não exerce atividade econômica e presta serviço público da competência da União Federal e por ela mantido. Execução. Observância do regime de precatório, sob pena de vulneração do disposto no art. 100 da Constituição Federal. Recurso Extraordinário conhecido e provido.

Nestes termos, ficou acertado na decisão da Suprema Corte que quando empresas públicas não explorarem atividade econômica típica das empresas privadas, mas ao revés prestarem serviço público sob o regime jurídico administrativo, não mais terão de observar a disciplina jurídica daquelas.

Já numa outra ação de recurso especial, em que um dos atores envolvidos era a mesma empresa pública Empresa Brasileira de Correios e Telégrafos – EBCT, o Superior Tribunal de Justiça, pelo voto de um dos ministros daquele Tribunal ratifica esta decisão.

Na narrativa de seu voto, aduz que a questão da impenhorabilidade dos bens da recorrente, que é a EBCT, tem a execução de seus bens submetida ao regime do art. 730 do Código de Processo Civil, e que mantém o entendimento do Supremo Tribunal Federal no sentido de que a ECT goza de privilégio da impenhorabilidade. (RE nº 620.279/MG (2204/0006815-6)

Em conclusão, o Supremo Tribunal Federal tem o entendimento de que a Empresa Brasileira de Correios e Telégrafos é uma empresa pública federal criada para prestar o serviço postal no País, de titularidade da União, nos termos do art. 21, X, da Constituição da República. Tal atividade, apesar de ser de titularidade de um ente estatal, tem conotação econômica, tanto assim que constitui o objeto de uma *sociedade* (espécie de pessoa jurídica que, por uma questão conceitual, persegue sempre o lucro). Assim sendo, embora haja o aspecto econômico e a personalidade jurídica de Direito Privado, é de se reconhecer que o objeto da ECT porta algum interesse público, senão não teria sido incluído dentre as competências materiais da União.

Tendo em vista que as empresas públicas estão submetidas, na dicção do art. 173, § 1º, II, da Constituição, ao regime próprio das empresas privadas, não seria cabível outro entendimento que não o da possibilidade de um bem dessa empresa pública ser penhorado para garantir uma eventual execução judicial, nos termos do art. 737, I, do Código de Processo Civil. Diga-se, todavia, que a impenhorabilidade reclamada era prevista expressamente pelo art. 12 do Decreto-lei nº 509/1959.

O Supremo Tribunal Federal, num primeiro momento, acatou todas essas ideias e fixou o entendimento de que não teria sido recepcionada pela Constituição tal impenhorabilidade, constando do Informativo nº 123 daquela Corte a seguinte informação:

> O art. 12 do Decreto-lei nº 509/1969, na parte em que conferia o privilégio da impenhorabilidade dos bens, rendas e serviços da Empresa Brasileira de Correios e Telégrafos – ECT, não foi recepcionado pela CF/1988 em face do art. 173, § 1º, que sujeita as empresas públicas, sociedades de economia mista e outras entidades que explorem atividade econômica, ao regime jurídico próprio das empresas privadas (redação anterior à EC nº 19/1998). Com esse entendimento, a Turma manteve acórdão do TST que negara à ECT o pretendido pagamento de seus débitos trabalhistas pelo regime de precatórios (CF, art. 100). RE nº 222.041/RS, RE nº 228.296/MG, RE nº 228.381/MG; Rel. Min. Ilmar Galvão, 15/09/1998.

No entanto, o Plenário daquela Corte mudou aquela posição inicial, fixando no acórdão que a impenhorabilidade dos bens da Empresa Brasileira de Correios e Telégrafos – ECT encontrava apoio não da regra do art. 173, § 1º, II da Constituição, mas no princípio da continuidade do serviço público[133].

Portanto, embora sejam privados os bens das empresas públicas e sociedades de economia mista, não gozando, via de regra, das características próprias dos bens públicos, a verdade é que – ainda assim – são impenhoráveis quando empregados na execução de serviços públicos (em sentido amplo), isto em razão do princípio da continuidade do serviço público.

Preceitua o art. 12 do Decreto-lei nº 509/1969, *verbis:*

> *A ECT gozará de isenção de direitos de importação de materiais – equipamentos destinados aos seus serviços, dos privilégios concedido Fazenda Pública, quer em relação a imunidade tributária, direta ou indireta, impenhorabilidade de seus bens, rendas e serviços, quer no concernente a foro, prazos e custas processuais.*

Pela transcrição do texto, trata-se de pessoa jurídica equiparada a Fazenda Pública que explora *serviço exclusivo* da União no exercício do monopólio postal, que a essa confiou o art. 21, X, da Constituição. Logo, é um serviço público que só pode ser feito pela União. A solução prática está na responsabilidade subsidiária da União. E, curiosamente, a Constituição não mencionou os serviços

[133] É de se ver, entretanto, que a 2ª Turma do Supremo Tribunal Federal fez constar da ementa do acórdão que julgou o Recurso Extraordinário nº 220.907-5/RO que as empresas públicas prestadoras de serviços públicos, como era o caso da ECT, integra o conceito de Fazenda Pública.

postais como passíveis de concessão e permissão. Parece-nos estar justificado constitucionalmente a impenhorabilidade de seus bens. Por isso, tem-se entendido que a ECT tem o direito à execução de seus débitos trabalhistas pelo regime de precatórios, por se tratar de entidade que presta serviço público, (*Informativo* nº 210).

Nesse sentido, o acórdão unânime no RE nº 100.433, quando se decidiu:

> Recorrente: Prefeitura Municipal do Rio de Janeiro. Recorrida: Empresa Brasileira de Correios e Telégrafos – ECT.Execução fiscal.Impenhorabilidade de bens de empresa pública ECT que explora serviço monopolizado (§ 3º, do art. 170 da Constituição Federal, reservado exclusivamente a União (art. 8º, inciso XII, da Constituição Federal).Recurso extraordinário não conhecido.

Embora essa decisão tenha sido proferida sob a égide da Constituição de 1967, com a redação da Emenda Constitucional nº 1/1969, a Constituição atual em nada alterou substancialmente a esse propósito.

Há quem entenda que, nos termos do art. 173, § 1º, da Constituição Federal, as empresas públicas sujeitam-se ao regime próprio das empresas privadas e que a concessão de privilégios de Fazenda Pública à ECT não pode ser aceita, constituindo-se foco de tratamento desigual a uma empresa que possui natureza privada.

É oportuno observar a legitimidade da participação do Estado na economia sob três fundamentos essenciais: segurança nacional, serviço público econômico e interesse público.

Assim, a exploração de atividade econômica pela Empresa Brasileira de Correios e Telégrafos não importa sujeição ao regime jurídico das empresas privadas, pois sua participação neste cenário está ressalvada pela primeira parte do art. 173 da Constituição Federal ("Ressalvados os casos previstos nesta Constituição...") Por se tratar de serviço público mantido pela União Federal, pois seu orçamento, elaborado de acordo com a Lei de Diretrizes Orçamentárias – Lei nº 9.473/1997 –, é previamente aprovado pelo Ministério do Planejamento e Orçamento, sendo sua receita constituída de subsídio do Tesouro Nacional. Logo, *são impenhoráveis seus bens por* pertencerem à entidade estatal mantenedora. Vale ainda acrescentar que o Decreto-lei nº 509/2009 pela Constituição, estendendo à Empresa Brasileira de Correios e Telégrafos os privilégios conferidos à Fazenda Pública, dentre eles o da impenhorabilidade de seus bens, rendas e serviços, devendo à execução fazer-se mediante precatório, sob pena de vulneração ao disposto no art. 100 da Constituição.

9.12. Pessoal

Também no âmbito da relação funcionário-empresa, revela-se como corolário da personalidade jurídica de Direito Privado a sujeição das estatais ao regime privado na regência das relações trabalhistas, aplicando-se, assim, os preceitos da Consolidação das Leis do Trabalho – CLT e não os chamados estatutos, que incidem quando a relação é de Direito Público. Tal regra deflui do disposto no art. 173, § 1º, II da Constituição da República, *textus*.

> *Art. 173 [...]*
> *§ 1º A lei estabelecerá o estatuto jurídico da empresa pública, da sociedade de economia mista e de suas subsidiárias que explorem atividade econômica de produção ou comercialização de bens ou de prestação de serviços, dispondo sobre:*
> *I –* omissis;
> *II – a sujeição ao regime jurídico próprio das empresas privadas, inclusive quanto aos direitos e obrigações civis, comerciais,* trabalhistas *e tributários; [...]*(grifamos).

Daí decorre que, tendo em vista que o vínculo que se estabelece entre as empresas públicas e sociedades de economia mista é de natureza privada, a Consolidação das Leis do Trabalho – CLT será o principal poço de disciplina, afastando-se, via de regra, as normas reitoras das relações de Direito Público que se estabelecem entre os servidores públicos (estatutários) e a Administração Pública.

Não obstante, a Constituição exige que mesmo os empregados das empresas estatais se submetam a algumas regras próprias do regime de Direito Público, isto para garantir que, no inteiro âmbito da Administração Pública, se realizem os princípios a impessoalidade, de moralidade e da eficiência. Essas regras são a do concurso público (CRFB/1988, art. 37, II) para a admissão[134]

[134] A propósito, "o Supremo Tribunal Federal julgou ser o concurso público pressuposto de validez da admissão de pessoal não apenas pela Administração direta e pelos entes públicos da Administração indireta — ou seja dos seguimentos alcançados pelo regime jurídico único — mas também pelas empresas públicas e sociedades de economia mista, não obstante, por força do art. 173, CF, a sua relação com os respectivos empregados se submeta ao Direito do Trabalho" (Agravo Regimental em suspensão de segurança nº 837-4/ES). Não obstante, não se pode olvidar que nem sempre foi assim, tendo a Constituição de 1967 colocado as estatais à margem da exigência do concurso público para a admissão de pessoal. E, conforme assegura a jurisprudência do Supremo Tribunal Federal, a admissão de pessoal sem concurso, àquela época, não implica em ofensa ao regime atualmente vigente, aplicando-se o princípio *tempus regit actum,* senão vejamos: "O reconhecimento judicial de vínculo trabalhista de empresa de economia mista iniciado, sem concurso público, na vigência da Carta de 1969, não ofende o art. 37, II, da Constituição em vigor" (Agravo Regimental em RE nº 222.058-5/MG).

e da necessária instauração de processo administrativo para a demissão do empregado[135].

É de se ver, ainda, que os diretores das estatais não são colocados em seus cargos mediante aprovação em concurso público. Na verdade, por se tratar de cargo de natureza política, já que é por meio dele que a Administração direta exercerá o seu controle e mandará as orientações políticas que deverão ser seguidas pela empresa pública e sociedade de economia mista, tais cargos são de livre nomeação e exoneração do chefe do Poder Executivo. Trata-se, pois, de cargo em comissão e não de emprego público.

Por fim, é de se ver que o art. 327 do Código Penal, para fins criminais, não distingue os funcionários das empresas estatais (celetistas) dos servidores estatutários, não decorrendo, daí, qualquer ofensa ao art. 173 da Constituição da República, conforme entendimento do Supremo Tribunal Federal[136].

Desta forma, por exemplo, o empregado do Banco do Brasil sob regime da CLT pode responder por peculato. O aludido artigo do Código Penal:

> Considera-se funcionário público, para os efeitos penais, quem, embora transitoriamente ou sem remuneração, exerce cargo, emprego ou função pública.

Nesse contexto, o magistério de Mirabete, *verbis*:

> A fim de evitar divergência e controvérsia referentes ao conceito de funcionário público, além de resguardar mais efetivamente a Administração Pública, a lei define a expressão no art. 327. Menciona, em primeiro lugar, o cargo público, ou seja, lugar instituído na organização do funcionalismo, com denominação própria, atribuições específicas e estipêndio correspondente. Em seguida, refere-se ao empregado público, corresponde à admissão de servidores para serviços temporários, contratados em regime especial ou pelo disposto na CLT. Por fim, alude que a todo aquele que exerce a função pública, considera esta a atribuição ou conjunto de atribuições que a Administração confere a cada categoria profissional, ou comete individualmente a determinados servidores para a execução de serviços individuais. (*Código Penal interpretado*. São Paulo: Atlas, p. 1747-748)

Tem-se por induvidoso, que é inegável a equiparação de empregado da Administração indireta a funcionário público para efeitos penais, ainda que regido pelo regime celetista e que exerça o cargo ou função pública de forma transitória e sem remuneração, podendo ser responsabilizados pelo crime de peculato.

No que se refere ao regime previdenciário, os empregados das empresas públicas e sociedades de economia mista estão submetidos ao regime geral de previdência social, sendo o que se extrai, expressamente, do art. 40, §13, da Constituição da República, *ipsis litteris:*

> *Art. 40 [...]*
> *§ 13 – Ao servidor ocupante, exclusivamente, de cargo em comissão declarado em lei de livre nomeação e exoneração bem como de outro cargo temporário ou de emprego público, aplica-se o regime geral de previdência social.*

Como tivemos a oportunidade de verificar anteriormente, o regime especial de previdência é reservado aos senadores públicos ocupantes de cargos efetivos, de modo que, mesmo os diretores das empresas públicas e sociedades de economia mista são submetidos ao regime geral de que trata o art. 201 da Constituição da República.

Outra observação oportuna é que a estatal, por possuir autonomia financeira e administrativa própria, não se admite ingerência direta na sua direção, não tendo o chefe do Executivo competência legal para o provimento de empregos.

9.13. Forma de Admissão de Pessoal das Estatais

A forma de admissão de pessoal das estatais se dá pelo regime celetista ou emprego público, sendo o termo mais indicado para se usar em uma prova o regime trabalhista, não obstante o ingresso desse pessoal se dar por via de concurso público, por força do art. 37, inciso II, da Constituição Federal.

Já o art. 173, § 1º, inciso II da Lei Maior nos fala que as empresas públicas e sociedades de economia mista estarão sujeitas ao regime jurídico próprio das empresas privadas, inclusive quanto ao regime trabalhista. Por isso, o pessoal destas entidades terão carteira de trabalho, e não termo de posse, e ao invés de estabilidade, terão FGTS.

O regime de previdência do pessoal das estatais não é o que se aplica aos servidores públicos contidos no art. 40 da Constituição Federal, mas sim o regime geral de previdência social, conforme dispõe o § 13 deste mesmo artigo.

> *Art. 40 [...]*
> *§ 13 – Ao servidor ocupante, exclusivamente, de cargo em comissão declarado em lei de livre nomeação e exoneração*

[135] A Quarta Turma do TRT da Primeira Região, no julgamento do Recurso Ordinário nº 6.452/1999, entendeu que "não há como admitir-se a rescisão de contrato de trabalho sem motivação quando o empregador é ente da administração pública, ainda que indireta".
[136] STF – Primeira Turma; Rel. Min. Moreira Alves, HC 79.823-3/RJ.

bem como de outro cargo temporário ou de emprego público, aplica-se o regime geral de previdência social.

Embora seja muito comum as estatais criarem fundo de pensão para o seu pessoal visando agregar uma melhoria em suas aposentadorias, isso se dá pela livre-iniciativa de cada uma, sem que tenha nenhum respaldo no dispositivo constitucional que cuida de seu regime de previdência.

9.14. Forma de Demissão de Pessoal das Estatais

A jurisprudência tem entendido que a demissão do empregado público de uma estatal que ingressa no emprego por meio de concurso público deve ser a *demissão com motivação*, o que é diferente, por exemplo, da demissão motivada pela falta grave.

Esta demissão com motivação trata-se da *motivação do ato administrativo*, pois que o empregado que está sendo demitido se submeteu a um concurso público, às regras da Administração Pública, e por isso a atos tipicamente administrativos.

O mesmo procedimento deve ser adotado quando da sua demissão, qual seja, a prática de atos originariamente administrativos, e por corolário, os atos administrativos são passíveis de motivação.

Os tribunais regionais do Trabalho estão começando a acolher esta tese, mas ainda existem decisões na Justiça do Trabalho que acatam a demissão imotivada aplicando-se na íntegra as regras da CLT, ainda que o empregado tenha se submetido ao concurso público.

Embora o tema não esteja totalmente pacífico na doutrina e na jurisprudência, é certo que não se aplica a estabilidade ao empregado público das estatais. E quanto à questão da motivação do ato administrativo de demissão surge mais uma controvérsia doutrinária.

Pergunta-se se ao demitir empregado de estatal que prestou serviço público, a *motivação do ato* é de fato um ato administrativo, pois estatal é pessoa de Direito Privado e ato administrativo, em regra, emana do Poder Público. Esta resposta não será absoluta, pois dependerá de outros eventos a serem confirmados.

Para responder este questionamento, trago um exemplo que poderá ser usado como resposta. Para se saber se o diretor de uma estatal é considerado autoridade pública para fins de mandado de segurança, deve-se saber primeiramente que tipo de ato ele está praticando.

Quando ele estiver realizando um concurso público ou uma licitação, estes são atos típicos da Administração Pública, e, portanto, será no mínimo um ato administrativo material, embora possa não ser formal em razão da natureza da empresa que realiza o concurso público, que em geral não tem a personalidade de Direito Público, mas sim privado.

Mas nada obstante, mesmo que o ato praticado pelo diretor da estatal se revista apenas da materialidade de ato administrativo, nesta hipótese, poderá ser impetrado mandado de segurança contra ele.

A mesma linha de raciocínio se aplica ao caso da demissão. Muito embora estatal – pessoa jurídica de Direito Privado – em regra não pratique ato administrativo, na verdade este fato dependerá do que ela está fazendo. Quando demite empregado público, tem-se um ato típico da administração por tratar-se de um ato administrativo de decisão.

Ao contrário, se o diretor da estatal estiver praticando típico ato de gestão de uma empresa privada, sem as nuances que recaem sobre os atos típicos do Poder Público, não cabe mandado de segurança contra este ato.

Este diretor não estará atuando no papel de autoridade pública, portanto, não será pessoa passível de se impetrar um mandado de segurança.

O que se deve ter em mente nesta questão é quanto ao conteúdo do ato praticado pelo diretor da estatal, em nada obstando a sua finalidade. Se o ato praticado se revestir de conteúdo de ato administrativo, caberá mandado de segurança contra aquele que o praticou.

9.14.1 Contraditório e Ampla Defesa

Um dos fortes argumentos para se justificar a imprescindibilidade da motivação do ato administrativo de demissão de empregado de uma estatal tem amparo constitucional. Trata-se do princípio do contraditório e da ampla defesa, insculpido no art. 5º, inciso LV da Constituição Federal.

> *Art. 5º [...]*
>
> *[...]*
>
> *LV – aos litigantes, em processo judicial e administrativo, e aos acusados em geral são assegurados o contraditório e a ampla defesa, com os meios e recursos a ela inerentes.*

Com efeito, se a demissão de um empregado público não vier precedida da devida motivação do ato, a toda evidência que se estará cerceando a defesa do empregado demitido, inviabilizando que ele se defenda do motivo alegado para a sua demissão.

Por oportuno, se este motivo não lhe for comunicado, equipara-se a dizer que não lhe foi concedido o direito de contradizer e defender-se do alegado.

Portanto, os fundamentos para o ato de motivação de demissão de empregado público estão basicamente nestes dois argumentos. Primeiro, se o empregado foi contratado via concurso público, ato tipicamente administrativo, este mesmo trâmite inerente ao Poder Público deverá se estender a sua eventual demissão.

Segundo, a demissão deste mesmo empregado público deverá estar devidamente motivada, pois esta demissão será um ato originariamente administrativo, gerando ao demitido o direito do contraditório e da ampla defesa, sob pena de se tornar este ato passível de apreciação e anulação pelo Poder Judiciário.

9.15. O Art. 41, *caput* da CF se Aplica ao Emprego Público?

Sobre os servidores das empresas públicas e sociedades de economia mista ocupantes de emprego público, cujas normas são regidas pelo regime da CLT, há na doutrina quem defenda a tese de que estes servidores não poderiam se enquadrar no dispositivo constitucional contido no art. 41, que é o que confere a estabilidade aos ocupantes de cargos públicos após três anos de efetivo exercício.

9.15.1. Posição do STF

Tentando por termo a este questionamento, o STF teceu decisão oposta ao asseverar que o disposto constitucional contido no art. 41 se aplica a cargo em sentido amplo, aplicável a todo e qualquer servidor público aprovado em concurso público.

Em sua tese, sustenta o STF que não faria sentido exigir de um empregado público celetista a prévia aprovação em concurso público, tal qual é exigido para o que detém o cargo público, se ao final o primeiro pudesse ser dispensado com as mesmas formalidades que se aplica a um trabalhador celetista da iniciativa privada, qual seja, sofrer uma demissão sem justa causa. Este fato tornaria inócua a existência do concurso público.

Portanto, para o STF o divisor de águas, neste caso em tela, seria a submissão ao concurso público, e a sua consequente aprovação, e não exatamente o regime ao qual o servidor se submeterá, se celetista ou estatutário.

Ou seja, para que o servidor se submeta ao dispositivo constitucional do art. 41 – que se refere à estabilidade após três anos de efetivo exercício, basta que tenha havido a submissão e aprovação em concurso público.

9.15.2. Posição Doutrinária

Ocorre que esta posição do STF é apenas minoritária, prevalecendo a posição doutrinária no sentido de que, mesmo que o teor do art. 41 não se aplique ao empregado público, e que este não adquira a estabilidade constitucional ali contida e extensiva apenas aos ocupantes de cargo público, os servidores celetistas não recebem o mesmo tratamento que os celetistas da iniciativa privada.

A estes servidores celetistas só se justificará a demissão se houver uma prévia motivação vinculada a um interesse público, longe do que ocorre com o trabalhador da iniciativa privada, em que prevalece apenas os interesses do empregador, e em geral a demissão se dá ao seu bel-prazer.

9.15.3. Conclusão

Então, em linhas gerais, para que ocorra a demissão do servidor celetista é necessário que ocorra a justa causa prevista na CLT, mas que esta seja revestida de uma razão de interesse público a ser justificada pelo empregador, seja empresa pública ou sociedade de economia mista. É preciso que haja motivação.

Mister ressaltar que o regimento interno de cada empresa pública ou sociedade de economia mista poderá trazer regras específicas a cada uma. A exemplo do exposto, temos a Caixa Econômica Federal, que definiu em seu regimento interno que o processo administrativo deverá preceder a demissão de seu empregado, e assim será.

9.16. E quanto aos servidores admitidos antes da CF/1988, se aplicaria também a norma do art. 41, *caput*?

Em se tratando dos servidores admitidos antes da Constituição Federal de 1988, o legislador constituinte tratou desta questão no art. 19 do ADCT, que tem a seguinte redação:

> *Os servidores públicos civis da União, dos Estados, do Distrito Federal e dos Municípios, da Administração direta, autárquica e das fundações públicas, em exercício na data da promulgação da Constituição, há pelo menos cinco anos continuados, e que não tenham sido admitidos na forma regulada no art. 37, da Constituição, são considerados estáveis no serviço público.*

Em tese, este artigo não se aplicaria às empresas públicas e às sociedades de economia mista. Não obstante, ainda subsistiu a discussão acerca de que servidores desta norma estaria abarcando, apenas os servidores celetistas da Administração direta ou também os ocupantes de empregos públicos.

Desta discussão surgiram duas orientações, sendo que uma delas acolhe a possibilidade de os celetistas da Administração Pública direta, autárquica e fundacional fazerem jus a esta estabilidade da regra do art. 19 dos ADCT.

Outra seria a orientação jurisprudencial da lavra do STF, a qual reconheceu que, à luz do art. 41 da CF, os servidores celetistas não poderiam gozar da estabilidade constitucional, e podiam ser demitidos imotivadamente, comparando-os a empregados da iniciativa privada.

9.17. Teto Máximo Remuneratório das Estatais

Reportando-nos ao teto máximo de remuneração do pessoal da Administração Pública contido no art. 37, inciso XI da Constituição Federal. Para saber se este se aplica ao pessoal da estatal, há que se observar o texto de outro dispositivo deste mesmo artigo, que é o § 9º.

Este diz expressamente que

> *o disposto no inciso XI (teto máximo remuneratório) aplica-se às empresas públicas e às sociedades de economia mista e suas subsidiárias que receberem recursos da União, dos Estados, do DF e dos Municípios para pagamento de despesas de pessoal ou de custeio geral.*

Em outras palavras, este inciso não deixa dúvidas de que aquelas estatais que subsistirem com o seu próprio recurso orçamentário, sem dependerem do dinheiro público, não estarão submissas ao teto constitucional. É o caso da Petrobras, apenas para ilustrar.

9.18. O que justifica que certas estatais paguem salários que ultrapassem o teto remuneratório constitucional?

De acordo com dispositivo constitucional, a estatal que não se valha exclusivamente do orçamento oriundo dos cofres públicos, ou seja, a estatal lucrativa, poderá extrapolar o teto máximo garantido pela Constituição Federal.

Trata-se do § 9º do art. 37, que ao referir ao inciso XI – que é o que dispõe sobre o teto máximo – diz que este se aplica às empresas públicas e às sociedades de economia mista e suas subsidiárias que recebam recursos da União, Estados, DF e Municípios para o pagamento de despesas de pessoal ou de custeio em geral.

Estas estatais deficitárias, por assim dizer, são denominadas Lei de Responsabilidade Fiscal – LRF, de estatal dependente, e são estas as que deverão se submeter ao teto máximo a que alude o Texto Maior.

Desta feita, resta claro que aquelas estatais que não utilizarem verba do orçamento público para o pagamento de despesas de pessoal e custeio em geral, como o pagamento de contas de luz, telefone etc., ficam livres de se submeter ao teto máximo constitucionalmente assegurado, tampouco à lei de responsabilidade.

Portanto, ao contrário do que muitos pensam, não se configura inconstitucional os altos salários que recebem os presidentes de algumas estatais, como o caso da Petrobras, pois que esta estatal se vale de receita lucrativa, ficando isenta de cumprir o que dispõe o art. 37, inciso XI da Constituição Federal.

9.19. Com base na leitura do DL nº 200/1967, pode um Estado criar uma sociedade de economia mista que não seja sob a Forma de S.A., se sua Constituição nada dispor a esse Respeito?

9.19.1. Primeira Posição

Uma primeira posição doutrinária entende que não, e que nada obsta para outros Estados o fato de suas Constituições não trazerem a definição de empresa pública e sociedade de economia mista, ou não disporem que esta última deverá vir sob a forma de sociedade anônima; e que tampouco importa o que reza o Decreto-lei nº 200/1967 sobre o tema, pois este é de âmbito federal, ou seja, vale apenas para a União.

O respaldo legal para esta posição está na Lei nº 6.404/1976, a antiga Lei das S.A., uma lei nacional que em seu Capítulo XIX, arts. 235 a 242, dispõe sobre a legislação aplicável às sociedades de economia mista. Desta feita, toda sociedade de economia mista que vier a ser criada, em qualquer estado, deverá obedecer ao disposto legal da aludida lei.

Registre-se que a revogação parcial da Lei nº 6.404/1976 pela nova Lei das S.A., Lei nº 10.303/2001, em nada alterou este quadro, pois a nova lei não se aplicou aos artigos constantes no Capítulo XIX, e estes restaram vigentes.

9.19.2. Segunda Posição

Não comungamos desta interpretação por entender que o art. 235 da Lei nº 6.404/1976 diz expressamente que as sociedades anônimas de economia mista estão sujeitas a esta Lei, e por esse motivo, estas podem incluir ou não as sociedades de economia mista.

Portanto, entendemos que cada ente está livre para escolher a forma com a qual se revestirão as suas sociedades de economia mista.

9.20. Empresa Pública: Quanto à Formação de Seu Capital

Quanto à formação do capital, as empresas públicas só poderão tê-lo de natureza pública. Devemos observar que os dispositivos legais que utilizamos anteriormente para a conceituação da empresa pública e da sociedade de economia, quais sejam, Decreto-lei nº 200/1967 e Constituição do Estado do Rio de Janeiro traçam diferentes origens para a formação de seus capitais, e isso se justifica pelo fato de que cada qual tem uma área de incidência.

O Decreto-lei nº 200/1967 é de âmbito federal, e seu art. 5º, inciso II, fala em capital exclusivo da União, ao passo que a Constituição do Estado do Rio de Janeiro, em seu art. 22, § 2º, inciso II fala em capital público majoritariamente do Estado.

9.20.1. Como se Forma o Capital de uma Empresa Pública?

Não há nenhum inconveniente na legislação para que um Estado federado, como por exemplo, o Rio de Janeiro, crie uma empresa pública estatal com a finalidade de fomentar o turismo na região oceânica, e para isso se junte a outros Municípios locais, como Cabo Frio e Búzios. Portanto, para que esta seja uma estatal estadual, mister que este detenha a maioria das ações, no caso de ser uma S.A.

Enfatizamos, porém, que nada obsta que a empresa pública criada pelo Estado detenha dinheiro proveniente de um ou mais Municípios, mas o que importa, definitivamente, é que o total do dinheiro aplicado seja dinheiro público.

Ainda mais interessante é observar que a União também poderá se valer dessa forma de associação, embora o Decreto-lei nº 200/1967 fale em capital exclusivo da União, esta regra não é mais aplicada. Portanto, poderá também a União criar uma estatal cujo patrimônio provenha tanto dela como de Estados e Municípios, pois que, na mesma linha do raciocínio anterior, são todos capitais públicos.

Poderá também compor o capital de uma empresa pública o dinheiro proveniente de outras pessoas jurídicas de Direito Público interno, bem como entidades da Administração indireta da União, Estados, Distrito Federal e Municípios, desde que o capital desta empresa seja de natureza totalmente pública.

Portanto, em primeiro lugar, observa-se que as empresas públicas, especificamente, podem ter um único sócio ou, por outro lado, mais de um, todos sempre pessoas estatais, sendo certo que na primeira hipótese será uma empresa pública unipessoal e, na segunda, pluripessoal, como devem ser as sociedades, via de regra.

No que se refere a ambas as espécies de empresas estatais, abrangendo-se, pois, tanto as sociedades de economia mista como as empresas públicas, é de se ver que as mesmas podem ter como objeto atividade simplesmente econômica ou, de outra forma, atividade econômica de titularidade do Poder Público, caracterizada, em razão disso, como serviço de utilidade pública. Em ambas as situações, conserva-se a personalidade jurídica de Direito Privado, sendo certo, entretanto, que da distinção decorrerão algumas importantes consequências.

Tais consequências serão analisadas oportunamente, sendo de se adiantar, simplesmente, que algumas características dos entes com personalidade jurídica de Direito Público, dentre os quais não estão inseridas as empresas estatais, ainda aquelas prestadoras de serviços de utilidade pública, ser-lhes-ão aplicáveis.

9.21. Sociedade de Economia Mista: Quanto à Formação de seu Capital

Já a sociedade de economia mista se comporá de capital público e privado, e sendo sob a forma de sociedade anônima, ela não terá capital exclusivamente público. Daí a afirmar que a composição do capital de uma S.A. estará mesclada entre a natureza pública e a natureza privada. Algumas S.A. que são muito conhecidas entre nós é a Petrobras e o Banco do Brasil.

9.22. Prerrogativas Fiscais e Processuais das Estatais

9.22.1 Prerrogativas Fiscais

Estando as estatais inseridas no contexto do art. 173 da Constituição Federal, que são pessoas de Direito Privado, a princípio não há que se falar em prerrogativas que se apliquem a estas pessoas.

> *Art. 173 [...]*
>
> *§ 2º – As empresas privadas e as sociedades de economia mista não poderão gozar de privilégios fiscais não extensivos ao setor privado.*

Contudo, devemos ter em mente que a intenção do legislador constituinte é a de não conceder prerrogativas para uma estatal originariamente, mas por outro lado, se for criada uma prerrogativa fiscal, por exemplo, aplicável às empresas privadas que concorram com uma estatal, esta não será excluída desse benefício radicalmente.

Exemplo que desenha esta cena pode se dar com o caso de se criar um benefício fiscal para ser aplicado no setor da siderurgia. Se eventualmente tiver alguma estatal juntamente com as companhias da iniciativa privada neste setor, serão igualmente beneficiadas com a dita prerrogativa.

A estatal se aproveitará da prerrogativa fiscal tal qual a empresa privada, mas, repita-se, prerrogativa que foi criada para a iniciativa privada e se aplicou subsidiariamente à estatal que concorria juntamente com ela. Com base nessa explanação, não é correto afirmarmos que a estatal jamais terá prerrogativa fiscal.

A respeito da imunidade tributária, a Constituição, em seus parágrafos, no art. 173, veda terminantemente privilégios concedidos as estatais, quando exploradoras de atividades econômicas, em função de serem pessoas jurídicas de Direito Privado.

No entanto, é oportuna a observação de que prestando serviços públicos, pode-se aplicar o tratamento do regime de Direito Público, concedendo-lhes prerrogativas processuais, fiscais. Registre-se, para tanto, a indispensável previsão da lei criadora da estatal.

Observe-se, por derradeiro, que salta aos olhos mesmo do mais descuidado dos eleitores, vindo a deslindar questão afeiçoada àqueles que bem sabem interpretar o Direito, que é perfeitamente racional a concessão da imunidade tributária, com previsão no art. 150, § 2º, da Constituição, as estatais prestadoras de serviços públicos.

9.22.2. Extensão de Benefício

Sendo concedido, por exemplo, um determinado benefício a uma estatal, a empresa particular poderia pedir a extensão desse benefício alegando concorrência desleal? Não, o que se pode postular é a nulidade deste benefício, concedido a estatal. E, se assim, o Poder Judiciário pudesse assim agir, estaria usurpando uma função do Congresso Nacional, ou seja, a de legislar.

9.22.3 Prerrogativas Processuais

No que concerne às prerrogativas processuais das estatais, registramos que estas se aplicam diferentemente quanto às empresas públicas e as sociedades de economia mista da União, a começar pelo foro. Empresa pública federal tem foro na Justiça federal, de acordo com preceito constitucional do art. 109, inciso I:

> *Art. 109 – Aos juízes federais compete processar e julgar:*
> *I – As causas em que a União, entidade autárquica ou empresa pública federal forem interessadas na condição de autoras, ré, assistentes ou oponentes, exceto as de falência, as de acidente de trabalho e as sujeitas à Justiça Eleitora e à Justiça do Trabalho.*

Conforme demonstrado, a competência dos juízes federais não se aplica às sociedades de economia mista federal, e estas serão demandadas na Justiça estadual, no foro de suas sedes, de acordo com a inteligência da Súmula nº 517 do STF.

> Súmula nº 517 – As sociedades de economia só tem foro na justiça federal quando a União intervém como assistente ou oponente.

Assim, se um veículo da CET-RIO, sociedade de economia mista do Município do Rio de Janeiro, abalroar o veículo de alguém, este deverá ajuizar a respectiva ação de indenização perante a Justiça estadual comum, não sendo de se cogitar de qualquer regra específica que prescreva exceção neste particular.

No que se refere às causas de natureza trabalhista, serão de competência da Justiça do Trabalho, nos termos do art. 114 da Constituição da República, excluindo-se desta regra somente os servidores estatutários da Administração direta e das autarquias, que, se forem de âmbito federal, serão julgadas na Justiça federal; e, se forem de âmbito estadual ou municipal, serão julgadas pela Justiça Estadual.

Outra súmula da Corte Suprema fala em Justiça comum, e esta pode ser tanto a estadual quanto a federal.

> Súmula nº 556 – É competente a justiça comum para julgar as causas em que é parte a sociedade de economia mista.

Já no âmbito do Estado do Rio de Janeiro, o Codjerj é o documento legal que dispõe que as varas de Fazenda Públicas são competentes para processar e julgar ações de quaisquer integrantes da Administração indireta do Estado e do Município.

Com efeito, estatais que integram o Estado do Rio de Janeiro, sejam elas empresas públicas sejam sociedades de economia mista, serão demandadas nas varas de Fazenda Pública – esta prerrogativa é extensiva às estatais dos Municípios.

Quanto ao foro, não incide diferença entre as empresas públicas e sociedades de economia mista dos Estados e dos Municípios.

Devemos ainda lembrar que, no que alude às prerrogativas das estatais prestadoras de serviço público, pelo fato de estas integrarem o poder público, receberão o tratamento aplicável a este. Já as estatais prestadoras de atividade econômica terão o mesmo tratamento das empresas da iniciativa privada.

É de se alertar, derradeiramente, que essa regra não abrange as sociedades de economia mista federais, sendo certo, pois, que, se o veículo do exemplo fosse do Banco do Brasil ou da Petrobras, competente seria a Justiça estadual para julgar o pedido de indenização.

As sociedades de economia mista não fazem jus o prazo, em quádruplo, para contestar ações.

O *caput* do art. 188 do Código de Processo Civil, taxativamente, beneficia tão somente a União, os Estados, o Distrito Federal, os Municípios, suas autarquias e fundações. O conceito de Fazenda Pública abrange só essas entidades. O dispositivo, pois, exclui as sociedades de economia mista.

Assim, em ausente impugnação de tal entidade acerca dos fatos narrados por determinado autor, impõe-se reconhecer a revelia, com a incidência de todos os seus efeitos.

Convém observar, também, que a doutrina não se refere muito acerca dos efeitos da revelia em se tratando de sociedade de economia mista, assim como a jurisprudência é bastante escassa nesse sentido.

Com efeito, não se está a tratar de direito indisponível em que pese a presença de dinheiro público pelo que não incide o disposto no art. 320, II, do Código de Processo Civil.

9.23. Prescrição Quinquenal de Dívidas, Direitos e Ações

É interessantíssimo observar a não sujeição da prescrição quinquenal às empresas públicas e as sociedades de economia mista (Decreto-lei nº 20.910/1932), de acordo com inúmeras decisões do Superior Tribunal de Justiça.

Válida a argumentação em face dos termos do art. 205, do atual Código Civil de que a prescrição deixou de ser vintenária, vigorando decenária, que é a máxima no atual ordenamento.

9.24. Do Juízo Arbitral

O Superior Tribunal de Justiça (STJ) consolida a posição de dar validade ao juízo arbitral como solucionador de conflito nos contratos de natureza econômica e estende às sociedades de economia mista a possibilidade de recorrer à arbitragem nos contratos de natureza puramente comercial. A Segunda Turma definiu a questão num processo de venda de energia elétrica envolvendo a empresa AES Uruguaiana Empreendimentos contra uma decisão do Tribunal de Justiça do Rio Grande do Sul.

A arbitragem está regulada pela Lei nº 9.307/1996, a chamada Lei de Arbitragem e, segundo voto do relator, ministro João Otávio de Noronha, foi introduzida no país como forma de assegurar mecanismos mais ágeis na gestão dos negócios, especialmente diante do processo de desregulamentacão do setor de energia promovida a partir dos anos 1990. A grande inovação da lei, de acordo com o ministro, é exatamente excluir a via extrajudicial frente às decisões do juízo arbitral.

Quanto à possibilidade de a sociedade de economia mista recorrer ao juízo arbitral, a Segunda Turma entendeu que, quando os contratos envolverem serviço de natureza industrial ou tipicamente econômica, os direitos e obrigações são transacionáveis, portanto sujeitos à arbitragem. Quando as atividades decorram do poder de império da Administração e sua consecução esteja diretamente relacionada ao interesse público, não é possível a arbitragem.

A sociedade de economia mista é uma pessoa jurídica de Direito Privado com participação do Poder Público e de particulares em seu capital e em sua administração para a realização de atividade econômica ou serviço público outorgado pelo Estado. Possuem a forma de empresa privada, admitem lucro e regem-se pelas normas das sociedades mercantis, especificamente pela Lei das S.A. De acordo com a Segunda Turma, não há necessidade de autorização do Poder Legislativo para referendar o contrato que fixa o juízo arbitral como solucionador de conflitos[137].

9.25. Responsabilidade Fiscal das Estatais

Esta mesma regra se estende à Lei de Responsabilidade Fiscal (Lei Complementar nº 101/2000) que dispõe em seu art. 1º, § 3º, inciso I, alínea *b*, que esta lei se aplica às empresas estatais dependentes, e em seu art 2º, inciso III assim a define:

> *empresa estatal dependente: empresa controlada que receba do ente controlador recursos financeiros para pagamento de despesas com pessoal ou de custeio em geral ou de capital, excluídos, no último caso, aqueles provenientes de aumento de participação acionária.*

Diante disso, aquelas estatais que não dependam dos recursos financeiros de seu ente controlador para o pagamento de despesas com pessoal e custeio em geral, mas ao contrário caminham com as próprias pernas, por assim dizer, não estão submetidas aos ditames da Lei de Responsabilidade Fiscal.

9.26. Controvérsia Acerca da Incidência do Decreto-lei nº 200/1967

Devemos ressaltar aqui, mais a título de abrangência temática, a existência de poucos doutrinadores que suscitam a questão da incidência do Decreto-lei nº 200/1967, por entenderem que, se ele é uma lei federal e não nacional, não estariam Estado e Município atrelados ao seu estrito cumprimento, podendo então adotar outras formas societárias, e apenas a União estaria obrigada à forma de S.A.

O acolhimento desta assertiva iria contrariar uma questão já suscitada anteriormente: A competência para legislar sobre Direito Comercial é da União, razão pela

---

[137] Reprodução do Superior Tribunal de Justiça, Processo: Resp. 606345, do *site* www.STJ.gov.br/portal, em 24/05/2007.

qual os Estados e os Municípios não têm lei própria versando sobre a matéria, e tomam emprestada a lei federal.

Outra questão suscitada é se uma sociedade de economia mista será sempre uma S.A. A princípio não há que se cogitar o contrário, pois a legislação existente aponta para esta afirmativa.

Mas retornando ao argumento utilizado por uma minoria doutrinária, o fato de o Decreto-lei nº200/1967 não ser uma lei nacional, nada impediria que um município ou um estado adotasse outra forma de empresa de economia mista diversa da sociedade anônima.

Ademais, o assunto também se encontra regulado na Constituição Federal, no art. 37, XIX, e sendo assim, fica selado o entendimento de que, se Estado ou Município quiserem criar uma sociedade de economia mista ou uma empresa pública, deverão observar, sobretudo, o que dispõe o Texto Maior.

O que ocorre, contudo, é que embora não haja controvérsias de que a natureza do Decreto-lei nº 200/1967 seja federal, ou seja, ela dispõe especificamente sobre a organização administrativa federal, por outro lado não restam dúvidas de que na prática Estados e Municípios também se valem deste mesmo diploma legal para regularem a legalidade da forma com a qual se revestem as suas empresas públicas e sociedades de economia mista.

9.27. Alienação na Forma Estatutária

Cabe ressaltar que, em face dos objetivos estatutários encontrar-se encartada na autorização legislativa criadora da estatal, parece-nos indeclinável uma nova autorização do legislativo, por exemplo, para a aquisição de determinado imóvel.

Destarte, os seus bens e rendas podem ser onerados, alienados, com base no preceito dos estatutos, independentemente do aval do Executivo ou do Legislativo.

Sobre a necessidade de autorização legislativa, assim se pronunciou Hely Lopes Meirelles:

> Quanto aos bens públicos recebidos para integralização do capital inicial e os havidos no desempenho das atividades estatutárias, na parte cabente ao Poder Público, continuam sendo patrimônio público, mas com destinação especial sob administração particular da entidade a que foram incorporadas, para realização dos objetivos estatutários. Assim sendo, tais bens e rendas podem ser utilizados, onerados, alienados, sempre na forma do estatuto da sociedade, independentemente de autorização especial do Executivo ou do Legislativo: porque esta autorização está implícita na lei instituidora da entidade e na fixação de seus objetivos empresariais. A incorporação de bens públicos e particulares ao patrimônio da sociedade, para formação ou aumento de seu capital, ainda que se trate de imóveis, pode ser feita, com avaliação prévia e recebimento pela diretoria, constante de ata que será oportunamente transcrita no registro imobiliário competente[...][138].

9.27.1. Pode uma Empresa Pública Alienar Participação Societária e Criar uma Sociedade de Economia Mista?

Na prática já se registra casos em que uma empresa pública com o total do capital social pertencente ao Estado alienou a participação societária, por meio de licitação, criando uma nova pessoa.

Em tese, trata-se de uma sociedade de economia mista que passa a dividir a prestação do serviço público originariamente prestado apenas pela primeira estatal.

Há que se atentar para o fato de que este chamamento público para a compra de cotas se traduz numa concessão ou delegação de serviço público.

Não obstante, a via utilizada merece ser questionada no plano legal, pois que se trata da criação de uma sociedade de economia mista, a qual se deriva da venda de cotas da empresa pública.

Reportando-se à Constituição Federal, não restam dúvidas de que a criação de uma S.A., assim como de uma empresa pública, deve ser precedida de lei autorizativa, e que a alienação de participação societária estaria sendo uma espécie de via oblíqua para se conceder a delegação da prestação do serviço público sem preencher os requisitos constitucionais que norteiam o tema.

9.28. Desestatização

9.28.1. O Argumento com Base na Lei nº 9.491/1997

Sob o prisma de um raciocínio que se incline para o âmbito federal, forte argumento que pode prevalecer para assegurar a legalidade de uma estatal que preste serviço público pode estar ancorado na Lei nº 9.491/1997 – Lei de Desestatização, em seu art. 2º, § 1º, alíneas *a* e *b in verbis*:

> *Art. 2º - Poderão ser objeto de desestatização, nos termos desta Lei: [...]*
>
> *§ 1º Considera-se desestatização:*
>
> *a) a alienação, pela União, de direitos que lhe assegurem, diretamente ou por meio de outras controladas, preponderância nas deliberações sociais e o poder de eleger a maioria dos administradores da sociedade;*
>
> *b) a transferência, para a iniciativa privada, da execução de serviços públicos explorados pela União, diretamente ou por*

[138] *Direito Municipal Brasileiro.* 12ª ed., São Paulo: Malheiros, 2004, p.292.

meio de entidades controladas, bem como daqueles de sua responsabilidade.

9.28.2. A alienação

Na alínea *a* dispõe sobre a desestatização por alienação, hipótese em que o resultado final é o alcance da atividade econômica pela nova adquirente. Trata-se de uma relação de compra e venda.

Ao alienar, a União se desvincula da empresa, e a adquirente, sendo uma empresa privada, passará a prestar uma atividade meramente econômica. Ilustramos o dito com o caso da venda da Vale do Rio Doce, que uma vez vendida, a União não exerce mais nenhum controle sobre ela.

9.28.3. A Transferência

Já na hipótese da alínea *b*, a palavra chave é transferência. Neste caso a desestatização vai ensejar um vínculo entre União e o novo adquirente que será um cessionário, responsável pela execução de serviço público, e, portanto, ficará sob o controle de uma agência reguladora.

O que importa ressaltar é que o dispositivo legal fala expressamente em "execução de serviço público" ao se referir a nova atividade da cessionária.

9.29. Diferenças entre Empresa Pública e Sociedade de Economia Mista

Conforme demonstrado, não há mais que se aplicar um rigor quando o assunto em pauta for a finalidade das empresas públicas e das sociedades de economia mista, pois que hoje já está pacificado que elas tanto prestam atividade econômica quanto serviço público, fato que fez diminuir também as diferenças entre elas.

Ao contrário, as melhores doutrinas certificam que se exaltam mais semelhanças que diferenças entre as empresas públicas e as sociedades de economia mista.

O que está mais em voga atualmente entre os doutrinadores não é a suposta diferença entre a empresa pública e a sociedade de economia mista, mas sim a diferença da estatal que presta atividade econômica e da que presta serviço público.

Podemos assegurar que estas são mais expressivas e suscetíveis de análises.

9.30. Diferenças da Estatal que Presta Serviço Público da que Presta Atividade Econômica

No que alude às diferenças entre as estatais que prestam serviço público e as que prestam atividade econômica, registre-se de início que o tema gera calorosas controvérsias, inclusive quanto ao dispositivo legal em que este encontra respaldo.

De plano, tem-se em evidência o art. 173, § 1º, da Constituição Federal, que é o dispositivo que dispõe sobre as estatais que prestam atividade econômica, e que por seu turno está inserido no título que trata da ordem econômica e financeira. Até aqui não há controvérsias.

Registramos também que a diferença da estatal que presta serviço público da que presta atividade econômica pode ser em relação às suas responsabilidades, falência, licitação e penhora de seus bens, e que cada qual será analisado separadamente.

9.30.1. Abarcaria também o § 1º do art. 173 as Estatais que Prestam Serviço Público?

Dúvidas oriundas de divergências doutrinárias se insurgem e questionam se este mesmo art. 173 estaria abarcando também as "estatais que prestam serviço público", ou apenas as que exploram atividades econômicas; e se não, em que artigo se encaixaria aquelas. Para uma melhor análise do assunto, transcrevemos o teor do aludido dispositivo constitucional:

> *Art. 173 – Ressalvados os casos previstos nesta Constituição, a exploração direta de atividade econômica pelo Estado só será permitida quando necessária aos imperativos da segurança nacional ou de relevante interesse coletivo, conforme definidos em lei.*
>
> *§ 1º – A lei estabelecerá o estatuto jurídico da empresa pública, da sociedade de economia mista e de suas subsidiárias que explorem atividade econômica de produção ou de comercialização de bens ou de prestação de serviços, dispondo sobre: [...]*

Devemos ressaltar que o § 1º não constava na redação original do art. 173, tendo sido introduzido pela Emenda Constitucional nº 19/1997, e que o seu texto tratou de especificar quais tipos de atividades econômicas estavam sendo abordadas, "de produção ou de comercialização de bens ou de prestação de serviços".

Desde então, não tem sido pacífica a interpretação da redação do § 1º, dividindo opiniões e correntes doutrinárias entre os que acolhem o entendimento de que ele também se refere às estatais que prestam serviço público e os que rejeitam esta tese, por dar por certo que este dispositivo constitucional só trata das estatais que prestam atividade econômica.

9.30.1.1. Primeira Corrente

Uma pequena corrente doutrinária tem defendido a tese de que o § 1º do art. 173 também acolhe a prestação de serviço público por entender que a frase de produção ou de comercialização de bens ou de prestação de serviços está se referindo ao serviço público, o que – *data máxima vênia* – nos parece uma grande inépcia.

Não seria coerente o legislador constituinte se referir à expressão "prestação de serviço público" falando apenas em "prestação de serviço". São dois sentidos que não se coadunam. Prestação de serviço tem o sentido de uma atividade privada econômica. Assemelha-se mais à terceirização, e, sem dúvida, à atividade econômica.

Para ilustrar, podemos citar o exemplo de uma empresa pública que abre licitação para contratar pessoal para a limpeza das dependências de seu prédio. Com efeito, o pessoal contratado não vai prestar serviço para a coletividade, ou seja, não vai prestar serviço público. O serviço será para o prédio público e se tratará de uma atividade meramente econômica.

9.30.1.2. Segunda Corrente

Outra corrente que nos parece mais convincente com a sua teoria, embora não seja também a que prevalece, traz a assertiva de que existem certos serviços públicos que se assemelham à atividade privada pelo fato de que têm fins lucrativos, ou seja, geram lucros tal qual uma empresa privada. A esses serviços públicos se classificaria como espécies do gênero atividade econômica.

Portanto, não deixariam de se caracterizar originariamente como serviços públicos, mas por outro lado se diferenciariam dos demais por terem fins lucrativos e se assemelharem a uma atividade econômica, e, com isso, encontrarem respaldo no art. 173, § 1º da Constituição Federal.

Exemplo dessa espécie de serviço público cujo gênero é a atividade econômica pode ser o das telecomunicações e distribuição de energia etc. Estes não deixaram de ser serviço público pelo fato de gerarem lucros. Daí esta doutrina os denominar de serviço público lucrativo, e os acolher no § 1º do art. 173 da Constituição Federal.

Por isso, para esta corrente o fato de o texto constitucional falar apenas em estatal que "explore atividade econômica de produção ou de comercialização de bens ou de prestação de serviços", ela está também, ainda que implicitamente, se referindo às estatais que prestam serviço público.

9.30.1.3. Terceira Corrente

Diversos poderiam ser os argumentos para justificar que o § 1º do art. 173 também acolhe as estatais que prestam serviço público, e de fato, não se nos parece que o legislador constituinte teve a intenção de excluí-las deste dispositivo constitucional.

Forte argumento pode estar fincado no fato de que este dispositivo constitucional sempre é usado para dar respaldo ao regime de pessoal de uma estatal que presta serviço público, que é o celetista.

Ou seja, toda doutrina que ensina que as estatais que prestam atividade econômica têm o regime celetista, tal qual o regime da iniciativa privada, dá como previsão legal o § 1º do art. 173.

Incoerente seria usar este dispositivo constitucional para dar respaldo a uma assertiva quando se trata de regular o regime de pessoal de estatais que prestam serviço público, e depois negar que este mesmo artigo as acolhe. Isso geraria uma grande contradição dentro do estudo do tema, fragilizando a posição da primeira doutrina.

De fato, não existem divergências na doutrina de que o regime de pessoal das estatais que prestam serviço público é o celetista, equiparando-as ao pessoal da iniciativa privada, e que este fundamento se encontra no art. 173, § 1º, inciso II da Constituição Federal. Como poderia então negar que este artigo não abarca estas estatais?

Diante disso, registramos que ora se afirma que este dispositivo constitucional só se aplica às estatais que exploram atividade econômica, cujo regime de pessoal é incontestavelmente o celetista, e outras vezes se usa este mesmo dispositivo para respaldar o regime celetista da Estatal que presta serviço público, criando uma assimetria interpretativa.

9.30.1.4. Quarta Corrente

Esta assimetria chega a dar ensejo a uma interpretação mais radical que diz que o art. 173, embora se aplique apenas às estatais que explorem atividade econômica, se descaracteriza quando o assunto é o regime de pessoal das estatais, podendo, nesta particular hipótese, ser aplicada a qualquer uma, tanto a que explora atividade econômica quanto a que presta serviço público, pois que para qualquer estatal, seja lá qual for a sua atribuição, o regime de pessoal será sempre o celetista.

9.30.1.5. Quinta Corrente

Já para os que não acolhem em definitivo a estatal prestadora de serviço público no art. 173, uma sábia doutrina o remeteu ao art. 175, o que nos parece ser a mais razoável das interpretações, ainda que este artigo ainda esteja inserido no Capítulo que dispõe sobre o "princípio das atividades econômicas".

9.30.1.6. Nossa Posição

Contudo, não comungamos o argumento de que a estatal prestadora de serviço público está descrita no art. 175 quando este diz:

> *Incumbe ao Poder Público, na forma da lei, diretamente ou sob regime de concessão ou permissão, sempre por meio de licitação, a prestação de serviços públicos.*

Ou seja, argumentam que é o regime de concessão ou permissão que caracteriza esta modalidade de estatal.

Entendemos, portanto, que estes elementos não se associam: estatal prestadora de serviço público e concessionária, pois que estatal é criada por lei, e concessionária é contratual, não podendo, assim, serem confundidas nem tampouco comparadas como uma só pessoa.

Embora concordamos em posicionar a estatal prestadora de serviço público no art. 175, entendemos que se insere nos seguintes termos:

> *[...] diretamente, sob regime de concessão ou permissão, sempre por meio de licitação, a prestação de serviços públicos.*

A expressão diretamente, na nossa concepção, não significa que a prestação do serviço público se dá pela Administração direta, mas sim que esta acolhe tanto a Administração direta quanto indireta.

Na nossa concepção nos parece coerente aplicar ao art. 175 o respaldo legal para justificar a existência de estatal prestadora de serviço público, já que a administração faria "diretamente", ou seja, ela mesma atuando como agente.

Nestes termos, com fulcro no art. 175 a estatal poderá prestar serviço público diretamente, atuando tanto na Administração direta quanto na indireta. Com isso, pode-se excluir o art. 173 quando se reporta à estatal prestadora de serviço público, e utilizá-lo apenas para elencar as estatais que explorem atividade econômica.

Não obstante, é nosso dever ressaltar que a grande maioria entende que é o próprio art. 173 da CF/1988 que abarca tanto a estatal que explora atividade econômica quanto a que presta serviço público, embora se dividindo em argumentos de diferentes espécies.

9.31. Atos e Contratos

Via de regra, os atos e contratos das empresas públicas e sociedades de economia mista são de natureza privada, já que inseridos no contexto das relações privadas. Ninguém, por exemplo, ousaria dizer que um contrato bancário estabelecido entre o Banco do Brasil e seu cliente porta algum tipo interesse público que sugira a sua submissão ao regime de Direito Público. Isto seria um despautério.

Tal regra, contudo, comporta exceções, já que, em algumas situações específicas, os princípios da moralidade, da impessoalidade e da eficiência sugerem a submissão dos atos e contratos das empresas estatais ao regime de Direito Público. Examinemos, pois, que situações são essas.

Em primeiro lugar, observa-se que, se a criação de uma empresa estatal está a depender da presença de um mínimo de interesse coletivo ou da necessidade da segurança nacional, algo de público ela traz, ainda que em menor grau quando comparada às autarquias ou à própria Administração direta.

Isso faz com que, às vezes, os seus dirigentes pratiquem atos dotados de alguma parcela de autoridade própria dos atos do Poder Público. É o caso do ato que, *v. g.*, exclui ilegitimamente uma empresa de certame licitatório. Por ser dotado de certo grau de *ius imperi*, não se configurando como ato de mera gestão, poderá ser impugnado por meio de mandado de segurança[139].

Por outro lado, os contratos das empresas públicas e sociedades de economia mista devem ser, necessariamente, precedidos de licitação, que garanta aos pretendentes igualdade de oportunidades e à Administração o fechamento do negócio com aquele que apresentar a melhor proposta[140]. É o que se extrai do disposto no art. 1º, parágrafo único da Lei nº 8.666, de 21/06/1993, *in extenso*:

---

[139] Neste sentido é a lição do prof. Marcos Juruena VILLELA SOUTO (*Licitações e Contratos Administrativos*, 3ª ed., Adcoas – Esplanada, 1998, p. 389-91), embora registre enorme controvérsia no âmbito da doutrina sobre a matéria. No mesmo sentido foi a decisão do Superior Tribunal de Justiça, no julgamento do REsp nº 84.082/RS, que ficou assim ementado: "Processual Civil. Mandado de Segurança contra ato praticado por sociedade de economia mista. Possibilidade. Conceito de autoridade. Art. 1º da Lei nº 1.533/1951. Conceito de autoridade para justificar a impetração do *mandamus* é o mais amplo possível e, por isso mesmo, a lei ajuntou-lhe (ao mesmo conceito), o expletivo: 'seja de qual natureza for'. Os princípios constitucionais a que está sujeita a Administração direta e indireta (incluídas as sociedades de economia mista) impõem a submissão da contratação de obras e serviços públicos ao procedimento da licitação, instituto juridicizado como de Direito Público – os atos das entidades da Administração (direta ou indireta) constituem atividade de Direito Público, os atos de autoridade sujeitos ao desafio pela via da ação de segurança – *in casu*, a Companhia Estadual de Energia Elétrica (CEEE) na medida em que assumiu o encargo de realizar a licitação pública para efeito de selecionar pessoas ou entidades para a realização de obras e serviços do maior interesse da sociedade praticou atos administrativos, atos de autoridade, já que regidos por normas de Direito Público e que não poderão permanecer foros à impugnação por meio do mandado de segurança. Recurso provido. Decisão unânime".

[140] Ressalte-se, entretanto, que, como ficou assentado no Acórdão nº 121/1998 do Tribunal de Contas da União, "as atividades-fins das empresas estatais regem-se pelo direito privado e não estão sujeitas à obrigatoriedade da licitação, que apenas é exigível para suas atividades-meios".

> *Art. 1º – [...]*
> *Parágrafo único – Subordinam-se ao regime desta Lei, além dos órgãos da Administração direta, os fundos especiais, as autarquias, as fundações públicas, as empresas públicas, as sociedades de economia mista e demais entidades controladas direta ou indiretamente pela União, Estados, Distrito Federal e Municípios.*

Até antes da reforma administrativa, essa assertiva seria suficiente. Entretanto, com o advento da Emenda Constitucional nº 19, de 04/06/1998, o art. 173, § 1º, da Constituição da República passou a ter nova redação, que desvinculava as empresas estatais da disciplina ordinária acerca das licitações, fazendo menção a um "estatuto jurídico da empresa pública, da sociedade de economia mista e de suas subsidiárias" que regularia, dentre outros assuntos, este especificamente. Confira:

> *Art. 173 – [...]*
> *§ 1º – A lei estabelecerá o estatuto jurídico da empresa pública, da sociedade de economia mista e de suas subsidiárias que explorem atividade econômica de produção ou comercialização de bens ou de prestação de serviços, dispondo sobre:*
> *[...]*
> *III – licitação e contratação de obras, serviços, compras e alienações, observados os princípios da administração pública.*

A interpretação da doutrina, unanimemente, foi no sentido da desvinculação das empresas públicas e sociedades de economia mista das amarras demasiadamente formalistas impostas pela Lei nº 8.666, de 21/06/1993. O tal "estatuto" estabeleceria, então, uma disciplina específica para as estatais, de modo a não prejudicá-las com o formalismo exacerbado pelo mencionado diploma legal, que só as prejudica na medida em que impede uma contratação ágil para a satisfação de suas necessidades.

No entanto, essa certeza não existia quanto ao momento em que se daria essa desvinculação: se no momento em que entraria em vigor a Emenda Constitucional nº 19, 04/06/1998 (ou seja, automaticamente); ou se no momento em que fosse editado o "estatuto" (condicionalmente).

O prof. Marçal Justen Filho, em obra específica sobre licitações e contratos administrativos, entendeu que "as entidades da Administração indireta permanecerão sujeitas ao regime da Lei nº 8.666 até a edição de novas regras"[141], mencionando que,

> No futuro, haverá dois regimes básicos, um destinado à Administração direta, autárquica e indireta prestadora de serviços públicos (aí incluída a atuação de suporte à Administração) e outro para as entidades privadas exercentes de atividade econômica[142].

Outro é o entendimento do professor Jessé Torres Pereira Júnior, para quem as empresas públicas e sociedades de economia mista devem se valer da primeira parte do art. 119 da Lei nº 8.666, de 21/06/1993, elaborando regulamentos próprios acerca do procedimento a ser adotado na realização da licitação até que surja o "estatuto" de que trata o § 1º do art. 173 da Constituição da República, desvinculando-se, desde a publicação da Emenda Constitucional nº 19, de 04/06/1998, dos ditames da Lei de Licitações[143].

A questão ainda não está definida no âmbito dos tribunais, mas nos parece que a razão está com o professor paulista, visto que o princípio da legalidade (CRFB/1988, art. 37) impõe à Administração Pública o dever de agir somente quando autorizada por lei. Toda atuação estatal está vinculada aos ditames legais, não sendo correto, *permissa maxima venia*, imaginar que um regulamento pudesse ser editado sem paradigma legal, visto que o primeiro, na dicção do art. 84, IV, da Constituição da República, só existe para viabilizar a fiel execução da lei. Em outras palavras, os chamados *regulamentos autônomos* são tidos por incompatíveis com a nova ordem jurídica e a orientação doutrinária do professor carioca parece ignorar essa limitação constitucional.

Portanto, embora não se desconheça a controvérsia ainda em voga, é de se ter, na nossa opinião, que as empresas públicas e sociedades de economia mista somente se desvincularão dos ditames da Lei nº 8.666, de 21/06/1993, quando o tal "estatuto" de que trata o art. 173, § 1º, da Constituição da República for editado.

---

[141] JUSTEN FILHO, Marçal. *Comentários à Lei de Licitações e Contratos Administrativos*, 7ª ed., São Paulo: Malheiros, 2000, p. 24.

[142] Idem nota anterior.

[143] PEREIRA JÚNIOR, Jessé Torres. *Da Reforma Administrativa Constitucional*, Renovar, 1999, p. 375: "Quanto às licitações e contratações, de que o estatuto geral também pretende ocupar-se, a solução para evitar a temporária indefinição normativa estará em valerem-se as entidades do permissivo inscrito no art. 119 da Lei nº 8.666/1993, e editarem regulamentos próprios que, não reproduzindo as disposições da lei geral de licitações, já darão cumprimento ao regime delineado pela Emenda 19, estabelecendo regras procedimentais harmonizadas com os princípios licitatórios com as particularidades da estrutura organizacional da empresa e com as características dos serviços que presta ou do mercado em que atua."

Alguns autores, ainda, fazem menção ao fato de que essa desvinculação somente se dará quando as estatais forem executoras de atividades econômicas, mantendo-se a sujeição à Lei nº 8.666, de 21/06/1993, aquelas prestadoras de serviços públicos. Por outro lado, há também lições no sentido da desvinculação de todas as empresas públicas e sociedades de economia mista, sem distinção entre as que exploram atividades econômicas e as que executam serviços de utilidade pública.

Ao nosso ver, assiste razão a este último posicionamento, uma vez que todas as sociedades de economia mista e empresas públicas – ainda que algumas destas tenham recebido outorga estatal para a exploração de serviços públicos – visam à produção de lucro e se enquadram no conceito de exploradoras de atividades econômicas. Assim, todas elas estariam sendo prestigiadas com a desvinculação das normas comuns sobre licitações, aplicáveis à Administração direta, autárquica e fundacional.

9.32. Contratos e Licitação nas Exploradoras de Atividades Econômicas

Se a entidade for exploradora de atividade econômi ca, suas relações negociais terceiros, salvo alguma exceção mais adiante anotada, serão sempre regidas integralmente pelo Direito Privado. Assim, seus contratos não serão contratos administrativos. Sua responsabilidade, contratual ou extracontratual, estará sob a mesma disciplina aplicável às empresas privadas e o Estado não responde subsidiariamente por seus atos. Perante obrigações tributárias, a situação que lhe concerne é a mesma da generalidade das empresas que operam no setor, sendo vedado conferir-lhe isenções ou benefícios distintos dos que se atribuam às demais empresas que militem em seu setor de atuação.

Com efeito, a Constituição, no § 1º do art. 173, estabelece que:

> *A empresa pública, a sociedade de economia mista e outras entidades que explorem atividade econômica sujeitam-se ao regime jurídico próprio das empresas privadas, inclusive quanto às obrigações trabalhistas e tributárias.*

No 2º, dispõe que:

> *As empresas públicas e as sociedades de economia mista não poderão gozar de privilégios fiscais não extensivos às do setor privado.*

Cumpre dizer, entretanto, que não se deve extrair destes preceptivos mais do que o necessário para atender-lhes o espírito, isto é, sua razão lógica informadora, atentando para o fato de que, satisfeita esta, não há causa prestante para atribuir-lhes extensão capaz de colocá-los desnecessariamente às testilhas com outros dispositivos constitucionais ou com princípios fundamentais acolhidos na Lei Magna.

Assim, se é certamente obrigatório entender que os contratos das entidades estatais exploradoras de atividade econômica evidentemente não são contratos administrativos, nem por isso ter-se-á de concluir que, em todo e qualquer caso, as referidas pessoas estejam isentas do dever de licitar. Sem dúvida, a adoção de procedimento licitatório seria inconveniente com a normalidade de suas atuações na esfera econômica, isto é, não seria exequível em relação aos seus rotineiros procedimentos para operar o cumprimento das atividades negociais em vista das quais foram criadas. As delongas da licitação inibiriam seu desempenho expedito e muitas vezes obstariam a obtenção do negócio mais vantajoso. Dela não haveria cogitar em tais casos.

Entretanto, podem-se pôr, e pôr-se-ão, hipóteses em que realizá-la não traria inconveniente algum e não contenderia com as razões óbvias pelas quais a Constituição estabeleceu que as entidades estatais exploradoras de atividade econômica se submetem ao regime aplicável às empresas privadas. Referimo-nos aos casos em que estas pessoas pretendam, *exempli gratia*, construir a fábrica onde se instalarão, o prédio em que funcionarão seus escritórios, ou intentem adquirir a maquinaria necessária para sua produção, ou mesmo os móveis e equipamentos de suas sedes ou filiais. Nenhuma destas atividades reclama a desenvoltura que é requerida para a normal, ágil e fluida exploração da atividade econômica a que foram por lei prepostas e que levou a Constituição a dispor que teriam regime correspondente ao das empresas privadas.

Realizando licitação em hipóteses desta ordem, como obrigatoriamente terão de realizar, os sujeitos em apreço não estarão em nada divorciados do espírito informador do § 1º do art. 173 e, pelo contrário, estarão atendendo à norma contida no art. 37, XXI, da própria Constituição, que fixa, como regra geral para o Poder Público e entidades estatais, a adoção de procedimento licitatório quando se proponham a adquirir ou alienar bens, contratar obras ou serviços. Ou seja: o § 1º do art. 173 é uma exceção (específica para as entidades governamentais exploradoras de atividade econômica) a esta regra geral. Donde, há de ser entendida nos limites necessários ao atendimento das razões pelas quais existe dita exceção. Não há por que dilargá-la além do necessário para a observância do propósito que a inspira.

O princípio licitatório vai sofrer uma restrição, quando as estatais contratarem com terceiros. Restrição não prevista na Lei nem na Constituição Federal. Procuradoria do Estado do Rio de Janeiro defendeu o argumento, que hoje já foi ratificado, em âmbito nacional, pelo Tribunal de Contas da União. A estatal, na atividade-meio, está obrigada a fazer licitação, por exemplo, na contratação de serviços de serviço de segurança. Entretanto, na *atividade-fim* jamais estaria obrigado a fazer licitação para vender o produto final. A Petrofértil, subsidiária da Petrobras, foi criada para produzir e vender produtos fertilizantes. Lógico que, se houvesse licitação para compra de produtos fertilizantes, jamais alguém iria candidatar-se, com intuito de oferecer o "melhor preço" (pagar mais caro!) a fim de poder adquirir o produto.

9.32.1. Como Iidentificar Atividade-fim?

Em verdade, não há definição exata do que seja a atividade fim, o que pode fazer com que certas estatais façam supor que todas as atividades que realizam seja uma atividade fim, com o intuito de não se submeterem ao processo licitatório, e com isso, imperarem sozinhas no mercado.

Entendemos que atividade fim pode ser a venda de bens produzidos ou comercializados por órgãos, entidades da administração pública em virtude de suas finalidades (art. 17, II, *e*).

9.32.2 Licitação das Estatais após a EC nº 19/1998

A leitura do inciso XXVII do art. 22 da Constituição Federal, com a redação dada pela EC nº 19/198, remete a um novo entendimento sobre a licitação das estatais, o qual está direcionando a opinião da doutrina em diferenciar a licitação das estatais que prestam atividade econômica da licitação das estatais que prestam serviço público.

Frisamos que antes da aludida emenda, ou seja, na Constituição Federal em seu texto original, o art. 22 se limitava a tratar da licitação para todo o primeiro setor, se coadunado com o teor do art. 1º, parágrafo único da Lei nº 8.666/1993.

9.32.2.1. Primeira Posição

Parte da doutrina tem afirmado que houve uma compatibilidade parcial entre a Lei nº 8.666/1993 e o art. 22, XXVII da CF, com a nova redação dada pela EC nº 19/1998, e que este não recepcionou a Lei de Licitação apenas no que se refere à empresa estatal. Com a emenda, a disposição desta teria sido expressamente remetida ao art. 173, §1º, III.

Neste sentido, com as novas regras dadas pela EC nº 19/1998, a doutrina tem entendido que este artigo se desmembrou e passou a dar tratamento distinto para a licitação de pessoa jurídica de Direito Público e para a estatal, e que a Lei nº 8.666/1993 não mais poderia ser vista como a única a dispor sobre licitação. Vejamos a seguir como seria esta nova disposição:

> *Art. 22 – Compete privativamente à União legislar sobre:*
> *[...]*
> *XXVII – normas gerais de licitação e contratação, em todas as modalidades, para a administrações públicas diretas, autárquicas e fundacionais da União, Estados, Distrito Federal e Municípios, obedecido o disposto no art. 37, XXI, e para as empresas públicas e sociedades de economia mista, nos termos do art. 173 §1º, III.*

Com isso, a primeira parte do artigo faz supor que a Administração direta, autárquica e fundacional continuam a ser regidas pelas normas da Lei de Licitação (nº 8.666/1993). Já o final do artigo, que as empresas públicas e sociedades de economia mista passam a ter a licitação regida pelo art. 173, §1º, III.

9.32.2.2. Segunda Posição

Surge, contudo, uma outra corrente que se opõe a esta interpretação e o faz com base no seguinte argumento. Quando a parte final do art. 22, inciso XXVII, fala que "[...]e para as empresas públicas e sociedades de economia mista, nos termos do art. 173, §1º, III", se refere apenas à estatal prestadora de atividade econômica.

Vejamos o que conta na disposição deste artigo constitucional:

> *Art. 173 [...]*
> *§ 1o – A lei estabelecerá o estatuto jurídico da empresa pública e da sociedade de economia mista e de suas subsidiárias que explorem atividade economia de produção ou comercialização de bens ou de prestação de serviços, dispondo sobre: [...]*
> *III – licitação e contratação de obras, serviços, compras e alienações, observados os princípios da administração pública.*

Nesta linha de raciocínio, esta posição doutrinária entende que o estatuto jurídico da estatal previsto no art. 173 e do qual faz alusão o inciso XXVII do art. 22 abarcará regras apenas para a estatal prestadora de atividade econômica. Este raciocínio parece linear, pois que o art. 173, em tese, se aplica a esta espécie de estatais.

De outra monta, entende que o estatuto jurídico das estatais que traçará metas para licitação, com previsão no § 1º, inciso III do art. 173, não substituirá a Lei nº 8.666/1993 quando se tratar de licitação da Administração direta, autárquica, fundacional e estatal prestadora de serviço público.

9.32.2.3. Terceira Posição

Já uma terceira corrente vem questionando a validade da interpretação anterior, com fundamento no seguinte questionamento: e enquanto não for editado o estatuto da estatal prestadora de atividade econômica, quais as regras que regularão a sua licitação, já que a EC nº 19/1998 não a revogou e esta ainda não tem um estatuto jurídico em vigor? A partir deste questionamento surgem duas correntes, com as seguintes interpretações:

Não havendo ainda as estatais prestadoras de atividade econômica os seus estatutos jurídicos em vigor, as regras de licitação destas devem se reportar integralmente à Lei nº 8.666/1993, diz uma primeira posição doutrinária.

A outra posição se debruça sobre o argumento de que não se podem aplicar as regras da Lei nº 8.666/1993 às estatais que explorem atividade econômica, pois isso já ficou definido na Emenda nº 19/1998. Contrariar, pois, esta tese seria inconstitucional.

Para licitar, as estatais cujos estatutos jurídicos ainda não existem, devem ser valer das suas regras internas, e sempre com observância aos princípios constitucionais aplicáveis à administração pública.

9.32.3. A Licitação da Petrobras: Processo Simplificado de Licitação

Embora à Petrobras se aplicaria, em tese, as regras para licitação constante do art. 173, § 1º, inciso III, valendo o que dispõe o estatuto jurídico da estatal, a ser criado por lei, é do conhecimento de todos que esta goza de um tratamento diferenciado para licitar, e o faz com respaldo no Decreto nº 2.745/1998, expedido pelo presidente da República.

Argumenta a Petrobras que este decreto se fundamenta na tese de que, quando a Emenda nº 19/1998 (art. 22, inciso XXVII) remeteu a licitação das estatais prestadoras de atividade econômica para o art. 173, § 1º, inciso III, fez supor que estas deviam receber um tratamento diferenciado.

De fato, esta pode ter sido a ideia do legislador constituinte, mas não há dúvidas de que ele deixou expresso que este tratamento diferenciado seria a regulação da licitação por via de estatuto jurídico da estatal, a ser criado por lei, em vez dos ditames da 8.666/1993.

Reza o § 1º e seu inciso III do art 22:

> *lei estabelecerá o estatuto jurídico da empresa pública, da sociedade de economia mista e de suas subsidiárias que explorem atividade econômica [...], dispondo sobre: licitação e contratação de obra [...].*

Ocorre que no caso da Petrobras, ela está se valendo de um decreto editado pelo presidente da República para regular a matéria, o que se nos parece, num primeiro momento, não se coadunar com o dispositivo constitucional vigente.

Além do mais, é certo que não existe na Constituição Federal a previsão de decreto autônomo e independente, tampouco que decreto possa suprir omissão de lei, o que faz ventilar a ideia de ser este decreto inconstitucional.

Ademais, a ideia da existência de processo simplificado de licitação para estatais prestadoras de atividade econômica não se insere na sua criação por decreto. Repita-se, diz o texto constitucional, haveria de ser estatuto jurídico a ser criado por lei.

Há quase uma década em vigor, o Decreto nº 2.745/1998 tem resistido às taxações de inconstitucionalidade que vem recebendo da doutrina e do próprio Tribunal de Contas da União, que o considerou inconstitucional e determinou que a Petrobras passasse a usar a Lei nº 8.666/1993 na íntegra.

A Petrobras, por seu turno, não acolheu a determinação do TCU, e continua a reger suas licitações com base no Decreto expedido pelo presidente da República, valendo-se como fundamento legal para a sua postura, de decisão do STF que assevera que "TCU não controla mais as contas das estatais".

Conforme se verifica, a questão parece estar longe de alcançar um consenso entre a legislação, jurisprudência e a suposta autonomia da Petrobras em escolher qual o meio legal que melhor lhe convém para licitar.

Quanto ao argumento atribuído à decisão da Corte Suprema, trata-se de um Mandado de Segurança nº 23.627, em que o STF decidiu que, por não serem públicos os bens das estatais, não cabe ao Tribunal de Contas da União controlar as suas contas.

Outro forte argumento utilizado pela Petrobras é que o Decreto nº 2.745/1998, expedido pelo presidente da República para regular a sua licitação, está suprindo a omissão constitucional do art. 173, § 1º, inciso III e não a falta do seu estatuto jurídico em particular.

Ademais, estaria regulamentando o art. 67 da Lei nº 9.478/1997, conhecida como Lei do Petróleo, a seguir descrita:

> *Lei nº 9.478/1997 – Dispõe sobre a política energética nacional, as atividade relativas ao monopólio do petróleo, institui o Conselho Nacional de Política Energética e a Agência Nacional do Petróleo e dá outras providências.*
>
> *[...]*

Art 67 – Os contratos celebrados pela Petrobras, para aquisição de bens e serviços, serão precedidos de procedimento licitatório simplificado, a ser definido em decreto do presidente da República

A partir de uma leitura da referida Lei do Petróleo podemos consignar que a origem deste procedimento licitatório simplificado que vem sendo utilizado pela Petrobras encontra respaldo, em tese, nesta própria lei, e que é a partir dela que se começa a estabelecer esta confusão em termos de legislação, e consequente inadequação legal que ora se instala na licitação da estatal.

Por outro lado, em nenhum momento o legislador ordinário se preocupou em explanar o que seria o tal *procedimento licitatório simplificado*, o que em tese poderia perfeitamente justificar os argumentos da Petrobras.

Por isso, mantém a melhor doutrina a posição de que o Decreto nº 2.745/1998 se configura em decreto autônomo e independente, e que a sua incidência na licitação da Petrobras é inconstitucional, não obstante a prática regular do procedimento licitatório se fundamentar neste decreto.

9.33. Falência das Estatais

Sabemos que o tema da falência das estatais está intimamente relacionado aos sistemas da penhora, da responsabilidade subsidiária e da natureza jurídica de seus bens, os quais serão analisados sequencialmente.

Inobstante, podemos dizer que o assunto merece toda a atenção possível, pois que o tema foi objeto de alteração recentemente por duas vezes na legislação comercial num curto espaço de tempo, nos anos de 2001 e 2005.

Além disso, merece ser mencionado, também, o respaldo que o tema encontra na Constituição Federal e na Jurisprudência, para posteriormente se analisar o assunto na legislação comercial, cerne das controvérsias.

9.33.1. Na Constituição Federal

Reportando-nos à Constituição Federal, em seu art. 37, inciso XIX, lemos que as empresas públicas e as sociedades de economia mista dependem de lei específica para autorizar as suas instituições.

Consoante esta informação, a doutrina tem entendido que a extinção destas mesmas entidades, por força do princípio do paralelismo das formas, também estará atrelada à autorização legal.

9.33.2. Na Jurisprudência

O STF, em julgamento de questão relacionada ao processo de privatização das estatais, acolheu uma nova posição sobre o tema. Em sua decisão, entendeu que a extinção das estatais poderia estar fundada em lei genérica, e não necessariamente específica conforme exigência constitucional.

A lei genérica em questão, sobre a qual o STF fundou sua decisão, se trata da lei que institui o Plano Nacional de Desestatização, Lei nº 9.491/1997, e a qual continha uma relação de empresas públicas e sociedades de economia mista que seriam privatizadas.

A partir de então, o STF traz ao mundo jurídico uma nova teoria acerca da extinção das estatais, que até então obedecia ao princípio do paralelismo das formas atrelado ao disposto no art. 37, inciso XIX, da CF, e estabelece ser constitucional lei genérica autorizar a extinção das estatais.

9.33.3. Na Legislação Comercial

Outro dispositivo para a questão da falência das empresas públicas e sociedades de economia mista, e que ainda continua em controvérsias no Direito brasileiro é o que se ancora na possibilidade de falência destas empresas com respaldo na legislação comercial.

Em razão das mudanças ocorridas na legislação comercial no curto período de 2001 a 2005, devemos analisar a questão da falência das estatais se reportando a três tempos distintos.

9.33.3.1. Antes de 2001

Primeiramente, antes de 2001, que prevalecia o dispositivo do art. 242 da Lei da S.A. – que protegia a falência da estatal – a seguir descrito:

Lei nº 6.404/1976 (Lei das S.A.)

[...]

Art. 242 – As companhias de economia mista não estão sujeitas a falência mas os seus bens são penhoráveis e executáveis, e a pessoa jurídica que a controla responde, subsidiariamente, pela suas obrigações.

Quanto à aplicação do dispositivo legal em tese, tem sido entendido que, apesar de restar expresso na Lei das S.A. que não obstante essas sociedades serem sociedade comecial/empresarial, especificamente quanto à falência esta legislação comercial não se aplicava às sociedades de economia mista.

Uma interpretação doutrinária a este respeito que se manteve em evidência até o advento da CF/1988 entendia que, sendo o regime jurídico das sociedades de economia mista aplicável por assemelhação às empresas públicas, salvo naquilo que for específico e que as distinguir umas das outras, como a composição de capital e a forma jurídica, esta regra da falência se aplicaria por analogia às empresas públicas.

Este entendimento, embora majoritário, não foi absoluto na doutrina e alguns administrativistas se opuseram a ele. Entre os argumentos opostos, se destaca o seguinte: a regra do art. 242 que se aplica à possibilidade de falência das sociedades de economia mista é em caráter excepcional, já que a regra é a que se aplica às empresas privadas.

Portanto, a regra excepcional que exclui da sociedade de economia mista a possibilidade de falir não se estende por analogia às empresas públicas, pelo simples fato de que exceção pressupõe previsão expressa, e mais ainda, se interpreta restritivamente.

Esta é a corrente que sustentava que a regra do art. 242 da Lei das S.A. se aplicava tão somente às sociedades de economia mista pelo fato de ser excepcional, e não se estendia, por conseguinte, às empresas públicas.

9.33.3.2. Qual a Interpretação Doutrinária acerca da não Falência das Estatais com Base no Art. 242 da Antiga Lei das S.A. antes da CF/1988?

Quando ainda vigente a antiga Lei das S.A. (Lei nº 6.404/1976), a doutrina fornecia três fundamentos para justificar a aplicação do art. 242 desta lei na teoria da não falência das estatais.

9.33.3.2.1. Primeiro Fundamento

Um primeiro fundamento, não muito consistente, entedia *a não falência das estatais* com base no art. 242 da Lei de S.A., então vigente, tão somente pelo fato de que, como à criação destas entidades deveria preceder lei específica, em homenagem ao princípio do paralelismo das formas, somente por esta mesma lei poderia se justificar a extinção destas.

9.33.3.2.2. Segundo Fundamento

Outro fundamento estendia a regra contida no *princípio da continuidade do serviço público*, que em tese se aplica às estatais que por delegação legal exploram a prestação do serviço público, a um suposto "princípio da continuidade das atividades de natureza econômica", também exploradas pelas estatais.

Bastante interessante o argumento deste segundo fundamento que buscava se fincar no texto constitucional, que no *caput* de seu art. 173 reza que a exploração direta de atividade econômica pelo Estado só é permitida se necessária aos imperativos de segurança nacional ou relevante interesse coletivo.

Com isso, da mesma forma que a suposta paralisação de um serviço público com base na decretação da falência de uma estatal poderia colocar em risco o interesse público, além de sobrepujar o interesse dos credores sobre o interesse da coletividade, a toda evidência o mesmo ocorreria com a paralisação de uma atividade econômica explorada pelo Estado por motivo de relevante interesse coletivo.

9.33.3.2.3. Terceiro Fundamento

Por fim, um terceiro fundamento era o de que a decretação da falência, por si só, seria inócua. Primeiro, porque o Estado não estaria impedido de constituir outras entidades estatais, e, portanto, a falência de uma delas não o impedia de instituir novas, fato este que não o atingiria de forma absoluta e irreversível.

Ademais, pelo fato de que a própria regra do art. 242 previa um benefício aos credores, que os garantia a possibilidade de cobrar subsidiariamente do ente controlador o crédito que não fosse coberto, total ou parcialmente, pelo patrimônio da massa falida.

Sendo o ente controlador normalmente integrante da Administração direta, este estaria acobertado pela solvabilidade quase que absoluta, e a hipótese da decretação de falência de uma estatal acabaria por gerar uma garantia a mais a seus credores, e não a diminuição desta garantia.

Diante destes últimos fundamentos, não haveria justificativa de a falência se aplicar a estas entidades do Poder Público, nem às que prestam serviço público nem às que exploram atividades econômicas, antes mesmo pela própria natureza destas entidades, que são instituídas e mantidas por esse mesmo poder.

9.33.4. O que Mudou nesta Interpretação após a CF/1988?

Com a promulgação da Constituição Federal de 1988, já a partir de sua redação original, este panorama interpretativo foi sendo questionado, e com a edição da EC nº 19/1998, o § 1º do art. 173 fez cair por terra, por adesão de grande parte da doutrina, o argumento de que as estatais não podem falir.

9.33.5. Nova Corrente Acolheu a Revogação do Art. 242 da Antiga Lei das S.A.

A sujeição expressa ao regime próprio das empresas privadas, contida no precitado artigo constitucional, em especial quanto às obrigações comerciais, levou diversos doutrinadores a sustentarem a revogação do art. 242 da antiga Lei das S.A, que por isso passaram a entender por inconstitucional não submeter as sociedades de economia mista e as empresas privadas, por extensão analógica, à falência.

E este entendimento fincou suas raízes no seguinte argumento: Se a intenção do legislador constituinte derivado foi a de igualar o Estado prestador de atividade econômica ao regime das empresas privadas, evitando com isso que ele, sob a forma de estatal, gozasse de privilégios não extensíveis a estas empresas, a não incidência do instituto da falência se configuraria na concessão de uma vantagem em relação à iniciativa privada.

Esta vantagem se mostraria sob a forma de uma garantia a mais da estatal sobre empresa da iniciativa privada, quando estes atuassem como concorrentes no mercado, fato este que por si só já caracterizaria um tratamento diferenciado a recair sobre as estatais.

Com isso, fica claro que qualquer credor de estatal estaria acobertado de uma responsabilidade subsidiária do ente controlador, que prevaleceria e viria à tona se esta não solvesse os seus débitos de forma satisfatória, fato este que ensejaria uma injusta vantagem sobre o seu concorrente da iniciativa privada, conforme dito anteriormente.

Com efeito, tratando-se de empresa estatal, quando o conjunto do patrimônio desta não for suficiente para garantir o pagamento de seus débitos, estes incidirão sobre o patrimônio de seu ente controlador, o qual recai a solvabilidade absoluta, por se tratar de pessoa jurídica de Direito Público e contar com recursos orçamentários em seu patrimônio.

9.33.6. Argumentos dos que Sustentaram a não Recepção do art. 242 da Antiga Lei das S.A. pelo § 1º do Art. 173 da CF/1988

9.33.6.1. Primeiro Argumento

O primeiro argumento trata-se de uma posição intermediária, e se baseia na suposta distinção existente entre as empresas públicas prestadoras de serviço público e as outras empresas públicas e sociedades de economia mista que exploram atividade econômica no que se refere à possibilidade de decretação de suas falências.

Segundo este argumento, o dispositivo constitucional contido no art. 173 não traça nenhuma distinção entre estas entidades, ou sobre quais delas teriam a sujeição ao regime próprio das empresas privadas, e por isso, se sujeitariam à falência.

Entendem que o art. 173, § 1º se refere à atividade econômica em sentido lato, abrangendo tanto serviços públicos de natureza econômica quanto a atividade econômica explorada sob o regime privado por empresas públicas e sociedades de economia mista.

Esta posição argumenta que, quanto às estatais que exploram a atividade econômica, não há que se falar na não decretação de suas falências, pelo simples fato de não existir em legislação infraconstitucional dispositivo que ampare o impedimento da falência destas entidades.

Ao contrário, a regra que prevalece com fundamento na Constituição Federal é a de que estas estatais se submetem integralmente ao regime das empresas privadas, se sujeitando, por conseguinte, ao instituto da falência.

Por isso, seria uma questão concorrencial atribuir às estatais prestadoras de atividade econômica um tratamento diferenciado, assegurando-se a não falência destas.

Já com relação às prestadoras de serviço, entende esta posição que não se aplicaria o argumento da questão concorrencial. Por outro lado, os bens afetados ao serviço público não estariam suscetíveis de penhora, e com isso, não poderiam ser arrecadados.

Quanto à continuidade do serviço público, a sua garantia se daria por meio da responsabilidade subsidiária do ente controlador.

Importa que abramos um parêntese para falar sobre a natureza jurídica desses bens impenhoráveis, que por pertencerem às estatais prestadoras de serviço público, são afetados pelo serviço público. Eles são bens de natureza privada, pois que pertencem a entidades privadas.

Segundo esta corrente, uma vez feita a transferência destes bens pelo ente controlador às empresas públicas ou às sociedades de economia mista, estes adquirem a natureza privada, salvo as restrições aplicáveis à espécie.

9.33.6.2. Segundo Argumento

Outro argumento acolhido pela posição da não receptação do art. 242 da antiga Lei das S.A. pelo art. 173 da CF seria quanto ao princípio do paralelismo das formas. Qual seria o sentido de se decretar a falência de uma empresa pública e sociedade de economia mista, se a extinção desta, em razão do aludido princípio, estaria atrelada à lei específica que tanto autorizasse a sua instituição quanto extinção?

Ratificam os doutrinadores desta tese que de fato a exigência não seria sobre a lei específica que autorizasse a sua extinção, mas sim que esta extinção se desse na forma da lei, ou seja, na forma da lei aplicável. Contudo, em se reportando ao art. 173, § 1º da Constituição Federal, constatamos que a "lei aplicável" a que esta se refere é a lei que se aplica às empresas privadas.

Por fim, esta argumentação ratifica que não há consistência em se afirmar que a decretação da falência de uma empresa pública ou sociedade de economia mista pode gerar a paralisação dos serviços públicos, ou ainda, que as atividades econômicas de relevante interesse coletivo, realizadas pelas estatais por imperativo de segurança nacional ou relevante interesse coletivo, serão paralisadas, trazendo prejuízos à sociedade.

Esta inconsistência se justifica por dois fatos: Em relação à iminência da decretação da falência de estatal prestadora de serviço público, o Poder Público pode reassumir o serviço concedido, antes mesmo que ocorra a sua paralisação.

Já em relação às entidades que explorem a atividade econômica, a lei poderá prever a instituição de novas entidades desta mesma natureza, e a transferência da exploração da atividade da empresa que se encontre na iminência de ter sua falência decretada.

Dito isso, vimos que esta corrente não defende a tese de que a decretação desta falência não deve ocorrer por problema de constitucionalidade ou não, mas por entender ser está a via inadequada, e que a falência não seria eficaz no que alude à pretensão de extinção das empresas públicas e das sociedades de economia mista, independentemente da finalidade destas.

9.33.6.3. A Partir de 2001

A partir de 2001, o art. 242 da Lei das S.A. foi expressamente revogado e a estatal passou a ter tratamento semelhante às empresas privadas, podendo falir.

> *Lei Lei nº 10.303/2001 (Lei das S.A.)*
> *[...]*
> *Art. 10 – São revogados o art. 242, da Lei nº 6.404, de 15 de dezembro de 1976, e os arts. 29 e 30, da Lei nº 6.385, de 7 de dezembro de 1976.*

9.33.6.4. A Partir de 2005

Finalmente após 2005, em que a Lei nº 11.101/2005 revogou implicitamente o art. 10 da Lei nº 10.303/2001, e com isso voltou a regular a proteção da falência das estatais, retornando a situação destas empresas tal qual era quando vigorava o art. 242 da Lei da nº 6.404/1976 (antiga Lei das S.A.), ou seja, estatal não pode falir.

> *Lei nº 11.101/2005 (regula a recuperação judicial, a extrajudicial e a falência do empresário e da sociedade empresária)*
> *[...]*
> *Art. 2º Esta Lei não se aplica a:*
> *I – empresa pública e sociedade de economia mista;*

Surge-nos o questionamento sobre o que teria levado o legislador a alterar o quadro de assunto tão relevante em tão pouco tempo, e mais ainda: reverter uma situação que se revogou ao que era antes.

A princípio parece-nos, sem nenhum fundamento em doutrinas, mas tão somente fruto de reflexão, que o legislador poderia ter sido impulsionado – ou influenciado – a proteger o Estado da responsabilidade subsidiária, que advêm naturalmente da falência das estatais.

9.34. Proteção das Estatais Prestadoras de Serviço Público e de Atividade Econômica da Falência – Lei nº 11.101/2005

Registramos que a Lei nº 11.101/2005 inovou ao prever expressa proteção das estatais da falência. Não obstante, temos como certo que um questionamento que não tardará a surgir na doutrina é sobre a sua constitucionalidade, pois que este dispositivo legal foi taxativo ao proteger da falência tanto a empresa pública quanto a sociedade de economia mista, contrariando inclusive as melhores interpretações anteriores, que davam como certo que estatal prestadora de atividade econômica podia falir.

Estas conclusões eram fundamentadas na própria Constituição Federal, que em seu art. 173, § 1º, II, atribui às empresas públicas e às sociedades de economia mista e suas subsidiárias que explorem atividade econômica o mesmo tratamento dispensado às empresas privadas:

> *Art. 173 [...]*
> *§ 1º – A lei estabelecerá o estatuto jurídico da empresa pública e da sociedade de economia mista e de suas subsidiárias, que explorem atividade econômica de produção ou comercialização de bens ou de prestação de serviços, dispondo sobre:*
> *Inciso II: a sujeição ao regime jurídico próprio das empresas privadas, inclusive quanto aos direitos e obrigações civis, comerciais, trabalhistas e tributários.*

Não nos parece cabível proteger a estatal prestadora de atividade econômica da falência, pois isso se assemelharia a dar tratamento diferenciado a elas enquanto a Constituição é cristalina em dizer que estas empresas se sujeitam ao regime jurídico próprio das empresas privadas, e por isso, se sujeitam à falência.

Com efeito, dizer que às empresas públicas que exploram atividade econômica não se aplica o instituto da falência é afirmar que elas têm tratamento diferenciado das empresas privadas, enquanto deveria ser o mesmo; ou ainda, é atribuí-las o *status* das estatais prestadoras de serviço público, e é praticamente pacífica a diferença entre elas.

Como no mundo jurídico raramente se registra um assunto que não tenha tido nenhuma controvérsia doutrinária, por menor que seja esta, o tema da falência das estatais que exploram atividade econômica também já mereceu algumas controvérsias entre os doutrinadores, mas isso antes de entrar em vigor a nova lei de falência – Lei nº 11.101/2005, confirme demonstraremos a seguir.

9.34.1. Proteção das Estatais Prestadoras de Serviço Público da Falência – Primeira Corrente

Quando ainda em vigor o art. 10 da Lei nº 10.303/2001 – Lei das S.A., que por seu turno havia revogado o art. 242 da antiga Lei das S.A., prevalecia na Legislação o entendimento de que as estatais podiam falir, pois que este dispositivo previa a penhora de seus bens.

Neste ínterim, a doutrina foi quase unânime em afirmar que apenas as estatais prestadoras de atividade econômica estariam abarcadas pelo art. 10 da Lei nº 10.303/2001, ou seja, estavam sujeitas à falência por receberem o mesmo tratamento dado às empresas da iniciativa privada.

Em contrapartida, afirmavam estes mesmos doutrinadores que as estatais prestadoras de serviço público não podiam falir. Primeiro porque não estão incluídas no dispositivo do art. 173 da CF, pois esse só se aplica às estatais prestadoras de atividade econômica.

Segundo em razão do *princípio da continuidade do serviço público*. Contudo, tememos que a justificativa com base neste princípio pode ensejar uma interpretação de que o que se busca proteger em última instância é a prestadora do serviço público, e não o usuário.

Desta forma, não entendemos razoável o uso deste princípio como um dos argumentos usados para se proteger a estatal prestadora de serviço público da falência, pois que o princípio da continuidade do serviço público foi criado tão somente com o escopo de proteger o usuário do serviço público, que é o administrado, e não para proteger o seu prestador, pois que por ora se pode ter a impressão que se busca proteger este último.

Além do respaldo doutrinário, registramos um dispositivo legal que trata da falência de concessionária de serviço público, que é a Lei nº 8.987/1995. Esta lei trata do regime de concessão e permissão do serviço público, e em seu art. 35, inciso VI, fala sobre a falência como uma das formas dessa extinção.

Lei nº 8.987/1995

[...]

Art. 35 – Extingue-se a concessão por:

[...]

VI – falência ou extinção da empresa concessionária [...]

Verifica-se que a lei fala expressamente que concessionária de serviço público pode falir, e que se extingue a concessão, e não o serviço público. Com efeito, ocorrendo a falência, ocorre sequencialmente a extinção da concessão, e o Poder Público traz para si os bens vinculados aos serviços e garante a continuidade deste.

9.34.2. Proteção das Estatais Prestadoras de Atividade Econômica da Falência – Segunda Corrente

Devemos ainda trazer à baila que existe um pequeno grupo de doutrinadores que sustenta a proteção das estatais prestadoras de atividade econômica da falência, e o fazem com uma interpretação do art. 173, *caput*, da Constituição Federal.

Sustentam em sua defesa que, de acordo com o referido artigo, o Estado ao criar uma estatal prestadora de atividade econômica, só poderá fazê-lo "quando necessária aos imperativos da segurança nacional ou a relevante interesse coletivo", e não para a obtenção de lucros, que é o que motiva a criação de uma empresa da iniciativa privada.

Diante disso, como exigir radicalmente o mesmo tratamento para estas empresas?

Com efeito, entendem que segundo a própria Constituição Federal estas estatais não poderiam falir, pois se justificam pela presença dos motivos de imperativos da segurança nacional ou relevante interesse coletivo, e estes serviriam de alicerce para justificar a proteção da falência.

Pelo ideário que sustenta esta corrente, estaria de fato ocorrendo uma radicalização com as estatais ao se impor rigorosamente que a estatal prestadora de atividade econômica tem que ter o mesmo tratamento que as empresas privadas, e que a estatal prestadora de serviço público o mesmo tratamento do Poder Público.

Estaria faltando um meio termo e estaria havendo um excesso de radicalismo em conceder o mesmo tratamento para uma empresa que foi criada para dar lucro à outra que surgiu decorrente de imperativo de segurança nacional ou relevante interesse coletivo.

Portanto, resta dar tempo ao tempo até que doutrina se flexibilize para este entendimento, que, repetimos, é extremamente minoritário. De qualquer forma, está lançada a moeda!

9.34.3. Conclusão

Inobstante as disposições citadas, devemos ratificar que o que impera hoje é o dispositivo legal constante na Lei nº 11.101/2005, art. 2º, inciso I, de que não se aplica o instituto da falência às empresas públicas e às sociedades de economia mista, ainda que se configure numa posição incompatível com a doutrina vigente e visivelmente contrário ao que dispõe a Constituição Federal.

Contudo, até que se alegue a sua inconstitucionalidade, resta aguardar o decorrer de todo um procedimento que – uma vez iniciado – seja devidamente julgado e acatada a sua constitucionalidade.

9.35. Responsabilidade Subsidiária das Estatais

A principal disciplina da responsabilidade civil da Administração Pública, direta ou indireta, está contida no art. 37, § 6º, da Constituição da República, que adota os seguintes critérios para definir se a teoria que regerá a matéria será a objetiva ou a subjetiva: (a) critério subjetivo, que leva em consideração a personalidade jurídica da autora do fato causador do dano; (b) critério objetivo, que leva em consideração o tipo de atividade que constitui o objeto da empresa.

No que se refere ao primeiro critério, a Constituição diz que as pessoas jurídicas de Direito Público, independentemente da atividade que exercem, são regidas pela teoria da responsabilidade objetiva, sendo desnecessário, portanto, a demonstração do elemento "culpa" para a fixação do dever de indenizar. Por outro lado, pelo critério objetivo, a regra constitucional aponta para a adoção da teoria da responsabilidade objetiva somente pelas pessoas jurídicas de Direito Privado prestadoras de serviços públicos. Repare que, aqui, o que determina a aplicação de tal teoria é o fato de a empresa exercer atividade qualificada como "serviço público".

Note-se, entretanto, que a aplicação da teoria objetiva da responsabilidade civil, em qualquer das situações acima indicadas, somente ocorrerá quando o dano for causado por uma *ação* da pessoa administrativa. Quando o dano for causado por uma *omissão*, a teoria adotada é a da responsabilidade subjetiva, de acordo com o já transcrito alhures art. 15 do Código Civil (derrogado pelo art. 194 da Constituição da República de 1946).

Deve-se considerar, por outro lado, que as pessoas jurídicas – inclusive as estatais – que se envolverem em relações de consumo serão submetidas à disciplina da Lei nº 8.078, de 11/09/1990, e, *ipso facto*, terão sua responsabilidade civil regida pela teoria objetiva, quer em caso de ação, quer de omissão. Atente-se, entretanto, que essa norma rege a responsabilidade civil contratual, ao passo que a responsabilidade civil regida pelo art. 37, § 6º, da Constituição e pelo art. 43 do Código Civil é extracontratual.

Por fim, observa-se que o Código Civil (Lei nº 10.406, de 10/01/2002) adotou, em seu art. 43, para todas as situações em que o responsável pelo dano seja pessoa jurídica de Direito Público, a teoria da responsabilidade objetiva, de modo que, a partir de 11/01/2003, a responsabilização dos mesmos independerá da demonstração de culpa ou dolo, mesmo quando for em razão de omissão estatal.

Essa modificação não alcança, portanto, as empresas públicas e as sociedades de economia mista que têm personalidade jurídica de Direito Privado, que continuarão só se submetendo à teoria da responsabilidade objetiva extracontratual na hipótese de o dano ser ocasionado por uma *ação* da estatal.

À vista do que se disse até aqui, então, temos que as empresas públicas e sociedades de economia mista serão submetidas à:

a) *teoria da responsabilidade objetiva*: quando o dano for decorrente de uma ação da estatal e esta for prestadora de serviço público; e quando o dano for decorrente de uma ação ou omissão inserida no contexto de uma relação de consumo;
b) *teoria da responsabilidade subjetiva*: quando o dano for decorrente de uma omissão da sociedade estatal ou, mesmo sendo decorrente de uma ação, a mesma não for prestadora de serviço público.

A responsabilidade subsidiária das estatais encontrava amparo legal no art. 242 da antiga Lei das S.A., o qual foi revogado expressamente pela Lei nº 10.303/2001. Este art. 242 previa que, embora as estatais não pudessem sofrer falência, a pessoa jurídica que a controlava responderia subsidiariamente pelas suas obrigações.

Ocorre que a Lei nº 10.303/2001 também já sofreu revogação pela nova lei da falência – Lei nº 11.101/2005 – e esta nada falou sobre o assunto, tendo deixado um vácuo na matéria legal que trata da responsabilidade subsidiária das estatais.

Portanto, após ser revogado e diante desta alteração que desconfigurou o amparo legal do tema em foco, restou à doutrina tecer os novos rumos para a matéria da responsabilidade subsidiária, tendo se insurgido duas posições prevalecentes sobre o assunto.

Cabe enfatizar que a responsabilidade civil das pessoas jurídicas de Direito Privado prestadoras de serviço público é objetiva relativamente aos usuários do serviço, não se estendendo a pessoas outras que não ostentem a condição de usuário.

9.35.1. Primeira Posição – Incide a Responsabilidade Subsidiária

Com o advento da nova lei de falência, Lei nº 11.101/2005, legislador manteve silêncio sobre o tema da sua responsabilidade subsidiária, deixando mais uma vez o assunto a critério da doutrina.

A primeira posição aponta para a existência da *culpa in eligendo*, segundo a qual se o Poder Público escolheu mal o seu representante, deverá responder subsidiariamente pelas obrigações deste. Ou seja, optou por manter a existência da responsabilidade subsidiária mesmo após ter sido revogado o dispositivo legal que a previa.

Ressaltamos ainda que a posição doutrinária que optou por manter a responsabilidade subsidiária do ente público após a revogação do art. 242 da antiga Lei das S.A. não teceu nova manifestação após a vigência da nova lei, dando a entender que mantém a mesma postura anterior.

9.35.2. Segunda Posição – Responsabilidade Subsidiária Somente para as Estatais que Prestam Serviço Público

Uma segunda posição já aponta para uma interpretação ambígua, na qual poderá haver a responsabilidade subsidiária se for o caso de uma estatal prestadora de serviço público. Ou seja, se for serviço público, que é atividade típica do Estado, haverá a responsabilidade subsidiária porque a atividade concedida a terceiro lhe compete originariamente.

Se ao contrário, tratar-se de uma estatal que explore atividade econômica, a qual é atividade típica da iniciativa privada, não subsistirá a responsabilidade subsidiária por não se tratar de uma atividade que cabe originariamente ao Estado.

Com efeito, aquele que mantiver qualquer atividade com uma estatal prestadora de atividade econômica, deverá se cercar das precauções que se exige no mercado, e que se tem quando se interage com uma empresa da iniciativa privada, pois não haverá um garantidor como ocorre com a estatal que presta serviço público.

Indo mais além, registramos na doutrina até uma assertiva mais radical, mas não menos coerente – de que é inconstitucional que se conceda a responsabilidade subsidiária à empresa estatal que explore atividade econômica, tendo em vista que o art. 173, §1º da CF/1988 deixa claro que se deve atribuir o mesmo tratamento das empresas privadas a estas empresas estatais.

9.35.3. Conclusão

Conforme demonstrado, contamos com posições que se dividem nas seguintes opiniões. Primeiro, os que comungam da opinião de que a responsabilidade subsidiária incide em qualquer hipótese, numa referência à *culpa in elegendo*, ou seja, se escolher mal aquele que vai representá-lo, responderá subsidiariamente pelas obrigações deste.

Já uma outra posição se inclina em duas vertentes: que o Poder Público só responde subsidiariamente se o concedente prestar atividade típica do Estado. Se se tratar de atividade econômica não há que se falar em responsabilidade subsidiária, pois estaria atribuindo um tratamento diferenciado às empresas estatais, e que estas devem se equiparar às particulares em suas obrigações.

9.36. Responsabilidade Solidária na Cessão de Mão de obra

A sociedade de economia mista é solidariamente responsável pelo recolhimento da contribuição previdenciária sobre a folha de salário de empresa que lhe prestou serviços mediante regime de cessão de mão de obra. O art. 61 do Decreto-lei nº 2300/1986 (cuja redação foi repetida pelo art. 71 da Lei nº 8.666/1993) de fato prevê a responsabilidade do contratado pelos encargos tributários resultantes da execução do contrato, conforme se verifica no texto:

> *Art. 71. O contratado é responsável pelos encargos trabalhistas, previdenciários, fiscais e comerciais, resultantes da execução do contrato.*

Assim, as empresas estatais que firmam contratos de subempreitada são solidariamente responsáveis pelo recolhimento das contribuições previdenciárias decorrentes dos serviços prestados pela contratada.

As empresas poderão isentar-se da responsabilidade solidária, especialmente as construtoras, em relação às faturas, notas de serviços, recibos ou documentos equivalentes que pagarem por tarefas subempreitadas, de obras a seu cargo, desde que façam o subempreiteiro recolher, previamente, quando do recolhimento da fatura, o valor fixado pela Previdência Social, relativamente ao percentual devido como contribuições previdenciárias e de seguro de acidentes do trabalho, incidente sobre a mão de obra.

Em não havendo comprovação que as empresas-contratadas recolherem as referidas contribuições aos cofres do INSS, não há qualquer ilegalidade na apuração indireta do débito.

O art. 31, da Lei nº 8.212/1991, impõe a empresa contratante de serviços executados mediante cessão de mão de obra inclusive em regime de trabalho temporário deverá reter 11% do valor bruto da nota fiscal ou fatura de prestação de serviços e recolher a importância retida até o dia dois do mês subsequente ao da emissão da respectiva nota fiscal ou fatura em nome da empresa cedente da mão de obra, conforme Lei nº 10.666, de 08/05/2003.

O art. 31, da mencionada lei, impõe ao contratante de mão de obra a solidariedade com o executor pelas obrigações decorrentes desta lei, em relação aos serviços prestados.

9.37. Natureza Jurídica dos Bens das Estatais

A natureza jurídica dos bens das estatais é tema controvertido na doutrina, e divide a opinião dos melhores doutrinadores em três posições distintas.

9.37.1 Primeira Posição

Uma primeira posição defende a tese de que estes bens têm a natureza jurídica de bem público, ainda que sejam elas pessoas jurídicas de Direito Privado.

Justificam o argumento de que a natureza do bem destas estatais é pública pelo fato de que são elas pessoas da Administração Pública, neste caso específico, indireta. Interessante ressaltar que a empresa estatal terá um tratamento híbrido, ou seja, não obstante ser pessoa de Direito Privado, integram a Administração Pública.

Trata-se, pois, de um bem público especial ou de uso especial, tendo em vista a participação do Poder Público na empresa estatal.

9.37.2. Segunda Posição

A segunda posição entende que a natureza jurídica dos bens das estatais está inserida na esfera de um bem privado, de natureza particular, argumentando que uma pessoa jurídica de Direito Privado não pode ter como sua propriedade um bem público.

Sustenta ainda que quando a União, os Estados ou os Municípios criam uma estatal, os bens que são transferidos para esta passam a integrar a sua propriedade, ocorrendo o instituto da agnação.

O bem sai da esfera de posse do ente público e passa a integrar a esfera de posse do ente privado, e esta se confirma como proprietária do bem transferido. Todavia, se ocorresse apenas a transferência do domínio útil do ente público para a estatal, outro seria o quadro, ocorrendo tão somente uma cessão de uso, permissão ou concessão, institutos estes diferentes da agnação.

Portanto, uma vez ocorrida a transferência da propriedade dos bens para a estatal – pessoa jurídica de Direito Privado, e essa configurar-se como proprietária dos bens advindos do ente público, não há mais que se falar que a natureza destes são públicos.

Nesta circunstância, caracterizada estará a transformação na natureza destes bens, que saem da esfera pública e passam a integrar a esfera particular, pelo único motivo que pessoa jurídica de Direito Privado não pode ser proprietária de um bem público.

Lembremos aqui do episódio ocorrido no Município do Rio, em que o prefeito desapropriou os armazéns das Docas para a construção do Rio Cidade. Consigna-se uma relação entre um ente público e uma estatal, sociedade de economia mista, que legalmente só foi possível pelo fato de que o objeto de desapropriação tratava-se de um bem que foi transferido da União para a esfera desta empresa de natureza privada.

Se a relação ocorresse ente o Município e a citada estatal, mas o bem pertencesse à esfera do ente público que a criou, neste caso a União, não seria legalmente viável a realização desta desapropriação, pois Município não pode desapropriar bem da União.

Daí a confirmação de que quando o ente público cria uma estatal não repassa apenas o domínio útil, mas transfere os bens para a propriedade desta nova empresa.

Apenas para registrar, o erro que se deu neste episódio foi o fato de o prefeito, à época, ter usado o mecanismo legal inadequado, pois que para desapropriar bem de uma estatal é necessário decreto do presidente da República, conforme preceitua o art. 2º do Decreto-lei nº 3.365/1941, e o prefeito em tese tentou fazê-lo por meio de um decreto expedido por ele mesmo, e este foi judicialmente questionado e derrubado.

9.37.3. Terceira Posição

Já a terceira posição doutrinária entende que, para saber a natureza jurídica dos bens das estatais é necessário que se saiba, primeiramente, o que ela faz, se presta atividade econômica ou serviço público.

De acordo com o art. 98 do Código Civil brasileiro,

> *são públicos os bens do domínio nacional pertencentes às pessoas jurídicas de Direito Público interno; todos os outros são particulares, seja qual for a pessoa a que pertencerem.*

Esta terceira corrente fala que os bens públicos que são vinculados ao serviço público serão de natureza pública, e os que não forem essenciais ao serviço público serão bens particulares, e para fins de penhora, tema este que será analisado a seguir, serão efetivamente insuscetíveis de serem penhorados.

Mas se numa determinada empresa estatal que esteja se submetendo a uma penhora tiver uma obra de arte, como um quadro valioso, este certamente não estará vinculado ao serviço público, e poderá ser objeto de penhora, por se tratar de um bem particular.

Outro exemplo que pode ilustrar esta explanação é o caso de uma empresa pública estatal de transporte ferroviário com relação aos seus vagões. Estes vagões não podem ser penhorados por estarem nitidamente vinculados ao serviço público, ou por serem parte integrante do bem que presta serviço de transporte, que é público.

Em que pese estes argumentos, o que se deve ter sempre em mente nesta questão da natureza jurídica dos bens das estatais e quanto à possibilidade de penhora ou não destes bens, é que esta possibilidade está associada à continuidade do serviço público.

De fato, o que gera a impenhorabilidade dos bens das estatais não é exatamente a sua natureza jurídica, mas o princípio da continuidade do serviço público.

Quando a eventual penhorabilidade dos bens das estatais acarretar prejuízos à continuidade do serviço público, esta penhorabilidade não será admitida, em homenagem ao aludido princípio constitucional. Em tese, esta é a ideia que norteia esta terceira corrente.

9.38. Quem tem Competência para Apreciar as Contas dos Bens das Estatais?

As estatais, desenvolvendo atividades de suma importância para o interesse público, desafogando, de forma descentralizada os serviços públicos, porque o ente da federação deixa de ser executor dessas atividades e passa, apenas, a ser fiscalizador indireto de suas empresas públicas e sociedades de economia mista.

No tocante à competência fiscalizatória dos tribunais de contas sobre as empresas públicas e as sociedades de economia mista, a doutrina não é uniforme.

Cumpre ressaltar que há teses e discussões acadêmicas no sentido de que os tribunais de contas não devem fiscalizar as empresas estatais por serem entidades privadas, não se mantendo com dinheiro público.

É imperioso concluir que, anteriormente, o Supremo Tribunal Federal, MS nº 23.627, estatuiu que os bens das estatais não são bens públicos, e, portanto, o Tribunal de Contas da União não tem capacidade legal para apreciar suas contas.

Ousamos discordar de tal posicionamento, pois o controle externo sobre a gestão dos administradores públicos é um princípio de fundamental importância no Direito Administrativo, calcada na moralidade administrativa.

O controle externo objetiva dá transparência aos atos da Administração, tendo aplicação imediata e não se exclui em função de seu regime jurídico.

A empresa pública e a sociedade de economia mista pelo fato de possuírem personalidade jurídica de Direito Privado, desempenhando atividade de interesse público com autonomia funcional hierárquica, tornando-as mais ágeis, mas nem por isso não estão sujeitas ao controle do Tribunal de Contas por administrar dinheiro público, mesmo que indiretamente.

A respeito do tema, pouco importa a natureza jurídica de seus bens e objeto social.

Nesse passo, vale a advertência de que, por ocasião da criação de uma estatal, obrigatoriamente, vai surgir o dinheiro público. Na empresa pública, surge somente dinheiro público. No caso da criação da sociedade de economia mista, majoritariamente, temos a presença de dinheiro público. Havendo danos a patrimônio de empresas estatais, por reflexo, haverá prejuízos ao erário público, em função de como se origina a estatal no momento de sua criação.

Urge frisar que a fiscalização do Tribunal de Contas não poderá abranger as atividades de natureza eminentemente econômica da estatal, ou seja, os atos realizados com vistas ao atingimento de seus objetivos eminentemente comerciais.

Hipoteticamente, é legítima a intervenção dos Tribunais de Contas visando aferir a regularidade de contratos administrativos formalizados, no âmbito das instituições financeiras públicas exploradoras de atividade econômica. Portanto, age com legitimidade o Tribunal de Contas, quando investiga, por exemplo, a correta formalização do aditivo contratual entre sociedade de economia mista e empresa de segurança. Há, consequentemente, competência do Tribunal de Contas para requisitar os documentos considerados indispensáveis à instrução de processo, apurar eventuais irregularidades e atos de interesse público, como, a título de ilustração, os de licitação.

A democracia pública social deve observar os princípios da legalidade, impessoalidade, moralidade, publicidade, eficiência, dentre outros já reconhecidos, como forma de obstruir a malversação da máquina administrativa.

Ademais, as estatais não estão acima da Constituição. Até o Poder Judiciário e o Legislativo não escapam da fiscalização do Tribunal de Contas da União. Todos os poderes e órgãos da República estão submetidos a um outro controle.

A verificação de regularidade da despesa realizada por qualquer estatal é matéria que se insere na competência da Corte de Contas. Nenhum ente da Administração Pública, direta ou indireta, pode estar ao largo de fiscalização de Tribunal de Contas, de acordo com o art. 70, parágrafo único, c/c o art. 75, da *Lex Legum*.

Igualmente compartilham dessa opinião o julgamento do Supremo Tribunal Federal, no julgamento do Mandado de Segurança nº 25092/DF, admitindo o controle, ratificado nos informativos de jurisprudência nº 408 e nº 411 da Suprema Corte:

> Constitucional. Administrativo. Tribunal de Contas. Sociedade de Economia Mista: Fiscalização pelo Tribunal de Contas. Advogado empregado da empresa que deixa de apresentar apelação em questão rumorosa. 1. Ao Tribunal de Contas da União compete julgar as contas dos administradores e demais responsáveis por dinheiros, bens e valores públicos da Administração direta e indireta, incluídas as fundações e sociedades instituídas e mantidas pelo Poder Público federal, e as contas daqueles que derem causa a perda, extravio ou outra irregularidade de que resulte prejuízo ao erário (CF, art. 71, II; Lei nº 8.443, de 1992, art. 1º, I). 2. As empresas públicas e as sociedades de economia mista, integrantes da Administração indireta, estão sujeitas à fiscalização do Tribunal de Contas, não obstante os seus servidores estarem sujeitos ao regime celetista. 3. Numa ação promovida contra a Chesf, o responsável pelo seu acompanhamento em juízo deixa de apelar. O argumento de que a não interposição do recurso ocorreu em virtude de não ter havido adequada comunicação da publicação da sentença constitui matéria de fato dependente de dilação probatória, o que não é possível no processo do mandado de segurança, que pressupõe fatos incontroversos. 5. Mandado de segurança indeferido.

9.39. Mandado de Segurança

Os atos praticados por agentes, de sociedade de economia mista (concessionária prestadora de fornecimento de energia elétrica, por exemplo), são considerados atos administrativos quando seu conteúdo tiver conexão com a função pública delegada, quando praticado com abuso de poder e de forma ilegal. Sendo assim, se tais atos ameaçam ou violam direito líquido e certo, cabe a impetração de mandado de segurança. É o que decorre do art. 5º, LXXIII, da CF, que se refere a pessoas de Direito Privado no exercício de funções públicas, bem como do disposto no art. 1º e seu parágrafo único da Lei nº 1.533/1951.

No entendimento do Colendo Superior Tribunal de Justiça, é cabível o mandado de segurança contra atos praticados por dirigentes de sociedade de economia mista e empresas públicas quando pratica atos típicos do Direito Público, aos princípios que vinculam toda a Administração, como a moralidade, legalidade, impessoalidade etc. Logo, tais atos não podem ser classificados como meros atos de gestão, o que descaracterizaria a simbiose de sua personalidade jurídica. Sobretudo quando se trata de licitação e concurso público. O concurso é o meio técnico posto à Administração Pública para obter-se moralidade, eficiência e aperfeiçoamento do serviço público e, ao mesmo tempo, propiciar igual oportunidade a todos os interessados aos requisitos da lei, consoante determina o art. 37, II, da Constituição da República. Na realização de concurso público, a estatal não pratica mero ato de gestão interna, mas atende a preceito constitucional, porquanto exerce função delegada.

Um dirigente de uma sociedade de economia mista, por exemplo, quando julga uma licitação pública, pratica ato de autoridade de Direito Público e não ato de gestão, sendo perfeitamente cabível a impetração de mandado de segurança.

Portanto, em sendo as estatais um instrumento administrativo de descentralização de serviços públicos, seus dirigentes podem-devem figurar como autoridade coatora em mandado de segurança, enquanto no exercício de um poder delegado pelo Poder Público.

Tem-se, atualmente, procurado emprestar ao vocábulo autoridade o conceito mais amplo possível para justificar a impetração de mandado de segurança, tendo a lei adicionado-lhe a expressão "seja que natureza for".

9.40. Dirigentes da Sociedade de Economia Mista

Os dirigentes (presidente, vice-presidente, conselheiros etc.) são eleitos em assembleia de acionistas.

Cumpre ressaltar que, em regra, os dirigentes sendo eleitos em Assembleia de Acionista, em conformidade com a Lei das S.A., art. 122, II, só poderiam ser destituídos por essa mesma maneira.

Há que se advertir, no entanto, que a lei criadora da estatal e os estatutos podem optar diferentemente.

9.41. Casos Polêmicos:

9.41.1. Locação de Imóvel entre Empresa Pública da União e Empresa Privada é Regida por Normas de Direito Privado?

Preliminarmente, trazemos a informação de que a locação entre empresa pública e empresa privada deve observar os dispositivos legais e constitucionais que ora elencamos: CF/1988 arts. 37 e 173, § 1º, Lei nº 8.666/1993 (arts. 1º e 54), e Decreto nº 200/1967.

No que alude às características da empresa pública, trazemos à baila as que se seguem, para a explanação desta questão: pessoa jurídica de Direito Privado, de finalidade e características próprias e cujos bens são considerados públicos.

As atividades fins da empresa pública estão sujeitas ao regime do Direito Público e sua função administrativa consiste em dever do Estado.

Observados os preceitos legais que regem o tema, podemos asseverar que os contratos celebrados pelas empresas públicas se revestem do pressuposto de exercício da função pública, não se cogitando a observância de regras de Direito Privado nesta esfera.

Ademais, podemos justificar esta tese pelo fato de que a empresa pública figura em capítulo apropriado da Administração Pública.

Quando falamos em remuneração pelo uso de bem público, tema este que já foi levado a cabo pelos tribunais, podemos afirmar que a sua natureza não é a de aluguel, tampouco que o seu reajuste se disciplina pelas normas ditadas pela locação comum do Direito Privado, hoje regulada pela nova Lei das Locações, Lei nº 8.245/1991.

Portanto, esta questão não merece ser estendida além do que já ficou selado pela Suprema Corte e pelos demais tribunais que repetiram na íntegra a sua decisão, sendo certo que as normas de Direito Público não podem disciplinar a cessão de uso de bem público, ainda que este bem se encontre na administração de empresa pública.

A cessão de uso de bem da União é regida pelo Decreto-lei nº 9.760/1946, se dá mediante contrato oneroso e deve ser regido pelas normas de Direito Público, haja vista a natureza jurídica de contrato administrativo.

Além disso, o interesse e a conveniência próprios da Administração Pública podem compelir o ente controlador da empresa pública a reaver o objeto de locação, a qualquer tempo e unilateralmente, tornando sem efeito qualquer contrato entre cessionário e cedente.

Transcrevemos ementa acerca do tema em foco, com o escopo de ilustrar a narrativa que defendemos:

> Administrativo. Empresa Pública e Empresa Privada. Locação de imóvel. C.F., arts. 37 e 173, § 1º Lei nº 8.666/1993 (arts. 1º e 54). Decreto nº 200/1967.1. A empresa pública, de finalidade e características próprias, cujos bens são considerados públicos, sujeita-se aos princípios da Administração Pública, que são aplicáveis para as suas atividades fins, bem distanciado do Direito Privado. A rigor, a sua função administrativa consiste no dever do Estado, cm regime jurídico-administrativo, com regras próprias e prevalecentemente de Direito Público. Os contratos que celebra têm por pressuposto lógico o exercício de função pública. Soma-se que a empresa pública está inserida no capítulo apropriado à Administração Pública (art. 37, CF). 2. A remuneração pelo uso de bem público não configura aluguel e o disciplinamento do ajuste, firmado entre a empresa pública e a particular, não se submetem às normas ditadas à locação comum, e sim do Direito Público. Forçando, caso admita a locação, mesmo assim, não escaparia dos preceitos do Direito Público (arts. 1º e 54, Lei nº 8.666/1993). 3. Recurso provido.

9.41.2. Os Bens das Sociedades de Economia Mista que Prestam Serviço Público podem ser Penhorados?

Sendo incontroversamente sociedade de economia mista pessoa jurídica de Direito Privado, de plano podemos afirmar que a execução de seus débitos se dá pelo regime comum das sociedades em geral, e que esta não integra a Fazenda Pública referenciada no art. 730 do Código de Processo Civil, e que em regra não se lhe aplica o *princípio da impenhorabilidade dos bens públicos*[144].

Frisamos, ainda, que o fato de estas entidades prestarem serviço público, por si só, não as retira da qualidade de pessoa de Direito Privado, devendo-se observar mais atentamente a natureza de seus bens quanto a estarem ou não afetados ao serviço público no que alude à possibilidade de penhora destes.

Em tese, sabemos que o patrimônio da sociedade de economia mista é alienável, e, por corolário, penhorável. Porém, cumpre-nos informar que, excepcionando a regra, a sociedade de economia mista que se dedica à prestação do serviço público se enquadra em hipótese cuja disponibilidade de seu patrimônio deve ser interpretada de forma restritiva.

Assim, são impenhoráveis os bens que se encontrarem destinados especificamente à execução do serviço público prestado, pois que estes fazem jus a uma proteção especial por força dos *princípios da continuidade do serviço público* e da *supremacia do interesse público sobre o particular*.

[144] Processo Civil. Execução de Título Extrajudicial. Penhora em Bens de Sociedade de Economia Mista que Presta Serviço Público. A sociedade de economia mista tem personalidade jurídica de Direito Privado e está sujeita, quanto à cobrança de seus débitos, ao regime comum das sociedades em geral, nada importando o fato de que preste serviço público; só não lhe podem ser penhorados bens que estejam diretamente comprometidos com a prestação do serviço público. Recurso especial conhecido e provido. (STJ Resp. nº 176.078/SP; Rel. Min. Ari Pargendler; Segunda Turma)

Transcorremos Ementa da lavra do Quinto Tribunal do Trabalho de Cuiabá/MT:

> Sociedade de Economia Mista Estadual. Prestadora de Serviço Público. Penhora de Bens que Inviabiliza o Abastecimento de Água. Bens Públicos de Uso Especial. Princípios da Continuidade do Serviço Público e da Supremacia do Interesse Público. Impenhorabilidade.

Em regra, o patrimônio da sociedade de economia mista é alienável, e, por corolário, penhorável. Porém, excepcionalmente à regra, temos as sociedades de economia mista prestadoras de serviços públicos e, como tal, a disponibilidade de seu patrimônio deve ser interpretada restritivamente, Desse modo, são impenhoráveis os bens destinados especificamente à execução e manutenção do serviço público prestado, vez que gozam de proteção especial, por força dos princípios da continuidade do serviço público e supremacia do interesse público sobre o particular. Agravo de petição conhecido e, no mérito, declarado *ex officio,* a nulidade da penhora efetuada sobre os bens impenhoráveis e por consequência, tornar nulo todos os atos praticados posteriormente.

Com efeito, não estando a sociedade de economia mista acobertada pela regra do precitado dispositivo legal do Código Processual vigente, o qual assegura o pagamento de seus débitos por meio de precatório, não há falar na impenhorabilidade de seus bens, observando-se tão somente os que estiverem diretamente comprometidos com a prestação do serviço público.

Para materializar esta questão, trazemos o exemplo da incidência de penhora sobre bilheteria de concessionária de serviço público que se dedica à prática de transporte público coletivo.

Esta penhora só se torna possível, neste caso específico, pela evidência de que a receita penhorada não inviabiliza o funcionamento da devedora nem traz prejuízos à sociedade a interrupção da prestação do serviço.

Devemos pontuar, nesse exemplo, que a existência de vedação legal e o alcance aos bens destinados especificamente ao serviço prestado podem reverter esta possibilidade de penhora, como é o caso ocorrido com a ECT – Empresa Brasileira de Correios e Telégrafos, que é especificamente amparada pelo Decreto nº 509/1969.

Outro exemplo é o da possibilidade de penhora de bens de sociedade de economia mista que tem por objeto a exploração de serviços públicos relacionados à limpeza urbana.

Ainda que a entidade estatal alegue que a prática da atividade a qual executa se configura essencial à coletividade, rogando que a execução se dê pelos moldes do art. 730 do CPC, este fato não alcança o universo das prerrogativas do precatório e da impenhorabilidade de bens, aplicável à execução da Fazenda Pública.

Portanto, os bens de sociedade de economia mista prestadora de serviço público, desde que constrição não importe, por si só, na interrupção do serviço prestado, são passíveis de penhora, não se aplicando à execução de seus bens a forma disposta no art. 730 do Código de Processo Civil.

9.41.3. Configura-se Legítima a Penhora Incidente sobre Faturamento Mensal de Devedora Concessionária de Serviço Público?

Questiona-se neste tópico a legitimidade de execução de débito de empresa pública ou sociedade de economia mista prestadoras de serviço público recaírem sobre os seus faturamentos mensais.

A princípio, podemos asseverar não haver negativa legal para que se configure tal penhora, mas que se deve observar preliminarmente o percentual a ser desviado para a satisfação do pleito.

Não cabe nesta hipótese de penhora sobre renda de concessionária de serviço público a alegação de se contrariar o princípio da continuidade do serviço público, desde que a penhora recaia sobre percentual razoável.

Para tanto, deve o aplicador da lei agir com as devidas cautelas, em face do notório interesse público de tais empresas cuja atividade é de grande relevância para coletividade e observância no que concerne ao porte da empresa, ao tipo de serviço prestado e ao *quantum* que recai sobre o débito, para que não ocorra nem o excesso quando da estipulação do percentual penhorado, nem a taxação de valor insignificativo mediante a dívida e a receita auferida pela entidade[145].

Se assim não o fosse, todo e qualquer percentual estipulado judicialmente poderia ser objeto de contestação da devedora, sob argumento de estar inviabilizando a efetiva prestação do serviço à sociedade.

[145] Assim já decidiu o Tribunal de Justiça do Rio Grande do Sul: "Processual civil. Substituição de penhora de dinheiro por automóvel de propriedade da concessionária de serviço público. É possível a substituição da penhora sobre numerário da concessionária de serviço público de energia elétrica por veículo ano 2003, pertencente a sua frota, no curso da execução provisória, onde eventual levantamento demanda caução, não se percebendo possibilidade nesse sentido, em razão da situação dos agravados". (Agravo de instrumento nº 700044439; Nona Câmara Cível do Rio de Janeiro)

Quanto à tese da excepcionalidade da penhora de renda que poderá insurgir em defesa da devedora, esta só será legítima se ao contestá-la, oferecer bem diverso para substituí-la na penhora.

O mesmo poderá se dar sobre a alegação de ocorrer *lesão gravíssima e injusta*, as quais só restarão provadas se forem comprovadas materialmente, como o caso do comprometimento da renda em demais penhoras.

Ademais, os tribunais já acolheram decisão que considera razoável que constrição em processo de execução recaia sobre a penhora de renda, desde que o percentual taxado não inviabilize ou onere despropositadamente a atividade negocial da devedora.

Também asseveramos que não se aplica à espécie de demanda a violação do princípio da menor onerosidade. Esta última assertiva restou provada por meio do Enunciado nº 7 do Encontro dos Desembargadores de Câmaras Cíveis, que se transcreve a seguir:

> Enunciado nº 7: A penhora de receita auferida por estabelecimento comercial, industrial ou agrícola, desde que fixada em percentual que não comprometa a respectiva atividade empresarial, não ofende o princípio da execução menos gravosa[...]

Por fim, eventual alegação de que a *penhora da renda* e consequente constrição de numerário existente em conta corrente de titularidade de entidade estatal poderá afetar o equilíbrio financeiro da devedora, só se configurará acatado se apresentada prova cabal deste alegado, não bastando meras alegações infundadas para que a Justiça a acolha.

Diante de tudo que foi exposto, não nos intimidamos em assegurar que é legítima a penhora incidente sobre o *faturamento mensal* da devedora, hipótese esta que deve observar a gradação inscrita no art. 655 do Diploma Processual vigente, e observado, sobretudo, a sua recente alteração dada pela Lei nº 11.382/2006.

9.41.4. Persiste a Legitimidade da Penhora sobre Faturamento de Concessionária de Serviço Público se esta ofertou bem Diverso e Suficiente para a Constrição Judicial?

Hipótese diversa da anterior se dá quando a penhora incidente em processo de execução contra concessionária de serviço público recai sobre o faturamento da entidade, ainda que esta tenha oferecido bem diverso e suficiente para a constrição judicial.

Considera-se aqui o fato de a devedora fazer prova de que a constrição do faturamento acarreta incontestáveis prejuízos, seja pela interrupção da prestação do serviço à comunidade, seja no âmbito financeiro da empresa, a qual poderá acarretar prejuízos aos próprios trabalhadores.

Somando-se a isso, se restar provado que a devedora ofereceu outros bens à penhora, esta conduta se afigura em afronto ao *princípio da execução menos gravosa* ao devedor.

A jurisprudência mais atualizada tem se inclinado no sentido de restringir a penhora sobre o faturamento da empresa, aplicando-a tão somente quando observados rigorosamente determinados procedimentos, sob pena de se frustrar a pretensão constritiva.

Dentre estes procedimentos, destacam-se: a observância da existência de outros bens a serem penhorados, ou se frustrada a tentativa de haver o valor devido execução; o esgotamento de todos os esforços na localização de bens, direitos ou valores livres e desembaraçados, suficientes para garantir a execução, ou se os oferecidos sejam de difícil alienação;

Além desses, considera-se ainda a fixação de percentual que não inviabilize a atividade econômica da empresa, entre outros. Segue-se decisão de Superior Tribunal de Justiça em julgamento de recurso especial sobre esta explanação:

> Execução. Penhora em Dinheiro. Gradação Legal na Oferta. Súmula 7/STJ1. 1. A ordem legal estabelecida para a nomeação de bens à penhora não é rígida, devendo a sua aplicação atender às circunstâncias do caso concreto, à potencialidade de satisfazer o crédito e à forma menos onerosa para o devedor. Portanto, pode a penhora recair em dinheiro, sempre que a situação assim reclamar. 2. Não há como concluir pela injustiça da recusa do bem pelo exequente, nem pela onerosidade da execução da forma como foi conduzida, sem adentrar em aspectos fáticos e probatórios, insuscetíveis de revisão da via estreita do especial, por expressa disposição da Súmula 7/ STJ. 3. Recurso Especial não provido. (REsp. 182093/ RO; Rel. Min. Waldemar Zveiter; Terceira Turma, j. em 13/02/2001; DJ 09/04/2001, p. 352).

9.41.5. Bens de Propriedade de Sociedade de Economia Mista Podem Usucapir?

A questão versando sobre a possibilidade ou não de bens de empresa pública ou sociedade de economia mista serem objetos de usucapião pode ser apreciada na Lei Maior, na jurisprudência e na doutrina, restando relativamente pacífica a sua conclusão.

Segundo reza a Constituição Federal em seu art. 173, § 1º, inciso II, ao explorar atividade econômica de comercialização, empresa pública e sociedade de economia mista estão sujeitas ao regime jurídico próprio das empresas privadas, inclusive quanto aos direitos e obrigações civis, ou seja, inclusive à usucapião de seus bens.

Já o art. 183, § 3º estabelece que "os imóveis públicos não serão adquiridos por usucapião". Quanto à definição de *imóveis públicos*, esta se encontra elencada no art. 98 do Código Civil brasileiro, que assim dispõe:

> *Art. 98. São públicos os bens do domínio nacional pertencentes às pessoas jurídicas de Direito Público interno; todos os outros são particulares, seja qual for a pessoa a que pertencerem.*

Por derradeiro, podemos afirmar que o legislador não achou por bem incluir os bens pertencentes às pessoas jurídicas de Direito Privado na qualidade de bem público, restringindo esta natureza apenas aos bens que estejam sob o domínio e patrimônio das pessoas jurídicas de Direito Público.

É da lavra do Superior Tribunal de Justiça as decisões que trazemos para ratificar nossa explanação:

> Usucapião. Sociedade de economia mista. CEB. O bem pertencente à sociedade de economia mista pode ser objeto de usucapião. (REsp 120702; Rel. Ruy Rosado de Aguiar)
>
> Usucapião. Bem pertencente à sociedade de economia mista. Possibilidade. "Animus Domini". Matéria de fato. Bens pertencentes à sociedade de economia mista podem ser adquiridos por usucapião. (REsp 37906; Rel.Min. Barros Monteiro)

Cumprindo a doutrina o papel de interpretar a lei e ajustá-la a um plano mais próximo da realidade, o seu entendimento sobre o tema tem se direcionado no seguinte foco: se o bem estiver afetado a uma destinação pública, que corresponde a afirmar que ele esteja sendo utilizado na prestação de um serviço público, terá nesse caso excepcional a natureza de bem público.

O tema é polêmico. Pode-se encontrar três orientações:

A primeira, entendendo se tratar de bem público com destinação especial e, por isto, não passível de aquisição por usucapião.

O argumento de que tais bens não podem ser adquiridos por usucapião é porque o domínio patrimonial do Estado sobre seus bens é direito de propriedade sujeito a regime administrativo especial, sendo impossível a prescrição aquisitiva sobre os mesmos, conforme estabelecido expressamente em nossa Carta Magna, art. 183, § 3º, e art. 191, parágrafo único.

Ademais, clandestina ou não, a posse exercida pelo particular sobre bens imóveis públicos é sempre precária, sendo imperativo o reconhecimento de que resta afastado o usucapião, por impossibilidade jurídica do pedido.

A segunda, observando ser imprescindível fazer a distinção entre o objetivo da Empresa – prestação de serviço ou intervenção no domínio econômico – onde possível a aquisição dos bens não vinculados à prestação, possuindo natureza pública e prendendo-se à ideia de continuidade do serviço, tornam-se impassíveis de aquisição por usucapião.

A terceira corrente, mencionando ser indiferente o objetivo da estatal, pois este não transmuda a sua natureza como pessoa jurídica de Direito Privado, muito menos a de seus bens, que guardam a mesma natureza. Por conseguinte, perfeitamente possível a aquisição por usucapião.

A sociedade de economia mista tem natureza anômala (híbrida), já que embora tenha o Estado como acionista, ela não é uma empresa pública, tanto que o Superior Tribunal de Justiça reconhece:

> Compete à Justiça Comum Estadual processar e julgar as causas cíveis em que é parte sociedade de economia mista e os crimes praticados em seu detrimento. (Súmula nº 42)

O Tribunal de Justiça do Estado do Rio de Janeiro, examinando hipótese idêntica, decidiu que "imóvel pertencente à sociedade de economia mista não está abrangido pela vedação do art. 183, § 3º, da Constituição Federal, sendo passível de aquisição por usucapião". (Quinta Câmara Cível; Apelação nº 3.723; Rel. Des. Miguel Pachá) Consequentemente os bens da sociedade de economia mista podem ser usucapidos.

Com efeito, a sociedade de economia mista, possuindo personalidade jurídica de Direito Privado, sujeita-se ao regime desta pessoa, consoante o art. 173, § 1º, da Constituição Federal.

9.41.6. Admite-se na Prática de Atividade Econômica Tratamento Diferenciado entre as Empresas Públicas e Privadas?

O §1º do art. 173 da Constituição da República, exaustivamente mencionado neste trabalho, não deixa dúvidas quanto à intenção do legislador constituinte em conferir um tratamento isonômico às empresas públicas e privadas que desenvolvam a prática de atividades econômicas.

Ademais, não obstante o fato de empresas públicas e privadas que atuam diretamente na economia estarem sujeitas, em certos casos, a regras distintas, este fato não justifica que se instale um desrespeito ao aludido artigo constitucional.

Em verdade, esta postura de igualdade deve ser ratificada, sobretudo, na questão tributária, que não raro é cogitada em demandas que circulam pelos Tribunais, e onde se percebe a tentativa de se violar o *princípio da isonomia* entre estas empresas.

O ideário que norteou a criação do Estado-empresário insculpido no Texto Constitucional trouxe regras claras para dispor sobre a intervenção estatal na economia, sob a modalidade direta.

A primeira delas é a própria restrição ao exercício dessa prerrogativa, a qual só poderá se dá em caso excepcional.

Com efeito, a regra é o Estado não atuar na economia, e a exceção a esta regra, expressamente disposta no *caput* do art. 173 da Constituição Federal, são os casos de segurança nacional ou relevante interesse coletivo.

Todavia, a análise deste dispositivo constitucional nos remete ao imediato questionamento do que seria exatamente *segurança nacional* ou *relevante interesse coletivo*.

Estes conceitos subsistem sob a eiva da imprecisão terminológica, mas sabemos como certo que se constituem nas condições básicas que dão respaldo para o Estado-empresário atuar no mercado privado.

O legislador constituinte não deixou margem de dúvidas de que o seu desejo é o de ter a atuação do Estado restringida. E, mais ainda, temos que a regra é a sua "não atuação", e as exceções são os casos de segurança nacional ou relevante interesse coletivo.

Analisando o contexto geral da ordem econômica constitucional, não nos parece difícil concluir que a real intenção do legislador constituinte foi privilegiar a atuação da empresa privada, o que pode ser confirmado com a consagração do princípio da livre-iniciativa, bem como com a redação do art. 174, que promove ao Estado o papel de agente normativo e regulador da ordem econômica, senão vejamos:

> *Art. 174 – Como agente normativo e regulador da atividade econômica, o Estado exercerá, na forma da lei, as funções de fiscalização, incentivo e planejamento, sendo este determinante para o setor público e indicativo para o setor privado.*

Resta claro que o Estado, não se desconfigurando de seu papel de agente normativo e fiscalizador da atividade econômica, se mantém no mesmo patamar que as empresas privadas, inclusive quanto às obrigações tributárias, quando se trata de exploração de atividade econômica. Descabido de plano o tratamento isonômico entre empresa pública e privada.

9.41.7. Sendo as Empresas Públicas e as Sociedades de Economia Mista Pessoas Jurídicas de Direito Privado, são elas Abarcadas pela Regra da Responsabilidade Civil Objetiva?

Quando empresa pública ou sociedade de economia mista versar como polo passivo em relação processual de ação de danos morais ou matérias, estarão abarcadas pela regra da responsabilidade objetiva, com amparo no dispositivo constitucional contido no art. 37, § 6º.

> *Art. 37 [...]*
> *Parágrafo 6º – As pessoas jurídicas de direito público e as de direito privado prestadoras de serviços públicos responderão pelos danos que seus agentes, nesta qualidade, causarem a terceiros, assegurado o direito de regresso contra o responsável nos casos de dolo ou culpa.*

Não podem persistir alegações por parte da estatal de ausência de culpa ou de culpa exclusiva da vítima, pois que para a regra da responsabilidade objetiva bastam que estejam presentes o dano e o nexo de causalidade para que se configure a obrigação de indenizar.

Já quanto às estatais prestadoras de atividade econômica, não se lhes será aplicada a regra do supracitado dispositivo constitucional, pelo motivo que o legislador constituinte fez expressa alusão que a regra da responsabilidade objetiva se aplica às pessoas jurídicas de Direito Privado prestadoras de serviço público.

Transcrevemos decisões dos Tribunais que ratificam nossa explanação:

> Responsabilidade Civil. Danos Matérias e Morais. Responde a Comlurb, sociedade de economia mista prestadora de serviço público, objetivamente por acidente durante a coleta de lixo, causando lesões corporais a terceiro. Dano material configurado pelo período de incapacidade total temporária, com base no salário-mínimo, à falta de comprovação salarial. Dano moral e estético, afirmado mínimo pelo perito, bem arbitrados, atendidos os princípios da razoabilidade e proporcionalidade. (Recurso autoral parcialmente provido. Improvido o da ré. Apelação Cível nº 2004.001.06457; Rel. Des. Mario dos Santos Paulo)

> Ação de Indenização por danos materiais e morais em virtude de morte por atropelamento em via férrea. Responsabilidade objetiva da CBTU. Sociedade de economia mista prestadora de serviço público. Transporte. Presentes o dano e o nexo de causalidade – morte por atropelamento em via férrea. Juros moratórios. Contagem a partir do ato ilícito – art. 692 CC/16 e Súmula 54/STJ. Autores: pais – irmãos – que moravam em companhia do acidentado, caracterizando o sofrimento intenso de todo o núcleo familiar. Nega-se provimento parcial ao segundo recurso

(adesivo). (Apelação Cível nº 2006.001.32081; Rel Des. Antonio Saldanha Palheiro)

9.41.8. O Direito à Estabilidade Disposto no Art. 41 da CF/1988 Incide sobre o Empregado de Sociedade de Economia Mista?

O entendimento que tem vigorado sobre a questão de incidir ou não a estabilidade do art. 41 da Constituição Federal sobre os empregados da sociedade de economia mista tem sido no sentido negativo.

A esse propósito, asseveramos que os tribunais têm-se manifestado no sentido de não acolher as alegações de empregados desta modalidade de estatal que tentam se enquadrar na regra de estabilidade aplicável ao servidor ocupante de cargo público.

Portanto, é cristalina a assertiva de que as sociedades de economia mista submetem-se, quanto às relações trabalhistas de seus empregados, às normas de Direito Privado, nos exatos termos do art. 173, § 1º, inciso II da Constituição Federal.

Não obstante, o só fato de a própria Constituição exigir o instituto do concurso público para o ingresso em emprego público não afasta a possibilidade de a sociedade de economia mista demitir sem justa causa, nos termos da CLT.

Neste sentido, trazemos à baila a informação de que a sociedade de economia mista se submete, quanto às relações trabalhistas que exerce com o seu pessoal, aos exatos termos do art. 173, § 1º, inciso II da CRFB.

Ademais, o fato de a Constituição exigir a realização de concurso público para o ingresso em emprego público não afasta a possibilidade de incidir a modalidade de demissão sem justa causa, compactuando com as regras da CLT.

Devemos registrar, porém, que a doutrina tem se debruçado na tentativa de tecer uma interpretação menos gravosa para o empregado público, selando a ideia de que esta demissão deverá ser precedida de uma motivação, pelo motivo de que a demissão, nesta particular hipótese, terá sido um ato administrativo, que se submete à motivação.

A decisão a seguir transcrita traduz a tendência dos tribunais no sentido de negar que se aplica a estabilidade do art. 41 ao empregado da sociedade de economia mista:

> Agravo Regimental. Está correto o despacho agravado que assim afasta as alegações dos ora agravantes: 1. Inexistem as alegadas ofensas à Constituição. Com efeito, tratando-se de empregado de sociedade de economia mista, não se aplica a ele o disposto no art. 41 da Constituição Federal que somente disciplina a estabilidade dos servidores públicos civis. Por outro lado, por negar, corretamente, essa estabilidade a empregado de sociedade de economia mista, e por entender que o regulamento interno de pessoal do Banco em causa não confere estabilidade em favor de seus empregados, não ofendeu o acórdão recorrido o art. 37, II da Constituição, que diz respeito a investidura por concurso público, nem o "caput" desse mesmo artigo por haver aplicado, também corretamente, as normas de dispensa trabalhista que se aplicam aos empregados de pessoas jurídicas de Direito Privado, em consonância, aliás, com o que preceitua o art. 173, § 1º, da Carta Magna. 2. Em face do exposto, nego o seguimento ao presente agravo. No mesmo sentido o Agrag nº 232.462. Recurso Extraordinário não conhecido. Nego provimento ao agravo: é o meu voto. (Agrag nº 245.235; Primeira Turma do STF)

Pela leitura da jurisprudência da lavra da Corte Maior, põe-se termo a demais demandas que venham a suscitar a estabilidade constitucional do art. 41 sobre empregado de sociedade de economia mista.

9.41.9. É Correto Afirmar que os Advogados das Sociedades Paraestatais devam ter Tratamento Idêntico ao que o Estatuto da OAB – Lei nº 8.906/1994 – Garante aos Advogados de qualquer Sociedade Privada, Mormente no que Tange à Titularidade dos Honorários de Sucumbência (art. 21)?

Para a resolução da referida questão, necessário se faz indagar sobre a titularidade do direito a percepção das verbas honorárias resultantes de lides judiciais, de que seja parte sociedade de economia mista, cujo procuratório foi exercido por advogados sujeitos a vínculo contratual trabalhista.

Entendemos que os advogados de sociedades paraestatais não possuem tratamento idêntico ao que o Estatuto da Ordem dos Advogados do Brasil garante aos advogados de sociedade privada.

Primeiro, porque pertencem a Administração Pública indireta, de modo que se sujeita aos princípios constitucionais aplicáveis à administração – sendo irrelevante o fato de terem natureza de pessoa jurídica de Direito Privado. Assim sendo, devem obediência à impessoalidade, moralidade, eficiência etc.

Admitir tratamento idêntico a advogados de sociedade privada e de sociedade de economia mista, seria admitir a subversão dos princípios constitucionais previstos no art. 37, *caput* da Constituição Federal. Vejamos:

Haveria violação ao princípio constitucional da moralidade administrativa, porque o administrador deve bem administrar os recursos públicos, com economicidade e legitimidade. A destinação de vultosas verbas honorárias aos advogados empregados de sociedade de economia mista subtrairia da empresa soma considerável de meios para revestir no cumprimento de suas finalidades societárias. A sociedade de economia mista capta recursos privados, que somados a recursos públicos, são utilizados para as finalidades de interesse público que determina a criação da empresa mediante lei específica, diante de motivos extraordinariamente relevantes.

Convém observar que haveria violação, também, ao princípio da eficiência, porque teria o gestor dessas empresas paraestatais dificuldades para discernir entre a lide inevitável e aquela que poderia estar sendo fomentada pelos interesses pessoais daqueles que deveriam zelar pela defesa dos interesses da empresa.

Assim sendo, as verbas honorárias resultantes de lides judiciais devem ser revestidas em benefício da estatal, para serem aplicadas as suas finalidades essenciais – e não ser disponibilizada para seus respectivos advogados.

No que tange ao exame de constitucionalidade da norma contida no art. 4º da Lei nº 9.527/1997, que dispõe que a disposição contida no Capítulo V, Título I do Estatuto da OAB não se aplica às sociedades de economia mista, não teve a sua interpretação modificada, com o advento da Emenda Constitucional nº19/1998. Isso porque a Emenda Constitucional nº 19/1998, ao dar nova redação ao art. 173 da Constituição Federal, tendo estabelecido que lei disciplinará o estatuto jurídico da empresa pública e sociedade de economia mista e de suas subsidiárias, que exploram atividade econômica de produção ou comercialização de bens e prestação de serviços, apenas visou criar mecanismos que deem agilidade indispensável à prestação do serviço ou da atividade econômica de interesse do Estado. O regime jurídico privado dessa atuação não desonera o dever de obediência aos princípios reitores da Administração Pública. Desse modo, não houve alteração substancial, quanto à questão posta em discussão.

9.41.10. Determinada Sociedade de Economia Mista Federal adota Política Salarial de seus Agentes Incompatível com as Determinações Governamentais de Contenção de Gastos e Cumprimento de Metas Orçamentárias, o que Desagrada Sobremodo ao Governo, que, embora Sabedor do Grau de Autonomia Conferida à Referida Entidade, Resolve coibir tal prática

O chefe do Executivo edita, então, decreto por meio do qual revoga todos os atos editados pela diretoria afastada, relativos à política salarial referida.

É razoável a atitude do chefe do Executivo?

As pessoas administrativas, quer de Direito Público, quer de Direito Privado, guardam vinculação mais ou menos estreita com a pessoa política instituidora, conforme o grau de autonomia de que gozam.

A rigor, doutrinária e legalmente (aplicando-se o Decreto nº 200/1967, enquanto não editada a lei a que alude o art. 173 da C.R.), o controle das entidades paraestatais é feito a partir de supervisão por parte da entidade política.

Com o advento da EC nº 19/1998, conferiu-se à lei a função de estabelecer genericamente as regras de controle e vinculação entre as sociedades de economia mista e o Estado (art. 173, §1º, I e IV).

Por outro lado, é possível que a lei que autoriza a criação de entidade paraestatal (como também a lei suprarrreferida, a ser editada), autorize a entidade política a realizar um controle direto sobre os atos da pessoa administrativa, tanto de legalidade, quanto de mérito. Trata-se de limitação legal à autonomia da paraestatal, por meio de controle, como já dito, direto, sobre a própria atividade da entidade.

Em regra, porém, o controle se opera por supervisão, por meio da qual a Administração direta (controladora) coordena e fiscaliza a atuação da entidade controlada, resguardando-se, destarte, a autonomia administrativa desta.

Como já dito, o controle se dá de modo indireto (supervisão), não interferindo a entidade controladora na própria gestão da sociedade de economia mista. Entretanto, havendo permissão expressa da lei autorizativa da criação da entidade (ou até que editada a lei a que alude o art. 173 da C.R.), será possível operar-se um controle direto (de legitimidade ou mérito) sobre a entidade.

Assim, salvo expressa chancela legal, pode-se concluir que é possível à autoridade administrativa interferir no âmbito da entidade controlada, somente por meio dos órgãos internos da mesma.

10. Fundações Públicas

10.1. Considerações

O tema das fundações públicas é um daqueles temas de Direito Administrativo em que o Direito Público e o Direito Privado se tangenciam a todo o momento. Como boa parte dos institutos de Direito Administrativo, também as fundações públicas surgiram de uma adaptação de um instituto que veio do Direito Civil. Boa parte de nossa disciplina surgiu de exorbitâncias, como dizem os franceses, e adaptações do direito civil às necessidades da Administração Pública por criação do ente administrativo jurisprudencial, que era o Conselho de Estado francês.

10.2. Conceito

Assim como ocorre com as autarquias, a legislação administrativista oferece uma definição dessa espécie de pessoa jurídica. Entretanto, essa definição não é a aceita pela doutrina e nem mesmo pela jurisprudência.

A propósito, o art. 5º, IV, do Decreto-lei nº 200, de 25/02/1967, tem a seguinte redação:

> *Art. 5º – [...]*
> *IV – Fundação Pública: a entidade dotada de personalidade jurídica de direito privado, sem fins lucrativos, criada em virtude de autorização legislativa, para o desenvolvimento de atividades que não exijam execução por órgãos ou entidades de direito público, com autonomia administrativa, patrimônio próprio gerido pelos respectivos órgãos de direção e funcionamento custeados por recursos da União e de outras fontes.*

É importante dizer que, originariamente, o Decreto-lei nº 200/1967 não tratava das fundações. Esse inciso IV do art. 5º foi inserido pela Lei nº 7.596/1987.

Repare que o legislador federal atribui, na definição acima transcrita, personalidade jurídica de Direito Privado às fundações públicas, assim como acontece com a definição ofertada pela Constituição do Estado do Rio de Janeiro em seu art. 77, § 2º, IV.

No âmbito do Município do Rio de Janeiro, como já dissemos anteriormente, as fundações integram uma categoria à parte, distanciada da Administração indireta. É que o art. 143 da LOMRJ, que conceitua a Administração indireta, não as menciona ao lado das autarquias, das sociedades de economia mista e das empresas públicas.

Por outro lado, o art. 147 da mesma lei orgânica, que inaugura a seção III do Capítulo II, inclui as fundações criadas pelo Município ou por particulares, desde que mantidas ou administradas pelo Poder Público, numa terceira categoria dos entes que compõem a Administração Pública: a Administração Fundacional.

Diga-se, aqui, que a LOMRJ não tomou partido na discussão acerca da personalidade jurídica das fundações públicas, não oferecendo sequer uma definição dessa espécie da ente administrativo.

Outro ponto que merece ser destacado é o referente ao objeto das fundações públicas, que, segundo as definições acima referidas, é daqueles que não exigem personalidade jurídica de Direito Público para ser executado. Ou seja, não se poderia relacionar as fundações públicas com as atividades administrativas que somente podem ser desempenhadas, por sua particularidade, por um ente com as características estatais (personalidade jurídica de Direito Público).

Dar-se-ia, a partir dessas constatações, para dizer, então, que não haveria distinções de fundo entre as fundações públicas e as fundações privadas, de que trata nos arts. 62 a 69 do Código Civil, residindo a única distinção – de natureza formal, no fato de que as primeiras são instituídas pelo Poder Público, mediante autorização legislativa, e as segundas pelos particulares, que, no Município do Rio de Janeiro, desde que passem a ser mantidas ou administradas pelo Poder Público, podem vir a integrar, inclusive, a chamada "Administração Fundacional".

A propósito, observa-se que o Código Civil coloca, também, as fundações entre as pessoas jurídicas de Direito Privado, senão vejamos:

> *Art. 44 – São pessoas jurídicas de direito privado:*
> *IIII – as fundações;*

Entretanto, convém verificar que, principalmente durante o período de vigência do regime militar, algumas fundações foram criadas pelo Poder Público com características bastante diferentes das "reais" fundações. Tais entes desempenhavam atividades próprias do Estado e gozavam de certos privilégios que somente se admitia aos entes com personalidade jurídica de Direito Público. Diz-se que a intenção de se criar uma fundação pública com essas características era viabilizar o ingresso de pessoas no serviço sem a necessidade de prestar concurso público.

Dessa forma, foram se acumulando, ao lado das legítimas fundações públicas, outras com características próprias das autarquias, de modo que a doutrina passou a identificar nelas uma terceira categoria de fundação: as fundações públicas de Direito Público.

Existiam, então, as fundações privadas (instituídas por particulares), as fundações públicas de Direito Privado (instituídas pelo Poder Público, mas com personalidade jurídica de Direito Privado) e as fundações públicas de Direito Público (instituídas pelo Poder Público e com personalidade jurídica de Direito Público).

Alguns autores, assim como ocorreu com o Supremo Tribunal Federal, para não causarem confusão em razão de uma inadequada terminologia, passaram a chamar essas fundações públicas de Direito Público de "fundações autárquicas" ou "autarquias fundacionais", por sua semelhança com as autarquias.

Tais entes administrativos foram submetidos ao mesmo regime jurídico a que se submetiam as autarquias, tanto no que se refere às prerrogativas quanto no que se relaciona às limitações. Em outras palavras, os seus atos eram considerados atos do Poder Público, com todas as consequências que daí poderiam advir, mas também estavam submetidas aos princípios da Administração Pública[146].

De qualquer forma, apesar das diferenças que marcam essas espécies de fundações, todas elas, por uma questão conceitual, são "patrimônios personalizados", já que "não dispõem de quadro social"[147]. Vale dizer, são pessoas jurídicas que se constituem a partir do destacamento de uma universalidade patrimonial para o desempenho de um determinado fim, de caráter coletivo, agindo, como qualquer outra pessoa jurídica, por meio de órgãos, que poderão ser ou não ocupados pelo instituidor[148].

10.3. As Fundações Privadas

Antes de adentrarmos na discussão da natureza jurídica das fundações públicas e de sua disciplina legal, é importante relembrarmos a base teórica desse instituto de Direito Administrativo, que é a fundação privada. Apreendemos no Direito Civil que as fundações privadas, ao contrário das outras espécies de pessoas jurídicas reconhecidas pelo Código Civil brasileiro, não se compõem basicamente da associação de pessoas. Ao contrário, são uma dotação patrimonial a que o direito reconhece a possibilidade de personalização como condição para a realização de um fim, de uma finalidade de interesse social, sem, no entanto, objetivar o lucro.

Hoje, pode-se definir, a grosso modo, as fundações privadas como patrimônios personalizados, preordenados a um fim de interesse social, sem finalidade lucrativa. A fundação surge da figura de um instituidor, que reserva uma parcela do seu patrimônio, por ato *inter vivos*, em uma escritura pública, ou *causa mortis*, num testamento, por exemplo, para que alguém, por sua determinação, constitua aquela pessoa jurídica, que funcionará separadamente da figura do instituidor, apenas para realizar o fim de interesse social que justificou a sua criação. Há, portanto, no momento de criação da fundação privada a submissão daquele ato do instituidor, tanto *inter vivos* como *causa mortis*, a uma fiscalização do Ministério Público, que vai se realizar também ao longo do funcionamento da entidade, uma submissão a um controle para o registro daquele ato criador no registro civil das pessoas jurídicas. E com o registro do ato de criação, seja ele uma escritura pública de manifesta vontade de um instituidor ainda em vida ou em testamento, a pessoa jurídica passa a ter existência legal.

10.4. As Fundações Públicas: Dualidade de Funções

Dessa figura de Direito Privado vem a inspiração para o surgimento das fundações públicas, que nada mais tem, num primeiro momento, do que a base estrutural de fundações privadas, a serem instituídas pelo Poder Público como forma de descentralização administrativa. O Poder Público vai se valer dessa forma do Direito Privado para retirar do âmbito da Administração direta determinados serviços que poderiam ser exercidos pela própria Administração direta ou por pessoas jurídicas tipicamente de Direito Público, como é o caso das autarquias, e vai transferir o exercício dessas atividades administrativas para fundações.

Ao lado dessa possibilidade, as fundações públicas também surgiram como entidades que exerciam funções tipicamente de assistência social, que poderiam ser perfeitamente desempenhadas por entidades privadas, por exemplo, por fundações constituídas com capital privado, por instituidor privado, mas que, por razões de conveniência e oportunidade, como fomento à assistência social, o poder público resolveu assumir.

É essa dualidade de atividades que as fundações públicas, desde a sua origem, sempre exerceram. Assim, há, de um lado, fundações tipicamente públicas, cujas atividades poderiam continuar no âmbito da Administração direta ou poderiam ser transferidas a autarquias, pessoas jurídicas de Direito Público, que foram criadas

---

[146] O Supremo Tribunal Federal (RE nº 101.126-RJ), com base nesse entendimento, submeteu as denominadas fundações autárquicas ou autarquias fundacionais às limitações à acumulação de cargos fixadas no § 2º do art. 99 da Constituição de 1967, que tinha a seguinte redação: "Art. 99 – É vedada a acumulação remunerada de cargos e funções públicas, exceto: 1. a de juiz com um cargo de professor; 2. a de dois cargos de professor; 3. a de um cargo de professor com outro técnico ou científico; ou 4. a de dois cargos privativos de médico. [...]. § 2º – A proibição de acumular estende-se a cargos, funções ou empregos em autarquias, empresas públicas e sociedades de economia mista".

[147] TAVARES BORBA, José Edwaldo. *Direito Societário*, 6ª ed., Rio de Janeiro: Renovar, 2001, p. 3.

[148] Nas palavras do ilustre prof. Caio Mário DA SILVA PEREIRA (*Instituições de Direito Civil*, v. 1, 19ª ed., Rio de Janeiro: Forense, 2000, p. 223), "Análoga às sociedades e associações nos resultados da personalização, delas difere a fundação, essencialmente, na sua constituição, que não se origina, como aquelas, de uma aglomeração orgânica de pessoas naturais. O que se encontra, aqui, é a atribuição de personalidade jurídica a um patrimônio, que a vontade humana destina a uma finalidade social."

por um interesse normalmente do poder público de se subtrair da incidência do regime jurídico administrativo, para flexibilizar a prestação daqueles serviços. Por outro lado, existem também fundações cujas atividades são tipicamente privadas, de interesse social, envolvendo algum interesse coletivo, atividades estas que sempre foram desempenhadas por fundações privadas. Neste caso, por uma razão de conveniência, o Poder Público entendeu que esta área social deveria ser objeto da atividade estatal, isso no âmbito do Estado do Bem-Estar Social, Conselho de Estado Providente, em que o Estado assumiu uma série de atividades sociais e assistenciais, que antes ficavam a cargo da própria sociedade.

Sendo assim, ora as fundações públicas desempenham típica função do Poder Público, e passam a desempenhar essa função não mais sob um regime jurídico administrativo típico, ora desempenham atividades da iniciativa privada que foram assumidas pelo poder público e transferidas a fundações de base privada instituídas e controladas pelo poder público. Daí vai surgir toda a confusão que, até hoje, de certa maneira, impera no Direito brasileiro sobre a natureza jurídica das fundações públicas. E surgirá igualmente a dualidade na classificação das fundações públicas em fundações públicas de Direito Público e fundações públicas de Direito Privado.

10.4.1. Fundações Públicas: Entes da Administração direta ou Indireta?

No direito brasileiro, as discussões iam além da natureza jurídica das fundações públicas. Até muito recentemente, e essa discussão em vez de ser resolvida pela CRFB/1988 foi incrementada, discutia-se se pertencem as fundações públicas à Administração Pública direta ou se figuram essas entidades ao lado das autarquias, empresas públicas e sociedades de economia mista, como entes da Administração indireta.

10.4.2. O Decreto-lei nº 200/1967

Como o último ato legislativo que tratou da organização da administração pública no Brasil foi o Decreto-lei nº 200/1967, que não fazia menção expressa, no seu art. 5º, às fundações públicas como espécies de entidades da Administração indireta, surgiu, então, enorme discussão na doutrina se as fundações públicas eram entidades da Administração indireta ou eram apenas entidades privadas, de colaboração ou cooperação com o poder público. Finalmente, adveio uma alteração legislativa no Decreto-lei nº 200, operada pela Lei nº 7.596/1987, que introduziu o inciso IV, no art. 5º, do referido Decreto-lei, determinando que as fundações públicas faziam parte da Administração indireta.

Legem habemos que, para quem não conhecesse a discussão após a CRFB/1988, essa primeira questão estaria resolvida. No entanto, o problema é que o Decreto-lei nº 200, em sua nova redação, definiu as fundações públicas sempre como pessoas jurídicas de Direito Privado e, na prática, tanto no âmbito da própria Administração federal, à qual este Decreto-lei se refere diretamente, como muito mais no âmbito das administrações estaduais, municipais e distrital, surgiram e se proliferaram fundações públicas também de natureza pública, com personalidade jurídica de Direito Público. Consequentemente, iniciou-se enorme discussão sobre a existência desta possibilidade. Questionava-se se as fundações eram apenas pessoas jurídicas de Direito Privado, que integravam a Administração Pública, ou se apenas pessoas jurídicas de Direito Público. Com a Constituição de 1988 esta discussão se acirra mais: seria possível haver uma dupla classificação de acordo com a forma como as fundações são instituídas?

10.4.3. A Constituição de 1988

A CRFB/1988, na sua redação original, complicou algo que já havia sido mais ou menos consertado, após a alteração do Decreto-lei nº 200/1967, ao fazer alusão à existência de uma Administração direta, de uma Administração indireta e de uma Administração fundacional. Infelizmente, essa classificação tripartite é hoje apenas história, porque a referência à administração fundacional foi revogada pela Emenda Constitucional nº 19/1998, a emenda da reforma administrativa.

Por que o texto original da Constituição Federal de 1988 criou a confusão? Se há uma Administração direta e uma indireta e se as fundações públicas integram a Administração indireta, por que o constituinte originário teve necessidade de fazer alusão a uma terceira espécie que seria a administração fundacional e no que ela consistiria? Para resolver essa questão, artigos e artigos, livros e livros foram escritos discutindo a matéria. O que o constituinte de 1988 quis dizer quando se referiu à Administração fundacional?

No final, se chegou à conclusão de que ele não quis criar uma terceira espécie de Administração Pública, uma centralizada, outra descentralizada e uma Administração fundacional, que seria o que alguns autores chamam de para-administração, algo que exerce funções do Poder Público, mas que não se encontra no âmbito interno do Poder Público.

Ao contrário do que vários autores disseram, a nossa explicação, dotada de alto grau de pragmatismo e objetividade: o que o constituinte quis dizer ao mencionar a existência de uma Administração fundacional é que, apesar das fundações públicas poderem ter natureza jurídica de Direito Privado, elas se submetem às mesmas regras da administração pública indireta. Com isso, se evita a fuga do Direito Público para o Direito Privado, que sempre caracterizou a criação e a proliferação das fundações públicas.

Talvez tivesse sido mais fácil se o constituinte tivesse dito expressamente que as fundações públicas integram a Administração Pública indireta e se submetem ao seu regime. Mas, de qualquer forma, foi esse o entendimento que prevaleceu até a edição da Emenda Constitucional nº 19/1998, que aboliu a expressão "Administração Pública fundacional" e, definitivamente, reinseriu, em termos expressos, as fundações públicas na organização administrativa do Estado, no âmbito da Administração Pública indireta.

10.5. Entendimento Majoritário Atual: as Fundações são Entidades da Administração indireta

As fundações públicas são entidades da Administração indireta?

Resposta: Não é que eu entenda. Isso hoje é o entendimento dominante e já não há nem mais discussão, sobretudo com relação à sistemática constitucional. Desde a modificação do Decreto-lei nº 200/1967, não há mais discussão quanto a isso.

Mesmo entendendo que as fundações são entidades da Administração indireta, seria compatível com a Constituição se falar em lei complementar para cada ente federativo?

Mesmo entendendo como entende a doutrina quase unânime hoje, que as fundações públicas são entidades da Administração indireta, é compatível com a interpretação do art. 37, inciso XIX, de que a Constituição, quando fala em lei complementar, se refere à lei complementar da União para a Administração federal, dos Estados, Municípios e Distrito Federal, para as suas respectivas administrações. Eu não vejo incompatibilidade. É bem verdade que há uma certa dose de razão, quando diz que a tradição do federalismo brasileiro é uma tradição de federalismo às avessas, para usar a analogia com o parlamentarismo às avessas. O Brasil institui a federação, mas diz que a competência dos Estados é remanescente. Só que, ao contrário, nos Estados Unidos, por exemplo, a competência expressa da União é enorme, abarca uma quantidade enorme de poderes. O mesmo ocorre em relação ao federalismo. A regra do federalismo é a de que, pelo menos no que toca à organização administrativa, cada ente defina a sua estrutura, respeitada a sistemática básica traçada no texto constitucional. Logo, não me parece incompatível. É como o atendimento de uma premissa do federalismo, que é a maior aproximação possível da organização administrativa de cada entidade com a realidade local que lhe cabe enfrentar.

Importante registrar, ainda, que há autores que parte do raciocínio de que o instituto da Fundação é uma adaptação do Direito Privado e apropriado pelo Direito Administrativo, a natureza jurídica de tal instituto, consequentemente, seria pessoa jurídica de Direito Privado.

10.6. Classificação

Vamos analisar como as fundações podem ser classificadas, verificando o que existe na Constituição Federal e nas leis esparsas sobre a matéria, para concluir com o que o atual Código Civil dispõe sobre as fundações.

Em primeiro lugar é importante destacar que não há necessidade de percorrermos todas as oportunidades em que a Constituição faz referência a fundações públicas. Mas é importante remarcar o seguinte: o constituinte foi extremamente atécnico quando se referiu às fundações públicas, porque ele se referiu a fundações públicas, a fundações instituídas pelo Poder Público e a fundações instituídas e mantidas pelo Poder Público. E não se pode extrair da sistemática constitucional nenhum trato distintivo, significativo, entre estas diversas espécies. Só se pode concluir que o constituinte, na verdade, não usou de uniformidade ao se referir às fundações públicas. Portanto, quando vocês virem todas essas expressões, na verdade, o constituinte está se referindo ao gênero fundações públicas e não a fundações públicas de uma ou outra espécie.

10.7. Criação e Extinção

Diferentemente do que acontece com as autarquias – embora antes da edição da Emenda Constitucional nº 19, de 04/06/1998, ambas estivessem sujeitas à mesma forma de criação –, as fundações não são criadas diretamente pela lei, funcionando esta apenas como instrumento de autorização para a sua criação, que se dá por ato do Poder Executivo. É o que se extrai do disposto no art. 37, XIX, da Constituição da República, *ipsis litteris:*

> *Art. 37*
> *XIX – somente por lei específica poderá ser criada autarquia e* autorizada *a instituição de empresa pública, de sociedade de*

economia mista e de fundação, cabendo à lei complementar, neste último caso, definir as áreas de sua atuação. (grifamos)

Urge, então, descobrir qual o instrumento a ser utilizado pelo chefe do Poder Executivo para criar a fundação pública. Seria adequada a sua criação por meio de decreto ou, como se extrai do art. 24 do Código Civil, por meio do registro de escritura pública no Registro Civil de Pessoas Jurídicas, nos termos do art. 114, I, da Lei nº 6.015, de 31/12/1973?

O prof. José dos Santos Carvalho Filho entende que a criação de fundações públicas será sempre feita por meio do registro da escritura pública no Registro Civil de Pessoas Jurídicas, aduzindo que essa conclusão se extrai da leitura do art. 5º, § 3º do Decreto-lei nº 200, de 25/02/1967, que tem a seguinte redação:

> *Art. 5º*
>
> *[...]*
>
> *§ 3º – As entidades de que trata o inciso IV deste artigo adquirem personalidade jurídica com as inscrição da escritura pública de sua constituição no Registro Civil de Pessoas Jurídicas, não se lhes aplicando as demais disposições do Código Civil concernentes às fundações.*

Naturalmente que essa conclusão é indiscutível quando estivermos tratando das fundações públicas de Direito Privado, que são as referidas no art. 5º, IV, do Decreto-lei nº 200, de 25/02/1967. No entanto, no que se refere às fundações públicas de Direito Público, não se pode afirmar o mesmo com tanta facilidade.

Recorremos, novamente, aos ensinamento do prof. Carvalho Filho e descobrimos que o mesmo se manifesta no sentido que as fundações públicas de Direito Público (fundações autárquicas ou autarquias fundacionais), como são equiparadas às autarquias, de acordo com a jurisprudência do Supremo Tribunal Federal, também serão criadas diretamente pela lei, não tendo esta, neste caso, caráter meramente autorizativo. Entretanto, ao que nos parece, *permissa maxima venia*, existe uma contradição nas lições do eminente professor, visto que ele classifica as fundações públicas de Direito Público como espécies de fundações e não de autarquias, diferente do que faz o prof. Diogo de Figueiredo Moreira Neto[149]. Ora, a regra da criação direta pela lei somente serve para as autarquias e somente se aplicaria às chamadas fundações autárquicas se estas fossem espécies de autarquias. Como pode, então, o ilustre mestre considerá-las espécies de fundações e deixar de aplicar a regra destinada a essas pessoas jurídicas para aplicar a regra referente às autarquias?

O Decreto-lei nº 200/1967, em seu art. 5º, II fala em "autorização legislativa" e a Constituição Federal dita em algo a mais, em seu art. 37, XIX:

> *somente por lei específica poderá ser criada a autarquia e* autorizada *a instituição de empresa pública, de sociedade de economia mista e de* fundação, cabendo à lei complementar, neste último caso, definir as áreas de sua atuação. (Redação dada pela Emenda Constitucional nº 19, de 04/06/1998)

No que se refere à extinção, *mutatis mutandis*, aplicar-se-ia o mesmo raciocínio, exigindo-se, também, lei autorizativa e ato do Poder Executivo para se extinguir as fundações públicas, não se podendo cogitar da aplicação das disposições do Código Civil neste caso em razão do expresso afastamento dessa disciplina pelo já conhecido § 3º do art. 5º do Decreto-lei nº 200, de 25/02/1967.

Se o Poder Público institui Fundação de Direito Público, tudo que se aplica às autarquias se aplica, também às fundações de Direito Público, inclusive os fundamentos constitucionais são os mesmos. Semelhantes as autarquias, as fundações de Direito Público são criadas e extintas por lei, cuja iniciativa é reservada ao chefe do Poder Executivo e será organizada mediante decreto.

Se a instituição for de fundação de Direito Privado, será materializada por meio de uma autorização legal. Nessa hipótese a lei não cria a fundação de Direito Privado, apenas autoriza a sua criação. É importante mencionar que a aludida autorização em lei não estará vinculando o chefe do Poder Executivo a criá-la e vai depender de um juízo de conveniência e oportunidade do chefe do Executivo, tudo em conformidade com o art. 37, XIX, da Constituição Federal.

10.7.1. A Redação Original do Art. 37, Inciso XIX, da Constituição Federal

O primeiro dispositivo mais direto que se refere às fundações públicas, o inciso XIX, do art. 37 – antigo inciso que exige lei autorizativa para a constituição de fundações públicas –, na realidade, não faz referência nem ao fato de elas serem públicas. Assim, somente por

[149] MOREIRA NETO, Diogo de Figueiredo (*Curso...*, p. 247-198) diz que existem, do ponto de vista do regime a que se submetem, autarquias ordinárias, especiais, territoriais, *fundacionais* e corporativas, conceituando as fundacionais como as "entidades instituídas por lei, com personalidade jurídica de Direito Público, que recebem a denominação de 'fundações' pelo fato de assemelharem-se, de algum modo, a fundações de Direito Privado".

lei específica poderá ser criada autarquia e autorizada a instituição de empresa pública, sociedade de economia mista e fundação. Vejam que não há relação com a fundação pública. É desnecessária. O texto da Constituição, nesse ponto, está se referindo à Administração Pública e, evidentemente, às fundações públicas genericamente, não apenas às fundações públicas de Direito Privado ou fundações públicas de Direito Público, mas àquelas instituídas e mantidas pelo Poder Público, cabendo à lei complementar, neste último caso, definir as áreas de sua atuação.

10.7.2. A Emenda Constitucional nº 19/1998

Veio, então, o constituinte derivado, na redação da Emenda Constitucional nº 19/1998, e fez uma referência expressa à lei específica para criar autarquias e para autorizar a instituição de empresas públicas, sociedades de economia mista e fundações públicas. Com base nesse dispositivo, alguns autores, como, no Rio de Janeiro, o brilhante prof. Marcos Juruena Villela Souto, que divergiam sobre a natureza jurídica das fundações, combinando essa interpretação do art. 37, inciso XIX, com o ainda vigente art. 5º, inciso IV, do Decreto-lei nº 200/1967, que diz que as fundações públicas são pessoas jurídicas de Direito Privado, interpretaram o seguinte: se o constituinte diz que lei cria autarquia – que é pessoa jurídica de Direito Público –, que lei autorizativa cria empresas públicas, sociedades de economia mista e fundações, ele fez uma opção clara por definir fundações públicas sempre como pessoas jurídicas de Direito Privado.

Por quê? Porque a lei vai autorizar a criação, assim como autoriza a criação de empresas públicas e sociedades de economia mista. Mas, a criação efetiva – a existência efetiva da pessoa jurídica – só ocorrer na forma do Direito Privado, ou seja, o Poder Público, uma vez autorizado pela lei, destacará parcela do seu patrimônio, normalmente com dotação orçamentária ou aporte de bens públicos, para realizar determinado fim de interesse coletivo, havendo a instituição de uma fundação na forma prevista no Direito Privado. Para esses autores, a Constituição teria feito, senão no seu texto original, mas pelo menos inequivocamente a partir da edição da Emenda Constitucional nº 19/1998, a opção por definir fundações públicas sempre como pessoas jurídicas de Direito Privado.

Não nos parece que a melhor razão esteja com esses autores. Antes de chegarmos no ponto da classificação propriamente dita, da corrente majoritária, apenas para deixar a interpretação do dispositivo bem clara, duas perguntas devem ser feitas: é necessária lei autorizativa específica para a criação da fundações? O dispositivo fala de lei complementar que vá definir as áreas de atuação da fundação pública?

10.7.3. Lei Autorizativa para Criar Fundações: Lei Ordinária

Bom, a distinção entre as duas leis é óbvia. Uma é específica, em cada caso para a criação de cada fundação pública. Quando a Constituição Federal diz respeito à lei em sentido genérico, ela está se referindo a que tipo de lei? Não resta dúvida de que é a ordinária.

De que entidade federativa? Da entidade do ente federativo que está criando a fundação. Portanto, pode ser lei ordinária específica para a criação de fundação da União, dos Estados, dos Municípios ou do Distrito Federal.

10.7.4. Lei Definidora das Áreas de Atuação: Lei Complementar Única ou de Cada Ente Federativo?

Ao lado disso, há a exigência de que seja editada lei complementar definindo as áreas de atuação das fundações públicas. Pergunto, então: essa lei completar é genérica e será apenas uma, definindo todas as áreas de atuação das fundações? Por que o constituinte falou em lei complementar e não mais em ordinária?

Considero que o constituinte aqui foi técnico. Pelo menos, aparentemente, o constituinte derivado foi técnico. Na verdade, ele quis colocar fora do alcance das leis ordinárias específicas, que autorizam a criação de fundações, as matérias sobre as quais as fundações podem versar. Ele quis impedir que cada lei autorizativa criasse nova fundação e definisse área de atuação fora daquela genericamente definida em lei anterior. Então, na realidade, foi dado o *status* de lei complementar a essa matéria para que as leis ordinárias não pudessem sempre modificar a lei genérica definidora das áreas de atuação das fundações. Por isso a exigência de uma lei complementar.

Essa lei complementar, é uma lei complementar única, nacional, editada pelo Congresso Nacional, ou é uma lei complementar que pode ser editada por cada ente federativo para reger a sua Administração Pública? Pode haver lei federal complementar definindo o âmbito de atuação da União e em cada Estado, cada Município e Distrito Federal? Ou será que o constituinte, ao fazer referência à lei complementar, está se reportando na verdade à lei complementar genérica e federal? Com relação às leis específicas, todos concordaram. São necessárias leis específicas autorizativas de cada ente federativo. O que vocês pensam sobre essa lei complementar? Qual pode ter sido a *mens legislatoris*, a intenção do constituinte derivado? Seria lei complementar geral, nacional? Isso decorre do texto e seria constitucional?

Parece-me que, salvo naquelas hipóteses em que a Constituição é expressa em dizer que lei complementar definirá para União, Estados, Municípios e Distrito Federal normas gerais sobre determinado assunto, não se pode interpretar na contramão de uma cláusula pétrea da Constituição, que, de acordo com o art. 60, § 4º, é o princípio federativo. Aliás, a primeira cláusula pétrea, a primeira limitação material à forma federativa de Estado.

Então, o entendimento que me parece correto é que o constituinte não disse expressamente que a lei complementar era nacional. A interpretação, compatível com o princípio federativo, que se deve extrair é que deve haver lei complementar de cada ente federativo como expressão da autonomia desses entes, já que a regra no Direito Administrativo é que cada ente legisle plenamente sobre o seu direito e só por exceção constitucional expressa haja normas que sejam da competência privativa da União e outras para as quais a União tenha competência para editar as normas gerais. Como o constituinte não fez referência expressa diante da regra geral que é o princípio federativo, parece que a interpretação mais correta é a que trata de lei complementar de cada ente federativo e não lei complementar nacional.

10.7.5. Obrigatoriedade ou Discricionariedade na Criação da Fundação pelo Poder Público?

Algum dispositivo constitucional diz que a lei vai autorizar a criação, mas o Poder Público pode não criar mesmo a lei autorizando? Ela está obrigando o Poder Público a criar ou não?

Diríamos que depende dos termos da lei. Que a lei é sempre necessária, quanto a isso não há dúvida. Quanto ao momento da criação, isso depende da lei instituidora, da lei que autoriza a instituição. No caso de autarquia, pessoa jurídica de Direito Público, a lei cria a entidade, não havendo espaço para a decisão discricionária. Mas, no caso da fundação, se a criação é obrigatória ou não, depende da forma como a lei dispõe, se torna a criação ato vinculado ou discricionário. Em geral, a lei é meramente autorizativa e deixa a cargo do administrador decidir o momento de conveniência e oportunidade para realizar a criação.

Havendo discricionariedade para criar ou não, seria indispensável também a lei para extinguir a fundação criada ou a sociedade de economia mista?

Uma vez criada, a situação é diferente daquele momento prévio à criação. São situações faticamente distintas e essa diferença é relevante. Isso será uma discussão mais adiante, se pode haver extinção por falência de sociedade de economia mista.

10.8. Personalidade Jurídica

No que tange à personalidade jurídica, devemos atentar para a distinção entre as autênticas fundações públicas, que têm personalidade jurídica de Direito Privado, e as fundações autárquicas, que, de acordo com a orientação do Supremo Tribunal Federal, têm personalidade jurídica de Direito Público.

Assim, uma fundação pública de Direito Privado não dispõe das prerrogativas próprias do Estado, ao passo que as fundações públicas de Direito Público, assim como as autarquias, gozam dessas prerrogativas.

Até aqui, nenhuma dificuldade se apresenta. Mas não é só. Temos, ainda, aquela situação das fundações públicas do Município do Rio de Janeiro, que, segundo o § 2º do art. 142 da Lei Orgânica respectiva, são órgãos da Administração direta e, portanto, desprovidos de personalidade jurídica.

Esse problema já foi equacionado anteriormente, quando tratamos das autarquias e as conclusões lá alcançadas aplicam-se integralmente aqui, de modo que se pode considerar inconstitucional o § 2º do art. 142 da LOMRJ em face do art. 77, § 2º, IV, da Constituição do Estado do Rio de Janeiro, considerando-se, pois, que também as fundações do Município do Rio de Janeiro têm personalidade jurídica própria.

10.8.1. O Posicionamento do STF

Essa matéria, na verdade, foi tratada pelo STF, sendo a jurisprudência incensurável no *leading case,* que é um recurso extraordinário do Rio de Janeiro, caso pioneiro nessa matéria. Antes disso, o STF caminhava no sentido privatista e dizia que as fundações públicas eram sempre pessoas jurídicas de Direito Privado. Entretanto, com esse julgamento, que é, inclusive, anterior a Constituição Federal de 1988, mas que foi reafirmado recentemente, o ministro Moreira Alves, em decisão unânime, assentou o seguinte: nem toda fundação instituída pelo Poder Público é fundação de Direito Privado. Há fundações instituídas pelo Poder Público que assumem a gestão do serviço estatal e se submetem ao regime jurídico administrativo previsto nos Estados-membros por leis estaduais. São fundações de Direito Público e, portanto, pessoas jurídicas de Direito Público. Tais fundações são espécies do gênero autarquia.

Esse entendimento foi recentemente reiterado no julgamento do recurso extraordinário nº 215.741, relator Maurício Correa. Nesse acórdão, o STF julgou o caso da Fundação Nacional de Saúde e disse o seguinte: Fundação Nacional de Saúde é pessoa jurídica de Direito Público e, portanto, espécie do gênero autarquia, submetendo-se à jurisdição da Justiça federal, já que, sendo autarquia, está abrangida no art. 109, I, que dá à Justiça Federal competência para julgar as causas em que a União, autarquias e empresas públicas federais sejam interessadas na condição de autores, assistentes, oponentes etc. Firmou-se, então, a corrente dualista, o entendimento que já era esposado por boa parte da doutrina, destacando-se a figura do prof. Celso Antônio Bandeira de Mello.

10.8.2. A Corrente Privatista

Havia a corrente privatista de que era grande expoente, até a Constituição Federal de 1988, o prof. Hely Lopes Meireles, corrente da qual faz parte o prof. Marcos Juruena Villela Souto. Para esta corrente, as fundações integravam a Administração Pública indireta, mas eram pessoas jurídicas de Direito Privado. O regime jurídico a que elas se submetiam era basicamente o regime do Código Civil, com as derrogações que a lei que autorizava a sua instituição fizesse.

10.8.3. A Corrente Publicista Integral

Uma corrente bastante minoritária atuava no polo oposto. Era a corrente publicista integral, que dizia que, com a Constituição Federal de 1988, a publicização dos regimes das fundações públicas tornou-se inequívoco, porque a intenção do constituinte foi de publicizá-los e, portanto, as fundações seriam sempre pessoas jurídicas de Direito Público. Essa corrente não é mais corrente minoritária, uma vez que este entendimento hoje é insustentável, sobretudo diante do art. 37, inciso XIX. Falar-se na intenção do constituinte, é sempre complicado, pois é difícil saber qual foi o acordo político que gerou aquele feito. Às vezes, a intenção, ao invés de aprovar, costuma deixar no ar a matéria. Logo, é sempre uma tensão falar-se em intenção inequívoca do legislador.

No entanto, a Emenda Constitucional nº 19, que alterou o texto do art. 37, inciso XIX, não deixa margem à dúvida no que diz respeito à opção do constituinte de que todas as fundações públicas fossem pessoas jurídicas de Direito Público. Quando o constituinte diz "lei vai criar autarquia" e "lei específica autoriza a criação de empresa pública, sociedade de economia mista e fundação pública", a expressão "autoriza a criação" é usada porque pelo menos parte das fundações públicas vai ser criada seguindo a forma de Direito Privado. Então, o entendimento do STF, surgido antes da Constituição Federal de 1988 e reiterado recentemente, é o entendimento que parece ser o mais correto.

10.8.4. A Corrente Dualista

A corrente dualista afirma que cabe a cada ente federativo, no exercício da sua discricionariedade legislativa de auto-organizar, optar pelo regime jurídico que determinada fundação pública deve observar. A lei que institui a fundação pública pode instituí-la diretamente dando a ela, apesar da base fundacional, uma dotação patrimonial preordenada a um fim de interesse público. Normalmente, nesses casos, atividades típicas de Estado e do Poder Público são transferidas por delegação legal às fundações. Desta forma, a lei que institui uma entidade de base fundacional, por lhe conferir o exercício de uma atividade administrativa típica de Estado, dá a ela a personalidade jurídica de Direito Público e a submete integralmente ao regime jurídico de Direito Público. Por esta razão, para o STF e para a doutrina, na verdade, essas fundações, que são criadas por lei tal como as autarquias, e por lei recebem a submissão direta ao regime jurídico de Direito Público, são espécies do gênero autarquia e também chamadas de fundações autárquicas ou autarquias fundacionais, em oposição a outra espécie de autarquia, que seria a autarquia corporativa.

Portanto, esse é o entendimento de que, de acordo com a discricionariedade legislativa de cada ente federativo, as fundações públicas podem ser criadas como autarquias de base fundacional, plenamente submetidas ao regime jurídico de Direito Administrativo. A questão do seu regime jurídico não é grande problema, sendo constitucional a criação por lei de fundações de interesse público. A partir do momento em que elas nascem como tais, vão se submeter ao mesmo regime jurídico das autarquias. Tudo o que vale para as autarquias conta também para as fundações públicas de Direito Público.

Há certa observação da profª Maria Sylvia Zanella di Pietro que diz assim: "não é fundação, não é autarquia, embora se submeta ao mesmo regime jurídico". *Data maxima venia,* essa discussão seria perda de tempo. Que a fundação tenha uma estrutura fundacional está certo, mas o interesse em se definir a natureza jurídica é para saber qual o regime jurídico a ser aplicado.

Logo, à fundação de Direito Público, fundação autarquia/autarquia fundacional, se aplica o mesmo regime jurídico da autarquia. Embora não se discuta o seu regime jurídico, sempre é o regime jurídico das autarquias.

Portanto, essa é uma discussão meramente acadêmica, sem nenhum grande interesse prático.

De acordo com a corrente dualista, no exercício da discricionariedade legislativa em auto-organizar cada ente federativo, o legislador pode autorizar a criação de fundações públicas na forma do Direito Privado e essa criação ocorrerá em observância às normas do Código Civil que tratam da constituição de fundações. O Poder Público será autorizado pela lei, já que o fato de constitui-la exige autorização legislativa, para se criar uma fundação, mas essa fundação vai observar na sua constituição o Direito Privado. É importante observar que a fundação de Direito Público nasce da lei como autarquia, enquanto a fundação pública de Direito Privado nasce com a constituição na forma do Direito Civil, ou seja, o ato instituidor do Poder Público define uma parcela do seu patrimônio que será destinada a um fim de interesse coletivo e o nascimento ocorre com o registro dos atos constitutivos, do estatuto da entidade, no registro civil das pessoas jurídicas.

É esse o sentido do que diz o art. 5º, § 3º, do Decreto-lei nº 200/1967: as entidades de que trata o inciso IV deste artigo, que são as fundações públicas, adquirem personalidade jurídica com a inscrição da escritura pública de sua constituição no registro civil de pessoas jurídicas, não se lhe aplicando as demais disposições do Código Civil concernentes às fundações. Norma expressa, nasce na forma do Direito Privado, registra seus atos constitutivos, seu estatuto, no registro civil das pessoas jurídicas. Fora a isso não se aplica o regime do Código Civil a essas entidades.

10.9. Objeto

Como qualquer outra, as fundações públicas devem ter por objeto alguma atividade de interesse social, não podendo servir à satisfação dos interesses individuais de seu instituidor. Para isso existem as sociedades.

Muito bem: o objeto da fundação, seja ela pública ou privada, deve se referir a uma atividade que se relacione com um *fim social* beneficente ou assistencial e sempre sem fins lucrativos, voltada à pesquisa científica, saúde, ensino, cultura, de natureza filantrópica e de interesse coletivo e, se derem lucros em suas atividades, serão necessariamente aplicadas nos seus fins sociais (art. 5º, IV, Decreto-lei nº 200/1967). São exemplos de fundações: Fundação Nacional do Índio (Funai); Fundação Instituto Brasileiro de Geografia e Estatística (IBGE).

No que se refere às fundações públicas, três observações ainda devem ser feitas.

Em primeiro lugar, observe que o art. 37, XIX, da Constituição diz que cabe à lei complementar definir as áreas de atuação das fundações públicas, providência que deveria ter sido tomada no prazo de dois anos contados da publicação da Emenda Constitucional nº 19, de 04/06/1998, o que se infere do disposto no art. 26 do referido diploma normativo, *textus*:

> *Art. 26 – No prazo de dois anos da promulgação desta emenda, as entidades da administração indireta terão seus estatutos revistos quanto à respectiva natureza jurídica, tendo em conta a finalidade e as competências efetivamente executadas.*

Ao que tudo indica, tal "revisão de estatutos" teria por fim acabar com as chamadas fundações autárquicas ou autarquias fundacionais, transformando-as, se fosse o caso, em verdadeiras autarquias e reservando às fundações públicas (de Direito Privado) as atividades que lhe são próprias.

Ocorre que o comando normativo referido não foi cumprido, ainda sendo possível o encontro de uma série de incoerências.

A segunda observação a ser feita se relaciona com a vedação contida no art. 5º, IV, do Decreto-lei nº 200, de 25/02/1967, referente à impossibilidade de as fundações serem criadas para o desempenho de atividades próprias dos entes de Direito Público (interpretação a contrário senso). Naturalmente que essa vedação alcança as fundações públicas autênticas, mas não tem sido respeitada – há muito – no que tange às fundações públicas de Direito Público que desempenham atividades próprias das autarquias[150].

10.10. Espécies

O tema enfocado é "Administração Pública", de modo que nos cabe, aqui, falar em todos os entes que integram essa realidade. Essa observação é feita em razão de uma peculiaridade que a Administração Pública

[150] Diga-se, aliás, que, como se depreende da ementa do acórdão que julgou o REsp nº 92.406/RS, os tribunais do País ainda fazem confusão na classificação das atividades eminentemente públicas e as que são próprias das fundações públicas ou privadas. Confira-se: "As fundações instituídas pelo Poder Público mediante lei com o objetivo de promover estudos e pesquisas em processos do científicos e tecnológicos, visando o benefício da coletividade, exercem atividade eminentemente pública e revestem-se da natureza de pessoas jurídicas de Direito Público, sendo, pois, de se lhe aplicar a regra do art. 188 do CPC".

do Município do Rio de Janeiro apresenta e que será aqui tratada.

Abstraindo, portanto, essa observação preliminarmente feita, observa-se, geralmente, que a Administração Pública conhece duas espécies de fundações públicas: (a) as de Direito Privado, que são as autênticas; (b) as de Direito Público, também chamadas de autarquias fundacionais ou de fundações autárquicas.

Tendo em vista todas as explicações anteriormente enfocadas, não renovaremos, aqui, as observações pertinentes à distinção entre as fundações públicas de Direito Público e as fundações públicas de Direito Privado, remetendo o leitor àquele ponto do trabalho. Mas não é só.

Poderíamos dizer, com alguma tranquilidade, que as fundações privadas, ou seja, aquelas instituídas por particulares, não integram a noção de Administração Pública. Entretanto, o art. 147 da Lei Orgânica do Município do Rio de Janeiro, ao conceituar a "Administração Fundacional", incluiu nessa noção as fundações instituídas particulares que sejam mantidas ou administradas pelo Poder Público municipal.

10.11. Regime Jurídico

Que regime jurídico se aplica a essas entidades, portanto? São pessoas jurídicas de Direito Privado, foram criadas como pessoas jurídicas de Direito Privado, mas diz o art 5º, § 3º, que a elas não se aplicam as demais normas do Código Civil aplicáveis às fundações. Por exemplo: fiscalização pelo MP, necessidade de prestação de contas, de submissão à curadoria de fundações, que é um órgão de atuação do MP, e assim por diante. A pergunta continua: que regime jurídico é esse? É o mesmo das fundações de Direito Público? Não, pois se assim fosse elas teriam sido criadas como fundações autárquicas ou autarquias fundacionais. É um regime jurídico que combina a natureza de pessoa jurídica de Direito Privado com as derrogações impostas pelas leis de cada ente federativo na instituição dessas entidades. Digo, cada lei que autorizar a instituição dessas entidades pode derrogar não apenas o regime jurídico privado que emana diretamente do fato de serem pessoas jurídicas de Direito Privado, mas também outros atos normativos. Por exemplo, a Constituição do Estado pode derrogar o regime jurídico privado em alguns pontos, a lei orgânica do Município pode fazê-lo também em alguns pontos, mas uma lei genérica de cada ente federativo pode tratar igualmente dessa derrogação. Da mesma forma, cada ente federativo, como já vimos, pode editar uma lei complementar definindo as áreas de atuação da suas fundações.

Mas, voltando à questão da lei complementar, tais normas já foram editadas?

A ideia é admitir, e essa é a inspiração da corrente dualista que hoje é majoritária no Brasil, um grau de flexibilidade do Poder Público para que, aquilo que pretendesse centralizar de serviço público típico ou poder de polícia, fosse descentralizado sempre à fundação pública de natureza pública, fundação pública autárquica, fundação pública de Direito Público, porque só essas entidades podem, por exemplo, exercer Poder Público e só com essa natureza. Por outro lado, se flexibilizariam aquelas outras atividades que poderiam ser exercidas por fundações privadas, mas que, por serem atividades de fomento de grande interesse social – fomentos não econômico e social –, o Poder Público assume para si. E nesse caso a entidade tem natureza jurídica de pessoa jurídica privada, mas se submete ao regime híbrido, porque, instituída pelo Poder Público e mantida por ele, não pode ser totalmente privada. Disso resulta a "hibridez" do regime.

Mas é em relação à lei complementar, esses tipos de leis ainda não foram editados. Para variar, trata-se de norma constitucional à espera de regulamentação. Com a edição da lei complementar, vai haver uma definição das áreas em que é possível a descentralização de atividades administrativas para fundações, e a lei instituidora da fundação terá de observar rigidamente essas áreas definidas em lei complementar. Mas a lei complementar pode ou não definir quais são as naturezas jurídicas correspondentes a cada área ou pode deixar isso para o legislador ordinário, o que dependerá da forma de regulamentação de cada ente federativo. Quem entende ou aposta que será julgada inconstitucional uma lei complementar federal nacional que faça isso, tem que esperar, então, pela edição dessa lei complementar federal nacional.

Acresce-se a isso o fato de que, na lei de licitações, o STF foi pró-federativo e não antifederativo. Na lei de licitações, no art. 17, há normas de conteúdo consideradas normas gerais e, portanto, de observância obrigatória para os Estados, Municípios e Distrito Federal. É um dispositivo que diz que a doação de bem público só poderá ser feita para outra entidade integrante da Administração Pública ou que a permuta de bem público só ocorrerá entre entidades integrantes da Administração Pública. No entanto, como se pronunciou o STF? Esta norma está eivada do vício de inconstitucionalidade parcial, sem redução de texto. Esta norma é obrigatória para a Administração Pública federal, mas, por não ter conteúdo de norma geral, ela não é de observância obrigatória pelos Estados, Municípios e Distrito Federal. No caso dessa ADIn, o STF deu maior grau de autonomia aos Estados, Municípios e Distrito Federal. Talvez seja uma esperança de que aqui também se esteja falando teoricamente. Se, politicamente, do ponto de vista da organização político-administrativa, essa é a melhor solução para o Brasil, não há como se afirmar, mas, em tese, é a mais consentânea com a ideia de federação que no Brasil foi elegida como cláusula pétrea.

É correto se afirmar que as fundações públicas de Direito Público são autarquias e que existem apenas fundações de Direito Privado?

Brigaríamos contra esse conceito de que a fundação pública de Direito Público é autarquia e, portanto, só existem fundações de Direito Privado. O fato é que, na prática, muitas fundações são instituídas como fundações de Direito Público e observam regime jurídico de Direito Público. Portanto, o que o Direito deve fazer é reconhecer que essas entidades são regidas pelo Direito Público, integralmente pelo Direito Administrativo, pelo mesmo regime das autarquias. E a discussão se elas são fundações públicas de Direito Público ou autarquias não interessa. Se se perguntasse, em uma prova oral, se há fundação de Direito Público ou não, aceitaria as duas respostas como corretas. Existem fundações no Brasil que são instituídas como pessoas jurídicas de Direito Público, portanto, são fundações públicas de Direito Público ou fundações autárquicas, também chamadas autarquias fundacionais. Mas entendemos que esse conceito se dissolve. Portanto, considero que fundação de verdade são as fundações instituídas como pessoas jurídicas de Direito Privado, porque, apesar de se chamarem fundações públicas de Direito Público, me parecem autarquias. Acho que o regime jurídico que se aplica a elas é o de autarquia. O que sei é que a lei que cria essas fundações cria como fundações públicas, embora o regime jurídico seja o das autarquias. É um pouco nessa discussão que embarca a profª Maria Sylvia Zanella de Pietro.

10.12. Os Bens

Fundação pública de Direito Público tem todos os seus bens impenhoráveis, tal como as autarquias. Goza de todos os privilégios processuais: prazo em quádruplo para contestar, em dobro para recorrer, duplo grau obrigatório de jurisdição, regime de precatório para pagamento de suas dívidas judiciais, representação processual legal e não por mandato. O regime jurídico aplicável é exatamente o mesmo. Por isso é que se fala autarquia de base fundacional, porque seria constituída por uma base patrimonial e não a partir de uma formação corporativa. A grande distinção entre uma autarquia típica corporativa e outra fundacional é que esta última trata-se de uma fundação regida pelo Direito Público, que é o regime jurídico aplicável integralmente às autarquias.

A questão está em saber qual o regime jurídico aplicável às fundações de Direito Privado, e aqui é que entra a discussão: o regime jurídico é híbrido, mas híbrido como? No que ele é público e no que ele é privado? Existe um entendimento doutrinário que me parece mais correto: apesar de o art 5º, §3º, dizer que as fundações públicas, instituídas como pessoas jurídicas de Direito Privado, são criadas na forma do Direito Privado e a elas não se aplicam as demais normas do Código Civil, relativas às fundações privadas, o exemplo típico é o da prestação de contas, da fiscalização permanente à que elas se submetem, feita pelo Ministério Público. Não há sentido nisso, porque elas não se descolam do Poder Público que as instituiu e esse poder exerce a fiscalização. Logo, não é necessária a fiscalização do Ministério Público.

Como não se aplicam as normas do Código Civil relativas às fundações, elas perdem a sua natureza de pessoas privadas, pessoas jurídicas de Direito Privado? Vem, então, a seguinte interpretação: o art. 5º, § 3º se refere às normas do Código Civil específicas de fundações privadas, mas isso não significa que elas deixem de ser essencialmente pessoas jurídicas de Direito Privado. Portanto, elas, essencialmente pessoas jurídicas de Direito Privado, se submetem ao Direito Privado, salvo naquilo que, como exceção à regra geral do Direito Privado, por decorrência direta da Constituição ou de lei do ente federativo a que a fundação pertença, for derrogado. Quando o Direito Privado é derrogado pela Constituição diretamente ou pela lei de cada ente federativo, tais entidades têm o seu regime jurídico privado alterado, derrogado, publicizado, chegando-se, portanto, ao regime jurídico híbrido.

No que ele é normalmente híbrido? Por exemplo, em relação ao seu regime de bens. O regime de bens das autarquias é um regime totalmente público, seus bens são totalmente impenhoráveis, a alienabilidade somente se dá nas hipóteses de autorização legislativa. Os bens das fundações públicas de Direito Privado são, em princípio, privados, mas podem ser semipublicizados. Em que hipóteses? Por exemplo, quando esses bens estiverem empregados diretamente na prestação de serviços públicos, encontram-se afetados a esses serviços e, portanto, são impenhoráveis. Mas isso não quer dizer que a totalidade dos bens seja impenhorável, nem que só por isso a fundação instituída como fundação de Direito Privado estará submetida ao regime de precatório. Não, os bens são penhoráveis para satisfazer os interesses dos credores, salvo aqueles afetados ao serviço público.

10.13. Patrimônio

As fundações públicas, sejam as de Direito Privado ou Público, são dotadas de patrimônio próprio, até porque não se concebe uma pessoa, física ou jurídica, desprovida de patrimônio. Muito menos as fundações que, como vimos, nada mais são do que uma universalidade patrimonial dotada de personalidade jurídica.

Importa saber, aqui, se os bens das fundações públicas são considerados bens públicos ou privados. E a resposta já pode ser encontrada no art. 98 do atual Código Civil, baixado pela Lei nº 10.406, de 10/01/2002. Vejamos:

> Art. 98 – *São públicos os bens do domínio nacional pertencentes às pessoas jurídicas de direito público interno; todos os outros são particulares, seja qual for a pessoa a que pertencerem.*

Com base nesse critério, qual seja, o da personalidade jurídica, podemos dizer, então, que as fundações públicas de Direito Privado têm seus patrimônios integrados por bens de natureza privada; ao passo que as fundações públicas de Direito Público têm seus patrimônios integrados por bens públicos.

No mesmo sentido é a lição do prof. Carvalho Filho, que assevera:

> Da mesma forma que as autarquias, os bens do patrimônio das fundações públicas de Direito Público são caracterizados como bens públicos [...]. As fundações públicas de Direito Privado, contrariamente, têm seu patrimônio constituído de bens privados, incumbindo sua gestão aos órgãos dirigentes da entidade na forma definida pelo respectivo estatuto[151].

Repare que o fato de os bens que se destinam à criação das fundações públicas de Direito Privado, apesar de, antes da instituição, serem de natureza pública, com a transferência da propriedade vertem à natureza privada, assim que chegam ao novo patrimônio.

A distinção, como já dissemos, importa para a definição do regime jurídico a ser dispensado aos bens, sendo certo que os públicos – ou seja, os das fundações públicas de Direito Público – gozaram das prerrogativas da inalienabilidade, impenhorabilidade, imprescritibilidade e inonerabilidade; ao contrário do que ocorre com os bens das fundações públicas de Direito Privado.

É oportuna a transcrição da decisão do Superior Tribunal de Justiça:

> Fundação pessoa jurídica de Direito Público. Efeitos. Fundação instituídas pelo Poder Público, por meio de lei, com fim de prestar assistência social à coletividade, exerce atividade eminentemente pública, pelo que não é regida pelo inciso I do art. 16 do Código Civil, tratando-se, na verdade, de pessoa jurídica de Direito Público, fazendo jus às vantagens insertas no art. 188 do CPC. (REsp. nº 148.521/PE; Segunda; Rel. Min. Adhemar Maciel)

10.14. Regime de Pessoal

Os servidores das autênticas fundações públicas, ou seja, aquelas dotadas de personalidade jurídica de Direito Privado, serão regidos pelo regime celetista, muito embora a Constituição não seja expressa neste sentido.

O contrário parecia ser indicado pelo disposto no art. 39 da Constituição, antes da alteração promovida pela Emenda Constitucional nº 19, de 04/06/1998, que tinha a seguinte redação:

> Art. 39 – *A União, os Estados, o Distrito Federal e os Municípios instituirão, no âmbito de sua competência, regime jurídico único e planos de carreira para os servidores da administração pública direta, das autarquias e das* fundações públicas. (grifamos)

Ao que nos parece, o constituinte estava a se referir às fundações públicas de Direito Público, que já era em 1988 uma realidade incontestável, embora surgida em desacordo com a legislação federal vigente. E tal se extrai da análise de que pessoas são submetidas ao regime de Direito Público: somente aquelas que têm personalidade jurídica de Direito Público.

Assim, somente as fundações públicas de Direito Público, que estão submetidas ao regime de Direito Público, podem ter *cargos públicos* no âmbito de sua estrutura organizacional, sendo regidos, por uma questão de coerência, por estatutos e não pela Consolidação das Leis do Trabalho – CLT.

Frise-se, todavia, que a quebra da obrigatoriedade do regime jurídico único no âmbito da Administração Pública direta, autárquica e fundacional abriu espaço para a criação de *empregos públicos* no âmbito dessas entidades administrativas. Os servidores respectivos, portan-

[151] CARVALHO FILHO, José dos Santos *ob. cit.*, p. 341.

to, estariam sujeitos não ao regime estatutário, mas ao celetista.

Como acontece, pois, com as autarquias, é possível que as fundações públicas de Direito Público tenham servidores regidos pela CLT, embora a regra seja o regime de Direito Público; ao passo que as fundações públicas de Direito Privado terão seus servidores regidos sempre pela Consolidação das Leis Trabalhistas.

Finalmente, para se ingressar em uma fundação, mesmo sendo pessoa jurídica de Direito Privado, o acesso de cargos públicos e empregos públicos depende de aprovação prévia em concurso público.

O regime de pessoal, em princípio, é aquele próprio das entidades privadas, é o da CLT. Sendo pessoa jurídica de Direito Privado, não há nada na Constituição nem na lei que derrogue isso. Então, para ser servidor de fundação de Direito Privado, não precisa de concurso público? De início, não. Mas, na Constituição, onde há uma derrogação do regime privado feita expressamente, a ocupação de cargos públicos e empregos públicos depende de aprovação prévia em concurso público. Então, o regime de pessoal privado, que aqui é o da CLT, foi derrogado por uma norma constitucional, isso no que se refere a ingresso, acesso, remuneração. Há que se buscar, portanto, na Constituição e nas leis específicas de regência daquela fundação aquilo que derrogou o seu regime inicialmente privado.

10.15. O Processo de Contratação

E o processo de contratação?

É um desses casos que está no art. 37, XXI, da Constituição Federal. Estão derrogados por conta disso, da mesma forma que o concurso público, os dois grandes processos seletivos a que a Administração Pública se submete: um para contratar pessoal e outro para contratar particulares para compras, fornecimento de bens etc.

Quando se está falando de regime jurídico híbrido, a regra é a do Direito Privado, salvo derrogação legal. Pode ser derrogação por ato normativo, por exemplo? Pode-se, por exemplo, fugir de uma regra do Código Civil de uma fundação pública de Direito Privado por um ato normativo de um ente, como, por exemplo, não se aplicar a fiscalização do MP?

Se o regulamento apenas disciplinar uma derrogação genérica já existente na lei, sim, mas se o regulamento pretender ser um regulamento autônomo, não. Acho que vale a regra do Código Civil. Por quê? Voltemos para aquela explicação sobre regulamento autônomo. O art. 84, VI, da Constituição, a nosso ver, quando dá ao chefe do Executivo poderes para dispor privativamente sobre organização e funcionamento da Administração Pública, dá a ele poderes para dispor em relação à Administração direta. Aquilo que altera o regime jurídico de pessoas jurídicas criadas para integrar a Administração indireta, a partir do momento em que há exigência de lei inaugural para autorizar a instituição ou criar essas entidades, já refoge ao âmbito do poder regulamentar do chefe do Executivo. Então, se o ato regulamentar for de execução, se apenas for um regulamento típico de execução para disciplinar uma derrogação legal já existente, sim, mas, caso contrário, prevalece a regra legal do Direito Privado.

10.16. Competência para as Causas Judiciais

Da mesma forma que se resolveram os itens anteriores, resolver-se-á este, que trata da competência para o processamento e julgamento das causas judiciais em que figurarem como parte as fundações públicas.

Se estivermos tratando de fundações públicas de Direito Privado, não serão entidades autárquicas, não se aplica o art. 109, I, da Constituição, que não desempenham atividades que somente podem ser exercidas pelo Poder Público, a competência será aquela reservada constitucionalmente para qualquer outra pessoa, não gozando as mesmas de qualquer privilégio de foro, tendo como juízo competente a justiça comum.

Por outro lado, as fundações públicas de Direito Público serão julgadas por órgãos específicos do Poder Judiciário. Se a fundação autárquica for federal, a competência será da Justiça Federal, nos termos do art. 109, I, da Constituição da República[152]; se for estadual ou municipal, a competência será de uma das varas de Fazenda Pública, nos termos do art. 97, I, *a* e IV, este último combinado com o art. 86, todos do Código de Organização e Divisão Judiciárias do Estado do Rio de Janeiro – Codjerj (tais dispositivos tiveram suas redações dadas pela Lei nº 3.432, de 29/06/2000).

[152] Veja o que constou da ementa do acórdão do Supremo Tribunal Federal no julgamento do RE nº 215.741: "Compete à Justiça Federal processar e julgar ação em que figura como parte fundação pública, tendo em vista sua situação jurídica conceitual assemelhar-se, em sua origem, às autarquias. Ainda que o art. 109, I da Constituição Federal, não se refira expressamente às fundações, o entendimento desta Corte é o de que a finalidade, a origem dos recursos e o regime administrativo de tutela absoluta a que, por lei, estão sujeitas, fazem delas espécie do gênero autarquia".

Esclareça-se, por oportuno, que esse não é o único privilégio de que goza uma fundação pública de Direito Público, já tendo, aliás, ficado assentado em decisão do Superior Tribunal de Justiça que tais entes não estão sujeitos ao preparo para a interposição dos recursos, assim como acontece com as autarquias e as pessoas federativas, todas dotadas de personalidade jurídica de Direito Público[153].

10.17. Prerrogativas

10.17.1. Prerrogativas Fiscais

A Constituição em seu art. 150, § 2º, atribuiu imunidade às fundações, não as distinguindo se seriam de Direito Público ou de Direito Privado. Logo, a imunidade se aplica a ambas, condicionadas às suas finalidades essenciais.

10.17.2. Prerrogativas Processuais

Conforme já enfocamos, Fazenda Pública é formada pela Administração direta, autarquias e fundações públicas de Direito Público. Deduz-se que a fundação pública de Direito Público possui as mesmas prerrogativas das autarquias, por terem natureza autárquica, gozando de todos os privilégios processuais: prazo em quádruplo para contestar, em dobro para recorrer, duplo grau obrigatório de jurisdição, regime de precatório para pagamento de suas dívidas judiciais, representação processual legal e não por mandato. Por isso que tais fundações, litigam em vara de Fazenda Pública. Todavia, as fundações estaduais e municipais, de acordo com a Súmula nº 97, do Superior Tribunal de Justiça, suas ações serão julgadas e processadas no fórum fixado no Código de Organização Judiciária.

No entanto, as fundações públicas de Direito Privado não têm prerrogativa nenhuma e suas ações correm nas varas comuns.

10.18. Atos e Contratos

Os atos praticados pelas fundações públicas são considerados atos administrativos se estas forem dotadas de personalidade jurídica de Direito Público, até porque serão referentes a atividades próprias do Estado. Por outro lado, se estivermos diante de típicas fundações públicas, ou seja, aquelas dotadas de personalidade jurídica de Direito Privado, tais atos não serão considerados *atos administrativos*, não gozando, assim, dos atributos que lhe são próprios (presunção de legalidade, autoexecutoriedade e imperatividade).

No que tange aos contratos, as conclusões seguem a mesma linha de raciocínio, sendo de se considerar contratos administrativos aqueles firmados pelas fundações autárquicas e contratos comuns, regidos pelas regras do Direito Privado, os firmados pelas fundações públicas de Direito Privado.

A diferença, como já vimos, está em que os contratos comuns são orientados pelo princípio da isonomia, que coloca ambos os contratantes em pé de igualdade, não se podendo conceber privilégios legítimos a qualquer das partes. Por outro lado, em se tratando de contratos administrativos, o princípio norteador da relação contratual será o da supremacia do interesse público, o que é suficiente para desigualá-la em favor das pessoas administrativas mediante a contemplação de cláusulas de privilégio, que, de acordo com o art. 54 da Lei nº 8.666, de 21/06/1993, são as seguintes:

a) possibilidade de alteração unilateral do contrato pela Administração Pública;
b) possibilidade de rescisão unilateral do contrato pela Administração Pública;
c) possibilidade de fiscalização da execução do contrato;
d) possibilidade de aplicação de sanções.

Por fim, é de se ver que mesmo as fundações públicas de Direito Privado estão sujeitas à prévia licitação, muito embora o art. 1º, parágrafo único, da Lei nº 8.666, de 21/06/1993, não estabeleça qualquer distinção entre estas e as fundações públicas de Direito Público.

Essa conclusão é autorizada tendo em vista o fato de que ambas as espécies de fundações públicas trabalham com dinheiro público, devendo, portanto, se submeter aos princípios da moralidade e da eficiência.

Não obstante, esse entendimento é controvertido na doutrina, entendendo o prof. Carvalho Filho que as fundações públicas, independentemente da espécie, se de Direito Público ou privado, estão sujeitas à licitação e também a todas as demais normas da Lei nº 8.666/1993, por imposição do art. 37, XI da Constituição Federal.

Já o prof. Marçal Justen Filho assevera que as fundações públicas de Direito Privado estarão obrigadas a licitar se forem mantidas e controladas pelo Poder Público, independentemente da natureza das atividades desempenhadas[154].

---

[153] STJ- Sexta Turma; Rel. Min. Fernando Gonçalves, REsp nº 206.646/DF.

[154] JUSTEN FILHO, Marçal. *Comentários à Lei de Licitações e Contratos Administrativos.* 10ª ed., São Paulo: Dialética, 2006, p. 31.

10.19. A Responsabilidade Civil

Da mesma forma a responsabilidade civil. Diz a Constituição no art. 37, § 6º que pessoa jurídica de Direito Público e pessoa jurídica de Direito Privado, prestadora de serviço público respondem, entende a doutrina e jurisprudência do STF, objetivamente pelos danos que seus agentes nessa condição causarem. Se a fundação é de Direito Privado, portanto, não é pessoa jurídica de Direito Público e a sua responsabilidade será objetiva apenas naquilo que ela exercer como serviço público, apenas naquelas atividades que ela atuar como prestadora de serviço público. Aí, sim, a Constituição criou uma derrogação à regra geral de Direito Privado. Nas atividades tipicamente privadas, não prestadas como serviço público, a responsabilidade segue o Direito Privado, não sendo objetivada pela norma constitucional que trata da responsabilidade objetiva. É assim em relação a todos os demais pontos do regime jurídico das fundações de Direito Privado.

10.20. Fiscalização

10.20.1. Do Ministério Público

As normas específicas de fundações estabelecidas no Código Civil tratam da disciplina das fundações privadas, que estão sujeitas à fiscalização do Poder Público. Por isso, o Código Civil, visando à proteção da dotação patrimonial que o instituidor da fundação destinou a um fim específico, criou a figura da fiscalização do Ministério Público.

Por outro lado as normas do Código Civil específicas de fundações privadas não se aplicam às fundações públicas, pois já estão submetidas a um grau elevado de controle finalístico porque são instituídas e mantidas pelo Poder Público.

Esclarecedor, a esse respeito, é que o parágrafo único, do art. 41 do Código Civil, diz que se aplicam as normas do referido Código, como entidades privadas, salvo naquilo que a lei dispuser em sentido contrário e salvo naquilo que não for compatível com a natureza das atividades dessas fundações. Então, a fiscalização do Ministério Público é algo predestinado à norma específica para fundação privada e não cabe essa extensão às fundações públicas. Ademais, haveria retrocesso de prever a fiscalização do Ministério Público, um autêntico *bis in iden*, já que as fundações públicas de Direito Privado já estão sujeitas à fiscalização do Poder Público que as instituiu, via de regra, por meio de seus Ministérios.

A Lei Complementar nº 28/1982, que organiza o Ministério Público do Estado do Rio de Janeiro, no art. 332, § 2º, menciona textualmente ser inaplicáveis as atribuições da curadoria de fundações às fundações instituídas pelo Poder Público e sujeitas à supervisão administrativa.

10.20.2. Perante o Código Civil

Devem ser usadas as normas do Código Civil sobre fundações quando estamos lidando com fundações públicas de Direito Privado?

Resposta: Aqui a questão é boa para revisarmos como deve ser interpretado esse art. 5º, § 3º, do Decreto-lei nº 200/1967. O que ele diz é que não se submetem as fundações públicas de Direito Privado às demais normas do Código Civil sobre fundações. Só assim pode ser interpretado: restritivamente. As demais normas de Direito Privado são a base do regime jurídico de qualquer pessoa jurídica de Direito Privado, salvo as derrogações constitucionais e legais que semipublicizam o regime dessas entidades.

Então, quer dizer que você vai recorrer às normas de Direito Privado, normas gerais, e não às normas específicas sobre fundações constantes do Código Civil?

É exatamente isso, porque as normas específicas de fundações estabelecidas no Código Civil tratam da disciplina das fundações privadas, que estão sujeitas a uma fiscalização do Poder Público, fiscalização esta que já existe em relação às fundações instituídas e mantidas por ele. O controle da gestão patrimonial, por exemplo, nas fundações privadas, não tem o Poder Público ali aportando recursos, submetendo as fundações públicas de Direito Privado à prestação de contas anual, à fiscalização do Tribunal de Contas. As fundações privadas não estão submetidas a isso. Por isso, o Código Civil, como proteção da dotação patrimonial que o instituidor da fundação destinou a um fim específico, criou a figura da fiscalização do MP, que se organizou para este atendimento criando as chamadas curadorias de fundações. Desta forma, as normas do Código Civil, específicas para fundações privadas, não se aplicam às fundações públicas, pois são normas protetivas. As fundações públicas, por sua vez, já estão submetidas a um grau elevado de controle, porque são instituídas e mantidas pelo poder público.

Aqui sempre se chega no mesmo caminho para registrar a história pronta. Mas houve um longo caminho de discussão percorrido pelo MP, pela doutrina e pela jurisprudência até se chegar à conclusão de que a fiscalização das curadorias de fundações não se estendia às fundações públicas, ainda que de Direito Privado. Só depois de muita discussão é que veio a ser estabelecido esse entendimento que hoje se tem como quase unânime.

Mas o Código Civil estabeleceu a fiscalização?

Não, o Código Civil estabelece a fiscalização para as fundações privadas. Alguém, antes de morrer, faz um testamento, dispondo de 3 milhões de reais do patrimônio, que seriam destacados para atividades assistenciais a idosos e, para isso, será constituída uma fundação nesses, nestes e naqueles termos. Isso é um ponto. Trata-se de uma fundação privada que estará submetida às normas do Código Civil de proteção da vontade do instituidor e de gestão patrimonial de acordo com os fins da fundação. Aqui o MP interfere e há até interferência do Poder Judiciário em algumas situações.

No que se refere a fundações públicas instituídas na forma do Direito Privado, essas normas do Código Civil não têm razão de ser aplicadas. Era o sentido finalístico do Código Civil de que aqui não se aplicava a fiscalização do MP, já que o Poder Público, ao instituir a fundação, já tem os seus mecanismos de controle.

Por que o Decreto-lei nº 200/1967 é tão citado na doutrina se cada ente federativo pode disciplinar a forma de sua organização administrativa?

O Decreto-lei nº 200/1967 funcionou quase que como um modelo da organização administrativa dos demais entes, embora esse modelo não fosse constitucionalmente obrigatório. Todos os entes federativos, ou quase todos, seguiram em linhas gerais a sua organização, fazendo alterações aqui e acolá. No Rio de Janeiro, por exemplo, a organização administrativa está na Constituição Estadual, que define fundação pública como pessoa jurídica de Direito Privado. Agora, perguntamos se, na prática, as fundações públicas do Estado do Rio de Janeiro são todas pessoas jurídicas de Direito Privado? Não são. A Universidade Estadual do Rio de Janeiro (UERJ), que é fundação pública instituída como pessoa jurídica de Direito Público. Alguém haverá de dizer que a instituição dessas entidades foi inconstitucional por elas terem personalidade jurídica de Direito Público? O que acham, se a Constituição do Estado diz que as fundações públicas são sempre pessoas jurídicas de Direito Privado? As fundações, instituídas pelo Poder Público, sob a forma jurídica autárquica, autarquias são. E a Constituição, na verdade, não veda a instituição de autarquias pelo Poder Público. Essas fundações – consideradas autarquias – são constitucionais.

E a FIA?

A FIA – Fundação para a Infância e Adolescência –, que sucedeu a Febem, é uma fundação de Direito Privado.

O atual Código Civil (CC) trouxe, quanto à questão das fundações, duas perplexidades básicas – dois questionamentos básicos. Eles podem ser sintetizados nas seguintes perguntas: o CC teve o condão de tornar a forma jurídica de Direito Privado obrigatória para todas as fundações públicas? O CC teve o condão de limitar o âmbito de atuação das fundações públicas?

Desses questionamentos, surgiram os dispositivos básicos do Código Civil, que vão servir de cenário de nossa discussão. O primeiro deles é o art. 41, que dispõe sobre quais são as pessoas jurídicas de Direito Público interno. Aliás, o CC de fato já nasceu ultrapassado, porque, a nosso ver, isso não é matéria para ser tratada no Código Civil. É para ser abordado na Constituição Federal e nas leis dos diversos entes federativos. Mas, em todo caso, uma lei federal, que é o Código Civil, diz que são pessoas jurídicas de Direito Público interno:

> *I – a União;*
> *II – Os Estados, DF e territórios;*
> *III – Municípios;*
> *IV – Autarquias;*
> *V – As demais entidades de caráter público, criadas por lei.*

Vem o parágrafo único e dispõe, numa redação quase ininteligível, que, salvo disposição em contrário, as pessoas jurídicas de Direito Público a que se tenha dado estrutura de Direito Privado regem-se, no que couber quanto ao seu funcionamento, pelas normas deste Código.

Vamos, então, analisar separadamente o art. 41 e seu parágrafo único. O primeiro questionamento é que, no rol das pessoas jurídicas de Direito Público interno, não constam as fundações públicas expressamente, apesar de o inciso V se referir às demais entidades de caráter público criadas por lei. Estaria o inciso V, do art. 41, do CC, se referindo às fundações públicas? Ou seja, estaria o CC dizendo que pessoas jurídicas de Direito Público interno são, por excelência, as Administrações diretas, as autarquias e só. Mas é possível que algumas entidades de caráter público possam ser criadas por lei fora desse elenco. A nosso ver, o fato de não constar expressamente a fundação pública, no rol do art. 41, como pessoa jurídica de Direito Público, não significa absolutamente nada; em primeiro lugar, porque o inciso V faz essa referência às "demais entidades de caráter público criadas por lei". Se a lei pode criar outras entidades de caráter público, pode instituir fundações públicas que originariamente seriam pessoas jurídicas de Direito Privado e dar a elas a natureza de pessoa jurídica de Direito Público interno. Então, até aí, o CC não inovou em nada no conhecimento convencional, na jurisprudência do STF, que diz que as fundações públicas podem ser de natureza pública ou privada.

O parágrafo único determina que, salvo disposição em contrário, as pessoas jurídicas de Direito Público interno a que se tenha dado estrutura de Direito Privado regem-se, no que couber, quanto ao seu funcionamento, pelas normas deste Código. Pessoas jurídicas de Direito Público a que se tenha dado estrutura de Direito Privado, o que é isso? O que se interpreta desse dispositivo? O parágrafo único fala das pessoas jurídicas de Direito Público a que se tenha dado estrutura jurídica de Direito Privado e o inciso V menciona as demais entidades de caráter público criadas por lei. Será que aqui, na linha do inciso V, o parágrafo único pretende dizer que a lei escolhe uma estrutura de Direito Privado e dá a ela o caráter de pessoa jurídica de Direito Público? A que ele se refere? À pessoa jurídica de Direito Público a que se tenha dado estrutura de Direito Privado. A estrutura básica da fundação vem do Direito Privado. Então, afirma que essas pessoas jurídicas de Direito Público a que se tenha dado estrutura de Direito Privado regem-se, no que couber, quanto ao seu funcionamento, pelas normas desse Código.

Parece que o parágrafo único está querendo dizer, e se manifeste aquele que tiver outra interpretação para discutirmos, na linha do inciso V, que, além das pessoas jurídicas de Direito Público nominadas, há pessoas jurídicas de Direito Público inominadas. No CC não estão elencadas expressamente. Dentre elas podem figurar as fundações públicas, que podem ser de Direito Público ou Privado. Determina o parágrafo único que, se não houver disposição legal em contrário, e apenas no que couber, quanto ao seu funcionamento, aplica-se o Código Civil. Se houver lei estabelecendo que a pessoa jurídica de Direito Público se rege integralmente por normas de Direito Administrativo e, ainda que não haja essa disposição expressa, se houver uma disposição dizendo que, ainda que se pretenda aplicar o Código Civil à pessoa jurídica de Direito Público, sempre será possível dizer que o Código Civil não se aplica pelo menos às atividades típicas do Poder Público desempenhadas por essas pessoas jurídicas de Direito Público. Não nos parece que, do inciso V, combinado com o parágrafo único, decorra o fato de o Poder Público não poder mais instituir fundações públicas de Direito Público e, mais do que isso, submeter essas fundações públicas integralmente ao regime jurídico administrativo.

Pergunta-se: o Código Civil não pode tratar das áreas de atuação das fundações públicas?

A Constituição diz que a lei complementar definirá o âmbito de atuação. Como só a Constituição pode definir o que será tratado por lei complementar, essa é a exceção. Então, a exceção é: lei complementar é necessária para tratar da áreas de atuação das fundações públicas. O Código Civil pode tratar de outros assuntos: do gênero fundação ou da área de atuação das fundações privadas.

Estou só analisando isoladamente o art. 41, uma das sedes da discussão. Diz lá: pessoas jurídicas de Direito Público, União, Estados, Município, Distrito Federal, Territórios, autarquias e entidades de caráter público criadas por lei. Ora, pode ser fundação pública criada com natureza jurídica de Direito Público. Nesse ponto, o Código Civil não inovou em nada e, ao dizer que se aplica o Código Civil, salvo naquilo que a lei dispuser em sentido contrário, está legitimando tanto o regime jurídico integralmente público das pessoas jurídicas de Direito Público, das fundações de Direito Público, como o regime jurídico híbrido, das fundações públicas de Direito Privado. Concordam ou há entendimento diverso?

Então, na verdade, o que o Código está fazendo é repetir aquela regra do art. 5º, § 3º. O que ele sugere é que as fundações podem ser de Direito Público ou Privado, porém às de Direito Privado aplicar-se-ão as regras do Código Civil, como já fazia o art. 5º, § 3º.

O art. 5º, § 3º, na verdade, está sendo corrigido por esse parágrafo único, porque aquele artigo dizia que não se aplicam as normas do Código Civil, aplicáveis às fundações privadas, às fundações públicas que tenham natureza jurídica privada, salvo no que se refere à sua constituição. O que o parágrafo único do art. 41 está dizendo é que se aplicam as normas do Código Civil, como entidades privadas, salvo naquilo que a lei dispuser em sentido contrário e naquilo que não for compatível com a natureza das atividades dessas fundações. Surge, então, a seguinte indagação: será que essa disposição do Código se aplica às fundações públicas de natureza privada, passando a se tornar obrigatória, por exemplo, a fiscalização do MP nessas fundações públicas de Direito Privado, porque não foram recepcionadas as regras do Código Civil que se referem apenas às fundações privadas? Só que elas apenas se aplicam naquilo que a lei não as derrogar e no que couber. Parece que a fiscalização do MP é algo predestinado à norma específica para fundação privada e não cabe essa extensão às fundações públicas.

Neste momento, vamos discutir e tentar resolver o segundo problema gerado pelo CC: o de ter criado um retrocesso ao prever a fiscalização do MP, um *bis in idem*, já que as fundações públicas de Direito Privado estão sujeitas à fiscalização do Poder Público que as instituiu.

Mas isto está no Código Civil? No art. 41?

Esse dispositivo não fala expressamente. Primeiro ele pretendeu – acho que essa foi a intenção do legislador dos últimos 20 anos, que resultou no Código Civil de um ano atrás – traçar um regime jurídico para a fundação pública. Só que da sistemática que acabou resultando no CC não se extrai essa consequência. Mas essa foi a intenção do legislador ao tratar dessa matéria: criar uma espécie de harmonização do sistema.

Por que, então, a dúvida de que, em função desse dispositivo, teria se tornado obrigatória a forma de Direito Privado?

Primeiro porque o art. 41 não diz expressamente que as fundações públicas são pessoas jurídicas de Direito Público interno e apenas abre a brecha no inciso V para que outras entidades de caráter público, criadas por lei, possam ser pessoas jurídicas de Direito Público interno. E o art. 44, III, diz que são pessoas jurídicas de Direito Privado as fundações e apenas usa o gênero. Daí alguns autores civilistas inferiram que, quando o art. 44, III, se refere ao gênero fundações, dizendo que são pessoas jurídicas de Direito Privado, ele estaria se referindo tanto às fundações privadas quanto às públicas. Mas a discussão é: será que o Código Civil poderia transformar todas as fundações públicas em pessoas jurídicas de Direito Privado? Por que eu fiz primeiro a análise isolada do art. 41 e agora estamos tentando conjugar o art. 41 com o art. 44, III?

A pergunta é: a partir do art. 44, III, que diz que todas as fundações são pessoas jurídicas de Direito Privado, combinado com o art. 41, que não elenca expressamente as fundações públicas dentre as pessoas jurídicas de Direito Público, será que é possível se extrair entendimento de que o CC tornou obrigatória a adoção da forma de Direito Privado para as fundações públicas? O art. 44, III, determina que são pessoas jurídicas de Direito Privado, no Brasil, as fundações, e não diz que são as fundações privadas, nem fala que são fundações públicas que assumam essa forma. Isso, combinado com o art. 41, que não arrola as fundações públicas no elenco de pessoas jurídicas de Direito Público, poderia nos conduzir à interpretação de que todas as fundações públicas devem ser sempre pessoas jurídicas de Direito Privado?

O Código Civil estaria tratando de matéria de Direito Administrativo e, portanto, invadindo uma esfera de competência dos Estados, dos Municípios e do Distrito Federal, para a qual a lei federal não está constitucionalmente autorizada. E em relação ao âmbito federal ?

Vamos fazer uma interpretação atípica, que é uma interpretação por exclusão. O art. 44, III, ainda que ele pretendesse, esquecendo por enquanto o art. 41, inciso V e seu parágrafo único, que todas as fundações públicas fossem pessoas jurídicas de Direito Privado, já que ele se refere genericamente a fundações, sem entrar no mérito da sua instituição por ente público ou por particular, essa definição estaria limitada apenas ao âmbito da Administração Pública federal. Ainda porque seria inconstitucional que a lei federal pretendesse definir todas as formas jurídicas dos entes administrativos de cada unidade federativa. Mesmo que se dissesse que fundação é espécie do Direito Civil e só a União legisla sobre esse Direito, na forma do art. 24, I – competência privativa da União –, diria que legisla sobre Direito Civil, mas não legisla sobre Direito Administrativo. Se se pretendesse que todas as fundações públicas tivessem sempre a forma de Direito Privado, seria ir além da competência privativa da União para legislar sobre Direito Civil.

Em relação à Administração Pública federal, alguém pode dizer que o Código Civil é uma lei federal e, da mesma forma que ela tratou de Direito Civil, tratou de Direito Administrativo federal. Vem, então, a interpretação num cotejo do art. 44, III c/c art. 41, V e seu parágrafo único.

A interpretação conjugada dos dois dispositivos serve para esclarecer tudo. Como o inciso V abre a possibilidade de criação de outras pessoas jurídicas de Direito Público, criadas pela lei, e o parágrafo único fala nessa figura estranha da pessoa jurídica de Direito Público com estrutura de Direito Privado, tudo leva ao entendimento de que o Código Civil admitiu, na linha da jurisprudência do STF, que pudessem existir fundações públicas como pessoas jurídicas de Direito Privado, como pessoas jurídicas de Direito Público, sujeitas ao regime jurídico administrativo, e fundações públicas sujeitas basicamente ao Direito Privado, mas observando as derrogações constitucionais e legais aplicadas a qualquer ente da Administração.

Diante disso o aluno questiona sobre qual, então, é o sentido de toda essa discussão.

A resposta é que ela só tem sentido para os radicais que venham a dizer que a criação de uma fundação pública com natureza jurídica de autarquia seria inconstitucional.

E tem mais uma questão. Se a autorização legal é sempre necessária, a autorização legal poderia, já que a natureza do Código Civil é de lei ordinária, derrogar o Código Civil no particular, para a criação da entidade específica que ela autoriza.

O art. 62, parágrafo único, é o artigo que responde e que suscita a segunda pergunta: teria o Código Civil limitado o âmbito de atuação das fundações públicas e os arts. 2.031, 2.032 e 2.033 se aplicariam como prazos para que as fundações públicas, que não se inserem neste âmbito de competências, modificassem seu âmbito de competências? Ou que fossem desconstituídas, extintas?

Diz o art. 62 que, para criar uma fundação, o seu instituidor fará, por escritura pública ou testamento, dotação especial de bens etc., especificando o fim a que se destina. O parágrafo único dispõe que a fundação somente poderá constituir-se para fins religiosos, morais, culturais ou de assistência. Primeira observação da Letícia: a constituição não exige lei complementar, no inciso XIX, lei complementar que venha a definir as áreas de atuação das fundações públicas? Sim, e isso é inconstitucional?

Deve-se observar que o CC não diz que elas são ilegais, menciona apenas que elas têm que se adequar ao novo sistema.

Estamos trabalhando na hipótese de o parágrafo único ser obrigatório para as fundações públicas. Primeira resposta: não é obrigatório, porque a Constituição, em relação às fundações públicas, exige no art. 37, XIX, que a definição das matérias do âmbito de atuação material das fundações sejam definidas por lei complementar. E isso é inconstitucional? Não, porque se aplica apenas às fundações privadas. Se houvesse disposição expressa ou interpretação que levasse ao entendimento de que o parágrafo único do art. 62 se aplicaria também às fundações públicas, este seria conduzido à inconstitucionalidade. Então, a hipótese é de que, se o art. 62, parágrafo único, pudesse ser interpretado como se estendendo às fundações públicas, esta seria uma hipótese de inconstitucionalidade parcial sem redução de texto. É inconstitucional naquilo que se aplica nessa hipótese de incidência do art. 62, parágrafo único. A meu ver, no entanto, este dispositivo deu interpretação sistemática da lei no atual Código Civil e já não se aplica por ele próprio. Numa interpretação constitucional mais ainda, porque interpretação contrária levaria à sua inconstitucionalidade e como se sabe toda interpretação deve prestigiar o princípio da presunção de constitucionalidade das leis. Para tornar esse dispositivo constitucional é necessário que seja interpretado como aplicável apenas às fundações privadas.

Mas essa mudança posterior no regime jurídico seria constitucional?

O que se está arguindo é a inconstitucionalidade dos dispositivos que estabelecem prazo para sua adequação. Isso seria inconstitucional, por quê? Por violação ao ato jurídico perfeito? E a pergunta já elaborada com base no Direito Civil constitucional. Achamos que não, acreditamos que ninguém nem nenhuma entidade tem o direito adquirido de continuar sendo regida pelo mesmo regime jurídico do ato de sua constituição. Acho que essa não é a hipótese nem de ato jurídico perfeito e nem de Direito adquirido.

10.21. Dirigentes

São investidos, na forma estabelecida por lei. Entretanto, no silêncio da lei, ou por meio de disposições estatutárias, o que geralmente ocorre, a direção das fundações públicas é composta, em regra, de cargos em comissão e funções de confiança, podendo ser destituído, a qualquer tempo, de acordo com as decisões do Supremo Tribunal Federal.

11. As fundações de apoio

11.1. Considerações

Vivemos em uma era em que o Estado não é visto como detentor do monopólio do interesse público. Outros atores emergem no contexto das relações políticas como legítimos representantes de interesses públicos bem definidos, ainda que e os detentores desses direitos sejam, por vezes, indefiníveis.

Desde o término da Segunda Guerra Mundial, surgiu e se espraiou pelos países desenvolvidos do Ocidente o denominado *welfare state*. O Estado de bem-estar social originou alto desenvolvimento econômico nas décadas de 1950 e 60, aumento dos gastos públicos com programas de inclusão social, maior regulação da economia e incremento da presença estatal na atividade econômica. Em 1973, com a chegada da primeira grande crise deste modelo capitalista do pós-guerra, veio longa e profunda recessão, que combinou, pela primeira vez, baixo crescimento com altas taxa de inflação. Enquanto países desenvolvidos buscavam soluções para a crise que viessem do próprio *welfare state*, em 1979, na Inglaterra, foi eleito o primeiro governo comprometido a implantar o programa de um novo liberalismo.

Este novo liberalismo propugnava a desmobilização dos movimentos sociais de trabalhadores e redução dos custos sociais. Com a inflação alta, a estabilidade monetária deveria ser o principal escopo de qualquer política pública. Para atingi-la, seria imprescindível, entre outras medidas, cortar os gastos sociais do Estado e restringir os sindicatos – a fim de que as empresas tivessem mais poder para acumular maias lucro e fortalecer a economia, aumentando a produção – mudando a ordem fiscal, a fim de incentivar os agentes econômicos, taxando-se-os em menor intensidade. Diminuía-se a influência do Estado na vida social e econômica, inclusive mediante processos de desestatização, dando maior força ao mercado e revitalizando-se o papel do indivíduo que, para os ideólogos deste neoliberalismo, como Hayek, sua liberdade restringida, o que fragilizou a livre-concorrência[155].

A par disso, os anos 1960 e 70 presenciaram o florescimento de uma terceira ação de direitos humanos, ligada exatamente a este estágio de desenvolvimento capitalista. Trata-se de diretos culturais, "pós-materialistas", ligados à ecologia, ao feminismo, antirracismo etc. Direitos culturais ligados à autonomia e à subjetividade.

No Brasil, implementou-se uma reforma administrativa que, dentre outros aspectos, buscou ampliar mecanismos de participação popular na atuação administrativa e de controle social da Administração e transferir funções do poder central para "entes intermédios" e locais.

O valor inspirador desta linha de ação é *o* de que a Administração não seria mais exclusiva detentora do interesse público, mas que tal função deveria ser compartilhada pela sociedade.

Desta forma, incentiva-se a busca de parcerias entre o Estado e entidades da sociedade civil, para uma mais eficiente execução de atividades de interesse público. Uma das formas de parceria entre e por meio das "fundações de apoio", cujos aspectos jurídicos são objeto do presente estudo.

11.2. Como se Apresentam as Fundações de Apoio

As fundações de apoio são aquelas de Direito Privado, sem fins lucrativos, instituídas nos moldes do Código Civil, não são vinculadas nem integram a Administração Pública. São fundações especiais cujo principal objetivo é dar apoio a determinadas instituições, dando-lhes fomento e auxílio (a universidades, a hospitais, departamentos etc.). Sendo pessoas jurídicas de Direito Privado, não se mantêm com recursos públicos. Provêm seu sustento com os recursos obtidos mediante projetos que realizem.

As fundações de apoio diferem das associações, tendo em vista que essas, além de poderem ter fins lucrativos, beneficiam exclusivamente seus associados. As associações trabalham, via de regra, para servir a si próprias, agindo apenas no interesse próprio.

Contrariamente, as fundações destinam-se a prover o bem-estar de terceiros, de forma indistinta. São criadas para fins religiosos, beneficentes, artísticos ou científicos, por exemplo. Adquirem direitos e os exercem em proveito de certa classe de pessoas indeterminadas ou de quaisquer pessoas de forma indistinta. Desta forma, a essas entidades aplicam-se, tão somente, as regras do Código Civil, arts. 62 a 69; e do Código de Processo Civil, arts. 1.199 a 1.204.

Dessa forma, as fundações de apoio mantêm, em regra, convênios, contratos ou ajustes com as entidades a que pretendem prestar auxílio, sem prejuízo de atividades ou serviços que possam prestar também a particulares. Ressalte-se: elas não integram a Administração (direta ou indireta) nem a estrutura dessas entidades às quais apoiam.

11.3. O Regime de Trabalho das Fundações de Apoio

A Constituição da República, no art. 37, II, exige a realização de concurso público para o preenchimento de cargo ou emprego público. A fundação de apoio não pode se valer de contribuição laboral de servidor público, pois este não pode desenvolver atividade dentro da esfera privada. Deste modo, as fundações de apoio contratam seu pessoal sem a obrigatoriedade de realização de concurso público.

Outrossim, importa ressaltar que os recursos financeiros para a remuneração de seus empregados originam-se da própria entidade, não sendo providos pelos cofres públicos. As funções exercidas pelos contratados ocorrem em âmbito de uma entidade privada, submetendo-se ao regime próprio das atividades particulares, qual seja, o da Consolidação das Leis do Trabalho – CLT.

11.4. Imunidade Tributária

A Constituição da República, art. 150, VI, *c*, estabelece imunidade tributária sobre o patrimônio, renda ou serviços de instituições de educação e de assistência social sem fins lucrativos, atendidos os requisitos legais.

O Código Tributário Nacional, por sua vez, preceitua, no art. 14, quais são os requisitos para que seja aplicado o benefício da imunidade:

> *I. Não distribuírem qualquer parcela de seu patrimônio ou de suas rendas, a título de lucro ou participação no seu resultado;*

[155] ANDERSON, Perry, *Balanço do neoliberalismo in Pós-neoliberalismo,* São Paulo: Paz e Terra, 2005.

II. Aplicarem, integralmente, no país, seus recursos na manutenção de seus objetivos institucionais;
III. Manterem escrituração de suas receitas e despesas em livros revestidos de formalidades capazes de assegurar sua exatidão.

As fundações de apoio atendem a esses requisitos acima ressaltados? Primeiramente, deve-se saber se são reconhecidas como instituições de educação e de assistência social.

Essas fundações têm sido exaltadas por suas eficientes realizações voltadas à área educacional, no âmbito de pesquisa, do ensino e dos serviços de extensão à comunidade. Merecem, por isso, ser reconhecidas como instituição de educação. Isto porque essa expressão não pode ser interpretada como restrita apenas às instituições didáticas, mas extensiva a toda aquela que se dirige à cultura em geral. O que importa é ser uma efetiva instituição, acima e alheia a qualquer vontade de lucro, e não mera empresa voltada à obtenção de lucros sob o rótulo de educacional ou de assistência social[156].

Essas fundações possuem, em grandes linhas, finalidades comuns, proporcionando às instituições de ensino a que se vinculam meios necessários a uma mobilização mais eficiente de seus recursos humanos e materiais para o atendimento de necessidades da comunidade.

Outrossim, elas não distribuem qualquer parcela de seu patrimônio ou de suas rendas, a título de lucro ou participação. Aplicam seus recursos integralmente no país, na manutenção de seus objetivos institucionais, além de manterem escrituração de suas receitas e despesas em livros revestidos de formalidades capazes de assegurar exatidão. Dessa forma, as fundações de apoio elevem ser alcançadas pela imunidade tributária.

11.5. A Fiscalização das Fundações de Apoio

Essas fundações submetem-se a um sistema múltiplo de controle. Internamente, tal controle é realizado pelas próprias normas estatutárias. Geralmente, cria-se conselho curador ou o próprio conselho universitário da instituição de ensino com a qual mantenha parceria, para o exercício do controle. Externamente, há o controle exercido pelos agentes financiadores e pelo Ministério Público, por uma de suas curadorias.

O papel desempenhado pelo Ministério Público quanto às fundações envolve toda sua vida, logo após a decisão do instituidor. Desde sua fundação, elaboração dos estatutos, gerência diária de seus interesses e até sua extinção.

O Ministério Público pode obstar que se crie uma fundação. Tal negativa funda-se em verificação de inobservância das bases da fundação ou de que os bens não são suficientes ao fim a que ela se destina (art. 1.200 do Código de Processo Civil). Vale também, nesse caso, a verificação da validade dos termos estatutários, das cláusulas estatutárias obrigatórias por lei e da licitude dos objetivos e práticas da fundação.

Durante a existência da fundação, o Ministério Público do respectivo Estado velará por ele (Código Civil, art. 66). A norma diz que uma vez instituída a fundação, seu patrimônio deverá ser gerido para atingir ao fim a que se destina. Perde a capacidade de ser manipulado por seu instituidor, por seu proprietário original. Quem zela para que esse patrimônio atinja o seu objetivo de direito, pelo bem social e pelo cumprimento da lei é o Ministério Público.

O Ministério Público pode, também, promover a extinção de uma fundação (art. 69 do Código Civil e 1.204 do CPC), em algumas circunstâncias: quando é nociva a manutenção da fundação; quando é impossível ser mantida; quando está vencido o prazo de sua existência ou tornar-se ilícito o seu objeto.

11.6. Registro e Credenciamento

Muitas dessas fundações têm se credenciado ao Conselho Nacional de Pesquisa – CNPq, com base na Lei nº 8.010/1990, que dispõe sobre importação de bens destinados à pesquisa científica e tecnológica. É também possível a obtenção de credenciamento no Ministério da Educação ou no Ministério da Ciência e Tecnologia, com base na Lei nº 8.958/1994, que dispõe sobre as relações entre as instituições federais de ensino superior e de pesquisa científica e tecnológica e as fundações de apoio.

A Portaria Interministerial nº 2.089/1997 determina que o registro e o credenciamento das fundações de apoio serão feitos mediante requerimento de entidade interessada à Secretaria de Educação Superior do Ministério da Educação. O requerimento de registro e credenciamento eleve ser instruído com os documentos originais ou em cópias autenticadas, comprobatórios das seguintes condições:

I. finalidade não lucrativa e exercício gratuito das funções de direção e de participação em órgãos de deliberação coletiva, comprovada mediante versão atualizada do estatuto;

156 BALIEIRO, Aliomar. *Limitações constitucionais ao direito de tributar*, Rio de Janeiro, 2005.

II. regularidade fiscal, comprovada pelas certidões referentes aos tributos federais e estaduais, às contribuições sociais e aos recolhimentos para o FGTS, expedidas pelos órgãos públicos competentes;
III. inquestionável reputação ético-profissional, atestada ou declarada por autoridade pública ou pessoa jurídica de Direito Público.

Compete ao Grupo de Apoio Técnico – GAT. composto de representantes do MEC e do MCT, analisar os pedidos de registro e credenciamento apresentados pelas entidades interessadas. Somente após parecer favorável do GAT, aprovado pelo titular de uma das secretarias competentes, é que o registro e o credenciamento serão efetivados.

O Certificado de Registro e Credenciamento será firmado pelos titulares da Secretaria de Educação Superior e da Secretaria de Desenvolvimento Científico, ou por autoridades delegadas, e terá prazo de dois anos de validade, renovável por igual período. A fundação de apoio, para a renovação desse título, eleve apresentar requerimento no prazo de até 60 dias antes do vencimento.

Caso a instituição não obtenha o reconhecimento como fundação de apoio, caberá recurso no prazo máximo de 30 dias após a deliberação. O recurso será dirigido ao Secretário de Educação Superior do MEC, para aquelas que pretendam apoiar instituições de ensino superior, e para o Secretário de Desenvolvimento Científico do MICT, para as que pretendam apoiar instituições de pesquisa científica e tecnológica.

A emergência do terceiro setor no Brasil é um fenômeno das últimas três décadas. O fortalecimento da sociedade civil deu-se no bojo da resistência à ditadura militar, pois, no momento em que o regime autoritário bloqueava a participação dos cidadãos na esfera pública, iniciativas na base da sociedade foram inventando novos espaços de liberdade e reivindicação. Falava-se, então, muito de Estado e pouco de Mercado. Repressão política e dominação econômica agiam e se reforçavam mutuamente.

Neste contexto, a solidariedade, sempre presente nas relações interpessoais, nas redes de vizinhança e ajuda mútua, inspira a ação de movimentos voltados para a melhoria da vida comunitária, defesa de direitos e luta pela democracia. É deste encontro da solidariedade com a cidadania que surgirão e se multiplicarão as organizações sociais de caráter público.

Resistências, preconceitos e desconfiança mútua vão sendo superados na medida em que a ações em parceria se generalizam, sobretudo em nível local. O fortalecimento do terceiro setor implica, por sua vez, a construção de respostas aos desafios que estão hoje colocados ao efetivo alcance do interesse público. As fundações de apoio, nesse contexto, são uma das formas de tomar o diálogo entre Estado e sociedade mais ágil e eficiente.

12. Pessoas de cooperação governamental – outras entidades com situação peculiar

12.1. Serviços Sociais Autônomos

12.1.1. Paraestatalidade

O vocábulo paraestatal tem formação híbrida. De um lado, há a palavra grega *parà,* partícula que significa ao lado de, lado a lado. De outro, temos o adjetivo estatal, derivado do latim *status,* significando Estado. Paraestatais seriam as entidades que não se confundem com o Estado, atuando ao lado ou em colaboração com ele.

A expressão entidade paraestatal não é encontrada na Constituição, mas a jurisprudência e doutrina a adotaram, vendo-se reflexos na própria legislação infraconstitucional, como o faz o Código Penal, no art. 327, parágrafo único. O entendimento acerca do conteúdo da expressão não é, entretanto, unânime[157]. Senão, vejamos.

Para o mestre Hely Lopes, entes paraestatais são pessoas de Direito Privado, com criação autorizada por lei específica, que recebem amparo oficial do Poder Público para realizar atividades de interesse público. O ilustre autor considera paraestatais a empresa pública, a sociedade de economia mista, a fundação pública e serviço social autônomo.

Cretella Jr. afirma que paraestatais são as autarquias. Já Celso A. B. Mello defende que a expressão abrange as entidades sem fins lucrativos que colaboram com o Estado, excluindo a empresa pública e a sociedade de economia mista.

Há ainda os que doutrinam a abrangência da expressão as entidades dotadas de personalidade jurídica de Direito Privado integrantes da Administração indireta'"[158].

A doutrina atual não foge à divergência. Di Pietro adota e atualiza a terminologia de Celso Antônio Bandei-

[157] Na Itália, onde primeiramente se cunhou o termo, também não há concordância acerca do significado da expressão.

[158] Este painel sobre os posicionamentos doutrinários está bem exposto por Jossé dos Santos CARVALHO FILHO, *Manual de Direito Administrativo,* Rio de Janeiro: Lumen Juris, 17ª ed., 2007, p. 320-21.

ra de Mello, que defende serem paraestatais as entidades que colaboram com o Estado. Dá um novo conteúdo, afirmando que, atualmente, são paraestatais os serviços – sociais autônomos, entes de apoio (fundações, associações e cooperativas), as organizações sociais e as organizações da sociedade civil de interesse público[159].

Melhor seria a posição de Carvalho Filho. O termo paraestatal não apresenta unanimidade quanto a seu significado e a ausência de precisão terminológica na ciência leva à equivocidade[160]. Não é seguro, portanto, o emprego do *termo paraestatal*; preferível é outro termo: *entes de colaboração*.

Essa expressão é empregada por Diogo de Figueiredo Moreira Neto, e explica-se pelo espírito que motivou a edição da EC nº 19/1998: aumentar a eficiência da Administração Pública no plano interno, pela integração de órgãos públicos já existentes (cooperação) e, no plano externo, pela integração desses órgãos com entidades organizadas da sociedade civil (colaboração). O autor chama esse sistema de "coordenação gerencial da Administração Pública"[161].

A colaboração estatal será executada de duas formas: gestão em parceria com entidades privadas, por meio de convênios ou de contratos de gestão, e gestão admitida de entidades privadas em determinadas atividades de interesse público.

Diogo refere-se ao princípio da consensualidade, significando a

> [...] substituição, sempre que possível, da imperatividade pelo consenso nas relações Estado-Sociedade e pela criação de atrativos aos entes da sociedade civil para atuarem em diversas formas de parceria com o Estado[162].

12.1.2. Serviço Social Autônomo

Estas entidades existem desde 1946. Surgiram como expressão do Estado dirigente e intervencionista, uma criação do Estado de bem-estar social brasileiro vigente naquela década, no final da Segunda Guerra Mundial. Atualmente, assistimos ao fim desse modelo de Estado e devemos atualizar o instituto sob estudo, tendo em vista a própria mudança do conceito de Estado. Vivemos sob a égide de um modelo estatal que valoriza a iniciativa privada e a participação de entes não estatais nos processos de decisão.

> [...] a paraestatalidade, que havia sido desenvolvida no Estado do Bem-Estar Social para ampliar o alcance do Poder Estatal sobre atividades econômicas e sociais próprias da sociedade, não pode ser mais entendida e interpretada na atualidade [...] à luz do direito positivo então vigente e, o que é mais grave, sob os pressupostos juspolíticos então dominantes, mas em harmonia com a ordem jurídica atual e sob a égide dos valores hoje prevalecentes[163].

Os serviços sociais autônomos, de que são exemplos o Sesc, o Senai e o Sebrae são pessoas jurídicas de Direito Privado, que devem ser criadas por lei para desenvolver atividades de interesse público ou social.

Apesar da exigência de criação por lei, as entidades mantêm as características de Direito Privado, pois não estão na estrutura da Administração Pública direta ou indireta. A Lei nº 8.029/1990 é clara, no art. 8º, quando autoriza o Poder Executivo a desvincular da Administração Pública Federal o Centro Brasileiro de Apoio à Pequena e Média Empresa – Cebrae, transformando-o em serviço social autônomo[164].

No Sistema "S", como são conhecidas estas entidades, há emprego privado – regido pela Consolidação das Leis do Trabalho (CLT) – e não há obrigatoriedade de concurso público para preenchimento de seus quadros. Nesse ponto, diverge a Profª Di Pietro. Ela defende que essas entidades sujeitam-se à exigência de processo seletivo para ingresso de pessoal[165].

O tratamento básico se dá nos moldes do Código Civil Brasileiro: tais entidades são, inclusive, levadas ao registro civil de pessoas jurídicas para que sejam regularmente constituídas.

Estes entes recebem ajuda pública no tocante à sua manutenção. Os recursos saem de tributos específicos, as contribuições sociais (Constituição, art. 149) que são considerados públicos, apesar de não saírem do orçamento.

---

159 *Op. cit.*, p. 400.

160 *Idem*, p. 321

161 Coordenação Gerencial da Administração Pública, *RDA* nº 214, p. 35-53.

162 Reforma Administrativa: Uma Avaliação, *Revista de Direito da Procuradoria Geral do Estado do Rio de Janeiro*, nº 52, p.128.

163 MOREIRA NETO, Diogo de Figueiredo. Natureza Jurídica dos Serviços Sociais Autônomos, *RDA* 207 p. 80.

164 O Decreto nº 99.570/1990, regulamentou o dispositivo supratranscrito, alterando a denominação da entidade para Serviço Brasileiro de Apoio às Micro e Pequenas Empresas – Sebrae.

165 *Op. cit.*, p.401. DI PIETRO prega que os entes do Sistema "S" são paraestatais, juntamente com as demais entidades do terceiro setor, para que, com isso, haja imposição parcial de regras de Direito Público.

Constituição Brasileira, art. 149:

Compete exclusivamente à União instituir contribuições sociais, de intervenção no domínio econômico e de interesse das categorias sociais ou econômicas, como instrumento de atuação nas respectivas áreas [...]

Pela letra da Constituição, os Estados, o Distrito Federal e os Municípios não estão impedidos de criar serviços sociais autônomos. O que não lhes é permitido é a instituição de contribuições sociais para prover sua manutenção. Teria que ser encontrada outra forma de mantê-los. Daí o desinteresse de outros entes que não a União em criar entidades desta espécie.

Estas entidades prestam serviço de utilidade pública. Nesta relação com o Poder Público, que participa na escolha dos dirigentes, vinculam-se ao ministério correspondente à sua área de atuação.

Por receberem recursos públicos, sobre tais entidades recai o controle do TCU. O fundamento constitucional está no art. 70, parágrafo único, e art. 71, II, da Constituição Brasileira:

Art. 70, parágrafo único. Prestará contas qualquer pessoa física ou jurídica, pública ou privada, que utilize, arrecade, guarde, gerencie ou administre dinheiros, bens e valores públicos [...].

Art. 71. O controle externo, a cargo do Congresso Nacional, será exercido com o auxílio do Tribunal de Contas da União, ao qual compete: [...]

II – julgar as contas dos administradores e demais responsáveis por dinheiros, bens e valores públicos da administração direta ou indireta, incluídas as fundações e sociedades instituídas e mantidas pelo Poder Público federal [...]

Serviço social autônomo é instituído por lei federal e mantido por contribuição social criada pela União, encaixando-se como "sociedade instituída" e mantida pelo Poder Público Federal.

O TCU, rotineiramente, controla os orçamentos e gastos dessas entidades, sendo pacífico o entendimento na doutrina. A Lei nº 8.443/1992, no art. 5º, V, dispõe que estão sob a jurisdição do TCU os responsáveis por entidades dotadas de personalidade jurídica de Direito Privado que recebam contribuições parafiscais.

O controle orçamentário dos serviços sociais autônomos instituído pela Constituição é *a posteriori*. Com efeito, a Carta não incluiu estas entidades entre aquelas obrigadas a submeter seu orçamento a controle prévio, como o faz com os entes disciplinados nos incisos do art. 165, § 5º.

Questão relevante encontramos ao perquirir se o serviço social autônomo está obrigado a realizar licitação. Na doutrina, raros textos se dedicam à matéria.

Diogo de Figueiredo sustenta a não obrigatoriedade de licitação. Analisando todos os dispositivos constitucionais que regulam licitação, dispondo sobre quem está obrigado a licitar (art. 22, XXVII, art. 37, XXI e art. 173, III, § 1º), verifica que não há menção ao terceiro setor, que não está na Administração direta nem indireta.

O TCU posiciona-se em sentido oposto. Sua jurisprudência firma que tais entidades devem submeter-se aos ditames da Lei nº 8.666/1993, limitando seus disciplinamentos próprios a aspectos meramente operacionais[166].

Di Pietro defende que os serviços sociais autônomos devem observar os princípios da licitação. Carvalho Filho também diz que há obrigatoriedade. Ele foi além da Constituição, resolvendo indagar na legislação. A Lei nº 8.666/1993, ao regulamentar a licitação prevista pela Constituição brasileira, oferece um rol maior. A ementa afirma que a lei regulamenta o art. 37, XXI, que não menciona do serviço social autônomo.

Lei nº 8.666/1993:

Art.1º parágrafo único: Subordinam-se ao regime desta lei, [...] demais entidades controladas direta ou indiretamente pela União.

Art. 119. As [...] entidades controladas direta ou indiretamente pela União [...] editarão regulamentos próprios devidamente publicados, ficando sujeitas às disposições desta lei.

Essas organizações são controladas indiretamente pela União, pois ela nomeia diretores, participa do Conselho, e institui contribuições sociais.

O cerne da questão está em responder: a lei pode aumentar o rol constitucional, impondo licitação obrigatória para outras entidades que não as mencionadas na Lei Maior, ou deve se ater ao rol constitucional?

Diogo afirma que o art. 119 da Lei nº 8.666/1993 é inconstitucional, pois o legislador ordinário ampliou a expressão "empresas sob o seu controle", contida no art. 37, XXVII da Constituição, para "entidades controladas direta ou indiretamente pela União". Afirma,

[166] Entendimento firmado nas deliberações: Acórdão nº 181, Plenário, Ata nº 42; Decisão nº 408, Plenário, Ata nº 37; Decisão nº 47, Primeira Câmara, Ata nº 8; Decisão nº 522, Plenário, Ata nº 57. Todas estas deliberações foram citadas no relatório do Acórdão nº 46, Primeira Câmara (*BDA*).

ainda, que a ementa da Lei nº 8.666/1993 diz que a lei "regula" a Constituição, não podendo ir além do que ela dispõe.

Efetivamente, não se pode afirmar inconstitucional uma ampliação do rol constitucional, principalmente se tal alargamento vier abraçar entidades que gerenciam dinheiro público.

Outro ponto a ser analisado: os serviços sociais autônomos são criados por lei Federal e mantidos por contribuições sociais criadas e instituídas pela União. Em razão dessa íntima relação com a União, elas serão demandadas na Justiça Federal ou na Estadual? Qual o foro competente?

O Enunciado nº 516 da Súmula do STF responde a essa questão, ao dizer que o serviço Social da Indústria – Sesi – está sujeito à jurisdição da Justiça estadual. Esta súmula refere-se apenas a uma das entidades, mas se aplica a todos os serviços sociais autônomos.

Os serviços sociais autônomos foram criados em um tempo no qual se entendia que o "interesse público" somente poderia legitimamente ser alcançado pela ação de um Estado dirigente e intervencionista. Não seria admissível que entes da sociedade pudessem dialogar com o Estado de forma paritária; as relações entre Poder Público e sociedade eram de subordinação. Foi nesse âmbito que surgiram os serviços sociais autônomos, que se posicionavam em uma situação de subordinação ao Estado, vinculando-se a suas decisões.

Hoje, os conceitos de "interesse público" e de Estado estão em plena mudança. Não se vê mais o Estado como detentor do monopólio do interesse público, procurando-se dar ao cidadão a possibilidade de participar das decisões públicas, por meio de entes intermediários. A participação dá ao cidadão a possibilidade de gerir, de forma organizada, os processos que refletirão em sua qualidade de vida. Isso aumenta a ideia de responsabilidade de cada indivíduo pela gestão do interesse público.

É nesse contexto que a posição dos serviços sociais autônomos dentro da gestão dos negócios públicos deve ser mudada. Ao se abandonar o vocábulo "paraestatalidade", abandona-se, também, uma postura na qual os entes representativos da sociedade que tratem de interesses públicos só possam existir enquanto satélites do Estado, e não como seus parceiros. A atualização da visão sobre o tema passa pela atualização da própria postura acerca do Estado.

13. Organizações sociais e organizações da sociedade civil de interesse público

13.1. Entes de Colaboração Estatal

Recentemente, empregou-se uma reforma na Administração Pública no Brasil. Um de seus objetivos foi desenvolver canais de participação da sociedade na Administração Pública e a busca de uma maior eficiência da máquina administrativa.

O desenvolvimento desses *canais* de participação tem como caminho a realização de parcerias entre o Estado e sociedade, com vistas a diminuir os aspectos autoritários do Estado. A colaboração não ocorrerá se não houver paridade, equilíbrio entre os parceiros, o que significa que o relacionamento entre sociedade e Estado não pode mais ser de subordinação.

Durante longo período, vigorou a concepção exacerbadora do papel do Estado, diante da pluralidade de interesses da sociedade. Justamente foi essa pluralidade de interesses que, com o espantoso avanço das comunicações nos últimos anos, fez com que o indivíduo passasse a requerer sua reaparição nos esquemas de poder.

Nessa almejada transição, o foco do interesse deixaria de ser o Estado, e passaria ser o cidadão. Nesse movimento, o próprio conceito de público sofre transformações. Deixa o interesse público de ser monopólio do Estado e entra em seara ainda não definida. Este público não estatal começa a abrigar novas modalidades de ação e novas entidades, denominadas entes intermediários.

Este foi o espírito que motivou a edição da EC nº 19/1998: aumentar a eficiência da Administração Pública no plano interno, pela integração de órgãos públicos já existentes (cooperação) e, no plano externo, pela integração desses órgãos com entidades organizadas da sociedade civil (colaboração).

Diogo de Figueiredo chama esse sistema de coordenação gerencial da Administração Pública[167]. O ilustre autor traça o seguinte esquema:

> Coordenação:
> *a)* Cooperação (no âmbito interno)
> *a.1)* autonomia gerencial
> *a.1.1)* contrato de gestão (acordo de programa)
> *a.2)* gestão associada (entre entes federados)
> *a.2.1)* consórcios públicos
> *a.2.2)* convênios de cooperação
> *b)* Colaboração (no âmbito externo)
> *b.1)* gestão em parceria
> *b.1.1)* convênios
> *b.1.2)* contratos de gestão (acordos de programa)
> *b.2)* gestão admitida
> *b.2.1)* reconhecimento

[167] Coordenação Gerencial da Administração Pública, RDA, 214, p. 35-53.

Quanto à cooperação estatal, três alterações trazidas pela EC nº 19/1998 merecem destaque. Primeiramente, o *caput do* art. 37 foi alterado, com a inclusão, dentre os princípios constitucionais da Administração Pública, da eficiência. Este princípio deriva da ideia de que a Administração deve desenvolver processos para produzir resultados. Paulo Modesto, com muita propriedade, afirma:

> O princípio da eficiência, embora não seja novo em nosso sistema jurídico, merece ser revigorado. Sobre uma adequada consideração desse princípio podem ser renovados diversos institutos do Direito Público. Ele permite oferecer nova legitimação à aplicação abrangente e geral do Direito Público na disciplina da administração pública e permitir um controle mais efetivo da competência discricionária de agentes públicos. Desconsiderar a sua importância no contexto dos demais princípios do Estado Social, apenas pode satisfazer os que advogam a chamada "fuga para o Direito Privado", que Ramón Parada, com bom humor, diz que mais parece uma "debandada para o Direito Privado[...][168].

Outro ponto a se destacar é o § 8º do art. 37, que admite ampliação da autonomia gerencial, orçamentária e financeira de órgãos e entidades da Administração direta e indireta por meio de contratos de desempenho, firmados entre seus respectivos administradores e o Estado, em que serão fixadas metas de eficiência a serem alcançadas.

O art. 241, também produto da EC nº 19/1998, prevê que a União, Estados, Distrito Federal e Municípios disciplinarão, por meio de lei, consórcios públicos e convênios de cooperação entre os entes federados, autorizando gestão associada de serviços públicos.

A colaboração estatal será executada de duas formas: gestão em parceria com entidades privadas, por meio de convênios ou de contratos de gestão, e gestão admitida de entidades privadas em determinadas atividades de interesse público.

Diogo refere-se ao princípio da consensualidade, significando a

> [...] substituição, sempre que possível, da imperatividade pelo consenso nas relações Estado/sociedade e pela criação de atrativos aos entes da sociedade civil para atuarem em diversas formas de parceria com o Estado[169].

A gestão admitida opera-se por atos administrativos de reconhecimento de entidades privadas que voluntariamente colaborem com o Estado no atendimento a interesses coletivos, em escala geralmente reduzida. A gestão em parceria é o objeto do presente estudo.

13.2. Organizações Não Governamentais

A doutrina tem utilizado expressões como pessoa de interesse coletivo e entes de colaboração para designar as associações ora sob enfoque.

A regulamentação das ONGs é basicamente de Direito Privado, pois o fato de colaborarem com o Estado não as transforma em estatais. São associações civis, tais como as associações de moradores ou de preservação ambiental. Sua criação ocorre com a inscrição no cartório de pessoas jurídicas e seu quadro funcional é preenchido sem concurso público.

Diploma infraconstitucional de relevância a cuidar de associações da sociedade para defesa de interesses coletivos foi o Código de Defesa do Consumidor, Lei nº 8.078/1990, que inclui dentre os princípios da política nacional das relações de consumo a ação governamental de proteção efetiva do consumidor "por incentivos à criação e desenvolvimento de associações representativas" (art. 4º, II, *b*). Indo além, o código dá a essas entidades a legitimidade para propor ações coletivas para a defesa de direitos e deveres dos consumidores (art. 82, IV).

13.2.1. Organizações da Sociedade Civil de Interesse público – Lei nº 9.790/1990

As Oscip são associações civis credenciadas pelo Poder Público com o título de interesse público. Ao receberem tal título, estarão habilitadas a relacionar-se com o Estado visando à execução de atividades de interesse público por meio de um vínculo de colaboração, denominado *Termo de Parceria*.

A lei que regula essas organizações, de nº 9.790/1998, resultou de projeto enviado pelo Poder Executivo à Câmara de Deputados, no segundo semestre de 1998, tendo sido precedido de negociações e discussões entre representantes do governo e de associações civis do terceiro setor. Durante a tramitação na Casa Legislativa, realizou-se uma audiência pública com parlamentares e associações civis que colaboraram para redação final do projeto, aprovado na íntegra pelo Senado. Em 30 de junho foi regulamentada pelo Decreto nº 1.300.

O art. 1º diz que podem qualificar-se como Organizações da Sociedade Civil de Direito Público (Oscip) pessoas jurídicas de Direito Privado, sem fins lucrativos, desde respectivos objetivos sociais e normas estatutárias atendam aos requisitos legais.

---

168 *Revista Interesse Público,* ano 2, nº 7, jul./set. 2006, São Paulo: Notadez, 2004, p. 65-75.

169 Reforma Administrativa: Uma Avaliação, *Revista de Direito da Procuradoria-Geral do Estado do Rio de Janeiro,* nº 52, 2002, p. 128.

O primeiro parágrafo do dispositivo define que, para os fins da lei, pessoa sem fins lucrativos é a que não distribui, entre os seus sócios ou associados, conselheiros, diretores, empregados ou doadores, eventuais excedentes operacionais, brutos ou líquidos, dividendos, bonificações, participações ou parcelas do seu patrimônio, auferidos mediante o exercício de suas atividades, e que os aplica integralmente na consecução do respectivo objeto social.

13.2.1.1. O Credenciamento

O poder de credenciar a associação é do Ministério da Justiça, apreciando a presença dos requisitos legais.

O art. 2º apresenta os requisitos negativos, isto é, quais espécies de associações não podem ser credenciadas. A lei apresenta um rol taxativo. Dentre elas, estão as sociedades comerciais, sindicatos, instituições hospitalares privadas não gratuitas e suas mantenedoras.

O art. 3º define quais atividades deverá desenvolver a associação, como promoção da assistência social; da cultura, defesa e conservação do patrimônio histórico e artístico.

O art. 4º, por sua vez, dirige-se aos estatutos sociais da organização. É preciso que estes observam os princípios: legalidade, impessoalidade, moralidade, publicidade, economicidade e eficiência, bem como outros aspectos.

Cumpridos os requisitos da lei, a pessoa jurídica de Direito Privado sem fins lucrativos, interessada em obter a qualificação instituída, deverá formular requerimento escrito ao Ministério da Justiça (art. 5º).

A regra do art. 1º, § 2º, não deixa claro se o ato de credenciamento será vinculado. O dispositivo afirma que a outorga da qualificação é ato vinculado ao cumprimento dos requisitos instituídos pela lei. Ora, uma vez cumpridos os requisitos, está obrigado o Poder Público, por meio do Ministério da Justiça, a credenciar a organização. Mesmo porque o art. 6º, § 3º determina que o pedido de qualificação somente pode ser indeferido se os requisitos legais não forem cumpridos.

O ato que negar o credenciamento deverá ser fundamentado. O fato de ter o pedido de credenciamento indeferido não obsta nova apresentação de pedido (Decreto nº 1.300, art. 3º, § 3º).

13.2.1.2. O Termo de Parceria

Uma vez credenciada, a associação poderá procurar qualquer entidade pública da mesma área de sua atuação e, com ela, celebrar um termo de parceria. Este termo, regulado nos arts. 9º ao 15, definirá suas possíveis vantagens.

Imediatamente após o credenciamento, a lei não confere qualquer vantagem ou benefício. A definição estará no termo de parceria, que pode definir repasse de verba pública, cessão de servidor, isenções fiscais, cessão de bens públicos etc.

Termo de Parceria é o instrumento que poderá ser firmado entre o Poder Público entidades qualificadas como organização da sociedade civil de interesse público. Destina-se à formação do vínculo de colaboração[170] entre as partes, para o fomento e a execução das atividades de interesse público previstas no art. 3º da Lei (art. 9º).

Aplica-se, aqui, o já mencionado princípio da consensualidade, atuação do Poder Público em parceria com a sociedade civil para atender o interesse coletivo.

O Termo de Parceria, firmado de comum acordo entre o Poder Público e as organizações da Sociedade Civil de Interesse Público, discriminará direitos, responsabilidades e obrigações das partes signatárias (art. 10).

O § 2º determina quais são as cláusulas essenciais do termo de parceria. O termo deve prever, por exemplo, as receitas e as despesas a serem realizadas no seu cumprimento, estipulando item por item as categorias contábeis usadas pelas organizações e o detalhamento das remunerações e benefícios de pessoal a serem pagos com recursos oriundos ou vinculados ao termo, a seus diretores, empregados consultores.

O termo deverá definir a origem e a espécie de vantagem vinculada à previsão. Cada termo de parceria vale para um projeto específico, o que não significa que cada entidade só possa firmar um termo por vez. O art. 16 do Decreto nº 1.300 admite a vigência simultânea de mais de um termo, ainda que com o mesmo órgão público, de acordo com a capacidade operacional da Oscip.

13.2.1.3. Controle

Finalmente, deve-se afirmar que o TCU exerce controle sobre a Oscip, pois recebe dinheiro público. A lei não nega isso, como se vê em duas passagens: o art. 4º, VII, do art. 12 da Lei nº 9.790/1990.

Se a instituição pública que assinou com a organização uma parceria percebe alguma irregularidade, deve notificar o Tribunal de Contas e o Ministério Público, sob pena de solidariedade. Assim, há dois controles: o do TCU e o do órgão ou entidade parceira.

---

[170] A lei utiliza o termo *cooperação*. Coerentemente com a postura analítica empregada nesse texto, utilizamos o termo *colaboração* para identificar a coordenação administrativa no plano externo.

Cumpre ressaltar que o Decreto nº 1.300 define uma forma de controle sobre o credenciamento da entidade. Qualquer cidadão – vedado o anonimato e respeitadas as prerrogativas do Ministério Público –, desde que amparado por evidências de erro ou fraude, é parte legítima para requerer, judicial ou administrativamente, a perda da qualificação como Oscip.

A perda da qualificação ocorrerá mediante decisão proferida em processo administrativo, instaurado no Ministério da Justiça, de ofício ou a pedido do interessado, ou judicial, de iniciativa popular ou do Ministério Público, nos quais serão assegurados a ampla defesa e o contraditório (Decreto nº 1.300, art. 4º).

13.2.1.4. O Prazo de Dois Anos do Art. 18

O art. 18 da Lei nº 9.790/1999 estabelece um prazo de dois anos de convivência entre títulos e certificados de leis diversas. A Lei nº 9.790/1999 concede a certo tipo de organizações a possibilidade de obter o título de Oscip. Contudo, não é único título que interessa a essas organizações. Existem outros títulos e certificados no sistema legal brasileiro que foram formulados para as entidades identificadas como ONGs e suas assemelhadas, como o título de Utilidade Pública Federal, por exemplo.

Esses títulos ou certificados geralmente têm duas funções: a) demonstrar o reconhecimento do poder público quanto a certo tipo de entidade; b) conceder benefícios especiais a quem os possuir.

Pelo art. 18, as pessoas jurídicas de Direito Privado sem fins lucrativos, qualificadas com base em outros diplomas legais, poderão qualificar-se como Oscip, desde que atendidos os requisitos para tanto exigidos, sendo-lhes assegurada a manutenção simultânea dessas qualificações, até dois anos contados da data de vigência desta lei. Depois de dois anos de vigor da Lei nº 9.790/1999 não será mais assegurado manter a qualificação de Oscip simultaneamente às outras qualificações existentes.

Quando a lei fala de qualificações, está se referindo a títulos, certificados. No mesmo artigo em que se refere a qualificações, a lei identifica o título de Oscip como uma qualificação, dando o exato parâmetro de sua abrangência. Pensar de outra maneira seria admitir interpretações extensivas à norma que prevê restrições de direito, ao mesmo tempo em que se correria o risco de tornar a lei uma roleta russa sem fim, na qual poderíamos imaginar que a entidade veria sua qualificação de finalidade não lucrativa para efeitos de imposto de renda ser colocada em jogo.

O título de Oscip não concede os benefícios do título de utilidade pública ou a certeza (e segurança) dos benefícios do certificado de fins filantrópicos. Estar enquadrado na Lei nº 9.790/1999 concede outros benefícios, embora o principal deles, o termo de parceria, ainda não tenha sido colocado em prática.

13.2.2. Organizações Sociais – Lei nº 9.637/1998

São associações civis, criadas nos moldes do Código Civil e credenciadas pelo Poder Público como organizações sociais. São, também, entidades com personalidade jurídica de Direito Privado. Após o credenciamento, o Poder Público poderá fomentar a organização no desempenho de suas funções.

13.2.2.1. Quem Pode se Transformar em Organização Social

A lei determina que espécies de entidades sejam transformadas em Organização Social (OS): entidades e órgãos públicos, bem como associações civis.

As pessoas de Direito Público poderão ser transformadas em OS por meio de lei. A própria Lei nº 9.637/1998 transformou duas entidades públicas em OS: Fundação Roquete Pinto e Laboratório Luz Sincotron (fundação pública). O estado de São Paulo possui lei própria sobre organizações sociais (anterior à Lei nº 9.637/1998). O Theatro 'Municipal, por exemplo, foi transformado em OS.

A lei menciona, tanto na ementa quanto no art. 20, a criação de um Programa Nacional de Publicização, a ser criado, mediante decreto do Poder Executivo,

> *com o objetivo de estabelecer diretrizes e critérios para a qualificação de organizações sociais, de assegurar a absorção de atividades desenvolvidas por entidades ou órgãos públicos da União, que atuem nas atividades referidas no art. 1º, por organizações sociais, qualificadas na forma desta Lei.*

Fica claro, embora não expresso na lei, que o principal objetivo das OS não é, como no caso da Oscip, as associações civis, mas a absorção de atividades – desenvolvidas por órgãos e entidades públicas, com consequente extinção destes. Os bens dos órgãos ou entidades seriam cedidos à OS e o serviço, outrora público passa a ser regido por regras privadas. Dependendo da efetividade que a lei alcançar, o Estado estará deixando de prestar certos serviços públicos, passando a incentivar associações privadas, por meio de parceria.

Desta forma, embora fale em *publicização*, a lei está, efetivamente, galgando mais um passo na diminuição da estrutura administrativa, por um processo de *privatização*. O regime em que era prestada a atividade, de público, passa a ser privado, a entidade pública é extinta e substituída por uma privada. Di Pietro destaca que isso afronta a moralidade administrativa, pois

> [...] sob a roupagem de entidade privada, o real objetivo é mascarar uma situação que, sob todos os aspectos, estaria sujeita ao Direito Público. [...] Trata-se de entidades constituídas *ad hoc*, ou seja, com o objetivo único de se habilitarem como organizações – sociais e continuarem a fazer o que faziam antes, porém com nova roupagem. São entidades fantasmas, porque não possuem patrimônio próprio, sede própria, vida própria[171].

13.2.2.2. A Qualificação das Organizações Sociais

A OS procura diretamente o Ministério ou titular do órgão supervisor da sua área de atuação. Não há credenciamento prévio obrigatório pelo Ministério da Justiça, como ocorre com as Oscip. Uma associação civil cujas atividades sejam voltadas, por exemplo, à preservação ambiental, vai diretamente ao Ministério do Meio Ambiente, que o credencia como organização social.

As espécies de organizações que poderão ser qualificadas com OS estão definidas no art. 1º. Suas atividades devem ser dirigidas ao ensino, à pesquisa científica, ao desenvolvimento tecnológico, à proteção e preservação do meio ambiente, à cultura e à saúde, atendidos aos requisitos previstos nesta lei. Trata-se de um rol bem menos amplo de atividades do que o oferecido pela Lei nº 9.790.

O art. 2º, por sua vez, traz os requisitos específicos para que as entidades privadas habilitem-se à qualificação como organização social. Dentre eles, merece destaque o do inciso II:

> *II – haver aprovação, quanto à conveniência e oportunidade de sua qualificação como organização social, do ministro ou titular de órgão supervisor ou regulador da área de atividade correspondente ao seu objeto social e do ministro de Estado da Administração Federal e Reforma do Estado.*

A qualificação é ato administrativo discricionário. O legislador, nesse ponto, autorizou um elevado – e perigoso – grau de discricionariedade nas mãos do administrador público. A lei não prevê, sequer, a consulta a um órgão colegiado ou a representantes da sociedade. Uma decisão de tanta importância, que envolve o dinheiro público, não pode ser tomada de tal maneira.

Além do Ministério respectivo, a lei determina que a organização deva procurar o Ministério da Administração Federal e Reforma do Estado, que hoje não mais existe. Dessa forma, está dispensado o credenciamento por outro ministério.

Marçal Justen Filho pergunta: sendo o credenciamento discricionário, caso várias associações civis com o mesmo objeto procurem mesmo ministério ou órgão simultaneamente, qual será credenciada?

> Suponha-se, por exemplo, que a Administração intencione outorgar aos particulares a gestão de um educandário. Não é possível que seja escolhida arbitrariamente uma certa organização social – mantida, por exemplo, pelo chefe político local. Os princípios da isonomia e da indisponibilidade do interesse público continuam a disciplinar a atividade estatal. Logo, deverá facultar-se a possibilidade de disputa pelo contrato de gestão, selecionando-se a melhor proposta segundo critérios objetivos preestabelecidos. [...]
> Há necessidade de prévia licitação para configurar o contrato de gestão e escolher a entidade privada que será contratada[172].

Ele defende que a licitação seria obrigatória, em função da impessoalidade prevista do no *caput* do art. 37 da Constituição. A lei não oferece critérios objetivos para a escolha discricionária.

13.2.2.3. Contrato de Gestão

As Oscip celebram termo de parceria, enquanto as OS firmam contrato de gestão, que será o elo de colaboração com a Administração. A disciplina legal está nos arts. 5º a 7º.

A lei define o contrato de gestão como o instrumento firmado entre o Poder Público e a entidade qualificada como organização social, com vistas à formação de parceria entre as partes para fomento e execução de atividades relativas às áreas relacionadas no art. 1º (art. 5º).

Ressalte-se que, apesar de denominado *contrato,* não estamos diante de um contrato, pois as vontades das partes objetivam um mesmo fim: a realização de atividade de interesse público.

Este *contrato* de gestão não se rege pelas normas da Lei nº 8.666/1993, que trata dos contratos administrativos. Não se trata de contrato onde as duas partes têm vontades voltadas para polos distintos. Aqui, há consensualidade: o Poder Público e a associação têm o mesmo fim.

Trata-se, em verdade, de um ato administrativo complexo, em que há supervisão do Poder Público. Bem an-

---

[171] *Direito administrativo,* São Paulo: Atlas, 2005, p. 406.

[172] JUSTEN FILHO, Marçal. *Comentários à Lei de licitações e contratos administrativos.* 10ª ed., São Paulo: Dialética, 2006, p. 305.

dou Diogo de Figueiredo, ao denominar esse contrato de gestão como "acordo de programa"[173].

Para atingir as metas do contrato de gestão, o Poder Público realiza atividade de fomento, dando certas vantagens às OS, que estão elencadas expressamente na lei. Esta é outra diferença entre as OS e as Oscip, cujas vantagens estarão no termo de parceria, e não na lei.

Exemplo de vantagem é a destinação de recursos orçamentados e bens públicos necessários ao cumprimento do contrato de gestão (art. 12). Esses bens serão destinados às organizações sociais com dispensa de licitação, mediante permissão de uso, de acordo com cláusula expressa no contrato de gestão (§ 3º).

Outra vantagem é a faculdade conferida ao Poder Executivo de cessão especial de servidor para as organizações sociais, com ônus para a origem (art. 14).

13.2.2.4. Flexibilidade Operacional

O dinheiro sai diretamente do orçamento para a organização. A pergunta que se faz é: gastarão sem licitação? Trata-se de dinheiro público em poder de uma entidade civil. É mais radical do que o Serviço Social Autônomo (SSA), em que o dinheiro sai de contribuições sociais.

Nem a lei nem a Constituição pedem licitação, em momento algum, para tais entidades. Di Pietro afirma que, para que a OS se adapte aos princípios constitucionais que regem a gestão da coisa pública, seria preciso exigir-se submissão aos princípios da licitação. As OS também não estão obrigadas a realizar concurso público.

A Fundação Roquete Pinto foi transformada, de fundação pública, em organização social (Anexo I da Lei). Continua recebendo recursos do orçamento, como antes. Porém, não mais realiza licitação nem faz concurso púbico para preenchimento de seus cargos.

A nosso ver, isso fere os princípios da moralidade e da impessoalidade. Abre-se uma possibilidade a administradores de fugir das regras de Direito Público, gastando dinheiro público como anteriormente, agora sem licitação e sem concurso público. O quadro se agrava quando lembramos que o Poder Público define discricionariamente qual associação será credenciada como organização social.

Esse sistema favorece a malversação de verbas públicas. Um ministro pode, por exemplo, vincular a aprovação do credenciamento e consequente liberação de verbas públicas, obrigando a organização a somente gastar com determinadas empresas.

Não bastasse isso, a Lei de Licitações, nº 8.666/1993, teve um inciso (XXIV) acrescentado ao art. 24, que regula a dispensa de licitação, pela Lei nº 9.548/1998. Permite-se a contratação direta das organizações sociais por parte de qualquer entidade da estrutura administrativa, sem licitação.

Lei nº 8.666/1993, art. 24, XXIV:

> *Art. 24. É dispensável a licitação: [...]*
> *XXIV – para a celebração de contratos de prestação de serviços com as organizações sociais, qualificadas no âmbito das respectivas esferas de governo, para entidades contempladas no contrato de gestão.*

A expressão "qualificadas no âmbito das respectivas esferas de governo" dá a entender que cada ente federativo somente poderá contratar com dispensa de licitação organizações sociais por ele qualificadas. O Estado só contrataria OS qualificada pelo Estado, a União com OS por ela qualificada etc.

Estas entidades podem celebrar contratos com outros órgãos públicos, dispensando-se, também, o procedimento licitatório. Esta disposição gera a possibilidade de administradores desviarem recursos públicos, por meio de conluios com organizações sociais. Entretanto, o STF, – na AdIn nº 1.923/DF; Rel. Min. Ilmar Galvão – negou medida cautelar para suspender a eficácia desta norma, por entender não existir incompatibilidade com a Constituição.

13.2.2.5. Controle da Organização Social

A princípio, o controle está disciplinado no contrato de gestão. A prestação de Contas será ao próprio órgão que a credenciou.

Há Controle do TCU? No caso das Oscip, vimos que há dois dispositivos determinando-o. A Lei das OS não traz disposições semelhantes. Ele traz, apenas, um controle indireto, no art. 9º.

> *Art. 8º A execução do contrato de gestão celebrado por organização social será fiscalizada pelo órgão ou entidade surpervisora da área de atuação correspondente à atividade fomentada. [...]*
> *Art. 9º Os responsáveis pela fiscalização da execução do contrato de gestão, ao tomarem conhecimento de qualquer irregularidade ou ilegalidade na utilização de recursos ou bens de origem pública por organização social, dela darão ciência ao Tribunal de Contas da União, sob pena de responsabilidade solidária.*

Esta é a única menção feita pela lei ao controle do TCU. Ao órgão credenciador, se notar alguma irregulari-

[173] Coordenação Gerencial na Administração Pública, *RDA*, nº 214, p. 49.

dade, incumbe acionar o Tribunal. Pela lei, a OS presta contas apenas a quem a credenciou, pois não se prevê prestação direta de contas ao TCU.

Em virtude disso, temos duas possibilidades de interpretação: ou a Lei nº 9.637 é inconstitucional, pois exime de controle do TCU entidade que gerência dinheiros, bens ou valores públicos, ou houve, em verdade, uma omissão da lei, não se podendo afastar o art. 70, parágrafo único, da Constituição. Por força da Carta, a OS estaria obrigada a prestar contas ao TCU.

O segundo entendimento é mais razoável, pois resguarda o princípio da presunção de constitucionalidade das normas, e aplica a interpretação conforme a Constituição. A omissão legal não tem o condão de inviabilizar o controle do Tribunal de Contas.

Desta maneira, seriam duas as formas de controle:

a) à entidade credenciadora;
b) ao Tribunal de Contas.

13.2.2.6. Desqualificação das Organizações Sociais – Art. 16

A lei traz seção própria sobre o tema. O art. 16 determina que o Poder Executivo poderá proceder à desqualificação da entidade como organização social, quando constatado o descumprimento das disposições contidas no contrato de gestão.

Entendemos que a utilização do verbo *poderá* pelo dispositivo legal traduzir, de fato, o poder-dever do administrador. Uma vez constatada a irregularidade apontada, não pode ele se furtar a desqualificar a organização.

A desqualificação deve ser precedida de processo administrativo, assegurado o direito de ampla defesa. Os dirigentes da organização social respondem, individual e solidariamente, pelos danos ou prejuízos decorrentes de sua ação ou omissão (§ 1º).

Havendo desqualificação, os bens permitidos e os valores entregues à utilização da organização social serão revertidos, sem prejuízo de outras sanções cabíveis (§ 2º).

A Lei nº 9.637 apresenta algumas omissões que se fazem notar. Ela não prevê expressamente o controle direto do TCU, nem apresenta um mecanismo objetivo de qualificação da entidade como OS. Nesses dois assuntos, a Lei nº 9.790 se diferencia: determina o controle direto pelo Tribunal de Contas e faz com que o credenciamento no Oscip seja ato vinculado à observância dos requisitos legais.

Tampouco há, na lei das OS, mecanismo de controle da realização do contrato gestão. Nesse ponto, também, a lei das Oscip é melhor. Ela afirma, no art. 10, § 1º, que a celebração do termo de parceria será precedida de consulta a órgãos específicos, os assim chamados "Conselhos de Políticas Públicas" das áreas correspondentes de atuação existentes, nos respectivos níveis de governo.

Somente em caso de não existir Conselho de Política Pública da área de atuação correspondente, o órgão estatal parceiro ficará dispensado de realizar a consulta, não podendo haver substituição por outro Conselho (art. 10, § 2º do Decreto lei nº 1.300).

Como se percebe, o intuito das OS é absorver certas atividades desempenhadas por órgãos e entidades da Administração, como serviços públicos, com a consequente extinção destes órgãos ou entidades. Já no caso das Oscip, o objetivo da lei são associações preexistentes, já que se exigem, para a qualificação, estatuto registrado em cartório, ata de eleição da diretoria, balanço patrimonial e demonstração do resultado do exercício, além de outros requisitos.

O sistema proposto para as Oscip é mais eficiente para fomentar as parcerias na Administração, pois o Estado não está extinguindo uma entidade pública para que seja administrada por particulares, mas, realmente, incentivando a criação de entes intermédios por parte da sociedade.

Capítulo 2

Serviços Públicos

1. Introdução

Veremos a noção básica do serviço público, bem como as suas novas formas. Teremos a oportunidade de averiguar que o serviço público pode ser prestado diretamente, pelos órgãos despersonalizados integrantes da Administração, ou indiretamente, por entidades com personalidade jurídica própria. Na prestação indireta, abrem-se duas possibilidades: pode o Estado constituir pessoas jurídicas públicas (autarquias e fundações públicas) ou privadas (sociedades de economia mista e empresas públicas) e, mediante lei (CF, art. 37, XIX), outorgar a tais entes a prestação do serviço público. Ou pode, por outro lado, delegar à iniciativa privada, mediante contrato ou outro ato negocial, a prestação do serviço. Serve-se, aí, o Estado de figuras jurídicas como a concessão e a permissão.

2. Noção Básica de Serviço Público

É de conhecimento da doutrina a dificuldade de se conceituar e explicar o verdadeiro sentido do que seja *serviço público*. Isto porque seu conceito sofre parcela de influência no tempo e no espaço de cada povo, de cada sistema político, econômico e social adotado pelo Estado. Só para termos uma ideia, os serviços religiosos já foram considerados, outrora, curiosamente, como serviços públicos. Não há possibilidade, doutrinariamente, de elencar quais as atividades que constituem o serviço público.

Ademais, a noção de serviço público tem que ser repensada, na atualidade, em conjunto com o fenômeno da globalização. Hoje, temos um sem-número de atividades que foram retiradas de um regime de liberdade de iniciativa absoluta para o Estado. Com a "quebra" do Estado, então, se começa a falar num Estado Regulador, ou seja, o Estado assume uma feição de orientador das atividades de interesse geral, e não necessariamente de executor dessas mesmas atividades.

A partir do momento em que se reconhece, no ordenamento jurídico, o princípio da livre-iniciativa, é dever do Estado abster-se do exercício de atividades econômicas. Sendo assim, é direito da sociedade não financiar atividade econômica do Estado nem sofrer, por parte dele, a competição com as atividades econômicas. Essa regra da abstenção é excepcionada pelo princípio da subsidiariedade, que autoriza, em caráter excepcional, que as atividades econômicas sejam desempenhadas pelo Poder Público, sob forma empresarial, desde que haja um imperativo de segurança nacional ou um relevante interesse público, conforme consta no Texto Constitucional, art. 173, *caput*:

> *Art. 173. Ressalvados os casos previstos nesta Constituição, a exploração direta de atividades econômicas pelo Estado só será permitida quando necessária aos imperativos da segurança nacional ou a relevante interesse coletivo, conforme definidos em lei.*

A noção de subsidiariedade é da mais alta relevância quando estamos falando de economias globalizadas, porque se retoma a ideia de divisão de competências entre a sociedade e o Estado.

A globalização é um fenômeno natural da evolução histórica. Já vivenciamos a globalização cultural da Grécia e até uma globalização religiosa, que foi o Cristianismo. Como processo, é a globalização que aumenta a facilidade de intercâmbios e, consequentemente, faz crescer os negócios entre pessoas. Aumentando o volume de negócios, surge a necessidade de se diminuir as barreiras comerciais existentes, ampliando suas fronteiras, ao contrário, dando margem ao surgimento dos blocos econômicos. A partir da ideia de blocos econômicos, criados para viabilizar uma liberdade econômica, é que se começa a repensar os conceitos de serviços públicos. Em um regime de livre-iniciativa, então, o Estado, por meio da Polícia Administrativa, estabeleceria uma limitação da liberdade individual em prol do interesse coletivo.

Daí por que a maioria dos autores nacionais não debruça com a devida metodologia sobre o tema, deixando-o sob uma visão básica, sem maiores aprofundamentos, minudências e, muito menos, pesquisas.

O serviço público pode ser considerado, também, como tudo que tem interesse público, abrangendo, no caso, atividades do Estado e até algumas particulares, que sejam regulamentadas pelo Estado, em razão do interesse público. De início, então, já temos dois conceitos de serviço público, destacando-se que, do primeiro, que são as atividades do Estado, retiram-se as atividades de soberania estatal, por serem requisitos da própria existência do Estado.

As atividades de soberania estatal que não possuem realmente uma unidade de gozo transferida para o particular são excluídas do conceito de serviço público, como, por exemplo, as Forças Armadas. Para alguns autores, não seriam serviços públicos essas prestações de soberania estatal; serviço público consistiria, apenas, naquilo que realmente beneficia em alguma coisa a coletividade, genérica ou individualmente.

Para uma corrente, o serviço público abrangeria as atividades econômicas do Estado. Mas, então, perguntamos: fornecer água é atividade econômica? Recolher lixo trata-se de atividade econômica? Fornecer combustível significa atividade econômica? A doutrina se divide. Diogo de Figueiredo Moreira Neto entende que tudo é atividade econômica e que o serviço público é apenas uma hipótese de monopólio de atividade econômica no Estado. Outros advogam, porém, que realmente há uma distinção forte entre atividade econômica e serviço público.

Optamos pelo raciocínio do consagrado Eros Roberto Grau, no livro *A Ordem Econômica na Constituição de 1988*, para quem a atividade econômica *latu sensu* divide-se entre a econômica *strictu sensu* e os serviços públicos. Tal divisão tem que ser feita, porque a própria Constituição separa a disciplina das atividades econômicas do Estado da dos serviços públicos.

Com efeito, ao tratar da atividade econômica, monopólio estatal, a Constituição faz essa alusão, prevendo nos arts. 173, 174, 176 e 177 as atividades econômicas do Estado. No entanto, quando trata de serviço público, especificadamente no art. 175, a Carta Magna assim dispõe:

> *Incumbe ao Poder Público, na forma da lei, diretamente ou sob regime de concessão ou permissão, sempre através de licitação, a prestação de serviços públicos.*

Daí Eros Roberto Grau aduzir que, na Constituição, há dispositivos tratando da atividade econômica *strictu sensu* e dispositivos cuidando de serviços públicos, embora ambos sejam atividades econômicas *latu sensu*.

Questionamos, então: qual a diferença entre ambos? Desse modo, paira uma enorme confusão. Há quem afirme que serviço público se refere ao que a Constituição denomina serviço público. Há, por outro lado, quem diga que serviço público consiste naquilo que é essencial. Mas, o que é *ser essencial*? E há também aqueles que afirmam: o serviço público se destina ao bem-estar individual ou coletivo da sociedade. Acontece que, nas atividades econômicas, reside interesse da coletividade, que se trata, porém, de um interesse mediato. Na verdade, as atividades econômicas fazem parte de um interesse estratégico do Estado, um interesse fiscal do Estado.

Quando o Estado, por exemplo, monopoliza o petróleo, não está querendo prestar um bem à coletividade em geral. Há, inegavelmente, um interesse estratégico nacional para que o Estado explore essa atividade. Logo, no caso, não se trata de serviço público, e sim de uma autêntica atividade econômica.

Na Europa, notamos a presença de atividades econômicas monopolizadas que são curiosíssimas, a exemplo dos cassinos, que são todos públicos. No Brasil, as loterias também são monopólios públicos. Mas loteria, no Brasil, é considerada serviço público? Lógico que não. O Estado, ao gerar essa atividade, tem interesse fiscal. No caso do petróleo, o interesse é estratégico.

Há um parâmetro interessante para distinguir serviço público de atividade econômica. Basta indagar se o objeto está imediatamente à disposição da coletividade. Se tiver, será considerado serviço público; caso contrário, tem-se atividade econômica.

Para exemplificar, vejamos a seguinte hipótese: ao se chegar em casa, acendemos as luzes. Logo, temos à nossa disposição o serviço de energia elétrica. Ao retirarmos o telefone da base, imediatamente acionamos o serviço de telecomunicação.

O serviço de transporte coletivo está imediatamente à disposição da sociedade.

Agora, vejamos hipótese inversa. O petróleo está imediatamente à disposição da população? Não. E o minério de ferro, está imediatamente à disposição da população? Obviamente que ele não está. Então, estas serão consideradas atividades econômicas.

Essa distinção é muito importante, porque vai condicionar as indagações frequentes da prova da magistratura a respeito da penhora dos bens das estatais e qual teoria da responsabilidade a ser aplicada a elas.

Uma questão polêmica, e bastante atual, que reclama uma solução urgente dos juristas é a do *transporte alternativo de passageiros*, mesmo porque, hoje, se fala muito que a competitividade nos serviços públicos e nas atividades em geral deve ser estimulada e, no caso do transporte alternativo, as vans vêm atuando nesse aspecto, qual seja, reduzindo o poderio econômico das *empresas de ônibus* e, ao mesmo tempo, empreendendo uma atividade de transporte de passageiros. Porém, em que hipótese se enquadra o transporte alternativo de passageiros: de serviço público ou de atividade econômica?

Ressaltamos que não há nenhuma lei dizendo que o transporte alternativo de passageiros é serviço público. O que sabemos, e tendo como fonte os recentes noticiários da imprensa, é que o Poder Executivo regulamentará o transporte alternativo de passageiros. Mas isso seria suficiente para retirar uma atividade do regime de liberdade de iniciativa e atribuí-la à iniciativa estatal? Não. A Administração Pública não pode, simplesmente, vedar tal atividade porque existe o direito decorrente da liberdade de iniciativa. É necessário, antes de tudo, *que a atividade seja tratada como serviço público e que haja uma delegação estatal para a prestação daquele serviço por um particular, ou seja, só prestará aquela atividade o Estado ou quem dele receber um título jurídico para a sua prestação.*

Como ainda não há nenhuma regulamentação oficial, as vans desempenham a atividade de regime de livre-iniciativa, e se não existe lei que estabeleça requisitos para o exercício dessa liberdade, a atividade está em regime de liberdade e qualquer indivíduo pode realizá-la. Não existe lei que a defina como serviço público. Não há lei que determine os requisitos para tornar-se condutor de van. Portanto, transporte alternativo de passageiros está longe de ser considerado serviço público.

Todavia, é importante observar que, se o Estado impõe horário, preço, trajeto, condição de transporte, há, então, distinção entre atividade de regime de liberdade e a de iniciativa estatal. Caso ocorra um acidente em que o condutor da van venha a colidir e a vítima se torne inreversilmente incapaz. Que direito o usuário tem contra o Estado? É nesse ponto que reside a diferença: a distinção entre serviço público e atividade econômica.

José dos Santos Carvalho Filho,[1] para simplificar, admite que a expressão serviço público possui dois sentidos fundamentais: o subjetivo, que leva em conta os órgãos do Estado, responsáveis pela execução das atividades voltadas à coletividade; o objetivo, que trata o serviço público como a atividade em si, prestada pelo Estado e seus agentes. E é no sentido objetivo que o tema é desenvolvido.

Partindo desse ponto, a doutrina conceitua serviço público de diversos modos. O que se observa na doutrina são conceitos amplos e restritos, porém em ambas as hipóteses, combinam-se, em geral, três elementos para a definição: o material (atividade de interesse coletivo), o subjetivo (presença do Estado) e o formal (procedimento de Direito Público). Amplos são os conceitos mais genéricos, e restritos são aqueles que confinam o serviço público entre as atividades exercidas pela Administração Pública, com exclusão das funções legislativa e jurisdicional; e, além disso, o consideram como uma atividade administrativa, perfeitamente distinta do poder de polícia do Estado.

Entendemos ser serviços públicos toda atividade que a Administração efetua de forma direta ou indireta sob normas e controles estatais, visando a satisfazer necessidades essenciais ou secundárias da coletividade ou simples conveniência do Estado, objetivando sempre um interesse geral, sobre regime jurídico total ou parcialmente de Direito Público, ou seja, é o modo de atuar da autoridade pública a fim de facultar, por modo regular e contínuo, a quantos deles careçam, os meios idôneos para satisfação de uma necessidade coletiva individualmente sentida.

Podemos dizer, portanto, que o conceito de serviço público possui quatro elementos. O objetivo, que seria a necessidade de interesse geral. O subjetivo, a prestação pelo Estado ou por seu delegatário. O formal, ou seja, prestado sob regime de Direito Público e, por fim, o elemento teleológico, que trata-se da busca da eficiência.

Pode-se conceituar serviço público em três aspectos: amplo, restrito e exclusivo. No sentido amplo, seria toda atividade realizada pelo Estado. No aspecto restrito consistiria em toda atuação da Administração Pública, do Poder Executivo. No plano exclusivo, serviço público seria um das cinco atividades da Administração Pública, do Poder Executivo, abarcando: serviço público, poder de polícia, intervenção na ordem econômica, intervenção na ordem social e fomento público.

3. Conceitos Internacionais

De acordo com a União Europeia,[2] a noção de serviço público tem um duplo sentido, designando tanto o organismo de produção do serviço como a missão de interesse geral a este confiado. É com o objetivo de favorecer ou de permitir a realização de missões de interesse geral que a autoridade pública pode impor obrigações específicas de serviço público a um organismo de produção do serviço, por exemplo, em matéria de transportes terrestres, aéreos ou ferroviários ou no aspecto de energia. Essas obrigações podem ser impostas à escala nacional ou regional. Note-se que, com frequência, se confundem erroneamente serviço público e setor públi-

---

[1] CARVALHO FILHO, José Dos Santos. *Manual de direitos administrativo.* 17ª ed. Rio de Janeiro: Lumen Juris, 2007, p. 255.

[2] <http://europa.eu.int/scadplus/leg/pt/cig/g4000s.htm#s2>

co (incluindo a função pública), ou seja, a missão e o estatuto, o destinatário e o proprietário.

Distingue também os serviços de interesse econômico geral que designam as atividades de serviço comercializáveis que preenchem missões de interesse geral, estando, por conseguinte, sujeitas a obrigações específicas de serviço público (art. 86º – antigo art. 90º – do tratado que instituiu a Comunidade Europeia). É o caso, em especial, dos serviços em rede de transportes, de energia e de comunicações.

O Tratado de Amsterdam inseriu um novo artigo (16º) que institui a Comunidade Europeia. Este artigo reconhece o lugar que os serviços de interesse econômico geral ocupam no conjunto dos valores comuns da União Europeia, bem como o papel que desempenham na promoção da sua coesão social e territorial. Estes serviços devem funcionar com base em princípios e em condições que lhes permitam cumprir as suas missões.

Por serviços de interesse geral entendem-se as atividades de serviço, comercial ou não, consideradas de interesse geral pelas autoridades públicas, estando, por conseguinte, sujeitas a obrigações específicas de serviço público. Esta noção engloba as atividades de serviço não econômico (sistema de escolaridade obrigatória, proteção social etc.), as funções intrínsecas à própria soberania (segurança, justiça etc.) e os serviços de interesse econômico geral (energia, comunicações etc.). Recorda-se que as condições do art. 86º (antigo art. 90º) do tratado não são aplicáveis às duas primeiras categorias (atividades de serviço não econômico e funções intrínsecas à própria soberania).

Por fim, o conceito de serviço universal foi desenvolvido pelas instituições da comunidade e define um conjunto de exigências de interesse geral a que devem obedecer, em toda a comunidade, as atividades de telecomunicações ou de correio, por exemplo. As consequentes obrigações destinam-se a assegurar o acesso generalizado de todas as pessoas a determinadas prestações essenciais, come qualidade e a um preço acessível.

4. Conclusão Quanto ao Conceito

Maria Sylvia Zanella Di Pietro,[3] após analisar os conceitos da doutrina, expõe uma série de conclusões que cabem ser trancritas aqui:

1. A noção de serviço público não permaneceu estática no tempo; houve uma ampliação na sua abrangência, para incluir atividade de natureza comercial, industrial e social;
2. É o Estado, por meio da lei, que escolhe quais as atividades que, em determinado momento, são consideradas serviços públicos; no direito brasileiro, a própria Constituição faz essa indicação nos arts. 21, incisos X, XI, XII, XV e XXIII, e 25, § 2º, alterados, respectivamente, pelas Emendas Constitucionais nº 8 e nº 5, de 1995; isto exclui a possibilidade de distinguir, mediante critérios objetivos, o serviço público da atividade privada; esta permanecerá como tal enquanto o Estado não a assumir como própria;
3. Daí outra conclusão: o serviço público varia não só no tempo, como também no espaço, pois depende da legislação de cada país a maior ou menor abrangência das atividades definidas como serviços públicos;
4. Não se pode dizer, dentre os conceitos mais amplos ou mais restritos, que um seja mais correto que o outro; pode-se graduar, de forma decrescente, os vários conceitos: os que incluem todas as atividades do Estado (legislação, jurisdição e execução); os que só consideram as atividades administrativas, excluindo jurisdição e legislação, sem distinguir o serviço público do poder de polícia, fomento e intervenção; os que preferem restringir mais para distinguir o serviço público das outras três atividades da Administração Pública.

5. Características

A primeira característica do serviço público é a subjetiva, qual seja, ele é prestado pelo Estado, que tem aí um dos seus objetivos. Mesmo delegando tais serviços, estes não deixam de ser públicos, vez que o Estado sempre reserva o poder jurídico de regulamentar, alterar e controlar o serviço. Este é um dos motivos de a CF/1988 dispor, em seu art. 175, que incumbe ao Poder Público a prestação dos serviços públicos.

Sendo gestor dos interesses da coletividade, o Estado deve sempre prestar o melhor serviço para o usuário, por isso o interesse coletivo – segunda característica (elemento material) – ser dividido em essenciais e não essenciais. Nos primeiros, o Estado deve prestá-los com a maior dimensão possível, afinal estará atendendo diretamente às demandas principais da coletividade. Os segundos, apesar de não serem imprescindíveis, despertam, por algum motivo especial, interesse do Estado em realizá -lo[4].

[3] *Direito Administrativo*. 16ª ed., São Paulo: Atlas, 2006, p. 97-98.

[4] Apelação. Medida Cautelar Inominada. Permissão. Transporte Coletivo. Administração Pública. Ato Discricionário. Poder Judiciário. A permissão para exploração dos serviços é ato unilateral, precário e discricionário, pela qual o Poder Público faculta ao particular a execução de serviços de interesse coletivo. Não havendo ilegalidade ou abuso de poder da autoridade. No que diz respeito ao ato que deu fim a permissão, não cabe à Justiça a interferência no âmbito do poder discricionário da administração. Recurso desprovido. (Tipo da Ação: Apelação cívil; nº do Processo: 2006.001.01700; órgão julgador: Décima Oitava Câmara Cível; v. Des. Jorge Luiz Habib.)

Como o serviço é instituído pelo Estado e alveja o interesse coletivo, nada mais natural que ele se submeta a regime de Direito Público (elemento formal). No entanto, como o serviço público pode ser delegado, muitas vezes veremos incidência do Direito Privado, porém nunca de forma integral.

José dos Santos Carvalho Filho[5] diz que nos casos de delegação do serviço o regime será híbrido, predominando, porém, o regime de Direito Público quando em rota de colisão com o de Direito Privado.

Tal conceito e característica sofreram com a reforma do Estado uma flexibilização com o tempo, razão pela qual alguns autores chegam a falar em "crise da noção de serviço público"[6].

O âmbito subjetivo foi o mais alterado, pois, apesar do serviço público ser prestado pelo Estado, este não mais precisa ser feito com exclusividade por um órgão público. De fato, a execução de muitos serviços passou a ser transferida a pessoas jurídicas especificamente criadas pelo Estado para esse fim, e também a particulares, por meio de contratos de concessão ou permissão. A Constituição de 1988 assimilou essa nova concepção, bastando averiguar que o Estado delega a particulares, afirmando a possibilidade de concessão ou permissão da execução do serviço tanto na regra geral inscrita em seu art. 175, como em todas as ocasiões em que cuidou dos serviços públicos, sejam federais (art. 21, XI e XII), estaduais (art. 25, § 2º) ou municipais (art. 30, V).

Em consequência da participação de particulares na prestação de serviços públicos, o elemento formal também sofreu modificações. Afinal, não é mais possível conceber um regime puramente de Direito Público.

O traço mais grave da "crise" da noção de serviço público, todavia, diz respeito ao seu elemento material – interesse coletivo. Tradicionalmente, o serviço público era compreendido como aquele que atendia a uma necessidade coletiva, e só poderia ser suprida pela ação estatal. Confundia-se o serviço público com a própria noção de Estado, não se cogitando que ela pudesse ser prestada por outrem que não o Estado. Essas noções porém mudaram ao longo do século passado, daí, doutrinariamente, tornou-se necessário estender o elemento material do serviço público para que ele pudesse compreender também a prática de atividades comerciais e industriais pelo Estado Moderno, justificando, consequentemente, a classificação dos serviços públicos em inerentes e por opção político-constitucional, uma das classificações que devemos ver a seguir.

Nessa linha, Celso Antônio Bandeira de Mello[7] cuidou de registrar a insuficiência do elemento material para configurar a noção jurídica de serviço público, na passagem que se transcreve:

> Percebe-.se, sem muita dificuldade, então, que o primeiro elemento do serviço público é absolutamente insuficiente para configurá-lo, de vez que se trata de simples suporte fático, substrato material, sobre que se constrói a noção jurídica propriamente dita. Por isso, tal substrato pode existir inúmeras vezes sem que, entretanto, se possa falar em serviço público. Isto é, quando houver prestação de utilidade ou comodidade, oferecida pelo Estado e fruível diretamente pelos administrados, haverá serviço governamental, mas não necessariamente serviços público. Este só existirá se o regime de sua prestação for o regime administrativo, ou seja, se a prestação em causa configurar atividade administrativa pública, em uma palavra, atividade prestada sob o regime de Direito Público.

Repetindo, a noção de serviço público envolve, em nossa opinião, a conjunção de quatro elementos, em que três deles são tradicionais. O primeiro é o elemento objetivo, ou seja, a atividade deve ser de interesse geral e, isto é fato, (insumo social), passa por reflexão de conveniência e oportunidade. O segundo é o subjetivo, que é a prestação do serviço pelo Estado ou por quem o faça. O terceiro é o formal, aquele que a prestação se dá sob o regime público do serviço público. E, por fim, temos um quarto elemento, o teleológico, que, embora não seja tradicionalmente tratado na doutrina clássica do serviço público, é mencionado por Eduardo García de Enterría. Isso porque, hoje, a sociedade está preocupada com a qualidade das prestações que lhe são oferecidas, pouco importando se o prestador seja o Estado ou o particular. O que interessa é a eficiência.

6. Classificação

Cada autor a estabelece a seu modo. A classificação tradicional, do saudoso Hely Lopes, não tem mais fundamento em face da Constituição de 1988. O aludido administrativista divide claramente o serviço público entre serviço público propriamente dito (aquele essen-

[5] CARVALHO FILHO, José dos Santos. *Manual de direitos administrativo.* 17ª ed. Rio de Janeiro: Lumen Juris, 2007, p. 258.

[6] Tratam do tema: MELLO, Celso Antônio Bandeira de. *Natureza e regime jurídico das autarquias.* 2002, p. 137. MOREIRA NETO, Diogo Figueiredo. *Mutações do Direito Administrativo.* 2005, p. 124. PIETRO, Maria Sylvia Zanella Di. *Direito administrativo.* 2006, p. 196.

[7] *Curso de direito administrativo,* 2005, p. 246-247.

cial para a existência da sociedade, ou seja, sem ele, a sociedade sucumbiria e, por isso, indelegável, como, por exemplo, Poder de Polícia) e o serviço de utilidade pública (não é essencial, só facilita a vida em sociedade, por isso delegável. Há inúmeros exemplos: fornecimento de luz e gás, telefone, transporte coletivo). Ocorre que a Constituição, no seu art. 30, V, fala expressamente que o serviço de transporte coletivo é serviço público essencial. No entanto, ele é delegável, indo contra a ideia de Hely Lopes, o que deixa bastante claro que pode haver serviço essencial e delegável.

José dos Santos Carvalho Filho[8] adota quatro classificações, que são as seguintes:

6.1. Quanto à Delegabilidade: Serviços Delegáveis e Indelegáveis

Serviços delegáveis são aqueles que, por sua natureza ou pelo fato de assim dispor o ordenamento jurídico, comportam ser executados pelo Estado ou por particulares colaboradores. Já os indelegáveis, são aqueles que só podem ser prestados pelo Estado diretamente, ou seja, por seus próprios órgãos ou agentes[9].

6.2. Serviço Administrativo e de Utilidade Pública

Serviços administrativos são aqueles prestados pelo Estado para melhor compor sua organização, diferente dos serviços de utilidade pública que se destinam diretamente aos indivíduos, ou seja, são proporcionados para sua fluição direta, tais como o da imprensa oficial[10].

Hely Lopes Meirelles[11] conceitua serviços de utilidade pública como aquele que a Administração, reconhecendo sua conveniência (não essencialidade, nem necessidade) para os membros da coletividade, presta-os diretamente ou aquiesce em que sejam prestados por terceiros (concessionários, permissionários ou autori-

---

[8] CARVALHO FILHO, José dos Santos. *Manual de direitos administrativo.* 17ª ed. Rio de Janeiro: Lumen Juris, 2007, p. 259.

[9] Processual civil. Citação. Instituição bancária. Forma autárquica regime jurídico. Citação na pessoa do gerente de agência local. Forma autárquica. E reservada a prestação de serviço público típico delegável. O serviço público, delegável e indelegável, e nominado pela Constituição Federal. Não é algo abstrato à mercê do gosto do legislador menor, de modo a erigir a tal categoria algo da atividade privada. Por decorrência, o Estado não pode, a pretexto de atuar na economia privada, qualificar a ação como serviço público, para valer-se da forma privilegiada da autarquia, confundindo-o com interesse público. Regime jurídico. Sendo a Caixa Econômica estadual uma instituição bancária, logo, atuando na economia privada, está sujeita ao regime jurídico próprio das empresas que nela atuam. Embora autarquia por Constituição, portanto, pessoa jurídica de Direito Público interno, o tratamento legal adequado, considerando que nela não há capital privado, corresponde ao regime jurídico da empresa pública. Exegese do art. 173, § 1º, da CF. Citação na pessoa de gerente de agência local. Afastado, pelo conteúdo da atividade desempenhada, possível privilégio escudado na forma autárquica, e válida a citação realizada na pessoa de gerente de agência local, onde foi celebrado o ato originário da demanda. Exegese dos arts. 215, § 2º, e 223, paragráfo único, ambos do CPC. Agravo Improvido. (Agravo de Instrumento nº 197027659; Sexta Câmara Cível; Tribunal de Alçada do RS; Relator: Des. Irineu Mariani)

[10] Mandado de Segurança. Função pública delegada. Ato de gestão. 1. Com prestar serviço público ou de utilidade pública, o Estado o faz ou por seus próprios órgãos, em seu nome e por sua exclusiva responsabilidade, modo centralizado, ou por outorga ou delegação, mediante transferência de sua titularidade ou execução a autarquias, fundações, empresas estatais e mesmo empresas privadas, modo descentralizado ou desconcentrado. Entre as formas de prestação descentralizada do serviço público ou de utilidade pública estão as que outorgadas as empresas estatais, gênero das quais e espécie a sociedade de economia mista. Na medida em que exercem função delegada, podem os dirigentes de entidades da Administração indireta ser consideradas autoridades e assim tidas como coatoras, a ensejar mandado de segurança contra seus atos. 2. Mas nem todos os atos por eles cometidos se submetem ao controle extraordinário; necessário que o sejam "no exercício de atribuições do poder público" (cf, art. 5, LXIX) e no que "entender" com a função delegada (Lei nº 1.533/1951, art. 1º, § 1º). A prática de ato de gestão estranho à delegação e dela distanciado, não é considerado como desempenho da função pública, não ensejando mandado de segurança. Apelo não provido. (Apelação cível nº 599428505; Primeira Câmara Especial Cível; Tribunal de Justiça do RS; Rel. Des. Genaro José Baroni Borges). Embargos infringentes.Energia elétrica. Serviço essencial. Ausência de pagamento. Corte no fornecimento. Impossibilidade. Incidência das regras do Código de Defesa do Consumidor. O corte no fornecimento de energia elétrica e forma insidiosa de coação, odioso instrumento de pressão que não se coaduna com os princípios norteadores das relações de consumo, notadamente o que obriga a qualquer órgão público o fornecimento contínuo dos serviços essenciais. Ademais disto, a empresa concessionária dispõe de instrumento legais para pleitear o débito de energia elétrica, sem que necessário proceder o corte do fornecimento. Os serviços públicos constituem, de regra, monopólio, quer exercidos pelo Estado, quer por concessionárias ou permissionárias, de sorte que, se interrompidos, não pode de outro se socorrer o consumidor, ficando deles irremediavelmente privado. E a energia elétrica, a par de corresponder a um serviço de utilidade pública, e bem essencial, indispensável à vida e à saúde das pessoas, notadamente, como no caso, quando possibilita o regular funcionamento das repartições municipais. Por fim, o corte ou a só ameaça de corte, obrigando o município efetuar o pagamento do débito modo imediato, implica derrogar regras legais e constitucionais atinentes aos precatórios, a que deve submeter-se a concessionária, tanto quanto os demais credores da fazenda pública. Embargos desacolhidos, por maioria (24 fls.). (Embargos infringentes nº 70000271338; Primeiro Grupo de Câmaras Cíveis Tribunal de Justiça do RS; Rel. Des. Marco Aurélio Heinz).

[11] MEIRELLES, Hely Lopes. *Direito Administrativo brasileiro.* 17ª ed. São Paulo: Malheiros, 2006, p. 295-296.

zatários), nas condições regulamentadas e sob seu controle, mas por conta e risco dos prestadores, mediante remuneração dos usuários. São exemplos dessa modalidade os serviços de transporte coletivo, energia elétrica, gás, telefone e outros mais.

6.3. Quanto aos Destinatários: Serviços Coletivos e Singulares

Serviços coletivos (*uti universi*) são aqueles prestados a grupamentos indeterminados de indivíduos, de acordo com as opções e prioridades da Administração, e em conformidade com os recursos de que disponha, não gerando direito subjetivo a ninguém de exigi-lo para si, individualmente. São exemplos de serviços coletivos: os de polícia, iluminação pública, calçamento. Portanto, é o serviço prestado para coletividade como um todo, sem que se possa mensurar, determinar quem aproveitou dele. Outro exemplo, taxa de iluminação pública. Não tem como dizer quem está aproveitando da iluminação pública e o quanto.

Normalmente, por serem indivisíveis, devem ser mantidos por imposto, e não por taxa ou tarifa, que é remuneração mensurável e proporcional ao uso individual do serviço.

Já os serviços singulares (*uti singuli*) preordenam-se a destinatários individualizados, sendo mensurável a utilização por cada um dos indivíduos.

Se o destinatário cumprir com suas obrigações e exigências regulamentares, terá direito de exigi-los. Como dá para determinar quem aproveitou e quanto usufruiu dos serviços públicos, pode-se cobrar diretamente de quem desfrutou. Então, os serviços públicos individuais, via de regra, podem ser financiados por taxa ou preço público, e não por imposto. Dissemos, em geral, porque há serviços individuais que são prestados graciosamente, por serem muito especiais.

Com isso, indagamos quando será taxa e quando será serviço público? Taxa é uma espécie de tributo, ou seja, é imposta independentemente da vontade da parte. Preço público ou taxa trata-se de uma remuneração contratual.

O Município do Rio de Janeiro vem cobrando, junto ao IPTU, a taxa de iluminação pública. No entanto, esta não é um serviço individual, logo, não se tem como saber quanto cada um utilizou daquela iluminação, inclusive as pessoas não a usam na mesma proporção. Então, não é possível determinar quem e o quanto se utilizou da iluminação pública. Em consequência, a taxa de iluminação pública foi declarada inconstitucional pelo Supremo Tribunal Federal.

Outra discussão envolve a taxa de segurança pública. Trata-se de serviço geral ou individual? É geral, pois não se tem como saber o quanto cada cidadão aproveitou da estrutura da segurança pública do Estado. A esse propósito, aliás, já existem projetos de lei, em vários Estados, cujo objetivo é criar a taxa de segurança pública.

Há, no Rio de Janeiro, um anteprojeto visando a criação de uma taxa de segurança pública a ser cobrada de realizadores de grandes eventos, como de um espetáculo de rock, por exemplo, por necessitar que a polícia esteja presente. Para o público, isso significa um serviço geral. No entanto, para o realizador do evento, o qual demandará um efetivo policial, seria serviço específico. Nesse caso, em relação ao organizador, o serviço é específico, uma vez que é possível identificar-se o idealizador do evento e aferir-se quanto será demandado do serviço de segurança pública, em relação ao número de participantes do evento.

A propósito, o Tribunal de Justiça de Minas Gerais, em certa ocasião, julgou uma representação de inconstitucionalidade, em caso semelhante ao mencionado, mas julgou ser constitucional tal projeto.

Sendo determinado serviço individual e específico, quando ele será remunerado por taxa ou por serviço público? Há várias correntes de entendimento, tendo em vista as diferentes conceituações de serviço público. Partindo-se do que determina a Constituição, taxa tem como fato gerador o serviço público, específico e individual. Mas, em uma interpretação sistemática, verifica-se que taxa trata-se de tributo. Há serviço público, porém, que não é obrigatório, ou seja, o cidadão o tem disponível e recorre a ele quando necessário; consequentemente, não seria considerado taxa. Ocorre que alguns acreditam que o serviço essencial seria remunerado por taxa. O problema, nesse caso, seria saber, então, o que é essencial. Há, ainda, aqueles que advogam que, em se tratando de regime jurídico de Direito Público, utilizar-se-ia taxa e, por fim, há os creem que, sob o regime jurídico de Direito Privado, seria o serviço remunerado por preço público.

O Supremo entende, por sua vez, que serviço público individual, remunerado por taxa, é aquele obrigatório, e sendo obrigatório, o pagamento também o será.

O lixo é um serviço público obrigatório? Não obstante ter o STF julgado inconstitucional a cobrança do lixo do Município do Rio de Janeiro, a cobrança foi feita por decreto, o qual disciplinou o serviço de recolhimento de lixo domiciliar, dizendo que o mesmo iria ser recolhido pela Comlurb e mencionando textualmente, no final, que, quem não disponibilizar o lixo para ser recolhido, quem enterrar, incinerar, transportar, ficará sujeito a multa.

Ocorre que, inteligentemente, o Supremo raciocinou da seguinte maneira: se o decreto está impondo multa para quem não usar o serviço, é sinal de que o serviço é obrigatório. Assim sendo, o preço cobrado é, também, obrigatório. Portanto, trata-se de taxa, e não de preço público. Ademais, se é taxa, teria que ser instituído por lei, jamais por decreto. Logo, é inconstitucional.

Já o caso da Cedae, pertinente ao serviço de esgoto, este realmente sempre foi um problema, pois os valores pagos à companhia se referem ao serviço de abastecimento de água, que é um serviço público divisível, específico. Mas, e o esgoto, como ele é aferido? Mede-se pelo valor da água que entra, pressupondo-se que, se ela entra, sai. Porém, a água não é obrigatória, porque se pode comprar água mineral, cavar um poço, adquirir carro-pipa. Então, o esgoto é uma situação parecida com a do lixo, porque envolve, sem dúvida, a questão de saúde pública.

Ocorre que, embora a água não seja obrigatória, o serviço é hiperessencial, o que faz surgir nova discussão: quando se pode cortar um serviço? O serviço telefônico, que é específico e divisível, não é obrigatório. Porém, se o usuário não pagar o serviço, este será cortado. Mas, e se o usuário não pagar taxa de coleta de lixo domiciliar, esta poderá ser cortada? Não, pois há um interesse público muito maior em recolher o lixo.

Devemos anotar, então, que, na verdade, não é a taxa ou o preço público que será determinador do corte, mas, sim, a obrigatoriedade. Portanto, se for pago por taxa, o serviço é obrigatório; se for pago por tarifa ou preço público, o serviço não é obrigatório. Sendo assim, a água deveria ser paga por preço público, pois que não é obrigatória. A rigor, então, teoricamente, a água poderia ser cortada. Acontece que a Justiça, com raras exceções, manda religar a água por ser um serviço público essencial.

6.4. Serviços Sociais e Econômicos

Serviços sociais são os que o Estado executa para atender aos reclamos sociais básicos, e representam ou uma atividade proporcionada de comodidade relevante, ou serviços assistenciais e protetivos. De outro lado, os serviços econômicos são aqueles que, por sua possibilidade de lucro, representam atividades de caráter mais industrial ou comercial. Apesar de as atividades econômicas estarem dentro do sistema da liberdade de iniciativa e, portanto, cabendo aos particulares exercê-las (art. 170, CF/1988), o Estado as executa em algumas ocasiões específicas. A própria Constituição o permite quando para atender a relevante interesse coletivo ou a imperativo de segurança nacional (art. 173). Em outras ocasiões, reserva-se ao Estado o monopólio de certos segmentos econômicos (art. 177, CF/1988), bem como a competência para a prestação desse tipo de serviço, como é o caso do serviço postal (art. 21, CF/1988)[12].

7. Serviços Inerentes e por opção Político-Constitucional

Apesar de não acharmos que tais serviços são considerados classificações, cabe aqui fazer tal consideração. Pertencer a uma dessas duas classes acarreta importante consequência do ponto de vista jurídico.

Os serviços públicos inerentes são aqueles genéticas ou ontologicamente ligados às funções estatais típicas, que decorrem de seu poder de império, pois envolvem alguma dose de autoridade pública, sendo mesmo difícil imaginar que pudessem ser prestados por particulares.

Hely Lopes Meirelles esclarece que:

> O que prevalece é a vontade soberana do Estado, qualificando o serviço como público ou de utilidade pública, para sua prestação direta ou indireta, pois serviços há

[12] Tributário. Senai. Termo de cooperação técnica e financeira. Contribuição social. Espécie de paratributo. Juros moratórios. Ufir. Multa moratória. Décimo terceiro salário. No interesse das categorias profissionais ou econômicas, o art. 149 da Constituição Federal atribui à União competência para instituir contribuições sociais, como a destinada aos diversos serviços sociais da indústria, do comércio e da agricultura (Senai – Sesi – Sesc – Senar). Legítima a cobrança da contribuiçao geral incidente a razão de 1% sobre o montante da remuneração paga pelos estabelecimentos contribuintes a todos seus empregados, arrecadada pelo INSS para repasse a entidade paraestatal. Na forma dos Decretos-leis nº 4.048/1942, art. 4º, e nº 6.246/1944, art. 1º, também legítima sua cobrança por parte do Senai com celebrado termo de cooperação técnica e financeira (art. 50 do Decreto 494/1962). Juros moratórios: aplicáveis as disposições legais do art. 59 da Lei nº 8.38319/1991, incidentes a razão de 1% ao mês, calculados sobre o valor corrigido da contribuição. Ufir: a atualização monetária e de se dar pela Ufir, como previsto no art. 1º da Lei nº 8.383/1991, já vigente a época do fato gerador da contribuição. Décimo terceiro salário: a denominada gratificação de Natal tem nítida natureza salarial e incorpora-se ao salário para efeito de contribuição previdenciária e consequente repercussão nos benefícios (art. 201, §§ 6º e 11 da CF). Multa moratória: a lei posterior que reduziu para 50% a multa de mora, o fez apenas para os fatos geradores ocorridos a partir de 1º de abril de 1997. Apelo desprovido. (Apelação Cível nº 70001510577; Vigésima Primeira Câmara Cível Tribunal de Justiça do RS; Rel. Des. Genaro José Baroni Borges)

que, por natureza, são privativos do Poder Público e só por seus órgãos devem ser executados.

É despicienda, portanto, qualquer norma que declare, por exemplo, que a prestação jurisdicional com emprego de coação ou a defesa nacional são serviços públicos, na medida em que o exercício dessas funções não pode ser dissociado da própria razão de ser do Estado. A estas atividades a doutrina costuma também chamar de serviços públicos propriamente ditos ou serviços próprio do Estado, que Hely Lopes Meirelles[13] bem conceitua:

> Serviços Públicos propriamente ditos, são os que a Administração presta diretamente à comunidade, por reconhecer sua essencialidade e necessidade para a sobrevivência do grupo social e do próprio Estado. Por isso mesmo, tais serviços são considerados privativos do Poder Público, no sentido de que só a Administração deve prestá-los, sem delegação a terceiros, mesmo porque geralmente exigem atos de império e medidas compulsórias em relação aos administrados. Exemplos desses serviços são os de defesa nacional, os de polícia, os de preservação da saúde pública
>
> [..]
>
> Serviços próprio de Estado são aqueles que se relacionam intimamente com as atribuições do poder Público (segurança, polícia, higiene, saúde pública etc.) e para a execução dos quais a Administração usa de sua supremacia sobre os administrados. Por esta razão, só devem ser prestados por órgãos ou entidades públicas, sem delegação a particulares. Tais serviços, por sua essencialidade, geralmente são gratuitos ou de baixa remuneração, para que fiquem ao alcance de todos os membros da coletividade.

Por outro lado, há serviços que embora tenham conteúdo tipicamente econômico e não de serviço público, assim são considerados por uma norma jurídica, ou seja, pela vontade do Estado. Isto ocorre porque o Estado, tendo em vista a relevância da atividade ou outras ponderações relacionadas com o interesse público, acha-se no direito de avocar sua prestação e gestão.

Observa-se assim que o serviço público inerente dispensa previsão legal, afinal decorre da própria existência do Estado, tratando-se de esfera de atuação tipificamente pública. Já o serviço que decorre de uma opção política, depende de previsão normativa que exatamente opera a retirada de uma determinada atividade do domínio da livre-iniciativa transferindo-a para o controle estatal.

Não poderá mais o particular atuar na área em que o Estado fazer tal opção, como o poderia em decorrência do princípio da livre-iniciativa, apenas o exercerá se o Estado delegar a ele tal função, mediante a concessão ou a permissão, na forma do art. 175 da CF. Percebe-se, aqui, que o serviço público por opção político-normativa, traduz uma enorme restrição ao princípio constitucional da livre-iniciativa.

Luis Roberto Barroso[14], conclui aqui que:

> Se a criação de serviços públicos não inerentes, por mera opção política, diminui o campo de incidência da livre-iniciativa – o que de fato ocorre –, ela só será possível com fundamento em autorização ou previsão constante da Lei Maior. Caso contrário, estar-se-ia admitindo que uma norma infraconstitucional, de inferior hierarquia, violasse uma norma constitucional – a que consagra a livre-iniciativa e todas as demais que a complementam ou lhe servem de pressuposto. Ademais, tal criação há de ser sempre balizada pelo critério da razoabilidade, a fim de evitar abusos que busquem esvaziar indiretamente a livre-iniciativa.

A própria Constituição cuidou dos serviços públicos por opção político-normativa. Além de enumerar as atividades que decidiu serem serviços públicos, dispôs acerca da possibilidade genérica de delegação de sua execução a particulares, mediante concessão ou permissão (art. 175, CF), e os repartiu entre os entes federativos (arts. 21, XI e XII, 25, § 2º, e 30, V). O constituinte teve o cuidado de em tais artigos utilizar a expressão "explorar o serviço diretamente ou mediante concessão ou permissão" ou outra similar. Ou seja, deixou claro que tais atividades só poderiam ser desempenhadas pelos particulares mediante delegação do poder Público, por terem sido subtraídas da livre-iniciativa. O que não ocorre quando, por exemplo, a Constituição afirma que compete a União "assegurar a defesa nacional" ou "emitir moeda" (art. 21, III e VII), que são inequivocamente serviços públicos inerentes.

Neste passo, parte da doutrina entende mesmo que a lei não pode criar novas modalidades de serviços públicos por opção normativa, além dos que já constam da Constituição Federal. Do contrário estaria-se ferindo, por demais, o princípio da livre-iniciativa, pois não poderia a lei ordinária ampliar as hipóteses de intervenção do Estado na ordem econômica por meio da prestação

[13] *Direito administrativo brasileiro*, 2006, p. 295.

[14] BARROSO, Luis Roberto. "Regime constitucional do serviço postal legitimidade da atuação da iniciativa privada". *Revista de Direito Administrativo*. Rio de Janeiro, n. 222, [s. a.], p. 192, out./dez., 2000.

de serviços públicos, apenas mediante emenda constitucional. Fernando Herrem Aguillar[15] dita que:

> o regime de privilégio típico dos serviços público [...] opera verdadeiro monopólio de uma dada atividade econômica. Daí que o mesmo regime imposto ao Estado para o fim de monopolizar uma determinada atividade econômica é também aplicável para as hipóteses de criação de novo serviço público. [...] Assim, se não quisermos desconsiderar o art. 173, teremos que admitir, logicamente, que somente é possível instituir Serviços Públicos não previstos constitucionalmente mediante emenda constitucional. [...] os serviços públicos no regime constitucional vigente não podem ser instituídos por lei, inovadoramente em relação à lista de serviços públicos constitucionais.

A esse argumento pode-se agregar outro, quando se fala em competência para a União. Diz a técnica de repartição de competência adotada pelo constituinte originário desde 1891[16], que reservam-se à União Federal e aos Municípios competências expressas[17], deixando a cargo dos Estados-membros as chamadas competência residuais ou remanescentes (art. 25, § 2º, CF). Cabe aqui mencionar que a Constituição também prevê competências concorrentes.

Neste contexto, não poderia a União criar, por meio de lei, novos serviços públicos não inerentes – ou seja, transformar por alguma norma jurídica, atividade econômica em serviço público, por opção política –, além dos constitucionalmente previstos, sob pena de violação da competência remanescente dos Estados-membros (art. 25, §1º, da CF). Celso Ribeiro Bastos[18] afirma:

> A nossa Constituição reserva para si esta tarefa de definir quais são os serviços públicos. Reparte-se entre a União, os Estados e os Municípios, segundo um rol de competência que ela mesma estipula. Para a União, temos o art. 21, XII, que deixa certo pertencer a ela para ser explorado diretamente ou mediante autorização, concessão ou permissão tudo o que vem arrolando nas seis letras daquele inciso. Quanto aos Estados há pelo menos uma referência a um serviço público de sua alçada, previsto no art. 25, § 2º, que se refere aos serviços locais de gás canalizado. Aos municípios compete organizar e prestar os serviços públicos de interesse local, incluído o transporte coletivo.

Independentemente de se aceitar ou não a tese de total impossibilidade de criação legislativa de novos serviços públicos por opção normativa, o fato é que o serviço público por opção política constitui, sem qualquer dúvida, restrição ao princípio da livre-iniciativa.

A Constituição adotou dupla cautela, primeiramente por ter enumerado as hipóteses de serviços públicos por opção normativa, referindo de forma expressa que o acesso dos particulares a elas só poderia se dar por meio de concessão ou permissão e por outro lado adotou dispositivos com redação específica, deixando claro tratar-se de atividades econômicas que, por variadas razões, foram retiradas da esfera dos particulares.

Por fim, cabe aqui ressaltar que há serviços que foram franqueados diretamente aos particulares pela própria Constituição. A atuação do Estado não impede que os particulares explorem a mesma atividade concomitantemente, afastando, por expressa previsão da própria Carta, a incidência do art.175. A exploração desses serviços pela iniciativa privada, diferentemente da regra geral, dependerá apenas, se for o caso, de licença prévia da autoridade competente. Enquadram-se nessa categoria, especificamente, os serviços de educação (art. 209), saúde (art. 199) e previdência (arts. 201 e ss).

Pergunta-se, aqui, então, se seria possível enquadrar o serviço postal nessa categoria, afinal, se assegurada a prestação mínima pelo Estado, poderia a iniciativa privada multiplicar a oferta, propiciando benefícios aos usuários relativamente à qualidade e ao preço? Por essa linha de entendimento, qualquer empresa estaria habilitada a atuar no setor, observada a legislação própria, desde que existente[19].

8. Diferença de Serviço Público e Serviço de Utilidade Pública

Segundo Hely Lopes Meirelles[20] serviço público visa a satisfazer necessidades gerais e essenciais da socieda-

[15] AGUILLAR, Fernando Herrem. *Controle social de serviços públicos.* São Paulo: Max Limonad, 2005, p. 133.

[16] Tal repartição de competência foi inspirada no Direito norte-americano e adotada no Brasil de 1891.

[17] No caso do Município, as competência são, mais precisamente, referenciadas à noção de interesse local.

[18] BARROSO, Luis Roberto. "Regime constitucional do serviço postal legitimidade da atuação da iniciativa privada". *Revista de Direito Administrativo.* Rio de Janeiro, n. 222, [s. a.], p. 194, out./dez., 2000.

[19] A lei de diretrizes e bases (Lei nº 9.394, de 20/12/1996), estabelece as normas a que as instituições de ensino privadas estão submetidas. A Lei nº 6.435, de 20/07/1977, dispõe sobre a necessidade de "prévia autorização" do Governo Federal para o funcionamento de entidades de previdência privada, embora o termo técnico devesse ser licença, e não autorização. A Lei nº 8.080, de 19/09/90, da mesma forma, cuida das normas aplicáveis aos serviços privados de assistência à saúde.

[20] MEIRELLES, Hely Lopes. *Direito administrativo brasileiro.* 26ª ed., São Paulo: Malheiros, 2005, p. 295-296.

de, para que ela possa substituir e desenvolver-se como tal; na segunda hipótese (serviço de utilidade pública), o serviço objetiva facilitar a vida do indivíduo na coletividade, pondo à sua disposição utilidades que lhe proporcionarão mais conforto e bem-estar. Daí os primeiros se denominarem serviços pró-comunidade, e os segundos, serviços pró-cidadão, fundados na consideração de que aqueles se dirigem ao bem comum e estes, embora reflexamente interessem a toda a comunidade, atendem precipuamente às conveniências de seus membros individualmente considerados.

Já Sérgio de Andréa Ferreira[21] afirma que serviço público é, no sentido objetivo, a atividade, sob um regime especial de Direito Público, de Direito Administrativo, que visa à satisfação de necessidade coletiva. E distingue serviço público de serviço de utilidade pública, falando que este último trata-se da atividade particular prestada, desinteressadamente, à coletividade, para a qual se apresenta com relevância.

Corporações e fundações podem ser declaradas de utilidade pública (art. 16 do Código Civil; Lei nº 91, de 28/08/1935, regulamentada pelo Decreto nº 50.517, de 2/05/1961, com as alterações do Decreto nº 60.931, de 4/07/1967, que define os deveres a que ficam sujeitas as instituições, associações ou serviços considerados de utilidade pública). Para isso, devem preencher certos requisitos, estando submetidas, para poderem manter o título (que não lhes confere, diretamente, qualquer favor. Salvo o uso de distintivos próprios e a menção do título concedido, embora sirva de correquisito para a concessão de vantagens tributárias), a determinadas imposições e proibições, cuja transgressão acarreta a cassação da declaração. Esta é feita, normalmente, por decreto executivo, mas leis têm também outorgado o título em questão.

9. Titularidade[22]

Em relação à competência, se permite, sob a óptica federativa, considerar os serviços públicos como federais, estaduais, distritais e municipais. Mas a vigente Constituição adotou o sistema de apontar expressamente alguns serviços como sendo comuns a todas as pessoas federativas, continuando, porém a haver algumas atividades situadas na competência privativa de algumas esferas. Assim, divide a doutrina tais serviços em privativos e comuns. Os primeiros são aqueles atribuídos a apenas uma das esferas da federação, como o caso do serviço postal, em relação a União. E os segundos são os que podem ser prestados por pessoas de mais de uma esfera federativa[23].

Os serviços públicos só podem ser prestados se houver uma disciplina normativa que os regulamente, ou seja, uma regra que trate como tais serviços serão prestados.

Além do poder de regulamentação, a competência constitucional para a instituição do serviço confere ainda o poder de controlar sua execução. O controle pode ser interno, quando a aferição se volta para os órgãos da Administração incumbidos de exercer a atividade, ou externo, quando a Administração procede à fiscalização de particulares colaboradores (concessionários e permissionários), ou também quando verifica os aspectos administrativos, financeiro e institucional de pessoas da administração descentralizada.

[21] FERREIRA, Sérgio de Andréa. *Direito administrativo didático*. Rio de Janeiro: [s. ed.], 1979, p. 229-230.

[22] Mandado de Segurança. Função pública delegada. Ato de gestão. 1. Com prestar serviço público ou de utilidade pública, o Estado o faz ou por seus próprios órgãos, em seu nome e por sua exclusiva responsabilidade, modo centralizado, ou por outorga ou delegação, mediante transferência de sua titularidade ou execução a autarquias, fundações, empresas estatais e mesmo empresas privadas, modo descentralizado ou desconcentrado. Entre as formas de prestação descentralizada do serviço público ou de utilidade pública estão as que outorgadas as empresas estatais, gênero das quais e espécie a sociedade de economia mista. Na medida em que exercem função delegada, podem os dirigentes de entidades da administração indireta ser consideradas autoridades e assim tidas como coatoras, a ensejar mandado de segurança contra seus atos. 2. Mas nem todos os atos por eles cometidos se submetem ao controle extraordinário; necessário que o sejam "no exercício de atribuições do poder público" (cf, art. 5, LXIX) e no que "entender" com a função delegada (Lei nº 1.533/1951, art. 1º, § 1º). A prática de ato de gestão estranho à delegação e dela distanciado, não é considerado como desempenho da função pública, não ensejando mandado de segurança. Apelo não provido. (Apelação Cível nº 599428505, Primeira Câmara Especial Cível, Tribunal de Justiça do RS, Rel. Des. Genaro José Baroni Borges) Tabelionato. Delegação de serviço público e não autarquia. Na delegação do serviço público, ocorre o transpasse da execução do serviço a particulares, enquanto que na autarquia, ocorre a criação de entidade pública para quem o estado transfere a titularidade do serviço. A execução dos serviços notariais, após o advento da nova Constituição, realizam-se por delegação a pessoa física do tabelião, não se constituindo o tabelionato em pessoa jurídica de Direito Privado ou ente autárquico. Apelação Improvida. (Apelação Cível nº 197000946; Terceira Câmara Cível; Tribunal de Alçada do RS; Rel: Des. Gaspar Marques Batista)

[23] Aqui observa-se na prática uma série de controvérsias em relação aos limites territoriais dos interesses, como o caso da região metropolitana, que vem ocasionando uma série de disputas judiciais entre Municípios e Estados.

10. Princípios

Apesar de cada atividade possuir princípios próprios, existem aspectos genéricos que constituem os princípios regedores dos serviços públicos.

Alguns autores conceituam serviços públicos não pelo fato de eles serem atividades exclusiva do Estado. Este pode delegar, mas tem a titularidade. Os princípios é que caracterizam a atividade como serviço público, bastando, portanto, a sujeição aos princípios para a atividade ser considerada serviço público.

Táxi é serviço público? Não, porque, mesmo estando sujeito a uma autorização estatal (autorização não é delegação), a uma tarifa, bem como à cor ou se o mesmo vai ter propaganda, tudo quem decide é o Poder Público. Então, há uma enorme ingerência estatal com relação aos táxis, mas não é serviço público, visto que não está sujeito aos princípios dos serviços públicos.

10.1. Princípio da Generalidade

Possui tal princípio duplo aspecto, por um lado, busca fazer com que o serviço público seja prestado com a maior amplitude possível, devendo beneficiar o maior número de pessoas. Devem, assim, os serviços públicos ser prestados a todos que deles necessitem, indistintamente. Segundo afirma Diogo de Figueiredo Morreira Neto[24], sua manutenção não se constitui num favor, mas num dever legal, daí poderem ser exigidos tanto de quem tenha a competência para instituí-los quanto de quem os execute. Diz o autor que tal foi acolhido expressamente na Lei nº 8.078/1990 (CDC), afirmando o direito do usuário (art. 6º, X). Assim a violação deste princípio caracteriza favorecimento, privilégios, discriminações que deverão ser prontamente corrigidos, sem prejuízo das perdas e danos a que derem causa.

Por outro lado, são eles prestados sem discriminação entre os beneficiários, quando tenham estes as mesmas condições técnicas e jurídicas para a fluição.

Um exemplo significativo seria os serviços dos Correios, serviço postal. Em uma carta remetida no Rio Grande do Sul com destino ao estado do Pará, por exemplo, paga-se o mesmo valor de uma correspondência do Estado do Rio de Janeiro para o estado do Espírito Santo, ou seja, a generalidade deve abranger a totalidade da população e a totalidade do território, a custos módicos.

10.2. Princípio da Continuidade

Não devem os serviços públicos sofre interrupções, sua prestação há de ser contínua para evitar o colapso nas múltiplas atividades particulares. José dos Santos Carvalho Filho[25] afirma que a continuidade deve estimular o Estado ao aperfeiçoamento e à extensão do serviço, recorrendo, quando necessário, às modernas tecnologias, adequadas à adaptação da atividade às novas exigências sociais[26].

Desse modo, para que o interesse coletivo esteja perfeitamente atendido, o serviço deve ser permanente,

---

[24] *Curso de direito administrativo.* 17ª ed. Rio de Janeiro: Forense, 2005, p. 417.

[25] CARVALHO FILHO, José dos Santos. *Manual de direitos administrativo.* 17ª ed. Rio de Janeiro: Lumen Juris, 2007, p. 264.

[26] Jurisprudência: Agravo. Corte de energia elétrica. Aplicação do Código de Defesa do Consumidor. A energia elétrica e bem essencial a todos, constituindo serviço público indispensável, que a privatização não desnatura, subordinado ao princípio da continuidade de sua prestação (art. 22 do CDC), por isso que impossível sua interrupção, até por sua característica nitidamente monopolista. Agravo Desprovido. (Agravo de Instrumento nº 70003239464; Vigésima Primeira Câmara Cível; Tribunal de Justiça do RS, Rel. Des. Genaro José Baroni Borges) Agravo de Instrumento. Ação cautelar inominada. Portaria nº 012/201 do DPM. Aplicabilidade. Segurança pública. Delegados de Polícia. Em decorrência das normas constitucionais que regulam a espécie, do interesse público que envolve a matéria e pelo princípio da continuidade e não interrupção dos serviços públicos, a atividade policial deve ser prestada com eficiência, devendo o serviço policial ser contínuo, de modo que o povo não pode ser prejudicado e nem pagar por eventuais falhas estruturais dos órgãos da segurança pública. Agravo Improvido. (Agravo de Instrumento nº 70003798915; Primeira Câmara Especial Cível; Tribunal de Justiça do RS; Rel. Des. Adão Sérgio do Nascimento Cassiano) Agravo. Corte de energia elétrica. Aplicação do Código de Defesa do Consumidor. A energia elétrica é bem essencial a todos, constituindo serviço público indispensável, que a privatização não desnatura, subordinado ao princípio da continuidade de sua prestação (art. 22 do CDC), por isso que impossível sua interrupção, até por sua característica nitidamente monopolista. Agravo Desprovido. (Agravo de Instrumento nº 70003239464, Vigésima Primeira Câmara Cível, Tribunal de Justiça do RS, Rel. Des. Genaro José Baroni Borges) Apelação Cível. Serviço público de telefonia. Interrupção dos serviços. CDC. Princípio da continuidade. Novação. CDC. Aplicável, ao caso, o CDC. Os serviços prestados pela apelante sujeitos ao princípio da continuidade. Novação. Não implica novação a mera prorrogação no vencimento de obrigação, por liberalidade do fornecedor de serviços. Interrupção dos serviços. Comprovada a quitação, pelo consumidor, da obrigação por ele assumida, afastada esta a hipótese de suspensão dos serviços pela demandada, prestadora de serviço público de telefonia. Negaram provimento. (Apelação Cível nº 70003044120; Décima Oitava Câmara Cível; Tribunal de Justiça do RS; Rel. Des. Rosa Terezinha Silva Rodrigues) Apelação Cível. Ação anulatória de decisão administrativa determinadora do desligamento de energia elétrica. CEEE. Ação cautelar. Inadimplência relativa a uma unidade de consumo e corte de energia elétrica em outro utilizado como residência do consumidor. Impossibilidade. Ilegalidade. 1. Preliminar. Inépcia da inicial por ausência do valor das causas. Valores de alçada que foram

mantido a qualquer transe, embora não necessariamente ininterrupto; nenhum problema, nem interesse individual ou consideração conjuntural justificam sua paralisação, pois a comunidade depende dele.

Na verdade, este princípio é derivado do dever que a Administração tem na continuidade no desempenho de sua ação. Decorre da obrigatoriedade do desempenho da atividade administrativa.

Discute-se se a continuidade é traço do serviço público diverso da regularidade. Regularidade é a qualidade do que é regular, conforme a regra, ajustado, ou, no caso, que o serviço público se execute, segundo as disposições gerais e especiais que o regulam. Ora, se o serviço público funcionasse irregularmente, não se amoldando a regime técnico-jurídico preestabelecido, as necessidades públicas não se cumpririam. Serviço regular, pois, não é o mesmo que serviço contínuo.

Sabe-se que a Administração visa a atingir uma série de objetivos. Para isso, é curadora de determinados interesses que a lei define como público. Logo, seu prosseguimento é obrigatório. Por isso, que, se o concessionário de serviço público deixar de prestar o serviço, a Administração tem que ocupar o seu lugar provisória ou definitivamente.

Este princípio traz outras consequências como a proibição de greve nos serviços públicos, antes se entendia como algo absoluto, hoje, porém, com a atual Constituição Federal (art. 37, VII) está considerada abrandada. Além da necessidade de criação de institutos como a suplência, a delegação e a substituição.

Quanto à restrição ao direito de greve, a lei enumera os serviços essenciais que não podem parar, como, por exemplo, saúde, transporte coletivo. Ainda que não funcionem na sua totalidade, porém, parte do serviço deve funcionar. Na última greve de transporte coletivo, no Rio de Janeiro, não foi obedecida a essencialidade do serviço e a matéria foi remetida ao Tribunal Regional do Trabalho para analisar a infração. E, afinal, o sindicato responsável pela paralisação foi condenado a uma multa altíssima.

Do mesmo modo que o serviço público deve ser prestado de forma contínua, regular e eficiente, cabe ressaltar que se pode exigir do usuário a mesma continuidade no tocante à respectiva remuneração[27].

Com relação aos contratos administrativos, Toshio Mukai[28] bem lembra que a questão mais relevante que surgiu, em relação à aplicação do princípio da continuidade dos serviços públicos, foi a da inicial tese da ininvocabilidade da *exceptio non adimpleti contractus* contra a Administração, tendo em vista o mencionado princípio.

Sabe-se, com efeito, que inicialmente a doutrina administrativa entendeu que era vedado aplicar a teoria da *exceptio* contra a Administração Pública, no caso, em virtude do princípio da continuidade do serviço público. Contudo, posteriormente, e modernamente a doutrina tem entendido que, em relação àqueles contratos relativos às atividades-meio da Administração, é possível se invocar a *exceptio*, pois, aí, não está em jogo o serviço público.

Mas, ainda hoje, alguns autores afirmam a ininvocabilidade da *exceptio* contra a Administração. Mesmo

estabelecidos à guiza de emenda da inicial e acolhidos jurisdicionalmente. Ausência de legalidade e razoabilidade decisional para extinguir o processado sem julgamento de mérito. Preliminar rejeitada. 2. Mérito. Mostra-se ilegal, injusto e irrazoável o procedimento da fornecedora de energia elétrica (CEEE), através do seu preposto, em cortar o fornecimento de energia em propriedade do impetrante que está rigorosamente em dia com o pagamento desse fornecimento, procedimento esse que fere direito líquido e certo do impetrante e consumidor, só se justificando dito corte em propriedade que está em débito para com a fornecedora de energia. A energia é, atualmente, um bem essencial à população, constituindo-se serviço público indispensável subordinado ao princípio da continuidade de sua prestação, pelo que se torna impossível a sua interrupção. Os arts. 22 e 42, do Código de Defesa do Consumidor, aplicam-se as empresas concessionárias de serviço público. O corte de energia como forma de compelir o usuário ao pagamento de tarifa ou multa, extrapola os limites da legalidade. Não há de se prestigiar atuação da justiça privada no Brasil, especialmente, quando exercida por credor econômica e financeira mais forte, em largas proporções, do que o devedor. Afronta, se assim fosse admitido, aos princípios constitucionais da inocência presumida e da ampla defesa. O direito do cidadão de se utilizar dos serviços públicos essenciais para a sua vida em sociedade deve ser interpretado com vistas a beneficiar a quem deles se utiliza. Preliminar afastada. Recurso improvido (fls.15) (Apelação Cível nº 70001607464; Primeira Câmara Cível; Tribunal de Justiça do RS; Rel. Des. Carlos Roberto Lofego Canibal)

[27] Serviços público telefonia. Inadimplência do usuário. Possibilidade de supressão unilateral pela prestadora. Ordem liminar. Não é incisiva a tese segundo a qual o usuário, mesmo inadimplente, deve merecer a continuidade do serviço de telefonia. Assim, não se recomenda, salvo prova escorreita, a sugerir o contrário, que a questão seja solucionada através de medida liminar *erga omnes*, sem situar eventuais inadimplentes para quem, pela sua própria natureza, seja vital o serviço de telefonia. (TJ.MJ. Ag. nº 197.457-5/04. Agravante: Telemar, Agravados: Ministério Público do estado de Minas Gerais; procurador de Justiça da Primeira Vara da Comarca de Leopoldina; Rel.: Des. Lúcio Urbano)

[28] O princípio da continuidade do serviço público. *Boletim de licitações e contratos*. São Paulo: NDJ, 2004, v. 2, p. 71.

esses são unânimes em afirmar a possibilidade da sua invocação contra o Poder Público, quando o particular contratado esteja na contingência de ter que financiar a obra, o serviço ou o fornecimento por longo tempo.

Foi, por esse motivo, que o legislador, na Lei nº 8.666/1993, contemplou, na parte final do inciso XV, do art. 78, a *exceptio non adimpleti contractus*, afastando definitivamente, nos contratos administrativos-meio, qualquer invocação do princípio da continuidade dos serviços públicos.

Um funcionário do Detran, que havia pedido sua exoneração, continuava assinando os documentos do exercício de sua função. A Administração recebeu a notícia-crime de que o funcionário estava assinando indevidamente documentos. Na realidade, porém, não houve qualquer atitude criminosa por parte do funcionário, em função da exoneração, pois, enquanto o cargo não for preenchido, o serviço flui normalmente, ou seja, o funcionário continua a exercer a função para não haver a quebra da continuidade no serviço.

10.3. Princípio da Eficiência

O serviço público deve ser prestado, com a maior eficiência possível. Deve a execução ser mais proveitosa, com menos dispêndio. A própria Constituição vem trazendo em seu art. 175, parágrafo único, IV, tal princípio, bem como o art. 37 que, após a Emenda Constitucional nº 19/1998, incluiu o princípio da eficiência entre os postulados principiológicos que devem guiar os objetivos administrativos[29].

Devem os serviços públicos, então, ser prestados com o melhor atendimento possível das finalidades expostas em lei, e sempre com a melhor qualidade possível.

Diogo Figueiredo Moreira Neto[30] dita que esta qualidade para ser atingida deve ser precedida de parâmetros legais, para que desse modo sua satisfação possa ser aferida. Isso porque o conceito jurídico de eficiência jamais poderá ser subjetivo, de outro modo chegar-se-ia ao arbítrio na atividade de controle.

Por fim, o princípio da eficiência exige a atualização do serviço.

10.4. Princípio da Modicidade

Significa que os serviços públicos devem ser remunerados a preços módicos, devendo o Poder Público avaliar o poder aquisitivo do usuário para que, por dificuldades financeiras, não seja ele alijado do universo de beneficiários do serviço.

De certa forma, a modicidade é um corolário da generalidade, pois por sua observância proporciona o amplo acesso de todos que deles tenham necessidade. Daí, podemos dizer que deve também o usuário suportar os ônus dele advindos, salvo nas hipóteses de graves distorções econômicas, o custo dos serviços públicos não devem recair sobre toda a sociedade.

Sérgio de Andréa Ferreira[31] afirma que tal princípio:

> traduz a noção de que o lucro, meta da atividade econômica capitalista, não é objetivo da função administrativa, devendo o eventual resultado econômico positivo decorrer da boa gestão dos serviços, sendo certo que alguns deles, por seu turno, têm de ser, por fatores diversos, essencialmente deficitários, ou, até mesmo gratuitos.

Para disciplinar a política tarifária dos serviços públicos (art. 175, III, da CF), estabelece-se para os contratos de concessão e para as permissões de serviços públicos, regras uniformes e de observância obrigatória que garantam um lucro módico, previamente fixado em termos percentuais, após a cobertura do curso do serviço, a depreciação dos equipamentos e o melhoramento dos serviços, compreendido, é claro, o custo da sua manutenção adequada (art. 175, IV, da CF).

---

[29] Apelação Cível. Revogação de processo licitatório em razão de pleito eleitoral estadual. Ato administrativo desvinculado do interesse público. Ilegalidade. Não é dado vislumbrar interesse público a ensejar revogação de processo licitatório, alegação de que, em virtude de resultado eleitoral, novos dirigentes assumiram os órgãos da Administração. Decididamente, tal razão não atende ao princípio da finalidade que deve permear a atividade administrativa. Ao contrário, dele delira, sobrepondo-se ao interesse individual, o interesse público e permanente; e ele, não a vontade do administrador, que domina e há de dominar todas as formas de Administração. Por isso desimporta, salvo em Estados totalitários, quem seja o administrador, que domina e há de dominar todas as formas de Administração. Por isso, desimporta salvo em estados totalitários, quem seja o administrador, ou a que facção política pertença. Não deixa de preocupar, em pleno século XXI, ver que a Administração Pública brasileira ainda se rege por padrões tão apequenados. Sem ter a perspectiva olímpica do que seja do que seja serviço público, apega-se a questões menores que comprometem a sua continuidade e sua eficiência. A míngua de uma burocracia profissional, independente e permanente, a Administração Pública brasileira vai aos soluços, ao sabor do dirigente de ocasião. Por maioria, deram provimento. (10 fls). (Apelação Cível nº 70002424646; Vigésima Primeira Câmara Cível; Tribunal de Justiça do RS; Rel.: Des. Genaro José Baroni Borges)

[30] *Curso de direito administrativo.* 15ª ed., Rio de Janeiro: Forense, 2006, p. 418.

[31] CARVALHO FILHO,José dos Santos. *Manual de direitos administrativo.* 17ª ed. Rio de Janeiro: Lumen Juris, 2007, p. 267.

Diogo Figueiredo Moreira Neto[32], afirma que

> caso o serviço público seja prestado diretamente pelo Estado, a modicidade deverá se dar na forma de taxa, que constitue a modalidade tributária específica para remunerá-los. Embora a modalidade de serviço público de prestação direta não leve à produção de lucros, a serem distribuídos como dividendos, ela deverá apresentar sempre que possível, alguma lucratividade, não só para evitar que o custo dos serviços recaia sobre quem não os utiliza, possibilitando a autossuficiência da organização que os presta, como para dar condições de garantir-se sua expansão e aperfeiçoamento autossustentados e sem prejuízo da prestação de outros serviços públicos, tanto ou mais essenciais.

Atualmente, tem-se falado em razoabilidade da tarifa, que se confunde, um pouco, com o conceito de modicidade. Modicidade, contudo, é no sentido de barato, acessível à maioria da população. Então, uma tarifa pode realmente ser cara, mas ser razoável em função dos investimentos efetuados, basta supormos um lugar sem telefonia nenhuma. Em uma situação como essa, a modicidade iria prejudicar ou atrasar bastante a expansão da rede.

11. Remuneração

Manuel Maria Diez[33] afirma que a remuneração está diretamente ligada à prestação do serviços, que significa

> uma atividade pessoal que um sujeito deve efetuar em benefício de outro sujeito a quem se proporciona uma utilidade concreta e em virtude de uma relação jurídica de natureza obrigatória entre as duas partes.

Ocorre que, na prestação do serviço público, muitas vezes, o Poder Público não recebe o correspectivo pecuniário, o que nos leva a crer que o serviço pode ser gratuito ou remunerado. Os primeiros têm cunho social e devem considerar fatores singulares de indivíduos ou de comunidades. São remunerados os serviços que os indivíduos possuem obrigações pecuniárias como contraprestação do serviço. A remuneração pode se dar por duas formas. A primeira seria pela taxa, que é uma espécie de tributo previsto para esse fim (art. 145, II, CF/1988). Quando o serviço for obrigatório, ou seja, imposto aos administrados, será ele remunerado por taxa.

José dos Santos Carvalho Filho[34] afirma que:

> A remuneração é devida ainda que o usuário não utilize o serviço; basta, como registra a Constituição, que o serviço seja posto à sua disposição. Como é imposto em caráter obrigatório, domina o entendimento da doutrina e da jurisprudência, como alguma controvérsia, no sentido de que esse tipo de serviço não pode ser objeto de suspensão por parte do prestador, até mesmo porque tem ele a possibilidade de valer-se das ações judiciais adequadas, inclusive e principalmente a execução fiscal contra o usuário inadimplente.

A segunda forma de remuneração se dá pela tarifa. Os serviços facultativos são remunerados por ela, que é caracterizada como preço público. O pagamento neste caso, se dá pela efetiva utilização do serviço, e dele poderá o particular não mais se utilizar se o quiser. Tais serviços podem ser suspensos pelo prestador se o usuário não cumprir seu dever de remunerar a prestação, contudo, quitado seu débito o usuário tem seu direito de volta, ou seja, a nova fruição do serviço[35].

12. Usuários

Os usuários possuem direitos e deveres. O direito fundamental é o recebimento do serviço, desde que aparelhado devidamente para tanto. Tal direito substantivo é protegido pela via judicial. Além do direito ao serviço, a doutrina reconhece ainda o direito à indenização no caso de ser mal prestado ou interrompido seu fornecimento, provocando prejuízo ao particular. Tal proteção foi levada a preceito constitucional. O art. 37, § 6º, da CF/1988, prevê criação de lei para disciplinar as reclamações relativas à prestação de serviços públicos. A lei é, sem dúvida, necessária.

Alguns serviços não exigem propriamente qualquer dever da parte dos administrados. O Poder Público os executa sem ônus de qualquer natureza para os destinatários. Outros, porém, não dispensam o preenchimento, pelo particular, de determinados requisitos para o rece-

[32] *Curso de direito administrativo.* 14ª ed. Rio de Janeiro: Forense, 2004, p. 420.

[33] DIEZ, Manuel Maria. *Manual de derecho administrativo.* Buenos Aires, 2005, t. II, p. 17.

[34] CARVALHO FILHO, José dos Santos. *Manual de direitos administrativo.* 17ª ed. Rio de Janeiro: Lumen Juris, 2007, p. 264.

[35] Administrativo. Contrato de concessão de serviço público de transporte coletivo. Tarifa. *Plus* tarifário. Amortização de bens. Parcela inerente à tarifa. A tarifa no contrato de concessão de serviço público, a par da remuneração do concessionário, compreende os custos e a amortização dos bens indispensáveis a execução do serviço e que serão objeto da reversão ao final do contrato. Assim, o chamado *plus* tarifário previsto na lei municipal, destinado à renovação da frota do transporte coletivo, nada mais é que simples parcela inerente à tarifa, não tendo, portanto, caráter tributário. Recurso provido. Voto vencido. (Reexame necessário nº 598219723; Segunda Câmara Cível; Tribunal de Justiça do RS; Rel. Des. Maria Isabel de Azevedo Souza)

bimento do serviço, ou para não ser interrompida a sua prestação. José dos Santos Carvalho Filho[36] dispõe que os deveres do administrado são de três ordens: a administrativa, concernente aos dados a serem apresentados pelo interessado junto à Administração; técnica, relativa às condições técnicas necessárias para a Administração prestar o serviço; e pecuniárias, no que diz respeito à remuneração do serviço.

13. Execução do Serviço

A titularidade dos serviços públicos pertence ao Estado, porém muitas vezes este busca, além de seu interesse, o anseio da coletividade, dividindo, portanto, a execução de tais serviços com particulares. Assim, uma vez possível a parceria, podem os serviços serem prestados na forma direta ou indireta.

A execução direta é aquele em que o próprio Estado presta o serviço. Acumula, portanto, a situação de titular e prestador do serviço. Por exemplo, no Rio de Janeiro, os serviços de saúde são prestados de forma centralizada, a Secretaria de Saúde é quem presta o serviço.

Há execução indireta quando os serviços são prestados por entidades diversas da pessoa federativa. Apesar de transferir a outros a prestação do serviço, o Estado continua com o dever de controlar e regulamentar tais serviços. A transferência da execução de atividade estatal a outros, integrante ou não da Administração, se denomina descentralização, que pode ser territorial, que encerra a transferência de funções de um ente federativo a outro, ou também do poder central à coletividade local, ou institucional que representa a transferência do serviço do poder central à pessoa jurídica própria, de caráter administrativo, nunca de cunho político. Tal delegação pode ser legal, ou seja, feita formalizada por lei (art. 37, XIX, da CF/1988) ou negocial, porque sua instituição se efetiva por intermédio de negócios jurídicos regrados basicamente pelo Direito Público – concessão e permissão do serviço público.

Hoje, para que o Estado se adapte à modernização ocorrida nos últimos anos, já que suas antigas fórmulas vêm indicando que o Estado, com o perfil que vinha adotando está desatualizado, criou novas formas de prestação dos serviços públicos, quais sejam, a privatização, a gestão associada e o regime de parceria, entre outros que passaremos a averiguar.

13.1. Descentralização[37]

Descentralização é o fato administrativo que traduz a transferência da execução de atividade estatal a determinada pessoa, integrante ou não da Administração[38].

---

[36] CARVALHO FILHO, José dos Santos. *Manual de direitos administrativo*. 17ª ed. Rio de Janeiro: Lumen Juris, 2007, p. 270.

[37] Emenda: Taxa de água e esgoto. É uma taxa típica, como a apontada pela generalidade dos mestres de direito financeiro e direito tributário; assim, sua majoração depende de lei. Delegações legislativas admitem-se em matéria econômica (tabelamento de preços etc.), não em matéria tributária. A possibilidade de delegações legislativas na órbita tributária está excluída não só pela regra contida no art. 36, § 2º da Constituição, mas de modo especial e enfático pelo § 34 do art. 141, o qual, no tocante aos tributos (impostos, contribuições e taxas), dispõe que nenhum será exigido ou aumentado sem que a lei o estabeleça e nenhum será cobrado em cada exercício sem prévia autorização orcamentária, ressalvados apenas o imposto por motivo de guerra e a tarifa aduaneira. Nem houve, no caso, delegação ao poder executivo, pois o Decreto-lei estadual nº 1.413 de 13/07/1946, invocado pelo recorrido, e anterior à Constituição de 1946 e da competência ao chefe do Governo, mas isso a um tempo em que o chefe do Governo acumulava as funções executivas e legislativas. Diferença entre taxas e preços contratuais de serviços públicos (tarifas). O problema não se modifica por se tratar de uma autarquia, porque, ao constituí-la, o Estado personificou esse orgão da Administração local, houve uma descentralização, mas com isso não se alienou o caráter público do serviço; trata-se de órgão paraestatal, a quem o Estado cede uma parte do seu *imperium*. A destinação especial, não descaracteriza os tributos; tornam-se então tributos ligados, conforme terminologia alemã. O fato de ser delegado o tributo a um serviço descentralizado, a uma autarquia, não lhe altera a natureza. Se a taxa não deixa de o ser pelo fato de só se tornar devida quando voluntariamente utilizado o serviço, força a concordar que, quando imposta por motivos de interesse público (saúde, higiene etc.), independentemente daquela utilização, o seu caráter tributário se torna indiscutível. Na taxa há um benefício especial mensurável e um interesse predominante. No preço público, o pagamento é feito por um serviço ou mercadoria do governo; em primeiro lugar, para um benefício especial do indivíduo e, secundariamente, no interesse da comunidade. Não há como equiparar a taxa de água e esgoto às chamadas taxas correspondentes à utilização de aeroporto (Decreto-lei nº 9.792 de 1946), que o Supremo Tribunal considerou preços públicos (tarifas), conforme as denomina o próprio Decreto-lei em vários dos seus preceitos. ((Recurso extraordinário; RE-54194; Rel. Min. Luis Gallotti; RTJ VOLOL-20775; Segunda Turma)

[38] Desconcentração não é descentralização. A desconcentração, que é processo eminentemente interno, significa apenas a substituição de um órgão por dois ou mais com o objetivo de melhorar e acelerar a prestação do serviço. Note-se, porém, que na desconcentração o serviço era centralizado e continuou centralizado, pois que a substituição se processou apenas internamente. Assim como os processos de descentralização e de desconcentração têm fisionomia ampliativa, pode o Estado atuar em sentido inverso, ou seja, de forma restritiva. Nessas hipóteses, surgirão a centralização e a concentração. Aquela ocorre quando o Estado retoma a execução do serviço, depois de ter transferido sua execução a outra pessoa, passando, em consequência, a prestá-lo diretamente; nesta última, dois ou mais órgãos internos são agrupados em apenas um, que passa a ter a natureza de órgão concentrador.

José dos Santos Carvalho Filho[39] afirma que em assim conceituando a descentralização, temos o serviço centralizado e o descentralizado sendo que este segundo se dividem em territorial e institucional. O autor define o primeiro como sendo a descentralização que encerra a transferência de funções de uma pessoa federativa a outra, ou também do poder central a coletividades locais. Já a segunda representa a transferência do serviço do poder central a uma pessoa jurídica própria, de caráter administrativo, nunca de cunho político.

Há duas formas básicas por meio das quais o Estado processa a descentralização: uma por meio de lei e outra pelo negócio jurídico de Direito Público.

13.1.1. Delegação Legal

Delegação legal, como o próprio nome diz, é aquela cujo processo de descentralização foi formalizado por meio de lei. A lei, como regra, ao mesmo tempo em que admite a descentralização, autoriza a criação de pessoa administrativa para executar o serviço. O mandamento hoje é de nível constitucional. Dispõe o art. 37, XIX, da CF[40].

E o inciso XX do mesmo art. 37 também exige a lei para criação de subsidiárias dessas pessoas administrativas, bem como para participarem elas de empresa privada.

Tais pessoas são integrantes da Administração Pública indireta ou descentralizada.

13.1.2. Delegação Negocial

Como veremos adiante, existe a forma de execução indireta de prestar o serviço público, qual seja, a transferência dos mesmos a particulares. Essa forma de transferência a doutrina denomina delegação negocial, que se efetiva por meio de negócios jurídicos regrados basicamente pelo Direito Público: a concessão e a permissão de serviço público. A concessão caracteriza-se como contrato administrativo, e a permissão, apesar de tradicionalmente qualificada como ato administrativo, passou a ser formalizada por contrato de adesão, como consta do art. 40 da Lei nº 8.987, de 13/2/1995, que regula ambos os institutos. Sob o aspecto material, ambas se preordenavam ao mesmo fim, mas a antiga diferença, sob o aspecto formal, desapareceu com o advento da referida lei.

14. Novas formas de prestação dos serviços públicos

Equivoca-se quem identifica, hoje, entre nós, um processo de desregulação ou de redução da atividade regulatória, estatal. Vivemos, na verdade, um processo de fortalecimento da regulação estatal, marcado pela ampliação dos campos sujeitos à forte regulação, porém num contexto de mudança dos paradigmas regulatórios. Entender estes processos demanda, antes de mais nada, alinharmos uma concepção do que seja regulação estatal.

O sentido amplo de regulação define: *a atividade estatal mediante a qual o Estado, por meio de intervenção direta ou indireta, condiciona, restringe, normatiza ou incentiva a atividade econômica de modo a preservar a sua existência, assegurar o seu equilíbrio interno ou atingir determinados objetivos públicos como a proteção de hipossuficiências ou a consagração de políticas públicas.*

Neste sentido, entende-se que o gênero regulação econômica (regulação estatal contraposta à autorregulação interna ao domínio econômico) compreende vários instrumentos e atividades com lastro no texto constitucional como a de fiscalizar, planejar, coordenar, orientar, coibir condutas nocivas, regulamentar e fomentar atividades econômicas.

Inobstante o arcabouço de instrumentos regulatórios ter, desde há muito, esta amplitude, durante muito tempo a regulação estatal se manifestava ou pela atividade normativa (regulamentação de uma série de atividades econômicas) ou pela intervenção direta no domínio econômico (com a assunção pelo Estado, diretamente ou por ente seu, da exploração de atividade econômica, em regime público ou não, sem ou – preferentemente – com a assunção monopolística). Ou seja, ou o Estado assumia a produção de bens e serviços diretamente, interditando a exploração destas atividades aos particulares, ou se limitava a regrar, normatizar, a atividade destes particulares nos demais setores da ordem econômica.

Nos últimos dez anos, por força dos processos de reorganização do papel do Estado (premido pela crise de suas fontes de financiamento e pela incapacidade de interromper os processos de abertura econômica em grande medida impulsionados pela tecnologia), verifica-se uma forte redução na intervenção direta estatal no domínio econômico.

[39] CARVALHO FILHO, José dos Santos. *Manual de direitos administrativo*. 17ª ed. Rio de Janeiro: Lumen Juris, 2007, p. 271.

[40] Art. 37, XIX da CF: "somente por lei específica poderá ser criada autarquia e autorizada a instituição de empresa pública, de sociedade de economia mista e de fundação, cabendo à lei complementar, neste último caso, definir as áreas de sua atuação" (redação da EC 1919/98).

Processos de outorga da exploração de serviços e utilidades públicas à iniciativa privada, venda de empresas estatais, supressão de monopólios ou exclusividade na exploração de atividades econômicas, extinção do regime público de exploração de algumas atividades são processos de redução ou mesmo erradicação do envolvimento direto do Estado na ordem econômica. Este processo, sobremodo amplo e difundido em vários países, importa obviamente na redução da intervenção estatal direta no domínio econômico. Não significa, porém, automática erradicação da regulação estatal.

Com efeito, paralelamente, aumenta a intervenção estatal sobre o domínio econômico não só nos setores em que o Estado se retira da exploração direta de atividade econômica, como também sobre outros setores em que a atuação regulatória estatal era tíbia. Como assevera Vital Moreira,

> a privatização e a liberalização dos sectores económicos reservados ao Estado foram em muitos casos acompanhadas de uma forte regulação pública das correspondentes actividades. O fenômeno é observável sobretudo no caso de sectores de prestação de serviços públicos (*public utilities*), mas não só[41].

O que se tem observado, então, é que o Estado tem se preocupado em adaptar-se à modernidade, ao gerenciamento eficiente de atividades e ao fenômeno da globalização econômica, que arrasta atrás de si uma série interminável de consequências de ordem política, social, econômica e administrativa.

A verdade é que, se o Estado continuasse como estava, iria quebrar. Ele vinha se desgastando e, para enfrentar as vicissitudes decorrentes da adequação aos novos modelos exigidos para a melhor execução de suas atividades, algumas providências tinham sido adotadas e outros rumos foram tomados, todos alvitrando qualificar o Estado como organismo realmente qualificado para atendimento das necessidades da coletividade. Daí o surgimento, por exemplo, da desestatização e da privatização.

14.1. Desestatização e Privatização

O primeiro grande passo para mudar o desenho do Estado como prestador de serviços foi o Programa Nacional de Desestatização, instituído pela Lei nº 8.031, de 12/04/1990. Posteriormente, essa lei foi revogada pela Lei nº 9.491, de 9/09/1997, que, embora alterando procedimentos previstos na lei anterior, manteve as linhas básicas do Programa.

Primeiramente, cabe distinguir desestatização de privatização. O termo "desestatizar" significa retirar o Estado de certo setor de atividades, ao passo que "privatizar" indica tornar algo privado, converter algo em privado. Anteriormente, a Lei nº 8.031/1990 usava o termo "privatização", mas a nova ideia proveniente do vocábulo acabou gerando interpretação desconforme ao preceito legal, entendendo algumas pessoas que significaria privatizar atividades, o que não seria verdadeiro, visto que muitas das atividades do programa continuariam e continuam a caracterizar-se como serviços públicos; a privatização, assim, não seria da atividade ou serviço, mas sim do executor da atividade ou serviço.

A Lei nº 9.491/1997, porém, passou a denominar desestatização o que a lei anterior chamava de privatização, de modo que o termo, além de se tornar compatível com o próprio nome do programa, indicou claramente que o objetivo pretendido era apenas afastar o Estado da posição de executor de certas atividades e serviços. Ampliando um pouco mais o conceito da lei anterior, dispôs a nova lei:

> *Art. 2º [...]*
> *§ 1º Considera-se desestatização:*
> *a) a alienação, pela União, de direitos que lhe assegurem, diretamente ou através de outras controladas, preponderância nas deliberações sociais e o poder de eleger a maioria dos administradores da sociedade;*
> *b) a transferência, para a iniciativa privada, da execução de serviços públicos explorados pela União, diretamente ou através de entidades controladas, bem como daqueles de sua responsabilidade*

Preleciona o inigualável Administrativista José dos Santos Carvalho Filho[42]

> é o sentido atual da desestatização: o Estado, depois de abraçar, por vários anos, a execução de muitas atividades empresariais e serviços públicos, com os quais sempre teve gastos infindáveis e pouca eficiência quanto aos resultados, resolveu imprimir nova estratégia governamental: seu afastamento e a transferência das atividades e serviços para sociedades e grupos empresariais.

No que se refere especificamente aos serviços públicos, deve ressalvar-se que o Estado não deixou de ser o titular, como já afirmamos, transferindo somente a execução em si dos serviços.

[41] MOREIRA, Vital, *Autorregulação Profissional e Administração Pública*, Coimbra: Almedina, 1997, p. 44-45.
[42] CARVALHO FILHO, José dos Santos. *Manual de direitos administrativo*. 17ª ed., Rio de Janeiro: Lumen Juris, 2007, p. 276.

Cabe lembrar que, tendo em vista este novo "Estado-regulador", o Poder Público tem criado agências autárquicas (também denominadas agências reguladoras ou agências governamentais), sob a forma de autarquias, cuja função básica reside especificamente em exercer o controle sobre tais empresas, visando a mantê-las ajustadas aos postulados fundamentais do programa e aos ditames do interesse público e prevenindo qualquer tipo de comportamento empresarial que reflita abuso de poder econômico.

15. Gestão Associada

Segundo José dos Santos Carvalho Filho[43] como o regime adotado em nossa Constituição é o federativo, que se caracteriza pelos círculos especiais de competência outorgados às entidades federativas, faz-se necessário estabelecer mecanismos de vinculação entre elas, de modo a que os serviços públicos, sejam eles privativos, sejam concorrentes, possam ser executados com maior celeridade e eficiência em prol da coletividade, em coerência com o princípio reitor de colaboração recíproca, que deve nortear o moderno federalismo de cooperação.

A Constituição, para deixar claro esse intento, previu, ao instituir a reforma administrativa do Estado (EC 19/1998), a gestão associada na prestação de serviços públicos, a ser implementada, por lei, por convênios de cooperação e consórcios públicos celebrados entre a União, os Estados, o Distrito Federal e os Municípios. Trata-se, assim de instrumentos de cooperação de atividades visando a alcançar objetivos de interesses comuns dos pactuantes.

Se determinado serviço é federal, deve a União geri-lo ou controlá-lo por si ou por Estados-membros e Municípios, se com estes melhor se tornar a operacionalização da atividade. O mesmo se passa com os serviços estaduais: se necessário for, devem eles geri-los associadamente com os Municípios. O que se pretende, em última análise, é que os cidadãos recebam os serviços públicos com melhor qualidade e com maior eficiência.

16. Regimes de Parceria

Além da associação de pessoas exclusivamente da Administração Pública, o Estado pretende modernizar-se por meio da possibilidade de executar os serviços públicos pelos regimes de parceria, caracterizados, segundo José dos Santos Carvalho Filho[44], pela aliança entre o Poder Público e entidades privadas, sempre com o objetivo de fazer chegar aos mais diversos segmentos da população os serviços de que esta necessita e que, por várias razões, não lhe são prestados.

José dos Santos Carvalho Filho[45] classifica os regimes de parceria em três grupos:

1) o regime de convênios administrativos;
2) o regime dos contratos de gestão;
3) o regime da gestão por colaboração.

16.1. Regime de Convênios Administrativos

O que caracteriza essa forma de parceria é a circunstância de ser o regime formalizado por meio de convênios administrativos. Nesses acordos, as partes associam se com o objetivo de alcançar resultados de interesses comuns.

É quase igual a gestão associada, porém, com a diferença de que aqueles são pactuados entre entidades administrativas, ao passo que estes admitem a participação de pessoas da iniciativa privada[46].

16.2. Regime dos Contratos de Gestão – as Organizações Sociais

Como necessidade de ampliar a descentralização na prestação de serviços públicos, o Governo criou o Programa Nacional de Publicização – PNP, por meio da Lei nº 9.637, de 15/05/1998, pela qual algumas atividades de caráter social, hoje exercidas por pessoas e órgãos administrativos de Direito Público, poderão ser posteriormente absorvidas por pessoas de Direito Privado, segundo consta expressamente do art. 20. A absorção implicará, naturalmente, a extinção daqueles órgãos e

[43] CARVALHO FILHO, José dos Santos. *Manual de direitos administrativo.* 17ª ed., Rio de Janeiro: Lumen Juris, 2007, p. 277.
[44] CARVALHO FILHO, José dos Santos. *Manual de direitos administrativo.* 17ª ed., Rio de Janeiro: Lumen Juris, 2007, p. 278.
[45] CARVALHO FILHO, José dos Santos. *Manual de direitos administrativo.* 17ª ed., Rio de Janeiro: Lumen Juris, 2007, p. 278.
[46] Mandado de Segurança. Convênios administrativos firmados por entidades públicas, destinados à instalação e funcionamento de escola de ensino técnico-industrial. Doação de terreno pela prefeitura municipal, passando a escola a integrar o patrimônio do Estado. Inexistência de obrigação a cargo do Estado de aceitar a participação da prefeitura municipal na manutenção da escola em causa. Ausência de prequestionamento dos §§ 2º e 3º do art. 153, da Constituição da República. Inadequada alegação de afronta ao § 3º, do art. 13, da Lei Magna. Interpretação de Direito local, ou seja, a Lei Estadual nº 3.734/1957. Aplicação da Súmula 280. Deficiente invocação de negativa de vigência ao art. 1.180 do Código Civil (Súmula 284). Recurso extraordinário não conhecido. (Recurso Extraordinário; RE-99063/SP; Rel. Min. Djaci Falcão; Segunda Turma)

pessoas e a descentralização dos serviços para a execução sob regime de parceria[47].

José dos Santos Carvalho Filho[48] firma que o termo "publicização" atribuído ao Programa é inadequado e infeliz. Primeiramente, porque parece antagonizar-se com o termo "privatização", o que, como já vimos, não é verdadeiro. Depois, porque, de fato, nenhuma atividade estará sendo "publicizada", o que ocorreria somente se fosse ela deslocada da iniciativa privada para a área governamental. No caso, é o inverso que sucede, posto que pessoas governamentais é que vão dar lugar a entidades de Direito Privado.

Para o autor, o que há na realidade é o cumprimento de mais uma etapa do processo de desestatização, pelo qual o Estado se afasta do desempenho direto da atividade, ou, se preferir, da prestação direta de alguns serviços públicos, mesmo não econômicos, delegando-a a pessoas de Direito Privado não integrantes da Administração Pública.

Diante de tal crítica, cabe salientar que as pessoas a quem incumbirá a execução do serviço em regime de parceira com o Poder Público constitui as organizações sociais, não são novas categorias de pessoas jurídicas, mas apenas uma qualificação especial, um título jurídico concedido por lei a determinadas entidades que atendam às exigências nela especificadas. As pessoas qualificadas como organizações sociais devem observar três fundamentos principais:

1) ter personalidade jurídica;
2) não podem ter fins lucrativos;
3) destinar-se ao ensino, à cultura, à saúde, à pesquisa científica, ao desenvolvimento tecnológico e à preservação do meio ambiente (art. 1º).

Uma vez qualificadas como organizações sociais, o que resultará de critério discricionário do Ministério competente para supervisionar ou regular a área de atividade correspondente ao objeto social (art. 2º, II), as entidades são declaradas como de interesse social e utilidade pública para todos os efeitos legais e podem receber recursos orçamentários e usar bens públicos necessários à consecução de seus objetivos, neste último caso por meio da permissão de uso (arts. 11 e 12). Admissível será, ainda, a cessão especial de servidor público, com ônus para o governo, vale dizer, o governo poderá ceder seus servidores para atuar nas organizações sociais com a incumbência do pagamento de seus vencimentos (art. 14).

Para habilitar-se como organização social, a lei exige em seu art. 2º o cumprimento de vários requisitos, como a definição do objeto social da entidade, sua finalidade não lucrativa, a proibição de distribuição de bens ou parcelas do patrimônio líquido e a publicação anual no *Diário Oficial da União* de relatório financeiro, entre outros. Por outro lado, devem possuir Conselho de Administração em cuja composição haja representantes do Poder Público e de entidades da sociedade civil e membros eleitos, dentre associados de associação civil e outros eleitos que tenham notória capacidade profissional e reconhecida idoneidade moral, tudo em conformidade com os percentuais fixados na lei reguladora.

Poderá a organização social sofrer desqualificação de seu título quando forem descumpridas as disposições fixadas no contrato de gestão, que aperfeiçoa a relação. Nesse caso, será necessária a instauração de processo administrativo em que se assegurem o contraditório e a ampla defesa. Definida a desqualificação, porém, os dirigentes são solidariamente responsáveis pelos danos causados ao Poder Público, impondo-se ainda a reversão dos bens usados sob permissão e a devolução dos recursos alocados à entidade, sem prejuízo de outras sanções cabíveis. Lembra José dos Santos Carvalho Filho[49] que a despeito de a lei haver empregado a expressão "poderá proceder à desqualificação", dando a falsa impressão de que se trata de conduta facultativa, o certo é que, descumpridas as normas e cláusulas a que está submetida, a Administração exercerá atividade vinculada, devendo (e não podendo) desqualificar a entidade responsável pelo descumprimento.

Devidamente qualificadas, as organizações sociais celebram com o Poder Público o que a lei denominou

[47] Mandado de Segurança. Ilegitimidade ativa do impetrante que não ostenta, individualmente, os direitos alegadamente atingidos pelos atos de autoridade que aponta, que mais se afeiçoam a caracterização como sendo direitos de interesse público, difusos ou até de terceiros. Inexistência de direito individual do impetrante supostamente atingido pelos noticiados atos dos impetrados, sequer identificavel como líquido e certo, capaz de ser amparado por mandado de segurança. Atos decorrentes de acordos de acionistas, de contratos de gestão por parceiro estratégico e de alienação de ações ordinárias do capital votante e daquelas pertencentes ao estado do Rio Grande do Sul, como acionista controlador. Extinção da ação com fulcro no inciso VI do art. 267 do CPC (16 fls.). (Mandado de Segurança nº 598130508; Tribunal Pleno; Tribunal de Justiça do RS; Rel. Des. Sérgio Pilla da Silva)

[48] CARVALHO FILHO, José dos Santos. *Manual de direitos administrativo.* 17ª ed., Rio de Janeiro: Lumen Juris, 2007, p. 279.

[49] CARVALHO FILHO, José dos Santos. *Manual de direitos administrativo.* 17ª ed., Rio de Janeiro: Lumen Juris, 2007, p. 280.

contratos de gestão, com o objetivo de formar a parceria necessária ao fomento e à execução das atividades já mencionadas. A verdade é que não existe propriamente contrato, mas sim convênio, pois embora sejam pactos bilaterais, não há a contraposição de interesses que caracteriza os contratos em geral; há, isto sim, uma cooperação entre os pactuantes, visando a objetivos de interesses comuns. Sendo paralelos e comuns os interesses perseguidos, esse tipo de negócio jurídico há de enquadrar-se melhor como convênio.

Nos "contratos" de gestão, devem ser observados os princípios da moralidade, da legalidade, da impessoalidade, da publicidade e da economicidade, afinal eles incidem sobre todas as atividades da Administração.

Diante da possibilidade de as organizações sociais receberem recursos financeiros do Poder Público, a lei exige que a este caiba exercer a fiscalização das atividades e proceder ao exame da prestação de contas das entidades (art. 8º). Qualquer irregularidade ou ilegalidade deve ser de imediato comunicada ao Tribunal de Contas, sob pena de responsabilização do agente fiscalizador. Independentemente disso, havendo malversação de bens ou recursos públicos, as autoridades incumbidas da fiscalização devem representar ao Ministério Público, à advocacia-geral da União ou à procuradoria da entidade, no sentido de que seja requerida judicialmente a decretação da indisponibilidade dos bens da entidade e o sequestro dos bens dos dirigentes, de agentes públicos e de terceiros envolvidos com o fato delituoso e possivelmente beneficiados com enriquecimento ilícito.

O que podemos observar é que tal parceria pode trazer grande auxílio ao governo, porque as organizações sociais, de um lado, têm vínculo jurídico que as deixa sob controle do Poder Público e, de outro, possuem a flexibilidade jurídica das pessoas privadas, distante dos freios burocráticos que se arrastam nos corredores dos órgãos públicos. Porém, para que dê certo, há a necessidade de fiscalização das entidades e do cumprimento de seus objetivos. Sem fiscalização, é fácil vislumbrar situações de descalabro administrativo, de desfiguração dos objetivos e, o que é pior, de crimes financeiros contra o Governo.

Por último, vale destacar que a lei é de observância obrigatória apenas para a União Federal e, portanto, incide sobre os serviços públicos federais. Mas, assim como o Governo federal concebeu essa nova forma de prestação de serviços, nada impede que Estados, Distrito Federal e Municípios editem seus próprios diplomas com vistas à maior descentralização de suas atividades, o que podem fazer adotando o modelo proposto na Lei nº 9.637/1998 ou modelo diverso, desde que, é óbvio, idênticos sejam seus objetivos.

16.3. Gestão por Colaboração (Organizações da Sociedade Civil de Interesse Público)

O terceiro regime de parceria consiste na gestão por colaboração, que envolve a colaboração de entidades da iniciativa privada, usualmente representativas dos diversos segmentos da sociedade civil, que desenvolvem ações de utilidade pública. Reconhecendo que sua atividade se preordena ao interesse coletivo, o Governo delega a tais entidades algumas tarefas que lhe são próprias, como forma de descentralização e maior otimização dos serviços prestados.

O regime da gestão por colaboração foi instituído pela Lei nº 9.790, de 23/03/1999 (regulamentada pelo Decreto nº 3.100, de 30/06/1999), que concebeu as organizações da sociedade civil de interesse público, outra modalidade de qualificação jurídica a ser atribuída a algumas pessoas de Direito Privado em virtude de ações que podem desenvolver em regime de parceria com o Poder Público. Ressalte-se, assim como o fizemos em relação às organizações sociais, que não se trata de nova categoria de pessoa jurídica, mas sim de específica qualificação jurídica de algumas pessoas jurídicas, observadas as condições estabelecidas na lei reguladora.

Para que qualquer entidade se qualifique como Oscip, deverá ser pessoa jurídica de Direito Privado, sem fins lucrativos, assim considerada aquela que não distribui, entre os seus sócios ou associados, conselheiros, diretores, empregados ou doadores, eventuais excedentes operacionais, brutos ou líquidos, dividendos, bonificações, participações ou parcelas do seu patrimônio, auferidos mediante o exercício de suas atividades, e que os aplica integralmente na consecução do respectivo objeto social.

Com o requerimento, a entidade deverá apresentar a documentação exigida de acordo com o que dispõe o art. 5º do citado diploma legal:

> *Art. 5º – Cumpridos os requisitos dos arts. 3º e 4º desta Lei, a pessoa jurídica de Direito Privado sem fins lucrativos, interessada em obter a qualificação instituída por esta Lei, deverá formular requerimento escrito ao Ministério da Justiça, instruído com cópias autenticadas dos seguintes documentos:*
> *I – estatuto registrado em cartório;*
> *II – ata de eleição de sua atual diretoria;*
> *III – balanço patrimonial e demonstração do resultado do exercício;*
> *IV – declaração de isenção do imposto de renda;*
> *V – inscrição no Cadastro Geral de Contribuintes.*

A ausência de qualquer desses documentos impede o requerimento de ser analisado pelo Ministério da Justiça.

A qualificação como Oscip é prevista no art. 2º, dispondo:

Art. 2º Não são passíveis de qualificação como Organizações da Sociedade Civil de Interesse Público, ainda que se dediquem de qualquer forma às atividades descritas no art. 3º desta Lei:
I – as sociedades comerciais;
II – os sindicatos, as associações de classe ou de representação de categoria profissional;
III – as instituições religiosas ou voltadas para a disseminação de credos, cultos, práticas e visões devocionais e confessionais;
IV – as organizações partidárias e assemelhadas, inclusive suas fundações;
V – as entidades de benefício mútuo destinadas a proporcionar bens ou serviços a um círculo restrito de associados ou sócios;
VI – as entidades e empresas que comercializam planos de saúde e assemelhados;
VII – as instituições hospitalares privadas não gratuitas e suas mantenedoras;
VIII – as escolas privadas dedicadas ao ensino formal não gratuito e suas mantenedoras;
IX – as organizações sociais;
X – as cooperativas;
XI – as fundações públicas;
XII – as fundações, sociedades civis ou associações de Direito Privado criadas por órgão público ou por fundações públicas;
XIII – as organizações creditícias que tenham quaisquer tipo de vinculação com o sistema financeiro nacional a que se refere o art. 192 da Constituição Federal.

Como se vê, é passível de dúvida para o avaliador qualificar tanto as associações de classe como as entidades de benefício mútuo destinadas a proporcionar bens ou serviços a um círculo restrito de associados ou sócios.

Dispõe o art. 3º da Lei nº 9.790/1999:

Art. 3º A qualificação instituída por esta Lei, observado em qualquer caso, o princípio da universalização dos serviços, no respectivo âmbito de atuação das Organizações, somente será conferida às pessoas jurídicas de Direito Privado, sem fins lucrativos, cujos objetivos sociais tenham pelo menos uma das seguintes finalidades:
I – promoção da assistência social;
II – promoção da cultura, defesa e conservação do patrimônio histórico e artístico;
[...];
X – promoção de direitos estabelecidos, construção de novos direitos e assessoria jurídica gratuita de interesse suplementar;
Parágrafo único. Para os fins deste artigo, a dedicação às atividades nele previstas configura-se mediante a execução direta de projetos, programas, planos de ações correlatas, por meio da doação de recursos físicos, humanos e financeiros, ou ainda pela prestação de serviços intermediários de apoio a outras organizações sem fins lucrativos e a órgãos do setor público que atuem em áreas afins.

Estabelece o art. 4º da Lei:

Art. 4º Atendido o disposto no art. 3º, exige-se ainda, para qualificarem-se como Organizações da Sociedade Civil de Interesse Público, que as pessoas jurídicas interessadas sejam regidas por estatutos cujas normas expressamente disponham sobre:
I – a observância dos princípios da legalidade, impessoalidade, moralidade, publicidade, economicidade e da eficiência;
II – a adoção de práticas de gestão administrativa, necessárias e suficientes a coibir a obtenção, de forma individual ou coletiva, de benefícios ou vantagens pessoais, em decorrência da participação no respectivo processo decisório;
III – a constituição de conselho fiscal ou órgão equivalente, dotado de competência para opinar sobre os relatórios de desempenho financeiro e contábil, e sobre as operações patrimoniais realizadas, emitindo pareceres para os organismos superiores da entidade;
IV – a previsão de que, em caso de dissolução da entidade, o respectivo patrimônio líquido será transferido a outra pessoa jurídica qualificada nos termos desta Lei, preferencialmente que tenha o mesmo objeto social da extinta;
V – a previsão de que, na hipótese de a pessoa jurídica perder a qualificação instituída por esta Lei, o respectivo acervo patrimonial disponível, adquirido com recursos públicos durante o período em que perdurou aquela qualificação, será transferido a outra pessoa jurídica qualificada nos termos desta Lei, preferencialmente que tenha o mesmo objeto social;
VI – a possibilidade de se instituir remuneração para os dirigentes da entidade que atuem efetivamente na gestão executiva e para aqueles que a ela prestam serviços específicos, respeitados, em ambos os casos, os valores praticados pelo mercado, na região correspondente a sua área de atuação;
VII – as normas de prestação de contas a serem observadas pela entidade, que determinarão, no mínimo:
a) a observância dos princípios fundamentais de contabilidade e das Normas Brasileiras de Contabilidade;
b) que se dê publicidade por qualquer meio eficaz, no encerramento do exercício fiscal, ao relatório de atividades e das demonstrações financeiras da entidade, incluindo-se as certidões negativas de débitos junto ao INSS e ao FGTS, colocando-os à disposição para exame de qualquer cidadão;
c) a realização de auditoria, inclusive por auditores externos independentes se for o caso, da aplicação dos eventuais recursos objeto do termo de parceria conforme previsto em regulamento;
d) a prestação de contas de todos os recursos e bens de origem pública recebidos pelas Organizações da Sociedade Civil de Interesse Público será feita conforme determina o parágrafo único do art. 70 da Constituição Federal.

Uma vez preenchidos os requisitos da Lei nº 9.790/1999 e reconhecida a entidade como uma Oscip, a entidade poderá firmar "Termo de Parceria" com o Poder Público, destinado à formação de vínculo de cooperação entre as partes, para o fomento e a execução das atividades de interesse público por estas desempenhadas, tendo como cláusulas essenciais:

I – a do objeto, que conterá a especificação do programa de trabalho proposto pela Organização da Sociedade Civil de Interesse Público;

II – a de estipulação das metas e dos resultados a serem atingidos e os respectivos prazos de execução ou cronograma;

III – a de previsão expressa dos critérios objetivos de avaliação de desempenho a serem utilizados, mediante indicadores de resultado;

IV – a de previsão de receitas e despesas a serem realizadas em seu cumprimento, estipulando item por item as categorias contábeis usadas pela organização e o detalhamento das remunerações e benefícios de pessoal a serem pagos, com recursos oriundos ou vinculados ao Termo de Parceria, a seus diretores, empregados e consultores;

V – a que estabelece as obrigações da Sociedade Civil de Interesse Público, entre as quais a de apresentar ao Poder Público, ao término de cada exercício, relatório sobre a execução do objeto do Termo de Parceria, contendo comparativo específico das metas propostas com os resultados alcançados, acompanhado de prestação de contas dos gastos e receitas efetivamente realizados, independente das previsões mencionadas no inciso IV;

VI – a de publicação, na imprensa oficial do Município, do Estado ou da União, conforme o alcance das atividades celebradas entre o órgão parceiro e a Organização da Sociedade Civil de Interesse Público, de extrato do Termo de Parceria e de demonstrativo da sua execução física e financeira, conforme modelo simplificado estabelecido no regulamento desta Lei, contendo os dados principais da documentação obrigatória do inciso V, sob pena de não liberação dos recursos previstos no Termo de Parceria.

Firmado o termo, a entidade deve publicar, no prazo máximo de trinta dias, regulamento próprio contendo os procedimentos que adotará para a contratação de obras e serviços, bem como para compras com emprego de recursos provenientes do poder público.

A entidade, se for de seu interesse, pode requerer a exclusão de sua qualificação como organização da sociedade civil de interesse público. Se, entretanto, deixar de preencher, posteriormente, as condições exigidas na lei, sofrerá a perda da qualificação, impondo-se, para tanto, a decisão proferida em processo administrativo, instaurado a pedido do Ministério Público ou de qualquer cidadão, em que se lhe assegure contraditório e ampla defesa. Ocorrendo malversação de bens ou recursos públicos, os agentes de fiscalização da parceria poderão requerer ao Ministério Público e à advocacia-geral da União no sentido de ser providenciada a indisponibilidade dos bens da entidade e o sequestro de bens dos dirigentes e de terceiros beneficiados pela ilegalidade, que se tenham enriquecido ilicitamente à custa do erário público.

José dos Santos Carvalho Filho[50] firma que tais preceitos demonstram que o regime de parceria previsto na Lei nº 9.790/1999 implica sérias responsabilidades às entidades qualificadas como organizações da sociedade civil de interesse público, e isso pela circunstância de que, mesmo tendo personalidade jurídica de Direito Privado e pertencendo ao segmento da sociedade civil, passam a executar serviços públicos em regime formalizado por instrumento próprio, o termo de parceria, devendo, por conseguinte, respeitar as obrigações pactuadas e, o que é mais importante, direcionar-se primordialmente ao interesse público, visto que no exercício dessas atividades a organização desempenha função delegada do Poder Público.

Por fim, podemos dizer que os regimes de parcerias são semelhantes, ensejadores das organizações sociais e das organizações da sociedade civil de interesse público. O núcleo central de ambos é a parceria Estado/entidade privada na busca de objetivos de interesses comuns e benéficos à coletividade. Logicamente, existem pontos específicos que distinguem os regimes. Um deles é a participação de agentes do Poder Público na estrutura da entidade: enquanto é ela exigida nos Conselhos de Administração das organizações sociais, não há esse tipo de ingerência nas organizações da sociedade civil de interesse público. Outro aspecto é a formalização da parceria: com aquelas entidades é celebrado contrato de gestão, ao passo que, com estas, é firmado termo de parceria. Enfim, nota-se que as linhas da disciplina jurídica das organizações sociais colocam-nas um pouco mais atreladas ao Poder Público do que as organizações da sociedade civil de interesse público. Ambas, porém, retratam novas formas de prestação de serviços públicos.

[50] CARVALHO FILHO, José dos Santos. *Manual de direitos administrativo.* 17ª ed., Rio de Janeiro: Lumen Juris, 2007, p. 284.

Capítulo 3

Concessão e Permissão de Serviço Público

1. A justificativa da origem da concessão e permissão de serviço público a particulares pelo poder público

A origem dos institutos da concessão e permissão do serviço público está associada à crise do capitalismo liberal e à consequente crise financeira do Estado, momento histórico em que a suposta inesgotabilidade dos recursos públicos passou a ser questionada, diante da ineficiência que se estampou, direta ou indiretamente, perante os deveres do Estado como prestador de serviços públicos.

Estes fatos, à época, levaram o Poder Público a buscar novas formas de recursos para manter a prestação de seus serviços, e a delegação contratual de serviços a particulares foi a primeira medida adotada como forma de sanear a citada crise.

Devemos inclusive registrar que o surgimento da concessão e permissão surgiu antes mesmo de se inaugurar o modelo de flexibilização da estrutura interna da Administração Pública, que gerou a criação das hoje denominadas estatais, iniciando-se com a criação das sociedades de economia mista e se seguindo com a das empresas públicas.

Daí a doutrina se referir à concessão e permissão do serviço público como formas antigas, porém renovadas e atuais, e modernamente utilizadas para solucionar crises financeiras no âmbito da competência do Poder Público, que ensejam a transferência de serviço público a particulares.

2. O Atual Fundamento Constitucional da Concessão e Permissão

A Constituição Federal de 1988 faz alusão em diversos de seus dispositivos, ainda que genericamente, à aplicação dos institutos da concessão e permissão de serviço público, sendo mais específica em seu art. 175, parágrafo único e respectivos incisos que trazemos para leitura com alguns grifos:

> *Art. 175. Incumbe ao Poder Público, na forma da lei, diretamente ou sob regime de concessão ou permissão, sempre por meio de licitação, a prestação de serviços públicos.*
> *Parágrafo único. A lei disporá sobre:*
> *I – o regime das empresas concessionárias e permissionárias de serviços públicos, o caráter especial de seu contrato e de sua prorrogação, bem como as condições de caducidade, fiscalização e rescisão da concessão e permissão.*
> *II – os direitos dos usuários*
> *III – política tarifária*
> *IV – a obrigação de manter serviço adequado.*

Por conseguinte, tanto o Estado, diretamente, quanto as empresas da esfera privada, ou mesmo o particular, pessoa física, por meio de delegação contratual, passam a ser potencialmente prestadores de serviço público.

Vale dizer que esta relação contratual da qual resulta a concessão ou a permissão vai gerar direitos e obrigações aos atores envolvidos nesta relação, quais sejam: Poder Público, o Concessionário ou permissionário e o beneficiário do serviço, que mediata ou imediatamente, é a população. Trata-se de uma relação trilateral que será melhor analisada oportunamente.

Sobreleva ainda notar que, não obstante a existência desta competência legal para a prestação de serviço público, que é atribuída aos concessionários ou permissionários, sejam eles pessoas físicas ou jurídicas, estas pessoas não passam a fazer parte da organização administrativa do Estado, tampouco se tornam seus órgãos.

É o que se denomina doutrinariamente de exercício privado de função ou de serviço público transferido da pessoa pública para a pessoa privada, e que faz surgir, consequentemente, a criação do direito ao exercício da função correspondente ao Poder Público concedente.

3. Conveniência da Concessão e Permissão como Forma de Prestação Alternativa de Serviço Público

A utilização da concessão e permissão, que encontra previsão legal no direito brasileiro, como forma alternativa de prestação de serviço público, conforme dito anteriormente, não surgiu de forma aleatória, mas sim em razão de fatos reais que demandaram a busca de novas modalidades desta prestação.

Esta previsão legal não obsta, contudo, que a justificativa da conveniência do Poder Público para se valer dos institutos da concessão e permissão, delegando atividades que originariamente são de sua competência a particulares, deva ser publicada e preceda até mesmo o edital de licitação.

O preceito legal que dispõe sobre a publicação do ato justificando a conveniência do Poder Público na outorga da concessão e permissão, assim como seu objeto, área e prazo estão descritos, atualmente, na Lei Federal nº 8.987/1995, que em seu art. 5º preceitua:

Art. 5º O poder concedente publicará, previamente ao edital de licitação, ato justificando a conveniência da outorga de concessão ou permissão, caracterizando seu objeto, área e prazo.

Esse artigo, por seu turno, guarda conformidade com o dispositivo constitucional precitado que é o art. 175, que dispõe expressamente que o serviço público pode ser prestado direta ou indiretamente, referindo-se este à forma indireta de prestação.

Trataremos nessa sequência, isoladamente, das hipóteses que justificam a outorga pelo Estado da concessão e permissão como forma alternativa de prestação de serviço público.

4. Carência do estado de recursos próprios para prestar o serviço público de forma adequada e a obrigatoriedade constitucional de ser eficiente nesta prestação

Um dos fatos que ultimamente tem justificado a utilização da concessão e permissão diz respeito à necessidade de o Estado se valer de investimentos da iniciativa privada para modernizar a prestação de seus serviços, posto que, dado o desgaste de seus recursos próprios, muitas vezes isto acarreta na carência ou ineficiência desta prestação em determinadas modalidades de serviço público.

Importa também salientar que por meio da Emenda nº 19/1998, o legislador constituinte derivado introduziu no texto do art. 37 da Constituição Federal, no rol dos princípios da Administração Pública, o princípio da eficiência.

Esse princípio, por si só, já passou a obrigar o Poder Público, em tese, a se equiparar à iniciativa privada no que toca à eficiência como característica para a prestação de suas atividades, não obstante o desgaste de recursos públicos que já demandava a ajuda financeira.

No entanto, a partir do momento em que o Estado se obriga, por meio de mandamento constitucional, a ser eficiente na prestação de suas atividades públicas, eis que insurge um grande impasse: como ser eficiente, comparando-se a toda organização e estrutura moderna e sempre renovadora da iniciativa privada, quando não se dispõe de recursos suficientes para manter esse mesmo padrão?

Conforme já registrado inicialmente, a incapacidade atribuída à Administração Pública para manter a prestação de seus serviços diretamente não é recente na história, tendo já se insurgido à época do liberalismo e reiterado sua existência em décadas recentes, ainda que não se tenha mantido uma constante nos motivos que deflagraram esta incapacidade.

No que tange à época atual, sobretudo com a mencionada inclusão do princípio da eficiência no *caput* do art. 37 da Constituição Federal, viu-se o Estado diante da necessidade da pronta e eficiente prestação de seus serviços, de novos investimentos que o modernize periodicamente, material e humanamente, e o equipare aos moldes das empresas particulares.

5. Bens e recursos da iniciativa privada: a solução encontrada pelo estado para a prestação eficiente do serviço público

Com efeito, ele passa a buscar na iniciativa privada a solução para esta demanda, tal qual o fez à época da crise do liberalismo, valendo-se comumente dos institutos da concessão e permissão, ou seja, passa a delegar ao particular a prestação de um serviço público por meio de um contrato.

Registramos, porém, a inegável existência, atualmente, de outros institutos de que a Administração Pública pode se valer na prestação indireta ou associada do serviço público, por meio da gestão associada e dos regimes de parceria, que compreendem os convênios administrativos, os contratos de gestão e a gestão por colaboração.

Sendo assim, este apelo lançado à iniciativa privada para a execução destes serviços de natureza pública, associando-se os interesses público e privado, desencadeia na prestação alternativa de serviço público, mediante remuneração a ser paga por meio do usuário do serviço por meio de tarifa.

6. Pública é a natureza da atividade-fim

Outro fator relevante é o de que as concessionárias e permissionárias de serviço público não têm a sua natureza privada alterada mediante a prestação do serviço público, sendo certo que pública é a natureza da atividade-fim desempenhada, e não da empresa prestadora do serviço por via de delegação contratual..

Da mesma forma, pública também é a trilogia que dará alicerce à relação contratual entre "a empresa privada, o usuário do serviço e o poder concedente" a qual será regida pelas normas próprias do regime jurídico administrativo, atendendo-se às suas exigências e restrições.

7. Incentivo à competitividade

O Estatuto federal de Concessão e Permissão faz ressalva a respeito do incentivo à competitividade, pois que em seu art. 16 destitui da outorga de concessão e permissão o caráter de exclusividade, a seguir descrito:

O art. 16 da Lei nº 8.987/1995: A outorga de concessão ou permissão não terá caráter de exclusividade, salvo no caso de inviabilidade técnica ou econômica, justificada no ato a que se refere o art. 5º desta Lei.

Este dispositivo legal expressa a valoração dada pelo legislador ordinário à competitividade na prestação de serviço público, bem como à livre concorrência, em analogia ao princípio constitucional, inserido no inciso IV do art. 170 da Constituição Federal, que trata dos princípios gerais da atividade econômica.

8. O papel do Estado se altera de Prestador para regulador e fiscalizador

Por fim, outro fato que se destaca na questão da justificativa da utilização da concessão e permissão no direito brasileiro nos tempos atuais, por meio da outorga estatal e da consequente transferência da execução de serviços públicos para a iniciativa privada, é o de que ocorre uma redefinição do papel do Estado.

Este, do papel de protagonista de prestador direto de serviço público, passa a ser direcionado ao papel de coadjuvante e se transforma em mero regulador e fiscalizador, não obstante conservar a titularidade do serviço concedido.

Já os recursos que passam a ser aplicados na prestação do serviço público, ainda que de natureza privada, devem passar necessariamente sob o crivo do Poder Público, que mantém o controle da prestação destes serviços.

9. Com fulcro no *caput* do art. 175 da CF/1988 qualquer serviço público pode ser objeto de concessão ou permissão?

Art. 175. Incumbe ao Poder Público, na forma da lei, diretamente ou sob regime de concessão ou permissão, sempre por meio de licitação, a prestação de serviços público.

Conforme se pode constatar com a leitura do *caput* do art. 175, o legislador constituinte originário não tratou de especificar quais as modalidades de serviço público poderão ser objeto de concessão e permissão.

Com isso, deixou essa atribuição a cargo da lei que regular a matéria, bem como à interpretação doutrinária, o que levou a crer, num primeiro momento, que o dispositivo se refere a "qualquer serviço".

Ocorre que não prevalece na doutrina majoritária o acolhimento de que o aludido dispositivo constitucional que trata da concessão e permissão se aplica à ideia de "qualquer serviço público", sobretudo porque a lei que regular a matéria há que estar sujeita, incondicionalmente, a um limite constitucional.

Nessa oportunidade, lembramos que o Direito brasileiro faz distinção das seguintes modalidades de serviços públicos: "serviços públicos inerentes ou propriamente ditos" e "serviços públicos por opção político normativa", além de reconhecer a existência dos ditos "serviços públicos comerciais ou industriais", os quais encontram sede em dispositivo constitucional

Quanto aos serviços públicos por opção político-normativa, ressaltamos que o termo político-normativo guarda um sentido amplo, não restringindo a origem da normatividade, que poderá emanar tanto da Constituição Federal como de lei infraconstitucional.

Faremos, a seguir, uma breve síntese das citadas modalidades de serviços públicos, a fim de que se conclua quais entre estes pode ser objeto de concessão ou permissão dentro do Direito brasileiro.

9.1. Serviços Públicos Inerentes ou Propriamente Ditos

Os "serviços públicos inerentes ou propriamente ditos" se enquadram naqueles serviços que demandam uma prestação positiva do Estado, posto serem eles inerentes à própria função estatal.

Em suma, são serviços que podem ser prestados apenas pela Administração Pública direta, pois demandam poder de império para a sua prestação, por envolver a segurança da sociedade como um todo. Exemplo deste serviço é a própria segurança pública.

Com efeito, estes serviços públicos inerentes ou propriamente ditos não são passíveis de serem transferidos a terceiros por via de concessão ou permissão, haja vista se tratarem de atividades de império que demandam imposição de comportamento, característica esta não extensível ao setor privado.

Com isso, já descartamos a possibilidade suscitada neste tópico a respeito de qualquer serviço público poder ser objeto de concessão ou permissão, e asseveramos que a redação do *caput* do art. 175 não tem uma abrangência irrestrita quando se refere a serviços públicos.

9.2. Serviços Públicos por Opção Político Normativa

No que se refere aos "serviços públicos por opção político-normativa", outra é a conclusão. A prestação dessa modalidade de serviços públicos encontra respaldo na Constituição Federal.

Da mesma forma, nela também se encontram elencadas as competências quanto aos órgãos que devem desempenhá-los; com isso, tornam-se insuscetíveis de delegação por via contratual aqueles cuja competência não encontrarem respaldo constitucional.

Em outras palavras, apenas os órgãos com assento constitucional terão competência para desempenhar estes serviços públicos denominados de serviços por opção político-normativa.

Exemplos utilizados pela doutrina estão nos arts.131 e 132 da Constituição Federal, que tratam da advocacia-geral da União e da procuradoria dos Estados, respectivamente. Estes órgãos, por terem suas competências com assento constitucional, não podem delegar a particulares seus serviços.

Cabe, contudo, uma observação a esta modalidade de serviço público. O só fato de estes serviços encontrarem respaldos na Lei Maior do país faz surgir a possibilidade de que suas competências possam ser eventualmente alteradas por via de emenda constitucional.

Sendo assim, qualquer serviço público que encontra previsão no corpo da Constituição Federal, e cujo dispositivo sofra uma alteração por meio de emenda, poderá excepcionar a indelegabilidade de serviços públicos com assento constitucional.

Mas ainda assim, diante desta explanação, descartados da possibilidade de delegação por via de concessão ou permissão, salvo em caso de posterior modificação por emenda constitucional, também estão os serviços públicos por opção político-normativa.

9.3. Serviços Públicos Industriais ou Comerciais

Os serviços públicos industriais ou comerciais são aqueles que originariamente se constituíam em atividades econômicas, mas que em razão da relevância que desenvolveram para a sociedade foram assumidos pelo Estado como serviço público, por opção político-normativa, por meio da Constituição ou de lei.

A opção político-normativa pode se configurar de duas formas: por vezes, é o próprio texto constitucional que traz a previsão sobre a atividade, outras a Constituição prevê a criação de lei para regular a matéria.

Portanto, é o caso em que atividades originariamente econômicas passam pelo processo de publicização, o que equivale a dizer que elas são trazidas para o campo das atividades administrativas do Estado, e passam a ser regidas e exploradas pelo próprio regime do direito público.

Reportando-nos ao questionamento deste tópico, asseveramos que dentre as modalidades descritas de serviços públicos, estas são as que podem ser objeto de concessão ou permissão, com fulcro no *caput* do art. 175 da Constituição da República.

Exemplos expressamente previstos na Constituição Federal de serviços públicos industriais ou comerciais podem ser consultados nos incisos XI e XII do art. 21, que elenca a competência da União para explorar serviços industriais.

São eles os serviços de geração, transmissão e distribuição de energia elétrica e o de exploração de serviços de telecomunicações, além dos demais descritos naquele dispositivo.

10. Com relação à competência legislativa referente ao *caput* e ao parágrafo único do art. 175 da CF/1988, existe distinção entre as leis ali citadas?

No que toca à *competência legislativa em matéria de concessão e permissão de serviço público*, relevante que se faça uma análise quanto à natureza das leis a que se refere o art. 175 da Constituição Federal, quais sejam, as que se encontram no *caput* do artigo e no seu parágrafo único.

Portanto, em última análise, o esclarecimento que se busca neste tópico é quanto à natureza jurídica das leis a que se refere o aludido artigo constitucional, e a competência para editar estas leis, pois que se insurge uma divergência doutrinária sobre tal natureza e competência.

A doutrina majoritária tem-se inclinado no sentido de entender que o texto do art. 175 se refere a duas modalidades de competência, e, em consequência, de que não é a mesma lei a referente no *caput* e no parágrafo único do dispositivo constitucional.

Outra corrente minoritária, contudo, não coaduna deste mesmo entendimento, dando interpretação diversa a este tema ao afirmar tratar-se de uma única lei e uma única competência as mencionadas no art. 175.

10.1. Entendimento da Primeira Corrente (majoritária)

Segundo o entendimento desta corrente majoritária, ao mencionar o art. 175 em seu *caput* a expressão "na forma da lei", e a seguir, em seu parágrafo único ditar que é "a lei" que disporá sobre os critérios para a prestação de serviços públicos sob o regime de concessão ou permissão", faz alusão a duas formas de competência.

A primeira se refere à competência específica, para editar normas gerais, e a segunda faz menção à legislação local para editar normas que especifiquem serviços e condições locais e regionais.

Neste sentido, a competência para editar normas gerais estaria a cargo da União, pois que lei federal edita normas gerias, e haveria uma combinação dos arts. 175, *caput*, com o 22, inciso XXVII, que é o dispositivo constitucional que dispõe sobre a competência privativa da

União para editar normas gerais de licitação e contratos administrativos.

Este dispositivo, por seu turno, resultou na edição da Lei federal nº 8.666/1993, denominada de lei geral de licitação e cuja aplicação é de âmbito nacional.

A edição de normas específicas para que cada ente público possa adaptar a legislação às suas peculiaridades, por sua vez, encontraria respaldo nos arts. 24, §§ 1º ao 4º; e art. 30, inciso II, que tratam das competências concorrentes ou residuais.

10.2. Entendimento da Segunda Corrente (minoritária)

Uma segunda corrente cujo entendimento é acolhido de forma minoritária se foca na ideia de que, sobretudo em homenagem ao princípio federativo que impera no Direito brasileiro, elevado, inclusive, à condição de cláusula pétrea, a lei a que se refere o *caput* do art. 175 tem o sentido genérico, não se referindo a uma lei federal.

Segundo este entendimento, atribuir a natureza federal àquela lei que se refere o citado art. 175 da Constituição Federal equivaleria a dar-lhe uma interpretação extensiva, ou seja, estender a sua aplicação aos demais entes da Federação, o que contrariaria, em tese, o princípio federativo constitucional da federação.

Ademais, arremata que o texto do artigo se refere apenas ao elemento lei, e não lei federal, motivo pelo qual a matéria de que trata o art. 175 – concessão e permissão de serviço público, deveria ser de competência concorrente em seu sentido amplo, não sendo correto atribuir à União a competência privativa para editar normas gerais.

Não obstante, voltamos a frisar tratar-se de um entendimento minoritário que não se sobressai em relação ao primeiro, sendo conveniente apontá-lo apenas para a explanação da matéria e a sua correta conclusão.

10.3. Qual a Relação entre os Arts. 175 e o 22, Inciso XXVII para estas Correntes Doutrinárias?

Há que se observar que a redação do *caput* do art. 175 faz menção ao instituto da licitação como procedimento obrigatório a preceder a concessão e a permissão, a seguir transcrito em parte e com grifos sobre o original:

> *[...] na forma da lei, diretamente ou sob regime de concessão ou permissão, sempre por meio de licitação.*

O dispositivo constitucional que trata da licitação, por seu turno, que é o art. 22, inciso XXVII, reza que "*competência privativa da União legislar sobre normas gerais de licitação e contratação [...]*"

Diante disso, a relação entre o contrato de concessão ou permissão com o instituto da licitação pública poderia, por si só, bastar para justificar que a competência a que se refere o art. 175 encontra respaldo no inciso XXVII do art. 22, selando a tese da competência da União para a referida matéria.

Registramos, ainda, a existência de uma interpretação extensiva no sentido de que a licitação e contratação do art. 22, inciso XXVII é gênero, da qual a licitação aplicável aos regimes de concessão e permissão referida no art. 175 é espécie.

Não obstante, a segunda corrente, a qual defende a tese de que a lei referida no art. 175 não se trata de uma lei federal, mantém o entendimento de que, o só fato de haver essa relação de gênero e espécie entre os citados dispositivos não faz supor que a licitação que precede o contrato de concessão ou permissão esteja inserida automaticamente na esfera da competência da União.

Conforme já registramos, a interpretação desta corrente tem como sua pedra basilar a defesa do princípio da federação brasileira, e afirma que a essência desse princípio não tem sido observada pela Administração Pública, alegando a busca de resgatá-lo.

O motivo dessa inobservância seria, entre outros, as próprias oligarquias locais que não são capazes de se desvencilhar do poder em prol de uma federação que atenda a um propósito maior, que é a harmonia dos poderes e da efetivação do interesse público e do bem comum.

Em que pese a fundamentação legal da questão suscitada, remetemos o caso à Lei nº 8.987/1995 – lei geral federal de Concessões –, pois ela encerra, em seu art. 1º e parágrafo único o que se busca questionar nos itens antecedentes quanto à competência para dispor sobre normas gerais e concorrentes para reger os institutos da concessão e permissão.

> *Art. 1º As concessões de serviços públicos e de obras públicas e as permissões de serviços públicos reger-se-ão pelos termos do art. 175 da Constituição Federal, por esta Lei, pelas normas pertinentes e pelas cláusulas dos indispensáveis contratos.*
>
> *Parágrafo único. A União, os Estados, o Distrito Federal e os Municípios promoverão a revisão e as adaptações necessárias de sua legislação às prescrições desta Lei, buscando atender as peculiaridades das diversas modalidades dos seus serviços.*

Nessa linha, os supracitados dispositivos legais dispõem textualmente que concessão e permissão de serviço público serão regidas pela Constituição Federal, especificamente por seu art. 175, pela lei que os integram (a lei federal nº 8.987/1995), por normas pertinentes e pelas cláusulas contratuais que cingirão o serviço público concedido ou permitido.

Restou claro, portanto, que o legislador federal abarcou para si a competência para as normas gerais, mas não de forma absoluta, ou seja, não necessariamente as normas da citada lei terão a natureza de normas gerais.

Isso significa que nem todas as normas do Estatuto Nacional de Concessões e Permissões vinculam os demais entes, não os obstando de dispor concorrentemente sobre a matéria.

Sendo assim, poderá ocorrer a edição de lei para regular a matéria pelos Estados, Municípios e Distrito Federal, pois que estes entes não estarão indissoluvelmente vinculados ao estatuto federal, sendo o caso de se observar os aspectos peculiares de cada região.

Nestas hipóteses, a Lei nº 8.987/1995 deixa de exercer o papel de Estatuto Nacional e se aplica como lei federal, concorrentemente às demais legislações pertinentes editados por Estados e Municípios.

E isso pelo fato de que a lei de concessão, apesar de ser uma lei nacional, não exclui a competência da União, dos Estados, do Distrito Federal ou dos Municípios de produzirem suas próprias leis, desde que não conflitem com a lei maior.

A exemplo disso, citamos o caso das normas sobre prorrogação de contrato referente ao Estatuto Federal de Concessões, que são aplicáveis apenas às concessões e permissões federais. Com efeito, pode-se dizer que são normas federais apenas *strictu sensu*, pois que não são de observância obrigatória pelos Estados e Municípios.

11. Natureza jurídica do contrato de concessão

Quanto à natureza jurídica do contrato de concessão, diverge a doutrina a respeito da própria veracidade desta se constituir ou não um contrato, havendo quem o aponte com a natureza regulamentar, embora prevaleça o entendimento majoritário de uma natureza jurídica mista.

A tese da natureza mista parece mais acertada pelo fato de acolher tanto a característica de contrato quanto a natureza regulamentar. A primeira característica pode estar expressa em suas cláusulas econômicas, e a segunda no que alude às cláusulas referentes ao serviço a ser prestado.

Um exemplo do que seria a manifestação da natureza regulamentar do contrato de concessão pode se expressar por meio de um contrato estabelecido entre empresa de ônibus, que se revestirá do caráter de concessionária de serviço público, e Poder Público Municipal.

Ao firmar o contrato de concessão, o Poder Público estabelecerá, por meio de um regulamento, que cada ônibus, dentro da respectiva rota, deverá parar em um número determinado de pontos. Com feito, essa determinação por parte do poder concedente seria um regulamento inserido dentro do contrato de concessão.

Da mesma forma, outros critérios se cingirão com relação às cláusulas econômicas, como a fixação das tarifas, fatos que justificam que o contrato de concessão tenha simultaneamente a natureza de norma geral e abstrata.

Acrescente-se ainda que pelo fato de haver esta dualidade de natureza contratual, com cláusula regulamentar e de serviço, os contratos de concessão também vão gerar direitos aos usuários dos serviços delegados, em caso de violação de um direito subjetivo.

12. Delegação legal e delegação negocial

Cumpre que façamos uma breve distinção ao que se denomina de delegação legal e delegação negocial, haja vista se tratar de distintas modalidades da delegação contratual, ou de espécies do gênero *descentralização administrativa*.

Dizemos que a *delegação é legal* quando a descentralização ocorre entre pessoas integrantes da própria Administração, e negocial quando a prestação do serviço público é transferida a pessoas da esfera privada.

Esta modalidade de delegação negocial gera um negócio jurídico cujos atores envolvidos são o Poder Público e o particular, e que se materializa por meio da concessão e permissão, institutos objetos de análise no presente estudo.

13. Poder público ou empresa privada: qual a mais acertada para prestar serviço público?

Se questionarmos qual a entidade mais acertada para a prestação do serviço púbico, se o Poder Público ou a empresa privada, podemos afirmar que, em tese, tudo girará em torno do interesse público.

Este será a bússola a indicar qual rumo tomará a prestação do serviço público. Quando for mais conveniente para o interesse coletivo, por motivos financeiros, técnicos ou operacionais, que a sua prestação se dê pela iniciativa privada, assim o será.

De outra monta, se o poder concedente entender, pelo bem público, retomar o serviço concedido, o que se denomina de *encampação*, poderá fazê-lo mediante indenização de lucros cessantes e danos emergentes ao concessionário, devendo tal disposição estar prevista no contrato.

E, ainda, se o poder público não considerar conveniente para o alcance do interesse público e do bem comum transferir a execução de seus serviços a terceiros, e desde que disponha dos recursos e meios necessários à sua adequada execução, não se valerá dos institutos da concessão ou da permissão, prestando tais serviços diretamente.

14. Qual é o respaldo legal para a existência da concessão de obra pública *tout court*?

A doutrina aponta para a existência de três formas de concessão, sendo elas: 1) a concessão de serviço público, ou concessão *tout court*; 2) a concessão de serviço público precedida da execução de obra pública; e 3) a concessão de obra pública *tout court*.

Ocorre, contudo, que as duas primeiras encontram expressa e indiscutivelmente respaldo na Lei 8.987/1995, em seus incisos II e III do art. 2º; respectivamente, ao passo que na última modalidade este mesmo artigo silencia a respeito da sua existência, fazendo-nos questionar a este respeito.

É imperioso que se observe que esta modalidade de concessão de obra pública *tout court* tem uma formatação diferenciada daquela concessão referida no art. 2º, inciso III (concessão de serviço público precedida da execução de obra pública), embora nas duas se insira o quesito da obra pública.

Na concessão que ora se discute, portanto, a obra que é o objeto de concessão, ainda que possa eventualmente haver uma posterior exploração de serviço público, visando amortizar o investimento aplicado, mas não sendo o caso da concessão do serviço público, que se acompanha com a precedência de uma obra pública.

Para fundamentarmos a existência desta modalidade de concessão, remetemos o caso ao art. 1º da Lei, que fala explicitamente em concessão de serviços públicos e de obras públicas e de permissões de serviços públicos, a seguir transcrito:

> *Art. 1º As concessões de serviços públicos e de obras públicas e as permissões de serviços públicos reger-se-ão pelos termos do art. 175 da Constituição Federal, por esta Lei, pelas normas legais pertinentes e pelas cláusulas dos indispensáveis contratos.*

Entendemos se tratar de uma opção discricionária do Poder Público, de acordo com cada caso específico. Dentre suas opções de concessão, ele poderá conceder ou não um serviço público precedido de obra pública, nas seguintes formas:

Primeiramente, pode o Poder Público contratar uma empresa construtora, comumente chamada de empreiteira, por meio de um contrato de empreitada para a realização de uma obra pública. Após a finalização da obra, realizar por meio de licitação a concessão do serviço público que se efetivará naquelas instalações.

Note-se que no primeiro caso, do contrato com a empreiteira, o serviço foi prestado para o próprio Poder Público, ao passo que no segundo, houve o contrato de concessão de serviço público, o qual será prestado diretamente para a população.

Com efeito, é uma hipótese em que são realizados dois tipos de contratos diferentes, um para a realização da obra pública, por meio de um contrato administrativo; e outro para o serviço público, por meio de um contrato de concessão de serviço público, embora na prática não seja muito comum de ocorrer.

Outra opção de que poderá se valer o Poder Público, no caso da modalidade de concessão de obra pública *tout court*, é a de conceder a execução de uma obra pública que se destine ao interesse da coletividade.

Neste caso será por meio de um contrato de concessão, em que o beneficiário do serviço, que é a própria obra, será a população, não se tratando de um contrato de empreitada, caso em que o serviço é prestado para o Poder Público e a via utilizada é o simples contrato administrativo entre o Poder Público e o particular.

Por fim, o Poder Público poderá realizar a concessão da própria obra pública, cujo investimento ficará por conta do particular, enquanto a remuneração deste se dará por meio de exploração da obra, que poderá ser tanto um serviço público como uma exploração comercial, tudo de acordo com o previsto no edital de licitação e posterior contrato celebrado pelo particular, parecendo-nos ser esta última opção mais aceita na doutrina.

14.1. Exemplos de Concessão de Obra Pública *Tout Court*

A título de ilustração e intencionando ratificar a existência da modalidade de concessão de obra pública *tout court*, que se diferencia da concessão de serviço público precedida da execução de obra pública, referida no art. 2º, inciso III, da Lei nº 8.987/1995, pela desnecessidade de posterior exploração do serviço público, trazemos alguns exemplos de como estas podem se proceder:

A construção, por iniciativa de determinado Município, de estacionamento público em áreas urbanas e de interesse da coletividade, geralmente realizada em subsolos, não pressupõe, a princípio, que se dê direta e exclusivamente por recursos públicos.

Com isso, parece-nos possível, e até mesmo razoável, que o Poder Público possa se valer desta modalidade de concessão de obra pública *tout court,* por meio de um contrato de concessão, para a construção do estacionamento.

Neste contrato de concessão será estabelecido um prazo em benefício da construtora, para que esta possa explorar o estacionamento público por um prazo determinado como forma de amortizar o investimento aplicado na obra.

Findo tal prazo e amortizado o valor investido pela construtora, a obra é revertida para o Poder Público tal qual ocorre com qualquer concessão de serviço público em que os equipamentos utilizados são revertidos para o poder concedente.

Conforme se verifica, trata-se de uma concessão de obra pública em que não se menciona no contrato a especificação de haver uma posterior concessão de serviço público, mas tão somente um prazo para a exploração deste serviço pela construtora, como forma de amortizar seu investimento.

Sendo assim, entendemos que esta concessão, com suas caraterísticas, é uma das que se encaixa na modalidade de concessão de obra pública *tout court*, que segundo a doutrina, encontra respaldo no art. 1º da Lei nº 8.997/1995.

Podemos também trazer à baila um outro exemplo acerca da concessão de uma obra para a construção de uma rodovia, com posterior exploração de serviço de conservação, e como forma de amortização, a exploração da cobrança de pedágio, tudo descrito na mesma licitação pública.

Pode ocorrer também a construção de uma obra de maiores proporções, como um viaduto, um túnel ou uma ponte, inserindo-se também a previsão de exploração, mas não com um serviço de conservação ou com uma cobrança de pedágio, mas com a exploração da obra pública valendo-se de fins diversos, como a divulgação de publicidade.

Não há que se negar que não se trata de uma concessão de obra pública que precede a exploração posterior de um serviço público, mas sim de mais um exemplo de modalidade de concessão de obra *tout court*.

15. Estrutura do contrato de concessão ou permissão e a sua relação trilateral

Quando nos referimos a qualquer contrato de concessão ou permissão, não há como se dissociar da ideia de duas características antagônicas que formam a sua base. Uma se refere ao serviço público, objeto da delegação, que mantém a sua natureza pública e a sua submissão ao regime jurídico administrativo, inclusive após a sua delegação ao particular.

A outra ideia basilar que compõe o contrato de concessão e permissão se antepõe à anterior, que é a exploração do serviço público por empresa de natureza privada, que tem como finalidade precípua o seu proveito econômico, tal qual ocorre com a exploração de atividades privadas.

Portanto, como estas ideias, apesar de antagônicas, estruturam e fundamentam todo contrato de concessão e permissão, e para que não se conflitem, devem estar devidamente regulamentadas por lei, pelo edital de licitação e, sobretudo, pelo contrato de concessão ou permissão.

15.1. Execução de Serviço Público por Empresa Particular: Submissão às Regras de Direito Privado e não Público

Outro aspecto a considerar a respeito da estrutura do contrato de concessão é o de que, ainda que esta ocorra por meio de contrato administrativo, as suas regras sejam subordinadas ao Direito Público e o Poder Público exerça o poder regulatório e fiscalizatório, inclusive com a fixação da tarifa, a execução do serviço em si se dará por uma empresa privada, e esta atuará de acordo com as regras privadas e não públicas.

Uma coisa é a obediência aos procedimentos licitatórios na escolha da empresa concessionária por parte do Poder Público, e às regras de direito público que regerão esta relação, assim como a obediência da concessão às normas do contrato administrativo.

Outra, contudo, são as regras de direito privado que subsistirão durante a prestação do serviço público pela empresa privada imbuída do papel de concessionária do serviço público, e as quais regerão as relações desta com terceiros. Estas informações podem ser constatadas nos §§ 1º e 2º do art. 25, cujo *caput* relata sobre a incumbência da concessionária na execução do serviço concedido:

> *§1º Sem prejuízo da responsabilidade a que se refere este artigo, a concessionária poderá contratar com terceiros o desenvolvimento de atividades inerentes, acessórias ou complementares ao serviço concedido, bem como a implementação de projetos associados.*
>
> *§ 2º Os contratos celebrados entre a concessionária e os terceiros a que se refere o parágrafo anterior reger-se-ão pelo direito privado, não se estabelecendo qualquer relação jurídica entre os terceiros e o poder concedente.*

Com efeito, não incidirão sobre a relação dessas empresas concessionárias com terceiros os procedimentos típicos das empresas públicas, tais como a submissão de seu pessoal ao concurso público, o controle do Tribunal de Contas, a licitação pública e as demais burocracias que muitas vezes impedem que as empresas públicas se equiparem ao ritmo e eficiência da iniciativa privada.

15.2. A Natureza do Serviço Concedido se Mantém Pública

A delegação do serviço público ao particular, por meio do contrato de concessão ou permissão, não acarreta no fato de o poder concedente transferir a propriedade deste, pois o que ele delega é apenas a execução do serviço, e não a sua posse.

Da mesma forma, os direitos e prerrogativas inerentes à propriedade do serviço não são transferidos ao concessionário ou permissionário, além do fato de que este estará sujeito à regulamentação e fiscalização do poder concedente.

Sendo assim, fica claro que o serviço objeto da concessão mantém o seu caráter público, e que não ocorre, em nenhum momento, uma destituição dos direitos do poder concedente quanto à exploração destes serviços, seja de forma direta ou indireta.

A propósito, prova maior de que o serviço concedido continua sendo público é a de que será lícito ao poder concedente retomar o serviço concedido, obedecidas as disposições legais a este respeito.

15.3. Componentes da Relação Trilateral: Poder Público ou poder concedente; Concessionário ou Permissionário e Usuário do Serviço Público

É de se observar também que a estrutura do contrato de concessão ou permissão faz surgir uma relação trilateral, a qual se mantém associada enquanto perdurar o contrato e que gerará direitos e obrigações aos seus integrantes.

As pessoas que compõem a relação trilateral são: Poder Público, ou poder concedente; que é o titular do serviço público e da competência administrativa para conceder a sua exploração.

Concessionária ou permissionária do serviço público, que é a empresa ou pessoa que recebe, por meio de delegação contratual, o direito à execução do serviço. Por fim, o usuário do serviço, a quem o serviço será prestado pelo concessionário ou permissionário, e que em tese é a população.

Estas características são basilares na estrutura do contrato de concessão ou permissão, assim como a consequente relação trilateral que a estas se associará serão relatadas nesta sequência.

16. Direitos e deveres do poder concedente e da concessionária que já constarem na lei devem obrigatoriamente ser repetidos no contrato?

Devemos fazer uma ressalva no que alude à inclusão no corpo do contrato de concessão do rol dos direitos e deveres tanto do poder concedente quanto da concessionária.

A este respeito, embora o art. 23, que trata das cláusulas essenciais do contrato, preceitue em seu inciso V, como sendo uma delas, "os direitos, garantias e obrigações do poder concedente", há que se atentar para o que diz a doutrina.

Segundo o entendimento predominante, não se faz necessário repetir no contrato os direitos e deveres que já estiverem estabelecidos pela lei, sobretudo no que se refere ao art. 29, que relaciona nos seus 12 incisos, quais são os encargos do poder concedente; e no art. 31, que relata quais são os encargos da concessionária.

Outro é o procedimento quanto aos direitos e deveres concretos que se relacionem à concessão. Importa que estes sejam descritos no contrato, a fim de que se certifique que o concessionário que contratar com o Poder Público tenha o conhecimento e esteja preparado para as futuras inovações, evitando-se conflitos entre as partes.

17. Poder concedente

Ainda com fundamento na Lei nº 8.987/1995, o art. 2º, em seu inciso I, é o dispositivo legal que traz a descrição de quem são as pessoas que integram o papel de poder concedente, cuja discrição se segue:

> *Art. 2º Para os fins do disposto nesta Lei, considera-se:*
> *I – poder concedente: a União, o Estado, o Distrito Federal ou o Município, em cuja competência se encontre o serviço público, precedido ou não da execução de obra pública, objeto de concessão ou permissão.*

O art. 23 da Lei nº 8.987/1995, que estatui em seus incisos quais são as cláusulas essenciais do contrato de concessão, insere no inciso V as relativas aos direitos, garantias e obrigações do poder concedente e da concessionária.

Oportuno também ressaltar que o art. 29, que dá início ao capítulo que trata dos encargos do poder concedente, traz em seus incisos o rol do que incumbe a este Poder executar, além de haver expressa menção a respeito de demais atos relativos à sua iniciativa em outros artigos da referida lei.

18. Encargos do poder concedente

Iniciando-se a análise dos encargos do poder concedente, vale ressaltar que os incisos I e II do art. 29 são essencialmente relevantes na descrição destes encargos, por elencar os poderes inerentes ao Poder Público mais elementares da relação contratual que compõe a concessão, que são os de regulamentar e fiscalizar o serviço concedido (inciso I), bem como o de aplicar as penalidades (inciso II). Vejamos na íntegra os seus textos:

Art. 29. Incumbe ao poder concedente:
I – regulamentar o serviço concedido e fiscalizar permanentemente a sua prestação;
II – aplicar as penalidades regulamentares e contratuais.

Sendo assim, é a partir do encargo de regulamentar o serviço concedido que se insurgem, consequentemente, os poderes de fiscalizar e de aplicar as penalidades outorgadas por lei. De fato, estas duas últimas seriam mais acertadamente entendidas como um dever que se insurge em consequência da regulamentação.

Especialmente quanto à fiscalização, devemos fazer a ressalva de que esta não deverá ser executada sempre e obrigatoriamente pela própria Administração concedente, podendo ser também por uma comissão especializada constituída para este fim específico e de natureza alheia ao Poder Público.

18.1. Regulamentação e Fiscalização

Além do fato de a transferência da execução do serviço público, nos contratos de concessão, não alterar a sua titularidade pelo poder concedente, em regra este também conserva a competência para adotar medidas que se tornam necessárias para o cumprimento do contrato, como a sua regulamentação e a fiscalização, especificadas no inciso I do art. 29.

18.1.1. Regulamentação

No que tange à regulamentação a qual se refere o art. 29, I, esta regerá não apenas as formalidades que devem regular o contrato, como disporá sobre os meios de sua alteração, se eventualmente se tornar necessária em prol do interesse público.

Conforme o próprio nome já faz supor, como o destinatário final de todo serviço público é o próprio público, que é a população, isto justifica a rigorosa manutenção de uma fiscalização do poder concedente sobre o concessionário, a fim de que se verifique constantemente se estão sendo atendidas as exigências da lei, do regulamento e do contrato firmado entre eles.

18.1.2. Fiscalização

A fiscalização exercida pelo poder concedente, referida no mesmo inciso I do art. 29, transcorrerá por meio de ações constantes, pois que cabe a este fiscalizar, de modo contínuo e ininterrupto, se a concessionária está prestando adequadamente o serviço concedido, já que continua sendo o seu responsável perante o usuário e competente para a adoção de medidas que requeiram o poder de império.

A forma de como se dará a fiscalização, assim como a indicação dos órgãos competentes para exercê-la são caracterizadas pela lei geral de concessão, ora em estudo, como sendo cláusulas essenciais do contrato de concessão, pois que estão inseridas no art. 23, em seu inciso VII.

Com a alusão do tema da fiscalização nestes citados e frisados dispositivos legais, fica evidente que o encargo da fiscalização e inspeção pelo poder concedente diante do serviço concedido trata-se de uma cláusula essencial a constar no contrato.

O inciso VII do art. 23 também deixa expresso que a citação da fiscalização no contrato deve abranger a execução quanto à adequação da prestação do serviço e quanto aos equipamentos e instalações necessárias, além de prever a indicação do órgão a quem caberá exercê-la.

Não deverão subsistir dúvidas de que esta fiscalização do já citado art. 29, inciso I, que se constitui em um dos encargos do poder concedente, em nada altera a responsabilidade do concessionário.

Caberá a este a obrigação de prestar um serviço adequado, independentemente do fato de que poderá se submeter, a qualquer tempo, à fiscalização do poder concedente. Em outras palavras, esta prestação adequada não deve ser voltada a uma mera satisfação e obrigação que este deve ao Poder Público, mas sim ao real fim a que se destina, que é a satisfação do usuário.

A fiscalização do poder concedente apenas deve reforçar a tese de que sejam impedidas eventuais inadequações ou falhas por parte da concessionária. Para tanto, ressalta-se também o dever de que o concessionário facilite e viabilize a prática da fiscalização, por meio de um livre acesso aos locais e aos registros pertinentes.

Independentemente da facilidade a que compete à concessionária promover no ato da fiscalização do Poder Público, é certo que este dispõe de amplos poderes, sendo-lhe facultado o acesso a todos os dados empresariais do concessionário nos setores de administração, finanças, contabilidade, recursos técnicos e econômicos, de forma a poder verificar a rentabilidade do serviço e a obediência às cláusulas regulamentares e contratuais.

Vale trazer à baila a leitura do disposto no art. 30, que formaliza legalmente estes poderes de que se reveste o poder concedente no que tange à fiscalização que este exercerá sobre o serviço concedido:

> *Art. 30. No exercício da fiscalização, o poder concedente terá acesso aos dados relativos à administração, contabilidade, recursos técnicos, econômicos e financeiros da concessionária.*

Convém observar, contudo, que a Administração Pública deve agir dentro dos parâmetros da lei, não extrapolando os limites impostos para a sua fiscalização, os quais se cingirão às informações de caráter empresarial indispensáveis para a manutenção da prestação do serviço adequado.

Além do mais, não obstante todas as narrativas acerca do encargo do poder concedente para manter a fiscalização sobre a prestação do serviço adequado, é imprescindível que todos as cláusulas contratuais obedeçam aos termos da lei.

18.1.2.1. A Participação dos Usuários na Fiscalização

É de grande importância ressaltarmos que a fiscalização a que deve se submeter o serviço público concedido, a fim de que seja mantida a prestação do serviço adequado, foi abordada pela lei da forma mais abrangente possível.

Isso pode ser constatado na questão de que a lei enfatizou e viabilizou a possibilidade da mobilização dos próprios usuários do serviço público como auxiliadores nesta fiscalização, justificando-se plenamente tal ato já que são estes mesmos os destinatários finais e os mais indicados para constatar se a prestação adequada está sendo devidamente cumprida.

Sob o amparo legal desta previsão, a Lei nº 8.987/1995 prevê até mesmo uma comissão fiscalizadora integrada, sobretudo, por usuários do serviço público concedido, o que tem por fim estimular a criação de associações de usuários que se destinem especificamente à defesa de seus interesses relativos ao serviço prestado. Vejamos dois dispositivos da lei a este respeito:

> *Art. 29. Incumbe ao poder concedente:*
> *[...]XII – estimular a formação de associações de usuários para defesa de interesses relativos ao serviço.*
> *Art. 30*
> *[...]*
> *Parágrafo único. A fiscalização do serviço será feita por intermédio de órgão técnico do poder concedente ou por entidade com ele conveniada, e, periodicamente, conforme previsto em norma regulamentar, por comissão composta de representantes do poder concedente, da concessionária e dos usuários.*

18.1.2.2. A Criação de Órgãos Técnicos para Atuar na Fiscalização

O citado art. 30, além de fazer menção à fiscalização de comissão composta." de representantes do poder concedente, da concessionária e dos usuários, faz expressa alusão quanto à atuação do poder concedente na fiscalização por meio de órgão técnico deste, ou entidade por ele conveniada.

Essa assertiva traduz uma nova fase que se insurgiu na Administração Pública, que além de conceder a exploração do serviço público, se viu na conveniência de criar agências controladoras destes serviços concedidos, ou, em tese, controladora das concessionárias e permissionárias.

Outro não foi o ocorrido, senão o Estado se alterar de executor do serviço a controlador, muitas vezes por meio das agências criadas para este fim específico e aparelhadas convenientemente para tal atribuição, que são as denominadas agências reguladoras.

No âmbito federal, em especial, pode-se noticiar a criação das agências de controle dos setores elétricos, de comunicação e petrolífero, que são as denominadas ANEEL – Agência Nacional de Energia Elétrica; Anatel – Agência Nacional de Telecomunicações, e a ANP – Agência Nacional de Petróleo, apenas para exemplificar.

Nesse momento, torna-se oportuno distinguir, a fim de se evitar interpretações contorcidas, a diferença que recai sobre o poder de fiscalização destas agências e os serviços técnicos que estas poderão contratar por serem indispensáveis às suas atuações enquanto agências fiscalizadoras.

O que não é lícito, dentro de suas atribuições, é que estas agências venham a delegar as funções públicas que lhes foram conferidas por lei.

18.2. Intervenção na Prestação do Serviço

Outro encargo relevante atribuído pela Lei nº 8.987/1995 ao poder concedente é o inerente à intervenção na prestação do serviço, citado no art. 29, inciso III e analisado no Capítulo IX da Lei.

Nesses termos, será lícito ao poder concedente, a qualquer tempo, desde que dentro das previsões legais e valendo-se da prerrogativa de seu poder de império, intervir na atividade pública exercida pelo particular.

Ressaltamos que tal intervenção poderá deflagrar nas seguintes medidas: encampação, intervenção propriamente dita e o consequente uso compulsório dos recursos humanos, aplicação de sanções e direito à reversão.

18.2.1. Encampação como Consequência de Intervenção do poder concedente no Serviço Concedido

A *encampação* é uma das consequências da intervenção do poder concedente no serviço concedido, e uma das medidas que resulta na rescisão da concessão, regulada no inciso II do art. 35 da Lei nº 8.987/1995, e que representa a extinção do seu respectivo contrato administrativo, por rescisão unilateral decorrente de meras razões de conveniência e oportunidade do Poder Público concedente.

Com efeito, é tão somente o interesse público que norteia esta medida, mediante reavaliação e reconsideração das circunstâncias que foram estabelecidas no contrato, não havendo falar em falta ou inadimplemento contratual por parte do particular, delegatário do serviço público.

18.2.2. Intervenção como Consequência do Encargo do poder concedente de Intervir no Serviço Concedido

O instituto da intervenção encontra respaldo no art. 32 da Lei nº 8.987/1995, e se constitui em uma forma de o Poder Público intervir na gestão do serviço concedido que está sendo prestado pela concessionária, com intuito de regularizá-lo, em razão de esta prestação estar em desacordo com as normas regulamentares e contratuais.

Contudo, trata-se de uma medida mais atenuante e menos drástica que a encampação, e não se dá por simples razões de interesse público, mas sim quando o poder concedente constata, por meio de sua habitual fiscalização, deficiência na gestão decorrentes de dificuldades técnicas, financeiras ou administrativas.

> *Art. 32. O poder concedente poderá intervir na concessão, com o fim de assegurar a adequação na prestação do serviço, bem como o fiel cumprimento das normas contratuais, regulamentares e legais pertinentes.*
> *Parágrafo único. A intervenção far-se-á por decreto do poder concedente, que conterá a designação do interventor, o prazo da intervenção e os objetivos e limites da medida.*

Tornando-se a medida da intervenção ineficaz, poderá em consequência adotar uma atuação mais drástica e decretar a encampação do serviço concedido. Após isso, optar por dar continuidade na prestação deste serviço ou providenciar nova licitação para novamente delegar a sua execução a uma outra empresa particular.

Não obstante a intervenção na prestação do serviço integrar um dos encargos do poder concedente elencados no art. 29, esse tema será mais bem analisado oportunamente, ao se analisar as garantias e obrigações da concessionária.

18.2.3. Uso Compulsório dos Recursos Humanos como Consequência de Intervenção do poder concedente no Serviço Concedido

Como consequência da intervenção na gestão do serviço público, o Poder Público terá também a prerrogativa de adotar medidas como o uso compulsório dos recursos humanos da empresa concessionária.

18.2.4. Aplicação de Sanções como Consequência de Intervenção do poder concedente no Serviço Concedido

A aplicação de sanções é mais uma das prerrogativas atribuídas ao poder concedente, na qualidade de titular do serviço público objeto de concessão, e do poder de fiscalizar sua adequada prestação.

Assim como nas demais medidas já citadas, a aplicação de sanção pelo Poder Público às empresas concessionárias responsáveis pela execução do serviço público se reveste do seu peculiar poder de império.

Quanto à legalidade de sua aplicação, esta não será tão somente por conta da discricionariedade que advém de seu poder de fiscalização, mas pressupõe a precedência de uma falta cometida pela concessionária.

Por fim, a última forma de o poder concedente intervir na prestação do serviço é se valer do direito de reversão, o qual terá uma análise isolada nesta sequência.

19. Direito de reversão

Partindo-se da premissa de que concessão e permissão de serviço público se justificam, sobretudo, quando a execução do serviço ou da obra pública pressupõe grandes investimentos, ou nas modalidades de serviço em que o Poder Público julga conveniente prestar indiretamente, pode-se asseverar o incontestável fato de que estes dois institutos ensejarão investimentos por parte do particular, concessionário ou permissionário, seja para a realização inicial do serviço, seja para a sua modernização e continuidade na prestação.

Tais investimentos incluem a compra de equipamentos, materiais de construção em geral e toda a sorte de materiais que se fizerem necessários para que a execução do serviço ou a realização de obras ou benfeitorias resultem em uma prestação adequada.

Com base nessas formalidades que se aplicam à concessão e à permissão, e especificamente no que concerne ao investimento a ser realizado pelo particular, o legislador criou o instituto da reversão, o qual detém duas finalidades distintas: a que se aplica ao poder concedente e outra ao concessionário ou permissionário; senão vejamos o que preceitua o art. 36 da Lei nº 8.987/1995:

> *Art. 36. A reversão no advento do termo contratual far-se-á com a indenização das parcelas dos investimentos vinculados a bens reversíveis, ainda não amortizados ou depreciados, que tenham sido realizados com o objetivo de garantir a continuidade e atualidade do serviço concedido.*

Conforme se constata, o instituto da reversão obriga o poder concedente a indenizar, extinto o contrato de concessão ou permissão, o concessionário ou o permissionário pelos investimentos destes quanto aos bens reversíveis que não tenham sido amortizados durante a prestação do serviço, ou que tenham sido depreciados neste mesmo período.

Ressaltamos que esta finalidade é a que se aplica ao poder concedente, que é a sua obrigação de indenização do Concessionário. A outra finalidade que nos referimos é a que se aplica a este último, e que se formata na obrigação deste em devolver a prestação do serviço ao poder concedente, juntamente com os bens originariamente pertencentes ao patrimônio do concessionário e que eram utilizados na prestação do serviço.

Com o escopo de se evitar eventuais controvérsias quanto à vinculação ou não dos bens à categoria de reversíveis, a Lei nº 8.987/1995 traz em seu corpo a exigência da identificação dos bens reversíveis que não tenham sido amortizados, bem como a sua caracterização, no edital, além da identificação como cláusula essencial do contrato, o que o faz nos arts. 18 e 23.

Em contrapartida, os bens em questão são "revertidos" para o patrimônio do poder concedente, ou seja, todos os bens adquiridos pelo concessionário ou permissionário para a prestação do serviço concedido ou permitido passam a integrar o patrimônio do Poder Público concedente com a extinção da concessão ou permissão.

Nesta linha, em última análise poder-se-ia asseverar que de fato a reversão ocorre de uma maneira inversa, pois que com o fim da concessão ou permissão os bens não são remetidos ao patrimônio da sua adquirente original, que são as concessionárias ou Permissionárias.

Com efeito, esta inversão quanto ao destino dos bens se torna incompatível com o significado do verbo "reverter". Ao contrário, os bens originariamente de propriedade das concessionárias e permissionárias, adquiridos às suas próprias expensas para a prestação do serviço público, se transfere para o patrimônio do poder concedente com a extinção dos contratos de concessão ou permissão.

Daí a conclusão de que o termo "reversão" não nos parece perfeitamente adequado para o fim a que se destina nos institutos da concessão e permissão do serviço público ao particular, haja vista ser este que adquire os bens a serem utilizados na prestação do serviço, e ao final da concessão ou permissão estes são remetidos ao poder concedente, em relevância ao princípio da continuidade do serviço público.

Não se vislumbra, com isso, a hipótese de reversão no verdadeiro sentido da palavra quanto a tais bens, já que reversão pressupõe uma volta, e nesta hipótese os ditos "bens revertidos" nunca pertenceram à esfera de domínio do poder concedente.

O que ocorre, de fato, é uma transferência dos bens do patrimônio do concessionário para o patrimônio do Poder Público, pois que originariamente pertenciam ao particular, podendo-se ainda ratificar a existência de uma reversão no que alude à devolução da prestação do serviço público ao poder concedente.

A leitura dos §§ 2º e 3º do art. 35, que é o artigo que trata da extinção da concessão, revela a veracidade de que o que se reverte é o serviço público concedido, e os bens reversíveis seguem como acessórios deste e essenciais à sua continuidade.

> *Art. 35*
> *[...]*
> *§ 2º Extinta a concessão, haverá a imediata assunção do serviço pelo poder concedente, procedendo-se aos levantamentos, avaliações e liquidações necessários.*
> *§ 3º A assunção do serviço autoriza a ocupação das instalações e a utilização, pelo poder concedente, de todos os bens reversíveis.*

Entretanto, em se tratando do termo mais adequado, poder-se-ia dizer que a reversão, nos termos da lei, é um clássico exemplo do instituto da desapropriação e não exatamente de uma reversão. Todavia, tanto a legislação pertinente quanto a doutrina predominante a denominam reversão, não se atendo à desadequação do seu sentido nesse caso em particular.

Não obstante, ainda que o sentido da palavra pareça distorcido, toda vez que ocorrer a extinção da concessão ou permissão, há que ser feito um balanço quanto aos bens anteriormente adquiridos e os remanescentes, bem como a respectiva prestação de contas, a fim de se apurar se há algum valor a ser indenizado ao particular em relação aos bens discriminados no edital como remanescentes, ao passo que estes passam para a posse do poder concedente.

19.1. A Reversão e o Dever de Indenização

Primeiramente verificamos que o *direito de reversão* compreende a obrigação do poder concedente em *compensar o particular, por meio de indenização*, que se destituiu do papel de concessionário por motivo de extinção da concessão, no que se refere aos bens por este investido em troca de sua incorporação ao patrimônio público.

Devemos destacar, ainda na análise deste art. 36, que a lei associa a *indenização aos bens reversíveis que ainda não tenham sido amortizados ou depreciados*. Sendo assim, a *não amortização ou depreciação* dos bens reversíveis são requisitos essenciais para que se configure a obrigação da indenização pelo poder concedente.

Já a incidência desses elementos nos bens reversíveis poderá tanto tornar a indenização insuscetível de ser concedida como ter o seu valor reduzido proporcionalmente ao quanto houver sido depreciado ou não amortizado. Faremos a seguir breve análise sobre esses elementos.

19.2. Bens Reversíveis não Amortizados ou Depreciados

Com referência aos bens reversíveis ainda não amortizados ou depreciados, a princípio há que se afirmar que a lista ou o quadro de composição dos bens reversíveis, existente no início da vigência do contrato de concessão ou permissão, não se manterá, necessariamente, inalterado até ocorrer a sua extinção, sendo plenamente passível de alterações.

O mais importante nessa questão, contudo, é a obrigação do poder concedente no que se refere à amortização ou depreciação que deverá ser computada no cálculo da indenização dos bens reversíveis.

Em relação à primeira, há que se proceder a um cálculo de amortização, que em geral já estarão incluídas as tarifas pagas pelos usuários do serviço na vigência do contrato, e/ou as receitas alternativas ou complementares advindas por força da concessão e que venham a se incorporar aos bens reversíveis.

Da mesma maneira, não poderá se incluir no valor da indenização os bens depreciados, sendo o caso de que o Poder Público, ou ficará desobrigado a pagar o valor desses bens, ou pagará um valor inferior ao que seria devido, em razão de sua depreciação parcial.

19.3. A Aquisição pelo poder concedente dos Bens Reversíveis

Por outro lado, o § 1º do art. 35 reza que, com a extinção da concessão, os bens reversíveis retornam ao poder concedente, tudo conforme previsto no edital e estabelecido no contrato. Seguem os citados dispositivos legais para uma melhor interpretação, com os grifos que julgados conveniente destacar:

> *Art. 35. Extingue-se a concessão por:*
> *[...]*
> *§ 1º Extinta a concessão, retornam ao poder concedente todos os bens reversíveis, direitos e privilégios transferidos ao concessionário conforme previsto no edital e estabelecido no contrato.*

Resumidamente, trata-se, pois, de dois direitos distintos que são atribuídos por lei ao poder concedente e ao Concessionário. Um deles advém da iniciativa do poder concedente e se aplica ao particular, como forma de compensá-lo, por meio de indenização, pelos investimentos vinculados aos bens reversíveis.

Imprescindível, portanto, para que se efetive a indenização, que tais bens ainda não tenham sido amortizados durante a prestação do serviço, ou que tenham sido depreciados em virtude desta prestação.

O outro direito se aplica ao próprio Poder Público, que com a extinção da concessão e cumprida a devida indenização ao particular, além de reaver todos os direitos e privilégios previstos no edital e concedidos ao concessionário, adquire também o direito de se apossar de todos os bens reversíveis.

A previsão legal acerca da indicação e das características dos bens reversíveis tem sede na própria Lei nº 8.987/1995, que em seu art. 18, elenca em seus 16 incisos tudo o que deverá constar no edital de licitação, e os menciona especificamente nos incisos X e XI.

> *Art. 18. O edital de licitação será elaborado pelo poder concedente, observados, no que couber, os critérios e as normas gerais da legislação própria sobre licitações e contratos e conterá, especialmente:*
> *[...]*
> *X – a indicação dos bens reversíveis;*
> *XI – as características dos bens reversíveis e as condições em que estes serão postos à disposição, nos casos em que houver sido extinta a concessão anterior.*

Já o art. 23 dessa mesma lei, que cita as cláusulas essenciais do contrato, faz expressa menção aos bens reversíveis em seu inciso X, elevando-os também ao patamar de cláusula essencial a constar no contrato de concessão.

> *Art. 23. São cláusulas essenciais do contrato de concessão as relativas:*
> *[...]*
> *X – aos bens reversíveis.*

Conforme se constata, a prática do direto de reversão também representa uma forma de expressar a titularidade do serviço público pelo poder concedente, assim como a conservação do caráter público do serviço concedido ou permitido. Sendo assim, não há falar na aquisição dos bens utilizados na prestação do serviço pelo concessionário ou permissionário, tampouco que a natureza destes se transmuda de pública para privada ao término da concessão ou permissão e cumpridas as devidas indenizações.

Importa também que observemos que a finalidade desta medida de retomada pelo Poder Público dos bens reversíveis se justifica para que se mantenha ininterruptamente a prestação do serviço público antes concedido, diretamente ou mediante nova concessão, fato este que associa esta prerrogativa ao ideário do princípio da continuidade do serviço público.

19.4. Pode-se Somar Créditos ou Abater Débitos à Indenização do Art. 36 da Lei nº 8.987/1995?

Ainda no que toca à indenização referida no art. 36 do Estatuto de Concessão e Permissão, surgem outros questionamentos oportunos, sobre a possibilidade de nesta se incluir eventuais créditos ou abater outros débitos.

Por exemplo, se o concessionário estiver em débito com algum agente financeiro ou fornecedor? Ou, ao contrário, se tiver a legítima expectativa de crédito em relação a lucros cessantes? Acrescentam-se ou abatem-se à indenização básica do art. 36 estes valores?

E no caso de ocorrer a extinção da concessão no decorrer de seu prazo fixo por iniciativa do poder concedente, como ocorre na encampação, isto acarretaria na garantia da indenização típica somada aos valores referentes aos lucros cessantes?

Para responder a esses questionamentos, devemos nos reportar brevemente aos institutos da encampação e da caducidade, que são formas de extinção do contrato de concessão, conforme dispõem os incisos II e III do art. 35, respectivamente, e serão mais bem analisadas nesta sequência, no estudo da extinção da concessão.

Consoante o que dispõe o art. 37, à encampação deverá preceder o pagamento de indenização na forma do artigo anterior, qual seja, o art. 36, os quais trazemos a este texto, com grifos do texto original.

Ressaltamos que para uma melhor interpretação da questão aqui suscitada, convém que se faça a leitura dos dispositivos legais que se seguem pela ordem inversa, ou seja, efetue-se a leitura do art. 37 anteriormente à do art. 36.

> *Art. 36. A reversão no advento do termo contratual far-se-á com* a indenização das parcelas dos investimentos vinculados a bens reversíveis, ainda não amortizados ou depreciados, *que tenham sido realizados com o objetivo de garantir a continuidade e atualidade do serviço concedido.*
> *Art. 37. Considera-se encampação a retomada do serviço pelo poder concedente durante o prazo da concessão, por motivo de interesse público,* mediante lei autorizativa específica e *após prévio pagamento da indenização, na forma do artigo anterior.*

Com efeito, reportando-nos apenas à letra da lei, vemos que a indenização será paga previamente à encampação, e que esta decorre da retomada do serviço pelo poder concedente por motivo de interesse público e durante o prazo da concessão.

Esta indenização referida no art. 37 se trata da indenização básica que se insere no art. 36, onde se deduzem apenas as multas de praxe contratuais e as despesas decorrentes da própria caducidade.

Porém, não obstante o que diz a letra da lei, a doutrina é majoritária ao afirmar que, em qualquer forma de rescisão unilateral pelo Poder Público e por razões de interesse público, a indenização será integral, compreendendo não somente a parcela a que se refere o art. 36, mas somando-se a ela os danos emergentes e os lucros cessantes.

20. Extinção da concessão

Em consonância com o art. 29, inciso IV, do Estatuto da Concessão, incumbe ao poder concedente "extinguir a concessão, nos casos previstos nesta Lei e na forma prevista no contrato".

Já o art. 35 deste mesmo diploma legal dispõe, entre os incisos I e VI, sobre as modalidades de extinção da concessão, que são: *advento do termo contratual, encampação, caducidade, rescisão, anulação, falência ou extinção da concessionária.*

Ressaltamos também que a Constituição Federal, em seu art. 175 – o dispositivo constitucional que expressa a possibilidade da prestação do serviço público sob o regime de concessão ou permissão – faz alusão a duas modalidades da sua extinção, que são a *caducidade* e a *rescisão*. Diz o texto constitucional que a "lei disporá sobre" tais modalidades, sendo certo que tal lei é o Estatuto da Concessão e Permissão o qual analisamos neste trabalho.

Não obstante, nessa sequência abordaremos alguns aspectos de cada uma das modalidades trazidas pela lei em seu art. 35, pois que este não se ateve apenas às duas citadas no preceito constitucional.

20.1. Advento do Termo Contratual

O *advento do termo contratual*, que equivale a dizer "término do contrato", é a modalidade mais simples e corriqueira da extinção da concessão, pois que o seu contrato é por prazo, não guardando nenhuma relação com o seu objeto. Com efeito, quando este prazo expira, tem-se o consequente fim do contrato.

Nesses termos, extinto o prazo do contrato, extinguir-se-ão automaticamente a concessão e seus efeitos sobre o poder concedente e a concessionária, sem que a isto deva preceder qualquer ato de aviso ou notificação, previsão editalícia ou contratual, salvo a praxe de um termo circunstanciado de recebimento do serviço e dos bens públicos.

Ressaltamos a hipótese em que não ocorrerá a automática extinção da concessão findo o prazo do contrato, tão e somente se a este evento final precedeu a previsão editalícia de prorrogação do prazo, bem como o manifesto interesse das partes neste sentido. Configurando-se esse quadro, há que se proceder ao aditamento prorrogatório do contrato, antes que se dê o seu vencimento.

O advento da extinção do contrato pressupõe a imediata retomada da prestação do serviço pelo poder concedente, bem como o fim de todo e qualquer privilégio inerentes ao Poder Público e usufruído pelo particular enquanto da prestação do serviço público.

Outra particularidade é a que alude à "reversão" dos bens originariamente do patrimônio da concessionária e utilizados na prestação do serviço, para o patrimônio do poder concedente.

Conforme narrado em tópico específico, na prática não ocorre reversão de bens, pois que estes nunca foram de propriedade do Poder Público, e reversão, no verdadeiro sentido da palavra, é aquilo que volta, retorna, se assemelhando na realidade mais a uma desapropriação. Não obstante, o termo reversão já se consagrou na legislação e não encontra expressivas resistências na doutrina.

Há que se observar, contudo, se todos os investimentos realizados pelo particular para a adequada prestação do serviço foram devidamente amortizados e não foram depreciados durante o período da prestação. A inocorrência desses eventos acarreta na imediata obrigação da indenização por parte do poder concedente.

Deve ser ressaltado que este caso de indenização quanto aos investimentos não amortizados ou depreciados é uma exceção, sendo que a regra é a de que a extinção do contrato de concessão pelo advento do termo contratual por si só não gera direitos e deveres indenizatórios.

Outra questão a considerar nesse contexto indenizatório é sobre eventuais melhorias técnicas não previstas no contrato inicialmente, e por força do *princípio da atualidade*, realizadas pelo concessionário, em conformidade com o art. 6º, § 2º, c/c art. 36 da Lei nº 8.987/1995.

Buscando ilustrar o que se expôs, trazemos um fato que ocorreu no município do Rio de Janeiro, em que o Poder Público ordenou, por ato do prefeito, que determinada empresa de ônibus adaptasse seus veículos, em 5% de sua frota, com rampas para deficientes físicos.

Conforme se constata, esta iniciativa foi imposta unilateralmente pelo poder concedente no curso do contrato de concessão, e isto com fundamento no art. 65 da Lei nº 8.666/1993. Todavia, tal despesa obviamente não estava incluída no valor da tarifa apresentado pelo concessionário quando selado o contrato de concessão.

Na impossibilidade de se incrementar um reajuste de tarifa, quando se tratar de tarifa única, há que se proceder a uma indenização ao final do contrato de concessão. Ressalta-se que o que sobreveio foi um fator que potencialmente afetaria o equilíbrio econômico-financeiro do concessionário, e que não poderá ser suportado por este.

Com efeito, no advento do termo contratual caberá ao Poder Público indenizá-lo do investimento que se lhe obrigou, por força do art. 36 da Lei nº 8.987/1995.

20.2. Encampação

A encampação é a forma de extinção da concessão que se encontra prevista no inciso II do art. 35, e cuja definição se esboça no art. 37, ambos da Lei de Concessão e Permissão.

> *Art. 37. Considera-se encampação a retomada do serviço pelo poder concedente durante o prazo da concessão, por motivo de interesse público, mediante lei autorizativa específica e após prévio pagamento da indenização, na forma do artigo anterior.*

O instituto da encampação ou resgate, conforme se depreende da leitura do texto supra citado, se constitui em ato administrativo unilateral discricionário, pois se configura pela iniciativa do poder concedente em retomar o serviço concedido. Porém, ressaltamos que não é o caso de se cogitar qualquer culpa do contratado, tampouco a sua inadimplência.

O que se insurge de especial nesse contexto é quanto ao fato de que a retomada do serviço se dá dentro mesmo do prazo da concessão, ainda que não incorra qualquer ação do particular que contribua para essa retomada precoce, que se dá antes da expiração do prazo do contrato.

A evocação do serviço pelo poder concedente durante o prazo de concessão encontra sede na prerrogativa especial de que se vale o Poder Público em rescindir unilateralmente os contratos administrativos, sobressaindo-se e relevando o interesse público.

Em outras palavras, podemos asseverar que a possibilidade de encampação dentro do instituto da concessão e permissão resulta do princípio da supremacia do interesse público sobre o particular.

Nesses termos, fica claro que a discricionariedade para tal ato não será um mero resultado do livre arbítrio do Poder Público, mas sim do indiscutível e preponderante interesse público que rege as relações existentes em todo contrato administrativo, e que se sobrepõe a qualquer interesse particular.

Interesse Público: É ele que norteará a medida de encampação, e não o simples interesse isolado da Administração. Não obstante, há que ficar comprovada a veracidade de tal alegação, sob pena de gerar ao particular o direito de alegar a nulidade da encampação.

Deve-se atentar, contudo, para à exigência, na parte final do art. 37, de lei autorizativa específica e prévio pagamento da indenização ao concessionário, na forma do art. 36, como fatores condicionantes para a efetivação da encampação. Façamos uma breve análise sobre estas condicionantes.

20.2.1. Lei Autorizativa Específica

Originariamente, a encampação era realizada por meio de decreto do chefe do Executivo, e assim o foi por muito tempo, até que se começou a questionar sobre a eventualidade do mau uso político para a consecução deste ato, resultando na iniciativa do Legislativo de atrair para si esta competência, conforme restou estabelecido pelo texto da Lei nº 8.987/1995, em seu art. 35.

A partir de então, a encampação passou a ser feita mediante lei autorizativa específica, tornando-se clara a atuação do Poder Legislativo para a edição desta lei e para a configuração do ato administrativo.

Mediante isso, confirmamos que a encampação não mais segue o rito normal do ato administrativo para se formalizar. Sendo do entendimento do chefe do Executivo a necessidade de realizar uma determinada encampação, deverá este enviar uma mensagem ao Legislativo rogando a sua avaliação e a edição da competente lei autorizativa específica.

Registramos que o pedido do Executivo para a edição de lei autorizativa específica deve demonstrar o indubitável interesse público que está justificando a prática de cláusula exorbitante.

Vale a ressalva de que esta lei terá a natureza de lei de efeito concreto, posto não se tratar de uma lei em tese, ou de uma lei abstrata que se aplique a todos indistintamente. Tal lei recairá tão somente sobre o concessionário e será passível de mandado de segurança.

Parte da doutrina tem se inclinado de forma contrária a esta exigência de lei autorizativa específica, por considerar que a encampação nada mais é que medida de gestão administrativa comum, típica, e, portanto, insuscetível de se submeter a uma prévia atuação do Poder Legislativo.

Esta medida encerra a feição de um controle do Legislativo sobre o Executivo, dentro de sua gestão administrativa, por meio de legislação infraconstitucional, contrariando previsão constitucional expressa que prega a separação dos poderes.

Há quem entenda, na doutrina, ser uma conduta normal por parte do legislador, visto que não raro a lei condiciona outros fatores, nada obstante condicione também esta medida de exigência de lei autorizativa específica para a encampação.

Não registramos até então a existência de qualquer questionamento a respeito da constitucionalidade deste item do art. 37 da Lei nº 8.987/1995, o qual requer a existência de lei autorizativa específica para formalizar a Encampação.

Não obstante, o nosso entendimento é no sentido de que a citada condicionante da encampação é inconstitucional, pois que fere a independência do Poder Executivo no que toca à gestão de seus atos, neste caso específico, a gestão do contrato administrativo.

O dispositivo da lei em estudo transfere a competência do Executivo, inerente à administração dos contratos administrativos, para o Poder Legislativo, trazendo uma inequívoca violação ao princípio constitucional da separação dos poderes, estatuído no art. 2º da nossa Lei Maior: "*São Poderes da União, independentes e harmônicos entre si, o Legislativo, o Executivo e o Judiciário.*"

20.2.2. Fundamento da Alegação de Inconstitucionalidade

Este mesmo entendimento já foi fartamente utilizado pelo Supremo Tribunal Federal, no julgamento de controvérsias que foram levadas à sua análise, muito embora versando sobre pleitos com diferentes enfoques.

Em um desses julgamentos, buscava-se arguir a inconstitucionalidade da Lei nº 7.304/2002, a qual foi editada pela Assembleia Legislativa do Estado do Espírito Santo, concedendo privilégios sobre o pagamento de pedágio no âmbito daquela unidade federativa.

Pretendia tal lei excluir da relação de veículos sujeitos ao pagamento do pedágio as motocicletas, e conceder aos estudantes um desconto de 50% sobre esta mesma obrigação pecuniária, não levando em conta o contrato de concessão celebrado entre o poder concedente e o concessionário de serviço público, responsável pelas vias expressas concedidas e arrecadadoras do pedágio.

Cabem ao poder concedente, na pessoa do estado do Espírito Santo, por intermédio do Departamento de Estradas e Rodagens, autarquia esta vinculada à Secretaria de Estado dos Transportes e Obras Públicas, e à Concessionária de Serviço Público, Rodovia do Sol S/A, pessoa jurídica de direito privado, a prática de eventuais modificações contratuais, sendo inadmissível dentro dos parâmetros legais e constitucionais a ingerência de uma terceira pessoa alheia a esta relação contratual.

Urge, ainda, que na relação entre as partes e na prática de eventuais modificações contratuais, se resguarde o equilíbrio econômico-financeiro do contrato e o atingimento do interesse público. Entre essas modificações pode-se incluir até a extinção do contrato, seja por encampação, caducidade, rescisão ou anulação do contrato, entre outras medidas.

A decisão da Suprema Corte, sobre a arguição de inconstitucionalidade da citada Lei estadual, e por meio do voto do relator Eros Grau, foi no sentido de entender que

> o texto normativo atacado, ao conceder isenções e descontos nos pedágios estaduais, altera substancialmente o contrato celebrado entre o poder concedente [...] e concessionário de serviço público.

Na mesma linha de raciocínio, entende ser inadmissível a ingerência do Poder Legislativo na esfera própria das atividades da Administração Pública[1].

Valendo-nos desta lógica e da eminente decisão da lavra do Ministro Eros Grau do Supremo Tribunal Federal, no julgamento da ADIn nº 2.733/ES, é que apontamos para a inconstitucionalidade da parte final do art. 37, a qual traz como requisito para a formatação da encampação "lei autorizativa específica".

Na esteira das considerações do citado ministro, o requisito da edição de uma lei autorizativa específica para reger matéria concernente à concessão de serviço público, equivale à ingerência do Poder Legislativo na esfera própria das atividades da Administração Pública, o que é inadmissível em afronta ao princípio da separação dos Poderes.

20.2.3. Prévio Pagamento da Indenização

O prévio pagamento da indenização pelo poder concedente à concessionária também está previsto na parte final do art. 37, ao contrário do que ocorre na caducidade, em que o pagamento da indenização é *a posteriori*.

Registramos que esta indenização é relativa aos bens da concessionária que foram empregados na prestação do serviço concedido, e juntamente com a exigência de lei autorizativa, constitui condição para a validade da encampação.

O que releva notar é que a prestação do serviço público, objeto da encampação, não pode parar com a sua declaração e com o trâmite para a retomada do serviço, em homenagem ao princípio da continuidade e manutenção do serviço público.

Sendo assim, para que a continuidade do serviço não seja afetada, juntamente com a retomada do serviço devem agregar os bens a ele vinculados, daí o motivo pelo qual a encampação exige indenização prévia.

Diz o texto do art. 37:

> *Considera-se encampação a retomada do serviço pelo poder concedente durante o prazo da concessão, por motivo de interesse público [...] após prévio pagamento da indenização, na forma do artigo anterior.*

Contudo, vemos que a lei estabelece, em seu art. 37, que a forma do pagamento da indenização na encampação será a mesma prevista no artigo anterior, o art. 36, o qual dispõe sobre a reversão no advento do termo con-

[1] Ao final do seu voto, o ministro relator Eros Grau assim conclui: "A afronta ao princípio da harmonia entre os poderes é evidente, na medida em que o Poder Legislativo pretende substituir o Executivo na gestão dos contratos por este celebrados, introduzindo alterações unilaterais em contratos administrativos. Permiti-me sublinhar a circunstância de aqui aludir não a uma improvável e inconsistente "separação" – que a doutrina atualizada sepultou há várias décadas – mas à harmonia entre os poderes, na linha do que afirmei em meu voto na ADIn nº 3.367"[...] "Julgo improcedente o pedido formulado nesta ação direta e declaro inconstitucional a Lei 7.304/2002 do Estado do Espírito Santo". (ADIn nº 2.733/ES. Min. Rel. Eros Grau)

tratual, "com indenização das parcelas dos investimentos vinculados a bens reversíveis, ainda não amortizados ou depreciados".

Parece-nos também razoável poder incluir nesta indenização valores relativos a investimentos não previsíveis no contrato de concessão, e cuja obrigatoriedade foi imposta unilateralmente pelo poder concedente no curso do contrato, com amparo no art. 65 da Lei nº 8.666/1993, tal qual anunciado na indenização do advento do termo contratual.

20.2.3.1. Essa Indenização Inclui Danos Emergentes e Lucros Cessantes?

Enfaticamente, podemos asseverar que a indenização devida na encampação não inclui lucros cessantes, mas tão somente os danos emergentes, e que em regra apenas os bens reversíveis que ainda não foram amortizados, ou os que foram depreciados, entrarão no cômputo desta indenização.

Ademais, o mandamento legal constante na parte final do art. 37 traz a previsão da indenização prévia como forma de compensar a retirada dos lucros cessantes. Subsiste, todavia, a inexpressiva corrente doutrinária que continua a sustentar a admissibilidade de se incluir danos emergentes e lucros cessantes na indenização da encampação.

A corrente se sustenta no entendimento de que, em qualquer rescisão unilateral pelo poder concedente, por razões de interesse público, deve ocorrer indenização integral, incluindo danos emergentes e lucros cessantes. Registramos que este entendimento é superado e não prospera na melhor doutrina vigente.

Por fim, importa observar que o pagamento da indenização devida na encampação não deverá se submeter ao processo do pagamento por precatório judicial, tendo em vista trata-se de uma mera decisão administrativa, fora, portanto, da esfera dos precatórios.

20.3. Caducidade

A Caducidade, prevista como forma de extinção da concessão no inciso III do art. 35, encontra no art. 38 toda a sua delineação e as hipóteses em que poderá ser declarada pelo poder concedente, dentro dos incisos do seu § 1º.

No estudo deste instituto, o que se deve ressaltar, de plano, é que a caducidade é a forma de extinção da concessão que decorre por inadimplência do concessionário. Falamos, portanto, de uma rescisão em que a concessionária deu causa à sua decretação, e que ocorrerá, portanto, por ato unilateral do poder concedente.

Não obstante, a declaração de caducidade se dará somente após a devida apuração das faltas da concessionária em regular processo administrativo, sendo-lhe assegurado o contraditório e a ampla defesa.

Haja vista a gravidade da consequência que recairá sobre a concessionária se restarem comprovadas as falhas no seu serviço, a notificação a ela dirigida deve especificar, minuciosamente, as violações contratuais que se lhe impõem, para que esta, querendo, as corrija e as enquadre nos termos processuais, evitando, destarte, a decretação da sua caducidade.

Com efeito, uma vez comprovada a falha na prestação do serviço por meio de procedimento administrativo, caberá ao poder concedente declarar, querendo, a caducidade da concessão ou a aplicação das sanções contratuais.

A via para tal declaração, contudo, prescinde a autoridade ou a comissão que presidiu o procedimento administrativo, pois reza o § 4º do art. 38 que a caducidade será declarada por decreto do poder concedente, ato administrativo este privativo de chefe do Poder Executivo.

Nesses termos, caberá à autoridade administrativa que apurou a irregularidade na prestação do serviço concedido, tão somente propor a sua caducidade ao chefe do Poder Executivo da entidade estatal concedente.

Este último, por seu turno, terá discricionariedade para acolher ou não a proposta de caducidade da concessão de serviço público, não lhe recaindo, por conseguinte, a obrigatoriedade para tal.

20.3.1. A Indenização Devida na Caducidade

Quando falamos em caducidade, devemos ter em mente que o seu *fato gerador*, por assim dizer, nada mais é do que a inadimplência da concessionária, e a retomada do serviço concedido pelo poder concedente é a manifestação de interesse público, que se personifica na defesa do usuário do serviço, que é a coletividade.

O poder concedente, como titular do serviço público que é, deverá estar constantemente em vigília para assegurar a sua adequada e ininterrupta prestação, e quando esta se encontrar ameaçada ou prejudicada, restar-lhe-á a retomada do serviço.

Ocorre que o poder concedente não retoma para si apensas o serviço, como também os bens que se encontrarem vinculados a este no momento da sua declaração. Trata-se de bens que foram regularmente adquiridos pela concessionária para a prestação do serviço, e, por isso, se torna razoável que ele seja indenizado pelas suas perdas.

Isto porque, uma vez declarada a caducidade, e posto tratar-se de penalidade imposta pelo poder concedente à concessionária, há que se proceder também a um levantamento para a constatação de existência de investimentos não amortizados ou depreciados. Acaso existentes, haverá o direito à indenização pela concessionária por estes investimentos.

Todavia, será lícito ao Poder Público concedente abater desta indenização os prejuízos causados em razão da inadimplência na prestação do serviço, bem como as multas contratuais eventualmente estabelecidas no contrato de concessão.

Diante disso, resta claro que o poder concedente estará compensando no valor da indenização os prejuízos que se lhe recairiam por culpa da concessionária.

Então, ainda que exista o direito à indenização, decorre da lei que do montante indenizatório deverá ser descontado o valor das multas contratuais e dos eventuais danos causados pela concessionária.

Contudo, não há falar em lucros cessantes dentro desta indenização, pois sendo a retomada do serviço decorrente da falta da concessionária, esta não poderá fazer jus ao que deixou de ganhar com o fim da concessão do serviço.

Ao contrário, conforme já dito, determina a lei que do montante da indenização serão descontados os valores concernentes às multas contratuais e aos danos que porventura tiverem sido praticados pela concessionária, no decorrer da prestação do serviço concedido.

Atente-se ainda para o fato de que a decretação da caducidade não está vinculada ao prévio pagamento da indenização devida, e o seu cálculo se dará no decorrer do procedimento, na forma do art. 36 do Estatuto de Concessão e Permissão.

Igualmente importante é a ressalva de que, ocorrendo a caducidade, o poder concedente fica desobrigado do que foi assumido em momentos anteriores à sua retomada, ou seja, daquelas obrigações assumidas pela concessionária enquanto prestava o serviço público.

Sendo assim, a declaração de caducidade não gera ao poder concedente o dever da assunção de quaisquer obrigações ou compromissos assumidos anteriormente pela concessionária, notadamente no que alude a vínculos empregatícios estabelecidos entre este e seus empregados, conforme se depreende da leitura do art. 38, § 6º da Lei de Concessão e Permissão.

20.3.2. Hipóteses em que a Caducidade da Concessão Poderá ser Declarada

Conforme se constata com a sua leitura, o *caput* do art. 38 dispõe de forma generalizada que a inexecução total ou parcial do contrato de concessão acarretará na sua declaração da caducidade ou na aplicação das sanções contratuais, a critério do poder concedente.

Nada obstante, o parágrafo único deste mesmo artigo elenca em seus incisos, de forma específica, ocasiões em que esta caducidade poderá ser declarada. Transcrevemos, a seguir, ditas previsões:

> a) O serviço estiver sendo prestado de forma inadequada ou deficiente, tendo por base as normas, critérios, indicadores e parâmetros definidores da qualidade do serviço.
>
> b) A concessionária descumprir cláusulas contratuais ou disposições legais ou regulamentares concernentes à concessão.
>
> c) A concessionária paralisar o serviço ou concorrer para tanto, ressalvadas as hipóteses decorrentes de caso fortuito ou força maior.
>
> d) A concessionária perder as condições econômicas, técnicas ou operacionais para manter a adequada prestação do serviço concedido.
>
> e) A concessionária não cumprir as penalidades impostas por infrações, nos devidos prazos.
>
> f) A concessionária não atender à intimação do poder concedente no sentido de regularizar a prestação do serviço.
>
> g) A concessionária for condenada em sentença transitada em julgado por sonegação de tributos, inclusive contribuições sociais.

Cumpre informar que a hipótese de paralisação do serviço pela concessionária constante na letra "c", caracterizando a sua descontinuidade e dando ensejo à declaração de caducidade pelo poder concedente, encontra algumas exceções que não devem ser ignoradas.

20.3.3. Quando a Paralisação do Serviço não se Caracteriza como sua Descontinuidade

Com efeito, nem toda paralisação do serviço é causa para tornar a sua concessão passível de declaração de caducidade pelo poder concedente, e isto está expresso na lei de concessão, em seu art. 6º, § 3º, incisos I e II. E já abordado no item 33.

Sendo assim, reza a lei que

> *não se caracteriza como descontinuidade do serviço a sua interrupção em situação de emergência ou após prévio aviso, quando motivada por razões de ordem técnica ou de segurança das instalações, ou por inadimplemento do usuário, considerando o interesse da coletividade.*

20.3.4. Diferenças Básicas entre Encampação e Caducidade

Uma das diferenças entre a encampação e a caducidade está na distinta forma de indenização destas. De acordo com a legislação em estudo, a estas duas modalidades de extinção da concessão se aplica a indenização a que se refere o art. 36 da Lei nº 8.987/1995.

Trata-se da indenização vinculada aos bens reversíveis ainda não amortizados ou depreciados, realizados com o objetivo de garantir a continuidade e atualidade do serviço concedido. Todavia, na caducidade a indenização toma um rumo diferente, levando-se em conta que houve a contribuição da concessionária para a extinção da concessão.

Nesse caso, há que se considerar que a extinção gerou prejuízos à coletividade, e este prejuízo será descontado no montante a ser indenizado, como uma forma de compensação, conforme preconizado no § 5º do art. 38.

Além disso, fica acertado, de acordo com o texto do § 4º desse mesmo artigo, que, uma vez comprovada a inadimplência da concessionária, por meio do competente processo administrativo, é declarada a caducidade *independentemente de indenização prévia.*

Esta se difere da indenização devida na encampação, por ensejar a legislação que a encampação se dará mediante lei autorizativa específica e *prévio pagamento da indenização.*

Mas o que se verifica, na prática, é que a diferença da indenização nas modalidades da encampação e caducidade não será tão expressiva, a ponto de justificar os diferentes motivos que deram ensejo a sua consecução. Vejamos o exemplo a seguir:

Citamos primeiramente o caso da concessionária que, vencedora de uma licitação pública por apresentar melhores propostas para a cobrança de tarifa e para a prestação do serviço, o desempenho de maneira adequada e eficiente, se esquivando, inclusive, de concorrer a outras licitações para não atrapalhar o seu desempenho nesta prestação.

Não obstante toda a prestação adequada do serviço público, e sem que tenha contribuído para tal, sofre encampação, por motivo de interesse público, e subitamente deixa de auferir os lucros que eram previsíveis dentro do período do contrato.

Falamos, no caso, de não mais existir o direito a lucros cessantes na indenização devida com fim da concessão. Ou seja, a concessionária não será indenizada pela perda do direito de prestar o serviço no tempo estipulado no contrato (lucros cessantes), ainda que não tenha contribuído para tal resilição, fazendo jus apenas ao que foi gasto (danos emergentes).

Esse mesmo tratamento será aplicado à concessionária que deu causa à caducidade, incorrendo na prestação do serviço um dos motivos elencados nos incisos do § 1º do art. 38, como por exemplo, o serviço ter sido prestado de forma inadequada ou deficiente.

Ressaltamos que a única diferença entre ambas, conforme já dito anteriormente, é que neste caso a indenização não será prévia, ao contrário da indenização na encampação, e ser-lhe-ão descontados na indenização dos danos emergente os valores das multas contratuais e dos danos causados pela concessionária.

Outras diferenças básicas entre a *caducidade e encampação* são quanto ao motivo e quanto à *forma*. No que tange ao *motivo*, podemos asseverar que na encampação há motivos de ordem pública, ao passo que na caducidade há inadimplência do contratado.

Quanto à *forma*, a encampação é declarada por via de lei autorizativa específica (art. 37, Lei nº 8.987/1995) havendo a flagrante interferência do Poder Legislativo em ato administrativo do Poder Executivo.

A caducidade, por sua vez, é declarada por decreto do poder concedente, precedido de ampla defesa e contraditório em processo administrativo (art. 38, § 4º, Lei nº 8.987/1995).

ENCAMPAÇÃO Art. 37 da Lei nº 8.987/1995	**CADUCIDADE Arts. 32 e 38 da Lei nº 8.987/1995**
1 – Razões de interesse público	1 – Inadimplência do concessionário
2 – Lei Autorizativa	2 – Decreto (precedido de ampla defesa e contraditório, § 4º, Art. 38 da Lei nº 8.987/1995 – processo administrativo)
3 – Prévia Indenização (somente para danos emergentes)	3 – Sem prévia indenização

20.4. Rescisão

A *rescisão* é forma de extinção da concessão, conforme dispõe o inciso IV do art. 35, e com descrição no art. 39, ambos da Lei nº 8.987/1995. Contudo, genericamente falando, rescisão é forma de designar diferentes modos de extinção de contrato, de forma antecipatória e final.

A Lei de Concessão emprega o termo *rescisão* tão somente quando se refere àquela cuja iniciativa é da concessionária, adversamente ao sentido genérico aplicado pela Lei nº 8.666/1993, em seu art. 77, que dispõe sobre o desfazimento do contrato antes do termo final.

Disseminando o seu sentido, podemos dizer que a palavra *rescisão*, cujo vocábulo vem da raiz de *rescinde-*

re, denota rompimento, interrupção, corte, separação. No âmbito da concessão, esse rompimento se relaciona diretamente à obrigação pactuada entre as partes e formalizada por meio do contrato.

Com efeito, tudo o que foi pactuado entre as partes e selado no contrato sofre um rompimento com o advento da rescisão. Em outras palavras, a rescisão desintegra os termos do contrato, bem como as obrigações nele acordadas.

Já quanto ao seu fundamento, podemos dizer que a *rescisão* é a independência da Administração Pública, pois na prática deste ato se vale a Administração da prerrogativa de utilizar as cláusulas exorbitantes a seu favor, podendo rescindir unilateralmente o contrato. É fato que esta mesma prerrogativa não é extensiva à concessionária, não sendo lícito a esta a unilateralidade para rescindir.

20.4.1. As Três Modalidades de Rescisão

Dentro do estudo da concessão, podemos afirmar que a rescisão pode se apresentar de três formas distintas, sendo elas: 1. por acordo entre as partes; 2. por ato unilateral da Administração; ou 3. por decisão judicial provocada pelo Judiciário.

20.4.1.1. Rescisão Mediante Acordo Entre as Partes

A primeira delas, rescisão mediante acordo entre as partes, ou rescisão amigável, ocorre pela conveniência recíproca. Esta rescisão equivale ao distrato bilateral, que é a anulação do contrato, e extingue os direitos e obrigações que foram nele estabelecidos. Há que ser declarada por autoridade administrativa competente, sendo nesse caso aquela que determinou a concessão, e mediante ato devidamente justificado.

20.4.1.2. Rescisão por Ato Unilateral da Administração: Encampação e Caducidade

A segunda forma de rescisão é aquela que se dá por ato unilateral da Administração, e é imposta pelo poder concedente. Dentro da lei, podemos apontar duas modalidades de rescisão com esse perfil, a saber:

A *encampação*, que se origina por motivo de interesse público, e a *caducidade*, cuja causa é a inadimplência da concessionária. Com efeito, encampação e caducidade são formas de rescisão por ato unilateral da Administração.

20.4.1.3. Rescisão por Decisão Judicial

Por fim, tem-se a rescisão por decisão judicial, cujo processo se inicia por provocação da concessionária por motivo de descumprimento de contrato por parte do poder concedente.

Esta *rescisão* é a que se refere o art. 39, sendo a única modalidade que foi especificamente declarada como tal dentro da lei. Conforme relatado anteriormente, outras formas de rescisão receberam nomes distintos, tais como a *caducidade* e a *encampação*, e são rescisão no sentido genérico.

Para se efetivar essa modalidade de rescisão, caberá à concessionária propor a competente ação judicial, provando o descumprimento das normas contratuais pelo poder concedente e pleiteando a extinção a concessão.

A decisão do processo judicial não poderá ser substituída por medida liminar, eis que a lei deixa claro que deverá se submeter ao trânsito em julgado. E enquanto perdurar o processo judicial e não houver a decisão judicial transitado em julgado, não poderá a concessionária interromper ou paralisar os serviços prestados, em homenagem ao princípio da continuidade que se aplica à concessão de serviço público.

Entende-se que uma conduta contrária da concessionária nesse sentido, ou seja, uma eventual paralisação na prestação do serviço antes da decisão transitada em julgado, poderá ensejar uma inversão dos papéis das partes. O poder concedente passa a deter o direito de pronunciar a extinção da concessão por caducidade, que é a inexecução total ou parcial do contrato.

Com isso, fica claro que para que ocorra a paralisação da prestação do serviço pela concessionária, mesmo que por culpa do poder concedente, deve haver o inteiro trâmite do processo judicial que busca esta extinção.

O mesmo não ocorre quando a extinção se dá por culpa da concessionária, transcorrendo por simples processo administrativo, assegurado o direito do contraditório e da ampla defesa.

Todavia, essa obrigação que recai sobre a concessionária, de aguardar todo o trâmite do processo judicial e o trânsito em julgado da decisão, para apenas depois interromper a prestação do serviço, não nos parece uma realidade na prática.

Ao contrário, encosta na utopia a obrigatoriedade de a concessionária manter a adequada prestação do serviço, mesmo tendo o poder concedente descumprido as normas contratuais da concessão, e só poder interrompê-lo após o trânsito em julgado da decisão judicial.

Atender a esse dispositivo legal, que foge à realidade e beira as margens de um confisco seria o equivalente à concessionária assumir anos de prejuízo, até que se configurasse a solução da lide no último grau de instância recursal, o que não seria justo exigir.

Certamente, essa obrigação imposta à concessionária vai gerar queda na qualidade do serviço, e muito provavelmente a busca de medida judicial antecipatória que o desobrigue de manter a prestação do serviço, muito embora a lei acene para esta impossibilidade.

Pode ocorrer, contudo, nessas hipóteses, a busca por uma rescisão amigável, quando o ente público reconhece o prejuízo que causaria à concessionária com a demanda judicial, e se dispõe a amenizá-la. Outra saída seria também a elaboração de nova licitação para a concessão, definindo as novas condições impostas pelo poder concedente.

A imediata publicação de edital para a renovação da licitação poderá servir como motivo para que a concessionária se mantenha, ainda que transitoriamente, na exploração do serviço público.

Há que se observar que se tratando de serviço essencial, ocorrendo o abandono na sua prestação, caberá a sua outorga, em caráter de urgência, validada até a ultimação da licitação.

Conforme se constata, o poder público não poderá se esquivar de atender os usuários, tampouco permitir que sejam prejudicados com a prestação inadequada do serviço essencial ou a sua paralisação.

20.4.2. Qual a Diferença da Resilição para a Rescisão e Resolução?

Juridicamente, podemos dizer que a rescisão tem o seguinte sentido: "desfazimento do vínculo contratual em razão do não cumprimento de uma de suas cláusulas". Isso equivale a dizer que a rescisão se deu por motivo de quebra do contrato, ou que a rescisão decorre de uma violação contratual. Registramos, todavia, que nem sempre a doutrina expressa textualmente esta definição com tanta precisão.

A resilição, apesar de possuir grafia muito semelhante, é diferente da rescisão, por ser decorrente da mera manifestação de vontade. Aqui não se vislumbra a violação contratual ou quebra de cláusula.

A resilição pode ainda se dar pela forma unilateral ou bilateral, dependendo se a manifestação de vontade emanou de uma ou de ambas as partes do contrato.

Nesse sentido, ressaltamos que a denúncia é ato unilateral de desfazimento de contrato, ao passo que o distrato é o acordo de vontade em que as duas partes do contrato desfazem o vínculo por acordo de vontades.

Temos por fim a resolução, que equivale ao desfazimento do vínculo contratual sem que tenha havido a manifestação de nenhuma das partes, mas sim um ato ou evento estranho ao contrato que ensejou o seu desfazimento.

Exemplificamos este ato de resolução com o exemplo mais extremo que se possa dar, mas que bem ilustra a sua feição, que é a morte de uma das partes, a qual impede o cumprimento do contrato. A morte do concessionário, por exemplo, desencadeia no desfazimento do vínculo contratual.

20.4.3. Cabe a Alegação da Exceção do Contrato não Cumprido pela Concessionária?

Conforme já anunciado, o dispositivo da lei contido no art. 39, *caput* e parágrafo único, estabelece que no caso de descumprimento das normas contratuais pelo poder concedente, o contrato de concessão poderá ser rescindido mediante ação judicial da concessionária, não podendo esta, contudo, interromper ou paralisar os serviços até o decisão judicial transitada em julgado.

Deste texto se conclui que o legislador ordinário afastou a possibilidade de se obter a solução da lide por meio de decisão liminar, pois expressamente exige o trânsito em julgado da decisão. Da mesma forma, não deixa margem à concessionária para que interrompa a prestação do serviço antes de emitida a decisão final.

Não cabe, inclusive, alegar a culpa do poder concedente para interromper a prestação do serviço, pois passará a figurar como inadimplente e ficará suscetível de sofrer caducidade.

Pergunta-se, portanto, sobre a real possibilidade de a concessionária alegar a exceção do contrato não cumprido em face do poder concedente, quando este descumprir as normas contratuais.

Ocorre, pois, que a limitação para se apresentar a exceção do contrato não cumprido se aplica tão somente aos casos de prestação de serviço sujeitos ao princípio da continuidade do serviço público.

Quando se tratar de serviços que não estão sujeitos à aplicação deste princípio, como o serviço de obras, de entrega de material, de seguros, de segurança etc., estarão passíveis da alegação pelo particular da exceção do contrato não cumprido (*exceptio*).

Devemos registrar que a Lei nº 8.666/1993 elenca nos incisos de seu art. 78 motivos para a rescisão do contrato unilateralmente pelo particular, entre eles a suspensão na execução por prazo superior a 120 dias, e o atraso superior a 90 dias na prestação do serviço.

20.4.4. Incorre o Direito de Indenização na Rescisão?

No que alude à indenização, diferentemente do que dispõe a lei quanto ao advento do termo contratual, encampação e caducidade, em que tal previsão é expressa, o legislador ordinário foi omissão em estabelecer a existência de indenização para a rescisão do contrato de concessão por culpa do poder concedente.

Sendo assim, esta omissão deixou uma empreitada para as interpretações doutrinárias acerca da Lei de Concessão e Permissão. Nesse sentido, opinamos que parece evidente ser devida a indenização na rescisão contratual do art. 39 da lei.

Mais ainda, entendemos que, se o legislador dispôs sobre a indenização nos casos do advento do termo contratual, encampação e caducidade, com muito mais razão a disporia nos casos da rescisão, por se tratar este de culpa do poder concedente.

A indenização devida ao concessionário tem por objetivo diminuir o prejuízo deste pela extinção do contrato na prestação do serviço público, e sendo a interrupção por culpa do poder concedente, não seria certo retirar do particular o direito a reaver o valor dos bens empregados nesta prestação.

O que se deve observar, contudo, é o dispositivo da lei que preceitua que a rescisão deverá ser intentada por ação judicial específica para este fim, sendo certo que é esta que determinará o valor da indenização a ser pago, assim como a forma e as condições de pagamento.

Registramos a existência de entendimento doutrinário que opina, ainda, que somados à indenização dos bens reversíveis venha o pagamento dos lucros cessantes, com fulcro no art. 1.059 do Código Civil brasileiro, contrariando a doutrina majoritária que não acolhe a ideia de lucros cessantes na indenização da concessão.

20.4.5. Subsiste Alguma Responsabilidade ao poder concedente com a Decretação da Rescisão por Culpa Deste?

Quando estudamos as modalidades de extinção da concessão elencadas no art. 35, podemos constatar que apenas o art. 38, que preceitua a caducidade, faz expressa menção quanto à não existência de responsabilidade por parte do poder concedente com relação a terceiros e empregados após a decretação da caducidade.

São estas as palavras a respeito da responsabilidade do poder concedente ditadas no § 6º do art. 38:

> Declarada a caducidade, não resultará para o poder concedente qualquer espécie de responsabilidade em relação aos encargos, ônus, obrigações ou compromissos com terceiros ou com empregados da concessionária.

Mais uma vez o legislador foi omisso na questão quanto às demais modalidades da extinção do contrato, ao nada dispor sobre a responsabilidade ou não do poder concedente.

Todavia, outros dispositivos dentro da lei já deixaram expressamente ressaltada a delimitação da responsabilidade do poder concedente, o que deve ser aplicado aos artigos cujos textos são omissos a este respeito, senão vejamos:

Reza o *caput* do art. 25 da lei:

Incumbe à concessionária a execução do serviço concedido, cabendo-lhe responder por todos os prejuízos causados ao poder concedente, aos usuários ou a terceiros, sem que a fiscalização exercida pelo órgão competente exclua ou atenue essa responsabilidade.

Vejamos também o texto do parágrafo único do art. 31:

> As contratações, inclusive de mão de obra, feitas pela concessionária serão regidas pelas disposições de direito privado e pela legislação trabalhista, não se estabelecendo qualquer relação entre os terceiros contratados pela concessionária e o poder concedente.

Ademais, a redação do art. 71 do Estatuto Geral de Licitação, em seu *caput* e § 1º, já trazia disposição a este respeito:

> *O contratado é responsável pelos encargos trabalhistas, previdenciários, fiscais e comerciais resultantes da execução do contrato.*
> *§ 1º A inadimplência do contratado, com referência aos encargos trabalhistas, fiscais e comerciais não transfere à Administração Pública a responsabilidade por seu pagamento, nem poderá onerar o objeto do contrato ou restringir a regularização e o uso das obras e edificações, inclusive perante o Registro de Imóveis.* (Redação dada pela Lei nº 9.032, de 1995)

Selam-se, com isso, quaisquer controvérsias que eventualmente possam surgir quanto à responsabilização do poder concedente com terceiros e empregados, valendo o que diz de forma expressa os citados dispositivos legais. Nesse sentido, ratificamos não subsistir responsabilidade alguma por parte do poder concedente, ainda que a decretação da rescisão se dê por sua culpa.

20.4.6. O que Faz a Rescisão ser o Reverso da Caducidade?

Não é difícil concluir que, nos termos da Lei nº 8.987/1995, a rescisão equivale ao reverso da caducidade. Nesta, a inexecução total ou parcial do contrato pela concessionária gera ao poder concedente o direito da caducidade (art. 38) – uma forma de rescisão contratual.

Na primeira, quem descumpre as normas contratuais é o poder concedente, gerando o direito à concessionária de rescindir o contrato celebrado, desde que o faça por meio de ação judicial intentada especificamente para este fim (art. 39).

Sobreleva notar que a concessionária não poderá interromper ou paralisar a prestação do serviço até o trânsito em julgado da decisão judicial, em observância ao princípio da continuidade do serviço público que norteia os contratos administrativos, regra esta contida no parágrafo único do art. 39.

Esta especificidade distingue a rescisão da caducidade posto que esta última não necessita de ação judicial para extingui-la formalmente, haja vista tratar-se de procedimento de iniciativa da Administração, cujos atos administrativos se regem por força de sua autoexecutoriedade.

20.5. Anulação

Partimos para a análise da modalidade de extinção da concessão referida no inciso V do art. 35, que é a anulação. A assertiva legal que inclui a anulação como forma de extinção da concessão não é plenamente aceita entre os doutrinadores, sendo rechaçada por alguns poucos que apontam para a chamada nulidade de pleno direito.

Nesses termos, afirma tal corrente que o contrato nulo não gera efeitos, e que deve ser entendido dentro da concepção de que ele jamais existiu, e, consequentemente, jamais gerou direitos e obrigações, esvaziando-se quaisquer pretensões neste sentido.

A doutrina majoritária, contudo, se inclina na interpretação de que a anulação é constitutiva, não havendo que se falar em nulidade de pleno direito. Nesse sentido, antes de ser anulada a norma jurídica é válida, sendo com isso passível de extinção.

Nesta linha, a anulação se insurge como forma de extinção do contrato de concessão de serviço público, sendo este o entendimento que acolhemos como certo neste presente estudo. Além do mais, a autotutela administrativa já foi pacificada, inclusive, pelos tribunais.

20.5.1. A Autotutela Administrativa

Não se olvida a respeito do poder/dever da Administração Pública em anular ou revogar os seus próprios atos, quando estes se encontrarem sob a eiva da nulidade. Trata-se do exercício da autotutela administrativa.

Convém ressaltar, contudo, que não obstante este poder/dever da Administração em anular seus atos ilegais e revogá-los por motivo e conveniência e oportunidade, há que se manter, em paralelo, o dever de respeito aos direitos adquiridos e ao devido processo legal[2].

O poder-dever de desfazer seus atos ilegai s, expresso pela autotutela administrativa, já se encontra há muito reconhecido pela mais alta Corte do País, por meio da Súmula nº 473, a qual transcrevemos a seguir:

> A Administração pode anular seus próprios atos, quando eivados de vícios que o tornam ilegais, porque deles não se originam direitos, ou revogá-los, por motivo de conveniência ou oportunidade, respeitados os direitos adquiridos, e ressalvada, em todos os casos, a apreciação judicial.

Na esteira dessa mesma consideração, a Constituição do Estado do Rio de Janeiro explicita este *princípio da autotutela administrativa* em seu art. 80, a seguir especificado:

> Art. 80. A administração pública tem o dever de anular os próprios atos, quando eivados de vícios que os tornem ilegais, bem como a faculdade de revogá-los, por motivo de conveniência ou oportunidade, respeitados neste caso os direitos adquiridos, além de observado, em qualquer circunstância, o devido processo legal.

Todavia, chama a atenção sabiamente o legislador estadual para o fato de que o poder de autotutela não pode ser revestido da couraça da natureza absoluta, devendo antes ser observados os princípios da boa-fé e da segurança jurídica.

Na verdade, o estudo do Direito sempre nos impõe a cautela em se perpetuar princípios e deveres em prejuízo de outros tantos já adquiridos pela boa-fé e assegurados pela segurança jurídica. Fartas decisões se amontoam em nossos Tribunais neste sentido.

O art. 81 alerta para o risco que incorre o administrador que, ciente do vício invalidador do ato administrativo, se omitir em saná-lo, sendo-lhe imputadas as penalidades da lei pela omissão, sem prejuízos das san-

[2] A jurisprudência do Superior Tribunal de Justiça é pacífica neste sentido: "Constitucional. Administrativo. Servidor Público. Revisão da Aposentadoria. Poder Dever da Administração. Prévio Processo Adminstrativo. Necessidade. Garantia do Devido Processo Legal. A Administração Pública tem o poder-dever de anular, ou revogar, os próprios atos, quando maculados por irregularidades ou ilegalidades flagrantes, consoante o entendimento consagrado no verbete as Súmula nº 473 do Supremo Tribunal Federal. Em respeito às garantias constitucionais da ampla defesa e do contraditório, a jurisprudência dessa Corte vem proclamando o entendimento de que a desconstituição de qualquer ato administrativo que repercuta na esfera individual dos servidores ou administrados deve ser precedida de processo administrativo que garanta a ampla defesa e o contraditório. Recurso Ordinário provido. Segurança concedida". (STJ ROMS nº 12726/PR; Rel. Min. Vicente Leal. DJ 24/03/2006, p. 281)

ções previstas na Constituição Federal acerca dos atos de improbidade administrativa (art. 37, § 4º)

Urge, também, fazermos uma digressão e chamarmos a atenção para a existência de um prazo decadencial que se aplica à anulação dos atos administrativos, quando estes possuírem o efeito benéfico para os administrados.

Contudo, este dispositivo legal pode, num dado momento, ser aplicável à anulação da concessão e permissão, quando este esbarrar em efeitos benéficos que estiverem alcançando os administrados. É o que reza o art. 54 da Lei nº 9.784/1999:

> *Lei nº 9.784/1999 [...] Art. 54. O direito da Administração de anular os atos administrativos de que decorram efeitos favoráveis para os destinatários decai em 5 cinco anos, contados da data em que foram praticados, salvo comprovada má-fé.*

O Superior Tribunal de Justiça também já pacificou este entendimento que se aplica ao prazo decadencial de cinco anos para que a Administração Pública possa anular seus próprios atos.

20.5.2. Anulação do Contrato Administrativo: Via Administrativa e Via Judicial

Constatamos, portanto, duas formas de se declarar a anulação do contrato de concessão, pela via administrativa, que se dará unilateralmente pela Administração Pública, ou pela via jurisdicional, a qual será mediante sentença judicial, produzindo efeitos *ex tunc* desde a origem do reconhecimento do vício.

No que toca à indenização devida na anulação, regra geral podemos dizer que a sua declaração não pressupõe a obrigatoriedade da Administração Pública em indenizar o contratado. Não obstante, esta regra não é absoluta.

Registramos que nada obsta que ocorram situações especiais em que a indenização será devida, sendo o que se deduz da leitura do parágrafo único do art. 59 da Lei nº 8.666/1993, Lei Geral de Licitações e Contratos Administrativos.

> *Art. 59. [...] Parágrafo Único da Lei nº 8.666/1993: A nulidade não exonera a Administração do dever de indenizar o contratado pelo que este houver executado até a data em que ela for declarada e por outros prejuízos regularmente comprovados, contanto não lhe seja imputável, promovendo-se a responsabilidade de quem lhe deu causa.*

Com efeito, preceitua a legislação vigente que se o concessionário não deu causa à nulidade do contrato, além de ter realizado obras e serviços imbuído da boa-fé, deverá ser indenizado pelos prejuízos sofridos com a anulação do contrato.

Elencamos a seguir as hipóteses em que poderá ocorrer a anulação relacionadas à concessão de serviço público:

1. Nulidade do edital de licitação. A esta nulidade se aplica os dispositivos contidos nos §§ 1º e 2º do art. 49 da Lei nº 8.666/1993.
2. Declaração de inconstitucionalidade da norma jurídica que fundamentou a nulidade.
3. Ausência ou ilegalidade do ato que justifique a conveniência da outorga de concessão ou permissão. Essa previsão se encontra expressa no art. 5º da Lei nº 8.9.87/1995.
4. Desrespeito aos princípios licitatórios previstos na mesma Lei nº 8.666/1993.
5. Verificação de erros na análise da habilitação do contrato de concessão ou permissão, ou posterior averiguação de inadequação na proposta escolhida.

No tocante à indenização cabível em caso de anulação do contrato de concessão, entende a melhor doutrina que esta incidirá sobre o *quantum* que o concessionário já tiver gosto. Trata-se, pois, de indenização dos danos emergentes.

20.5.3. Força Maior

Embora não se encontre explícita na lei a expressão *força maior*, convém que se faça uma breve análise sobre o que o seu significado encerra nessa questão da extinção da concessão e permissão de serviço público.

Em razão de um acontecimento de força maior pode também ocorrer o desfazimento do contrato de concessão. Trata-se de uma forma de desfazimento contratual decorrente de um acontecimento que não poderia ser evitado dentro das previsões normais, a exemplo de guerras, epidemias, desastres naturais ou mesmo morte do concessionário.

Em se tratando de morte do concessionário, que se relaciona diretamente ao fato de ser este pessoa física, este acontecimento gera, de imediato, o desfazimento do contrato, pois que a natureza deste é *intuitu personae,* não se transmitindo a herdeiros.

Registramos, a este propósito, que o falecimento ou incapacidade do titular será abordado na análise do inciso VI do art. 35, nesta sequência, juntamente com falência ou extinção da empresa.

20.6. Falência ou Extinção da Empresa

Alcançamos, por fim, a análise do último elemento elencado no art. 35 da Lei nº 8.987/1995, a respeito da extinção da concessão. Trata-se da falência ou extinção da empresa, expressa em seu inciso VI[3].

Uma vez decretada a falência, sobressai a certeza da perda, pelo concessionário, das condições financeiras adequadas e indispensáveis à manutenção da prestação do serviço. O mesmo ocorre quando se dá a dissolução da pessoa jurídica do concessionário, que é o equivalente à dissolução da empresa que presta o serviço público concedido.

Em assim sendo, parece incontroverso que a extinção da empresa concessionária (pessoa jurídica) acarreta na própria extinção da concessão do serviço concedido, havendo a imediata assunção do serviço pelo poder concedente.

No tocante aos bens e recursos da concessionária, não poderia esta ver suprimidos aqueles bens correspondentes à massa falida, tão somente em razão da sua falência. Sendo assim, concorre ela aos bens não afetados ao serviço público, até porque estes são estranhos ao poder concedente.

20.6.1. Falecimento ou Incapacidade do Titular

O mesmo dispositivo legal, art. 35 da Lei nº 8.987/1995, faz menção ao falecimento ou incapacidade do titular, no caso de empresa individual, como forma de extinção da concessão de serviço público.

O elemento falecimento ou incapacidade do titular se assemelha em tudo à falência ou extinção da empresa, sendo que o primeiro termo se aplica aos casos de permissão de serviço público, que acolhe a possibilidade de pessoa física e pessoa jurídica como permissionária de serviço público.

21. A análise da responsabilidade civil do estado em relação às concessionária de serviço público

Quanto à responsabilidade aplicável à concessão e permissão, em tese, estas são atribuídas diretamente ao *concessionário ou permissionário de serviço público*, em consonância com o § 6º do art. 37 da Constituição Federal, que estabelece a responsabilidade objetiva aos prestadores de serviço público, sejam elas pessoas jurídicas de direito público ou de direito privado.

Art. 37. [...]

§ 6º As pessoas jurídicas de direito público e as de direito privado prestadoras de serviços públicos responderão pelos danos que seus agentes, nesta qualidade, causarem a terceiros, assegurado o direito de regresso contra o responsável nos casos de dolo ou culpa.

Dentro dessa composição de pessoas de direito privado prestadoras de serviço público a que se refere o § 6º do art. 37 da Constituição Federal, estão abrangidas as empresas estatais, cuja natureza é de direito privado, e as empresas privadas, permissionárias ou concessionárias de serviço público.

Além dessas, inclui-se aqui toda pessoa que, por delegação contratual preste serviço público e cause um dano a terceiro, independentemente de dolo ou culpa. A Lei nº 8.987/1996 também se refere à responsabilidade das concessionárias em seu art. 25.

Art. 25. Incumbe à concessionária a execução do serviço concedido, cabendo-lhe responder por todos os prejuízos causados ao poder concedente, aos usuários ou a terceiros, sem que a fiscalização exercida pelo órgão competente exclua ou atenue essa responsabilidade.

É por meio da responsabilidade civil que se formata a obrigação de reparar o dano patrimonial causado pela concessionária ao poder concedente, aos usuários do serviço ou a terceiros, conforme reza o dispositivo da lei.

O que importa para que se configure essa responsabilidade é a demonstração do nexo causal entre a atividade e o dano, inobstante a existência de dolo ou culpa por parte da concessionária ou de seus agentes que praticaram a conduta danosa.

Quando o dano é causado a terceiros, diz que a responsabilidade é extracontratual, e, destarte, objetiva na modalidade de risco administrativo.

Quanto à origem desta responsabilidade, pode ela decorrer de lei, a que se denomina responsabilidade legal; de ato ilícito – a responsabilidade por ato ilícito, ou ainda da execução do contrato, sendo esta a responsabilidade contratual ou administrativa.

Para que esta se configure, mister que se infrinjam normas regulamentares ou contratuais, o que sujeita o infringente a eventuais reparação pelos danos causados

[3] São do renomado Diógenes Gasparini a explanação acerca da falência como forma de extinção da concessão: "A extinção é automática, necessitando para caracterizá-la qualquer manifestação estatal, embora possa ser necessário algum comportamento da Administração Pública concedente visando à continuidade do serviço público e a defesa do seu interesse patrimonial. Os efeitos jurídicos da extinção contam-se da decretação da falência, isto é, são *ex nunc*. A falência é causa extintiva da concessão de serviço público, que ocorre na vigência desse contrato, portanto antes de seu termo, devendo a Administração Pública concedente indenizar os investimentos vinculados a bens reversíveis, ainda não amortizados ou depreciados. Os demais bens serão arrecadados pela massa falida, salvo os pertencentes à então Administração Pública concedente."

e a sanções administrativas, sob a forma de advertência, multa, intervenção e declaração de caducidade.

É imperioso que a previsão de tais sanções estejam expressas na lei ou no contrato, e que à sua aplicação pela Administração seja precedida de procedimento interno em que se assegure o contraditório e a ampla defesa.

Ainda quanto à responsabilidade por ato ilícito, ressaltamos que esta também poderá gerar, eventualmente, responsabilização criminal da concessionária, a ser apurada em ação própria na esfera penal.

Há que se ressaltar que ocorrendo de o concessionário se tornar insolvente em relação ao dano que lhe é devido, e impossibilitado de o repor, esta obrigação é automaticamente transferida ao Estado, pois que atuava em nome deste, recaindo-lhe com isso a responsabilidade subsidiária.

21.1. A Responsabilidade Subsidiária do poder concedente

Quando falamos em concessão e permissão de serviço público, conforme já demonstrado, devemos considerar a relação existente entre seus sujeitos, com os respectivos direitos, obrigações e responsabilidades.

A questão da responsabilidade civil que recai sobre o poder concedente é de extrema importância na análise da concessão e permissão de serviço público, pois é ele quem concede a outorga para a prestação, no seu lugar, do serviço o qual detém a titularidade. Para tanto, deve se cercar das devidas cautelas.

21.2. A Responsabilidade Subsidiária Quanto aos Prejuízos Causados pela Concessionária

Uma vez outorgada a prestação do serviço ao particular, e advindo eventuais prejuízos resultantes desta execução, o poder concedente assumirá a responsabilidade subsidiária integral.

A justificativa para tal responsabilização estatal se deve ao fato de que o dano foi efetivamente causado por pessoa que agia em nome do Estado, e a sua ocorrência em prejuízo de terceiros só foi possível pelo fato de o concessionário ter recebido tal outorga pelo próprio poder concedente.

Em suma, a responsabilidade subsidiária se insurge quando os gravames suportados por terceiros forem provenientes da atuação da concessionária, mas cujo exercício envolve poderes especificamente de origem do Estado e a ela outorgados.

E isto se dá pelo fato de que o Estado, com a reversão, assume para si todos os bens que seriam garantes aos credores, daí não poder se esquivar desta obrigação na questão da responsabilidade civil.

Deve-se considerar, então, que a responsabilidade do poder concedente está diretamente vinculada aos investimentos concernentes aos bens reversíveis, ainda não amortizados ou depreciados e os quais tenham sido revertidos com o objetivo da garantir a continuidade na prestação do serviço.

Em outras palavras, isto significa que a responsabilidade inerente ao poder concedente é limitada ao valor da indenização devida à concessionária com relação aos bens reversíveis, ainda não amortizados ou depreciados.

Já quando os prejuízos se relacionarem a créditos estranhos à hipótese mencionada, outro será o desfecho no caso de a prestação do serviço resultar em prejuízos a terceiros: O Estado responderá, nesse caso, até o montante do valor dos bens reversíveis.

21.3. A Responsabilidade Subsidiária no Caso de Insolvência da Concessionária

Reportando-nos aos casos em que incorrer a insolvência da concessionária, temos o seguinte resultado: O Estado suportará o ônus resultante desta insolvência, e responderá, também, subsidiariamente.

Em linhas gerais, isto significa que se foi o próprio Estado quem outorgou a prestação do serviço à concessionária, e esta, agindo em seu nome causou danos ao administrado, o Estado deverá responder subsidiariamente por tais danos em caso de insolvência da concessionária.

Ainda com relação à insolvência da concessionária, quando a sua atuação desencadear prejuízos a terceiros, mas esta for decorrente de atos próprios, alheios à natureza do serviço concedido, ainda que concorram para a sua prestação, não guardarão nenhuma relação com a responsabilidade subsidiária do poder concedente.

Nessas circunstâncias, a concessionária de serviço público estará imbuída da sua natureza de pessoa jurídica de direito privado, pois não obstante a prática de serviço de natureza pública, possui objetivos de ordem econômica.

Com efeito, quando agir nesta qualidade de empresa privada estará sujeita, assim como qualquer empresa desta natureza, aos encargos inerentes à atividade empresarial, e a responsabilidade por tais atos não recairão sob outras pessoas de natureza diversa.

A justificativa para tal responsabilização estatal se deve ao fato de que o dano foi efetivamente causado por pessoa que agia em nome do Estado, e a sua ocorrência em prejuízo de terceiros só foi possível pelo fato de o concessionário ter recebido tal outorga pelo próprio poder concedente.

Em suma, a responsabilidade subsidiária se insurge quando os gravames suportados por terceiros forem provenientes da atuação da concessionária, mas cujo exercício envolve poderes especificamente de origem do Estado e a ela outorgados

21.4. A Análise de Casos Polêmicos que Envolvem a Responsabilidade Civil do Estado

Ainda dentro do estudo da responsabilidade civil da concessionária, partiremos agora para a análise isolada de alguns casos polêmicos que não raro são levados aos Tribunais do país na busca de se selar longas controvérsias.

21.4.1. Pode a Administração Pública ser Responsabilizada Objetivamente por Acidente de Trabalho Sofrido por Empregado da Concessionária?

No que alude à análise da caracterização ou não da responsabilidade estatal, há que se averiguar primeiramente o nexo causal entre o sujeito e o dano que se lhe imputou. No caso, essa questão se refere a acidente de trabalho sofrido por empregado da concessionária, que pleiteia em juízo a responsabilidade desta e do seu poder concedente.

Por meio da análise de apelação levada ao Tribunal de Justiça do Estado do Rio de Janeiro, acordaram os desembargadores daquela casa, por unanimidade, que não se trata de responsabilidade da Administração ou da concessionária por danos causados por seus agentes a terceiros, pois que o dano do caso em tela foi causado ao empregado desta última.

Em análise ao art. 37, § 6º da Constituição Federal, que dispõe que:

> *as pessoas jurídicas de direito público e de direito privado prestadoras de serviço público responderão pelos danos que seus agentes, nesta qualidade, causarem a terceiros [...].*

Concluiu-se que a hipótese dos autos não se coaduna com o instituto da responsabilidade civil do Estado, prevista no art. 37, § 6º da Constituição Federal, pois o dano foi causado a agente público e não a terceiro.

A decisão foi ilustrada com texto do desembargador Sérgio Cavallieri Filho, que em sua obra *Programa de Responsabilidade Civil* (São Paulo: Malheiros, 5ª ed., p. 169, traça o perfil do que vem a ser o vocábulo "terceiro"[4].

Com isso, concluíram que o empregado da concessionária de serviço público, que sofreu o dano, não pode ser considerado terceiro, posto que possui ele um vínculo jurídico com a empresa prestadora de serviço público.

Ratificaram ainda a decisão com o argumento de que o dispositivo constitucional que elenca a responsabilidade civil do Estado não ampara aqueles que não ostentam a condição de usuário do serviço concedido, hipótese esta que se enquadra o empregado da concessionária do caso em análise[5].

Foi conclusivo, contudo, que a Administração Pública não pode ser responsabilizada objetivamente por acidente de trabalho sofrido por empregado de concessionária, não sendo o caso o que se aplica à norma do art. 37, § 6º da CF. Se valerem, também, do entendimento emitido no voto do ministro Carlos Velloso em julgado semelhante[6].

Inviável a responsabilização estatal em virtude de a Administração Pública não ser a empregadora, mas tão somente o órgão concedente da prestação do serviço, sendo esta a concessionária, e, portanto, a responsável pela indenização a que faz jus o seu empregado. Nesses termos, a responsabilidade é de natureza subjetiva prevista no art. 7º, inciso XXVIII da CFBF/1988.

---

[4] "Terceiro indica alguém estranho à Administração Pública, alguém com o qual o Estado não tem vínculo jurídico preexistente. Logo, o § 6º do art. 37 da Constituição só se aplica à responsabilidade extracontratual do Estado. Não incide nos casos de responsabilidade contratual, porque aquele que contrata com o Estado não é terceiro, já mantém vínculo jurídico com a Administração, pelo quê, ocorrendo o inadimplemento geral, a responsabilidade deverá ser apurada com base nas regras que regem o contrato administrativo."

[5] Constitucional. Administrativo. Civil. Responsabilidade Civil do Estado: Responsabilidade Objetiva. Pessoas jurídicas de Direito Privado. Prestadoras de Serviço Público. Concessionário ou permissionário do serviço de transporte coletivo. CF., art. 37, § 6. 1. A responsabilidade civil das pessoas jurídicas de direito privado prestadoras de serviço público é objetiva relativamente aos usuários do serviço, não se estendendo a pessoas outras que não ostentem a condição de usuário. Exegese do art. 37, § 6º, da CF. 2. RE. conhecido e provido". (RE 302622/MG; j. 16/11/2006; Rel. Min. Carlos Velloso)

[6] "A *ratio* do dispositivo constitucional que estamos interpretando parece-me mesmo esta: porque o 'usuário é detentor do Direito Subjetivo de receber um serviço público ideal', não se deve exigir que, tendo sofrido um dano em razão do serviço, tivesse de provar a culpa do prestador desse serviço. Fora daí, vale dizer, estender a não usuários do serviço público prestado pela concessionária ou permissionária a responsabilidade objetiva – CF, art. 37, § 6º – seria ir além da *ratio legis*".

21.4.2. Há o Dever por Parte da Concessionária de Serviço Público de Indenizar um Motorista Atingido por Pedra Lançada à Margem de Via Expressa Terceirizada?

O caso se refere a um motorista atingido por pedra lançada à margem da Linha Amarela e sobre a eventual obrigação de indenizar por parte Linha Amarela S/A – Lamsa, concessionária de serviço público responsável pela sua manutenção, com a natureza jurídica de pessoa jurídica de direito privado.

Este fato, por si só, torna a questão passível de enquadramento à norma do art. 37, § 6º, da Constituição Federal, responsável pela consagração da responsabilidade objetiva. Resta, contudo, seguir na análise dos demais elementos.

Não se busca questionar quanto à ocorrência de danos ao motorista, já que isso resta evidente nessa questão. Já no que alude à responsabilização pretendida, necessário se torna configurar os demais elementos que se agregam para caracterizar a responsabilidade objetiva da concessionária de serviço público, a exemplo de ter o dano sofrido pelo particular ter decorrido de conduta da concessionária, prestadora de serviço público.

Caso positivo, deve-se esclarecer em que circunstanciasse deu o ocorrido, se a conduta da concessionária foi ativa ou passiva, ou ainda, se o fato decorreu de situação imprevisível (força maior).

Ratificada a constatação de que a hipótese se trata de uma espécie de fortuito externo, que se caracteriza pela imprevisibilidade e inevitabilidade, mas que não guarda relação com a organização do serviço prestado.

A esse fato se soma a real impossibilidade de a concessionária prever e impedir o lançamento de objetos, como o caso de pedras lançadas por ato de terceiros, que eventualmente ocorrem à margem de sua via. Conclusivo que tais atos fogem aos riscos inerentes à sua atividade.

Não fica caracterizado o dever da concessionária de salvaguardar os usuários da via expressa de toda sorte de infortúnio que decorre de atos de terceiros. Ademais, não possui a concessionária o dever com relação à segurança social, pois que a sua natureza não a concede o uso do poder de polícia.

Dentre as suas obrigações se inclui a de manter a rodovia em condições adequadas para o uso, com as devidas segurança do tráfego e conservação da pista. Ratificados estes resultados, estará a concessionária quite com a sua obrigação como concessionária de serviço público.

Com efeito, se apoiando em precedentes neste mesmo sentido, a justiça tem opinado pela não obrigação, por parte da concessionária, em indenizar motorista atingido por pedra lançada à margem de via expressa terceirizada, a exemplo da Linha Amarela[7].

21.4.3. Com base na teoria da responsabilidade objetiva, se obriga a concessionária de serviço público a indenizar família de vítima fatal por assalto à mão armada dentro de coletivo?

Uma ocorrência que, infelizmente, tem sido cada vez mais corriqueira é o assalto em interior de coletivo, comumente ocasionando vítimas em razão de tiros de arma de foto disparados pelos meliantes responsáveis por estas práticas.

A presente análise tem por personagens, de um lado, assaltantes que ingressaram em coletivo e assassinaram um passageiro por disparos de arma de fogo; e de outro, o passageiro, vítima da ação dos bandidos. Uma terceira pessoa é a empresa de ônibus, concessionária de serviço público.

Acrescente-se a este histórico o fato de o coletivo ter parado em local escuro, e, sobretudo, que não se constituía em ponto de parada, e onde houve o ingresso dos assaltantes no veículo, questionando-se se este evento

[7] 2006.001.08081. Apelação Cível. Jds. Des. Ricardo Couto; j. 11/04/2006; Terceira Câmara Cível; Aremesso de pedra. Fato de terceiro caracterizador de fortuito externo. O arremesso de pedra, por transeunte, em composição férrea, que venha a causar lesões físicas a passageiro, não pode ser considerado, em regra, evento ligado a atividade empresarial. Assim, caracteriza-se caso fortuito externo, retirando a responsabilidade do transportador. Apenas, excepcionalmente, se demonstrada uma conduta deste último, que tenha viabilizado ou potencializado a lesão, é que poderá ser responsabilizado. Recurso conhecido e provido. 2005.001.37365. Apelação Cível. Des. José Carlos Varanda; j. 04/01/2006; Décima Câmara Cível; Responsabilidade Civil. Transporte de passageiros. Usuária que quando transportada em ônibus veio a ser atingida e ferida por pedra lançada do lado de fora para o interior do veículo. Ausência de responsabilidade da transportadora. Fato de terceiro equiparado ao fortuito. Previsibilidade do evento, mas total impossibilidade de se evitá-lo. Verdadeira relação de consumo na prestação de serviços de transportes coletivos de passageiros, impondo-se, portanto a exclusão da responsabilidade prevista no CDC. Sentença mantida. Recurso improvido. 2005.001.32285. Apelação Cível. Des. Nascimento Povoas Vaz; j. 21/02/2006. Décima Oitava Câmara Cível. Responsabilidade Civil. Arremesso de pedra em direção a coletivo. Ferimento de passageiro em razão disso. Fortuito externo. Reconhecimento. Ato de terceiro sem participação de preposto ou agente do transportador, estilhaçando a janela e lesionando o passageiro. Situação que exclui o nexo causal e, consequentemente, o dever de indenizar. Confirmação do julgado.

teria sido o fato propulsor para o grave resultado causado à vítima.

O que ocorre é que, não obstante a frequência cada vez maior destas condutas criminosas no interior dos coletivos de transportes públicos, esta questão tem sido repetidamente selada pela Segunda Seção do Superior Tribunal de Justiça.

Apregoam seus Ministros que o assalto à mão armada dentro de ônibus se trata de fato totalmente estranho ao serviço do transporte, caso de força maior, e por conseguinte se constitui causa excludente de responsabilidade da empresa concessionária de serviço público. É da lavra do desembargador João Carlos Pestana de Aguiar Silva o voto que encerra este entendimento[8].

21.4.4. Pode a União ser Responsabilizada Civilmente em Decorrência de Morte em Rodovia Federal Ocasionada por Acidente com Animal na Pista?

O caso em tela é referente a falecimento na Via Dutra, rodovia federal, ocasionado por acidente automobilístico provocado por animal que abruptamente atravessou a pista. O fundamento do pleito ser dirigido à União se pauta na questão de que o poder de polícia do Estado, nesse caso específico, deve ser exercido pela polícia rodoviária federal.

De fato, é inconteste que cabe a ela o serviço de recolhimento de animais na pista, com o transporte e pessoal adequados, pois que é sua a obrigação de manter as estradas as quais têm a administração e responsabilidade em plenas condições de uso. E isto se aplica ainda que as estradas sejam privatizadas, conforme é o caso da Via Dutra.

O pleito demandou também a citação do DNER, pois que este representou a União Federal no contrato de concessão firmado com a Rodovia Presidente Dutra S.A., concessionária do serviço público.

Em resposta, o Tribunal Regional Federal da Segunda Região admite haver uma acirrada polêmica, tanto a nível jurisprudência quanto doutrinário, nas questões que envolvem acidente com animal em rodovias.

De um lado, uma corrente defende que esta responsabilidade deve ser atribuída aos proprietários lindeiros das rodovias, em face da negligência ou da falta de conduta adequada destes quanto aos animais que ali circulam livremente, e não raro têm sido responsáveis por acidentes automobilísticos.

Outros, contudo, atribuem a responsabilidade por tais acidentes à Administração Pública, entendendo que cabe a ela a vigilância, o policiamento e a segurança das rodovias, gerando a polêmica que vem se estendendo neste sentido.

Não obstante, esta controvérsia não é de todo sem fundamento, pois que foi a própria legislação ordinária que ensejou esta dualidade de entendimento, ao atribuir a mais de uma pessoa a responsabilidade pelas cercas marginais das vias públicas.

Reza o § 5º do art. 588 do Código Civil brasileiro:

> *Serão feitas e conservadas as cercas marginais das vias públicas pela administração, a quem estas incumbirem, ou pelas pessoas, ou empresas, que as explorarem.*
> *O entendimento do Tribunal Regional Federal da Segunda Região é o de que, segundo a legislação vigente, deverá o Poder Público estabelecer os limites da rodovia com o fito de caracterizar a área* non aedificandi *existente às margens da via pública, e tão somente para isso.*

Traz ainda o Tribunal Federal, para ratificar sua posição, os ensinamentos de dos juristas Rui Stoco e Orlando Carlos Gandolfo, abaixo transcritos, onde se manifestaram, em contenda similar, pela não responsabilização da Administração Pública.

> se à administração pública (Federal, Estadual ou Municipal) é absolutamente impossível cercar todo o país, que

---

[8] "...malgrado seja lamentável a orfandade paterna de dois menores impúberes, além de ter uma testemunha assegurado que o coletivo parou em local escuro e que não era ponto de parada, quando nele ingressaram os assaltantes, não nos convence se pode daí extrair a participação influente ou decisiva do transportador no evento, eis que não se insere nos riscos próprios do transporte. Bem disse o douto ministro Eduardo Ribeiro, em voto no REsp. nº 13.351/RJ da Terceira Turma do egrégio Superior Tribunal de Justiça, a saber: "Salienta-se que o lançamento de pedras, contra os comboios, ocorre com frequência, criando-se o risco para os passageiros. Daí não se concluir deva responsabilizar-se a empresa. Os assaltos a ônibus também se tornaram relativamente comuns. Nem por isso me parece seja exigível dos transportadores a manutenção de guarda permanente nos veículos de molde a evitá-los. A prevenção de atos dessa natureza cabe à autoridade pública, inexistindo fundamento jurídico para transferi-los a terceiros" (fls. 57). Na hipótese *sub judice,* a nosso crer é por demais frágil a alegação de ter, a parada fora do ponto, sido decisiva para a consecução do assalto, com o resultado letal ocorrido, por culpa do motorista do coletivo, quando é comum, se é que houve, pegarem os coletivos passageiros fora do ponto". (fls. 256/257). A propósito, o seguinte procedente: responsabilidade civil. Transporte coletivo. Assalto à mão armada. Força maior. Constitui causa excludente da responsabilidade da empresa transportadora o fato inteiramente estranho ao transporte em si, como é o assalto ocorrido no interior do coletivo. Precedentes. Recurso Especial conhecido e provido". (Resp. 435.865/RJ; Rel. Min. Barros Monteiro). Idem o Resp. 118.123/SP; Rel. Min. Sálvio de Figueiredo Teixeira.

> tem extensão continental, não se lhe pode imputar qualquer omissão (*Responsabilidade Civil e sua Interpretação Jurisprudencial*, São Paulo: Revista dos Tribunais, p. 597). O Departamento de Estrados de Rodagem não é obrigado a vedar as rodovias a fim de impedir o trânsito por ela de animais, cuja contenção cabe aos proprietários". (*Acidentes de trânsito e responsabilidade civil – Conceito de Jurisprudência – Acórdão*, São Paulo: Revista dos Tribunais, 1985, p. 19)

Em face disso, conclui por fim aquele Tribunal que se faz necessário ainda analisar quem está criando o risco para a efetivação do acidente.

Como na hipótese em tela, de acidente automobilístico em decorrência de animal na pista, não se pode atribuir ao Estado esta iniciativa, não se justifica que a ele seja imputado o dever de indenizar.

Ademais, não é ao Estado que se impõe o dever de vigiar animais que porventura cruzem as rodovias, pois não o é o titular de suas propriedades e guardas. Os animais são de propriedade de terceiros, e a estes ou a seus detentores caberá a responsabilidade pelos danos provocados em rodovias quando se encontrarem soltos.

Finalizando, entendem ainda que só caberia a responsabilidade da Administração Pública por omissão caso fosse sua a obrigação de guarda e falhasse neste sentido, caracterizando-se o descaso, a imperícia ou a desatenção nesta prestação obrigacional.

Esta omissão ensejaria, ainda, a demonstração da culpa por parte do autor da ação de responsabilidade civil com pedido de dano material e moral, onde ficasse provada a omissão do Estado no dever de agir. Isto porque a omissão estatal enseja a responsabilidade subjetiva, devendo haver a comprovação da culpa para se configurar.

21.4.5. Concessionária de Serviço Público Pode Interromper Fornecimento de Energia Elétrica à Unidade de Ensino estadual, por Inadimplência das Contas da Prestadora de Serviço?

Esta contenda envolve a concessionária de serviço público Light Serviços de Eletricidade S/A, e a unidade de ensino do Colégio Pedro II, autarquia federal, onde a primeira pretende o corte do fornecimento de energia da segunda por razão da sua inadimplência nas contas de prestação de serviço.

Ocorre que, por decisão unânime, a Segunda Turma do Superior Tribunal de Justiça entendeu que a concessionária de serviço público deve manter a prestação do serviço, que é o fornecimento de energia elétrica, apesar da inadimplência da autarquia.

Inconformada, recorreu então a Concessionária ao Tribunal Regional Federal da Segunda Região, buscando reformular a decisão do STJ, sem, contudo, lograr êxito.

Manteve o TRF a decisão do STJ, apontando com veemência para a impossibilidade de suspensão do fornecimento de energia à instituição de ensino público, por se tratar de bem essencial á população, e se constituinte em serviço público indispensável.

O voto do relator aponta que não seria razoável a interrupção do fornecimento de energia elétrica em uma unidade educacional que atende a aproximadamente 15 mil alunos, na medida que a educação se constitui elemento indispensável ao exercício da cidadania.

Não obstante, não nega que deve haver o devido repúdio à inadimplência da tarifa por parte dos entes públicos, pois o só fato de prestarem serviço essencial, insuscetível, em tese, de ser interrompido, não pode ensejar a reincidiva da inadimplência.

Foi ressaltado que o entendimento desta Turma sempre se inclinou no sentido de que, nas hipóteses onde o consumidor for pessoa jurídica de direito público, pode ocorrer o corte de energia, desde que não se dê de forma indiscriminada e se fazendo a devida ressalva para preservar da interrupção as unidades públicas essências, tais como hospital, escola e as relacionadas à segurança pública.

Ainda como justificativa do voto, destacou o relator que a interrupção do serviço de energia elétrica de ente público inadimplente é considerada ilegítima somente quando atinja necessidades inadiáveis da comunidade.

Se vale, por analogia, à Lei de Greve, e cita como necessidades inadiáveis da comunidade:

> aquelas que, não atendidas, coloquem em perigo iminente a sobrevivência, a saúde ou a segurança da população, incluídos aí os hospitais, pronto-socorros, centros de saúde, escolas e creche.

21.4.6. É Possível Concessionária de Serviço Público Responder por Danos a Terceiros de Antiga Concessionária?

O presente questionamento se refere à hipótese de concessionária de serviço público, que adquiriu a prestação do serviço por meio de licitação, com investidura originária, pois, responder por danos causados pela antiga concessionária.

O autor da ação pleiteia, a título de indenização, a condenação da concessionária Opportrans Concessão Metroviária S/A, atual empresa responsável pelos serviços do metrô, pelo fato de ter sido vítima de atropelamento de um veículo de propriedade da Companhia

Metropolitana, empresa a quem cabia, à época do acidente, esse mesmo serviço.

Restando provado nos autos a culpa do motorista da empresa, por ter agido imbuído da imprudência que resultou no atropelamento, o processo transcorreu considerando-se ter havido o nexo causal entre o dano ocorrido à vítima e sujeito que o praticou, empregado da concessionária de serviço público.

Contudo, após o trânsito em julgado, tendo sido determinado o pagamento da indenização, a parte ré não apenas deixou de efetivá-lo como não ofereceu bens à penhora. Este omissão ensejou o pedido pelo autor da penhora da bilheteria da estação do metrô, com a constrição do numerário que bastasse para a satisfação da dívida, o que foi acolhido pela Justiça.

Com a decretação da penhora, a Opportrans Concessão Metroviária S/A opôs embargos de terceiro, valendo-se do argumento de que o pagamento da indenização não é devida a ela, mas sim à Companhia Metropolitana, concessionária que à época do acidente atuava em seu lugar.

O Tribunal de Justiça do Rio de Janeiro não acolheu referido embargo, mantendo a sentença *a quo*, com alegação de que a nova concessionária, tendo adquirido a concessão do serviço, não pode opor-se a terceiros que busquem cumprimento de obrigações assumidas pela empresa.

Recorrendo, então, ao Superior Tribunal de Justiça, a ré pronuncia, em sua defesa, não ser responsável solidária nem subsidiária das obrigações assumidas pela verdadeira devedora, Companhia Metropolitana, e que não obstante ser a nova concessionária, a antiga ainda existe e tem patrimônio próprio.

O brilhante e oportuno argumento do recurso especial foi acolhido pela maioria de votos da Segunda Turma do STJ, que entendeu que o caso em tela não se trata de sucessão empresarial, eis que a antiga concessionária, Metro, foi fracionada, mas não se extinguiu. Ao contrário, subsiste com a nominação RioTrilhos.

De fato, o que se vislumbra é que não há que se falar em responsabilidade solidária ou subsidiária de uma concessionária antiga para a outra que ficou no seu lugar. O que poderia ocorrer é o Estado responder subsidiariamente, no caso de insolvência da concessionária, a Metro.

Ademais, comprovando-se o nexo causal entre o dano e a conduta daquele que agia em nome do Estado, a obrigação de responder subsidiariamente seria deste, por ser o verdadeiro titular do serviço público concedido.

Não houve, de fato, uma subconcessão do serviço, mas uma alteração do polo ativo da sua prestação, pois ficou claro que a investidura da concessionária foi originariamente, por meio de licitação.

21.4.7. A Responsabilidade Civil das Concessionárias Alcança os Não Usuários do Serviço Concedido?

Cumpre que mencionemos a respeito do alcance da responsabilidade civil das concessionárias e permissionárias, pois que na prática questões relativas a esse tema têm sido suscitadas, sobretudo se esta responsabilidade objetiva dos concessionários e permissionários alcança tão somente ao usuário do serviço púbico concedido, ou se é passível de se estender aos não-usuários do serviço.

Um fato que ocorreu e foi objeto de demanda judicial, chegando à Corte Suprema foi relativo a um acidente automobilístico que envolveu um ônibus, leia-se concessionária de serviço público, e um veículo particular, causando danos ao seu condutor, que em tese é uma terceira pessoa, que não o passageiro transportado pela concessionária.

E a alegação da concessionária era a de que nesse caso não haveria que se aplicar a responsabilidade objetiva, pois que esta prevalece apenas sobre os passageiros que esta conduz, que é o usuário do serviço público concedido, mediante o pagamento da tarifa.

Transcreveremos parte da análise e decisão do Recurso Extraordinário nº 262-651-1/SP, que foi detalhadamente discutido pelos ministros da mais alta Corte do país, que é o Supremo Tribunal Federal, com o voto vencedor do ministro Carlos Velloso e o da ministra Ellen Gracie, que acompanhou o voto deste ministro.

> Constitucional Administrativo. Civil. Responsabilidade Civil do Estado: Responsabilidade objetiva. Pessoas Jurídicas de Direito Privado prestadoras de serviço público. Concessionário ou permissionário do serviço de transporte coletivo. CF, art. 37, § 6º.
>
> *I. A responsabilidade civil das pessoas jurídicas de Direito Privado prestadoras de serviço público é objetiva relativamente aos usuários do serviço, não se estendendo a pessoas outras que não ostentem a condição de usuário. Exegese do art. 37, § 6º, da CF.*
>
> *II. R.E. conhecido e provido.*
>
> *O Sr. ministro Carlos Velloso (relator): Dispõe o § 6º do art. 37 da Constituição Federal que "As pessoas jurídicas de direito público e as de Direito Privado prestadoras de serviços públicos responderão pelos danos que seus agentes, nessa qualidade, causarem a terceiros, assegurado o direito de regresso contra o responsável nos casos de dolo ou culpa." "Isto significa", leciona Celso Antônio Bandeira de Mello, "conforme opinião absolutamente predominante*

no Direito brasileiro, que a responsabilidade em questão é objetiva, ou seja, para que seja instaurada, prescinde-se de dolo ou culpa da pessoa jurídica, bastando a relação causal entre a atividade e o dano." (Celso Antônio Bandeira de Mello, Curso de Direito Administrativo, *São Paulo: 17ª ed., São Paulo: Malheiros 2004, p. 699). Esclareça-se que Celso Antônio, no ponto, cuida da "Responsabilidade do concessionário e subsidiária do Estado pelos danos a terceiros causados em razão do serviço." (Ob. e loc. cits.). Não se discute, no caso, a responsabilidade objetiva da concessionária de serviço público – serviço de transporte coletivo. O que se discute é se a responsabilidade objetiva dos concessionários se estende aos não usuários do serviço. Essa a questão, aliás, que levou a turma a dar provimento ao agravo – AI 209.782-AgR/SP – para que subisse o RE. Na ocasião em que o citado agravo foi julgado, proferi o seguinte voto: "Sr. Presidente, o caso sob apreciação é este: um ônibus bateu num automóvel. O ônibus é de uma concessionária de serviço público de transporte e o automóvel de um particular. O acórdão recorrido deu pela responsabilidade objetiva da concessionária. O ministro Jobim entende que, no caso, não haveria, em princípio, responsabilidade objetiva, dado que, tratando-se de concessionária de serviço público, a responsabilidade objetiva somente ocorreria se o ofendido estivesse sendo transportado, vale dizer, estivesse se utilizando do serviço exercido pela concessionária. No caso, o automóvel abalroado é de terceiro, alheio à relação prestadora de serviço e àquele que se utiliza do serviço público de transporte. É interessante a distinção feita pelo ministro Jobim. Realmente, qual seria a finalidade de se estender a responsabilidade objetiva às entidades de direito privado prestadoras de serviço público? Não seria em benefício de quem recebe o serviço? Parece-me, de outro lado, pertinente a indagação: a terceiro, que não está se utilizando do serviço público, alheio ao serviço de transporte, se estenderia, também, a responsabilidade objetiva da concessionária de serviço público? Essa é uma questão relevante, que merece ser discutida e resolvida pelo Supremo Tribunal Federal.*

Peço licença ao Sr. ministro Marco Aurélio para, aderindo ao voto do Sr. ministro Nelson Jobim, dar provimento ao agravo e determinar o processamento do recurso extraordinário." (DJ *18/06/1999) Passo ao exame da questão. Voto (confirmação).*

O Sr. ministro Carlos Velloso (Relator) [...]. Estou de acordo com o Sr. ministro Joaquim Barbosa, quando Sua Excelência disserta sobre a teoria geral da responsabilidade objetiva e, com acerto, afirma que o nosso sistema é um dos mais avançados do mundo, caminhando, essa é a tendência, no sentido da responsabilidade objetiva, responsabilidade sem culpa. No caso da responsabilidade objetiva do Poder Público, com base na teoria do risco, as despesas decorrentes do dano devem ser compartilhadas por toda a coletividade. Estamos nos referindo ao Poder Público em sentido estrito.

Tratando-se, entretanto, de delegação do Estado para a prestação de serviço público que pode ser remunerado por preços ou tarifas, serviço público, portanto, não inerente à soberania estatal e, comumente, não essencial e, portanto, não obrigatório. Serviço público prestado por permissionário ou concessionário, a matéria deve ser visualizada de forma especial. Neste caso, as despesas decorrentes da reparação do dano devem ser repartidas entre os que utilizam o serviço. Noutras palavras, a responsabilidade objetiva dá-se relativamente ao usuário do serviço e não quanto a quem não está recebendo o serviço. Os usuários são detentores do privilégio da responsabilidade objetiva, porque têm direito subjetivo de receber um bom serviço, lembra o professor Romeu Bacelar.

Os automóveis e os ônibus trafegam nas vias públicas. Não há sentido de se estender a responsabilidade objetiva a todos esses veículos que tenham se envolvido num acidente com os ônibus da concessionária. Disposições antigas de lei já dispunham que, relativamente ao usuário do serviço, a responsabilidade do transportador seria objetiva. Isso está registrado no meu voto.

Veja-se, por exemplo, o antigo regulamento das estradas de ferro.

Lembro o voto do eminente ministro Jobim, nesta Turma, a respeito do tema AI 209.782-AgR/SP: *"[...] a Constituição quer assegurar que os terceiros contratantes do transporte sejam indenizados, independente da disputa que possa haver entre o prestador de serviço e o eventual causador do sinistro. [...] a responsabilidade objetiva do § 6º, que foi constitucionalizada, porque dispositivo anterior no sistema de Direito Civil estabeleceu que, nos contratos de transporte, o transportado não tem o ônus de participar da disputa de quem for o culpado" [...].* Sr. Presidente, com essas breves considerações, peço licença para manter, em todos os seus termos, o meu voto. À revisão de apartes dos Srs. ministros Joaquim Barbosa, Carlos Velloso (relator), Celso de Mello (presidente) e Ellen Gracie. Voto.

A senhora ministra Ellen Gracie: Sr. Presidente, entendo que, neste caso – e a própria doutrina da responsabilidade objetiva do Estado e seus pressupostos levam-me a essa conclusão –, *a delegação feita às empresas transportadoras é limitada a uma atividade ou a um determinado serviço público* que é, então, *executado de forma indireta. Por isso, os riscos correspondentes a essa atividade devem merecer exatamente a mesma limitação*, até porque as empresas que assumem tais parcelas da atividade estatal fazem o cálculo econômico dos riscos em que irão incorrer e estes estariam exageradamente ampliados se atribuíssemos leitura mais alargada ao § 6º do art. 37 da CF, como propõe o eminente relator, cujo voto não posso deixar de louvar pelo brilhantismo. Portanto, com a vênia do eminente ministro Joaquim Barbosa, acompanho o voto do ministro relator. (Extrato de Ata – 1). (Grifamos os textos originais)

Diante da lição que se tem com parte da descrição dos acórdãos acima transcritos, podemos asseverar que a questão da responsabilidade objetiva dos concessionários e permissionários de serviço público ficou restrita, por decisão jurisprudencial, a se aplicar ao usuário do serviço público, não devendo extrapolar esta objetividade terceiros não envolvidos na relação contratual.

21.5. Responsabilidade Subsidiária do poder concedente em Relação aos Prejuízos Causados pela Concessionária

Quando falamos em concessão e permissão de serviço público, conforme já demonstrado, devemos considerar a relação existente entre os seus sujeitos, com os seus respectivos direitos, obrigações e responsabilidades.

A questão da responsabilidade civil do poder concedente é de extrema importância na análise da concessão e permissão de serviço público, pois é ele quem concede a outorga para a prestação, no seu lugar, do serviço o qual detém a titularidade. Para tanto, deve se cercar das devidas cautelas.

Com efeito, uma vez concedida a prestação do serviço ao particular, e advindo eventuais prejuízos resultantes desta execução, o poder concedente assumirá a responsabilidade subsidiária integral.

Já quando os prejuízos se relacionarem a créditos estranhos à hipótese mencionada, outro será o desfecho no caso de a prestação do serviço resultar em prejuízos a terceiros: O Estado responderá, neste caso, até o montante do valor dos bens reversíveis.

E isto se dá pelo fato de que o Estado, com a reversão, assume para si todos os bens que seriam garantes aos credores, daí não poder se esquivar desta obrigação na questão da responsabilidade civil.

Deve-se considerar, então, que a responsabilidade do poder concedente está diretamente vinculada aos investimentos concernentes aos bens reversíveis, ainda não amortizados ou depreciados e os quais tenham sido revertidos com o objetivo da garantir a continuidade na prestação do serviço.

Em outras palavras, isto significa que esta responsabilidade inerente ao poder concedente é limitada ao valor da indenização devida à concessionária com relação aos bens reversíveis, ainda não amortizados ou depreciados.

21.6. A Responsabilidade do poder concedente no Caso de Insolvência da Concessionária

Reportando-nos aos casos em que incorrer a insolvência da concessionária, o resultado será a incidência do ônus daí decorrente sobre o Estado.

Estamos falando da modalidade de responsabilidade subsidiária, mas não solidária, existente quando os gravames suportados por terceiros forem provenientes da atuação da concessionária, mas cujo exercício envolve poderes especificamente de origem do Estado e a ela outorgados.

A justificativa para tal responsabilização estatal se deve ao fato de que o dano foi efetivamente efetuado por pessoa que agia em nome do Estado, e a sua ocorrência em prejuízo de terceiros só foi possível pelo fato de o concessionário ter recebido tal outorga pelo próprio poder concedente.

Em linhas gerais, isto significa que se foi o próprio Estado quem outorgou a prestação do serviço à concessionária, e esta, agindo em seu nome causou danos ao administrado, o Estado deverá responder subsidiariamente por tais danos em caso de insolvência da concessionária.

Ainda com relação à insolvência da concessionária, com a sua atuação desencadear prejuízos a terceiros, mas esta for decorrente de atos próprios, alheios à natureza do serviço concedido, ainda que concorram para a sua prestação, não guardarão nenhuma relação com a responsabilidade subsidiária do poder concedente.

Nessas circunstâncias, a concessionária de serviço público estará imbuída da sua natureza de pessoa jurídica de Direito Privado, pois não obstante a prática de serviço de natureza pública, possui objetivos de ordem econômica.

Com efeito, quando agir nesta qualidade de empresa privada estará sujeita, assim como qualquer empresa desta natureza, aos encargos inerentes à atividade empresarial, e a responsabilidade por tais atos não recairão sob outras pessoas de natureza diversa.

21.7. Responsabilidade Civil da Concessionária

Quanto à responsabilidade aplicável na concessão e permissão, em tese, estas são atribuídas diretamente ao *concessionário ou permissionário de serviço público*, em consonância com o § 6º do art. 37 da Constituição Federal, que estabelece a responsabilidade objetiva aos prestadores de serviço público, sejam elas pessoas jurídicas de Direito Público ou de Direito Privado.

Art. 37 [...]

§ 6º – As pessoas jurídicas de direito público e as de direito privado prestadoras de serviços públicos responderão pelos danos que seus agentes, nesta qualidade, causarem a terceiros, assegurado o direito de regresso contra o responsável nos casos de dolo ou culpa.

Dentro desta composição de pessoas de Direito Privado prestadoras de serviço público a que se refere o § 6º do art. 37 da Constituição Federal, estão abrangidas as empresas estatais, cuja natureza é de Direito Privado, as empresas privadas, permissionárias ou concessionárias de serviço público.

Além dessas, inclui-se aqui toda pessoa que, por delegação contratual preste serviço público e cause um dano a terceiro, independentemente de dolo ou culpa. A Lei nº 8.987/1996 também se refere à responsabilidade das concessionárias em seu art. 25.

Art. 25. Incumbe à concessionária a execução do serviço concedido, cabendo-lhe responder por todos os prejuízos causados ao poder concedente, aos usuários ou a terceiros, sem que a fiscalização exercida pelo órgão competente exclua ou atenue essa responsabilidade.

O art. 25 deixa claro que não obstante o dever que recai sobre o poder concedente quanto à fiscalização do serviço concedido, isto não obsta que prevaleça a responsabilidade objetiva das prestadoras de serviço público, como as concessionárias e permissionárias.

22. Garantias e Obrigações da Concessionária

As concessionárias têm como direito fundamental a exploração do serviço público o qual estará previsto no contrato de concessão estabelecido entre estas e o poder concedente. Quanto aos deveres, devem observância aos encargos previstos nos oito incisos do art. 31 da Lei nº 8.987/1995.

Em linhas gerais, do inciso I ao V do art. 31 são relatados como encargo das concessionárias: prestar serviço adequado, manter em dia o registro e inventário de bens vinculados à concessão, prestar contas ao poder concedente e aos usuários, cumprir e fazer cumprir as normas do serviço e contratuais, permitir aos encarregados da fiscalização livre acesso.

Já dos incisos VI ao VIII vêm os encargos de promover desapropriações e constituir servidões autorizadas pelo poder concedente, zelar pela integridade dos bens, captar, aplicar e gerir os recursos financeiros necessários à prestação do serviço.

22.1. Serviço Adequado e Qualidade do Serviço

Uma das incumbências que é imposta à concessionária e que se destaca neste item é a referida no art. 31, em seu inciso I, que é a prestação do serviço adequado, característica que se repete em outros dispositivos da citada lei.

O que se percebe é que a lei buscou alcançar uma abrangência mais ampla possível no uso dessa expressão, no que alude ao encargo do concessionário na prestação do serviço concedido.

Não obstante, nada impede que se inclua no contrato outras exigências mais específicas à característica do serviço, obrigando, de igual forma, a observância pelo concessionário, além da subordinação ao cumprimento das normas técnicas aplicáveis à espécie.

Com isso, sobressai a evidência de que o legislador se atém cuidadosamente ao fato de que o serviço público executado pelas concessionárias ou permissionárias tem como pressuposto maior uma prestação adequada.

Entendemos que dentro dessa pretensão aferida pelo legislador, o encargo da prestação adequada de serviço pode até mesmo ser elevada a uma condição *sine qua non* para que ocorra a concessão do serviço público pelo poder concedente ao particular.

Ressaltamos que as condições necessárias à prestação adequada do serviço concedido, bem como a consequente exploração do espaço subjacente são itens que devem sempre constar explicitamente no edital.

O art. 6º e seu § 1º a seguir descritos traçam, respectivamente, os contextos específicos quanto à condição do poder concedente de exigir a prestação do serviço adequado e o que este significa, para fins de aplicação desta Lei Geral de Concessão.

Art. 6º Toda concessão ou permissão pressupõe a prestação de serviço adequado ao pleno atendimento dos usuários, conforme estabelecido nesta Lei, nas normas pertinentes e no respectivo contrato.

§ 1º Serviço adequado é o que satisfaz as condições de regularidade, continuidade, eficiência, segurança, atualidade, generalidade, cortesia na sua prestação e modicidade das tarifas.

Outro fator relevante neste tema é quanto a um incontestável liame existente entre as expressões serviço adequado e qualidade do serviço, que são associadas em alguns preceitos da lei.

Dentro desse mesmo contexto, ressaltamos que a qualidade do serviço deve estar resguardada no teor do contrato, devendo atender essencialmente, além de outros requisitos, as condições estabelecidas pelo art. 6º, § 1º, anteriormente descritas.

Sob esse prisma, importa que se diga que o art. 23, inciso III, da lei em estudo, ao fazer alusão à qualidade do serviço inserida no rol das cláusulas essenciais do contrato de concessão, tem o escopo de resguardar o conceito de serviço adequado em sentido lato.

> *Art. 23. São cláusulas essenciais do contrato de concessão as relativas*
>
> *[...]*
>
> *III – aos critérios, indicadores, fórmulas e parâmetros definidores da qualidade do serviço;*

22.2. Intervenção

Por fim, selando a importância atribuída pelo legislador para uma prestação adequada do serviço pelo concessionário, apontamos para o texto da lei que reza que a sua falta poderá ensejar até uma intervenção, por decreto do poder concedente:

> *Art. 32. O poder concedente poderá intervir na concessão, com o fim de assegurar a adequação na prestação do serviço, bem como o fiel cumprimento das normas contratuais, regulamentares e legais pertinentes.*
>
> *Parágrafo único. A intervenção far-se-á por* decreto *do poder concedente, que conterá a designação do interventor, o prazo da intervenção e os objetivos e limites da medida.*

Conforme se constata com a leitura do artigo *supra*, a intervenção se traduz em uma medida de iniciativa do poder concedente destinada a regularizar o serviço concedido, já que cabe a este o encargo de regulamentar e fiscalizar permanentemente a sua prestação, conforme reza o art. 29, inciso I.

Com a decretação da intervenção, ocorrerá a designação de um interventor para assumir a administração da prestação do serviço, enquanto esta perdurar. Este ato procederá de uma autoridade competente do poder concedente.

Há que se observar, contudo, que a intervenção implica na instauração de processo administrativo dentro do prazo de 30 dias, conforme o disposto no art. 33, obedecendo-se o prazo improrrogável de 180 dias para a sua conclusão, ditado no § 2º do art. 33, sob pena de ser decretada a invalidade do ato interventivo.

A abertura do processo administrativo para apurar eventual falta ou ilegalidade da concessionária na prestação do serviço público se justifica, obviamente, como forma de se lhe assegurar o pleno direito de defesa pelo fato que é imputado.

Constatando-se, ao final do processo, que a intervenção da concessionária não guardou consonância com os pressupostos legais, ou que não são verdadeiras as faltas que lhe são imputadas, esvazia-se o direito de intervenção que recai sobre esta e é declarada a sua nulidade.

Em consequência, cessam os efeitos da intervenção após a devida correção de irregularidades, e ocorre a imediata devolução do serviço à concessionária responsável pela prestação do serviço público, além do habitual direito à indenização que se fizer devido em face da interrupção injusta do serviço e eventuais danos sofridos em razão desta interrupção, conforme se conclui do texto do o que é dito no § 1º do art. 33.

Sendo assim, nesse caso não há que se falar nem na extinção da concessão, nem na retomada do serviço público pelo poder concedente, mas sim em devolução do serviço à concessionária. Este ato gera a obrigação da prestação de contas do interventor referente ao período da medida interventiva, além da responsabilização dos atos e eventuais danos causados durante sua gestão, tudo em consonância com o art. 34 da lei sob análise.

Há que se atentar para o fato que a responsabilização pessoal do interventor, prevista neste mesmo artigo, não guarda nenhuma relação com a responsabilidade do poder concedente, que se mantém válida e inalterada, em atendimento ao preceito constitucional do § 6º do art. 37, cuja disposição acerca da responsabilidade objetiva abarca as concessionárias e as permissionárias de serviço público.

É ressaltado, porém, neste mesmo dispositivo constitucional, o direito de regresso do Poder Público contra o responsável em casos de dolo ou culpa. Da mesma forma, será lícito ao concessionário mover ação de ressarcimento em face do interventor, do Poder Público ou de ambos, em caso de nulidade da intervenção.

Caberá à Concessionária fazer o juízo de valor e concluir qual das rés poderá render um ressarcimento mais rápido. Se optar por mover uma ação contra o Poder Público, ou solidária deste com o interventor, o autor haverá que se submeter às prerrogativas processuais do primeiro.

Ressalta-se, contudo, que em virtude de uma condenação solidária, poderá o autor optar pelo recebimento por meio de precatório judicial, o que em geral demanda um tempo infinitamente maior, ou pela penhora dos bens do interventor, pessoa física, acaso haja a certeza de que este dispõe em seu patrimônio do valor devido, sendo em geral este o caminho mais rápido que leva ao seu ressarcimento.

Com efeito, podemos asseverar que a intervenção é nada menos que a reação do Poder Público resultante da inação da concessionária quanto ao encargo que lhe compete de prestar o serviço público adequado, conforme as normas contratuais e legais pertinentes.

Faz-se mister sublinhar também nessa oportunidade a importância que se aplica ao edital de licitação, o qual deverá sempre constar a descrição das condições necessárias a uma adequada prestação do serviço.

Ciente disso, as empresas que se interessarem em concorrer, mediante licitação, a uma contratação com o Poder Público, estarão devidamente sabedoras da modalidade e do nível de qualidade do serviço exigido e o qual se propõem a prestar.

Neste sentido, não restam dúvidas de que a Lei nº 8.987/1995 que regula a concessão e permissão deixa claro que o serviço público prestado aos usuários deverá, obrigatoriamente, se encaixar nos padrões estabelecidos de um serviço adequado, pressuposto este que se torna indispensável tanto à contratação quanto à continuidade da prestação do serviço durante o prazo determinado em contrato, no caso de concessão.

Em suma, conforme dita a lei, o serviço adequado será aquele que satisfaz as condições de regularidade, continuidade, eficiência, segurança, atualidade, generalidade, cortesia na sua prestação e modicidade das tarifas.

Em virtude da constante fiscalização que cabe ao poder concedente exercer, a verificação da falha de uma destas características, de algumas delas ou de todas, comprometendo a prestação do serviço adequado, ensejará a atuação do poder concedente na intervenção do serviço.

De acordo com o que se constatar por via de processo administrativo, poderá ocorrer até mesmo a decretação da extinção antecipada da concessão, com a alegação de inadimplência da concessionária.

22.3. Extinção Antecipada da Concessão

Em situações mais extremas, poderá ainda o poder concedente adotar medida mais drástica, que é a decretação da extinção antecipada da concessão, caracterizando-se a inadimplência do concessionário na sua obrigação estabelecida no contrato. Esta medida se denomina caducidade, e se encontra expressa no art. 38, § 1º, inciso I da Lei nº 8.987/1995.

Art. 38. A inexecução total ou parcial do contrato acarretará, a critério do poder concedente, a declaração de caducidade da concessão ou a aplicação das sanções contratuais, respeitadas as disposições deste artigo, do art. 27, e as normas convencionadas entre as partes.

§ 1º A caducidade da concessão poderá ser declarada pelo poder concedente quando:

I – o serviço estiver sendo prestado de forma inadequada ou deficiente, tendo por base as normas, critérios, indicadores e parâmetros definidores da qualidade do serviço;

23. Principais distinções temporais entre os institutos da concessão e permissão de serviço público

O estudo dos institutos da concessão e permissão e a sua análise pela doutrina nunca deixaram dúvidas acerca da existência de uma relação trilateral que se estabelece entre os seus integrantes, fazendo parte desta relação o Poder Público, concedente do serviço; a empresa ou pessoa de natureza privada, concessionário ou Permissionário; e, por fim, o usuário do serviço público.

23.1. Contrato de Concessão e Contrato Tipicamente Administrativo

Convém que se acrescente, antes que se estabeleçam maiores distinções entre concessão e permissão, que a concessão de serviço público sempre teve o diferencial de ser regida por via de contrato administrativo, se valendo de todas as suas características típicas, em especial as cláusulas exorbitantes.

Neste sentido, os poderes e as prerrogativas próprias da Administração Pública, que figura na pessoa do poder concedente, prevalece sobre o concessionário, de forma que esta modalidade de contrato torna-se passível de rescisão unilateral pela Administração, em razão da sua prerrogativa, entre outras a serem citadas, da modificação unilateral do contrato.

A justificativa deste diferencial pode ser atribuída ao fato de a execução do serviço público pelo particular ser direcionado diretamente à população, e haver a segurança da fixação de um prazo determinado para tal prestação.

Quando se trata da hipótese em que o Poder Público contrata um particular para a prestação de um serviço que não é diretamente destinado à população, mas para o próprio Poder Público, outro é o desfecho, cujas regras têm natureza diversa.

Essa outra cena pode ser desenhada com o exemplo da contratação de pessoal destinado à limpeza das dependências da Administração Pública, o que não é o caso de uma concessão de serviço público, já que o destinatário do serviço é o próprio Poder Público.

O contrato desta prestação de serviço terá a natureza de um mero contrato administrativo estabelecido entre o Poder Público e o particular, prestador do serviço. Já se a contratação de pessoal de limpeza fosse destinada à população, como é o caso da limpeza de ruas em geral, outra não seria a forma de contratar senão pela concessão de serviço público.

Fica claro, contudo, que por meio da destinação final do beneficiário se pode definir se é o caso de a Administração firmar um mero contrato administrativo, com todas as suas clássicas prerrogativas, ou um contrato de concessão de serviço público, que também é regido pelas regras do contrato administrativo.

Levando-se em conta a complexidade do tema em foco, faz-se mister que se estude de forma mais detalhada o contrato de concessão.

23.2. O Contrato de Concessão

Simbolicamente falando, podemos definir o contrato de concessão como o meio por meio do qual a outorga da concessão estará formalizada. Entretanto, o seu conteúdo deverá contar, especificamente, a abordagem de todos os elementos que o constituem.

O mestre Hely Lopes Meirelles[9], ao discorrer sobre o contrato de concessão, afirma que toda concessão é submetida a duas categorias de normas: a primeira categoria se refere às normas de natureza regulamentar, que disciplinam o modo e a forma de prestação do serviço concedido.

A segunda categoria é de ordem contratual, as quais sao responsáveis por fixar as condições de remuneração do concessionário. As primeiras, de natureza regulamentar, podem ser alteradas a qualquer tempo e unilateralmente pelo Poder Público, ocorrendo quando a comunidade se manifestar neste sentido.

Já as de natureza contratual são cláusulas fixas, só podendo ser modificadas por acordo selado entre as partes, ressalvando-se aqui a hipótese da via judicial, que sempre poderá ser utilizada quando se pretender modificações de cláusulas, independente do acordo entre as partes.

Feita a distinção entre as duas categorias de normas supramencionadas, partimos para a análise do contrato. Este, por sua vez, deverá ser sempre escrito, e segundo definição de Hely Lopes Meirelles,

> é o documento que encerra a delegação do poder concedente, define o objeto da concessão, delimita a área, forma e tempo da exploração, estabelece direitos e deveres das partes e dos usuários do serviço.

Constitui-se condição de eficácia do contrato de concessão a sua regular publicação, de forma resumida, no Diário Oficial da União. Não obstante, a sua formatação está sujeita à existência de diversos elementos no seu corpo, tais como: a especificação do serviço concedido e o âmbito da sua incidência; o seu prazo e as condições de sua prorrogação.

As regras que regem o contrato e as condições de execução do serviço, assim como os critérios, parâmetros e indicadores de qualidade, a expansão e a modernização do serviço também se incluem neste rol de elementos constitutivos.

Valor, forma de pagamento relacionada ao ônus devido pela outorga, e, se for o caso, para a sua prorrogação também deverão estar expressas no contrato. Imprescindível, também, a descrição das tarifas e seus respectivos critérios de reajuste e revisão, bem como os direitos, garantias e obrigações dos usuários, da agência e da concessionária.

Outros elementos essenciais que devem estar previstos no contrato são as possíveis receitas e eventuais fontes de financiamento alternativas, complementares e acessórias. Os bens reversíveis, acaso existentes, as questões de compartilhamento das redes fiscais, as regras definidoras de transferência e extinção do contrato, a descrição das sanções e suas respectivas infrações, sobretudo as de natureza grave.

Por fim, a indicação do foro e a forma alternativa para solucionar, extrajudicialmente, questões que envolvam divergências contratuais, e a não menos importante distinção da cláusula com a previsão da sub-rogação, especificando todos os direitos da concessionária quando da extinção da concessão.

23.3. Subconcessão no Contrato de Concessão

De acordo com o Estatuto de Concessão e Permissão, admite-se a subconcessão parcial dos serviços concedidos, desde que tal previsão se encontre expressa no contrato, e que seja subordinada à prévia aprovação, bem como às normas, prazos, critérios e condições estabelecidas pela agência.

Há que se frisar que a subconcessão se refere à transferência parcial do serviço, pois são apenas algumas ati-

[9] MEIRELLES, Hely Lopes. *Direito administrativo brasileiro*. 28ª ed., São Paulo: Malheiros, 2006, p. 344.

vidades relacionadas à prestação do serviço que podem ser transferidas. Em tese, jamais todo o serviço.

Abrimos uma ressalva para trazer à baila a existência do entendimento minoritário, comandando pelo administrativista Diógenes Gasparini, que admite a transferência total do serviço.

Em seu argumento, aponta que a lei não faz nenhuma menção detalhada sobre tal parcialidade, o que de fato não o faz. Portanto, ocorre que uma subconcessão total geraria, de plano, uma afronta ao princípio da licitação na concessão de serviço público.

Para que se efetive a subconcessão, mister que se atenda a alguns requisitos. O primeiro deles é que a subconcessão deva estar prevista no contrato de concessão. O segundo é que deve haver expressa autorização do poder concedente. Havendo apenas um dos requisitos, a concessão estará eivada de vício de validade.

O respaldo legal da subconcessão se encontra preceituado no art. 26 da Lei nº 8.987/1995, onde fica clara a conduta da concessionária transferindo parte do serviço público para terceiros:

> Art. 26. É admitida a subconcessão, nos termos previstos no contrato de concessão, desde que expressamente autorizada pelo poder concedente.

É de se ressaltar que a subconcessão, quando regularmente estabelecida, atrai para si todas as disposições previstas na concessão que a originou.

Tem-se ainda um terceiro requisito para a efetivação da concessão, o qual se encontra previsto no § 1º do art. 26, e reza que "a outorga de subconcessão será sempre precedida de concorrência".

Mediante este dispositivo da lei, conclui-se que a subconcessão só pode ser formalizada por meio de licitação pública, na modalidade de concorrência. Todavia, a lei é omissa sobre quem realizará a nova licitação.

Entende-se que esta atribuição ficará a cargo do Poder Público, já que é ele mesmo quem emitirá a autorização estatal, bem como a previsão expressa no contrato de concessão.

O § 2º do art. 26 estabelece que:

> *o subconcessioário se sub-rogará todos os direitos e obrigações da subconcedente dentro dos limites da concessão.*

Resumidamente, podemos caracterizar a subconcessão com os seguintes requisitos: previsão no contrato de concessão; autorização do poder concedente; licitação na modalidade concorrência e a parcialidade na subconcessão.

23.4. Subcontratação no Contrato de Concessão

A subcontratação tem a natureza jurídica de um contrato privado, não se exigindo licitação para a sua formalização. Sua regulamentação legal se encontra insculpida no art. 25, § 2º da Lei nº 8.987/1995.

Na prática, registramos ser muito comum a ocorrência de subcontratação por iniciativa da concessionária, sobretudo para a realização de atividades inerentes, acessórias ou complementares do serviço concedido.

Equivale a dizer que a concessionária realiza uma terceirização, sendo totalmente responsabilizada pela operacionalização do serviço subcontratado e pelos riscos que dele resultar. Da mesma forma, é a concessionária que responderá pelos danos causados pelo contratado, cabendo a ação de regresso daquela sobre este.

Exemplo típico de subcontratação seria a contratação pela concessionária de outra empresa particular para a pintura de sua frota de ônibus, quando a primeira for uma empresa de coletivo. Contudo, incontestável que a atividade subcontratada terá de ser atividade meio, e não a atividade fim da concessionária de serviço público.

23.5. Transferência no Contrato de Concessão

A transferência no contrato de concessão, prevista no art. 27 da Lei nº 8.987/1995, tem uma conotação bem diversa da subconcessão e da subcontratação, pois nela ocorre a total retirada no concessionário, dando lugar a outra empresa que passará a prestar o serviço concedido.

Enquanto a subconcessão é parcial, a transferência é total. Ainda que a lei não tenha trazido a previsão da licitação para esta modalidade, resta evidente que é imprescindível, em homenagem ao princípio da igualdade entre os concorrentes.

Sendo a transferência do serviço concedido total, a falta de licitação quando desta transmutação burlaria a sua aquisição por nova empresa. Registre-se ainda que depende de prévia manifestação do Poder Público concedente para se efetivar.

23.6. Remuneração nos Contratos de Concessão e Permissão

Segundo a doutrina predominante, a abordagem da remuneração aplicável ao contrato de concessão e permissão não deve se furtar à análise de três itens essenciais a esta questão, quais sejam: a política tarifária, outras fontes de receitas alternativas (paralelas ou complementares); e o equilíbrio econômico-financeiro do contrato.

É com base neste entendimento doutrinário que se buscará a análise, nessa sequência, desses três elementos integrantes da remuneração no contrato de concessão e permissão, iniciando-se com a política tarifária e todas as suas peculiaridades.

24. Política Tarifária

Quando se fala em serviço público concedido, tem-se de um lado o poder concedente e, de outro, o concessionário ou permissionário, pessoa de natureza privada que passará a prestar o serviço público.

Não obstante, dessa prestação nasce o direito da concessionária de se ressarcir pelo empenho e serviço prestado, e isso se dará com o valor cobrado ao usuário do serviço, que se constituirá em uma remuneração advinda da cobrança da tarifa pública.

Com efeito, é por meio da tarifa que o concessionário alcançará a sua remuneração correspondente à prestação do serviço, inobstante a possibilidade de coexistir outras fontes de recursos para integralizar a remuneração.

A respeito da tarifa pública como forma de remuneração do concessionário, trazemos a breve, porém concisa, explanação do saudoso Hely Lopes Meirelles, que dispõe que serviço concedido deve ser remunerado por tarifa (preço público), e não por taxa (tributo)[10].

Os valores das tarifas serão fixados pelo preço da proposta vencedora da licitação, e preservados pelas regras de revisão, que encontrarem previsão no edital e no contrato, tendo-se em vista a observância ao seu equilíbrio econômico-financeiro.

No que concerne à previsão legal da política tarifária, asseveramos que esta é abarcada dentro da Lei de Concessão e Permissão em seu Capítulo IV, do art. 9º ao 13. De acordo com o art. 9º, a fixação das tarifas terá como referência o preço da proposta vencedora da licitação.

Deve-se ainda registrar a possibilidade de ocorrer, em favor da concessionária, que o edital de licitação traga a previsão de outras fontes provenientes de receitas alternativas e complementares, com vistas à equação econômico-financeira do ajuste.

Nessa hipótese de haver receitas alternativas e complementares que se somem ao valor das tarifas, caberá ao Poder Público concedente proceder à revisão da tarifa, e a sua consequente redução.

Trazemos ainda à baila a existência, na atual sistemática normativa, de brechas dentro da lei que podem levar a certos privilégios tarifários, em benefício de determinados segmentos específicos.

Essa brecha se dá em razão do veto atribuído ao art. 12 da Lei de Concessão e Permissão, sendo certo, contudo, que eventuais favorecimentos isolados atribuídos por brechas da lei podem ser contidos por meio de ações judiciais, como o caso da ação popular, pela iniciativa dos usuários ou qualquer cidadão.

Exemplo que desenha esta possibilidade de favorecimento passível de questionamento judicial por cidadãos comuns são as tarifas de energia elétrica diferenciadas[11] para residências, para os estabelecimentos prestadores de serviços ou estabelecimentos comerciais e industriais.

24.1. Tarifas Módicas

A primeira observação pertinente em relação à política tarifária na concessão e permissão de serviço público é que a prestação do serviço adequado pressupõe, imprescindivelmente, a sua remuneração com tarifas módicas.

Isto se dá pelo fato de que o serviço objeto de concessão ou permissão conserva a sua normatização pelo poder público, e este não acolhe, como regra, livres preços na sua prestação.

Ademais, determina a Lei nº 8.987/1995, em seu art. 6º § 1º que as tarifas devem ser módicas, o que equivale

[10] MEIRELLES, Hely Lopes. *Direito Administrativo brasileiro*. 27ª ed., São Paulo: Malheiros, 2006, p. 350.

[11] Faz-se oportuno registrar que foi aprovada este mês de dezembro, em caráter conclusivo (sem necessidade de ir para o Plenário) em comissão especial na Câmara dos Deputados, a tarifa social de energia elétrica, devendo ser votada no Senado apenas em 2008. O projeto precisa ainda ser publicado no *Diário do Congresso Nacional*. Além disso, se em cinco sessões ordinárias da Câmara, não houver recursos para a votação em plenário, ou se os recursos forem rejeitados pelos deputados, o processo segue para o Senado. Pelo substitutivo apresentado pelo deputado Zarattini (PT-SP), relator do projeto de lei, foi estabelecido um limite nacional de consumo de 220 quilowatts-hora por mês para todas as distribuidoras brasileiras. As famílias de baixa renda que ultrapassarem este limite terão o desconto mantido. Nos casos em que o consumo mensal for em torno de 80 quilowatts-hora, a tarifa também será menos. Para evitar que esse benefício fosse estendido a casas de veraneio ou lazer, o projeto exige que a concessão não pode ser dada à família que tenha mais de dois consumos superiores a 120 quilowatts-hora por mês. Pelo substitutivo de Zarattini, o critério de renda familiar mensal per capita de R$ 120 passou para R$ 190 (meio salário mínimo). [...] Fonte: Agência Brasil. www.agenciabrasil.gov.br. Consultado em 16/12/2007.

a dizer que devem ser acessíveis a todos os usuários, evitando-se que estes sejam excessivamente onerados.

Essa definição se coaduna com o próprio sentido de serviço público, pois que este tem por fim a satisfação de uma necessidade ou conveniência básica dos membros da coletividade.

Com efeito, o só fato de não se configurar a modicidade das tarifas na prestação do serviço pelas concessionárias ou permissionárias implicará diretamente na não prestação adequada do serviço por estas empresas.

Ressalta-se, portanto, que a fixação da tarifa há que estar atrelada a um conceito mais ou menos indeterminado de modicidade, a ser apurado em cada serviço específico, e dentro da realidade do usuário de cada serviço.

Antônio Carlos Cintra do Amaral tece uma definição acerca da tarifa, a qual a explicita, tal qual uma equação, e com todas as minúcias:

> A tarifa deve, portanto, refletir a composição: custos mais lucros mais amortização de investimentos menos receitas alternativas, complementares ou acessórias ou de projetos associados[12].

24.2. Tarifa Diferenciada

A Lei de Concessão e Permissão traz dispositivo expresso acerca da tarifa diferenciada, ao dispor em seu art. 13:

> *as tarifas poderão ser diferenciadas em função das características técnicas e dos custos específicos provenientes do atendimento aos distintos segmentos de usuários.*

Tem por fim tal dispositivo da lei regular a cobrança da tarifa em níveis mais elevados ou mais baixos, tendo em vista determinados grupos de usuários e suas características especiais de serviço prestado e dos respectivos custos específicos.

Exemplos típicos dessa vertente de tarifa diferenciada são, no caso de tarifas mais elevadas os ônibus executivos, que compõem o transporte urbano municipal e são assim denominados em função da diferenciação no melhor nível de atendimento. Em consequência, se destinam àqueles que se dispõem a pagar uma tarifa igualmente diferencial, ou seja, mais cara.

Já uma tarifa diferenciada mais baixa pode ser o caso de tarifa de energia elétrica destinada a consumidores industriais, que tem o potencial de ter o custo de fornecimento diminuído em razão da diferenciação das tarifas técnicas da transmissão e do consumo.

Outro exemplo de tarifa diferenciada que pode ser em nível mais baixo ou mais elevado é a que se aplica a serviços que se dispõem em horários ou dias diferentes, sendo estes de pouco uso ou de pico. É o caso dos serviços de linhas telefônicas ou mesmo de determinadas rodovias, que costumam aumentar os movimentos nos finais de semana e feriados.

É fato que o aumento do número de usuários num mesmo período de tempo pressupõe uma maior atenção por parte do prestador do serviço, ocasionando sobretudo um aumento no custo de sua operação.

Essa hipótese é que se aplica ao texto do art. 13 da Lei de Concessão e Permissão, que dispõe sobre a tarifa diferenciada, e se enquadra no contexto de que a tarifa pode ser elevada ou rebaixada, tendo em vista as características do serviço prestado e os custos específicos dele decorrentes.

23.3. Novos Benefícios Tarifários

No que concerne à concessão de novos benefícios tarifários aos usuários do serviço concedido, o legislador ordinário não se furtou em estipular condicionantes a estas modalidades, pois que o contrário poderia ferir o equilíbrio econômico financeiro da concessionária ou permissionária.

Muitas vezes ocorre de o Poder Executivo conceder benefício, por meio de decreto, a segmentos de usuários distintos, sem, contudo, contar com a previsão de lei que estipule a origem dos recursos. Nesses casos, a empresa concessionária ou permissionária recorre ao judiciário para anular tais benefícios, logrando êxito.

Exemplo são os benefícios tarifários concedidos sob a forma de transporte gratuito de ônibus para idosos ou estudantes da rede pública. Se tais benefícios não contatem com a previsão legal da origem dos recursos ou da revisão da estrutura tarifária, serão passíveis de serem questionas suas legalidades.

A base legal que dispõe sobre a necessidade de lei anterior com a previsão dos recursos para a concessão de novos benefícios tarifários é a Lei nº 9.074/1995, em seu art. 35, *caput* e parágrafo único, *in verbis:*

> *Art. 35. A estipulação de novos benefícios tarifários pelo poder concedente fica condicionada à previsão, em lei, da origem dos recursos ou da simultânea revisão da estrutura tarifária*

[12] *Licitação para concessão de serviço público.* São Paulo: Malheiros, p. 50.

> *do concessionário ou permissionário, de forma a preservar o equilíbrio econômico-financeiro do contrato.*
> *Parágrafo único. A concessão de qualquer benefício tarifário somente poderá ser atribuída a uma classe ou coletividade de usuários dos serviços, vedado, sob qualquer pretexto, o benefício singular.*

Fica claro que não obstante a expressa previsão sobre a legalidade da concessão de benefícios tarifários, a lei não os concede livremente, sem que antes estabeleça determinadas condicionantes.

A primeira delas é a previsão da origem dos recursos, em lei, ou da simultânea revisão da estrutura tarifária, de modo permitir uma majoração das tarifas como forma de compensar os benefícios concedidos e impedir um desequilíbrio econômico-financeiro no contrato de concessão.

Prevê ainda a lei que a atribuição do benefício se dê a uma classe ou coletividade de usuários, sendo expressamente vedado o benefício singular.

23.4. A Legalidade da Fixação da Tarifa Diferenciada Mínima

Outra problemática comumente levada a juízo é o questionamento da cobrança da tarifa mínima como lícita, mesmo quando existir hidrômetro instalado no local que registre consumo inferior àquele valor mínimo.

Nestes casos, o Superior Tribunal de Justiça já sedimentou entendimento sobre contenda a qual apreciou, acolhendo a cobrança da tarifa mínima como lícita, mesmo na existência de hidrômetro que tenha registrado consumo inferior ao cobrado[13].

Não obstante, tal entendimento exarado na jurisprudência do Superior Tribunal de Justiça encontrava respaldo legal nos arts. 4º da Lei nº 6.528/1978 e 11, *caput* e § 2º do Dec. nº 82.587/1988, a seguir transcritos nesta mesma ordem:

> A fixação tarifária levará em conta a viabilidade do equilíbrio econômico-financeiro das companhias estaduais de saneamento básico e a preservação dos aspectos sociais dos respectivos serviços, de forma a assegurar o adequado atendimento dos usuários de menos consumo, com base em tarifa mínima.
> As tarifas deverão ser diferenciadas segundo as categorias de usuários e faixas de consumo, assegurando-se o subsídio dos usuários de maior para os de menor poder aquisitivo, assim como dos grandes para os pequenos consumidores.
> A conta mínima de água resultará do produto da tarifa mínima pelo consumo mínimo, que será de pelo menos 10m cúbicos mensais, por economia da categoria residencial.

Todavia, ocorre que o tal Decreto nº 82.587/1978 foi expressamente revogado pelo Decreto de 05/09/1991 (sem número), publicado no *D.O.* de 06/09/1991.

Além disso, com o advento da nova Lei nº 8.987/1995, que passou a dispor sobre o regime de concessão e permissão da prestação de serviço público, todas as disposições legais anteriores a ela perderam a eficácia na parte em que dispunham sobre tarifa.

Esta assertiva é retirada do texto do art. 9º, § 1º, da citada lei, cujos textos transcrevemos a seguir:

> *Art. 9º A tarifa do serviço público concedido será fixada pelo preço da proposta vencedora da licitação e preservada pelas regras de revisão previstas nesta Lei, no edital e no contrato.*
> *Parágrafo 1º* A tarifa não será subordinada à legislação específica anterior *e somente nos casos expressamente previstos em lei, sua cobrança poderá ser condicionada à existência de serviço público alternativo e gratuito para o usuário (grifei).*

Mesmo se considerando o advento do texto do § 1º do art. 9º da Lei nº 8.987/1995, o qual desvincula a tarifa de quaisquer legislações anteriores a esta, e ainda se levando em conta a revogação do Decreto nº 82.587/1978 pelo de 05/09/1991 (sem número), subsiste a possibilidade de fixação de tarifa mínima.

Isto se dá em razão de o art. 13 da nova Lei de Concessão e Permissão ter conservado a possibilidade de fi-

[13] "Administrativo. Serviço Público. Tarifa de Água. Cobrança pelo Consumo Mínimo Presumido. Legalidade. Precedentes. 1. Conforme pacífica jurisprudência da Primeira Turma do Superior Tribunal de Justiça: É lícita a cobrança da taxa de água pela tarifa mínima, mesmo que haja hidrômetro que registre consumo inferior àquele. Inteligência das disposições legais que regulam a fixação da tarifa" (Art. 4º, da Lei nº 6.528/1978 e arts. 11 *caput*, § 2º e 32 do Decreto nº 82.587/1978). (REsp nº 416383/RJ, Rel. Min. Luiz Fux) "Esta Corte vem reconhecendo que é lícita a cobrança de tarifa de água, em valor correspondente a um consumo mínimo presumido mensal e não de acordo com o registrado no hidrômetro". (AgReg no REsp nº 140230/MG; Rel. Min. Francisco Falcão) "A cobrança de tarifa de água com base em valor mínimo encontra apoio legal". (REsp nº 150137/MG; Rel. Min. Garcia Vieira) – "O v. aresto recorrido deu interpretação correta aos arts. 4º da Lei nº 6.528/1978 e 11, 29 e 32 do Decreto nº 82.567/1978, ao julgar correta a cobrança de água, em valor correspondente a um consumo mínimo presumido de 20 metros cúbicos mensais e não de acordo com o registrado no hidrômetro." (REsp nº 39652/MG; Rel. Min. Garcia Vieira) No mesmo sentido: REsp nº 209067/RJ e nº 214758/RJ, ambos do ministro Humberto Gomes de Barros. 2. Recurso provido. (REsp 533607/RJ; Rel. Ministro José Delgado; Primeira Turma; j. em 16/09/2006)

xação de tarifa mínima, ao prever que as tarifas poderão ser diferenciadas:

> *As tarifas poderão ser diferenciadas em função das características técnicas e dos custos específicos provenientes do atendimento aos distintos segmentos de usuários.*

Mais o fez o Decreto Estadual nº 22.872/1997, ao corroborar os termos da Lei nº 8987/1995 em seu art. 97, *in verbis:*

> *O poder concedente definirá o valor da tarifa unitária de forma a atender as despesas de operação, manutenção e financeira decorrentes dos investimentos que se fizerem necessários à ampliação e melhoria dos sistemas de abastecimento de água e de esgotamento sanitário, e, em conformidade com os contratos de concessão e permissão alterará estes valores, quando se fizer necessário, de forma a atender o equilíbrio econômico-financeiro dos contratos.*

Continua em seu art. 98 esta assertiva:

> A tarifa mínima é o produto do consumo mínimo mensal, por economia, pela tarifa unitária, *ressalvadas condições específicas definidas nos contratos de concessão ou permissão, em especial decorrentes de efeitos de sazonalidade ou deficiências de recursos hídricos disponíveis. (grifamos)*

Mediante tais razões, ainda que o consumo apurado por hidrômetro fique abaixo do limite mínimo, permanece lícita a cobrança da tarifa mínima, estando esta plenamente amparada por lei.

Nesse sentido é a manifestação do Tribunal de Justiça do Estado do Rio de Janeiro, tendo consignado este entendimento no verbete sumular nº 84, *verbis:*

> É legal a cobrança do valor correspondente ao consumo registrado no medidor, com relação à prestação dos serviços de fornecimento de água e luz, salvo se inferior ao valor de tarifa mínima, cobrada pelo custo de disponibilização do serviço, vedada qualquer outra forma de exação.

24.5. Outras Fontes de Receitas Alternativas (paralelas ou complementares)

Ainda com respaldo na Lei de Concessão e Permissão, o poder concedente poderá prever em favor da concessionária e no atendimento às peculiaridades de cada serviço, outras fontes provenientes de receitas alternativas.

Intencionou o legislador, ao permitir que o concessionário venha a obter outras rendas independentes do preço cobrado pela tarifa do serviço prestado, tão somente beneficiar o usuário, por meio da obtenção de tarifas mais baixas.

Basta ao concessionário ir em busca de outros eventos que lhe proporcione recursos complementares aos que ele normalmente aufere com a obra ou o serviço concedido. Com efeito, quanto mais recursos este somar à sua receita, mais chances terá de diminuir o valor das tarifas.

Quanto à possibilidade de previsão destas fontes, sejam elas de receitas alternativas, paralelas ou complementares, acessórias ou de projetos associados, com ou sem exclusividade, acrescentamos que estas poderão vir previstas no edital de licitação, desde que com vistas a favorecer a modicidade das tarifas, e observado o disposto no art. 17 da Lei de Concessão e Permissão.

É de se observar ainda que os termos acima em destaque foram embutidos na lei como sendo palavras sinônimas, embora não o sejam de fato. Isto se justifica porque o resultado que se busca com o acréscimo de cada uma destas fontes de receitas alternativas será um só: a modicidade das tarifas.

A pretensão do legislador foi no sentido de que o dispositivo da lei permita beneficiar o usuário do serviço com tarifa mais baixa, eis que cria previsão legal para que o concessionário angarie rendas diversas daquela que se inclui no preço cobrado pelo serviço.

Nesse sentido, poderá o prestador do serviço associar ao serviço público prestado ou à obra que realiza por meio de contrato de concessão outros eventos que lhe proporcione recursos complementares ao obtido com o empreendimento principal.

No que alude à origem dos projetos associados, esta não está restrita a nenhuma vertente em especial, podendo ser da mais variada espécie em relação ao tipo de serviço prestado.

Nos casos de rodovias ou ferrovias concedidas, por exemplo, a receita alternativa poderá advir da utilização de áreas contíguas ou vizinhas, com a construção para exploração de parques temáticos, shopping centers, hotéis, restaurantes, postos de serviços automotivos, a título de ilustração.

Já em relação ao transporte urbano sobre pneus ou sob trilhos muito comumente se utiliza como forma de fonte alternativa de receita a exploração de publicidade, tanto nas paradas de ônibus ou estações de trem, como nos próprios veículos.

Essa forma de receita alternativa é amplamente utilizada nas frotas de ônibus que circulam no município do Rio de Janeiro, sendo muito comum verificarem-se painéis publicitários de marcas de produtos, de peças de teatros etc.

Deve-se, contudo, criar uma ressalta neste item, no que alude aos termos constantes do art. 18, VI da Lei nº 8.987/1985, senão vejamos:

> *Art. 18. O edital de licitação será elaborado pelo poder concedente, observados, no que couber, os critérios e as normas gerais da legislação própria sobre licitações e contratos e conterá, especialmente:*
>
> *[...]*
>
> *VI – as possíveis fontes de receitas alternativas, complementares ou acessórias, bem como as provenientes de projetos associados.*

Essas fontes de receitas alternativas referidas no art. 18, caso decorram de autorização posterior do edital, devem ter seus efeitos na própria tarifa. Com base nessa segunda opção, o renomado Bandeira de Mello levanta um questionamento sobre quais fontes poderiam ser consideradas alternativas, e quais seriam as que se encaixam no perfil das receitas paralelas.

Para tanto, busca explicar esta questão trazendo à baila as diferentes hipóteses, entre as quais a de que se poderia prever o direito de exploração das áreas do subsolo ou contíguas à obra pública com a construção de *shopping centers* ou de estacionamentos, entre outros, parecendo-se-lhe plenamente justificável tal iniciativa.

25.6. A tarifa no Contrato de Concessão e Permissão

Quando falamos em tarifa de serviço público devemos ter em mente que esta compreende duas fases que se desmembram em dois momentos distintos de sua aferição: primeiramente, mencionamos aquela fase que se refere à fixação da tarifa pelo concessionário, a qual se denomina tarifa *in potentia*.

A segunda se constitui na concretização da tarifa em si, que é a tarifa *in actu*, e que se formaliza com o ato de seu pagamento pelo usuário, em contrapartida ao serviço prestado pela concessionária.

Pode ainda ser definida a tarifa como o *quantum* equivalente ao que o usuário paga à empresa concessionária em benefício do serviço público. Antes, porém, ocorre a determinação administrativa desse valor pelo Poder Público.

Interessante também observarmos a definição de tarifa sob o foco de seu caráter fracionário, pois quando o preço de determinada quantidade de serviço é fracionada em unidades, cada uma dessas se transforma no que se denomina de tarifa.

24.7. O Motivo da sua Revisão

Importa que se lembre que os contratos de concessão e permissão, em geral, são firmados para o período de longo prazo, e que não raro o valor das tarifas é inflacionado com o passar do tempo, e dependente do ritmo da inflação, haverá uma maior ou menor desvalorização desta.

Insurge-se, com isso, um desajuste entre o valor originário das tarifas e as condições econômicas posteriormente estabelecidas, tornando tarefa difícil ao concessionário continuar com a prestação do serviço de forma adequada, mediante a mesma remuneração.

Em decorrência, torna-se insustentável ao concessionário tal situação, tornando-se a revisão das tarifas condição *sine qua non* para a continuidade da prestação do serviço de forma adequada, e atendendo-se o interesse das três esferas nessa relação contratual: Estado, concessionário e usuário.

Não apenas no momento estabelecer o valor da tarifa, mas também quando da necessidade de sua remuneração, o Poder Público deverá ter em mente que a tarifa há de permitir a justa remuneração do capital, os devidos melhoramento e expansão do serviço, de modo a assegurar o equilíbrio econômico-financeiro do contrato.

Daí a justificativa de sua revisão periódica, pois esta será a base para a sua adequação constante tanto ao custo operacional quanto ao custo dos equipamentos necessários à manutenção e expansão do serviço, além de se incluir neste cômputo as verbas que se destinam à justa remuneração do concessionário, na forma contratada.

Lembremos, ainda, que o preço do serviço e os critérios e procedimentos para o reajuste e revisão das tarifas se constituem em cláusulas essenciais do contrato, conforme preceitua o art. 23, inciso IV, do Estatuto Geral de Concessão e Permissão.

Quanto à constituição do ato de revisão, ressaltamos se tratar de ato privativo do poder concedente, levando-se em conta, todavia, a sua negociação com o concessionário, cabendo a este demonstrar as rendas referentes às faturas da empresa e às despesas do serviço, juntamente com a remuneração do capital aplicado e potencialmente necessário para as ampliações que se fizerem necessárias.

Não é difícil, pois, concluir que a política tarifária se constitui em um verdadeiro arcabouço para a prestação do serviço público pelo particular, concessionário, daí o legislador ter dedicado um capítulo inteiro dentro da lei a este respeito, dos arts. 9º ao 13.

24.8. Reajuste e Revisão das Tarifas

REAJUSTE	REVISÃO
Tem lapso temporal definido.	Não tem prazo definido.
Visa manter o equilíbrio econômico-financeiro na execução contratual.	Visa recuperar o contrato devido a alguma quebra geral deste.
Deve haver cláusula contratual para o reajuste.	É imprescindível, independe de cláusula contratual.

Na elaboração da lei de concessão e permissão, permitiu o legislador no art. 23, inciso IV, que fosse identificado expressamente no contrato tanto o preço quanto os critérios e procedimentos para o reajuste e a revisão de tarifas:

Art. 23. São cláusulas essenciais do contrato de concessão as relativas

[...]

IV – ao preço do serviço e aos critérios e procedimentos para o reajuste e a revisão das tarifas

Existem, também, outros motivos de revisão da tarifa que eram imprevisíveis à época do contrato, mas que posteriormente são impostos pelo poder concedente, fugindo à regra do art. 23, inciso IV.

O Estatuto Geral de Licitação Pública, Lei nº 8.666/1993, também faz menção a esta obrigatoriedade de constar no contrato administrativo como cláusula essencial àquela relativa ao preço do serviço e reajuste da tarifa, senão vejamos:

Art. 55. São cláusulas necessárias em todo contrato as que estabeleçam

[...]

III – o preço e as condições de pagamento, os critérios, data-base e periodicidade do reajustamento de preços, os critérios de atualização monetária entre a data do adimplemento das obrigações e a do efetivo pagamento [...]

Na opinião de alguns autores, *reajuste e revisão* são elementos diferentes, considerando-se que no primeiro ocorre uma adequação em função de circunstâncias econômicas do mercado, como é o caso da inflação. Já a revisão, por seu turno, está relacionada à própria tarifa, ou à alteração da estrutura de sua composição e cálculo.

Não se deve, com isso, confundir reajuste com revisão. No reajuste ocorre a reposição das perdas inflacionárias decorrentes das oscilações do mercado. Logo, reajuste não pode ser caracterizado como aumento, mas sim como atualização de valor, tendo em vista a busca pela manutenção do equilíbrio econômico-financeiro.

A revisão não está atrelada a critérios inflacionários, mas em compensação se associa a prazos a serem impostos. A revisão, ao contrário, não se atém a critérios de lapso temporal para ser estabelecida, mas tem o foco na inflação que diminuirá o seu valor de mercado e a ensejará, no caso de quebra do equilíbrio econômico-financeiro.

Vejamos o que reza o art. 9º, § 2º da Lei nº 8.987/1995.

Art. 9º A tarifa do serviço público concedido será fixada pelo preço da proposta vencedora da licitação e preservada pelas regras de revisão previstas nesta Lei, no edital e no contrato

[...].

§ 2º Os contratos poderão prever mecanismos de revisão das tarifas, a fim de manter-se o equilíbrio econômico-financeiro.

Com efeito, temos que o equilíbrio econômico-financeiro será o indicador a justificar não somente o reajuste, como também a revisão.

25. Equilíbrio econômico-financeiro do contrato na concessão e permissão

Dentro do contexto pertinente ao tema do equilíbrio econômico-financeiro do contrato de concessão e permissão, Celso Antônio Bandeira de Mello verdadeiramente filosofa a este respeito, com as seguintes palavras[14]:

> Há uma necessária relação entre os encargos fixados no ato concessivo e o lucro então ensejado ao concessionário. Uns e outro, segundo os termos compostos na época, como pesos distribuídos entre dois pratos da balança, fixam uma igualdade de equilíbrio. É este equilíbrio que o Estado não só não pode romper unilateralmente mas deve, ainda, procurar preservar.

Não há que se negar que a grande maioria dos conflitos existentes entre poder concedente e concessionária gira em torno do equilíbrio econômico-financeiro nos contratos de concessão e permissão.

Nessas contendas, pode-se dizer que há sempre a busca pelo direito ou não à majoração das tarifas, como condição para o restabelecimento ou manutenção do

[14] *Curso de Direito Administrativo.* 16ª ed., São Paulo: Malheiros, 2006, p. 632.

equilíbrio econômico-financeiro do contrato de concessão.

Não obstante, reza o inciso II do art. 2º da Lei Geral de Concessão e Permissão que concessionárias e permissionárias exploram o serviço por sua conta e risco, o que significa dizer que o risco da atividade econômica destas pessoas não pode ser transferido para o Poder Público, sendo tal risco a elas mesmas inerentes pelas suas próprias condições na relação contratual.

Nesse diapasão, cabe uma análise sobre estas duas premissas a respeito do tema: de um lado, tem-se que o risco da atividade econômica é do próprio concessionário e permissionário; de outro, têm estes o direito à manutenção do equilíbrio econômico-financeiro original.

Pergunta-se, pois, quais são as circunstâncias em que a diminuição do lucro do proveito econômico do concessionário ou permissionário é absolvida por eles, e quais são as que estes teriam o direito à recomposição do equilíbrio econômico-financeiro, tendo em vista os mecanismos de que o Estado pode se valer para tal.

Dentre esses mecanismos, podemos elencar o aumento do valor da tarifa, o aumento do prazo da concessão ou permissão, a diminuição dos percentuais dos juros, subvenções, empréstimos etc.

As regras gerais atinentes a essas hipóteses estão, em tese, no art. 9º da Lei de Concessão e Permissão, que é o dispositivo da lei que trata da política tarifária. Portanto, o § 2º, mais especificamente, é o que fala do mecanismo de revisão das tarifas:

> *Art. 9º [...]*
>
> *§ 2º Os contratos poderão prever* mecanismos de revisão das tarifas, *a fim e manter-se o equilíbrio econômico-financeiro.* (grifamos).

A apreciação do aludido dispositivo legal nos leva a crer que há uma mitigação em relação ao que dispõe os incisos II, III e IV do art. 2º, quando fala expressamente no termo "por sua conta e risco" ao se referir às concessionárias e permissionárias.

O legislador flexibilizou a norma legal ao permitir que, em contrapartida à imposição de que concessionárias e permissionárias atuarão por sua conta e risco, há também a previsão de que os contratos poderão prever mecanismos de revisão de tarifa, para que seja mantido o equilíbrio econômico-financeiro.

Registramos que o legislador foi ainda mais específico, quando nos §§ 3º e 4º do art. 9º detalhou situações mais específicas em que concessionários e permissionários terão direito à revisão de suas tarifas a fim de se manter o equilíbrio econômico-financeiro.

> *Art. 9º [...]*
>
> *§ 3º Ressalvados os impostos sobre a renda,* a criação, alteração ou extinção de quaisquer tributos ou encargos legais, *após a apresentação da proposta, quando comprovado seu impacto,* implicará a revisão da tarifa, para mais ou para menos, conforme o caso. *(grifamos)*
>
> § 4º Em havendo alteração unilateral do contrato que afete o seu inicial equilíbrio econômico-financeiro, o poder concedente deverá restabelecê-lo, *concomitantemente à alteração. (grifamos)*

25.1. Fato de Príncipe

O § 3º se refere a uma hipótese caracterizada como fato de príncipe, que é a adoção de uma medida de natureza do Poder Público, seja ela da esfera administrativa ou legislativa, não diretamente relacionada ao contrato, mas que enseja uma diminuição do proveito econômico estipulado no contrato.

Com efeito, ao gerar o fato de príncipe uma diminuição no ganho originariamente estabelecido entre as partes contratantes da delegação negocial, este fato faz surgir um inevitável desequilíbrio econômico-financeiro que implicará do direito à revisão da tarifa.

Exemplificando, se houver instituição ou alteração do imposto de importação sobre determinado insumo que se aplique diretamente à prestação do serviço público, objeto de concessão ou permissão, e comprovando-se o consequente impacto econômico causado, nasce o direito à recomposição do equilíbrio.

Nesses casos, o Estado se valerá de um dos mecanismos já mencionados, sendo o mais comum a autorização do aumento das tarifas, porém não o único, pois que por vezes esta já estará no limite para a sua modicidade.

Além de a possibilidade da instituição ou alteração de imposto e a criação de novos encargos, há outros fatos de príncipe que, apesar de não estarem expressamente previstos no § 3º do art. 9º da lei sob análise, poderão suscitar uma recomposição do equilíbrio econômico-financeira no contrato.

Os mecanismos para esta recomposição, contudo, poderão ser os mesmos já citados anteriormente, entre outros, como o aumento de tarifa ou outras medidas semelhantes.

25.2. O Direito a Recompor o Equilíbrio Econômico-Financeiro Previsto no § 4º

Reportando ao § 4º, deparamos com a hipótese de alteração unilateral do contrato pelo poder concedente, o que deflagra no direito do concessionário ou permissionário à pronta recomposição do equilíbrio econômico-financeiro do contrato, e à consequente revisão das tarifas.

Feita uma breve análise dos §§ 3º e 4º do art. 9º, sobre as situações específicas em que concessionários e permissionários terão direito à revisão tarifária em seus contratos, em benefício da manutenção do equilíbrio econômico-financeiro, partimos para outra análise dentro deste tema.

Trata-se do texto da lei que diz ser mantido o equilíbrio econômico-financeiro do contrato sempre que forem atendidas as suas condições, sendo este o art. 10: "Sempre que forem atendidas as condições do contrato, considera-se mantido o seu equilíbrio econômico-financeiro."

25.3. Quais são as "Condições do Contrato"?

A doutrina tem questionado quais seriam essas "condições do contrato". Estaria se referindo às condições internas do contrato, ou seja, com as suas próprias cláusulas?

Ou seriam de âmbito externo, como as condições da economia num determinado lapso temporal, se relacionado diretamente com as oscilações de preços de bens ou insumos essenciais ao serviço concedido?

Questiona-se ainda se o advento de um custo adicional seria absolvido pelo empresário, concessionário ou permissionário do serviço público, ou pelo poder concedente, e no caso de aumento da tarifa, repassado para o usuário.

Para se responder a tais perguntas, mister se faz saber que "por conta e risco do empresário" (ou concessionário) se entende por tudo aquilo que ele terá de suportar na álea ordinária do negócio celebrado entre ele e o particular, desde a participação na licitação à assinatura do contrato da concessão do serviço público.

Importa que se diga que "álea ordinária" se relaciona ao conjunto de oscilações inerentes ao mercado em que figura o serviço público concedido; ou ainda, tudo que não for "álea extraordinária", que em cujo contrato de concessão e permissão se torne justificável a aplicação da teoria da imprevisão (ou cláusula *Rebus Sic Stantibus*).

25.4. A Aplicação da Cláusula *Rebus Sic Stantibus* nos Contratos Administrativos

Numa brevíssima análise na evolução do direito contratual, somos remetido à assertiva de que, originariamente, o princípio da *pacta sunt servanda* norteava esta estrutura, e consagrava a ideia quanto ao contrato, que uma vez respeitados os seus requisitos legais, este se tornava obrigatório entre as partes.

Nesse diapasão, dizia-se mesmo que o contrato se tornava uma espécie de lei privada entre as partes contratantes, adquirindo força vinculante semelhante ao processo legislativo.

Ocorre que, com o passar do tempo e com a evolução das relações contratuais, os contratos passaram a adquirir cada vez mais um caráter volátil, tornando-se mister que se flexibilizassem em face dos novos anseios e preocupações das partes contratantes.

Nesse sentido, o princípio da *pacta sunt servanda* foi gradativamente perdendo seu prestígio e força, cedendo espaço a um novo conceito de relação contratual, o qual passava a possibilitar a revisão das cláusulas contratuais.

Sendo assim, em vez de se prenderem ao preceito de que o contrato vincularia as partes contratantes até o advento do distrato, ou pela impossibilidade da sua prestação em razão de casos fortuitos ou força maior, passou a admitir a revisão antes mesmo dessas hipóteses.

Essa nova roupagem a que passaram a se revestir as relações contratuais ensejou uma abertura para a aplicação da cláusula *rebus sic stantibus,* e esta passou a se aplicar, extensivamente, aos contratos de concessão.

Segundos os seus parâmetros, permanecendo inalteradas as condições existentes no momento da celebração do contrato, continuam valendo as mesmas cláusulas contratuais. Por outro lado, se configurando alterações de tais condições, enseja-se a revisão das bases do contrato, com vistas à recomposição do equilíbrio econômico-financeiro.

25.5. O Desequilíbrio Econômico-Financeiro Causado pelos Transportes alternativos às Concessionárias e Permissionárias de Transporte Público

Registramos que atualmente muito se tem falado sobre a legalidade dos transportes alternativos, que são as vans. Esse fato tem gerado grandes discussões entre as empresas de ônibus, tanto as permissionárias de linhas municipais, quanto as intermunicipais permitidas pelos Estados.

Em seus pleitos, buscam tais empresas majorar as tarifas, já que a plena atividade dos transportes alternativos por meio de vans geraria um impacto financeiro considerável nas concessionárias e permissionárias, não incluído a princípio dentro do risco inerente à atividade econômica.

Em outras palavras, seriam essas atividades a grande causadora do desequilíbrio econômico-financeiro das concessionárias ou permissionárias que desenvolvem a atividade do transporte coletivo por meio de delegação legal.

Oportuno que se diga que o advento de um fato que possa violar enfaticamente o equilíbrio econômico-financeiro de um contrato de concessão ou permissão pode ensejar a sua arguição de sua legalidade no âmbito do Poder Judiciário.

A esse propósito, trazemos como exemplo típico do que se busca argumentar a arguição de inconstitucionalidade da Lei nº 7.304/2002, do Estado do Espírito Santo, a qual concedeu descontos e isenções duas classes da população daquele Estado sem a devida previsão de compensação. Faremos, a seguir, uma análise desta contenda judicial.

25.6. Análise da "ADI" Proposta em Face da Lei nº 7.304/ 2006 do estado do Espírito Santo

A Lei estadual nº 7.304/2006, de iniciativa da Assembleia Legislativa do estado do Espírito Santo, teve sua constitucionalidade questionada judicialmente tão logo publicada, ao estabelecer a concessão da exclusão das motocicletas da relação de veículos sujeitos ao pagamento de pedágio, além da concessão de descontos a estudantes, na ordem de 50% sobre o valor originário do pedágio.

A vigência da dita lei introduzia substancial alteração no contrato de delegação celebrado entre o poder concedente, estado do Espírito Santo, por meio de seu Departamento de Estradas e Rodagens, autarquia federal, e a concessionária de serviço público, importando, também, na indevida ingerência do Poder Legislativo em campo próprio da atividade administrativa.

Nessa linha de raciocínio, é fato, ainda, que ocorrendo a concessão de tais benefícios pelo Poder Legislativo daquele estado, surge uma clara afronta ao princípio da harmonia entre os poderes, na medida em que ocorre uma inversão entre as atividades-fim do Poder Legislativo com as do Poder Executivo.

Em suma, com a concessão de benefícios que se apliquem aos contratos de concessão e permissão de serviço público por via de lei estadual, o Poder Legislativo faz uma equivocada inversão de poderes, por tentar substituir o Poder Executivo na gestão de contratos administrativos celebrados entre este e pessoa jurídica de Direito Privado.

Restou evidente que a norma estadual atacada afetava o equilíbrio econômico-financeiro do contrato de concessão de serviço público, ao conceder descontos e isenções sem qualquer forma de compensação legal, conforme determina mandamento legal contido no art. 35 da Lei nº 9.074/1995.

No julgamento da referida ADIn, o Supremo Tribunal Federal, por meio de seu ministro relator, Eros Grau, faz referência ao desequilíbrio econômico-financeiro caudado pelos benefícios concedidos com a Lei estadual nº 7.304/2006.

Diz o ministro:

> A isenção e os descontos contemplados pelo texto normativo frustram as expectativas da contratada, já que reduzem suas receitas sem que seja prevista qualquer forma de compensação por essa redução, o que acarreta desequilíbrio na relação contratual, uma vez que os custos permanecem os mesmos.

Para ratificar sua posição, faz ainda o ministro Eros Grau alusão a outro julgamento daquela mesma Corte, que embora se focando em matéria diversa àquela em análise, defende o equilíbrio econômico-financeiro de uma relação jurídico contratual de direito administrativo[15].

Ficou assentado pelo Supremo Tribunal Federal que a concessão de descontos e isenções sem a devida previsão de quaisquer formas de compensação, como o caso em análise, em que a lei estadual faz este papel, afeta sobremaneira o equilíbrio econômico-finaneiro do contrato de concessão celebrado entre as partes.

---

[15] Diz o ministro Eros Grau: "O Plenário desta Corte, embora analisando matéria diversa da contida nestes autos, assentou que o estado de Santa Catarina não dispunha de competência para modificar ou alterar as condições que, previstas na licitação, achavam-se formalmente estipuladas no contrato de concessão celebrado entre o poder concedente (União e Municípios) e as empresas concessionárias. No referido julgamento (ADI/MC nº 2.337, relator o ministro Celso Mello) afirmou-se que a ingerência do Estado-membro, ao determinar a suspensão temporária do pagamento das tarifas devidas pela prestação dos serviços concedidos – serviços de energia elétrica, sob regime de concessão federal, e serviços de esgoto e abastecimento de água, sob regime de concessão municipal – afetaria o equilíbrio financeiro resultante dessa relação jurídico-contratual de direito administrativo". (ADI nº 2.733-6/ES; Min. Eros Grau) Ademais, continua o ministro, estabeleceu-se também que no plenário estadual, sob a ordem constitucional vigente "dispositivos similares que submetem à autorização ou ratificação da Assembleia Legislativa, convênios celebrados pelo governador, têm sido liminarmente suspensos pela Corte" (ADI nº 770, relator o ministro Sepúlveda Pertence, DJ de 25/09/1992). É inadmissível a ingerência indevida do Poder Legislativo na esfera própria das atividades da Administração Pública". (ADI nº 2.733-6/ES; Min Eros Grau)

Ainda, que esta situação de desequilíbrio econômico deve ser corrigida pelo poder concedente, por ser o que decorre da cláusula "mantidas as condições efetivas da proposta" constante que está no inciso XXI do art. 37 da Constituição da República Federativa do Brasil.

Mediante farta alegação e citação de outros julgados[16] para embasarem sua decisão, decidiu o Ministro pela inconstitucionalidade material no art. 1º da lei atacada (7304-02/ES), e por consequência nos demais preceitos, por afronta aos arts. 2º, 37, inciso XXI e 175, todos da Constituição Federal, julgando procedente o pedido formulado na Ação Direta de Inconstitucionalidade à norma estadual.

26. Obrigatoriedade de licitação

A obrigatoriedade de licitação nos contratos de concessão e permissão guarda consonância com dispositivo constitucional contido no art. 175:

> *Art. 175. Incumbe ao Poder Público, na forma da Lei, diretamente ou sob regime de concessão ou permissão, sempre por meio de licitação, a prestação de serviços públicos.*

Esta obrigatoriedade é plenamente justificável, na medida que envolve interesse de particular e a consequente obtenção de vantagens econômicas associada a gastos públicos, sobressaindo a imprescindibilidade de observância ao princípio da isonomia.

A doutrina tem-se debruçado, não obstante, à análise do termo "sempre por meio de licitação", no sentido de identificar se haveria ou não a aplicação às concessões ou permissões da inexigibilidade ou dispensa.

Neste sentido, asseveramos que a Lei nº 8.987/1995 foi omissa na questão da dispensa de licitação. Contudo, é certo que ao tema da concessão e permissão se aplicam tanto o seu estatuto geral, acima descrito, quanto a Lei nº 8.666/1993, de forma subsidiária.

Pergunta-se, pois, se devemos acolher a hipótese de dispensa e inexigibilidade de licitação prevista na Lei nº 8.666/1993, apesar de a previsão constitucional não fazer essa menção, tampouco o estatuo geral de concessão e permissão, ou seguir a risca o que diz o dispositivo constitucional?

Entende a melhor doutrina, incluindo-se na opinião do mestre Madeira que não obstante o termo "sempre por meio de licitação", não se pode descartar a possibilidade de inviabilidade de competição, como ocorre comumente nos contratos administrativos propriamente ditos, e que torna a licitação inexigível.

Com efeito, nos inclinamos no sentido de que será aplicado, analogicamente ao que dispõe a lei e a própria Constituição, o que dispõe a regra do art. 25, *caput*, da Lei nº 8.666/1993, que diz ser "inexigível licitação quando houver inviabilidade de competição".

Quanto às hipótese de dispensa, ao contrário do que ocorre com a hipótese de inexigibilidade, o rol é taxativo. Entende o mestre Madeira que a Lei nº 8.666/1993 cria, em seu art, 24, a possibilidade da licitação ser dispensável.

Dentro dessa premissa, compactuamos a ideia de que deverá ser analisado caso a caso, se verificando especificamente em serviço se pode ser dispensada ou não a licitação, tendo em vista a sua necessidade e urgência.

27. Distinção da concessão e permissão antes e depois da CF/1988

No que concerne a uma distinção mais específica entre os institutos da concessão e permissão de serviço público, faz-se mister que esta análise seja dividida em duas épocas distintas: antes e depois da promulgação da Carta de 1988, pois que esta introduziu em seu texto dispositivos específicos e trouxe substanciais mudanças para seus regulamentos.

27.1. Concessão antes da Carta de 1988

Reportando-nos aos elementos do instituto da concessão que predominavam antes da promulgação da Carta de 1988, nos inclinamos agora para as distinções com respaldo em embasamento doutrinário.

27.1.1. Conceito

Estas distinções doutrinárias se fazem oportunas, pois o comando constitucional anterior não fazia men-

[16] Tema semelhante ao ora analisado foi também objeto de julgamento na ADI-MC nº 2.299 pelo STF, que discutiu a constitucionalidade de lei estadual que concedeu isenções de pagamento a consumo de energia elétrica e água a trabalhadores desempregados, afetando o equilíbrio econômico-financeiro das concessionárias prestadoras dos serviços concedidos. Em seu voto, o ministro Moreira Alves assim discorreu: "Com efeito, em exame compatível com a natureza da liminar requerida, lei estadual, máxime quando diz respeito à concessão de serviço público estadual e municipal, como ocorre no caso, não pode alterar as condições da relação contratual entre o poder concedente e os concessionários sem causar descompasso entre a tarifa e a obrigação de manter o serviço adequado em favor dos usuários, infringindo, assim, não só a política tarifária estabelecida contratualmente e sob o controle do poder concedente, mas também introduzindo elemento novo na relação contratual entre o poder concedente e o concessionário, alterando, dessa forma, as condições contratuais previstas na licitação exigida pelo *caput* do art. 175 da Carta Magna, que, assim, é violado". (ADI/MC nº 2.299; Rel. Min. Moreira Alves; DJ 29/08/2006)

ção específica sobre o instituto da concessão, e pela doutrina, sempre foi dito, conceitualmente, que a concessão se constitui em forma de delegação pelo Poder Público da execução de serviços públicos a particulares, por meio de contrato administrativo.

27.1.2. Cláusulas Exorbitantes

Já à época, um fator que distinguia os contratos administrativos dos contratos particulares eram as suas características e fundamentalmente as suas cláusulas exorbitantes, que como o próprio nome faz supor, exorbitavam dos contratos particulares, em razão das prerrogativas próprias da Administração Pública.

Uma dessas prerrogativas inseridas no contrato administrativo de que já se valia a Administração Pública era a possibilidade jurídica desta modificar unilateralmente o contrato, quando conveniente ao Poder Público.

Sendo assim, paralelamente à característica de o Poder Público manter a titularidade do serviço delegado, também era lícito, tal qual ocorre hoje, retomar a prestação do serviço, acaso comprovasse que este não estava sendo prestado adequadamente.

27.1.3. Encampação

Essa retomada da prestação de serviços, já denominada de encampação, gerava, em contrapartida, o direito ao concessionário de receber indenização referente ao investimento aplicado, levando-se em conta o que não foi amortizado no tempo que perdurou o contrato, ou considerando-se o que este razoavelmente deixou de ganhar com a resilição unilateral.

Um dos fatos que justifica a encampação é a de que, desta relação surgida entre o Poder Público e o delegatário não implicava a transmutação da natureza do serviço, pois o Poder Público mantinha a sua titularidade e a sua natureza pública era inalterada, transfigurando-se a obrigação da sua prestação na de regular e fiscalizar a atuação das concessionárias e permissionárias.

27.1.4. Elevado Grau de Estabilidade

Quanto ao direito à indenização que passava a ser devida ao delegatário pela resilição unilateral pelo Poder Público, esta característica já atribuía ao instituto da concessão de serviço público um elevado grau de estabilidade, indispensável para o particular que deseja contratar com o Poder Público.

A toda evidência que convém ao Poder Público demonstrar essa estabilidade ao particular, como forma de incentivo pela mobilização do capital e pela certeza da amortização dos investimentos a serem realizados por aquele.

Sendo assim, quando for explícita a conveniência do Poder Público de delegar serviços que requerem investimentos ousados e todo um aparato que gire em torno da mobilização do capital a ser investido em determinadas áreas, o uso do instrumento da concessão sempre foi uma opção adotada por este.

Portanto, torna-se indispensável oferecer àqueles que são potencialmente capazes de assumir tais eventos e obter um resultado positivo, com a adequada prestação de um serviço público, o maior grau de estabilidade possível.

Já quanto aos particulares, para que se sintam atraídos e motivados para o investimento, estes sempre procuraram a certeza na garantia contratual de que terão a amortização de seus investimentos e a devida indenização, em caso de resilição unilateral por interesse público.

Apenas para ilustrar este tópico, informamos que atualmente, com a edição da Lei nº 11.079/2004, que criou as PPP's – Parcerias Público-Privadas –, foram criados novos mecanismos de garantia para o particular que se associar ao Poder Público por meio deste instituto.

O que se constata hoje é que a criação das PPP's consagrou a tão esperada segurança jurídica, que beneficiará e dará confiança aos potenciais investidores de grandes obras públicas, e assegurando ao Poder Público parcerias qualificadas e estruturadas financeiramente.

Aliás, deve-se acrescentar que essa espécie de parceria está muito em voga atualmente no Estado do Rio de Janeiro como instrumento utilizado pelos Poderes Públicos municipal e estadual, na iniciação projetos e obras e na tentativa da adequação ao PAC proposto pelo governo federal.

27.1.5. Cobrança de Tarifa e Fixação de Prazo Determinado

Asseveramos ainda que não obstante os serviços conservarem a natureza pública, era lícito aos delegatários efetivar a cobrança de tarifa a seus usuários como forma de remuneração pela efetivação de tais serviços, características estas que também perduraram com o advento da Constituição da República de 1988.

Além disso, doutrina também já apontava para o entendimento de haver a obrigatoriedade da fixação de prazo determinado, dentro do qual o serviço seria prestado.

Registre-se que a observância desse prazo era determinante para nortear o valor da fixação de tarifas, que por sua vez era necessário para o cálculo do equilíbrio econômico-financeiro do negócio a ser realizado.

Com isso, não recaíam dúvidas de que além da titularidade do serviço delegado, o Poder Público também se imbuía, inclusive, da obrigação de regular, fiscalizar ou até reassumir o serviço, caso a concessionária ou permissionária não o estivesse prestando adequadamente.

Além da concessão, já existia também outra modalidade de delegação de serviço público que encontrava respaldo jurídico antes da Constituição de 1988, que era a permissão, cujas características se diferenciavam da concessão, a começar pela sua natureza de ato administrativo unilateral.

Convém, a exemplo do que foi traçado com o instituto da concessão, que façamos uma análise da permissão antes e depois do advento da Carta de 1988.

27.2. Permissão antes da Carta de 1988

O entendimento a respeito da permissão antes da Constituição de 1988 era basicamente regido pela doutrina, e desta se firmava a posição de que o instituto da permissão se realizava por meio de ato unilateral do Poder Público, ao contrário do que ocorria com a concessão, e o que a tornava mais instável que esta.

27.2.1. Unilateralidade e Instabilidade Contratual

A característica da unilateralidade de decisão atribuída ao Poder Público na adoção da permissão estampava um maior grau de precariedade ao contrato, acompanhada da não fixação do prazo contratual e da possibilidade de encampação do serviço sem a obrigação da indenização correspondente, características estas que não se aplicavam à concessão.

Com efeito, as particularidades da unilateralidade e da não fixação de prazo emolduravam a permissão com uma estrutura frágil e um elevando grau de instabilidade, o que resultava na própria fragilidade do negócio a ser firmado com o Poder Público e o particular, sobretudo no que dizia respeito a não obrigação do pagamento de indenização ao investidor, em caso de encampação.

No que alude à opção pelo Poder Público na adoção deste modelo de delegação, ressaltamos em especial esta discricionariedade que lhe permitia revogar ou ainda encampar o serviço delegado, se mais conveniente o fosse para a Administração Pública. Além disso, era lícito a este alterar o polo passivo da permissão e delegá-la a outro interessado em condições mais favoráveis ou vantajosas ao delegatário.

Estas características negativas da permissão eram tão gritantes que alguns autores, como o saudoso Hely Lopes Meirelles, chegaram a se posicionar no sentido de amenizá-las, e defender ser possível se constituir permissão, ato unilateral, com a fixação de prazo.

Essa posição, não obstante ter sido abarcada pelo renomado jurista dos estudos do Direito Administrativo não prosperou, e a base desta contestação era a de que, pelo simples fato de se admitir a fixação de prazo, equivaleria a se descaracterizar a permissão, ou o próprio caráter precário que lhe é peculiar.

27.2.2. Menor Investimento e Maior Garantia de Amortização de Custos do Particular

Em geral, a opção do Poder Público em adotar o instituto da permissão se justificava quando a delegação do serviço não requeria maiores investimentos, o que equivale a dizer que o custo da mobilização a ser usado pelo particular não justificava uma maior garantia, ao contrário do que ocorria com o contrato de concessão.

Associava-se a isso a certeza do particular, que com um investimento de menor vulto, tinha um grau mais acelerado de amortização e garantia de recuperação do investimento em um menor espaço de tempo.

Em tese, essas condições tanto justificava a escolha do Poder Público de efetivar a delegação por um ato mais precário, quanto atraía mais facilmente os particulares para a realização do negócio objeto de delegação, ou porque o negócio não era de grande investimento, ou porque seria facilmente amortizado, valendo o risco assumido.

Mediante isso, confirma-se o que a doutrina afirmava sobre a opção do Poder Público em adotar a permissão ou a concessão como forma de delegação de serviço público, pois cada uma atendia ao interesse público em determinada hipótese e condição.

Os fatores que influenciavam o Poder Público na adoção da concessão ou da permissão como forma de delegação de serviços público, antes da vigência da Constituição Federal de 1988, tinha como base, em tese, o potencial do investimento em questão.

Com isso, em ocasiões potencialmente mais viáveis que permitiam ao Poder Púbico transferir a execução do serviço público por um ato mais precário, a modalidade utilizada como forma de delegação contratual era a permissão destes serviços.

Entretanto, recordemos que todos esses meios procedimentais, bem como a forma de exercê-los, prevaleceram inalteradas até a chegada da Constituição Federal de 1988 com fundamento basicamente doutrinário.

Convém que se ressalte que a promulgação da Constituição de 1988, que introduziu a matéria da concessão e permissão em seu art. 175, resultou na edição da Lei nº 8.987/1995, que passou a regulamentar o tema.

27.3. Concessão e Permissão depois da Carta de 1988

A partir da Constituição Federal de 1988, as teorias contratualistas e unilaterais tornaram-se uma discussão anacrônica, pois que o legislador constituinte optou por adotar a natureza contratual da concessão e o regime especial de direito público, que em seu art. 175 *caput* e parágrafo único traz o dispositivo a seus respeitos.

Inobstante a expressa citação da permissão no art. 175, fazemos a ressalva que as características anteriormente elencadas no tópico "Permissão antes da Carta de 1988" se mantiveram inalteradas. Ainda assim, surgiram novas controvérsias acerca da natureza deste instituto, que passaram a ser discutidas doutrinariamente.

28. Permissão: Contrato administrativo ou ato unilateral?

Uma alteração ocorrida entre a distinção dos institutos da concessão e permissão que muito chamou a atenção da doutrina, após a matéria ser inserida no supracitado dispositivo constitucional, é quanto à forma contratual que passou consagrá-la como ato administrativo unilateral.

A partir de então, passou-se a questionar na doutrina, qual seria a sua real natureza. Uma opção seria a vinculação ao cumprimento, na íntegra, desta disposição constitucional, passando a permissão a se constituir em contrato administrativo, tal qual a concessão.

Outra, contudo, seria continuar a formatar a permissão de serviço público com a tradicional distinção, com a base doutrinária que prevalecia antes do advento da Carta de 1988, tratando-a como mero ato administrativo unilateral.

A melhor doutrina optou por interpretar que o legislador constituinte quis de fato atribuir à permissão a natureza de contrato, equiparando-a à concessão e selando a ideia de que ambas passaram a ser formas de delegação contratual de serviços públicos, por vontade do legislador constituinte, apesar de suas diferentes características.

29. Concessão e permissão na Lei nº 8.987/1995

Seguindo-se a análise das distinções entre os institutos da concessão e permissão de serviço público, trazemos à baila as suas características dentro da Lei nº 8.987/1995, que é a lei ordinária que rege a matéria, em concomitância com os referentes artigos da Constituição Federal.

É focando-se no *caput* do citado art. 175 que podemos constatar que este faz alusão à exigência constitucional de que a Concessão e a Permissão sejam realizadas "na forma da lei". Em razão disso, a fim de se cumprir referido mandamento constitucional, foi editada a citada lei, que passou a regulamentar a matéria.

29.1. Características

De acordo com a Lei nº 8.987/1995, a concessão e a permissão são formas de delegação de serviço público mediante contrato administrativo, de acordo com a previsão dos arts. 1º e 40, respectivamente. Convém mencionar que todo contrato administrativo, inclusive o contrato de concessão, deve ser feito por escrito, sob pena de nulidade.

A identificação do poder concedente e do concessionário, assim como o resultado da licitação por meio do qual se escolheu a concessionária devem estar descritos no preâmbulo do contrato, devendo ainda a sua publicação ser efetivada até o quinto dia útil do mês subsequente ao da assinatura do respectivo contrato.

Fazemos uma ressalva que embora o inciso II do art. 2º da Lei de Concessão faz expressa menção que a concessão só poderá ser realizada mediante contrato celebrado com pessoa jurídica ou consórcio de empresa, em outro momento, a própria lei faz supor o contrário.

A leitura do art. 35, que dispõe sobre a extinção da concessão e será analisada em outro momento mais detalhadamente, leva a um outro entendimento que pessoa física também poderá ser parte no contrato de concessão, senão vejamos:

> *Art. 35. Extingue-se a concessão por:*
>
> *[...]*
>
> *VI – falência ou extinção da empresa concessionária* e falecimento ou incapacidade do titular, no caso de empresa individual.

De acordo com o texto grifado, o citado artigo preceitua entre as cláusulas de extinção da concessão o falecimento ou a incapacidade do titular, quando se tratar de empresa individual. Com efeito, a princípio parece não haver outra forma de se interpretar o termo "empresa individual" senão como uma "pessoa física".

Nesses termos, pessoa física não estaria impedida de integrar um contrato de concessão como parte, ou, em outras palavras, se constituir em uma concessionária de serviço público.

Entretanto, é importante que se frise que, segundo o disposto no inciso II do art. 2º da referida lei, a delegação da prestação de serviço público só é permitida à pessoa jurídica ou consórcio de empresas, não sendo permitida à pessoa física, sendo esta a opinião que predomina na doutrina vigente.

O fato de a citada lei de concessão ser uma lei nacional, não exclui a competência da União, dos Estados, do Distrito Federal e dos Municípios de produzirem suas próprias leis, desde que estas não contrariem aquela.

Cumpre ainda informar que o contrato de concessão de serviço público e a licitação pública que a este antecede, além de encontrarem amparo constitucional, são regidas pelas Leis nº 8.987/1995, nº 8.666/1993 e nº 9.074/1995.

29.2. Forma e Condição de Outorga

Cabe lembrar que todo contrato administrativo e toda concessão devem ser feitos por escrito, sob pena de nulidade.

No preâmbulo, devem estar identificados o concedente e o concessionário, e a licitação por meio da qual foi escolhida a concessionária. A publicação do mesmo deve ser feita até o quinto dia útil do mês subsequente ao da assinatura.

No que tange à outorga de concessão de serviço público, não se registra que a Constituição Federal, por meio de seu art. 175, faça constar a exigência de autorização legislativa específica para essa outorga, tampouco o faz a Lei nº 8.987/1995.

Ocorre que a Lei nº 9.074/1995, de outra monta, reza em seu art. 2º que se aplicará esta vedação à União, aos Estados, ao Distrito Federal e aos Municípios em execução de obras e serviços públicos, excepcionando apenas os casos de saneamento básico e limpeza urbana, nos termos que se seguem:

> *Art. 2º. É vedado à União, aos Estados, ao Distrito Federal e aos Municípios executarem obras e serviços públicos por meio de concessão e permissão de serviço público, sem lei que lhes autorize e fixe os termos, dispensada a lei autorizativa nos casos de saneamento básico e limpeza urbana e nos já referidos na Constituição Federal, nas Constituições Estaduais e nas Leis Orgânicas do Distrito Federal e Municípios, observado, em qualquer caso, os termos da Lei nº 8.987, de 1995.*

Procedimento diverso também é adotado na legislação de muitos Municípios da federação, cujas leis orgânicas textualizam a exigência de autorização legislativa como requisito para outorgar a concessão de serviço público.

Uma das principais características pós-Constituição/1988 da Concessão e Permissão é a de que a delegação destas está atrelada à existência de um contrato público. Esta assertiva está expressa em dois dispositivos da Lei nº 8.987/1995, quais sejam, seus arts. 1º e 40.

O seu art. 1º reza que as concessões e permissões serão regidas pelo art. 175 da Constituição Federal, pela citada lei e pelas cláusulas do contrato, restando concluído ser este elemento indispensável e trazendo o pressuposto da sua precedência à delegação do serviço.

O art. 40, por sua vez, se refere especificamente à permissão de serviço público, e assevera que esta será formalizada mediante contrato de adesão.

A identificação no preâmbulo do contrato de quem será o concedente e quem será o concessionário, assim como da licitação a qual resulta na escolha deste último também são características do contrato de concessão e permissão.

Além destas, a exigência de que todo contrato administrativo e toda concessão sejam feitos por escrito, sob pena de nulidade, se constitui em mais uma característica destes institutos.

No que tange às cláusulas essenciais do contrato de concessão, a abordagem completa de todas elas se encontra inserida no art. 23, dos incisos I ao XV da Lei nº 8.987/1995.

Já o artigo seguinte, o 24, foi vetado, não prosperando a intenção do legislador em exigir que constasse no contrato de concessão a garantia da receita bruta mínima ou o correspondente a uma quantidade mínima de tráfego, este em caso de obras viárias.

De fato, se não ocorresse o veto sobre este dispositivo legal, entendemos que o artigo se tornaria incompatível com a própria definição dos institutos da concessão e permissão, os quais possuem a característica da assunção do risco.

Com efeito, a característica contratual que se refere à assunção do risco a qual deverá arcar a concessionária de serviço público justifica plenamente a vedação ao art. 24 da Lei Concessão e Permissão.

Contudo, além das citadas características, é mister que o contrato de concessão contenha, entre outras cláusulas essenciais, aquelas concernentes aos bens reversíveis e à forma de pagamento da indenização, quando esta é cabível.

Deve conter expressamente, também, a exigência da publicação dos demonstrativos financeiros periódicos da empresa concessionária, isto em homenagem ao princípio da publicidade que norteia os atos dos agentes públicos, extensivo que é aos atos das concessionárias de serviço público.

No que concerne às características da concessão e permissão na Jurisprudência, oportuno trazer à baila uma decisão do Superior Tribunal de Justiça, a qual se constitui em uma lição acerca das características gerais do contrato, incluindo-se às já elencadas a presença das "cláusulas exorbitantes" e da "possibilidade da alteração unilateral do contrato por parte da Administração Pública".

> O contrato de Administração com terceiros, para a realização de serviço público constitui ajuste de Direito Administrativo, bilateral e oneroso, inalterável unilateralmente, especialmente em relação a cláusulas que ocasionem manifesto prejuízo ao concessionário. A concessão de serviço público, nos termos da legislação pertinente, só é alterável com dano ao concessionário, se observado o devido processo legal, em que se assegure a ampla defesa ao contratante prejudicado. É ineficaz a alteração de cláusulas financeiras do contrato de concessão, com prejuízo para a concessionária, sem que aquela alteração tenha sido efetivada mediante procedimento licitatório. A mera autorização precária para que terceiro realize serviço já concedido, por meio de contrato a outrem, despida de efeitos jurídicos, por afrontar direito adquirido, sob a proteção de regra da constituição. Recurso provido. (STJ, unânime; Primeira Turma; RMS 1903-1/TO; Min. Demócrito Reinaldo)

No que tange à natureza do consórcio, se este poderá ser despersonalizado ou necessariamente ter a forma de empresa como pressuposto para se tornar um delegatário de serviço público, caberá à lei de cada ente federativo definir, e ao edital de concessão ou permissão especificar.

Especialmente quanto à concessão, de acordo com a lei a licitação será sempre na modalidade mais complexa, que é a concorrência. A exploração do serviço ocorrerá em nome próprio da delegatária, por sua conta e risco, e em contrapartida à prestação do serviço será lícita a cobrança aos seus usuários mediante o pagamento da tarifa.

Também apenas em relação à concessão, é mister que o prazo do contrato seja determinado, tendo o legislador ordinário se coadunado com a sistemática aplicada pela Lei nº 8.666/1993, que é a Lei de Licitação, a qual traz previsão expressa a este respeito em seu art. 57, § 3º, nestes termos: "§ 3º É vedado o contrato com prazo de vigência indeterminado."

29.3. Análise do Art. 2º, Incisos II ao IV, e do Art. 40 da Lei nº 8.987/1995

As distinções dentro da lei da permissão e concessão de serviço público, qual seja, a Lei nº 8.987/1995, se encontram contidas em seu art. 2º, incisos II a IV, complementando a definição da permissão em seu art. 40.

29.4. Características Referentes à Concessão: Art. 2º, Incisos II e III

O inciso II do art. 2º dispõe sobre o modelo de concessão *tout court*, que é o modelo de concessão mais comum, em que ocorre a execução de serviços públicos a particulares, por via de delegação contratual, por conta e risco do delegatário. Segue-se na íntegra o que comunga a lei neste dispositivo. Ressaltamos, porém, os grifos feitos sobre o texto original:

> Inciso II do art. 2º – *concessão de serviço público: a delegação de sua prestação, feita pelo poder concedente, mediante licitação, na modalidade de concorrência, à pessoa jurídica ou consórcio de empresas* que demonstre capacidade para seu desempenho, *por sua conta e risco e por prazo determinado;*

Já o inciso III, que segue compondo as definições a respeito da concessão, diferencia esta da anterior, sobretudo por tratar do modelo de concessão de serviço público precedida de obra pública. Sua principal característica é a obrigação que se imputa ao particular sobre o ônus do investimento na obra, para apenas posteriormente se ressarcir, pela exploração do serviço público. Grifaremos o texto original o que se destaca.

> Inciso III do art. 2º – *concessão de serviço público precedida da execução de obra pública:* a construção, total ou parcial, conservação, reforma, ampliação ou melhoramento de quaisquer obras de interesse público, delegada pelo poder concedente, *mediante licitação,* na *modalidade de concorrência, à pessoa jurídica ou consórcio de empresas* que demonstre capacidade para a sua realização, *por sua conta e risco,* de forma que *o investimento da concessionária seja remunerado e amortizado mediante a exploração do serviço ou da obra por prazo determinado.*

Dissociando-se do que diz na íntegra o texto da lei, sobressai outro entendimento que a concessão deve se diferenciar, de fato, por três formas distintas, sendo elas: concessão de serviço público, ou concessão *tout court*; concessão de serviço público precedido de obra; e concessão de obra *tout court*, que entende a doutrina ser admissível, apesar de não haver menção expressa em lei desta modalidade.

29.5. Características Referentes à Permissão: Art. 2º, inciso IV e art. 40

Partindo-se para uma análise mais particularizada acerca da permissão de serviço público, devemos enfatizar que esta se distingue da concessão em especial por ser definida como um *contrato administrativo de adesão*, cuja definição se encontra no art. 40 da Lei nº 8.987/1995; além da menção de outras características inseridas no inciso IV da mesma lei.

Essa característica do *contrato de adesão* inserida pelo legislador ordinário faz supor se tratar de um outro tipo de contrato de delegação de serviço público a particular. Remetemos à leitura do que rezam os dispositivos legais, na ordem acima citada, com os grifos no que achamos oportuno ressaltar.

> *Art. 40. A permissão de serviço público será formalizada mediante contrato de adesão, que observará os termos desta Lei, das demais normas pertinentes e do edital de licitação, inclusive quanto à precariedade e à revogabilidade unilateral do contrato pelo poder concedente.*
> *Parágrafo único. Aplica-se às permissões o disposto nesta Lei.*
> *[...]*
> *IV do art. 2º – permissão de serviço público: a delegação, a título precário, mediante licitação, da prestação de serviços públicos, feita pelo poder concedente à pessoa física ou jurídica que demonstre capacidade para seu desempenho, por sua conta e risco.*

Doutrinariamente, não houve uma recepção positiva da característica "contrato de adesão" contida no art. 40, a ponto de alguns doutrinadores a tratarem como inócua. A razão é que, em regra, todo contrato administrativo é um contrato de adesão, perdendo a razão de se atribuir esta qualidade de forma específica à permissão.

Releva ressaltar a omissão do legislador quanto a expressão "por prazo determinado" ao tratar da permissão no corpo do inciso IV do art. 2º, contrariamente ao que determinou o inciso II deste mesmo artigo, que se refere à concessão.

A omissão desse termo fez surgir na doutrina, de plano, o entendimento de se tratar de outra característica específica da permissão, pois que é a lei que estabelece a não obrigatoriedade da fixação de prazo, em contrapartida com a concessão, onde esta fixação é expressamente obrigatória.

Sendo assim, o fato de recair sobre a permissão a não obrigatoriedade desta fixação de prazo para o cumprimento de seu contrato, já faz surgir para este instituto a ideia de um maior grau de precariedade em relação à concessão, fato este que pode se tornar decisivo para o particular interessado em contratar com a Administração Pública.

Importa trazermos a conhecimento a existência de uma corrente doutrinária que associa a omissão cometida pelo legislador ordinário, no inciso IV do art. 2º, quanto ao uso da expressão "por prazo determinado", ao termo inserido no parágrafo único do art. 40 que reza: "Aplica-se às permissões o disposto nesta Lei."

Nesses termos, a omissão da expressão que ora se discute seria uma mera questão de ordem textual e não técnica, e isso não implicaria em uma característica específica de a permissão não ter prazo determinado, já que reza a Lei nº 8.987/1995, no parágrafo único de seu art. 40, que o disposto desta lei aplica-se à permissão.

30. Características que distinguem a permissão da concessão

Para um melhor entendimento quantos aos itens diferenciais da permissão de serviço público, trazemos à leitura o art. 40 e seu parágrafo único da Lei nº 8.987/1995, que é o dispositivo que contém suas principais características:

> *Art. 40. A permissão de serviço público será formalizada mediante contrato de adesão, que observará os termos desta Lei, das demais normas pertinentes e do edital de licitação, inclusive quanto à precariedade e à revogabilidade unilateral do contrato pelo poder concedente.*
> *Parágrafo único. Aplica-se às permissões o disposto nesta Lei.*

30.1. Prazo Determinado

A melhor posição doutrinária a respeito da divergência de incidir ou não o prazo determinado no instituto da permissão, opina pela sua negativa, e o faz com base na análise dos dispositivos pertinentes ao tema contidos na Lei nº 8.987/1995, que se omitem quanto à sua fixação.

No seu fundamento, a outra corrente que opta por aplicar de forma genérica o texto do parágrafo único do art. 40, que compõe o capítulo específico sobre permissões e que reza que "o disposto da lei se aplica à permissão", se vale de uma interpretação assistemática da Lei nº 8.987/1995.

Com isso, tenta dar uma interpretação extensiva ao parágrafo único do art. 40, que nada fala sobre prazo, valendo-se do que está disposto nos incisos II e III do art. 2º, a seguir descritos e grifados, que tratam da concessão de serviço público e da concessão de serviço público precedida da execução de obra pública, respectivamente, e descrevem expressamente o termo "por prazo determinado".

> *Art. 2º. Para os fins do disposto nesta Lei, considera-se:*
> *[...]*
> *II – concessão de serviço público: a delegação de sua prestação, feita pelo poder concedente, mediante licitação, na mo-*

dalidade de concorrência, à pessoa jurídica ou consórcio de empresas que demonstre capacidade para seu desempenho, por sua conta e risco e por prazo determinado;

III – concessão de serviço público precedida da execução de obra pública: a construção, total ou parcial, conservação, reforma, ampliação ou melhoramento de quaisquer obras de interesse público, delegada pelo poder concedente, mediante licitação, na modalidade de concorrência, à pessoa jurídica ou consórcio de empresas que demonstre capacidade para a sua realização, por sua conta e risco, de forma que o investimento da concessionária seja remunerado e amortizado mediante a exploração do serviço ou da obra por prazo determinado;

De outra monta, se o legislador se omitiu quanto a esta característica do prazo determinado no inciso IV, e não o fez nos incisos III e II que o precedem, pressupõe-se uma nítida intenção em deixar clara essa omissão quanto à permissão, e não uma mera falha textual.

Art. 2º [...]

IV – permissão de serviço público: a delegação, a título precário, mediante licitação, da prestação de serviços públicos, feita pelo poder concedente à pessoa física ou jurídica que demonstre capacidade para seu desempenho, por sua conta e risco.

Ademais, este entendimento também se justifica como sendo o prazo um dos critérios distintivos, dentre outros que decorrem da lei, entre a concessão e a permissão de serviço público.

Além disso, o não reconhecimento de tais distinções tornaria inócua a criação de dois institutos distintos que se prestam para o mesmo fim, que é a execução de serviço público por via de delegação contratual.

30.2. A Inexigibilidade da Modalidade de Concorrência na Licitação da Permissão

No que se refere à obrigatoriedade da licitação aplicável à permissão, a lei, por meio de seu art. 2º, inciso IV, explicita que esta existe, mas não faz nenhuma menção a respeito de ser também obrigatório o uso da modalidade de concorrência, tal qual se aplica à concessão.

Diante disso, parece cristalina a intenção do legislador ordinário de que no caso da permissão a licitação é obrigatória, mas pode, contudo, se dar por outras modalidades que não a concorrência.

30.3. Possibilidade de Delegação de Serviço Público à Pessoa Física

Mais uma característica que distingue a permissão da concessão é quanto à possibilidade da delegação da execução de serviço público à pessoa física ou jurídica, expressamente previsto no mesmo inciso IV do art. 2º.

Na concessão, conforme já sabemos, não é lícito ocorrer a delegação à pessoa física.

30.4. Revogabilidade Unilateral do Contrato

Não obstante tratar-se a permissão de um contrato administrativo, tal qual o é a concessão, esta se reveste da qualidade de poder ser revogada unilateralmente, característica esta expressamente descrita no art. 40 da Lei nº 8.987/1995.

Isto também se justifica pelo fato de não recair sobre ela a obrigatoriedade de um prazo determinado para o seu cumprimento, ficando tal revogabilidade a critério do administrador público responsável pela delegação do serviço público.

Questiona-se na doutrina a utilização do termo revogabilidade unilateral da permissão pelo poder concedente, citado no art. 40 da Lei Geral de Concessão, por ocorrer uma incoerência com o que ocorre na prática, já que esta característica é também aplicável aos atos administrativos unilaterais.

Com efeito, esta característica da revogabilidade unilateral não se coaduna com a natureza da permissão, que é contrato de adesão, segunda a lei.

A doutrina aponta para o fato de que, quando o objeto em questão é um contrato, e não um ato, o termo correto que se aplica neste caso é o de rescisão unilateral, ou resiliçao unilateral, nao se configurando correta a expressão revogação de contrato de permissão.

Finalizando a distinção entre concessão e permissão, podemos asseverar que a permissão, apesar de se constituir em contrato, carrega sobre si precariedade maior em relação ao contrato de concessão, o que decorre do fato de não se estipular prazo para sua exploração pelo particular.

Senso assim, aplicar-se-á um critério discricionário, de acordo com a conveniência do Poder Público, o prazo de delegação de serviço público à particular firmado por meio de contrato de permissão.

Com efeito, isto conduz à realidade de que o particular não terá a garantia de um período previamente estabelecido e necessário à amortização de seu investimento, e que a decisão unilateral do Poder Público poderá gerar prejuízos ao permissionário do serviço público.

Além dos traços distintivos mencionados acima, os doutrinadores, atualmente, apresentam mais três diferenças:

1º – Quanto ao vulto econômico:

- *Concessão*: sempre que a delegação de serviços públicos envolverem grande vulto econômico, a hipótese será de concessão.

Por exemplo, táxi aéreo. Por ser outorgado por meio de concessão (de grande vulto econômico e conferir maior estabilidade aos delegatários).

- *Permissão*: é própria para aplicação de pequeno vulto econômico, por ser precária, não tem tanta estabilidade como a concessão.

Exemplificando: táxi rodoviário.

2º – Quanto ao delegatário do Serviço:

- *Concessão*: essa modalidade de delegação só pode ser feita a empresas jurídicas ou consórcio de empresas.
- *Permissão*: o delegatário só pode ser pessoa jurídica ou pessoa física.

3º – Quanto à Encampação:

- *Concessão*: a encampação gera indenização prévia, ou seja, a indenização é paga antes que a encampação seja consumada, de acordo com a previsão do art. 37 da Lei nº 8.987/1995.
- *Permissão*: a indenização só vai ocorrer após o término da encampação. O fundamento está no art. 78, § 2º da Lei nº 8.666/1993.

30.5. A relação da concessão e permissão com os princípios constitucionais

Quando nos reportamos ao tema da concessão e permissão de serviço público, não podemos ignorar o fato de que, embora estes institutos sejam caracterizados pela delegação pelo Poder Público da execução do serviço a pessoas da iniciativa privada, o serviço prestado mantém a natureza e a titularidade públicas.

Com isso, cria-se a obrigatoriedade de que todo e qualquer serviço delegado por via de contrato de concessão e permissão mantenha consonância com os princípios constitucionais que regem a Administração Pública. Relacionamos, a seguir, os que se encontram inseridos no art. 37 da Constituição Federal, a seguir descritos:

> Art. 37 – *A administração pública direta e indireta de qualquer dos Poderes da União, dos Estados, do Distrito Federal e dos Municípios obedecerá aos princípios da legalidade, impessoalidade, moralidade, publicidade e eficiência e, também, ao seguinte[...]*

Nesse sentido, a doutrina é uníssona em afirmar que os princípios que fundamentam os serviços prestados por via de concessão e permissão são verdadeiros desdobramentos necessários dos princípios constitucionais que se aplicam à Administração Pública.

Entretanto, além destes princípios elencados no art. 37 da Carta Maior, ressaltamos que os demais princípios que regem a Administração Pública são igualmente aplicáveis, sendo que alguns até se destacam no que alude ao tema da concessão e permissão de serviço público, como os da continuidade, mutabilidade do regime jurídico e igualdade dos usuários, os quais faremos uma análise mais sucinta nesta sequência.

30.5.1. Princípio da Continuidade

30.5.1.1. O Principio da Continuidade na Administração Pública Direta e Indireta

Salientamos, preliminarmente, que a importância de que se reveste este princípio da continuidade dentro do contexto organizacional da Administração Pública se estende à própria justificativa de que esta delegue a prestação de serviços públicos a terceiros.

Nos referimos às circunstâncias em que a Administração Pública direta, por não dispor de meios necessários para a prestação de determinado serviço público, ou se encontrar, por qualquer outro motivo, na iminência de não poder prestá-los direta e adequadamente, delegue a prestação à iniciativa privada, evitando que ocorra a sua descontinuidade.

Portanto, é a partir desse contexto da obrigatoriedade da não interrupção da prestação do serviço público que por vezes aflora a necessidade de delegação de serviços de natureza pública à iniciativa privada, hipóteses em que o Estado passa a exercer o papel de regulador e fiscalizador.

Resta claro que essa delegação contratual por iniciativa do Poder Público resultará sumariamente na obrigação à obediência deste princípio da continuidade do serviço público ao concessionário ou permissionário que passar a prestar tal serviço.

30.5.1.2. A Obrigatoriedade da Concessão e a Permissão Agregarem os Princípios da Administração Pública

Ao falarmos de concessão e permissão de serviço público, é relevante que se diga que quando o serviço concedido ou permitido passa a ser prestado por uma pessoa da iniciativa privada, isso não significa, em nenhum momento, que o serviço se transmuda em uma atividade econômica privada ou passa a ser regida pelas normas inerentes a esta.

Em assim sendo, a primeira observação pertinente que nos cabe fazer é a de que quando ocorrer a concessão ou permissão do serviço, isso não descaracteriza a sua natureza pública e não ocorre uma desagregação deste com os princípios do regime jurídico administrativo.

A sua prestação se dará de forma regular, conforme estabelecido no próprio contrato de concessão ou permissão e nas normas regulamentares estipuladas pelo poder concedente e previamente conhecidas e aceitadas pela concessionária ou permissionária.

Nesse caso, cabe mesmo fazer a associação do princípio da continuidade com o princípio da indisponibilidade do interesse público, em que o primeiro seria uma espécie de extensão deste, pois que não cabe ao concessionário ou ao permissionário a decisão quanto à conveniência de interromper ou paralisar a prestação do serviço, tampouco de decidir quando é conveniente e oportuno prestá-lo.

Ao contrário, recai sobre o concessionário e o permissionário a obrigatoriedade de observância ao princípio da continuidade, o que se entende por uma prestação de serviço que atenda às características da periodicidade e da regularidade, e não o contrário, ressalvadas eventuais hipóteses de paralisação ou interrupção, com respaldo na regulamentação contratual e normativa fixada pelo poder concedente.

30.5.1.3. O Princípio da Continuidade na Lei nº 8.987/1995

Vale lembrar que de acordo com a lei que rege a matéria da concessão e permissão, que é a Lei nº 8.987/1995, a continuidade do serviço é uma das características do serviço adequado, conforme os seus preceitos legais inseridos no art. 6º, § 1º:

> Art. 6º. Toda concessão ou permissão pressupõe a prestação de serviço adequado *ao pleno atendimento dos usuários, conforme estabelecido nesta Lei, nas normas pertinentes e no respectivo contrato.*
>
> § 1º Serviço adequado é o que satisfaz as condições de *regularidade,* continuidade, *eficiência, segurança, atualidade, generalidade, cortesia na sua prestação e modicidade das tarifas. (Grifamos)*

Em face disso, podemos, em tese, fazer a interpretação de que a prestação adequada do serviço, que é um pressuposto legal para que se formalizem os institutos da concessão ou permissão, está atrelada, entre outras características, à sua continuidade.

Isso também equivale a dizer que a falta desta continuidade e a consequente inadequação na prestação do serviço, em linhas gerais, compromete a manutenção do contrato pactuado entre as partes, conforme as normas legais e contratuais que o regulam.

Por fim, concluímos que a inexecução total ou parcial do contrato, quando decorrer da descontinuidade na prestação do serviço, faz gerar o direito do poder concedente de declarar a sua caducidade ou a aplicação de sanções contratuais. É o que se deduz do texto do art. 38 da citada lei.

> *Art. 38. A inexecução total ou parcial do contrato acarretará, a critério do poder concedente, a declaração de caducidade da concessão ou a aplicação das sanções contratuais, respeitadas as disposições deste artigo, do art. 27, e as normas convencionadas entre as partes.*

De acordo com as narrativas até aqui auferidas, em conformidade com a Lei nº 8.987/1995 a respeito do princípio da continuidade na concessão e permissão de serviço público, o concessionário ou o permissionário não se furtará do dever de prestar o serviço periódica e regularmente à população, sob pena de descaracterizar o pleno atendimento dos usuários.

Merece uma análise sucinta, portanto, os elementos da periodicidade e da regularidade no que tange às suas aplicabilidades aos casos práticos, tendo-se como base a regulamentação específica de cada serviço público.

30.5.1.4. A Análise dos Elementos da Regularidade e da Periodicidade Relacionados ao Princípio da Continuidade na Concessão e Permissão

Assunto que merece destaque no tocante à consagração do princípio da continuidade nos institutos da concessão e permissão é quanto aos elementos da regularidade e periodicidade, inerentes que são à prestação do serviço público, seja da forma direta ou indireta.

Contudo, convém que se releve que a aplicação da regularidade e da periodicidade não poderá transcorrer de maneira uniforme em toda e qualquer prestação de serviço público, havendo de se observar uma maior ou menor flexibilidade destes elementos, caso a caso e em suas respectivas regulamentações.

Nesse diapasão, podemos declarar com firmeza que determinados serviços públicos não podem ser paralisados, em razão da essencialidade de que se revestem para a manutenção da ordem, segurança ou saúde pública, a título de exemplo.

Outros, contudo, não ostentam um grau de essencialidade tão rigoroso, pressupondo a possibilidade de uma prestação que se coadune com a demanda de seus usuários, sem que se ponha em risco os mesmos elementos da ordem, segurança ou saúde pública, seguindo-se as hipóteses citadas.

Há que se observar ainda que a Lei nº 8.987/1995 tratou de distinguir a influência da questão da continuidade aferida entre concessionários e usuários e entre concessionário e poder concedente.

30.5.1.5. A Relação da Continuidade entre Concessionário e Usuário

Quando a continuidade tiver relação com concessionário e usuário de serviço público, a Lei nº 8.987/1995 dará amparo à questão com base no dispositivo contido no art. 6º, § 3º, sobressaindo o que se prescreve no inciso II.

> *Art. 6º [...]*
> § 3º Não se caracteriza como descontinuidade do serviço a sua interrupção *em situação de emergência ou após prévio aviso, quando:*
> *I – motivada por razões de ordem técnica ou de segurança das instalações; e,*
> *II – por* inadimplemento do usuário, *considerado o interesse da coletividade.*

Contudo, ocorre que a aparente garantia de que a lei proporciona a segurança ao concessionário, para que este, valendo-se do inadimplemento do usuário a que se refere o inciso II, tenha como certa a descaracterização da descontinuidade na prestação do serviço, não tem sido totalmente válida na prática.

Alguns entendimentos com sede jurisprudencial têm remetido a análise desta questão a um diferente foco, transcendendo o ideário traçado pelo legislador federal inserido na citada lei e flexibilizando o seu rigor.

No lugar de aplicar o dispositivo de forma genérica e no rigor da lei, estão cedendo lugar a uma ponderação que leve em conta o respeito e a dignidade do usuário do serviço público, que em linhas gerais é o cidadão, cujo direito à vida e à segurança, entre outros essenciais, se encontra garantido na Lei Maior do País.

É dentro desse raciocínio que os aplicadores da lei têm se debruçado para não fixar o dispositivo legal contido no inciso II, § 3º, do art. 6º, como uma regra generalizada, a ponto de tornar todo e qualquer inadimplemento do usuário em um instrumento válido para a descontinuidade do serviço pela concessionária ou permissionária.

30.5.1.6. A Relação da Continuidade entre Concessionário e poder concedente

Antes que adentremos na controvérsia que gira em torno desta questão acima suscitada, cumpre aduzir que quando a continuidade do serviço derivar de relação jurídica entre concessionário e poder concedente, outro será o desfecho.

Nessas hipóteses, o legislador federal tratou de fundamentar de forma expressa, no art. 39 da Lei de Concessão, a conduta a ser tomada pelo concessionário em caso de falha no cumprimento do contrato por culpa exclusiva do poder concedente, conforme transcrevemos e frisamos a seguir:

> Art. 39. *O contrato de concessão poderá ser rescindido por iniciativa da concessionária,* no caso de *descumprimento das normas contratuais pelo poder concedente,* mediante *ação judicial* especialmente intentada para esse fim.
> Parágrafo único. Na hipótese prevista no *caput* deste artigo, *os serviços prestados pela concessionária não poderão ser interrompidos ou paralisados,* até a decisão judicial transitada em julgado.

O parágrafo único do art. 39 faz oportuna ressalta de que os serviços prestados pelo concessionário não podem ser interrompidos até a ação judicial transitada em julgado, impedindo com isso uma abrupta descontinuidade na sua prestação, o que se tornaria um transtorno para o seu usuário, seja este a população, seja o próprio Poder Público.

Isto nos leva a crer que o legislador tratou de ressaltar que a rescisão contratual por iniciativa do concessionário, ainda que demandada por motivo de descumprimento de normas contratuais por parte do poder concedente, não poderá se dar sem que a questão seja levada a juízo e sejam esgotados todos os meios de defesa.

Sobrepõe-se ao direito de rescisão do concessionário o dever de que esta seja formalizada por meio de ação judicial intentada especificamente para este fim. Este fato ainda faz supor a superveniência do legalmente inquestionável direito de defesa a que fará jus o réu da ação, neste caso o poder concedente, em homenagem ao mandamento constitucional vigente:

> Art. 5º [...]
> Inciso LV – aos litigantes, em processo judicial e administrativo, e aos acuados em geral, são assegurados o contraditório e a ampla defesa, com os meios e recursos a ele inerentes.

31. Usuário e poder concedente: atores responsáveis pela rescisão contratual pelo concessionário

Após a análise da relação da continuidade do serviço entre concessionário e usuário e concessionário e poder concedente, com o fundamento legal da questão fincado na Lei nº 8.987/1995, evidenciou-se que nas duas hipóteses encenadas pelos diferentes polos e a ordem acima descrita, é sempre o segundo elemento da relação contratual que deixa de cumprir uma obrigação regularmente imposta, dando causa ao primeiro, que é o concessionário, à descontinuidade do serviço, senão vejamos:

Na relação travada entre concessionário e usuário, quanto ao que consta no inciso II, é o usuário que deixa de cumprir a obrigação da contraprestação, que é o pagamento da tarifa, dando o direito à concessionária de interromper a prestação do serviço.

No segundo caso, integrado por concessionário e poder concedente, é este último que dá causa à rescisão pelo concessionário, por meio do descumprimento de normas contratuais. Nesse caso, porém, a rescisão se dará pela via judicial, só gerando ao concessionário o direito da descontinuidade do serviço após *decisão judicial transitada em julgado*.

31.1. Análise da Controvérsia acerca do "Inadimplemento do Usuário" Prevista no Inciso II, § 3º do Art. 6º

> *Art. 6º*
> *[...]*
> *§ 3º Não se caracteriza como descontinuidade do serviço a sua interrupção*
> *[...]*
> *II – por inadimplemento do usuário, considerado o interesse da coletividade.*

Quando o legislador federal brasileiro regulamentou o art. 175 da Constituição Federal com a edição da Lei nº 8.987/1995, que passou a ser designada doutrinariamente de Estatuto Geral de Concessão e Permissão, deixou expressa a sua preocupação quanto à continuidade do serviço público a cargo das concessionárias e permissionárias, em franca observância a um dos princípios que regem a Administração Pública direta e indireta.

Não obstante, por meio de um simples dispositivo inserido na lei, engessou uma forma de mitigação a este princípio da continuidade, segundo o que tem sido interpretado por parte da doutrina e jurisprudência que têm se dedicado na discussão do tema.

É com base neste raciocínio que a interpretação do inciso II, § 3º do art. 6º tem sido, em geral, favorável ao fato de que o legislador federal estabeleceu ali uma norma geral de mitigação do princípio da continuidade, quando o serviço público for prestado por particulares diretamente ao usuário, e havendo o inadimplemento deste.

Segundo esse raciocínio, quando o usuário do serviço público se tornar inadimplente, será aclamado este preceito legal pelo concessionário ou permissionário e este se desobrigará de manter a continuidade da prestação do serviço, não obstando, a princípio, o interesse da coletividade.

31.2. Controvérsia no STJ

O que ocorre, de fato, é que dentro da própria jurisprudência do STJ – Superior Tribunal de Justiça, que é o órgão que interpreta o direito federal em última instância, não tem sido pacífica a interpretação deste dispositivo da lei, formando-se duas ocorrentes oponentes que sustentam divergências muito acentuadas quanto ao tema, que são em especial a Primeira e a Segunda Turma do Tribunal.

31.2.1. Entendimento da Primeira Turma do STJ

No tocante ao entendimento acerca do art. 6º, § 3º, II, emitido pela Primeira Turma do STJ, que é uma posição considerada bem consolidada e acolhida por acórdãos de diversos ministros daquela casa, a prestação de serviços públicos essenciais, como o caso de energia elétrica e abastecimento de água, ensejam uma interpretação do citado inciso II em consonância com o Código de Defesa do Consumidor.

Esta associação se dá, sobretudo, pelo termo final de seu texto que diz: "atendidos os interesses da coletividade", e a interpretação remete tal análise aos arts. 22 e 42 do CDC, que trazemos a seguir:

> *Art. 22. Os órgãos públicos, por si ou suas empresas, concessionárias, permissionárias ou sob qualquer outra forma de empreendimento, são obrigados a fornecer serviços adequados, eficientes, seguros e, quanto aos essenciais, contínuos.*
> *Art. 42. Na cobrança de débitos, o consumidor inadimplente não será exposto a ridículo, nem será submetido a qualquer tipo de constrangimento ou ameaça.*
> *Parágrafo único. O consumidor cobrado em quantia indevida tem direito à repetição do débito, por valor igual ao dobro do que pagou em excesso, acrescido de correção monetária e juros legais, salvo hipótese de engano justificável.*

Com base nestes dispositivos do Código do Consumidor, a Primeira Turma fundamenta sua posição e interpreta ser inviável a interrupção de serviços públicos quando estes são considerados essenciais, equiparando o usuário a um consumidor e atribuindo-lhe o direito que lhe é inerente sob este aspecto.

Em suma, impõe ao citado dispositivo da lei a característica de uma mitigação ao princípio da continuidade do serviço público pelas concessionárias e permissionárias, em caso de inadimplência do usuário, e quando esta inadimplência se atrela a serviços essenciais.

31.2.1.1. Primeiro Entendimento do Ministro Luiz Fux

Há uma passagem que é oportuna ser trazida nesta análise, para enfatizar o quanto a questão tem sido objeto de controvérsia e tem ensejado a falta de uniformidade de jurisprudência na análise deste tema dentro do próprio STJ.

Trata-se de dois fundamentos diferentes que foram emitidos por um respeitado ministro da Primeira Turma, Luiz Fux, que num primeiro momento, tratou a análise da inadimplência levando em conta o destinatário da prestação do serviço público pela concessionária.

Neste sentido, quando o credor se tratava do Poder Público, ou seja, quando era o próprio Estado ou o Município, ou um de seus órgãos, não seria correta a aplicação do art. 6º, § 3º, inciso II.

Fundava-se o acórdão no argumento de que a interrupção de um serviço essencial a um daqueles Poderes, quando na prática de suas atribuições legais e pertinentes, poderia colocar em risco a coletividade, que indiretamente também seria prejudicada pela prestação de seus serviços.

Apenas para ilustrar a cena, seria o caso de inadimplência referente ao pagamento de contas de luz cobradas pela Light, concessionária de serviço público, a uma delegacia de polícia, órgão público.

A interrupção na prestação deste serviço à delegacia, que seria o corte do fornecimento de luz, comprometeria a execução de seus serviços e colocaria em risco a continuidade do serviço de segurança pública relativa à polícia judiciária.

Dentro dessa linha, há um acórdão da lavra do ministro Luiz Fux em que ele afirma que o art. 6º, § 3º e seu inciso II se aplicam em situações em que o serviço é prestado *uti singuli* e não *uti universis*.

O que ele quis dizer com esta hipótese é que quando o consumidor-credor estivesse revestido na pessoa do Poder Público, e o serviço considerado essencial estivesse sendo prestado a este, se aplicaria o disposto no aludido preceito legal, não podendo se interromper a sua prestação.

Na verdade, esse acórdão manteve a posição adotada pela Primeira Turma de revestir a aplicação do dispositivo legal em estudo da característica de uma mitigação ao princípio da continuidade do serviço público, mudando apenas o foco do raciocínio para dar respaldo a esta posição, conforme veremos adiante.

31.2.1.2. Segundo Entendimento do Ministro Luiz Fux, que Prevalece na 1ª Turma do STJ

Posteriormente, este mesmo ministro retificou sua fundamentação, e em outros acórdãos passou a afirmar que o foco da questão se encontrava tão somente na essencialidade do serviço, considerado o interesse da coletividade, independentemente de quem fosse a pessoa inadimplente que teria seu serviço interrompido.

Com isso, transmudou sua posição e passou a se focar na prestação do serviço essencial, e nem quando estivesse sendo prestado diretamente aos usuários particulares poderia ser interrompido.

A partir de então, selou o entendimento predominante na Primeira Turma, de que o concessionário não poderá interromper a prestação de serviço ao usuário-credor quando o serviço for considerado essencial, fazendo alusão ao Código de Defesa do Consumidor e ao respeito à pessoa humana.

Desassociou também a ideia de que a ilegalidade da interrupção do serviço estaria vinculada ao seu destinatário, extinguindo a posição anteriormente tecida, de que a aplicação do inciso II, § 3º, art. 6º, era concebida apenas ao Poder Público, por meio da qual desconsiderava quaisquer hipóteses relevantes que levassem o usuário particular a inadimplir.

Sua nova fundamentação aplicada ao tema pode ser ratificada em acórdão por meio do qual discorre com elegância e firmeza sobre a atual posição que predomina na Primeira Turma a respeito da aplicabilidade do dispositivo legal em foco.

Transcrevemos a seguir a íntegra da decisão, cujo texto é enriquecido de fundamentação, além de ser o primeiro acórdão a respeito da controvérsia que gira em torno deste tema que faz alusão à dignidade da pessoa humana, a qual frisamos no texto, no que se refere a um usuário particular inadimplente de um serviço público executado por via de concessão ou permissão:

> Administrativo. Corte do Fornecimento de energia elétrica. Reconhecimento, pelo Município, da Inadimplência do pagamento da tarifa relativa à iluminação pública. "Unidades públicas essenciais". Ilegalidade. Segurança pública. Interesse da coletividade. Garantia. Princípios da essencialidade e continuidade do serviço público. Observância.
>
> A Corte Especial, no julgamento do AgRg na SS nº 1497/RJ, perfilhou o entendimento de que: Agravo Regimental. Suspensão. Deferimento. Fornecimento de energia. Corte por inadimplência. Município. Possibilidade. 1. A interrupção do fornecimento de energia elétrica por inadimplemento não configura descontinuidade da prestação do serviço público. Precedentes. 2. O interesse da coletividade não pode ser protegido estimulando-se a mora, até porque esta poderá comprometer, por via reflexa, de forma mais cruel, toda a coletividade, em sobrevindo má prestação dos serviços de fornecimento de energia, por falta de investimentos, como resultado do não recebimento, pela concessio-

nária, da contra-prestação pecuniária. 3. Legítima a pretensão da Concessionária de suspender a decisão que, apesar do inadimplemento, determinou o restabelecimento do serviço e a abstenção de atos tendentes à interrupção do fornecimento de energia, porque a questão relativa à eventual compensação de dívidas recíprocas não foi objeto da ação mandamental em que originada a decisão objeto do pedido de suspensão. 4. Agravo não provido.

[...]2. Destarte, é lícito à concessionária interromper o fornecimento de **energia elétrica** se, após aviso-prévio, o consumidor de **energia elétrica** permanecer inadimplente no pagamento da respectiva conta. 3. A Lei de **Concessões**, entretanto, estabelece que é possível o **corte** desde que considerado o interesse da coletividade (art. 6º, § 3º, inciso II, da Lei nº 8.987/1995), que significa não empreender o **corte** de utilidades básicas de um hospital ou de uma universidade, quando a empresa tem os meios jurídicos legais da ação de cobrança. 4. *In casu*, o acórdão recorrido assentou que a suspensão no fornecimento implicaria em ofensa ao interesse da coletividade, uma vez que "[...] a iluminação pública é **serviço** essencial ao bem-estar e segurança da população, que não pode ser punida com o **corte**, pois é ela que, ao fim e ao cabo, sofrerá o ônus. É o cidadão, que paga seus tributos regularmente, que será penalizado. Não se pode olvidar, ainda, que se trata de uma concessão do **serviço** que deveria, sim, ser prestado pelo Estado. Por razões que ora não importam, o Estado concede a um particular a prestação deste **serviço.** E o fornecedor, no caso, dispõe dos mecanismos legais para se ressarcir, que é a ação de cobrança, não podendo lançar mão de meios nitidamente coercitivos para tanto. [...]". Segundo o Tribunal de origem, "há na espécie, nitidamente, afronta ao interesse público, com infringência, inclusive, de direitos fundamentais garantidos constitucionalmente. Efetivamente, o **corte** da **energia elétrica** ocasionaria todos tipo de transtornos, destacando-se entre eles a insegurança pública, tendo em vista que uma cidade às escuras propiciaria um campo fértil aos acidentes de automóveis, roubos e furtos, gerando um verdadeiro caos urbano. Destarte, correta a afirmação de que a **energia elétrica** é um bem essencial à vida na sociedade urbana moderna, não podendo ser o seu fornecimento suspenso unilateralmente, sem o embasamento, no mínimo, de uma decisão transitada em julgado". 5. O **corte** de **energia** nas repartições públicas municipais (Prefeitura municipal, escolas, Secretaria de Saúde e de Obras) e nos logradouros públicos atinge **serviços** públicos essenciais, gerando expressiva situação de periclitação para o direito dos munícipes. 6. As normas administrativas devem ser interpretadas em prol da administração, mercê de impedir, no contrato administrativo a alegação da *exceptio non adimplenti contractus* para paralisar **serviços** essenciais, aliás inalcançáveis até mesmo pelo consagrado direito constitucional de greve. 7. Deveras, este relator, a despeito da jurisprudência majoritária desta **Corte,** tem ressalvado o entendimento de que o **corte** do fornecimento de **serviços** essenciais – água e **energia elétrica** – como forma de compelir o usuário ao pagamento de tarifa ou multa, extrapola os limites da legalidade e afronta a cláusula pétrea de respeito à dignidade humana, porquanto o cidadão se utiliza dos **serviços** públicos, posto essenciais para a sua vida. O interesse da coletividade abrangeria não apenas o interesse público em sentido amplo (necessidades coletivas), como também o de uma pessoa que não possui módica quantia para pagar sua conta: em primeiro lugar, há que se distinguir entre o inadimplemento de uma pessoa jurídica portentosa e o de uma pessoa física que está vivendo no limite da sobrevivência biológica. 8. *In casu*, não se trata de **corte** de **energia** *uti singuli*, vale dizer: da concessionária *versus* o consumidor isolado, mas, sim, do **corte** de **energia** em face do Município e de suas repartições, o que pode atingir **serviços** públicos essenciais. A supressão da iluminação pública de Município afronta a expectativa da população no recebimento de **serviço** público essencial, constituindo ainda grave risco de lesão à ordem pública, atingindo toda a coletividade municipal. 9. Ademais, sucede que, na hipótese em comento, o inadimplemento municipal sequer é absoluto, uma vez que se encontra noticiado nos autos a quitação das faturas referentes às repartições públicas, sendo tão somente confesso o atraso atinente à iluminação pública. 10. Precedente da Segunda Turma, da relatoria do ministro Castro Meira, pugna pela impossibilidade de suspensão do fornecimento de **energia elétrica** de "unidades públicas essenciais", *verbis*: "Processual Civil e Administrativo. Art. 535 do Código de Processo Civil. Violação. Inocorrência. Suspensão do fornecimento de e**nergia elétrica.** Impossibilidade. Inadimplemento. Unidades Públicas Essenciais. Interpretação sistemática dos arts. 22 do Código de Defesa do Consumidor e 6º, § 3º, II, da Lei nº 8.987/1995. Divergência jurisprudencial indemonstrada. [...] 2. O art. 22 da Lei nº 8.078/1990 (Código de Defesa do Consumidor), dispõe que: 'os órgãos públicos, por si ou suas empresas, concessionárias, permissionárias ou sob qualquer outra forma de empreendimento, são obrigados a fornecer **serviços** adequados, eficientes, seguros e, quanto aos essenciais, contínuos'. 3. O princípio da continuidade do **serviço** público assegurado pelo art. 22 do Código de Defesa do Consumidor deve ser amenizado, ante a exegese do art. 6º, § 3º, II da Lei nº 8.987/1995 que prevê a possibilidade de interrupção do fornecimento de **energia elétrica** quando, após aviso, permanecer inadimplente o usuário, considerado o interesse da coletividade. 4. Quando o consumidor é pessoa jurídica de direito público, prevalece nesta Turma a tese de que o corte de **energia** é possível, desde que não aconteça de forma indiscriminada, preservando-se as unidades públicas essenciais. 5. A interrupção de fornecimento de **energia elétrica** de Município inadimplente somente é considerada ilegítima quando atinge as unidades públicas provedoras das necessidades inadiáveis da comunidade, entendidas essas – por analogia à Lei de Greve – como "aquelas que, não atendidas, coloquem em perigo iminente a sobrevivência, a saúde ou a segurança da população", o que se perfaz na hipótese. [...] 7. Recurso especial improvido."(REsp 791713/RN; Rel. Min. Castro Meira; Segunda Turma; DJ 01/02/2006) [...]11. Recurso especial desprovido. (REsp 721119/RS; Min. Luiz Fux, Primeira Turma; STJ – DJ 15/05/2006, p. 167)

31.2.2. Entendimento da Segunda Turma do STJ

A Segunda Turma do STJ se opõe ao entendimento da Primeira Turma, sobressaindo a decisão interpretada pela ministra Eliana Calmon, em cujo acórdão expõe com exatidão que

> quando o serviço é prestado pela concessionária ou permissionária de serviço público, ele tem natureza de direito privado, pois o pagamento é feito sob a modalidade de tarifa e não de taxa.

Dentro do seu raciocínio, o pagamento equivale a uma contra-prestação pela prestação do serviço pela concessionária, e sendo assim, poderá ser interrompido em caso de inadimplemento.

Fundamenta ainda a ministra a sua posição a respeito da legalidade da interrupção do serviço no Código de Defesa do Consumidor, que aufere um foco diferente do que se vale a Primeira Turma, mas que torna o seu argumento substancioso, o que o torna respeitável no mundo jurídico.

Diz a ilustre ministra que:

> política social referente ao fornecimento de serviços essenciais faz-se por intermédio de política tarifária, contemplando equitativa e isoladamente os menos favorecidos.

Traduzindo a base de sua sustentação, entende a ministra que a Lei nº 8.987/1995 traz uma previsão expressa sobre a legalidade de que concessionários e permissionários possam interromper a prestação do serviço do usuário inadimplente, não se caracterizando, neste caso, a sua descontinuidade.

Então, seria um contra-senso atribuir a este mesmo dispositivo da lei um subterfúgio para proteger o inadimplente hipossuficiente, devendo estas hipóteses ser abordadas em matérias e regulamentações específicas.

Na sua opinião, esta brecha na lei equivaleria a descaracterizar o sentido dado pelo legislador quanto à hipótese de inadimplemento do usuário, em que a descontinuidade do serviço pelas concessionárias e permissionárias não é considerada uma inadequação na sua prestação.

Aduz ainda que a proteção que se pretende quanto ao usuário hipossuficiente, sobretudo a garantia da continuidade dos serviços considerados essenciais mesmo em caso de inadimplemento, deve sobrevir por outras vias, e não por uma brecha no regulamento específico.

Nessas hipóteses, o próprio Poder Público deveria prover uma forma de assegurar aos hipossuficientes o direito de ter um tratamento diferenciado, mas pela vertente da política tarifária, como subsidiar tarifas, conceder descontos ou até gratuidades aos comprovadamente mais necessitados.

Valer-se da mitigação ao princípio da continuidade do serviço público, consagrado na norma geral do Estatuto das Concessões e Permissões, permite desviar a possibilidade da invocação do contrato não cumprido pelo concessionário e permissionário em relação ao usuário inadimplente.

Segue-se acórdão a qual nos referimos e que traça esta fundamentação que se opõe à da Primeira Turma:

> Administrativo. Serviço de **fornecimento** de água. Pagamento à empresa concessionária sob a modalidade de tarifa. Corte por falta de pagamento: legalidade. 1. A relação jurídica, na hipótese de serviço público prestado por concessionária, tem natureza de Direito Privado, pois o pagamento é feito sob a modalidade de tarifa, que não se classifica como taxa. 2. Nas condições indicadas, o pagamento é contraprestação, e o serviço pode ser interrompido em caso de inadimplemento. 3. Interpretação autêntica que se faz do CDC, que admite a exceção do contrato não cumprido. 4. A ***política social referente ao fornecimento dos serviços essenciais*** faz-se por intermédio da ***política tarifária***, contemplando equitativa e isonomicamente os menos favorecidos. 5. Recurso especial improvido. (REsp 337965/MG; Min. Eliane Calmon, Segunda Turma – STJ; DJ 20/10/2006)

31.2.3. Nosso Entendimento

De acordo com a nossa interpretação, os dois acórdãos transcritos, da Primeira e Segunda Turmas, não contemplam, na integra, um convencimento sobre a controvérsia em foco.

A Primeira Turma, com destaque para o voto do ministro Luiz Fux, o qual é perfilhado por diversos ministros daquela mesma Corte, acolheu a mitigação da continuidade do serviço público, a qual minimizará a aplicação do disposto no inciso II, § 3º, art. 6º da Lei Geral de Concessão e Permissão associado ao art. 22 do Código de Defesa do Consumidor.

Em sua defesa, destaca que a inadimplência do usuário deve ser diretamente associada à essencialidade do serviço e ao interesse da coletividade, levando-se em conta, sobretudo, o grau de essencialidade que envolve a prestação do serviço e o tipo de interesse do usuário que será lesado pela sua descontinuidade.

Aponta para a tese de que concessionários e permissionários não poderão se valer, na íntegra, do que prevê a Lei nº 8.987/1995 quanto ao direito de interrupção do serviço, em caso de inadimplemento do usuário, sem que se leve em conta o grau de essencialidade de que este se reveste.

Além disso, faz menção de que o usuário é antes de tudo um cidadão, o qual encontra constitucionalmente assegurados direitos de maior relevância, referindo-se, inclusive, ao princípio da dignidade da pessoa humana.

A Segunda Turma, por seu turno, direcionou seu entendimento com fundamento de que não se pode excepcionar o princípio da continuidade do serviço público dentro da Lei nº 8.987/1995, ressaltando inclusive que concessionários e permissionários poderão se valer da Exceção do Contrato não Cumprido, em caso de inadimplemento do usuário do serviço concedido ou permitido.

Destacou que os casos isolados referentes aos usuários menos favorecidos financeiramente devem ser contemplados por meio de uma política tarifária, e com o uso de instrumentos criados, dentro deste segmento, para este fim específico de conceder descontos ou gratuidades.

Deixa claro, contudo, que a hipossuficiência do usuário inadimplente não pode ser avocada como meio de mitigar o princípio da continuidade do serviço público.

O que entendemos, não obstante a supremacia das citadas Cortes, é que faltou em cada uma dessas avaliações enfatizar que a interpretação do dispositivo legal do art. 6º, § 3º, inciso II da Lei nº 8.987/1995, quanto à questão de ser ou não possível excepcionar o princípio da continuidade do serviço público ao usuário inadimplente, dar um maior enfoque de índole constitucional.

Pela nossa tese, a caracterização de um serviço como essencial, no estudo desta questão, deve ter o grau de sua essencialidade indispensavelmente balanceado com a preservação da vida, com a subsistência do cidadão e com a dignidade da pessoa humana, transfigurando-se a plena incidência do dispositivo do art. 6º inconstitucional.

No mínimo, poderia atribuir à citada norma legal a natureza de um direito infraconstitucional, e cuja mitigação estaria diretamente relacionada a situações específicas.

Sendo assim, de acordo com cada caso, comprovando-se o grau de essencialidade do serviço, a mitigação estaria comprometida com a observância, em especial, da dignidade da pessoa humana e do direito à vida, sendo estes os direitos mais supremos assegurados em sede constitucional.

Em face dessas garantias constitucionais, sobrepõe-se o compromisso do Poder Público em relação a seus administrados, e tais garantias se sobressaem perante o direito de concessionário ou permissionário interromper a prestação de um serviço essencial.

Há que se levar em conta o interesse da coletividade tanto em seu sentido *latu*, quanto o de cada pessoa, isoladamente, em relação a sua dignidade humana, e a interrupção de um serviço essencial pelas concessionárias ou permissionárias poderá adentrar na esfera da inconstitucionalidade.

32. A previsão da invocação do contrato não cumprido pelo contratado em caso de descumprimento do poder concedente

Na relação de inadimplência em que forem partes concessionário e poder concedente, estipulado pela Lei nº 8.987/1995 em seu art. 40, devemos registrar que este dispositivo também é considerado controvertido.

O legislador federal foi incisivamente rigoroso ao prever uma expressa vedação à invocação de exceção de contrato não cumprido por parte do concessionário ou permissionário, até que ocorra o trânsito em julgado da decisão, conforme se depreende do texto do parágrafo único do art. 40, *in verbis*:

> *Art. 39. [...] Parágrafo único. Na hipótese prevista no* caput *deste artigo, os serviços prestados pela concessionária não poderão ser interrompidos ou paralisados, até a decisão judicial transitada em julgado.*

Nesse aspecto, o Estatuto Geral de Concessão e Permissão, Lei nº 8.987/1995, ao introduzir a expressão ao final do parágrafo único do art. 39 "até a decisão judicial transitada em julgado", retroagiu em relação à Lei Geral de Licitação, Lei nº 8.666/1993, a qual já havia abrandado o tratamento da questão em relação à lei que esta revogou.

32.1. A Previsão do Contrato Não Cumprido Antes e Depois da Lei nº 8.666/1993

Pela antiga Lei de Licitação brasileira, que era o Decreto-lei nº 2.300/1986, prevalecia a regra da impossibilidade de invocação da *exceptio inadimplenti contratus*. O advento da Lei nº 8.666/1993 amenizou este tratamento dado ao contrato administrativo, introduzindo uma nova regra para nortear a questão.

Pela nova regra da Lei nº 8.666/1993, passou a ser admitido no contrato administrativo que o contratado poderia paralisar a sua prestação, passados 90 dias do inadimplemento pelo poder público.

Como é comum no Direito brasileiro, esta nova regra também gerou controvérsias na sua interpretação, e parte da doutrina, com a qual compactuamos, passou a entender que a paralisação do serviço poderia se dar automaticamente logo após a extinção deste prazo de 90 dias.

Outra corrente, com interpretação oposta, firmava que o decurso do prazo de 90 dias era condizente apenas com o direito do contratado de ajuizar ação para tentar obter liminarmente o direito de paralisação da prestação do serviço, não nos esquecendo que estamos tratando de contrato administrativo típico, regido pela Lei nº 8.666/1993.

Por isso, para essa Segunda Corrente, o prazo de 90 dias criado pela Lei nº 8.666/1993 seria equivalente ao prazo de carência para o contratado, que somente depois de expirado, poderia entrar em juízo pleiteando a tutela jurisdicional para a paralisação do serviço.

Entendemos, contudo, que este entendimento não é correto, e que a intenção do legislador federal foi a de mitigar o Princípio da Ininvocabilidade de Exceção do Contrato não cumprido pelo contratado, já que durante a vigência do Decreto-lei nº 2.300/1986 não era possível, parecendo-nos claro o propósito do legislador de alterar aquela postura legal.

32.2. O que Entende a Doutrina a Respeito da Retrocessão do Legislador Federal da Lei nº 8.987/1995 em Relação à Lei nº 8.666/1993?

De acordo com o item acima abordado, não há negar que o legislador federal ao editar a Lei Geral de Concessão e Permissão, Lei nº 8.987/1995, agiu imbuído de um certo retrocesso em relação à iniciativa adotada pelo legislador da Lei de Licitação, nº 8.666/1993, quando aquele alterou o revogado Decreto-lei nº 2300/1986 e criou o benefício, ainda que relativizado, para o contratado invocar a exceção do contrato não cumprido pelo poder concedente.

Ao editar a Lei nº 8.987/1995, o legislador federal voltou a vedar esta garantia ao contratado, no caso o concessionário ou o permissionário, exigindo que este se submeta aos trâmites judiciais normais, por via de ação intentada para este fim específico, e mantenha a prestação do serviço até que ocorra o trânsito em julgado da sentença de rescindir o contrato de concessão ou permissão.

A toda evidência, o legislador atribuiu ao concessionário ou permissionário não apenas o fardo de ter de se submeter a um processo judicial, o que por si só pode demandar um tempo relativamente grande e inconveniente para aquele.

Além disso, exigiu que se mantenha a prestação do serviço até o trânsito em julgado da decisão, o que certamente vai gerar uma onerosidade àquele, mesmo que esteja à mercê de ter prosperado o seu pleito judicial.

Alega grande parte da doutrina que quanto à exigência da propositura de ação judicial para apenas posteriormente rescindir o contrato de concessão ou permissão, esta decorre da verticalidade existente entre Poder Público e concessionário ou permissionário.

Já no que alude à exigência do trânsito em julgado da decisão judicial, para que concessionário ou permissionário obtenha o direito de rescindir o contrato não cumprido pelo poder concedente e paralise a sua prestação, a doutrina tem entendido se tratar de um dispositivo inconstitucional.

Com base neste entendimento, é gerado o direito ao concessionário de pleitear uma medida judicial liminarmente, posto tratar-se de uma medida de emergência, que lhe assegure a paralisação do serviço, ou pelo menos a sua redução.

A medida liminar a seu favor poderá livrá-lo de uma onerosidade excessiva e injusta, já que a demanda judicial poderá tramitar por anos até que ocorra o trânsito em julgado da decisão final, desconfigurando, inclusive o equilíbrio econômico-financeiro a que faz jus concessionário e permissionário.

33. Princípio da igualdade dos usuários

A aplicação dos princípios que regem a Administração Pública aos institutos da concessão e permissão é fato notório dentro do estudo do tema, e significa que concessionários e permissionários não podem atribuir um tratamento diferenciado aos usuários.

Com isso, em regra, todo e qualquer usuário de serviço público concedido ou permitido deve ter o mesmo tratamento, salvo hipóteses em que seja explícito um fator relevante que justifique este tratamento diferenciado, seja ele mais benéfico ou menos favorecido em relação aos demais usuários.

Ocorre que a Lei nº 8.987/1995 traz uma previsão em seu art. 13, tecendo uma regra que faz surgir um tratamento diferenciado quanto às tarifas dos usuários, cujo segmento do atendimento pressupor características técnicas e custos específicos. Vejamos no artigo com os frisos pertinentes:

> *Art. 13. As tarifas poderão ser diferenciadas em função das características técnicas e dos custos específicos provenientes do atendimento aos distintos segmentos de usuários.*

Criou então o legislador federal a opção de que concessionário ou permissionário poderá traçar uma diferenciação quanto ao valor da tarifa, de acordo com a área do serviço prestado e com as características e os custos específicos de cada uma.

Sendo assim, tanto poderá majorar quando diminuir o valor da tarifa, proporcionalmente ao que demandar a prestação do serviço, incluídas as diferenciações previstas pela lei, tudo sob a fiscalização e o controle do poder concedente.

Inobstante esta previsão legal de cunho técnico e ser avaliada por meio de política tarifária, acusamos outra forma de possibilidade em que o Poder Público poderá conceder um tratamento diferenciado a usuários de serviços públicos concedidos ou permitidos, no caso de determinadas categorias de pessoas.

Abrangeremos aqui a gratuidade que se aplica a três categorias, que são: 1. maiores de 65 anos, que terão gratuidade nos serviços públicos de transporte coletivo; 2. deficientes físicos; e 3. estudantes da rede pública.

Não raro, algumas dessas gratuidades são questionadas em juízo, onde em geral as concessionárias alegam que a justificativa para o tratamento diferenciado está transcendendo o princípio da razoabilidade, por não estar sendo atendido, em contrapartida, a recomposição do equilíbrio econômico-financeiro, o qual se obriga o Poder Público nessas hipóteses.

34. Equilíbrio econômico-financeiro nos contratos de concessão e permissão

A análise a respeito do equilíbrio econômico-financeiro a que fazem jus concessionários e permissionários deve ser precedida de uma observância no próprio contrato objeto de concessão ou permissão.

Nos casos de concessão de serviço público precedida de obra pública e de permissão, cujas previsões se encontram inseridas no art. 2º, incisos III e IV da Lei nº 8.987/1995, tem-se a hipótese em que concessionário e permissionário exploram o serviço por sua conta e risco.

Nesses casos, a lei deixou claro nos supracitados dispositivos legais que o risco é do próprio concessionário e permissionário, não havendo que se falar em repasse de risco da atividade econômica para o poder concedente.

Por outro lado, o mesmo Estatuto Geral de Concessão e Permissão assegura do concessionário ou permissionário o direito ao equilíbrio econômico-financeiro, fazendo surgir um questionamento a este respeito.

Em que casos a diminuição do lucro em proveito econômico do empresário é absorvida pelo risco assumido na prática da atividade econômica, e em quais situações o empresário fará jus a uma recomposição deste equilíbrio econômico-financeiro, pela superveniência de motivos que transcenderam a assunção do risco.

Apenas para frisar, o Estado tem à sua disposição diversos critérios que poderão ser concedidos ao concessionário ou permissionário para a recomposição do equilíbrio econômico-financeiro.

Apenas para citar alguns, trazemos a majoração do valor das tarifas, o aumento do prazo de concessão ou permissão estabelecido no contrato, o financiamentos com juros baixos, a subconvenção, o empréstimo etc.

A Lei nº 8.987/1995 buscou abranger estas hipóteses dentro do capítulo dedicado à disciplina da política tarifária, e em especial em seu art. 9º, tratou da questão mais especificamente em seu § 2º, como a seguir descrevemos e frisamos:

> *Art. 9º*
>
> *[...]*
>
> § 2º *Os contratos poderão prever mecanismos de* revisão das tarifas, *a fim de manter-se o equilíbrio econômico-financeiro*

Esse dispositivo da lei já trouxe uma mitigação para as modalidades de prestação de serviço inseridas nos incisos II, III e IV do art. 2º, pois se por um lado a lei edita que concessionário e permissionário agirão por sua conta e risco na prestação do contrato, por outro, a mesma lei ameniza este encargo ao prever o direito da revisão das tarifas no art. 9º, § 2º, a fim de que seja mantido o equilíbrio econômico-financeiro.

O legislador federal ratifica ainda esta postura a favor do concessionário e permissionário ao trazer nos §§ 3º e 4º deste mesmo art. 9º previsões legais em que estes terão o direito à recomposição do equilíbrio econômico-financeiro, detalhando, inclusive, situações mais específicas.

Art. 9º

[...]

§ 3º Ressalvados os impostos sobre a renda, a criação, alteração ou extinção de quaisquer tributos ou encargos legais, após a apresentação da proposta, quando comprovado seu impacto, implicará a revisão da tarifa, para mais ou para menos, conforme o caso.

§ 4º Em havendo alteração unilateral do contrato que afete o seu inicial equilíbrio econômico-financeiro, o poder concedente deverá restabelecê-lo, concomitantemente à alteração.

Esses dispositivos da lei deixam registrados a obrigatoriedade com a qual são contemplados, por meio de respaldo legal, de serem recompensados por situações que ocorram posteriormente ao estabelecido no contrato, e que alterem os seus equilíbrios econômico-financeiros.

Capítulo 4

Concessão Especial de Serviços Públicos – Parcerias Público-Privadas (PPP's)

1. Considerações Iniciais

A Lei nº 11.079, de 30/12/2004, regulou as Parcerias Público-Privadas (PPP's) e teve sua origem no Projeto de Lei nº 2546/2003, que foi remetido à Câmara dos Deputados em novembro de 2003 pelo presidente da República como uma

> alternativa indispensável para o crescimento econômico, em face das enormes carências sociais e econômicas do País, a serem supridas mediante a colaboração positiva do setor público e privado.

Esta lei se traduz numa nova aposta do governo Luis Inácio Lula da Silva para a reestruturação de vários setores da infraestrutura e da prestação de serviços, por meio da entrada de capital e gestão privada em áreas usualmente da responsabilidade do Estado, por meio da instituição de uma *parceria* entre este e as empresas privadas.

A adoção desta política de parceria pelo governo Lula também significa um marco de flexibilização e da clara busca de uma administração que intermedie a política de privatização e a gestão conservadora e corporativista. Esta última traz as marcas de um Estado ineficiente e ineficaz, que atraiu para si um grande leque de competências as quais não foi capaz de arcar e cujas consequências são as falências públicas dos diversos serviços prestados à comunidade.

Reconhecendo os limites da prestação direta de serviços públicos pelo Estado e na busca de atender às expectativas das sociedades em massa, suas necessidades crescentes e cada vez mais exigentes, o governo Fernando Henrique Cardoso deu início ao processo de reforma administrativa, adotando o modelo de privatização, aprimorando o de concessão de serviço público e deixando ao Estado um papel meramente gerencial e regulador.

Sequencialmente, no governo Luis Inácio Lula da Silva, a lei das parcerias público-privadas foi a via escolhida para solucionar esta questão ainda pendente. Por meio desta lei, o Governo tem o escopo de atrair o capital da iniciativa privada para o setor público e tornar o país apto para assumir uma administração mais ágil e eficiente. Pode-se ressaltar que esta iniciativa também concretiza uma forma de expressão, inclusive, da responsabilidade social atribuída ao capital privado.

Dentro do contexto da estrutura política do país, verifica-se que as Parcerias Público-Privadas (PPP's) se situam no Segundo Setor do Estado Gerencial Brasileiro, qual seja, o qual se iniciou na era do governo Fernando Henrique Cardoso por meio da Lei nº 8.987/1995, tendo sido inclusive um marco de seu governo duramente criticado, à época, pela oposição.

O Segundo Setor é justamente o que abarca as parcerias entre o Poder Público e a iniciativa privada, e que encerra em si o contexto do que se espera do Estado Gerencial, que este assuma a postura de Estado mínimo, passando a desenvolver apenas o papel regulador, fato este que justifica a criação das agências reguladoras hoje existentes, para atuarem como controladoras das concessionárias e permissionárias de serviço público, papel este antes desempenhado pelo Estado.

2. A competência da união para legislar normas gerais de licitação

De acordo com o art. 22, inciso XXVII da Constituição da República

> *compete privativamente à União legislar sobre normas gerais de licitação e contratação, em todas as modalidades, para as Administrações Públicas diretas, autárquicas e fundacionais da União, Estados, Distrito Federal e Municípios, obedecido o disposto no art. 37, XXI, e para as empresas públicas e sociedades de economia mista, nos termos do art. 173, § 1º, III.*

Foi valendo-se dessa prerrogativa que o governo federal encaminhou à Câmara dos Deputados o projeto de Lei nº 2.546/2003, o qual previa normas para licitação e contratação das PPP's – Parcerias Público-Provadas no âmbito da Administração Pública, tendo este resultado na Lei Federal nº 11.079/2004.

Portanto, a nova lei passou a dispor sobre normas gerais de licitação e contratação de Parceria Público-Privada no âmbito dos Poderes da União, Estados, Distrito Federal e Municípios, cuja competência legislativa se encontra constitucionalmente elencada.

A aprovação desta lei representou um grande avanço nas relações entre os setores público e privado, sobretudo se comparado à legislação anteriormente predominante acerca da matéria de licitação e contrato.

A iniciativa e o empenho do governo federal para implantar as PPP's – Parcerias Público-Privadas encerram a consciência de que os seus recursos não são inesgotáveis, e que, em última instância, este não possui os recursos suficientes a serem aplicados na prestação de serviços públicos e na criação da infraestrutura de que o país necessita, sobretudo para incrementar as atividades de importação e exportação que têm se destacado ultimamente no país.

Por meio das PPP's o governo cria um verdadeiro incentivo para que a iniciativa privada invista em obras de infraestrutura e na prestação de serviços públicos, aportando seu capital e aplicando sua experiência gerencial. Com efeito, além de o setor público se beneficiar da qualidade e da eficiência advindas do setor privado, fa-lo-á sem ter que arcar, num primeiro momento, com o ônus deste benefício.

Em suma, com a efetivação destes investimentos, o Governo passará a oferecer serviços públicos de qualidade, sem que para isso seja necessário destinar recursos próprios, e tornar real a efetivação de megaprojetos até então economicamente inviáveis, embora necessários ao desenvolvimento.

3. Histórico das PPP's

As parcerias público-privadas não encontram um histórico no Direito brasileiro, registrando-se que a sua origem se deu na Europa por meio dos planos: Private Finance Iniciative – PFI (plano nacional), e Public Private Pathership – PPP (plano regional), implantado pelo governo conservador no início da década de 1990 na Grã-Bretanha e mantido pelo seu sucessor de partido trabalhista.

No Reino Unido, a lei de que trata as PPP's dispõe que o projeto desta parceria é aquele "cujos recursos são fornecidos parcialmente por um ou mais órgãos públicos e parcialmente".

Os resultados bem-sucedidos desta parceria na Europa podem ser constatados pela existência de diretivas adotadas pela União Europeia, no sentido de regular as relações advindas desta modalidade de parceria adotada entre os países deste bloco.

Documento elaborado por esse bloco europeu, intitulado *Guidelines for Successful Public-Private Partnership*, elenca modelos passíveis de adoção, os quais serão escolhidos de acordo com o caso específico. Dentre esses modelos, inclui-se tanto aquele onde o parceiro privado nada mais é do que um mero executor material, em que o Estado assume a maior parte dos riscos do empreendimento e denominado *Tradicional Public Sector Procurement: Contracting*; quanto o oposto a este, contrariamente ao anterior, todas as responsabilidades inerentes aos riscos ficam a cargo do parceiro privado, cuja denominação inglesa é *Build-Own-Operate: Concession*.

Com efeito, depreende-se que a Comissão Europeia dispensou um elenco de modelos a serem escolhidos pelos parceiros que integrarão o contrato das PPP's, caracterizando-se a sua legislação pela flexibilidade de escolha de que aqueles contratantes vão dispor.

Com efeito, as PPP's não se constituem, ao contrário do que muitos pensam, em uma novidade legislativa, posto que já foram implantadas em diversos países. Outra observação é que, desde que se iniciou, as PPP's têm sido associadas diretamente a projetos de infraestrutura, o que não se traduz em uma regra a ser seguida. A este propósito, enunciam-se os inúmeros casos de financiamentos privados que têm sido utilizados em recursos naturais energéticos.

4. Área de incidência das PPP's

Não obstante o grande foco desta parceria colimar a área de infraestrutura, imperioso enunciar que ela também poderá se ocorrer nas diversas áreas da prestação de serviços à comunidade, tais como saúde (na construção de hospitais), educação (construção de escolas), malhas de transportes (construção de estradas, portos, ferrovias), saneamento básico, energia e até em projetos de esportes (construção de estádios poliesportivos).

5. O que implica no sucesso das PPP's

Ressalta-se a importância do empenho do Poder Legislativo na busca de trazer às vias legais novas leis que sustentem as mudanças político-administrativas que se sucederão no país. É necessário suprir o administrador com instrumentos legais para que este adote políticas públicas que sejam capazes de atender às demandas crescentes e renovadoras de infraestrutura e da prestação de serviços à sociedade, com uma legislação consistente que preveja a aplicação de recursos financeiros e de gestão especializada na aplicação de bens e serviços públicos.

Da mesma forma, deve-se ressaltar a importância da estabilidade de um marco regulatório, indispensável para atrair a confiança do investidor, sobretudo em projetos de grande porte, com os quais almeja o Governo por meio das parcerias público-privadas.

Na esfera legislativa, pode-se afirmar que foi a Constituição Federal de 1988, que selou a tendência para a captação de recursos na iniciativa privada, juntamente com a adoção de um espírito empresarial e um sistema de competição de mercado, ao estatuir a ordem econômica e financeira em seu Título VII. Neste mesmo diapasão estão as legislações infraconstitucionais, tais como o Decreto-lei nº 200/1967 e as Leis Federais nº 8.987/1995 e 9.074/1995, entre outras.

Além da visível necessidade de uma eficaz legislação que dê respaldo jurídico aos trâmites dos contratos das PPP's, o sucesso destas parcerias parece estar diretamente ligado ao convencimento do parceiro e financiador privados, no sentido de que estes têm total garantia quanto às obrigações contratuais do Setor Público.

A certeza de garantia quanto às obrigações contratuais devem advir tanto do Governo, que deverá honrar o cumprimento das cláusulas do contrato, quanto dos meios legais de que se valerá o credor para executar a suposta dívida gerada pela falta de pagamento do Poder Público.

Deve-se registrar que na Inglaterra, país onde se originaram as PPP's, não há questionamentos quanto à garantia do sucesso das PPP's no que tange à obrigação contratual do Poder Público, posto que o Governo britânico é, reconhecidamente, fiel cumpridor de suas obrigações financeiras, não subsistindo motivos para dúvidas de que os parceiros privados serão efetivamente ressarcidos com a contraprestação de que dispõe a lei das PPP's.

Contudo, este cenário de segurança não é o mesmo que impera no Brasil, sobretudo quando um novo Governo alega não poder honrar os compromissos assumidos pelo seu antecessor, pois correria o risco de comprometer o orçamento público.

Este fato é noticiado com muita frequência nos Governos das três esferas da Federação, que assumem compromissos cujos desfechos comprovadamente não alcançariam o final de seus mandatos, restando pendentes para o Governo subsequente e quase sempre sendo interrompidos. A uma, porque tal projeto não constava no rol de compromissos assumidos na campanha eleitoral, a duas porque a continuidade do investimento poderia comprometer a verba pública de que dispõem para efetivar as propostas assumidas.

Um dos requisitos fundamentais para o sucesso das PPP's é, sem dúvida, a consagração de um contrato que contenha expressa e exaustivamente os requisitos e condições de autorização para que se efetive a transferência de controle da Sociedade de Propósito Específico para os financiadores do projeto, quando necessário à reestruturação financeira e à continuação dos serviços, nos termos do art. 9º, § 5º. A Lei nº 11.079/2004 não se furtou de elencar as garantias referentes às obrigações pecuniárias da Administração Pública, o que o faz em seu art. 8º, a seguir descritas:

> *I – vinculação de receitas, observado o disposto no inciso IV do art. 167 da Constituição Federal; II – instituição ou utilização de fundos especiais previstos em lei; III – contratação de seguro-garantia com as companhias seguradoras que não sejam controladas pelo Poder Público; IV – garantia prestada por organismos internacionais ou instituições financeiras que não sejam controladas pelo Poder Público; V – garantias prestadas por fundo garantidor ou empresa estatal criada para essa finalidade; VI – outros mecanismos admitidos em lei.*

Há ainda a figura do seguro-garantia, que será contratado entre as companhias seguradoras que não sejam controladas nem tenham vínculos com o Poder Público. Este seguro-garantia tem por objetivo cobrir os riscos no que concerne ao cumprimento das obrigações por parte do segurado, que é a própria Administração Pública. Esta seguradora será responsável pelo pagamento de indenização equivalente à obrigação que deixou de ser cumprida ao beneficiário.

Vale ressaltar que nestes seguros os financiadores poderão, a critério da Administração Pública, serem designados diretamente como beneficiários nas apólices, fato este que se constitui numa grande garantia para que estes integrem a relação contratual das parcerias público-privadas.

Portanto, é critério inerente à Administração Pública determinar nas cláusulas contratuais quem será o beneficiário da apólice do seguro-garantia, se o parceiro ou o financiador privado.

No que tange à extensão do custo para o benefício do referido seguro, assevera-se que este estará relacionado diretamente ao risco de inadimplemento do órgão da Administração Pública contratante.

Vislumbra-se, ainda, a possibilidade de garantia decorrente de órgãos internacionais, como é o caso do Banco Interamericano de Desenvolvimento – BID, ou de bancos privados que não sejam controlados pelo Poder Público, além dos próprios financiadores dos projetos das Parcerias Público-Privadas.

Além dos já mencionados, a lei das PPP's dispõe sobre a possibilidade de se utilizar "outros mecanismos legalmente admitidos" como garantia às obrigações da Administração Pública. Com isso, o legislador flexibilizou a via que será escolhida para efetivar tais garantias do parceiro público.

6. Do contrato das PPP's

As parcerias público-privadas se constituem em um contrato entre a Administração Pública e um parceiro privado, o qual terá início com o acordo de vontade entre as partes. Primeiramente, por iniciativa do Poder Público, será feita uma oferta a qual será aceita ou não pelo parceiro privado.

Registre-se que a destinação das parcerias público-privadas não é exclusivamente a prestação de serviço público e a criação de infraestrutura, embora estas sejam as regras de seus objetivos. Não obstante, poderão ter fim diverso, tal como a destinação em projetos ambientais, tão em voga atualmente.

Nesse diapasão, vislumbra-se um vasto campo de atividades a serem exploradas pelas ditas parcerias, haja vista a demanda cada vez maior de projetos ambientais que carecem de implementação no país, a fim de adequarem o meio ambiente nacional às exigências legais nacionais e internacionais, cada vez mais rígidas.

Oportuno também ressaltar que os contratos das PPP's não poderão ter como objeto a transferência de débitos e a consequente economia de gastos públicos. A finalidade de tais contratos deverá se atrelar a uma maior quantidade e melhor qualidade da prestação de serviços públicos. Em suma, busca-se a *eficiência* e a *qualidade* dos serviços prestados pela iniciativa privada, já que esta se encontra constantemente à mercê da concorrência de mercado, e, para tanto, deve buscar cada vez mais a qualidade de suas iniciativas.

As parcerias público-privadas são formas de associação entre a Administração Pública e o particular. Da mesma forma, os são as concessões, permissões e privatizações.

Portanto, deve estar clara a distinção entre PPP's e privatização. Quando se efetiva um contrato de Parceria Público-Privada não há que se falar na transferência de controle das políticas públicas para a iniciativa privada. Em outras palavras, a iniciativa privada não adquire a titularidade da atividade pública objeto do contrato, tampouco terá a Administração Pública a dilapidação de seu patrimônio, quando da efetivação desse contrato de parceria.

Neste sentido, imperioso que o contrato se cerque de cláusulas elucidativas que expressem a extensão e os limites da associação pública e privada, e que disponha expressamente sobre a função reguladora que caberá à Administração Pública.

Da mesma forma, a fim de evitar eventuais abusos na taxação das tarifas públicas que serão cobradas aos usuários do serviço, o contrato deverá estabelecer previamente os índices de variação de preços das referidas tarifas. Por isso, o contrato deverá abarcar, previamente, as regras a serem aplicadas na associação público-privada, sempre sob a orientação de *experts*, delimitando a atuação de ambos e estabelecendo a supremacia do Poder Público, sobretudo na função regulatória.

7. As PPP's nos estados brasileiros

Registre-se que, não obstante a Lei nº 11.079/2004 ser uma lei nacional, e conforme dispõe o seu *caput*, regular "normas gerais para licitação e contratação de parceria público privada no âmbito da Administração Pública", é lícito aos demais entes legislarem sobre as PPP's, no que concerne a normas específicas, dada a autonomia dos entes da federação.

Não obstante, ao legislarem sobre as PPP's, Estados, Distrito Federal e Municípios deverão observar as normas gerais que dispõe referida lei, inseridas em todos os seus artigos, com exceção do 14 ao 22, posto que estes serão aplicáveis apenas à União.

Neste sentido, elenca-se a seguir o rol de Estados brasileiros que possuem suas próprias leis estaduais de Parceria Público-Privada, e que se valem da Lei nº 11.079/2004 como normas gerais:

Minas Gerais, Lei Estadual nº 14.868, de 16/12/2003; Santa Catarina, Lei Estadual nº 12.930, de 04/02/2004; São Paulo, Lei Estadual nº 11.688, de 19/05/2004, Goiás, Lei Estadual nº 14.910, de 11/08/2004; Bahia, Lei Estadual nº 9.290, de 27/12/2004; Ceará, Lei Estadual nº 13.557, de 30/12/2004; Rio Grande do Sul, Lei Estadual nº 12.234, de 13/01/2004. Além destas, registre-se a coexistência de lei municipal, do Município de Vitória, Espírito Santo, de número 6.261, de 23/12/2004, bem como de lei do Distrito Federal, de nº 3.418, de 04/08/2004.

Desta feita, a matéria regulada nos arts. 14 a 22, que compõem o Capítulo VI, cujo título é "Disposição Aplicáveis à União", não está incluída no patamar de normas gerais, sendo aplicáveis somente à União, não se lhes aplicando aos demais entes a título de norma geral.

Pode-se ressalvar que o legislador, ao idealizar a Lei das PPP's, se revestiu de uma precisão terminológica não utilizada na lei geral de licitação, nº 8.666/1993, posto que esta última em momento algum explicita os artigos que valem como normas gerais e os que se aplicam apenas à União, deixando vaga esta distinção.

8. Diferença entre as leis nº 8.666/1993, nº 11.079/2004 e nº 8.987/1995

Oportuno também uma comparação elementar da Lei nº 11.079/2004 (lei das PPP's), com as Leis nº

8.666/1993 (lei geral das licitações) e nº 8.987/1995 (lei das concessões de serviço público).

Lei nº 8.666/1993:

Riscos do contrato por conta da Administração Pública.

Pagamento da Administração Pública por meio de dotação orçamentária.

Lei nº 8.987/1995:

Riscos do contrato por conta do Concessionário ou Permissionário.

Pagamento do usuário por meio de tarifa pública.

Lei nº 11.079/2004:

Riscos dos contratos compartilhados entre a Administração Pública e o parceiro privado.

Pagamento via tarifa complementado por contraprestação pecuniária (leia-se dotação orçamentária).

A comparação acima elencada induz à conclusão de que a Lei nº 11.079/2004 (lei das PPP's), que se difere das demais pelas peculiaridades no risco e na forma de pagamento, representa um meio termo entre as Leis nº 8.666/1993 e nº 8.987/1995, e isto se faz pelos argumentos que se seguem.

A Lei nº 8.666/1993 não mais estava tendo uma resposta positiva por parte da iniciativa privada, desestimulada a participar dos processos licitatórios em face da ineficiência na contraprestação do Poder Público, que nem sempre estava sendo capaz de honrar com os pagamentos referentes aos contratos firmados nas licitações públicas. Se transformara em uma lei que não era capaz de atrair grandes investimentos, ainda que o risco pertencesse à Administração, pois esta não mais transmitia confiança aos seus investidores.

Já a Lei nº 8.987/1995, da mesma forma, não mais se configurava num atrativo para a iniciativa privada, cujo perfil é inquestionavelmente o de auferir lucros em grandes proporções. Entretanto, as tarifas públicas nem sempre correspondiam às expectativas econômicas almejadas pela iniciativa privada, gerando um desestímulo das concessionárias e permissionárias.

Na tentativa de superar esta falta de confiança no Poder Público, o governo Lula lança a Lei nº 11.079/2004, onde passa a dispensar um tratamento mais generoso e atrativo ao investidor e na tentativa de atrair megainvestimentos para o país, sobretudo de organismos internacionais, que estão à espera de um sinal verde de segurança jurídica para aplicarem seus recursos, na certeza de que não estão propensos a riscos de oscilação econômica, comum em estruturas jurídicas falidas.

Dessa forma, o compartilhamento de riscos e a contraprestação pecuniária oferecida pelo Poder Público associada à cobrança de tarifas públicas são novidades do Direito brasileiro, se configurando numa nova tentativa de proporcionar o crescimento econômico de forma estável e duradoura.

9. Competência dos entes da federação

O art. 1º da lei repete o texto do *caput*, elencando os entes da Federação que poderão legislar sobre a matéria, quais sejam, "*União, Estados, Distrito Federal e Municípios*".

Já o parágrafo único do mesmo art. 1º estende a aplicação desta lei aos

> *órgãos da Administração Pública direta, aos fundos especiais, às autarquias, às fundações públicas, às empresas públicas, às sociedades de economia mista e às demais entidades controladas direta ou indiretamente pela União, Estados, Distrito Federal e Municípios.*

Nesta hipótese, acaso um dos entes da Federação venha a legislar sobre as PPP's e eventualmente um de seus dispositivos contrarie um outro da Lei nº 11.079/2004, esta última prevalecerá sobre a primeira. Portanto, os demais entes da Federação poderão legislar sobre normas específicas, atendendo às peculiaridades de cada estrutura administrativa.

Esta assertiva encontra respaldo no próprio Texto Constitucional, que dispõe em seu art. 22, inciso XXVII sobre a competência privativa da União para legislar sobre normas gerais de contratação e licitação.

10. Conceitos e Objetivos

O conceito de Parceria Público-Privada se encontra inserida no art. 2º da lei, que assim dispõe:

Parceria Público-Privada é o contrato administrativo de concessão, na modalidade patrocinada ou administrativa.

O que o Administrador espera com a nova lei é que as Parcerias Público-Privadas passem a coexistir paralelamente com as concessões comuns, já existentes, mas com ênfase nos projetos de infraestrutura.

O conceito de contrato administrativo de concessão é aquele em que a Administração Pública delega a execução de um serviço do Poder Público a um particular, que por sua vez, assumirá a atividade por sua conta e risco, dentro dos limites estabelecidos em lei, sobretudo no que concerne aos prazos.

Já no tocante à Lei nº 11.079/2004, o conceito de concessão se divide em patrocinada e administrativa. Na patrocinada, entende-se como a concessão comum, mas com o Estado realizando uma contraprestação. Além da aplicação dos dispositivos da nova lei das PPP's, aplicar-se-á, subsidiariamente, os dispositivos constantes na Lei nº 8.987/1995, além das legislações correlatas. Exemplo de concessão patrocinada são as que se aplicam nos casos de rodovias em geral e ferrovias.

O conceito de concessão administrativa se encontra definido no § 2º do art. 2º da aludida lei das PPP's. Nesta modalidade de concessão, o serviço será prestado direta ou indiretamente à Administração Pública. A título de exemplificação, pode-se trazer a licitação pela Administração Pública para a construção e operação de hospitais e presídios.

11. Princípios

No Capítulo 2º da lei são elencados princípios que deverão ser observados no contrato de PPP's. Em seu inciso I está contido o princípio da eficiência. O § 3º traz a previsão da concessão comum e o § 4º estipula as hipóteses às quais é vedada a celebração de contrato de Parceria Público-Privada em virtude de seu valor (inciso I), prazo (inciso II) e objeto (inciso III).

Este mesmo artigo enquadra, em seu *caput*, a Parceria Público-Privada como contrato administrativo espécie do gênero concessão. Com isso, as PPP's passaram a integrar o rol das modalidades de delegação da prestação de serviços públicos a particulares, conforme segue, com as suas respectivas particularidades:

12. Modalidades

Os §§ 1º e 2º do art. 2º dispõem sobre as modalidades da Parceria Público-Privada, quais sejam: concessão patrocinada e administrativa. No que tange à *concessão patrocinada,* estabelece o § 1º como sendo a concessão de serviços públicos de que trata a Lei nº 8.987/1995, quando envolver adicionalmente à tarifa cobrada dos usuários contraprestação pecuniária do parceiro público ao parceiro privado.

Já a *concessão administrativa* é conceituada como

> contrato de prestação de serviços de que a Administração Pública seja a usuária direta ou indireta, ainda que envolva execução de obra ou fornecimento e instalação de bens.

Conforme se depreende das aludidas conceituações, a *concessão patrocinada* é a mesma concessão contida na Lei nº 8.987/1995, substituindo-se o poder concedente e o concessionário pelos parceiros público e privado, e acrescentando-se a contrapartida do Poder Público. Com efeito, aplicar-se-ão à *concessão patrocinada* todas as regras da Lei nº 8.987/1995 que não contrariarem às da Lei nº 11.079/2004.

Esta assertiva pode ser ratificada no § 1º do art. 3º, que tem a seguinte redação:

> *As concessões patrocinadas regem-se por esta Lei, aplicando-se-lhes subsidiariamente o disposto na Lei nº 8.987, de 13 de fevereiro de 1995, e nas leis que lhe são correlatas.*

Portanto, se se tratar de concessão comum, sendo aquela de serviços públicos ou de obras públicas prescritas na Lei nº 8.987/1995 e nas correlatas, e, ainda, **não** sobrevier contraprestação pecuniária do parceiro público ao parceiro privado, jamais se estará diante de uma Parceria Público-Privada.

Esta é a disposição contida no art. 2º, em seu § 3º:

> *Não constitui Parceria Público-Privada a concessão comum, assim entendida a concessão de serviços públicos ou de obras públicas de que trata a Lei nº 8.987, de 13 de fevereiro de 1995, quando não envolver contraprestação pecuniária do parceiro público ao parceiro privado.*

A *concessão administrativa*, por seu turno, é a que envolve

> contrato de prestação de serviços de que a Administração Pública seja a usuária direta ou indireta, ainda que envolva execução de obra ou fornecimento e instalação de bens.

Neste caso, a Administração Pública estará inserindo na qualidade de *parceria* a prestação de um serviço efetivado por um parceiro privado.

Exemplo típico pode ser o de transportes urbanos, no qual a Administração, por meio de um contrato, permite que empresas privadas prestem o serviço de transporte coletivo. Esta permissão legal se encontra inserida no art. 30, inciso V da CF/1988:

> *Art. 30 – Compete aos Municípios:*
> *[...]*
> *V – organizar e prestar, diretamente ou sob o regime de concessão ou permissão, os serviços públicos de interesse local, incluído o de transporte coletivo, que tem caráter essencial.*

O artigo subsequente estabelece que à concessão administrativa serão aplicados os dispostos nos arts. 21, 23, 25 e 27 a 39 da Lei nº 8.987, de 13/02/1995, e no art. 31 da Lei nº 9.074, de 7/08/1995.

13. Modalidades de delegação da prestação de serviços públicos

1. *Concessão de serviço público*: É aquela que a *Lei nº 11.079/2004* denominada de concessão comum. Ocorre com a delegação da prestação de serviço

público, mediante licitação na modalidade concorrência, por sua conta e risco (não se configura a contraprestação pecuniária do parceiro público ao parceiro privado), e por prazo determinado. Nesta hipótese o concessionário cobrará do usuário a tarifa pública.

2. *Concessão de serviço público precedida da execução de obra pública:* Assim denominada na lei das PPP's, se dá por meio de construção, total ou parcial, conservação, reforma, ampliação ou melhoramento de quaisquer obras de interesse público, mediante licitação na modalidade concorrência, por sua conta e risco (sem dotação orçamentária), com a previsão de que o investimento da concessionária seja remunerado e amortizado mediante a exploração do serviço ou da obra por prazo determinado;
3. *Permissão de serviço público*: Se dará por meio de delegação, a título precário, mediante licitação na modalidade concorrência, por sua conta e risco.
4. *Parceria Público-Privadas (PPP's) Lei 11.079/2004:* É uma espécie do gênero concessão, que se divide nas modalidades *patrocinada* e *administrativa* (*caput* do art. 2º), sendo que a primeira, *patrocinada*, se aplica a serviço público ou a obras públicas, conforme dispositivo expresso na Lei nº 8.987/1995, admitindo a *contraprestação pecuniária* ao parceiro privado do parceiro público, adicionalmente à tarifa pública cobrada ao usuário (*§ 1º*).

A *administrativa*, por seu turno, se dá por meio de *contrato de prestação de serviços* de que a Administração Pública seja a usuária direta ou indireta, e, ainda, que envolva execução de obra ou fornecimento de instalação de bens (*§ 2º*). Nesta hipótese o legislador fala em prestação de serviço para o *Poder Público*, e não para o Público. É a hipótese de atividade econômica, da contratação da empresa para prestar serviço para o Poder Público, e não para o público.

Entretanto, insere-se aqui a crítica no sentido de que as *concessões administrativas* nada mais são do que a prestação de serviços efetivadas à Administração Pública, o que desconfigura aquele tríduo de relação que é inerente às concessões.

Com efeito, tem-se que o legislador reformador tão somente atribuiu uma nova nomenclatura à já existente prestação de serviços disposta na lei geral de licitações, 8.666/1993.

Cumpre, também, uma apreciação mais minuciosa quanto à real possibilidade da aplicação do disposto no *caput* do art. 3º da Lei das PPP's, qual seja, nº 11.079/2004, da qual não deverão se furtar os doutrinadores, pois que a aplicação das suas regras, por vezes, colidirão com a aplicação subsidiária de alguns artigos ali elencados.

Quanto às concessões patrocinadas, oportuno, também, uma análise mais acurada a respeito do disposto do art. 10, § 3º da aludida lei:

§ 3º As concessões patrocinadas em que mais de 70% (setenta por cento) da remuneração do parceiro privado for paga pela Administração Pública dependerão de autorização legislativa específica.

O texto deste dispositivo legal parece confrontar o com o princípio da separação dos Poderes, fato este originariamente constatado pela Corte Maior do país, em decisão emitida na ADIn nº 462/BA, da lavra do ministro Moreira Alves.

14. Características

Desta feita, pode-se observar de imediato que a modalidade de licitação das PPP's se diferencia das demais pela existência da contraprestação pecuniária, que é devida pelo parceiro público ao parceiro privado, independentemente da cobrança de tarifas públicas.

No que concerne ao termo concessão comum, verifica-se que foi a própria lei das PPP's que o criou, dispondo em seu art. 2º, § 3º como sendo a concessão de serviços públicos ou de obras públicas de que trata a Lei das Concessões (nº 8.987/1995), quando não envolver contraprestação pecuniária do parceiro público ao parceiro privado, o que se entende em: quando não houver dotação orçamentária, mas apenas a tarifa como forma de pagamento ao empreendedor privado.

A interpretação deste parágrafo do art. 2º induz à conclusão de que, se ocorrer a aludida contraprestação, a concessão comum será convertida em Parceria Público-Privada, ou ainda, que a Parceria Público-Privada é a concessão comum adicionada da contraprestação do Poder Público.

Na concessão comum de que trata a Lei nº 8.987/1995, não há a previsão de prazo máximo, ao contrário do que ocorre na Lei 11.079/2004, Lei das PPP's, que estipula em seu art. 5º, inciso I, os prazos mínimo e máximo de cinco e 35 anos, respectivamente.

15. Prazos

No que tange aos prazos a que se refere a lei em tese, mencionado tanto no art. 5º, inciso I, que reza que o prazo de vigência do contrato de PPP não poderá ser inferior a cinco anos nem superior a 35, quanto no § 4º do art. 2º, de que trata as circunstâncias em que é vedada a celebração do contrato de Parceria Público-Privada cujo inciso II alude ao prazo de cinco anos como sendo o mínimo para que se efetive o contrato, registre-se que a lei criou um parâmetro aplicável apenas às PPP's, e que referido prazo mínimo parece ter o caráter meramente ilustrativo, haja vista a real inviabilidade de um prazo inferior a cinco anos atrair a parceria privada, que se pautará exclusivamente na intenção da auferir lucros, e que pressupõe um período mais razoável para a sua consecução.

Outra observação oportuna é a que se refere ao prazo máximo de 35 anos, que ficou num patamar abaixo das outras legislações ainda em vigor, como a Constituição do Estado do Rio de Janeiro, que estipula o prazo de concessão em 25 anos, prorrogável por mais 25, e a Lei Orgânica do Município do Rio de Janeiro que também estipula que este prazo poderá chegar a 50 anos.

Desta forma, caberá do Poder Público, discricionariamente, a opção quanto à modalidade de licitação que utilizará quando de sua abertura, posto que é possível, por exemplo, um prazo de 30 anos tanto para uma licitação comum quanto para uma licitação de parceria púbico-privada.

Pode-se vislumbrar que a opção do Administrador será pela licitação na modalidade de PPP quando desejar atrair uma parceria para empreendimentos de grande porte, já que o parceiro particular se inclinará para a maior margem de vantagem oferecida nesta modalidade, ignorando a possibilidade de um prazo maior, mas sem as garantias oferecidas pela lei das PPP's, em que, além da certeza da cobrança de tarifa do usuário, terá garantida a contraprestação por parte do Poder Público contratante, por meio de dotação orçamentária.

Ademais, não se tem notícia de haver uma relação direta entre as regras das PPP's com as regras da licitação comum, que discriminam os prazos distintos, não incidindo a primeira sobre a última, mas vigorando ambas com suas peculiaridades. Assim sendo, tanto a licitação comum quanto a licitação das PPP's poderão dispor sobre contratos de valores vultuosos, podendo ter prazos semelhantes. Por exemplo, poderá haver uma licitação comum e uma licitação via PPP com o prazo de 30 anos, posto que este se enquadra no parâmetro desta última. Restará então ao empreendedor o livre-arbítrio de contratar com o Poder Público quando e como melhor lhe convier.

16. Vedações aplicáveis às PPP's

Ainda sobre o § 4º do art. 2º, registre-se que este possui três incisos os quais elenca a vedação da celebração de contrato de Parceria Público-Privada.

Em seu inciso I, estabelece um valor mínimo para ser estipulado na celebração do contrato das PPP's, qual seja, R$ 20.000.000,00 (vinte milhões de reais). Em face deste preceito legal, não se vislumbra a possibilidade de efetivar uma parceria do Poder Público com a iniciativa privada, via Lei nº 11.079/2004, com empreendimentos que não alcancem o patamar deste *quantum*.

Este patamar nada mais é do que a configuração da intenção do Governo em atrair, via PPP's, megainvestimentos, deixando, a princípio, para as Leis nº 8.987/1995 e nº 8.666/1993 apenas os residuais, haja vista o rol de vantagens que se associa de forma inovadora nesta legislação, o qual funcionará como verdadeiro atrativo aos investidores, na certeza de que serão ressarcidos do capital aplicado nestes empreendimentos, por meio dos lucros almejados.

O inciso III exclui das Parceria Público-Privada os contratos que se destinem unicamente ao fornecimento de mão de obra, o fornecimento e instalação de equipamentos, ou ainda a execução de obra pública.

A primeira parte deste inciso, "que tenha como fornecimento unicamente a mão de obra", faz alusão à terceirização, ao passo que "o fornecimento e instalação de equipamentos ou execução de obra pública" estão relacionados à Lei nº 8.666/1993, donde se conclui que a Lei nº 11.079/2004 faz menção, ainda que implicitamente, ao uso da lei de licitações neste item.

O *caput* do art. 3º estabelece que alguns artigos da Lei nº 8.987/1995 e da Lei nº 9.074/1995 se aplicam às concessões administrativas.

O § 1º do mesmo art. 3º reza que as concessões patrocinadas regem-se pela lei em tese (nº 11.079/2004), se lhes aplicando subsidiariamente a Lei nº 8.987/1995, assim como as demais correlatas.

O § 2º se reporta às concessões comuns, como aquelas de que trata a Lei nº 8.987/1995 e as correlatas, e enfatiza que não se aplica a Lei nº 11.079/2004 a estas concessões denominadas por esta lei como comuns.

No mais, deixa para o § 3º os contratos administrativos que não se caracterizarem em concessão comum, patrocinada ou administrativa.

Este art. 3º especifica cada tipo de concessão e de contrato administrativo. Em seu *caput*, fala das disposições legais aplicáveis à concessão administrativa, quais sejam, a Lei nº 11.079/2004 (lei das PPP's), e adicionalmente as Leis nº 8.987/1995 e nº 9.07419/1995 (Leis das Concessionárias de serviço público).

O § 1º dispõe que as concessões patrocinadas regem-se pela Lei Lei nº 11.079/2004 (lei das PPP's), e subsidiariamente pela Lei nº 8.987/1995 (Lei das Concessões de Serviço Púbico) e pelas correlatas.

O § 2º reza que as concessões comuns continuam regidas pela Lei 8.987/2004 (Lei das Concessões) e pelas leis correlatas, e o § 3º dispõe sobre os contratos administrativos de forma residual, ou seja, aqueles que não se encaixam nas concessões comuns, patrocinada ou administrativa, e que se lhes aplicam os dispositivos da Lei nº 8.666/1993 (lei de licitações e contratos) e as que lhe são correlatas.

17. Diretrizes

O art. 4º elenca em seus incisos as diretrizes a serem observadas na contratação de Parceria Público-Privada

Os incisos I, II, IV e V do art. 4º mencionam diretrizes as quais se aplicam comumente à Administração Pública (eficiência, respeito, transparência, responsabilidade fiscal).

O inciso III fala de "indelegabilidade das funções de regulação, jurisdicional, do exercício de Poder de Polícia e de outras atividades exclusivas do Estado".

O que se pode observar deste inciso é que o seu conteúdo não é valorativo, já que a indelegabilidade destes itens já se encontra prevista na Lei Maior. Portanto, se esta lei se omitisse neste comentário, ainda assim tais funções de regulação, jurisdicional e o exercício do Poder de Polícia continuariam, em tese, indelegáveis. A única opção que não é mais absoluta na doutrina e na jurisprudência é a questão da delegação do Poder de Polícia, a qual tem sido controvertida entre alguns doutrinadores. Portanto, o entendimento majoritário ainda tende para a sua indelegabilidade.

Já a questão das "outras atividades exclusivas do Estado" merece uma análise mais acurada. A uma primeira análise, sem nenhum respaldo consistente na doutrina pertinente, dado o pouco tempo que se seguiu à publicação da lei em estudo, o termo atividades exclusiva do Estado acaba por dar margem à delegação de atividades que não se configuram como exclusivas do Estado, embora sejam essencialmente exercidas pelo Poder Público.

Portanto, as atividades que não são exclusivas do Estado são aquelas que o Estado exerce por meio de prestação de serviço, têm caráter econômico e por isso podem ser terceirizadas.

18. Repartição de riscos entre as partes

Os incisos VI e VII do mesmo art. 4º traduzem a peculiaridade desta Lei nº 11.079/2004, que são a repartição objetiva de riscos entre as partes e a sustentabilidade financeira e vantagens socioeconômicas dos projetos de parceria.

A repartição objetiva de riscos entre as partes é um marco inovador que se inclina para o claro propósito de atrair o investidor da iniciativa privada.

A sustentabilidade financeira e as vantagens socioeconômicas são uma extensão da repartição de riscos, já que o parceiro público repartirá os riscos por meio do respaldo financeiro.

Neste contexto, urge definir quais são os riscos a serem repartidos, e de que forma se dará esta repartição. Quanto aos riscos a que se refere este artigo, estes se dividem em operacionais e extraordinários.

Os riscos operacionais são aqueles que guardam relação com o projeto a ser executado, com a implementação deste, com a entrega da obra, as formas de pagamento etc. Já os riscos extraordinários, como o nome faz entender, são aqueles cuja previsibilidade não é alcançada. Seus efeitos e consequências raramente são previstos e a sua ocorrência modifica substancialmente o valor da obra ou operação, com uma majoração que poderá até torná-las economicamente inviáveis.

O seu caráter de extraordinariedade decorre de situações cuja previsão não era passível de ser identificada com antecedência, tal como em situações de catástrofes naturais ou alterações econômicas drásticas, como é o caso de uma maxidesvalorização da moeda. Na lei de licitações, de nº 8.666/1993, este fato é denominado Fato do Príncipe.

No que tange à Lei nº 8.987/1995, os riscos operacionais correrão por conta do particular concessionário, posto que a administração do projeto será de sua competência. Os extraordinários, ao contrário, correrão por conta do Poder Público, por meio da manutenção do equilíbrio econômico-financeiro das contratações públicas. Desta forma, o Poder Público se obriga a manter as condições as quais embasaram o contrato até que este se expire.

Este mecanismo de aplicação de riscos encerra uma garantia tanto do particular, que não poderá ser surpreendido no decorrer do contrato com eventuais extraordinariedades, quanto do próprio Poder Público, que poderia ser prejudicado com o advento de prejuízos ocorridos ao particular, já que este, ao ter de arcar com os prejuízos dos riscos que porventura surgissem, sofreria uma instabilidade financeira a qual poderia torná-lo inapto a continuar com a execução dos serviços ou das obras.

Atendo-se à Lei das PPP's, insurge-se uma questão que merece ser minuciosamente estipulada na efetivação do contrato entre o Poder Público e o investidor particular.

É que o seu art. 5º, inciso III, dispõe sobre a repartição de riscos entre as partes, inclusive nos casos fortuito, força maior, fato do príncipe e área econômica extraordinária, ou seja, tanto os riscos operacionais quanto os extraordinários devem ser repartidos entre o Poder Público e o particular.

Com isso, se as limitações da imposição destes riscos não forem bem delineadas no contrato, o particular poderá atrair para si a responsabilidade de uma grande parcela de risco, se eventualmente ocorrerem fatos imprevisíveis que tragam substancial mudança às condições econômicas do contrato.

Para tanto, mister se faz um prévio mecanismo regulamentar ou contratual que delimite os riscos extraordinários do particular, sob pena de estes, ao analisarem previamente o contrato enfocando a questão da repartição de riscos, virem até mesmo a desistir de firmá-lo, dada a insegurança financeira que norteia esta questão.

19. Contratos

O Capítulo 2 da lei em tese, que abarca os arts. 5 ao 7 se reporta aos Contratos de Parcerias Público-Privadas.

O *caput* do art. 5º remete ao art. 23 da Lei nº 8.987/1995, que é o artigo que dispõe sobre as cláusulas essenciais do contrato de concessão, as quais deverão ser observadas além das que passa a narrar em seus incisos e parágrafos.

O inciso I deste artigo fala do prazo para o contrato de Parceria Público-Privada, que, conforme já exposto anteriormente, será não inferior a cinco nem superior a 35 anos, já incluídas neste prazo as eventuais prorrogações.

O inciso III, do mesmo artigo, fala sobre a repartição de risco entre as partes, já mencionado anteriormente como sendo uma peculiaridade desta lei específica.

Os demais incisos do art. 5º não trazem nenhuma novidade, se equiparando quase todos com as cláusulas obrigatórias do art. 23 da Lei 8.987/1995, a que remete o *caput* do art. 5º.

Sequencialmente, o § 1º fala da cláusula de atualização monetária, que incidirá sem a prévia homologação da Administração Pública.

O § 2º do art. 5º, portanto, merece especial atenção por elencar em seus incisos (I, II e III), as cláusulas adicionais que poderão ser previstas nos contratos de Parceria Público-Privada.

O inciso I menciona previamente o termo sociedade de propósito específico, cuja previsão se encontra a seguir no art. 9º desta lei.

A primeira cláusula adicional a que se refere este inciso I diz respeito à transferência de controle da sociedade de propósito específico aos seus financiadores, entendendo-se como sociedade de propósito específico a pessoa jurídica que deverá ser constituída antes mesmo da celebração do contrato de Parceria Público-Privada, a quem caberá implantar e gerir o objeto da parceria.

Esta transferência se justificará nas hipóteses em que se fizerem necessárias a reestruturação financeira e a continuidade da prestação de serviços. Aduz em seguida que não se lhe aplica para este efeito a previsão contida no art. 27, parágrafo único, inciso I da Lei nº 8.987/1995, que assim dispõe: "atender às exigências de capacidade técnica, idoneidade financeira e regularidade jurídica e fiscal necessárias à assunção do serviço".

Portanto, este inciso I poderá ser interpretado no sentido de que a Lei Lei nº 11.079/2004 impõe uma condição à empresa vencedora da licitação, qual seja, constituir a tal sociedade de propósito específico, que nada mais é que uma outra empresa privada a ser criada única e exclusivamente para realizar o objeto da Parceria Público-Privada.

Desta assertiva pode-se concluir que este dispositivo pressupõe a existência de duas empresas distintas: aquela que venceu a licitação e a outra que será criada exclusivamente para efetivar o objeto da parceria. O § 4º do art. 9º da Lei nº 11.079/2004, por seu turno, veda expressamente à Administração Pública a possibilidade de vir a ser a titular da maioria do capital votante, leia-se estatal, desta sociedade de propósito específico.

Interessante, também, mencionar o fato de que esta segunda empresa, responsável por implantar e gerir o objeto da parceria, é a que administrará, de fato, o investimento proveniente do Poder Público sem ter se submetido diretamente à licitação, procedimento este aplicável apenas à sua criadora, que doravante estará excluída deste tríduo contratual. Por fim, o inciso I do § 2º prevê a possibilidade de integrar o contrato, como cláusula adicional, por meio da autorização do parceiro público, a transferência do controle da sociedade de propósito específico a seus financiadores.

Esta cláusula se justifica basicamente para garantir a continuidade da prestação dos serviços por meio de uma reestruturação financeira, na eventualidade de uma instabilidade desta ordem se instalar na sociedade de propósito específico.

Por meio desta cláusula, é lícito ao Poder Público autorizar a transferência do controle da empresa criada com o fito de gerir o contrato de Parceria Público-Privada ao financiador deste contrato.

Este financiador, por seu turno, será uma quarta pessoa nessa relação contratual público-privada, que se comporá pelos seguintes elencos: (1º) Poder Público – (2º) empresa privada vencedora da licitação – (3º) sociedade de propósito específico – (4º) financiador.

Este dispositivo legal prevê que o financiador do projeto, que poderá vir sob a forma de instituição financeira pública ou privada, podendo ser, por exemplo, tanto o BNDES, a Caixa Econômica Federal, como o Banco Santander, HSBC, Bradesco etc., venha a assumir o controle da empresa responsável pela gestão desta Parceria Público-Privada.

Então, esta instituição financeira, em nome da continuidade da prestação dos serviços públicos, passará a ser a nova parceira do Poder Público, além de já figurar nesta relação contratual como instituidora, ou seja, aquela que investiu financeiramente no empreendimento.

O legislador, se antecipando então a futuras controvérsias sobre esta transferência de controle de gestão, acrescentou neste inciso I que não se aplicará para este efeito a previsão contida no inciso I do parágrafo único do art. 27 da Lei nº 8.987/1995, *in verbis:*

> *atender às exigências de capacidade técnica, idoneidade financeira e regularidade jurídica e fiscal necessárias à assunção do serviço.*

Este dispositivo exime o investidor da necessidade de atender às exigências impostas à parceria privada, sobretudo de capacidade técnica, haja vista que dificilmente uma instituição financeira preencherá os requisitos técnicos indispensáveis para a gestão de um empreendimento como, por exemplo, a construção de uma rodovia ou ferrovia, seja ou não de grande porte.

Outra observação oportuna é que este instituidor que assumirá a gestão do empreendimento, objeto da Parceria Público-Privada, poderá ser um banco público, como por exemplo, o BNDES, o que certamente iria contrariar o disposto no art. 9º, § 4º, inseridos no Capítulo IV, que trata da sociedade de propósito específico, *in fine:*

> *Fica vedado à Administração Pública ser titular da maioria do capital votante das sociedades de que trata este Capítulo.*

Para não deixar margem à aplicação desta vedação, o parágrafo seguinte faz a seguinte ressalva:

> *§ 5º – A vedação prevista no § 4º deste artigo não se aplica à eventual aquisição da maioria do capital votante da sociedade de propósito específico por instituição financeira controlada pelo Poder Público.*

Em face do exposto, pode-se concluir que o legislador tece na lei das Parcerias Público-Privada a possibilidade de transferência de controle da sociedade de propósito específico, responsável pelo projeto da aludida parceria, ao investidor financeiro, que poderá ser, inclusive, um banco público, passando a figurar então dois entes públicos no empreendimento em tese, hipótese em que se esvazia o propósito da lei, ou seja, uma parceria cujos parceiros sejam, alternadamente, público e privado.

Entretanto, mesmo em razão do nome dado à Lei Lei nº 11.079/2004, Parceria Público-Privada, leva-se a crer que este resultado de dois entes públicos figurando nesta parceria não é o seu real propósito, embora a lei admita esta hipótese, em casos excepcionais.

Se ocorrer de o parceiro privado descumprir alguma cláusula constante no contrato, este poderá ser substituído pelo seu financiador que poderá ser um banco público, o qual passará a adquirir a maioria do capital votante, e a parceria privada cederá lugar à parceria pública, construindo uma relação contratual com o parceiro público de um lado, e uma instituição financeira também de natureza pública, de outro.

Convém mencionar que a quarta pessoa (financiador), que poderá assumir a relação contratual, ainda que excepcionalmente, também não terá se submetido ao processo licitatório.

A análise deste inciso I pode remeter ao questionamento sobre qual dos valores deverá prevalecer: a moralidade administrativa, que pressupõe o processo licitatório para contratos que são geridos com o dinheiro público, ou a continuidade da prestação dos serviços, que justifica referida transferência de controle da gestão da sociedade de propósito específico.

A Lei das PPP's abre uma brecha, de fato, para que empresas privadas que não se submeteram aos certames licitatórios venham a gerir o dinheiro público. Questiona-se se o legislador foi omisso nesta questão, cedendo à moralidade administrativa tão aclamada nesta Constituição Cidadã.

O inciso II fala da emissão de empenho em nome dos financiadores. Este empenho a que se refere a lei significa dizer que o Poder Público oferecerá o empenho diretamente ao financiador, que é a terceira pessoa nessa relação (parceiro público – parceiro privado – financiador).

A princípio, o financiador teria uma relação contratual apenas com o parceiro privado, que se comprometeria em pagá-lo. Portanto, de acordo com a lei das PPP's, o Poder Público dará o empenho diretamente ao financiador da empresa privada, ou seja, acaso esta não efetive o pagamento ao financiador, este último não correrá o risco de não receber, pois já tem a garantia do Poder Público.

20. Fundo garantidor das PPP's

O inciso III preceitua os fundos e empresas estatais garantidoras de Parceria Público-Privada. Por meio deste dispositivo legal, as financiadoras também terão sua margem de segurança jurídica, graças aos fundos e empresas estatais garantidoras, criados para este fim específico.

Por força dos aludidos incisos II e III, os financiadores poderão ser beneficiados pela própria Administração, recebendo indenizações por extinção antecipada do contrato, bem como pagamentos efetuados por estes fundos e empresas estatais garantidoras.

As garantias prestadas pelo parceiro público podem se dar tanto por meio de natureza real quanto pessoal.

No que tange ao Fundo Garantidor das Parcerias Público-Privadas, ressalta-se que estes são criados com o fim específico de "prestar garantia de pagamento de prestações pecuniárias assumidas pelos parceiros públicos federais" em razão das PPP's.

Quanto à natureza jurídica do Fundo Garantidor, constata-se que esta será de natureza privada, e que o fundo será dotado de patrimônio, direito e obrigações próprios. Em razão destas variantes, o Fundo Garantidor estará sujeito a eventuais contingências e limitações da Administração Pública, pertinentes às garantias prestadas em razão dos contratos das PPP's.

Deverá ser observada a questão das garantias do Fundo Garantidor das PPP's, as quais serão prestadas de forma proporcional à participação de cada cotista.

Estas garantias se dividem nas modalidades de reais e pessoais, e suas aplicações se darão de acordo com aprovação designada pela assembleia dos cotistas. São elas:

1. fiança, sem benefício de ordem para o fiador;
2. penhor, de bens móveis ou de direitos integrantes do patrimônio do FGP, sem transferência da posse da coisa empenhada antes da execução da garantia;
3. hipoteca de bens imóveis pertencente ao patrimônio do FGP;
4. alienação fiduciária, permanecendo o FGP ou o agente fiduciário por ele contratado com a posse direta dos bens;
5. outros contratos que produzam efeito de garantia, desde que não transfiram a titularidade ou posse direta dos bens ao parceiro privado antes da execução da garantia;
6. garantia real ou pessoal, vinculada a um patrimônio de afetação constituído em decorrência da separação de bens e direitos pertencentes ao FGP.

Se ocorrer de o parceiro público não honrar com a sua obrigação contratual, inadimplindo-a, poderá ocorrer a constrição judicial e a alienação dos bens e direitos contidos no FGP.

O investidor privado será ainda beneficiado por meio da garantia de que o FGP, uma vez criado, não será dissolvido a menos que já tenham sido efetivamente quitados todos os débitos por ele garantidos, ou quando as garantias dos credores já houverem sido liberadas.

21. Contraprestação

O art. 6º é de grande importância na lei, por tratar de contraprestação.

O parceiro privado gozará da garantia da contraprestação pecuniária, que é a dotação orçamentária da qual fará jus, além da garantia da cobrança de tarifas públicas.

Esta novidade trazida pela Lei nº 11.079/2004 funciona como um grande incentivo para atrair a iniciativa privada a contratar com a Administração Pública sem nenhuma margem de risco de amargar um prejuízo.

O art. 6º é o que norteia as regras da contraprestação, pois elenca em seus incisos as formas as quais a Administração Pública poderá utilizar para efetivar esta dotação orçamentária, deixando ainda a possibilidade de criar outras, ao estatuir em seu inciso V: "outros meios admitidos em lei".

E o parágrafo único finalmente expõe o que a Administração espera do parceiro privado, a fim de que este faça jus de gozar de todas estas garantias: "o seu desempenho, conforme metas e padrões de qualidade e disponibilidade definidos no contrato".

Isto quer dizer que o parceiro privado receberá se, e somente se, estiver preenchendo os padrões de qualidade anteriormente estipulados.

O § 7º ratifica o que foi estipulado no parágrafo único do art. 6º, preceituando que a contraprestação será devida se já houver a disponibilização do serviço, objeto do contrato.

Ou seja, o serviço a que se destina o contrato já deverá estar em pleno funcionamento, a fim de que a contraprestação, leia-se, dotação orçamentária, seja restituída ao parceiro privado.

O parágrafo único deste artigo fala em uma "parcela fruível", a qual admite que o parceiro privado recebe pelo menos parte da contraprestação, se já prestar parte do serviço. Ou seja, o direito à contraprestação estará condicionado à efetiva prestação de serviço. E se esta ainda estiver sendo feita parcialmente, a contraprestação também será parcial, proporcional àquela.

O art. 8º fala das garantias do parceiro privado de fazer jus às obrigações pecuniárias assumidas no contrato, que poderá se dar por meio dos itens estabelecidos em seus incisos.

Este rol elencado nos incisos do art. 8º é meramente exemplificativo, pois o inciso admite outros mecanismos a serem criados por lei.

22. Sociedade de propósito específico

As sociedades de propósito específico encontram sua previsão legal no art. 9º da Lei nº 11.079/2004. De acordo com esta lei, para que se efetive um contrato de Parceria Público-Privada, mister se faz a constituição de uma sociedade de propósito específico, cujo objetivo maior será o de implantar e gerir o objeto da parceria.

Merece análise a questão de as Sociedades de Propósito Específico se submeterem ao tratamento tributário como meras pessoas jurídicas comuns. Este fato, por si só, acaba por gerar um maior custo para o projeto da parceria.

Com efeito, a falta de um tratamento tributário especial que se aplique às sociedades de propósito específico poderá tornar as Parcerias Público-Privada vulneráveis a eventuais falta de garantia.

Portanto, parece que o legislador ordinário não foi coerente ao não estabelecer na lei a possibilidade de criação de um regime tributário especial aplicável às ditas sociedades de propósito específico.

23. Licitação

O Capítulo V trata da licitação nas Parcerias Público Privadas. Por força da Lei nº 11.079/2004, esta será na modalidade de concorrência, e curiosamente, sem exigência de pré-qualificação, embora não esteja taxativamente proibido, mas não se configura a sua obrigatoriedade.

Os artigos e incisos deste Capítulo traçarão os certames licitatórios aplicáveis à lei das PPP's, portanto, cumpre ressaltar que é o art. 12 que tratará da licitação, propriamente dita.

Além das previsões contidas neste Capítulo específico, a lei geral de licitação, de nº 8.666/1993, também será aplicada, subsidiariamente naquilo que não contrariar a lei específica das PPP's, ora em estudo.

O inciso II do art. 12 traz a disposição de que o julgamento poderá se tornar subjetivo, se adotado o critério contido no inciso V do art. 15 da Lei nº 8.987/1995. Portanto, se o critério adotado for o disposto no inciso I do art. 15 da mesma lei, o julgamento será, ao contrário do anterior, objetivo.

Importa acrescentar que, além dos mencionados critérios, o inciso II traz a possibilidade de se adotar mais dois critérios, a seguir descritos:

1. *Menor valor da contraprestação a ser paga pela Administração Pública.*
2. *Melhor proposta em razão da combinação do critério da alínea a com o de melhor técnica, de acordo com os pesos estabelecidos no edital.*

O capítulo VI, que elenca os arts.14 a 22, estabelece as disposições aplicáveis apenas à União. Esta lei foi muito precisa ao trazer estas regras as quais não se aplicarão aos outros entes, ou seja, serão as exceções das normas gerais.

O capítulo VII, finalmente, dispõe sobre as disposições finais.

Capítulo 5

A responsabilidade civil do estado e a sua aplicabilidade no estado de direito

1. Introdução

1.1. Noção de Responsabilidade

A noção da palavra responsabilidade pressupõe um limite à ação humana. Não fossem as normas que permeiam a vida em sociedade, os indivíduos agiriam com total arbitrariedade e causariam frequentes danos uns aos outros. Portanto, é a responsabilidade que cria um liame entre as pessoas e um mundo moral, social e juridicamente organizado, pois prevê a obrigação da reparação de eventuais danos que uns causem aos outros.

Em sua essência, a responsabilidade não guarda relação direta com os institutos jurídicos, mas se envereda pelo sentido subjetivo, proveniente de atos praticados em sociedade, eis que, a toda atividade humana, em qualquer campo que esta protagoniza, corresponde uma responsabilidade, ainda que o resultado desta conduta não produza nenhum dano a terceiros.

Consigne-se que a responsabilidade se constitui num fato eminentemente social, por decorrer de fatores humanos da vida em sociedade, nos seus mais diversos campos. A esse propósito, afirmamos que todos os atos decorrentes da vida em sociedade pressupõem dois aspectos relevantes: o moral e o jurídico. Não se vislumbra condutas humanas num mundo social e juridicamente organizado que infrinjam as regras jurídicas sem serem coercitivamente punidas, tampouco condutas que contrariem as regras morais sem sequer serem repudiadas pela sociedade.

Contudo, não restam dúvidas de que *direito* e *moral* estão intimamente entrelaçados, ainda que as sociedades tenham adquiridos novos hábitos, muitos dos quais pressupõem que antigos conceitos do direito e da moral sejam revistos. Atendo-nos ao tema em questão, não menos importante é uma análise no que concerne à relação entre o *direito* e a *moral*.

1.2. Relação Entre o Direito e a Moral

A responsabilidade, conforme já visto, enseja uma percepção na vida social de cada um por ser um fato social, pois a toda atividade humana exercida corresponde uma responsabilidade. Assim, de acordo com a atividade, quer no aspecto material, quer no aspecto moral, a responsabilidade pode estar presente.

As responsabilidades jurídicas material e moral são resultantes da inobservância de normas coercitivamente traçadas pelo Direito. Significa dizer que, quando alguém, por meio de sua conduta comissiva ou omissiva, violar as normas legais e provocar um dano a outrem, seja este de repercussão material ou moral, deverá repará-lo.

A figura do *dano moral*, por seu turno, dissociado que é do *dano patrimonial*, pois independe deste, foi agasalhada na Constituição Federal de 1988 (incisos V e X do art. 5º). Este se configura no *dano sofrido na esfera interna, subjetiva, que atinge um sentimento de dor e cuja indenização pretende atribuir à vítima uma compensação pela dor suportada*.

Antes mesmo de trafegar na esfera jurídica, podemos dizer que a moral sempre foi vigiada, por meio de normas de conduta de comportamento individual, nas ditas normas morais. Desde há muito se tenta estabelecer critérios de distinção entre a moral e o direito.

Hans Kelsen adotava a teoria de que o Direito não guarda nenhuma relação com a moral. Para o ilustre jurista, a norma é o único elemento essencial do Direito cuja validade não depende de conteúdos morais.

Já o mestre Miguel Reale, em sua *Teoria Tridimensional do Direito*, expôs com incontestável precisão sobre a impossibilidade de se examinar com exatidão um determinado fenômeno jurídico, sem que se aprofunde, ainda que relutantemente, sobre os aspectos sociais, morais e éticos que devem informar nossa capacidade de valorar fatos que profissionalmente, à luz do direito posto, devemos interpretar.

Podemos afirmar que o *direito* e a moral são pressupostos de toda sociedade e, por isso, caminham juntamente com a história destas. Não há se questionar o quão necessário se faz as suas adequações às constantes e sucessivas mudanças da vida em sociedade, notadamente no que concerne às condutas humanas no meio em que vivem, em constante transformação, sobretudo pelas influências cada vez maiores dos meios de comunicação que mudaram a vida de todos, bem como pela imposição da globalização, o que pressupõe que um cidadão de qualquer Nação é hoje um cidadão universal, devendo se submeter a tratados que vigoram para todos, indistintamente.

Portanto, não há mais que perquerir sobre a existência de uma íntima relação entre Direito e Moral, eis que são instrumentos de controle social que não se excluem, mas antes, se completam.

1.3. O Estado

Dada a abrangência do tema, uma breve análise a respeito do Estado e de suas funções reveste-se de uma essencialidade intransponível para a completude deste estudo, cujo objetivo é não apenas somar-se em número às obras já existentes, mas somar-se qualitativamente ao enfoque desta doutrina.

A princípio, enfatizamos que o Estado pode ser analisado sob os aspectos político, jurídico e social, e que o seu estudo e a tentativa de sua definição, nestes três aspectos, se dá desde há muito e não tendo, ainda assim, se esgotado.

Ainda na Grécia antiga deu-se a primeira experiência de Estado, quando as cidades eram unidades autônomas e autossuficientes. Foi somente no século XII que surgiu o Estado forte e centralizado, abarcando a ideia de Nação, que englobava a centralização política e constituía o Estado Nacional. Em seguida, fortalecendo exacerbadamente esta ideia, nasceu o Absolutismo, que centralizava o poder sem contestações ou interferências, e o monarca era tido como o responsável pelo bem-estar e pela segurança de todos os seus súditos.

Estas teorias foram fortalecidas na história por meio de grandes pensadores. Jacques Bossuet, um religioso francês, foi um dos escritores que entre os séculos XVI e XVII procurou justificar o Absolutismo, ao defender que os reis tinham poder divino, ou seja, eram representantes de Deus no mundo. Já o grande escritor Thomas Hobbes (1588-1679), autor da obra *O Leviatã*, afirmava que *a sociedade primitiva era marcada pela luta de todos contra todos*. Foi Hobbes que criou o *Contrato Social*, com a ideia de acabar com essa guerra social entre os homens e o Estado. Afirmava ele que cada homem era um lobo para os outros homens, havia a luta de cada um contra todos, e que cada homem alimentava em si a ambição do poder, a tendência do domínio sobre outros homens, que só cessa com a morte. Nicolau Maquiavel (1946-1527), autor da obra *O Príncipe*, afirmava que o governante deveria ter o poder máximo. Ele devia ser amado pelo seu povo, não importando os meios que utilizasse para atingir esse objetivo.

O Estado, com o poder de soberania que detém e que utiliza, desde o início da sua existência, se caracteriza como o detentor do poder de coação, pois dispõe de força e poder legítimos para agir com o monopólio da coerção física. Segundo Max Weber, "o poder se dá quando se impõe a vontade com resistência, e o domínio, quando adquire a obediência, sem resistência".

Afirmava ainda que o Estado, dentre todos os grupos políticos, é o monopólio que tem o constrangimento físico (o monopólio das armas e do constrangimento físico). Só ele pode constranger, impor regras e para isso pode usar o constrangimento físico. Afirmava que o Estado-Nação é o único que tem soberania e poder.

Já na moderna doutrina, o entendimento predominante é que o Estado é caracterizado essencialmente pela ordenação jurídica e política da sociedade e que representa a primeira forma propriamente política de organização social, onde o poder institucionalizado tende a tornar-se impessoal.

Em doutas palavras, Dalmo de Abreu Dallari define o Estado como sendo[1] a "ordem jurídica soberana que tem por fim o bem comum de um povo situado em determinado território", o que nos leva a crer que se fundamenta tal definição na ideia de que o Estado tem por objetivo a restrição disciplinadora do comportamento humano em benefício do interesse geral.

Forçoso concluir que desde as antigas teorias acerca do Estado, como elemento jurídico, este está vinculado à ideia de Nação, sendo certo que o Estado é a Nação politicamente organizada, e a Nação, a coletividade que, em determinado território, unificada pela raça, idioma, costumes e tradições se unificam em sua originalidade, distinguindo-se uma das outras, pela defesa de sua cultura nacional. Portanto, o Estado não é acessório da Nação, mas a destruição do Estado seria, por igual, a decadência material, o declínio moral da coletividade respectiva.

Não menos conclusivo é que Estado e indivíduo são componentes sequenciais, pois as leis restringem o Estado no interesse do homem, como princípio e fim, causa e razão do fato jurídico. O homem, entretanto, é um ser moral, elemento primário do direito dentro de uma unidade social, pesando-lhe obrigações sociais, sem as quais o tornaria um ser isolado e desprovido da busca de uma cidadania. Cabe salientar que o individualismo da Revolução Francesa e o comunismo marxista foram dois equívocos. O erro do individualismo foi ver um, não todos; o do comunismo – todos, não um.

Com efeito, as evoluções sociodemocratas que se estenderam ao longo dos séculos, têm tentado asso-

[1] DALLARI, Dalmo de Abreu. *Elementos de Teoria Geral do Estado*. 12ª ed., São Paulo: Saraiva, 2004, p. 104.

ciá-las sem que uma se sobreponha a outra. E numa tendência contemporânea, há a cristalina interpretação de que embora o indivíduo não possa se sobrepor ao Estado, este tampouco pode agir sem que tenha por fim o bem daquele. A dignidade da pessoa humana há que ser observada como um verdadeiro pressuposto de uma Nação democrática, social e politicamente justa.

1.4. Soberania, Poder e Dignidade Humana

Soberania é força incontestável que permeia o Estado na ordem interna e externa, podendo ser interpretada como a personalidade da Nação. Está estritamente vinculada ao poder e em razão deste sofre variações de diferentes gradações. Conforme já dito, no Absolutismo esta era considerada atributo do Rei-Estado.

Com o advento da Revolução Francesa, impôs-se a esta uma inversão de valores, atribuindo-se ao povo a sua titularidade. A partir de então, tem a soberania se amoldado às evoluções históricas, passando pela concepção mais arrojada da "escola alemã" e pelo entendimento de Léon Duguit[2], para quem

> a soberania se confunde com a "regra de direito" e esta impõe ao Estado a obrigação de assegurar a cada um, e a todos, os meios de melhor contribuir para a realização da solidariedade social.

Não é a soberania, contudo, uma ideia definida, porém atrelada está à circunstância. Em sua concretude, soberano é aquele que detém os meios coercitivos e estes advêm do Governo, que tem o legítimo poder para utilizá-los, já que o Estado está a serviço da organização política e social, ou seja, do Direito, que por sua vez norteiam estas relações, criando regras por meio das normas jurídicas.

O *poder*, herói e vilão da soberania, tem sido relativizado após o fim do Absolutismo, sobretudo com as evoluções sociojurídico-culturais. Aquele que detém o poder, numa determinada época, é o titular de grandes acontecimentos que repercutem na vida social de seu povo. O poder tem sido perseguido pelo homem desde a sua criação, de tal sorte que somos ensinados a sempre obedecer alguém. Entre as Nações, no ordenamento jurídico, na vida em sociedade e até em nossas casas, há sempre alguém a quem devemos obediência e respeito, em face do poder que exerce sobre nós. Contudo, as exigências de um poder também se transformam dadas as mudanças éticas e morais das sociedades.

O próprio poder, com o passar do tempo, tem sido questionado e muitas vezes minimizado, em prol de um bem maior. A mesma sociedade que se submete a um poder, o repele quando este a sufoca e a paralisa.

Daí as revoluções que ilustram a história da humanidade. Estas se dão quando o poder perpassa o seu objetivo de intermediar a ordem e o bem comum e adentra no excesso, revestido da vaidade humana. Oportuno mencionarmos o famoso dito popular: "quer conhecer um homem, dê-lhe o poder", que se traduz na arrogância que este se reveste ao sentir que pode mais que os outros.

Reportando-nos aos ensinamentos de Montesquieu acerca do poder,[3] "(...)é uma experiência eterna que todo homem que tem poder é levado a dele abusar. Vai até onde encontra limites".

É a constante avaliação e crítica sobre aqueles que detêm o poder que leva os povos de uma Nação a evoluírem, desgarrando-se das escoltas e das garras do absolutismo. No que tange ao Poder Público, verifica-se o poder inerente ao caráter supremo do Estado, que norteia uma nação organizada e que deve ser exercido com responsabilidade. Da mesma forma, o Poder Público deve ser responsabilizado pelos seus excessos e pela sua inação, já que a sua falha se traduziria, neste sentido, em abuso de poder e omissao de dever.

Com efeito, resta-nos concluir que a *soberania* e o *poder*, intimamente ligados, não mais podem subsistir sem que sejam emoldurados pela *dignidade da pessoa humana*. Não entrando no mérito de que o Estado detém o monopólio do poder e a soberania para exercê-lo, em nome do qual poderá até cercear alguns direitos em razão de um bem maior – o bem-comum, o ordenamento jurídico, sobretudo com o reconhecimento dos direitos dos homens e, no Brasil, com o advento da Carta de 1988, agregou a estes a observância à dignidade humana, enumerando vários artigos em seu texto que devem ser considerados e sobrepostos até a certos interesses públicos.

Na prática, entretanto, o alcance deste preceito está à mercê da efetivação de fatos concretos que se apliquem às injustiças sociais. Temos que somente a partir da *igualdade*, pressuposto da cidadania, o *poder*, a *soberania* e a *dignidade humana* serão de fato interligados e personalizarão um Estado justo.

[2] DEL VECCHIO, G., *Justice, Droit, État*, p. 310.

[3] MONTESQUIEU, *L' Esprit des Lois*, Livro XI, cap. IV.

2. A Responsabilidade Civil do Estado

2.1. Breve Histórico

Responsabilizar a pessoa por seus atos é um processo antigo na história. Já no século XI a.C., o Código de Manu determinava o corte do dedo dos ladrões, evoluindo para pés e mãos no caso de reincidência, assim como o corte da língua para quem insultasse um homem de bem, a queima do adúltero em cama ardente e a entrega da adúltera para os cães[4]. Registre-se, ainda, que nessa época, a pena era coletiva, podendo ser extensiva à família do condenado e prevaleciam duas espécies de pena: a perda da paz, que era o banimento, e a vingança de sangue, com a pena de morte.

Em outra passagem da história, a Pena de Talião, cuja origem vem do latim *talis*, que significa tal, semelhante, igual, trouxe a expressão "*olho por olho, dente por dente*", que pressupunha que o sujeito receberiaa a pena equivalente a seu delito.

A mais antiga das codificações da legislação criminal, o Código de Hamurabi, assim descrevia a pena:

> se alguém tirar um olho de outro, perderá o seu igualmente; se alguém quebrar um osso de outro, partir-se-lhe-á um também; se o mestre de obras não construiu solidamente a casa e esta, caindo, mata o proprietário, o construtor será morto e, se for morto o filho do proprietário, será morto o filho do construtor[5].

No Direito Romano, a Lex Aquilia foi a lei que vigorou no ano 286 a.C., conforme tem sido apontado pela doutrina, e trazia a ideia de culpa, donde provém a chamada *culpa aquiliana*. Na concepção dos romanos, o autor do dano sempre agia com culpa, por não distinguirem culpa de delito. Parte da doutrina, entretanto, sustenta que a ideia de culpa era estranha à Lei Aquiliana. Outros entendem que o princípio da responsabilidade objetiva predominou após o advento da Lex Aquilia.

2.2. Definição

A palavra "responsabilidade" deriva do vocábulo latim *respondere*, cujo significado é responder, em que se pressupõe que *alguém deve responder por algo*, ou seja, alguém será responsabilizado pelo seu ato e deverá responder por ele, daí a concepção tradicional de que a responsabilidade civil funda-se na culpa, pois a ideia está atrelada a um ato culposo. Diante de uma fundamentação individualista, podemos afirmar que nunca se poderia admitir a responsabilidade por ato não culposo, no que concerne a hipóteses em que o indivíduo não quisesse o ato ou ainda não tivesse agido com imperícia, imprudência ou negligência.

Referida fundamentação delineou as características da teoria subjetiva da responsabilidade civil do Estado, na qual, para a sua aplicabilidade, mister se faz prova de culpa, hoje utilizada apenas nos casos em que o Estado age com omissão, conforme veremos adiante.

No Brasil, essa interpretação civilista, como regra, foi a primeira forma utilizada para responsabilizar o Estado. Contudo, com o passar do tempo, a teoria foi sendo mitigada em razão de uma maior previsibilidade de responsabilizar o agente público, tendo sido substituída pela responsabilidade objetiva, com respaldo no dispositivo constitucional de 1946 e se firmando nas demais constituições que se sucederam a esta.

Podemos afirmar que a noção de responsabilidade é hoje abarcada por todas as Nações, não mais subsistindo a intangibilidade do Estado em face sua de sua supremacia e superioridade em relação aos administrados.

Convém esclarecer que, não obstante os casos em que o Estado pode ser responsabilizado mesmo quando não pratica atos ilícitos (eis que a responsabilidade incide sobre atos comissivos ou omissivos, lícitos ou ilícitos), ou seja, nas hipóteses em que estes, ainda que lícitos, ocasionem dano a alguém, não deve essa afirmativa, contudo, ser confundida com os casos em que o Estado, imbuído de poder legal, *debilita, enfraquece,* um interesse privado, como ocorre com a desapropriação.

Nesse caso, há dois interesses tutelados pelo Estado: o público e o privado. De acordo com a norma jurídica, quando um interesse público não pode ser efetivado sem que haja certo sacrifício de determinado interesse privado, há de prevalecer o primeiro sobre este, haja vista a preponderância de que este se reveste em relação aos demais.

Portanto, não se aplica o caso de responsabilidade quando o Estado, calcado na ordem jurídica, *sacrifica* um direito de outrem, da mesma forma tutelado, devendo indenizá-lo por esse sacrifício sofrido. Tal fato ocorre porque não houve violação, mas sim sacrifício de direito.

A esse respeito, acrescentamos que a doutrina italiana, valendo-se dessa premissa, preconiza certa diferença entre *indenização* e *ressarcimento*, atribuindo à primeira para os casos em que o direito de alguém é enfraquecido

---

[4] FERREIRA, Gilberto. *Aplicação da Pena*. Rio de Janeiro: Forense, 2003.

[5] *Idem, ibidem.*

em face de interesse maior, e o segundo nas hipóteses de violação de direito, no qual incidirá a responsabilidade.

No Brasil, a doutrina predominante não perfilha essa diferenciação, portanto não ignora a diferença entre *sacrifício de direito* e *violação de direito*.

2.3. Incidência da Responsabilidade Civil do Estado

2.3.1. Responsabilidade da Administração Pública

Ressaltamos que a responsabilidade civil incide tanto nos institutos do Direito Público como nos de Direito Privado. Em um litígio, quando uma das partes é a Administração Pública no exercício de suas funções – na prática de atos de império – e o outro trata-se de terceiro, e este sofre algum dano, o litígio terá respaldo no Direito Público, em que se aplica a teoria da responsabilidade objetiva ou teoria do risco administrativo, com fundamentado no art. 37, § 6º da Constituição da República, que assim reza:

> *Art. 37 – [...]*
>
> *§ 6º – as pessoas jurídicas de direito público e as de direito privado prestadoras de serviços públicos responderão pelos danos que seus agentes, nessa qualidade, causarem a terceiros, assegurado o direito de regresso contra o responsável nos casos de dolo ou culpa.*

Se, todavia, o litígio envolver apenas pessoas jurídicas de Direito Privado ou pessoas jurídicas de Direito Público na prática de atos de gestão, o conflito terá como base o dispositivo na legislação ordinária, preconizado no art. 927 do Código Civil brasileiro, que preceitua:

> Aquele que, por ato ilícito (arts. 186 e 187), causar dano a outrem, é obrigado a repará-lo.

Observe-se que referido artigo, em seu parágrafo único, faz uma ressalva sobre a obrigação de reparar o dano, independentemente de culpa, nos casos especificados em lei:

> *Parágrafo único: Haverá obrigação de reparar o dano, independentemente de culpa, nos casos especificados em lei, ou quando a atividade normalmente desenvolvida pelo autor do dano implicar, por sua natureza, risco para os direitos de outrem.*

Registre-se que esse dispositivo legal se aplica também a casos de omissões do Estado, que serão oportunamente mencionados.

2.4. Tipos de Responsabilidade

No que se refere ao bem jurídico tutelado, a responsabilidade varia entre *administrativa, penal e civil*. A responsabilidade *administrativa* é aplicável apenas ao servidor público, enquanto a penal incidirá quando seu objeto trata-se de crime ou contravenção e a *civil* está atrelada à obrigação de fazer e não fazer.

Para identificá-las, verifica-se a natureza da norma jurídica em que essa se encontra, ou seja, a cada tipo de responsabilidade corresponde uma norma específica. Se o dano causado tiver norma de natureza penal, sua responsabilidade será penal, se estiver normatizado no Direito Civil, incidirá a responsabilidade civil e por fim, se encontrar previsão na norma administrativa, se constituíra em responsabilidade administrativa.

Em face da autonomia das normas jurídicas, referidas responsabilidades serão independentes entre si. Responsabilizar alguém civilmente não implica em responsabilizá-lo também penal ou administrativamente. Da mesma forma, a responsabilidade administrativa não guarda nenhuma relação com a civil nem com a penal. São dotadas de autonomia para existirem independentemente uma da outra, sendo, contudo, admitido que alguém responda cumulativamente, caso viole normas de naturezas diversas.

Sobre essa acepção, transcrevemos o Recurso Especial nº 111.843 votado pela Primeira Turma do Egrégio Superior Tribunal de Justiça do Paraná.

> Responsabilidade Civil do Estado. Teoria Objetiva. Ação praticada por policial rodoviário, na presumida defesa de terceiro. Resultante de morte de terceiro estranho ao evento. I. Se o agente público, no exercício de suas funções, pratica dano a terceiro não provocador do evento, há o Estado se responsabilizado pelos prejuízos causados, em face dos princípios regedores da teoria objetiva. II. O art. 107 da CF de 1969, em vigor na época dos fatos, hoje reproduzido com redação aperfeiçoada pelo art. 37, § 6º da CF de 1988, adotou a teoria da responsabilidade civil do Estado sob a modalidade do risco administrativo temperado. III. A absolvição de policial rodoviário, no juízo criminal, em decorrência da morte causada por ocasião de ação praticada em legítima defesa de terceiro, não afasta a responsabilidade civil do Estado, se não provar que o acidente aconteceu por culpa da vítima. IV. Passageiro atingido por disparo de arma de fogo em decorrência de ação policial contra motorista do veículo. V. Independência de responsabilidade civil do Estado em confronto com criminal, salvo quando no juízo penal se reconhece, via decisão transitada em julgado, ausência de autoria e de materialidade do delito. VI. A absolvição no juízo criminal não impede a propositura da ação civil, quando pessoa que não concorreu para o evento sobre o dano, não tiver culpa. VII. (...). VIII.(...) IX. Recurso Especial improvido.

> Acórdão (...) Relatório. O Exmo. Sr. Ministro José Delgado: Departamento Nacional de Estradas de Rodagem – DNER, interpõe o presente Recurso Especial (fls. 194/198), com fulcro no art. 105, inciso III, alíneas *a* e *c*, da Constituição Federal (1969), contra acórdão (fls. 192) preferido pela Quinta Turma do TRF da Quarta Região, assim ementado: Responsabilidade Civil. Morte causada por policial rodoviário no exercício de suas funções policiais. Absolvição no juízo criminal por legítima defesa de terceiro, indenização por danos materiais e morais, critérios para fixação. I. Mesmo que o agente tenha praticado o ato em legítima defesa, subsiste a responsabilidade civil pelos danos causados a terceiro, que em nada contribui para a ocorrência do evento. II. A indenização prevista no art. 1.537, II, do Código Civil (1916) e 948, II do atual Código Civil, é devida tomando-se por base os ganhos médios da vítima reduzidos a 1/3, que, presumidamente, seriam gastos com a sua própria mantença. O termo inicial da pensão é o da data do fato. O termo final, em relação à viúva, é a data em que seu marido completaria 65 anos ou o da morte dela, o que ocorrer primeiro. Em relação aos filhos da vítima, o termo final é o da data em que completarem 24 anos de idade, quando, presumivelmente, terão completado sua formação. III. É cabível a indenização por danos morais à viúva e aos filhos, em caso de morte causada sem qualquer culpa da vítima. É indenização cumulável com a de danos materiais (Súmula 37/STJ) fixada a prudente critério do juiz, a título compensatório, pela trágica perda do marido e pai, que tinha 29 anos de idade. Fixa-se tal indenização em cinquenta salários-mínimos para a viúva e para cada um dos filhos (todos menores). IV. Considerando que a pretensão é endereçada não ao agente causador do dano, mas ao Estado, (responsabilidade objetiva) os honorários advocatícios devem ter como base de cálculo o montante das parcelas vencidas, inclusive pelo dano moral, e mais doze parcelas vincendas. V. Sentença reformada, em parte. [...]. Voto
>
> Responsabilidade civil do Estado. Teoria objetiva. Ação praticada por policial rodoviário, na presumida defesa de terceiro. Resultante de morte de terceiro estranho ao evento. [...] III. A absolvição do policial rodoviário, no juízo criminal, em decorrência de morte causada por ocasião de ação praticada em legítima defesa de terceiro, não afasta a responsabilidade civil do Estado, se não provar que o acidente ocorreu por culpa da vítima.

A responsabilidade também pode vir sob a forma *contratual* ou *extracontratual*, esta também conhecida como responsabilidade aquiliana ou legal. Portanto, quando a responsabilidade civil tem a lei como fundamento, constitucional ou ordinária, fala-se em *responsabilidade aquiliana*, pois não existe nenhum contrato nesta relação jurídica. A responsabilidade aquiliana se aplica tanto a atos que envolvam a Administração Pública como a atos de particulares.

Oportuno consignar que a Administração Pública se manifesta por atos, contratos, convênio ou consórcio. Quando tal fato se der por meio de ato administrativo, o administrador só fará o que está na lei. Se, contudo, se manifestar por contratos, convênio ou consórcio, observar-se-á o que prescreve o referido contrato administrativo.

Hipoteticamente, proprietário de veículo furtado em estacionamento de mercado municipal pede indenização por dano material. Defende-se o município com o argumento de que o estacionamento, embora fechado por grades e cuidado por vigias, é inteiramente gratuito, o que o isentaria de responsabilidade. Alega, ainda, não ser aplicável a espécie com o art. 37, § 6º, da Constituição Federal por se tratar de fato omissivo.

A solução da questão pode ser encontrada por duplo caminho:

a) responsabilidade contratual, pois a Administração do mercado municipal, ao receber o veículo no estacionamento, assume o dever de guarda, obrigação de resultado que só pode ser afastada por uma das causas de exclusão do nexo causal. Não há falar em gratuidade, porque esta é apenas aparente. Ademais, o estabelecimento comercial que oferece estacionamento gratuito aos seus clientes, não está desobrigado de indenizar o mesmo, no caso de furto do veículo, porque tal cortesia tem como objetivo angariar sua clientela, e, consequentemente, aumentar as vendas, resultando em lucros.

Não é o caso de aplicar-se a teoria da responsabilidade objetiva da Administração, por se tratar de suposto fato omissivo ou ineficiência da prestação de serviço.

b) O caso pode ser também solucionado à luz do art. 14 do CDC, já que o mercado está prestando um serviço.

Nessa hipótese, haverá responsabilidade objetiva pelo fato do serviço, de acordo com o art. 22, do CDC.

2.5. Síntese Evolutiva da Responsabilidade Civil do Estado

O instituto de Responsabilidade Civil encontra sede nos Estados Democráticos de Direito, fulcrada, sobretudo no princípio da igualdade, em que todas as pessoas, de direito público e de direito privado, estão atreladas uma ordem jurídica, e onde não mais impera os interesses da Administração Pública sobre os do particular, mas se permeiam pela igualdade de todos perante a lei.

Por oportuno, parece-nos até incoerente pensar em um Estado de Direito que não abarque o princípio da igualdade, pois o seu ideário repudia a desigualdade e a injustiça.

No período de prevalência dos Estados absolutistas, não recaía sobre estes a responsabilidade nem os seus encargos, eis que o Estado era instituído de poder soberano, incontestável, e por isso, insuscetível de ser responsabilizado por seus atos.

Portanto, longa tem sido a trajetória desde a completa irresponsabilidade do Estado até os dias atuais, em que predomina a teoria da responsabilidade objetiva no direito positivo das nações civilizadas.

Ressaltamos que há uma resistência dos civilistas clássicos a esta teoria, cujos argumentos encontram respaldo em assertivas tais como, entre tantas outras anunciadas no Direito Positivo:

> quando o Estado exige a obediência de seus súditos, não o faz para fins próprios, mas, justamente, para o bem dos mesmos; logo, de semelhante ato não lhe pode advir qualquer responsabilidade [...] não se justifica a ficção de que os funcionários administrativos sejam órgãos imediatos dos Estados e que, em consequência, os atos destes devam ser tidos como atos do Estado; este só é representado pelo chefe do governo [...] as relações jurídicas do mandato não podem ser aplicadas por analogia aos servidores do Estado, como se tem pretendido [...]

2.5.1. Teoria da Irresponsabilidade

Recorrendo aos ensinamentos de Yussef Said Cahali, afirma o nobre jurista que o conceito fundamental da teoria da irresponsabilidade absoluta da Administração Pública firma-se em três postulados, a saber:

> 1. Na soberania do Estado, que, por sua natureza irredutível, proíbe ou nega sua igualdade ao súdito, em qualquer nível de relação, a responsabilidade do soberano perante o súdito é impossível de ser reconhecida, pois haveria uma contradição nos termos da equação. 2. Segue-se que, representando o Estado soberano, o Direito organizado não pode àquele aparecer como violador desse mesmo direito. 3. E por corolário, os atos contrários à lei praticados pelos funcionários jamais podem ser considerados atos do Estado, devendo ser atribuídos pessoalmente àqueles, como praticados não em representação do ente público, mas *nomine próprio*[6].

Essa concepção de fato teve sede nos Estados absolutos, onde prevaleceu a teoria da irresponsabilidade do Estado, que se fundamentava na ideia de soberania. O Estado tinha o propósito de manter-se isento nos conflitos que envolvessem relações entre particulares. O Estado soberano não acatava a sua submissão a direitos de seus súditos e por isso gozava de imunidade total.

Na incidência dos Estados absolutos, onde prevaleceu a teoria da irresponsabilidade, vigoravam os princípios de que o monarca e o Estado jamais cometiam erros: que o Estado atuava para atender ao interesse de todos e não podia ser responsabilizado por isso.

Daí os princípios de que "o rei não pode errar" (*the king can do no wrong*) e de "aquilo que agrada ao príncipe tem força de lei" (*quod principi placuit Haber legis vigorem*).

Guardava o Estado o *status* de inatingibilidade no tocante a seus atos, prevalecendo-se da assertiva de que a ele cabia a tutela do Direito, já que desta é gerador, e, por ser ele o próprio Direito, jamais atentaria contra si próprio.

Nessa fase histórica, os administrados moviam ações apenas contra o próprio funcionário causador do dano. Em caso de insolvência deste, a vítima de um dano patrimonial não havia mais a quem recorrer, em face da falta de amparo legal, esvaziando-se ali o seu direito de ação.

Ressalta-se que no Brasil não se aplicou a total irresponsabilidade.

Celso Antônio Bandeira de Mello[7] (*apud* José de Aguiar Dias), cita enunciado do ministro do STF, Amaro Cavalcanti, que ilustra essa acepção:

> [...] no Brasil jamais foi aceita a tese da irresponsabilidade do Estado pelos atos lesivos dos seus representantes. Se não havia nem há uma disposição da lei geral, reconhecendo e firmando a doutrina da responsabilidade civil do Estado, nem por isso menos certo que essa responsabilidade se acha prevista e consignada em diversos artigos de leis e decretos particulares; e, a julgar pelo teor das suas decisões e dos numerosos julgados dos Tribunais de Justiça e das decisões do próprio Contencioso Administrativo, enquanto existiu, é de razão concluir que a teoria aceita no País tem sido sempre a do reconhecimento da aludida responsabilidade, ao menos em princípio; ainda que deixando juntamente largo espaço para frequentes exceções, em vista dos fins e interesses superiores, que o Estado representa e tem por missão realizar em nome do bem comum. Tal é, com efeito, a

[6] CAHALI, Yussef Said *apud* PEREIRA, Caio Mário, *Instituições de Direito Civil*, v. I, p. 392 e 393, n. 116.

[7] MELLO, Celso Antônio Bandeira de. *Curso de Direito Administrativo*. 19ª ed., São Paulo: Malheiros, 2006, p. 884.

verdade de fato, sabida de todos, e sobre a qual não haveria mister insistir.

Com o passar do tempo foi-se enfatizando a tese de que o Estado é pessoa jurídica não apenas suscetível de prerrogativas, como também sujeito de obrigações, mesmo em função de seu papel de garantidor da ordem jurídica e social. A teoria da irresponsabilidade, portanto, passou a ser contestada, sobretudo com a evolução dos direitos dos indivíduos perante o Estado.

Na evolução da história, é clara a visão de que o Estado ora assume um poder mais forte, até monopolizador, ora o tem enfraquecido, cedendo aos protestos das sociedades que não suportam, eternamente, ter seus direitos subjugados e minimizados em prol de um poder dominador.

A partir daí, deixou então de prevalecer a ideia de submissão do Estado ao Direito. O Estado não mais podia eximir-se da responsabilização perante terceiros, quando a estes causasse dano, por meio de atos comissivos ou omissivos.

Um dos fatores que relativizou a soberania estatal foi o advento da sua responsabilização, embora essa tenha surgido gradativamente até alcançar a forma objetiva atualmente predominante.

Registre-se, contudo, que a irresponsabilidade estatal só foi totalmente superada em todas as Nações apenas quando os Estados Unidos e a Inglaterra abandonaram-na, respectivamente, pelo *Federal Tort Claims Act* (em 1946), pelo *Crown Proceeding Act* (em 1947).

Com isso, se observa que a irresponsabilidade do Estado está totalmente superada nas legislações e que ela representa a própria negação do Direito. Sendo o Estado o representante maior da legalidade, tal teoria torna-se contraditória e inexequível.

2.5.2. Teoria Civilista

Superada a teoria da irresponsabilidade, num segundo momento dessa evolução, levou-se a reconhecer inicialmente a responsabilidade do Estado com fundamento nos princípios civilistas, aplicados aos particulares. Tal princípio fundava-se na ideia de culpa, da qual se extrai a expressão "teoria civilista da culpa".

Conforme palavras de Renan Miguel:

> A concepção de responsabilidade civil funda-se na culpa. Isto porque diante de uma fundamentação individualista, nunca se poderia admitir a responsabilidade por ato não culposo, ou seja, decorrente da hipótese em que o indivíduo não quisesse o ato ou mesmo não tivesse agido com imperícia, imprudência ou negligência.

Essa teoria denominou-se "teoria subjetiva no estudo da responsabilidade civil".

Ocorre que para a sua aplicação, num primeiro momento de responsabilização do Estado, era imposta a necessidade de se distinguir a atitude estatal entre *atos de império* e *atos de gestão*.

Ao praticar atos de império atuava o Estado com sua soberania e se isentava de ser responsabilizado por seus atos, prevalecendo-se-lhe as normas de Direito Público, protetivas da figura estatal.

Em contrapartida, ao praticar atos de gestão equiparava-se ao particular em relação a seus empregados. Como para este vigorava a regra da responsabilidade, o Estado, na hipótese de praticar atos de gestão, estaria suscetível de ser responsabilizado.

Na vigência dessas teorias, mesmo tendo elas proporcionado a algum particular a possibilidade de receber indenização do Estado, em decorrência de prejuízo sofrido por uma conduta deste, na prática, estas não produziam um efeito tão positivo, dada a dificuldade de provar a distinção entre atos de império e os de gestão.

Dado o inconformismo das vítimas pela dificuldade de distinguir ambos os atos, não faltaram críticas a essas teorias, além da justificativa de que era impossível dividir a personalidade do Estado.

É oportuno consignar que a teoria civilista serviu de inspiração ao art. 15 do Código Civil brasileiro de 1916, que consagrou a teoria subjetiva do Estado no Brasil.

2.5.3. Teoria Publicista ou Teoria da Culpa Administrativa

Outro momento evolutivo da responsabilização estatal se deu com a adoção das teorias publicistas, que trazem em sua versão a despersonalização da culpa, estando, a partir de então, o agente que age em nome da Administração, fora dos pressupostos para a consagração da responsabilidade.

Nas palavras de Duez (*La Responsabilité de la Puissance Publique*), essa teoria encerra o fenômeno evolutivo à despersonalização da culpa, transformando-a, pelo anonimato do agente, à consideração de falha da máquina administrativa.

Também conhecida como teoria da culpa administrativa, nesse estágio, transferiu-se para a atuação administrativa a ideia de culpa. Reduz-se, dessa forma, o encargo atribuído à vítima de provar as distinções acima mencionadas.

Com fundamento nessa teoria, o lesado não mais precisaria identificar o agente estatal, sendo-lhe necessário apenas comprovar o mau funcionamento do serviço público, daí a denominação pela doutrina de *culpa pu-*

blicista ou *culpa anônima*, e ainda *culpa do serviço*, que se desmembrava em três versões: o mau funcionamento, o não funcionamento ou a demora do serviço.

Outro encargo não menos injusto era dado ao lesado: comprovar o mau funcionamento ou falha da Administração Pública, o que pressupõe a existência de um padrão de funcionamento preexistente, e que, na prática, se nos parece inviável de ser realizado, haja vista a presunção de que toda e qualquer conduta decorrente dos agentes públicos, que atuam em nome do Estado, devem ter por objetivo atender aos interesses da população, e não ir de encontro a eles.

Na evolução das teorias que se seguiram, observa-se que a responsabilização estatal vem se firmando, gradativamente, uma vez que são enfraquecidos os entraves que atribuem a intangibilidade ao Estado.

Ademais, sendo o Estado o guardião do Direito, cabe a ele zelar pelo seu efetivo cumprimento, não se lhe sendo admissível ser excluído do polo ativo dos que devem cumprir a lei, tampouco se eximir de ser penalizado pelo seu descumprimento. Deve, antes, no exercício de sua soberania, fazer cumprir a lei com total imparcialidade e, para tanto, ser o primeiro a segui-la. É o poder limitado pelo poder.

Não há por que atribuir ao Estado tratamento diferenciado no que tange às regras da responsabilidade civil, eis que tal privilégio *importaria* na mais formal negação do próprio direito e justiça, os quais são mantidos e garantidos pelo próprio Estado.

Na evolução dessas teorias, aboliu-se a distinção de atos de império e atos de gestão, substituída mais tarde para o anonimato do agente público, desencadeando a concepção civilista, e por fim, as teorias publicistas, que são as regras do Direito Público no âmbito da responsabilidade estatal.

Com isso, proclamada está a responsabilidade objetiva do Estado, com base na teoria do risco administrativo, sendo certo que sua sede está totalmente embasada no Direito Público[8].

Ilustra-se com o exemplo de um veículo do Ministério da Fazenda, conduzido por um servidor no exercício de suas atividades funcionais que atropela e mata um cidadão. A família deste, para fazer jus à indenização, terá de provar o dano (atestado de óbito) e o nexo de causalidade (registro de ocorrência) na petição inicial.

Como a teoria objetiva tem como um de seus fundamentos básicos a inversão do ônus da prova, não é preciso mencionar na pela exordial se o motorista agiu com dolo ou culpa.

Por isso, pode-se afirmar que a teoria objetiva foi criada para agilizar a indenização do já prejudicado, para tentar compensar aquela situação de desigualdade entre a Administração Pública e o administrado, bastando-se comprovar o dano e o nexo causal.

Na esteira das mesmas considerações, Marcello Caetano, ao negar que este instituto esteja vinculado ao Direito Privado, justifica que a responsabilidade fundada na culpa administrativa está intimamente ligada à atividade administrativa, e que dela é consequente, afirmando:

> Estamos, portanto, perante um aspecto da atividade administrativa que se acha incluído na esfera do contencioso próprio da Administração; e estas circunstâncias impõem que o instituto da responsabilidade fundada em culpa da Administração seja integrado no Direito Administrativo, abrangendo-o no seu sistema, estudando-o com os seus métodos e enquadrando-o em seus princípios como fatalmente tem de suceder[9].

Em opinião contrária, Renan Miguel Saad, em sua obra sobre o tema, afirma que "a responsabilidade civil do Poder Público será inserida onde realmente tem de ser estudada, ou seja, no Direito Civil". Enfatiza, ainda, que tal estudo se dará:

> [...] dentro das perspectivas de unificação dos atuais conceitos de responsabilidade administrativa e civil, tendo em vista a dicotomia entre o direito público e direito privado, posto em novos termos pela crescente intervenção estatal e, sobretudo, pela Constituição Federal de 1988[10].

[8] Contrário a essa afirmativa, o ilustre doutrinador Yussef Said CAHALI, em sua obra *Responsabilidade Civil do Estado,* entitulando-se como fiel ao Direito Civil como direito comum da tradição romanística, afirma que "continua reconhecendo que o instituto da responsabilidade civil do Estado, ainda conserva os vínculos de filiação natural às suas origens civilistas", e enfatiza que "tolera-se, é certo – e em matéria de concessões o direito civil sempre foi pródigo –, a pretensão dos publicistas em simplesmente adotá-lo", mas que "condena a voracidade dos administrativistas que pretendem transformá-lo em filho ingênito do direito público". Com a devida vênia e como administrativistas que somos, colocamo-nos contrários a tal afirmativa e às correntes doutrinárias que engessam teorias no instituto do Direito Civil, com o intuito de perpetuá-las, se negando ao reconhecimento de doutrinas que se tornam autônomas em face do crescimento de sua importância, e esvaziando a imprescindibilidade de que o Direito deve evoluir e superar teorias que se tornaram inadequadas com o passar do tempo e com as mudanças sociais que se sucedem, ensejando a criação de novas legislações que possam dirimir questões que já nasceram órfãs de um positivismo jurídico, e que, por isso, buscam adotar as jurisprudências e o Direito comparado para ampará-las.

[9] *Manual de Direito Administrativo*, nº 178, p. 368.

[10] SAAD, Renan Miguel. *O Ato Ilícito e a Responsabilidade Civil do Estado.* Rio de Janeiro: Lumen Juris.

Portanto, há de se ressaltar que as teorias civilistas, que fundamentaram a responsabilidade subjetiva, embora incompletas para uma plena responsabilização da Administração Pública, tiveram um importante papel nessa evolução, eis que introduziram no Direito a primeira fase dessa mudança, rompendo as barreiras da soberania em que se debruçava o Estado e a insuscetibilidade deste de arcar com os prejuízos que porventura causasse a terceiros.

2.5.4. Subsistência da Responsabilidade Subjetiva

Conforme já fartamente exposto, a responsabilidade subjetiva se configura na obrigação de indenizar alguém com base na comprovação da culpa, calcada na noção civilista. Contudo, ainda que superada essa noção, não há se perquerir a subsistência da responsabilidade subjetiva no Direito brasileiro, embora prevaleça a responsabilidade objetiva como regra.

Ocorre que, quando no caso concreto, a teoria objetiva puder ser contestada com base em um excludente de responsabilidade, deverá o lesado valer-se da teoria subjetiva, provando a omissão do serviço público para pleitear a indenização do dano sofrido.

Verifica-se, claramente, que a Constituição Federal não impõe a aplicação da teoria objetiva, mas tão somente dispõe o Estado de ser responsabilizado, independentemente da prova de culpa, bastando que haja um nexo causal entre o dano sofrido e a ação de um agente seu. Contudo, se consignado for um caso de omissão, deverá valer-se o lesado da responsabilidade subjetiva para fundamentar seu pedido.

Buscaremos ilustrar essa assertiva com o caso do motorista de táxi que, ao ser assaltado e morto por delinquente, deixa o carro à deriva, que sobe na calçada e atropela um transeunte.

A família da vítima, por meio de uma assistência jurídica, buscará indenização perante a empresa de táxi, por tratar-se de pessoa jurídica de direito privado prestando serviço público. Contudo, não logrará êxito, pois o Estado alegará excludente de causalidade, já que o fato danoso ocorreu pela ação de um delinquente – que não é seu agente – e, ao matar o motorista, causou a morte da vítima.

Outro seria o resultado se a família da vítima provasse que o local era constantemente frequentado por delinquentes, e que a associação de moradores do bairro já requisitara, por várias vezes, maior policiamento na área, não tendo sido atendida, e, valendo-se dessas provas, acionasse o Estado com fundamento na *teoria da culpa* ou *da falta do serviço*, provando que houve uma conduta omissiva por parte deste.

Se o Estado, em sua defesa, comprovasse que havia designado uma ronda para aquele local, e que, minutos antes do acidente, esta havia circulado naquela área, isento estaria de ser responsabilizado, pois, a bem da verdade, é sabido que o Estado não é nem pode ser segurador universal.

Seu serviço de segurança não pode estar 24 horas por dia em todos os lugares. Ocorre que a prestação do serviço do Estado não é a esperada pelo cidadão, mas a que este pode prestar, dentro de suas reais condições. Ademais, o policiamento é um serviço *uti universi*, e por assim o ser, não gera direitos subjetivos.

Entendemos que a omissão só se caracterizará se indiscutivelmente provada por aquele que a alegar, valendo-se, nesse caso, da teoria subjetiva.

Portanto, essa ação teria respaldo na teoria subjetiva. Conclusivo que referida teoria pode ser buscada, quando conveniente e oportuno para a vítima, embora impere a teoria objetiva no Direito brasileiro.

Exemplo da grande enchente que ocorreu no mês de janeiro de determinado ano, quando no bairro de Copacabana estavam sendo realizadas obras do projeto municipal Rio-Cidade. Em certo trecho do bairro, as águas não chegaram até os bueiros, pois estes estavam tampados por causa das obras. Com isso, as águas correram para as garagens subterrâneas dos prédios, tendo danificado diversos carros.

Se os lesados entrassem com ação de indenização com fundamento da teoria objetiva, não haveria como lograr êxito, pois o Estado alegaria a falta de nexo causal entre o fato danoso e seus agentes, pois que o dano decorreu do excesso de chuvas. Valer-se-ia da alegação da excludente de responsabilidade, atribuindo o dano a caso de força maior, pois o Estado não tem domínio sobre as águas das chuvas.

Se o lesado abandonasse a teoria objetiva e se valesse da teoria subjetiva, provando que o preposto do Estado, o empreiteiro responsável pela obra, não teve a devida precaução de deixar os bueiros desimpedidos, o que acabou por causar o desvio das águas para as garagens, estaria no caminho certo para fazer jus à indenização.

Desta feita, provar-se-ia a omissão do agente do Estado, o qual deu condição para o dano, cabendo a competente indenização.

Outro exemplo é quando ocorre alguma inundação decorrente de forte temporal, na qual cai alguma barreira destruindo carro parado em via pública.

Nesse caso, ação de indenização com base na responsabilidade objetiva não logrará êxito, pois que não houve um ato de nenhum agente público que tenha contribuído para o evento danoso. O dano ocorreu em decorrência de um caso fortuito, que é um dos excludentes da responsabilidade estatal.

Existe uma ação que foi proposta contra a concessionária responsável pela manutenção e conservação da estrada Rio – Petrópolis, pelos seguintes fatos: Após chuva muito forte, parte da estrada ficou submersa, ocasionando congestionamento por mais de uma hora. Em função disso, delinquentes se aproveitaram da situação e furtaram vários motoristas que se encontravam parados na estrada.

Se a ação tivesse sido proposta com fundamento na teoria objetiva, o que é possível, pois a concessionária presta serviço público, esta alegaria em sua defesa caso fortuito por ato de terceiro.

Contudo, se o autor da ação fundamentasse o seu pedido na responsabilidade subjetiva, provando que as obras de conservação da estrada não foram feitas adequadamente, de forma que possibilitasse escoamento tecnicamente eficaz, provaria que a omissão da Administração Pública deu causa ao dano.

No entanto, o sujeito lesado poderá se valer da responsabilidade subjetiva, demonstrando que houve culpa da Administração em não limpar os bueiros nem manter os rios desimpedidos para o fluxo normal das águas pluviais.

Caracterizada está a ausência de serviço ou serviço defeituoso, ou seja, omissão da Administração, tendo-se como parâmetro a real possibilidade de o Estado ter prestado aquele serviço, e não o que o particular espera do serviço.

A indenização se baseará na culpa da Administração pela omissão do Estado, a qual terá que ser comprovada pelo particular que sofreu o dano, como pressuposto para que tenha êxito a teoria subjetiva. A causa terá sido um caso fortuito, mas a omissão aparece como condição para a ocorrência do dano.

Celso Antônio B. de Mello nos fala, no caso de teoria omissiva, que o ato omissivo não é causa do dano, mas condição para que ele ocorra. Ratifica que pode haver omissão e não necessariamente um dano a alguém.

O STJ, acertadamente, já teve oportunidade de confirmar acórdão que atribui a responsabilidade subjetiva ao Estado, em face da injustificada omissão de serviço, que ocasionou em tetraplegia ao lesado, embora tenha conferido culpa recíproca por imprudência da vítima, conforme segue:

> Responsabilidade Civil do Estado. Ato Omissivo. Responsabilidade Subjetiva. Negligência na Segurança de Balneário Público. Mergulho em Local Perigoso. Consequente Tetraplegia. Imprudência da Vítima. Culpa Recíproca. Indenização Devida Proporcionalmente. O infortúnio ocorreu quando o recorrente, aos 14 anos, após penetrar, por meio de pagamento de ingresso, em balneário público, mergulhou de cabeça em ribeirão de águas rasas, o que lhe causou lesão medular cervical irreversível. Para a responsabilização subjetiva do Estado por ato omissivo, "é necessário que o Estado haja incorrido em ilicitude, por não ter acorrido para impedir o dano ou por haver sido insuficiente neste mister, em razão de comportamento inferior ao padrão legal exigível". (Celso Antônio Bandeira de MELLO, *Curso de Direito Administrativo*, São Paulo: Malheiros, 2006, p. 855.) Ao mesmo tempo em que se exigem da vítima, em tais circunstâncias, prudência e discernimento – já que pelo senso comum não se deve mergulhar em local desconhecido –, imperioso reconhecer, também, que, ao franquear a entrada de visitantes em balneário público, sejam eles menores ou não, deve o Estado proporcionar satisfatórias condições de segurança, mormente nos finais de semana, quando, certamente, a frequência ao local é mais intensa e aumenta a possibilidade de acidentes. "Não há resposta *a priori* quanto ao que seria o padrão normal tipificador da obrigação a que estaria legalmente adstrito. Cabe indicar, no entanto, que a normalidade da eficiência há de ser apurada em função do meio social, do estágio de desenvolvimento tecnológico, cultural, econômico e da conjuntura da época, isto é, das possibilidades reais médias dentro do ambiente em que se produziu o fato danoso". (Celso Antônio Bandeira de MELLO, *op. cit., loc. cit.*). Há, na hipótese dos autos, cuidados que, se observados por parte da Administração Pública estadual, em atuação diligente, poderiam ter evitado a lesão. A simples presença de salva-vidas em locais de banho e lazer movimentados é exigência indispensável e, no particular, poderia ter coibido a conduta da vítima. Nem se diga quanto à necessidade de isolamento das zonas de maior risco, por exemplo, por meio de grades de madeira, cordas, corrimãos etc. Em passeios dessa natureza, amplamente difundidos nos dias atuais sob a denominação de "turismo ecológico", não somente para as crianças, como para jovens e adultos, é de esperar, conforme as circunstâncias peculiares do local, a presença de cabos de isolamento e a orientação permanente de guias turísticos e funcionários que conheçam o ambiente visitado. Segundo a lição do notável Aguiar Dias, doutrinador de escol no campo da responsabilidade civil, "a culpa da vítima, quando concorre para a produção do dano, influi na indenização, contribuindo para a repartição proporcional dos prejuízos" (*Da responsabilidade civil*. Rio de Janeiro: Forense, t. II, p. 727). Recurso especial provido em parte para reco-

nhecer a culpa recíproca e, como tal, o rateio das verbas condenatórias e das despesas e custas processuais meio a meio, arcando cada parte com a verba honorária advocatícia do respectivo patrono. Vistos, relatados e discutidos os autos em que são partes as acima indicadas, acordam os ministros da Segunda Turma do Superior Tribunal de Justiça, por unanimidade, em conhecer do recurso e lhe dar parcial provimento, nos termos do voto do Sr. Ministro-Relator. Indenização por dano moral Fixada em R$ 100.000,00 (cem mil reais) (STJ; Segunda Turma; Unânime; RE 418713/SP; Rel. Min. Franciulli Netto).

2.5.5. Teoria da Falta do Serviço

A teoria da falta do serviço, segundo alguns doutrinadores, se constitui na própria teoria subjetiva, pois tem seu alicerce sobre o ato omissivo. Este entendimento não é pacífico, mas é o que perfilhamos.

Abarcando a noção publicista, despersonalizou-se o elemento *culpa*, substituindo-o pela renovada ideia da culpa do serviço, *faute du service* entre os franceses, pioneiros desta teoria, que tem por fundamento a trilogia: *o serviço não funciona, funciona mal ou funciona atrasado*, podendo até ser considerada uma ligação entre as responsabilidades subjetiva e objetiva, ou ainda, o limite onde uma termina e a outra inicia. Neste sentido, é o entendimento do saudoso Hely Lopes Meirelles.

Com efeito, podemos afirmar ser esta uma modalidade da responsabilidade civil do Estado, não sendo da seara da responsabilidade objetiva, embora alguns doutrinadores assim supõem, mas se encontrando insculpida na responsabilidade subjetiva, por se fundamentar na culpa do serviço, elemento tipificador desta.

Na teoria subjetiva, conforme já exposto, o ônus da prova cabe a quem alega, sendo necessário comprovação do dolo ou da culpa, enquanto na teoria objetiva dispensam-se esses elementos. Já a teoria da falta do serviço, intermediária entre uma e outra e também baseada na omissão, não exige a prova de culpa ou dolo de qualquer agente do Estado, sendo necessário comprovar a falta do serviço e dispensando-se que seja observado o agente estatal responsável.

Daí a outra definição que lhe é atribuída que é a teoria da culpa anônima da Administração, o que, entendemos, demonstra claramente ser esta uma evolução da teoria subjetiva.

A *teoria da falta do serviço* ou *Teoria da culpa anônima*, conforme mencionado anteriormente, é dividida em três vertentes, quais sejam: *ausência do serviço, serviço defeituoso* e *serviço demorado*.

Imperioso esclarecer que o parâmetro para se caracterizar a falta de serviço não pode se calcar naquilo que a população espera, mas sim no que o Estado pode prestar, dentro de suas reais possibilidades. Muitas vezes, movida pelo *clamor* de um acontecimento de grande proporção, a população responsabiliza o Poder Público pela demora, pelo atraso, enquanto a este não era possível um resultado diferente, dadas as circunstâncias que o deteve.

Exemplo clássico para ilustrar esta teoria é o do serviço de combate ao incêndio pelo Corpo de Bombeiros.

Quando este é chamado para combater um incêndio em um prédio de 40 andares e, ao chegar ao local, não executa o serviço por não ter o equipamento adequado para a operação, consignado estará a ausência do serviço, por meio da omissão, pois o Corpo de Bombeiros se obriga a ter o material adequado a combater incêndios em andares elevados, eis que fornece o "habite-se", autoriza, fiscaliza, cobra taxa pela edificação, não se opondo a estas construções, o que poderia fazê-lo.

Portanto, uma vez autorizada a construção de prédios com andares elevados, obrigado está o Corpo de Bombeiros a se munir de equipamentos que porventura possa necessitar, em caso de acidentes com estes. Verifica-se que não é o que se espera dele, mas sim o que ele se obriga a fazer. Portanto, a omissão, pela falta de equipamento para combater o incêndio, caracterizará a falta do serviço, pois o serviço não funcionou.

Da mesma forma, ao tentar combater o incêndio, se a mangueira utilizada não suportar a pressão da água e estourar, ou a escada não alcançar o determinado andar, inviabilizando o combate ao incêndio, ocorrerá a ausência do serviço pelo serviço defeituoso, pois o serviço será prestado com falhas.

Por fim, há a hipótese de o Corpo de Bombeiros chegar ao local do incêndio com um atraso injustificável, apesar de ter sido prontamente comunicado, ocorrendo a omissão pelo serviço demorado.

Se, contudo, o carro do Corpo de Bombeiro, apesar de ter saído do quartel logo após a comunicação do incêndio, se atrasa porque as ruas estão inundadas, o tráfego congestionado, ou porque está atendendo a vários pedidos ao mesmo tempo, por se tratar de caso de calamidade pública, não se pode atribuir a culpa pela falta de serviço, não se caracterizando a omissão, pois neste caso a demora foi plenamente justificável. Por isso a afirmativa de que esta teoria se funda não no que se espera do Poder Público, mas no que ele pode prestar, dentro nas reais condições.

Podemos concluir que a diferença básica entre a teoria subjetiva e a teoria da falta de serviço ocorre pelo fato de a primeira se dar contra ato de qualquer agente público que causar um dano a um cidadão, sendo necessário especificar o agente, enquanto na segunda, basta demonstrar que o serviço não funcionou, que houve a falta de serviço, não sendo necessário comprovar quem, especificamente, causou o dano.

O TRF, em decisão recente, responsabilizou o Estado por omissão pela falta do serviço, conforme acórdão que segue:

> Constitucional. Administrativo. Regime Jurídico Único. Servidor Federal. Despesas Médicas. Direito à Vida. Responsabilidade subjetiva do Estado. Teoria da Falta de Serviço. Reembolso das Despesas. Sentença Confirmada. I. Concedida a Segurança na sentença monocrática "de modo que o impetrante diligencie a cobertura dos gastos para o transplante de córnea" de sua esposa com o médico cirurgião, anestesista, cardiologista e assistente de cirurgia-chefe, assim como o hospital e as passagens do segurado e beneficiária. II. Direito à vida é garantia constitucional e não se pode exigir que os segurados arrisquem a integridade de seus dependentes em face do mau funcionamento do sistema de Assistência médica do Estado (SUS ou convênio). (Art. 5º c/c art. 196 da Constituição Federal de 1988). III. Aplica-se aqui a teoria da "falta de serviço", que leva à responsabilidade subjetiva do Estado se comprovada a omissão. Deve o segurado ser indenizado. Precedentes do TRF Segunda e Terceira Região. IV. Remessa oficial denegada. V. Sentença confirmada. Indexação. Servidor público, indenização, despesa médica. Servidor público, segurado, plano de seguridade social, impetração, mandado de segurança, objetivo. União federal, indenização, despesa médica, relação, dependente. Sentença, deferimento, pedido. Confirmação, sentença. União federal, necessidade, indenização, caracterização, responsabilidade subjetiva. Servidor público, segurado, existência, direito à vida. Ocorrência, omissão. União federal, relação, insuficiência, prestação de serviço, saúde, acréscimo, aplicação, regime jurídico único, relação, plano de seguridade social, acréscimo. Constituição Federal. (TRF-RJ – Processo no 2004.01.02462-8; órgão julgador: Primeira Turma; Unânimidade; Rel. Des. Francisco de Assis Betti)

Outras decisões dos nossos Tribunais com fundamento na teoria da falta de serviço ou da culpa anônima:

> Responsabilidade Civil do Estado. Culpa Anônima do Serviço. Acidente de Trânsito em Cruzamento. Culpa concorrente. A culpa administrativa, em havendo nexo de causalidade entre a ocorrência e o resultado danoso, deriva da ausência ou deficiência do serviço, omissão de cautela, abstenção de diligência para que o serviço se desenvolva de acordo como fim para o qual se destina. Todavia, a circunstância de o semáforo encontrar-se com defeito, em cruzamento de artérias públicas de acentuado movimento de trânsito, impõe ao condutor redobrada cautela. Se assim não procede, age imprudentemente, nisso mitigando o limite da responsabilidade do Poder Público, porque se tem por centrada a culpa concorrente. (TJ-RJ – Ap.Cív. nº 4543; Oitava Câmara Cível; Rel. Des. Ellis Figueira; *apud* Coad 52475)

> Responsabilidade Civil do Município. Inundação decorrente de chuvas anormais e obstrução das galerias. Falta de serviço. Culpa anônima da Administração. Dever de indenizar os danos sofridos pelo particular. Embora não seja a chuva agente do Estado, o que, em princípio, afasta a sua responsabilidade objetiva, responde a Administração pelos prejuízos por ela causados ao particular se resultar provado que a falta do serviço decisivamente para o evento. Há falta de serviço quando este não funciona, funciona mal ou funciona tardiamente. Na espécie, provado pericialmente que as chuvas, não obstante anormais, não teriam causado a inundação se as galerias tivessem desobstruídas, resulta configurada a chamada culpa anônima da Administração, que, por si só, afasta a alegação de força maior. Voto. A Constituição, conforme se depreende do § 6º do seu art. 37, não responsabiliza objetivamente a Administração Pública pelos danos decorrentes de fenômenos da natureza, como enchentes ocasionadas por chuvas torrenciais, inundações, deslizamento de encostas, desabamentos etc., simplesmente porque tais eventos não são causados por agentes do Estado. Trata-se de fatos estranhos à atividade administrativa, com os quais não guarda relação de causalidade, razão pela qual não lhes é aplicável o princípio constitucional que consagra a responsabilidade do Estado. Pode, todavia, a Administração Pública vir a ser responsabilizada pelos danos decorrentes de tais fenômenos se resultar provado que, por sua omissão ou atuação deficientes, concorreu decisivamente para o evento, deixando de realizar obras que razoavelmente lhe seriam exigíveis. Nesse caso, entretanto, a responsabilidade estatal será determinada não pela teoria do risco administrativo, mas pela chamada culpa anônima ou impessoal. A partir de uma determinada fase da evolução da responsabilidade do Estado, a noção civilista da culpa, por ser insuficiente para abranger determinadas situações, ficou ultrapassada, passando-se então a falar em culpa do serviço ou faltado serviço (*faute du service* entre os franceses), que ocorre quando o serviço não funciona, funciona mal ou funciona tardiamente. Em outras palavras, a ausência do serviço devido ou o seu defeituoso funcionamento, inclusive a demora, pelo con-

figurar a responsabilidade do Estado pelos danos sofridos pelos administrados ainda que a causa desencadeadora do evento tenha sido um fenômeno da natureza ou fato de terceiro. De acordo com essa nova concepção, a culpa anônima ou falta do serviço geradora da responsabilidade do Estado, não está necessariamente ligada à ideia de falta de algum agente determinado, sendo indispensável a prova de que o nominalmente especificado tenha incorrido em culpa. Basta que fique constatado um agenciador gera, anônimo, impessoal, na defeituosa condução do serviço, à qual o dano possa ser imputado. Essa é a lição do saudoso Hely Lopes Meirelles: "Daí porque a jurisprudência, mais acertadamente, tem exigido a prova da culpa da Administração nos casos de depredação por multidões e de enchentes e vendavais que, superando os serviços públicos existentes, causam danos aos particulares. Nestas hipóteses a indenização pela Fazenda Pública só é devida se se comprovar a culpa da Administração". (*Direito Administrativo Brasileiro*, obra já citada, 26ª ed., p. 552). No mesmo sentido Celso Antônio Bandeira de Mello: "Quando o dano foi possível em decorrência de uma omissão do Estado (o serviço não funcionou, funcionou mal, tardia ou ineficientemente) é de aplicar-se a teoria responsabilidade subjetiva. Razoável que o Estado responda por danos oriundos de uma enchente se as galerias pluviais e os bueiros de escoamento das águas estavam entupidos ou sujos, propiciando o acúmulo de água. Tudo o que até aqui foi dito ajusta-se como luva ao caso dos autos. A perícia apontou como causa principal da inundação no edifício do condomínio autor, não obstante a anormalidade das chuvas, "a obstrução do canal, coberto pela grande quantidade de detritos provenientes da Favela das Canoas, localizada a montante". Houve, como se vê, indiscutível falta do serviço, culpa anônima da Administração Municipal ao deixar de fazer limpeza e manutenção do canal, de modo a permitir o normal escoamento de águas pluviais. Essa omissão culposa afasta, por si só, a alegada força maior, posto que o evento, não obstante imprevisível, era evitável pelas diligências normais que o Município deveria ter tomado, e o torna responsável pelas consequências da inundação.

Decisão do Tribunal Regional Federal confirmando a incidência de responsabilidade subjetiva pela falta de serviço.

> Constitucional. Administrativo. Regime Jurídico Único. Servidor Federal. Despesas Médicas. Direito à Vida. Responsabilidade Subjetiva do Estado. Teoria da "Falta de Serviço". Reembolso das Despesas. Sentença Confirmada. I. Concedida a segurança na sentença monocrática "de modo que o impetrante diligencie a cobertura dos gastos para o transplante de córnea" de sua esposa com os médicos cirurgião, anestesista, cardiologista e assistente de cirurgia-chefe, assim como o hospital e as passagens do segurado e beneficiária. II. Direito à vida é garantia constitucional e não se pode exigir que os segurados arrisquem a integridade de seus dependentes em face do mau funcionamento do sistema de assistência médica do Estado (SUS ou convênio). (Art. 5º c/c art. 196 da Constituição Federal de 1988). III. Aplica-se aqui a teoria da "falta de serviço", que leva à responsabilidade subjetiva do Estado, se comprovada a omissão. Deve o segurado ser indenizado. Precedentes do TRF Segunda e Terceira Região. IV. Remessa oficial denegada. V. Sentença confirmada. Indexação servidor público, indenização, despesa médica. Servidor público, segurado, plano de seguridade social, impetração, mandado de segurança, objetivo, união federal, indenização, despesa médica, relação, dependente. Sentença, deferimento, pedido. Confirmação, sentença. União federal, necessidade, indenização, caracterização, responsabilidade subjetiva. Servidor público, segurado, existência, direito à vida. Ocorrência, omissão, união federal, relação, insuficiência, prestação de serviço, saúde, acréscimo, aplicação, regime jurídico único, relação, plano de seguridade social, acréscimo, constituição federal. (TRF-Primeira Turma; Rel. juiz Francisco de Assis Betti. Sentença confirmada. Responsabilidade Subjetiva do Estado – Falta de Servico)

3. Responsabilidade Objetiva

Um dos pilares que sustenta a adoção da responsabilidade objetiva é a teoria da socialização dos prejuízos ou igualdade de ônus e encargos sociais, que impede que certas pessoas, individualmente ou em grupos, sofram dano decorrente de um ato do Estado, por meio de seu agente público no exercício de uma função administrativa, sendo certo que é o próprio Estado e a sociedade que terão os benefícios daquele ato em razão do dano sofrido por alguns, o que não se coaduna com a ideia de justiça.

Amaro Cavalcanti, em sua obra sobre responsabilidade civil (*apud* Aguiar Dias), assim discorre sobre o princípio da igualdade dos ônus e encargos sociais:

> assim como a igualdade dos direitos, assim também a igualdade de encargos é fundamental no direito constitucional dos povos civilizados; portanto, dado que um indivíduo seja lesado nos seus direitos, como condição ou necessidade do bem comum, segue-se que os efeitos da lesão, ou os encargos da sua reparação, devem ser igualmente repartidos por toda a comunidade, isto é, satisfeitos pelo Estado, a fim de que, por este modo, se restabeleça o equilíbrio da justiça comutativa (Amaro Cavalcanti, *Responsabilidade Civil do Estado*).

A partir desse raciocínio e dentro dos moldes de um Estado de Direito, inovou o legislador constituinte adotando a responsabilidade objetiva do Estado, pois seria um descompasso democrático que alguns tivessem seus direitos mitigados em razão do benefício de outros, e que aqueles beneficiados (Estado e Sociedade) não pagassem pelo dano de alguns.

Caracterizaria, pois, um afronto ao princípio da igualdade se alguns pagassem pelo benefício de outros, pois inobstante a sociedade ser beneficiada, em contrapartida algumas pessoas terão o ônus em benefício desta. Portanto, poderão cobrar restituição, com fundamento na teoria da socialização dos prejuízos. Nesse caso, tira-se a responsabilidade do servidor e a transfere para o Estado.

Podemos ilustrar como exemplo de desapropriação para construção de viaduto que se dará em frente à casa de alguém que, em função disso, terá deteriorado o valor de seu imóvel, não obstante a licitude do ato que a originou o prejuízo. A partir desta teoria, serão socializados os prejuízos individuais, de maneira que haja uma redistribuição de ônus e encargos sociais.

Por ser o Estado inquestionavelmente pessoa jurídica, política e economicamente mais poderosa que o administrado e em face da diversidade de atividades que emanam de sua atuação e ao poder do qual é revestido, justifica-se que responda este com um risco maior, daí o embasamento da teoria do risco administrativo[11], que fundamenta a responsabilidade objetiva do Estado.

Registre-se que a teoria do risco integral não é acolhida em nossa legislação, embora uma corrente doutrinária utiliza-se desse termo para embasar o caso de responsabilidade civil do Estado em decorrência de dano nuclear (art. 21, XXIII, CF), o que não acolhemos, por entender que a teoria do risco integral não se aplica em nosso país, e ainda mais, em lugar nenhum do mundo.

> Art. 21, XXIII, *c*, da Constituição da República:
>
> Art. 21 (...)
>
> XXIII (...)
>
> C – a responsabilidade civil por danos nucleares independe da existência de culpa.

3.1. Teoria do risco criado (ou suscitado)

A *teoria do risco suscitado* é uma espécie do gênero da *teoria objetiva*, ou *teoria do risco*, no qual não se aceita que o Estado apresente qualquer excludente de responsabilidade, pelo fato de já ter assumido uma situação potencialmente perigosa.

Em caso de ocorrência de danos nucleares, por exemplo, o Estado responderá civilmente, com fundamento na teoria objetiva do risco criado (ou suscitado, ou produzido), não sendo necessário ao lesado nenhuma comprovação de culpa da Administração.

Com base nesta teoria, não se pode alegar nenhuma excludente de responsabilidade. Por isso, acaso um estranho tenha dado origem ao acidente nuclear, isto em nada mudará sobre a responsabilidade do Estado, posto que este, quando optou por explorar aquela atividade, assumiu a potencialidade do dano.

Portanto, se ocorrer um acidente com a usina nuclear de Angra dos Reis, e após um forte vendaval, a radioatividade é trazida para a cidade do Rio de Janeiro, causando danos a vários moradores, o Estado responderá por esses danos, não obstante a quilometragem e sim a potencialidade do dano, posto que em caso de dano nuclear não há que se perquerir o nexo causal entre o dano e o ato do Estado. Sempre haverá a responsabilidade nestas hipóteses.

Ao assumir o Estado uma atividade potencialmente perigosa, caracterizado estará o nexo de causalidade. Este existe antes de ocorrer o dano, ou seja, já estaria o Estado assumindo o risco da responsabilidade.

Exemplo do risco suscitado é o caso de fugitivo de presídio que causa dano a terceiros para facilitar a sua fuga. O Estado não poderá alegar a excludente de responsabilidade, ainda que um raio tenha caído sobre as grades do presídio e facilitado a fuga do detento, e este em ato contínuo tenha causado danos a outrem.

Arcará, pois, com a responsabilidade objetiva com base na teoria do risco criado, pois que assumiu aquela atividade potencialmente perigosa, que é a guarda de pessoas perigosas.

Exemplo distinto é quando um detento suborna um agente penitenciário e foge pela porta a frente da penitenciária. Passados seis meses da fuga, já em outro Estado ele comete o crime de latrocínio.

Nesse caso, a família da vítima não mais fará jus a uma indenização do Estado, pois já não se caracteriza o caso do risco suscitado, que pressupõe que o fato danoso se dê *logo após* a fuga, bem como *próximo às imedia-*

[11] O risco administrativo não guarda nenhuma relação com o risco integral, embora alguns autores utilizem este termo de forma equivocada em suas definições. Cumpre-nos aqui ressaltar que com base no risco integral o Estado estaria obrigado a reparar todo e qualquer dano sofrido pelo administrado, o que se caracteriza, no nosso entender e com sede em grande parte da doutrina, numa forma exagerada de responsabilidade, e que tem merecido o repúdio dos doutrinadores, a exemplo de Hely Lopes MEIRELLES. Portanto, não faremos neste estudo nenhuma menção às suas citações, homenageando o pensamento do ilustre doutrinador mencionado.

ções da penitenciária a qual o detento se achava recolhido, sob a proteção do Estado.

O fato em tela se deu seis meses após a fuga e em outro Estado, fatos que descaracterizam o risco suscitado, pois que este será nas imediações e logo após. Poderá o Estado punir o agente penitenciário que deu causa à fuga, por via de processo administrativo.

Outro exemplo é de um preso que foge do sistema penitenciário e fica escondido por três dias em bueiro. Quando sai, comete furto nas proximidades. Cabe a responsabilidade objetiva do Estado com base na teoria do risco suscitado ou produzido.

Portanto, se o dano se der tempos após a fuga, ou ainda longe das imediações do presídio, o Estado não mais poderá ser responsabilizado.

Com isso, se o delinquente que causou um dano a terceiro já havia fugido da prisão meses antes do fato, não caberia ação de indenização contra o Estado com base na teoria objetiva do risco suscitado, pois o Estado poderia alegar excludente de responsabilidade, por meio da ocorrência de caso fortuito, já que foi o ladrão que deu causa ao dano, e este não é seu agente.

Ainda, há o caso de fuga de um leão do zoológico que devora uma criança. Mesmo que a fuga tenha ocorrido por iniciativa de um particular que abriu a jaula, o Estado (neste caso o Município, posto que o zoológico é uma fundação municipal), responderá objetivamente com fundamento na teoria do risco suscitado. Nada obsta que tenha sido um visitante que tenha aberto a jaula.

No entanto, com base na teoria subjetiva, da falta de serviço, com fundamento na omissão do Estado na vigilância, haveria a possibilidade de lograr êxito, dependendo da circunstância do crime e da apresentação de uma omissão do Estado, por meio da falta de serviço.

Celso Antônio Bandeira de Mello entende que a responsabilidade do Estado por dano ambiental não está abraçada pela teoria objetiva, mas sim pela teoria do risco suscitado ou produzido, que também não admitiria excludente de responsabilidade. Registre-se que somente este autor aponta para a existência dessa teoria.

É certo que haverá responsabilidade objetiva do poluidor com fundamento na teoria do risco suscitado (Lei nº 6.938/1981, art. 14, § 1º). O simples exercício da atividade potencialmente poluidora, em que o empresário assume o risco daquela atividade, já configura o nexo de causalidade entre a atividade e o dano que esta vier a causar.

Segundo este doutrinador, na teoria do risco suscitado ou produzido não haveria excludente de responsabilidade, e aponta ainda para a existência de nexo de causalidade, se diferenciando, com isso, tanto da teoria objetiva quanto da teoria do risco integral.

Exemplos dados pelo autor que, segundo ele, são abarcados pela teoria do risco suscitado ou produzido são: presos acolhidos em penitenciária e guarda de animais perigosos pelo zoológico. Vale ressaltar que, sob a tese de Celso Antônio B. de Mello, esta teoria só se revela nas imediações na coisa perigosa ou logo após.

Com o advento da teoria do risco administrativo, fazem-se necessários, para gerar a responsabilidade do Estado em ressarcir o lesado, tão somente a relação de causa e efeito entre ação ou omissão administrativa (nexo causal ou nexo de causalidade) e o dano sofrido pela vítima, dispensando-se o elemento culpa. Se restar provado que o servidor agiu com dolo ou culpa, o Estado deverá prová-la e o responsabilizará, pois a responsabilidade do servidor para com o Estado é subjetiva, de acordo com a parte final do § 6º do art. 37 da Constituição Federal. Portanto, se a lei fala em dolo ou culpa, configura-se responsabilidade subjetiva.

É frequente o pedido de indenização com base na morte, por enforcamento, do penado, nas dependências de presídio estadual, porque por meio de seus agentes atuantes do estabelecimento penal, contribuíram com sua omissão para a ocorrência da morte do apenado. O Estado responde sempre que um evento lesivo ocorrer onde tem ele atuação por destinação legal (da sua administração).

A respeito do tema, traz-se à colação lição do doutrinador Yussef Said Cahali, para que

> O Estado deve ressarcir o dano resultante do suicídio de preso recolhido ao xadrês de delegacia de polícia cujo estado físico e mental inspirava cuidados com assistência médico-hospitalar.

Pois em tais circunstâncias, "as condições pessoais do detento fariam presumir a necessidade de uma vigilância efetiva sobre o mesmo a fim de prevenir a prática do ato tresloucado." Entretanto, como ressalta o civilista

> se o preso agiu contra ele próprio, enforcando-se, sem que o preposto do Estado tivesse concorrido sequer por negligência, para o resultado letal, não há cogitar-se de responsabilidade civil do Poder Público.

Assim, em caso de suicídio de presidiário no interior da cela:

> a obrigação de indenizar só acontece quando fica caracterizada a culpa dos funcionários do presídio, e não decorrente de atos de terceiros, quando o Poder Público não podia evitar o sinistro.

Portanto:

> para a definição da responsabilidade civil do Estado, no caso, é necessário que se indique, de maneira clara, a culpa com que se houve seu preposto, seu representante. Entrever essa culpa no ato tresloucado do preso, decididamente, é ir muito longe. O suicida tem meios fáceis e impossíveis de se prevenir à obtenção do resultado. A impedi-lo somente a manutenção permanente de um funcionário a seu lado. Dir-se-ia que deveria ter sido encaminhado a tratamento. Não havia elementos, porém, a curto prazo, que sugerissem o gesto extremo.

Por outro lado, a Suprema Corte já assinalou que nem mesmo o princípio da responsabilidade objetiva não se reveste de caráter absoluto, eis que admite o abrandamento ou, até mesmo a exclusão pelas excepcionais configuradoras de situações liberatórias – como decorrência de culpa atribuível à vítima (RDA 137/233: RTJ 55/50).

Havendo registro, em provas produzidas, que o apenado estava sendo ameaçado de morte dentro do presídio, o que fez com que, abalado psicologicamente, extinguisse sua própria vida, haveria responsabilidade estatal geradora do dever reparatório.

3.2. Teoria da Culpa ou da Falta do Serviço

A responsabilidade civil da Administração Pública poderá ocorrer sob as seguintes formas: *subjetiva* (por meio de atos ilícitos omissivos) ou *objetiva* ou do *risco administrativo*, nas variantes de ato lícito, de *risco suscitado* e ato ilícito comissivo, que é o normal.

A *culpa do serviço* aparece nas três vertentes: *ausência de serviço, serviço defeituoso* e *serviço demorado*. Esta trilogia é que fundamenta a *teoria da culpa do serviço*, sendo que todas são formadas com base na omissão.

Como exemplo, o caso de incêndio em um prédio de 40 andares. Ao permitir a construção deste edifício, o Poder Público se obriga a ter equipamentos de combate a incêndio que atinjam esta altura.

Se, contudo, ocorrer um incêndio e se constatar que não há equipamentos eficazes para combatê-lo, fica caracterizada a ausência do serviço que o próprio Estado se obrigou a ter, já que autorizou a sua construção. Dessa forma, o Estado terá agido com omissão.

Outro será o caso se os bombeiros chegaram a tempo de combater o incêndio, mas o carro pipa estava vazio ou a mangueira estava furada, onde o serviço foi defeituoso. Mas se o bombeiro foi prontamente solicitado quando se iniciou o incêndio e este somente chegou ao local duas horas depois, inviabilizando qualquer chance de combater o incêndio, o serviço foi demorado.

Importante mencionar que o parâmetro da demora não se traduz naquilo que o sujeito prejudicado espera do serviço, mas a real possibilidade de sua prestação. Por exemplo, se o Batalhão do Corpo de Bombeiros fica há 40 km do local do incêndio, não é razoável esperar que este chegue em cinco minutos.

Exemplo: Falha no atendimento de pronto socorro:

Se uma pessoa gravemente acidentada der entrada em pronto socorro público e os médicos estão, por exemplo, conversando, ou tomando cafezinho, e não atendem prontamente o ferido, e este vem a falecer, a família da vítima poderá responsabilizar o Estado com fulcro na teoria da falta do serviço.

O Estado, em sua defesa, tentará provar que a morte do sujeito ocorreria ainda que tivesse sido atendido prontamente, dada a sua gravidade.

Questão que ainda gera certa controvérsia é a que se cinge à responsabilidade tarifada ou limitada, pouco comentada na doutrina.

Esta responsabilidade é aquela que se impõe um limite no valor da indenização. Em regra, é estipulada por convenções internacionais. Como exemplo, a Convenção de Varsóvia fixou o valor de indenização aplicável a transportes coletivos aéreos.

Com isso, casos de extravio de bagagens ou de mortes em acidentes aéreos já teriam o valor de indenização previamente fixado. O argumento usado que justifica o valor fixo, nesse caso, é o de que a queda de um avião de grande porte poderia gerar até a falência na empresa aérea, se o cálculo indenizatório fosse arbitrado sobre os salários de cada passageiro falecido, e se ali estivessem vários executivos, chefes de Estado etc.

O mesmo ocorre com os casos de dano nuclear, cujo valor da indenização já se encontrada dimensionado pela responsabilidade tarifada.

A doutrina majoritária se volta contra a aplicação desta teoria, argumentando que a Constituição da República não fixou limites a valores indenizatórios quando dispõe sobre danos nucleares (art. 21, XXIII, *c*), e que, por isso, estes limites fixados por legislações infraconstitucionais não podem prosperar.

Concernente à navegação aérea, há também o argumento de que o Código de Defesa do Consumidor teria posto fim a essa teoria, ao estabelecer que o consumidor deve ser indenizado integralmente pelos danos causados pelo prestador de serviço.

O prof. Cavalieri, grande estudioso do tema de responsabilidade civil, entende que deve prevalecer o dispositivo do Código do Consumidor em relação ao Pacto de Varsóvia. Este é o entendimento que tem prevalecido na jurisprudência dominante.

3.3. Pressupostos para a Aplicação da Responsabilidade Objetiva

A responsabilidade objetiva está calcada na *teoria do risco administrativo*. Em face disso, dispensada está a prova de culpa, seja ela do serviço ou do agente, antes aclamadas pela legislação, sequencialmente, como pressupostos de responsabilidade estatal.

Por meio dessa teoria, entende-se que o Estado é uma empresa como qualquer outra, e que será responsabilizado por qualquer ato que cause dano a terceiro, independentemente de culpa, pois está atrelada à ideia de que qualquer atividade do Estado gera risco. Portanto, havendo dano, há a relação de causalidade.

Como exemplo, pode-se aplicar o caso em que ocorre um dano causado pela aplicação de vacina obrigatória em toda a população, cujo prazo de validade do componente químico estava vencido. Nesse caso, cabe ação de indenização em face do Estado com base na teoria objetiva.

Este poderá, posteriormente, entrar com ação regressiva contra o laboratório que forneceu a vacina com validade vencida, gerando dano à população. O Estado poderia se eximir da teoria objetiva se a vítima estivesse gripada, tendo esse fato gerado o efeito negativo e a vítima não tivesse comunicado ao agente de saúde que aplicou a vacina, que, se informado a respeito, não a teria aplicado.

Na *teoria do risco integral* não são admissíveis as causas de excludente de responsabilidade: culpa exclusiva da vítima, caso fortuito, força maior, culpa concorrente, que se aplicam com o *princípio da proporcionalidade*, sendo mitigada a responsabilidade do Estado na proporção de sua concorrência. Estas excludentes serão analisadas uma a uma adiante.

Não tendo que se falar em culpa, integram a imprescindibilidade da responsabilidade objetiva três pressupostos, sendo eles a ocorrência do *fato administrativo*, o *dano* e o *nexo causal* entre estes.

Cabe enunciarmos uma decisão da Quarta Turma do Tribunal Regional Federal da Primeira Região, que traz os três requisitos para a teoria da responsabilidade objetiva: inversão do ônus da prova, dano e nexo causal, bem como a possibilidade de excludente de responsabilidade, que ocorre quando a Administração Pública, em sua contestação, comprova a culpa da vítima:

> Acidente de veículo. Na responsabilidade civil objetiva, o ônus da prova é invertido. Ao autor cabe provar o dano e o nexo causal entre os mesmos e o evento praticado por preposto da pessoa jurídica. Na hipótese, a culpa objetiva só se afasta quando a União, desencumbindo-se de seu ônus probatório, consegue provar pelo ilícito ocorrido por culpa da vítima, ao ser divergente ou ser decorrente de caso fortuito. E existindo prova de ter a vítima concorrido para o acidente, cabe a indenização.

3.3.1. Fato Administrativo

No que concerne ao fato administrativo, ressalta-se que este se refere a qualquer forma de conduta proveniente do agente estatal, quais sejam: comissivas, omissivas, legítima, ilegítima, singular ou coletiva. Necessário, contudo, que este esteja no uso de suas atribuições ou a pretexto de exercê-las. Ainda que esteja fora de suas funções, recairá sobre ele a responsabilidade objetiva, no mínimo pela má escolha de seu agente (*culpa in eligendo*), ou pela má fiscalização de sua conduta (*culpa in viligando*).

Suponhamos a seguinte hipótese: "A", motorista da Assembleia Legislativa, leva o carro oficial para sua residência, autorizado pela deputada a quem servia. No fim de semana, vai à praia com o veículo, dando carona a dois amigos. Na volta, perde a direção e colide com um poste. Os dois amigos sofreram ferimentos graves, razão pela qual postulam indenização por danos materiais e morais em face do Estado.

Não há que prosperar a ação, por ausência de um dos requisitos básicos para aplicação do art. 37, § 6º, da Constituição Federal, qual seja, a de não estar o agente do Poder Público em serviço e disso tinham conhecimento as vítimas, que também se beneficiavam do abuso da confiança. Não estava o motorista em atividade oficial. Significa dizer que os autores e o motorista, em conluio, serviam-se de um carro da Assembleia Legislativa para o deslocamento a uma praia.

3.3.2. Culpa *in Eligendo*

Quando um indivíduo, na prática de seus atos, os faz em nome de outro, e em consequência destes, causa um resultado danoso a alguém, aquele que se fez representar deve responder pelos atos de seu representante, suportando a reparação dos referidos danos, pois caracterizada está – nesta hipótese – a *culpa in eligendo*, dada a escolha inadequada feita de seu representante ou preposto. Daí a acuidade que se suscita quando da escolha de alguém para o representar, pois agindo este com dolo ou culpa, se causar dano a terceiros, responsável será pelo prejuízo aquele que o elegeu para tal função. Esta culpa nasce quando da escolha de seu representante ou preposto.

Vejamos o aresto do Supremo Tribunal Federal, em que se verifica com clareza a teoria da culpa *in eligendo*:

> Constitucional. Responsabilidade Civil do Estado. Ato de agente público: Governador. CF, art. 37, § 6º. I. No caso, o ato causador de danos patrimoniais e morais foi praticado pelo Governador do Estado, no exercício do cargo: deve o Estado responder pelos danos. CF, art. 37, § 6º. II. Se o agente público nessa qualidade agiu com dolo ou culpa, tem o Estado ação regressiva contra ele. CF art. 37, § 6º. III. Reinadmitido. Agravo não provido". Voto do ministro relator Carlos Velloso: "É fato incontestável, conforme declarado, aliás, nas próprias razões do agravo, que conforme bem historiado nos autos, o então Governador do Estado emitiu declarações ofensivas contra o ora agravado, que diz ter-lhe causado danos patrimoniais e morais." Ação de indenização foi provida, então, pelo ofendido, contra o Estado. É, com isto que não concorda o Estado do Paraná, argumentando que a ação deveria ter sido contra o cidadão que exercia o cargo de Governador". "Não tem razão". "A pessoa pública é responsável pelos seus prepostos". E cita o acórdão que se pretende afrontar. Em suma: sendo certo que o ato – no entendimento do Autor – causador do dano patrimonial e mora a este, foi praticado pelo Sr. Álvaro Fernandes Dias no exercí cio do cargo de Governador do Estado e graças à fruição dessa qualidade de agente público, a sentença, que proclamou a ilegitimidade do Estado do Paraná para figurar no polo passivo da presente ação, evidentemente não merece subsistir (fls. 58/59). "O ora agravante, nas suas razões de recurso, afirma que: 'confirmando a esdrúxula tese até aqui aceita, chegará o dia do Estado ter de indenizar terceiros por declarações de deputados, juízes etc., que numa função particularizada, emitem opiniões atentatórias'". O argumento é falho. A uma, porque, no caso, as opiniões não foram emitidas pelo Governador "numa função particularizada". A versão fática do acórdão, imodificável em sede extraordinária, é outra, conforme vimos. A duas, porque, se qualquer preposto do Estado causar dano a outrem, o Estado deve indenizar (CF, art. 37, § 6º). Seria recomendável, portanto, que as procuradorias dos órgãos públicos promovessem a denunciação da lide ao agente público causador do dano, na forma preconizada no art. 70, III, CPC. No ponto é esclarecedor e merece ser lido o artigo de Edison Pereira Nobre Junior ("Responsabilidade Civil do Estado e Denunciação da Lide", na *Revista da Associação dos Juízes Federais*, p. 49-43).

Demonstrada está, nesta decisão, a teoria da *in eligendo*, pois, conforme já exposto, o Estado responderá por aquele a quem escolheu – elegeu – para atuar em seu nome.

3.3.3. Culpa *in Vigilando*

Outro caso a considerar é quando a boa escolha de seu representante ou preposto não basta para eximir o representado da responsabilidade.

Mesmo quando alguém escolhe um representante com zelo e diligência, valendo-se de estreita observância e coerência para isso, é seu dever vigiar a constante atuação deste. Neste caso, a escolha por si só, não é suscetível de ser responsabilizada. Necessário se faz que a conduta do representante ou preposto, nas funções para as quais foi designado, acarrete danos a alguém. Portanto, enquanto este agir em nome do representado, deve ter por este uma vigilância permanente, a fim de que não se justifique o prejuízo a outrem pela má atuação de alguém, mesmo quando se supõe que a escolha foi imbuída de zelo.

O caso de morte de detento em penitenciária é um exemplo típico da aplicação da culpa *in vigilando*, conforme jurisprudência a seguir:

> Responsabilidade Civil do Estado. Danos Materiais. Quantum Indenizatório. Pensão. I. Morte de suspeito de ação penal por enforcamento no interior do estabelecimento prisional. Responsabilidade do Poder Público. Semelhança com o emblemático "Caso Herzog". Recurso limitado ao *quantum* do pensionamento. Proporcionalidade da indenização. II. A verba devida por morte, ainda que a responsabilidade seja objetiva, calca-se no cânone do art. 1.537 do CC, de 1916 (art. 948 do novo Código Civil). Em consequência, o autor do dano deve pagar os alimentos a quem o falecido os devia. Nessa fixação é imperioso conceder o *quantum* que percebia o de *cujus* pelas sua atividade laborativa com cujo produto subvencionava, *necessarium vitae*, sua família. III. A condenação no valor de 10 salários-mínimos mensais supera os lindes da razoabilidade, haja vista mostrar-se excessivo para os padrões sociais da família do *de cujus*, que percebia como verba remuneratória, na empresa em que era empregado, o equivalente a menos de 02 (dois) salários-mínimos. IV. Revelando-se o *quantum* fixado a título de indenização irrisório ou exorbitante, incumbe ao Superior Tribunal de Justiça aumentar ou reduzir o seu valor, não implicando em exame de matéria fática. V. Recurso provido para reduzir o valor da indenização mensal. (STJ – Primeira Turma; Provimento do Recurso; Unanimidade; RE nº 110212-2/2006; Min. Rel. Luis Fux)

Farta é a jurisprudência que acolhe a responsabilidade objetiva do Estado em casos de mortes de detentos em sistemas prisionais. Ainda assim, consignamos tratar-se de tema polêmico, haja vista a escalada de violência que assola a sociedade nos dias atuais. Não é de difícil percepção que o crime organizado detém o poder e de que o líder de uma facção controla o crime, ainda que detido em presídios ou casa de custódias, ou até presídios de alta segurança. Não há limites para as suas ousadias.

Ademais, é do conhecimento de todos que os detentos estão em constantes agressões uns com os outros, geralmente ocasionando a morte de alguns destes. Não há de questionar a responsabilidade objetiva do Poder Público, uma vez que tem o dever de zelar pela integridade daqueles que se encontram sob sua responsabilidade. A esse respeito, citamos a decisão abaixo:

> Indenização – Responsabilidade Civil do Estado. Morte de detento em cadeia pública, causada por agressões. Pretensão do pagamento de pensão à mulher e filhos. Admissibilidade. É objetiva a responsabilidade civil do Estado, porque encarcerado o indivíduo está impossibilitado de defender-se ou fugir de seus agressores, sendo dever do Estado, portanto, colocá-lo a salvo. Indenização devida aos dependentes da vítima. Recurso oficial e da Fazenda Estadual providos parcialmente, apenas para limitar a data em que atingirem a maioridade (21 anos), o termo final do pensionamento dos filhos menores da vítima. (Apelação Cível nº 12.681 -5/SP; Oitava Câmara de Direito Público; Rel. José Santana)

Outro é o entendimento jurisprudencial quando a morte de detento resultar de atos de rebelião, conforme se demonstra:

> Responsabilidade Civil. Danos morais. Presidiário morto pela polícia durante rebelião de que participava, mantendo reféns, alguns mortos e feridos. Art. 107 da Constituição de 1969 e art. 37 § 6º da Constituição de 1988. Teoria do risco administrativo. Prova adequada produzida pela Fazenda Pública. Ação Improcedente. Recursos providos. No Estado Democrático de Direito, o art. 5º, inciso XLIX, da Constituição de 1988, ao preso, não lhe outorga o direito de rebelar-se, participando de rebelião armada, com reféns como os mantidos e mortos ou ferimentos de funcionários penitenciários. Não tinha o pai dos autores por qualquer dos nomes que ele usasse na sua vida criminosa, o direito disso fazer, enfrentando a Força Pública. (Apelação Cível nº 130.799-1/SP; Primeira Câmara Cível; Rel. Álvaro Lazzarini)

Nesse caso, caracteriza-se a inexistência de nexo causal, eis que o fato se deu culpa da própria vítima, que assumiu o risco de agir de forma ilícita e violenta, gerando a excludente de responsabilidade do Estado culpa exclusiva da vítima. Portanto, isento estará o Estado, em casos de morte em sistemas presidionais derivado de atos de rebelião.

Um caso de grande repercussão foi do detento assassinado, no interior do presídio Hélio Gomes, onde concluía pena. O Estado se defende sob o argumento de que houve fato exclusivo de terceiro – a vítima foi morta por outros detentos integrantes do chamado Comando Vermelho e que só poderia ser responsabilizado se ficasse provado a culpa, que, no caso, não ocorreu.

O Tribunal de Justiça do Rio de Janeiro, com acerto, julgou procedente a ação proposta pela esposa e filhos de detento assassinado, durante motim que teria colhido de surpresa a administração.

A ação, a que aludo o art. 37, § 6º, da Constituição da República engloba tanto a conduta comissiva quanto a omissiva. Se a responsabilidade objetiva do Estado não se confunde com a teoria do risco integral, ficará ele isento de indenizar se o fato houver ocorrido por ato de terceiro ou em decorrência de fenômeno da natureza.

A vítima estava no presídio na condição de detento cumprindo pena privativa de liberdade. Assim, é missão do Estado, que o privou durante certo tempo, de garantir-lhe a segurança, de tutelar sua *incolumidade* e de prepará-lo para sua reintegração na vida social, após encerrado o período da condenação.

No caso, o grupo de delinquentes, que constitui o chamado Comando Vermelho, armou-se dentro do presídio, e por isso, ocorreu a omissão: a Administração Pública, que deveria fiscalizar a entrada de pessoas e de material no presídio quedou-se inerte.

Ora, se os integrantes do bando estavam armados a ponto de preparem e executarem um motim, não se pode alegar, com êxito, que essa conduta se afigurava irresistível para a Administração.

Sucede que, quando a conduta de terceiros não exclui o nexo de causalidade entre a Administração e o evento morte, é lógico que a regra constitucional do art. 37, § 6º, incide.

Imperioso destacar que não demonstrando que a vítima tivesse participação no movimento, agiu a Administração com culpa *in vigilando*.

Questão semelhante foi objeto da prova para magistratura do Estado do Rio de Janeiro:

"A" e "B" foram recolhidos a um presídio do Estado por força de sentença penal condenatória transitada em julgado, passando ambos a ocupar, com exclusividade a mesma cela.

Tempos decorridos, em razão de desentendimento ocorrido entre ambos, por volta das duas horas da madrugada, entraram em luta corporal, sem a utilização de qualquer instrumento, culminado com a morte de "B".

A viúva e o filho menor de "B" ajuizaram ação de responsabilidade civil objetivando a condenação do Estado a ressarci-los dos danos sofridos de natureza material e moral.

Procede, ou não, a pretensão acionária? Fundamente o candidato a resposta.

O Estado tem o dever de zelar pela integridade dos internos em seus estabelecimentos prisionais, respondendo pelos danos de que venham a ser vítimas durante o período da custódia. Ainda que nenhum agente estatal haja concorrido para o dano comissivamente, como na hipótese, a responsabilidade patrimonial decorre da chamada falta anônima do serviço. No caso, é exigível que o presídio contasse com vigilância ininterrupta sobre as celas porque os precedentes de comportamento delinquente dos apenados torna previsível a ocorrência de episódios como o descrito e acentuam a omissão do dever de vigilância permanente como causa eficiente do evento, preenchendo-se, assim, os requisitos da responsabilidade civil objetiva do estado: dano e nexo causal (CF/1988, art. 37, § 6º). Tal o sentido com que, de modo reiterado e amplamente majoritário, a hipótese tem sido tratada nos Tribunais. Registre-se a existência de entendimento minoritário que exclui, nas circunstâncias relatadas (a morte resultou de luta corporal entre dois internos), a responsabilidade civil do Estado por haver o dano decorrido de ato de terceiro, o que romperia a relação de causa e efeito entre o dano e a ação ou omissão da vigilância administrativa.

O Estado responderá objetivamente, ainda com base na teoria da Culpa *in Vigiliando,* nos casos em que resultar morte ou dano a alunos, e mesmo funcionários, em estabelecimentos educacionais da rede pública, entendendo-se aqui Federal, Estadual ou Municipal, desde que ocorridos em suas dependências.

A incidência de tal responsabilidade se dá porque os estabelecimentos educacionais assumem a obrigação de segurança, além da obrigação de prestar educação. Não raro tem sido os casos de violência dentro das escolas entre alunos, sobretudo com armas de fogo, o que pressupõe uma vigilância ineficiente dentro destes estabelecimentos públicos. Ilustramos esta assertiva com as decisões a seguir:

> Indenização. Fazenda Pública. Responsabilidade Civil. Danos moral e material. Estabelecimento oficial de ensino. Aluno alvejado por colega, ficando paraplégico. Omissão do Estado em zelar pela segurança dos alunos nas dependências das escolas de sua propriedade. Teoria do Risco Administrativo. Aplicação. Verbas devidas. Recursos não providos. Legitimidade da Fazenda Pública para figurar no polo passivo da ação. Preliminar rejeitada (JTJ 230/83).
>
> Indenização – Responsabilidade civil do Estado – Menor estudante de escola pública estadual que, em consequência de ato de colegas na ausência da professora sofre perda de parte do dedo mínimo na mão esquerda, sofrendo deformidade permanente – Art. 37, § 6º da Constituição da República, c/c art. 159 aplicável ao caso concreto. Responsabilidade Civil do Estado bem demonstrada. Recursos não providos. (Apelação Cível nº 275.240-1/Osasco; Sexta Câmara de Direito Público)
>
> Apelação Cível. Responsabilidade Civil do Estado. Aluno menor impúbere ferido por colega de escola quando se encontrava no lado de fora da escola, junto ao portão de entrada, em horário anterior ao início das aulas. Pedido de indenização por dano material, moral e estético. Inexistência de nexo de causalidade entre o evento e a atuação do Poder Público ou de falha do serviço. Sentença mantida. Recurso não provido. O aluno fica sob a guarda e vigilância do estabelecimento de ensino, público ou privado, com direito de ser resguardado em sua incolumidade física enquanto estiver nas dependências da escola, respondendo os responsáveis pela empresa privada ou Poder Público, nos casos de escola pública, por qualquer lesão que o aluno venha a sofrer, seja qual for a sua natureza, ainda que causada por terceiro. Fora das dependências da escola, em horário incompatível, inexiste qualquer possibilidade de se manter essa obrigação de resguardo. (Apelação Cível nº 41.419-5/Fernandópolis; Terceira Câmara de Direito Público; Rel. Sr. Des. Rui Stoco)

Quando o dano ocorre fora do estabelecimento de ensino, não subsiste qualquer responsabilidade por parte do Poder Público, haja vista a inexistência do nexo de causalidade.

3.3.4. Dano

Segundo pressuposto para a aplicação da responsabilidade objetiva, o *dano* é imprescindível para que haja a responsabilidade civil, tanto no âmbito público como no privado, podendo vir sob a forma de material ou moral, ou mesmo à imagem.

No tocante à responsabilidade fora da atuação estatal, encontra esse elemento regulamentação na Lei nº 10.046/2001 – novo Código Civil, em seu art. 972, que reza:

> Art. 972. Aquele que, por ato ilícito, causar dano a outrem, é obrigado à repará-lo.
> Parágrafo Único. Haverá obrigação de reparar o dano, independentemente de culpa, nos casos especificados em lei, quando a atividade normalmente desenvolvida pelo autor do dano implicar, por sua natureza, risco para os direitos de outrem.

Compete-nos ressaltar que o estudo da responsabilidade civil, que cuida da aplicabilidade do elemento *dano,* encontra suas raízes no Direito Privado, e foi neste, de fato, que surgiu o primeiro momento de responsabilidade do Estado. Ainda hoje agasalhado pelo Código Civil, de onde advém o termo *teoria civilista da culpa*, enveredou-se no Direito Público, onde a doutrina tem dispensado fartas anotações sobre o tema, acolhendo a teoria da culpa publicista. Entendemos, por isso, tratar-se atualmente de um ramo do Direito Administrativo, o que é altamente controvertido pela calorosa discussão que a envolve, conforme já verificado anteriormente neste trabalho.

A reparação do dano moral foi uma novidade trazida pela Carta de 1988, que o prescreve em seus incisos V e X. Entendemos que o reconhecimento da indenização por dano moral veio selar o instituto da responsabilidade civil, de acordo com os moldes de um Estado de Direito, onde o princípio da igualdade há que ser aplicado, indistintamente, aos sujeitos públicos e privados, sendo certo que o Estado não pode eximir-se de se submeter a esse princípio, valendo-se de sua soberania, mas sim se inclinar às normas jurídicas, como sujeito público que é.

No que tange ao dano moral, devemos acrescentar que este está atrelado ao direito de personalidade do indivíduo, e que a indenização objetiva reparar, ainda que não totalmente, uma dor sofrida no campo da moral, no íntimo do ser. Por isso, o seu valor não é mensurável como o dano material, pois impossível seria medir a dor de alguém, em determinada circunstância de uma perda.

A jurisprudência é pacífica quanto à sua aplicação, senão vejamos:

> Indenização. Fazenda Pública. Responsabilidade civil. Dano moral. Cumulação com dano material. Admissibilidade. Morte de jovem. Ato de agentes públicos. Sofrimento dos familiares em face da gravidade do fato. Fixação de verba determinada. Recurso da autora parcialmente provido para esse fim. (Apelação Cível nº 67.001-5/ Santa Cruz das Palmeiras; Quarta Câmara de Direito Público; Rel. Soares Lima; Tribunal de Justiça do Estado de São Paulo)

3.3.5. Nexo Causal

O último elemento, o nexo causal (ou relação de causalidade), é o que une o fato administrativo ao dano. Este pressuposto exclui a necessidade da comprovação de dolo ou culpa, bastando ao lesado provar a relação existente entre o dano sofrido e a conduta do agente estatal. Todavia, se restar provado que o dano é decorrente de fato diverso que não o administrativo, isento estará o Estado de ser responsabilizado.

Não pode o Estado arcar com todo dano sofrido a terceiros, daí não ser a teoria do risco integral acatada em nosso direito, ensejando uma análise isolada de alguns fatos que isentam a Administração Pública da responsabilização.

A jurisprudência que se segue confirmou a incidência de responsabilidade civil do Estado por haver nexo causal entre o dano e a omissão do agente público.

> Responsabilidade Civil do Estado. Banco Central. Ato Omissivo de Fiscalização de Instituição Financeira no Mercado de Capitais. Coroa Brastel S/A. Prejuízo Causado a Investidores. Culpa Subjetiva. Negligência e Imperícia. Art. 159 do Código Civil. Art. 37, § 6º da CF/88. Comprovação do Nexo de Causalidade. Súmula 7/STJ. I. Compete ao Banco Central do Brasil: a) exercer permanente vigilância nos mercados financeiros e de capitais sobre empresas que, direta, ou indiretamente, interfiram nesses mercados e em relação às modalidades ou processos operacionais que utilizam; b) proteger os investidores contra emissões ilegais ou fraudulentas de títulos ou valores mobiliários; c) evitar modalidades de fraude e manipulação destinadas a criar condições artificiais da demanda, oferta ou preço de títulos ou valores mobiliários distribuídos no mercado. Revelado o nexo de causalidade entre o dano causado a investidores no mercado de capitais e o ato omissivo de fiscalização do Banco Central, sobressai inequívoca a responsabilidade civil. II. Há responsabilidade civil do Estado por omissão, sempre que o *facere* esteja consagrado como dever e a Administração Pública o transgrida. III. O Banco Central do Brasil tem o dever legal de manter a normalidade dos mercados financeiros, sendo sua atuação regida pelo princípio básico de ação preventiva e orientadora. Detém, plenamente, o exercício do Poder de Polícia com o objetivo de manter o regular funcionamento do mercado de capitais. IV. Exegese do § 6º do art. 37 da CF/1988, aplicável aos atos omissivos. V. O Banco Central deve ser responsabilizado pelas perdas e danos dos investidores de títulos emitidos sem lastro por entidade financeira fiscalizada, comprovado o nexo de causalidade. VI. O exame do nexo de causalidade afirmado pela sentença de 1º grau esbarra no enunciado da Súmula 7/STJ. Ressalva do entendimento do relator. VII. Recurso especial não conhecido. Descabimento. Âmbito. Recurso Especial. Apuração. Nexo de Causalidade. Prejuízo. Investidor. Omissão. Bacen. Fiscalização. Instituição Financeira. Objetivo. Reconhecimento. Responsabilidade Civil

> do Estado. Decorrência. Necessidade. Reexame. Matéria de Prova. (Ressalva de Entendimento) (Min. Luiz Fux) Reconhecimento. Responsabilidade Objetiva do Estado. Indenização. Prejuízo. Investidor, Hipotese. Bacen. Descumprimento. Dever Legal. Fiscalização. Instituição Financeira. Sujeição. Intervenção. Liquidação Extrajudicial. Atuação. Mercado Financeiro. Decorrência. Existência. Nexo de Causalidade. Dano. Omissão. Autarquia. (STJ – Primeira Turma; RE 141742-2. Não reconhecimento do recurso. Unanimidade. Min. Rel. Cesar Cardoso)

Na decisão que se segue, o Tribunal de Justiça de São Paulo se baseou na falta de nexo causal para emitir acórdão:

> Responsabilidade Civil do Poder Público. Posto de Saúde. Morte. Nexo Causal. Não Configuração. A circunstância de haver a vítima falecido momentos após o eletrocardiograma e depois de haver andado cerca de 2 km entre o pronto-socorro e o evento, pois, tendo em vista seu estado de saúde, poderia ter falecido mesmo antes de chegar ao pronto-socorro. O fato de haver passado pelo posto de atendimento médico antes do falecimento não cria o nexo causal. (TJ/SP – Ap.Cív. nº 203.303; Quinta Turma Câmara Cívil; Rel. Des. Jorge Tannus)

4. Causas de Exclusão da Responsabilidade Civil do Estado

4.1. Força Maior

Força Maior são fatos que se afiguram imprevisíveis, inevitáveis, estranhos à vontade das partes e que acontecem sem que estas possam pressenti-los. São eventos produzidos pela natureza, tais como, raios, trovões, tempestades, terremotos etc. De certo, não existe nexo de causalidade entre o dano decorrido desses fatos e o comportamento da Administração; portanto, a força maior pode ou não excluir a responsabilidade do Estado.

Como exemplo, citamos os casos de tempestades e enchentes que ocorrem com frequência durante o verão. Se um sujeito tiver um bem lesado em decorrência de uma enchente e responsabilizar o Estado com fundamento na responsabilidade objetiva, certamente não obterá sucesso, eis que o fato que originou o dano trata-se de excludente de responsabilidade. Neste caso, o Estado certamente alegará em sua defesa que a natureza não é o seu agente, por isso ele não pode ser responsabilizado.

Grave tempestade recai sobre a cidade durante a madrugada e um raio de grande intensidade se projeta sobre determinada avenida, nela provocando verdadeira cratera.

Andresa, de manhã, vai para o trabalho e, ao passar na referida avenida, as rodas do lado direito de seu veículo caem no buraco, destroem os eixos e causam prejuízos significativos, conforme o orçamento apresentado pela oficina mecânica.

Indignada, propõe ação contra o Município para ter a reparação dos prejuízos, em virtude da teoria do risco administrativo. Como deve a sentença apreciar o litígio no caso?

Nos termos do art. 37, § 6º, da CF, o Estado é responsável pelos danos que seus agentes, nessa qualidade, causem a terceiros. A Constituição consagrou a teoria da responsabilidade objetiva do Estado, pela qual o dever reparatório independe de perquirição da culpa no que toca à conduta dos agentes públicos.

Entretanto, não se admite o risco integral, ou seja, o Estado não é o segurador universal em relação aos prejuízos sofridos pelas pessoas. Conforme orientação pacífica, o Estado não responde por prejuízos causados em virtude de caso fortuito ou força maior, já que faltaria o nexo causal entre conduta administrativa e o dano.

O Estado só responderia civilmente no caso, se tivesse contribuído para o resultado danos, em conduta inquinada de culpa ou dolo, o que não consta na questão. Sequer há a informação de ter havido negligência por parte da Administração municipal.

Desse modo, não incide o art. 37, § 6º, da CF, devendo o pedido da ação ser julgado improcedente.

Se, contudo, o sujeito lesado provar que não houve a devida manutenção de serviço de colheita de lixos, e que este entupiu os bueiros ocasionando cheia nas ruas e causando dano ao seu patrimônio, haverá culpa concorrente inobstante ser a tempestade um fenômeno da natureza, pois o Estado contribui para gerar o dano sofrido. A perícia comprovará a proporção da culpa.

Mas se ao contrário, ficar provado que o Estado cumpriu o seu papel, tendo recolhido regularmente os lixos das ruas, excluída está a sua responsabilidade por tratar-se de teoria do risco administrativo.

É certo que a procuradoria do Estado vai alegar caso fortuito ou força maior, a fim de excluir a responsabilidade do seu ente.

Então, o Estado poderá ser responsabilizado se ocorrer a omissão de um serviço público aliado ao acontecimento decorrente da força maior.

Entende a doutrina que neste caso a responsabilidade é subjetiva, uma vez que carece de prova de mau funcionamento do serviço público, aplicando-se a chamada teoria da culpa do serviço público ou culpa anônima. Nesse caso, o dano decorreu da omissão do Poder Público.

Furto em via pública poderá gerar a responsabilidade do Estado?

Não será bem-sucedida a interposição de ação de responsabilidade civil em face do Estado, por furto em via pública, com fundamento na teoria objetiva, pelo simples argumento de que o ladrão não é um agente do Estado, desconfigurando-se o nexo causal e adentrando na excludente de ato de terceiro.

Por outro lado, o pedido de indenização poderá obter êxito se a vítima utilizar a teoria subjetiva da falta do serviço, provando que houve a omissão de um agente público, a qual deu condição ao furto.

Por exemplo, se se provar que do outro lado da rua havia um policial militar que omitindo-se não agiu para evitar o evento danoso, pode-se alegar a falta do serviço. Ressalta-se que não é o que o sujeito espera do Estado, mas aquilo que o Estado pode prestar. É inconcebível um sujeito querer aplicar a teoria da falta do serviço alegando que não havia um guarda na esquina onde ele foi assaltado, pois o Estado não tem contingente suficiente para colocar um policial a cada esquina das ruas potencialmente perigosas. Nesse caso não se trata de omissão.

Mas se havia vários pedidos de ronda policial em um determinado local, informando-se da frequência de furtos e roubos naquela área, se houver provas neste sentido, poderá ser alegada a teoria da falta do serviço.

O caso de assalto em vias públicas é um caso típico de se imputar a teoria da culpa anônima. Se um sujeito é assaltado em frente a sua casa, segundo entendimento do prof. Sérgio Cavalieri, se a omissão for genérica a responsabilidade é subjetiva, dando como exemplo a hipótese de se exigir policiamento 24 horas por dia pelo fato de se pagar os tributos devidos.

Certa ocasião, foi formulada a seguinte questão, na prova de ingresso ao Ministério Público:

Adolfo Silva ajuizou ação indenizatória, em face do Estado do Rio de Janeiro, em que pleiteia danos morais e materiais por seu filho ter sido sequestrado e morto, apesar do pagamento do resgate, o que caracteriza o descumprimento do dever do Estado em garantir a segurança dos cidadãos. Em contestação, o réu alegou que o aparelho estatal faz uso dos meios possíveis para deixar livre a sociedade de qualquer intervenção maléfica que prejudicasse o seu correto desenvolvimento e bem-estar, por meio do aparato de Segurança e Justiça, posto a serviço dos cidadãos. Alegou, ainda, que não houve recusa do Estado na prestação dos seus ofícios. Ao contrário o sequestrador foi preso e julgado o que demonstra ter o Estado agido na exata medida de suas possibilidades. Admitindo-se a comprovação dos fatos, decida, fundamentadamente se há responsabilidade do Estado?

Somente se havida a chamada omissão do Estado, na prestação dos seus serviços públicos de Segurança e Justiça, teria razão o recorrente. Não configurada tal hipótese, a decisão tem que ser julgada improcedente. O Estado não é o garantidor universal de todos os anseios que afligem à sociedade.

4.2. Caso Fortuito

De acordo com o entendimento majoritário da doutrina, caso fortuito é aquele em que os danos se derivam de ato humano. Houve, de alguma forma, a conduta humana que contribuiu para o resultado.

Vejamos decisão na jurisprudência:

> Descabimento. Indenização. Passageiro. Transporte Ferroviário. Hipótese. Roubo. Utilização. Arma de Fogo. Violência. Interior. Embarque. Trem. Resultado. Lesão Corporal Grave. Caracterização. Fato de Terceiro. Equiparação. Força Maior. Exclusão. Responsabilidade Civil. Companhia Brasileira de Trens Urbanos. (RE nº 2042/0048892-0; Recurso reconhecido por unanimidade; Min. Rel. Min. Carlos Alberto Menezes Direito)
>
> Responsabilidade Civil. Acidente ocorrido no interior do Túnel Rebouças que resultou em ferimentos no autor e na perda total de seu automóvel. Caso fortuito. Quando não ocorre. Tratando-se de fato previsível e não impossível de evitar, ante o dever de manter a conservação dos túneis, exclui-se o fortuito. Responsabilidade da Fundação de Departamento de Estradas de Rodagens do Estado do Rio de Janeiro, e não do próprio Estado. (TJ-RJ – Apelação Cível nº 041; Terceira Câmara Cível; Rel. Des. Humberto Perri; *apud Suplemento Adcoas*, p. 20)

Uma abordagem, que merece ser enfocada, é o caso de ilícito penal, ocasionado por assalto no interior de ônibus de propriedade da transportadora de passageiros, resultando em morte de usuário.

Há quem alegue que o evento se deu por negligência da transportadora que, mesmo sabendo da frequência dos assaltos nos seus ônibus, não providenciou a segurança necessária aos seus passageiros, no decorrer da viagem, descabendo admitir-se força maior, na hipótese, por ser previsível o fato.

A jurisprudência, diga-se de passagem, minoritária, tem entendido que em caso do tipo mencionado no parágrafo anterior, a transportadora deve ser civilmente responsabilizada pelos danos sofridos por seus passageiros.

Com efeito, a hipótese considerada retrata situação da ocorrência do chamado *fortuito externo,* consignado nas obras do prof. José Maria Pinheiro Madeira e do prof. Sérgio Cavalieri Filho, significando dizer que o evento danoso originou-se de um ato exclusivo de terceiros, consubstanciando-se, pois, em acontecimento estranho ao contrato de transporte, não podendo, assim, a transportadora do passageiro do ônibus vitimado pelo assaltante, que empregou arma de fogo no seu agir, ser responsabilizada civilmente.

O fato doloso de terceiro, que não guarda nenhuma ligação com os riscos do transportador, inevitável, apresenta-se como estranho à organização dos negócios praticados pela empresa transportadora, que por ele não deve responder civilmente, por ser evento exclusivo da vontade e da atuação do terceiro, estranho à sua atividade, o qual agiu com dolo e deixou evidente situação de *fortuito externo,* que exclui o nexo causal de decorrência de estar a vítima sendo transportada em ônibus, equiparável à força maior.

Caso como o acontecido não foi provocado pelo transporte do passageiro em ônibus, não guarda conexidade com o transporte propriamente dito, não se inserindo entre os próprios riscos do deslocamento por meio do transporte coletivo de passageiros. Nele não se nota presente um dos pressupostos da responsabilidade civil, diante da inexistência do nexo entre o dano e a conduta do preposto da empresa transportadora, não guardando, o evento, relação com atividade do transportador e, assim, está excluído da obrigação de resultado assumida no contrato de transporte.

A se aceitar a tese de que a violência urbana faz parte do dia a dia da cidade e que as empresas de transporte estão obrigadas a manter estreita vigilância no embarque de passageiros e até segurança privada no interior de seus veículos de forma a evitar que estes não possam ser atacados por bandidos que infestam a cidade, a meu sentir, beira ao ridículo e muito se aproxima do caos anárquico instalado pela ausência de uma efetiva aplicação de política séria de segurança pública devida a todos os cidadãos e somente exposta como efetiva em ocasiões especiais, congressos de autoridades ou destinada à proteção da orla turística, sempre manejada com o intuito de não revelar o verdadeiro "*Farwest*" instalado na Cidade e no Estado por culpa exclusiva da administração especializada. E, ademais, pela própria dicção de nossa Constituição, segurança pública é *indelegável* às pessoas jurídicas de direito privado, sendo atividade típica só do Estado. Portanto, mesmo que as empresas de ônibus pretendessem instalar tal segurança, estariam impedida por disposição Magna.

Não fora tal juízo, notório é consignar que nossos tribunais superiores, em especial o egrégio Superior Tribunal de Justiça, por diversas vezes, enfrentando similares hipóteses de fatos ocorridos por ocasião de transporte de passageiros já fez deixar bem claro da presença da Excludente da Força Maior de forma a afastar a responsabilidade do transportador nos casos de acidente ou morte provocados por ação de assaltantes.

Não comprovado de que o fato decorreu de responsabilidade da empresa transportadora ou do comportamento de preposto seu, mas do fato da ausência de repressão expressa e séria ao crime tal como o praticado no caso exemplificado e outros tantos delitos ocorridos por falta de vontade política, não se pode responsabilizar o transportador pelo ato acometido, imputando-lhe o dever de indenizar quando a responsabilidade recai ao próprio Estado, por ser responsável pela segurança pública.

A título de ilustração, vale citar o recente acórdão da Nona Câmara – TJ/RJ, na Apelação Cível nº 04.908/04, tendo como relator o desembargador Marcus Tullius Alves:

> Responsabilidade Civil. Indenização. Transporte urbano. Assalto a coletivo. Morte de passageiro vítima fatal de assalto. Responsabilidade do Estado na ausência de aplicação de adequada política de segurança pública visando coibir a proliferação e o sucesso das ações de meliantes sempre restritas aos interesses da União e ao polo turístico da cidade. Recurso intentado em face ao julgado que fez por improceder o pedido formulado contra a transportadora. Risco não coberto pela tarifa. Fato equiparado à força maior. Segurança fora do alcance da empresa concessionária do serviço. Regras de direito pretoriano capazes de prestigiar o recurso. Embargos desprovidos.

Assim, não há como prosperar, no Brasil contemporâneo, que o assalto à mão armada nos meios de transporte de passageiros deixou de exibir esse atributo, tal a habitualidade de sua ocorrência, não sendo lícito invocá-lo como causa de exclusão da responsabilidade do transportador.

A questão controversa diz respeito à exclusão, ou não da responsabilidade da empresa concessionária do serviço público de transporte coletivo, considerando que as lesões sofridas pelo passageiro decorreram de assalto ocorrido no interior do ônibus.

Não há dúvida de que incumbe ao transportador a obrigação de conduzir o passageiro são e salvo ao ponto de destino, sendo, também, exato que, nos termos do

Verbete nº 187, da Súmula da Jurisprudência do E. Supremo Tribunal Federal, "a responsabilidade contratual do transportador, pelo acidente com passageiro, não é elidida por culpa de terceiro, contra o qual tem ação de regresso".

Entretanto, como bem observa o consagrado professor desembargador Sérgio Cavalieri Filho:

> [...] a Súmula só fala em culpa de terceiro. E não em dolo. Assim, por exemplo, ainda que o acidente entre um ônibus e um caminhão tenha decorrido de imprudência do motorista deste último, ao invadir a contramão de direção, as vítimas que viajavam no coletivo deverão se voltar contra a empresa transportadora. O fato culposo do motorista do caminhão não elide a responsabilidade da empresa transportadora. Este é o sentido da Súmula. Tal já não ocorre, entretanto, com o fato doloso de terceiro. Este não pode ser considerado fortuito interno porque, além de absolutamente imprevisível e inevitável, não guarda nenhuma ligação com os riscos do transportador, é fato estranho à organização de seu negócio, pelo qual não pode responder. Por isso, a melhor doutrina caracteriza o fato doloso de terceiro, vale dizer, o fato exclusivo de terceiro, como fortuito externo. Ele exclui o próprio nexo causal, equiparável à força maior, e, por via de consequência, exonera de responsabilidade o transportador. O transporte, em casos tais, não é causa do evento; é apenas a sua ocasião. (*Programa de Responsabilidade Civil*, 5ª ed., São Paulo: Malheiros, p. 201)

No mesmo sentido é a lição do eminente Aguiar Dias:

> Tratando-se, portanto, de transportes, que constituem o caso padrão para exata ponderação do problema, a causa estranha aparece, em face do transportador, como interferência na sua atividade contratual, que é submetida ao dever de levar o passageiro são e salvo ao lugar de destino. Se essa interferência representa impossibilidade em relação a diligência que deve ser desenvolvida pelo transportador ao cumprimento da obrigação de incolumidade implícita no contrato, constitui causa de exoneração.
>
> Se não apresenta esse caráter, não pode ser invocada como motivo de isenção. Numa palavra, e reproduzindo a teoria do exemplo prático: a abalroação não exonera, mas o homicídio praticado, *v. g.* por um, passageiro contra outro ou por pessoa que se mantenha fora, não pode deixar de exonerar, pela perfeita imprevisibilidade ou irresistibilidade da interferência que representa na atividade do transportador. (*Da Responsabilidade Civil*, Rio de Janeiro: Forense, v. II, 10ª ed., p. 685)

Na jurisprudência, veio a prevalecer o entendimento que equipara o assalto ocorrido no interior de veículo de transporte coletivo ao caso fortuito, com a consequente exclusão da responsabilidade do transportador, podendo ser mencionadas, a título de ilustração, as seguintes emendas:

> Civil. Responsabilidade Civil. Transporte Rodoviário. Roubo com lesões corporais. A jurisprudência predominante no STJ equipara o crime de roubo ocorrido no interior do veículo de transporte coletivo ao fato fortuito, causa excludente da responsabilidade do transportador. (Resp. 48.967/SP;. Rel. Min. Ruy Rosado de Aguiar; Quarta Turma; unânime; DJ 17/10/2005)
>
> Transportador. Sua responsabilidade civil. Assalto a ônibus suburbano. Passageiro que reage e é mortalmente ferido. Culpa presumida afastada. Regra moral nas obrigações. Risco não coberto pela tarifa. Força maior. Causa adequada. Segurança fora do alcance do transportador. Ação dos beneficiários da vítima improcedente contra a empresa transportadora. (*Danos e indenizações Interpretadas pelos Tribunais*. Wilson Bussada, v. VII, p. 5766)
>
> Civil. Responsabilidade Civil. Roubo à mão armada em interior de coletivo, com lesões causadas a passageiro por projéteis disparados. Fato de terceiro que não guarda conexidade com o transporte. Exclusão da responsabilidade da empresa. Recurso desprovido. (Primeira TAC/RJ; Ac. Quinta Câmara Cível; j. 07/06/2002; Ap. 3.111/06; Rel. Roldão de Freitas Gomes)
>
> Civil. Ato ilícito. Ausência de responsabilidade do transportador por fato de terceiro. I. O fato de terceiro que não exonera de responsabilidade o transportador é aquele que com o transporte guarda conexidade, inserindo-se nos riscos próprios do deslocamento. O mesmo não se verifica quando intervenha fato inteiramente estranho, devendo-se o dano a causa alheia ao transporte em si. A prevenção de atos lesivos, da natureza de segurança pública, cabe à autoridade pública, inexistindo fundamento jurídico para transferir a responsabilidade a terceiros. II – Recurso conhecido e improvido. (REsp. 67.921-4/RJ; Rel. Min. Waldemar Zveiter; DJ 18/12/2003; p. 44562)

A repressão direta contra as ações de malfeitores e bandidos cabe ao Estado e não ao particular que indefeso e desarmado tem direito em haver deste último indenização pelo que perdeu e sofreu em consequência de assalto praticado em rodovia que se supõe vigiada adequadamente pela entidade policial competente.

Não há qualquer dúvida de que os cidadãos sofrem perda material e moral pelas ações da bandidagem e deveriam ser corretamente indenizados, mas não pela empresa transportadora, mas pelo Estado que deve a todos nós o direito de ir e vir incólumes em quaisquer dos nossos deslocamentos físicos mantendo, para tanto, adequadamente, se não a mínima vigilância que seja, de molde a evitar que a violência prevaleça sobre a paz, os planos de ação política, tão em voga, sobre a ação debochada dos bandidos e só reprimida quando denunciada pela mídia ou na realização de encontros de autoridades públicas nacionais ou estrangeiras.

Em consequência, não há que admitir a culpa do transportador em casos de frequência de ação criminosa, como poucos a entendem, estaríamos a acobertar a ineficiência do Estado que a exigir o desarmamento da população civil em troca da competente ação policial só a faz em campo literário ou político, porquanto é notório o crescimento da criminalidade, sem que contra ela se estabeleçam sérias e efetivas ações de eficácia comprovada e de maneira que assegure a tranquilidade devida a todos os cidadãos, inclusive aos agentes da própria autoridade e de suas famílias, que pagam com o preço da própria vida e da perda de seus entes queridos pela ineficiência de recursos e falta de aparelhamento necessário ao combate ao crime, competência exclusivamente do Estado.

Concluindo, não há como impor responsabilidade à concessionária porque não evitou o delito. Nos casos de assaltos não se pode pretender imputar responsabilidade objetiva sem se caracterizar qualquer participação específica. Pois o dever de prestar segurança pública não é da pessoa jurídica de direito privado (concessionária). E, ainda cumpre ponderar que a concessionária nem o Estado não detém o controle de forma absoluta sobre a criminalidade.

Portanto, no que tange à empresa, não é caso de responsabilidade objetiva, tampouco relativa ao contrato de transporte. Por certo que sua obrigação contratual é a de transportar o passageiro incólume até seu destino. Mas, tal diz respeito unicamente aos riscos decorrentes de acidente de trânsito, nunca por atos criminosos ou vandalismo (praticados por terceiros e tidos como sendo de força maior).

Diferentemente, quando determinada pessoa se encontrava no interior de uma estação aguardando o trem para voltar a sua casa, sendo atingida por uma pedra arremessada do interior de outro trem que trafegava com um determinado destino. A vítima sofre traumatismo cranioencefálico que a torna totalmente incapacitada para o trabalho. Em ação de indenização ajuizada em face da Companhia Brasileira de Trens Urbanos, em termo de indenização, irá prosperar. Como a lesada se encontrava no interior da estação, a execução do contrato de transporte já havia se iniciado. Outra peculiaridade é o fato de ter sido a pedra arremessada por alguém que viajava em um trem que passou pela estação, e não por alguém que se encontrava na rua. O caso não pode ser equiparado ao assalto a trem ou a ônibus, porque o assaltante não é passageiro. Apenas faz-se passar como tal para praticar fato doloso e inevitável. A agressão de um passageiro contra outro guarda conexão com transporte, faz parte dos riscos do transportador, fato que lhe caberia evitar por força do dever de segurança que tem em relação aos passageiros, pelo que deve ser considerado fortuito interno e não externo.

Há, todavia, entendimento minoritário em sentido contrário.

4.3. Culpa da Vítima

Outra causa que exclui a responsabilidade da Administração é a denominada culpa da vítima, e esta se desdobra em exclusiva ou concorrente. Se a conduta da vítima contribuiu para a decorrência do dano que a mesma sofreu, concorrentemente com a conduta da Administração, esta responde parcialmente. Se, contudo, a conduta da vítima teve total influência no dano desencadeado, isento está o Estado de ser responsabilizado.

Exemplo cristalino de culpa exclusiva da vítima, de acordo com decisões dos nossos Tribunais são os casos dos "surfistas ferroviários", que são os passageiros que de forma irresponsável e antissocial escalam os vagões ferroviários e viajam acomodados em seu teto. É de registrar que estes sujeitos violam as regras de transportes, que não se constituem apenas em pagar a passagem como também em se comportar de forma social, por isso, não podem exigir a efetivação das obrigações do transportador.

Ademais, de acordo com a legislação, não são indenizáveis os danos provocados por culpa exclusiva da vítima, o que podemos relacionar à inexistência da teoria do risco integral.

4.4. Atos de Multidões

Atos de multidões são aqueles praticados por agrupamento de pessoas, que, movidas pela fúria, causem danos a terceiros por meio de suas condutas.

Exemplos de atos de multidões têm se tornado comum com a constante atuação dos membros do Movimento dos Sem Terra – MST, que, sobretudo no atual Governo são cada vez mais corriqueiros, por entenderem ser esta a hora oportuna de reivindicar, haja vista ser o partido político do atual presidente da República – Partido dos Trabalhadores (PT), o mesmo que abriga os seus membros.

Encontramos decisão do STF, confirmando acórdão do TJ do Paraná que reconheceu o direito de particular à indenização pelo Estado, por danos causados em sua propriedade em virtude da invasão por integrantes do

Movimento dos Sem Terra – MST. Atribui-se à decisão o fato de que o Estado deixara de cumprir ordem judicial no sentido de reforçar o policiamento para evitar a invasão, o que decorreu na sua responsabilização civil (RE 283.989/PR; Rel. Min. Elle Gracie; *Informativo STF* nº 241)

Não obstante, verificamos que esses movimentos ocorrem em todo o mundo, sendo muito comum na Europa, geralmente em atos de manifestações de populares ou de estudantes contra o Estado, o qual geralmente reage a este com a força física, muitas das vezes lesionando alguns manifestantes.

O sentimento de poder ganha grandes proporções quando exercido dentro de um grupo, e os seus integrantes assumem postura e força que não as teriam se agissem isolados. Da mesma forma, a passividade é oculta pelo clamor da multidão, e a ocorrência de danos onde estas atuam é quase que inevitável, dada a impetuosidade de suas ações.

Em geral, o Estado não tem sido responsabilizado pelos danos causados ao indivíduo em decorrência exclusivamente desses atos, pois se enquadram no que se denomina na doutrina atos de terceiros. Fogem à responsabilidade da Administração, sobretudo pela rapidez e pelo inusitado em que esses atos ocorrem. Contudo, no caso específico da constante ação dos membros do Movimento dos Sem Terra – MST, acreditamos que se pode atribuir os efeitos danosos de seus atos à omissão do Estado, o que será mais bem analisado adiante, dada a rotina com que se tem ocorrido, que descaracteriza o inusitado.

4.5. Danos de Obra Pública

Outro elemento a ser analisado na questão da excludente da responsabilidade civil estatal é a *obra pública*. Os danos que destas decorrem têm suscitado polêmica na doutrina e nos julgados dos Tribunais. Aparentemente inquestionável a incidência da responsabilidade da Administração perante estes danos, se alinhada ao teor do texto constitucional, pois este estabelece que a pessoa jurídica de Direito Privado que atuar em nome do Estado, e, em decorrência de seu serviço, causar danos a terceiros, responderá objetivamente pelo ressarcimento destes. Na prática, porém, não tem sido pacífica esta interpretação.

José Cretella Júnior e Hely Lopes Meirelles referem-se ao tema distinguindo-os, para efeito de responsabilidade, em duas vertentes: *dano oriundo da obra* e *dano derivado da culpa do empreiteiro*, conforme definição a seguir.

4.5.1. Dano Oriundo da Obra

Nesta hipótese, segundo seus entendimentos, responderia o Estado objetivamente, porque, embora a obra seja um fato administrativo, deriva sempre de um ato administrativo de quem ordena a sua execução.

Vejamos o que dispõe alguns julgados:

> Indenização. Reparação de danos. Responsabilidade civil. Queda de cobertura metálica de arquibancada de estádio de futebol. Execução da obra por empreiteira. Defeitos na estrutura metálica. Empregos de materiais não especificados no projeto original. Inobservância de regras técnicas. Responsabilidade da empresa construtora e do engenheiro da obra. Culpa concorrente da Administração Pública Municipal. Causa da natureza (vento e temporal) que contribuiu para a produção do evento danoso. Sentença de procedência parcial da demanda. Agravo retido nos autos. Restrições ao laudo pericial.Recursos não providos. (Apelação Cível nº 29.605-5; Adamantina; Terceira Câmara de Direito Público; Rel. Marcio Bonilha)
>
> Indenização.Fazenda Pública. Responsabilidade civil. Construção de viaduto. Dano causado a particular. Responsabilidade objetiva do Estado. Irrelevância de licitude da ação administrativa. Verba devida. Recurso extraordinário conhecido e provido. JTJ 135/391.
>
> Indenização. Responsabilidade civil. Objetiva. Obras executadas ao longo da via pública. Incorreção de assentamento de tubulações que acarretou danos a particulares e à Municipalidade. Verba devida. Recurso não provido. (Rel. Ernani Paiva; Apelação Cível no 155.565-1/SP). Decisão: Lei: CF, art. 37 § 6º. Indenização. Responsabilidade civil objetiva. Obras executadas ao longo de via pública, as quais, por incorreção no assentamento das tubulações, causaram danos à municipalidade e aos particulares. Recurso não provido. O que se tem de verificar, segundo o art. 37, § 6º da CF, é a existência de um dano sofrido em decorrência de um serviço público. Não se cogita de culpa do agente, ou da culpa do próprio serviço. Basta estabelecer a relação de causalidade entre o dano sofrido pelo particular e a ação do agente ou órgão da Administração. É a regra geral inferida no art. 37 da CF que estabelece a responsabilidade civil objetiva do Poder Público, pelos atos lesivos de seus agentes.

4.5.2. Dano Derivado da Culpa do Empreiteiro

Neste caso, ainda segundo as palavras do mestre,

> a responsabilidade seria do empreiteiro que agiu com negligência imprudência ou imperícia na condução dos trabalhos que lhe foram confiados.

Contudo, outra é a interpretação do insigne mestre Sergio Cavalieri Filho em sua respeitável obra, *Programa de Responsabilidade Civil*[12].

Com opinião distinta das emitidas por José Cretella Júnior e Hely Lopes Meirelles, a qual qualifica como protecionista da Administração Pública, entende esse doutrinador que sendo a obra do Estado, e dado que esta sempre deriva de um ato administrativo de quem ordena a sua execução, não teria sentido deixar de responsabilizá-lo pelo simples fato de que a mesma está sendo executada por um particular, mesmo que tendo agido culposamente.

Homenageamos esta interpretação, acolhendo-a integralmente e enfatizando que a Administração Pública não pode eximir-se da responsabilidade pelos danos decorrentes de serviços públicos que só a ela competia executar por meio de seus agentes, mesmo quando estes são componentes de uma empresa privada. Ainda assim, deve recair a responsabilidade sobre a Administração, pois estes agentes agem em nome desta e por meio de um vínculo jurídico que as unem.

Se o dano decorrer de uma obra que resulta de um *contrato administrativo*, em que a Administração Pública contrata a empreiteira para realização de obra pública, e se ocorrer um dano a particular ocasionado por algum maquinário da empreiteira, a responsabilidade será contratual e do empreiteiro, com base nas regras do Código Civil. O STF entende que, nesse caso, a Administração responde subsidiariamente, se o empreiteiro não conseguir arcar com a reparação de todos os danos.

5. A Responsabilidade Objetiva na Legislação Brasileira

5.1. Código Civil

O Código Civil brasileiro, Lei nº 10.046/2001, prevê a responsabilidade civil do Estado, estatuindo em seu art. 43:

> *As pessoas jurídicas de direito público interno são civilmente responsáveis por atos dos seus agentes que nessa qualidade causem danos a terceiros, ressalvado o direito de regressivo contra os causadores do dano, se houver, por parte destes, culpa ou dolo.*

Reportamo-nos ao art. 41:

> *Art. 41 – São pessoas jurídicas de direito público interno:*
> *I – a União;*
> *II – os Estados, o Distrito Federal e os Territórios;*
> *III – os Municípios;*
> *IV – as autarquias;*
> *V – as demais entidades de caráter público criadas por lei.*

Ressaltamos que o legislador ordinário foi coerente ao regular a matéria de acordo com a Lei Maior, de forma a não ensejar mais controvérsias sobre a incidência da responsabilidade civil do Estado, sendo reconhecidamente de caráter objetivo, na relação entre o Estado e o lesado, dispensada a prova de culpa. No entanto, outra é a aplicação da responsabilidade na relação entre o Estado e o seu agente, no que concerne à ação de regresso daquele contra este, persistindo, nesta hipótese, a teoria subjetiva, exigindo a prova de culpa.

O antigo Código Civil de 1916, cuja vigência se deu até recentemente, previa este instituto em seu art. 15:

> *As pessoas jurídicas de direito público são civilmente responsáveis por atos dos seus representantes que nessa qualidade causem danos a terceiros, procedendo do mesmo modo contrário ao direito ou faltando a dever prescrito em lei, salvo o direito regressivo contra os causadores do dano.*

Verifica-se pelo texto deste artigo, que este encontrava sede na teoria subjetivista predominante à época de sua edição, qual seja, a teoria da culpa, calcada na concepção civilista. Portanto, pacífica não foi a sua interpretação, tendo causado imensas polêmicas no mundo jurídico, já que alguns doutrinadores interpretaram-na como sendo responsabilidade civil sem culpa, admitindo a hoje predominante teoria do risco e a responsabilidade objetiva do Estado.

Entretanto, temos que o teor do citado artigo está calcado na teoria subjetiva, cuja sede advém das doutrinas civilistas, e que seria uma visão irrealista acreditar que o legislador, em 1916, vislumbrava a concepção da responsabilização do Estado sem prova de culpa, ideia esta das teorias publicistas, típicas dos administrativistas e não dos civilistas, que legislaram a matéria.

Portanto, parece-nos que a Constituição da República, ao regular a matéria em seu art. 37, § 6º, que será adiante analisado, derrogou parcialmente o art. 15 do Código Civil de 1916, apenas no que se refere a atos comissivos, já que estes passaram a ser expressamente regulados pelo Texto Constitucional, e que, mesmo com o texto do atual Código Civil, em seu art. 43, a postura majoritária da doutrina entende que a teoria subjetiva foi apenas derrogada (revogada parcialmente), ou seja, continua em vigor para determinados atos. Celso Antônio Bandeira de Melo e Diogo Figueiredo são adeptos a esta ideia.

[12] FILHO, Sergio Cavalieri. *Programa de Responsabilidade Civil*. São Paulo: Malheiros, 2005.

A teoria subjetiva seria aquela utilizada na responsabilidade do Estado pela prática de ato omissivo, ou seja, quando o dano for causado por uma omissão do Estado não incide a teoria objetiva, mas sim a teoria subjetiva.

Celso Antônio Bandeira de Mello, apoiado pela maioria da doutrina, afirma que a omissão não é causa do dano, mas a condição para que ele possa ocorrer.

5.2. Constituições Federais

O processo de evolução da responsabilidade civil do Estado, assim como na lei ordinária, se tem dado na Carta Magna, progressivamente, até desencadear no *caráter objetivo* que trouxe o Texto Constitucional de 1946 até o atual, que reforçou esta teoria.

A primeira Constituição do Brasil, de 1824, conhecida como a Constituição do Império, estabelecia em seu art. 178 que:

> Os empregados públicos são estritamente responsáveis pelos abusos e omissões praticados no exercício de suas funções, e por não fazerem efetivamente responsáveis os seus subalternos.

A Constituição Republicana, de 1891, em nada acrescentou ao novo texto, dispondo em seu art. 79 idêntica definição e responsabilizando os empregados públicos pelos abusos e omissões que estes causassem a terceiros no uso de suas atribuições.

A Constituição de 1934, por seu turno, previu em seu art. 171 a responsabilidade solidária da Fazenda Pública, Nacional, Estadual ou Municipal, e dos funcionários, se estes agissem com negligência, omissão ou abuso no exercício de seus cargos, sendo assegurado o direito de regresso pela Fazenda.

A mesma norma se repetiu no art. 158 da Constituição de 1937, que redigiu em seu texto o enunciado da Constituição anterior, nada inovando sobre o tema, permanecendo o Estado sob a égide das teorias civilistas.

Entretanto, outra foi a concepção da Constituição de 1946, trazendo expressamente a teoria da responsabilidade objetiva em seu art. 194, em contradita com o dispositivo do Código Civil então vigente, que, contrariamente, exigia a prova de culpa. Selava-se, a partir daí, o fim da passividade legislativa e inaugurava-se a polêmica dos textos legais que traziam referida matéria.

O art. 194 da Constituição de 1946:

> *As pessoas jurídicas de direito público interno são civilmente responsáveis pelos danos que seus funcionários, nessa qualidade, causem a terceiros.*
>
> *Parágrafo Único: Caber-lhes-á ação regressiva contra os funcionários causadores do dano, quando tiver havido culpa destes.*

A Constituição seguinte, de 1967, repete a norma em seu art. 105, acrescentando, portanto, em seu parágrafo único, que a ação regressiva cabe em caso de culpa ou dolo, o que não trouxe nenhuma mudança significativa em relação ao preceito anterior. Mantém-se a norma da responsabilidade objetiva.

O mesmo se repetiu na Emenda Constitucional nº 1 de 1969, em seu art. 107. Com isso, verifica-se que prevaleceram até o advento da Constituição de 1988 os termos expressos na Carta de 1946, contrapondo-se ao Código Civil então vigente, rendendo vastas interpretações e polêmicas na doutrina e na jurisprudência pátrias, tais como a hipótese de ser a responsabilidade no Código Civil de 1916 de caráter objetivo ou subjetivo, da incompatibilidade deste com a Constituição de 1946, entre outras.

5.2.1. A Constituição Federal de 1988

Citando o civilista Washington de Barros Monteiro,

> a constituição Federal alargou consideravelmente o conceito de responsabilidade civil, de modo a abranger aspectos concretos que o Direito anterior não conhecia, ou não levava em conta para não conceder a indenização[13].

Não é outro o entendimento jurisprudencial das recentes decisões que tramitam nos tribunais brasileiros a respeito do tema. Na esteira das mesmas considerações, afirmamos que a norma constitucional vigente consagrou a responsabilidade objetiva do Estado, elevando este instituto à normatização da Lei Maior e inovando em seu texto em relação ao anterior.

Orientou-se o legislador constituinte na doutrina do Direito Público, abarcando a teoria publicista e adotando a responsabilidade civil sob a modalidade do risco Administrativo, tendo abandonado os extremos do risco integral, o que, na doutrina moderna, se caracteriza como um monstro jurídico.

Análise do § 6º do art. 37 da Constituição Federal de 1988:

> *As pessoas jurídicas de direito público e as de direito privado prestadoras de serviços públicos responderão pelos danos que seus agentes, nessa qualidade, causarem a terceiros, assegurado o direito de regresso contra o responsável nos casos de dolo ou culpa.*

[13] *Curso de Direito Civil*, Cap. I, p. 115.

A redação da Constituição Federal de 1988 inovou ao estabelecer que não apenas a Administração Pública, pessoa jurídica de Direito Público, como também as pessoas jurídicas de Direito Privado que estiverem prestando serviço público, responderão objetivamente pelos danos que, nessa qualidade, causarem a terceiros, beneficiando desta forma o lesado com um maior leque de agentes responsáveis.

Inclui-se na qualidade de agentes do Poder Público todo aquele que estiver sujeito aos preceitos da legalidade e da moralidade de seu ato. Da mesma forma, entendemos que *agente do Poder Público é o indivíduo que age como órgão do Estado e que faz apenas o que a lei o autoriza.*

Com isso, estendeu o constituinte a obrigação de indenizar a todas as entidades estatais e seus desmembramentos administrativos, ou seja, os agentes públicos e seus delegados, independentemente da prova de culpa.

No entanto, consignamos a existência de duas exceções à regra disposta no art. 37, § 6º da Constituição Federal, ao elencar que responderão objetivamente as pessoas de Direito Público e as de Direito Privado prestadoras de serviço público, quais sejam:

No direito ambiental, a responsabilidade objetiva é do poluidor, com base na teoria do risco criado ou produzido. A Lei nº 6.938/1981, que dispõe sobre a política nacional do meio ambiente, estabelece a responsabilidade objetiva do poluidor em seu art. 14, § 1º. O simples exercício de atividade potencialmente poluidora, em que o empresário assume o risco daquela atividade, já configura o nexo de causalidade entre a atividade e o dano que ela vier a causar.

De acordo com o art. 3º, inciso IV deste mesmo diploma legal, considera-se poluir toda pessoa física ou jurídica, de Direito Público ou Privado, responsável, direta ou indiretamente, por atividade causadora de degradação ambiental.

O mesmo dispositivo legal também assevera em seu art. 14, § 1º, c/c art. 3º, inciso IV que a pessoa física e a pessoa jurídica de Direito Privado, prestadora de atividade econômica, respondem objetivamente quando causarem dano ambiental, sendo pessoa jurídica de Direito Privado, prestadora de serviço público ou não, também poderá ser demandada com base na responsabilidade objetiva em matéria de dano ambiental.

Outra exceção se refere à infração da ordem econômica, conforme preceitua a Lei nº 8.884/1994, que se uma pessoa jurídica de Direito Privado, prestadora de atividade econômica, cometer alguma infração de ordem econômica, poderá ser demandada objetivamente.

Insta registrar que referidos preceitos legais não se configuram inconstitucionais, eis que nada impede que uma lei infraconstitucional estenda a responsabilidade objetiva a outras entidades.

Não obstante, para uma precisa aplicação do preceito constitucional em tese, necessário se faz esclarecer o sentido de alguns termos ali adotados, a fim de não deixar margens a interpretações equivocadas. É o que se dará a seguir.

5.2.1.1. Serviço Público

O mestre Hely Lopes Meirelles define serviço público como

> todo aquele prestado pela Administração ou por seus delegados, sob normas e controle estatais, para satisfazer necessidades essenciais ou secundárias da coletividade ou simples conveniências do Estado[14].

No entanto, como ensinava Ruy de Souza, há mais de 40 anos,

> será o tempo e o meio, o direito positivo e a política vigente, que terão de nos dar os elementos precisos para a indagação do conceito de serviço público[15].

Celso Antônio Bandeira de Mello define que

> serviço púbico é toda atividade de oferecimento de utilidade ou comodidade material fruível diretamente pelos administrados, prestado pelo Estado ou por quem lhe faça às vezes, sob um regime de Direito Público – portanto consagrador de prerrogativas e de supremacia e restrições especiais – instituído pelo Estado em favor dos interesses que houver definido como próprios no sistema normativo[16].

Outra simbólica definição nos traz o mestre Celso Ribeiro Bastos, definindo que

> o serviço público consiste num conjunto de atividades que a Administração presta visando o atendimento de necessidades que surgem exatamente em decorrência da vida social, própria do homem, embora também atendam interesses individuais. Trata-se, portanto, fundamentalmente da satisfação de algo que emerge da vida em sociedade[17].

[14] MEIRELLES, Hely Lopes. *Direito administrativo brasileiro.* 29ª ed., São Paulo: Malheiros, 2005.

[15] SOUZA, Rui. *RDA* 28/10.

[16] BANDEIRA DE MELLO, Celso Antônio. *Curso de Direito Administrativo.* 15ª ed., São Paulo: Malheiros, 2005.

[17] BASTOS, Celso Ribeiro.*Curso de Direito Administrativo.* 2ª ed., São Paulo: Saraiva, 2005.

Ante tais definições, forçoso concluir que serviço público é toda atividade exercida pela Administração, por meio de seus agentes ou por pessoas delegadas, em face das necessidades surgidas em uma sociedade e exercidas em função desta, mediante procedimento de direito público, conforme consignação de Cretella Júnior.

Adicione-se que o serviço público terá como premissa o interesse geral (público), que deve preponderar sobre os interesses particulares, sendo plausível que estes ou até mesmo direitos individuais sejam sacrificados, a fim de que se cumpra o interesse da coletividade.

5.2.1.2. Responsabilidade Civil do Servidor Público

O servidor público poderá ser acionado diretamente, por ação movida pela vítima, independentemente de ação contra o Estado; pelo Estado, por meio da ação de regresso, expressamente prevista na Constituição da República, no § 6º do art. 37, ou ainda pela vítima, como litisconsorte do Poder Público. Portanto, mister a comprovação do ilícito praticado por aquele. Reforçando esta teoria, há decisão unânime do Supremo Tribunal Federal, a qual decide a possibilidade de acionar o funcionário público diretamente, independentemente de litisconsórcio ou de acionar o Estado.

Fulcrado na Constituição Federal tem o lesado o seu direito voltado contra o Estado, resguardada a sua opção de voltar-se diretamente contra o servidor, configurando-se o *princípio do amplo ressarcimento*, o que, a toda evidência, amplia a sua expectativa de ser ressarcido da injustiça sofrida. Observa-se que a Constituição Federal não proíbe a ação direta contra o servidor público, mas sim direciona o direito do lesado de ser ressarcido em direção ao Estado, haja vista prevalecer em nossa legislação a teoria objetiva. Contudo, não exclui o direito de voltar-se contra o funcionário faltoso. Este entendimento tem merecido a homenagem da maioria doutrinária, destacando-se: Amaro Cavalcanti, Oswaldo Antônio Bandeira de Mello, Adilson Abreu Dallari, Maria Helena Diniz, entre outros.

Verifica-se uma maior dimensão na garantia de ressarcimento da vítima, pois, uma vez com a prova de culpa do servidor, requisito este que, nesta hipótese, torna-se indispensável, por tratar-se de uma responsabilidade subjetiva, bem como na certeza de que este dispõe de patrimônio suficiente para o seu ressarcimento, tem o lesado a opção de não acionar o Estado e, portanto, se submeter às suas prerrogativas processuais – sobretudo o pagamento por precatório – o que, por força da lei, traz um incontestável desalinhamento de direitos entre as partes litigantes, salvo a vantagem da dispensa da prova de culpa, já que a responsabilidade extracontratual de Estado é objetiva.

É de concluir que, se colocadas tais opções no sistema de *freios de contrapesos*, não há diferença relevante em relação às duas para o lesado, dada a dificuldade, na maioria das vezes, da prova de culpa do servidor. Além do mais, fosse a responsabilidade subjetiva tão justa e eficiente, não teria caído por terra tal teoria, prevalecendo atualmente como exceção e não como regra.

O que se deve ressaltar diante de tais considerações não é exatamente o fato de ter o lesado duas opções a seu favor e de ter o arbítrio de escolher a que melhor lhe convier, mas a evolução que se deu no direito em si, pois até um tempo atrás, somente o funcionário público era legítimo para ser acionado, não restando mais opções ao lesado, caso não obtivesse a prova de culpa daquele.

O inovador, portanto, está na *objetividade da responsabilidade pública*, já que a responsabilidade civil do funcionário público já existia. Inovou a legislação ao viabilizar que o Estado responda por seus atos, sendo esta uma teoria veemente a uma plena democracia.

5.2.1.3. Agentes do Estado

Imperativo que se analise o termo *agente,* que conforme prescrito no teor do § 6º do art. 37, age em nome do Estado.

A toda evidência o Estado não é punido, pois não causa dano a ninguém, haja vista ser uma pessoa jurídica, respondendo por esta sempre o seu responsável. Contudo, mediante os danos sofridos por terceiros, a responsabilidade recai sobre aquele agente que age em seu nome. Para tanto, deve o Estado escolher bem os seus agentes, com a devida cautela e minucioso critério, já que, uma vez na prática de seus serviços, estarão revestidas com o nome do Estado e agindo em seu nome.

Em que pese a responsabilidade sobre estes agentes, necessário se faz que haja um liame entre estes e as funções estatais, eis que o Estado só será responsabilizado se o agente estiver no exercício de suas funções (inerentes à Administração Pública), ou a pretexto de exercê-las, o que não se dará quando estes estiverem em qualquer atividade, lícita ou ilícita, em suas vidas privadas.

Entretanto, se estes mesmos agentes, ao atuarem em suas atividades pessoais, causarem danos a outrem, suas responsabilidades serão pessoais e deverão responder por elas de acordo com as normas do Direito Civil.

O termo agente dado pelo legislador constituinte prescinde o significado de servidor, sendo aqui mais abrangente e abarcando todos aqueles que, de alguma forma, estejam juridicamente vinculados ao Estado, mesmo que por um único dia e sem nenhum vínculo de trabalho, o que é observado com o teor do Texto Constitucional, ao fazer expressa referência a duas categorias de pessoas sobre as quais recairá a responsabilidade objetiva: as pessoas jurídicas de Direito Público e as pessoas jurídicas de Direito Privado, prestadoras de serviço público.

Não há novidade alguma no que tange às pessoas jurídicas de Direito Público, pois é sabido que são estas os componentes da Federação – União, Estado, Distrito Federal, Municípios, as autarquias e as fundações públicas de natureza autárquica.

Podemos exemplificar com o caso de um policial federal que, utilizando-se de carro de órgão público, fora do exercício de sua função, ocasiona um dano a outrem. Responderá o Estado objetivamente pelos danos causados ao particular, pois o policial federal é um agente do Estado, e, embora em função diversa, utilizava-se de um bem público, o que estabelece um liame entre o Estado e a conduta lesiva.

Há, da mesma forma, as hipóteses do servidor putativo.

Ocorre quando uma pessoa, que não agente público, pratica um ato como se o fosse. Como exemplo, um sujeito que fazendo uso de carteira funcional de um servidor administrativo, pratica atos valendo-se do Poder de Polícia deste. Configura-se que o ato, nesse caso, é inexistente e não um ato administrativo, por faltar o elemento essencial para a sua configuração, qual seja, a competência.

O mesmo se configura quando um sujeito que, acompanhado de um amigo servidor público, apresenta-se em determinada operação e pratica atos supostamente públicos. Se o suposto agente público praticou o ato imbuído de todos os requisitos que requer um ato administrativo, e levando-se em conta a boa-fé do terceiro, que recepcionou o ato do servidor putativo, o ato poderá ser convalidado. Se nessa hipótese seus atos causarem danos a outrem, o Estado responderá objetivamente, com o respaldo da teoria da culpa *in eligendo*, pois permitiu que aquele sujeito trabalhasse em seu nome, ao convalidar o ato.

5.2.1.4. Responsabilidade Civil da Pessoa Jurídica de Direito Privado que exerça Função Pública

Inovadora foi a intenção do legislador constituinte ao conceder igual responsabilidade às pessoas jurídicas de Direito Privado prestadoras de serviço público, abarcando aqui qualquer pessoa que exerça atividade que em princípio caberia ao Estado, sendo abrangidas as pessoas privadas da Administração Indireta – *empresa pública, sociedade de economia mista e fundações públicas* e *as concessionárias e permissionárias*, quando no exercício de um serviço público.

Tal justificativa se atribui ao fato de que o Estado deverá saber escolher aquele que exercerá uma atividade em seu nome, e ao escolhê-lo, assumir eventuais danos que porventura sejam causados a terceiros, que em nada tem a ver com a relação "Estado-prestador do serviço".

O dispositivo do texto constitucional contido no § 6º do art. 37, quando menciona que "as pessoas jurídicas de direito público e as de direito privado prestadoras de serviços públicos responderão pelos danos que seus agentes, nessa qualidade, causarem a terceiros [...]," guarda estreita relação com o teor do art. 175, do mesmo texto, ao instituir:

> *Art. 175. Incumbe ao Poder Público, na forma da lei,* diretamente *ou sob regime de* concessão ou permissão, *sempre através de licitação, a prestação de serviços públicos. (Grifos nossos).*

Cristalino é o entendimento de que não se incluem nesse dispositivo as *empresas públicas* e as *sociedades de economia mista* que se dedicam à *exploração de atividade econômica*, por força do que dispõe do art. 173 da Constituição Federal, em seu § 1º, inciso II, que estabelece o que se segue:

> *Art. 173 [...]*
> *§ 1º – A lei estabelecerá o estatuto jurídico da empresa pública, da sociedade de economia mista e de suas subsidiárias que explorem atividade econômica de produção ou comercialização de bens ou de prestaçao de serviços, dispondo sobre:*
> *II – A sujeição ao regime jurídico próprio das empresas privadas, inclusive quando aos direitos e obrigações civis, comerciais, trabalhistas e tributários.*

Contudo, conclusivo se torna que as pessoas referidas no art. 37, § 6º, da Lei Maior, sendo estas as pessoas jurídicas de Direito Público e as de direito privado, prestadoras de serviço público estão sujeitas à responsabilidade objetiva perante terceiros, por danos que lhes causem, e à responsabilidade subjetiva quanto ao Estado, quando restar provado que estas agiram com dolo ou culpa.

Na responsabilidade civil das sociedades de economia mista ou empresa pública, das concessionárias e permissionárias, o Estado responderá subsidiariamente. O sujeito que sofreu o dano deverá primeiramente ajuizar ação contra o ente que causou o dano.

Embora trate-se de responsabilidade objetiva do Estado, essa incidirá sobre as concessionárias e permissionárias, pessoas jurídicas de Direito Privado prestadoras do serviço público. Somente no caso de inadimplemento destas o Estado responderá, ou seja, a sua responsabilidade no caso de prestadoras de serviço público é meramente subsidiária e não solidária.

A responsabilidade só será solidária quando se tratar de um agente público, sendo facultativo ao sujeito lesado escolher os agentes do polo passivo, havendo inclusive a possibilidade de litisconsórcio passivo.

Oportuno trazer à baila o exemplo em que a Prefeitura, por intermédio de terceiro, realiza espetáculo com queima de fogos, muito comum nas festas de *réveillon* em Copacabana, e os fogos atingem determinada pessoa.

A pessoa atingida pelo morteiro poderá entrar com ação de indenização contra o Município, com fundamento na responsabilidade objetiva, desde que a explosão tenha sido no ar. Interessante é que neste caso específico, o técnico responsável pelos fogos não é agente do Estado, portanto, este ente deverá responder objetivamente por ter assumido o risco de uma ação potencialmente perigosa, que é a queima de fogos.

Parece-nos que este caso se encaixa na teoria do risco suscitado.

5.2.1.5. Concessionários ou Permissionários

Incontestável é a evolução dos meios de prestação de serviço público, sobretudo com o advento da Constituição da República de 1988, que abriu as portas a esta modalidade de serviço. A partir de então, várias legislações ordinárias vieram regulamentar tal dispositivo, e verifica-se uma oportuna exploração de atividades que antes eram monopolizadas pelo Estado, o que se deve às sucessivas privatizações, sobretudo no governo do então presidente Fernando Henrique Cardoso.

Numa breve digressão, tentaremos expor o porquê da incursão das concessionárias e permissionárias na prática de atividades públicas.

Não há de negar que o quadro sociopolítico tem respaldo constitucional, de acordo com o dispositivo que trata da ordem econômica e financeira que homenageia a livre-iniciativa, trazendo como um dos princípios a livre-concorrência. Ademais, o Texto Constitucional trouxe a assertiva de que

> [...] a exploração direta de atividade econômica pelo Estado só será permitida quando necessária aos imperativos da segurança nacional ou à relevante interesse coletivo, conforme definidos em lei.

Com isso, retira-se o Estado do monopólio de atividades até então de sua exclusiva competência, restringindo-as aos casos de imperativos de segurança nacional ou irrelevante interesse coletivo.

Por isso, a exploração de atividades antes exercidas apenas pelo Estado, a partir do que dispõe o Texto Constitucional, passou a ser exercida por diversas concessionárias ou permissionárias de serviço público e estas responderão objetivamente por seus atos, pois cobram pedágio e se obrigam à sua conservação.

Podemos exemplificar com os casos de animais que transitam nas estradas que, por meio da concessão do Poder Público, passaram a ser responsáveis pela sua conservação. Estas responderão objetivamente pelos danos causados nas pistas, em decorrência da existência de animais que por ali trafegam. Nesse caso, o Estado terá a responsabilidade subsidiária.

Predomina em nossos tribunais o mesmo entendimento exposto, conforme se verifica no acórdão que segue:

> Concessionária de rodovia. Acidente com veículo em razão de animal morto na pista. Relação de consumo. I. As concessionárias de serviços rodoviários, nas suas relações com os usuários da estrada, estão subordinadas ao Código de Defesa do Consumidor, pela própria natureza do serviço. No caso, a concessão é, exatamente, para que seja a concessionária responsável pela manutenção da rodovia, assim, por exemplo, manter a pista sem a presença de animais mortos na estrada, zelando, portanto, para que os usuários trafeguem em tranquilidade e segurança. Entre o usuário da rodovia e a concessionária, há mesmo uma relação de consumo, com o que é de ser aplicado o art. 101, do Código de Defesa do Consumidor. Competência Jurisdicional. Foro. Domicílio. Autor. Ação de Indenização. Hipótese. Acidente de Trânsito. Filha. Autor. Motivo. Existência. Animal, Premorto. Rodovia. Irrelevância. Réu. Pessoa Jurídica, Existência. Ato Ilícito. Concessionária. Rodovia Federal. Decorrência. Falta. Manutenção. Conservação. Estrada. Caracterização. Relação de Consumo. Aplicação. Código de Defesa do Consumidor. Responsabilidade Civil Concessionária. Serviço Público. Hipótese. Filho. Autor. Atropelamento. Animal. Premorto. Interior. Rodovia. Existência. Ato Ilícito. Concessionária. Rodovia Federal. Decorrência. Falta. Manutenção. Conservação. Estrada. Caracterização. Relação de Consumo. (STJ-RJ; Terceira Tuma; Acórdão 467883; Recurso especial não conhecido; unanimidade; Rel. Min. Carlos Alberto Menezes Direito)

Deve-se observar que esta alegação dependerá do tipo de estrada em que ocorreu o dano em decorrência de animal na pista, sendo este o entendimento jurisprudencial. Se o evento danoso ocorreu em via expressa, onde se constata a existência de condições especiais de conservação e segurança, e por cujo uso é cobrado um pedágio, o responsável pela conservação, ou seja, a empresa concessionária ou a autarquia que cuida da rodovia responderá pelos danos que decorrerem da falha de sua conservação ou vigilância, ou seja, pela omissão em seu dever de conservá-la em plenas condições de uso.

Registre-se que este caso é a exceção, se aplicando tão somente para as vias expressas em que há condições especiais de segurança e onde inclusive se cobra por isso.

A regra, portanto, é a de que em caso de acidente com animal em estrada pública, mantida por dotação orçamentária, a responsabilidade será do proprietário do animal, que é o que ocorre na maioria dos casos.

Outra será a hipótese se o animal – como exemplo, um cavalo – saiu de um mato alto em área com péssima sinalização. Neste caso, o sujeito lesado poderá passar da teoria objetiva para a subjetiva, baseando-se na alegação da culpa do serviço, pela falta de manutenção ou conservação da estrada.

Portanto, há que se provar que a omissão do serviço é que deu causa ao acidente que gerou o dano, como pressuposto para se valer da teoria subjetiva, a qual se funda na culpa, desde que observado também o parâmetro de possibilidade do Estado em prestar aquele serviço.

Outro exemplo é o de assalto em ônibus. A empresa de transporte também se submete à teoria objetiva, por forçado dispositivo constitucional contido no art. 37, § 6º, que inclui as pessoas jurídicas de Direito Privado prestadoras de serviço público como sujeitas à aplicação desta teoria.

Porém, se o ladrão entra no ônibus e assalta todos os passageiros, não caberia a responsabilidade objetiva, já que o ladrão não é agente do Estado, e esta só responderá pelos atos de seus agentes.

Não obstante, registre-se a existência de uma decisão do Tribunal de Câmara Cível do Estado do Rio de Janeiro, que concedeu decisão condenando empresa de ônibus a ressarcir passageiro assaltado no interior do coletivo.

Entendeu o Tribunal que o caso fortuito não é simplesmente a força de terceiros, mas deve haver também a imprevisibilidade do ato a fim de que o caso fortuito fique caracterizado.

Houve, pois, o entendimento de que assaltos naquela linha de ônibus eram fatos previsíveis, tendo em vista a frequência em que ocorria e o número de assaltos já registrados.

Portanto, o Tribunal de Justiça não concordou com a decisão, tendo-a anulado com fundamento de que a concessionária não poderia colocar segurança dentro de suas frotas de ônibus, até porque a polícia de segurança é de competência exclusiva do Estado.

Vejamos a seguir a análise da responsabilização civil desses novos agentes.

5.2.1.6. Serviços Sociais Autônomos

Estas pessoas de cooperação governamental, cujas atividades são eminentemente de caráter social, estão ligadas ao Estado por meio de um vínculo jurídico, já que a este cabe editar as leis autorizadoras de suas criações, vinculando-as a seus objetivos institucionais. Tanto assim que as estão obrigadas à prestação de contas conquanto se utilizam de dinheiro público para a consecução de suas atividades.

Portanto, entendemos, com respaldo na maioria da doutrina vigente, que estão sujeitas à responsabilidade objetiva atribuída ao Estado.

5.2.1.7. Organizações Sociais

Com relação a estas pessoas, diferente é o entendimento majoritário da doutrina, o qual perfilhamos, eis que são entidades de Direito Privado, não obstante se prestarem ao empenho de serviço público, porém com a função de auxílio a este e com o cunho eminentemente social. O seu vínculo com o ente estatal se dá por meio do *regime de parceria*, utilizando-se para tanto de *contrato de gestão* ou *termos de parceria*, pelo que, concluímos, não devem arcar com a responsabilidade objetiva e sim subjetiva[18].

5.2.1.8. A Regulação destes Entes por meio de Leis Ordinárias e Decretos

A Lei nº 8.987/1995, em especial, veio regulamentar o regime de concessão e permissão da prestação de serviços públicos previstos no art. 174 da Constituição da República. Em seguida, outras normas ordinárias, com respaldo na Lei Maior, vieram regulamentar atividades econômicas, tais como: Lei nº 9.427/1996 – Agência Nacional de Energia Elétrica; Decreto nº 2.195/1997

[18] Nesse mesmo sentido, é o entendimento do mestre José dos Santos CARVALHO FILHO, em seu *Manual de Direito Administrativo*. 12ª ed., Rio de Janeiro: Lumen Juris, 2007, p. 438.

– Regulamento de Serviço de Transporte de Sinais de Telecomunicações por Satélite; Decreto nº 2.206/1997 – Regulamento do Serviço de TV a cabo, entre outras.

Ainda sobre a análise das pessoas jurídicas de Direito Privado prestadoras de serviço público, suscita breve comentário isolado acerca das pessoas componentes deste segundo setor, que foram regulamentadas pela Lei nº 8.987/1995, que, registre-se, teve como autor – e entendemos que não por acaso – o então membro do Congresso Nacional, senador Fernando Henrique Cardoso.

Forçoso concluir que, como parlamentar que colimava o cargo da presidência da República, legislou sobre matéria que, uma vez eleito e no uso de suas prerrogativas como presidente, as incluiu em seu plano de governo. Nesse caso, exemplifica-se que quer o Estado realizar as atividades que lhe incumbe, contando para tanto com o dinheiro das empresas privadas. Estas, por sua vez, visam o lucro e veem a oportunidade como grande negócio. Daí a sequência das desestatizações que se seguiram em seu governo.

Entendemos, portanto, que o meio político utilizado a fim de se alcançar a plena e competente prestação de serviços, que, a princípio, são públicos, em nada prejudica àqueles que anseiam pela sua prestação. O bem comum, com todas as assistências que este envolve, precisa ser atendido. O povo, em sua grande maioria alheio às transações políticas que norteiam a tomada de decisões do setor político, justamente pela falta do conhecer, saber, estudar, preocupa-se, primordialmente com o resultado, com a prestação do serviço público do qual depende para terem atendidas as suas necessidades básicas, tais como saúde e educação, dada a escassez de recursos para buscá-las na iniciativa privada.

Ainda sob a análise política, entendemos oportuno consignar que com a posse do atual presidente da República, Luis Inácio Lula da Silva, outros são os planos no que concerne aos meios utilizados para a consecução da atividade pública. Radicalmente contrário à política anterior, que se delineava nesse segmento, anunciou o atual governo que "acabou a era da privatização no Brasil".

Em entrevista concedida a certo jornal no sul do país, e com ampla divulgação nos *sites* da Internet, o ministro-chefe da Casa Civil, José Dirceu, anunciou que o governo assumirá o projeto de desenvolvimento nacional, em que a figura de maior destaque é o Estado. E acrescenta que "não se pretende 'reestatizar' o país", tecendo algumas críticas ao programa de privatização do governo anterior, principalmente no setor energético. E acrescenta:

> Acabou a privatização. Não se privatiza mais no Brasil. Não vamos "reestatizar" mas o projeto de desenvolvimento nacional vai funcionar.

Dado este novo momento político, vislumbra-se que todo o quadro que figurava nas relações entre governo e setor privado ganhará outros contornos. O Estado, mais uma vez, assumirá a posição paternalista e assumirá as rédeas do desenvolvimento social e econômico, trazendo para si monopolização do serviço público, e, da mesma forma, sendo responsável exclusivamente por este, inclusive no tocante à responsabilidade civil. Uma vez com o monopólio da prestação do serviço, não haverá mais falar em responsabilidade subsidiária. Daí a importância da flexibilidade do positivismo jurídico que rege as relações entre o Estado e a sociedade, já que estas estão em constante mudança na história, e as normas legais devem se adequar aos novos rumos políticos que se sucedem, muitas vezes, reescrevendo as leis.

6. Direito de Regresso

O direito de regresso é admissível no Direito Administrativo, pois o agente estatal que cometeu um dano a terceiro terá que ressarcir ao Estado aquilo que ele já pagou ao particular que foi lesado.

Há controvérsia na doutrina no que tange à existência ou não de prazo prescricional na ação de regresso, prevalecendo o entendimento de que não há prazo imprescritível.

Comum em nosso país a ocorrência de escândalos em que políticos são processados civil e penalmente por desvio de dinheiro público, ocorre que algumas vezes, quando o caso vem à tona, o crime praticado pelo agente do Estado já se encontra prescrito, o que o isenta de responder penalmente. Portanto, o mesmo não ocorre com a responsabilidade patrimonial, tendo o sujeito que responder por ela a qualquer tempo que for descoberta.

Há uma corrente que discorda desta imprescritibilidade, alegando a supremacia do princípio da segurança jurídica, na qual o Estado estaria vinculado ao prazo máximo de 10 anos, conforme prescrito no art. 205 do Código Civil.

Podemos exemplificar com o caso de um policial militar que está perseguindo o bandido e bate no carro de alguém. O policial militar é agente do Estado, e não obstante estar no estrito cumprimento do dever, causou um dano no bem de um particular e por isso, responderá o Estado objetivamente por isso.

O sujeito lesado acionará o Estado e este, após ressarci-lo, acionará o seu agente – o policial militar – para que este o reembolse do prejuízo sofrido. Portanto, terá que provar que ele agiu com dolo ou culpa. Se, conforme o exemplo, este estava no estrito cumprimento do dever legal, o Estado não será ressarcido.

O mesmo não se configurará se um policial militar, agente do Estado, bater no carro de um particular após sair de uma boate e ter utilizado bebida alcoólica, agindo com negligência. Neste caso, o lesado ingressará com a ação de responsabilidade com base na teoria objetiva contra o Estado, e este lhe ressarcirá dos prejuízos sofridos em seu veículo. Após, acionará o seu agente com fundamento na responsabilidade subjetiva, e provando que este agiu com dolo ou culpa, será ressarcido do que pagou ao particular.

7. Denunciação à Lide

Registre-se que os processualistas admitem a denunciação à lide nesse caso, o que não é pacífico no Direito Administrativo, mas, ao contrário, a maioria da doutrina entende inadmissível com o correto argumento que tal fato trará o injusto encargo à vítima, pois o Estado, ao denunciar a lide, que tem como fundamento a economia processual, chamará ao processo o seu devedor, e em face da morosidade que se dá nos processos em que este figura, o sujeito lesado demorará mais tempo para ser ressarcido do que seria na ação comum. Da mesma forma, não se justifica que o lesado tenha que esperar a solução de outro litígio para ter o seu atendido.

De acordo com decisão do STJ, verifica-se que a jurisprudência não a tem como necessária.

> Processual. Agravo Regimental no Agravo de Instrumento. Ação de Indenização. Responsabilidade Civil do Estado. Denunciação à Lide. Agente Causador Dano. Não Obrigatoriedade. Art. 70, III, CPC. Violação. Inocorrência. I. É entendimento assente nesta Corte Superior de que a denunciação à lide do agente causador do dano, em ações de indenização por responsabilidade civil do Estado, não seria obrigatória, permanecendo a possibilidade da Administração exercer seu direito de regresso, posteriormente, em ação apropriada. II. A irresignação da parte com julgado não tem o condão de infirmar seus fundamentos, ainda mais quando respaldado emposicionamento recente e reiterado deste STJ. III. Agravo regimental a que se nega provimento. (Agravo Regimental no Agravo de Instrumento 0114535-3; órgão julgador; Primeira Turma; Rel. Min. Fracisco Falcão)

8. Litisconsórcio

No tocante ao instituto do litisconsórcio, é facultativa a sua utilização. O sujeito lesado poderá ingressar diretamente contra o Estado, contra o agente causador do dano ou ainda contra os dois juntamente, não sendo necessário obedecer a uma ordem em relação a isso.

Portanto, ao acionar o agente do Estado, terá que se fundamentar na responsabilidade subjetiva, e só convém fazê-lo se houver subsídios para isso e a certeza de que aquele agente dispõe de recursos para cobrir o valor da indenização. Na falta dessa certeza, o sujeito lesado deverá acionar o Estado, pois terá maior garantia de ressarcimento.

9. A Responsabilidade Civil do Estado e o Poder de Polícia

A expressão *Poder de Polícia* abarca uma concepção ampla, que se refere a toda e qualquer ação restritiva do Estado em relação aos direitos individuais, e outra restrita, que se relaciona às prerrogativas atribuídas aos agentes que exercem as atividades administrativas do Estado. Neste último sentido, tal poder se reveste de maior amplitude, podendo até restringir e condicionar a liberdade e a propriedade, mesmo sendo estas direitos previstos como fundamentais na Lei Maior.

Sendo o *Poder de Polícia* uma atividade administrativa, oportuno consignar seus méritos em relação às demais, dada a sua importância em estabelecer a ordem pública, nas mais diversas manifestações de seus agentes imbuídos desse poder. Portanto, é por meio da execução do Poder de Polícia administrativa que o Estado vale-se para garantir substancialmente a tutela da ordem jurídica, vigiando a sua correta aplicação e evitando a violação desta.

Proprietário de veículo postula ressarcimento de perdas e danos em face da Companhia de Engenharia e Tráfego do Município do Rio de Janeiro – CET-RIO, sociedade de economia mista, por furto de veículo estacionado em logradouro público na denominada "Vaga Certa".

A questão é polêmica, mas vem predominado em nossos Tribunais no sentido de que a CET-RIO não responderia porque não teria celebrado o contrato com o proprietário do veículo; não teria havido depósito, nem guarda, mas mero exercício do Poder de Polícia quanto ao uso de vagas públicas para o estacionamento. Com efeito, trata-se de simples exercício regular do Poder de Polícia, consistente no disciplinamento do tráfego e ordenamento do uso do espaço urbano.

Mister esclarecer que o poder de Polícia Administrativa e de Polícia Judiciária são de natureza diversa. Portanto, no que tange à responsabilização da Administração Pública, quando da prática de ambos decorrer danos a terceiros, violando os preceitos legais em vigor, o agir estatal deverá ser responsabilizado.

Em doutas palavras, melhor explicação sobre Polícia Administrativa e Polícia Judiciária nos dá o mestre Diogo de Figueiredo Moreira Neto[19]:

> Quanto à Polícia Judiciária esta se distingue nitidamente da Polícia Administrativa, pelo objeto de pela finalidade da atuação.
>
> Quanto à finalidade, a diferença está na repressão: enquanto no exercício da Polícia Administrativa a repressão é própria da Administração que a emprega discricionária e executoriamente até restabelecer a ordem pública, no exercício da Polícia Judiciária, não cabendo a repressão é própria do Poder Judiciário, não cabendo uso da discricionariedade e da executoriedade senão instrumentalmente, no estrito limite para a Administração lograr a apresentação do responsável pela violação à ordem pública, eventualmente tipificada, como conduta punível, à Justiça.
>
> Quanto ao objeto, a diferença reside na amplitude de ação da Polícia Administrativa, que para manter todos os aspectos da ordem pública, pode incidir sobre pessoas, individual ou coletivamente consideradas, sobre direitos, bens e atividades. Enquanto a ação da Polícia Judiciária para submeter ao Poder Judiciário aquelas violações específicas da ordem pública, tipificadas como crimes e contravenções penais, recai apenas sobre a pessoa dos indivíduos, singularmente considerados.

E acresce ainda que a ação do Estado está pautada pelo Direito. Seja ela vinculada (segundo a lei), discricionária (dentro dos limites da lei) ou livre (não impedida pela lei) sempre estará juridicamente referida.

Ante tal definição, resta-nos apenas enfatizar que outra não poderia ser a finalidade da Administração Pública no uso do Poder de Polícia, senão o alcance do bem público, por meio da proteção dos direitos individuais e coletivos e que, no que concerne à responsabilidade estatal, esta se configurará quando o Poder de Polícia for praticado com abuso de poder ou por omissão de sua execução, quando esta se fazia necessária.

A fim de tornar preciso o momento em que o Estado passa a ser responsabilizado pela atuação de seu *Poder de Polícia,* há que se mensurar onde termina o discricionário e onde começa o arbitrário.

Reportando-nos novamente os ensinos do mestre Diogo de Figueiredo, relata-nos o insigne jurista que [20]

> a distinção entre discricionário e arbitrário decorrem dos princípios da legalidade, da realidade e da razoabilidade, expondo que a legalidade conforma o primeiro e o mais importante dos sistemas de limite, é a moldura normativa dentro da qual se deve conter o poder de polícia de segurança. A realidade é o sistema em que estejam observados os parâmetros legais e a razoabilidade é uma relação de coerência que e deve exigir entre a manifestação de vontade do Poder Público e a finalidade específica, que a lei lhe adscreve.

Portanto, ao agir a Administração Pública perpassando os limites da discricionariedade e resultando a sua ação em dano, estará esta fadada ao dever de ressarcir o lesado. Registre-se que tal assertiva se aplica, da mesma forma, a atos provenientes do poder discricional.

10. A Responsabilidade Civil do Estado e o Ato de Improbidade Administrativa

Entendemos oportuna uma breve distinção entre a responsabilidade do Estado por *ato administrativo* de seu agente e por *ato de improbidade administrativa* deste.

A responsabilidade civil do Estado por ato administrativo de seu agente se configura na obrigação que o Estado tem de ressarcir o terceiro que, por conduta comissiva ou omissiva de seus agentes, sofrer a violação de seus bens, caracterizando-se o dano e sendo certo que há um nexo causal que os vincule. Portanto, nesse diapasão, podemos afirmar que o sujeito passivo, ou seja, aquele sobre quem recairá a responsabilização, é o Estado, seja de forma isolada ou solidária.

O mesmo não ocorre no que concerne aos atos de improbidade administrativa.

A palavra improbidade, cujo significado é desonestidade, mau caratismo, se insurgiu na legislação na Carta de 1988, que estatui no § 4º do art. 37:

> Os atos de improbidade administrativa importarão a suspensão dos direitos políticos, a perda da função pública, a indisponibilidade dos bens e o ressarcimento ao erário, na forma e gradação previstas em lei, sem prejuízo da ação penal cabível.

Registre-se que referido dispositivo constitucional foi regulamentado pela Lei nº 8.429/1992, que dispõe sobre os atos de improbidade administrativa.

[19] NETO, Diogo de Figueiredo Moreira. *Direito Administrativo de Segurança Pública.* Rio de Janeiro: Forense, p. 120.

[20] Diogo de Figueiredo Moreira NETO. "Comentários sobre os Limites da Discricionariedade do Exercício do Poder de Polícia". 1º Congresso Brasileiro de Segurança Pública, Fortaleza, maio de 2000.

A improbidade administrativa se configura por ato que decorre da ação do agente público em desacordo com o princípio da moralidade, um dos preceitos que norteia a Administração Pública, previsto no *caput* do art. 37 da Constituição Federal e que cause dano ao erário público. Daí a consequência de que tais atos estarão eivados de vício insanável.

O legislador constituinte, e por corolário, o legislador ordinário, ao configurarem a previsão legal para os atos de improbidade administrativa, buscaram arraigar a plena moralidade no desempenho da função pública. Esta deve ser exercida sob a irrestrita observância dos princípios adotados pela Administração Pública, sobressaindo-se, sobretudo, o zelo pela moralidade pública.

Neste contexto, porém, o sujeito passivo da responsabilização é o agente administrativo que, por meio de sua conduta, contrariando os princípios constitucionais, causa prejuízo ao Estado, ainda que deste não tenha resultado prejuízo patrimonial a este ou a terceiros.

O Estado, nesta vertente, é tão somente o titular do direito de ter o seu nome zelado e alicerçado pela moralidade. Não se coaduna qualquer hipótese de responsabilização na eventual infração desta moralidade, ao contrário, passa este a ser sujeito ativo para responsabilizar o agente ímprobo.

11. A Responsabilidade Civil do Estado e a Lei de Responsabilidade Fiscal

A Lei Complementar nº 101, de 4/05/2000, Lei de Responsabilidade Fiscal, trouxe uma inovação na legislação brasileira, conferindo à União instrumentos legais para o eficaz controle aos seus entes, em suas finanças, objetivando cerceá-los de utilizar o dinheiro público excessiva e inadequadamente, sem qualquer margem de planejamento.

A inovação da lei se configura no aspecto de que governadores e prefeitos têm a liberdade de suas transações financeiras minimizadas, sujeitando-se-lhes à política econômica da União.

Nesse preceito legal, a responsabilidade recai sobre governadores e prefeitos, sendo estes o *sujeito passivo* desta responsabilização imposta pelo Estado, aqui, particularizada pela União, e para que esta se configure, é necessária a inobservância pelos agentes públicos a estes preceitos.

O legislador reveste-se do princípio de que na Federação há Estados e Municípios maus administrados e que se utilizam do erário público de forma inadequada, gerando a inflação, e, portanto, a nova lei obriga todos, indiscriminadamente, a seguir os seus pressupostos, até os que administram bem o dinheiro público.

Portanto, diante desta lei, bons e maus administradores se encontram no mesmo patamar e estão regulados sob igual preceito legal. Não obstante, necessário observar que dada a grande diferença que Estados e Municípios apresentam, no contexto regional, alguns autores se antecipam à falência da finalidade desta lei, pois que atribui as mesmas responsabilidades a entes em patamares regionais e econômicos tão desiguais.

Vale dizer, a responsabilidade deve ser proporcional à capacidade de um ente em causar danos ao erário público. Um Município cujo orçamento não cobre sequer os gastos mínimos à dignidade de sua população não merece ficar à mercê de uma responsabilização econômica que, da mesma forma, pese sobre um outro muito superior economicamente. Seria um abismo social.

Não obstante, questiona-se entre os juristas a real necessidade desta lei, eis que os elementos para a punição de governadores e prefeitos já existia na legislação vigente, sendo apenas necessário para uma justa política orçamentária o seu fiel cumprimento.

Contudo, neste contexto, com a edição desta lei se materializa a assertiva de que há excesso de leis e pouco conhecimento em relação às mesmas, bem como falta de aplicabilidade destas aos casos concretos, equiparando-se o excesso de leis a objetos que se coloca em um canto da casa, em lugares pouco visíveis, em face da ineficácia de seu uso.

Com propriedade se expressou a esse respeito o então ministro do Supremo Tribunal Federal, Marco Aurélio de Mello, em entrevista à *Folha de S. Paulo*, em 22/04/2001:

> Precisamos parar com essa mania de acreditar que vamos corrigir as mazelas do Brasil mediante novas leis. O que precisamos, em última análise, é de homens que cumpram as existentes.

Homenageamos a simetria da assertiva do referido ministro, dando-lhe nuances mais persistentes, *ao concluir* que o Brasil precisa de uma nova configuração de seus ideais políticos e sociais, que só será possível por meio de administradores conscientes de seu papel, e cujo princípio básico seja o da *igualdade*, sepultando os privilégios exercidos em nome de alguns e diminuindo as desigualdades sociais, por meio do estrito cumprimento do dever legal e bastando que sejam aplicados os preceitos legais, sobretudo os enunciados na Constituição Cidadã.

Observa-se que tanto o Poder Legislativo, usando da prerrogativa que lhe é inerente, abusa da edição de leis, sem, contudo levar em consideração a real necessidade destas no mundo prático, quanto o Poder Executivo, utilizando-se de função atípica, edita um amontoado de Medidas Provisórias, a seu bel-prazer, valendo-se desta brecha para dar cabo a situações que julga urgentes, nem sempre, portanto, caracterizadas como casos de relevância e urgência.

Tais procedimentos empurram o regime democrático à beira do abismo, tendo abaixo deste o povo como expectador incrédulo, a apreciar tal cena e a temer a sua queda.

12. A Responsabilidade Civil do Estado por Atos Legislativos

O Poder Legislativo exerce relevante atividade no Estado Democrático, pois seus membros, eleitos pelo povo, devem buscar realizar suas aspirações, preenchendo as lacunas existentes nas normas legais que norteiam a vida em sociedade, na incansável luta para diminuir as diferenças sociais.

Por isso, *legislar* implica refletir, repensar e solidificar os anseios de uma sociedade. Ademais, as leis que vigoram no país incidem sobre todos, indiscriminadamente, salvo as leis específicas que regulam determinadas categorias, como, por exemplo, Estatuto dos Funcionários Públicos etc.

Inoportunamente, entretanto, se editam leis além do que seria necessário para regular todo um país. Tamanha é a quantidade de leis que a grande maioria das pessoas sequer sabe da sua existência. Ocorre muito comumente que muitas delas caem no esquecimento até pelo próprio legislador.

As próprias leis em vigor dão margem a outras que porventura possam contradizê-las, ao preconizar: *[..] salvo lei em contrário.*

Tem-se uma verdadeira fertilidade legislativa, pois as leis se procriam indiscriminadamente. Entretanto, nem sempre sua incidência é pacífica, gerando inúmeras controvérsias e calorosas discussões no Poder Judiciário.

As categorias das normas legais em nosso país são: constitucionais, leis ordinárias, regulamentos e medidas provisórias. Estas últimas somente podem ser editadas em caso de *"relevância e urgência"*.

O Supremo Tribunal Federal assim se manifestou sobre esta espécie normativa:

> O que justifica a edição de *medidas provisórias* é a existência de um estado de necessidade, que impõe ao Poder Executivo a adoção imediata de providências de caráter legislativo, inalcançáveis segundo as regras ordinárias de legisferação, em face do próprio *periculum in mora* que certamente decorreria do atraso na concretização da prestação legislativa. (STF– RT 645/200)

As normas de grau inferior devem ser compatíveis com as de grau superior sendo que a Constituição, por ser a Lei Maior, está acima de todas. Qualquer outra norma legal que for com ela incompatível tornar-se-á inconstitucional.

Em princípio, o Estado não pode ser responsabilizado por atos legislativos, uma vez que a lei é um ato de soberania, o que se pressupõe não ensejar nenhuma reclamação que vise alguma compensação decorrente desta.

Segundo as palavras do mestre Renan Miguel Saad[21]:

> As leis, em geral, criam uma situação jurídica geral, objetiva, impessoal, abstrata, não podendo atingir situação jurídica individual e concreta, pois se aplica a todos e por igual.

No entendimento do ilustre mestre José dos Santos Carvalho Filho[22],

> o ato legislativo não pode causar a responsabilidade civil do Estado, se a lei é produzida em estrita conformidade com os mandamentos constitucionais.

Acolhemos a interpretação do insigne jurista, no sentido de que a lei regularmente disciplinadora de certa matéria não seja passível de causar prejuízos ao indivíduo, já que a Constituição Federal, em seu art. 5º, inciso XXXVI, assim reza: [...] *"A lei não prejudicará o direito adquirido, o ato jurídico perfeito e a coisa julgada."*

12.1. Leis Inconstitucionais

Na hipótese de leis inconstitucionais, outro é o entendimento, haja vista a suposição de que as leis infraconstitucionais devem ser compatíveis à Lei Maior, valendo-se o legislador da estrita observância ao que esta dispõe.

Quando algum dano é produzido a alguém, em decorrência de leis inconstitucionais, suscita-se a responsabilidade do Estado. Tal incidência decorre do fato de que o órgão legislativo não agiu com o devido zelo que lhe é imperativo quando da edição de normas legislativas.

---

[21] SAAD, Renam Miguel. *O Ato Ilícito e a Responsabilidade Civil do Estado. Doutrina e Jurisprudência.* Rio de Janeiro: Lumen Juris, p. 79.

[22] CARVALHO FILHO, José dos Santos. *ob. cit.*, p. 449.

Oportuno consignar que a responsabilidade só será caracterizada se o ato legislativo que se supõe inconstitucional produzir efetivamente dano ao particular. Caso esta lei, ainda que inconstitucional, não afete um bem jurídico tutelado, não há que se falar em sua inconstitucionalidade.

Imprescindível também que a lei seja expressamente declarada inconstitucional, para, *a posteriori*, se reclamar os danos desta proveniente. Caso não o seja, pressupõe-se que esteja sob a eiva de legalidade, já que incidem sobre as leis esta presunção.

Ao tratar de responsabilidade civil do Estado, expõe com muita propriedade o mestre José Cretella Júnior[23]:

> Se da lei inconstitucional resulta algum dano aos particulares, caberá a responsabilidade civil do Estado, desde que a inconstitucionalidade tenha sido declarada pelo Poder Judiciário. Sendo a lei, em regra, comando genérico e abstrato, o dano aos particulares emergirá de atos praticados em decorrência de lei inconstitucional, exceto no caso excepcional de leis que determinam situações jurídicas, de sorte que o dano será diretamente imputável à lei inconstitucional. Isso, entretanto, não altera em absoluto os termos da questão. O que é imprescindível é que se verifique o nexo causal entre a lei inconstitucional e o dano ocorrido.

O Estado será responsabilizado nas duas hipóteses: Quando o dano é proveniente da lei inconstitucional é a lei em si que provoca o dano, ao passo que quando o dano é derivado de ato praticado com base na lei inconstitucional, é o ato que o provoca.

12.2. Leis de Efeito Concreto

No caso da edição de leis de efeito concreto, que são as meramente formais, incide a responsabilidade civil sob a pessoa jurídica federativa que as originou, pois estas leis, não obstante a sua denominação, materialmente constituem meros atos administrativos. Daí equiparar-se a estes quanto à sua responsabilização.

As leis de efeito concreto individualizam as pessoas de sua destinação no momento em que são editadas. Como exemplo, temos aquela que concede aumento a uma determinada classe de trabalhadores, a que desapropria determinado imóvel, ou ainda a lei, geralmente municipal, que declara a limitação administrativa. Nesses casos, elas não são gerais ou impessoais.

Exemplo clássico da incidência de uma lei de efeito concreto pode ser observado quando a sua edição determina o fechamento de certas ruas do centro de certa cidade, de modo que permita apenas a circulação de pedestres nestas vias urbanas, hipótese em que a lei é reconhecidamente legal e legítima e se destina a atender um interesse coletivo, que é facilitar a passagem das pessoas que ali circulam.

Pode ocorrer, contudo, que nas citadas ruas haja edifícios-garagem, legalmente constituídos, e cujos proprietários serão diretamente prejudicados, recebendo um tratamento anormal por parte da lei editada pelo Poder Público.

Nesse caso, mesmo sendo o ato lícito e legítimo, aquele que se julgar prejudicado, sendo o proprietário do edifício-garagem neste caso específico, fará jus a pleitear uma indenização da Administração Pública, por força do princípio da impessoalidade, posto que sofreu ônus maior que as demais pessoas.

A lei municipal editada, que a princípio teria efeitos genéricos, incidiu um efeito prejudicial sobre os interesses pessoais do referido proprietário, os quais foram postos de lado em favor do interesse coletivo, e que sofreu uma queda nos seus negócios a partir dos efeitos desta lei.

Outro exemplo de lei de efeito concreto é o que se refere à edição de lei que determine a criação de áreas de preservação ambiental, quando, em cumprimento à determinação da lei, retira-se de um particular uma propriedade produtiva, impedindo-o de continuar a sua atividade de exploração econômica daquela área.

Verifica-se que o ato legislativo, da mesma forma que o exemplo anterior, foi lícito e legítimo, mas importará em um tratamento anormal por parte do Poder Público a este proprietário, que terá suprimido os lucros que advinham do referido bem. Desta feita, é lícito que o prejudicado pleiteie a justa indenização do Poder Público, com fundamento na diminuição de sua possibilidade de explorar economicamente a sua propriedade. Em sua alegação poderá se constatar que este sofreu um prejuízo causado por um ato lícito, que gerou um tratamento anormal em prol de toda a coletividade.

Importa acrescentar que este particular prejudicado poderá propor uma *ação ordinária de desapropriação indireta*, posto que não mais convém a ele preservar uma propriedade que não mais irá gerar lucro algum, e tendo em vista que, por meio da ação de desapropriação, o valor indenizatório será consideravelmente maior que o devido em uma ação de indenização por diminuição de exploração de atividade econômica.

---

[23] JUNIOR, JOSÉ CRETELLA. RDA 153/16, 26.

Em vez de optar por continuar com o bem economicamente prejudicado e receber uma indenização irrisória, este poderá optar por perder toda a propriedade e receber a verba indenizatória equivalente.

Outro exemplo muito semelhante é o que ocorreu em São Paulo, na reserva ambiental da Serra do Mar, onde a proprietária, uma editora, cobrava uma vultuosa indenização do Estado, por cauda da decretação de uma limitação administrativa, alegando que na área de sua propriedade havia uma jazida da qual ela não poderia explorar.

Com isso, pleiteou uma indenização por não mais poder usar aquela área e pelo prejuízo por não mais poder auferir lucros com a exploração da jazida. Ocorre que, neste caso específico, as jazidas são de propriedade da União, não sendo lícito a um particular explorá-la economicamente. Portanto, o magistrado que emitiu a decisão não atentou para este detalhe, tendo conferido decisão favorável e decidindo pelo pagamento da indenização pleiteada.

Contudo, a decisão *a quo* foi posteriormente modificada pelo STJ.

Outro exemplo: A encampação, que se constitui na retirada da delegação da prestação de um serviço público, se materializa por meio da edição de uma lei.

Pode-se retirar a delegação, como exemplo, de um serviço de transporte coletivo de uma empresa, devolvendo-a à Administração. Trata-se, pois, de uma lei de efeito concreto. Se ficar provado que não havia fundamento para aquela encampação, mas que esta se deu por um motivo de perseguição política, cabe uma ação indenizatória contra a Administração Pública, ou mesmo a impetração de Mandado de Segurança, pois a lei de encampação não é lei em tese.

13. Responsabilidade Civil do Estado por Atos Judiciais

Sustentou-se durante muito tempo no Brasil a irresponsabilidade do Estado por atos do Poder Judiciário, mesmo quando o estudo da Responsabilidade Civil por Ato da Administração Pública – em certos casos, admitida mesmo sem culpa – já se mostrava balizado. Mas, ao se consagrar a responsabilidade emanada pelos atos desta, incoerente tornou-se recusar a responsabilidade pelos atos judiciários, pelo menos quanto àqueles "materialmente administrativos", que se decorre quando a atuação do magistrado compara-se à de um agente administrativo.

Cumpre-nos registrar que os *atos jurisdicionais* são aqueles praticados pelos magistrados no exercício de suas funções, tais como os despachos, as decisões interlocutórias e as sentenças.

Em princípio, os atos jurisdicionais são insuscetíveis de serem responsabilizados civilmente em face do princípio da soberania do Estado e ao instituto da coisa julgada. A maioria da doutrina homenageia este entendimento.

Porém, de acordo com o que dispõe o texto da Constituição da República de 1998, em seu art. 37, § 6º, expressa está a responsabilidade do Estado por danos causados a terceiros por conduta de seus agentes (omissivas ou comissivas). Portanto, incluído nessa regra se encontram os danos decorrentes de atos judiciais. Incontestavelmente, consiste o serviço judiciário em um serviço público.

É de notar que o teor do referido artigo, assim como dos correspondentes dispositivos das constituições anteriores, desde a de 1946, abarca não somente a teoria objetiva do Estado, fundada no risco, mas também a teoria da responsabilidade subjetiva, baseada na falta de serviço, aqui entendidos: o mau funcionamento, o não funcionamento ou o atraso na prestação deste, bem como as faltas dos agentes que o realizam.

O magistrado, como operador do serviço estatal, é um agente público e age em nome do Estado, e os seus atos são, pois, diretamente atribuíveis a este, que, por seu turno, tem o dever de responder por suas consequências. Registre-se que pela prática de atividade judiciária danosa, deve-se responder não somente pelos danos materiais, mas da mesma forma, por danos morais produzidos por seus agentes.

A responsabilidade do Estado por ato judicial não é acolhida pacificamente na doutrina e nas decisões dos tribunais. Portanto, entendemos que não se pode sustentar a irresponsabilidade do Estado com a alegação de ser o exercício da função judiciária uma manifestação de soberania, pois se assim o fosse, estaria a ideia de soberania manifestamente contrária à responsabilidade do Estado, e este também se submete ao Direito, até porque, dada a sua relevância política, deve ser o primeiro a aplicá-lo.

A intangibilidade pela lei da coisa julgada, conforme preceitua o art. 5º, inciso XXXVI da Constituição Federal, recai apenas sobre os atos judiciais propriamente ditos (sentenças), não aos demais atos jurisdicionais (notadamente os materialmente administrativos). Fosse a coisa julgada, de fato, um obstáculo consistente que justificasse a irresponsabilidade, superada estaria esta tese, pois pode ser transposta por meio de ação rescisória, pelo prazo estipulado no art. 495 CPC, ou revisão criminal, a qualquer tempo.

A reparação do erro judiciário penal encontra previsão no inciso LXXV da Constituição Federal, que deve ter uma remissão ao art. 630 do Código de Processo Penal. Estes dispositivos legais deixam claro que o Estado pode ser responsabilizado por atos judiciais quando houver prisão além do tempo e erro judicial.

> *Art. 5º [...]*
> *LXXV – O Estado indenizará o condenado por erro judiciário, assim como o que fica preso além do tempo fixado na sentença.*

O erro judiciário pressupõe a aplicação da responsabilidade subjetiva, eis que carece de prova de culpa. Entretanto, quando se tratar de prisão além do tempo fixado na sentença transitada em julgado, a responsabilidade é objetiva.

Claro está que o texto da Lei Maior não faz menção referente à distinção entre ação penal pública e ação penal privada, dispensando a sua observância, e que afirma expressamente a obrigação indenizatória do Estado por erro judiciário. O juiz (agente público) exerce atividade estatal em ambas as ações, o que, por si só, caracteriza a atuação estatal por atos jurisdicionais.

Outra forma de responsabilidade do Estado pela prestação jurisdicional decorre dos prejuízos causados por denegação de justiça e por demora na prestação da tutela jurisdicional, o que se funda na teoria da falta do serviço.

A exclusiva responsabilidade pessoal do juiz está expressa no art. 133, inciso I, do CPC, reproduzido no art. 49 da Lei Orgânica da Magistratura Nacional, ao estabelecer que quando este, no exercício de suas funções, proceder com dolo ou fraude, recusar, omitir ou retardar, sem justo motivo, providência que deva determinar de ofício ou a requerimento das partes, o Estado será responsabilizado.

Em decisão recente, a Suprema Corte rejeitou embargos de declaração ao recurso especial em ação de responsabilidade civil por ato judicial:

> Responsabilidade Civil do Estado por Ato Judicial. Jurisdição Voluntária. Alvará. Art. 37, § 6º, da Constituição Federal. Discussão Sobre seu Âmbito de Incidência. Matéria de Índole Constitucional. Ausência de Omissão Obscuridade ou Contradição. *Se o Tribunal de origem, ao analisar o caso concreto, concluiu pela existência de prejuízo e pela negligência do magistrado, não cabe a esta Corte reexaminar o suporte fático que embasou esse entendimento. É perfeitamente possível que, conquanto a matéria tenha índole constitucional, cite o julgador, en passant, dispositivos de natureza infraconstitucional para reforçar sua fundamentação."Não cabe recurso especial fundado em dissidência pretoriana, quando restrita esta à matéria de ordem constitucional" (RSTJ 60/314). O fato de o recurso extraordinário não ter sido admitido pouco importa para a solução do presente recurso especial, uma vez que, como é sabido, o juízo de admissibilidade dos recursos excepcionais é diferido e não está o relator vinculado ao entendimento adotado pela Corte* a quo. Embargos de declaração rejeitados. (STJ – Segunda Turma; RE nº 122349; embargos rejeitados; unanimidade; Rel. Min. Franciulli Netto) (Grifo nossos)

Dessa Forma, concluímos que o erro judiciário e a prisão além do tempo se constituem nos pressupostos para que o Estado seja responsabilizado por ato judicial. Na segunda hipótese – *prisão além do tempo* –, a responsabilidade será *objetiva* e acrescentem-se os casos de exceção quanto às prisões preventiva e temporária, nas quais é admitido o recurso.

Resta claro, contudo, que a menção do Texto Constitucional à palavra "erro" evidencia a necessidade de prova, o que caracteriza a responsabilidade subjetiva em casos de erro judiciário. No Processo Civil admite-se a comprovação de erro ou dolo do juiz, quando este teve a intenção do ato. Já no instituto do Processo Penal, há que provar a culpa. Ambos remetem à responsabilidade subjetiva.

Vejamos alguns acórdãos a respeito da responsabilidade civil por erro judiciário:

> Indenização. Fazenda Pública. Responsabilidade civil. Erro judiciário. Reconhecimento de revisão criminal como pressuposto do pleito indenizatório. Necessidade. Precedentes. Inocorrência da hipótese do art. 630 do Código de Processo Penal. Ausência, ademais, de prova de nexo causal entre a prisão e as perdas decorrentes. Ação improcedente. Recursos não providos (JTJ 223/53).
> Indenização. Responsabilidade civil. Fazenda Pública. Danos morais. Prisão indevida, que teria sido motivada por prestação jurisdicional incorreta – Inocorrência, porém, de erro, negligência ou omissão na decisão atacada. Julgamento de procedência reformado, para dar-se pela sua improcedência. Reexame necessário e recurso da ré, providos para esse fim, prejudicado o da autora. (Apelação Cível nº 31.893-5/SP; Sétima Câmara de Direito Público; Rel. Lourenço Abbá Filho).
> Indenização. Fazenda Pública. Responsabilidade civi. Danos moral e material. Erro judiciário. Prisão indevida. Sentença condenatória penal desconstituída em ação revisional. Responsabilidade objetiva do Estado, independentemente da apuração de culpa, ou dolo, pe-

los atos de seus agentes. Verbas devidas. Recursos não providos (JTJ 225).

Indenização. Fazenda Pública. Responsabilidade civil. Magistrado. Condenação do autor em lugar de outrem. Falha do serviço público quando do indiciamento do verdadeiro autor do delito. Responsabilidade objetiva do Estado e não, pessoal, do Juiz. Carência afastada. Recurso provido. (STJ 200).

14. Conclusão

No Brasil, o instituto da responsabilidade civil é dos temas que mais tem se expandido, em especial com o advento da Constituição Cidadã e do Estado Democrático, que ampliou sobremaneira o leque de direitos do homem, como cidadão, no Direito Positivo. Hoje, fala-se em responsabilidade por danos ambientais, ao consumidor, nuclear etc.

Registre-se, portanto, que tal positivismo jurídico, por si só, não consagra a plenitude do Direito, no que concerne à sua aplicação no mundo concreto, restando um imenso caminho a ser percorrido pela sociedade brasileira, a fim de que seja alcançada a igualdade, que no Brasil – segundo as louváveis palavras do ilustre historiador José Murilo de Carvalho[24], em conferência realizada na Emerj – Escola de Magistratura do Estado do Rio de Janeiro, com o tema "Cidadania no Brasil" – se configura como um dos tripés da cidadania e ainda está por vir, devendo alcançar a todos, indiscriminadamente, e não apenas parcela da população.

Para tanto, necessário se faz, *a priori*, a consciência, pela sociedade, da existência de seus direitos, sendo a cultura o instrumento básico dessa consciência. Uma vez conhecedor de seus direitos, o homem sempre haverá de buscá-los, rompendo as barreiras do poder, do domínio e do descaso.

O Estado, por sua vez, como detentor da soberania, nem sempre corresponde a seus administrados de forma democrática, eis que de variadas formas desrespeita e ignora os direitos individuais do cidadão, abusando do poder e agindo com excesso de discricionariedade. Por isso, deve ser responsabilizado, pois quem se serve da liberdade responde pelos excessos que comete. É o que se configura em uma nação democrática.

Pela interpretação do atual texto constitucional, que versa sobre o tema, tem-se que cumpre ao Estado responder por danos ocasionados por todos os atos da Administração Pública, incluindo-se neste contexto atos judiciais, que têm resistido como a última forma de irresponsabilidade estatal.

Não obstante, parte da doutrina no Direito Moderno já acolhe a tese da responsabilidade do Estado por atos judiciais, o que não é agasalhado pela jurisprudência, que, numa posição paternalista, reage contra a sua admissão.

Entretanto, é nosso entendimento que essa resistência prescinde efetivamente a consagração de uma causa mais valorativa, que é a plena aplicação do direito, compatível com os ideais de um Estado que se intitula democrático, e que, para tanto, não deve perpetuar paternalismos ou privilégios a uma ou outra classe, mas, ao contrário, perfilhar a igualdade e a democracia plena, que são reverenciadas nos textos das leis, inclusive na Lei Maior, mas se quedam inertes nos casos concretos.

Ademais, resta-nos a acepção de que a justiça, a cada dia, ganha novas configurações à medida que os direitos dos cidadãos vêm sendo repensados e rebuscados dentro dos contextos social, nacional e internacional, e que a humanidade, como um todo, vem se empenhando em alcançar a igualdade, em especial quando busca diminuir as desigualdades sociais e globalizar não apenas a informação ou os segmentos da economia, mas, sobretudo, a ideia de que o homem é um ser universal e que os seus direitos devem se sobrepor às culturas, às formas de governo e às religiões dos diferentes continentes que o habita.

Repensar os direitos do homem, suas necessidades e aspirações como um cidadão universal, e não como um cidadão africano, americano, asiático ou europeu; capitalista ou neoliberal; conservador, católico ou protestante etc. Eis o grande desafio desta e das futuras gerações.

[24] Conferência. Tribuna Livre, ano III, palestra do autor em 24/08/2003, na Emerj – Escola de Magistratura do Estado do Rio de Janeiro.

Capítulo 6

Desapropriação

1. Considerações iniciais

A ideia de Direito absoluto sempre foi questionada nos ordenamentos jurídicos no decorrer da História. E assim procede pelo fato de que o interesse social há de se sobrepor a todo e qualquer interesse individual " acepção pacificada pela Constituição Cidadã e pela jurisprudência pátria.

O próprio Absolutismo, modelo de soberania suprema e inquestionável, em que o rei era o senhor absoluto, detentor dos poderes e responsável pelos rumos das demandas sociais, foi sendo arrefecido pelas sucessivas e calorosas manifestações das sociedades inconformadas com a inibição de seus direitos e que acabaram por miná-lo, sobretudo após a Revolução Francesa, que significou um verdadeiro marco na história dos direitos sociais, descortinando-se um novo cenário mundial.

Entretanto, foi no diploma legal da Declaração dos Direitos do Homem e do Cidadão, em 1789, que se firmou para o mundo moderno o rol – exemplificativo e não taxativo " de direitos fundamentais, dentre os quais o de propriedade, assim elencados: "liberdade, propriedade, segurança e resistência à opressão", que se aplicam de forma universal, na tentativa de suprimir privilégios e estabelecer igualdades entre os seres de todas as nações.

Dentro dessa mesma lógica, se observa que a propriedade privada, um dos estatutos que melhor personifica a relativização do Direito, vem oscilando, desde há muito, entre as ideias individualista e socialista, entre as teorias personalista e comunista, justificando-se tais variações no fato de que, em todas as nações do mundo, a propriedade há de ter sempre suas limitações.

O liberalismo, ao se associar ao capitalismo, traz uma maior margem ao direito de propriedade privada; ao contrário do socialismo, que se reveste de maior restrição a esse direito, mais se assemelha ao totalitarismo de Estado.

O liberal-capitalismo, caracterizado pela concentração da riqueza nas mãos de alguns, traz um diferencial aos sistemas citados e procura diminuir esse desequilíbrio, ao introduzir a rotina do uso da tecnologia industrial, e obtendo o controle da renda *per capita,* mas se desconfigurando do modelo de justiça por adotar em seu sistema a "exploração do homem pelo homem".

Nos sistemas totalitários socialistas, não obstante as vastas limitações em favor do Estado que são impostas à comunidade, encontram-se concessões à liberalidade, permitindo-se, inclusive, a relativa expansão da propriedade individual, como estímulo ao desenvolvimento e à produção.

O socialismo, por seu turno, denota um lado extremo ao tender pela extinção do direito da propriedade individual, como consequência da exacerbada supremacia da classe política dominante e do atenuado direito do homem.

Segundo Max e Engels, no famoso Manifesto Comunista, a propriedade privada moderna – a burguesa – é a última e a mais perfeita expressão do modo de produção e de apropriação, baseada nos antagonismos de classes, na exploração de uns sobre os outros.

A abolição da propriedade privada foi enfatizada pelas teorias comunistas. Os regimes individualistas, contudo, incluindo-se o aqui vigente, não afastaram a ideia de propriedade privada, embora não tenham se eximido de fazer concessões à tese socialista, pois que, a bem da verdade, não se configura em uma sociedade a existência de um regime puramente individualista, chegando a ser sua existência uma utopia e havendo sempre as nuances de ideias sociais.

É neste panorama que a propriedade privada vem-se moldando a um aspecto mais social e menos individualista, ganhando contornos democráticos e inviabilizando cada vez mais a exclusividade, admitindo-se até o sacrifício do indivíduo proporcionalmente à satisfação social.

O Estado moderno, graças aos novos parâmetros constitucionais, caminha verdadeiramente para uma reformulação em seus segmentos, suprimindo-se o Direito Subjetivo da propriedade privada e de sua riqueza improdutiva e cumulativa, em razão de uma função social que se lhe atenda.

Com efeito, o instituto da desapropriação vem limitar o *usum et abusum* da propriedade pelo particular, anulando prerrogativas individuais em prol do bem comum, buscando trazer ajuste e conciliação entre o *ter e o poder.* Necessária, portanto, uma breve análise sobre o direito de propriedade, justificando-se pela sua precedência à desapropriação.

2. O Direito de Propriedade

O instituto da propriedade é decorrente das aspirações do homem desde os tempos primórdios, a partir de seus instintos eminentemente sociais e econômicos. Sentia ele a necessidade de apropriar-se dos bens que lhe eram úteis, bem como de guardá-los a salvo da posse de outrem. Com isso, ainda que sem amparo jurídico que lhe desse garantia real de posse, o homem se valia de seus poderes de defesa e ataque para resguardar seus supostos direitos. Caracterizada estava a apropriação, mesmo que desprovida de legitimidade jurídica, pela ainda inexistência da intelectualidade do homem, mas tão somente pela sua imposição, proveniente de sua força física sobre o bem colimado.

Com o decorrer do tempo e com a organização da sociedade, a força física foi sendo substituída, gradativamente, por ordenamentos legais, em função da intelectualização do homem, e a irracionalidade foi cedendo ao convívio pacífico de um mundo social e juridicamente organizado.

Pode-se afirmar, contudo, que a evolução da propriedade foi marcada pelas características de cada época. Na Idade Média era considerada legítima, mas sem a característica de Direito Absoluto, valendo-se o homem de argumentos individualistas e sociais para justificá-la. Todavia, deve-se ressaltar que já à época, o Direito de Propriedade estava atrelado à sua função social, eis que se prestava para o fim de produção e do consequente rendimento, sendo antes necessária a organização.

Vislumbra-se, com isso, que a propriedade já pressupunha, como justificativa de legalidade, a existência dos elementos: paz, ordem social e efetiva produção, não sendo permitido ao titular destes abusar em detrimento da coletividade, e aos quais, não nos furtamos de constatar, perpetuaram por meio dos tempos e, até os dias de hoje, se mostram necessários e indispensáveis.

Na esteira dessas mesmas considerações, ilustramos esta assertiva com a crise que deságua, ao longo dos últimos anos e ainda sem solução, sobre a propriedade, notadamente a protagonizada pelos membros do Movimento dos Sem Terra – MST, que desprovidos de alguns desses elementos, quais sejam, paz e ordem social, têm tornado as suas lutas em constantes cenas de desordem e arbitrariedade, além da ilegalidade.

Não obstante, este grupo também vem desconsiderando a efetiva função social da propriedade, já que em muitas vezes invadem terras plena e comprovadamente produtivas. Temos com isso o verdadeiro retrocesso aos tempos pré-medievais, voltando a predominar a irracionalidade e a força física nas relações entre os homens, num descaso à Justiça e à legislação vigente.

No Mercantilismo, que se estendeu de 1450 a 1750, prevaleceu o rigoroso intervencionismo estatal. Neste sistema econômico, destacavam-se ouro e a prata como principais instrumentos de riqueza. À época, a propriedade figurava com o viés de subordinação dos interesses do indivíduo perante a coletividade, mas com o incentivo à sua existência, já que desta apropriação originaria a produtividade e a consequente riqueza do proprietário[1].

Sequencialmente, surgiu a doutrina liberal individualista, fruto de um movimento avesso ao Mercantilismo, considerado por estes como abusivo e arbitrário poder Estatal. Diz-se liberal por se contrapor ao intervencionismo do Estado, que reserva para si todos os direitos e impõe apenas deveres aos indivíduos, e individualista por se opor à rigorosa sujeição destes ao Estado. A partir do Mercantilismo, surgem as escolas fisiocrática e clássica.

Na concepção dos fisiocratas, a propriedade é justificada pela importância de sua agricultura e pela repartição dos produtos dela obtidos, e a partir do Direito de Propriedade agrícola, passam os fisiocratas à concepção do direito à propriedade em geral.

Foram, portanto, as doutrinas liberal e individualista que melhor traduziram o Direito de Propriedade em sua plenitude. Com efeito, foram as ideias liberais que desencadearam a Revolução Francesa, as mesmas que consagraram o direito à propriedade como inviolável e sagrado.

Primeiramente, este instituto foi contemplado na Declaração dos Direitos do Homem e do Cidadão, aprovada pela Assembleia Nacional Constituinte da França em 26/08/1789 e promulgada em 3 de novembro daquele mesmo ano. Este preceito consagrou a propriedade como sendo inviolável e sagrada, excepcionalmente

[1] Para maior aprofundamento no estudo dos aspectos políticos e sociais envolvendo o Direito de Propriedade e a desapropriação, ver a excelente obra do prof. José Maria Pinheiro MADEIRA, *A questão jurídico-social da propriedade e de sua perda pela desapropriação.* (José dos Santos CARVALHO FILHO, *Manual de Direito Administrativo.* 17ª ed., Rio de Janeiro: Lumen Juris, p. 698).

nos casos de manifesta necessidade pública e mediante justa e prévia indenização[2].

A Constituição Francesa de 1791 acolheu esse mesmo preceito legal. Com isso, o dever do Estado de respeitar a propriedade privada, não a retirando da esfera jurídica do particular senão por comprovada necessidade pública e mediante prévia e justa indenização, passou a ser constitucionalmente assegurado.

2.1. O Direito de Propriedade na Legislação Brasileira

O Direito de Propriedade encontra amparo legal na Lei nº 10.046/2001,Código Civil brasileiro, que estabelece:

> *Art. 1.228. [...] o proprietário tem a faculdade de usar, gozar e dispor da coisa, e o direito de reavê-la do poder de quem quer que injustamente a possua ou detenha.*

Antes, porém, a Carta Magna conceitua o estatuto constitucional em seu art. 5º, inciso XXII, ao dispor: "é garantido o direito de propriedade", e adita no inciso seguinte: "a propriedade atenderá a sua função social".

Logo após conceitua:

> *a lei estabelecerá o procedimento para desapropriação por necessidade ou utilidade pública, ou por interesse social, mediante justa e prévia indenização em dinheiro, ressalvados os casos previstos nesta Constituição.*

Acresce-se que o art. 170 do mesmo Diploma, que estabelece a ordem econômica e financeira, elenca entre seus princípios a propriedade privada e a função social da propriedade, o que nos leva a crer que não há mais que se falar em propriedade privada sem a respectiva função social.

A propriedade privada e a função social da propriedade estão justificadamente inseridas no Título Constitucional que dispõe sobre a ordem econômica e financeira, posto que o seu objetivo maior, nos moldes de um Estado Democrático de Direito, é a justiça social que, pressupõe-se, só será alcançada mediante a existência digna, econômica e socialmente equilibrada.

Na mesma Lei Maior, o art 182, § 3º dispõe sobre a desapropriação dos imóveis urbanos, mediante prévia e justa indenização em dinheiro. O parágrafo anterior associa propriedade urbana à sua função social. O § 4º, inciso III, prevê a desapropriação de propriedade que não cumpra sua função social, com pagamento mediante título da dívida pública. O art. 184 dispõe sobre a desapropriação por interesse social, para fins de reforma agrária, para os imóveis rurais que não estejam cumprindo sua função social, mediante prévia e justa indenização em títulos da dívida agrária. Já o art. 242 dispõe sobre a expropriação, sem qualquer indenização, sobre as glebas de qualquer região do país, que contenham cultura ilegais de plantas psicotrópicas.

Com efeito, após a promulgação da Constituição da República de 1988, a propriedade vinculou-se definitiva e inevitavelmente à sua função social, esvaziando-se de vez a hipótese da subsistência de propriedade sem um fim social que a justifique.

Com isso, tem-se que a propriedade é um direito constitucionalmente assegurado, inerente às pessoas físicas e jurídicas e submetido ao ordenamento jurídico vigente no que concerne à sua aquisição, uso, limite e perda. Assegurado também que ninguém poderá ser privado arbitrariamente de sua propriedade, mas tão somente quando caracterizados os casos de necessidade ou utilidade pública ou interesse social.

Em face dos preceitos constitucionais que norteiam os institutos da propriedade " a função social e a eventual desapropriação ", tem-se que estes estão inseridos no ramo do Direito Público, e não são considerados como direito individual, mas voltados ao bem da coletividade como motivo maior da existência do próprio Estado.

Com o fito de ilustrar este trabalho, elencam-se decisões de nossos Tribunais acerca do direito de propriedade:

> As restrições ou limitações ao direito de propriedade, tendo em conta a sua feição social, entre as quais se insere o tombamento, decorre do poder de polícia inerente ao Estado, que há de ser exercitado com estrita observância ao princípio da legalidade e sujeição ao controle do Poder Judiciário. Cabe a este dizer, à vista do caso concreto, se se trata de simples limitação administrativa ou de interdição ou supressão do direito de propriedade, hipótese esta que só pode ser alcançada por meio de desapropriação. (STJ – Segunda Turma; REsp. nº 30.519-0/RJ; Rel. Min. Antônio de Pádua Ribeiro; Ementário ST)
>
> O direito de instituir parques nacionais, estaduais e municipais há de respeitar o direito de propriedade, assegurado na Constituição Federal. Da queda do Muro de Berlim e do desmantelamento do império comunista russo sopram ventos liberais em todo o mundo. O Estado todo-poderoso e proprietário de todos os bens e que preserva

[2] Referida Declaração assim dispôs em seu art. 17, acerca da propriedade: "La propriété étant un droit inviolable et sacré, nul ne peut en être privé, si ce n'est l'orsque la necessité publique, légalement constante, l'exige évidemment et sous la condition d'une juste et préalable indemnité."

apenas o interesse coletivo, em detrimento dos direitos e interesses individuais, perde a sobrevivência. (STJ – Primeira Turma; REsp. nº 32.222/PR; Rel. Min. Garcia Vieira; RSTJ 48/412)

Imperioso aditar que a propriedade não se resume em uma única forma, mas ao contrário, se encontra diversificada por várias espécies de existências. Verifica-se, conforme os ensinamentos de José Afonso da Silva[3], que "há propriedades pública, social, agrícola, industrial, rural, urbana, de bens de consumo, de bens de produto, de uso pessoal e propriedade capital", assumindo cada qual seu aspecto característico e se submetendo a uma disciplina específica, variando, dessarte, o princípio da função social de cada qual, em razão da destinação do bem objeto da propriedade.

A propriedade pública se encontra reconhecida no Texto Constitucional em seus arts. 20 (bens da União), art. 26 (bens dos Estados), nos que expressamente autorizam a desapropriação, já que esta se dá pela transferência de bens, públicos ou particulares, à posse do Estado, passando a se constituir em bens de sua propriedade. No art. 173 (autoriza a exploração direta de atividade econômica, e art. 177 (autoriza o monopólio), que importam na consequente apropriação pública de bens de produção.

2.2. Limitações ao Direito de Propriedade

Os direitos que emanam do Texto Constitucional e da lei ordinária, no que tange à propriedade e seu uso, não se apresentam irrestritos, mas cessará no limiar entre estes e o interesse social. Atendo-se à seara do Direito Público, pode-se afirmar que dentro do aspecto jurídico-econômico, a mais expressiva restrição imposta ao direito à propriedade é a desapropriação, que se justifica pela necessidade ou utilidade pública ou pelo interesse social. Entretanto, em função deste direito do Estado, nasce a consequente obrigação de uma justa e prévia indenização, caracterizando o uso do sistema de freios e contrapesos adotado no Direito brasileiro.

3. Origem

A mais remota alusão da desapropriação se observa na Carta francesa de "5 de Fructidor", art. 358, com o seguinte teor:

> *A Constituição garante a inviolabilidade de todas as propriedades, ou a justa indenização das que a necessidade pública, legalmente verificada, exigiria o sacrifício.*

Muito antes, ainda nos textos do Direito romano, podia-se constatar a existência da desapropriação por utilidade pública, ainda que não encontrasse o devido amparo legal, posto que se originava do então poder arbitrário do Império, que a aplicava a situações concretas de seu interesse, valendo-se da máxima: "*Quod principii placuit, legis habet vigorem*", ou seja, "a vontade do rei tem força de lei".

4. Conceito

Pode-se conceituar desapropriação, a partir dos ensinamentos do insigne José Carlos de Moraes Salles, como

> o instituto de Direito Público, consubstanciado no procedimento pelo qual a Administração Pública, em todas as suas esferas de competência (União, Estados membro, Municípios de Distrito Federal), suas autarquias, fundações ou entidades delegadas, provenientes de autorização legal ou contratual, promovem a retirada de determinado bem de pessoa física ou jurídica, justificando-se pela necessidade, utilidade pública ou interesse social, mediante prévia e justa indenização, que, em regra, deverá ser em dinheiro, com exceção dos casos previstos em lei, quais sejam, inadequado aproveitamento do solo urbano ou rural, para fins de reforma agrária. Nestas hipóteses, o pagamento poderá se dar por meio de entrega de títulos da dívida pública ou agrária, resgatáveis de acordo com a devida previsão legal e observadas as cláusulas de preservação de seu valor real.

Reportando-se aos ensinamentos de Pontes de Miranda[4],

> desapropriação é ato de Direito Público mediante o qual o Estado subtrai direito, ou subtrai o direito de outrem, a favor de si mesmo ou de outrem, por necessidade ou utilidade pública, ou por interesse social, ou simplesmente o extingue.

Hely Lopes Meirelles[5], numa simétrica definição, assim diz:

> a desapropriação é o moderno e eficaz instrumento de que se vale o Estado para remover obstáculos à execução de obras ou serviços públicos; para propiciar a implantação de planos de urbanização; para preservar o meio ambiente contra devastações e poluições; e para realizar a justiça social, com a distribuição de bens inadequada-

[3] SILVA, José Afonso da. *Curso de Direito Constitucional Positivo*. São Paulo: Malheiros, 2006, p. 248.
[4] MIRANDA, Pontes de. *Tratado de Direito Privado*. Rio de Janeiro: Borsoi, 2004, p. 152.
[5] MEIRELLES, Hely Lopes. *Direito Administrativo Brasileiro*. 30ª ed., São Paulo: Malheiros, 2006.

mente utilizados pela iniciativa privada. A desapropriação é, assim, a forma conciliadora entre a garantia da propriedade individual e a função social dessa mesma propriedade, que exige usos compatíveis com o bem-estar da coletividade.

Conceituando indenização justa, assim o faz o mestre Celso Antônio Bandeira de Mello[6]:

> é aquela que corresponde real e efetivamente ao valor do bem expropriado, ou seja, aquela cuja importância deixe o expropriado absolutamente indene sem prejuízo algum em seu patrimônio. Indenização justa é a que se consubstancia em importância que habilita o proprietário a adquirir outro bem perfeitamente equivalente e o exima de qualquer detrimento.

Prescrevendo ainda a definição do ilustre Diogo de Figueiredo Moreira Neto[7],

> desapropriação é o grau máximo de intervenção ordenatória concreta do Estado na propriedade privada, que opera a transferência de seu próprio objeto para o domínio público, de forma onerosa, permanentemente imposta, de característica não executória e de promoção delegável, sempre que houver motivo de necessidade ou de utilidade pública ou de interesse social.

5. Natureza Jurídica e Forma de Aquisição

Encontra-se nos ensinamentos de Ponte de Miranda[8] a assertiva de que a desapropriação é tão somente de Direito Público, Constitucional e Administrativo, sendo de Direito Civil apenas o principal de seus efeitos, que é a perda de propriedade. Segundo ele, o Direito Civil não rege a desapropriação, mas esta somente o atinge no plano de sua eficácia.

No que alude ao poder expropriatório, pode-se afirmar ser este inerente ao Estado, no uso da prerrogativa de seu poder de império (*ius imperii*), caracterizando-se como a forma mais drástica deste poder, segundo ensina o mestre Hely Lopes, e quando assim o exigir o bem comum e desde que se mantenha o equilíbrio econômico do expropriado, após a perda de seu bem. O poder de desapropriar é um ato compulsório exercido pela Administração Pública, que retira ou restringe o uso de bens particulares em razão do interesse público.

Notoriamente, sabemos que se adquire a propriedade de duas formas: originária e derivada.

Os modos originários da propriedade são aqueles em que entre o adquirente e o bem que está sendo adquirido há uma linha reta, sem intermediários. É uma relação linear. O adquirente faz sua propriedade a coisa, independentemente da existência de outro proprietário, se é que este exista.

São modos originários de aquisição da propriedade: o usucapião, a acessão, a desapropriação, pois entre aquele que está adquirindo a propriedade e a coisa, objeto da aquisição, não há possibilidade de um terceiro interferir, ou porque não exista, ou porque se existisse sua oposição seria inócua.

Não se registra, na aquisição derivada, em regra, um imóvel sem se conhecer a respectiva cadeia de sucessão.

A natureza de qualquer espécie de desapropriação é a de modo *originário* de aquisição da propriedade, valendo lembrar que o modo originário de aquisição da propriedade é aquele em que entre o adquirente e a coisa não se interponha o dono ou não se pode interpor o dono como na acessão, no usucapião.

Não obstante inúmeras opiniões minoritárias em contrário, entendemos que a desapropriação como modo originário de aquisição da propriedade, porque entre o adquirente (expropriante) e o bem (objeto da desapropriação), não pode o proprietário se opor, a menos que o ato ou os atos de desapropriação estejam viciados. Estando íntegros os atos que conduzirão a desapropriação, nada resta ao proprietário expropriado fazer, a não ser discutir o valor da verba indenizatória. O entendimento doutrinário majoritário é no sentido de que qualquer das espécies de desapropriação será sempre modo de aquisição originário, o que significa que o título de domínio do expropriante não deriva de um título anterior. Não há a transferência da propriedade do expropriado para o Poder Público. Não há relação entre adquirente-proprietário-bem. A relação é linear (adquirente-bem).

A propósito da definição desta natureza jurídica, pode-se ressaltar, inclusive, que para que se efetive a desapropriação, é dispensável qualquer informação prévia sobre o imóvel, pouco importando para a Administração o seu histórico, tampouco quem é o proprietário da-

---

[6] MELLO, Celso Antônio Bandeira de. *Elementos de Direito Administrativo.* 18ª ed., São Paulo: Malheiros.

[7] MOREIRA NETO, Diogo de Figueiredo. *Curso de Direito Administrativo.* 11ª ed., Rio de Janeiro: Forense, 2006, p. 290.

[8] *Op. cit.* p. 144.

quele bem colimado que se configura com um interesse público.

A desapropriação poderá ocorrer ainda que a Administração não saiba quem é o proprietário da área que se pretende desapropriada, hipótese em que se procederá a citação do proprietário por edital, depositando em juízo o valor atribuído à indenização ou à imissão provisória da posse. Nesse caso, o proprietário deverá se manifestar com a devida comprovação de sua propriedade, bem como contestar o valor arbitrado.

Em razão dessa natureza jurídica, assevera-se que não pode existir evicção, ou vício redibitório, contra bem expropriado, posto que é uma aquisição originária.

Quanto aos efeitos que a desapropriação produz sobre o domínio, são bem conhecidos: transfere a propriedade para o Poder Público. Lembramos que a desapropriação não é um instrumento de intervenção apenas sobre a propriedade privada. É possível que a União desaproprie bens do Estado e este do Município. Logo, a desapropriação não se presta apenas a intervir sobre a propriedade privada (a desapropriação entre entes públicos é rara, ocasional). Também lembramos que nem sempre é verdadeira a síntese que se transfere ao Poder Público, porque há casos, a partir de uma decisão do Supremo Tribunal Federal, de transferência de domínio para ente privado que realiza função pública. Assim, não é verdade que a desapropriação seja um instrumento apenas na propriedade privada nem é verdade que tenha por efeito apenas a transferência de um bem privado para o domínio público, mas para um ente privado, desde que delegatário de função pública.

Muito se discutiu sobre essa natureza, modo originário de aquisição, porque, em princípio, haverá sempre um proprietário que está sendo expropriado. Então, a relação entre o expropriante e a coisa, objeto da expropriação, seria triangular, isto porque, o expropriante para chegar a coisa teria que passar pelo seu atual proprietário.

Relação triangular, concernente à propriedade, é o modo derivado de aquisição e não originário. Há certa discussão, na doutrina, mas praticamente está consolidando, no sentido de que a desapropriação é forma originária pelo fato de que ela, por força de lei, dá origem a um título, sentença do juiz, que tem poder bastante para produzir, em favor do Estado, os legítimos direitos sobre a propriedade.

A lei básica da desapropriação, no art. 31, assim se manifesta: "ficam sub-rogados no preço quaisquer ônus ou direitos que recaiam sobre o bem expropriado". Então, como se verifica facilmente, nos termos do Decreto-lei nº 3.365/1941, o legislador está dizendo que essa aquisição é originária, porque, se fosse derivada, todos os ônus que incidissem naquele bem iriam acompanhar o objeto da desapropriação.

Pergunta-se: A Administração Pública pretende desapropriar um bem hipotecado. Essa hipoteca pode ser oposta à Administração? Não, porque a aquisição se dá de forma originária. Independe dos títulos e gravames que eles tenham tido anteriormente. Deve, apenas, depositar o valor da indenização em juízo. Portanto, é lícito também à Administração Pública desapropriar um bem hipotecado, pois as garantias de direitos reais não obstarão que recaia a desapropriação sobre os bens dados em garantia, pois a aquisição do Poder Público será originária, extinguindo-se a hipoteca, que ficará sub-rogada ao valor da indenização, cuja previsão se encontra no próprio decreto expropriatório (Decreto-lei nº 3.365/1941) em seu art. 31: "Ficam sub-rogados no preço quaisquer ônus ou direitos que recaiam sobre o bem expropriado."

Com efeito, qualquer que seja o direito real que porventura recaia sobre o imóvel, sub-rogar-se-á ao valor da indenização, não acompanhando o bem incorporado do Poder Público.

O credor hipotecário sub-roga-se no preço do valor da indenização. Portanto, o valor da indenização passa a garantir aquele crédito. A desapropriação faz com que a Administração receba o bem livre de qualquer ônus, sem o chamado instituto da sequela. Sendo forma originária de aquisição, se a Administração Pública desconhece quem é o proprietário, ela pode desapropriar, publicando-se o edital, depositando o dinheiro. O desconhecimento de quem seja o real proprietário não inviabiliza a desapropriação, bem como eventual disputa sobre a propriedade. Se duas pessoas estão disputando a propriedade do mesmo bem, a Administração não precisa esperar essa disputa para efetivar a desapropriação.

A forma de aquisição da propriedade pela desapropriação, originária, acarreta uma série de implicações importantíssimas, uma das quais está na liberação de todos os gravames reais que recaiam sobre o bem. A Administração Pública recebe o bem livre e desembaraçado de todos os ônus reais[9].

[9] Celso Antonio Bandeira de MELLO elucida-nos com outra consequência, alertando: "[...] se o Poder Público desapropriar um bem e indenizar, erroneamente, a quem não for seu legítimo proprietário, nem por isso se invalida a expropriação e se obriga à realização de novo processo expropriatório. A propriedade estará, de qualquer forma, adquirida pelo Poder Público."

O proprietário privado não pode opor a sua vontade à do expropriante, o que não ocorre no modo derivado, em que existe o acordo de vontades.

Na desapropriação, esse acordo de vontades é irrelevante, não se indagando a vontade do expropriado, servindo, então, a ação de desapropriação para apenas discutir o valor da indenização.

Pelo exposto, quanto à natureza jurídica da desapropriação é importante lembrar que é uma forma de aquisição originária de propriedade, eis que a legislação prevê a possibilidade de se desapropriar o bem, independentemente de se saber quem é o proprietário.

Encontra-se nos ensinamentos de Ponte de Miranda[10] a assertiva de que a desapropriação é tão somente de Direito Público, constitucional e administrativo, sendo de Direito Civil apenas o principal de seus efeitos "a perda de propriedade. Segundo ele, o Direito Civil não rege a desapropriação, mas esta somente o atinge no plano de sua eficácia.

No que alude ao poder expropriatório, pode-se afirmar ser este inerente ao Estado, no uso da prerrogativa de seu poder de império (*ius imperii*), caracterizando-se como a forma mais drástica deste poder, segundo ensina o mestre Hely Lopes, e quando assim o exigir o bem comum e desde que se mantenha o equilíbrio econômico do expropriado após a perda de seu bem. O poder de desapropriar é um ato compulsório exercido pela Administração Pública que retira ou restringe o uso de bens particulares em razão de um interesse público.

Surgem, então, quatro considerações:

1) Em se tratando de forma de aquisição originária, não há de se preocupar com o real proprietário e com seu histórico. A partir do momento em que ocorre o depósito, quem se diz proprietário comprova com seu título de propriedade para levantar a quantia prévia ou anular a desapropriação.
2) Entende que, sendo forma originária de aquisição, não há imissão sobre o bem desapropriado, não há mais interesse em saber o histórico do bem. A indenização irá subjugar-se no direito ao imóvel.
3) Esta terceira corrente baseia-se no art. 31 da Lei nº 3.365/1941, que diz ficar "sub-rogado no preço quaisquer ônus ou direitos que recaiam sobre o bem expropriado".
4) A desapropriação não transfere ao novo proprietário – o Estado " nenhum ônus ou encargos precedentes do expropriado, não sendo, em nenhuma hipótese, este sucessor daquele particular. Desta feita, tem-se que a desapropriação é um *título originário de aquisição*, sem trazer consigo os acessórios que a integravam a título de débitos.

A título de ilustração, por exemplo, o Poder Público desapropria o imóvel dado em hipoteca.

Sub-roga-se o imóvel ao valor da indenização e este garante a hipoteca. Apesar do mencionado artigo não dizê-lo expressamente, seria causa de direitos reais. Conforme analisamos o art. 26, *caput*, referente aos direitos do cálculo de indenização, vimos que esta é contemporânea à avaliação, não se incluindo direitos de terceiros contra o expropriado. Temos, então, que o art. 26 diz respeito aos direitos obrigacionais e o art. 31 visa aos reais. Portanto, para esta corrente, há a miscigenação dos direitos reais obrigacionais.

Finalizando, natureza jurídica da desapropriação, isto é, forma de aquisição originária da propriedade, significa dizer que quaisquer direitos reais relativos ao imóvel sub-rogam-se no valor da indenização. A aquisição originária impede qualquer levantamento no RGI sobre a antecedência, e do histórico sobre quem tem o direito real de propriedade.

6. Os Condicionantes Constitucionais da Desapropriação

A Constituição atribui à Administração Pública o poder de desapropriar, do qual decorre o direito de desapropriar. Este poder e o direito dele resultante são condicionados, logicamente, por pressupostos constitucionais, que são ou de ordem teleológica ou finalística, ou seja, a existência de utilidade pública, necessidade pública ou interesse social.

Por meio de decreto expropriatório, exerce o Poder Público o seu direito de desapropriar, declarando ou enunciando, então, a existência da utilidade pública, necessidade pública ou interesse social. Ao fazê-lo, tem que se orientar por enunciados teóricos padronizados, de certo modo especificadores do conceito mais genérico de utilidade pública.

Isto quer dizer que a lei, no enunciado dos *standards*, tem que se pautar pela existência de um conteúdo de utilidade pública, necessidade pública ou interesse social e que, se assim não agir, será inconstitucional, bem como contrário é à Constituição o ato expropriatório que por ela se pautou. Sobre tais aspectos, assim se pronuncia Pontes de Miranda.

> Se a lei admitir alguma espécie que não cabe (*sic*) em qualquer dos três conceitos, é a lei mesma que é contrária à Constituição, como o próprio ato de desapropriação.

[10] *Op. cit.* p. 144.

> Se a lei enumerar os casos de necessidade pública ou de utilidade pública ou de interesse social e o ato desapropriativo não se incluir em qualquer deles há ilegalidade do ato, o que dispensa a justiça de só decidir por maioria absoluta, que a Constituição de 46 exige no art. 200 às decretações de inconstitucionalidade.

Temos, pois, que o administrador exercer o dever de desapropriar mediante ato expropriatório que concretize, que enuncie *in casu* a utilidade ou necessidade pública, que são, em tese, previstas como pressupostos condicionantes do direito de desapropriar. O ato expropriatório é, então, uma concretização de um enunciado em tese para um enunciado *in concreto*.

O poder de desapropriar se traduz, assim, num poder discricionário de dizer, dentro dos enunciados dos *standards*, que essa obra ou esta medida deve ser realizada, agora ou no futuro, com urgência ou sem urgência, e de enunciar que tais bens ou direitos são necessários de tomar, para tanto.

No que tange aos *standards* legais da utilidade pública, necessidade pública ou interesse social, emerge a questão de se saber se a enumeração legal é clara o suficiente ou apenas exemplificativa e, no último caso, se o poder expropriante pode alegar utilidade ou necessidade pública não prevista.

Como não poderia deixar de ser, neste ponto não existe consenso entre as opiniões dos maiores estudiosos do assunto. A exemplo, diga-se que Pontes Miranda, Machado Guimarães e Hely Lopes Meirelles alinham-se entre os que entendem ser a enumeração das hipóteses do art. 5º do Decreto-lei nº 3.365/1941, meramente exemplificativa, enquanto Seabra Fagundes Valcino Pinto Falcão e Caio Tácito estão entre aqueles que defendem ser a enumeração taxativa.

As expressões utilidade pública, necessidade pública e interesse social não se definem, mas são tudo aquilo que, num dado momento histórico, o legislador rotula como tal, segundo José Cretella Júnior.

A enumeração de Decreto-lei nº 3.365/1941 é, como se vê, mais abundante que o Código Civil e das leis anteriores. Como a destas, porém, ela é exemplificativa e não taxativa, tanto que termina pela expressão vaga e genérica "os demais casos previstos por leis especiais".

Recentemente, decidiu o Tribunal de Justiça do Estado de São Paulo, fazendo-o nos seguintes termos: "No processo de desapropriação é vedado decidir se verificam ou não os casos de utilidade pública. A contrário *sensu* pode essa verificação se dar em ação direta."

Se o proprietário, por exemplo, entender que não se verifica um dos pressupostos constitucionais da desapropriação, poderá recorrer ao Poder Judiciário, objetivando o controle[11].

A enumeração não é exaustiva, pois quaisquer situações ou circunstâncias podem ser enquadradas em dois, três conceitos, dada a sua latitude, que só esbarra no princípio da finalidade pública.

Filiamo-nos, *permissa venia*, com a segunda corrente. Com efeito não há falar em desatendimento ao princípio da legalidade. A própria Carta Magna, no art. 5º, inciso XXIV, autoriza a desapropriação nos casos de necessidade, utilidade pública ou interesse social, não tendo o dispositivo constitucional, em momento algum, atribuído à lei a tarefa de definir tais casos, mas somente o de fixar o procedimento. Entender de forma diversa implicaria em limitar o conceito de necessidade ou utilidade pública, bem assim o de interesse social, de modo não autorizado pela norma constitucional.

A finalidade, assim, da enumeração legal dos casos de necessidade, utilidade pública e interesse social, parece-nos servir apenas para afastar dúvidas quanto à existência dos pressupostos constitucionais. Ou seja, se o legislador ordinário anula determinado caso como de necessidade, utilidade pública ou de interesse social, dando-se a expropriação fundada em um daqueles motivos expressos em lei, não há por que se questionar se a hipótese atende aos pressupostos constitucionais. Porém se o Poder Público inicia o procedimento expropriatório baseado em outra causa não textualmente prevista, caberá ao Judiciário aferir se há necessidade, utilidade pública ou interesse social, na desapropriação, verificando, assim, se a discricionariedade não se transformou em arbitrariedade, hipótese em que o expropriado poderá buscar a anulação do ato administrativo que determinou a desapropriação do bem. Afora essa possibilidade, tem-se, com decreto de expropriação, o início do procedimento de desapropriação, que acarretará a transferência do domínio.

Oportuno consignar que a expressão necessidade pública encerra um conceito bem definido, sem deixar

[11] Assim se manifesta José Carlos de Moraes SALLES: "[...] cumpre lembrar que a Constituição Federal em vigor não determinou que os casos de desapropriação fossem fixados em lei. Por isso, havendo a Carta Magna brasileira estabelecido como pressuposto ou condições da desapropriação a existência de uma causa de utilidade ou necessidade pública ou de interesse social, caberá a expropriação sempre que tal causa ocorra, ainda que não prevista em lei, porque bastante a previsão constitucional."

margens à aplicação equivocada deste pressuposto. O mesmo não ocorre quando se trata de utilidade pública e interesse social, já que estes termos são mais abrangentes, podendo-se até variar de acordo com o ponto de vista do Administrador Público.

Com o fito de ilustrar o estudo dos pressupostos da desapropriação, são os precedentes:

> Desapropriação. Utilidade pública. Exame de sua existência no processo de desapropriação pelo Judiciário. Inadmissibilidade. Controle de legalidade que se faz por meio de ação direta, em processo autônomo. Arts. 9º e 20 do Decreto-lei nº 3.365/1941. Recurso provido. No processo de desapropriação, o Poder Judiciário limita-se a exame extrínseco e formal do ato expropriatório. Veda-se, outrossim, adentrar o magistrado às indagações sobre utilidade, necessidade ou interesse social, declarado como fundamento da expropriação (art. 9º), ou decidir questões de domínio ou posse. (Rel.Scarance Fernandes; Apelação Cível nº 205.158-2/Itapetininga; 2/02/1993)
>
> Desapropriação. Utilidade pública. Impossibilidade de verificação no processo de desapropriação. Aplicação do art. 9º do Decreto-lei nº 3.365/1941. Preliminar de carência rejeitada. Recurso não provido. (Rel. Salles Penteado; Agravo de Instrumento nº 230.448-2; Santa Fé do Sul; 5/05/1994)
>
> Desapropriação. Utilidade pública. Exame da sua existência no processo de desapropriação pelo Poder Judiciário. Inadmissibilidade. Controle de legalidade que se faz por meio de ação desta, em processo autônomo. Imissão de posse em conformidade com a lei. Recurso não provido. (Rel. Debatin Cardoso; Agravo de Instrumento nº 184.808-2/ Sorocaba)

Por seu lado, esclarece Roberto Mattoso Câmara Filho:

> O argumento da tese exemplificatividade redundar no perigo de se atribuir ao administrador público o arbítrio de criar falsas hipóteses de utilidade ou necessidade públicas, é fraco: o Judiciário controlaria os enunciados do Poder Executivo, tratando sua adequação aos vários pressupostos constitucionais de Desapropriar, fulminando o ato expropriatório que refugiasse a tais pressupostos.

Entendemos que a exemplificatividade se coaduna melhor que a taxatividade com o espírito da Constituição e da legislação específica, pois o controle do Poder Judiciário sobre os atos expropriatórios, e não só sobre estes, mas ainda e indiretamente (por meio dos atos) sobre os *standards* que já existem, ou que poderão vir a existir, há de ser suficiente para assegurar a atuação do Poder Executivo circunscrita aos limites que lhe são traçados pelos conceitos constitucionais, de modo que tanto o Legislativo quanto o Executivo podem elaborar novos padrões que acatem o conceito constitucional de utilidade pública, necessidade pública ou interesse social.

De toda maneira, o certo é que, de algum modo, o instituto da desapropriação está preso aos três condicionantes constitucionais que o permitem acontecer, todos eles colocando sempre a ideia de que o coletivo há de sobrepor-se ao individual, em caso de impossibilidade de atender-se a ambos simultaneamente.

6.1. Tipificações Legais de Utilidade Pública

O art. 5º do Decreto-lei nº 3.365/1941 dispõe, em seus incisos, sobre os casos de utilidade pública para fins de desapropriação. As alíneas *a* e *b* se referem, respectivamente, à segurança nacional e à defesa do Estado.

No que concerne à segurança nacional como caso de utilidade pública, deve-se logo registrar que esse termo encerra certa imprecisão quanto à abrangência e temporalidade. O que é segurança nacional hoje poderá deixar de sê-lo amanhã, ou mesmo ter menos conotação política. De forma idêntica, fatos que hoje não são vistos sob a ótica da segurança nacional, poderão vir a sê-los futuramente.

Incontroverso que a segurança nacional está intimamente vinculada aos interesses do Estado e que na atual conjuntura sociopolítica que alcança todos os continentes, a segurança nacional ganha contornos ilimitados, pois que o mundo de hoje se vê sob a frequente ameaça do terrorismo, notadamente nas nações em que perduram controvérsias e competições políticas e religiosas.

Com efeito, pode-se dizer que a segurança nacional a qual encerra o sentido de segurança em sua forma mais ampla, abarcando não apenas localidades isoladas, mas o mundo como um todo, se constitui na própria condição de sobrevivência dos povos de todos os Estados, e sua efetividade nunca foi tão colimada pelo Poder Público, sob pena de se perder a soberania e a imposição da ordem pública, acaso não esteja sob controle.

A Constituição da República de 1988, ao contrário da anterior, cuja EC nº 1, de 17/10/1969 dedicou uma seção ao tema segurança nacional, não o unificou em uma única tal expressão, mas a delineou variavelmente em seus dispositivos, conforme descrições que se seguem:

Encontra-se no Texto Constitucional artigos que aludem ao contexto de segurança nacional, ainda que de forma indireta. O art. 5º, XXXIII dispõe sobre a segurança do Estado; o art. 85, IV se refere à segurança interna do país e o art. 91, § 1º, III faz menção à segurança do território nacional. O art. 20, § 2º se refere à defesa do território nacional, o art. 21, inciso III, à competência da União para assegurar a defesa nacional, o art. 22, XXXVIII, à competência privativa da União para legislar sobre defesa territorial, aeroespacial, marítima, civil e mobilização nacional.

Em outro dispositivo, art. 49, IV, o Congresso Nacional ganha competência exclusiva para aprovar o estado de defesa e a intervenção federal, autorizar o estado de sítio, ou ainda suspender qualquer uma dessas medidas. Já o art. 57, § 6º, I, dispõe sobre a convocação extraordinária do Congresso Nacional pelo presidente do Senado Federal em caso de decretação de estado de defesa ou de intervenção federal, entre outros fins.

Dentre os casos de limitação à proposta de Emenda Constitucional está o elencado no art. 60, § 1º, que reza que a Constituição não poderá ser emendada na vigência de intervenção federal, de estado de defesa ou de estado de sítio. No inciso IX do art. 84, encontra-se uma das atribuições do presidente da República, que é decretar o estado de defesa e o estado de sítio. Não obstante, estas ações, juntamente com a intervenção federal, estão inseridas no inciso I do art. 90, que dispõe sobre a competência de seus pronunciamentos, pertencente ao Conselho da República.

O *caput* do art. 91, por sua vez, dispõe sobre o Conselho de Defesa Nacional como órgão de consulta do presidente da República nos assuntos relacionados à soberania nacional e à defesa do Estado Democrático. O § 1º, inciso II, elenca a sua competência para opinar sobre a decretação do estado de defesa, do estado de sítio e da intervenção federal, e o inciso IV, a competência de estudar, propor e acompanhar o desenvolvimento de iniciativas necessárias a garantir a independência nacional e a defesa de Estado democrático.

O art. 136, *caput,* e seus §§ 1º, 2º e 3º trazem os dispositivos acerca do estado de defesa; o art. 137, inciso I, apresenta a possibilidade do estado de sítio durante o estado de defesa, o art. 142, *caput* refere-se às forças armadas e sua defesa à Pátria.

A alínea *c* do art. 5º do Decreto-lei nº 3.365/1941 intitula como utilidade pública o socorro público em caso de calamidade. Este preceito está atrelado à ideia de desapropriação que se destine a atender as vítimas de calamidades públicas, tais como enchentes, epidemias, incêndios e demais acidentes de grandes proporções. Portanto, valendo-se deste dispositivo, o administrador poderá desapropriar os bens que sejam necessários para atender as populações atingidas pela situação calamitosa.

Inserem-se nesse item, como bens suscetíveis de desapropriação para socorro público em caso de calamidade, não apenas bens imóveis, mas também os bens móveis. Como exemplo, pode-se desapropriar um determinado terreno para abrigar vítimas de um evento de calamidade pública, assim como alimentos, medicamentos e outros bens que se destinem a atender às necessidades destas mesmas vítimas.

A alínea *d*, do mesmo artigo, se refere aos casos de salubridade pública. Registre-se que a salubridade pública se constitui em responsabilidade do Estado, o qual deverá zelar, de forma uniforme, com suas competentes ações não apenas para a criação, mas também para a conservação de uma vida saudável em toda a sociedade. Portanto, para haver salubridade é necessário um ambiente propício, ou seja, que haja higiene, saneamento e condições adequadas, como a temperatura moderada, a existência de água potável etc. A salubridade pública pressupõe, pois, a existência de higiene e saneamento, mas estas, por si sós, não encerram a ideia de salubridade, pois que aquela é muito mais ampla.

O saneamento deve estar presente nas habitações residenciais, nas fábricas, nos hospitais, nas escolas, nos bens de uso comum etc. Várias ações, tanto do cidadão como da Administração Pública, são necessárias para um pleno saneamento nas comunidades. Exemplos são: a colheita e o tratamento do lixo regularmente, o tratamento da água, o controle da saúde pública, entre tantas outras medidas. Para tais fins, o Poder Público, valendo-se do seu poder de polícia, deverá atuar em todos os segmentos públicos que envolvam, direta ou indiretamente, questões de higiene e saneamento e, sobretudo, fiscalizar e aplicar as multas cabíveis.

Com isso, se pode constatar a total impossibilidade de elencar um rol taxativo dos bens que podem ser desapropriados sob o requisito de salubridade pública, tendo em vista a diversidade de situações cotidianas que envolvem este tema. Com efeito, o Administrador Público poderá valer-se também do instituto da desapropriação a fim de realizar interesses que se circundem à esfera da salubridade pública.

A alínea *e* estabelece como casos de utilidade pública, para fins de desapropriação, a criação e melhoramento de centros de população, bem como seu abastecimento regular de meios de subsistência.

Com base neste dispositivo, será lícito ao Poder Público desapropriar terrenos de particulares, com o fito de colonizar determinada região para fins de desenvolvimento. Além disso, poderá também valer-se deste dispositivo para realizar obras de melhoramentos em cidades, vilas, vilarejos, povoados etc. já existentes, assim como para propiciar condições regulares de abastecimento destas áreas, por meio do fornecimento de bens que serão desapropriados para este fim. Entre esses bens, podem-se destacar alimentos, medicamentos etc.

O inciso seguinte se refere ao aproveitamento industrial das minas e das jazidas minerais, das águas e da energia hidráulica. Referido dispositivo autoriza, pois, o Poder Público a desapropriar tais bens.

As jazidas e demais recursos minerais e energia hidráulica já foram devidamente mencionados neste trabalho. Cumpre acrescentar que o § 2º do art. 90 do Código de Mineração, regulamentado pelo Decreto federal nº 62.934, de 02/07/1968, prevê uma hipótese de desapropriação de minerais. Consoante esta e as demais legislações que versam sobre este tema, registre-se a competência da União para declarar de utilidade pública, para fins de desapropriação, jazidas e minas que se encontrem sob o domínio de particulares.

No que tange às águas, a União será competente para desapropriar, ocorrendo situações de utilidade pública, quando estas estiverem na propriedade de particulares ou ainda de qualquer dos Estados da Federação, quando estas se situarem em rios ou lagos de seus domínios. O Código de Águas, em seu art. 32, também dispõe sobre a desapropriação das águas.

6.2. A Necessidade Pública, Utilidade Pública e Interesse Social

Tomando por base o que estabelece a Constituição Federal em relação aos requisitos que hão de ser observados a fim de que a Administração Pública possa exercer o dever e o poder de desapropriar, podemos questionar se tais pressupostos, afinal, são diversos em seu conteúdo ou podem resumir-se em um único: o da utilidade pública?[12,13]

Com base nessa orientação, então, terão lugar as expropriações que se façam com o objetivo de atender o plano de habitações populares ou de distribuição de terras, à monopolização de indústrias ou nacionalização de empresas quando relacionados com a política econômico-trabalhista do governo etc.

No mesmo sentido, temos o parecer de Eurico Sodré, segundo o qual:

> Nenhuma causa existe para estabelecer diferença entre a verificação de uma necessidade pública e a verificação de uma utilidade pública. Se esta é suficiente para induzir a uma desapropriação, mais o será aquela, na escala dos motivos determinantes – se é que estes se graduam na vida administrativa – que se reveste de maior urgência ou indeclinabilidade.
>
> Necessidade e utilidade pública se equiparam quando se trata de desapropriar, podendo, por isto, ser consideradas como sinônimas, para esse efeito.
>
> Tanto isto é certo que a lei vigente – Decreto nº 3.365/1941 – aboliu a distinção entre elas, catalogando como utilidade pública todos os casos outrora contemplados como de necessidade pública, nas leis extravagantes e no Código Civil.

Gabino Fraga, analisando a questão da desapropriação sob o enfoque do Direito Constitucional do México, defende que os pressupostos que a orientam podem ser reduzidos a apenas um: o da utilidade pública. Em vista deste ponto de vista, assevera:

> *Además, el criterio que sustentamos es de tal manera compresivo que hace inútil cualqueira tesis basada unicamente en el empreo de diversos vocablos, siendo bastantes los términos 'utilidad pública' para abarcar todos los casos en que el Estado tiene obligación, por razón de sus atribuciones, de dar satisfacción a una necesidad, y el concepto que poco importa que esos casos varíen, pues basta que el Estado esté dotado de la atribución correspondiente para que pueda considerarse que ellos son una causa de utilidad pública."*

Hely Lopes Meirelles, tomando por referência o entendimento de Fagundes, leciona:

---

[12] Seabra Fagundes considera que: "A rigor seria necessário desdobrar em três as causas justificativas do direito de desapropriar. O conceito de utilidade pública é em si tão amplo que a menção apenas dessa causa bastaria para autorizar a incorporação ao patrimônio estatal da propriedade privada tanto quando fosse útil fazê-lo, como quando tal se afigurasse necessário ou de interesse social. A utilidade não implica necessariamente necessidade ou interesse social (em sentido estrito); mas o procedimento que for de necessidade pública ou de interesse social será forçosamente de utilidade pública."

[13] Contudo, tendo em vista a tricotomia constitucional, o insigne jurista brasileiro assim conceitua os pressupostos da desapropriação: "A necessidade pública aparece quando a Administração se encontra diante de um problema inadiável e premente, isto é, que não pode ser removido nem procrastinado e para cuja solução é indispensável incorporar no domínio do Estado o bem particular. A utilidade pública existe quando a utilização da propriedade privada é conveniente e vantajosa ao interesse coletivo, mas não constitui um imperativo irremovível. Haverá motivo de interesse social quando a expropriação se destine a solucionar os chamados problemas sociais, isto é, aqueles diretamente atinentes às classes pobres, aos trabalhadores e à massa do povo em geral pela melhoria das condições de vida, pela mais equitativa distribuição da riqueza, enfim, pela atenuação das desigualdades sociais."

> O legislador constitucional tripartiu os motivos ensejadores da desapropriação, para indicar discriminadamente a natureza e o grau dos interesses a serem atendidos pela Administração em cada ato expropriatório.

Continuando sua defesa, elucida os três requisitos propalados pela Constituição do seguinte modo:

> A necessidade pública surge quando a Administração defronta situações de emergência que, para serem resolvidas satisfatoriamente, exigem a transferência urgente de bens de terceiros para o seu domínio e uso imediato.
>
> A utilidade pública se apresenta quando a transferência de bens de terceiros para a Administração é conveniente, embora não seja imprescindível. A Lei Geral das Desapropriações (Decreto-lei nº 3.365/1941) consubstanciou as duas hipóteses em utilidade pública, pois só emprega essa expressão em seu texto.
>
> O interesse social ocorre quando as circunstâncias impõem a distribuição ou o condicionamento da propriedade para seu melhor aproveitamento, utilização ou produtividade em benefício da coletividade, ou de categorias sociais merecedoras de amparo específico do Poder Público. Esse interesse social justificativo da desapropriação está indicado na norma própria (Lei nº 4.132) e em dispositivos esparsos de outros diplomas legais. O que convém assinalar, desde logo, é que os bens desapropriados por interesse social não se destinam à Administração ou a seus delegados, mas sim à coletividade ou mesmo a certos beneficiários que a lei credencia para recebê-los e utilizá-los convenientemente.

Percebe-se, assim, que as opiniões se contrapõem quanto às expressões necessidade pública e utilidade pública. Sabe-se que uma das mais remotas origens do texto da Lei Fundamental está na Constituição Francesa de 1791, reproduzida pela de 1793, cuja expressão adotada era *necessité publique*, gradativamente substituída por "utilidade geral", "interesse público" e "utilidade pública".

No âmbito nacional, a Lei de 9/09/1826 fala, em seu art. 1º, em "uso, ou emprego da propriedade do cidadão por necessidade". Mas a Lei nº 57, de 19/03/1836, já se refere à "utilidade municipal ou provincial".

De outro lado, o Decreto nº 353, de 12/07/1845, estabelece os casos em que terá lugar a desapropriação por utilidade pública geral, mas no art. 35 reza: "Fica em vigor a Lei de nove de setembro de mil oitocentos e vinte e seis, no que toca à desapropriação por necessidade."

Nesses termos, realmente ficava difícil estabelecer nitidamente a diferença entre necessidade pública e utilidade pública a partir de legislações que deixavam de fazer não só a enumeração, mas também a determinação dos casos em que essa utilidade se verificava.

Podemos, porém, ponderar que o Direito Privado e a Teoria Geral do Direito diferenciam bem o que é necessidade daquilo que se configura como utilidade, distinção essa de importantes consequências em matéria, por exemplo, de indenização decorrente de benfeitorias. Não encontramos, todavia, igual relevância no Direito das Expropriações, eis que a execução forçada se justifica, de modo igual, em um e outro caso, nos termos da lei fundamental.

Ademais, o Decreto-lei nº 3.365, de 21/06/1941 – o diploma básico das desapropriações –, somente se refere à utilidade pública, expressão reiterada de modo exclusivo por várias vezes, na respectiva exposição de motivos, reiterada.

Juristas dos mais famosos afirmam que os pressupostos da desapropriação (necessidade pública, utilidade pública ou ainda o interesse social) poderiam reduzir-se a um único: o da utilidade pública. Em contrapartida, não menos insignes autores dizem ser útil a tricotomia, para melhor realçar os casos permitidos de expropriação. Embora estejamos de acordo com os estudiosos que se alinham entre estes últimos – ou seja, que defendem a importância da tricotomia –, não há de negar que inapelavelmente na expressão utilidade pública existe necessidade pública, pois aquela é mais ampla do que esta.

Então, não foi por acaso que o art. 5º do já mencionado Decreto-lei nº 3.365/1941 só aludiu aos casos de utilidade pública, ainda que se encontrem na discriminação legal diferentes casos de manifesta necessidade pública, como, a exemplo, acontece nas hipóteses de desapropriação para o socorro público em casos de calamidade (alínea *c*) e por motivo de segurança nacional (alínea *a*).

No que tange ao interesse social, porém, este pressuposto constitucional se diferencia com nitidez do relativo à utilidade pública. Por este motivo, houve por bem o legislador abordar as duas espécies de expropriação em diplomas legais específicos, mesmo que não houvesse nada que o impedisse de utilizar somente um instrumento legal para tanto. Ao que se tem constatado ao longo de nossa experiência própria, podemos afirmar, contudo, que motivos de ordem histórica conduziram à elaboração de dois diplomas distintos. De fato, o Decreto-lei nº 3.365/1941, que disciplina a desapropriação por utilidade pública, foi elaborado sob o abrigo da Constituição de 1937, que não previa a hipótese de expropriação por interesse social, que somente veio à luz na Constituição de 1946 (§ 16 do art. 141), de modo que apenas em 1962 surgiu o diploma legal sobre expropriação por tal pressuposto (Lei nº 4.132, de 10/09/1962), mais tarde seguida pela Lei nº 4.504, de 30/11/1964 (o Estatuto da Terra), que fixou outros casos de desapropriação dessa natureza, tanto quanto se vê também na Lei Complementar nº 76, datada de 06/07/1993, que, no art. 25, revogou o Decreto-lei nº 554, de 25/04/1969.

A Constituição Federal de 1988 continuou a consagrar a desapropriação em função da tripartição em necessidade pública, utilidade pública e por interesse social, e é nesse passo que devemos apreciar a matéria, assinalando que, mais recentemente, a partir da Emenda Constitucional nº 10/1964 à Constituição de 1946, uma nova modalidade com características distintas das anteriores foi disciplinada: a desapropriação por interesse social para fins de reforma agrária.

Podemos, então, agora precisar sumariamente os itens arrolados em cada pressuposto que justificam a desapropriação.

6.2.1. A Necessidade Pública

A necessidade pública se configura nos casos em que a Administração Pública está diante de situações emergenciais que, para serem solucionadas a contento, impõem a transferência de bens de terceiros para o domínio público para que seja considerada válida a desapropriação.

Entre os casos de necessidade pública a justificar a desapropriação, temos a defesa do território nacional e a segurança pública, o socorro público em caso de calamidade e a salubridade pública.

A necessidade pública, pode-se exemplificar, também, com a desapropriação para a realização de uma obra de emergência, em face de um desabamento que se deu naquela área.

6.2.2. A Utilidade Pública

Como vimos, o conceito mais amplo que pode abarcar todos os casos de necessidade pública e mais os tidos como tipicamente de utilidade pública, esta última expressão diz respeito àqueles casos de desapropriação em que a transferência de bens de terceiros para a Administração Pública é conveniente e benéfica para a coletividade, embora não seja imprescindível.

A utilidade pública se dará quando a transferência de um bem particular ao Poder Público se mostrar conveniente para a consecução de algum fim que este almeja realizar. A necessidade pública pressupõe uma justificação mais consistente, ou seja, a existência de uma situação de emergência a qual requer a desapropriação de um determinado bem a fim de garantir-lhe a solução.

Importa salientar que a distinção destes termos não obsta que este último se encontre inserido no primeiro, sendo aquele mais amplo que este. Como exemplos de desapropriação por utilidade pública, pode-se mencionar como pressuposto a construção de uma área de lazer para uma comunidade carente e a desapropriação para a construção de via expressa que desafogará o trânsito naquela região e que tem sido motivo de transtorno aos seus moradores e transeuntes.

Assim, se a necessidade pública se traduz como uma situação anormal, emergencial, na utilidade pública a situação é de normalidade, objetivando favorecer à coletividade de maneira mais adequada do que se permanecesse o panorama atual. Tais são os casos seguintes:

a) criação e melhoramentos de centros de população, o seu abastecimento regular de meios de subsistência;
b) aproveitamento industrial de minas e jazidas de minérios, das águas e da energia hidráulica;
c) assistência pública, obras de higiene e decoração e também casas de saúde, estações de clima e fontes medicinais;
d) a exploração ou a conservação dos serviços públicos;
e) a abertura, conservação e melhoramentos de vias ou logradouros públicos; a execução de planos de urbanização, loteamento de terrenos edificados ou não, para sua melhor utilização econômica, higiênica ou estética;
f) o funcionamento de meios de transportes coletivos;
g) a preservação e conservação dos monumentos históricos e artísticos, isolados ou integrados em conjuntos urbanos ou rurais, bem como as medidas necessárias a manter-lhes e realçar-lhes os aspectos mais valiosos ou características, e ainda a proteção de paisagens e locais particularmente dotados pela natureza;
h) a preservação e conservação adequada de arquivos e documentos de valor histórico ou artístico e outros bens móveis de mesma natureza;
i) construção de edifícios públicos, monumentos comemorativos e cemitérios;
j) criação de estádios, aeródromos ou campos de pouso para aeronaves;

l) reedição ou divulgação de obra ou invento de natureza científica, artística ou literária;

m) os demais casos previstos em leis.

6.2.3. O Interesse Social

No interesse social não se cogita o interesse geral do povo e muito menos o do poder público, perquirindo-se tão somente o fim social almejado pelo procedimento expropriatório.

O motivo de interesse social aparece sempre que o poder público expropria com o escopo de resolver um problema social, seja colimando a melhoria das condições da vida, seja objetivando a melhor distribuição da riqueza, ou mesmo com a finalidade de assegurar a um maior número de pessoas o progresso socioeconômico, a fim de melhorar a produtividade em benefício da população.

A composição dos conflitos sociais de interesse constitui-se em um dos desideratos do Poder Público, cuja finalidade precípua há de ser o bem comum, assegurando a todos a possibilidade de realizar-se e a igualdade de oportunidade na obtenção dos bens da vida.

A justa distribuição da propriedade, a garantia do acesso de um maior número de pessoas à sua titularidade e a repressão ao abuso do poder econômico inserem-se no âmbito do interesse social, na medida em que permite o combate ao latifúndio improdutivo, àqueles prédios que poderiam ser cultivados e não o são, em flagrante desacato à sua finalidade social.

Na função social da propriedade, preceito constitucional que condiciona o exercício de direitos ao bem-estar social e ao interesse geral, identifica-se, pois, o fundamento da desapropriação de bens particulares que não atendam à função que lhes é destinada. Tal fato determina o interesse do governo em transferir a propriedade sem uma função social a outros proprietários em condições de trabalhar a terra dando-lhe a finalidade colimada pelo Poder Público.

O interesse social aparece com evidente sentido técnico e específico, destinado a atender uma determinada classe social prejudicada e desfavorecida cujo problema socioeconômico compete ao Poder Público tentar resolver, interferindo, então, na propriedade particular improdutiva, buscando solucionar o conflito verificado entre o indivíduo e a classe social menos favorecida, lançando mão do instituto da desapropriação, portanto, por interesse social, no momento em que o indivíduo renite em dar à sua propriedade uma função social.

Exemplo de situações em que ocorre a intervenção do Estado valendo-se do interesse social são os atuais e polêmicos casos de desapropriação para fins de reforma agrária por reivindicação dos denominados sem-terra, ou mesmo pela iminente iniciativa do governo Federal na busca de solução para estes conflitos sociais.

É imperioso, portanto, que referida desapropriação tenha preenchido todos os requisitos que a antecedem, sob pena de ser declarada nula. Em recente decisão da Corte Maior, dada no ano de 2003, a ministra Ellen Gracie suspendeu um decreto expropriatório emitido pelo presidente da República que determinava a desapropriação de uma fazenda para fins de reforma agrária, sob a consistente alegação de que houve vício formal quando de sua edição, em face da ausência de notificação do proprietário rural do bem a ser expropriado sobre vistoria realizada pelo Incra na referida propriedade. Segundo a ministra, este vício contamina as demais fases do processo de desapropriação, tornando passível de invalidação o decreto presidencial.

Por haver matéria constitucional envolvendo a questão em foco e com o consequente voto de todos os ministros daquela Corte, houve a anulação do decreto por oito votos favoráveis, contra apenas dois, tendo com isso sido invalidada a desapropriação.

Em que pese a decisão do Supremo Tribunal Federal, que após a competente apreciação decidiu pela anulação de um decreto presidencial, oportuno aduzir que esse episódio, por si só, se constitui num ato eminentemente cultivado em um Estado Democrático de Direito, que com o objetivo de cercear a unificação do poder e o seu eventual excesso e abuso, vale-se da divisão das funções e do sistema de freios de contrapesos para melhor justificá-las.

Não obstante ter sido esta decisão fartamente noticiada, sobretudo pela ênfase atribuída ao cenário de disputa entre latifundiário e membros do Movimento dos Sem Terra, noticie-se decisões anteriores da Suprema Corte que versa sobre questões semelhantes, conforme a seguir demonstrado.

> Desapropriação e necessidade de prévia notificação ao nu-proprietário: STF. É nulo o procedimento expropriatório de imóvel quando o nu-proprietário não tenha sido previamente notificado da vistoria prevista no art. 2º, § 2º da Lei nº 8.629/1993. (STF – Pleno; MS nº 23.012/PR; Rel. p/ Acórdão Min. Maurício Corrêa; Informativo STF no 114)
> Entendendo o STF que a "notificação a que alude o § 2º do art. 2º da Lei nº 8.629/1993 deve ser feita em momento anterior ao da realização da vistoria do imóvel, sob pena de violação ao art. 5º, LIV, da CF. Com esse fundamento, o Tribunal, por maioria, deferiu mandado de

segurança contra o decreto do presidente da República que declarara de interesse social para fins de reforma agrária imóvel rural de propriedade do impetrante, por considerar inválida a notificação feita aos proprietários do imóvel no mesmo dia em que a equipe do Incra iniciou os seus trabalhos. (STF – Pleno; MS nº 22.613/PE; Rel. p/ Acórdão Min. Maurício Corrêa; Informativo STF no 114)

Aos deslindes da questão, torna-se oportuna a constatação de que, uma vez declarada a necessidade, a utilidade pública ou o interesse social, presumir-se-á sempre a veracidade das alegações, bem como a indispensável boa-fé do Poder Público.

Por outro lado, todo e qualquer ato emitido pela Administração Pública, uma vez desprovido de legalidade ou da verdadeira causa que o justifique, será passível de ser questionado, trilhando os caminhos judiciais contestatórios indicados pela legislação pertinente. Na questão em foco, centra-se o respaldo legal deste questionamento no art. 20 do Decreto-lei nº 3.365/1941, o qual prevê a ação direta e autônoma para o controle da legalidade do ato expropriatório.

Esta ação poderá adotar o rito ordinário, dada a possibilidade de ampla discussão que o referido rito concede. Contudo, se entender o expropriando que este rito ser-lhe-á avesso a uma rápida eficácia, poderá valer-se do mandado de segurança. Encontra-se na jurisprudência fundamento para o seu cabimento na questão suscitada[14].

São casos de interesse social:

a) O aproveitamento de todo bem improdutivo ou explorado sem correspondência com as necessidades de habitação, trabalho e consumo dos centros da população a que deva ou possa suprir por seu destino econômico.
b) A instalação ou intensificação das culturas nas áreas em cuja exploração não se obedeça ao plano de zoneamento agrícola.
c) O estabelecimento e a manutenção de colônias ou cooperativas de povoamento e trabalho agrícola.
d) A manutenção de posseiros em terrenos urbanos onde, com a tolerância expressa ou tácita do proprietário, tenham eles construído sua habitação, formando núcleos residenciais de mais de dez famílias.
e) A construção de casas populares.
f) As terras e águas suscetíveis de valorização extraordinária pela conclusão de obras e serviços públicos, notadamente de saneamento, portos, transporte, eletrificação, armazenamento de água e irrigação, no caso em que não sejam ditas áreas socialmente aproveitadas;
g) A proteção do solo e a preservação de cursos e mananciais de água e de reservas florestais. (Lei nº 4.132/1962, art. 5º, incisos de I a VII)

Dessa colocação decorre que:

a) o objeto da desapropriação por interesse social visa, essencialmente, beneficiar terceiros e não o Estado;
b) em regra, a indenização é em dinheiro, havendo exceções previstas em lei;
c) a larga margem de poder, deferida ao legislador ordinário, nesta matéria, poderá, a qualquer momento, suscitar transmudações viscerais no sistema vigente.

O interesse social, por seu turno, é o pressuposto que decorre de situações em que o Estado pretenda neutralizar as desigualdades sociais e, com isso, enfatiza a função social.

Oportuno consignar que a expressão necessidade pública encerra um conceito bem definido, sem deixar margens à aplicação equivocada deste pressuposto. O mesmo não ocorre quando se trata de utilidade pública e interesse social, já que estes termos são mais abrangentes, podendo-se até variar de acordo com o ponto de vista do Administrador Público[15].

---

[14] Mandado de Segurança. Impetração contra decreto expropriatório. Admissibilidade. Ato de efeitos concretos, em termos de transferir a propriedade dos impetrantes para o domínio público. Presente, portanto, a possibilidade de lesão ao direito líquido e certo. Adequação do *mandamus* quando se discute o fundamento da desapropriação e a violação de Direito individual. (Rel. Lair Loureiro. Mandado de Segurança nº 26.115-0/5 – São Paulo; RT 727/154) Desapropriação. Desvio de poder caracterizado. Inadmissibilidade. Decreto expropriatório advindo no auge de briga política. Imóvel de pequena área, não servindo para a edificação de um centro administrativo. Segurança concedida. (Rel. Albano Nogueira. Apelação Cível nº 172.735-2 – Barra Bonita)

[15] Com o fito de ilustrar o estudo dos pressupostos da desapropriação, são os precedentes: Desapropriação. Utilidade pública. Exame de sua existência no processo de desapropriação pelo Judiciário. Inadmissibilidade. Controle de legalidade que se faz por meio de ação direta, em processo autônomo. Arts. 9º e 20 do Decreto-lei nº 3.365/1941. Recurso provido. No processo de desapropriação, o Poder Judiciário limita-se a exame extrínseco e formal do ato expropriatório. Veda-se, outrossim, adentrar o Magistrado às indagações sobre utilidade, necessidade ou interesse social, declarado como fundamento da expropriação (art. 9º), ou decidir questões de domínio ou posse. (Rel. Scarance Fernandes. Apelação Cível nº 205.158-2) Desapropriação. Utilidade pública. Impossibilidade de verificação no processo de desapropriação. Aplicação do art. 9º do Decreto-lei nº 3.365/1941. Preliminar de carência rejeitada. Recurso não provido. (Rel. Salles Penteado. Agravo de Instrumento nº 230.448-2 – Santa Fé do Sul) Desapropriação. Utilidade pública. Exame da sua existência no processo de desapropriação pelo Poder Judiciário. Inadmissibilidade. Controle de legalidade que se faz por meio de ação desta, em processo autônomo. Imissão de posse em conformidade com a lei. Recurso não provido. (Rel. Debatin Cardoso. Agravo de Instrumento nº 184.808-2 – Sorocaba)

6.2.4. Dificuldades em Diferenciar os Conceitos

A necessidade, utilidade pública e o interesse social são espécies do gênero interesse público, objetivo maior de todo ato emanado do Poder Público. Segundo o entendimento de alguns juristas, há uma distinção entre estas três expressões.

É de Seabra Fagundes a clássica distinção sobre estes ordenamentos:

> A necessidade pública aparece quando a Administração se encontra diante de um problema inadiável e premente, isto é, quando não pode ser removido nem procrastinado e para cuja solução é indispensável incorporar no domínio do Estado o bem do particular.
>
> A utilidade pública aparece quando a utilização da propriedade privada é conveniente e vantajosa ao interesse coletivo, mas não constitui imperativo irremovível. Haverá motivo de interesse social quando a expropriação se destine a solucionar os chamados problemas sociais, isto é, aqueles diretamente atinentes às classes pobres, aos trabalhadores e à massa do povo em geral pela melhoria nas condições de vida, pela mais equitativa distribuição de riqueza, enfim, pela atenuação das desigualdades sociais[16].

Ainda que tenha tecido definição distinguindo as expressões utilidade pública, necessidade pública e interesse social, com o fito de delinear uma concisa interpretação sobre a norma legal, entende o referido autor desnecessário o desdobramento dos requisitos da desapropriação, já que a simples menção de utilidade pública seria capaz de justificar as demais, abarcando já em seu contexto a necessidade pública e a justificação de atender ao interesse social e a consequente diminuição das desigualdades sociais.

Em pensamento contrário, o renomado jurista Pontes de Miranda entende necessária a distinção, valendo-se da premissa de que, se o necessário é útil, nem sempre o útil será necessário. Atribui aqui uma adjetivação consistente às palavras útil e necessário, distinguindo-as segundo as suas intensidades e potencial. Temos que, de fato, o sentido de necessário pressupõe uma maior e mais profunda vinculação ao fato correspondente, ao passo que útil, que por seu turno, encerra uma ideia mais genérica e mais aleatória quanto ao objeto que a sintetiza.

Advoga ainda que a expressão interesse social não se encontra necessariamente vinculada aos termos necessidade pública e utilidade pública, não guardando com estas nenhuma relação íntima e indissociável. Nesses termos, o interesse social basta-se, por si só, e se justifica com a própria soberania do Poder Público, cuja razão da existência não é outra.

Temos que a distinção das modalidades, ainda que ensejem matéria interpretativa e que esta não é absoluta, dadas as variações dos que protagonizam o Poder Público, faz-se necessária, mais pelo fato de que a discricionariedade do ente público deverá percorrer as trilhas desenhadas pelo legislador, atendo-se aos requisitos por ele criados e justificando-os, sem que possa vagar entre o legal e o livre-arbítrio, tampouco adentrar na seara do desvio de finalidade, mas colimar tão somente o interesse social como o único propósito de seus atos.

Não obstante as divergências doutrinárias acerca da variação das expressões utilidade, necessidade pública e interesse social, no que concerne à desapropriação, ressalta-se que não menos oportuna seria uma distinção entre os seus possíveis aspectos, quais sejam, legais, ontológicos ou teóricos e práticos.

No plano antológico ou teórico, denota-se certa dificuldade em diferenciar esses conceitos. O primeiro dos requisitos utilizados para justificar a desapropriação foi o de utilidade pública, vindo os outros dois a serem adotados sequencialmente pelos países que se valem deste instituto como forma interventiva do Estado. Com efeito, a ampliação dos requisitos necessários ao instituto da desapropriação significou uma maior margem de permissão de retirada de bens do patrimônio dos particulares pelo Poder Público e a consequente integração ao patrimônio deste.

Insta registrar que o amparo legal da desapropriação no Brasil data do início do século XX e que o modelo de Estado hoje predominante não mais consiste em totalitarismo ou intervencionismo, tendo se alterado com o passar dos tempos, na busca de melhor se atender aos cenários sociais que se descortinavam na História do Brasil e do mundo, cada vez mais interligado pela globalização.

Em verdade, pode-se afirmar que o intervencionismo estatal nasceu a partir de uma causa maior, que é o bem-estar social de todos os seus indivíduos. Por isso, não se constata no século XIX a preocupação de diminuir as desigualdades sociais. Tinha o homem, à época, liberdade e soberania em relação aos seus bens, que os tornava inatingíveis. O Estado não intervinha para tra-

[16] FAGUNDES, Seabra, Direito Constitucional Brasileiro, *Revista de Direito Administrativo*, v. 14, 1958, p. 3 e 4.

zer um equilíbrio social, crescendo, com isso, as desigualdades entre as classes.

Quando os abismos sociais se tornaram insuportáveis, trazendo conflitos e reivindicações, coube ao Estado intervir nos direitos individuais, suprimindo os de alguns em face do bem de todos. Este foi o papel do Estado do Bem-Estar Social. Contudo, este modelo não sobreviveu aos avanços de ordem política, econômica e social do mundo contemporâneo, cedendo lugar ao Estado mínimo.

O hoje predominante Estado mínimo e regulador, que se abstém de monopolizar os investimentos e recursos necessários ao desenvolvimento do país, em face do já esgotamento desses meios, se reserva ao papel de gerenciador, não se desprovendo de sua peculiar soberania. Ainda que superado o modelo de Estado intervencionista, não restou descartada a sua posição de superioridade em relação aos indivíduos. Valendo-se dela, o Estado buscou a proteção da sociedade como um todo, não mais subsistindo os interesses isolados e individualistas, prevalecendo o *interesse social* como fim de suas condutas.

Sob o aspecto legal, a atual Constituição consagrou a trilogia necessidade, utilidade pública ou interesse social, embora estas não tenham sido pacificadas nas Constituições anteriores. Já o Decreto-lei nº 3.365/1941 somente adota o termo utilidade pública, não se coadunando com a Constituição então vigente, de 1937, que adotava a necessidade e a utilidade pública. Já o vigente Código Civil brasileiro assim preceitua:

> *Art. 1.228*
>
> *[...]*
>
> *§ 3º O proprietário pode ser privado da coisa, nos casos de desapropriação, por necessidade ou utilidade pública ou interesse social, bem como no de requisição, em caso de perigo público iminente.*

Na legislação infraconstitucional, o Decreto-lei nº 3.365/1941 e a Lei nº 4.132/1962 enumeram, respectivamente, os casos de necessidade ou utilidade pública e de interesse social, restando às leis de natureza especial a previsão de casos isolados. Com isso, constata-se que o Brasil adota o modelo de enumerar os casos em que é possível desapropriar, ao contrário de alguns países, que não traçam essas hipóteses ensejadoras.

7. Bens Suscetíveis de Desapropriação

7.1. Introdução

Os bens suscetíveis de serem desapropriados encontram-se elencados no art. 2º do Decreto-lei nº 3.365/1941:

> *Art. 2º Mediante declaração de utilidade pública, todos os bens poderão ser desapropriados, pela União, pelos Estados, Municípios, Distrito Federal e Territórios.*

A leitura apressada desse dispositivo legal poderia levar o incauto intérprete da norma jurídica a uma conclusão equivocada, no sentido de não haver limites ao poder expropriatório do entes públicos, quanto ao objeto desse ato de força. A verdade é que existem, podendo ser classificados em limites implícitos e explícitos, estes contemplados expressamente pela norma positiva e aqueles decorrentes dos conceitos jurídicos utilizados pelo ordenamento.

Procuraremos analisar sistematicamente esse tema, com vistas a fornecer o estudioso regras seguras para determinar quais são os bens suscetíveis de desapropriação.

7.2. Conceito de "Bem"

O termo "bem", utilizado pelo dispositivo legal em apreço, não é conceituado pela doutrina de maneira uniforme. O prof. Caio Mário da Silva Pereira[17], por exemplo, entende que os bens podem ser patrimoniais ou não patrimoniais, sendo os primeiros economicamente avaliáveis e os segundos não. Por outro lado, o prof. Silvio Rodrigues[18] entende que, para ser classificada como bem, a coisa deve ser economicamente apreciável, de onde se depreende que, para esse autor, o conceito ora discutido traz em seu núcleo a noção de economicidade.

Comentando a referida dissonância conceitual, constata o prof. Leoni que o que afasta um entendimento do outro é a classificação de bem e de coisa, ora um como gênero e o outro como espécie, ora o contrário. Vale dizer, uns entendem que bem é gênero do qual as coisas são espécies e outros que as coisas é que são o gênero e os bens espécies.

Embora, ao nosso juízo, o primeiro autor citado esteja com a razão[19], certo é que a segunda concepção é mais difundida, tendo sido essa a acepção emprestada ao termo pelo art. 2º do Decreto-lei nº 3.365/1941. A

[17] PEREIRA, Caio Mário da Silva, *Instituições de Direito Civil*, v. I, Rio de Janeiro: Forense, p. 252 e s.

[18] RODRIGUES, Silvio, *Direito Civil*, v. I, São Paulo: Saraiva, p. 110.

[19] Isso porque o professor paulista incorre em contradição ao dizer que coisa não tem apreciação econômica, enquanto os bens sempre o têm, e, mesmo assim, faz a distinção entre bens patrimoniais e não patrimoniais. Ora, ou são sempre patrimoniais os bens e se abandona essa classificação ou se admite que os bens podem ou não ser apreciáveis economicamente.

essa conclusão se chega a partir da leitura do art. 5º, XXIV da Constituição da República, senão vejamos:

> *Art. 5º*
>
> *[...]*
>
> *XXIV – A lei estabelecerá o procedimento para desapropriação por necessidade ou utilidade pública, ou por interesse social, mediante justa e prévia indenização em dinheiro, ressalvado os casos previstos nesta Constituição.*

Ora, se é condição *sine qua non* para que se efetive a desapropriação à indenização justa, prévia e em dinheiro (ressalvados os casos dos arts. 182, § 4º, III e 184, *caput* da CRFB/1988), força-se o reconhecimento de que, na impossibilidade de se quantificar determinado objeto, esse não poderá ser desapropriado. É fruto da interpretação lógica essa conclusão.

Portanto, quando o precitado art. 2º do Decreto-lei nº 3.365/1941 se refere a "bem", traz implícito que só os objetos economicamente apreciáveis poderão ser desapropriados, excluindo-se as coisas que não têm valoração econômica[20].

3. Regra Básica

Baseado nos princípio da moralidade, da impessoalidade e da economicidade, estabeleceu o art. 37, XXI, da Constituição da República, que as contratações da Administração Pública serão precedidas de procedimento licitatório que assegure aos participantes igualdade de condições, salvo as exceções legais (arts. 17, 24 e 25 da Lei nº 8.666/1993).

É certo que não se pode dizer que a desapropriação, ainda quando há acordo quanto ao valor da indenização, tem natureza contratual, de modo que não se há de cogitar da aplicação do dispositivo constitucional precitado no âmbito desse instituto. Entretanto, é possível que, para burlar essa barreira constitucional, algum administrador inescrupuloso mascare a aquisição de bens facilmente encontrados no mercado com a edição de um decreto expropriatório e a efetivação de sua "desapropriação". Deste modo, estar-se-ia adquirindo um bem (contratando uma compra e vende, verdadeiramente) sem a submissão ao procedimento licitatório.

Evidentemente, tal conduta seria qualificada como antijurídica. Mas o que importa, para este trabalho, é identificar aí uma outra regra básica relativa ao tema ora estudado: não podem ser objeto de desapropriação os bens ordinariamente encontráveis no mercado[21].

Ora, um bem facilmente encontrável no mercado não pode ser objeto de desapropriação.

Importante registrar ainda que todos os bens podem ser desapropriados, desde que possuam *valoração econômica.*

Com base nessas regras, alguns administrativistas se apressaram em firmar que bens móveis não poderiam ser desapropriados, exemplo o que ocorre na França, na Itália e em Portugal. Todavia, nada impede que tais bens se apresentem como singulares, no sentido de terem peculiaridades que os destaquem diante de outros da mesma espécie, e que, por isso, despertem o legítimo interesse do Poder Público. Nesses casos, será possível, sim, a sua declaração de utilidade pública para fins de desapropriação.

A questão da desapropriação dos bens móveis está pacificada hoje, no sentido de sua possibilidade.

Semoventes podem ser retirados do patrimônio privado, mediante indenização; Caio Tácito menciona decisão do Supremo Tribunal Federal a respeito de desapropriação de gado bovino[22].

Alguns países sustentam que somente os bens imóveis podem ser desapropriados, pois os móveis constituem excessivo abuso, dada a facilidade de se obterem tais bens. Entretanto, o Direito brasileiro não impede que todos os bens possam, também, ser objeto de desapropriação, desde que passíveis de valorização econômica.

7.4. Todos os Bens

Não obstante a Lei nº 3.365/1941 mencionar o termo "todos os bens" de forma genérica, essa acepção merece ser retocada, dada a complexidade da palavra bem.

---

[20] Essa é, inclusive, a lição de Celso Antônio Bandeira de MELLO, *in verbis*: "Pode ser objeto de desapropriação tudo aquilo que seja objeto de propriedade. Isto é, todo bem, imóvel ou móvel, corpóreo ou incorpóreo, pode ser desapropriado. Portanto, também se desapropriam direitos em geral. Contudo, não são desapropriáveis direitos personalíssimos, tais o de liberdade, o direito à honra etc. Efetivamente, estes não se definem por um conteúdo patrimonial, antes se apresentam como verdadeiras projeções da personalidade do indivíduo ou consistem em expressões de um seu ***status*** jurídico, como o pátrio poder e a cidadania, por exemplo".

[21] Essa lição é tradicional na doutrina pátria, sendo de se destacar a opinião do prof. Diógenes GASPARINI, *in extenso*: "Por derradeiro, não se desapropria, ainda que seja apropriável e possa ser definido por seu valor econômico, o ***bem que é encontrável no mercado e que pode ser adquirido normalmente***. Por conseguinte, não se pode desapropriar ônibus, carteiras escolares, móveis de escritórios, caminhões, tratores, e tantos outros bens encontráveis ordinariamente no comércio. A desapropriação somente tem sentido quando à aquisição do bem se opõe o seu proprietário. Fora dessa hipótese, o uso da desapropriação para a aquisição de bens comerciáveis normalmente enseja ***fraude à licitação***".

[22] Cf. Problemas Atuais da Desapropriação, *Revista de Direito Administrativo,* nº 120, p.12.

A princípio, não restam dúvidas de que bens ou propriedades são todas as coisas que integram o patrimônio de alguém, bem como as que o homem pode se apropriar.

Vale registrar que na maioria das vezes a desapropriação versa sobre bens imóveis, atraindo para este segmento a maior fatia de estudos doutrinários sobre o tema. Contudo, o instituto da desapropriação não se cinge tipicamente à natureza imobiliária, não encontrando na legislação pertinente qualquer restrição que justifique esta tendência.

Foi a partir da interpretação doutrinária, contudo, que nasceu a controvérsia sobre a possibilidade ou não de desapropriar bens móveis. Questionavam alguns doutrinadores que, ante a viabilidade de desapropriar bens móveis – bem mais comuns de serem encontrados no corpo do patrimônio das pessoas que os imóveis – injustificado seria desapropriar estes últimos, eis que estas consignam uma restrição à propriedade privada.

Hoje em dia não mais pairam dúvidas acerca da desapropriação dos bens móveis, sobretudo quando raros, e a sua incorporação é de grande valia para o patrimônio público, justificando-se a necessidade ou a utilidade pública. Como exemplo, obras de arte e moedas raras poderão ser desapropriadas para integrarem o patrimônio de determinado museu público, passando a atender à cultura de toda a população e não mais apenas a do proprietário particular. Supriu-se o interesse do particular em prol do interesse da coletividade, já que todos têm direito à cultura.

A esse respeito, oportuno elencar que tantos os bens móveis quanto os imóveis, corpóreos e incorpóreos, fungíveis e infungíveis, materiais e imateriais podem ser desapropriados, desde que atendam à satisfação humana.

Entretanto, deve-se observar que nem todas as coisas materiais interessam necessariamente ao mundo jurídico, por não terem o condão econômico e não serem objeto de apropriação exclusiva pelo homem, como, por exemplo, o ar que se respira, a luz e o calor solar, que são bens que a todos alcançam.

Por outro lado, deve-se ter em mente que nem todo bem que integra o rol de satisfações humanas, como a saúde, a família, os amigos etc., guarda conotação jurídica, fugindo à esfera daqueles bens os quais podem recair uma declaração de utilidade ou de necessidade pública. Com efeito, os *bens* mencionados na lei de desapropriação são aqueles que possuem valor econômico e que integram o patrimônio da pessoa física ou jurídica, não abarcando essa assertiva qualquer outro sentido atribuído à palavra.

O bem a que se refere à lei de desapropriação, conforme se constata, deve ser mensurável economicamente, podendo ser adquirido e incorporado ao patrimônio do homem. A esse respeito, observa-se que há vários bens essenciais à existência humana que não são passíveis de se mensurar economicamente, tampouco de se adquirir por meio de dinheiro. Estes não se incluem no rol de bens que podem integrar o patrimônio das pessoas.

Há bens cujos valores não alcançam a esfera pecuniária, dadas as suas relevâncias. Não se atribui valor monetário à vida, à honra, à liberdade, entre outros bens. Estes não se encontram à venda, nem podem ser alienados. Possuem valor inestimável que não se suscita na esfera econômica. Insurge-se um liame entre o bem suscetível de ser expropriado e o seu equivalente valor monetário.

Conclusivo, pois, que a expressão "todos dos bens", concernente ao art. 2º da Lei nº 3.365/1941, possui contornos bem definidos, desconsiderando-se a sua abrangência e generalização e agregando-a a um inseparável sentido pecuniário. Da mesma forma, para efeito de desapropriação, são considerados tão somente os bens que integram o patrimônio de uma pessoa, natural ou jurídica, leiam-se bens econômicos. Não se lhes configurando o caráter econômico ou pecuniário, ou ainda, não se lhes aplicando à espécie a presunção da validade em dinheiro, estes bens não serão objeto de decreto expropriatório.

O espaço aéreo e o subsolo, bem como os bens de domínio dos Estados, Municípios, Distrito Federal e Territórios podem ser expropriados. Da mesma forma, as ações, cotas e direitos representativos do capital de instituições e empresas, havendo a devida autorização governamental, também poderão sê-los[23].

[23] Este também tem sido o entendimento de nossos Tribunais, senão vejamos: Desapropriação. Avaliação. Critério. Metodo comparativo. Laudos do perito e do assistente técnico do autor. Superioridade do primeiro. Honorários de advogado. Critério para sua fixação. Inaplicabilidade do CPC-20. Redução. Honorários de assistente técnico. Critério para sua fixação. Honorários de perito. Critério para sua fixação. Imóvel. Área destinada a implantação do polo petroquímico. Indenização. Critério para sua fixação. Juros compensatórios. Critério para sua fixação. Inaplicabilidade da Súmula – TRF 74. Fluência. Taxa. Juros de mora. Fluência. Desapropriação. Ações de desapropriações para instalação do III polo petroquímico. Valor da indenização. Honorários de advogado. Juros de mora. Honorários do perito e

7.5. Subsolo e Espaço Aéreo

Costuma-se afirmar, no âmbito do Direito Civil, que o Direito de Propriedade sobre bem imóvel se estende, verticalmente, ao que lhe está superior e inferior, não se restringindo, pois, à sua superfície. Entretanto, tal afirmação não autoriza a conclusão dos romanos, no sentido de que o dono do solo o é até o céu e até o centro da Terra (*qui dominus est soli, dominus est usque ad coelum et usque ad inferos*). Modernamente, entende-se que a altura e a profundidade até onde se estendem os poderes do proprietário do solo são limitadas. Mas qual seria esse limite?

Segundo o prof. Orlando Gomes, os poderes do proprietário do solo se estendem verticalmente até onde lhes posam ser úteis o espaço aéreo e o subsolo, fórmula que teve origem positiva no *BGB* alemão (art. 905) e, posteriormente, no Código Civil suíço (art. 667), no que foram copiados pelo legislador pátrio, senão vejamos a redação do art. 1.229 do Código Civil Brasileiro:

> Art. 1.229. *A propriedade do solo abrange a do espaço aéreo e subsolo correspondentes, em altura e profundidades* úteis ao seu exercício, *não podendo o proprietário opor-se a atividades que sejam realizadas, por terceiros, a uma altura ou profundidade tais, que não tenha ele interesse legítimo em impedi-las.*

Portanto, há limites mais ou menos definidos para o exercício do Direito de Propriedade que recai sobre a propriedade imobiliária, que nem se restringe à sua superfície e nem se estende ilimitadamente em altura ou profundidade. E o limite é a utilidade que o subsolo e o espaço aéreo podem oferecer ao titular do domínio terrestre. Vejamos a lição do citado autor:

> O domínio do solo não se estenderá uma altura, ou profundidade, na qual o proprietário não tenha interesse de impedir que outros pratiquem atos ou empreendam trabalhos. Nessa altura ou nessa profundidade, o espaço aéreo e o subsolo são inúteis ao proprietário. Seria despropositado, por conseguinte estender até a eles o domínio. Pense-se no absurdo que representaria o poder do proprietário de impedir que um avião sobrevoasse seu terreno. O direito de exclusão deve ter por medida, por conseguinte, o interesse do proprietário, que, por sua vez, é determinado pela utilidade do exercício da propriedade.

Voltando agora à discussão para o âmbito da intervenção do Estado na propriedade, vale questionar sobre a possibilidade (ou necessidade) de se expropriar o espaço aéreo ou o subsolo.

Imagine que o Estado do Rio de Janeiro deseje ampliar o sistema metroviário no âmbito da Cidade do Rio de Janeiro, determinando a desapropriação do que for necessário para a satisfação desse interesse público. Nesse caso, conviria se indagar sobre a necessidade de se incluir no decreto expropriatório todos os bens por baixo dos quais a linha do metrô viria a passar.

À vista do que antes foi dito, não haveria interesse dos proprietários em impedir que o Estado se utilizasse daquele subsolo, de modo que seria despicienda a inclusão dos referidos bens no decreto expropriatório, visto que o Direito de Propriedade não se estende além do que possa oferecer utilidade ao seu titular.

Essa conclusão encontra-se positivada no § 1º do art. 2º do Decreto-lei nº 3.365/1941, senão vejamos:

> Art. 2º.
> [...] § 1º *A desapropriação do espaço aéreo ou do subsolo só se tornará* necessária, quando de sua utilização resultar prejuízo patrimonial do proprietário do solo.

Diferente disso, se a atividade a ser exercida pelo Estado prejudicasse em alguma coisa o exercício dos poderes da propriedade ou viesse a restringir a sua utilidade, aí sim seria necessária a desapropriação do subsolo, com a respectiva indenização, justa e prévia.

Não se deve, entretanto, confundir, como alerta o prof. José Carlos de Moraes Salles[24], a propriedade do solo com a dos recursos minerais nela depositados pela natureza (CRFB/1988, art. 176). Estes, a teor do disposto no art. 20, IX da Constituição da República, são bens da União e, portanto, insuscetíveis de desapropriação, como já dito anteriormente. Ao proprietário do solo só assiste direito à participação nos resultados da lavra, "na forma e no valor que dispuser a lei"[25].

---

seus assistentes. (Apelação Cível nº 585045701; Terceira Câmara Cível; Tribunal de Justiça do RS; Rel: Luiz Melíbio Uiracaba Machado) 1. Indenização. 2. Legitimação passiva. União federal. 3. Correção monetária. Depósito bancário. 4. Desapropriação. Ações. Ação indenizatória. Conversão de depósitos bancários em ações do antigo Banco Sul Brasileiro. Lesão patrimonial decorrente de não correção dos valores depositados pelos correntistas. Ilegitimidade passiva do Banco Santander. Questão já pacificada no âmbito da Justiça Federal. É da União federal a legitimidade passiva nas ações que visam à reposição da correção monetária suprimida quando da desapropriação das ações do antigo Banco Sul Brasileiro. Apelo Improvido. (Apelação Cível nº 70004978201; Vigésima Câmara Cível; Tribunal de Justiça do RS; Rel.: José Conrado de Souza Júnior)

[24] MORAES SALLES, José Carlos de, A *desapropriação à luz da doutrina e da jurisprudência*, 8ª ed., São Paulo: Revista dos Tribunais, 2006, p. 130-131.

[25] O Decreto-lei nº 227/1967, nos §§ 1º, 2º e 3º do seu art. 11, com redação dada pela Lei nº 8.901/1994, disciplina essa matéria. Confira.

O Supremo Tribunal Federal já teve a oportunidade de se manifestar sobre a matéria diversas vezes, tendo sido a sua conclusão no mesmo sentido do que se disse acima, senão vejamos:

> Rios Públicos. As margens dos rios navegáveis são do domínio público e, por isso, não são indenizáveis no processo de desapropriação. Jazidas situadas nessas margens, não manifestadas ou sem concessão ou autorização para serem exploradas, também não são indenizáveis. Recurso extraordinário conhecido e provido[26].

O Supremo Tribunal Federal, por meio da Súmula nº 479, asseverou:

> As margens dos rios navegáveis são de domínio público, insuscetíveis de expropriação e, por isso mesmo, excluídas de indenização.

No entanto, é importante que se faça uma advertência importante. Se as benfeitorias edificadas pertencerem ao domínio privado, haverá desapropriação e, consequentemente, a indenização.

Portanto, resolve-se esse ponto com seguinte conclusão: a expropriação do subsolo ou do espaço aéreo só será cabível quando a atividade a ser empreendida pelo ente estatal diminuir ou suprimir as possibilidades de utilização do bem a que correspondem, não se incluindo o cômputo da indenização, quando for adequada a medida, os valores correspondentes aos recursos minerais ali depositados pela natureza, já que são bens da União e, portanto, inexpropriáveis[27].

O espaço aéreo e o subsolo da propriedade se encontram elencados no Decreto-lei nº 3365/1941, prescrito a seguir:

> *Decreto-lei nº 3.365/1941*
> *Art. 1º [...]*
> *Art. 2º – [...]*
> *§ 1º A desapropriação do espaço aéreo ou do subsolo só se tornará necessária, quando de sua utilização resultar prejuízo patrimonial do proprietário do solo.*

O Código Civil dispõe que o proprietário tem o direito de usar, gozar e dispor da coisa. Contudo, é a Lei Maior quem respalda o direito à propriedade, em seu art. 5º, XXII, ressaltando, no inciso subsequente, que está condicionada à sua função social. Considera-se sacramentado que a propriedade do solo se estende ao subsolo e ao espaço aéreo, mas que essa propriedade não é absoluta, cessando quando ao direito do particular se sobrepõe o interesse da sociedade.

O Poder Público, em face de sua supremacia, poderá utilizar o espaço aéreo ou o subsolo de um imóvel particular, para a consecução de uma atividade pública que se faça necessária, se desta intervenção não restar prejuízos ou perigos ao proprietário. Exemplo típico ocorre quando aquele utiliza um imóvel particular, como via de passagem de fios telefônicos ou de condutores de energia elétrica, desde que este ato não acarrete em nenhum prejuízo ou perigo ao proprietário.

Veja-se a seguir decisão na jurisprudência a respeito:

> Desapropriação. Servidão de Passagem. Indenização. Lucros cessantes. Utilização da área atingida no plantio de cana-de-açúcar. Inocorrência. Adutora implantada em profundidade adequada e suficiente a não prejudicar a lida agrícola. Cultura, ademais, que já propiciara mais de três cortes. Recurso não provido. (Rel. Quaglia Barbosa; Apelação Cível nº 241.507-2/Araras).

Se, contudo, a intervenção do Poder Público resultar em prejuízo patrimonial ao proprietário do solo, estará a autoridade obrigada a desapropriar o bem, cumprindo as formalidades expressas em lei em favor do proprietário, sendo este legalmente indenizado pelo sacrifício que terá de suportar em razão do interesse público.

Situação intermediária é a que ocorre com a servidão administrativa. Esta é a hipótese em que o proprietário não perde a propriedade, mas deverá ceder parte dela para a Administração Pública, como por exemplo, para a instalação de gerador na área de sua propriedade. Nesse caso, não sobreveio prejuízo ao proprietário nem perigo ao seu imóvel, descaracterizando a necessidade de desapropriação, de acordo com a prescrição do art. 1º, § 2º da Lei nº 3.365/1941, mas restará o direito à indenização, pelo fato de estar cedendo parte de seu imóvel ao uso público.

7.6. Jazidas e Demais Recursos Minerais e Energia Hidráulica

O Texto Constitucional aduz, em seu art. 177, incisos I e V, respectivamente, que constituem monopólio da União a pesquisa e a lavra das jazidas de petróleo e

[26] STF – Segunda Turma; Rel. Min. Evandro Lins; RE 59.737/SP.

[27] Sobre o tema assim leciona José CRETELLA JÚNIOR: "Se o Estado precisa de galerias subterrâneas situadas sob o imóvel, digamos, a algumas centenas de metros de profundidade, não precisa recorrer à desapropriação do imóvel situado na superfície, desde que a abertura e a utilização daquelas galerias em nada afetem o proprietário do solo, trazendo-lhe prejuízo patrimonial, mas forçoso será recorrer à desapropriação do subsolo (ou do espaço aéreo), se da utilização de um ou de outro resultarem danos patrimoniais ao proprietário do solo, como ocorreria, por exemplo, na abertura de galerias para construção de obras do metrô, abalando os imóveis da superfície."

gás natural e outros hidrocarbonetos fluidos; e a pesquisa, a lavra, o enriquecimento, o reprocessamento, a industrialização e o comércio de minérios e minerais nucleares e seus derivados.

Oportuno elencar que se constitui jazida toda massa individualizada de substância mineral ou fóssil, aflorando à superfície ou existente no interior da terra, e que tenha valor econômico; e *mina* a jazida em lavra, ainda que suspensa.

A mesma Carta dispõe em seu art. 176:

> *as jazidas, em lavra ou não, e demais recursos minerais e os potenciais de energia hidráulica constituem propriedade distinta da do solo, para efeito de exploração ou aproveitamento, e pertencem à União, garantida ao concessionário a propriedade do produto da lavra.*

O Código Civil vigente se coadunou com a Constituição Federal, estabelecendo que:

> *a propriedade do solo não abrange as jazidas, minas e demais recursos minerais, os potenciais de energia hidráulica, os monumentos arqueológicos e outros bens referidos por leis especiais;*
> *[...]*
> *o proprietário do solo tem o direito de explorar os recursos minerais de emprego imediato na construção civil, desde que não submetidos a transformação industrial, obedecido o disposto em lei especial.*

Dessa sorte, em consonância com a legislação vigente, sobretudo com o texto constitucional, pode-se constatar que somente a União poderá ser a titular do domínio de jazidas, minas e demais recursos minerais.

Da mesma forma, a pesquisa e a lavra de recursos minerais, bem como o aproveitamento dos potenciais a que se referem o art. 176 da mesma lei, somente poderá ser efetuadas com a devida autorização ou concessão da União, no interesse nacional, por brasileiros ou empresa constituída sob as leis brasileiras e que tenham sua sede e administração no país, na forma da lei, que estabelecerá as condições específicas quando essas atividades se desenvolverem em faixa de fronteira ou terras indígenas, sendo assegurada a participação do proprietário de acordo com o texto deste mesmo artigo.

Vale ainda mencionar que a Lei nº 9.478, de 06/08/1997, em seu art. 8º, inciso VIII, dispõe que cabe à Agência Nacional de Petróleo – ANP, instruir o processo que declare de utilidade pública, para fins de desapropriação e servidão administrativa, em áreas necessárias à exploração, desenvolvimento de produção de petróleo e gás natural, construção de refinarias, de dutos e de terminais. Não se deve perder de vista, portanto, que este ato não alcança o de editar a declaração de utilidade pública, que somente se aplica do chefe do Poder Executivo, sendo nesta hipótese, o presidente da República, já que o objeto a ser desapropriado pertence à União.

Com efeito, insurge-se a impossibilidade de desapropriar as jazidas e demais recursos minerais, assim com energia hidráulica, por restar provado que estes bens são privativos da União, e que não seria coerente desapropriar bens dela mesma.

Contudo, já houve na legislação brasileira, o Direito de Propriedade sobre as jazidas existentes nos solos pelos particulares, conforme prescrevia o primeiro Código de Minas, o Decreto Federal nº 24.642, datado de 10/07/1934. Com base nesse decreto, o proprietário do solo que desse conhecimento ao Poder Público da existência de jazidas em solo de sua propriedade, respeitando o prazo estipulado no mesmo diploma legal, mantinha a propriedade destas. Com isso, admite-se, ainda hoje, a propriedade de jazidas por particulares somente na hipótese de tê-la adquirido na vigência desse decreto, podendo, nesse caso específico, serem objeto de desapropriação pelo Poder Público.

Ressalvada a exceção mencionada, não restam dúvidas de que somente a União será legalmente a titular do domínio das jazidas, minas e demais recursos minerais, e que estes bens não são suscetíveis de desapropriação.

Dado o respeito à supremacia do interesse público federativa, constata-se, em consonância com a doutrina predominante, a impossibilidade de os Estados e Municípios editarem desapropriação das jazidas, de minas e de outros recursos minerais. Viável seria, contudo, a edição de autorização de pesquisa ou de concessão de lavra, por meio do governo federal[28].

7.7. Bens Públicos

O Decreto-lei nº 3.365/1941 dispõe, em seu art. 2º, § 2º, que:

> *os bens do domínio dos Estados, Municípios, Distrito Federal e Territórios poderão ser desapropriados pela União, e os dos*

[28] Ilustra-se o tema com lições dos Tribunais, a seguir descritas: "Constitucional. Desapropriação. Jazidas de areia e cascalho. As jazidas de minerais, areia, pedras e cascalho não são indenizáveis, em princípio, salvo existência de concessão de lavra. RE não conhecido". (Rel. Min. Carlos Velloso. Recurso Extraordinário nº 189.964/SP) Desapropriação. Indenização. Fixação. Valor apurado como indenização pelas jazidas de argila e areia. Exclusão. Admissibilidade. Art. 168 da Constituição da República. Não cabimento de indenização. Recurso provido.

Municípios pelos Estados, mas, em qualquer caso, ao ato deverá proceder autorização legislativa.

De acordo com este texto a desapropriação será sempre de cima para baixo", devendo preceder a competente autorização legislativa, e não sendo possível o contrário, como exemplo o Município desapropriar bens do Estado ou da União. O fundamento da desapropriação de bens públicos por outros entes federados se baseia no fato de que o interesse nacional, defendido pela União, deverá sempre sobrepor ao interesse regional, defendido pelos Estados; e estes se sobreporão ao interesse regional, exercido pelos Municípios.

Cumpre ressaltar que não é pacífico pela doutrina o entendimento de que quaisquer *bens públicos* são passíveis de desapropriação, sejam eles de uso comum do povo, de uso especial ou dominicais, defendendo alguns que apenas os bens dominicais podem ser desapropriados. Contudo, perfilhamos o entendimento de Seabra Fagundes[29] de que no Direito brasileiro são inadmissíveis quaisquer restrições à expropriação dos bens públicos com base na sua natureza, e que a lei não criou restrição alguma a autorizar a desapropriação deles, e, pelos seus termos amplos, se depreende derrogada a inalienabilidade em cada caso de utilidade da desapropriação.

A Lei da Desapropriação nº 3.365/1941, não obstante datar de mais de seis décadas, guarda estreita consonância com a Lei Maior de 1988, se coadunando com o princípio da predominância do interesse público sobre o privado. Com isso, a União poderá desapropriar os bens dos demais entes, em razão do interesse social. A necessidade de autorização legislativa prévia traz um freio aos impulsos que porventura viessem, arbitrariamente, acometerem os membros dos poderes superiores sobre os hierarquicamente inferiores.

Ressalta-se que a inversão deste poder não é acolhida na legislação nem na Constituição da República. Com efeito, não é possível ocorrer a desapropriação pelo Estado de um bem pertencente à União, nem pelo Município, de um bem cujo Estado seja o titular, configurando-se tais atos em violação da hierarquia política adotada na Federação[30].

Partindo dessa premissa, verifica-se a validade do referido dispositivo legal, acerca da possibilidade de a União desapropriar bens dos demais entes, já que a esta cabe a predominância de interesse geral, nacional. O constitucionalista José Afonso da Silva já se manifestou sobre a repartição de competência entre as entidades componentes do Estado federal.

Num Estado federal, é possível vislumbrar uma hierarquia de interesses dos entes que a compõem. Nessa perspectiva, afirma-se que o interesse de um Estado-membro é o interesse de todos os municípios compreendidos em seu território; e que o interesse da União engloba os de todos os Estados e Municípios, além do Distrito Federal[31]. Veja-se a propósito, o trecho da

---

(Rel.: Scarance Fernandes. Apelação Cível nº 207.167-2. Araçatuba) Desapropriação. Área contendo jazida de argila. Lavra concedida aos expropriados. Impedimento da exploração. Indenização cabível. Recurso voluntário não provido. Provimento parcial ao recurso de ofício, a fim de que os valores depositados sejam considerados para todos os fins. Desde o momento em que a própria União concedeu ou licenciou a sua exploração, a lavra passa a pertencer ao concessionário ou licenciado e tem um valor econômico integrado no patrimônio de seu titular. Esse valor da jazida legalmente explorável é que se torna indenizável, quando é impedida a lavra, sem culpa de seu titular, como no caso de revogação da concessão ou licença, ou de desapropriação superficiária que impeça a exploração da mina." (Rel. Ruiter Oliva. Apelação Cível nº 271.142-2/Indaiatuba; Décima Câmara Cível)

[29] A este propósito, assevera que "o Município não pode desapropriar bem do domínio do Estado-membro, nem o Estado-membro, bem da União. Obvia-se aos graves inconvenientes disso, pedindo o Município ao Estado-membro, que lhe transfira o domínio do imóvel, ou móvel, negocialmente, ou lhe dê a destinação que o Município aponta, ou pedindo o Estado-membro à União, para que negocialmente lho transfira, ou destine o bem ao fim que o Estado-membro colima. Não se afasta a hipótese de se dirigir o Município ao Poder Legislativo federal explicando a necessidade pública, ou a utilidade pública, ou o interesse social da desapropriação do bem estadual, ou da própria União, se os entendimentos pré-negociais falham. Dá-se o mesmo com o Estado-membro, no tocante a bens da União". [...] "O princípio geral que norteia a repartição de competência entre as entidades componentes do Estado Federal é o da predominância do interesse, segundo o qual à União caberão aquelas matérias e questões de predominante interesse geral, nacional, ao passo que aos Estados tocarão as matérias e assuntos de predominante interesse regional, e aos Municípios concernem assuntos de interesse local, tendo a Constituição vigente desprezado o velho conceito do peculiar interesse local que não lograra conceituação satisfatória num século de vigência" (*Curso de Direito Constitucional Positivo*. 7ª ed., p. 412).

[30] *Op. cit.*, 1949, p. 84.

[31] Desapropriação, por Estado, de Bem de Sociedade de Economia Mista Federal que Explora Serviço Público Privativo da União. 1. A União pode desapropriar bens dos Estados, do Distrito Federal, dos Municípios e dos territórios e os Estados, dos Municípios, sempre com autorização legislativa específica. A lei estabeleceu uma gradação de poder entre os sujeitos ativos da desapropriação, de modo a prevalecer o ato da pessoa jurídica de mais alta categoria, segundo o interesse de que cuida: o interesse nacional, representado pela União, prevalece

ementa do acórdão do Supremo Tribunal Federal sobre a matéria:

> Assim, não mais se questiona sobre a validade da norma compreendida no art. 2º, § 2º do Decreto-lei nº 3.365/1941, embora doutrina fiel não deixe de criticar a decisão do Supremo Tribunal Federal no acórdão transcrito.

A fundamentação seria, segundo alguns autores, a hierarquia existente entre as entidades políticas federativas, de modo que só as maiores poderão desapropriar bens pertencentes às menores. Ora, estamos diante de uma Federação e não há hierarquia entre os entes políticos. Hierarquia é uma terminologia que alguns autores usam de forma incorreta. Hierarquia pressupõe uma vinculação, fiscalização, poder de revisão de atos, o que não acontece, em face da autonomia prevista na própria Constituição. Os Estados e os Municípios são todos autônomos quanto à administração dos assuntos do "peculiar interesse". O correto seria falar em hierarquia de interesses. Não há hierarquia nenhuma entre eles. O que fundamenta essa desapropriação é uma hierarquia, sim, mas não entre os entes da federação, mas uma hierarquia dos interesses públicos. A União é uma entidade federativa que tutela o interesse nacional, mais amplo. Visa evidentemente todo interesse da sociedade brasileira, por representar o interesse nacional. O interesse nacional vai, inquestionavelmente, predominar sobre interesses regionais. Então, seria correto afirmar a existência da hierarquia dos interesses públicos. A União defende o interesse geral. Logo, há possibilidade de desapropriar todos os bens públicos. O interesse regional do Estado sobrepõe ao interesse local. O fundamento, portanto, não é hierarquia; o fundamento é a predominância de interesses. O interesse nacional, defendido pela União, se sobrepõe ao interesse local sobre o interesse regional. O interesse regional, defendido pelos Estados, se sobrepõe ao interesse local. Logo, o Estado poderá desapropriar bens, de qualquer um de seus municípios, porque o Estado está defendendo um interesse público maior que o local. Portanto, isso não é hierarquia dos entes da federação; é hierarquia de interesse público. Finalmente, é interessante observar que, só quem pode desapropriar bens pertencentes ao Distrito Federal, vai ser a União.

Há uma indagação interessante: na hipótese de ter o Município expropriado determinado bem e, posteriormente, referido bem interessar ao Estado ou à União. Ocorreria nesse particular a primazia? Poderia o interesse público que, afinal, é um só, ser fracionado ou submetido à hierarquia expropriatória, desencadeado o processo pela entidade menor?

A matéria não é tão simples, sendo a lei omissa.

Há aqueles que advogam que, se o Município já expediu o ato declaratório de utilidade pública, o decreto tem a mesma força como ato constringente da propriedade privada, dentro, claro, do "peculiar interesse" da comunidade. Ora, se o Município declara como de interesse público determinado bem, não nos parece jurídica a intervenção das entidades maiores após a declaração. O ato expropriatório é eminentemente ato de império da potestade. Não pode, pois, sofrer interferência uma vez desencadeado sob pena de, já aqui, deixar de existir primazia para instalar-se intervenção.

Inobstante, não poderia o poder maior, se o bem realmente for considerado indispensável à entidade pública (segurança nacional, por exemplo), ficar preso ao privilégio da anterior declaração municipal. A saída, para tanto, baseada na harmonia dos poderes que deve existir no sistema federativo, a entidade maior promoveria, juntamente com o Município, uma transferência negociada, o que seria o mais lógico.

Para concluirmos, vamos admitir uma hipótese em que um Município do Rio de Janeiro, por exemplo, deseja construir um elevado que, segundo os técnicos, constitui a solução para desafogar o transporte de massa, como admitir à luz do bom senso a intervenção expropriatória da União, invocando primazia se, por exemplo, desejar construir uma escola onde o interesse público seria muito mais restrito?

Como se observa facilmente, o problema da expropriação de bens públicos em nosso Direito apresenta-se bastante complexo.

Há ordenamentos, como, por exemplo, o francês, o belga, o italiano e o alemão nos quais se apresenta inadmissível a desapropriação de bens públicos.

No tocante à desapropriação dos bens públicos, há uma colocação interessante a respeito dos bens de uso

---

sobre o regional, interpretado pelo Estado, e este sobre o local, ligado ao Município, não havendo reversão ascendente; os Estados e o Distrito Federal não podem desapropriar bens da União, nem os Municípios, bens dos Estados ou da União, Decreto-lei nº 3.365/1941, art. 2º, § 2º. 2. Pelo mesmo principio, em relação a bens particulares, a desapropriação pelo Estado prevalece sobre a do Município, e da União sobre a deste e daquele, em se tratando do mesmo bem. 3. Doutrina e jurisprudência antigas e coerentes. Precedentes do STF: RE 20.149, MS 11.075, RE 115.665, RE 111.079.(...) 13. RE não conhecido. Voto vencido. (STF, Tribunal Pleno; Rel. Min. Paulo Brossard; Recurso Extraordinário n.º 172.816-RJ)

comum do povo, bens de uso especial e bens dominicais. Indaga-se qual, dentre essas categorias de bens, pode ser desapropriada, uma vez que há corrente que admite a irrestrita desapropriação de todos os bens públicos. Uma outra corrente só admitia a desapropriação de bens dominicais (os bens patrimoniais ou ainda bens do patrimônio disponível).

Guimarães Menegale em artigo esclarecedor sobre o tema ensina:

> Sustento inexpropriabilidade dos bens de uso comum (são aqueles que o povo, em geral, pode utilizar sem restrições, de modo anônimo e mesmo coletivo como as ruas, praças, estradas) e dos bens de uso especial (são os imóveis, edifícios e terrenos aplicados a serviço de repartição ou estabelecimento, bem como os móveis e materiais, indispensáveis para o funcionamento de tais serviços, tais como os veículos do Estado, as repartições da Administração Pública Indireta), porque sua propriedade é intransferível; porque, sendo o Estado sujeito de propriedade, não pode exercer sobre si próprio o poder de *imperium* em que o ato se traduz; porque, sendo a utilidade pública equivalente de uso público, é inconcebível a declaração de utilidade pública de bens cuja natureza já é essa. Por isso, recebem também a designação de "bens do patrimônio indisponível"[32].

E finaliza:

> O que se dá é a desafetação, ato pelo qual a Administração substitui uma utilidade por outra da mesma espécie, mas de gênero diferente.

Atualmente, não paira dúvida sobre a possibilidade da desapropriação de bens públicos, fundamentada na natureza específica do bem cogitado. Hoje está totalmente revogada a conotação de inalienabilidade, típica dos bens de uso comum e dos bens de uso especial.

Suponhamos que a União pretenda desapropriar bem público estadual para abertura de estrada federal e o chefe do Executivo de um determinado Estado deseje também abrir uma estrada estadual.

Diante da predominância de interesses, o Estado-membro tem que ceder lugar à União.

Não ocorre prejuízo do Estado-membro a desapropriação de bem público de uso comum ou mesmo de bem de uso especial do Estado. Portanto, é legítima a desapropriação[33].

Como regra geral, o bem público de uso comum não pode ser desapropriado, salvo se for desafetado. Desafetação jurídica ou formal só ocorre via lei. Como o primeiro passo para desapropriar é o decreto de declaração de utilidade pública, este não poderia incidir sobre bens públicos de uso comum. Entretanto, o próprio Decreto-lei nº 3.365/1941 menciona que para desapropriar, por exemplo, uma praça pública para edificar uma estrada federal, depende, obrigatoriamente, de lei, porque o bem é de uso comum, o que, normalmente, estaria impedido de ser desapropriado. Portanto, no caso em tela, achou conveniente o legislador fazê-la dependente de lei do poder expropriante para autorizar ou permitir essa desapropriação. Aí, o Executivo iria materializar uma declaração de utilidade pública feita pelo Legislativo. É o posicionamento também do prof. Diogo de Figueiredo Moreira Neto[34].

Autorização legislativa do expropriante é um dos pressupostos para a desapropriação, somente, de bens públicos.

Chamamos à atenção dos eleitores que o § 2º, art. 2º, do Decreto-lei nº 3.365/1941, fala, em sua parte final, que, em todos os casos deverá preceder à autorização do Legislativo. É óbvio que essa autorização do Legislativo é do expropriante. Se fosse do desapropriado, é lógico que certamente encontraríamos uma barreira enorme. A título de ilustração, a União quer desapropriar um bem do Estado do Rio de Janeiro. Se dependesse, por exemplo, da Assembleia Legislativa desse Estado, é evidente que a pretensão da União estará fadada ao insucesso. Logo, quem vai ter que aprovar, no caso, é o Congresso Nacional. No mesmo sentido, o Estado, pretendendo desapropriar um bem de determinado Município, quem vai aprovar não é a Câmara Municipal e, sim, será a Assembleia Legislativa do Estado-expropriante.

O renomado prof. Diogo Figueiredo, quanto a essa questão de bens públicos, questiona, magistralmente, que, em se tratando de um bem público de uso comum, do Município e do Estado e o Estado deseja desapropriá-lo para torná-lo um bem público de uso especial, seria

---

[32] *Op. cit.*, p. 338.

[33] Assim se manifesta Arthur VILLEGAS, em sentido contrário: "É inadmissível a desapropriação dos bens públicos porque tirar o bem de um titular público e passá-lo para outro titular também público é tão só a transmutação de titulares. Afinal, quer com uma pessoa pública, quer com outra, a dominialidade pública permanece inalterada: o que há é troca de sujeitos do bem público expropriado, visto que, antes e depois, o bem expropriado continua integrando o domínio público. Trata-se de permuta de titulares, isto é, de mutação dominial." *Derecho Administrativo*, Depalma; Buenos Aires, 2004, p. 145.

[34] Cf. *Curso de Direito Administrativo*. 16ª ed., Rio de Janeiro: Forense, 2006, p. 281.

possível o bem público, de uso comum, ser desapropriado? Não há impedimento nenhum. Além da indispensável autorização do Legislativo expropriante, tem que haver a desafetação jurídica ou formal, que se fará por meio de lei[35].

Mas a controvérsia não se encerra aí.

Ainda no âmbito da discussão acerca da possibilidade de se desapropriar bens públicos, diverge a doutrina sobre se seria jurídica pretensão de um ente político declarar de utilidade pública, para fins de desapropriação, bens de pessoa integrante da Administração Indireta de ente político de "hierarquia superior".

Interroga-se: se o Município ou se o Estado-membro poderia desapropriar os bens de uma entidade da Administração Indireta federal? O § 2º, art. 2º, da Lei Geral das Desapropriações não responde à aludida questão. Apenas diz que os entes da federação, respeitada a hierarquia de interesse público, poderão desapropriar os outros entes. Então, volta-se a questionar: o Município, por exemplo, poderia desapropriar os bens pertencentes de uma propriedade de sociedade de economia mista federal, localizada em seu território? A resposta é negativa, salvo autorização do presidente da República, sempre por meio de decreto (art. 2º, § 3º do Decreto-lei). Portanto, também estão protegidos os bens das entidades da Administração indireta federal em relação à desapropriação de Estados e dos Municípios. Mas, mesmo assim, a questão é controvertida. Existe uma posição inicial que o Município pode desapropriar um bem pertencente à empresa pública, sociedade de economia mista federal, desde que o bem não esteja vinculado à prestação de serviço. Se o bem está sendo usado para prestação de serviço público, não pode ser desapropriado[36].

Mais uma vez, entendeu o prof. Hely Lopes Meirelles que só seria possível se houvesse autorização da entidade superior, titular do serviço público descentralizado[37]. Aliás, foi por isso que, mediante a edição do Decreto-lei nº 856/1969, acrescentou-se o § 3º ao art. 2º do Decreto-lei nº 3.365/1941. Veja a redação da norma acrescida:

> *Art. 2º.*
>
> *[...]*
>
> *§ 3º – É vedada a desapropriação, pelos Estados, Distrito Federal, Territórios e Municípios de ações, cotas e direitos representativos do capital de instituições ou empresas cujo funcionamento dependa de autorização do Governo Federal e se subordine à sua fiscalização, salvo prévia autorização, por decreto do presidente da República.*

Por esse dispositivo legal, portanto, nem as concessionárias e serviço público federal poderiam ter seus bens expropriados por outros entes da federação, salvo autorização do chefe do Poder Executivo do ente "maior"[38].

> Não obstante alguns fortes posicionamentos em sentido contrário[39], baseados na superioridade das pessoas políticas sobre as administrativas, entendeu o Supremo Tribunal Federal, também nesse caso, que a norma legal permanece diante do novel ordenamento constitucional, prestigiando, mais uma vez, a titularidade do serviço como ponto determinante da resolução da controvérsia[40].

Diante do que até aqui se expôs, os bens públicos poderão ser desapropriados, desde que: a) haja autorização legislativa para tanto; b) seja observada a hierarquia de interesses contida no § 2º do art. 2º do Decreto-lei nº 3.365/1941. Além disso, as pessoas administrativas que compõem a Administração indireta, o mesmo ocorrendo em relação às concessionárias de serviços públicos, não poderão ser expropriadas por entes "inferiores" aos que as instituíram ou delegaram, já que seus bens estão afetados a serviço público que atende a interesse maior, não podendo este ser sombreado por outros de menor amplitude. Esta é a lógica encontrada pelo Supremo Tribunal Federal.

---

[35] O prof. José Cretella Júnior, a este respeito, aduz que: "[...] a União pode, com autorização legislativa do Congresso, desapropriar bens estaduais e bens municipais como também bens do Distrito Federal; o Estado-membro pode desapropriar bens municipais, desde que haja autorização da Assembléia Legislativa Estadual; Municípios não podem, em hipótese alguma, desapropriar bens públicos de nenhuma das esferas, nem de outros municípios. [...] Para que não se verifiquem possíveis abusos de direito por parte da pessoa jurídica maior, em relação à menor, é que se impõe a cautela do freio e contrapeso autorizatório do Legislativo da pessoa expropriante, [...]" *Curso de Direito Administrativo.* Rio de Janeiro: Forense, 2006, p. 336.

[36] JUAREZ FREITAS, *Estudos de Direito Administrativo*, São Paulo: Malheiros, 1999, p. 96.

[37] MEIRELLES, Hely Lopes. *Ob. cit.*, p. 512.

[38] MELLO, Celso Antônio Bandeira de, *Op. cit.* p. 697.

[39] DI PIETRO, Maria Sylvia Zanella, *Direito Administrativo*, 8ª ed., São Paulo: Atlas, 1999, p. 142.

[40] Vejamos: [...] 4. Competindo à União, e só a ela, explorar diretamente ou mediante autorização, concessão ou permissão, os portos marítimos, fluviais e lacustres, art. 21, XII, *f*, da CF, está caracterizada a natureza pública do serviço de docas. 5. A Companhia Docas do Rio de Janeiro, sociedade de economia mista federal, incumbida de explorar o serviço portuário em regime de exclusividade, não pode ter bem desapropriado pelo Estado. 6. Inexistência, no caso, de autorização legislativa. 7. A norma do art. 173, § 1º, da Constituição aplica-se às

Daí se retira, ainda, que os bens da União não são expropriáveis.

7.8. Pode um Município Expropriar Bens de outro Município, e um Estado-membro de outro Estado-membro?

O Decreto-lei nº 3.365/1941 não traz em seu texto uma resposta objetiva para esta questão, mas apenas prevê no § 2º do art. 2º, a expropriação de bens das entidades menores pelas maiores, restando a interpretação doutrinária e jurisprudencial[41] para esta contenda.

Os Municípios, por se constituírem pessoas jurídicas de Direito Público interno, se encontram em posição de igualdade perante a ordem hierárquica da Federação, o que as torna insuscetíveis de desapropriarem bens uns dos outros, ainda que a desapropriação pretendida incida sobre bem de determinado Município que esteja em território de outro. A mesma regra se aplica em relação aos Estados-membros, uns com os outros.

Diversos pareceres têm sido emitidos neste sentido, devendo-se ressaltar a tendência majoritária à impossibilidade de um ente desapropriar bens do domínio de outro que esteja na mesma hierarquia fixada na Carta Magna, posto que este ato equivaleria a um inquestionável desrespeito à igualdade vigente no Estado Federativo.

José Carlos de Moreira Salles opina no sentido de que não importa a localização territorial do bem, mas a posição de igualdade em que se encontram as entidades de Direito Público interno em questão, o que para ele impede que uma exproprie o bem da outra.

O saudoso jurista Hely Lopes Meirelles[42] firmou posição enriquecendo a posição doutrinária, senão vejamos:

> [...] Assim, qualquer entidade estatal pode expropriar bens particulares, a União pode desapropriar os dos Estados-membros e dos Municípios, não cabendo a estes a desapropriação de bens de outros Municípios ou de entidades políticas maiores.

Em outras palavras, o renomado jurista Celso Antônio Bandeira de Mello[43] também compactua este entendimento, compreendendo-se também aos Estados-membros:

> Efetivamente, é intolerável o exercício da desapropriação de bem estadual por outro Estado ou bem municipal por outro Município quando os interesses postos em entre-choque são ambos interesses públicos. Dado o equilíbrio jurídico deles, o pretendido expropriante não tem em seu favor a maior abrangência ou relevância de interesse que o torne sobrepujante, para servir-lhe de causa do ato expropriatório.

7.9. Pode o Município Desapropriar Bem de Sociedade de Economia Mista Federal?

Esta pergunta envolve a questão da natureza jurídica dos bens das empresas estatais. Segundo nosso entendimento, estes bens são de natureza privada, mas a maior parte da doutrina se inclina no sentido de que os bens das estatais são bens públicos de uso especial, não sendo, dessarte, passível de serem desapropriados pelo Município.

Registre-se que há dois argumentos sobre este questionamento. O primeiro deles se encontra no art. 2º, § 3º do Decreto-lei nº 3.365/1941, o qual veda a desa-

---

entidades públicas que exercem atividade econômica em regime de concorrência, não tendo aplicação às sociedades de economia mista ou empresas públicas que, embora exercendo atividade econômica, gozam de exclusividade. 8. O dispositivo constitucional não alcança, com maior razão, sociedade de economia mista federal que explora serviço público, reservado à União. 9. O art. 173, § 1º, nada tem a ver com a desapropriabilidade ou indesapropriabilidade de bens de empresas públicas ou sociedades de economia mista; seu endereço e outro; visa a assegurar a livre-concorrência, de modo que as entidades públicas que exercem ou venham a exercer atividade econômica não se beneficiem de tratamento privilegiado em relação a entidades privadas que se dediquem a atividade econômica na mesma área ou em área semelhante. 10. O disposto no § 2º, do mesmo art. 173, completa o disposto no § 1º, ao prescrever que "as empresas públicas e as sociedades de economia mista não poderão gozar de privilégios fiscais não extensivos às do setor privado". 11. Se o serviço de docas fosse confiado, por concessão, a uma empresa privada, seus bens não poderiam ser desapropriados por Estados sem autorização do presidente da República, Súmula nº 157 e Decreto-lei nº 856/1969; não seria razoável que imóvel de sociedade de economia mista federal, incumbida de executar serviço publico da União, em regime de exclusividade, não merecesse tratamento legal semelhante. 12. Não se questiona se o Estado pode desapropriar bem de sociedade de economia mista federal que não esteja afeto ao serviço. Imóvel situado no cais do Rio de Janeiro se presume integrado no serviço portuário que, de resto, não é estático, e a serviço da sociedade, cuja duração e indeterminada, como o próprio serviço de que está investida". (STF – Tribunal Pleno, Rel. Min. Paulo Brossard; Recurso Extraordinário nº 172.816/RJ)

[41] A Corte Maior já teve a oportunidade de se manifestar sobre controvérsia que envolvia os estados de Pernambuco e da Bahia. Tratava-se de pretensão de desapropriação intentada pelo Estado de Pernambuco à coleção de obras artísticas adquirida pelo estado da Bahia. Na ocasião, a Suprema Corte assim se manifestou, selando a questão: "Considerando a federativa organização política do Brasil, é inadmissível que um Estado-membro desaproprie qualquer bem de outro Estado-membro". (RTJ 77/1948)

[42] *Ob. cit.* 4ª ed., p. 558-59.

[43] *RDA* 29/56.

propriação, por Estados e Municípios, de ações, cotas e direitos representativos de empresas cuja instituição dependa de autorização do governo federal e se subordine à sua fiscalização, salvo se o presidente da República fizer um decreto autorizando esta desapropriação.

Quando o texto fala em "ações, cotas e direitos representativos", não se referindo especificamente aos bens daquela empresa. Registre-se que há jurisprudência do STJ neste sentido, datada de novembro de 1991 (*RDA* 187/249), dizendo que não pode haver essa desapropriação de bens de estatais (considerados públicos de uso especial) pelos Municípios, salvo se houver decreto do presidente (ou do governador, conforme o caso), autorizando aquela desapropriação.

Pode-se citar o exemplo de que o prefeito César Maia, certa feita, desapropriou os armazéns do Cais do Porto, pertencentes à Cia. Docas do Rio de Janeiro, cuja natureza jurídica é de sociedade de economia mista federal. No entanto, não considerou a parte final do § 3º do art. 2º do Decreto-lei nº 3.365/1941, que estipula, nestes casos, prévia autorização por decreto do presidente da República.

7.10. Os Bens Públicos de Uso Comum de um Ente Menor Podem ser Desapropriados e Transformados em Bem de Uso Especial de outro Ente Superior?

Isso ocorrerá pelo fato de que todas essas desapropriações devem ser precedidas de autorização legislativa. Será o ente expropriante, por meio de seus legisladores, e não o ente expropriado que fará a desafetação daquele bem, por meio de lei. Trata-se, pois, de autorização legislativa, conferida pelos representantes da coletividade, que fará a desafetação do bem, retirando qualquer possibilidade de questionamento sobre a transformação do bem de uso comum em bem de uso especial. A hierarquia será proveniente do interesse público.

7.11. Questão Oportuna é se o Estado e o Município Podem Desapropriar Imóvel Rural com Base no Interesse Social

Reportando-se à Constituição Federal, pode-se constatar que a existência de dispositivo que prevê que a reforma agrária é uma questão de competência exclusiva da União:

> *Art. 184. Compete à União desapropriar, por interesse social, para fins de reforma agrária, o imóvel rural que não esteja cumprindo sua função social, mediante prévia e justa indenização [...].*

Com efeito, o texto constitucional preceitua que a desapropriação de imóvel rural que não esteja cumprindo sua função social, para fins de reforma agrária, é de competência da União. Portanto, definitivamente a reforma agrária não se constitui no único caso de interesse social, mas tão somente em um exemplo deste, sendo até mesmo o mais utilizado pela doutrina.

A exclusividade da União não recai sobre o interesse social, mas sim sobre a reforma agrária. Dessa feita, é perfeitamente possível, nos parâmetros do que dispõe a Constituição Federal, que outro ente federativo, como o Estado ou o Município, desaproprie imóvel rural com base em comprovado interesse social, desde que não seja para fins de reforma agrária, matéria esta de competência da União.

Ilustra-se a questão com o exemplo de a prefeitura de um determinado Município desapropriar uma área rural com o fim de utilizá-la para a construção de uma colônia que se destinará à recuperação de viciados, donde se caracteriza o interesse social.

A desapropriação será em área rural, que atenderá de imediato a um determinado grupo da coletividade (os viciados em drogas injetáveis), e de mediato ao interesse coletivo, com o desafogamento dos leitos dos hospitais públicos, com a diminuição da proliferação do vírus da Aids e com um menor risco aos jovens e aos demais membros daquela sociedade, dada a diminuição de drogados nas ruas que são, por si só, um risco em potencial à saúde e à integridade física de todos.

Esse exemplo é um caso de desapropriação de imóvel rural por interesse social diverso da reforma agrária. Portanto, conclusivo que nada obsta que o Estado ou o Município desaproprie imóvel rural com fundamento no interesse social, desde que essa desapropriação não se destine para fins de reforma agrária.

Oportuno elencar outro exemplo em que a União terá competência exclusiva para desapropriar é a desapropriação punitiva, constante no art. 243 da Constituição Federal, a qual não gera o direito de indenização.

> *Art. 243 (CRFB). As glebas de qualquer região do país onde forem localizadas culturas ilegais de plantas psicotrópicas serão imediatamente expropriadas e especificamente destinadas ao assentamento de colonos, para o cultivo de produtos alimentícios e medicamentosos, sem qualquer indenização ao proprietário e sem prejuízo de outras sanções previstas em lei.*

Deve-se registrar que esta modalidade de desapropriação tem como pressuposto que o cultivo de plantas psicotrópicas seja ilegal. Se acaso tiver por fins científicos, deverá portar a devida autorização dos Ministérios da Justiça e da Saúde.

O fundamento da competência exclusiva da União para esta desapropriação se justifica por dois fatores: primeiro pelo fato de que a própria Constituição Federal, em seu art. 144, confere competência exclusiva à Polícia Federal para a repressão de tráfico ilícito de entorpecentes e drogas afins.

Segundo, porque esta desapropriação se destina ao assentamento de colonos, o que, ainda que indiretamente, se refere à reforma agrária, que é competência exclusiva da União.

Imperioso mencionar que referida desapropriação se refere tão somente à área do cultivo das plantas psicotrópicas, e não a toda a área da propriedade em que esta se encontrar.

Este é o único caso de desapropriação vinculada pois que, uma vez constatado o cultivo ilegal de plantas psicotrópicas, deverá desapropriá-las, em cumprimento a preceito constitucional. Nos demais casos de desapropriação, a natureza será discricionária, por não se encontrar na legislação constitucional ou infraconstitucional dispositivo que obrigue o administrador a desapropriar.

O que se encontra na legislação é apenas a limitação da desapropriação, haja vista o rol de situações consideradas de utilidade pública, que se encontram no art. 5º do Decreto-lei nº 3.365/1941, ou seja, o administrador encontra uma margem de atuações a seu dispor, mas é este que decidirá, discricionariamente, qual será o bem desapropriado, porque e onde desapropriar.

Diferentemente é o caso previsto no art. 243 da Lei Maior, em que o legislador constituinte já definiu, previamente, acerca da obrigatoriedade de desapropriar, do imediatismo ao qual se submete essa desapropriação, bem como da área a ser desapropriada, não podendo o administrador, por discricionariedade, opinar sobre nem na feitura, nem no objeto, nem no tempo desta desapropriação.

Outro ente que encontra amparo legal para uma desapropriação exclusiva é o Município, de acordo com previsão constitucional do art. 182, § 4º, inciso III, da Constituição Federal, denominada doutrinariamente como sanção urbanística, cujo pagamento será mediante títulos da dívida pública após a aprovação do Senado. Este título se deve à sua forma de pagamento, que se difere da regra geral que determina a que esta será sempre "prévia e em dinheiro".

Registre-se que este dispositivo constitucional foi regulamentado pela Lei nº 10.257/2001, denominada como Estatuto da Cidade.

7.12. Podem as Entidades Descentralizadas e as Concessionárias de Serviço Público das Pessoas Jurídicas de Direito Público Interno Maiores Desapropriarem Bens de Pessoas Jurídicas Menores? E o Contrário?

As pessoas jurídicas de Direito Público interno, União, Estados, Distrito Federal e Municípios, possuem suas autonomias político-administrativas fixadas pela Constituição da República, não obstante a ordem hierárquica a qual estão vinculadas. Com efeito, a União poderá desapropriar bens dos demais entes, frise-se, em todo o território nacional.

Os Estados-membros poderão desapropriar bens dos Municípios, não sendo possível a ordem inversa. Registre-se que estas duas pessoas jurídicas só poderão desapropriar bens dentro das suas respectivas circunscrições territoriais.

No que concerne às demais pessoas jurídicas, sejam elas de Direito Público ou de Direito Privado (autarquias, empresas públicas, sociedades de economia mista, fundações e serviços sociais autônomos), bem como às concessionárias de serviço público que se encontrem vinculadas a qualquer dos entes da Federação (União, Estados, Distrito Federal e Municípios), não se vislumbra que tenham autonomia para desapropriar bens pertencentes às entidades políticas que, independente da hierarquia na Federação, serão sempre superiores a estas pessoas jurídicas de categoria inferior. Como exemplo, a pretensão de uma autarquia federal em desapropriar bens de um Estado-membro, ou de uma empresa pública estadual desapropriar bens de um Município.

Já a desapropriação de bens vinculados ao serviço público, como os bens das autarquias, empresas públicas, sociedades de economia mista, fundações e concessionárias, estará condicionada à autorização da entidade superior que as instituiu e delegou, obedecendo-se, com isso, as suas autonomias. Se assim não fosse, um Município poderia, sem prévia autorização legal, desapropriar bens de uma empresa pública federal, vinculada, por certo, à União. Portanto, para que isso ocorra, necessária se faz a prévia autorização.

Somente com a devida autorização legal do presidente da República, por meio de decreto presidencial, poderia ocorrer a hipótese de desapropriação. Esta assertiva encontra previsão no Decreto-lei nº 3.365/1941, em seu art. 2º, § 3º, acrescentado pelo Decreto-lei nº 856, de 11/09/1969.

O Supremo Tribunal Federal inadmitiu a desapropriação pelo Estado de bem de sociedade de economia mista federal, exercente de atividade pública privativa da União, conforme demonstrado na Ementa que se segue[44].

> Desapropriação. Bem da Cia. Docas do Rio de Janeiro. Expropriação pelo Estado. Inadmissibilidade. Inexistência de autorização legislativa. Sociedade de economia mista federal que explora serviço público privativo da União em regime de exclusividade. Serviço de docas de natureza pública. Inaplicabilidade do § 1º do art. 173 da CF. Inteligência do art. 2º, § 2º do Decreto-lei nº 3.365/1941. Declarações de votos vencedores e vencido. (Rel. Min. Paulo Brossard. Recurso Extraordinário nº 172.816-7; RT 707/221).

7.13. Outros Bens

7.13.1 Dinheiro

A doutrina brasileira opina, em sua maioria, pela inviabilidade de expropriar o dinheiro, por razões consistentes e ponderadas.

A Constituição Federal, em dispositivo acerca da desapropriação (art. 5º, inciso XXIV), dispõe que esta será mediante justa e prévia indenização em dinheiro. Registre-se que as exceções a esta regra estão inseridas nos arts. 182, § 4º, inciso III e 184, do mesmo diploma legal, que preveem, respectivamente, a desapropriação do solo urbano, com pagamento mediante títulos da dívida pública, e a desapropriação de imóvel rural para fins de reforma agrária, com pagamento de indenização por meio de títulos da dívida agrária.

Com isso, salvo as exceções previstas na Lei Maior, consolidado está que é por meio do dinheiro que se efetivará a indenização pela desapropriação, o que se pressupõe avesso à ideia de desapropriá-lo.

Nesta hipótese, o fim é a desapropriação, sendo o dinheiro o meio utilizado para satisfazê-la. Já o seu objeto o bem colimado pelo Poder Público. Inconcebível se nos parece converter o meio em objeto, pois que aquele não poderá figurar nestes dois polos simultaneamente, confundindo-se numa só coisa.

A lição do mestre Hely Lopes Meireles[45] também é pela impossibilidade de desapropriar o dinheiro, conforme segue: "[...] porque ela constitui o próprio meio de pagamento da indenização."

Acrescenta o administrativista que essa impossibilidade não se aplica às moedas raras, nacionais e estrangeiras.

José Carlos de Moraes Salles[46], respeitado pela sua doutrina acerta do instituto da desapropriação, advoga no sentido da impossibilidade de ocorrer desapropriação sobre o dinheiro, assim dispondo:

> [...] também entendemos que o dinheiro não pode ser expropriado, pois não teria sentido retirar-se de alguém aquilo que é o próprio meio de satisfazer a indenização que lhe seria devida em virtude da expropriação.

7.13.2. Posse

O alcance da desapropriação vai além do Direito de Propriedade para atingir os chamados Direitos Reais Limitados, como é o caso do usufruto, a anticrese, a hipoteca, a caução, o condomínio, a enfiteuse, a herança, beneficiando-se com a da desapropriação inclusive os direitos de terceiros contra o expropriado que recaiam no bem, pagando-se, em separado, os frutos, as benfeitorias e até o valor da posse.

Até a posse legítima ou de boa-fé também é expropriável, por ter valor econômico para o possuidor, notadamente quando se trata de imóvel utilizado ou cultivado pelo posseiro. Certamente, a posse vale menos que a propriedade, mas nem por isso deixa de ser indenizável.

Portanto, tem-se admitido a desapropriação da posse, desde que seja legítima, de boa-fé, que autoriza a pleitear a usucapião, pagando-se, por ela, 60% do valor do imóvel[47]. Certamente, a posse vale menos que a propriedade, mas nem por isso deixa de ser indenizável. Essa hipótese merece algumas considerações.

A posse de boa-fé é aquela cujo vício que impede a sua aquisição está presente, mas é desconhecido pelo possuidor, como se infere do art. 1.201 do Código Civil:

> *Art. 1.201. É de boa-fé a posse, se o possuidor ignora o vício, ou o obstáculo que lhe impede a aquisição da coisa.*

Ora, daí se tira que só no caso de a posse ser *ad usucapionem* poderá cogitar-se da desapropriação da posse, presumindo-se que o fará com o fito de adquirir a propriedade do bem sobre o qual recai tal direito. Mas, se o Estado propõe o pagamento de 60% do valor do imóvel, é porque sabe da irregularidade da posse, o que o impedirá de continuar nela como possuidor de boa-fé. Neste caso, estará ele pagando por uma posse de má-fé, que só se converterá em propriedade pelo usucapião após o

44 "A Companhia Docas do Rio de Janeiro, sociedade de economia mista federal, incumbida de explorar o serviço portuário em regime de exclusividade, não pode ter bem desapropriado pelo Estado. Inexistência, no caso, de autorização legislativa."

45 *Op. cit.* p. 549.

46 *Op. cit.* p. 128.

47 GASPARINI, Diógenes, *Op. cit.* p. 620.

decurso do lapso temporal, contados do início da posse de seu antecessor.

7.13.3. Cadáver

Questão mais polêmica é a que recai sobre a desapropriação ou não do cadáver, posto que este "bem" envolve valores que vão além do quesito econômico, sobretudo no que concerne aos sentimentos dos familiares e à dignidade humana.

Só se atribui valor econômico àquilo que é passível de se avaliar financeiramente. Por isso, valor econômico está atrelado a coisas materiais, a coisas que podem ser economicamente avaliadas. Atribuir valor econômico a pessoas, vivas ou mortas, se nos parece perpassar os limites da dignidade e igualar o homem a coisas e objetos, desassociando-lhe do caráter humano.

Parte da doutrina tem se filiado no sentido dessa possibilidade, no uso de argumentos, diversos[48].

Contudo, registre-se que esta posição não encontra amparo na maioria doutrinada. Em pensamento contrário, encontra-se Seabra Fagundes[49], com o seguinte pensamento:

> É a sua inestimabilidade, que o excluindo da órbita dos valores econômicos para situá-lo no plano dos valores puramente morais, lhe tira toda a possibilidade de avaliação em dinheiro e, consequentemente, de indenização a troco da apropriação pelo Estado. De futuro, outra poderá ser a posição do problema, mas, hoje em dia, é sem dúvida essa.
>
> Da mesma forma, em posição consistente, José Carlos de Moraes Salles se firma pela total impossibilidade de expropriar o cadáver[50].

Cumpre registrar que, independente do âmbito religioso, eis que a religião é faculdade de cada um, mas sobretudo pelo âmbito moral não se nos parece concebível arbitrar valor econômico ao cadáver de um ente querido, que outrora fazia parte de nossa convivência. A estima, o amor, o respeito e a admiração que tínhamos por alguém em vida são sentimentos que não podem ser revertidos, após a sua morte, para a esfera econômica. Inconcebível tratar um ente querido como mercadoria, a qual se sujeita a um valor econômico, a um "valor de mercado", sendo até mesmo esta ideia, sob o ponto de vista de ordem moral, repudiável.

O Código Penal brasileiro dispõe sobre a proteção legal do cadáver, disciplinando o crime de vilipêndio a cadáver, que será imputado àquele que o vilipendiar.

Quando se tratar de cadáver de indigente, insurge-se outra questão, pois não se teria a quem ressarcir com a devida indenização, em caso de desapropriação, por não haver ninguém responsável por este suposto bem. Desta feita, não poderia desapropriar cadáver de indigente, pois esta não se consumaria, por carência do pressuposto de indenização.

Na hipótese em que o cadáver é destinado à universidade para pesquisa, haverá o caso de uma liberalidade do diretor do IML, que deu a autorização ao seu destino, se configurando esta conduta em ato administrativo típico (permissão ou autorização) deste diretor. Este ato será apenas uma mera destinação atribuída pelo diretor do IML.

Ao se integrar ao patrimônio de objetos de estudo da universidade, ele se descaracteriza como mero cadáver, passando a ter a natureza de um bem científico e possuindo, a partir de então, proprietário, o que já pressupõe uma valoração, e com esta natureza já será passível de desapropriação.

Desta forma, após ser encaminhado a certa universidade, para fins científicos, passará a integrar o patrimônio desta instituição, receberá valoração econômica e poderá ser desapropriado. O seu proprietário, que será a instituição científica, se tornará o credor da indenização que corresponder à sua indenização. Ressalte-se que a saída do cadáver do IML para a instituição científica não poderá ser caracterizada como desapropriação, já que até então ele não possuía valoração econômica.

Conclusivo, pois, que o cadáver poderá ser desapropriado quando estiver incorporado ao patrimônio de uma instituição científica, que o adquiriu tão somente para fins científico.

7.13.4. Ações ou Quotas Sociais

Os comercialistas têm prestigiado a classificação das sociedades quanto ao relacionamento de seus sócios,

---

[48] "Embora a hipótese não seja usual, podem ocorrer, de fato, situações excepcionalíssimas que reclamem a desapropriação do cadáver, como, por exemplo, para pesquisa científica e proteção da sociedade." CARVALHO FILHO, José dos Santos. *Manual de Direito Administrativo.* 14ª ed. Rio de Janeiro: Lumen Juris, 2007, p. 653.

[49] *Op. cit.* p. 60.

[50] São suas as palavras que se seguem, se coadunando com a maioria dos juristas: "O respeito devido aos mortos é fato que se verifica em todos os povos e em todos os tempos. Atribuir valor pecuniário ao cadáver é, ao nosso ver, reduzir o ser humano, depois de morto, à condição de simples coisa, situação incompatível com os princípios da moral cristã, os quais prevalecem nas sociedades do mundo ocidental a que pertencemos. Por essas razões, repetimos, o cadáver se nos afigura insuscetível de apreciação econômica, sendo, portanto, inexpropriável."

afirmando que elas podem ser de capitais ou de pessoas. As primeiras são formadas por pessoas que se unem em razão do capital de que dispõem, não importando o relacionamento pessoal que seus sócios guardam entre si. Ao contrário, as segundas são ajustadas por pessoas que se prestigiam pelos indivíduos que são, e não pelo fato de possuírem patrimônio exuberante.

Em defesa dessa classificação, argumenta-se com o interesse prático que revela, posto que as sociedades de pessoas não admitem que as quotas que compõem o seu capital sejam transferidas a terceiros sem o consentimento dos demais sócios, seja em razão de negócio *inter vivos*, seja em razão do falecimento do sócio ou, ainda, em razão de sua insolvência. Ao passo que, nas sociedades de capitais, a transferência das partes que compõem seu capital não encontra tal natureza de limitação.

No meio dessa discussão, pergunta-se: seria possível a desapropriação de quotas ou das ações de uma sociedade, civil ou comercial?

Logo de saída, é bom frisar que, quando se desapropria, não se desapropria pessoa, seja física ou jurídica. Quando se fala em desapropriação da empresa, desapropria-se os direitos constitutivos das cotas, do capital e não da pessoa jurídica da empresa.

O fato é que as convenções particulares não têm força para inibir a força expropriatória do Estado. Esse poder, que é baseado no *ius imperü*, não conhece essa espécie de limites e não depende do concurso da vontade do particular. É ato de força, quase absolutista, que passa como se um trator fosse pela vontade do particular e ruma tranquilo em direção à satisfação do interesse público.

Independentemente, agora, do fato de ser de pessoas ou de capitais determinada sociedade, é de se atentar para dois limites impostos pelo ordenamento jurídico pátrio à desapropriação de participações societárias, quais sejam, os constantes do § 3º do art. 2º do Decreto-lei nº 3.365/1941 e do art. 37, XIX da Constituição da República.

Em primeiro lugar, como já vimos anteriormente, a desapropriação de ações ou quotas sociais de empresas públicas, sociedades de economia mista ou até concessionárias de serviços públicos dependerá da observância do disposto no § 3º do art. 2º do Decreto-lei nº 3.365/1941. Mas dado a anterior análise do tema, não me estenderei aqui, para não ser repetitivo.

Em segundo lugar, convém observar que a constituição de uma sociedade de economia mista ou de uma empresa pública depende da autorização de lei específica, a teor do inciso XIX do art. 37 da Constituição da República. Assim, quando a desapropriação de quotas sociais ou ações desaguar na criação de uma dessas espécies de empresas, deverá ser tal aquisição precedida de autorização legislativa, sob pena de se verificar uma burla àquela norma constitucional, o que seria inaceitável.

O art. 173 da Constituição da República defere ao Poder Legislativo a competência para apreciar o interesse público consistente em outorgar a qualidade de empresário ao Estado. E a desapropriação de ações ou quotas sociais que conferissem ao ente político a titularidade da maioria do capital votante de uma sociedade anônima ou a totalidade do capital de qualquer forma de sociedade representaria uma invasão de competência perpetrada pelo Executivo, considerando que a este cabe declarar de utilidade pública os bens que serão expropriados.

Assim, temos para nós que as ações ou quotas sociais são suscetíveis de desapropriação, observadas as limitações decorrentes do art. 2º, § 3º do Decreto-lei nº 3.365/1941 e do art. 37, XIX da Constituição de 1988.

E o critério da indenização seria pelo valor contábil constante de balanço?

A jurisprudência tem entendido que o Judiciário não está adstrito a critérios rígidos, mandando que a estimativa se baseasse em elementos capazes de propiciar uma indenização justa, conforme determinação da Constituição Federal. As ações, logo, deverão ser desapropriadas pela sua cotação contemporânea.

7.13.5. Moedas

A questão da possibilidade de desapropriação de moeda deve ser encarada de maneira diferente, em três hipóteses: a) moeda corrente no País; b) moeda estrangeira; c) moedas raras.

Moeda corrente, seria uma contradição desapropriá-la, em decorrência da sua fungibilidade.

Quanto à moeda estrangeira e às moedas raras, tem-se dito que são expropriáveis[51]. Entretanto, parece-nos que a primeira hipótese merece uma importante restrição, que não tem sido destacada. É que o câmbio, em que está inserida a circulação de moeda estrangeira do País, é matéria afeta exclusivamente à União, parecendo-nos, por isso, que somente essa pessoa política poderia expropriar dinheiro estrangeiro. Ainda assim, parece-me

[51] Celso Antônio Bandeira de MELLO, *Op. cit.* p. 696.

estranha essa situação, posto que muito próxima estaria da tributação.

No que tange às moedas raras, possível é o enquadramento da hipótese no art. 5º, § 1º, do Decreto-lei nº 3.365/1941, que trata da declaração de utilidade de "[...] outros bens móveis de valor histórico [...]".

Em alguns países, ainda hoje, os quais não se exige indenização prévia, pode ser possível a desapropriação em dinheiro no caso de urgente e imediata necessidade como na eventualidade de invasão estrangeira ou de grande calamidade como fome, peste. As quantias arrecadadas dos bancos, corporações ou indivíduos seriam restituídas posteriormente.

Destarte, tendo o ato expropriatório cunho publicístico e discriminador específico do objeto, ao expropriante asseguram-se todos os direitos reais de propriedade, inclusive o poder de "sequela", que lhe permite retomá-lo das mãos de quem o possua injustamente.

7.13.6. Bens Inalienáveis

O mesmo raciocínio utilizado para o caso de desapropriação de quotas de sociedades de pessoas será utilizado neste item. Ou seja, os bens tornam-se inalienáveis por disposições de vontade, o que não impede que o interesse público se veja limitado pela existência de interesse particular. O princípio norteador dessa interpretação é o da supremacia do interesse público sobre o particular. Dessa forma, a expropriação os bens gravados com cláusula de inalienabilidade poderão tranquilamente ser objeto de desapropriação.

Isto, ao nosso ver, já seria suficiente para se alcançar a conclusão antes apontada. Entretanto, clareando a mente dos menos atentos, o art. 1.911 do Código Civil positivou aquele raciocínio, senão vejamos:

> *Art. 1.911. A cláusula de inalienabilidade, imposta aos bens por ato de liberalidade, implica impenhoralidade e incomunicabilidade.*
> *Parágrafo Único. No caso de desapropriação de bens clausulados, ou de sua alienação, por conveniência econômica do donatário ou do herdeiro, mediante autorização judicial, o produto da venda converter-se-á em outros bens, sobre os quais incidirão as restrições apostas aos primeiros.*

A norma acima transcrita, pois, só clareia o que já se extrai do ordenamento jurídico sem esforço. De modo que, ao nosso ver, o que fundamenta a possibilidade de serem expropriados os bens gravado com cláusula de inalienabilidade é o princípio da supremacia do interesse público e, positivamente, o disposto no *caput* do art. 2º do Decreto-lei nº 3.365/1941, no sentido de que todos os bens poderão ser objeto de desapropriação.

Enfatizando, os bens que gozam da cláusula de inalienabilidade podem ser expropriados? Lógico, que sim. Caso contrário, ao se perceber a existência de um determinado projeto, objetivando o alargamento de rodovias, por exemplo, antes de atingir os imóveis, os proprietários doariam aos filhos, embutindo tal cláusula. Aí, o Poder Público ficaria de "braços e pés amarrados". Por isso, o próprio Código Civil, no seu art. 1.911, permite que esse bem, mesmo com cláusula imposta, pelos testadores ou doadores, de inalienabilidade temporária ou vitalícia, poderá ser objeto de desapropriação, tranquilamente.

Até um bem tido como impenhorável, por ser de família, nos termos da Lei nº 8.009/1990, pode ser expropriado. Naturalmente, como não poderia deixar de ser, com as cautelas redobradas, mediante justa e prévia indenização. O fato do bem ser de família, uma vez comprovada e justificada a relevância dos motivos de interesse público, não há problema nenhum para o despojamento compulsório.

Concluindo, os bens de família também podem ser desapropriados, posto que em tese não se altera o patamar econômico daquela família, já que em à desapropriação corresponderá a sua respectiva indenização. Na prática, contudo, nem sempre o valor da indenização corresponderá ao valor da propriedade, pois em havendo a imissão provisória na posse, o pagamento será menor que o valor real.

7.13.7. Prédios das Embaixadas

Uma Embaixada ou um Consulado pode ser desapropriado?

Comum é ouvir que os prédios onde têm sede as embaixadas são considerados como se fossem território estrangeiro. Entretanto, isso não quer dizer que o sejam. O que se estabelece é uma equiparação, que tem aplicabilidade restrita à sua inviolabilidade, à independência do agente diplomático e aos segredos dos países estrangeiros. A soberania do Estado estrangeiro, em última análise, não se estende ao território nacional, mesmo nessa hipótese.

O fato de os §§ 2º e 3º do art. 11 da Lei de Introdução ao Código Civil disporem sobre a impossibilidade de Estado estrangeiro adquirir bens imóveis ou suscetíveis de desapropriação no Brasil, salvo para fixar a sede de seus representantes diplomáticos e agentes consulares, não autoriza a conclusão de que tais bens, de propriedade de pessoa política estrangeira, são insuscetíveis de desapropriação. Isto porque, quando adquirem tais propriedades o fazem na qualidade de um particular, submetendo-se aos mesmos princípios e regras de propriedade a que estes estão obrigados a se sujeitar. As únicas exceções são aquelas apontadas anteriormente.

Portanto, são suscetíveis de desapropriação, também, os imóveis das embaixadas de Estados estrangeiros, conforme a regra contida no art. 2º do Decreto-lei nº 3.365/1941, afastada a ideia equívoca acerca da extraterritorialidade da soberania.

Às vezes, a Administração Pública precisa arquitetar uma via expressa para atender o interesse da coletividade e o prédio da Embaixada está, exatamente, por onde, ela vai passar. Não há nenhum impedimento, na doutrina, da desapropriação.

Na prática, primeiramente, resolve-se tudo no campo diplomático, a fim de se evitar desapropriação.

A Embaixada não se constitui em território estrangeiro dentro de um país, portanto, possui as características da inviolabilidade de domicílio, de correspondência, de telefone etc. Pode-se dizer que as embaixadas brasileiras são um território brasileiro sob propriedade de um país estrangeiro.

7.13.8. Terrenos de marinha

Há uma indagação interessante:

Terrenos de marinha podem ser desapropriados?

Em conformidade com o art. 20, do nosso texto constitucional, os terrenos de marinha são bens da União. Ora, se os terrenos de marinha são bens da União, não podem ser desapropriados. No que tange à enfiteuse, esta é de domínio útil, que possui valoração econômica, e, portanto, passível de ser desapropriada. Em assim sendo, o domínio útil em uma enfiteuse no terreno de marinha pode ser desapropriado, mas o terreno de marinha, em si, não poderá sê-lo, posto que é bem da União.

Como exemplo, a União deu o domínio útil (a enfiteuse) a um particular. O Estado poderá desapropriar o domínio útil, pagando por ele, ficando a União com a propriedade do terreno de marinha, devendo-se levar em conta, no valor da indenização, que não é a propriedade do bem que está sendo desapropriada, mas tão somente o seu domínio útil.

A base de referência para estabelecer o valor do domínio útil será um determinado número de foros e laudêmios.

Oportuno ressaltar que esta forma de cálculo também será útil para saber, em caso de desapropriação, quanto receberá o senhorio direto e o enfiteuta, quando esta versar sobre bem privado. Abate-se o valor do domínio útil (que será pago ao enfiteuta, que utiliza o bem), do valor da propriedade, e o que sobrar será do senhorio direto, que é o valor atribuído à nua propriedade.

Desta forma, no caso de desapropriação da enfiteuse de terreno de marinha, o que é desapropriado não é o bem, mas o domínio útil do bem. O Estado apenas substitui o enfiteuta, pois a propriedade já era do Poder Público, sendo que só o domínio útil é que estava com particulares.

Finalizando, a enfiteuse em terrenos de marinha, já é possível de desapropriação, uma vez que tudo que tem valoração econômica pode ser expropriado, tal como, a posse, uma enfiteuse pode ser objeto de desapropriação.

Admitindo a hipótese em que a União, por meio da enfiteuse, entrega para particular o uso do terreno de marinha. A enfiteuse dada ao terreno de marinha poderá, certamente, ser desapropriada, dando margem à indenização, mas tão somente o domínio útil do particular, isto porque o domínio útil tem valoração econômica. Então, não há a mínima dúvida de que os Municípios e os Estados podem expropriar o uso e os bens edificados sobre o terreno de marinha. Entretanto, as margens dos rios navegáveis de domínio público, são insuscetíveis de desapropriação e, por isto mesmo, excluídos da indenização, em conformidade com a Súmula nº 479 do Supremo Tribunal Federal.

7.13.9. As Margens dos Rios Navegáveis são Indenizáveis em Caso de Desapropriação Indireta de Propriedade Particular, Decorrente da Criação de Parque Nacional?

As margens dos rios navegáveis provocam controvérsia no que tange à sua natureza jurídica, o que acarreta efeitos quanto à viabilidade de desapropriação.

Uma primeira corrente, capitaneada pelo saudoso Hely Lopes Meirelles, sustenta que tais faixas terrestres, consideradas faixas reservadas pelo Código de Águas, integram a propriedade privada, estando destacadas apenas para uso da Administração, em forma de servidão administrativa.

Já uma segunda corrente (majoritária), acatada pelo STF, em posição diametralmente oposta, sustenta que as margens dos rios navegáveis são de domínio público:

> Súmula nº 4797 STF. As margens dos rios navegáveis são de domínio público, insuscetíveis de expropriação e, por isso mesmo, excluídas de indenização[52].

[52] Processual civil. embargos de declaração. Julgamento, com o suprimento das omissões. Recursos especiais. No âmbito do especial não se aprecia matéria pertinente à prova, porquanto, nesses casos (reexame de prova), as instâncias ordinárias decidem, a causa, com soberania. Consoante a jurisprudência cristalizada, em Súmula, na Suprema Corte de Justiça (Verbete nº 479), "as margens dos rios navegáveis são

O Superior Tribunal de Justiça já teve oportunidade de endossar este pensamento:

> Em que pese o acerto da posição da nossa mais alta Corte, devemos interpretar esta postura, todavia, excluindo de sua abrangência as áreas marginais que houverem sido legitimamente transferidas pelo Poder Público ao domínio privado. Entretanto, se o proprietário ribeirinho não dispuser de título legítimo que prove o domínio privado, os terrenos reservados pertencerão realmente ao domínio público. Conclui-se, por conseguinte, que os terrenos marginais podem ser do domínio público, que é a regra geral, ou do domínio privado, quando provada a transmissão legítima da área[53].

A doutrina de Celso Antônio Bandeira de Mello[54] esclarece que:

> Terrenos marginais, também chamados de reservados ou ribeirinhos, são bens públicos constituídos pelas faixas de terra à margem dos rios públicos livres da influência das marés, uma extensão de 15 m, contados da linha média das enchentes médias ordinárias, conforme o art. 4º, do Decreto-lei nº 9.760 e o art. 14 do Código de Águas (Decreto no 24.643, de 10/07/1934). Excluem-se, entretanto, dos reservados, os marginais das correntes públicas que apenas concorrem para tornar outras navegáveis ou flutuáveis.

Percebe-se que a matéria é complexa, entretanto, parece-nos que as margens dos rios podem pertencer, ou não, ao domínio privado, embora a regra as atribua ao domínio público (art. 11 do Decreto nº 24.643/1934, o Código de Águas[55]). Sendo assim, não haverá desapropriação e indenização se as margens integrarem o domínio público. Se pertencerem ao domínio privado, porém, tanto será obrigatória a desapropriação como o pagamento da respectiva indenização[56].

Desapropriação indireta é o fato administrativo pelo qual o Estado se apropria de bem particular, sem observância dos requisitos da declaração e da indenização prévia[57].

---

do domínio público e, por isso mesmo, excluídas de indenização (no processo de expropriação)". Os terrenos situados às margens de rios navegáveis e, ainda, situados entre Estados, constituem bens do domínio público, forros à indenização, pela via expropriatória, especialmente se não se encontram na posse ou domínio do expropriado. Recurso da Cesp não conhecido, negando-se provimento ao interposto pela Usina Central do Paraná. Voto Vencido. (STJ, Ministro Demócrito Reinaldo, REsp. 151384/PR) Hely Lopes MEIRELLES, *Direito Administrativo Brasileiro,* 95ª ed., São Paulo: Malheiros, 2004, p. 568. Súmula nº 4797 STF.

[53] É oportuna a transcrição do acórdão: Administrativo. Desapropriação. Terrenos Marginais. Inindenizabilidade. 1. Os terrenos reservados nas margens das correntes públicas, como o caso dos rios navegáveis, são, na forma do art. 11 do Código de Águas, bens públicos dominiais, salvo se por algum título legítimo não pertencerem ao domínio particular. 2. Em se tratando de bens públicos às margens dos rios navegáveis, o título que legitima a propriedade particular deve provir do poder competente, no caso, o Poder Público. Isto significa que os terrenos marginais presumem-se de domínio público, podendo, excepcionalmente, integrar o domínio de particulares, desde que objeto de concessão legítima, expressamente emanada de autoridade competente. 3. Por força da Constituição Federal, art. 20, III, os rios que banham mais de um Estado, como é o caso do Rio Paraná, são bens da União, assim como o são os terrenos marginais e as praias fluviais, por isso que afigura-se incabível a indenização pretendida. 4. Aplicação da Súmula 479/STF, verbis: "As margens dos rios navegáveis são domínio público, insuscetíveis de expropriação e, por isso mesmo, excluídas de indenização." 5. "São de propriedade da União quando marginais de águas doces sitas em terras de domínio federal ou das que banhem mais de um Estado, sirvam de limite com outros países ou, ainda, se estendam a território estrangeiro ou dele provenham (art. 20, III, da Constituição). Por seguirem o destino dos rios, são de propriedade dos Estados quando não forem marginais de rios federais. Em tempos houve quem, erroneamente, sustentasse que sobre eles não havia propriedade pública, mas apensa servidão pública. Hoje a matéria é pacificada, havendo súmula do STF (nº 479) reconhecendo o caráter público de tais bens, ao confirmar acórdão do TJSP no qual a matéria fora exaustivamente aclarada pelo relator, Des. C. A. Bandeira de Mello, o qual, em trabalhos teóricos anteriores, já havia examinado *ex professo* o assunto. De resto, hoje, no art. 20, VII, da Constituição, a questão está expressamente resolvida. Os terrenos reservados são bens públicos dominicais (art. 11 do Código de Águas). (Celso Antônio Bandeira de MELLO, *Curso de Direito Administrativo.* 14ª ed., São Paulo: Malheiros, 2002, p. 778). 6. Recurso Especial provido. (STJ. Min. Luiz Fux; REsp 617822/SP; DJ 28.03.2005) Nesse sentido, confira-se precedente da Segunda Turma do STJ: Administrativo. Desapropriação. Indenização. Terrenos marginais de rio navegável (Súmula 479/STF). 1. *Os terrenos que margeiam os rios navegáveis são considerados bens de domínio comum, não sendo passíveis de indenização. 2. Excepcionam-se os terrenos que, na mesma situação, são titulados em nome de seus proprietários. 3. Hipótese* em que se trata de pedido de indenização de terrenos marginais de rio navegável, segundo a Capitania dos Portos, *mas com título de propriedade em favor dos expropriados.* 4. Recurso especial improvido. (STJ, Min. Eliana Calmon, REsp 443370/SP)

[54] *Curso de Direito Administrativo,* 17ª ed., São Paulo: Malheiros, 2007, p. 778.

[55] Art. 11. São públicos dominicais, se não estiverem destinados ao uso comum, ou por algum título legítimo não pertencerem ao domínio particular; lº, os terrenos de marinha; 2º, os terrenos reservados nas margens das correntes públicas de uso comum, bem como dos canais, lagos e lagoas da mesma espécie. Salvo quanto as correntes que, não sendo navegáveis nem flutuáveis, concorrem apenas para formar outras simplesmente flutuáveis, e não navegáveis.

[56] José dos Santos CARVALHO FILHO. *Op. cit.* p. 633.

[57] José dos Santos, CARVALHO FILHO. *Op. cit.* p. 667.

Na questão em tela, caso o particular demonstre que, por algum título legítimo, expressamente emanado de autoridade competente, as margens dos rios navegáveis pertencem ao seu domínio particular, o proprietário vítima da desapropriação indireta deverá ajuizar a ação, visando à indenização pelas perdas e danos havidos; caso contrário, se o proprietário ribeirinho não dispuser de título legítimo que prove o domínio privado, os terrenos reservados pertencerão realmente ao domínio público, não havendo aqui, possibilidade de desapropriação e indenização.

7.13.10. Direito Autoral

Aspecto que tem gerado alguma polêmica e controvérsia, já que a lei silencia a seu respeito, se o direito autoral é passível de desapropriação, ou melhor dizendo, pode-se desapropriar direito autoral?

Em primeiro lugar, embora o direito autoral ande lado a lado, de braços dados, com o direito do autor sobre a obra, são duas coisas distintas. O direito autoral biparte-se em direitos morais e materiais do autor. Somente os materiais são passíveis de desapropriação. Os direitos morais do autor, por serem personalíssimos, são inexpropriáveis.

Hipoteticamente, o autor de notável obra de alta produção acadêmica, terminantemente recusa-se em reeditá-la. Não é justo que essa atitude egoísta e individualista do autor cause prejuízos e danos irreparáveis no seio acadêmico, prejudicando um segmento da sociedade. Então, o Poder Público adota providências para consumar a desapropriação da mencionada obra, por utilidade pública, mediante prévia indenização. Com a declaração de utilidade pública do bem com vistas à desapropriação, o autor fica impedido de republicá-la, depende da aquiescência e da manifestação de vontade do expropriante. É de suma importância mencionar que haverá transferência coercitiva dos direitos materiais, assistindo ao autor o direito de ficar consignado o seu nome à produção intelectual. Agora, desejando o autor vender o aludido direito personalíssimo pode efetuá-lo, mas, aí, se trata de instituto diverso da desapropriação.

Os bens imateriais, portanto, que tenham conteúdo econômico podem ser desapropriados. O exemplo que se dá é uma invenção. Alguém registra sua invenção, mas o Poder Público, em nome do interesse público, pode desapropriar. Suponhamos que uma pessoa descubra a cura para certa doença grave e queira explorar esta sua descoberta economicamente de uma forma exorbitante ou, até que não queira, porém o Estado quer assumir o tratamento daquela doença. O bem é desapropriado e o inventor é indenizado.

7.13.11. Bens Eclesiásticos

Os bens pertinentes à Igreja Católica têm provocado algumas controvérsias quanto à possibilidade de ser objeto de desapropriação.

De acordo com o Tratado Lateranense, os bens eclesiásticos somente poderão ser desapropriados, em casos, de caráter urgente urgentíssimo.

No entanto, estranhamente os edifícios abertos aos cultos pertencentes às demais religiões, a desapropriação de tais bens não encontra limites, portanto, não há impossibilidades jurídicas nem impossibilidades materiais, tornando-se viáveis de ser desapropriados.

Ao certo, não há que se fazer qualquer distinção entre as religiões.

7.13.12. Bens Tombados

É possível a desapropriação de bens particulares tombados?

Embora seja possível, a desapropriação de bens tombados encontra limites?

Segundo o prof. José dos Santos Carvalho Filho, parecemos que a solução deve levar em conta que o tombamento é ato administrativo de caráter restritivo, que tem fundamento constitucional, e visa ao entendimento do interesse público retratado pela necessidade de tutela do patrimônio cultural brasileiro, como consta dos arts. 215 e 216 da Constituição. Sendo assim, abrem-se duas hipóteses. Se o tombamento provém de entidade federativa menor, será possível, em tese, a desapropriação do bem pela entidade maior, desde que, é óbvio, comprovado que o interesse público a ser atendido pela desapropriação tem prevalência sobre o que gerou o tombamento. A recíproca, porém, é inviável, ou seja, não pode a entidade menor desapropriar o bem cujo tombamento foi instituído pela entidade maior, porque se supõe que o interesse atendido por esta última prevalece sobre a proteção do patrimônio local objeto do ato restritivo. A desapropriação somente seria admissível se houvesse autorização da autoridade maior. A solução alvitrada, inclusive, se compatibiliza com os §§ 2º e 3º do art. 2º do Decreto-lei nº 3.365/1941[58].

[58] José dos Santos CARVALHO FILHO, *Manual de Direito Administrativo*, 17ª ed., São Paulo: Lumen Juris, p. 606.

Em tese tudo pode ser desapropriado. Qualquer direito que seja suscetível de apropriação, seja de que natureza for, é passível de desapropriação. Ressalvam-se exclusivamente os direitos de caráter personalíssimo, que não se incluem no conceito de propriedade, tais como a vida, a liberdade, o *status* jurídico, ou que, incluídos nele, são a projeção da personalidade do indivíduo, como o nome, a fama, a bagagem cultural, a liberdade civil, política e religiosa, o direito ao segredo.

Sendo o tombamento um instituto jurídico que visa à preservação de um bem com valor histórico e cultural, poderia um bem tombado ser desapropriado?

Quando sustentado que a desapropriação de um bem tombado é possível, caso o interesse público superveniente seja superior ao que gerou o tombamento, na verdade, nada mais estamos fazendo do que ponderar os interesses em aparente conflito, de forma ao final, harmonizar os bens e valores em jogo, em um mecanismo de concessões recíprocas que procura preservar, na maior intensidade possível, os valores contrapostos. Dissertando sobre a ponderação de valores ou bens, o brilhante prof. Luis Roberto Barroso deixou registrado, de forma lapidar e intocável[59].

Mais a frente na mesma obra, o aludido Mestre relaciona a ponderação entre bens e valores em jogo e o princípio da unidade hierárquica-normativa da Constituição:

> O princípio da unidade, também referido como princípio da unidade hierárquico-normativa da Constituição, é uma especificação, no âmbito do direito constitucional, do elemento sistemático de interpretação jurídica. As normas constitucionais consagram valores que guardam tensões entre si. O princípio da unidade remarca a ausência de hierarquia entre normas integrantes de um mesmo documento constitucional e impõe ao intérprete o dever de atuar ponderando bens e valores em jogo, de modo a harmonizar preceitos aparentemente conflitantes e a evitar conflitos e contradições entre as normas constitucionais[60].

Por tudo acima exposto, podemos chegar as seguintes conclusões:

1) tanto o tombamento, quanto à desapropriação, são formas de intervenção do Estado na propriedade, sendo que nesta última o Estado retira a propriedade de seu dono, normalmente, mediante o pagamento de indenização, já naquela, a Administração impõe restrições e condicionamentos ao uso da propriedade, sem, no entanto, retirá-la do domínio alheio;
2) o tombamento da área, impedindo o proprietário de usar e usufruir do bem imóvel de sua propriedade, constitui desapropriação indireta;
3) caso o tombamento seja originário de entidade federativa menor, será possível, em tese, a desapropriação do bem pela entidade maior, desde que, é óbvio, seja comprovado, por meio de um juízo de ponderação entre os interesses, valores e bens em jogo, que o interesse público a ser atendido pela desapropriação tem prevalência sobre o que gerou o tombamento[61].

7.13.13. Bens de Família

Os bens de família também podem ser desapropriados, posto que em tese não se altera o patamar econômico daquela família, já que em à desapropriação corresponderá a sua respectiva indenização. Na prática, contudo, nem sempre o valor da indenização corresponderá o valor da propriedade, pois em havendo a imissão provisória na posse o pagamento será menor que o valor real.

7.13.14. Direitos Reais Limitados

O alcance da desapropriação vai além do Direito de Propriedade para atingir os chamados Direitos Reais Limitados. Escreveu o mestre:

> Os direitos que a desapropriação atinge não somente as do proprietário a os dos titulares de direitos reais limi-

---

[59] "A doutrina mais tradicional divulga como mecanismo adequado à solução de tensões entre normas a chamada ponderação de bens ou valores. Trata-se de uma linha de raciocínio que procura identificar o bem jurídico tutelado por cada uma delas, associá-lo a um determinado valor; isto é, ao princípio constitucional ao qual se reconduz, para, então, traçar o âmbito de incidência de cada norma, sempre tendo como referência máxima as decisões fundamentais do constituinte". *Interpretação e Aplicação da Constituição.* São Paulo: Saraiva: 6ª ed., 2004, p. 200-201.

[60] *Interpretação e Aplicação da Constituição.* São Paulo: Saraiva, 6ª ed., 2004, p. 299.

[61] Alguns tribunais já tiveram a oportunidade de manifestar-se acerca da possibilidade de desapropriação de um bem tombado, conforme o demonstrado pelas ementas trazidas abaixo: Desapropriação. Urgência Alegada pela Expropriante. Área de Protecao Ambiental. Avaliação de Imóvel. Tombamento de Imóvel. Desvalorização. (TJRJ, Agravo de Instrumento nº 2005; Décima Segunda Câmara Cível; Des. Leila Mariano). Competência. Patrimônio Histórico e Artístico Nacional. Desapropriação, pelo Estado ou pelo Município, de bem tombado como Patrimônio Histórico e Artístico Nacional, não suscita interesse da União federal capaz de deslocar o processo para a Justiça federal, a não ser que a União manifeste seu direito de preferência. O ônus do tombamento acompanha o bem, qualquer que seja o proprietário. (STF, RE 90581/RJ; Min. Decio Miranda)

> tados. Tais pois usufrutuários, usuários, os habitadores, os credores anticréticos, hipotecários, pignoratícios e caucionários, além dos condôminos, inclusive coerdeiros, enfiteutas e fideicomissários, que codividem, materialmente, ou no tempo, a propriedade. A indenização há de ser a todos os que sofrerem com a desapropriação. Mas a técnica legislativa pode adotar, quanto aos direitos reais, a) o princípio da unicidade da indenização, segundo o qual o valor da indenização corresponde a todos os elementos da propriedade, de modo que representa soma de valores; b) o princípio da pluralidade de indenizações, segundo o qual a cada direito, que os demandados perdem, corresponde um valor. O princípio a) tem variantes, dentre as quais a') o da unicidade da indenização quanto aos direitos reais, a") o da unicidade da indenização quanto ao direito ou direitos diretamente atingidos e a"') da unicidade de indenização quanto a quaisquer direitos (posse, locação etc.). No Decreto nº 4.956, de 07/09/1903, art. 31, § 1º, adotou-se o princípio a), o que mais explicitamente se disse no Decreto-lei nº 3.365, art. 31. Quando o art. 26, 2ª parte, estatui que "não se incluirão (no valor da indenização) direitos de terceiros contra o expropriado", apenas alude a direitos que não recaem no bem, ou no Direito Desapropriando. Não se incluem, mas indenizam-se. (*Tratado de Direito Privado*. T. XIV, 3ª ed., Rio de Janeiro: Borsoi, 2001, p. 179-180)

Tudo a se resumir no seguinte: na enfiteuse há o Direito de Propriedadee um direito real limitado; se o imóvel foreiro for desapropriado, a indenização é devida a ambos os titulares; havendo confusão entre o expropriante e o enfiteuta, nem por isso se apaga essa diferença; nesse caso, o expropriante está desapropriando apenas a parte que ainda não é sua; a indenização pela perda do imóvel segue o regime da unicidade, abrangendo o valor da propriedade e dos direitos reais limitados; os direitos obrigacionais atingidos pela desapropriação são indenizáveis à parte.

Daí as seguintes conclusões: diversamente do que foi afirmado, o enfiteuta tem direito à indenização, mas esta é restrita ao conteúdo do direito real limitado (o uso do imóvel pelo enfiteuta não se assimila ao do locatário, para os efeitos da indenização prevista no art. 26, 2ª parte, do Decreto-lei nº 3.365 de 1941; o art. 686 do Código Civil é inaplicável à espécie, em que se trata de saber qual a justa indenização (sem o desconto do laudêmio, o enfiteuta receberia valor superior àquele que o imóvel alcançaria no mercado em transmissões voluntárias); embora vinculado ao direito de preferência, o laudêmio tem natureza compensatória, tanto mais necessária na desapropriação, em que funciona como indenização pela perda da propriedade.

8. Competência para Legislar sobre Desapropriação

De acordo com o preceito Constitucional, a competência para legislar sobre *desapropriação* é privativa da União:

> *Art. 22. Compete privativamente à União legislar sobre:*
> *[...]*
> *II – desapropriação*

Ressalta-se, entretanto, que o parágrafo único do mesmo artigo estabelece que "lei complementar poderá autorizar os Estados a legislar sobre questões específicas das matérias relacionadas neste artigo". Da mesma forma, outros diplomas federais abarcam as regras que regem a desapropriação.

Com efeito, a competência da União se aplica às regras gerais que se destinem à desapropriação, e a competência dos Estados-membros será restrita às matérias específicas deste instituto. O legislador constituinte, com isso, restringiu a criação de leis que versem sobre a matéria, justificando-se a competência federal pela importância deste estatuto, bem como pelo fato de que o instituto da desapropriação, juntamente como o correlato instituto da propriedade, e a sua consequente função social, encontram-se inseridos no art. 5º da Carta Magna, que preceitua os direitos e garantias fundamentais.

A competência privativa da União para legislar sobre desapropriação já figurava na Constituição anterior, de 1967, com a redação dada pela EC nº 1/1969, bem como nas anteriores a esta. O mesmo não ocorria com a competência suplementar dos Estados-membros, que é inaugurada na vigência desta Constituição Federal. A margem de competência dada àqueles entes se justifica pelas especificidades sociopolítico-econômica de cada um, que embasará a declaração de necessidade ou de utilidade pública, ou o interesse social do bem a ser expropriado.

Além da União, Os Estados-membros, o Distrito Federal e os Municípios também serão competentes para promoverem, diretamente, por ato do chefe do Poder Executivo, ou por meio de seus agentes delegados, a respectiva desapropriação, não se lhes sendo permitido a expedição de normas adjetivas acerca do referido instituto, eis que esta se encontra restrita à União. Podem, contudo, exercer a legislação local objetivando capacitar plenamente a entidade estatal a efetivar os certames constitucionais sobre a matéria. Não estão também pré-excluídas as regras jurídicas acerca de competência dos membros da magistratura e do Ministério Público que versem sobre o instituto em tela.

Constata-se, com isso, que são distintos os atos de legislar sobre desapropriação e declarar a expropriação. Conforme já exposto, legislar sobre desapropriação é competência exclusiva da União. Declarar expropriação é ato que advém do presidente da República, governador, interventor ou prefeito, e, embora raramente ocorra, do Poder Legislativo, de acordo com o âmbito em que se torne necessária ou útil a desapropriação.

Quando a iniciativa da declaração de utilidade ou necessidade pública partir do Poder Legislativo, far-se-á por meio de lei, restando ao Poder Executivo os demais atos procedimentais que efetivem a desapropriação, sejam eles por meio de acordo, sejam por processo judicial. É de fundamental relevância aditar que a competência que advém do Poder Legislativo é paralela ou simultânea à competência do Poder Executivo, não a excluindo em nenhuma hipótese.

A título de ilustração, menciona-se um caso de declaração de utilidade pública para fins de desapropriação decorrente do Poder Legislativo, constante na Lei Municipal nº 105, que dispõe sobre a desapropriação do Sítio Pai Cará em Guarujá, no estado de São Paulo.

Na prática, contudo, sendo a desapropriação ato eminentemente de administração, de regra deverá provir do Poder Executivo. A respeito dessa brecha concedida ao Legislativo, Hely Lopes Meirelles tece uma crítica consistente:

> [...] a atribuição de competência expropriatória ao Legislativo, concorrentemente com o Executivo, é uma anomalia de nossa legislação[62].

O instituto da desapropriação encontra suas regras nos estudos dos Direitos Constitucional, Administrativo, Civil e Processual Civil. No Direito Constitucional, por estar este instituto dentre os incisos dos direitos fundamentais da Lei Maior. No Direito Administrativo, uma vez que a desapropriação encerra atos provenientes do Poder Público e Processual, posto que os seus atos procedimentais se constituem em um processo, propriamente dito.

A desapropriação por utilidade pública encontra seu respaldo legal no art. 1º do Decreto-lei federal nº 3.365, de 21/06/1941, que assim dispõe:

> *Decreto-lei nº 3.365/1941*
> *Art. 1º A desapropriação por utilidade pública regular-se-á por essa lei, em todo o território nacional.*

9. Competência para Decretar a Desapropriação

Em regra, a desapropriação se inicia com a expedição do decreto de declaração de utilidade pública. Registre-se que há exceções, como o clássico exemplo do DNIT, autarquia federal que, excepcionalmente, pode declarar utilidade pública, para fins de conservação e construção de estradas, em que o procedimento se dará por meio de uma Portaria.

A regra está contida no art. 6º do Decreto-lei nº 3.365/1941, que anuncia que a declaração de utilidade pública deve ser feita por decreto do chefe do Poder Executivo. Em seguida, o art. 8º traz uma outra situação, ao prever que o Poder Legislativo pode ter a iniciativa da desapropriação, cabendo ao Executivo realizar os atos necessários para que ela se efetive.

Quando esta iniciativa for do Poder Legislativo, o procedimento inicial será por meio de ato legislativo, lei ou resolução em que se efetivará a declaração de utilidade pública do bem, não se aplicando a regra, que é por meio de Decreto. Após este declaração, os demais atos procedimentais ficarão a cargo do Poder Executivo. Com efeito, a regra para que se efetive a declaração de utilidade pública é que seja por meio de Decreto do chefe do Poder Executivo, podendo, excepcionalmente, ser feita por intermédio de lei, de iniciativa do Poder Legislativo, ou Portaria, no caso específico do DNIT.

É relevante ressaltar que o decreto expropriatório, por si só, não transfere o bem à propriedade do Poder Público, mas tão somente declara o interesse de fazer esta transferência, continuando o bem com o seu proprietário originário.

O proprietário do bem declarado de utilidade pública poderá, inclusive, aliená-lo a terceiros, posto que esta declaração não o impede de vender o seu imóvel, mas este estará gravado com a utilidade pública, e aquele que o adquirir estará, desta forma, adquirindo um bem fadado a desapropriar-se, tão logo se efetivem os demais atos expropriatórios.

9.1. Competência Exclusiva para Desapropriar

9.1.1. Da União

A União tem a competência exclusiva para desapropriar em dois casos específicos. O primeiro, descrito no art. 184 da Constituição Federal, é a desapropriação com base no interesse social, para fins de reforma agrária. Este dispositivo também prevê os demais procedimentos exclusivos da União que se seguem ao ato

[62] MEIRELLES, Hely Lopes. *Direito Administrativo Brasileiro.* 30ª ed., São Paulo: Malheiros, 2006.

expropriatório, tais como: o pagamento da propriedade que se dará por meio de títulos de reforma agrária, as benfeitorias serão pagas previamente e separadas, em dinheiro.

A segunda hipótese de desapropriação exclusiva da União é a desapropriação punitiva, que se encontra elencada no art. 243 da Constituição da República, e que a doutrina a define de confisco. Entretanto, para fins de definição legal, ela se constitui numa espécie de desapropriação sem direito à indenização.

> *Art. 243. As glebas de qualquer região do país, onde forem localizadas culturais ilegais de plantas psicotrópicas serão imediatamente expropriadas e especificamente destinadas ao assentamento de colonos, para o cultivo de produtos alimentícios e medicamentosos, sem qualquer indenização ao proprietário e sem prejuízo de outras sanções previstas na lei.*

Constitui-se condição para o confisco que o cultivo de plantas psicotrópicas, para dar respaldo à desapropriação, deverá ser de caráter ilegal. Contudo, ainda que o cultivo seja para fins científicos, para que se configure como "legal" deverá ter a devida autorização do Ministério da Justiça e da Saúde.

Essa competência federal se justifica plenamente por dois fundamentos também previstos na Constituição Federal.

O primeiro fundamento é que o art. 144 da CF confere a competência à Polícia Federal para a repressão do tráfico ilícito de entorpecentes. O segundo é que o bem expropriado destina-se ao assentamento de colonos, enquadrando-se na questão da reforma agrária, que também é de competência exclusiva da União.

Oportuno ressalvar que, de acordo com o entendimento predominante da jurisprudência, a referido desapropriação está limitada tão somente à área em que se encontrar o cultivo, e não à área total da propriedade em que este se encontre.

Este é o único caso de desapropriação vinculada, posto que neste, especificamente, o legislador obrigará o administrador a realizar a desapropriação, e em todos os demais casos, ele apenas limita, oferecendo um rol de situações consideradas de utilidade pública, elencadas no art. 5º do Decreto-lei nº 3.365/1941, mas serão por discricionariedade da Administração Pública, não havendo imposição ao administrador.

Com efeito, ainda que subsista um rol taxativo do decreto expropriatório, caberá ao administrador decidir qual o bem que será desapropriado, quando, onde e porquê, ao passo que na hipótese do art. 243 da CF não lhe restará opção de escolha nem quanto à conveniência de desapropriar, nem quanto à área a ser desapropriada, nem quanto a quando expropriar, pois o texto diz, expressamente, que a desapropriação deve ser de imediato. Ou seja, não há que se falar em discricionariedade nem na feitura do ato expropriatório, nem em seu objeto, nem em seu tempo.

Pode-se dizer que o Município também possui uma competência exclusiva para desapropriar, embora muitos doutrinadores advogam que esta competência carece de regulamentação legal. É a chamada sansão urbanística, que também se constitui numa desapropriação punitiva, disposta no art.182, § 4º, inciso III, da Constituição Federal, onde o pagamento se dará por meio de títulos de dívida agrária.

> *Art. 182 [...]*
> *§ 4º [...]*
> *III – desapropriação com pagamento mediante títulos da dívida pública [...]*

O referido dispositivo trata-se de uma desapropriação punitiva, cujo pagamento se dará por meio de títulos da dívida pública. Registre-se, contudo, que a edição da Lei nº 10.257/2001, denominada Estatuto da Cidade, regulamentou tal dispositivo.

9.1.2. Do Município

Questiona-se qual a natureza jurídica da lei mencionada no § 4º, do art. 182, da Constituição Federal, cujo texto se segue. Qual o fundamento da desapropriação de que trata o inciso III do mesmo parágrafo? Qual o significado da expressão "valor real da indenização"? Qual o prazo de caducidade do decreto expropriatório que venha a ser editado com base na norma?

> *Art. 182 [...]*
> *§ 4º – É facultado ao Poder Público municipal, mediante lei específica para área incluída no plano diretor, exigir, nos termos da lei federal, do proprietário do solo urbano não edificado, subutilizado ou não utilizado, que promova seu adequado aproveitamento [...].*
> *[...]*
> *III – desapropriação com pagamento mediante títulos da dívida pública [...] assegurado o valor real da indenização e os juros legais.*

A princípio ressalta-se que o § 4º, do art. 182, menciona três leis distintas, quais sejam: a lei específica, o plano diretor, que será uma lei municipal, e a lei federal.

No que tange à natureza jurídica da lei específica, pode-se afirmar ser esta uma lei de efeito concreto, ou seja, se refere a uma lei que foi editada com o intuito de resolver determinada questão.

O § 4º do art. 182 dispõe que a desapropriação não terá início pelo decreto expropriatório, como de regra, mas sim por meio de lei específica. Trata-se, pois, de um exemplo de que foge à regra, posto que terá início por intermédio de lei específica e não do usual decreto expropriatório.

Não obstante, o decreto expropriatório não será dispensado, pois o legislador apenas autoriza o Poder Executivo a desapropriar, devendo os demais tópicos sobre a desapropriação vir por meio do dito decreto.

Por isso, a lei a que se refere o art. 182, § 4º terá a natureza de lei municipal de efeito concreto. Este ato se traduz na manifestação do Poder Legislativo municipal, além da do Poder Executivo municipal, pois inobstante a iniciativa do chefe do Poder Executivo, esta lei será editada pela Câmara dos Vereadores, e, se aprovada, incluída no plano diretor. Dada a sua peculiar característica de ser lei de efeito concreto, caberá Mandado de Segurança.

A segunda lei mencionada é o plano diretor e tem a natureza jurídica de lei complementar, sendo lei complementar à lei orgânica do Município. Esta lei tem o prazo de duração de dez anos. Transcorrido este prazo, deverá ser feito um novo plano diretor para a cidade.

A última é a lei federal que regulamentou todo o dispositivo constitucional constante no Capítulo que dispõe sobre Política Urbana, Lei nº 10.257/2001, denominada Estatuto da Cidade, sendo uma lei ordinária.

Com isso, a desapropriação mencionada no art. 182, § 4º, II, I está regulamentada pela aludida lei. Portanto, registre-se que a desapropriação a que se refere este dispositivo legal obedece a uma ordem sucessiva das punições listadas nos incisos do § 4º, o que pressupõe que só ocorrerá a desapropriação depois de esgotados as demais punições previstas nos incisos anteriores.

O fundamento desta desapropriação punitiva é o poder de polícia, devendo-se buscar ainda um dos fundamentos previstos na Constituição Federal para que ocorra a desapropriação: utilidade pública, necessidade pública ou interesse social. Dentre essas hipóteses, o interesse social é o primeiro a ser descartado, pois que essa desapropriação não se destina a beneficiar um grupo social especificamente, sendo o seu objetivo mais amplo, qual seja, atender genericamente a um interesse coletivo.

Desta feita, o seu fundamento será a utilidade pública, e se dará por força do poder de polícia, posto que se trata de uma desapropriação punitiva.

O valor real da indenização a que se refere o inciso III do § 4º do art. 182 reflete o único caso na legislação brasileira em que a indenização não precisa ser justa. O texto deste artigo não faz menção à expressão justa indenização em nenhum momento. Esta justificativa se dá pelo fato de que, sendo esta modalidade de desapropriação punitiva, caso o Poder Público pagasse o valor justo, descaracterizaria a punição, ocorrendo uma desapropriação normal, não punitiva, prevista no parágrafo anterior, § 3º do art. 182. Nessa hipótese, e somente nesta, o valor real de indenização não será o valor justo. Simplesmente será preservado o valor econômico das parcelas estabelecidas para pagamento pelo Poder Publico, incidindo tão somente a correção monetária e os juros sobre este valor.

Registre-se que coexistem na legislação brasileira dois casos de desapropriação sem indenização. A primeira é a elencada no art. 243, que fala expressamente que não haverá indenização; e a segunda é a expropriação constitucional confiscatória, que criou os terrenos marginais e rios públicos, que eram servidões administrativas e se tornaram bens públicos, não se prevendo qualquer indenização em relação a esta desapropriação.

Prazo de caducidade do decreto expropriatório que venha a ser editado com base na norma:

Como o fundamento da desapropriação de que trata o art. 182, § 4º, é a utilidade pública, o prazo de caducidade será o mesmo aplicável às desapropriações por utilidade pública, conforme dispõe o art. 10 do Decreto-lei nº 3.365/1941, qual seja, cinco anos, a partir da data da expedição do decreto expropriatório que declarar de utilidade pública o bem a ser desapropriado.

Na hipótese de desapropriação por interesse social, aplicar-se-ia o prazo previsto no art. 3º da Lei nº 4.132/1962, que é de 2 (dois) anos para a caducidade do decreto expropriatório.

10. Fases da Desapropriação

A desapropriação, inegavelmente, é caracterizada por um procedimento bifásico, portanto, não se extinguindo num só momento. Daí, distinguirmos o procedimento em dois grandes momentos: fase declaratória e a fase executória. A seguir, examinaremos, uma a uma, isoladamente, enfocando as suas respectivas consequências jurídicas.

10.1. Fase Declaratória

É a fase durante a qual o Poder Público manifesta, apenas, a intenção de adquirir determinado bem. Esta declaração, via de regra, exterioriza-se por meio decreto de declaração de utilidade pública ou de interesse social, expedido pelo chefe do Executivo (arts. 6º e 8º do Decreto-lei nº 3.365/1941, art. 1º da Lei 4.132/1962), constituindo-se, basicamente, com o decreto o primeiro passo para a desapropriação.

A declaração de utilidade pública é um ato de natureza administrativa, por meio do qual o Poder Público manifesta o seu interesse por determinado bem, por este satisfazer uma utilidade ou necessidade pública ou um interesse social, caracterizando-se em um ato-condição para a desapropriação.

É por meio do ato de declaração de utilidade pública que o Poder Público dá conhecimento aos interessados, quais sejam, os proprietários do bem colimado, que este bem é de utilidade ou necessidade pública, ou, ainda, de interesse social, para fins de desapropriação.

O ato declaratório, por si só, não importa em desapropriação, sendo tão somente o meio pelo qual esta se inicia, e que precede o acordo entre o Poder Público e o expropriando, ou, na falta deste, o consequente processo judicial, o qual dará termo à desapropriação. Para tanto, necessário, contudo, que ela seja promovida por aquele que dela se beneficiará.

São essas, pois, as fases que se impõem à desapropriação: declaração de utilidade pública; acordo entre as partes interessadas ou o devido processo judicial, a fim de estabelecer o valor a ser pago a título de indenização; promoção da desapropriação pela entidade política ou por quem esta conceder, por meio de lei ou contrato, a competência para promovê-la, ou seja, levá-la adiante, quando enfim se concretizará.

O Poder Expropriante poderá, também, declarar a desistência da declaração de utilidade pública com a efetiva revogação do decreto expropriatório. Com efeito, uma vez editado o competente decreto de declaração de utilidade pública, para fins de desapropriação, não implica necessariamente na sua consumação, já que referido decreto não gera Direito Subjetivo. Entretanto, mister enunciar que, uma vez revogado o ato expropriatório pelo Poder Público, pela desistência de desapropriar, deverá este indenizar o expropriado pelos prejuízos decorridos ao bem em razão daquela declaração[63].

Ratificando-se esta assertiva, cita-se acórdão da Suprema Corte, acerca da desistência da desapropriação e da consequente necessidade de reparação por parte do Poder Público:

> Desapropriação. Desistência Reparação de Dano. Tem a jurisprudência do STF admitido a possibilidade de desistência da desapropriação, independentemente do consentimento do expropriado. Precedentes do STF. Fica ressalvado ao expropriado, nas vias ordinárias, ingressar com ação para a reparação dos danos sofridos, pelos atos de desapropriação que antecederam, desde a imissão da autora na posse do imóvel, até a reintegração do expropriado na posse do bem. (STF – Primeira Turm; RE nº 99528; Rel. Min. Néri da Silveira)

No mesmo sentido, registra-se decisão do Tribunal de Justiça do Estado de São Paulo:

> É reconhecido ao Poder expropriante o direito de desistir da desapropriação intentada, esteja o feito na fase em que estiver. Cumprir-lhe-á, contudo, reembolsar a outra parte de todas as despesas feitas na causa, inclusive honorários de advogado, certo, ainda, o seu direito de, em procedimento ordinário, vir a pleitear indenização por outros prejuízos que, porventura, entenda ser sofrido[64].

Não obstante, independentemente de ocorrer desistência, uma vez consumada a desapropriação, em todos os seus efeitos legais, deverá o Poder Público revogar o ato expropriatório por não mais subsistir o motivo de sua existência. Em verdade, esse ato revogatório não se constitui em mera possibilidade, mas em verdadeira obrigação.

Com isso, deverá ocorrer a desconstituição do ato declaratório de utilidade ou necessidade pública, cessando a sua validade para todos os fins, uma vez atendidas as respectivas utilidades ou necessidades que respaldaram a edição do referido ato, e consumado-se o fim para o qual foi editado, qual seja, a expropriação.

O requisito da declaração por utilidade pública se encontra preceituado no *caput* do art. 2º e em seus parágrafos, do Decreto-lei nº 3.365/1941, de acordo com o texto a seguir:

> *Decreto-lei nº 3.365/1941*
> *[...] Art. 2º – Mediante declaração de utilidade pública, todos os bens poderão ser desapropriados, pela União, Estados, Municípios, Distrito Federal e Territórios.*

[63] O ilustre jurista PONTES DE MIRANDA firmou posição similar a este respeito: "Se o decreto da declaração de desapropriação causa danos ao titular do direito desapropriando e não desapropriado, cabe, então, pretensão à indenização com base no art. 107 da Constituição de 1967". O não menos ilustre SEABRA FAGUNDES também se posicionou no mesmo sentido: "Havendo, porém, revogação do ato declaratório, sem justo motivo superveniente, os prejuízos, acaso advindos do estado de precariedade imposto ao negócio, darão ensejo à indenização. Porque a lesão ao direito do administrado terá tido origem na imprevidência ou precipitação da autoridade declarante."

[64] *Revista dos Tribunais* nº 446/147.

§ 1º – A desapropriação do espaço aéreo ou do subsolo só se tornará necessária, quando de sua utilização resultar prejuízo patrimonial do proprietário do solo.

§ 2º – Os bens do domínio dos Estados, Municípios, Distrito Federal e Territórios poderão ser desapropriados pela União, e os dos Municípios pelos Estados, mas, em qualquer caso, ao ato deverá preceder autorização legislativa.

§ 3º – É vedada a desapropriação, pelos Estados, Distrito Federal, Territórios e Municípios, de ações, cotas e direitos representativos do capital de instituições e empresas cujo financiamento dependa de autorização do Governo Federal e se subordine à sua fiscalização, salvo mediante prévia autorização, por decreto do presidente da República.

Então, embora a denominação decreto expropriatório, o decreto, por si só, não desapropria nada, funcionando tão somente, como protocolo de intenção. Só depois do pagamento justo e prévio do bem, aí, sim, efetiva a desapropriação, momento em que o ente público adquire a propriedade.

A lição de Sérgio de Andréa Ferreira, achamos nós, é insuperável:

> [...] a declaração desapropriatória não tem auto-executoriedade para o fim de extinguir a propriedade. O bem continua in comércio, pelo menos do ponto de vista jurídico, mas de qualquer modo há certas limitações. A Súmula nº 23 do STF enunciou que, verificados os pressupostos legais para o licenciamento da obra, em imóvel declarado de utilidade pública, não o impede a declaração para a desapropriação do mesmo, mas o valor da obra não se incluirá na indenização quando essa for efetivada. O proprietário do bem não perde o poder de aliená-lo.

Então, a competência declaratória se traduz na conduta do Estado em declarar seu interesse por determinado bem de propriedade de um particular, ou de uma entidade política diversa, desde que este bem preencha os requisitos da utilidade pública ou o interesse social. Esta conduta reflete, contudo, a manifestação do Poder Público em dar conhecimento de seu interesse ao proprietário do bem colimado, constituindo-se este ato tão somente na fase inicial de um processo que desencadeará, a princípio, na desapropriação de fato.

O *caput* do art. 2º do Decreto-lei nº 3.365/1941 dispõe que a competência declaratória é concorrente entre a União, os Estados, os Municípios, o Distrito Federal e os Territórios, que por meio de decreto dos respectivos Chefes do Poder Executivo, e de eventuais Interventores Estaduais ou municipais, manifestarão a declaração de utilidade ou necessidade pública sobre bem a ser desapropriado.

Consigne-se que na hipótese de a desapropriação versar sobre bem imóvel, o aludido decreto expropriatório deverá constar os seus limites e confrontações, e, sendo possível, número de matrícula ou da transcrição do registro imobiliário[65]. Decisão do Tribunal de Justiça do Estado de São Paulo ratifica esta assertiva, conforme segue:

> Referida competência expropriatória se estende, ainda, ao Poder Legislativo federal, estadual ou municipal, por meio da edição de lei que declare certo bem público de utilidade pública, restando ao Poder Executivo, nestas hipóteses, os demais procedimentos. Observe-se, contudo, que o Poder Executivo não está excluído de praticar os atos eminentemente administrativos, necessários à efetivação da desapropriação, o que torna a lei emitida pelo Poder Legislativo tão somente formal.

Por vezes, o Poder Público se vale da aplicação da declaração de utilidade pública genérica, o que não se nos parece justo àqueles abrangidos pelo decreto expropriatório. A correta individualização dos bens evita a ocorrência de prejuízos de particulares cujos imóveis são genericamente mencionados, sobretudo àqueles que sequer são, de fato, expropriados, muito embora os seus proprietários mantiveram tal expectativa durante todo o período de validade do decreto.

Registrem-se os casos concretos em que municípios inteiros são abarcados pelo decreto expropriatório, causando um verdadeiro desconforto aos seus habitantes que são, no seu total, passíveis de terem seus bens expropriados, sem contudo, nenhuma garantia real de que se possam valer. Suportarão as expectativas do "período suspeito", além das desvantagens que pesam em um imóvel sobre o qual recai uma declaração de utilidade pública. Pode-se consignar, nestas hipóteses, um verdadeiro desgaste emocional, e até financeiro, dada a

[65] Decisão do Tribunal de Justiça do Estado de São Paulo ratifica esta assertiva, conforme segue: "Desapropriação. Utilidade Pública. Decreto. Fundamentação. Elementos Necessários. A lei não especifica o que deve constar da declaração de utilidade pública. É óbvio, entretanto, que o decreto respectivo deve individuar com precisão do bem declarado de utilidade pública, a fim de que não haja dúvida sobre o objeto da expropriação. Se se tratar de bem imóvel, devem ser mencionados, com toda a clareza, sua situação, "limites, confrontações, bem como, se possível, o número da matrícula ou da transcrição no registro imobiliário competente. O nome do expropriado deve ser também referido". (TJ-SP – Décima Terceira Câmara Cível; Apelação Cível nº 210-392; Rel. Des. Corrêa Vianna)

expectativa que poderá pairar, por até cinco anos, sobre os presumíveis expropriandos, bem como as limitações que, na prática, estes se submeterão.

A exemplo dessa acepção, é certo que o expropriando, embora tenha os seus direitos preservados no que tange ao bem declarado de utilidade pública ou interesse social, sofrerá várias restrições práticas, tais como: a dificuldade de alienar o seu bem, já que dificilmente alguém se interessará por um imóvel cujo destino se queda ao Poder Público; a incerteza de que a realização de uma obra no imóvel que poderá ser expropriado, ainda que necessária será, de fato, em seu benefício ou em benefício do Poder Público, hipótese esta em que o particular sequer será ressarcido pelos gastos efetuados na benfeitoria que passou a integrar o imóvel após o decreto expropriatório, entre outras.

Certa feita, ocorreu a publicação do Decreto federal nº 40.489, em favor da Petróleo Brasileiro S/A – Petrobras[66], por meio do qual foram declaradas de utilidade pública, para fins de servidão legal ou desapropriação total ou parcial, nada menos que todos os imóveis situados em nove Municípios do Estado da Bahia, cujos requisitos versavam sobre as áreas necessárias aos serviços de pesquisa, lavra e transporte de petróleo.

Constata-se a desmedida, senão inconsequente, intervenção Estatal, haja vista a real impossibilidade de que todos os imóveis abarcados pelo decreto expropriatório se destinassem, de fato, ao fim proposto, não se vislumbrando esta hipótese, mas a total falta de planejamento. Acaso referido decreto houvesse sido editado posteriormente à Constituição da República de 1988, o que não ocorreu, poder-se-ia mesmo afirmar que aquela declaração violou preceito constitucional que dispõe um dos princípios da Administração Pública, qual seja, o princípio da eficiência – posto que a falta de planejamento encerra uma constatada ineficiência da gestão pública.

Ademais, o art. 5º da Constituição Federal, em seu inciso XXIV, sintetiza precisamente que a desapropriação se dará por necessidade ou utilidade pública, ou por interesse social, não deixando margem a hipóteses genéricas destes requisitos, o que nos parece que foge do contexto previsto pelo legislador Constituinte. Há de prevalecer, contudo, a presunção de necessidade ou utilidade pública, o que se pressupõe que o bem colimado é necessário ao Estado para a consecução de um interesse público.

Com isso, opinamos pela individualização do bem a ser declarado de utilidade pública, por meio de decreto ou lei, objetivando resguardar os interesses daqueles cujo imóvel, embora declarado genericamente em decreto expropriatório, jamais venha a ser utilizado, trazendo transtornos financeiros e psicológicos ao pressuposto e eventual expropriando, os quais jamais serão ressarcidos ou reparados. Entendemos que este ato que emana do Poder Público, perpassa a sua competência legal, configurando-se até mesmo em abuso de Poder, e adentrando no Direito Subjetivo do indivíduo, que se queda inerte em face da supremacia Estatal, restando-lhe apenas a condição de submissão e de aceitação de prejuízos que por certo virão.

Este é o entendimento da melhor doutrina:

> O decreto deve individualizar o bem ou os bens por ele declarados de utilidade pública, pois que uma das suas finalidades é indicar com precisão, o objeto do direito estatal de apropriamento[67].
>
> Nosso ponto de vista é, pois, no sentido de que declarações genéricas [...] são inconstitucionais, porque ferem, diretamente, o direito de propriedade assegurado pela Constituição, que só permitiu a desapropriação, como exceção à garantia da propriedade, quando o bem pretendido pelo Poder Público fosse efetivamente útil, necessário ou de interesse social. Não importa que essa utilidade, necessidade ou interesse social desapareça posteriormente, dando ensejo à revogação da declaração. O que releva na espécie é que tais pressupostos existam, realmente, no momento em que se edita a declaração respectiva, que, por isso mesmo, deve individuar os bens a serem colhidos pela expropriação, uma vez que a generalidade de uma declaração abrange, também, bens que, com toda certeza, jamais serão expropriados, impondo, com isso, inútil sacrifício aos proprietários atingidos[68].

A desapropriação deve ser estudada, portanto, concomitantemente à análise da intervenção do Estado na

[66] Decreto federal nº 40.489, de 04/12/1956 – Art. 1º: "Ficam declaradas de utilidade pública, para fins de servidão legal ou de desapropriação total ou parcial em favor da Petróleo Brasileiro S/A – Petrobras – as áreas necessárias aos serviços de pesquisa, lavra e transporte de petróleo, compreendidas nos imóveis situados nos Municípios de Salvador, São Francisco do Conde, Santo Amaro, São Sebastião do Passe, Camaçari, Mata de São João, Pojuca, Catu e Alagoinhas, no Estado da Bahia, pertencentes a quem de direito. Parágrafo único: "A execução do disposto neste artigo far-se-á de acordo com as conveniências de ampliação e desenvolvimento dos referidos serviços."

[67] FAGUNDES, Seabra. *Op. cit.* p. 189.

[68] SALLES, José Carlos de Moraes. *A desapropriação à luz da doutrina e da jurisprudência.* 8ª ed., São Paulo: Revista dos Tribunais, 2006. p. 122.

propriedade, que tem a competência para desapropriar por necessidade ou utilidade pública ou interesse social mediante justa e prévia indenização em dinheiro, ressalvados os casos previstos nesta Constituição.

> Compete à União desapropriar por interesse social para fins de reforma agrária, o imóvel rural que não esteja cumprindo a sua função social.

Quer dizer, só a União poderá fazer reforma agrária no direito brasileiro e somente ela tem o poder de desapropriar para fins de reforma agrária, e nenhum outro ente da Federação poderá fazer isso. O que os outros Entes da Federação fazem em oposição a essa proibição constitucional? Reforma agrária é o assentamento de famílias em bens já públicos – isto é muito comum nos Estados –, e mesmo, é frequente cobrar a criação de secretarias de assentamento. Tem, portanto, o Estado, a preocupação de distribuição de terras e de fazer o assentamento em terras públicas. Porém, não poderá desapropriar para fins de reforma agrária, pois a Constituição, no art. 184, determina essa possibilidade para a União.

Observe-se, porém, que a reforma agrária não é o único exemplo de interesse social, existem vários. Em função desse art. 184, que determina que compete à União desapropriar por interesse social para fins de reforma agrária o imóvel rural, pergunta-se: pode o Estado desapropriar imóvel rural ou pode o Estado desapropriar para fins de interesse social? E, ainda: Pode o estado desapropriar imóvel rural para fins de interesse social? As três indagações são afirmativas: pode, sim, desde que não seja para fins de reforma agrária. Se não for para estes fins, não existe impedimento e pode o Estado desapropriar o imóvel rural. Atente-se, a este respeito, que o é exclusivo da União é a desapropriação para fins de reforma agrária, que é um dos exemplos do interesse social. Não há problema nenhum, desde que não seja para fins de reforma agrária, se for para fins de interesse social, pode o Estado desapropriar o imóvel rural. Qualquer outra desapropriação que visa atender um determinado grupo de coletividade diretamente é desapropriação por interesse social. Então, o que é exclusivo da União é a desapropriação para fins de reforma agrária e não a desapropriação por interesse social de imóvel rural.

A outra desapropriação que é exclusiva da União também está na Constituição, art. 243:

> *As glebas de qualquer região do país onde forem localizadas culturas ilegais de plantas psicotrópicas serão imediatamente expropriadas e especificamente destinadas ao assentamento de colonos para o cultivo de produtos alimentícios e medicamentosos sem qualquer indenização ao proprietário, e sem prejuízo de outras sanções previstas em lei.*

Se este artigo fala "sem qualquer indenização", é aquilo é um confisco, não há a menor dúvida do conteúdo deste dispositivo: é de confisco, mas o que interessa é que o art. 243 se refere a "expropriar" então, trata-se de uma desapropriação. A Constituição fala "expropriação" como sinônimo de "desapropriação". Logo, não restam dúvidas: o art. 243 é um exemplo de desapropriação, mesmo que tenha em seu conteúdo as características de um confisco. E esta desapropriação de áreas onde se encontra o cultivo ilegal de plantas psicotrópicas, por exemplo, ela é exclusiva da União por duas razões.

A quem cabe combater o tráfico de entorpecentes, o cultivo, o tráfico, o ilícito de entorpecente é a Polícia Federal, um órgão público ligado a União Federal e que é o competente para reprimir o tráfico ilícito de entorpecentes e atividades afins, como o cultivo ilegal.

O art. 243 fala que essa expropriação será destinada ao assentamento de colonos, o que não deixa de ser uma reforma agrária, inclusivamente o ministro extraordinário da Reforma Agrária vem lutando porque os tribunais regionais federais estão tendo uma posição jurisprudencial que não está agradando ao Poder Público; ele deseja utilizar imediatamente estas fazendas onde foi encontrado o cultivo ilegal de plantas psicotrópicas para aumentar a reforma agrária, agilizar os assentamentos; porém as jurisprudências nos Tribunais Federais – em especial de Pernambuco – vêm desapropriando apenas a área do cultivo e não toda a fazenda, como quer o Poder Público.

A União Federal quer que a desapropriação atinja toda a propriedade e não só a área do cultivo e o que vem acontecendo em matéria de jurisprudência nesse sentido é que os magistrados estão permitindo a expropriação apenas da área de cultivo e não de toda a propriedade onde ele é encontrado. Quer dizer, está desagradando o governo mas a jurisprudência vem se firmando nesse sentido em função do art. 243 falar onde foram localizadas as culturas ilegais de plantas psicotrópicas e não se referir às propriedades onde forem localizadas, em outras palavras, estão interpretando rigorosamente apenas a área de cultivo.

Sabe-se, hoje, que muitos plantadores de plantas psicotrópicas realizam o cultivo em terras públicas, e terras devolutas são muito frequentes no sertão nordestino, então planta em terras públicas, pois se forem apanhados, ninguém vai sofrer desapropriação porque a terra já é pública. Nas ilhas do Rio São Francisco existem diversas plantações, por exemplo, em função da tentativa de se fugir a este dispositivo do art. 343 da Constituição Federal.

Vale lembrar, também, que vem sendo estudado pelo próprio Congresso Nacional, que o que é proibido aqui é o cultivo ilegal e já se defende, hoje, o cultivo legal das plantas psicotrópicas para outros fins, obviamente medicinais, científicos e para a indústria.

No entanto, cumpre observar que, para que aconteça um cultivo legal de plantas psicotrópicas, é necessário, no mínimo, autorização do Ministério da Justiça. Portanto, trata-se de uma área de estudos que exige muita atenção. O tema realmente é muito delicado, é um tema que reflete na vida de qualquer cidadão e tem muito preconceito. É necessário um debate sério por parte de todos os segmentos da sociedade.

Uma desapropriação que é de exclusividade do Município – a desapropriação exclusiva do Município – está no art. 182, que estabelece que:

> *A política do desenvolvimento urbano, executada pelo Poder Público Municipal, conforme diretrizes gerais, fixadas em lei, tem por objetivo ordenar o pleno desenvolvimento das funções sociais da cidade e garantir o bem estar de seus habitantes.*
>
> *É facultativo ao Poder Público Municipal mediante lei específica para área incluída no plano diretor, exigir, nos termos da lei federal, do proprietário do solo urbano não edificado, subutilizado ou não utilizado que promova seu adequado aproveitamento sob pena, sucessivamente de: desapropriação com pagamento mediante títulos da dívida pública de emissão previamente aprovada pelo Senado Federal, com prazo de resgate de até dez anos, em parcelas anuais, iguais e sucessivas, assegurados o valor real da indenização e os juros legais.*

Verifica-se, com isso, que se está diante de uma sanção urbanística, de uma desapropriação punitiva, uma desapropriação para o proprietário do solo urbano que o mantém não edificado, subutilizado ou não utilizado. Então, o Poder Público por meio da própria Constituição, dá mecanismos ao administrador municipal de fomentar, de obrigar o uso do solo urbano.

Porém, esse § 40 que regula esta desapropriação no seu inciso III contém três legislações pertinentes a este tema. É facultado ao poder público municipal, mediante lei específica, (primeira lei) para área incluída no plano diretor (segunda lei), exigir, nos termos da lei federal (terceira lei), do proprietário do solo urbano não edificado, subutilizado ou não utilizado, que promova seu adequado aproveitamento. A primeira lei não é anterior, não é genérica, ela só existe na hora que a pessoa for efetivar a desapropriação. Quer dizer, essa desapropriação irá começar por lei e não decreto expropriatório, como é a regra. A própria constituição assinala que "mediante lei específica", ou seja, faz-se uma lei específica para promover a desapropriação sanção urbanística. Então é uma lei que não existe previamente, é uma lei que aparece no caso concreto, conhecida como a lei do efeito concreto, inclusive a lei especifica.

Nos termos da lei Federal, não existe, passaram-se apenas pouco mais de uma década da Constituição, e é preciso observar, sob este aspecto, as novas diretrizes da Lei 10.257/2001, sancionada em 10/07/2001, conhecida como Estatuto da Cidade. Esta lei consagrou, sem o referir, um verdadeiro direito de superfície.

Assim, como tem ocorrido em outras searas do Direito Civil, o Estatuto das Cidades inova em relação ao Projeto do Código Civil ao determinar que o direito possa ser instituído por tempo indeterminado. Tal medida merece estudos mais aprofundados, posto que esta nova lei permite revigorar a utilidade econômica da propriedade, ao mesmo tempo em que sublinha o interesse crescente que se deve dar à propriedade, qual seja, o de cumprir sua função social. A aprovação da Lei nº 10.567/2001 foi feita de forma rápida, mas exige uma análise mais acurada, pois existem detalhes que merecem ser melhor observados: trata-se da única desapropriação do direito brasileiro onde a indenização não precisa ser justa, logo, é uma questão muito difícil.

Retomando o art. 182, em seu § 4º, inciso III, afirma-se: a desapropriação com o pagamento mediante títulos da divida pública de emissão previamente aprovada pelo Senado Federal, com prazo de resgate de até 10 anos em parcelas anuais, iguais e sucessivas assegurado o valor real da indenização e os juros legais. Ora, assegurado o valor real da indenização, questiona-se o que isto significa. Se a indenização fosse justa, não seria uma desapropriação punitiva, seria uma desapropriação normal, não se trata de punição, e se for punição, não precisa ser justa e esse "assegurado o valor real da indenização" não está em relação ao valor da desapropriação a ser paga, está em relação à manutenção do poder aquisitivo das parcelas anuais, iguais e sucessivas. Porém, o valor das parcelas não precisa ser justo, quer dizer, o que está querendo o inciso é que é assegurado o poder aquisitivo das parcelas. Quanto ao cálculo, não é necessário ser justa a desapropriação, em função de ser ela uma punição. O § 3º afirma que: "As desapropriações de imóveis urbanos, serão feitas com prévia e justa em dinheiro."

Já no § 4º não há essa previsão, pois não é uma desapropriação normal, é uma desapropriação punitiva. Logo, enquanto no art. 243, desapropriação punitiva pelo cultivo ilegal não tem indenização, esta desapropriação punitiva para fins urbanísticos tem indenização, mas não precisa ser justa. Com isso, pune-se o quê? A parte final do § 4º afirma que: "o imóvel urbano não edificado, subutilizado ou não utilizado", então, o que se procura evitar é isto, e como consequência, tem a penalidade. Essa é a única desapropriação do direito brasileiro onde a desapropriação, onde a indenização não precisará ser justa. O assegurado o valor real, é o valor das parcelas e não o da indenização como um todo.

Veja-se o caso do mandado de segurança, em que situação caberia. É lícito acreditar que quando o imóvel não está sendo utilizado. Quanto ao valor, não precisa ser justo. Se a pessoa vai sofrer um processo de desapropriação, vai ter a contestação do poder, como questionar o valor da indenização, neste caso, não necessita do mandado de segurança, na própria ação expropriatória você apresentar um valor, porém, isto não implica em se oferecer o justo pelo valor da propriedade, posto que a Constituição garante ao Poder Público esse direito.

Quanto ao parcelamento ou edificação compulsória, é possível, bem como o IPTU progressivo e depois a desapropriação, se não for atendido. Quer dizer, na verdade, essa desapropriação está atingindo alguém que já sofreu duas penalidades e não tomou as providências cabíveis. Este tipo de desapropriação será dificílima de acontecer porque o proprietário será previamente avisado com "parcelamento ou edificação compulsória, com IPTU progressivo" e só depois, se nenhum dos dois funcionar, se tem a desapropriação. Quer dizer, então na verdade é uma previsão constitucional que dificilmente se encontra na prática.

Em relação ao confisco, é resultante de processo judicial, não se configura como ato administrativo, é ato jurisdicional, pois é feito de um processo penal. Feito o processo, tem-se como penalidade o confisco.

A legislação que regula o processo de desapropriação das plantas psicotrópicas, que corre na Justiça Federal, obviamente até a Competência Federal que é a Lei nº 8.257/1991, fala:

> *Dispõe sobre a expropriação de glebas nas quais localizam-se culturas ilegais de plantas psicotrópicas e dá outras providências, regula de uma forma muito simples, são vinte e poucos artigos apenas, vinte e cinco artigos o processo judicial para aquela desapropriação, então também caminha aquele processo, e tem, como consequência: confisco, ou seja, a própria expropriação como está na lei.*

Existe, sob este aspecto, a questão da desapropriação sem indenização e que não precisa ser justa, que é a da sanção urbanística. Para ela, sim, é a única no Brasil em que a indenização não precisa ser justa. Porém não concordamos que seja a única desapropriação sem indenização. Ao se estudar bens públicos, vale lembrar a questão dos terrenos marginais ou reservados que a Constituição transformou o que era servidão administrativa em bem da União. Lembre-se da expressão de Diogo Figueiredo, "expropriação constitucional confiscatória", em que ocorre a desapropriação sem indenização. O art. 20 da Constituição estabelece que bem particular gravado com servidão vira bem da União, não prevendo nenhuma indenização, logo, é uma expropriação constitucional confiscatória.

Portanto, somente a União pode desapropriar para fins de reforma agrária e para o cultivo ilegal de plantas psicotrópicas e somente o Município pode desapropriar para fins de punição da não utilização do imóvel urbano.

10.2. Fase Executória

Expedido o decreto expropriatório de utilidade pública do bem, para operacionalizar (atos concretos) a efetivação da desapropriação, passamos pela fase de execução. E, nela, vamos encontrar uma bifurcação: a via administrativa e a via judicial.

10.2.1. Via Administrativa

A via administrativa é efetivada por acordo, após a declaração de utilidade pública ou de interesse social o expropriado, em comum-acordo, aceita a oferta do expropriante, evitando-se as vias judiciais pela ação de desapropriação. É extrajudicial. Na real verdade, aqui, a desapropriação processar-se-á sob forma de uma escritura de compra e venda. Nessa hipótese, há autores que denominam de desapropriação amigável.

É de suma importância mencionar que o acordo pactuado entre as partes, tem que ser celebrado por escritura pública, suscetível no Registro de Imóvel em conformidade com a Lei nº 6.015/1973, art. 167, I. O comparecimento da esposa do expropriado, na celebração do acordado, é condição *sine qua non*, para validade do ato. O acordo independe de autorização de qualquer Poder.

A Lei Federal nº 6.160/1974, prevê escritura particular em caso de desapropriação no nordeste.

A fase administrativa é, sem dúvida alguma, a mais aconselhável para ambas as partes. Inclusive, para o particular-proprietário, porque foge da morosidade de um processo e o que é melhor, foge do precatório, constituindo-se na forma mais rápida de receber a indenização.

10.2.2. Via Judicial

A fase judicial é a fase que se pratica atos concretos para a efetivação expropriatória.

O ideal é aceitar a desapropriação na fase administrativa. Na prática do cotidiano, é muito difícil acontecer uma desapropriação amigável (desapropriação na fase administrativa), uma vez que o Poder Público, quando oferece o valor do bem, oferece o valor que está consignado para efeitos cadastrais de IPTU, valor venal da propriedade. No Brasil, o valor venal não é o valor de mercado. Aí, o particular, obviamente, recusa, não aceita o preço. Mas, o ideal é o proprietário forçar uma acordo, mesmo que, de repente, haja pequena perda, afim de evitar uma ação judicial, evitar, consequentemente, os precatórios. Então, é até preferível o proprietário aceitar até título da dívida pública, nota promissória, material de construção...

É equivocado pensar-se que, quando é proposta a ação expropriatória, não se pode haver acordo. Só que o acordo, nessa fase, com homologação pelo juiz, extingue o procedimento expropriatório, sem a apreciação do mérito.

11. Da Competência para Promover a Desapropriação

11.1. União, Estados-membros, Municípios, Distrito Federal e Territórios

O art. 2º do Decreto-lei nº 3.365/1941 prevê que são competentes para promover a desapropriação os entes políticos da Federação – União, Estados-membros, Municípios, Distrito Federal e Territórios. Ocorre, contudo, que a Constituição Federal de 1988 não mais acolhe o Território como entidade política, sendo, a partir de então, polêmica a sua natureza jurídica.

Atualmente, no que concerne à União, aos Estados, aos Municípios e ao Distrito Federal não suscita nenhuma controvérsia quanto às suas respectivas competências para *promover a desapropriação*. Contudo, no que tange aos Territórios, oscilam opiniões doutrinárias sobre a sua competência, posto que se constata a existência de uma corrente que, numa atitude extrema, nega até mesmo a existência de personalidade jurídica destes entes.

O Decreto-lei nº 411, de 08/01/1969 (Lei Orgânica dos Territórios), preceitua em seu art. 3º:

> *Os Territórios são unidades descentralizadas da Administração Federal, com autonomia administrativa e financeira, equiparados, para os efeitos legais, aos órgãos de administração indireta.*

Já a Constituição Federal elenca em seu art. 18, § 2º, que os Territórios Federais integram a União.

De acordo com o entendimento da doutrina mais balizada, os Territórios são pessoas jurídicas de Direito Público interno, ou ainda, como afirmam alguns, verdadeiras autarquias territoriais, muito embora não mais possam ser considerados entidades políticas, como os são União, Estados, Municípios e Distrito Federal.

Compactuando com este entendimento, pode-se trazer à baila a autonomia administrativa e financeira inerentes aos Territórios, as quais, por si só, justificam a natureza jurídica destas pessoas[69].

Com isso, sendo os Territórios pessoas jurídicas de Direito Público, não restam dúvidas de que estas pessoas são competentes para promover a desapropriação.

11.2. Concessionários de Serviço Público

Os concessionários de serviço público são as pessoas jurídicas ou empresas consorciadas que exercem um serviço de utilidade pública, por meio de delegação concedida pelo Poder Público. Com o fito de melhor ilustrar esta explanação, far-se-á uma breve distinção entre os serviços públicos propriamente ditos e os serviços de utilidade pública.

Os primeiros, serviços públicos são aqueles de caráter essencial à coletividade, e dada a sua importân-

[69] Hely Lopes MEIRELLES advoga o seguinte entendimento acerca da autonomia dos Territórios: "*Os Territórios Federais são porções do território nacional destacadas, por lei complementar, de um ou mais Estados-membros ou de território e erigidas em pessoas jurídicas de direito público interno, para fins de desenvolvimento ou de segurança nacional. Se bem que referidos na Constituição da República como integrantes da União (art. 18, § 2º), os Territórios Federais não são entidades estatais, mais sim autarquias territoriais da União, porque não possuem autonomia política, administrativa e judiciária*". Celso Antônio Bandeira de MELLO (*Natureza e Regime Jurídico das Autarquias*, p. 399 e s.), e José CRETELLA JÚNIOR (*Dicionário de Direito Administrativo*, 1972, p. 324) perfilham este entendimento. Já José Carlos de MORAES SALLES (*op. cit.*, p. 149) também perfilha o entendimento dos citados juristas: " (...) Nos parece fora de dúvida que os Territórios são pessoas jurídicas de direito público interno, apesar de não poderem ser consideradas entidades políticas." Entretanto, faz a seguinte ressalva: "(...) Só não concordamos com Hely Lopes MEIRELLES quando afirma que os Territórios não possuem autonomia administrativa, porquanto esta lhes é expressamente concedida pelo art. 3º do Decreto-lei nº 411 de 08/01/1969 (Lei Orgânica dos Territórios), que alude, ainda, à autonomia financeira."

cia e essencialidade, são prestados diretamente pelos membros do Poder Público, ou seja, aqueles legalmente habilitados para atuar em seu nome, por meio de atos de império, e capazes para o uso do poder de polícia. Vale dizer que o Poder Público tem competência privativa para a prática destes serviços, não sendo possível delegá-los a terceiros. São exemplos desses serviços: a defesa nacional, os serviços de preservação da saúde pública e os de segurança pública, exercidos pelas polícias.

Os serviços de utilidade pública se destacam justamente pela sua não essencialidade. Em vez de *essenciais*, são apenas *úteis*. Dada esta leveza de que se revestem, no sentido de sua importância, podem ser exercidos por outras pessoas que não sejam agentes públicos, desde que observados os regulamentos por aqueles impostos e se submetendo aos seus devidos controles.

Às concessionárias de serviço público é lícito tão somente promover a desapropriação, desde que autorizados por lei ou por contrato. Estas pessoas serão sempre delegadas do Poder Público concedente. Na falta da mencionada autorização legal ou contratual, as entidades políticas poderão desapropriar bens em favor das concessionárias de serviços públicos, bem como dos estabelecimentos de caráter público e daqueles que exerçam funções delegadas do Poder Público. Entende-se, com isso, que as entidades políticas maiores podem declarar de utilidade pública bens que interessam às menores, para que estas promovam a competente desapropriação.

Afirme-se, com isso, que quando determinado bem interessa a um concessionário ou delegatário de serviço público, a competente declaração de utilidade pública será sempre editada pela entidade política às quais aqueles se encontram vinculados, cabendo a estes apenas promovê-la, em nome próprio. Quando já desapropriados, os bens passarão a integrar o patrimônio destas pessoas e não do Poder Público.

Portanto, apenas ao Poder Público caberá *declarar* originariamente *de utilidade pública* um bem, para fins de *desapropriação*. Oportuno transcrever a conceituação de *concessão de serviço público*, nos termos do art. 2, inciso II, da Lei nº 8.987/1995:

> *é a delegação de sua prestação, feita pelo poder concedente, mediante licitação, na modalidade de concorrência, à pessoa jurídica ou consórcio de empresas que demonstre capacidade para seu desempenho, por sua conta e risco e por prazo determinado.*

Conclusivo que a expressão serviço público abarca as duas categorias retromencionadas, os essenciais e os não essenciais, sendo os primeiros prestados à comunidade exclusivamente pela Administração, e os outros, podendo ser prestados tanto pela própria Administração quanto por terceiros. Nesse caso, a Administração constatará a conveniência do serviço e, verificada a sua não essencialidade, efetivará a competente declaração de utilidade pública para fins de desapropriação, ato que lhe é originariamente privativo.

Seguidamente delegará, mediante prévia licitação, esta competência aos concessionários, permissionários ou autorizatários, que promoverão a expropriação, e serão objetivamente responsáveis por seus atos, passando a responsabilidade da Administração de objetiva à subsidiária.

A prestação deste serviço à comunidade se dará mediante a remuneração dos usuários, não se eximindo o Poder Público da sua regulamentação e controle, o que, aliás, deverá ser pontualmente executado, de forma a coibir os abusos por parte dos prestadores de serviço à comunidade, tais como a aplicação de tarifas elevadas, o mau funcionamento dos serviços, bem como a falta de cumprimento de quaisquer das cláusulas estabelecidas no contrato, o que poderá ensejar a sua anulação.

Ressalta-se que, além dos contratos firmados entre o Poder Público e empresas concedidas, os quais deverão ter as suas cláusulas rigorosamente observadas e cumpridas, as concessões de serviços públicos e de obras públicas, bem como as permissões de serviços públicos, deverão ser regidas por dispositivo Constitucional, previsto no art. 175 da Lei Maior, pelas Leis nº 8.987 de 13/02/1995 e nº 9.074 de 07/07/1995, que revogou o parágrafo único do art. 28 da lei anterior, e pelas demais normas legais pertinentes. São exemplos os serviços de gás, telefone, energia elétrica e transportes coletivos.

O art. 3º do Decreto-lei nº 3.365/1941 assim dispõe:

> *Art. 3º Os concessionários de serviços públicos e os estabelecimentos de caráter público ou que exerçam funções delegadas de poder público poderão promover desapropriações mediante autorização expressa, constante de lei ou contrato.*

Conforme se depreende deste dispositivo legal, os concessionários de serviços públicos e os estabelecimentos de caráter público ou que exerçam funções delegadas de poder público poderão apenas *promover* a desapropriação, mediante autorização expressa constante de lei ou contrato, não restando dúvidas de que a Administração Indireta está incluía neste entendimento.

Em razão deste dispositivo legal, constata-se que estas *pessoas* podem promover a desapropriação, mas não podem desapropriar, sendo certo que é o ente federativo quem desapropria, por meio de decreto expropriatório.

Promover a desapropriação equivale a materializá-la, com a prática de atos tais como firmar ou tentar firmar um acordo, promover a ação judicial, responder à contestação etc., ao passo que *fazer a desapropriação* é declarar a utilidade pública, o que requer pessoa plenamente capaz. Como exemplo: desapropriação para a reforma agrária.

Nesta hipótese, a desapropriação só pode ser feita pela União, ou seja, somente a União é competente para declarar interesse social para fins de reforma agrária, por meio de decreto do presidente da República. Em seguida à declaração de interesse social do bem, esta é publicada no Diário Oficial, onde o Incra, uma autarquia federal, será a pessoa responsável pela promoção da desapropriação.

Registre-se a existência de uma exceção a esta regra, em que uma autarquia federal poderá declarar de utilidade pública. Trata-se do DNIT (Departamento Nacional Infraestrutura de Transportes), uma autarquia federal que, excepcionalmente, poderá fazer esta declaração, por força do dispositivo no Decreto-lei nº 512/1969. Embora encontrem-se outros exemplos na doutrina, este é o único pacificado.

O fundamento será o de que a desapropriação só poderá fazer-se para fins de construção e conservação de estradas, sendo vedado para qualquer outra finalidade. Ainda que o fundamento se aplique apenas a uma hipótese, é um caso ímpar onde uma autarquia federal poderá desapropriar, ou seja, declarar e não apenas promover a desapropriação.

Nesse caso específico, o ato administrativo que dará início à desapropriação será uma Portaria, que declarará a utilidade pública do bem, no lugar do decreto expropriatório, pois este é de competência do chefe do Poder Executivo. Legalmente falando, somente o DNIT (Departamento Nacional Infra-Estrutura de Transportes), tem poder de declarar utilidade pública de um bem, para fins de desapropriação, e por meio de Portaria, conforme dispõe o Decreto-lei nº 512/1969.

Conclui-se que todos os entes da federação podem desapropriar (declarar a utilidade pública), além do DNIT (Departamento Nacional Infraestrutura de Transportes), autarquia federal, excepcionalmente para fins de conservação e construção de estradas.

A desapropriação se inicia por meio da *declaração de utilidade pública*, conforme previsão do art. 2º do decreto expropriatório, e este ato é originariamente de competência exclusiva de um dos entes da federação.

11.3. Estabelecimentos de Caráter Público

O termo "estabelecimentos de caráter público", utilizado pela lei da desapropriação, Decreto-lei nº 3.365/1941, não traz em si uma concisa definição sobre quem são essas pessoas. Cumpre reportar-se à interpretação doutrinária a fim de elucidar esta questão.

O homenageado José Carlos de Moraes Sallles[70] entende que estas pessoas são as autarquias e as fundações públicas.

Autarquias – São pessoas jurídicas de Direito Público, criadas por lei específica e que integram o organismo estatal. Portanto, a elas se aplicam as prerrogativas e os privilégios das pessoas pública. Por pertencerem à Administração indireta, são consequentemente vinculadas a um órgão da Administração direta, mas a este não devem subordinação. Possuem, também, autonomia administrativa e financeira.

Contudo, sofrerão controle pelas pessoas políticas as quais estão vinculadas, a fim de que seja garantida a estrita observância da legalidade, bem como do fiel cumprimento de suas finalidades institucionais. Em regra, se lhes aplicam o princípio da especialidade ou da especialização, que se traduz na realização de atividades específicas, de acordo com previsão da lei que as instituiu, ficando impedidas de realizar qualquer outra atividade. Exceção são as autarquias territoriais – os Territórios – que são dotados de capacidade genérica.

São também dotadas de personalidade jurídica, podendo adquirir direitos e assumir obrigações por conta própria, não necessitando, para tanto, das pessoas políticas que a originaram. Seus patrimônios também serão distintos dos patrimônios destas. O Decreto-lei federal nº 200, de 25/02/1967, em seu art. 5, conceitua Autarquia assim dispondo:

> Autarquia – o serviço autônomo, criado por lei, com personalidade jurídica, patrimônio e receita próprios, para executar atividades típicas da Administração Pública, que requeiram, para seu melhor funcionamento, gestão administrativa e financeira descentralizada.

[70] *Op. cit.*, p. 152.

Sendo as Autarquias parte integrante da Administração Pública, por certo poderão promover a *desapropriação*, bastando que estejam previamente autorizadas por lei, de acordo com a previsão do art. 3 do Decreto-lei nº 3.365/1941.

A princípio, a própria lei que cria a Autarquia prescreverá a autorização para desapropriar. Em caso de omissão nesta lei e na eminência da necessidade desta entidade autárquica em desapropriar determinado bem, necessário será que a autorização expropriatória conste em outro diploma legal.

Ressalta-se que a competência das Autarquias será tão somente para promover a desapropriação, devendo assim prever a lei autorizatária. A competência maior, que é a de declarar um bem de utilidade pública, será inerente à entidade política a qual esta se vincula[71].

Fundações – Aquelas instituídas pelo Poder Público trouxeram, por muito tempo, grande polêmica no que tange à sua natureza jurídica. O novo Código Civil, contudo, em seus arts. 62 a 69, as tratam como uma das categorias das pessoas jurídicas de Direito Privado.

Possuem as fundações as seguintes características básicas: a figura do instituidor, o fim social da entidade e a ausência de fins lucrativos.

O instituidor se traduz naquele que lhe atribui a dotação orçamentária. O fim social da fundação está atrelado à ausência da percepção de lucros, devendo o seu objetivo estar focado à produção de benefícios que alcancem os membros da sociedade.

As fundações públicas herdam estas mesmas características, mas fazem ressalva quanto à natureza de seu instituidor, restringindo-se este figura apenas ao Estado e ficando excluída toda e qualquer pessoa da iniciativa privada. Estas poderão instituir apenas as fundações privadas.

Pode-se registrar que a própria Constituição da República trata a fundação pública com nomenclaturas diversas: fundações instituídas ,e mantidas pelo Poder Público (art. 71, inciso II), fundações controladas pelo Poder Público (art. 163, inciso II), fundações sob controle estatal (art. 19, ADCT), entre outros.

Para parte da doutrina as fundações públicas são consideradas espécies do gênero autarquia, sendo mesmo denominadas de fundações autárquicas ou autarquias fundacionais[72].

Há, contudo, uma corrente doutrinária que defende a tese de que as fundações públicas são pessoas jurídicas de Direito Privado, ainda que instituídas pelo Poder Público. Alegam que o fato de serem instituídas pelo Estado não as obriga a serem de Direito Público, eis que este também cria pessoas jurídicas de Direito Privado, como é o caso das sociedades de economia mista e das empresas públicas[73].

José Carlos de Moraes Salles se posiciona no sentido de que:

> as fundações instituídas pelo Poder Público eram entidades de Direito Privado, sendo espécies do gênero paraestatal, desempenhando funções delegadas pela entidade política de que provinham, objetivando o interesse coletivo[74].

A partir deste entendimento quanto à sua natureza jurídica, concluiu que a essas pessoas era lícito promover a desapropriação, desde que autorizadas previamente por lei para este fim. Contudo, este seu entendimento restou superado em razão do Texto Constitucional, tendo o insigne jurista adaptado sua posição aos ditames que esta impunha, passando a considerá-la pessoa jurídica de Direito Público.

Desta feita, se coadunando a redação do Decreto-lei nº 3.365/1941 com a Constituição da República, instituindo a fundação pública como estabelecimento de

---

[71] Exceção a essa regra se encontra preceituada no Decreto-lei nº 512, de 21/03/1969, nos arts. 14 a 19, os quais atribui competência à autarquia federal Departamento Nacional de Estradas de Rodagem para promover a *desapropriação*, bem como para *declarar a utilidade publica* de terrenos que sejam necessários à construção de rodovias.

[72] É este o entendimento da doutrina dominante, entre eles: Oswaldo Aranha Bandeira de MELLO (*Princípios Gerais de Direito Administrativo*. v. II, p. 204-205); Celso Antônio Bandeira de MELLO (*Curso de Direito Administrativo*, p. 83); Maria Sylvia Zanella de PIETRO (*Direito Administrativo*, p. 273); Diógenes GASPARINI (*Direito Administrativo*, p. 269), Miguel Reale (RDA 72/09), e José CRETELLA JÚNIOR (*Curso de Direito Administrativo*, p. 59). O Supremo Tribunal Federal, em decisão proferida no RE nº 101.125-RJ, prolatada pelo Rel. Min. Moreira Alves, assim se firmou: "nem toda fundação instituída pelo Poder Público é fundação de direito privado. As fundações, instituídas pelo Poder Público, que assumem a gestão de serviço estatal e se submetem a regime administrativo previsto, nos Estados-membros, por leis estaduais, são fundações de direito público, e, portanto, pessoas jurídicas de direito público. Tais fundações são espécie do gênero autarquia, aplicando-se a elas a vedação a que alude o § 2º do art. 99 da Constituição Federal" (Este dispositivo constitucional se refere à Constituição de 1967, com a EC nº 1/1969).

[73] Dentre os que advogam esta tese estão Hely Lopes MEIRELLES e José dos Santos CARVALHO FILHO.

[74] *Op. cit.*, p. 155.

caráter público, ficou selado a sua competência para promover a desapropriação, mediante a devida autorização prevista na lei que a instituiu, ou em legislação que posteriormente assim disponha[75].

11.4. Estabelecimentos que Exercem Função Delegada

Por fim, o Decreto-lei nº 3.365/1941, em seu art. 3º, faz menção aos estabelecimentos que exercem função delegada. São eles, segundo a interpretação doutrinária, as entidades paraestatais, que compreendem as empresas públicas, as sociedades de economia mista e os serviços sociais autônomos.

Empresa pública – São estas entidades *pessoas jurídicas de Direito Privado*, cujas personalidades jurídicas nascem com o efetivo registro dos seus estatutos. Exercem função pública atípica e têm suas funções delegadas pelo Estado, embora não o integrem.

O Decreto-lei nº 200/1967, em seu art. 5º, II, assim a define:

> Empresa Pública é a entidade dotada de personalidade jurídica de direito, com patrimônio próprio e capital exclusivo da União, criada por lei para a exploração de atividade econômica que o Governo seja levado a exercer por força de contingência ou de conveniência administrativa podendo revestir de qualquer das formas admitidas em direito.

Com efeito, ainda que possuam *personalidade jurídica de Direito Privado*, criada por autorização legislativa específica (art. 37, inciso XIX da CRFB), e não realizem atividades típicas do Poder Público, mas sim atividades econômicas em que o Poder Público tenha interesse próprio, ou considere conveniente à coletividade, as empresas públicas são competentes para *promover a desapropriação*.

Sociedade de Economia Mista – As sociedades de economia mista se encontram definidas no art. 5º, III, do Decreto-lei nº 200/1967:

> *Sociedade de economia mista – a entidade dotada de personalidade jurídica de Direito Privado, criada por lei para a exploração de atividade econômica, sob a forma de sociedade anônima, cujas ações com direito a voto pertençam em sua maioria à União ou à entidade da Administração indireta.*

Da mesma forma que as empresas públicas, as sociedades de economia mista executam atividades de interesse ou de utilidade pública e, portanto, vinculadas ao Poder Público por meio de delegação. Desta forma, dado este vínculo com a Administração Pública, são competentes para promover a desapropriação, conquanto que preexista autorização na lei que permitiu a sua constituição, ou em legislação posterior.

Serviços Sociais Autônomos –Também constituem entes paraestatais, além das empresas públicas e das sociedades de economia mista, os serviços sociais autônomos.

Os serviços sociais autônomos são paraestatais que se constituem em entes de cooperação com o Poder Público, sem, contudo, figurarem entre os órgãos da Administração Pública direta ou indireta. Possuem personalidade jurídica de Direito Privado, são autorizadas por lei e possuem administração e patrimônio próprios, sendo revestidos da forma de instituições particulares.

Importa mencionar que estes entes desempenham serviços que são outorgados pelo Poder Público, transferindo-lhes a sua titularidade originária de serviços por meio de lei. Em razão da outorga conferida pela Administração Pública, tornam-se competentes para promover a desapropriação

12. Efeitos / Consequências do Decreto Expropriatório

Importa acrescentar que a declaração *de utilidade pública* desencadeará importantes consequências tanto ao expropriante quanto ao expropriado.

Primeira Consequência

Primeiramente, consigne-se que após a publicação do decreto expropriatório, as autoridades administrativas estarão legalmente autorizadas a adentrarem no imóvel constante do decreto, a fim de procederem aos atos que se façam necessários para a consecução de tal fim, tal como, medir, fotografar, filmar etc., objetivando à execução da futura obra.

Este direito inclui o auxílio da força policial, em caso de oposição do expropriado. Outro é o contexto se a partir de atos destes agentes resultar excesso, abuso de poder ou desvio de finalidade, casos estes que ensejarão a devida penalização dos expropriantes, bem como a indenização por perdas e danos aos expropriados.

> *Art. 7º Declarada a utilidade pública, ficam as autoridades administrativas autorizadas, a penetrar nos prédios compreendidos na declaração, podendo recorrer, em caso de oposição, ao auxílio de força policial.*

[75] Indo mais adiante, os tribunais têm se firmado no sentido de que as entidades políticas poderão desapropriar bens particulares em favor das fundações públicas, quando estas não possuíram a competente autorização legal. (*RDA* 77/238-244, acórdão do STF e *RDA* 117/207, acórdão do 2º TACivSP).

Aquele que for molestado por excesso ou abuso de poder, cabe indenização por perdas e danos, sem prejuízo da ação penal.

O livre acesso decorre de lei. Logo, não há que se pedir autorização do Poder Judiciário.

O direito de penetração não se confunde com a imissão provisória na posse. A penetração, está intimamente ligada com os atos avaliatórios e preparatórios para a realização da eventual futura obra, não se admitindo que isso venha causar danos ou prejudicar a normal utilização do bem pelos proprietários, ficando o Estado responsável pelos danos que causar ao administrado.

Essa primeira consequência é de suma importância para deixar bem nítido que o simples decreto expropriatório não transfere a propriedade ao poder público, continuando com o atual possuidor, só que gravado com a declaração de utilidade pública.

Segunda Consequência

A segunda consequência está contida no art. 10 do Decreto-lei 3.365/1941, que aduz:

> *Art. A 10. A desapropriação deverá efetivar-se mediante acordo ou intentar-se judicialmente, dentro de cinco anos, contados da data da expedição do respectivo decreto e findos os quais este caducará.*
>
> *Neste caso, somente decorrido um ano, poderá ser o mesmo bem objeto de nova declaração.*

Após a publicação do decreto expropriatório, que disporá sobre a declaração de utilidade pública, vinculado estará este ao prazo prescricional de cinco anos, no qual a autoridade expropriante deverá promover a competente desapropriação, por meio de acordo entre as partes envolvidas ou pelas vias judiciais, sob pena de, não o fazendo, ocorrer a caducidade do referido ato legal.

Em ocorrendo a caducidade deste decreto, contará o prazo de um ano, dentro do qual não será admissível a incidência deste mesmo diploma legal, versando sobre o mesmo bem. Transcorrido este período, poderá ocorrer a publicação de novo decreto com a mesma disposição.

Registre-se que outro é o prazo quando a desapropriação versar sobre o pressuposto de interesse social, o qual será de dois anos a partir da publicação do decreto expropriatório. Estas disposições encontram respaldo no art. 10 do Decreto-lei nº 3.365/1941 e da Lei nº 4.132/1962, respectivamente.

Portanto, no aspecto prático, registre-se esta diferença no prazo de caducidade dos decretos que anunciam a declaração expropriatória com os diferentes requisitos: necessidade ou utilidade pública e interesse social, sendo estes de cinco e dois anos, respectivamente. Com isso, a desapropriação deverá ocorrer neste ínterim, sob pena de, não se consubstanciando, mediante acordo ou judicialmente, operar-se a caducidade do referido decreto. Em caso de caducidade, só poderá ser editado outro decreto de declaração de utilidade pública incidindo sobre o mesmo bem, após o lapso temporal de um ano.

A efetiva fluição do aludido prazo tem início a partir da publicação do decreto no órgão de imprensa oficial. Da mesma forma, no caso de interesse social incide o prazo em face do Poder Público para o início de aproveitamento dos bens expropriados, o que não ocorre nas outras duas hipóteses[76].

Outra diferença registrada é a que se dá quando da destinação dos bens expropriados. Nas hipóteses de necessidade ou utilidade pública, os bens expropriados passam a integrar o patrimônio do Estado. Quando a desapropriação se dá por interesse social, os bens se destinam a particulares.

Por fim, caducando o decreto de utilidade pública ou de interesse social, nasce para o proprietário o direito de ser indenizado pelos prejuízos a casos decorrentes do ato declaratório.

Terceira Consequência

Esta última consequência é, sem dúvida, a mais explorada em concurso jurídico, principalmente, procuradorias, expressa no art. 26 do Decreto-lei nº 3.365/1941 e art. 96 do Código Civil.

Como já frisamos, a expedição do decreto de declaração do interesse público, em hipótese alguma, retira a propriedade e, consequentemente, não impede a sua alienação.

O proprietário do imóvel não sofre restrições.

Consequência proveniente da declaração de utilidade pública é a que diz respeito às benfeitorias necessárias, úteis e voluptuárias que se seguirão a este ato. De acordo com o preceito legal (art. 26, § 1º do Decreto-lei

[76] Veja-se a seguir jurisprudência acerca do exposto: "Desapropriação. Iimóvel declarado de utilidade pública. Ausência de transferência de *domíni*. Prazo de 5 anos contados da expedição do decreto desapropriatório para executar aquela. A declaração de utilidade pública de um imóvel e o decreto expropriatório não induzem ato de transferência do domínio. Assim, o proprietário continua a fruir os benefícios provenientes do uso e gozo do imóvel, e, nos termos do art. 10 do Decreto-lei nº 3.365/1941, o desapropriante tem o prazo de 5 anos contados da data de expedição do respectivo decreto para executar a desapropriação, findo o qual este caducará". (Rel. Vidal Pessoa; Agravo de Instrumento nº 2.950.064-3/Manaus; RT 738/363)

nº 3.365/1941), as benfeitorias necessárias serão indenizadas quando feitas após a desapropriação, e as úteis, quando feitas com autorização do expropriante. Diz-se ainda que as benfeitorias necessárias são as que têm por fim conservar a coisa ou evitar que se deteriore. As úteis as que aumentam ou facilitam o uso da coisa (art. 96, §§ 3º e 2º, respectivamente, do Código Civil).

Oportuno retificar que o termo "após a desapropriação", utilizado pela lei, se reveste de uma inapropriada conotação, posto que a partir daquele ato, não será possível a incidência de quaisquer manifestações do expropriado, excluído que estará da posse de tal bem, bem como de seu uso. Subentende-se, portanto, que o legislador se referiu à expressão: "após a publicação do ato de declaração de utilidade pública".

Cumpre registrar que o expropriado não está legalmente impedido de *construir* no terreno objeto do decreto expropriatório. Se ocorrer de o Poder Público negar a concessão do alvará de construção, com a alegação de que uma obra acarretaria a oneração dos gastos públicos destinados à desapropriação deste bem, caberá ao proprietário recorrer às vias judiciais para obter este direito. Valendo-se do texto da Súmula nº 23, do Supremo Tribunal Federal, que reza que benfeitorias e construções são coisas diferentes, e a qual garante ao particular o direito de construir, o proprietário logrará êxito para efetivar a construção almejada.

> Súmula 23 do STF – *Verificados os pressupostos legais para o licenciamento da obra, não o impede a declaração de utilidade pública para desapropriação do imóvel*, mas o valor da obra não se incluirá na indenização, *quando a desapropriação for efetivada.* (grifamos).

O que a lei coíbe são as benfeitorias, e não a construção, pois esta se constitui em um direito do proprietário. Ademais, o alvará é um ato administrativo vinculado. Deste feita, se o requerente atender aos requisitos da lei, a Administração é obrigada a conceder o alvará.

A Súmula nº 23 do STF dispõe que o proprietário PODE construir, mesmo já tendo havido o decreto expropriatório, já que este se constitui num direito do proprietário, mas o valor desta obra não constará no cálculo indenizatório.

O que se tem, de fato, é que dificilmente alguém irá se valer deste direito, posto que não será indenizado pela Administração pelo valor que empregar numa obra de um bem que foi declarado de utilidade pública, e que está preste a ser desapropriado, ao menos que ocorra a caducidade da desapropriação.

De acordo com o entendimento majoritário da doutrina, após a publicação do decreto expropriatório poderá ocorrer a *mudança na destinação* do terreno a ser expropriado, desde que a nova destinação atenda a interesse público. Como exemplo, a Administração declara um terreno de utilidade pública para a construção de um estádio, mas muda de ideia e decide construir uma escola naquele terreno.

Ilustra-se esta questão com um exemplo de que uma determinada Prefeitura Municipal publicou um edital declarando de utilidade pública, para fins de desapropriação, um imóvel daquela região. Poucos dias após a publicação do edital, o proprietário do referido imóvel requereu licença para proceder a edificação do mesmo, tendo sido negado o alvará sob o argumento de que a pretendida construção oneraria sobremodo o erário público quando do pagamento da indenização.

Ocorre que o procedimento da Administração foi irregular posto que o direito de construir é um ato administrativo vinculado. Dessa feita, o alvará de licença não pode ser negado, se cumpridos todos os requisitos legais que o antecedem. Além disso, a Suprema Corte possui um entendimento acerca deste tema, na Súmula nº 23, que estabelece que há de ser reconhecido o direito de construir. No entanto, a nova edificação não integrará o cálculo da indenização quando do seu pagamento.

Tem-se que, entre referida publicação e a desapropriação propriamente dita, lapso temporal em que serão realizados os diversos procedimentos que antecedem a transferência da propriedade do particular ao Poder Público, estas benfeitorias poderão ser efetivamente realizadas.

O ilustre administrativista Seabra Fagundes faz menção ao lapso temporal de "período suspeito". Segundo ele, este período se inicia com a *declaração de utilidade pública* e só se encerra com a *transferência efetiva do bem ao expropriante*. Afirma ainda que nesse período,

> surge uma fase intermediária entre a livre propriedade anterior do indivíduo e a propriedade ulterior da Fazenda Pública, na qual o indivíduo ainda é dono, mas não dispõe integralmente da coisa e o Patrimônio Público, sem ser ainda titular do direito de propriedade, está na certeza de incorporá-lo no seu ativo, dentro de certo lapso de tempo e atendidas certas formalidades. Nem o dono detém o direito de propriedade em toda a sua plenitude (uso, gozo e disposição, segundo o art. 1.228 do CC), nem a Administração pode utilizá-lo e dele dispor.

É certo que o indivíduo sofre restrição na livre disposição do bem em virtude da declaração de utilidade pública. Já a Fazenda Pública não pode usá-lo na dependência da fixação e pagamento do preço[77]. Segundo seu entendimento, nesse "período suspeito" poderá ocorrer a incidência de atos judiciais, tal como o *sequestro* ou *busca e a apreensão* do bem móvel eventualmente transportado pelo expropriando para lugar diverso da circunscrição territorial do expropriante, com a intenção de desviar o bem para área de competência diversa e evitar, assim, a sua desapropriação pelo Poder Público.

Oportuna a afirmativa de que o expropriado poderá, sem qualquer obstáculo, após editada a declaração de utilidade pública, *alienar* o bem expropriado posto que a mera *declaração* não produz, por si só, o efeito da transferência da propriedade do bem do particular para a Administração Pública.

A declaração de utilidade pública tão somente declara o expropriamento, não gerando qualquer efeito sobre o direito de propriedade, permanecendo o particular na qualidade de proprietário do bem e no pleno direito de sua utilização e de sua disponibilidade. Conceitua o mestre Hely Lopes que

> só se considera iniciada a desapropriação com o acordo administrativo ou com a citação para a ação judicial, acompanhada da oferta do preço provisoriamente estimado para o depósito. Até então a declaração expropriatória não tem qualquer efeito sobre o direito de propriedade, nem pode impedir a normal utilização do bem ou a sua disponibilidade[78].

Ressaltamos que, não obstante a permissão legal acerca da alienação do bem a ser expropriado, haja vista que o decreto expropriatório não transfere restrições jurídicas ao direito de propriedade do expropriado, outra é a realidade que advém deste fato. Cristalino que, concretamente, ocorrerão limitações no direito do proprietário após a declaração do dito decreto.

Na prática, é certo que dificilmente alguém adquirirá um bem com a ciência de que este está fadado à desapropriação. No mínimo, pode-se supor uma nova aquisição com um valor irrisório, dado o conhecimento do seu destino – o patrimônio público. Não se questiona aqui a legalidade do ato, mas a sua consequência no mundo prático que, a toda evidência, já se configura num prejuízo ao expropriado.

A declaração de utilidade pública de um determinado bem implica na consequente fixação do seu estado físico, sobre o qual seria calculado o respectivo valor e arbitrada a indenização equivalente.

Quando a declaração de utilidade ou necessidade pública pender sobre bem imóvel que se destine a fim comercial ou industrial, constata-se, por meio da melhor doutrina vigente, que poderá ser intentada ação renovatória referente ao contrato de locação, posto que o locador não deixará de ser o proprietário do bem expropriado, da mesma forma que o inquilino apenas pretende o uso do imóvel, até que a desapropriação se consume em todos os seus efeitos.

Da mesma forma, quando ocorrer a declaração de utilidade ou necessidade pública sobre determinado terreno, é o entendimento da doutrina e da jurisprudência de que o proprietário poderá efetuar construção sobre este bem, antes de ser concretizada a desapropriação.

A este respeito, insurgem-se pareceres e decisões, conforme seguem:

> O único remédio jurídico que a Municipalidade tem para indeferir o requerimento de licença para construção em terreno declarado de utilidade pública, para efeito de desapropriação, é iniciar desde logo o processo expropriatório[79].
>
> Antes de efetivar-se a desapropriação pode, o proprietário, construir no seu imóvel; mas somente será indenizado da obra nova se o expropriante houver consentido na construção[80].
>
> Antes de efetivar-se a expropriação, o particular tem direito de levantar, no seu imóvel, as construções que lhe aprouver; mas a indenização somente contemplará as que se fizerem com assentimento do expropriante[81].

Numa oportuna observação, o mestre Hely Lopes Meirelles tece pertinente comentário acerca da negação de indenização constante na decisão supra:

> Se a simples declaração expropriatória não tolhe o direito de construir, não se pode deixar de indenizar a construção levantada no exercício normal desse direito[82].

Em entendimento contrário, o insigne jurista José Carlos de Moraes Salles assim preceitua:

> É que, segundo entendemos, a restrição imposta pelo Pretório Excelso deriva da aplicação analógica de dispositivo

[77] *Op. cit.*, p. 64.
[78] *Op. cit.*, p. 559.
[79] *RDA* nº 80392-394.
[80] *RDA* nº 70/223.
[81] *RDA* nº 72/223.
[82] *Ob. cit.* p. 559.

da própria Lei de Desapropriação à espécie. Com efeito, se, por força do disposto no § 1º do art. 26 do Decreto-lei nº 3.365/1941, nem mesmo as benfeitorias úteis, quando feitas sem autorização do expropriante, serão indenizáveis, com maior razão não deverão ser ressarcidas as edificações erguidas sem tal autorização, ainda que se reconheça o direito de o proprietário do imóvel desapropriando levantá-las[83].

No que tange à *consumação* da transferência da propriedade do proprietário particular para a Administração Pública, esta só se consuma com a *desapropriação*, o que não ocorre automaticamente com a publicação do decreto expropriatório,– que declara de *utilidade* ou *necessidade pública* um determinado bem. A simples declaração constante do decreto não produz esse efeito, sendo apenas ato declaratório[84].

O tema, inclusive, foi objeto de pergunta pelo examinador, na prova para a defensoria pública do Rio de Janeiro:

> A Prefeitura Municipal de Petrópolis publicou edital, declarando de utilidade pública para fins de desapropriação o imóvel sito naquela cidade na rua das Acácias, nº 300. Poucos dias após a publicação do édito, o proprietário do referido imóvel requereu licença para proceder a edificações no mesmo, tendo sido negado o alvará sob o argumento de que a pretendida construção oneraria so-

---

[83] SALLES, José Carlos de Moraes. *A desapropriação à luz da doutrina e da jurisprudência*. 8ª ed., São Paulo: Revista dos Tribunais, 2006, p. 116.

[84] Elenca-se a seguir acórdãos do Tribunal de Justiça do Estado de Santa Catarina acerca do requisito de declaração de utilidade pública: "Ação Declaratória. Desapropriação de Imóvel por Interesse Social. Pedido Reconhecido por Sentença da Caducidade do Decreto Municipal. Prazo do art. 3º da Lei nº 4.132/1962. Anuência do Município. Interesse de Agir Inexistente. Ato Compositivo da Lide Confirmado. *Ex vi* do art. 3º do Código Processual Civil, para propor ou contestar ação é necessário ter interesse e legitimidade. No plano da ação declaratória, ensina Celso Agrícola Barbi que "o interesse de agir é fundamental para se admitir ou não a propositura da ação. Nessas ações, [...], a necessidade da sentença surgirá quando houver uma incerteza objetiva, jurídica, atual, e que cause dano ao autor" (*Comentários ao código de processo civil*. Rio de Janeiro: Forense, 1998. v. 1, p. 29). Na espécie, dispõe o art. 3º da Lei nº 4.132, de 10/09/1962 que "o expropriante tem o prazo de 2 (dois) anos, a partir da decretação da desapropriação por interesse social, para efetivar a aludida desapropriação e iniciar as providências de aproveito do bem expropriado". Irrelevante é a dúvida meramente subjetiva existente no espírito da irresignada e não no plano do direito. Inexiste utilidade/necessidade na entrega de prestação jurisdicional declaratória para simplesmente comprovar aos possíveis investidores ou mesmo para que se permita a averbação ou transcrição do registro público do referido imóvel, visto que, diante da inércia da Municipalidade durante o prazo legal de dois anos, o ato administrativo em questão não possui mais eficácia alguma. Ademais, todos os imóveis localizados no Município de São José estão sujeitos à desapropriação por interesse social por parte da Municipalidade. Assim, na hipótese, vez que decorrido o lapso temporal de 2 anos prescrito no art. 3º da Lei nº 4.132/1962, o ente público poderá exercer seu poder expropriante, novamente, sobre o mesmo imóvel. Ainda, ressalte-se que a própria sentença *a quo*, por si só, atende o interesse/necessidade da autora, pois ao concluir pela inexistência de interesse processual, manifestou, por via adversa, a declaração da caducidade pleiteada. E mais: nos termos do art. 3º da Lei de Introdução ao Código Civil, "ninguém se escusa de cumprir a lei, alegando que não a conhece". Da mesma forma, ausente qualquer litígio entre as partes que necessite de tutela do Poder Judiciário. Por fim, saliente-se que a "falta de interesse de agir, dito no anterior Código de Processo Civil interesse legítimo, é falta de necessidade de tutela jurídica. O Estado prometeu tutela jurídica aos que dela precisem; não aos que dela não precisam. Tal verificação prévia se lhe impunha, para evitar gastos inúteis, assoberbamento dos serviços judiciários e incômodos às pessoas que teriam de entrar na relação jurídica processual ou seriam chamadas a angularizá-las" (PONTES DE MIRANDA. *Comentários ao código de processo civil*. T. I. Rio de Janeiro: Forense, p. 124).
Processo nº 2004.022018-0. 25/08/2004. Mandado de Segurança. Violação a Direito Líquido e Certo. Restrição Imotivada a Direito de Propriedade Imposta por Lei Municipal, Motivando Embargos de Obra. Lei Vedativa de Edificações de Qualquer Natureza. Ausência de Declaração de Área de Utilidade Pública para Fins Desapropriatórios ou de Área de Preservação Permanente. Violação ao art. 572 do CC de 1917. Ordem Concedida. Sentença Confirmada. Parcial Isenção nas Custas, a Teor do art. 33, *caput*, da LC nº 156/97, com as Alterações da LC nº 161/199. Apelo Desprovido. Remessa Parcialmente Provida. Os imóveis de marinha são submetidos ao regime de enfiteuse, regidos pela Lei nº 9.760/1946, e demais disposições do CC, cabendo à União a nua propriedade do imóvel, e, aos ocupantes, a propriedade útil individual. A vedação às edificações de qualquer natureza imposta às propriedades urbanas situadas em área de marinha, impostas por lei municipal, quando não visam ao atingimento do interesse local, tampouco a declaração de área de preservação permanente ou de utilidade pública para fins de desapropriação, ferem o direito de propriedade e não atingem sua função social, violando direito líquido e certo dos impetrantes, por malferimento ao art. 572 do CC de 1917. Processo nº 2003.021870-4. Data da decisão: Apelação Cível. Ação de Desapropriação. Área de Utilidade Pública. Construção de um novo Terminal Rodoviário. Imissão Provisória na Posse após o Prévio Depósito da Quantia Indicada na Inicial. Insurgência por Parte do Proprietário com Relação ao Quantum Oferecido. Realização de Perícia Judicial. Inexistência de Reclamo quanto ao Valor Apurado pelo Expert. Justa Indenização. Isenção Parcial nas Custas. Remessa Parcialmente Provida. Nas demandas de natureza expropriatória, o proprietário faz jus ao percebimento de justa indenização, representada pela avaliação judicial que se vê corroborada pelas partes, seja de forma explícita ou implícita (Processo nº 2006.006824-2).

> bremodo o erário no momento do pagamento da indenização. Procurado pelo proprietário, como deve proceder o Defensor Público?
>
> O alvará de licença é um ato vinculado. Construir é um direito do proprietário. O proprietário não sofre restrições em sua propriedade, se cumpridos os requisitos legais para construir, sendo manifestamente ilegal a negativa de licença.
>
> O simples decreto expropriatório não transfere a propriedade para o Poder Público. O bem ainda é do particular, o particular é ainda proprietário. Essa transferência só se faz no momento em que é paga a indenização e, por isso, a declaração de utilidade pública não priva o proprietário de seu direito de uso e disposição da coisa. Esse assunto ficou tão polêmico que o Supremo Tribunal Federal sumulou sobre o tema. Neste sentido, temos a Súmula nº 23: "Verificados os pressupostos legais para o licenciamento da obra, não o impede a declaração de utilidade pública para desapropriação do imóvel, mas o valor da obra não se incluirá a indenização, quando desapropriação for efetivada."
>
> Ilegal é a recusa de aprovação do projeto de construção ou de plano de loteamento pelo simples fato de haver decreto expropriatório do terreno ou mero plano de obras públicas para área, ou qualquer outra circunstância que, de futuro, possa impedir a construção particular, pois a Administração Pública não tem o poder de bloquear a propriedade privada e estancar o direito de construir, indefinidamente e sem indenização do proprietário prejudicado. Se há interesse público da área, incumbe à Administração interessada efetivar a justa e prévia indenização constitucional para apossar-se dos terrenos necessários e impedir a construção particular, sem isto, a recusa da licença para construir ou lotear, quando o projeto ou o plano estiver em ordem, ilegal e abusiva, podendo mesmo ser obtida por mandado de segurança dada a ofensa a direito líquido e certo do proprietário. Esse abuso da Prefeitura tanto se revela no indeferimento formal da licença de construção ou de loteamento quanto na protelação da aprovação do projeto ou do plano, caracterizados de omissão lesiva ao direito de construir ou de lotear.

Uma observação oportuna: A construção que o proprietário vier a fazer será objeto de indenização? Se o proprietário construir, deverá saber, antecipadamente, de que esta nova obra, essa nova construção, não entrará no cálculo da indenização porque, na vigência do decreto expropriatório de utilidade pública ou de interesse social, fixa o valor da indenização sobre o estado físico do imóvel à época da declaração.

Vale destacar, ainda, que o proprietário não precisa comprovar a regularidade da construção para fazer jus ao recebimento de sua indenização. O fato de ser a construção clandestina não desonera o município da obrigação de indenizar, porque essa situação jamais elimina o direito de propriedade. O ato ilegal do particular que constrói sem licença rende ensejo a que a Administração use do poder de polícia que lhe é reconhecido, para embargar, direta e sumariamente, o prosseguimento da obra e efetivar a demolição do que estiver irregular. Se não cumpriu esse elementar dever e se não utilizou dos meios postos ao seu alcance, não pode valer-se de sua omissão para eximir-se de indenização a construção edificada em lote expropriado.

13. Controle Judicial

O decreto expropriatório se materializa por meio de um ato administrativo e, como tal, submete-se ao, de uma forma geral (requisitos do ato). O que o Poder Judiciário não pode é adentrar no mérito da desapropriação em termos de exame de conveniência e oportunidade.

Cumpre assinalar que este poder é privativo da Administração, e não cabe ao juiz criar outro juízo de valor, pois é fundamental que se garantam a separação de Poderes e de funções. Assim, esclarece Carvalho Filho, se um decreto expropriatório tem vício de finalidade ou de competência poderá ser controlado pelo juiz, mas não se pode questionar a valoração dos critérios adotados pela Administração para a desapropriação.

No art. 20, que está limitando a fase da contestação, há dois argumentos, vistos no processo de impugnação do preço, que não ferem o Direito Constitucional da ampla defesa, mas é contraditório. Não fere porque na parte final do referido artigo, se permite outro questionamento, mas em outra ação. Observe-se a ação direta. Isto significa questionar a validade da desapropriação, se é utilidade pública ou não, se o terreno ao lado é melhor que o seu, vai entrar com outra ação.

Em regra, todos preferem mandado de segurança para conseguir uma liminar e evitar a imissão provisória na posse, paralisando o processo normal de desapropriação. É o normal, mas gera um novo questionamento, que é ir ao encontro de mandado de segurança ou de uma ação cautelar para ganhar uma liminar e paralisar o processo expropriatório. Assim sendo, o art. 20 não fecha a porta para outros questionamentos, apenas indica outro caminho. No processo expropriatório, só se tem o questionamento quanto a vícios do processo judicial e impugnação do preço.

13.1. Do Mandado de Segurança nas Desapropriações

13.1.1. Introdução

A proposta acerca do tema inspira um estudo cuidadoso sobre ambos os institutos, visceralmente ligados em suas próprias essências desde que observados sob o ângulo do controle jurisdicional do ato administrativo, mormente no tocante à grande relevância que lhes vem sendo atribuída no mundo atual, norteada pelas significativas mutações sociais e, consequentemente, do Direito Administrativo moderno, ecoando não só internamente na administração mas, principalmente, na esfera particular dos administrados.

Com efeito, em que pese o conflito, ao menos aparente, de normas Magnamente previstas, não pode a Administração Pública prescindir de muita parcimônia no deslinde de situações concretas, fazendo-se mister um exercício de ponderação de interesses para que uma norma Constitucional não se sobreponha a outra de mesma estatura, pulverizando-a, o que, à evidência, muitas vezes, encontra-se diametralmente oposto à atividade Administrativa Estatal que, grande parte das vezes, age baseada numa discricionariedade abusiva, à beira da ilegalidade.

Neste clima é que surge o Mandado de Segurança, como via adequada para coibir tais desmandos, alçado à categoria de autêntico remédio Constitucional, contra as chagas proliferadas pela Administração Pública, no seu atuar, em detrimento de direitos subjetivos magnos de seus titulares.

Destarte, doravante, passa-se a um estudo com certa profundidade todavia, compacto e sem a pretensão de esgotar o tema, de cada instituto em separado, acreditando ser a melhor didática, para ulteriormente atingir o âmago do presente estudo, tendo como escopo a aplicação da ação mandamental no bojo da atuação administrativa estatal de desapropriação, consolidando-se como verdadeiro baluarte de proteção dos administrados em defesa de seu patrimônio particular.

13.1.2. Do Mandado de Segurança nas Desapropriações

Atinge-se, neste instante, o verdadeiro espírito da presente análise jurídico-administrativa, objetivando à aplicação desta ação de natureza especialíssima para atender aos conflitos entre particulares e Administração, cingindo-se à atividade estatal de desapropriação.

Ressalta-se que, muito embora o instituto do mandado de segurança seja bem mais recente que o da desapropriação, o mesmo consagrou-se definitivamente como autêntico remédio constitucional aparecendo como notável instrumento de proteção ao abuso de poder e a ilegalidade, tendo como finalidade precípua reconhecer a ilegalidade do ato e retificá-la, devolvendo o direito lesado ao seu *status quo anti*.

A Administração Pública, no seu atuar, utiliza de sua discricionariedade da forma mais ampla possível todavia, em relação as desapropriações, a mesma não pode agir livremente, inobservando preceitos Constitucionais a que esta vinculada. Sendo assim, muitas vezes, o ato declaratório de desapropriação emerge maculado pelos vícios da ilegalidade e, mesmo da inconstitucionalidade, sobretudo porque, nas desapropriações a Lei maior estabelece efeitos insuprimíveis.

Evidente que, devido à natureza do ato expropriatório, apesar da Administração dispor de certa margem de liberdade, sempre estará restrita, ajustando-se às disposições legais pertinentes.

Daí decorre, à evidência, também que a atividade da Administração tem como norte o princípio da legalidade, que informa e comanda toda a atividade por ela praticada, sendo legítimo e válido somente aquele ato administrativo com fulcro na norma legal e que vise a uma finalidade também legal.

A discricionariedade da Administração limita-se à oportunidade e conveniência do ato, entretanto, no processo expropriatório, a vontade daquela fica bastante esvaziada, posto que, aqui, o ato somente será válido, em seus efeitos, se a vontade estatal coadunar-se com a norma de Direito objetivo pertinente, ainda que sob o argumento relevantíssimo do interesse público. O que deve ficar registrado, sem dúvidas, é que a Administração não pode divorciar-se da norma Constitucional ou legal, como também da finalidade eminentemente pública do ato, o que fatalmente enveredaria o ato aos caminhos fúnebres do abuso de poder, vale dizer, a excessos que individualizam a discricionariedade administrativa.

Configurado o abuso de poder, consistindo nos dizeres de Themístocles Cavalcanti,

> no excesso no exercício da competência", o ato torna-se passível de correção, desde que atinja situações concretas, lesando direitos subjetivos dos administrados, pela via mandamental, até porque é o meio mais eficiente de controle jurisdicional do ato administrativo.

Vale lembrar, ainda no que tange ao abuso de poder, é que ele apresenta-se de vária formas, como, por exemplo, o desvio de poder, no entanto, para efeitos de controle do ato, via mandado de segurança, o que importa é o fato em si considerado, ou seja, o ato que afronta a disposição formal da lei; transladando para a desapropriação, o ato totalmente desvinculado das concretas hipóteses legais expropriatórias, que venha a lesionar direito líquido e certo do impetrante.

Sem dúvida, o mandado de segurança é a garantia que a Carta política de 1988 conferiu ao proprietário para proteger o seu direito de propriedade em face da desapropriação estatal externada e ultimada por meio de um ato expropriatório viciado, já que hialina é a sua básica constitucional, como também a sua finalidade, que é de resguardar integralmente o patrimônio privado, em contrapartida aos atos praticados fora da exação legal – administrativa, ou seja, ao arrepio da lei.

Ocorre que, no sistema constitucional brasileiro, o controle do ato administrativo interno, por meio de recursos hierárquicos, normalmente em nada altera a situação, posto que muitas vezes, é o próprio chefe do Executivo o autor do ato, além do fato de que, tal ato é expedido pela própria Administração, o que raramente leva a sua invalidação por ela mesma, em que pese a presunção de legitimidade ínsita em todos os atos administrativos.

Destarte, em meio a esta seara, aparece o administrado, proprietário que precisa defender o seu patrimônio da exacerbação administrativa no processo expropriatório e, o mesmo sistema constitucional brasileiro, o ampara, trazendo insculpido no bojo de sua Magna Carta, um remédio heroico, excepcional, que é o único na legislação brasileira capaz, consoante preconiza a CRFB/1988, de compelir a Administração Pública no caso de flagrante ilegalidade ou abuso de poder.

Mister se faz, porém, para a aplicação do instituto do mandado de segurança, uma fiel observância às condições explícitas gravadas na CF de 1988 e na Lei nº 1.533/1951 que o regula, sendo a ação mandamental, como anteriormente frisado, uma via excepcional e especial, não se prestando a qualquer tipo se solução de conflitos, mas tão somente àqueles adequados à sua previsão legal, em perfeita sincronia com o que a Constituição enuncia.

Ademais, em relação à desapropriação, necessárias se fazem maior cautela e parcimônia na utilização do *mandamus*, mormente em se tratando de hipóteses que determinam a expropriação, capituladas no diploma legal específico, o que vem a sublimar a importância da existência ou não de direito líquido e certo, entendidos como aqueles inquestionáveis e que podem ser provados de plano, sem a necessidade de dilação probatória não comportável na espécie, no caso concreto, capaz de ensejar a ordem de segurança.

Todavia, sempre à luz da sistematização constitucional brasileira, surge uma questão de vital importância, que sem margem de erro é o ponto crucial deste estudo, sempre vindo à baila quando se trata do controle jurisdicional do ato administrativo, principalmente via mandado de segurança, devido a sua própria natureza mandamental, qual seja, a possibilidade e os limites deste controle pelo Poder Judiciário, sem interferir na esfera de outro poder.

Insofismável é que pode e deve o Poder Judiciário apreciar a legalidade de todo e qualquer ato administrativo que produza efeito externo, devendo sempre cingir-se ao exame da legalidade, muito embora, possa haver uma elasticidade neste exame, proporcionando uma amplitude maior ao juiz na perquirição da ilegalidade, que pode ser em sentido amplo, aí incluídos até os princípios informadores de toda a Administração Pública.

Sendo assim, pode o administrado, em defesa de seu patrimônio, impetrar mandado de segurança, para evitar ou fazer cessar lesão ao seu direito de propriedade, que devido ao abuso de poder do ato expropriatório, tornou-se líquido e certo, inobstante sua previsão legal e constitucional, por meio do condão da ilegalidade emanada do ato, mesmo diante de lei que preveja a desapropriação, mas que foi ignorada, não seguindo a Administração as suas formalidades, podendo, destarte, o Judiciário apreciar tudo o que disser respeito à ilegalidade na atuação administrativa, exteriorizada por meio do ato administrativo, no caso expropriatório.

13.1.3. Da Impossibilidade de Ingerência do Judiciário no Mérito Administrativo

Giza-se, nesse tópico, o famoso princípio da separação dos Poderes, adotado por vários países, inclusive o Brasil, imortalizado na célebre obra O Espírito das Leis, de Montesquieu.

Tal princípio da separação dos Poderes, vale frisar, Executivo, Legislativo e Judiciário, foi consagrado na Constituição de 1988, em seu art. 2º, dizendo que os mesmos são independentes e harmônicos entre si e, erigido à condição de cláusula pétrea no art. 60, § 4º, III, da mesma CF. Extrai-se claramente do texto constitucional a vedação de ingerência de uns poderes nos outros.

Contudo, o mesmo art. 2º da Constituição em sua parte final diz serem os poderes harmônicos entre si, abrindo espaço para a doutrina do *checks and balances*, ou freios e contrapesos, sem a qual indubitavelmente não existiria o estado democrático de Direito. Diante desta doutrina, ficou permitido um poder limitar o outro sem que se configurasse interferência, mas sim objetivando evitar desmandos e abusos dos poderes sem que nada pudesse ser feito, e, como corolário lógico, a existência de poderes ilimitados.

Outrossim, tal doutrina permite ao Judiciário que, sem que ele interfira na esfera de competência do Poder Executivo, de certa forma, fiscalize a atividade administrativa para que esta não extrapole os limites a que está adstrita, e se exteriorize sempre nos liames de sua competência, não transpondo fronteiras legais que viciariam àquela atividade.

Com efeito, muito embora todo ato administrativo, como é o ato declaratório de desapropriação, por emanar da Administração Pública, goze de presunção de legitimidade e legalidade, não pode este mesmo ato, quando viciado pela ilegalidade encobertar-se por esta presunção e ferir direitos dos administrados, cabendo ao Judiciário, nos termos do inciso XXXV do art. 5º da CF/1988, impedir tal lesão ou repará-la, consistindo o mandado de segurança como a via indicada.

A vedação constitucional consubstancia-se na impossibilidade de intromissão do Poder judiciário no mérito administrativo, ou seja, na proibição do Poder judiciário de adentrar na análise da oportunidade e conveniência do ato expropriatório, sob pena de afronta e, consequente violação, do princípio da separação dos poderes que permeia toda a estrutura político-administrativa do sistema federativo brasileiro.

Por conseguinte, sendo o ato expropriatório ilegal *lato sensu*, deixa de existir esta vedação, ou melhor, ela continua a existir, todavia não alcança o ato eivado de ilegalidade, possibilitando ao administrado recorrer ao Judiciário, que diante desta situação já não encontra-se mais impedido de apreciá-lo e decidi-lo, sendo, insofismavelmente, a via mandamental, de acordo com o disposto no art. 5º, inciso LXIX, a forma adequada e apta para sanar a lesão decorrente do ato ilegal.

Acaso não fosse assim, o mandado de segurança não serviria para resguardar e preservar direitos individuais atingidos frontalmente contra as formas legais, esvaziando-se e deixando à deriva, abandonados com a própria sorte os titulares desses direitos, sobretudo nas desapropriações onde o ato expropriatório é tipicamente administrativo, posto que, como é notório e claro, no Direito brasileiro o administrado não possui outro amparo em tais situações, que não seja o da segurança, alcançada por meio do denominado, com muita propriedade, remédio heroico.

Evidente que o que se procura nas medidas de segurança é a reparação do ato praticado com ilegalidade, ficando de fora do controle jurisdicional outras questões ligadas à oportunidade e conveniência do ato (mérito administrativo), por força do já citado princípio da separação dos Poderes e, até por força dos motivos e requisitos ensejadores da segurança, positivados na Lei nº 1.533/1951, e em seus permissivos constitucionais.

Vale ressaltar que a lei de desapropriações explicitamente procurou evitar, na esteira de tudo o que já foi dito, o controle jurisdicional do ato expropriatório quando perfeito nos seus elementos e fins, admitindo tal controle quando o ato não atingir tal ideal de perfeição. Não fosse dessa forma, a mesma lei não falaria em ação direta, que no silêncio legal, tanto pode ser pela via ordinária como também por meio do mandado de segurança, único remédio capaz de atender a celeridade do processo expropriatório, sem que o expropriado sofra prejuízos patrimoniais ou que a ação a ser proposta não atinja o seu objetivo, vale dizer, não se prestando mais, posto que intempestiva, a amparar o direito do administrado – expropriado.

Diante disso, para corroborar tal afirmação *supra*, traz-se à colação trecho de grande relevância alçado do douto magistério de Caio Tácito

> os tribunais brasileiros têm acolhido, como causa de nulidade de desapropriações, a chamada tredestinação do bem expropriado, ou seja, a destinação a um fim incompatível com o interesse público.

Destarte, não pode a Administração separar-se do interesse público, pois este é o seu fim, preconizado pela lei e pelos mandamentos magnos.

Reveste-se de suma importância a transcrição de parecer proferido pelo anteriormente citado mestre Caio Tácito, em conferência realizada no I Congresso Brasileiro de Direito Administrativo, realizado em Curitiba, fevereiro de 1975, denominado Problemas Atuais da Desapropriação, no qual o ilustre professor disseminou o seguinte:

> *Destaco, entre eles, dois julgamentos recentíssimos do Supremo Tribunal Federal, de grande repercussão. No primeiro caso, o Supremo Tribunal federal, em decisão de 12/06/1974, anulou, 16 anos depois, a desapropriação de imóvel para efeito de doação à Sociedade Pestalozzi do Brasil, instituição particular de utilidade pública, com serviços relevantes na assistência a excepcionais (acórdão no RE nº 78.229). É de se notar que a desapropriação fora feita mediante ato legislativo – Lei nº 3.162, de 01/06/1957 – embora incidisse sobre bem privado. A doação de bem desapropriado tomou, certamente, como paradigma o precedente da Fundação Getulio Vargas, que viria a merecer o beneplácito do Supremo Tribunal Federal (acórdão no RE nº 52.113; RDA- 77/233/2444). É interessante mencionar que, decorridos seis meses, o governo do Estado da Guanabara, mediante decreto "E" nº 7.648, de 11/12/1974, tornou a declarar a utilidade pública do imóvel para desapropriação, tendo como objetivo "a instalação de*

centro escolar dedicado exclusivamente à educação de excepcionais". Em outra decisão, da mesma época, o Supremo Tribunal Federal anulou igualmente a desapropriação de imóveis tombados como patrimônio histórico nacional, porque, a seguir, haviam sido cedidos a uma instituição particular de ensino, para fins comerciais (acórdão no Mandado de Segurança nº 19.901). É oportuno observar que, no julgamento desse caso, o Supremo Tribunal Federal também decidiu, como preliminar, a questão de que a ação direta da desapropriação não exclui o cabimento do mandado de segurança, quando reunidos os seus pressupostos. *Em parecer de 15/12 1971, aprovado pelo Sr. presidente da República, o Sr. Consulto-geral da República opinou contrariamente à pretensão de instituição particular de ensino que pleiteava fosse desapropriada uma área, para lhe ser doada a fim de atender ao ensino de educação física. Fundamentou-se, especialmente, o parecer no desvio de poder em que importaria o atendimento do pedido.* (Grifamos)

Diante de tal transcrição, carregada de decisões chanceladas pelo Pretório Excelso brasileiro, mormente na sua função de intérprete da Constituição, vislumbra-se hialino o cabimento do mandado de segurança como meio hábil de defesa de direito do expropriado, desde que satisfeitos os seus pressupostos legais.

13.1.4. Requisitos para a Impetração do Mandado de Segurança Contra Ato Administrativo Expropriatório

Não obstante existirem pressupostos gerais para o aforamento do mandado de segurança, necessário se faz, no caso *sub oculis*, uma exegese em relação a esses pressupostos, especialmente no que tange ao direito líquido e certo e a prova pré-constituída, devido à natureza do ato que se visa a atacar, vale dizer, o ato expropriatório.

No tocante às expropriações, a prova pré-constituída é importante, devido à própria natureza processual do *mandamus;* contudo, não é suficiente para provocar a anulabilidade do ato declaratório, exatamente porque o controle jurisdicional limita-se somente à exteriorização daquele ato imperfeito, ou seja, aquele em total descompasso com os fatos e fundamentos legais que a Administração, no seu mister, nunca pode perder de vista.

O outro foco apontado é o do direito líquido e certo em matéria de impetração de mandado de segurança nas desapropriações, que apesar de algumas divergências, aparece, de certa forma, inquestionável, devido ao fato de advirem de lei e serem protegidos por norma constitucional expressa, sendo certo que, ou o direito de propriedade existe ou não, bem como, se já está incorporado à esfera patrimonial do particular, ou, ao contrário não está, consistindo o preenchimento afirmativo de tais requisitos em uma situação essencial à caracterização do direito líquido e certo, para efeitos de ordem de segurança.

Uma vez reunidos todos esses pressupostos, nada obsta a impetração do mandado de segurança para resguardar ou reparar o direito do administrado contra lesão ou ameaça de lesão, oriunda de ato expropriatório ilegal ou com abuso de poder.

Para asseverar o que foi dito *supra*, trazem-se ao escólio trechos de decisões prolatadas pelos ministros do Supremo Tribunal Federal que, muito embora não sejam recentes, ainda vicejam de grande atualidade:

> A questão de direito, por mais difícil que a alguém possa parecer, encontra sempre debate no mandado de segurança, desde que o juiz depare no direito pleiteado os característicos ou pressupostos do remédio legal. (Rel. Min. Orozimbo Nonato; STF; Segunda Turma; Recurso extraordinário nº 15150, de 24/08/1951)
>
> Divergências doutrinárias que se levantam sobre a inteligência de um dispositivo legal não tornam duvidoso o direito para a concessão do mandado de segurança. (Min. Mário Guimarães – STF – Tribunal Pleno; Recurso nº 1425)

Transparente, pois, o cabimento do mandado de segurança no caso em tela todavia, sempre com a ressalva que a via da segurança não se pode procurar em qualquer situação, haja visto ser uma via de exceção entre os demais procedimentos judiciais. Com efeito, sendo a via mandamental uma via extraordinária, não se deve recorrer a ela sem que se possa provar material e juridicamente a existência de ato lesivo e os seus efeitos causadores de lesão a direitos individuais do administrado, constituindo-se como imperativo indispensável para tanto que o ato expropriatório venha viciado e não seja apto a alcançar o seu fim colimado (interesse público) como também, dissonante das prescrições legais que o legitimem; tudo isso, é claro, concomitantemente com o que se faz mister nas seguranças vindicadas, ou seja, que o direito líquido e certo venha comprovado de plano, sempre lembrando a lição do insigne mestre Hely Lopes Meirelles acerca do tema e com extrema felicidade conceitual:

> Direito líquido e certo é o que se apresenta manifesto na sua existência, delimitado na sua extensão e apto a ser exercitado no momento da impetração. (*Mandado de segurança*, 21ª ed., São Paulo: Malheiros, p. 34).

Daí por que o mandado de segurança nas desapropriações deve cingir-se ao ato administrativo expropriatório, permitindo ao particular recorrer ao presente *writ* quando o procedimento consumado infringe as regras legais que o autorizam e o legitimam.

13.1.5. Pressupostos Subjetivos no Mandado de Segurança

Tais pressupostos podem ser resumidos, ainda que muito sucintamente, no exame do ato administrativo de expropriação para análise de sua legalidade e se o mesmo é capaz de provocar a ordem corretiva por meio da segurança; e no exame da prova material, se ela é apta a desafiar o ato impugnado, inquinado a ilegal, sendo imprescindível a aferição de plano do alegado direito líquido e certo.

É de gizar-se a posição do eminente prof. Celso Agrícola Barbi, que diz que:

> [...] na seara jurídico-constitucional, direito individual nada restringe e abrange, por isso, todo o programa de direitos consagrados na Carta, ainda mesmo aqueles que se não abrigam no capítulo em que o mandado de segurança está incluído, como os políticos, os econômicos, os sociais, enfim.

Sendo assim, não importa se capitulado dentre os direitos individuais, a abrangência do *mandamus* está muito além daqueles direitos ali previstos, sendo cabível, na esteira de sua previsão constitucional, para a proteção de qualquer lesão ou ameaça de lesão de direito líquido e certo, contra ato emanado de autoridade.

13.1.6. Da Relevância da Ponderação de Interesses na Presente Questão

Importante frisar que, na presente *quaestio*, envolvendo o direito do Estado de desapropriar com base em ditames constitucionalmente previstos, sobretudo aqueles insculpidos nos incisos XXIII e XXIV do art. 5º da Magna Carta, em contraposição ao direito de propriedade, também Magnamente previsto, cristalizado no inciso XXII, do mesmo art. 5º da CF/1988, não pode ser levado às raias de uma discricionariedade sem limites, como se pode depreender visivelmente, diante do confronto, no caso *sub examine*, de dois cânones de mesma estatura constitucional.

Há que se ver, ainda, que, sendo o princípio da proporcionalidade um norteador da atividade administrativa, bem como o princípio da legalidade, logo, paradigmas para a atividade expropriatória do Estado, externada por meio do ato declaratório de desapropriação, deve o mesmo, por imposição daquele princípio, adequar-se para os fins a que se destina, por meio dos meios mais brandos para a consecução destes fins e gerando mais benefícios do ônus que venham a acarretar. Com efeito, se a administração divorciar-se desta premissas, também estará entrando no sombrio campo da ilegalidade, sendo passível de controle jurisdicional via mandado de segurança, desde que o ato seja ofensivo a direito líquido e certo do administrado e este preencha os outros pressupostos legais de cabimento, sendo, insofismavelmente, o meio adequado para tanto.

14. Intervenção do Ministério Público

A questão da intervenção do Ministério Público no processo de desapropriação não é pacífica. No Decreto-lei nº 3.365/1941, que regula a desapropriação regular, não menciona a intervenção do Ministério Público. Então, temos que partir para o Código de Processo Civil que determina a intervenção do Ministério Público, de forma genérica, nas causas em que determine a qualidade da parte e a natureza da lide. Pela qualidade da parte não dá para sustentar essa intervenção, porque sabemos que as concessionárias (prestadoras de serviço público) podem promover desapropriação. Nesse caso, não haverá uma pessoa integrante da Administração direta no polo ativo desta relação processual. Não será autora uma pessoa jurídica de Direito Público, então, não está em jogo o patrimônio público no sentido do erário público, do dinheiro público, porque quem vai indenizar o bem expropriado é uma pessoa jurídica de Direito Privado. As pessoas jurídicas de Direito Privado podem também promover desapropriação, desde que autorizadas por lei.

Quanto à natureza da lide, em havendo interesse meramente patrimonial, há uma corrente que entende não haver razão para o Ministério Público funcionar como custos *legis*, porque a entidade já tem o seu procurador defendendo os seus interesses patrimoniais, o que não concordamos.

A desapropriação tem fundamento constitucional. É a única hipótese em que o Estado pode intervir na propriedade privada, de retirá-la de alguém para incorporar ao patrimônio do Estado. O legislador constitucional estabeleceu para esta hipótese a indenização justa, prévia e em dinheiro. Ora, se a desapropriação tem fundamento constitucional, aí está o interesse público a determinar a intervenção do Ministério Público. O interesse patrimonial determina a intervenção do Ministério Público na defesa do erário público. O escândalo ocorrido nas indenizações milionárias em cima do INSS deveu-se, também, muito pela não fiscalização do Ministério Público. E a entidade estava sendo representada pelo seu procurador!

Quando o Ministério Público tutela interesse patrimonial da sociedade, na verdade está tutelando o patrimônio público, porque este dinheiro é um dinheiro público.

Como já foi dito, qualidade da parte não impõe intervenção obrigatória, porque, muitas vezes, a parte, o autor é pessoa de Direito Privado. Baseado na natureza da lide é que se sustenta a obrigatoriedade da intervenção do Ministério Público em processo de desapropriação. Por que a natureza da lide? A ação de desapropriação tem fundamento constitucional. A indenização é um preceito constitucional que o Ministério Público há de zelar, contra até o interesse da Administração, em benefício do expropriado para que este receba a justa indenização. Então, como os princípios e fundamentos da desapropriação são constitucionais, entendemos que a natureza da lide é de interesse público e, por isso, se impõe a intervenção do Ministério Público que pode, inclusive, até apelar, pela norma do Código de Processo Civil.

Há uma outra corrente entendendo que, por se tratar de interesse meramente patrimonial, de natureza privada, não há razão para a intervenção do Ministério Público.

Na prática, os curadores das varas da Fazenda Pública não estão sempre presentes, mas ninguém sustenta com profundidade a sua posição. Entendemos que o Ministério Público deve atuar zelando pelo interesse público, evitando os abusos da Administração ou a possibilidade de fraude na atribuição do valor ao bem. Dizem que, nas desapropriações do Metrô, ocorreram casos de superavaliações de bens. O proprietário recebia além do justo valor do bem e estava caracterizada a fraude.

O Ministério Público atuando no processo de desapropriação, como fiscal da lei, promove responsabilidades, faz com que esse tipo de abuso não aconteça.

15. Imissão Provisória na Posse

15.1. Introdução

Parte da doutrina adota o entendimento de que a imissão provisória na posse não teria sido recepcionada pela Constituição Federal. Hely Lopes Meirelles faz uma crítica a este instituto, ao afirmar que esta imissão só é provisória no nome, pois que, na prática, desde que o Estado se imite provisoriamente na posse, já pratica atos como se fosse proprietário definitivo, e já insurgem os efeitos da desapropriação. Ocorre que estes fatos se dão sem que tenha havido a prévia e justa indenização, o que, na sua opinião, torna essa imissão provisória inconstitucional.

Valendo-se de outra linha de raciocínio, entende-se que a imissão provisória não é definitiva, posto que nela não é a propriedade que está sendo indenizada. O que ocorre, segundo ele, é tão somente uma indenização preliminar, para que o particular suporte a perda da propriedade inicialmente.

Portanto, este valor não corresponde ao valor da propriedade, pois o que se está indenizando não é a perda da propriedade, mas a perda inicial da posse. Daí o fato de que a indenização, neste estágio, não precisa ser justa. O valor total da indenização, este sim, atrelado ao requisito de ser justo, só se complementa ao final do processo expropriatório.

Não obstante este entendimento, consigna-se que a postura de Hely Lopes está se destacando nos Tribunais, ainda que em votos vencidos, mas que já se inclina como uma tendência a ser perfilhada futuramente pelos ministros das Cortes superiores, dada a percepção de muitos juristas de que a imissão provisória, na verdade, traz efeitos por demais contundentes ao particular.

Registre-se que há um voto vencido com o consistente argumento de que a imissão provisória não atinge apenas a posse, mas também a propriedade diretamente, e que a intenção do Estado, ao valer-se da imissão provisória é claramente definitiva, de forma que a suposta provisoriedade não se concretiza de fato, embora se valha da constitucionalidade.

Imagine que Pedro, hoje um comerciante bem-sucedido (entenda-se *estabelecido*), que iniciou sua vida laboral ainda criança, com grande dificuldade, trabalhando como empacotador em supermercado de renome na Cidade, recebe, numa segunda-feira chuvosa, intimação do juízo da Terceira Vara de Fazenda Pública, determinando a desocupação do imóvel onde funciona sua loja de brinquedos, no prazo de trinta dias, para que ali passe uma nova rodovia. Que surpresa desagradável, certo?

Lamentavelmente, é assim que funciona (descontadas as circunstâncias climáticas e o dia da semana, que são elementos acidentais), quando o Poder Público se interessa por determinados imóveis e neles pretende, com alguma urgência, empreender atividade de interesse público. O particular é tomado por sentimento de perda e impotência, passando a considerar-se verdadeira vítima daquele que sempre lhe pareceu uma instituição draconiana: o Estado.

Procuraremos analisar a imissão provisória na posse, instituto intimamente ligado à desapropriação, à luz da doutrina e da jurisprudência, com vistas a identificar uma possível justificação para isto que nos parece, em princípio, um resquício da concepção hobbesiana de Estado totalitário.

Iluminadas por desejo de imparcialidade, nossas ideias serão apoiadas na seguinte antítese: interesse público *versus* direitos fundamentais individuais. Só assim será possível o alcance de conclusões equilibradas.

15.2. Conceito

Conceito é a ideia ordenada que se constrói a partir da análise racional de uma realidade (Aristóteles), não se confundindo com definição, que é a expressão gráfica daquela realidade em uma única sentença.

Baseando-nos nessas concepções, fornecemos em primeiro lugar uma hipótese de realidade, nada incomum, aquela da introdução. Agora, entretanto, contrariando a ordem natural das coisas, mas em benefício da didática, partiremos para uma definição, de modo a propiciar elementos que facilitem a apreensão futura do conceito do instituto em tela.

O instituto *in examen* pode ser definido como a medida pela qual o Poder Judiciário autoriza o ente expropriante a tomar posse do bem objeto de desapropriação (ou de servidão administrativa[85]), sob a alegação de urgência, antes de findo o respectivo processo e, portanto, antes de paga a justa indenização, que será a fixada pelo título judicial (a sentença).

É certo que a definição ofertada, como sempre ocorre, não é suficiente para esgotar o conceito de imissão provisória na posse. Entretanto, parece-nos razoável para a obtenção da ideia geral acerca do instituto.

Passemos, então, ao exame dos vários aspectos que compõem a sua noção completa.

15.3. Fundamento

A compreensão do fundamento de qualquer instituto que se relacione com a intervenção do Estado na propriedade pressupõe um conhecimento do conceito moderno de propriedade, que será apreendido pela análise de três períodos históricos não muito bem definidos.

Num primeiro momento, a propriedade se apresenta tão somente como poderes atribuídos a certa pessoa sobre determinada coisa. Tal qual nos mostra ainda hoje a doutrina civilista, são elementos da propriedade os poderes de uso, gozo (ou fruição), disposição e defesa[86]. Aliás, é esse o conceito proposto pelo Código Civil Brasileiro, senão vejamos:

> *Art. 524. A lei assegura ao proprietário o direito de* usar, gozar *e* dispor *de seus bens e de* reavê-los *do poder de quem quer que injustamente os possua.*

Essa ideia se ajusta à filosofia liberal, que entende a propriedade como um direito fundamental ao homem, na medida em que decorre de seu trabalho de colher, pescar ou caçar, incorporando-se à sua pessoa como fruto de sua força laborativa[87].

Evitamos afirmar que a filosofia jurídica liberal tinha o direito de propriedade como absoluto, pois o monumento jurídico que melhor a representa (o Código de Napoleão), no mesmo dispositivo em que consignou aquela ideia, negou-lhe tal característica. A fórmula paradoxal utilizada pelos franceses conceituava a propriedade como o "direito de gozar e dispor das coisas da maneira mais absoluta, desde que delas não se faça uso proibido pelas leis e regulamentos".

Bem, ou se afirma absoluto o direito de propriedade, hipótese em que nenhum tipo de restrição poderá ter o seu titular no seu exercício, ou se afirma limitado e se condiciona o seu uso aos ditames legais e regulamentares.

Embora alguns defendam fórmula napoleônica, por enxergar nela limitações meramente privadas, destinadas a garantir o direito de propriedade dos demais, não tem a mesma escapado às críticas dos mais precisos. Veja-se, a propósito, a abordagem do prof. Caio Mário da Silva Pereira, adotando as lições de Planiol:

> Não foi feliz, a começar por uma graduação do absoluto, que é contrária à lógica e à semântica: o absoluto não comporta superlativo. Se se admitir um absoluto que possa ser mais que outro, constrói-se a ideia de relativo; e se há um absoluto que o seja menos que outro absoluto, é porque não o é. Em seguida, a definição desfaz o absoluto, quando o submete às restrições legais [...][88].

[85] Entende a jurisprudência que a imissão provisória na posse pode ser dada no processo destinado à constituição de servidões administrativas. Veja-se, por todos, o seguinte acórdão do Tribunal Regional Federal da Segunda Região: "Administrativo e Processual Civil. Ação de constituição de servidão administrativa. Imissão provisória na posse de áreas declaradas de utilidade pública. Valor da indenização. Anuência das partes ao laudo pericial. Diante da expressa concordância de todos os envolvidos no processo com laudo pericial elaborado com objetivo de determinar o real valor das áreas de terra atingidas pelo decreto federal que as declarou de utilidade pública para fins de instituição de servidão administrativa, não remanesce, de fato, qualquer discussão prática sobre o valor da indenização que aquele trabalho apurou e o r. julgado de primeiro grau acolheu. Remessa necessária improvida. Sentença confirmada" (Remessa *ex officio* nº 99.02.30866-0, da Segunda Turma do TRF da Segunda Região; Rel. juiz Sérgio Feltrin Correa)

[86] PEREIRA, Caio Mário da Silva, *Instituições de Direito Civil*, v. IV, 15ª ed., Rio de Janeiro: Forense, p. 70 e s.

[87] LOCKE, John. *Dois Tratados sobre o Governo*, Livro II, São Paulo: Martins Fontes, 1998, p. 409.

[88] *Op. cit.*, p. 71.

Procedentes as críticas ao nosso juízo. Mas, de qualquer forma, aceitando-se que as limitações possíveis naquele sistema jurídico liberal são asseguradoras do direito de propriedade dos outros, assumindo cristalino caráter privado, não nos parece arriscado afirmar que essa foi a era do direito de propriedade incondicionado.

Num segundo momento, é possível perceber a influência das questões públicas sobre o Direito de Propriedade. O prof. José Afonso da Silva chegou a se referir, com algum acerto, a uma *publicização* do Direito de Propriedade, que passou a aceitar ingerências do Estado para a realizações de interesse geral, de natureza pública e não mais meramente privada.

Entretanto, essa incursão do Estado na propriedade privada não tinha, ainda, por fundamento a necessidade de sua utilização efetiva, com adequado aproveitamento. O Estado não teria, por enquanto, assumido o papel de promotor do bem-estar social, de modo que não lhe era lícito perpetrar esse tipo de manipulação na ordem econômica e social. No que toca a esse particular, sua atuação era de abstenção, não podendo passar de espectador do *mercado*.

Essa atitude, se não foi extremamente progressista, representou notável evolução, permitindo, inclusive, que o Estado desapropriasse o particular, invadindo-lhe o patrimônio e dele retirando o que lhe fosse interessante, com a respectiva recompensa em dinheiro.

Essa segunda fase da evolução do Direito de Propriedade se encerra quando, em razão do insucesso da fórmula liberal de economia, a doutrina socialista se impõe e, dando novas funções ao Estado, legitima a sua atuação positiva no âmbito do mercado com o fito de promover a igualdade material e a justiça social.

Nesse terceiro momento, o proprietário que subutiliza o seu bem passa a estar sujeito a intervenções estatais, tanto brandas quanto drásticas, que o compelem ao aproveitamento adequado do seu patrimônio real, que não mais respeita o limite do interesse individual, ocupando relevante espaço no âmbito do interesse coletivo.

Imagina-se, nesta terceira fase, que a propriedade, com toda a sua relevância econômica, não pode ser subutilizada pelo seu titular, pois a aceitação disto implicaria a legitimação da ignorância das necessidades sociais ou do seu desprezo em proveito da especulação, que só aproveita a uns poucos. E o Estado, no contexto novo, que ocupa, como vimos, o papel de promotor do bem-estar social, não aprova aquela conduta, impondo uma espécie de sanção àquele que violar o dever de utilizar adequadamente os bens que compõem o seu patrimônio.

Passa-se, então, a falar em função social da propriedade, expressão utilizada por Léon Duguit para negar à propriedade a qualidade de Direito Subjetivo, figurando-lhe, isto sim, como verdadeiro *dever*, no sentido de que o seu titular, antes de ter direito ao seu uso, gozo e disposição, tem o dever de utilizá-la adequadamente.

Grande impacto causa essa nova concepção. Mas não é bem aceita pela maioria dos estudiosos do tema, que, sem ignorar os novos valores que se põem à frente do direito de propriedade, impõem-na ajustes, sob o argumento de parecer-lhes contraditória (e com razão).

É assim que Messineo, dentre outros, propõe a seguinte visualização do novo conceito de propriedade:

- **1ª classe de elementos**: *poderes* (uso, gozo, disposição e defesa);
- **2ª classe de elementos**: *limites negativos* (criados por lei em proveito do interesse público);
- **3ª classe de elementos**: *deveres positivos* (destinados ao cumprimento da função social da propriedade).

Assim, a função social da propriedade, que justifica a imposição desse dever positivo de adequado aproveitamento dos bens pelos respectivos proprietários, passa a ser encarada como apenas um dos elementos do conceito de propriedade, o que legitima a preservação da configuração deste último como Direito Subjetivo, sem reduzi-lo a mero *dever* (propriedade-função).

Hoje, portanto, a propriedade não é um Direito Absoluto, comportando intervenções do Estado que se destinam a impor limites negativos ou o cumprimento de deveres positivos por parte do proprietário.

Justificada está, portanto, a desapropriação em todas as suas modalidades. Entretanto, guiado pelo princípio da isonomia, que não permitiria que uma só pessoa fosse sacrificada em seu patrimônio para a satisfação de interesses gerais da sociedade, impõe-se que haja prévia e justa indenização ao proprietário pela intervenção do Estado na sua esfera individual. Esse é, aliás, o comando contido no art. 5º, XXIV da CRFB/1988, o que se faz por meio de processo judicial, obviamente contraditório.

Ocorre que o processo expropriatório, com sua complexa fase probatória, a exigir perícias e outros meios de prova, é moroso ao extremo, ainda mais quando é o próprio ente político que promove[89] a desapropriação,

[89] Não é demais lembrar que se diferenciam a declaração de utilidade pública para fins de desapropriação, que só pessoa jurídica de Direito Público pode expedir, e a promoção da desapropriação, que é a adoção de medidas concretas para efetivar a transferência da propriedade particular para o patrimônio da pessoa que prestará o serviço público, podendo ser feita por pessoa jurídica de Direito Privado, inclusive as concessionárias.

hipótese em que o pagamento da indenização se faz por precatório. Por outro lado, o interesse público, por vezes premente, não pode esperar a sua conclusão. Diante dessa tensão, urge buscar solução para o impasse.

É assim que surge a figura da *Imissão Provisória na Posse*, pela qual o ente expropriante obtém do Poder Judiciário autorização para, antes de findo o processo (até antes da citação do réu expropriado) e, portanto, do pagamento da justa indenização, imitir-se na posse do bem expropriando, iniciando desde já a atividade pretendida. Entretanto, ela foi criada, para permitir que a AP assuma a posse do bem imediatamente, enquanto se discute o valor a ser pago. É uma alternativa que o Poder Público tem, em casos de urgência, quando não consegue o acordo administrativo ter acesso imediato ao bem a ser desapropriado.

É importante frisar que, na imissão provisória na posse, passa o Poder Público a ter a posse, mas não a propriedade. A propriedade só virá ao final, ao término do processo expropriatório.

Especificamente em relação à imissão provisória na posse, fundamentará a sua concessão a *urgência* do interesse público, devendo ser requerida no prazo de 120 dias, contados da sua alegação (art. 15, *caput* e § 2º do Decreto-lei nº 3.365/1941). Mas não é suficiente.

Além da alegação de urgência, deverá o ente expropriante depositar em juízo quantia arbitrada pela autoridade judicial, de modo que se abrande os efeitos da antecipação da privação do proprietário de seu bem, antes de paga a justa indenização. Entretanto, é importante que se esclareça que este depósito não é fundamento do instituto, mas sim um dos seus requisitos, pelo que o seu desenvolvimento se fará mais adiante, em tempo oportuno.

Portanto, a lei impõe requisitos para que o Poder Público consiga a imissão provisória, consoante art. 15, do Decreto-lei nº 3.365/1941:

> *Se o expropriante alegar urgência e depositar a quantia arbitrada com o art. 685 do Código de Processo Civil, o juiz mandará imiti-lo na posse do bem.*

A alegação de urgência que, em regra, vem expresse no próprio decreto de utilidade pública, mas poderá vir na petição inicial ou no decorrer do próprio processo, porém o normal é que essa declaração de urgência venha no próprio decreto expropriatório. É feita a declaração de urgência, a Administração terá que depositar certa quantia para efeito de Imissão Provisória na Posse.

Chamamos a atenção que, como não se está retirando a propriedade, e sim a posse, é óbvio que o cálculo para a Imissão Provisória na Posse será diferente para o cálculo do pagamento definitivo da desapropriação, consoante entendimento do Supremo Tribunal Federal.

15.4. Conteúdo

Como o próprio nome do instituto analisado já deixa transparecer, o que o ente expropriante adquire com o deferimento da medida examinada é a posse e não a propriedade do bem declarado de utilidade pública ou de interesse social para fins de desapropriação ou servidão administrativa. Façamos, então, a devida distinção.

Duas clássicas correntes de pensamento se digladiam no tocante ao conceito de posse: a subjetivista e a objetivista, sendo a primeira liderada por Savigny e a segunda por Ihering. Analisemos.

Tanto a primeira quanto a segunda correntes de pensamento vislumbravam no conceito da posse dois elementos essenciais, quais sejam, o *corpus* e o *animus*. Entretanto, divergiam quanto ao conceito de cada um deles.

Para Savigny, o *corpus* (elemento objetivo) seria o contato físico que se estabelece entre o possuidor e a coisa possuída, ao passo que o *animus* (elemento subjetivo) seria a sua vontade de ser dela senhor.

Ihering, por sua vez, entendia o elemento objetivo *corpus* como a aparência de proprietário de que se reveste o possuidor em relação ao bem possuído, enquanto que o *animus* seria a vontade de proceder como se proprietário fosse.

A segunda corrente é a mais aceita, pois permite caracterizar como posse a situação do locatário em relação ao bem locado. Se fossemos adotar a teoria de Savigny, não se poderia dizer que o locatário tem a posse do imóvel, pois ele não a tem com *animus domni*. Da mesma forma, a teoria de Ihering se impõe, pois permite a manutenção da posse ainda que o possuidor não esteja em contato físico com a coisa. Permite-se, ainda, com essa concepção a distinção entre posse e detenção e entre posse direta e indireta.

Portanto, possuidor será aquele que tem procedido como se dono fosse em relação à coisa possuída, por vontade própria, independente da convicção de o ser ou de ser, enquanto proprietário é aquele que reúne em si os poderes da propriedade, quais sejam, o uso, o gozo, a disposição e a defesa, podendo ceder o exercício de cada um deles a terceiro[90].

Esclarecendo, o mero possuidor não se torna titular de qualquer dos poderes da propriedade, mas somente conquista o seu *exercício*, de modo a parecer proprietário por proceder como tal (CC, art. 485).

Feitos esses esclarecimentos, oportuno se faz sublinhar, sem medo de ser repetitivo, que o deferimento da imissão provisória na posse não transfere a propriedade do bem ao ente expropriante, mas tão somente lhe defere o exercício dos poderes de uso e gozo da propriedade.

A rigor, portanto, não pode o expropriante destruir a propriedade possuída a pretexto de estar exercendo o poder de uso que lhe defere a qualidade de titular da posse do bem, posto que não lhe cabe o poder de disposição. No entanto, assim procede o Poder Público quando, por exemplo, demole um prédio para construir no local uma estrada. Neste caso, parece-me que está a avocar nítida condição de proprietário e não a de mero possuidor, extrapolando os poderes que a medida em análise lhe pode conferir.

No estrito rigor técnico, é o que se pode concluir a partir da identificação do conteúdo da posse. Entretanto, essa limitação intrínseca ao conceito ora invadido não tem sido prestigiada pela jurisprudência, especialmente do STF.

Por outro lado, é de se admitir que, se o Poder Público não pudesse dispor da coisa a ser desapropriada, não teria sentido a medida, posto que a satisfação imediata do interesse público premente não seria, muitas vezes, possível. É por isso que, nesses casos, a medida retira desde logo a propriedade de seu titular originário, devendo, coerentemente, ter tratamento diferenciado.

Esta é também a opinião do prof. Roberto Mattoso Câmara Filho, *in verbis*:

> Se a imissão de posse provisória é adiantamento de execução, daí resulta que a posse do expropriante é posse própria, ainda que provisória. Daí se segue que tal posse atribui ao expropriante o poder de utilização do bem de forma mais lata, permitindo-se-lhe a demolição de edificação e a obra de transformação do terreno[91].

Essa concepção também será importante para o debate acerca da indenização pela imissão na posse, o que justifica uma das correntes outrora prestigiada pela jurisprudência. Mas a análise desse aspecto da distinção se fará em momento outro.

15.5. Requisitos

Como já tivemos a oportunidade de adiantar anteriormente, dois são os requistos indispensáveis ao deferimento da imissão provisória na posse: a) a alegação de urgência; b) o depósito do valor arbitrado pela autoridade judicial. É o que se extrai do disposto no *caput* do art. 15 do Decreto-lei nº 3.365/1941, *ipsis litteris*:

> *Art. 15. Se o ente expropriante* alegar urgência e depositar quantia arbitrada *de acordo com o art. 685 do Código de Processo Civil, o juiz mandará imiti-lo na posse dos bens.*

Analisemos cada um desses requisitos separadamente.

15.5.1. Da alegação de urgência

Em primeiro lugar, convém fazer a devida distinção entre a urgência em si e a sua alegação. A primeira é fundamento da imissão provisória na posse, enquanto a segunda é requisito para o deferimento da medida. A distinção é importante na medida em que poderá estar presente o fundamento, mas não ser alegado ou, até, estar acoimada a alegação pela operação da decadência, como se verá adiante.

Em verdade, alega-se a urgência e, no prazo máximo de 120 dias, deve ser requerido o deferimento da medida (Decreto-lei nº 3.365/1941, art. 15, § 2º). Sendo excedido o prazo, não se poderá deferir a imissão provisória na posse (§ 3º).

Afirma, ainda, o prof. José Carlos de Moraes Salles que basta a "mera alegação de urgência para que possa o expropriante requerer a imissão provisória na posse do imóvel expropriando"[92], não sendo exigível prova desse fato, "porque só a Administração poderá sopesar, com segurança, os fatores determinantes da urgência"[93]. A eventual pretensão do Poder Judiciário em analisar essa questão configuraria ofensa ao princípio da separação dos Poderes, já que a tarefa é essencialmente política e está a cargo do Poder Executivo. É a antiga questão do controle externo de mérito, vedado no nosso sistema constitucional.

---

[90] Não se ignora a possibilidade de se transferir um ou alguns dos poderes da propriedade a terceiro, hipótese em que se tem a propriedade limitada e o direito real sobre coisa alheia.

[91] CÂMARA FILHO, Roberto Mattoso. *A Desapropriação por Utilidade Pública*, Rio de Janeiro: Lumen Juris, p. 297.

[92] MORAES SALLES, José Carlos de. *A Desapropriação à Luz da Doutrina e da Jurisprudência*, 8ª ed., São Paulo: Revista dos Tribunais, 2006, p. 364.

[93] *Op. cit.*, p. 364.

Ressalte-se, contudo, que a imissão provisória na posse está subordinada a urgência, alguma coisa atual. Se a AP não demonstrá-la, não há urgência e o juiz deverá indeferir o pedido. Não basta a simples alegação de urgência. Inclusive, o expropriado deverá demonstrar que não há urgência, naquele caso concreto, mesmo que já tenha existido o depósito. A natureza a que se destina, na prática, é que vai determinar se há ou não há urgência. O Poder Público, ao desapropriar um imóvel para construção de hospital, terá que demonstrar urgência em construí-lo para prestar serviço à comunidade, indispensável e necessário. Então, justifica-se a urgência da imissão provisória para que a Administração Pública possa iniciar imediatamente a obra. Tudo vai depender da situação prática.

Segundo José Cretella Júnior, a delegação de urgência não precisa ser demonstrada. Não concordamos, data vênia. Entendemos, que o expropriante deva motivar a alegação de urgência, obrigatoriamente. O juiz pode denegar à imissão provisória, se não ficar nítida a necessidade de urgência.

Neste particular, alerta Bielsa:

> O caráter de urgência deve ser explicado. A faculdade de a Administração declarar a urgência não a exime de fundamentar a medida em motivada declaração, que, se não corresponder à realidade dos fatos, poderá ensejar consequências jurídicas[94].

Em artigo publicado no jornal *O Estado de S. Paulo*, em 07/07/1985, p. 32, a juíza da Décima Sexta Vara da Justiça Federal, dra. Lúcia Valle Figueiredo, analisou, com profundidade e muita propriedade, o problema da alegada urgência, prevista no § 2º do art. 15 do Decreto-lei nº 3.365/1941. Pela importância do tema, houvemos por bem transcrever passagens mais significativas do referido artigo:

> [...] Mantenho o despacho agravado por seus fundamentos, deduzindo, ainda, as seguintes ponderações.
> [...] O conceito de urgência, embora dotado de certo elastério, exatamente por ser conceito, é finito.
> [...] No caso "*sub judice*", restou absolutamente comprovado – e, aliás, corroborado depois pelos fatos – que a desapropriação não era urgente, nos termos postulados pelo conceito. Deveras, o Programa Nuclear Brasileiro não era mais – como até agora não o é – meta prioritária. Tal fato constitui-se em verdade sabida.
> [...] Ora, quer a doutrina, quer a jurisprudência alienígena têm, insistentemente, afirmado que a simples declaração de urgência – sem qualquer fundamentação – só por só não pode conduzir a uma verdadeira subversão do procedimento normal expropriatório.
> [...] Citem-se, à guisa de exemplo, as opiniões de Bielsa, em seu Derecho Administrativo, t. IV/498, bem como Allan Randolph Brewer-Carias, em seu *Disciplina Urbanlitica de la Propiedad*, cap. VII.
> [...] De seu turno, a jurisprudência francesa, como se verifica de arestos comentados por Cassin e Waline, *Les Grands Arrêts du Droit de l'Urbanisme,* aresto de n. 41, fala da necessidade de um "*dossier de l'enquête préalable*."
> [...] Outrossim, autores nacionais de porte, como Sérgio Ferraz e Celso Antônio Bandeira de Mello, são do mesmo sentir, e têm assim se manifestado em conferências, aulas etc.
> [...] A possibilidade contida no art. 15 do Decreto-lei nº 3.365/1941, embora afinado a uma Carta Constitucional autoritária de 1937, não é – como se tem pretendido – um cheque em branco ao administrador.
> [...] O Poder Público, em nome de um interesse público qualificado, poderá – sem sombra de dúvida – utilizar de um instrumento ágil, detrimentoso, entretanto, para o expropriado, quando dele efetivamente necessitar.

Algum tempo depois, a corroborar nossa decisão, a entidade expropriante desistiu das desapropriações.

Recentemente, o STJ, em acórdão da lavra do ilustre ministro Gomes de Barros, decidiu, por maioria:

> Processual. Desapropriação. Imissão provisória. Prévia avaliação judicial. A imissão provisória em imóvel expropriado somente é possível mediante prévio depósito de valor apurado em avaliação judicial provisória. Acórdão. Vistos, relatados e discutidos estes autos: Acórdam os ministros da Primeira Seção do Superior Tribunal de Justiça, na conformidade dos votos e das notas taquigráficas a seguir, por maioria, uniformizar a jurisprudência conforme entendimento da Segunda Turma, vencidos os Srs. Min. Luiz Pereira e Garcia Vieira, que a uniformizavam de acordo com o entendimento da Primeira Turma. O Sr. Min. Humberto Gomes de Barros redigirá a súmula a ser apreciada por esta Seção, oportunamente, sobre a matéria. Votaram com o Sr. Ministro Relator os Srs. Mins. César Asfor Rocha, Américo Luz, Antônio de Pádua Ribeiro, Hélio Mosimann, Peçanha Martins e Demócrito Reinaldo (voto-vista). Ausente, ocasionalmente, nesta sessão, o Sr. Min. Garcia Vieira.

Quanto ao momento em que deve ser externada, a doutrina se divide, uns entendendo que a alegação de

[94] *Op. cit.*, p. 338.

urgência deve constar do decreto expropriatório, outros acreditando que a qualquer momento e em qualquer grau de jurisdição poderá ser demonstrada.

A declaração de urgência para fins de imissão provisória na posse poderá ser feita a qualquer tempo, seja no ato declaratório de utilidade pública, seja na data do ajuizamento da ação e, até mesmo em instância superior, inteligência do art. 15, § 2º, do Decreto-lei nº 3.365/1941, em consonância com a doutrina e a jurisprudência.

O já mencionado art. 15 admite a imissão provisória na posse do imóvel expropriado, quando o expropriante declarar urgência e efetuar depósito prévio do valor. O § 3º do referido dispositivo legal, dispõe que a alegação de urgência, que não poderá ser renovada, obrigará o expropriante a requerer a imissão provisória dentro do prazo improrrogável de 120 dias. Pois bem, tanto a doutrina quanto à jurisprudência entendeu que o marco inicial para a contagem do referido prazo, dar-se-á da data do ajuizamento da ação ou da data do pedido de imissão de posse e não do decreto de declaração de utilidade pública.

No dizer de Hely Lopes Meirelles[95]:

> A alegação de urgência, para fins de imissão provisória na posse, poderá ser feita no ato expropriatório ou subsequente, mas a imissão deve ser requerida dentro de cento e vinte dias da alegação, sob pena de caducidade, com impossibilidade de renovação. Em edições anteriores sustentamos que a urgência só poderia constar do ato expropriatório, mas evoluímos para admiti-la também por ato posterior, fundado na consideração de que, muitas vezes, surge de circunstâncias supervenientes à declaração de utilidade pública, e, em tais casos, não poderia a Administração ficar tolhida de invocá-la posteriormente.

Também não é outro o entendimento do Superior Tribunal de Justiça, senão vejamos:

> Processual Civil. Mandado de Segurança. Imissão de Posse. O termo inicial do prazo de caducidade de 120 dias, para requerer imissão na posse provisória é a de alegação de urgência, feita pelo expropriante, não o decreto declarativo de utilidade pública. Recurso conhecido e provido. (STJ, REsp. nº 1.093/SP; Primeira Turma, Rel. Min. Garcia Vieira)

O Supremo Tribunal Federal já teve oportunidade de apreciar a questão, tendo sido acolhido à unanimidade o voto do ministro Moacyr Amaral Santos no sentido da segunda corrente. Veja o seguinte trecho do voto condutor:

> [...] Entendo que a urgência da desapropriação poderá verificar-se concomitantemente com a declaração de utilidade pública do bem expropriado e, assim, deverá constar do decreto expropriatório, como seguir no curso do processo, caso em que a manifestação do expropriante em Juízo é suficiente para que se proceda na forma do art. 15 da Lei de Desapropriações (Decreto-lei nº 3.365/1941)[96].

Ao meu ver, está perfeita a decisão, só cabendo um adendo: deverá, em qualquer caso, a declaração ser emanada do chefe do Executivo ou, no caso não ser o expropriante ente político, daquele que tiver competência para a declaração de utilidade pública, posto que o procurador que oficia no processo judicial não tem senão competência administrativa, que não lhe dá poderes para emitir declarações com conteúdo político.

A importância dessa discussão está no fato de ser da declaração de urgência que se conta o prazo decadencial de 120 dias para o requerimento da imissão provisória na posse, de modo que, se vier no decreto expropriatório a tal declaração, a data de sua publicação será o termo inicial do prazo, que não se interrompe e nem se suspende.

Pertinente, entretanto, é a observação do prof. José Carlos de Moares Salles, no sentido de não se entender declarada a urgência, ainda, quando constar do decreto expropriatório que "poderá ser alegada a urgência". Nessa hipótese, inclusive, dependendo do conteúdo do ato, poderá se configurar delegação da competência para a declaração de urgência, hipótese em que será admissível que o procurador judicial formule-a validamente.

15.5.2. Do Depósito do Valor Arbitrado

No que concerne ao depósito prévio a que alude a imissão provisória, este deve ser prévio e fundado na urgência declarada pelo expropriante. Em tese, o valor não precisa ser tão justo, pois que não se está, ainda, retirando a propriedade. O art. 15 do decreto expropriatório diz que deve haver declaração de urgência para que se justifique a imissão provisória na posse, além do depósito prévio.

---

[95] MEIRELLES, Hely Lopes, *Direito Administrativo Brasileiro*, 30ª ed., São Paulo: Malheiros, p. 551.

[96] *RDA* 106/143.

O § 1º do mesmo art. 15 reza que a declaração de urgência pode tanto na petição inicial do Poder Expropriante, como no próprio decreto expropriatório, não devendo obedecer a uma regra específica.

Quanto à origem deste valor, o entendimento da Fazenda Pública é praticamente pacífico de que o valor do depósito que se destina à imissão na posse deve-se fundar no valor cadastral para fins de IPTU, ou seja, é o valor com base no qual o particular paga o IPTU.

O Decreto-lei nº 3.365/1941 elenca nos incisos do § 1º, do art. 15 as hipóteses de como chegar ao valor do depósito.

A alínea *a* se encontra revogada pelo art. 33 do CTN. No lugar de "vinte vezes o valor locativo", substitui-se por "valor venal", que corresponde ao valor constante no cadastro imobiliário, para fins de IPTU. O valor venal, que em princípio seria o valor do mercado, na prática não o é, pois este é o valor usado para fins de IPTU, em regra menor.

A alínea *b* ocorre uma pequena alteração, ao dispor que, se o expropriante oferecer valor maior que o valor venal a que se refere a alínea *a,* o valor a ser depositado será o que foi oferecido. Portanto, se o valor oferecido for menor que o valor venal (alínea *b*), será depositado o valor venal. Deve-se atentar que as alíneas *a* e *b* se reportam a imóveis urbanos, sujeitos a IPTU, estabelecendo os valores que devem ser depositados, como requisito para a imissão provisória na posse.

A alínea *c,* por seu turno, se refere a imóveis rurais, pois traz o Imposto Territorial Rural (ITR). Nessa hipótese, aplicar-se-á o valor cadastral adotado no ano anterior para fins de IPTU ou ITR.

A alínea *d* só se aplica no caso de não tiver ocorrido a atualização do valor cadastral do imóvel no ano anterior, o que na prática não é comum acontecer.

Portanto, na desapropriação haverá dois tipos de cálculo. O primeiro é o que se destina ao depósito prévio para a imissão provisória na posse, enquanto o segundo terá o definitivo, para fins de indenização pela perda da propriedade.

Ainda que esteja sendo contestada por muitos juristas, o certo é que a imissão provisória na posse continua em vigor, conforme preconiza o art. 15 do Decreto-lei nº 3.365/1941, sendo considerada constitucional, embora esta se configure *antes da citação,* com respaldo no § 1º do aludido artigo, ao estabelecer que a imissão provisória pode ser feita independente de já ter havido a citação. Ela é emitida concomitantemente ao despacho da inicial, sendo, portanto, uma decisão interlocutória, já que traz uma decisão do juiz mas não põe termo ao processo, não sendo passível de ser contestada, por se traduzir na urgência do Poder Público em atender ao interesse coletivo.

Como vimos, o depósito de uma quantia a ser arbitrada pelo juízo em que corre o processo expropriatório é requisito para o deferimento da medida. E, sobre esse tema, discute-se qual o valor a ser despendido pelo autor da ação. Essa é a maior discussão sobre o tema abordado neste trabalho. Entretanto, será apreciada em item posterior. Aqui, vamos nos limitar a explicar como se procede.

Antes de mais nada, é de se recordar que o Poder Público, antes de ajuizar a ação de desapropriação, deve procurar estabelecer um acordo com o dono do bem, oferecendo-lhe um preço que entenda justo para que se proceda à aquisição. Só no caso de não ser aceita a oferta é que se parte para o aforamento da questão. Caso não se tente resolver a questão consensualmente, o processo deverá ser extinto, sem julgamento do mérito, por falta de interesse de agir.

Ajuizada a ação, a parte autora (expropriante), poderá requerer a imissão provisória na posse já na petição inicial ou, se a urgência surgir posteriormente, no curso do processo, como vimos anteriormente. No primeiro caso, costuma-se requerer, desde logo, a expedição de guia de depósito junto ao juízo competente, para que à disposição deste fique a quantia ofertada no acordo (art. 15, § 1º, do Decreto-lei nº 3.365/1941). No segundo, costuma-se pedir a expedição da guia por simples petição nos autos do processo. Feito o depósito, deve o juiz deferir a medida, em qualquer dos casos, expedindo o *mandado de imissão provisória* (MIPP).

Hoje, há um grande movimento doutrinário, que vem considerando a imissão provisória na posse, por não permitir impugnação, por parte do particular-proprietário, inconstitucional. Não só o STJ como o próprio Supremo reconheceu a sua constitucionalidade. A imissão provisória na posse fere a Constituição Federal, porque, de provisória, na verdade, ela só tem o nome. Na prática, a imissão provisória na posse nunca foi provisória. É praticamente definitiva, pois o Poder Público assume a posse direta sobre o bem, podendo, inclusive, demolir o imóvel para passar uma rodovia. Logo, como se observa facilmente, de provisória, ela não tem absolutamente nada. Na real verdade, a perda da posse é literal e não provisória, visto que está havendo é a transferência da propriedade em si. E se isso acontece, tem que haver uma avaliação justa, pelo valor real da propriedade, e não uma avaliação, com base no valor cadastral, pela perda, apenas, da posse.

Parte significante da doutrina e da jurisprudência entende, com alguma razão, que o § 1º do art. 15 do Decreto-lei nº 3.365/1941 em que a imissão provisória poderá ser feita independentemente da citação do réu, mediante depósito, não foi recepcionado pela Constituição, pugnando sempre pela realização de uma perícia, ainda que menos complexa do que a que se destina a apurar o valor definitivo da indenização, para que não se veja o expropriado obrigado a aceitar valores muitas vezes irrisórios, perdendo o bem desde logo e ficando sem a possibilidade de adquirir outro com o valor depositado. Neste sentido é a lição do prof. Pedro Aurélio Pires Maríngolo, que adota o procedimento padrão acordado pelos juízes das Varas de Fazenda Pública de São Paulo. Vejamos:

> [...] passou-se a adotar como procedimento padrão nas ações de desapropriação, independente de haver pedido de imissão prévia na petição inicial, a nomeação de perito e a determinação de imediata avaliação provisória do imóvel desapropriando, em laudo reduzido e simples a ser apresentado em dez dias, cujas conclusões servirão de fundamento para a fixação, pelo juiz, do depósito a ser feito, em complemento ao valor cadastral do imóvel, e que justificará a prévia imissão provisória na posse do imóvel[97].

Assim, nos casos em que a imissão na posse for requerida antes da confecção do laudo definitivo pelo perito do juízo, em se adotando o entendimento acima esposado, deverá ser o deferimento da medida precedido de uma *avaliação provisória*. Em não se adotando aquele entendimento, como aliás o faz o Supremo Tribunal Federal, deve-se depositar o valor de acordo com o contido no art. 15, § 1º, do Decreto-lei nº 3.365/1941 ou, no caso de o bem expropriando ser imóvel residencial urbano ocupado pelo proprietário ou por compromissário comprador, com o título registrado no RGI, de acordo com a norma contida na Lei nº 1.075/1970. Se, por fim, for requerida a imissão provisória depois de realizada a perícia definitiva, o valor apontado pelo perito é que deverá prevalecer, salvo se o juiz entender por bem, e desde que fundamente sua decisão, afastá-lo (art. 436 do CPC).

Para facilitar a compreensão do que se disse acima, consulte-se o seguinte quadro explicativo:

1) Imissão requerida *antes* da realização da perícia definitiva:
   a – ***Primeira corrente*** (STF) – procede-se de acordo com o § 1º do art. 15 do Decreto-lei nº 3.365/1941 ou, nos casos cabíveis, de acordo com o disposto na Lei nº 1.075/1970;
   b – ***Segunda corrente*** (STJ)[98] – avaliação provisória realizada sumariamente por perito do juízo.
2) Imissão requerida *após* a realização da perícia definitiva: depósito realizado de acordo com a avaliação pericial, salvo se o juiz decidir afastar o laudo por decisão fundamentada (art. 436 do CPC).

Efetivado o depósito, o valor ficará à disposição do juízo, que só autorizará o levantamento de 80% de seu montante pelo expropriado e à vista da prova de propriedade (certidão do RGI, de acordo com o Código Civil), de quitação fiscal quanto aos tributos que recaiam sobre o bem (certidão negativa, nos termos do art. 205 do CTN) e publicação de editais, com o prazo de 10 dias, para conhecimento de terceiros (art. 33, § 2º e 34, *caput*, do Decreto-lei nº 3.365/1941).

Diga-se, entretanto, que o levantamento do valor depositado não é requisito para o deferimento da imissão provisória, bastando a efetivação do depósito.

15.6. Espécies

Como já se pôde extrair dos comentários do item anterior, pode-se verificar duas espécies de imissão provisória na posse: a) *initio litis*; b) superveniente. A primeira espécie se divide em duas subespécies: a.1) para imóveis residenciais urbanos; a.2) para outros tipos de imóveis. Entretanto, só vale aqui esmiuçar o estudo das subespécies da imissão provisória *initio litis*, pois o que deveria ser dito da superveniente já abordamos no item anterior.

A imissão provisória em bem imóvel residencial urbano é regulada pela Lei nº 1.075/1970, enquanto a de outros bens é regulada pelo já mencionado § 1º do art. 15, do Decreto-lei nº 3.365/1941. Analisemos cada um separadamente.

15.6.1. Procedimento do Art. 15, § 1º, do Decreto-lei nº 3.365/1941

Em primeiro lugar, convém reproduzir a redação do texto a ser analisado:

[97] Vide nota 27.

[98] Antes da decisão do STF, que confirmou a manutenção do dispositivo legal em análise no ordenamento constitucional vigente a partir de 1988.

Art. 15.

[...] § 1º A imissão provisória na posse poderá ser feita, independentemente da citação do réu, mediante o depósito:

a) do preço oferecido, se este for superior a vinte vezes o valor locativo, caso o imóvel esteja sujeito ao imposto predial;

b) da quantia correspondente a vinte vezes o valor locativo, estando o imóvel sujeito ao imposto predial e sendo menor o preço oferecido;

c) do valor cadastral do imóvel, para fins de lançamento do imposto territorial, urbano ou rural, caso o referido valor tenha sido atualizado no ano fiscal no ano imediatamente anterior;

d) não tendo havido a atualização a que se refere o inciso c, o juiz fixará, independentemente de avaliação, a importância do depósito, tendo em vista a época em que houver sido fixado originariamente o valor cadastral e a valorização ou desvalorização posterior do imóvel.

Interpretando isoladamente esse dispositivo legal, poder-se-ia arrumar a norma ali contida da seguinte forma, com vistas ao alcance de algumas conclusões:

1) **Imóveis sujeitos ao imposto predial:**
a) *valor ofertado em acordo maior que vinte vezes o valor locativo*: o valor oferecido;
b) *valor ofertado em acordo menor eu vinte vezes o valor locativo*: quantia equivalente a vinte vezes o valor locativo.
2) **Imóveis sujeitos ao imposto territorial, rural ou urbano:**
a) *valor cadastral tributário atualizado no ano anterior*: valor cadastral do imóvel;
b) *valor cadastral tributário não atualizado no ano anterior*: valor fixado pelo juiz, independente de avaliação, considerando a valorização ou desvalorização do imóvel.

Pois bem.

Veja-se, em primeiro lugar, que as diferentes normas estão colocadas em função da incidência tributária. Mas o sistema tributário considerado, obviamente, foi o da Constituição de 1937, não mais vigente desde 1946. Em razão disso, prejudicadas estão, para alguns casos, as disposições contidas no § 1º do art. 15 do Decreto-lei nº 3.365/1941. A demonstrar a verdade do que se afirmou aqui, veja os seguintes exemplos:

1) Imagine um terreno edificado, localizado na zona rural de determinado Município, sendo objeto de imissão provisória na posse. Afastar-se-ia, desde o início, o Decreto-lei nº 1.075/1970, pela localização do imóvel. Afastar-se-ia, também, as duas primeiras alíneas do § 1º do art. 15 do Decreto-lei 3.365/1941, pois o imposto predial, atualmente, só incide sobre imóveis urbanos. Por fim, afastar-se-ia a incidência das alíneas *c* e *d* do mesmo dispositivo legal, posto que os cadastros do imposto territorial rural somente levam em conta a parte não construída do imóvel, em respeito ao conceito de base de cálculo atualmente vigente (art. 145, § 2º da CRFB/1988 – "expressão econômica do fato gerador"). E aí: que norma seria utilizada para determinar o valor do depósito?
2) O prof. Roberto Mattoso Câmara Filho, da procuradoria do Estado do Rio e Janeiro, elenca, ainda, como um dos casos de inaplicabilidade do § 1º do art. 15 do Decreto-lei nº 3.365/1941, a desapropriação parcial, "pois não se pode estimar o valor locativo relativo à fração do imóvel"[99].

A ausência de norma para esses casos poderia gerar duas possíveis consequências, alternativamente: a inviabilização da imissão provisória na posse ou a necessidade de o juiz utilizar-se da analogia, dos costumes e dos princípio gerais do direito para decidir o caso (art. 4º da LICC).

Inicialmente, admitimos que a primeira solução não seria a mais adequada, pois implicaria a supressão de um importantíssimo instrumento de implantação das políticas idealizadas pelos governos. Portanto, devemos ficar com a segunda solução, que é a mais satisfatória e a menos radical.

O art. 4º da LICC fala e primeiro lugar na analogia. E é no Decreto-lei nº 1.075/1970 que vamos visualizar norma adaptável ao caso em tela. Dever-se-á proceder a uma avaliação sumária e provisória, para que o titular do bem não fique severamente prejudicado (em atenção ao princípio da isonomia) e para que o Poder Público não veja ser frustrada sua alegação de urgência.

Essa é, também, uma boa solução, na medida em que se vale de um princípio geral do direito (isonomia), norteador da interpretação e da construção jurídicas, fugindo à fundamentação do Supremo Tribunal Federal em sentido contrário, já que baseada na inaplicabilidade da necessidade de dar-se justa e prévia indenização para a imissão provisória na posse.

Analisando a questão por outro ângulo, qual seja, daquele em que se conserva a aplicabilidade das normas

[99] CÂMARA FILHO, Roberto Mattoso, *op. cit.*, p. 307.

contidas no § 1º do art. 15 do Decreto-lei nº 3.365/1941, verificamos que, em todos os casos, o valor considerado é o equivalente à base de cálculo para o imposto incidente sobre o imóvel. Entretanto, atualmente não se fala mais em "vinte vezes o valor locativo" ou em "valor cadastral", mas sim em valor venal (art. 33 do CTN), que é o valor de mercado do bem. Mantém-se, entretanto, para as terras rurais o valor cadastral, mas este é informado, atualmente, pelo proprietário das terras (art. 8º, §§ 1º e 2º da Lei nº 9.393/1996), não havendo a possibilidade de o Poder Público expropriante se utilizar de mais escusos para gastar menos com a ação de desapropriação, em prejuízo do expropriado. Subexiste, entretanto, essa possibilidade nos imóveis sujeitos ao IPTU, já que é lançado de ofício (ver, a propósito, art. 68 da Lei nº 691/1984 do Município do Rio de Janeiro).

Mas, se o valor utilizado como base de cálculo do tributo estiver defasado, poderá ser ele considerado pelo juiz para efeito de determinação do valor a ser depositado?

Por falta de disposições que regulem a matéria, têm provocado controvérsias quanto à questão formulada. Há doutrinadores que sim, argumentando no sentido de que teria o contribuinte de ter reclamado antes. Se se beneficiou da disparidade entre o valor real do imóvel e o valor utilizado como base de cálculo do tributo, terá agora de suportar o prejuízo compensador.

No mesmo sentido é a lição do prof. Caio Tácito:

> Os critérios indicados nos parágrafos da disposição em causa, tomando como referência, ora o valor locativo (alíneas *a* e *b*) ora o valor cadastral (alínea *c*), têm como fundamento a presunção de que, aceitos, implicitamente, pelo contribuinte no ato de lançamento do tributo, valeriam como estimativa razoável o valor da propriedade[100].

Com todo respeito devido, não podemos concordar. Por mais que se admita a distinção entre posse e propriedade para se justificar a aceitação de um valor inferior ao de mercado para ser depositado por ocasião do requerimento da imissão provisória na posse, se a base de cálculo do imposto estiver muito defasada, deverá o juiz determinar uma avaliação sumária do bem, posto que, do contrário, poderá resultar prejuízo insuportável para o expropriado, transmudando a natureza da medida em verdadeira penalidade. Além do mais, afigura-se-nos irrazoável exigir-se que o contribuinte vá reclamar perante a autoridade fazendária que está pagando muito pouco de imposto, por conta de uma sub-avaliação de seu imóvel.

Assim, ainda nos casos em que se mantiver a aplicabilidade do § 1º, *d*, art. 15 do Decreto-lei nº 3.365/1941, se o valor ofertado com base nos cadastros tributários for irrisório, deverá o juiz determinar a realização de uma avaliação provisória.

Podemos, portanto, resumir o que foi dito acima da seguinte forma:

1) **Casos de aplicabilidade do § 1º do art. 15 do Decreto-lei nº 3.365/1941:**
   a) *regra*: estando aproximado da realidade o valor venal constante do cadastro, este será o montante depositado para legitimar IPP;
   b) *exceção*: estando muito defasado, o juiz deverá determinar avaliação sumária e provisória do bem.
2) **Caso de inaplicabilidade do § 1º do art. 15 do Decreto-lei nº 3.365/1941** (*terreno edificado localizado na zona rural e desapropriação parcial*): aplica-se o art. 4º da LICC, utilizando-se da analogia para suprir a falta de norma. A regra parâmetro será o art. 2º do Decreto-lei nº 1.075/1970.

15.6.2. Procedimento da Lei nº 1.075/1970

A aludida lei incluiu em sua disciplina uma imissão provisória na posse com o tratamento diferenciado e tão peculiar, admintindo-se que esta imissão provisória na posse a impugnação do valor do depósito prévio. Trata-se de um decreto específico e não genérico. É precedida de maiores garantias para o particular.

O Decreto-lei nº 1.075/1970 teve como fonte material o fato de que, na Cidade de São Paulo, a onda de desapropriações daquela época ameaçava desalojar milhares de famílias, já que não conseguiam os expropriados adquirir novas residências com o valor depositado pelo Poder Público para obtenção do deferimento da imissão provisória na posse. Os valores eram, reconhecidamente, irrisórios, o que gerava insatisfação generalizada.

O âmbito de aplicação da norma em análise é restrito. Somente os imóveis residenciais urbanos, em regra, são atingidos por suas disposições, desde que ocupados pelo proprietário ou por compromissário comprador com o título devidamente registrado no RGI (deve ter o direito real de aquisição do imóvel). Os demais continuam a ser regidos pelo § 1º do Decreto-lei nº 3.365/1941.

Então, o Decreto-lei nº 1.075/1970, no seu art. 6º, não é aplicável em qualquer imóvel urbano, mas tão somente

[100] CAIO TÁCITO, "Desapropriação. Imissão Provisória. Correção Monetária", parecer publicado na *Revista de Direito Administrativo*, v. 189, p. 390-396.

no imóvel urbano *habitado pelo proprietário* ou compromissário-comprador, cuja promessa de compra esteja devidamente inscrita em Registro de Imóveis. Quando isto acontecer, a imissão provisória na posse, não será mais regulada por aquele Decreto-lei nº 3.365/1941, sendo regulada por esse Decreto-lei nº 1.075/1970.

A sistemática introduzida pelo Decreto-lei nº 1.075/1970 foi inovadora. Entretanto, algumas disposições infelizes condenaram-no ao fracasso. Vejamos.

De acordo com o diploma legal em comento, o expropriado tem o prazo de 5 dias para impugnar o valor da oferta do expropriante, contados da intimação para esse fim específico. Se correr *in albis* o prazo, será homologado o valor do depósito pelo preço ofertado. Entretanto, se o réu impugnar a oferta, instaurar-se-á um incidente processual destinado à elaboração de um laudo provisório, que apontará sumariamente o valor aproximado do bem objeto da imissão provisória na posse.

O perito do juízo deverá apresentar o laudo no prazo de 5 (cinco) dias. Recebido o laudo, o juiz fixará, no prazo de 48 horas, o valor a ser depositado pelo expropriante.

Vejam que o tratamento é bem diferenciado. Na regra geral da desapropriação, art. 15 do Decreto-lei nº 3.365/1941, o expropriado não é intimado, a fim de se manifestar sobre o valor do depósito prévio oferecido pelo expropriante. Já, no Decreto-lei nº 1.075/1970, é diferente: O expropriado será intimado previamente, para se pronunciar, se aceita ou não o valor ofertado, o que não ocorre na imissão provisória pelo Decreto-lei nº 3.365/1941, que pode ser concedida *inaudita altera parte*.

Até aqui andou bem o legislador. Entretanto, o disposto no art. 3º do Decreto-lei nº 1.075/1970 lançou por terra toda virtude que marcam os dispositivos que lhe antecedem. É que diz a lei que, se o valor arbitrado for superior à oferta, a imissão provisória na posse será autorizada mediante a complementação do depósito, *até que atinja a metade do valor arbitrado*.

Para piorar a qualidade da lei, limita o art. 4º em 2.300 salários mínimos o máximo do depósito a que será obrigado o expropriante. É certo que a soma é considerável, posto que, atualmente, alcançaria o valor de R$ 347.300,00 (trezentos e quarenta e sete mil e trezentos reais). Entretanto, se o valor real do imóvel for superior a este, ficará no prejuízo o expropriado, injustificadamente. Mas um vez, ofendido está o princípio da isonomia.

Parece-nos lícito afirmar, sem medo de errar, que o disposto na parte final do art. 3º do Decreto-lei nº 1.075/1970 afronta o princípio constitucional da razoabilidade, posto que aparece como obstáculo ao alcance dos fins colimados pelo diploma legal em análise. Fere o dito princípio pois é inadequado o meio utilizado para atingir a meta proposta nos considerandos[101]. Essa disposição específica, pelo contrário, desvirtua a atuação do Judiciário e o impede de afastar a injustiça que se pode instaurar com o deferimento da imissão provisória na posse naqueles termos.

Veja-se que, suprimido o comando ora questionado, resultará plenamente atingido o fim idealizado pelo diploma legal como um todo, sendo de se destacar o disposto no art. 5º, que diz sobre a possibilidade de o expropriado levantar toda a quantia depositada. Para que o proprietário não fique sem a posse e a propriedade realmente fique esvaziada naquilo que tem de mais importante, a legislação permite que ela venha levantar o valor do tal depósito prévio, mesmo que não concorde com o valor. Ademais, a imissão provisória na posse, aqui, poderá ser impugnada pelo proprietário, levando o magistrado a obrigar o Poder Público a completar o valor do depósito prévio, sob pena de não conceder a imissão. Dessa forma, torna-se possível ao *contemplado* com a desapropriação e com a imissão provisória na posse adquirir outro imóvel com a quantia depositada. Ao contrário, se somente for depositada metade do valor arbitrado, não se impedirá a realização dos males citados nos considerandos do Decreto-lei nº 1.075/1970.

O art. 182, § 3º, da atual Constituição prevê indenização justa e prévia para a desapropriação de imóvel urbano, defendendo-o da sanha expropriatória mal planejada sem recursos, à custa do proprietário particular, em última análise. Também em reforço à tal interpretação aplica-se a previsão do art. 5º, XXIV, da CRFB/1988. Assim é de se entender que apenas o *caput* do art. 15 do Decreto-lei nº 3.365/1941 está em vigor, estando seus parágrafos derrogados por incompatibilidade com a norma constitucional. A imissão provisória em imóvel expropriado, somente é possível mediante prévio depósito do valor apurado em avaliação judicial provisória[102].

[101] Sobre a conceituação do princípio da razoabilidade, vide Luís Roberto BARROSO, *Interpretação e Aplicação da Constituição*, 2ª ed., São Paulo: Saraiva, 2005, p. 206.

[102] Sobre o assunto vertente, adverte Hely Lopes MEIRELLES, em seu festejado "Direito Administrativo Brasileiro": "Os depósitos provisórios geralmente são ínfimos em relação ao preço efetivo do bem, o que atenta contra o princípio da indenização prévia. Essa burla à Constituição só poderá ser obviada pelo maior rigor dos juízes e Tribunais, na urgência de depósito prévio que mais se aproxime do valor real do bem expropriado".

Neste diapasão, leciona Pontes de Miranda, que

> a indenização é pela desapropriação, pela perda que se vai dar. No direito brasileiro, tal prestação é prévia; é pressuposto da indenização, e não consequência: não se presta indenização, porque se tirou a alguém o bem; e sim, porque se lhe vai tirar; tem-se de prestar para que se componha o suporte fático, para que a regra jurídica da extinção da propriedade incida sobre ele e a transcrição da sentença, tratando-se de bem imóvel, produza a perda. Não há, propriamente, obrigação de indenizar. Se por algum erro do juiz se deixou de prestar a indenização e o demandado a reclama, reclama contra o fundamento da desapropriação: o dever de prestar é por enriquecimento injustificado, e não porque se deva a contraprestação.
>
> O confisco é agressão política, ou medida de defesa política, que retira a alguém, pessoa física ou jurídica, a propriedade de algum bem ou de alguns bens, ou de patrimônio, sem a indenização conforme a lei. Aproxima-se da sua figura e já talvez se sobreponha a ela, ou nela se inclua, a retirada do bem patrimonial, qualquer que seja, se a indenização não é prévia, ou não é justa, ou não é em dinheiro e não houve acordo sobre esse modo de prestar.

Manoel de Oliveira Franco Sobrinho, em sua obra *Desapropriação*, ao tratar do tema, aduz que

> em decorrência da motivação, do interesse público e das leis, as premissas jurídicas conhecidas que levam a um conceito objetivo de indenização partem de puras definições exegéticas:
>
> – Indenização justa é aquela que corresponde efetivamente ao valor exato da coisa expropriada;
>
> – Justa indenização é aquela cujo valor de reparação livra o expropriado de prejuízos patrimoniais;
>
> – Indenização justa é aquela que habilita o expropriado a adquirir outros bens equivalentes;
>
> – Justa indenização é aquela que obedece a critérios fixados por lei de equivalência dos direitos.

De outro vértice, a Constituição Federal, em seu art. 5º, estabelece os fundamentos do princípio da isonomia, garantindo a propriedade, e estabelecendo prévia indenização em dinheiro para a desapropriação por necessidade ou utilidade pública ou por interesse social (inciso XXIV).

Já o art. 182, § 3º, da Carta Magna, estabelece que "*as desapropriações de imóveis urbanos serão feitas com prévia e justa indenização em dinheiro*".

Frente a tal tratamento constitucional, Hely Lopes Meirelles[103] anota que o STJ tem entendido que, com novo disciplinamento constitucional do instituto da desapropriação, os parágrafos e incisos do art. 15 do Decreto-lei nº 3.365/1941, bem como o art. 15 do Decreto-lei nº 1.075/1970, estão derrogados. Por isso, a imissão prévia na posse está condicionada ao integral e anterior depósito do valor apurado em avaliação provisória.

Assim é que, tratando-se de desapropriação de imóvel urbano, têm-se como inaplicáveis as normas dos arts. 3º e 4º do Decreto-lei nº 1.075/1970 por incompatíveis com a nova ordem constitucional, pois não foram por esta recepcionada.

Entretanto, caso se entenda constitucional a integralidade do art. 3º do diploma legal em análise, se observa que, sendo maior a oferta relativamente à metade do preço arbitrado pelo laudo pericial, não caberá devolução da diferença ao ente expropriante. Essa é a opinião do prof. José Carlos de Moraes Salles, que reproduziu a seguinte lição de Antônio Carlos Costa e Silva:

> o depósito não pode sofrer redução, quando for superior à metade do valor arbitrado, porque o comando da lei é no sentido e complementá-lo, e jamais de reduzi-lo, tendo em vista a *ratio legis* do diploma comentado, tão bem exposta pela sua *mens legislatoris*[104].

15.7. Da decisão que defere a medida e do recurso cabível

Assim dispõe o art. 162 do Código de Processo Civil:

> *Art. 162. Os atos do juiz consistirão em sentenças, decisões interlocutórias e despachos.*
>
> *§ 1º Sentença o ato pelo qual o juiz põe termo o processo, decidindo ou não o mérito da causa.*
>
> *§ 2º Decisão interlocutória é o ato pelo qual o juiz, no curso do processo, resolve questão incidente.*
>
> *§ 3º São despachos todos os demais ato do juiz, no curso do processo, de ofício ou a requerimento da parte, a cujo respeito a lei não estabelece outra forma.*
>
> *§ 4º Os atos meramente ordinatórios, como a juntada e a vista obrigatória, independem de despacho, devendo ser praticados de ofício pelo servidor e revistos pelo juiz quando necessários.*

A crítica estabelecida pela doutrina a este dispositivo legal se concentra não na conceituação em si do que seja

[103] Hely Lopes MEIRELLES, *Direito Administrativo Brasileiro,* 30ª ed., São Paulo: Malheiros, p. 523.

[104] *Op. cit.*, p. 357.

decisão interlocutória, mas na falta de indicação de critérios seguros para distingui-las dos meros despachos. Estes são conceituados por exclusão. Significa dizer que, o que não for decisão interlocutória, será despacho, desde que não ponha termo ao feito, caso em que será uma sentença.

A distinção é importante, pois da decisão interlocutória cabe agravo; mas dos meros despachos não cabe qualquer recurso (arts. 504 e 522 do CPC).

O prof. José Carlos Barbosa Moreira, em seus fantásticos *Comentários ao Código de Processo Civil* (vol. V), nota a existência de decisões interlocutórias que são chamadas pelo Código de despachos e afirma que o *nomen juris* não é importante. Assim, identifica ele que o que vai distinguir uma figura da outra é o conteúdo decisório do *pronunciamento*[105]: as decisões interlocutórias o têm e os despachos não.

Obtidos esses conceitos, fácil fica verificar que o pronunciamento do juiz que defere ou indefere a imissão provisória na posse é uma decisão interlocutória, que poderá, portanto, desafiar o recurso de agravo de instrumento (dada a urgência, não há que se cogitar do cabimento do agravo retido). E, atualmente, não mais se discute sobre isso, sendo de se destacar a lição conceituada do prof. José Carlos de Moraes Salles:

> Com efeito, é evidente o caráter interlocutório da decisão que concede ou denega a imissão provisória na posse do imóvel expropriando, pois se trata de ato pelo qual o juiz, no curso do processo, resolve questão incidente (art. 162, § 2º, do CPC)[106].

Portanto, na vigência do Código de Processo Civil de 1973, não há ambiente para dúvidas acerca da recorribilidade da decisão que defere ou indefere a imissão provisória na posse, estando plenamente sepultada a discussão que tomou corpo durante a vigência do CPC de 1939[107].

Ressalte-se, entretanto, que, como vimos anteriormente, o requerimento poderá ser feito a qualquer momento, de modo que, se o for quando o processo já estiver no Tribunal, caberá ao relator decidir sobre o pedido. Neste caso, o recurso cabível será o agravo regimental, já que decisão interlocutória dada no âmbito do Tribunal.

Importante, ainda, é a observação no sentido de ser vedada a invasão do mérito administrativo para se aferir a real existência da urgência alegada. Essa, como já se afirmou anteriormente, é inapreciável pelo Judiciário. Se o juiz não a pode questionar, pela mesma razão ao Tribunal será vedado esse tipo de exame. No entanto, o prof. Roberto Mattoso Câmara Filho admite a impugnação da concessão da medida, "quando a urgência é patentemente falsa"[108]. No mesmo sentido é doutrina do consagrado Celso Antônio Bandeira de Mello, senão vejamos:

> Se o expropriado, entretanto, puder demonstrar de modo objetivo e indisputável que a alegação de urgência é inverídica, o juiz deverá negá-la, pois, evidentemente, urgência é um requisito legal para a imissão provisória, e não uma palavra mágica, que, pronunciada, altera a natureza das coisas e produz efeito por si mesma[109].

Essa opinião é minoritária e não têm merecido acolhida nos tribunais. Entretanto, com o crescimento da importância o princípio da razoabilidade e da melhor compreensão do que seja um "conceito jurídico indeterminado", possível é que a situação se inverta. Aliás, o Supremo Tribunal Federal, em recente decisão, vislumbrou a inexistência de relevância e urgência na Medida Provisória que dava novo nome ao aeroporto Galeão, no Rio de Janeiro. Esse é um importante precedente, perfeitamente adaptável para fundamentar a procedência da tese esposada pelo citado autor.

15.8. Dos Juros Compensatórios

A quantia que recebe o expropriado em decorrência da imissão provisória na posse não é só o depósito inicial, a que já nos referimos. Além disso, ao final do processo, caso seja constatada diferença real entre o valor inicialmente depositado e o fixado como definitivo pela propriedade do imóvel, descontadas as parcelas acessórias, incidirão juros compensatórios, calculados à razão de até 6% ao mês, contados da data em que se der cum-

[105] BARBOSA MOREIRA, José Carlos. *Comentários ao Código de Processo Civil*. v. V, Rio de Janeiro: Forense, 2005, p. 242-43.

[106] *Ob. cit.*, p. 373.

[107] O STF, inclusive, decidiu, em 16/05/1955: "Desapropriação: não cabe agravo da imissão liminar, não sendo também possível sustá-la, para mandar avaliar terreno lançado em valor certo para cobrança de imposto territorial. A consignação de preço sobre tal base, e medida provisória até final fixação na sentença". (RE 24.882, Segunda Turma; Rel. Min. Afrânio Costa, publicada no DJ em 04/08/1955)

[108] *Ob. cit.*, p. 315.

[109] MELLO, Celso Antônio Bandeira de, *Curso de Direito Administrativo*, 14ª ed., São Paulo: Malheiros, p. 701.

primento ao mandado de imissão provisória (art. 15-A do Decreto-lei nº 3.365/1941, com redação dada pela Medida Provisória nº 2.027-39, de 01/06/2000). Sobre o valor da indenização, corrigida monetariamente.

Os juros não serão devidos, entretanto, se a propriedade objeto de imissão provisória na posse não tiver utilização pelo proprietário originário, como deixa claro o disposto no § 2º do novel art. 15-A do mesmo Decreto-lei nº 3.365/1941.

Entendemos que os juros compensatórios não pode contrariar o art. 1059 do Código Civil, ao excluir a verba dos lucros cessantes, já que os juros compensatórios não equivalem aos lucros cessantes.

A justa indenização prevista no inciso XXIV do art. 5º da Constituição Federal pressupõe a acumulação dos juros compensatórios e dos lucros cessantes, pois tais verbas têm significados diversos, pelo que não podem ser confundidos. A expressão "lucros cessantes" é mais ampla que os "ditos juros compensatórios".

Segundo o prof. Celso Antônio Bandeira de Mello,

> juros compensatórios são os devidos pelo expropriante ao expropriado, a título de compensação pela perda antecipada da posse que este haja sofrido[110].

Já os lucros cessantes podem ser conceituados como

> a expressão usada para distinguir os lucros, de que fomos privados, e que deveriam vir ao nosso patrimônio, em virtude de impedimento decorrente de fato ou ato, não acontecido ou praticado por nossa vontade[111].

A título de ilustração, poderíamos citar a desapropriação de imóvel onde seria construído um *shopping center*, mediante provas robustas da existência de projetos, bem como farta comprovação de vendas de lojas na planta que comprovam o interesse na efetiva realização da obra. Não há dúvida que, no caso em tela, o expropriado fará jus ao recebimento dos lucros cessantes e juros compensatórios, possibilidade total de cumulação, devido à sua natureza distintas.

O Supremo Tribunal Federal já decidiu a questão em acórdão assim ementado:

> Desapropriação. Imissão de Posse Imediata. Juros Compensatórios. Imóvel não Edificado. Irrelevância. Os juros compensatórios não guardam relação exata com os lucros cessantes. Objetivam mitigar os prejuízos que resultam do desposssamento imediato e do fato de o desapropriado não contar, desde logo, com a justa indenização que, por norma de estrutura maior, há de ser prévia. Por não decorrerem da utilização comercial do imóvel, prescidem da existência de benfeitorias. Precedentes: recurso extraordinário nº 85.704/MG, Primeira Turma, relatado pelo ministro Rodrigues Alckmin, cujo acórdão foi publicado na *Revista Trimestral de Jurisprudência* nº 83/267 e recurso extraordinário nº 91.617-SP; Segunda Turma, relatado pelo ministro Cordeiro Guerra, com acórdão veiculado na Revista Trimestral de Jurisprudência nº 92/1389(RE nº 123.192/PR; Segunda Turma do STF; unânime; Rel. ministro Marco Aurélio)

Consoante ensinamento do prof. Hely Lopes Meirelles,

> a indenização justa é a que cobre não só o valor real e atual dos bens expropriados, à data do pagamento, como, também, os danos emergentes e os lucros cessantes do proprietário, decorrentes do despojamento do seu patrimônio. Se o bem produzia renda, essa renda há de ser computada no preço, porque não será justa a indenização que deixe qualquer desfalque na economia do expropriado – Tudo que compunha seu patrimônio e integrava sua receita há de ser reposto em pecúnia no momento da indenização; se não for, admite pedido posterior, por ação direta, para complementar-se a justa indenização. A justa indenização inclui, portanto, o valor do bem, suas rendas, danos emergentes e lucros cessantes, além dos juros compensatórios e moratórios, despesas judiciais, honorários de advogado e correção monetária[112].

Em sua magnífica obra, *Desapropriação à luz da doutrina e da jurisprudência*, o professor e desembargador José Carlos de Moraes Salles também defende que é

> devida a indenização por lucros cessantes. Com efeito, a indenização a que faz jus o expropriado, para ser justa, deve recompor seu patrimônio com quantia que corresponda exatamente ao desfalque produzido pela desapropriação. Destarte, a simples indenização do bem expropriado, desacompanhada das perdas e danos sofridos pelo proprietário (incluídos nestes os danos emergentes e os lucros cessantes), tornaria insuficiente o ressarcimento, representando tal fato visível descumprimento da norma constitucional que determina seja justa a indenização (art. 5º, XXIV, da CF)[113].

No caso concreto, se o imóvel expropriado não estava sendo utilizado pelo particular no momento da imissão provisória, são devidos apenas os juros compensatórios. Mas, por exemplo, se no terreno havia um estacionamento, gerador de lucro, tal verba deverá inte-

[110] MELLO, Celso Antônio Bandeira de, *Curso de Direito Administrativo*, 14ª ed., São Paulo: Malheiros, p. 519.

[111] PLÁCIDO e SILVA. *Vocabulário Jurídico*, v. 2, p. 119.

[112] *Op. cit.*, p. 523.

[113] MORAES SALLES, José Carlos de. *Desapropriação à luz da doutrina e da jurisprudência*. 8ª ed., São Paulo: Malheiros, p. 471.

grar a indenização. Portanto, os juros compostos podem ser cumulados com os lucros cessantes, o que deverá ser feita por meio de liquidação por artigos.

Os juros compensatórios de 60% ao ano incidem, a contar da imissão prévia na posse do imóvel, sobre a diferença entre o valor da soma da oferta e do depósito complementar e o da indenização fixada, corrigidos monetariamente, ao passo que os juros de mora de 60% ao ano são calculados, a contar de trânsito em julgado da decisão, sobre a mesma diferença, mais juros compensatórios.

Importante que se diga que esses juros compensatórios não podem ser confundidos com os moratórios de que trata o art. 15-B do mesmo diploma legal. Estes destinam-se à recomposição da perda decorrente do atraso no efetivo pagamento da indenização final (levando em conta data do trânsito em julgado da sentença). Entretanto, os juros compensatórios integrarão a base de cálculo dos juros moratórios, como o tem admitido a jurisprudência, quase que unanimemente. Veja-se, a propósito, a Súmula nº 12 do Superior Tribunal de Justiça: "Em desapropriação, são cumuláveis juros compensatórios e moratórios."

Portanto, no tocante aos juros moratórios, é pacífico na jurisprudência, que são eles devidos a partir do trânsito em julgado da sentença, inexistindo inclusive, distinção se o caso é de desapropriação direta ou indireta.

A Súmula nº 70 do STJ determina:

> Os juros moratórios, na desapropriação direta ou indireta, contam-se desde o trânsito em julgado da sentença.

Indubitavelmente, para que a indenização seja integral, há que computar-se, até a data do recebimento pelo expropriado, os juros moratórios devidos, em face do atraso no pagamento, bem como os compensatórios.

Há uma indagação frequente, que é respondida pela jurisprudência: se após o trânsito em julgado da ação, seria possível à acumulação de juros compensatórios e moratórios. A súmula 102 do STJ prevalece a ideia que é possível a anulação até o efetivo pagamento. A matéria é criação jurisprudencial, não há legislação nenhuma estes juros compensatórios e juros moratórios.

Portanto, a questão inclusa dos juros compensatórios na base de cálculos dos moratórios é matéria que já não comporta discussão.

15.9. É Constitucional o Instituto em Exame?

Hodiernamente, discute-se, de forma intensa, a constitucionalidade da imissão na posse, por ferir o art. 5º, inciso XX, do Texto Constitucional. Há autores, entretanto que advogam a inexistência de inconstitucionalidade do art. 15 do Decreto-lei nº 3.365/1941, alegando ser legal e constitucional a imissão provisória do bem expropriado, por tratar-se apenas da perda da posse e não da propriedade[114].

Concessa venia, não parece verdadeiro esse entendimento.

O Superior Tribunal de Justiça liderou o raciocínio segundo o qual o instituto da imissão provisória na posse é inconstitucional, pois, na verdade, autoriza que o Poder Público se aproprie do bem imóvel antes de pagar a prévia e justa indenização. Para os ministros que advogaram essa tese, o instituto ora analisado acaba conferindo ao ente expropriante todos os poderes da propriedade, não apenas o exercício dos poderes de uso e gozo, o que se confirma pela possibilidade de demolição das acessões erigidas nos terrenos e outros atos que denotam a titularidade de amplas faculdades.

Veja-se, a propósito, o seguinte trecho de um dos acórdãos daquela Corte de Justiça, em que se questionam os arts. 3º e 4º do Decreto-lei nº 1.075/1970:

> *Penso que, em se tratando de expropriação de imóvel residencial urbano, é indiscutível a aplicação do DL no 1.075/1970. E nesta hipótese tenho por derrogados os arts. 3º e 4º. É que não se compatibilizam com as regras constitucionais ínsitas nos arts. 5º, XXIV e 183, § 3º, proclamadoras do princípio do justo preço e pagamento prévio. Como admitir-se prévio e justo o pagamento de metade do preço arbitrado? Dizer que a expropriação do bem só se caracteriza ao final da ação, após pagamento da indenização, não infirma a trágica realidade dos fitos do desapossamento de bem onde estabelecida a residência de cidadão, num País que a protege, até do credores (Lei nº 8.009/1990). Admitir-se que a perda da posse não corresponde ao esvaziamento do direito de propriedade significaria o mesmo que se proclamar em uso o contrato de enfiteuse nos dias que ocorrem. Note-se eu os critérios estabelecidos nos arts. 3º e 4º não se coadunam com os considerandos do próprio Decreto-lei nº 1.075/1970. Afinal, não cabe na cabeça de ninguém possa o expropriado adquirir bem semelhante ao de que foi desapropriado, por metade do preço legítimo e honradamente arbitrado. Embora, continue prevalente o interesse público, tenho sempre em mente que a democracia se caracteriza pelo respeito ao interesse minoritário*[115].

[114] MOTA, Carlos Pinto Coelho. *Curso de Direito Administrativo*. Minas Gerais: Lê, 2005, p. 335.

[115] STJ – Segunda Turma; Resp 23.278-1/SP; Rel. Min. Peçanha Martins.

Confira-se, agora, outro acórdão, em que o Superior Tribunal de Justiça se refere à inconstitucionalidade do § 1º do art. 15 do Decreto-lei nº 3.365/1941:

> *Para fins de imissão antecipada na posse, não atendem o mandamento constitucional da justa indenização o depósito de 50% do valor apurado na avaliação, ou do simbólico valor venal. Apenas o* caput *do art. 15 do DL 3.365/1941 está em vigor, porquanto recepcionado pela Nova Carta, o que não acontece com os demais parágrafos do citado artigo*[116].

A tese sempre foi bem aceita pela doutrina, destacando-se a acolhida pelo ilustríssimo Hely Lopes Meirelles, *in verbis*:

> O STJ tem entendido que, com o novo disciplinamento constitucional do instituto da desapropriação, os parágrafos e incisos do art. 15 do Decreto-lei nº 3.365/1941, bem como o art. 3º do Decreto-lei nº 1.075/1970, estão derrogados. Por isso, a imissão provisória na posse está condicionada o integral anterior depósito do valor apurado em avaliação provisória[117].

No mesmo sentido é a doutrina do prof. Celso Ribeiro Bastos, senão vejamos:

> Ora, privação de bem não é apenas privação do domínio; há um conceito mas amplo, que abrange toda manifestação do direito de propriedade.
> Se ninguém pode ser privado de um bem, mesmo que seja parcialmente, sem receber a justa indenização prévia, há que se ressaltar que qualquer legislação anterior à Constituição Federal, que admita uma indenização parcial no momento da imissão provisória, não foi recepcionada.
> Não se pode admitir mais uma indenização prévia que seja parcial, no momento da imissão provisória. Todo o montante a se abonar é único. O próprio conceito é indenização, deixar sem dano, já supõe que é completa.
> Portanto, a indenização deve ser prévia, antes de qualquer limitação, seja no uso, seja na fruição ou seja na disposição do bem. Para ser justa no momento prévio, como já vimos, tem que ser integral[118].

Entretanto, a tese não convenceu o Supremo Tribunal Federal, que já havia se manifestado, antes de 1988, sobre constitucionalidade do diploma legal. O raciocínio formalista daquela Corte Política foi no sentido de equiparar os dispositivos constitucionais atualmente vigente com os das Cartas anteriores. Assim, se não houve qualquer alteração neste particular, é de se manter o posicionamento anterior. Veja o acórdão:

> 1. Preliminar de prejudicialidade rejeitada, ante a diversidade dos procedimentos respectivos e da modalidade de execução, entre a imissão provisória na posse (a que se refere o mandado de segurança ora em grau de recurso extraordinário) e o julgamento definitivo da ação expropriatória. 2. Subsiste, no regime da Constituição Federal de 1988 (art. 5º, XXIV), a jurisprudência firmada pelo Supremo Tribunal sob a égide das Cartas anteriores, ao assentar que só a perda da propriedade, no final da ação de desapropriação – e não a imissão provisória na posse do imóvel – está compreendida na garantia da justa e prévia indenização[119].

Decepcionante é a acolhida dessa tese por um dos mais progressistas administrativistas do País, o prof. Celso Antônio Bandeira de Mello, *in verbis*:

> Diz-se provisória porque não é a posse que acompanha a propriedade. Esta, o expropriante só obterá mediante o pagamento da justa indenização fixada pelo juiz depois de arbitramento em que se apure o verdadeiro e real valor do bem desapropriado[120].

No nosso ponto de vista, ainda que façamos uma análise puramente formal da questão, há que se fazer uma importantíssima distinção entre os casos em que somente a qualidade de possuidor adquire o expropriante e os outros em que este avoca verdadeira qualidade de titular do domínio, devendo a hipótese merecer tratamento diferenciado.

Se o Poder Público expropria um terreno nu, ou seja, sem qualquer construção em sua superfície, e o transforma em uma bela praça, não destruiu nada, exercendo, simplesmente, a qualidade de possuidor. Entretanto, se o terreno tem um prédio, e esse é demolido para ali passar uma ponte, poder-se-á vislumbrar, aí, com bastante clareza, que excedeu os poderes de um simples possuidor de coisa alheia, para titular-se dono do bem, já que dispôs dele como só ao *dominus* é dado fazer. Neste caso, o que ocorreu foi a antecipação

[116] STJ – Segunda Turma; Resp 22.866-1/SP, Rel. Min. Américo Luz.

[117] MEIRELLES, Hely Lopes. *Direito Administrativo Brasileiro*, 30ª ed., São Paulo: Malheiros, p. 523.

[118] BASTOS, Celso Ribeiro. *Curso de Direito Administrativo*, 4ª ed., São Paulo: Saraiva, p. 228-29.

[119] STF – Primeira Turma; Rel. Min. Octávio Gallotti; RE nº 195.586/DF, p. 13144.

[120] *Op. cit.* p. 701. Também Diógenes GASPARINI (*Direito Administrativo*, 11ª ed., São Paulo: Saraiva, 2007, p. 637) se manifesta neste sentido: "Não cabe, portanto, qualquer exigência de depósito integral para tal fim (*RDA*, 194, p. 247), pois não se pode chegar a tanto, ainda que alguns juízes venham exigindo que o depósito para esse fim seja igual ao valor da avaliação feita pelo perito judicial (BDM, p. 437, ago. 1994)."

da expropriação, que, para manter coerência, reclama prévia e justa indenização.

Entretanto, ao nosso sentir, a questão não pode ser encarada com tão pouca espiritualidade. Ainda nos casos em que não assuma verdadeira condição de proprietário o Poder Público, deverá o depósito ser precedido de prévia avaliação para que o expropriado não sofra insuportável prejuízo em prol do interesse público, posto que isto implicaria numa supressão do princípio da isonomia, que é justamente o que justifica a necessidade de indenização pela desapropriação.

Temos, ainda, em relação ao art. 3º do Decreto-lei nº 1.075/1970, a questão da razoabilidade, já explorada anteriormente (item 6.2), argumento não avaliado pela Suprema Corte. Neste particular, remetemos o leitor ao ponto indicado.

Muito embora o Supremo Tribunal Federal já tenha se posicionado retrogradamente, como tivemos a oportunidade de ver, e isto tenha sido suficiente para dobrar o entendimento do Superior Tribunal de Justiça[121], parece-nos que questão ainda está acesa, merecendo a atenção das cortes de Justiça de um modo geral. E, possivelmente, com a apresentação desses novos argumentos, sensibilizar-se-ão os intocáveis ministros daquela Corte Maior, enxergando o que nos parece óbvio: *por traz de uma injustiça, sempre se encontrará uma inconstitucionalidade!*

Em nome da moralidade pública, a imissão provisória do expropriante na posse direta dos bens expropriados, inegavelmente, depende do prévio depósito do valor de justa indenização, arbitrada pelo juiz com o auxílio de perito de sua inteira confiança.

O Direito de Propriedade com relação ao justo preço, está na própria Constituição. Se essa desapropriação, por exemplo, se deu pelo Decreto-lei nº 3.365/1941, o juiz pode determinar a perícia e o levantamento limitado a 80%. O decreto que disciplina as desapropriações urbanas, na nossa opinião, é que não condiz com a Constituição, porque limita o levantamento a 50% do valor da avaliação.

Em se tratando de desapropriação urbana, deve-se conceder o levantamento *integral* porque o objetivo da lei é o de fazer com que o expropriado de novo possa morar. Não cabe na cabeça de ninguém possa o cidadão expropriado recompor a sua residência com apenas 50% (cinquenta por cento) do valor da avaliação prévia.

Registra Nelson Nery Júnior, em seu festejado *Código de Processo Civil Comentado e legislação processual civil extravagante em vigor*, 3ª ed., São Paulo: Editora dos Tribunais, p. 1505:

> Imissão na posse. Depósito. Conforme decidido pela Egrégia Primeira Seção desta Corte, a imissão antecipada e definitiva na posse do imóvel expropriado deve ser constitucionalizado pelo depósito integral do valor apurado na avaliação provisória. (STJ – Primeira Turma, REsp. nº 13.867-0/SP; Rel. Min. César Asfor Rocha)

O pressuposto da desapropriação é a indenização e, por isso, deve anteceder a imissão provisória na posse. Somente assim o expropriado poderá adquirir outro bem para substituir aquele cuja utilização econômica já lhe foi definitivamente subtraída. Esse – segundo nosso entendimento – é o verdadeiro sentido da norma constitucional que exige a indenização prévia como garantia fundamental do cidadão, tudo de acordo com a Constituição Federal (art. 5º, XXIV e 182, § 3º).

Advertimos que a imissão provisória concedida no antigo regime, baseada em decretos-leis, editados em períodos de exceção, invertiam os momentos da indenização e da privação da utilização do imóvel, esvaziando o sentido do requisito da indenização prévia.

Após a oferta prévia, que em nenhum caso se aproximava do real valor do bem, não se sabia como, nem quando seria pago o restante. O expropriado convertia-se em verdadeiro financiador de obra pública e, em consequência, não tinha onde morar, pois o valor recebido não possuía o menor poder de compra de outra moradia.

O magistrado, comprometido com o senso de justiça e numa homenagem ao texto constitucional, só expedirá a imissão, depois de ser precedida de depósito que se aproxime do valor real do bem, para não afrontar fundamentos e objetivos previstos na Constituição, tais como a dignidade da pessoa humana (art. 1º, III), e a solidariedade social (art. 3º, I). Cabe, pois, ao Judiciário reprimir a manifesta lesão de direito, contribuindo para que não seja ferido o cum-

[121] STJ – Segunda Turma; Rel. Min. Aldir Passarinho Júnior, Resp nº 74.131/SP, publicado no DJ em 20/03/2000, p. 60: "Administrativo. Desapropriação. Imissão Provisória na Posse de Imóvel Urbano. Depósito do Valor Cadastral do Imóvel. Lei nº 3.365/1941, art. 15, § 1º, III. Suficiência. 1. Assentou o Egrégio Supremo Tribunal Federal que os incisos do § 1º do art. 15 da Lei nº 3.365/1941 são compatíveis com a Carta da República, de sorte que a justa indenização nela prevista é a que se concretiza ao termo do processo expropriatório e não antes. Em consequência, o valor cadastral fiscal, desde que atualizado, serve como parâmetro para o depósito prévio autorizativo da imissão provisória na posse do imóvel, no caso de urgência na sua ocupação. 2. Recurso conhecido e provido."

primento dos arts. 37 (moralidade administrativa) e 167 (idoneidade da previsão orçamentária), ambos da CRFB/1988.

Coadunamos com o posicionamento do prof. José Cretella Júnior que não se desapropria para depois indenizar. Indeniza-se para desapropriar.

É imperativo constitucional, portanto, a prévia e justa indenização, para usar as palavras da Lei Maior, ou seja, na concepção cristã da Justiça.

Precisa é a decisão proferida pela Décima Terceira Câmara Civil do Egrégio Tribunal de Justiça, no Agravo de Instrumento nº 172.085-2:

> Ora, a imissão na posse, ainda que provisória, acarreta ao expropriado a perda da disposição do patrimônio eis que já não poderá, como antes, usar e gozar da coisa. Isto significa, em outras palavras, que, na prática, o expropriado perde a propriedade no mesmo momento em que a Administração Pública é imitida na posse do bem. Logo, nada mais razoável que, em igual oportunidade receba a importância que represente de imediato, reparação adequada ao desfalque patrimonial que acabou de sofrer.

Consequentemente, a justa indenização deve repor integralmente o patrimônio do expropriado, sempre coerente com a real situação do imóvel.

Finalizando, vale frisar, mais uma vez, que imissão provisória, somente é possível mediante prévio depósito de valor apurado em avaliação judicial provisória. Nesse caso, tendo-se consumado a imissão provisória na posse, sem o cumprimento do pressuposto da avaliação judicial prévia, corrige-se a falha, em nome do princípio constitucional em nome da justa indenização, mediante laudo elaborado por perito judicial do juízo, não importando que se realize em época posterior à imissão na posse, já realizada.

Neste mesmo sentido, o STF tem posição firme, ressalvado o entendimento do ministro Marco Aurélio, no sentido da constitucionalidade do dispositivo, permitindo a imissão provisória mesmo que a indenização não seja completa, fazendo, para tanto, distinção entre desapossamento – perda da propriedade – e desapropriação – perda da propriedade. O entendimento consagrado pelo STF, é que a *indenização justa*, prévia e em dinheiro só é exigida quando da perda da propriedade, o que só ocorrerá ao *final* do processo expropriatório. No início, só há perda da posse, necessária para satisfazer necessidade de urgência.

Corroborando tal entendimento, outro não é o entendimento jurisprudencial sobre a matéria, conforme se verifica pelos procedentes do próprio Supremo Tribunal Federal:

> Recurso extraordinário. Desapropriação. Imissão prévia na posse. 2. Discute-se se a imissão provisória na posse do imóvel expropriado, *initio litis* fica sujeita ao depósito integral do valor estabelecido em laudo do perito avaliador, se impugnada a oferta pelo expropriado, ou se, por força dos parágrafos do art. 15 do Decreto-lei nº 3365/1941 e do art. 3º do Decreto-lei nº 1.075/1970, é possível, aos efeitos indicados, o depósito pelo expropriante da metade do valor arbitrado. 3. O depósito prévio não importa o pagamento definitivo e justo conforme art. 5º, XXIV, da Constituição. Não incidência do art. 182, § 4º, III, da Lei Maior de 1988. 4. A imissão provisória na posse pressupõe a urgência do ato administrativo em apreço. 5. Inexistência de incompatibilidade, do art. 3º do Decreto-lei nº 1.075/1970 e do art. 15 e seus parágrafos, Decreto-lei nº 3.365/1941, com os dispositivos constitucionais aludidos (incisos XXII, XXIII e XXIV do art. 5º e 182, § 3º, da Constituição). (RE nº 184069; Rel. Min. Néri da Silveira.)
>
> Recurso Extraordinário. Constitucional. Desapropriação. Imissão Provisória na Posse. Exigência do Pagamento Prévio e Integral da Indenização. Impossibilidade. Constitucionalidade do art. 15 e parágrafos do Decreto-lei nº 3.365/1941. Precedente. 1. O Plenário desta Corte declarou a constitucionalidade do art. 15 e parágrafos do Decreto-lei nº 3.365/1941 e afastou a exigência do pagamento prévio e integral da indenização, para ser deferida a imissão provisória na posse do bem expropriado. 2. Recurso Extraordinário conhecido e provido (RE nº 216964).

15.10. Contestação

Deve-se registrar que a contestação poderá ocorrer em face da desapropriação em si, mas não a imissão provisória, que é apenas um ato inaugural do processo expropriatório, quando alegada a urgência e efetivado o depósito equivalente.

A contestação, quando interposta oportunamente, deverá trazer o valor que considerar justo, a título de indenização, pela desapropriação.

Insurge-se que o Decreto-lei nº 1.075/1970, que dispõe sobre a imissão de posses de imóveis residenciais urbanos, traz uma forma diferenciada da contida no Decreto-lei nº 3.365/1941. Oportuno trazer à baila a origem deste decreto, que foi criado quando da construção do Metrô do estado de São Paulo, tendo sido legislado, sob encomenda, para aquela situação específica.

O art. 6º do referido decreto dispõe que este só se aplicará ao imóvel residencial urbano habitado pelo proprietário ou pelo compromissário-comprador, não se aplicando a nenhum outro tipo de imóvel.

O art. 1º deste decreto diz que a imissão provisória na posse só se dará se houver declaração de urgência, se for por interesse público, se houver o depósito prévio e se o expropriado não impugnar o valor oferecido, no prazo de cinco dias contados do recebimento da intimação.

Este preceito é um caso excepcional, em que poderá haver a impugnação disposto no art. 2º, referente ao valor do depósito prévio da imissão provisória na posse pelo expropriado.

Após a impugnação, o juiz fixará o valor provisório da indenização no prazo de 48 horas, o qual passará a ser considerado como o valor provisório, e sobre o qual a Administração deverá se basear para que possa imitir-se provisoriamente na posse efetivando o complemento que se fizer necessário que este seja satisfeito. Portanto, ao valor do depósito impugnado deverá se somar a diferença deste com valor arbitrado pelo juiz.

Não se vislumbra, neste decreto, a possibilidade de haver impugnação do valor depositado acaso o imóvel esteja ocupado por inquilino (locatário), hipótese em que este deverá se retirar do imóvel imediatamente. Portanto, não é lícito ao locatário impugnar em ação de imissão provisória na posse. Em verdade, o próprio art. 5º da lei do inquilinato reza que as suas regras não se aplicam em caso de desapropriação. Em tese, o inquilino deverá deixar o imóvel assim que receber a citação. O que pode ocorrer é uma negociação, de iniciativa do Poder Público, a fim de evitar que se gerem conflitos e uma consequente crise social, mas espontaneamente, não se atrelando esta conduta a nenhum preceito legal.

Retifica-se que a regra é a constante no art. 15 do Decreto-lei nº 3.365/1941, de que não poderá haver impugnação do valor prévio depositado para fins de imissão provisória na posse. A exceção só ocorrerá nos casos específicos, e tão somente nestes, de imóveis residenciais urbanos habitados por seus proprietários ou compromissário-comprador.

Após a imissão provisória na posse, o procedimento expropriatório seguinte será a *contestação,* cuja previsão se encontra expressa no art. 20 do decreto expropriatório, que dispõe que a contestação só poderá versar sobre vício processual ou impugnação do preço, sendo que outras questões deveriam ser tratadas por ações diretas, o que gera a manifestação de alguns juristas alegando a sua inconstitucionalidade, por cercear a ampla defesa.

Discordamos desta tese, pois ocorre a ampla defesa, mas que o contraditório sobre questões diversas devem ser tratadas em outra ação, ou seja, em ação direta, que pode ser até mesmo uma ação de Mandado de Segurança.

Pode-se alegar ainda nesta fase o *direito de extensão*, o qual poderá ser alegado pelo particular, quando este se achar prejudicado sobre algum bem remanescente, que não mais lhe será útil.

Não se pode alegar, todavia, a veracidade da conveniência ou da necessidade pública apresentada pela Administração, tampouco que o terreno "ao lado" era melhor que o seu para ser desapropriado. Contudo, nada obsta que quaisquer reivindicações desta espécie sejam alegadas em ações diretas.

O art. 9º do aludido decreto também prevê que a contestação da ação de desapropriação tem limites, não podendo aferir sobre vício do processo ou valor da indenização.

16. A Indenização na Desapropriação

16.1. Introdução

Todos os institutos jurídicos que impliquem em intervenção do Estado na propriedade se baseiam em dois pilares inafastáveis, quais sejam, o princípio da supremacia do interesse público e o novo conceito de propriedade. Ambos já são conhecidos. Entretanto, cumpre analisar, aqui, mais detidamente, o primeiro deles.

O princípio da supremacia do interesse público sobre o privado indica a possibilidade de se prestigiar o que é de interesse geral em face do que é de interesse restrito, de horizonte menos amplo, que só aproveita às pessoas enquanto indivíduo e não enquanto integrantes de uma coletividade. A partir da aceitação desse princípio, podemos explicar, dentre outras coisas, o instituto da desapropriação.

Entretanto, no mesmo momento em que se contempla a possibilidade de o Estado investir contra a propriedade privada para atender a um interesse de ordem geral, a ordem jurídica nossa protege-a (art. 5º, XXII da CRFB/1988). E se não o faz de forma absoluta, também não ignora a necessidade de sua proteção como direito individual.

Poder-se-ia vislumbrar, então, uma incoerência da ordem jurídica vigente. Entretanto, tal entendimento estaria, peremptoriamente, equivocado. Essa antítese principiológica, tão aplaudida por autores como Konrad

Hesse, tem a virtude de manter o equilíbrio da ordem jurídica diante da contingência dos governos.

A partir dessas considerações, clama por resposta a seguinte indagação: como compor, então, esse conflito de interesses entre o público e o privado de forma adequada, conservando-se tanto a supremacia dos interesses gerais quanto o reconhecimento do direito à propriedade privada?

A resposta está na imposição da regra da justa indenização pela desapropriação, contida no art. 5º, XXIV da Constituição, *ipsis litteris*:

> *Art. 5º*
>
> *[...]*
>
> *XXIV – a lei estabelecerá o procedimento para desapropriação por necessidade ou utilidade pública, ou por interesse social,* mediante justa e prévia indenização *em dinheiro, ressalvados os casos previstos nesta Constituição.*

Ora, a imposição de uma compensação financeira pela interferência na propriedade privada pelo Estado, que assim age na perseguição de um interesse coletivo, é nada mais nada menos do que a fórmula exata da composição antes aludida. É assim que se justifica a assertiva anterior, no sentido de que não há incompatibilidade entre os comandos constitucionais que, de um lado, protegem a propriedade privada e, do outro, admitem a desapropriação.

Assim, podemos verificar que é de suma importância a correta compreensão desse ponto específico do tema geral "Desapropriação", razão pela qual escrevemos o presente trabalho.

16.2. Regra e Exceções

Como já ficou dito, mediante a transcrição do inciso XXIV do art. 5º da Constituição de 1988, a regra sobre a indenização expropriatória contempla os seguintes itens: justeza, anterioridade e especialidade. Conceituemos:

a) *Indenização Justa* – é aquela que, por corresponder real e efetivamente ao valor do bem expropriado, faculta ao ex-proprietário a aquisição de outro bem perfeitamente equivalente àquele de que foi coercitivamente despojado, sem qualquer detrimento de natureza econômica e financeira.

Deve-se ressaltar que na busca da indenização justa, o juiz, por tratar-se de garantia constitucional, deve aplicar interpretação extensiva, não se apegando aos critérios estipulados pelo Decreto-lei nº 3.364/1941 (art. 27), podendo inclusive não utilizá-los se perceber que ocasionará uma indenização injusta ao expropriado, fulcrado, logicamente, na determinação maior da Constituição, no que tange ao conceito de justiça.

b) *Indenização Prévia* – O caráter prévio da indenização significa que o poder expropriante deverá pagar ou depositar o valor atribuído ao bem, antes de adquirir seu domínio.

Esta regra tem por fundamento o fato de que o patrimônio do proprietário deve permanecer intacto, ou seja, não pode haver redução patrimonial do proprietário. Logo, o pagamento deve ser antecipado ou, no máximo, concomitante à perda da propriedade.

c) *Indenização em dinheiro* – Quanto a este requisito não há discussão, devendo o expropriante pagar o expropriado em moeda corrente do País.

A indenização deve, então, ser justa, prévia e em dinheiro. Esta é a regra. E, como tal, comporta algumas exceções, previstas todas necessária e exaustivamente (sob pena da inconstitucionalidade) no texto Constitucional.

Excepciona a própria regra da indenização o disposto no art. 243 da Constituição, que trata de hipótese em que o Estado não indenizará aquilo que se chama de "*desapropriação confiscatória*"[122]. De acordo com o referido dispositivo constitucional, não renderá qualquer indenização a desapropriação de terras em que sejam localizadas culturas ilegais de plantas psicotrópicas.

No que se refere à regra da especialidade, temos como exceção as disposições dos arts. 182, § 4º, III e 184, ambos da Constituição.

No primeiro caso, temos a chamada desapropriação urbanística, fundada no princípio da função social da propriedade urbana, que deve ser adequadamente aproveitada de acordo com o que constar do plano diretor de cada Município. Aqui a indenização não se faz em dinheiro, mas em títulos da dívida pública, com prazo de resgate de até dez anos, em parcelas iguais, anuais e sucessivas.

No segundo caso, apresenta-se a desapropriação para fins de reforma agrária, também fundada no princípio da função social da propriedade. Aqui, o que se impõe como dever positivo é o adequado aproveitamento das terras rurais. Caso se constate infringência a esse dever, fica sujeito o proprietário à desapropriação nos termos do art. 184 da Constituição, cuja indenização se faz me-

[122] A doutrina, com alguma razão, tem dito que este não é um caso verdadeiro de desapropriação, mas sim de confisco.

diante a emissão de títulos da dívida agrária, resgatáveis em até vinte anos, a partir do segundo.

Convém, aqui, registrar que há vozes que se levantam contra a constitucionalidade do art. 35 do Decreto-lei nº 3.365/1941, que trata da chamada desapropriação indireta. E o motivo é simples: neste caso, a indenização se dá posteriormente, ao passo que, ao configurar exceção a regra de hierarquia constitucional (anterioridade), não poderia constar de texto infraconstitucional. Apesar da juridicidade da argumentação, não vingou esse entendimento.

16.3. Natureza Jurídica da Indenização na Desapropriação

Quando se busca a natureza jurídica de algum instituto, o que se objetiva é encontrar onde, dentro do esquema jurídico analisado, enquadra-se o mesmo. Neste passo, urge indagar que tipo de indenização é esta a que se refere a Constituição.

Alguns autores têm afirmado que o valor por meio do qual se compensa determinado proprietário pela expropriação de seus bens não é, verdadeiramente, uma indenização. O fundamento desse entendimento é o fato de que se considera impossível haver indenização sem ato ilícito. E, como a desapropriação é um ato lícito, previsto, inclusive, pela Constituição, não haveria de se falar em indenização.

Nesse sentido é a lição de Vicente de Paula Mendes, para quem tal valor é, isto sim, um preço e não uma indenização. Vejamos as suas palavras:

> [...] é forçoso reconhecer que essa indenização é, substancialmente, o pagamento do preço do bem tomado compulsoriamente de seu dono. É preço arbitrado, mas preço. É a recomposição patrimonial de ato admitido pela lei e legitimado pelo interesse público[123].

Esse entendimento é, *data venia*, vetusto e não mais se aplica. Os estudos modernos acerca da responsabilidade civil entendem que o dano pode ocorrer tanto em virtude de um ato lícito como em virtude de um ato ilícito, de modo que, em ambos os casos, a compensação por esse dano será sempre uma indenização.

Além disso, parece-nos que o mencionado autor, ao se referir a preço, fez transparecer que a desapropriação, na sua opinião, tem natureza contratual, embora compulsória. Entretanto, essa tese é hoje minoritária e tecnicamente incorreta apesar da adesão de grandes doutrinadores, como José Carlos de Moraes Salles –, visto que é impossível a existência de um contrato compulsório.

Assim, afigura-se-nos lícito reconhecer nessa verba o caráter indenizatório propriamente dito, sendo o dever de reparar o dano causado decorrente de ato lícito do ente expropriante.

16.4. Procedimento Administrativo e Indenização Consensual

Quando o ente público (nem sempre político, mas sempre com personalidade jurídica de Direito Público) se interessa por determinado bem e o declara de utilidade pública para fins de desapropriação, recebe o seu proprietário uma intimação que lhe deixa ciente daquele ato. Isto se justifica pelo fato de que, apesar de ser publicado esse decreto, não é dotado de abstração e generalidade (como as leis), antes surtindo efeitos concretos em relação àquele proprietário que teve a "sorte" de ter seu bem declarado de utilidade pública.

Neste momento, definem-se três importantíssimos efeitos, dois dos quais nos interessam de perto neste trabalho. Em primeiro lugar, a edição do decreto expropriatório, embora não transfira ao ente expropriante quer a posse quer a propriedade do bem, autoriza-o a adentrar no imóvel (se for o caso) para fins de avaliação (art. 7º do Decreto-lei nº 3.365/1941). Com base nessa avaliação, fixa-se o preço da indenização para fins de oferta amigável.

O segundo efeito que nos interesse é o que se refere ao *status* do bem no momento da decretação de sua utilidade pública. Naquele instante, fotografa-se o imóvel, no sentido figurado, sendo aquele o estado do bem que será considerado para fins de fixação do valor da indenização, ainda que em processo judicial.

Com base na referida avaliação, oferta o ente expropriante determinada quantia em dinheiro que entende equivaler ao bem expropriado, podendo o proprietário aceitar ou não.

A indenização consensual deveria ser o meio mais comum de indenização na desapropriação. O ente expropriante, motivado pelo princípio da moralidade administrativa, ofereceria ao expropriado o valor justo pelo seu bem. A questão, assim, resolver-se-ia com facilidade e sem prejuízo para nenhuma das partes.

Ocorre que não é bem isso o que acontece em determinados casos. Muitas vezes, administradores inescrupulosos, objetivando rolar a dívida para os sucessores

[123] MENDES, Vicente de Paula, *A indenização na desapropriação*, Belo Horizonte: Del Rey, 1993, p. 39.

do "trono", oferecem valores que não condizem com a realidade, forçando litígios judiciais que costumam se arrastar por décadas. Obviamente, o administrador que assim age fere princípios como o da legalidade e moralidade, afrontando, de forma ríspida, preceitos basilares do ordenamento constitucional vigente.

Deve-se, entretanto, ressaltar o trabalho sério e digno que o Município do Rio de Janeiro consolidou nos últimos anos, quando, na execução do projeto de reurbanização da Cidade, promoveu várias desapropriações. Na maioria dos casos, foi possível obter consenso na fixação do valor a indenizar. Mostrou-se, então, que quando a Administração Pública tem interesse e vontade política, consegue estabelecer critérios plausíveis para avaliar o justo a ser pago em uma desapropriação.

Obtendo-se o consenso acerca do valor da indenização, encerra-se o processo administrativo, com a transcrição da escritura pública no Registro Geral de Imóveis (se for o caso). Consolida-se, assim, a transferência da propriedade para o patrimônio do ente expropriante, sem a necessidade de se mover a famigerada ação expropriatória.

16.5. Contencioso Judicial

Como visto no tópico anterior, caso a questão da indenização não se resolva administrativamente, será levada à apreciação do Judiciário.

No caso da desapropriação indireta, o particular tem seu bem retirado de seu patrimônio antes da indenização, que só será obtida mediante o ajuizamento de ação condenatória, pelo rito ordinário. Somente quando se tratar de um procedimento regular da Administração Pública (o que é a regra) é que será deflagrado o processo regulado pelo Decreto-lei nº 3.365/1941.

Lembre-se de que a resistência do particular pode se dar em razão da própria desapropriação. Entretanto, o valor da indenização é a única coisa discutida no processo (art. 20 do Decreto-lei nº 3.365/1941), já que a desapropriação é ato de força do Estado e, como tal, independe da vontade do particular para se concretizar legitimamente.

Vejamos, então, a partir do próximo tópico, como se desenvolve esse processo de avaliação dos bens expropriados, analisando, inclusive, que parcelas devem compor o complexo cálculo.

16.6. O Valor do Imóvel e os Critérios Legais

A tarefa do Judiciário, em essência, na ação de desapropriação se concentra na definição do valor a ser pago ao expropriado a título de indenização. E, apesar de parecer simples, muitas controvérsias deverão ser superadas para se chegar a esse montante.

Em primeiro lugar, constata o juízo que a legislação enumera alguns critérios para se chegar ao valor pretendido. Por outro lado, a Constituição fala em "justa" indenização. Como, então, compor a eventual tensão existente entre os critérios estabelecidos pela lei e a justeza da indenização a que se refere à Constituição? Ao nosso ver, sem grandes dificuldades, prevalecerá o bom senso do juiz na apreciação do que for um justo valor para fins de indenização. Os critérios estabelecidos pela lei são somente um norte para se diminuir a subjetividade no julgamento da causa. Em última análise, não se poderá fixar um valor injusto a título de indenização a pretexto de se estar cumprindo a lei. Prevalecerá, em qualquer caso, a noção de justiça a que se refere a *Lex Fundamentalis*.

Neste sentido também se manifestou o prof. José Carlos de Moraes Salles[124], dizendo que o juiz deve atender, sempre que possível, aos elementos estabelecidos pela lei, não estando, entretanto, obrigado a limitar-se a eles. Aduz, ainda, que outros requisitos devem ser sopesados na busca do *quantum* indenizatório, devendo, inclusive, desprezar os elementos estabelecidos, quando verificar que estes ocasionaram um ressarcimento injusto ao expropriado.

O art. 27 do Decreto-lei nº 3.365/1941 determina os requisitos que deve o juiz considerar no momento da avaliação, que são: a) a estimação dos bens para efeitos fiscais; b) o preço de aquisição e o interesse que deles aufere o proprietário; c) a situação, estado de conservação e segurança do imóvel; d) o valor venal dos imóveis da mesma espécie nos últimos cinco anos; e) a depreciação ou valorização da área remanescente pertencente ao réu. Analisemos cada um desses requisitos legais:

Estimação dos bens para efeitos fiscais – O art. 33 do Código Tributário Nacional estabelece que a base de cálculo do Imposto Predial e Territorial Urbano será o valor venal do imóvel. Explica Hugo de Brito Machado[125] que valor venal "é aquele que o bem alcançaria se fosse posto à venda em condições normais".

Ocorre que as planilhas de cálculos utilizadas pelos municípios de um modo geral contemplam valores inferiores à real valia do bem, para que não se veja a Administração Pública abarrotada com impugnações aos lançamentos e, consequentemente, sem dinheiro em

[124] *Op. cit.*, p. 528.

[125] MACHADO, Hugo de Brito, *Curso de Direito Tributário*, 16ª ed., São Paulo: Malheiros, p. 287.

caixa (isto porque a impugnação suspende, por si só, a exigibilidade do crédito tributário, nos termos do art. 151 do CTN).

Em virtude deste descompasso entre valor venal para fins tributários e o valor real, tal critério não permite a avaliação perspicaz, a ponto de gerar a justa indenização, como determina a Constituição, devendo esse critério ser levado em consideração pelo juiz, mas com as devidas cautelas, para que não haja risco de ressarcimento injusto.

Preço de aquisição do bem expropriado e o interesse que o proprietário aufere deste bem – esse ponto, na verdade, trata de dois critérios. O primeiro quanto ao preço de aquisição do bem e o segundo quanto ao interesse que o proprietário aufere dele.

Quanto ao preço de aquisição, está o legislador contando com a declaração do valor da transação para fins de pagamento do ITBI ou do ITD, aplicando-se, aqui, raciocínio parecido com o utilizado no item anterior, referente ao valor venal para fins de pagamento do IPTU.

É muito comum que seja declarado pelo contribuinte, junto ao fisco, um valor inferior ao realmente praticado na transação, com vistas à diminuição da carga tributária. Entretanto, embora isso possa legitimar a ação da Administração Pública no sentido de penalizá-lo tanto com a imposição de multas pecuniárias como pela deflagração de ação penal para a apuração de crime contra a ordem tributária, não nos parece legítimo considerar o tal valor informado para fins de fixação do valor da indenização expropriatória. Isto porque a desapropriação não é meio adequado para se punir transgressões à ordem jurídica, mas sim para satisfazer a necessidades ou utilidades públicas, tal qual consta do art. 5º do Decreto-lei nº 3.365/1941.

Quanto ao interesse que o proprietário aufere do bem, trata-se da abertura de oportunidade para se discutir a questão dos danos emergentes e dos lucros cessantes apurados circunstancialmente caso a caso, estando aqui envolvidos o valor afetivo e histórico do bem, o fundo de comércio, entre outros que serão vistos detidamente em tópicos próprios.

A situação, estado de conservação e segurança do imóvel – No que tange à situação do imóvel, diz-se que a avaliação a que nos referimos anteriormente poderá ser desconsiderada pelo juiz, que determinará, neste caso, a realização de nova diligência. Entretanto, ainda assim deverá ser considerada a situação do imóvel na data da publicação do decreto expropriatório.

Quanto à sua localização e ao fato de tratar de imóvel residencial ou comercial, dever-se-á conjugar esses fatores para se chegar a um valor determinado. Assim, por exemplo, um imóvel comercial localizado em uma rua movimentada vale mais que um imóvel semelhante situado em rua quase desabitada. Ao passo que, se o imóvel for residencial, valerá mais aquele localizado em rua com menor movimento.

O estado de conservação diz respeito ao cuidado que o proprietário dedicou ao bem. De modo que, *v. g.*, dois imóveis localizados num condomínio de casas padronizadas não poderão ser avaliados da mesma forma, se um deles foi bem conservado pelo seu proprietário e ou outro não.

Quanto ao fator segurança, refere-se o legislador à estabilidade, fixação e condições internas e externas de habitação. Tal requisito não é um fator valorativo positivo, mas sim negativo. De modo que um prédio seguro não será mais valorizado por isso. A insegurança é que será um fator de desvalorização. Isso se dá pelo fato de que o mercado jamais pagaria por um imóvel inseguro o mesmo que pagaria ao seguro, posto que serão necessários gastos e investimentos para torná-lo seguro e habitável.

O valor venal de imóveis da mesma espécie, nos últimos cinco anos. Valor venal é o valor de venda do bem, ou seja, é o de mercado. Este elemento, em face da inflação exorbitante que vigorava nos tempos idos, impossibilitou sua aplicação. Nesses períodos de grande inflação, um imóvel adquirido em determinado momento por um valor, cinco anos depois valerá infinitamente mais que seu valor de aquisição. Assim, restou-se inseguro, tal modo de avaliação. Porém, com o advento do Plano Real, que a partir de 1994 estabilizou a moeda e conteve a inflação, tal instrumento pode voltar a ser utilizado pelo magistrado.

O prof. José Carlos de Moraes Salles ensina que o método mais utilizado pelos peritos para se alcançar o valor venal do bem é o chamado método comparativo. Ele consiste na comparação dos preços-índices efetivamente pagos no local, atualizando-se para o cálculo do valor atual em questão.

Aduz ainda o douto jurista, trazendo à colação vários entendimentos do Tribunal de Justiça do Estado de São Paulo, que o método comparativo, nas avaliações, é o mais simples, prático, seguro e exato para se determinar o justo preço, ou seja, o valor real da coisa desapropriada.

Deve-se ressaltar que existem ainda outros métodos utilizados pelos peritos para avaliações imobiliárias. Entretanto, dada a natureza estritamente técnica da matéria, não exploraremos mais o tema.

Quanto à *área remanescente*, concordamos com a profª Odília Ferreira[126], quando diz que o art. 27 do Decreto-lei nº 3.365/1941 faz referência a essa área está contemplando o tão debatido "direito de extensão". Como aqui não cabe falar sobre esse tópico especificamente, fica o registro sem mais discussões.

16.7. Parcelas da Indenização Expropriatória

A indenização, para ser justa, deve ser composta de valores que compensem integralmente a perda que o expropriado irá experimentar por ocasião da desapropriação. Assim, não se restringe ao valor do imóvel, abarcando, também, outros itens a serem considerados.

Vejamos, então, quais as demais parcelas a serem consideradas na indenização da desapropriação.

16.7.1. Honorários Advocatícios

Seguindo a mesma linha de raciocínio, os honorários do advogado serão, em regra, pagos pela Administração Pública, já que esta, ao não arbitrar um justo valor à indenização, deu causa para que o particular entrasse com uma ação judicial e, concomitantemente, contratasse um advogado.

A Súmula nº 141 do STJ preceitua que os honorários advocatícios são devidos na base de cálculo entre o valor oferecido e o valor definitivo, período este que se equivale ao ínterim em que o advogado atuou no processo expropriatório.

Exemplificando, a Administração Pública oferece "X" pela indenização da expropriação de um determinado bem. O particular, proprietário, contrata um advogado para atuar no curso do processo, contesta o valor arbitrado e prova que aquele valor oferecido não equivale a um valor justo, conseguindo alterá-lo para "X" + "Y". Em consequência, a atuação do douto advogado redundou no acréscimo referente à "Y", e será em cima desta diferença que incidirá a base de cálculo para o pagamento de seus honorários, fixado pelo competente magistrado a percentagem desta diferença.

Na sua acepção econômica, honorário designa prêmio ou estipêndio dado ou pago em retribuição a certos serviços profissionais. Distingue-se do salário por ser este remuneração dada a empregados, com valor prefixado (via de regra), de recebimento regular, enquanto os honorários se dão como paga a determinado serviço pré-contratado de trabalhador autônomo.

O texto original do art. 27 do Decreto-lei nº 3.365/1941 não trazia, em seu bojo, determinação legal no sentido de serem devidos honorários advocatícios ao expropriante, que só foi introduzida pela Lei nº 2.786, de 21/05/1956. Mesmo assim, alguns julgados da época já condenavam o expropriante ao pagamento daquela verba.

Antes da modificação legislativa de 1956, disputavam primazia as seguintes correntes de entendimento:

a) Os honorários não seriam devidos, posto que a condenação ao pagamento destas verbas dependeria da ocorrência de dolo ou culpa contratual e extracontratual, o que não ocorria na desapropriação por tratar-se de ato lícito do expropriante. Abraçavam esta corrente, Seabra Fagundes, Eurico Sodré, Carlos Medeiros Silva, dentre outros.
b) Contrários a esta corrente, defendiam a condenação em honorários advocatícios Silvio Pereira, José de Aguiar Dias e João Claudino, alegando que, sem advogado, o expropriado não poderia defender-se em juízo, por faltar-lhe capacidade postulatória.

A jurisprudência se posicionou no sentido de determinar o pagamento de honorários, que deveriam incidir sobre a diferença entre a oferta e a indenização sentenciada. Em abril de 1964, o Supremo Tribunal Federal editou a Súmula nº 378, com o seguinte teor: "Na indenização por desapropriação incluem-se honorários do advogado do expropriado."

Seguindo a orientação jurisprudencial, inseriu-se no texto do Decreto-lei nº 3.365/1941, em 1956, a regra que determina o pagamento de honorários de advogados na desapropriação, selando uma discussão que percorreu quase um século.

Atualmente a questão está pacificada, tanto no campo doutrinário quanto jurisprudencial. Tanto é assim que o Supremo Tribunal Federal em 17/10/1984 editou a Súmula nº 617 que aduz:

> A base de cálculo dos honorários de advogado em desapropriação é a diferença entre a oferta e a indenização, corrigidas ambas monetariamente.

Diferente não foi o posicionamento do Superior Tribunal de Justiça, que, em 06/06/1995, editou a Súmula nº 141, veiculando o seguinte entendimento:

> Os honorários de advogados em desapropriação direta são calculados sobre a diferença entre a indenização e a oferta, corrigidas monetariamente.

[126] FERREIA, Odília, *Manual de Direito Administrativo*, Rio de Janeiro: Renovar, p. 265.

No plano legislativo, a Medida Provisória nº 2.027-39/2000 deu a seguinte redação ao art. 27, § 1º do Decreto-lei nº 3.365/1941:

> *Art. 27.*
>
> *[...]*
>
> *§ 1º A sentença que fixar o valor da indenização quando este for superior ao preço oferecido condenará o desapropriante a pagar honorários do advogado, que serão fixados entre meio e cinco por cento do valor da diferença, observado o disposto no § 4º do art. 20 do Código de Processo Civil, não podendo ultrapassar R$ 151.000,00 (cento e cinquenta e um mil reais).*

Diga-se, entretanto, que essa verba, ao contrário do que se pode pensar, não é de propriedade do expropriado, mas sim do advogado que patrocinou sua causa, *ex vi* do disposto no art. 23 da Lei nº 8.906/1994, *ipsis litteris*:

> *Art. 23.* Os honorários incluídos na condenação, *por arbitramento ou sucumbência,* pertencem ao advogado, *tendo este direito autônomo para executar a sentença nesta parte, podendo requerer que o precatório, quando necessário, seja expedido em seu favor.*

Dessa forma, não se inclui dentre as verbas de natureza indenizatória, e o advogado credor pode, mediante ação própria, executar os honorários independente da vontade do expropriante ou do expropriado.

16.7.2. Dos Juros

São devidos, também, juros compensatórios e moratórios.

Tecnicamente, definem-se os juros como fruto do capital, podendo ser: (a) *legais*, quando provierem da lei; ou (b) *convencionais*, quando oriundos de acordo ou convenção das partes.

No âmbito do processo expropriatório, entretanto, mais importante é a distinção entre os juros compensatórios e os juros moratórios. Exploremos com maior cuidado o assunto.

Os juros compensatórios destinam-se, como o próprio nome já diz, à compensação do expropriado pela privação sofrida em decorrência da imissão provisória na posse ou da desapropriação indireta. Em ambos os casos, o expropriado se vê impossibilitado de utilizar o bem antes de receber a justa indenização.

Inicialmente, a incidência dos juros compensatórios nos casos acima indicados baseava-se em entendimento jurisprudencial, consolidado em súmulas do Supremo Tribunal Federal e do Superior Tribunal de Justiça. Vejamos:

> Súmula nº 164 do STF: No processo de desapropriação, são devidos juros compensatórios desde a antecipada imissão de posse ordenada pelo juiz por motivo de urgência.
>
> Súmula nº 69 do STJ: Na desapropriação direta, os juros compensatórios são devidos desde a antecipada imissão na posse e, na desapropriação indireta, a partir da efetiva ocupação do imóvel.

Quanto ao percentual aplicado, entendeu-se inicialmente que se aplicaria, analogicamente, o art. 1.062 do Código Civil, que estipula a regra dos 6% ao ano, no silêncio do contrato.

Posteriormente, o Supremo Tribunal Federal editou a Súmula nº 618, estipulando que, na desapropriação direta ou indireta, a taxa de juros compensatórios seria de 12% ao ano.

Todavia, com a edição da medida provisória nº 1.977 e suas reedições, o Executivo inseriu o art. 15-A no Decreto-lei nº 3.365/1941, dando novos contornos à questão. Atualmente, o precitado dispositivo legal tem a seguinte redação, dada pela Medida Provisória nº 2.027-39/2000:

> *Art. 15-A. No caso de imissão prévia na posse, na desapropriação por necessidade ou utilidade pública e interesse social, inclusive para fins de reforma agrária, havendo divergência entre o preço ofertado em juízo e o valor do bem, fixado na sentença, expressos em termos reais, incidirão juros compensatórios de até seis por cento ao ano sobre o valor da diferença eventualmente apurada, a contar da imissão na posse, vedado o cálculo de juros compostos.*
>
> *§ 1º Os juros compensatórios destinam-se, apenas, a compensar a perda de renda comprovadamente sofrida pelo proprietário.*
>
> *§ 2º Não serão devidos juros compensatórios quando o imóvel possuir graus de utilização da terra e de eficiência na exploração iguais a zero.*
>
> *§ 3º O disposto no* caput *deste artigo aplica-se também às ações ordinárias de indenização por apossamento administrativo ou desapropriação indireta, bem assim às ações que visem à indenização por restrições decorrentes de atos do Poder Público, em especial aqueles destinados à proteção ambiental, incidindo os juros sobre o valor fixado na sentença.*
>
> *§ 4º Nas ações referidas no parágrafo anterior, não será o Poder Público onerado por juros compensatórios relativos a período anterior à aquisição da propriedade ou posse titulada pelo autor da ação.*

Com essa legislação, uma série de restrições é trazida à baila. Em primeiro lugar, somente poderá se cogitar da incidência dos juros compensatórios se houver diferença entre o valor ofertado e o valor sentenciado. Além disso, essa mesma diferença será a base de cálculo dos juros. Por fim, para fazer jus aos juros decorrentes da imissão provisória na posse, deverá o proprietário comprovar a perda em que se baseia a tal verba (§ 1º).

Embora não tenha ficado expresso no texto legal, entende o prof. José Carlos de Moraes Salles que, quando houver o levantamento do valor depositado para fins de imissão provisória na posse, os juros deverão ser calculados apenas sobre a diferença que ficar retida à disposição do juízo[127].

No que se refere aos juros moratórios, estes se fundam basicamente em dois elementos dominantes: I) a existência de uma dívida exigível; II) a demora no pagamento, desde que seja imputável ao devedor.

No âmbito da ação expropriatória, ficou assentado na jurisprudência do Superior Tribunal de Justiça (Súmula nº 70) que serão devidos juros compensatórios sempre que houver defasagem entre a data do trânsito em julgado da decisão condenatória e a do efetivo recebimento pelo expropriado.

Entretanto, a já citada Medida Provisória nº 1.977 introduziu no Decreto-lei 3.365/1941 o art. 15-B (a redação atualmente vigente foi dada pela Medida Provisória nº 2.027-39/2000), determinado que os juros de mora serão fixados sobre o valor da indenização final de mérito, com taxa de 6% ao ano, fluindo a partir de 1º de janeiro do exercício seguinte àquele em que o pagamento deveria ser feito, nos termos do art. 100 da Constituição.

Começava aí a institucionalização do *calote*. Os nossos governantes, por mais que seja duro reconhecer isto, têm esquecido o significado da expressão *Estado de Direito* e estão, em última análise, afirmando que o Estado pode transgredir a ordem jurídica, causando danos aos seus administrados sem que seja obrigado a repará-los.

Os juros moratórios serão devidos após o trânsito em julgado da sentença que selar a ação de desapropriação em diante, incidindo na percentagem de 6% ao ano. Da mesma forma que os juros compensatórios, estes juros não encontram amparo legal, mas se fundamentam em criação jurisprudencial, precisamente na Súmula nº 114 do Superior Tribunal de Justiça.

Questão que se tem insurgido com frequência é se há a possibilidade de acumulação de juros compensatórios e moratórios após o trânsito em julgado da ação, até o efetivo pagamento da indenização. A resposta, todavia, advém do mesmo Tribunal Superior, posto que as Súmula nº 12 e nº102 do STJ trazem a afirmativa de que é possível a acumulação.

Não obstante esta postura jurisprudencial, registre-se a existência de posições contrárias na doutrina. Nesse sentido, é a posição do professor Sérgio Cavalieri, que sustenta com muita maestria que esta acumulação fere dispositivo constitucional, com o seguinte argumento:

> Ao valor final da indenização, já foi acrescido o percentual de 12% ao ano de juros compensatórios. Quando se aplicam os 6% de juros moratórios sobre este valor final, estará sendo atualizado, automaticamente, os juros compensatórios, a esta altura já embutidos, pois, ao valor final já se somou os juros compensatórios.

Além do mais, assevera o mestre Cavalieri, a aplicação das Súmula nº 12 e nº 102, que permitem a acumulação dos juros moratórios e compensatórios, somará um adicional de 18% ao ano, ferindo o dispositivo constitucional que prevê a vedação de juros acima de 12% ao ano.

Compactuando desta posição, registre-se que já se encontram votos vencidos nos Tribunais, num claro sinal de que já tramitaram reivindicações neste sentido, e de que não tardará para que o bom-senso prevaleça nas Cortes Superiores, de forma a adequar esta matéria ao dispositivo constitucional. Ademais, o engessamento jurídico não se justifica quando situações posteriores tornam as normas existentes, sejam elas doutrinárias ou jurisprudenciais, inadequadas e superadas. Espera-se que predomine o bom sendo em nome da justiça.

Na opinião do mestre Cavalieri, cuja visão se inclina para a revogação deste preceito legal, bastaria a aplicação dos juros moratórios. Não obstante, ainda que a tendência seja nesse sentido, ressalta-se que as Súmula nº 12 e nº 102 do STJ, que respaldem a referida matéria, ainda prevalecem, e que é permitida a acumulação dos juros compensatórios e moratórios[128].

Por fim, vale ressaltar que é perfeitamente viável a cumulação dos juros compensatórios com os juros mo-

[127] *Ob. cit.*, p. 611.

[128] Segue-se a transcrição a jurisprudência acerca dos juros moratórios na desapropriação: Processo Civil. Agravo Regimental no Agravo de Instrumento. Administrativo. Desapropriação. Juros Moratórios. 1. Tratando-se de desapropriação direta ou indireta, os juros moratórios contam-se desde o trânsito em julgado da sentença. Aplicação do princípio consolidado na Súmula nº 70 do STJ. 2. Agravo regimental a que se nega provimento. (STJ – AGA 571581/ RS. Agravo Regimental no Agravo de Instrumento nº 2003/0227274-8; Min. Rel. Denise Arruda; Primeira Turma)

ratórios, tal qual se extrai das Súmulas n°s 12 e 102 do Superior Tribunal de Justiça:

> Súmula nº 12 – Em desapropriação, são cumuláveis juros compensatórios e moratórios.
>
> Súmula nº 102 – A incidência dos juros moratórios sobre os compensatórios, nas ações expropriatórias, não constitui anatocismo vedado em lei.

16.7.3. Da Correção Monetária

A correção monetária é a atualização do valor da moeda pelos índices inflacionários, evitando assim que perca seu poder de compra. Não se trata de um *plus* capaz de incrementar o valor histórico, mas de um instrumento de manutenção do real valor da moeda diante do decurso do tempo e da inflação.

A quarta parcela de cálculo que se somará ao valor final da indenização é a correção monetária. Portanto, deve-se atentar para o texto que se encontra no § 2º do art. 26 da lei geral de desapropriação (Decreto-lei nº 3.365/1941), que estabelece que a correção monetária começa a incidir após o prazo de um ano, posto que foi revogado pela Lei nº 6.899/1981, a qual garante a incidência da correção monetária logo após o laudo pericial.

Esta lei se encontra no Código Civil brasileiro, e reza que a correção monetária que incidir sobre as decisões do Poder Judiciário não precisará se submeter ao prazo de um ano, não mais se aplicando, portanto, o disposto no art. 26, § 2º da lei geral de desapropriação.

Segundo o art. 26 do Decreto-lei nº 3.365/1941, com redação dada pela Lei nº 2.786/1956, a indenização deverá ser contemporânea à avaliação. Sabe-se, entretanto, que o processo expropriatório é longo e demorado, e que por muitas das vezes o recebimento do valor avaliado ocorre muitos anos após a avaliação.

Ignorando tal fato, o Supremo Tribunal Federal, editou a Súmula nº 416, admitindo que, pela demora, seria possível ao expropriado postular apenas juros moratórios, não cabendo, porém, indenização complementar.

Tal decisão não solucionou o problema da justa indenização, pois os juros, prefixados por tabelas, não acompanhavam a desvalorização da moeda que ocorria em velocidade galopante. Face às crescentes demandas judiciais que buscavam o recálculo do valor a ser indenizado, foi adicionado, pela Lei nº 4.686/1965, o parágrafo segundo ao art. 26 da Lei Geral das Desapropriações, determinando que, decorrido o prazo de um ano, a contar da avaliação, o juiz ou tribunal, antes da decisão final, procederá à correção monetária do valor apurado.

A jurisprudência tem entendido que a correção deve ser contabilizada a partir da data do laudo, desde que tenha transcorrido mais de um ano entre a avaliação e o pagamento[129]. Entretanto, essa não nos parece a melhor solução, pois, em havendo inflação, a não contabilização da correção monetária implicará em enriquecimento sem causa para a Fazenda Pública, contrariando, inclusive, o princípio da justa indenização[130]. Há decisões do Supremo Tribunal Federal no sentido de que a indenização se conta da data da feitura do laudo pericial[131], o que não permite concluir que seria da data em que se junta a peça técnica ao processo[132].

Deve ser ressaltado, por outro lado, que a Lei nº 6.899/1981 determinou de forma genérica a correção monetária nas ações judiciais, incluindo-se aí as indenizações decorrentes de desapropriação. Entretanto, não se conta a correção monetária da data do ajuizamento da ação, mas da data de emissão do laudo pericial, afastando-se a incidência do art. 1º, § 2º da Lei nº 6.899/1981.

Por fim, cabe registrar que todas as parcelas da indenização serão corrigidas monetariamente e não apenas o valor principal.

16.7.4. Custas e Despesas Processuais

Quanto às custas e despesas processuais, não há muito a falar. O Decreto-lei nº 3.365/1941, no que toca à regra processual de custas, só possui o art. 30, que determina que as custas serão pagas pelo autor se o réu aceitar o preço oferecido, em caso contrário, pelo vencido, ou em partes na forma da lei. Trata-se de um artigo no mínimo interessante, pois se a oferta não foi aceita anteriormente a ação, porque o seria agora? Para Seabra Fagundes, a lei quis facilitar o acordo em mais um momento.

A regra que se aplica em todos os processos em que a Administração Pública der causa é que as custas judiciais serão pagas ao final. Além disso, em geral, o valor definitivo é sempre maior do que o valor ofertado pelo Poder Público, o que corrobora a assertiva de que a ação judicial se justifica por iniciativa da Administração Pú-

[129] STF – RE nº 63.229 (RTJ 56/31).

[130] Assim também ficou assentado no âmbito do Tribunal de Alçada Cível do Estado de São Paulo, AC 69.853 (*RT* 382/297).

[131] *RTJ*, 66/553-555.

[132] *RT*, 745/315.

blica, porquanto ela não ofereceu o valor justo a fim de se evitar uma contenda judicial.

Portanto, como em regra o valor definitivo é maior que o valor ofertado, tendo sido o Poder Público quem deu causa à ação, este mesmo arcará com as custas judiciais, mas somente a pagará ao final do processo. Outro seria o desfecho se este ganhasse a ação, transferindo-se a obrigação do pagamento das respectivas custas judiciais ao particular, pois que este teria dado causa à ação, por não ter aceitado o valor justo oferecido, o que na prática raramente ocorre.

O art. 20 do CPC determina que o vencido pagará as despesas e os honorários, explicitando o § 2º do mesmo artigo que as despesas abrangem não só as custas dos atos do processo, como também a indenização de viagens, diária de testemunhas e remuneração do assistente técnico.

O que na verdade o artigo elenca é, segundo os processualistas, um rol exemplificativo, entendendo-se despesas como tudo que deva ser pago no processo, excluído, apenas, o honorário de advogado.

Como se pode notar, quanto às custas e despesas processuais, o próprio Código de Processo Civil se encarrega de tornar justa a indenização, pois vencendo a demanda, o expropriado nada pagará a este título.

No âmbito da ação expropriatória, importante registrar que também as despesas com a publicação do edital a que se refere o art. 34 do Decreto-lei nº 3.365/1941 deverão ser incluídas, embora o expropriado adiante a quantia para poder levantar os 80% do valor depositado. Nesse sentido é também a lição de Roberto Mattoso Câmara Filho. que aduz o seguinte:

> [...]o expropriado foi compelido a perder seu bem, e, em sendo assim, é de justiça que se lhe abonem as despesas feitas para receber o preço expropriatório que lhe foi imposto judicialmente[133].

16.7.5. Danos Emergentes e Lucros Cessantes

Danos emergentes e lucros cessantes, quando estes forem cabíveis. Deve-se registrar que o exemplo mais comum que se aplica quando se fala em danos emergentes e lucros cessantes, é o que se refere à desapropriação de uma determinada propriedade rural, onde há uma área pronta para a colheita (danos emergentes), e outra área recém- semeada, cuja colheita está prevista para um tempo futuro (lucros cessantes).

Portanto, deve-se atentar que este exemplo de propriedade rural que possui uma área pronta para colheita e outra que acabou de ser semeada, a qual caberá o pagamento indenizatório das parcelas de danos emergentes e lucros cessantes, não poderá ser aplicado em casos de desapropriação de propriedade rural para fins de reforma agrária, posto que, nesta modalidade de desapropriação, a propriedade produtiva jamais será desapropriada.

Esse exemplo só será cabível à desapropriação para fins de utilidade pública, como o caso em que o Poder Público desapropria determinada fazenda para a construção de uma estrada, de uma escola, de um hospital etc. Nesses exemplos, nada obsta se a fazenda é ou não produtiva. Em caso positivo, soma-se à indenização as referidas parcelas descritas neste item. Ela só não poderá ser desapropriada para fins de reforma agrária quando for comprovadamente produtiva.

Esta assertiva encontra amparo legal na Carta Magna, que dispõe em seu art. 185, inciso II:

> *Art. 185. São insuscetíveis de desapropriação para fins de reforma agrária:*
> *[...]*
> *II – a propriedade produtiva.*

Dano emergente é o prejuízo efetivamente produzido. É o prejuízo real. É aquilo que se perdeu em virtude de ato praticado ou do fato ocorrido. No nosso caso particular, são os danos efetivamente comprovados, ocorridos com o advento da desapropriação.

Lucros cessantes são os frutos que se produziriam no futuro, caso não se tivesse deteriorado ou destruído a fonte produtora. Vale dizer, são lucros que deixaram de ingressar no patrimônio em virtude de fato estranho e não desejado pelo proprietário. Em suma, trata-se do lucro frustrado.

Fulcrado na justa indenização, o binômio lucro cessante e danos emergentes são de importância sem igual para o cômputo da indenização expropriatória. Assim, a indenização para ser justa deve recompor por inteiro o patrimônio expropriado, devendo, portanto, na indenização, estarem incluído os lucros que efetivamente e comprovadamente o expropriado deixou de auferir com a desapropriação.

Há uma controvérsia sobre a necessidade de indenizar os lucros cessantes, parecendo-nos lícito reconhecer que a maior parte da doutrina se posiciona pela afirma-

[133] CÂMARA FILHO, Roberto Mattoso *Desapropriação por utilidade pública*, Rio de Janeiro: Lumen Juris, p. 375.

ção. Entretanto, há decisões do Supremo Tribunal Federal negando o dever de incluir no cálculo indenizatório os lucros cessantes[134].

16.7.6. Benfeitorias

A regra quanto à indenização de benfeitorias na desapropriação está positivada no § 1º do art. 26 do Decreto-lei nº 3.365/1941. O que a lei prevê é que, no ato declaratório de desapropriação, todas as benfeitorias até então inseridas serão indenizadas (úteis, necessárias e voluptuárias). Após a declaração, só serão indenizadas as benfeitorias necessárias, que, por serem imperiosas à mantença do bem, independem de autorização.

As benfeitorias úteis serão indenizadas sempre que sua feitura for autorizada pelo poder expropriante. As benfeitorias voluptuárias, que são concebidas para o deleite, nunca serão indenizadas, mas nada impede que o expropriado as realize, posto que ele, até a efetivação da desapropriação, tem pleno domínio sobre o bem.

16.7.7. Fundo de Comércio e as Locações e Direitos do Inquilino

Fundo de comércio é o elemento valorativo material e imaterial que integram um conjunto de direitos do comerciante. Já está mais que consagrado na doutrina que o fundo de comércio representa um bem patrimonial do comerciante de inegável valor econômico. Logo, se há valor econômico, deve ser indenizado, à vista do disposto no art. 2º do Decreto-lei nº 3.365/1941.

Quando o proprietário do fundo de comércio é o mesmo proprietário do local expropriado, não há dúvidas de que este valor deva integrar a indenização a ser recebida. Porém, se o proprietário do imóvel for pessoa distinta do comerciante, só obterá a indenização se ingressar com ação ordinária contra o poder expropriante, exigindo indenização pelo fundo de comércio. Isso porque o art. 26 *in fine* do Decreto-lei nº 3.365/1941 estabelece que não se incluirão nas indenizações direito de terceiros contra o expropriado.

O mesmo raciocínio deverá ser utilizado quanto ao inquilino do imóvel não comercial. Havendo prejuízo, deverá o inquilino entrar com ação própria em relação ao poder expropriante. Não há de se falar em ação face ao locador, por quebra contratual, posto não haver em nenhum momento dolo ou culpa do locador para ocorrência do dano ao inquilino. Ademais, diante do artigo suscitado, não está inserido nos valores indenizatórios qualquer direito de terceiro contra o expropriado. Se do expropriado fossem cobrados estes danos, estaríamos ferindo o princípio da justa indenização e favorecendo o enriquecimento sem causa do poder expropriante.

Portanto, repetindo mais uma vez, no que concerne ao fundo de comércio, este somente será computado na soma das verbas indenizatórias que se destinem ao pagamento da desapropriação se o comércio for do próprio proprietário. Com efeito, se o proprietário de um imóvel desapropriado é comerciante, e em consequência possui um fundo de comércio, esta parcela deverá integrar o *quantum* indenizatório.

Entretanto, acaso o imóvel expropriado esteja locado a um terceiro, e este inquilino é que tem um fundo de comércio, o valor resultante deste negócio não terá nenhuma relação com o valor indenizatório da desapropriação, pois que os direitos de terceiros não são computados no cálculo da indenização, conforme dispõe o *caput* do art. 26 do Decreto-lei nº 3.365/1941.

> *No valor da indenização, que será contemporâneo da avaliação, não se incluirão os direitos de terceiros contra o expropriado.*

Com isso, se em consequência de uma desapropriação, o inquilino do bem expropriado perder o seu fundo de comércio, acaso queira pleitear judicialmente uma indenização da Administração Pública, deverá fazê-lo com uma ação própria de indenização.

16.7.8. Enfiteuse

Quando se fala em enfiteuse, deve-se levar em consideração que sobre a mesma coisa recaem direitos reais distintos e pertencentes a pessoas diversas. Trata-se, assim, de direito real sobre coisa alheia, havendo um senhorio direto e um enfiteuta.

Com a desapropriação, ambos os detentores de direito real são privados de seus bens, merecendo ambos indenização. Até aí nada de complicado. Paga-se a indenização a um deles (enfiteuticador), competindo ao enfiteuta a faculdade de ingressar com ação própria em face daquele para haver seus direitos. Fala-se, aqui, em sub-rogação, como se extrai do art. 31 do Decreto-lei nº 3.365/1941. Entretanto, a situação muda de perspectiva quando o próprio expropriante é detentor do domínio direto.

Não seria razoável que o próprio expropriante pagasse todo o valor do imóvel ao enfiteuta, para depois ingressar com ação para haver de volta a sua parte. De

[134] STF- RE nº 17.421, *in RDA* 31/268.

modo que o mais correto se afigura deduzir, desde já, o valor referente ao domínio direto, pagando-se o restante ao expropriado.

Apesar de algumas decisões judiciais terem tomado rumo diverso, tendo-se registro de algumas que, inclusive, determinavam o pagamento do valor total do bem ao expropriado detentor somente da enfiteuse, assentou-se que o correto é mesmo decompor-se o valor do bem, identificando-se o que cabe a cada qual, sob pena de experimentar o expropriado enriquecimento sem causa, o que é vedado pelo ordenamento jurídico, ainda mais quando se dá em prejuízo aos entes públicos.

16.7.9. Quantia para o Desmonte e Transporte de Maquinismos

O parágrafo único do art. 25 do Decreto-lei nº 3.365/1941 dispõe que:

> *O juiz poderá arbitrar quantia módica para desmonte e transporte de maquinismos instalados e em funcionamento.*

O saudoso Pontes de Miranda faz ressalva sobre este dispositivo legal, se valendo do argumento de que a Constituição Federal se vale do termo "justa indenização", e se em razão da desapropriação, o expropriado se submete às despesas de desmonte e de transporte, estas não pressupõem uma despesa módica, mas sim uma quantia que cubra todos os gastos provenientes destes fatos.

Os gastos com o desmonte e o transporte se fizeram necessários em razão da desapropriação a que deu causa a Administração Pública. Portanto, estes gastos de que o expropriado deverá dispor deverão integrar a indenização de forma integral, e não se equiparar a uma quantia módica. Ainda que este raciocínio do mestre Pontes de Miranda seja coerente e oportuna, prevalece sobre ele o dispositivo do art. 25, estipulando as aludidas despesas como quantias módicas.

16.7.10. Pertenças de um Imóvel

As pertenças de um imóvel são todas as coisas que aderem ao imóvel. Quando o Poder Público quer desapropriar um imóvel residencial para a construção de um museu, por exemplo, a princípio, observa-se o valor venal da propriedade. Entretanto, se o referido imóvel possuir pertenças, como por exemplo, uma parede de ladrilhos da época do Império, um lustre de cristal, um corrimão de ouro na escada, ou seja, acessórios que valorizam o imóvel, o perito deverá levá-las em conta quando de sua avaliação, aumentando o valor da indenização.

16.7.11. Da Indenização pela Imissão Provisória na Posse

O controvertido instituto da imissão provisória na posse merece atenção neste trabalho, visto que o art. 15 do Decreto-lei nº 3.365/1941 e o Decreto-lei nº 1.075/1970 impõem regras altamente discutíveis em face do ordenamento constitucional vigente. Isto porque autorizam que o ente expropriante prive o proprietário da utilização de seu patrimônio com uma contrapartida não equivalente, visto que o depósito efetuado não deve, necessariamente, corresponder ao valor integral do bem. Por outro lado, a condição de proprietário do expropriado fica totalmente esvaziada.

Atento a esse fato o Superior Tribunal de Justiça, incorporando o entendimento de vários tribunais do País, iniciou grande revolução neste tópico, anunciando que aquelas normas não teriam sido recepcionadas pela Constituição e que, portanto, para imitir-se provisoriamente na posse do imóvel, deveria o expropriante depositar o valor integral do imóvel, que seria arbitrado de acordo com perícia sumária feita exclusivamente para esse fim.

Entretanto, como envolvia a discussão matéria de índole constitucional, foi chamado a pronunciar-se o Supremo Tribunal Federal, que, em decisão absolutamente conservadora e formalista, entendeu ser juridicamente possível o pagamento de indenização inferior ao proprietário atingido pela imissão provisória na posse, já que, naquele momento, ainda não se transferia a propriedade para o expropriante, mas tão somente a posse do bem.

A questão pelo alto grau de insatisfação quanto ao posicionamento do Supremo Tribunal Federal ainda tem merecido atenção. Entretanto, atualmente, prevalece o entendimento de que a indenização pela imissão provisória na posse pode ser inferior ao valor do bem expropriado. A diferença seria paga por meio dos já mencionados juros compensatórios.

16.7.12. Outras Parcelas da Indenização

Além das verbas até aqui examinadas, outras a que a lei faz referência expressa ou a doutrina considera serão possíveis de serem incluídas na indenização pela desapropriação. Como exemplo da parcela considerada expressamente pela lei, temos as despesas com mudança (art. 25, parágrafo único do Decreto-lei nº 3.365/1941). Como parcelas verificadas pela doutrina temos ainda: a) pastagens artificiais e plantações; b) honorários do perito (despesas processuais); c) jazidas; d) leito e margens de rios; e) loteamentos e áreas loteadas; f) matas e florestas; g) privação de fontes de água; h) faixas marginais de rodovias (áreas *non edificandi*); i) servidões; j) despesas de recontratação (*Frais de Remploi*); k) materiais de construção; l) valor de afeição; m) valor histórico.

16.7.13. Da Apelação

Como se infere do disposto no art. 28 do Decreto-lei nº 3.365/1941, caberá apelação, com efeito meramente devolutivo, se interposta pelo expropriado, e com efeitos devolutivo e suspensivo, quando se tratar de recurso interposto pelo expropriante.

Deste modo, o valor fixado na sentença, embora não o seja comum, poderá ser revisto pelo tribunal, em grau de apelo. Geralmente, confirmam-se, na segunda instância, os valores encontrados pelo perito do juízo (salvo erro evidente), alterando-se, se for o caso, a inclusão de verbas indevidas ou a exclusão de verbas devidas e não consideradas pela sentença.

Nada impede, entretanto, que o tribunal reaprecie amplamente os fatos, desconsiderando, inclusive, o laudo pericial, vedação esta que só alcança os recursos extremos, dirigidos ao Superior Tribunal de Justiça e ao Supremo Tribunal Federal.

17. Direito de Extensão

Embora não se possa negar que, por exemplo, um lenço de seda que determinada pessoa tenha ganho de presente de sua avó, já falecida, seja objeto de propriedade, a verdade é que este conceito está, no âmbito da ciência jurídica, intimamente ligado à expressão econômica que têm os bens sobre quais recai o tal Direito Subjetivo real. E isto ocorre, principalmente, nos países influenciados pelas constituições europeias do século XVIII, como é o caso do Brasil, pois protegem a propriedade principalmente por sua expressão econômica.

Assim, quando a ordem jurídica impõe limites ao poder expropriatório dos entes públicos, condicionando o seu exercício efetivo ao prévio pagamento de indenização ao titular de bem declarado de utilidade pública ou interesse social, o faz com o objetivo de preservar a integridade patrimonial do indivíduo.

Essa noção é particularmente importante para se entender o tema que será neste trabalho explorado, que é o chamado "*direito de extensão*", que se verifica quando o expropriante declara de utilidade pública ou interesse social parte do bem imóvel de alguém e, reflexamente, refira do restante da propriedade o seu conteúdo econômico.

17.1. Definição

Para Hely Lopes Meirelles,

> o direito de extensão é o que assiste o proprietário de exigir que na desapropriação se inclua a parte restante do bem expropriado, que se tornou inútil ou de difícil utilização[135].

Desta definição não discrepa o prof. José dos Santos Carvalho Filho:

> Direito de extensão é o direito do expropriado de exigir que a desapropriação e a indenização alcancem a totalidade do bem, quando o remanescente resultar esvaziado de seu conteúdo econômico[136].

Não havendo grandes distinções conceituais entre os doutrinadores, parece-nos suficiente a exposição dessas duas definições, razão pela qual partiremos, já agora, para a análise do item posterior.

17.2. Pressupostos

A partir dos conceitos ofertados, é possível abstrair dois requisitos essenciais e inseparáveis para que se verifique o direito de extensão:

Em primeiro lugar, deve ser a desapropriação parcial, ou seja, contemplar somente uma fração do imóvel de determinado titular. Já no momento da declaração expropriatória, o bem é parcialmente contemplado, declarando-se de interesse público parte do imóvel.

Além do primeiro requisito, exige-se ainda que o resto da propriedade, que não foi abrangido pelo decreto expropriatório, perca toda ou quase toda valoração econômica, de modo que o seu aproveitamento se torne significantemente desinteressante ou impossível.

A título de exemplo, imagine que o governador do Estado do Rio de Janeiro, a fim de construir uma estrada que interligue dois Municípios compreendidos em seu território, tenha de expropriar parte de uma fazenda de 3.000 alqueires. A estrada passaria no meio da propriedade, dividindo-a em dois grandes terrenos, um dos quais poderá continuar sendo utilizado na plantação de laranja. Neste caso, embora a desapropriação seja parcial, não cabe falar em direito de extensão, dado que a parcela que restou em poder do titular originário é perfeitamente utilizável, inclusive proporcionando a possibilidade de explorar comercialmente as margens da estrada.

---

135 MEIRELLES, Hely Lopes, *Direito Administrativo Brasileiro*, 30ª ed., São Paulo: Malheiros, p. 524.

136 CARVALHO FILHO, José dos Santos. *Manual de Direito Administrativo*, 17ª ed., Rio de Janeiro: Lumen Juris, 1999, p. 550.

De outra forma, se o decreto expropriatório tem como objeto parte frontal de um determinado terreno, onde funciona o estacionamento de uma lanchonete, às margens de uma rodovia, para a construção de um posto policial, restando intocado somente o local onde está edificado o prédio em que se desenvolve a atividade comercial, de modo a ficar escondido o empreendimento, estaremos diante de um caso em que se cogitará da aplicação do chamado direito de extensão. Isto porque à desapropriação parcial se somou a extrema desvalorização econômica do bem.

17.3. Fundamento

Este tópico abre espaço para a análise de duas espécies de fundamentos: a) principiológicos; b) normativos.

No que tange aos fundamentos principiológicos, poder-se-ia cogitar de dois deles: o da necessidade de indenização justa para a desapropriação; o princípio da isonomia.

Em primeiro lugar, poder-se-ia dizer, a exemplo do que ocorre quando as limitações administrativas impossibilitam toda e qualquer possibilidade de uso do bem imóvel, que a expropriação parcial que acaba por esvaziar o conteúdo econômico da parcela excluída acarreta, no fim das contas, uma expropriação indireta, razão pela qual mereceria indenização justa o proprietário do bem. Entretanto, falar-se em expropriação indireta, nestes casos, seria impróprio, visto que o Poder Público não adquire a propriedade daquela parcela do imóvel não considerada pelo decreto expropriatório, de modo que continua a figurar como titular do direito o proprietário originário (até que se exercite o direito de extensão).

Por outro lado, podemos vislumbrar como fundamento do direito de extensão o princípio da isonomia, que impede a imposição de ônus insuportáveis a determinada pessoa, mesmo que para atender a necessidade do interesse geral. Sempre haverá a necessidade da devida compensação, como ocorre no caso do direito de extensão.

Ora, se o Estado, *v. g.*, expropria parte de um terreno, justamente a que tinha alguma serventia para o seu proprietário, e não inclui o restante, deixando-o sem utilidade, não se poderá negar que este indivíduo suportou ônus maior do que o que pôde compensar a indenização paga pela parte declarada de utilidade pública ou interesse social.

Assim, parece-nos lícito afirmar que é o princípio da isonomia o fundamento principiológico do direito de extensão, na medida em que impede que um só do povo seja sacrificado em proveito de toda comunidade, sem a devida compensação.

Quanto aos fundamentos normativos, algumas controvérsias devem ser examinadas.

No âmbito da desapropriação para fins de reforma agrária, dúvida não há quanto à previsão do direito de extensão, posto que o art. 4º da Lei Complementar nº 76/1993 expressamente contempla o direito de extensão, seria vejamos:

> *Art. 4º Intentada a desapropriação parcial, o proprietário* poderá requerer *na contestação,* a desapropriacão de todo imóvel, *quando a* área remanescente *ficar:*
>
> *I – reduzida a superfície inferior a da pequena propriedade rural; ou*
>
> *II – prejudicada substancialmente em suas condições de exploração econômica, caso seja o seu valor inferior ao da parte desapropriada.*

O problema está na desapropriação por utilidade pública ou por interesse social, excluída, dentre estas, para fins de reforma agrária, posto que nem a Lei nº 4.132/1964 e nem o Decreto-lei nº 3.365/1941 preveem essa hipótese. A questão que usualmente se põe é a seguinte: permanece em vigor o art. 12 do Decreto nº 4.596/1903?

17.4. Manutenção do Instituto na Desapropriação por Utilidade Pública

O art. 12 do Decreto nº 4.956/1903 assim dispunha:

> *Art. 12. Os terrenos ou prédios que houverem de ser desapropriados somente em parte, se ficarem reduzidos a menos da metade de sua extensão ou privados das serventias necessárias ou muito desmerecidos em seu valor pela privação de obras e benfeitoria importantes, serão desapropriados e indenizados no seu todo, se assim requererem os proprietários.*

A controvérsia que se instaurou na doutrina e na jurisprudência se deve à supressão de previsão equivalente no Decreto-lei nº 3.365/1941 e na Lei nº 4.132/1962. Três diferentes posicionamentos surgiram a respeito dessa questão.

Hely Lopes Meirelles sustentava que o art. 12 do Decreto nº 4.956/1903 permanecia em vigor, pelo fato de não contrariar qualquer dispositivo do Decreto-lei nº 3.365/1941. Além disso, dizia que o fato de o art. 19, § 1º da Lei nº 4.504/1964 ter previsto expressamente tal direito, significava que não era intenção do legislador a extinção desse direito no ordenamento jurídico pátrio.

Esse posicionamento ganhou a simpatia de vários doutrinadores, dentre os quais citamos o do prof. José Carlos de Moraes Salles, que afirmou que

> o direito de extensão permanece na legislação expropriatória brasileira, por não haver nenhuma incompatibilidade entre o disposto no art. 12 do Decreto federal nº 4.956/1903 e o que se contém no Decreto-lei nº 3.365/1941, mantendo-se aquela norma em vigor[137].

A jurisprudência também tem prestigiado essa interpretação, embora não seja unânime. Confiram-se, a propósito, as seguintes ementas:

> Desapropriação. Área desapropriada para construção de viaduto, remanescendo outra inaproveitável, por não comportar construção de qualquer espécie. Direito de extensão não abolido pela legislação vigente. Justa indenização assegurada por preceitos constitucionais"[138].

> Desapropriação. Existe o Direito de Extensão em nosso ordenamento jurídico. Se o Poder Público invade parte do loteamento, nela edificando um CIEP, deixando a área remanescente de exercer qualquer atrativo em termos imobiliários, deve o autor do ato ilícito (Desapropriação indireta) indenizar todo o bem, e não apenas o titular do trecho invadido do mesmo loteamento[139].

Entretanto essa não nos parece a melhor interpretação. E isso se afirma com base no art. 2.0, § 1º da Lei de Introdução ao Código Civil, que dispõe sobre a revogação de dispositivos da lei anterior, quando a lei nova regula inteiramente a matéria. Isso só não ocorre quando a lei nova faz ressalvas expressas[140]. Foi com base nisso que o prof. Gilberto Siqueira Lopes afirmou inexistir em nosso ordenamento jurídico vigente – salvo no tocante à desapropriação para fins de reforma agrária – o direito de extensão[141].

Embora esteja correto, ao nosso sentir, o raciocínio inicial do citado mestre, não nos parece acertada a sua conclusão. E não há contradição nisto, posto que não nos parece estar em vigor o art. 12 do Decreto nº 4.956/1903, mas não é suficiente para se afirmar, só por isso, que o direito de extensão não mais integra o nosso ordenamento jurídico atual.

Alguns autores têm afirmado estar substituído tal direito pela disposição do art. 37 do Decreto-lei nº 3.365/1941, que é a seguinte:

> *Art. 37. Aquele cujo bem for prejudicado extraordinariamente em sua destinação econômica pela desapropriação de áreas contíguas terá direito a reclamar perdas e danos do expropriante.*

Nesse ponto, teremos de concordar com o posicionamento do prof. José Carlos de Moraes Salles[142], que afirma não cuidar o art. 37 de sucedâneo do direito de extensão, mas de caso de responsabilidade civil decorrente de desapropriação. Tanto que o destinatário da norma é um terceiro e não o expropriado. Se esse terceiro, cujo terreno estiver localizado ao lado do terreno expropriado (daí falar-se em "áreas contíguas"), sofrer prejuízo decorrente da desapropriação no imóvel alheio, fará jus a indenização. Tal direito, diga-se, deverá ser pleiteado em ação própria, posto que seu titular não é parte na ação expropriatória[143].

Não obstante esses esclarecimentos, tem esse posicionamento obtido a simpatia de alguns órgãos jurisdicionais, senão vejamos:

> Desapropriação. Remanescente de área desapropriada. Prejuízo do proprietário. Aplicação do art. 37 da Lei de Desapropriações. Recurso provido. O prejuízo que o proprietário venha a sofrer por motivo de remanescente decorrente de expropriação se resolve com a aplicação do art. 37 da Lei de Desapropriações[144].

No nosso entendimento, a melhor posição é a da profª Odília Ferreira da Luz Oliveira, no sentido de que, embora não se refira a legislação vigente a um explícito

---

137 MORAES SALLES, José Carlos de, *A desapropriação à luz da doutrina e da jurisprudência,* São Paulo: Revista dos Tribunais, 2006, p. 782.

138 TJRJ, Décima Sétima Câmara Cível; Rel. Des. Fabrício Bandeira Filho; Apelação Cível nº 1998.001-16058 – TJRJ,

139 Quinta Câmara Cível; Rel. Des. Humberto de Mendonça Manes. Apelação Cível nº199 1.001.01337.

140 Como exemplo, podemos citar o disposto no art. 300 da Lei nº 6.404/1976, que passou a disciplinar as Sociedades por Ações, antes reguladas pelo Decreto-lei nº 2.627/1940. A edição da lei nova foi suficiente para revogar todos os dispositivos da lei antiga. Entretanto, ressalvo o citado dispositivo legal a permanência no ordenamento jurídico dos arts. 59 a 73 da lei anterior, afastando-se o efeito do art. 2.0, § 1º da LICC.

141 SIQUEIRA LOPES, Gilberto. *Desapropriação,* Vellenich Editor: São Paulo, p. 60.

142 SIQUEIRA LOPES, Gilberto. *Desapropriação,* Vellenich Editor, p. 60.

143 Pode, entretanto, em hipótese específica, o expropriado ser beneficiado por essa norma. Seria a situação em que a mesma pessoa, sendo proprietária de dois terrenos independentes (duas matrículas, inclusive), mas contíguos, tem um deles contemplado pelo decreto expropriatório e o outro prejudicado pela desapropriação. Ainda neste caso, e o que nos parece, não será tal prejuízo ser discutido na ação expropriatória, mas em ação própria.

144 TJSP. Sexta Câmara Cível, divulgada na *RT376/185.*

direito de extensão, é verdade que se pode extrair essa previsão no art. 27 do Decreto-lei nº 3.365/1941, *ipsis litteris:*

> *Art. 27. O juiz indicará na sentença os fatos que motivaram o seu convencimento e deverá atender, especialmente, [...] à valorização* ou depreciação da área remanescente, pertencente ao réu.

Uma interpretação literal poderia sugerir que não se trata de direito de extensão, pois tal dispositivo não trata da incorporação da área remanescente ao patrimônio do ente expropriante, mas tão somente da indenização pela depreciação. Entretanto, como bem observou a citada autora,

> se a garantia da justa indenização impede que o patrimônio do expropriado seja diminuído, também é certo que seria juridicamente injustificável indenizá-lo por bem que permanecesse em seu patrimônio[145].

Assim, parece-nos lícito reconhecer no art. 27 do Decreto-lei nº 3.365/1941 a previsão atual do direito de extensão, interpretação essa que não contraria o art. 2º, § 1º da Lei de Introdução ao Código Civil e que se vale, por outro lado, do princípio da vedação ao enriquecimento sem causa para enxergar no citado dispositivo da lei geral das desapropriações a possibilidade de se incluir a área remanescente ao patrimônio público, obviamente depois de paga a respectiva indenização.

Essa conclusão, diga-se, aproveita à desapropriação por interesse social, visto que, nos termos do art. 5º da Lei nº 4.132/1962, no que esse diploma for omisso,

> aplicam-se as normas legais que regulam a desapropriação por utilidade pública, inclusive no tocante ao processo e à justa indenização devida ao proprietário.

O posicionamento do Supremo Tribunal Federal é no sentido de ser o direito de extensão inerente ao instituto da desapropriação. No julgamento do Recurso Extraordinário nº 79.499/SP, afirmou aquela Corte que:

> A extensão da desapropriação encontra apoio em lei específica, pois que é problema de abrangência. Em matéria expropriatória é lícito, inclusive, estender-se a desapropriação ao remanescente, sem que tal envolva julgamento ultra petita[146].

Só não dá para saber se tal conclusão se baseia no art. 27 do Decreto-lei nº 3.365/1941 ou no art. 12 do Decreto nº 4.956/1903. Mas isso é o que menos importa, sendo suficiente conhecer que a Corte Suprema considera presente em nosso ordenamento jurídico o direito de extensão.

17.5. Momento da Alegação

O direito de extensão é um direito potestativo[147], que se constitui a partir da alegação da ocorrência de seus pressupostos pelo expropriado. Não basta, pois, a existência deles. A manifestação do interessado é que o constitui.

Daí se tira que o prazo para a arguição desse direito é de natureza decadencial, não podendo pois ser suspenso ou interrupto. Entretanto, qual seria esse prazo?

Como vimos, não é clara a redação do art. 27 do Decreto-lei nº 3.365/1941 quanto à consideração do direito de extensão, o que acaba ensejando problemas na caracterização do prazo para a constituição do direito de extensão.

De modo que, na falta de disposição expressa, parece-nos lícito utilizar a técnica da analogia para integrar o ordenamento jurídico desfalcado, suprindo a sua omissão. E a norma paradigma é justamente o art. 4º da Lei Complementar nº 76/1993, que estabelece como oportunidade certa para tal ato o momento da contestação.

Essa não é, entretanto, a opinião do prof. Roberto Mattoso Câmara Filho, que admite a arguição do direito de extensão na contestação, após a apresentação do laudo, no segundo grau de jurisdição ou em ação ordinária[148].

Não concordamos, pois não há critério jurídico nessa aceitação. A única possibilidade, ao nosso ver, além da já exposta, seria admitir que tal pedido fosse feito mediante uma reconvenção, posto que o exercício do direito de extensão implica em pedido processual a ser formulado pelo Réu. Entretanto, como assevera José Carlos de Moraes Salles, não cabe reconvenção no curso da ação expropriatória[149], razão pela qual o único momento para o expropriado requerer tal direito é a contestação.

---

145 LUZ OLIVEIRA, Odília Ferreira da. *Manual de Direito Administrativo,* Rio de Janeiro: Renovar, 2006, p. 265.

146 *RTJ* 78/833.

147 CÂMARA FILHO, Roberto Mattoso. *A Desapropriação por Utilidade Pública,* Rio de Janeiro: Lumen Juris, p. 455. Isso porque não se pode confundir o dever de indenizar, ao qual corresponde o Direito Subjetivo do expropriado a ser indenizado, com o direito de extensão. Aqui, o objeto é a inclusão do direito de extensão no patrimônio jurídico do expropriado, independentemente de um comportamento do expropriante. Este apenas se sujeita a esse direito.

148 *Op. cit.*, p. 456-57.

149 *Op. cit.*, 433.

17.6. Consequências

Formulado o requerimento na contestação, no sentido de se incluir a parte remanescente e sem utilidade do imóvel no valor da indenização, três consequências decorrem.

Em primeiro lugar, o cálculo da indenização deverá levar em conta a parte do imóvel que não tinha sido considerada anteriormente, sendo, obviamente, tal valor incluído na indenização final.

Em segundo lugar, deverá tal parte do imóvel ser transferida do patrimônio do expropriado para o patrimônio do expropriante, mesmo se fundamentarmos a existência do direito de extensão no art. 27 do Decreto-lei nº 3.365/1941, que só fala em indenização. Como já se disse, aceitar diferente conclusão seria ignorar o princípio geral do direito, segundo o qual não é lícito o enriquecimento sem causa.

Por fim, tem-se dito, ao nosso ver com razão, que, como o exercício do direito de extensão só aproveita ao expropriado, não tendo a Administração Pública planos para a utilização daquela parte do bem (até porque, se o tivesse, seria essa parte considerada pelo decreto expropriatório), fica impossibilitado o pedido de retrocessão, visto que este se baseia na tredestinação ilícita, impossível de ocorrer neste caso.

17.7. Conclusões

À vista do exposto, é possível concluir que o direito de extensão, consistente no poder que tem o expropriado de fazer incluir no objeto da desapropriação a parte do bem imóvel não contemplada pelo decreto expropriatório, quando restar inservível ou de pouca utilidade, está presente no ordenamento jurídico pátrio, não só no caso da desapropriação para fins de reforma agrária (art. 4º da Lei Complementar nº 76/1993), mas também na desapropriação por utilidade pública (art. 27 do Decreto-lei nº 3.365/1941) e nas demais modalidades de desapropriação por interesse social (art. 5º da Lei nº 4.132/1962), decorrendo do seu exercício, que deverá ser manifestado na contestação, a inclusão da parte imprestável no cálculo da indenização final, a sua transferência ao patrimônio do ente expropriante e a inviabilização do requerimento de retrocessão.

18. Desapropriação Indireta ou Apossamento Administrativo

18.1. Introdução

A desapropriação indireta é uma criação jurisprudencial, mantendo-se sem um devido amparo legal. No seu estudo sobre o tema, o mestre Hely Lopes Meirelles a define como o famoso esbulho possessório, por não se formalizarem os atos que normalmente precedem a desapropriação, como a emissão de decreto que declare o bem a ser expropriado de utilidade pública.

Além do fato de o Poder Público não emitir o competente decreto que declara o bem colimado de utilidade pública, da mesma forma, também não formalizam os demais atos pertinentes à desapropriação comum, como a busca de um prévio acordo com o proprietário do bem e a competente ação judicial acaso o acordo não tenha logrado êxito, em que o expropriado poderá contestar o valor oferecido, entre outros.

Na *desapropriação indireta* o Poder Público adentra em uma propriedade particular, totalmente desprovido da intenção de se informar sobre quem seja o seu proprietário, e age como se este fosse, realizando obras de seu interesse. Daí a explanação tecida pelo mestre Hely Lopes, de compará-la a um esbulho possessório.

Por vezes, a Administração Pública pode esbulhar determinado bem. Frente a essa situação, há a proteção possessória prevista pela Lei Civil. O possuidor tem direito a ser restituído do bem, podendo, inclusive, valer-se do desforço pessoal, que não deve ir além do indispensável para a restituição, desde que o faça logo.

Se tal proteção não for usada, pode haver um momento em que a Administração dará uma destinação pública ao bem, nele construindo praça, parque ou abrindo estrada, por exemplo. A partir desse momento, não se mais se falará em restituição da coisa, em virtude da *afetação pública* que lhe terá sido dada. Restará ao prejudicado pleitear, em juízo, indenização pela perda do bem.

Nesse momento, estamos diante da chamada *desapropriação indireta ou apossamento administrativo*. Trata-se de uma expropriação do bem sem atendimento ao procedimento disciplinado em lei, nem justa e prévia indenização.

No presente trabalho, procura-se estudar as características desse instituto, pesquisando as posições doutrinárias, e, principalmente, como se tem posicionado a jurisprudência, principalmente nos tribunais superiores. Não se pode deixar de lado, ademais, as inovações trazidas ao estudo da questão pela Medida Provisória nº 2.027 e sucessivas reedições, que modificou aspectos relevantes do tema, mais especificamente no que tange à ação de indenização.

18.2. Fundamentos

A teoria da desapropriação indireta origina-se do Direito Administrativo francês do final do século XIX, como informa João Nunes Sento Sé. Seu conteúdo, entretanto, foi sendo ampliado, certas vezes, e restringido, outras[150].

Informa o autor que Hariou, Georges, Vedel e Bénoit afirmavam que a desapropriação indireta se verificaria quando não fosse aplicado procedimento comum, determinado pela lei fundamental de desapropriações. Disso discordavam Duez e Debeyre, defendendo que esta ocorreria quando a transferência da propriedade fosse consequência de operação regulada em lei, que prevê indenização, e não o objetivo principal de dita operação. Seriam os casos dos planos de alinhamento, em que a finalidade da operação é a fixação dos limites da via, que, quando alargada, resulta em desapropriação parcial dos terrenos limítrofes[151].

Marcel e Wline, por sua vez, afirmava que ela ocorre quando não se delimita, com exatidão, o domínio público natural, mas exige boa-fé do administrador. Da mesma forma, Berthélemy também elege como requisito a boa-fé pois, em caso de má-fé, devem os servidores ser responsabilizados pessoalmente. Admitem que a desapropriação seja consumada, mesmo em caso de má-fé Laubadére, Duez e Debeyere[152].

Todos concordam, portanto, que há desapropriação indireta quando a obra pública é construída irregularmente sobre bem particular.

Atualmente, o Direito Administrativo francês fixou o conceito de desapropriação indireta, fazendo distinção entre essa e a "via de fato", que é ato administrativo manifestamente ilegal[153]. A desapropriação indireta constitui-se em atentado contra a propriedade cometido dentro de procedimento provido de base legal, mas eivado de alguma irregularidade que levou a tal penetração na propriedade privada. Pode-se citar, como exemplo, a construção de túnel que, por erro de traçado, acaba ocorrendo sob uma propriedade privada.

Em virtude do apossamento administrativo, o particular terá direito a se ressarcir, não podendo utilizar a proteção possessória, pois acabaria por prejudicar ou paralisar a obra pública[154].

Portanto, o princípio que fundamenta a desapropriação indireta ou apossamento administrativo é *a intangibilidade da obra pública*: se a Administração construiu obra em bem de que se apossou, não pode haver restituição. Essa é a explicação de Georges Vedel, que traz outro argumento de ordem pragmática: a destruição da obra seria formalismo oneroso, pois, logo após, a Administração, mediante procedimento expropriatório regular, poderia recomeçar a mesma obra.

Não são poucos os que se levantam contra a utilização do termo desapropriação indireta para batizar o tema. De fato, seria mais correto a adoção somente da expressão apossamento administrativo, pois a primeira pode levar à errônea conclusão de que haveria uma segunda modalidade de desapropriação, ao lado da direta, que se ofereceria ao Poder Público, quando quisesse expropriar um bem. Assim se posiciona Diógenes Gasparini[155]. Com certeza, a segunda expressão é mais técnica e apropriada. A chamada desapropriação indireta, em regra, é um esbulho cometido contra a propriedade. Aliás, afirma Hely Lopes de Meirelles e, seu *Curso:*

---

[150] Desapropriação indireta, *Revista de Direito Público*, nº 15, São Paulo: Revista dos Tribunais.

[151] Mais adiante, será estudado o tema acerca do *recuo* e das *limitações administrativas* que levam à inutilização do bem, gerando direito à indenização

[152] Atualmente, uma discussão acerca do elemento anímico do agente público seria desprovida de base, pois a responsabilidade do Poder Público por atos dos seus agentes é objetiva, prescinde de culpa. Tem este direito de regresso contra seus agentes que tiverem agido com dolo ou culpa. No entanto, veremos adiante, ao tratar do prazo de prescrição para a ação na desapropriação indireta, que um dos fundamentos para se aplicar o prazo de 20 anos, do usucapião extraordinário, é a ausência de boa-fé da Administração.

[153] Para SENTO SÉ (*Op. cit.*, p. 141), "no caso de 'emprise' (abrangendo a desapropriação indireta), os poderes do juiz limitam-se à fixação de uma indenização, sem que lhe seja possível ordenar a sua cessação. Já no caso de via de fato, o juiz pode ordenar a sua paralisação, ou mesmo prevenir sua execução."

[154] Afirma SENTO SÉ (*Op. cit.*, p. 142): "o proprietário não pode exercer as ações possessórias, como a de reintegração, porque isso entravaria o funcionamento de um serviço público (...). Mas pode obter dos tribunais judiciários o reconhecimento de que lhe pertence o imóvel ocupado pela Administração (...). Se não lhe é permitido mais exigir que o processo expropriatório regular seja encetado (...), resta-lhe ao menos direito de pleitear uma indenização."

[155] "A doutrina, a nosso ver impropriamente, tem classificado a desapropriação em direta e indireta. Direta é a desapropriação que observou todo o procedimento expropriatório. Nessa, tem-se um ato declaratório e uma fase executória. Indireta é a desapropriação que não observou o procedimento expropriatório. Aqui não há o ato declaratório nem a fase executória, pois obriga o proprietário esbulhado a pleitear, administrativa ou judicialmente, o ressarcimento. É, na realidade, apossamento administrativo. É verdadeiro esbulho. A impropriedade dessa classificação reside no fato de não existir, para a chamada desapropriação indireta, qualquer regime legal, como há para a desapropriação direta." *in Direito administrativo.* São Paulo: Saraiva, 1989, p. 302-303.

> A desapropriação indireta não passa de esbulho da propriedade particular e, como tal, não encontra apoio em lei. [...] Consumado o apossamento dos bens e integrados ao domínio público, tornam-se, daí por diante, insuscetíveis de reintegração ou reivindicação, restando ao particular espoliado haver a indenização correspondente, da maneira mais completa possível[156].

A despeito de tais observações, faz-se uso, no presente trabalho, de ambas as expressões, tendo em vista que a jurisprudência faz o mesmo em larga escala e quase sem ressalvas.

No Brasil, a teoria da desapropriação indireta deve-se muito mais à jurisprudência do que à doutrina. De fato, foram os tribunais, mais do que os autores, diante de casos em que bens de particulares eram ocupados em caráter definitivo por ato do Poder Público, neles realizando obras públicas, que se viram obrigados a desenvolver teses e aplicar princípios para chegar a soluções mais justas.

Dessa forma, assentou-se, em função da prevalência do interesse público sobre o particular, que não se poderia admitir restituição ao antigo proprietário do imóvel no qual se realizasse obra pública. Com raízes na preponderância do interesse público, nascem princípios plenamente aplicáveis à espécie, além da intangibilidade da obra pública, como "afetação do uso público" e "continuidade do serviço público"[157].

Carvalho Filho afirma, ainda, que há fundamento legal para a desapropriação indireta no art. 35 do Decreto-lei nº 3.365/1941, *verbis*:

> *Os bens expropriados, uma vez incorporados à Fazenda Pública, não podem ser objeto de reivindicação, ainda que fundada em nulidade do processo de desapropriação. Qualquer ação, julgada procedente, resolver-se-á em perdas e danos.*

O dispositivo refere-se a eventual nulidade do processo expropriatório. Da mesma forma, é aplicado analogicamente aos casos em que não há tal processo, como ocorre no apossamento administrativo[158].

Há autores que afirmam ser inconstitucional a desapropriação indireta. Dentre outros argumentos, sustentam que a Constituição exige que a desapropriação seja precedida de "justa e prévia indenização em dinheiro" (art. 5º, XXIV). Carlos Ayres Britto e José Sérgio Monte Alegre posicionavam-se dessa forma, ainda quando em vigência da Constituição anterior, que também fazia essa exigência no art. 155, § 22[159].

Os mesmos autores se insurgem, também, contra a invocação do art. 35 do Decreto-lei nº 3.365/1941 para servir como fundamento legal à teoria da desapropriação indireta. Para eles, é preciso a transcrição do título de propriedade, após a sentença de desapropriação em processo regular, nos termos do art. 29, para que a disposição seja aplicável.

Efetivamente, seria totalmente inconstitucional um procedimento de desapropriação em que não se efetivasse a justa e prévia indenização em dinheiro, como exige a Constituição. De outra forma, o art. 35 do DL 3.365/1941 não se refere diretamente ao apossamento administrativo, sendo aplicado por analogia.

Entretanto, a chamada desapropriação indireta não é uma segunda modalidade de desapropriação colocada à disposição da Administração, como já se ressaltou acima. É um *esbulho,* ato cometido pelo Poder Público ao qual se dá solução distinta da prevista no Código Civil, em virtude da predominância do interesse público, personificado pela Administração, que teria o poder de desapropriar de forma regular aquele mesmo bem. Lembre-se da solução pragmática de Georges Vedel. Não se pode levantar inconstitucionalidade da desapropriação indireta, por não ser verdadeira modalidade de desapropriação.

18.3. Intervenções do Estado na Propriedade e a Desapropriação Indireta

Como já se disse, o desenvolvimento no Brasil da desapropriação indireta, com todos os seus delineamentos, foi obra principalmente da jurisprudência, que precisou buscar soluções para casos concretos de desapossamentos e construções de obras públicas em terrenos particulares.

Da mesma forma, atualmente, a jurisprudência nacional tem se deparado com formas de intervenção na propriedade pelo Estado que, por sua drasticidade, acabam por levar a verdadeiras desapropriações indiretas. A esse propósito, veja-se acórdão do Tribunal de Justiça do Estado do Rio de Janeiro:

---

[156] MEIRELLES, Hely Lopes. *Direito Administrativo Brasileiro*, 30ª ed. São Paulo: Malheiros, p. 514.

[157] VIEIRA DE CARVALHO, Carlos Eduardo. Desapropriação indireta. *Revista de Direito Público* nº 97, São Paulo: Revista dos Tribunais.

[158] CARVALHO FILHO, José dos Santos. *Manual de Direito Administrativo*, 17ª ed., p. 595-96.

[159] Desapropriação indireta – inconstitucionalidade. *Revista de Direito Público*, nº 74.

Desapropriação indireta. Área florestal abrangida por parque estadual de reversa ecológica. Vigilância permanente do Poder Público privado ou uso, gozo e livre disposição do bem. Indenização devida. As limitações administrativas, como regra, não dão direito à indenização por serem de caráter geral, impostas com fundamento no poder de polícia do Estado, gerando para os proprietários obrigações positivas ou negativas, com o fim de condicionar o exercício do direito de propriedade ao bem-estar social. Mas, se a pretexto de limitação administrativa ou tombamento, a Administração impõe à propriedade particular restrição que afeta integralmente o direito de uso, gozo e livre disposição do bem, tratar-se-á de desapropriação, à qual deve corresponder à devida indenização, sob pena de configurar-se o confisco. Assim, provado que a área de terras pertencente aos embargantes está incluída no Parque Estadual do Desengano e que, em razão disso, perderam o uso, gozo, e livre disposição da mesma, impõe o dever de indenizar. Provimento dos embargos. (DSF) Obs.: Apelação Cível nº 4.324/1990. Embargos Infringentes na Apelação Cível nº 1997.005.58; Segundo Grupo de Câmaras; unânime; Des. Sérgio Cavalieri Filho.

18.3.1. Limitações Administrativas

A doutrina, de modo geral, conceitua as limitações administrativas como medidas de caráter geral, fundadas do poder de polícia do Estado, que impõem aos particulares obrigações positivas ou negativas, com vistas a atender às exigências da função social da propriedade. Exemplo de limitação administrativa consubstanciada numa obrigação positiva encontramos na Constituição, art. 182, § 4º: obrigação de construir. Já obrigação negativa pode ser exemplificada com a proibição de edificar acima de determinada altura ou quantidade de andares, denominada "*gabarito*".

Em qualquer limitação, haverá sempre o traço da *generalidade*: o Poder Público não visa, com sua atividade, a atingir imóveis específicos, pelo contrário, a limitação administrativa caracteriza-se pela *indeterminabilidade* do universo de destinatários. Em virtude do caráter genérico, a doutrina preconiza não se admitir direito do proprietário a ser indenizado pela instituição da limitação.

Imagine-se, por outro lado, que determinado Estado, crie, por lei, um parque – o que lhe é permitido pelo art. 5º da Lei nº 4.771/1965 (Código Florestal) –, proibindo a derrubada da vegetação lá existente, de modo a preservá-la. As propriedades privadas contidas dentro desses limites estarão sujeitas a essa limitação administrativa, não podendo derrubar a mata, dando outra destinação ao bem.

Ora, nesse caso, a limitação, embora genérica, *esvaziou o conteúdo da propriedade*. A supremacia do interesse público não pode chegar ao ponto de sacrificar inteiramente direitos do particular sem que se lhe dê qualquer compensação. Tratar-se-á de verdadeiro *apossamento administrativo* disfarçado sob roupagem de limitação administrativa. Para a criação do parque, o Poder Público deveria escolher a via da desapropriação ou da servidão administrativa. Como diz Hely Lopes Meirelles:

> [...] as limitações administrativas, em qualquer hipótese, hão de corresponder às justas exigências do interesse público que as motiva sem produzir um total aniquilamento da propriedade ou das atividades reguladas. Essas limitações não são absolutas, nem arbitrárias. Encontram seus limites nos direitos individuais assegurados pela Constituição e devem expressar-se em forma legal. Só são legítimas quando representam razoáveis medidas de condicionamento do uso da propriedade, em benefício do bem-estar social (CF art. 170, III), e não impedem a utilização da coisa segundo sua destinação natural[160].

Essa questão específica acerca da criação de parques foi enfrentada pelo STJ repetidas vezes, quando o Estado de São Paulo, pelo Decreto Estadual 10.251/1977, criou o Parque Estadual da Serra do Mar, com o propósito de preservar recursos nativos da região. O entendimento sempre foi no sentido de conferir aos proprietários direito a serem indenizados pelo total esvaziamento do Direito de Propriedade[161].

Outro ponto a se examinar é a respeito do *direito de construir*. A concessão de licenças pelo Poder Público é ato *vinculado*, ou seja, a lei impõe a forma de agir, não dando juízo de valor ao administrador. Isto porque, uma vez estando presentes os requisitos para a concessão, ao agente público só cumpre conferir o respectivo alvará. Por isso tudo, a licença é revestida de caráter de *definitividade*.

Imagine-se que particular obtenha do Município licença para construir em imóvel de sua propriedade. Após a concessão do alvará, entretanto, o Município, para efetivação de plano de urbanização, embarga a obra. Ora, o direito de construir é uma das expressões

[160] *Op. cit.*, p. 545.

[161] Nesse sentido: REsp nº 81.497/SP; Primeira Turma; Rel. Min. Milton Luiz Pereira; REsp nº 70.796-6/SP; Primeira Turma; Rel Min. Milton Luiz Pereira – BDA/Abril de 1995; REsp nº 34.006-1/SP; Rel. Min. Humberto Gomes de Barros; REsp nº 45.330-5/SP; Rel. Min. Antônio de Pádua Ribeiro.

do Direito de Propriedade, sendo uma face do poder de uso, nos termos do art. 524 do Código Civil.

Ao paralisar a obra já licenciada, mesmo fundado em regramento legal que determine limitações administrativas com vistas à urbanização, o Poder Público terá efetivado, em verdade, uma desapropriação indireta do direito de construir, pois congela a propriedade[162]. O proprietário fará jus à indenização pela perda desse direito de construir, ainda que lhe permaneça íntegra a propriedade do imóvel, pois o direito de construir, por si só, é expropriável.

Se a atitude do Poder Público ao revogar a licença de construir já conferida acarretar total inutilização do bem, o expropriante deverá arcar com a indenização total. Lembre-se que, em área urbana, os terrenos se supõem destinados à edificação. Conforme o caso, a indenização da área será pelo valor integral do bem, passando ao expropriante o respectivo domínio, ou mera indenização parcial, pela imposição do uso restrito, permanecendo o domínio com o proprietário.

18.3.2. Tombamento

O tombamento está previsto na Constituição, art. 216, §1º, e é ato pelo qual o Poder Público, ao declarar o valor histórico, artístico, turístico, paisagístico, científico ou cultural de um bem, realiza procedimento administrativo de inscrição do mesmo em livro próprio, do qual emanam determinados efeitos. Restringe a propriedade privada, proibindo a demolição ou mutilação do bem tombado. Obriga o proprietário, por outro lado, a conservá-lo para manter suas características originais. Se ele não dispuser dos recursos para tal tarefa, deve comunicar o fato ao órgão que efetivou o tombamento, que mandará executar as obras a suas expensas.

Quanto ao direito a indenização ao particular afetado, há duas posições: de um lado, Hely Lopes Meirelles, Diogo de Figueiredo Moreira Neto, José Cretella Júnior e Maria Sylvia Zanella Di Pietro defendem a gratuidade do tombamento. Por outro lado, Celso Antônio Bandeira de Mello, Ruy Cirne Lima e Lucia Valle Figueiredo, entendem que o tombamento deva ser indenizado.

Paulo Afonso Leme Machado afirma que o fundamento para o não reconhecimento de indenização ao afetado reside na *generalidade* da limitação imposta. Se o imóvel tombado estiver em região onde todos os demais da mesma área que possuírem as mesmas características também sofrerem restrições idênticas, não tem o particular direito a ser indenizado. Por outro lado, se o imóvel for o único da sua área afetado pelas limitações do tombamento, sendo que outros imóveis da mesma região, com as mesmas características, não foram também tombados, haverá direito do particular a ser indenizado por esse *prejuízo especial*[163].

Note-se que essa indenização devida não se confunde com indenização por expropriação do bem, que continua no patrimônio do titular. Tratar-se-ia de indenização por um prejuízo material sofrido pelo particular afetado pela limitação. Diferente será a indenização ao que o particular fará jus se o ato de tombamento acabar por esvaziar totalmente o conteúdo econômico da propriedade[164].

18.4. Conceito Atual de Apossamento Administrativo

Em vista do acima exposto, com a ampliação que vem sido dada à desapropriação indireta, deve-se, também, estender o conceito a situações outrora não previstas pela doutrina clássica.

Desapropriação indireta, ou apossamento administrativo, pode ser conceituado como toda intervenção do Estado na propriedade privada que, irregularmente, esvazia o conteúdo do direito de propriedade privada, sem indenização prévia ao proprietário.

---

[162] Direito Administrativo. Licença para Construção Prejudicada por Zoneamento Superveniente. Projetada desapropriação do imóvel que impede sua utilização. Direito a indenização. O proprietário que obtém licença para construção, demole a edificação que existia no imóvel, faz sondagens no terreno e prepara o inicio da obra com a colocação de tapumes, tem direito a indenização, se tudo isso fica prejudicado por zoneamento superveniente que lhe impede de construir em caráter permanente e só lhe permite fazê-lo em caráter provisório, com restrições, uma delas a de que não será indenizado pelas respectivas despesas quando sobrevier a desapropriação prevista; anulação da propriedade, caracterizando desde logo a desapropriação indireta. Recurso especial conhecido e provido em parte. Prosseguindo no julgamento, por maioria, conhecer do recurso e dar-lhe parcial provimento, vencidos, em parte, os srs. ministros Peçanha Martins e Adhemar Maciel. REsp 43806/MG; PG: 51553; Rel. Min. Ari Pargendler (1104); órgão julgador Segunda Turma.

[163] MACHADO, Paulo Affonso Leme. *Direito ambiental brasileiro*. 7ª ed., São Paulo: Malheiros p. 762-65.

[164] O STJ, em recente decisão, enfrentou questão dessa monta, e decidiu: Administrativo. Tombamento. Indenização. Bem Gravado em Cláusulas de Inalienabilidade, Incomunicabilidade, Impenhorabilidade, Usufruto e Fideicomisso. 1. O proprietário de imóvel gravado com cláusulas de inalienabilidade, incomunicabilidade, impenhorabilidade, usufruto e fideicomisso tem interesse processual para ingressar com ação de desapropriação indireta quando o referido bem é tombado. 2. O pedido só é considerado juridicamente impossível quando contém pretensão proibida por lei, ex.: cobrança de dívida de jogo. 3. O ato administrativo de tombamento de bem imóvel, com o fim de

Ressalte-se que, no conceito proposto, não se fala em ilicitude, pois ela não estará sempre presente, embora o esteja na maioria dos casos. O particular pode consentir com o ato da Administração, sem que se realize acordo ou que sobrevenha processo judicial. Mesmo em casos assim, o proprietário não perde o direito a ser posteriormente indenizado.

18.5. Desapropriação Indireta e Bens Públicos

O art. 2º, § 2º do Decreto-lei, afirma que os bens públicos podem ser desapropriados, desde que precedidos de autorização do Poder Legislativo de seu âmbito. Determina-se, entretanto, uma ordem: os bens de domínio dos Estados, Municípios e Distrito Federal podem ser desapropriados pela União, enquanto os dos Municípios, pelos Estados. Disso resulta que os bens de domínio da União são inexpropriáveis e os Municípios não possuem qualquer poder expropriatório sobre bens públicos de outros entes federativos. Há que se ressaltar, também, que os Estados só podem expropriar bens de Municípios que estejam em seus respectivos territórios.

Imagine-se, entretanto, que rodovia estadual seja construída e, por erro de traçado ou de construção, venha a ocupar terreno pertencente ao Município. Nesse caso, além de não ter havido o procedimento administrativo legal, sem justa e prévia indenização, também terá faltado a autorização legislativa exigida pelo dispositivo supra mencionado.

A obra pública deverá ser retirada, com aplicação do art. 547 do Código Civil? O Estado perderia as construções feitas em favor do Município, resguardando-se-lhe apenas o eventual direito à indenização, que não seria devida em caso de má-fé, caso em que poderia ser compelido a repor as coisas ao estado anterior e reparar os danos? Ou, no caso, também se aplicariam as regras da desapropriação indireta?

Nessa questão, não se poderá invocar o princípio da supremacia do interesse público sobre o particular, pois estão em confronto, nos dois lados, pessoas jurídicas corporificadoras de interesses públicos igualmente relevantes.

Ao lado do ente esbulhado, a Administração perderia as construções feitas em favor do particular, resguardando-se-lhe eventual direito à indenização, que não seria devida em caso de má-fé, situação em que poderia ser compelida a repor as coisas ao estado anterior e reparar os danos.

Ao lado do ente esbulhado, está o princípio da inalienabilidade de bens públicos, ou como melhor entende Carvalho Filho, inalienabilidade condicionada, pois o Poder Público pode alienar seus bens, desde isto seja de interesse público, e desde que o bem esteja no comércio, isto é, seja alienável. Pelo art. 66 do Código Civil. Os bens públicos se classificam em:

a) bens de uso comum do povo, como ruas, estradas, rios, mares e praças;
b) bens de uso especial, como edifícios aplicados a serviço ou estabelecimento federal, estadual ou municipal;
c) bens dominicais, que constituem patrimônio do ente federativo respectivo, como objeto de direito pessoal ou real seu.

O fundamento da inalienabilidade reside na finalidade pública dada ao bem, seja diretamente pelo Estado, seja pelo povo em geral. Assim, são naturalmente inalienáveis os bens de uso comum e os especiais e, mesmo assim, enquanto tal finalidade pública permanecer, são coisas fora do comércio. Os bens dominicais, como um terreno vazio e sem qualquer utilização pertencente ao um Município, são alienáveis, pois não são utilizados para fim público.

Mesmo assim, os bens públicos não se eternizam com a natureza adquirida em decorrência de sua destinação. Para tanto, existe a afetação e a desafetação, que são fatos administrativos[165] pelos quais um bem público passa a ter finalidade diversa da que lhe foi dada.

Ocorrerá desafetação, por exemplo, se hospital for transferido de um edifício – bem de uso especial – para

preservar a sua expressão cultural e ambiental, esvaziar-se, economicamente, de modo total, transforma-se, por si só, de simples servidão administrativa em desapropriação, pelo que a indenização deve corresponder ao valor que o imóvel tem no mercado. Em tal caso, o Poder Público adquire o domínio sobre o bem. Imóvel situado na Av. Paulista, São Paulo. 4. Em sede de ação de desapropriação indireta não cabe solucionar-se sobre a permanência ou não dos efeitos de gravames (inalienabilidade, incomunicabilidade, impenhorabilidade, usufruto e fideicomisso) incidentes sobre o imóvel. As partes devem procurar afastar os efeitos de tais gravames em ação própria. 5. Reconhecido o direito de indenização, há, por força de lei (art. 31, do Decreto-lei nº 3.365, de 21/06/1941), ficarem sub-rogados no preço quaisquer ônus ou direitos que recaiam sobre o bem expropriado. 6. Em razão de tal dispositivo, ocorrendo o pagamento da indenização, deve o valor ficar depositado, em conta judicial, até solução da lide sobre a extensão dos gravames. *7. Recurso improvido.* REsp nº 220983/SP; Primeira Turma; Rel. Min. José Delgado.

[165] Em que pese a discussão acerca de necessidade de ato administrativo para que ocorra a afetação ou a desafetação, adota, no caso a postura esposada por CARVALHO FILHO (*Op. cit.*, p. 777).

outro, passando o bem a dominical, enquanto não ocupado e utilizado para outro serviço público, momento em que o mesmo bem será *afetado*. Ao ser desafetado, o bem pode ser alienado por ato do Poder Público em cujo domínio se encontre. Por isso mesmo, a inalienabilidade do bem público não é absoluta, como diz o art. 67, mas só pode ocorrer por ato de vontade do dono.

O ente público vitimado pelo esbulho poderia opor a proteção possessória da Lei Civil fundado em que a alienação do bem público só ocorreria por ato de vontade seu e que, se o bem fosse afetado a determinada finalidade pública, não poderia ser alienado. Isso, mesmo após a realização da obra pública pelo ente expropriante.

Ao lado do ente esbulhador está o princípio da intangibilidade da obra pública, cujos fundamentos já foram acima expostos, com a perspicaz observação pragmática de Georges Vedel, de que a destruição da obra seria formalismo oneroso, pois o ente esbulhador, precedido de autorização legislativa, e após regular procedimento expropriatório, poderia recomeçar *a mesma obra*.

O Superior Tribunal de Justiça enfrentou questão semelhante no REsp nº 11.988/SP. Naquele processo, o Município de Diadema ingressou com ação ordinária de indenização por apossamento administrativo contra a Dersa – Desenvolvimento Rodoviário S.A. (empresa estadual), pela construção de trecho da Rodovia dos Imigrantes em área que compreendia ruas, vielas, praças, áreas verdes, áreas institucionais e benfeitorias (bens de uso comum do povo). No caso, a Municipalidade teria celebrado acordo com o estado de São Paulo e a referida empresa para a ocupação das áreas antes do pagamento de indenização, que seria adimplida posteriormente.

Note-se que a questão é um tanto diversa: o Estado procedeu à desapropriação – houve autorização legislativa e procedimento expropriatório regular – mas, como precisava dispor logo da área, celebrou acordo em que se comprometia a pagar posteriormente a indenização.

O cerne da discussão naquele Recurso Especial não foi a possibilidade de desapropriação indireta de bem público, mas a quem pertenceria a titularidade do domínio dos bens públicos de uso comum do povo. Se pertencessem à Municipalidade, deveria haver indenização pelo apossamento administrativo. Caso, contrário, se o Município não fosse considerado proprietário desses bens, não haveria o que indenizar. A decisão foi no primeiro sentido:

> Ação ordinária de indenização por apossamento administrativo. Construção de trecho da Rodovia dos Imigrantes. Bens de uso comum – ruas, vielas, praças etc. – no caso, pertencentes à Municipalidade autora, não podem ser expropriados sem a correspondente indenização, sob pena de ferir-se preceito constitucional. Recurso não conhecido (REsp nº 11.988-0/SP; unânime; Segunda Turma; Rel. Min. Américo Luz).

Na fundamentação, o eminente relator afirmou:

> Ora, se é a Administração que desapropria a área para a construção da via, paga a construção desta e da respectiva infraestrutura e, depois, faz gastos durante anos com a sua conservação, seria negar a realidade dos fatos negar-lhe o direito de propriedade sobre elas e vedar a sua transformação ou disposição quando entendesse ser assim do interesse público. Jamais, portanto, poderia ser, mormente nos tempos modernos, uma espécie de *res nullis* ou coisa fora do comércio.

No caso examinado, o Município procedeu à regular desafetação, que não depende de forma específica – em que pese o entendimento dos que exigem ato formalizador –, quando celebrou acordo com o Estado dispondo sobre expropriação das áreas classificadas como bem de uso comum. O que desejou aquele Município foi haver a indenização pactuada, que lhe era negada pela empresa estadual, que afirmava não ser este o dono do bem.

Foi questão diversa da proposta nesse tópico. Com efeito, a solução a ser adotada depende de escolher qual dos princípios deve preponderar: o da intangibilidade da obra pública ou o da inalienabilidade parcial dos bens públicos.

Em caso de apossamento administrativo praticado por um ente estatal contra bens de outros entes, seguindo a escala do art. 2º, § 2º, do Decreto-lei nº 3.365/1941, não poderá o esbulhado lançar mão da proteção possessória da Lei Civil, tendo em vista que a inalienabilidade de bens públicos é apenas *relativa*, e a *intangibilidade da obra pública* não é excepcionada, pois é de interesse público o não desfazimento da obra.

18.6. Da Ação na Desapropriação Indireta

Como já afirmado acima, a solução adotada em casos de apossamento administrativo é oposta à disciplinada pela Lei Civil para os casos em que se edifica em terreno alheio. Se fosse aplicado o art. 1.255 do Código Civil, a Administração perderia as construções feitas em favor do particular, resguardando-se-lhe eventual direito a indenização, que não seria devida em caso de má-fé, caso em que poderia ser compelida a repor as coisas ao estado anterior e reparar os danos.

Uma vez afetado o bem a uma finalidade pública, ao titular do direito de propriedade atingido pelo esbulho resta pretensão ressarcitória, tendo em vista a impossibilidade de reivindicação do bem.

Portanto, a ação tem por pedido a indenização, sendo o conteúdo desta e da sentença uma condenação. O rito a ser adotado será o sumário ou ordinário, conforme o caso.

Dúvidas se levantam sobre a obrigatoriedade de intervenção do Ministério público na ação de indenização por apossamento administrativo. A ausência do Ministério Público nos casos em que a intervenção é obrigatória é causa de nulidade do processo (CPC, art. 246).

O Decreto-lei nº 3.365/1941, ao regular a ação de desapropriação, não faz menção sobre a necessidade de presença de órgão de *parquet* no feito. Diante de tal omissão, cumpre verificar o que dispõe o Código de Processo Civil, em vista do que determina o art. 42 do Decreto-lei.

O que for aplicável à ação de desapropriação o será também, analogicamente, na de apossamento administrativo, pois, nos termos do art. 20 do Decreto-lei nº 3.365, a discussão travada na ação de desapropriação restringe-se à discussão sobre o preço, e não à presença ou não dos requisitos para desapropriar. Da mesma forma, a ação na desapropriação indireta também se restringe a um pedido indenizatório.

O Código de Processo Civil dispõe sobre a intervenção do Ministério Público no processo civil no art. 82 e, mais especificamente, o inciso III afirma competir ao órgão intervir:

> *nas ações que envolvam litígios coletivos pela posse de terra rural e nas demais causas em que há interesse público evidenciado pela natureza da lide ou qualidade da parte.*

Exatamente a interpretação e aplicação desse dispositivo às ações de desapropriação (direta e indireta) que têm gerado as divergências. "Interesse público" é um conceito jurídico indeterminado, para o qual não há definição legal. O Código legou à doutrina e à jurisprudência a tarefa de defini-lo e verificar em que momentos está presente.

A pergunta a ser feita é a seguinte: nessa ação, há interesse público evidenciado pela natureza da lide ou qualidade da parte, como exige o Código de Processo Civil?

A favor da obrigatoriedade de intervenção, encontramos Carvalho Filho:

> A desapropriação acarreta perda da propriedade e esta é garantida na Constituição, desde que condicionada à função social. Ademais, a Lei Maior exige, ainda, que a desapropriação só se considere legítima quando fundada em razões de utilidade pública ou interesse social. Todos esses elementos qualificam a ação de desapropriação como tendo interesse público em virtude da natureza da lide, o que provoca a necessidade de intervenção do Ministério Público[166].

O mesmo autor ainda faz menção ao art. 18, § 2º da Lei Complementar nº 76/1993, que dispõe sobre a desapropriação para fins de reforma agrária, que exige intervenção do Ministério Público após manifestação das partes, antes de cada decisão manifestada no processo. Com efeito, o legislador teria conferido às ações de desapropriação interesse público justificador de intervenção do *parquet*.

De outra forma, haveria interesse público em função da presença, na lide, de pessoa jurídica de Direito Público, defendendo direitos patrimoniais seus.

Melhor seria a posição oposta. O *interesse público* exigido pela lei processual não se pode confundir, necessariamente, com os interesses patrimoniais da pessoa jurídica de Direito Público. Não encontramos definição legal de interesse público justamente porque ele tem conteúdo variável de acordo com o período em que seja considerado. Como afirma Hely Lopes Meirelles, entendem-se por interesse público:

> aquelas aspirações ou vantagens licitamente almejadas por toda a comunidade administrada ou por uma parte expressiva de seus membros[167].

As pessoas jurídicas de Direito Público, na defesa de seus direitos patrimoniais, que são o objeto de discussão na ação de desapropriação (direta ou indireta) possuem defensores próprios, além de garantias processuais amplas, como o duplo grau de jurisdição obrigatório, prazos processuais mais amplos e prerrogativa de foro.

Mesmo em face do art. 18, § 2º da Lei Complementar nº 76/1993, permanece íntegra a posição adotada. O que determina, no caso específico das ações de desapropriação para reforma agrária, a obrigatoriedade da presença do Ministério Público no feito, não é a expropriação, mas outro interesse público em jogo, tutelado na Constituição: a própria reforma agrária, prevista no Título VII, Capítulo III, da Lei Maior.

Isto porque há interesses públicos *primários* e *secundários*. O primário é o interesse geral, previsto no art. 82, III

[166] *Op. cit.*, p. 586.

[167] *Op. cit.*, p. 81.

do Código de Processo Civil, enquanto secundário é o interesse da Administração, que não se confunde com aquele.

> Essa distinção evidencia que nem sempre está a coincidir o interesse do bem geral (interesse público primário) com o modo como os órgãos governamentais veem o interesse público (interesse público secundário). E, nesse sentido, o interesse público primário (bem geral) pode ser identificado com o interesse social, o interesse da sociedade ou da coletividade como um todo, e mesmo com os mais autênticos e abrangentes interesses difusos[168].

Nesses termos, embora a intervenção do Ministério seja até útil, não é obrigatória na ação de indenização por apossamento administrativo[169].

Entretanto, por razões de ordem prática, independentemente da posição adotada, é de bom alvitre que seja o Ministério Público sempre intimado a intervir nos feitos de desapropriação direta ou indireta. Assim, o órgão com atribuição para oficiar decidirá sobre sua intervenção. Se ele aceitar, sua presença, inquestionada, não trará qualquer prejuízo para o processo. Se não o fizer, e o juízo entender presente o interesse público exigido pela Lei Processual, deve-se aplicar analogicamente o art. 28 do Código de Processo Penal, remetendo o processo ao procurador-geral de Justiça, para que este decida. Se ele mantiver o mesmo entendimento, não se poderá mais falar em nulidade.

A jurisprudência diverge acerca da *natureza da ação*, apresentando duas posições. A adoção de uma ou de outra postura terá efeitos relevantes em certas características da ação. Para uns, tratar-se-ia de uma ação *real*, posto que o pedido de indenização funda-se em um direito real, a propriedade. Essa tem sido a posição predominante. A jurisprudência da Supremo Tribunal Federal firmou entendimento nesse sentido:

> [...] o mais moderno entendimento jurisprudencial inclina-se por conferir, à ação de desapropriação indireta, o caráter da Ação Reivindicatória. (Recurso Extraordinário nº 102.574-3/PE, Rel. Min. Soarez Muñoz, p. 1984)

Da mesma forma:

> Irrecusável, portanto, a natureza real da ação. (Recurso Extraordinário nº 109.853; Rel. Min. Néri da Silveira)

Outros afirmam que, por haver na ação um mero pedido condenatório, de natureza indenizatória, trata-se de ação pessoal. Esse é o entendimento de Carvalho Filho:

> Depois da desapropriação, extinguiu-se a relação de direito real com a transferência coativa da propriedade. Sendo assim, restou relação de caráter meramente indenizatório, razão por que melhor seria sua caracterização como ação pessoal[170].

A primeira consequência de se adotar uma ou outra postura diz respeito ao *foro para a propositura da ação*. Entendendo-se que a ação tem natureza pessoal, o foro competente será o do domicílio do réu, nos termos do art. 94 do Código de Processo Civil. Caso prevaleça entendimento de que se trata de ação real, competente será o foro da situação da coisa, nos termos do art. 95 do estatuto processual.

---

168 MAZZILLI, Hugo Nigro. *O acesso à justiça e o Ministério Público.* São Paulo: Saraiva, 3ª ed., 1988, p. 4.

169 Desapropriação indireta. Ministério público. intervenção. Obrigatoriedade. Não se pode confundir interesse da Fazenda Pública com interesse público. Interesse público é o interesse geral da sociedade, concernente a todos e não só ao Estado. Na desapropriação indireta inexiste interesse público que justifique a intervenção do *Parquet.* Recurso improvido" (REsp nº 197586/SP; Primeira Turma; Rel. Min. Garcia Vieira; DJ 05/04/1999) Administrativo e processual civil. Ação expropriatória ajuizada com fulcro no Decreto-lei nº 3.365/1941. Desistência por parte da Administração. Ação de indenização, precedida de cautelar de produção antecipada de prova proposta pelo expropriado. Intervenção do Ministério Público: desnecessidade. Cautelar de produção antecipada de provas. Ausência de citação. Nulidade: inexistência de citação. Nulidade: inexistência, por ter o requerido comparecido em juízo, praticando atos processuais em sua defesa. Precedentes do STF e do STJ. Prevalência do princípio da eventualidade. Recurso não conhecido. 1. A lei exige a participação do MP apenas na ação de desapropriação direta de imóvel rural para fins de reforma agrária, conforme se apreende do art. 18, § 2º, da LC nº 76/1993. Já nas ações expropriatórias ajuizadas com fulcro no Decreto-lei nº 3.365/1941, não e necessária a intervenção do *parquet*, pois o legislador assim não estabeleceu. Também nas ações de indenização por desapropriação indireta, nas ações de indenização por desistência da desapropriação direta e nas cautelares preparatórias ou incidentais às mencionadas ações, não há que se exigir a participação do Ministério Público, pois tais ações têm caráter exclusivamente patrimonial, bastando que os procuradores das pessoas jurídicas de Direito Público zelem pelos interesses econômicos delas. A intervenção do MP só e necessária quando o litígio ultrapassa a barreira do interesse patrimonial-econômico, e atinge o interesse publico, que não se confunde com aquele. Precedentes do STF e do STJ: RE nº 86.328/PR, REsp nº 10.042/AC e REsp nº 33.247/RS. 2. Se o réu comparece em juízo, e não argui, desde logo, a nulidade da citação, praticando, ao contrario, atos processuais em sua defesa, não pode posteriormente invocar em seu favor as regras insertas nos art. 214, *caput*, e 247 do CPC. Prevalência do princípio da eventualidade. precedentes do STF e STJ: RE nº 52.551, RMS nº 629/RS, RE nº 48.632/SP e REsp nº 45.936/SP. 3. Recurso Especial não conhecido. (REsp nº 130420/PR; Segunda Turma; Rel. Min. Adhemar Maciel)

170 *Op. cit.*, p. 597.

Quanto à *legitimidade*, nota-se que ela é invertida em relação à da ação de desapropriação. Com efeito, na desapropriação indireta, o particular, esbulhado, será sempre o autor, e a pessoa jurídica responsável pelo apossamento administrativo será sempre a ré.

O proprietário pode alienar bem já apossado administrativamente a terceiro, que terá legitimidade ativa para a ação de desapropriação indireta, salvo disposição que restrinja os direitos indenizatórios relativos ao bem. O adquirente estará sub-rogado nos direitos e ações transferidas e amparados a receber o "justo preço", incluindo-se, aí, todos os acréscimos pecuniários que seriam devidos ao alienante. Nesse sentido, decidiu o STJ:

> Administrativo. Desapropriação indireta. Aquisição posterior do imóvel expropriado. Se o Poder Público desapossa imóvel pertencente ao domínio privado sem observar o devido processo legal, quem supervenientemente adquire a propriedade se sub-roga nos respectivos direitos e ações, aí incluídos os juros compensatórios. Agravo regimental improvido. Agravo Regimental nº 155.441/PR; Rel Min. Ari Pargendler[171].

Não é incomum a celebração de convênios para a realização de obras públicas. Imagine-se que Estado celebre acordo com um departamento de estradas – quando se trata de construção de rodovia – ou de águas – em se tratando de implantação de sistema de distribuição de água – e, no decorrer das obras, estas acabem, por um erro de traçado, invadindo terreno particular. Nesse caso, haverá *solidariedade* de todos os participantes na empreitada. Isto porque o Código Civil, art. 942, determina que, em caso de ato ilícito que tenha mais de um autor, todos respondem solidariamente pela reparação. Não se pode negar que apossamento administrativo, no caso, será um ato ilícito, devendo-se aplicar a disposição do Código Civil.

Essa solidariedade deve permanecer, ainda que no próprio convênio uma das partes assuma responsabilidade pelas desapropriações, pois tal cláusula não pode obrigar quem não seja parte do acordo, constituindo este *res inter alios* em face do esbulhado[172].

Outro efeito da adoção de uma ou outra postura em relação à natureza da ação será com relação ao *prazo de prescrição* para ajuizamento da ação. O entendimento predominante sempre foi no sentido de que tal prazo, em virtude da natureza real da ação, seria de 20 anos, sendo o assunto, inclusive, objeto da Súmula nº 119 do Superior Tribunal de Justiça: "A ação de desapropriação indireta prescreve em 20 (vinte) anos."

Isto porque, sendo ação real, o prazo de prescrição deveria seguir o prazo para o usucapião extraordinário (CC, art. 1.238, já que o Poder Público não possui justo título ou boa-fé), pois, nessas ações, o direito do adquirente elimina o do antigo titular.

Entendendo-se que se trata de ação pessoal, o prazo prescricional deverá ser de cinco anos, referente às ações pessoais contra a Fazenda Pública (Decreto Federal nº 20.910, de 1932).

Prevalecia o primeiro posicionamento, até o advento da Medida Provisória nº 2.027 e sucessivas reedições (e precedida por outras, de numeração distinta), que acrescentou parágrafo único ao art. 10:

> *Extingue-se em cinco anos o direito de propor ação de indenização por apossamento administrativo ou desapropriação indireta [...].*

Por essa nova disposição legal, seria forçoso assumir que a ação na desapropriação indireta possui natureza pessoal, por disposição legal. Contrariada estaria a jurisprudência dominante. Isto porque, entendendo-se o contrário, poderíamos estar diante de ação de natureza real que tutela o direito de propriedade cujo prazo de prescrição é inferior ao de usucapião, numa situação esdrúxula.

O art. 202, inciso VI, afirma ser causa interruptiva da prescrição "qualquer ato inequívoco, ainda que extrajudicial, que importe reconhecimento do direito pelo devedor". Configura tal reconhecimento ato da Administração que, após consumar apossamento administrativo, estando em curso o prazo prescricional, editar decreto que declare de utilidade pública o imóvel já esbulhado[173].

---

171 No mesmo sentido: Rext nº 87.527/PR; Rel. Min. Djaci Falcão, RTJ 83/324; REsp nº 9.127/PR; REsp nº 23.199/PR; DJU 22/11/1993; AgRg nº 123.468/PR; Rel Min. Demócrito Reinaldo; Agrg nº 134.574/Pr; Rel Min. Hélio Mosimann.

172 Nesse sentido, veja-se: "A expropriação indireta configura esbulho da propriedade particular, de modo que todos os que contribuíram para o ato ilícito respondem solidariamente pela indenização, *ex vi* do art. 1.518 do Código Civil. Convênio e cessão entre pessoas jurídicas de direito público, com vistas à exclusão de responsabilidade, só valem entre as partes contratantes, constituindo *res inter alios acta* para terceiros. (TFR – Apelação Cível nº 98.422; Rel. Min. Torreão Braz)

173 Neste sentido, veja-se: "Ao ser editado, em 26/03/1969, o Decreto nº 51.593 (fl. 10) declarou de utilidade pública o imóvel pertencente ao autor, para o fim de desapropriação judicial ou amigável; reconheceu, por consequência, expressamente, ser devedora a expropriante da justa indenização a que alude o preceito constitucional, prevendo até a fonte da qual haveriam de sair os recursos para solver o débito confessado e naturalmente emergente da resolução administrativa de desapropriar." Tal postura por parte da administração representou, sem dúvida, indisfarçável confissão do dever de indenizar. (...) A própria expropriante se antecipara e manifestara disposição de pagá-lo.

No mesmo sentido: REsp 4.010-0/SP; Rel. Min. Américo Luz; REsp 4.656-SP; REsp 6.838-PR e REsp 5.687/SP).

Além da indenização, cujo valor deve representar o exato montante do bem, o expropriado faz jus a acréscimos moratórios e compensatórios. Os juros moratórios são devidos pelo expropriante como consequência de demora no pagamento da indenização. Os compensatórios são uma compensação pela ocupação antecipada do bem.

Como possuem pressupostos diversos, é possível a cumulação de ambos, como frequentemente ocorre. Ademais, a Súmula nº 102 do STJ determina que os juros moratórios podem incidir sobre os compensatórios:

> A incidência dos juros moratórios sobre os compensatórios, nas ações expropriatórias, não constitui anatocismo vedado em lei.

Nos termos da Súmula nº 69 do STJ, os juros compensatórios na desapropriação indireta são devidos a partir da efetiva ocupação do imóvel. A Medida Provisória nº 2.027, por sua vez, acresceu o art. 15-A ao Decreto-lei nº 3.365/1941, incidem juros de até 6% ao ano sobre o valor fixado na sentença, a contar da imissão na posse, vedado o cálculo de juros compostos (§ 3º do mesmo dispositivo).

Quanto aos juros moratórios, que se destinam a recompor perdas decorrentes de atrasos no pagamento, dominava o entendimento de que seriam devidos a partir do trânsito em julgado da sentença, a despeito de decisões díspares, que fixavam como termo inicial a citação. O art. 15-B, também introduzido pela Medida Provisória, determina, a contrário senso que os juros moratórios destinam-se a recompor a perda decorrente do atraso no efetivo pagamento da indenização fixada na decisão final de mérito, e somente serão devidos à razão de 6% ao ano, a partir de 1º de janeiro do exercício seguinte àquele deveria ser feito, nos termos do art. 100 da Constituição.

Sem dúvida, trata-se de uma norma que beneficia em muito a Fazenda Pública, pois transfere o marco inicial da contagem dos juros moratórios para momento bem posterior ao trânsito em julgado da decisão final. Ademais, a jurisprudência sempre fixou a taxa de juros, tanto moratórios quanto compensatórios, em 12% ao ano.

Outrossim, deve-se indagar acerca dos *honorários* na ação de indenização por apossamento administrativo. O DL 3.365/1941, art. 27, parágrafo (com redação dada pela Medida Provisória nº 2.027) fala que são devidos honorários sobre o valor da diferença. Evidentemente, não se pode aplicar por analogia essa regra à ação de desapropriação indireta, em que não há oferta de preço pelo Poder Público. Com efeito, aplica-se o disposto no art. 20 e parágrafos do Código de Processo Civil.

Por fim, cumpre fazer observação sobre a aplicabilidade do art. 34 do Decreto-lei nº 3.365/1941 à ação sob exame. O referido dispositivo estabelece que o preço será levantado após prova de propriedade, de quitação de dívidas fiscais que recaiam sobre o bem expropriado e de publicação de editais, com o prazo de dez dias, para conhecimento de terceiros. O parágrafo único, por sua vez, diz que, se verificada dúvida acerca do domínio, o preço deverá ficar depositado, ressalvando-se aos interessados a ação própria para disputá-lo.

A melhor posição é de que, nas ações de desapropriação indireta, não se aplica o dispositivo acima referido. Na ação ordinária de desapropriação, o Poder Público deve pagar a indenização para exercer a faculdade legal de desapropriar. Diferentemente, na ação ora sob estudo, a indenização existe para substituir o bem apossado. O autor da ação, proprietário da coisa, deve, demonstrar desde logo o domínio, para que seja considerado parte legítima. Nesse sentido, veja:

> Administrativo. Ação de indenização por desapropriação indireta. Art. 34 do Decreto-lei nº 3.365/1941. Inaplicabilidade. Precedentes. Recurso provido. 1. O art. 34 do Decreto-lei nº 3.365/1941 não se aplica às ações de indenização por desapropriação indireta, mas, sim, às ações de desapropriação direta. 2. Nas ações de indenização por desapropriação indireta, a questão de domínio deve ser resolvida no processo de conhecimento, nunca na execução do julgado. 3. Precedentes do STF, do STJ e do TJSP: RE nº 108.846-SP, REsp nº 112.423-SP, AI nº 82.679-2, AI nº 102.724-2 e AI nº 104.029-2. (REsp nº 260/DF; Segunda Turma; Rel. Min. Adhemar Maciel)

18.7. Ações correlatas

Com efeito, a *desapropriação indireta* pode ser obstada, *oportunamente*, por meio de *ação possessória*, reivindicando o proprietário a reintegração da posse do bem.

(...) Na medida em que ele declare de utilidade pública determinado imóvel, para o fim de desapropriá-lo, há que se presumir esteja reconhecendo o dever de pagar o justo preço que a decisão lhe impõe. Daí aceitar-se como interrompida a prescrição em curso desde a data do apossamento administrativo, porquanto confessado o dever de pagar." REsp nº 10.206/SP; Rel. Min. José de Jesus.

Este *momento oportuno* é de suma importância para a manifestação do proprietário do imóvel pretendido pelo Poder Público, se expirando a partir do momento em que a Administração confere um fim público ao bem expropriado.

A partir deste momento, este bem não será mais suscetível de retornar à esfera de domínio do particular, partindo-se da premissa de que os bens expropriados, uma vez incorporados no patrimônio público, não mais serão objeto de reivindicação pelo particular, conforme expõe o art. 35 do Decreto-lei nº 3.365/1941:

> *Art. 35. Os bens expropriados, uma vez incorporados à Fazenda Pública, não podem ser objeto de reivindicação, ainda que fundada em nulidade do processo de desapropriação. Qualquer ação, julgada procedente, resolver-se-á em perdas e danos.*

Suscita-se a hipótese em que o Poder Público adentra em uma propriedade particular, e, sem ser interrompido oportunamente, dá continuidade a seus projetos, construindo, como exemplo, hospital, escola, cemitério, praça, ou mesmo um prédio que abrigará a prefeitura municipal, ou uma de suas secretarias. Realizada a obra pública, tornará efetiva a afetação do bem, destinando-o ao uso da coletividade ou ao uso especial da Administração, conforme o que foi construído.

Passados alguns anos, o particular retorna à sua propriedade e se depara com uma construção, já afetada, a qual sofreu desapropriação indireta. Só lhe restará entrar com ação por perdas e danos, pleiteando indenização. Contudo, se a obra ainda não tiver sido concluída, estando visivelmente em andamento, poderá o particular ajuizar ação possessória na tentativa de reaver o seu bem esbulhado.

Portanto, a ação possessória só poderá ser ajuizada até a afetação do bem, isto é, o término da obra, a entrega da obra à coletividade ou ao próprio uso da Administração. Desta feita, a afetação do bem cria um liame entre o particular e o tipo de ação que lhe será lícito pleitear. Antes da afetação, ação possessória, onde o particular poderá reaver o bem; após a afetação, ação de perdas e danos, na busca de uma indenização pela perda de sua propriedade.

A desapropriação indireta também poderá se processar por meio de outras formas de intervenção do Poder Público na propriedade particular, ou seja, quando este não se apossa diretamente do bem, mas impede totalmente o proprietário de exercer o pleno domínio sobre o seu imóvel, por meio de limitações ou servidões, o que também se traduzirá na desapropriação indireta, dada a total impossibilidade de o proprietário utilizar o seu bem.

Acaso essas limitações ou servidões afetem apenas em parte o bem do particular, não estará caracterizada a desapropriação indireta, aplicando-se normas específicas a estes institutos.

18.8. Transferência da propriedade

Insta registrar que após o trânsito em julgado da sentença que deu termo à indenização devida ao proprietário do imóvel desapropriado, esta deverá ser devidamente transcrita no competente Registro de Imóveis, para que se efetive legalmente a incorporação do bem ao patrimônio público.

Oportuno trazer à baila a simples transcrição do imóvel no Cartório de Registro de Imóveis não é suficiente para regular a questão patrimonial do imóvel, sendo apenas uma preliminar a este procedimento final.

Portanto, quando o particular não se vale do seu direito de pleitear uma indenização por meio da competente ação indenizatória, em tempo hábil, resultando na prescrição deste direito, restará ao Poder Público recorrer à ação de usucapião. Desta feita, a afetação de um determinado bem particular a um fim público não basta como forma de transferência de propriedade. Com efeito, insurge-se que previsão legal contida no texto no art. 35 do Decreto-lei nº 3.365/1941, notadamente a que se refere à incorporação dos bens expropriados à Fazenda Pública, tem o caráter apenas simbólico.

De fato, na desapropriação indireta não se processa a transferência de propriedade do bem para o domínio do Poder Público tão somente com a efetiva afetação do bem. O que ocorre, de fato, nas hipóteses de desapropriação indireta, é tão somente a *afetação do bem*, a qual traduz a manifestação de vontade do Poder Público em utilizar o bem em tese, para gozo próprio ou da comunidade, desprovida na transferência do título de propriedade do particular à Fazenda Pública.

18.9. Prescrição

A prescrição na desapropriação indireta encontra amparo legal diverso do aplicado na prescrição da desapropriação da regra geral (Decreto-lei nº 3.365/1941). A princípio, prevalecia o entendimento de que o prazo prescricional desta modalidade de desapropriação não era o prazo quinquenal, que se encontra previsto no Decreto-lei nº 20.910/1932, que prevê as prescrições das ações contra a Fazenda Pública, mas sim o prazo de 20 anos, preconizado no Código Civil de 1916 para fins de usucapião extraordinário, ainda que o pleito verse sobre indenização, mas a propriedade do imóvel ainda está na esfera patrimonial do particular. Endossando esta acepção, registre-se a existência de súmula do STJ que contém esta afirmativa.

A aplicação desta tese tinha o respaldo no argumento de que o prazo prescricional estaria intimamente vinculado ao direito de propriedade. Como a propriedade do imóvel permanece na esfera do particular até que se dê o fim da ação de usucapião interposta pelo Poder Público, a partir de quando este terá, licitamente, a posse do bem em questão, aplicar-se-á o prazo prescricional do usucapião, qual seja, o estipulado no Código Civil.

Este entendimento foi alterado com a vigência da Medida Provisória nº 2.183/2001, que deu nova redação ao art. 10, parágrafo único, estipulando em cinco anos o prazo de prescrição para a propositura de ação de indenização por apossamento administrativo ou desapropriação indireta, tendo ocorrido a derrogação da norma anterior.

Entretanto, esta Medida Provisória quedou-se inoperante, posto que foi objeto da ADIn nº 2.260/DF, tendo sido acolhida liminarmente por meio de acórdão publicado no DOU em 02/08/2002, e restabelecendo-se a norma que a antecedia, cuja previsão se encontra no Código Civil. Ocorre que, com o advento do atual Código Civil de 2002, o prazo prescricional passou a ser de 15 anos (art. 1.238), ressaltando-se a existência de norma de direito intertemporal, art. 2.028. Então, prazo foi alterado de 20 para 15 anos.

18.10. Conclusão

Em rápida síntese, acerca do tem sob enfoque, pode-se afirmar:

1. A desapropriação indireta é fruto da doutrina francesa do final do séc. XIX, tendo sido adotada no Brasil, principalmente, pela jurisprudência, que afastou a proteção possessória da Lei Civil quando a Administração constrói obra pública sobre bem particular sem o procedimento administrativo e a indenização prévia e justa.
2. Atualmente, a jurisprudência brasileira também tem considerado haver desapropriação indireta, com a respectiva indenização, quando ocorre esvaziamento ou aniquilamento total do conteúdo do direito de propriedade devido a intervenção irregular na propriedade de forma drástica.
3. Em caso de apossamento administrativo praticado por um ente estatal contra bens de outros entes, seguindo a escala do art. 2º, § 2º do Decreto-lei nº 3.365/1941, não poderá o esbulhado lançar mão da proteção possessória da lei civil, tendo em vista que a inalienabilidade de bens públicos é apenas *relativa*.
4. A ação que visa à obtenção de indenização pela desapropriação indireta sempre foi vista, pela maioria da doutrina, como tenso caráter *real*, em função do direito nela discutido, que é o de propriedade. Entretanto, com MP nº 2.027 e sucessivas reedições, que determinou prazo extintivo de cinco anos, o mesmo das ações pessoais contra a Fazenda Pública (Decreto nº 20.910/1932), a lei teria passado a entender a ação possui natureza real, o que teria reflexos também no foro competente.

19. Desistência da Desapropriação

Lamentavelmente, a regra geral da desapropriação, que é o nosso Decreto-lei nº 3.365/1941, não faz alusão a nenhuma disposição expressa em relação a desistência postulada pelo poder expropriante. Entretanto, a doutrina e as decisões dos nossos Tribunais têm admitido, por reiteradas vezes, a desistência, em conformidade com a dicção do art. 42 da Lei das Desapropriações: "no que esta lei for omissa aplica-se o Código de Processo Civil."

A desistência da desapropriação é possível, em qualquer fase processual, independentemente de manifestação da parte contrária, porque o Poder Público está defendendo o interesse coletivo. Logo, precisa, evidentemente, de um tratamento todo especial, diferenciado.

Agora, o Estado só pode desistir da desapropriação até que esta se consolide, se transforme num fato consumado. Quando a desapropriação se consolida? Depende do entendimento que se adota. Aí, tem uma discussão: qual é o momento da aquisição da propriedade? Há três correntes. Aquela que entende que é após o trânsito em julgado. Outra que considera que é com a expedição do precatório. E, finalmente, há uma terceira corrente que concorda que é com o pagamento do precatório.

A desistência biparte-se: total (revogação – totalidade do bem desapropriado) ou parcial (modificação do decreto expropriatório – redução da área inicialmente alcançada), devendo nos dois casos enfocados ser homologados pelo juiz, pois pode ocorrer fatos supervenientes, como, por exemplo, modificação da obra pública. E, por ventura, o expropriado haja recebido quantia em dinheiro, por ocasião da imissão provisória na posse, este terá de devolvê-la, com correção monetária.

Na desistência do Poder Público, em hipótese alguma, há necessidade da concordância do expropriado. Há, inclusive, total possibilidade de desistência parcial independente da modificação da petição inicial, ressalvada, porém, ao expropriado, a via ordinária para ressarcimento dos prejuízos eventualmente sofridos.

É oportuno lembrar, por último, de que a sentença, homologando a desistência da ação antes do pagamento do preço, não está sujeita ao reexame necessário, ou seja, não está sujeita ao duplo grau de jurisdição obrigatória, uma vez que a hipótese não se enquadra no art. 28, § 1º, do Decreto-lei nº 3.365/1941.

Quatro requisitos são exigidos simultaneamente para que a desistência possa ocorrer, pouco importando se o expropriado já tenha recebido parcialmente a indenização:

a) revogação do decreto expropriatório de utilidade pública, necessidade pública ou interesse social.

O decreto expropriatório é um ato administrativo e, como tal, admite o seu desfazimento, isto é, a sua revogação.

b) até o trânsito em julgado da sentença que fixou o preço é possível a revogação, embora há vozes isoladas defendendo a tese de não ser admissível, quando ocorrer a imissão provisória na posse, em função do inquestionável prejuízo suportado pelo particular.

Na verdade, enquanto não efetivada a desapropriação com a adjudicação do imóvel ao Poder expropriante e o pagamento total do preço, a desistência é admissível.

c) possibilidade da devolução do bem nas mesmas condições em que ele se encontrava na época da imissão provisória na posse.

Mário Roberto N. Velloso[174], com razão, sustenta que a quase totalidade das jurisprudências exige para a desistência a restituição do bem no mesmo estado em que se encontrava antes da imissão, ou seja, o particular receberia o bem exatamente como encontrava no último dia de sua posse. E arremata que

> Se a desistência repõe as partes ao *statu quo ante*, nada mais natural que o particular receber o que perdeu. Se perdeu a posse do terreno sem construções, é isso que retornará à sua esfera de direitos. Se uma casa, deve retornar nas mesmas condições, não só considerando a área construída, mas também seu estado de conservação ressalvada a deterioração natural do bem, não advinda de negligência em sua manutenção regular. Ainda que o bem devolvido pelo expropriante seja de maior valor que o inicialmente tomado, o expropriado não pode ser compelido a aceitá-lo de volta. Não se coaduna com a essência do direito de propriedade o fato de o proprietário ser privado de seu bem para depois tê-lo de volta com reformas e adaptações por ele não queridas nem realizadas.

A desistência da desapropriação só será possível desde que o bem expropriado possa ser restituído *in integrum*. Se o bem foi desnaturado em sua finalidade, ou se substancialmente alterado, inviabilizando a *restitutio in integrum*, a desistência não poderá ser aceita pelo juiz.

E ainda mais: a desistência da ação expropriatória pressupõe a devolução do bem nas mesmas condições em que o expropriante o recebeu do proprietário. Restituir é fazer a coisa retornar ao primitivo dono com as mesmas características, qualitativas e quantitativas, de seu estado anterior. Não se devolve coisa diversa em qualidade ou quantidade do que foi recebida pelo devolvente. A jurisprudência que se segue ilustra o afirmado:

> Desapropriação. Alegado direito à desistência e composição do dano em ação própria. Inadimissibilidade. Ocupação por terceiros. Impossibilidade de restituição do bem no estado em que se encontrava. Indenização devida. Recurso não provido. A expropriante pode desistir da desapropriação antes do pagamento do preço ou da transcrição, contudo, o bem objeto da ação deve ser restituído ao seu proprietário nas mesmas condições em que se encontrava quando da imissão na posse. (Rel. Nelson Schiesari. Agravo de Instrumento 226.898-2/São Paulo; 19/09/2000)

O STJ já se posicionou no mesmo sentido:

> Constatadas substanciais alterações no imóvel objeto da ação expropriatória, tornando impossível a restituição no estado em que se encontrava antes da imissão provisória, não há como se acolher o pedido de desistência apresentado pelo expropriante[175].

Problema diverso, porém, é o que se relaciona com a possibilidade do juiz homologar a desistência mesmo com a alteração do imóvel, com ressalva da ação de perdas e danos, em alguns julgados isolados.

No tocante aos honorários advocatícios são devidos pelo desistente após a citação do expropriado e desde que haja contestação, uma vez que o Poder Público deu causa ao procedimento expropriatório, obrigando, assim, o expropriado a contratar advogado, visando à defesa de seus interesses. A necessidade, porém, de se levar em conta a fase em que se encontrava o processo, há vista do trabalho desenvolvido pelo patrono, e a

[174] VELLOSO, Mário Roberto N. *Desapropriação – Aspectos Civis*. São Paulo: Juarez de Oliveira. Ano 2000, p. 126

[175] REsp nº 132.398/SP; Segunda Turma; Rel. Min. Hélio Mosimann; *DGU*, p. 62.

verba advocatícia será fixada corretamente com base na avaliação provisória.

Em havendo revelia, não há que se falar em honorários em função da ausência de prejuízo para o expropriado.

d) pagamento de juros compensatórios pelo expropriante, à título de compensar o expropriado pela retirada da posse do bem, pela ocorrência da imissão provisória, à base de doze por cento ao ano, conforme Súmula nº 618 do Supremo Tribunal Federal.

O Supremo Tribunal Federal pronunciou-se a respeito[176]:

> O imóvel em mãos do dono, pode a qualquer momento ser usado, receber proposta para arrendamento ou venda, o que não ocorre achando-se ele fora do comércio. O dono de uma coisa, seja imóvel ou dinheiro, ou o que for, poderá não usar dela. Será um mau administrador, será um inepto, mas o não uso é um dos direitos do proprietário. Mas ninguém sustentará possa um estranho tomar para si um bem alheio, e mantê-lo em seu poder por um determinado tempo, dele usando, ou não usando, e, negando-se, depois disso, a indenizar o dono pela privação do que era seu.

Como se observa facilmente, a posterior desistência da desapropriação acarreta, sem dúvida, para o Poder Público, a total responsabilidade de indenizar o proprietário pelo período de ocupação do imóvel e pelos prejuízos, perdas e danos, que lhe decorreram desse ato, desde que comprovados, cujo montante deve ser apurado nos respectivos autos.

Os juros compensatórios constituem, na desapropriação, indenização pela perda, do proprietário, do imóvel objeto da desapropriação. *In casu*, tendo havido desistência da desapropriação e o acórdão que a homologou, condenando, desde logo, a Administração ao pagamento de juros compensatórios, como indenização pela perda da posse do imóvel, sobre estes a partir do trânsito em julgado do referido acórdão incidem os juros moratórios.

20. Retrocessão

A retrocessão se traduz na possibilidade de devolução do bem ao antigo proprietário em função de uma tredestinação, ou seja, de um desvio de finalidade. Se o Poder Público não der ao bem desapropriado um fim de utilidade pública, o expropriado fará *jus* de reaver o seu imóvel. Com efeito, insurge-se que a retrocessão nasce com base em um desvio de finalidade da Administração Pública, ou ainda, com base em uma tredestinação.

A tredestinação ocorre quando se muda o motivo, a finalidade de uma desapropriação. Portanto, quando a mudança da finalidade de uma desapropriação continuar atendendo ao interesse público, não se configurará a tredestinação, e consequentemente, não haverá margem para que ocorra a retrocessão, posto que o Direito brasileiro aceita a eventual mudança no destino do bem expropriado, desde que continue atendendo ao interesse público.

Exemplificando, quando o Município desapropria determinada área com o objetivo de construir uma escola pública municipal.

Portanto, ao iniciar as obras, depara-se com uma outra obra, bem próxima a esta, onde o Estado já está se empenhando na constrição de um Ciep, ou seja, escola pública estadual, esvaziando-se com isso a necessidade da construção da escola municipal. A partir desta constatação, o Poder Público municipal resolve, por bem, alterar o objeto de sua desapropriação, construindo um posto de saúde naquela área desapropriada, pois que este terá mais valia àquela comunidade local que a escola pública. Este exemplo não se trata de tredestinação ou de desvio de finalidade, não ensejando, dessarte, a retrocessão.

Salienta-se que, se o Poder Público desapropriar uma área para fins de utilidade pública, com o objetivo de construir escola pública, mas permite que alguém se beneficie desta área para a construção de escola particular, configurar-se-á desvio de finalidade, dando margem à tredestinação. Portanto, a tredestinação é um desvio de finalidade específico, em caso de desapropriação.

20.1. Correntes Doutrinárias

A retrocessão é um instituto que gera polêmicas, comportando três correntes doutrinárias que se formaram anteriormente à vigência do Código Civil de 2002, a saber:

Primeira Corrente:

Esta primeira corrente, a qual eram adeptos o administrativista Hely Lopes Meirelles e o civilista Clóvis Beviláqua, abarcava a tese de que não mais existia no Direito brasileiro a *retrocessão* como *direito real* de reivindicar a posse do imóvel. Advogava de que em seu lugar subsistiu apenas o *direito obrigacional ou pessoal* de pleitear perdas e danos, com fulcro no art. 1.150 do Código

176 Artigo publicado *in RTJ* 91/517.

Civil de 1916, atualmente art. 519, que dizia em seu texto que a União, o Estado ou o Município oferecerá ao ex-proprietário o imóvel desapropriado, pelo preço por que o foi caso não tenha destino para o qual se desapropriou.

Este entendimento também recebeu a homenagem de inúmeros acórdãos dos Tribunais brasileiros, e se baseava na tese de que a retrocessão não mais subsistia na norma geral de desapropriação, por determinação expressa do art. 35 do Decreto-lei nº 3.365/1941, assim como não a previa a legislação que o antecedia (Lei nº 1.021, de 28/08/1903, art. 2º, § 4º), a qual proibia a reivindicação de bem expropriado já incorporado à Fazenda Pública e determinava que eventuais ações sobre o imóvel, objeto de desapropriação, se cingiriam às ações de perdas e danos.

> *Art. 35 do Decreto-lei nº 3.365/1941 – Os bens expropriados, uma vez incorporados à Fazenda Pública, não podem ser objeto de reivindicação, ainda que fundada em unidade de processo de desapropriação. Qualquer ação, julgada procedente, resolver-se-á em perdas e danos.*

O antigo proprietário do imóvel passaria a ter o direito de preferência ou preempção (art. 1.150 do Código Civil de 1916, atualmente, art. 519), de eficácia obrigacional e não real (art. 1.156 do mesmo código, hoje, art. 518).

Na interpretação desta corrente, os bens que já se incorporaram ao patrimônio público não mais podem ser reivindicados pelos seus antigos proprietários, devendo estes recorrerem à ação de perdas e danos, para pleitear qualquer ação que se proceda sobre o bem expropriado. Com efeito, restará apenas uma indenização ao ex-proprietário do imóvel, não lhe sendo possível pleitear a retrocessão, posto que, para esta corrente, a retrocessão é um direito obrigacional.

Segundo esta tese doutrinária, só será admitida a retrocessão ao antigo proprietário do imóvel, por faculdade da Administração, quando esta desiste de fazer uso daquele imóvel após decorrida a desapropriação. Neste sentido, Hely Lopes Meirelles advoga que o ex-proprietário terá, em caso de desistência do Poder Público, o direito de preferência. Portanto, antes mesmo que se inicie a licitação, para fins de venda do imóvel, o antigo proprietário terá de ser consultado sobre a sua vontade de readquirir o bem, mediante a devolução do *quantum* indenizatório que recebeu da Administração quando da desapropriação.

Entretanto, se a Administração alienar o bem sem conceder ao ex-proprietário o direito de preferência, se não der a destinação pública do bem expropriado aplicando-se um de seus requisitos: utilidade pública, necessidade pública ou interesse social, mas valendo-se do desvio de finalidade, estará caracterizado o direito do particular de reivindicar uma indenização pela perda injustificada da propriedade. Deve-se registrar que esta indenização não guarda nenhuma relação com a indenização já recebida pela perda do imóvel, no ato de desapropriação, esta estará atrelada à ação de perdas e danos.

Segunda Corrente:

Esta segunda corrente, a qual fazia parte os civilistas Pontes de Miranda, Seabra Fagundes, José Cretella Júnior, entre outros, além de inúmeras jurisprudências, entendiam que a retrocessão é um *direito real*, ou seja, um direito à reivindicação do imóvel expropriado.

A fundamentação desta corrente doutrinária e jurisprudencial se fincava no dispositivo constitucional que assegura o direito de propriedade, e que só pode ser violado se se fundar em benefício de interesse coletivo.

Se outro for o destino do bem expropriado, diverso de qualquer fim público, não se aplicando os casos de necessidade pública, utilidade pública e interesse social, não mais subsistirá a justificativa para a desapropriação, que se traduz em uma alienação forçada, nascendo para o expropriado o direito de reaver o seu bem pelo mesmo valor pelo qual foi desapropriado.

Entende esta corrente que a norma prevista no art. 35 do Decreto-lei nº 3.365/1941 somente é aplicável quando se destinar à desapropriação que atenda aos requisitos constitucionais. Fora estas hipóteses, caberá a retrocessão.

Argumentava, ainda, que a norma contida no art. 1.156 do antigo Código Civil (art. 518, atualmente), a qual concedia ao direito de preferência o caráter obrigacional, não se aplicava ao art. 1.150 do mesmo diploma legal (art. 519 do atual Código), de que tratava de desapropriação, pois que a primeira decorre de uma obrigação de eficácia pessoal, ao passo que a outra, se aplicaria a um direito de natureza real do expropriado em face do expropriante.

Portanto, para os civilistas, se a desapropriação foi realizada sem atender os fundamentos constitucionais – necessidade pública, utilidade pública e interesse social – não há falar na aplicação do art. 35 do Decreto-lei nº 3.365/1941, nem no direito de preferência do ex-proprietário, mas aplicar-se-á a retrocessão, posto que a desapropriação feriu preceito constitucional e se quedou ao desvio de finalidade.

Oportuno trazer à baila que o Supremo Tribunal Federal, embora não tenha se manifestado expressamente que a retrocessão é um direito real, tem uma decisão isolada sobre essa questão, a qual entende que o prazo de prescrição para a retrocessão é o mesmo que se aplica aos direitos reais, cuja previsão se encontra no Código Civil.

Com base nesta decisão, o STF está, implicitamente, acolhendo a tese de que a retrocessão é um direito real, pois que determina que a ela se aplique a prescrição relativa aos direitos reais, antes estipulado em dez anos entre presentes e 15 entre ausentes, previsto no art. 177 do Código Civil de 1916. Com o atual Código Civil de 2001, a matéria está regulada no art. 205, o qual não faz mais nenhuma distinção entre ações reais e pessoais, para fins de fixação de prazo prescricional, unificando-se em 10 anos, em qualquer hipótese.

Terceira Corrente:

Para a terceira corrente, acolhida por Roberto Barcelos de Magalhães e por Maria Sylvia Zanella Di Pietro, entre outros, a retrocessão se figurava num *direito de natureza mista,* pessoal e real, sendo lícito ao expropriado a ação de preempção ou preferência (de natureza real), ou ainda a ação de perdas e danos, sendo a corrente que melhor se coaduna com a previsão constitucional a qual dispõe sobre o Direito de Propriedade.

Com base no antigo Código Civil, a retrocessão era tratada como um direito real, haja vista que o texto do art. 1.150 deste diploma legal previa a devolução do imóvel pelo expropriante ao expropriado. Contudo, nem sempre esta devolução se realizava sem maiores percalços, dados os fatos que ocorriam no período entre a desapropriação e a devolução do imóvel, tais como a transferência do imóvel a terceiros, a realização de benfeitorias ou a deterioração do imóvel etc.

Em face da impossibilidade da pleitear a retrocessão, podia o ex-proprietário pleitear judicialmente uma indenização equivalente ao valor do bem expropriado, somando-se ou diminuindo-se este valor, de acordo com a transformação ocorrida no imóvel, atribuindo-se, ao final, um justo preço, tal qual é atribuído na ação de desapropriação.

Com o advento do novo Código Civil brasileiro, insurge-se a questão sobre qual teoria irá prevalecer, se da *retrocessão* como *direito pessoal*, ou como *direito real*.Ademais, encontra-se superado o art. 1.150 de sua antiga edição. Já o atual art. 519 não mais prevê que o Poder Público ofereça o imóvel ao expropriado, assegurando-lhe tão somente o direito de preferência, pelo preço atual da coisa, cujo texto se segue:

Art. 519 do Código Civil – Se a coisa expropriada para fins de necessidade ou utilidade pública, ou por interesse social, não tiver o destino para que se desapropriou, ou não for utilizada em obras ou serviços públicos, caberá ao expropriado direito de preferência, pelo preço atual da coisa.

Ainda assim, há que se levar em conta que o Código Civil não pode perpassar mandamento constitucional, ignorando-o ou infringindo-o, mas antes deverá se compatibilizar com o ordenamento constante na Lei Maior, a qual só permite a desapropriação por motivo de necessidade pública, utilidade pública ou interesse social. Descaracterizando-se uma destas hipóteses, é lícito ao ex-proprietário reivindicar judicialmente o seu imóvel, inclusive valendo-se do instituto da retrocessão.

Sem retoques, caberá o direito à retrocessão pelo ex-proprietário, quando o Poder Público atribuir ao imóvel expropriado uma utilidade diversa daquela que fundamentou no ato expropriatório. Este direito não será aplicado quando o Poder Público, ainda que não conceda a utilização previamente estipulada, dê outra destinação pública.

Dessarte, a retrocessão só será possível quando ocorrer um desvio de finalidade por parte da Administração Pública, o qual se denomina de tredestinação, ou ainda quando o imóvel seja transferido a terceiros, a qualquer título, nas hipóteses em que essa transferência não era possível, descaracterizando-se, a partir de tais atos, o direito de retrocessão.

Essa terceira corrente, defendida pela administrativista Di Pietro e que opta pela teoria de que a retrocessão é um direito de natureza mista, em verdade, é a que melhor beneficia o antigo proprietário do imóvel, pois dá a ele o direito de escolha entre ter o seu imóvel de volta ou receber uma indenização equivalente, repita-se, diversa da indenização já recebida quando foi desapropriado, mas que se destina a atender o seu direito de retrocessão, já que a Administração não aplicou o seu imóvel para uma finalidade pública.

A inteligência deste argumento se funda na defesa do antigo proprietário do imóvel expropriado, que já foi prejudicado por ter sofrido uma desapropriação injusta, e ainda assim poderá ser mais prejudicado ao reaver o seu imóvel, com base na teria de direito real, descaracterizado, pois a Administração pode ter modificado a estrutura original deste imóvel, e a radicalização da teoria do direito real estaria impondo ao particular que ele reouvesse sem a sua estrutura original, e amargasse mais um prejuízo.

Com base nessa corrente, o antigo proprietário, expropriado injustamente, terá o direito de opção, buscando a que melhor lhe convier, ser indenizado ou ter o seu imóvel de volta, acolhendo a retrocessão tanto como direito real, como de direito obrigacional, de acordo com a faculdade do prejudicado pelo tredestinação da Administração Pública, não lhe obrigando a acatar nenhuma delas coercitivamente.

20.2. A Utilização do Bem Expropriado

Oportuno, por fim, mencionar que um dos grandes percalços da retrocessão, de acordo com o entendimento da doutrina, é o que se refere à utilização do bem expropriado pelo Poder Público.

Esta questão não se aplica quando se caracteriza o desvio de finalidade, pois neste caso a Administração fez uso do bem desapropriado, embora tenha desviado a sua finalidade de atender ao interesse público, cabendo, indubitavelmente, o direito de retrocessão.

O problema se insurge quando a Administração desapropria um imóvel e não faz uso de sua finalidade originária, deixando-o, por muitos anos, sem nenhuma destinação, no que suscita a dúvida de qual seria o prazo da Administração para utilizar o imóvel desapropriado.

Em regra, entendem alguns que este prazo prescricional seria de cinco anos, cujo entendimento se fundamenta no prazo de caducidade previsto no art. 10 do Decreto-lei nº 3.365/1941. Contudo, este prazo está destinado para que se efetive a desapropriação, e não para que a Administração utilize o imóvel expropriado.

Em caso de desapropriação para fins de interesse social, encontra-se lei específica regulando a matéria, a saber, Lei nº 4.132/1962:

> *Lei nº 4.132/1962 [...]*
>
> *Art. 3º O expropriante tem o prazo de 2 anos, a partir da decretação da desapropriação por interesse social, para efetivar a aludida desapropriação, e iniciar as providências de aproveitamento do bem expropriado.*

Com efeito, a Administração Pública terá o prazo de dois anos para efetivar a desapropriação, e após esta, mais dois anos para utilizar o bem. Passados dois anos após a desapropriação sem que seja utilizado o bem, comprovar-se-á carência de interesse social, dando causa ao argumento de que a desapropriação foi injustificada e gerando o direito de retrocessão ao expropriado, com base no aludido preceito legal.

Diferentemente é o caso de desapropriação para fins de reforma agrária, pois que esta espécie de desapropriação se constitui em espécie do qual é gênero o interesse social.

O prazo de dois anos será cabível, pois, no início da desapropriação, ou seja, estipulando que a Administração tem 2 anos para desapropriar, para fins de reforma agrária. Já o prazo que se refere ao tempo atribuído legalmente à Administração para que esta utilize o bem difere da regra geral, encontrando-se legislação específica que regula a reforma agrária no direito brasileiro, qual seja, a Lei nº 8.629/1993.

Dispõe o art. 16 desta lei:

> *Lei nº 8.629/1993 [...]*
>
> *Art. 16. Efetuada a desapropriação, o órgão expropriante, dentro do prazo de 3 anos, contados da data de registro do título translativo de domínio, destinará a respectiva área aos beneficiários da reforma agrária, admitindo-se, para tanto, formas de exploração individual, condominial, cooperativa, associativa ou mista.*

Conforme se depreende do exposto, o prazo que versa sobre o Poder Público que realiza a desapropriação para fins de interesse social é, em regra, de dois anos. Porém, no caso específico de reforma agrária, este prazo para que a Administração utilize o imóvel passa a ser de três anos. Expirado este prazo e constatada a inação do Poder Público, caberá o direito de retrocessão ao particular que teve seu imóvel expropriado.

Não obstante o prazo previsto no art. 10 do Decreto-lei nº 3.365/1941, que se refere ao prazo o qual a Administração dispõe para efetivar a desapropriação, mas não há na lei previsão sobre o prazo para a utilização do bem expropriado, o que inviabiliza que o antigo proprietário exerça o direito de retrocessão.

O argumento deste prazo de cinco anos, o qual é utilizado por analogia por alguns doutrinadores nem sempre é acatado pacificamente, sobretudo pelos magistrados, por falta de fundamentação legal.

21. Casos Especiais da Desapropriação

21.1. A Desapropriação Urbana

21.1.1. O Conceito de Urbanização

Entende-se por urbanização o conjunto de trabalhos necessários para dotar uma área de infraestrutura adequada, como água, esgoto, gás, eletricidade, e também serviços urbanos, como transporte, educação e saúde.

A palavra urbanismo deriva de *urbs,* vocábulo latino equivalente a cidade, e dá nome à ciência que desenvolve o estudo sistematizado e interdisciplinar da cidade e da questão urbana, incluindo o conjunto de medidas técnicas, administrativas, econômicas e sociais necessárias ao desenvolvimento racional e humano das mesmas.

No entender de José Cretella Júnior, uma das formas de urbanizar é o loteamento de terras, porque é um dos primeiros passos para a urbanização e a forma de dar caráter citadino a uma região, a uma área, geralmente indivisa.

No entanto, nenhuma providência no sentido de promover, efetivamente, a urbanização acontece sem carrear em seu bojo uma longa série de problemas, em que pesem todos os possíveis e necessários benefícios que ela possa trazer para a coletividade.

21.1.2. A Desordem Urbana

A cidade cresce e continua se expandindo. Por causa de seu crescimento, ela pode tornar-se um foco de cultura profundamente lúcido e sensível, se for planejada para o trabalho ordenado e eficiente e ao mesmo tempo for uma cidade viva e aprazível, própria ao devaneio e à especulação intelectual.

Nosso crescimento urbano desenfreado é o resultado da explosão demográfica violenta, sem que o Poder Público adotasse qualquer medida saneadora. Isso acontece em virtude da intensificação das correntes migratórias, especialmente a partir dos anos 1950. Segundo Vanderlei Ramos de Moraes,

> nossa expansão urbana é resultado de um processo "esquizofrênico" em que o atendimento dos serviços públicos passou a correr atrás da urbanização induzida por um leque excessivamente amplo de pressões do setor privado.

Isto representa que a urbanização foi adquirindo características desordenadas e caóticas, devido à carência de serviços públicos. O governo não consegue controlar este processo.

Por força deste fenômeno, o setor imobiliário assume o comando do crescimento urbano, exigindo soluções de suprimento de serviços públicos que os governos, via de regra, não têm condições de atender. Pior do que esta situação é o montante dos investimentos públicos urbanos concentrados em áreas já atendidas por programas que visam ao bem-estar social, onde a população tem maior poder de barganha política.

21.1.3. A Competência para a Urbanização e Reurbanização

A implantação de novos núcleos urbanos, o zoneamento ou a renovação de bairros envelhecidos e/ou obsoletos estão sob a responsabilidade do Poder Público, em especial o municipal, o qual decretará a desapropriação com essa finalidade, consoante estabelecem os arts. 5º I, do Decreto-lei nº 3.365/1941, e 44, da Lei nº 6.766, de 19/12/1979.

Para tanto, se torna necessário que o bairro-alvo esteja a exigir remanejamento de áreas livres, remoção de indústrias, modificação do traçado viário e demais obras públicas efetivamente capazes de garantir ao local funcionalidade compatível com a sua nova destinação no complexo urbanístico da cidade.

A utilidade pública para essa desapropriação é a própria urbanização ou reurbanização. Concluída a obra, de conformidade com o plano urbanístico pelo Legislativo, será permitido que as áreas e edificações excedentes das necessidades públicas sejam alienadas a particulares, de preferência aos desapropriados.

21.1.4. O Loteamento de Terrenos

A questão que aqui se trata é a vinculada à desapropriação por utilidade pública de áreas de terrenos, edificadas ou não. A medida se destinará a qualquer uma das três hipóteses abaixo:

a) melhor utilização econômica;
b) melhor utilização higiênica;
c) utilização estética.

Por melhor utilização econômica, entende-se a solução do problema habitacional em regiões de elevada densidade demográfica. Para tanto, as casas construídas no local, após a devida urbanização da área, devem ser oferecidas a baixo preço e financiadas a longo prazo às famílias de baixa renda. O ato representa uma das utilizações sociais da propriedade, que atenderá também à melhor utilização se o imóvel for habitado, convenientemente, por um número maior de pessoas.

A utilização estética nada mais é que manter o equilíbrio urbanístico da área desapropriada, em que as novas habitações foram erguidas. Para tanto, tornam-se necessárias a desapropriação e demolição de toda e qualquer construção que se apresente em estado precário ou antiestético em torno do local. Na periferia também podem ser desapropriados os imóveis que se valorizem em virtude da nova urbanização, desde que o fato conste antes do ato expropriatório. Para atingir este fim, parece mais do que claro que não poderia estar ausente o Poder Público observando atentamente o que lhe é permitido fazer ou deixar de fazer, pois lhe incumbe, nos termos do

> *art. 2º, § 2º, da Lei nº 4.132, de 10/09/1962, apurar anualmente as necessidades de habitação, trabalho e consumo segundo a conjuntura e condições econômicas locais, cabendo o seu estudo e verificação às autoridades encarregadas de velar pelo bem-estar, assim como pelo abastecimento das respectivas populações.*

Não precisa muito esforço para compreender que o artigo acima não vem sendo cumprido integralmente pelas ditas "autoridades encarregadas de velar pelo bem-estar e pelo abastecimento das respectivas populações", pois, como se sabe, o problema social está ligado diretamente à carência de habitação e alimentação. No que tange à alimentação, embora faça parte daquilo que se deve entender por bem-estar social, o assunto foge aos limites deste estudo. De sorte que nos cabe considerar, aqui, somente a desapropriação para fins de urbanização e reurbanização, lembrando que o art. 2º, V, da mesma lei acima referida determina ser considerado de interesse social a construção de casas populares. Além disso, há que se fazer o aproveitamento de todo bem improdutivo ou explorado sem correspondência efetiva com as necessidades de habitação, trabalho, consumo dos centros de população a que deve ou possa suprir por seu destino econômico; a instalação ou a intensificação das culturas em áreas em cuja exploração não se obedeça a plano de zoneamentos agrícolas; o estabelecimento e a manutenção de colônias ou cooperativas de povoamento e trabalho agrícola; a manutenção dos posseiros em terrenos urbanos onde, com a tolerância expressa ou tácita do proprietário, tenham construído sua habitação formando núcleos residenciais de mais de dez famílias.

O mesmo diploma legal insere entre as causas de interesse social que justificam a desapropriação as terras e as águas suscetíveis de valorização extraordinária, pela conclusão das obras e serviços públicos, notadamente de saneamento, portos, transporte, eletrificação, armazenamento de água e irrigação – no caso em que não sejam ditas áreas socialmente aproveitadas; a proteção do solo e a preservação de cursos e mananciais de água e de reservas florestais; a utilização de áreas, locais ou bens que, por suas características, sejam apropriados ao desenvolvimento de atividades turísticas.

21.1.5. Distritos Industriais

A urbanização de áreas destinadas à construção ou ampliação de distritos industriais é fundamento legal para a desapropriação por utilidade pública. No ato expropriatório, inclui-se o loteamento das áreas necessárias à instalação de indústrias e atividades correlatas, bem como a revenda ou locação dos respectivos lotes a empresas previamente qualificadas.

O plano de obras deve ser tecnicamente perfeito e aprovado por lei municipal para que, então, seja decretada a desapropriação da área. A declaração de utilidade pública será por decreto do presidente da República, governador, interventor ou prefeito. Em se tratando de formação de distrito industrial em área rural considerada prioritária para fins de reforma agrária, a declaração será por ato do presidente da República, ou de outra autoridade a quem forem delegados poderes bastantes – é o que reza o art. 1º, § 1º, do Decreto-lei nº 554, de 25/04/1969.

21.1.6. Implicações Sociais da Desapropriação Urbana

Apesar de um ato de imposição, a desapropriação é legítima quando observados os preceitos legais de seus motivos, ou seja, a utilidade pública, necessidade pública ou o interesse social – já tantas vezes assinalados ao longo deste estudo. Como bem leciona Augusto Olympio Viveiros de Castro,

> A desapropriação é, portanto, um ato legítimo, e a indenização uma condição de legitimidade da desapropriação, mas não é a compensação de um ato ilegítimo contra o direito de outrem. Mas não é, realmente, uma diminuição e, ainda menos, uma supressão do direito de propriedade, mas uma modificação ou conversão desse direito.
>
> Por efeito da lei, *ope legis*, o indivíduo cessa de ser proprietário do imóvel, mas torna-se proprietário da soma que representa o seu valor.

A desapropriação nas cidades com mais de vinte mil habitantes depende da existência de plano diretor, aprovado pela Câmara Municipal, para o desenvolvimento urbano, incluindo, como já vimos, a habitação, o saneamento básico e os transportes urbanos, de acordo com as diretrizes fixadas em lei.

As questões urbanas são, hoje, reconhecidamente, de caráter universal e grandes cidades, tão famosas como Paris e Nova York, lutam com esse problema: Paris, com sua incapacidade evidente de aliar História e progresso, aliás, o problema maior do urbanismo. Nova York e outras cidades americanas que destruíram os seus centros históricos, mas lutam, igualmente, com as limitações e perigos do progresso, "essa doença das sociedades industriais", como assinala Gilles Plazy.

Ainda é Gilles Plazy quem refere como, durante algumas décadas, a questão primeira do urbanismo foi construir de novo, fazer cidades totalmente novas, efetuando essa renovação, evidentemente, à custa de violentos remanejamentos populacionais. Mais recentemente, porém, esclarece, uma nova geração de arquitetos já está fazendo a crítica da modernidade e da própria moderna arquitetura, no sentido de humanizá-la, de conciliar os homens e as cidades, o homem com a História e a cidade como o seu registro, sua permanência.

Porém, em alguns países como a Holanda, e sobretudo Inglaterra, existe realmente uma nova arquitetura em expansão, não na invenção de construções novas, mas na reabilitação e reutilização de prédios antigos, num trabalho feito diretamente sobre a História, "que se obriga a reinterpretá-la em função de preocupações e necessidades novas".

Não se trata, aqui, conforme ressalta, de recusar o progresso, mas de encará-lo sob uma nova forma, num outro sentido mais aprofundado e significativo, talvez.

Trata-se, obviamente, de tomar sentido nas constatações e estudos que vêm sendo produzidos por algumas mentalidades de maior discernimento, de ontem e de agora, tal como Platão, quando adverte que ao planejar cabe ordenar, dirigir e controlar o estabelecimento territorial da sociedade humana, "não pela violência sobre os corpos, como fazem os pastores que conduzem os seus rebanhos a bastonadas", mas pela razão que define as conveniências; ou, como se refere o estudo de Francisco de Paula Dias de Andrade, quando assinala que as filosofias que têm condicionado o pensamento da ordenação urbanística apresentam, sempre, variações em torno de alguns poucos valores relacionados com o bem-estar e com a qualidade de vida do homem, de modo a compreender-se o fenômeno urbano instrumentalizado com elementos culturais, imprescindíveis para o encaminhamento de solução que afastem o temor manifestado por Paul Valéry (*La crise de L' Estrit*, 1919) de que, tal qual as velhas civilizações corporificadas nas grandes cidades da Antiguidade, as nossas metrópoles não venham a se tornar, de futuro, apenas um nome.

Este o necessário hiato às considerações sobre a desapropriação para urbanização e reurbanização que também deverá atender aos pressupostos assinalados para a elaboração de planos urbanísticos e que não seja somente um critério desenvolvimentista carente de sentido e valor humanos.

Não se estranhe, portanto, que ao se pensar sobre desapropriação para fins de urbanização e reurbanização logo emerja em nossa mente o problema social devido à carência de moradias e as consequências causadas pela expropriação.

Por melhor que seja o plano governamental, por mais correta que seja a indenização, por mais digno que seja o novo local destinado às famílias removidas, por mais moderna e bem dotada de tecnologia que seja a urbanização, nada há que realmente nos leve a crer que a maioria dessas famílias se sinta efetivamente satisfeita e feliz com a transferência.

Nas remoções por interesse social para reurbanização da área ou devido a perigo iminente para seus ocupantes, sempre existiu resistência e continuará havendo. Afinal, "quem disse a quem que queremos ir para lá?", é o que perguntam os expropriados.

Nem sempre adianta argumentar e provar que o novo abrigo dará melhores condições de vida à família, que o local é uma conquista de bens e serviços urbanos de caráter básico, como transportes, habitação, saneamento, entre outros. Ou resistem – e quase sempre é o que acontece –, ou em pouco tempo o imóvel será passado adiante por qualquer preço, e os moradores voltarão ao local primitivo ou sua periferia.

Lembremo-nos do que aconteceu há tempos com aquelas famílias carentes que habitavam parte das palafitas da praia de Ramos, no Rio de Janeiro. A remoção foi feita para imóveis recém-construídos às margens da mesma via pública – Avenida Brasil –, até mais perto do Centro da Cidade. Em poucos meses, boa parte desses imóveis foi vendida a terceiros, muitos deles profissionais liberais, e os removidos voltaram às suas origens, ou seja, às palafitas da praia de Ramos.

Outro fato marcante aconteceu também no Rio de Janeiro, à época do antigo Estado da Guanabara, durante o governo Carlos Lacerda, na gestão da Secretária de Serviços Sociais, Sandra Cavalcanti, por sinal a primeira presidente do BNH – Banco Nacional da Habitação.

Atendendo ao interesse social, o governo removeu os moradores da favela do Morro do Pasmado, em Botafogo (Zona Sul), para um novo bairro que surgia, a Vila Kennedy, nas proximidades de Bangu (Zona Oeste).

Neste local, distante cerca de 50 km do primeiro, o governo executou obras de urbanização, construiu casas populares e criou infraestrutura para permitir o desenvolvimento de atividades artesãs e pequeno comércio ou indústria leve – hoje microempresas –, com a finalidade de proporcionar aos chefes de famílias trabalho próximo às suas residências. Houve resistência.

Um dos motivos alegados para a resistência foi a distância, porque resultaria em aumento de despesas com transporte até o Centro da cidade. Para resolver o problema, a CTC – Companhia de Transportes Coletivos do Estado – criou uma linha especial de ônibus até o Centro, com o preço da passagem abaixo da tarifa normal. Nessa época, as tarifas eram diferenciadas e se cobrava mais nas linhas destinadas à Zona Oeste, devido ao percurso maior em relação às da Zona Sul.

O plano diretor da Cidade-Estado garantiu a seus moradores o financiamento das casas a longo prazo, em prestações mensais correspondentes a pequeno percentual do salário mínimo regional. Mesmo assim, houve resistência. Os barracos desocupados foram, imediatamente, incendiados para evitar o retorno das famílias transferidas e convencer as demais a aceitar as novas residências. Esse incêndio, aliás, serviu mais de uma vez para especulações políticas em campanhas eleitorais.

Na verdade, a desapropriação para fins de urbanização e construção de casas populares raramente beneficia as famílias que habitam o local. Se transferidas, dificilmente o novo local agrada à maioria, bem mais distante do primeiro. Se indenizadas, nunca poderão adquirir outro imóvel no mesmo bairro, devido à discrepância entre os valores da indenização e de mercado.

Se é certo que os expropriados têm preferência na aquisição do novo imóvel, é certo também que têm que pagar o preço em igualdade de condições com os demais interessados. Em se tratando de casas de primeira habitação, construídas em bairro totalmente reurbanizado dentro de um plano diretor moderno, que atenda à função social, é evidente que vão atrair para o local famílias de melhor poder aquisitivo do que as expropriadas.

Se a área não atendia às necessidades indispensáveis ao bem-estar social, é lógico que se localizava em bairro pobre – ou em estado de abandono –, ocupada por famílias de baixa renda, como sempre acontece. Donde se conclui que essas famílias jamais poderão habitar os novos imóveis ali construídos, apesar dos planos de pagamento oferecidos pelo Sistema Financeiro de Habitação.

Por tudo isso é que o tema desapropriação está sempre evoluindo, devido aos novos conceitos de urbanização e bem-estar social. A desapropriação não pode ser mais analisada meramente à luz da lei e de nossos tribunais. Por ser executada mediante um dos clássicos fundamentos – necessidade pública, utilidade pública ou interesse social –, visando ao bem-estar público, por isso mesmo ela deve ser analisada também em função dos problemas sociais decorrentes.

Não é sem razão, pois, que Celso Lafer, em estudo realizado no início da década passada, aponta que o processo de transformação da sociedade pelo Estado – que é o mais observável fenômeno do Estado Moderno – faz com que este não exerça somente as funções de conservar a sociedade no sentido de mantenedor da defesa externa, da segurança interna e da administração da justiça. É ele também o provedor de benefícios distribuídos à comunidade; o disciplinador da atividade econômica, intervindo para manter um equilíbrio entre o interesse dos agentes econômicos e o interesse econômico geral. É, ainda, o Estado-empresário, intervindo, inclusive, nas economias de mercado.

Intervir, conforme Hely Lopes Meirelles, é "restringir a iniciativa particular". E por isso, pondera, a intervenção estatal justificar-se-á, tão somente, como exceção à liberdade individual, nos casos expressamente permitidos pela Constituição, e na forma que a lei determinar.

Não se trata, no caso, evidentemente, da indispensável intervenção do Estado em situações específicas, emergenciais – como a crise de 1929 ou após o advento da II Guerra Mundial, se consideramos a História mais recente –, ou outras circunstâncias atuais em que o impulso econômico estatal se fez presente, necessariamente, conforme refere Fábio Konder Comparato, em brilhante estudo sobre direito econômico.

A atuação interventora do Estado Moderno, como nos ensina Celso Lafer, apresenta-se multifacetária e diuturna, instrumentalizada por outro fenômeno detectável a partir do século XVI, que é a denominada "estatização do Direito", mediante a aplicação dos conceitos de soberania e de razão do Estado em que só é Direito o Direito posto pelo Estado.

Esta exacerbação do poder estatal, disseminando-se por todas as áreas das atividades individuais e coletivas da sociedade, originou, igualmente, ao nosso ver, a transformação semântica de muitos dos requisitos ou condicionamentos constitucionais, como interesse social, função social da propriedade e mesmo interesse público, que estariam localizados ou só seriam significantes em razão do querer do Estado, e não mais na certeza da lei.

As duas modalidades de intervenção do Poder Público no domínio econômico, previstas constitucionalmente, relativa à desapropriação e ao uso, surgem como exceção ao direito de propriedade privada ou restrições ao uso desse direito.

A desapropriação para urbanização está prevista, na lei base que a rege (Decreto-lei nº 3.365/1941), no seu art. 5º, letra *i*, em termos genéricos, conforme assinala Hely Lopes Meirelles, e que permitem ao Poder Público decretá-la e promovê-la para dar correta implantação de novos núcleos urbanos, ou para fins de zoneamento ou renovação de bairros envelhecidos, remoção de indústrias, modificação do traçado viário e outras obras públicas para urbanização, caso em que a utilidade pública é a própria urbanização ou reurbanização.

Em todos estes caminhos, faz-se mister que se considere com seriedade o conjunto de implicações sociais produzidas pelas ações encetadas com fins de proporcionar melhoria à coletividade, que, contudo, não podem produzir prejuízos daqueles expropriados que tiveram suas terras compulsoriamente tomadas, embora recebendo indenização prévia e justa, e foram forçados a deixar suas áreas de residência para irem alojar-se em zona afastada, longe de suas raízes, separados daquilo que, durante tantos anos, tiveram como coisas suas, arranjadas a seu modo e com o suor e lágrima dessa gente humilde sacrificada em praticamente todos os seus direitos, cujo clímax foi representado afinal pela perda de seu Direito de Propriedade.

21.1.7. A Questão da Revenda

Consoante já tivemos oportunidade de constatar antes, o art. 4º da Lei-Base da Desapropriação dispõe que:

> *A desapropriação poderá abranger a área contígua necessária ao desenvolvimento da obra a que se destina, e as zonas que se valorizam extraordinariamente, em consequência da realização do serviço. Em qualquer caso, a declaração de utilidade pública deverá compreendê-las mencionando-se quais as indispensáveis à continuação da obra e as que se destinam à revenda.*

Portanto, é possível revender áreas desapropriadas com vistas à urbanização e construção de casas populares, áreas contíguas à obra, o excedente desnecessário ao Poder Público, as zonas que se valorizarem repentinamente com a execução de plano de obras de melhoramento. É permitida também a revenda de áreas destinadas a novos núcleos, zoneamento ou renovação de um bairro obsoleto; e lotes destinados à construção ou à ampliação de distritos industriais, ou mesmo alugá-los a empresas com atividades correlatas.

A desapropriação por interesse social está regulada no art. 4º da Lei nº 4.132, de 10/09/1962, que dispõe que "os bens desapropriados serão objeto de venda em condições de dar-lhes destinação social prevista".

Se o fundamento da desapropriação é a utilidade pública, o expropriador pode realizar a revenda da área contígua à obra, ou da excedente, desnecessárias ao Poder Público, para a obtenção de recursos financeiros.

Na desapropriação por zona, ou seja, as áreas que se valorizem extraordinariamente com o serviço, temos um sucedâneo da contribuição de melhoria, como nos ensina Hely Lopes Meirelles.

Para essa modalidade de desapropriação, torna-se indispensável que o ato declaratório de utilidade pública contenha expressamente qual a área necessária às obras ou serviços a realizar e qual a zona excedente a ser abrangida pela desapropriação para futura alienação.

Em se tratando de desapropriação para construção ou ampliação de distritos industriais, o expropriamento poderá também efetuar a revenda ou locação dos respectivos lotes a empresas previamente qualificadas, independentemente da venda de lotes às indústrias e atividades correlatas que se instalarão na área (art. 5º, § 1º, mesmo Decreto-lei).

Para tanto, a formação de distritos industriais, há de ser tecnicamente viável, planejada e aprovada pelo Legislativo municipal e que estabeleça as condições de urbanização da área e os requisitos para a implantação das indústrias e alienação dos lotes. Essa implantação também poderá ser feita em área rural, desde que tenha o planejamento necessário e a área realmente não constitua prioridade para desapropriação por reforma agrária, que depende de autorização do presidente da República.

Pelo que se pode perceber, na desapropriação por interesse social, o Estado pode retirar bens de um particular para vendê-los a outro também particular. Sob o mesmo fundamento pode desapossar o proprietário e alugar o imóvel a terceiros, se não configurar uma simples troca de usuário, sem que nenhuma alteração em sua destinação social tenha ocorrido.

Outra hipótese de revenda de bens desapropriados é a da urbanização ou reurbanização, com fins de ser promovida a correta implantação de novos núcleos urbanos, ou para fins de zoneamento ou renovação de bairros envelhecidos ou obsoletos que estejam a exigir remanejamento de áreas livres, remoção de indústrias, modificação do traçado viário e toda e qualquer obra que dê ao bairro a funcionalidade necessária à nova situação.

É destinação lícita para a revenda a área desapropriada por interesse social, para construção de casas populares, com fundamento no art. 2º, V, da Lei nº 4.132, de 10/09/1962, após a necessária urbanização ou reurbanização do local.

Se a desapropriação em si mesma já é uma questão provocadora de intermináveis polêmicas no mundo jurídico, não é de causar pasmo o fato de as mesmas se tornarem ainda mais acirradas e radicalizadas em relação à questão da revenda.

É mister, portanto, analisar diferentes pontos de vista relativos ao problema, tendo em vista sua relevância quando se pensa nas implicações sociais que a questão comporta.

Maria Garcia, analisando o art. 4º da Lei Base Expropriatória, já transcrito páginas atrás deste estudo, apóia-se na lição de Hely Lopes Meirelles no tocante à desapropriação para fins urbanísticos, para mostrar como ela vem sendo comumente confundida com a desapropriação por zona. Diz Hely Lopes Meirelles:

> Desapropriação para urbanização é toda aquela que se decreta por necessidade ou utilidade pública, mas visando a formação de um novo núcleo urbano ou a reurbanização de uma cidade ou de um bairro envelhecido ou inadequado para sua nova destinação. [...] Esta operação denomina-se reurbanização, renovação urbana ou remembramento e, normalmente, exige desapropriação de terrenos e de construções particulares para que o Poder Público possa realizar os melhoramentos urbanísticos planejados, devolvendo, após, ao uso comum do povo, as áreas de domínio público, permanecendo com a administração os estabelecimentos de uso especial e vendendo-se aos particulares os terrenos e construções excedentes e sem destinação pública.

Já a desapropriação por zona é vista especificamente no art. 4º da Lei Base, também denominada desapropriação extensiva, bastante estudada pela doutrina pátria, que é omissa na apreciação da primeira espécie (desapropriação para urbanização). Para Maria Garcia, ambas as modalidades admitem a possibilidade da revenda – numa hipótese, a das áreas contíguas e das zonas valorizadas (art. 4º); na outra, a revenda das áreas e edificações excedentes e sem utilidade para a administração (art. 5º, *i*), nos termos expostos por Hely Lopes Meirelles, os quais contesta.

No que tange à revenda de excedentes, Hely Lopes Meirelles defende:

> A desapropriação, em tais casos, tem como utilidade pública a própria urbanização ou reurbanização e, uma vez realizada na conformidade dos planos urbanísticos correspondentes, permite a alienação das áreas e edificações excedentes das necessidades públicas a particulares, dando-se preferências aos desapropriados.

Nessas linhas, coloca o citado autor toda a questão, defendendo, aliás, a tese de que são alienáveis as áreas que se tornem desnecessárias ao expropriante, após a execução do plano urbanístico. Excedentes, sobejantes, sobras, comportaria isto o planejamento de urbanização ou de reurbanização?

É assente que a finalidade do ato expropriatório para a utilização pública, no caso de urbanização ou de reurbanização de determinada área, deverá estar contida num plano ou estudo, adrede preparado, mensurável, posto e explicitado pelos órgãos próprios da autoridade expropriante. Prevê-se, ademais, que o plano incidente sobre a área desapropriada deverá abrangê-la e descrevê-la integralmente, somente admitindo-se sobras dentro do plano elaborado e a executar.

Ora, se a motivação do ato expropriatório constitui determinado plano de urbanização ou de reurbanização, os excedentes ou sobras são inadmissíveis: não constituem finalidade do ato expropriatório.

O planejamento admitiria, aprioristicamente, a existência de sobras ou excedentes? Sobras ou excedentes poderão ocorrer, obviamente, na execução de um plano urbanístico; entretanto, deverão ser insignificantes e acidentais em relação ao todo, verdadeiro objeto da desapropriação.

É de se ponderar, ademais, que essas efetivas "sobras", ou "excedentes" circunstanciais, poderão ser aproveitadas efetivamente no próprio plano urbanístico, mediante estudo complementar, concomitante ao desenvolvimento das obras.

O planejamento representa um processo, um conjunto de fases pelas quais se realiza a operação, em seu todo. Sendo ele um conjunto de fases, sua idealização e execução não são aleatórias, mas sistematizadas, como um conjunto de partes coordenadas entre si, de modo a formarem um todo coerente e harmônico visando um objetivo final, determinado. Ou seja, este planejamento deverá envolver uma área ampla de estudos – apenas de estudos, que comportará uma área de intervenção na primeira contida e específica e destinada efetivamente à realização ou concretização do plano.

O levantamento e o diagnóstico deverão abranger, necessariamente, as áreas do estudo e de efetiva intervenção, daí iniciando-se outros estudos, agora relativos à viabilidade socioeconômica, financeira, física etc.

Antes de tudo, deverá ter lugar uma precisa definição da área de intervenção objeto da desapropriação mediante o traçado de plantas e levantamentos cadastrais, anteprojetos etc. até sua implantação e execução.

O que se verifica justificando a revenda, contudo, é a existência de áreas excedentes, desnecessárias à utilização pública. Excedentes e desnecessárias porque exorbitaram, evidentemente, do planejamento urbanístico ou de reurbanização: é admissível, tecnicamente, um plano urbanístico cujo conteúdo venha abranger sobras estabelecidas *a priori* e conhecidas também desde logo?

Maria Garcia entende que:

> Sobras ou excedentes [...] são possíveis, perfeitamente, não obstante o preciso delineamento da área a ser urbanizada e, em ocorrendo, poder-se-á dar o seu aproveitamento no mesmo plano (uma praça, um recanto de lazer, um simples canteiro etc.) a ser realizado dentro das finalidades da expropriação.

Há de haver, entretanto, o reconhecimento de uma finalidade estranha ao plano de urbanização, quando o ato expropriatório atinge áreas não necessárias a este fim específico e que se destinam à revenda.

Na verdade, não há de se falar em sobras ou em excedentes num planejamento urbanístico, pois isto representaria exatamente desnaturá-lo, inverter todo o seu significado, uma deturpação.

Parece ter razão Maria Garcia, quando denuncia que:

> O que vem ocorrendo efetivamente, sob a cobertura da lei, assim falha de validade sistêmico-constitucional, é um propósito claro e determinado de aquisição pela via (violenta) da expropriação, para venda (se possível com lucro) dos bens retirados à propriedade particular. De qualquer forma, ao longo de tantos anos de sua vigência deixou-se de promover a declaração da sua inconstitucionalidade, o que far-se-ia pela via direta (mediante iniciativa do Poder Público), tendo em vista que a via indireta, ou seja, a defesa do expropriado, a mesma lei não admite se faça nos próprios autos da expropriatória e, num processo à parte, serão muitas as dificuldades para quem, afinal, já sofreu a perda de sua propriedade.

A conclusão que se infere, realmente, na hipótese considerada, é que a propriedade particular compreendida na expropriação, excedente e comprovadamente desnecessária ao plano de urbanização ou de reurbanização, não foi efetivamente desapropriada para utilidade pública, justificadora do ato de expropriação e, assim sendo, faltou a esse ato base legal e fundamental, dispensada neste caso qualquer arguição sobre a admissibilidade, ou não, da revenda. Houve, aqui, apenas a aquisição do bem imóvel pelo Poder Público para o fim expresso e reconhecido da sua venda, com objeto especulativo determinado, aliás, pela própria intervenção urbanizadora.

Analisando-se sob outro ângulo o dispositivo em apreciação e abstraindo-se toda discussão sobre sua inconstitucionalidade, deparamo-nos com uma situação igualmente anômala e conflitante, agora em relação ao próprio ato expropriatório dele emanado, como verdadeiro ato administrativo em que se configura. O art. 4º do Decreto-lei nº 3.365/1941 deixou à descrição do expropriante a abrangência ou não das áreas destinadas à continuação da obra e as que se destinam à revenda ("A desapropriação poderá abranger [...]"). Esta faculdade não tem, aparentemente, qualquer medida, limites ou critérios delineadores da ação expropriatória. Trata-se da discricionariedade mais ampla, em que o legislador não enuncia as circunstâncias de fato em que a Administração deverá utilizar seus poderes. Mesmo aqui, a imprecisão de conceitos práticos contidos na lei não elide a abrangência da descrição, visto que todo conceito, por imperativo lógico, é uma noção finita, que tem contornos reconhecíveis.

Ainda sob o enfoque em tela verifica-se que o exercício do poder expropriatório, no caso, extravasa o conceito de discricionariedade e isto porque a lei sob exame não se convalida no sistema constitucional sob o qual foi expedida, é estranha, anômala, conflitante com os demais princípios superiormente assumidos.

Cabe a propósito ponderar, a essa altura, que o Estado-empresário, intervindo indevidamente na área imobiliária, ainda mais vem sujeitar os bens públicos que passaram a ser aqueles bens adquiridos pela desapropriação aos azares da oferta e da demanda desses bens, portanto também a eventuais prejuízos.

Neste particular, note-se que a preferência estabelecida pela lei em favor do expropriado e arguida como niveladora ou compensadora do gravame sofrido vem revelar-se ineficaz, na prática, denotando um falso benefício legal: se a "prévia e justa indenização" deverá ser, necessariamente, inferior à oferta da revenda, como poderá o expropriado pagar mais do que recebeu?

No entanto, o Tribunal de Justiça de São Paulo decidiu, em tese defendida por Hely Lopes Meirelles, que:

> Em se tratando de desapropriação para reurbanização, alienáveis são as áreas e edificações que se tornam excedentes e desnecessárias à expropriante, após a execução do plano urbanístico.

Diante da decisão, pôde a entidade beneficiária das desapropriações, após a devida urbanização do bairro, revender a terceiros as áreas e edificações excedentes, na forma da legislação vigente.

No entender de Miguel Seabra Fagundes,

> A desapropriação por zona, destinando-se como se destina a ensejar a revenda dos terrenos mencionados no ato declaratório, pode suscitar impugnação por inconstitucionalidade. A objeção até hoje, ao que nos conste, não tomou corpo. Decerto porque o poder de expropriação para revenda não tenha conhecido, na prática, aplicação significativa.

Pontes de Miranda, por seu lado, assevera que:

> A desapropriação por valorização provável, com fito de revenda, ou sem ele, ultrapassa os limites conceituais do art. 141, § 16, 1ª parte, *in fine* (necessidade pública, utilidade pública ou interesse social). É inconciliável com o direito brasileiro.

Manoel de Oliveira Franco Sobrinho se manifesta, em princípio, pela incompatibilidade da revenda com as origens constitucionais do instituto de desapropriação:

> Admitir a revenda dentro da normalidade institucional será o mesmo que negar o princípio de que as desapropriações só se fazem em favor das pessoas de Direito Público, ou de pessoas de Direito Privado, delegadas ou concessionárias de serviço público.

Mas, sem embargo do peremptório dessa afirmativa, tem como possível que algumas situações legitimem desapropriar para revender:

> No entanto, impossível negar que algumas situações existem, que autorizam a revenda. São aquelas situações em que, sem intenção especulativa, mas sim de aproveitamento coletivo, beneficiam-se certas áreas econômicas cujo aproveitamento particular se torna indispensável.

José Cretella Júnior, seguindo exatamente a mesma linha de pensamento defendida por Pontes de Miranda, considera totalmente inconstitucional expropriar para revender:

> A desapropriação extensiva, com vistas à valorização futura para revenda, ultrapassa o que dispõe o art. 153, § 22, 1ª parte, EC, 17/10/1969, cujo fundamento é o clássico e tríplice necessidade pública, utilidade pública e interesse público.

Tantos são os pontos óbvios que não justificam a desapropriação para revenda, que não se pode discrepar do que nos mostra Miguel Seabra Fagundes:

> Aliás, não tem a desapropriação por zona prosperado na prática. Em vários países acumularam-se razões para frustrá-la. [...] Inovemos na legislação expropriatória, mas guardemo-nos de inovar demais. Preservemos no que existe – e *ipsis litteris* – aquilo que mereça ser preservado. E, sobretudo, preservemos o que se nos afigura como ponto alto do direito vigente – a autonomia do juiz na fixação do valor da indenização.

A revenda, em si mesma, poderá ter sucesso; mas somente para o órgão desapropriador. Ressalve-se, aqui, a hipótese de se tratar de plano popular destinado exclusivamente a famílias carentes. Referimo-nos, neste caso, aos planos em que a prestação mensal corresponde a um percentual do salário-mínimo. A história tem-nos mostrado que se trata de casos raros, contudo exequíveis.

Como se sabe, para que alguém se habilite a qualquer tipo de financiamento, seja de bem imóvel ou mesmo seja de qualquer bem móvel ou de consumo, torna-se indispensável o preenchimento de ficha cadastral e a comprovação de renda; no caso de imóvel, admite-se a renda familiar. Ora, como se sabe, também, as camadas mais carentes da população vivem de "biscate" ou pertencem à já consagrada "economia invisível". Como comprovar, então, a renda? Esses jamais conseguirão qualquer tipo de financiamento oficial. Esses jamais poderão adquirir a tão ambicionada casa própria. Assim, aqueles imóveis acabarão indo parar em mãos de pessoas não tão necessitadas dos mesmos; mas como elas adquiriram o direito de propriedade pela compra do bem, poderão fazer dele o uso que bem lhes aprouver. Enquanto isso as famílias miseráveis continuam a se aglomerar em favelas e cortiços, até que lhes chegue uma nova ordem de despejo, ou por estarem ocupando território alheio, ou por estarem sendo convencidas de que ali não é um local adequado para morar condignamente uma família brasileira e que, com a remoção, serão beneficiadas, ou que, tão logo sejam procedidas as obras necessárias para tornar o local salubre, elas retomarão suas casas.

No entanto, elas querem a casa própria e, na ânsia profunda de não perderem aquela oportunidade única de compra, recorrem à falsidade documental para suprir a exigência de comprovação de renda. Como essa falsificação é, de modo geral, facilmente detectável, os indivíduos que assim agem acabam sendo incriminados penalmente e, se condenados, finalmente poderão ficar despreocupados com o dilema do aluguel, pois, por alguns anos, ocuparão uma cela em alguma cadeia pública.

A respeito do instituto de desapropriação, tem-se argumentado que representa uma forma conciliadora entre a garantia da propriedade individual e a função social dessa propriedade, que exige uso compatível com o bem-estar coletivo. Na hipótese específica da revenda, não há como entender essa conciliação, se em nome do interesse coletivo o indivíduo ver-se-á despojado de seus bens de raiz que irão ser vendidos pelo Poder Público, em vez de aplicados no uso da finalidade social e coletiva.

Sem dúvida, as ideias que renovaram a concepção do direito de propriedade, condicionando a sua legitimidade à conciliação do pessoal com o coletivo, deixaram bem claro que a propriedade não se pode erigir em Direito Absoluto, sem limites e sem obrigações sociais correspondentes. Todavia, entre essa colocação e o art. 17 da Declaração dos Direitos de 1789, que institui a propriedade como um direito inviolável e sagrado, foi cavado um abismo de tal sorte que o coletivo e o social passaram a assumir posição de ascendência em relação ao particular e individual.

A questão da revenda está envolta nessa consideração do processo expropriatório, em face do necessário equilíbrio de direitos – o coletivo ou social e o individual.

A arguição do interesse social, da utilidade pública a qualquer título, conforme vem ocorrendo, não se erige realmente em contrapeso, mas em verdadeira anulação, sob a vis máxima da desapropriação, do direito de propriedade, garantida igualmente pela Constituição.

No conflito de interesses gerado pelo uso dos bens imóveis, é necessário distinguir a exata situação das partes que se defrontam: no Direito Civil, o relacionamento das pessoas de Direito Privado, no nível de equilíbrio e de igualdade; no Direito Público, a forte *manus* estatal e o indivíduo; daí a necessidade de se estabelecer o necessário equilíbrio desse relacionamento.

Conforme refere Maria Sylvia Zanella Di Pietro, o Poder Público, invocando razões de interesse público, acabou assumindo a condição de parte interessada no uso do solo. Trata-se de uma situação relativamente nova e que, por isso, ainda suscita muitas controvérsias, sobretudo por envolver problemas que têm graves implicações sociais.

É o que se constata, realmente: as publicações jornalísticas, semanais e outras, vêm noticiando, continuamente, sob inúmeros títulos, as várias questões surgidas com a implantação de obras urbanísticas do Poder Público: nos anos iniciais da década de 1980, a desistência da Municipalidade de São Paulo às medidas de reurbanização do Bairro Santana, na denominada "Quadro 50", devido à escassez de recursos, donde se originou a ponderação contida no noticiário a respeito:

> Será de todo aconselhável que, sempre que houver o interesse de desapropriar alguma propriedade particular, mesmo com fins sociais, a medida seja efetivamente estudada, para que não se crie, desnecessariamente, uma situação de tensão entre munícipes e Poder Público.

Na citada reportagem da revista *Veja* sobre a grilagem oficial, a alusão recai sobre 81 terrenos desapropriados para construção das linhas do Metrô, no Centro da cidade do Rio de Janeiro e não utilizados. Argumentava-se, ali, que a indenização se realizou com recursos da poupança nacional e a Cia. do Metropolitano tinha a pretensão de vendê-los com fins lucrativos, propondo-se, então, a devolução do dinheiro da comunidade, em forma de bem-estar, com a ampliação de áreas verdes, em bairros atulhados de arranha-céus.

O interesse individual é patente, concreto e reconhecível: o interesse social transmuda-se conforme as ideologias.

De qualquer modo, a necessária conciliação entre tais interesses, igualmente válidos e fundamentais, não se fará, entretanto, pela prevalência de um sobre o outro, o social sobre o individual: se o indivíduo compõe, necessariamente, a sociedade, os grupos de indivíduos, esses interesses deverão estar em absoluto grau de igualdade e este equilíbrio obter-se-á somente a partir de uma revisão das teorias individualistas à sua valorização, conforme se propõe neste trabalho, com a adoção de medidas que se consubstanciem, na prática, num revisionismo necessário às próprias bases do Estado como agente mediador das aspirações dos seus governados.

21.2. Desapropriação por Área Contígua

O Decreto-lei nº 3.365/1941 dispõe em seu art. 4º:

> *A desapropriação poderá abranger a área contígua necessária ao desenvolvimento da obra a que se destina, e as zonas que se valorizarem extraordinariamente, em consequência da realização do serviço. Em qualquer caso, a declaração de utilidade pública deverá compreendê-las, mencionando-se quais as indispensáveis à continuação da obra e as que se destinam à revenda.*

A redação do dispositivo legal supramencionado, na vigência da atual Constituição da República, impõe-se com uma exceção à garantia constitucional do *direito à propriedade*, bem como ao próprio Decreto-lei, que restringe a desapropriação aos casos de necessidade, utilidade pública e interesse social. Constata-se que exceção e regra residem no mesmo diploma legal, eis que dispõe sobre a desapropriação de áreas contíguas.

Por oportuno, não se furtando em observar os preceitos Constitucionais e legais, mister atentar para *o princípio da supremacia do interesse público sobre o privado*, restando claro de que não há Direito Absoluto, sobretudo quando equiparado ao bem da coletividade.

Insurge-se a necessidade de desapropriação de área contígua quando o Poder Público, ao expropriar uma área para a construção de determinada obra, constatar, consequentemente, a necessidade de utilização de outras áreas contíguas às primeiras.

Não obstante a inexistência de indispensabilidade de utilização das áreas contíguas, é clara a necessidade do uso destas para a consumação da obra. Portanto, estando o Poder Público ciente da eminência da necessidade de seu uso, não restará dúvidas quanto à sua conveniência e utilidade.

Em face disso, a lei autorizará o Poder Público expropriante a declarar de utilidade pública áreas contíguas àquelas necessárias à efetivação da obra ou do serviço público. Com efeito, após a realização da obra principal, e verificada a necessidade do uso de áreas adjacentes, promoverá a competente desapropriação destas, uma vez que já constam do decreto expropriatório.

21.3. Desapropriação por Zona

Esta hipótese é que se aplica aos casos em que seja previsível, pelo Poder Público, a valorização extraordinária das zonas próximas à obra ou serviço públicos, sendo-lhe permitido, por lei, declarar de utilidade pública as áreas abrangidas por esta zona, para fins de desapropriação.

Esta desapropriação de áreas adjacentes que sofreram valorização em razão do investimento público aplicado em obras ou serviços, objeto de desapropriação originária, se justifica, primordialmente, para fins de revenda das áreas beneficiadas, de forma que a Administração Pública possa ressarcir-se das despesas dispensadas à execução da obra principal, a qual gerou a valorização das demais áreas. Não se pode esquecer, ainda, que este ato em si já será oneroso aos cofres públicos, já que à desapropriação equivalerá uma consequente indenização.

O dispositivo legal não traçou limites às áreas contíguas ou às beneficiadas pela mais-valia extraordinária, restando ao Poder Executivo o uso da discricionariedade quando da sua declaração, após observada a conveniência para a efetivação da obra ou do serviço, esperando-se o seu habitual bom-senso e a eficiência na prática do ato administrativo, princípio este que lhe é inerente.

O Decreto-lei nº 3.365/1941, em seu já citado art. 4º, dispõe expressamente sobre as "zonas que se valorizem extraordinariamente". A interpretação desta expressão, contudo, deve ser mais genérica, abarcando não somente as áreas não edificadas, mas também os terrenos edificados.

Outra é a concepção no que alude ao termo "extraordinariamente", posto que este deve ser literalmente observado. Excluídas estão deste contexto as valorizações que provêm aos imóveis existentes em área que se deu uma *obra* ou um *serviço público*, fato este comum e esperado.

Imperioso se faz, para o cumprimento do dispositivo legal, que a *obra* ou o serviço público acarrete, de fato, em uma *valorização extraordinária* dos imóveis adjacentes, restando claro que esta mais-valia se deu única e exclusivamente em razão da atuação do Poder Público.

Outro pressuposto para a desapropriação por zona que se valorize extraordinariamente, em função de obra ou serviço público, é que a valorização há de ser futura, o que equivale a dizer, ocorrer após as sua execuções.

Consubstancia-se, contudo, a imprescindibilidade da abrangência destas zonas extremamente valorizadas no decreto expropriatório, juntamente com as áreas já desapropriadas para a consecução das obras ou serviços realizados pelo Poder Público. Consigne-se este pressuposto, a previsibilidade da Administração, que deverá estar expresso no decreto expropriatório.

Espera-se do Administrador uma visão crítica e precisa sobre a valorização daquela zona, ainda que eventual, já que a sua iniciativa, qual seja, incluir esta zona no decreto que declare de utilidade ou necessidade o bem a que se destinará o uso do Poder Público, a esta precederá.

Esta assertiva equivale a dizer que o ato declaratório de utilidade pública deverá conter a área a ser utilizada na obra ou no serviço público, que já é de conhecimento do Administrador, bem como as áreas contíguas ou as que sofrerão uma valorização extraordinária, ou seja, fora do normal, e que futuramente poderão ser objeto de revenda pela Administração.

Ainda se reportando à desapropriação por zona, se após a realização da obra ou serviço público sobre o bem desapropriado, ocorrer, por consequência deste, a extrema valorização daquela zona, não tendo o Administrador a abrangido no decreto expropriatório, nada restará a este fazer, recaindo a valorização sobre os proprietários daquela área adjacente, que serão assim contemplados.

A lei em pauta exige nestas hipóteses, imprescindivelmente, a previsão antecipada da valorização extraordinária pela Administração Pública, devidamente anotada na declaração de utilidade pública as áreas indispensáveis à execução das obras ou serviços públicos e as que, futuramente, se beneficiarão com a valorização extrema.

Em caso de omissão, não há previsão legal que permita a reedição de outro decreto expropriatório, para fins de aquisição das áreas que foram extremamente valorizadas pelo investimento público.

Por outro lado, consigne-se que nem sempre ocorre, de fato, a tal "valorização extraordinária" prevista pelo Administrador. Pode ocorrer a superveniência de fatos diversos que desfaçam aquela previsão, tais como a formação de uma favela naquela área, uma grave crise econômica no país, que leve os preços dos imóveis a despencarem, entre outros, que resultarão num irreversível prejuízo à Administração Pública, que já investiu e não recebeu o retorno esperado.

Não restam dúvidas de que este investimento dispensado pela Administração traz em si um certo risco, o que requer uma previsão ousada do Administrador, posto que a "valorização extraordinária" é previsível, mas não garantida. Pode-se equiparar a uma assinatura de um cheque em branco, já que o valor dispensado tanto poderá vir em dobro, como poderá vir a menos.

É neste sentido a explanação do mestre Bilac Pinto[177], que assim nos ensina:

> [...] Com efeito, apesar de o plano de financiamento oferecer elementos que nos autorizam a prognosticar o seu sucesso, não devemos perder de vista a experiência de outras grandes cidades da Europa e da América do Norte que, contra a evidência de planos impecáveis, viram, pela ocorrência de circunstâncias supervenientes, de todo imprevisíveis, as altas cifras das *imaginárias estimativas de lucros transformadas em sensíveis prejuízos a onerar os seus orçamentos ordinários.*

Em face dessa lição, defende ele a adoção da contribuição de melhoria em lugar da desapropriação por zona.

Por motivos desta ordem, pode-se observar que este instituto tem sido pouco explorado pelo Administrador, sobretudo numa época em que o dinheiro público é vigiado, e que deve-se prestar contas do seu uso, podendo o agente público ser responsabilizado pelo seu mau uso ou desvio.

Exemplo de desapropriação por zona ocorrida em nosso país é o que se deu quando da abertura da Avenida Presidente Vargas, na cidade do Rio de Janeiro.

Há a possibilidade de outro desfecho para a Administração Pública nos casos em que a *declaração de utilidade pública* for omissa no que tange às áreas contíguas necessárias à complementação da obra ou do serviço público.

Perfilhando o entendimento da doutrina predominante, tendo o Poder Público se abstraído de *declarar de utilidade pública* as áreas adjacentes indispensáveis à efetivação do fim previsto pelo decreto expropriatório, ser-lhe-á lícito editar novo decreto com a pendente declaração de utilidade pública, versando sobre a área colimada.

Além destas formas de desapropriações acima mencionadas, deve-se atentar para a existência de um outro tipo de desapropriação, que é aquela para fins de urbanização. Este instituto encontra-se expresso no art. 5º, *i*, do Decreto-lei nº 3.365/1941, cujo texto considera caso de utilidade pública a execução de planos de urbanização.

O objetivo desta espécie de desapropriação é a melhoria das cidades, com a execução de obras e serviços com fim diversos, como a renovação de bairros que foram, com o tempo, prejudicados pelas suas instalações antigas e inadequadas à urbanização atual.

Nesta modalidade de desapropriação, é facultado ao Poder Público a revenda, após a efetivação das obras, das áreas excedentes e desnecessárias à Administração, assim como a alienação das áreas que se encontrem incluídas na área de instalação do núcleo industrial, incrementada pelo Poder Público com a finalidade de proporcionar uma efetiva urbanização.

22. Desapropriação para Fins de Reforma Agrária

22.1. Introdução

O objetivo do presente trabalho consiste em investigar as linhas gerais da desapropriação quando tiver por fundamento o interesse social para fins de reforma agrária, trazendo à colação, sempre que possível, o entendimento da jurisprudência (em especial dos tribunais superiores) acerca do tema. Não nos alongaremos nem pretendemos nos deter nos pormenores do procedimento judicial levado a cabo pelo Incra. O enfoque principal desse trabalho será sob as luzes da Constituição, sem perder de vista a exigência de que a propriedade cumpra sua função social.

22.2. A Função Social da Propriedade

Nossa Constituição possui nítido viés liberal desde sua promulgação, em 1988. Essa observação exsurge claramente com a leitura do art. 1º, que erige à categoria de fundamento da República "os valores sociais do trabalho e da livre iniciativa" (inciso IV), que também fundamentam a ordem econômica (art. 170 *caput*).

Ademais, a Carta restringe a exploração direta de atividade econômica pelo Estado aos casos de imperativa segurança nacional ou relevante interesse coletivo (art. 173). O papel predominante do Poder Público na ordem econômica será, nesse sentido, de "agente normativo e regulador" (art. 174).

Em tal contexto, a proteção ao direito de propriedade como direito individual apresenta-se como via necessária do sistema normativo constitucional (art. 5º, XXII). Não fugimos à tradição constitucional pátria, que remonta à Constituição de 1824 (art. 179, XXII).

A garantia do direito de propriedade, historicamente, teve como objetivo impedir a ingerência arbitrária e desregrada do Estado. Estava estampada no art. 12 da Declaração de 1789, que erigia esse direito à condição

---

177 PINTO, Bilac. *Estudos de Direito Público.* Rio de Janeiro: Forense, 1983, p. 338.

de "inviolável e sagrado" (art. 12). O Código Civil Francês de 1804, da mesma forma, adotara a visão absolutista e particularista de propriedade, que só poderia ser restrita ou suprimida nos casos e na forma constitucionalmente previstos, como decorrência do exercício do poder de polícia do Estado.

A propriedade constitui-se no mais autêntico dos direitos humanos da primeira geração, que ascenderam juntamente com as revoluções burguesas do século XVIII, que exigem um dever de *abstenção* por parte do Estado, uma *não ingerência*.

Nenhum dos direitos fundamentais previstos na Constituição da República possui caráter absoluto. Eles não podem ser utilizados para proteger atividades ilícitas ou para afastar ou mitigar a responsabilidade civil ou penal oriundas destas. Isso consagraria total desrespeito ao Estado Democrático de Direito. Os direitos e garantias fundamentais, portanto, encontram seus limites nos demais direitos de mesma índole, igualmente consagrados pelo Ordenamento Fundamental.

Um dos princípios que informa a interpretação e aplicação da Constituição é o da relatividade ou convivência das liberdades públicas. Nenhum direito constitucionalmente previsto é absoluto, assim como também não há hierarquia de normas dentro da Constituição da República. Desta forma, em face de uma antinomia, ao intérprete caberá coordenar e combinar os bens jurídicos em conflito, evitando que uns venham a sacrificar por inteiro os outros, para buscar um tratamento harmônico do texto constitucional.

Isso ocorre porque uma Constituição, texto político por excelência, não é um documento estático, como proviesse de uma mente única. Pelo contrário, trata-se do resultado de um choque de inúmeras correntes sociais – muitas delas contrárias entre si. A vontade geral, de Rousseau, é na verdade, um conjunto de vontades gerais. A Constituição, texto antagônico na sua formação, deve ser harmonizada em sua aplicação. Esta é a tarefa principal do intérprete constitucional.

Não é diferente com o direito de propriedade. Enquanto está garantido no art. 5º, é restringido em vários outros dispositivos. O próprio art. 5º, X, por exemplo, garante a ampla responsabilização patrimonial por danos morais e materiais. No inciso XXIV, encontramos a previsão de desapropriação – supressão do Direito de Propriedade por ato do Poder Público – por utilidade ou necessidade pública, ou por interesse social, mediante justa e prévia indenização em dinheiro.

Por sua vez, o inciso XXIV prevê que a propriedade atenderá a sua função social. Nota-se a íntima relação entre a livre-iniciativa como fundamento da Ordem Econômica (art. 170, *caput*), propriedade privada como princípio dessa Ordem (art. 170, II) e as restrições à desapropriação para reforma agrária (arts. 184 e 185) assim como aquele liame pertinente à valorização do trabalho humano como fundamento da Ordem Econômica (art. 170, *caput*), função social da propriedade como princípio (art. 170, III) e os requisitos enumerados no art. 186.

Eros Roberto Grau, em análise da função social da propriedade, com pertinência, afirma que se deve distinguir a propriedade dotada de função social daquela dotada de função individual. Se ela constituir instrumento para garantia de subsistência individual e familiar – a dignidade humana –, a propriedade consistirá um direito individual. A ela não é imputável função *social*, apenas eventuais abusos cometidos em seu exercício é que serão tolhidos, por efeito do poder de polícia estatal. Esta é a razão pela qual o art. 185 da Constituição exclui da desapropriação para fins de reforma agrária a propriedade produtiva e a pequena e média propriedade rural, já que se trata de propriedade individual.

A propriedade dotada de função social, por sua vez, justifica-se por seus fins, serviços e função. A afetação da propriedade pela função social repudia a concepção desse direito como exclusiva fonte de poder social:

> [...] o princípio da função social da propriedade impõe ao proprietário – ou a quem detém o poder de controle, na empresa – o dever de exercê-lo em benefício de outrem e não, apenas, de não o exercer em prejuízo de outrem. Isso significa que a função social da propriedade atua como fonte da imposição de comportamentos positivos – prestação de fazer, portanto, e não, meramente, de não fazer – ao detentor do poder que deflui da propriedade. Vinculação inteiramente distinta, pois, daquela que lhe é imposta mercê da concreção do poder de polícia[178].

A Constituição estabelece requisitos para considerar atendida a função social da propriedade rural no art. 186, relegando a Lei Ordinária a fixação dos critérios e graus para a aferição dos requisitos, o que foi feito na Lei nº 8.629/1993.

Com efeito, a Constituição da República considera cumprida a função social quando

> *a propriedade rural atender, simultaneamente, segundo critérios e graus de exigência estabelecidos em lei, aos seguintes requisitos:*

[178] *A ordem econômica na Constituição de 1988*, 8ª ed., São Paulo: Malheiros Editores, p. 255.

I – aproveitamento racional e adequado;
II – utilização adequada dos recursos naturais disponíveis e preservação do meio ambiente;
III – observância das disposições que regulam as relações de trabalho;
IV – exploração que favoreça o bem-estar dos proprietários e dos trabalhadores.

22.3. Da Desapropriação

Desapropriação consiste na transferência compulsória da propriedade de alguém para o Poder Público, mediante indenização, dentro dos requisitos legais. Trata-se de forma originária de aquisição da propriedade, que independe de título anterior ou da vontade do anterior dono do bem. Sua regulamentação básica encontra-se no Decreto-lei nº 3.365/1941, Lei Geral de Desapropriação.

Todos os bens com valoração patrimonial podem ser desapropriados, sejam móveis, imóveis, corpóreos ou incorpóreos. Pode incidir sobre bens particulares ou públicos, mas quanto a esses últimos, há regra especial: desde que haja prévia autorização legislativa, a União pode expropriar bens do Estado e do Município, e aquele pode expropriar bens deste.

A Constituição indica como pressupostos da desapropriação: a necessidade pública, a utilidade pública e o interesse social (arts. 5º, XXIV, e 184).

Há necessidade pública quando a Administração encontra-se na premência de resolver problema inadiável, cuja solução é imprescindível. A utilidade pública, por sua vez, caracteriza-se pela conveniência ou vantagem vista pela Administração em expropriar determinado bem. Por sua vez, interesse social configura-se quando a desapropriação destina-se a atender aos anseios de determinada parcela da sociedade, a mais pauperizada, a fim de distribuir riqueza e reduzir as desigualdades sociais.

A desapropriação por interesse social possui três fundamentos constitucionais diversos: art. 5º, XXIV, disciplinado pela Lei nº 4.132/1962, que indica os casos de interesse social no seu art. 2º; art. 182, para atender à função social da propriedade expressa no plano diretor, e o art. 184, que prevê a desapropriação para fins de reforma agrária.

22.4. Da Competência para Desapropriar

A competência no âmbito da desapropriação é tridimensional. Primeiramente, há a competência *legislativa*, consistente no poder para disciplinar sobre o instituto por lei – entendida como ato dotado de generalidade, abstração e impessoalidade. Em segundo, vemos a competência declaratória para desapropriar, ou seja, o poder-dever de editar a declaração de interesse social relativa a determinado imóvel para fins de reforma agrária. Em terceiro, vem a competência para a ativação da fase executória do processo expropriatório, compreendendo as atividades conducentes à fixação do valor da indenização e à transladação do domínio do bem ao patrimônio público.

A competência legislativa, ou seja, o poder de disciplinar tal instituto, é privativa da União, nos termos do art. 22, II da Constituição. Tratando-se de competência privativa, o parágrafo único do mesmo dispositivo admitiria a delegação aos Estados para legislar sobre questões específicas acerca do tema.

No caso da desapropriação para reforma agrária, no entanto, não será aplicável tal disposição, visto que outras normas da Constituição invalidam tal proposição. Com efeito, o art. 184 determina competir *à União* promover a desapropriação por interesse social para fins de reforma agrária. Sendo assim, ofenderia o princípio federativo delegar a Estados a disciplina de uma atribuição que compete exclusivamente à União. De outra forma, o art. 185, I e II, e parágrafo único, faz menção à lei que deverá ser da União, uma vez que se relaciona com disciplina da parte substantiva da desapropriação que somente pode ser por ela realizada.

Do mesmo modo, o art. 184, § 3º, pede a edição de lei complementar para regular o procedimento expropriatório especial para reforma agrária, não deixando margem a edição de leis pelos entes federativos, para disciplinar aspectos processuais, como autoriza o art. 24, XIV, §§ 1º a 4º, que asseguram à União, Estados e Distrito Federal legislar concorrentemente em matéria processual.

A competência para emitir a declaração de interesse social, para fins de reforma agrária, como já afirmado acima, é da União, nos termos do art. 184, *caput* da Constituição.

Nesse ponto, deve-se questionar acerca da possibilidade de municípios e estados-membros promoverem desapropriação, por interesse social, de imóveis rurais. Celso Ribeiro Bastos (*Comentários à Constituição do Brasil*, v. 7, p. 251) afirma que há competência exclusiva da União para desapropriar imóveis rurais quando se destine a satisfazer interesse social. Afirma que apenas esse ente federativo poderá utilizar da via expropriatória a fim de resolver problemas sociais agrários. Estados e municípios não poderiam realizar reforma agrária nem mesmo com fundamento na tradicional desapropriação por interesse social e justa e prévia indenização em dinheiro.

Mais correto seria entender que a determinação de competir à União exarar a declaração não tenha o condão de afastar o exercício, pelos demais entes federativos, da competência declaratória por interesse social de terras suscetíveis de exploração rural. A Lei nº 4.132/1962, art. 2º I a III, fundamenta tal assertiva, pois tipifica:

> *o aproveitamento de todo bem improdutivo ou explorado sem correspondência com as necessidades de habitação, trabalho e consumo dos centros de população a que deve ou possa suprir o seu destino econômico", "a instalação ou intensificação das culturas das áreas em cuja exploração se obedeça a plano de zoneamento agrícola", "o estabelecimento e a manutenção de colônias ou cooperativas de povoamento e trabalho agrícola".*

O que não se admitirá, a toda evidência, é o pagamento de parte da indenização em títulos públicos. Ela deverá ser solvida integralmente em dinheiro. Tal posição é perfilhada por Celso Antônio Bandeira de Mello e Hely Lopes Meirelles. O STJ já se manifestou no mesmo sentido:

> Administrativo. Desapropriação por Interesse Social. Legitimidade do Estado. 1. A desapropriação pode ser por utilidade pública, regida pelo Decreto-lei nº 3365/1941, ou por interesse social (Lei nº 4.132/1962). 2. A desapropriação por interesse social abriga não somente aquela que tem como finalidade a reforma agrária, de competência privativa da UNIÃO, como também aquela que objetiva melhor utilização da propriedade para dar à mesma uso de interesse coletivo. 3. Decreto estadual que pautou-se no art. 2º da Lei nº 4.132/1962, tendo o Estado absoluta competência para a expropriação. 4. Recurso especial conhecido e provido. (REsp nº 20896/SP; Segunda Turma; Rel. Min. Eliana Calmon)

Da mesma forma, o Supremo Tribunal Federal, atualmente, entende que estados e municípios possam desapropriar imóveis rurais por interesse social, nos termos da Lei nº 4.132/1962, efetuando pagamento da perícia e justa e prévia indenização em dinheiro. É exclusivo da União expropriar terras mediante entrega de títulos públicos (vejam-se: RE nº 86.041-1/SP; Rel. Min. Décio Miranda e MS nº 22.193/SP; Rel. Min. Maurício Corrêa).

Por último, passamos a estudar a competência para proceder à incorporação do bem ao Poder Público. Essa competência, denominada *executória*, que significa a promoção de medidas e atividades conducentes à transferência da propriedade.

Em regra, essa competência pertence à pessoa política que possui o direito de declarar o interesse social; no caso, a União. O Decreto-lei nº 3365/1941, art. 3º, dispõe, genericamente, que

> *os concessionários de serviços públicos e os estabelecimentos de caráter público ou que exerçam funções delegadas do poder público poderão promover desapropriações mediante autorização expressa, constante de lei ou de contrato.*

Segundo Carvalho Filho,

> O dispositivo, é claro, não prima pela precisão e técnica, inclusive porque é bastante antigo. A intenção do legislador, contudo, foi a de permitir que pessoas delegadas do Poder Público, às quais (e somente elas) interessasse a transferência do bem, pudessem, elas mesmas, adotar as medidas necessárias à consumação da desapropriação[179].

Em face a tal preceito, abre-se a possibilidade de delegação dessa competência específica a autarquias, fundações públicas, empresas públicas, sociedades de economia mista ou concessionários de serviço público. Estes poderão ingressar em juízo para consumar materialmente a expropriação, bem como atuar extrajudicialmente com vistas à celebração de acordo entre Administração e o proprietário. Nunca se poderá afastar uma condição legal imposta pela lei para o exercício dessa competência: a delegação deverá originar-se de lei ou contrato.

Na seara da desapropriação para reforma agrária, tal competência foi delegada ao Instituto Nacional da Colonização e Reforma Agrária – Incra, nos termos do Decreto-lei nº 1.110/1970, art. 2º, determinação mantida pela Lei Complementar nº 76/1993, no art. 20, *caput* e § 1º, que menciona ser competente para ingressar com a ação o órgão federal executor da reforma agrária. No mesmo sentido, a Lei nº 8.629/1993, art. 2º, § 2º, determina caberem à entidade as atribuições concernentes às providências administrativas.

22.5. Legislação Aplicável

A previsão de desapropriação para reforma agrária de imóveis rurais que não estejam cumprindo sua função social tem foro constitucional no art. 184, *caput*. O respectivo § 3º determina edição de lei complementar para estabelecer o procedimento contraditório especial, de rito sumário, para o processo judicial de desapropriação.

Com efeito, tal lei para regular o procedimento judicial veio a lume em 1993: é a Lei Complementar nº 76, de 06/07/1993. Esta, sofreu reformas por outra: a Lei Complementar nº 88, de 23/12/1996.

179 *Manual de Direito Administrativo*, 17ª ed., p. 568.

A par da lei complementar, o instituto da desapropriação para reforma agrária também é regulado por lei ordinária: Lei Federal nº 8.629, de 25/02/1993, modificada pela Medida Provisória nº 2.109-50, de 27/03/2001, e sucessivas reedições. Esta lei regula os dispositivos referentes à reforma agrária previstos na Constituição.

Como se pode perceber, entre a promulgação da Constituição da República, em outubro de 1988, e a edição da Lei Complementar nº 76, há um vácuo de cinco anos. Nesse período, vigia o Decreto-lei nº 554/1969, editado pelo Regime Militar e que dispunha sobre a desapropriação para fins de reforma agrária. Sua recepção pelo novo ordenamento constitucional suscitava dúvidas.

Hely Lopes Meirelles e José Carlos de Moraes Salles estavam entre os que defendiam a recepção do Decreto-lei – com força de lei complementar – até que sobreviesse a lei, já que ele versava sobre o rito da desapropriação para reforma agrária. Para sua aplicação, deveriam os juízes apenas cuidar para que fossem observados o princípio do contraditório e o respeito à exigência de justa e prévia indenização. Houve decisões judiciais entendendo dessa forma (TRF – Quinta Região, na AC 91.05.10991/AL; Segunda Turma; Rel. Lázaro Guimarães), defendendo a recepção do Decreto-lei nº 554/1969 no que não estivesse em conflito com as garantias de ampla defesa e contraditório.

Outros pendiam para a não recepção (como Celso Ribeiro Bastos), pois o Decreto-lei nº 554/1969 não conteria regras estabelecendo procedimento contraditório especial de rito sumário. Desta forma, tornar-se-ia inviável, enquanto não sobreviesse a lei complementar reclamada pelo constituinte originário, o exercício desta competência expropriatória pelo Poder Público Federal.

Para selar a divergência, o Plenário do Supremo Tribunal Federal (RTJ 149/103) adotou o segundo posicionamento, defendendo a imprescindibilidade da lei complementar que trate do procedimento contraditório especial sumário reclamada pelo art. 184, § 3º, da Constituição. A Corte foi mais além, declarando a invalidade de todos os decretos declaratórios de interesse social editados após a promulgação da Constituição da República e antes do advento da Lei Complementar 76/1993, que disciplinou os critérios que definiriam a pequena e média propriedades rurais e a propriedade produtiva:

> Mandado de Segurança. Imóvel Rural. Desapropriação. Sanção (CF, art. 184). Tutela constitucional do Direito de Propriedade. Ausência de recepção do Decreto-lei nº 554/1969 pela nova Constituição. Inviabilidade da declaração expropriatória, por interesse social, ante a inexistência das leis reclamadas pelo texto constitucional (art. 184, § 3º, e art 185, I). Edição superveniente da Lei Complementar nº 76/1993 e da Lei nº 8.629/1993. Impossibilidade de sua aplicação retroativa. Pedido deferido.

Outra relevante questão que cerca a legislação aplicável às desapropriações para fins de reforma agrária versa sobre a aplicabilidade da Lei Geral de Desapropriações (Decreto-lei nº 3.365/1941).

O art. 22 da Lei Complementar nº 76/1993 determina a aplicação subsidiária do Código de Processo Civil ao procedimento expropriatório, no que for compatível. Primeiramente, cumpre ressaltar que a Constituição da República determinou reserva de lei complementar para tratar do procedimento judicial de rito sumário. Portanto, a aplicação do Código de Processo Civil, Lei Ordinária, deve ser feita com elevado cuidado, a fim de que não se acabe aplicando normas de lei ordinária a matéria reservada a lei complementar, ferindo o dispositivo constitucional. Nas lacunas porventura verificadas na lei complementar, devem-se aplicar os princípios de direito processual, com certeza. Mas a aplicação direta de dispositivos do Código de Processo Civil pode levar a inconstitucionalidades.

O mesmo se diga quanto à aplicação da Lei Geral de Desapropriações: a Constituição da República reservou certos assuntos à Lei Complementar. Caso se decida pela aplicabilidade subsidiária do Decreto-lei nº 3.365/1941, suas normas não poderão disciplinar o procedimento contraditório especial de rito judicial sumário.

Entendemos ser possível a aplicação subsidiária do Decreto-lei nº 3.365/1941 à desapropriação para fins de reforma agrária. O fato de o supracitado art. 22 apenas referir-se ao Código de Processo Civil não elide tal assertiva. Não se pode argumentar que o legislador obrou um "silêncio eloquente" ao assim dispor.

Como vimos, a desapropriação para fins de reforma agrária não é apenas disciplinada pela Lei Complementar nº 76. Há, ainda, a Lei Ordinária nº 8.629/1993, que dispõe sobre os demais assuntos não reservados a lei complementar. Portanto, é cabível a aplicação de outra lei ordinária, que contenha normas gerais sobre desapropriação, quando as leis específicas revelem-se lacunosas.

22.6. Bens Expropriáveis

Deve-se definir quais bens são suscetíveis de desapropriação para fins de reforma agrária. O Decreto-lei nº 3.365, art. 2º, lei geral, define que a desapropriação pode ter por objeto qualquer bem móvel ou imóvel dotado de valoração econômica.

22.6.1. Destinação *Versus* Localização

A figura expropriatória em questão incide somente sobre bens imóveis rurais. Desta forma, a primeira medida a se tomar é definir o sentido e alcance de dita expressão. Dois são os critérios que se sucederam na primazia do legislador para tal definição: destinação e localização.

A oscilação do legislador entre os critérios remonta ao Decreto-lei nº 7.449/1945, que adotou a tese da destinação, visto que o Código Civil silenciou sobre o tema. O Estatuto da Terra (Lei nº 4.504/1964) seguiu o mesmo critério.

Em sentido contrário, o Código Tributário Nacional (Lei nº 5.172/1966) resolveu subverter o modelo então vigente, caracterizando o imóvel como rural em vista do critério da localização. O art. 29, constante da seção destinada a tratar do Imposto sobre a Propriedade Rural, diz que

> *o imposto, de competência da União, sobre a propriedade territorial rural tem como fato gerador a propriedade, o domicílio útil ou a posse de imóvel por natureza, como definido na lei civil, localização fora da zona urbana do Município.*

Eméritos doutrinadores já travavam essa discussão no começo do século XX. De um lado, Teixeira de Freitas defendia que a distinção entre imóveis urbanos e rurais residiria na destinação. Seriam rurais os imóveis que servissem a atividades típicas do campo, ou que se mantivessem incultos, como sítios e fazendas. Clóvis Beviláqua, em outra banda, defendia o critério da *localização*, pelo qual o imóvel será urbano ou rural se localizado dentro ou fora dos limites dados pelas leis administrativas às cidades, vilas ou povoações.

A atual Lei nº 8.629/1993 definiu os imóveis rurais tendo em conta o primeiro critério. O art. 4º, I, expressamente, diz que a definição de imóvel rural "independe da localização".

Vozes levantam-se contra a constitucionalidade da disposição legal. Isto porque, segundo esses autores, a Constituição da República teria se utilizado do critério da *localização* para definir os imóveis como urbanos ou rurais. Fundamentam tal assertiva na ordem topográfica dos temas dentro da Carta, que teria vinculado a expressão *propriedade urbana* à cidade, tratando do tema no Capítulo II ("Da Política Urbana") do Título VII ("Da Ordem Econômica e Financeira") – arts. 182 e 183. O art. 182, § 2º, por exemplo, fala que:

> *a propriedade urbana cumpre sua função social quando atende às exigências fundamentais de ordenação* da cidade *expressas no plano diretor.*

Em contraposição, a Constituição trata do imóvel rural no Capítulo III ("Da Política Agrícola e Fundiária e da Reforma Agrária"). Em *Comentários à Constituição do Brasil,* Celso Ribeiro Bastos defende o critério da localização.

José Carlos de Moraes Salles entende que

> o inciso I do art. 4º da Lei 8.629/1993 é inconstitucional, na parte em que possibilita a desapropriação por interesse social, para fins de reforma agrária, do imóvel urbano destinado a finalidade agrícola, pecuária ou agroindustrial[180].

Para os que não encontram inconstitucionalidade na adoção do critério da destinação adotado pela Lei nº 8.629 – como Toshio Mukai – surge outro problema: coexistem os critérios da localização, adotado pelo Código Tributário Nacional, e o da destinação, secundado pela Lei ordinária.

O código, embora originalmente promulgado sob forma de lei ordinária, foi recepcionado pelo ordenamento constitucional que lhe sobreveio (Constituição de 1967/1969, art. 18, § 1º) com *status* de Lei Complementar. A atual Constituição também assim agiu, no art. 146.

Disso exsurge que o CTN somente poderá sofrer alterações por outras leis complementares. Portanto, a Lei nº 8.629 não pode ser aplicada para definir imóveis rurais para fins de definição do fato gerador do imposto territorial rural. O entendimento mais saudável será pela coexistência de ambos os critérios: o da localização aplicar-se-á para fins tributários, enquanto o da destinação, para fins de reforma agrária.

22.6.2 Cumprimento da Função Social

Não basta à expropriação em comento que o imóvel seja classificável como rural. É imprescindível que este não cumpra sua função social. Como vimos, o ordenamento constitucional brasileiro, de há muito, rejeita a

[180] *Desapropriação à luz da doutrina e jurisprudência*, 8ª ed., São Paulo: Revista dos Tribunais, 2006.

visão absolutista do Direito de Ppropriedade. Mencionamos, também, o art. 186 da Constituição. Este é o momento de nos aprofundarmos um pouco no seu estudo.

Os critérios simultâneos exigidos pela Carta são regulamentados pela Lei nº 8.629. O primeiro refere-se ao *aproveitamento racional e adequado*, consistente na exploração econômica do bem de acordo com suas características e potencialidades.

O dispositivo está regulamentado no art. 9º, §1º da referida lei ordinária. Diz ele que o aproveitamento se considera adequado quando atinge os graus de utilização da terra e de eficiência na exploração discriminados nos §§ 1º a 7º do art. 6º. Esse artigo, por sua vez, cuida da produtividade da terra, fixando índices necessários, em todos os sete parágrafos, a que se considere adequado o aproveitamento.

O art. 8º da lei, por sua vez, considera também adequado e racional o aproveitamento quando o imóvel rural esteja oficialmente destinado à execução de atividades de pesquisa e experimentação, visando a se obter o avanço tecnológico da agricultura, considerando-se como tais as propriedades cujas atividades de pesquisa abranjam 80% da área aproveitável.

No segundo inciso do art. 186, o constituinte exigiu que a exploração econômica de um imóvel rural, por mais produtiva que seja, paute-se pela utilização adequada dos recursos naturais disponíveis. Deve-se respeitar a vocação natural da terra, preservando seu potencial produtivo. Com efeito, a produtividade não pode ser elevada a ponto de denegrir o meio ambiente. A conservação do meio ambiente passa pela manutenção das características originais e próprias do meio natural e da qualidade dos recursos ambientais na busca de um equilíbrio ecológico e da saúde da propriedade e vida das comunidades vizinhas.

A função social da propriedade exige, outrossim, a "observância das disposições que regulam as relações de trabalho". Não podem passar despercebidas, quando a exploração da propriedade requerer o auxílio de prepostos, as normas reitoras do trabalho empregado. O patrão não poderá abusar da força de trabalho dos trabalhadores rurais, sob pena de atentar contra outros princípios insertos na Carta, como a dignidade da pessoa humana (Princípio Fundamental da República – art. 1º, III).

Note-se que esse requisito não se restringe ao cumprimento meramente das normas trabalhistas. O proprietário que tenha cedido o uso ou posse da terra também não se encontra dispensado de cumprir as normas que tutelam o arrendamento e parceria rural, impostas em virtude da hipossuficiência do arrendatário e do parceiro-outorgado.

O inciso IV exige que a atividade empreendida respeite o bem-estar dos proprietários e dos trabalhadores. A Lei nº 8.629/1993 regula esse dispositivo, no art. 9º, § 5º, ao afirmar que tal requisito considera-se atendido quando a exploração visa a atender as

> necessidades básicas dos que trabalham a terra, observa as normas de segurança do trabalho e não provoca conflitos e tensões sociais no imóvel.

22.6.3. Exceções Constitucionais

O art. 185 determina que não serão suscetíveis de desapropriação para reforma agrária a pequena e média propriedades rurais, desde que seu proprietário não possua outra (inciso I), bem como a propriedade produtiva (inciso II).

O fundamento de tais exceções reside no *cumprimento da função social*. Mais uma vez, voltemo-nos à perspicaz lição de Eros R. Grau: afirma o autor que a propriedade destinada à garantia da subsistência individual e familiar consiste em um *direito individual*. A essa propriedade não se pode imputar uma *função social*. Este o motivo justificante da exceção constante do inciso I. De outra forma, a propriedade rural produtiva já estará cumprindo a função social, já que esta consiste em um *dever de exercício* desse direito[181].

22.6.4. A questão do Art. 225, § 4º da Constituição

O art. 225, § 4º, afirma que a Floresta Amazônica, a Mata Atlântica, a Serra do Mar, o Pantanal Mato-Grossense e a Zona Costeira são parte do patrimônio nacional, cuja utilização se fará na forma da lei, de acordo com condições que assegurem a preservação do meio ambiente, inclusive quanto ao uso dos recursos naturais.

Já se argumentou que esse dispositivo constituiria impedimento à consumação de expropriação-sanção nessas áreas, alegação que foi afastada pelo Supremo Tribunal Federal, em mandados de segurança impetrados contra decretos expropriatórios de áreas localizadas no Pantanal Mato-Grossense. Entendeu-se que não há impedimento a que se proceda à execução de programas

[181] *Op. cit.*, p. 254.

de reforma agrária, desde que se respeitem as condições legais de proteção do ecossistema[182].

22.7. Fase Administrativa

Para poder validamente declarar de interesse social para fins de reforma agrária determinado imóvel, incumbe ao Poder Público determinar se o bem enquadra-se nas situações ensejadoras da expropriação.

Isso é levado a cabo pela entidade à qual a União delegou competência executória (o Incra), que realizará *vistorias* no imóvel a fim de viabilizar o levantamento técnico de dados e informações sobre o imóvel rural, permitindo à União, por meio do Incra, constatar se a propriedade realiza ou não sua função social.

A vistoria é tratada pela Lei nº 8.629, cujo art. 2º, § 2º, *in fine* (modificado pela Medida Provisória nº 2.109-50 e reedições), exige prévia notificação escrita ao proprietário, preposto ou seu representante. O fundamento da precedência reside em garantir ao dono do bem a possibilidade de alegar algum óbice à desapropriação.

A jurisprudência do STJ e do STF entende, em respeito ao princípio constitucional do devido processo legal (constituição art. 5º, LIV), que a notificação deve ser efetuada em instante anterior ao início da vistoria, e somente é considerada regular caso comprovadamente realizada na pessoa do proprietário do imóvel rural, ou, quando efetivada mediante carta com aviso de recepção firmado por seu destinatário ou por aquele que disponha de poderes para receber a comunicação postal em nome do proprietário rural, ou, ainda, quando procedida na pessoa de representante legal ou de procurador regularmente constituído pelo *dominus*.

O descumprimento dessa formalidade essencial, ditada pela necessidade de garantir ao proprietário a observância da cláusula constitucional do devido processo legal, importa em vício radical que configura defeito insuperável, apto a projetar-se sobre todas as fases subsequentes do procedimento de expropriação, contaminando-as, por efeito de repercussão causal, de maneira irremissível, gerando, em consequência, por ausência de base jurídica idônea, a própria invalidação do decreto presidencial consubstanciador de declaração expropriatória[183]. Neste sentido, tal providência tem natureza de *ato-condição*, necessário à validade da futura declaração de interesse social.

Permitindo que a notificação seja feita na pessoa de prepostos, que, em nome dos proprietários, encontrem-se na administração do bem, a Medida Provisória nº 2.109-50, simplificou seu processamento. Com isso se contornamse as frequentes dificuldades de se localizar os proprietários residentes em lugares diversos e distantes dos imóveis.

Outra mudança trazida pela MP foi a introdução do § 3º ao art. 2º: ausentes proprietário, preposto ou representante, publica-se edital para a devida comunicação da vistoria, em jornal de grande circulação na capital do Estado da localização do imóvel, por três vezes consecutivas.

Tendo a vistoria concluído pela viabilidade da desapropriação, em função do não cumprimento da função social do imóvel, caberá ao presidente da República exarar a competente declaração de interesse social, para fins de reforma agrária. Com tal declaração, encerra-se a primeira fase do procedimento expropriatório. Nela,

---

[182] Asseverou a Corte que: "[...] a norma inscrita no art. 225, § 4º, da Constituição não atua, em tese, como impedimento jurídico a efetivação, pela União Federal, de atividade expropriatória destinada a promover e a executar projetos de reforma agrária nas áreas referidas nesse preceito constitucional, notadamente nos imóveis rurais situados no pantanal mato-grossense. "A própria Constituição da República, ao impor ao Poder Público o dever de fazer respeitar a integridade do patrimônio ambiental, não o inibe, quando necessária a intervenção estatal na esfera dominial privada, de promover a desapropriação de imóveis rurais para fins de reforma agrária, especialmente porque um dos instrumentos de realização da função social da propriedade consiste, precisamente, na submissão do domínio a necessidade de o seu titular utilizar adequadamente os recursos naturais disponíveis e de fazer preservar o equilíbrio do meio ambiente (CF, art. 186, II.), sob pena de, em descumprindo esses encargos, expor-se a desapropriação-sanção a que se refere o art. 184 da Lei Fundamental. A questão do direito ao meio ambiente ecologicamente equilibrado. Direito de terceira geração. Princípio da solidariedade." O direito à integridade do meio ambiente – típico direito de terceira geração – constitui prerrogativa jurídica de titularidade coletiva, refletindo, dentro do processo de afirmação dos direitos humanos, a expressão significativa de um poder atribuído, não ao indivíduo identificado em sua singularidade, mas, num sentido verdadeiramente mais abrangente, a própria coletividade social. "Enquanto os direitos de primeira geração (direitos civis e políticos) – que compreendem as liberdades clássicas, negativas ou formais – realçam o princípio da liberdade e os direitos de segunda geração (direitos econômicos, sociais e culturais) – que se identifica com as liberdades positivas, reais ou concretas – acentuam o princípio da igualdade, os direitos de terceira geração, que materializam poderes de titularidade coletiva atribuídos genericamente a todas as formações sociais, consagram o princípio da solidariedade e constituem um momento importante no processo de desenvolvimento, expansão e reconhecimento dos direitos humanos, caracterizados, enquanto valores fundamentais indisponíveis, pela nota de uma essencial inexauribilidade. Considerações doutrinárias." (MS-22164/SP; Rel. Min. Celso de Mello; Pleno; unânime)

[183] Nesse sentido: STF – MS nº 22.164-0/SP, 22.193-3/DF, MS nº 2.285-9.

deve-se individualizar pormenorizadamente o bem que constitui seu objeto – inclusive com a demarcação dos seus limites e confrontações –, o fim que a motiva e os dispositivos legais e constitucionais que a autorizam. Decidiu o STJ que:

> 1. É lícito ao Poder Judiciário declarar nulo decreto expropriatório onde se verifica desvio de poder. 2. É nulo decreto declaratório de utilidade ou necessidade publica, onde não se especifica a finalidade da desapropriação. (REsp nº 36.6611/SC; Primeira Turma; Rel. Min. Humberto Gomes de Barros)

Note-se que a expropriação somente deverá incidir sobre bens imóveis. Caso haja bens móveis ou semoventes abrangidos pelo bem de raiz, devem ser desmontados e transportados, às custas do expropriante, como se depreende do art. 20 da Lei Complementar nº 76/1993.

A declaração expropriatória cria para o expropriante o *direito potestativo*[184] *de, no prazo legal, promover a desapropriação*. Não retira imediatamente o bem da esfera de disponibilidade do dono, mas sua propriedade está sujeita a resolver-se por ato do Poder Público.

Exarada a declaração, estão os agentes do expropriante autorizados a penetrar no imóvel, sem necessidade de recorrer ao Poder Judiciário, a fim de levantar mais dados com o fim de determinar seu estado atual para fins de fixar a indenização. O art. 2º, § 2º da LC 76/1993 determina que o expropriante fica legitimado a promover vistoria e avaliação do imóvel. Afirma o dispositivo que seus agentes poderão recorrer à força policial, se necessário, mas, nesse caso, imprescindível será prévia autorização judicial.

Logicamente, como ainda não se efetivou a transferência de propriedade, o exercício desse direito não pode ser embaraçado pela ação do Poder Público. Caso isso ocorra, o proprietário poderá recorrer ao Poder Judiciário a fim de responsabilizar o Poder Público por eventuais perdas e danos causados por seus agentes, sem prejuízo das sanções penais cabíveis.

Esse decreto, nos termos do art. 3º da LC nº 76/1993 possui prazo de caducidade de 2 anos, contados da publicação do decreto expropriatório. Esgotado esse biênio sem realização de acordo ou propositura da ação judicial cabível, decai a União do direito de promover a desapropriação. Caso mantido o intento de promover a expropriação, é de se aplicar analogicamente o art. 10 do Decreto-lei nº 3.365/1941, que, em sua segunda parte, exige lapso temporal de um ano para que o mesmo bem seja objeto de nova declaração. Sendo decadencial o prazo de dois anos, pode ele ser reconhecido de ofício pelo juiz, a qualquer tempo.

Deve-se enfrentar a questão relativa aos aumentos ou acréscimos sofridos pelo imóvel após a declaração expropriatória, que tem por efeito fixar o estado físico atual da coisa para fins de estabelecer o *quantum* indenizatório. As leis sobre a expropriação para fins de reforma agrária são omissas.

O art. 26, § 1º do Decreto-lei nº 3.365, contém disposição acerca das benfeitorias: as necessárias devem ser pagas, já que se destinam a conservar ou preservar o bem, enquanto as úteis serão pagas quando autorizadas pelo expropriante. As benfeitorias voluptuárias, como se destinam a mero deleite ou embelezamento não serão indenizadas, podendo ser levantadas, se não importar em destruição da coisa.

22.8. Fase Judicial

Como já vimos, essa espécie de desapropriação é de competência privativa da União, que atua por meio da autarquia à qual delegou a competência executória, o Incra.

Uma vez declarado o imóvel como de interesse social para fins de reforma agrária e efetuada a vistoria e avaliação, o Incra disporá de todos os elementos necessários ao ajuizamento da respectiva ação de desapropriação. O procedimento é de rito sumário e está disciplinado pela Lei Complementar nº 76/1993, com as alterações introduzidas pela Lei Complementar nº 88/1996.

22.8.1. Acordo Intra ou Extra-autos

Para que se efetive a transferência de propriedade, poderão a Administração e o proprietário celebrar acordo, que poderá ser intra ou extraautos. No segundo caso, dispensa-se homologação judicial, visto que se trata de mero negócio jurídico que se aperfeiçoa como um contrato de compra e venda. Se a avença emergir em juízo, desde que o expropriado concorde como preço ofertado, o art. 10 da LC nº 76/1993 determina que ele será homologado por sentença.

A indenização, nesse caso, não se dará pela via do precatório, já que a Administração já dispunha de dotação orçamentária suficiente para o pagamento da justa

[184] "Direitos potestativos são aqueles em que se atribui a seu titular o poder de produzir, mediante sua exclusiva declaração de vontade, a modificação ou extinção de uma relação jurídica, com efeitos jurídicos em relação ao outro ou outros sujeitos da referida relação jurídica." *in* LEONI, José Maria. *Introdução ao Direito Civil*. Rio de Janeiro: Lumen Juris, p. 409.

indenização consubstanciada no valor da oferta. A LC nº 88/1996, alterando a LC nº 76/1993, permitiu a realização de composição amigável do litígio, mediante designação de audiência de conciliação, que será analisada adiante.

22.8.2. Competência

Primeiramente, deve-se fixar a "competência de jurisdição", fixando-se a qual das "justiças" existentes se atribuirá a solução da demanda. Para tanto, socorre-se à Constituição, que, no art. 109, I, aplicável ao caso, afirma ser a justiça federal a competente para o ajuizamento da ação, tendo em vista que o Incra é autarquia federal. Em segundo lugar, há que se ter em vista que a competência originária será, em regra, dos juízes de primeira instância, salvo as exceções constitucionais.

Aplica-se, para determinação do foro competente, o critério do *forum rei sitae*, cometendo-se o feito aos juízes federais singulares de onde os respectivos imóveis se situem. Nesse sentido, aplica-se analogicamente o art. 5º do Decreto-lei nº 3.365/1941.

22.8.3. Petição Inicial

A LC nº 76/1993 permite aplicação subsidiária do Código de Processo Civil, no art. 23. Portanto, a petição inicial atenderá aos requisitos do art. 282 do referido diploma legal, devendo ser observadas, ainda, as disposições do art. 283, que alude à documentação indispensável à propositura da ação.

O art. 5º, da LC nº 76/1993, elenca os documentos indispensáveis que devem acompanhar a peça vestibular por ocasião do ajuizamento da ação, a saber:

> *I – texto do decreto declaratório de interesse social para fins de reforma agrária, publicado no Diário Oficial da União;*

Com a juntada de cópia do decreto expropriatório, possibilita-se ao magistrado aferir se o ajuizamento verificou-se no prazo decadencial de dois anos, conforme preconiza o art. 3º.

> *II – certidões atualizadas de domínio e de ônus real do imóvel;*

A necessidade de atualização das certidões cartoriais, no momento do ajuizamento da ação, é imperiosa para assegurar quem é o proprietário, ou se há ou não titulares de direito reais.

> *III- documento cadastral do imóvel;*

Referido documento apresenta os dados cadastrais do imóvel junto ao Incra, inclusive a classificação do imóvel quanto a sua condição de produtiva ou improdutiva;

> *IV – laudo de vistoria e avaliação administrativa, que conterá, necessariamente:*
> *a) a descrição do imóvel, por meio de suas plantas real e de situação, memorial descritivo da área objeto da ação;*
> *b) relação das benfeitorias úteis, necessárias e voluptuárias, das culturas e pastos naturais e artificiais, da cobertura florestal, seja natural ou decorrente de florestamento ou reflorestamento, e dos semoventes;*
> *c) discriminadamente, os valores de avaliação da terra nua e das benfeitorias indenizáveis.*

A importância maior de um laudo de vistoria e avaliação bem detalhado decorre do fornecimento de elementos capazes de possibilitar o contraditório, bem como criar mecanismos suficientes para poder o juiz avaliar do depósito feito e sobre a justiça da indenização, na conformidade dos dispositivos constitucionais.

> *V – comprovante de lançamento dos Títulos da Dívida Agrária correspondente ao valor ofertado para pagamento de terra nua;*
> *VI – comprovante de depósito em banco oficial, ou outro estabelecimento no caso de inexistência de agência na localidade, à disposição do juízo, correspondente ao valor ofertado para pagamento das benfeitorias úteis e necessárias.*

22.8.4. Imissão provisória na posse

Despachando a inicial, o magistrado, de plano ou em 48 horas, mandará imitir o autor na posse do imóvel expropriado (art. 6º, inciso I, e § 2º). Imitido na posse o expropriante, proceder-se-á à averbação do ajuizamento da ação no Cartório do Registro de Imóveis onde está matriculado/registrado o imóvel objeto da ação expropriatória.

Consolidada a imissão na posse, determinará o juiz a citação do expropriado para que conteste a ação para, querendo, indicar assistente técnico. A citação dar-se-á na forma preconizada do art. 7º da Lei Complementar nº 76/1996, obedecendo-se as disposições contidas no art. 12 do Código de Processo Civil.

22.8.5. Citação

Esse assunto está tratado pelo art. 7º da Lei Complementar. Na forma do art. 215 do Código de Processo Civil, a citação será feita na pessoa do proprietário ou de seu representante legal ou convencional. O art. 7º, § 1º da LC nº 76/1993, por sua vez, afirma que, nas hipóteses de enfiteuse ou aforamento, deverá ser chamado ao feito o senhorio, exceto quando este for a União.

Estando o bem arrolado em espólio, deverá a citação recair na pessoa do inventariante ou, na sua falta, na do cônjuge sobrevivente, herdeiro ou legatário que detiver o bem. Os titulares de direitos reais sobre o bem expropriado, pela dicção do § 3º, também hão de ser citados.

O art. 8º inovou quanto à *modalidade* de citação do expropriado, facultando a via postal, caso o expropriante assim o requeira, caso em que se observará o Código de Processo Civil, art. 223.

22.8.6. Contestação e Direito de Extensão

A contestação somente poderá versar sobre a existência de vícios formais do processo e à discussão do preço, como determina o art. 9º da LC nº 76/1993, cujo conteúdo corresponde ao estatuído no art. 20 do Decreto-lei nº 3.365/1941.

Note-se que esse dispositivo não veda a apreciação pelo Poder Judiciário de eventual discussão acerca da existência ou não de interesse social. Simplesmente, veda-se que tal debate ocorra dentro na ação de rito especial, jogando-o para ação própria.

Ao se insurgir contra o preço oferecido, o proprietário deve fazê-lo fundamentadamente, impugnando o laudo de vistoria e avaliação acostado pelo Incra à inicial. Se desejar indicar assistente técnico, o expropriado deverá fazê-lo já na peça de resposta, sob pena de preclusão. O mandado de citação deverá fazer referência expressa à indicação de assistente técnico (art. 6º, II).

Será na mesma ocasião que o expropriado deverá aduzir, se quiser, direito de extensão (art. 4º), ou seja, que a desapropriação alcance por inteiro o imóvel se a parte remanescente não for suficiente para a continuidade da utilização que lhe é própria.

22.8.7. Audiência de Conciliação

A possibilidade de realização de audiência de conciliação é resultado de alteração introduzida pela Lei Complementar nº 88/1996, a fim de tornar menos oneroso o processo expropriatório. Acrescentou-se § 3º ao art. 6º, pelo qual

> *No curso da ação poderá o juiz designar, com o objetivo de fixar a prévia e justa indenização, audiência de conciliação, que será realizada no dez primeiros dias a contar da citação, e na qual deverão estar presentes o autor, o réu e o Ministério Público. As partes ou seus representantes legais serão intimados via postal.*

Inobstante a norma utilizar-se do verbo "poder", não se pode interpretar a realização da audiência de conciliação como facultativa. Esta audiência significa maiores possibilidades de encerramento da demanda, podendo tornar mais barato o processo de desapropriação, evitando-se que ações se arrastem por décadas e proporcionem milionárias indenizações em razão dos famígeros juros compensatórios e outros consectários. Desta forma, a realização da audiência de conciliação será a regra, somente podendo o Juiz dispensá-la à luz de elementos que indiquem ser inútil no caso concreto.

22.8.8. Perícia e Audiência de Instrução e Julgamento

Não é obrigatória a realização da prova pericial. De conformidade com o art. 9º, §1º, da LC nº 76/1993, o juiz determinará, se for o caso, a realização de perícia, adstrita a pontos impugnados. Com a nomeação do perito, serão as partes intimadas para apresentar quesitos a serem respondidos, no prazo de dez dias. As partes serão acompanhadas de seus assistentes técnicos indicados por ocasião do ajuizamento da ação (do expropriante na inicial) e do expropriado na contestação.

Concluída a perícia, o juiz designará audiência de instrução e julgamento, em até 15 dias, intimando as partes para apresentarem quesitos a serem esclarecidos e respondidos pelo Vistor Oficial.

22.8.9. Presença do Ministério Público Federal

Nos termos do art. 18, § 2º, é obrigatória a presença do Ministério Público no processo, que atuará como *custos legis*. O *parquet* deve tomar conhecimento da ação desde o início, sendo imprescindível que o juiz enseje sua participação antes de cada decisão, para que se considere o processo formalmente regular. O art. 6º, § 3º, por sua vez, também exige a presença do órgão na audiência de conciliação.

22.8.10. Sentença, Recursos e Duplo Grau de Jurisdição

O juiz proferirá sentença na própria audiência de instrução e julgamento ou no prazo de 30 dias (art. 12). Na sentença, o juiz fixará o valor definitivo da indenização e condenará o Incra, se for o caso, a pagar a diferença entre este e o valor de oferta, especificando o que diz respeito à terra nua e o que se refere às benfeitorias, já que o meio de pagamento será diferente.

O art. 13 determina que da sentença que fixar o preço da indenização caberá recurso de apelação com efeito meramente devolutivo, caso seja interposto pelo expropriado, e no duplo efeito, se for da entidade expropriante. O prazo da apelação é de 15 dias (Código de Processo Civil, art. 508).

O §1º do referido dispositivo, por sua vez, trata do duplo grau de jurisdição obrigatório, que ocorrerá quando a sentença condenar o expropriante em quantia superior a 50% sobre o valor oferecido na inicial. Enquanto não levado a cabo o reexame obrigatório, a sentença não transitará em julgado, nos termos da Súmula nº 423 do STF: "Não transita em julgado a sentença por haver omitido o recurso ex officio, que se considere interposto *ex lege*."

Questão relevante consiste na aplicabilidade do art. 10 da Lei nº 9.469, de 10/06/1997 às desapropriações para fins de reforma agrária. Como efeito, antes da edição dessa Lei, as sentenças proferidas contra autarquias não se sujeitavam ao duplo grau obrigatório, visto que o art. 475, II, do Código de Processo Civil, que disciplina o tema, apenas estende o benefício à União, Estados e Municípios. Com a superveniência da citada norma, este passou a ser estendido também a autarquias e fundações públicas.

A Lei Ordinária não tem o condão de derrogar Lei Complementar, como óbvio. Ademais, a LC nº 76/1993, nesse particular, é especial em relação à Lei nº 9.469. Desta forma, o reexame necessário somente se aplica às sentenças proferidas contra autarquias se não se tratar de ação de desapropriação para fins de reforma agrária. Caso contrário, deve-se verificar, ainda, se houve a discrepância de 50% entre o valor fixado e o ofertado.

22.8.11. Desistência

O poder expropriante pode não mais ter interesse em levar a cabo a transferência coativa da propriedade. Se o desinteresse surgir ainda na fase administrativa, o Poder Público poderá deixar o prazo decadencial do decreto expropriatório correr *in albis*, ocasionando sua caducidade, bem como revogar o referido ato, quando não mais conveniente ou oportuno ou ainda anulá-lo, quando eivado de nulidade. O desinteresse pode, ainda, surgir na fase processual, caso em que a Administração deverá manifestar sua vontade de não mais prosseguir com a ação.

A desistência pode ser total ou parcial, sendo ato administrativo discricionário e unilateral. Uma vez concretizada, deve ser comunicada ao juízo competente, requerendo-se a devida homologação.

A desistência poderá se dar em qualquer fase do processo, desde que ainda não realizada a expropriação, mediante o pagamento integral do preço. Da mesma forma, também não se pode mais admitir desistência após a imissão provisória na posse que seja seguida de uma destinação de interesse público ao bem, como, por exemplo, a realização de assentamento de famílias camponesas, tornando o imóvel rural produtivo.

Ultimada a regular desistência, o expropriado deve ser ressarcido dos gastos que tiver com o processo e de eventuais danos. Os custos do processo (custas, despesas com assistente técnico, honorários), por sua vez, devem constar expressamente da sentença homologatória.

Da mesma forma, são devidos juros compensatórios se o expropriante imitiu-se na posse do bem[185], que só poderão ser reivindicados em ação autônoma, já que, no momento da sentença homologatória, que é imediatamente posterior à desistência, não possui o juiz elementos para determinar a base de cálculo dos juros.

O depósito efetivado para fins de imissão na posse, caso ainda não tenha sido levantado pelo expropriado, não será imediatamente devolvido ao expropriante, pois servirá como garantia dos pagamento dos valores devidos.

Entre a imissão na posse e a desistência, o ônus de arcar com as obrigações tributárias pertence à entidade expropriante. A sentença deverá mencionar tal encargo expressamente.

22.9. Destino dos Bens Expropriados

A regra, nas desapropriações em geral, é de que o bem passe a integrar o patrimônio da pessoa jurídica de Direito Público expropriante ou das pessoas privadas ou públicas que desempenhem serviço público delegado. O ingresso do bem no patrimônio do ente expropriante exige, nos termos do art. 5º, XXIV da Constituição, o pagamento da justa e prévia indenização. Nas desapropriações por interesse social, entretanto, os bens destinam-se a ser transferidos a terceiros.

Tal transferência a terceiros é essencial à desapropriação, que se destina a atenuar as desigualdades sociais, logrando o cumprimento da função social da propriedade. Pela dicção do art. 189 da Carta, os beneficiados receberão títulos de domínio ou concessão de uso, inegociáveis pelo prazo de 10 anos.

Por sua vez, o art. 13, parágrafo único, da Lei nº 8.629/1993, define que, ressalvando-se as reservas indígenas e os parques, somente admitir-se-á propriedade pública de imóveis rurais com objetivos distintos se voltados para a exploração direta ou indireta de pesquisa,

185 STJ – REsp. nº 24.067; Rel. Min. Hélio Mosimann.

experimentação, demonstração e fomento de atividades relativas ao desenvolvimento da agricultura, pecuária, preservação ecológica, áreas de segurança, treinamento militar, educação, readequação social e defesa nacional. Como consequência, a posterior transferência do bem a terceiros não é, grosso modo, capaz de gerar direito à retrocessão.

A Lei nº 8.629/1993, art. 16, prevê que o órgão expropriante, no prazo de três anos, a contar da data do registro do título translativo de domínio – que se realizará três dias após o pagamento da indenização – destinará a área aos beneficiários da reforma agrária.

O art. 19 da lei estabelece ordem de preferência para a distribuição, mediante títulos de domínio ou concessão, dos bens expropriados, que serão concedidos ao homem ou à mulher, ou a ambos, independentemente do estado civil, o que repete norma do art. 189, parágrafo único da Constituição.

Em primeiro lugar, vem o desapropriado, ficando-lhe assegurada preferência para a parcela na qual se situe a sede do imóvel. Logo após, dá-se preferência aos que trabalham no imóvel desapropriado como posseiros, assalariados, parceiros ou arrendatários, em outros imóveis. O terceiro lugar é ocupado pelos então posseiros, assalariados, parceiros ou arrendatários que trabalhem em outros prédios rústicos. Note-se que a lei não exigiu que estes trabalhassem em prédios vizinhos ou próximos ao desapropriado. O quarto lugar é ocupado pelos agricultores cujas propriedades não alcancem a área da propriedade familiar, ou seja, que não superem, em extensão, o módulo rural, nos termos do art. 4º, II e III do Estatuto da Terra. Em quinto e último lugar, encontram-se os agricultores cujas propriedades sejam, comprovadamente, insuficientes para o sustento próprio e o de sua família.

Outrossim a lei ainda estabelece prioridade, dentro dessa ordem, aos chefes de famílias numerosas cujos membros disponham-se a exercer atividade agrícola na área a ser distribuída (parágrafo único do art. 19).

Excetuando-se aqueles que se encontrarem no primeiro, quarto e quinto casos, a lei proíbe distribuição de terras expropriadas àquele que já seja proprietário rural. Também estão impedidos os ocupantes de cargo ou função pública em entidade da Administração direta ou indireta, de quaisquer das pessoas políticas, bem assim como aqueles que já se tenham beneficiado em outro programa de reforma agrária (art. 20).

Capítulo 7

Institutos afins a desapropriação

1. Notas Introdutórias

1.1. A evolução do conceito de propriedade como direito

Ora exaltado como um direito fundamental, essencial à natureza humana, como o considerava Locke[1], ora apontado como a razão de ser da criação de uma sociedade civil injusta, como o enxergava Rousseau[2], o Direito de propriedade classicamente foi objeto de estudo dos privatistas, passando, só posteriormente, a merecer a atenção, também, dos publicistas.

Sem pretender escrever uma espécie de história do Direito de Propriedade, embora o título deste item de alguma forma sugira esse tipo de exposição, aqui procuraremos apenas identificar três períodos – do advento do mundo moderno em diante – bem definidos em que o *dominium* ganha diferentes conotações.

Obviamente que o aspecto a ser salientado é o jurídico, embora apoiado em questões de ordem econômica, social e política, das quais os juristas não podem se desprender totalmente.

Num primeiro momento, teríamos a tendência liberal dos pais e filhos do iluminismo burguês, que tomavam o direito de propriedade como absoluto, personalíssimo[3] e individualista. Nesse sentido, o título de proprietário conferia à pessoa o direito de fazer o que bem entendesse com a coisa ou de não fazer nada, sem que qualquer consequência pudesse derivar dessa destinação dada.

Essa concepção já podia ser notada num estágio propedêutico do Direito romano, em que a noção de propriedade dava ao seu titular os poderes de usar, fruir e de *abusar* da coisa[4]. Entretanto, poderia ser considerada nova em razão da situação vigorante no período imediatamente anterior à Revolução Francesa[5].

No plano filosófico, a propriedade era anunciada como direito fundamental em razão de se caracterizar como a

> mais alta exteriorização da personalidade do homem por meio do trabalho, ou seja, da atividade econômica dos indivíduos[6].

Essa concepção individualista da propriedade aliada à concepção de Estado mínimo, não interventor, pregado por pensadores como Adam Smith[7], impossibilitava qualquer tipo de ingerência no patrimônio particular, o que passou a ser garantido como direito intocável na maioria das constituições europeias.

Como se sabe, a burguesia revolucionária do século XVIII ludibriou a classe dos camponeses, prometendo-lhes ativa participação nas decisões políticas, com o intuito de conferir legitimidade às reivindicações pela primeira patrocinadas. A traição se fez notar a partir do momento em que ficou clara a inexistência de qualquer movimento que revelasse o intuito de atender às necessidades dos mais pobres, que continuaram relegados a último plano, sem obter qualquer atenção do Estado.

A partir daí, não foi possível conter a insatisfação da maioria, ainda oprimida pela falta de amparo e pela exploração de sua força de trabalho. Surgem, então, as

---

[1] LOCKE, John, *Dois Tratados sobre o Governo*, tradução de Julio Fischer, São Paulo: Martins Fontes, 1998.

[2] ROUSSEAU, Jean Jacques. *Discurso sobre a origem e os fundamentos da desigualdade entre os homens*, trad. de Iracema Gomes Soares e Maria Cristina Roveri Nagle, São Paulo: Ática, 2005.

[3] ALCORTA (*Las Garantías Constitucionales*, 1881, p. 78), citado por BARBOSA, Rui (*Que vem a ser direitos individuais?*), assim se manifestava: "Se llaman derechos individuales a todos aquellos derechos que constituyen la personalidad del hombre y cuyo ejercicio le corresponde esclusivamente, sin mas límite que el límite del derecho recíproco... Los derechos individuales, aunque elementos de la personalidad del hombre, se manifiestan en la persona misma, en la cosas y en las acciones. En la persona, en todos los actos que se refieren a la liberdad individual; en las cosas, en cuanto a su uso y disposición esclusivos, propriedad, medios de adquirir, de existencia y de beinestar; y en cuanto a las acciones, respecto a las manifestaciones de palabra o escritas y a todo ejercicio que con ella se relaciona."

[4] CRETELLA JÚNIOR, José, *Curso de Direito Romano*, 19ª ed., Rio de Janeiro: Forense, 2005, p. 170.

[5] Faz-se, aqui, menção exclusiva à Revolução Francesa em razão de ser este o símbolo maior do liberalismo e, principalmente, do iluminismo.

[6] MONCADA, L. Cabral, de. *Filosofia do Direito e do Estado*, v. 1, 2ª ed., Portugual: Coimbra, 2006, p. 215-216.

[7] SMITH, Adam (*A Riqueza das Nações*, traduzido por Edwin Cannan, São Paulo: Abril, 1983), ao comentar a interferência dos Estados na economia, para favorecer ora o campo, ora a cidade, afirmou que "Se as instituições humanas nunca tivessem interferido nessas inclinações naturais, jamais as cidades poderiam em qualquer parte ter crescido além da medida compatível com o aprimoramento e o cultivo do território ou do país do qual fazem parte".

ideias socialistas e, com elas, os movimentos concretos que tinham por intento a implementação de um sistema de proteção estatal contra o abuso econômico.

As principais metas do socialismo, expressadas de maneira brilhante por meio das obras de Marx e Engels, eram, em apertadíssima síntese, a coletivização das riquezas e a distribuição de justiça social.

O impacto dessa doutrina foi imenso, tendo sido capaz de dividir o mundo entre dois grandes grupos: o dos socialistas e o dos capitalistas. A igualdade jurídica e formal perante a lei já não era satisfatória. Passou-se a lutar, então, por uma igualdade material, extensível ao âmbito econômico-social.

No regime socialista de governo, o direito de propriedade está completamente subordinado à ideia de igualdade na distribuição das riquezas, de modo que não figura mais como um direito absoluto – como era no regime liberal clássico –, mas limitadíssimo.

Na União Soviética, *verbis gratia*, foi suprimida a possibilidade de transmissão de bens *causa mortis*, por dois motivos principais: a) em primeiro lugar, essa modalidade de aquisição da propriedade cria e incentiva a desigualdade, alimentando, em última análise, a injustiça; b) em segundo lugar, acoroçoa a indolência, diminuindo a produção nacional[8].

As críticas em sentido contrário tomavam por base os seguintes argumentos: a) o direito de propriedade individual deve ser garantido, pois, ainda que indiretamente, o crescimento pessoal do indivíduo traz consigo o crescimento da nação; b) a impossibilidade de transmitir bens aos parentes próximos ou outras pessoas queridas em razão da morte geraria uma onda de aniquilação do patrimônio adquirido ao final dos anos ou, de outra forma, desestimularia o trabalho e a produção.

Embora implementado em vários países e com algum sucesso por tempo considerável, o socialismo não resistiu à tendência capitalista, predominante no mundo, culminando com a dissolução da União Soviética em 1991.

A queda do socialismo, contudo, não representou a volta ao sistema liberal clássico, em que a propriedade figurava como direito absoluto e, portanto, intocável. As ideias marxistas, se não mais encontraram ambiente para atuar, serviram ainda como instrumento de suavização do desinteresse pelo coletivo.

Diga-se, ainda, que, mesmo no período de louvação do ideal socialista, existia, afora o grupo conservador das ideias liberais, uma parcela de pensadores que defendiam algumas restrições à liberdade econômica, sem advogarem a tese de supressão da propriedade privada. E parece que esses, que tinham a seu favor o conceito de justiça de Aristóteles – calcado na noção de meio termo –, saíram vitoriosos.

Hodiernamente, vigora, pois, uma concepção de propriedade marcada pelo equilíbrio de dois importantes valores identificados no curso da história, que podem ser percebidos no bojo da seguinte assertiva: a propriedade ainda é um direito individual, mas a sua proteção encontra-se subordinada à inexistência de interesse público que o sombreie e/ou ao cumprimento de sua função social.

1.2. A Disciplina da Propriedade no Ordenamento Constitucional Brasileiro

O movimento constitucional, surgido no final do século XVIII, na Europa, se expandiu e conquistou espaço em todo o mundo ocidental. Atravessou o Oceano Atlântico e ancorou no Brasil na primeira metade do século XIX.

É bem verdade que a Constituição de 1824 estava fadada ao fracasso, principalmente em razão da forte concentração de poder que se solidificou nas mãos do imperador, titular do poder moderador.

Havia, então, um reclamo – ainda não atendido – dos liberais, que influenciaram decisivamente na importação do ideal constitucionalista, pela limitação dos poderes do Estado. Mas a resposta inicial foi meramente ilusionista. Não era verdadeiramente uma Constituição a imperial, nos moldes revolucionários, posto que não emanava da vontade popular e não lidava verdadeiramente o poder monárquico. Vivia-se, ainda, num Estado de certa forma absolutista.

Todavia, a Constituição inaugural não deixava de consagrar o clássico direito à propriedade, tanto que o seu art. 179, XXII o garantia "em toda a sua plenitude"[9].

Em que pese essa consagração, exceções ao caráter absoluto do direito de propriedade, contidas no mesmo dispositivo da Constituição inaugural, apontavam para a possibilidade de o Poder Público usar e empregar o bem particular na satisfação do bem comum, desde que

---

[8] RODRIGUES, Silvio *Direito Civil*, v. 7, *Direito das Sucessões*, 22ª ed. São Paulo: Saraiva, 1998, p. 5.

[9] Ao contrário do que se possa imaginar, já era prevista, entretanto, a possibilidade de se usar e de se empregar a propriedade particular em benefício do *bem comum*, exceção essa que deveria ter previsão legal e que seria obrigatoriamente precedida de indenização.

legalmente autorizado e depois de paga a devida indenização.

Assim, o que se afirmava pleno não o era verdadeiramente.

Lembra-nos o eminente Dalmo de Abreu Dallari que essa previsão da Constituição de 1824, que privilegiou, de certa forma, o interesse público, só fez consagrar no plano superior do ordenamento jurídico o que já era realidade na época em que iniciou a vigência das Ordenações Filipinas[10]. A legislação daquela época já condicionava o direito de propriedade.

Com a queda da monarquia em 1889, instalou-se um governo republicano no País e, em 1891, foi promulgada uma nova Constituição, fiel aos modelos europeus e americano, com profunda conotação liberal, prevendo, como na anterior, o absoluto direito à propriedade (art. 72, § 17). Entretanto, usando uma redação mais próxima da que se costuma utilizar atualmente, previu o mesmo parágrafo do citado dispositivo constitucional a possibilidade de ingerência por parte do Estado em casos de desapropriação *por necessidade ou interesse público*, com prévia indenização.

Foi, inclusive, sob a égide da primeira Constituição republicana que surgiu o Código Civil de 1916, inspirado visivelmente pela filosofia liberal. Neste contexto, consolidou-se num plano mais concreto de normatividade a noção individualista do conceito de propriedade, mas também com previsão de limites de ordem administrativa, senão vejamos:

> *Art. 572. O proprietário pode levantar em seu terreno as construções que lhe aprouver, salvo o direito dos vizinhos e os* regulamentos administrativos.

O que se tinha até aqui era, em primeiro lugar, uma defesa da ordem individual, quando a lei tratava de proteger a propriedade dos vizinhos. Em segundo plano, tinha-se uma sobreposição do interesse público sobre o privado, quando a lei tratava de subjugar o direito de construir aos regulamentos administrativos. Entretanto, há de comum entre esses limites ao direito de propriedade pelo menos um ponto: tinham um *caráter negativo*, no sentido de somente impedirem essa ou aquela edificação, sem impor qualquer conduta positiva aos proprietários de bens.

Na década de 30 do século XX, o Brasil já sentia as influências externas relativas à incorporação de valores jurídicos diferentes daqueles antigos, que simplesmente estabeleciam limites ao Estado. Os novos anseios apontavam para uma organização política garantidora da dignidade do trabalhador e promotora da justiça social.

O Estado de polícia foi, então, substituído pelo Estado do Bem-estar social, que passou a ter como principal característica a função de interferir ativamente na ordem econômica com vistas à realização de determinadas metas sociais.

Assim é que a Constituição de 1934 dispôs, no Título VI, destinado à disciplina da ordem econômica e social:

> *Art. 115. A ordem econômica deve ser organizada conforme os* princípios da justiça *e as necessidades da vida nacional, de modo que possibilite a todos* existência digna. *Dentro desses* limites, *é garantida a liberdade econômica.*

Uma inovação, que marcou esse Texto Constitucional pátrio, foi a existência de normas que indicavam a elevação de uma estrutura jurídica protetora dos direitos do trabalhador, já adiantando os parâmetros dessa proteção no art. 121.

Coerentemente, no que toca ao direito de propriedade, este passou a não poder ser exercido contra o interesse social ou coletivo, além de se subordinar à necessidade e utilidade pública. Era o que prescrevia o art. 113, nº 17, *ipsis litteris*:

> *Art. 113. A Constituição assegura a brasileiros e a estrangeiros residentes no país a inviolabilidade dos direitos concernentes à liberdade, à subsistência, à segurança individual e à* propriedade, *nos termos seguintes:*
>
> > *17) É garantido o* direito de propriedade, *que* não *poderá ser exercido contra o interesse social ou colectivo, na fórma que a lei determinar. A desapropriação por necessidade ou utilidade pública far-se-á nos termos da lei, mediante prévia e justa indenização. Em caso de perigo imminente, como guerra ou commoção intestina, poderão as autoridades competentes usar da propriedade particular até onde o bem público o exija, ressalvado o direito a indenização ulterior.*

A partir daí, já se podia perceber uma significativa ampliação do âmbito de intervenção do Estado na propriedade. Os valores que podiam justificar essa atuação estatal agora eram três, a saber: a) direito individual à propriedade vizinha; b) necessidade e utilidade públicas; c) interesse social e coletivo. Mas essa novidade não teria muito tempo de vida.

---

[10] DALLARI, Dalmo de Abreu, Legislação Municipal e Direito de Construir, *Revista de Direito Público*, vol. 14, p. 49.

A Constituição de 1937, mais preocupada com a centralização do poder nas mãos do ditador Getúlio Vargas do que com a continuidade da evolução das conquistas sociais obtidas anteriormente, significou, nesse aspecto, um retrocesso.

Além de não destinar um título à disciplina da ordem social – embora o capítulo da ordem econômica cuidasse de preceitos relativos aos direitos do trabalhador (arts. 136 e segs.)[11] – a Constituição "*polaca*" suprimiu também a previsão, contida na Ordem Suprema anterior, referente à possibilidade de intervenção do Estado na propriedade em favor de interesse social.

Como se pode perceber da transcrição abaixo, a Constituição de 1937 somente previu a possibilidade de desapropriação por interesse ou utilidade pública. Confira-se:

> *Art. 122. A Constituição assegura aos brasileiros e estrangeiros residentes no país o direito à liberdade, à segurança individual e à propriedade, nos termos seguintes:*
> *14. O direito de propriedade, salvo a desapropriação por necessidade ou utilidade pública, mediante indenização prévia. O seu conteúdo e os seus limites serão os definidos na leis*[12].

Foi, inclusive, sob a égide dessa Constituição que foi editado o Decreto-lei nº 3.365/1941, cujo art. 5º enumera as taxativas hipóteses de desapropriação por necessidade e utilidade públicas. Não havendo ambiente para tanto, não foi prevista a possibilidade de desapropriação por interesse social.

Resgatando, entretanto, os valores sociais consagrados na Constituição de 1934, a Magna Carta de 1946 novamente dispôs acerca da possibilidade de a desapropriação se fundar no interesse social. Vejamos:

> *Art. 141. A Constituição assegura a todos os brasileiros e aos estrangeiros residentes no país a inviolabilidade dos direitos concernentes à vida, à liberdade, à segurança individual e à* propriedade, *nos termos seguintes:*
> *§ 16. É garantido o* direito de propriedade, *salvo o caso de* desapropriação *por necessidade ou utilidade pública, ou* por interêsse social[13], *mediante prévia e justa indenização em dinheiro. Em caso de perigo iminente, como guerra ou comoção intestina, as autoridades competentes poderão usar da propriedade particular, se assim o exigir o bem público, ficando, todavia, assegurado o direito a indenização ulterior*[14].

O Título V, destinado à disciplina da ordem econômica e social, assim disciplinava o direito de propriedade, introduzindo na história jurídica brasileira a possibilidade de promoção da reforma agrária:

> *Art. 147. O* uso da propriedade *será condicionado ao* bem-estar social. *A lei poderá, com observância do dispositivo no art. 141, § 16, promover a* justa distribuição da propriedade, *com igual oportunidade para todos.*

A Constituição brasileira que se seguiu ao fim da Segunda Guerra Mundial de alguma forma recebeu influência do fortalecimento da União Soviética no contexto global. E esse influxo foi de tal monta que tornou tradicional a previsão de títulos dedicados à disciplina constitucional dos direitos sociais e da ordem social.

Assim, todo o constitucionalismo brasileiro, a partir de 1946, reservou espaço para a garantia dos direitos sociais e as suas derivações, como a possibilidade de intervenção do Estado na propriedade em razão de interesse social. Veja as disposições concernentes a esses temas em cada uma das Cartas subsequentes.

A Constituição de 1967:

> *Art. 150. A Constituição assegura aos brasileiros e aos estrangeiros residentes no país a inviolabilidade dos direitos concernentes à vida, à liberdade, à segurança e à* propriedade, *nos termos seguintes:*
> *§ 22. É garantido o* direito de propriedade, *salvo o caso de* desapropriação *por necessidade ou utilidade pública ou* por interesse social, *mediante prévia indenização em dinheiro, ressalvado o disposto no art. 157, VI, § 1º*[15]*. Em caso de perigo público iminente, as autoridades competentes poderão usar da propriedade particular, assegurada ao proprietário indenização ulterior.*

[11] Veja-se, inclusive, que foi sob a égide dessa Constituição que veio à tona a Consolidação das Leis do Trabalho (Decreto-lei nº 5.452, de 01/05/1943).

[12] Com o advento da Lei Constitucional nº 5, de 10/03/1942, o art. 122, item 14 ganhou nova redação. Mas não corrigiu a falha da redação original, somente prevendo a possibilidade de, além da desapropriação, serem suspensos os direitos relativos à propriedade no caso de declaração de estado de emergência em todo o país (art. 166, § 2º).

[13] Apesar de a Constituição de 1934 (art. 113, nº 17) já fazer menção a *interesse social*, foi somente com a Lei nº 4.132/1962, editada sob a égide da Constituição de 1946, que esse conceito se tornou objetivo. O art. 2º do citado diploma legal elencou as hipóteses que revelam a existência desse interesse, dentre as quais merece destaque a reforma agrária.

[14] A Emenda Constitucional nº 10, de 9/11/1964 alterou a redação desse dispositivo no que toca à indenização, estabelecendo uma exceção, que estaria prevista no § 1º do art. 147, dispositivo esse introduzido pela mesma emenda. A nova disciplina autorizava a desapropriação de propriedade territorial rural com o pagamento da indenização através de títulos especiais da dívida pública, resgatáveis em até 20 (vinte) anos ou compensáveis com o Imposto Territorial Rural a qualquer tempo.

[15] O § 1º do art. 157 tratava da possibilidade de pagamento da indenização pela desapropriação de terras rurais mediante títulos da dívida pública, nos mesmos moldes estabelecidos pela Constituição de 1946, após a Emenda Constitucional nº 10/1964.

Importante ainda ressaltar que, pela primeira vez, uma Constituição brasileira usou a expressão "função social da propriedade", elencada pelo art. 157, III, como princípio norteador da ordem econômica e social, cujo fim era a realização da *justiça social*.

A partir desse marco jurídico-constitucional, importante se tornou o significado da expressão função social da propriedade. Em outras palavras, afigura-se indispensável saber quando a propriedade cumpre a sua função social. Abramos um parêntese para a análise desse tema.

Augusto Comte foi o primeiro a se utilizar dessa expressão, para designar o papel do proprietário perante a ordem econômica e social, mas o fez sob a ótica sociológica. No âmbito do conhecimento que mais nos interessa – o jurídico –, a contribuição primeira foi a de Léon Duguit.

A concepção do jurista francês, considerada por alguns um tanto quanto contraditória, partia da negação da propriedade como um direito subjetivo, configurando, isto sim, uma função social (propriedade-função). A propriedade revelar-se-ia, assim, para o possuidor de riquezas como o dever de empregar o bem[16], mantendo e aumentando a interdependência social.

Essa tese foi objeto de inúmeras e, ao nosso sentir, procedentes censuras. Em razão disso, mas também da notável influência que a concepção de Duguit exerceu sobre os juristas a partir de então, Francesco Messineo, dentre outros, se encarregou de aprimorar o novel conceito de propriedade, encarando, entretanto, o elemento novo – o conteúdo socializador – como uma característica a mais, que não suprime a natureza jurídica de direito subjetivo do instituto.

Com lucidez admirável, Messineo encontrou três tipos de elementos que, juntos, formam o novo conceito de propriedade, a saber: a) *poderes*, que constituíram outrora os seus únicos elementos; b) *limites*, que podem se expressar num *non facere* (abstenção) ou num *pati* (tolerância); c) *deveres ou obrigações* (que realizam o aspecto social propriedade pela imposição de um *facere* ao seu titular).

Entre nós, ambas as concepções, a de Duguit e a de Messineo, têm encontrado adeptos. José Afonso da Silva prestigia a concepção de propriedade-função[17]. Por outro lado, Celso Ribeiro Bastos critica essa posição, afirmando que a Constituição acaba por repelir de vez alguns autores afoitos que quiseram ver no nosso direito constitucional a propriedade transformada em mera função[18].

Estamos com o professor da PUC-SP, já que, ao elencar a propriedade como direito individual, a Constituição a concebe como um direito subjetivo. Mas agora adiciona às antigas limitações (de caráter negativo) um dever de agir por parte do titular do direito, sob pena de, não o adimplindo, legitimar a ação estatal no sentido de o compelir a fazer alguma coisa ou de, até mesmo, expropriar-lhe o bem.

Assim, parece-nos lícito entender a função social da propriedade como o elemento componente do conceito de propriedade, ao lado dos poderes dela decorrentes e das limitações impostas pelo interesse público, impondo ao seu titular o dever de dar-lhe a destinação esperada, já que o seu aproveitamento adequado interessa a toda a coletividade.

Fechando, então, esse parêntese, voltemos à análise do regime da propriedade privada nos nossos sistemas constitucionais.

A Constituição de 1969, dedicou dois itens no rol dos direitos individuais à disciplina da propriedade, além de mencionar a já consagrada cláusula que salienta a sua função social no título destinado à disciplina da ordem econômica e social. Vejamos:

> *Art. 153. A Constituição assegura aos brasileiros e aos estrangeiros residentes no País a inviolabilidade dos direitos concernentes à vida, à liberdade, à segurança e à* propriedade, *nos termos seguintes:*
> *§ 22. É assegurado o* direito de propriedade, *salvo o caso de* desapropriação *por* necessidade ou utilidade pública *ou* por interesse social, *mediante prévia e justa indenização em dinheiro, ressalvado o disposto no art. 161, facultando-se ao expropriado aceitar o pagamento em título da dívida pública, com cláusula de exata correção monetária. Em caso de perigo público iminente, as autoridades competentes poderão usar da propriedade particular, assegurada ao proprietário indenização ulterior.*
> *§ 34. A lei disporá sobre a* aquisição da propriedade rural *por brasileiro ou estrangeiro residente no País, assim como por pessoa natural ou jurídica, estabelecendo* condições, restrições, limitações *e* demais exigências, *para a defesa da integridade do território, a segurança do Estado e a* justa distribuição da propriedade.

[16] Principalmente os imóveis territoriais.

[17] SILVA, José Afonso da. *Curso de Direito Constitucional Positivo*, 15ª ed., São Paulo: Malheiros, 1998, p. 275. Inclusive, em escrito anterior (Disciplina Jurídico-Urbanística da Propriedade Urbana, *Revista de Direito Público*, v. 53-54, p. 79) o professor da Universidade de São Paulo revela o seu repúdio à doutrina de Messineo.

[18] Celso Ribeiro Bastos, *Curso de Direito Constitucional*, 19ª ed., São Paulo: Saraiva, 2002, p. 193.

Art. 160. A ordem econômica e social *tem por fim realizar o desenvolvimento nacional e a* justiça social, *com base nos seguintes princípios:*
[...]
III – função social da propriedade.

Muito belas as disposições contidas nessa Carta, mas sem qualquer chance real de serem aplicadas, principalmente as mais importantes. Classificada pela doutrina mais autorizada como uma constituição semântica[19], a Constituição de 1969 não conseguiu bilhete de passagem para a realidade e padeceu na plataforma da mais sonsa ditadura[20].

Com o fim do regime militar no País, foi promulgada a Constituição de 1988, que manteve as cláusulas já anteriormente consagradas, tanto no rol dos direitos e garantias individuais como no título destinado à disciplina da ordem econômica e financeira, como se pode constatar:

Art. 5º Todos são iguais perante a lei, sem distinção de qualquer natureza, garantindo-se aos brasileiros e aos estrangeiros residentes no País a inviolabilidade do direito à vida, à liberdade, à igualdade, à segurança e à propriedade, *nos termos seguintes:*
XXII – é garantido o direito de propriedade*;*
XXIII – a propriedade atenderá a sua função social*;*
XXIV – a lei estabelecerá o procedimento para desapropriação por necessidade ou utilidade pública, *ou* por interesse social, *mediante justa e prévia indenização em dinheiro, ressalvados os casos previstos nessa Constituição;*
XXV – no caso de iminente perigo público, a autoridade competente poderá usar de propriedade particular, assegurada ao proprietário indenização ulterior, se houver dano;
XXVI – a pequena propriedade rural, assim definida em lei, desde que trabalhada pela família, não será objeto de penhora para pagamento de débitos decorrentes de sua atividade produtiva, dispondo a lei sobre os meios de financiar o seu desenvolvimento.
Art. 170. A ordem econômica, *fundada na valorização do trabalho humano e na livre-iniciativa, tem por fim assegurar a todos existência digna, conforme os ditames da* justiça social, *observados os seguintes princípios:*
[...]
II – propriedade privada;
III – função social da propriedade.

É de se observar que a Constituição de 1988 reservou um capítulo específico (I) no título reservado aos direitos e garantias fundamentais (II) para a disciplina da ordem social. Desse modo, não há espaço para se imaginar que o fato de o título que trata da ordem econômica não mencionar também a ordem social implique na supressão dessa normatização pela novel Carta. Muito pelo contrário, tratou-a como direito fundamental.

Inclusive, autores há, como Gisele Cittadino[21], que ressaltam nesta Constituição sua forte conotação social, nunca vista anteriormente. E essa característica vem influir, como tivemos a oportunidade de constatar, de maneira determinante no significado do direito de propriedade, cujo conceito obedece à contingência da fisionomia do Estado, adaptando-se ao novo estilo.

Por fim, é de se observar que a grande vantagem que se apresenta com essa nova Constituição, em relação às anteriores, é a sua maior chance de se tornar efetiva, dada a sua legitimidade, faltante em outras.

É certo que esse sucesso está a depender de outros fatores, extrajurídicos, principalmente de ordem econômica e política. Mas, reconhecendo a força normativa da constituição, haveremos de equilibrar essa balança e diminuir ao máximo a distância existente entre a realidade e as disposições constitucionais. E um dia – quem sabe? – viveremos a confortável situação em que as riquezas são distribuídas de maneira equânime, realizando-se, enfim, a tão desejada democratização da propriedade, sem que para isso tenhamos que aniquilar a importante reserva que garante a individualidade humana, um valor supra-jurídico.

2. As Formas de Intervenção Do Estado na Propriedade

2.1. Generalidades

A intervenção do Estado na propriedade pode se dar de várias formas, inclusive por meio da tributação. Essa atividade não é mais do que a incursão do Estado no patrimônio particular para dele tirar recursos financeiros que o permita desenvolver sua finalidades. Mas deixaremos essa espécie de lado, posto que o seu fundamento é diverso daqueles que justificam as formas de intervenção que nos interessam e é objeto de estudo do Direito Tributário, não do Direito Administrativo.

---

[19] BARROSO, Luis Roberto, *O Direito Constitucional e a Efetividade de suas Normas*, São Paulo: Renovar, 2005, p. 56.

[20] Não estamos aqui a abraçar a tese de Lassale, para quem a constituição escrita não passa de um pedaço de papel. Acreditamos, fielmente, que a força normativa da Constituição é sempre capaz de impor seus comandos, desde que respeitadas as condições reais de sua implementação. A esse respeito, ver a fantástica obra de Hesse, KONRAD (*A Força Normativa da Constituição*, tradução de Gilmar Ferreira Mendes, Porto Alegre: Sergio Antonio Fabris Editor, 2003).

[21] CITTADINO, Gisele. *Plurarismo, Direito e Justiça Distributiva*. 2ª ed., Rio de Janeiro: Lumen Juris, 2003.

Afora a tributação, a disciplina normativa da propriedade pode se fundar, como tivemos a oportunidade de verificar antes, em três diferentes tipos de interesses: a) o interesse privado; b) o interesse público; c) o interesse social.

A primeira hipótese é preenchida pelas regras que compõem o chamado *direito de vizinhança*, em que o que se tutela é o direito de propriedade de outras pessoas privadas, sendo, portanto, disciplina afeta ao direito privado. E, embora as normas disciplinadoras do direito de vizinhança sejam classificadas como limitadoras do direito de propriedade, a verdade é que não o são.

Como bem observa Cunha Gonçalves[22], tais normas simplesmente demarcam as margens do direto de propriedade de cada um, de modo a não permitir que dele abuse o titular, sacrificando o igual direito dos demais.

Essa espécie de normatização do direito de propriedade não pode, assim, ser incluída nas formas de intervenção do Estado na propriedade, razão pela qual cessa aqui sua análise. Voltaremos, entretanto a falar nesse assunto quando formos distingui-lo das limitações administrativas.

Nas outras duas hipóteses, podemos verificar a tutela de interesses que estão acima dos individuais. Nestas, o Direito Público é que está a atuar, seja em defesa dos interesses direitos do Estado (interesse público, que também é interesse da sociedade), sejam na dos interesses direitos da coletividade (interesse social, que também é interesse do Estado).

Nessa esfera de atuação, o Estado pode limitar propriamente o direito de propriedade (impondo um *non facere* ou um *pati*[23]), impor deveres aos titulares desse direito ou, enfim, suprimi-lo. Geralmente a atuação impositora de limites negativos se faz em prol do interesse público, enquanto a impositora de deveres positivos em proveito do interesse social. Nas hipóteses em que ocorre a supressão do direito de propriedade, tanto o interesse público como o interesse social podem funcionar como fundamento.

Feitas essas considerações gerais, que facilitam a obtenção de uma ideia do sistema de intervenção do Estado na propriedade no Direito brasileiro, partamos para a análise específica de cada uma dessas espécies, iniciando pelas limitações administrativas.

2.2. Das modalidades de Intervenção em Espécie

2.2.1. Limitações Administrativas

2.2.1.1. Conceito

A definição de limitação administrativa mais difundida entre os juristas pátrios, por razões que dispensam comentários, é a do prof. Hely Lopes Meirelles, pelo que transcrevemos:

> Limitação administrativa é toda imposição geral, gratuita, unilateral e de ordem pública, condicionadora do exercício de direitos ou de atividades particulares às exigências do bem-estar social[24].

Analisemos o conceito dado, item por item, para se poder entender bem o significado de forma didática.

Quando o autor fala em imposições *gerais*, quer dizer que a norma que veicula tais limitações não atinge pessoas determinadas, mas uma quantidade apenas determinável, que se enquadre na hipótese-modelo descrita pela lei. Esta é, pois, uma forma de se identificar a limitação administrativa, que será sempre veiculada por meio de normas dotadas de generalidade (leis ou atos administrativos normativos, em sua opinião).

Ousamos discordar, todavia, da doutrina exposta pelo mestre ausente e por aqueles que o acompanham nesta lição, quando afirmam a possibilidade de atos administrativos de caráter geral imporem limitações administrativas. À vista do que dispõe o art. 5º, II da CRFB/1988, parece-nos que somente a lei (formal) poderá veicular uma limitação ao direito de propriedade[25].

Mesmo que se encontrem atos administrativos gerais repetindo regras já constantes de lei formal, não se poderá dizer que impuseram limitação ao direito de propriedade, posto que não tem a Administração Pública poderes tão amplos.

Uma coisa é a imposição da limitação administrativa e outra é a atuação da Administração Pública no sentido de compelir o particular a se ajustar aos limites impostos pela lei. Essa distinção foi perfeitamente ressaltada pelo desembargador Bandeira de Mello, do Tribunal de Jus-

---

[22] *Apud* MALUF, Carlos Alberto Dabus, *Limitações ao Direito de Propriedade*, São Paulo: Saraiva, 2004.

[23] Essa expressão indica o dever de suportar uma atuação do Estado que se traduza numa forma de intervenção na propriedade.

[24] MEIRELLES, Hely Lopes, *Direito Administrativo Brasileiro*, 3ª ed., São Paulo: Revista dos Tribunais, 1975, p. 568.

[25] Celso Antônio Bandeia de MELLO anuncia esse entendimento, também, acerca das limitações administrativas (*op. cit.*, p. 179). Entretanto, não podemos concordar com *toda* a sua exposição, pois entende que também as servidões administrativas podem decorrer diretamente da lei. Sobre essa questão, analisaremos com maior atenção no título próprio.

tiça de São Paulo, no julgamento do Agravo de Petição nº 88.128, já em 15/10/1958:

> Limitações ao direito de construir. Zoneamento. Poder de Polícia. Delegação de poderes. Ao legislativo cabe impor as normas gerais do zoneamento e ao Executivo compete a sua atuação em concreto[26].

No mesmo sentido tem sido o entendimento do Tribunal de Justiça do Rio de Janeiro. Veja-se, a propósito o seguinte trecho do acórdão da Primeira Câmara Cível:

> *Ação Civil Pública. Anulação de Licença para construir. Limitação Administrativa. Sede legislativa. Inocorrência.* A regra inscrita no Decreto Municipal no 3.046/1981 que veda o parcelamento dos terrenos onde se tenham estabelecido clubes configura limitação administrativa que, por sua natureza restritiva do direito de propriedade, somente poderia ser instituída por lei [...][27].

Essa também a posição do Supremo Tribunal Federal, o que se afirma com base no Acórdão que julgou o Recurso Extraordinário nº 93.167/RJ, em que a Primeira Turma equiparou a declaração de área *non aedificandi* por decreto a uma desapropriação indireta, embora não tenha conhecido do recurso por questões processuais[28].

Por esta razão, parece-nos lícito afirmar que a expressão limitação administrativa não é própria para designar o instituto em apreço, posto que a Administração Pública não pode fazer outra coisa senão fiscalizar o cumprimento da norma legal. A limitação é sempre fruto da atividade legislativa. Não obstante, continuaremos a utilizar essa expressão pois já está mais do que consagrada.

No que toca à gratuidade, o que se afirma é que a imposição de limitações administrativas não enseja o pagamento de indenização por parte do Estado ao administrado atingido pelo comando normativo limitador. Aliás, essa é a regra geralmente aplicável a todas as formas de intervenção branda na propriedade. Sobre o tema, falaremos mais detidamente em tempo oportuno.

A unilateralidade está a indicar a imperatividade do ato que impõe a limitação administrativa, não se submetendo à vontade do proprietário, que simplesmente se sujeita àquela prescrição. O Estado se utiliza, aqui, do seu *jus imperium*.

Por fim, é de se reconhecer que a expressão ordem pública, conforme lição da profª Maria Sylvia Di Pietro[29], está a indicar, além dos limites propriamente ditos, impositores de deveres negativos (*non facere* e *pati*), limites impróprios, que se traduzem em deveres positivos, impostos com vistas a conformar a ordem econômica e social.

No que toca à referência genérica feita pelo insigne administrativista a condicionamento de exercício de direitos ou de atividades, é de se admitir que essa parte da definição nos levaria a crer que a dimensão em que as limitações administrativas operam é mais larga do que a das intervenções do Estado na propriedade. Entretanto, preferimos entender essas atividades a que se refere o conceito transcrito como partículas do direito de propriedade, que, dentre outros elementos, está a abarcar o poder de uso do bem. As demais limitações estariam incluídas no âmbito mais amplo do poder de polícia (*lato sensu*). Este o nosso pensamento.

Particularmente, preferimos expressar conceitos por meio de ideias explicitadas ao longo de um texto ordenado, sem a preocupação de reunir todos os caracteres do instituto analisado em uma única sentença. Isto porque nela pode não caber todas as informações necessárias à plena compreensão do que se pretende definir.

Portanto, em que pese todo o brilhantismo do autor citado e de sua definição, desenvolveremos um pouco mais o tema em apreço ao longo dos sub-itens que se seguem, esmiuçando o quanto esse tipo de trabalho permite.

2.2.1.2. Natureza Jurídica

Para ser coerente com o que se disse acima, devemos encarar as limitações administrativas como espécies de manifestação do poder de polícia em sentido amplo, já que incidem especificamente sobre a propriedade ou atividades que possam ser desenvolvidas nelas (ou com elas).

Celso Antônio Bandeira de Mello define Polícia Administrativa como a atividade da Administração Pública, expressa em atos normativos ou concretos, de condicionar, com fundamento em sua supremacia geral e na forma da lei, a liberdade e a propriedade dos indivíduos, mediante ação, ora fiscalizadora, ora preventiva, ora repressiva, impondo coercitivamente aos particulares um dever de abstenção (*non facere*) a fim de conformar-lhes

[26] *RDA*, 60/228.

[27] TJRJ, Primeira Câmara Cível; Rel. Des. Carlos Raimundo Cardoso, Apelação nº 7.495/99, votação unânime.

[28] STF, Primeira Turma, Rel. Min. Cunha Peixoto, acórdão publicado no DJ 15/05/1981, p. 4431. Em tal decisão, utiliza-se, também, como fundamento o fato de tal intervenção ter comprometido a economicidade do bem.

[29] DI PIETRO, Maria Sylvia Zanella, *Direito Administrativo*, 29ª ed., São Paulo: Atlas, 2008, p. 94.

os comportamentos aos interesses sociais consagrados no sistema normativo[30].

Se restringimos o alcance desse enunciado ao âmbito do direito de propriedade, poderemos enxergar a definição de limitação administrativa. Aliás, é o que o mesmo autor faz, linhas à frente, quando se refere às limitações administrativas como forma de expressão do Poder de Polícia[31].

No mesmo sentido parece se expressar Lúcia Valle Figueiredo, para quem "a noção de 'poder de polícia' sempre foi ligada à ideia de limitações ou restrições à liberdade e à propriedade"[32].

Diferentemente, entretanto, José dos Santos Carvalho Filho entende que a natureza jurídica das limitações administrativas é a de leis ou atos administrativos de caráter geral que dão o contorno do próprio direito de propriedade. E coloca o ilustre prof. da Universidade Estácio de Sá o Poder de Polícia como fundamento dessa forma de intervenção do Estado na propriedade[33]. Com isso, o que parece pretender destacar o autor citado é o tipo de ato que veicula as limitações.

2.2.1.3. Fundamentos

Como tivemos a oportunidade de verificar ao longo dos dois primeiros itens, o conteúdo do direito de propriedade se alterou bastante do Estado liberal até os nossos dias, passando a admitir a intervenção do Poder Público para garantir a supremacia do interesse público e do interesse social, mais amplos do que o interesse privado.

A Constituição da República não faz referência expressa às limitações administrativas. Entretanto, o princípio implícito da supremacia do interesse público, de um lado, e a enunciação da função social da propriedade (art. 5º, XXIII e art. 170, III, ambos da CRFB/1988), de outro, estão a indicar os fundamentos para qualquer tipo de intervenção do Estado na propriedade, inclusive das limitações genéricas.

José dos Santos Carvalho Filho erige à qualidade de fundamento das limitações administrativas o poder de polícia, inerente à Administração Pública[34]. Entretanto, preferimos entender as limitações à propriedade como espécie de manifestação do poder de polícia, pelo que este não pode se nos afigurar como fundamento daquelas.

2.2.1.4. Sujeitos Ativo e Passivo

As limitações administrativas poderão ser impostas por qualquer ente da Federação, respeitadas as respectivas competências legislativas.

Assim, *v. g.*, se a limitação for imposta com o intuito de conformar o exercício do direito de propriedade ao desenvolvimento da política urbana local, que é competência reservada aos municípios (CRFB/1988, art. 182), somente a estes será dado o poder de estipular tais normas.

De outra forma, se a limitação for imposta com vistas a defender a incolumidade do meio ambiente, por exemplo, caberá a todos os entes tal mister (CRFB/1988, art. 225), respeitada a amplitude do interesse tutelado, conforme seja local (Municípios), regional (Estados) ou nacional (União).

Urge destacar, nessa oportunidade, que a jurisprudência tem reconhecido aos particulares, quando beneficiados pela norma legal, legitimidade *ad causam* ativa para propositura de ação de preceito cominatório fundada em violação às limitações administrativas incidentes sobre o direito de construir[35]. Confira-se, a título de exemplo, a seguinte decisão da Segunda Câmara Cível do Tribunal de Justiça do Rio de Janeiro no julgamento do Agravo de Instrumento nº 1996.002.05310:

> Ação de preceito cominatório. Remoção de favela da via pública. Legitimidade ativa '*ad causam*' do proprietário de terreno adjacente. Pedido juridicamente possível. As limitações administrativas ao direito de construir – e consequentemente aos demais direitos – geram direitos subjetivos aos particulares interessados na sua observância, habilitando-os a pedir a demolição de obras vedadas por lei, ou a impedir atividades ilegítimas, mas toleradas indevidamente pela Administração. Desprovimento do recurso[36].

---

30 MELLO, Celso Antônio Bandeira de, *Elementos de Direito Administrativo*, São Paulo: Revista dos Tribunais, 1980, p. 176.

31 *Op. cit.*, p. 178.

32 FIGUEIREDO, Lúcia Valle de. *Curso de Direito Administrativo*, 6ª ed., São Paulo: Malheiros, 2006, p. 194.

33 CARVALHO FILHO, José dos Santos, *Manual de Direito Administrativo*, 17ª ed., Rio de Janeiro: Lumen Juris, 2007, p. 492.

34 *Op. cit.*, p. 492.

35 Entretanto, isso não autoriza a ninguém afirmar que o particular será, nestas hipóteses sujeito ativo da relação jurídica de direito material que se forma com a imposição das limitações administrativas. Somente integrarão o polo ativo da relação jurídica processual.

36 TJRJ, Segunda Câmara Cível; Rel. Des. Sérgio Cavalieri Filho.

Quanto ao sujeito passivo, tendo em vista a generalidade que caracteriza a limitação administrativa, este será integrado por pessoas indeterminadas, mas determináveis. Assim, todos os proprietários que tiverem seus bens enquadrados no tipo estabelecido pela lei impositora da limitação serão os sujeitos passivos.

Importante atentar para o fato de não se poder dizer que o polo passivo dessa relação jurídica é integrado pelas propriedades atingidas pela intervenção, posto que a ciência do direito é profundamente antropocentrista e não admite que uma relação jurídica seja estabelecida entre pessoa e coisa.

Por fim, é de se mencionar que entes públicos também poderão ser atingidos pelas limitações administrativas. É que a ideia de Estado de Direito, e o nosso é mais do que isso, submete a todos, independente de ser pessoa de Direito Público ou Privado, ao império da lei, inclusive a si mesmo.

Foi neste sentido a decisão da Terceira Câmara Cível do Tribunal de Apelação do Estado de São Paulo, no julgamento do Agravo de Petição nº 2.332, julgado em 11/01/1938:

> *Estão sujeitas às posturas municipais as edificações do poder público, ainda mesmo da União, e, com maioria de razão, as obras projetadas pelos simples concessionários de seus serviços*[37].

2.2.1.5. Conteúdo

Neste tópico, trataremos das formas de limitação possivelmente encontradas no Direito pátrio. Vale dizer, em que tipos de comandos se traduzem essas limitações. Podemos adiantar que a doutrina se divide em duas correntes.

Celso Antônio Bandeira de Mello entende que as limitações administrativas só podem assumir a forma de um *non facere*, não sendo possível equiparar a essa espécie de intervenção do Estado na propriedade as sujeições (*pati*), que impõem dever de suportar e os encargos (*facere*), que impõem deveres positivos aos proprietários[38].

No mesmo sentido é a lição de Fábio Barbalho Leite, que faz distinção entre limitações administrativas e condicionamentos administrativos. Aquelas só implicariam em restrições de não fazer, enquanto estes poderiam, além das limitações, abranger obrigações de fazer (encargos) e de suportar (sujeições)[39]. Em sua concepção, pode-se dizer, a relação estabelecida entre os institutos seria a de gênero e espécie.

Não nos parece, entretanto, haver razão para essas distinções. O argumento geralmente utilizado é no sentido de que o termo *limitação* dá a entender imposição de deveres negativos (*non facere*). Mas não é esse o significado emprestado ao termo pelo Direito Administrativo. O que se quer evidenciar com a utilização do termo *limitação* é a ausência de uma liberdade total do proprietário em relação à destinação a ser dada ao bem colocado sob o seu domínio. E essa limitação pode se expressar sob forma de deveres negativos (*non facere* ou *pati*) ou de deveres positivos (*facere*).

Maria Sylvia Di Pietro nos adverte de que no mais das vezes as limitações correspondem a obrigações de não fazer. Mas,

> examinando-se os casos concretos, verifica-se que em muitos deles, embora haja obrigação negativa de não colocar em risco a segurança, a saúde, a tranquilidade pública, na realidade a obtenção desses fins depende de prestação positiva por parte do proprietário[40].

Não é por outra razão que José dos Santos Carvalho Filho conceitua as limitações administrativas como

> determinações de caráter geral, por meio das quais o Poder Público impõe a proprietários indeterminados obrigações positivas, negativas ou permissivas [...][41].

No mesmo sentido as lições de Diógenes Gasparini, para quem

> "são as limitações administrativas preceitos de ordem pública (não admitem acertos ou composições sobre seus respectivos conteúdos) que se concretizam sob as três modalidades seguintes: *positiva*, *negativa* e *permissiva*"[42].

Também Hely Lopes Meirelles, que em nota de rodapé faz a seguinte observação:

> Alguns autores menos atualizados com o Direito Administrativo se recusam a admitir possa o Poder Público impor obrigações de fazer aos particulares, só admitindo as limitações administrativas consistentes em não fazer e deixar fazer. Tal entendimento está superado. As normas

---

[37] *RT*, 113/639.
[38] *Op. cit.*, p. 179.
[39] *Op. cit.*, p. 158.
[40] *Op. cit.*, p. 108.
[41] *Op. cit.*, p. 491.
[42] GASPARINI, Diógenes. *Direito Administrativo*, São Paulo: Saraiva, 2007, p. 293.
[43] Nota 38, localizada na obra citada, p. 568.

administrativas tanto podem impor obrigações negativas, como permissivas e positivas aos particulares[43].

Portanto, não resta dúvida de que as limitações poderão se externar de três formas. E, para confirmar essa verdade, citem-se os exemplos dados por Maria Sylvia Zanella Di Pietro:

> as obrigações de adotar medidas de segurança contra incêndio ou medidas impostas por autoridades sanitárias, ou, ainda, a obrigatoriedade de demolir um prédio que ameaça ruína[44].

2.2.1.6. Distinção entre Limitação e Servidão Administrativas

Resolvemos abrir um item neste opúsculo para tratar dos pontos que distanciam as limitações das servidões administrativas. E a razão determinante dessa iniciativa é a dicotomia existente na doutrina sobre o tema e algumas confusões jurisprudenciais ressaltadas pelos estudiosos do assunto.

Antes de iniciar, entretanto, essa diferenciação, vejamos o que se deve entender por servidão administrativa, no conceito do prof. Diógenes Gasparini, para quem não é outra coisa senão

> o ônus real de uso imposto pelo Estado à propriedade particular ou pública, mediante indenização dos efetivos prejuízos causados, para assegurar o oferecimento de utilidades e comodidades públicas aos administrados[45].

Como a imposição de servidão administrativa confere ao Estado direito real de uso sobre a coisa, salta aos olhos que dependerá de um ato concreto, que individualize o bem sobre o qual recairá. Este o ponto nuclear que distingue um instituto do outro, sobre o que não há controvérsias. Mas não é só isso.

Enumeramos quatro características que diferenciam as duas modalidades de intervenção do Estado na propriedade. Vejamos:

> Primeiramente, no caso das limitações, alcança-se toda uma categoria abstrata de bens ou, pelo menos, todos os que se encontrem em uma situação ou condição abstratamente determinada: nas servidões, atingem-se bens concreta e especificamente determinados.
>
> Em segundo lugar, nas servidões administrativas há um ônus real, de tal modo que o bem gravado fica num estado de especial sujeição à utilidade pública, proporcionando um desfrute direto, parcial, do próprio bem, singularmente fruível pela Administração ou pela coletividade em geral.
>
> Em terceiro lugar, nas servidões há um *pati*, ou seja, uma obrigação de suportar, ao passo que nas limitações há um *non facere*, ou seja, uma obrigação de não fazer.
>
> Finalmente, se tanto uma quanto outra podem se originar diretamente da lei, toda vez que uma propriedade sofre restrições em decorrência de ato concreto da Administração, estar-se-á diante de uma servidão[46].

Embora tal posicionamento reflita o pensamento de importante parte da doutrina, especialmente do prof. Celso Antônio Bandeira de Mello[47], ousamos discordar dele em dois pontos específicos.

Primeiramente, como já tivemos a oportunidade de expor anteriormente (item II, 2, A, *a*), acreditamos que as limitações administrativas podem se apresentar como imposições de deveres negativos, estes assumido a feição de um *non facere* ou de um *pati*, ou como deveres positivos, traduzindo-se em um *facere*. Não voltaremos à justificação dessa posição, pelo que remetemos o leitor ao ponto indicado.

Em segundo lugar, entendemos que, por ser uma imposição específica e concreta, a servidão administrativa nunca poderá decorrer diretamente da lei, que tem como características essenciais a abstração e a generalidade[48]. Haveria, aí, em nosso modo de ver o problema, uma incompatibilidade invencível.

Ademais, é de se observar que o art. 40 do Decreto-lei nº 3.365/1941, que figura como fundamento legal das servidões administrativas, determina que a sua forma de imposição será a mesma utilizada para a desapropriação por utilidade pública, de modo que a norma que a veiculará será um decreto (via de regra).

Dessa forma, a título ilustrativo, podemos dizer que a norma contida no art. 12 do Decreto nº 24.643/1934 (Código de Águas) está a instituir uma limitação administrativa, ao contrário do que afirma o prof. Celso Antônio Bandeira de Mello[49], embora o próprio dispositivo

[44] *Op. cit.*, p. 108.

[45] *Op. cit.*, p. 297.

[46] MADEIRA, José Maria Pinheiro, *Reconceituando o Poder de Polícia*, São Paulo: Lumen Juris, 2000, p. 64.

[47] *Op. cit.*, p. 179/180.

[48] NADER, Paulo, *Introdução ao Estudo do Direito*, 17ª ed., Rio de Janeiro: Forense, 2006, p. 104.

[49] Vide nota 19 da obra citada, p. 179.

legal se refira a *servidão*. Confira-se a sua redação, *ipsis litteris*:

> Art. 12. Sobre as margens das correntes a que se refere a última parte do nº 2 do artigo anterior[50], fica somente, e dentro apenas da faixa de 10 metros, estabelecida uma *servidão administrativa* de trânsito para os agentes da administração pública, quando em execução de serviço.

Repare que o dispositivo de lei transcrito não especifica que imóvel ou que margens são atingidas pela dita *servidão* (que, em verdade é uma limitação administrativa), estabelecendo, isto sim, um tipo, vale dizer, um modelo legal. Os proprietários de imóveis que tiverem seus imóveis enquadrados naquele padrão serão os destinatários da referida norma.

Não resta dúvida, assim, de que a generalidade e a abstração marcam aquela norma, que institui, então, uma limitação administrativa e não uma servidão administrativa.

A jurisprudência tem rechaçado, inclusive, a possibilidade de lei sem caráter de generalidade instituir limitações administrativas. Veja-se o seguinte Acórdão da Quarta Câmara Cível do Tribunal de Justiça do Rio de Janeiro:

> Desapropriação indireta. Dispositivo de lei, sem o caráter de generalidade, que proíbe de edificar em terreno urbano, adquirido por empresa que presta serviços de engenharia, destinando-o a projeto especial de urbanização, assume a configuração de desapropriação indireta, não se incluindo entre as limitações administrativas. [...][51].

Outrossim, é de se questionar, à vista do disposto no art. 167, I, nº 6 da Lei nº 6.015/1973, qual seria o título autorizativo da transcrição da servidão administrativa, como direito real sobre bens imóveis, no caso ora analisado, se não é determinado o bem atingido pela norma citada. Também sob este aspecto, torna-se insustentável a possibilidade de lei instituir diretamente uma servidão administrativa.

Diferentemente ocorre com o disposto no art. 120 do mesmo Decreto nº 24.643/1934, que tem a seguinte redação:

> *Art. 120. A servidão que está em causa será decretada pelo Governo, no caso de aproveitamento das águas, em virtude de concessão por utilidade pública; e pelo juiz, nos outros casos.*

Repare que o dispositivo fala em "decretada pelo Governo", sendo esta a ocasião em que dever-se-á especificar que imóvel está sendo atingido pela servidão (esta sim uma autêntica servidão).

Diante do exposto, parece lícito afirmar que, enquanto as limitações administrativas decorrem diretamente da lei, as servidões, embora dela necessitem para existir, somente serão instituídas por ato administrativo concreto, que especifique o sujeito passivo da intervenção. E, por outro lado, poderão as limitações impor um *non facere*, um *pati* ou um *facere*, enquanto as servidões somente impõem um *pati*. Quanto aos demais itens diferenciadores dos dois institutos, não opomos qualquer opinião contrária.

Só para que não pareçam pretensiosas demais essas considerações, por estarem opondo-se às lições de mestres tão consagrados e respeitados no âmbito do Direito Administrativo, lembramos que essa também é a opinião de J. S. Carvalho Filho, que assim se manifesta:

> Não consideramos legítima a forma de instituição de servidões administrativas por meio de lei, como o fazem alguns autores. As servidões são instituídas sobre propriedades determinadas, o que não ocorre com a lei, que estabelece o direito de uso sobre propriedades indeterminadas[52].

Evidencia o autor que as servidões, por terem natureza jurídica de direito real, deverão ser inscritas no RGI por meio de escritura pública, quando houver concordância por parte do proprietário com a declaração de utilidade pública de seu imóvel, ou de sentença, a ser obtida por meio de processo judicial que fluirá de acordo com o rito estabelecido para as Ações de Desapropriação, de acordo com o disposto no art. 40 do Decreto-lei nº 3.365/1941.

2.2.1.7. Distinção entre Limitação Administrativa e Direito de Vizinhança

Como tivemos a oportunidade de verificar anteriormente, as limitações administrativas têm como fundamento o interesse público e/ou o interesse coletivo, que

[50] Art. 11. São públicos dominicais, se não estiverem destinados ao uso comum, ou por algum título legítimo não pertencerem ao domínio particular: 1º – *omissis*; 2º – os terrenos reservados nas margens das correntes públicas de uso comum, bem como dos canais, lagos e lagoas da mesma espécie. Salvo quanto às correntes que, não sendo navegáveis nem flutuáveis, concorrem apenas para formar outras simplesmente flutuáveis, e não navegáveis".

[51] TJRJ, Quarta Câmara Cível, Apelação nº 6.605/1994, votação unânime; Rel. Des. Marden Gomes.

[52] *Op. cit.*, 481.

se sobrepõem aos interesses meramente individuais. À vista de um conflito entre esses interesses de diferentes graus de relevância, haverão de prevalecer os interesses público e social.

No âmbito da propriedade, tal conflito resultará numa das formas de ingerência do Estado no domínio privado, quer restringindo, quer suprimindo parte do patrimônio particular.

De outra forma, os limites impostos pelo direito privado, que configuram normas de vizinhança, estão a proteger interesses iguais, entre particulares, sem que um tenha prevalência sobre o outro, razão pela qual se diz que aí não existe verdadeiramente uma restrição ao direito de propriedade, mas uma identificação de seu âmbito de atuação, para que não se prejudique igual direito de outrem.

Tais considerações podem ser decisivas numa demanda em que, *v. g.*, um determinado Município tenha instituído pretensa limitação administrativa para defender não um interesse público ou social, mas um interesse privado, configurando verdadeira *norma de vizinhança*.

Obviamente que, em ocorrendo essa hipótese, tal norma será inconstitucional, posto que cabe exclusivamente à União legislar sobre direito civil, *ex vi* do disposto no art. 22, I, da CRFB/1988. E, consequentemente, não prevalecerá a limitação imposta.

Neste sentido é que o prof. Diógenes Gasparini diz não poder "prevalecer a limitação que impede a construção de motel ou *drive-in*, com a finalidade de prestigiar a política da Igreja"[53].

Esta é, então, a mais importante consequência prática que se pode verificar a partir da distinção do que seja limitação administrativa e direito de vizinhança.

2.2.1.8. Limitações Administrativas no Âmbito do Direito Urbanístico e do Direito Ambiental

Embora a história nos dê conta de longínquas preocupações com o desenvolvimento e crescimento ordenado das cidades, foi principalmente no século XX que surgiu a necessidade mais premente de valorização do urbanismo[54], como técnica de organização e planejamento dos grandes centros.

Num primeiro momento, o urbanismo concentra suas preocupações nos centros urbanos, buscando o melhor posicionamento das ruas, edifícios, repartições públicas, indústrias, comércio e residências. Entretanto, como alerta Toshio Mukai[55], a partir da obra de Ebenezer Howard (*garden Cities of tomorrow*), as atenções passam a se voltar, também, para o campo, além do aspecto relacionado à qualidade de vida. Deste modo, o urbanismo ganha dimensões mais amplas.

Neste sentido, um direito urbanístico estaria profundamente relacionado com o direito ambiental. Por essa razão, embora esta última disciplina jurídica não se resuma aos aspectos em que se pode verificar essa intercessão, trataremos neste mesmo item dos dois âmbitos do direito em que mais vezes se manifestam as limitações administrativas. Aliás a legislação do Município do Rio de Janeiro não separa os dois tipos de intervenção.

A disciplina da política urbana no nosso País foi deferida principalmente aos municípios, conforme se depreende do art. 182 da Constituição da República[56]. E a figura principal do sistema normativo respectivo, a que fazem referência os §§ 1º e 2º do citado artigo da Magna Carta, é o *Plano Diretor*, que funciona como instrumento básico da política de desenvolvimento e expansão urbana.

No Município do Rio de Janeiro, o Plano Diretor, instituído pela Lei Complementar nº 16, de 04/06/1992, se limita a fixar as diretrizes básicas que norteiam a atuação do Poder Público na ordenação do crescimento da Cidade. Deste modo, não serão encontradas no corpo dessa legislação as limitações administrativas, mas nos documentos normativos criados a partir dela.

Para se ter uma ideia, o art. 41 do citado diploma legal, com o fim de ordenar a ocupação do solo, divide o território municipal em três macrozonas: a) urbana, ocupadas ou já comprometidas com a ocupação pela existência de parcelamentos urbanos implantados ou em execução (§ 1º); b) de expansão urbana, destinadas

[53] *Op. cit.*, p. 294.

[54] Como afirma Franck MODERNE (Propriedad Privada y Urbanismo, *Revista de Direito Público*, v. 87, p. 5), "El urbanismo choca naturalmente con la propiedad privada, en la medida en que pretende ser racional y disciplinar la ocupación del suelo".

[55] MUKAI, Toshio, *Direito e Legislação Urbanística no Brasil*, São Paulo: Saraiva, 2006, p. 3.

[56] Não obstante, o art. 21, XX da CRFB/1988 confere à União competência para estabelecer diretrizes gerais de desenvolvimento urbano, inclusive habitação, saneamento básico e transportes urbanos. E o art. 24 da mesma Carta diz ser de competência concorrente da União, dos Estados e do Distrito Federal legislar sobre direito urbanístico. A propósito, veja-se a ementa do Acórdão em que o Supremo Tribunal Federal julgou o Recurso Extraordinário nº 101.331/PB: "Limitações ao direito de construir. A competência estadual para legislar sobre matéria urbanística que transcenda ao peculiar interesse local, não contraria as disposições constitucionais e legais sobre o direito de propriedade. Precedente do STF".

à ocupação, por necessárias ao crescimento da Cidade (§ 2º); c) de restrição à ocupação urbana, com quatro tipos de destinação, a saber (§ 3º): c.1) com condições físicas adversas à ocupação; c.2) destinadas à ocupação agrícola; c.3) sujeitas à proteção ambiental; c.4) impróprias à urbanização[57]. Entretanto, seria só com a edição de uma lei específica, que versasse sobre o uso e a ocupação do solo urbano, que tais limitações seriam instituídas, como se infere do disposto no art. 105 do Plano Diretor em questão, *in verbis:*

> *Art. 105. Para controle do uso e ocupação do solo, o Município será dividido em Zonas, que poderão conter, no todo ou em parte, Áreas de Especial Interesse*[58].

Essas zonas impõem a prevalência de uso adequado dos imóveis nelas situados, conforme sejam elas residenciais, industriais, comerciais e de serviços, de uso misto, de conservação ambiental ou agrícolas (art. 106, incisos I a VI).Ocorre que a referida lei já existia. Era a Lei nº 1.574/1967, do Estado da Guanabara, editada em época em que a competência legislativa municipal estava concentrada nas mãos daquele ente político[59]. Esse é o diploma legal responsável pelas limitações administrativas decorrentes do zoneamento do atual Município do Rio de Janeiro. Vejamos como funciona:

> *Art. 13. Em cada zona a terra e as edificações só poderão ser usadas para os fins especificados no "Quadro Geral de Uso da Terra" (art. 16) e suas regulamentações, através dos "Quadros Complementares de Uso da Terra".*

Assim, *v. g.*, num imóvel localizado na zona industrial será considerado *inadequado* o seu uso para o desenvolvimento de atividades educacionais, como se infere do QGUT. Instituída está a limitação administrativa, pelo art. 16 do citado diploma legal.

De outra forma, será apenas tolerado o uso de imóvel destinado à exploração de atividades comerciais em zonas residenciais. Vale dizer, tais atividades só poderão ser exercidas nesses locais se cumprirem às exigências de intensidade, dimensão, forma etc., a serem fixadas em regulamento[60].

Além da legislação de zoneamento, que vimos acima, o art. 81 do Plano Diretor do Município do Rio de Janeiro prevê a criação de um Código de Obras e Edificações, de um Código de Licenciamento e Fiscalização, de uma Lei de Parcelamento do Solo Urbano etc.

Também a Lei nº 1.574/1967 trata do parcelamento do solo urbano no Município do Rio de Janeiro. E teve como fonte material o Plano Diretor, que em seu art. 83 previu sua criação com o fito de regular o parcelamento, o remembramento e o desmembramento.

Vejamos um exemplo de limitação administrativa imposta pela legislação municipal sobre parcelamento do solo urbano:

> *Art. 22. A construção e a manutenção dos passeios dos logradouros dotados de meios-fios são obrigatórias em toda a extensão das testadas dos terrenos, edificados ou não, e serão feitas pelos respectivos proprietários, ressalvados os casos explicitamente definidos em regulamento.*

Note-se que a Lei (federal) nº 6.766/1979, que figura como norma geral sobre o tema, também contém normas impositoras de limitações administrativas, senão vejamos:

> *Art. 3º*
> *[...]*
> *Parágrafo único. Não será permitido o parcelamento do solo:*
> *I – Em terrenos alagadiços e sujeitos a inundações, antes de tomadas as providências para assegurar o escoamento das águas;*
> *II – Em terrenos que tenham sido aterrados com material nocivo à saúde pública, sem que sejam previamente saneados;*
> *III – Em terreno com declividade igual ou superior a 30% (trinta por cento), salvo se atendidas exigências específicas das autoridades competentes;*
> *IV – Em terrenos onde as condições geológicas não aconselham a edificação;*
> *V – Em áreas de preservação ecológica ou naquela onde a poluição impeça condições sanitárias suportáveis, até a sua correção.*

Repare que não só a legislação federal citada, em especial o inciso V, mas também a municipal estabelece limitações administrativas com vistas à proteção do meio ambiente, que foi classificado pela *Lex Fundamentalis* como bem comum do povo (art. 225, *caput*). Vejamos o que estabelece, a título exemplificativo, o art. 25, § 2º, nº 3 da já mencionada Lei nº 1.574/1967:

---

[57] O inciso V foi vetado.

[58] As áreas de especial interesse são espaços delimitados da Cidade onde, independente da zona em que se situem (poderão, inclusive se sobrepor a mais de uma zona), o regime urbanístico será específico (art. 105, § 3º da Lei Complementar nº 16/1992, do MRJ).

[59] Com a transferência da Capital do País para Brasília, em 1960, nasceu o Estado da Guanabara, posteriormente transformado em Município do Rio de Janeiro, quando da incorporação de seu território ao Estado do Rio de Janeiro, em 1975.

[60] O regulamento vigente no Município do Rio de Janeiro é o baixado pelo Decreto nº 322, de 03/031976.

Art. 25. A ninguém, pessoa física ou jurídica, é lícito efetuar, sem prévia autorização da repartição competente, o parcelamento do ou remembramento das áreas dos imóveis de sua propriedade, estendendo-se a interdição deste artigo aos concessionários ou permissionários de serviços públicos.

§ 1º Omissis.

§ 2º Embora satisfazendo às demais exigências desta lei, qualquer projeto de parcelamento ou remembramento poderá ser recusado ou alterado, total ou parcialmente, pelo órgão estadual competente, tendo em vista:

[...]

[...]

2.2.1.9. A defesa das reservas naturais

Os tribunais do País também têm enfrentado questões que se referem às limitações impostas em defesa do meio ambiente. Veja-se, a propósito, a seguinte ementa, que resume contenda decidida pelo Acórdão da Sexta Câmara Cível do Tribunal de Justiça do Paraná no julgamento da Apelação Cível nº 62897900:

> Ação Civil Pública. Dano Ambiental. Propriedade Rural. Reserva Florestal Legal. Mata Ciliar. Preservação. Limitação administrativa ao uso da propriedade. Atual proprietário. Culpa. Irrelevância. Legitimidade *passiva ad causam.*
>
> A existência legal, que traduz a proibição de desmatamento de parte da área florestada em cada propriedade rural, constitui limitação administrativa ao uso da propriedade, obrigando a todo proprietário rural, independente da averiguação da sua culpa pela degradação ambiental ou do estado em que se encontrava o imóvel ao tempo em que o adquiriu. Recurso Desprovido[61].

Apreciados exemplos concretos de limitações administrativas das espécies mais frequentes, analisemos, a partir de agora, alguns problemas que decorrem dessa modalidade de intervenção do Estado na propriedade.

2.2.1.10. Limitação Administrativa e Direito Adquirido

Assunto que tem ocupado bastante o meio jurídico é o que se refere à possibilidade de se alegar direito adquirido ao exercício de determinada atividade quando a lei impõe, posteriormente à concessão de licença para tanto, limitação administrativa que se choca com a situação anterior.

Essa situação tem sido frequente em locais onde se instalam grandes indústrias e, como consequência, pequenos povoamentos vão se formando nas periferias em razão dos empregos ofertados. O agravamento dos níveis de poluição começam a prejudicar a saúde da população e, então, o Poder Público resolve limitar as atividades, impondo inclusive, em determinados casos, a relocalização da empresa poluidora.

A alegação mais utilizada em favor das empresas é no sentido de não se justificar o atingimento dos que já possuem licença anterior para o exercício da atividade industrial pelo fato de as populações terem se formado posteriormente à instalação do estabelecimento, postulando, então, o reconhecimento do seu "direito de pré-ocupação". Além disso, invocam obviamente o valor segurança jurídica, que fundamenta o disposto no art. 5º, XXXVI da CRFB/1988.

O Decreto-lei nº 1.413/1975 e a Lei nº 6.803/1980 não reconheceram o direito adquirido nessas hipóteses. E o fundamento dessas normas legais seria, no entendimento do prof. Paulo de Bessa Antunes, o fato de que a ninguém pode ser reconhecido o direito de poluir o meio ambiente[62].

Nesse sentido, seria absolutamente legítima a retroatividade da norma em questão.

Ocorre que esse posicionamento não tem merecido acolhida no âmbito jurisprudencial, tendo sido predominante a ideia de que o *direito de pré-ocupação* deve ser respeitado nessas hipóteses. Neste sentido foi a decisão do Tribunal de Alçada de Minas Gerais na Apelação Cível nº 45.501-1, que teve como relator o juiz Schalcher Ventura[63].

O certo é que a questão ainda está por merecer a qualificada análise do Supremo Tribunal Federal, que definirá o posicionamento jurisprudencial à luz do ordenamento constitucional pátrio.

De nossa parte, não emitiremos parecer contra ou a favor da tese do direito de pré-ocupação, pois ainda não foi por nós devidamente amadurecida a questão.

2.2.1.11. Indenização

No primeiro contato que se tem com o tema "intervenção do Estado na propriedade", via de regra poste-

---

[61] TJPR, Sexta Câmara Cível; Rel. Des. Telmo Cherem; AC nº 628997900.

[62] BESSA, Antunes Paulo de, *Direito Ambiental*, Rio de Janeiro: Lumen Juris, 2006, p. 102.

[63] Essa decisão foi citada pelo próprio Paulo de Bessa ANTUNES (*Op. cit.*,104), que a qualifica de ultrapassada, citando duas outras, supostamente contrárias e mais recentes, do Tribunal de Alçada Cível de São Paulo, mas que na verdade não ferem o ponto decisivo da questão, de modo que não se pode dizer que estão renovando o posicionamento jurisprudencial acerca do tema.

rior às tradicionalistas lições de direito civil sobre o *dominium*, a perplexidade toma conta de nossa mente. A noção do absoluto direito de propriedade se esvai e os publicistas nos tentam mostrar porque não é mais bem assim.

Quando nos contam, então, sobre aquela evolução conceitual e passamos a aceitar isso que, inicialmente, nos parecia uma violência, a primeira indagação que nos vem é sobre a indenização pelo desfalque no patrimônio das pessoas atingidas. Ora, se uma ou algumas pessoas têm a sua propriedade limitada em favor do interesse público ou do interesse social, nada mais justo que tal ônus seja repartido por todos, como uma medida de respeito ao valor igualdade, núcleo do conceito de justiça, como já anunciado por Gustav Radbruch[64]. Daí se pensar, *ipso facto*, no direito à indenização.

E esse tem sido um importante argumento utilizado para fundamentar a tese do direito à indenização nessas hipóteses. Entretanto, na maioria das vezes, só tem encontrado acolhida nos casos de intervenção drástica do Estado na propriedade.

Via de regra o que se afirma é que, nas modalidades de intervenção branda, que são aquelas em que não há supressão do direito de propriedade, só será o particular indenizado se comprovar efetivo dano causado pela atuação estatal. Essa é a posição predominante na doutrina.

Com relação às limitações administrativas, especificamente, José dos Santos Carvalho Filho nos ensina que a inexistência do direito de indenização decorre do fato de a lei, que é seu veículo, por ser genérica e abstrata, não atingir uma propriedade determinada. Vejamos suas palavras:

> As normas genéricas, obviamente, não visam a uma determinada restrição nesta ou naquela propriedade. Abrangem quantidade indeterminada de propriedades. Desse modo, podem contrariar interesses dos proprietários, mas nunca direitos subjetivos. Por outro lado, não há prejuízos individualizados, mas sacrifícios gerais a que se devem obrigar os membros da coletividade em favor desta[65].

Veja-se que, com isso, utiliza-se, ainda que implicitamente, o princípio da igualdade para fundamentar a tese contrária àquela utilizada anteriormente, que se vale, curiosamente, do mesmo valor jurídico-constitucional.

O que se tem admitido, por outro lado, é a possibilidade de uma intervenção drástica na propriedade se disfarçar de limitação administrativa para não gerar o dever do Poder Público de indenizar os atingidos pela norma. Isso ocorre quando a pretensa limitação retira do bem toda ou quase toda a possibilidade de utilização, anulando ou diminuindo significativamente o seu valor econômico.

Na prática, essa hipótese tem ocorrido com muita frequência e os tribunais, nestes casos, têm abraçado a tese do dever de indenizar. Vejamos, a esse respeito, a seguinte decisão do Tribunal de Justiça do Rio de Janeiro:

> Desapropriação indireta. Área florestal abrangida por parque estadual de reserva ecológica. Vigilância permanente do Poder Público, privando o uso, gozo e livre disposição do bem. Indenização devida.
> As limitações administrativas, como regra, não dão direito à indenização por serem de caráter geral, impostas com fundamento no poder de polícia do Estado, gerando para os proprietários obrigações positivas ou negativas, com o fim de condicionar o exercício do direito de propriedade ao bem-estar social. Mas, se a pretexto de limitação administrativa ou tombamento, a Administração impõe à propriedade particular restrição que afeta integralmente o direito de uso, gozo e livre disposição do bem, tratar-se-á de desapropriação, à qual deve corresponder a devida indenização, sob pena de configurar-se o confisco. Assim, provado que a área de terras pertencente aos embargantes está incluída no Parque Estadual do Desengano e que, em razão disso, perderam o uso, gozo e livre disposição da mesma, impõe-se o dever de indenizar. Provimento dos embargos"[66].

O Supremo Tribunal Federal abraça esse entendimento, mas adverte para o fato de que, se a limitação administrativa é imposta anteriormente à data de aquisição do imóvel atingido pelo comando legal, não assistirá ao proprietário adquirente o direito de cobrar indenização do Estado, ainda que seja notado aquele esvaziamento do conteúdo econômico do bem. Vejamos a ementa do seguinte Acórdão, que julgou o Recurso Extraordinário nº 140.436/SP:

> Constitucional. Administrativo. Civil. Limitação administrativa. Indenização. 1. Se a restrição ao direito de construir advinda da limitação administrativa causa ani-

[64] HADBRUCH, Gustav, Leyes que no son derecho y derecho por encima de las leyes, *Derecho injusto y derecho nulo*, Madrid: Aguilar 2005, p. 14.

[65] *Op. cit.*, p. 493.

[66] TJRJ, Segundo Grupo de Câmaras Cíveis; Rel. Des. Sérgio Cavalieri Filho, Embargos Infringentes na Apelação Cível nº 4.324.

> quilamento da propriedade privada, resulta, em favor do proprietário, o direito à indenização. Todavia, o direito de edificar é relativo, dado que condicionado à função social da propriedade. Se as restrições decorrentes da limitação administrativa preexistiam à aquisição do terreno, assim já do conhecimento dos adquirentes, não podem estes, com base em tais restrições, pedir indenização ao poder público. 2. R. E. não conhecido[67].

Portanto, não nos parece suficiente afirmar, simplesmente, que as limitações administrativas não rendem direito à indenização. Não que isso esteja incorreto, mas ignora o fato de outras modalidades interventivas vestirem a roupa de limitação para liberar-se o ente político instituidor do dever de pagar a devida indenização pela *desapropriação indireta*.

3. Servidões Administrativas

3.1. Conceito

Para não destoar da metodologia adotada anteriormente, quando tratávamos das limitações administrativas, nos utilizaremos, aqui também, de um conceito de grande aceitabilidade do instituto a ser analisado. E repetimos, em homenagem ao brilhantismo do saudoso mestre, as lições de Hely Lopes Meirelles, *in verbis*:

> Servidão administrativa ou pública é o ônus real de uso, imposto pela Administração à propriedade particular, para assegurar a realização e conservação de obras e serviços públicos ou de utilidade pública, mediante indenização dos prejuízos efetivamente suportados pelo proprietário.

A servidão administrativa é uma modalidade de intervenção branda do Estado na propriedade, o que equivale a dizer que a sua imposição não suprime o direito do particular, mas simplesmente o restringe, incidindo, especificamente, sobre o poder de uso do bem.

Analisemos em separado os caracteres do instituto em tela, para termos, ao final, um conceito mais completo do que se pode extrair da definição dada, que servirá de guia para o desenvolvimento do texto.

3.2. Objeto

Embora não seja unânime a doutrina a esse respeito, parece-nos lícito afirmar que a servidão administrativa somente poderá recair sobre a propriedade imobiliária. Sobre a questão, a doutrina se divide em três correntes. Vejamos.

Adílson de Abreu Dallari entende que as servidões possam recair sobre bens moveis ou imóveis, sendo possível até que seu objeto sejam serviços[68], o que, neste último caso, nos parece inconcebível. Explicaremos oportunamente.

Lúcia Valle Figueiredo, representando a segunda posição, discorda do citado mestre, afirmando que o que aquele autor entende por servidão sobre serviços seria, na verdade, mera requisição, figura que estudaremos mais adiante. Em sua opinião, portanto, as servidões poderão recair sobre bens móveis ou imóveis.

Derradeiramente, o prof. José dos Santos Carvalho Filho considera que a servidão administrativa, à semelhança do que ocorre com as servidões civis, somente poderão ter como objeto os bens imóveis.

Permitimo-nos discordar do primeiro posicionamento, não porque as servidões sobre serviços figurariam como verdadeiras requisições, mas por que é impossível instituir-se direito real sobre serviços. O objeto da relação jurídica de direito real há de ser sempre uma coisa. Os serviços não podem ser objeto de direito real, mas de direito pessoal.

No que toca à segunda manifestação, não nos parece correto admitir servidão administrativa sobre bens móveis, posto que acabaria por configurar uma autêntica desapropriação. Um exemplo esclarecerá o raciocínio.

Imagine uma servidão administrativa instituída sobre um veículo de passeio. Como ficaria o direito do proprietário, quando pretendesse ir às compras, com a prevalência do direito de uso sobre o bem pelo Poder Público, que o está precisando para deslocar o Governador do Estado de seu gabinete para uma reunião com o presidente da República, que se encontra em lugar diverso? Não resta dúvida de que o direito do particular, nesta hipótese, estaria extinto[69]. E a supressão do direito à propriedade não é compatível com a figura da servidão, que é classificada, como vimos, como modalidade de intervenção branda.

Embora, como veremos, não se confundam as servidões administrativas com as do Direito Civil, correta a afirmação do prof. Carvalho Filho no sentido de que

[67] STF, Segunda Turma; Rel. Min. Carlos Velloso, RE 140.436/SP.

[68] DALLARI, Adílson de Abreu, *Servidões Administrativas*, Universidade Católica de Tucumán, 2006.

[69] Isso se diz dado o caráter de permanência que guardam as servidões, embora não sejam perpétuas. E, caso fosse instituída a intervenção de uso por tempo curto, por medida de urgência, estaria configurada, de outra sorte, autêntica requisição, que não confere direito real ao sujeito ativo. Servidão jamais.

"não se pode perder de vista que as servidões têm o mesmo núcleo, [...], sejam elas administrativas ou de direito privado"[70]. E no direito civil, nos lembra Caio Mário da Silva Pereira, onde tiveram nascedouro ambas, só se admite a servidão sobre prédios (coisa imóvel corpórea)[71]. Aliás isso faz parte do conceito do instituto.

3.3. Natureza Jurídica

As servidões administrativas assumem as características de um autêntico direito real sobre coisa alheia, conferindo ao Poder Público o direito de uso sobre o bem imóvel do particular. Sobre isso não há questionamentos.

O conceito de propriedade, na concepção do Código Civil[72], é composto por quatro elementos (poderes), bem discriminados por seu art. 1.228, a saber: uso, gozo (ou fruição), disposição e defesa. Entretanto, esses poderes podem ser separados uns dos outros, sem que importe em transferência do domínio de uma pessoa para outra. Ocorrendo essa hipótese, converte-se a propriedade, anteriormente plena, em limitada.

Partindo dessas noções, convém conceituar propriedade resolúvel e ônus real, fazendo, inclusive, algumas observações importantes.

Propriedade resolúvel é aquela em que a efetivação da transferência do *dominium* de um titular para o outro está a depender do advento de um termo ou condição (CC, art. 1.359). Nesta hipótese, todos os poderes podem estar concentrados nas mãos de uma mesma pessoa, de modo que não se poderá falar em propriedade limitada (de acordo com o conceito do Código Civil). Por esta razão, embora a doutrina especializada não faça essa observação[73], me parece despropositada a consideração da propriedade resolúvel como limitada pelo Código Civil.

Por sua vez, a propriedade gravada com ônus real se vê desmembrada, de modo a se poder enxergar nela a coexistência de direitos reais com titulares diversos sobre a mesma coisa. O proprietário mesmo passa a ter de aceitar que sobre a coisa, que ainda é sua, exerça um direito também real outra pessoa, mas tendo por objeto poderes específicos[74]. Estes os chamados direitos reais sobre coisa alheia, que se classificam em: a) de uso e/ou gozo; b) de garantia; c) de aquisição.

Os primeiros incidem sobre o direito de uso e/ou de gozo sobre o bem, de modo que a sua utilização e/ou o aproveitamento de seus frutos poderá caber a pessoa diferente daquela que é proprietária. Assim se classificam, pois, no âmbito do Direito Civil, a enfiteuse (CC, arts. 678 e segs.), a servidão (CC, arts. 1.378 e segs.), o usufruto e suas especializações (uso e habitação) e as rendas constituídas sobre bens imóveis.

Os direitos reais de garantia, que também se constituem sobre coisa alheia, conferem a titular diferente do proprietário os poderes *parciais* de disposição e de defesa, de modo que a permanência de tal situação fica condicionada ao cumprimento ou não da obrigação garantida. Desta forma, se o proprietário, devedor daquela relação obrigacional, não a cumpre, poderá executar judicialmente a coisa o titular do direito real de garantia, para satisfação de seu crédito (CC, art. 1.431)[75]. Por outro lado, adimplindo com a sua obrigação o proprietário da coisa dada em garantia, extingue-se o direito real sobre coisa alheia[76].

São quatro as espécies de direito real de garantia: a hipoteca (CC, arts. 809 e segs.), o penhor (CC, arts. 768 e segs.), a anticrese (CC, arts. 1.506 e segs.) e a alienação fiduciária (Lei nº 4.728/1965, art. 66, com redação dada pelo art. 1º do Decreto-lei nº 911/1969).

Por fim, os direitos reais sobre coisa alheia podem se dar em favor do promitente-comprador de bem imóvel, quando cumpridos os requisitos enumerados pelo art. 1º da Lei nº 649/1949. Neste caso, confere a lei ao promitente-comprador o direito de ter efetivada a transferência da propriedade imobiliária para o seu patrimônio. Esse direito real sobre coisa alheia é

---

70 *Op. cit.*, p. 479-480.

71 PEREIRA, Caio Mário da Silva, *Instituições de Direito Civil*, v. IV, 16ª ed., Rio de Janeiro: Forense, 2005, p. 185.

72 Lembramos que, conforme a lição de MESSINEO, que adotamos, os poderes são apenas um grupo dos elementos que integram o novo conceito de propriedade, ao lado dos limites propriamente ditos e dos deveres positivos (ou limites impróprios).

73 RODRIGUES, Silvio, (Direito Civil, v. 5, *Direito das Coisas*, 24ª ed., São Paulo: Saraiva, 1997, p.80), por exemplo, se resume a fazer a seguinte afirmação sobre essa questão: "Finalmente, é limitada a propriedade resolúvel (v. n. 129 e s., *infra*). Propriedade resolúvel é a que encontra, no próprio título que a constitui, uma razão de sua extinção. De modo que o direito de propriedade perece pelo advento da causa extintiva, e independe da vontade do titular do domínio".

74 Do contrário, o que se configurará será um condomínio.

75 Essa regra não se aplica ao credor anticrético, que somente tem o direito de retenção da coisa, que se extingue em 15 anos, contados do dia da transcrição (art. 760 do CC).

76 Sobre outras formas de extinção dos direitos reais de garantia, vide arts. 802 e 849, ambos do Código Civil.

atípico, não conferindo nenhum daqueles poderes discriminados. De modo que não é possível, neste caso, falar-se em propriedade limitada, mas talvez em propriedade resolúvel.

As servidões administrativas, assim como as servidões civis, conferem à Administração Pública poder de uso sobre a coisa objeto da intervenção. O proprietário, geralmente particular, continua titular do bem, mas tem de suportar o seu uso por outra pessoa.

Entretanto, a Primeira Turma do Tribunal Regional da Segunda Região, no julgamento da Apelação Cível nº 92.0209415-2, entendeu a servidão administrativa como "direito real de *gozo* sobre coisa alheia"[77]. Com a devida vênia, não nos parecem muito precisos os termos utilizados na citada decisão.

Em primeiro lugar, não existe direito real de gozo. Este é apenas um dos poderes que um direito real pode conferir a alguém.

Em segundo lugar, o gozo (ou fruição), como poder que integra um dos elementos do novo conceito de propriedade, está a proporcionar ao favorecido o direito de ter para si os frutos advindos da propriedade. E o que a instituição de servidão administrativa confere ao Poder Público é menos do que isto. Restringe-se à utilização do bem, para o que basta o poder de uso.

O poder de uso conferido ao ente político interveniente se destina ao desenvolvimento de atividades típicas ou atípicas do Estado, sejam elas qualificadas como públicas ou de utilidade pública. Neste sentido é que se institui servidão administrativa, por exemplo, para a passagem de linha de transmissão de energia elétrica, fincando o Poder Público aquelas torres enormes que sustentam os cabos de alta tensão; para a instalação e manutenção de oleodutos e gasodutos; para a instalação de placas de trânsito etc.

3.4. Fundamentos

As normas jurídicas são, conceitualmente, comandos abstratos induzidos de fenômenos fáticos concretos ou de outras normas jurídicas com menor grau de abstratividade. Neste sentido, cabe fazer distinção entre normas-princípio e normas-preceito, sendo estas abstrações de 1º grau e aquelas abstrações de segundo grau[78].

Assim como acontece com qualquer forma de intervenção do Estado na propriedade, as servidões administrativas se assentam em dois princípios básicos: a) o da supremacia do interesse público sobre o privado (implícito); b) o da função social da propriedade (art. 5º, XXIII e art. 170, XIII da CRFB/1988).

O Estado pode, pois, instituir servidão administrativa para executar serviço público ou de utilidade pública. Não o poderá fazer, entretanto, para a satisfação de interesse privado, que está no mesmo nível hierárquico do interesse daquele que teve seu direito limitado (ou até, como teremos a oportunidade de verificar, em nível inferior).

Não nos alongaremos no desenvolvimento desses conceitos, aqui, posto que o já fizemos linhas atrás. Por outro lado, faremos as distinções entre a servidão administrativa e a do direito civil em ponto específico.

Quanto ao fundamento específico das servidões administrativas, veiculado por meio de uma norma-preceito, temos o art. 40 do Decreto-lei nº 3.365/1941, que transcrevemos:

> *Art. 40. O expropriante poderá constituir* servidões, *mediante indenização na forma desta lei.*

Com toda a imprecisão desse dispositivo legal, que dá a entender que as servidões administrativas só poderiam ser impostas se vinculadas, de alguma forma, à desapropriação, este é o seu fundamento legal genérico dessa modalidade de intervenção estatal na propriedade.

3.5. Conteúdo

O desenvolvimento do conceito função social da propriedade de alguma forma dependeu da evolução do conceito de Estado, encontrando melhor ambiente para se desenvolver quando do advento da noção de Estado do bem-estar social. Neste sentido, pode-se dizer que as servidões administrativas estão a depender dessa evolução da concepção acerca do Estado.

Por outro lado, é de se reconhecer que o maior reflexo que o *spread* da concepção de um Estado promotor do bem-estar social pode lançar sobre o tema intervenções estatais na propriedade foi a possibilidade de imposição de condutas positivas aos particulares proprietários, o que não aproveita às servidões administrativas, já que estas só impõem uma espécie de dever, de ordem negativa. Expliquemos.

---

[77] TRF da Segunda Região; Primeira Turma; Rel. juiz Ricardo REGUEIRA. Esta é, também, a posição da prof. Maria Sylvia Zanella DI PIETRO, *Servidão Administrativa*, São Paulo: Revista dos Tribunais, 2005, p. 56.

[78] MOREIRA NETO, Diogo de Figueiredo, Princípios da Licitação, *Revista de Direito da Procuradoria-geral do Estado do Rio de Janeiro*, nº 48, 2004, p. 40.

Quando examinávamos a evolução jurídica do conceito de propriedade, pudemos destacar três diferentes momentos, em suma: a) um primeiro, em que o direito de propriedade era visto como absoluto, não se admitindo qualquer tipo de intervenção do Estado nele; b) um segundo, em que se admite a intervenção do Estado, que estaria autorizado a impor deveres negativos aos proprietários de bens (*non facere* ou *pati*); c) por fim, um terceiro momento, em que, além daqueles limites negativos, estaria legitimado o Poder Público a impor ao proprietário de bens deveres de ordem positiva (*facere*).

Pois bem. Para a previsão jurídica da possibilidade de instituição de servidões administrativas bastaria atingir o segundo momento, já que essa modalidade de intervenção do Estado na propriedade se limita a impor deveres de caráter negativo. Mais especificamente, o que se impõe com as servidões administrativas é dever de suportar (*pati*). É neste sentido afirmamos que, "nas servidões há um *pati*, ou seja, uma obrigação de suportar"[79].

Se essa lição é repetida por toda[80] a doutrina administrativista que fere esta minúcia, não se pode dizer o mesmo sobre a jurisprudência. Veja-se o seguinte acórdão da Segunda Turma do Tribunal Regional Federal da Segunda Região, no julgamento da Apelação Cível nº 93.0202285-4:

> Civil. Desapropriação. Constituição de servidão administrativa de passagem de linha de transmissão de energia elétrica. Adequado o percentual aplicado para cálculo da indenização sobre o valor da propriedade. Mantida a r. sentença.1. A situação do terreno, próximo à área urbana, por si só, justifica a incidência do percentual, vez que *a servidão impedira o seu loteamento*. 2. [...]. 3. [...]. 4. [...].5. Por unanimidade, negado provimento à apelação e à remessa[81].

Repare que, logo no primeiro item, o acórdão fala em servidão que impede o loteamento do imóvel. Isto não é, propriamente, uma servidão administrativa. Não está a Administração Pública, com isso, instituindo direito real sobre coisa alheia. As proibições de loteamento são matérias reservadas ao âmbito das limitações administrativas, cujo veículo é a lei formal, genérica e abstrata, e pode impor o dever de fazer, de deixar de fazer ou de suportar. Diferente disso, as servidões administrativas somente impõem o dever de suportar (*pati*), o que não ocorreu naquele caso, pelo menos no ponto específico relativo à proibição de lotear o terreno. Sobre as distinções entre os dois institutos em cotejo, vide item II, da letra A, nº 6 deste trabalho.

Portanto, por mais que não sejam rigorosamente utilizados os termos, tanto pela lei como pela jurisprudência, não resta dúvidas de que as servidões administrativas não impõem outra espécie de dever senão o de suportar uma ação do Estado, que adquire, na forma da lei[82], um direito real conferidor de poder de uso da propriedade alheia.

3.6. Sujeitos Ativo e Passivo

É um pouco costumeiro iniciar a análise subjetiva das relações jurídicas sempre do seu polo ativo, passando, só após, ao polo passivo. Entretanto, por dois motivos especiais, não o faremos dessa forma aqui. Em primeiro lugar, temos como razão de ser dessa forma de exposição o fato de fazer parte do núcleo do conceito das servidões administrativas a caracterização do sujeito passivo, que as suporta. Por outro lado, as curiosidades que a análise do polo ativo dessa forma de intervenção do Estado na propriedade apresenta poderiam sombrear o interesse pelo estudo do polo passivo, com grave prejuízo para uma boa compreensão do instituto em apreço. Assim, justificada se encontra, aos nossos olhos, a metodologia adotada para esse ponto específico.

O sujeito passivo das servidões administrativas será sempre uma pessoa determinada, proprietária de imóvel que interesse ao Poder Público para fins de utilização em suas atividades. Assim, a instituição de servidões de direito público deverá apontar o bem especificamente atingido pelo ato.

É por essa razão que negamos a qualidade de servidão pública, por exemplo, à modalidade de intervenção instituída pelo art. 43 da Lei nº 7.565/1986 (Código Brasileiro de Aeronáutica), *in verbis*:

> *Art. 43. As propriedades vizinhas dos aeródromos e das instalações de auxílio à navegação aérea estão sujeitas a restrições especiais.*

---

[79] *Op. cit.*, p. 64.

[80] Neste sentido, Celso Antônio Bandeira de MELLO (*Op. cit.*, p. 179), Hely Lopes MEIRELLES (*Op. cit.*, p. 559), Diógenes GASPARINI (*Op. cit.*, p. 297) e José dos Santos CARVALHO FILHO (*Op. cit.*, p. 478).

[81] TRF da Segunda Região; Segunda Turma; Rel. juiz Alberto Nogueira, decisão publicada no DJ em 23/06/1994.

[82] Vide o art. 12 do Decreto nº 24.643/1934 (Código de Águas), citado no item II, da letra A, nº 6 deste trabalho.

> *Parágrafo único. As restrições a que se refere este artigo são relativas ao uso das propriedades quanto a edificações, instalações, culturas agrícolas e objetos de natureza permanente ou temporária, e tudo mais que possa embaraçar as operações de aeronaves ou causar interferência nos sinais dos auxílios à radionavegação ou dificultar a viabilidade de auxílios visuais.*

Veja-se que a lei, por ser genérica e abstrata, faz menção a um *tipo* de propriedade, qual seja, toda aquela que for vizinha de aeródromo ou de instalações de auxílio à navegação aérea. Portanto, não será o Sr. Joaquim da Padaria Portugal ou a Sra. Maricota do cabeleireiro da esquina *Y* o sujeito passivo da intervenção analisada, mas pessoas indeterminadas que tiverem suas propriedades imobiliárias localizadas em áreas com aquelas características.

Portanto, sempre que se tiver dúvida quanto a uma intervenção do Estado na propriedade ser limitação ou servidão administrativa, foque a atenção na determinação ou indeterminação do sujeito passivo e terá a resposta. Sendo determinado (*v. g.*, proprietário da casa 4, lote 13 da Rua Projetada 1, Bairro Vermelho), será uma servidão. Sendo apenas determinável, como no exemplo do art. 43 da Lei nº 7.565/1986, será limitação administrativa.

Feitas estas considerações, importantíssimas, tratemos agora do sujeito ativo das servidões públicas.

Em primeiro lugar, é de se dizer que a Constituição defere a todos os entes da Federação a instituição de servidões administrativas. E a essa conclusão se chega pelo fato de o Texto Maior não discriminar qualquer competência neste sentido. A partir daí, e considerando que o interesse público se faz presente em todos os níveis de nosso Estado federal, somente sendo lícito fazer distinção entre interesse público local (competência municipal), regional (competência estadual) ou nacional (competência da União), tomamos como indiscutível aquela assertiva, feita no início deste parágrafo.

Entretanto, só para não deixar dúvidas quanto a isto, citemos, a esse respeito, por todos, a lição da prof. Maria Sylvia Zanella Di Pietro, *in verbis*:

> A servidão administrativa, por constituir-se em forma de limitação à propriedade privada, é prerrogativa estatal, inerente às pessoas jurídicas de direito público interno, União, Estados, Municípios, Distrito Federal e Territórios[83].

Questão que merece análise mais detalhada é a que se refere à possibilidade de autarquias, fundações públicas, empresas públicas, sociedades de economia mista e concessionárias de serviços públicos instituírem as servidões administrativas.

Apoiada por grandes mestres, como Otto Mayer, Rafael Bielsa, Osvaldo Aranha Bandeira de Mello e outros, Maria Sylvia Zanella Di Pietro admite tal instituição, inclusive por aquelas pessoas jurídicas de direito privado, desde que haja autorização legislativa para tanto[84]. E cita, como exemplo, o disposto no art. 151, *c* do Decreto nº 24.643/1934, que outorga às concessionárias o poder de estabelecer servidões permanentes ou temporárias exigidas para obras hidráulicas e para o transporte e distribuição da energia elétrica. Não nos parece correto, entretanto, esse entendimento.

Ao nosso sentir, a declaração de utilidade pública para fins de servidão administrativa, assim como ocorre com as desapropriações, é de competência privativa[85] do ente político em nome do qual se registrará o direito real sobre a coisa alheia, podendo ser delegada tal competência somente a entes dotados de personalidade jurídica de direito público, por lei específica. E assim deve ser, pois o contrário importaria numa elevação de nível das empresas com personalidade jurídica de direito privado, que passariam a se equiparar às de direito público, com grave violação ao princípio da isonomia.

Foi, inclusive, por reconhecer essa inconstitucionalidade que o art. 10 da Lei nº 9.074/1995 alterou, no plano infraconstitucional, a disciplina contida no Código de Águas anteriormente citada, atribuindo à Agência Nacional de Energia Elétrica – ANEEL, autarquia federal, a competência para declarar a utilidade pública, para fins de desapropriação ou instituição de servidão administrativa, as áreas necessárias à implantação de instalações de concessionários, permissionários e autorizados de energia elétrica. Vejamos:

> Art. 10. Cabe à Agência Nacional de Energia Elétrica – ANEEL, declarar a utilidade pública, para fins de desapropriação ou instituição de *servidão administrativa*, das áreas necessárias à implantação de instalações de concessionários, permissionários e autorizados de energia elétrica.

Assim, no caso de o uso efetivo do imóvel a ser gravado pela servidão administrativa ter de ser exercido por

---

[83] DI PIETRO Maria Sylvia Zanella, *Servidão Administrativa, Op. cit.*, p. 62.

[84] *Idem* à nota anterior.

[85] Lembre-se: quando se fala em *competência exclusiva* é que não se admite delegação, conforme interpretação do parágrafo único do art. 84 da CRFB/1988.

empresa concessionária, que tem personalidade jurídica de direito privado, deverá o Poder Executivo declarar a utilidade pública de tal bem, via decreto, transferindo-se, por contrato, o exercício do poder de uso àquela que executará o serviço público. Mas, no caso de haver permissão legal exclusiva para tanto, poderão as autarquias exercer aquela competência declaratória. O que não se permite é que tal competência seja delegada a pessoas privadas, já que da supremacia do interesse público só podem se beneficiar os entes dotados de personalidade jurídica de direito público.

Corroborando com esse entendimento, o Supremo Tribunal Federal entendeu ser inconstitucional a delegação do poder de polícia a pessoas jurídicas de direito privado, que também é, como naquele caso, atividade própria do Estado, sendo, portanto, indelegável. Veja-se o seguinte trecho do acórdão que julgou a Medida Cautelar em Ação Direta de Inconstitucionalidade nº 1.717/DF:

> Com efeito, não parece possível, a um primeiro exame, em face do ordenamento constitucional, mediante a interpretação conjugada dos arts. 5º, XIII, 22, XVI, 21, XXIV, 70, parágrafo único, 149 e 175 da CF, a delegação, a uma entidade privada, de atividade típica do Estado, que abrange até poder de polícia, de tributar e de punir, no que tange ao exercício de atividades profissionais[86].

Portanto, somente a União, os Estados, o Distrito Federal, os Municípios e, desde que haja autorização legislativa específica para tanto, as suas respectivas autarquias e fundações públicas (com personalidade jurídica de direito público) poderão declarar um imóvel de utilidade pública para fins de servidão administrativa.

As concessionárias de serviços públicos poderão, nos termos do art. 3º do Decreto-lei nº 3.365/1941, *promover* desapropriações e, por analogia, servidões administrativas, o que é diferente. Significa dizer que tais empresas poderão, por lei ou contrato, obter autorização para praticar atos concretos para efetivar a expropriação ou a constituição de servidão administrativa, depois de existente uma declaração de utilidade pública[87].

Pelo que se disse, podemos concluir, *v. g.*, pela inconstitucionalidade da Lei nº 2.004/1953, que autorizava à Petrobras, sociedade de economia mista (pessoa jurídica de direito privado), a declarar a utilidade pública de imóvel para fins de desapropriação e, por consequência, de servidão administrativa. Mas, à semelhança do que ocorreu na área da energia elétrica, a Lei nº 9.478/1997 revogou todo aquele diploma legal (art. 83), devolvendo formalmente tal competência ao Executivo federal. À Agência Nacional do Petróleo somente caberá a instrução de processo com vistas à declaração de utilidade pública para fins de desapropriação ou de servidão administrativa (art. 8º, VIII).

Registre-se, aqui, importante acórdão do Tribunal Regional Federal da Segunda Região, que decidiu pela legalidade da delegação de competência a Ministro de Estado para declaração de utilidade pública, via Portaria, com o intuito de instituição de servidão administrativa:

> Processual civil. Servidão administrativa. Desapropriação. Legítima a portaria ministerial que declara o imóvel de utilidade pública para fins de passagem de linha de transmissão de energia elétrica, em face da delegação de competência prevista no art. 81, V da Constituição Federal de 1967, regulada pelos arts. 11 e 12 do Decreto-lei nº 200/1967 e Decreto nº 90.378/1984. Apelações providas. Reforma da sentença para determinar que nova decisão seja proferida pelo M.M. juiz *a quo*, em termos de fixação do valor da indenização pela constituição de servidão[88].

Outra questão que merece especial atenção neste tópico é sobre a possibilidade de um Município instituir servidão sobre bens do Estado ou da União; ou de um Estado a instituir sobre os bens da União. E o contrário, seria possível?

Ao nosso ver, é perfeitamente aplicável a analogia neste caso, utilizando-se como norma paradigma o § 2º do art. 2º do Decreto-lei nº 3.365/1941, que assim dispõe:

> *Art. 2º Mediante declaração de utilidade pública, todos os bens poderão ser desapropriados, pela União, pelos Estados, Municípios, Distrito Federal e Territórios.*
> *§ 1º* Omissis;
> *§ 2º Os bens do domínio dos Estados, Municípios, Distrito Federal e Territórios poderão ser desapropriados pela União, e os dos Municípios pelos Estados, mas, em qualquer caso, ao ato deverá preceder autorização legislativa.*

De acordo com tal regra, pois, somente será admitida a imposição de servidão administrativa incidente sobre bem público se for a União o sujeito ativo e o Estado ou o Município o sujeito passivo; ou, de outra forma, se figurar o Estado como sujeito ativo, sendo o município o sujeito sacrificado com a tal imposição. O contrário não será possível.

[86] STF, Tribunal Pleno; Rel. Min. Sydney Sanches, ADIMC nº 1.717/DF.

[87] FEDERIGHI Wanderley José, *Ação de Desapropriação*, São Paulo: Saraiva, 2004, p. 22.

[88] TRF da Segunda Região; Primeira Turma; Rel. juiz Frederico Gueiros, AC nº 92.0215956-4.

O professor Fábio Konder Comparato[89] nega validade a essa fórmula legal e, em face do resgate da forma federativa do nosso Estado empreendido pela Constituição de 1946, considera revogado, desde então, o § 2º do art. 2º do Decreto-lei nº 3.365/1941. Acredita o respeitável jurista que nenhum ente político poderia expropriar e, *ipso facto*, instituir servidões administrativas sobre o bem de outro ente político.

Contra essa opinião, que balança qualquer um pela consistência que apresenta, se posiciona o prof. José Carlos Moraes Salles, que se baseia no princípio da predominância do interesse para expressar sua tese. Veja, *ipsis litteris*, a sua argumentação:

> Ora, não pode haver dúvida de que, sendo determinado bem de predominante interesse geral, nacional, deva a União ter o poder de expropriá-lo, ainda que de propriedade do Estado-membro. E também não há razão para se ter dúvida de que, sendo certo bem de predominante interesse regional, possa o Estado-membro expropriá-lo, mesmo que de propriedade do Município. E isto sem que se possa falar em violação do princípio da autonomia e independência entre as unidades da Federação, mas com apoio no princípio da predominância do interesse[90].

A maioria da doutrina não se posiciona de maneira expressa sobre a questão, o que reflete uma aceitação da constitucionalidade do dispositivo legal em tela. Veja-se, por todos, o que nos fala o saudoso Hely Lopes Meirelles:

> Os bens públicos são passíveis de desapropriação pelas entidades estatais superiores, desde que haja autorização legislativa para o ato expropriatório e se observe a hierarquia política entre estas entidades[91].

Merece reparo, *data venia*, a lição transcrita, pois fundamenta tal dispositivo numa suposta hierarquia existente entre os entes da federação, o que é um absurdo ao nosso ver. Só para lembrar, não se utiliza desse argumento o professor Moraes Salles, que também afirma a igualdade entre os entes políticos.

O Supremo Tribunal Federal, no Recurso Extraordinário nº 172.816/RJ, apreciou essa questão e decidiu pela validade do § 2º do art. 2º do Decreto-lei nº 3.365/1941. Veja-se o trecho da ementa que interessa a essa controvérsia:

> *A União pode desapropriar bens dos Estados, do Distrito Federal, dos Municípios e dos Territórios e os Estados, dos Municípios, sempre com autorização legislativa específica. A lei estabeleceu uma graduação de poder entre os sujeitos ativos da desapropriação, de modo a prevalecer o ato da pessoa jurídica de mais alta categoria, segundo o interesse de que cuida: o interesse nacional, representado pela União, prevalece sobre o regional, interpretado pelo Estado, e este sobre o local, ligado ao Município, não havendo reversão ascendente; os Estados e o Distrito Federal não podem desapropriar bens da União, nem os Municípios, bens dos Estados ou da União, Decreto-lei nº 3.365/1941, art. 2º, § 2º*[92].

Por fim, em tema de sujeito passivo, cabe ainda questionar sobre a possibilidade de, por exemplo, um ente da administração pública indireta da União ter seus bens gravados por meio da imposição de uma servidão administrativa por um Estado ou por um Município. A doutrina se posiciona sobre essa questão no âmbito das desapropriações. E, mais uma vez, nos valemos da analogia para compor essa problemática no nosso âmbito de estudo.

Em primeiro lugar, Hely Lopes Meirelles advoga a tese da possibilidade da desapropriação, desde que haja autorização legislativa da entidade superior, se tal medi da de alguma forma for comprometer a continuidade do serviço público[93].

Diógenes Gasparini entende, por seu turno, que só será possível a desapropriação nessas condições se o bem a ser gravado não estiver sendo utilizado no desenvolvimento da atividade-fim do ente da Administração Pública indireta[94].

Finalmente, José dos Santos Carvalho Filho adota o entendimento segundo o qual há de ser aplicado aqui o mesmo raciocínio utilizado para o caso que envolve tão somente as pessoas que integram a federação, fazendo incidir também o art. 2º, § 2º do Decreto-lei nº 3.365/1941[95].

---

[89] *RT* 723/111.

[90] MOREIRA SALLES José Carlos de, *A Desapropriação à Luz da Doutrina e da Jurisprudência*, 10ª ed., São Paulo: Revista dos Tribunais, 2006, p. 135-136.

[91] *Op. cit.*, p. 537.

[92] STF, Tribunal Pleno; Rel. Min. Paulo Brossard; RE nº 172.816/RJ.

[93] *Idem* à nota anterior.

[94] *Op. cit.*, p. 318.

[95] *Op. cit.*, p. 516-17.

O Superior Tribunal de Justiça e o Supremo Tribunal Federal já tiveram a oportunidade de se posicionar sobre o tema, decidindo pela impossibilidade de entes federados (Estados, Distrito Federal ou Municípios) desapropriarem bens de sociedade de economia mista federal, baseando-se no fato de que o serviço prestigiado pela serventia daqueles bens é de titularidade da União, devendo incidir aquela regra do art. 2º, § 2º do Decreto nº 3.365/1941. Vejamos o trecho da ementa do acórdão do STF:

> Desapropriação, por Estado, de bem de sociedade de economia mista federal que explora serviço público privativo da União.[...] 4. Competindo à União, e só a ela, explorar diretamente ou mediante autorização, concessão ou permissão, os portos marítimos, fluviais e lacustres, art. 21, XII, *f*, da CF, está caracterizada a natureza pública do serviço de docas. 5. A Companhia Docas do Rio de Janeiro, sociedade de economia mista federal, incumbida de explorar o serviço portuário em regime de exclusividade, não pode ter bem desapropriado pelo Estado[96].

E com base nos mesmos argumentos, o STF, no mesmo acórdão, decidiu pela impossibilidade de a desapropriação perpetrada por ente político local ou regional incidir sobre bens de empresas concessionárias de serviços públicos federais, independente de terem alguma ligação societária com a União. Veja-se:

> Se o serviço de docas fosse confiado, por concessão, a uma empresa privada, seus bens não poderiam ser desapropriados por Estado sem autorização do presidente da República, Súmula nº 157 e Decreto-lei nº 856/1969[97].

Transportando-se, portanto, aqui também, esse raciocínio para o âmbito das servidões administrativas, é de se concluir pela impossibilidade de um ente cujo interesse público seja menor do que o do outro instituir aquele ônus real sobre bem deste último, conclusão que se alcança por força de interpretação analógica.

Entretanto, parece-nos que tudo o que se disse a esse respeito não deverá ser considerado se a imposição do tal ônus não tiver o condão de oferecer qualquer risco ao pleno desenvolvimento das atividades públicas tuteladas pela norma do art. 2º, § 2º do Decreto-lei nº 3.365/1941, já que nas servidões administrativas não é drástica (ou supressiva) a intervenção.

3.7. Distinção entre as Servidões Civil e Administrativa

Salta aos olhos de quem quiser ver que as servidões administrativas não se confundem com as do Direito Civil, embora estas sejam a fonte inspiradora daquelas, como bem ressaltou Carvalho Filho[98]. Vejamos em que pontos se distanciam os dois institutos.

Em primeiro lugar, enquanto as servidões administrativas se fundam nos princípios da supremacia do interesse público sobre o privado e da função social da propriedade; as servidões do direito privado são fundadas no princípio da autonomia da vontade.

Em segundo lugar, enquanto as servidões administrativas podem ser instituídas mesmo contra a vontade do proprietário do bem gravado, por sentença judicial, como veremos, as servidões do Direito Civil dependem, via de regra, de acordo de vontades, tendo como título geralmente um contrato[99]. Em ambos os casos, entretanto, poder-se-á adquirir a servidão por usucapião[100].

Por fim, a servidão do Direito Civil envolve sempre proprietários de dois prédios, um chamado de serviente, sobre o qual recai o direito real, e o outro chamado dominante, cujo proprietário se beneficiará com o poder de uso sobre a coisa alheia. De outra forma, a servidão administrativa não pressupõe a existência daqueles dois prédios, razão pela qual Caio Mário da Silva Pereira a considera uma quase-servidão[101].

Maria Sylvia Zanella Di Pietro chega a fazer a seguinte e interessante observação sobre esse aspecto diferenciador:

> Se se pretender 'transpor' o conceito de servidão predial, do direito privado para a esfera do direito público, sem atentar-se para as peculiaridades deste, chegar-se-á, forçosamente, à conclusão de que não existem as chamadas servidões administrativas, porque nestas o direito real é instituído em razão da utilidade pública à qual está afetado determinado bem[102].

---

[96] STF, Tribunal Pleno; Rel. Min. Paulo Brossard; RE nº 172.816/RJ.

[97] *Idem* à nota anterior.

[98] *Op. cit.*, p. 479-80.

[99] GOMES, Orlando (*Direitos Reais*, 15ª ed., Rio de Janeiro: Forense, 1999, p. 287) diz-nos que as servidões podem ser *voluntárias* ou decorrentes de usucapião. As voluntárias podem ser constituídas através de contrato, por testamento ou de ato unilateral de vontade *inter vivos*. Mas nessa última hipótese, ambos os prédios devem ser, inicialmente, da mesma pessoa, caso em que não se pode falar ainda, propriamente, em servidão. A constituição desta ficaria sujeita a uma condição suspensiva, qual seja, a alienação de um dos prédios.

[100] Vide nota anterior.

[101] PEREIRA, Caio Mário da Silva, *Instituições de Direito Civil*, 17ª ed., v. IV, Rio de Janeiro: Forense, 2006, p. 187.

[102] DI PIETRO Maria Sylvia Zanella, *Servidões Administrativas*, *Op. cit.*, p. 47.

E é a mesma autora que resolve este impasse, enxergando nos dois institutos ora comparados espécies dos quais seria gênero a servidão simplesmente. Em ambos os casos são instituídos direitos reais conferidores de poder de uso sobre a coisa alheia. Veja-se o desfecho:

> Para chegar-se ao reconhecimento das servidões administrativas, é preciso fazer-se abstração do conceito privatista e partir-se do conceito da servidão *in genere*, como um direito real de gozo sobre coisa alheia, instituído em benefício de outra coisa ou pessoa[103].

Os únicos reparos que merece tal lição são os seguintes: a) a autora se refere a direito real de gozo, quando na verdade está querendo dizer, tecnicamente, poder de uso. É só uma questão de terminologia; b) nunca será instituída uma servidão em favor de um outro prédio, já que as coisas não podem ser consideradas sujeitos de uma relação jurídica. A servidão predial é instituída, isto sim, em benefício do proprietário de um prédio dito dominante.

3.8. Formas de Instituição

A partir do que já constatamos acerca da natureza jurídica (direito real sobre coisa alheia) da servidão administrativa e de seu objeto (bens imóveis), podemos afirmar, em primeiro lugar, que a constituição desse direito em favor do Estado dependerá, conforme disposição do art. 1.227 do Código Civil, do registro no órgão competente. Vejamos:

> *Art. 1.227. Os direitos reais sobre imóveis constituídos, ou transmitidos por atos entre vivos só se adquirem depois da transcrição, ou da inscrição, no registro de imóveis, dos referidos títulos (arts. 530, nº I, e 856), salvo os casos expressos neste Código.*

Tendo em vista essa exigência jurídica, instituída pelo Código Civil, a Lei nº 6.015/1973, em seu art. 167, I, nº 6, elencou a servidão dentre os outros direitos que deverão ser registrados no Registro de Imóveis. Vejamos:

> *Art. 167. No Registro de Imóveis, além da matrícula, serão feitos:*
> *I – o registro:*
> *[...].*
> *6) das* servidões em geral.

Por outro lado, assim como ocorre com as desapropriações, é de se verificar que o decreto que declara a utilidade pública de determinado bem imóvel para fins de servidão administrativa não é instrumento bastante para justificar uma atuação da Administração Pública no sentido de se imitir compulsoriamente na posse[104] do bem particular. Em outras palavras, o privilégio da autoexecutoriedade não prestigia a Administração Pública nesses casos.

Expedido o decreto declaratório de utilidade pública[105], a Administração deve contatar o sujeito passivo, que será o proprietário do bem, e lhe dará ciência da necessidade pública de utilização do seu imóvel, oferecendo-lhe, se for o caso, a indenização que entender justa. Caso o proprietário não se oponha à proposta estatal, será lavrada escritura pública, que servirá de título para a transcrição no Registro de Imóveis. Registrada a escritura, estará instituída a servidão administrativa.

Todavia, caso o proprietário do bem imóvel não concorde com os termos da intervenção, deverá o Poder Público ajuizar ação com vistas à obtenção de título judicial que sirva à transcrição da servidão administrativa no Registro de Imóveis. É neste sentido que o art. 40 do Decreto-lei nº 3.365/1941 prescreve a mesma forma da desapropriação para a instituição das servidões administrativas.

O rito processual a ser adotado é o reservado à ação de desapropriação, prescrito pelos arts. 11 e segs. do Decreto-lei nº 3.365/1941.

Não consideramos oportuna a ocasião para discorrer sobre o rito processual referido. Entretanto, não nos furtaremos de apreciar algumas questões peculiares ao processo de constituição de servidão administrativa. E, basicamente, são dois os pontos a serem abordados.

Em primeiro lugar, questiona-se sobre a aplicabilidade dos arts. 9º e 20 do Decreto-lei nº 3.365/1941 quando a ação visa à constituição de servidão administrativa. Vejamos a redação daqueles dispositivos legais:

> *Art. 9º Ao Poder Judiciário é vedado, no processo de desapropriação, decidir se se verificam ou não os casos de utilidade pública.*
> *[...].*

[103] *Op. cit.*, p. 49.

[104] Vide art. 485 do Código Civil.

[105] O prof. José Carlos de Moraes SALLES (*Op. cit.*, p. 795) defende a tese de que o decreto declaratório de utilidade pública para fins de servidão administrativa somente será necessário se o particular não concordar com a proposta amigável do Poder Público. Entretanto, à vista do rigor das formas a ser exigido em razão do interesse particular envolvido, não abraçamos aquela tese.

Art. 20. A contestação só poderá versar sobre vício do processo judicial ou impugnação do preço; qualquer outra questão deverá ser decidida por ação direta.

José Carlos de Moraes Salles entende que não há que se restringir a discussão no bojo da Ação de Constituição de Servidão Administrativa, baseando seu posicionamento no fato de que, em sua opinião, o art. 40 da Lei Geral das Desapropriações só equipara os dois institutos para fins de cálculo da indenização devida ao particular. Confira-se o seu pronunciamento.

A própria Lei de Desapropriações (Decreto-lei nº 3.365/1941), no único dispositivo (art. 40) que dedicou às servidões administrativas, só tratou da forma pela qual se calcularia a indenização devida ao particular, não criando a exigência de declaração de utilidade pública.

Daí entendermos, também, que – ao contrário do que se verifica com a ação expropriatória, ex vi do disposto nos arts. 9º e 20 do Decreto-lei nº 3.365/1941 – na ação de constituição de servidão poderá ser amplamente discutida a matéria relativa à ocorrência ou não de utilidade ou necessidade pública, por não estar o particular sujeito a nenhuma vedação legal nesse sentido[106].

Ousamos, todavia, dissentir do preclaro mestre. A razão de ser dessas vedações está na impossibilidade de o Poder Judiciário se imiscuir no mérito dos atos administrativos. Só a Administração Pública sabe dizer qual é ou não o interesse público. E se o Poder Judiciário pretender julgar a validade dessa opção do Administrador, que é política e não jurídica, estará afrontando o disposto no art. 2º da Constituição da República, que consagra o princípio da separação dos Poderes.

Assim, independentemente de se enxergar ou não na norma contida no art. 40 do Decreto-lei nº 3.365/1941 força suficiente para fazer os arts. 9º e 20 do mesmo diploma legal alcançarem as servidões administrativas, aquelas vedações terão aplicabilidade garantida, posto que se assentam em princípios consagrados no âmbito do Direito Administrativo e do Direito Constitucional.

Mas ainda assim, entendemos que o art. 40 da LGD está a vincular a instituição das servidões administrativas a todo aquele processo.

Além dessa questão, é de se mencionar a possibilidade de o Poder Público se imitir provisoriamente na posse do bem, antes mesmo de findo o processo judicial. E essa medida tem sido amplamente aceita no âmbito do Poder Judiciário, como se verifica a partir da leitura da seguinte ementa jurisprudencial:

> Processual civil. Recurso de Agravo de Instrumento. Imissão de posse em processo de constituição de servidão. Possibilidade. 1. Instruída a inicial de processo expropriatório em conformidade com o Decreto-lei nº 3.365, de 21/06/1941, inclusive, com o depósito prévio, o juiz imitirá na posse o expropriante, sem a oitiva do expropriado. 2. Agravo improvido[107].

Mas, aqui, algumas observações devem ser feitas.

Na ação expropriatória, sempre haverá a necessidade de indenização[108], o que não ocorre em relação às servidões administrativas, como veremos mais adiante. De modo que, no processo judicial em que se pretenda obter título para a transferência da propriedade particular (ou do poder público nas hipóteses cabíveis) para o patrimônio do ente expropriante, alegando urgência e fazendo o depósito prévio da quantia oferecida a título de indenização, poderá o Poder Público se imitir desde logo na posse do imóvel.

Transferindo-se aquele raciocínio para o âmbito das servidões administrativas, há que se fazer a seguinte indagação: será uma servidão indenizável? Sendo positiva a resposta, deverá a imissão na posse ser precedida do respectivo depósito. Não o sendo, será, obviamente, dispensável o depósito. Mas, como saber se será ou não indenizável sob a ótica processual e, por outro lado, se o valor do depósito é justo?

No âmbito das desapropriações, a imissão provisória costuma ser autorizada mediante o depósito da quantia ofertada pelo Poder Público, que geralmente se baseia no valor constante dos cadastros municipais para fins de cálculo do IPTU, conforme autoriza o art. 15, § 1º, *c* do Decreto-lei nº 3.365/1941 (lembre-se que a base de cálculo daquele imposto municipal é o valor venal do imóvel, nos termos do art. 33 do Código Tributário Nacional). Ocorre que tais valores são geralmente muito inferiores aos realmente vigorantes no mercado, de modo que costuma causar grande transtorno aos expropriados tal medida judicial por razões que dispensam comentários.

Sensível a esse problema, o Superior Tribunal de Justiça tem entendido ser sempre inafastável uma perícia prévia, ainda que superficial, com vistas a identificar aproximadamente o valor venal do imóvel, de modo a

[106] *Op. cit.*, p. 795-96.

[107] TRF da Segunda Região, Primeira Turma, Rel. juiz Ney Fonseca, Agravo de Instrumento nº 92.0211904-0. Ressalve-se, aqui, a imprecisão ter

[108] Salvo o caso de desapropriação confiscatória, prevista no art. 243 da CRFB/1988.

impedir maiores injustiças. Confira-se a seguinte ementa jurisprudencial:

> Desapropriação. Imissão na Posse. Princípio da indenização prévia e justa. Decreto-lei nº 3.365/1941, art. 15. Na desapropriação, a imissão provisória na posse há de ser concedida em face da alegada urgência, na forma do disposto no art. 15, *caput*, da Lei das Desapropriações, recepcionado pela Constituição Federal de 1988. A decisão recorrida guarda estreita identidade com entendimento dominante nas Turmas que compõem a egrégia Primeira Seção, do que dá conta precedente guarnecido pela seguinte ementa: "Administrativo. Desapropriação. Imissão provisória na posse. Decreto-lei nº 3.365/1041. Inteligência. Decisão da Seção. 1. Consoante decidido pela Egrégia Primeira Seção desta Corte, a imissão antecipada e 'definitiva' na posse de imóvel expropriado deve ser condicionada pelo depósito integral do valor apurado na avaliação provisória. 2. Recurso improvido (REsp nº 74.179/RO, Rel. Min. Cesar Asfor Rocha, DJ 11/12/1995)". No mesmo sentido, o REsp nº 36.503/SP; Embargos de Divergência nos REsp's nº 920/SP e nº 22.278/SP, também relatados pelo ministro Hélio Mosimann; no REsp nº 910/SP, Rel. Min. José de Jesus. Ultimamente, os recursos especiais nem vêm sendo admitidos: DJ 07/03/1994. Assim, alegada a urgência para o imediato apossamento do bem expropriado, exige-se o depósito prévio com o valor atualizado em avaliação judicial provisória (Incidente de Uniformização de Jurisprudência no REsp nº 19.647-0/SP)[109].

No âmbito das servidões administrativas, com muito mais razão, tal perícia prévia deverá ser realizada, devendo o auxiliar da justiça esclarecer os dois seguintes pontos básicos: a) se houve ou não prejuízo que justifique a indenização; b) em caso positivo, qual o valor a ser indenizado.

Sendo o caso de depósito prévio para a imissão provisória na posse, após a sua efetivação continuará o processo até os seus últimos termos, somente ao final se extraindo o respectivo mandado de transcrição imobiliária, que será remetido ao RGI para fins de registro da servidão administrativa.

3.9. Indenização

Como tivemos a oportunidade de verificar, quando da leitura do art. 40 do Decreto-lei nº 3.365/1941, a lei fala de forma bastante clara sobre a necessidade de se indenizar o sujeito passivo das servidões administrativas. Por outro lado, vimos, quando tratamos da indenização nas limitações administrativas, que a doutrina majoritária tem anunciado a regra que aponta para a desnecessidade de se indenizar o particular atingido por intervenção branda na sua propriedade. Por conta disso, a questão que se põe é a seguinte: como compor essas duas soluções divergentes?

Baseando-se no texto legal, Marcello Caetano afirma que, via de regra, as servidões administrativas renderão ao sujeito passivo o direito de pleitear indenização do ente público interveniente[110]. Mas essa lição é amplamente minoritária, sucumbindo diante dos pronunciamentos mais atualizados.

Maria Sylvia Di Pietro faz distinção entre servidão, digamos, concreta, que implica o desmembramento dos poderes da propriedade, e servidão genérica, que atinge indivíduos indeterminados, afirmando que, no primeiro caso, a indenização será sempre devida e, no segundo, não[111].

Para nós, que não aceitamos a possibilidade uma servidão ser instituída de forma genérica por lei formal, não está correta, *data venia* da respeitável administrativista, essa distinção. Mas também somos daqueles que entendem que há hipóteses em que a indenização será devida e outras em que não. Mas qual seria, então, o critério diferenciador?

Parte da doutrina, ao nosso ver corretamente, aponta para a necessidade de comprovação de que a servidão causou efetivo prejuízo ao administrado, só neste caso sendo devida a indenização. Esta, parece-nos, é a posição predominante entre os estudiosos do tema.

Apresentando sua solução por meio de um exemplo esclarecedor, capaz de espancar qualquer dúvida sobre a questão:

> Na maioria dos casos, as servidões administrativas configuram-se como indenizáveis, mas isso não acontece sempre. Os particulares, por exemplo, são obrigados a permitir que se coloquem placas indicativas de ruas em sua propriedade, sem que por isso lhes caiba direito de indenização, porque não há, neste caso, qualquer espécie de prejuízo para o prédio serviente[112].

---

[109] STJ, Segunda Turma; Rel. Min. Hélio Mosimann, julgamento do REsp nº 74.178/RO. Acórdão publicado nos JSTJ e TRF – Lex, 84, p. 201 e segs.

[110] CAETANO Marcello, *Manual de Direito Administrativo*, t. II, 2006, p. 974.

[111] DI PIETRO Maria Sylvia Zanella, *Servidão Administrativa*, *Op. cit.*, p. 71-72.

[112] *Op. cit.*, p. 65.

Mas em que oportunidade será avaliada essa questão, qual seja, a de saber se houve ou não prejuízo? A questão não se nos afigura de grande complexidade.

Vimos, há algumas linhas, que a instituição das servidões poderá se dar amigavelmente, formalizando o Poder Público e o proprietário do bem a ser gravado escritura pública e levando-a a registro no RGI. Se o Poder Público reconhece o dano que causará a servidão ao particular e lhe oferece justa indenização, concordando este, composto estará o problema e a indenização será paga administrativamente. O mesmo ocorrerá se o particular reconhecer que nenhum prejuízo lhe causará o direito real a ser exercido pela Administração, direta ou indiretamente (neste último caso, por meio de seus delegatários).

Entretanto, se o ente instituidor da servidão administrativa não reconhece o prejuízo que causará a intervenção na propriedade ou, mesmo o reconhecendo, não oferece indenização compatível com as expectativas do particular, deverá aquele ajuizar ação de Constituição de servidão administrativa (lembre-se de que não há falar, aqui, em auto-executoriedade). E no curso do processo, que seguirá o rito estabelecido para a ação de desapropriação, será feita perícia técnica para a avaliação do alegado dano.

A indenização será, via de regra, paga ao final do processo, mas antes da expedição do mandado de transcrição imobiliária (instruído com algumas peças processuais, dentre as quais se destacam as decisões meritórias, especialmente a que transitar em julgado), que servirá de título para o registro do direito real no RGI.

A jurisprudência tem prestigiado esse procedimento, conforme se infere da seguinte ementa:

> Administrativo. Desapropriação. Servidão Administrativa. 1. Correta a sentença que fixou o valor com base no bem elaborado laudo do perito do juízo, com os consectários legais na forma prevista nas súmulas do extinto TFR. 2. Remessa necessária improvida[113].

E, para acabar com qualquer possibilidade de dúvida a esse respeito, confira-se a seguinte decisão, também do Tribunal Regional Federal da Segunda Região, em que se desprestigiou a sentença, por não ter levado em consideração o laudo pericial:

> Constitucional. Administrativo. Desapropriação. Servidão de passagem aérea em área urbana. Indenização a que faz jus o expropriado pela passagem de linha de transmissão de energia elétrica. Injusto valor fixado para a indenização. Procedem as críticas da apelante quanto ao afastamento pelo eminente julgador monocrático das conclusões do laudo pericial de excepcional qualidade técnica. Tampouco foi feita qualquer referência ao laudo do assistente técnico da apelada, para excluir, sem qualquer explicação, as duas áreas encravadas, do valor indenizatório. Indicação de percentual inadequado para áreas urbanas. Discrepância entre o constante da sentença e o apontado pelo perito. Sem outras considerações, para adotar, na integralidade, o laudo pericial do assistente técnico da apelante, no seu conteúdo e conclusões. Provida a apelação. Decisão unânime[114].

Verifique-se, entretanto, que o valor a ser apurado pela perícia técnica deve se restringir à amplitude do prejuízo experimentado pelo particular, diferentemente do que ocorre com a desapropriação, que, além de outros itens, abarca o valor global do bem, já que este lhe é retirado do patrimônio compulsoriamente. Se não for observada essa distinção, perceberá o sujeito ativo da servidão administrativa um enriquecimento sem causa, o que é repelido pela Ciência Jurídica.

Sobre essa questão, confira-se o seguinte acórdão da Terceira Câmara Cível do Tribunal de Justiça do Rio de Janeiro, que julgou a Apelação Cível nº 641/1997:

> Desapropriação. Servidão administrativa. Passagem de oleoduto e gasoduto. Imóvel rural. Desvalorização. Indenização justa. Em tema de desapropriação, ainda que rural o imóvel, objetivando servidão de passagem de oleoduto e gasoduto, a indenização há de ser justa e em dinheiro, para evitar-se o confisco, ante a limitação do direito de propriedade, não servindo, no entanto, para enriquecimento sem causa[115].

Antes ainda de verificarmos que verbas deverão ser incluídas no montante a ser pago a título de indenização, convém mencionar a oportuna lição da profª Lúcia Valle Figueiredo[116], no que toca à possibilidade de uma autêntica desapropriação se disfarçar de servidão administrativa. Isso ocorrerá quando a pretensa intervenção branda retirar todo o conteúdo econômico do bem objeto da falsa servidão. Nessa hipótese, que se tra-

---

[113] TRF da Segunda Região; Primeira Turma; Rel. juíza Tânia Heine, Remessa *ex officio* nº 94.0210282-5.

[114] TRF da Segunda Região; Segunda Turma; Rel. juiz Alberto Nogueira, AC nº 90.0219590-7.

[115] TJRJ, Terceira Câmara Cível; Rel. Des. Oscar Silvares, AC nº 641/97.

[116] *Op. cit.*, p. 202.

duz – sem medo de parecer repetitivo – em verdadeira desapropriação, a indenização deverá ser global, posto que a propriedade *in totum* se descompôs.

Derradeiramente, é de se esclarecer quais as verbas que integrarão o montante a ser pago ao proprietário do imóvel gravado a título de indenização, conforme orientação dominante da jurisprudência pátria:

> a) valor de depreciação do imóvel, conforme apurado na perícia técnica. Observe-se, entretanto, que, se houver imissão provisória na posse, deverá o valor previamente depositado ser abatido do total da indenização;
> b) eventuais lucros cessantes;
> c) correção monetária;
> d) juros moratórios, devidos em razão da demora no pagamento da indenização. O percentual será de 6% ao ano, iniciando a contagem da data em que transitar em julgado o título executivo;
> e) juros compensatórios, devidos em razão da utilização precoce do bem pelo Poder Público por ocasião da imissão provisória na posse. O percentual a ser aplicado é de 6%, de acordo com a MP nº 1.658-12/1998, contando-se da data em que o Poder Público se imitir na posse. A base de cálculo será a diferença entre o valor da oferta e a condenação final, atualizada monetariamente e acrescida dos juros moratórios;
> f) honorários de advogado, calculado sobre a seguinte base de cálculo: diferença existente entre o valor ofertado pelo Poder Público e o valor final da condenação.

3.10. Extinção

Embora tenham caráter de permanência, o que não se confunde com perpetuidade, característica que lhes é negada pelo prof. Caio Mário da Silva Pereira[117], que prefere nelas ver, com bastante razão, uma duração indeterminada, as servidões, inclusive as administrativas, estão sujeitas a causas capazes de acarretar-lhes a extinção.

O Código Civil, em seu art. 1.387, inicia a disciplina da extinção das servidões afirmando que esta só se dará com o cancelamento do registro feito no órgão competente. E isso por uma razão simples: se somente com o registro se constitui a servidão (no nosso caso isso não se discute, pois não admitimos servidão sobre bens móveis ou sobre direitos), somente com o seu cancelamento será possível a sua extinção. O registro, em outras palavras, é constitutivo do direito real, devendo ser desconstituído para que este não mais subsista.

Portanto, não basta que as causas de extinção se apresentem para que se considere extinta a servidão. Deverá o proprietário do prédio serviente providenciar o seu cancelamento junto ao RGI, na forma do art. 257 da Lei nº 6.015/1973, observando que o oficial só o promoverá por força de decisão judicial transitada em julgado, a requerimento unânime das partes interessadas ou a requerimento do interessado, desde que munido de documento hábil (LRP, art. 250).

Passemos, então, ao estudo das causas de extinção das servidões administrativas.

Maria Sylvia Zanella Di Pietro afirma que

> as servidões administrativas são perpétuas no sentido de que perduram enquanto subsiste a necessidade do poder público e a utilidade do prédio serviente. Cessada aquela ou esta, extingue-se a servidão[118].

E, nessa assertiva, podemos vislumbrar uma primeira causa, que é o não uso[119]. No caso do direito administrativo, talvez seja mais próprio referir-se a desafetação, acompanhando a lição da profª Lúcia Valle Figueiredo[120]. O não uso corresponderia a uma desafetação fática, que existe ao lado da desafetação formal.

Portanto, se a servidão foi instituída, por exemplo, para a afixação de uma placa de sinalização e, posteriormente, o trânsito de veículos fica vedado naquele logradouro, não terá mais sentido a manutenção da servidão, pelo que ocorrerá a sua desafetação. Mas, lembre-se, para que fique extinto o ônus real, deverá ser providenciado o cancelamento do registro no RGI.

Outra forma de extinção das servidões administrativas anunciada pela doutrina é a confusão, que ocorrerá na hipótese de o imóvel gravado por aquele ônus real passar a integrar, por qualquer motivo, o patrimônio do ente interventor. Com isso, o que era uma propriedade limitada volve à sua plenitude original, não sendo mais possível falar-se em direito real sobre coisa alheia e, por conseguinte, em servidão administrativa.

Afirma-se, também, que o perecimento da coisa sobre a qual recaiu o direito real também é causa de extinção da servidão administrativa. Aqui, a extinção se

---

117 *Op. cit.*, p. 188.

118 DI PIETRO Maria Sylvia Zanella, *Servidão Administrativa*, *ob. cit.*, p. 68.

119 A profª Maria Sylvia Zanella DI PIETRO afirma que as servidões administrativas não se extinguem pelo não uso. No entanto, esse não uso, no âmbito do Direito Administrativo, assume a feição da *desafetação*, que pode ser fática ou jurídica, conforme lição da doutrina mais autorizada. Mas neste caso não tem aplicabilidade, ao nosso ver, o prazo de 10 anos a que se refere o art. 710, III, do Código Civil.

120 *Op. cit.*, p. 202.

dá por perda do objeto. Seria o caso de um prédio ser gravado com aquele ônus e um incêndio o destruir.

Por último, é de se afirmar que o usucapião não será causa de extinção das servidões administrativas, por força do disposto nos arts. 183 e 191 da Constituição.

4. Tombamento

4.1. Colocação do Tema

Junto à opinião pública, o tombamento é cercado de dualismo, porque, ao mesmo tempo que o instituto desperta simpatias, vem despertando, também, antipatias.

No Brasil, é um assunto que se ouve falar, mas se conhece pouco.

Alguns episódios de nossa história, características culturais, artísticas e ambientais se encontram, por vezes, retratadas em monumentos, presentes naturais que os brasileiros tivemos a graça de receber etc., cuja proteção interessa à manutenção de nosso passado na memória de hoje (e de sempre) e de nosso presente para a posteridade. E é com vistas a conservar esses bens culturais que se justifica a intervenção do Estado na propriedade por meio do tombamento.

Não se trata de querer viver uma eterna nostalgia, mas viver sem conhecer o passado é como começar a ler um livro a partir da sua metade. E o direito de conhecer a história, que é fundamental para a compreensão de nosso presente, deve ser assegurado também para os cidadãos vindouros.

Sem mais delongas, e para não destoar da metodologia adotada até aqui, vejamos uma boa definição do instituto em tela, nas palavras do mestre Diogo de Figueiredo Moreira Neto:

> É a intervenção ordinatória e concreta do Estado na propriedade privada, limitativa de exercício de direitos de utilização e disposição, gratuita, permanente e indelegável, destinada à preservação, sob regime especial dos bens de valor cultural, histórico, arqueológico, artístico, turístico ou paisagístico[121].

Não há dúvidas de que todas as definições direcionam para uma só, ou seja, a proteção da memória nacional.

De forma bem nítida, tombamento é um ato administrativo realizado pelo poder público com o objetivo de preservar, por meio da aplicação de legislação específica, bens de valor histórico, cultural, arquitetônico, ambiental e também de valor afetivo para a população, impedindo que venham a ser destruídos ou descaracterizados.

O vocábulo tombo traz a ideia de registro, inventário e inscrição de bens, isso por conta de sua origem lusitana. Em Portugal, a famosa Torre do Tombo ganhou esse nome em função de abrigar os livros das leis, escrituras públicas, contratos, tratados com nações estrangeiras etc., todos submetidos ao tal registro no livro tombo[122].

A expressão tombamento provém do direito português, deriva da palavra tombar, que significa, inventariar, arrolar ou inscrever. Uma vez declarado o tombamento, a utilização e conservação da coisa se dá nos termos da legislação vigente. As coisas tombadas permanecem no domínio e posse dos proprietários, contudo, esses bens tombados, em caso algum, poderão ser demolidos, destruídos ou mutilados, tampouco podem ser reformados, pintados ou restaurados, sem prévia autorização especial do Instituto do Patrimônio Histórico e Artístico Nacional, sob pena de multa pelo dano causado. Não podem, outrossim, sem prévia autorização do referido Instituto, saírem do País ou do Estado ou do Município, nem serem alienados a título oneroso os referidos bens tombados, a não ser proporcionado direito de preferência à aquisição ao Poder Público. Será nula alienação realizada sem observância a esse preceito, quer dizer, de ignorado o direito de preferência.

Assim, tombar determinado bem, sem considerar o aspecto eminentemente jurídico, significa registrá-lo num livro tombo, declarando-o integrante do patrimônio cultural do povo, o que ensejará a sua proteção contra danificações em geral.

Sob o aspecto exclusivamente jurídico, façamos, em princípio, uma análise perfunctória do conceito acima transcrito, para depois entrar nas minúcias nos itens específicos.

O tombamento é uma modalidade de intervenção branda do Estado na propriedade, o que implica em considerar que não se destina a retirar o bem das mãos de seu titular, limitando-se a impor determinados deveres públicos, com vistas a manter a conservação da coisa tombada.

Diz-se concreta essa intervenção, posto que atinge a bens determinados, ao contrário do que acontece com as limitações administrativas, cujos proprietários atingidos não são pessoas certas, mas titulares de propriedades que se amoldarem aos tipos legais consagrados.

---

[121] MOREIRA NETO, Diogo de Figueiredo, *Curso de Direito Administrativo*. 6ª ed., Rio de Janeiro: Forense, 1986, p. 289.

[122] PIRES, Maria Coeli Simões, *Da Proteção ao Patrimônio Cultural*, Belo Horizonte: Del Rey, 2004, p. 75.

A definição transcrita se refere a propriedades privadas. Entretanto, como teremos a oportunidade de verificar, também os bens públicos podem ser tocados por tombamento. Aliás, essa crítica já foi feita, com muita propriedade, pela profª Maria Coeli Simões Pires[123].

Os limites impostos pelo tombamento atingem, tão somente, o exercício dos poderes de uso e disposição da propriedade tombada, diferentemente do que ocorre com a servidão administrativa, por exemplo, que confere ao ente interventor o poder de uso, constituindo, pois, um direito real sobre coisa alheia.

Quanto à gratuidade, pode-se afirmar que essa é a regra, de modo que não renderá direito à indenização, como ocorre com todas as intervenções brandas. Mas em determinados casos, como veremos, ficará o ente público obrigado a indenizar o proprietário do bem tombado.

Corretamente se referiu a permanência o autor citado, posto que não significa o mesmo que perpetuidade. O tombamento, assim como a maioria das modalidades de intervenção, estende-se por um período indeterminado de tempo.

A indelegabilidade a que alude a definição ora analisada aponta para a impossibilidade de outro órgão administrativo, que não aquele indicado pela lei, impor restrições a direito de propriedade alheia a pretexto de estar tombando, ainda que fundado o seu ato em eventual delegação de funções.

No que toca à finalidade, já vimos que o tombamento se destina à preservação dos bens que tenham algum significado artístico, cultural, histórico, paisagístico, turístico ou arqueológico, a juízo da autoridade competente.

Analisemos com mais profundidade cada um desses itens, com vistas a esclarecer o conceito desse instituto tão instigante e que apresenta variações também muito interessantes.

4.2. Disciplina Normativa

A Constituição de 1937 foi a pioneira em relação à previsão de medidas públicas voltadas para a proteção do patrimônio histórico e artístico e natural (art. 134), sem, contudo, fazer menção expressa à figura do tombamento, que viria a ser inaugurado na ordem jurídica pátria por meio do Decreto-lei nº 25, de 30/11/1937.

A partir de então, todas as Constituições reservaram espaço para a disciplina da preservação do patrimônio histórico, cultural e natural do País: a Constituição de 1946 (art. 175); a Constituição de 1967 (art. 172, parágrafo único); a Constituição de 1969 (art. 180, parágrafo único); e a Constituição de 1988 (art. 216, § 1º).

Mas foi a Constituição vigente a primeira a se referir ao tombamento expressamente, no dispositivo anteriormente citado. Vejamos a sua redação:

> *Art. 216 [...]*
> *§ 1º O Poder Público, com a colaboração da comunidade, promoverá e protegerá o patrimônio cultural brasileiro, por meio de inventários, registros, vigilância,* tombamento *e desapropriação, e de outras formas de acautelamento e preservação.*

Mediante o tombamento, os poderes públicos se habilitam a proporcionar uma especial proteção a documentos, a obras e a locais de valores históricos, artísticos, aos monumentos, às paisagens notáveis e, até mesmo, às jazidas arqueológicas. O fundamento constitucional é o art. 216, nos seus §§ 1º e 5º. Este último diz o seguinte:

> *Ficam tombados todos os documentos e os sítios detentores de reminiscências históricas dos antigos quilombos.*

No § 1º do aludido artigo fala que o Poder Público, com a colaboração da comunidade, promoverá e protegerá o patrimônio cultural brasileiro, por meio de inventários, registros, vigilância, tombamento e desapropriação, e de outras formas de acautelamento e preservação. Essa preservação é realizada fundamentalmente por meio do tombamento, isto é, da inscrição da coisa em livro próprio, denominado Livro do Tombo.

O Decreto-lei nº 25/1937 ainda é hoje o diploma legal disciplinador do tombamento (norma geral) e o procedimento está regulado pela Lei Federal nº 6.292/1975, mas Estados, Distrito Federal e Municípios também têm competência para legislar sobre o tema, como se infere do disposto no art. 24, VII e art. 30, I e II, todos da CRFB/1988. Portanto, temos neste caso competência legislativa concorrente, o que importa em dizer que a legislação daqueles entes federados deverão se amoldar à legislação federal, mas só no que essas tiverem de geral.

Todos os entes da federação podem efetuar o tombamento, mas o único problema é com respeito à legislação já que o Texto Constitucional quando fala da competência para legislar – art. 23, da Constituição Federal –, diz da competência comum da União, dos Estados, do Distrito Federal e dos Municípios. Todos podem providenciar o tombamento, é o que diz o inciso III: "[...] exibir documentos, provas contundentes do valor histórico, artístico e cultural [...]".

[123] *Op. cit.*, p. 76.

Segundo o art. 24, inciso VII, compete à União, aos Estados, Distrito Federal, legislar concorrentemente, porém, não fala dos Municípios.

Quanto à proteção ao patrimônio histórico, cultural, artístico, turístico e paisagístico, de acordo com o inciso VII, percebe-se que o Município, em questão de competência, aparentemente, não teria condições de legislar. Porém, usando da mesma técnica, exatamente pelo que diz o art. 30, encontramos: compete aos Municípios (incisos I, II) legislar sobre assuntos de interesses locais e suplementar a legislação federal e a estadual no que couber. Podemos somar com o inciso IX que fala, apesar de parecer mais materialização e não legislação, vale promover a proteção do ambiente histórico – cultural local, observada a legislação e ação fiscalizadora federal estadual. O que significa dizer que compete ao Município, com base no art. 30, incisos I, II e IX, legislar suplementarmente à legislação federal e estadual.

Dada a complexidade do tema, analisaremos, aqui, tão somente a legislação federal, sem fazer referência à legislação dos Estados e Municípios.

4.3. Natureza Jurídica

Discute-se, em doutrina, qual seria a natureza jurídica do tombamento, não sendo de forma alguma pacíficas as conclusões alcançadas pelos administrativistas de peso.

Celso Antônio Bandeira de Mello advoga a tese de que o tombamento seria uma espécie de servidão administrativa[124], ganhando, por incrível que pareça, a adesão da profª Lúcia Valle Figueiredo, quando esta afirma:

> De conseguinte, o tombamento, além de fato administrativo – ato de inscrever –, nada mais é que rótulo inútil no que tange ao regime jurídico. É dizer: ou estaremos diante da figura jurídica da expropriação, ou da servidão administrativa[125].

De outro lado, o prof. Cretella Júnior[126] pretende equiparar o tombamento às limitações administrativas, no que acompanha Themístocles Brandão Cavalcanti em sua antigas e respeitáveis lições, que transcrevemos:

> Uma das manifestações do poder de polícia cuja influência no conteúdo do direito de propriedade foi mais profunda, é a que se exerce sobre aqueles bens considerados de valor social, pela sua estimação, artística e histórica[127].

Em que pese o brilhantismo dos autores citados, não podemos concordar com suas lições. Por isso, refutaremos uma a uma, separadamente.

No que toca ao primeiro posicionamento, que trata do tombamento como verdadeira servidão administrativa, é de se considerar que aquele não confere direito real incidente sobre o poder de uso da propriedade atingida à Administração Pública. E, mesmo que se considere de natureza real o direito de preferência instituído pelo art. 22 do Decreto-lei nº 25/1937[128], não se poderia, por isso, afirmar tal equiparação, pois este incide (ou incidiria) sobre o poder de disposição do bem (móvel ou imóvel), enquanto as servidões gravam o direito de propriedade no que concerne ao poder de uso do bem (sempre imóvel).

Em relação ao segundo posicionamento, que trata do tombamento como limitação administrativa, é de se verificar que esta é necessariamente genérica e abstrata, atingindo bens indeterminados, enquanto o tombamento, ao contrário, é intervenção concreta, dirigida a um ou mais bens determinados. Mas aqui ainda cabe uma observação.

Hely Lopes Meirelles faz distinção entre tombamento *individual* e tombamento *geral*. O primeiro atingiria bem determinado e o segundo uma coletividade de bens. E cita como exemplo de tombamento geral o que atinge locais históricos ou paisagísticos. Nisso parece estar, de alguma forma, pretendendo equiparar o dito tombamento geral às limitações administrativas.

Nesse particular, para refutar aquela lição o prof. José dos Santos Carvalho Filho erige os seguinte comentários, *in verbis*:

> Mesmo quando o tombamento abrange uma determinada área, um bairro ou até uma cidade, os imóveis tombados são apenas aqueles inseridos no local mencionado pelo ato. Dizer-se que todos os imóveis de uma rua estão tombados significa que cada um deles, especificamente, sofre a restrição[129].

---

[124] "São exemplos de servidão administrativa: a passagem de fios elétricos sobre imóveis particulares, a passagem de aquedutos, a instalação de placas sinaizadoras de ruas nos imóveis particulares, o trânsito sobre bens privados, o *tombamento* em favor do Patrimônio Histórico etc." (*Op. cit.*, p. 182).

[125] *Op. cit.*, p. 200. Note-se que, linhas atrás a autora se refere à possibilidade de a Administração mascarar a desapropriação, fazendo-a parecer com o tombamento, para se livrar do dever de indenizar. Daí ela se referir, neste ponto, à desapropriação.

[126] *RDA* 112/55.

[127] CAVALCANTI, Themístocles, *Curso de Direito Administrativo*, 4ª ed., São Paulo: Freitas Bastos, 1956, p. 146.

[128] Parece-nos que é sim de natureza real esse direito de preferência.

[129] *Op. cit.*, p. 497, nota 53.

Mas ainda não nos damos por satisfeito!

Veja-se que o exemplo sempre utilizado para ilustrar os ensinamentos acerca do tombamento coletivo é o da cidade de Ouro Preto. Afirma-se, então, inadvertidamente, que toda a cidade foi tombada e que, portanto, estaríamos diante de um tombamento geral ou coletivo. Entretanto, não é bem assim.

Como teremos a oportunidade de verificar, o art. 216 da Constituição de 1988 prevê a possibilidade de o tombamento atingir bens incorpóreos, assim como já o fazia a Constituição de 1937 em seu art. 134. E foi justamente um bem incorpóreo o atingido pelo Processo nº 70-T (Inscrição nº 39, Livro das Belas Artes, fl. 8, 20/04/1938), que tombou o acervo arquitetônico e paisagístico da cidade de Ouro Preto[130].

Assim, podemos chegar à conclusão de que mister se faz a distinção entre três figuras distintas: a) tombamento de bens incorpóreos, onde se atinge bem determinado, embora incorpóreo; b) tombamento coletivo, onde vários bens determinados são tombados por um mesmo ato administrativo; c) limitação administrativa, intervenção genérica e abstrata que abarca bens indeterminados, porém determináveis.

Mas, então, qual seria a natureza jurídica do tombamento?

Parece-nos lícito afirmar: o elemento marcante, que supera discussões, é o fato da imposição do tombamento em face de preservar o valor histórico, cultural, artístico etc. O tombamento é uma modalidade distinta de intervenção do Estado na propriedade.

Essa é, também, a lição do consagrado e eminente publicista, prof. José dos Santos Carvalho Filho, senão, vejamos:

> Podemos, pois, concluir que a natureza jurídica do tombamento é a de se qualificar como meio de intervenção do Estado consistente na restrição do uso de propriedades determinadas[131].

Portanto, não é o tombamento espécie de limitação ou de servidão administrativa. É, isto sim, ao lado destas, uma modalidade independente, autônoma, de intervenção do Estado na propriedade, incidindo sim sobre propriedade determinada, como as servidões, mas sem conferir direito real incidente sobre o poder de uso da propriedade.

Há, portanto, três posicionamentos. O *tombamento* atinge, primeira e unicamente, o direito de propriedade ou o próprio bem? Quanto ao direito de propriedade, não haveria dúvida de que ela deveria ser tido como *limitação*; se a este último, o próprio bem mostrar-se-ia como *servidão*.

Tanto material como instantaneamente, ele alcança tanto um quanto outro. Assim, não se pode afirmar categoricamente ou de maneira absoluta, que o tombamento se reveste de características que o situem, plenamente, como limitação ou servidão, separadamente.

O prof. Queiroz Telles propõe uma posição, a esse respeito, que se resume no seguinte:

> Como, por força de um princípio lógico uma coisa não pode ser outra concomitantemente, já que obrigatoriamente uma situação excluiria a outra, o tombamento seria limitação, à medida que sua incidência fosse encarada, exclusivamente, como providência restritiva do direito de propriedade, de natureza primacialmente pessoal.

Poderia, segundo o festejado mestre, ser entendido o tombamento como servidão administrativa, de igual forma, quando verificado o reflexo de sua situação, especificamente, sobre o bem atingido.

Os defensores – tombamento é uma servidão administrativa especial – distanciam-se da limitação administrativa em razão da finalidade do destinatário. Aduzem mais: a limitação administrativa é sempre genérica, abstrata; o tombamento é sempre individualizado, personalizado e aproxima-se da servidão porque acarreta um ônus que adere ao bem, quer dizer, o proprietário tem o dever de manter, conservar.

Verdadeiramente, o instituto do tombamento talvez possa estampar-se em um modo autônomo, próprio, de intervenção do Estado na propriedade.

Sobre a natureza do ato administrativo que veicula o tombamento, há uma controvérsia na doutrina, classificando-o uns como ato vinculado e outro como discricionário. Mas não faremos a análise dessa discussão neste ponto. Deixemos para o ocasião em que formos tratar da instituição do tombamento.

4.4. Fundamentos

Assim como as demais modalidades analisadas anteriormente, a intervenção do Estado na propriedade por meio do tombamento se funda naqueles dois grandes pilares constitucionais, quais sejam: a) o princípio da supremacia do interesse público sobre o privado (prin-

[130] Informações colhidas do anexo 6, do livro da profª Maria Coeli Simões PIRES, *ob. cit.*, p. 377. Quanto aos imóveis tombados na Cidade de Ouro Preto, existe um processo administrativo para cada bem, embora sejam muitos.

[131] *Op. cit.*, p. 497.

cípio implícito); b) princípio da função social da propriedade (art. 5º, XXIII e art. 170, III, da CRFB/1988). Entretanto, podemos vislumbrar, aqui, um diferencial.

Com efeito, não é qualquer interesse público que legitima o tombamento de um bem. Trata-se de um interesse público específico, relacionado com peculiaridades do bem atingido. Vale dizer, deve este bem guardar alguma vinculação com fatos memoráveis da história do Brasil ou ter um excepcional valor de natureza cultural, artística, arqueológica etc. Só neste caso se justifica a dita intervenção, com vistas à sua preservação.

Não poderá, *verbi gratia*, o prédio da esquina X, onde funciona o Botequim da Cachaça, ser tombado com a finalidade de ali ser exercida uma atividade pública consistente no cadastramento de pessoas portadores do vírus da hepatite C, pelo Ministério da Saúde. Seria, sem dúvida, essa intervenção motivada por um interesse público. Entretanto, nenhuma relação guardaria com a finalidade de preservação de um patrimônio que traz em si lembranças, por exemplo, de um, fato histórico relevante para a nação. Seria o caso, isto sim, de uma ocupação temporária, como veremos.

4.5. Objeto

Já vimos que o tombamento se aproxima mais das servidões administrativas por atingirem ambos propriedades determinadas. Mas vimos também que com estas não se confunde, por mais de um motivo, dentre os quais pelo fato de estas incidirem somente sobre bens imóveis, enquanto aquele poderá ter como objeto várias espécies de bens. Vejamos quais são eles.

Bem em sentido jurídico é tudo aquilo que, excluindo-se o homem, interessa ao direito de alguma forma, sendo conveniente estabelecer a distinção entre este conceito e o de coisa. Na lição de Clóvis Beviláqua:

> bens são os valores materiais ou imateriais que servem de objeto a uma relação jurídica. É um conceito mais amplo do que o de coisa. Esta, no dizer magistral de Teixeira de Freitas, é "todo objeto material suscetível de medida de valor"[132].

Por oportuno, as obras de origem estrangeira são bens não alcançados pelo tombamento, consoante determinação do Decreto-lei nº 25/1937, art. 3º.

Não só as coisas, mas todos os bens, móveis ou imóveis, materiais ou imateriais, individuais ou coletivos, públicos ou privados (CRFB/1988, art. 216, *caput*), podem ser objeto do tombamento. O indispensável é que os tais bens portem alguma referência à identidade, à ação ou à memória dos diferentes grupos formadores da sociedade brasileira, como o exige o citado dispositivo constitucional. Esse o rol exemplificativo que nos traz a Constituição:

> *I – as formas de expressão; II – os modos de criar, fazer e viver; III – as criações científicas, artísticas e tecnológicas; IV – as obras, objetos, documentos, edificações e demais espaços destinados às manifestações artístico-culturais; V – os conjuntos urbanos e sítios de valor histórico, paisagístico, artístico, arqueológico, paleontológico, ecológico e científico.*

O tombamento pode incidir sobre bens urbanos e rurais, mas a grosso modo, é habitual recair sobre os primeiros, pois é na cidade (capitais) que o homem produz e cria maior percentual de artes.

O próprio Decreto-lei nº 25 de 30/11/1937, caracterizou sobre que modalidade de bens pode recair o tombamento: bens móveis e imóveis de interesse cultural ou ambiental, visando a preservação da memória coletiva, tais como: fotografias, livros, mobiliários, utensílios, obras de arte, edifícios, ruas, praças, cidades, regiões, florestas, cascatas etc.

No plano infraconstitucional, o art. 1º do Decreto-lei nº 25/1937 traz as seguintes exigências para que um bem possa ser tombado: a) vinculação a fatos memoráveis da história do Brasil; b) excepcional valor artístico, arqueológico, etnográfico ou bibliográfico, artístico ou científico.

Destaque-se, aqui, que o Supremo Tribunal Federal, à vista da diferença existente entre os conceitos do § 1º do art. 216 da CRFB/1988 e do art. 1º do Decreto-lei nº 25/1937, preferiu distinguir um conceito amplo e um conceito restrito de patrimônio histórico e artístico nacional. Vejamos o trecho que nos interessa da ementa em questão:

> No tocante ao § 1º do art. 216 da Constituição Federal, não ofende esse dispositivo constitucional a afirmação constante do acórdão recorrido no sentido de que há um conceito amplo e um conceito restrito de patrimônio histórico e artístico, cabendo à legislação infraconstitucional adotar um desses dois conceitos para determinar que sua proteção se fará por tombamento ou por desapropriação, sendo que, tendo a legislação vigente sobre tombamento adotado a conceituação mais restrita, ficou, pois, a proteção dos bens, que integram o conceito mais amplo, no âmbito das desapropriações[133].

[132] BEVILÁQUA Clóvis, *Código Civil dos Estados Unidos do Brasil*, edição histórica, vol. I, p. 269.

[133] STF, Primeira Turma; Rel. Min. Moreira Alves, RE nº 182.782/RJ.

Ao ver daquela Corte, então, tendo sido prestigiado pela legislação infraconstitucional o conceito restrito, se determinado bem se enquadra tão somente nos moldes constitucionais, mas não nos legais, não poderá ser objeto de tombamento, mas sim de desapropriação.

Não nos parece correto esse entendimento. Acreditamos que a ampliação do conceito adotado pelo legislador de 1937 perpetrada pela Constituição de 1988 legitima o tombamento de bens que somente se enquadrem no conceito do art. 1º do Decreto-lei nº 25/1937 se este for conjugado com o § 1º do art. 216 da CRFB/1988. Em outras palavras, a Constituição ampliou o conceito, já deferindo à Administração Pública condição de tombar quaisquer daqueles bens.

De qualquer forma, esta uma informação relevante, que não poderia deixar de ser noticiada, posto que poderá servir de fundamento para defesa contra o tombamento em muitas hipóteses.

Mas outras considerações merecem destaque neste item.

Os monumentos naturais, bem como os sítios e paisagens que importe conservar e proteger pela feição notável com que tenham sido dotados pela natureza ou agenciados pela indústria humana poderão ser objeto de tombamento por expressa disposição legal (art. 1º, § 2º do Decreto-lei nº 25/1937).

Autores do porte de Hely Lopes Meirelles e do consagrado José dos Santos Carvalho Filho criticam a promoção de tombamentos de florestas, reservas naturais e parques ecológicos, uma vez que tais bens jurídicos tem uma tutela própria no Código Florestal do Poder Público. Ousamos discordar, pois o tombamento pode incidir sobre um parque, uma área verde, uma reserva florestal, desde que haja valor histórico ou arqueológico, devem ser preservados, protegidos pelo instituto do tombamento.

Às vezes, o Código Florestal, ao abordar à reserva florestal, impõe certos deveres, mas não todos os deveres específicos que o tombamento pode impor. O tombamento pode impor até a preservação de certas espécies. Numa reserva florestal, pode-se até admitir a reposição de espécies, permitindo-se, inclusive, cortar e retirar as árvores dentro de certos percentuais, em geral, de até 10%, exigindo-se que haja reposição, é compatível com o regime de reserva. Agora, com uma reserva tombada, já é totalmente incompatível, tendo-se que deixar tudo como está. Portanto, o tombamento agrava e torna mais severo o regime de proteção em relação ao da reserva.

Também os bens públicos poderão ser tombados, como se infere do art. 2º do mesmo Decreto-lei nº 25/1937. Mas aqui cabe aquele velho questionamento: poderá a União ter seus bens tombados por ato estadual ou municipal ou o Estado por ato municipal?

O tombamento, como intervenção branda na propriedade, via de regra não impede ou embaraça o uso da propriedade atingida, limitando-se a impor a conservação de suas características. Entretanto, grava a propriedade com um direito real de preferência (ao nosso ver), implicando, por isso, na sua classificação como intervenção branda, mas não tanto.

Aliando-se essas considerações àquelas feitas quando tratamos do sujeito ativo da servidão administrativa, concluímos pela negativa da indagação feita. Mas ressalve-se o fato de que poderá a União, por ato próprio tombar seus próprios bens, como, aliás, não raro ocorre.

Entretanto, não nos parece juridicamente possível que ente político algum exija de outro, qualquer que seja, o desembolso de quantias para a conservação do bem tombado, posto que a realização de despesa pública, nos termos do art. 167 da CRFB/1988, depende de previsão orçamentária. E como cada ente da Federação é competente para a elaboração de seu próprio orçamento, pretender a União vincular receitas dos Estados ou dos Municípios, bem como os Estados destes últimos feriria o princípio do federalismo.

Por fim, não serão passíveis de tombamento as obras de origem estrangeira que pertençam às representações diplomáticas ou consulares creditadas no País, que adornem quaisquer veículos pertencentes a empresas estrangeiras, que se incluam entre os do art. 10 da LICC, continuando sujeitos à lei pessoal do proprietário, que pertençam a casas de comércio de objetos históricos ou artísticos, que sejam trazidos para o País a fim de serem expostos em comemorações educativas ou comerciais ou que sejam importadas por empresas estrangeiras expressamente para adorno dos respectivos estabelecimentos (art. 3º do Decreto-lei nº 25/1937.

4.6. Conteúdo

Neste tópico, analisaremos as consequências que acarreta o tombamento de determinado bem. Em outras palavras, vamos nos debruçar aqui sobre que tipos de limites (em sentido amplo) que são impostos aos proprietários dos bens tombados. E para isso, partiremos, novamente, daquele novo conceito de propriedade, já anunciado anteriormente. Vejamos.

a) poderes (uso, gozo, disposição e defesa)

Propriedade:

b) limites (p.p. ditos, *non facere* ou *pati*)

c) deveres positivos (limites impróprios – *facere*)

O tombamento impõe, em primeiro lugar, um *non facere*, consistente em não permitir que o proprietário destrua ou mutile o bem tombado e nem, sem prévia autorização do IPHAN, sob pena de multa de 50% do dano causado, repare-o, pinte-o ou restaure-o (Decreto-lei nº 25/1937, art. 17). Além disso, em se tratando de bens móveis, não poderá o seu titular retirar o bem do País, senão por curto prazo, para fins de intercâmbio cultural, a juízo do Conselho Consultivo do IPHAN (Decreto-lei nº 25/1937, art. 14). Tentada sua exportação, a coisa fica sujeita a sequestro e o seu proprietário, às penas cominadas para o crime de contrabando e multa (art. 15, Decreto-lei nº 25/1937).

Esses limites incidem, assim, sobre o exercício do poder de uso do bem, não constituindo direito real sobre coisa alheia.

Em segundo lugar, com a intervenção em tela fica o proprietário do bem obrigado a algumas condutas positivas (*facere*), sempre com vistas à conservação da coisa tombada. Se não dispuser de recursos necessários, deverá comunicar, no plano federal, ao Instituto de Patrimônio Histórico Artístico Nacional – IPHAN a carência das obras e a falta de condições para tanto, arcando a União com as despesas, se não preferir a desapropriação, com fundamento no art. 5º, *l* do Decreto-lei nº 3.365/1941 (Decreto-lei nº 25/1937, art. 19, *caput* e § 1º). A não comunicação ao órgão competente, o proprietário do imóvel tombado incorrerá em multa correspondente ao dobro da importância em que foi avaliado o dano sofrido pela coisa (art.19, Decreto-lei nº 25/1937).

Em terceiro lugar, por disposição expressa do art. 20 do Decreto-lei nº 25/1937, as coisas tombadas ficam sujeitas à vistoria da autoridade competente, que poderá inspecioná-lo sempre que achar conveniente. Isso constitui imposição de um dever de sujeição (*pati*), obrigação de suportar.

Em quarto lugar, e esse ponto merece algum destaque, temos o direito de preferência dado à União, aos Estados e aos Municípios, nesta ordem, um verdadeiro direito real sobre coisa alheia, que incidirá sobre o poder de disposição do proprietário do bem tombado (art. 22, Decreto-lei nº 25/1937).

Analisemos esta questão, iniciando pela leitura do art. 22, *caput* e §§ 1º e 2º do Decreto-lei nº 25/1937, *ipsis litteris*:

> *Art. 22. Em face da alienação onerosa de bens tombados, pertencentes a pessoas naturais ou pessoas jurídicas de direito privado, a União, os Estados e os Municípios terão, nessa ordem,* o direito de preferência.
>
> *§ 1º Tal alienação não será permitida, sem que previamente sejam os bens oferecidos, pelo mesmo preço, à União, bem como aos Estados e ao Município em que se encontrarem. O proprietário deverá notificar os titulares do direito de preferência a usá-lo, dentro de trinta dias, sob pena de perdê-lo.*
>
> § 2º É nula a alienação realizada com violação do disposto no parágrafo anterior, *ficando qualquer dos titulares do direito de preferência habilitado a sequestrar a coisa e a impor a multa de vinte por cento do seu valor ao transmitente e ao adquirente, que serão por ela solidariamente responsáveis. A nulidade será pronunciada, na forma da lei pelo juiz que conceder o sequestro, o qual só será levantado depois de paga a multa e se qualquer dos titulares do direito de preferência não tiver adquirido a coisa no prazo de trinta dias.*

Repare que não se abre aos sujeitos da compra e venda do bem tombado a opção das perdas e danos, ao contrário do que ocorre com o direito de preferência do locatário na alienação do bem locado, previsto pelos arts. 27 e 33 da Lei nº 8.245/1991. Essa possibilidade de resolver-se em perdas e danos é que caracteriza a pessoalidade do direito de preferência do locatário.

Ao contrário, o ente público, seja ele o interventor ou não, titular do direito de preferência, não ficará satisfeito com a mera indenização pela ignorância em face do seu direito. A lei declara a nulidade do negócio jurídico que não observar aquela regra.

Aliando-se essas considerações ao fato de o art. 13 do mesmo Decreto-lei nº 25/1937 prever a necessidade de o tombamento de bem imóvel ser levado a registro no RGI, o que confere eficácia *erga omnes* àquele direito de preferência, não nos resta dúvida de que estamos diante de um típico direito real sobre coisa alheia.

Diga-se, entretanto, sem medo de ser redundante, que isso não é suficiente para pretender-se equiparar o tombamento às servidões administrativas, pelo simples fato de ambos conferirem direito real ao ente interventor. É que o direito real ora estudado está a incidir sobre o poder de disposição da coisa, enquanto nas servidões é o poder de uso o atingido pelo direito real alheio.

Em tese, no tombamento, o proprietário não perde nem a posse nem o domínio do imóvel. Logo, não há falar em impedimento para a venda, aluguel, testamento ou doação. Havendo intenção de alienação onerosa do bem, deverá assegurar o direito de preferência ao ente federativo que efetuou o tombamento, sob pena de nulidade do ato, sequestro do bem por qualquer dos titulares do direito de preferência e multa de 20% do valor a que ficam sujeitos o transmitente e o adquirente (Decreto-lei nº 25/1937, art. 22). Uma vez transferido o bem, o adquirente fica obrigado a inscrever a transferência no registro imobiliário, no prazo de trinta dias, sob pena de pagamento de multa equivalente a 10% do valor do respectivo bem. Se o bem tombado for público será inalienável, ressalvada a possibilidade de transferência entre União, Estados e Municípios (Decreto-lei nº 25/1937, art. 11).

Por fim, ainda em tema de conteúdo dos tombamentos, o mais importante é o efeito perante terceiro, previsto no art. 18 do Decreto-lei nº 25/1937. Vejamos:

> *Art. 18. Sem prévia autorização do Serviço do Patrimônio Histórico e Artístico Nacional, não poderá, a vizinhança da coisa tombada, fazer construção que impeça ou reduza a visibilidade, nem nela colocar anúncios ou cartazes, sob pena de ser mandada destruir a obra ou retirar o objeto, impondo-se, neste caso, a multa de cinquenta por cento do valor do mesmo objeto.*

Repare que estamos diante de uma intervenção impositora de limites ao direito de uso de bens, cujos destinatários são proprietários indeterminados. É, portanto, uma imposição genérica e fundada num interesse público. Não é ao proprietário do bem tombado que se dirige essa norma, mas aos seus vizinhos. E tendo sido imposta por lei (lembre-se de que a figura do Decreto-lei é equivalente, hodiernamente, à da medida provisória em termos de hierarquia normativa), é instrumento hábil a obrigar os particulares, nos termos do art. 5º, II da CRFB/1988.

Além do imóvel tombado, o ente da federação poderá impor uma obrigação de *non facere* perante os vizinhos, podendo-se estender, portanto, ao *entorno*.

O que a lei entende por esta imposição: junto à vizinhança a coisa tombada não poderá fazer construção? Qual a metragem definida na legislação?

A lei federal, em momento nenhum, define a metragem, a extensão dessa faixa. Silencia sobre a distância do bem tombado que poderia levantar uma construção nova, contígua ao prédio tombado, para que não venha descaracterizar, reduzir ou obstruir a visibilidade da coisa tombada e, também, de não se colocar cartazes ou anúncios aos vizinhos proprietários. A ausência da previsão, não amparada na lei, é o principal responsável para eximir as Prefeituras de responsabilidade. Então, é prudente que a entidade, efetuadora do tombamento, estabeleça, logo de saída, tais limites, uma vez que o legislador deixou, a cargo do administrador, em cada caso concreto, essa delimitação.

A este respeito, esclarece Edmur Ferreira de Faria[134],

> o proprietário vizinho de prédio tombado sofre profunda restrição em seu direito de propriedade consistente em limitações ao exercício de tal direito. Autores de formação civilista mais conservadora consideram essas restrições verdadeiro atentado contra o direito de propriedade assegurado pela Constituição Federal. Sustentam, por isso, que só mediante desapropriação e justa e prévia indenização poderia o Poder Público interferir na propriedade. Outra corrente entende que a restrição deve ser considerada servidão, podendo gerar direito a indenização nos casos previstos em lei referentes às servidões administrativas. Uma terceira corrente sustenta o entendimento de que a restrição sofrida pelo vizinho de prédio tombado constitui mera limitação administrativa fundada no princípio da função social da propriedade e, por tais motivos, não assegura o direito indenizatório (art. 18 do Decreto-lei nº 25/1937).

O proprietário de imóvel próximo ao bem tombado depende de prévia autorização do órgão do Patrimônio Cultural para nele edificar, sob pena de demolição.

Entretanto, não é também para se afirmar que, por isso, o tombamento se confunde com as limitações administrativas, pelas razões que já expusemos e pelo fato de que não faz parte do tombamento essa limitação. Aquele, como veremos, é imposto por ato administrativo concreto, enquanto a tal limitação administrativa é veiculada por lei formal e já está desde a sua edição instituída, mas só será, *in casu*, determinável a partir do tombamento concreto.

4.7. Sujeitos Ativo e Passivo

Já vimos anteriormente que a competência para legislar sobre tombamento é concorrente, o que implica em dizer que à União caberá editar normas gerais sobre o tema e aos Estados, ao Distrito Federal e aos Municípios caberá complementar essa disciplina por meio de suas legislações.

Da mesma forma, a todos os entes da Federação é dado tombar bens em defesa do patrimônio histórico, artístico, cultural, paisagístico, paleontológico e arqueológico. Mas cada um pelos seus respectivos órgãos.

No âmbito federal – e lembre-se que não analisaremos aqui as legislações estaduais e municipais sobre o tema – caberá ao Instituto do Patrimônio Histórico e Artístico Nacional – IPHAN[135], nos termos do art. 4º do

[134] FARIA, Edmur Ferreira de, *Curso de Direito Administrativo Positivo*, Belo Horizonte: Del Rey, 2008, p. 463.

[135] Antes da edição da Medida Provisória nº 610/94, tal órgão era chamado "Serviço do Patrimônio Histórico e Artístico Nacional". E o Decreto-lei nº 25/1937 assim se refere quando trata da competência para tombar os bens de interesse público.

Decreto-lei nº 25/1937, por meio de ato administrativo do Sr. Diretor do citado órgão, a ordem de tombamento.

Já o sujeito passivo será o proprietário do bem especificado, que deverá, como já vimos, reunir qualidades especiais, de acordo com o disposto no art. 1º do Decreto-lei nº 25/1937.

O sujeito passivo do tombamento poderá ser tanto determinado quanto indeterminado, mas o normal, na sua grande maioria, é que ele seja determinado.

O tombamento determinado biparte-se em parcial ou total. Um prédio totalmente tombado, em função de seu valor histórico, cultural ou arqueológico, sofrerá imposição severíssima, visto que proíbe seu proprietário alterar até a cor do prédio, que terá que ser mantida conforme originalmente concedida, ou seja, a cada pintura de conservação ou reparo, nada poderá ser alterado no tombamento total: portas, janelas, telhados, tudo...

No tombamento parcial, haverá incidência apenas sobre parte do prédio, não incidindo sobre outras partes do imóvel, por exemplo, quando o tombamento incidir tão somente sobre a faixada do imóvel. Aí, no caso, os fundos do prédio podem ser alterados. O tombamento pode alcançar estátuas, chafariz etc.

Por outro lado, pode-se tombar um bairro inteiro, uma cidade. No caso de tombamento desse porte, como ocorreu em Ouro Preto, Minas Gerais, o sujeito passivo é indeterminado.

O que é importante fixar, neste item, é a necessidade de o bem tombado ser individual ou coletivamente determinado, não apenas determinável. Vale dizer, mesmo quando um mesmo ato tombar vários bens, estes deverão ser discriminados pelo ato.

4.8. Instituição do Tombamento

Na vigência de um Estado de Direito, como é o nosso, a figura do tombamento, para prevalecer diante da proteção que se confere ao direito de propriedade, deve estar amparado, como está, pela Constituição (CRFB/1988, art. 216, § 1º) e por lei formal (Decreto-lei nº 25/1937). No entanto – e isso não se discute – é um ato administrativo que o instituirá.

A discussão que se pode enfrentar neste ponto envolve a seguinte dúvida: seria esse ato administrativo discricionário ou vinculado? A doutrina se divide em três correntes.

Uma primeira parcela da doutrina afirma a vinculação do ato administrativo de tombamento à lei, pelo fato de só os bens de interesse artístico, histórico, cultural etc. poderem ser objeto desta modalidade de intervenção na propriedade.

Num outro extremo, temos o posicionamento dos que veem no tombamento um ato discricionário, já que fica reservada ao alvedrio da autoridade administrativa a avaliação da oportunidade e da conveniência da intervenção, bem como pelo fato de ser subjetivo o critério para se classificar um bem como de interesse histórico, artístico, cultural etc.

Certo é que ambos os seguimentos da doutrina enunciam verdades inabaláveis, aparentemente conflitantes. Mas só aparentemente. E a razão está, ao nosso ver, com uma terceira corrente, que compõe o dissenso apontado afirmando que cada um daqueles posicionamentos destaca um aspecto do ato de tombamento.

Na verdade, focando o ato por um lado, é de se reconhecer a necessidade de se tombar um bem com vistas a defender o patrimônio artístico, histórico, cultural etc. Sob esse ângulo, seria um ato vinculado. Mas, de outra forma, se o enfoque se der sobre a valoração do bem como ligado a um fato memorável da história ou de extravagante interesse artístico, cultural etc., tendo em vista que será tal mister desenvolvido por órgão integrante da Administração Pública, como determina a lei, é inegável a sua discricionariedade. E também se chegará a essa conclusão que é ao Poder Executivo que caberá decidir se determinado bem será ou não tombado, e em que oportunidade.

Neste sentido é a lição de José dos Santos Carvalho Filho, *in verbis*:

> Sob o aspecto de que o tombamento há de ter por pressuposto a defesa do patrimônio cultural, o ato é vinculado, o que significa que o autor do ato não pode praticá-lo apresentando motivo diverso. Está, pois, vinculado a essa razão. Todavia, no que concerne à valoração da qualificação do bem como de natureza histórica, artística etc. e da necessidade de sua proteção, o ato é discricionário, visto que essa avaliação é privativa da Administração[136].

Contudo, o Superior Tribunal de Justiça tem feito prevalecer o aspecto vinculativo, já que têm anunciado a obrigatoriedade de o ato ser motivado, dando a possibilidade de o judiciário o anular por não se vincular a fatos históricos memoráveis da história do Brasil ou por não ser de excepcional valor artístico, bibliográfico, arqueológico etc. (teoria dos motivos determinantes).

[136] *Op. cit.*, p. 497.

Em outras palavras, aquilo que se tem destacado como mérito administrativo por uns tem sido objeto de discussão judicial, com anuência daquela Corte, com base na necessária motivação do que se tem por discricionário no ato de tombamento.

Vejamos, por oportuno, o seguinte trecho do acórdão, que julgou o Recurso Especial nº 30.519/RJ:

> Se o ato administrativo pode ser imotivado, como é o caso da promoção por merecimento, é um ato político, mas estamos sujeitos a certas limitações, não quanto à escolha, mas quanto à clientela que pode ser promovida. Quanto ao próprio objeto e à motivação, que é o que nos interessa no caso, há uma discricionariedade bastante ampla, porém.
>
> Isto não ocorre no *tombamento*, onde *a motivação é inerente ao ato*, tanto assim que o ato praticado foi motivado, não só na sua origem como depois, à medida em que os processos administrativos e o jurisdicional se desenvolveram, à medida em que a autoridade administrativa foi justificando seu ato.
>
> [...]
>
> *O tombamento é ato parcialmente discricionário,* na medida em que envolve alguma margem de aferição do valor histórico, artístico etc.: mas ele é na sua maior parte um ato vinculado, especificamente, quanto à sua motivação, que, como vimos, tem de ser considerada com o cuidado, dado àquilo que a lei exige, ou seja, a vinculação a fatos memoráveis da história e a excepcionalidade do valor artístico[137].

A partir daí, podemos desmembrar o ato de tombamento em duas partes: uma vinculada e outra discricionária; sendo que, esta última, pela necessidade de motivação, se transmuda em vinculada em razão da teoria dos motivos determinantes, tornando-se o ato, por completo, vinculado.

A Administração Pública estará obrigada a agir vinculadamente, no sentido de ser obrigada a tombar determinado bem?

Há opiniões e opiniões a esse respeito, como a descrita abaixo, de Carlos Augusto A. Machado[138]:

> Toda vez que determinado bem for revestido dos requisitos necessários para constituir parte integrante do patrimônio histórico e artístico nacional, é dever do IPHAN, fazê-lo, pois, por exigência constitucional.
>
> O pronunciamento da autoridade, concretizado em ato administrativo, está localizado na esfera discricionária da Administração: pode o administrador reconhecer a qualificação do bem, louvando-se no parecer do órgão competente e, no entanto, não editar o ato, por não achar nem conveniente e nem oportuno tombá-lo.

José Cretella Júnior[139] arremata tal entendimento:

> não se confunda, pois, a qualificação do bem com o tombamento em si. Qualificar é tipificar, é atribuir ao bem valor histórico, artístico, paisagístico, enquadrando-o de modo preciso em uma das hipóteses legais. Tombar é o momento jurídico concretizado pela edição do ato. Qualificação é a operação de natureza técnica; o tombamento em si é o ato administrativo discricionário que pode ser editado ou não, porque envolve oportunidade, razoabilidade[140].

Constitui-se, na verdade, dever da Administração Pública editar o ato administrativo que se traduz pelo tombamento, sempre que ocorrem as condições previstas na referida legislação.

Em igual sentido:

> O ato estatal não é discricionário. Há o pressuposto de ter valor artístico ou histórico, ou de beleza natural, o bem que se tomba, como monumento ou documento protegido[141].

Ou, "o tombamento é um ato administrativo vinculado e constitutivo"[142].

São dignos de tombamento "todos os bens ligados a fatos memoráveis da História do Brasil ou, que apresentem excepcional valor arqueológico ou etnográfico, bibliográfico ou artístico, ou, que constituam lugares de feição notável por obra do homem ou da natureza"[143].

Opina o prof. José Afonso da Silva, quanto a ser discricionário ou vinculado, o ato administrativo do tombamento:

> o ato do tombamento é, porém, vinculado no sentido de que não se verificará sem o parecer técnico do órgão competente (IPHAN), ou entidade semelhante nos Esta-

---

137 STJ, Segunda Turma; Rel. Min. Antônio de Pádua Ribeiro, REsp nº 30.519-RJ, *in RF* 333/251. No caso em questão, o ato de tombamento foi anulado.

138 MACHADO, Carlos Augusto A. Tombamento, um Instituto Jurídico, *Temas de Direito Urbanístico* 1, são Paulo: Revista dos Tribunais, 1997, p. 33.

139 CRETELLA JÚNIOR, José. Regime Jurídico do Tombamento, *RDA*, 112/54

140 MACHADO, Carlos Augusto A. Tombamento, um Instituto Jurídico, Temas de Direito Urbanístico, Ed. RT. 1987, p. 33.

141 MIRANDA, Francisco Cavalcanti Pontes de. *Comentários à Constituição de 1967,* com a emenda nº 1 de 1969, *Op. cit., v.* I, p. 358.

142 *Idem,* p. 358

143 GASPARINI, Diógenes. *Enciclopédia Saraiva de Direito,* verbete "Tombamento", v. II, p. 16-18.

> dos ou Municípios, aconselhando a medida. O ato está pois, vinculado a este parecer. Mas este não se vincula a autoridade competente para emitir o parecer do tombamento. Quer dizer: mesmo que seja pela expedição do ato, a autoridade goza de competência discricionária para examinar de sua conveniência e oportunidade[144].

Outros autores de prestígio têm entendido, que o tombamento é, primeiramente, ato administrativo; decorre, vinculadamente, de parecer prévio, acerca das qualidades que justificam a sua materialização. Segundo, o instituto se revela como ato administrativo de natureza discricionária; não vincula o agente administrativo, no sentido da obrigatoriedade de sua homologação.

Preliminarmente, pode-se concluir, se considerado o parecer do ato administrativo e, iniciando o tombamento por meio dele, pela sua natureza vinculada, pois é dever da Administração Pública, com origem no art. 216, da Constituição, emiti-lo, caso sejam verificados os pressupostos preconizados na legislação específica, Decreto-lei nº 25/1937.

Contudo, se ao Poder Público se atribui a obrigação de qualificar, por meio do parecer, o bem dotado de características que o tornem suscetível de ser tombado, também é verdade que:

> ao Judiciário cabe decidir, se o imóvel inscrito no Serviço do Patrimônio Histórico e Artístico Nacional tem ou não valor histórico ou artístico, não se limitando a sua competência em verificar apenas se foram observadas as formalidades legais no processo de tombamento[145].

Concluindo, nos parece que inexiste qualquer marca de discricionariedade, quanto à prática do ato inicial do procedimento, ou seja, do parecer.

O tombamento, sem nenhuma perplexidade, revela-se como procedimento, do qual o parecer é o ato vestibular, como observa Antonio Queiroz Telles, vinculado quanto à obrigatoriedade de sua edição e, a homologação que, embora vinculada ao parecer, é, na verdade, discricionária quanto a sua efetiva concretização.

Observe-se o seguinte esquema, que bem representa a conclusão alcançada:

Ato administrativo de tombamento:

1ª parte: vinculada à lei.

2ª parte: vinculada ao motivo fático determinante.

4.9. Espécies

Compulsando a legislação antes mencionada, podemos identificar, como em geral o faz a doutrina, algumas espécies de instituição do tombamento, que podem ser assim classificadas:

1. *Quanto à titularidade do bem tombado*:

a) de bem público;

b) de bem particular.

Quanto aos bens públicos, é de se mencionar a regra contida no art. 5º do Decreto-lei nº 25/1937 que reza sobre a possibilidade de se inscrever *ex officio* o tombamento, sem necessidade de anuência do sujeito passivo, que somente será notificado do ato, com vistas à regular produção de efeitos. Não precisa, consequentemente, de procedimento. Tomba-se e notifica-se a entidade a que o bem pertencer ou sob cuja guarda estiver, a fim de produzir os necessários efeitos.

O significado que Maria Coeli Simões Pires extrai do citado dispositivo legal é que sempre será definitivo o tombamento de bem público, não sendo possível qualquer impugnação na via administrativa[146]. Entretanto, com base no disposto no art. 5º, LV da CRFB/1988, não nos parece merecer recepção aquela regra, posto que o princípio da ampla defesa e do contraditório inequivocamente têm aplicabilidade também na esfera administrativa. De modo que, se não há procedimento previsto para tal impugnação, deverá ser adotado o do art. 9º, a ser analisado oportunamente.

E não se argumente com a inaplicabilidade do dispositivo constitucional citado, por se tratar de ente público o beneficiário, já que, nesta hipótese, estará figurando na relação jurídica como qualquer outro proprietário, merecendo, pois, tal favorecimento.

Quanto aos bens particulares, sempre haverá, como veremos, a oportunidade de defesa administrativa, o que é expressamente previsto pela legislação citada, em seu art. 9º. Sobre essa questão, trataremos mais adiante.

2. *Quanto à manifestação de vontade do sujeito passivo*:

a) voluntário;

b) compulsório.

Prevê o Decreto-lei nº 25/1937 a possibilidade do próprio proprietário de determinado bem, por reconhecer o seu valor histórico, artístico, cultural etc., oferecê-lo ao tombamento. Neste caso, deverá ser ouvido o Conselho Consultivo do IPHAN, para que se manifeste sobre as características do bem ofertado, informando se preenche ou não os requisitos para que se configure patrimônio histórico e artístico nacional. Sendo positivo

---

[144] SILVA, José Afonso da. *Direito Urbanístico Brasileiro, ob. cit.*, p. 491

[145] Julgado no STF, de 19/08/1943, *RDA*, 98, p. 586.

[146] *Op. cit.*, p. 151.

o parecer, proceder-se-á ao tombamento (Decreto-lei nº 25/1937, art. 7º).

Qualquer pessoa física ou jurídica pode solicitar, aos órgãos responsáveis pela preservação, o tombamento.

Também será considerado voluntário, de acordo com a legislação em análise, o tombamento cuja motivação encontrar origem em atos do próprio IPHAN, quando o sujeito passivo não se opor à intervenção. Observe-se, entretanto, que essa anuência deverá ser escrita, informando expressamente o proprietário do bem que concorda com a sua inscrição no livro tombo.

Caso não seja observada tal conduta, deverá o Diretor do IPHAN aguardar o decurso do prazo para impugnação. E somente se correr *in albis* tal interregno temporal é que se poderá inscrever o bem no livro próprio.

Poderá ainda ser compulsório o tombamento, configurando-se essa hipótese se o proprietário do bem objeto da intervenção discordar da mesma, dentro do prazo de 15 dias, contados da notificação[147], por meio de impugnação escrita e fundamentada (Decreto-lei nº 25/1937, art. 9º, I). Nesse caso, o tombamento terá procedimento mais complexo.

Tendo sido oferecida tempestivamente a cabível impugnação, abrir-se-á vista ao órgão de que houver emanado a iniciativa do tombamento, que sustentar-lhe-á no prazo de 15 dias também, sendo remetido o processo em seguida ao Conselho Consultivo do IPHAN, para proferir a decisão no prazo de sessenta dias.

Interessante notar que o art. 9º, III do Decreto-lei nº 25/1937 diz que não caberá recurso contra a decisão a que nos referimos no parágrafo anterior. Mas tal regra não há de prevalecer diante do já mencionado art. 5º, LV, da CRFB/1988, que prevê, sempre, a possibilidade de pelo menos um recurso no âmbito administrativo também.

Em função disso, há de ser aplicado o disposto no artigo único do Decreto-lei nº 3.866/1941[148], que prevê a possibilidade de recurso ao presidente da República, para pleitear o cancelamento do ato de tombamento.

Assim também se manifesta José dos Santos Carvalho Filho, *in verbis*:

> Anote-se, por fim, que ao proprietário do bem tombado é conferido o direito de recorrer contra o ato de tombamento. O recurso é dirigido ao presidente da República, que, atendendo a razões de interesse público, pode cancelar o tombamento[149].

E acrescenta: "Esse recurso, considerado como impróprio, tem previsão no Decreto-lei nº 3.866, de 29/11/1941."[150] Hely Lopes Meirelles, embora reconhecendo a juridicidade desse recurso, ao qual faz expressa menção, critica veementemente a competência do presidente da República para o exercício dessa competência. Vejamos, por oportuno, as suas palavras:

> A autoridade deste órgão do mais alto gabarito técnico e artístico, não deveria ficar sumariamente anulada pelo julgamento político, do chefe da Nação, em matéria estranha às suas funções governamentais. A instituição deste recurso se deve, naturalmente, à origem ditatorial do diploma que o estabeleceu, em cujo regime o chefe de Estado absorvia todos os poderes e funções inclusive os de julgamento artístico e histórico, nada condizentes com o governo da Nação[151].

Por mais que se possa criticar a conferência daquela competência ao chefe do Executivo, que exerce função política, não merecerá, ao nosso sentir, o mesmo tipo de comentário o fato de a legislação prever tal recurso, posto que está a atender o importante princípio da ampla defesa e contraditório.

3. *Quanto à duração da eficácia do ato*:

O tombamento compulsório faz nascer mais outros dois tipos de tombamento:

a) definitivo;
b) provisório.

Será considerado *definitivo* o tombamento quando não for regularmente oferecida a impugnação ou quando esta for julgada improcedente, sem recurso ou com decisão do presidente da República favorável à intervenção. Portanto, quando concluído pela sua inscrição no competente Livro de Tombo.

Maria Coeli Simões Pires, com base nos arts. 5º e 10 do Decreto-lei nº 25/1937, afirma a impossibilidade de se considerar definitivo o tombamento de bem público[152]. Entre-

---

[147] Essa notificação é indispensável, sob pena de ser negado qualquer efeito ao tombamento em relação ao proprietário e à vizinhança, como decidiu o Superior Tribunal de Justiça no ROMS nº 7.581/PA, *in* RSTJ 97/140.

[148] Observe-se que o livro de legislação administrativa do prof. Luiz de Oliveira Castro JUNGSTEDT diz tratar-se de simples decreto federal. Mas, na verdade não é. Trata-se de decreto-lei, até porque expressamente fundamentado no art. 180 da CRFB/1937, que trata dessa espécie normativa.

[149] *Op. cit.*, p. 500.

[150] Nota 60, na mesma p. 500.

[151] *Op. cit.*, p. 525.

[152] *Op. cit.*, p. 151.

tanto, considerando-se a crítica que tecemos anteriormente àqueles dispositivos legais, à luz do art. 5º, LV da CRFB/1988, não nos parece merecer sucesso essa observação.

No que tange ao tombamento provisório, este se configurará enquanto pender decisão (administrativa) capaz de cancelar o ato administrativo anterior, seja do Conselho Consultivo do IPHAN, por ocasião do julgamento de impugnação administrativa, seja do presidente da República, por ocasião do julgamento de recurso administrativo.

Urge frisar que, quando o particular recebe a notificação e a resiste, o tombamento, automaticamente, já é provisório, para evitar a ação rápida do proprietário em demolir ou desfazer da coisa antes do término do procedimento (Decreto-lei nº 25/1937, art. 10º).

Eis as fases do procedimento:

1. Manifestação do órgão sobre o valor do bem para fins de *tombamento;*
2. Notificação ao proprietário para anuir ao tombamento dentro do prazo de 15 dias, a contar da data do recebimento da notificação ou para, se quiser, impugnar e oferecer razões dessa impugnação;
3. Se o proprietário anuir, por escrito, à notificação, ou não impugnar, tem-se o tombamento voluntário, com a inscrição no Livro do Tombo;
4. Havendo impugnação, será dada vista, no prazo de mais 15 dias, ao órgão que tiver tomado a iniciativa do tombamento, a fim de sustentar as suas razões;
5. A seguir, o processo será remetido ao Conselho Consultivo do IPHAN, que proferirá decisão a respeito, no prazo de sessenta dias, a contar da data do recebimento;
6. Se a decisão for contrária ao proprietário, será determinada a inscrição no Livro do Tombo; se for favorável, o processo será arquivado;
7. A decisão do Conselho Consultivo terá que ser apreciada pelo Ministro da Cultura (Lei nº 6.292, de 15/12/1975, o qual poderá examinar todo o procedimento, anulando-o, se houver ilegalidade, ou revogando a decisão do órgão técnico, se contrária ao interesse público, ou, finalmente, apenas homologando-a. Obs: Art. 9º, III, foi revogado pelo Decreto-lei nº 3.866/1941, cabendo recurso ao presidente da República.
8. O tombamento só se torna definitivo com a sua inscrição em um dos Livros do Tombo que, na esfera federal, compreende, nos termos do art. 4º, do Decreto-lei nº 25/1937: Livro do Tombo Arqueológico, Etnográfico e Paisagístico; Livro do Tombo das Belas Artes; Livro do Tombo das Artes Aplicadas; Livro do Tombo Histórico.

Feitas essas observações, que muito ajudam a compreender pragmaticamente o instituto em tela, analisemos agora o ato instituidor do tombamento em si.

4. *Quanto à quantidade de bens atingidos*:

a) individual;

b) coletivo.

Quanto ao tombamento individual não há dúvida, já que o mesmo ato administrativo atingirá um único e determinado bem. O problema está no tombamento coletivo, que os doutrinadores preferem chamar *geral*.

Não nos parece correto ou, mesmo, conveniente chamar de geral qualquer tipo de tombamento, isto porque poderá dar a ideia de que incidirá sobre uma generalidade de bens indeterminados, o que não é possível, como já tivemos a oportunidade de ver. Por isso, parece-nos mais correto dizer tombamento coletivo, caso em que dois ou mais bens são tombados por um mesmo ato administrativo, mas todos devidamente discriminados.

5. *Tombamento de uso*

Tem-se denominado tombamento de uso aquele pretenso tombamento instituído com o fim de limitar a utilização de determinado bem imóvel, destinando-o exclusivamente a atividades artístico culturais.

Obviamente que é ilegítima essa intervenção, por duas razões: a) o tombamento não pode ir além do que o Decreto-lei nº 25/1937 prescreve em termo de conteúdo, e isso não encontra amparo na legislação, como tivemos a oportunidade de conferir linhas atrás; b) esse tipo de exigência acaba por retirar das mãos do proprietário a titularidade do bem, por vias transversas.

Por isso, o Supremo Tribunal Federal rechaçou a possibilidade de se instituir o chamado tombamento de uso no julgamento do Recurso Extraordinário nº 219.292/MG. Confira-se a ementa do acórdão:

> Tombamento de bem imóvel para limitar sua destinação à atividades artístico-culturais. Preservação a ser atendida por meio de desapropriação. Não pelo emprego da modalidade do chamado tombamento de uso. Recurso da Municipalidade do qual não se conhece, porquanto não configurada a alegada contrariedade, pelo acórdão recorrido, do disposto no art. 216, § 1º, da Constituição[153].

[153] STF, Primeira Turma; Rel. Min. Octávio Gallotti, RE nº 219.292/MG.

4.10. Indenização

Figurando o tombamento como espécie de intervenção branda na propriedade, é de se dizer que, em regra, não merecerá o proprietário do bem tombado, como anunciado no conceito dado ao instituto pelo prof. Diogo de Figueiredo Moreira Neto (item II, *C*, a *infra*), qualquer indenização.

Além de se poder invocar essa regra como fundamento para a gratuidade do tombamento, podemos reforçar a argumentação com mais dois motivos.

Em primeiro lugar, ao contrário do que ocorre em relação às limitações administrativas, o tombamento de determinado bem não tem o condão de impedir que o seu proprietário exerça qualquer atividade nele ou com ele – e, lembre-se, nem por isso as limitações administrativas geram, em regra, o dever de indenizar. Os condicionamentos impostos são tão somente o dever de conservação, a vedação à destruição ou desfiguração e a necessidade de se pedir autorização ao IPHAN para retirar o bem móvel e objeto de tombamento do País.

Desde que, assim, o uso da propriedade tombada não implique em infração àqueles limites, qualquer atividade poderá ser exercida nela ou com ela, de modo que não há falar em prejuízo merecedor de reparação.

Confirmando essas considerações, assim se manifestou o Supremo Tribunal Federal:

> A finalidade do tombamento é conservar a coisa, reputada de valor histórico ou artístico, com a sua fisionomia característica.
>
> Mas essa preservação não acarreta necessariamente a perda da propriedade, o proprietário não é substituído pelo Estado; apenas se lhe retira uma das faculdades elementares do domínio, o direito de transformar e desnaturar a coisa[154].

Em segundo lugar, ao contrário do que ocorre com as servidões – que nem por isso geram o dever de indenizar –, o tombamento não confere à Administração Pública o direito de usar a propriedade, chegando, no máximo, a impor ao proprietário do bem atingido o dever de suportar a fiscalização das autoridades competentes, o que, também, não causa qualquer prejuízo concreto.

Lembre-se, ainda, de que o tombamento de uso é figura estranha ao nosso ordenamento jurídico, conforme decisão do Supremo Tribunal Federal já noticiada anteriormente (item II, *C*, *i*, *infra*).

Assim, não existindo probabilidade de dano, pelo menos em tese, com a instituição do tombamento de um bem, seja ele móvel ou imóvel, material ou imaterial, não há falar, em regra, de indenização por tombamento.

Celso Antônio Bandeira de Mello não se pronuncia expressamente sobre essa questão em relação especificamente ao tombamento. Entretanto, por considerar esta uma espécie de servidão administrativa " com o que não podemos concordar " afirma a necessidade de o Poder Público indenizar o proprietário do bem tombado, sempre que houver prejuízo efetivo, traduzido num real declínio de sua expressão econômica ou numa subtração de utilidade fruída por seu titular[155].

Até aí, tirando o fato de o mestre paulista considerar o tombamento espécie de servidão administrativa, teoricamente não apresentou qualquer distinção em relação ao que pensamos sobre o tema. Mas se no âmbito teórico discrepância não há, o mesmo não se pode dizer do plano prático. Expliquemos o motivo.

A regra para as servidões administrativas é a de que não gerará dever de indenizar, salvo se resultar num real e concreto prejuízo para o proprietário do bem gravado. Todavia, as situações práticas em que esse prejuízo se verifica não são raras, sendo lícito, talvez, afirmar constituem a maioria dos casos.

Diferentemente, embora a regra teórica quanto ao dever de indenizar seja a mesma das servidões administrativas, no tombamento difícil fica vislumbrar hipóteses em que prejuízos decorram de sua instituição. De modo que se pode afirmar que, geralmente, não se verificará o dever de indenizar o particular em decorrência de tombamento de seu bem.

Não obstante o que se afirma como regra, hipóteses há em que, a pretexto de se estar instituindo um tombamento, o Poder Público desapropria o bem de forma indireta, por esvaziar todo o seu conteúdo econômico. Vejamos, para ilustrar, o seguinte trecho do acórdão do Supremo Tribunal Federal em que se enfrentou caso dessa natureza:

> Embora de extração constitucional, o tombamento não pode " e não deve " ser invocado pelo Estado como causa de exoneração de seu dever de indenizar aqueles que, como os particulares ora agravados, expondo-se à ação desenvolvida pelo Poder Público na defesa do patrimônio cultural, vêm a sofrer prejuízos materiais de ordem eco-

[154] *RF*, vol. 98/590.

[155] *Op. cit.*, p. 180.

nômica resultantes da utilização governamental desse instrumento de limitação ao uso da propriedade privada[156].

Esses casos têm sido apreciados inclusive pela doutrina mais conservadora, como a de Hely Lopes Meirelles, que afirmava:

> O tombamento não obriga a indenização alguma, salvo se as condições de conservação da coisa acarretarem despesas extraordinárias para o proprietário, caso que deverão ser suportadas pelo Poder Público, ou realizada a desapropriação do bem tombado (art. 19)[157].

Portanto, somente o caso concreto definirá a situação da intervenção estatal na propriedade por meio do tombamento no tocante à questão da indenização, sendo esta devida sempre que ficar provado o dano efetivo.

A característica básica do tombamento é a sua gratuidade, porque, a princípio, não se retira do titular do bem tombado nenhum direito. Por causa disso, o ato de tombamento não pode obstar ou tornar economicamente inviável a posição do bem.

A título de ilustração, vamos supor que determinado palacete, de inegável valor arquitetônico e histórico, o Poder Público ao tombá-lo, determina o direito de visitação pública, de 8h às 18h. Não obstante, entretanto, a importância e a relevância de que se reveste a medida, o Poder Público não pode transformar, o que é do proprietário-particular, em bem de todos. Aqui, está inviabilizando e retirando, do proprietário, o direito de propriedade, consagrado constitucionalmente, inciso XXII, art. 5º. Eis uma caso típico em que a indenização do proprietário do bem tombado seja totalmente reconhecido, impondo-se a desapropriação, sob pena de prosperar uma demanda judicial, segundo inciso XXXV, art. 5º, do Texto Constitucional.

O tombamento é uma intervenção branda na propriedade, via de regra, não acarreta indenização.

Nossos tribunais têm decidido, por reiteradas vezes, se o tombamento suprimir a utilização da atividade econômica, por exemplo, causando prejuízo, cabe indenização. Indenização, no tombamento, portanto, só se acarretar esvaziamento econômico do bem, dano.

O tombamento constitui-se, inegavelmente, numa contribuição que o proprietário deve dar para a preservação da memória cultural, histórica. Então, alguns tribunais passaram a seguir uma orientação da Suprema Corte, hoje já superada, de que não cabe indenização, mesmo que o tombamento seja total, até porque o proprietário não tem o domínio afetado, continua sendo dono e tendo à livre disposição do seu bem, só não podendo alterá-lo naqueles aspectos efetivados pelo tombamento.

A partir da década de 90, começou uma enorme discussão, batalha judicial, pretendendo a revisão desta orientação. Por quê? Porque começaram a ocorrer, com maior frequência, tombamentos coletivos, bairros inteiros tombados, cidades, áreas litorâneas. Esses tombamentos coletivos começaram a despertar os estudiosos do tema. Uma coisa é um proprietário suportar, sozinho, os encargos decorrentes da preservação do imóvel tombado, singularmente; outra coisa, é o proprietário suportar os encargos de preservação de imóveis tombados coletivamente. Logo, não poderia ser dispensado o mesmo tratamento indenizatório. Surgem vários autores propondo a seguinte solução: no caso do tombamento coletivo, é admissível manter a tese do descaimento da indenização. Se toda uma cidade é tombada, todos os imóveis desta cidade sofrerão, por igual, as consequências do tombamento e, aí, nenhum proprietário poderia arguir quem está em situação de desigualdade, perante os demais proprietários. Consequentemente, não cabe indenização, porque não houve perda ou diminuição em relação ao mercado. Mas, no tombamento singular, deveria ser revista a posição de alguns tribunais e da própria doutrina, para que se possa admitir a indenização. Supondo que um prédio é escolhido para ser a lembrança de determinada fase da história ou de certo estilo arquitetônico ou de algum episódio da história local ou nacional. Nenhum outro é alcançado por este tombamento. Então, isto está impondo, isoladamente, a um proprietário a eventual depreciação, o que causaria uma situação de injustiça, pois desigualaria este proprietário em relação aos demais proprietários. Só este deveria responder pela preservação da memória. A enfocada proposta, que tem sido feita de 10 anos para cá, não encontra pacífico entendimento. Hodiernamente, há juízes entendendo que não há o cabimento de indenização, quando se tratar de tombamento, seja coletivo, seja singular.

4.11. Controle

Esse item mereceria análise sob duplo aspecto: a) controle do ato de tombamento; b) controle da preservação do patrimônio cultural brasileiro. Entretanto, nos fixaremos, aqui, no segundo deles, deixando o primeiro para ser analisado no ponto final.

---

[156] STF, Primeira Turma; Rel. Min. Celso de Mello, despacho no Agravo de Instrumento nº 127.174/SP.

[157] *Op. cit.*, p. 524.

Sabidamente, não basta tombar o bem histórico ou culturalmente significante para que esteja garantida a sua preservação. Necessário se faz um acompanhamento a ser desenvolvido pelas autoridades administrativas competentes. E não foi por outro motivo que previu o art. 20 do Decreto-lei nº 25/1937 o dever jurídico negativo do proprietário do bem tombado consistente em ter de permitir a vigilância permanente pelo IPHAN, com vistas à verificação do cumprimento dos demais deveres impostos por ocasião da instituição do tombamento. Mas não é somente essa a modalidade de controle da preservação do patrimônio cultural brasileiro.

Ao lado desse controle efetivo e concreto a ser realizado pelos agentes públicos, as sanções previstas pela legislação se nos afiguram como instrumentos de intimidação, principalmente a contida no art. 21, *ipsis litteris*:

> *Art. 21. Os atentados cometidos contra os bens de que trata o art. 1º desta lei são equiparados aos cometidos contra o patrimônio nacional.*

No mesmo diapasão, a norma do art. 15, § 3º do mesmo Decreto-lei nº 25/1937 impõe consequências de ordem criminal aos infratores da legislação protetora dos bens tombados, nos seguintes termos:

> *Art. 15*
>
> *[...]*
>
> *§ 3º A pessoa que tentar a exportação de coisa tombada, além de incidir na multa a que se referem os parágrafos anteriores, incorrerá nas penas cominadas no Código Penal para o crime de contrabando*[158].

Impondo sanções tão graves, que chegam a por em jogo até a liberdade do transgressor da norma protetiva do patrimônio cultural, o Decreto-lei nº 25/1937 institui um controle psicológico, que compele à sua fiel observância.

Por fim, temos ainda o controle realizado pela sociedade civil, por meio das ações populares (CRFB/1988, art. 5º, LXXIII e Lei nº 4.717/1965) e do exercício do direito de petição (CRFB/1988, art. 5º, XXXIV), e pelo Ministério Público, por meio das ações civis públicas (CRFB/1988, art. 129, III e Lei nº 7.347/1983).

Repare, entretanto, que, dentre os citados, os instrumentos processuais propriamente ditos (que desencadeiam processo judicial) não poderão ser utilizados antes de o Poder Público promover o tombamento do bem. Vale dizer, não se poderá exigir que o Executivo, por meio de seu órgão competente, tombe determinado bem por ordem judicial, pois, como vimos, é discricionário o tal ato administrativo, somente se podendo falar em vinculação naquelas duas hipóteses vistas anteriormente, nunca no que se refere ao momento de se proceder ao tombamento. Burlar esse limite equivaleria a atentar contra a independência dos Poderes (art. 2º da CRFB/1988).

Questão interessante do tombamento é a que incita seu controle judicial. Pode-se ou não submeter ao Poder Judiciário a revisão do ato de tombamento? O Poder Judiciário pode rever o ato de tombamento, como qualquer outro ato administrativo, quanto a dois aspectos:

No dever do devido processo legal, a legislação que rege o tombamento, seja a nível federal, estadual ou municipal. Não há tombamento, sem se prever um processo administrativo, inclusive, com oportunidade para manifestação do proprietário. Logo, se o ato final do tombamento materializou-se sem ou com supressão de etapas, há anulação e isso é suscetível ao Poder Judiciário, porque não se observou as etapas do processo administrativo previsto em lei.

O outro espaço concerne ao plano da validade, ou seja, os elementos estruturais do ato. É dever da Administração Pública expedir o ato de tombamento com uma estrutura íntegra. Não se pode admitir que o ato de tombamento eventualmente seja maculado por vícios em um ou mais desses elementos. O vício mais frequente, que atualmente vem sendo controlado pelo Poder Judiciário, refere-se ao motivo. Qual o motivo do tombamento? O componente motivo deve ser informado por fatos e pelo próprio direito. O tombamento, como ato administrativo que é, requer motivação obrigatória, isto é, a exposição das justificativas, das razões de sua edição e, ainda, se os motivos forem insuficientes, ambíguos, obscuros, incorretos, o tombamento será inválido. E para se aferir o motivo, o magistrado determinará perícia, para ouvir técnicos-historiadores, pois é preciso efetivamente certificar-se de que há valor histórico, por exemplo, para fundamentar o controle do ato. Não é o agente administrativo só que fará esse exame. Se ficar demonstrado que houve o motivo alegado, o assunto está encerrado do ponto de vista do controle judicial.

4.12. Cancelamento

Como se pode extrair de tudo o que disse até aqui, o cancelamento do tombamento poderá se dar tanto pela via administrativa como pela via judicial, quer por ví-

[158] Lembre-se de que o art. 14 do mesmo diploma legal veda a saída do bem tombado dos limites do nosso território, senão por tempo curto e com autorização do IPHAN.

cio de legalidade, quer por questões de oportunidade e conveniência.

No primeiro caso, caberá ao próprio IPHAN tal revogação ou ao presidente da República, nos termos do disposto no artigo único do Decreto-lei nº 3.866/1941, quer por vício de legalidade (anulação), quer por juízo de oportunidade e conveniência (revogação). Veja-se a regra de direito positivo citada:

> *Artigo único. O presidente da República, atendendo a motivo de interesse público, poderá determinar, de ofício ou em grau de recurso, interposto por qualquer legítimo interessado, seja cancelado o tombamento de bens pertencentes à União, aos Estados, aos Municípios ou a pessoas naturais ou jurídicas de direito privado, feito no Serviço do Patrimônio Histórico e Artístico Nacional de acordo com o Decreto-lei nº 25, de 30/11/1937.*

É certo que a lei só fala em motivo de interesse público, o que remete a um controle meramente político. Entretanto, como não deixa dúvidas a leitura da Súmula nº 473 do Supremo Tribunal Federal, poderá a Administração *anular* seus atos sempre que neles verificar vício de legalidade, senão vejamos:

> Súmula nº 473. A Administração pode anular seus próprios atos eivados de vícios que os tornam ilegais, porque deles não se originam direitos; ou revogá-los, por motivo de conveniência ou oportunidade, respeitados os direitos adquiridos e ressalvada, em todos os casos, a apreciação judicial.

No que toca ao controle judicial do ato de tombamento, já vimos que haverá essa possibilidade, não só no que se refere ao controle de legalidade, mas também quanto à valoração do bem tombado como de interesse histórico e ou cultural, conforme polêmica decisão do Supremo Tribunal Federal anteriormente transcrita, com apoio na obrigatoriedade de motivação e na teoria dos motivos determinantes. Essa é uma das quatro hipóteses em que se admite a invasão do mérito administrativo pelo Poder Judiciário.

Em sentido contrário, entretanto, posiciona-se o professor José dos Santos Carvalho Filho, *in verbis*:

> Quanto ao motivo do ato, repetimos, é importante distinguir os ângulos de que se reveste. Se o proprietário provar que não existe qualquer fator que implique a necessidade da intervenção protetiva do Estado, o ato estará eivado de vício e poderá ser invalidado na via judicial.
>
> Não cabe, porém, nessa via discutir os aspectos administrativos que conduzem à valoração do sentido cultural do bem e à necessidade de sua proteção. Essa parte do ato é insindicável pelo Judiciário[159].

5. Ocupação Temporária

5.1. Conceito

Denomina-se ocupação temporária a espécie de intervenção branda na propriedade por meio da qual o Estado se apossa momentaneamente de bem particular (ou, com algumas restrições a mais, públicos) para executar serviço ou obra pública.

Ousando um pouco mais, abandonamos aqui a conceituação de outros autores e formulamos a nossa mesma. Mas isso não muda a nossa opinião sobre a necessidade de explorar as características do instituto sem se prender à tola tentação de reuni-los todos em uma única e simplificada sentença.

Portanto, passemos a explorar com mais liberdade esse instituto de tamanha importância.

5.2. Fundamentos

Mais uma vez deparamo-nos com o choque entre o interesse público e o direito de propriedade, devendo, como se sabe, prevalecer o primeiro, já que é superior e está a compor também o patrimônio do titular do direito de propriedade atingido pela intervenção, além de prestar auxílio a toda a coletividade, enquanto o uso exclusivo da propriedade somente prestigia o interesse privado de seu dono.

Além da supremacia do interesse público, porque não lançar luzes aqui também sobre a consagrada fórmula função social da propriedade, já que as obras e serviços públicos contemplados pela intervenção serão fruídos, em tese, por toda a coletividade? Obviamente não há razão para essa exclusão, motivo pelo qual aqui também se faz alusão aos arts. 5º, XXIII e 170, III, ambos da Constituição da República.

Especificamente sobre a ocupação temporária, é a norma infraconstitucional que está a prever a sua existência. E, embora sua evocação se faça com algumas reservas, por razões várias, é o art. 36 do Decreto-lei nº 3.365/1941 que lhe respalda menos abstratamente, *ipsis litteris*:

> *Art. 36. É permitida a ocupação temporária, que será indenizada, a final, por ação própria, de terrenos não edificados, vizinhos às obras e necessários à sua realização.*

---

[159] *Op. cit.*, p. 501.

Embora não seja o único dispositivo legal que faça referência à ocupação temporária, é geralmente este o que se aponta como fundamento específico dessa modalidade de intervenção branda na propriedade.

Derradeiramente, verifique-se que o art. 136, § 1º, II da Constituição, apesar de usar a expressão "ocupação e uso temporário de bens e serviços públicos" institui verdadeira requisição, como teremos a oportunidade de verificar. De modo que não seria muito correto pretender fundamentar o instituto em apreço no citado dispositivo constitucional.

5.3. Natureza Jurídica

A ocupação temporária é forma independente de intervenção branda do Estado na propriedade. Não obstante, alguns doutrinadores tentam, mas sem sucesso, equipará-la ora às servidões administrativas, ora às requisições e ora à desapropriação.

José Carlos de Moraes Salles chega a afirmar que a natureza jurídica da ocupação temporária, seguindo a linha de raciocínio de Seabra Fagundes, é de arrendamento forçado[160]. Equivocada a lição, entretanto. Aqui, o ente interveniente não realiza contrato com o proprietário do bem ocupado. O Estado entra com a sua força, subjugando a vontade do particular.

Não se confundem a ocupação temporária e a servidão administrativa, posto que esta institui um direito real sobre a coisa alheia, dando uma ideia de permanência daquela situação; enquanto a ocupação temporária só defere a posse (exercício do poder de uso) de determinado imóvel, por período curto de tempo.

Não se confunde a ocupação temporária também com a requisição, ao contrário do que nos faz crer a lição da profª Lúcia Valle Figueiredo, *in verbis*:

> Consoante se nos afigura, a ocupação temporária do imóvel tem, sob outro rótulo, idêntico regime ao da requisição, vertendo-se, todavia, sobre bem imóvel[161].

Para chegar a essa conclusão, baseia-se, também, a citada autora no disposto no art. 136, § 1º, II da CRFB/1988, que chama de ocupação temporária o que, na verdade, é uma requisição.

A ocupação temporária, entretanto, somente incide, como veremos adiante, sobre bens imóveis, enquanto as requisições poderão ter como objeto bens móveis, imóveis ou até mesmo serviços. Mas ainda não é esse o ponto crucial da distinção.

Marca, como veremos, o instituto da requisição o fato de ser instituída em ocasião de necessidade urgente, o que justifica uma informalidade na sua instituição. Diferentemente, essa urgência não marca a ocupação temporária, razão pela qual deverá obedecer a algum formalismo para ser instituída.

Por fim, não se confundem a ocupação temporária e a desapropriação, ao contrário do que afirma Luiz da Cunha Gonçalves[162], por mais de uma razão.

Em primeiro lugar, a desapropriação retira do particular (ou, em determinados casos, de outro ente público) a propriedade, transferindo-a compulsoriamente para o patrimônio do ente interveniente; o que não ocorre com a ocupação temporária, que apenas concede direito de exercício de um dos poderes que integram o conceito de propriedade (uso).

Além disso, a ocupação temporária, como o próprio nome já diz, é instituída por pequeno prazo, enquanto a desapropriação é definitiva, importando na aniquilação perpétua do direito alheio.

Por todas essas razões, não nos parece haver lugar para dúvidas quanto ao fato de que a ocupação temporária é forma autônoma de intervenção do Estado na propriedade.

5.4. Objeto

Nesse ponto, três perguntas serão respondidas, a saber: a) somente os bens imóveis, ou também os móveis, serão atingidos pela ocupação temporária? b) Quanto aos imóveis, somente os não edificados podem ser temporariamente ocupados? Somente por ocasião de uma desapropriação é que as ocupações temporárias serão instituídas?

Analisando a questão com os olhos voltados somente para o art. 36 do Decreto-lei nº 3.365/1941, a resposta seria, tranquilamente, no sentido de somente os imóveis não edificados poderem ser objeto de ocupação temporária, por ocasião de uma desapropriação. Mas não é bem assim.

Para iniciar, diga-se que não encontramos registros, dentre os autores nacionais mais conhecidos[163], de opinião no sentido de ser possível a ocupação temporária

---

[160] *Op. cit.*, p. 763.

[161] *Op. cit.*, p. 204.

[162] Citado por José Carlos de Moraes SALLES, *ob. cit.*, p. 762.

[163] O prof. José dos Santos CARVALHO FILHO nos dá conta de que Dromi e Manuel Maria Diez aceitam a ocupação temporária de bens móveis (*ob. cit.*, p. 487).

de bem móvel. Ao contrário, o prof. José dos Santos Carvalho Filho afirma que "a ocupação temporária é instituto típico de utilização da propriedade imóvel"[164].

Mas ainda persistem as outras duas dúvidas.

Embora a maioria da doutrina já entenda ser possível a ocupação temporária completamente desvinculada da desapropriação, ainda se afirma com alguma frequência que somente terrenos baldios poderão ser objeto de ocupação temporária. Neste sentido é a lição da profª Odília Ferreira da Luz Oliveira, que transcrevemos:

> [...] a ocupação temporária pode ser definida como a utilização temporária e direta pelos agentes da Administração Pública de *terrenos baldios* de domínio privado, próximos de obras públicas ou de locais onde se realizam outras atividades públicas, com a finalidade de instalar depósitos de material, mediante indenização posterior[165].

Repare que a redação acima não utiliza uma vírgula após "obras públicas", de modo que quando fala em "locais onde se realizam outras atividades públicas" está se referindo a terrenos baldios próximos desses locais. Mas não nos parece correto restringir o alcance da ocupação temporária dessa forma, por apego excessivo àquele dispositivo legal, ainda mais se considerarmos que não é o único que trata do assunto em tela.

O prof. Hely Lopes Meirelles dizia que, normalmente, o fundamento dessa modalidade de intervenção na propriedade é a necessidade de local para funcionar como canteiro de obras. Portanto, ao se utilizar do termo normalmente, está dizendo que quase sempre, mas nem sempre. E, ao definir o instituto não fazia essa restrição, senão vejamos:

> Ocupação temporária é a utilização transitória, remunerada ou gratuita, de bens particulares pelo Poder Público, para a execução de obras, serviços ou atividades públicas ou de interesse público[166].

Diógenes Gasparini, por sua vez, admite que haja no terreno pequena construção ou aproveitamento qualquer. O importante é que não haja alteração substancial ou ocupação do bem. Vejamos as suas palavras:

> Embora se fale em espaço ou área livre, admite-se a ocupação temporária, mesmo que no interior da área haja pequena construção ou um aproveitamento qualquer[167].

Ao nosso ver, não importa se a ocupação temporária se dá sobre bem imóvel edificado ou não, a despeito do que se lê no art. 36 do Decreto-lei nº 3.365/1941. E, a partir do seguinte exemplo, procuraremos evidenciar a verdade do que se afirma.

Nas eleições para cargos políticos, como de presidente da República, deputados etc., muito comum é que se utilize o Tribunal Regional Eleitoral (vide Lei nº 4.737/1965 "Código Eleitoral") de prédios públicos ou particulares, geralmente escolas, para a realização do escrutínio. Essa utilização é por tempo determinado e não é caracterizada por motivo de urgência, já que as eleições têm data certa para acontecer.

Portanto, esse modo de intervenção do Estado na propriedade é, nada mais nada menos, do que uma ocupação temporária sobre bem imóvel edificado. Aliás, essa é também a opinião do prof. José dos Santos Carvalho Filho, *in verbis*:

> Exemplo típico de ocupação temporária de terrenos particulares contíguos a estradas (em construção ou em reforma), para a alocação transitória de máquinas de asfalto, equipamentos de serviço, pequenas barracas de operários etc. É também caso de ocupação temporária o uso de escolas, clubes e outros estabelecimentos privados por ocasião das eleições; aqui a intervenção visa a propiciar a execução de serviço público eleitoral[168].

Portanto, não se pode negar a possibilidade de se instituir ocupação temporária sobre bens imóveis edificados, autorizando o exercício, pela Administração Pública, do poder de uso da propriedade atingida por prazo certo.

5.5. Conteúdo

Ao distinguirmos a ocupação temporária das servidões administrativas, quando falávamos da natureza jurídica do instituto em tela, afirmamos que a primeira, ao contrário da segunda, não confere ao Poder Público um direito real sobre a coisa alheia.

As servidões administrativas, como tivemos a oportunidade de ver, conferem ao Poder Público a titularidade do poder de uso da propriedade (o que não se confunde como direito real de uso), o que se justifica pela necessidade de permanência na utilização daquele bem.

---

[164] *Ob. cit.*, p. 487.
[165] OLIVEIRA, Odília Ferreira da Luz, *Manual de Direito Administrativo.* Rio de Janeiro: Renovar, 2004, p. 250.
[166] *Op. cit.*, p. 566.
[167] *Op. cit.*, p. 295.
[168] *Op. cit.*, p. 487-88.

Diferentemente, a ocupação temporária, que é instituída para suprir necessidade transitória da Administração Pública, somente lhe confere direito ao exercício do poder de uso do bem atingido, figurando o Poder Público como mero possuidor do imóvel, nos termos do art. 1.196 do Código Civil.

Portanto, a ocupação temporária tem conteúdo muito menos denso e muito mais suave do que as servidões administrativas.

5.6. Sujeitos Ativo e Passivo

Qualquer pessoa integrante da Federação poderá se beneficiar da propriedade particular (ou, em determinados casos, das públicas também) por meio da ocupação temporária. É a mesma regra aplicável às servidões administrativas.

Mas por que meios se fará essa intervenção?

José Carlos de Moraes Salles vinculando a ideia de ocupação temporária à realização de uma obra pública, diz que sempre será a intervenção autorizada por decreto, baixado pela entidade de direito público interno que houver determinado a execução da obra. E, se fosse essa a única hipótese de ocupação temporária, estaria plenamente correto.

Entretanto, não só o chefe do Poder Executivo, por meio da edição de decreto declaratório de utilidade pública, poderá concretizar a intervenção, como também outros Poderes.

O exemplo sempre utilizado para demonstrar essa verdade é o da ocupação temporária para fins eleitorais, hipótese em que a instituição da ocupação temporária se faz por ato do Poder Judiciário, que obviamente não pode nunca ser um decreto.

No caso de ocupação temporária para fins de estudos arqueológicos, como previsto no art. 13 da Lei nº 3.924/1961, a intervenção se fará via decreto, como não deixa dúvidas o disposto no respectivo parágrafo único:

> *Art. 13.*
> *[...]*
> *Parágrafo único. À falta de acordo amigável com o proprietário da área onde situar-se a jazida, será esta declarada de utilidade pública e autorizada sua ocupação pelo período necessário à execução dos estudos, nos termos do art. 36 do Decreto-lei nº 3.365, de 21 de junho de 1941.*

Quanto às concessionárias de serviço público, empresas públicas e sociedades de economia mista, valem aquelas mesmas considerações feitas por ocasião do estudo das servidões administrativas. Vale dizer, poderão essas entidades se beneficiar com a ocupação temporária, mas desde que a declaração de utilidade pública se faça pelo chefe do Executivo do poder concedente.

Neste sentido é a lição de José Carlos Moraes Salles, *in verbis*:

> As autarquias, empresas concessionárias de serviço público e entidades paraestatais autorizadas a simplesmente promover desapropriações (art. 3º do Decreto-lei nº 3.365/1941) só poderão ocupar temporariamente terrenos não edificados e necessários à execução das obras desde que haja ato, baixado pela entidade (União, Estados, Municípios, Distrito Federal ou Territórios) a que estejam vinculadas, autorizando a ocupação[169].

Passando, agora, a análise para o lado passivo da relação que se estabelece, verificamos, inicialmente, que a ocupação temporária deverá atingir a imóvel certo, perfeitamente discriminado no decreto declaratório de sua utilidade pública (ou no ato de outra autoridade competente).

Agora aquela velha e conhecida pergunta: poderá recair sobre bem de pessoa jurídica de direito público? E em que hipóteses?

Poderá, sim, recair sobre bem de pessoa jurídica de direito público, e nas mesmas hipóteses em que se houver de admitir a instituição de servidão administrativa. Por isso remetemos, aqui também, o leitor ao item em que tratamos desse assunto, para não ser repetitivo.

5.7. Indenização

Imagine as duas situações a seguir narradas:

a) Um terreno não edificado num bairro residencial, para o qual não há qualquer projeto de construção por parte do proprietário, que o tem como forma de investimento, é ocupado pelo Município para funcionar como canteiro de obra pública realizada por este último no terreno ao lado. Ao final de 1 (um) ano, as obras terminam e, com elas, a ocupação temporária;
b) Num clube, onde existem vários campos de futebol, muito bem conservados e frequentados, um grupo de pesquisadores, calcados em decreto declaratório de utilidade pública, ocupam temporariamente o terreno para fins de pesquisa arqueológica, acreditando existir por ali fósseis. E acabam por proceder a escavações na área, concluindo, ao

[169] *Op. cit.*, p. 765.

final de quatro meses, que suas expectativas falharam, nada havendo de importante no local.

No primeiro caso, salta aos olhos que nenhum prejuízo teve o proprietário do terreno com a sua utilização pelo Poder Público, já que estava inutilizado e sem qualquer perspectiva de oferecer, a curto prazo, frutos.

Diferentemente, na segunda situação, o proprietário do clube amarga sensível prejuízo com a sua utilização nas pesquisas, já que, durante o tempo em que são realizadas, perde com a ausência da clientela e, ao final, ainda tem despesas com a reconstituição dos campos, dever não cumprido pelos pesquisadores[170].

Inegável a distinção entre as duas situações. E, para ser coerente, deve o Direito tratá-las com regras díspares, para que não seja injusto.

Assim, há de se aplicar aquela antiga e, ao nosso ver, correta regra: causando prejuízo a ocupação temporária, emerge o dever de indenizar; não o causando, não há que se falar em indenização.

Não obstante, o prof. José Carlos de Moraes Salles, por considerar "equivocadamente ao nosso ver" a ocupação temporária um arrendamento forçado, entende que o ocupante deve, "durante todo o tempo pelo qual perdurar a ocupação, pagar uma renda ao proprietário do bem ocupado"[171].

E se baseia, também, para afirmar esse dever, no art. 36 do Decreto-lei nº 3.365/1941, que fala, expressamente, no dever de indenizar.

Conclui, então o citado autor da seguinte forma:

> Nada impede, portanto, que, baixado o decreto declaratório da necessidade de ocupação de determinado terreno não edificado, acordem as partes interessadas sobre o valor do arrendamento, que poderá ser pago semanal, quinzenal, mensal, trimestral, semestral ou anualmente, conforme se avençar[172].

Permissa maxima venia, não podemos concordar com essa conclusão, não só pelo fato de discordarmos, como já tivemos a oportunidade de dizer, dessa natureza da ocupação temporária atribuída pelo mestre citado, mas também à vista da cláusula constitucional da função social da propriedade.

Se o proprietário do terreno não lhe dá a destinação que se pode esperar (de acordo com o plano diretor, nos termos do art. 182 da CRFB/1988), omitindo-se quanto ao valor social que tem seu imóvel, não poderá exigir que a sua utilização pelo Poder Público, por necessidade ou utilidade pública, seja remunerada. É o que pensamos.

Diferente é a situação em que, a pretexto de se instituir uma ocupação temporária, o Estado se utiliza permanentemente do imóvel, instalando ali serviço público contínuo. Neste caso, configurar-se-á verdadeira desapropriação indireta, a ser indenizada pela via ordinária, ainda que se esteja em frente a situação semelhante àquela primeira por nós narrada. A única hipótese de confisco autorizado pela Constituição é a do art. 243, no caso de terreno utilizado para o cultivo de plantas psicotrópicas.

E, com razão, o mesmo prof. José Carlos de Moraes Salles diz que se a ocupação perdurar, injustificadamente, por tempo superior ao necessário para a conclusão da obra (o que será apreciado de acordo com o princípio da razoabilidade), poderá ser ajuizada ação de reintegração de posse, por constituir aquela conduta verdadeiro esbulho possessório[173].

Mas, ainda aqui, advirto: só será possível o sucesso nessa ação possessória se não for instalado no local serviço público contínuo. Do contrário, incidirá a regra do art. 35 do Decreto-lei nº 3.365/1941, resolvendo-se a questão em perdas e danos.

Diga-se, por fim, que não nos parece correto o critério adotado pelo prof. José dos Santos Carvalho Filho, consistente em afirmar a necessidade de indenizar somente se a ocupação temporária for vinculada à desapropriação; não o sendo, não seria exigível a reparação[174].

Podemos utilizar os mesmos casos narrados no início deste item para evidenciar a fragilidade desse critério, posto que, no primeiro deles, onde se pode vislumbrar a vinculação a uma desapropriação, nenhum prejuízo houve para o proprietário do terreno ocupado. E, no segundo, onde não há a tal vinculação, o prejuízo é evidente, merecendo reparação.

5.8. Extinção

Se para a instituição da ocupação temporária somos daqueles que entendem necessária a declaração de utilidade pública do bem (por decreto ou não), para a extin-

[170] Note-se que o art. 14, § 2º da Lei nº 3.924/1961 obriga o Poder Público a reconstruir o relevo danificado quando causa prejuízo ao proprietário.

[171] *Op. cit.*, p. 766.

[172] *Op. cit.*, p. 766.

[173] *Op. cit.*, p. 766.

[174] *Op. cit.*, p. 488.

ção parece-nos despicienda qualquer formalidade. Vale dizer, a extinção da ocupação temporária será um mero fato administrativo.

Neste sentido é a opinião do prof. José dos Santos Carvalho Filho, *in verbis*:

> Quanto à extinção, não haverá muita dificuldade em identificar a situação que a provoca. Se a ocupação visa à consecução de obras e serviços públicos, segue-se que a propriedade deve ser desocupada tão logo esteja concluída a atividade pública. Prevalece, pois, o princípio de que, extinta a causa, extingue-se o efeito[175].

Embora não se utilize da expressão fato administrativo, é o que prega o citado mestre, como não deixam dúvidas as suas palavras transcritas.

6. Requisição

6.1. Conceito

Muito comum nos filmes de Hollywood é a cena do heroico policial que, na busca ao transgressor das leis penais, se utiliza do carro de um cidadão, que passeia calmamente pelas ruas da violenta cidade. Eis aí um típico caso de requisição, que também encontra amparo no direito brasileiro.

Nos dizeres de Hely Lopes Meirelles,

> requisição é a utilização coativa de bens ou serviços particulares, pelo Poder Público, por ato de execução imediata e direta da autoridade requisitante e indenização ulterior, para atendimento de necessidades coletivas urgentes e transitórias[176].

Trata-se de uma modalidade de intervenção branda na propriedade, em regra, mas que pode se converter em intervenção drástica nalgumas hipóteses. Sempre será drástica, no entanto, quando incidir sobre bens de consumo imediato, isto é, aqueles que se desintegram com a sua utilização normal.

6.2. Fundamentos

Além dos fundamentos genéricos utilizados para todas as modalidades de intervenção do Estado na propriedade, quais sejam, a supremacia do interesse público e a função social da propriedade, as requisições encontram dois outros fundamentos específicos também no corpo da Constituição, a saber:

> *Art. 5º*
> *[...]*
> *XXV " No caso de iminente perigo público, a autoridade competente poderá usar de propriedade particular, assegurada ao proprietário indenização ulterior, se houver dano.*

Este tem sido o único citado pela grande maioria dos doutrinadores como fundamento específico das requisições. Entretanto, apesar de não se utilizar dessa nomenclatura, é típico caso de requisição o previsto pelo art. 136, § 1º, II da Constituição. Vejamos:

> *Art. 136. [...]*
> *§ 1º O decreto que instituir o estado de defesa determinará o tempo de sua duração, especificará as áreas a serem abrangidas e indicará, nos termos e limites da lei, as medidas coercitivas a vigorarem, dentre as seguintes:*
> *I* "omissis";
> *II "ocupação e uso temporário de bens e serviços públicos, na hipótese de calamidade pública, respondendo a União pelos danos e custos decorrentes".*

A expressão "ocupação e uso temporário" é impreciso, como bem leciona o prof. José Maria Pinheiro Madeira em suas aulas transcritas e de publicação autorizada. E isso se afirma por dois motivos básicos: a) em primeiro lugar, a premência que marca a intervenção em tela é típica das requisições, o que não ocorre nas ocupações temporárias; b) além disso, a incidência sobre bens móveis e serviços não pode ocorrer, como vimos, nas ocupações temporárias.

Por tudo isso, é de se admitir a desnecessidade de a Constituição consagrar esse instituto no capítulo que trata do estado de defesa, posto que, se o disposto no seu art. 5º, XXV é suficiente para legitimar tal modalidade de intervenção em épocas de normalidade institucional, com maior razão será evocável em períodos de legalidade extraordinária.

6.3. Natureza Jurídica

Aqui, dois pontos devem ser analisados, para que se afaste a possibilidade de as requisições serem confundidas com outras espécies de intervenção do Estado na propriedade.

Em primeiro lugar, já vimos anteriormente que as requisições não se confundem com a ocupação temporária, muito embora a profª Lúcia Valle Figueiredo advogue essa tese. Dada a anterior análise da questão, não nos alongaremos desnecessariamente nesse ponto.

Em segundo lugar, ainda quando as requisições chegarem a retirar do particular a sua propriedade, não po-

[175] *Op. cit.*, p. 490.
[176] *Op. cit.*, p. 563.

derão ser confundidas com a desapropriação, posto que estas não estão marcadas pela urgência e necessidade transitória e devem ser previamente indenizadas. Além disso, é de se observar que a desapropriação nunca poderá recair sobre os serviços de alguém.

Cite-se ainda o fato de que a indenização pela desapropriação é sempre prévia, enquanto na requisição, só será devida se houver dano efetivo, sendo paga posteriormente.

Assim, a requisição é uma modalidade autônoma de intervenção do Estado na propriedade, que poderá ser branda ou drástica, mas sempre para suprir necessidade premente e transitória da Administração Pública, podendo recair sobre bens móveis ou imóveis, assim como sobre os serviços.

Merece algum destaque a questão da transitoriedade nas requisições supressivas, já que se poderia vislumbrar aí uma incompatibilidade, pelo fato de haver transferência da propriedade, com caráter de definitividade. Mas incompatibilidade não há.

Forçosamente transitória é a necessidade da Administração Pública e não a situação de privação da utilização do bem requisitado que experimenta o proprietário. De modo que a coisa pode lhe ser arrancada do patrimônio definitivamente, quer pelo consumo normal, quer por fato estranho à vontade do agente público encarregado de sua utilização. Mas, em qualquer caso, não haverá desapropriação.

Na desapropriação, o que a Administração Pública visa, imediatamente, é a transferência da propriedade, para desenvolver com ela alguma atividade de interesse público. Já nas requisições supressivas, a transferência da propriedade é uma consequência da intervenção e não um fim (ainda que imediato).

Neste sentido é a lição de José Carlos de Moraes Salles, que cita Pontes de Miranda, senão vejamos:

> Nem mesmo quando os bens requisitados são consumíveis ou fungíveis ocorre desapropriação. Neste caso, o bem se extingue pelo simples fato do consumo e não porque tenha havido expropriação. Daí a afirmação de Pontes de Miranda no sentido de que "o Estado, requisitando gêneros, pode devolvê-los; se são consumidos, a perda da propriedade foi pelo consumo"[177].

6.4. Objeto

A requisição, como amplamente divulgado pela doutrina, poderá recair sobre a propriedade, móvel ou imóvel, ou sobre serviços particulares.

Imagine que uma chuva forte provoque o desmoronamento de várias casas de uma determinada região, configurando uma situação de calamidade pública. Os sobreviventes ficam, além de feridos, desabrigados. Na cidade, de interior, só há um hospital, particular, com capacidade para atender à necessidade pública e urgente que se instala. O prefeito, então, requisita à empresa proprietária do hospital não só as suas instalações, como também os seus serviços médicos, para dar assistência aos feridos e demais necessitados. Eis aí um caso típico de requisição, abrangendo, também, os serviços como objeto.

Importante destacar, todavia, uma distinção feita pelo art. 2º, III da Lei Delegada nº 4/1962, *ipsis litteris*:

> *Art. 2º A intervenção consistirá:*
> *I* – omissis;
> *II* "omissis";
> *III "na* desapropriação de bens, *por interesse social, ou na* requisição de serviços, *necessários à realização dos objetivos previstos nesta lei".*

Note-se que a redação do dispositivo legal transcrito dá a entender que as requisições somente poderiam recair sobre os serviços; enquanto que, se a intervenção tivesse por objeto um bem, seria caso de desapropriação. Entretanto, não é esse o significado que se tem atribuído a esse diploma legal.

Embora seja verdadeiro que não pode a desapropriação recair sobre os serviços, não significa que as requisições não possam recair sobre bens, móveis ou imóveis. Aliás derruba esse entendimento a redação do inciso XXV do art. 5º da CRFB/1988, antes transcrito.

Para confirmar esse entendimento, antes da nossa última Constituição, o Decreto-lei nº 2/66, em seu art. 1º, já confirmava o que aqui dizemos. Vejamos:

> *Art. 1º A Superintendência Nacional do Abastecimento (SUNAB), na qualidade de órgão incumbido de aplicar a legislação de intervenção do Estado no domínio econômico, poderá, quando assim exigir o interesse público,* requisitar bens ou serviços *essenciais ao abastecimento da população.*

Também na doutrina, essa é a orientação consagrada. Cite-se, por todos, Diógenes Gasparini:

> Em situação de urgência, ou não, e quase sempre sem o caráter de definitividade, a Administração Pública, com ou sem indenização posterior, pode utilizar bens e serviços particulares [...][178].

[177] *Op. cit.*, p. 816-17.
[178] *Op. cit.*, p. 299.

6.5. Conteúdo

O conteúdo das requisições varia de acordo com a situação concreta e de acordo com a natureza do bem que figurar como objeto da intervenção.

Assim, de início, já podemos identificar a necessária distinção entre os casos de requisição branda e os de requisição drástica. Na primeira hipótese, o conteúdo da intervenção será, coerentemente, leve, restringindo-se ao exercício do poder de uso da propriedade alheia. Já na segunda, haverá a transferência plena da propriedade.

Quanto à requisição de serviços, não há falar em poderes da propriedade, porque não incide sobre esse tipo de bens. O conteúdo, será, aqui, sempre bastante sereno, até porque não se pode admitir a desapropriação de serviços.

6.6. Sujeitos Ativo e Passivo

Em primeiro lugar, há de se distinguir, no que tange ao sujeito ativo da modalidade de intervenção em tela, entre competência para legislar sobre requisição e competência para requisitar bens ou serviços.

Nos termos do art. 22, III, da Constituição da República, é competência exclusiva da União legislar sobre requisições civis e militares, senão vejamos:

> *Art. 22. Compete privativamente à* União *legislar sobre:*
> *I "omissis";*
> *II "omissis";*
> *III "requisições civis e militares, em caso de iminente perigo e em tempo de guerra".*

Entretanto, qualquer esfera de governo poderá requisitar bens ou serviços particulares, tendo em vista que o inciso XXV do art. 5º da Constituição fala em "Poder Público", não discriminando que entes da Federação poderão se beneficiar com a intervenção.

Todavia, as requisições que funcionem como meio de intervenção do Estado no domínio econômico, somente à União será deferida a competência.

Quanto ao sujeito passivo, este será devidamente individualizado, podendo ser um particular ou até mesmo o Poder Público, sempre com a ressalva de que, neste último caso, deverá ser observada aquela conhecida hierarquia de interesses de que trata a já transcrita decisão do Supremo Tribunal Federal.

6.7. Instituição

A requisição será instituída sempre com suporte legal, mas por ato administrativo.

Discute-se se o ato de requisição é ou não discricionário. E, aqui, esbarramos, mais uma vez naquela situação de dúvida, como aconteceu como estudávamos o tombamento. E de forma semelhante se resolve a questão.

A doutrina tem feito a distinção entre dois aspectos do ato de requisição. E a conclusão alcançada é a seguinte: trata-se de ato vinculado, se relacionarmos esse ato com a necessidade de existência de uma situação emergencial e de perigo público. De outra forma, haveremos de admitir a discricionariedade da Administração na valoração desse perigo público.

Diferentemente do tombamento, entretanto, haverá hipóteses em que o ato, dada a iminência de um resultado negativo da situação que justificar a requisição, não se materializará num documento formal. Seria, a título ilustrativo, esdrúxulo exigir do policial que vai em busca do marginal a comunicação à sua chefia que este, por ato próprio ou de outro superior, autorizasse a intervenção.

Entretanto, a legalidade do ato interventivo, bem como a arbitrariedade, disfarçada de discricionariedade, poderão ser apreciadas pelo Judiciário, utilizando-se, no segundo caso, o juiz do princípio da razoabilidade, que funcionará como instrumento legitimador da invasão do mérito administrativo.

6.8. Indenização

Inicialmente, é de se fazer, também aqui, a distinção entre a requisição branda e a requisição drástica. No último caso, sempre haverá a indenização, seja pela destruição do bem requisitado, seja pelo seu total consumo, pela utilização normal. Já na hipótese de intervenção branda, o dever de indenizar somente se verificará no caso concreto, aplicando-se aquela regra comum a todas as outras formas de intervenção do Estado na propriedade.

Assim, se houver dano efetivo à coisa, a indenização será devida. Do contrário não. Mas outras hipóteses serão indenizáveis também.

Tomemos como exemplo aquela situação do policial na busca do bandido em fuga. Se o sujeito passivo é um empresário que está se dirigindo ao aeroporto para tomar o avião do Rio de Janeiro para São Paulo e, por conta do ato interventivo, se atrasa perde a passagem, também esse valor deverá integrar o montante a ser indenizado.

Tem-se, assim, que será coberto pelo Estado todo o prejuízo causado ao particular por ocasião da requisição, por mais amplo que seja.

Analise-se em separado a questão da requisição de serviços. Aqui, absolutamente, não temos caso de intervenção do Estado na propriedade, mas da mesma forma será cabível indenização pelos prejuízos causados aos particulares que tiverem seus serviços requisitados. Mas, importante que se diga, a indenização não será uma forma de remuneração pelos serviços prestados.

Naquela situação hipotética do hospital, por exemplo, o que se indenizaria seria o custo do material utilizado no atendimento dos feridos e os lucros cessantes, pela ocupação dos leitos pela população necessitada.

Em qualquer caso, entretanto, a indenização será posterior, ao contrário do que ocorre com a desapropriação, como se infere da disposto no art. 5º, XXV da CRFB/1988.

6.9. Extinção

À semelhança do que ocorre com a ocupação temporária, a extinção das requisições decorrem de mero fato administrativo, não sendo necessária a edição de ato administrativo para que ocorra, embora nada impeça que se dê dessa forma.

Assim, esvaindo-se a situação de perigo que justificou a requisição, deverá o Poder Público cessar a intervenção, liberando o particular do ônus de solidariedade. E se, ainda depois disso, o Poder Público mantiver a intervenção, poder-se-á recorrer ao Judiciário para fazer cessar a arbitrariedade. Mas, à vista da necessidade de se produzir prova complexa, não será remédio eficaz o mandado de segurança.

Capítulo 8

Controle dos Atos da Administração Pública

1. Histórico

O princípio da tripartição de funções no Estado remonta à Antiguidade helênica, por meio das teorias de Heródoto e Aristóteles na obra *Política*, sendo, posteriormente, estudada por Cícero e John Locke em *Tratado do Governo Civil*. Nesta obra, o cientista político inglês perfilhou três funções estatais distintas, dentre as quais estavam a Executiva, consistente em assegurar a ordem interna e a Federativa, que mantinha relações com outros Estados. A divisão e distribuição clássicas foram finalmente sistematizadas na obra *O espírito das leis* por Montesquieu, que se transformou em dogma na Declaração Francesa de Direitos do Homem e do Cidadão, em 1789 e inspirou o art. 2º da Constituição Federal de 1988.

Aristóteles isolou no funcionamento estatal três tipos de atos: a deliberação sobre assuntos de interesse comum, a organização de cargos e magistraturas e atos judiciais, o que em nada influenciou a vida política nos anos subsequentes, tornando relativo o valor desta descoberta.

Durante o grande período histórico que sucedeu a teoria aristotélica houve a figura do monarca absolutista, que reunia as três funções estatais em si, apesar de poderem vir a ser arbitrariamente delegadas a prepostos. A teoria voltou, porém, a ser aflorada nos séculos XVII e XVIII, sendo aperfeiçoada por Montesquieu.

No clássico *O Federalista*, de Hamilton, Madison e Jay, foi consolidada a ideia da tripartição de funções mediante um sistema de freios e contrapesos (*checks and balances*) com a finalidade de estabelecer entre elas uma interdependência equilibrada, de forma que pudessem exercer atribuições próprias de um dos restantes sem ferir, com isso, a Carta Maior.

Dentro de um sistema de governo composto de uma diversidade de órgãos, faz-se necessário que a integração entre os centros de poder seja galgada por normas de lealdade constitucional. Essa lealdade integra duas vertentes, uma de caráter positivo e outra, negativo. A primeira consiste em que os diversos órgãos de poder cooperem de forma que realizem os objetivos constitucionalmente previstos a fim de garantir a continuação do sistema com o mínimo de atritos possíveis. A segunda estabelece que os titulares desses órgãos respeitem-se mutuamente pelo sentido da responsabilidade do Estado.

Dessa forma, a expressão separação de poderes tem significado meramente político, visto que juridicamente é equivocada. Qualquer que seja a forma ou o conteúdo dos atos do Estado, são sempre fruto de um mesmo poder, pois todas as manifestações de vontade emanadas em nome do Estado provêm de um querer único e exclusivo das organizações políticas estatais.

O próprio Montesquieu, cuja obra fez-se conhecida primordialmente pelo pioneirismo na doutrina da separação de poderes, não afirmou a existência de três poderes estatais devidamente separados, mas a necessidade do equilíbrio entre os mesmos, inspirando o princípio dos freios e contrapesos.

O pensador francês afirmou, ao referir-se às funções do Estado, que a estas devem corresponder "órgãos distintos e autônomos". Dessa forma, idealizou a existência de uma divisão orgânica, por meio da qual cada órgão (impropriamente denominado poder) estaria incumbido de desempenhar cada uma dessas funções, de modo que não haja entre elas qualquer vínculo de subordinação.

O poder é, assim, uno e indivisível, sendo apenas classificado em setores, como o Executivo, Legislativo e Judiciário, para que atuem de forma mais eficaz. O Legislativo trata da edição do Direito, enquanto o Executivo e o Judiciário tratam da aplicação do Direito.

Consolidada a ideia da unidade do poder, podemos analisar o art. 2º da Constituição Federal, que determina: "são poderes da União, independentes e harmônicos entre si, o Legislativo, o Executivo e o Judiciário".

A teoria da separação de poderes sintetiza que a atividade estatal deverá ser precedida por normas abstratas que se reportem a um universo de pessoas e/ou situações. Assim sendo, as leis, quando emanadas, devem possuir quantificação indeterminada para que os atos concretos só se tornem válidos quando com elas concordem. Emergem-se, assim, duas das funções estatais vitais, a legislativa e a executiva.

A função judiciária consiste em dirimir em casos concretos as divergências provenientes da aplicação das leis. A inércia do Estado quando na presença destas controvérsias colocaria em risco a eficácia de todo ordenamento. O que diferencia a atividade jurisdicional da atividade executiva é que esta dá cumprimento às leis independentemente da ocorrência de oposição ou controvérsia, enquanto aquela aplica a norma aos casos em que exista contenciosidade (que é a controvérsia trazida à esfera do Poder Público).

São, assim, as funções do Estado: A legislativa, executiva (Administração Pública) e a judiciária, cujas atividades primordiais consistem na edição e na aplicação da norma. A aplicação da norma se divide entre as funções executiva e judiciária, com as seguintes diferenças: a função executiva atua de ofício, de modo não definitivo e visando ao bem-estar coletivo, enquanto a função judiciária atua por provocação, de maneira definitiva e visando à solução de conflitos.

A Administração Pública é o aparelho administrativo, integrado por um conjunto de órgãos, entidades (pessoas jurídicas) e servidores (agentes públicos) para a prestação do serviço público, cujo fim máximo é o bem-estar da coletividade. Realiza, assim, uma das funções do Estado. É uma atividade técnica, enquanto o Governo é uma atividade discricionária.

A Administração Pública é função do Estado, tem múltiplas atribuições e diversos sentidos, entre eles o subjetivo, orgânico e formal (conjunto de órgãos e pessoas jurídicas a quem a lei atribui o exercício da função administrativa) e o material e funcional (conjunto de decisões ou operações mediante as quais o Estado e as outras entidades públicas procuram coordenar e orientar atividades privadas com o fim de garantir a satisfação das necessidades coletivas).

Após a introdução da "teoria da separação dos poderes" por meio das revoluções americana e francesa, constatou-se que, na prática, tal rigidez dificultou a organização estatal, pois tais "poderes" tornaram-se tão independentes que se distanciaram da vontade política central.

Criou-se, assim, a necessidade de uma coordenação, visando a harmonizá-los dentro da cadeia de fins aos quais deveriam servir, por serem objetivos do próprio Estado, de quem são instrumentos. Celso Ribeiro Bastos[1] defendeu, ao tratar da aplicação atual da teoria da separação de poderes que:

> além da coordenação, evidencia-se, igualmente, a conveniência de permitir a um determinado poder o exercício de funções que em princípio deveriam caber a outro. Isto explica a realidade de nossos dias, que retrata a divisão flexível das funções dentre os correspondentes órgãos.

Dessa forma, tanto o Judiciário como o Legislativo executam funções de caráter administrativo ao tratarem da organização estrutural, como a nomeação para cargos, licença de funcionários etc. Assim, cada "poder" exerce as três funções estatais, uma em caráter permanente e duas no nível excepcional.

Constata-se, assim, que os órgãos do Estado desempenham funções denominadas atípicas, além das próprias. Conclui-se, então, que os órgãos cumprem funções que materialmente seriam de natureza diversa. O critério material faz referência ao conteúdo da atividade estatal realizada.

A classificação das funções pode compreender um critério objetivo ou material, que avalia, por exemplo, a função judicial como todo ato proveniente do Poder Judiciário[2] (que não mais prevalece, pois a divisão orgânica não compreende a pureza inicial tal qual foi idealizada) ou um critério formal ou subjetivo (que se prende ao efeito jurídico próprio de determinados atos).

Sendo assim, conforme lição de Celso Ribeiro Bastos:

> é lei qualquer decisão tomada pelo Poder Legislativo, segundo um processo previsto para sua emanação. Mesmo que ela trate de um caso concreto como, por exemplo, a lei orçamentária, em razão de sua qualidade de lei formal, produzirá os efeitos próprios de toda e qualquer lei. Constituir-se-á norma subordinada tão somente à Constituição e estará acima de todos os atos administrativos.

As ideias de harmonia e independência podem demonstrar certo antagonismo, por isso as expressões não devem ser interpretadas de forma literal. A independência à qual se refere a constituição está próxima ao conceito de autonomia, pois aos órgãos da Administração Pública são dadas condições de conduzir autonomamente seus objetivos.

A harmonia, em contrapartida, remete à conjugação das atuações. Sendo assim, quando o Poder Executivo cumpre uma lei do Poder Legislativo, não rompe o princípio da separação dos poderes, apenas realiza seu papel no mecanismo de funcionamento do Estado.

O controle político do Estado, exercido entre seus poderes, pode ser fartamente exemplificado pela Constituição Federal. O Executivo, por exemplo, controla o Legislativo por meio do veto (art. 66, § 1º). O Judiciá-

[1] Conforme lição de Celso Ribeiro Bastos, "*Comentários à Constituição do Brasil*", 1º v., São Paulo: Ed. Saraiva.

[2] Para facilitar o presente estudo, trataremos das funções judiciária, legislativa e executiva como poderes, embora a nomenclatura não seja a mais correta.

rio exerce, por sua vez, controle sobre o Legislativo por intermédio da declaração de constitucionalidade ou inconstitucionalidade de seus atos.

Tem-se, dessa forma, o controle político do Estado que, conforme visão de José dos Santos Carvalho Filho[3], objetiva a preservação e o equilíbrio das instituições democráticas do país e tem por base a necessidade de equilíbrio entre os Poderes estruturais da República.

Ensina, assim, ao diferenciar o controle político do controle administrativo que:

> O controle administrativo tem linhas diversas. Nele não se procede nenhuma medida para estabilizar poderes políticos, mas, ao contrário, se pretende alvejar aos órgãos incumbidos de exercer uma das funções do Estado – a função de administrativa. Enquanto o controle político se relaciona com as instituições políticas, o controle administrativo é direcionado às instituições administrativas.

Enquanto o controle político, amplamente ventilando neste item, é abraçado pelo direito constitucional, o controle administrativo é matéria abraçada pelo Direito Administrativo. Fez-se necessária a distinção, dentro do histórico, para melhor compreensão da matéria. O controle administrativo será melhor estudados nos itens subsequentes.

2. Conceito e classificações

O prof. Diógenes Gasparini conceitua controle da Administração Pública como

> a atribuição de vigilância, orientação e correção de certo órgão ou agente público sobre a atuação de outro ou de sua própria atuação, visando conformá-la ou desfazê-la, conforme seja ou não legal, conveniente, oportuna e eficiente.

Esse controle não envolve apenas órgãos do Poder Executivo, mas também os dos demais Poderes quando em exercício de função administrativa, abraçando, assim, a Administração Pública considerada em amplo sentido.

O controle da Administração Pública funda-se, por um lado, no princípio da legalidade, pois todas as suas atividades, discricionárias ou vinculadas estão subordinadas a lei, por força do art. 37 da Constituição Federal, que dispõe:

> *Art. 37 – A Administração Pública direta e indireta de qualquer dos Poderes da União, dos Estados, do Distrito Federal e dos Municípios obedecerá aos princípios de legalidade, impessoalidade, moralidade, publicidade e eficiência.*

Por outro lado, funda-se o controle nas políticas administrativas determinadas por meio das diretrizes traçadas pela Administração. Não se pode, assim, perder de vista que o fim precípuo da Administração é o interesse público. Dessa maneira, além da legalidade, hão de ser observadas questões como a conveniência e oportunidade da atividade administrativa, pois esta deverá ser suprimida se, embora legal, for ineficiente ou inútil.

Dentre os mecanismos básicos do controle da Administração Pública estão a fiscalização e a revisão. Conforme lição do professor José dos Santos Carvalho Filho,

> a fiscalização e a revisão são instrumentos básicos do controle. A fiscalização consiste no poder de verificação que se faz sobre a atividade dos órgãos e dos agentes administrativos bem como em relação à finalidade pública que deve servir de objetivo para a Administração. A revisão é o poder de corrigir as condutas administrativas, seja porque tenham vulnerado normas legais, seja porque haja necessidade de alterar alguma linha das políticas administrativas para que melhor seja atendido o interesse coletivo.

Traçando um paralelo entre a lei de improbidade administrativa e os mecanismos de controle da Administração Pública, podemos perceber a existência de duas questões que orientam a compreensão da nova atuação da Administração, quais sejam, as fortes alterações por ela sofrida nos últimos anos e a impossibilidade do enfraquecimento de seus mecanismos – controle em razão dos atos de improbidade.

Uma das principais modificações introduzidas na estrutura da administração é que o modelo, antes burocrático, passou a ser gerencial. Sendo assim, o contrato de gestão pôde ser firmado na esfera da própria administração, favorecendo a ampliação da autonomia das entidades públicas e a criação de novos órgãos reguladores para serviços, antes monopolizados pelo Estado. Este controle começou a incidir sobre a atuação da entidade privada, ampliando a fiscalização, que passou a ser feita a partir da gestão e aplicação dos recursos repassados pelo Poder Público, tornando necessário o controle até da escolha da instituição que venha a celebrar o contrato de gestão e a integração da fiscalização à Administração Indireta.

A primordial controvérsia, levantada a partir de duas liminares concedidas pelos ministros Nelson Jobim e Gilmar Mendes, trata dos que se sujeitam à lei de improbidade. Ambos entendem que a lei se dirige apenas

[3] FILHO, José dos Santos Carvalho, *Manual de Direito Administrativo*, 10ª ed., São Paulo: Lumen Juris, p. 598. José dos Santos Carvalho Filho, "Manual de Direito Administrativo", p. 598, Ed. Lumen Juris,10ª Edição.

aos agentes administrativos. Para o promotor de Justiça paulista Márcio Elias Rosa[4], a lei de improbidade alcança servidores públicos, agentes políticos e particulares, que experimentam lucros ou vantagens decorrentes da imoralidade praticada pelos que estão vinculados ao Estado. Afirma, assim, que

> nada impede que os agente sejam processados na forma da lei de improbidade e que recebam as demais sanções, como multa civil, interdição de direitos, além da obrigação de reparar o dano.

São sugeridas, assim, as seguintes soluções para o problema:

- difusão do debate entre promotores de Justiça e sociedade civil;
- delegação de atribuições que podem ser promovidas para o Ministério Público para que realizem investigações e ajuízem ações;
- dotar as procuradorias de Justiça de funções de execução;
- tornar atos de improbidade objeto de processo para o ressarcimento do dano ou prejuízo em primeira instância, remetendo-se à procuradoria-geral de Justiça para que leve a juízo a ação de improbidade.

A finalidade do controle da Administração Pública é a garantia jurídica, de forma a assegurar que a Administração atue em consonância com os princípios que lhe são impostos. Embora seja de competência da Administração Pública a tarefa de gerir o interesse coletivo, não é esta livre para fazê-lo, devendo agir em conformidade com as disposições legislativas pertinentes e em atendimento à satisfação geral.

Se por meio do controle podem aferir, a Administração e os administrados, a legitimidade, conveniência, utilidade e eficácia das condutas administrativas, passa este a ser uma garantia bilateral.

A natureza jurídica do controle é a de princípio fundamental da Administração Pública, conforme estabelecido pelo Decreto-Lei nº 200/1967, que assim o elenca, em título próprio, dentre os princípios fundamentais da Administração Pública Federal, em seu art. 6º, V, como se segue:

> *Art. 6º As atividades da Administração Federal obedecerão aos seguintes princípios fundamentais:*
> *I – Planejamento.*
> *II – Coordenação.*
> *III – Descentralização.*
> *IV – Delegação de Competência.*
> *V – Controle.*

O controle deve ser estendido a todos os níveis da Administração, por força do art. 13 do mesmo Decreto-lei:

> *Art. 13. O controle das atividades da Administração Federal deverá exercer-se em todos os níveis e em todos os órgãos, compreendendo, particularmente:*
> *a) o controle, pela chefia competente, da execução dos programas e da observância das normas que governam a atividade específica do órgão controlado;*
> *b) o controle, pelos órgãos próprios de cada sistema, da observância das normas gerais que regulam o exercício das atividades auxiliares;*
> *c) o controle da aplicação dos dinheiros públicos e da guarda dos bens da União pelos órgãos próprios do sistema de contabilidade e auditoria.*

As modalidades de controle variam conforme sofre modificação o critério utilizado para sua sistematização. Quanto ao objeto o controle pode ser:

- *de legalidade;*
- *de mérito.*

É a legalidade princípio basilar dos Estados de Direito em geral e do regime jurídico – administrativo em particular. Com a legalidade, é instaurado o regime no qual a Administração Pública se enquadra como atividade sublegal ou infralegal, de modo que a expedição dos atos provenientes da Administração tem de estar impreterivelmente subordinados à lei (*rule of law, not rule of men*).

Em regra, a Administração Pública subordina-se integralmente ao conteúdo literal do texto legal. Conforme lição de Celso Antônio Bandeira de Mello[5] a regra é

[4] Márcio Fernando Elias ROSA, é promotor de Justiça em São Paulo e ministrou aula especial aos alunos da ESPM sobre os "Aspectos atuais da administração brasileira e a aplicação da Lei de Improbidade administrativa", informações extraídas do *site* "www.fesmp.gov.br".

[5] Celso Antônio Bandeira de MELLO, *"Curso de Direito Administrativo."* 14ª ed. São Paulo, Ed. Malheiros. O professor ensina ainda que: "cumpre designar que qualquer pessoa pode suscitar o controle da Administração para que seja sancionado o agente que haja incidido em abuso se autoridade. Tal possibilidade está contemplada na importantíssima, mas, infelizmente, quase ignorada, Lei nº 4.898/1965, que regula o direito de representação e o processo de responsabilidade administrativa, civil e penal, nos casos de abuso de autoridade. Para fazê-lo, o interessado procederá mediante petição dirigida a autoridade superior que tiver competência legal para aplicar, à autoridade civil ou militar culpada a respectiva sanção e/ou órgão do Ministério Público que tiver competência para iniciar processo crime contra a autoridade culpada (art. 2º). Para os efeitos desta lei, considera-se autoridade civil ou militar, ainda que transitoriamente ou sem remuneração (art. 5º). De transcendente importância é a Lei nº 8.429, de 02/06/1992, a qual arrola uma cópia de comportamentos qualificados

> a da completa submissão da Administração às leis. Esta deve tão somente obedecê-la, cumpri-las, pô-las em prática. Daí que a atividade de todos os seus agentes, desde o que lhe ocupa a cúspide, isto é, o presidente da República, até o mais modesto dos servidores, só pode ser a de dóceis, reverentes, obsequiosos cumpridores das disposições gerais fixadas pelo Poder Legislativo, pois esta é a posição que lhes compete no Direito Brasileiro.

O controle da *legalidade* é o que determina a verificação da conformação da atividade administrativa com o Ordenamento Jurídico existente que abrange desde a Constituição até as instruções normativas e pode ser realizado tanto pela própria Administração como pelo Judiciário.

Esse controle pode ser interno ou externo (estudaremos, em seguida, os conceitos de controle externo e interno), isto é, pode ser processado por órgãos da mesma Administração ou por órgãos de Poder distinto. O Judiciário, por exemplo, examina a legalidade dos atos por meio do Mandado de Segurança, já o Legislativo, por sua vez, o faz por intermédio do Tribunal de Contas.

Já o controle de *mérito*[6] compreende a verificaçao da conformação da atividade administrativa com a conveniência e oportunidade, cabendo a ela, conforme avaliação própria, decidir pela sua manutenção ou seu desfazimento. Dessa forma o controle de mérito não pode ser realizado pelo Judiciário, é realizado apenas excepcionalmente pelo Legislativo, conforme art. 49, IX e X da Constituição Federal, conforme se segue:

> *Art. 49. É da competência exclusiva do Congresso Nacional*
> *[...]*
>
> *[...] IX – julgar anualmente as contas prestadas pelo presidente da República e apreciar os relatórios sobre a execução dos planos de governo;*
> *X – fiscalizar e controlar, diretamente, ou por qualquer de suas Casas, os atos do Poder Executivo, incluídos os da administração indireta;*

Em relação à pertinência do órgão controlador à estrutura do controlado, o controle pode ser:

- *interno;*
- *externo.*

O controle *interno* é efetuado por órgãos da própria Administração, enquanto o externo é feito por órgãos alheios à Administração. Ensina Celso Antônio Bandeira de Mello que

---

como de "improbidade administrativa", cuja prática assujeita o agente, de fora parte sanções penais, civis ou administrativas, contempladas na legislação competente, a uma série de consequências gravosas, previstas em seu art. 12, tais as de: ressarcimento integral do dano, se houver; perda da função pública; suspensão dos direitos políticos, multa civil e proibição, por tempo determinado, de contratar com o poder público ou receber benefícios ou incentivos fiscais ou creditícios, direta ou indiretamente, ainda que, por intermédio de pessoa jurídica da qual seja sócio majoritário. Qualquer pessoa pode representar à autoridade administrativa competente para que seja instaurada investigação destinada à apuração de tais ilícitos, sem prejuízo de representar também ao Ministério Público (arts. 14 e 22). A Lei classificou tais atos de improbidade administrativa em três categorias: a) atos de improbidade que importam em enriquecimento ilícito, relacionados no art. 9º, *b*) atos de improbidade que causam prejuízo ao erário e c) atos de improbidade que atentam contra os princípios da Administração Pública, descritos no art. 11. Dependendo de o comportamento enquadrar-se em uma ou outra delas, em ordem decrescente, o prazo de suspensão dos direitos políticos varia de um máximo definido entre oito a dez anos a um mínimo de três a cinco anos, as multas civis variam de um máximo de até três vezes o valor do acréscimo patrimonial a um mínimo de até cem vezes a remuneração do agente; a proibição de contratar e receber benefícios varia de uma um máximo de dez anos a um mínimo de três anos. Para os efeitos desta lei, considera-se agente público, na conformidade com seu art. 2º, todo aquele que exerce, ainda que transitoriamente ou sem remuneração, por eleição, nomeação, designação, contratação ou qualquer outra forma de investidura ou vínculo, mandato, cargo, emprego ou função nas entidades arroladas em seu art. 1º, cuja abrangência é amplíssima."

[6] Conforme ensina José dos Santos CARVALHO FILHO, "O termo mérito no Direito Administrativo tem sido empregado, algumas vezes, em sentido um pouco diverso do sentido clássico. Quando se faz referência ao controle de mérito, no entanto, a intenção é considerar aqueles aspectos da conduta administrativa sujeitos à valoração dos próprios agentes administrativos. Significa, pois, aquilo que é melhor, mais conveniente, mais oportuno, mais adequado, mais justo, tudo, enfim, para propiciar que a Administração alcance seus fins. O ponto que mais merece atenção nesse tipo de controle reside na competência para exercê-lo. Com efeito, o controle de mérito é privativo da Administração Pública e, logicamente, não se submete à sindicabilidade no Poder Judiciário. A razão é simples. Se esse controle tem por objeto a avaliação de condutas administrativas, há de traduzir certa discricionariedade atribuída aos órgãos administrativos. Somente a estes incumbe proceder a essa valoração, até porque esta é inteiramente administrativa. Ao Judiciário somente é cabível o controle de legalidade, vez que constitui sua função de decidir sobre os confrontos entre as condutas administrativas e as normas jurídicas. O controle de mérito é ultimado através de atos de confirmação de conduta (aprovação, confirmação etc.), quando esta não precisa ser revista. Se a Administração entender que deve rever a conduta anterior, dar-se-á o instituto da revogação. Revogação, portanto, é o meio de que se socorre a Administração para desfazer situações administrativas anteriores, tendo em vista critérios de cunho exclusivamente administrativos.

> assumida essa codificação terminológica, cumpriria ressaltar que, em relação à entidades a Administração Indireta e fundacional (sem prejuízo dos controles externos), haveria um duplo controle interno: aquele que é efetuado por órgãos seus, que lhe componham a intimidade e aos quais assista esta função, e aquele outro procedido pela Administração Direta. A este último talvez se pudesse atribuir a denominação, um tanto rebarbativa ou paradoxal, reconheça-se de controle interno exterior.

O controle *externo,* em contrapartida, é realizado em órgãos diversos. Dessa forma, pode-se dizer que o Legislativo, o Judiciário e a própria Administração podem exercer o controle de legalidade. Porém, o Poder Executivo pode fazê-lo de ofício ou mediante provocação recursal, enquanto o Legislativo só pode atuar neste sentido caso haja disposição constitucional expressa que o autorize e somente sob provocação cabe agir o Judiciário (mediante ação adequada).

A fiscalização de um Poder exercida sobre outro, qual seja o controle externo, compreende o *controle parlamentar direto,* o *controle exercido pelo tribunal de contas* e o *controle jurisdicional,* que serão individualmente estudados a seguir.

Quanto aos órgãos que exercem o controle, o da Administração pode ser:

- *Administrativo;*
- *Legislativo;*
- *Judiciário.*

O Controle Administrativo é fruto da própria administração, é realizado por órgãos da Administração Pública. É o princípio reconhecido da Autotutela. No exercício de sua atividade pode a Administração Pública cometer equívocos (bastante naturais em razão da complexidade e abrangência de seu campo de atuação), ao deparar-se com eles, deverá a Administração revê-los e restaurar a situação de regularidade. Esse controle, portanto, é, além de uma faculdade, um dever da Administração Pública, que não pode permanecer inerte diante de situações irregulares. Deve, assim, fazê-lo de ofício.

Envolvem o controle Administrativo aspectos da legalidade e de mérito. Está o princípio da *autotutela* consagrado nas Súmulas nº 346 e nº 473 do STF, que se seguem:

> Súmula 346: A Administração Pública pode declarar a nulidade dos próprios atos.
>
> Súmula 473: A administração pode anular seus próprios atos quando eivados de vício que os tornem ilegais, porque deles não se originam direitos; ou revogá-los, por motivo de conveniência ou oportunidade, respeitados os direitos adquiridos, e ressalvada, em todos os casos, a apreciação judicial.

O *controle legislativo* ou *parlamentar* é o exercido pelo Poder Legislativo, por seus órgãos (Congresso Nacional, Assembleias Legislativas, Senado Federal, Câmara dos Deputados Federais, Câmara Distrital e Câmaras de Vereadores), diretamente, por meio de seus plenários ou comissões parlamentares e, indiretamente, por órgãos auxiliares constituídos para este fim, como as comissões parlamentares de inquérito.

O objetivo do *controle legislativo* é a conformação da atuação da Administração Pública com os interesses do Estado e da Comunidade, sob os critérios *político e financeiro.* O Poder Legislativo, como se sabe, representa a vontade popular, ou seja, é dotado de representatividade política, ao contrário do Poder Executivo, que é executora do Direito.

O controle político ora abrange aspectos de *legalidade*, ora de *mérito*, pois por vezes analisa a oportunidade e a conveniência diante do interesse público. Já o *controle financeiro*, previsto no art. 70 da CF abraça a fiscalização contábil, financeira e orçamentária, conforme se segue:

> *Art. 70. A fiscalização contábil, financeira, orçamentária, operacional e patrimonial da União e das entidades da Administração direta e indireta, quanto à legalidade, legitimidade, economicidade, aplicação das subvenções e renúncia de receitas, será exercida pelo Congresso Nacional, mediante controle externo, e pelo sistema de controle interno de cada Poder.*

Por fim, estuda-se o controle jurisdicional, conceituado por Diógenes Gasparini como:

> o controle da legalidade das atividades e atos administrativos do Executivo, do Legislativo e do Judiciário por órgão dotado do poder de solucionar, em caráter definitivo, os conflitos de direito que lhe são submetidos

Assim, o controle jurisdicional é externo por ser efetuado por órgão que não integra o mesmo corpo organizacional da Administração, é provocado pois não atua de ofício e é direto porque age incisivamente sobre os atos levados a ele. É também o controle normalmente repressivo.

Os aspectos de conveniência e oportunidades não podem ser objeto desse tipo de controle, somente a autoridade jurisdicional pode determinar o que é ou não legal por ocasião da concreção da lei.

Quanto à relação de *subordinação*, o controle da Administração pode ser subdividido em:

- *Hierárquico;*
- *Finalístico.*

O controle hierárquico decorre da relação de subordinação dos entes públicos. Dessa forma, cabe aos órgãos superiores fiscalizar, orientar, coordenar, revisar e supervisionar os órgãos de hierarquia inferior. Este controle é apenas interno.

O controle finalístico é mais comum sobre a relação estabelecida entre a figura da Administração Indireta e da Administração Direta, vez que, por a estas estarem vinculadas, por estas são controladas. A norma estabelece para estas entidades autônomas a autoridade controladora, as faculdades a serem exercitadas e as finalidades que objetivam. Assim sendo, é sempre um controle externo.

No que toca ao tempo em que se efetua o controle, tem-se o disposto no art. 77 da Lei nº 4.320/1964, conforme abaixo transcrito:

> Art. 77. *A verificação da legalidade dos atos de execução orçamentária será prévia, concomitante e subsequente.*

Sendo assim, podemos classificá-lo em:

- *Prévio;*
- *Concomitante;*
- *Posterior.*

O controle preventivo, que também pode ser chamado de prévio, obsta a prática do ato ilegal e é assim exercido antes da pratica do ato administrativo. São exemplos: a liquidação de despesa para oportuno pagamento; autorização do Senado Federal para a União, o Estado-membro ou o Município para contrair empréstimo externo (conforme arts. 49, II, II, XV, XVI e XVII e 52, II, IV e V).

O controle concomitante acompanha a atuação da administração a fim de verificar a regularidade do ato em sua formação, como a realização de uma auditoria durante a execução de um orçamento e a fiscalização de obra pública (art. 8.666/1993).

Já o controle posterior objetiva a revisão dos atos já praticados para sua confirmação, correção ou desfazimento.

Feitas essas distinções, podemos analisar a fundo o controle interno exercido pela administração, o controle legislativo e o judicial. Para tal, separá-los-emos em itens próprios a fim de facilitar o estudo de cada um deles.

3. O controle interno exercido pela Administração

O prof. Hely Lopes Meirelles[7] ensina que o controle administrativo é todo aquele que o executivo e os órgãos de administração dos demais Poderes exercem sobre suas próprias atividades, visando mantê-las dentro da lei, segundo as necessidades do serviço e as exigências técnicas e econômicas de sua realização, pelo que é um controle de legalidade e de mérito".

A Constituição expõe em seu art. 74 o sistema de controle a ser mantido, de forma integrada, pelos Poderes Executivo, Legislativo e Judiciário, conforme se segue:

> Art. 74. *Os Poderes Legislativo, Executivo e Judiciário manterão, de forma integrada, sistema de controle interno com a finalidade de:*
>
> *I – avaliar o cumprimento das metas previstas no plano plurianual, a execução dos programas de governo e dos orçamentos da União;*
>
> *II – comprovar a legalidade e avaliar os resultados, quanto à eficácia e eficiência, da gestão orçamentária, financeira e patrimonial nos órgãos e entidades da administração federal, bem como da aplicação de recursos públicos por entidades de direito privado;*
>
> *III – exercer o controle das operações de crédito, avais e garantias, bem como dos direitos e haveres da União;*
>
> *IV – apoiar o controle externo no exercício de sua missão institucional.*
>
> *§ 1º Os responsáveis pelo controle interno, ao tomarem conhecimento de qualquer irregularidade ou ilegalidade, dela darão ciência ao Tribunal de Contas da União, sob pena de responsabilidade solidária.*
>
> *§ 2º Qualquer cidadão, partido político, associação ou sindicato é parte legítima para, na forma da lei, denunciar irregularidades ou ilegalidades perante o Tribunal de Contas da União.*

Apesar da manifestação explícita ao Poder Executivo nos incisos do referido artigo, igualmente os Poderes Legislativo e Judiciário, desde que em exercício de atividade de caráter unicamente administrativo e dentro de sua esfera de atuação poderão exercer controle interno.

Caberá ainda, responsabilidade solidária dentre os responsáveis pelo controle interno, em conformidade com o § 1º, que não derem ciência ao Tribunal de Contas da União. Acrescenta-se que a denúncia de irregularidades ou ilegalidades ocorridas na Administração não só cabe aos que o artigo se refere, mas aos cidadãos, partidos políticos, associações ou sindicatos, em razão do § 2º.

O controle interno, conforme já ventilado, decorre da *autotutela* pois dá aos entes administrativos o poder de tornar inválidos atos, espontaneamente ou por meio de provocação, que sejam ilegais ou contrários aos fins da Administração e abraça os aspectos administrativos, orçamentários, patrimoniais e financeiros de todos os seus órgãos.

[7] MEIRELLES, Hely Lopes, "*Direito Administrativo Brasileiro*". 28ª ed., São Paulo: Ed Malheiros, p. 602.

O Decreto nº 200/1967, art. 13[8] estabeleceu que o controle deverá ser exercido em todos os órgãos e níveis da Administração, tratando do controle hierárquico próprio (art.13, *a*), do controle técnico, por meio de órgãos especializados (art. 13, *b*) e, por fim, do controle financeiro na alínea c do mesmo artigo.

Por fim, o Decreto nº 200/1967, em seu art. 14, estabeleceu a racionalização das atividades administrativas por meio da simplificação de processos e a supressão de controles que demonstrarem-se puramente formais ou cujo custo supere o risco.

Os instrumentos de atuação que permitem o controle interno dos atos da Administração Pública, pelos Poderes Executivo, Legislativo e Judiciário (os dois últimos apenas quando em exercício de função essencialmente administrativa) podem ser, em relação ao objeto:

- Homologação, aprovação, revogação e invalidação;
- Fiscalização hierárquica, supervisão ministerial;
- Fiscalização Contábil, Financeira, Orçamentária, Operacional e Patrimonial Interna.

Homologação:

Na homologação a autoridade hierarquicamente superior reconhece como válido/legal a conduta administrativa praticada por autoridade hierarquicamente inferior ou por quem seja competente para atribuir legalidade ao ato controlado, para dar-lhe eficácia. Este controle é posterior.

Aprovação:

É o ato administrativo pelo qual realiza a Administração Pública o controle de legalidade e mérito de outro ou de situações materiais de seus próprios órgãos e de entidades diversas que dependam do seu controle. Além da legalidade na aprovação, realiza-se, ainda, por vezes, controle valorativo, por meio da verificação da conveniência e oportunidade. É assim, portanto, ato discricionário, pois cumpre constatar se o ato está ou não de acordo com a política administrativa ou com seus fins.

Invalidação:

Por meio deste mecanismo de controle, torna-se sem efeito o ato administrativo tido como viciado, ilegal, não conveniente, inoportuno ou contrário aos fins da Administração. O art. 37 da Constituição elenca os princípios aos quais deverá a Administração Pública prestar obediência, quais sejam, a legalidade, impessoalidade, moralidade e publicidade. Dessa forma, torna-se legítima a revogação de quaisquer atos que afrontem esses princípios. Com a decretação de invalidade do ato administrativo, seus efeitos retroagem (*ex tunc*), restabelecendo o *status quo ante*, ressalvados os direitos de terceiros que tenham agido de boa-fé.

Outro ponto que toca a invalidação do ato administrativo é o decurso temporal, pois uma vez consolidado o ato pelo decurso do tempo, fica obstada a decretação de sua invalidade, vez que o interesse, público, pelo princípio da estabilidade das relações jurídicas, tem maior relevância que a necessidade de restabelecimento da legalidade do ato administrativo[9], porém, não é este entendimento absoluto.

Há discussão recente sobre o limite temporal para invalidação do ato administrativo na Lei nº 9.784/1999, que estabelece normas básicas sobre o processo administrativo no âmbito da Administração Federal Direta e Indireta, sendo aplicável aos órgãos dos poderes Legislativo e Judiciário quando no desempenho da função administrativa.

Foi constante fonte de divergências doutrinárias a prescrição/decadência do direito da administração de invalidar atos próprios quando destes resultassem posição contrária à ordem jurídica, pois, como está, via de regra, a Administração adstrita às limitações legais (subordinação em relação de conformidade ou compatibilidade), ver-se-ia esta compelida a rever constantemente seus atos a fim de que a compatibilidade com o ordenamento seja atingida.

Dessa forma, por preservação extrema ao princípio da legalidade, alguns autores sustentam a imprescritibilidade da possibilidade de invalidação dos atos da ad-

---

[8] "Art. 13. O controle das atividades da Administração Federal deverá exercer-se em todos os níveis e em todos os órgãos, compreendendo, particularmente: a) o controle, pela chefia competente, da execução dos programas e da observância das normas que governam a atividade específica do órgão controlado; b) o controle, pelos órgãos próprios de cada sistema, da observância das normas gerais que regulam o exercício das atividades auxiliares; c) o controle da aplicação dos dinheiros públicos e da guarda dos bens da União pelos órgãos próprios do sistema de contabilidade e auditoria." [...] "Art. 14. O trabalho administrativo será racionalizado mediante simplificação de processos e supressão de controles que se evidenciarem como puramente formais ou cujo custo seja evidentemente superior ao risco."

[9] Conforme entendimento de Patrícia Cardoso Rodrigues de SOUZA, *"Curso Prático de Direito Administrativo"*, Belo Horizonte: Ed. "Del Rey", 2003, p. 553.

ministração por seus órgãos e agentes. Tal corrente não é partilhada por outros, como o ilustre prof. Hely Lopes Meirelles, que sustenta que o conflito entre segurança só existe quando se toma aquela como valor absoluto e que a estabilidade dos atos praticados é interesse de ordem pública tão relevante quanto os demais.

As cortes superiores continuam a entender caber à administração o poder/dever de declarar a nulidade de seus atos a qualquer tempo, conforme a Súmula nº 473. A título de exemplificação, seguem duas ementas de acórdãos proferido em Recurso Especial. (REsp 78073 e 121079)

> Previdenciário. Aposentadoria por tempo de serviço. Revisão. Prescrição. Suspensão. Art. 207, Decreto no 8.9312/1984. Súmula 473 do STF. 1. Na hipótese de suspensão de benefício previdenciário obtido mediante fraude, não se aplica o prazo prescricional quinquenal previsto no art. 207 do decreto nº 8.9312/1984, devendo, incidir, na espécie, a Súmula 473 do Supremo Tribunal Federal, eis que ato nulo não produz efeitos. 2. Seria esdrúxula a hipótese de se considerar ocorrida a prescrição, impedindo a Administração Pública de rever o processo de aposentadoria nos moldes em tela e, mesmo assim, entender viavel a *persecutio criminis* do pretenso fraudador. 3. Recurso não conhecido.
>
> Administrativo. Militar. Exclusão das fileiras da policia militar. Reintegração. Prescrição. 1. *Não se pode levar na devida linha de conta a tese da prescrição quinquenal em se tratando de ato administrativo carente de motivação válida e, portanto, imperfeita.* Nestas condições "o decurso do tempo não convalida o que nasceu invalido". Não há falar em prescrição. Art. 1º, Decreto nº 20.910/1932. 2. Recurso especial não conhecido.

O conflito entre e estabilidade das relações jurídicas em razão do decurso do tempo e a necessidade da atuação vinculada à Administração foi sempre objeto de discussões. Este prazo é erroneamente vinculado à prescrição.

Em artigo publicado na *Revista dos Tribunais* do estado do Pará, o procurador da República Gilberto Guimarães Ferraz Júnior[10] expõe, citando o prof. Agnelo Amorim Filho e Pontes de Miranda, que o prazo para as ações de nulidade não é de prescrição, mas de decadência, visto que a ação de nulidade não é declaratória, mas constitutiva. Como tal, a nulidade não deve ser declarada, mas decretada. O entendimento contrário resulta em uma absurda equivalência entre ato nulo e inexistente.

A Lei nº 9.784/1999 estabeleceu em seu art. 54, que transcreveremos em seguida, prazo para anulação de ato administrativo análogo ao do Decreto nº 20.910/1932 (que estabelece prazo quinquenal para a prescrição da ação de cobranças das dívidas passivas da União). Dessa forma, são atribuídos prazos idênticos para vícios de nulidade e meras anulabilidades[11]:

[10] Expõe ainda a autor, no mesmo artigo, que: "no Direito romano, a sentença que proclamava a nulidade se limitava a registrar a inexistência do ato, sem produzir quaisquer efeitos jurídicos. Hodiernamente, contudo, o ato nulo penetra, mesmo viciado, no mundo jurídico, tanto que é denominado de ato jurídico, leia-se o art. 145 do Código Civil (na doutrina publicista, corrobora esta posição a abalizada opinião do provecto jurista Celso Antônio Bandeira de MELLO). Ressalte-se que, transposta para o âmbito do direito público, evidencia-se ainda mais esta diferença, posto que o ato, mesmo nulo, deve preservar seus efeitos quanto ao terceiro de boa-fé: em virtude da presunção de legitimidade de que gozam, o administrado supõe constituir validamente um direito."

[11] Propôs, então, o prof. Celso Antônio Bandeira de MELLO, a aplicação analógica dos prazos do Código Civil, "pois as razões são da mesma ordem". Seriam 20 anos para os atos nulos, por ser o prazo mais longo, e 5 anos para os atos anuláveis. O Procurador Gilberto Guimarães Ferraz Júnior argumenta, ainda: "não pode ser, entretanto, esta a *mens legis*. Se até mesmo os crimes, ilícitos cuja repreensão severa denota a gravidade da conduta, têm extinta a sua punibilidade, como permitir a desconstituição de um ato praticado a dezenas de anos, mesmo que de má-fé? Desejaria a lei um foco permanente de instabilidade, incerteza e insegurança a ensejar eterna expectativa de desconstituição? Deve-se entender aplicável, portanto, prazo decadencial vintenário. Outro aspecto de relevo é o que diz respeito aos atos administrativos gerais ou abstratos. São estes, na precisa definição do prof. Celso Antônio Bandeira de Mello, "os que preveem reiteradas e infindas aplicações, as quais se repetem cada vez que ocorra a reprodução da hipótese neles prevista, alcançando um número indeterminado e interminável de indivíduos". São eles, se nulos, por essência, sempre suscetíveis de anulação. Isto, pois são, nos dizeres da profª Weida Zancaner, "desencadeadores contínuos de situações inválidas". Não se pode concluir, portanto, que decai em cinco anos o direito de atacar os atos administrativos gerais nulos, mesmo que deles decorram efeitos favoráveis para quem quer que seja. Observe-se, no entanto, que cada situação jurídica *in concreto*, que tenha se fundamentado naquele ato nulo será, também, nula, mas, esta sim, capaz de ser protegida pela decadência. Quanto ao prazo de 5 anos, como limite à invalidação pela própria administração, vale dizer que, em se tratando de atos nulos (ou não convalidáveis), a decadência do direito de impugná-los deveria ser, logicamente, *longi temporis*. O atuar da administração é, cada vez mais, complexo e dinâmico, prazo tão exíguo para a verificação de irregularidades tão graves significará, na prática, a impossibilidade de corrigi-los pela via da anulação. Pode-se questionar, também, o diploma legal em comento no que se refere à convalidação. De fato, por vezes, ela é obrigatória. Tratando-se de ato administrativo praticado sob a égide de atuação vinculada, com vício de competência, por exemplo, haverá a obrigatoriedade da convalidação, já que esta é "o suprimento da invalidade com efeitos retroativos" e uma das formas através da qual o Estado se subsume à lei, na medida em que "...a restauração da ordem jurídica tanto se

Art. 54. O Direito da Administração de anular os atos administrativos de que decorram efeitos favoráveis para os destinatários decai em cinco anos, contados da data em que foram praticados, salvo comprovada má-fé.

§ 1º No caso de efeitos patrimoniais contínuos, o prazo de decadência contar-se-á da percepção do primeiro pagamento.

§ 2º Considera-se exercício do direito de anular qualquer medida de autoridade administrativa que importe impugnação à validade do ato.

A fim de disciplinar o processo administrativo na esfera federal, a mencionada lei, para esgotar a polêmica que vigorava quanto aos prazos de prescrição, estabeleceu:

Art. 55. Em decisão na qual se evidencie não acarretarem lesão ao interesse público nem prejuízo a terceiros, os atos que apresentarem defeitos sanáveis poderão ser convalidados pela própria Administração.

Porém, o dito artigo permaneceu vago quanto a anulação dos atos praticados de má-fé, aproximando-se da orientação da Súmula nº 473 do STF. A discussão, embora não esgotada, pareceu interessante e pertinente ao presente trabalho.

Fiscalização hierárquica

É o controle exercido pelos órgãos superiores sobre os inferiores da Administração, considerando sua forma organizacional. Hely Lopes Meirelles[12] define a fiscalização hierárquica como "a exercida pelos órgãos superiores sobre os inferiores da mesma Administração, visando a ordenar, coordenar, orientar e corrigir suas atividades e agentes". É inerente ao poder hierárquico, que se baseia a organização administrativa, e, por isso mesmo, há de estar sempre presente em todos os órgãos da Administração Pública.

Supervisão Ministerial

É o meio atenuado de controle administrativo, normalmente aplicável a órgãos da Administração Pública que estejam diretamente vinculadas a um Ministério, conforme, arts. 19 e 20 do Decreto-lei nº 200/1967:

Art. 19. Todo e qualquer órgão da Administração Federal, direta ou indireta, está sujeito à supervisão do Ministro de Estado competente, excetuados unicamente os órgãos mencionados no art. 32, que estão submetidos à supervisão direta do presidente da República.

Art. 20. O Ministro de Estado é responsável, perante o presidente da República, pela supervisão dos órgãos da Administração Federal enquadrados em sua área de competência.

Parágrafo único. A supervisão ministerial exercer-se-á por meio da orientação, coordenação e controle das atividades dos órgãos subordinados ou vinculados ao Ministério, nos termos desta lei.

A supervisão distingue-se da subordinação, pois esta decorre do poder hierárquico enquanto aquela é fruto do sistema legal imposto às autarquias e empresas estatais, que se sujeitam –, apenas, ao controle finalístico da Administração.

A fiscalização da gestão dos bens públicos, que abraça as fiscalizações contábil, orçamentária, operacional e patrimonial é foco do estudo do Direito Financeiro. A atividade financeira é exercida nos campos da receita, fonte de recursos do Estado, a gestão, que trata da administração e conservação do patrimônio público e da despesa, que é à utilização dos recursos para finalidades do Estado. Ou seja, cuida do erário (finanças públicas) em sentido amplo.

---

faz pela fulminação de um ato viciado quanto pela correção de seu vício". A Lei nº 9.784/1999, na parte aqui enfocada, buscou preencher uma lacuna, aclarando parte obscura e controversa da teoria administrativista, qual seja o prazo para a invalidação *sponte própria* dos atos administrativos. Sem embargo desta contribuição, é texto técnico e melhor seria se delineasse a matéria com mais precisão. Em resumo, quanto ao prazo de decadência do direito da administração federal de impugnar os seus atos, pode-se afirmar que, à luz da lei perscrutada, vigora a seguinte sistemática: "É de 5 anos para invalidar atos administrativos concretos inconvalidáveis (inclusive os atos de efeitos contínuos, que determinam prestações de trato sucessivo pela Administração) que importam em benefício para terceiros (excetua-se a hipótese de má-fé do interessado) e convalidar atos administrativos concretos derivados de atuação vinculada. É de 20 anos para invalidar atos administrativos concretos nulos, quando se comprova a má-fé do beneficiário dos seus efeitos. Por fim, conclui-se que é insuscetível de subordinar a prazo decadencial o direito de invalidar atos administrativos abstratos ou gerais e atos administrativos de efeitos meramente internos. Tais proposições, todavia, deveriam ter merecido exposição mais clara, porquanto o tema, embora de salutar importância, sempre se mostrou de índole controversa, dada a injustificada incúria legislativa em regulamentá-lo."

[12] O prof. Hely Lopes MEIRELLES (*Direito Administrativo Brasileiro*". São Paulo: Malheiros, p. 604) nomeia ainda como características da fiscalização hierárquica a permanência e a automaticidade, visto que se exercita perenemente, sem descontinuidade e independentemente de ordem ou de solicitação especial. É um poder – dever de chefia e, como tal, o chefe que não a exerce comete inexação funcional. Para o pleno desempenho da fiscalização hierárquica o superior deve se velar pelo cumprimento da lei e das normas internas, acompanhar a execução das atribuições de todo subalterno, verificar os atos e o rendimento do trabalho dos agentes e avaliar os resultados, para adotar ou propor as medidas convenientes ao aprimoramento do serviço, no âmbito de cada órgão e nos limites de competência de cada chefia."

O prof. Ricardo Lobo Torres[13] ensina que

> a atividade financeira emana do poder e da soberania do Estado. O poder financeiro, por seu turno, é uma parcela ou emanação do poder estatal (ou da soberania), ao lado do poder de polícia, do poder penal, do poder de domínio eminente. O poder financeiro se separa vertical e horizontalmente. Do ponto de vista vertical identificam-se os poderes financeiros da União, dos Estados e dos Municípios, dos quais emanam as atividades financeiras federais, estaduais e municipais. Horizontalmente separam-se os poderes financeiros de administrar, legislar e julgar, pelo que a atividade financeira será uma específica atividade administrativa vinculada à lei e controlada pelo Judiciário.

A fiscalização contábil, financeira, orçamentária, operacional e patrimonial da União e das entidades da Administração direta e indireta, quanto à legalidade, economicidade, aplicação das subvenções e renúncia de receitas, será exercida pelo controle interno de cada Poder, por força do art. 70 da Constituição Federal e prestará contas qualquer pessoa física ou jurídica, pública ou privada, que utilize, arrecade, guarde, gerencie ou administre dinheiros, bens e valores públicos ou pelos quais a União responda, ou que, em nome desta, assuma obrigações de natureza pecuniária.

Assim sendo, por força do art. 75 da Lei nº 4.320/1964, o controle da execução orçamentária compreende:

- A legalidade dos atos de que resultem a arrecadação da receita ou a realização da despesa, o nascimento ou a extinção de direitos e obrigações.
- A fidelidade funcional dos agentes da administração, responsáveis por bens e valores públicos.
- Cumprimento do programa de trabalho expresso em termos monetários e em termos de realização de obras e prestação de serviços.

Controle da Contabilidade

Este tipo de controle diz respeito à fiscalização dos registros que disponham sobre o montante de crédito e dotações, é abraçados pelos arts. 83 a 89 da supracitada lei e evidenciará perante a Fazenda Pública a situação de todos quantos, de qualquer modo, arrecadem receitas, efetuem despesas, administrem ou guardem bens a ela pertencentes ou confiados.

Ressalvada a competência do Tribunal de Contas ou órgão equivalente, a tomada de contas dos agentes responsáveis por bens ou dinheiros públicos será realizada ou superintendida pelos serviços de contabilidade, que serão organizados de forma que permitam o acompanhamento da execução orçamentária, o conhecimento da composição patrimonial, a determinação dos custos dos serviços industriais, o levantamento dos balanços gerais, a análise e a interpretação dos resultados econômicos e financeiros.

Haverá controle contábil dos direitos e obrigações oriundos de ajustes ou contratos em que a Administração Pública for parte. Os débitos e créditos serão escriturados com individuação do devedor ou do credor e especificação da natureza, importância quando fixada e a contabilidade evidenciará os fatos ligados à administração orçamentária, financeira, patrimonial e industrial.

Controle operacional

Esse controle comporta o cumprimento dos planos e programas de caráter monetário, realização de obras e prestação de serviços. Tem previsão no art. 167 da Constituição Federal, que estabelece, por exemplo, em seu 1º § que:

> *nenhum investimento cuja execução ultrapasse um exercício financeiro poderá ser iniciado sem prévia inclusão no plano plurianual, ou sem lei que autorize a inclusão, sob pena de crime de responsabilidade.*

Controle patrimonial e industrial

Por meio deste tipo de controle, a Administração busca a observação das normas que regem o uso e a alienação dos bens públicos, que devem observar as seguintes condições: autorização legislativa, avaliação prévia e licitação.

Esta alienação é regulada pela Lei nº 8.666/1993, que regulamente o inciso XXI da Constituição Federal, que estabelece que

> *ressalvados os casos especificados na legislação, as obras, serviços, compras, alienações serão contratados mediante processo de licitação pública que assegure igualdade de condições a todos os concorrentes, com cláusulas que estabeleçam obrigações de pagamento, mantidas as condições efetivas da proposta, nos termos da lei, o qual somente permitirá as exigências de qualificação técnica e econômica indispensáveis à garantia do cumprimento das obrigações.*

Assim, a referida lei estabelece normas gerais sobre licitações e contratos administrativos pertinentes a obras, serviços, inclusive de publicidade, compras, alie-

[13] Ricardo Lobo TORRES, *"Curso de Direito Financeiro e Tributário"*, Rio de Janeiro: Renovar, 2003, p. 10.

nações e locações no âmbito dos Poderes da União, dos Estados, do Distrito Federal e dos Municípios.

A licitação pode ser dispensável em alguns casos, como:

- Doação, autorizada unicamente caso exista interesse social que a justifique. Hão de ser avaliadas também a oportunidade e a conveniência socioeconômica.
- Permuta, autorizada apenas entre órgãos ou entidades da Administração Pública.
- Venda de ações, que poderão vir a ser negociadas em bolsa, respeitada a legislação específica.
- Venda de títulos (conforme legislação específica).
- Venda de bens produzidos ou comercializados por órgãos ou entidades da Administração em virtude de suas finalidades.
- Venda de materiais para órgãos diversos da Administração.

Controle financeiro

Por meio deste controle, a Administração fiscaliza e corrige as ilegalidades cometidas na gestão do dinheiro público. Envolve, assim, o controle contábil (já estudado), vez que à contabilidade cabe a prova, perante a Fazenda Pública dos fatos que tangem à administração orçamentária, financeira, patrimonial e industrial.

Cabe ressaltar, que, conforme art. 70, parágrafo único da Constituição Federal, prestará contas qualquer pessoa física ou jurídica, pública ou privada, que utilize, arrecada, guarde gerencie ou administre dinheiros, bens e valores públicos ou pelos quais a União responda, ou que, em nome desta, assuma obrigações de natureza pecuniária.

Determina, ainda, os arts. 10, 11 e 14 da Lei nº 8.429/1992 (Lei de Improbidade Administrativa) que constitui ato de improbidade administrativa pelo agente público ordenar ou permitir a realização de despesas não autorizadas por lei ou regulamento, liberar verba pública sem a estrita observância das normas pertinentes ou influir de qualquer forma para sua aplicação irregular ou deixar de prestar contas quando esteja obrigado a fazê-lo. Pode também qualquer pessoa representar à autoridade administrativa competente para que seja instaurado contra ela procedimento administrativo.

Recursos Administrativos

Recursos Administrativos são todos os meios hábeis a propiciar o reexame de decisão interna pela própria Administração[14]. No exercício desta atividade, a Administração analisa e resolve sobre a pretensões dos administrados e de seus servidores, por isso, podemos entender tais mecanismos como *controle interno da Administração Pública com participação dos administrados ou por autoridade inferior a que proferiu a decisão objeto de Recurso*[15].

Os recursos são fruto do Estado de Direito, pois é inimaginável ser a decisão administrativa imutável por quem é por ela direta ou indiretamente atingido dentro de um regime democrático, pois a inexistência de um segundo grau de jurisdição é uma afronta ao princípio do contraditório, constitucionalmente garantido pela Carta de 1988.

Os recursos administrativos podem ser:

- Provocados: caso interpostos voluntariamente por particular ou
- Hierárquicos: caso interpostos pela autoridade que proferiu a decisão em nível inferior.

Os recursos provocados ou voluntários, conforme lição de Hely Lopes Meirelles[16],

> devem ser fundamentados, com a exposição dos fatos e indicação da ilegalidade impugnada, consistente em violação flagrante ou dissimulada de algum princípio ou norma constitucional, legal, regulamentar ou contratual, incluindo-se dentre os editais e convites de licitação, os cadernos de encargos ou de obrigações e demais instru-

---

[14] Conforme definição de Hely Lopes MEIRELLES, em obra anteriormente citada, p. 604.

[15] A profª Patrícia Cardoso Rodrigues de SOUSA, em obra anteriormente citada, classifica o controle interno com participação dos administrados em: Direito de Petição; Recursos Administrativos (Representação, Reclamação, Recursos Hierárquicos – Próprios ou impróprios, Pedido de Reconsideração e Revisão) e Processo Administrativo.

[16] Em obra anteriormente citada, p. 605. Ensina ainda o professor que: "em qualquer modalidade de recurso a autoridade ou o tribunal administrativo tem ampla liberdade de revisão do ato recorrido, podendo modificá-lo ou invalidá-lo por motivo de legalidade, conveniência, oportunidade ou, mesmo, por razões de ordem técnica que comprometam a eficiência do serviço público ou a utilidade do negócio em exame, sendo admissível até a *reformatio in pejus*, em discordância com o pedido do recorrente. O que a administração não pode, entretanto, é conhecer de recurso voluntário extemporâneo, porque, se o fizer, estará infringindo a coisa julgada administrativa, que torna definitivas e inimpugnáveis suas decisões no âmbito interno precisamente para dar segurança e estabilidade jurídica às relações entre ela e seus administrados. Ressalve-se, todavia, a anulação de atos ilegais, que independe de recurso e, por isso mesmo, pode ser declarada a qualquer tempo e em qualquer processo que a denuncie. O julgamento de recurso administrativo torna vinculante para Administração seu pronunciamento decisório e atribui definitividade ao ato apreciado em última instância. Daí por diante é imodificável pela própria administração e só o Judiciário poderá reapreciá-lo e dizer de sua legitimidade. E assim é porque, embora inexista entre nós a coisa julgada administrativa (coisa julgada material e formal), existe, todavia, o ato administrativo inimpugnável e imodificável pela Administração, por exauridos os recursos próprios e as oportunidade internas de autocorreção da atividade administrativa".

ções administrativas pertinentes. Por sua vez, a decisão do recurso há de ser também fundamentada, com motivação própria do julgador ou aceitação expressa das razões do recorrente, ou das informações do recorrido, ou de pareceres emitidos no processo. O que não se admite é o acolhimento ou a rejeição imotivada do recurso, porque isto invalida a decisão omissa.

Os recursos administrativos podem ter efeito devolutivo ou suspensivo. O primeiro é regra enquanto o segundo é exceção. O efeito suspensivo se concedido deve ser feito de forma expressa, pois não é presumido e obsta a possibilidade de utilização do Judiciário[17] (pela inviabilidade da fixação do objeto da demanda) e a fluência do prazo prescricional em função da inexecução do ato impugnado.

Há possibilidade de intervenção de terceiros nos recursos administrativos desde que o ato da administração tenha atingido diretamente direitos de supervenientes. A participação de terceiro só é admitida mediante interesse comprovadamente legítimo.

Os fundamentos constitucionais para os recursos administrativos são:

> *Art 5º, XXXIV, a, da Constituição Federal que determina: "são a todos assegurados, independentemente do pagamento de taxas, o direito de petição aos Poderes Públicos em defesa de direitos o contra ilegalidade ou abuso de poder".*
>
> *Art 5º, LV, que estabelece que "aos litigantes, em processo judicial ou administrativo, e aos acusados em geral são assegurados o contraditório e ampla defesa, com os meios e recursos nela inerentes".*

São modalidades de recursos administrativos:

- Representação.
- Reclamação Administrativa.
- Pedido de Reconsideração.
- Recurso Hierárquico.
- Pedido de Revisão.
- Processo Administrativo.

Representação

É a denúncia de irregularidade, ilegalidade e condutas abusivas feita pela própria Administração. José dos Santos Carvalho Filho conceitua representação como "a modalidade de recurso em que o interessado postula a revisão de ato que lhe prejudica direito ou interesse". O art. 74, § 2º, da Constituição Federal, prevê a representação em face do Tribunal de contas da União, conforme se segue:

> *Art. 74. Os Poderes Legislativo, Executivo e Judiciário manterão, de forma integrada, sistema de controle interno com a finalidade de:*
>
> *[...]*
>
> *§ 2º – Qualquer cidadão, partido político, associação ou sindicato é parte legítima para, na forma da lei, denunciar irregularidades ou ilegalidades perante o Tribunal de Contas da União [...].*

A Lei nº 4.898/1965 também regula o Direito de Representação e o processo de Responsabilidade Administrativa Civil e Penal nos casos de abuso de autoridade, que deverá ser exercido por meio de petição dirigida à autoridade competente, indicando à autoridade civil ou militar culpada e demonstrando a respectiva sanção cabível. Deve também ser dirigida ao órgão do Ministério Público competente para aplicá-la.

A representação deverá ser feita em duas vias e conterá a exposição do fato constitutivo do abuso de autoridade, com todas as suas circunstâncias, a qualificação do acusado e o rol de testemunhas (sendo de três o máximo). É considerado abuso de autoridade qualquer atentado à liberdade de locomoção, inviolabilidade de domicílio, sigilo de correspondência, liberdade de consciência, de crença, ao livre exercício do culto religioso, à liberdade de associação, aos direitos e garantias legais assegurados ao exercício do voto, ao direito de reunião, à incolumidade física do indivíduo, aos direitos e garantias legais assegurados ao exercício profissional[18].

---

[17] É possível, entretanto, que a parte interessada na pretensão judicial opte por abrir mão do recurso administrativo para que o objeto da demanda seja apreciado pelo Judiciário. A concomitância do recurso administrativo com efeito suspensivo e do procedimento Judiciário.

[18] É também, de acordo com a mesma lei, considerado abuso de autoridade: "ordenar ou executar medida privativa da liberdade individual, sem as formalidades legais ou com abuso de poder; submeter pessoa sob sua guarda ou custódia a vexame ou a constrangimento não autorizado em lei; deixar de comunicar, imediatamente, ao juiz competente a prisão ou detenção de qualquer pessoa; deixar de ordenar o relaxamento de prisão ou detenção ilegal que lhe seja comunicada; levar à prisão e nela deter quem quer se proponha a prestar fiança, permitida em lei; cobrar o carcereiro ou agente de autoridade policial, carceragem, custas, emolumentos ou quaisquer outras despesas, desde que a cobrança não tenha apoio em lei, quer quanto à espécie quer quanto ao seu valor; recusar o carcereiro ou agente de autoridade policial recibo de importância recebida a título de carceragem, custas, emolumentos ou de qualquer outra despesa; ato lesivo da honra ou do patrimônio de pessoa natural ou jurídica, quando praticado com abuso ou desvio de poder ou sem competência legal; prolongar a execução de prisão temporária, de pena ou de medida de segurança, deixando de expedir em tempo oportuno ou de cumprir imediatamente ordem de liberdade".

É, para estes fins, considerada autoridade quem exerce cargo, emprego ou função pública, de natureza civil, ou militar, ainda que transitoriamente e sem remuneração, devendo o abuso de autoridade sujeitar o autor à sanção administrativa civil e penal[19].

Uma vez oferecida a representação, a Administração deve receber a denúncia, instaurar o processo administrativo e apurar o fato objeto do recurso administrativo. Tal atividade constitui um dever – poder da Administração.

Reclamação Administrativa

"A Reclamação Administrativa é a modalidade de recurso em que o interessado postula a revisão do ato que lhe prejudica direito ou interesse"[20].A característica fundamental deste recurso administrativo é o interesse direto do recorrente quanto à correção do ato prejudicial, diferenciando-se, assim, da representação, pois esta admite que o pedido seja formulado por qualquer pessoa.

A fundamentação legal da reclamação administrativa, na esfera federal, está no Decreto nº 20.910/1932, que estabelece o prazo prescricional de um ano contado da data do ato ou fato lesivo que ensejou a reclamação administrativa, conforme art. 6º, que se segue:

> *Art. 6º O Direito a Reclamação Administrativa, que não tiver prazo fixado em disposição de Lei para ser formulada, prescreve em um ano a contar da data do ato ou fato do qual a mesma se originar.*

O art. 4º estabelece ainda que não corre prescrição durante a demora que, no estudo, no reconhecimento ou no pagamento da dívida, considerada líquida, tiverem as repartições ou funcionários encarregados de estudá-la e apurá-la. Verificar-se-á a suspensão pela entrada do requerimento do titular do Direito ou do Credor nos livros ou protocolos das repartições públicas, com designação do dia, mês e ano.

Sendo assim, a interposição da reclamação administrativa não interrompe o prazo prescricional, somente suspende a sua fluência, desde que feita tempestivamente. A jurisprudência vem entendendo que a Administração pode conhecer da reclamação administrativa interposta fora do prazo legal a fim de se evitar o pleito judicial quando latente o direito do reclamante.

Pedido de reconsideração

O pedido de reconsideração é a modalidade de recurso administrativo que se dirige à mesma autoridade que expediu o ato, requerendo sua anulação ou modificação e é abraçado pela Lei nº 8.112/1990, que institui o Regime Jurídico dos Servidores Públicos Civis da União, das autarquias e das fundações públicas federais.

É considerado servidor, para efeitos desta lei, a pessoa legalmente investida em cargo público, que, por sua vez, é considerado o conjunto de atribuições e responsabilidades previstas na estrutura organizacional que devem ser cometidas a um servidor.

O prazo para interposição do pedido de reconsideração ou de recurso é de 30 dias a contar da publicação ou da ciência pelo interessado da decisão recorrida e poderá ser recebido com efeito suspensivo, a juízo da autoridade competente e terá efeitos retroativos à data do ato impugnado caso seja provido.

O pedido de reconsideração não poderá ser renovado e deverá ser despachado no prazo de cinco dias e decidido dentro de 30 dias, cabendo recurso do indeferimento do mesmo e das decisões sobre os recursos sucessivamente interpostos.

O recurso deve ser dirigido à autoridade imediatamente superior à que tiver expedido o ato ou proferido a decisão e, sucessivamente, em escala ascendente, às demais autoridades. Deverá, também, ser encaminhado por intermédio da autoridade a que tiver imediatamente subordinado o requerente.

---

[19] Maria Sylvia Zanella DI PIETRO ensina que: "entende-se que caberá ao Ministério Público adotar a medida cabível, desde que seja de sua competência, o que abrange as atribuições previstas no art. 129 da Constituição Federal, como a de promover a ação penal pública, promover o inquérito civil e a ação civil pública para a proteção do patrimônio público e social, do meio ambiente de outros interesses difusos e coletivos, promover a ação de inconstitucionalidade ou representação para fins de intervenção da União e dos Estados, requisitar diligências investigatórias e a instauração de inquérito policial, indicados os fundamentos jurídicos de suas manifestações. Não sendo matéria de sua competência, deverá o Ministério Público encaminhar a representação à autoridade competente para apreciá-la". Entende ainda a ilustre professora que não assiste razão a Hely Lopes Meirelles ao afirmar que a representação vale como informação de ilegalidades, a serem conhecidas e corrigidas pelos meios que a Administração reputar convenientes, pois a afirmação vale para as representações manifestamente infundadas, feitas por capricho ou de forma temerária. Mas a regra é que a Administração determine a apuração da irregularidade sob pena de condescendência criminosa, definida no art. 320 do Código Penal, cuja ideia é, ainda, reforçada pelo art. 74, § 1º, da Constituição Federal.

[20] José dos Santos CARVALHO FILHO, *Manual de Direito Administrativo*, 3ª ed., São Paulo: Lumen Juris, p. 613.

Recursos hierárquicos

Recursos hierárquicos são todos aqueles pedidos que as partes dirigem à instância superior da própria administração, propiciando o reexame do ato inferior sob todos os seus aspectos.

Os recursos hierárquicos subdividem-se em:

- Recurso Hierárquico *próprio* e
- Recurso Hierárquico *impróprio*.

O recurso hierárquico *próprio* é dirigido à autoridade ou à instância superior do mesmo órgão administrativo. Por manter nexo com o instituto da hierarquia, independe de previsão legal[21], ainda que não haja norma específica, é ao interessado lícito recorrer à autoridade superior à que proferiu o ato a fim de requerer sua revisão, tendo em vista que nosso Ordenamento Jurídico não admite decisões únicas e irrecorríveis.

A Administração possui, ainda, liberdade plena para reformar o ato além do pedido, independentemente de ser esta reforma mais benéfica ou maléfica ao requerente. Este poder decorre da hierarquia e finalidade corretiva dos atos inferiores ilegítimos ou inconvenientes.

O recurso hierárquico *impróprio* é aquele dirigido à autoridade administrativa ou a órgãos distintos aos de onde foi originado o ato impugnado. Conforme lição de José dos Santos Carvalho Filho, o adjetivo impróprio na expressão significa que entre o órgão controlado e o órgão controlador não há propriamente uma hierarquia de subordinação, mas sim uma relação de vinculação, já que se trata de pessoas diversas, ou de órgãos pertencentes a pessoas diversas.

O art. 170, que trata das disposições gerais sobre a organização da administração na esfera federal, dá competência expressa ao chefe do Poder Executivo, conforme se segue:

> *Art. 170. O presidente da República, por motivo relevante de interesse público, poderá avocar e decidir qualquer assunto na esfera da Administração Federal.*

Há a mesma amplitude decisória no recurso hierárquico impróprio pela Administração do que no recurso hierárquico próprio. Nessas duas hipóteses os pronunciamentos são atos jurisdicionais administrativos de agentes do executivo.

Esses recursos vão se tornando usuais na instância última dos entes da Administração Indireta, nas quais é a autoridade julgadora o Ministério ou Secretaria de Estado a que estão vinculadas e são admissíveis desde que estabelecidos em lei ou no regulamento da instituição, segundo disposto no art.19 do Decreto-lei nº 200/1967:

> *Art. 19. Todo e qualquer órgão da Administração Federal, direta ou indireta, está sujeito à supervisão do Ministro de Estado competente, excetuados unicamente os órgãos mencionados no art. 32, que estão submetidos à supervisão direta do presidente da República*[22].

Para ilustrar o item, podemos citar o recurso hierárquico impróprio da Vésper ao ministro das Comunicações, em desconsideração à Anatel. A empresa recorreu diretamente ao ministro Miro Teixeira em vez de requerer a reconsideração da decisão do Conselho Diretor da Agência que negou a ela a possibilidade de utilizar a faixa de 1,9 GHz para a prestação do SMP em caráter secundário. Em documento, a operadora de telefonia fundamentou o recurso pela Constituição Federal, LGT e Medida Provisória que estabeleceu as competências dos órgãos da Administração Federal.

O recurso da Vésper solicitou ao Ministério que determinasse à Anatel a expedição das autorizações a que alegou ter direito, argumentando ainda que seu pleito não foi tratado pela Agência com a presteza e seriedade necessárias e citando o recurso da TIM Centro Sul ao Ministério das Comunicações contra o conselho diretor da Anatel pela aplicação do conceito de empresa coligada, definido pela Resolução nº 101/1999 ao Serviço Móvel Pessoal. A Vésper alegou que, nesse caso, o recurso foi admitido pelo Ministério e posteriormente negado o seu provimento.

O principal argumento utilizado pela Vésper em sua petição, entre outras, refere-se à interpretação por parte da empresa de que a Agência não agiu de forma técnica ao negar o pleito relativo ao uso do espectro de radiofrequências, mas de forma política pois a Anatel deliberou sobre a matéria relacionada ultrapassando sua competência legal e trazendo em seu conteúdo várias e graves consequências à competição no setor e à própria viabilidade e permanência da empresa no mercado.

---

[21] SOUSA, Patrícia Cardoso de, *"Controle da Administração Pública"*, Ed. Belo Horizonte: Del Rey, 2003.

[22] São os órgãos excetuados, conforme art. 32, o Gabinete Civil, Militar, bem como o Conselho de Segurança Nacional, Conselho de Desenvolvimento Econômico, Conselho de Desenvolvimento Social, Secretaria de Planejamento, Serviço Nacional de Informações, Estado-Maior das Forças Armadas, Secretaria de Comunicação Social, Departamento Administrativo do Serviço Público, Consultoria-geral da República, Alto Comando das Forças Armadas, sendo que os Chefes do Gabinete Civil, do Gabinete Militar, da Secretaria de Planejamento, da Secretaria de Comunicação Social, do Serviço Nacional de Informações e do Estado-maior das Forças Armadas são Ministros de Estado titulares dos respectivos órgãos.

A fim de exemplificar que a Anatel estaria extrapolando suas competências, a Vésper citou o caso da política de TV digital, em que o papel assumido pelo ministério demonstrou que eram intoleráveis, por falta de base legal, as incursões da Agência nos campos que excederam os limites de seu campo de competência sob o pretexto da questão técnica e pela falsa premissa de que tudo se resumiria à administração dos recursos do espectro.

O segundo grande argumento apresentado com destaque referiu-se ao precedente da decisão que concedeu à Telemar/Oi a utilização da faixa de frequência de 1.8 GHz para a prestação do STFC em caráter secundário e, ao final, questionou o conceito de utilização secundária desenvolvido após à decisão tomada.

Pedido de Revisão

É o meio previsto para o reexame da punição imposta ao servidor, a pedido ou de ofício, quando se aduzir fato novo ou circunstância suscetível de justificar sua inocência ou de inadequação da penalidade aplicada[23] e tem caráter recursal.

O pedido de revisão é muito utilizado pelo servidor que sofreu punição pela Administração que, em virtude de fatos novos que possam atestar a inocência ou abrandar a penalidade aplicada, valem-se de tal recurso.

Assim sendo, a existência de novos fatos que suscitem ao administrador solução distinta daquela anteriormente apresentada em processo administrativo e é requisito essencial para o pedido de revisão, que enseja instauração de novo processo.

Em caso de falecimento ou superveniente incapacidade do recorrente, poderá o pedido de revisão ser requerido por membro da família do servidor público que sofreu a punição ou por curador que o represente.

Tal recurso administrativo encontra-se regulamentado pelo art. 174 da Lei nº 8.112/1990, conforme se segue:

> *Art. 174. O processo disciplinar poderá ser revisto, a qualquer tempo, a pedido ou de ofício, quando se aduzirem fatos novos ou circunstâncias suscetíveis de justificar a inocência do punido ou a inadequação da penalidade aplicada.*
>
> *§ 1º Em caso de falecimento, ausência ou desaparecimento do servidor, qualquer pessoa da família poderá requerer a revisão do processo.*
>
> *§ 2º No caso de incapacidade mental do servidor, a revisão será requerida pelo respectivo curador.*

Antes de tratar em específico do tema "recurso administrativo", que apresenta maior complexidade no item "controle interno com a participação dos administrados" é interessante obter alguns conceitos essenciais que se fazem necessários àquele estudo, mas que não são espécies de instrumentos de controle a ser exercidos pelos administrados na defesa de seus direitos. Devem, assim serem tratados como um parêntese.

Coisa julgada administrativa

O Direito Administrativo valeu-se do conceito de coisa julgada administrativa em razão das semelhanças entre este e o conceito da coisa julgada judicial no que tange à imutabilidade da decisão proferida.

Os institutos diferenciam-se pois a coisa julgada administrativa assume sentido diferente da coisa julgada judicial, primeiramente porque a coisa julgada é a própria função jurisdicional do Estado, por meio da qual sua prestação torna-se irretratável quando definitivamente entregue.

O Poder Judiciário, quando no exercício de sua função, atua como terceiro estranho à lide, formando uma relação de três lados, na qual envolve, ainda, o autor e o réu. O juiz, assim, não é parte na relação a ser decidida. A função é imparcial e, quando da produção da coisa julgada, é definitiva.

Conforme lição de Hely Lopes Meirelles, a denominada coisa julgada administrativa é, na verdade, apenas uma preclusão de efeitos internos, não tendo o alcance da coisa julgada judicial, pois o ato jurisdicional da Administração não deixa de ser um simples ato administrativo decisório, sem a força conclusiva do ato jurisdicional do Poder Judiciário[24].

---

[23] Conforme definição de Hely Lopes MEIRELLES, *"Direito Administrativo Brasileiro"*, São Paulo: Malheiros, p. 611.

[24] O autor acrescenta ainda que falta ao ato administrativo aquilo que os publicistas norte-americanos chamam *the final enforcing power* e que pode ser traduzido como poder conclusivo da justiça comum. É importante que não se confunda ato jurisdicional com ato judicial. Jurisdição é a atividade de dizer o direito, de decidir sua esfera de competência. Tanto decide o Judiciário como o Executivo e até o Legislativo, quando interpretam a lei. Portanto, todos os Poderes e órgãos exercem jurisdição, mas somente o Poder Judiciário tem o monopólio da jurisdição judicial, isto é, de decidir com força de coisa julgada, definitiva e irreformável por via recursal ou por lei subsequente. Há, desta forma, coisa julgada administrativa e judicial, inconfundíveis entre si. Citando Araújo Falcão, o autor faz a seguinte observação: "mesmo aqueles que sustentam a teoria chamada *coisa julgada administrativa* reconhecem que, efetivamente, não se trata, quer pela sua natureza,

Sendo assim, a coisa julgada administrativa significa a situação jurídica pela qual determinada decisão firmada pela Administração não pode mais sofrer alteração na via administrativa.

Há algumas discussões interessantes que tangem ao tema, como a possibilidade de a Fazenda Pública acionar o Poder Judiciário para reverter decisões administrativas que lhe foram desfavoráveis.

Grande parte da doutrina defende posição no sentido de que as decisões administrativas em matéria tributária vinculam a Administração Pública quando opostas aos interesses da Fazenda, por esta ter se dado por meio de seus instrumentos institucionais[25].

Eduardo Botallo, argumenta:

> as decisões administrativas em matéria tributária se apresentam, assim, em relação aos contribuintes, com feições distintas daquelas de que se revestem perante a própria Administração. No que diz respeito aos primeiros, tais decisões são sempre passíveis de revisão perante o Judiciário, quando a esta, ao contrário (...), tais decisões são definitivas na medida em que geram, em benefício dos contribuintes, direitos subjetivos

Dessa forma, esta corrente admite para tais casos a chamada coisa julgada administrativa em matéria fiscal. Este posicionamento é, porém, questionado por aqueles que entendem que a Carta Magna autoriza a postulação ao Poder Judiciário contra qualquer ato jurídico praticado por autoridade administrativa.

Fundamentam-se, ainda, tais doutrinadores em que a posterior apreciação pelo Poder Judiciário das decisões tomadas pela Administração é uma decorrência lógica da separação dos Poderes, cabendo à função jurisdicional controlar e revisar, em caráter definitivo, os atos e decisões da Administração, independentemente de terem estes sido favoráveis ou não à Fazenda Pública. Os órgãos administrativos julgadores decidem conforme a legalidade, mas no Ordenamento Jurídico brasileiro não há qualquer hipótese concreta de coisa julgada no âmbito administrativo.

Assim é que, para Rubens Gomes de Souza, cabe ao Poder Executivo reabrir o debate na esfera judicial, "a quem compete a última palavra na preservação da plenitude da Ordem Jurídica", fazendo-se necessário, para tal, apresentar o erro de direito na decisão da Administração.

Em contrapartida, o entendimento de José Eduardo Soares de Melo é de que não pode ir a Fazenda a juízo requerer a anulação da decisão que lhe foi contrária, vez que se trata de matéria vinculada que não pode ficar adstrita à conveniência do Poder Executivo, constituindo-se violação ao princípio da moralidade, previsto no art. 37 da Constituição Federal, pelo fato de que desprestigiaria a legitimidade do Processo Administrativo.

Na mesma linha, Sacha Navarro Coelho entende que ninguém pode ir a juízo contra ato próprio por falta de interesse de agir. Afirma, assim que "a decisão administrativa definitiva, contra a Fazenda Pública extingue a obrigação tributária". Argumenta, por fim, que "inexiste no direito brasileiro ação anulatória de ato administrativo formalmente válido praticado pela Administração sendo ela própria autora".

Plínio José Marafon defende a impossibilidade, alegando que, a contrário senso, estar-se-ia atribuindo ao Judiciário o poder de lançar o tributo, posto que o lançamento original já teria sido cancelado pela autoridade administrativa competente para tal, segundo art. 142 do CTN.

Favorável à possibilidade da Fazenda Pública ir a juízo para requerer anulação de decisão administrativa, Dirceu Antonio Pastorello entende que o recurso é válido quando: houver manifesta ilegalidade no julgamento, for proferida decisão contra orientação uniforme, mansa e pacífica do Plenário do Supremo Tribunal Federal ou do Superior Tribunal de Justiça, houver prova robusta de desvios éticos de comportamento dos julgadores que tenham influído na desoneração do contribuinte (Fernando Facury Sacaff e Helenilson Cunha Pontes também possuem tal entendimento).

quer pela intensidade de seus efeitos, de *res judicata* propriamente dita, senão de um efeito semelhante ao da preclusão, e que se conceituaria, quando ocorresse, sob o nome da *irretratabilidade*". De fato, como explica o professor, o que acontece nas decisões administrativas finais é, apenas, preclusão administrativa, ou a *irretratabilidade* do ato perante a própria Administração. É sua imodificabilidade na via administrativa com fim de estabilidade das relações entre as partes. Por isso, não atinge nem afeta situações ou direitos de terceiros, mas permanece imodificável entre a Administração e o administrado destinatário da decisão interna do Poder Público. Essa imodificabilidade não é efeito da coisa julgada administrativa, mas é consequência da preclusão das vias de impugnação interna (recursos administrativos) dos atos decisórios da própria Administração. Exauridos os meios de impugnação administrativa, torna-se irretratável, administrativamente, a última decisão, mas nem por isso deixa de ser atacável por via judicial.

[25] Dados extraídos do *site* www.receita.fazenda.gov.br.

Marco Aurélio Greco e Oswaldo Othon de Pontes Saraiva Filho entendem que se houver total independência e desvinculação entre os órgãos da Administração Pública e as chefias dos órgãos públicos, com a impossibilidade ou falta de previsão legal de recursos hierárquicos, nesse caso poderia a Fazenda Pública ingressar no Poder Judiciário para pleitear a anulação da decisão administrativa contra ela proferida. Caso contrário, quando decisões de órgãos administrativos estão sujeitas à revisão das altas autoridade do Poder Executivo (presidente da República, governador, prefeito, ministro ou secretário de Estado etc.) por via de recurso hierárquico ou avocatória não estaria presente o interesse processual de a Fazenda ir a juízo.

Prescrição Administrativa

É conceituada como a situação jurídica pela qual o administrado ou a própria Administração perdem o direito de formular pedidos ou firmar manifestações em virtude de não o terem feito no prazo adequado[26].

Semelhante ao que ocorre no Direito Privado, a prescrição administrativa é a perda do recurso administrativo, pelo esgotamento do prazo previsto em lei para a sua utilização, o que não obsta a utilização da via judicial, pois seus efeitos situam-se apenas no campo da Administração. Assim sendo, a perda do recurso administrativo não acarreta na perda do direito.

É necessário que se faça distinção entre a prescrição administrativa e a decadência, pois por meio desta se perde o próprio direito por não ter sido este utilizado durante o prazo previsto e pode ser decretada pelo Juiz de ofício, enquanto a prescrição pode ser somente alegada pelo interessado[27].

Há uma controvérsia no que toca à prescrição administrativa na ausência de previsão legal expressa. Há o entendimento de que se adotam os prazos previstos no Código de Processo Civil, e o entendimento, partilhado por Hely Lopes Meirelles, de que na hipótese da lei não fixar o prazo da prescrição administrativa, esta deve ocorrer em cinco anos, à semelhança da prescrição das ações pessoais contra a Fazenda Pública (Decreto nº 20.910/1932), das punições dos profissionais liberais (Lei nº 6.838/1980) para cobrança de crédito tributário (art. 174, CTN). Para os servidores federais, conforme a gravidade da pena, é variável entre 180 dias, dois ou cinco anos (art. 142, Lei nº 8.112/1990).

A prescrição administrativa tem como fundamento o princípio da segurança e da estabilidade das relações jurídicas entre o administrado e a Administração e entre a Administração e seus servidores.

---

[26] SOUSA, Patrícia Cardoso de, *Prática de Direito Administrativo*, Belo Horizonte: Del Rey, 2003, p. 651.

[27] O Prof. Diógenes GASPARINI, na obra "*Direito Administrativo*", Ed. São Paulo: Saraiva, ensina que "como diferença entre estes institutos, cabe afirmar que o prazo prescricional pode ser interrompido ou suspenso. O prazo decadencial, ao contrário, não se interrompe nem se suspende. A interrupção da prescrição é a perda do prazo prescricional já decorrido, que recomeça a fluir, por inteiro, a partir do ato ou fato reconhecido pela lei como interruptivo. A suspensão da prescrição é a paralisação por um lapso temporal do transcorrer do prazo da prescrição. Assim, computam-se os dois lapsos: um antes e o outro depois do ato ou fato suspensivo, de tal modo que a soma desses tempos perfaça o prazo prescricional para só depois ter-se por consumada a prescrição. A prescrição e a decadência também não se confundem com a preclusão, instituto que em muito delas se aproxima. A preclusão é a perda, em termos de processo, da oportunidade de agir, em razão do decurso do prazo para essa ação. Com a preclusão não se tem mais como voltar a este momento do processo. Não se confunde com a prescrição, nem com a decadência. Na prescrição há a perda do direito de ação, operando-se antes da possibilidade da interposição da ação. Na preclusão há a perda da oportunidade de volver-se àquele momento do processo, operando-se depois do início e no transcorrer do processo. Também não se confunde com a decadência, pois nesta se perde o direito substantivo, enquanto na preclusão perde-se o direito subjetivo. Em relação à prescrição e à vista dessas noções calcadas em Celso Antônio Bandeira de Mello, pode-se afirmar que ela tanto favorece a Administração Pública como o administrado, donde há a prescrição em favor da Administração Pública e a prescrição em favor do administrado. Os direitos dos administrados devem ser exercidos dentro dos respectivos prazos administrativos e judiciais. O não exercício do direito dentro de tais tempos desencadeia a prescrição em duas espécies: prescrição administrativa e prescrição judicial. As pretensões da Administração Pública contra o administrado também estão sujeitas a prazos, de sorte que se não propostas em tais tempos, extingue-se, como assevera Celso Antônio Bandeira de Mello, o Poder Administrativo de incidir ou reincidir sobre uma dada situação jurídica específica. Nesses casos a Administração não exerce o poder-dever que lhe cabe, omite-se. Perde, assim, o próprio direito, não a medida prevista para sua defesa quando o entenda ameaçado ou violado, como ocorre com os administrados. Não se trata, pois, de prescrição, mas de decadência. Nesse particular, o âmbito federal e nos termos da Lei do Processo Administrativo é importante a regra consignada no seu art. 54. Por esse dispositivo, o direito da Administração Pública de anular os atos administrativos de que decorram efeitos favoráveis para os destinatários decai em cinco anos. Na esfera de aplicação dessa lei tal dispositivo é a regra geral.

A prescrição como instituto jurídico significa a perda da respectiva ação por inércia de seu titular. Hely Lopes Meirelles[28] ensina:

> Impropriamente se fala em prescrição administrativa para indicar o escoamento dos prazos para interposição de recurso no âmbito da Administração, ou para manifestação da própria Administração sobre a conduta de seus servidores ou sobre direitos e obrigações dos particulares perante o Poder Público.

Concluído o prazo prescricional, o ato é impedido de ser praticado pela Administração, administrados ou pelo servidor público. Há de se distinguir, porém, as duas modalidades de prescrição, uma que acarreta no perecimento do direito do administrado ou do servidor e outra que elimina o poder de punição da Administração, a primeira é passível de interrupção e suspensão enquanto a segunda é sempre fatal.

O Silêncio da Administração Pública:

Normalmente, é dever da Administração Pública o pronunciamento sobre requerimentos realizados pelos administrados quando em defesa de seus próprios interesses ou por outros órgãos, seja do Legislativo ou do Judiciário, dentro da função de controle, por prazo estabelecido no ordenamento Jurídico.

Caso esta manifestação não se efetive, tem-se o silêncio da Administração Pública (ou o silêncio administrativo), que não pode ser considerado como ato da Administração em razão da ausência de pronunciamento desta. É, dessa forma, um fato jurídico administrativo[29].

Assim sendo, a ausência de pronunciamento por parte da Administração Pública, dentro de um limite temporal legalmente estabelecido, pode significar o deferimento ou indeferimento de um pedido ou a concordância ou oposição a um ato.

Se a lei nada estabelecer sobre o silêncio administrativo, deve o interessado recorrer ao Judiciário a fim de satisfazer seu direito. Deve, também apurar esses fatos e responsabilizar quem lhe tiver dado causa, pois o servidor que é negligente ou omisso não está exercendo corretamente suas funções, devendo sofrer punição se comprovada sua inércia ou descaso, nos termos do art. 37, § 4º, da Constituição Federal, conforme se segue:

> *Art. 37. A Administração Pública direta e indireta de qualquer dos Poderes da União, dos Estados, do Distrito Federal e dos Municípios obedecerá aos princípios de legalidade, impessoalidade, moralidade, publicidade e eficiência e, também, ao seguinte [...]:*
>
> *[...] § 4º – Os atos de improbidade administrativa importarão a suspensão dos direitos políticos, a perda da função pública, a indisponibilidade dos bens e o ressarcimento ao erário, na forma e gradação previstas em lei, sem prejuízo da ação penal cabível.*

Em relação ao administrado, porém, quer a lei defira ou não o seu pedido, sua pretensão está concretizada, visto que a lei ao dispor de determinada forma, supriu a ação do agente competente[30]. É importante ainda ressaltar que o deferimento do pedido do administrado ou a ratificação do ato administrativo controlado quando norma houver atribuído ao silêncio da administração esses efeitos, não acarretará na confirmação ou deferimento do ilegal contido no pedido.

Processo Administrativo

Trata-se do próprio processo no âmbito do Executivo, definido como um conjunto sistemático de atos dos órgãos públicos que regulam as relações jurídicas da Administração consigo mesma, com outras entidades estatais e com os administrados, pessoas naturais e jurídicas[31].

---

[28] Na obra "*Direito Administrativo Brasileiro*", 24ª ed., São Paulo: Ed Malheiros, p. 613, ensina, ainda, o autor que: "a prescrição administrativa opera a preclusão da oportunidade de atuação do Poder Público sobre a matéria sujeita à sua apreciação. Não se confunde com prescrição civil, nem estende seus efeitos às ações judiciais, pois é restrita à atividade interna da Administração e se efetiva no prazo que a norma legal estabelecer. Mas, mesmo na falta de lei fixadora do prazo prescricional, não pode o servidor público ou o particular ficar perpetuamente sujeito a sanção administrativa por ato ou fato praticado há muito tempo".

[29] José dos Santos CARVALHO FILHO estabelece como fato jurídico aquele que é capaz de produzir efeitos na ordem jurídica, de modo que dele se originem e se extingam direitos (*ex facto oritur ius*). A ideia de fato administrativo, para o autor, não tem correlação com tal conceito, pois que não leva em consideração a produção de efeitos jurídicos, mas, ao contrário, tem o sentido de atividade material no exercício da função administrativa, que visa a efeitos de ordem prática para a Administração. A noção indica tudo aquilo que retrata alteração dinâmica na Administração ou um movimento na ação administrativa. O fato administrativo não se consuma sempre em virtude de algum ato administrativo. Às vezes decorre de uma conduta administrativa, ou seja, de uma ação da Administração, não formalizada em ato administrativo.

[30] Diógenes GASPARINI, em obra anteriormente citada no presente trabalho ensina que: "desarte, não nos parece que se a determinação, no silêncio administrativo for denegatória, o administrado tem direito de, em juízo, exigir da Administração Pública uma decisão fundamentada, se o ato for discricionário, ou pleitear que o Juiz supra o comportamento da Administração Pública se o ato for vinculado. Assim, nos parece porque, a prevalecer este entendimento, nega-se vigência à lei reguladora das consequências do silêncio administrativo".

[31] Conforme definição de Nelson Nery COSTA, "*Processo Administrativo e suas espécies*", 2ª ed., Ed. Rio de Janeiro: Forense, p. 6.

O prof. Diógenes Gasparini[32] define processo administrativo como

> o conjunto de medidas jurídicas e materiais praticadas com certa ordem e cronologia, necessárias ao registro dos atos da Administração Pública, ao controle do comportamento dos administrados e de seus servidores, a compatibilizar, no exercício do poder de polícia, os interesses público e privado, a punir seus servidores e terceiros, a resolver controvérsias administrativas e a outorgar direitos a terceiros.

Esse conceito pode ser analisado de diferentes formas, o processo pode ser caracterizado como a série de documentos que formam a peça administrativa (que vem a ser seu sentido estrito) ou como o conjunto de atos ordenados para a solução de uma controvérsia entre a Administração e os administrados (em sentido amplo). Pode também ser compreendido como um conjunto de medidas preparatórias para uma decisão final da Administração ou, ainda, como expressão sinônima de processo disciplinar[33].

Cabe distinguir os conceitos de processo e procedimento administrativo para fins de melhor compreensão da matéria. Alguns doutrinadores consideram inapropriada a utilização do termo "processo administrativo" por entenderem que poderia ser confundido com o processo judicial.

O prof. José dos Santos Filho afirma na admirável obra *Manual de Direito Administrativo*:

> como na via administrativa as autoridades não desempenham função jurisdicional, poderia supor-se não ser muito técnica a denominação processo administrativo. Contudo, tanto quanto o processo judicial, que visa a uma decisão, o processo administrativo tem igualmente objetivo certo, no caso a prática de ato administrativo final. Não bastasse o fator de identificação, a expressão está consagrada, é reconhecida pelas mais diversas camadas da população e a esta altura não há qualquer razão para ser alterada.

Assim sendo, distinguem-se da seguinte forma[34]:

- Processo é o conjunto de atos desenvolvidos numa sequência lógica com o fim de obter uma decisão sobre uma controvérsia, que pode ser judicial ou administrativa.
- Procedimento vem a ser a dinâmica do processo, ou seja, o modo como o processo se desenvolve, ou seja, o rito processual.

Sendo assim, o processo pode ser externado por meio de diversos procedimentos, conforme a natureza da matéria a ser decidida e as razões da decisão. Ressalta-se, ainda, que nem todo procedimento administrativo constitui um processo (o contrário é sempre válido). A licitação é um procedimento que não se constitui num processo. Defere-se assim o processo do procedimento, pois o primeiro visa à solução de uma controvérsia.

O procedimento administrativo encampa, na prática administrativa, o nome "processo", englobando tanto o

[32] GASPARINI, Diógenes, *"Direito Administrativo"*, 8ª ed., São Paulo: Saraiva.

[33] O mesmo autor ensina: "O processo administrativo, sem dúvida, tem sua existência física mais caracterizada quando está constituído por uma série de documentos que formam a peça autuada e registrada. Trata-se de um sentido mais percebido pelo senso comum, pois se apresenta como evidente por si mesmo. Quando se fala de processo administrativo, vem logo à lembrança um conjunto de papéis e documentos, numerados e rubricados, com uma capa que contém a atuação do mesmo. Por isso, não se pode deixar de relacionar o processo com uma peça, mesmo que seja bem precária, como as que se apresentam em modelo impresso, com os diferentes termos do processo, no qual basta o preenchimento dos claros pelos servidores públicos da recepção. O Poder Público, quando se manifesta para os administrados, é para lhes conceder benefícios ou direitos, negar-lhes pleitos ou lhes aplicar sanções. Com tantas e tão variadas formas, as relações jurídicas entre a Administração Pública e os administrados representam uma gama enorme de serviços públicos ou de utilidade pública que são registrados, controlados e decididos de acordo com o respectivo processo administrativo. Já mais invisível para os olhos, está a sequência de atos preparatórios, geralmente estudos técnicos para permitir que os agentes públicos possam tomar decisões quanto à realização de um determinado ato administrativo. Ainda que não pareçam para os administrados, trata-se de processos administrativos, que podem ser de inúmeros tipos, como os de licitação, de prestação de contas, de empenho e outros. Quanto ao processo administrativo disciplinar, em virtude de ser talvez o que mais se aproxime do processo judicial, com seus ritos e audiências, vem a ser o mais complexo, razão pela qual alguns autores o consideram sinônimo de processo administrativo propriamente dito. No entanto, não se trata de conceitos idênticos, pois o processo disciplinar é uma espécie do gênero processo administrativo. Pode-se afirmar, portanto, que o processo administrativo é o conjunto de atos administrativos, produzidos por instituições públicas ou de utilidade pública, com competência expressa, respaldados em interesse público, que são registrados e anotados em documentos que formam peças administrativas, disciplinando a relação jurídica entre a Administração e os administrados, os servidores públicos ou outros órgãos públicos."

[34] Conforme Patrícia Cardoso Rodrigues de SOUSA, *"Curso Prático de Direito Administrativo"*. Belo Horizonte: Ed. Del Rey, 2003, p. 560.

litígio formado entre a Administração e o Administrado como os expedientes que tramitam nos órgãos da Administração que não indicam qualquer controvérsia[35].

Os **princípios** do processo administrativo propriamente dito são[36]:

Oficialidade: A administração é dotada de todos os instrumentos e aparelhos necessários para instaurar o processo e tomar todas as medidas necessárias para o seu andamento.

Verdade material: permite à Administração a utilização de qualquer prova, desde que obtidas de forma lícita, para "instruir" o processo administrativo, não estando, assim, adstrita à declaração dos servidores e/ou administrados.

Pluralidade de instâncias: o servidor e/ou administrado pode recorrer a instâncias hierarquicamente superiores a fim de provocar à Administração a revisão dos próprios atos (o que decorre do poder de autotutela da Administração Pública[37]).

Informalismo: não são necessários ritos rigorosos ou formas solenes, salvo se houver alguma determinação legislativa neste sentido[38].

Finalidade: o ato que favorece ou persegue interesses particulares, tanto quanto propugna fim diverso do previsto, seja de forma expressa ou tácita, são nulos por desvio de finalidade.

Motivação: devem ser motivados para a prática de qualquer ato administrativo, prévia ou contemporaneamente, as razões de fato e de direito que levaram a Administração a proceder de determinado modo.

Razoabilidade: deve a administração atuar racionalmente e de forma afeiçoada ao senso comum, haja vista a competência a ela atribuída para a prática dos atos administrativos, devendo ser tidas como ilegais caso distanciadas deste princípio.

Proporcionalidade: as competências administrativas só podem ser tidas como válidas se exercidas na extensão e intensidade proporcionais ao que seja realmente demandado para o cumprimento da finalidade a que estão vinculadas

Segurança jurídica: a ordem jurídica equivale a um quadro normativo proposto para orientar as pessoas sobre que fazer e não fazer e sobre as posteriores consequências de seus atos. É, assim, esse princípio da essência do próprio direito. Foi firmado, assim, o entendimento de que as orientações emanadas pela Administração sobre uma dada matéria só podem sofrer modificação por meio de prévia e pública notícia, caso instem em sancionar ou agravar a situação dos administrados.

Interesse público: as atividades administrativas são desenvolvidas pelo ente estatal para o benefício da coletividade, devendo sempre este se sobrepor ao interesse privado. Devem, porém, os interesses patrimoniais por ele afetados ser indenizados, pois deve a Administração também observar o direito adquirido, a coisa julgada e o ato jurídico perfeito.

Deve também o Processo Administrativo atender aos Princípios gerais da Administração Pública, alguns inclusive já acima explicitados por serem, além de específicos, comuns a ambos, conforme art. 2º da Lei

[35] Celso Antônio Bandeira de MELLO, em obra anteriormente citada, distingue os processos administrativos acima descritos em "propriamente ditos" (demonstram uma controvérsia entre a Administração e o administrado) e em "impropriamente ditos "(não demonstram qualquer controvérsia, sendo simples expedientes que tramitam pelos órgãos administrativos). Aconselha a utilização do termo "processo administrativo" a fim de evitar uma divergência terminológica gerada pelo conflito entre a teoria e a prática. Nelson Nery Costa afirma, igualmente, na *obra "O processo administrativo e suas espécies*" irrelevante tal distinção.

[36] Conforme entendimento de Nelson Nery COSTA, Roque Jerônimo de Andrade, Procurador do Estado de São Paulo, defende na tese *"O Processo Administrativo e o Princípio Constitucional de Inadmissibilidade das Provas Obtidas por Meios Ilícitos*", obtida através do *site* www.pge.sp.gov.br/teses, que "os princípios básicos norteadores do processo administrativo são os que orientam os processos judiciais. Os princípios que regem o processo administrativo versando sobre uma controvérsia, são aqueles que orientam o processo civil, quanto ao processo administrativo disciplinar, guarda relação com os princípios que fundamentaram o processo penal. A teoria geral do processo administrativo disciplinar deve ser construída inspirando-se nos princípios norteadores do processo penal, em face da similitude existente entre estas duas espécies processuais. Ambos visam à apuração de fato que, se comprovados, resultam na aplicação de pena."

[37] As súmulas nº 346 e nº 473 do STF estabelecem, respectivamente, que "a administração pública pode declarar a nulidade dos seus próprios atos" e que "a administração pode anular seus próprios atos, quando eivado de vícios que os tornem ilegais, porque deles não se originam direitos; ou revogá-los, por motivo de conveniência ou oportunidade, respeitados os direitos adquiridos, e ressalvada, em todos os casos, a apreciação judicial".

[38] Nelson Nery COSTA, em obra anteriormente citada, entende ser este princípio decorrente do princípio da economia processual porque se podem aproveitar os atos processuais que admitem o saneamento possível, cuja inobservância não prejudique o interesse público do administrado ou do Administrador. Afirma, ainda, Diógenes GASPARINI que: "o informalismo não pode servir de pretexto para a realização de um processo administrativo mal-estruturado e pessimamente constituído, sem que se observem a ordenação e a cronologia dos atos praticados".

nº 9748/1999 que regula o processo administrativo no âmbito da Administração Pública federal[39]:

> *Art. 2º A Administração Pública obedecerá, dentre outros, aos princípios da legalidade, finalidade, motivação, razoabilidade, proporcionalidade, moralidade, ampla defesa, contraditório, segurança jurídica, interesse público e eficiência.*

A União, ao definir a abrangência da Lei Federal suprarreferida, foi explícita ao estabelecer normas básicas sobre o processo administrativo somente e tão somente no âmbito da Administração federal Direta ou Indireta, visando à proteção dos direitos dos administrados e ao melhor cumprimento dos fins da administração, conforme art. 1º.

Dessa forma, o artigo deixou em evidência a não obrigatoriedade dos outros entes da federação que não a Administração Pública Federal Direta, a autárquica ou fundacional pública. Nesse sentido, não cabe legislação federal que submeta Estados, Distrito Federal ou Municípios, sob ameaça da afronta à autonomia dos mesmos.

Ainda, assim, aplica-se a referida Lei aos Poderes Legislativo e Judiciário quando no exercício de funções administrativas, envolvendo apenas a Câmara, Senado e os órgãos da Justiça Federal (sem se estender à Justiça Estadual, Assembleias Legislativas ou Câmaras Municipais).

As demais entidades federadas (leiam-se Estados e Municípios) não possuem, porém, regulação legislativa completa sobre o tema. No geral, são dotadas somente de legislação esparsa para regular os processos administrativos, disciplinar e tributário e algum entendimento interno oferecido ao longo do tempo.

Quanto ao objeto do processo administrativo, este pode envolver uma gama de temas, como a padronização de um bem, cuidar da investigação de um fato, visar à aplicação de uma pena objetivar uma decisão, encerrar uma denúncia, consubstanciar uma sugestão, exigir um tributo, comprovar o exercício do poder de polícia, visar à apuração de certos fatos e à indicação dos respectivos autores, sendo, portanto, qualquer tema versado no processo administrativo[40].

A finalidade do processo administrativo é a mesma de todos os outros processos, quais sejam, o esclarecimento das autoridades administrativas para decidir sobre direitos subjetivos e solucionar controvérsias entre particulares e o ente Estatal, podendo ser considerada como finalidade última a satisfação do interesse público.

No que tange à questão da juridicidade, é importante ressaltar que a Administração Pública não pode influir na esfera do Poder Judiciário e nem este pode fazê-lo na esfera administrativa.

As regras a que se subordinam a interposição e julgamento dos recursos não são as mesmas aplicáveis ao processo judicial e ao administrativo, devido à autonomia firmada sobre as atividades internas da Administração, embora o processo administrativo tenha sofrido evidente influência do processo comum.

Podemos utilizar, como exemplo, a ementa de um acórdão no Mandado de Segurança nº 50.837-3, proferido por turma do STJ, em que foi ministro José Arnaldo da Fonseca:

> Mandado de Segurança. Administrativo. Ministro de Estado da Justiça. Policiais rodoviários federais. Demissão. Procedimento administrativo. *Independência das esferas penal e administrativa.* Ato de competência do ministro de estado. Delegação do presidente da República. Possibilidade. Materialidade. Revolvimento de prova. Impossibilidade. Diligência negativa fundamentada. Art. 156, § 1º, da Lei nº 8.112/1990. Interceptação telefônica. Requerimento nos termos legais. Procedimento criminal. Obediência aos princípios do contraditório e da ampla defesa.

---

[39] Conforme o mesmo artigo, deve atender, ainda a administração aos seguintes critérios: atuação conforme a lei e o Direito; atendimento a fins de interesse geral, vedada a renúncia total ou parcial de poderes ou competências, salvo autorização em lei; objetividade no atendimento do interesse público, vedada a promoção pessoal de agentes ou autoridades; atuação segundo padrões éticos de probidade, decoro e boa-fé; divulgação oficial dos atos administrativos, ressalvadas as hipóteses de sigilo previstas na Constituição; adequação entre meios e fins, vedada a imposição de obrigações, restrições e sanções em medida superior àquelas estritamente necessárias ao atendimento do interesse público; indicação dos pressupostos de fato e de direito que determinarem a decisão; observância das formalidades essenciais à garantia dos direitos dos administrados; adoção de formas simples, suficientes para propiciar adequado grau de certeza, segurança e respeito aos direitos dos administrados; garantia dos direitos à comunicação, à apresentação de alegações finais, à produção de provas e à interposição de recursos, nos processos de que possam resultar sanções e nas situações de litígio; proibição de cobrança de despesas processuais, ressalvadas as previstas em lei; impulsão, de ofício, do processo administrativo, sem prejuízo da atuação dos interessados; interpretação da norma administrativa da forma que melhor garanta o atendimento do fim público a que se dirige, vedada aplicação retroativa de nova interpretação.

[40] Conforme entendimento de Diógenes GASPARINI, em obra anteriormente citada, p 804.

Fundamentou o relator sua decisão em que é absolutamente pacífico o entendimento, tanto doutrinário quando jurisprudencial, de que as esferas penal e administrativa são independentes e sobre a possibilidade de o presidente da República delegar aos ministros de Estado a competência para demitir servidores de seus respectivos quadros, conforme parágrafo único do art. 84 da Constituição Federal. Acrescentou, ainda, que a alegada ausência de materialidade na presente questão importou em revolvimento de provas, que é inviável na via sumária, tendo sido o indeferimento das diligências requeridas pelos impetrantes devidamente fundamentado, de acordo com art. 156, parágrafo único da Lei nº 8.112/1990. Por fim, ao denegar a ordem, esclareceu que a interceptação telefônica fora requerida nos exatos termos da Lei nº 9.296/1996, uma vez que os impetrantes também respondiam a processo criminal[41].

Os atos administrativos obedecem a algumas fases, pois são ordenados e seguem uma cronologia em razão da finalidade que possuem, porém, não indicam um espaço temporal previamente determinado e nem têm momento preciso de início e término.

No geral, os processos administrativos seguem às seguintes fases: instauração, instrução, relatório e decisão, para cuja efetivação são necessárias. Em processos administrativos específicos, como os punitivos, há ainda, a fase do relatório e defesa.

a) *Fase da instauração:*

É a primeira fase do processo. Nessa são apresentados os fatos e definido o direito que deu causa ao processo administrativo, que pode ser iniciado por meio de ofício ou a pedido do interessado. Este pode ser tanto pessoa física quanto jurídica, desde que o faça na condição de titular de direitos ou interesses individuais ou, ainda, no exercício do direito de representação.

São também legitimados como interessados no processo administrativo, nos termos do art. 9º, da Lei nº 9.784/1999, aqueles que, sem terem iniciado o processo, tiverem direitos ou interesses que possam vir a ser afetados pela decisão a ser adotada, bem como as organizações e associações representativas no tocante a direitos e interesses coletivos e, também, pessoas ou associações legalmente constituídas quanto a direitos ou interesses difusos. A capacidade é outro requisito essencial à legitimação e inclui os maiores de 18 anos na ausência de previsão especial em ato normativo próprio.

Esteja a causa ensejadora do processo administrativo consubstanciada numa portaria, decreto, auto de infração, representação, despacho da autoridade competente ou ordem de serviço (quando oriundo da Administração), ou, ainda, formalizada por requerimento ou denúncia (quando proveniente de ato de terceiros), o requerimento inicial do interessado, salvo em casos em que for admitida solicitação oral, deve conter elementos comuns.

Deve ser identificado no requerimento o órgão ou autoridade administrativa a que este se dirige, bem como a identificação do interessado ou de quem o represente; o domicílio do requerente ou local para recebimento de comunicações; a formulação do pedido, com a exposição dos fatos e de seus fundamentos; a data e assinatura do requerente ou de seu representante, sendo vedada à Administração a recusa imotivada de recebimento de documentos. Deve o servidor orientar o interessado quanto ao suprimento de eventuais falhas, conforme art. 6º da Lei nº 9.748/1999. Porém, se mal formulada pode ser levada à nulidade (caso seu conteúdo não possa ser aproveitado).

Sendo assim, nos termos do art. 7º, cabe aos órgãos e demais entidades da Administração a elaboração de modelos e/ou formulários padronizados para serem utilizados para assuntos que acarretem em pretensões similares. Caso os pedidos de uma pluralidade de interessados tiverem conteúdo e fundamentos idênticos poderão ser formulados em um único requerimento, salvo expressa estipulação legal contrária.

A peça exordial do processo administrativo pode ser instruída com documentos que atestem as informações

[41] Estabelece o art. 84, da CF, ao tratar da competência privativa do presidente da República, em seu parágrafo único que: "O presidente da República poderá delegar as atribuições mencionadas nos incisos VI, XII e XXV, primeira parte, aos Ministros de Estado, ao Procurador-Geral geral da República ou ao Advogado-Geral da União, que observarão os limites traçados nas respectivas delegações." O art. 156 da Lei nº 8.112/1990 estabelece: "É assegurado ao servidor o direito de acompanhar o processo pessoalmente ou por intermédio de procurador, arrolar e reinquirir testemunhas, produzir provas e contraprovas e formular quesitos, quando se tratar de prova pericial." Já o art. 2º da Lei nº 9.296/1996 (que trata da interceptação telefônica) estabelece que não será admitida a interceptação de comunicações telefônicas quando ocorrer qualquer das seguintes hipóteses, previstas nos incisos de I a III e parágrafo único: não houver indícios razoáveis da autoria ou participação em infração penal; a prova puder ser feita por outros meios disponíveis; o fato investigado constituir infração penal punida, no máximo, com pena de detenção. Em qualquer hipótese deve ser descrita com clareza a situação objeto da investigação, inclusive com a indicação e qualificação dos investigados, salvo impossibilidade manifesta, devidamente justificada.

e fatos descritos, bem como a apresentação de rol de testemunhas que esclareçam ou comprovem o alegado[42].

Uma vez recebida a peça exordial por autoridade competente, será determinada a autuação e posterior encaminhamento a setor para que lance as indicações relativas ao processo administrativo, de onde é este desenvolvido, valendo-se do princípio da oficialidade, já anteriormente tratado no presente trabalho. Deve também o processo ter suas páginas numeradas e sequencialmente rubricadas.

Os atos do processo administrativo não estão vinculados a forma específica, salvo por meio de exigência legal expressa, devem ser produzidos por escrito, contendo data e local de sua realização e a assinatura da autoridade responsável, sem a necessidade do reconhecimento de firma (senão quando houver dúvida da autenticidade ou quando a lei expressamente a exigir). Devem também os atos ser realizados em dias úteis, no regular horário de funcionamento da repartição e serão concluídos depois do horário normal os atos já iniciados e cujo adiamento prejudique o curso regular do procedimento ou, então, que causa dano ao interessado ou à Administração e realizados na sede do órgão (devendo o interessado ser cientificado caso outro for o local de sua realização).

b) *Fase da Instrução*:

Esta é a fase seguinte à fase de instrução, na qual são elucidados os fatos e a produção de provas, obtidas informações, pareceres e laudos necessários à Administração para tomar a decisão. Qualquer prova pelo direito admitida pode ser requerida no Processo Administrativo, sendo inadmissíveis as obtidas por meios ilícitos[43].

Cabe ao interessado a prova dos fatos que tenha alegado, sem prejuízo do dever atribuído ao órgão competente para a instrução, nos termos do art. 36 da Lei nº 9.784/1999.

Nos processos administrativos ou punitivos e de expediente, cabe a instrução à autoridade ou comissão processante, salvo no que toca à defesa, pois a esta é incumbido o acusado (a quem cabe provar o alegado). Já nos processos administrativos e de outorga e de controle, essa atribuição é dos interessados, mediante a apresentação das provas ou de requerimento para sua realização[44].

As atividades de instrução poderão ser realizadas de ofício ou por meio impulsão do órgão responsável pelo processo e, na hipótese de exigência da atuação dos interessados, deverão ser concretizadas da forma que acarretar a estes menor ônus. Nesta fase poderão também ser juntados documentos e pareceres e requeridas diligências e perícias, devendo ser recusadas somente a provas ilícitas, impertinentes ou protelatórias, conforme art. 38, § 2º, da citada Lei.

Assim sendo, a má instrução do processo administrativo pode acarretar na nulidade da decisão ou tornar não aproveitável todo o processado para a finalidade desejada.

Há a possibilidade de realização de audiência pública para debates sobre a matéria do processo, a juízo da autoridade responsável, a quem cabe mensurar a relevância da questão. Neste caso, é praticável também a presença de outros órgãos ou entidades administrativas em reunião conjunta, lavrando-se a respectiva ata a ser anexada aos autos.

---

[42] Diógenes GASPARINI ensina, em obra anteriormente citada, p. 806, que "a peça inicial mesmo subscrita por particular não precisa ter firma reconhecida. Algumas vezes, como é o caso de denúncia, nem mesmo precisa estar assinada. Embora assim devesse ser, o art. 144 da Lei do Regime Jurídico Único dos Servidores Federais estabelece que: "as denúncias sobre irregularidades serão objeto de apuração, desde que contenham a identificação e o endereço do denunciante e sejam formuladas por escrito, confirmada autenticidade."

[43] O Prof. José Armando da COSTA, na obra "*Processo Administrativo Disciplinar*, já citada, Ed. Brasília: Brasília Jurídica, p. 93, ensina que: "Na apuração da transgressões funcionais, podem ser utilizados todos os meios de prova admitidos no nosso Direito Positivo, compreendendo também os moralmente legítimos, ainda que não estejam especificados em lei. Essa abertura a todos os meios comprobatórios é uma consequência natural e lógica do princípio processual disciplinar que sacramenta o predomínio da verdade substancial sobre a formal. Se o inarrecadável compromisso da processualística disciplinar é com a veracidade das ocorrências funcionais, não poderá o Direito Processual Disciplinar, de modo apriorístico, rechaçar esse ou aquele meio de comprovação dos fatos. Na cidadela do processo disciplinar (em sentido amplo), os trabalhos de pesquisa da verdade sofrem tão somente as restrições que promanam do estatuto de liberdade do cidadão (franquias e garantias constitucionais e legais) e as decorrentes da moral e dos bons costumes. Obviamente não poderão ser recepcionadas nos procedimentos disciplinares (sindicâncias ou processos) as comprovações produzidas de maneira ilegal. Tal restrição promana de disposição expressa de nossa Carta Política, a qual proclama, em alto e bom som que são inadmissíveis, no processo, as provas obtidas por meios ilícitos (art. 5º, LVI). Segundo essa disposição constitucional, definem-se como provas ilícitas aquelas consubstanciadas em confissões seguidas com a utilização de torturas, aquelas que forem obtidas por meio de violação do domicílio ou com a utilização da interceptação telefônica, nos casos, formas e modos não permitidos e outras mais. "

[44] Diógenes GASPARINI, *"Direito Administrativo"*, Ed. São Paulo: Saraiva, *ob. cit.*, p. 807.

Os autos do processo administrativo serão arquivados caso dados ou documentos solicitados ao interessado pela Administração não forem apresentados no prazo por ela fixado. Encerrada a instrução, deverá o interessado no prazo de 10 dias, salvo disposição legal em sentido contrário. Poderá, ainda, a Administração Pública adotar providências acauteladoras sem prévia manifestação do interessado, de acordo com o art. 45, em caso de risco eminente.

Dá-se início a fase de instrução em seguida ao término da fase instauratória e conclui-se após a produção dos elementos necessários ao convencimento e à prolação da decisão da Administração Pública, sendo garantida ao servidor denunciado a possibilidade de acompanhar, diretamente ou por meio de seu Advogado, o processo. Para tal, será ele intimado, em conformidade com o art. 41, com antecedência de três dias úteis, para participar do processo (por meio de produção de provas, arrolamento de testemunhas etc.).

Fase do Relatório

O relatório é o resumo do que foi constatado por meio do processo, valendo-se das provas dos fatos arguidos, das informações prestadas, do mérito (que toca à discussão do direito) e elementos conclusivos com a finalidade de orientar decisão da autoridade competente. É, porém, peça cuja função é de informação, não vinculando à Administração ou aos interessados ou produzindo efeitos.

Cabe, assim, à autoridade julgadora a opção de concordar ou divergir das conclusões obtidas por meio do relatório, pois, conforme anteriormente dito, não está esta obrigada a ater-se à peça para consubstanciar seu Juízo de valor. Deve, porém, a figura administrativa competente, fundamentar a decisão tomada, independentemente de ser esta favorável ou contrária às informações contidas no relatório.

A Lei nº 9748/1999 trata em seu art. 47 do relatório no processo administrativo, conforme se segue:

> *Art. 47. O órgão de instrução que não for competente para emitir a decisão final elaborará relatório indicando o pedido inicial, o conteúdo das fases do procedimento e formulará proposta de decisão, objetivamente justificada, encaminhando o processo à autoridade competente.*

Após o relatório, abre-se caminho para a última fase do processo administrativo: a fase da decisão ou do julgamento.

Fase da decisão

O julgamento é a fase última do processo administrativo, na qual a autoridade emite uma decisão sobre a matéria versada nos autos. Via de regra, tal decisão é fruto das conclusões contidas no relatório, muito embora não esteja a estas vinculada. A interpretação do órgão competente ou da autoridade, conforme já mencionado, pode ser diversa à opinião anteriormente transcrita nos autos.

Deve, porém, tal decisão basear-se sobre informação ou prova constantes no processo. À autoridade julgadora cabe a liberdade na apreciação de provas, bem como na intensidade da pena a ser aplicada (se esta entender pela punição do administrado ou servidor). Tal discricionariedade não implica, todavia, na utilização de elementos que fujam aos autos. A motivação dos atos da Administração é tratado no art. 50 da Lei nº 9748/1999, que se segue:

> *Art. 50. Os atos administrativos deverão ser motivados, com indicação dos fatos e dos fundamentos jurídicos, quando:*
> *I – neguem, limitem ou afetem direitos ou interesses;*
> *II – imponham ou agravem deveres, encargos ou sanções;*
> *III – decidam processos administrativos de concurso ou seleção pública;*
> *IV – dispensem ou declarem a inexigibilidade de processo licitatório;*
> *V – decidam recursos administrativos;*
> *VI – decorram de reexame de ofício;*
> *VII – deixem de aplicar jurisprudência firmada sobre a questão ou discrepem de pareceres, laudos, propostas e relatórios oficiais;*
> *VIII – importem anulação, revogação, suspensão ou convalidação de ato administrativo.*
> *§ 1º A motivação deve ser explícita, clara e congruente, podendo consistir em declaração de concordância com fundamentos de anteriores pareceres, informações, decisões ou propostas, que, neste caso, serão parte integrante do ato.*
> *§ 2º Na solução de vários assuntos da mesma natureza, pode ser utilizado meio mecânico que reproduza os fundamentos das decisões, desde que não prejudique direito ou garantia dos interessados.*
> *§ 3º A motivação das decisões de órgãos colegiados e comissões ou de decisões orais constará da respectiva ata ou de termo escrito.*

O art. 48 estabelece que a Administração Pública tem o dever de explicitamente emitir decisão nos processos administrativos e sobre solicitações ou reclamações, em matéria de sua competência.

A Administração, após finda a fase da instrução, tem o prazo de até trinta dias, podendo ser por igual período prorrogada, caso expressamente motivada, para decidir sobre o processo administrativo a ela apresentado.

As regras a que estão subordinadas a interposição e o julgamento dos recursos não são, nos tribunais administrativos, as que se impõem aos tribunais ordinários, pois a autonomia do Direito Administrativo tanto se afirmou na área do processo como no conteúdo do direito[45]. O despacho final ou julgamento do processo administrativo corresponde à sentença no processo judicial.

Desenvolvimento do Processo Administrativo

O Processo Administrativo abrange, além das fases acima descritas, atos que concretizam seu andamento. Analisando-o materialmente, conclui-se que é formado pela reunião de peças processuais ordenadas cronologicamente e envolto por uma capa que contenha indicações sobre assunto, interessados, data etc.

Toda a tramitação dos autos do processo administrativo pelos órgãos da Administração deve ser anotada para que se saiba, a qualquer tempo, seu andamento[46]. As folhas que o compõem devem ser numeradas e fixadas por autoridade competente, devendo conter individualmente a rubrica do servidor responsável, seu nome e número da carteira funcional. Assim como nos autos de um processo judicial. Todo ato de juntada deve ser consolidado por um termo, por meio do qual tal anexação é certificada.

Nenhum documento pode ser juntado sem autorização prévia e sem o atendimento destas formalidades. Nessa mesma linha, o desentranhamento de peça ou documento só poder ser realizado se por determinação da autoridade competente de ofício ou por meio de requerimento elaborado por terceiros e deferido por esta. Em seguida, há a lavratura do termo de desentranhamento, que só pode ser realizada sob a hipótese da não essencialidade do documento ou peça para o processo administrativo.

Poderá, em analogia à hipótese do instituto da conexão para o Direito Processual, a união de autos de processos administrativos que possam vir a comportar decisões contraditórias. Esse apensamento deve ser determinado por autoridade competente, após análise interna que a Administração realiza sobre qualquer questão que envolva pedidos em comum ou os mesmos interessados. Nesse caso, a decisão proferida é válida para ambos.

Todas essas medidas, também utilizadas pelo Judiciário, são necessárias para que se atinja o fim da segurança dos interesses envolvidos, pois um processo mal organizado e constituído e que se materialize sem que sejam adotadas formalidades que garantam a legitimidade do seu conteúdo não inspirarão certeza e desmoralizarão a figura da Administração Pública.

Muitas vezes são necessários estudos por parte do Poder Público, por meio de órgão técnico especializado cuja opinião se torna necessária para a decisão nos autos do processo administrativo. Estes estudos são externalizados sob a forma de pareceres.

Assim como o perito, nomeado pelo Juízo na hipótese da prova do fato depender do conhecimento especial de técnico, auxiliares da Administração também opinam sob questões jurídicas, técnicas, administrativas ou financeiras.

A previsão de tal estudo esta prevista no art. 42 da Lei nº 9.748 /1999:

---

[45] Conforme ensina Nelson Nery COSTA, em obra anteriormente citada, p. 24.

[46] Ensina, ainda, Nelson Nery COSTA, na mesma obra, p. 30 que: "O conhecimento do processo administrativo se dá com a participação, comunicação e publicação. Participação é ato administrativo unilateral pelo qual se dá ciência a terceiro de ato jurídico emitido, consistindo em instrumento de exteriorização da vontade. Por outro lado, a comunicação ocorre mediante remessa de cópia do ato administrativo e a publicação através da divulgação de ato ou decisão em processo administrativo em livro próprio, boletim, porta de edifício público, em jornal oficial, ou, ainda, de ato pessoal ou através do correio, com aviso de recebimento. São ainda formas de conhecimento e publicidade a citação, intimação e notificação. A citação é a ciência a particular de servidor público de que deve comparecer perante a Administração, no prazo determinado, para defender-se, sob pena de revelia, de acusação que lhe é feita ou pretensão existente contra seus interesses. A intimação, por outro lado, vem a ser a ciência a administrado de ato praticado pelo Poder Público, para que se possa determinar, tomando as medidas cabíveis, de acordo com seus interesses, nos prazos previstos em lei, sob pena de prescrição. Por fim, a notificação consiste na ciência a terceiro de que, em prazo comunicado, deve praticar determinado ato ou ter certo comportamento, sob pena de resultar em inadimplemento de obrigação que lhe cabe. A comunicação dos atos administrativos, no processo, está prevista na Lei nº 9.748/1999, no seu art. 26. Importante, ainda, é a previsão que o desatendimento da intimação não importa no reconhecimento da verdade dos fatos, nem a renúncia a direito pelo administrado (art. 27). É essencial que seja garantido o visto do processo, que significa a ação de examiná-lo ou ter ciência de determinado ato praticado no processo. Devem ser observados os princípios gerais do processo, mas não existem o rito e o rigor dos processos judiciais. O visto ocorre, em geral, na repartição pública com os devidos cuidados do agente público responsável pelos autos. A Lei nº 9.748/1999 prevê aos interessados à vista do processo sem, contudo, tratar de sua retirada da repartição pública (art. 46). Não obstante, tal exigência contraria o disposto na parte final do inciso XV do art. 7º da Lei Federal nº 8.904/1994, Estatuto da Advocacia e da OAB, que prevê a retirada dos autos de processo administrativo da repartição pública, por advogado legalmente constituído."

Art. 42. Quando deva ser obrigatoriamente ouvido um órgão consultivo, o parecer deverá ser emitido no prazo máximo de quinze dias, salvo norma especial ou comprovada necessidade de maior prazo.

§ 1º Se um parecer obrigatório e vinculante deixar de ser emitido no prazo fixado, o processo não terá seguimento até a respectiva apresentação, responsabilizando-se quem der causa ao atraso.

§ 2º Se um parecer obrigatório e não vinculante deixar de ser emitido no prazo fixado, o processo poderá ter prosseguimento e ser decidido com sua dispensa, sem prejuízo da responsabilidade de quem se omitiu no atendimento.

Por exemplo, um servidor municipal falece sem deixar herdeiros possuindo apenas uma convivente que requer para si o benefício previdenciário a que tinha direito o funcionário. Na ausência de provas que garantam indubitavelmente o direito da requerente, cabe a um órgão municipal, por meio do estudo de um técnico (no caso, o assistente social), a averiguação não só da existência da relação de convivência como, caso esta seja comprovada, do tempo de duração da mesma, para que, uma vez verificado o cômputo do tempo necessário para que a União estável seja configurada, o benefício possa, então, ser concedido.

Sem essas informações, o ente estatal concederia indiscriminadamente benefícios ou os negaria a seu bel-prazer. Também é necessário pareceres de médicos que sejam aptos a verificar a incapacidade ou invalidez (total ou parcial) de seus funcionários, bem como opinião de contadores, procuradores (para questões jurídicas) etc.

Os pareceres de órgãos consultivos (locais nos quais técnicos especializados manifestam sua opinião submetida para pronunciamento) oferecem posicionamento sobre assuntos objetos de deliberação nos órgãos ativos ou de controle, como no pronunciamento jurídico sobre a legitimidade de uma ocorrência, antes do despacho a adjudicação a favor de licitante, ou manifestação de comissão de inquérito antes do ato de punição de servidor público[47].

Inexiste, via de regra, prazos para que sejam concluídos os processos administrativos. Na hipótese da existência, há violação da norma em razão da precariedade dos órgãos para apurar os dados necessários para fazê-lo.

O lapso temporal deve respeitar a necessidade de apuração ou preparação técnica para que seja concretizado o ato administrativo resultado do processo. A lentidão do processo administrativo, bem como do ato da Administração em resposta a este, não traz benefícios à Administração, ao servidor ou ao administrado.

Caso o prazo previsto seja insuficiente, deve a Administração prorrogá-lo por meio de despacho fundamentado. A ausência de conclusão é ainda menos razoável do que a demora oriunda do processo. É, porém, de fundamental importância que haja uma justificação ao administrado ou ao servidor por parte da Administração Pública no que toca a prorrogação de algum prazo ou, na ausência deste, de um espaço de tempo excessivamente longo[48].

É comum que se requeira à Administração manifestação sobre questão específica no que tange aos pedidos dos administrados ou servidores na defesa de seus interesses. A ausência do pronunciamento por parte do Estado é fato jurídico administrativo. O silêncio da Administração Pública implica em um deferimento ou indeferimento do pedido ou então a concordância ou oposição em relação ao ato controlado.

As consequências do silêncio administrativo deve ser repudiado, por meio da averiguação destes fatos e responsabilização de quem os houver dado causa, sob o

[47] Conforme lição de Nelson Nery COSTA, em obra anteriormente citada, p. 31. Ensina o mesmo professor que no que toca ao assentamento e documentos do processo administrativo, "São instrumentos de assentamento e documentação a ata, o auto, a escritura e o registro. A ata documenta os fatos de interesse relativo à reunião de órgão colegiado, através de relatório. O auto registra diligência, ocorrência ou infração da legislação administrativa, através de termo circunstanciado. Por outro lado, produz a escritura a formalização de ato jurídico com o aforamento, por intermédio de escrita em livro próprio. Finalmente, o registro documenta o processo administrativo, mediante atos de assentamento, arquivamento, averbação, inscrição ou transcrição, mediante escrituração em livro próprio."

[48] O art. 50 da Lei nº 9.748/1999 estabelece, ainda, que os atos administrativos deverão ser motivados, com indicação dos fatos e dos fundamentos jurídicos quando: neguem, limitem ou afetem direitos ou interesses; imponham ou agravem deveres, encargos ou sanções; decidam processos administrativos de concurso ou seleção pública; dispensem ou declarem a inexigibilidade de processo licitatório; decidam recursos administrativos; decorram de reexame de ofício; deixem de aplicar jurisprudência firmada sobre a questão ou discrepem de pareceres, laudos, propostas e relatórios oficiais; importem anulação, revogação, suspensão ou convalidação de ato administrativo. Determina, ainda, que a motivação deve ser explícita, clara e congruente, podendo consistir em declaração de concordância com fundamentos de anteriores pareceres, informações, decisões ou propostas, que, neste caso, serão parte integrante do ato. É possível, também, na solução de vários assuntos da mesma natureza, que seja utilizado meio mecânico que reproduza os fundamentos das decisões, desde que não prejudique direito ou garantia dos interessados. A motivação das decisões de órgãos colegiados e comissões ou de decisões orais deverá constar da respectiva ata ou de termo escrito.

risco de se permitir a negligência ou a impunidade. Os arts. 47 e 48, abaixo transcritos, da Lei nº 9.748/1999 estabelece o dever da Administração de emitir decisões e respeitar os prazos previstos:

Art. 48. A Administração tem o dever de explicitamente emitir decisão nos processos administrativos e sobre solicitações ou reclamações, em matéria de sua competência.

Art. 49. Concluída a instrução de processo administrativo, a Administração tem o prazo de até trinta dias para decidir, salvo prorrogação por igual período expressamente motivada.

Dentre os atos da Administração, decorrentes de processo administrativo, que criem direitos estão[49]:

Concessão

É ato administrativo bilateral, constitutivo de direito, por meio do qual o concedente delega ao concessionário poderes para utilizar ou explorar bem público, mas os atribui em qualidade e quantidade inferior dos que os têm, mediante processo licitatório.

Permissão

Trata-se do ato administrativo unilateral, discricionário, pelo qual se facultam ao particular a execução de obras e serviços de utilidade pública, o uso de bem público, ou, ainda, a prática de ato jurídico de ofício[50].

Autorização

É o ato administrativo discricionário, unilateral, pelo qual o poder público faculta, a título precário, o exercício de certa atividade material que sem ela seria vedada.

Aprovação

É o ato administrativo, discricionário, unilateral, de controle do ato jurídico, pela qual se faculta a sua prática ou, se já emanado, dá-lhe eficácia, apreciando a conveniênci e oportunidade da manifestação pública.

Dispensa

Trata-se do ato administrativo unilateral, discricionário, pelo qual se exonera o particular de observância de exigência legal, ou de determinação legal, desobrigando o particular, em caráter de exceção, da obediência ao princípio geral constante da norma.

Ordem

É ato administrativo unilateral, discricionário, de manifestação de vontade potestativa, pelo qual se impõem a órgão público ou particular, ação ou omissão a que ficam obrigados.

São atos declaratórios de direito:

Admissão

Ato administrativo unilateral e vinculado, pelo qual se reconhece ao particular o direito à prestação especial de determinado serviço público.

Isenção

Ato administrativo unilateral e vinculado, pelo qual se exime o particular de obrigação positiva, de prestação de dar ou de fazer, como a de pagar determinado tributo.

Licença

Ato administrativo unilateral e vinculado, pelo qual se faculta o exercício de determinada atividade material, que sem ela seria vedada.

Recusa

Ato administrativo unilateral, pelo qual particular ou a própria Administração se opõe a determinado ato.

Homologação

Ato administrativo unilateral, vinculado, de controle de outro ato jurídico, pelo qual se lhe dá eficácia ou se afirma a sua validade.

Habilitação

Ato administrativo unilateral, vinculado, pelo qual se declara estado de pessoa ou coisa mediante juízo de

[49] Conforme lição de Nelson Nery COSTA, *"Processo Administrativo e suas espécies"*, obra já citada, Ed. Rio de Janeiro, Forense, p. 32.

[50] A concessão e a permissão devem estar submetidas a processo de licitação, de acordo com o disposto no *caput* do art. 175 da Constituição Federal, que estabelece: "Art. 175. Incumbe ao Poder Público, na forma da lei, diretamente ou sob regime de concessão ou permissão, sempre através de licitação, a prestação de serviços públicos. Parágrafo único. A lei disporá sobre: I – o regime das empresas concessionárias e permissionárias de serviços públicos, o caráter especial de seu contrato e de sua prorrogação, bem como as condições de caducidade, fiscalização e rescisão da concessão ou permissão; II – os direitos dos usuários; III – política tarifária; IV – a obrigação de manter serviço adequado."

valor objetivo, a respeito de qualidades de fato e, em decorrência, assegura-lhe o direito de desfrutar de determinada situação jurídica.

O processo administrativo existe para gerar efeitos, o que é concretizado por meio de ato administrativo que cumpra com o fim ao qual este se destinou. A fase final é o arquivamento, a partir desta o processo administrativo funciona apenas como prova ou como um documento histórico.

O processo Administrativo subdivide-se nas seguintes espécies:

de Outorga;
de Restrição Pública à Propriedade Privada;
de Controle;
de Gestão;
de Expediente;
de Punição;
Fiscal;
Disciplinar.

Processo de outorga

O Processo de outorga é na visão do ilustre prof. Hely Lopes Meirelles, "aquele em que se pleiteia algum direito ou situação individual perante a administração". Sendo exemplos deste os que têm por objeto a concessão de um serviço público e a permissão do uso de um bem público.

Houve, recentemente, levantamento de campo no Alto Rio São Francisco com objetivo de localizar, identificar e chamar à regularização usuários irregulares de recursos hídricos. Para isso, além das visitas técnicas, todos os usuários consuntivos reconhecidos por captações de água ou lançamento de afluentes tiveram as coordenadas geográficas e fotografias dos respectivos pontos registradas.

Aqueles cujos usos foram considerados insignificantes (utilização inferior a 5 m^3/h) vieram a constituir um cadastro para que o usuário seja localizado, mas não identificado. Os usuários não insignificantes, por sua vez, foram todos identificados. Quanto aos últimos, após verificação dos que possuíam processo de outorga em tramitação na ANA, foram enviadas cartas com aviso de recepção, estabelecendo-lhes prazo para protocolarem os devidos requerimentos na Agência.

Os usuários não consuntivos foram igualmente localizados e identificados. Aqueles que não possuíam processo de solicitação de outorga na ANA foram também chamados à regularização, à exceção de companhias de navegação e concessionária de geração de energia elétrica.

Este trabalho contou com a colaboração do Instituto Mineiro de Gestão de Águas – Igam nas campanhas de campo, durante as quais se procedeu ao levantamento de usuários de recursos hídricos dos corpos d'água de domínio estadual existentes nos municípios visitados. Os dois órgãos gestores de recursos hídricos procuraram padronizar processos e compartilhar atividades afins, na intenção de ser promover a regularização universal do uso dos recursos hídricos dessa bacia hidrográfica[51]

O elemento que difere o processo de outorga dos demais é a inexistência do Direito Subjetivo pelo interessado que o pleiteia, de modo que, na hipótese da contemplação de seu requerimento com a outorga, sua esfera de atribuições será ampliada.

Normalmente segue rito especial, sendo variável conforme a legislação pertinente, sendo incabível o contraditório se não por impugnação ou oposição de terceiros. Nesse caso, conceder-se-á ao requerente o direito de defesa, sob pena da decisão que acatar de decisão ser considerada nula (se não for o caso de indefirir a impugnação e remeter, no particular, as partes ao Judiciário).

As decisões finais proferidas no processo administrativo de outorga são vinculantes e irretratáveis à Administração Pública, pois criam Direito (subjetivo) ao

[51] Dados extraídos do site "www.ana.gov.br". Acresce-se, ainda, que a colaboração da Polícia Militar de Meio Ambiente do Estado de Minas Gerais – PMMA/MG foi fundamental para o sucesso das campanhas de campo, disponibilizando veículos, embarcações e efetivos, garantindo a segurança e sobretudo contribuindo na identificação dos usuários de recursos hídricos. O levantamento de usuários de recursos hídricos na calha do Alto Rio São Francisco (da sua nascente até a foz do rio Urucuia) foi concluído. Foram identificados 57 grandes usuários, dos quais 22 em regularização ou já outorgados do direito de uso. Foram enviadas cartas com aviso de recepção chamando à regularização todos os demais, dando-lhes um prazo de 80 (oitenta) dias para que protocolassem os devidos requerimentos nessa Agência. Outros 88 usuários insignificantes foram também localizados, com o registro das coordenadas geográficas dos pontos referentes aos usos e de fotografias. Foram elaborados os seguintes produtos: cadastro de usuários não insignificantes, contendo a identificação dos usuários e de seus representantes legais, bem como a caracterização dos usos; identificação de usuários irregulares de recursos hídricos, relacionando os usuários de recursos hídricos aos processos de requerimento de outorga; localização de usos insignificantes, registrando as coordenadas geográficas dos pontos e caracterizando os usos; relatório fotográfico sobre os usos de recursos hídricos, com planilha associando as coordenadas dos pontos às fotografias dos mesmos; mapa de levantamento de usuários de recursos hídricos, em escala de 1:500.000, com a representação geográfica dos pontos, editado em ArcView 3.2.

beneficiário (salvo em casos de simples autorização). É a decisão a princípio definitiva, sendo sujeita a alterações somente na hipótese de existência de nulidade originária, por infringência de normas legais no decorrer da execução ou por interesse público superveniente que justifique a revogação da outorga com a devida indenização[52].

Os processos administrativos de outorga, via de regra, acarretam em atos administrativos tais como a autorização, a permissão e a licença ou a concessão[53]. Outro exemplo do processo administrativo de outorga é o registro de patente de invenção e registro de marcas que garante ao titular direito exclusivo de fabrico e venda de produto patenteado e de uso da marca.

O exame do pedido de marcas e patentes deve ser submetido a exame formal preliminar e protocolizado após a devida instrução. Na hipótese do pedido não atender formalmente ao disposto na legislação, mas conter itens relacionados ao objeto, ao depositante e ao inventor, poderá ser entregue, por meio de recibo datado, ao INPI. A este instituto caberá estabelecer as exigências a serem cumpridas no período de 30 dias, sob pena de devolução ou arquivamento da documentação apresentada. Se cumpridas as exigências, o depósito será considerado como efetuado na data constante do recibo.

Poderá o interessado na fase instrutória e antes da tomada da decisão, juntar documentos e pareceres, requerer diligências e perícias, bem como aduzir alegações referentes à matéria objeto do processo. Os elementos probatórios deverão ser considerados na motivação do relatório e da decisão, sendo somente recusáveis, mediante decisão fundamentada, as provas propostas pelos interessados quando sejam ilícitas, impertinentes, desnecessárias ou protelatórias[54].

---

[52] Em tais situações, contudo, é necessáriao a oportunidade de defesa ao interessado antes que haja a anulação, cassação, alteração ou revogação da decisão anterior. Nelson Nery Costa, em obra anteriormente citada, p. 60 explicita que: "próximo a este entendimento está o que Diógenes Gasparini chama de processo de polícia, em que a Administração, mediante o exercício desse poder, concorda com o pleiteado pelo interessado, se estiver conforme os termos e condições previstos em lei. O administrado já tem o direito, sem qualquer, concorda com o pleiteado pelo interessado, se estiver conforme os termos e condições previstos na lei. O administrado já tem o direito, sem qualquer ampliação da esfera de atribuições do interessado, pois o direito já é seu. O Poder Público limita a verificar se o exercício do direito obedece à legislação vigente. Segundo o autor, são exemplos dessa modalidade de processo o registro de marcas e patentes, de pesquisa e lavra de jazida, o uso do solo urbano, do parcelamento do solo urbano, do pedido de licença de localização e de funcionamento, e outros que consubstanciam pretensões de natureza negocial entre o particular e a Administração ou envolvam atividades sujeitas à fiscalização desta."

[53] O mesmo autor define a autorização como um ato unilateral e discricionário pelo qual o Poder Público faculta ao particular o desempenho de atividade material ou a prática de ato que, sem esse consentimento, seria considerado legalmente proibido, como autorização para a pesquisa e lavra de recursos naturais previstos no art. 176, da Constituição Federal, que determina: "Art. 176. As jazidas, em lavra ou não, e demais recursos minerais e os potenciais de energia hidráulica constituem propriedade distinta da do solo, para efeito de exploração ou aproveitamento, e pertencem à União, garantida ao concessionário a propriedade do produto da lavra. "§ 1º A pesquisa e a lavra de recursos minerais e o aproveitamento dos potenciais a que se refere o *"caput* deste artigo somente poderão ser efetuados mediante autorização ou concessão da União, no interesse nacional, por brasileiros ou empresa constituída sob as leis brasileiras e que tenha sua sede e administração no País, na forma da lei, que estabelecerá as condições específicas quando essas atividades se desenvolverem em faixa de fronteira ou terras indígenas. § 2º É assegurada participação ao proprietário do solo nos resultados da lavra, na forma e no valor que dispuser a lei. § 3º A autorização de pesquisa será sempre por prazo determinado, e as autorizações e concessões previstas neste artigo não poderão ser cedidas ou transferidas, total ou parcialmente, sem prévia anuência do poder concedente. Já a permissão designa o ato administrativo unilateral, discricionário, gratuito ou oneroso, pelo qual a Administração faculta ao administrado a execução de serviço público ou de utilização privada de bem público, mediante processo de licitação. A licença, por outro lado, é o ato administrativo unilateral e vinculado pelo qual o Poder Público faculta o exercício de uma atividade aos que preencham os requisitos legais. Esta se distingue da autorização, pois não fica a critério da Administração Pública sua outorga, tendo em vista assistir ao particular o direito a ela, preenchidas as determinações legais. A autorização vem a ser um ato constitutivo; a licença declara um direito preexistente. Por fim a concessão vem a ser a delegação contratual ou legal da execução de serviço público ou de utilidade pública, de acordo com o que determina o regulamento em vigor. Por esse instituto o poder concedente não transfere propriedade alguma ao concessionário, nem renuncia a qualquer direito ou prerrogativa pública, apenas delega a execução do serviço, de acordo com as condições legais ou contratuais.

[54] Ensina Denis Borges BARBOSA, em "*Do pedido de patente e invenção: procedimento e consequências*" que: "Para melhor esclarecer ou definir o pedido de patente, o depositante poderá efetuar alterações até o requerimento do exame, *desde que estas se limitem à matéria inicialmente revelada no pedido.* Sobre este ponto específico, vide a seção em que se analisa a possibilidade de modificação das reivindicações. Poderá também efetuar alterações após, para atendimento de exigências (art. 35, III e IV) ou em resposta a parecer (art. 36), tendo o INPI o dever de aproveitar ao máximo, dentro dos limites legais, os atos das partes (art. 220). Requerido o exame (por qualquer interessado), deverão ser apresentados pelo depositante no prazo de 60 dias, sempre que solicitado, sob pena de arquivamento do pedido as objeções, buscas de anterioridade e resultados de exame para concessão de pedido correspondente em outros países, isso quando houver reivindicação de prioridade; os documentos eventualmente ainda necessários à regularização do processo e exame do pedido; e a

O que assegura ao procedimento administrativo de outorga de registro ou privilégio em face do INPI – bem como em relação a outros similares, tais como os de licença em matéria de urbanismo – um caráter único, amplamente conectado com as mais modernas tendências do Direito, é sua natureza aberta à participação, a valoração dos interesses difusos. Qualquer cidadão, independentemente de legitimação à feição do Código de Processo Civil, pode intervir, recorrer, representar. Dessa forma, há a participação de um processo de interesse geral.

No padrão nacional, o processo administrativo de outorga de licenças de construção, de autorização para prospecção minerária e de registro de marcas e concessão de patentes é largamente vinculado à autoridade, reconhecendo-se a existência dos requisitos determinados por lei. Sendo assim, não tem a Administração faculdade de julgamento da conveniência ou oportunidade do pedido, devendo esta restringir-se à outorga, independentemente de ser favorável ou desfavorável em relação aos imediatos interesses governamentais.

Processo de Restrição Pública à Propriedade Privada

O processo administrativo de restrição pública à propriedade privada é, conforme ensinamento de Nelson Nery Costa[55]:

> é aquele em que a Administração Pública, para fazer valer a função social da propriedade, impõe ao administrado obrigações de não fazer, com também de deixar fazer e também de fazer. Trata-se, na verdade, do exercício do poder de polícia, mas que se distingue do processo administrativo de outorga, porque naquele o administrado é quem solicita do Poder Público o reconhecimento do ser direito, enquanto nesse a iniciativa é da Administração que, em prol de todos, restringe a propriedade privada das mais diversas formas.

A restrição pública à propriedade privada tem como base dois princípios fundamentais: a supremacia do interesse público sobre o privado e o cumprimento da função social da propriedade. Este último tem fundamento, além do art. 5º, XII da CF, em seu art. 70, III, conforme se segue:

> *Art. 170. A ordem Econômica, fundada na valorização do trabalho humano e na livre-iniciativa tem por fim assegurar a todos uma existência digna, conforme os ditames da justiça social, observados os seguintes princípios: [...]*
> *[...] III – função social da propriedade.*

Desapropriação é o procedimento de Direito Público pelo qual o Poder Público transfere para si a propriedade de terceiro, por razões de utilidade pública ou de interesse social, normalmente mediante o preço de uma indenização[56]. É o exemplo mais drástico da restrição pública à propriedade privada.

tradução simples dos documentos quando pertinente. (Vide TRIPs, art. 29, 2º.) Por ocasião do exame técnico, será elaborado pelo INPI o relatório de busca e parecer relativo a patenteabilidade do pedido, ou, ainda, serão feitas pelo examinador exigências técnicas. Em seguida, caberá ao depositante a adaptação do pedido à natureza reivindicada, se assim indicar o parecer; ainda em resposta ao parecer, haverá a reformulação do pedido ou divisão; ou ainda serão atendidas as exigências técnicas. Quanto a essas últimas, no que importarem em modificações nas reivindicações, vide a seção abaixo quanto ao tema. Se o parecer do INPI for pela não patenteabilidade ou pelo não enquadramento do pedido na natureza reivindicada ou formular qualquer exigência, o depositante será intimado para manifestar-se no prazo de 90 dias. Neste passo, podem ocorrer duas coisas: se não for *respondida* a exigência, o pedido será definitivamente arquivado. Não cabe recurso desta decisão. Se for respondida a exigência, ainda que não cumprida, ou contestada sua formulação, e havendo ou não manifestação sobre a patenteabilidade ou o enquadramento, dar-se-á prosseguimento ao exame. Concluído o exame, será proferida decisão, deferindo ou indeferindo o pedido de patente. Desta decisão – que *indefere* mas não da que defere – cabe recurso, no prazo de 60 dias. Pode-se, porém, questionar a vigência do dispositivo que nega ao terceiro interessado o direito de recorrer em caso de deferimento, em face do que preceitua a Lei Geral do Procedimento Administrativo da União (Lei nº 9.784, 29 de janeiro de 1999): "Art. 44. Encerrada a instrução, o interessado terá o direito de manifestar-se no prazo máximo de dez dias, salvo se outro prazo for legalmente fixado." De qualquer forma o recurso previsto no CPI/1996 (contra o indeferimento) será recebidos nos efeitos suspensivo e devoltivo pleno, aplicando-se todos os dispositivos pertinentes ao exame de primeira instância, no que couber. Os recursos serão decididos pelo Presidente do INPI, encerrando-se a instância administrativa. Os interessados serão intimados para, no prazo de 60 (sessenta) dias, oferecerem contrarrazões ao recurso. Para possibilitar a efetiva *concessão da patente,* depois de deferido o pedido, deverá ser comprovado o pagamento da retribuição correspondente, no prazo de 60 (sessenta) dias contados do deferimento. Considera-se concedida a patente na data de publicação do respectivo ato de expedição da carta-patente (art. 38, § 3º).

[55] Nelson Nery COSTA, em obra anteriormente citada, p. 97.

[56] Conforme lição de José dos Santos CARVALHO FILHO, em obra anteriormente citada, p. 510. Ensina ainda que: "O fato de ser um procedimento de Direito Público retrata a existência do bem de uma sequência de atos e atividades do estado e do proprietário, desenvolvidos na esfera administrativa e judicial. Sobre esse procedimento, incidem normas de Direito Público sobretudo quanto aos aspectos que denotam a supremacia do Estado sobre o proprietário. O Objetivo da desapropriação é a transferência do bem desapropriado para o acervo do expropriante, sendo que esse fim só pode ser alcançado se houver os motivos mencionados no conceito, isto é, a utilidade pública ou o interesse social. E a indenização pela transferência constitui a regra geral para as desapropriações, só por exceção se admitindo a

Como dito, um dos requisitos essenciais para legitimar o ato administrativo que resulta na desapropriação é o interesse público. Caso a Administração reveja a posição da existência de tal interesse, poderá desistir a qualquer tempo de concluir a desapropriação.

É também assim o entendimento da Segunda Câmara Cível da Comarca da Capital, conforme demonstra acórdão unânime proferido na Apelação nº 9.857, em que figuraram como apelante W. Campello Empreendimentos Imobiliários Ltda. e como apelado Petrobras, cuja ementa se segue:

> Desapropriação. Desistência. Faculdade do expropriante. *Sendo a desapropriação ato administrativo que decorre do* jus imperi *do estado, pode o ente expropriante dela desistir em qualquer fase do processo, desde que o exija o interesse público e não seja irreversível o ato exproprietário.* Eventuais prejuízos sofridos pelo expropriado só podem ser pleiteados através de ação própria, na ação expropriatória extinta pela desistência só são devidos as custas processuais e honorários advocatícios, que devem ser arbitrados dentro dos limites legais. Provimento parcial do recurso. (RIT)

O procedimento, ao qual se refere o Decreto-lei nº 3.365/1941, com as modificações trazidas pela Lei nº 6.602/1978 estabelece duas etapas para que a desapropriação seja concluída. Primeiramente, tem-se a etapa declaratória, por meio de qual o Poder Público declara a relevância social (interesse público) que legitime esta intervenção estatal. Concretiza-se esta por meio da edição de lei ou decreto que especifique o sujeito ativo da desapropriação, a descrição do bem, declaração da utilidade, o fundamento etc.

A fase executória pode ser administrativa ou judicial, conforme a aquiescência ou não do expropriado em relação a indenização oferecida pela Administração Pública. Nesta torna-se a desapropriação efetiva, sendo, por fim, concretizada por meio da transcrição da escritura no Registro Geral de Imóveis.

Já o tombamento é a declaração pela Administração do valor histórico, artístico, paisagístico, turístico, cultural ou científico de coisas ou locais que, pela própria natureza, devem ser preservados. Pode ser entendido com a submissão de determinado bem, público ou particular, que passa a ser submetido a um regime especial de uso, gozo e disposição, que preserve suas qualidades essenciais. O bem passa a ter restrições parciais, em virtude de sua conservação interessar ao Poder Público[57].

Essa modalidade de intervenção do Estado na Propriedade visa à preservação do patrimônio cultural brasileiro, podendo reverter-se de caráter voluntário ou compulsório[58]. Efetiva-se o tombamento por processo administrativo com o fim da inscrição do bem no Livro de Tombo. Inicia-se, em regra, por meio da manifestação de órgão técnico[59]. O proprietário deve ser notificado

---

ausência desse pagamento indenizatório. A desapropriação só pode ser considerada legítima se presentes estiverem os seus pressupostos. São pressupostos da desapropriação a utilidade pública, nesta incluindo-se a necessidade pública e o interesse social. Ocorre a utilidade pública quando a transferência do bem se afigura conveniente para a Administração. Já a necessidade Pública é aquela que decorre de situações de emergência, cuja solução exija a desapropriação do bem. Embora o texto constitucional se refira a ambas as expressões, o certo é que a noção de necessidade pública já está inserida na de utilidade pública. Esta é mais abrangente do que aquela, de modo que se pode dizer que tudo o que for necessário será fatalmente útil. O interesse social consiste naquelas hipóteses em que mais se realça a função social da propriedade. O Poder Público, nesses casos, tem preponderantemente o objetivo de neutralizar de alguma forma as desigualdades coletivas. Apesar de serem dois os pressupostos expropriatórios, cabe desde logo registrar um aspecto que no parece importante. As expressões utilidade pública e interesse social espelham conceitos jurídicos indeterminados, porque despojados de precisão que permita identificá-los *a priore*. Em virtude desse fato, as hipóteses de utilidade pública e as de interesse social serão *ex vi legis*, vale dizer, serão aquelas que as leis respectivas considerarem como ostentando um ou outro dos pressupostos constitucionais."

[57] Conforme Lição de Nelson Nery COSTA, em obra anteriormente citada, p. 105. Apenas a título de exemplificação, é interessante analisar através do Acórdão abaixo transcrito, proferido pela 13ª Décima Terceira Câmara Cível do Tribunal de Justiça do Rio de Janeiro, em Mandado de Segurança impetrado por V. B. Engenharia Empreendimentos e Participações contra ato do Prefeito da cidade do Rio de Janeiro a noção de interesse público, questionada pela empresa em questão e acatada pelo órgão colegiado: "Administrativo e constitucional. Tombamento de árvores por meio de lei municipal. Inobservância de procedimento legal. Desvio de finalidade. Mandado de Segurança: admissibilidade. Cabe mandado se segurança contra lei de efeitos concretos, por isso que representa materialmente mero ato administrativo, pela qual o poder municipal tomba árvores plantadas por terceiros em terreno particular. Ato que se mostra ilegal, não só porque não precedido de qualquer procedimento prévio em que se tenha observado o principio fundamental do devido processo legal (art. 5º, LV, da CF); como também pelo manifesto desvio de finalidade, pois não se concebe como umas poucas fruteiras possam traduzir aspectos de relevância para a noção de patrimônio cultural brasileiro e, assim merecer proteção pelo Poder Público, por via do instituto do tombamento."

[58] O tombamento é voluntário na hipótese de requerimento por parte do proprietário para integrar sua propriedade entre o patrimônio artístico ou histórico nacionais demonstrando ao juízo do órgão técnico competente os requisitos necessários para fazê-lo. É compulsório quando realizada por iniciativa do Poder Público, contra a vontade do proprietário do imóvel.

[59] O Órgão Federal responsável por essa análise é o IPHAN – Instituto do Patrimônio Histórico e Artístico Nacional.

(para anuir ou não ao tombamento) durante o prazo de 15 dias para oferecer as razões da impugnação. O processo é, em seguida, remetido a um Conselho Consultivo que dentro de 60 dias proferirá decisão final. A partir dessa, o processo administrativo será arquivado (caso a decisão seja favorável ao proprietário) ou proceder-se-á a inscrição no Livro de Tombo[60].

O Processo Administrativo de Restrição da Pública à Propriedade Privada envolve ainda os institutos da Servidão Pública[61], ocupação temporária, requisição administrativa e edificação e parcelamento compulsório[62].

Processo Administrativo de Controle

É o que permite à Administração Pública verificar o comportamento ou situação de administrados ou servidores e declarar sua irregularidade ou irregularidade ante os termos e condições de legislação pertinente[63].

Em geral, possuem esses processos rito próprio e, na hipótese de verificação de irregularidade a que corresponda uma punição, garantir-se-á o contraditório ao interessado por meio do direito de defesa. A partir daí, será instaurado processo de punição e aplicadas as devidas sanções civis e penais ou, caso a situação verifique-se ao final regular, o processo será encerrado com o respectivo arquivamento dos autos.

Vincula-se, dessa forma, a decisão à Administração e ao controlado, ainda que não seja esta dotada de autoexecutoriedade, pois segue-se a este processo um outro, o processo *punitivo ou disciplinar* ou até a ação de responsabilidade civil ou penal, ou, ao final, do pronunciamento executório de outro Poder, como é o caso do julgamento de contas pelo Legislativo, após prévia manifestação do Tribunal de Contas, no respectivo processo administrativo de controle[64].

Processo Administrativo de Gestão

É aquele em que a Administração desenvolve suas atividades típicas, dirigindo, segundo interesse público e as disposições legais, os serviços públicos. Neste, desenvolve-se a coleta elementos essenciais à formação de determinada decisão administrativa, garantindo-se ao interessado o contraditório[65].

---

[60] A decisão do Conselho Consultivo será analisada, por fim, pelo Ministério da Cultura, conforme Lei nº 6.292/1975, que poderá analisar todas as etapas do processo administrativo, anulando-o caso entenda por haver ilegalidade, revogando-o caso haja entendimento de contrariedade em relação ao interesse público ou, ainda, homologando-o (o que é mais comum). O Tombamento é concretizado através da inscrição em um dos Livros de Tombo. Na esfera Federal são esses Livros: Livro do Tombo Arqueológico, Etnográfico, Paisagístico, das Belas Artes, das Artes Aplicadas e Histórico.

[61] A Servidão Pública, por entendimento do ilustre prof. José dos Santos CARVALHO FILHO é o direito real público que autoriza o Poder Público a usar a propriedade imóvel para permitir a execução de obras e serviços de interesse coletivo.

[62] Definem-se estes institutos, respectivamente, como: a maneira pela qual o Estado limita a propriedade privada que se caracteriza pela utilização transitória, gratuita ou remunerada de imóvel de propriedade privada, para fins de interesse público; a utilização forçada de bens ou serviços particulares pela Administração, por ato de execução imediata e direta da autoridade pública que requisitar, com indenização posterior, para atendimento de necessidades coletivas; sanção imposta ao proprietário de solo urbano não edificado ou não utilizado, previsto (edificação e parcelamento compulsório).

[63] Conforme entendimento do Prof. Diógenes Gasparini, em obra anteriormente citada, p. 815.

[64] O Prof. Nelson Nery COSTA ensina, em obra anteriormente citada, p. 111, que o processo de controle não pode ser confundido com o processo de punição, porque neste se apura um fato e se aplica a sanção adequada, enquanto naquele apenas se averigua a situação ou conduta do órgão, do agente ou do administrado para se proclamar um resultado para efeitos futuros. Podem ser exemplificados como processos administrativos de controle a tomada e prestação de contas, bem como o controle da engenharia, arquitetura e agronomia. Classifica-se, ainda, como essa espécie, os processo administrativos de Controle do Sistema Financeiro Nacional, a administração especial temporária e a liquidação extrajudicial. O lançamento tributário e consulta fiscal são espécies de modalidades no processo administrativo de controle, mas que são estudadas no processo administrativo fiscal.

[65] É possível exemplificar a necessidade do contraditório no processo administrativo de gestão a partir de acórdão proferido nos autos do Mandado de Segurança nº 118/1994, cuja ementa se segue: Mandado de Seguranca, impetrado por empresas de transporte coletivo. Ato do governador que decretou a nulidade de licitações pelas impetrantes vencidas. Do direito que tem a autoridade administrativa, de rever seus próprios atos, quando eivados de vícios ou nulidade. Acórdão que, em mandado de segurançca anterior, decretou a nulidade do ato do Tribunal de Contas do Estado, que havia invalidado os editais de licitação, ordenando o prosseguimento dos licitatórios. Limites de seu comando. Inexistência de coisa julgada a preservar. Direito líquido e certo não caracterizado. Segurançca denegada. (JRC) OBS.: Vencido os Des. Dédecio Goes, Ellis Figueira, Mello Serra, Elmo Arueira, Alvaro Mayrink e Ferreira Pinto, que concediam a segurança. OBS.: Recurso ordinário em mandado de segurança nº 9.738 – STJ. Relator: Ministro Garcia Vieira. Decisão: modificada. U – unânime. Primeira Turma. Direito Administrativo. Licitação. Anulação. Ausência de contraditório. Impossibilidade. A anulação ou revogação de processo licitatório deve ser precedida de oportunidade de defesa, exigindo-se plena justificação, sob pena de ferimento às garantias constitucionais da ampla defesa e do contraditório. Recursos providos.

Estes elementos, são dados ou informações necessárias para que a Administração verifique a condição para que um direito seja assegurado ou um negócio jurídico seja estabelecido.

Em geral, prepara o processo administrativo de gestão para a edição de um ato administrativo final, a partir da sucessão dos atos preparatórios ao longo do processo. Na hipótese da existência de um direito que, para ser reconhecido, seja necessária a aferição da Administração Pública para identificar se o administrado ou servidor público está na situação fática prevista no tipo legal, faz-se necessária essa espécie de processo administrativo.

A licitação, como exemplo a ser citado, é precedida desta espécie de processo administrativo, a fim de serem qualificadas as propostas dos licitantes para que efetue contrato com o Poder Público aquela que apresentar melhores condições à Administração.

No que toca à licitação, parece-nos interessante apresentar parecer proferido pela procuradoria de Justiça no reexame de sentença nos autos do mandado de segurança com pedido de liminar impetrado por Zucatelli Empreendimentos Automotores Ltda. contra decisão da prefeitura municipal de Parauabepas (Pará).

Participou a impetrante de Processo Licitatório sob a modalidade "Tomada de Preços" (Edital de Licitação nº 003 – CPL/Seden) e alegou na peça exordial que, inobstante ter apresentado todos os documentos necessários, fora considerada inabilitada de forma arbitrária pela Comissão Licitatória por falta de comprovação da existência de profissional de nível superior (engenheiro) em seu quadro permanente.

Recorreu, assim, administrativamente, tendo sido ratificada integralmente pela prefeita municipal, a decisão da Comissão Permanente de Licitação, que inabilitou a impetrante. A juíza concedeu a medida liminar, objetivando a suspensão de todos os atos referentes à licitação e determinou a notificação da autoridade coatora para que prestação as informações necessárias.

O *parquet* emitiu parecer no sentido de que, ao prestar informações, a autoridade impetrada alegou, preliminarmente, que foi concedida medida liminar para suspender os atos referentes à licitação, em vez de simplesmente tornar a impetrante apta a participar do processo licitatório conforme requerido (concessão de medida liminar *extra petita*). Em seguida, tentou provar que a inabilitação da impetrante não foi arbitrária.

O fulcro da argumentação está na existência do vínculo empregatício do profissional de engenharia com a impetrante e em saber se este pertencia ou não ao quadro permanente da empresa, alegando a autoridade coatora que o contrato de trabalho juntado pela impetrante não era documentação suficiente para comprovar o vínculo com a impetrante e em saber se esse pertencia ou não ao quadro permanente da empresa, alegando à autoridade que o contrato de trabalho juntado pela impetrante não era documentação suficiente para comprovar que esse engenheiro fosse do quadro permanente, conforme exigência da lei e do próprio edital.

Opinou o Ministério Público pela concessão da segurança pleiteada, nos termos da inicial, para que a impetrante pudesse participar do processo licitatório, valendo-se de lição doutrinária no sentido de que a exigência de documentação excessiva pode ser prejudicial à lisura do processo licitatório.

No mesmo contexto ao da licitação, torna-se necessário o processo administrativo de gestão para concurso público de provas ou de provas e títulos para o preenchimento de um cargo público, onde há, igualmente, seleção para que sejam identificados os candidatos aptos a realizarem funções públicas específicas[66].

Um terceiro exemplo da utilidade do processo administrativo de gestão para a Administração Pública toca à concessão do benefício da aposentadoria, para o qual é necessária a verificação de requisitos legalmente previstos para comprovação do direito de quem o pleiteia.

Processo Administrativo de Expediente

Conforme ensinamento do ilustre professor Diógenes Gasparini, o processo administrativo de expediente "é aquele que tramita pelo interior da Administração

[66] Conforme demonstra ementa de acórdão na Apelação nº 16.063/2001 proferido pela Sétima Câmara Cível. Direito Administrativo. Enquadramento de servidor público contratado até 05/10/1888, sob regime celetista, em cargo público. Não pode o funcionário ser incluído em cargo de índice superior, ainda que tenha exercido atribuições idênticas às do cargo que passou a ocupar, e tenha a escolaridade exigida, sob pena de violação do art. 37, II, da CF, que *não admite investidura em cargo ou emprego público sem* concurso de provas ou de provas de títulos. Interpretação da Lei Estadual nº 1.698/1990, que instituiu o regime jurídico único para os servidores do Estado, da resolução nº 02/1992, do orgão especial, do ato executivo nº 533/1993, do exmo. Sr. presidente do tribunal de justiça e do art. 37, II da CF. Servidor contratado para a função de auxiliar de cartório não pode passar a titular do cargo de auxiliar judiciário, de índice mais elevado. Sentença correta. Apelo improvido. Correta. Apelo improvido."

Pública, instaurado por sua determinação ou mediante provocação de terceiros, e que não se caracteriza como de outorga, de polícia, de controle ou de punição".

São, dessa forma, processos dessa espécie os que culminam na desapropriação, licitação, implantação de um novo serviço, elaboração de uma lei e a abertura de concurso público de admissão de servidores, todos instaurados *sponte propria*, como ensina o mesmo autor, pela Administração Pública.

Incluem-se, ainda, nesta modalidade, os processos administrativos que sugerem um novo certame para a bandeira do Município, oferecem, em doação, bens à Administração, solicitam certidão ou atestado ou fazem consultas, abertos, pela Administração ou por provocação de terceiros[67].

O prof. Hely Lopes Meirelles, entende a denominação como imprópria, pois abraça toda atuação que tramita pelas repartições públicas por provocação do interessado ou por determinação interna da Administração, para receber a solução conveniente sem que haja procedimento próprio ou rito sacramental, seguindo-se pelos canais rotineiros para informações, despacho final da chefia competente e subsequente arquivamento.

Ensina ainda, o mesmo professor, que

> esses expedientes, que a rotina chama indevidamente de processo, não geram, nem alteram, nem suprimem direitos dos administrados, da Admınistraçao ou de seus servidores, apenas encerram papéis, registram situações administrativas, recebem pareceres e despachos de tramitação ou meramente enunciativos de situações preexistentes, tal como nos pedidos de certidões, nas apresentações de documentos para certos registros internos e outros da rotina burocrática.

Completa, ainda, que

> a tramitação desses processos é irrelevante para a solução final, pelo que as omissões ou desvios de rotina não invalidam as providências objetivadas e as decisões neles proferidas não têm efeito vinculante para o interessado ou para a administração, e, por isso mesmo, em geral, são irrecorríveis e não geram preclusão, pelo que admitem sempre a renovação do pedido e a modificação do despacho.

A maior parte dos autores dos manuais de Direito Administrativo, como José dos Santos Carvalho Filho, Nelson Nery Costa, Celso Antônio Bandeira de Mello, Maria Sylvia Zanella Di Pietro e Carlos Pinto Coelho da Motta não elencam dentre as espécies de Processo Administrativo o Processo Administrativo de Expediente. O prof. Diógenes Gasparini defende a sua permanência e validade, embora o prof. Hely Lopes Meirelles não a considere relevante.

Em nossa concepção, o processo administrativo de expediente em muito se aproxima ao processo administrativo de gestão e a outros já estudados. De qualquer forma, pareceu-nos interessante apresentar a controvérsia doutrinária.

Processo Administrativo de Punição

Conforme lição de Hely Lopes Meirelles, o processo administrativo punitivo "é todo aquele promovido pela Administração para a imposição de penalidade por infração de lei, regulamento ou contrato"[68].

Normalmente tais espécies de processo administrativo possuem rito próprio e devem obrigatório respeito ao contraditório, por meio da estrita observância ao princípio do devido processo legal, sob ameaça de nulidade da pena imposta[69].

---

67 Exemplos extraídos da obra de Diógenes GASPARINI, p. 816.

68 MEIRELLES, Hely Lopes, *"Direito Administrativo Brasileiro"*, Ed São Paulo: Malheiros, obra já mencionada, p. 622.

69 Podemos usar como claro exemplo da necessidade do princípio do contraditório nesta espécie de processo administrativo a Acórdão proferido pela Sexta Câmara Cível do Tribunal de Justiça do Estado do Rio de Janeiro em Agravo de Instrumento confirmando a liminar concedida em primeira instância pelo Juízo de Direito da Primeira Vara Cível da Comarca de Itaboraí ao Estudante Bruno Leonardo Chaves da Costa que impetrou mandado de segurança contra a Associação Educacional Plínio Leite por ter sido impedido de participar das atividades acadêmicas, sem que houvesse minucioso exame dos fatos dentro de processo administrativo, conforme se segue: "Agravo de instrumento. Medida Cautelar. Liminar suspendendo a eficácia de decisão proferida por reitor de centro universitário. Aautorização do estudante para participar das atividades acadêmicas. Improvimento do recurso. A ocorrência de conduta que eventualmente fira os estatutos de centro universitário, contra a qual caiba a aplicação de pena após minucioso exame da hipótese, com diligências pertinentes e cuidadoso inquérito administrativo, conforme previsto nos próprios regulamentos da entidade, não pode deixar ao oblívio as garantias fundamentais asseguradas aos cidadãos na defesa do seu direito. Em verdade, a liminar hostilizada, analisando, em cognição sumária, os elementos de prova arremessados aos autos, entendeu violado dispositivo constitucional capaz de macular, indelevelmente, uma das mais preciosas conquistas do cidadão, o amplo direito de defesa. Não surgindo nesta instância dados que desmereçam a fala do órgão judicante, cabe confirmar a interlocutória testilhada, que se pautou dentro dos princípios constitucionais que velam pela observância do devido processo legal, nos termos do art. 5º, inciso LV, da constituição federal. Improvimento do recurso."

A sua instauração deve basear-se em auto de infração[70], representação ou peça equivalente tendo início com exposição de atos ou fatos ilegais administrativamente ilícitos, bem como por meio da especificação da norma infringida.

Poderá a Administração representar-se no processo de punição por meio de um único agente ou por uma comissão, sendo, apenas de fundamental importância, pela natureza deste, a obediência formal a todas as fases previstas. No que for omissa a legislação pertinente, serão aplicáveis os preceitos do processo penal comum.

Há de guardar, igualmente, nessa espécie de processo administrativo a proporcionalidade entre a sanção aplicada e a infração apurada. Dentre as penalidades previstas, podemos apontar a demissão, multa, embargo, demolição, destruição, interdição, suspensão. Dessa forma, se a multa for suficiente para que o interesse público seja recomposto, não cabe ao agente aplicar pena mais grave (como a destruição).

São exemplos desse processo os que visam a punir servidor público por desrespeito à norma administrativa; administrado em razão da desobediência a certa determinação de polícia; estudante de escola pública por ter infringido o regulamento escolar; contratado que tenha inobservado alguma norma do ajuste etc.

Incluem-se, enfim, dentre essa modalidade todos os procedimentos que visem à imposição de alguma sanção ao administrado, ao servidor ou a quem possua vínculo especial com a Administração por meio de relação particular de hierarquia (como estudantes e militares).

Dentre os processos administrativos de punição, merece destaque o processo administrativo disciplinar que, pela importância e complexidade, será estudado em tópico próprio.

Processo Administrativo Fiscal

O processo Administrativo Fiscal é aquele que se destina à determinação, exigência ou dispensa de crédito fiscal, à imposição de penalidade ao contribuinte e ao atendimento de consulta[71].

São abraçados por esse conceito bastante abrangente todos os procedimentos fiscais próprios, sob a modalidade de controle (processo de lançamento e consulta), de outorga (processo de isenção) e de punição (processos por infração fiscal) e, ainda, as simples autuações de expediente, que são os processos impróprios, que tramitam pelos órgãos tributantes e repartições arrecadados para notificação do contribuinte, cadastramento e outros atos relevantes ao Fisco.

O Processo Administrativo Tributário não foi recebido com a devida ordenação no Código Tributário Nacional pelo Legislador. A Organização da matéria só se deu com o Decreto Federal nº 70.235/1972, que fixou conceitos de natureza procedimental, especificando atos e termos processuais, prazos, definiu a competência de órgãos e agentes bem como determinou casos de nulidade de atos despachos e decisões.

A Administração fiscal possui dois procedimentos principais, um litigioso e um consensual. No primeiro caso, o lançamento[72] é seguido de multa ou qualquer outra penalidade de caráter tributário correspondente, sendo, por óbvio assegurado ao sujeito passivo da relação tributária o princípio do contraditório. No segundo caso, o contribuinte apresenta-se voluntariamente à autoridade administrativa com intuito de esclarecer dúvidas relativas à legislação (desde que, evidentemente, não seja já o objeto da consulta objeto de litígio entre este e a Administração).

---

[70] Auto de infração é o documento lavrado contra infratores, apresentando oficialmente a transgressão de qualquer preceito legal ou regulamentar. No auto de infração vinculado por portaria, por exemplo, deve-se oferecer a exposição dos atos ou fatos ilegais, dos ilícitos, administrativos ou contratuais atribuídos ao acusado e relacionar a regra, jurídica ou convencional violada.

[71] Conforme definido pelo prof. Nelson Nery COSTA, em obra anteriormente citada, p. 229. Ressalta ainda o autor que "as obrigações de natureza tributária devem ser sempre previstas em lei, de modo a serem exigidas ou cumpridas pelo Fisco ou pelo contribuinte ou, ainda, por aqueles a quem foi transferida tal obrigação. Desse modo, o Fisco está incumbido de proceder aos lançamentos, à fiscalização, à arrecadação, bem como o contribuinte tem que fazer as declarações, autolançamentos e recolher os tributos devidos. Não obstante, em algumas circunstâncias isso não ocorre, havendo a discussão da matéria no processo administrativo fiscal." O prof. Hely Lopes MEIRELLES define o Processo Administrativo Tributário ou fiscal, propriamente dito como "todo aquele que se destina à determinação, exigência ou dispensa do crédito fiscal, bem como à fixação do alcance de normas de tributação em casos concretos, pelos órgãos competentes tributantes, à imposição de penalidade ao contribuinte".

[72] A Lei nº 70.235/1972 estabelece em seu art. 11 que: "Art. 11. A notificação de lançamento será expedida pelo órgão que administra o tributo e conterá obrigatoriamente: I – a qualificação do notificado; II – o valor do crédito tributário e o prazo para recolhimento ou impugnação; III – a disposição legal infringida, se for o caso; IV – a assinatura do chefe do órgão expedidor ou de outro servidor autorizado e a indicação de seu cargo ou função e o número de matrícula. Parágrafo único. Prescinde de assinatura a notificação de lançamento emitida por processo eletrônico."

Dessa forma, conforme lição de Nelson Nery Costa,

> encontram-se, assim, no processo fiscal todas as modalidades de processo administrativo: de expediente, as simples autuações que tramitam pelos órgãos e repartições tributantes para cadastramento, notificação do contribuinte e demais atos complementares; de outorga, nos casos de processo de isenção; de controle, compreendendo os processos de lançamento e de consulta; de punição, quando se tratar de processos por infração tributária. Por outro lado, por aproximação, nesta modalidade já vem analisado o processo administrativo previdenciário.

Processo Administrativo Disciplinar

É o instrumento formal, instaurado pela Administração Pública, para a apuração das infrações e aplicação das penas correspondentes aos servidores, seus autores[73]. Dentre os processos administrativos de punição, este merece maior destaque, conforme anteriormente dito nesse trabalho.

Por suas peculiaridades e frequência na prática administrativa é habitualmente estudado a parte. Esse processo baseia-se na supremacia especial que o Estado mantém sobre todos aqueles que têm vínculo de serviços ou atividades, em caráter provisório ou permanente com a Administração.

Tem também tal modalidade de processo administrativo denominação comum de "inquérito administrativo", o que, doutrinariamente não é visto com bons olhos[74]. A Legislação que abraça o processo administrativo disciplinar é a Lei nº 8.112/1990. Ela trata do processo administrativo disciplinar em capítulo próprio (Capítulo III) e o conceitua, em seu art.148, como:

> Art. 148. O processo disciplinar é o instrumento destinado a apurar responsabilidade de servidor por infração praticada no exercício de suas atribuições, ou que tenha relação com as atribuições do cargo em que se encontre investido.

Não é bastante a simples notícia de ocorrência disciplinar para que seja aplicada, com juridicidade, a repressão correspondente. Só é legítima a punição funcional se a transgressão e a autoria forem apuradas em procedimento regular[75]. Essa garantia resulta do princípio constitucional do devido processo legal (*due process of law*, previsto no art. 5º, LV) e do § 1º do art. 41 (alterado pela Emenda Constitucional nº 19/1998), adiante transcrito:

> *Art. 41. São estáveis após três anos de efetivo exercício os servidores nomeados para cargo de provimento efetivo em virtude de concurso público.*
> *§ 1º O servidor público estável só perderá o cargo:*
> *I – em virtude de sentença judicial transitada em julgado;*
> *II –* mediante processo administrativo em que lhe seja assegurada ampla defesa*;*
> *III – mediante procedimento de avaliação periódica de desempenho, na forma de lei complementar,* assegurada ampla defesa.

É o objeto do processo administrativo disciplinar sempre a apuração das infrações e a aplicação das penas correspondentes aos servidores da Administração Pública. É, possível, porém, que ao fim da instrução, até pela incerteza da autoria de infração, entenda-se pela inocência do acusado. Dessa forma, a finalidade da apuração não é a punição, mas o controle da conduta dos servidores públicos, devendo a Administração, obrigatoriamente promover a apuração.

---

[73] O professor Hely Lopes MEIRELLES o define como "o meio de apuração e punição de faltas graves dos servidores públicos e demais pessoas sujeitas ao regime funcional de determinados estabelecimentos da Administração".

[74] O prof. Diógenes GASPARINI, em obra anteriormente citada, p. 820, considera imprópria tal denominação: "É também chamado de processo disciplinar e inquérito administrativo, sendo essa denominação a mais imprópria, pois nada tem de inquisitório. Assim, a semelhança que se quer estabelecer com o inquérito policial, cuja essência é inquisitorial, é improcedente. Não obstante este entendimento, a Lei do Regime Único dos Servidores Federais – Lei nº 8.112/1990 – denomina uma das fases desse processo inquérito administrativo, que compreende instrução, defesa e relatório.".

[75] O prof. José Armando da COSTA, na obra *Processo Administrativo Disciplinar,* 3ª ed., Brasília: Brasília Jurídica, ensina que: "Conquanto não seja a instância administrativa disciplinar, no tocante à prova, tão exigente quanto a penal, ressalte-se de resto, que a dinamização do poder disciplinar, para atingir o seu legítimo escopo, carece de um mínimo de comprovação de falta de sua autoria. Esse *minus* legal é alcançado por meio dos procedimentos apuratórios, os quais variam em complexidade crescente, na medida em que avulta, em quantitativo e gravidade, a punição a ser irrogada. Se a medida punitiva é daquelas mais rigorosas, como é o caso das penas expulsivas, o procedimento apuratório deverá revestir-se de maiores formalidades, de que é exemplo o processo administrativo disciplinar; tratando-se de punições leves, o apuramento da ocorrência poderá ser feito em simples sindicância, contanto que se confira ao acusado a oportunidade de defesa. Em conclusão, acentue-se que se o exercício do poder disciplinar somente se projetará com legitimidade se for antecedido dessa cautela apuratória. Sem isso, estaremos no universo da dúvida, sendo, por conseguinte, arbitrária a imposição de qualquer reprimenda, por mais suave que seja." A título illustrativo, transcrevem-se as faltas disciplinares nas seguintes categorias: 1) Faltas Leves: são as que pela própria natureza de que se revestem causam um mínimo de transtorno ao serviço público, equiparando-se, entretanto às graves, quando repetidas. 2) Faltas Graves: são as ações ou omissões que afetam o decoro, o prestígio, o bom andamento dos serviços, ou causam embaraço aos fins que a administração tem em vista. 3) Faltas Gravíssimas: são as ações ou omissões que, pela natureza de que se revestem, causam prejuízos tão elevados ao estado que, apuradas, determinarão o desligamento para sempre do funcionário dos quadros do funcionalismo.

Alguns estatutos adotam o sistema da verdade sabida[76] na repressão de delitos disciplinares de menor gravidade, dentre os quais se destaca, por exemplo, o Estatuto dos funcionários Civis do Estado de São Paulo (Lei nº 10.261/1968) que o autoriza quando na apuração de delitos processuais de menor gravidade. Estabelece o art. 270 da mesma Lei que: "será obrigatório o processo administrativo quando a falta disciplinar por sua natureza, possa determinar a pena de demissão".

O princípio da verdade material, igualmente denominado liberdade na prova, permite a Administração valer-se de qualquer prova que a autoridade processante ou julgadora tenha conhecimento desde que o faça transladar para o processo. É a busca da verdade material em detrimento da verdade formal.

Ao tratar do princípio da ampla defesa, o mestre Eliezer Pereira Martins, assim se manifestou:

> Na órbita judicial a ampla defesa e o contraditório plasmaram-se como frutos da inexorável civilização das coisas do direito. O direito a defesa que em certa medida contém o contraditório é uma inspiração de Direito Natural e divino, na medida em que contém a própria essência daquilo que é justo em si mesmo. Pode-se afirmar como expressão de filosofia jurídica que a ampla defesa e o contraditório são a materialização do mais decantado instituto produzido pela justiça dos homens: a igualdade perante a lei.

Dessa forma, é imperioso que se entenda que é dever da Administração e do Judiciário a desconsideração desses dispositivos estatutários e regulamentares que abracem tal instituto. É ideal que o tenham como letra morta ou não escrita, pois constitui afronta às garantias previstas em nosso Ordenamento Jurídico.

São princípios norteadores do processo administrativo disciplinar:

Princípio da legalidade objetiva: por força deste, deve o processo administrativo disciplinar fundamentar-se pela lei, impondo-se desenvolver-se de acordo com ela e ter por escopo a sua preservação[77].

Princípio da publicidade: desde que não seja documento secreto do Estado, a conduta da Administração Pública, o que envolve os processos disciplinares, deve reger-se por esse princípio. O serviço público deve ser o mais transparente possível, para que o povo (interessado indireto) e o servidor, que é parte (interessado direto) possam exercer a atividade de fiscalização dos atos que deste sejam emanados. O princípio da publicidade só deve ser suprimido quando em confronto com a intimidade das pessoas ou em questões de segurança que exijam o sigilo do Estado. Conforme art. 5º, XXXIII e LX que se seguem:

> *Art. 5º [...]*
> *[...] XXXIII – todos têm direito a receber dos órgãos públicos informações de seu interesse particular, ou de interesse coletivo ou geral, que serão prestadas no prazo da lei, sob pena de responsabilidade,* ressalvadas aquelas cujo sigilo seja imprescindível à segurança da sociedade e do Estado *[...]*

---

[76] O prof. José Armando da COSTA, em obra anteriormente citada, p. 86, ensina que é fato sabido a transformação por que passou o processo disciplinar, cuja evolução se processou no sentido de cada vez mais reduzir o arbítrio da autoridade administrativa, com a adoção de ritos processuais obrigatórios, os quais ressalta sempre como princípio basilar o direito de defesa do funcionário acusado. Esses princípios estão presentes no Estatuto dos Funcionários Públicos Civis do Estado de São Paulo. Todavia, sustenta o impetrado que, na espécie, a pena de suspensão foi aplicada com base no art. 271 do Estatuto. Este dispositivo legal, de caráter nitidamente de excecção, a ser, portanto, restritivamente interpretado, permite nos casos dos arts. 253 e 254 (repreensão e suspensão) que se aplique a pena pela verdade sabida, salvo se, pelas circunstâncias da falta, for inconveniente instaurar-se sindicância ou processo. Esclarece o parágrafo único que por verdade sabida se entende o *conhecimento pessoal e direto da falta por parte da autoridade competente para aplicar a pena.* Em 18 de junho de 1998 foi editado pelo Procurador-Geral de Justiça o Ato (N) nº 145 PGJ, delegando aos Secretários-Executivos das Promotorias de Justiça atribuições antes cometidas a funcionários do Ministério Público, especialmente quanto à administração de pessoal e à matéria disciplinar. Com o intuito de orientar os membros do Ministério Público, notadamente no que tange às rotinas administrativas a serem observadas e à legislação aplicável, a Assessoria Especial de Estudos Avançados e Organização Institucional e a Diretoria-Geral do Ministério Público elaboraram alguns comentários aos dispositivos do Ato, contemplando normas legais aplicáveis e parte da rotina administrativa, que esperam sejam úteis aos Secretários-Executivos das Promotorias de Justiça. O Ato (N) nº 153/1998 difere em alguns aspectos das disposições do Estatuto porque sua edição levou em conta os princípios e garantias estabelecidos pela Constituição Federal de 1988. Assim, por exemplo, não mais se aplica pena pelos critérios da verdade sabida, nem a sindicância, procedimento em tudo assemelhado ao inquérito policial, poderá resultar em outro fim que não seja seu arquivamento ou a instauração de processo administrativo disciplinar.

[77] Tal princípio é externalizado, na visão de José Armando da COSTA, no sentido de fazer com que a repressão disciplinar seja dinamizada da forma mais legal e legítima possível, preservando os interesses da Administração Pública, sem descurar os direitos individuais assegurados pela ordem jurídica ao servidor. Preordenando-se a manter o predomínio da legalidade e da justiça no funcionalismo público, deve o processo disciplinar escudar-se numa regra legal específica que assegure a sua desenvoltura dentro da legalidade objetiva, a menos que se pretenda incursionar no campo da invalidade.

> *[...] LX – a lei só poderá restringir a publicidade dos atos processuais quando a defesa da intimidade ou o interesse social o exigirem;*

Princípio da oficialidade: Qualquer que seja o procedimento disciplinar (processo ou sindicância) deverá ser iniciado por meio de impulso oficial. Ainda que instaurado com base em expediente formalizado por particular, uma vez instaurado, deve o processo administrativo disciplinar projetar-se até o final por conta da iniciativa dos servidores públicos encarregados de sua feitura[78].

Princípio da observância da forma: Esse princípio encontra maior importância no processo judicial. *O fomalismo só é rigoroso na hipótese da essencialidade quanto ao modo e à intensidade de ser exercido o absoluto direito de defesa*, como é o caso, por exemplo, da citação realizada por meio de edital, antes de serem esgotadas as diligências objetivando a realização da citação pessoal, ou até a ausência de citação. Nessa conjectura, o prejuízo causado ao direito de defesa é tal evidência que não há necessidade de sua comprovação.

O princípio da ampla defesa "diz respeito a todos os factos relevantes para a acusação, não se excluindo aqueles que não ocorrem no momento da práctica do facto, mas que condicionam a culpa do agente"[79]. Este busca assegurar todos os direitos e instrumentos necessários e adequados para a defesa da sua posição, todas as garantias de defesa que "possibilitem trazer para o processo todos os elementos tendentes a esclarecer a verdade ou mesmo de omitir-se ou calar-se, se entender necessário",[80] ratificado através das Súmulas 20 e 21 do STF, que seguem abaixo transcritas:

> Súmula 20 – É necessário processo administrativo, com ampla defesa, para demissão de funcionário admitido por concurso. Referência: CF, art. 188, II; Estatuto dos Funcionários Públicos Civis da União (Lei nº 1.711, de 28/10/1952), arts. 11, 15, 82 e 83, parágrafo único.
>
> Súmula 21 – Funcionário em estágio probatório não pode ser exonerado nem demitido sem inquérito ou sem as formalidades legais de apuração de sua capacidade. Referência: CF, art. 188; Estatuto dos Funcionários Públicos Civis da União (Lei nº 1.711, de 28/10/1952) arts. 15, 82 e 83, parágrafo único.

O princípio do contraditório: é instrumento que dá espaço dentro da processualística disciplinar para o exercício da ampla defesa. Embora estes dois princípios sejam distintos, estão intimamente conectados. O prof. José Armando da Costa, ensina que:

> a contrariedade do processo, tornando o procedimento numa rua de mão dupla, impõe a desenvoltura de uma relação processual sob o influxo de uma movimentação dialética que assegure o equilíbrio entre a linha acusatória e a força motriz de defesa.

Assim sendo, o contraditório é princípio basilar e pressuposto da ampla defesa, apesar de distinguir-se deste por ser mais abrangente, haja vista que em sua compreensão aconchegam-se tanto as investidas apuratórias das comissões de processo disciplinar quanto os esforços defesórios empreendidos pelos acusados ou por seus patronos legalmente constituídos.

Princípio da pluralidade de instâncias: à instância administrativa hierarquicamente superior haverá sempre a possibilidade de, por meio da provocação do interessado ou até mesmo de ofício, reprocessar questão disciplinar exteriorizada em órgão inferior[81].

Princípio da Economia Processual: é um corolário do princípio da economia processual na esfera do processo civil. Devem os rigores formais serem evitados para que não se onere a Administração Pública por delongas que sejam irrelevantes à elucidação dos fatos.

---

[78] O prof. José Armando da COSTA, em obra anteriormente citada, p. 51, ensina que, intrinsecamente, o princípio da oficialidade indica que a iniciativa investigatória fica por conta da comissão processante, embora possa ela determinar a realização de diligências a pedido das partes interessadas. Se os membros integrantes do colegiado processante descuidam-se no trato do correspondente processo, terá havido uma afronta ao princípio da oficialidade, devendo tais componentes serem responsabilizados disciplinarmente. O princípio *sub examen* traduz, ainda, a noção de que não ocorrerá perempção de instância, bem como não poderá o processo ser extinto em consequência da ação corrosiva de certos limites temporais que não configurem uma das causas prescritivas legalmente previstas.

[79] PALMA, Maria Fernanda: "A Constitucionalidade do Art. 342 do Código de Processo Penal (O direito ao silêncio do arguido)"; *in* Revista do Ministério Público, Ano 15º, Outubro – Dezembro 1994, nº 60; Lisboa; Sindicato dos Magistrados do Ministério Público; 1994; pág. 109.

[80] MORAES, Alexandre de; Direito Constitucional, 20ª Edição; São Paulo; Editora Atlas S.A., 2006; pág. 94.

[81] Entende-se que decorre do princípio da pluralidade de instâncias do poder da Administração de tornar nulo ou revogar seus próprios atos, quando eivados de ilegalidades ou tidos como inconvenientes ou inoportunos. São consequências deste o pedido de reconsideração, o recurso hierárquico e a revisão constitucional. Somente na circunstância de ser o ato editado pelos chefes maiores do Poder Executivo (presidente da República, Governadores de Estado e Prefeitos) é que não é possível a utilização do princípio da pluralidade de instâncias, cabendo apenas, neste caso, o pedido de reconsideração.

Princípio do Informalismo: Dispensáveis são, igualmente, os rigores formais que não contribuam para a apuração da verdade. É pacífico o entendimento de que desde que não haja substancial prejuízo para a defesa, não há que se falar em nulidade por inobservância de mera formalidade.

Princípio da verdade material: Em razão deste princípio, anteriormente explicitado no corpo deste trabalho, é permitida à Administração Pública, dentro do processo administrativo disciplinar, considerar qualquer elemento probatório de que tenha a comissão processante tomado conhecimento, desde que anexados aos autos e levado a conhecimento do servidor acusado para que este possa manifestar-se sobre a matéria (assegurando a ampla defesa). Estas provas, desde que se permita o direito de defesa ao acusado, podem ser apresentadas a qualquer tempo do processo.

O processo disciplinar comporta as seguintes fases: *instauração; instrução; defesa; relatório* e *julgamento*, conforme demonstrado pelo art. 151, Lei nº 8.112/1990:

> *Art. 151. O processo disciplinar se desenvolve nas seguintes fases:*
>
> *I – instauração, com a publicação do ato que constituir a comissão;*
>
> *II – inquérito administrativo, que compreende instrução, defesa e relatório;*
>
> *III – julgamento.*

A instauração do processo administrativo disciplinar só é legítima na hipótese de existência de um indicativo concreto (por menor que seja) da infração e de sua autoria. Inicia-se por meio de uma denúncia postulatória, sindicância precautória ou notícia de irregularidade funcional, devendo necessariamente conter a designação da comissão processante[82], objeto do processo e a individuação do acusado.

A fase inquisitória inicia-se a partir de uma reunião da comissão para decidir sobre as diligências a serem desencadeadas para a elucidação dos fatos objetos do processo administrativo. Promoverá, dessa forma, a comissão à tomada de depoimentos, acareações e investigações. Recorrendo, ainda, se necessário, ao conhecimento de técnicos e peritos.

Ao servidor é assegurado o direito de acompanhar o processo pessoalmente ou por intermédio de procurador, arrolar e reinquerir testemunhas, produzir provas e contraprovas e formular quesitos quando se tratar de prova pericial. Cabe, porém, ao presidente avaliar a pertinência de tais atos, podendo negá-los caso os considere protelatórios ou impertinentes.

As Cortes Superiores vêm firmando entendimento no sentido de que, no caso de ato demissionário por abandono de emprego, é necessária a análise paralela do *animus* do servidor às provas objetivas (como a folha de ponto) a fim de ser averiguado seu grau de desídia. Caso não haja esta análise, o ato que implica na demissão do servidor é ilegal e passível de modificação por meio de Mandado de Segurança, conforme demonstra, a título exemplificativo, a ementa, parcialmente transcrita, de Acórdão proferido nos autos do MS nº 8.291 de 05/05/2003:

> Mandado de Segurança. Processo Administrativo Disciplinar. Demissão. Nulidades. Cerceamento de Defesa. Inocorrência. Abandono de Emprego. Ausência do *Animus* Específico do Servidor. Precedente da Terceira Seção. Ordem Concedida.
>
> [...] 3. A Terceira Seção desta Corte Superior de Justiça firmou já entendimento no sentido de que "em se tratando de ato demissionário consistente no abandono de emprego ou inassiduidade ao trabalho, *impõe-se averiguar o* animus *específico do servidor, a fim de avaliar o seu grau de desídia*" (cf. MS nº 6.952/DF, Rel. Min. Gilson Dipp). 4. A cópia do inteiro teor do processo administrativo, que instrui a inicial, torna certas não só a obtenção pelo impetrante de licença médica de 90 dias, a partir de 1º/04/2001, período no qual foi indiciado por abandono de cargo, mas também, a inexistência de prova legal de que tenha sido intimado do parecer da Junta Médica Oficial da Universidade de Brasília, realizado no dia seguinte ao da obtenção da licença a que antes se aludiu. 5. Ordem concedida.

É cabível, ainda, como medida cautelar, a fim de que se evite a influência do servidor na apuração da irregularidade, a determinação de seu afastamento do exercício do cargo pela autoridade instauradora, pelo prazo de até 60 dias, sem prejuízo da remuneração[83].

[82] Conforme determinado pelo art. 149 da Lei dos Servidores Públicos da União, o processo disciplinar será conduzido por comissão composta de três servidores estáveis designados pela autoridade competente, que indicará, dentre eles, o Presidente. Esta comissão terá como Secretário servidor designado pelo seu Presidente, podendo a indicação recair em um de seus membros. Não integrará a comissão cônjuge, companheiro ou parente do acusado, consanguineo ou afim, em linha reta ou colateral, até o terceiro grau. Deverá exercer suas atividades a comissão com independência e imparcialidade, assegurando o sigilo necessário à elucidação do fato ou exigido pelo interesse da Administração.

[83] Nos termos do art. 147, parágrafo único, o afastamento poderá ser prorrogado por igual prazo, findo o qual cessarão os seus efeitos, ainda que não concluído o processo.

Tipificada a infração disciplinar, formular-se-á a indiciação do servidor por meio da explicitação dos fatos a ele imputados e das respectivas provas. A partir desta, deverá o servidor, ora indiciado, ser citado por mandado expedido pelo presidente da comissão para apresentar defesa escrita, sendo-lhe assegurada a vista do processo na repartição.

O prazo de defesa é de dez dias para caso só haja um indiciado, e de vinte dias se houver dois ou mais, sendo prorrogável até o dobro para a realização de diligências reputadas indispensáveis à defesa, nos termos do art.161, da Lei nº 8.112/1990. Ainda no caso de recusa do indiciado em dar ciência na cópia do mandado de citação, o prazo para defesa constar-se-á data declarado pelo membro da comissão que realizou a citação (deverá este termo conter a assinatura de duas testemunhas).

Será declarada a revelia ao indiciado que, regularmente citado, não apresentar defesa dentro do prazo legal e será nomeado um defensor dativo, conforme art. 164 da mesma Lei a seguir transcrito:

> *Art. 164. Considerar-se-á revel o indiciado que, regularmente citado, não apresentar defesa no prazo legal.*
>
> *§ 1º A revelia será declarada, por termo, nos autos do processo e devolverá o prazo para a defesa.*
>
> *§ 2º Para defender o indiciado revel, a autoridade instauradora do processo designará um servidor como defensor dativo, ocupante de cargo de nível igual ou superior ao do indiciado.*

Apreciada a defesa, será elaborado pela comissão relatório meticuloso contendo as peças principais dos autos e fazendo menção às provas pelas quais se baseou para formar sua convicção. Este será sempre conclusivo quanto à existência ou inexistência da responsabilidade do servidor.

Reconhecida a responsabilidade, a comissão indicará o dispositivo legal ou regulamentar transgredido e as circunstâncias que possam agravar ou atenuar a penalidade a ser aplicada ao servidor. O processo disciplinar, por meio do relatório da comissão será, em seguida, remetido à autoridade que determinou a sua instauração para julgamento, cuja decisão deverá ser proferida no prazo de 20 dias[84].

O julgamento acatará o relatório elaborado pela comissão desde que não seja este contrário às provas apresentadas nos autos. Nesse caso, a autoridade poderá motivadamente agravar a penalidade proposta, torná-la mais branda ou isentar o servidor de qualquer responsabilidade. Caso seja comprovado vício insanável nos autos do processo disciplinar administrativos, a autoridade julgadora declarará a nulidade total ou parcial deste e ordenará a constituição de nova comissão, para instauração de novo processo.

É exemplo de vício insanável a impossibilidade de acesso aos autos pelo servidor e a edição de ato administrativo que não contenha a descrição dos atos ou fatos a serem apurados, bem como a ausência de indicação das infrações que venham a ensejar na punição. Para ilustrar o presente trabalho, transcrevemos acórdão proferido pela Décima Sexta Câmara Cível do Tribunal de Justiça do Rio de Janeiro no Agravo de Instrumento nº 9.739/2002, que declarou a nulidade do ato administrativo por vício insanável.

> Agravo de Instrumento. Ato administrativo. Município de Volta Redonda. Vício. *Nulidade. procedimento administrativo disciplinar. Impossibilidade de acesso aos autos. A portaria que instaura o processo disciplinar, além de ser editada pela autoridade competente, há de descrever os atos ou fatos a apurar e indicar as infrações a serem punidas, elementos indispensáveis* que não constam do citado ato administrativo em exame. *A agravante foi notificada para comparecer frente à comissão especial para ser ouvida, na qualidade de indiciada, sem que tivesse acesso aos autos para conhecimento do seu conteúdo e apresentação de defesa, o que além de arbitrário é ilegal.* Recurso conhecido e provido.

Acrescenta-se, ainda, que quando a infração estiver classificada como crime, o processo disciplinar será remetido ao Ministério Público para instauração da ação penal. A falta desta medida, além de caracterizar ilícito administrativo, pode configurar a contravenção prevista no art. 66, I, da Lei de Convenções Penais (Decreto-lei nº 3.688/1941).

O servidor que ainda estiver respondendo a processo disciplinar, só poderá ser exonerado caso assim o requeira ou aposentado voluntariamente após a conclusão do processo e o cumprimento da penalidade, caso venha esta a ser aplicada.

A sanção disciplinar à pena imposta ao servidor público pelo cometimento de falta funcional ou pela prática de atos privados cuja repercussão leve desprestígio

[84] Se a penalidade a ser aplicada exceder a alçada da autoridade instauradora do processo, este será encaminhado à autoridade competente, que decidirá em igual prazo. Havendo mais de um indiciado e diversidade de sanções, o julgamento caberá à autoridade competente para a imposição da pena mais grave. Se a penalidade prevista for a demissão ou cassação de aposentadoria ou disponibilidade, o julgamento caberá: ao presidente da Repúblicas, pelos Presidentes das Casas do Poder Legislativo e dos Tribunais Federais e pelo Procurador-Geral da República, quando se tratar de demissão, cassação de aposentadoria ou disponibilidade de servidor vinculado ao respectivo Poder, Órgão ou entidade, conforme art. 167 da Lei nº 8.112/1990.

à Administração Pública a que pertence o servidor[85]. A sanção disciplinar tem duas funções primordiais:

Preventiva: que induz o servidor a precaver-se a não transgredir as regras disciplinares e funcionais a que está sujeito.

Repressiva: tem o intuito de restaurar o equilíbrio funcional abalado com a transgressão.

São objetivos da sanção disciplinar a manutenção regular da função administrativa, o resguardo do prestígio que essa atividade tem para com os administrados (seus beneficiários últimos), a reeducação dos servidores (salvo quando se tratar de pena expulsiva) e a exemplificação. Para tal são aplicadas, em graus distintos, as explicitadas no art. 127 da Lei do Regime Único dos Servidores Federais, transcrito a seguir:

> *Art. 127. São penalidades disciplinares:*
> *I – advertência;*
> *II – suspensão;*
> *III – demissão;*
> *IV – cassação de aposentadoria ou disponibilidade;*
> *V – destituição de cargo em comissão;*
> *VI – destituição de função comissionada.*

Na aplicação das penalidades deverão ser consideradas a natureza e a gravidade da infração cometida, bem como os danos que dela forem provenientes para o serviço público. Serão também levadas em conta circunstâncias agravantes ou atenuantes e os antecedentes funcionais.

A Advertência é a pena mais branda. Normalmente é aplicada de forma verbal[86], de sorte que nada constará nos assentamentos do servidor punido, sendo, apenas, uma admoestação aplicada ao servidor. Já a repreensão é a admoestação, por escrito, aplicada ao servidor infrator.

Um pouco mais grave é a pena de suspensão[87], que afasta temporariamente o servidor infrator do cargo de que é titular, culminando, também, na perda dos vencimentos respectivos e outros prejuízos. Conforme a legislação federal pertinente, é aplicável em caso de reincidência das faltas punidas com advertência e de violação das demais proibições que não tipifiquem infração sujeita a penalidade de demissão não podendo exceder o prazo de noventa dias.

A multa é a sanção pecuniária consistente no pagamento, por parte do servidor punido, de quantia pecuniária certa, que poderá ser descontado em folha em até duas parcelas (normalmente os Estatutos Estaduais e Municipais fixam um teto para esta). A pena de destituição de função é o rebaixamento do servidor transgressor que exerce uma função gratificada e a cassação de disponibilidade é a perda deste *status* em razão da não assunção do servidor ao cargo, função, ou emprego para o qual foi regularmente aproveitado ou pelo cometimento de outra falta em que se lhe imponha essa pena[88].

No que toca às circunstâncias atenuantes e agravantes que, como anteriormente explicitado, são objetos de

[85] Conforme entendimento do ilustre professo Diógenes GASPARINI, em obra anteriormente citada, p. 825.

[86] Embora haja distinção doutrinária entre a Advertência e a Repreensão o art. 129 da Lei do Regime Único dos Servidores Federais faz previsão expressa apenas quanto a primeira e, ainda, este mesmo artigo e art. 131 preveem o seus registo. Conforme abaixo a seguir se demonstra: "Art. 129. A advertência será aplicada por escrito, nos casos de violação de proibição constante do art. 117, incisos I a VIII, e de inobservância de dever funcional previsto em lei, regulamentação ou norma interna, que não justifique imposição de penalidade mais grave." "Art. 131. As penalidades de advertência e de suspensão terão seus registros *cancelados,* após o decurso de 3 (três) e 5 (cinco) anos de efetivo exercício, respectivamente, se o servidor não houver, nesse período, praticado nova infração disciplinar. Parágrafo único. O cancelamento da penalidade não surtirá efeitos retroativos." As condutas que implicarão na advertência são: ausentar-se do serviço durante o expediente, sem prévia autorização do chefe imediato; retirar, sem prévia anuência da autoridade competente, qualquer documento ou objeto da repartição; recusar fé a documentos públicos; opor resistência injustificada ao andamento de documento e processo ou execução de serviço; promover manifestação de apreço ou desapreço no recinto da repartição; cometer a pessoa estranha à repartição, fora dos casos previstos em lei, o desempenho de atribuição que seja de sua responsabilidade ou de seu subordinado; coagir ou aliciar subordinados no sentido de filiarem-se a associação profissional ou sindical, ou a partido político; manter sob sua chefia imediata, em cargo ou função de confiança, cônjuge, companheiro ou parente até o segundo grau civil.

[87] Outros prazos de suspensão estão previstos nos Estatutos Estaduais e Municipais. Normalmente há a previsão de conversão desta pena em multa. Estabelece, ainda, os §§ 1º e 2º do art. 130 da Lei do Regime Único dos Servidores Federais que será punido com suspensão de até 15 dias o servidor que, injustificadamente, recusar-se a ser submetido à inspeção médica determinada pela autoridade competente, cessando os efeitos da penalidade uma vez cumprida a determinação. Havendo conveniência para o serviço, a penalidade de suspensão poderá ser convertida em multa, na base de 50% por dia de vencimento ou remuneração, ficando o servidor obrigado a permanecer em serviço.

[88] Embora seja este o entendimento doutrinário, partilhado, inclusive, pelo professor prof. Diógenes GASPARINI, acrescenta-se que a Lei do Regime Único dos Servidores Federais prevê em seus arts. 134 e 135, abaixo a seguir transcritos, essa pena para quem praticou pena punível com demissão: "Art. 134. Será cassada a aposentadoria ou a disponibilidade do inativo que houver praticado, na atividade, falta punível com a demissão. Art. 135. A destituição de cargo em comissão exercido por não ocupante de cargo efetivo será aplicada nos casos de infração sujeita às penalidades de suspensão e de demissão."

avaliação na aplicação da pena, é bastante habitual que se considere elemento atenuante como a falta de punição anterior e os efeitos ocasionados pelo ato. O art. 128 da Lei que trata do Processo Administrativo Disciplinar elenca estas circunstâncias, conforme se segue:

> *Art. 128. Na aplicação das penalidades serão consideradas a natureza e a gravidade da infração cometida, os danos que dela provierem para o serviço público, as circunstâncias agravantes ou atenuantes e os antecedentes funcionais.*

É de interpretação clara que a intenção de legislador não foi a de classificar, entre as circunstâncias agravantes ou atenuantes, os antecedentes funcionais e o dano ao erário público, mas apenas de torná-los fatores paralelos àquelas na tarefa de graduar a pena a ser aplicada.

A Lei do Regime Único dos Servidores Públicos deixa, assim, um espaço obscuro em relação ao tema, cabendo ao interessado a busca por outras fontes legislativas para torná-lo claro. Pode-se usar, como analogia, para efeitos de atenuantes o art. 65 do Código Penal[89], que são: o desconhecimento da lei; ter o agente, após a infração, tentado minorar as suas consequências; coação a que podia resistir; confissão espontânea e ter a infração sido cometida sob a influência de multidão e tumulto.

Porém, não é possível utilizar a mesma fonte como critério para definir elementos que sirvam de parâmetro para avaliar circunstâncias agravantes (art. 61 do Código de Processo Penal), pois esta analogia não pode ser empregada em desfavor ao acusado.

Ainda na trilha da relação entre o Direito Penal e processo administrativo disciplinar, outra questão interessante a ser abordada é a possibilidade de sobrestamento deste na hipótese de ação penal concomitante. Pode-se considerar, assim, duas situações:

- **decisão na esfera criminal**; e
- **decisão incidental no próprio processo administrativo**.

Esta última situação enseja o sobrestamento pelas seguintes razões (não taxativas): perícia por insanidade mental, incidente de falsidade em documento; diligência a ser desenvolvida em outro Estado; espera de informação relevante ou de pronunciamento jurídico. Em se tratando de decisão incidental no processo administrativo, cabe ao presidente da comissão provocar a autoridade instauradora para determinar a paralisação temporária do feito, à vista de ponto obscuro na prova.

A primeira situação abrange, além do aspecto formal, a questão da conveniência. É bastante corriqueira a utilização deste instituto nos processos judiciais, porém, no âmbito da Administração Pública é utilizado apenas em caráter excepcional, embora seja comum o pleito, por parte da defesa o sobrestamento com o objetivo de paralisar o andamento dos trabalhos da comissão processante até que efetivamente haja uma sentença Judicial transitada em julgado[90].

Por outro lado, não é interessante à sociedade que um servidor acusado de crime permaneça vinculado à Administração Pública por largo período de tempo em razão de um moroso processo criminal. O papel do processo disciplinar é também, nessas situações, viabilizar esse resultado em um espaço temporal inferior.

A jurisprudência é bastante conflitante quanto ao tema. Podemos citar, a título elucidativo, dois trechos de acórdãos proferidos nos mandados de segurança, nº 21.332-9/DF e nº 21.310/DF, relatados, respectivamente, pelos ministros Neri da Silveira e Marco Aurélio cujos conteúdos são notoriamente distintos:

> [...] O Processo Administrativo não está na dependência da conclusão de processo criminal a que submetido ao

[89] Conforme abaixo a seguir transcrito: "Art. 65 – São circunstâncias que sempre atenuam a pena: (Redação dada pela Lei nº 7.209, de 11/07/1984): I – ser o agente menor de 21 (vinte e um), na data do fato, ou maior de 70 (setenta) anos, na data da sentença; (Redação dada pela Lei nº 7.209, de 11/07/1984); II – o desconhecimento da lei; (Redação dada pela Lei nº 7.209, de 11/07/1984); III – ter o agente: (Redação dada pela Lei nº 7.209, de 11/07/1984); a) cometido o crime por motivo de relevante valor social ou moral; b) procurado, por sua espontânea vontade e com eficiência, logo após o crime, evitar-lhe ou minorar-lhe as consequências, ou ter, antes do julgamento, reparado o dano; c) cometido o crime sob coação a que podia resistir, ou em cumprimento de ordem de autoridade superior, ou sob a influência de violenta emoção, provocada por ato injusto da vítima; d) confessado espontaneamente, perante a autoridade, a autoria do crime; e) cometido o crime sob a influência de multidão em tumulto, se não o provocou."

[90] João Moreira NETO, em artigo publicado no caderno *Direito e Justiça do Correio Braziliense*, de 20/06/1998 afirmou: " conquanto a independência das instâncias civil, penal e administrativa esteja firmada no ordenamento pátrio há bastante tempo, sempre houve alguma hesitação da doutrina e da jurisprudência em relação à legitimidade da sanção administrativa de demissão, antes do trânsito em julgado de sentença penal condenatória. Entendiam alguns que somente a Justiça criminal poderia dizer se determinado fato constituía ou não crime e que a Administração Pública estava vinculada a esse juízo de valor ao exercitar o seu poder disciplinar. Outros apregoavam a ideia de que a Administração exerce poder autônomo e não poderia ficar inerte diante de irregularidades praticadas por seus funcionários, aguardando a manifestação da Justiça sobre o caráter criminal da conduta, vez que os procedimentos judiciais são lentos por natureza, podendo demorar anos e anos, com a utilização de recursos protelatórios até a última instância."

> servidor por crime contra a Administração Pública. Independência das instâncias [...]
> [...] Estando o decreto de demissão alicerçado em tipo penal, imprescindível é que haja provimento condenatório transito em julgado [...]

É inegável que o sobrestamento atinge o interesse público. Se por um lado é desinteressante ao administrado que haja nos quadros da Administração servidor sob o qual recaia a suspeita de prática criminosa, por outro a sua reintegração ao cargo aliado à percepção de razoável quantia indenizatória em razão de sentença criminal é igualmente inconveniente ao contribuinte.

Há, portanto, de ser feita pela Administração Pública uma avaliação, mensurando as probabilidades de êxito do servidor na esfera judicial, para que esta tome decisão conforme melhor conveniência (menor dano) para o Administrado.

A sentença em Ação Civil também pode ser aproveitada para a esfera Administrativa, conforme elucida o parecer nº 04/1985 do Dasp (Departamento Administrativo do Serviço Público), cujo resumo se segue:

> Parecer CJ/Dasp nº 04/85
> Processo INPS nº 31.000-004020
> (Apensos: Processos – INPS nº 31.000-002390 e nº 083.606).
> - Dano causado por funcionário a terceiros. Denunciação da lide – art. 70, III, do Código de Processo Civil.
> - Condenado o denunciado na ação de indenização, desnecessária se torna ação regressiva por parte do Estado para ressarcir-se do prejuízo, valendo como título executório a sentença transitada em julgado.
> - *A indenização de dano a bem do Estado independe de ação judicial*, podendo processar-se na forma prevista no art. 125, combinado com o art. 197, da Lei nº 1.711, de 1952, bem como do art. 462, § 1º, da Consolidação das Leis do Trabalho.
> - Mantença do Parecer CJ/Dasp nº 14.

O princípio jurídico clássico *in dubio pro reo* é também aplicável na esfera administrativa disciplinar. Caso haja incerteza quanto ao ato ou à autoria, o julgamento contemplará o interesse do acusado. Só é possível conceber a tarefa de penalizar caso haja convicção fática de quem se propõe a fazê-lo.

O Código de Processo Penal estabelece, em seu art. 386, II, a obrigatoriedade de absolvição na hipótese da inexistência de provas que atestem o fato tido como ilícito, conforme se segue:

> *Art. 386. O Juiz reconheça:*
> *absolverá o réu, mencionando a causa na parte dispositiva, desde que se I – estar provada a inexistência do fato;*
> II – não haver prova da existência do fato;
> *III – não constituir o fato infração penal;*
> *IV – não existir prova de ter o réu concorrido para a infração penal;*
> *V – existir circunstância que exclua o crime ou isente o réu de pena (arts. 17, 18, 19, 22 e 24, § 1º, do Código Penal).*

O risco da má instrução processual é a insurreição do réu em relação à condenação em processo com insuficiência probatória se culpado ou, ainda, se inocente e abalado em sua moral, o recurso da sentença requerendo o esclarecimento do fato para tornar límpida sua imagem perante a sociedade.

Outro ponto interessante que toca o processo administrativo disciplinar é a responsabilização de servidores cujas condutas não estão claramente previstas nas faltas disciplinares. O art.161, *in verbis* dá margem a considerável imprecisão:

> *Art. 161. Tipificada a infração disciplinar, será formulada a indiciação do servidor, com a especificação dos fatos a ele imputados e das respectivas provas.*

Tipificar significa tornar típico, ou seja, assinala coisa ou ação como um tipo, estabelecendo uma relação com um modelo previamente definido. Na esfera jurídico-penal, por meio desta compreensão surgiu a figura da "tipicidade".

A tipicidade é, a qualidade de um fato que abrange todos os elementos da definição legal de um delito. Está, assim, relacionada à caracterização de uma conduta de acordo com o tipo (modelo e espécie) determinado pela norma penal.

Se utilizarmos como exemplo o art. 171 do Código Penal (estelionato), cujo teor é "obter para si ou para outrem, vantagem ilícita, em prejuízo alheio, induzindo ou mantendo alguém em erro, mediante artifício ardil ou qualquer outro meio fraudulento", perceberemos a existência de três comandos distintos:

- É necessário que o agente obtenha vantagem;
- É necessário que o agente a obtenha mediante fraude;
- É necessário que a vítima tenha prejuízo em decorrência desta fraude.

A ausência de qualquer destes três comandos liquida a tipificação, pois é esta o absoluto ajuste da conduta ao modelo legalmente determinado. Dessa forma, os aspectos que envolvem a tipificação na esfera penal são bastante objetivos e de fácil aplicação.

Porém, a amplitude de condutas marginais dentro do serviço público é de tal ordem que seria impossível, até para o mais minucioso legislador, esgotar seu o campo de previsão. Por essa razão, os servidores públicos subordinam-se às regras gerais de conduta que, caso elencadas, possuem caráter meramente exemplificativo.

Estão, assim, os servidores vinculados aos princípios inerentes ao processo disciplinar, aos princípios gerais do direito, e, principalmente aos dispostos no art.37, *caput*, da Carta Magna, a seguir transcrito:

> *Art 37. A Administração Pública direta e indireta de qualquer dos poderes da União, Estado, Distrito Federal e Municípios obedecerá aos princípios da legalidade, impessoalidade, moralidade, publicidade e eficiência [...]*

A referência dos tipos penais são minudentes, fechados e terminativos, enquanto nos estatutos disciplinares são os "tipos" abertos e abrangentes. Dessa forma, enquanto nos tipos penais a referência, por ser objetiva é de fácil análise, nos "tipos" disciplinares a análise torna-se bastante difícil por ser a referência predominantemente de cunho subjetivo.

O inciso XV, do art. 117 da Lei nº 8.112/1990, estabelece que ao servidor é proibido "proceder de forma desidiosa". O inciso V do mesmo artigo estabelece que é também proibido ao servidor "promover manifestação de apreço ou desapreço no recinto da repartição". Em nenhum momento traz a Lei noção precisa do que é forma desidiosa, o que é manifestação de apreço ou de desapreço.

Para um melhor funcionamento da máquina administrativa é preciso que as faltas disciplinares não sejam objeto de tipificação, mas apenas acordadas com o plano geral. O prof. Diógenes Gasparini, na obra *Direito Administrativo*, ao tratar da interpretação legislativa no que toca às faltas disciplinares ensina que:

> a lei deve ser interpretada inteligentemente, de forma a não conduzir ao absurdo ou não inviabilizar a sua aplicação. Por isso, a negligência do agente púlico, em sentido amplo, será enquadrada por aproximação nas previsões gerais do estatuto.

Complementa, ainda, ensinado que

> um estudo da natureza do seu ofício das obrigações gerais do cargo e um confronto com os deveres inerentes ao exercício da atividade pública, como o *dever de agir* viabilizará à Administração, no cumprimento da obrigação de controle, a promoção da responsabilidade funcional do servidor.

Assim sendo, as faltas disciplinares não são objeto de tipificação, mas apenas ajustadas ao plano geral fixado pelos estatutos.

A maior parte da jurisprudência sobre as faltas disciplinares, objetos de processo administrativo e, posteriormente, judiciais, são de ações promovidas por policiais civis e militares. A corrupção dentro deste setor da Administração Pública é amplamente noticiada pelos instrumentos de comunicação habituais, de modo que diariamente somos bombardeados com informações sobre suborno, extorsão, tortura e outros crimes "possibilitados" pela atividade policial.

Sem ter a pretensão de analisar as questões sociológicas, sociais e financeiras que causam esta reprovável conduta de agentes da Administração Pública, mas apenas constatando que a maior parte das Ações Judiciais tem como autores policiais civis e militares, é interessante que, para ilustrar o tema, sejam apresentados alguns acórdãos que trazem questões modernas e cotidianas e que demonstram o entendimento do magistrado brasileiro (sobretudo o carioca) sobre as faltas disciplinares cometidas por tais agentes administrativos:

> Ação de procedimento ordinário. Candidato ao posto de policial militar excluído do curso de admissão sob acusação de prática incompatível com o futuro exercício, inclusive omitindo, quando da inscrição, fatos criminosos em que se envolveu. Absolvição na instância penal. Sentença julgando improcedente. Recurso de apelação. *A punição administrativa não depende de processos civil ou criminal, sendo punição interna, autônoma, com plena independência nas duas instâncias, só ficará afastado do ato punitivo se ficar provado na esfera criminal que o acusado não foi autor ou que o fato inexistiu, não valendo a mera absolvição por falta de provas.* Lei nº 443/1981. Estatuto dos policiais militares e art. 37 *caput* da CRFB/1988. Legalidade do ato administrativo visando ao interesse público. Pareceres do MP pela manutenção do julgado. Desprovimento do recurso.

Anteriormente analisamos a demissão de servidor público por meio de sentença Penal, bem como o (controverso) sobrestamento do processo disciplinar em razão de ação penal paralela a este. O Acórdão supracitado, proferido pela décima primeira câmara cível do Tribunal de Justiça do Rio de Janeiro, na Apelação nº 26.924/2002, publicado em 15/04/2003 demonstra que, na hipótese de existência de Ação Penal contra candidato ao posto de policial militar (ou seja, ainda não integrado aos quadros da Administração quando da propositura desta e, menos ainda, quando do suposto cometimento da infração objeto da ação), a mera absolvição é insuficiente para que este continue a integrar o curso de admissão, sendo absolutamente necessária a comprovação da não autoria do crime.

> Direito constitucional, ato administrativo. *Exclusão de candidato ao ingresso na carreira de soldado da polícia militar por fatos cuja densidade não se mostra suficiente para*

conduzir ao objeto do mesmo ato. Inquérito policial. Crime de menor potencial ofensivo. Lei nº 9.099/1995. Transação penal. Inexistência de processo criminal. Candidato primário e de bons antecedentes. Anulação do ato. O colorido de discricionariedade do ato administrativo não exclui a fundamentação adequada e suficiente para demonstração de sua legalidade e legitimidade, sob pena de violação do direito de ação inculpido no art. 5º, XXXV, da Constituição, garantia assecuratória dos direitos da cidadania e da construção do estado democrático de direito. A ordem jurídica democrática inadmite decisão por convição ou "julgamento de consciência", salvo do próprio titular da soberania (cf., art. 14) ou dos agentes supremos da estrutura estatal. Provimento do recurso para determinar a inclusão do autor no próximo curso de formação de soldado, assim adimplindo a promessa constante do art. 5º, XXXV, da Constituição da República.

No segundo caso, concluiu em acórdão publicado em 07/08/2003, proferido nos autos da Apelação Cível nº 22557/2002, pela Décima Sexta Câmara Cível do Tribunal de Justiça do Rio de Janeiro que, em se tratando de crimes de menor potencial ofensivo (regulados pela Lei nº 9.099/1995), ao contrário do entendimento anterior, não é justificável a exclusão do candidato ao ingresso na carreira de soldado da polícia militar.

Outra questão proveitosa ao presente estudo, concluindo a discussão sobre falta disciplinares cometidas por policiais civis ou militares é a possibilidade de responsabilizar disciplinarmente o agente por crime praticado fora do horário de serviço.

Utilizemo-nos do seguinte exemplo: servidor dos quadros da Polícia Civil tirou a vida de cônjuge, nas instalações de um curso de ensino superior, utilizando arma de fogo, cuja autorização para porte provinha do ofício realizado à Administração Pública. Nesse caso, é cabível instauração de processo disciplinar e, neste caso, pode ser o policial demitido?

Nessa situação, o crime cometido, ao contrário dos anteriormente analisados, não é contra a Administração Pública, pois não o fez o servidor na condição de funcionário e há normalmente previsão nos estatutos funcionais que os crimes contra a vida e patrimônio praticados fora do exercício da atividade funcional não ensejam responsabilidade administrativa.

Sendo assim, pode-se instaurar o processo administrativo disciplinar contra o servidor sob o argumento de que, embora o crime cometido seja, numa visão direta, estritamente de cunho particular, em se tratando de agente do Estado, cuja função precípua é o zelo pela segurança social, é possível a compreensão (indireta) de que é nociva a presença deste indivíduo no corpo da Administração. Há, neste caso, interesse público no desligamento do funcionário.

Por óbvio, tal entendimento não é pacífico, pois as figuras postas no estatuto funcional ao qual o servidor é vinculado não comportam a aplicação da pena de demissão. Diante da atipicidade das faltas, não é possível vislumbrar, ainda que por aproximação, modelo em que se possa encaixar a conduta, de modo que culmine a aplicação da sanção de maior gravidade (demissão). Na pior das hipóteses, ter-se-ia a "quebra de deveres" como a deslealdade à instituição, o que vislumbraria penalidade mais branda.

É viável utilizar-se do conceito de improbidade administrativa, sob a vertente do interesse público, conforme o *caput* do art. 11 da Lei nº 8.429/1992, que dispõe sobre as sanções aplicáveis aos agentes públicos nos casos de enriquecimento ilícito no exercício do mandato, cargo, emprego ou função na Administração Pública Direta, Indireta ou Fundacional e dá outras providências[91], na seção III, cujo título é "Dos Atos de Improbidade Administrativa que Atentam Contra os Princípios da Administração Pública", *in verbis*:

> *Art. 11. Constitui ato de improbidade administrativa que atenta contra os princípios da Administração Pública qualquer ação ou omissão que viole os deveres de honestidade, imparcialidade, legalidade, e lealdade às instituições [...]*

A referida lei, conforme enunciado, tem o intuito de atingir principalmente os casos de enriquecimento ilícito, não sendo, portanto, de aplicação imediata e objetiva o artigo supra à questão levantada. Entende-se, ainda assim, defensável a demissão de servidor por crime praticado fora da atividade pública por ser nocivo à sociedade a presença de um criminoso nos quadros da Administração, seja pela desmoralização da instituição

[91] São, conforme os incisos do artigo, notadamente (o que não dá às possibilidades caráter exaustivo) esses atos: praticar ato visando a fim proibido em lei ou regulamento ou diverso daquele previsto, na regra de competência; retardar ou deixar de praticar, indevidamente, ato de ofício; revelar fato ou circunstância de que tem ciência em razão das atribuições e que deva permanecer em segredo; negar publicidade aos atos oficiais; frustrar a licitude de concurso público; deixar de prestar contas quando esteja obrigado a fazê-lo; revelar ou permitir que chegue ao conhecimento de terceiro, antes da respectiva divulgação oficial, teor de medida política ou econômica capaz de afetar o preço de mercadoria, bem ou serviço.

da polícia civil ou militar, seja pela contrariedade ao interesse público *lato senso*.

Sindicância

Em acepção corrente e habitual, sindicância é a investigação promovida no interior de determinada repartição ou serviço com o objetivo de averiguar a ocorrência de supostos atos ou fatos irregulares[92].

O prof. Diógenes Gasparini conceitua sindicância como

> o processo sumário de elucidação de irregularidades no serviço público, para bem caracterizá-las ou para determinar seus autores, para a posterior instauração do competente processo administrativo.

A sindicância tem como fim alcançar peça preliminar que contenha informações sobre o processo administrativo disciplinar[93]. Em termos práticos, porém, não é indispensável a sindicância ao processo administrativo disciplinar, podendo ser este instaurado sem aquela. Assim sendo, é claro que a sindicância não tem função de aplicar qualquer penalidade ao sindicado, salvo se for federal.

O termo sindicância, não é utilizado apenas pelo Direito Administrativo. Exemplifica-se, por trecho de acórdão abaixo transcrito, o uso do mesmo vocábulo para definir atividade similar na esfera cível[94]:

> [...] Ademais, não restou comprovada a solicitação de nova vistoria, sendo crível que, em se tratando de sindicância promovida pela seguradora, ao menos alguma correspondência neste sentido tivesse sido enviada ao segurado. [...]

A sindicância pode ser iniciada com ou sem sindicado, sendo obrigatória apenas a indicação ou descrição da falta a ser apurada. É dispensada a defesa do sindicado até que haja publicidade desta, tendo em vista que é a sindicância simples meio de apuração de irregularidades ocorridas no corpo do Serviço Público.

O prof. Hely Lopes Meirelles[95]

> ensina que a sindicância não tem procedimento formal nem exigência de comissão sindicante, podendo realizar-se por um ou mais funcionários designados pela autoridade competente. Dispensa defesa do sindicado e publicidade no seu procedimento por se tratar de simples expediente de verificação de irregularidade, e não de base de punição equiparável ao inquérito policial em relação à ação penal.

Dessa forma defende o mestre que é o verdadeiro *inquérito administrativo* que precede o *processo administrativo disciplinar*. Entretanto, a sindicância tem sido disvirtuada e promovida como instrumento de punição de pequenas faltas de servidores, caso em que deverá ser oferecida oportunidade e defesa para a validade da sanção aplicado.

O objeto da sindicância pode ser a apuração de infração não integralmente conhecida, mas cuja existência se tenha como certa, e outras completamente conhecidas ou que se desconheça sua autoria, mas não a aplicação de alguma pena.

O termo "sindicância" é frequentemente utilizado como sinônimo de processo administrativo disciplinar[96], mas visa apenas permitir uma apuração preliminar sobre a existência de ilícito funcional.

A discussão sobre a distinção entre a sindicância e o processo administrativo disciplinar merece relevância

---

92 Sob a ótica do procedimento administrativo disciplinar, sindicância é um expediente simples e célere que objetiva esclarecer duvidosos fatos irregulares, os quais, uma vez confirmados, ensejarão em instauração do processo disciplinar.

93 O prof. Diógenes GASPARINI, na obra *"Direito Administrativo"*, Ed. São Paulo: Saraiva, 8ª ed., p. 832, ensina que: "dizem os autores que a sindicância está para o processo administrativo disciplinar assim como o inquérito policial está para o processo criminal.

94 Trata-se de Acórdão proferido pela Décima Segunda Câmara Cível do Tribunal de Justiça do Rio de Janeiro na Apelação Cível nº 14.355/2002, figurando como partes ITAÚ Seguros S.A. e Gilberto Tavares da Silveira, em Ação de Cobrança Ordinária devido a suspeita de fraude em contrato de seguro a relação de consumo implicou na inversão do ônus da prova, sendo de responsabilidade da seguradora comprová-la, sendo desnecessária a intervenção da corretora ou a própria pessoa física do corretor de seguros, contra quem, eventualmente deveria a seguradora percorrer via autônoma. Causa espécie que a seguradora tenha efetivado o contrato, e emitido a apólice, sem que tivesse sido realizada vistoria prévia do automóvel, sendo a responsabilidade de tal fato, ou de sua eventual dispensa, em virtude de confiança no intermediário, totalmente estranho ao segurado que com ela contratou. Ademais, não restou comprovada a solicitação de nova vistoria, sendo crível que, em se tratando de sindicância promovida pela seguradora, ao menos alguma correspondência neste sentido tivesse sido enviada ao segurado.

95 Em obra anteriormente citada, p. 626.

96 O Prof. Diógenes GASPARINI, em obra anteriormente citada, p. 834, ensina que: "[...] ...todavia costuma-se denominar sindicância o que na verdade é processo administrativo disciplinar. Assim, se se chamou de sindicância, mas se lhe atribuiu o rito do processo administrativo disciplinar e se garantiu o contraditório, a ampla defesa e o devido processo legal ao sindicado, tem-se esse, não aquela. De sorte que, nesses casos, a pena aplicada é válida, como ocorre no âmbito da Lei Federal nº 8.112/1990. Ademais, não é o nome que dá a natureza do instituto".

especial, pois o limite entre ambos não está bem definido pela doutrina ou pela própria legislação.

O prof. José dos Santos Carvalho Filho[97], ensina que:

> O termo sindicância indica apenas a denominação usualmente dada a esse tipo especial de processo preparatório. Lamentavelmente, para aumentar a confusão, nem sempre os processos preliminares e preparatórios são nominados de sindicância e, o que é pior, há alguns casos em que processos denominados sindicância não têm a natureza clássica desse procedimento preparatório. Como enfrentar essa dúvida? Do modo mais simples possível, ou seja, dando maior relevo ao aspecto da natureza do processo, e não o de sua denominação. Quer dizer, mesmo que o processo seja denominado sindicância, deverá ser tratado como processo disciplinar principal no caso de ter o mesmo objeto atribuído a esta categoria de processos.

Ao analisarmos os artigos da Lei nº 8.112/1990, que trata do Regime Jurídico dos Servidores Públicos Civis da União, das autarquias e das fundações públicas federais, podemos nos inclinar para a seguinte conclusão:

O art. 143 determina que a autoridade que tiver ciência de irregularidade no serviço público é obrigada a promover a sua apuração imediata, mediante sindicância ou processo administrativo disciplinar, assegurando ao acusado ampla defesa. Dessa forma, o dispositivo não distingue a sindicância do processo administrativo disciplinar, mas assegura a ambos a ampla defesa.

Já o art. 145, transcrito a seguir, indica que a sindicância é somente utilizada para infrações mais leves e que, caso contrário haverá o arquivamento dos autos ou a instauração de processo disciplinar:

> *Art. 145. Da sindicância poderá resultar:*
> *I – arquivamento do processo;*
> *II – aplicação de penalidade de advertência ou suspensão de até 30 (trinta) dias;*
> *III – instauração de processo disciplinar.*
> *Parágrafo único. O prazo para conclusão da sindicância não excederá 30 (trinta) dias, podendo ser prorrogado por igual período, a critério da autoridade superior.*

Por fim, o art. 146 da mesma lei estabelece que sempre que o ilícito praticado pelo servidor ensejar a imposição de penalidade de suspensão por mais de trinta dias, de demissão, cassação de aposentadoria, ou disponibilidade, ou destituição de cargo em comissão, será obrigatória a instauração de processo disciplinar.

Enfim, a lei, ao contrário da linha doutrinária, conduz-nos a interpretação de que a sindicância é semelhante ao processo disciplinar, mas é utilizada somente para as punições mais leves. No caso da advertência, por exemplo, não teria ela natureza de "inquérito administrativo" ou de "processo liminar", conforme lição do ilustre prof. Hely Lopes Meirelles, mas de processo disciplinar principal.

É importante ressaltar ainda que, na hipótese do art. 145, II, da Lei nº 8.112/1999 em que determina que da sindicância originar-se-á processo administrativo disciplinar a ampla defesa é absolutamente dispensável, talvez até mesmo procrastinatória, pois seria duplamente exercida, primeiramente na sindicância e, posteriormente, no processo administrativo disciplinar propriamente dito.

Nesse sentido, a jurisprudência, pela relevância da questão do contraditório, passou a diferenciá-los do seguinte modo:

O REsp nº 202307, interposto nos autos da Ação Ordinária nº 7.234, oriundo do Rio Grande do Norte, indica, conforme ementa de acórdão proferido pela Sexta Turma, em que foi relator o Min. Vicente Leal:

> Administrativo. Polícia Militar. Soldado. Infração Disciplinar. Licenciamento. Sindicância. Sumária. Legalidade. As praças de pré-integrantes das fileiras das Polícias Militares Estaduais – cabo e soldado – somente adquirem estabilidade funcional após dez anos de serviço. Não sendo estáveis, podem ser licenciados do serviço ativo, a bem da disciplina, *com base em simples sindicância sumária, instaurada para a apuração de transgressão disciplinar, na qual se dispensam formalidades, tais como o contraditório e a ampla defesa.* Precedentes. Recurso especial conhecido e provido.

Analogamente, o REsp nº 14.2667, interposto nos autos da Ação Ordinária nº 541908, oriundo do Rio Grande do Sul, indica, conforme trecho de ementa de acórdão proferido pela turma, em que igualmente figurou como relator o Exmo. Min. Vicente Leal:

> Administrativo. Sindicância. Oitiva de Testemunhas. Irregularidades. Inexistência. Investigação Sumária. A *Sindicância Administrativa e Meio Sumário de Investigação das Irregularidades Funcionais Cometidas, Desprovida de Procedimento Formal e do Contraditório, Dispensando a Defesa do Indiciado* e a Publicação do Procedimento. Recurso Especial não Conhecido.

Por fim, o Recurso Ordinário em Mandado de Segurança nº 8.990, oriundo também do Rio Grande do

[97] O prof. José dos Santos CARVALHO FILHO (*Manual de Direito Administrativo,* 10ª ed., Rio de Janeiro: Lumen Juris, p. 634), utilizando-se de raciocínio semelhante ao do prof. Diógenes GASPARINI, ao tratar da nomenclatura sindicância.

Sul, demonstra, conforme trecho de ementa de acórdão, põe fim à discussão sobre o contraditório na Sindicância, conforme demonstra Ementa do Acórdão, proferido pela Sexta Turma do STJ:

> *Administrativo. Mandado de Segurança. Serventuário* de Justiça. Sindicância Administrativa. Pena de Suspensão. Ampla Defesa. Observância. Pena Sugerida pela Portaria de Enquadramento. Condenação Genérica. Inexistência. *A sindicância administrativa é meio sumário de investigação das irregularidades funcionais cometidas, desprovida de procedimento formal e do contraditório, dispensando a defesa do indiciado, a descrição pormenorizada dos fatos apurados e a publicação do procedimento.* Em sede de processo administrativo, pode a autoridade administrativa, na aplicação da pena disciplinar, conferir ao fato descrito na Portaria de definição jurídica diversa. *Na hipótese, tendo sido aplicada a pena de suspensão do serviço por 60 dias a serventuário judicial com base em sindicância administrativa, na qual se constatou a prática de irregularidades funcionais, sendo-lhe então assegurado o amplo direito de defesa, não procede a alegação de nulidade por condenação genérica.*
> Recurso ordinário desprovido.

Conclui-se assim que, caso trate a sindicância de processo preliminar ou procedimento preparatório, a defesa do indiciado não é obrigatória, tendo em vista que é apenas fase anterior ao processo administrativo disciplinar propriamente dito, no qual será indispensável a ampla defesa.

Caso tenha a sindicância natureza de processo principal (e não preliminar, como anteriormente visto), que são os casos previstos no art. 145, II da Lei nº 8.112/1990 (aplicação de penalidade de advertência ou suspensão de até 30 dias), a defesa do indiciado é imprescindível.

A sindicância é instaurada por meio de portaria. Esta deve indicar as infrações a serem apuradas, bem como nomear a comissão de sindicância ou sindicante, e determinar o prazo de conclusão. A instauração é fixada pela autoridade competente (esta é designada por meio de lei ou regulamento).

Pode ser a sindicância conduzida por comissão provisória, especialmente composta para determinado caso, ou por comissão processante permanente, estas em muito se assemelham às anteriormente estudadas no corpo deste trabalho.

Envolve-se de caráter inquisitório, visto que não se trata de processo litigioso, ou seja, busca uma apuração preliminar, colhendo vestígios da infração (elemento objetivo); do sujeito que a praticou (elemento objetivo); e da culpa ou dolo do servidor autor da infração (elemento subjetivo que une o sujeito à conduta reprovável).

No que toca às fases da sindicância[98], inicia-se novo impasse. O prof. Diógenes Gasparini elenca como fases da Sindicância as seguintes:

- *Abertura;*
- *Instrução e;*
- *Relatório.*

Argumenta assim que "Inexistem as fases de defesa e do julgamento, dada as suas características". Ensina ainda que

> Por certo, o relatório não fará sugestão para aplicação de qualquer pena ao indiciado, salvo em relação ao servidor federal. Apenas concluirá que as infrações ocorreram e que seu autor é servidor tal, existindo razão suficiente para a abertura do competente processo administrativo disciplinar.

Em contrapartida, o prof. José Armando da Costa, na obra *Teoria Prática do Processo Administrativo Disciplinar*, afirma compreender a Sindicância as seguintes fases:

[98] O prof. José Armando da COSTA, na obra *Processo Administrativo Disciplinar*, elenca como gêneros da sindicância: Sindicância disciplinar; Sindicância Falencial e; Sindicância Criminal. A Sindicância Disciplinar, conforme ensina o autor, "é instaurada a vista de notícias veiculadoras de possíveis irregularidades no serviço público, tem por finalidade apurar os fatos em todas as circunstâncias relevantes bem como estabelecer a individuação da autoria de tais irregularidades, com a indicação precisa e concreta de todos os seus responsáveis". Já no gênero criminal, conforme lição do mesmo professor, "a sindicância, adotada por praxe em todas as Delegacias de Polícia de Segurança Pública do Brasil, tem por escopo a apuração preliminar de fatos possivelmente criminosos, chegados ao conhecimento da autoridade policial competente de modo ainda muito impreciso, confuso e difuso. Procedendo, por zelo precautório, os trabalhos apuratórios próprios da atividade de polícia judiciária, deve a sindicância criminal revestir o caráter sigiloso, inquisitorial e discricionário (termo empregado no sentido estritamente técnico, que não se confunde com arbitrário)". O mestre ensina que "Tratando-se do instituto cautelar, a sindicância falencial do Direito Comercial Brasileiro, notadamente da parte falimentar, compreende a fase preliminar de informação e de instrução do processo de falência, que se finda antes do advento da liquidação do acervo patrimonial em lide, ou com o deferimento judicial do pedido de concordata. Tal instrumento procedimental, desenvolvendo-se sob a direção de um síndico nomeado pelo juiz dentre os credores do falido, preordena-se, consoante as normas e os princípios informadores do direito falimentar, ao apuramento de toda massa falida, ao levantamento e investigação dos motivos ensejadores da insolvência do devedor e ao exame da declarações de crédito dos que se habilitaram a ela." A nós, através do presente trabalho interessa apenas a Sindicância disciplinar.

- *Instauração (fase que corresponde à abertura).*
- *Instrução.*
- *Defesa.*
- *Relatório.*
- *Julgamento.*

Podemos entender este impasse como fruto da discussão sobre a natureza da sindicância. Dessa forma, as fases são variáveis. Se considerarmos a Sindicância como procedimento preliminar, ela terá como fases a instauração/abertura; a instrução e o relatório. A *contrário senso*, se entendermos a Sindicância como processo principal, serão as fases: instauração/abertura; instrução; defesa; relatório e julgamento.

Analisaremos assim, amplamente, as fases da sindicância, considerando-a como processo principal pois nesse caso integrarão estas também as fases da sindicância considerada como procedimento preliminar.

A portaria que dá abertura à sindicância deverá definir brevemente os fatos objetos de posterior averiguação, bem como estabelecer o imputado, observando as respectivas exigências legais, além de constituir a comissão sindicante e apontar o presidente desta.

Conforme art. 144, transcrito a seguir, é necessária a identificação do denunciante, caso a sindicância seja instaurada em razão de denúncia formalmente articulada:

> *Art. 144. As denúncias sobre irregularidades serão objeto de apuração, desde que contenham a identificação e o endereço do denunciante e sejam formuladas por escrito, confirmada a autenticidade.*
> *Parágrafo único. Quando o fato narrado não configurar evidente infração disciplinar ou ilícito penal, a denúncia será arquivada, por falta de objeto.*

Sem a presença destes elementos não será possível a legítima instauração da sindicância. É de essencial importância a existência de indícios que levem a crer na possibilidade de condenação do imputado/denunciado, caso contrário o servidor comum teria o temor constante de ser alvo de caprichos dos administrados ou de funcionários a ele hierarquicamente superiores. Deverá ser realizada sigilosamente, de modo a não importunar o regular funcionamento da repartição da qual é integrante o imputado/denunciado.

Na fase da instrução caberá à comissão recolher depoimentos, acareações, investigações e demais diligência podendo, ainda, requerer pareceres de técnicos e peritos. A convocação de testemunhas deverá realizar-se por meio de mandado a requerimento do presidente da comissão sindicante, devendo, analogamente ao processo civil, ser a segunda via deste juntada aos autos da sindicância, após seu cumprimento, a fim de comprovar a ciência destas da existência do procedimento.

O depoimento das testemunhas deverá ser prestado individualmente, para que se evite a influência das declarações de um testemunho no outro e oralmente, sendo posteriormente transcrito em termo e assinado por todos.

Cabe na instrução da sindicância a presença de todas as provas em direito admitidas. Sendo, nessa fase, em consonância com os princípios do contraditório e da ampla defesa, necessária a notificação do acusado para que este tenha conhecimento sobre a realização da diligência e possa manifestar-se sobre elas, fazendo uso das garantias e ele constitucionalmente previstas.

Poderá, para isso, o indiciado acompanhar os procedimentos supramencionados pessoalmente ou por meio de um procurador, cabendo a este igualmente arrolamento e inquirição de testemunhas, produção de provas e, caso comprovada a necessidade de perícia técnica, a formulação de quesitos a serem respondidos pelo especialista.

Tais pedidos poderão ser autorizados ou negados pelo presidente, conforme juízo quanto à sua pertinência. Ao final, deverá a comissão formalizá-la, por meio de despacho contendo a articulação sintética dos fatos e a individuação da autoria. Este despacho poderá, conforme fundamentação, concluir pelo arquivamentos dos autos ou autorização da vista ao acusado[99].

A defesa poderá ser elaborada pela própria pessoa do servidor ou por procurador regularmente constituído, não sendo vinculada a qualquer padrão preestabeleci-

[99] O prof. José Armando da COSTA, em obra anteriormente citada, p. 274, ensina que: "O Despacho de instrução e indiciação, devendo juridicamente delimitar as increpações numa articulação sintética e compreensiva dos fatos apurados, configura uma das mais importantes peças procedimentais da sindicância, haja vista que é seguindo as pegadas dela que irá o servidor imputado metrificar as suas razões de defesa. Daí por que não mas conservam relevância as provas existentes no bojo da sindicância que não tenham sido arroladas e especificadas nesse documento formal indiciatório. Tal despacho, definindo o raio acusatório, servirá de roteiro para a elaboração da defesa escrita do indiciado, que para tanto deverá, em passo subsequente à sua lavratura, ser citado por mandado expedido pelo presidente da comissão sindicante, a fim de que, em conhecendo o teor das acusações, parta para concretizar o seu constitucional e legítimo esforço defensório, no prazo de dez ou vinte dias, conforme tratar-se de um ou mais indiciados, de acordo com a aplicação analógica do art. 161, §§ 1º e 2º, da Lei nº 8.112/1990, que se refere, literalmente, as hipóteses apuráveis em processos disciplinares.

do, devendo, porém, conter todas as circunstâncias que possam ser favoráveis ao acusado. Caso sejam necessárias novas diligências, assim como no processe administrativo disciplinar, o prazo para oferecimento da defesa escrita poderá ser prorrogado até o dobro[100].

Configurada a responsabilidade disciplinar do imputado, indicará a comissão, em relatório final, o dispositivo legal objeto da infração, bem como as circunstâncias agravantes ou atenuantes, em similaridade com o processo administrativo disciplinar regular, sendo este, em seguida, encaminhado à autoridade instauradora.

Por fim, há o julgamento do caso, que determina a última fase da sindicância. A Lei nº 8.112/1990 é omissa no que diz respeito ao prazo para a conclusão da sindicância, por analogia, pode-se entender que é o mesmo previsto para o Processo Administrativo Disciplinar, em consonância com o art. 167, transcrito a seguir:

> *Art. 167.*
> *No prazo de 20 (vinte) dias, contados do recebimento do processo, a autoridade julgadora proferirá a sua decisão.*

Analogamente, ainda, à autoridade julgadora caberá acatar as conclusões provenientes da comissão sindicante, salvo se forem estas contrárias às provas apresentadas nos autos (nesse caso, deverá o julgamento, fundamentadamente, ter resultado em desacordo com o colegiado).

No que não fizer a lei expressa previsão, deverá a sindicância aproximar-se do Processo Administrativo Disciplinar, observando-se suas peculiaridades e reproduzindo-se conforme suas fases.

Embora a maioria dos autores afirmem não possuir a sindicância rito qualquer, o prof. Diógenes Gasparini entende que, no que couber, deve ser observado como rito o do Processo Administrativo Disciplinar. Cita, para tal opinião Egberto Maia Luz, que afirma: "a sindicância deve sempre observar rito processual, mantido pelo processo disciplinar, podendo, apenas, diminuir-lhes os prazos e, também, alguns termos não essenciais".

Tal posicionamento não é compartilhado pelo STJ, conforme demonstra o Recurso Ordinário em Mandado de Segurança nº 281, julgado em 31/08/2003, conforme ementa de acórdão transcrita a seguir, proferida pela Primeira Turma, sendo relator o Ilmo. Ministro Garcia Vieira, que discorre também sobre eventuais vícios da sindicância de que, brevemente, trataremos em seguida:

> Direito Administrativo. Aplicação de Pena Disciplinar em Processo Administrativo Regular. Irregularidades Apontadas na Sindicância sem Ofensa ao Princípio da Ampla Defesa. *O processo da sindicância não tem forma e nem figura de juízo, não obedece a procedimento específico, nem ao princípio do contraditório ao indiciado não cabe alegar defeitos ou irregularidades na sindicância (ou vícios de intimação)*. Porquanto a sua defesa será sempre feita, de forma exaustiva e eficiente, na fase do inquérito. administrativo, como ocorreu, *na hipótese. Os defeitos de intimação, na fase da sindicância, não se podem refletir para efeito de anulação de punição irrogada, ao sindicado, com base em processo administrativo regular,* mediante o asseguramento da mais ampla defesa. O dever do funcionário de comunicar irregularidades, porventura existentes, no serviço público de que o agente não exclui aquele pertinente ao respeito, a dignidade, a honra e ao decoro devidos, pelo servidor, aos superiores hierárquicos. Não se anula pena de advertência, quando aplicada com base em lei e procedimento adequado. Recurso a que se nega provimento. Decisão por maioria de votos.

Os eventuais vícios da sindicância, praticados pela comissao designada para a condução do processo ou pelo responsável, como a intimação regular, conforme demonstrada no r. Acórdão anteriormente transcrito, ou

[100] Ensina o mesmo professor que "Encontrando-se o imputado em lugar incerto e não sabido, será citado por meio de edital. Tal convocação ficta, devendo ser publicada no Diário Oficial da esfera de governo da respectiva e em jornal de grande circulação no último domicílio do sindicado, procederá, todavia, às necessárias diligências com vistas a localizar o citando, o que será minuciosamente certificado nos autos, sob pena de tal invocação editalícia consubstanciar em nulidade absoluta. Não comparecendo, depois de regularmente citado, será o sindicado declarado revel, devendo-lhe ser nomeado defensor dativo, a quem se devolverá o prazo para defesa. Por outro lado, destaque-se que a defesa não poderá reduzir-se a simples aparência, carente de conteúdo e francamente deficiente. Acusado deficientemente defendido equivale a acusado sem defesa. Consoante sinaliza a súmula nº 523 do Sumo Pretório, a deficiência de defesa, no processo penal, denotando induvidoso prejuízo para o réu, por não esboçar o mínimo esforço defensório, configura nulidade insanável. A súmula pretoriana, como vemos, refere-se a acusado em processo penal, o que não impede, contudo, que, em tais hipóteses de deficiência de defesa visível *icto oculli*, não deve símílimo tratamento ser estendido aos imputados em procedimentos disciplinares, em que se incluem, obviamente, as sindicâncias e processos disciplinares. De posse da defesa escrita, partirá o trio sindicante ao rastreamento e ao detido exame dialético de todo o apuratório, fazendo imparcialmente o confronto dos argumentos e das razões da defesa com a prova produzida nos autos da sindicância, apresentando depois o relatório final. Preceitua o Regime Jurídico do Servidor Federal que: apreciada a defesa, a comissão elaborará relatório minucioso, onde resumirá as peças principais dos autos e mencionará as provas em que se baseou para formar sua convicção, conforme art. 65 da Lei nº 8.112/1990."

a falta de advogado, ou o indeferimento de prova requerida, não levam a nulidade da penalidade aplicada ao servidor em razão de posterior processo administrativo disciplinar a que este vier a ser submetido.

Os vícios da sindicância não se estendem ao processo administrativo disciplinar. Dada a natureza inquisitorial desse processo, não decorre a futura punição de conclusão que se chegou a partir desta comissão.

Obviamente, caso a sindicância tenha natureza de processo principal, conforme anteriormente estudado, seus vícios podem acarretar na nulidade da punição, pois, nesse caso não é ela procedida de Processo Administrativo Disciplinar.

Os vícios da sindicância, a que se refere a Ementa do Acórdão supra, referem-se ao caráter preliminar desta, que, devido a sua gravidade, fogem das hipóteses previstas no art. 145, II da Lei nº 8.112/1990.

Verdade Sabida

É este o conhecimento pessoal da infração pela própria autoridade competente para punir o infrator. Ao longo deste trabalho já a mencionamos e, felizmente, sua utilização foi abolida por contrariar preceitos constitucionais fundamentais, como a ampla defesa e o contraditório[101].

A verdade sabida é utilizada por autoridade que presenciou a infração e, por isso, pode dispensar meios probatórios inerentes a um processo regular, podendo, sem maiores formalidades, consignar o ato punitivo e as circunstâncias em que a falta foi cometida e aplicar, desde logo, a pena cabível.

Ensina o prof. Hely Lopes Meirelles que:

> Esse meio sumário só é admissível para as penalidades cuja imposição não exija processo administrativo disciplinar. Tem-se considerado, também, como verdade sabida a infração pública e notória, estampada na imprensa ou divulgada por outros meios de comunicação em massa. O essencial para se enquadrar a falta na *verdade sabida* é seu conhecimento direto pela autoridade competente para puni-la, ou sua notoriedade irretorquível.

Termo de Declaração

É a forma sumária de comprovação de faltas menores de servidores, por meio da tomada de seu depoimento, que, em si, já é defesa sobre irregularidade que lhe é atribuída, e, se confessada, servirá de base para punição cabível[102].

Para integral validade dessas declarações, é interessante que sejam obtidas na presença de, no mínimo, duas testemunhas, que subscreverão conjuntamente o termo.

Esse meio sumário tem como foco a redução de demoradas sindicâncias e processos sobre pequenos deslizes funcionais que precisem ser documentados para servirem de prova para atestar futuras reincidências do servidor e punição imediata[103].

4. Controle Externo dos atos da Administração

A Administração Pública, direta ou indireta ou fundacional, conforme anteriormente estudado, sujeita-se a duas espécies de controle: O controle interno, realizado pela própria Administração e que foi, até este ponto, objeto de ampla análise neste trabalho; e o controle externo, efetuado por órgãos alheios à Administração.

Estes órgãos a que nos referimos no parágrafo anterior serão mais bem estudados se subdividirmos o tópico Controle Externo dos Atos da Administração em Controle Externo dos Atos da Administração pelo Legislativo e Controle Externo dos atos da Administração pelo Executivo, pois, estão, impreterivelmente, a um destes poderes vinculados.

5. Controle Externo dos atos da Administração pelo Legislativo

O controle Legislativo ou Parlamentar é o exercido pelos órgãos legislativos (Congresso Nacional, Assembleias Legislativas e Câmaras de Vereadores) ou por comissões parlamentares de determinados atos do Executivo na dupla linha da legalidade e da conveniência pública, pelo que se caracteriza como um controle pre-

[101] O prof. Diógenes GASPARINI, em obra anteriormente citada, p. 836 discorre ao tratar da verdade sabida: "No que respeita à verdade sabida, preleciona o juiz paulista José Renato NALINI, ao escrever para a *Folha de S. Paulo* que também abolida como forma de punição a verdade sabida, o conhecimento pessoal e direto por falta por parte da autoridade competente para aplicar a pena e que o Estatuto Estadual contemplava no art. 271. Pois hoje é inadmissível a sanção disciplinar sem que se assegure ao servidor punido o contraditório, a ampla defesa e os meios e recursos a esta inerentes. No mesmo sentido confronte-se o Acórdão do TRF da Primeira Região, publicado na *Revista dos Tribunais* – Caderno de Direito Constitucional, nº 19, p. 367. Para o STJ à aplicação de pena de suspensão menor que de trinta dias é desnecessário processo administrativo no caso de verdade sabida (RT, 716: 317)."

[102] Conforme definição do Ilustre prof. Hely Lopes MEIRELLES, em obra anteriormente citada, p. 626.

[103] Acrescenta o prof. Lopes MEIRELLES que se o inquirido negar a falta, haverá necessidade de processo administrativo disciplinar para comprová-la e legitimar a punição.

dominantemente político, indiferente aos direitos individuais dos Administrados, mas objetivando os superiores interesses do Estado e da comunidade[104].

A Constituição Federal de 1988 atribuiu, conforme artigo transcrito a seguir, poderes de controle para sustar atos normativos do Poder Executivo.

Art. 49. É da competência exclusiva do Congresso Nacional:
[...] V – sustar os atos normativos do Poder Executivo que exorbitem do poder regulamentar ou dos limites de delegação legislativa; [...]

Essa sustação, dentro da esfera federal, poderá ser realizada de ofício pelo Congresso Nacional, ou por meio de representação do interessado dentro das esferas estadual e municipal, desde que em concordância com as respectivas Constituição e lei orgânica.

Este mecanismo de controle é fruto da separação de funções prevista em nosso Ordenamento, sendo que os poderes harmonizam-se por meio de uma integração cooperativa institucional ao exercer as prerrogativas outorgadas pela Carta Maior.

Por meio dessa estrutura de reciprocidade de funções, de interdependência e de não subordinação, é tarefa do Poder Executivo a realização das atividades administrativas, porém, para a realização de algumas delas é necessária a assistência do Poder Legislativo, dada a importância do ato e seus reflexos no universo político externo e interno.

Em alguns casos, apenas o Parlamento tem possibilidade de valorar e decidir sobre a legitimidade e conveniência de determinados atos; em outros, a própria compensação que cabe aos Poderes determina o controle de um ato pelo outro, como, a título de exemplificação, acontece na aprovação de orçamento; na fiscalização de sua execução; e na apreciação anterior ou posterior de algumas propostas administrativas de maior relevância.

Por óbvio, é necessário que o controle do Poder Legislativo sobre a Administração restrinja-se às conjecturas estabelecidas pela Constituição Federal, pois que ocasiona a interferência, conforme anteriormente dito, de um Poder sobre o campo de atribuições do outro, atingindo, por vezes, figuras da Administração indireta e até mesmo do Poder Judiciário quando em exercício de atividade administrativa.

Sendo assim, é constitucionalmente vedada a previsão de outras modalidades de controle que não as expressamente previstas pela Carta Magna, sob risco de afronta ao consagrado princípio da separação de Poderes. Qualquer exceção a esse princípio há de ser determinada pela própria Constituição, caso contrário, é ilegítima e, como tal, deve ser expurgada de nosso ordenamento.

O controle legislativo pode ser de caráter político ou financeiro. O controle político abrange ora aspectos de legalidade, ora de mérito, apresentando-se, por essa razão, como controle de natureza predominantemente política, visto que apreciará as decisões administrativas sob o aspecto inclusive da discricionariedade (analisando, para isso, os juízos de conveniência, oportunidade e interesse público).

O controle financeiro é disciplinado pelos arts. 70 a 75 da Constituição Federal, que tratam da fiscalização contábil, financeira e orçamentária, determinando, em dispositivo final, que se aplicam, no que couber, também à organização e fiscalização dos Tribunais de Conta dos Estados, do Distrito Federal, bem como dos Tribunais e Conselhos de Contas Municipais.

Podemos citar como hipóteses de controle político alguns dos incisos do art. 49 da Constituição Federal[105], conforme se segue:

Art. 49. É da competência exclusiva do Congresso Nacional:
[...] II – autorizar o presidente da República a declarar guerra, a celebrar a paz, a permitir que forças estrangeiras transitem pelo território nacional ou nele permaneçam temporariamente, ressalvados os casos previstos em lei complementar;
III – autorizar o Presidente e o Vice-presidente da República a se ausentarem do País, quando a ausência exceder a quinze dias;
IV – aprovar o estado de defesa e a intervenção federal, autorizar o estado de sítio, ou suspender qualquer uma dessas medidas [...];

[104] Conforme definição do prof. Hely Lopes MEIRELLES, em obra anteriormente citada, p. 627.

[105] A profª Maria Sylvia Zanella DI PIETRO enumera entre as hipóteses de controle a competência exclusiva do Congresso Nacional e do Senado para apreciar *a priori* ou *a posteriori* os atos do Poder Executivo, citando os incisos I, II, III, IV, XII, XIV, XVI, XVII do art. 49 da CF. O prof. José dos Santos CARVALHO FILHO também considera os incisos XVI e XII do art. 49, abaixo transcritos: XVI – autorizar, em terras indígenas, a exploração e o aproveitamento de recursos hídricos e a pesquisa e lavra de riquezas minerais; XVII – aprovar, previamente, a alienação ou concessão de terras públicas com área superior a dois mil e quinhentos hectares. Como, porém, não há menção clara de que estes dispositivos, cuja matéria é indiscutivelmente política, toque diretamente a atos emanados do Poder Executivo, entendemos por não elencá-los dentre as hipóteses de "Controle Legislativo dos atos da Administração Pública".

V – sustar os atos normativos do Poder Executivo que exorbitem do poder regulamentar ou dos limites de delegação legislativa [...];
[...] X – fiscalizar e controlar, diretamente, ou por qualquer de suas Casas, os atos do Poder Executivo, incluídos os da administração indireta [...];
[...] XIV – aprovar iniciativas do Poder Executivo referentes a atividades nucleares;

O prof. José dos Santos Carvalho Filho faz menção especial ao inciso X, em sua obra *Manual de Direito Administrativo*, em que comenta:

> O dispositivo é específico por um lado, porque se refere ao Executivo, mas é genérico de outro em virtude de alcançar qualquer tipo de ato, seja da Administração direta, seja das entidades integrantes da administração indireta. Se, por exemplo, houver necessidade de apurar a legalidade do ato do presidente de uma empresa pública ou de uma fundação governamental, o Congresso, ou qualquer de suas Casas, tem a prerrogativa constitucional de fazê-lo.

Algumas dessas hipóteses indicam um controle preventivo, como é o caso dos incisos II, III, IV, XV e outras indicam o controle repressivo, como é o caso dos incisos V e X, mas envolvem, em sua integralidade, controle de atos que emanem do Poder Executivo.

O controle legislativo dos atos da Administração Pública pode ser realizado igualmente pelo Senado Federal. Nesse sentido, a Constituição faz menção expressa nos incisos VI, VII e VIII do art. 52 da Constituição Federal que tratam da competência do Senado para fixar, por proposta do presidente da República, limites globais para o montante da dívida consolidada da União dos Estados, do Distrito Federal e dos Municípios; para dispor sobre limites globais e condições para as operações de crédito externo e interno a União, dos Estados, do Distrito Federal e dos Municípios, de suas autarquias e demais entidades controladas pelo Poder Público Federal; para dispor sobre limites e condições para a concessão de garantia da União em operações de crédito interno e externo.

O controle legislativo é também denominado controle parlamentar e objetiva a conformação da atuação da Administração Pública com os interesses do Estado e da sociedade. Pode, assim, ser concretizado por meio dos seguintes mecanismos (ora com função predominantemente política, ora com função predominantemente financeira):

- *Comissão Parlamentar de Inquérito;.*
- *Pedido de Informação.*
- *Convocação de autoridades.*
- *Participação na função Administrativa.*
- *Função Jurisdicional* (atribuição conferida pela Constituição Federal ao Congresso Nacional).
- *Suspensão e destituição do Presidente ou de Ministros.*
- *Fiscalização Contábil, Financeira e Orçamentária.*

Estudá-los-emos separadamente:

Comissão Parlamentar de Inquérito

No papel de executar o controle político administrativo, as comissões parlamentares de inquérito são um essencial instrumento do Poder Legislativo, consagradas nos textos constitucionais ou pelos regimes dos parlamentos.

Ao Poder Legislativo é conferido pelo aspecto jurídico constitucional o exercício de três essenciais funções de Estado, que envolvem: a atividade legislativa, representativa e fiscalizadora. Dessa forma, além da função de elaborar leis para atender à sociedade, é também responsável por vistoriar os administradores públicos, fiscalizar serviços prestados pela Administração e averiguar a regular execução das leis por ele elaboradas.

A comissão Parlamentar de Inquérito encontra previsão no § 3º, do art. 58 da Constituição Federal, conforme se segue:

> *Art. 58. O Congresso Nacional e suas Casas terão comissões permanentes e temporárias, constituídas na forma e com as atribuições previstas no respectivo regimento ou no ato de que resultar sua criação.*
> *§ 3º As comissões parlamentares de inquérito, que terão poderes de investigação próprios das autoridades judiciais, além de outros previstos nos regimentos das respectivas Casas, serão criadas pela Câmara dos Deputados e pelo Senado Federal, em conjunto ou separadamente, mediante requerimento de um terço de seus membros, para a apuração de fato determinado e por prazo certo, sendo suas conclusões, se for o caso, encaminhadas ao Ministério Público, para que promova a responsabilidade civil ou criminal dos infratores.*

As Comissões Parlamentares de Inquéritos (CPIs) configuram instrumento-chave para a efetivação das atividades de fiscalização e investigação por meio do Poder Legislativo no Brasil, dentro de todas as suas esferas: Federal, Estadual e Municipal.

O prof. José Afonso da Silva define as comissões parlamentares de inquérito como

> organismos que desempenham papel de grande relevância na fiscalização e controle da Administração, a ponto de receberem, pela Constituição de 1988, poderes de investigação próprio da autoridades judiciárias, além de

outros previstos nos regimentos internos da Câmara dos Deputados e do Senado Federal[106].

Podemos assim entender tratarem-se de organismos de investigação designados à apuração, em profundidade, de fato determinado ocorrido na Administração Pública Direta ou Indireta ou no Legislativo, sendo, para tal, dotada de poderes de investigação iguais ou próprios das autoridades judiciais, além de outros instruídos nos regimentos das casas Legislativas, visando à proteção dos interesses máximos da coletividade.

Como tem sido historicamente demonstrado pelos povos no decorrer dos séculos, o poder de fiscalizar é intimamente ligado ao poder de legislar, sendo a este servil ainda que não haja norma expressa o determinando.

Em um breve histórico, as comissões parlamentares de inquérito têm origem inglesa. Originaram-se, mais precisamente, na Câmara dos Comuns, durante o século XVI, tornando-se, no século seguinte, um instrumento das assembleias das colônias britânicas na América do Norte. Após a independência dos Estados Unidos transformaram-se numa ferramenta comum das Constituições estaduais americanas, sem atingir, porém, a Constituição Federal.

É de fácil percepção de que se trata as comissões de instituto próprio de sistemas parlamentaristas, visto que nasceram no bojo destes e têm sido consagradas entre os regimes monárquicos e republicanos parlamentaristas do mundo. Curiosamente, contudo, sua importância vem sendo crescente nos sistemas presidencialistas.

A Constituição de 1824 não mencionava as comissões parlamentares de inquérito, embora Pimenta Bueno fizesse, infrutiferamente, sugestões no sentido da fiscalização das atividades administrativas.

A Constituição de 1891 foi igualmente silente no que toca a essa espécie de fiscalização, muito embora o regimento interno do Senado Federal de 1903 tenha previsto algum controle dos atos da Administração. A inovação, porém, só foi de fato constitucionalmente concretizada em 1930.

A Constituição de 1934 consagrou finalmente as comissões parlamentares de inquérito como parte do ordenamento jurídico brasileiro por meio de seu art. 34. Assim sendo, as tentativas, até então esporádicas e infrutíferas de uma CPI, passaram a constituir instrumento de controle dos atos do Poder Executivo. Porém, a ferramenta reformadora teve duração exígua de três anos.

As comissões parlamentares de inquérito foram omitidas no texto da Carta Maior de 1937, ganhando novamente espaço na Constituição Federal de 1946 (em seu art. 53). As comissões integraram igualmente as Cartas que se sucederam (Constituição de 1969, art. 39; Emenda Constitucional nº 1/1969, art. 37), embora, historicamente, seja de geral conhecimento de que não atuaram de forma plena até a promulgação da Carta de 1988.

Na esfera federal, as comissões parlamentares de inquérito são reguladas por meio da Lei nº 1.579/1952, ora recepcionada pela Carta Maior de 1988. Estabelece, assim, em seu art. 2º:

> *Art. 2º. No exercício de suas atribuições, poderão as comissões parlamentares de inquérito determinar as diligências que reputarem necessárias e requerer a convocação de ministros de Estado, tomar o depoimento de quaisquer autoridades federais, estaduais ou municipais, ouvir os indiciados, inquirir testemunhas sob compromisso, requisitar de repartições públicas e autárquicas informações e documentos, e transportar-se aos lugares onde se fizer mister a sua presença.*

Evidentemente, a Câmara dos Deputados, Senado Federal, Assembleias Legislativas dos Estados e até as Câmaras Municipais têm ampla liberdade para instaurar CPIs, porém, é imprescindível rememorar que a atuação dessas comissões está delimitada pelas próprias atribuições normativas, sendo obrigatória a vinculação destas a objetivos e fatos que integrem sua competência constitucional

Canotilho afirma não ser fácil delimitar o âmbito das comissões de inquérito. A regra é a de que o direito de inquérito existe em relação a assuntos para os quais o Parlamento é competente, mas não para questões que são de exclusiva competência de outro órgão da soberania.

Seguindo-se essa linha de raciocínio, a competência das CPIs estaria adstrita à competência atribuída a cada Câmara pela Constituição Federal, em cada nível da federação, de modo que, não caberia interferência de uma casa do Congresso Nacional numa CPI instalada na outra, ou mesmo numa CPI estadual ou municipal, sob pena de invasão em esfera de competência.

[106] Para Pinto FERREIRA, "comissão de inquérito é a comissão nomeada por uma Câmara, composta por membros desta, e que agem em seu nome para realizar um inquérito ou investigação sobre determinado objeto. Este objeto pode ser um determinado fato ou conjunto de fatos alusivos a acontecimentos políticos, a abusos ou ilegalidades da administração, a questões financeiras, agrícolas, industriais etc., a tudo que tiver interesse à boa atividade do Parlamento".

É também necessário que as comissões parlamentares de inquérito estendam-se por prazo determinado. O requerimento deverá indicar, dentre outros elementos, lapso temporal para conclusão dos trabalhos da CPI, que poderá ser prorrogado caso seja imprescindível à finalização da investigação. Há de ser observado, para tal, as regras contidas nos respectivos regimentos internos.

Serão as CPIs criadas por meio de requerimento dos membros da Câmara dos Deputados ou Senado (em âmbito federal), sendo necessário que este seja subscrito por *quorum* determinado de parlamentares, acostando-se às exigências constitucionais (um terço dos membros da Câmara dos Deputados ou do Senado Federal) e regimentais e definindo, além do prazo, o fato sobre o qual se faz oportuna a criação da comissão; o número de parlamentares que a integrará; e o limite financeiro a ser por ela despendido.

São os atos das comissões parlamentares de inquéritos documentados de forma escrita ou por meio de gravação magnética. Uma vez findados os trabalhos, elaborarão as CPIs relatório esmiuçado, subscrito por todos os membros, ladeado de suas conclusões, lavrado pelo relator e rematado por meio de resolução.

Apesar de desfrutarem as CPIs de poderes de investigação próprios das autoridades judiciárias, os efeitos jurídicos das conclusões dessas não são equivalentes aos das sentenças judiciais.

A definição da demarcação desse poder é bastante relevante, visto que é objeto de grande indagação no sentido de estabelecer a extensão da atuação das comissões parlamentares de inquérito.

Muito embora sua esfera de atuação envolva a possibilidade da investigação de fatos que venham a ser objeto de legislação, deliberação, controle e fiscalização por parte dos entes e órgãos do aparato administrativo do Estado, o denominado *congressional power of investigation* não é irrestrito, onipotente ou absoluto.

Justamente por não serem absolutos, sofrem limitações impostas pela Constituição Federal e encontram restrições, que só podem ser atingidas em conjecturas específicas e na forma estabelecida pela Carta Magna.

Não pode, por exemplo, a CPI investigar o presidente da República, visto que é prerrogativa deste cargo, conforme art. 86 da CF, que se segue:

> *Art. 86. Admitida a acusação contra o presidente da República, por dois terços da Câmara dos Deputados, será ele submetido a julgamento perante o Supremo Tribunal Federal, nas infrações penais comuns, ou perante o Senado Federal, nos crimes de responsabilidade.*

A Constituição da República atribuiu às comissões parlamentares de inquérito, "poderes de investigação próprios das autoridades judiciais". Porém, o art. 58, § 3º, nitidamente circundou a natureza de suas prerrogativas institucionais, limitando-as, exclusivamente, a esfera da indagação probatória, excluindo, assim, quaisquer outras que normalmente se incluem no campo de competência dos magistrados (como, por exemplo, aquelas que decorrem do poder de cautela, como a decretação da indisponibilidade dos bens pertencentes a pessoas sujeitas à investigação parlamentar).

Essa limitação levou a advertência jurisprudencial do Supremo Tribunal Federal que às comissões parlamentares de inquérito não cabem formular acusações ou punir delitos (RDA 199/205, Rel. Min. Paulo Brossard), desrespeitar o privilégio contra a autoincriminação que assiste a qualquer indiciado ou testemunha (RDA 196/197, Rel. Min. Celso de Mello – HC 79.244/DF, Rel. Min. Sepúlveda Pertence), nem decretar a prisão de qualquer pessoa, exceto nas hipóteses de flagrância (DA 196/195, Rel. Min. Celso de Mello – RDA 199/205, Rel. Min. Paulo Brossard)[107].

As garantias individuais não têm, igualmente, em contrapartida, caráter absoluto em nosso ordenamento jurídico, visto que há razões de interesse público relevante ou até da convivência de liberdade que obstam esta possibilidade.

Sendo assim, em caráter excepcional, alguns órgãos estatais são constitucionalmente legitimados a adotar medidas que restrinjam as prerrogativas individuais ou coletivas desde que não afrontem o limite de suas atribuições.

Cabe, dessa forma, às comissões, em razão de sua matéria, conforme a Lei nº 1.579/1952, discutir e votar projeto de lei que dispensar, na forma do regimento, a competência do Plenário, salvo se houver recurso de um décimo dos membros da Casa; realizar audiências públicas com entidades da sociedade civil; convocar ministros de Estado para prestar informações sobre assuntos inerentes a suas atribuições; receber petições, reclamações, representações ou queixas de qualquer pessoa contra atos ou omissões das autoridades ou entidades públicas; solicitar depoimento de qualquer autoridade ou cidadão; apreciar programas de obras, planos nacio-

[107] Ministro Celso de Mello, MS 23452.

nais, regionais e setoriais de desenvolvimento e sobre eles emitir parecer.

O estatuto constitucional das liberdades públicas, ao circundar o regime jurídico a que estão sujeitas, possibilita que incida sobre elas restrições de ordem jurídica, objetivando, por um lado, a proteção da integridade do interesse social e, de outro, a harmonia das liberdades, visto que nenhum direito ou garantia pode ser vivenciado sobrepondo-se à ordem pública ou a garantias de terceiros[108].

Assim, a quebra do sigilo constitui um poder próprio da competência investigatória das comissões parlamentares de inquérito. O sigilo bancário, fiscal e telefônico (que incide sobre dados e registros e não com a violação da comunicação), embora representem prolongações do direito à intimidade, fundamentadas no art. 5º, X, da Constituição da República não se demonstram obstáculo, dentro de nosso ordenamento, às CPIs, visto que o ato que lhes decreta a quebra, transparece a própria derivação dos poderes de investigação a elas conferidos.

Contudo, para que as comissões parlamentares de inquérito decretem, legitimamente a quebra do sigilo bancário, fiscal ou telefônico devem demonstrar, por meio de indícios, a existência efetiva de causa provável que justifique tal medida (a ruptura da esfera de intimidade do investigado, o que só é admissível em caráter excepcional), bem como a indispensabilidade desta à efetivação do resultado da investigação.

O ato que acarreta na violação da intimidade do acusado está, ainda, sujeito a posterior controle jurisdicional, conforme art. 5º, XXXV da Constituição Federal, que estabelece: "a lei não excluirá da apreciação do Poder Judiciário lesão ou ameaça a direito".

As CPIs estão sujeitas ao controle do Poder Judiciário, pois a este, como maior intérprete da Constituição e outras leis do ordenamento, cabe fiscalizar os atos do Poder Legislativo e do Poder Administrativo (este controle será posteriormente analisado).

O Supremo Tribunal Federal tem a competência, em sede originária, para julgar mandados de segurança e *habeas corpus* impetrados contra as comissões parlamentares de inquérito constituídas no âmbito do Congresso Nacional ou de qualquer de suas casas.

A CPI, como projeção orgânica do Poder Legislativo da União, nada mais é senão a *longa manus* do próprio Congresso Nacional ou das Casas que o compõem, sujeitando-se, consequentemente, em tema de mandado de segurança ou de *habeas corpus*, ao controle jurisdicional originário do Supremo Tribunal Federal, conforme art.102, I, *d* e *i*:

> *Art. 102. Compete ao Supremo Tribunal Federal, precipuamente, a guarda da Constituição, cabendo-lhe:*
> *I – processar e julgar, originariamente:*
> *[...] d) o* habeas-corpus, *sendo paciente qualquer das pessoas referidas nas alíneas anteriores; o mandado de segurança e o* habeas-data *contra atos do presidente da República, das Mesas da Câmara dos Deputados e do Senado Federal, do Tribunal de Contas da União, do Procurador-Geral da República e do próprio Supremo Tribunal Federal; [...]*
> *[...] i) o habeas corpus, quando o coator for Tribunal Superior ou quando o coator ou o paciente for autoridade ou funcionário cujos atos estejam sujeitos diretamente à jurisdição do Supremo Tribunal Federal, ou se trate de crime sujeito à mesma jurisdição em uma única instância;*

Não constitui ofensa o controle jurisdicional de abusos praticados por Comissão Parlamentar de Inquérito ao princípio da separação de Poderes, pois o fundamento do postulado da divisão funcional do poder, além de ser resultado da própria necessidade de refrear os excessos dos órgãos que integram a máquina estatal, simboliza o princípio conservador das liberdades do cidadão e configura o instrumento mais apropriado para tornar efetivos e reais os direitos e garantias consagrados pela Constituição.

Este princípio, abraçado pelo art. 2º da Carta Maior não pode constituir ou qualificar-se como um inaceitá-

[108] As CPIs não têm poderes similares aos de um inquérito policial ou mesmo de um processo judicial. Seus destinatários devem ser exclusivamente as autoridades ou aquelas pessoas que, por delegação, exercem atividades próprias daquelas. Torna-se, aplicável lição da Suprema Corte Americana: "amplo como é, esse poder de investigação não é, contudo, ilimitado. Nele não se compreende o poder geral de expor os negócios privados dos indivíduos a não ser que se justifique em termos de função de Congresso" (John Waltkens x United States, 77, usct. 1179, 2º, 6). As comissões de inquérito também estão obrigadas a respeitar os direitos e garantias fundamentais contidos na Constituição, ou seja, devem respeitar a inviolabilidade de domicílio, o sigilo das telecomunicações e correspondências e todas os demais preceitos constitucionais que façam referência aos direitos fundamentais. As CPIs devem também respeitar a separação de poderes e a forma federativa de Estado. Por essa razão, embora possam tomar o depoimento de qualquer autoridade, não podem convocar para depor ministros do Supremo Tribunal Federal, vice-presidente da República, governadores de Estado, membros do Ministério Público, desembargadores ou prefeitos, dentre outros, sob pena de desrespeitarem o princípio da independência entre os poderes e/ou a esfera de competência de Estados e municípios.

vel manto protetor de comportamentos abusivos e arbitrários, por meio de qualquer agente do Poder Público ou instituição estatal.

O ministro Celso Mello, em célebre Acórdão proferido no Mandado de Segurança nº 23452/1999 (RJ), afirma que o Poder Judiciário, quando intervém para assegurar as franquias constitucionais e para garantir a integridade e a supremacia da Constituição, desempenha, de maneira plenamente legítima, as atribuições que lhe conferiu a própria Carta da República. Demonstra, ainda, que o regular exercício da função jurisdicional, desde que pautado pelo respeito à Constituição, não transgride o princípio da separação de poderes.

Acrescenta, ademais, que não se revela lícito afirmar, na hipótese de desvios jurídico-constitucionais nas quais incida uma Comissão Parlamentar de Inquérito, que o exercício da atividade de controle jurisdicional possa traduzir situação de ilegítima interferência na esfera de outro Poder da República, pois, conforme ressalta, o controle do poder constitui uma exigência de ordem político-jurídica essencial ao regime democrático.

Fundamenta, assim, que o sistema constitucional brasileiro, ao consagrar o princípio da limitação de poderes à instituição, em modelo destinado a impedir a formação de instâncias hegemônicas de poder no âmbito do Estado e neutralizar, no plano político-jurídico, a possibilidade de dominação institucional de qualquer dos Poderes da República sobre os demais órgãos da soberania nacional, torna equilibrada a atuação das Comissões dentro das investigações a que são destinadas.

Por fim, conclui que objetivando obstar que o exercício abusivo das prerrogativas estatais pudesse conduzir a práticas que transgredissem o regime das liberdades públicas e que sufocassem, pela opressão do poder, os direitos e garantias individuais, atribuiu-se, ao Poder Judiciário, a função eminentemente de controlar os excessos cometidos por qualquer das esferas governamentais, inclusive aqueles praticados por Comissão Parlamentar de Inquérito, quando incidisse em abuso de poder ou em desvios inconstitucionais, no desempenho de sua função investigatória.

As limitações podem ter caráter formal ou material. O caráter material toca à necessidade da apuração de fato determinado em tempo certo; à apresentação de requerimento de um terço dos membros da casa e à proporcionalidade da representação partidária.

O caráter formal toca ao chamado propósito legislativo válido; da competência para legislar sobre a matéria objeto da investigação; da separação de poderes e da inviolabilidade dos diretos e garantias individuais e coletivos[109].

O requisito do fato determinado em tempo certo está vinculado à exigência de que a investigação, por sua excepcionalidade, não tenha como objeto elemento vago, sem objetivos concretos e definidos. Por outro lado, a averiguação de fato já individualizado e delimitado não obsta a investigação de outros que estão a este ligados, sob risco de "engessar" o trabalho investigatório e restringir uma atividade que encontra amparo constitucional amplo.

Assim sendo, a comissão poderá dizer em separado sobre os fatos objeto de inquérito em relatório e prazo para as investigações pode estender-se até o término da Legislatura, conforme determinam os §§ 1º e 2º do art. 5º, da Lei nº 1.579/1952:

> *Art. 5º. As comissões parlamentares de inquérito apresentarão relatório de seus trabalhos à respectiva Câmara, concluindo por projeto de resolução.*
> *§ 1º Se forem diversos os fatos objeto de inquérito, a comissão dirá, em separado, sobre cada um, podendo fazê-lo antes mesmo de finda a investigação dos demais.*
> *§ 2º A incumbência da Comissão Parlamentar de inquérito termina com a sessão legislativa em que tiver sido outorga, salvo deliberação da respectiva Câmara, prorrogando-a dentro da Legislação em curso.*

A primeira limitação material a ser estudada é a que toca ao propósito legislativo válido, pois toda investigação deve estar esteada em uma determinação legislativa válida, um *official purpose*. Deve, assim, o Legislativo declarar o objetivo legítimo da investigação[110].

Assim sendo, a investigação levada a cabo pelo Legislativo pode ter como intuito o julgamento de pessoas e fatos. Se, por exemplo, vislumbrarmos investigações sobre suposta improbidade administrativa, caberá à Comissão Parlamentar de Inquérito a tarefa de, uma vez comprovada a conduta irregular, ministrar sugestões para a modificação da norma vigente, visando evitar ou coibir o surgimento das praxes abusivas ou, ainda, na

[109] Conforme ensina o juíz de Direito João Carlos Mayer SOARES, titular da Terceira Vara da Subseção Judiciária de Uberlândia/ MG, no artigo, "CPI: Investigação ou Julgamento?" extraído do *site* do jornal *Correio braziliense*.

[110] O mesmo juiz faz ainda a seguinte observação: "Nota-se, portanto, que para a plena compreensão do tema, faz-se necessário precisar o fim a que se destina a Comissão Parlamentar de Inquérito. A finalidade de uma CPI é a coleta de informações para fins da elaboração de norma legislativa, presente ou potencial. Nesse sentido, orientou-se o Pretório Excelso norte-americano em Barsky *v.* United States (334 U.S.

hipótese de um vazio legislativo, propor a edição de dispositivo legal específico.

Dessa forma, qualquer iniciativa que excedesse tal campo de atuação implicaria em apoderamento da função judicial, visto que, de acordo com o exemplo demonstrado, seria prerrogativa dos órgãos judiciais a precisa determinação do ato de improbidade, caso conclua pela existência de algum a identificação da autoria, bem como a estipulação da sanção a ser aplicada.

Portanto, enquanto a finalidade investigativa legislativa foca-se no alcance do propósito legislativo válido, ao Judiciário cabe assegurar a aplicação da lei como solução do litígio.

Nesse sentido é inequívoco o supracitado § 3º do art. 58 da Constituição Federal ao estipular que "as conclusões da comissão de inquérito serão encaminhadas ao Ministério Público para que promova a responsabilidade civil e criminal dos infratores".

O Supremo Tribunal tem habitualmente repartido da mesma opinião, conforme demonstra a ementa de acórdão proferido no Mandado de Segurança nº 24.217/DF, a seguir transcrita, em que figura como impetrante José Fuscaldi Cesílio e como impetrado o presidente da Comissão Parlamentar de Inquérito (CPI do roubo de cargas), que se evidenciou bastante pertinente ao tema que se discute:

> Mandado de Segurança. Comissão Parlamentar Mista de Inquérito de roubo de cargas. Quebra do sigilo bancário, telefônico e fiscal. Necessidade de fundamentação do ato impugnado. Presença da *probable cause*. Denegação da ordem. 1. se os atos judiciais são nulos quando destituídos de fundamentação (cf, art. 93, IX), nulos também são os das CPIs, a quem o § 3º do art. 58 da Constituição confere "os poderes de investigação próprios das autoridades judiciárias". Precedentes. 2. O tribunal já firmou entendimento de que as comissões parlamentares de inquérito são dotadas de poder investigatório, ficando assentado que devem elas, a partir de meros indícios, demonstrar a existência concreta de causa provável que legitime a quebra do sigilo. 3. Depoimento do impetrante e acareação com testemunha que o acusara de receptador. Coincidência com declarações de outra testemunha. Relatório da polícia federal. Causa provável ensejadora da quebra dos sigilos fiscal, bancário e telefônico. Segurança denegada.

È interessante acrescentar que o dispositivo constitucional em foco não garante à testemunha o não comparecimento à audiência de inquirição, vez que o direito ao silêncio deve ser avaliado por ocasião de cada pergunta

---

843) e Berenblatt *v.* United States (360 U.S. 109). Dessa maneira, equivocam-se aqueles que admitem que as CPIs, independentemente de uma finalidade legislativa válida, podem servir de instrumento para o exercício de atividade meramente fiscalizatória do Poder Legislativo. Em Watkins *v.* United States (354 U.S. 178), a Corte Constitucional norte-americana deixou claro que direitos e garantias civis não devem ser colocados em perigo em virtude da ausência de uma necessidade legislativa específica. Como se sabe, a investigação não é um fim em si mesma, somente se justificando quando funciona como um mecanismo de auxílio ao processo legislativo, segundo bem expôs o *Chief Justice* Warren, por oportunidade do referido Watkins *v.* United States. Uma das mais importantes limitações ao poder de investigar é aquela que cuida da separação entre os Poderes. Consoante ficou realçado em Barenblatt *v.* United States, já referido, o princípio da separação de Poderes (art. 2º, da Constituição brasileira) impede que as investigações legislativas incorram no exame de matérias que sejam de atribuição exclusiva de outro poder. Não se deve confundir, no entanto, as atribuições institucionais peculiares a cada um dos poderes com a gama de atos que são por eles praticados. O Executivo, além de governar, o Legislativo, de legislar, e o Judiciário, de prestar jurisdição, eles praticam atos que fogem a sua função estatal precípua, atos de gestão administrativa, que, pela sua natureza, podem ser objeto de investigação parlamentar destinada à aquisição de um propósito legislativo válido tendente ao bem comum. Desse modo, qualquer ato de improbidade administrativa, seja decorrente de corrupção, ineficiência ou desperdício, praticado pelos poderes constituídos pode ser investigado. Não podem ser fruto de investigação parlamentar aqueles assuntos que devam receber solução por intermédio de prestação jurisdicional a ser provida pelo Estado-juiz. Essa diretriz ficou marcadamente exteriorizada no célebre aresto Kilbourn *v.* Thompson (103 U.S. 168), com a opinião da Corte redigida pelo *Justice Miller*. Não se pode negar que a investigação, muitas vezes, assemelha-se a um julgamento, no sentido de que acusações contra indivíduos e instituições estão envolvidas, o que não significa que tenha havido usurpação da competência jurisdicional. Ponto dos mais relevantes refere-se à possibilidade da condução de investigação parlamentar sobre fatos que já se encontrem sob apreciação judicial. Em Kilbourn *v.* Thompson concluiu-se que esse tipo de investigação importaria em uma interferência indevida do Legislativo sobre uma ação judicial pendente de julgamento perante a corte jurisdicional competente — *invasion of the province of the judiciary*. O Pretório chegou à conclusão de que o foro apropriado para o "remédio" que se almejava era o judicial e que o 'alívio' não seria obtido junto ao Legislativo, poder com funções exclusivamente legislativas, desprovido de instrumentos e procedimentos adequados para o tratamento da 'moléstia'. Assim, revela-se inquestionável que a análise e a valorização do ato de vontade manifestado pelo órgão jurisdicional, ao proferir sua decisão, não pode ser objeto da investigação do Parlamento, por implicar afronta tanto ao princípio da separação de Poderes quanto ao de independência funcional do juiz. Em Quinn *v.* United States (349 U.S. 155), o culto *Chief Justice* Warren salientou que o *legislative power of investigation* se acha sujeito a específicas garantias individuais arroladas no Bill of Rights, na cláusula vedatória da *compulsory self-incrimination* (autoincriminação compulsória)."

realizada, que sujeitar-se-á, ainda, a posterior controle judicial.

A obrigatoriedade do comparecimento em Audiência, bem como a de prestar testemunho verdadeiro é absoluta e, dessa forma, passível de responsabilização criminal na hipótese de seu descumprimento, conforme demonstra o art. 4º, II, da Lei nº 1.579/1952[111]:

> *Art. 4º. Constitui crime:*
> *[...] II – fazer afirmação falsa, ou negar ou calar a verdade como testemunha, perito, tradutor ou intérprete, perante a Comissão Parlamentar de Inquérito:*
> *Pena – A do art. 342 do Código Penal.*

Caso a convocação fosse percebida como um convite, o amplo poder de investigação parlamentar ficaria adstrito à anuência do convocado, o que, sem sombra de dúvida, pairaria o absurdo[112].

À investigação parlamentar é, ainda, imprescindível à permissão ao convocado de assistência integral de um advogado, conforme se demonstra pelo art. 5º, inciso LV, da Constituição Federal de 1988, já anteriormente transcrito ao longo do corpo deste trabalho e art. 6º da Lei nº 1.579/1952[113], que se segue:

> *Art. 6º. O processo e a instrução dos inquéritos obedecerão ao que prescreve esta Lei, no que lhes for aplicável, às normas do processo penal.*

A finalidade destas Comissões tange à apuração de fatos certos, ou seja, fatos determinados, de sua competência constitucional, normalmente ligados à conduta administrativa do governo.

Na opinião de Nelson de Souza Sampaio, o inquérito parlamentar tem três espécies de objetivos:

- ajudar a tarefa legiferante;
- servir de instrumento de controle sobre o governo e a administração e;
- informar a opinião pública.

Canotilho, por sua vez, afirma que os inquéritos parlamentares envolvem:

- os inquéritos legislativos destinados a colher informações com vista à preparação de projetos legislativos;
- os inquéritos adequados a assegurar e manter a reputação e prestígio do Parlamento;
- os inquéritos tendentes a controlar abusos e irregularidades do governo e da Administração.

Conclui o prof. Bernardo Brasil Campinho[114] que a finalidade precípua de uma Comissão Parlamentar de Inquérito é investigar fatos que possam influir na qualidade de vida da coletividade. O bem comum é a meta primordial a ser perseguida por ela.

Desde a promulgação da Carta de 1988, as comissões parlamentares de inquérito desempenharam papel primordial na fiscalização da Administração e na defesa dos interesses da sociedade, tendo sua fase de maior efetivação na história do país.

Podemos citar, para ilustrar o presente trabalho, várias CPIs realizadas no Brasil sob a égide da nova Constituição:

- Entre 1993 e 1994 foi realizada a CPI para investigar irregularidades na elaboração do Orçamento da União. Foi, na época, chamada "CPI do Orçamento". Foi comprovado, por meio desta, o envolvimento de ministros, parlamentares e funcionários em esquema de manipulação de verbas públicas, que eram desviadas para empreiteiras e "apadrinhados" políticos. Findada em 21 de janeiro de 1994, a Comissão concluiu pela cassação do mandato de 17 deputados e um senador, requerendo, ainda, a investigação de outros nove Senadores pela Corregedoria-geral da Câmara. Durante a investigação, quatro deputados renunciaram a seus cargos, a fim de esquivar-se de alguma punição. Em votação na Câmara dos Deputados, seis dos 14 políticos acusados foram cassados, outros

---

[111] Art. 342 do Código Penal: "Fazer afirmação falsa, ou negar ou calar a verdade, como testemunha, perito, tradutor ou intérprete em processo judicial, policial ou administrativo, ou em juízo arbitral: Pena – Reclusão, de 1 (um) a 3 (três) anos e multa."

[112] O juiz de Direito João Carlos Mayer SOARES ensina que: "no campo das recusas justificadas, encontra-se o direito do convocado de não responder a perguntas que não tenham correlação direta ou indireta com o fato determinado investigado. Essa questão surgiu em Watkins *v.* United States, tendo decido a Corte que os depoentes somente têm o dever de responder a perguntas que guardem pertinência com os fatos determinados indicados no requerimento que autorizou a investigação e que, como garantia do devido processo legal, a comissão parlamentar tem a obrigação de esclarecer a testemunha sobre aquilo que está sendo investigado."

[113] Estabelece o Código Penal: "Art 261: Nenhum acusado, ainda que ausente ou foragido, será processado ou julgado sem defensor". "Art 263: Se o acusado não o tiver, ser-lhe-á nomeado defensor pelo juiz, ressalvado o seu direito de, a todo tempo, nomear outro de sua confiança, ou a si mesmo defender-se, caso tenha habilitação. Parágrafo Único: O acusado, que não for pobre, será obrigado a pagar os honorários do defensor dativo, arbitrados pelo juiz."

[114] Bernardo Brasil CAMPINHO, no artigo A Importância Atual de uma CPI", do *site* www.jusnavegandi.com.br .

oito foram absolvidos ou tiveram, por falta de *quórum*, os processos arquivados.

- Em 1997, durante 90 dias, decorreu-se a "CPI dos Precatórios". Tal comissão foi instituída a fim de apurar irregularidades relacionadas a autorização, emissão e negociação de títulos públicos, estaduais e municipais, nos exercícios de 1995 e 1996. O principal foco das investigações recaiu sobre a emissão de títulos públicos destinados a saldar precatórios judiciais. Ao prolatar uma sentença condenando a União, um Estado ou Município, é enviado um documento denominado "precatório" ao presidente do Tribunal competente para que este determine ao governo ou prefeitura que inclua na previsão orçamentária tal pagamento para o ano subsequente. Por meio da Emenda Constitucional nº 3, foi autorizada aos Estados e Municípios a emissão de títulos da dívida pública para antecipar a arrecadação do dinheiro necessário àqueles pagamentos, correspondentes a 1995 e 1996. Ao fim da investigação, a CPI apurou que alguns governos estaduais (como o de Santa Catarina e Pernambuco), bem como algumas prefeituras (como a de São Paulo) valeram-se de falsos precatórios para emitir títulos e descontá-los no mercado. Dessa forma, obteram dinheiro para pagar outras dívidas, que não as de precatórios verdadeiros. Além disso, a venda de títulos pelos governos a instituições financeiras e suas sucessivas renegociações no mercado foram marcadas por mais irregularidades, conduzindo a um esquema de fraudes e "lavagem de dinheiro". A CPI comprovou a existência de deversos crimes, como os de falsidade ideológica; formação de quadrilha ou bando; induzimento à especulação e estelionato, como o envolvimento de pessoas físicas e jurídicas, dentre os quais se encontravam bancos oficiais, distribuidoras e corretoras de títulos e valores, assessorias empresariais, empresas fantasmas etc.
- Em 1999 o Senado aprovou a abertura de uma Comissão Parlamentar de Inquérito para investigar irregularidades dentro do Poder Judiciário. Tal Comissão ficou conhecida como "CPI do Judiciário" e tratou de investigar uma série de denúncias envolvendo o ex-presidente do Tribunal Regional do Trabalho do Estado do Rio de Janeiro, juiz José Maria de Mello Porto, acusado de cometer fraudes em licitação e na nomeação de juízes classistas, superfaturamento na construção de prédios, venda de sentenças, nepotismo etc. Tratou também de averiguar o desvio de R$ 169, 4 milhões dos recursos públicos destinados à construção do Fórum de Justiça do Trabalho de São Paulo. Foram descobertas, ainda, ligações do juiz carioca com Eduardo Jorge (ex-secretário-geral da Presidência) e o senador Luíz Estevão. A comissão não aprovou, porém, requerimento para uma devassa do Banco Central nas empresas de Estevão. A CPI do Judiciário deu margem a uma ampla discussão jurídica sobre sua legitimidade. O ministro Marco Aurélio de Mello disse, a época, ser contrário à instalação no Congresso de uma CPI para investigar o Judiciário, em razão da existência de outros três processos de investigação no âmbito da Justiça e por temer o descrédito do Poder Judiciário frente aos olhos da População. O Regimento Interno do Senado Federal proíbe também, em seu art. 146, *b*, a instauração de inquérito parlamentar sobre o Poder Judiciário, tendo em vista que a separação de poderes limita o poder investigatório do Congresso e ainda porque, no que toca à fiscalização político-administrativa, a Constituição somente se refere aos atos do Poder Executivo[115].

[115] Determina o art. 146 do Regimento Interno do Senado Federal: Art. 146: "Não se admitirá comissão parlamentar de inquérito sobre matérias pertinentes: a) à Câmara dos Deputados; b) *às atribuições do Poder Judiciário*; c) aos Estados."O Professor e advogado Fernando Machado da Silva Lima escreveu artigo interessante: "A Inconstitucionalidade da CPI do Judiciário". Ao mencionar tal artigo, disse que tal CPI não foi válida pois havia em vigor um artigo expressando claramente a impossibilidade do Senado de instaurar uma comissão sobre matéria pertinente às atribuições do Poder Judiciário. Ensina assim: "Quando o § 3º do art. 58 da Constituição Federal afirma que as comissões parlamentares de inquérito terão poderes de investigação próprios das autoridades judiciais, isso não significa, evidentemente, que terão poderes para investigar as próprias autoridades judiciais, nem no tocante aos atos administrativos praticados pelo magistrado na gestão da coisa pública e, muito menos, quanto aos atos judiciais que dirimem conflitos de interesses. Um dos que defendem a tese contrária, o ilustre advogado e prof. Dr. Deusdedith Brasil, ele próprio, reconhece que *não pode a CPI ter como objetivo investigar as sentenças judiciais*, para em seguida afirmar: "mas pode, sim, indicar uma sentença (fato determinado) a ser analisada (na investigação) em razão de indícios de fraude ou dolo". Não estaria aí uma contradição, nos próprios termos? E negar a possibilidade de que seja uma sentença investigada pela CPI, mesmo com indícios de que foi prolatada com fraude ou dolo, não significa, absolutamente, que os magistrados são imunes à punibilidade, mas apenas que esse não é o caminho legal para a correção de um erro judiciário. O Supremo

- Em 18/11/1999 foi instalada uma Comissão Parlamentar de Inquérito a fim de investigar o aumento de preços dos remédios, dos materiais hospitalares, dos insumos de laboratório e superfaturamento na compra de matérias-primas. Tal comissão ficou conhecida como "CPI dos Medicamentos". A comissão teve prazo de duração de 120 sessões e contou com apoio de todos os líderes partidários. Favorável à CPI, afirmou o ministro José Serra a existência de aumentos de até 300% de preços no setor. A comissão movimentou o noticiário ao constatar lucros exorbitantes de laboratórios. Algumas indústrias declararam à Receita valor 54 vezes maior do que outras pela importação de mesma matéria-prima. Foi aprovada, para fins de investigação, a quebra do sigilo fiscal de 24 laboratórios. No relatório final, a CPI apontou um aumento acumulado de preços superior a 300%, em dólar, durante oito anos.
- Em novembro de 1999 foi instalada uma nova CPI a fim de investigar a "lavagem de dinheiro" do crime organizado. Tal comissão ficou conhecida como a "CPI do Narcotráfico", que teve a duração de 129 reuniões. Em relatório final, 824 pessoas foram indiciadas; concluiu-se que no Espírito Santo, bingos eram utilizados para "lavagem de dinheiro" do narcotráfico e sonegação fiscal. Foi descoberta, ainda, a ligação destes estabelecimentos com o cartel de Cali (organização criminosa colombiana). No Rio de Janeiro, 85 pessoas foram indiciadas (entre deputados, delegados, desembargadores, peritos, juízes e policiais). Após 20 meses de investigações em 17 Estados e análise de 380 mil documentos de dados obtidos com quebra de sigilos bancário, fiscal e telefônico de pessoas e empresas suspeitas de envolvimento com o narcotráfico e o crime organizado, a CPI averiguou que a "lavagem de dinheiro" movimenta anualmente cerca de R$ 100 bilhões, sendo que, metade deste valor é oriundo do comércio ilegal de substâncias entorpecentes.

A CPI é, portanto, um importante instrumento de fiscalização administrativa. Há ainda, na esfera estadual uma Comissão Parlamentar de Inquérito atuante na Assembleia Legislativa da Bahia, criada para investigar a cartelização dos postos de combustíveis.

As comissões parlamentares de inquérito estão também presentes em outros Estados de Direito, é o *Congressional Investigations americano; Comissioni d' Inchieste Parlamentari italiano; Commission d'Ênquete Parlamentaire francês.*

Alguns outros países, a exemplo da Argentina, não fazem referências expressas às comissões em seus textos constitucionais, mas as citam nos Regimentos Internos dos Parlamentos ou até em leis ordinárias[116].

Após traçado o panorama geral das comissões parlamentares de inquérito, faz-se interessante também estu-

---

Tribunal Federal, ao julgar o HC 32.678, em sessão de 05/08/1953, cujo relator foi o ministro Mário Guimarães, entendeu competente a CPI para tomar depoimento de autoridades federais, estaduais e municipais não se cogitava de investigar sentença judiciária, porém "obrigar as testemunhas faltosas a comparecer, cominar-lhes a pena devida, processá-las e puni-las...é da alçada do Judiciário" (voto do relator). Assim, embora uma CPI tenha poderes de investigação próprios das autoridades judiciais, não pode prender e arrebentar, porque "ninguém será preso senão em flagrante delito ou por ordem escrita e fundamentada de autoridade judiciária competente, salvo nos casos de transgressão militar ou crime propriamente militar, definidos em lei (Constituição Federal, art. 5º, LXI). Para Pontes de Miranda, em comentário à Constituição de 1934, "as comissões de que cogita o art. 36 não podem invadir as atribuições judiciais ou disciplinares". Idêntico é o entendimento de Alcino Pinto Falcão (*Constituição Anotada*, José Konfino, 1956): "Há, ainda, que realçar que os trabalhos da comissão de inquérito não podem versar sobre assunto que não caiba na competência do Congresso ou que vulnere os princípios decorrentes da separação qualitativa de poderes: *não poderá, pois, investigar como se está processando um feito em juízo.*"

[116] A Lei Fundamental da República Federal da Alemanha trata das comissões no seu art. 44, em que diz: "O Parlamento alemão tem o direito, e com base no requerimento de um quarto de seus membros o dever, de instaurar uma comissão de inquérito que deverá obter a evidência requisitada em interrogatórios públicos. O público pode ser excluído. As regras de processo criminal devem ser aplicadas *mutatis mutandi* na obtenção de evidências. O segredo de correspondência e telecomunicações permanece sem ser afetado. As decisões da comissão não são sujeitas à consideração judicial. Os tribunais são livres para avaliar e julgar os fatos nos quais a investigação é baseada." Já a Constituição da Grécia, em seu art. 68, números 2, 3 e 4, estabelece que as comissões de inquérito devem ser aprovadas por dois quintos do Parlamento, mediante proposta de um quinto dos seus membros. Se a comissão for relacionada a assuntos de política externa e defesa nacional, a Constituição requer aprovação em plenário por maioria absoluta dos membros. Diz ainda que a representação deve respeitar a proporção e força dos partidos e grupos, estabelecendo ainda que os demais detalhes serão tratados no regimento interno. Já as Constituições da Espanha (art. 76), Portugal (arts. 178 e 181), Itália (art. 82) e Uruguai (art. 120) se aproximam bastante em forma e conteúdo dos preceitos contidos na Constituição brasileira sobre CPI, mostrando ter o Poder Constituinte pátrio seguindo uma tendência verificada em outros países latinos, ao tratar da CPI. A Constituição Federal dos Estados Unidos não trata da matéria, mas as comissões se encontram

dar as comissões na esfera estadual. Sendo assim, podemos classificar como dois os tipos básicos de comissão:

- *Permanentes*: essas comissões perduram por meio das legislaturas e;
- *Temporárias*: Trata-se de comissões criadas para funcionar por tempo determinado ou até atingirem o objeto alcançado (caso o tenham feito antes do prazo previsto).

As *Comissões Temporárias* subdividem-se, por sua vez, em:

- *Comissão Parlamentar de Inquérito;*
- *Comissão Especial e;*
- *Comissão de Representação.*

No Estado do Rio de Janeiro, os deputados que compõem as comissões são indicados pelos líderes dos partidos ou pelo bloco parlamentar a que pertencem e são nomeados por ato do presidente da Alerj.

As comissões permanentes são em número de 20[117] no Estado do Rio, bem como no estado de São Paulo, são estas: Comissão de Administração Pública; de agronomia e pecuária; de assuntos internacionais; de assuntos da metrópole; de constituição e justiça; de cultura, ciência e tecnologia; de defesa do meio ambiente; de defesa do direito do consumidor; dos direitos humanos; de economia e planejamento; de educação; de esporte e turismo; de finanças, orçamentos e tributação; de fiscalização e controle; de promoção social; de redação; de relações do trabalho; de saúde e higiene; de segurança pública; de serviços e obras públicas; e a de transportes e comunicações.

Têm essas comissões o poder de discutir e apreciar projetos de lei, emendas e outras proposições, ante sua votação em Plenário. A Comissão de Constituição e Justiça é a mais importante, pois a elas cabe a apreciação de todas a proposições, analisando-as quanto à constitucionalidade, legalidade e à juridicidade.

À Comissão de orçamentos, finanças e de tributação cabe apreciar as prestações de contas do governador e do Tribunal de Contas, bem como as propostas de lei das matérias orçamentárias (plano plurianual, diretrizes orçamentárias e a proposta orçamentária).

As comissões parlamentares de inquérito, instauradas nas Assembleias Legislativas, são comissões temporárias que se destinam a investigar matéria que desperte relevante interesse público e exija esclarecimento e informações a fim de serem tomadas medidas legislativas em defesa dos cidadãos de um Estado.

Assim sendo, similarmente à esfera federal, essas comissões temporárias têm caráter investigativo e são criadas legalmente a fim de apurar determinados fatos de interesse público, cuja competência privativa é da Assembleia, e de caráter político, processual, legislativo ou administrativo, sem que seja necessária a sanção do governador do Estado.

No Estado do Rio de Janeiro, o *quórum* para a aprovação das comissões parlamentares de inquérito é de maioria simples. Estas terão poderes de investigação próprios das autoridades judiciais e, ainda, outros previstos no Regimento Interno da Casa.

Serão as CPIs instituídas no prazo máximo de 48 horas após o requerimento de um terço dos membros da Assembleia Legislativa, para a apuração de fato determinado e por prazo certo.

Serão também as comissões parlamentares de inquérito compostas, quanto possível, proporcionalmente dos partidos com representação na Assembleia e serão presididas pelos deputados, primeiros signatários dos requerimentos de sua criação. Reunir-se-ão, posteriormente,

---

no texto das constituições estaduais e do regimento interno do Congresso norte-americano. Foi um modelo importante para o legislador brasileiro, sendo que as investigações do Congresso, nos Estados Unidos, costumam atrair muita atenção da opinião pública e da mídia. Um exemplo de investigação atual é a que está sendo feita sobre a indústria tabagista e sua conexão com os problemas de saúde experimentados pelos cidadãos norte- americanos em decorrência do tabagismo (A Importância Atual de uma CPI, do site "jusnavigandi.com.br).

[117] Existem também 20 Comissões Permanentes na Assembléiaeia Legislativa do Estado de São Paulo com atuação temática definida pelo seu Regimento Interno. O preenchimento de suas vagas se dá por acordo entre os partidos interessados, respeitando-se a proporcionalidade e o número de lugares reservados a cada partido, em cada comissão. O primeiro parecer dado a um projeto de lei é a respeito de sua constitucionalidade, legalidade e juridicidade. Essa análise é realizada pela Comissão de Constituição e Justiça da Assembleia Legislativa. Caso não seja considerado inconstitucional, o projeto de lei poderá, então, seguir para a apreciação de uma ou mais comissões temáticas, correspondentes ao assunto em discussão. São destas atribuições: promover estudos sobre problemas de interesse público relativos à sua competência; acompanhar as atividades de Secretaria de Estado, entidade autárquica ou paraestatal, relacionadas com a sua especificação; tomar iniciativa na elaboração de proposições ligadas aos estudos que realizar e deliberar *ad referendum* do Plenário sobre projetos que versem os seguintes assuntos: aquisição, permuta e cessão de bens imóveis; declaração de utilidade pública de associações civis; denominação de estabelecimentos próprios públicos; transferência de cargos públicos de um para outro quadro, desde que não importe aumento de despesa; realizar audiências públicas; receber petições, reclamações, representações ou queixas de qualquer pessoa contra atos ou omissões das autoridades públicas; convocar secretários de Estado e outras atribuições contidas no art. 13 da Constituição do Estado.

para a realização de atos instrutórios, com número mínimo de dois deputados.

Tem-se por fato determinado o acontecimento de relevante interesse para a vida pública e a ordem constitucional, legal econômica e social do Estado, que estiver devidamente caracterizado. Ressalta-se, ainda, que não será criada Comissão Parlamentar de Inquérito enquanto estiverem funcionando pelo menos sete na Assembleia, salvo mediante projeto de resolução[118].

São Aplicáveis às CPIs instituídas no Estado do Rio de Janeiro: A Constituição Federal; A Constituição do Estado; a Lei Nacional nº 1.579/1952, o Código de Processo Penal e o Regimento Interno da Alerj.

Foram criadas, no ano de 2003, algumas comissões parlamentares de inquérito, no Estado do Rio de Janeiro, conforme demonstram as seguintes resoluções da Alerj de 3 de fevereiro e publicadas em 4 de fevereiro no Dorj, II:

> 1. Criada Comissão Parlamentar de Inquérito para investigar os fatos noticiados na imprensa envolvendo os fiscais Lúcio Manoel dos Santos Picanço, Rômulo Gonçalves, Carlos Eduardo Pereira Ramos, Rodrigo Silveirinha e outros atos correlatos na Administração Estadual, assim como a atuação de outros funcionários, empresários, profissionais liberais e intermediários em fraudes a arrecadação estadual de tributos bem como a concessão de incentivos e benefícios fiscais e outras formas de quitação de tributos usando artifícios fraudulentos nos últimos anos.
> 2. Criada Comissão Parlamentar de Inquérito – CPI, para apurar as denúncias que envolvem Organizações Não Governamentais relativas ao uso indevido de recursos públicos, na forma que menciona.
> 3. Criada Comissão Parlamentar de Inquérito para investigar denúncias de desvio dos recursos destinados ao programa de Despoluição da Baía de Guanabara – PDBG e da Prece (Previdência Complementar da Cedae).
> 4. Criada Comissão Parlamentar de Inquérito – CPI, para apurar denúncias veiculadas na imprensa sobre possíveis irregularidades na distribuição, comercialização, qualidade do combustível e sonegação do ICMS pelas distribuidoras de combustível no âmbito do Estado do Rio de Janeiro.
> 5. Criada Comissão Parlamentar de Inquérito – CPI, para investigar possível desobediência por parte do Poder Executivo estadual da lei de responsabilidade fiscal no exercício de 2002 (republicada em 07/02/2003. em razão de incorreções).
> 6. Criada Comissão Parlamentar de Inquérito – CPI, para investigar as aposentadorias por invalidez no âmbito da Polícia Militar do Estado do Rio de Janeiro, concedidas nos últimos cinco anos, em face das notícias veiculadas pela imprensa.
> 7. Criada Comissão Parlamentar de Inquérito – CPI, para investigar possível irregularidades nas obras do Programa Nova Baixada.

Está também em curso no Estado do Rio de Janeiro Comissão Parlamentar de Inquérito que investiga o setor de combustíveis que aprovou no dia 8 de julho alguns requerimentos que preveem a solicitação de dados de autoridades ligadas ao setor.

As Comissões Especiais, que, como as comissões parlamentares de inquérito são temporárias, são instituídas apenas para atender a fins específicos. Apenas para tornar o instituto mais palpável, utilizaremos o seguinte exemplo concreto: o Arquivo Público do Estado do Rio de Janeiro, órgão da secretaria estadual de direito humanos, criou uma Comissão Especial de julgamento constituída pela direção geral do Arquivo Público do Estado, composta por um presidente de cinco membros, a fim de apreciar monografias sobre diversas áreas do conhecimento que se relacionassem com o Estado do Rio de Janeiro na sua trajetória histórica, desde o período colonial até os dias atuais, conforme regulamento do concurso de monografias instituído pela resolução SEJ/GAB/565.

Já as comissões de representação têm a função de representar a Assembleia Legislativa em casos externos. O mesmo é válido para os Municípios. Ilustramos, igualmente, a fim de tornar o instituto mais concreto: A ex-prefeita de São Paulo, Luiza Erundina de Sousa, criou por meio da Portaria nº 261, a comissão de acompanhamento das investigações sobre o caso das ossadas humanas encontradas em cemitérios da Capital, dentro do perímetro do Cemitério Dom Bosco, em Perus, onde havia sido criada uma vala clandestina com a intenção de esconder ossadas de presos mortos nas dependências de órgãos de repressão política do regime militar.

Aos Municípios também cabe a instituição de comissões parlamentares de inquérito Há, atualmente, uma CPI presidida pelo vereador Mario Del Rei, que se iniciou em 2002 instituída para apurar irregularidades no contrato entre a Prefeitura do Rio de Janeiro e a Fundação Guggenheim, para a construção de uma filial do Museu Guggenheim no píer da Praça Mauá.

A Comissão Parlamentar de Inquérito, após a conclusão da investigação, pode dar ensejo, comprovado

[118] Posteriormente, analisaremos mais a fundo "fato determinado" para efeitos de CPI.

o prejuízo ao erário público, a uma ação Civil Pública para ressarcimento dos danos causados ao ente estatal atingido.

Podemos citar, como exemplo, a Ação Civil Pública proposta na Segunda Vara Cível de Rio Bonito, pelo Ministério Público contra Dila Soares, ex-secretária de Educação deste Município, em que restou comprovada, após investigação de CPI, improbidade administrativa em razão da autorização de entrega de óculos a pessoas maiores e não estudantes da rede pública de ensino.

Por meio de prática conjunta com sua assessora, a ex-Secretária burlou os termos de convênio entre o Município de Rio Bonito e a Secretaria de Estado de Educação e se desviou dos propósitos do cargo ao criar benefício não destinado aos estudantes da rede pública de ensino.

Em apelação, os desembargadores da Décima Quarta Câmara Cível do Tribunal de Justiça do Rio de Janeiro acordaram, em votação unânime, por dar provimento ao recurso do Ministério Público, conforme trecho de ementa do acórdão que se segue[119]:

> [...] Constatando-se desvio irregular de material público concluindo-se, após a instauração de uma comissão Parlamentar de Inquérito, que houve um prejuízo ao erário público ressarcido pelas partes, esse ressarcimento, longe de Importar em absolvição dos agentes públicos, ao contrário caracteriza o ato de improbidade que não pode deixar de ser punido, o que se configuraria num desapreço e desestímulo ao trabalho da comissão Parlamentar de Inquérito, constituindo-se, por outro lado, em Incentivo a futuras praticas. A condenação, na espécie, tem caráter de freio inibitório. 2. A pena, sabe-se, deve ser aplicada com a observância do princípio da razoabilidade (...)

É também questão de interessante discussão a demarcação do conceito de "fato determinado", requisito de existência das comissões parlamentares de inquérito, conforme art. 58, § 3º, da Constituição Federal. O dito artigo constitucional estabelece que as CPIs serão constituídas para "apurar fato determinado em prazo certo". Sendo assim, é elemento essencial à criação desta espécie de Comissão temporária a determinação do fato que a justifica.

Curiosamente, Constituições anteriores à Carta de 1988 exigiam, igualmente, como requisito para a criação de Comissão Parlamentar de Inquérito, a existência de "fato determinado" que a justificasse. Assim exigiram a Emenda Constitucional nº 1, de 1969, em seu art. 37; a Constituição de 1967, em seu art. 39; a Constituição de 1946, em seu art. 53; e a Constituição de 1934, em seu art. 36.

Na mesma linha, a Constituição do Estado do Rio de Janeiro estabelece, em seu art. 109, § 3º, que "As comissões parlamentares de inquérito serão criadas para a apuração de fato determinado [...]"

Até ordenamentos jurídicos externos, como o francês, fazem a mesma previsão: "[...] *les comissions d'enquête sont formées pour recueillir des éléments d'information sur des faits déterminés* [...]."

Faz-se conveniente, dessa forma, compreender em que importa a determinabilidade deste fato e o porquê de sua exigência. Ao buscar o conceito de "fato determinado", esbarramos no entendimento de que trata-se de fato concreto, individualizado, plenamente identificado e gizado, não indeterminado ou provável, ou possível, ou abstrato.

O ministro Celso Mello, ao discorrer sobre tal requisito de existência da Comissão Parlamentar de Inquérito ensinou que

> Somente fatos determinados, concretos e individuados, ainda que múltiplos, que sejam de relevante interesse para a vida política, econômica, jurídica e social do País, é que são passíveis de investigação parlamentar. Constitui abuso instaurar-se inquérito parlamentar com o fito de investigar fatos generica-

[119] É a Ementa integral do Acórdão proferido na Apelação nº 21.381, utilizado como exemplo: "Processual Civil. Administrativo Ação Civil Pública. Improbidade Administrativa, Secretária de Educação do Município de Rio Bonito que numa Prática Conjunta com a sua Assessora Burla os Termos de Convênio entre aquele Município e a Secretaria de Estado de Educação e Desviando de seus Propósitos num Ato de Reprovável e ainda que Involuntário Clientelismo Político Autorizaram a Entrega de Óculos a Pessoas Maiores e não Estudantes da Rede Pública de Ensino que não eram, nos Termos Conveniais, Destinatários do Benefício. Ressarcimento dos Danos que não Afasta a Prática da Improbidade Administrativa ao Contrário, a Caracteriza. Aplicação da Pena Prevista no Art. 12, III da Lei nº 8.429/1992. Provimento Parcial do Recurso. I -1. Constatando-se desvio irregular de material público concluindo-se, após a instauração de uma comissão Parlamentar de Inquérito, que houve um prejuízo ao erário público ressarcido pelas partes, esse ressarcimento, longe de importar em absolvição dos agentes públicos, ao contrário caracteriza o ato de improbidade que não pode deixar de ser punido, o que se configuraria num desapreço e desestímulo ao trabalho da comissão Parlamentar de Inquérito, constituindo-se, por outro lado, em Incentivo a futuras praticas. A condenação, na espécie, tem caráter de freio inibitório, II – 2. A pena, sabe-se, deve ser aplicada com a observância do princípio da razoabilidade, "em sintonia com o prudente meio-termo aristotélico e a cautelosa fruição da prerrogativa de apreciar o caso, zelando pela não instauração dos excessos. Ademais, como preceituava Cícero força é cuidar para que a pena não seja maior do que a culpa". Todavia quando grassam a imoralidade e a corrupção, há que ser aplicada dentro do seu papel fundamentalmente pedagógico, inibitória de futuras práticas; III – 3. Provimento do recurso".

> mente enunciados, vagos ou indefinidos. O objeto de investigação da comissão de inquérito há de ser preciso. Constitui abuso instaurar-se inquérito parlamentar com o fito de investigar fatos genericamente enunciados, vagos ou indefinidos.

O ilustre jurista Pontes de Miranda, ao tratar do mesmo tema, deu à expressão conotação mais política:

> Fato determinado é qualquer fato da vida constitucional do país, para que dele tenha conhecimento, preciso e suficiente, a Câmara dos Deputados ou o Senado Federal; e possa tomar as providências que lhes couberem [...].

Se, por exemplo, uma empresa prestadora de serviço público de transporte passa a cobrar valores mais altos que os permitidos por lei regularmente, insta demonstrada uma conduta ilícita repetida com frequência. Por meio dela, denota-se a existência de fatos determinados sucessivos, que contrariam determinação legal que delimitou o valor da tarifa.

Por óbvio, o conceito é subjetivo, porém, seria inviável ao legislador prever todas as possíveis hipóteses de condutas irregulares que poderiam ensejar investigação por Comissão Parlamentar de Inquérito.

A intenção legislativa é de que a comissão não ultrapasse o objeto da investigação e que esta se atenha às lindes objetivamente definidas quando de sua constituição. Por outro lado, esta delimitação inibe a utilização das CPIs como instrumento político.

Fatos vagos ou imprecisos e que demonstram desconhecimento de onde ou quando se passaram, são meras conjecturas que não podem constituir objeto de investigação. Assim, é necessário não só o apontar de um fato determinado para que o pedido de inquérito seja justificado, é também implícita a exigência de que tal fato prenda-se à atividade legislativa, fiscalizadora ou de esclarecimento público da Câmara ou Assembleia que o procederá[120].

É indispensável que as comissões atuem conforme ao propósito a que se destinaram, a mostrarem sua individualidade, sua especificidade, sua peculiaridade, sobretudo devem obedecer perseguição única do designio de "apuração de fato determinado e por prazo certo". É o que demonstra ementa de acórdão proferido no Mandado de Segurança nº 22.494/DF[121]:

> Mandado de Segurança contra ato do senado federal. Provimento de questão de ordem, em grau de recurso para o plenário, para arquivamento do requerimento nº 198/1996, que propõe a criação da chamada "CPI dos bancos", por *falta de indicação do fato determinado a ser apurado* (cf, art. 58, § 3º) e do limite das despesas a serem realizadas (RI-SF, art. 145, § 1º). Preliminares. Inutilidade da prestação da tutela jurisdicional.

No que toca ao tempo de duração de uma Comissão Parlamentar de Inquérito, discorre o ministro do Supremo Tribunal Federal Sepúlveda Pertence, em acórdão proferido nos autos do *Habeas Corpus* nº 71.261/RJ:

> A duração do Inquérito Parlamentar – com o poder coercitivo sobre particularidades, inerentes a sua atividade instrutória, e a exposição da honra e da imagem das pessoas a desconfianças e conjecturas injuriosas – é um dos pontos de tensão dialética entre a CPI e os direitos individuais, cuja solução, pela limitação temporal do funcionamento do órgão, antes se deve entender matéria apropriada à lei do que aos regimentos: donde a recepção do art. 5º, § 2º, da Lei nº 1.579/1952, que situa, no termo final de legislatura em que constituída, o limite intransponível de duração, ao qual, com ou sem prorrogação do prazo inicialmente fixado, se há de restringir a atividade de qualquer Comissão Parlamentar de Inquérito.

No transcorrer de uma CPI na esfera estadual, tendo em vista a impossibilidade de criação de uma CPI no âmbito estadual, a fim de investigar órgão federal, caso haja convênio entre estes dois órgãos (estadual ou federal), esta deve deter-se às investigações de irregularidades no limite das concernentes à sua esfera de competência e enviar os documentos necessários à apuração da responsabilidade de órgão federal à Polícia Federal ou procuradoria-geral da República, conforme insta demonstrado pelo trecho de ementa de acórdão proferido nos autos do *Habeas Corpus* nº 71,039, do STF[122]".

---

[120] José Alfredo de Oliveira BARACHO ensina, ainda, que: "O inquérito não é um fim em si mesmo, visa a uma tarefa legítima do Congresso. (...) Não se pretende investigar por investigar, com o único objetivo de conhecer ou informar por curiosidade, mas para obter resultados que permitam ao Congresso exercer 'atos que são de sua competência própria', nos termos descritos pela Constituição. Os direitos e garantias individuais devem ser respeitados, na tramitação da investigação (...)."

[121] Ressalta-se, ainda, que o Regimento Interno da Câmara dos Deputados, em seu art. 35, § 1º, considera como fato determinado "o conhecimento de relevante interesse para a vida pública e a ordem constitucional, legal, econômica e social do País, que tiver devidamente caracterizado no requerimento de constituição da Comissão".

[122] É a ementa do referido acórdão: Ao Supremo Federal compete exercer, originariamente, o controle jurisdicional sobre atos de comissão parlamentar de inquérito que envolvam ilegalidade ou ofensa a direito individual, dado que a ele compete processar e julgar *habeas-corpus* e mandado de segurança contra atos das Mesas da Câmara dos Deputados e do Senado Federal, art. 102, I, *i*, da Constituição, e a comissão parlamentar de inquérito procede como se fora a Câmara dos Deputados ou o Senado Federal ou o Congresso Nacional. Construção

[...] Se os poderes da Comissão Parlamentar de Inquérito são dimensionados pelos poderes da entidade matriz, os poderes desta delimitam a competência da comissão. *Ela não terá poderes maiores do que os de sua matriz.* De outro lado, o poder da Comissão Parlamentar de Inquérito é coextensivo ao da Câmara dos De-

---

constitucional consagrada, MS 1959, de 1953 e HC 92.678. Às câmaras legislativas pertencem poderes investigatórios, bem como os meio instrumentais destinados a torná-los efetivos. Por uma questão de funcionalidade elas os exercem por intermédio de comissões parlamentares de inquérito, que fazem as suas vezes. Mesmo quando as comissões parlamentares de inquérito não eram sequer mencionadas na Constituição, estavam elas armadas de poderes congressuais, porque sempre se entendeu que o poder de investigar era inerente ao poder de legislar e de fiscalizar, e sem ele o Poder Legislativo estaria defectivo para o exercício de suas atribuições. O poder investigatório é auxiliar necessário do poder de legislar; *"conditio sine qua non"* de seu exercício regular. Podem ser objeto de investigação todos os assuntos que estejam na competência legislativa ou fiscalizatória do Congresso. Se os poderes da Comissão Parlamentar de Inquérito são dimensionados pelos poderes da entidade matriz, os poderes desta delimitam a competência da comissão. Ela não terá poderes maiores do que os de sua matriz. De outro lado, o poder da Comissão Parlamentar de Inquérito é coextensivo ao da Câmara dos Deputados, do Senado Federal o do Congresso Nacional. São amplos os poderes da comissão parlamentar de inquérito, pois são os necessários e úteis para o cabal desempenho de suas atribuições. Contudo, não são ilimitados. Toda autoridade, seja ela qual for, está sujeita à Constituição. O Poder Legislativo também e com ele as suas comissões. A Comissão Parlamentar de Inquérito encontra na jurisdição constitucional do Congresso seus limites. Por uma necessidade funcional, a Comissão Parlamentar de Inquérito não tem poderes universais, mas limitados a fatos determinados, o que não quer dizer não possa haver tantas comissões quantas as necessárias para realizar as investigações recomendáveis, e que outros fatos, inicialmente imprevistos, não possam ser aditados aos objetivos da comissão de inquérito, já em ação. O poder de investigar não é um fim em si mesmo, mas um poder instrumental ou ancilar relacionado com as atribuições do Poder Legislativo. Quem quer o fim dá os meios. A Comissão Parlamentar de Inquérito, destinada a investigar fatos relacionados com as atribuições congressuais, tem poderes imanentes ao natural exercício de suas atribuições, como de colher depoimentos, ouvir indiciados, inquirir testemunhas, notificando-as a comparecer perante ela e a depor; a este poder corresponde o dever de, comparecendo a pessoa perante a comissão, prestar-lhe depoimento, não podendo calar a verdade. Comete crime a testemunha que o fizer. A Constituição, art. 58, § 3º, a Lei nº 1.579, art. 4º, e a jurisprudência são nesse sentido. Também pode requisitar documentos e buscar todos os meios de provas legalmente admitidos. Ao poder de investigar corresponde, necessariamente, a posse dos meios coercitivos adequados para o bom desempenho de suas finalidades; eles são diretos, até onde se revelam eficazes, e indiretos, quando falharem aqueles, caso em que se servirá da colaboração do aparelho judiciário. Os poderes congressuais, de legislar e fiscalizar, hão de estar investidos dos meios apropriados e eficazes ao seu normal desempenho. O poder de fiscalizar, expresso no inciso X do art. 49 da Constituição, não pode ficar condicionado a arrimo que lhe venha a dar outro Poder, ainda que, em certas circunstâncias, ele possa vir a ser necessário. A Comissão Parlamentar de Inquérito se destina a apurar fatos relacionados como a administração, Constituição, art. 49, X, com a finalidade de conhecer situações que possam ou devam ser disciplinadas em lei, ou ainda para verificar os efeitos de determinada legislação, sua excelência, inocuidade ou nocividade. Não se destina a apurar crimes nem a puni-los, da competência dos Poderes Executivo e Judiciário; entretanto, se no curso de uma investigação, vem a deparar fato criminoso, dele dará ciência ao Ministério Público, para os fins de direito, como qualquer autoridade, e mesmo como qualquer do povo. Constituição, art. 58, § 3º, *in fine.* A Comissão Parlamentar de Inquérito tem meios para o desempenho de suas atribuições e finalidades. Procede regularmente com os seus meios, intimando testemunhas, requisitando papéis, servindo-se dos meios ordinários e habituais, o contacto direto do relator, o telefone, o ofício, a intimação por funcionário seu, posto à sua disposição, e só por exceção se serve da colaboração de outro poder. Dificilmente a comissão poderia cumprir sua missão se, a todo momento e a cada passo, tivesse de solicitar a colaboração do Poder Judiciário para intimar uma testemunha a comparecer e a depor. Em casos de resistência ou recalcitrância ou desobediência, comprovados e certificados pela comissão, por meio de seu funcionário, solicita a colaboração do aparelho entre os Poderes, não lhe pode negar. Lei nº 1.579, art. 3º, parágrafo único. Se a Comissão Parlamentar de Inquérito não tivesse meios compulsórios para o desempenho de suas atribuições, ela não teria como levar a termo os seus trabalhos, pois ficaria à mercê da boa vontade ou, quiçá, da complacência de pessoas das quais dependesse em seu trabalho. Esses poderes são inerentes à Comissão Parlamentar de Inquérito e são implícitos em sua constitucional existência. Não fora assim e ela não poderia funcionar senão amparada nas muletas que lhe fornecesse outro Poder, o que contraria a lógica das instituições. A comissão pode, em princípio, determinar buscas e apreensões, sem o que essas medidas poderiam tornar-se inócuas e quando viessem a ser executadas cairiam no vazio. Prudência, moderação e adequação recomendáveis nessa matéria, que pode constituir o *"punctum dollens "* da Comissão Parlamentar de Inquérito no exercício de seus poderes, que, entretanto, devem ser exercidos, sob pena da investigação tornar-se ilusória e destituída de qualquer sentido útil. Em caso de desacato, à entidade ofendida cabe tomar as providências devidas ato contínuo, sem prejuízo do oportuno envio das peças respectivas ou do atuo correspondente ao Ministério Público para a instauração do processo criminal. Ninguém pode escusar-se de comparecer a Comissão Parlamentar de Inquérito para depor. Ninguém pode recusar-se a depor. Contudo, a testemunha pode escusar-se a prestar depoimento se este colidir com o dever de guardar sigilo. O sigilo profissional tem alcance geral e se aplica a qualquer juízo, cível, criminal, administrativo ou parlamentar. Não basta invocar sigilo profissional para que a pessoa fique isenta de prestar depoimento. É preciso haver um mínimo de credibilidade na alegação e só *a posteriori* pode ser apreciado caso a caso. A testemunha, não pode prever todas as perguntas que lhe serão feitas. O Judiciário deve ser prudente nessa matéria, para evitar que a pessoa venha a obter HC para calar a verdade, o que é modalidade de falso testemunho. Prisão decretada pelo presidente da CPI que extravasa claramente os limites legais. *"Habeas Corpus"* concedido para cassar o decreto ilegal, sem prejuízo do dever de seu comparecimento à Comissão, para ser inquirido como testemunha ou ouvido como indiciado.

putados, do Senado Federal o do Congresso Nacional. São amplos os poderes da Comissão Parlamentar de Inquérito, pois são os necessários e úteis para o cabal desempenho de suas atribuições. Contudo, não são ilimitados. Toda autoridade, seja ela qual for, está sujeita à Constituição. O Poder Legislativo também e com ele as suas comissões. A comissão parlamentar de inquérito encontra na jurisdição constitucional do Congresso seus limites. Por uma necessidade funcional, a Comissão Parlamentar de Inquérito não tem poderes universais, mas limitados a fatos determinados, o que não quer dizer não possa haver tantas comissões quantas as necessárias para realizar as investigações recomendáveis, e que outros fatos, inicialmente imprevistos, não possam ser aditados aos objetivos da comissão de inquérito, já em ação [...].

Por fim, conclui-se que são as comissões interessantes instrumentos de fiscalização, diretamente por dedicar-se ao ofício de apuração de fato determinado e indiretamente por induzir o Poder Executivo atuar de forma adequada pela possibilidade de seus atos virem a ser objeto de investigação.

Pedido de Informação

É o pedido encaminhado ao ministro de Estado competente para respondê-lo, por meio da Câmara dos Deputados ou Senado Federal, de acordo com o caso, ou por meio de qualquer de suas Comissões. Este pedido pode tratar de fato, ato ou comportamento ligado ao ministro ou com as competências de sua Pasta, cuja fiscalização é atribuição do Congresso Nacional ou de suas Casas.

Deve o pedido ser atendido no decorrer do prazo de trinta dias, sob o risco de incorrer em crime de responsabilidade, o que também ocorrerá caso o ministro preste informações falsas. Pode ser dirigido o pedido a qualquer titular de órgão diretamente subordinado à presidência da República, bem como aos dirigentes da Administração Pública, autárquica ou fundacional, conforme previsão do art. 50, § 2º, da Constituição Federal:

Art. 50. A Câmara dos Deputados e o Senado Federal, ou qualquer de suas Comissões, poderão convocar Ministro de Estado ou quaisquer titulares de órgãos diretamente subordinados à Presidência da República para prestarem, pessoalmente, informações sobre assunto previamente determinado, importando crime de responsabilidade a ausência sem justificação adequada [...]

[...] § 2º. As Mesas da Câmara dos Deputados e do Senado Federal poderão encaminhar pedidos escritos de informações a Ministros de Estado ou a qualquer das pessoas referidas no caput *deste artigo, importando em crime de responsabilidade a recusa, ou o não atendimento, no prazo de trinta dias, bem como a prestação de informações falsas.*

Por meio dos Pedidos de Informação são também controladas as Administrações do Estado, Distrito Federal e Municípios, nos termos das legislações pertinentes, quais sejam: as Constituições Estaduais, Lei Orgânica Distrital e Lei Orgânica do Município.

Convocação de autoridades

A convocação de algumas autoridades para que prestem informações referentes a assuntos de que são encarregados é possível dentro de cada uma das esferas governamentais, se previamente estabelecida.

O art. 50 da Constituição Federal, parcialmente transcrito no subitem superior, determina que os ministros de Estado, bem como quaisquer titulares de órgãos diretamente subordinados à presidência da República poderão ser intimados para prestarem pessoalmente informações sobre assunto previamente estabelecido.

A ausência dessas autoridades importa em crime, salvo se justificada tempestiva e adequadamente. Ao presidente da República não é obrigatória a resposta ao pedido de informação, pois a lei é clara ao estabelecer que a convocação é forçosa apenas aos ministros de Estado e titulares de órgãos subordinados à Presidência. Dessa forma, o chefe maior do Poder Executivo federal não está submetido a este regime de convocação.

Analogamente, as constituições dos Estados disciplinam a convocação dos secretários pelas assembleias legislativas, enquanto a lei orgânica do Distrito Federal regulamenta a convocação dos secretários distritais e as Lei Orgânicas Municipais cuidam da convocação de outras autoridades do Executivo ou das empresas governamentais, como as sociedades de economia mista, empresas públicas e fundações.

Para clarear o tema, temos o seguinte caso concreto: em audiência realizada na Assembleia Legislativa do estado de Santa Catarina, em 23 de junho de 1999 foi convocado o secretário de Estado da Fazenda Antônio Carlos Vieira. O deputados Onofre Santo Agostini (PFL) fez o seguinte questionamento: "Por que, até o presente momento, as pessoas aprovadas no Concurso Público para Fiscal de Tributos Estaduais não foram nomeadas?"

A resposta apresentada pelo secretário foi a seguinte:

> por causa da Lei Camata, agora já houve um acerto para 60% desse comprometimento. Até 1998, o comprometimento da receita com a despesa de pessoal é da ordem de 70% a 80% e chegou a dezembro de 1998 a 78% da receita líquida disponível com gasto com pessoal. Não há condições legais de aumentar a despesa de pessoal. Se o Governo do Estado está com dificuldades para pagar os salários atrasados dos meses de outubro, novembro de dezembro de 1998, como é que o Governo do Estado pode incrementar sua folha de pessoal com mais admissão de fiscais [...][123].

Igualmente, a Comissão de Educação do Estado de Pernambuco, tratando da greve dos professores da rede pública e privada do Estado, enviou no dia 14/07/2003 pedido de informação ao governo do Estado solicitando o número de escolas sendo reformadas, interditadas, com rodízio de turmas e a previsão para o término das aulas.

Faz-se necessário ressaltar que, caso solicitado, podem os chefes do Poder Executivo federal, estadual, distrital ou municipal responder a pedido de informação Porém, é facultado, e não obrigatório o atendimento a esta solicitação.

Participação na Função Administrativa

A Constituição Federal atribui, em algumas passagens, ao Legislativo, competência para interferir na função administrativa quando realizada, concomitantemente, pelo Executivo. Dessa maneira, a contribuição dos órgãos legiferantes para tornar válidos os atos da Administração Pública configuram uma espécie de controle, já que cabe a estes aprová-la.

Essas atribuições foram concedidas ao Congresso Nacional, pela Carta Magna, ou a uma de suas casas. Os Estados e Municípios têm atribuições similares, que lhes são concedidas pelas assembleias legislativas e câmaras de vereadores.

Na esfera federal cabe, por exemplo, ao Congresso Nacional resolver definitivamente sobre tratados, acordos e atos internacionais (art. 49, I) e aprovar a intervenção federal ou autorizar o estado de sítio (art. 49, IV), conforme se segue:

> *Art. 49. É da competência exclusiva do Congresso Nacional:*
> *I – resolver definitivamente sobre tratados, acordos ou atos internacionais que acarretem encargos ou compromissos gravosos ao patrimônio nacional; [...]*
> *[...] IV – aprovar o estado de defesa e a intervenção federal, autorizar o estado de sítio, ou suspender qualquer uma dessas medidas; [...]*

Já ao Senado Federal e à Câmara dos Deputados cabem, por exemplo, respectivamente, a aprovação da escolha de magistrados e dos ministros do Tribunal de contas da União (art. 52, III) e a eleição dos membros do Conselho da República (art. 51, V):

> *Art. 52. Compete privativamente ao Senado Federal:*
> *[...] III – aprovar previamente, por voto secreto, após arguição pública, a escolha de:*
> a) Magistrados, nos casos estabelecidos nesta Constituição;
> b) Ministros do Tribunal de Contas da União indicados pelo presidente da República;
> *c) Governador de Território;*
> *d) Presidente e diretores do Banco Central;*
> *e) Procurador-Geral da República;*
> *f) Titulares de outros cargos que a lei determinar; [...]*
> *Art. 51. Compete privativamente à Câmara dos Deputados:*
> *[...] V – eleger membros do Conselho da República, nos termos do art. 89, VII*[124].

Função Jurisdicional

A competência para julgar foi concedida ao Congresso Nacional por meio do art. 49, IX (anteriormente transcrito no corpo deste trabalho), da Constituição Federal. A este órgão cabe assim julgar anualmente. Ao Senado foi concedida a competência para processar e julgar e o vice-presidente da República nos crimes de responsabilidade, os ministros de Estado e comandantes da Marinha, do Exército e da Aeronáutica, nos crimes

[123] Continua, ainda, o Deputado: "(...)" Embora há aqueles (sic) que aleguem, até com certa razão que investir em fiscal é investimento. Eu diria que até pode ser (sic), mas minha preocupação primeira é com o caixa. Eu tenho certeza que antes de ser um investimento vai ser uma despesa, porque antes de eles começarem a arrecadar e produzir vão gastar e, o Estado vai gastar, e, eu não tenho condição, não tenho caixa para sofrer esta perda financeira. Eu também poderia dizer que também eles (sic) não correm maiores riscos porque todo concurso público vale por dois anos, e no prazo de dois anos, se nós conseguirmos recuperar essa situação da limitação constitucional em relação a receita com a despesa de *pessoas*, evidentemente que nós vamos dar o chamamento (sic) desse grupo de pessoas que fizeram o concurso."

[124] Art. 89. O Conselho da República é órgão superior de consulta do presidente da República, e dele participam: [...] VII – seis cidadãos brasileiros natos, com mais de trinta e cinco anos de idade, sendo dois nomeados pelo presidente da República, dois eleitos pelo Senado Federal e dois eleitos pela Câmara dos Deputados, todos com mandato de três anos, vedada a recondução.

de mesma natureza e conexos àqueles e para processar e julgar os ministros do Supremo Tribunal federal, o procurador-geral da República e o advogado-geral da União nos crimes de responsabilidade, conforme demonstra-se pelos artigos a seguir transcritos.

> *Art. 52. Compete privativamente ao Senado Federal:*
> *I – processar e julgar o Presidente e o Vice-presidente da República nos crimes de responsabilidade, bem como os Ministros de Estado e os Comandantes da Marinha, do Exército e da Aeronáutica nos crimes da mesma natureza conexos com aqueles;*
> *II – processar e julgar os Ministros do Supremo Tribunal Federal, o Procurador-Geral da República e o Advogado-Geral da União nos crimes de responsabilidade; [...]*

O julgamento destas autoridades é disciplinado pela Lei nº 1.079/1950, que define os crimes de responsabilidade e regula o respectivo processo de julgamento no âmbito federal, no que esta não afrontar a Carta Maior de 1988.

Suspensão e destituição (*Impeachment*) do Presidente ou de Ministros

Para a efetivação de tal controle do Poder Legislativo é necessária autorização por dois terços dos membros da Câmara dos Deputados para que seja instaurado processo contra o presidente, vice-presidente e ministros de Estados, conforme art. 51, I, da Constituição Federal.

Uma vez autorizada a instauração do processo, é de competência exclusiva do Senado Federal processar e julgar as autoridades *supra,* bem como os comandantes do Exército, Marinha e Aeronáutica nos crimes da mesma natureza que lhes forem conexos, de acordo com o art. 52, I.

Os crimes de responsabilidade que suscitam a instauração de tais processos encontram previsão no art. 85 da Constituição Federal. São estes os que atentam contra: a existência da União; o livre exercício do Poder Legislativo, do Poder Judiciário, do Ministério Público e dos Poderes constitucionais das unidades da Federação; o exercício dos direitos políticos, individuais e sociais; a segurança interna do País; a probidade na administração; a lei orçamentária; o cumprimento das decisões judiciais. Determina, ainda, o parágrafo único do mesmo artigo que tais crimes serão definidos em lei especial, que estabelecerá as normas de processo e julgamento.

A Lei nº 1.079/1950 define os crimes de responsabilidade e permite a qualquer cidadão promover denúncia em face do presidente da República ou ministro de Estado perante a Câmara dos Deputados que somente será recebida caso o denunciado não tiver deixado definitivamente o cargo.

A denúncia (assinada pelo denunciante e com a firma reconhecida) deve ser acompanhada dos documentos que a comprovem, ou da declaração de impossibilidade de apresentá-los, mas com a indicação do local onde possam ser encontrados; nos crimes de que haja prova testemunhal, a denúncia deverá conter o rol das testemunhas, em número de cinco no mínimo.

Admitida a acusação contra o presidente da República, por dois terços da Câmara dos Deputados, nos termos do art. 86 da Constituição Federal, será ele submetido a julgamento perante o Supremo Tribunal Federal, nas infrações penais comuns, ou perante o Senado Federal, nos crimes de responsabilidade. Será o Presidente suspenso de suas funções pelo prazo de 180 dias, cessando o afastamento caso, durante este período o processo não tenha sido concluído.

No mais famoso caso de *impeachment* do Brasil, resultado de acusação contra o ex-presidente Fernando Collor de Mello, formou-se jurisprudência por meio do MS nº 21.564/DF, impetrado pelo então presidente, a fim de ver assegurado, a época, sua defesa.

Publicado no *DJ*, p. 17019, o acórdão do MS relatado pelo ministro Octávio Gallotti estabeleceu em seu texto:

> [...] no procedimento de admissibilidade da denúncia, a Câmara dos Deputados profere Juízo Político. Deve ser concedido ao acusado prazo para defesa, defesa que decorre do principio inscrito no art. 5º, IV, da Constituição, observadas, entretanto, as limitações do fato de a acusação somente materializar-se com a instauração do processo, no Senado. Neste, é que a denúncia será recebida, ou não, dado que, na Câmara ocorre, apenas, a admissibilidade da acusação, a partir da edição de um juízo político, em que a Câmara verificara se a acusação é consistente, se tem ela base em alegações e fundamentos plausíveis, ou se a notícia do fato reprovável tem razoável procedência, não sendo a acusação simplesmente fruto de quizilias ou desavenças políticas. Por isso, será na esfera institucional do Senado, que processa e julga o presidente da República, nos crimes de responsabilidade, que este poderá promover as indagações probatórias admissíveis. 4. Recepção, pela CF/1988, da norma inscrita no art. 23 da Lei nº 1.079/1950. Votação nominal, assim ostensiva (RJ/Câmara dos Deputados, art. 187, § 1º, VI). 5. Admitindo-se a revogação, pela EC nº 4, de 1961, que instituiu o Sistema Parlamentar de Governo, dos crimes de responsabilidade não tipificados no seu art. 5º, como fizera a CF/1946, art. 89, V a VIII, certo e que a EC nº 6, de 1963, que revogou a EC nº 4, de 1961, restabeleceu o Sistema Presidencial instituído pela CF/1946, salvo o disposto

no seu art. 61 (EC nº 6/1963, art. 1º) e dizer: restabelecido tudo quanto constava da CF/1946, no tocante ao Sistema Presidencial de Governo, ocorreu repristinação expressa de todo o sistema. 6. Mandado de Segurança deferido, em parte, para o fim de assegurar ao impetrante o prazo de dez sessões, para apresentação de defesa.

Fiscalização Contábil, Financeira e Orçamentária

Segundo o ilustre jurista Hely Lopes Meirelles[125], a fiscalização financeira e orçamentária é conferida em termos amplos ao Congresso Nacional, mas se refere fundamentalmente à prestação de contas de todo aquele que administra bens, valores ou dinheiros públicos. É decorrência natural da administração como atividade exercida em relação a interesses alheios. Não é, pois, a natureza do órgão ou da pessoa que a obriga a prestar contas; é a origem pública do bem a ser administrado ou do dinheiro gerido que acarreta para o gestor o dever de comprovar seu zelo e bom emprego.

Toda a Administração Pública, está sujeita à fiscalização hierárquica, porém, por sua extrema relevância, as questões contábeis, financeiras e orçamentárias submetem-se a maiores rigores de acompanhamento, razão pela qual a Constituição Federal da República determinou que houvesse além de um controle interno pelo Poder Executivo, também um controle externo, exercido também pelo Congresso Nacional e auxiliado pelo Tribunal de Contas.

O controle interno busca a efetivação de condições imprescindíveis à atividade do controle externo e objetiva garantir a harmonia da realização da receita e despesa, favorecendo o acompanhamento da conclusão do Orçamento, dos programas de trabalho e avaliação dos resultados. Trata-se, integralmente, de um controle de legalidade, conveniência, oportunidade e eficiência.

O controle externo, por sua vez, busca garantir a probidade da Administração e a harmonia da guarda e da utilização dos bens, valores e dinheiros públicos, bem como a execução fiel do orçamento. É um controle político de legalidade contábil e financeira, exercido por meio do Tribunal de Contas.

É desnecessário divagar sobre a importância do orçamento para o funcionamento político e administrativo do país como base das suas necessidades monetárias. A má elaboração orçamentária refletirá negativamente na consecução das finalidades do Estado.

Compreendida a abrangência funcional do controle eterno, torna-se imprescindível definir o objeto sobre o qual recai tal atividade. Nesse sentido, é de grande ajuda o conceito apresentado pelo ilustre prof. Aliomar Baleeiro[126], que explica:

> o orçamento, nos países democráticos é o ato pelo qual o Poder Legislativo prevê e autoriza ao Poder Executivo, por certo período e em pormenor, as despesas destinadas ao funcionamento dos serviços públicos e outros fins adotados pela política econômica ou geral do país, assim como a arrecadação das receitas já criadas em lei.

Tal conceito é composto das noções básicas de despesa e receita. O Poder Legislativo permite o plano das despesas que a Administração terá de efetuar no cumprimento de suas finalidades, bem como a recepção dos recursos necessários à concretização destas despesas dentro de um espaço temporal determinado.

O orçamento contém também aspectos políticos, econômicos e jurídicos. O aspecto político tange à separação de Poderes, visto que o Poder Legislativo autoriza recursos e despesas à Administração e, ainda, detém o poder de frear os eventuais excessos que o Poder Executivo possa cometer na concretização das despesas públicas ou nas exigências fiscais. O orçamento está também vinculado à deliberação do Congresso Nacional e à sanção do presidente da República no que toca à determinação dos meios financeiros e das necessidades públicas a serem atendidas.

Além disso, o orçamento faculta à população tomar conhecimento da aplicação autorizada dos fundos públicos, o que garante, inclusive, o controle permanente da opinião pública sobre o orçamento. A publicidade das finanças públicas constitui possibilidade fundamental de intervenção dos órgãos de representação popular na matéria orçamentária, o que é fundamental dentro de um Estado Democrático de Direito.

O aspecto econômico do orçamento demonstra-se, igualmente, de suma importância, visto que é equilibrado quando as somas de despesas e receitas apresentam igual resultado. Se as despesas excedem às receitas há um *déficit* e se receitas excedem às despesas há um *superávit* orçamentário[127].

---

[125] Hely Lopes MEIRELLES, em obra anteriormente citada, p. 631.

[126] BALEEIRO, Aliomar, " *Uma Introdução à Ciência das Finanças*", 14ª ed., Rio de Janeiro: Forense, p. 387.

[127] O prof. Luiz Emygdio F. da ROSA JR., em " *Manual de Direito Financeiro & Direito Tributário*", Renovar, 15ª ed., Rio de Janeiro: Renovar, p. 78." E, ensina: que "os financistas modernos entendem que o equilíbrio orçamentário está propriamente ligado à vida econômica do país e, em face do problemas do mundo moderno, não tem muita importância a prevalência das despesas sobre as receitas em um determinado

Para que se compreenda a natureza jurídica do Orçamento, faz-se necessário analisar o § 8º do art. 165 da Constituição Federal, que se segue:

Art. 165. Leis de iniciativa do Poder Executivo estabelecerão:
I – o plano plurianual;
II – as diretrizes orçamentárias;
III – os orçamentos anuais.
[...] § 8º A lei orçamentária anual não conterá dispositivo estranho à previsão da receita e à fixação da despesa, não se incluindo na proibição a autorização para abertura de créditos suplementares e contratação de operações de crédito, ainda que por antecipação de receita, nos termos da lei.

Tendo em vista que a Constituição Federal de 1988 proibiu a inserção de dispositivo estranho à previsão da receita e à fixação da despesa no orçamento, resta demonstrado que este deve ser considerado como lei formal, pois tem finalidade clara de delimitar o orçamento à sua função formal de ato governamental, cujo desígnio é autorizar as despesas que serão realizadas no ano posterior e avaliar os recursos possíveis com que tais gastos poderão ser viabilizados, porém não cria direitos subjetivos.

A realização do orçamento público deve indubitavelmente sujeitar-se a controle por questões de cunho político e financeiro. Sob a ótica política, para que seja verificada a aplicação da decisão do Congresso em matéria orçamentária, vedando, dessa forma, que a Administração exceda os créditos que lhe foram permitidos ou não obtenha as receitas autorizadas pelo orçamento. Sob a perspectiva financeira, o controle deve realizar-se a fim de serem evitados o desperdício e a má utilização do patrimônio público.

A fiscalização orçamentária no direito brasileiro passou por grande evolução dentre as Constituições que regeram o país. Durante o período imperial, por exemplo, não havia sequer uma fiscalização das contas do Imperador. O art. 99 da Constituição de 1824 estabelecia que "a pessoa do Imperador é inviolável, se Sagrada. Ele não está sujeito a responsabilidade alguma".

Com a instituição do regime republicano, foi baixado o Decreto nº 966A, criando o Tribunal de Contas, por ação do ministro da Fazenda Rui Barbosa. Tal diploma legal estabelecia o registro anterior das despesas e dos contratos, incumbindo ao Tribunal um poder de veto relativo, visto que sua decisão poderia ser objeto de recurso ao Poder Legislativo. Porém, tal decreto não foi cumprido.

A Constituição de 1891 instituiu novamente um Tribunal de Contas, cujos membros eram nomeados pelo presidente da República, após aprovação do Senado, embora fosse atribuição do Poder Legislativo a competência para a tomada e julgamento das contas do Presidente. Dessa forma, o referido órgão adquiriu função fática de instrumento auxiliar do Poder Legislativo, visto que objetivava a liquidação das contas de receita e despesa e a averiguação de sua regularidade antes de serem prestadas ao Congresso, a quem exclusivamente cabia, na forma do art. 24, § 1º, a tomada e o julgamento das contas.

Por sua vez, a Constituição de 1934, por meio de seu art. 99, atribuiu ao Tribunal de Contas a incumbência de acompanhar a execução orçamentária e julgar as contas dos responsáveis pelos recursos públicos, embora houvesse sido desenhado como um órgão de cooperação nas atividades governamentais. Foi mantido, porém, o modo de nomeação de seus membros.

Estabelecia, outrossim, o art. 101 que os contratos que, de qualquer modo, interessassem imediatamente à receita ou à despesa, só se reputariam perfeitos e acabados, quando registrados pelo Tribunal de Contas. A recusa do registro suspenderia a execução do contrato até o pronunciamento do Poder Legislativo.

Entretanto, o § 1º do mesmo artigo instituía que qualquer ato de Administração Pública de que resultasse obrigação de pagamento pelo Tesouro Nacional, ou por conta deste, seria sujeito ao registro prévio do Tribunal de Contas. Em todos os casos, a recusa de registro, por falta de saldo no crédito ou por imputação a crédito impróprio, tinha caráter proibitivo. Quando a recusa ti-

---

período de tempo. Assim, o que importa mais é o equilíbrio econômico em geral, pois pode, inclusive, acontecer de o Estado ter um equilíbrio orçamentário mas apresentar um desequilíbrio em seu balanço de pagamento porque as importações superam as exportações. Nesste caso, deve-se aumentar as despesas, ainda que haja déficit, e não se procurar manter o equilíbrio orçamentário contábil. Deve-se registrar que até a Primeira Guerra Mundial não era comum os orçamentos apresentarem *déficits*, mas, posteriormente, longo tempo, apesar dos esforços de alguns países, como a Inglaterra, em alcançá-lo, enquanto, outros, como a França, diante da facilidade para obter novas formas de financiamento, prolongavam e agravavam o desequilíbrio orçamentário. O desequilíbrio orçamentário agravou-se com a crise econômica de 1929, pois a queda de preços, aliada à diminuição da produção e ao crescimento do desemprego, fez diminuir em muito a receita, enquanto a despesa aumentava em razão de o Estado ter de intervir nos domínios econômico e social para poder satisfazer as novas necessidades públicas".

vesse outro fundamento, poderia ser efetuada após despacho do presidente da República, registro sob reserva do Tribunal de Contas e recurso *ex officio* para a Câmara dos Deputados. Acrescenta-se, ainda, que a fiscalização financeira dos serviços autônomos seria feita pela forma prevista nas leis que os estabelecessem.

A mesma Carta instituía que o Tribunal de Contas deveria dar parecer prévio, dentro do prazo de trinta dias, sobre as contas que o presidente da República prestasse à Câmara dos Deputados e se estas não fossem enviadas em tempo útil, caberia a comunicação do fato à Câmara para os fins de direito, apresentado-lhe, num ou noutro caso, minucioso relatório do exercício financeiro terminado.

Constituição de 1937 conservou o Tribunal de Contas por meio do art. 114, porém, o Decreto-lei nº 426/1938 limitou suas funções à de um órgão fiscalizador.

A Carta de 1946 disciplinou a competência do Tribunal, cujos ministros eram nomeados pelo presidente da República, após aprovação do Senado Federal, que possuíam os mesmos direitos, garantias, prerrogativas e vencimentos dos juízes do Tribunal Federal de Recursos.

Aos tribunais de contas cabia a eleição de seus presidentes e demais órgãos de direção; a elaboração de seus regimentos internos e organização dos serviços auxiliares, provendo-lhes os cargos na forma da lei, e bem assim propor ao Poder Legislativo competente a criação ou extinção de cargos e fixação dos respectivos vencimentos; a concessão de licenças e férias aos membros e juízes serventuários que lhes fossem imediatamente subordinados.

Era competência do Tribunal de Contas, nos termos do art. 77 acompanhar e fiscalizar diretamente, ou por delegações criadas em lei, a execução do orçamento; julgar as contas dos responsáveis por dinheiros e outros bens públicos, e as dos administradores das entidades autárquicas e julgar das legalidades dos contratos e das aposentadorias, reformas e pensões.

Os contratos que interessassem à receita ou à despesa só reputar-se-iam perfeitos após registro do Tribunal de Contas. A recusa suspenderia a execução do contrato até pronunciamento do Congresso. Era também sujeito a registro, prévia ou posteriormente, conforme a lei que o estabelecesse, qualquer ato de Administração Pública que resultasse em obrigação de pagamento pelo Tesouro Nacional ou por conta deste.

Em qualquer caso, a recusa do registro por falta de saldo no crédito ou por imputação a crédito impróprio teria caráter proibitivo. Quando a recusa tivesse outro fundamento, a despesa poderia efetuar-se após despacho do presidente da República, registro sob reserva do Tribunal de Contas e recurso *ex officio* para o Congresso Nacional.

O Tribunal daria também parecer prévio, no prazo de sessenta dias, sobre as contas que o presidente da República prestasse anualmente ao Congresso Nacional. Se estas não lhe fossem enviadas no prazo da lei, comunicaria o órgão o fato ao Congresso Nacional para os fins de direito, apresentando-lhe, num e noutro caso, minucioso relatório de exercício financeiro encerrado.

Insta demonstrado que a Constituição de 1946 adotou um sistema eclético para disciplinar a competência do Tribunal, visto que, em alguns casos, exigia o registro prévio das despesas e contratos administrativos e, em outros casos, o registro era posterior. Além disso, o poder de veto era ora absoluto, ora relativo.

Pode-se dizer, dessa forma, que sob a vigência desta Carta, o Tribunal de Contas era órgão auxiliar do Congresso Nacional na tomada de contas globais do exercício demonstradas anualmente pelo presidente da República, apenas exercendo funções judicantes em relação aos demais funcionários.

Já na Carta Magna de 1967, o Tribunal de Contas manteve similar estrutura funcional à da anterior, mas alterou a forma de fiscalização quanto ao controle prévio, pois a época de sua elaboração entendia-se que este constituía entrave à rapidez com que a Administração deveria atuar. A atividade do Tribunal de Contas foi regulamentada pelos arts. 71 a 73 desta Carta.

Ainda, a primeira emenda à Constituição, de 1969 à Carta de 1967 tratava da fiscalização financeiro-orçamentária na Seção VII, Capítulo, VI, referente ao Poder Legislativo, nos arts. 70 a 72. Estabelecia, assim, que a fiscalização seria exercida pelo Congresso Nacional por meio do controle externo, com auxílio do Tribunal de Contas da União, e pelo Poder Executivo, por intermédio do controle interno.

Finalmente, a Constituição Federal de 1988 disciplinou a fiscalização contábil, financeira e orçamentária, operacional e patrimonial na Seção IX do Capítulo I, que trata do Poder Legislativo, em seus arts. 70 a 75.

Atribuiu a nova Carta ao Congresso Nacional a realização do controle externo da Administração Direta e Indireta, exercendo tais fiscalizações quanto à legalidade, legitimidade. economicidade, aplicação de subvenções e renúncia de receitas, contando para isso com o Tribunal de Contas da União.

O Tribunal de Contas, em face de sua indiscutível importância na função de controle externo dos atos da Administração Pública, merece atenção especial e será estudado em item próprio. Será, para isso, analisado dentro das distintas esferas da Administração, quais sejam: a federal, a estadual e a municipal.

Tribunal de Contas

Os arts. 70 e 71 da Constituição Federal de 1988 estabelecem que o Congresso Nacional exercerá, mediante o controle externo e com o auxílio do tribunal de contas, a fiscalização contábil, orçamentária, operacional e patrimonial da União e das entidades da Administração Direta e Indireta, estabelecendo, ainda, que prestará contas qualquer pessoa física ou jurídica pública ou privada, que utilize, arrecade, guarde, gerencie ou administre dinheiros, bens e valores públicos ou pelos quais a União responda, ou que, em nome desta, assuma obrigações.

As atribuições do Tribunal de Contas da União foi ampliada por meio dessa Carta, destacando-se as seguintes funções: parecer *prévio* sobre as contas prestadas anualmente pelo presidente da República; julgamento das contas dos administradores e dos demais responsáveis por dinheiros, bens e valores públicos da Administração Direta (Poder Legislativo e Poder Judiciário) e Indireta (autarquias, empresas públicas, sociedades de economia mista e fundações instituídas e mantidas pelo Poder Público) e, ainda, de todo aquele que der causa a perda, extravio ou outra irregularidade de que resulte prejuízo ao erário público.

Acrescem-se, ainda, as funções de aplicações das sanções previstas em lei aos responsáveis pelas ilegalidades apuradas; fixar o prazo para que o órgão ou entidade adote as providências necessárias ao exato cumprimento da lei, bem como sustar, se não atendido, a execução do ato impugnado, comunicando a decisão ao Legislativo (art. 71). Ressalta-se, contudo, que tratando-se de contrato, a sustação será diretamente realizada pelo Legislativo nos termos do § 1º do art. 71.

No que toca à posição institucional deste órgão, é interessante ressaltar que embora o Tribunal de Contas seja um órgão vinculado ao Poder Legislativo, não é um apêndice auxiliar deste Poder e não está a ele subordinado, visto que é autônomo à estrutura do Parlamento.

O Tribunal de Contas não possui conexão hierárquica com o Poder Legislativo, ele tem autonomia administrativa e financeira e exerce funções próprias, constitucionalmente previstas e delimitadas. Dessa forma é impossibilitado ao Parlamento modificar sua competência ou suas deliberações[128].

A atuação do Tribunal de Contas é normalmente posterior, não havendo suporte constitucional para o controle prévio por parte deste órgão sobre contratos da Administração Direta ou Indireta, nem sobre a gestão de bens e valores públicos, salvo as inspeções e auditorias.

Aos ministros dos tribunais de Contas são atribuídas garantias similares às dos Ministros do Superior Tribunal de Justiça, nos termos do art. 73, § 3º, a fim de que seja a este órgão assegurada a independência funcional. Dessa forma, o Parlamento não poderá exercer influência política ou partidária sobre a atuação deste órgão, cujo colegiado técnico deverá realizar a tarefa fiscalizatória de forma equilibrada e imparcial.

Enquanto órgão de controle, o Tribunal de Contas tem seu perfil traçado pela Constituição Federal, estendido igualmente aos tribunais de Contas Estaduais, Distrital e Municipais no que couber à organização e fiscalização.

O Tribunal é composto de ministros ou conselheiros, nomeados entre os brasileiros que perfaçam os seguintes requisitos, nos temos do § 1º, do art. 73, da Constituição Federal: idade entre 35 e 60 anos; idoneidade moral e reputação ilibada; notórios conhecimentos jurídicos, contábeis, econômicos, financeiros ou de Administração Pública; exercício de função ou efetiva atividade profissional que exija os conhecimentos exigidos no artigo anterior por tempo superior a 10 anos.

Um terço dos membros do Tribunal de Contas da União é escolhido pelo presidente da República, com aprovação do Senado Federal, dentre os nomes componentes de listra tríplice elaborada pelo Tribunal, sendo

[128] O prof. Robertônio PESSOA, na obra " em *Curso de Direito Administrativo Moderno*", Ed. São Paulo: Consulex, 2003, p. 474, ensina que na sistemática atual da Constituição existem instituições controladoras, de difícil localização institucional, como é o caso do Ministério Público e dos tribunais de Contas. Sendo assim, torna-se difícil questão situar tais instituições no seio de organizações que se submetem ao seu controle e fiscalização. Tal dilema é ainda mais acentuado no que concerne aos tribunais de Contas, tendo em vista que tais órgãos, constitucionalmente organizados em nossa tradição jurídica, têm competência para apreciar as contas de órgão de todos os Poderes, inclusive do Ministério Público. Em conformidade com a constituição, os tribunais de Contas se apresentam, consoante já visto, como órgãos auxiliares do Poder Legislativo. Situam-se na órbita deste Poder, agindo, contudo, com autonomia administrativa e fiscalizatória, sem vínculo de subordinação com o Parlamento, em sintonia com as competências constitucionalmente referidas. A Constituição Federal, nos arts. 70 e 71, refere-se ao Tribunal de Contas como um órgão a que cabe "auxiliar" o Poder Legislativo sem fazer menção expressa à sua autonomia e independência.

dois alternadamente dentre auditores e membros do Ministério Público junto ao Tribunal, observando-se os critérios da antiguidade e merecimento. Os outros dois terços serão escolhidos pelo Congresso Nacional (art. 73, § 2º, I e II).

As deliberações do TCU são realizados no Plenário ou em suas duas Câmaras. Em casos esporádicos e em caráter excepcional, haverão decisões singulares, cuja previsão será estabelecida pelo regimento interno deste órgão.

O Plenário e as duas Câmaras[129] reúnem-se de 17 de janeiro a 16 de dezembro, em sessões ordinárias e, em determinadas hipóteses, extraordinárias, sendo fundamental, em ambas, a presença de representante do Ministério Público Federal.

O Tribunal de Contas recebe regularmente uma parte da documentação contábil e outros demonstrativos referentes à atuação das unidades sujeitas a sua jurisdição, que são avaliados quanto à prestação de contas. Estas são estudadas sob os aspectos de legalidade, legitimidade, economicidade, eficiência e eficácia, sendo posteriormente julgadas como:

- regulares: aquelas cuja prestação expressa tem forma clara e objetiva; há exatidão dos demonstrativos contábeis; os atos de gestão do responsável atendem aos princípios da legalidade, legitimidade e economicidade.
- regulares com ressalvas: caso haja impropriedades ou faltas de caráter formal que não resultem propriamente em dano ao erário.
- irregulares: caso haja omissão no dever de prestá-las; prática de ato de gestão ilegal, ilegítimo, antieconômico; infração a norma legal ou regulamentar de natureza contábil, financeira, orçamentária, operacional ou patrimonial; dano ao erário decorrente de ato de gestão ilegítimo ou antieconômico; de desfalque ou desvio de dinheiros, bens ou valores públicos. Nestes últimos dois casos, o Tribunal ao fixar as irregularidades, determinará a responsabilidade solidária do agente público que praticou tal ato e do terceiro que, como contratante ou parte interessada na prática do mesmo ato, de qualquer modo haja concorrido para o cometimento do dano apurado e providenciará a remessa de cópia da documentação do Ministério Público para ajuizamento das ações civis e penais cabíveis.
- iliquidáveis: se caso fortuito ou força maior tornar materialmente impossível o julgamento do mérito.

Quando o Tribunal julgar as contas como regulares, dará plena quitação ao responsável, o que é também válido para a circunstância do colegiado entender as contas como regulares com ressalvas. A diferença é que, neste caso, determinar-se-á ao responsável a adoção de medidas necessárias à correção das impropriedades ou faltas identificadas, de modo a prevenir a ocorrência de outras semelhantes.

Se as contas forem tidas pelo Tribunal de Contas como irregulares, e na hipótese de existência de débito, haverá condenação do responsável ao pagamento da dívida atualizada monetariamente e acrescida de juros moratórios, cabendo, ainda, à Corte, a possibilidade de aplicar a este (responsável) multa de até cem por cento do dano causado ao erário. O instrumento da decisão é considerado, ademais, título executivo para fundamentar a respectiva ação.

Na circunstância das contas serem consideradas iliquidáveis, o Tribunal ordenará o trancamento das mesmas e o consequente arquivamento do processo. À vista de novos elementos que considere suficientes para autorizar o desarquivamento do processo, a Corte, dentro do prazo de cinco anos, contados da publicação da decisão terminativa no *Diário Oficial da União*, poderá determinar que se ultime a respectiva tomada ou prestação de contas. Transcorrido este prazo, sem que tenha havido nova decisão, estas serão tidas como encerradas.

A decisão em processo de tomada ou prestação de contas poderá ser preliminar, definitiva ou terminativa:

[129] Atualmente, é a composição do Tribunal de Contas da União: Plenário: ministro Valmir Campelo, presidente; ministro Adylson Motta, vice-presidente e corregedor; ministro Marcos Vinicios Rodrigues Vilaça; ministro Iram Saraiva, ministro Humberto Guimarães Souto; ministro Walton Alencar Rodrigues; ministro Guilherme Gracindo Soares Palmeira; ministro Ubiratan Diniz de Aguiar. ministro Benjamin Zymler; Auditor Lincoln Magalhães da Rocha; auditor Augusto Sherman Cavalcanti; auditor Marcos Bemquerer Costa. Procurador-geral Lucas Rocha Furtado. Primeira Câmara: ministro Marcos Vinicios Rodrigues Vilaça, presidente; ministro Iram Saraiva; ministro Humberto Guimarães Souto; ministro Walton Alencar Rodrigues; auditor Augusto Sherman Cavalcanti; auditor Marcos Bemquerer Costa; Paulo Soares Bugarini, Subprocurado-geral. Segunda Câmara: ministro Adylson Motta, presidente; ministro Guilherme Gracindo Soares Palmeira; ministro Ubiratan Aguiar; ministro Benjamin Zymler; Lincoln Magalhães da Rocha, auditor; Ubaldo Caldas Alves, subprocurador-geral.

- Preliminar é a decisão pela qual o Relator ou Tribunal, antes de pronunciar-se quanto ao mérito das contas, resolve sobrestar o julgamento, ordenar a citação ou a audiência dos responsáveis ou, ainda, determinar outras diligências necessárias ao saneamento do processo.
- Definitiva é a decisão pela qual o Tribunal julga as contas regulares; regulares com ressalva; ou irregulares.
- Terminativa é a decisão pela qual o Tribunal ordena o trancamento das contas que forem consideradas iliquidáveis.

A Constituição Federal, conforme anteriormente ressaltado, conferiu ao Tribunal de Contas prerrogativas para que procedesse à apreciação dos atos da Administração Pública direta e indireta quanto a despesas e arrecadação de receitas sob os primas fundamentais contidos nos postulados constitucionais, quais sejam, a legalidade, moralidade e eficiência, estabelecidos no art. 37 da Constituição Federal[130]. Faz-se interessante, assim, analisá-los de forma mais aprofundada:

Controle de legalidade:

A legalidade é um conceito imperativo bastante abrangente que decorre de princípio máximo que rege toda atividade da Administração Pública, esteja esta envolvida com a realização de receitas ou não. Dessa forma, deve a Administração atuar *secundum legem*, sendo a ela proibida a realização de ato que não esteja legalmente previsto. São exemplos desta espécie de controle: cumprimento de prévio procedimento licitatório na aquisição de bens e serviços, ou na alienação de bens imóveis; exigência de concurso público na admissão de servidores efetivos; observância de procedimentos legais quando das desapropriações de bens.

Controle de legitimidade:

Este controle é decorrente do princípio da legalidade, possibilitando aos tribunais de Contas avaliar a legitimidade da decisão administrativa tomada, e mantém estreita relação com o princípio da "moralidade administrativa".

A decisão administrativa deve acordar com o Ordenamento Jurídico existente (legalidade), bem como com valores ético – morais na gestão da coisa pública (legitimidade). Dessa forma, na atividade fiscalizatória da coisa pública, ao TCU, antes da vinculação a elementos meramente formais (tais como a celebração de contrato escrito), cabem a consideração dos aspectos da legitimidade e a economicidade da despesa efetuada, em andamento ou a ser concretizada.

Conforme lição do prof. Robertônio Pessoa[131]

> Pelo critério legitimidade permite-se ao órgão controlador adentrar o chamado mérito da decisão administrativa ensejadora de dispêndio de recursos públicos, considerando-lhe a finalidade, eficácia pública ou social, moralidade e razoabilidade. Com isso, não se pretende substituir o administrador público em sua atividade própria de governo, que envolve, na utilização dos recursos públicos, a fixação de metas e a escolha de prioridades de gastos em conformidade com determinada visão política da realidade, e do contexto econômico – social onde se situa.

No campo da principiologia constitucional, o princípio da legitimidade sintoniza-se igualmente com os da moralidade e eficiência. Este trinômio (legalidade – moralidade – eficiência) é que deve ser o norte da despesa pública. Um magnânimo museu construído dentro de um município no qual boa parte da população não é ainda beneficiada por serviços públicos básicos, em tese, pode estar de acordo com o princípio da legalidade, porém, confronta-se claramente com o princípio da legitimidade.

Controle de economicidade:

Esse controle é proveniente do princípio da eficiência, ao qual a Administração Pública deve estreita obediência. Podemos situar a economicidade entre uma relação equilibrada de meios e fins, visando obter o melhor resultado possível por meio da utilização dos meios disponíveis que menos sejam custosos à Administração. Assim, busca-se otimizar a gestão financeira e a execução orçamentária por meio da melhor relação custo-benefício que se possa obter.

O controle efetuado por meio de tomadas e prestações de contas – controle *a posteriori* – é realizado pelo Tribunal de Contas, em regra, de forma habitual (nada obsta, porém, que haja ocasionalmente e em caráter específico, requerimento do TC a entes da Administração Pública Direta e Indireta de demonstração de receitas e despesas), a fim de obter maior eficácia e eficiência na gestão da máquina administrativa.

A apreciação dos atos da Administração e das despesas realizadas após a consumação das mesmas é o tipo

[130] "Art. 37. A Administração Pública direta e indireta de qualquer dos Poderes da União, dos Estados, do Distrito Federal e dos Municípios obedecerá aos princípios de legalidade, impessoalidade, moralidade, publicidade e eficiência e, também, ao seguinte [...]"

[131] Robertônio PESSOA, em obra anteriormente citada, p. 477.

de controle predominante nos Tribunais de Contas, conforme competência fixada no art. 71, VIII, da Constituição Federal, que se segue:

> *Art. 71. O controle externo, a cargo do Congresso Nacional, será exercido com o auxílio do Tribunal de Contas da União, ao qual compete:*
> *[...] VIII – aplicar aos responsáveis, em caso de ilegalidade de despesa ou irregularidade de contas, as sanções previstas em lei, que estabelecerá, entre outras cominações, multa proporcional ao dano causado ao erário;*

A crítica quanto ao controle posterior é que, caso seja constatado que o ato praticado pela Administração seja ilegal ou danoso ao erário público, haverá, na prática, a provável impossibilidade de reparação do erro e as sustações do ato irregular e da despesa dele decorrentes.

Existem também os controles prévio e concomitante[132]. O controle prévio, que é a submissão de contas ao Tribunal de Contas antes que os atos da Administração Pública sejam consolidados, é realizado apenas em circunstâncias de extrema relevância, tendo em vista que as múltiplas atividades administrativas inviabilizam a anterior averiguação das contas de todos os atos da Administração.

O controle concomitante, em contrapartida, é realizado conjuntamente com a atuação do gestor público, em inspeções, vistorias, auditorias etc. É exemplo dessa espécie de controle o previsto no inciso VI, do art. 71 da Constituição Federal:

> *Art. 71. O controle externo, a cargo do Congresso Nacional, será exercido com o auxílio do Tribunal de Contas da União, ao qual compete:*
> *[...] VI – fiscalizar a aplicação de quaisquer recursos repassados pela União mediante convênio, acordo, ajuste ou outros instrumentos congêneres, a Estado, ao Distrito Federal ou a Município;*

Os controles posterior, prévio e concomitante podem ser realizados em conjunto, o que se faz necessário em grandes obras. Quanto aos trabalhos de inspeção e auditoria, estes não podem ser opostos em quaisquer hipóteses. Caso alguma informação, documento ou processo seja ocultado, o Tribunal de Contas poderá determinar cautelarmente, inclusive, o desligamento temporário de dirigentes.

É autorizada, ainda, à Corte a realização de diligência visando o esclarecimento de dúvidas ocorridas durante o trabalho. O atendimento a este requerimento é obrigatório, tem prazo médio de 15 dias, cabendo multa no caso de seu descumprimento.

O art. 75 da Constituição Federal faz menção aos tribunais de Contas dos Estados, no mesmo fluxo, o art. 31 da Carta Maior prevê que a fiscalização do Município será exercida mediante controle externo da Câmara Municipal com auxílio dos tribunais de Contas do Estado ou dos conselhos dos tribunais de Contas dos Municípios, onde houver (expressão que deve ser interpretada em conformidade com o § 4º, do art. 1º, da Constituição Federal, que veda a criação de tribunais, conselhos ou órgãos de contas municipais) e prognostica que o parecer prévio, emitido por órgão competente, sobre as contas que o prefeito deve anualmente prestar, só deixará de prevalecer por decisão de dois terços dos membros da Câmara Municipal.

Conclui-se que o legislador constituinte admitiu a existência dos Tribunais e Conselhos de Contas Municipais já existentes na data da promulgação da Carta de 1988, vedando que as Constituições Estaduais viessem a extingui-los.

Até a Constituição de 1967 entrar em vigor, o controle da União e dos Estados sobre os Municípios era bastante escasso. A tarefa fiscalizatória era centralizada pelas Câmaras dos Vereadores, de cujas decisões caberiam recurso aos tribunais de Contas Estaduais. Dessa forma, os Municípios só prestavam contas dos auxílios e subvenções e das cotas dos impostos únicos, realizando, no mais, apenas inspeções locais.

A partir de então, estabeleceu-se que as Câmaras, além de exercerem as atribuições que já lhes cabiam, passariam a prestar auxílio aos tribunais de Contas do Estado, de modo que os pareceres emitidos pelos Tribunais Estaduais ou Conselhos só poderiam ser rejeitados por meio dos votos de dois terços dos membros das Câmaras.

A aplicação das cotas do Fundo de Participação dos Municípios passou igualmente a ter regras mais rígi-

[132] O controle prévio, conforme Robertônio PESSOA, submete-se à corte de contas atos da Administração Pública antes que os mesmos se completem ou se aperfeiçoem, podendo este órgão examinar os atos sob aspectos da legalidade, legitimidade e economicidade. A crítica feita a essa forma de controle é que, em virtude do grande incremento das atividades públicas, conduzidas tanto por órgãos como por uma série de entidades integrantes da Administração Indireta, ela redundaria em comprometimento da agilidade de atuação do Poder Público, emperrando a máquina administrativa.

das, tanto no que toca à sua destinação (obedecendo às prioridades estabelecidas), quanto no que diz respeito à aprovação prévia do plano de aplicação pelos Estados ou pela União (pois a esta caberia aprovar planos de Municípios com população superior a 50.000 habitantes e das Capitais). É o que demonstra a ementa do acórdão em mandado de segurança impetrado pelo Município de São Jorge D'Oeste contra o Tribunal de Contas da União, em que figurou como relator o ministro Néri da Silveira:

> Mandado de Segurança. Ato do Presidente do Tribunal de Contas da União, consubstanciado na Decisão Normativa 14/1996 – TCU, que *ratificou o coeficiente de 1.2 (um ponto dois) para o repasse das quotas do Fundo de Participação dos Municípios – FPM, em favor do impetrante, para vigorar no exercício de 1997, condicionado o coeficiente ali fixado ao envio dos dados oficiais de população do Município ora litigante pela Fundação do Instituto Brasileiro de Geografia e Estatística – IBGE ao TCU.* 2. A Carta Federal delegou à Lei Complementar o estabelecimento de normas sobre a entrega dos recursos referidos no art. 159 e sobre os critérios de rateio dos fundos previstos no seu inciso I. Competência do TCU para efetuar cálculo das quotas referentes a esses fundos. 3. Não se pode pretender que o Poder Judiciário exerça a competência atribuída pela Constituição, em substituição à Corte de Contas. 4. Mandado de Segurança denegado.

O Tribunal de Contas da União, a que cabia o cálculo das cotas do Fundo de Participação dos Municípios, passou a ditar normas complementares para a utilização destas, em alguns casos bastante severas e, excepcionalmente, até proibitivas. Tal controle (sobre a destinação das cotas) foi extinto quando a Secretaria de Planejamento da Presidência da República assumiu as funções de comando das cotas, por recomendação da Secretaria de Articulação com os Municípios.

De acordo com preceito constitucional (art. 31), a fiscalização dos Municípios é exercida externamente por meio das Câmaras Municipais, além do controle interno realizado pelos órgãos do Poder Executivo Municipal.

Dentro do exercício do controle externo, as Câmaras Municipais são auxiliadas pelos tribunais de Contas dos Estados, ou Conselhos ou Tribunais de Contas dos Municípios, naqueles Estados que se decidiram pela especialização da assistência às Câmaras Municipais.

Os órgãos competentes para prestar auxílio na função de controle externo, quais sejam, os tribunais ou conselhos de contas, emitem pareceres prévios que posteriormente deverão ser analisados pelas Câmaras. Estes pareceres só deixarão de prevalecer por deliberação de dois terços dos membros das Câmaras Municipais. Sendo assim, esses órgãos não julgam as contas municipais, apenas se manifestam pela aprovação ou rejeição das contas, cabendo às Câmaras tais julgamentos.

Há, ainda, a hipótese da realização de convênios dos Estados, Distrito Federal e Municípios com o governo federal[133] a fim de serem os recursos deste ente federativo por eles utilizados, nos termos do art. 71, IV, que se segue:

> *Art. 71. O controle externo, a cargo do Congresso Nacional, será exercido com o auxílio do Tribunal de Contas da União, ao qual compete:*

[133] A fim de se obter a compreensão do funcionamento do Tribunal de Contas no que toca ao convênio com as prefeituras, é interessante analisar o Acórdão proferido pela Segunda Câmara do Tribunal de Contas da União [...] 2) que trata da tomada de Contas Especial por convênio entre a FAE (extinta Fundação de Amparo ao Estudante) e a Prefeitura Municipal de Amontada/CE, em que averiguaram-se o superfaturamento de preços na aquisição de produtos alimentícios para merenda escolar e a contratação de segundo licitante por preços diferentes do primeiro colocado, desistente da licitação. O Relatório de Auditoria foi convertido em tomada de Contas Especial. Como não lograram êxito as alegações apresentadas pelo Sr. José Abílio Bruno (ex-prefeito do Município em questão), no que se refere ao Convênio FAE nº 419/94, a contratação do 2º colocado na Tomada de Preços nº 01/94; nem logrou êxito a comprovação da inexistência de superfaturamento na aquisição de gêneros alimentícios para a merenda escolar, por meio da Tomada de Preços nº 02/1994, com recursos da mencionada avença, firmada entre o Município de Amontada/CE e a extinta Fundação de Assistência ao Estudante – FAE, o tribunal julgou irregulares as presentes contas e em débito o Sr. José Abílio Bruno, ex-prefeito Municipal de Amontada/CE, pelas quantias de R$ 782,88 (setecentos e oitenta e dois reais e oitenta e oito centavos) e R$ 21.108,00 (vinte e um mil cento e oito reais), fixando-lhe o prazo de 15 (quinze) dias, a partir da notificação, para comprovar perante este Tribunal (art. 165, alínea *a*, do Regimento Interno), o recolhimento dos referidos valores aos cofres do Fundo Nacional de Desenvolvimento da Educação – FNDE, acrescidos da atualização monetária e dos juros de mora devidos, contados a partir de 20.07.94 e 03.08.94, respectivamente, até a data do efetivo pagamento, nos termos da legislação em vigor; b) autorizar, desde logo, com fulcro no art. 28, inciso II, da Lei nº 8.443/1992, a cobrança judicial da dívida, caso não atendida a notificação; c) com fundamento no art. 16, § 3º, da mesma Lei, remeter cópia dos autos ao Ministério Público da União para ajuizamento das ações civis e penais cabíveis.

> [...] *VI – fiscalizar a aplicação de quaisquer recursos repassados pela União mediante convênio, acordo, ajuste ou outros instrumentos congêneres, a Estado, ao Distrito Federal ou a Município;*

Neste caso, a fiscalização é realizada pelo Tribunal de Contas da União conforme demonstram, igualmente, os Mandados de Segurança nº 2.438/DF e nº 8.1994/SP:

> Prefeito municipal. Convênio com governo federal. Prestação de contas. Condenação imposta pelo Tribunal de Contas da União. Alegada violação aos arts. 5º e 37 da Constituição Federal. *A Corte de Contas, levando em consideração o montante das verbas federais repassadas ao Município de Aquidabã/SE durante a gestão do impetrante, concluiu por sua responsabilidade na administração de tais recursos,* não havendo falar em contrariedade aos princípios da isonomia, legalidade, moralidade e impessoalidade pelo simples fato de o convênio em questão haver sido firmado pelo Prefeito antecessor. Mandado de Segurança indeferido.
> Habeas corpus. *Denúncias por utilização indevida de recursos provenientes de convênio firmado entre município e a união* (art. 1º, Inciso II, do DL 201/1967). Alegação de incompetência da justiça federal e *de bis in idem*, uma vez que o mesmo fato objeto da ação penal já teria sido apreciado pela justiça estadual. Hipótese em que *a execução do convênio foi submetida à fiscalização do Ministério da Ação Social e do Tribunal de Contas da União, circunstância suficiente para demonstrar o interesse da União no bom e regular emprego dos recursos objeto do repasse e, consequentemente, o acerto da aplicação, ao caso, da norma constitucional de competência sob enfoque* (art. 109, IV, da CF). Inexistência de comprovação de que a alegação de *bis in idem* tenha sido suscitada perante o Superior Tribunal de Justiça, que sobre ela não se manifestou. *Habeas corpus* conhecido em parte e nessa parte indeferido.

Questão curiosa é que, enquanto os pareceres emitidos pelos tribunais de Contas do Estado são a princípio vinculativos, por força do art. 31, § 2º, pois só deixam de prevalecer por decisão de dois terços dos membros das Câmaras Municipais, os pareceres emitidos pelos tribunais de Contas da União têm caráter apenas opinativo, uma exceção ao princípio da simetria[134].

Determina a Constituição que as contas municipais permaneçam, durante o prazo de sessenta dias, por cada exercício financeiro (anualmente), à disposição para análise dos contribuintes, que poderão, inclusive, questionar-lhes a legitimidade (a impugnação do cidadão deverá ser regulamentada por meio de lei ordinária local ou constar da Lei Orgânica do Municípios), inovação trazida pela Constituição de 1988.

Conforme dito, é constitucionalmente vedada aos Municípios a criação de Tribunais ou Conselhos de contas. As exceções são os Municípios do Rio de Janeiro e de São Paulo, que já os haviam instituído anteriormente à promulgação da nova Constituição.

O Tribunal de Contas da União deverá servir como modelo aos dos Estados, Distrito Federal e Municípios, inclusive quanto à composição de modo de investidura dos respectivos conselheiros e à proporcionalidade de escolha do Poder Executivo e do Legislativo[135].

---

[134] O princípio da simetria é o centro que norteia o pacto federativo para a sobrevivência da Federação que forma a República Federativa do Brasil, integrada pela União, Estados, Distrito Federal e Municípios e impõe procedimento igual para os atos da Administração Pública. Ensina o prof. Nagib SLAIBI FILHO, magistrado no Rio de Janeiro, professor e conferencista, que princípio é toda norma jurídica, enquanto considerada como determinante de uma ou de muitas outras subordinadas, que a pressupoem, desenvolvendo e especificando ulteriormente o preceito em direções mais particulares (menos gerais), das quais determinam e, portanto, resumem, potencialmente, o conteúdo: seja, pois, estas efetivamente postas, seja, ao contrário, apenas dedutíveis do respectivo princípio geral que as contém, "os princípios estão para as normas particulares como o mais está para o menos, como o que é anterior e antecedente está para o posterior e o consequente". É possível obter-se o exemplo prático de tal princípio pela ADIn nº 738/GO, que se segue: Ação direta de inconstitucionalidade. Constituição do estado de Goiás. Governador e vice-governador. Licença para se ausentarem do país por qualquer período. 1. Afronta os princípios constitucionais da harmonia e independência entre os Poderes e da liberdade de locomoção norma estadual que exige prévia licença da Assembleia Legislativa para que o governador e o vice-governador possam ausentar-se do País por qualquer prazo. 2. Espécie de autorização que, segundo o modelo federal, somente se justifica quando o afastamento exceder a quinze dias. Aplicação do princípio da simetria. Precedentes. Ação direta de inconstitucionalidade julgada procedente.

[135] O STF Pleno, pela ADIn nº 215/PB, decidiu que: "com a superveniência da nova Constituição, ampliou-se, de modo extremamente significativo, a esfera de competência dos Tribunais de Contas, os quais foram investidos de poderes jurídicos mais amplos, em decorrência de uma consciente opção política feita pelo legislador constituinte, a revelar a inquestionável essencialidade dessa instituição surgida nos albores da República. A atuação dos Tribunais de Contas assume, por isso, importância fundamental no campo de controle externo e constitui, como natural decorrência do fortalecimento de sua ação institucional, tema de irrecusável relevância. O regramento dos tribunais de Contas estaduais, a partir da Constituição de 1988 – inobstante a existência de domínio residual para a sua autônoma formulação –, é matéria cujo relevo decorre da nova fisionomia assumida pela federação brasileira e, também, do necessário confronto dessa mesma realidade jurídico-institucional com a jursiprudência do Supremo Tribunal Federal, que, construída ao longo do regime constitucional precedente, proclamava a inteira submissão dos Estados-membros, no delineamento do seu sistema de controle externo ao modelo jurídico plasmado na Constituição da República".

É necessário acrescentar, ainda, que a fiscalização dos tribunais de Contas abrangem não só os entes da Administração Pública Direta ou Indireta, mas também quaisquer pessoas físicas ou jurídicas privadas desde que ao recursos sejam oriundos dos cofres públicos, conforme art. 71, II:

> *Art. 71. O controle externo, a cargo do Congresso Nacional, será exercido com o auxílio do Tribunal de Contas da União, ao qual compete:*
> *[...] II – julgar as contas dos administradores e demais responsáveis por dinheiros, bens e valores públicos da Administração direta e indireta, incluídas as fundações e sociedades instituídas e mantidas pelo Poder Público federal, e as contas daqueles que derem causa a perda, extravio ou outra irregularidade de que resulte prejuízo ao erário público;*

Questiona-se se as decisões dos tribunais de Contas tem caráter administrativo ou judicial. Embora este órgão seja dotado de privilégios similares aos conferidos à magistratura, conforme art. 73, § 3º, este órgão não exerce função jurisdicional, visto que não se inscreve entre os que integram o Poder Judiciário (art. 92) e suas decisões não são dotadas dos elementos definitividade e imutabilidade, próprios das decisões judiciais.

O prof. José Afonso da Silva, na obra *Curso de Direito Constitucional Positivo* afirma que as decisões dos tribunais de Contas têm caráter administrativo, visto que não exercem função legislativa, sendo apenas órgãos auxiliares do Poder Legislativo por determinação constitucional, nem função jurisdicional, conforme anteriormente retratado.

Sendo assim, as decisões dos tribunais de Contas podem estar sujeitas à revisão judicial, pois somente elas tornam-se imutáveis, após a concretização do instituto da coisa julgada[136].

O prof. Alexandre de Moraes[137] ensina, neste sentido, que no ordenamento jurídico-constitucional brasileiro, a competência para o julgamento das contas do chefe do Poder Executivo, seja Federal, Distrital, Estadual ou Municipal, é exclusiva do Poder Legislativo respectivo. Dessa forma, nesta hipótese, a função do Tribunal de Contas é opinativa, atuando como órgão auxiliar do Parlamento. Assim, apesar de caber ao Tribunal de Contas a apreciação das contas prestadas anualmente pelo chefe do Poder Executivo (CF, arts. 25, 31, 71, I e 75), somente ao Poder Legislativo caberá o julgamento das mesmas (CF, art. 49, inciso IX).

A função sancionadora do Corte, consiste, assim, na aplicação aos responsáveis, em caso de ilegalidade de despesa ou irregularidade de contas, de uma ou mais das seguintes sanções[138].

- a condenação ao recolhimento do débito eventualmente apurado;
- a aplicação ao agente público de multa proporcional ao valor de prejuízo causado ao erário, sendo o montante do dano o limite máximo da penalidade;
- a aplicação de multa ao responsável por contas julgadas irregulares, por ato irregular, ilegítimo ou antieconômico, por não atendimento de diligência ou determinação do Tribunal, por obstrução ao livre exercício de inspeções ou auditorias e por sonegação de processo, documento ou informação;

[136] O prof. Robertônio PESSOA adverte que apesar da semelhança com a função administrativa não se pode colocar a decisão proferida pelo Tribunal de Contas no mesmo nível que uma decisão proferida por órgão integrado da Administração Pública. Argumenta que, de fato, nenhum sentido haveria se os atos controlados tivessem a mesma força dos atos de controle, acrescentando que, desse modo, se não é correto aproximar as decisões dos tribunais de Contas da decisão judicial, porquanto aquelas se sujeitam, pelo menos em princípio, a controle jurisdicional, também não é tecnicamente apropriado aproximá-las em demasiado das decisões puramente administrativas, sob pena de desfigurar a função controladora das cortes de contas, função que, pela sua altíssima relevância no Estado de Direito, encontra-se constitucionalmente definida e dimensionada. Conclui que, flexibilizando o rígido esquema da tripartição de funções ou poderes, pode-se afirmar, em sintonia com o modelo plasmado na Constituição, que as decisões prolatadas pelos tribunais de Contas situam-se a meio caminho entre a função administrativa e a função jurisdicional (respeito às garantias processuais do contraditório e ampla defesa, prerrogativas de magistrados dos ministros e conselheiros), e sob outros ângulos, da função administrativa (revisibilidade de mutabilidade das decisões), sem, contudo, identificar-se adequadamente com uma ou com outra função. Guarda similitudes, e não identidade com essas duas clássicas funções do Estado de Direito. Por fim, afirma o autor que se deve admitir, em sintonia com a função controladora dos tribunais de Contas, constitucionalmente outorgada, e que abrange a Administração Pública direta e indireta, que, as decisões editadas por tais órgãos de controle são efetivas, dotadas de autoridade especial. Por tal razão, sobrepõem-se às decisões das autoridades administrativas, mesmo aquelas expedidas pela cúpula do Poder Executivo, que lhe devem integral acatamento.

[137] MORAES, Alexandre, *Direito Constitucional*, São Paulo: Atlas, obra já mencionada, p. 364.

[138] Dados extraídos do *site*: www.tcu.gov.br.

- o afastamento provisório de seu cargo, do dirigente responsável por cerceamentos a inspeções e auditorias enquanto durarem os respectivos trabalhos;
- a decretação, no curso de qualquer apuração de irregularidade, da indisponibilidade, por prazo não superior a um ano, dos bens do responsável considerados bastantes para garantir o ressarcimento do prejuízo;
- a declaração de inabilitação, pelo período de cinco a oito anos, para o exercício de cargo em comissão ou função de confiança no âmbito da Administração Pública;
- a declaração de inidoneidade do responsável por fraude em licitação para participar, por até cinco anos, de certames licitatórios promovidos pela Administração Pública;
- a determinação à Advocacia-Geral da União, ou ao dirigente de entidade jurisdicionada, de adoção de providências para arresto dos bens de responsáveis julgados em débito.

Cabe acrescentar que as penalidades aplicadas pelos tribunais de Contas não isolam a possibilidade da aplicação de sanções penais ou outras de caráter administrativo por autoridades competentes.

A título ilustrativo, convém mencionar o Mandado de Segurança nº 22.728.1, oriundo do estado do Paraná, com pedido de liminar, impetrado por Neusa Pereira dos Santos contra ato do presidente da República, consubstanciado em decreto, publicado no *Diário Oficial da União* em 27/01/1997, que lhe aplicou a penalidade de cassação da aposentadoria.

Na peça inicial, conforme relatório do ministro Moreira Alves, a impetrante era funcionária pública federal ocupante do cargo público de analista de sistemas e exercia suas atribuições na antiga Secretaria de Planejamento da Presidência da República. Apesar de lotada naquele órgão, a impetrante foi designada em 28/03/1990 para exercer cargo de coordenador de serviços gerais do Ministério da Educação e do Desporto, tendo desempenhado tal função até 17/10/1991.

Por meio da Portaria Ministerial nº 1.917 foi instaurado procedimento administrativo disciplinar com o objetivo de apurar as possíveis irregularidades apontadas no Relatório de Auditoria Extraordinária nº 247, da Secretaria de Controle Interno do Ministério da Educação – Cistec-MEC. A conclusão desse procedimento, no qual a impetrante figurou como uma das pessoas investigadas, ensejou a edição do decreto presidencial ora impugnado, mediante o qual foi cassada sua aposentadoria, por improbidade administrativa e por aplicação irregular de dinheiros públicos.

Decidiu a Suprema Corte pela inexistência do *bis in idem* pela circunstância de, pelos mesmos fatos, terem sido aplicados a pena de multa pelo Tribunal de Contas da União e a pena de cassação da aposentadoria pela Administração, devido à independência das instâncias, sendo, também, não aplicável a Súmula nº 19 do STF ("É inadmissível segunda punição de servidor público, baseada no mesmo processo em que se fundou a primeira").

Tal súmula só tem incidência quando as duas punições sucessivas sejam impostas no mesmo processo administrativo. Dessa forma, são independentes entre si a responsabilização administrativa dos servidores faltosos e a atuação do Tribunal de Contas da União, no exercício do controle externo das contas públicas como órgão auxiliar do Poder Executivo.

A Lei Complementar nº 64/1990 estabelece, ainda, de acordo com o art. 14, § 9º, da Constituição Federal, casos de inelegibilidade, prazos de cassaçao e determina outras providências, prevê em seu art. 1º, I, *g*, que:

> *Art. 1º. São inelegíveis:*
> *I – para qualquer cargo:*
> *[...] g) os que tiverem suas contas relativas ao exercício de cargos ou funções públicas rejeitadas por irregularidade insanável e por decisão irrecorrível do órgão competente, salvo se a questão houver sido ou estiver sendo submetida à apreciação do Poder Judiciário, para as eleições que se realizarem nos 5 (cinco) anos seguintes, contados a partir da data da decisão;*

A Súmula nº 001 do TSE assenta que:

> proposta a ação para desconstituir decisão que rejeitou as contas anteriormente à impugnação, fica suspensa a inelegibilidade prevista no art. 1º, I, *g*, da Lei Complementar nº 64/1990.

Sendo assim, salvo a propositura de ação judicial para desconstituir decisão que rejeitou as contas anteriores à impugnação da candidatura, é inelegível, ainda, por 5 anos os que tiverem suas contas relativas ao exercício de cargos ou funções públicas tidas como irregulares pelo órgão competente.

Conforme já anteriormente mencionado no corpo deste trabalho, a coisa julgada administrativa é uma expressão utilizada para transmitir a ideia de imutabilidade da decisão dentro da esfera administrativa, o que não exclui, por óbvio, a revisão desta por meio da via judicial, de acordo com o estabelecido no art. 5º, XXXV da Constituição Federal.

Revendo tal conceito, põe-se que as decisões dos tribunais de Contas fazem coisa julgada administrativa, obrigando todos os órgãos e entidades administrativas que atuem na esfera de controle do Tribunal, dentro das suas respectivas áreas de atuação (Federal, Estadual, Distrital e Municipal).

Os Estados Modernos vêm adotando em sua estrutura organizacional, os tribunais de Contas, cujo vínculo com o Poder Legislativo é oriundo da função fiscalizatória assumida por este, em razão de sua função tipicamente legislativa.

Algumas decisões dos tribunais de Contas têm clara ligação com o Poder Legislativo, atuando como órgãos técnicos que realizam um estudo inicial das contas da Administração, que será posteriormente utilizado como fundamento para o julgamento destas contas pelo Parlamento, o que é igualmente válido para todas as esferas da Administração Pública, quais sejam, federal, estadual, distrital ou Municipal.

Este estudo não tem caráter decisório, assemelhando-se mais a um parecer ou um relatório. Esta competência tem previsão no inciso I, do art. 71, da CF, conforme se segue:

> *Art. 71. O controle externo, a cargo do Congresso Nacional, será exercido com o auxílio do Tribunal de Contas da União, ao qual compete:*
> *I – apreciar as contas prestadas anualmente pelo presidente da República, mediante parecer prévio que deverá ser elaborado em sessenta dias a contar de seu recebimento;*

Tem-se, aqui, amplo estudo da execução orçamentária, cuja competência é igualmente exercida pelos Tribunais de Contas estaduais e municipais no que toca às contas anuais dos respectivos chefes do Poder Executivo destes entes da Administração Pública Direta.

Obter-se-á a decisão final por meio do órgão legislativo competente, não sendo, dessa forma, dotada tal manifestação técnica de caráter vinculativo. Até os estudos elaborados pelos tribunais de Contas estaduais às contas da Administração municipal não são propriamente vinculantes, pois há a possibilidade, conforme anteriormente mencionado, por força do art. 31, § 2º, da Constituição Federal, destes não prevalecerem caso assim entenda dois terços dos membros das Câmaras dos Municípios.

Conjugam-se, assim, critérios técnicos e políticos, porquanto na deliberação parlamentar prevalecerá a consideração política, manifestando-se claramente a função auxiliar deste órgão no que toca à relação dos tribunais de Contas e do Poder Legislativo.

Dentro da exposição dos motivos do Decreto nº 966A, da lavra de Ruy Barbosa, que instituiu os tribunais de Contas no Brasil, obtém-se o seguinte trecho:

> [...] convém levantar entre o poder que autoriza periodicamente a despesa e o poder que quotidianamente o executa um mediador independente, auxiliar de um e de outro, que, comunicando com a legislatura e intervindo na administração, seja não só vigia como a mão forte do primeiro sobre a Segunda. [...][139].

Alerta o prof. Robertônio Pessoa que somente parte das manifestações dos tribunais de Contas submetem-se à apreciação do Poder Legislativo. Dessa forma, por exemplo, o julgamento de contas previsto no inciso II do art. 71, que abrange a Administração Pública direta e indireta, e outros responsáveis por dinheiros, bens e valores públicos, esgota-se no próprio tribunal, no qual se obtém uma decisão final propriamente dita.

Aos membros dos tribunais de Contas, aplicam-se as mesmas disposições quanto a direitos, vedações e forma de investidura que aos membros do Ministério Público, conforme preceitua o art. 130 da Constituição Federal[140].

Tais garantias e prerrogativas, assim como as imunidades parlamentares e os predicamentos da magistratura, não se trata de privilégio e não constituem afronta ao princípio da isonomia, pelo que se pode falar da vitaliciedade, inamovibilidade e irredutibilidade de vencimentos dos promotores, juízes e fiscais como prerrogativas, visando à defesa do Estado Democrático de Direito.

Ensina o professor Hely Lopes Meirelles que as prerrogativas

> são atribuições do órgão do agente público, inerentes ao cargo ou à função que desempenha na estrutura do Governo, na organização administrativa ou na carreira a que pertence. São privilégios funcionais normalmente conferidos aos agentes políticos ou mesmo aos altos funcionários, para a correta execução de suas atribuições

139 Robertônio PESSOA, em obra anteriormente citada, p. 484.

140 Robertônio Pessoa, na obra: *Curso de Direito Administrativo Moderno*, Ed. Consulex, 2003, p. 485.

legais. As prerrogativas funcionais erigem-se em direito subjetivo de seu titular, passível de proteção por via judicial, quando negadas ou desrespeitadas por qualquer autoridade.

São garantias dos membros dos tribunais de contas, nos termos do art. 128 da Constituição Federal:

- Vitaliciedade: O membro do Tribunal de Contas (assim como do Ministério Público) só perderá seu cargo após decisão judicial transitada em julgado, ressaltando-se que tal garantia é adquirida somente após estágio probatório, após dois anos de efetivo exercício de carreira, por meio de aprovação no concurso de provas e títulos (art. 208 da Lei Complementar nº 75/1993).
- Inamovibilidade: O membro do Tribunal de Contas (assim como do Ministério Público) é inamovível, salvo motivo de interesse público. A remoção, que para os efeitos da legislação pertinente, é qualquer alteração de lotação, só será realizada de ofício (por iniciativa própria do membro do Tribunal ou Ministério Público), a pedido singular ou por permuta. Caso entenda-se pela existência de interesse público, a remoção somente ocorrerá mediante decisão de Conselho Superior, pelo voto de dois terços dos seus membros, assegurada a ampla defesa.
- Irredutibilidade de subsídio: O subsídio de membro do Tribunal de Contas (assim como do Ministério Público) não poderá sofrer redução, a fim de garantir-lhe o livre-exercício de suas atribuições.

São as vedações dos membros dos tribunais de Contas, nos termos do mesmo artigo:

- receber, a qualquer título e sob qualquer pretexto, honorários, percentagens ou custas processuais;
- exercer a advocacia;
- participar de sociedade comercial, na forma da lei;
- exercer, ainda que em indisponibilidade, qualquer outra função pública, salvo uma de magistério;
- exercer atividade político partidária, salvo exceções previstas na lei.

O Ministério Público apresenta-se como instituição de fundamental importância na função de controle externo dos poderes públicos, cabendo-lhe, nos termos do art. 127 da Constituição, "a defesa da ordem jurídica, do regime democrático e dos interesses sociais e individuais indisponíveis".

O Ministério Público atua conjuntamente aos tribunais de Contas, podendo desempenhar função dupla: como fiscal, manifestando-se nos processos em trâmite nestes órgãos de controle ou como autor, em litisconsórcio ou não, promovendo ações com intuito de responsabilizar e punir agentes da Administração baseado em estudos emanados destas Cortes.

Nesse sentido, estabelece o art. 80 da Lei nº 8.443/1992 que:

> *Art. 80. O Ministério Público junto ao Tribunal de Contas da União, ao qual se aplicam os princípios institucionais da unidade, da indivisibilidade e da independência funcional, compõe-se de um procurador-geral, três subprocuradores-gerais e quatro procuradores, nomeados pelo presidente da República, dentre brasileiros, bacharéis em direito.*

Estabelece, ainda, os §§ 1º e 2º do mesmo preceito normativo que a carreira do Ministério Público junto ao Tribunal de Contas da União é constituída pelos cargos de subprocurador-geral e procurador, este inicial e aquele representando o último nível da carreira, não excedendo a dez por cento a diferença de vencimentos de uma classe para a outra, respeitada igual diferença entre os cargos de subprocurador-geral e procurador-geral.

O ingresso na carreira far-se-á no cargo de procurador, mediante concurso público de provas e títulos, assegurada a participação da Ordem dos Advogados do Brasil em sua realização e observada, nas nomeações, a ordem de classificação, enquanto a promoção ao cargo de subprocurador-geral far-se-á, alternadamente, por antiguidade e merecimento.

Vem-se firmando entendimento de que o Ministério Público que atua junto aos tribunais de Contas, constitui órgão especial, desligado do Ministério Público comum, federal ou estadual, conforme insta demonstrado pela ADI 2068/MC/MG, em que figurou como relator o ministro Marco Aurélio:

> Ministério Público. Tribunal de Contas. A teor do disposto no art. 130 da Constituição Federal, o Ministério Público junto ao Tribunal de Contas consubstancia quadro diverso do Ministério Público comum. Daí a suspensão, no art. 124 da Constituição do Estado de Minas Gerais – no que preceitua que "o Ministério Público junto ao Tribunal de Contas e do Tribunal de Justiça Militar será exercido por Procurador de Justiça integrante do Ministério Público Estadual" – da expressão "... junto ao Tribunal de Contas e...", isso ante a relevância do pedido formulado, bem como em face do precedente revelado na apreciação de medida acauteladora na Ação Direta de Inconstitucionalidade nº 1.545/SE, relatada pelo ministro Octavio Gallotti.

Ensina o professor Robertônio Pessoa que, em conformidade com a Lei Orgânica do Ministério Público Federal, Lei nº 8.625/1993, que estabelece entre as funções do MP "ingressar em juízo, de ofício, para responsabilizar os gestores de dinheiro público condenados por Tribunais ou Conselhos de Contas", neste caso, "o órgão do MP não tem discricionariedade para ajuizar ou não a ação competente contra agente público responsabilizado por decisão do Tribunal de Contas. Cabe-lhe tão somente ajuizar a ação cabível, de natureza penal (ex.: ação penal pública) ou civil (ex.: ação civil pública, ação de improbidade).

Exemplo que se demonstra a associação supra é a análise do processo de vendas das linhas de transmissão da ANEEL. O Sindicato dos Engenheiros de Santa Catarina (Senge) protocolou em Brasília uma representação na qual requereu que o Ministério Público Federal e o Tribunal de Contas da União analisassem o processo de licitação de linhas de transmissão que seriam leiloadas pela Agência Nacional de Energia Elétrica.

Em tal documento, os engenheiros pediram que fosse avaliada a decisão das Centrais Elétricas Brasileiras (Eletrobrás) que impediu que suas subsidiárias, no presente caso a Empresa Transmissora de Energia Elétrica do Sul do Brasil (Eletrosul), participassem de disputas de obras para a ampliação do sistema de transmissão.

Conforme a representação, o impedimento da participação das estatais afronta o art. 30 da lei de licitações, que estabelece que "a licitação destina-se a garantir a observância do princípio constitucional da isonomia e a selecionar a proposta mais vantajosa para a Administração". Na opinião do presidente do Senge, Carlos Abraham, o entrave à participação das subsidiárias da Eletrobrás na disputa contrariava a intenção de aumentar as vantagens para o Estado, tendo em vista que a Eletrosul operava com preços mais baixos do que os praticados pela iniciativa privada[141].

Paralelamente, a Federação Nacional dos Engenheiros (FNE) preparou uma representação semelhante ao Ministério Público e ao Tribunal de Contas da União envolvendo não só a proibição da participação da Eletrosul nas licitiações, como também o impedimento à atuação nas licitações da Companhia Hidroelétrica do São Francisco (Chesp), das Centrais Elétricas do Norte do Brasil (Eletronorte) e de Furnas Centrais Elétricas. Segundo essa representação, o impedimento à disputa por novas obras deixaria as estatais impedidas de crescer, desenvolver-se e apresentar melhores resultados econômicos, o que acarretaria diretamente grande prejuízo ao erário, vez que se tratava de empresas cujo capital acionário majoritário era composto de dinheiro público.

O Tribunal de Contas é acionado, prévia, concomitante ou posteriormente, por meio de agente público, cidadão, partido político, associação ou sindicato, nos termos do art. 74, § § 1º e 2º da Constituição Federal, conforme se segue:

> *Art. 74. Os Poderes Legislativo, Executivo e Judiciário manterão, de forma integrada, sistema de controle interno com a finalidade de:*
>
> *[...] § 1º Os responsáveis pelo controle interno, ao tomarem conhecimento de qualquer irregularidade ou ilegalidade, dela darão ciência ao Tribunal de Contas da União, sob pena de responsabilidade solidária;*
>
> *§ 2º Qualquer cidadão, partido político, associação ou sindicato é parte legítima para, na forma da lei, denunciar irregularidades ou ilegalidades perante o Tribunal de Contas da União.*

A denúncia é apurada em caráter sigiloso, até que seja comprovada a sua procedência, e é somente arquivada após efetuadas as diligências pertinentes, mediante despacho fundamentado do responsável. A fim de se resguardar direitos e garantias individuais, este tratamento é estendido quanto ao objeto e à autoria da denúncia até decisão definitiva.

Uma vez reunidas as provas que demonstrem a existência de irregularidade ou ilegalidade, tornar-se-ão públicos os demais atos processuais, assegurando-se aos acusados a oportunidade da ampla defesa.

Ao denunciante é facultado realizar requerimento ao Tribunal de Contas de certidão dos despachos e fatos apurados, que será fornecida no prazo máximo de 15 dias contados do recebimento do pedido no órgão, desde que o respectivo processo de apuração tenha sido concluído ou arquivado. Após o prazo de noventa dias, contados do recebimento da denúncia, será fornecida a referida certidão que não estejam ainda concluídas as investigações.

---

[141] Entre as linhas de transmissão a serem leiloadas estão: as ligações entre Presidente Médici e Pelotas. Dados extraídos do jornal *Gazeta Mercantil.*

Não implicará ao denunciante qualquer sanção administrativa, seja civil ou penal, em razão da denúncia, salvo se comprovada a má-fé

6. Controle Externo da Administração pelo Judiciário

Tendo em vista que toda atividade da Administração Pública deve se sujeitar ao princípio da legalidade, primordial para a obtenção do regime jurídico-administrativo e essencial a todos os Estados, a fim de que sejam inibidos quaisquer desvios em função deste poder, é de extrema importância o controle dos seus atos pelo Judiciário para assegurar a efetividade dos direitos individuais e coletivos dos administrados.

O princípio da legalidade denota a total submissão do Poder Público à lei. Sendo assim, a razão do controle judicial é a fiscalização da legalidade e constitucionalidade de atos e leis, visto que ao Poder Jurídico não circundam interesses políticos.

Sendo assim, na hipótese do Executivo e o Legislativo afrontarem direitos individuais ou coletivos caberá ao controle Judiciário resgatar a posição de legitimidade, para que quaisquer direitos dos administrados mantenham-se incólumes à atuação irregular do Estado.

É interessante ressaltar que o objetivo deste controle é apenas o da legalidade do ato, adequando um a outro, caso entenda-se pela legalidade ou desmanchando-os, caso entenda-se como confrontadores ao Direito. É descabida a apreciação de mérito, bem como dos juízos de conveniência, oportunidade e economicidade dos atos da Administração.

A análise do mérito é atribuição exclusiva da Administração, dessa forma, a invasão do Poder Judiciário sobre esta esfera de atuação implicaria em uma violação ao princípio da separação de poderes, visto que os atos discricionários não devem estar sujeitos à apreciação do Poder Judiciário no que foge à análise da legalidade do ato.

Assim sendo, a autoridade jurisdicional pode dizer o que é legal ou ilegal, mas não o que é oportuno ou conveniente. O controle jurisdicional, assim, alcança a análise dos atos administrativos no que toca à legalidade, por ocasião da concreção da lei, pois este princípio só engloba os casos concretos. É o próprio fundamento da atividade jurisdicional a aplicação do direito conforme a situação apresentada.

Contudo, cabe a apreciação do Poder Judiciário no que toca aos motivos do ato administrativo, ou seja, a base que exerce influência sobre a formação desse ato. A verificação objetiva pelo juízo implicaria em atribuir ao Poder Judiciário a inócua tarefa de dar um aval à atuação da autoridade administrativa[142].

O prof. Hely Lopes Meirelles ao diferenciar mérito administrativo dos motivos determinantes, ressalta que estes são passíveis de controle judicial enquanto àqueles são infensos a este. Exemplifica o autor que:

> o Judiciário não poderá dizer da conveniência, oportunidade e justiça da aplicação de uma penalidade administrativa, mas poderá e deverá sempre examinar seu cabimento e a regularidade formal de sua imposição.

A título ilustrativo, pode-se obter noção concreta de poder discricionário no transcorrer da ementa do acórdão proferido no Recurso Especial nº 344.331, pela Primeira Turma do STF, oriundo do estado do Paraná, em que figurou como recorrente Cooperativa Agropecuária dos Cafeicultores de Porecatu Ltda. e como recorrida a União.

> Recurso Extraordinário. IPI. Concessão de Benefícios. Alíquotas Regionalizadas. Lei nº 8.393/1991. Decreto nº 2.501/1998. Admissibilidade. 1. Incentivos fiscais concedidos de forma genérica, impessoal e com fundamento em lei específica. Atendimento dos requisitos formais para sua implementação. 2. A Constituição na parte final do art. 151, I, admite a "concessão de incentivos fiscais destinados a promover o equilíbrio do desenvolvimento socioeconômico entre as diferentes regiões do país".

---

[142] Neste sentido, ensina o prof. Hely Lopes MEIRELLES que "nem mesmo os atos discricionários refogem ao controle judicial, porque, quanto à competência, constituem matéria de legalidade, tão sujeita ao confronto da Justiça como qualquer elemento do ato vinculado. Já acentuamos que a discricionariedade não se confunde com a arbitrariedade: o ato discricionário, quando permitido e emitido nos limites legais, é lícito e válido; o ato arbitrário é sempre ilícito e inválido. Daí por que o Judiciário terá de examinar o ato arguido de discricionário, primeiro, para verificar se realmente o é, segundo, para apurar se a discrição não desbordou para o arbítrio. O que o Judiciário não pode é ir além do exame de legalidade, para emitir um juízo de mérito sobre os atos da Administração. A competência do Judiciário para a revisão de atos administrativos restringe-se ao controle da legalidade e da legitimidade do ato impugnado. Por legalidade entende-se a conformidade do ato com a norma que o rege; por legitimidade entende-se a conformidade do ato com a moral administrativa e com o interesse coletivo (princípio da moralidade e da finalidade), indissociáveis de toda atividade pública. Tanto é ilegal o ato que desatende à lei formalmente, como ilegítimo o ato que violenta a moral da instituição ou se desvia do interesse público, para servir a interesses privados de pessoas, grupos, ou partidos favoritos da Administração".

3. *A concessão de isenção é ato discricionário, por meio do qual o Poder Executivo, fundado em juízo de conveniência e oportunidade, implementa suas políticas fiscais e econômicas e, portanto, a análise de seu mérito escapa ao controle do Poder Judiciário.* Precedentes: RE 149.659 e AI 138.344-AgR. 4. Não é possível ao Poder Judiciário estender isenção a contribuintes não contemplados pela lei, a título de isonomia (RE 159.026). 5. Recurso extraordinário não conhecido.

Conforme se observa, não há de se questionar a legalidade do ato em questão, tendo em vista que foram atendidos os requisitos formais para a implementação dos incentivos fiscais pela Administração Pública, quando da implementação de tal mecanismo constitucionalmente previsto, para promover o equilíbrio do desenvolvimento socioeconômico dentre as diferentes regiões do País.

A análise do mérito desta concessão foi descartada pelo Judiciário, visto que tal verificação, conforme disposto na ementa do referido acórdão, escapa ao controle do Poder Judiciário. Diferente entendimento haveria se estivesse em questão o exame do motivo a que coubesse a justificação de tal privilégio.

O motivo, conforme lição do ilustre professor Celso Antônio Bandeira de Mello, é o pressuposto de fato que autoriza a prática do ato. É, assim, a situação do mundo empírico que deve ser avaliada para a prática do ato. Logo, é a ele externo e o antecede, razão pela qual não pode ser considerado como elemento do ato[143].

Para que seja legítimo, o ato praticado por qualquer agente da Administração Pública, deve ser realizado em concordância com a norma legal concernente; com a moral da instituição; com a razão pública correspondente; com a divulgação necessária e o rendimento desejado, perfilando-se, assim, os princípios da legalidade; moralidade; finalidade; publicidade e eficiência.

Existem instrumentos específicos para a defesa de direitos particulares ou coletivos, como o mandado de segurança ou a ação civil pública, sobre atos sujeitos ao controle comum. Por meio destes remédios processuais, é possível obter além da anulação do ato, a reparação causada ao patrimônio público.

Alguns atos, em razão de suas características particulares, são objeto de um controle diferenciado pelo Poder Judiciário. São estes:

- **Atos políticos**: São emanados pelos agentes máximos da Administração Pública em razão de atribuições constitucionais e podem ser objeto de correção pelo Poder Judiciário, caso afrontem direitos individuais ou coletivos. São atos de governo, próprios da gestão da coisa pública, que ocasionam discricionariedade ainda maior do que nos atos simples de administração. A intervenção da justiça é mais difícil no que toca a tais atos, mas não são afastados de sua apreciação quando esta intromissão é legitimada por atos lesivos a direitos individuais e coletivos e ao patrimônio público. Tendo em vista que não há um conjunto no qual seja possível agrupar todos os atos políticos por meio de uma base composta de elementos comuns, não se chegou a uma definição de tais atos. Os atos políticos não podem ser isolados em uma categoria, tão pouco serem considerados exclusivos de um órgão ou Poder, pois a todos os Poderes, integrados por órgãos, cabem a prática destes atos em determinadas circunstâncias, desde que com fundamento político. São atos políticos a nomeação de ministros de Estado, de secretários de Governo; a cassação de mandato; o veto a projeto de lei. Como emanados de caráter político, é impraticável o controle judicial no que toca aos motivos destes atos de conveniência do Estado. A avaliação judicial, neste caso, diz respeito às consequências produzidas por estes atos, pois a constituição é expressa ao estabelecer que não se excluirá da apreciação do Poder Judiciário qualquer lesão ou ameaça a direito individual ou coletivo. Sendo assim, a discrição cessa onde afrontar os direitos e garantias fundamentais.

---

[143] Acrescenta, ainda, o mesmo autor, na obra *Curso de Direito Administrativo*, 13ª ed., São Paulo: Malheiros, p. 355, que "o motivo pode ser previsto em lei ou não. Quando previsto em lei, o agente só pode praticar o ato onde houver ocorrido a situação prevista. Quando não há previsão legal, o agente tem liberdade de escolha da situação (motivo) em vista da qual editará o ato. É que, mesmo se a lei não alude expressamente aos motivos propiciatórios ou exigentes de um ato, nem por isso haverá liberdade para expedi-lo sem motivo ou perante um motivo qualquer. Só poderão aceitar os que possam ser havidos como implicitamente admitidos pela lei à vista daquele caso concreto, por corresponderem a supostos fáticos idôneos para demandar ou comportar a prática daquele específico ato, espelhando, dessarte, sintonia com a finalidade legal. Vale dizer: prestantes são os motivos que revelem a pertinência lógica, adequação racional ao conteúdo do ato, ao lume do interesse prestigiado na lei aplicada. Além disso, em qualquer caso, se o agente se embasar na ocorrência de um dado motivo que houver sido enunciado. Isto é, se o motivo que invocou for inexistente, o ato será inválido".

- **Atos normativos da Administração**: São as portarias, resoluções e regulamentos, em suma, as leis propriamente ditas em sentido material e formal que, via de regra, não são sujeitas à anulação, mas podem ser objeto de correção ou invalidação pelo Poder Judiciário por meio de instrumentos próprios, qual sejam, a Ação Direta de Inconstitucionalidade e a Ação Declaratória de Constitucionalidade, a serem analisadas a fundo em momento próprio, previstas no art. 102, I, *a*, da Constituição Federal e, em processo especial, pelo art. 103 da Lei nº 4.337/1964. Por não atingirem direitos individuais, visto que os atos normativos são gerais e abstratos e produzem fins em relação à coletividade, são incólumes ao Mandado de Segurança ou ações ordinárias. As exceções são as leis de efeitos concretos, que carregam em si os objetivos administrativos planejados, visto que não se trata de atos administrativos gerais, mas de resoluções direcionadas e particularizadas que adotam tais formas. É exemplo de ato normativo da Administração as leis que concedem isenção fiscal e o decreto de desapropriação. O prof. Hely Lopes Meirelles ensina, ainda, que os decretos legislativos e as resoluções das Mesas, embora sejam atos provindos do Legislativo, sujeitam-se ao controle judicial comum porque são materialmente administrativos, sempre vinculados ao regimento para sua emissão e capazes de lesar direitos individuais de terceiros nos seus efeitos internos e externos. O processo legislativo está também sujeito ao controle judicial, no que toca à tramitação e à legitimidade da elaboração das leis, da mesma maneira que está a este sujeito o processo de cassação de mandato pelas Câmaras Legislativas[144].
- **Atos internos**: são os regimentos, emanados pelos órgãos do Poder Legislativo e Judiciário[145]. Via de regra não são objeto de correção pelo Poder Judiciário, porém, podem ser invalidados caso haja comprovada ameaça ou lesão ao direitos individuais ou coletivos, por meio de instrumentos judiciais próprios. O prof. Hely Lopes Meirelles os define como atos "interna *corporis*" que, segundo o autor, são questões ou assuntos que se entendem direta e imediatamente com a economia interna da corporação legislativa, com seus privilégios e com a formação ideológica da lei que, por sua própria natureza, são reservados à exclusiva apreciação e deliberação do Plenário da Câmara. Tais atos são de escolha da Mesa (eleições internas), os de verificação de poderes e incompatibilidades de seus membros (cassação de mandatos, concessão de licenças etc.). Assim sendo, não pode a Justiça sobrepor-se à matéria que compete ao Poder Legislativo, porém, caso o ato praticado confronte preceitos legais, inclusive no que toca a forma para seu cometimento, o Poder Judiciário poderá rever tais apreciações. Ou seja, se todas as prescrições legais forem atendidas, à Justiça nenhuma atuação caberá em relação aos atos internos

O prof. Diógenes Gasparini[146] conceitua o controle jurisdicional como "controle de legalidade das ativida-

[144] Ensina o prof. Hely Lopes MEIRELLES que "se assim é para as leis em tese e demais atos normativos federais e estaduais, em face da Constituição Federal, também o será para seus congêneres municipais, em face da Constituição Estadual, cabendo a legitimidade ativa e a declaração de incostitucionalidade ao agente e ao tribunal que a Constituição do Estado e as normas de organização judiciária indicarem."

[145] O mesmo professor, ao tratar do tema, explica que "por analogia com os Legislativos, têm-se reconhecido como *interna corporis* dos tribunais judiciais aquelas questões afetas à sua organização interna, que o Plenário, o Conselho Superior de Magistratura ou a Presidência podem solucionar soberanamente, tais como a eleição de seus dirigentes, a distribuição de seus membros em Câmaras ou Turmas e as disposições sobre seu funcionamento, normalmente consignadas no regimento. Nem por isso, entretanto, escapam do controle judicial as decisões administrativas (atos individualizados) ou as deliberações normativas (resoluções gerais com força de lei) do próprio Judiciário que eventualmente lesem qualquer direito individual, de seus membros, de seus servidores ou de terceiros, ou que afrontem a Constituição."

[146] Diógenes GASPARINI, em obra anteriormente citada, p. 781. Afirma o autor, ainda, ser esta espécie de controle externa, provocada e direta. "É externo por se realizar por órgão que não integra a mesma estrutura organizacional da Administração Pública. É provocado porquanto só excepcionalmente o Judiciário atua de ofício. É direto porque incide, precípua e imediatamente, sobre os atos e atividades administrativas. Além disso, é, notadamente, repressivo, dado incidir sobre medida que já produziu ou está produzindo efeitos. Extraordinariamente, pode ser preventivo. É o que ocorre, por exemplo, com a ação declaratória, o *habeas corpus* e o mandado de segurança preventivos. Por essas medidas, previne-se a atuação da Administração Pública havida por ilegal."

des e atos administrativos do Executivo, do Legislativo e do Judiciário por órgão dotado do poder de solucionar, em caráter definitivo, os conflitos de direito a ele submetido".

Os sistemas de controle são os universos de mecanismos postos à disposição, dentro do ordenamento jurídico, a quem interessar, para fiscalizar a legalidade dos atos da Administração Pública.

Este conjunto de instrumentos faz-se extremamente necessário para coibir que a atuação da Administração Pública afronte a segurança da coletividade. Tais sistemas podem, também, sofrer alterações, mas se dividem, basicamente, em três:

- Sistema de Administração Juiz.
- Sistema de Jurisdição Única.
- Sistema de Jurisdição Dupla.

O Sistema de Administração – o juiz não vigora atualmente. Nesse sistema as funções de julgar a administrar encontravam-se unidas em um mesmo órgão, cabendo a quem executava também a atividade de julgar.

O Sistema da Jurisdição Única (ou Sistema Inglês) caracteriza-se pela existência de órgãos diversos, vinculados a Poderes distintos para o exercício das funções de administrar e julgar. Dessa forma, cabe aos órgãos do Poder Executivo realizar a atividade administrativa enquanto cabe aos órgãos do Poder Judiciário realizar a atividade jurisdicional. Assim sendo, as desavenças entre dois ou mais cidadãos ou entre cidadãos e o Estado são dirimidas em caráter definitivo pelo Judiciário.

É, dessa forma, o Poder Judiciário o órgão a que cabe exclusivamente o dizer do direito aplicável a um caso concreto produzindo o instituto da coisa julgada, visto que o art. 5º, XXXV da Constituição Federal estabelece que "A Lei não excluirá da apreciação do Poder Judiciário lesão ou ameaça a direito"[147] e o art. 37, que a Administração Pública "obedecerá aos princípios da legalidade, impessoalidade, moralidade, publicidade e eficiência".

Assim sendo, quaisquer órgãos da Administração Pública poderão solucionar controvérsias a ele trazidas, dizendo o Direito, porém, não terão estas decisões caráter definitivo e imutável, pois poderão ser sempre objeto de posterior apreciação do Poder Judiciário.

Por tal, ainda que estes órgãos valham-se de todo amparo legal possível para embasar determinada resolução, não poderão obrigar o particular a fazer, não fazer, dar, pois só ao Judiciário cabe tal poder de coerção, que é a força institucional do Estado.

O Sistema do Monopólio da Jurisdição, como assim também é denominado tal sistema de controle dos atos da Administração pelo Poder Judiciário, oferece maior imparcialidade dos julgamentos.

No Brasil vigora tal sistema, sobre o qual o ministro do Supremo Tribunal Federal, Sepúlveda Pertence se pronunciou, conforme Ação Declaratória de Inconstitucionalidade nº 98, oriunda do estado do Mato Grosso, julgada em 07/08/1997, em que figuraram como partes o procurador-geral da República e a Assembleia Legislativa do Estado do Mato Grosso, conforme trechos da Ementa do Acórdão que se seguem:

> [...] Separação e independência dos Poderes: critério de identificação do modelo positivo brasileiro. O princípio da separação e independência dos Poderes não possui uma fórmula universal apriorística e completa: por isso, quando erigido, no ordenamento brasileiro, em dogma constitucional de observância compulsória pelos Estados-membros, o que a estes se há de impor como padrão não são concepções abstratas ou experiências concretas de outros países, mas sim o modelo brasileiro vigente de separação e independência dos Poderes, como concebido e desenvolvido na Constituição da República [...]
>
> [...] *A experiência da Europa continental não se pode transplantar sem traumas para o regime brasileiro de poderes:* lá, os conselhos superiores da magistratura representaram um avanço significativo no sentido da independência do Judiciário, na medida em que nada lhe tomaram do poder de administrar-se, de que nunca antes dispuseram, mas, ao contrário, transferiram a colegiados onde a magistratura tem presença relevante, quando não majoritária, poderes de administração judicial e sobre os quadros da magistratura que historicamente eram reservados ao Executivo; *a mesma instituição, contudo, traduziria retrocesso e violência constitucional, onde, como sucede no Brasil, a ideia da independência do Judiciário está extensamente imbricada com os predicados de autogoverno crescentemente outorgados aos Tribunais.*

[147] O prof. Diógenes GASPARINI entende que pelo Judiciário todos os litígios são resolvidos, sejam quais forem as partes interessadas ou a matéria de direito ou de fato que se discute. Ensina para tanto o professor que "A Lei Maior excepciona essa regra ao atribuir, privativamente, ao Senado Federal a competência para processar e julgar o presidente e o vice-presidente da República, nos crimes de responsabilidade, os ministros de Estado e os Comandantes da Marinha, do Exército e da Aeronáutica, nos crimes de mesma natureza conexos com aqueles (art. 52, I, da CF, com redação dada pela EC nº 23/99), e para processar e julgar os ministros do Supremo Tribunal Federal, o procurador-geral da República e o advogado-geral da União, nos crimes de responsabilidade (art. 52, II, da CF)."

O Sistema da Jurisdição Dupla, também denominado Sistema de Jurisdição Dual, Sistema do Contencioso Administrativo ou Sistema Francês, envolve duas ordens jurisdicionais: a primeira compete ao Judiciário e a segunda a um organismo próprio do Executivo, denominado Contencioso Administrativo.

A este organismo cabe, assim, o conhecimento e julgamento definitivo dos litígios em que a Administração Pública figure como parte ou interessada, direcionando a incumbência sobre a solução das demais controvérsias ao Poder Judiciário.

Dessa forma, este sistema implica em uma justiça exclusiva da Administração Pública, afastada do Poder Judiciário, a que se atribui, igualmente, sobre as decisões o instituto da coisa julgada, impedindo, assim, o julgamento de um poder sobre o outro.

A Constituição de 1967 fez menção a tal instituto, excluindo, porém, os principais atributos deste sistema que, oriundo da França, é utilizado também na Alemanha e Itália. O Sistema Francês, porém, nunca chegou a ser efetivamente implementado no Brasil.

É, assim, a jurisdição dupla por apresentar o exercício da função jurisdicional dividido entre duas estruturas orgânicas distintas, quais sejam: a Justiça Judiciária e a Justiça Administrativa.

A Justiça Administrativa mantém organização bastante complexa, agregando várias Cortes e Tribunais. A vantagem deste sistema é a especialização do órgão, visto que a esta Justiça só correspondem litígios que tocam à Administração; a desvantagem, por sua vez, é a possibilidade da existência de decisões imparciais, visto que na Justiça Administrativa a Administração julga e é parte.

O professor e magistrado Nagib Slaibi Filho, no artigo "Direito Fundamental à Razoável Duração do Processo"[148], ao tratar do tema "razoabilidade" afirmou que embora discricionária, é inadmissível que a atividade estatal seja arbitrária, caprichosa ou desprovida de razões e que os meios por ela escolhidos não tenham real e substancial conexão com o objetivo a que se busca atingir.

Dessa forma, em função da fundamentação ou motivo do ato administrativo ou judicial, poder-se-á exercer o controle interno e externo da razoabilidade do ato, ou seja, se o motivo apresentado é razoável, conveniente e legítimo.

O mestre faz a seguinte crítica:

> [...] se herdamos o judicial controle americano com a República por obra e graça do esforço de Rui e dos positivistas, infelizmente nossos juristas continuaram com a forte tendência privatista que lhes inculcou o sistema romano-germânico, agravado pelo autoritarismo positivista e pelo dogmatismo católico que inspiram a nossa cultura.

Acrescenta, ainda, que

> [...] fomos e somos mais positivistas que os patrícios de Augusto Comte, pois embora adotem o sistema de jurisdição dual, afastando do Poder Judiciário o controle dos atos estatais e o submetendo ao Conselho de Estado, nem na França existe a ampla atuação que se vê em nosso país do poder discricionário[149].

Busca-se analisar se o ato discricionário é dotado de razoabilidade por confrontar os elementos motivo e objeto com a situação fática sobre a qual este é dirigido. A discricionariedade do administrador pode ater-se, por exemplo, à apreciação dos elementos probatórios e à aplicação de penalidade, pois tanto a tarefa de julgar quanto a de punir permitem ao agente administrativo certa liberdade. Essas soluções, devem, porém ter estrita ligação com a circunstância real, sendo descabível a arbitrariedade, pois não há, conforme citação de Recasens Siches, legalidade sem razoabilidade.

---

[148] Direito Fundamental à Razoável Duração do Processo, exposto no *site* www.nagib.net/artigos.

[149] O magistrado cita a seguinte notícia de Riviero: "O controle do juiz, sendo um controle da legalidade, pára onde ela para; não se estende, pois, ao poder discricionário, que depende da apreciação de oportunidade, estranha à missão do juiz. Todavia, convém não esquecer que o juiz cria regras de direito: portanto, pode, onde a lei escrita nada impunha, subtrair ao poder discricionário certos elementos do acto, submetendo-os a uma regra jurisprudencial. Na prática, o Conselho de Estado, por esta via, reduziu consideravelmente a zona do poder discricionário. É o seu verdadeiro regulador, consoante estenda mais ou menos o seu controle sobre uma outra categoria de atos. Veremos que chega mesmo a exercer, em certos domínios, sob a aparência de um controle da legalidade, um verdadeiro controle de oportunidade, esbatendo assim, na prática, o traçado que separa as duas noções." O prof. acrescenta, ainda, que: "Enquanto os tribunais americanos empreenderam com mais desenvoltura a apreciação dos atos estatais, desde Marshall, em 1803, construindo a teoria do controle da constitucionalidade das leis em face da constituição rígida, até a época moderna, com a apreciação da discricionariedade administrativa, nossos tribunais só têm um século de atividade jurisdicional de apreciação dos atos administrativos, o que começaram a fazer com a República – no entanto, na interpretação das normas jurídicas, não podem esquecer as palavras de Gustav RADBRUCH: a interpretação jurídica não é pura e simplesmente um pensar de novo aquilo que já foi pensado, mas, pelo contrário, um saber pensar até o fim aquilo que já começou a ser pensado por outro. Sem dúvida, ela parte da interpretação filológica da lei; mas para ir mais além dela."

Considerando-se que o Poder Discricionário é o que o ordenamento concede à Administração para a realização de atos administrativos com liberdade quanto aos juízos de conveniência, oportunidade e conteúdo, ao agente público cabe a adoção da solução mais adequada, eficaz e eficiente para satisfazer ao interesse público. Tal premissa é corroborada por meio do art. 37, *caput* que elenca, dentre outros a obrigatória obediência da Administração Pública ao princípio da eficiência.

Assim sendo, não há dentro da atividade administrativa discricionariedade absoluta, abandonada à vontade livre da autoridade da Administração, pois esta (atividade) está sempre vinculada a certos interesses, que são os propósitos estipulados dentro da esfera legislativa, razão pela qual tem caráter tipicamente instrumental.

Faz-se, ademais, de fundamental importância dentro da doutrina e jurisprudência, aplicar as alterações presentes na Constituição vigente no que tange ao controle jurisdicional, especialmente no que diz respeito aos atos administrativos discricionários em relação aos seguintes aspectos[150]:

- Controle da legalidade e legitimidade.
- Controle dos motivos do ato.
- Desvio de Poder ou Finalidade.
- Exame da moralidade administrativa.

Sabendo-se que a Ordem Jurídica engloba série de normas e valores, o magistrado ao apreciar o controle da legalidade e legitimidade, não pode ater-se exclusivamente ao aspecto formal dos atos da Administração. Deve, igualmente, dessa forma, verificar a adequação com os valores e princípios sobre os quais baseia-se todo o ordenamento.

A análise da atividade discricionária deve abranger uma investigação ampla dos motivos implícitos e explícitos dos atos administrativos. De princípio, faz-se necessário verificar a existência e veracidade dos motivos levantados, pois são estes desígnios dos atos editados. Posteriormente, a investigação toca a adequação entre os motivos e o resultado jurídico obtido, bem como a conveniência dos meios utilizados e o fim almejado.

Visto que toda atividade administrativa tem como fim o atendimento ao interesse público, deve-se analisar o objetivo duo de cada ato administrativo, um de caráter geral, intrínseco a qualquer ato administrativo e outro de caráter específico, que diz respeito ao fim almejado por cada ato ou procedimentos (tais como concurso público, nomeação para cargo de comissão, punição disciplinar etc.). É o que demonstra a ementa do acórdão proferido no Mandado de Segurança nº 22.431, oriundo do estado do Maranhão, em que figurou como relator o ministro Maurício Correa

> Mandado de Segurança. Oficial das Forças Armadas. Exercício de cargo público de magistério. Transferência para a reserva remunerada: sujeição à autorização do presidente da República. Estatuto dos Militares (Lei nº 6.880/1980) 1. O diploma infraconstitucional que dispõe sobre as condições de transferência do servidor militar para a inatividade, preconizado no § 9º do art. 42 da Constituição Federal, é o preexistente Estatuto dos Militares (Lei nº 6.880/1980), cujo art. 98 foi recepcionado pela atual Constituição Federal. 2. Cabe exclusivamente ao presidente da República, dentro do princípio da discricionariedade que a lei lhe outorga para avaliar e decidir segundo seus próprios critérios de conveniência e oportunidade, autorizar ou não a nomeação ou admissão de oficial militar para cargo ou emprego público. 3. A autorização do presidente da República é requisito essencial à passagem de oficial das Forças Armadas para a reserva remunerada. 4. Mandado de Segurança indeferido, ficando cassada a medida liminar.

Porém, se por um lado o administrador é dotado de relativa esfera de liberdade que toca aos juízos de conveniência e oportunidade do ato a ser editado, por outro não é livre para atribuir à categoria de ato escolhida finalidade diferente da estabelecida por lei. Dessa forma, ao analisar o fim concreto do ato (e não apenas os fins aparentes), o Judiciário estará atuando legitimamente em relação ao controle da legalidade do ato examinado.

Outro ponto importante a ser analisado toca à correspondência, verificada pelo Judiciário, da moralidade administrativa e do ato administrativo. O prof. Robertônio Pessoa ensina que

[150] Conforme lição do ilustre prof. Robertônio PESSOA, em obra anteriormente citada, p. 492. Faz menção, o mesmo jurista, tratando deste tema, aos conceitos jurídicos indeterminados: "A atuação administrativa discricionária frequentemente lastreia-se em conceitos jurídicos indeterminados, por vezes vagos e plurissignificativos, tais como interesse público, ordem pública, conveniência e oportunidade administrativa, segurança nacional, necessidade de serviço, entre outros. Tais expressões não podem se constituir em palavras mágicas cuja invocação, sobre o *polium* da discricionariedade, tem condão de afastar o controle jurisdicional de legalidade e legitimidade. Assim, o Judiciário não só pode, mas deve aferir, em cada situação concreta, em que atua mediante provocação das partes interessadas, a existência ou não dos pressupostos fáticos e jurídicos a que fazem referência tais conceitos, uma vez que tal se impõe como exigência elementar do controle da legalidade."

restou reduzido o campo da discricionariedade administrativa, estando o Judiciário apto a ingressar em seu mérito na medida que pode anular aqueles atos eivados de imoralidade. Deve-se, sob este aspecto, tomar a moralidade como algo distinto da mera legalidade do ato. Ela importa para o administrador a estrita observância de atuar em conformidade com os padrões de conduta considerados pela comunidade e que sustentam a própria existência social.

Com razão, a análise da moralidade do ato administrativo, em detrimento da análise restrita à legalidade interna, tem aumentado as hipóteses de controle jurisdicional dos atos discricionários. Dentro deste contexto, a obediência a este princípio vem a constituir não só uma obrigação do agente da Administração Pública, como um direito do administrado.

Antes de adentrar o estudo sobre os instrumentos de defesa para o controle judicial dos atos da Administração Pública, é interessante analisar as garantias processuais abraçadas pela Constituição Federal.

Trata-se o controle jurisdicional de garantia inafastável que, como dito anteriormente, encontra previsão no art. 5º, XXXV da Constituição Federal. Este controle, exercido mediante provocação do Ministério Público ou do cidadão comum, tem como fim a proteção de direitos e a efetivação dos princípios constitucionais previstos no art. 37, *caput*, da mesma Carta.

Para tal fim, estas garantias tratam de tornar efetivo este controle, dentre as quais se destacam:

- tutela jurisdiconal;
- devido processo legal;
- acesso à justiça;
- ampla defesa e contraditório.

A garantia da tutela jurisdicional é a obrigatoriedade da apreciação pelo Poder Judiciário, desde que provocado, de qualquer lesão ou ameaça a direito. É a mais importante e zela pelo cumprimento aos princípios da legalidade e moralidade.

O direito de ação, conhecido no Brasil como direito de acesso à Justiça para a defesa de direitos individuais, foi ampliado por meio da Constituição de 1988, englobando também a ameaça a direito, previsto no art. 5º, XXXV da Constituição Federal. Cabe, dessa maneira, ao administrado a invocação da apreciação do órgão jurisdicional competente sobre a situação irregular.

O *due process of law* americano é abraçado pelo inciso LIV do art. 5º da Constituição Federal que estabelece que ninguém será privado da liberdade ou de seus bens sem o devido processo legal.

Abrange, por meio desta fórmula, o universo de garantias fundamentais que asseguram às partes o exercício de suas faculdades e poderes processuais e, de outro, são fundamentais ao correto exercício da jurisdição[151].

Conforme lição de Robertônio Pessoa,

> a tutela jurisdicional, requerida por intermédio do direito de ação, efetiva-se por meio de um processo. Essa garantia relaciona-se com a anterior. Ao ser acionado o aparato jurisdicional do Estado, mediante o exercício do direito de ação, o administrado, na condição de autor ou mesmo réu, como no caso das ações de desapropriação, faz jus à observância do devido processo legal. A aplicação da cláusula do devido processo legal às lides administrativas implica a observância de determinadas exigências básicas no curso do processo, como, por exemplo, a igualdade de oportunidades para as partes envolvidas, sem que o Estado faça jus a privilégios desarrazoados.

Cabe, dessa forma, ao Judiciário repelir o atos administrativos violadores de tal garantia constitucional. É o que demonstra a ementa de acórdão proferido pela Quinta Câmara Cível na Apelação nº 14.850, em que figurou com apelante o Estado do Rio de Janeiro e como apelado Rolan de Azevedo Gonçalves Ribeiro, originado da Primeira Vara de Fazenda Pública do Município do Rio de Janeiro:

> Administrativo. Colocação de servidor publico em disponibilidade, com remuneração proporcional ao tempo de serviço em face da declarada desnecessidade de seu cargo. Ato praticado com fulcro no art. 41, § 3º, da Constituição Federal com a redação dada pela Emenda Constitucional nº 19/1998. *Discricionariedade do administrador limitada pela indicação do motivo do ato na própria norma autorizativa, possibilitando o controle judicial da veracidade da motivação declarada. Configuradas a falsidade do motivo e o desvio da finalidade, pois ficou patente que a colocação em disponibilidade não se vinculou a um autentico juízo sobre a necessidade ou não do cargo, mas ao objetivo de afastar sumariamente seu ocupante dos quadros da Policia, sem observância do devido processo legal.* Segurança concedida para anular o ato administrativo viciado. Desprovimento da apelação manifestada contra sentença que, invalidando os atos administrativos, restabeleceu a situação funcional do

[151] Ada Pellegrini GRINOVER ensina que "Garantias não servem apenas aos interesses das partes, como direitos públicos subjetivos (ou poderes e faculdades processuais) destas, mas que configuram, antes de mais nada, a salvaguarda do próprio processo, objetivamente considerado, como fator legitimante do exercício da jurisdição."

servidor, mantendo-se-lhe a integralidade remuneratória e o pagamento das diferenças de vencimentos. Confirmação do "decisum" em reexame obrigatório pelo segundo grau de jurisdição. (MMS)

Sendo, conforme ensinamento do prof. Hely Lopes Meirelles, motivo ou causa a situação de direito ou de fato que determina ou autoriza a realização do ato administrativo. O motivo, como elemento integrante da perfeição do ato, pode vir expresso em lei como pode ser deixado a critério do administrador. No primeiro caso será um elemento vinculado; no segundo discricionário, quanto à sua existência e valoração.

Ademais, restaram fortalecidos os aspectos que tocam ao controle dos atos administrativos discricionários, estudados a pouco, que tocam ao controle da legalidade e legitimidade; motivos do ato; desvio de poder ou finalidade e exame da moralidade administrativa.

A indicação do motivo, ressalta-se, faculta o controle judicial sobre a motivação apresentada. Consubstanciados a falsidade do motivo e o desvio da finalidade na presente lide e a ausência de defesa do autor, ora Apelado, conclui-se que foram violados os princípios do devido processo legal, de que decorrem os princípios da ampla defesa e do contraditório (que a seguir serão mais estudados).

Restaram violados outros princípios igualmente, como o da impessoalidade, visto que restou demonstrado que o ato administrativo teve condão de afastar ocupante dos quadros da polícia, ou seja, foi direcionado a uma única pessoa sem razão que o justificasse e o da moralidade, visto que o administrador público dispensou os preceitos éticos que deveriam integrar sua conduta.

Ventilado o princípio do devido processo legal por meio da análise da decisão proferida por órgão colegiado acima transcrita, na qual pareceu pertinente rever, além das garantias constitucionais que tocam à defesa do cidadão sobre os atos emanados da Administração Pública, outros conceitos igualmente importantes ao tema, pode-se dar seguimento ao item seguinte, que trata de outro preceito constitucional criado para assegurar a todos os cidadãos o acesso à Justiça.

Para a efetivação do devido processo legal, a Constituição estabeleceu assistência judiciária aos que comprovarem insuficiência de recursos, conforme art. 5º, LXXXIV, e atribuiu aos Estados a organização de carreira jurídica dos defensores públicos.

É o que demonstra a ementa do acórdão proferido nos autos do Agravo de Instrumento nº 9.198/2002, julgado pela Sexta Câmara do Tribunal de Justiça do Estado do Rio de Janeiro, em que figurou com relator o desembargador Nagib Slaibi Filho:

> Direito Constitucional. Gratuidade de justiça. Mera afirmação da parte de não ter condições de arcar com as custas judiciais e honorários advocatícios sem prejuízo do sustento próprio ou da família. Cabimento. *Aplicação do art. 5º, LXXIV,* da Constituição da República combinado com o art. 4º da Lei nº 1.060/1950. "O Colendo Supremo Tribunal Federal já decidiu que a Lei nº 1.060/1950 foi recepcionada pela Constituição de 1988 e por *isso basta ao requerente da gratuidade que declare por escrito seu estado de hipossuficiência (art. 4º), não estando obrigado, nessa fase, a fazer nenhuma comprovação de renda ou gastos, sendo patente a ilegalidade do indeferimento.* 2. Agravo de Instrumento a que se dá provimento". (Ag. Instr. 17086/2000, TJ-RJ, 168 Câmara Cível, Rel. Des. Miguel Angelo Barros, j. 06/03/2001). Provimento do recurso.

Por fim, os princípios da ampla defesa e do contraditório, ramificações do princípio do devido processo legal, encontram previsão no art. 5º, LV, da Constituição Federal e fundamentam-se na igualdade das partes no processo (mesmo na hipótese de ser a parte pessoa pública).

O contraditório significa a obrigatoriedade de se dar ciência às partes dos atos e termos mais importantes do processo a fim de dar a elas a faculdade de defesa (e contradizer o alegado pela outra). A ampla defesa é a faculdade que deve às partes ser dada dentro de um litígio para influenciarem na formação da convicção do órgão jurisdicional, por meio da produção de provas e sem qualquer restrição ao direito de defesa.

Antes de adentrar o estudo dos instrumentos de controle dos atos da Administração Pública pelo Poder Judiciário é interessante perceber a seguinte classificação, que toca a obrigatoriedade da presença do Estado em qualquer dos polos da relação processual. Neste sentido, de acordo com lição do ilustre Professor José dos Santos Carvalho Filho[152], o controle judicial pode se dar por intermédio de:

- **Meios inespecíficos**: são os representados por aquelas ações judiciais de que todas as pessoas podem socorrer, ou, em outras palavras, por aquelas que não exijam necessariamente a presença do Es-

[152] José dos Santos CARVALHO FILHO, em obra anteriormente citada, p. 654, que adotou a classificação proposta por Diogo de Figueiredo Moreira NETO na obra *Curso de Direito Administrativo*, 2003, p. 537 .

tado em qualquer dos polos da relação processual, de que são exemplos as ações ordinárias, a ação penal, os interditos possessórios, a nunciação de obra nova e a consignação em pagamento.

- **Meios específicos**: são as ações que exigem a presença no processo das pessoas administrativas ou de seus agentes. Tais meios se caracterizam pelo fato de que foram instituídos visando exatamente à tutela de direitos individuais ou coletivos contra atos de autoridade comissivos ou omissivos. São estes meios: mandado de segurança; ação popular; *habeas corpus*, o *habeas data* e o mandado de injunção, dentre os quais, ressalta o autor, existe ainda a ação civil pública que nem sempre exige a presença do Estado ou de alguma de suas autoridades, mas não deixa de ser uma forma específica de controle judicial da Administração.

Quando parte em uma ação judicial, a Administração desfruta de privilégios não aproveitados por particulares, criando um desnível das partes nas relações jurídicas. São estes privilégios:

- Juízo privativo.
- Prazos dilatados.
- Duplo grau de jurisdição.
- Processo especial de execução.
- Prescrição quinquenal.
- Não pagamento das despesas judiciais.
- Restrições à concessão de liminar e tutela antecipada.
- Restrições à execução provisória.

Juízo Privativo:

A Justiça federal engloba os tribunais regionais federais, conforme estabelecido pelo art. 106, II, da Constituição Federal. A competência destes juízos encontram previsão nos arts. 108 e 109 da mesma Carta.

Juízo Privativo:

A Administração Pública, no momento em que ingressa em juízo (seja como autora, seja como ré) adquire uma série de privilégios de caráter processual. Sem ater-se à discussão quanto a provável afronta ao princípio da isonomia na questão do juízo privativo, é interessante fazer a diferenciação das denominações que a Administração Pública adota enquanto parte em uma relação litigiosa.

A Administração Pública quando ingressa em juízo por meio de suas entidades estatais, autarquias, fundações públicas ou órgãos que possuam capacidade processual, é normalmente designada de "Fazenda Pública", pois é o seu erário que responderá pela demanda.

A Fazenda Pública possui, via de regra, foro próprio e juízo privativos, conforme demonstrado pelo art. 109, I, da Constituição Federal e na Lei nº 5.010/1966 e nas normas de organização da Justiça Federal e de cada unidade da Federação. Versa o art. 109, I:

> *Art. 109. Aos juízes federais compete processar e julgar:*
> *I – as causas em que a União, entidade autárquica ou empresa pública federal forem interessadas na condição de autoras, rés, assistentes ou oponentes, exceto as de falência, as de acidentes de trabalho e as sujeitas à Justiça Eleitoral e à Justiça do Trabalho;*

A Justiça Federal abrange os tribunais regionais federais (conforme arts. 106; 108, II e 109, I, da Constituição Federal), excluindo, como demonstrado no dispositivo transcrito *supra*, excluem-se desta competência as causas referentes à falência e das de acidentes do trabalho, ambas matérias de competência da justiça comum, e as relativas à Justiça Eleitoral e a Justiça do Trabalho.

O juízo privativo beneficia a União, as entidades autárquicas ou empresas publicas, nao abrangendo as fundações de direito privado e as sociedades de economia mista, que igualmente atuarão dentro da esfera da justiça comum (cuja competência é residual). Quanto às sociedades de economia mista federais, consagrou a Súmula nº 556 do STF:

> STF Súmula nº 556: É competente a justiça comum para julgar as causas em que é parte sociedade de economia mista.

Os Estados e os Municípios, porém, não possuem foro privilegiado, mas apenas juízo privativo, que são ordenados de acordo com as normas de organização judiciária de cada Estado-membro. É o que demonstra o Recurso Especial nº 34.816, no qual foi relator o ministro Milton Luiz Pereira e que figuraram como recorrente e recorrido, respectivamente, a Fazenda Pública do Estado de Minas Gerais e Transtassi Ltda.

> Processual civil. Fazenda Pública. Competência de foro. Arts. 99 e 100, CPC. 1. *Estado-membro não tem foro privilegiado, mas juízo privativo* (vara especializada), nas causas que devam correr na comarca da capital, quando a fazenda for autora, ré ou interveniente. Nas causas pertencentes à competência territorial de qualquer outra comarca não pode a lei de organização judiciária atrair essas causas para o foro da capital, arts. 94, 99 e 100, IV, *a*, CPC). 2. Precedentes da jurisprudencia. 3. Recurso improvido.

A Lei de Organização Judiciária não pode, porém, conforme insta demonstrado, atrair causas pertencentes à competência territorial de qualquer outra comarca para o foro da capital. Tão pouco é razoável à Fazenda Pública arguir exceção de incompetência a fim de procrastinar o andamento processual nestas hipóteses. A seguir, o Recurso Especial nº 49.457, oriundo do estado do Paraná em que figuram como partes a Fazenda Pública do estado do Paraná (recorrente) e Honorato Civiero e Companhia Ltda. trata claramente do tema:

> Processual civil. Competência. Ação anulatória de débito fiscal: inexistência de foro privilegiado. Precedentes. Embargos de divergência rejeitados. 1. A ora embargada aforou ação anulatória de débito fiscal na comarca dos fatos (autuação por não emissão de notas fiscais). A Fazenda Pública do estado do Paraná arguiu a exceção de incompetência: o código de organização judiciária elege como foro uma das varas da Fazenda Pública da capital paranaense. O juiz de primeiro grau não acolheu a exceção. O TJPR improveu o agravo. A Primeira Turma do STJ negou provimento ao recurso especial. Daí os embargos de divergência. 2. Os estados federados também podem ser desmandados nas comarcas onde ocorreram os fatos. Inteligência do art. 100, IV, do CPC. Precedentes: REsp 50.295/SC, REsp 67.186/SP, REsp 80.482/MG e REsp 13.649/SP. 4. Embargos de divergência rejeitados.

No Município onde não há varas de Fazenda Pública, dessa forma, correm dentro da esfera da Justiça comum a ação popular, o mandado de segurança, a execução fiscal, a desapropriação, as ações de discriminação de terras devolutas e outras relativas a bens imóveis, o que não ocorre na segunda instância, onde não há juízo privativo na esfera estadual[153].

No que toca à Justiça do Trabalho, faz-se interessante esclarecer que o art. 114 da Constituição Federal que estabelece:

> Art. 114: Compete à Justiça do Trabalho conciliar e julgar os dissídios individuais e coletivos entre trabalhadores e empregadores, abrangidos os entes de Direito Público externo e da Administração Pública direta e indireta dos Municípios, do Distrito Federal, dos Estados e da União, e, na forma da lei, outras controvérsias decorrentes da relação de trabalho, bem como os litígios que tenham origem no cumprimento de suas próprias sentenças, inclusive coletivas.

Tratando-se a Justiça do Trabalho de justiça especializada em direito do trabalho, faz-se fundamental compreender que o propósito de tal preceito foi atribuir a ela a análise dos dissídios individuais e coletivos que envolvessem servidores contratados sob o regime da legislação trabalhista; o restante é de atribuição da Justiça federal e das varas de Fazenda Pública estaduais, até porque os servidores estatutários não integram dissídios coletivos, vez que as normas que abrangem seus direitos e deveres advêm da lei e não de disposições contratuais, não podendo, portanto, serem modificadas em virtude de decisões do Poder Judiciário.

Prazos Dilatados:

O art. 188 do Código de Processo Civil estabelece que:

> *Art. 188: Computar-se-á em quádruplo o prazo para contestar e em dobro para recorrer quando a parte for a Fazenda Pública ou o Ministério Público.*

A expressão "Fazenda Pública" envolve aqui a União, os Estados, Distrito Federal, Municípios e suas respectivas autarquias de fundações públicas. Por força do art. 10 da Lei nº 9.469/1997 que, dentre outros, dispõe sobre a intervenção da União nas causas em que figurarem, como autores ou réus e sobre entes da Administração indireta, estende-se o disposto no art. 188 do Código de Processo Civil às autarquias e fundações públicas. Segue-se o artigo:

> *Art. 10. Aplica-se às autarquias e fundações públicas o disposto nos arts. 188 e 475,* caput, *e no seu inciso II, do Código de Processo Civil.*

Duplo grau de jurisdição obrigatório:

As sentenças desfavoráveis a União, Estados e Municípios, ou que julgarem procedente execução de dívida ativa da Fazenda Pública estão sujeitas ao duplo grau de

[153] A prof. Maria Sylvia Zanella DI PIETRO (*Direito Administrativo.* 15ª ed., São Paulo: Jurídico Atlas, p. 618), ao discorrer sobre os litígios que envolvem empresas estatais no Estado de São Paulo, comenta: "No estado de São Paulo, as ações de que são parte o Estado, os Municípios ou as entidades paraestatais são de competência das Varas de Fazenda Pública (art. 36 do Código Judiciário aprovado pelo Decreto-lei Complementar nº 3, de 27/08/1969). No entanto, o Judiciário, no estado de São Paulo, vem entendendo que os litígios que envolvem empresas estatais que prestem atividade econômica não são de competência das Varas de Fazenda Pública, tendo em visto que o art. 173, § 1º, II, da Constituição determina a sujeição dessas entidades ao regime jurídico próprio das empresas privadas, o que afastaria qualquer privilégio, inclusive o do juízo privativo. Disso decorre que as empresas estatais passaram a ser distinguidas, para esse fim, em função do tipo de atividade que exercem: quando prestam serviço público, suas ações competem às Varas de Fazenda Pública; quando exercem atividade econômica a título de intervenção, a competência é das Varas Cíveis. O entendimento é equivocado porque dificilmente se pode chamar de juízo privativo a Vara de Fazenda Pública."

jurisdição, conforme estabelece o art. 475 do CPC, que se segue:

> *Art. 475: Está sujeita ao duplo grau de jurisdição, não produzindo efeito senão depois de confirmada pelo Tribunal, a sentença:*
> *I – proferida contra a União, o Estado, o Distrito Federal e o Município, e as respectivas autarquias e fundações de Direito Público;*
> *II – que julgar procedentes, no todo ou em parte, os embargos à execução de divida ativa da Fazenda Pública (art. 585, VI).*

De acordo com o parágrafo único deste artigo, o juiz ordenará a remessa dos autos ao tribunal, haja ou não apelação; não o fazendo, deverá o presidente do Tribunal avocá-los. O propósito deste dispositivo é impedir que as ações de interesse público deixem de ser reapreciadas em instância superior caso as partes não recorram voluntariamente.

A título ilustrativo, demonstra-se por meio do acórdão proferido na Apelação nº 698 em que figurou como autor o Município de Volta Redonda e como réu o espólio de Isaias Salgado Pereira e que, embora não houvesse recurso municipal, a sentença foi reapreciada:

> Duplo grau obrigatório de jurisdição. Desapropriação. Imóvel do particular declarado com sendo de utilidade pública para a consecução do fim social e do interesse público. Critério da justa indenização, devidamente observado, o que levou à concordância dos interessados e procedência da pretensão expropriatória do ente público. Conhecimento e confirmação. Sentença que, em duplo grau obrigatório de jurisdição, se confirma e mantém.

Há uma exceção a este princípio prevista no art. 12 da Medida Provisória nº 2.180-35 que estabelece:

> não estão sujeitas ao duplo grau de jurisdição obrigatório as sentenças proferidas contra a União, suas autarquias e fundações públicas, quando a respeito da controvérsia do advogado-geral da União ou outro órgão administrativo competente houver editado súmula ou instrução normativa determinando a não interposição de recurso involuntário.

Processo Especial de Execução:

Tendo em vista a impenhorabilidade dos bens públicos, o processo de execução contra a Fazenda Pública é disciplinada em diferentes termos. O processo especial de Execução é igualmente válido para União, Estados e Municípios.

Assim sendo, estabelece o art. 100 da Constituição da República que, à exceção dos créditos de natureza alimentícia, os pagamentos devidos pela Fazenda Federal, Estadual ou Municipal, em virtude de sentença judiciária, far-se-ão exclusivamente na ordem cronológica de apresentação dos precatórios e à conta dos créditos respectivos, proibida a designação de casos ou de pessoas nas dotações orçamentárias e nos créditos adicionais abertos para este fim.

As Emendas Constitucionais nº 30, de 13/09/2000, e nº 37, de 12/06/2002, alteraram a redação de alguns dos parágrafos do mencionado dispositivo, acrescentando, ainda, a este, alguns outros.

O § 1º, do art. 100, com redação dada pela Emenda Constitucional nº 30, de 13/09/2000 estabelece a obrigatoriedade da inclusão, no orçamento das entidades de Direito Público, de verba necessária ao pagamento de seus débitos oriundos de sentenças transitadas em julgado, constantes de precatórios Judiciários, apresentados até 1º de julho, fazendo-se o pagamento até o final do exercício seguinte, quando terão seus valores atualizados monetariamente.

A mesma eemenda acrescentou ao dito artigo novo parágrafo (§ 1º, A), que tratou de definir os débitos de natureza alimentícia. Dessa forma, compreendem estes os decorrentes de salários, vencimentos, pensões e suas complementações, benefícios previdenciários e indenizações por morte ou invalidez, fundadas na responsabilidade civil, em virtude de sentença transitada em julgado.

Assim sendo, este processo não se aplica aos débitos de natureza alimentícia, definidos conforme o § 1º – A do art. 100 e aos pagamentos de obrigações definidas em lei como de pequeno valor que a Fazenda Federal, Estadual, Distrital ou Municipal deva fazer em virtude de sentença judicial transitada em julgado, conforme § 3º, com redação determinada pela Emenda Constitucional nº 30/2000.

Ainda, o § 2º sofreu alteração por meio da Emenda nº 30, ficando assim estabelecido que as dotações orçamentárias e os créditos abertos serão consignados diretamente ao Poder Judiciário, cabendo ao presidente do Tribunal que proferir a decisão exequenda determinar o pagamento segundo as possibilidades do depósito e autorizar, a requerimento do credor, e exclusivamente para o caso de preterimento de seu direito de precedência, o sequestro da quantia necessária à satisfação do débito.

Assim, conforme nova disposição constitucional, o pagamento dos precatórios dá-se pela ordem cronológica de apresentação, deixando de ser incumbência da entidade devedora e passou a constituir atribuição do próprio Judiciário, por meio da determinação do presidente do Tribunal.

Estabelece, inclusive, o § 6º, acrescentado pela Emenda Constitucional nº 30/2000 e renumerado pela Emenda Constitucional nº 37/2002, que incorrerá em crime de responsabilidade o presidente do Tribunal competente que, por ato comissivo ou omissivo, retardar ou tentar frustrar a liquidação regular de precatório.

Dessa forma, o presidente do Tribunal expede o ofício do precatório à entidade devedora, por sua vez, cabe incluir o valor no orçamento para pagamento até o final do exercício seguinte, as dotações orçamentárias e créditos abertos para este finalidade serão diretamente consignados ao Poder Judiciário.

Então, o presidente do Tribunal autoriza o pagamento requerido pelo credor (pela ordem cronológica), determinando o sequestro da quantia necessária à satisfação do débito em caso de preterimento do direito de sua precedência.

Acrescentou, ainda, a Emenda Constitucional nº 30/2000 o art. 78 ao Ato das Disposições Constitucionais Transitórias, prevendo o parcelamento dos precatórios que decorram e ações ajuizadas até 13/12/1999.

Dessa forma, estabelece o artigo:

> *Art. 78: Ressalvados os créditos definidos em lei como de pequeno valor, os de natureza alimentícia, os de que trata o art. 33*[154] *deste Ato das Disposições Constitucionais Transitórias e suas complementações e os que já tiveram seus respectivos recursos liberados ou depositados em juízo, os precatórios pendentes na data de promulgação desta Emenda e os que decorrerem de ações iniciais ajuizadas até 31 de dezembro de 1999 serão liquidadas pelo seu valor real, em moeda corrente, acrescido de juros legais, em prestações anuais, iguais e sucessivas, no prazo máximo de dez anos, permitida a cessão dos créditos.*

Ressalta-se que, por força do § 3º, esse prazo fica reduzido para dois anos no caso de precatórios judiciais originários de desapropriação de imóvel residencial do credor, desde que comprovadamente único à época da imissão na posse.

Ainda de acordo com o § 2º, as referidas prestações anuais terão, se não liquidadas até o final do exercício, poder liberatório do pagamento de tributos da entidade devedora. Em caso de omissão no orçamento ou preterição ao direito de precedência, cabe ao Presidente do Tribunal, a requerimento do credor, requisitar ou determinar o sequestro de recursos financeiros da entidade executada, suficientes à satisfação da prestação.

A Lei Complementar nº 101, de 04/05/2000, conhecida como "lei de responsabilidade fiscal" que estabelece normas de finanças públicas voltadas para a responsabilidade na gestão fiscal e dá outras providências, determina, em seu art. 30, § 7º, que:

> *Art. 30. No prazo de noventa dias após a publicação desta Lei Complementar, o presidente da República submeterá ao: [...] § 7º Os precatórios judiciais não pagos durante a execução do orçamento em que houverem sido incluídos integram a dívida consolidada, para fins de aplicação dos limites.*

Estabelece a mesma lei em seu art. 29:

> *Art. 29. Para os efeitos desta Lei Complementar, são adotadas as seguintes definições:*
> *I – dívida pública consolidada ou fundada: montante total, apurado sem duplicidade, das obrigações financeiras do ente da Federação, assumidas em virtude de leis, contratos, convênios ou tratados e da realização de operações de crédito, para amortização em prazo superior a doze meses;*

O art. 52, inciso VI, determina, ainda, que compete privativamente ao Senado Federal fixar, por proposta do presidente da República, limites globais para o montante da dívida consolidada da União, dos Estados, do Distrito Federal e dos Municípios

Conclui-se, assim, que os precatórios não pagos de acordo com o previsto no orçamento, serão incluídos no valor total da dívida, podendo não permitir que a entidade venha a contrair outras dívidas, desde que, com isso, rompa o teto fixado pelo senado.

A profª Maria Sylvia Zanella Di Pietro, ensina sobre o tema:

> Com as alterações no art. 100 da Constituição e com as referidas normas da Lei de Responsabilidade Fiscal, fica muito claro o intuito do legislador de moralizar o processo dos precatórios, em relação ao qual, de longa data, está institucionalizado o calote pelo poder público, sem qualquer punição, já que os pedidos de intervenção federal nos Estados e intervenção estadual nos Municípios, por descumprimento de ordem judicial, vêm sen-

[154] É o art. 33 do Ato das Disposições Constitucionais Transitórias: "Art. 33: Ressalvados os créditos de natureza alimentar, o valor dos precatórios judiciais pendentes de pagamento na data da promulgação da Constituição, incluído o remanescente de juros e correção monetária, poderá ser pago em moeda corrente, com atualização, em prestações anuais, iguais e sucessivas, no prazo máximo de oito anos, a partir de 1º de julho de 1989, por decisão editada pelo Poder Executivo até cento e oitenta dias da promulgação da Constituição. Parágrafo Único: Poderão as entidades devedoras, para cumprimento do disposto neste artigo, emitir, em cada ano, no exato montante do dispêndio, títulos de dívida pública não compatíveis para o limite global de envidamento."

do sistematicamente ignorados, com duplo desrespeito ao Judiciário (não cumprimento dos precatórios e não decretação da intervenção) e com desrespeito também aos credores.

Prescrição Quinquenal:

A prescrição quinquenal é regulada pelo Decreto nº 20.910, de 06/01/1932. Estabelece, dessa forma, o art. 1º:

> *Art. 1º As dívidas passivas da União, dos Estados e dos Municípios, bem assim todo e qualquer direito ou ação contra a Fazenda federal, estadual ou municipal, seja qual for a sua natureza, prescrevem em cinco anos contados da data do ato ou fato do qual se originarem.*

Estabelece, ainda, o Decreto-lei nº 4.597 de 19/08/1942, em seu art. 2º, que:

> *Art. 2º. O Decreto 20.910, de 6 de janeiro de 1932, que regula a prescrição quinquenal, abrange as dívidas passivas das autarquias, ou entidades e órgãos paraestatais, criados por lei e mantidos mediante impostos, taxas ou quaisquer contribuições exigidas em virtude de lei federal, estadual ou municipal, bem como a todo e qualquer direito e ação contra os mesmos.*

Assim sendo, as dívidas dos entes da federação, bem como das autarquias, ou entidades e órgãos paraestatais prescrevem dentro de cinco anos. Porém, embora o dispositivo supra faça menção a "qualquer direito ou ação contra a Fazenda federal, estadual ou municipal", a prescrição quinquenal não é utilizada na hipótese de ação real.

Se tal prazo fosse adotado nas ações reais, admitir-se-ia a aquisição de imóvel alheio pela Administração após o transcorrer do exíguo período de cinco anos, e a possibilidade de um usucapião especial em situação não prevista pelo ordenamento Jurídico.

O art. 177 do C.C. previa a prescrição de ação real em 10 anos entre presentes e 15 anos entre ausentes. O Novo Código Civil estabeleceu, em seu art. nº 1.238, que aquele que por 15 anos, sem interrupção, nem oposição, possuir como seu um imóvel, adquire-lhe a propriedade, independentemente de título de boa-fé, podendo requerer ao juiz que assim o declare por sentença, a qual servirá de registro para no Cartório de Registro de Imóveis.

Acrescenta-se, ainda, que o prazo estabelecido no artigo será reduzido à 10 anos se o possuidor houver estabelecido no imóvel sua moradia habitual, ou nele realizado obras e serviços de caráter produtivo.

O mesmo é válido na ação de retrocessão, matéria de desapropriação, quer quando se pretenda reivindicar o imóvel desapropriado, ou simplesmente pagamento de perdas e danos (indenização).

A prescrição, como se sabe, pode sofrer interrupção ou suspensão, estas têm ocorrência nos casos previstos no Código de processo Civil, a primeira somente ocorre uma vez, por força do art. 3º do Decreto-lei nº 4.597, de 19/08/1942, e a segunda pela interposição de recursos administrativos com efeito suspensivo e pela reclamação administrativa.

Por meio deste artigo estabelece-se que a prescrição de dívidas, direitos e ações somente pode ser interrompida uma vez, e recomeçar a correr, pela metade do prazo, da data do ato que a interrompeu, ou do último do processo para a interromper.

Consumar-se-á a prescrição no curso da lide sempre que a partir do último ato ou termo da mesma, inclusive da sentença nela proferida, embora passada em julgado, decorrer o prazo de dois anos e meio.

Não corre a prescrição durante a demora que, no estudo, ao reconhecimento ou no pagamento da dívida, considerada líquida, tiverem as repartições ou funcionários encarregados de estudar e apurá-la, conforme o art. 4º do Decreto nº 20.910, de 06/01/1932.

Nessa hipótese, a suspensão da prescrição verificar-se-á pela entrada do requerimento do titular do direito ou do credor no livros ou protocolos das repartições públicas, com designação do dia, mês e ano, segundo o parágrafo único do mesmo artigo.

Não pagamento das despesas judiciais:

Estabelece o art. 27 do Código de Processo Civil que "as despesas dos atos processuais, efetuados a requerimento do Ministério Público ou da Fazenda Pública, serão pagas ao final pelo vencido".

Determina, ainda, o art. 511 da mesma Lei que:

> *Art. 511: No ato de interposição do recurso, o recorrente comprovará, quando exigido pela legislação pertinente, o respectivo preparo, inclusive porte de remessa e retorno, sob pena de deserção.*
>
> *§ 1º São dispensados de preparo os recursos interpostos pelo Ministério Público, pela União, pelos Estados e Municípios e respectivas autarquias, e pelos que gozam de isenção legal [...].*

A isenção do pagamento de custas não é absoluta. O INSS, por exemplo, não ações acidentárias propostas na Justiça Estadual, não goza de tal benefício, conforme entendimento jurisprudencial consolidado pela Súmula nº 178 do STJ[155].

Pode-se exemplificar, a título ilustrativo, a aplicação da Súmula nº acórdão proferido pela Décima Quarta Câmara Cível do Tribunal de Justiça do Rio de Janeiro, nos autos do Agravo de Instrumento em que figuraram como Agravante o INSS e como agravado José Maximiano Filho, sobre decisão proferida em Vara de Acidente do Trabalho:

> Acórdão acidente do trabalho prova pericial realizada antes da audiência: possibilidade da antecipação. Recurso do INSS: dispensa de preparo, *em se tratando de autarquia. O INSS é uma autarquia previdenciária integrante do ente genérico conhecido como Fazenda Pública, e está dispensado, por isso, de efetuar o preparo dos recursos. (At. 511, parágrafo único, CPC). Contudo, ao final, no caso de ficar vencido na demanda, incide a Súmula 178, do STJ. Quanto à realização do exame pericial antes da audiência de instrução e julgamento,* não se vislumbra prejuízo para o réu, pelo menos em ação acidentária, dadas as suas peculiaridades. Recurso improvido.

Além dos dispositivos mencionados, acrescenta-se, ainda, que o art. 1º-A da Lei nº 9.494/1997 (que disciplina a aplicação da tutela antecipada contra a Fazenda Pública), adicionado pela Medida Provisória nº 2.180-35, de 24/08/2001, estabelece que estão dispensados de depósito prévio, para a interposição de recurso, as pessoas de Direito Público federais, estaduais, distritais e municipais.

Restrições à concessão de liminar e à tutela antecipada:

A Lei nº 8.437, de 30/06/1992 dispões sobre a concessão de medidas cautelares contra atos do Poder Público. Estabelece, para tal, em seu art. 1º que

> *não será cabível medida liminar contra atos do Poder Público, no procedimento cautelar ou em quaisquer outras ações de natureza cautelar ou preventiva, toda vez que providência semelhante não puder ser concedida em ações de mandado de segurança, em virtude de vedação legal.*

Assim sendo, não será cabível, no juízo de primeiro grau, medida cautelar inominada ou sua liminar, quando impugnado ato de autoridade sujeita, na vida de mandado de segurança, à competência do Tribunal, o que não se aplica, por força do § 2º do art. 1º desta Lei, aos processos de ação popular e de ação civil pública.

Não será igualmente cabível, por força do § 3º do mesmo dispositivo, medida liminar que esgote no todo ou em parte o objeto da ação. Em caso de manifesto interesse público ou de flagrante ilegitimidade, deve o Ministério Público ou a própria pessoa jurídica de Direito Público interessada, requerer ao presidente do Tribunal a suspensão da execução da liminar nas ações movidas contra o Poder Público e seus agentes.

Dessa forma, ensina a profª Maria Sylvia Zanella Di Pietro que há restrições nos seguintes casos:

- ao se tratar de ações que visem a obter a liberação de mercadorias, bens ou coisas de qualquer espécie procedentes do estrangeiro (art. 1º da Lei nº 2.770, de 04/05/1956);
- nas ações que objetivem pagamentos de vencimentos e vantagens pecuniárias a servidor (art. 1º, § 4º, da Lei nº 5.021, de 09/06/1966);
- na hipótese de reclassificação ou equiparação de servidores públicos, ou concessão ou aumento ou extensão de vantagens (art. 5º da Lei nº 4.348, de 26/06/1964).

A Lei nº 9.494, de 10/09/1997, que disciplina a aplicação da tutela antecipada contra a Fazenda Pública, estabelece em seu art. 1º:

> *aplica-se à tutela antecipada prevista nos arts. 273 e 461 do Código de Processo Civil, o disposto nos arts. 5º e seu parágrafo único e 7º da Lei nº 4384, de 26/06/1966, e nos arts. 1º, 3º, e 4º da Lei nº 8.437, de 30/06/1992.*

Com isso, pretendeu o legislador coibir a utilização do processo cautelar ou da tutela antecipada para obter resultado igual ao que seria obtido na hipótese de concessão de liminar em Mandado de Segurança.

Por óbvio todas estas limitações quanto à concessão de medidas cautelares e liminares, são relativas, pois não podem ser utilizadas pelo Judiciário na hipótese de risco ao direito das pessoas. Ou seja, caso seja demonstrado o *periculum in mora* não poderá ser negada pelo Estado medida para proteger o direito ameaçado.

O art. 5º da Constituição Federal, amplamente citado ao longo deste trabalho, que veda a exclusão da apreciação do Judiciário de lesão ou ameaça a direito não pode ser suprimido em virtude de leis ordinárias.

Abaixo, insta-se claramente demonstrado, para elucidar o tema, exemplo fático extraído de acórdão pro-

[155] Súmula nº 178: O INSS não goza de isenção do pagamento de custas e emolumentos, nas ações acidentárias e de benefícios, propostas na justiça estadual.

ferido pela Sétima Câmara Cível do Tribunal de Justiça do Rio de Janeiro, no Agravo de Instrumento nº 15.609, sobre decisão que concedeu a antecipação de tutela requerida por policial militar posto em disponibilidade por ato do Executivo do Estado do Rio de Janeiro

> Administrativo. Pessoal. Constitucional. Cautelar, requerida por policial militar, posto em disponibilidade por haver seu cargo sido declarado desnecessário pelo governador do Estado, na qual foi concedida liminar para ser nele reintegrado, suspendendo os efeitos daquele ato. Matéria decidida pelo eg. órgão especial em outro *writ*, que considerou os atos do executivo arbitrários e inconstitucionais. Sua invocação na decisão agravada, que enseja *a verificação do "fumus boni iuris" e do "periculum in mora". Enunciado Cível nº 11, que admite a antecipação de tutela contra a Fazenda Pública, ocorrentes seus pressupostos.* Agravo desprovido.

Restrições à execução provisória:

O art. 100, § 1º, da Constituição Federal, acrescentado por meio da Emenda Constitucional nº 30/2000, estabelece que é obrigatória a inclusão no orçamento das entidades de Direito Público, de verba necessária ao pagamento de seus débitos oriundos de sentença transitadas em julgado.

Tal alteração suprimiu a praticabilidade da execução provisória contra a fazenda pública. Entende, assim, o Superior Tribunal de Justiça, conforme se demonstra por meio da ementa do acórdão proferido nos autos do Recurso Especial nº 447406, pela Segunda turma:

> Processo civil. Execução de sentença. Fazenda Pública. Arts. 730 e 731 do CPC. Art. 100, § 1º, da CF/1988 com a redação dada pela EC nº 30/00. 1. *A EC 30/00, ao inserir no § 1º do art. 100 da CF/1988 a obrigação de só ser inserido no orçamento o pagamento de débitos oriundos de sentenças transitadas em julgado, extinguiu a possibilidade de execução provisória. 2. Releitura dos arts. 730 e 731 do CPC, para não se admitir, contra a Fazenda Pública, execução provisória.* 3. Recurso especial conhecido e provido.

Já havia previsões neste sentido na Lei nº 4.348/1964, vedando a execução provisória na pendência de recurso, ainda tendo este efeito devolutivo:

> *Art. 5º. Não será concedida a medida liminar de mandados de segurança impetrados visando à reclassificação ou equiparação de servidores públicos, ou à concessão de aumento ou extensão de vantagens.*
>
> *Parágrafo único. Os mandados de segurança a que se refere este artigo serão executados depois de transitada em julgado a respectiva sentença.*

Igualmente, o art. 2º-B da Lei nº 9.494/1997, incluído pela Medida Provisória nº 2.180-35, de 24/08/2001 o previa:

> *Art. 2º-B. A sentença que tenha por objeto a liberação de recurso, inclusão em folha de pagamento, reclassificação, equiparação, concessão de aumento ou extensão de vantagens a servidores da União, dos Estados, do Distrito Federal e dos Municípios, inclusive de suas autarquias e fundações, somente poderá ser executada após seu trânsito em julgado. (NR)*

A Administração Pública em juízo:

Antes de analisar questões como a representação em juízo dos entes da Administração Pública, a atuação processual e a execução do julgado, é interessante recordar que a União, autarquias federais e empresas públicas demandam em primeira instância perante a Justiça Federal, salvo as exceções previstas no art. 109 da Constituição Federal[156] e em segunda instância perante os Tribunais Regionais Federais

Dividem-se, conforme a causa de pedir e o pedido os litígios decorrentes das relações de trabalho dos servidores da União, autarquias federais, fundações e entidades da Administração indireta entre a Justiça do Trabalho e a Federal.

Os Estados, nas causas de competência da Justiça Estadual, são demandados nas respectivas capitais, em juízo ou vara privativa comum, exceto nas ações reais e nos Mandados de Segurança, em que o foro é o da situação da coisa ou sede da autoridade coatora.

Os Municípios litigam na comarca da sede, segundo a organização Judiciária do Estado-membro na qual se situam. Havendo ou não privatividade de juízo ou vara, têm igualmente todos os privilégios conferidos à Fazen-

[156] As hipóteses previstas no art. 109, §§ 1º, 2º, 3º e 4º dispõem que as causas em que a União for autora serão aforadas na seção judiciária onde tiver domicílio a outra parte; as causas intentadas contra a União poderão ser aforadas na seção judiciária em que for domiciliado o autor, naquela onde houver ocorrido o ato ou fato que deu origem à demanda ou onde seja situada a coisa, ou, ainda, no Distrito Federal; serão processadas e julgadas na justiça estadual, no foro do domicílio dos segurados ou beneficiários, as causas em que forem parte instituição de previdência social e segurado, sempre que a comarca não seja sede de vara do juízo federal, e, se verificada essa condição, a lei poderá permitir que outras causas sejam também processadas e julgadas pela justiça estadual; ainda, nesta última hipóteses o recurso cabível será sempre para o Tribunal Regional Federal na área de jurisdição do juiz de primeiro grau.

da Pública. Para efeitos de legitimidade *ad causam*, as expressões Município e Prefeitura se equivalem.

As autarquias, conforme lição do ilustre prof. Hely Lopes Meirelles, são desmembramentos do próprio Poder Público, têm o mesmo foro e juízo da entidade estatal a que pertencem e gozam das mesmas prerrogativas processuais da Fazenda Pública quanto a prazos, custas e prescrições das suas ações. Estabelece, ainda, a Súmula 620 do STJ que: "A sentença proferida contra autarquias não está sujeita a reexame necessário, salvo quando sucumbente em execução de dívida ativa."

As fundações, entes equiparados às autarquias, possuem igualmente mesmo foro e juízo da entidade estatal a que pertencem e gozam das mesmas prerrogativas dos demais entes da Administração Pública, embora a Constituição não expressamente a isto faça menção.

Já as empresas estatais, empresas públicas, sociedades de economia mista, serviços sociais autônomos e entes de cooperação em geral, não são dotadas de qualquer prerrogativa processual correspondentes à Fazenda Pública, só obtendo privilégios concedidos por lei especial dentro dos limites da competência de cada entidade estatal.

A representação ativa e passiva da Fazenda Pública em juízo é realizada por procuradores ou advogados especialmente constituídos para a União, os Estados e o Distrito Federal e, na esfera Municipal, por seu prefeito ou procurador, conforme art. 21, I e II do código de Processo Civil[157].

As citações para início de ação ou execução contra a Fazenda Pública, bem como as notificações para prática de atos só podem ser realizadas por meio da pessoa do procurador com poderes especiais para recebê-las. Porém, as intimações relativas ao andamento do feito deverão ser feitas na pessoa do procurador da Fazenda ou advogado constituído que tiver funcionando nos autos.

Em 29/08/2000 foi disponibilizada notícia do Superior Tribunal de Justiça com o título "Inovação de ministro do STJ ajuda a agilizar a tramitação de processos". Faz-se pertinente, como ilustração do presente trabalho, tal curioso procedimento introduzido pelo ministro Gomes de Barros em ação cuja discussão judicial girou em torno da possibilidade ou não de recolhimento de ICMS no deslocamento de mercadorias entre filiais de uma mesma empresa.

É frequente queixa social o espaço temporal despendido para a realização de atos processuais, que implica em uma demora na tramitação das causas no Poder Judiciário. A despeito de tal lamento, o ministro da Corte Superior, durante o exame de uma ação cautelar, ajuizada por empresa de vestuários paulista contra o estado de São Paulo entendeu ser necessário um pronunciamento prévio do ente estatal e o requisitou de forma não convencional.

A inovação processual, inédita no STJ, surgiu na forma de encaminhar a intimação ao Executivo judicial, tomando como base a Lei nº 9.800/1999 que permite às partes o uso de sistemas de transmissão de dados para a prática de atos processuais. Foi, Dessa forma, enviado por fax, intimação ao governo do estado de São Paulo, mais especificamente à sua representação no Distrito Federal. Até o momento, tal legislação só vinha sendo utilizada pelas partes para o envio de suas petições (cujos originais são só entreguem em até cinco dias após a recepção do fax).

A medida utilizada pelo ministro do STJ seguiu uma via inversa, como não prevista em lei, a intimação via fax só teve êxito em razão da concordância da procuradoria-geral paulista. A forma rotineira implicaria na publicação da medida ou determinação da notificação pessoal do representante jurídico do Poder Público, opções menos econômicas e que demandam, no mínimo, três dias a mais.

A instrução das ações em que a Fazenda Pública for parte é realizada com similaridade a quaisquer outras ações, conforme previsão da lei processual civil. O juiz pode, também, requerer processo administrativo não amparado pelo sigilo administrativo ou por lei, que tiver relação com a causa como meio probatório.

---

[157] Ensina o prof. Hely Lopes MEIRELLES que "os procuradores judiciais da Fazenda Pública não necessitam de procuração *ad judicia*, por se presumir conhecido o mandato pelo seu título de nomeação para o cargo; os advogados contratados para causas esparsas devem juntar procuração aos autos para serem admitidos no processo. Uns e outros dependerão sempre de autorização especial para confessar, transigir ou desistir, porque tais atos excedem dos poderes normais de administração, importando renúncia de direitos públicos, dependente de lei especial, ou de poderes expressos para seu exercício. Os poderes para receber intimação, fazer levantamentos e pagamentos nos autos estão implícitos na lei que institui os cargos de procuradores da Fazenda Pública, por inerentes à função que desempenham. Quanto à citação inicial para a ação ou execução, só pode ser feita na pessoa do Procurador-geral daqueles que a lei administrativa expressamente indicar. O chefe do Executivo não pode utilizar advogado da Administração Pública ou contratá-lo às expensas da Fazenda Pública, para sua defesa, por fato anterior ou concomitante ao exercício do cargo, salvo em questão pertinente às suas prerrogativas.

É obrigatória a intervenção do Ministério Público na hipótese de existência de interesse público, conforme o art. 82, III, do CPC que estabelece que compete ao Ministério Público intervir nas ações que envolvam litígios coletivos pela posse da terra rural e nas demais causa em que há interesse público evidenciado pela natureza da lide ou qualidade da parte.

A procuradora da República Consuelo Yatsuda Moromizato Yoshida defendeu tese sobre o Ministério Público de sua função institucional de defesa do patrimônio público lesado ou ameaçado na Associação Nacional dos Procuradores da República[158] na qual afirmou ser a defesa do patrimônio público, de acordo com o art. 129, III da Constituição, uma das mais relevantes funções atribuídas ao *parquet*.

Considera, dessa forma, critério decisivo para atuação obrigatória do órgão como autor (exclusivamente ou em litisconsórcio), como assistente litisconsorcial, ou como parte pública autônoma (*custus legis*), em qualquer processo, nas diferentes instâncias é o da lesividade do patrimônio público, envolvendo não apenas a lesão concreta, mas também a ameaça desta.

Neste caso o Ministério Público não estará substituindo ou fazendo às vezes de representante judicial ou consultor jurídico das entidades públicas interessadas, mas agindo em nome da coletividade. O patrimônio público lesado ou ameaçado de lesão é simultaneamente, conforme afirmação da procuradora, bem público (estatal) e bem difuso (da coletividade).

Assim sendo, o interesse na proteção do patrimônio público nestas situações deixa de ser particular às entidades estatais e passa a ser de toda a sociedade, contribuinte dos tributos que o alimentam, garantindo maior efetividade à tutela jurisdicional.

Há diferentes visões sobre o patrimônio público:

- A visão poliédrica enxerga o patrimônio público como bem público (estatal) e como bem difuso (da coletividade).
- A visão clássica, ainda bastante difundida, vê o patrimônio público como um bem público no sentido de bem estatal, pertencente a uma das pessoas jurídicas de Direito Público, incumbindo exclusivamente a elas por sua gestão, e a seus representantes judiciais por sua defesa em juízo[159].
- A visão do patrimônio público como bem difuso (da coletividade) – critério da lesividade.

Sendo o patrimônio público constituído, em maior parte, por meio de recursos provenientes de tributos pagos por contribuintes, não pode ser este enxergado apenas sob a ótica estatal, como se fosse de interesse único das entidades públicas respectivas.

Há de se compreender de que essas entidades são apenas gestoras desses recursos, devendo a eles bem administrar em nome da sociedade e pelo interesse desta. Se, por qualquer razão, esse patrimônio público vier a sofrer lesão ou ameaça de lesão, serão, em via de consequência afetados os interesses da coletividade, excedendo a esfera dos interesses da Administração.

O critério da lesividade, englobando não apenas a lesão ocorrida como também a ameaça desta, possibilita o entendimento de que o patrimônio púbico é objeto de interesse difuso, tutelável pelos legitimados para as ações coletivas e pela intervenção obrigatória do Ministério Público nas circunstâncias legalmente previstas[160]

Sendo assim, desde a Constituição da República de 1988 está eliminado o entendimento de que o interesse público não é misturado ao interesse patrimonial da Administração Pública. Portanto, na hipótese da existência de lesão ou ameaça de lesão ao patrimônio público, deixa o interesse sobre tal objeto de ser apenas estatal, sendo, nesse caso, interesse público secundário, para dar margem ao interesse social ou interesse público primário (que também pode ser denominado interesse difuso, pois envolve toda a coletividade) cuja defesa é função institucional do Ministério Público, entre outros legitimados.

No que toca, ainda no tema da Administração Pública em juízo, à execução do julgado, não estão sujeitos os bens da Fazenda Pública a penhora ou arresto. Pode haver, excepcionalmente, sequestro da importância devida se não for atendida a requisição do Poder Judiciário competente na ordem dos precatórios expedidos, conforme art. 731 do Código de Processo Civil, que estabelece:

---

158 *Site* www.anpr.org.br.

159 Consagrou-se, por essa via, o entendimento jurisprudencial de que o "interesse patrimonial da Fazenda Pública", não se confunde com o "interesse público" estampado no inciso III do art. 82 do Código de Processo Civil constituindo óbice à atuação do *parquet* a vedação constitucional ao exercício das funções de representação judicial e de consultoria jurídica de entidades públicas (CF, art. 129, IX, *in fine*).

160 Afirma a procuradora que: "O patrimônio público, quando lesado ou ameaçado de lesão, deixa de ser interesse meramente estatal, da pessoa jurídica de Direito Público correspondente (União Federal, Estados, Municípios e respectivas autarquias) e passa a ser interesse de toda a coletividade, tutelável por todos aqueles legitimados pelo art. 5º da Lei nº 7.357/1985 e art. 82 da Lei nº 8.078/1990, ensejando, ainda, a intervenção obrigatória do Ministério Público com fulcro no art. 82, III, do Código de Processo Civil, na qualidade de custos *legis*."

Art. 731: Se o credor for preterido no seu direito de preferência, o presidente do tribunal, que expediu a ordem, poderá, depois de ouvido o chefe do Ministério Público, ordenar o sequestro da quantia necessária para satisfazer o débito.

A Constituição estabelece que as entidades públicas incluam nos seus orçamentos verba necessária ao pagamento de seus débitos consoantes de precatórios Judiciários apresentados até primeiro de julho de cada ano. O precatório deve expressar quantia certa em moeda nacional, não em títulos, embora possa indicar junto com esse o valor correspondente a determinado índice de atualização.

Se insuficiente for a dotação orçamentária, deverá ser complementada por meio de crédito adicional, consignados ao Poder Judiciário para o pagamento das requisições em ordem cronológica rigorosa. Caso contrário poderá, para Estado-membro ou Município que incorrer em falta, até ser decretada intervenção (federal para o Estado-membro e estadual para o município), conforme demonstra o art. 34, VI, da Constituição Federal:

Art. 34: A União não intervirá nos Estados nem no Distrito Federal, exceto para:
[...] VI – prover a execução de lei federal, ordem ou decisão judicial.

O art. 731 do Código de Processo Civil determina, ainda, que na execução por quantia certa contra a Fazenda, será citada a devedora para opor embargos em 10 dias, se esta não o fizer, no prazo legal, o juiz requisitará o pagamento por intermédio do presidente do Tribunal competente e será feito o pagamento na ordem de apresentação do precatório à conta do respectivo crédito.

No que tange à execução de honorário advocatícios, entendimento dos Tribunais Superiores vem se firmando no sentido de que a regra geral é de que estes são sempre devidos, ainda na hipótese de execução não embargada.

A exceção, estabelecida em benefício do Fisco, pelo art. 1º-D da Lei nº 9.497, com redação dada pela Medida Provisória nº 2.180-35, ao dispor que "não serão devidos honorários advocatícios pela Fazenda Pública nas execuções não embargadas", deve ficar restrita àquelas hipóteses em que tendo sido fixados honorários no processo de conhecimento, mostram-se eles suficientes, também, para razoavelmente remunerar o trabalho do advogado na execução do julgado. Do contrário, há de se prestigiar a regra esculpida no art. 20, § 4º do Código de Processo Civil, que determina:

Art. 20. A sentença condenará o vencido a pagar ao vencedor as despesas que antecipou e os honorários advocatícios. Essa verba honorária será devida, também, nos casos em que o advogado funcionar em causa própria.
§ 3º Os honorários serão fixados entre o mínimo de 10% (dez por cento) e o máximo de 20% (vinte por cento) sobre o valor da condenação, atendidos:
a) o grau de zelo do profissional;
b) o grau de prestação do serviço;
c) a natureza e a importância da causa, o trabalho realizado pelo advogado e o tempo exigido para o seu serviço
§ 4º Nas causas de pequeno valor, de valor inestimável, naquelas em que não houver condenação ou for vencida a Fazenda Pública, e nas execuções, embargadas ou não, os honorários serão fixados consoante apreciação equitativa do juiz, atendidas as normas da alíneas a, b *e* c *do parágrafo anterior.*

Os juros moratórios (6%) contra a Fazenda Pública fluem na forma de lei civil (Lei nº 4.414/1964 e Súmula nº 70 do STJ); os juros compensatórios (12%), segundo a jurisprudência dominante, quando devidos, o são desde a data do ato impeditivo da renda a ser compensada e, no caso de desapropriação, desde a ocupação do bem.

A Súmula nº 255 do STF estabelece, ainda, que, sendo líquida a obrigação, os juros moratórios contra a Fazenda Pública, incluídas as autarquias, são contados do trânsito em julgado da sentença de liquidação.

Entende a jurisprudência dominante do STJ que a taxa Selic[161] não é juro, pura e simplesmente, não é também genuinamente correção monetária. Trata-se de um

[161] A Lei nº 9.250/1995, que instituiu a Selic no ordenamento jurídico, dentro dos limites que o § 1º do art. 161, do CTN, lhe conferiu, pelo seu art. 39, § 4º, dispôs de modo diverso, sobre a alteração no modo de exigência dos juros moratórios, bem como alteração na sua alíquota, determinando a incidência, desde o dia 1º de janeiro de 1996, juros de mora equivalentes ao índice referencial do Sistema Especial de Liquidação e Custódia para títulos federais, acumulado mensalmente, até o último dia do mês anterior ao do pagamento, e de um por cento no mês deste. Desde então, ao crédito tributário tem sido aplicada, para efeito de atualização monetária, em vez da alíquota de 1% a.m., determinado pelo art. 161, § 1º, a referida Selic, por força do comando contido no mesmo dispositivo legal supracitado. "Art. 161. O crédito não integralmente pago no vencimento é acrescido de juros de mora, seja qual for o motivo determinante da falta, sem prejuízo da imposição das penalidades cabíveis e da aplicação de quaisquer medidas de garantia previstas nesta Lei ou em lei tributária § 1º, os juros, se a lei não dispuser de modo diverso, os juros de mora serão calculados à taxa de 1% (um por cento) ao mês."

instituto jurídico ainda não definido. Do ponto de vista jurídico-tributário, essa taxa vem sendo aplicada como uma mescla de juro moratório, remuneratório e compensatório, a par de procurar neutralizar os efeitos da inflação monetária.

Embora a taxa Selic, para fins tributários, seja ilegal, na espécie não pode se afastar sua aplicação por obediência ao princípio devolutivo dos recursos. Consequentemente, uma vez aplicada a indigitada Taxa, que faz às vezes de juros moratórios, remuneratórios e correção monetária, é inviável sua incidência cumulada com a correção monetária.

A correção monetária é cabível e calculada conforme os índices oficiais. Na ausência destes, ou na hipótese de não se espelharem na inflação real, usar-se-á o determinado por decisão judicial, de acordo com a Súmula nº 67 do STJ.

A execução judicial da dívida ativa da Fazenda Pública e autarquias é regida pela Lei nº 6.830/1980, que dispõe sobre a cobrança judicial da Dívida Ativa da Fazenda Pública, que revogou, inclusive, algumas disposições processuais gerais. O art. 1º da referida lei estabelece, porém, que o Código de Processo Civil será a ela aplicado subsidiariamente:

> *Art. 1º. A execução judicial para cobrança da Dívida Ativa da União, dos Estados, do Distrito Federal, dos Municípios e respectivas autarquias será regida por esta Lei e, subsidiariamente, pelo Código de Processo Civil.*

Tal legislação tem, dessa forma, natureza material e adjetiva, pois dispõe sobre o crédito tributário, sua constituição e inscrição e, processualmente, sobre o procedimento da cobrança em juízo. Teve, assim, tal lei o intuito de tornar mais rápido e simples o processo de execução judicial da dívida ativa.

A Lei trouxe várias inovações[162], e acabou por favorecer processualmente a Fazenda Pública, desequilibrando consideravelmente as partes. Tal fato é claramente demonstrado pelos privilégios especiais a ela conferidos sobre determinados bens, conforme insta demonstrado pelo art. 30, que se segue:

> *Art. 30. Sem prejuízo dos privilégios especiais sobre determinados bens, que sejam previstos em lei, responde pelo pagamento da Dívida Ativa da Fazenda Pública a totalidade dos bens e das rendas, de qualquer origem ou natureza, do sujeito passivo, seu espólio ou sua massa, inclusive os gravados por ônus real ou cláusula de inalienabilidade ou impenhorabilidade, seja qual for a data da constituição do ônus ou da cláusula, excetuados unicamente os bens e rendas que a lei declara absolutamente impenhoráveis.*

A cobrança judicial da dívida ativa da Fazenda Pública não é sujeita a concurso de credores ou habilitação em falência, concordata, liquidação, inventário ou arrolamento, o que, novamente, evidencia vantagens fazendárias.

O concurso de preferência é verificado apenas entre pessoas jurídicas de Direito Público, sendo a respectiva ordem dos créditos a serem satisfeitos: União e suas autarquias; Estado, Distrito Federal e suas autarquias, conjuntamente e *pro rata*; e os Municípios e suas autarquias, conjuntamente e *pro rata*.

O prof. Hely Lopes Meirelles levanta interessante indagação sobre a preferência dos créditos das entidades estatais sobre os créditos das entidades autárquicas. Conclui, assim, o doutrinador que duas ordens de preferência hão de ser estabelecidas, uma entre as próprias entidades estatais (segundo a esfera governamental a que pertencem – federal, estadual ou municipal); outra entre entidades políticas (União, Estado-membro e Município) e as não políticas ou meramente administrativas (autarquias).

Sendo assim, a resposta à indagação é afirmativa, pois, o crédito da União, do Estado-membro ou Município deve preferir sempre ao das autarquias, de qualquer nível administrativo, pois os entes políticos tem preferência sobre as pessoas meramente administrativas.

No que toca à falência o Recurso Especial nº 445059, oriundo do Rio Grande do Sul é bastante esclarecedor, demonstra a preferência dos créditos na hipótese da anterioridade da execução fiscal à decretação da falência e, igualmente, da hipótese da concomitância:

> 1. Os créditos fiscais não estão sujeitos a concurso de credores (art. 29 da lei e 187 do CTN). 2. Se a execução fiscal já fora ajuizada antes da falência, prossegue-se com a mesma, fazendo-se a penhora no rosto dos autos (Súmula 44

[162] O prof. Hely Lopes MEIRELLES entendeu como principais inovações da lei: "dentre suas inovações, merecem destaque: o conceito de dívida ativa, que compreende a tributária e a não tributária e inclui a atualização monetária, juros de mora e demais encargos previstos com lei ou contrato; a citação do executado pelo correio, com aviso de recepção; a cessação da responsabilidade do devedor, pela correção monetária, juros de mora, somente pelo depósito, em dinheiro, na Caixa Econômica ou no Banco Oficial do Estado; a avaliação, no auto de penhora, feita por quem o lavrar; o só cabimento de embargos nas execuções de valor igual ou inferior ao previsto no art. 34; a possibilidade de despensa de revisor nas apelações em executivos fiscais."

do extinto TFR), abrindo-se preferência para os créditos trabalhistas (art. 186 do CTN). 3. Se, por ocasião da quebra, já existe penhora em favor da fazenda, o bem constrito fica fora da rol dos bens da massa, e com ele se garante de forma absoluta a fazenda (precedentes da seção). Súmula 44 do extinto TFR. 4. Tese sedimentada a partir do julgamento do REsp 188.148/RS pela corte especial.

A preferência para os créditos trabalhistas é, ainda, reforçada pelo Recurso Especial nº 84.732, conforme demonstrado pela ementa a seguir transcrita:

> Processo civil. Execução fiscal. Penhora de bens, quebra superveniente do devedor, sobrevindo a quebra do devedor, após a penhora de bens, a execução fiscal prossegue até o pagamento do crédito da Fazenda Pública, *o qual se subordina, no próprio juízo da execução fiscal, a concorrência preferencial dos créditos trabalhistas.* Recurso especial conhecido e provido em parte.

Cumpre-se ressaltar, ainda, que a Lei nº 8.397/1992, instituiu a medida cautelar fiscal, viabilizando, nas circunstâncias que menciona, a decretação judicial de indisponibilidade dos bens do sujeito passivo do crédito tributário, até o limite da satisfação deste. Na hipótese se ser o sujeito passivo pessoa jurídica, a indisponibilidade poderá atingir bens do acionista controlador e das pessoas físicas encarregadas de cumprir suas obrigações fiscais.

A representação e defesa dos interesses da Administração Pública direta e indireta é geralmente realizada por órgãos e agentes públicos especializados denominados procuradorias e procuradores.

Na esfera Federal, foi instituída a advocacia-geral da União (AGU) que representa judicial e extrajudicialmente a União, cabendo-lhes o exercício de atividades de consultoria e assessoramento jurídico ao Poder Executivo.

A advocacia-geral da União compreende os órgãos de direção superior, os órgãos de execução, e o órgão de assistência direta e imediata ao advogado-geral da União os primeiros são integrados pelo advogado-geral da União, a procuradoria-geral da União e a Fazenda Nacional; a consultoria-geral da União, o Conselho Superior da advocacia-geral da União e a corregedoria-geral da advocacia da União.

Os órgãos de execução são integrados pelas procuradorias regionais da União e as da Fazenda Nacional e as procuradorias da União e as da Fazenda Nacional nos Estados e no Distrito Federal e as procuradorias seccionais destas; a consultoria da União, as consultorias jurídicas dos ministérios, da secretaria-geral e das demais secretarias da Presidência da República e do Estado-maior das Forças Armadas.

O órgão de assistência direta e imediata ao advogado-geral da União[163] é o gabinete do advogado-geral da União, que, por fim, integra a advocacia-geral da União conjuntamente aos órgãos de direção superior e os órgãos de execução.

A advocacia-geral da União é também responsável pelos departamentos jurídicos das autarquias e fundações públicas. São membros da advocacia-geral da União o advogado-geral da União, o procurador-geral da União, o procurador-geral da Fazenda Nacional, o consultor-geral da União, o corrregedor-geral da advocacia da União, o secretário-geral de contencioso e o de consultoria, os procuradores regionais, os consultores da União, os corregedores-auxiliares, os procuradores-chefes, os consultores jurídicos, os procuradores seccionais, os advogados da União, os procuradores da Fazenda Nacional e os assistentes jurídicos.

Faz-se interessante distinguir brevemente, conforme as atribuições que lhes são conferidas por lei, os membros da advocacia-geral da União. O chefe da advocacia-geral da União é o advogado-geral da União[164], mais elevado órgão de assessoramento jurídico do Poder Executivo.

O advogado-geral da União e eventual substituto são nomeados pelo presidente da República dentre cidadãos maiores de 35 anos, de notável saber jurídico e repu-

[163] Subordinam-se diretamente ao advogado-geral da União, além do seu gabinete, a procuradoria-geral da União, a consultoria-geral da União, a corregedoria-geral da advocacia-geral da União, a secretaria de controle interno e, técnica e juridicamente, a procuradoria-geral da Fazenda Nacional. As procuradorias seccionais, subordinadas às procuradorias da União e da Fazenda Nacional nos Estados e no Distrito Federal, serão criadas, no interesse do serviço, por proposta do advogado-geral da União

[164] São atribuições do advogado-geral da União: dirigir a advocacia-geral da União, superintender e coordenar suas atividades e orientar-lhe a atuação; despachar com o presidente da República; representar a União junto ao Supremo Tribunal Federal; defender, nas ações diretas de inconstitucionalidade, a norma legal ou ato normativo, objeto de impugnação; apresentar as informações a serem prestadas pelo presidente da República, relativas a medidas impugnadoras de ato ou omissão presidencial; desistir, transigir, acordar e firmar compromisso nas ações de interesse da União, nos termos da legislação vigente; assessorar o presidente da República em assuntos de natureza jurídica, elaborando pareceres e estudos ou propondo normas, medidas e diretrizes; assistir o presidente da República no controle interno da legalidade dos atos da Administração; sugerir ao presidente da República medidas de caráter jurídico reclamadas pelo interesse público; fixar

tação ilibada e são submetidos à sua supervisão direta, pessoal e imediata.

A procuradoria-geral da União é subordinada diretamente ao advogado-geral da União. Ao procurador-geral da União, cabe representar a União junto aos tribunais e às procuradorias regionais perante os demais tribunais.

As procuradorias da União são organizadas em cada Estado e no Distrito Federal, e têm a função de representar judicialmente este ente da Federação junto à primeira instância da Justiça Federal, comum e especializada

A corregedoria-geral da advocacia da União tem como atribuição primordial a fiscalização das atividades funcionais dos membros da advocacia-geral da União, promovendo, com tal intuito, a correição nos órgãos jurídicos, visando à verificação da regularidade e eficácia dos serviços. Para isso, aprecia representações relativas à atuação dos membros da advocacia-geral da União, coordena o estágio confirmatório, emite pareceres sobre desempenho e instaura sindicâncias e processos administrativos contra os integrantes.

O conselho superior da advocacia-geral da União é integrado pelo advogado-geral da União, que o preside; o procurador-geral da União, o procurador-geral da Fazenda Nacional, o consultor-geral da União e o corregedor-geral da advocacia da União, além de um representante eleito de cada carreira da advocacia-geral da União e um suplente.

Este conselho possui atribuições de caráter estrutural, dentre as quais se destacam a propositura, organização e direção dos concursos de ingresso nas carreiras da advocacia-geral da União; a organização das listas de promoção e remoção; decisão sobre a confirmação no cargo ou exoneração dos membros das carreiras submetidos a estágio confirmatório e editar o respectivo regimento interno.

A consultoria-geral da União, composta do consultor-geral da União e a consultoria da União, também diretamente subordinada ao advogado-geral da União, tem como principal incumbência a colaboração na função de prestar assessoramento jurídico ao presidente da República por meio de pareceres, informações de demais.

As consultorias jurídicas, ao contrário da consultoria-geral da União, estão administrativamente subordinada aos ministros de Estado, secretário-geral de demais titulares de secretarias da Presidência da República e ao chefe do Estado-maior das Forças Armadas e têm como funções assessorar estas autoridades, exercer a coordenação dos órgãos jurídicos dos respectivos órgãos autônomos e entidade vinculadas, elaborar estudos e fixar a interpretação normativa a ser seguida em suas áreas de atuação quanto não houver orientação neste sentido, do advogado-geral da União, dentre outras.

A procuradoria-geral da Fazenda Nacional é órgão administrativamente subordinado ao Ministério da Fazenda, e a ela são atribuídas, dentre outras, as funções de representar privativamente a União na execução de sua dívida ativa de caráter tributário, apurar a liquidez e certeza desta, inscrevendo-a para fins de cobrança e representar a União nas causas de natureza fiscal[165].

A União é citada como autora, ré, assistente, oponente, recorrente ou recorrida, nas causas em que seja interessada, na pessoa do advogado-geral da União, privativamente, nas hipóteses de competência do Supremo Tribunal Federal; do procurador-geral da União, na hipótese de competência dos tribunais superiores; do procurador-chefe ou do procurador seccional da União, nas hipóteses de competência dos juízos de primeiro grau. Em caso de ausência, esta se dará na pessoa do substituto eventual.

A Lei nº 10.480, de 2/07/2002, convertendo da Medida Provisória nº 2.229-43, de 6/09/2001, criou a procuradoria-geral federal, órgão autônomo administra-

a interpretação da Constituição, das leis, dos tratados e demais atos normativos, a ser uniformemente seguida pelos órgãos e entidades da Administração federal; unificar a jurisprudência administrativa, garantir a correta aplicação das leis, prevenir e dirimir as controvérsias entre os órgãos jurídicos da Administração Federal; editar enunciados de súmula administrativa, resultantes de jurisprudência iterativa dos Tribunais; exercer orientação normativa e supervisão técnica quanto aos órgãos jurídicos das entidades a que alude o Capítulo IX do Título II desta Lei Complementar; baixar o Regimento Interno da advocacia-geral da União; proferir decisão nas sindicâncias e nos processos administrativos disciplinares promovidos pela corregedoria-geral e aplicar penalidades, salvo a de demissão; homologar os concursos públicos de ingresso nas Carreiras da advocacia-geral da União; promover a lotação e a distribuição dos membros e servidores, no âmbito da advocacia-geral da União; editar e praticar os atos normativos ou não, inerentes a suas atribuições; propor, ao presidente da República, as alterações a Lei Complementar nº 73/1993, que institui a Lei Orgânica da advocacia-geral da União

165 São as causas de natureza fiscal: os tributos de competência da União, inclusive infrações à legislação tributária; empréstimos compulsórios; apreensão de mercadorias, nacionais ou estrangeiras; decisões de órgãos do contencioso administrativo fiscal; benefícios e isenções fiscais; créditos e estímulos fiscais à exportação; responsabilidade tributária de transportadores e agentes marítimos; incidentes processuais suscitados em ações de natureza fiscal.

tiva e financeiramente e vinculado à advocacia-geral da União, a que cabe a sua supervisão.

À procuradoria-geral federal cabe as representações judicial e extrajudicial das autarquias e fundações públicas federais; as respectivas atividades de consultoria e assessoramento jurídicos; a apuração da liquidez e certeza dos créditos, de qualquer natureza referentes às suas atividades, inscrevendo-os em dívida ativa para fins de cobrança amigável ou judicial.

A este órgão integram as procuradorias, departamentos jurídicos, consultorias ou assessorias jurídicas das autarquias e fundações federais. Mantidos conjuntamente como procuradorias federais especializadas estão também os órgãos jurídicos de autarquias e fundações de âmbito nacional.

Como procuradorias federais especializadas são mantidos também alguns órgãos jurídicos de autarquias e fundações de âmbito nacional e em Brasília e nas Capitais dos Estados, serão instaladas procuradorias federais não especializadas, às quais incumbirão a representação judicial e as atividades de consultoria e assessoramento das entidades de âmbito local.

Enquanto não instaladas as procuradorias federais, conforme § 8º do art. 10 da referida Lei, procuradorias federais não especializadas e as procuradorias seccionais federais, as suas atribuições poderão ser realizadas pelos órgãos jurídicos das autarquias e fundações de âmbito local já existentes, ou por meio da procuradoria da União, quanto à representação judicial e, quanto ao assessoramento jurídico, por Núcleo de Assessoramento Jurídico da consultoria-geral da União.

Em cada procuradoria federal de autarquia ou fundações de âmbito nacional, assim indicadas pelo advogado-geral da União, e nas procuradorias federais não especializadas, deverá haver setor específico de cálculos e perícias, a ser instalado conforme a necessidade do serviço e a disponibilidade financeira.

Serão também instalados setores específicos de cálculos e perícias, em cada procuradoria federal de autarquia ou fundações de âmbito nacional, de acordo com a necessidade do serviço e a disponibilidade financeira.

O procurador-geral federal, assim como o advogado-geral da União, é nomeado, pelo presidente da República, segundo critérios similares, podendo atuar junto de qualquer juízo ou Tribunal e delegar algumas das suas atribuições[166] aos procuradores-gerais ou chefes de procuradorias, departamentos, consultorias ou assessorias jurídicas de autarquias e fundações federais.

É vedado aos titulares de cargos de confiança bem como aos membros efetivos da advocacia-geral da União, bem como da procuradoria-geral federal manter sob chefia imediata parente consanguíneo ou afim, em linha reta ou colateral, até o segundo grau, bem como cônjuge ou companheiro.

Conforme previsão da Lei nº 10.480/2002, realizou-se no ano de 2002 concurso público para cargos de procurador federal que, ao se apossarem dos cargos, passaram a representar as autarquias e fundações de âmbito federal. Há, atualmente, um projeto de lei prevendo a integração da procuradoria-geral federal aos quadros da advocacia-geral da União, porém, até a concretização desta permanece a procuradoria federal apenas como órgão vinculado da advocacia-geral da União.

A defesa dos Estados e Municípios em Juízo cabe, respectivamente, à procuradoria-geral do Estado e à procuradoria-geral do Município. No que toca à exclusividade destas atribuições, é interessante analisar a ementa de acórdão do STF, proferido nos autos de Agravo Regimental (Pet 409 AgR), em que figurou como relator o Ministro Celso de Mello:

> 1. STF. Agravo Regimental. Indeferimento pelo relator de cautelar inominada. Cabimento. Ao contrário do que entende precedente do Tribunal, em relação ao indeferimento de liminar em Mandado de Segurança, cabe agravo regimental do despacho do relator que a indefere em ação cautelar inominada. 2. Advocacia de estado (cf., arts. 131 e 132): representação judicial não excludente da Constituição de mandatário *ad judicia* para causa específica. Ao conferir aos procuradores dos Estados e do distrito federal a sua representação judicial, *o art. 132 da Constituição veicula norma de organização administrativa, sem tolher a capacidade de tais entidades federativas para conferir mandato* ad judicia *a outros advogados para causas especiais.*

[166] Compete ao procurador-geral federal a direção da procuradoria-geral federal, bem como a coordenação de suas atividades e orientação; o exercício da representação das autarquias e fundações federais junto ao Supremo Tribunal Federal e aos Tribunais Superiores; sugestão ao advogado-geral da União de medidas de caráter jurídico de interesse das autarquias e fundações federais, reclamadas pelo interesse público; distribuição dos cargos e lotação dos membros da carreira nas procuradorias-gerais ou departamentos jurídicos; disciplina e efetivação das promoções e remoções dos membros da carreira de procurador federal; instauração de sindicâncias e processos administrativos disciplinares contra membros da Carreira de procurador federal, julgar os respectivos processos e aplicar as correspondentes penalidades; cessão ao apresentação, mediante requisição, na forma da lei de procuradores federais.

A expressão em latim *ad judicia*, no plano do processual, significa uma cláusula que, constando do instrumento do mandato (procuração), autoriza o advogado a praticar todos os atos do processo, sem necessidade de menção específica de cada um, para o foro em geral/ para fins judiciais.

A procuração-geral para o foro, conforme art. 38 do Código de Processo Civil, conferida por instrumento público, ou particular assinado pela parte, habilita o advogado a praticar todos os atos do processo, salvo para receber citação inicial, confessar, reconhecer a procedência do pedido, transigir, desistir, renunciar ao direito sobre que se funda a ação, receber, dar quitação re firmar compromisso.

De fato, o art. 132 da Constituição Federal não faz expressa menção à exclusividade da função de representação judicial do Estado, ao estabelecer que

> Os procuradores do Estado e do Distrito Federal, organizados em carreira, na qual o ingresso dependerá de concurso público de provas e títulos, com a participação da Ordem dos Advogados do Brasil em todas as suas fases exercerão a representação judicial e a consultoria jurídica das respectivas unidades federadas.

A legalidade administrativa não pode, porém, ser equiparada a legalidade da administração particular, pois enquanto na administração particular, conforme lição do ilustre prof. Hely Lopes Meirelles, é lícito fazer tudo que a lei não proíbe, na Administração só é permitido fazer o que a lei autoriza[167].

Dessa forma, a compreensão mais adequada é a que, como o art. 132 da Constituição da República não estabelece claramente que tais entidades federativas (os Estados e o Distrito Federal) têm a faculdade de conferir mandato *ad judicia* a outros advogados para causas especiais, tal prática não está legalmente abraçada pelo ordenamento pátrio.

Outro ponto a ser tocado é o da moralidade administrativa, que constitui princípio basilar à atividade da Administração Pública. O agente administrativo, dentro de sua função, deve distinguir o honesto do desonesto, ou seja, deve encampar o elemento ético na sua conduta, no exercício de administrar.

Assim sendo, caso, por hipótese, compreendêssemos que a possibilidade da concessão *ad judicia* a outro advogado para representar ente da federação fosse abraçada pelo ordenamento jurídico brasileiro, seria muito importante questionar os critérios de escolha deste profissional, pois haveria grande possibilidade de tal prática acarretar em beneficiações injustificáveis a alguns membros de carreira.

Finda a análise das questões concernentes aos privilégios e à atuação da Administração Pública em juízo, adentra-se o estudo dos instrumentos do controle jurisdicional, que são os mecanismos que permitem aos órgãos do Poder Judiciário o controle sobre os atos e atividades administrativas do Poder Executivo.

Todos estes mecanismos, já anteriormente elencados, têm, a sua maneira, grande importância para a manutenção do Estado Democrático de Direito, mas o instrumento em maior voga em nosso ordenamento jurídico atual é o Mandado de Segurança, razão pela qual se torna interessante seu estudo em primeiro lugar.

Mandado de Segurança

Faz-se importante um estudo das raízes históricas do mandado de segurança por duas questões: o aperfeiçoamento da compreensão do instituo e o reforço da ideia de vocação essencialmente constitucional dos direitos do homem contra a arbitrariedade e abusos do Poder Público, finalidades equivalentes criadas pelo Direito Comparado e que serviram de inspiração para o legislador pátrio.

O mandado de segurança é, assim, meio judicial de tutela dos direitos subjetivos ameaçados ou violados, seja qual for a autoridade responsável. Dessa forma, cabe a afirmação de que à institucionalização do Estado Moderno, na esfera política, com o posterior fortalecimento dos direitos individuais fundamentais e, atualmente também os difusos equivale, no âmbito jurídico-dogmático, o aparecimento do Direito Público, em resposta à necessidade de efetiva proteção aos referidos direitos.

Decorreu o surgimento deste ramo do Direito, da lógica inquietação jurídica em ver limitados os poderes estatais, buscando maior proteção aos direitos do homem. Nesse sentido, compreende-se o surgimento do

[167] O professor ensina, ainda, que "as leis administrativas são normalmente de ordem pública e seus preceitos não poder ser descumpridos, nem mesmo por acordo ou vontade conjunta de seus aplicadores e destinatários, uma vez que contêm verdadeiros poderes – deveres, irrelegáveis pelos agentes públicos. Por outras palavras, a natureza de função pública e a finalidade do Estado impedem que seus agentes deixem de exercitar os poderes e de cumprir os deveres que a lei lhes impõe. Tais poderes, conferidos à Administração Pública para serem utilizados em benefício da coletividade, não podem ser renunciados ou descumpridos pelo administrador sem ofensa ao bem comum, que é o supremo e único objetivo de toda ação administrativa".

Mandado de Segurança, garantia constitucional ideologicamente conectada à filosofia de liberdade contra o Estado e contra o Poder Público e que a ele, inclusive, são preexistentes.

O *habeas corpus* foi a primeira tentativa por meio da qual buscou-se a limitação dos poderes absolutos do soberano, em 1215, no reinado de João Sem Terra, sem que, contudo, ostentasse na época a amplitude que viria a posteriormente adquirir. Este instituto antecedeu o mandado de segurança, tanto no ordenamento jurídico nacional quanto no alienígena, no que toca aos instrumentos de defesa que lhe prestam similaridade.

No âmbito político e ideológico é pertinente recordar a Revolução Francesa, que se estendeu entre o período compreendido entre 1789 e 1799 sendo de fundamental importância e um marco inicial em favor das liberdades públicas e em detrimento do arbítrio real da época.

Em seguida, o Código de Napoleão, produto de lutas e conflitos ideológicos presenciados durante a Revolução do século XVIII apresentou ao Direito novas dimensões e consolidou as conquistas obtidas pelos cidadãos franceses. Outros movimentos posteriores, como a Revolução Americana de 1776 possuíam como propósito comum o repúdio a imagem irresponsável do soberano, titular de todo o poder no Estado Absoluto, que retia para si todas as funções estatais (as atividades executiva, legislativa e judicial).

Contrariando, contudo, estas realidades históricas, não atribuiu aos cidadãos o Direito europeu desde logo um instrumento eficaz contra os abusos do Estado. Pelo contrário, os Estados Unidos preconizaram tal introdução remedial de caráter ideológico em relação às liberdades públicas, por meio de mecanismos efetivos para tutelar os direitos do homem em despeito aos excessos cometidos pelo Poder Público. É possível compreender que enquanto os europeus criaram uma evolução ideológica, por meio de aspirações político-filosóficas, os americanos criaram instrumentos para que esses novos ideais fossem observados de forma eficaz.

Por meio do pragmatismo norte-americano, surgiram os *writs*, que se prestam à proteção de direitos lesados para reparar ato ilegal quando não houver outro instrumento jurídico previsto para fazê-lo dentro do ordenamento. Dessa forma, atuam de maneira mais ampla do que o mandado de segurança brasileiro, pois confrontam além de atos de abuso produzidos por autoridades públicas, atos ilegais produzidos por particulares

O *writ* americano é correlacionado com o *mandamus* inglês, que o antecedeu historicamente e serviu a este como base histórica. O instrumento britânico, instituído para proteger funcionários ilegalmente removidos, tem maior similaridade com o mandado segurança brasileiro do que o *writ*, pois o mecanismo pátrio for criado, assim como o inglês, em oposição aos atos emanados por autoridades.

Outra fonte de inspiração para o mandado de segurança foi a experiência mexicana no que toca à tutela de direitos incontestes do homem. À época de criação do instrumento em nosso ordenamento, em congresso jurídico ocorrido em 1922, presidida pelo ministro Muniz Barreto, que afirmou a necessidade de instituto semelhante ao recurso de amparo mexicano, porém com rito mais sumário e que pudesse compreender tanto a agressão ao direito, partida da autoridade pública, como a proveniente de ato privado.

Há similaridade, também, o mandado de segurança com a *apelação extrajudicial* portuguesa, cujo conteúdo guarda-lhe, igualmente, bastante similaridade. As Ordenações Afonsinas, Livro III, título LXXX que, inspirada pelo Direito romano, admitia recurso de apelação contra a nomeação injusta *ad numera pública*. Cogitaram os portugueses de *apelação extrajudicial*, prescrevendo que dela (nomeação injusta) poderia licitamente apelar para seus sobrejuízes todos os que se sentissem agravados dos atos praticados pelo rei, salvo na hipótese do soberano considerá-los como determinação final. O exame era, dessa forma, realizado somente em sede recursal.

Os doutrinadores brasileiros fizeram grande esforço para instituir no ordenamento jurídico nacional instrumento idôneo com o fim de obtenção da proteção jurisdicional contra a atuação arbitrária do Estado e, paralelamente às fontes históricas, grande importância tiveram para a edificação da teoria que concretizou o mandado de segurança.

Em 1914, Alberto Torres sugerira a adoção de um "mandado de garantia" e, em 1926, Muniz Barreto relatava, em congresso jurídico, tese sobre o tema. Quatro anos depois, o deputado mineiro Gudesteu Pires apresentou projeto criador de certa garantia individual inspirada nos institutos jurídicos pátrios anteriores, como o *habeas corpus* e a ação sumária especial (além de outros inspirados em instrumentos jurídicos de outros países), para ser incluída no ordenamento jurídico brasileiro.

Embora reconheça-se a tradição brasileira quanto à absorção e à incorporação de postulados e princípios jurídicos construídos pelas vivências históricas de outros povos, o mandado de segurança constitui-se verdadeiramente como uma criação jurídica brasileira e atende às necessidades fáticas da realidade nacional e foi constitucionalmente incorporado em 1934 nos seguintes termos:

> Dar-se-á mandado de segurança para a defesa do direito, certo e incontestável, ameaçado ou violado por ato manifestamente inconstitucional ou ilegal de qualquer autoridade. O processo será o mesmo do *habeas corpus*, devendo ser sempre ouvida a pessoa de Direito Público interessada. O mandado de segurança não prejudica as ações petitórias competentes.

O instituto mantém-se com semelhante perfil em nosso ordenamento atual, situando-se no art. 5º, LXIX, da Constituição Federal com a seguinte redação:

> *[...] LXIX: conceder-se-á mandado de segurança para proteger direito líquido e certo, não amparado por* "Habeas Corpus" *ou* "Habeas Data", *quando o responsável pela ilegalidade ou abuso de poder for autoridade pública ou agente de pessoa jurídica no exercício de atribuições do Poder Público.*

A autoridade judicial competente deve, dessa forma, conceder, como prestação jurisdicional, a sentença mandamental de segurança apta a proteger direito líquido e certo socorrendo-o, defendendo-o e preservando-o da ilegalidade ou abuso de poder que o atinge.

A demanda é necessária, em razão do princípio da inércia jurisdicional, que, para ser alcançada, precisa antes ser pleiteada pelo interessado para que a jurisdição seja exercida. A demanda é instrumentalizada por meio da petição inicial, na qual está contida a pretensão, integrada no pedido de emissão de um provimento jurisdicional mandamental, consubstanciada em prática ou omissão de ato, para viçar, sem óbice, o direito subjetivo, líquido e certo, com o afastamento da ilegalidade ou abuso de poder.

A concessão do mandado de segurança está condicionada a existência de uma demanda; ao processo consequente e a sentença. A norma dirige-se, portanto, 'a autoridade que tenha o poder para fazê-lo que, em nosso Ordenamento, é a autoridade judicial dentro de sua respectiva esfera da competência.

Conforme lição do professor José da Silva Pacheco[168] "o mandado é ordem, determinação; segurança é o ato ou efeito de tornar livre de estorvos ou ameaças". Assim sendo é este instrumento de defesa de direitos públicos um mandamento judicial para determinar a sustação do obstáculo ou dos efeitos que atacam direito líquido e certo. Tal sentença mandamental é, assim, determinativa e exequível de imediato, sem que seja necessário nova ação, como ocorre com a sentença condenatória.

A proteção de direito líquido e certo é a própria finalidade deste instrumento judicial, assim sendo, o direito precisa ser demonstrado e, mais ainda, inequivocadamente definido em seu conteúdo para que a segurança seja concedida. O direito líquido e certo abre-se sobre duas vertentes, por um lado é o fim ao qual se destina o mandado de segurança e, por outro, é o próprio fundamento da utilização de tal mecanismo constitucionalmente previsto.

O Objeto sobre o qual incide o mandado de segurança é residual, pois estabelece o inciso LXIX que recai sobre direito líquido e certo não amparado por *habeas corpus* ou *habeas data*, caso contrário é descabida a utilização deste instrumento.

Sempre que houver constrangimento ilegal, o indivíduo que se perceber tolhido em seus movimentos de ir, vir ou permanecer em determinado local, pode impetrar *habeas corpus* para livrar-se da detenção para fazer cessar a violência ou coação. Inspirado na Declaração Universal dos Direitos do Homem e do Cidadão de 1948, segundo a qual ninguém será arbitrariamente preso, detido ou exilado, tendo o direito à liberdade de locomoção e residência dentro das fronteiras de cada Estado.

O *habeas data* é o instrumento constitucional para assegurar o conhecimento de informações relativas à pessoa do impetrante, constantes de registros ou bancos de dados de entidades governamentais ou de caráter público e para a retificação de dados, quando não se prefira fazê-lo por processo sigiloso, judicial ou administrativo e encontra previsão no art. 5º, LXII.

O *habeas data*, ao contrário do *habeas corpus*, é uma inovação trazida pela Carta de 1988. Ambos os institutos, porém, conforme mencionado, excluem a utilização do mandado de segurança como instrumento de proteção de direitos.

O agente público, como amplamente ventilado ao longo deste trabalho, deve sujeitar-se aos princípios básicos da legalidade, moralidade, finalidade, publicidade, eficiência (art. 37 da Constituição Federal) e, dentro da função administrativa, só e autorizado a fazer o que a lei expressamente determinar. Sendo assim, não pode praticar ato ou omitir-se quando preceito normativo não o estabelecer; afastar-se ou ultrapassar os limites de suas atribuições ou desviar-se das finalidades traçadas pela Administração Pública.

[168] PACHECO, José da Silva, *O Mandado de Segurança e outras ações constitucionais típicas*, 2ª ed., São Paulo: Revista dos Tribunais, p. 84.

No que toca à responsabilidade do agente, o prof. José da Silva Pacheco ensina que

> a responsabilidade, de um modo geral, supõe a liberdade e consciência da obrigação, consistindo, exatamente, na necessidade de prestar o agente contas de seus atos ou omissões perante a autoridade superior, a fim de sofrer as consequências sob o aspecto penal, administrativo ou civil, respondendo, neste último aspecto, pelo prejuízo causado. Não é disso que cogita no mandado de segurança, sem que a simples prática do ato ou sua omissão, desde que ilegal ou abusivo, autoriza a sua impetração ou concessão.

Neste caso, não há o que se falar em responsável, mas em sujeito do ato ou da omissão que, na hipótese de autoridade pública ou agente da pessoa jurídica, pode ser o elemento passivo figurante na demanda oriunda do mandado de segurança.

Para melhor compreensão do tema, é interessante definir alguns dos elementos que o compõem. Assim sendo, entende-se por ilegalidade a contrariedade do direito; por abuso de poder, o exceder das atribuições ou da competência ou desvio de finalidade da função exercida; por autoridade pública, pessoa investida de poder em razão de sua posição de ocupante de cargo ou função pública; por agente, pessoa física encarregada de exercer alguma função ou atividade pública, da organização político-administrativa da federação.

Analisados estes elementos, pode-se conceituar o mandado de segurança, conforme lição do ilustre professor Hely Lopes Meirelles como

> meio constitucional posto à disposição e toda pessoa física ou jurídica, órgão com capacidade processual, ou universalidade reconhecida por lei, para a proteção de direito individual ou coletivo, líquido e certo, não amparado por *habeas corpus* ou *habeas data*, lesado ou ameaçado de lesão, por ato de autoridade, seja de que categoria for e sejam quais forem as funções que exerça.

O mandado de segurança é ação de natureza civil, de rito sumário especial, destinada a salvaguardar direito subjetivo individual ou coletivo, público ou privado, mediante determinação corretiva ou impeditiva da ilegalidade a ser cumprida pela autoridade coatora.

Na condição de ação civil, hão de ser respeitados, para fins de fixação do foro e juízes competentes para o seu julgamento de acordo com os incisos I e VIII da Constituição Federal, que estabelecem que:

> *Art. 109 – Aos juízes federais compete processar e julgar:*
> *I – as causas em que a União, entidade autárquica ou empresa pública federal forem interessadas na condição de autoras, rés, assistentes ou oponentes, exceto as de falência, as de acidente do trabalho e as sujeitas às Justiça Eleitoral e à Justiça do Trabalho;*
> *[...] VIII os mandados de segurança e os* habeas data *contra ato de autoridade federal, excetuados os casos de competência dos tribunais federais.*

Produz, igualmente, o mandado de segurança, conforme lição do prof. Hely Lopes Mierelles[169] efeitos próprios dos feitos contenciosos. Distingue-se das demais ações apenas pela especificidade do objeto e pela sumariedade de seu procedimento, que é próprio e só subsidiariamente aceita as regras do Código de Processo Civil. Independentemente da origem do ato impugnado (administrativo, judicial, civil, penal...) será sempre o mandado de segurança processado e julgado como ação civil, no juízo competente.

O mandado de segurança é normalmente repressivo de uma ilegalidade anteriormente cometida, mas pode ser também preventivo de uma ameaça de direito líquido e certo, mas, para isso, uma mera suposição é insuficiente para legitimar a utilização de tal instrumento, sendo imprescindível a existência de um ato concreto que possa pôr em risco o direito do postulante.

Cabe mandado de segurança preventivo contra a ameaça da efetivação de atos e com fundamento em normas que o impetrante entende como ilegais. Inexiste, por exemplo, inconstitucionalidade no que diz respeito à substituição tributária que visa a atribuir ao contribuinte substituto a prerrogativa da arrecadação de impostos de responsabilidade de contribuintes substituídos em razão da referida figura de direito tributário[170]; por outro lado, é inconstitucional estabelecer diferença tributária em razão da procedência ou destino das mercadorias.

O mandado de segurança preventivo tem sido bastante utilizado em matéria tributária, especialmente para a proteção contra a cobrança de tributos inconstitucionais. Nesse caso, conforme entendimento do STJ, pode propiciar simplesmente uma tutela declaratória, conforme demonstra-se pelo Acórdão proferido nos autos do Recurso Especial nº 81.218, no qual figurou como recorrente Papelaria ABC Comércio e Industrial Ltda. e como recorrido a Fazenda Nacional:

---

169 MEIRELLES, Hely Lopes, *Mandado de Segurança*. 22ª ed., São Paulo: Malheiros, p. 30.

170 José da Silva PACHECO, em obra anteriormente citada, p.123.

> Processo civil. Mandado de Segurança. Tutela declaratória. Quando impetrado com finalidade preventiva, o mandado de segurança pode propiciar tutela meramente declaratória. Recurso especial conhecido.

Embora a Súmula nº 266 do Supremo Tribunal Federal estabeleça que não cabe mandado de segurança contra lei em tese, a jurisprudência vem admitindo que o contribuinte, na conjectura de incidência tributária prevista na lei que traz em si a presunção de que autoridade competente irá aplicá-la, impetre mandado de segurança caso haja ameaça real que se efetue cobrança de tributo ilegal[171].Tal situação é claramente ilustrada por meio do Recurso Especial nº 80.578, oriundo do estado de São Paulo, em que foi relator o Ministro Milton Luís Pereira:

> Processual civil. Mandado de Segurança preventivo. Processo extinto. Receio de imposição fiscal diante de situação de fato ensejadora de exigência administrativa acoimada de ilegal. Lei estadual nº 6.374/1989. Decreto nº 30.356/1989. Súmula 266/STF. 1. Desde logo incidindo os efeitos da lei, esmaece a inflexão da chamada *"lei em tese" (Súmula 266/ STF), porque nasce a possibilidade de sua imediata aplicação pela autoriadade administrativa, que não pode, no exercício das suas atividades, ignorá-la ou descumpri-la, sob pena de responsabilidade funcional.* 2. Em matéria tributária, o justo receio do contribuinte reside na atividade de lançamento, imposição de penalidades e cobrança, vinculados e obrigatórios a consequente legislação de regência, diante de um fato tributável. Daí a viabilidade do mandado de segurança preventivo, na alcatifa de Direito Subjetivo de ação pelo surgimento de situação ensejadora do ato considerado ilegal. 3. Recurso improvido.

O mandado de segurança preventivo não se presta à obtenção de sentença preventiva genérica, aplicável a todos os casos futuros da mesma espécie e traz em si, implicitamente, o pedido de que seja desconstituído o ato cuja omissão pretende-se evitar.

A realização do ato sobre o qual visava o mandado de segurança preventivo evitar não prejudica a impetração já realizada, cuja concessão, se for a hipótese, acarretará na desconstituição do que foi concretizado em oposição ao Ordenamento. Dessa forma, ajuizado novo mandado de segurança contra ato superveniente à impetração preventiva, o resultado deve ser obtido em consonância às regras estabelecidas pelos arts. 105 e 267, V do CPC que tratam da conexão e litispendência de ações.

Tal dispositivo determina que na hipótese de conexão, o juiz, de ofício ou a requerimento das partes, pode ordenar a reunião de ações propostas em separado, a fim de que sejam decididas simultaneamente. O instituto da conexão, como se sabe, tem como maior escopo evitar decisões contraditórias sobre uma mesma demanda, que implicaria em uma confusão sobre as relações jurídicas e uma consequente desmoralização do Judiciário.

O art. 267, V, que dispõe sobre a litispendência de ações, estabelece que será extinto o processo, sem julgamento do mérito, quando o juiz acolher a alegação de litispendência, pois uma vez reconhecido tal instituto, não cabe prosseguimento da ação posterior no juízo procedente.

A Lei nº 1.533, de 31/12/1951, que trata do mandado de segurança, dispõe em seu art. 1º:

> *Art. 1º: Conceder-se-á mandado de segurança para proteger direito líquido e certo, não amparado por "habeas corpus", sempre que, ilegalmente ou com abuso de poder, alguém sofrer violação ou houver justo receio de sofrê-la por parte de autoridade, seja de que categoria for e sejam quais forem as funções que exerça.*

A expressão "justo receio" para evidenciar a segurança tem de envolver-se dos elementos objetividade – que deve ser demonstrada por atos e fatos e não meras suposições – e atualidade – que deve ser presente, não bastando que tenha existido e, posteriormente, desaparecido.

Acrescenta-se, ainda, que "justo receio" é matéria de fato e, como tal, não pode ser objeto de recurso especial. É o que demonstra trecho da ementa de acórdão profe rido pela Primeira Turma do STJ nos autos do Recurso Especial nº 17.037-0, em que figurou como relator o ministro Demócrito Reinaldo:

> [...] 2. *In casu*, a impetração resulta na impugnação de lei em tese, por isso que não demonstrada a existência de ato da autoridade indigitada coatora, que tenha atingido ou na iminência de atingir direito líquido e certo. A pretensão manifestada na exordial visa impedir a exigência do pagamento da taxa de fiscalização dos mercados de títulos e valores mobiliários, instituída pela Lei nº 7.940/1989, obedecido o caráter de generalidade, adotado normalmente nas leis da espécie. 3. A discussão sobre a existên-

[171] Tal situação é também ilustrada pelo acórdão proferido nos autos do Recurso Especial nº 20.308, oriundo do Rio Grande do Norte em que foi relator o ministro Humberto Gomes de Barros. Processual. Mandado de segurança preventivo. Cabimento. Lei em tese. Lei Tributária. Ameaça real. Cabe mandado de segurança preventivo, se o contribuinte encontra-se na hipótese de incidência tributária e as informações demonstram o propósito da autoridade, em arrecadar o tributo, cuja cobrança o impetrante afirma ser ilícita.

cia, ou não, de prova suficiente à *demonstração do alegado justo receio da impetrante, conduziria, necessariamente, ao reexame de matéria fática, insuscetível de apreciação em sede de recurso especial.* 4. Recurso desprovido, sem discrepância de votos.

Muito discute-se, dessa forma, sobre os efeitos da posterior realização do ato a que visava impedir o mandado de segurança preventivo. A predominante jurisprudência entende que não fica prejudicado o mandado de segurança pela realização do ato, pois deve ser este anulado e desconstituído na circunstância da concessão da segurança, mas há corrente que entende a impetração, caso o ato a que visava impedir o mandado de segurança preventivo seja realizado após a concessão da segurança, perde o objeto e obriga a parte a impetrar novo mandado se segurança, só que, deste vez, repressivo.

A Constituição Federal de 1988, admitiu, de forma inovadora, o mandado de segurança coletivo, conforme demonstra o inciso LXX do art. 5º da Constituição Federal:

[...] LXX – o mandado de segurança coletivo pode ser impetrado por:

[...] a) partido político com representação no Congresso Nacional;

[...] b) organização sindical, entidade de classe ou associação legalmente constituída e em funcionamento há pelo menos um ano, em defesa dos interesses de seus membros ou associados.

O mandado de segurança coletivo segue o mesmo procedimento do mandado de segurança comum, visto que a diferença entre os instrumentos tange apenas à legitimidade ativa para a impetração. Previu a constituição prorrogá-la, na hipótese de defesa de direitos coletivo, a entidades que representassem associados ou filiados, que tenham uma prerrogativa a defender-se em juízo.

As ações coletivas tiveram como fonte de inspiração o princípio da economia processual em detrimento do individualismo que dominara o direito processual, pois, por meio desta, o Judiciário resolve controvérsia que, por vezes, demandaria uma infinidade de sentenças individuais. Tal mecanismo torna mais ágil a atividade do Poder Judiciário.

O STJ pacificou entendimento de que é dispensável, tendo em vista a expressa previsão constitucional, a autorização dos associados na hipótese de substituição processual[172]. É o que demonstra o recente acórdão, proferido nos autos do Recurso Ordinário nº 14.849, oriundo do estado de São Paulo, em que foi relator o ministro Jorge Scartezzini, cuja ementa se segue:

Constitucional. Recurso ordinário em mandado de segurança coletivo. Associação. Atuação como substituto processual. *Autorização dos associados. Dispensável. Art. 5º, LXX, da CF. 1. Já é entendimento pacífico na doutrina e na jurisprudência no sentido de que as associações não precisam estar autorizadas pelos seus associados para impetrarem mandado de segurança coletivo em defesa de seus respectivos direitos e interesses. Trata-se de legitimação extraordinária,* ocorrendo, em tal caso, substituição processual, com base no art. 5º, LXX, da CF. 2. Precedentes (RE nº 193.382/SP, RMS nºs 3.298/PR e 12.748/TO). 3. Recurso conhecido e provido para, anulando o v. acórdão de origem, conhecer da impetração, determinando o retorno dos autos ao Tribunal *a quo*, para exame do mérito.

---

172 Há acórdão do STJ defendendo, em contrapartida, a anuência dos associados, pois cada qual poderia preferir ajuizar a própria demanda, escolhendo e sustentando os argumentos jurídicos que entendesse mais relevantes, pois a denegação da segurança coletiva seria oponível a todos os associados que, portanto, deveriam ter a oportunidade de opinar sobre a impetração. Este entendimento, porém, não tem prevalecido. Neste caso, estaria a corte se utilizando-se do art. 2º-A e parágrafo único, referentes à Lei nº 9.494/1997, que disciplina a concessão da tutela antecipada contra a Fazenda Pública, que estabelecem que a sentença civil prolatada em ação de caráter coletivo proposta por entidade associativa, na defesa dos interesses e direitos dos seus associados, abrangerá apenas os substituídos que tenham, na data da propositura da ação, domicílio no âmbito da competência territorial do órgão prolator e, ainda, que nas ações coletivas propostas contra a União, os Estados, o Distrito Federal, os Municípios e suas autarquias e fundações, a petição inicial deverá obrigatoriamente, estar instruída com a ata da assembleia da entidade associativa que a autorizou, acompanhada da relação nominal dos associados e indicação dos respectivos endereços. Neste sentido, cabe também lição do ilustre prof. Hely Lopes Meirelles, em obra anteriormente citada, p. 26: "A nosso ver não é necessária a autorização expressa em assembleia, bastando que a entidade se enquadre, por sua natureza e seus estatutos, como um dos legitimados pela alínea b do inciso LXX do art. 5º da Constituição. Quanto à extensão da coisa julgada, entendemos que se deve aplicar o mesmo princípio já inserto na legislação pertinente à ação popular e à ação civil pública, no sentido de que apenas a sentença de concessão da segurança faz sempre coisa julgada *erga omnes*. A denegação da ordem coletiva, por outro lado, só prejudicaria o eventual mandado de segurança individual quando fundada em mérito, e não quando baseada na falta da prova pré-constituída do direito líquido e certo alegado. Na realidade, todas essas matérias merecem tratamento específico numa reforma da legislação do mandado de segurança, que passe a regular também o procedimento coletivo, afastando as atuais dúvidas da doutrina e da jurisprudência."

A legitimação das organizações sindicais, entidades de classe ou associações, para a segurança coletiva, é extraordinária, ocorrendo, em tal caso, substituição processual, conforme art. 5º, LXX, *b*, da Constituição Federal. Não se exige, tratando-se de segurança coletiva, portanto, a autorização expressa aludida o inciso XXI do art. 5º da mesma Carta[173], que contempla a hipótese de representação.

Assim, o objeto do mandado de segurança coletivo será um direito dos associados, independentemente de guardar vínculo com os fins próprios da entidade impetrante do *writ*, exigindo-se, entretanto, que o direito esteja compreendido na titularidade dos associados e que exista ele em razão das atividades exercidas pelos associados, mas não se exigindo que o direito seja peculiar, próprio da classe.

No que toca ao tratamento processual do mandado de segurança coletivo, o art. 2º da Lei nº 8.437/1992, traz modificações quanto à concessão de liminar ao estabelecer que "no mandado de segurança coletivo e na ação civil pública, a liminar será concedida, quando cabível, após a audiência do representante judicial da pessoa jurídica de Direito Público, que deverá se pronunciar no prazo de setenta e duas horas."

Tribunais Superiores entendem que a concessão da liminar em despeito a este artigo é nula de pleno direito, conforme se demonstra ementa do acórdao proferido no Recurso Especial nº 888583/SP:

> Processual. Ação civil pública. Mandado de Segurança coletivo. Liminar. Oitiva do poder público. Lei nº 8.437/1992, art. 2. 1. No processo de mandado de segurança coletivo e de ação civil pública, a concessão de medida liminar somente pode ocorrer, setenta e duas horas após a intimação do Estado (Lei nº 8.437/1992, art. 2.). 2. *Liminar concedida sem respeito a este prazo e nula.*

O prof. Hely Lopes Meirelles questiona a constitucionalidade deste artigo, pois a Constituição não distinguiu o mandado de segurança coletivo do comum, a não ser quanto à legitimidade para a sua impetração, como já se assinalou anteriormente. Tratando-se da única inovação constitucionalmente determinada, consideramos que a lei ordinária não deve, nem pode, fazer distinções, não previstas pela Lei Maior, no tocante aos instrumentos processuais básicos que asseguram os direitos individuais e coletivos[174].

Noberto Bobbio afirmou que vivemos atualmente na "era dos direitos", não apenas dos direitos declarados, mas também o período dos direitos coletivos. Os direitos da primeira geração são os direitos denominados por Duverger como direitos resistência, pois munem os indivíduos de mecanismos de resistência contra o Estado. São pelo doutrinador também classificados tais direitos como liberdades-limite, visto que impedem a ingerência do Estado na vida pessoal dos cidadãos e como liberdades-oposição, pois armam o indivíduo contra o poder, propiciando-lhe instrumentos para a este se opor.

Seguiram-se a estes os direitos de segunda geração, que são os direitos sociais, referentes as prestações positivas do Estado, que foram consagrados pela Constituição mexicana em 1917 e pela Constituição de Weimar em 1919. Atualmente, encontramo-nos amparados por direitos de terceira geração que, segundo o jurista italiano, são os denominados interesses difusos, encontrados no plano interno e no plano internacional e os interesses coletivos.

Os interesses difusos são os radicados na própria coletividade, sendo deles titular uma pluralidade infinita de sujeitos. Um claro exemplo são os bens naturais, que são indivisíveis e insuscetíveis de apropriação individual. É, assim, impossível numerar os especificar os indivíduos atingidos pelos danos causados a estes bens.

Diferenciam-se os interesses difusos dos interesses individuais homogêneos, pois estes representam todos aqueles casos em que os membros da classe são titulares de direitos diversos, mas dependentes de uma única questão de fato ou direito, requerendo-se, por isso, um procedimento jurisdicional de conteúdo idêntico a todos eles[175].

Para a maior parte dos autores, a diferença entre os interesses difusos e coletivos reside no domínio da subjetivação de cada um dos tipos de interesses. Dessa forma, os interesses difusos demonstram-se pela transindividualidade e indivisibilidade, sendo deles sujeitos pessoas indeterminadas; os interesses coletivos, igualmente transindividuais e indivisíveis, integram um grupo, categoria ou classe de pessoas.

São comuns a estas duas categorias a natureza transindividual e indivisível, porém, distinguem-se no que toca à existência ou não de relação jurídica entre os respectivos

[173] Art. 5º (...) XXI: "as entidades associativas, quando expressamente autorizadas, têm legitimidade para representar seus filiados judicial ou extrajudicialmente".

[174] Prof. Hely Lopes MEIRELLES, em obra anteriormente citada, p. 29

[175] Segundo o artigo "A nova lei de defesa do consumidor", do *site* da Procuradoria-Geral da República, 1997.

titulares ou entre estes e um terceiro. Os interesses individuais homogêneos são subjetivos e têm em comum a origem, que é a mesma questão de fato ou de direito a que correspondem todos eles por meio de um procedimento judicial de conteúdo de forma semelhantes.

Por exemplo, tem-se como interesse difuso associado ao consumo questões concernentes à publicidade ou à colocação no mercado de produtos danificados e como interesse coletivo, a qualidade de um serviço prestado a assinantes.

O prof. Hely Lopes Meirelles afirma ser a jurisprudência oscilante quanto a impetração do mandado de segurança não só na defesa dos direitos líquidos e certos da totalidade dos associados da entidade impetrante mas, também, no caso da existência de interesses difusos dos mesmos, invocando o texto do art. 5º, LXX, *b*.

O autor compreende que embora o artigo faça referência à "defesa dos interesses de seus membros", somente cabe mandado de segurança coletivo quando existe direito líquido e certo dos associados, e no interesse dos mesmos é que a entidade, enquanto substituto processual, poderá impetrar a segurança, não se admitindo, pois, a utilização do mandado de segurança coletivo para a defesa de interesses difusos, que deverão ser protegidos pela ação civil pública (que será estudada posteriormente de forma mais aprofundada).

A título ilustrativo, faz-se interessante analisar o Recurso Ordinário em mandado de segurança nº 10.900, oriundo do Paraná, em que figurou como relator o ministro José Delgado:

> Constitucional e processual civil. Recurso ordinário em mandado de segurança. Publicação de relatórios semestrais de despesas do governo do estado do Paraná. Função da ação mandamental: defesa de direito líquido e certo. *Impossibilidade de uso do* writ *para a proteção de interesses difusos e coletivos*. 1. Mandado de segurança impetrado no intuito de declarar o direito do impetrante em conhecer informações requeridas para fins de fazer uso delas na instrução de ação popular, e que a autoridade coatora promova a publicação dos relatórios semestrais das despesas realizadas com a propaganda e publicidade dos atos, programas, serviços e campanhas do governo do estado do Paraná, desde 1995, nos termos do que determina a Constituição daquele Estado. 2. *A ação mandamental consubstancia-se em um instrumento constitucional de defesa apenas de direito líquido e certo – Direito Subjetivo (art. 5º, LXIX, da CF/1988) –, não podendo ser utilizado para a proteção de interesses difusos e coletivos, os quais são resguardados pelo mandado de segurança coletivo (art. 52, LXX, da CF/1988), pela ação popular (art. 5º, LXXIII, da CF/1988) e pela ação civil pública (Lei nº 7.347/1985).*

Uma outra questão interessante referente ao mandado de segurança coletivo toca à possibilidade do Estado-membro para propô-lo contra autoridade federal. Em 06/06/1990 foi distribuído ao ministro Sepúlveda Pertence, mandado de segurança coletivo impetrado pelo Estado do Rio de Janeiro contra ato do presidente da República que aprovou projeto incentivado de indústria petroquímica a instalar-se em outra unidade da federação, sob alegação de prejuízo ao polo petroquímico a instalar-se no Estado impetrante.

Em relatório, argumentou o ministro, como ressalva, que um empreendimento federal, na área de competência exclusiva da União, não se localiza, juridicamente, em nenhum território estadual, mas sim em ponto do território federal unitário, em relação ao qual a alusão ao topônimo do Estado-membro – E.G., Polo Petroquímico do Rio de Janeiro – tem alcance de mera indicação geográfica de localização, do que resulta que o planejamento e a execução federais de um empreendimento da União, malgrado por ela situado na área territorial de um determinado Estado-membro, assim como não dependem de autorização, nem de intermediação de órgãos estaduais, também, de outro lado, e salvo norma expressa em contrário (art. 20, § 1º), não conferem direito algum à unidade federada respectiva.

Em 5 de outubro do mesmo ano foi julgado improcedente o *mandamus*, em concordância com parecer do Ministério Público, igualmente desfavorável à impetração em face do descabimento da legitimação extraordinária de Estado-membro em defesa de interesses da sua população, pois a este não foi outorgada legitimação extraordinária para a defesa, contra ato de autoridade federal no exercício de competência privativa da União, seja para a tutela dos interesses difusos da população – que é restrito aos numerados na lei da Ação Civil Pública (Lei nº 7.347/1985, seja para a impetração de mandado de segurança coletivo, que é objeto da enumeração taxativa do art. 5º, LXX da Constituição.

Foi fundamentado o acórdão na impossibilidade de extração, mediante construção ou raciocínio analógicos da alegada legitimação extraordinária e não se aplicaria ao caso pela própria estrutura do federalismo, pois o Estado-membro não é órgão de gestão, nem de representação dos interesses de sua população, na órbita da competência privativa da União.

O mandado de segurança coletivo, quando impetrado por partido político com representação no Congresso Nacional, visa a proteger direito de pessoas integrantes desta coletividade e, por isso se distinguem da ação constitucional que preserva direito individual, ou difuso. O partido político, por essa via, só tem legitimidade para postular direito de integrante de sua coletividade. Carece, por exemplo, um partido de legitimidade para impetrar mandado de segurança coletivo em favor dos titulares de benefícios de prestação continuada pelo INSS.

Assim, o interesse de grupos não se confunde com interesse coletivo. O primeiro, mesmo contando com pluralidade de pessoas, o objeto é comum e limitado, ao passo que no segundo, está afeto a difusão do interesse, alcançando os integrantes da sociedade como um todo. É importante ressaltar que só é ao partido político possível a representação de interesse de seus filiados em face de expressa autorização.

Analogamente às associações, cabe aos Partidos Políticos impetrar mandado de segurança coletivo em assuntos integrantes de seus fins sociais em nome de filiados seus, quando devidamente autorizados pela lei ou por seus estatutos. Dessa forma, só pode vir a juízo em defesa de direitos de natureza política, como, por exemplo, nas hipóteses previstas nos arts. 14 a 16 da Constituição da República.

A Ordem dos Advogados do Brasil pode impetrar mandado de segurança em nome próprio sempre que, como órgão de defesa da classe dos advogados, visar assegurar o exercício da profissão e suas prerrogativas, mas não contra atos estranho a ela.

Um exemplo prático, a título ilustrativo, foi o mandado de segurança coletivo impetrado pela OAB – Seção do Rio Grande do Sul – que objetivou assegurar ao profissionais que fizessem parte da entidade de classe e que não tivessem idade entre 23 e 45 anos, a realização de inscrições em concurso para juiz de direito substituto, aberto por edital (nº 38/1990 – DC)

A liminar foi concedida, permitindo, dessa forma, a todos os profissionais inscritos na Ordem dos Advogados do Brasil a inscrição. Posteriormente, tendo sido reprovados todos os candidatos favorecidos pela liminar concedida, resultou prejudicado o mandado de segurança.

Um outro ponto concernente ao mandado de segurança que merece especial destaque, devido a sua importância, é a definição de ato de autoridade. O Pinto Ferreira[176] o conceitua como

> aqueles atos executados ou praticados pelas pessoas que se acham investidas de uma parcela do Poder Público, possuindo o direito de obediência no desempenho legal e regular do seu cargo. Significa o mesmo que ato impróprio.

Por autoridade entende-se, neste sentido, a pessoa física investida de poder de decisão dentro da esfera de competência que lhe é atribuída pela norma legal. Faz-se extremamente relevante, contudo, realizar a distinção entre autoridade pública e agente público.

A autoridade pública detém poder de decisão e é a ela atribuída competência para a prática de atos administrativos de conteúdo decisório, sobre os quais, se dotados de ilegalidade ou abuso de poder, cabe impugnação por meio de mandado de segurança por afrontarem direito líquido e certo; já o agente público realiza apenas atos executórios, sem conteúdo decisório, razão pela qual não estão sujeitos ao mandado de segurança, tendo em vista que apenas executam ordem de agente hierarquicamente superior.

O ato lesivo de direito individual só será objeto do mandado de segurança na hipótese deste ser praticado pelo Estado como Poder Público ou por corporações político constitucionais, ou, ainda, por pessoas equiparadas à autoridade.

As omissões administrativas são equiparadas aos atos de autoridade para efeitos de mandado de segurança, acrescentando-se que àquelas não corre o prazo de decadência da impetração (em razão da inatividade da Administração Pública). Pode-se perceber, a título ilustrativo, tal equivalência por meio do mandado de segurança nº 5.968, impetrado em 24/09/1998 contra ato omissivo do ministro de Estado da Administração Federal e reforma do Estado (em razão da não atualização dos valores destinados ao auxílio-creche e pré- escolar) pelo Sindicato Nacional dos Servidores Federais Autárquicos nos Entes de Formulação Promoção e Fiscalização da Moeda e do Crédito – Sinal.

Ressalta-se que é de competência do Superior Tribunal de Justiça processar e julgar originariamente os mandados de segurança e *habeas data* contra ato de ministro de Estado, por força do art. 105, II, da Constituição da República. No presente caso, a corte superior entendeu por considerar o suposto ato omissivo pela não atualização de valores destinados ao auxílio-creche e pré-escolar como ato discricionário, realizado de acordo com o momento e a política econômica do país que, por esta razão, encontra-se distante da esfera da atuação da Justiça.

176 Prof. Pinto FERREIRA, *Teoria e Prática do Mandado de Segurança*. 2ª ed., São Paulo: Saraiva, p. 19.

O §1º, do art. 1º da Lei nº 1.533/1951, que trata do mandado de segurança, estabelece, para os efeitos da lei, a "autoridade" a que se refere o art. 1º da mesma Lei.

> *§ 1º Consideram-se autoridades, para os efeitos desta lei, os representantes ou administradores das entidades autárquicas e das pessoas naturais ou jurídicas com funções delegadas do Poder Público, somente no que entender com essas funções.*

Dessa forma, em se tratando de mandado de segurança, a competência para o processar e julgar é determinada pela hierarquia funcional da autoridade coatora, independentemente da matéria objeto de impetração. É o que demonstra trecho de ementa de acórdão proferido pelo Superior Tribunal de Justiça, que trata do conflito de competência (C.C. nº 18.239) entre a Justiça Federal e Estadual em razão de mandado de segurança impetrado contra ato de autoridade de autarquia federal:

> Constitucional. Mandado de Segurança. Competência. Critérios de fixação. Ato de autoridade federal. Sentença proferida por juiz estadual incompetente. Anulação. *Em sede de mandado de segurança, a competência para o processo e julgamento e definida segundo a hierarquia funcional da autoridade coatora, não adquirindo relevância a matéria deduzida na peça de impetração. Compete à Justiça federal conhecer de mandado de segurança contra o ato de autoridade autarquia federal,* ainda que se discuta matéria relacionada à legislação acidentária de natureza previdenciária.

A exceção é a hipótese em que o juiz estadual se encontra investido por jurisdição de competência federal, mas, ainda assim, cabe ao Tribunal Regional Federal reexaminar em grau de apelação ou, se apelação não houver, por meio do reexame necessário, a sentença por ele prolatada.

No caso em questão, o Tribunal de Justiça não anulou a sentença proferida pelo juiz estadual incompetente, razão pela qual a competência fora questionada em sede da Justiça federal que, por força de sua jurisdição, entendeu por declarar a nulidade dos atos decisórios praticados por juiz incompetente[177].

Envolve o conceito de atos de autoridade pública para efeitos demandado de segurança, igualmente, além dos atos praticados por autoridade pública propriamente dita, aqueles efetuados por representantes de autarquias (conforme demonstrado pelo acórdão *supra*), de entidades paraestatais e até por pessoas naturais ou jurídicas com funções delegadas pela Administração Pública, como os concessionários de serviços públicos.

Nos regimes de concessão de serviços públicos, as entidades concessionárias representam uma *longa manu* do Estado, certo que as decisões proferidas contra este vale contra aquelas. A concessão, como se evidencia, não pode ser realizada em detrimento dos comandos constitucionais que regulam a atuação do concedente.

Tanto é assim que, na concessão, a transferência dos serviços realiza-se conforme as limitações que tocam ao poder concedente, pelo princípio de que mesmo *plus iuris transfere ad alium potes quam ipse habet* (ninguém pode transferir mais direitos do que tem). O concessionário age, dessa forma, vinculadamente ao poder concedente, subsumindo-se às determinações emanadas deste poder, em sentido amplo, donde as decisões proferidas em face do concedente obrigam também o concessionário.

Descabe, como se pode concluir, litisconsórcio necessário entre a entidade e o Estado. A seguir, demonstra-se o tema, a título ilustrativo, por meio de acórdão proferido pelo Superior Tribunal de Justiça em agravo regimental no agravo de instrumento (AGA nº 248.297), oriundo de Sergipe:

> Ato de representante de concessionária de serviço público. Corte de energia elétrica. Mandado de Segurança. Cabimento. *É cabível o mandado de segurança contra ato praticado por representante de concessionária de serviço público* que determinou o corte do fornecimento de energia elétrica sob alegação de prática de fraude por parte do consumidor. Agravo a que se nega provimento.

---

[177] O prof. Alexandre Freitas CÂMARA, na obra *Lições de Direito Processual Civil*, 3ª ed., v. I, 2ª tiragem, São Paulo: Lumen Iuris, p. 83, define como competência o conjunto de limites dentro dos quais cada órgão do Judiciário pode legitimamente exercer a função jurisdicional. O juízo incompetente, em razão do valor ou do território e relativamente incompetente, enquanto o juízo incompetente em razão da natureza da causa, por inobservância do critério funcional, ou por desrespeito ao disposto no art. 95 do CPC (eleição de foro), será absolutamente incompetente. Na hipótese de incompetência absoluta, há que se observar o disposto no art. 113 do CPC, devendo o juiz, de ofício, declarar a incompetência. Sendo possível a declaração *ex officio*, resulta claro que pode tal declaração ser provocada pelas partes, podendo essa alegação ser feita em qualquer tempo e grau de jurisdição, por mera petição. Dispõe, contudo, o § 1º do art. 113 do CPC que, não sendo deduzida a arguição de incompetência absoluta na contestação, ou na primeira oportunidade em que couber à parte falar nos autos, responderá esta integralmente pelas custas do processo (ainda que saia vencedora). Declarada a incompetência absoluta, deverão os autos do processo ser remetidos ao juízo competente. Além disso, serão tidos por nulos (nulidade absoluta) os atos decisórios praticados pelo juízo absolutamente incompetente (art. 113, § 2º, CPC).

A competência, no mandado de segurança, é fixada em função da autoridade indicada como coatora. Sendo o pedido dirigido, por exemplo, a secretário de Estado que determinou fosse descontado dos proventos de inatividade o imposto de renda retido na fonte, compete à Justiça estadual o processo e julgamento.

Os tribunais superiores vêm aceitando, em hipóteses bastante restritas, a possibilidade de impetração de mandado de segurança contra decisão judicial. O ministro Sydney Sanches, em trecho de acórdão proferido nos autos do agravo regimental no Mandado de Segurança nº 22.623, discorre sobre o tema:

> [...] Diz o Enunciado nº 267 da Súmula da Jurisprudência do Supremo Tribunal Federal que não cabe mandado de segurança contra ato judicial passível de recurso ou correição [...] é certo que esta Corte (STF), abrandando a rigidez da Súmula 267, tem admitido mandado de segurança quando, do ato impugnado, puder resultar dano irreparável, desde logo cabalmente demonstrado [...]

Em Recurso Ordinário em Mandado de Segurança (nº 14128), igualmente transcorreu sobre o tem em debate a ministro Nancy Andrighi (STJ), em acórdão no qual afirmou que

> [...] O mandado de segurança não é sucedâneo recursal, descabendo o seu manejo contra ato judicial recorrível, tendo a doutrina e a jurisprudência assentado a possibilidade de seus uso desde que teratológica a decisão e, concomitantemente, o recurso próprio não possua efeito suspensivo e haja fundado receio quanto à ocorrência de dano de difícil ou incerta reparação [...]

A orientação jurisprudencial neste sentido é de que o mandado de segurança, em princípio, não se presta como sucedâneo ou substituto de recurso previsto em lei (Súmula 267/ STF), exceto nas hipóteses em que o ato judicial impugnado reveste de teratologia ou mesmo de flagrante e manifesta ilegalidade.

No âmbito do Direito Eleitoral é possível conceber mandado de segurança contra ato judicial. Em assentada, o órgão, ao apreciar e julgar o MS nº 1.003, Classe I, assim decidiu, à unanimidade de seus membros:

> Mandado de Segurança. Ato judicial. Decisão teratológica. Cabimento. Ilegitimidade *passiva ad causam*. Decisão claramente monocrática. Inexistência. Recontagem. Pedido formulado por candidato. Cabimento. Art. 28, *i* da Lei nº 9.100/1995. Recontagem. Ausência de fundamentação. Não cabimento. Ordem concedida, no sentido de sustar a recontagem pleiteada. O rigor da Súmula 267 do e. TSE tem sido paulatinamente abrandado, havendo construção jurisprudencial no sentido de admitir ação mandamental contra decisão teratológica. [...]

O E. Tribunal Regional do Trabalho da Décima Terceira Região também assim decidiu nos autos do Mandado de Segurança nº 039:

> É defeso ao juiz, de ofício, convocar possíveis credores a se habilitarem à garantia real eventualmente existente no processo de execução. Os terceiros interessados devem buscar, por sua própria iniciativa, a proteção dos seus créditos. Segurança concedida para que a impetrante levante o saldo remanescente da arrematação.

Tem sido admitido, dessa forma, mandado de segurança contra ato judicial quando não houver recurso que lhe possa impedir consequência instantânea, claramente danosa a direito líquido e certo do impetrante, ou seja, só é aceitável o *mandamus* contra decisão judicial se desta nao couber recurso com efeito suspensivo e se for configurado o ato como de manifesta ilegalidade.

A jurista Teresa Alvim, neste sentido, ensina que

> o remédio constitucional só pode efetivamente cumprir a sua finalidade em sintonia com as ideias fundamentais que inspiram a sua criação, porque pode ter como objeto atos do Estado, genericamente considerado, e não, exclusivamente, atos da Administração[178].

Quanto aos atos praticados por parlamentares na elaboração da lei, ensina o prof. Hely Lopes Meirelles que os atos praticados por parlamentares na elaboração da lei, na votação de proposições ou na administração do legislativo entrem na categoria de atos de autoridade e expõe-se a mandado de segurança, desde que infrinjam a Constituição ou as normas regimentais da corporação e ofendam direitos ou prerrogativas do impetrante.

Não é cabível, porém, mandado de segurança contra envio de projeto de lei à Assembleia Legislativa, por não configurar ameaça a direito líquido e certo, conforme restou demonstrado em recurso ordinário no Mandado de Segurança nº 11.373[179]. Ato estatal, dotado de

[178] ALVIM, Teresa, *Mandado de Segurança contra ato judicial*. São Paulo: Revista dos Tribunais, 2003, p. 11.

[179] Interposto contra decisão do Tribunal que indeferiu a petição inicial de *writ* impetrado contra ao do governador do estado de São Paulo e das mesas da Assembleia Legislativa Estadual, em que se objetivou a declaração de ilegalidade do projeto de lei em tramitação perante as mesas do Poder Legislativo estadual, o qual visa a estabelecer cobrança de alíquota de contribuição social para a Previdência Social sobre remuneração de servidor inativo.

ampla generalidade e impessoalidade, não causa lesão a direito individual. Para que se aceite a submissão de tal ato ao controle do mandado de segurança, este não pode se caracterizar como lei em tese, mas há de ser concreto, para que não atraia a censura da Súmula nº 266 do STF.

Os atos internos do Poder Legislativo, que compreendem as atribuições e prerrogativas da corporação, não são passíveis de análise pelo Judiciário, conforme demonstra-se pela ementa de acórdão do Superior Tribunal de Justiça, proferido no Recurso Ordinário em Mandado de Segurança nº 12.711, em que foi relator o ministro Vicente Leal:

> Processual civil. Mandado de Segurança. Ato ilegal. Inexistência. Atos *interna corporis*. Impossibilidade de análise pelo Judiciário. O mandado de segurança tem por objeto assegurar direito líquido e certo violado ou sob ameaça de violação por ato omissivo ou comissivo de autoridade, não se prestando para afastar eventuais temores, desprovidos de indicação concreta de lesão jurídica. Esta Corte já firmou jurisprudência no sentido de que *atos internos do Poder Legislativo não são passíveis de análise pelo Judiciário*. Recurso ordinário desprovido.

Esgotado o tema "autoridade coatora", faz-se interessante melhor compreender a expressão "direito líquido e certo". Para o direito individual, é o direito próprio do impetrante, sendo somente a este legítima a impetração, caso contrário, a utilização do instrumento torna-se inadequada. Abre-se espaço, caso a defesa do direito não caiba a quem efetivamente o detém, para a ação civil pública ou para a ação popular. Assim sendo, caso o impetrante venha a falecer, não cabe a habilitação de seus herdeiros. Raciocínio semelhante, porém, não cabe ao mandado de segurança coletivo.

Direito líquido e certo é o que resulta do fato certo ou capaz de ser comprovado de plano por documento inequívoco e independente de exame técnico. O pedido há de ser apoiado em fatos incontroversos, e não em fatos complexos, que reclamam a produção e cotejo de provas. Segundo Pontes de Miranda, é aquele que não precisa ser aclarado com exame de provas em dilações, que é, de si mesmo, concludente e inconcusso. Por isso, é rápido, concentrado e baseado em prova documental.

Dessa forma, não é admissível a comprovação *a posteriori* do alegado na inicial, pois deve o impetrante fazer prova indiscutível, completa e transparente de seu direito líquido e certo, não sendo possível concebê-lo à base de presunções.

Não cabe, igualmente, a concessão do mandado de segurança caso não anexe à exordial a impetrante, documento comprobatório da existência do ato da autoridade coatora, caso a ele tenha fácil acesso. É o que demonstra o Recurso Ordinário em Mandado de Segurança nº 3.150, conforme ementa de acórdão proferido pelo Superior Tribunal de Justiça:

> Administrativo. Mandado de Segurança, ausência de prova do ato da autoridade, acoimado de ilegal. Indispensabilidade, *in casu*, a propositura da ação. Recurso improvido. 1. *A regra geral é a de que, em andado de segurança, a petição inicial venha instruída com os documentos indispensáveis à propositura da ação, não cabendo dilação probatória, salvo nos casos em que o impetrante não dispõe do documento ou lhe seja negado o fornecimento.* 2. Descabe conceder mandado se segurança, se o impetrante, de posse do documento comprobatório da existência do ato da autoridade coatora, ou dele tendo fácil acesso, face a sua publicação, não faz a sua juntada com a exordial. 3. Recurso a que se nega provimento, sem discrepância.

Embora faça menção o acórdão *supra* à dilação probatória, a jurisprudência majoritária entende que se impõe a denegação da segurança, caso haja necessidade de dilação probatória para acertamento dos fatos sobre os quais se assenta a pretensão, pois pressupõe à concessão do mandado de segurança a existência de fatos incontroversos.

O mestre Hely Lopes Meirelles entende que é impróprio o conceito de liquidez e certeza, pois a alusão apropriada seria aos fatos e situações que ensejam este direito em detrimento da precisão e comprovação deste direito.

Dessa forma, o juiz analisa provas para que se comprove a certeza do direito alegado. Não é possível a apresentação de outras provas além das oferecidas na peça exordial, sendo inaplicável o princípio *jura novit curia*. É o que demonstra o acórdão proferido no Recurso Ordinário em Mandado de Segurança nº 8.844, oriundo do Rio Grande do Sul, em que figurou como relator o ministro Humberto Gomes de Barros:

> Processual. Mandado de Segurança. Exame de prova. Viabilidade. Não é correta a assertiva de que, em sede de mandado de segurança, o Poder Judiciário não examina provas. Tal exame é necessário, para que se avalie a certeza do direito pleiteado. Vedada, no processo de mandado de segurança, é a coleta de outras provas, que não aquelas oferecidas com a inicial, as informações e eventuais pronunciamentos de litisconsortes. A prova há de ser pré-

> constituída. No entanto, por mais volumosa que seja, ela deve ser examinada. Não é lícito indeferir-se pedido de segurança, sob o argumento de ser necessário o exame da prova.

Pela mesma ementa, percebe-se que, por mais complexas que sejam as questões de direito, podem ser solucionadas por meio do mandado de segurança, desde que líquido e certo o direito, pois, conforme ventilado, "por mais volumosa que seja, ela deve ser examinada – não é lícito indeferir-se pedido de segurança, sob o argumento de ser necessário o exame da prova".

O mandado de segurança é via processual que reclama prova pré-constituída, devendo estar perfeitamente delimitado o liame entre o ato omissivo e a autoridade impetrada. No Mandado de Segurança nº 7.499, oriundo do Distrito Federal e em que figurou como relator o ministro Jorge Scartezzini (STJ), foi reconhecido, por meio de provas pré-constituídas trazidas por alguns impetrantes, o reconhecimento do ato omissivo contínuo, condição para a concessão da segurança pleiteada.

Comprovaram o impetrantes nos autos serem funcionários públicos admitidos antes de 1988 e restando incontroverso, em razão da juntada do assento funcional de cada um fornecido pelo Ministério da Administração e reforma do Estado – Mare, único apto a tal, que tinham mais de cinco anos de exercício quando da promulgação da Constituição Federal, foi demonstrado o cômputo do tempo necessário para aquisição de estabilidade no serviço público, em face dos arts. 19, do ADCT e 243, da Lei nº 8.112/1990[180], razão pela qual a segurança foi concedida.

Ressalta-se que o ato materialmente legislativo, ou a lei em tese revela-se incapaz de lesar direitos subjetivos e não pode ser objeto de mandado de segurança, salvo quando posto em execução por meio de um ato administrativo[181].

Não admite-se, igualmente, mandado de segurança contra coisa julgada, pois a sentença de mérito transitada em julgado, pode ser rescindida apenas por meio de ação rescisória, quando, por exemplo, verificar-se prevaricação, concussão ou corrupção do juiz; for proferida por juiz impedido ou absolutamente incompetente; resultar do dolo da parte vencedora em detrimento da parte vencida etc.[182]

O art. 5º da Lei nº 1.533/1951, estabelece, quanto ao cabimento do mandado de segurança que:

> *Art. 5º. Não se dará Mandado de Segurança quando se tratar:*
> *I – de ato de que caiba recurso administrativo com efeito suspensivo, independente de caução;*
> *II – de despacho ou decisão judicial, quando haja recurso previsto nas leis processuais ou possa ser modificado por via de correição;*
> *III – de ato disciplinar, salvo quando praticado por autoridade incompetente ou com inobservância de formalidade essencial.*

Dessa forma, percebe-se que o objeto regular do mandado de segurança é o ato administrativo específico, mas em caráter excepcional admite-se a impetração do *mandamus* para combater leis e decretos de efeitos con-

---

[180] A Lei nº 8.112/1990, que institui o regime único dos servidores públicos civis da União, das autarquias, inclusive as em regime especial, e das fundações públicas federais, estabelece, em seu art. 243 que: "Art. 243. Ficam submetidos ao regime jurídico instituído por esta lei, na qualidade de servidores públicos, os servidores dos Poderes da União, dos ex-Territórios, das autarquias, inclusive as em regime especial, e das fundações públicas, regidos pela Lei nº 1.711, de 28/10/1952 – Estatuto dos Funcionários Públicos Civis da União, ou pela Consolidação das Leis do Trabalho, aprovada pelo Decreto-lei nº 5.452, de 01/05/1943, exceto os contratados por prazo determinado, cujos contratos não poderão ser prorrogados após o vencimento do prazo de prorrogação." Estabelece o art. 19 do ADCT que "os servidores públicos civis da União, dos Estados e dos Municípios, da administração direta, autárquica e das fundações públicas, em exercício na data de promulgação da Constituição, há pelo menos cinco anos continuados, e que não tenham sido admitidos na forma regulada do art. 37, da Constituição, são considerados estáveis no serviço público".

[181] O prof. Milton FLAKES, na obra *Mandado de Segurança – pressupostos da impetração.* Rio de Janeiro: Forense, 2003, p. 40 afirma que "necessidades práticas levaram doutrina e jurisprudência a suprir, como sempre ocorre, as lacunas do legislador. Em decorrência, mediante construção dogmática e pretoriana, admite-se mandado de segurança contra as denominadas leis autoexecutórias ou de efeitos concretos; os julgamentos proferidos no âmbito dos poderes legislativo e executivo; os atos jurisdicionais em sentido estrito, porém, em casos excepcionalíssimos".

[182] Conforme disposto no art. 485 do CPC, que prevê, ainda, a ofensa a coisa julgada; violação literal de disposição da lei; fundar-se em prova, cuja falsidade tenha sido apurada em processo criminal, ou seja provada na própria ação rescisória; se após a sentença o autor obtiver documento novo, cuja existência ingnorava, ou de que não pôde fazer uso, capaz, por si só, de lhe assegurar pronunciamento favorável; houver fundamento para invalidar confissão, desistência ou transição em que se baseou a sentença; fundada em erro de fato, resultante de atos ou de documentos da causa.

cretos[183], deliberações legislativas e decisões judiciais sobre as quais não caiba recurso com efeito suspensivo capaz de impedir lesão a direito.

Neste sentido, declarou o ministro Marco Aurélio de Mello (STF):

> O juiz aprecia o contexto. E apreciando esse contexto, então, decide. Um juiz não deve partir da lei para o caso, mas do caso para a lei. Porque a lei é para os homens e não os homens para a lei. Em muitas ocasiões, não admitir o mandado de segurança contra ato judicial é prestigiar demais a forma, em detrimento do melhor direito, cuja aplicação exige cautela e bom senso, sob pena da Justiça cometer injustiças.

Ao impedir a impetração de mandado de segurança contra ato de que caiba recurso administrativo com efeito suspensivo, inciso I do artigo *supra*, não está forçando o particular a esgotar a esfera administrativa para tão somente depois fazer uso da esfera judiciária. Neste sentido, o dispositivo apenas vinculando a impetração à possibilidade de operação e execução do ato em face do Judiciário.

Utilizando-se o recurso administrativo com efeito suspensivo, não se pode, ao mesmo tempo, postular mandado de segurança, uma vez que não há lesão no patrimônio da parte interessada, sob pena de ser considerado carecedor de ação.

Normalmente, o recurso administrativo tem efeito somente devolutivo. Em casos excepcionais, pode ter o recurso efeito suspensivo, mas, nesta hipótese, a norma ou despacho administrativo devem ser explícitos. A suspensão não pode ser indefinida, pois, se para a admissão do *mandamus* o prejudicado deve aguardar recurso administrativo, ainda que com efeito suspensivo, contra abuso ou omissão de autoridade, fazem-se imperiosos que este seja julgado em prazo legal, regulamentar ou razoável.

Como já anteriormente ventilado no corpo deste trabalho, também realizam atos administrativos, quando resolvem pela própria estrutura interna. Nesse caso, é cabível mandado de segurança contra atos de autoridades judiciárias, ou órgão colegiados, em semelhança aos atos das autoridades executivas.

Um interessante caso ilustrativo acerca do tema mandado de segurança sobre decisão judicial é o do Recurso Ordinário em Mandado de Segurança nº 15.490, oriundo do Estado do Rio de Janeiro, em que figurou como relator o ministro José Delgado (STJ), impetrado por Otávio Pessôa da Silva contra o Município do Rio de Janeiro.

Fora realizado, em primeiro lugar, recurso ordinário interposto contra acórdão que julgou prejudicado o mandado de segurança que o recorrente impetrara contra ato judicial proferido em outro mandado de segurança, que indeferiu o pedido de concessão de medida liminar, tendo em vista que o juízo singular extinguira, anteriormente, tal processo com julgamento do mérito.

A análise do ato administrativo focou-se na sua natureza para que este pudesse ser identificado. No presente caso, o ato administrativo denominou "Permissão" o que se tratava, na verdade, de "Licença", que era o ato administrativo que concedeu ao particular autorização para transportar passageiros em veículos de aluguel a taxímetro.

A licença, com se sabe, não necessita de licitação, visto que é ato vinculado e definitivo pelo qual o Poder Público, verificando que o interessado atendeu a todas as exigências legais, facultam-lhe o desempenho de atividades ou a realização de fatos materiais antes

[183] O prof. Hely Lopes MEIRELLES, *Mandado de Segurança*. 2ª ed., São Paulo: Malheiros, p. 39, ensina que "por leis e decretos de efeitos concretos entendem-se aqueles que trazem em si mesmos o resultado específico pretendido, tais como as leis que aprovam planos de urbanização, as que fixam limites territoriais, as que criam municípios ou desmembram distritos, as que concedem isenções fiscais; as que proíbem atividades ou condutas individuais; os decretos que desapropriam bens, os que fixam tarifas, os que fazem nomeações e outros dessa espécie. Tais leis ou decretos nada têm de normativos; são atos de efeitos concretos, revestindo a forma imprópria de lei ou decreto por exigências administrativas. Não contêm mandamentos genéricos, nem apresentam qualquer regra abstrata de conduta; atuam concreta e imediatamente como qualquer ato administrativo de efeitos individuais e específicos, razão pela qual se expõem ao ataque pelo mandado de segurança". Conforme, ainda, entendimento do mesmo professor, "por deliberações atacáveis por mandado de segurança entendem-se as decisões do Plenário ou da mesa ofensivas de direito individual ou coletivo de terceiros, dos membros da Corporação, das comissões ou da própria mesa, no uso de suas atribuições ou prerrogativas institucionais. As Câmaras Legislativas não estão dispensadas da observância da Constituição, da lei em geral e do Regimento Interno Especial. A tramitação e a forma dos atos do legislativo são sempre vinculadas às normas legais que os regem; a discricionariedade ou soberania dos corpos legislativos só se apresenta na escolha do conteúdo da lei, nas opções de votação e nas questões *intena corporis* de sua organização representativa".

vedado ao particular – transporte de passageiros em veículos de aluguel a taxímetro – resultando em Direito Subjetivo, porém, relativo, por ser revogável, se houver interesse público interveniente, sem ter essência de direito adquirido.

A Corte para dar provimento ao recurso, levou em conta aspectos como a luta de profissionais para que o exercício de suas atividades, antes permitidas pelo Poder Público, fossem obstadas por exame mais aprofundado e definitivo da legislação regedora da situação e os compromissos financeiros a serem cumpridos por estes trabalhadores. Fundamentou, dessa forma, que por mínima que seja a possibilidade de se extrair da lei interpretação e aplicação que minore, pelo menos temporariamente, crise de desemprego, cabe ao Judiciário fidelidade aos seus compromissos de ser guarda da normalidade jurídica, afastando o conflito.

Quanto ao direito material, o Decreto nº 18.693/2000, com ares de decreto autônomo, possibilitou aos cadastrados a possibilidade de exploração do transporte público por táxi. Tal efeito, todavia, de caráter normativo, fora posteriormente revogado pelo Decreto nº 19.443/2001, com efeitos *ex tunc*, ensejando, à primeira vista, extinção do direito pleiteado, ao que caberia, tão somente, a indenização ao recorrente.

Contudo, a Lei nº 3.123/2000 resguardou tal situação. Porém, por via reflexa, a declaração de inconstitucionalidade do § 4º, do art. 1º, parágrafo único do art. 6º e do art. 9º, da Lei nº 3.123/2000, garantiu, por não mais atingir os demais artigos, o pleito que independe de decreto regulamentador, pois este só é manejado quando a lei deixa alguns aspectos de sua aplicação para serem desenvolvidos pela Administração, ou seja, quando lhe conferem certa margem de discricionariedade para decidir, o que não foi o caso.

Assim, se o legislador esgotou a matéria, é desnecessário o regulamento. Ademais, como não há, em trâmite, ação declaratória de constitucionalidade, capaz de ofuscar a lei em comento, surge incólume a possibilidade de o impetrante pleitear o direito frente à autoridade administrativa, que deve, como tal, pautar-se nos princípios norteadores da Administração Pública, ponto em que o acórdão guerreado mereceu reparo.

Os tribunais têm decidido, dessa forma, que é cabível mandado de segurança contra ato judicial de qualquer natureza e em qualquer instância se violar direito líquido e certo do impetrante e os recursos comuns não possibilitem coibição eficaz dos atos.

O professor Hely Lopes Meirelles atenta para o fato de que a utilização do mandado de segurança fora generalizada para dar efeitos suspensivo aos recursos que não o tenham, desde que interposto o recurso normal cabível. Neste caso, também cabível é a concessão da liminar, que dá efeito suspensivo ou recurso normal até o julgamento do *mandamus* (devendo, para isso, incorrer o *periculum in mora* e o *fumus bonis iuris*)[184].

Enquanto o recurso de apelação, que é processado na primeira instância não chega ao Tribunal, pode-se utilizar o mandado de segurança nas quais, a ausência de efeito suspensivo, dentro deste período, possa causar dano irreparável. Sabe-se que em determinados tribunais, como por exemplo, o Tribunal de Justiça de São Paulo, devido ao grande número de processos que sobrecarregam sua estrutura, por vezes um recurso de apelação chega a levar um ano para ser distribuído.

As Cortes judiciais têm firmado entendimento de que a possibilidade de impetração do mandado de segurança contra atos judiciais não está necessariamente vinculada à interposição de recurso sem efeito suspensivo, ainda que impetrado por terceiro interessado. É o que demonstra a ementa do acórdão proferido nos autos do Recurso Ordinário em Mandado de Segurança nº 6.317, oriundo de São Paulo, em que figurou como relator o ministro Eduardo Ribeiro (STJ):

[184] O mesmo autor discorre sobre a Lei nº 9.139, de 30/11/1995, que tratou de alterar com profundidade a sistemática do recurso de agravo, acarretando uma considerável redução no número de mandados de segurança impetrado junto aos tribunais. Os mandados de segurança para atribuição de efeito suspensivo a recursos era, na maioria, relacionados a agravo de instrumento. Esta legislação admite, porém, que o efeito suspensivo seja dado nos próprios autos do agravo de instrumento (arts. 527, II c/c art. 558, do Código de Processo Civil, com redação dada pela Lei nº 9.139/1995), o que dispensa e até impede, por ausência de interesse (condição da ação mandamental), a impetração de mandado de segurança com este fim. Entende o autor que "o efeito suspensivo continua vinculado, entretanto, à presença dos requisitos do *fumus boni iuris* e do *periculum in mora*, como se depreende da redação do art. 558 do CPC, que dá ao relator do agravo de instrumento o poder de suspender a decisão agravada, até o julgamento do recurso, nos casos de prisão civil, adjudicação, remição de bens, levantamento de dinheiro sem caução idônea e em outros casos dos quais possa resultar lesão grave e de difícil reparação".

> Mandado de Segurança. Ato judicial. Terceiro. O terceiro, atingido em seu direito por determinação judicial, poderá impetrar segurança, reunidos os demais requisitos legais, sem que haja de, previamente, interpor recurso. Desnecessidade, tambem, de que haja risco de dano irreparavel ou que seja teratologica a decisão.

Os atos disciplinares em tese não estão sujeitos ao mandado de segurança, senão, quando praticado por autoridade incompetente ou com inobservância de formalidade essencial, nos termos do inciso III, do art. 5º da Lei nº 1.533/1951. Porém, se apesar de formalmente expedidos por autoridade competente contiverem no mérito elementos que indiquem ilegalidade ou abuso no mérito, poderão ser objeto do *mandamus*.

A jurisprudência tem, porém, oferecido resistência para aceitar mandado de segurança contra ato de dirigente de instituição privada, como, por exemplo, escolas licenciadas pelo governo, bem como de entidades paraestatais que realizem atividades delegadas pelo Poder Público.

Hão de serem distinguidos, nessas hipóteses, os atos realizados no interesse interno próprio da instituição dos atos decorrentes da delegação e praticados com autoridade, pois os primeiros não podem ser objeto de *writ*, enquanto os segundos podem ser alvo do *mandamus*, como pode-se perceber pela ementa de acórdão transcrita a seguir:

> Recurso especial. Mandado de Segurança impetrado pelo Ministério Público estadual em favor de menor. Competência do juizado da infância e da adolescência. Precedentes. 1. O juízo da infância e da juventude é competente para processar e julgar mandado de segurança impetrado pelo Ministério Público contra ato de direção de escola privada que recusou o fornecimento de histórico escolar por causa da inadimplência do pai da aluna. 2. Precedentes desta corte. 3. Recurso especial conhecido e provido.

Neste caso (Recurso Especial nº 208.872, oriundo de Goiás), o ato objeto do mandado de segurança foi praticado com ilegalidade no desempenho de atribuição delegado, visto que a direção de escola privada recusou-se a fornecer documento necessário a certa aluna. Tal ato, se não combatido, poderia até obstar matrícula da estudante em outra instituição de ensino.

Na hipótese, ainda, de realização de atividade distinta à delegação, respondem judicialmente os dirigentes de tais instituições como particulares não investidos de autoridade pública e, nesse caso, sujeitam-se, somente, as ações comuns. Trata-se, nesse caso, de contrato de Direito Privado, no qual não cabe qualquer privilégio administrativo.

O prazo para impetração do mandado de segurança é de 120 dias, computados a partir do dia em que o interessado obtiver conhecimento oficial do ato alvo da impugnação, ou seja, corre o prazo a partir da data em que o ato começa a produzir efeitos, conforme art. 18 da Lei nº 1.533/19951.

Sendo assim, dever-se-á impetrar o *mandamus* a partir do momento em que o ato objeto cause lesão ao direito. O prof. Hely Lopes Meirelles ensina, nesse sentido, que se o ato não estiver apto a produzir efeitos, não pode ser impugnado judicialmente, pois mesmo na hipótese da segurança preventiva, só poderá ser impetrado o *writ* ante um ato perfeito e exequível, ainda que não executado[185].

O mandado de segurança tem rito específico e célere, razão pela qual não comporta incidentes ou dilação de prazos peremptórios que lhe retirem a feição de remédio constitucional pronto, rápido e eficaz.

O prazo de 120 dias para impetração do mandado de segurança, previsto no art. 18 da Lei nº 1.530/1951, é decadencial e, conforme mencionado, passa a contar a partir da ciência do ato lesivo. Esse prazo deve ser contado na forma estabelecida pelo art. 184 do CPC, que exclui o dia do começo e inclui o do vencimento, conforme se demonstra:

> *Art. 184 Salvo disposição em contrário, computar-se-ão os prazos, excluindo o dia do começo e o dia do vencimento.*
> *§ 1º Considera-se prorrogado o prazo até o primeiro dia útil se o vencimento cair em feriado ou dia que:*
> *I – for determinado do fechamento do fórum;*
> *II – o expediente forense for encerrado antes da hora normal.*
> *§ 2º Os prazos somente começam a correr do 1º (primeiro) dia útil após a intimação (art. 240 e parágrafo único).*

Dessa forma se, por exemplo, o interessado obtiver conhecimento do ato impugnado no dia 3 de março, o prazo começará a correr em 4 de março, salvo na hipótese do dia 4 ser sábado ou domingo, quando o prazo passa a correr a partir do primeiro dia útil subsequente.

Como não se pode falar em intimação para efeitos de contagem de prazo para a impetração de *mandamus,* o § 2º do artigo *supra* deve ser lido da seguinte forma: "os

[185] Opina ainda o autor, em obra anteriormente citada, p. 50, que enquanto o ato estiver em formação, ou com os efeitos suspensos, ou depender de formalidades complementares para a sua operatividade, não é passível de invalidação por mandado de segurança.

prazos somente começam a correr do primeiro dia útil após a ciência do ato lesivo (objeto da impugnação)".

Na hipótese de férias forenses, esse prazo pode ser dilatado, é o que demonstra o Recurso Ordinário nº 2.428, publicado em 09/02/1998, oriundo do estado do Paraná, em que figurou como relator o ministro Cid Flaquer Scartezzini (STJ), conforme ementa de acórdão que se segue:

> RMS. Mandado de Segurança. *Prazo decadencial*. Feriado forense. *Dies ad quem*. Prorrogação. Embora sendo decadencial *o prazo para o ajuizamento de mandado de segurança, recaindo o* dies ad quem *em feriado forense, fica prorrogado o prazo final, para o primeiro dia útil seguinte. Recurso conhecido e provido.*

A Súmula nº430 do STF dispõe, ainda, que "o pedido de reconsideração na via administrativa não interrompe o prazo para o mandado de segurança", o que deixou em aberto para debates doutrinários e jurispridenciais a interrupção na hipótese de recurso administrativo, pois os dois institutos em muito se diferenciam. O Recurso Especial nº 122.440, oriundo do estado do Paraná, demonstra tal entendimento quanto ao "pedido de reconsideração", por meio de trecho de ementa de acórdão proferido pelo STJ, em que figurou como relator o ministro Felix Fischer:

> Mandado de Segurança. Prazo. Decadência. Art. 18 da Lei nº 1.533/1951. Súmula 430/STF. O prazo decadencial para impetrar mandado de segurança, previsto no art. 18 da Lei nº 1.533/1951, é de 120 dias, contados a partir da ciência do ato lesivo. Tendo o impetrante tomado ciência do ato tido por lesivo em 18/01/1994, a partir desta data iniciou o curso do prazo, o qual se findou muito antes de 1º de agosto, data em que foi ajuizado o *mandamus*. Irrelevância do pedido, *em via administrativa, de reconsideração do ato, que não interrompe nem suspende o prazo* (Súmula 430/STF) [...]

Quanto a hipótese da interrupção de contagem do prazo para impetração do *mandamus* em razão de recurso administrativo, trata do tema o Acórdão proferido nos autos do Mandado de Segurança nº 93 do STJ, oriundo do Distrito Federal, em que figurou como relator o ministro Helio Mosimann, como ilustra a ementa que se segue:

> Mandado de Segurança. Prazo. Decadência. Pedido de reexame do ato impugnado. Intempestividade do *mandamus*. Sendo peremptório, *o prazo decadencial esgota-se mesmo antes da apresentação do recurso administrativo, não tendo este o condão de reabrir novo prazo para interposição de mandado de segurança.*

O doutrinador Pontes de Miranda, por exemplo, posiciona-se no sentido do início do cômputo de prazo a partir da ciência da denegação do pedido de reconsideração ou do recurso. Já para Alfredo Buzaid, há a interrupção do prazo para interpor mandado de segurança quando na hipótese de recurso administrativo recebido com efeito suspensivo, pois, nesse caso, o ato administrativo não produz os efeitos, não pode ser executado e não oferece ameaça ou lesão à esfera jurídica individual, podendo ser objeto de revisão e anulação.

Fundamenta-se o último entendimento no sentido de que se o recurso é recebido nos efeitos devolutivos, ou seja, se não permanecem suspensos os resultados do ato, o prazo para impetração começa desde a ciência deste, pois seus efeitos operam de imediato. Dessa forma, conforme esta corrente de pensamento, o recurso administrativo só interrompe a contagem do prazo decadencial do mandado de segurança se este for recebido com efeito suspensivo.

Hely Lopes Meirelles tem compreensão um pouco diferente ao segundo doutrinador quanto à interrupção do prazo para impetração do mandado de segurança pelo recurso administrativo, embora não faça menção ao entendimento sobre o pedido de reconsideração, pois ensina que "quando a lei diz que o direito de requerer mandado de segurança extinguir-se-á 120 dia após a ciência do ato (art. 18), esta pressupondo o ato completo, operante e exequível". Não é, pois, o conhecimento oficioso do ato que deve marcar o início do prazo para a impetração, mas sim o momento em que se tornou apto a produzir seus efeitos lesivos.

Sustenta, ainda, que

> se o ato é irrecorrível ou apenas passível de recurso sem efeito suspensivo, contar-se-á o prazo da publicação ou da intimação pessoal do interessado; se admite recurso com efeito suspensivo, contar-se-á do término do prazo para o recurso (se não for interposto) ou da intimação do julgamento final do recurso (se interposto regularmente).

Como se pode perceber, não há uniformização doutrinária quanto ao tema, permanecendo em aberto se o recurso administrativo interrompe o prazo decadencial, recomeçando a contagem dos 120 dias da decisão denegatória do recurso na via administrativa; se, caso não interposto o recurso administrativo, apesar da existência da possibilidade, contar-se-á o prazo decadencial do mandado de segurança a partir do término do prazo do recurso administrativo, se o início do cômputo do prazo se dá a partir da denegação do pedido do recurso, ou, ainda, conforme entendimento das Cortes superiores, se o prazo decadencial é esgotado mesmo antes da apresentação do recurso administrativo, caso este não seja interposto no prazo de 120 dias.

O Tribunal Regional Federal da Primeira Região entende também pela não fluição do prazo decadencial do mandado de segurança na hipótese de interposição de recurso administrativo, conforme se demonstra o MAS. 2001.38.00.016528-8, em que figurou como relatora a desembargadora Federal Maria do Carmo Cardoso (Sexta Turma):

> Mandado de Segurança. Interposição de recurso administrativo sem efeito suspensivo. decadência. Art. 18 da Lei nº 1.533/1951. 1. *A apresentação de recurso administrativo não tem o condão de impedir a fluição do prazo decadencial do mandado de segurança, salvo se recebido no efeito suspensivo. 2. Recursos administrativos possuem, via de regra, efeitos meramente devolutivos, apenas sendo recebidos no efeito suspensivo quando a lei ou o regulamento assim o previr, ou, quando estes forem omissos, com o intuito de evitar danos ao direito do recorrente ou proteger interesses da própria administração pública.* 3. O prazo decadencial da impetração do presente *mandamus* teve início com a publicação do ato impugnado, que se deu no dia 06/12/2000, no *Diário Oficial* de Minas Gerais, sendo que o ajuizamento da ação mandamental somente ocorreu em 22/05/2001. 4. Apelação da impetrante improvida.

Cumpre relembrar, primeiramente, a distinção entre recurso administrativo e pedido de reconsideração. O primeiro é dirigido à autoridade hierarquicamente superior a qual cabe reavaliar o ato, enquanto o segundo é requerimento administrativo destinado à autoridade responsável pela sua produção. A Súmula nº 430 do STF pacificou o entendimento quanto ao pedido de reconsideração.

Já o mandado de segurança, conforme demonstrado, tem entendimento diverso sobre a contagem de prazo quando da impetração de recurso administrativo com efeito suspensivo ou devolutivo. Parece coerente que, na hipótese de recurso administrativo com efeito suspensivo, caso concedido no âmbito administrativo, o mais correto é que flua o prazo para a impetração do *mandamus* a partir da data da ciência do improvimento do recurso.

Parece razoável tal consideração, pois a executoriedade do ato impugnado é postergado para o momento do indeferimento do pedido pela autoridade administrativa, de forma que não está tal ato, até o instante da denegação do requerido pela via não judicial, produzindo qualquer efeito para o pretenso impetrante.

Tal opinião pode ser ainda reforçada por meio do art. 5º, II da Lei nº 1.533/1951, em que estabelece que:

> *Art. 5º. Não se dará mandado de segurança quando se tratar;*
> *I – de ato de que caiba recurso administrativo com efeitos suspensivo independentemente de caução;*
> *II – de despacho ou decisão judicial, quando haja recurso previsto nas leis processuais ou possa ser modificado pela via de correição.*

Na circunstância de recurso administrativo com efeito devolutivo, como não existe causa que obste os efeitos produzidos pelo ato, que, independentemente de ser modificado ao fim por meio da via administrativa, já está apto a causar lesão ao direito do requerente, o prazo para impetração deve fluir a partir da ciência do ato coator.

É possível compreender até que a decisão do recurso administrativo com efeito devolutivo pode ser objeto de um outro mandado de segurança. Nesse caso, o ato causador de lesão a direito é a decisão reformadora que, por sua vez, dá ensejo a novo prazo para a impetração. Assim sendo, a causa de pedir não é mais a ilegalidade do primeiro ato, mas a do segundo e, como não coincidentes os elementos da ação, a demanda é diferente.

Conclui-se, dessa forma, que o ato impugnado por meio de recurso administrativo com efeito suspensivo tem prazo interrompido, passando a contar a partir da decisão que entenda pela legalidade do ato; já o ato contra o qual interpôs-se recurso administrativo com efeito somente devolutivo, aplica-se, como analogia, a regra da Súmula nº 430 do STF, que flui normalmente a partir da data da ciência pelo interessado, não se interrompendo.

Por fim, a interposição de recurso administrativo, mesmo com efeito suspensivo, após decorrido prazo para impetração do *mandamus* não pode intencionar o impedimento do curso de seu prazo decadencial.

Curiosamente, considera-se decadencial até mesmo o prazo para a intervenção do Ministério Público. O art. 10 da Lei nº 1.533/1951 estabelece que:

> *Art. 10. Findo o prazo a que se refere o item I do art. 7º[186] e ouvido o representante do Ministério Público dentro de cinco dias, os autos serão conclusos ao juiz, independentemente de solicitação da parte, para a decisão, a qual deverá ser profe-*

[186] Estabelece o art. 7º, I, que: "Art. 7º Ao despachar a incial, o juiz ordenará: I – que se notifique o coator do conteúdo da petição, entregando-lhe a Segunda via apresentada pelo requerente, com as cópias dos documentos, a fim de que, no prazo de dez dias, preste as informações que achar necessárias."

rida em cinco dias, tenham sido ou não prestadas as informações da autoridade coatora.

É o que ilustra o Recurso Especial nº 9.159, oriundo do Amazonas em que figurou como relator o ministro Luiz Pereira, conforme se segue a título ilustrativo:

> Mandado de Segurança. Prazo para intervenção do Ministerio Público. Impossibilidade de sua dilargação (Lei nº 1.533, de 31/12/1951, art. 10). Prolação da sentença independentemente da manifestação efetiva do *parquet*, estando *este intimado. Inexistência de nulidade, dada a feição do mandamus, como remédio constitucional célere e eficaz.* O mandado de *segurança tem rito específico e célere, não comportando incidentes e nem dilação de prazos peremptórios, que lhe retirem a feição de remédio constitucional pronto, rápido e eficaz. O Ministério Público, quer atuando como parte, quer na defesa da ordem jurídica (custos legis), está sujeito ao prazo consignado na lei específica (Lei nº 1.533/1951, art. 10), e, se devidamente intimado, ultrapassada a dilação que lhe concede a legislação, cessado fica o seu direito (ou lhe concede a legislação, cessado fica o seu direito ou dever) de intervir no processo.* A intervenção do Ministério Público, no processo de mandado de segurança, tem feição de interesse público relevante, mas e defeso, ao *parquet*, desbordar-se das determinações legais e descumprir os prazos, dentro dos quais deve praticar os respectivos atos, mesmo porque, dentre os motivos que tornam indispensável a sua intervenção, ressalta, como essencialíssimo, o de exercer a atividade de "fiscalizar o cumprimento da lei" (e não reivindicar o direito a sua desobediência).

Há até o entendimento da inconstitucionalidade da Lei nº 1.533/1951 no que toca à estipulação de prazo para o exercício de garantia constitucional, tendo em vista o princípio da inafastabilidade do controle jurisdicional ou princípio do direito de ação[187].

No que toca a atos que envolvam obrigação de trato sucessivo, o prazo para a ação mandamental é renovável, não sendo possível vislumbrar, neste caso, a decadência do direito à impetração. É o que demonstra o Mandado de Segurança nº 7.778, oriundo do Distrito Federal, em que figurou como relator o ministro Vicente Leal (STJ):

> Administrativo e constitucional. Mandado de Segurança. Prazo decadencial renovado. Servidor aposentado excombatente. Cumulação de aposentadoria estatutária e pensão especial. Possibilidade. Ato omissivo. Em se tratando de ato omissivo continuado, que envolve obrigação de trato sucessivo, o prazo para o ajuizamento da ação mandamental renova-se mês a mês, não havendo que se falar em decadência do direito à impetração. Nos termos do art. 53, inciso II do ADCT, a percepção da pensão especial não impede a concomitante fruição de benefício previdenciário. A aposentadoria anteriormente percebida, decorrente das prestações devidamente recolhidas pelo impetrante na qualidade de servidor do Ministério das Comunicações, caracteriza-se como espécie de benefício previdenciário, acumulável com pensão especial concedida a ex-combatentes.

Também o ajuizamento de mandado de segurança coletivo por entidade de classe não inibe o exercício de

---

[187] No texto "Do Princípio da Inafastabilidade do Controle Jurisdicional ou Princípio do Direito de Ação" a profª Gisele Leite, abordando a questão da inconstitucionalidade, do conceito de direito de petição, de ação, de assistência jurídica e a importância da escola do direito alternativo bem como o envolvimento com os demais princípios constitucionais que regem os processos, reforça transmite a ideia da inconstitucionalidade para o prazo de exercício de garantia constitucional e ao tratar, em específico, do Mandado de Segurança, ensina que: "o que reforça a inconstitucionalidade da Lei nº 1.533/1951 que estipula o prazo para o exercício da garantia constitucional. Isto porque se o "direito material" protegido pelo mandado de segurança ainda foi extinto, pois a decadência somente teria atingido o direito à impetração da ordem, é porque a lei infraconstitucional limitou mesmo o exercício da garantia extrapolando de seus limites e, caracterizando-se como exigência inconstitucional. Carlos Mario Velloso entendendo ser inconstitucional a exigência do art. 18 da Lei nº 1.533/1951 de que a impetração se dê dentro de 120 dias contados da ciência do ato impugnado. Miguel Seabra Fagundes fazendo paralelo com o exercício do *habeas corpus*, insuscetível de prescrição ou decadência. Celso Antônio Bandeira de Mello conquanto diga que a lei não apode estabelecer prazo para o exercício da garantia constitucional, porque a CF não estabeleceu esse limite temporal, entende que é razoável que a lei estabeleça o prazo, dada a natureza urgente do mandado de segurança. Entende o doutrinador a inconstitucionalidade do art. 18 da Lei nº 1.533/1951. Há muito se tem aos poucos abandonado a doutrina dos direitos absolutos, o que implica inclusive na extinção de garantia constitucional do mandado de segurança. Mas a esse óbice dos defensores de constitucionalidade do prazo para a impetração do mandado de segurança responde-se que o direito de impetrar a ordem e extinguiria com a extinção do direito líquido e certo (cuja proteção se visa pelo ajuizamento de segurança). Assim, uma vez extinto o direito ameaçado ou lesado por ato ilegal ou abusivo da autoridade, *ipso facto* estaria extinto o direito de impetrar-se o mandado de segurança objetivando a proteção do direito material já extinto. Na verdade é que essa norma limitadora das liminares em mandado de segurança é ineficaz, não inconstitucional. Consequentemente, mesmo na vigência da lei que proibia a concessão de liminar no mandado de segurança contra o ato do governo federal, em face da ineficácia dessa norma, o juiz poderia conceder a medida em face do poder geral da cautela. O direito de ação significa o direito de obtenção pelo jurisdicionado, da tutela jurisdicional adequada, de sorte que, se necessitar de liminar, haja ou não previsão para essa concessão, o juiz deve concedê-la evidentemente, se estiverem presentes os requisitos legais para tanto; assim como deve conceder a liminar, mesmo que haja proibição expressa na lei, se a liminar for necessária como tutela jurisdicional adequada."

postular, desde que no prazo de 120 dias, por via de *writ* individual, a fim de resguardar direito líquido e certo, lesado ou ameaçado de lesão por ato de autoridade.

Ainda quanto ao art. 5º da Lei nº 1.533/1951, a razão da distinção do tratamento do ato que admite recurso com efeito suspensivo independentemente de caução, do que só admite o recurso mediante caução é a seguinte: o ato de que caiba recurso administrativo independentemente de caução não causa lesão à parte até o seu julgamento; enquanto o ato com recurso dependente de caução constitui gravame a parte em razão da exigência da garantia (depósito de dinheiro, bens ou títulos). Sendo assim, faz-se necessária a este a invalidação imediata do ato.

Caso o *mandamus* seja impetrado por juiz incompetente, entende ainda os tribunais superiores que a decadência é afastada, pois, a partir do momento em que há despacho judicial requerendo informações da autoridade coatora, considera-se exercido o direito ao Mandado de Segurança. É o que demonstra o Recurso Ordinário em Mandado de Segurança nº 4.495, oriundo do Espírito Santo, em que figurou como relator o ministro Humberto Gomes de Barros:

> Processual. Mandado de Segurança. Pedido formulado perante juízo incompetente. Despacho que ordenou a citação. Decadência não verificada. 1. A teor dos arts. 113, § 2º, 219 e 220 do Código de Processo Civil, *o direito ao mandado de segurança considera-se exercido na data do despacho que requisitou as informações. Nada importa, se tal despacho tenha partido de juiz incompetente*. 2. Afastada a decadência, devolve-se o processo ao tribunal de origem, para que continue na apreciação do pedido.

Caso similar foi apresentado por meio do Conflito de Competência nº 18.239, oriundo do Rio Grande do Sul, em que figurou como relator o Ministro Vicente Leal, pois em sede de mandado de segurança, a competência para o processo e julgamento é definida segundo a hierarquia funcional da autoridade coatora, não adquirindo relevância à matéria deduzida na peça de impetração.

Compete, assim, à Justiça Federal conhecer de mandado de segurança contra ato de autoridade de autarquia federal, ainda que se discuta matéria relacionada a legislação acidentária de natureza previdenciária. Somente nas hipóteses em que o juiz estadual se encontra investido de competência federal, cabe ao Tribunal Federal reexaminar, em grau de apelação, a sentença por ele prolatada, a teor do inscrito no art. 108, II, da Constituição Federal de 1988.

Na situação em voga, não tendo o Tribunal de Justiça anulado a sentença emanada de juiz estadual incompetente, é certo de que as Cortes superiores hão de fazê-lo e, por força da jurisdição, declarar a nulidade dos atos decisórios praticados pelo juiz incompetente e fixar o juízo competente, porém, o ônus de tal equívoco não pode recair, de forma alguma, sobre o impetrante, razão pela qual não se considera a decadência do direito ao *mandamus*.

Questão que se faz igualmente pertinente á a definição dos sujeitos atuantes no mandado de segurança. Como se sabe, a relação jurídica é o vínculo entre duas ou mais pessoas – sujeito ativo/pretensor e sujeito passivo/obrigado, projetada por fato histórico-causa, gerando complexo de direitos e obrigações contrapostas-conteúdo. Na hipótese do *writ* são os obrigatórios:

- Sujeito ativo, ou o impetrante, o titular do direito em questão.
- Sujeito passivo, ou o impetrado, autoridade coatora.
- Ministério Público, parte pública autônoma.

Esporadicamente, outros interessados podem integrar o feito, desde que legítimos, para figurarem ao lado do sujeito ativo ou passivo do *mandamus*.

Sujeito ativo do mandado de segurança:

No que toca ao sujeito ativo, estabelece o art. 3º da Lei nº 1.533/1951, que:

> *Art. 3º – O titular de direito líquido e certo decorrente de direito, em condições idênticas, de terceiro, poderá impetrar mandado de segurança a favor do direito originário, se seu titular não o fizer, em prazo razoável, apesar de para isso ser notificado judicialmente.*

Assim, tem-se que o impetrado, para adquirir legitimidade ativa no mandado de segurança, precisa necessariamente ser o titular do direito individual ou coletivo, líquido e certo, seja este pessoa física, jurídica; universalidade patrimonial privada ou órgão público.

O espólio não pode ser sujeito ativo para impetrar o *mandamus* na hipótese de falecimento do titular do direito em questão. É o que demonstra o Recurso Especial nº 11.2207, oriundo do estado do Paraná, em que figurou como relator o ministro Hamilton Carvalhido:

> Recurso Especial. Mandado de Segurança. Processual. Morte do impetrante. Habilitação de espólio. Impossibilidade. Precedentes. 1. *A jurisprudência deste Superior Tribunal de Justiça, na esteira de precedentes do excelso Supremo Tribunal Federal, firmou já entendimento no sentido de que, em razão do caráter mandamental e da natureza personalís-*

sima da ação mandamental, é incabível a sucessão de partes em processo de mandado de segurança.

Só o titular de direito próprio pode impetrar o *mandamus*, não cabendo reivindicação em nome próprio de direito alheio, não sendo bastante a alegação de consequências e reflexos do ato impugnado.

Na hipótese de substituição processual das organizações sindicais entidades de classe ou associações (neste sentido, estabelece o art. 5º, XXI, que "as entidades associativas, quando expressamente autorizadas, têm legitimidade para representar seus filiados judicial ou extrajudicialmente") resta claro que o objeto do mandado de segurança coletivo será um direito dos associados.

Dessa forma, independentemente de guardar vínculo com os fins próprios da entidade impetrante do *mandamus*, há a exigência de que o Direito em voga esteja compreendido na titularidade dos associados e que exista ele em razão das atividades exercidas pelos associados, embora não seja obrigatório que o Direito seja peculiar e próprio da classe.

O *locus* constitucional do mandado de segurança é o capítulo referente aos direitos e deveres individuais e coletivos, primeiro capítulo, correspondente ao título "Dos direitos e garantias fundamentais". Por tal, se o Direito Subjetivo do impetrante é público ou privado, próprio (exclusivo) ou pertencente a um universo limitado de pessoas, é irrelevante como pressuposto à impetração. Porém, faz-se impreterível que o polo ativo do *mandamus* possa exercer tal direito individual ou coletivamente, sendo o mero interesse descartável à legitima impetração.

Assim, compreende-se a razão por que as corporações profissionais, sindicatos, associações e partidos políticos são legitimados ativamente para interpor mandado de segurança em favor de seus associados em defesa de direitos subjetivos individuais ou coletivos. Há de se fazer a necessária distinção entre direitos coletivos e direitos da coletividade, o primeiro tem titularidade definida e é objeto de *mandamus*, o segundo tem titularidade indefinida e é objeto de ação civil pública.

No que toca aos partidos políticos, há interessante discussão sobre a legitimidade destas figuras para a impetração de mandado de segurança[188]. O partido político é uma organização de pessoas com ideias e interesses comuns, que almejam tomar o poder e nele se conservar a fim de realizar as finalidades pugnadas.

José Afonso da Silva entende que tal entidade, como pessoa jurídica de Direito Privado, aproxima-se mais do perfil da associação, pois tem seus atos constitutivos registrados no cartório de registro civil de pessoas jurídicas, que, uma vez realizado, adquire a personalidade para efeitos jurídicos, devendo, posteriormente, para fins eleitorais, obter registro no Superior Tribunal Eleitoral.

Dessa forma, considerando-se que trata a ação de faculdade atribuída ao detentor de direito material para que possa reclamar a sua proteção perante o Estado, é bastante claro que esta deva ser aforada pelo titular do direito material. Há neste caso legitimação ordinária, visto que há identidade jurídica material com a processual.

Caso inexista tal correspondência, então, a legitimação passa a ser extraordinária, visto que o direito à ação é exercido por outrem que não o titular do direito deduzido na pretensão. Tal legitimação tem caráter excepcional. Por tal, estabelece o Código de Processo Civil, em seu art. 6º que "Ninguém poderá pleitear, em nome próprio, direito alheio, salvo quando autorizado por lei."

Há, porém, o entendimento de que os partidos atuam na defesa de seus interesses institucionais, como a proteção aos seus filiados, razão pela qual se compreende que ter-se-ia, neste caso, a legitimação ordinária. Tal corrente é compartilhada, inclusive, pela profª Ada Pellegrini Grinover.

Contudo, tal corrente doutrinária não está integralmente munida de razão. Não há duvida quanto à atuação dos partidos políticos em buscar a proteção de tais interesses institucionais, porém, como anteriormente mencionado, esses interesses em muito se distinguem dos direitos subjetivos, que são requisitos, quanto à equivalência, para a legitimação processual ordinária.

Portanto, não se pode considerar a legitimação ordinária dos partidos políticos, pois não há benefício imediato do mandado de segurança para estas entidades de Direito Privado. Há, nesse caso, uma substituição processual, decorrente da legitimação extraordinária.

Sujeito Passivo do Mandado de Segurança:

O sujeito passivo do mandado de segurança ou a autoridade coatora é a que concretizou a violação ao direito individual ou coletivo. Tal definição, porém, não esgota o tema, visto que nem sempre é tão clara a identificação do sujeito a figurar no polo passivo do *manda-*

188 Artigo "Mandado de Segurança Coletivo e os Partidos Políticos", Ivan Lira Carvalho, juiz federal do Rio Grande do Norte (*site* da Justiça Federal do Rio Grande do Norte).

mus. Muitas vezes para alcançá-lo é necessário recorrer à análise do ato.

A correta indicação da autoridade coatora é de grande importância visto que esta não pode ser substituída ao longo do processo. Ao contrário, acarretará na extinção do processo sem julgamento do mérito, pois se entende que o juiz não pode substituir a vontade do sujeito ativo. É o que demonstra, a título ilustrativo, a ementa de acórdão proferida no Mandado de Segurança nº 4.645, oriundo do Distrito Federal, em que figurou como relator o Ministro Milton Luiz Pereira:

> Mandado de Segurança. Processual civil. Errônea indicação da autoridade coatora. Ilegitimidade passiva *ad causam. Impossibilidade do juiz substituir o sujeito passivo. Extinção do processo sem julgamento do mérito.* Constituição Federal, art. 105, *i*, *b*, CPC, art. 267, VI, CPC. 1. *É firme a jurisprudência no sentido de que, no mandado de segurança, a errônea indicação da autoridade coatora, afetando uma das condições da ação* (legitimatio ad causam), *acarreta a extinção do processo, sem julgamento de mérito,* especialmente quando influi na fixação da competência, matéria de ordem pública, que não fica submetida à vontade ou conveniências do impetrante. Verificada a equivocada indicação, o juiz não pode substituir a vontade do sujeito ativo da ação pela sua, substituindo na relação processual o sujeito passivo, afrontando o princípio dispositivo, pelo qual cabe ao autor escolher o réu que deseja demandar. 2. Precedentes do STJ e STF. 3. Processo extinto sem julgamento do mérito.

Para nortear a identificação do sujeito passivo do mandado de segurança, interessante é a classificação elaborada por Carlos Augusto Assis[189], da qual se conclui:

- se o ato violador funda-se na lei, a autoridade coatora é a que realizou o ato lesivo e não o órgão que a elaborou;
- se o ato violador funda-se em decisões normativas, a autoridade coatora é a que praticou o ato concreto que aplicou as instruções normativas e não a autoridade que o elaborou[190];
- se o ato for decisório ou executório estabelece-se como autoridade coatora aquela que determinou a prática do ato;
- se o ato for complexo, são coatoras todas as autoridades que concorreram na sua elaboração (Vicente Greco Filho). O prof. Hely Lopes Meirelles entende que nos atos complexos o coator é a última autoridade que neles intervém para seu aperfeiçoamento, mas a jurisprudência tem exigido a notificação de todos que participaram do ato;
- se o ato for composto, é coator aquele que pratica o ato principal, porém, na hipótese de autoridade hierarquicamente superior clamar para si a autoria do ato em questão e o ratificar será esta e não aquela a integrar o polo passivo do *mandamus;*
- se o ato for praticado por órgãos colegiados considera-se o presidente como a autoridade coatora ou o próprio órgão representado pelo Presidente;
- se o ato praticado for ato legislativo, há de se analisar algumas hipóteses. Se for o ato legislativo lei formal, não há que se fala em madado de segurança; se o ato legislativo for formalmente lei mas materialmente ato administrativo e integra o polo passivo do mandado de segurança a autoridade coatora que determinou a sua prática, e, por fim, caso trate-se o ato de lei autoexecutável, a autoridade coatora é a que executa ou pratica ao ato lesivo;
- se o ato praticado for procedimento administrativo, é a autoridade coatora a que preside a sua realização;
- se o ato for praticado por delegação, é a autoridade coatora quem pratica o ato ilegal;
- se o ato for praticado envolver direito coletivo a autoridade coatora desvincula-se da execução e passa para o plano da autoria de decisão hierárquica que produz efeitos para uma coletividade, ou seja, o ato passa a ter generalidade. Por esta razão a autoridade coatora há de ser percebida de

---

[189] Carlos Augusto ASSIS, Sujeito Passivo no Mandado de Segurança, São Paulo: Malheiros, 1997, p.16.

[190] Exemplifica-se, a título ilustrativo, o ato violador fundado em decisões normativas, quando ato concreto as aplica para efeitos de identificação do polo passivo do Mandado de Segurança, o REsp nº 173.878, oriundo do estado do Amazonas, em que figurou como relator o ministro Edson Vidigal (STJ), cuja ementa de acórdão se segue: "1. Doutrina e jurisprudência afastam a possibilidade da impetração do mandado de segurança para atacar lei em tese; cabe, entretanto, contra ato normativo de efeitos concretos e decisórios, que excluiu o impetrante da incidência de gratificação prevista para os servidores ativos. 2. *Autoridade coatora, para fins de mandado de segurança, é aquela que pratica ou deixa de praticar o ato impugnado pelo impetrante; considerando que a lei promulgada pelo governador do Estado do Amazonas teve efeito concreto e decisório, é ele autoridade legítima para figurar no polo passivo do mandado de segurança.* 3. Não é cabível a interposição de recurso especial sob a alegação de não existência de direito líquido e certo, por implicar reexame do conjunto fático-probatório dos autos. Súmula 07/STJ. 4. Recurso não conhecido."

forma abrangente. Pode-se considerar, neste caso, a autoridade que puder retificar o ato[191].

A jurisprudência entende, conforme se ilustra por meio do acórdão *infra*, que a legitimidade passiva do *mandamus* e determinada pela competêcia para corrigir a ilegalidade apontada (REsp nº 86.705, oriundo de São Paulo; ministro Edson Vidigal):

> Recurso especial. Mandado de segurança. Legitimidade passiva. Prefeito. Competência para alterar o ato coator. 1. *A legitimidade para figurar no polo passivo do mandado de segurança fixa-se diante da competência para corrigir a eventual ilegalidade impugnada.* 2. Recurso não conhecido.

Outra questão que toca à definição do sujeito passivo em mandado de segurança é a discussão sobre a figuração no polo processual, se é esta a pessoa jurídica de Direito Público ou a autoridade coatora.

Para a maioria dos doutrinadores é a autoridade coatora, porém, alguns entendem até mesmo que esta funcione como substituto processual da pessoa jurídica de Direito Público, visto que atuam em nome próprio mas na defesa de direito alheio. Há também quem compreenda que a autoridade coatora se apresenta no processo como representante da pessoa jurídica de Direito Público, que é a verdadeira parte no processo.

Os ministros dos Tribunais Superiores têm firmado entendimento nos seguintes pontos[192]:

- A autoridade coatora participa do *mandamus* como parte no sentido formal, enquanto a pessoa jurídica de Direito Público interno, destinatária dos efeitos da decisão, participa no capítulo material.
- A pessoa jurídica de Direito Público, a suportar o ônus da sentença proferida em mandado de segurança é parte legítima, por ter interesse direto na causa, a integrar a lide em qualquer fase que ela se encontre.
- A autoridade coatora, apesar de ser parte no mandado de segurança, figurando no polo passivo da relação processual, não possui legitimidade para recorrer, devendo, somente, prestar informações no prazo de 10 dias e cumprir o que for determinado na liminar ou sentença. A legitimidade recursal é da pessoa jurídica de Direito Público interessada, pois é ela que suportará os efeitos patrimoniais da decisão final.
- A pessoa jurídica de Direito Público que se apresenta para defender o ato impugnado assume a responsabilidade da autoridade que a praticou.

---

[191] No que toca à autoridade coatora no mandado de segurança coletivo, ensina o professo Carlos Augusto de Assis que "O mandado de segurança coletivo, segundo José Joaquim Calmon de Passos, é interposto pela entidade em favor de seus membros ou associados não individualizados na inicial. Consequentemente, essa intedeterminação dos sujeitos também faz indeterminado (em certo sentido) o ato da autoridade coatora. Ela se desvincula da 'execução' e desloca-se, necessariamente, para nível diverso – o do poder de decisão hierarquicamente apto a dar a seu ato a generalidade que o mandado de segurança reclama. No mandado de segurança coletivo, porque subjetivamente indeterminado, no que tange à petição incial, mas subjetivamente determinável em termos de sua efetividade, a autoridade coatora tem que ser entendida em termos também abrangentes. Se em jogo um tributo estadual, por exemplo, não há por que se indicar o agente do ato material que se reputa ilegal ou abusivo; provado que a exigibilidade já ocorreu ou ocorrerá, impetra-se segurança contra a autoridade posta no ápice da hierarquia, que somente dela pode partir a contraordem abrangente da cessação da ilegalidade ou do abuso em relação a todos os interessados. Na hipotese seria o secretário da Fazenda, uma vez que, se nos reportássemos ao governador, em verdade, reduziríamos todo o mandado de segurança coletivo dessa espécie a mandado de segurança contra ato do governador, o que nem é bom na prática nem de dedução teórica necessária."

[192] REsp 439633, REsp 260655, REsp 16999, AGRMS 5690, REsp 279419, REsp 137899. REsp 132024, REsp 253048, REsp 132024, REsp 253048, REsp 171514, REsp 150143, REsp 162018, REsp 137884, REsp 178904, REsp 133083, REsp 161282, REsp 86030, MS 4647, REsp 187266, REsp 178829. Também em acórdão proferido pela Primeira Câmara Cível do Tribunal de Justiça do Estado de São Paulo, na Apelação nº 71.484-1 pode se extrair que "Se não se tratasse o mandado de segurança, para o qual a legitimidade passiva *ad causam* apresenta conotações excepcionalíssimas, o impetrante seria carecedor da ação e a preliminar posta pela Fazenda apelante mereceria diferente solução. Mas a legitimação da autoridade responsável pelo ato impugnado, na Lei do Mandado de Segurança, pouco mais significa que a qualidade para prestar informações, somente. O interesse substancial em jogo e possível conflito com o do impetrante é sempre o da entidade que essa autoridade corporifica. A autoridade não comparece como substituto processual da entidade de Direito Público, como a um tempo pareceu à doutrina. Ela é mero representante nas primeiras fases do processo (e, em caso de recurso, passa a oficiar a própria Fazenda, pelos seus órgãos competentes). Como representante, não arca com o custo do processo, em caso de sucumbência (as custas, em restituição, ficam sempre a cargo do Estado e não do funcionário). Por isso é que não obstante a impetração tenha sido aforada com endereçamento equivocado (foi dirigida contra o coordenador de Recursos Humanos do Estado de São Paulo), a retificação determinada pelo magistrado ao solicitar informações do presidente da Comissão de Acumulação de Cargos foi legítima e a preliminar não foi acolhida. No caso, acabaram por vir informações de ambas as autoridades, não se cogitando de prejuízo ao contraditório."

- A autoridade coatora, como tal indicada na ação de mandado de segurança faz parte do ente público sujeito passivo no *mandamus*, por isso, a sua notificação dispensa a citação da pessoa jurídica de Direito Público a qual pertence.
- A autoridade coatora indicada na ação de *mandamus* faz parte do ente público sujeito passivo no mandado de segurança, por tal, a sua notificação acarreta a citação da pessoa jurídica de Direito Público à qual pertence.
- No mandado de segurança é parte passiva (coatora) a autoridade responsável pelo ato impugnado, projetando-se a sentença na pessoa jurídica de Direito Público à qual está funcionalmente vinculada, não podendo por tal ser cogitada da ilegitimidade passiva.
- Ao processo do mandado de segurança aplicam-se os dispositivos do Código de Processo Civil, visando ao litisconsórcio e à assistência (art. 19, Lei nº 1.533/1951; arts. 46 a 55 do CPC). Sendo assim, a pessoa de Direito Público pode intervir como assistente.

Dessa forma, conclui-se que no processo de mandado de segurança só pode figurar como coatora a autoridade que ordena ou omite a prática do ato impugnado, carecendo de legitimidade para figurar no polo passivo da impetração, aquela autoridade que não dispõe de competência para corrigir a ilegalidade do ato respectivo.

Acrescenta-se que a pessoa jurídica de Direito Público a suportar os ônus da sentença proferida na ação de segurança é parte legítima, em face de seu interesse direto na causa, para integrar a lide em qualquer fase em que se encontre. A autoridade coatora, não sendo sujeito passivo na lide e nem titular do direito em conflito, não pode oferecer recurso, restringindo-se a prestar informações sobre o ato em nome do Estado e como substituta deste.

Sendo assim, o litisconsórcio entre a pessoa jurídica de Direito Público e a autoridade coatora não é necessário, mas facultativo, pois esta age na qualidade de substituta processual daquela, ideia que se reforça por meio do Recurso Especial nº 137.884, oriundo do estado de Tocantins, em que figurou como relator o ministro José Arnaldo da Fonseca, conforme trecho de ementa de acórdão que se segue:

> Recurso especial. Administrativo. Mandado de Segurança coletivo. Militares. Vencimentos. Citação do Estado. Litisconsorte. Desnecessidade. Legitimidade da associação impetrante. Súmula 266/STF. Não incidência. Decisão *ultra petita*. Falta de prequestionamento. *Segundo inúmeros precedentes desta corte, "no mandado de segurança, a pessoa jurídica de Direito Público não é considerada litisconsorte passiva necessária da autoridade coatora, pois esta age na qualidade de substituta processual daquela* [...]."

A corrente doutrinária que entende ser a pessoa jurídica de Direito Público a dever figurar no polo passivo do mandado de segurança adota também interessante argumentação. No artigo "Do Sujeito Passivo no Mandado de Segurança e da Autoridade Coatora como preposto da Pessoa Jurídica de Direito Público Impetrada", da biblioteca virtual do Centro de Estudos da Procuradoria-Geral do Estado de São Paulo, o Procurador do Estado de Pernambuco, Joaquim Adolfo Barbosa Dantas[193], ensina que:

> Ora, no caso do mandado de segurança, a parte autora pleiteia contra o Estado. Os ônus e as consequências da impetração, se concedido o *writ*, serão suportados pela pessoa jurídica de Direito Público impetrada. A prestação jurisdicional é contra ela obtida, não litiga o impetrante com a autoridade coatora, litiga contra o Estado, presentado pela autoridade coatora. Do mesmo modo que, sendo a *causa petendi* ato ilícito praticado por preposto de

[193] O procurador Joaquim Barbosa Dantes ensina, ainda, no mesmo artigo que "alguns autores ainda afirmam expressamente que a autoridade coatora é parte. Nós mesmos escrevemos opúsculo no qual dissemos ser a autoridade coatora sujeito passivo do mandado de segurança e que a pessoa jurídica de Direito Público teria de estar necessariamente em litisconsórcio com aquela. Tal afirmação provocou críticas de algumas correntes, porém não só a nós porque exatamente parte da doutrina ainda afirma existir litisconsórcio necessário entre autoridade coatora e o sujeito passivo do mandado de segurança. E há aqueles, como o prof. Sérgio Ferraz, que enfatizam não haver litisconsórcio, simplemente porque a autoridade coatora não seria parte. Assim, *autoridade coatora* é quem pratica o ato, causa constrangimento ilegal, e, por isso, chamada é ao mandado de segurança somente para prestar informações. Enfim, como diz o prof. Sérgio Ferraz, a autoridade coatora tem dever da verdade, e a parte não teria tal dever. A parte, portanto, seria apenas a pessoa jurídica de Direito Público, ou, então, de Direito Privado, na hipótese de ser delegada ou concessionária de serviço público, caso estivéssemos diante de empresa estatal, de faculdades privadas etc. O prof. Sérgio Ferraz já afirmou, em palestra, ser a autoridade coatora parte anômala. O prof. Rogério Lauria Tucci ensinou que, no mandado de segurança, a autoridade coatora faria o mesmo papel que o Ministério Público na ação penal. Seria *parte processual*, mas não parte *no sentido material*, porque, no sentido material, o sujeito passivo do mandado de segurança é a pessoa jurídica; a autoridade coatora é, portanto, parte processual."

pessoa jurídica de direito privado no exercício das suas funções, a ação é proposta contra a pessoa jurídica preponente e não contra o seu preposto.

Entende, ainda, outra linha de pensamento que, em se tratando o mandado de segurança de ação constitucional, adentrando a questão da decadência se não exercido o direito de ação no prazo estipulado pela lei deve, conforme visão do ministro Carlos Velloso ser enxergada com mais generosidade. Considera-se tal, pois há o risco, pela equivocada indicação da autoridade coatora e a consequente extinção do processo sem julgamento do mérito, de morte desta garantia constitucional.

Há um modesto, porém, bastante coerente entendimento jurisprudencial, encabeçado por algumas turmas do Tribunal Regional da Primeira Região de que, na hipótese de não haver deslocação de competência, a errônea indicação da autoridade coatora pode ser suprida pelo próprio órgão julgador, determinado ao impetrante o endereçamento do *mandamus* àquela autoridade. A jurisprudência dominante, inclusive das Cortes superiores, conforme anteriormente mencionado é de que a errônea indicação da autoridade coatora acarreta na extinção do processo sem julgamento do mérito.

A gravidade da questão descrita se dá em razão da difícil identificação, pelas descrições internas de competência, da figura da autoridade coatora, afinal, sabe-se que é considerado autoridade coatora a que clama para si o ato, também o é, caso não propriamente seja assumido o ato, quem de fato o praticou e não quem recebeu a recomendação de praticá-lo. Dessa forma, é de clara percepção que tais "regras", que visam a captar corretamente desta figura, permitem que o cidadão/impetrante confunda-se ao indicar uma autoridade como coatora no mandado de segurança.

Se considerar-se que a atividade administrativa é normalmente vinculada, é fácil vislumbrar que não cabe ao agente margem discricionária para atuar contrariamente aquilo que foi determinado dentro da sua esfera de atuação, razão pela qual não soa absurdo o chamamento da pessoa jurídica de Direito Público para integrar o polo passivo do *mandamus*.

Ao se questionar o que é um agente coator, obtém-se a resposta pela estrutura do mandado de segurança, que é o agente público ou delegado de função pública que realiza positiva ou negativamente um ato (ação ou omissão) que ameaça ou lesiona Direito Subjetivo de outrem. É, desta maneira, quem, em razão da autoridade conferida pelo ente estatal, está no vértice da ofensa.

Portanto, atrás desta ação ou omissão está habitualmente a vontade estatal, tanto que o agente coator é oficiado apenas para prestar informações dentro do período de 10 dias. É, por isso, processualmente, figura híbrida estabelecida como polo passivo do mandado de segurança, pois há quem a veja como substituto processual da pessoa jurídica à qual está conectada sua atuação e há também que a veja como representante processual especial.

Não é possível, sendo assim, afirmar com veemência que o agente coator é parte, pois sua própria atuação ao longo do processo demonstra que, apesar de ser personagem de essencial importância, não pode ser encarado como tal. O agente coator não apresenta defesa, apenas informa qual o conteúdo e razão de sua ação ou omissão (o que não é próprio de parte), esclarecimento este que é prestado por procuradores – figuras que representam os entes administrativos.

O coator, ao se apresentar e ingressar no feito, é compreendido como parte, o que dá margem à clara incongruência processual, pois há disposição constitucional estabelecendo a representação judicial da Administração Pública pelos seus corpos de procuradoria. Considerar-se-ia, assim, o coator como um substituto processual, visto que há comparecimento para defender posição jurídica de terceiro.

Se assim, e levando-se em conta que ao impetrante importa tão somente a realização ou desfazimento de um ato, e que quem responderá pelo ato é a pessoa jurídica de Direito Público, visto que, ao agente coator nem é permitido oferecer recurso, a obrigatoriedade da correta identificação, que inclusive restringe a utilização de instrumento constitucional, perde o sentido, razão pela qual se faz interessante a flexibilização da jurisprudência quanto à amplificação da identificação da figura da autoridade coatora.

É bastante enriquecedor para o desenvolvimento de um olhar crítico sobre o instituto jurídico do mandado de segurança a demonstração de diferentes correntes de pensamento acerca do tema. Mas se faz imperativo frisar que, embora a linha de raciocínio quanto à flexibilização da jurisprudência acerca da identificação da autoridade coatora pareça bastante acertada, não é ela acompanhada pela maior parte dos doutrinadores e magistrados do país.

O Ministério Público

O Ministério Público atua no mandado de segurança como parte pública autônoma, a que cabe zelar pela adequada aplicação da lei, bem como pela regularidade do processo. Ensina o prof. Hely Lopes Meirelles que

> o dever funcional do Ministério Público é o de manifestar-se sobre a impetração, podendo opinar pelo seu cabimento ou descabimento, pela sua carência e, no mérito, pela concessão ou denegação da segurança, bem como sobre a regularidade ou não do processo, segundo a sua convicção pessoal, sem estar adstrito aos interesses da Administração Pública na manutenção do seu ato.

A manifestação do Ministério Público é obrigatória, conforme art. 10 da Lei nº 1.533/1951, que estabelece:

> *Art. 10. Findo o prazo a que se refere o item I do art. 7º*[194] *e ouvido o representante do Ministério Público dentro de cinco dias, os autos serão conclusos ao juiz, independente de solicitação da parte, para a decisão, a qual deverá ser proferida em cinco dias, tenham sido ou não prestadas as informações pela autoridade coatora.*

A ausência do pronunciamento do Ministério Público pode até mesmo anular o processo, a fim de assegurar a sua participação, conforme insta demonstrado por meio do REsp nº 73.887:

> Constitucional. Mandado de Segurança. Lei nº 1.533/1951, aplicação do art. 10. Processual civil. Ministério Público. Participação necessária e obrigatória. 1. *Em mandado de segurança é necessário e obrigatório o efetivo pronunciamento do Ministério Público, como instituição essencial à* função jurisdicional do Estado, em defesa da ordem jurídica, do regime democrático e dos interesses sociais e individuais indisponíveis (art. 127, CF). 2. Anulação do processo, para ficar assegurada a participação do Ministério Público. 3. Precedentes da jurisprudência. 4. Recurso conhecido e provido.

Curiosamente, há divergência jurisprudencial quanto à obrigatoriedade do prazo estipulado pelo art. 10 da Lei nº 1.533/1951. Por meio do Recurso Especial nº 26.709-7, oriundo do estado do Amazonas, o ministro Peçanha Martins pronunciou-se no sentido de que, pelo manifesto interesse público, o pronunciamento não estaria subordinado ao prazo estipulado; em contrapartida, o ministro Garcia Vieira, por meio do Recurso Especial nº 23.452, oriundo do mesmo Estado, afirmou que não pode o Ministério Público falar nos autos após o prazo a ele conferido pelo Código de Processo Civil ou pela Lei nº 1.533/1951.

A ministra Eliana Calmon entende da mesma forma do ministro Garcia Vieira, pois afirma no REsp 224.787 que a não obediência ao prazo legal para o pronunciamento do Ministério Público, em autação como *custus legis*, não consitui causa de nulidade do processo.

Em decisão singular, o ministro Humberto Gomes de Barros, por meio do Recurso Ordinário em Mandado de Segurança nº 10.459, oriundo da Paraíba, que a manifestação do Ministério Público no processo de mandado de segurança, ainda que perante juízo incompetente, supre a exigência contida no art. 10 da Lei nº 1.533/1951.

Ao Ministério Público é incumbida, no âmbito do *mandamus*, a função de livremente manifestar-se sobre qualquer uma das partes, mas não pode negar ou confessar, visto que é isto privativo ao impetrado.

O prof. Hely Lopes Meirelles, ao vislumbrar a hipótese de existência de interesse da Administração Pública ou de incapaz a ser representado ou assistido pelo Ministério Público, concluiu que a intervenção deve ser realizada por outro membro da procuradoria, de forma que um funcione como parte autônoma e o outro como defensor ou curador de quem o exige.

Há, ainda, a figura do terceiro prejudicado por decisão em mandado de segurança. Este, para decisão em mandado de segurança para o qual não foi citado, pode oferecer recurso no mesmo prazo conferido às partes. A Súmula nº 202 do STJ estabelece, nesse sentido, que "A impetração de segurança por terceiro, contra ato judicial, não se condiciona à interposição de recurso".

É inviável, porém, o ingresso de litisconsorte passivo em recurso ordinário em mandado de segurança, após a estabilização dos polos processuais na origem. Principalmente, se já houver sido prestada a tutela mandamental no Tribunal de Justiça é inadmissível a pretensão em sede recursal, sob risco de supressão de grau de jurisdição.

O mesmo não é válido na hipótese de litisconsórcio passivo necessário, pois, neste caso, faz-se obrigatória a citação de terceiros, cujo polo passivo foi afetado pela concessão da ordem, para integrar o polo passivo na ação.

Tal circunstância pode ser ilustrada por meio do REsp nº 413.592, oriundo do estado do Paraná, em que

---

194 "Art. 7º. Ao despachar a inicial o Juiz ordenará: I – que se notifique o coator do conteúdo da petição entregando-lhe a segunda via apresentada pelo requerente, com as cópias dos documentos, a fim de que, no prazo de dez dias, preste as informações que achar necessárias."

figurou como relator o ministro Garcia Vieira (STJ), conforme ementa de acórdão que se segue:

> Tributário. Contribuição social para o Sesc/Senac. Legitimidade passiva. Litisconsórcio passivo necessário. *Recurso a que se dá provimento para declarar a nulidade do processo. O INSS é parte legítima para figurar na demanda onde se discute o recolhimento das contribuições sociais devidas para o Sesc e Senac, sendo que estas entidades também devem integrar a lide, na qualidade de litisconsortes passivas necessárias, porque a elas são destinadas as aludidas contribuições. Recurso provido.*

Cabe esclarecer que, como anteriormente dito, o *mandamus* tem como partes de um lado o impetrante e, de outro, o Estado. Nele, a denominada autoridade coatora atua como órgão anômalo de comunicação processual. Sendo assim, o recurso interposto pelo Estado no processo de mandado de segurança desde que adimplidos seus requisitos, deve ser conhecido como apelo da parte sucumbente e não de litisconsorte ou de terceiro interessado[195].

O art. 19 da Lei nº 1.533/1951 estabelece que se aplicam ao processo do mandado de segurança os artigos do Código de Processo Civil que regulam o litisconsórcio. Nesse sentido, determina o art. 46 do Código de Processo Civil que:

> *Art. 46. Duas ou mais pessoas podem litigar, no mesmo processo, em conjunto ativa ou passivamente, quando:*
> *I – entre elas houver comunhão de direitos ou de obrigações relativamente à lide;*
> *II – os direitos ou as obrigações derivarem do mesmo fundamento de fato ou de direito;*
> *III – entre as causas houver conexão pelo objeto ou pela causa de pedir;*
> *IV – ocorrer afinidade de questões por um ponto comum de fato ou de direito;*
> *Parágrafo único. O juiz poderá limitar o litisconsórcio facultativo quanto ao número de litigantes, quando este comprometer a rápida solução do litígio ou dificultar a defesa. O pedido de limitação interrompe o prazo para a resposta, que recomeça da intimação da decisão.*

O litisconsórcio pode ser necessário ou facultativo. O litisconsórcio necessário encontra previsão no art. 47 do Código de Processo Civil e é presente sempre que, por disposição da lei ou pela natureza da relação jurídica, o juiz tiver de decidir a lide de modo uniforme para todas as partes; caso em que a eficácia da sentença dependerá da citação de todos os litisconsortes no processo.

Sendo assim, a não citação de litisconsorte passivo necessário para integrar a lide impede a formação de relação processual válida, e, em via de consequência, obsta a eficácia da decisão que venha a ser lavrada, pois que influi nas relações jurídicas de estranhos à demanda.

No litisconsórcio facultativo as pretensões são autônomas, mas há entre elas uma afinidade, de fato ou de direito, que permite que se reúnam, desde que como concordância das partes, por economia processual e com intuito de evitar decisões conflitantes.

As Cortes superiores têm firmado entendimento nas seguintes questões:

- O litisconsórcio facultativo, em mandado de segurança, só pode ser admitido antes da concessão da liminar (ROMS 11230/TO; REsp 173914/MA).
- A formação de litisconsórcio ativo facultativo após a concessão da medida liminar é inadmissível, visto que viola o princípio do juiz natural, art. 535, CPC (REsp 24273/RJ).
- A admissão de litisconsortes ativos facultativos deve ser requerida no momento adequado, sob pena de tumultuar a marcha do processo com a renovação de fase já superada, no caso do pedido de informações (REsp 24273/RJ).
- Tratando-se de litisconsórcio facultativo, não é nula decisão proferida em processo sem o chamamento a lide do presente litisconsorte (REsp 91246/BA).

---

195 Conforme lição de Ada Pellegrini Grinover, na *obra Teoria Geral do Processo,* 17ª ed., São Paulo: Ed Malheiros, p. 295, "o litisconsóricio é um fenômeno de pluralidade de pessoas, em um só ou em ambos os polos conflitantes da relação jurídica processual (isto é, ele constitui fenômeno de pluralidade de sujeitos parciais principais do processo). A disciplina legal do litisconsórcios apresenta dois aspectos principais: o primeiro diz respeito até a sua enventual necessiadade (CPP, art. 48; CPC arts. 46 e 47); o segundo é atinente às relações entre os litisconsortes, uma vez constituído o litisconsórcio (CPP, art. 580; CPC, arts. 48 e 49). Há casos de litisconsórcio necessário, ou seja, indispensável sob pena de nulidade do processo e da sentença, ou mesmo de total ineficácia desta; e casos de litisconsórcio unitário e o unitário pode ser também necessário, mas essa relação não é constante e pode ocorrer (a) litisconsórcio necessário não unitário (comum) ou (b) litisconsórcio unitário não necessário (facultativo)". Há situações em que, embora já integrada a relação processual segundo seu esquema subjetivo mínimo (juiz – autor – réu), a lei permite ou reclama o ingresso de terceiro no processo, seja em substituição a uma das partes, seja em acrescimo a elas, de modo a ampliar subjetivamente aquela relação. As modalidades de intervenção de terceiros reconhecidas no Direito Positivo são heterogêneas e díspares, pouco tendo em comum além da entrada de terceiro pendente entre outras pessoas.

- O litisconsórcio só é admissível na instauração da lide, ou dependendo do caso concreto, no decêndio das informações, evitando ofensa ao princípio da livre distribuição, pois, caso contrário, estaria a parte a escolher juiz certo para processar e julgar a ação (AGA 420980/RS e ROMS/SP).

No Recurso Extraordinário 84.664/DF, o ministro Cunha Peixoto consagrou que para haver litisconsórcio ativo necessário, unitário ou facultativo, é preciso, primeiramente, que os consortes sejam legitimados para agirem como autores conjuntamente. O TRF editou a Súmula nº 145 sobre a matéria, estabelecendo que "extingue-se o processo de mandado de segurança, se o autor não promover, no prazo assinado, a citação do litisconsorte necessário".

Ao contrário do litisconsorte facultativo, o necessário poderá integrar a lide a qualquer tempo. O não chamamento do litisconsorte passivo necessário implica na nulidade do processo. No mandado de segurança nº 20.941, oriundo do Distrito Federal, em que figurou como relator o ministro Aldir Passarinho e como revisor o ministro Sepúlveda Pertence, foi tal questão objeto de preliminar de mérito da decisão proferida pela Corte Suprema.

Foi objeto do *mandamus* a rejeição de medida liminar pelo presidente da Câmara dos Deputados quando da denúncia oferecida contra o presidente da República, ministros de Estado e o consultor-geral da República. A segurança foi denegada pois, dentre outras razões, conforme questão preliminar levantada pela Corte, o mandado de segurança requerido contra decisão do presidente da Câmara dos Deputados, que rejeitou liminarmente a denúncia por crime de responsabilidade, teria os denunciados como litisconsortes passivos necessários e estes não foram citados[196].

Já a assistente pode intervir no processo a qualquer tempo, pois este tem como escopo apenas auxiliar o assistido, sem que absorva, ao final, os efeitos da sentença. Dessa forma, não cabe ao juiz determinar a sua participação no feito, apenas admiti-la caso haja concordância do impetrante e do impetrado.

Um exemplo curioso de assistência foi o admitido por juiz do TRT da Décima Região (Distrito Federal), ao analisar pedido de liminar em mandado de segurança, atribuindo efeito suspensivo a recurso contra despacho do juiz da execução em causa milionária contra a Novacap – Companhia Urbanizadora da Nova Capital do Brasil, empresa pública vinculada ao governo do Distrito Federal.

Em sua decisão, a pedido da Procuradoria Regional da União da Primeira Região, o juiz do TRT da Primeira Região também admitiu a União como assistente no mandado de segurança, visto que possui esta 49% do capital social da Novacap.

A dívida avaliada em torno de R$ 216 milhões, segundo a União, teria sido calculada de forma imprecisa, e todos os bens da empresa já estariam arrestados (embargados). Assim sendo, o prosseguimento da execução importaria em grave lesão ao patrimônio público e inviabilizaria a continuidade das atividades da Novacap, com nítido prejuízo para a população do Distrito Federal.

---

[196] A Corte entendeu por converter o julgamento em diligência para a citação dos litisconsortes. Foi levantada também pelo Supremo preliminar de falta de jurisdição do poder Judiciário para conhecer do pedido de rejeição (por maioria de votos) sob o fundamento de que, embora a autorização prévia para a sua instauração e a decisão final fossem medidas de natureza predominantemente política, cujo mérito é insusceptível de controle judicial, a este caberia submeter a regularidade do processo de *impeachment*, sempe que, no desenvolvimento dele, se alegasse violação ou ameaça ao direito das partes (houve votos vencidos no sentido da exclusividade, no processo de *impechment*, da jurisdição constitucional das casas do Congresso Nacional). No processo de *impeachment*, rejeitada liminarmente a denúncia popular pelo presidente da Câmara dos Deputados, no art. 14 da Lei nº 1.079/1950, acarretou na legitimação ativa dos autores da denúncia para postular, em mandado de segurança, a nulidade no ato por incompetência da autoridade coatora. A sequência do procedimento, discussão sobre a natureza da denúncia popular e a qualificação dos denunciantes no processo de *impeachment*, houve votos vencidos pela ilegitimidade, fundados em que, no processo de *impeachment*, a denúncia é mera *notitia criminis*, cuja formulação não confere a qualidade de parte aos denunciantes. Ademais, segundo o entendimento da Corte, a decisão de mérito confluenciaria a maioria dos votos, não obstante a diversidade ou a divergência parcial dos seus fundamentos para o inferimento da segurança. Foram questões enfrentadas: a natureza da autorização da Câmara dos Deputados à instauração do processo de *impeachment* pelo Senado Federal; a diferença, no ponto da Constituição de 1988 em relação as anteriores; quanto à divergência dos votos vencedores em torno da recepção ou não da Lei nº 1.079/1950, na parte relativa ao procedimento do *impeachment* na Câmara dos Deputados, o que, entretanto, não comprometeu, no caso concreto, a conclusão comum no sentido de ausência do alegado direito líquido e certo dos impetrantes ao desarquivamento da denúncia. Foi também levantada questão sobre a competência do presidente da Câmara dos Deputados, no processo de *impeachment*, para o exame liminar da idoneidade da denúncia popular, que não se reduz a verificação das formalidades extrínsecas e da legitimidade de denunciantes e denunciados, mas se pode estender, segundo os votos vencedores, a rejeição imediata à acusação patentemente inepta ou despida de justa causa, sujeitando-se ao controle do plenário da causa, mediante recurso, não interposto no caso.

No que toca à *competência* para julgamento do mandado de segurança, é esta estabelecida pela natureza da autoridade impetrada, por meio da análise da categoria do coator e de sua sede funcional e não por meio da matéria.

Determina o art. 109, VIII, da Constituição Federal que:

> *Art. 109. Aos Juízes Federais compete processar e julgar:*
> *[...] VIII – os mandados de segurança e os* habeas data *contra atos de autoridade federal, excetuados os casos de competência dos tribunais federais;*

Às Leis de Organização Judiciária cabem também o desígnio de tal competência, a exemplo da Lei Complementar nº 35/1979, que dispõe sobre a Lei Orgânica da Magistratura Nacional, que institui em seu art. 21, VI:

> *Art. 21. Compete aos Tribunais, privativamente:*
> *VI – julgar, originariamente, os mandados de segurança contra seus atos, os dos respectivos Presidentes e os de suas Câmaras, Turmas ou Seções;*

O art. 29 da CF estabelece, ademais, no inciso X, que cabe ao Tribunal de Justiça o julgamento do prefeito, razão pela qual resta explicitado que os mandados de segurança, bem como os *habeas datas* e mandados de injunção impetrados contra esta autoridade serão originariamente julgados por esta corte.

Cumpre ressaltar, ainda, que é competente o Supremo Tribunal Federal para processar e julgar originariamente mandado de segurança contra atos do presidente da República, das Mesas da Câmara dos Deputados e do Senado Federal, do Tribunal de Contas da União, do procurador-geral da República e do próprio Supremo Tribunal Federal, nos termos do art. 102, I, da Carta Magna.

É também de competência deste Tribunal julgar em recurso ordinário o mandado de segurança decidido em instância única pelos tribunais superiores, se denegatória a decisão, de acordo com o inciso II, *a*, do mesmo dispositivo legal.

Já quando é o paciente do mandado de segurança ministro de Estado e os comandantes da Marinha, do Exército e da Aeronáutica ou membro do Superior Tribunal de Justiça, é competente o STJ, conforme art. 105, *b*, da Carta Maior.

Aos tribunais regionais federais compete processar e julgar originariamente os mandados de segurança contra ato do próprio Tribunal ou de juiz federal, de acordo com o art. 108, I, *c* da Constituição Federal.

É esclarecedor o exame da jurisprudência sobre o tema. Tem-se, dessa forma, conforme ementa do acórdão no C.C. (Conflito de Competência) nº 37.912, oriundo do Rio Grande do Sul, em que figurou como relator o ministro (STJ) Teori Albino Zavascki, que:

> 1. A competência cível da justiça federal, estabelecida na constituição, define-se, como regra, pela natureza das pessoas envolvidas no processo: será da sua competência a causa em que figurar a união, suas autarquias ou empresa pública federal na condição de autora, ré, assistente ou opoente (art. 109, i, a), *sendo irrelevante, para esse efeito, a natureza da controvérsia ou do pedido postos na demanda.* 2. *No mandado de segurança, a competência é estabelecida pela natureza da autoridade impetrada.* Conforme o art. 109, VIII, da Constituição, compete à Justiça federal processar e julgar mandados de segurança contra ato de autoridade federal, considerando-se como tal também o agente de entidade particular quanto a atos praticados no exercício de função federal delegada. 3. Conflito conhecido para declarar competente a Justiça federal.

Percebe-se dessa maneira que a referência à "autoridade federal" que faz o art. 109, VIII da Constituição Federal envolve não só apenas os agentes da Administração Pública direta, bem como os da indireta (agentes das autarquias, fundações ou empresas públicas), o que é válido não só quando tais agentes figuram no polo passivo do *mandamus*, bem como quando atuam processualmente como autor, ré, assistente ou opoente.

O mesmo é válido, conforme análise da ementa de acórdão acima transcrita, quando o agente integra entidade particular na hipótese de ato praticado no exercício da função federal delegada. Observa-se, assim, que o "agente federal" adquire conceito bastante amplo para fins de designação da competência federal para o julgamento do mandado de segurança.

Enfatiza, ainda, o texto, de acordo com o trecho sublinhado, que é indiferente a natureza da controvérsia, estabelecendo-se a competência apenas pela análise da natureza da autoridade impetrada.

Reforça-se o conceito de "agente federal" para fixar a competência da Justiça Federal no que toca ao julgamento de mandado de segurança por meio do REsp nº 503918, oriundo do Mato Grosso, em que figurou como relator o ministro Franciulli Neto, conforme demonstrado pela ementa abaixo transcrita:

> Competência jurisdicional, Justiça federal, julgamento, mandado de segurança, impugnação, ato ilegal, gerente, concessionária, serviço público, energia elétrica decorrência, exercício, prestação de serviço, delegação, poder público, União federal, caracterização, competência em razão da pessoa.

Elucida, ainda, a jurisprudência, que:

- os Conselhos Regionais de fiscalização do exercício profissional têm natureza jurídica de autarquia federal e, como tal, atraem a competência da Justiça federal de que participem (Agresp nº314.237/ DF)[197];
- reconhecendo-se ter sido ato praticado pelo secretário de Relações do Trabalho, no exercício de competência delegada pelo ministro do Trabalho e Emprego, contra aquele deve se dirigir a impetração, consoante entendimento consolidado na Súmula nº 510 do STF, "praticado o ato por autoridade, no exercício de competência delegada, contra ela cabe o mandado de segurança ou a medida judicial (MS nº 8.239/DF)[198];
- a competência para examinar pedido de suspensão da execução de medida liminar ou de sentença em mandado de segurança está atribuída, quanto à forma e à conveniência, exclusivamente ao Tribunal que proferiu a decisão (AGA 420407/ DF)[199].

Quanto aos Juizados Especiais, como assegurou a Carta Magna para a proteção de direito líquido e certo, não amparado por *habeas corpus* ou *habeas data,* quando o responsável pela ilegalidade ou abuso de poder for autoridade pública ou agente de pessoa jurídica no exercício de atribuições do Poder Público e a jurisprudência firmou entendimento no sentido de que a utilização de tal instrumento seria cabível na hipótese de ato proveniente do Poder Judiciário, não há razão para que tal percepção não os atinja.

Como são irrecorríveis as decisões interlocutórias dos Juizados Especiais, tem-se mais uma razão para não excluí-los da esfera de proteção do *mandamus,* pois caso alguma ilegalidade tenha sido praticada ao longo do seu curso, há a possibilidade desta ser reparada por meio do instrumento constitucional em voga.

Porém, é questionável a competência para o seu julgamento. O prof. Cândido Dinamarco, ensina, nesse sentido, que operando o mandado de segurança como sucedâneo extraordinário do sistema recursal, a mais razoável atribuir essa competência ao órgão que seria competente para o julgamento de eventual recurso, ou seja, o colégio recursal.

É também bastante coerente a compreensão de que, quando o ato coator for emanado pela própria turma recursal, a competência para o julgamento do *mandamus* seja transferida aos tribunais estaduais. Tal entendimento não é, contudo, isonômico, pois há quem defenda que compete a própria turma recursal conhecer de mandado de segurança contra ato próprio, visto que é este órgão revisor das decisões monocráticas e o Tribunal de Justiça não possui competência originária ou recursal para rever as decisões do Colégio.

Não obstante, em confronto com as duas correntes, perfilhou-se a análise de que não compete à turma recursal o julgamento de mandado de segurança mesmo quando seu objeto for decisão proferida em primeira instância, pois esta não reuniria competência para julgar qualquer *mandamus*, cabendo-lhe, apenas, o julgamento de recursos.

---

[197] O Conselho Federal de Contabilidade extrapolou, conforme mencionado no referido acórdão, a previsão legal, ao estabelecer, por resolução, a aprovação em exame de suficiência profissional como requisito para o registro nos Conselhos Regionais. Com efeito, tal exigência não está prevista no Decreto-lei nº 9.245/1946, que apenas dispõe, em seu art. 10, que cabe aos referidos órgãos fiscalizar o exercício da profissão e organizar o registro dos profissionais. Dessa forma, tem-se que a atividade de fiscalizar é completamente distinta do poder de dizer quem está ou não apto ao exercício de determinada atividade profissional. Trata-se, pois, de entidades distintas, não se subsumindo uma no conceito de outra, nem mesmo quanto à possibilidade de atividades concêntricas. Frisa-se que somente a lei poderá atribuir a autoras entidade, que não escolas e faculdades, capacidade e legitimidade para dizer sobre a aptidão para o exercício dessa ou daquela profissão. O legislador, quando entende ser indispensável à realização dos aludidos exames para inscrição no respectivo órgão de fiscalização da categoria profissional, determina- o de forma expressa. Nesse sentido, cita-se o art. 8º da Lei nº 8.906/1994 (Estatuto da Advocacia), que exige a aprovação em Exame de Ordem para inscrição como advogado na Ordem dos Advogados do Brasil.

[198] Trata o referido acórdão de sobrestamento de pedido de registro de sindicato diante da impugnação de outras entidades. Entendeu-se pela ilegitimidade passiva da autoridade impetrada, sendo julgado extinto o processo sem julgamento do mérito, nos temos do art. 267, VI, do CPC.

[199] Conforme insta demonstrado pela ementa: "Agravo de Instrumento. Antecipação de tutela. Reexame de prova. Súmula 07/STJ. Reapreciação de denegatória de suspensão de segurança. Impossibilidade. 1. Resta pacificado, nesta corte, o entendimento quanto à impossibilidade de apreciação, em sede de recurso especial, dos fundamentos referente à antecipação de tutela, por demandar o reexame de matéria probatória, vedada pela Súmula 07STJ. 2. A competência para examinar o pedido de suspensão da execução de medida liminar ou de sentença em mandado de segurança está atribuída, quanto à forma e quanto à conveniência, exclusivamente ao tribunal que proferiu a decisão. 3. Agravo não provido.

O prof. José Tesheiner (PUC-RS) ensina que à estrutura impressa dos juizados especiais da Justiça federal instituíram-se turmas de uniformização. Criou-se, também, a Turma Nacional de Uniformização, dela cabendo recurso para o Superior Tribunal de Justiça, por contrariedade à súmula ou Jurisprudência dominante desta Corte.

Por tal, segundo o mestre, a linha esbatida na Lei nº 9.099/1995 tornou-se clara por meio da Lei nº 20.259/2001: não se incluem, na estrutura dos juizados especiais os tribunais locais. Em hipótese alguma cabe recurso para o Tribunal de Justiça, da Alçada ou Regional federal. O mandado de segurança é um sucedâneo recursal, no caso impetrado contra ato jurisdicional. Dessa forma, na Justiça comum, é competência da turma recursal conhecer do mandado de segurança, quer se trate de ato do juiz presidente do juizado, que se trate de ato dela própria.

Assim, na Justiça federal não são competentes as turmas locais de uniformização, pois estas foram criadas apenas para fim de uniformização jurisprudencial, também por não existir propriamente uma turma de uniformização, com juízes preestabelecidos, sendo convocados para o julgamento das divergência os magistrados de turmas em conflito. Essas razões, segundo o professor, não atingem a Turma (Nacional) de Uniformização, criada não apenas para fins de uniformização, mas igualmente para julgar recursos fundados em contrariedade à súmula ou jurisprudência dominante do STF. Na esfera da Justiça federal, a ela caberá, dessa maneira, processar e julgar os mandados de segurança impetrados contra a turma recursal.

Conforme anteriormente mencionado, estipula-se o juízo competente em mandado de segurança de acordo com a sede da autoridade coatora e sua categoria funcional. O art. 2º da Lei nº 1.533/1951, nesse sentido, estabelece que a autoridade coatora é definida como federal se as consequências de ordem patrimonial do ato contra o qual se requer o mandado houverem de ser suportadas pela União federal ou pelas entidades autárquicas federais.

Tal é explicitado por meio da Conflito de Competência nº 10.511, oriundo do Rio Grande de Sul, em que figurou como relator o ministro Cesar Asfor Rocha (STJ):

> Competência. Mandado de segurança impetrado contra ato de dirigente de companhia estadual de energia elétrica que determinou o corte no fornecimento pela falta de pagamento. Inexistência de repercussão patrimonial na esfera da União. Considera-se federal, nos termos do art. 2º da Lei nº 1.533/1951, a autoridade coatora quando as possíveis consequências de ordem patrimonial, advindas da anulação do ato atacado pelo *mandamus*, houveram de ser suportadas pela União federal ou pelas entidades autárquicas federais. Inexistindo, na hipótese, referidos efeitos patrimoniais, a competência para processar e julgar o mandado de segurança é da Justiça estadual.

É também critério para designar a competência para julgamento de mandado de segurança, em consonância com o art. 2º da Lei nº 1.533/1951, a intervenção da União, do Estado e de suas autarquias. Na hipótese de interesse jurídico direto, será a competência deslocada para a Justiça Federal, de acordo com o art. 5º da Lei nº 9.469/1997:

> *Art. 5º. A União poderá intervir nas causas em que figurarem, como autoras ou rés, autarquias, fundações públicas, sociedades de economia mista e empresas públicas federais.*
> *Parágrafo único. As pessoas jurídicas de direito público poderão, nas causas cuja decisão possa ter reflexos, ainda que indiretos, de natureza econômica, intervir, independentemente da demonstração de interesse jurídico, para esclarecer questões de fato e de direito, podendo juntar documentos e memoriais reputados úteis ao exame da matéria e, se for o caso, recorrer, hipótese em que, para fins de deslocamento de competência, serão consideradas partes.*

Por meio do Recurso Ordinário em Mandado de Segurança nº 9.511, oriundo do Distrito Federal e em que figurou como relator o Ministro Luiz Vicente Cernicchiaro, discutiu-se a força normativa de lei distrital que tratava de remuneração de servidores da carreira Policial Civil do Distrito Federal. Conclui-se, ao final, que a competência para julgamento do *mandamus* era da Justiça federal, conforme ementa:

> Constitucional. Recurso ordinário em mandado de segurança. Vencimento e remuneração. Polícia civil do Distrito Federal. Organização e manutenção. CF, art. 21, XIV. Interesse da União. Competência da Justiça federal. 1. *Cabe à União organizar e manter a polícia civil do Distrito Federal, o que inclui a competência para legislar sobre matéria remuneratória de seus integrantes. Evidencia-se, dessa forma, o interesse da União nas causas que tenham por objeto remuneração dos policiais civis do DF, a evidenciar a competência da Justiça federal para processar e julgá-las.* 2. Competência da Justiça do Distrito Federal afastada.

Dessa forma, como o ônus da decisão oneraria a União (que teria de arcar com os custos de reajuste), concluir pela atribuição da competência à Justiça comum do Distrito Federal seria afrontar o art. 2º da Lei nº 1.533/1951.

Muito embora estabeleça a Constituição Federal, em seu art. 144, § 6º, que as polícias militares e corpos de bombeiros militares, forças auxiliares e reserva do Exército subordinam-se, juntamente com as polícias civis, aos governados dos Estados, do Distrito Federal e dos Territórios, a melhor interpretação a ser utilizada quanto a esse preceito normativo é a que considera que o governador do Distrito Federal, concomitantemente com o presidente da República, possui competência para a expedição de decretos regulamentares para a execução das leis federais a respeito da matéria, dentro dos limites imposto pela Carta Maior e pelas leis Federais

Quanto ao interesse da União, Estado ou autarquias nas causas em que os onere, é interessante, ainda, a lição do prof. Hely Lopes Meirelles:

> A intervenção da União, do Estado ou de suas autarquias no feito desloca a competência, respectivamente, para a Justiça Federal ou para a Vara Privativa Estadual. Mas para essa deslocação de competência há de ocorrer interesse direto e jurídico do interveniente, e não apenas interesse direto, fático ou circunstancial no desfecho da demanda.

Por óbvio, nas comarcas onde há varas privativas de Fazenda Pública, serão estas dotadas de competência para julgar mandado de segurança, conforme o ato coator provenha de autoridade federal, estadual e municipal. É inadmissível que, apesar da existência de juízos especializados, as varas cíveis comuns possam decidir sobre mandado de segurança contra atos de autoridade ou de delegados do Poder Público.

A Súmula nº 556 do STF estabelece que compete à justiça comum julgar as causas em que é parte a sociedade de economia mista, o que não envolve atos administrativos de delegados do Poder Público, embora a eles se assemelhem. Na primeira hipótese, as entidades atuam como particulares, enquanto na segunda, como autoridades[200].

Em caso de extrema urgência é cabível impetração de mandado de segurança por telegrama ou radiograma ao Juízo competente, que poderá determinar seja feita pela mesma forma a notificação à autoridade coatora, por força do art. 4º da Lei nº 1533/1951.

Quanto ao procedimento do mandado de segurança, atender-se-á aos seguintes requisitos da petição inicial, além do previsto no art. 282 do CPC[201]:

- nome completo, qualificação e domicílio do impetrante e da autoridade coatora;
- os fatos, fundamentos do pedido e a prova do ato ilegal ou abusivo da autoridade coatora e a ofensa ou ameaça ao seu direito líquido e certo;
- o pedido de segurança;
- requerimento de notificação da autoridade coatora;
- requerimento para determinar à autoridade coatora a exibição de documento em sua propriedade, no prazo de cinco dias.

Será indeferida a inicial caso lhe falte algum dos requisitos *supra*, por força do art. 7º da Lei nº 1.533/1951, bem como o será se faltar-lhe pressupostos processuais ou quando não tratar-se de mandado de segurança[202].

---

[200] O prof. Hely Lopes MEIRELLES, acerca do tema, ensina que: "outras decisões salientam que, quando se trata de mandado de segurança contra ato de dirigente de pessoa jurídica de Direito Privado praticado no exercício de delegação do Poder Público federal, a competência é da Justiça federal. A nosso ver, se o ato praticado pelo administrador de sociedade de economia mista, é de gestão, não tendo ocorrido delegação do Poder Público, descabe mandado de segurança, por inexistir ato de autoridade, devendo ser lembrado que a sociedade de economia mista tem o mesmo regime jurídico que as empresas privadas, de acordo com a determinação do art. 173, § 1º, da Constituição Federal". E, ainda, "o ato é de autoridade federal, estadual ou municipal, ensejando a competência respectivamente da Justiça Federal ou das Varas de Fazenda Pública Estadual ou Municipal da Justiça Estadual, ou não há ato de autoridade e descabe Mandado de Segurança. Cabe salientar que as decisões do STJ não examinaram, nos casos acima citados, o cabimento do Mandado, mas tão somente a competência para o seu julgamento". Conclui que "o nosso entendimento é de que não cabe Mandado de Segurança contra atos de gestão de dirigente de sociedade de economia mista que tem regime das empresas de Direito Privado. Haverá situações, entretanto, a serem interpretadas restritivamente, em que o ato de dirigente de sociedade de economia mista poderá ser objeto de ataque por meio de mandado de segurança, quando ficar caracterizada a delegação do Poder Público. É o caso, frequentemente, dos atos praticados no âmbito de privatizações de sociedades de economia mista, que expressam decisões de caráter eminentemente governamental".

[201] Art. 282. A petição inicial indicará: I – o juiz ou o tribunal, a que é dirigida; II – os nomes, prenomes, estado civil, profissão, domicílio e residência do autor e do réu; III – o fato e os fundamentos jurídicos do pedido; IV – o pedido, com suas especificações; V – o valor da causa; VI – as provas, com que o autor pretende demonstrar a verdade dos fatos alegados; VII – o requerimento para citação do réu.

[202] Sendo assim, há indeferimento da inicial quando a parte for manifestamente ilegítima, não ocorrendo as hipóteses permitidas por lei; carecer o autor de interesse processual; ocorrer a decadência ou prescrição; houver qualquer falta de pressuposto processual, quer relativo ao impetrante, impetrado, ao juízo e sua competência, bem como ao processo. Não será motivo de mandado de segurança os casos de direitos amparados por *habeas corpus* ou *habeas data*; atos legislativos; decadência por ter decorrido mais de 120 dias da ciência do ato; atos disciplinares; atos de que caiba recurso administrativo com efeito suspensivo, independente de caução; despacho ou decisão de que haja recurso previsto nas leis processuais ou possa ser modificado por via de correição; impetrado que não seja autoridade.

Ao despachar a inicial ordenará o juiz, no termos do art. 7º da Lei nº 1.533/1951 que se notifique o coator do conteúdo da petição, entregando-lhe a segunda via apresentada pelo requerente, com as cópias dos documentos, a fim de que, no prazo de dez dias, preste as informações que achar necessárias. É importante relembrar que não compete ao Tribunal proceder à correção da inicial, com a indicação da autoridade que lhe pareça coatora no caso. Menos ainda quando, com a eventual correção, se torna incompetente para o processo e julgamento originários da impetração.

A notificação, no mandado de segurança, tem natureza de citação. Dessa forma, por meio desta, a autoridade coatora é convocada para prestar as informações (que constituem, para alguns, o modo sobre o qual a autoridade apresenta defesa e, para outros, meio e prova). Trata-se de chamamento para integrar a relação processual. Havendo outros interessados diretos, devem ser estes igualmente citados para apresentarem defesa no mesmo prazo[203].

Ordenará, ainda, o juiz, que se suspenda o ato que deu motivo ao pedido, quando for relevante o fundamento e do ato impugnado puder resultar a ineficácia da medida, caso seja esta deferida.

Além disso, o despacho que venha a inferir a inicial não adentra o mérito da questão e não obsta uma nova impetração, desde que atendidos os requisitos previstos em lei, como a correta figuração da autoridade coatora no polo passivo, a impetração perante o juízo competente, a legitimidade ativa processual etc.

Com a notificação, considera-se citado o coator, que deve apresentar, no prazo, as suas informações com clareza e precisão, compreendendo:

a) Alegações preliminares de:
- nulidade ou defeito da notificação por não revestir-se da forma legal ou não vir acompanhada da inicial e documentos;
- incompetência absoluta do juízo;
- inépcia da inicial devido a inocorrência dos fatos;
- decadência, litispendência, coisa julgada ou conexão;
- incapacidade da parte, defeito de representação ou de falta de autorização (quando for esta necessária);
- carência de ação;
- falta de caução ou de outra prestação que a lei exigir.

b) A impugnação dos fatos narrados na inicial que não correspondem à realidade, demonstrando quais são os fatos verdadeiros, como a inexistência de Direito Subjetivo líquido e certo; a sua incerteza e liquidez por não ter sido comprovado de imediato e por demonstração concludente; a inocorrência de violação iminente, consumada ou em curso, ou a inexistência de ameaça ou temor de violação; não ter havido qualquer ato, omissivo ou comissivo, que fosse contrário à lei e prejudicial ao impetrante; não ter sido praticada ilegalidade ou cometido abuso de poder[204].

A intempestividade das informações pela autoridade coatora não implica em revelia. É o que demonstra a ementa proferida no Recurso Ordinário em Mandado de Segurança nº 11.571, oriundo do estado de São Paulo, em que figurou com relator o ministro Sálvio Figueiredo Teixeira (STJ):

> Processo civil. Mandado de Segurança. Ato judicial recorrível. Descabimento. Intempestividade das informações. Inocorrência de revelia. Pretensão de obtenção de liminar possessória. Via imprópria. Recurso desprovido. 1. O mandado de segurança não é via própria para atacar decisões judiciais recorríveis. 2. A intempestividade das informações prestadas pela autoridade apontada coatora no mandado de segurança não induz a revelia, uma vez que ao impetrante cumpre demonstrar, mediante prova

---

[203] O prof. Hely Lopes MEIRELLES ensina que "Deferindo a inicial, o juiz ordenará a notificação pessoal do impetrado, o que é feito por ofício acompanhado das cópias da inicial e documentos, com a fixação do prazo de 10 dias para prestação das informações, e no mesmo despacho determinará a intimação dos interessados que devam integrar a lide e se manifestará sobre a medida liminar, se pedida pelo impetrante. A notificação do impetrado (coator) e a dos interessados (litisconsortes passivos necessários) equivalem à citação, pois delas fluirá o decêndio para as informações e ingresso na causa. A citação de litisconsortes passivos deverá ser feita também por ofício, a ser entregue por oficial de Justiça nos limites territoriais da comarca. Se residentes fora da comarca, o ofício deverá ser enviado por via postal com aviso de recebimento. O que não se concebe é a expedição de precatória, por incompatível com a celeridade do processo de *Mandamus*. É o que se recomenda na doutrina e tem sido feito na prática forense. A Lei nº 8.710/1993 alterou a sistemática do Código de Processo Civil em matéria de citações e intimações. De acordo com a nova redação do CPC, a regra geral é a da citação pelo correio, perfeitamente aplicável ao rito célere do mandado de segurança. As intimações aos advogados das partes serão feitas por publicações no órgão oficial, da forma comum, mas a notificação do julgado, para ser cumprido pelo impetrado, deve ser feita direta e pessoalmente ao coator, por ofício do juiz, com ordem judicial."

[204] PACHECO, José da Silva, *O Mandado de Segurança e outras Ações Constitucionais Típicas*. 2ª ed., São Paulo: Revista dos Tribunais, p. 204.

> pré-constituída dos fatos que embasam a impetração, a ocorrência do direito líquido e certo.

Estando ou não prestadas as informações, ouve-se o Ministério Público. É entendimento majoritário do STJ, em face do evidente interesse público, de que é obrigatória a intervenção deste órgão nas ações mandamentais, sob pena de nulidade do processo.

Não é, porém, obrigatória a ouvida do Ministério Público nas ações em que o próprio *parquet* seja o recorrente. Tendo sido o órgão ministerial devidamente intimado da decisão e transcorrido o prazo para a interposição do recurso, não é justificável a pretensão por parte deste de anular decisão.

Nesse caso, o Ministério Público figura como recorrente, revestindo-se da condição de "parte", sendo prescindível a intimação para emitir parecer, pois, nessa condição em vez de requerer, opina. O parecer é opinião isenta emitida por quem está fora da lide e não por quem tem interesse na solução do litígio (REsp 429513/SC).

O juiz deve proferir a decisão em cinco dias (os processos de mandado de segurança têm prioridade sobre todos os demais, salvo *Habeas Corpus*.), independente de solicitação da parte, nos termos do art. 10 da Lei nº 1.533/1951.

Estabelece o art. 12 da Lei nº 1.533/1951 que:

> *Art. 12. Da sentença negando ou concedendo Mandado de Segurança, cabe apelação.*
> *Parágrafo único. A sentença, que conceder o mandado, fica sujeito ao duplo grau de jurisdição, podendo, entretanto, ser executada provisoriamente.*

Na hipótese de ser o mandado de segurança de competência originário do Tribunal será cabível agravo regimental ao colegiado, como demonstra, a seguir, a ementa do acórdão proferido nos autos do Recurso Ordinário em Mandado de Segurança nº 13.003, oriundo da Bahia, em que figurou como relator o ministro Jorge Scartezzini (STJ)

> Processo civil. Constitucional. Recurso ordinário em mandado de segurança. Decisão monocrática de indeferimento do *mandamus*. Inadmissibilidade da via eleita. 1. *Pela exegese do art. 105, II, alínea* b, *da Constituição Federal, resulta que é admissível recurso ordinário de decisão colegiada proferida em mandado de segurança da competência originária dos tribunais, sendo esta denegatória. Em consequência, é pacífico na jurisprudência desta Corte que o recurso cabível contra decisão monocrática que indefere liminarmente o mandado de segurança é o agravo regimental.* 2. Tratando-se de erro grosseiro, é inaplicável o princípio da fungibilidade. 3. Precedentes (RMS nºs 7.135/RS e 7.274/AM). 4. Recurso não conhecido.

É, também competente, nos termos do art. 105, II, *b*, o Superior Tribunal de Justiça para julgar em recurso ordinário os mandados de segurança decididos em única instância pelos Tribunais Regionais Federais ou pelos tribunais dos Estados, do distrito Federal e Territórios quando denegatória a decisão.

Analogamente, estabelece o art. 102, II, a que é competente o Supremo Tribunal Federal para julgar em recurso ordinário o mandado de segurança decidido em única instância pelos tribunais superiores, se denegatória a decisão.

A medida liminar é o provimento cautelar abraçado, em sede de mandado de segurança, pela própria Lei nº 1.533/1951, por meio do art. 7º, II, que estabelece:

> *Art. 7º Ao despachar a inicial o Juiz ordenará:*
> *[...] II – que se suspenda o ato que deu motivo ao pedido, quando for relevante o fundamento e do ato impugnado puder resultar a ineficácia da medida, caso seja deferida [...]*

Dessa forma, claro é que a parte não tem o direito de receber providência cautelar diversa da prevista em lei, também não antecipa a medida os efeitos da sentença ao final. A medida liminar tem por escopo assegurar o possível direito do impetrante na situação em que se mantido o ato coator possa o polo ativo do *mandamus* sofrer lesão irreversível. Para tal, resguarda o impetrante de dano irreparável de ordem patrimonial, funcional ou moral, por meio da suspensão do ato impugnado.

Devem estar, assim, presentes, em se tratando de procedimento cautelar, os requisitos *periculum in mora* (perigo de demora) e *fumus boni iuris* (fumaça do bom direito). O primeiro requisito demonstra a probabilidade de dano à parte resultante da demora do ajuizamento ou processamento e julgamento da medida definitiva. O segundo significa a probabilidade ou possibilidade da existência do direito invocado pelo autor da ação, e que justifique sua proteção, ainda que em caráter hipotético.

Percebe-se, pelo teor do supracitado artigo, que a concessão da liminar pelo juiz depende desses dois pressupostos:

- relevância do fundamento do pedido de segurança, e
- possibilidade de ineficácia do mandado de segurança que vier a ser, à final, concedido.

A relevância deve provir da equivalência entre o fato e o direito, de modo a ressaltar de forma protuberante e inequívoca o direito do impetrante. Embora se pareça como tal, não trata de tal pressuposto, qual seja, a relevância do fundamento do pedido de segurança, de objeto de avaliação puramente subjetiva, pois a percepção do magistrado deve envolver-se de elementos de fato e de direito que provoque, entre estes, a adequação perfeita. Equivale, dessa maneira, tal pressuposto ao *fumus boni iuris*.

O outro pressuposto, a possibilidade de ineficácia do mandado de segurança que vier a ser ao final concedido é o *periculum in mora*, que conjuntamente com o *fumus boni iuris* justifica o cabimento do provimento jurisdicional cautelar[205].

O prof. Hely Lopes Meirelles atentou para a necessidade de modificação, tendo em vista a reforma do Código de Processo Civil, que passou a admitir a figura da antecipação da tutela no procedimento ordinário, por meio da Lei nº 8.952/1954, do exame sobre a recomendável atualização da legislação do mandado de segurança para que passasse a contemplar, expressamente, uma medida liminar não apenas cautelar, mas em determinadas situações também antecipatória do provimento final.

Ressalta-se, ao final, que em caso de relevante interesse público, o próprio magistrado que concedeu a liminar pode cassá la (RJTJESP 90/337).

Tendo-se, minuciosamente, divagado sobre o tema da concessão da medida liminar no mandado de segurança, faz-se interessante adentrar as vicissitudes do instituto por meio da análise da jurisprudência firmada pelos superiores tribunais:

- É vedada a concessão de medida liminar em man dado de segurança que objetiva o pagamento de vantagens pecuniárias (REsp 511847).

Em recente decisão, o ministro do Superior Tribunal de Justiça Luiz Fux, nos autos do Recurso Especial nº 473.813, oriundo do Rio Grande do Sul, em que figuraram como partes a Federação dos Sindicados de Servidores Municipais do Rio Grande do Sul e o Município de Erval Seco afirmou ser ofensa ao art. 1º da Lei nº 1.533/1951, fundamentado na presença de direito líquido e certo, o objeto do *mandamus* cobrasse prestação pecuniária pretérita.

Argumentou para tal que a concessão do mandado de segurança não produz efeitos patrimoniais em relação a período pretérito, os quais devem ser reclamados administrativamente ou pela via judicial própria. Considerou o magistrado que o *mandamus* não é substitutivo de ação de cobrança (Súmula nº 269 do STF), pois o referido instrumento processual de tutela de Direito Subjetivo público constitucional goza de eminência ímpar, equiparável à do *habeas corpus* e era, inclusive, no passado, denominado *habeas corpus* civil, revelando a natureza a que visava conjurar.

Por tal, entendeu que é lesão civil tão grave a afronta à ordem, por meio da errônea utilização do instrumento constitucional, quanto é a restrição ao direito fundamental de ir e vir. Atentou também para a "promiscuidade" da utilização do mandado de segurança como sucedâneo de uma mera ação de cobrança.

Se o pedido tem caráter condenatório, a via do *mandamus* não pode ser eleita com propriedade. O mandado de segurança é instrumento processual constitucional dirigido contra ato abusivo da autoridade coatora quanto ao direito líquido e certo do impetrante e, assim, não pode substituir ações de conhecimento de cognição plenária e exauriente aptas a permitir dilargada defesa por parte da Fazenda Pública.

A utilização do remédio heroico, de eminência constitucional, para esse fim, burla a proibição de tutela antecipada contra a Fazenda Pública, impondo, segundo o ministro da Corte Superior, o pagamento imediato e mandamental sem prévio precatório, fazendo insurgir odiosa situação anti-isonômica em relação a outras lesões sobejamente mais graves e infratoras de direitos fundamentais da pessoa humana, como uma reparação por morte causada por agente público, que mercê calcar-se em responsabilidade objetiva impõe ao jurisdicionado a via crúcis de um processo inteiro de conhecimento coadjuvado pela morosa execução seguida da ilusória "ordem preferencial de precatórios alimentícios".

Conclui, então, que é cediço que as supostas lesões aos direitos individuais pelo Poder Público podem ser conjuradas pelas diversas formas de tutela jurisdicional, reservando-se o mandado de segurança à tutela imediata de lesões gravíssimas aos direitos líquidos e certos não reparáveis pelas outras vias, máxime, porque a impossibilidade de utilização da ação mandamental não exclui as outras formas de provimento jurisdicional.

Tendo em vista que o uso do *mandamus* para toda e qualquer lesão a direito perpetrada pelo Poder Público afronta a *ratio essendia* da Constituição Federal, defendida pela Súmula nº 269 do STF ("A concessão de mandado de segurança não produz efeitos patrimoniais em

205 O provimento jurisdicional cautelar visa à concessão de garantia processual que assegure a eficácia da ação de conhecimento ou de execução. Não se dirige à composição de litígios, mas a assegurar que as demais modalidades de ação sejam eficazes em sua finalidade (sentença de mérito e satisfação do credor), mediante a concessão de uma medida de cautela que arrede o perigo proveniente da lentidão no desenvolvimento dos processos principais.

relação a período pretérito, os quais devem ser reclamados administrativamente ou pela via judicial própria"), menos ainda seria o mesmo permitido na hipótese de medida liminar.

É exemplo, a título de ilustração complementar, o Recurso Especial nº 438.446, oriundo do Distrito Federal, em que figurou como relator o ministro Vicente Leal (STJ), conforme ementa de acórdão que segue transcrita:

> REsp nº 438446/DF; recurso especial 2002/0069035-5 fonte: DJ; data: 07/04/2003; p: 00353; Relator Min. Vicente Leal (1103) Ementa Constitucional. Administrativo. Medida liminar em mandado de segurança. Pagamento de vencimentos. Concessão. Impossiblidade. Lei nº 5.021/1966. *É vedada a concessão de medida liminar em mandado de segurança para efeito de pagamento de vencimentos e vantagens pecuniárias, a teor do que reza a Lei nº 5021/1966, em seu art. 1º, § 4º*. Recurso especial conhecido.

A Lei nº 5.021/1966 dispõe sobre o pagamento de vencimentos e vantagens pecuniárias asseguradas, em sentença concessiva de mandado de segurança, a servidor público civil e estabelece, em seu art. 1º, § 4º, que:

> *Art. 1º O pagamento de vencimentos e vantagens pecuniárias asseguradas, em sentença concessiva de mandado de segurança, a servidor público federal, da Administração direta ou autárquica, e a servidor público estadual e municipal, somente será efetuado relativamente às prestações que se vencerem a contar da data do ajuizamento da inicial.*
> *[...]* § 4º Não se concederá medida liminar para efeito de pagamento de vencimentos e vantagens pecuniárias.

Ademais, estipula o art. 5º da Lei nº 4.348/1964 que:

> *Art. 5º. Não será concedida a medida liminar de mandados de segurança impetrados visando à reclassificação ou equiparação de servidores públicos, ou à concessão de aumento ou extensão de vantagens.*
> *Parágrafo único. Os mandados de segurança a que se refere este artigo serão executados depois de transitada em julgado a respectiva sentença.*

Tal é ainda reforçado em virtude do art. 7º da mesma lei que estabelece que o recurso voluntário ou *ex officio*, interposto de decisão concessiva de mandado de segurança que importe outorga ou adição de vencimento ou ainda reclassificação funcional, terá efeito suspensivo.

Essas vedações demonstram-se inconstitucionais pois afrontam o princípio da isonomia ao desigualar os impetrantes no mandado de segurança. Tendo em vista que a Constituição Federal não abraçou esta exceção que pretere o servidor público, não há por que mantê-la.

- É prevalecente o entendimento, tanto doutrinário quanto jurisprudencial, no sentido de que desafia agravo de instrumento a decisão que concede ou indefere a liminar nos autos de mandado de segurança (REsp 235935/SP) *[...]*

São de tal acórdão precedentes: REsp nº 264.555/MG, Rel. Min. Eliana Calmon; REsp nº 150.086/PR, Rel. Min. Waldemar Zveiter, e REsp nº 361.744/RJ, Rel. Min. Francisco Falcão.

Após a sistemática introduzida pela Lei nº 9.139/195, que alterou dispositivos da Lei nº 5.869/1973, que instituiu o Código de Processo Civil, que tratam do agravo de instrumento, este instituto processual ganhou contorno mais simples, sendo interposto diretamente no Tribunal, assegurado, inclusive, o seu trâmite com efeito suspensivo, desde que presentes os pressupostos enumerados no art. 558 do CPC.

É o art. 558 do CPC:

> *Art. 558. O relator poderá, a requerimento do agravante, nos casos de prisão civil, adjudicação, remição de bens, levantamento de dinheiro sem caução idônea e em outros casos dos quais possa resultar lesão grave e de difícil reparação, sendo relevante a fundamentação suspender o cumprimento da decisão até pronunciamento definitivo da turma ou câmara.*
> *Parágrafo Único. Aplicar-se-á o disposto neste artigo às hipóteses do art. 520.*

A não admissão do agravo pode levar a situações absurdas. Se admite-se que a não concessão da liminar pode inviabilizar em determinadas circunstâncias que o mandado de proporcione ao impetrante a garantia *in natura* pleiteada, não admitir que da decisão denegatória da liminar se possa interpor agravo de instrumento significa concluir que o Tribunal pode menos do que o juiz de primeiro grau, porque, quando a apelação chegar ao Tribunal a situação de dano irreversível ou de difícil reparação já se terá, provavelmente consumado[206].

- O art. 475 do CPC, que estabelece que "está sujeita ao duplo grau de jurisdição, não produzindo efeito senão depois de confirmada pelo Tribunal, a sentença proferida contra a União, o Estado e o Município" não constitui óbice à medida antecipatória, pois é cediço o entendimento de que a exigência do duplo grau de jurisdição obrigatório somente se aplica às sentenças de mérito (REsp 424.863/RS).

[206] ALVIM, Eduardo Arruda e ALVIM, Teresa Arruda. *Os Agravos no CPC brasileiro.* São Paulo: Revista do Tribunais, p. 479.

As sentenças de extinção do processo sem julgamento do mérito (art. 267 do CPC), bem como todas as decisões provisórias, não definitivas, como é o caso das liminares e das tutelas antecipadas, não são atingidas pela remessa necessária.

Dessa forma, as liminares concedidas em mandado de segurança, ação popular, ação civil pública etc., bem como tutelas antecipadas concedidas contra o Poder Público, devem ser executadas independentemente de reexame necessário. Apenas as sentenças de mérito, desde que subsumíveis às hipóteses do art. 475 do CPC, é que somente produzem efeitos depois de reexaminadas pelo Tribunal.

No Recurso Especial em questão, concluiu a Corte de origem, na espécie, estarem presentes os requisitos exigidos à concessão da antecipação da tutela, razão pela qual afirmou que "o objetivo fundamental de tutela é a de tornar útil o bem da vida perseguido, inócua e despropositada sua retenção até ulterior decisão monocrática".

Assim, havia a plausibilidade do direito invocado, qual seja, a demonstração de que os valores pagos ao hospital pelos serviços prestados ao SUS eram insuficientes para ressarcir as despesas básicas dos pacientes atendidos, e de que a União tinha se negado a repassar os recursos devidos.

- É jurisprudência pacífica do STJ que instituto da compensação, via liminar em mandado de segurança ou em ação cautelar, ou em qualquer tipo de provimento que antecipe a tutela da ação não é permitido.

A compensação de créditos tributários não pode ser deferida por medida liminar. A jurisprudência da Corte superior firmou tal entendimento pois quando os pressupostos essenciais ao regular desenvolvimento da ação se façam necessários examinar, é de bastante prudente que não seja retido recurso especial advindo de decisão interlocutória.

Pode-se utilizar como argumento, por analogia, a vedação da concessão de medida liminar que objetiva o pagamento de vantagens pecuniárias (REsp 511.874) e, também, a aplicação da Súmula nº 212/STJ ("A compensação de créditos tributários não pode ser deferida por medida liminar").

A jurisprudência da Corte superior consolidou tal entendimento, que toca à conveniência da análise dos requisitos essenciais ao desenvolvimento da ação, é de bastante prudente que não seja retido recurso especial advindo de decisão interlocutória, pois a antecipação da tutela, a fim de se efetivar a compensação pretendida, é pedido essencial, o que não pode e nem deve esperar pela solução do processo principal, sob pena de, caso atendida a mencionada pretensão posteriormente, possa advir real prejuízo à parte adversa.

- A concessão de liminar mandamental não basta, só por si para garantir, em caráter definitivo, a nomeação e a posse em determinado cargo público (RMS 23590/DF).

A ação em voga tratou de concurso público para o cargo de delegado de polícia federal. A liminar judicial garantiu o curso de formação profissional. Porém, pretendida nomeação, em caráter definitivo, para o referido cargo público foi inadmitida devido à provisoriedade da liminar mandamental.

A mera concessão de liminar mandamental, consideradas as notas de transitoriedade, cautelaridade, provisoriedade e instabilidade que tipificam esse provimento judicial não basta só por si, em face de sua evidente precariedade, para assegurar em caráter permanente a nomeação e a posse em determinado cargo público, pois tais atos administrativos, quando vindicados em sede judicial, somente se revelam compatíveis com a definitiva prolação de ato sentencial favorável.

- A medida liminar em mandado de segurança suspende a exigibilidade do crédito tributário independentemente do depósito do tributo controvertido. Se o juiz condiciona a concessão da medida liminar à realização do depósito, está, na verdade indeferindo a medida liminar (ROMS 3881/SP).

O impetrante tem direito de ver apreciado o seu pedido de liminar independentemente de caução. Em princípio, o juiz não pode condicionar a concessão da liminar em mandado de segurança à prestação da quantia discutida. Tal exigência se traduz em abuso e ilegalidade. O impetrante tem sempre direito de ver apreciado seu pedido de liminar (art. 7º, II, da Lei nº 1.533/1951 c/c art. 151, IV, do Código Tributário Nacional), pois se trata de garantia constitucional encartada na cláusula do devido processo legal[207].

[207] O prof. Hely Lopes MEIRELLES ensina que "situação diferente pode surgir quando há determinação legal na matéria discutindo-se a constitucionalidade ou inconstitucionalidade do condicionamento da concessão da liminar ao depósito da caução. Embora teoricamente o reconhecimento de direito líquido e certo não deva ser condicionado a uma contragarantia por parte do impetrante, há casos nos quais

Embora majoritário, tal entendimento não é único, conforme demonstram os acórdãos a seguir. O primeiro, REsp 89916/MG, em que figurou como relator o ministro Hélio Mosimann, integra a maior corrente, conforme transcrito por meio de ementa de acórdão:

> Mandado de Segurança. Concessão de liminar. Subordinação da eficácia da medida à prestação de caução. Inadmissibilidade. Maioria. Votos vencidos. *Desde que satisfeitos os pressupostos essenciais e uma vez concedida, por isso, a liminar, não é lícito subordinar a eficácia da medida a outras condições.*

Já a decisão proferida nos autos do Recurso Especial nº 77.072/MG, em que foi relator o ministro Ari Pargendler, demonstra o contrário do acórdão anterior. A ementa do acórdão proferido nos autos do REsp 770.72 e é a seguir transcrita a fim de ilustrar a divergência jurisprudencial acerca do tema:

> Tributário. 1. Depósito (CTN, art. 151, II). O depósito previsto no art. 151, II, do Código Tributário Nacional é um direito do contribuinte, só dependente de sua vontade e meios; o juiz nem pode ordenar o depósito, nem pode indeferi-lo. 2. Medida liminar (CTN, art. 151, IV). A medida liminar de que trata o art. 151, IV, do Código Tributário Nacional também é um direito do contribuinte, desde que reunidos os respectivos pressupostos (o *fumus boni juris* e o *periculum in mora*); se o juiz deixar de reconhece-los, deve indeferir a medida liminar, mas *pode sugerir que essa tutela cautelar seja substituída pelo depósito dos tributos controvertidos, praxe judicial que visa a atender o interesse de ambas as partes e que não é ofensiva ao direito.* Hipótese em que o juiz, não estando presentes os requisitos para a concessão da medida liminar, fez por deferi-la mediante o depósito da quantia litigiosa, que o acórdão recorrido exclui sem aprofundar o exame dos pressupostos da tutela cautelar. Recurso especial conhecido e provido.

- O juiz, desembargador ou ministro que conceder a liminar poderá revogá-la a qualquer tempo, desde que verifique a desnecessidade dessa medida, como poderá restabelecê-la se fatos supervenientes indicarem sua conveniência[208].

O prof. Hely Lopes Meirelles justifica tal entendimento afirmando que

> se é certo que a liminar não deve ser prodigalizada pelo Judiciário, para não entrevar a atividade normal da Administração, também não deve ser negada quando se verifiquem seus pressupostos legais, para não se tornar inútil o pronunciamento final a favor do impetrante. Casos há – e são frequentes – em que o tardio reconhecimento do direito do postulante enseja seu total aniquilamento. Em tais hipóteses, a medida liminar impõe-se como providência de política judiciária, deixada à prudente discrição do juiz.

Tal entendimento não é único, conforme insta demonstrado por meio do Recurso Especial nº 12.6261, oriundo do estado do Paraná, em que figurou como relator o ministro José Arnaldo da Fonseca:

> Recurso especial. Processual civil. Mandado de Segurança. *Liminar confirmada por órgão colegiado. Impossível sua revogação somente pelo relator,* órgão singular. Inocorrência da alegada violação. Inexistência de dissídio. O dissídio não restou demonstrado, uma vez que o acórdão paradigma não cuida de questão idêntica à dos autos. *Tendo sido a liminar confirmada por órgão colegiado quando do julgamento do agravo regimental interposto, não caberia somente ao relator* (equivalente a órgão singular) revogá-la posteriormente. Violação ao art. 473 do CPC não caracterizada. Recurso não conhecido.

- Presentes os pressupostos do art. 7º, II, da Lei nº 1.533/1951, impõe-se a concessão da liminar, independentemente de qualquer garantia ou depósito prévio (ROMS 360/SP).

O poder geral de cautela há que ser entendido com uma amplitude compatível com a sua finalidade primeira, que é a de assegurar a perfeita eficácia da função jurisdicional. Insere-se aí a garantia de efetividade da decisão a ser proferida. A adoção de medidas cautelares (inclusive as liminares *inaudita altera partes*) é fundamental para o próprio exercício da função jurisdicional, que não deve encontrar obstáculos, salvo no ordenamento jurídico.

Questiona-se aqui é se a concessão de medida liminar é imperativa desde que presentes os pressupostos ou poder discricionário do juiz, ou seja, trata-se tal norma de lei coativa (*us cogens*) ou lei não coativa (*jus dispositivum*), já que nas primeiras a coação é manifestada

---

tais procedimentos se justificam no interesse de ambas as partes, podendo o titular do direito lesado exercê-lo de imediato e tendo a autoridade a garantia de pleno ressarcimento no caso de modificação final da decisão proferida". E, ainda, "o condicionamento da concessão da liminar à prestação de garantia não nos parece inconstitucional, embora, no passado, tenha havido decisão dos tribunais superiores dispensando-a. Mas é preciso que o juiz tenha um poder discricionário ao fixar o montante e a forma da garantia, a fim de não inviabilizar a utilização do recurso".

[208] MEIRELLES, Hely Lopes, em obra anteriormente citada (*Mandado de Segurança*), p. 75.

por meio da obrigatoriedade e na segunda depende de manifestação de vontade. As duas formas externam leis coativas, quer positiva, quer negativamente.

Considerando-se a lei como imperativa, esta, para impor-se, precisa da existência dos pressupostos necessários previstos no art. 7º, II da Lei nº 1.533/19851. Sendo assim, o poder geral de cautela possui natureza discricionária e, em regra, jurisdicional, posto que a descrição pode e deve abraçar igualmente os critérios que informam a jurisdição. Na esfera jurisdicional, a discricionariedade submete-se aos aspectos apontados pela lei (requisitos) que, apesar de objetivos, têm conotação subjetiva. Busca-se a redução desta. Se estiverem presentes os dois pressupostos, deve o juízo conceder a medida liminar

A Lei nº 2.770/1956, art. 1º, vedou a concessão de medida liminar nas ações procedimentos judiciais ou de qualquer natureza que almejem a obtenção da liberação de mercadorias, bens ou coisas de procedência estrangeira. Porém, a jurisprudência vem se firmando no sentido de que a aquisição, no mercado interno, de mercadoria importada, mediante nota fiscal emitida por firma regularmente estabelecida, gera a presunção de boa-fé do adquirente, cabendo ao fisco a prova em contrário. A pena de perdimento não pode se dissociar do elemento subjetivo (inexiste na espécie), tampouco desconsiderar a boa-fé do adquirente.

Tal se justifica pois o provimento cautelar tem pressupostos específicos para sua concessão. São estes o risco de ineficácia do provimento principal e a plausibilidade do direito alegado (*periculum in mora* e *fumus boni iuris*), que, presentes, determinam a necessidade da tutela cautelar e a inexorabilidade de sua concessão, para que se protejam aqueles bens ou direitos de modo que se garanta a produção de efeitos concretos do provimento jurisdicional principal.

Compreende-se que tal lei, que deve ser conciliada com o disposto no art. 165 do Decreto-lei nº 37/1966, que dispõe sobre o imposto de importação, reorganiza os serviços aduaneiros e dá outras providências, que tal vedação envolve apenas produtos de contrabando e não bens importados trazidos para o país[209].

A duração da Medida Liminar é de, no máximo, 120 dias, conforme disposto no art. 1º, *b*, da Lei nº 4.348/1964:

> Art. 1º. Nos processos de mandado de segurança serão observadas as seguintes normas:
> [...] b) a medida liminar somente terá eficácia pelo prazo de (90) noventa dias a contar da data da respectiva concessão, prorrogável por (30) trinta dias quando provadamente o acúmulo de processos pendentes de julgamento justificar a prorrogação.

Tal lei determina igualmente, em seu art. 2º, a decretação da perempção ou caducidade da medida liminar *ex officio* ou a requerimento do Ministério Público, quando, concedida a medida, o impetrante criar obstáculo ao normal andamento do processo, deixar de promover pois mais de três dias os atos e diligência que cumprirem ou abandonar a causa por mais de vinte dias.

Porém, para a sua extinção deve o juízo declarar a extinção dos seus efeitos, pois é possível, em algumas circunstâncias, que esta se alongue no tempo. É o que demonstra o Agravo Regimental em Recurso Especial nº 35.4617, oriundo do Rio Grande do Sul, em que figurou com relator o ministro Paulo Medina, conforme Ementa transcrita a seguir:

> Agravo no recurso especial. Administrativo. Mandado de Segurança. Servidor público estadual. Ensino superior. Transferência. Liminar. Transcurso do tempo. Fato consumado. É assegurado ao servidor municipal, estadual ou federal investido em cargo público o direito de obter a transferência para universidade federal, seja ele egresso de universidade particular, pública estadual ou federal. Precedentes. No caso concreto, *o tempo transcorrido desde o deferimento da liminar – em momento algum cassada ou revogada – até a presente data evidencia que o ora agravado está prestes a concluir o curso. Ante o decurso do tempo, tem-se consolidada uma situação fática cuja desconstituição se revela desaconselhável na espécie,* devendo-se assegurar ao ora agravado o término de seu curso universitário. Agravo regimental a que se nega provimento.

Ressalta-se, ainda que a Lei nº 8.437/1992, que dispõe sobre a concessão de medidas cautelares contra atos do Poder Público, em seu art. 2º, que:

> *Art. 2º. No mandado de segurança coletivo e na ação civil pública, a liminar será concedida, quando cabível, após a audiência do representante judicial da pessoa jurídica de direito público, que deverá se pronunciar no prazo de setenta e duas horas.*

[209] É o art. 165. "O eventual desembaraço de mercadoria objeto de apreensão anulada por decisão judicial não transitada em julgado ou cujo processo fiscal se interrompa por igual motivo, dependerá, sempre, de prévia fiança idônea ou depósito do valor das multas e das despesas de regularização cambial emitidas pela autoridade aduaneira, além do pagamento dos tributos devidos."

O que é, igualmente, acatado pela jurisprudência das Cortes superiores, conforme insta demonstrado por meio do REsp nº 88.583, oriundo do estado de São Paulo, em que figurou como relator o ministro Humberto Gomes de Barros, que declarou nula a liminar concedida sem respeito ao prazo estabelecido no preceito normativo *supra*, conforme ementa a seguir transcrita:

> Processual. Ação civil pública. Mandado de Segurança coletivo. Liminar. Oitiva do Poder Público – Lei nº 8.437/1992, art. 2. 1. No processo de mandado de segurança coletivo e de ação civil pública, *a concessão de medida liminar somente pode ocorrer, setenta e duas horas apos a intimação do estado (Lei nº 8.437/1992, art. 2.). 2. Liminar concedida sem respeito a este prazo e nula.*

Ensina o prof. Hely Lopes Meirelles que:

> negada esta liminar, esse despacho é irrecorrível; se concedida poderá ser caçada a qualquer tempo, pelo presidente do Tribunal competente para o recurso, desde que solicitado pela entidade interessada e ocorram seus pressupostos legais. Desta cassação do presidente cabe agravo regimental, sem efeito suspensivo, a ser interposto no prazo de dez dias contados da publicação do ato, para o Tribunal que a presida.

A confusão é instaurada pelo seguinte:

Menciona o art. 4º da Lei nº 4.348/1964 (estabelece normas processuais relativas ao mandado de segurança), que:

> *Art. 4º. Quando, a requerimento de pessoa jurídica de direito público interessada e para evitar grave lesão à ordem, à saúde, à segurança e à economia públicas, o Presidente do Tribunal, ao qual couber o conhecimento do respectivo recurso (VETADO) suspender, em despacho fundamentado, a execução da liminar, e da sentença, dessa decisão caberá agravo, em efeito suspensivo, no prazo de cinco dias, contados da publicação do ato.*

Por outro lado, a Lei nº 6.014/1973, que acomodou o disposto no art. 13 da Lei nº 1.533/1951 ao então recém-instituído Código de Processo Civil (Lei nº 5.869, de 11/01/1973), deixou de mencionar que também a execução da medida liminar no mandado de segurança não pode ser suspensa a requerimento da pessoa jurídica de Direito Público, sendo a atual redação:

> *Art. 13 – Quando o mandado for concedido e o Presidente do Tribunal, ao qual competir o conhecimento do recurso, ordenar ao juiz a suspensão da execução da sentença, desse seu ato caberá agravo para o Tribunal que a presida.*

Porém, embora silente quanto à suspensão da execução da liminar, a Lei de Adaptação – Lei nº 6.014/1973 –, subsistindo, dessa forma, também o agravo regimental para a suspensão da liminar, cabendo, assim, o prazo de 10 dias quando for objeto do recurso a suspensão da medida liminar e o prazo de 15 dias quando o objeto do recurso for a suspensão da sentença.

No Agravo Regimental no Agravo de Instrumento nº 121.340, oriundo do estado de Minas Gerais, em que figurou como relator o ministro Ari Pargendler (STJ), a Corte Superior entendeu que a execução de medida liminar não pode ser objeto de Recurso Especial[210]:

> Processo civil. Recurso especial. Decisão de tribunal local suspendendo a execução de medida liminar em mandado de segurança. A *decisão que suspende a execução de medida liminar em mandado de segurança na forma do art. 4º da Lei nº 4.348/1964, é resultado de juízo político a respeito da lesividade do ato judicial à ordem, à saúde, à segurança e à economia públicas, sendo da estrita competência do tribunal (presidente e plenário) a que o juiz que a proferiu está vinculado; não se sujeita a recurso especial, em que as controvérsias são decididas à base de juízo de legalidade.* Ressalva do ponto de vista do ministro Antônio de Pádua Ribeiro, que também negou provimento ao agravo regimental, mas por outra motivação.

Estabelece, ainda, a Súmula nº 405 do STF que: "Denegado o mandado de segurança pela sentença ou no julgamento do agravo, dela interposto, fica sem efeito a liminar concedida, retroagindo os efeitos da decisão contrária"[211].

---

[210] Ainda, o REsp nº 119870, oriundo do Estado de São Paulo, em que figurou como relator o ministro Peçanha Martins: processual civil. Mandado de Segurança. Concessão de liminar por juiz de 1º grau. Tabagismo. Restaurante público. Suspensão de segurança. Descabimento. Via adequada: agravo de instrumento. Inexistência de risco de grave lesão a ordem, saúde, segurança e economia públicas. Recurso não conhecido. Precedentes. É da *estrita competência do tribunal a que o juiz que proferiu a decisão concessiva da liminar está vinculado, a suspensão da segurança na forma do art. 4º da Lei nº 4.348/1964, resultando de juízo político a respeito da lesividade alegada, ao contrário das decisões em recurso especial, que se apoiam em juízo da legalidade. Tratando-se de liminar que não implica risco de grave lesão à ordem, saúde, segurança e economia públicas, o recurso cabível para impugná-la é o agravo de instrumento e não o requerimento de suspensão da segurança. Recurso não conhecido.*

[211] Segundo o prof. Hely Lopes MEIRELLES, "muito se tem controvertido sobre a persistência da medida liminar após a sentença denegatória do mandato. De início, os tribunais sustentaram indiscriminadamente sua subsistência enquanto não transitasse em julgado a rejeição do *mandamus*, mas a jurisprudência atual do STF considera cessados seus efeitos com segurança de denegação (STF, Súmula 405). Todavia, a nosso ver, a matéria exige distinções. Se o juiz cassa expressamente a liminar ao denegar a segurança, não nos parece admissível seu

Do despacho do juiz singular que indeferir mandado de segurança cabe apelação, que segue o procedimento previsto no Código de Processo Civil e tratando-se de despacho do relator, em mandado requerido, originariamente, perante os tribunais, cabe o agravo regimental.

Se cassada a liminar e finda sua eficácia, a situação volta ao *status quo ante*, mas permanecem válidos atos praticados em relação ao impetrante ou terceiros, pois foram estes configurados sob a égide de uma ordem judicial eficaz e vigente.

A medida liminar, conforme anteriormente explicitado por meio dos arts. 4º da Lei nº 4.348/1954 e 13 da Lei nº 1.533/1951 poderá ser suspensa a fim de evitar grave lesão à ordem, à saúde, à segurança e à economia política. Tal suspensão compete ao presidente do Tribunal de Justiça que conheceu do respectivo recurso e só cabe ser requerida por meio de interessado.

Equivocadamente, tal requerimento tem sido realizado pelo agente coator ou pelo Ministério Público, pois a lei faz menção à "pessoa jurídica de direito público interessada", o que demonstra uma impropriedade, pois não apenas a entidade pública como, igualmente, o órgão interessado é legitimado para pleitear a suspensão da medida, bem como as pessoas jurídicas de direito privado passíveis de figurarem no polo passivo desta relação e as que arcarem diretamente com os efeitos da liminar.

O ministro Nilson Naves, conforme notícia do Superior Tribunal de Justiça de 19/08/2003 suspendeu liminar que paralisou instalação de postes de energia elétrica no Ceará. O presidente do STJ concedeu tal pedido da Colce – Companhia Energética do Ceará, para suspender a ordem de retirada de poste de energia elétrica instalados em uma propriedade no Município de Tauá (CE).

Por meio de tal decisão, a companhia pôde manter os postes fincados no imóvel privado e prosseguir com a instalação de rede elétrica local. Os proprietários entraram com ação requerendo a retirada dos postes de transmissão de energia elétrica instalados no terreno. O juízo de comarca de Tauá concedeu liminarmente o pedido determinando à Colce a levantada dos postes e a paralisação da construção da linha de transmissão de energia elétrica.

Solicitou a companhia, ao Tribunal de Justiça do Estado do Ceará, a suspensão da liminar, o que for negado sob o argumento de que a Colce não teria legitimidade para interpor o pedido judicial, tendo em vista tratar-se de pessoa jurídica de direito privado. Destacou o Tribunal que

> o agravante (Colce), apesar de concessionária de serviço público, surge duvidosa, no caso, para pleitear com legitimidade, de vez que é requerente como pessoa jurídica de direito privado em matéria que visa à suspensão de medida liminar no juízo monocrático.

Em face desta decisão recorreu a Colce ao STJ reiterando o pedido de suspensão da liminar que paralisou as obras da linha de transmissão alegando que os postes foram fincados ao longo do imóvel dos suplicados destinados à construção de loteamento, cujas vias são de domínio público, sem qualquer irregularidade. Afirmou, ainda, que a ampliação da linha de transmissão de energia elétrica fora solicitada pela própria prefeitura de Tauá a fim de beneficiar 4.650 unidades consumidoras.

Argumentou a empresa que a manutenção da medida causaria a "piora da qualidade de um serviço essencial à população, em claro descompasso com o interesse público", pois a liminar seria irreversível, caso fosse cumprida haveria desabastecimento e energia em várias unidades consumidoras. A companhia atentou ainda para o fato de que as áreas particulares destinadas à passagem de linha de transmissão de energia elétrica deveriam ser consideradas servidão administrativa.

---

restabelecimento pela só interposição do recurso cabível contra decisão de mérito; se o juiz expressamente ressalva a subsistência da liminar até a sentença passar em julgado, torna-se manifesta a persistência de seus efeitos enquanto a decisão estiver pendente de recurso. Sendo a medida liminar uma providência cautelar, de preservação do direito invocado pelo impetrante, é concedida por fundamentos diversos e independentes dos da decisão de mérito. Por isso mesmo não basta que o juiz se manifeste sobre o mérito, denegando o mandado, para que fique automaticamente invalidada a medida liminar. É preciso que o julgador revogue explicitamente para que cessem seus efeitos. O só fato de denegar a segurança não importa afirmar a desnecessidade da liminar, porque ela visa a preservar os danos irreversíveis para o impetrante, e esta possibilidade pode subsistir até que a sentença passe em julgado, negando o direito pleiteado. Enquanto pende recurso, a sentença denegatória é reformável e, como tal, nenhum efeito produz em relação à suspensão provisória do ato. O que sustenta ou invalida a liminar, a nosso ver, é o pronunciamento do juiz sobre sua existência ou inexistência. Afirmar-se indistintamente que a liminar subsiste sempre até que o trânsito em julgado da sentença denegatória é retirar do juiz o poder de revogá-la quando verifique sua inconveniência ou desnecessidade. É tornar irrevogável uma decisão caracteristicamente precária e provisória. Pelo outro extremo, considerar-se sempre cessada a liminar quando a sentença denegue segurança é tornar inane uma providência cautelar instituída precisamente para evitar lesões irreparáveis."

Assim, o ministro Nilson Naves concedeu o pedido da companhia percebendo estar evidenciada a grave lesão aos valores tutelados no art. 4º da Lei nº 4.348/1964, máxime no que concerne à ordem pública, suspendendo a liminar concedida pelo juízo da comarca de Tauá, onde tramita a ação movida pelos proprietários do imóvel contra a Colce.

No caso em questão, compreendeu o presidente do Superior Tribunal de Justiça que "há de prevalecer o interesse público, qual seja, a proteção do princípio da continuidade na prestação do serviço de fornecimento de energia elétrica em face do Particular". Segundo o ministro, se mantida a liminar em favor dos proprietários estar-se-ia protegendo o interesse de um proprietário em detrimento de mais de quatro mil moradores do município de Tauá, que necessitam do abastecimento de energia, sendo certo que o dano por aquele suportado deverá ser reparado pelos meios cabíveis.

A ideia de que todos os que figuram na ação de segurança e sofram os efeitos pela concessão do *mandamus* é ainda corroborada por meio do Agravo Regimental na Suspensão de Segurança nº 632, em que figurou como relator o ministro Antônio de Pádua Ribeiro (STJ) cuja ementa segue abaixo transcrita:

> Processual civil. Legitimidade. Empresa Pública. Suspensão de segurança (Lei nº 4.384/1964, art. 4º). Administrativo. Licitação concorrência. Edital. Exigência. Capacitação técnico-operacional. Legalidade (Lei nº 8.666/1993, art. 30, § 1º). 1. *Equipara-se a entidade de direito público, quanto à legitimidade para requerer suspensão de segurança, empresa pública sempre e quando investida na defesa do interesse público decorrente de delegação.* 2. A exigência, em edital de concorrência, de capacitação técnico-operacional para obras de vulto não importa em restrição ao universo da concorrência. 3. Impossível o exame da questão de fundo nos limites da suspensão de segurança, sob pena de supressão de instância. 4. Agravo regimental denegado.

Fato é que trata a suspensão da liminar ou dos efeitos da sentença até o julgamento final do mandado de medida de caráter excepcional, apenas justificável na hipótese de relevante interesse público, ou a ordem administrativa geral, compreendendo o regular andamento de obras públicas e o exercício das funções da Administração.

No Agravo de Petição nº 1.055 é vista com clareza a anormalidade da suspensão da medida liminar, conforme demonstra a Ementa em seguida transcrita:

> Administrativo. Processo de cassação de mandato eletivo prefeito. Liminar. Suspensão. Lei nº 8.437/1992. 1. *Ausentes os pressupostos ensejadores da medida drástica, quais sejam a ocorrência de manifesto interesse público ou flagrante ilegitimidade a tocarem, com carga de lesividade grave, os valores protegidos pela norma regente, a saber, ordem, economia e saúde públicas, impõe-se desprover a pretensão.* 2. *A suspensão da eficácia de medida liminar não tem o condão de suprimir instâncias, nem pode ser empregada como sucedâneo recursal. Eventuais ilegalidades,* injustiças, *errores in* procedendo ou *errores in judicando* têm sede adequada ao seu deslinde. Precedentes. 3. Agravo regimental desprovido.

A Súmula nº 506 do STF previa que do agravo a que se refere o art. 4º da Lei nº 4.348/1964 era cabível somente do despacho do presidente do Supremo Tribunal Federal que defere a suspensão da liminar e não do que a denega.

Recentemente tal súmula foi cancelada, conforme informação obtida por meio do Informativo nº 295, que noticiou que o Pleno do Supremo Tribunal Federal – STF, em julgamento de agravo regimental proveniente do estado de Alagoas, interposto em razão da denegação da suspensão da segurança, procedeu ao cancelamento desta, que correspondia, com igual conteúdo à Súmula nº 217 do STJ[212].

Dessa forma, inevitavelmente será modificado o entendimento jurisprudencial acerca do tema, que já havia sido anteriormente criticado pelo prof. Hely Lopes Meirelles que considerava parcial esta orientação e não a abonava sob o argumento de que a denegação da segurança pode ser tão prejudicial quanto a concessão. Afirmou, por tal, que

> equitativo será que o presidente do Tribunal competente tanto possa suspender como conceder e restabelecer a liminar até o julgamento final do mandado.

Em concordância com as Leis nº 4.348/1964 e nº 8.437/1992, contra a decisão proferida em desfavor de pessoa jurídica de Direito Público capaz de ensejar grave lesão à ordem, à segurança, à saúde e à economia, admitir-se-ia, concomitantemente, à faculdade de interposição de recurso pertinente à discussão do mérito da decisão, fosse requerido, mediante incidente processual de caráter político denominado suspensão de segurança, a suspensão desta decisão pelo presidente do Tribunal a que cabia a análise do recurso hábil.

Dessa forma, consubstanciado o pedido de suspensão e resguardado o trâmite processual exigido, duas

[212] Artigo extraído do *site* Juspodivm.com.br

opções demonstravam-se viáveis, quais sejam, a concessão do pedido de suspensão da eficácia da decisão ou o seu indeferimento.

Uma vez concedido o pedido, o beneficiado pela decisão impugnada, caso esta fosse suspensa, poderia rebelar-se, munido-se da existência ou ausência dos requisitos específicos da medida, como a grave lesão à ordem, e à segurança em vez de adentrar o mérito da questão por meio de outros instrumentos processuais, como o agravo regimental ou o agravo interno, levado ao conhecimento do órgão colegiado.

Em contrapartida, se não concedida a suspensão requerida, o provável reflexo da pessoa jurídica de Direito Público seria condicionado à ocorrência do pedido elaborado em relação à decisão em sede de mandado de segurança.

O entendimento jurisprudencial concretizado nas Cortes superiores era de que contra a decisão que indefere o pedido de suspensão de eficácia de decisão judicial era cabível agravo se esta não fosse proveniente de mandado de segurança.

Dessa forma, se o objeto do recurso fosse a suspensão proveniente da ação mandamental, não seria aceitável a via do agravo, visto que, conforme entendimento da súmula, a interpretação do art. 4º da Lei nº 4.348/1954 apenas seria admitida a interposição do agravo da decisão que autorizasse a suspensão na hipótese da efetivação de tal indeferimento e sobraria somente a via da formulação de outro pedido de suspensão.

Tal compreensão era bastante confrontada pela doutrina e não obtinha consenso jurisprudencial das Cortes superiores e, por tal, foi objeto de súmula do Superior Tribunal de Justiça e do Supremo Tribunal Federal.

Argumentava a doutrina que não era cabível a negativa de aplicação subsidiária do Código de Processo Civil, que, na condição de norma central de direito formal, dispensaria dispositivo que autorizasse a sua aplicação subsidiária, fundamentando, ainda, que por meio da edição da Lei nº 8.098/1990, não seria aplicável a regra do art. 4º da Lei nº 4.348/1964.

Inegável é que as decisões monocráticas emanadas do presidente do Tribunal no incidente de suspensão são interlocutórias, visto que não findam o processo e a jurisprudência caminhava para que houvesse irrecorribilidade das decisões denegatórias do presidente do Tribunal quando do julgamento do requerimento de suspensão da segurança – não era concebível preterir tais decisões quanto à apreciação em sede de agravo aos outros membros da Corte.

No informativo do STF, o Pleno Pretório Excelso ao conhecer do Agravo Regimental nº 1.945, oriundo do estado de Alagoas inovou a matéria, revertendo a situação:

> O Tribunal, por maioria, resolvendo questão de ordem suscitada pelo Min. Gilmar Mendes, decidiu pelo cabimento de agravo regimental contra despacho do presidente do Supremo Tribunal Federal que indefere o pedido de suspensão de segurança, cancelando, portanto, o Verbete 506 da Súmula do STF ("O agravo a que se refere o art. 4º da Lei nº 4.348, de 26/06/1964, cabe somente, do despacho do presidente do Supremo Tribunal Federal que defere a suspensão da liminar, em mandado de segurança, não do que a denega."). Vencido o Min. Sepúlveda Pertence, que rejeitava a questão de ordem e mantinha o Verbete da Súmula até que o Tribunal revisse o não cabimento de agravo regimental contra decisão de relator que concede ou indefere liminar em mandado de segurança. Vencido, também, o Min. Marco Aurélio, presidente, que não conhecia do agravo regimental por incabível. Em seguida, apreciando o merito do agravo regimental, o Tribunal, por maioria, deu-lhe provimento para deferir o pedido de suspensão da segurança pela ocorrência de grave lesão à economia pública do estado de Alagoas, vencido o Min. Marco Aurélio, que mantinha a decisão agravada.

A nova compreensão acerca da matéria causou o expresso cancelamento da Súmula nº 506, bem como das outras decisões que indefiram o pleito de suspensão de eficácia de decisão originária de *writ* será autorizável a interposição de agravo inominado ou tribunal pleno ou órgão especial. Tal entendimento foi também divulgado pelo informativo nº 177 do STJ de forma oposta ao então consolidado por meio da Súmula nº 217.

No que toca à competência para a suspensão da medida liminar tem-se, ainda, que:

- é competente o presidente do Tribunal para conceder suspensão de medida liminar concedida pelo juiz de primeiro grau;
- é competente o presidente do STF para apreciar pedido de suspensão de medida liminar concedida pelo presidente ou vice-presidente do Tribunal;
- é competente o presidente do STF para apreciar pedido de suspensão de medida liminar concedida pelas Cortes federais, estaduais, do Distrito Federal e dos Territórios[213];

[213] Ensina o prof. Hely Lopes MEIRELLES que "não obstante, se a liminar foi concedida pelo juiz de primeira instância, e o presidente do Tribunal local negou a suspensão, em princípio descabe novo pedido ao Tribunal Superior (STF, Petição nº 1246-SC, Rel. Min. Sepúlveda

- é competente do STF para suspender as decisões do STJ, na hipótese prevista no art. 13 da Lei nº 1.533/1951 – quando o mandado for concedido e o presidente do Tribunal ao qual competir o conhecimento do recurso, ordenar ao juiz a suspensão da execução da sentença, desse seu ato caberá agravo para o Tribunal a que presida.

No que diz respeito às informações prestadas pela autoridade coatora, devem estas ser apresentadas no prazo de dez dias, conforme o art. 7º, I da Lei nº 1.533/1951, com as alterações trazidas pela Lei nº 4.348/1964, que estabelece que o juiz ordenará ao despachar a inicial que

> se notifique o coator do conteúdo da petição, entregando-lhe a segunda via apresentada pelo requerente, com as cópias dos documentos, a fim de que, no prazo de dez dias, preste as informações que achar necessárias.

Tais informações podem ser subscritas por advogado, porém, é impreterível que esteja acompanhada com a assinatura da autoridade responsável pelo ato, pois a responsabilidade administrativa é personalíssima e intransferível.

Questiona-se a natureza das informações prestadas, pois há quem as considere como prova e há quem as tenha como defesa. Normalmente enxerga-se o mandado de segurança como procedimento a que cabe prova unicamente documental. É sabido que ao autor do *mandamus* cabe o ônus de apresentar na peça inicial prova pré-constituída, não sendo a ele facultado requerer a produção de outras provas em juízo.

Porém, em consonância com outros procedimentos, o *writ* tem fase obrigatória de obtenção de prova específica, pois antes de extinguir a lide, como auxílio para fazê-lo, ouve o juízo a autoridade pública ou o particular em exercício de função pública para que tome conhecimento dos motivos que justifiquem ou justificarão o referido ato. Têm, dessa maneira, três etapas a coleta de provas no mandado de segurança, quais sejam:

- documentos apresentados na inicial;
- informações e documentos trazidos pela autoridade coatora e;
- documentos provenientes da pessoa jurídica responsável pela promoção da defesa do ato objeto do *mandamus*.

Assim, as informações prestadas pela autoridade coatora são, para alguns, fonte probatória, pois trata-se do meio, dentre outros, pelo do qual se retira a prova para instrução do juízo. Essa corrente exclui que as informações são defesa da autoridade impetrada.

Argumentam, para tal, que prestar informações é ato personalíssimo, indelegável mesmo para advogados. Além do mais, a intimação implica a autoridade em dever processual de prestar informações que, se contrariada esta obrigação particularizada pelo legislador, pode provocar punição penal por prevaricação.

Dessa maneira, visto que são todos, em geral, obrigados a contribuir para o bom andamento da justiça, a apresentação das informações não pode ser vista como defesa, pois, embora o direito de defesa seja um princípio basilar do ordenamento jurídico, este é, como dito, um dever do Estado para com o indivíduo e não do indivíduo para com o Estado, pois ninguém é obrigado a defender-se.

A apresentação de informações pela autoridade coatora, é, ao contrário, um dever, pois elas são, de fato, um ônus. Além do mais, é sabido que essas informações, por emanarem de agente público, são dotadas de presunção de veracidade, principalmente se prestadas por servidores estáveis, o que pode claramente comprovar por meio do acórdão proferido no Mandado de Segurança nº 5.983, oriundo do Distrito Federal, em que figurou como relator o ministro Fernando Gonçalves:

> Administrativo. Processo disciplinar. Ausência. Afronta. Autonomia hierárquica. *Presunção de veracidade das informações inexistência. Violação. Princípio da ampla defesa e do contraditório.* Impossibilidade. Judiciário. Análise. Mérito. Punição. 1. Não que há falar em afronta ao princípio da autonomia autárquica, pois, nos termos dos arts. 3º

Pertence, *RJT* 165/812). No entanto, o presidente do STJ já acatou pedido de suspensão de liminar quando a medida fora concedida em primeira instância, suspensa pelo presidente do Tribunal local e posteriormente restabelecida em sede de agravo regimental (Petição nº 980/SP; Min. Antônio de Pádua Ribeiro, no caso da privatização da Telebrás). Considerou-se, naquela oportunidade, que a suspensão era relativa ao ato do Tribunal Regional Federal, que restabelecera uma liminar através da decisão no agravo regimental. Com a MP nº 1984-18 foram acrescentados novos §§ 3º e 4º ao art. 3º da Lei nº 8.437/1992, estabelecendo expressamente que, negada a suspensão da liminar no tribunal de segundo grau, e negado também o respectivo agravo regimental, caberá novo pedido de suspensão ao STF ou ao STJ, sendo a matéria constitucional ou legal, conforme o caso. Da mesma forma, de acordo com o novo § 5º, igualmente acrescentado pela MP nº 1.984-18, o novo pedido de suspensão aos Tribunais Superiores também pode ser formulado depois de negado provimento, na segunda instância, ao recurso interposto contra liminar concedida em primeiro grau. Assim, fica ultrapassada a posição anteriormente defendida pelo STF no sentido do descabimento do novo pedido. Tais dispositivos da MP nº 1.984-18 foram considerados constitucionais, pelo STF, no julgamento da ADIn nº 2.251/DF, por sete votos a quatro."

> do Decreto nº 1.611/1996 e 4º da estrutura regimental do Departamento Nacional de Estradas de Rodagem, a nomeação para o cargo comissionado exercido pelo impetrante, junto à autarquia federal, competia ao ministro dos Transportes, sendo que de tal fato decorre, logicamente, a sua competência para instauração da comissão de processo disciplinar. 2. *Extrai-se das informações prestadas pela autoridade coatora que, por emanarem de agente público, possuem presunção de veracidade, serem os integrantes da comissão servidores estáveis da administração pública federal.* Precedentes. 3. *Não se vislumbra ter ocorrido violação aos princípios da ampla defesa ou do contraditório, ao contrário, o trâmite procedimental obedeceu às disposições legais que regem a matéria.* 4 [...] 5. Segurança denegada.

Ora, se as informações prestadas pela autoridade coatora revestem-se de presunção de legitimidade, como logo agora explicitado, o entendimento de que teriam caráter de defesa devem ser afastados de imediato.

Como se não bastasse, utilizando-se de conhecimentos já obtidos por meio deste trabalho, cabe rememorar que o ato praticado não vincula a autoridade, mas a pessoa jurídica de Direito Público a que está ligada, visto que é o ato do ente e não do agente público e que a decisão atingirá a relação do impetrado com a pessoa jurídica e não com a autoridade.

Por meio dessas informações, cabe ao impetrado esclarecer detalhadamente os fatos e o direito que tocam ao ato impugnado. É a ele também facultado o oferecimento de prova documental e pericial anteriormente produzida (retiradas de processo administrativo, por exemplo). Se for responsável por tal prova outra repartição, deverá a autoridade requerer ao juízo que a obtenha, porém, como sabido, é vedada a produção de novas provas em juízo.

A ausência dessas informações não implicam em revelia do ente público, vez que cabe ao impetrante apresentar provas pré-constituídas. De todo modo, apresentadas ou não, encerra-se, após a decorrência do prazo previsto na legislação pertinente, a fase instrutória do *mandamus*, conforme demonstra-se por meio do Recurso Ordinário em Mandado de Segurança nº 11.571, oriundo do estado de São Paulo, em que figurou como relator o ministro Sálvio de Figueiredo Teixeira:

> Processo civil. Mandado de Segurança. Ato judicial recorrível. Descabimento. *Intempestividade das informações. Inocorrência de revelia.* Pretensão de obtenção de liminar possessória. Via imprópria. Recurso desprovido. 1. O mandado de segurança não é via própria para atacar decisões judiciais recorríveis. 2. *A intempestividade das informações prestadas pela autoridade apontada coatora no mandado de segurança não induz a revelia, uma vez que ao impetrante cumpre demonstrar, mediante prova pré-constituída dos fatos que embasam a impetração*, a ocorrência do direito líquido e certo.

Há de considerar, contudo, que é entendimento do Superior Tribunal de Justiça que se trata de cerceamento de defesa a ausência de oportunidade de manifestação, por parte da autoridade coatora, sobre novos documentos apresentados em mandado de segurança, o que certamente corrobora com a compreensão de que as informações prestadas pela autoridade coatora têm natureza de defesa, conforme insta demonstrado por meio do Recurso Especial nº 279.762, oriundo do Acre, em que figurou como relator o ministro José Arnaldo da Fonseca:

> Recurso especial. Administrativo e processual civil. Mandado de Segurança. *Documentos novos juntados pelo impetrante após o oferecimento das informações pela autoridade coatora. Cerceamento de defesa. Nulidade. Art. 398 do CPC. Constatado que à autoridade coatora não foi dada oportunidade de conhecer e se manifestar acerca da documentação juntada pelo impetrante posteriormente às informações prestadas e, ainda, que tais documentos tiveram importância para o deslinde da controvérsia, deve-se anular o feito, em razão do evidente cerceamento de defesa.* Violação ao art. 398 do CPC caracterizada. Recurso provido.

Porém, há de considerar que o conteúdo das informações não abraça matéria jurídica, como preliminares de mérito ou defesa de mérito, o que deve ser realizado pela procuradoria da pessoa jurídica a quem está a impetrada vinculada, como demonstra o art. 3º da Lei nº 4.348/1964, que trata das normas processuais concernentes ao mandado de segurança:

> Art. 3º. As autoridades administrativas, no prazo de (48) quarenta e oito horas da notificação da medida liminar, remeterão ao Ministério ou ao órgão a que se acham subordinadas e ao Procurador-Geral da República ou a quem tiver a representação judicial da União, do Estado, do Município ou entidade apontada como coatora, cópia autenticada do mandado notificatório, assim como indicações e elementos outros assim como indicações e elementos outros necessários às providências a serem tomadas para a eventual suspensão da medida e defesa do ato apontado como ilegal ou abusivo de poder.

Por tal, confronta-se o entendimento do prof. Hely Lopes Meirelles que afirma que "as informações constituem a defesa da Administração"[214], pois as informa-

[214] MEIRELLES, Hely Lopes, em obra anteriormente citada, p. 87.

ções aproximam-se muito mais da natureza de meio de prova.

Ensina o mesmo professor que com o encerramento desta fase (informações) fecha-se a possibilidade do ingresso de litisconsortes no feito, salvo se ambas as partes o permitirem ou o juiz determinar a integração da lide por litisconsorte necessário e inadmite-se aditamento do pedido, como demonstrado pelo acórdão proferido pelo Superior Tribunal de Justiça nos autos do Mandado de Segurança nº 7.253, oriundo do Distrito Federal, em que figurou como relatora a ministra Laurita Vaz:

> Mandado de Segurança. Administrativo. Concessão de serviços de radiodifusão sonora, com fins exclusivamente educativos. Aditamento do pedido inicial *após a prestação das informações. Inadmissibilidade. Impugnação do ato* de outorga do serviço sem procedimento licitatório. Objeto de outro mandado de segurança. Prejudicialidade. *1. Impetrado o mandado de segurança, e prestadas as informações pela autoridade apontada coatora, não se admite o aditamento do pedido, mormente quando se trata de impugnar outro ato superveniente.* Precedentes. 2. De outro lado, a controvérsia posteriormente deduzida, fundada na questão de se saber se há ou não a obrigatoriedade de realização de procedimento licitatório para a escolha de permissionária para a prestação do referido serviço, será oportunamente examinada nos autos do segundo mandado de segurança, manejado exatamente com esse objetivo. 3. Mandado de segurança prejudicado.

Não há de confundir, atenta o mestre, porém, a intervenção de assistentes com a de litisconsortes, pois aqueles podem entrar no feito a qualquer tempo, porque não se aproveitam da sentença; estes, como são alcançados pelos efeitos da decisão, devem ingressar no mandado até a prestação das informações, salvo se o juiz determinar posteriormente. Daí por diante, são inalteráveis a lide e as partes. O autor reitera, ainda, que a ausência de litisconsorte necessário no processo enseja a nulidade do julgamento, que pode ser obtida mesmo em recurso extraordinário[215].

Estabelece o art. 11 da Lei nº 1.533/1951 que julgado procedente o pedido, o juiz transmitirá em ofício, o que se deverá fazer de imediato, por meio do oficial do juízo ou pelo correio, mediante registro com recibo de volta, ou por telegrama, radiograma ou telefonema, conforme o requerer o peticionário, o inteiro teor da sentença à autoridade coatora.

A execução da decisão concessiva é instantânea e é efetuada logo que seja transmitido em ofício, o seu integral teor à autoridade coatora, não cabendo, por tal, mandado de segurança para fazer cumprir sentença prolatada no juízo de primeiro grau, como insta demonstrado por meio do Mandado de Segurança nº 930, oriundo do Distrito Federal, em que figurou como relator o ministro Hélio Mosimann (STJ), conforme Ementa:

> Mandado de Segurança. Pedido objetivando o cumprimento de decisão proferida em outro mandado de segurança. Não conhecimento. Não cabe a este Superior Tribunal julgar mandado de segurança para fazer cumprir sentença prolatada no juízo de primeiro grau a execução da decisão concessiva e imediata, expressa no mandado judicial, transmitido por ofício, para que cesse a ilegalidade.

A sentença substitui a medida liminar, pois, quando aquela é prolatada, esta fica sem efeito, independentemente do teor do julgado. Se concedido o *mandamus*, a tutela judicial passa a resultar da sentença, que é de execução imediata, à vista do efeito meramente devolutivo da apelação. Se denegado, o provimento liminar não subsiste, cedendo àquele proferido à base de congnição completa.

Em casos excepcionais, demonstrou a decisão do Recurso Especial nº 85.207, oriundo do Estado de Roraima, em que figurou como relator o ministro José de Jesus Filho que em casos excepcionais é possível manter os efeitos da liminar por meio de outro mandado de segurança, que perdurará até o julgamento da apelação, como transcrito:

> Mandado de Segurança. Efeitos do recurso de sentença denegatória. Liminar. Restauração por meio de outro *mandamus*. Possibilidade. 1. *A apelação da sentença denegatória de segurança tem efeito suspensivo e devolutivo, ficando, em consequência da denegação, cassada a liminar anteriormente concedida. Contudo, e casos excepcionais, como na hipótese* sub examen, *onde não for possível a recomposição material de uma situação fática, como salientado no v. aresto hostilizado, e possível manter os efeitos da liminar por meio de outro* mandamus, *até o julgamento da apelação.* 2. Recurso Especial a que se nega provimento.

Conforme estabelecido no art. 12 da Lei nº 1.533/1951, da sentença, negando ou concedendo o mandado, cabe apelação. A sentença que conceder o mandado fica sujeita ao duplo grau de jurisdição, podendo, porém, ser executada provisoriamente.

Na hipótese de decisão monocrática que esteja na alegação de incerteza e iliquidez do direito alegado para indeferir a segurança, pode o Tribunal *ad quem*, em con-

[215] MEIRELLES, Hely Lopes, em obra anteriormente citada, p. 88.

siderando líquido e certo o direito alegado, proferir decisão de mérito, reformando a sentença para conceder o *writ*, sem quebra do duplo grau de jurisdição (REsp 33139).

A sentença do *mandamus* poderá ser:

- de carência – nas hipóteses de extinção do processo sem julgamento do mérito, previstas no art. 267, VI do Código de Processo Civil – quando não concorrer qualquer das condições da ação como a possibilidade jurídica do pedido, a legitimidade das partes e o interesse processual ou;
- de mérito – que decide sobre o direito levantado, conferindo a concessão ou a denegação da segurança.

Conforme estudado, a concessão da segurança pode ser repressiva ou preventiva[216], como explicitado no art. 1º da Lei nº 1533/1951,

> *Conceder-se-á mandado de segurança sempre que [...] ilegalmente ou com abuso de poder, alguém sofrer violação ou houver justo receio de sofrê-la por parte da autoridade [...]*

A segurança repressiva é o mais habitual, pois visa a corrigir ilegalidade já consumada, enquanto a segurança preventiva é aquela que impede a consumação de uma ameaça a direito individual. Tendo em vista que o tema já for anteriormente estudado ao longo do trabalho, não cabe, neste momento esmiuçá-lo, porém, mais por curiosidade do que por pertinência, faz-se interessante apresentar o acórdão proferido no Mandado de Segurança nº 6.971, oriundo do Distrito Federal, em que figurou como relator o ministro José Arnaldo da Fonseca:

> Mandado de segurança preventivo. Ministro de Estado do planejamento, orçamento e gestão. Portaria. Pagamentos de decisões judiciais – planos Bresser, Collor e Verão. Suspensão. Outra portaria suspendendo os efeitos. Segurança visando ato futuro. Impossibilidade. Perda do objeto. *Segurança preventiva é aquela que impede a consumação de uma ameaça a direito individual.* Estando invalidados os atos porventura já praticados em razão da portaria atacada, bem como suspensos seus efeitos, *carece de objeto a ação mandamental. Impossível concessão de segurança para casos futuros. Extinção da ação, sem julgamento de mérito.*

A índole preventiva do mandado de segurança não prescinde de atos concretos ou preparatórios da autoridade impetrada, de modo a evidenciar objetivamente o justo receio de que direito líquido e certo poderá ser lesado. A ação mandamental é descabida para a finalidade de obter-se ordem genérica *ad futurum*, fixando regra de conduta para o magistrado.

Por tal, sendo por ameaça a direito líquido e certo ("justo receio") ou o próprio direito violado, a finalidade principal do *mandamus* é a correção de ato ou omissão da autoridades, para sanar-lhes da ilegalidade ou do abuso de poder. Assim, a sentença quando visa corrigir ato é repressiva e quando se destina a impedir ilegalidade é preventiva.

Em despeito ao art. 20 do Código de Processo Civil que estabelece que "a sentença condenará o vencido a pagar ao vencedor as despesas que antecipou e os honorários advocatícios. Essa verba honorária será devida, também, nos casos em que o advogado funcionar em causa própria", no mandado de segurança não se admite condenação em honorários advocatícios.

Tal compreensão foi consolidada nas Súmulas nº 105/STJ e nº 512/STF, o que pode ser ilustrado por meio da Apelação em Mandado de Segurança nº 354/2003 que tramitou no Tribunal de Justiça do Rio de Janeiro:

> Mandado de Segurança. Impetrantes postulam direito à formalização da posse e do exercício no cargo de inspetor de polícia de sexta classe, aprovados e nomeados pela governadora antecessora da atual. Ato administrativo que viola o disposto no art. 21, parágrafo único, da Lei Complementar no 101/2000 e no art. 169, § 1º, inciso I, da Constituição Federal. Ato do chefe do Executivo estadual sem previsão orçamentária. *Improcedência do pedido e denegação da ordem, sem condenação em honorários advocatícios. Entendimento da Súmula nº 105, do Superior Tribunal de Justiça.* Revoga-se, por conseguinte, a liminar concedida.

O Direito, como ciência dotada de dinamismo, possui, por vezes, decisões antagônicas, o que se faz impor-

[216] O prof. Hely Lopes MEIRELLES atenta para a confusão entre segurança preventiva e segurança normativa. A fim de evitá-la, ensina o mestre que " segurança preventiva é a que se concede para impedir a consumação de uma ameaça a direito individual em determinado caso; segurança normativa seria a que estabelecesse regra geral de conduta para casos futuros, indeterminados. A Justiça Comum não dispõe de poder de fixar normas de conduta, nem lhe é permitido estender a casos futuros a decisão proferida no caso presente, ainda que ocorra a mesma razão de decidir em ambas as hipóteses. Embora se reitere a ilegalidade em casos idênticos, haverá sempre necessidade de uma decisão para cada caso, sem que os efeitos da sentença anterior se convertam em regra para as situações futuras. E assim é porque a sentença concessiva da segurança apenas invalida o ato impugnado, deixando intacta que a norma tida por ilegal ou inconstitucional até que outra norma de categoria igual ou superior a revogue, ou o Senado Federal suspenda sua execução em face da inconstitucionalidade declarada pelo STF"

tante para exercitar a manifestação de diferentes pontos de vista. O ministro Cesar Asfor Rocha, nos autos do Recurso Especial nº 17.124, oriundo do Rio Grande do Sul, em confronto com as Súmulas nº 512 do STF e nº 105 do STJ entendeu que como a Lei do Mandado de Segurança não contém nenhum dispositivo que restrinja a aplicação do princípio da sucumbência (art. 20. CPC), não seria justo não aplicá-la.

A decisão do ministro demonstrou-se bastante coerente e fundamentada, embora, como dito, não seja o entendimento predominante das Cortes superiores. Apesar de extensa, tal decisão merece especial atenção. Ressalta-se que o prof. Hely Lopes Meirelles também compartilha de tal compreensão, que também nos parece a mais acertada.

> Processual civil. Mandado de Segurança. Honorários advocatícios. Cabimento. Entendimento majoritário. Interpretação do Enunciado nº 512 da súmula da jurisprudência predominante no colendo Supremo Tribunal Federal. 1. Coisa essencialmente viva, o direito ultrapassa os limites interpretativos que vão se tornando tradicionais, para, atualizado o conteúdo da lei, buscar no domínio axiológico o seu sentido finalístico, por meio de encadeamentos visualizadores do que seja justa e razoável. 2. *O ato de aplicar a lei ao caso concreto não se resume à subsunção pragmática das sentenças judiciais anteriores mas que se tenha também como presentes os ensinamentos relevantes da doutrina científica do Direito, fonte subsidiária e elemento revalorizador de todos os julgados. 3. A Lei do Mandado de Segurança não contém nenhum dispositivo que restrinja, explicitamente, a aplicação do princípio da sucumbência. Não é lógico nem é justo que o impetrante vitorioso na contenda, depois de ter direito líquido e certo agredido, após passar por todos os conhecidos e naturais aborrecimentos, sempre presentes ínsitos mesmos, em todas as pelejas judiciais, ainda sofra uma diminuição patrimonial, tendo que arrostar com a remuneração do trabalho do seu patrono. 4. Condenar o vencido em todas as parcelas da sucumbência, e, sem dúvida, a solução mais conveniente, na medida em que, por um lado, refreia o uso impertinente do* mandamus *pelo particular, e, por outro lado, estimula a autoridade a decidir, em instâncias administrativas de modo mais refletido, sobre postulações eventualmente envolventes de direito líquido e certo.* 5. Recurso conhecido e improvido.

Nas hipóteses de não apreciação do mérito, a ação pode ser novamente impetrada, conforme art. 16 da Lei nº 1.533/1951 ("pedido de mandado de segurança poderá ser renovado se a decisão denegatória não lhe houver apreciado o mérito"), o que deverá dar-se antes de esgotado o prazo de 120 dias (TRF; Terceira Turma; MAS 87445/RJ). Após tal prazo, deverá o impetrante utilizar-se da via ordinária para a tutela dos direitos.

Poderá igualmente utilizar-se da via ordinária, posteriormente, o impetrante que obteve sentença denegatória de segurança se na apreciação do mérito o juízo entendeu não haver direito líquido e certo. Mas a decisão que denega segurança, aprecia o mérito do pedido e entende que ao impetrante não cabe direito algum, faz coisa julgada material, o que impede a reapreciação da controvérsia em ação ordinária.

Há grande discussão doutrinária acerca da natureza da sentença que põe termo ao mandado de segurança. Há a compreensão de que é constitutiva, pois se limita a anular o ato violador ou ameaçador do direito; outra de que é a natureza é constitutiva na hipótese de anulação do ato, porém, mandamental na hipótese de tender à prestação, visto que é impossível a execução direta contra o Estado; também há o entendimento de que somente poderá ser constitutiva ou condenatória, mas nunca declaratória. Pontes de Miranda anula a possibilidade de sentença condenatória e prefere o efeito mandamental, podendo, ainda existir os efeitos declaratórios e constitutivos.

Para definir a natureza da sentença proferida é necessário antes analisar a lide apresentada ao juízo. Se o pedido do impetrante enseja uma prestação ou abstenção, será a sentença condenatória; se o pedido for concernente à anulação de um ato viciado, será a sentença constitutiva e, ainda; se for o pedido o reconhecimento da nulidade do ato, será a sentença apenas declaratória.

Como se pode perceber, de acordo com o caso, a sentença poderá ser condenatória, constitutiva ou declaratória, porém, seu conteúdo tem força cogente somente entre as partes, pois ela não tem por escopo excluir do ordenamento jurídico normas tidas como ilegais, o que só é possível por revogação ou suspensão de execução em face da inconstitucionalidade declarada pelo Supremo Tribunal Federal.

A sentença, bem como a medida liminar, poderá ter como suspensa a sua execução, que é, via de regra, imediata, conforme reforçado pelo Recurso Especial nº 62.051, oriundo do estado da Paraíba, em que figurou como relator o ministro Milton Luiz Pereira, conforme acórdão:

> Mandado de Segurança. Liminar. Sentença concessiva execução imediata. Lei nº 8.076/1990 (art. 1º). 1. Sentença de natureza mandamental, antes de transitada em julgado, pode ser cumprida provisória e imediatamente via simples notificação por ofício. A interpretação das disposições contidas no art. 1º, Lei nº 8.076/1990, deve ser

> restrita, sem abonar, aplicação comprometedora da natureza constitucional do *mandamus*, afastando-se óbices a sua eloquente finalidade. 2. Precedentes da jurisprudencia. 3. Recurso improvido.

Como anteriormente mencionado, é possível a suspensão da medida liminar ou da sentença caso o pedido seja elaborado com prova inequívoca, muito embora alguns autores a considerem inconstitucional sob o argumento de que uma vez concedida por autoridade distinta, não obedece aos princípios do contraditório, ampla defesa, juiz natural e devido processo legal[217].

São requisitos para a suspensão[218]:

- pedido formal formulado pela pessoa jurídica de Direito Público interessada (e não pela autoridade coatora);
- pedido fundamentado em um ou mais itens (fundamentação específica e comprovada);
- pedido direcionado ao presidente do Tribunal ao qual couber o conhecimento do respectivo recurso;
- a medida liminar esteja em vigor (é prova obrigatória e fundamental o pedido de suspensão). Isto porque o ato de suspensão da liminar é acessório, e, como tal, deve ser aplicado o princípio de que o acessório acompanha o principal.

A suspensão da segurança pelo presidente do Tribunal, uma vez concedida, não perde a sua eficácia, visto que, embora executável provisoriamente, a publicação da sentença não põe termo à apreciação da matéria, visto que a lei obriga o reexame do Tribunal, independentemente de recurso voluntário. A eficácia da suspensão da liminar só de fato ocorrerá após o pronunciamento final e com o trânsito em julgado da decisão.

Assim, o presidente do Tribunal pode suspender a execução da sentença, atendido aos requisitos acima explicitados, até o seu trânsito em julgado. Só cabe a suspensão da execução de sentença, o mesmo não é cabível no que toca aos acórdãos.

Não cabe, por óbvio execução de sentença denegatória de segurança, como insta, demonstrado pelo Recurso Ordinário em Mandado de Segurança nº 9.526-DF (2004/00112357-8) oriundo do estado de São Paulo, em que figurou como relator o ministro Garcia Vieira (STJ):

> Mandado de Segurança. Sentença. Execução provisória. Efeito devolutivo. Denegatória não comporta execução. A sentença, em mandado de segurança, pode ser executada provisoriamente e o efeito do recurso dela interposto é sempre devolutivo. A sentença denegatória não comporta execução e quando cassa a liminar o faz de acordo com a Súmula nº 405 do SRF. Recurso improvido.

As decisões proferidas em mandado de segurança ficam sujeitas ao duplo grau de jurisdição obrigatório pelo órgão hierarquicamente superior ao que a proferiu, pois há envolvimento de pessoa jurídica de Direito Público, o que é declarado por meio do parágrafo único do art. 12 da Lei nº 1.533/1951:

> *Art. 12. De Sentença, negando ou concedendo o mandado, cabe apelação.*
> *Parágrafo Único. A sentença que conceder o mandado fica sujeita ao duplo grau de jurisdição, podendo, entretanto, ser executada provisoriamente.*

São, portanto, cabíveis os seguintes recursos em sede de *mandamus*[219]:

---

[217] A constitucionalidade da suspensão da segurança já foi, porém, declarada pelo Supremo, como se pode perceber através da ADIn nº 1436 – Medida Cautelar na Ação Declaratória de Inconstitucionalidade – oriunda do Espírito Santo, em que figurou como relator o ministro Sydney Sanches: Direito constitucional e processual civil. Ação direta de inconstitucionalidade de ato normativo já revogado, antes mesmo de sua propositura: falta de objeto. Controle de constitucionalidade pelos sistemas concentrado e difuso (art. 102, I, *a*, e III, *a*, *b* e *c* da Constituição Federal). 1. No controle concentrado de constitucionalidade, exercido, com exclusividade, pelo Supremo Tribunal Federal, mediante o processo e julgamento de ação direta de inconstitucionalidade de ato normativo federal ou estadual, só lhe cabe verificar e declarar se este, ainda em vigor, está, ou não, em conflito com a Constituição de 1988 (art. 102, I, *a*, da CF). 2. Se o ato normativo já se encontrava revogado, antes mesmo da propositura da A.D.I., a esta falta objeto, pois não pode impugnar o que já não existe no ordenamento jurídico. 3. É irrelevante, no processo da A.D.I. a circunstância de a norma, já revogada, estar sendo, apesar disso, *aplicada, em seus efeitos, em processo judicial de mandado de segurança, pois a decisão, que neste se profira, cautelar ou de mérito, tem eficácia apenas entre as partes que nele figuram, não, assim, erga omnes, não tendo, ademais, o condão de ressuscitar o dispositivo já sem vigência. 4. Tal decisão é impugnável, pelas vias próprias, como a da suspensão de segurança (art. 4º da Lei nº 4.348, de 26/06/1964),* ou a do recurso extraordinário para esta Corte, se, confirmada a liminar, em julgamento final de mérito, ocorrerem os respectivos pressupostos, inclusive os previstos em qualquer das alíneas *a, b,* e *c* do inciso III do mesmo art. 102 da CF. 5. A.D.I. não conhecida, por falta de objeto, no momento mesmo da propositura, prejudicado o requerimento de medida cautelar.

[218] Conforme lição da profª Daniela Ferro AFFONSO, *Do Mandado de Segurança e a Questão da Execução Provisória,* Rio de Janeiro: Lumen Iuris, p. 54

[219] Prof. Hely Lopes MEIRELLES, em obra anteriormente citada, p. 96.

- Apelação, da decisão que apreciar o mérito, decretar a carência ou indeferir a inicial – Lei nº 1.533/1951, arts. 8º e 12; CPC, art. 196).
- Recurso de ofício, da sentença que conceder a segurança – Lei nº 1.533/1951, art. 12, parágrafo único CPC, art. 475, II).
- Agravo Regimental – do despacho do presidente do Tribunal que suspender a execução da sentença ou cassar a liminar (Lei nº 1.533/1951, art. 13; Lei nº 4.348/1964, art. 4º; Regimento Interno do STF, art. 297).
- Recurso Ordinário – qualquer que seja o valor da impetração, desde que o acórdão incida nos permissivos constitucionais (Constituição Federal, art. 102, II, *a*, e 104, II, *b*) e seja denegada a segurança.

Genericamente, cabem também os demais recursos elencados no art. 496 do Código de Processo Civil, se, durante o trâmite processual, ocorrerem situações que a ele deem ensejo, a saber, conforme lição do prof. Hely Lopes Meirelles:

> Agravo de instrumento e embargos de declaração, bem como a apelação de terceiro prejudicado (CPC, art. 499) e o recurso adesivo (CPC, art. 500). Até o incidente de uniformização de jurisprudência (CPC, art. 476), como é agora denominado prolixamente o prejulgado, é admissível em mandado de segurança, perante qualquer Tribunal, como também o são, perante o STF, os embargos de divergência, quando a decisão da turma dissentir do julgamento de outra ou do Plenário (CPC, art. 546, parágrafo único; Regimento interno do STF, arts. 330 a 332). Cabe também, ao STJ, recurso especial contra decisão de única ou última instância dos TRFs ou dos Tribunais dos Estados, do Distrito Federal e Territórios quando 'contrariar tratado, lei federal, ou negar-lhes vigência; julgar válida lei ou ato de governo local contestado em face de lei federal; der lei federal interpretação diversa da que lhe haja atribuído outro tribunal (CF, art. 105, III, *a* e *c*). O recurso extraordinário, para o SF, só é admissível quando a decisão contrariar dispositivo desta Constituição; declarar a inconstitucionalidade de tratado ou lei federal; julgar válida lei ou ato de governo local contestado em face desta Constituição (CF, art. 102, III, *a* e *c*).

Indeferida liminarmente a inicial, o recurso cabível é o de apelação, conforme parágrafo único do art. 8º da Lei nº 1.533/1951 quando a decisão for proveniente de juiz singular. Se concessiva, como dito, haverá reexame necessário do Tribunal. É importante ressaltar que o duplo grau de jurisdição obrigatório só toca às decisões concessivas de segurança da competência originária dos tribunais.

A manifestação do julgador em sentido contrário à concessão impede falar-se em execução provisória, pois não há o que ser executado. Caso seja concessiva a sentença, conforme demonstrado por meio do último acórdão transcrito, a apelação será recebida apenas no efeito devolutivo, visando resguardar a possibilidade de promoção da execução provisória, que será, a seguir, estudada.

A execução provisória pode ser requerida pela própria parte ou, de ofício, pelo julgador, mas observar-se-á, em regra, o recebimento da apelação sem efeito suspensivo, dada a autoexecutoriedade de sentença concessiva de segurança, como demonstrado pelo Recurso Especial nº 490.884, oriundo do Estado do Rio de Janeiro, em que figurou como relator o ministro Felix Fischer:

> Administrativo. Processual civil. Mandado de Segurança. Recurso especial. Matéria constitucional prequestionamento. Ausência. Não conhecimento. Execução de sentença concessiva. Autoexecutoriedade. 1. O recurso especial não se presta ao exame de matéria de índole constitucional, reservada ao exame em sede de recurso extraordinário. 2. Não se conhece do recurso especial quanto às matérias que não foram apreciadas pelo e. Tribunal *a quo*. (Súmulas nº 282 e nº 356/STF). 3. *Dado o seu caráter urgente e autoexecutório, as sentenças concessivas de mandado de segurança devem ser executadas imediatamente, ressalvadas as exceções taxativamente elencadas na Lei nº 4.348/1964*. Precedentes. Recurso não conhecido.

A exceção de que trata o acórdão é a estabelecida no art. 4º da referida lei, que prevê a hipótese de suspensão, em despacho fundamentado, da execução da liminar e da sentença, de cuja decisão caberá agravo, quando a requerimento de pessoa jurídica de Direito Público interessada e para evitar grave lesão à ordem, à saúde, à segurança e à economia públicas.

Acrescenta-se que se cassada a liminar em sentença que, nesse caso, é de caráter declaratório negativo ou em apelação (e mesma natureza), há retorno ao *status quo ante*, cabendo incidência de juros de mora e correção monetária, desde a data em que a obrigação foi estabelecida (quando o teor da matéria apresentada em Juízo a comportar), conforme demonstrado por meio do REsp nº 208.803, oriundo do estado de Santa Catarina, em que figurou como relator o ministro Fransciulli Netto:

> Processo civil e tributário. Suspensão da exigibilidade do crédito tributário. Liminar cassada pela sentença denegatória da segurança. Retorno ao *status quo ante*. Incidência de juros de mora e correção monetária. Recurso especial não conhecido. A sentença que nega a segurança é de caráter declaratório negativo, cujo efeito, como é cediço,

> retroage à data da impetração. Assim "cassada a liminar ou cessada sua eficácia, voltam as coisas ao *status quo ante*. Assim sendo, o direito do Poder Público fica restabelecido *in totum* para a execução do ato e de seus consectários, desde a data da liminar" (cf. Hely Lopes Meirelles, *Mandado de Segurança, Ação Popular, Ação Civil Pública, Mandado de Injunção, "Habeas data"*, São Paulo: Malheiros Editores, p. 62). É devido, dessarte, o pagamento de juros de mora desde o vencimento da obrigação e correção monetária, mesmo que a suspensão da exigibilidade do crédito tributário tenha se dado em momento anterior ao vencimento. Recurso especial não conhecido.

Não gera, contudo, o *mandamus* efeitos patrimoniais em relação ao período anterior à data da sua impetração. Não é possível visar recebimento de parcelas anteriores ao ajuizamento da ação mandamental, como demonstrado por meio do REsp nº 4.1589, em que figurou como relator a ministra Laurita Vaz:

> Processual civil. Mandado de Segurança. Concessão. Efeitos patrimoniais. Período anterior à impetração. Impossibilidade. Súmulas nº 269 e nº 271 do STF. 1. A teor das Súmulas nº 269 e nº 271 do Supremo Tribunal Federal, *o mandado de segurança não gera efeitos patrimoniais em relação ao período anterior à data da sua impetração. Sendo assim, não é possível atribuir à sentença proferida no* writ *a função de título que lastreará futura execução visando ao recebimento das parcelas anteriores ao ajuizamento da ação mandamental,* a ser processada nos mesmos autos, com obediência das normas pertinentes à expedição dos precatórios judiciais. 2. Recurso especial conhecido e provido.

O mandado de segurança funciona, no que toca à execução, na via inversa do Código de Processo Civil, visto que neste a execução se dá após o trânsito em julgado da sentença e apenas em caráter excepcional admite-se a execução provisória, enquanto no *mandamus* a regra é a execução provisória e somente em caráter excepcional espera-se até o trânsito em julgado da sentença mandamental para efetuá-la.

O art. 5º da Lei nº 4.348/1964 comporta mais uma exceção, além da já estudada (art. 4º da mesma Lei) para a execução provisória em sede de mandado de segurança, é esta:

> *Art. 5º. Não será concedida a medida liminar de mandados de segurança impetrados visando à reclassificação ou equiparação de servidores públicos, ou à concessão de aumento ou extensão de vantagens.*
>
> *Parágrafo único. Os mandados de segurança a que se refere este artigo serão executados depois de transitada em julgado a respectiva sentença.*

O fundamento para tal é a proteção do erário público. Há quem considere tal regra inconstitucional, visto que não cabe a lei, para situações particulares alterar o sentido da garantia constitucional, afinal, o art. 4º já trata da preservação à economia pública, prevendo agravo ao Presidente do Tribunal de Justiça.

As exceções previstas na Lei nº 4.348/1964 devem ser interpretadas restritivamente. A pensão por morte não pode ser abraçada pelo art. 4 ou da referida norma, o que é explicitado por meio do acórdão proferido nos autos do Recurso Especial nº 313.773, oriundo do Estado de Alagoas, em que figurou como relator o Ministro Felix Fischer, que também afirma que as sentença concessivas de mandado de segurança, por serem tratadas por meio do art. 12 da Lei nº 1.533/1951, afasta a incidência do art. 475, II do Código de Processo Civil:

> Processual civil. Mandado de Segurança. Restabelecimento de pensão por morte. Sentença concessiva. Apelação. Efeito suspensivo. Inaplicabilidade. 1. *A existência de regra específica acerca do reexame necessário das sentenças concessivas de mandado de segurança (art. 12 da Lei nº 1.533/1951) afasta a incidência do art. 475, II, do CPC, de aplicação subsidiária.* 2. A apelação contra sentença concessiva de mandado de segurança, em que se discute o restabelecimento de pensão por morte indevidamente suspensa, deve ser recebida apenas em seu efeito devolutivo. 3. *As exceções à execução imediata das sentenças concessivas de mandado de segurança, previstas na Lei nº 4.348/1964, devem ser interpretadas restritivamente.* Precedentes. Recurso não conhecido.

Não cabe a impetração de outro mandado para combater a concessão de medida liminar, pois tal sistema daria ensejo a uma infinidade de *mandamus*. A denegação da liminar também não é procedimento sujeito a recurso, pois o legislador nada estabeleceu neste sentido.

Como medida de natureza cautelar, a concessão poderá ser obtida por meio da prestação de informações ou, ainda, em outro estágio do processo no qual perceba o magistrado estarem presentes os requisitos para a sua concessão.

Também são cabíveis embargos de declaração, conforme já mencionado nas hipóteses previstas no Código de Processo Civil (omissão, contradição ou obscuridade), mas o seu ajuizamento não obstará a execução provisória, dado o caráter urgente e auto – executório do *writ*.

A Súmula nº 597 do STF estabelece que "não cabem embargos infringentes de acórdão que, em mandado de segurança decidiu, por maioria dos votos, a apelação", também o afirmou a Súmula nº 169: "São inadmissíveis embargos infringentes no processo de mandado de segurança". O Recurso Ordinário nº 14.151, oriundo do estado de Minas Gerais, em que figurou como relator o ministro Paulo Medina (STJ) esclareceu, ainda, que a interposição de tal recurso incabível não suspende ou interrompe o prazo para interposição do recurso próprio, o que causa a intempestividade deste, conforme abaixo demonstrado por meio da Ementa:

> Mandado de Segurança. Embargos infringentes. Recurso ordinário. 1. *São incabíveis embargos infringentes contra acórdão não unânime que decide mandado de segurança de competência originária de Tribunal de Justiça de Estado.* 2. *A interposição de recurso incabível não suspende ou interrompe o prazo para interposição do recurso próprio. Intempestividade do recurso ordinário.* 3. Recurso não conhecido.

Também são cabíveis os recursos especial e extraordinário previstos no Código de Processo Civil, desde que atendidos os requisitos para a sua realização. São legitimados para tais recursos os atingidos pela decisão contrária e os interessados.

A execução é o meio sob qual o Estado, por meio de órgão jurisdicional, com base em título judicial ou extrajudicial, utilizando-se de medidas coativas, efetiva e realiza sanção buscando atingir um equilíbrio ideal entre a situação fática e norma jurídica abstrata.

Tanto a execução provisória como a definitiva, como dito, pode realizar-se de imediato, como vimos, desde que transmitido de ofício seu integral teor. Portanto, não há ação de execução. No que toca à transformação da prestação devida em indenização, tem-se esta como impossível, visto que a matéria debatida em sede de *mandamus* não comporta avaliação pecuniária.

A execução provisória deve equilibrar-se em dois sentidos, de um lado a celeridade e de outro o bom resultado do processo. Se, em razão da busca pelo bom andamento processual ocorrer alguma imperfeição na prestação jurisdicional, é necessário que o sistema possua meios para corrigir eventuais equívocos.

O Recurso Especial nº 132.616, oriundo do Rio Grande do Sul, em que figurou como relator o ministro Franciulli Netto, ilustra claramente a questão da correção de equívocos quando da execução provisória ao estabelecer a cobrança dos juros de mora do crédito cuja exigibilidade fora suspensa por meio de mandado de segurança para a fazenda pública e ao afirmar que é devida a cobrança dos juros de mora uma vez que eles remuneram o capital que, pertencendo ao fisco, estava em mãos do contribuinte.

> Processo civil e tributário. Liminar e sentença concessiva da segurança. *Apelação denegando o pedido formulado em mandado de segurança. Efeitos.* Ação ordinária interposta para afastar a incidência de juros de mora. Alegado deferimento de moratória. Recurso especial não conhecido. *É devida a cobrança dos juros de mora, uma vez que "eles remuneram o capital que, pertencendo ao fisco, estava em mãos do contribuinte. A sentença que nega a segurança é de caráter declaratório negativo, cujo efeito, como é cediço, retroage à data da impetração.* Assim, se da liminar que suspendeu a exigibilidade do crédito tributário decorreu algum efeito, com o advento da sentença denegatória não mais subsiste, isto é, *"cassada a liminar ou cessada sua eficácia, voltam as coisas ao* status quo ante. *Assim sendo, o direito do poder público fica restabelecido* in totum *para a execução do ato e de seus consectários, desde a data da liminar"* [...] não há prova nos autos da concessão de moratória. Se se admitir que a concedida para o recorrido é de caráter individual pode a administração, de ofício, revogá-la, incidindo juros de mora. Recurso especial não conhecido. Decisão unânime.

Esta execução provisória foi estendida à sentença de segurança por meio da modificação do art. 12 da Lei nº 1.533/1951 que adaptou o mandado de segurança ao Código de Processo Civil que esclareceu o modo pelo qual a sentença poderia ser executada.

Ensina a professora Daniela Ferro Affonso que

> Dizer que a sentença concessiva da ordem pode ser executada provisoriamente é o mesmo que preceituar que a sujeição obrigatória ao duplo grau de jurisdição não suspende, provisoriamente, a execução da sentença. Ocorrendo a obrigatória subida dos autos ao segundo grau por iniciativa do juiz, mantém-se a eficácia da decisão prolatada, podendo ser executada a ordem *si et inquantum* não for reformada a sentença, em grau superior.

Trata-se de execução especial, decorrente de lei, não se sujeitando às normas contidas no CPC, que determina que a execução provisória é faculdade da parte. A sentença em sede de *mandamus* é, como visto, de execução imediata, a vista do efeito meramente devolutivo da apelação[220].

---

[220] Ensina o prof. Hely Lopes MEIRELLES, em obra anteriormente citada, p. 97 que "o efeito dos recursos em mandado de segurança é somente devolutivo, porque o suspensivo seria contrário ao caráter urgente e auto-executório da decisão mandamental. A essa regra, a Lei nº 4.348/1964 abriu uma exceção, que se nos afigura inconstitucional, para os recursos contra decisões concessivas de reclassificação ou equiparação de servidores públicos, vencimentos e vantagens, casos em que se impõe o efeitos suspensivo (arts. 5º e 7º). A Lei nº 6.071 de 03/07/1974, ao ensejo de adaptar as normas do mandado de segurança ao novo Código de Processo Civil, submeteu a sentença concessiva a recurso de ofício e declarou que pode ser executada provisoriamente (art. 12, parágrafo único, da Lei nº 6.071/1974). Essa execução provisória, em mandado de segurança, difere daquela referida pelo art. 558 do Código de Processo Civil para outras sentenças.

A caução também com a finalidade de proteger o erário público não é justificável, pois, como sabido, é cabível, nos termos do art. 4º da Lei nº 4.348/1964, para evitar grave lesão à ordem, à saúde, à segurança e à economia Públicas, agravo para suspender a execução da sentença para o presidente do Tribunal.

A execução provisória do mandado de segurança difere-se da execução provisória estabelecida no art. 588 do CPC, para as outras sentenças. É inconfundível a exigência de caução para a execução de sentença que libera mercadorias procedentes do estrangeiro, pois, neste caso é expressa a lei, mas esta vedação é claramente taxativa.

Estabelece o artigo do CPC:

> *Art. 558. A execução provisória da sentença far-se-á do mesmo modo que a definitiva, observados os seguintes princípios:*
>
> *I – corre por conta e responsabilidade do credor, que prestará caução, obrigando-se a reparar os danos causados ao devedor;*
>
> *II – não abrange os atos que importem alienação do domínio, nem permite, sem caução idônea, o levantamento do depósito em dinheiro;*
>
> *III – fica sem efeito, sobrevindo sentença que modifique ou anule a que foi objeto da execução, restituindo-se as coisas no estado anterior.*
>
> *Parágrafo Único. No caso do nº III, deste artigo, se a sentença provisoriamente executada for modificada ou anulada apenas em parte, somente nessa parte ficará sem efeito a execução.*

Assim, o única semelhança entre a execução provisória em sede de mandado de segurança e a execução provisória comum, prevista no Código de Processo Civil restringe-se ao inciso III do art. 558 deste Código que determina que as coisas restituam-se ao estado anterior, *status quo ante*.

No processo especial do *mandamus* os atos que culminem em consequências similares deverão ser evitados, mas as soluções, neste sentido, em nada comprometem a razão da execução provisória em mandado de segurança.

Cabe, por ilustração, demonstrar algumas peculiaridades deste instituto, trazidas por meio da análise da jurisprudência das Cortes Superiores:

- O mandado de segurança não é sucedâneo de recurso, sendo imprópria a sua impetração contra decisão judicial passível de impugnação prevista em lei, consoante o disposto na Súmula nº 267 do STF (REsp 513298/RJ).
- Os juros legais e a correção monetária são considerados como implícitos no pedido principal, por força do disposto no art. 293 do Código de Processo Civil e na Lei nº 6.899/1981 e por tratar-se de simples atualização da moeda (REsp 401632/DF).
- Na execução contra a Fazenda Pública, ainda que em sede de mandado de segurança, deve ser obedecido o rito estabelecido pelos arts. 730 e seguintes do CPC, com a expedição de precatório para o pagamento do débito (REsp 401632/DF).
- A decisão proferida por juiz singular, que indefere pedido de expedição de ofício para cumprimento imediato e preferencial de sentença enseja agravo, impassível de ser substituído pelo mandado de segurança (REsp 513298/RJ).
- Admitido o *writ* e denegado, é lícito ao Tribunal Superior, em recurso ordinário, com ampla devolutividade, aferir a carência de ação pela impropriedade da via eleita *ab origine* (REsp 513298/RJ).
- A remessa *ex officio*, prevista no art. 475, II, do Código de Processo Civil, providência imperativa na fase de conhecimento, sem a qual não ocorre o trânsito em julgado da sentença, pe descabida em fase de execução de sentença (ROMS 11028/SP).
- É de rigor o recebimento da apelação interposta contra sentença que julgou improcedentes embargos à execução apenas em seu efeito devolutivo, *ex vi* do art. 520, V, do CPC, prosseguindo-se a execução provisória contra a Fazenda Pública, nos termos do art. 730 (ROMS 11028/SP).
- Se na conta de liquidação os juros moratórios incidiram desde a data da impetração da ação mandamental, resta sem vitalidade jurídica a alegação de que o período de cálculo teve como marco inicial a data do trânsito em julgado da sentença concessiva da ordem de segurança (REsp 230803/PE).
- Em sede de execução de sentença, a ausência da impugnação aos cálculos não implica concordância tácita com os valores apresentados e renúncia ao direito de apelar (REsp 230903/PE).

É lamentável que o legislador atual venha confundindo mandado de segurança com os procedimentos judiciais comuns, esquecido de que sua destinação constitucional é o pronto amparo dos direitos individuais ou coletivos afrontados pelo abuso de autoridade, o que exige providências urgentes e de imediata execução. Contra a suspensão dos efeitos da sentença concessiva de segurança há o agravo regimental (art. 13)".

- O mandado de segurança não se amolda como a via processual adequada na intenção de suspender a eficácia de sentença proferida em outro *mandamus*, visto que a sua executoriedade é imediata.
- A sentença em mandado de segurança pode ser executada provisoriamente e o efeito do recurso dela interposto é sempre devolutivo (REsp 166272/SP).
- É cabível o conhecimento de mandado de segurança impetrado contra despacho proferido em execução de sentença, independentemente da interposição do recurso próprio, em face de decisão manifestamente abusiva (ROMS 6818/SP).
- Inviável o bloqueio de ativos financeiros pertencentes ao INSS por gozar a autarquia das mesma prerrogativas e privilégios da Fazenda Pública, devendo a execução ser procedida, por meio de precatório (ROMS 6818/SP).
- Na vigência de sentença que reconheceu o direito da empresa não cabe atuar a Fazenda para inscrever crédito na dívida ativa (REsp 330810/RS).

Como muitas vezes salientado ao longo deste trabalho, a requerimento de pessoa jurídica de Direito Público interessada e para evitar grave lesão à ordem, à saúde e à economia Públicas, o Presidente do Tribunal ao qual couber o reconhecimento do respectivo recurso poderá suspender, em despacho fundamentado, a execução da liminar, e da sentença.

Por vezes, a compreensão da grave lesão pode parecer bastante abstrata, razão pela qual faz-se interessante demonstrar alguns casos reais a fim de tornar o estudo mais concreto:

1) O Superior Tribunal de Justiça suspendeu a execução de mandado de segurança, determinada pelo Tribunal de Justiça, que ordenou o Estado do Mato Grosso do Sul a pagar a indenização de R$ 4 milhões aos supostos proprietários de cinco terrenos. Os lotes periféricos, em que está construído o Hospital da Mulher, pertencente ao sistema público estadual de saúde, eram alvo de antiga controvérsia judicial.

O Estado, tendo pago judicialmente R$ 1 milhão pelo cinco terrenos, estava sendo compelido a pagar os R$ 4 milhões restantes. O presidente do STJ, Paulo Costa Leite, afirmou que a execução imporia ao Estado "risco de grave e irreparável lesão das finanças públicas". Para o ministro, tal decisão ainda implicaria em "desembolso imediato de vultuosa importância" para pagamento de uma ação em torno da qual não houve sentença definitiva da Justiça.

Desta maneira, o ministro Costa Leite determinou o prosseguimento do exame de uma ação rescisória que havia sido julgada improcedente em 1988, proposta por supostos proprietários que reivindicam lotes. O Tribunal de Justiça julgou improcedente a ação rescisória e o pedido de indenização, por tal, segundo decisão da Corte, havia ocorrido prescrição do direito à propriedade reclamada. Dessa maneira, os supostos proprietários recorreram a Corte Superior de justiça em 1990.

Assim, a Primeira Turma, por unanimidade, acompanhando o ministro relator Geraldo Sobral, conheceu do Recurso Especial para afastar a prescrição aquisitiva (direito à propriedade), resultado que implica na retomada do exame da ação rescisória pelos atos Corte, ficando suspensa a execução do *mandamus* até a conclusão sobre a procedência do pedido de indenização aos proprietários.

2) O Supremo Tribunal Federal, por maioria, confirmou a decisão do ministro Carlos Velloso que, no exercício da Presidência (RISTF, art. 37, I), deferira pedido de suspensão de segurança para sustar, até o julgamento do recurso extraordinário interposto, a execução de mandado de segurança concedido pelo Tribunal de Justiça do Estado do Rio de Janeiro.

Em juízo de deliberação, o Tribunal considerou que implicaria grave lesão à economia pública, nos termos da Lei nº 4.348/1964, art. 4º, a execução provisória de acórdão impugnado – que determinara o pagamento de importâncias que ultrapassam o teto remuneratório constitucional a 308 servidores do Poder Legislativo do Estado do Rio de Janeiro, inclusive valores atrasados.

Vencidos os ministros Marco Aurélio e Sepúlveda Pertence, que indeferiam o pedido de suspensão por entenderem ausente a plausibilidade da tese de mérito defendida pelo Estado do Rio de Janeiro, requerente, uma vez que as parcelas remuneratórias em questão – adicionais por tempo de serviço e gratificações incorporadas pelo exercício de cargo em comissão – são vantagens de caráter pessoal, as quais, de acordo com a jurisprudência firmada pelo STF, não se incluem no cálculo do teto de remuneração. (SS 1.272-RJ (AgRg); Rel. Min. Carlos Velloso Fonte: *Informativo* nº 138, STF).

Por fim, pouco antes da conclusão do livro, foram editadas novas súmulas do STF que abordam o tema Mandado de Segurança:

- Súmula nº 622 – Não cabe Agravo Regimental contra decisão do relator que concede ou indefere liminar em mandado de segurança.

- Súmula nº 623 – Não gera por si só a competência originária do Supremo Tribunal Federal para conhecer de mandado de segurança com base no art. 102, I, *n*, da Constituição, dirigir-se o pedido contra a deliberação administrativa do Tribunal de origem, da qual haja participado a maioria ou a totalidade de seus membros.
- Súmula nº 624 – Não compete ao Supremo Tribunal Federal conhecer originariamente de mandado de segurança contra atos de outros tribunais.
- Súmula nº 625 – Controvérsia sobre matéria de direito não impede concessão de mandado de segurança.
- Súmula nº 626 – A suspensão da liminar em mandado de segurança, salvo determinação em contrário da decisão que a deferir, vigorará até o trânsito em julgado da decisão definitiva de concessão da segurança ou, havendo recurso, até a sua manutenção pelo Supremo Tribunal Federal, desde que o objeto da liminar deferida coincida, total ou parcialmente, com o da impetração.
- Súmula nº 627 – No mandado de segurança contra a nomeação de magistrado da competência do presidente da República, este é considerado autoridade coatora, ainda que o fundamento da impetração seja nulidade ocorrida em fase anterior do procedimento.
- Súmula nº 628 – Integrante de lista de candidatos a determinada vaga da composição de tribunal é parte legítima para impugnar a validade da nomeação de concorrente.
- Súmula nº 629 – A impetração de mandado de segurança coletivo por entidade de classe em favor dos associados independe da autorização destes.
- Súmula nº 630 – A entidade de classe tem legitimação para o mandado de segurança ainda quando a pretensão veiculada interesse apenas a uma parte da respectiva categoria.
- Súmula nº 31 – Extingue-se o processo de mandado de segurança se o impetrante não promove, no prazo assinado, a citação do litisconsorte passivo necessário.
- Súmula nº 632 – É constitucional lei que fixa prazo de decadência para a impetração de mandado de segurança.

QUADRO COMPARATIVO
MANDADO DE SEGURANÇA

Lei nº 12.016/2009	Leis nºs 1.533/1951 e 4.348/1964
Disciplina o mandado de segurança individual e coletivo e dá outras providências.	**Altera disposições do Código do Processo Civil, relativas ao mandado de segurança.** **Estabelece normas processuais relativas ao mandado de segurança.**
O PRESIDENTE DA REPÚBLICA Faço saber que o Congresso Nacional decreta e eu sanciono a seguinte Lei: Art. 1º Conceder-se-á mandado de segurança para proteger direito líquido e certo, não amparado por habeas corpus **ou habeas data**, sempre que, ilegalmente ou com abuso de poder, **qualquer pessoa física ou jurídica** sofrer violação ou houver justo receio de sofrê-la por parte de autoridade, seja de que categoria for e sejam quais forem as funções que exerça.	O PRESIDENTE DA REPÚBLICA: Faço saber que o Congresso Nacional decreta e eu sanciono a seguinte lei: Art. 1º conceder-se-á mandado de segurança para proteger direito líquido e certo, não amparado por habeas-corpus, sempre que, ilegalmente ou com abuso do poder, **alguém** sofrer violação ou houver justo receio de sofrê-la por parte de autoridade, seja de que categoria for e sejam quais forem as funções que exerça.
§ 1º Equiparam-se às autoridades, para os efeitos desta Lei, **os representantes ou órgãos de partidos políticos** e os administradores de entidades autárquicas, bem como os dirigentes de pessoas jurídicas ou as pessoas naturais no exercício de atribuições do poder público, somente no que disser respeito a essas atribuições.	§ 1º – Consideram-se autoridades, para os efeitos desta lei, os representantes ou administradores das entidades autárquicas e das pessoas naturais ou jurídicas com funções delegadas do Poder Público, somente no que entender com essas funções.

Lei nº 12.016/2009	Leis nºs 1.533/1951 e 4.348/1964
§ 2º Não cabe mandado de segurança contra os *atos de gestão comercial* praticados pelos administradores de empresas públicas, de sociedade de economia mista e de concessionárias de serviço público.	
§ 3º Quando o direito ameaçado ou violado couber a várias pessoas, qualquer delas poderá requerer o mandado de segurança.	§ 2º – Quando o direito ameaçado ou violado couber a varias pessoas, qualquer delas poderá requerer o mandado de segurança.
Art. 2º Considerar-se-á federal a autoridade coatora se as consequências de ordem patrimonial do ato contra o qual se requer o mandado houverem de ser suportadas pela União ou entidade por ela controlada.	Art. 2º – Considerar-se-á federal a autoridade coatora se as consequências de ordem patrimonial do ato contra o qual se requer o mandado houverem de ser suportadas pela união federal ou pelas entidades autárquicas federais.
Art. 3º O titular de direito líquido e certo decorrente de direito, em condições idênticas, de terceiro poderá impetrar mandado de segurança a favor do direito originário, se o seu titular não o fizer, **no prazo de 30 (trinta) dias**, quando notificado judicialmente.	Art. 3º – O titular de direito líquido e certo decorrente de direito, em condições idênticas, de terceiro, poderá impetrar mandado de segurança a favor do direito originário, se o seu titular não o fizer, **em prazo razoável**, apesar de para isso notificado judicialmente.
Parágrafo único. O exercício do direito previsto no *caput* deste artigo submete-se ao prazo fixado no art. 23 desta Lei, contado da notificação.	
Art. 4º Em caso de urgência, é permitido, observados os requisitos legais, impetrar mandado de segurança por telegrama, radiograma, fax ou outro meio eletrônico de autenticidade comprovada.	Art. 4º – Em caso de urgência, é permitido, observados os requisitos desta lei, impetrar o mandado de segurança por telegrama ou radiograma ao juiz competente, que poderá determinar seja feita pela mesma forma a notificação a autoridade coatora.
§ 1º Poderá o juiz, em caso de urgência, notificar a autoridade por telegrama, radiograma ou outro meio que assegure a autenticidade do documento e a imediata ciência pela autoridade.	
§ 2º O texto original da petição deverá ser apresentado nos 5 (cinco) dias úteis seguintes.	
§ 3º Para os fins deste artigo, em se tratando de documento eletrônico, serão observadas as regras da Infra-Estrutura de Chaves Públicas Brasileira – ICP-Brasil.	
Art. 5º Não se concederá mandado de segurança quando se tratar:	Art. 5º – Não se dará mandado de segurança quando se tratar:
I – de ato do qual caiba recurso administrativo com efeito suspensivo, independentemente de caução;	I – de ato de que caiba recurso administrativo com efeito suspensivo, independentemente de caução.
II – de decisão judicial da qual caiba recurso com efeito suspensivo;	**II – de despacho ou decisão judicial, quando haja recurso previsto nas leis processuais ou possa ser modificado por via de correção.**
III – de decisão judicial transitada em julgado.	**III – de ato disciplinar, salvo quando praticado por autoridade incompetente ou com inobservância de formalidade essencial.**

Lei nº 12.016/2009	Leis nºs 1.533/1951 e 4.348/1964
Art. 6º A petição inicial, que deverá preencher os requisitos **estabelecidos pela lei processual**, será apresentada em 2 (duas) vias com os documentos que instruírem a primeira reproduzidos na segunda e **indicará, além da autoridade coatora, a pessoa jurídica que esta integra, à qual se acha vinculada ou da qual exerce atribuições**.	Art. 6º – A petição inicial, que deverá preencher os requisitos **dos arts. 158 e 159 do Código do Processo Civil**, será apresentada em duas vias **e** os documentos, que instruírem a primeira, deverão ser reproduzidos, por cópia, na segunda.
§ 1º No caso em que o documento necessário à prova do alegado se ache em repartição ou estabelecimento público ou em poder de autoridade que se recuse a fornecê-lo por certidão **ou de terceiro**, o juiz ordenará, preliminarmente, por ofício, a exibição desse documento em original ou em cópia autêntica e marcará, para o cumprimento da ordem, o prazo de **10 (dez)** dias. O escrivão extrairá cópias do documento para juntá-las à segunda via da petição. § 2º Se a autoridade que tiver procedido dessa maneira for a própria coatora, a ordem far-se-á no próprio instrumento da notificação.	Parágrafo único. No caso em que o documento necessário a prova do alegado se acha em repartição ou estabelecimento público, ou em poder de autoridade que recuse fornecê-lo por certidão, o juiz ordenará, preliminarmente, por ofício, a exibição desse documento em original ou em cópia autêntica e marcará para cumprimento da ordem o prazo de dez dias. Se a autoridade que tiver procedido dessa maneira for a própria coatora, a ordem far-se-á no próprio instrumento da notificação. O escrivão extrairá cópias do documento para juntá-las à segunda via da petição.
§ 3º Considera-se autoridade coatora aquela que tenha praticado o ato impugnado ou da qual emane a ordem para a sua prática.	**Art. 3º Os representantes judiciais da União, dos Estados, do Distrito Federal, dos Municípios ou de suas respectivas autarquias e fundações serão intimados pessoalmente pelo juiz, no prazo de 48 (quarenta e oito) horas, das decisões judiciais em que suas autoridades administrativas figurem como coatoras, com a entrega de cópias dos documentos nelas mencionados, para eventual suspensão da decisão e defesa do ato apontado como ilegal ou abusivo de poder.** ***(Redação dada pela Lei nº 10.910, de 2004)***
§ 4º (VETADO)	
§ 5º Denega-se o mandado de segurança nos casos previstos pelo *art. 267 da Lei nº 5.869, de 11 de janeiro de 1973 – Código de Processo Civil*.	
§ 6º O pedido de mandado de segurança poderá ser renovado dentro do prazo decadencial, se a decisão denegatória não lhe houver apreciado o mérito.	
Art. 7º Ao despachar a inicial, o juiz ordenará: I – que se notifique o coator do conteúdo da petição inicial, enviando-lhe a segunda via apresentada com as cópias dos documentos, a fim de que, no prazo de **10 (dez)** dias, preste as informações;	Art. 7º – Ao despachar a inicial, o juiz ordenará: I – que se notifique o coator do conteúdo da petição entregando-lhe a segunda via apresentada pelo requerente com as cópias dos documentos a fim de que no prazo de **quinze** dias preste as informações que achar necessárias.
II – que se dê ciência do feito ao órgão de representação judicial da pessoa jurídica interessada, enviando-lhe cópia da inicial sem documentos, para que, querendo, ingresse no feito;	

Lei nº 12.016/2009	Leis nºs 1.533/1951 e 4.348/1964
III – que se suspenda o ato que deu motivo ao pedido, quando houver fundamento relevante e do ato impugnado puder resultar a ineficácia da medida, caso seja finalmente deferida, **sendo facultado exigir do impetrante caução, fiança ou depósito, com o objetivo de assegurar o ressarcimento à pessoa jurídica.**	II – que se suspenda o ato que deu motivo ao pedido quando for relevante o fundamento e do ato impugnado puder resultar a ineficácia da medida, caso seja deferida.
§ 1º Da decisão do juiz de primeiro grau que conceder ou denegar a liminar caberá agravo de instrumento, observado o disposto na *Lei nº 5.869, de 11 de janeiro de 1973 – Código de Processo Civil.*	
§ 2º Não será concedida medida liminar **que tenha por objeto a compensação de créditos tributários, a entrega de mercadorias e bens provenientes do exterior, a** reclassificação ou equiparação de servidores públicos **e** a concessão de aumento ou a extensão de vantagens **ou pagamento de qualquer natureza.**	(Lei nº 4.348/1964) Art. 5º Não será concedida a medida liminar **de mandados de segurança impetrados visando** à reclassificação ou equiparação de servidores públicos, ou à concessão de aumento ou extensão de vantagens.
§ 3º Os efeitos da medida liminar, salvo se revogada ou cassada, persistirão até a prolação da sentença.	
§ 4º Deferida a medida liminar, o processo terá prioridade para julgamento.	
§ 5º As vedações relacionadas com a concessão de liminares previstas neste artigo se estendem à tutela antecipada a que se referem os *arts. 273 e 461 da Lei nº 5.869, de 11 janeiro de 1973 – Código de Processo Civil.*	
	Parágrafo único. Os mandados de segurança a que se refere este artigo serão executados depois de transitada em julgado a respectiva sentença. Art. 1º **b) a medida liminar somente terá eficácia pelo prazo de (90) noventa dias a contar da data da respectiva concessão, prorrogável por (30) trinta dias quando provadamente o acúmulo de processos pendentes de julgamento justificar a prorrogação.**
Art. 8º Será decretada a perempção ou caducidade da medida liminar *ex officio* ou a requerimento do Ministério Público quando, concedida a medida, o impetrante criar obstáculo ao normal andamento do processo ou deixar de promover, por mais de 3 (três) dias úteis, os atos e as diligências que lhe cumprirem.	**(Lei nº 4.348/1964)** Art. 2º Será decretada a perempção ou a caducidade da medida liminar "*ex officio*" ou a requerimento do Ministério Público, quando, concedida a medida, o impetrante criar obstáculo ao normal andamento do processo, deixar de promover, por mais de (3) três dias, os atos e diligências que lhe cumprirem, **ou abandonar a causa por mais de (20) vinte dias.**

Lei nº 12.016/2009	Leis nºs 1.533/1951 e 4.348/1964
Art. 9º As autoridades administrativas, no prazo de 48 (quarenta e oito) horas da notificação da medida liminar, remeterão ao Ministério ou órgão a que se acham subordinadas e ao **Advogado-Geral da União** ou a quem tiver a representação judicial da União, do Estado, do Município ou da entidade apontada como coatora cópia autenticada do mandado notificatório, assim como indicações e elementos outros necessários às providências a serem tomadas para a eventual suspensão da medida e defesa do ato apontado como ilegal ou abusivo de poder.	**(Lei nº 4.348/1964)** Art. 3º As autoridades administrativas, no prazo de (48) quarenta e oito horas da notificação da medida liminar, remeterão ao Ministério ou ao órgão a que se acham subordinadas e ao **Procurador-Geral da República** ou a quem tiver a representação judicial da União, do Estado, do Município ou entidade apontada como coatora, cópia autenticada do mandado notificatório, assim como indicações e elementos outros assim como indicações e elementos outros necessários às providências a serem tomadas para a eventual suspensão da medida e defesa do ato apontado como ilegal ou abusivo de poder.
Art. 10. A inicial será desde logo indeferida, **por decisão motivada**, quando não for o caso de mandado de segurança ou lhe faltar algum dos requisitos legais **ou quando decorrido o prazo legal para a impetração**.	Art. 8º – A inicial será desde logo indeferida quando não for caso de mandado de segurança ou lhe faltar algum dos requisitos desta lei.
§ 1º **Do** indeferimento **da inicial pelo juiz de primeiro grau** caberá **apelação e, quando a competência para o julgamento do mandado de segurança couber originariamente a um dos tribunais, do ato do relator caberá agravo para o órgão competente do tribunal que integre**.	Parágrafo único. **De despacho de** indeferimento caberá **o recurso previsto no art. 12**.
§ 2º O ingresso de litisconsorte ativo não será admitido após o despacho da petição inicial.	
Art. 11. Feitas as notificações, o serventuário em cujo cartório corra o feito juntará aos autos cópia autêntica dos ofícios endereçados ao coator **e ao órgão de representação judicial da pessoa jurídica interessada**, bem como a prova da entrega a estes ou da sua recusa em aceitá-los ou dar recibo e, no caso do art. 4º desta Lei, a comprovação da remessa.	Art. 9º – Feita a notificação, o serventuário em cujo cartório corra o feito juntará aos autos cópia autêntica do ofício endereçado ao coator, bem como a prova da entrega a este ou da sua recusa em aceitá-lo ou dar recibo.
Art. 12. Findo o prazo a que se refere o inciso I do *caput* do art. 7º desta Lei, o juiz ouvirá o representante do Ministério Público, que opinará, dentro do **prazo improrrogável de 10 (dez) dias**.	Art. 10 – Findo o prazo a que se refere o item I do art. 7º e ouvido o representante do Ministério Público dentro em **cinco** dias, os autos serão conclusos ao juiz, independentemente de solicitação da parte, para a decisão, a qual deverá ser proferida em **cinco dias, tenham sido ou não prestadas as informações pela autoridade coatora**.
Parágrafo único. Com ou sem o parecer do Ministério Público, os autos serão conclusos ao juiz, para a decisão, a qual deverá ser necessariamente proferida em 30 (trinta) dias.	
Art. 13. Concedido o mandado, o juiz transmitirá em ofício, por intermédio do oficial do juízo, ou pelo correio, mediante correspondência com aviso de recebimento, o inteiro teor da sentença à autoridade coatora e **à pessoa jurídica interessada**.	Art. 11 – Julgado procedente o pedido, o juiz transmitirá em ofício, por mão do oficial do juízo ou pelo correio, mediante registro com recibo de volta, ou por telegrama, radiograma ou telefonema, conforme o requerer o peticionário, o inteiro teor da sentença a autoridade coatora.
Parágrafo único. **Em caso de urgência, poderá o juiz observar o disposto no art. 4º desta Lei**.	Parágrafo único. **Os originais, no caso de transmissão telegráfica, radiofônica ou telefônica, deverão ser apresentados a agência expedidora com a firma do juiz devidamente reconhecida**.

Lei nº 12.016/2009	Leis nºs 1.533/1951 e 4.348/1964
Art. 14. Da sentença, denegando ou concedendo o mandado, cabe apelação.	Art. 12 – Da sentença, negando ou concedendo o mandado cabe apelação.
§ 1º Concedida a segurança, a sentença estará sujeita obrigatoriamente ao duplo grau de jurisdição.	Parágrafo único. A sentença, que conceder o mandato, fica sujeita ao duplo grau de jurisdição, podendo, entretanto, ser executada provisoriamente.
§ 2º Estende-se à autoridade coatora o direito de recorrer.	
§ 3º A sentença que conceder o mandado de segurança pode ser executada provisoriamente, salvo nos casos em que for vedada a concessão da medida liminar.	(Lei nº 4.348/1964) Art. 7º **O recurso voluntário ou "*ex officio*", interposto de decisão concessiva de mandado de segurança que importe outorga ou adição de vencimento ou ainda reclassificação funcional, terá efeito suspensivo.**
§ 4º O pagamento de vencimentos e vantagens pecuniárias assegurados em sentença concessiva de mandado de segurança a servidor público da administração direta ou autárquica federal, estadual e municipal somente será efetuado relativamente às prestações que se vencerem a contar da data do ajuizamento da inicial.	
Art. 15. Quando, a requerimento de pessoa jurídica de direito público interessada **ou do Ministério Público** e para evitar grave lesão à ordem, à saúde, à segurança e à economia públicas, o presidente do tribunal ao qual couber o conhecimento do respectivo recurso suspender, em decisão fundamentada, a execução da liminar e da sentença, dessa decisão caberá agravo, sem efeito suspensivo, no prazo de **5 (cinco)** dias, que será levado a julgamento na sessão seguinte à sua interposição.	(Lei nº 4.348/1964) Art 4º Quando, a requerimento de pessoa jurídica de direito público interessada e para evitar grave lesão à ordem, à saúde, à segurança e à economia públicas, o Presidente do Tribunal, ao qual couber o conhecimento do respectivo recurso suspender, em despacho fundamentado, a execução da liminar, e da sentença, dessa decisão caberá agravo, sem efeito suspensivo no prazo de **(10) dez** dias, contados da publicação do ato.
§ 1º Indeferido o pedido de suspensão ou provido o agravo a que se refere o *caput* deste artigo, caberá novo pedido de suspensão ao presidente do tribunal competente para conhecer de eventual recurso especial ou extraordinário.	§ 1º Indeferido o pedido de suspensão ou provido o agravo a que se refere o *caput*, caberá novo pedido de suspensão ao Presidente do Tribunal competente para conhecer de eventual recurso especial ou extraordinário.
§ 2º É cabível também o pedido de suspensão a que se refere o § 1º deste artigo, quando negado provimento a agravo de instrumento interposto contra a liminar a que se refere este artigo.	**§ 2º Aplicam-se à suspensão de segurança de que trata esta Lei, as disposições dos §§ 5º a 8º do art. 4º da Lei nº 8.437, de 30 de junho de 1992.**
§ 3º A interposição de agravo de instrumento contra liminar concedida nas ações movidas contra o poder público e seus agentes não prejudica nem condiciona o julgamento do pedido de suspensão a que se refere este artigo.	
§ 4º O presidente do tribunal poderá conferir ao pedido efeito suspensivo liminar se constatar, em juízo prévio, a plausibilidade do direito invocado e a urgência na concessão da medida.	
§ 5º As liminares cujo objeto seja idêntico poderão ser suspensas em uma única decisão, podendo o presidente do tribunal estender os efeitos da suspensão a liminares supervenientes, mediante simples aditamento do pedido original.	

Lei nº 12.016/2009	Leis nºs 1.533/1951 e 4.348/1964
	Art. 13 – Quando o mandado for concedido e o Presidente do Tribunal, ao qual competir o conhecimento do recurso, ordenar ao juiz a suspensão da execução da sentença, desse seu ato caberá agravo para o Tribunal a que presida.
Art. 16. Nos casos de competência **originária** dos tribunais, caberá ao relator a instrução do processo, **sendo assegurada a defesa oral na sessão do julgamento**.	Art. 14 – Nos casos de competência do **Supremo Tribunal Federal e dos demais** tribunais caberá ao relator a instrução do processo.
Parágrafo único. **Da decisão do relator que conceder ou denegar a medida liminar caberá agravo ao órgão competente do tribunal que integre**.	
Art. 17. **Nas decisões proferidas em mandado de segurança e nos respectivos recursos, quando não publicado, no prazo de 30 (trinta) dias, contado da data do julgamento, o acórdão será substituído pelas respectivas notas taquigráficas, independentemente de revisão**.	
Art. 18. **Das decisões em mandado de segurança proferidas em única instância pelos tribunais cabe recurso especial e extraordinário, nos casos legalmente previstos, e recurso ordinário, quando a ordem for denegada**.	
Art. 19. **A sentença ou o acórdão que denegar mandado de segurança, sem decidir o mérito**, não impedirá que o requerente, por ação própria, pleiteie os seus direitos e os respectivos efeitos patrimoniais.	Art. 15 – **A decisão do mandado de segurança não** impedirá que o requerente, por ação própria, pleiteie os seus direitos e os respectivos efeitos patrimoniais.
	Art. 16 – **O pedido de mandado de segurança poderá ser renovado se a decisão denegatória não lhe houver apreciado o mérito**.
Art. 20. Os processos de mandado de segurança **e os respectivos recursos** terão prioridade sobre todos os atos judiciais, salvo *habeas corpus*.	Art. 17 – Os processos de mandado de segurança terão prioridade sobre todos os atos judiciais, salvo *habeas corpus*.
§ 1º Na instância superior, deverão ser levados a julgamento na primeira sessão que se seguir à data em que forem conclusos ao relator.	Na instância superior deverão ser levados a julgamento na primeira sessão que se seguir a data em que, **feita a distribuição**, forem conclusos ao relator.
§ 2º O prazo para a conclusão dos autos não poderá exceder de **5 (cinco) dias**.	Parágrafo único. O prazo para conclusão não poderá exceder **de vinte e quatro horas, a contar da distribuição**.
Art. 21. O mandado de segurança coletivo pode ser impetrado por partido político com representação no Congresso Nacional, na defesa de seus interesses legítimos relativos a seus integrantes ou à finalidade partidária, ou por organização sindical, entidade de classe ou associação legalmente constituída e em funcionamento há, pelo menos, 1 (um) ano, em defesa de direitos líquidos e certos da totalidade, ou de parte, dos seus membros ou associados, na forma dos seus estatutos e desde que pertinentes às suas finalidades, dispensada, para tanto, autorização especial.	

Lei nº 12.016/2009	Leis nºs 1.533/1951 e 4.348/1964
Parágrafo único. Os direitos protegidos pelo mandado de segurança coletivo podem ser: **I – coletivos, assim entendidos, para efeito desta Lei, os transindividuais, de natureza indivisível, de que seja titular grupo ou categoria de pessoas ligadas entre si ou com a parte contrária por uma relação jurídica básica;** **II – individuais homogêneos, assim entendidos, para efeito desta Lei, os decorrentes de origem comum e da atividade ou situação específica da totalidade ou de parte dos associados ou membros do impetrante.** **Art. 22. No mandado de segurança coletivo, a sentença fará coisa julgada limitadamente aos membros do grupo ou categoria substituídos pelo impetrante.** **§ 1º O mandado de segurança coletivo não induz litispendência para as ações individuais, mas os efeitos da coisa julgada não beneficiarão o impetrante a título individual se não requerer a desistência de seu mandado de segurança no prazo de 30 (trinta) dias a contar da ciência comprovada da impetração da segurança coletiva.** **§ 2º No mandado de segurança coletivo, a liminar só poderá ser concedida após a audiência do representante judicial da pessoa jurídica de direito público, que deverá se pronunciar no prazo de 72 (setenta e duas) horas.**	
Art. 23. O direito de requerer mandado de segurança extinguir-se-á decorridos 120 (cento e vinte) dias, contados da ciência, pelo interessado, do ato impugnado.	Art. 18 – O direito de requerer mandado de segurança extinguir-se-á decorridos cento e vinte dias contados da ciência, pela interessado, do ato impugnado. Art. 19. – Aplicam-se ao processo do mandado de segurança os arts. 88 a 94 do Código do Processo Civil.
Art. 24. Aplicam-se ao mandado de segurança os *arts. 46 a 49 da Lei nº 5.869, de 11 de janeiro de 1973 – Código de Processo Civil.*	Art. 19 – Aplicam-se ao processo do mandado de segurança os artigos do Código de Processo Civil que regulam o litisconsórcio. (*Redação dada pela Lei nº 6.071, de 1974*)
Art. 25. Não cabem, no processo de mandado de segurança, a interposição de embargos infringentes e a condenação ao pagamento dos honorários advocatícios, sem prejuízo da aplicação de sanções no caso de litigância de má-fé.	
Art. 26. Constitui crime de desobediência, nos termos do *art. 330 do Decreto-Lei nº 2.848, de 7 de dezembro de 1940*, o não cumprimento das decisões proferidas em mandado de segurança, sem prejuízo das sanções administrativas e da aplicação da *Lei nº 1.079, de 10 de abril de 1950*, quando cabíveis.	**(Lei nº 4.348/1964)** **Art. 8º Aos magistrados, funcionários da administração pública e aos serventuários da Justiça que descumprirem os prazos mencionados nesta lei, aplicam-se as sanções do Código de Processo Civil e do Estatuto dos Funcionários Públicos Civis da União (*Lei nº 1.711, de 28 de outubro de 1952*).**

Lei nº 12.016/2009	Leis nºs 1.533/1951 e 4.348/1964
Art. 27. Os regimentos dos tribunais e, no que couber, as leis de organização judiciária deverão ser adaptados às disposições desta Lei no prazo de 180 (cento e oitenta) dias, contado da sua publicação.	
Art. 28. Esta Lei entra em vigor na data de sua publicação.	Art. 21 – Esta lei entrará em vigor na data da sua publicação.
Art. 29. Revogam-se as *Leis nºs 1.533, de 31 de dezembro de 1951, 4.166, de 4 de dezembro de 1962, 4.348, de 26 de junho de 1964, 5.021, de 9 de junho de 1966;* o *art. 3º da Lei nº 6.014, de 27 de dezembro de 1973,* o *art. 1º da Lei nº 6.071, de 3 de julho de 1974,* o *art. 12 da Lei nº 6.978, de 19 de janeiro de 1982,* e o *art. 2º da Lei nº 9.259, de 9 de janeiro de 1996.*	**Art. 20 – Revogam-se os dispositivos do Código do Processo Civil sobre o assunto e mais disposições em contrário.**
Brasília, 7 de agosto de 2009; 188º da Independência e 121º da República. LUIZ INÁCIO LULA DA SILVA *Tarso Genro* *José Antonio Dias Toffoli* **Este texto não substitui o publicado no DOU de 10/8/2009**	**Rio de Janeiro, 31 de dezembro de 1951; 130º da Independência e 63º da República.** GETÚLIO VARGAS *Francisco Negrão de Lima* **Este texto não substitui o publicado no DOU de 31/12/1951**

Ação Civil Pública:

A Ação Civil Pública é o instrumento processual para a defesa dos interesses metaindividuais relativos ao meio ambiente, bens e direitos de valor histórico, turístico, artístico, estético, paisagístico, e, como vem sendo compreendido, dos interesses de investidores do mercado de capitais, dos interesses de portadores de necessidades físicas especiais, direitos fundamentais das crianças e dos adolescentes etc.

Como se sabe, a ação representa o direito de exigência, em relação ao Estado, da prestação jurisdicional. A ação coletiva é utilizada na defesa de uma pluralidade de indivíduos, titulares dos interesses ou direitos em litígio, substituídas por uma "parte ideológica", porém, é controvertida a questão de que se essa substituição provém de uma legitimação ordinária ou extraordinária, como veremos a seguir"[221].

Em razão de dispositivos legais, tais como os arts. 3º e 267, VI, do Código de Processo Civil e pelo entendimento doutrinário majoritário que afirma que a legitimidade ou qualidade para agir é uma "pretensão subjetivamente razoável", pois, somente podem demandar em juízo aqueles que sejam titulares da relação de direito material deduzida em juízo (como dizem os processualistas), por analogia, só podem ser demandados aqueles que estejam no polo passivo desta mesma relação jurídico-material.

Na hipótese de haver identificação entre a titularidade do direito material em juízo pleiteado e o direito de ação, tem-se a Legitimação ordinária. Porém, calcando-

---

[221] O prof. Aluísio Gonçalves de Castro MENDES, na obra (*Ações Coletivas no Direito Comparado e Nacional*, Coleção Temas Atuais de Direito Processual Civil, v. 4, São Paulo: Revista dos Tribunais, p. 29) menciona que "Na verdade, a necessidade de processos supra – individuais não é nova, pois há muito tempo ocorrem lesões a direitos, que atingem coletividades, grupos, ou certa quantidade de indivíduos, que poderiam fazer valer os seus direitos de modo coletivo. A diferença é que, na atualidade, tanto na esfera da vida pública como na privada, as relações de massa expandem-se continuamente, bem como o alcance dos problemas correlatos, fruto do crescimento da produção, dos meios de comunicação e do consumo, bem como do número de funcionários públicos e trabalhadores, de aposentados e pensionistas, da abertura do capital das pessoas jurídicas e consequente aumento do número de acionistas e dos danos ambientais causados. Multiplicam-se, portanto, as lesões sofridas pelas pessoas, seja na qualidade de consumidores, contribuintes, aposentados, servidores públicos, trabalhadores, moradores etc. decorrentes de circunstâncias de fato ou relações jurídicas comuns."

se no art. 6º do Código de Processo Civil, há a possibilidade de se pleitear, em nome próprio, direito alheio, onde se tem a legitimação extraordinária.

No caso específico da ação civil pública, a questão da legitimidade não se confunde com a estabelecida no art. 6º do Código de Processo Civil, pois estas não possuem natureza jurídica equivalente, pois a legitimidade para buscar em juízo a tutela dos interesses coletivos é estabelecida por lei.

Dessa forma, há quem defenda que não são operados os conceitos de legitimidade extraordinária, vez que as pessoas jurídicas ou instituições são legitimadas por disposição legal, o que torna tal legitimação ordinária. Qualquer pessoa que não esteja por força de lei legitimada não poderá exercer o direito de figurar no polo ativo da ação civil pública, visto que em hipótese alguma haverá a substituição processual ou legitimação extraordinária.

Porém, a doutrina apresenta divergências sobre a legitimação do Ministério Público na Ação Civil Pública. Para por fim a tal discussão, é válido utilizarmos dos ensinamentos do Dr. Sávio Renato Bittencourt Silva que, ao participar da Quarta Reunião do Fórum Permanente de Debate sobre o Direito do Consumidor e do Ambiente falou a respeito da "Atribuição do Ministério Público na esfera do novo Direito do consumidor"[222].

O mestre explicou que a legitimidade do promotor de Justiça e o que o Ministério Público representa na esfera do consumidor, com a Constituição de 1988, tornaram inconstitucionais todas aquelas atividades consideradas atípicas, deferidas ao órgão na ausência de outras instituições que pudessem executá-las no âmbito processual.

Argumentou que em São Paulo, ainda recentemente, mesmo depois de promulgada a Constituição de 1988, o Ministério Público ainda realizava a defesa dos hipossuficientes o que, no Estado do Rio de Janeiro, já havia sido atribuída à Defensoria Pública.

Assim, dentro da esfera das funções atípicas, por exemplo, as reclamações trabalhistas, as habilitações de crédito trabalhistas na falência, concluiu o professor, eram realizadas por promotores atividades típicas de advocacia, o que hoje está proibido pela nova Carta, visto que estaria o Ministério Público atuando com legitimação extraordinária.

E há quem sustente que o Ministério Público atue de duas formas: quando ele propõe ação em busca de um interesse público, razão de sua existência, seja ação penal ou civil pública, estaria agindo com legitimação ordinária na defesa dos interesses da sociedade que percebe nesta instituição seu defensor.

Por outro lado, quando a lei dá a esta instituição uma vocação, a legitimidade para propor ação que não seja em busca desse interesse público, a instituição estaria atuando por meio de legitimação extraordinária, pois, nesses casos, excepcionalmente, alguém pode, em nome próprio, defender direito alheio, como no caso do bem dotal, exemplo clássico da legitimação extraordinária do marido.

Afirmou o palestrante que as funções atípicas são inconstitucionais, visto que não recepcionadas pela Carta Maior, não cabendo ao Ministério Público promover a defesa de pessoas como se advogado das partes fosse. Tal torna-se absurdo desvio, pois a instituição já legitimada para fazê-lo é a defensoria pública (sendo inaceitável a usurpação de suas atribuições)

O prof. Rubens Basílio entendeu que em alguns casos o Ministério Público é legitimado extraordinário no processo civil, quando defende interesse alheio em nome próprio e citou casos como a Investigação de Paternidade, acrescentando que ainda que todos os interesses estejam do lado do particular há uma indisponibilidade por força de entendimento legal.

Lecionou, o primeiro professor, por tal, que o art. 129 da Constituição Federal é a grande bússola para se descobrir se o Ministério Público está legitimado ou não. Sendo este um ponto de vista dos juristas cariocas, que entendem que a legitimação do Ministério Público é sempre ordinária, pois nela se faz o interesse social e público, ainda que possa existir no mesmo caso concreto o interesse particular coincidente, há de se fazer a destacada ressalva de que em outros Estados a compreensão doutrinária é diferente (afirmando-se que a legitimação é extraordinária ou extraordinária autônoma) e, portanto, tal interpretação deve ser adotada com cautela.

Ainda, por ilustração, sobre a legitimidade para interposição de ação civil pública tem-se, sobre temas variados, a seguinte jurisprudência:

> Contratos para a aquisição de imóvel. O Ministério Público tem legitimidade para propor ação civil pública para tutelar interesses dos consumidores que celebraram contrato de adesão para a aquisição de imóvel. (STJ, Terceira Turma; REsp. 280.505/MG; Rel. Min. Nancy Andrighi, relatora)

---

[222] A ata da reunião está presente no site da Emerj.

Meio ambiente do trabalho. Competência. Ministério Público estadual. O Ministério Público estadual tem legitimidade para propor, perante a Justiça Comum, ação civil pública destinada a prevenir acidentes do trabalho. Competente a Justiça comum para as ações acidentárias individuais, é-o também para as ações coletivas. (STJ, Quarta Turma; REsp. 315.944/SP; Rel. Min. Ruy Rosado de Aguiar, relator)

Prêmios de seguro-saúde. É cabível ação civil pública para requerer a suspensão de cobrança a maior de prêmios de seguro-saúde. Em tal caso, o interesse a ser defendido não é de natureza individual, mas de todos os consumidores lesados que pactuaram com as empresas de seguro-saúde. O Ministério Público Estadual tem legitimidade para propor a ação porquanto se refere à defesa de interesses coletivos ou individuais homogêneos, em que se configura interesse social relevante, relacionados com o acesso à saúde. (STJ, Terceira Turma; REsp. 286732/RJ; Rel. Min. Nancy Andrighi, relatora)

Passado o debate inicial, quando é proposta a ação civil pública por um dos colegitimados designados pelo art. 5º da Lei nº 7.347/1985, resta apenas a análise sobre o interesse a que busca a ação tutelar: se difuso, coletivo ou individual homogêneo, o que é matéria de mérito não pode ser considerada condição para a ação. Dispõe o referido dispositivo sobre a legitimação:

Art. 5º. A ação principal e a cautelar poderão ser propostas pelo Ministério Público, pela União, pelos Estados e Municípios. Poderão também ser propostas por autarquia, empresa pública, fundação, sociedade de economia mista ou por associação que:

I – esteja constituída há pelo menos um ano, nos termos da lei civil;

II – inclua, entre suas finalidades institucionais, a proteção ao meio ambiente, ao consumidor, ao patrimônio artístico, estético, histórico, turístico e paisagístico (Vetado).

§ 1º O Ministério Público, se não intervier no processo como parte, atuará obrigatoriamente como fiscal da lei.

§ 2º Fica facultado ao Poder Público e a outras associações legitimadas nos termos deste artigo habilitar-se como litisconsortes de qualquer das partes.

§ 3º Em caso de desistência ou abandono da ação por associação legitimada, o Ministério Público assumirá a titularidade ativa."

A humanidade adquiriu um estágio de evolução e especialização, no que toca à vida em sociedade, que não é possível concebê-la como um conglomerado de direitos esparsos a que caberiam reações individuais. A ação civil pública, dessa maneira, tem como escopo prover à sociedade de instrumentos de interação com o estado por meio da participação de diferentes segmentos sociais, na vertente do controle das atividades que afetem a coletividade.

O desequilíbrio entre as partes pode ser fator determinante para que o cidadão lesionado não recorra ao Judiciário a fim de buscar o ressarcimento por danos que, muitas vezes, se individualmente considerados, atingem importância pecuniária irrisória e não compensam o ingresso na justiça.

Além do mais, a questão probatória demonstra outro empecilho para a defesa individual de direitos coletivos, pois cabe ao autor a prova do direito alegado. Muitas vezes faz-se necessária a utilização de perícias técnicas no processo de conhecimento o que, igualmente, onera ainda mais o indivíduo lesionado.

Somatizando estes fatores: indenização de baixo valor (se individual), ônus de produção de provas e custos de uma ação ordinária, é possível perceber, com clarevidência, a natural inibição do cidadão comum para pleitear seus direitos e interesses em juízo.

Em contrapartida, a situação tende a alterar-se quando deparamos com uma ação coletiva, pois o reflexo patrimonial da causa, que individualmente seria risível, passa a ter enorme relevância, atingindo, por vezes, valores astronômicos, além do maior equilíbrio entre as partes e a diminuição (ou eliminação) dos custos processuais.

Para ilustrar tal questão, analisemos o cancelamento das multas aplicadas por guardas municipais do Rio de Janeiro. A decisão concessiva de medida liminar do desembargador Ademir Pimentel, da Décima Terceira Câmara Cível do Tribunal de Justiça, tornou sem efeito todas as multas aplicadas pela empresa.

A medida integrava a ação civil pública interposta pelo Município e tinha como principal fundamento que a guarda, como empresa pública, não poderia exercer poder de polícia, devendo ater-se unicamente a proteção do patrimônio municipal. Alegou, ainda, o *parquet*, na peça exordial, que Constituição Federal estabelece que apenas a União tem competência para legislar sobre o trânsito, não cabendo ao poder executivo municipal, por meio de decreto, dar a empregado de uma sociedade comercial competência para lavrar auto de infração.

Inobstante tais pontos, parte da verba arrecadada com as multas de trânsito haviam sido destinadas a formar a receita da Empresa Municipal de Vigilância, sendo que o Código Brasileiro de Trânsito determina que essa receita deva ser aplicada exclusivamente em sinalização, engenharia de tráfego, de campo, policiamento, fiscalização e educação de trânsito.

Sem dúvida, tal prática perfazia um atentado à moralidade administrativa e, como tal, seria normalmente corrigida pelo Judiciário se este fosse acionado. Porém, imaginemos que tal procedimento continuasse a ser rotineiramente utilizado e um cidadão de classe média recebesse notificação de auto de infração, em sua residência, lavrado pela guarda municipal, estabelecendo multa no valor de R$ 120,00.

Caso esse indivíduo não fosse beneficiário da justiça gratuita, ao preencher a guia de custas judiciais para ingressar com a ação anulatória da multa aplicada pela Guarda Municipal deparar-se-ia com o valor aproximado de R$ 200,00 (o que incluiria, por alto, a taxa judiciária sobre o valor da causa, a citação das partes, e a distribuição da ação ordinária).

Além do mais, seria necessário contratar um advogado para postular em juízo e reunir os documentos necessários para instruir a peça exordial, o que se demonstraria não só oneroso como, também, bastante trabalhoso ao nosso cidadão hipotético.

Natural, assim, que este indivíduo preferisse arcar com o valor da multa, sucumbindo-se à ilegalidade administrativa à mobilizar-se para corrigi-la, pois, não obstante, a Administração Pública utilizava como instrumento de coação para o pagamento de multas a vedação à realização de vistoria, o que, caso houvesse alguma demora na prestação jurisdicional, acarretaria em provável prejuízo ao autor, visto que seu veículo poderia ser, a qualquer momento, apreendido pelos órgãos que controlam o trânsito.

Dessa maneira, demonstra-se que a participação do corpo social na direção do Estado é uma evolução na defesa dos direitos e que representa, ademais, uma diminuição do número de processos em trâmite na justiça, o que provoca grande vantagem para o Judiciário (que pode dar mais atenção a cada um dos processos).

Inicialmente, o tema for regulado por meio da Lei nº 7.347 de 24/07/1985 (Lei da Ação Civil Pública), sendo, mais tarde, complementada pela Lei nº 7.853, de 24/10/1989 que regulamentou os direitos dos portadores de necessidades físicas especiais; a Lei nº 7.913, de 07/12/1989 que tratou dos investidores no mercado de valores mobiliários; Lei nº 8.069/1990 – Estatuto da Criança e do Adolescente; a Lei nº 8.078, de 11/10/1990 – Código de Defesa do Consumidor; o Decreto n º 1.306, de 09/11/1994 que dispõe sobre o Fundo de Defesa de Direitos Difusos expostos nos arts. 13 e 20 da Lei de Ação Civil Pública; a Lei nº 9.008, de 21/03/195, que criou o Conselho Federal a que se refere o art. 13 da Lei e; por último, a Lei nº 9.494, de 10/09/1997 que dá nova redação ao art. 16 da Lei de Ação Civil Pública.

Tanto a ação civil pública, como a ação popular e o mandado de segurança, como ações coletivas, são mecanismos especiais de procedimento ágil e legitimidade extraordinária, visando corrigir problemas sociais anteriormente desamparados, devido a questões técnicas processuais.

A ação coletiva é definida, na visão do prof. Aluisio Gonçalves de Castro Mendes como

> o direito apto a ser legítima e autonomamente exercido por pessoas naturais, jurídicas ou formais, conforme previsão legal, de modo extraordinário, a fim de exigir a prestação jurisdicional, com o objetivo de tutelar interesses coletivos, assim entendidos os difusos, os coletivos em sentido estrito e os individuais homogêneos.

Estabelece, desta maneira, a Lei nº 7.347/1985, em seu art. 1º que:

> *Art. 1º. Regem-se pelas disposições desta Lei, sem prejuízo da ação popular, as ações de responsabilidade por danos causados:*
> *I – ao meio ambiente;*
> *II – ao consumidor;*
> *III – a bens e direitos de valor artístico, estético, histórico, turístico e paisagístico;*
> *IV – a qualquer outro interesse difuso ou coletivo;*
> *V – por infração da ordem econômica.*

Presta-se, assim, a ação civil pública a amparar os direitos difusos da sociedade. A Carta de 1988, ao evidenciar a importância da cidadania no controle dos atos da administração, com a eleição dos valores imateriais do art. 37 como tuteláveis judicialmente, coadjuvados por uma série de instrumentos processuais de defesa dos interesses transindividuais, criou um microssistema de tutela de interesses difusos referentes à probidade da Administração Pública, nele encartando-se a ação popular, a ação civil pública e o mandado de segurança coletivo, como instrumentos concorrentes na defesa desses direitos eclipsados por cláusulas pétreas.

É, por tal, legitimado o Ministério Público a toda e qualquer demanda que vise à defesa do patrimônio público sob o ângulo material (perdas e danos) ou imaterial (lesão à moralidade), o que será, posteriormente, analisado com maior atenção.

As modernas leis de tutela dos interesses difusos completam a definição dos interesses que a protegem. Assim é que a Lei de Ação Popular define o patrimônio e a Lei de Ação Civil Pública dilargou-o, abarcando áreas antes deixadas ao desabrigo, como a patrimônio histórico, estético, moral etc. (REsp 427.140/RO).

A moralidade administrativa e seus desvios, com consequências patrimoniais para o erário público, enquadram-se igualmente na categoria dos interesses difusos, habilitando o Ministério Público a demandar acerca dos mesmos. Porém, antes de nos aprofundarmos no tema, cabe diferenciar adequadamente os três instrumentos de defesa de direitos coletivos para evitar confusões acerca de cada um deles:

Ação civil pública:

- *Conceito*: É o mecanismo processual que busca evitar danos ao meio ambiente, consumidor, bens e direitos de valor artístico, histórico e paisagístico, dos investidores do mercado de capital, deficientes físicos, crianças e adolescentes.
- *Objeto*: Proteção dos interesses transindividuais da sociedade.
- *Natureza Processual*: Ação civil de rito ordinário comum; admite medida liminar.
- *Legitimidade ativa*: Ministério Público, pessoas jurídicas estatais, autárquica e paraestatais, associações destinadas a proteção do meio ambiente e defesa do consumidor.
- *Legitimidade passiva*: Todo e qualquer responsável pelo dano causado.

Mandado de Segurança Coletivo:

- *Conceito*: É o mecanismo constitucional para proteção de direito coletivo, líquido e certo, lesado ou ameaçado de lesão por autoridade pública.
- *Objeto*: Invalidação de ato ou omissão de autoridade conflitivos com direito coletivo líquido e certo.
- *Natureza processual*: Ação civil de rito sumário especial.
- *Legitimidade ativa*: Toda pessoa física ou jurídica, órgão com capacidade processual ou universalidade reconhecida por lei.
- *Legitimidade passiva:* Autoridade pública administrativa, judicial, policial, eleitoral, civil, militar etc.

Ação popular:

- *Conceito*: É o instrumento constitucional que faculta a qualquer cidadão a anulação de ato tido como ilegal ou nocivo ao patrimônio público (incluindo bens históricos, artísticos, paisagísticos, meio ambiente etc.).
- *Objeto*: Anulação de ato ilegal ou lesivo ao patrimônio público.
- *Natureza processual*: Ação civil de rito ordinário com algumas modificações; admite medida liminar.
- *Legitimadade ativa*: Qualquer cidadão (brasileiro e eleitor);
- *Legitimidade passiva*: Pessoas jurídicas de Direito Público ou privado, autoridades, funcionários administradores públicos, beneficiários, avaliadores etc.

Outra questão bastante interessante é a diferenciação entre interesses difusos, coletivos e individuais homogêneos. A lei que nos traz tal esclarecimento é a Lei de Defesa ao Consumidor (Lei nº 8.078/1990). Estabelece, assim, que:

> *Art. 81. A defesa dos interesses e direitos dos consumidores e das vítimas poderá ser exercida em juízo individualmente, ou a título coletivo.*
>
> *Parágrafo único. A defesa coletiva será exercida quando se tratar de:*
>
> *I – interesses ou direitos difusos, assim entendidos, para efeitos deste código, os transindividuais, de natureza indivisível, de que sejam titulares pessoas indeterminadas e ligadas por circunstâncias de fato;*
>
> *II – interesses ou direitos coletivos, assim entendidos, para efeitos deste código, os transindividuais, de natureza indivisível de que seja titular grupo, categoria ou classe de pessoas ligadas entre si ou com a parte contrária por uma relação jurídica base;*
>
> *III – interesses ou direitos individuais homogêneos, assim entendidos os decorrentes de origem comum*

Os interesses difusos são os titularizados por uma cadeia abstrata de pessoas, conectadas por vínculos fáticos originados e alguma circunstância comum, passíveis de lesões disseminadas entre todos os titulares, compreendidos num quadro amplo e de difícil identificação.

A profª Ada Pellegrini Grinover define, na obra *A Problemática dos Interesses Difusos*, interesses coletivos como

> os interesses comuns a uma coletividade de pessoas a apenas a elas, mas ainda repousando sobre um vínculo jurídico definido que os congrega. A sociedade comercial, o condomínio, a família dão margem ao surgimento de interesses comuns, nascidos em função da relação – base que congrega seus componentes, mas não se confundindo com os interesses individuais. Num plano mais complexo, onde o conjunto de interessados não é mais facilmente determinável, embora ainda exista a relação-base,

> surge o interesse coletivo do sindicato, a congregar todos os interesses de uma categoria profissional.

Por último, os interesses ou direitos individuais homogêneos, definidos no inciso III do artigo transcrito acima, são aqueles que tocam o indivíduo não abraçando as circunstâncias jurídicas em que este encontra inserido e são agurpados a fim de facilitar o acesso à justiça, pela consagração da eficiência e da economia processual. São supraindividuais por criação legal.

Cabe esclarecer que tanto os interesses difusos quanto os coletivos perfazem o gênero denominado "direitos meta individuais", ou seja, ambos possuem duas características essenciais: a transindividualidade e a indivisibilidade, o que significa que tanto o interesse difuso como o interesse coletivo não pertencem a um grupo social específico, mas um conjunto de pessoas de difícil categorização.

Distinguem-se estes, pois no interesse difuso, o conjunto de pessoas é indeterminável, pois estas estão ligadas por questões de fato; já no interesse coletivo há uma reunião clara de pessoas, pois estas estão ligadas por uma relação jurídica base.

Podemos exemplificar o interesse ou direito coletivo pela seguinte circunstância: imaginemos um dano causado a um grupo de consumidores que celebraram determinado tipo de contrato, contendo cláusulas abusivas. O liame que envolve tal conjunto de indivíduos é o dano gerado pelo contrato, ou a própria realização do mesmo.

Já o interesse difuso pode ser explicado por meio de um grande dano ambiental, como o vazamento de óleo que inviabilize a utilização de algumas praias do Estado (o que é, inclusive e infelizmente, de ocorrência bastante comum e previsível). As pessoas afetadas por esse problema perfazem um grupo bastante heterogêneo, pois são afetados os pescadores, os turistas, os hoteleiros e comerciantes que obtêm rendimentos por meio do turismo, os proprietários de imóveis situados na região afetada (o imóvel pode sofrer desvalorização ou a procura por aluguel pode diminuir...), enfim, pode-se vislumbrar prejuízos até mesmo para os donos de companhias de ônibus, visto que haverá menor demanda de passagens para a região.

Dessa forma, é impossível agrupar todos estes indivíduos em uma só categoria, sendo a eles unicamente comum a existência de alguma espécie de prejuízo originado por uma questão de fato: o vazamento de óleo.

Já os interesses individuais homogêneos são aqueles que, contrariamente ao interesses difusos e coletivos podem ser precisamente identificados na pessoa de seus titulares. Daí por que indagar se determinados particulares que sofreram em seu patrimônio repercursão sobre algum dano podem ser beneficiados pela ação civil pública.

Consagrados autores como Ada Pellegrini Grinover, prof. Nelson Neri Junior, Antônio Herman Benjamin e José dos Santos Carvalho Filho entendem que não cabe a utilização da ação civil pública para os interesses individuais homogêneos, servindo esta apenas para a tutela dos interesses difusos e coletivos. A exceção seria os interesses individuais homogêneos decorrentes de relação de consumo em razão do art. 21, acrescido pelo Código de Defesa do Consumidor à Lei nº 7.347/1985 (Lei que trata da ação civil pública).

O tema será novamente discutido posteriormente, mas adianta-se que existem grandes divergências jurisprudenciais acerca desta questão. No Recurso Especial nº 9.7455, oriundo do estado de São Paulo, entendeu a Primeira Corte do Superior Tribunal de Justiça que os interesses individuais homogêneos somente hão de ser tutelados pela via da ação coletiva na hipóteses em que seus titulares sofrerem danos como consumidores.

A compreensão da Corte foi a de que quando a Lei nº 7.347/1985 faz remissão ao Código de Defesa do Consumidor, pretende explicitar que os interesses individuais homogêneos se inserem na defesa de proteção da ação civil, quanto aos prejuízos decorrentes da relação de consumo entre aqueles e os respectivos consumidores: vale dizer, não é qualquer interesse ou direito individual que repousa sobre a égide da ação coletiva, mas só aquele que tenha vinculação direta com o consumidor, porque é a proteção deste o objetivo maior da legislação pertinente.

Porém, o próprio Superior Tribunal de Justiça já havia proferido decisão contrária a acima mencionada no Recurso Especial nº 49.272 oriundo do Rio Grande do Sul ao argumentar que os interesses individuais originados pelo pagamento indevido da taxa de iluminação pública, embora pertinentes a pessoas naturais se visualizados em seu conjunto, de forma coletiva e impessoal transcenderiam a esfera de interesses da coletividade como um todo, e imporiam a proteção por via de um instrumento processual único de eficácia imediata como a ação coletiva.

Argumentou a Corte na fundamentação desta decisão que a Lei nº 7.347/1985 é de natureza essencialmente processual, limitando-se a disciplinar o procedimento da ação coletiva e não se demonstraria incompatível com qualquer norma inserida no título III do Código de Defesa do Consumidor (Lei nº 8.078/1990). Considerou, ainda, que é princípio de hermenêutica que quando uma lei faz remissão a dispositivos de outra lei de mesma hierarquia, estes se incluem na compreensão daquela, passando a constituir parte integrante do seu contexto.

Assim, neste contexto, o art. 21 da Lei nº 7.347/1985, inserido pelo art. 117 da Lei nº 8.078/1990 teria estendido de forma expressa o alcance da ação civil pública a defesa dos interesses e direitos individuais homogêneos, legitimando, dessa forma, o Ministério Público extraordinariamente (não adentraremos, novamente, à discussão sobre a legitimação do Ministério Público) e como substituto processual, para exercitá-la, de acordo com o art. 81, § 1º.

Para a jurisprudência não há grande razão para distinção entre a ação civil pública e a ação coletiva, porém, para a doutrina elas se distinguem no seguinte aspecto: o prof. Hugo Nigri Mazzile sustenta que a ação civil pública é aquela proposta pelos outros legitimados no art. 7º da Lei nº 7.347/1985.

Ainda, no que toca aos interesses individuais homogêneos, além dos tradicionais princípios da eficiência e economia processual da propositura de ações individuais, é ponto também importante a questão da credibilidade social no Poder Judiciário pois, muitas vezes, se tratadas isoladamente, pessoas com situações fática idênticas adquirem tratamento diferente perante a Justiça, o que fere também o princípio da isonomia.

É igualmente importante frisar que, de acordo com o art. 129, III, da Constituição Federal são funções institucionais do Ministério Público promover o inquérito civil e a ação civil pública para a proteção do patrimônio público e social, do meio ambiente e de outros interesses difusos e coletivos.

Tais pontos podem são claramente explicitados no Recurso Especial nº 404.759, oriundo do estado de São Paulo, em que figurou como relator o ministro Humberto Gomes de Barros:

> Ação civil pública. Ministério Público. Legitimidade ativa. Regularização de loteamentos para moradias populares. 1. O Ministério Público tem legitimidade para propor ação civil pública em defesa de interesses coletivos ou individuais homogêneos, visando à regularização de loteamento destinado a moradias populares. 2. É no polo ativo das demandas que o Ministério Público cumpre, de forma mais ampla, seu nobre papel de fiscal da lei. 3. *O exercício das ações coletivas pelo Ministério Público deve ser admitido com largueza. Em verdade a ação coletiva, ao tempo em que propicia solução uniforme para todos os envolvidos no problema, livra o Poder Judiciário da maior praga que o aflige: a repetição de processos idênticos. 4.* Recurso provido.

A Legislação posterior a Lei nº 7.347/1985 ampliou como dito, as áreas sobre as quais é possível utilizar a ação civil pública, dentre elas está o Código de Defesa do Consumidor. Assim, conforme demonstrado pelo art. 1º da lei, tal instrumento abrange os interesses coletivos, difusos e individuais homogêneos, nas hipóteses previstas nos três incisos do artigo – proteção ao meio ambiente; ao consumidor; a bens e direito de valor artístico, estético, histórico, turístico e paisagístico e os interesses difusos e coletivos nos demais casos.

Por exemplo, na hipótese do Recurso Especial nº 302.647 em ação civil pública em que figurou como recorrente o Ministério Público do estado de São Paulo e como recorrido o Município de general Salgado, foi pleiteada a suspensão de exigência das taxas de iluminação pública, remoção de lixo, conservação de vias, expediente e conservação de estradas.

Entendeu a Corte Superior pela ilegitimidade ativa *ad causam* do Ministério Público, pois em hipótese de lançamento de tributos pela municipalidade, o órgão do MP não detém legitimidade ativa acional, considerando inadmissível confundir a figura do contribuinte com a figura do consumidor[223].

Compreendeu o Tribunal Superior que o art. 127 *caput* da constituição ao imprimir ao Ministério Público o caráter de instituição permanente, permitiu-lhe atuar

[223] Ainda assim a jurisprudência apresenta divergências como se demonstra através do REsp 76873/MG; REsp 107384/ RS; REsp 15853/ SP; REsp 15737/MG; REsp 142707/SP, respectivamente: Ação civil pública. Ressarcimento ao erário. Ministério Público. Legitimidade. Tem o Ministério Público federal legitimidade para propor ação civil pública, visando ao ressarcimento de dano ao erário. Recurso provido"; "processual. Ação civil pública. Defesa do patrimônio estatal. Legitimidade do Ministério Público. O Ministério Público está legitimado para exercer ação civil pública, em defesa do patrimônio público (Lei nº 7.347/1985, art. 1 *i;* "ação civil pública. Anulação de contrato administrativo.Ministério Público. Legitimidade. Litispendência. Inocorrência. Tem o Ministério Público legitimidade para propor ação civil pública, visando ao ressarcimento de danos ao erário municipal. Não há litispendência entre ação civil pública e ação popular, porque diversos os pedidos. Tratando-se de prejuízo aos cofres públicos, as importâncias pagas pelos réus devem ser recolhidas a eles. Recurso improvido"; "ação civil pública. Ressarcimento ao erário. Ministério Público. Legitimidade. Tem o Ministério Público federal legitimidade para propor ação civil pública, visando ao ressarcimento de dano ao erário. Recurso provido"; "ação civil pública. Proteção do patrimônio público. Ministério Público. Legitimidade. Tem o Ministério Público legitimidade para propor ação civil pública visando ao ressarcimento de danos ao erário público. Recurso improvido".

em defesa de interesses individuais indisponíveis, acrescentando que a função teleológica da decisão judicial é a de compor, precipuamente, litígios e afirmando que esta não é peça acadêmica ou doutrinária, tampouco destina-se a responder a argumentos, à guisa de quesitos, como se laudo pericial fora, contentando-se o sistema com a solução da controvérsia observada.

O recurso foi julgado improcedente sob o argumento de que a ação civil pública promovida pelo Ministério Público do estado de São Paulo em face do Município de Geraldo Salgado, objetivando a suspensão da cobrança das taxas de iluminação pública, remoção de lixo, conservação de vias, expediente e conservação de estradas é matéria que não cabe a representação do Ministério Público estadual, vez que, na hipótese descrita, não se tratou da defesa de interesses coletivos ou difusos, transindividuais e indivisíveis, tampouco de direitos individuais indisponíveis e homogêneos, mas sim de direitos individuais, divisíveis e disponíveis de determinados contribuintes.

De tal maneira, compreendeu-se que não é possível, ademais, considerar contribuinte como consumidor no sentido da lei, visto que não adquire nem utiliza produto ou serviço como destinatário final e não intervém em qualquer relação de consumo e por tal, não pode enquadrar-se nos incisos I, II e III da Lei nº 7.347/1985.

A Corte Superior de Justiça chegou a proferir, porém, decisão admitindo a legitimidade do Ministério Público para propor ação civil pública sobre a malversação de verbas públicas, conforme demonstrado por meio do Acórdão proferido nos autos do Recurso Especial nº 132.107, oriundo do Estado de Minas Gerais, em que figurou como relator o ministro José Delgado, como se segue:

> Processual civil. Ação civil pública. Ministério Público. Dano ao patrimônio de um órgão estadual. malversação de verba. Legitimidade. 1. O MP é parte legitima para propor ação civil pública contendo pretensão do erário público ser ressarcido por danos sofridos pela malversação de verbas destinadas a atendimento de necessidades da sociedade. 2. Interpretação das Leis nº 7.347/1985, art. 1º, IV, nº 8.078/1990, art. 110; nº 8.429/1992, arts. 5º e 17, e Lei nº 8.625/1993 (Lonmp), art. 25, IV, *b*, 3. Evidencia-se que a sistemática adotada pelos diplomas legais supramencionados compreende permissibilidade para o MP agir no sentido de proteger o patrimônio público. Essa função, além de se apresentar prevista na carta magna, figura, de modo expressivo, nos dispositivos infraconstitucionais quando faz referência a outros interesses difusos ou coletivos que o MP deve proteger. 4. Recurso provido.

Proferiu, ainda, a mesma Corte, decisão favorável à legitimação do Ministério Público para promover ação civil pública com a pretensão de exigir devolução de remuneração recebida por vice-prefeito, nos autos do REsp nº 142699/MG,conforme a seguir explicitado:

> Processual civil. Ação civil. Ministério Público. Legitimidade. 1. O MP tem legitimidade ativa para promover ação civil pública com a pretensão de exigir a devolução de remuneração a maior recebida por vice-prefeito, conforme decisão de tribunal de contas. 2. Após a vigência da CF/1988 foi ampliada a legitimidade ativa do MP para propor, ação civil pública, especialmente, na defesa dos interesses coletivos, presentes em tal concepção de modo inequívoco, o de se zelar pela integridade do patrimônio estatal. 3. Inteligência do art. 1º, da Lei nº 7.342/1985, fazendo-se aplicação do comando posto no art. 129, III, da CF/1988. 4. Precedentes: REsp. 67.148/SP (Rel. Min. Adhemar Maciel, DJU de 04/12/1995, p. 42.148) e AI 97.838/GO (Rel. Min. Padua Ribeiro, DJU de 28/03/1996, p. 9.234). 3. Recurso provido para se afastar a extinção do processo.

É igualmente tido como disponível o direito previdenciário, o que se demonstrou evidenciado pelo Recurso Especial nº 419187, oriundo do estado do Paraná, em que figurou como recorrente o Instituto Nacional do Seguro Social – INSS e como recorrido o Ministério Público Federal, sendo relatora a ministra Laurita Vaz.

Novamente foi necessário diferenciar direito disponível e indisponível para comprovar a ilegitimidade ativa *ad causam* do Ministério Público. A ação civil pública nasceu como instrumento processual adequado para coibir danos ao meio ambiente, ao consumidor, a bens e direitos de valor artístico, estético, histórico, turístico e paisagístico atendendo, assim aos interesses coletivos da sociedade. O campo de aplicação da ação civil pública foi alargado por legislações posteriores, especialmente pelo Código de Defesa do Consumidor para abranger quaisquer interesses coletivos e difusos, bem como outros individuais homogêneos.

Inclusive, os três primeiros incisos do art. 1º da Lei nº 7.347/1985 eram taxativos, sendo que havia um quarto inciso que fora vetado que previa o cabimento da ação popular a qualquer outro interesse difuso ou coletivo. Tal vedação perdeu o sentido após o acréscimo do inciso IV trazido pelo art. 110 da Lei nº 8.078/1990 (Código de Defesa do Consumidor).

Dessa forma, a nova lei abraçou o que antes havia sido excluído o que transformou a natureza do rol de direitos de taxativa para enumerativa. Porém, como dito, a melhor compreensão é a de que os interesses difusos e coletivos e individuais homogêneos devem ser considerados em relação aos incisos I, II e III e difusos e coletivos nos demais casos.

Reforçando-se o fundamentado no Recurso Especial nº 302.647, tratando-se de interesses individuais, cujos titulares não podem ser enquadrados na definição de consumidores, tampouco sua relação com o instituto previdenciário considerada relação de consumo, é inviável a defesa de tais direitos por intermédio da ação civil pública.

Tal é compreendido, pois, o benefício previdenciário traduz direito disponível e refere-se à espécie de direito subjetivo, ou seja, pode ser abdicado pelo respectivo titular, contrapondo-se ao direito indisponível, que é insuscetível de disposição ou transação por parte do seu detentor. Atenta a Corte para a confusão sobre o vínculo jurídico existente entre a autarquia previdenciária e os seus beneficiários com outras relações inerentes e típicas de consumo, pois a natureza e particularidades de um não podem ser transmutadas com a da outra.

Entendeu também a Suprema Corte no Recurso Extraordinario nº 213.015, oriundo do Distrito Federal, em que figurou como relator o ministro Néri da Silveira que a ação civil pública trabalhista não é meio adequado para a defesa de interesses que não possuem natureza coletiva.

Na hipótese havia alegação de ofensa ao disposto no art. 129, III da Carta Magna, postulação de comando setencial que vedasse a exigência de jornada de trabalho superior a 5 horas diárias.

A Lei Complementar n º 75/1993 conferiu ao Ministério Público do Trabalho legitimidade ativa, no campo da defesa dos interesses difusos e coletivos, no âmbito trabalhista. Porém, entendeu a Corte que independentemente de a própria lei fixar o conceito de interesse coletivo, é conceito de Direito Constitucional, na medida em que a Carta Política dele faz uso para especificar as espécies de interesses que compete ao Ministério Público defender.

É também jurisprudência pacífica do Superior Tribunal de Justiça a orientação de que o Ministério Público tem legitimidade para propor ação civil pública em defesa de interesses coletivos, visando a coibir aumento abusivo de mensalidade escolar (art. 81, II, do Código de Defesa no Consumidor), conforme REsp 43585/MG.

Porém, caso se trate de interesses individuais de um grupo de alunos determinado, a orientação acima descrita não é compreendida, o que se pode perceber por meio do Recurso Especial nº 65.836, oriundo do Estado de Minas Gerais, em que figurou como relator o ministro Garcia Vieira, conforme ementa de acórdão transcrita a seguir:

> Ação civil pública. Mensalidades escolares. Repasse do aumento dos professores. Ministério público parte ilegítima. Não se cuidando de interesses difusos ou coletivos, mas de interesses individuais de um grupo de alunos de determinado colégio, afasta-se a legitimidade do Ministério Publico. Recurso provido.

O ajuizamento da ação civil pública não obsta a propositura de ações individuais de mesmo objeto: "inexiste litispendência entre ação civil pública e as ações individuais" (REsp nº 125805, oriundo do Rio Grande do Sul, em que figurou como relator o ministro Garcia Vieira). É também admissível a concomitância da ação popular[224].

[224] Na obra *Ação Civil Pública, comentários por Artigo da Lei nº 7.347, de 24/07/1985."* Rio de Janeiro: Lumens Juris, 2ª ed., ensina o prof. José dos Santos Carvalho Filho que "reza o art. 1º da Lei nº 7.347/1985 que as ações civis públicas de responsabilidade por danos aos interesses sob tutela podem ser ajuizadas sem prejuízo da ação popular. A ação popular, hoje prevista no art. 5º, LXXIII, da Constituição Federal e disciplinada pela Lei nº 4.717, de 29/06/1965, visa à anulação não apenas de atos lesivos ao patrimônio público ou de entidade de que o Estado participe, bem com das lesões à moralidade, ao meio ambiente e ao patrimônio histórico e cultural. A legitimação *ad causum* para esse tipo de ação foi atribuída exclusivamente ao cidadão. É lógico que, com tal perfil, a ação popular acabou por ter, em algumas situações, a mesma utilização da ação civil pública, sobretudo porque são praticamente os mesmos os interesses e direitos por ambas tutelados. A Lei nº 7.347/1985, ao usar a ressalva 'sem prejuízo da ação popular', pretendeu obviamente, admitir a concomitância das ações, observados, naturalmente, os requisitos específicos que as caracterizam, e que nem sempre coincidem. Se, por exemplo, se pretender proteger interesses relacionados com o meio ambiente, tanto pode ser proposta ação civil pública como ação popular. Trata-se, pois, de concomitância de ações para o mesmo tipo de tutela jurisdicional. Há diferenças entre elas, a começar pela legitimidade ativa, de natureza exclusiva na ação popular (apenas o cidadão é parte legítima) e de natureza concorrente na ação civil pública (art. 5º da Lei nº 7.347/1985), embora, em alguns casos, a pretensão possa ser também a invalidação de ato administrativo". Completa, ainda, revelando que "não custa observar que a ação civil pública, por sua maior abrangência subjetiva e objetiva e por sua modernidade, tem praticamente absorvido a ação popular, esta de linhas mais acanhadas e anacrônicas. Se a ação popular já não era anteriormente abraçada com muita frequência, mais relegada ainda veio a ficar com o advento da ação civil pública, contribuindo para tanto, entre outros fatores, o de admitir-se, nesta última, a propositura por órgão especialmente voltado para interesses coletivos e difusos, como é o caso do Ministério Público. Sem embargo do silêncio da lei, ficará sempre permitido o ajuizamento de ações individuais quando estiverem em jogo direitos indenizatórios situados nas esferas jurídicas apenas de determinadas pessoas."

Embora seja possível os ajuizamento simultâneo das duas ações (ação civil pública e ação popular), ambas não se confundem, visto que, conforme estabelecido pelo art. 11 da Lei nº 4.717/1965, a ação popular a predominantemente desconstitutiva, e subsidiariamente condenatória (convertendo o dano causado em pecúnia – "perdas e danos"). A ação civil pública, em contrapartida, conforme estabelecido no art. 3º da Lei nº 7.347/1985 é predominantemente condenatória, como transcrito a seguir:

> Art. 3º. A ação civil poderá ter por objeto a condenação em dinheiro ou o cumprimento de obrigação de fazer ou não fazer.

Como se percebe o objeto da ação civil pública é a condenação em dinheiro ou a obrigação de fazer ou não fazer, mas é controvertida a questão da cumulação dos pedidos. O prof. José dos Santos Carvalho Filho entende que não são os pedidos excludentes, enquanto o prof. Hely Lopes Meirelles[225] defende que estes não podem ser requeridos conjuntamente.

Por óbvio, a condenação pressupõe um dano em relação a determinado interesse coletivo ou difuso e é integralmente descabida caso este não tenha sido concretizado. Por outro lado, caso o patrimônio público tenha sido totalmente destruído (imaginemos, por exemplo, um prédio tombado pelo patrimônio histórico que fora reduzido a cinzas devido à falta de cuidado do vizinho em relação às instalações elétricas de sua casa), o pedido de obrigação de fazer ou não fazer torna-se descabido, visto que à sociedade só resta o ressarcimento pelos danos causados pela conduta negligente do réu.

Assim admite-se uma tutela preventiva e uma repressiva na ação civil pública. A indenização em dinheiro é tutela repressiva, pois estabelece uma condenação visando ao ressarcimento à sociedade pelo dano ocorrido. A obrigação de fazer ou de não fazer, em contrapartida, é tutela preventiva, pois objetiva evitar a deterioração do patrimônio público.

A questão da não cumulatividade de pedidos na ação civil pública é defendida pela Corte Superior, como se pode demonstrar por meio do Recurso Especial nº 94.298, oriundo do Rio Grande do Sul, em que figurou como relator o ministro Garcia Vieira e o Recurso Especial nº 205.153, oriundo do estado de Goiás, como a seguir, respectivamente, se demonstra:

> Ação civil pública. Condenação cumulativa. impossibilidade. *A ação civil pública não pode ter por objeto a condenação cumulativa em dinheiro e cumprimento de obrigação de fazer ou não fazer.* Se o legislador ordinário disse ou, estabeleceu ele a alternativa. Recurso de fls. 415/425 improvido.
>
> Ação civil pública de responsabilidade por danos causados ao meio ambiente. Lei nº 7.347/1985. Violação ao art. 11. Cessação de atividade. Cominação de multa. Imposição legal. 1. A determinação legal contida no art. 11, da Lei nº 7.347/1985, tem o objetivo imanente de fazer valer a obrigação, uma vez que retirada da mensagem legal a imposição de pena, é consectário lógico a mitigação da ordem, à míngua de punição ante seu descumprimento 2. *Conforme o art. 3º da Lei nº 7.347/1985, não pode a ação civil pública ter por objeto a condenação cumulativa de cumprimento de obrigação de fazer ou não fazer e dinheiro.* 3. Recurso parcialmente provido.

Como se pode perceber, o entendimento majoritário é o de que não cabe cumulação do pedido, devendo a ação civil pública atuar paralelamente a outras. Compreende-se, assim, que não cabe ação civil pública com pedido de ação popular e vice-versa.

Há entendimento jurisprudencial no sentido de que falta ao Ministério Público legitimidade para promover ação civil pública a fim de pleitear o ressarcimento de eventuais danos à Fazenda Pública (REsp nº 77064/MG). Tal é compreendido pois a ação civil pública é instrumento de defesa social, sendo imprópria a sua utilização para obter receita para o erário.

A ação civil pública visa recompor o patrimônio público é o instrumento adequado para fazê-lo, sem afastar a utilização da ação popular que possui objetivos diferentes. O Ministério Público, por força do art. 129, III, da Constituição Federal para "promover o inquérito civil e a ação civil pública, para a proteção do patrimônio público e social, do meio ambiente e de outros interesse difusos e coletivos".

Desta maneira, sua atuação não está adstrita à reparação de danos, dessarte, nas hipóteses em que não atua na condição de autor deve intervir como *cusos legis*, de acordo com o art. 5º, § 1º, da Lei de ação civil pública, o art. 92 do Código de Defesa do Consumidor, o art. 202 do Estatuto da Criança e do Adolescente e o art. 9º da Lei de Ação Popular.

A Carta de 1988, ao tornar evidente a importância da cidadania no controle dos atos da administração, com a

---

[225] MEIRELLES, Hely Lopes, *Mandado de Segurança, ação popular, ação civil pública, mandado de injunção*, habeas data, *Ação direta de inconstitucionalidade e ação declaratória de constitucionalidade*, 22ª ed., São Paulo: Malheiros, p. 157.

eleição dos valores imateriais consagrados no art. 37 da Carta Magna como tuteláveis judicialmente, coadjuvados por uma série de instrumentos processuais de defesa dos interesses transindividuais, criou um microssistema de tutela de interesses difusos referentes à probidade da Administração Pública nele encartando a ação popular, a ação civil pública e o mandado de segurança coletivo.

Tais instrumentos são concorrentes na defesa destes direitos eclipsados por cláusulas pétreas. Em consequência, legitima-se o Ministério Público a toda e qualquer demanda que vise à defesa do patrimônio público sob o ângulo material (perdas e danos) ou imaterial (lesão à moralidade).

Dessa maneira, a nova ordem constitucional erigiu um autêntico 'concurso de ações' entre os instrumentos de tutela dos interesses transindividuais e, por tal, legitimou o Ministério Público para o manejo dos mesmos. A lógica jurídica sugere, inclusive, legitimar o Ministério Público como o mais perfeito órgão intermediário entre o Estado e a sociedade para todas as demandas individuais.

Os interesses mencionados na Lei de Ação Civil Pública, acaso se encontrem sob a iminência de lesão por ato abusivo da autoridade podem ser também tutelados pelo *mandamus coletivo*. Da forma análoga, se a lesividade ou ilegalidade do ato administrativo atingem o interesse difuso, passível é a propositura da ação civil pública fazendo às vezes de uma ação popular multilegitimária.

Atualmente, após a constatação da importância e dos inconvenientes da legitimação isolada do cidadão, que já foram demonstradas ao longo deste trabalho, não há espaço para o veto da *legitimatio ad causam* do Ministério Público para a ação popular, a ação civil pública ou o mandado de segurança coletivo. Assim é justificável também a legitimação subsidiária do MP quando desistente o cidadão.

As modernas leis de tutela dos interesses difusos completam a definição dos interesses que protegem. Assim é que a lei de ação popular define o patrimônio e a lei de ação civil pública dilargou-o, abarcando áreas antes deixadas ao desabrigo, como o patrimônio histórico, estético, moral etc.

Foram compreendidos também entre os interesses difusos até valores como a moralidade administrativa se seus desvios atingirem consequências patrimoniais para a sociedade, estando habilitado o Ministério Público a demandar em juízo acerca dos mesmos.

A Lei da Ação Civil Pública não prevê a proteção dos direitos individuais homogêneos, porém, como se sabe, por analogia e extensão vem sendo compreendida esta utilização. O que é questionável é a reversão da pena pecuniária para um fundo de reconstituição dos bens lesados.

Conclui-se, por tal, que a interpretação histórica autoriza a legitimação do Ministério Público na posição de parte em todas essas ações e prevê a atuação conjunta destas (ação civil pública, ação popular e mandado de segurança coletivo), desde que não possuam, por óbvio o mesmo pedido e causa de pedir.

Como se sabe, o Superior Tribunal de Justiça vem firmando jurisprudência no sentido de não ser cabível o uso da ação civil pública para fins de amparo a direitos individuais (REsp nº 329297/SP) nem se prestar à reparação de prejuízos causados por particulares pela conduta comissiva ou omissiva de outrem.

Porém, ressalva-se, tal está corrente, como anteriormente dito, não é absoluta. O TRF da Quarta Região demonstrou em acórdão proferido nos autos da Apelação Civil nº 940426301-0/SC, em que figurou como relator o juiz Teori Albino Zavascki (Quinta Turma), ser favorável à representação do Ministério Público Federal para a interposição de ação civil pública para defesa de direitos individuais homogêneos como se segue:

> Processo civil. Ação coletiva proposta pelo ministério público. Reajuste de proventos previdenciários e ação individual proposta pelo próprio segurado. Questão da litispendência. Os direitos a reajuste de proventos dos segurados da previdência, são divisíveis, individualizáveis e com titulares certos. Por isso, não podem ser considerados direitos coletivos, nem difusos (necessariamente transindividuais e indivisíveis) e sim "individuais homogêneos", segundo a classificação prevista no art. 81, parágrafo único, da Lei nº 8.078/1990. A ação coletiva para defesa de direitos individuais homogêneos é a prevista no art. 91 da referida lei, e conduz, em caso de procedência, a uma sentença de caráter genérico, provimento jurisdicional intermediário entre a absoluta abstração da norma e a concretude da sentença proferida em demanda individual. O Ministério Público, na condição de substituto processual, não tem legitimação para propor a ação de liquidação e execução da sentença proferida na ação coletiva. O titular do direito material, que tenha proposto ação individual antes do ajuizamento da ação coletiva tem a faculdade de vincular-se, ou não, aos efeitos dessa última. Caso não requeira a suspensão da ação individual no prazo de trinta dias a contar da ciência do ajuizamento da ação coletiva, deve ter curso normal, não se transmitindo entre qualquer efeito, seja qual seja o resultado do julgamento (art. 104, da Lei nº 8.078/1990). Recurso improvido.

Mas a ação civil pública se presta via de regra, como meio adequado para interesses difusos e coletivos, até mesmo para que se declare, por exemplo, a responsabilidade por multas judiciais e administrativas impostas e pagas por alguma construção. Porém, não pode ser indiscriminadamente utilizada pelos transtornos que esta venha a causar a um pequeno grupo de indivíduos.

Neste sentido, necessária é a leitura do art. 11 da Lei nº 7.357/1985:

> *Art. 11. Na ação que tenha por objeto o cumprimento de obrigação de fazer ou não fazer, o juiz determinará o cumprimento da prestação da atividade devida ou a cessação da atividade nociva, sob pena de execução específica, ou de cominação de multa diária, se esta for suficiente ou compatível, independentemente de requerimento do autor.*

Desta maneira, é insuficiente a referência à sentença, sendo imprescindível que se estabeleça a ordem de fazer ou não fazer e que esta componha a sentença de mérito, o julgamento sobre a procedência da ação e o acolhimento do pedido do autor na hipótese de procedência.

Assim, acolhido o pedido do autor o juiz não simplesmente declara o direito como o faria numa ação declaratória, mas permite ao autor a possibilidade de obter o bem jurídico que deseja ser preservado. Assim, o caráter condenatório da Sentença faculta a efetivação do conteúdo nela prevista.

Por exemplo, na ação civil pública interposta pelo Ministério Público Federal contra a União Federal, que tramitou na Segunda Vara de Federal de Caxias do Sul/RS objetivou a condenação da ré em indenização em favor dos proprietários de veículos automotores na área de jurisdição daquela comarca, que, obrigados pelo art. 112 da Lei nº 9.503/1997 e pela Resolução nº 42/1998 do Contran adquiriram o chamado "kit de primeiros socorros" discriminado no novo Código Brasileiro de Trânsito bem como àqueles atingidos pelas multas decorrentes da não aquisição do mesmo e a consequente anulação dos pontos na carteira de motorista.

Alegando, em síntese a inutilidade avultante de tal equipamento e a violação ao princípio da razoabilidade embasou a legitimidade ativa ministerial na atribuição concedida ao membro do *parquet* em proteger interesses difusos, coletivos e individuais homogêneos e responsabilizou a União Federal por sua competência privativa em indenizar atos regulamentares viciados oriundos do Poder Executivo federal.

A União Federal, por sua vez, ofereceu contestação argumentando, em preliminar a ilegitimidade ativa do Ministério Público Federal em propor tal ação, por não se tratar de competência da atividade ministerial a tutela de interesses individuais homogêneos em ações civis públicas, abrindo-se precedentes para tanto somente em caso de danos sofridos por consumidores.

No mérito sustentou que a obrigação amparou-se na Constituição e em legislação em vigor, tendo sido respeitado processo legislativo tanto para sua instituição como para sua revogação, inviabilizando, assim, a responsabilidade do Estado por atos legislativos que não sejam aqueles declarados inconstitucionais pelo Supremo Tribunal Federal.

Excluiu também a possibilidade de ocorrência de dano na medida em que a desobrigação do porte do material não obriga seu desuso ou deterioração, podendo ser direcionado ao uso doméstico, escolar ou, ainda, como objeto de doação, tornando-se despesa passível de dedução. Quanto à aplicação de multas, alegou a União que, por tratar-se de lei constitucionalmente elaborada, para a qual se previu sanção ao descumprimento no período de sua vigência, não haveria que se falar em restituição pois fora respeitado o princípio da razoabilidade.

Entendeu o magistrado que não consistia em razão a União aduzir a requerida e que a matéria em questão não constituía objeto de interesse social e sim particular, o que a desvincularia da ação civil pública e da atribuição institucional conferida ao Ministério Público Federal para figurar na defesa de direitos difusos, coletivo e individuais homogêneos.

Fundamentou ainda o juiz de Direito que os chamados direitos individuais homogêneos podem, em hipóteses excepcionais, ser tutelados, em regime de substituição processual, pelo Ministério Público, nos exatos termos do art. 127, *caput*, da Constituição Federal de 1988 e que muito embora os chamados direitos ou interesses individuais homogêneos tenham como nota característica a disponibilidade, houve que se consignar que a propositura da presente demanda não se constituiu em empeço à tal ordem de ideias, na medida em que o MPF pretendeu, tão somente, a "condenação genérica" na obrigação de indenizar, por parte da União.

Restou preservado, desta maneira, o caráter disponível do conteúdo financeiro inerente à pretensão dos substituídos, na medida em que a estes ficou assegurada a faculdade de procederem ou não à execução do julgado.

Citou o magistrado o juiz Teori Zavascki que tratou da questão da tutela dos direitos individuais homogêneos em regime de substituição processual em hipóteses elencadas nas Leis nº 8.078/1990; nº 7.913/1989 e nº 6.024/1974:

> *Nas três citadas hipóteses de legitimação, o legislador ordinário estabeleceu uma linha comum e característica: a atuação do Ministério Público objetiva sentença condenatória genérica, mas a liquidação e a execução específica serão promovidas pelo próprio titular do direito individual. Ou seja: os direitos dos substituídos são defendidos sempre globalmente, impessoalmente, coletivamente. Obtido o provimento jurisdicional genérico, encerra-se a legitimação extraordinária. Por outro lado, nos três casos, a lesão é especialmente significativa, dado que, pela natureza dos bens atingidos e pela dimensão coletiva alcançada, houve também lesão a valores de especial relevância social, assim reconhecidos pelo próprio constituinte.*

Na hipótese da Lei nº 8.078/1990, o Código de Defesa do Consumidor, o art. 91 trata de modo expresso sobre a tutela coletiva dos direitos individuais homogêneos, os quais têm natureza divisível, disponível e origem em fato comum:

> Os legitimados de que trata o art. 82 podem propor, em nome próprio e no interesse das vítimas ou seus sucessores, ação civil coletiva de responsabilidade pelos danos individualmente sofridos, de acordo com o disposto nos artigos seguintes.

O que se questionou, desta maneira, foi a possibilidade do Ministério Público Federal, em caráter excepcional substituir processualmente os cidadãos adquirentes dos "kits primeiros socorros", vez que um número indeterminado e considerável de pessoas que compõem a sociedade brasileira teria observado o regramento do Contran.

Entendeu o juízo que em hipóteses excepcionais o Ministério Público Federal poderia propor ação civil coletiva para a tutela dos interesses individuais homogêneos, nas situações em que existisse grande repercussão social na prática de atos tidos por atentadores dos direitos individuais dos cidadãos, ainda que fora do espectro da Lei nº 8.078/1990.

Assim, apesar das três leis mencionadas predefinirem as hipóteses legais em que o Ministério Público fosse dotado de presunção *juris et de jure* e tivesse legitimidade para representar o particular na tutela de interesses ou direitos de conteúdo divisível e disponível, a presunção legal, na visão do juiz, não tornou defesa a averiguação em concreto da presença do interesse social, ora representado pelo MPF, respeitando o disposto no art. 127, *caput*, da Constituição Federal de 1988.

Dessa forma, no presente caso, vislumbrou o juízo de direito da Segunda Vara Federal de Caxias do Sul a presença do interesse social do Ministério Público na propositura da demanda, considerando o vasto número de cidadãos brasileiros atingidos pela medida reputada por ilegal, no que atine à aquisição compulsória do "kit de primeiros socorros", sendo que a tutela individual de tais direitos mostrar-se-ia de difícil ocorrência, seja pela pouco monta dos valores individualmente envolvidos, seja pelo escasso interesse de advogados privados em patrocinarem demanda que envolve precária condenação em verbas honorárias.

O juízo não atendeu, porém, a pretensão Ministerial no que tocou à declaração da ilegalidade nos lançamentos fiscais correspondentes aos autos de infração lavrados por descumprimento, no período de vigência do dispositivo legal, das normas que exigiam a aquisição do referido kit, pois neste aspecto o magistrado não vislumbrou o interesse social na propositura da demanda por considerar que os valores individualmente envolvidos seriam de vulto, de molde a confirmar o interesse na propositura de demandas individuais em momento oportuno por meio do regime de representação por de advogado.

Já no que atinou ao pedido de ressarcimento (sentença genérica) dos valores despendidos individualmente pelos cidadãos adquirentes do referido kit, o juízo entendeu pelo amparo a pretensão ministerial.

Afirmou o magistrado que o fato de não ter sido realizado qualquer estudo acerca da eficiência dos equipamentos que compunham o kit, induziria intelecção clara de que fora praticado ato desviado de sua finalidade pública, vez que tendo em mira, tão somente, uma solução rápida e efêmera que atendesse às expectativas da população num momento em que a mídia se debruçava sobre o assunto.

Entendeu, por fim, não haver adequação entre o ato administrativo praticado e a finalidade (nobre) vislumbrada pelo legislador, restando evidente a responsabilidade do Contran e, em via de consequência, da própria União Federal que promoveu a aquisição de milhares de kits absolutamente desnecessários à melhoria das condições de trafegabilidade de veículos e à segurança dos condutores.

Foi julgado, dessa forma, parcialmente procedente o pedido, extinguindo-se o feito com julgamento de mérito para fins de condenar a União Federal ao ressarcimento integral dos valores despendidos pelos cidadãos, domiciliados na circunscrição judiciária de Caxias do Sul/RS, quando da propositura da demanda, que em fase de execução comprassem, por meio da apresentação da correspondente nota fiscal, terem adquirido o "kit de primeiros socorros" na data da vigência da regra impositiva de sua aquisição.

Como se percebe, não caberia ao Ministério Público Federal a execução de tal sentença, devendo esta ser promovida pelos interessados. Não tratou a presente demanda de obrigação de fazer e de não fazer, restringindo-se à condenação pelos danos causados.

Antes de pormenorizarmos os objetos da ação civil pública, faz-se interessante traçarmos um panorama geral sobre estes. O inciso primeiro trata do meio ambiente, tema sobre o qual a Constituição Federal de 1988 dedicou capítulo próprio – Capítulo VI – Do Meio Ambiente – Do Título VIII – Da Ordem Social.

Estabelece o art. 225 da Constituição que

> *Todos têm direito a um meio ambiente ecologicamente equilibrado, bem de uso comum do povo e essencial à sadia qualidade de vida, impondo-se ao Poder Público e à coletividade o dever de defendê-lo e preservá-lo para as presentes e futuras gerações.*

Na proteção ao meio ambiente considera-se o comprometimento com a não degradação por quem a explora (§ 2º), bem como a obrigatoriedade de reparação caso algum dano venha a ser causado; promoção de educação ambiental (§ 1, IV); a previsão de sanções administrativas e penais para quem causar lesão ao meio ambiente (§ 3º).

No âmbito de atuação da ação civil pública há de ser considerada a degradação que a conduta inadequada causa aos elementos naturais, tais como a terra, a água, ar, flora e fauna nas áreas de preservação a fim de evitar o impacto ambiental (art. 225, § 1º, IV) e resguardar a diversidade e a integridade do patrimônio genético no país.

Claro é, conforme transcrição da Ementa do Acórdão proferido nos autos do Recurso Especial nº 156899, oriundo do estado do Paraná, em que figurou como relator o ministro Garcia Vieira que ninguém pode ser obrigado a reparar dano a que não tenha dado causa e, por tal, não pode a Justiça impor o ressarcimento por danos ambientais ou, até mesmo a restauração de área florestal a particular que adquiriu terra já desmatada:

> Ação civil pública. Dano ambiental. Obrigação de reparar. Particular que adquiriu terra já desmatada impossibilidade. Não se pode impor a obrigação de reparar dano ambiental, através de restauração de cobertura arbórea, a particular que adquiriu a terra já desmatada. Recurso improvido.

Curiosamente, até a poluição sonora foi compreendida como danosa ao meio ambiente, o que se pode constatar por meio do REsp nº 97684, oriundo do Rio Grande do Sul, em que figurou como relator o ministro Ruy Rosado de Aguiar:

> Ação civil pública. Meio ambiente, interesse difuso. Ministério Público. *Legitimidade ad causam.* O Ministério Público tem legitimidade para promover ação civil pública contra empresa poluidora do ambiente, emissora de ruídos acima dos níveis permitidos. Recurso conhecido e provido.

O consumidor foi tratado com especial cuidado na Constituição Federal de 1988 que nomeou dentre os direitos e deveres individuais e coletivos – Capítulo I – envolvido pelos direitos e garantias fundamentais (Título II) a promoção do Estado, na forma da Lei, da defesa do consumidor (art. 5º, XXXII).

Reforçou o legislador constituinte a promoção da defesa do consumidor quando, novamente, elencou dentre os princípios da ordem econômica, Capítulo I – Dos Princípios Gerais da Atividade Econômica, situado no Título VII – Da Ordem Econômica e Financeira, a Defesa do Consumidor (art. 170, V, CF).

Consumidor, como se sabe, é toda pessoa física ou jurídica que adquire ou utiliza produto ou serviço como destinatário final, conforme definição instituída pelo art. 2º da Lei nº 8.078/1990 (Lei de defesa do consumidor). Incluem-se, ainda, entre estes, os serviços bancários e financeiros, excluindo-se, porém, as operações de poupança, de mercado de capitais e os próprios depósitos bancários.

A doutrina tem compreendido que os empréstimos não são englobados entre a categoria de serviços ou produtos. Neste caso, imprescindível é a análise do destino do valor contratualmente pactuado, se este é ou não destinatário final da quantia. Ainda assim, é majoritário o entendimento de que o dinheiro, por sua própria finalidade, tende a circular e não é objeto de consumo.

Os bens e direitos de valor artístico, estético, histórico, turístico e paisagístico são aqueles que integram o patrimônio cultural da sociedade e, por tal, são passíveis de proteção especial. Os bens protegidos pelo meio ambiente não precisam ser tombados, mas hão de ser obrigatoriamente preservados bastando que exista interesse público para tal.

A Constituição Federal de 1988 também abraçou os elementos do inciso III do art. 1º da Lei nº 7.347/1985 (Lei de Ação Civil Pública), por meio do art. 23, III e IV, como se segue:

> *Art. 23. É competência comum da União, dos Estados e dos Municípios:*

[...] III – proteger os documentos, as obras e outros bens de valor histórico, artístico e cultural, os monumentos, as paisagens naturais notáveis e os sítios arqueológicos;
IV – impedir a evasão, a destruição e a descaracterização de obras de arte ou de outros bens de valor histórico, artístico e cultural; [...]

A ação civil pública deverá ser proposta no foro do local onde ocorrer o dano, o que é igualmente válido para as medidas cautelares, conforme o art. 2º da Lei nº 7.347/1985. Assim sendo, determinou o legislador critério territorial para designar a competência do juízo, o que possibilita que o este melhor aprecie a causa em razão da maior facilidade de coleta de provas.

O Código de Defesa do Consumidor, por meio do art. 93, II, estabeleceu, ainda, para designar o juízo competente para situações que atinjam grandes extensões territoriais que:

Art. 93. Ressalvada a competência da justiça federal, é competente para a causa da justiça local:
I – no foro do lugar onde ocorreu ou deve ocorrer o dano, quando de âmbito local;
II – no foro da capital do Estado ou no Distrito Federal, para os danos de âmbito nacional ou regional, aplicando-se as regras do Código de Processo Civil aos casos de competência concorrente.

O prof. José dos Santos Carvalho Filho atenta para a margem de dúvida que pode gerar o art. 93, pois permite a interpretação de que há uma alternativa de foro ao autor. Para tal, elucida:

> Se se tratar de dano de âmbito nacional ou regional que abranja mais de um Estado, haverá opção entre o Foro da Capital, de um dos Estados e o do Distrito Federal. Em se tratando, porém, de dano de âmbito regional com abrangência apenas dentro de um território de um Estado, competente será o foro do juízo que primeiramente se der a citação válida, sendo então a competência firmada por prevenção, segundo as regras estabelecidas no Código de Processo Civil.

Opinião análoga teve a Segunda Turma do egrégio Superior Tribunal de Justiça ao manifestar-se negativamente a tese de exclusividade do foro do Distrito Federal para a interposição de ação civil pública de âmbito nacional no julgamento do Recurso Especial nº 218482, oriundo do Espírito Santo, em que figurou como relator o ministro Peçanha Martins, conforme ementa de acórdão que se segue:

> REsp nº 218492/ES; Recurso Especial 1999/0050594-8; fonte DJ 18/02/2002, p. 00287, RT v. 00799, p. 00192; Rel. Min. Francisco Peçanha Martins (1094). Ementa processual civil. Ação civil pública. Dano de âmbito nacional. General Motors do Brasil Ltda. Compra de veículos. Termo de garantia. Cláusula contratual. Anulação. Competência. Código de Defesa do Consumidor, art. 93, inciso, II. Foro da capital do estado do Espírito Santo. Precedente. Esta e.g. Corte já se manifestou no sentido de *que não há exclusividade do foro do Distrito Federal para o julgamento de ação civil pública de âmbito nacional. Tratando-se de ação civil pública proposta com o objetivo de ver reparado possível prejuízo de âmbito nacional, a competência para o julgamento da lide deve observar o disposto no art. 93, II do Código de Defesa do Consumidor, que possibilita o ingresso no juízo estadual da capital ou no juízo federal do Distrito Federal, competências territoriais concorrentes,* colocadas em planos iguais. Acolhida a preliminar de incompetência do foro suscitado, resta prejudicada a questão referente à deserção do recurso de apelação proclamada. Recurso especial conhecido e provido, determinando a competência do foro da capital do estado do Espírito Santo para processar e julgar o feito.

É importante lembrar que, nos termos do art. 109, II, da Constituição Federal, estabelece-se que nas causas em que a União, entidade autárquica ou empresa pública federal forem interessadas na condição de autoras, rés, assistentes ou oponentes, é competente para julgamento a justiça federal. Nesse caso, o critério para designação da competência é o material.

Por exemplo, no Conflito de Competência nº 28.003, oriundo do Rio de Janeiro, em que figurou como relator o ministro Nilson Naves (em ação civil pública proposta contra a Confederação Brasileira de Futebol – CBF nos foros das Capitais do Rio de Janeiro, São Paulo e Distrito Federal), a Segunda Seção do Superior Tribunal de Justiça conheceu do conflito de competência interposto por "Botafogo de Futebol e Regatas" e declarou como competente a justiça federal do Distrito Federal, fundamentando que:

> A ação civil pública há de ser proposta no foro do local onde ocorreu o dano. É de natureza funcional (Lei nº 7.347, art. 2º). Tratando-se de dano de âmbito nacional, caso em que o dano transcende a área geográfica de mais de um Estado, é competente para a causa o foro do Distrito Federal (Código de Defesa do Consumidor, art. 93, II). Entidade autárquica figurando no polo passivo de uma das ações.

Mesmo sendo o Estado, as autarquias ou as entidades paraestatais interessados na lide, a competência é a do foro do dano, como estabelecido na Lei da ação civil pública. É o que demonstra o Recurso Especial nº 67.345, oriundo do estado de Santa Catarina:

Processual civil. Estado-Membro. Foro privativo. Inexistência. A Fazenda do Estado (e a do Município), em face do sistema jurídico-constitucional vigente, não tem foro privativo, mas, tão só, varas especializadas. A competência das varas especializadas só se torna absoluta quando a causa em que intervenha a Fazenda estadual tenha a Capital do Estado como o foro respectivo. É defesa a lei de organização judiciária, em se sobrepondo à legislação federal, instituir um foro especial para a Fazenda estadual, ou estabelecer a competência de foro de forma diversa da previsão na lei do processo civil. Recurso improvido. Decisão unânime.

O parágrafo único do art. 2º da Lei nº 7.347/1985 determina, ainda, que "A propositura da ação prevenirá a jurisdição do juízo para todas as ações posteriormente intentadas que possuam a mesma causa de pedir e o mesmo objeto". É entendimento majoritário que tal artigo obrigue a prevenção apenas para as ações propostas dentro de um mesmo Estado.

O prof. Hely Lopes Meirelles[226] afirma, ao discorrer sobre o tema, que "cada uma das ações proporcionará uma decisão no âmbito da respectiva competência, como determina inclusive o art. 16 da Lei de Ação Civil Pública. É o art. 16:

Art. 16. A sentença civil fará coisa julgada erga omnes, *nos limites da competência territorial do órgão prolator, exceto se o pedido for julgado improcedente por insuficiência de provas, hipótese em que qualquer legitimado poderá intentar outra ação com idêntico fundamento, valendo-se de nova prova.*

É importante atentar que a sentença, como ato do Estado, tem eficácia *erga omnes*, sendo a coisa julgada uma qualidade especial da sentença que só produz efeitos entre as partes, não atingindo terceiros[227].

A ação civil pública deve seguir o rito comum, regulado pelo Código de Processo Civil, porém, questão interessante toca à concessão de liminar suspensiva da atividade do réu. Primeiramente, estabelece o art. 12 da Lei nº 7.347/1985 que o juiz poderá conceder mandado liminar, com ou sem justificação prévia, em decisão sujeita a agravo a requerimento de pessoa jurídica de Direito Público interessada, e para evitar grave lesão à ordem, à saúde, à segurança e à ordem pública.

Além disso, a multa culminada liminarmente só será exigível do réu após o trânsito em julgado da decisão favorável ao autor, mas será devida desde o dia em que se houver configurado o descumprimento, nos termos do § 2º do art. 12.

Como se sabe, a Lei nº 8.437/1992, que dispõe sobre a concessão de medidas cautelares contra atos do Poder Público estabelece, em seu art. 2º, que no mandado de segurança coletivo e na ação civil pública, a liminar será

---

[226] MEIRELLES, Hely Lopes, Mandado de Segurança, 22ª ed., São Paulo: p. 168.

[227] O prof. José dos Santos CARVALHO FILHO, no artigo A Nova Limitação do Efeito *Erga Omnes* na Ação Civil Pública, da EMERJ, ensina que: O princípio esculpido, no art. 18 da Lei nº 4.717/1965, foi reproduzido no art. 16 da Lei nº 7.347, de 24/07/1985, que passou a disciplinar um novo tipo de ação – a ação civil pública. Lia-se, originalmente, no citado dispositivo o seguinte texto: "A sentença civil fará coisa julgada *erga omnes*, exceto se a ação for julgada improcedente por deficiência de prova, hipótese em que qualquer legitimado poderá intentar outra ação com idêntico fundamento, valendo-se de nova prova." Basta comparar o art. 16 da Lei nº 7.347/1985 com seu antecedente – o art. 18 da Lei nº 4.717/1965 – para se chegar à conclusão de que foi rigorosamente o mesmo o princípio que os inspirou – o princípio da renovabilidade da demanda, caso a improcedência se fundasse na prova mal produzida. Acentue-se que em ambas as ações estão presentes idênticos elementos que justificaram a reprodução do princípio, citando-se, por exemplo, a tutela de interesses difusos ou coletivos; a legitimação extraordinária atribuída aos autores, representantes de interesses de terceiros; a irradiação dos efeitos da coisa julgada, em regra, com caráter *erga omnes*; e a preocupação do legislador em não impedir a investigação da invalidade dos atos em virtude de sentença proferida por deficiência da prova produzida pelo autor. Recentemente, entretanto, o art. 16 da Lei nº 7.347/1985 foi alterado em sua redação pela Lei nº 9.494, de 10/09/1997, passando a ter os seguintes dizeres: *"A sentença civil fará coisa julgada* erga omnes, nos limites da competência territorial do órgão prolator, *exceto se o pedido for julgado improcedente por insuficiência de provas, hipótese em que qualquer legitimado poderá intentar outra ação com idêntico fundamento, valendo-se de nova prova"* (grifo nosso). O objetivo da alteração foi, sem dúvida, reduzir o âmbito de eficácia da coisa julgada, estabelecendo limite territorial: a competência do juiz que profere a decisão. Em outras palavras, se antes a eficácia *erga omnes* da coisa julgada se estendia por todo o território nacional, agora essa mesma eficácia fica restrita ao território no âmbito do qual pode o juiz atuar e dentro do qual possui competência. Pelo que se pode observar, o legislador intimidou-se com o fato de que uma sentença proferida em determinada comarca, algumas delas bem distantes dos grandes centros populacionais, pudesse transitar em julgado e irradiar efeitos da coisa julgada rigorosamente para todas as pessoas nos quatro cantos do extenso território brasileiros. Nos trinta anos de vigor da idêntica norma na lei da ação popular, nunca foi o legislador despertado para a redução do âmbito da eficácia da coisa julgada. Como a ação civil pública se transformou de fato em instrumento de frequente utilização – com algumas distorções, é justo destacar – a extensão que marcava a norma anterior poderia provocar alguns problemas relativos às obrigações de fazer ou não fazer determinadas na sentença. Assim, foi introduzida a frase "nos limites da competência territorial do órgão prolator", como atributo da coisa julgada *erga omnes*.

concedida, quando cabível, após a audiência do representante judicial da pessoa jurídica de Direito Público, que deverá se pronunciar no prazo de 72 horas.

Dessa maneira, os requisitos do *periculum in mora* e do *fumus boni iuris* por si só são insuficientes para a concessão de medida liminar em ação civil pública, já que para esta há requisitos próprios. O acórdão proferido nos autos Recurso Especial nº 161656, oriundo do estado de São Paulo, em que figurou como relator o ministro Francisco Peçanha Martins, conforme abaixo demonstrado, é bastante pertinente para exemplificar tal questão:

> Processual civil. Recurso especial. Ação civil pública. Liminar. Requisitos essenciais – *fumus boni juris* e *periculum in mora* – Lei nº 7.347/1985, art. 12. Violação ao art. 535 do CPC não configurada. Inadmissibilidade. A natureza jurídica da liminar proferida em Ação civil pública é diversa da tutela antecipada regulada pelo art. 273 do CPC, razão pela qual não podem ser invocados, *in casu*, os requisitos estabelecidos no referido preceito legal. Na hipótese dos autos, estão presentes os requisitos exigidos para a concessão da liminar, quais sejam, o *fumus boni juris* e o *periculum in mora*. A liminar proferida em ação civil pública possui regulamentação e requisitos próprios, como estabelecido na Lei nº 7.347/1989. Recurso especial não conhecido.

A razão do tratamento especial para a concessão de medidas cautelares contra o poder público é o interesse público e a supremacia da atividade administrativa, que requer cuidado diante de decisões de âmbito coletivo. Assim, a lei estabeleceu limitações à concessão de liminares e outras medidas cautelares.

Uma destas restrições é a impossibilidade de concessão de liminar contra atos do Poder Público no procedimento cautelar ou outras ações de caráter cautelar ou preventivo sempre que providência semelhante puder ser concedida em mandado de segurança, em virtude de vedação legal.

É cabível, ainda, o pedido de suspensão ao presidente do Tribunal da execução da liminar nas ações movidas contra o Poder Público e seus agentes, a requerimento do Ministério Público ou da pessoa jurídica de Direito Público interessada, em caso de manifesto interesse público ou de flagrante ilegitimidade e para evitar grave lesão à ordem pública (art. 4º da Lei nº 8437/1992). Tal requerimento é um sucedâneo recursal utilizado em caráter excepcional.

Também, do despacho que conceder ou negar a suspensão caberá agravo no prazo de cinco dias que será levado a julgamento na sessão seguinte a sua interposição. Se mantida a decisão, caberá novo pedido de suspensão ao Presidente do Tribunal competente para conhecer de possível recurso especial ou extraordinário. Cabe, igualmente, pedido de suspensão dirigido à autoridade competente para o conhecimento do recurso especial ou extraordinário quando negado provimento ao agravo de instrumento interposto contra liminar a que se refere o dito artigo.

Poderá o presidente do Tribunal atribuir ao pedido efeito suspensivo liminar, se averiguar, por meio de juízo prévio, a veracidade do direito invocado e a urgência na concessão da medida. Ressalta-se que as liminares de igual objeto poderão ser suspensas em decisão única. A suspensão deferida pelo presidente do Tribunal vigorará até o trânsito em julgado da decisão de mérito da ação principal.

Alguns doutrinadores afirmam que as restrições à concessão de medidas cautelares são relativas, visto que não podem por em risco direito de outras pessoas, por ofender ao princípio do art. 5º, XXXV, da Constituição Federal, porém, a jurisprudência do Superior Tribunal de Justiça é majoritária, como exemplificado, em afirmar a necessidade de oitiva prévia do Poder Público.

Acrescenta-se que, de acordo com o art. 13 da Lei nº 7.347/1985, em havendo condenação em dinheiro, a indenização pelo dano causado reverterá a um fundo gerido por um conselho federal ou por conselhos estaduais de que participarão necessariamente o Ministério Público e representantes da comunidade, sendo seus recursos destinados à reconstituição dos bens lesados.

A Lei nº 6.938/1981, que dispõe sobre a Política Nacional do meio ambiente institui em seu art. 14, § 1º, que o réu na ação civil pública tem responsabilidade objetiva pelos danos causados ao meio ambiente, como se demonstra a seguir:

> *Art 14. Sem prejuízo das penalidades definidas pela legislação federal, estadual e municipal, o não cumprimento das medidas necessárias à preservação ou correção dos inconvenientes e danos causados pela degradação da qualidade ambiental sujeitará os transgressores:*
>
> *[...] § 1º Sem obstar a aplicação das penalidades previstas neste artigo, é o poluidor obrigado, independentemente da existência de culpa, a indenizar ou reparar os danos causados ao meio ambiente e a terceiros, afetados por sua atividade. O Ministério Público da União e dos Estados terá legitimidade para propor ação de responsabilidade civil e criminal, por danos causados ao meio ambiente.*

É questão controvertida a natureza desta responsabilidade. Parte da doutrina acredita ser esta solidária, o que já de ser resultado de lei ou de pactuação, como os "compromissos de ajustamento" celebrados entre os órgãos públicos e os interessados, como é o caso demonstrado por meio do Recurso Especial nº 295797, oriundo do estado de São Paulo, em que figurou como relatora a Ministra Eliana Calmon como se segue:

> Processo civil. Ação civil pública. Dano ambiental. 1. É parte legítima para figurar no polo passivo da ação civil pública, solidariamente, o responsável direto pela violação às normas de preservação do meio ambiente, bem assim a pessoa jurídica que aprova o projeto danoso. 2. Na realização de obras e loteamentos, é o município responsável – solidário pelos danos ambientais que possam advir do empreendimento, juntamente com o dono do imóvel. 3. Se o imóvel causador do dano é adquirido por terceira pessoa, esta ingressa na solidariedade, como responsável. 4. Recurso especial improvido.

Nas ações coletivas de proteção a direitos metaindividuais, como o direito ao meio ambiente ecologicamente equilibrado, a responsabilidade do poder concedente não é subsidiária, na forma da nova lei de concessões (Lei nº 8.987/1995), mas objetiva e, portanto, solidária com o concessionário de serviço público, contra quem possui direito de regresso, com base no art. 14, § 1º, da Lei nº 6.938/1981. Assim, não se discute a liceidade das atividades exercidas pelo concessionário, ou a legalidade do contrato administrativo que concedeu a exploração de serviço público, o que importa é a potencialidade do dano ambiental e sua pronta reparação.

É exemplo a ação civil pública movida pelo Ministério Público do estado de São Paulo contra o município de Itapetininga. Com base nos arts. 23, VI e 225 da Constituição Federal foi afirmado, por acórdão proferido pela Corte superior de justiça, que a concessão de serviço público ensejou a responsabilidade objetiva do município em razão da solidariedade do poder concedente (município de Itapetininga) e o concessionário (Sabesp) firmada por meio de convênio para a realização do serviço de coleta de esgoto urbano, pela poluição causada no rio Ribeirão Carrito.

Tendo em vista que o dano fora decorrente da execução do objeto do contrato de concessão firmado entre a Companhia de Saneamento Básico do Estado de São Paulo – Sabesp – delegatária do serviço municipal, não se permitiu a exclusão de responsabilidade do Município por ato de concessionário do qual fora fiador da regularidade do serviço concedido. Ademais, havia dever de fiscalização da boa execução do contrato perante a população.

A problemática surge, principalmente, ao vislumbrar a possibilidade de um conjunto de atos vulneradores do meio ambiente, como gases poluentes liberados à atmosfera, o que causa uma vinculação entre as causas da poluição.

Tais efeitos, se separados, não geram solidariedade entre os agentes poluidores, porém, se impossível a distinção, há a solidariedade decorrente de uma legitimidade passiva autônoma e concorrente. Não sendo possível vislumbrar uma responsabilidade exclusiva, poder-se-á considerar solidariedade, por meio da formação de litisconsórcio passivo.

Assim, a solidariedade entre empresas que se situam em área poluída, na ação que visa preservar o meio ambiente, deriva da própria natureza da ação. Para a correção do meio ambiente, as empresas são responsáveis solidárias, e, no plano interno, entre si, responsabiliza-se cada qual pela participação na conduta danosa. Trata-se, todavia, de litisconsórcio passivo facultativo e não litisconsórcio passivo necessário, como demonstrado por meio do Recurso Especial nº 37354 oriundo do estado de São Paulo, em que figurou como relator o Ministro Antônio de Pádua Ribeiro:

> Ação civil pública. Responsável direto e indireto pelo dano causado ao meio ambiente. Solidariedade. Hipótese em que se configura litisconsórcio facultativo e não litisconsórcio necessário. 1. Ação civil pública pode ser proposta contra o responsável direto, contra o responsável indireto ou contra ambos, pelos danos causados ao meio ambiente. Trata-se de caso de responsabilidade solidária, ensejadora do litisconsórcio facultativo (CPC, art. 46, I) e não do litisconsórcio necessário (CPC, art. 47). 2. Lei nº 6.898, de 31/08/1991, arts. 3º, IV, 14, § 1º, e 18, parágrafo único. Código Civil, arts. 896, 904 e 1.518. Aplicação. 3. Recurso especial não conhecido.

É possibilitada, dessa maneira, a ação de regresso, quando cabível, em processo autônomo. Sendo a responsabilidade objetiva a defesa do réu deve basear-se nos seguintes pontos:

- a não responsabilidade pelo ato ou fato lesivo ao meio ambiente;
- a não ocorrência do fato;
- a não lesividade da conduta ao meio ambiente.

Porém, a responsabilidade imposta por lei independe de culpa ou nexo causal, como é o caso de preservação de área ambiental, o que é claramente ilustrado por meio do Recurso Especial nº 282781, oriundo do estado do Paraná, em que figurou como relatora a ministra Eliana Calmon, conforme ementa que se segue:

> Administrativo. Dano ao meio ambiente. Indenização legitimação passiva do novo adquirente. 1. A responsabilidade pela preservação e recomposição do meio ambiente é objetiva, mas se exige nexo de causalidade entre a atividade do proprietário e o dano causado (Lei nº 6.938/1981). 2. *Em se tratando de reserva florestal, com limitação imposta por lei, o novo proprietário, ao adquirir a área, assume o ônus de manter a preservação, tornando-se responsável pela reposição, mesmo que não tenha contribuído para devastá-la. 3. Responsabilidade que independe de culpa ou nexo causal, porque imposta por lei.* 4. Recurso especial provido.

Aplica-se o Código de Defesa do Consumidor às relações jurídicas originadas dos pactos firmados entre consumidores e os agente econômicos, as instituições financeiras e os usuários de seus produtos e serviços. Em razão da enorme amplitude de relações que podem ser envolvidos pela Lei, faz-se bastante interessante para ilustrar o presente trabalho demonstrar a jurisprudência dominante acerca de alguns destes:

> Responsabilidade Civil do Transportador: Tendo se tornado fato comum e corriqueiro, sobretudo em determinadas cidade e zonas tidas como perigosas, o assalto a ônibus não pode ser mais genericamente qualificado como fato extraordinário e imprevisível (REsp nº 232649).
>
> Suspensão do fornecimento de água por inadimplência do usuário: ato reprovável, exposição ao ridículo – enseja dano moral (REsp nº 201112/SC).
>
> A culpa do banco por defeitos na prestação de serviços é objetiva. São tidas como não escritas as cláusulas que vedam a apreciação, pelo Judiciário, de possíveis prejuízos (Ap. Cível nº 70002202711).
>
> É abusivo o cancelamento do limite de crédito sem prévia comunicação ao correntista devido à inadimplência em contrato diverso (REsp nº 412651).
>
> O Ministério Público possui legitimidade para promover ação civil pública tendo por objeto cláusulas de contratos bancários de adesão (REsp nº 175645).
>
> A cláusula de eleição de foro inserida em contrato de adesão não prevalece se "abusiva", o que se verifica quando constatado que da prevalência de tal estipulação resulta inviabilidade ou especial dificuldade de acesso ao Judiciário (Conflito de Competência nº 29088).

Em 1985 a Lei de Ação Civil Pública foi concebida para tutelar o meio ambiente, adquirindo grande amplitude com a entrada em vigor da Lei de Defesa do Consumidor, tornando possível a interposição de ação civil pública para quaisquer interesses difusos e coletivos (lembrando-se que é controvertida as posições da doutrina e jurisprudência sobre a abrangência da ação civil pública para quaisquer direitos coletivos ou somente quando estes direitos coletivos originarem-se de relação de consumo).

Anteriormente, as ações civis públicas eram restritas à tutela dos interesses difusos, o que só poderia englobar a tutela do consumidor se esta fosse concebida em temas macro, como a saúde, segurança, práticas comerciais etc.

Atualmente, há sincronia entre o Código de Defesa do Consumidor e a Lei de Ação Civil Pública. As disposições de direito material encontram-se na Lei de Defesa do Consumidor, enquanto as relativas ao direito processual estão em uma e outra.

Muitas considerações acerca da ação civil pública para a defesa de direitos do consumidor já foram feitas ao longo deste trabalho, restando, ao momento, apenas ilustrar o tema para aclareá-lo.

Como se sabe, a legitimidade ativa na ação civil pública foi também ampliada por meio da Lei de Defesa do Consumidor, englobando, além das pessoas já mencionadas na Lei nº 7.347/1985 igualmente, as entidades e órgãos da Administração Pública indireta sem personalidade jurídica destinados à proteção dos consumidores e as associações constituídas há mais de um ano, admitindo também listisconsórcio facultativo do Ministério Público da União, dos Estados e do Distrito Federal na defesa dos interesses do consumidor, conforme art. 5º e parágrafos da Lei nº 7.347/1985 e pelo art. 113 da Lei nº 8.078/1990).

A ADCON é a Associação Brasileira de Defesa do Consumidor e como tal, tem legitimidade ativa para a propositura de ação civil pública. Em 2002 esta entidade ingressou com ação civil coletiva em face da Light Serviços de Eletricidade S/A, alegando que a ré, responsável pela distribuição de energia no Estado do Rio de Janeiro, cuja aferição de consumo é realizada por meio de medidores que muitas vezes apresentam defeitos, conduzia a contas abusivas e que propostos da ré compareciam aos locais de marcação e aferimento alegando a existência de irregularidades, lançando a absurda previsão de consumo mensal, o que gerava elevada dívida.

A Light Serviços de Eletricidade S/A impunha, ainda, aos consumidores a assinatura de contrato de financiamento de débito – consumo irregular, por meio do qual os consumidores deveriam reconhecer e confessar as dívidas unilateralmente, em período retroativo de 24 meses sob pena de ser retirado o relógio medidor, com a imediata suspensão do fornecimento de energia elétrica. A conduta da concessionária, pautada na Portaria nº 466/197 do DNAEE (Anatel) feria a Constituição da República, posto que permitia a ré encaminhar o nome do usuário inadimplente ao SPC e Serasa, em evidente violação ao preceituado no art. 42 do CDC, expondo o consumidor, mediante constrangimento e ameaça ao ridículo.

O Juízo de direito da Quinta Vara Empresarial da Comarca do Rio de Janeiro concedeu à instituição tutela antecipada parcial para que a companhia se abstivesse de efetuar o corte de fornecimento de energia elétrica de qualquer usuário ou consumidor enquanto pendente a decisão, e que esta igualmente se abstivesse de enviar aos cadastros de serviços de proteção ao crédito para a inscrição, o nome de usuários de seus serviços, nos termos da Lei Estadual nº 3.762/2002, fixando a multa de R$ 1.000,00 para cada conduta refratária que vier a ser comprovada nos autos.

A extensão dos efeitos da antecipação de tutela se deu de acordo com as regras fixadas no art. 103 e parágrafos do Código de Defesa do Consumidor, abrangendo territorialmente, os limites do Estado do Rio de Janeiro (arts. 93, inciso II, do CDC e 16 da Lei de Ação Civil Pública)

O juízo atentou, ainda, que apesar do caráter cogente e excepcional da norma prevista no art. 6º, inciso VIII do Código de Defesa do Consumidor, a inversão do ônus da prova não pode ser interpretada com regra obrigatória direcionada ao juiz, devendo ser aplicada quando o julgador, diante de uma alegação verossímil ou da hipossuficiência de uma das partes, tenha a necessidade de utilizar, durante a instrução do processo, tal prerrogativa, segundo as regras ordinárias de experiências.

Nos termos do art. 98 da Lei de Defesa do Consumidor, estabelece-se que a execução poderia ser coletiva, sendo promovida pelos legitimados de que trata o art. 82, abrangendo as vítimas cujas indenizações já tiverem sido fixadas em sentença de liquidação, sem prejuízo do ajuizamento de outras ações.

Se após a decorrência do período de um ano, nos termo do art. 100 da Lei de Defesa do Consumidor, não houvesse habilitação de interessados em número compatível com a gravidade do ano, poderiam os legitimados do art. 82 promover a liquidação e execução da indenização devida, sendo o produto desta revertido para o fundo criado pela Lei de Ação Civil Pública. Enquanto não regulamentado tal fundo, deveria o dinheiro ficar depositado em estabelecimento oficial de crédito, em conta com correção monetária.

Com o intuito de moralizar o mercado de capitais, de modo a reprimir fraudes e distorções foi criada a Lei nº 7.913/1989 que dispõe sobre a ação civil pública de responsabilidade por danos causados aos investidores no mercado de valores mobiliários.

São os valores mobiliários as ações, partes beneficiários e debêntures, os cupões desses títulos e os bônus de subscrição; os certificados de depósito de valores mobiliários e outros títulos criados ou emitidos pelas sociedades anônimas, a critério do Conselho Monetário Nacional, excluindo-se os títulos da dívida pública federal, estadual ou municipal e os títulos cambiais de responsabilidade de instituição financeira, exceto as debêntures, nos termos do art. 2º da Lei nº 6.385/1976.

Assim, é o Ministério Público legitimado a promover ação civil pública para evitar prejuízos ou obter ressarcimentos dos danos causados aos titulares de valores mobiliários e aos investidores de mercado nas hipóteses de, nos termos do art. 1º da referida lei:

- operação fraudulenta, prática não equitativa, manipulação de preços ou criação de condições artificiais de procura, oferta ou preço de valores mobiliários (I);
- compra ou venda de valores mobiliários, por parte dos administradores e acionistas controladores de companhia aberta, utilizando-se de informação relevante, ainda não divulgada para conhecimento do mercado ou a mesma operação realizada por que a detenha em razão de sua profissão ou função, ou por quem quer que a tenha obtido por intermédio dessas pessoas (II);
- omissão ou informação relevante por parte de quem estava obrigado a divulgá-la, bem como sua prestação de forma incompleta, falsa ou tendenciosa (III).

O Recurso Especial nº 311492, oriundo do Estado de São Paulo, em que figurou como relatora a Ministra Nancy Andrighi ilustra tal legitimação do Ministério Público para a interposição de ação civil pública para atender a interesses individuais homogêneos referentes ao mercado de capitais:

> Processual civil. Recurso especial. Requisitos. Embargos de declaração. Omissão reiterada. Cerceamento de defesa. Julgamento antecipado da lide. Reexame de prova. Inépcia da petição inicial. Ação civil pública. Instituição financeira. Planos de capitalização. Ressarcimento. Direitos individuais homogêneos conceituação posterior ao dano. Possibilidade jurídica do pedido. Ministério público. Legitimidade. [...] O dano perpetrado a interesses individuais homogêneos em período anterior a sua conceituação formal pelo CDC não impede o reconhecimento à indenização devida aos lesados, se a ação civil pública é ajuizada, sob a égide da disciplina própria subsequente

dos direitos coletivos, por intermédio da atuação extraordinária do Ministério Público Estadual. *A lei da ação civil pública, de caráter predominantemente instrumental, aplica-se aos processos em curso. Detém o Ministério Público legitimidade para ajuizar ação civil pública para a tutela de direitos individuais homogêneos dos aplicadores de títulos de capitalização lesados pela atuação irregular de sociedade de capitalização no mercado financeiro.*

As importâncias devidas pela condenação do réu são revertidas aos investidores lesados na proporção do seu prejuízo e ficam depositadas em conta remunerada, à disposição do juízo até que o investidor habilite-se ao recolhimento da parcela que lhe couber, decaindo tal direito (à habilitação) no prazo dois anos.

O Ministério Público pode atuar *ex officio* ou mediante requerimento da Comissão de Valores Mobiliários – CVM, que é um órgão gestor que fiscaliza o mercado de capitais. Admite-se que haja legitimidade ativa concorrente entre a União, o Estado, o Município e as Associações que tenham como finalidade a proteção do investidor. Sendo assim, caso o Ministério Público não figure no polo ativo da relação processual em questão, deverá atuar como *custos legis*.

Estabelece o art. 12 da Lei nº 6.385/1976, que dispõe sobre o mercado de valores mobiliários que, quando o inquérito concluir pela ocorrência de crime de ação pública, a Comissão de Valores Mobiliários oficiará o Ministério Público para propositura de ação penal.

Ensina o prof. Hely Lopes Meirelles[228] que a grande inovação da Lei nº 7.913/1989 consiste em fazer a simbiose entre a ação coletiva de conhecimento e a garantia do ressarcimento individual do prejudicado na fase de execução. Nas demais ações civis públicas os efeitos se limitam à condenação dos culpados, que são obrigados a pagar uma indenização, com caráter, inclusive, de pena privada e, em tese, ao encaminhamento dos valores recebidos a um fundo, que atua na área na qual o ilícito foi cometido, sem que haja um efetivo ressarcimento da vítimas[229].

O art. 227 da Constituição Federal estabelece que:

Art. 227. É dever da família, da sociedade e do Estado assegurar à criança e ao adolescente, com absoluta prioridade, o direito à vida, à saúde, à alimentação, à educação, ao lazer, à profissionalização, à cultura, à dignidade, ao respeito, à liberdade e à convivência familiar e comunitária, além de colocá-los a salvo de toda forma de negligência, discriminação, exploração, violência, crueldade e opressão.

Por tal, foi criada a Lei nº 8.069/1990 que elencou, no seu art. 208, no capítulo referente à proteção judicial dos interesses individuais, difusos e coletivos os direitos assegurados à criança e ao adolescente (os arts. 106 e seguintes da mesma lei trata dos direitos individuais, porém, não ensejam estes a interposição de ação civil pública).

São eles: o ensino obrigatório; o atendimento educacional especializado aos portadores de deficiência; ao atendimento em creche e pré-escola às crianças de zero a seis anos de idade; de ensino noturno regular, adequado às condições do educando; a programas de saúde suplementares de oferta de material didático-escolar, transporte e assistência à saúde do educando do ensino fundamental; serviço de assistência social visando à proteção a família, à maternidade, à infância, à adolescência, bem como ao amparo às crianças e adolescentes que dele necessitem; de acesso às ações e serviços de saúde; de escolarização e profissionalização dos adolescentes privados de liberdade.

Dessa maneira, a ofensa a estes direitos estará sujeita à ação de responsabilidade, ressaltando-se que, nos termos do parágrafo único do mesmo artigo, não estão excluídos da proteção judicial outros interesses individuais, difusos ou coletivos, próprios da infância e da adolescência, protegidos pela Constituição e pela lei.

De acordo com o caso poder ser intentada a ação contra hospitais, editoras, pais e responsáveis, estabelecimentos de ensino etc. A exemplo de tal, foi interposta ação civil pública pelo Ministério Público e a Sociedade

---

228 Hely Lopes MEIRELLES, *op. cit.*, p. 177.

229 "Acrescenta, ainda, o prof. que no caso da referida Lei, o *status quo ante* não se faz somente no plano coletivo. A dificuldade técnica consiste no fato de ser a ação coletiva na fase de conhecimento, e a execução de caráter, total ou parcialmente, individual. Há assim uma aparente contradição com alguns princípios processuais básicos, como os referentes aos efeitos da coisa julgada e à identidade entre as partes na fase de conhecimento e execução do processo. Mas é preciso reconhecer que a própria legislação sobre a ação popular e, em seguida, a sobre a ação civil pública, como técnica de defesa dos interesses difusos, abriram o caminho para novas concepções, nas quais, em certo sentido, há na fase inicial, uma substituição processual na qual o autor atua no interesse das vítimas, que, após a decisão do mérito, habilitar-se-ão a receber o que lhes foi devido. Não há dúvidas de que algumas dificuldades poderão surgir em virtude da legitimação concorrente do Ministério Público ou do autor da ação civil pública e dos prejudicados para, em ação própria, pleitear as indenizações devidas. Uma das soluções preconizadas é o julgamento conjunto destas várias ações, em virtude da conexão entre elas existente, que, inclusive geralmente, favorecerá as vítimas das ilegalidades praticadas."

Cunha Mello de Educação e Cultura Ltda. que, em fase de Apelação, foi distribuída à Nona Câmara Civil do Tribunal de Justiça do Estado do Rio de Janeiro.

Em acórdão, afirmou a Corte que o Estatuto da Criança e do Adolescente protegeu determinados bens jurídicos adotando a doutrina da proteção integral para considerar a criança e o adolescente sujeitos de direitos, enumerando os aspectos dessa proteção e estruturando instrumentos objetivos para a adequada e eficaz proteção dos direitos substantivos legalmente consagrados.

Assim a agressão e ameaças verbais a determinado grupo de alunos deu ensejo à defesa de todos de forma coletiva, por iniciativa de qualquer um dos legitimados legais, ocupando o Ministério Público o primeiro lugar deste rol. Foi confirmada a Sentença para coibir os excessos cometidos em nome de uma boa educação, não sendo, porém, tal condenação quantificada em termos individuais não podendo, dessa forma, revestir-se de caráter indenizatório.

As ações deverão ser propostas no foro do local onde ocorreu ou correria a ação ou omissão, cujo juízo terá competência absoluta para processar a causa, ressalvadas a competência da Justiça Federal e a competência originária dos tribunais superiores.

Quanto à legitimidade ativa para interposição de ação civil pública, de acordo com o Estatuto da Criança e do Adolescente, são concorrentemente legitimados, nos termos do art. 210:

- O Ministério Público (I);
- A União, os Estados, os Municípios, o Distrito Federal e os Territórios (II);
- As associações legalmente constituídas há pelo menos um ano e que incluam entre seus fins institucionais a defesa dos interesses e direitos protegidos por esta lei, dispensada a autorização da assembleia, se houver prévia autorização estatutária (III).

Admite-se litisconsórcio facultativo entre os Ministérios Públicos da União e dos Estados na defesa dos interesses da criança e do adolescente. Ressalta-se que nas hipóteses de desistência da ação por associação legitimada, o Ministério Público ou outro legitimado poderá assumir a titularidade ativa da mesma.

A União, Estados e Municípios poderão ser também réus em ação civil pública visando à proteção dos direitos da criança e do adolescente caso este não cumpra com as obrigações previstas no Estatuto da Criança e do Adolescente.

Por exemplo, compete ao Poder Público proceder ao censo dos educandos no ensino fundamental. A realização do censo escolar prevista no ECA é uma das medidas do conjunto de proteção à população infanto-juvenil. O Ministério Público ajuizou ação civil pública contra o município de São Gonçalo recentemente pois havia mais de cinco anos não era realizado o censo escolar naquele Município.

Assim, são as possíveis providências judiciais:

- compromisso de ajustamento de conduta às exigências legais, que tem eficácia de título executivo extrajudicial (art. 211);
- concessão de tutela específica da obrigação ou providências que assegurem o resultado prático equivalente ao inadimplemento nas ações que tenham por objeto obrigação de fazer ou de não fazer (art. 213);
- concessão de tutela liminar, após justificação prévia, citando o réu caso relevante o fundamento da demanda e havendo justificado receio de ineficácia do provimento final (art. 213, § 1º);
- imposição de multa diária ao réu após o trânsito em julgado da sentença favorável ao autor (art. 213, § 2º), que será devida desde o dia em que houver configurado o descumprimento.

As ações referentes à proteção judicial dos interesses individuais, difusos ou coletivos deverá, nos termos do art. 212 § 1º, deverão seguir as normas do Código de Processo Civil[230]. Tal, é reforçado ainda por meio do REsp 44053, oriundo do estado de São Paulo, em que figurou como relator o ministro Luiz Fux:

> Processual civil. ECA. Ação civil pública. Prazo recursal. CPC. 1. O Estatuto da Criança e do Adolescente prevê ações específicas com o procedimento nele traçado, subsidiado pelas regras do CPC. não obstante, no interesse dos menores é possível o exercício da ação civil pública, sujeito a rito próprio, em face do princípio de que os procedimentos especiais regem-se pelos regimes que lhes são próprios, forçoso concluir que *o prazo para a interposição*

[230]Também os REsp 128081, oriundo do Rio Grande do Sul: 128081/RS; Recurso especial 1997/0026435-1; fonte DJ data: 08/06/1998, p. 00021; ST, vol. 00111, p. 00061; Rel. Min. Garcia Vieira (1082); ementa ação civil publica. Prazo recursal. Feito afeto à justiça da infância e juventude a ação civil pública e disciplinada pela Lei nº 7.347/1985, que determina a aplicação do CPC naquilo em que não contrariar outras disposições. A referida lei não regula prazo para apelação. Este deve, portanto, ser o previsto no CPC – 15 dias – contado em dobro (art. 188, CPC). O Estatuto da Criança e do Adolescente recepcionou o sistema recursal do CPC. Recurso provido.

> *de recurso em sede de ação civil pública, ainda que o direito tutelado refira-se a interesses individuais, difusos e coletivos da criança e do adolescente, é regulado pelo código de processo civil. 2. O prazo recursal do art. 198, II do estatuto da criança e do adolescente aplica-se somente aos procedimentos especiais* previstos entre os arts. 152 e 197 do referido estatuto.

O Ministério Público deverá atuar como *custos legis* nos processos em que não for parte sendo que a não intervenção deste órgão acarretará na nulidade dos feitos, que será declarada de ofício pelo juiz ou a requerimento de qualquer interessado (art. 204).

Qualquer pessoa poderá provocar a iniciativa do Ministério Público, prestando-lhe informações sobre fatos que constituam objeto de ação civil e indicando-lhe os elementos de convicção (art. 220).

A Lei nº 8.069/1990 (Estatuto da Criança e do Adolescente) adotou em seu art. 1º o princípio da proteção integral da criança e do adolescente, estendendo-se a todas as suas necessidades e direitos, no sentido do pleno desenvolvimento de sua personalidade.

Os direitos e interesses da criança e do adolescente são difusos na medida em que transcendem a esfera individual, referindo-se a toda sociedade, que deles não pode dispor. Um outro exemplo prático da utilização da ação civil pública é a responsabilização pela veiculação de sites nocivos à imagem e á personalidade.

Há de se fazer, porém, a distinção entre as normas impostas pela constituição e as normas programáticas. Em Acórdão proferido pelo Superior Tribunal de Justiça no Recurso Especial nº 63128, oriundo do Estado de Goiás em ação civil pública, decidiu a Sexta Turma pela impossibilidade de obrigar o governo goiano a construir um centro de recuperação e triagem. É a ementa:

> [...] 1. O Ministério Público do estado de Goiás, com base nas Constituições federal e estadual e no art. 4º do Estatuto da Criança e do Adolescente, ajuizou ação civil pública para compelir o governo estadual a construir um centro de recuperação e triagem, em face de prioridade genericamente estabelecida. O TJGO, em apelação, decretou a carência da ação por impossibilidade jurídica. 2. A Constituição Federal e em suas águas a Constituição do estado de Goiás são "dirigentes" e "programáticas". tem, no particular, preceitos impositivos para o legislativo (elaborar leis infraconstitucionais de acordo com as "tarefas" e "programas" preestabelecidos) e para o Judiciário ("atualização constitucional"). Mas, no caso dos autos, as normas invocadas não estabelecem, de modo concreto, a obrigação do Executivo de construir, no momento, o centro. Assim, haveria uma intromissão indébita do Poder Judiciário no Executivo, único em condições de escolher o momento oportuno e conveniente para a execução da obra reclamada. 3. Recurso especial não conhecido. Decisão recorrida mantida.

Foi decidido no Recurso Especial nº 113405, oriundo do estado de Minas Gerais, objeto do Informativo nº 63 do Superior Tribunal de Justiça, quanto a competência para julgamento de ação civil pública, que a Vara da Infância e da Juventude é competente para processar e julgar ação civil pública, ajuizada pelo Ministério Público contra colégio, objetivando sustar a recusa de matrícula de aluno menor em virtude de responsável haver se insurgido anteriormente contra aumento de mensalidade.

Analisando as vicissitudes do instituto, após o exame dos seus âmbitos de atuação, temos que o Supremo Tribunal Federal tem admitido a propositura de ação civil pública com base na inconstitucionalidade de lei, ao fundamento de que, neste caso, não se trataria de controle concentrado, mas de controle difuso de constitucionalidade, passível de correção pela Suprema Corte pela interposição de recurso extraordinário.

Sobre o tema, o STJ proferiu a decisão, cujo trecho é exposto a seguir, nos autos do Recurso Especial nº 175222, oriundo do estado de São Paulo:

> REsp 175222/SP; Recurso Especial 1998/0038317-4; fonte DJ 24/06/2002, p. 00230; RT, v. 00806, p. 00133; Rel. Min. Franciulli Netto (1117). Ementa recurso especial. Ação civil pública. Eficácia *erga omnes*. Controle de constitucionalidade *incidenter tantum*. Possibilidade. Entendimento do Supremo Tribunal Federal [...]. Na verdade, o que se repele é a tentativa de burlar o sistema de controle constitucional para pleitear, em ação civil pública, mera pretensão de declaração de inconstitucionalidade, como se de controle concentrado se tratasse. *In casu*, o pedido formulado pelo *parquet* diz respeito ao direito individual homogêneo do contribuinte de não recolher tributo, que, segundo seu entendimento, é ilegítimo. A inconstitucionalidade da lei criadora do "complemento de taxa de serviços públicos", instituído pela municipalidade de Campos do Jordão, nada mais é do que o fundamento dessa ilegitimidade e sequer faz coisa julgada, nos termos do art. 469 do Código de Processo Civil. Admitida a declaração *incidenter tantum* da inconstitucionalidade de lei municipal em ação civil pública, devem os autos retornar à Corte *a quo* para que examine as demais preliminares arguidas, incluído o exame da legitimidade do *parquet* para a defesa dos contribuintes, e, se for o caso, prossiga no exame do mérito da demanda. Recurso especial parcialmente provido.

A ação civil pública não comporta pedido de declaração de inconstitucionalidade, porque tal importaria usurpação da competência do Supremo Tribunal Federal para conhecer originariamente de ação direta de inconstitucionalidade. Cabe, porém, outro pedido, fundado em inconstitucionalidade, neste caso, como dito, tem-se o controle difuso de constitucionalidade, sujeito a correção pelo STF.

O *Informativo nº* 211 do STF noticiou a decisão na Reclamação nº 1733, oriundo do estado de São Paulo, em que figuraram como reclamantes o Partido do Movimento Democrático Brasileiro e como reclamados o Tribunal de Justiça de São Paulo sobre o controle difuso na ação civil pública.

Comunicou a Corte Suprema o reconhecimento da legitimidade da utilização da ação civil pública como instrumento idôneo de fiscalização incidental de inconstitucionalidade, pela via difusa, de quaisquer leis ou atos do Poder Público, mesmo quando contestados em face da Constituição da República, desde que, nesse processo coletivo, a controvérsia constitucional, longe de identificar-se como objeto único da demanda, qualifique-se como simples questão prejudicial, indispensável à resolução do litígio principal.

A reclamação, com pedido de liminar, foi promovida com o objetivo de fazer preservar competência do Supremo Tribunal Federal, alegadamente usurpada por magistrado de primeira instância, que ao julgar procedente ação civil pública promovida pelo Ministério Público do Estado de São Paulo, veio a declarar incidentemente a inconstitucionalidade do art. 8º da Lei Orgânica do Município de Sorocaba/SP, que fixara em 21 o número de vereadores à Câmara Municipal.

Em virtude da sentença, reduziram-se para 14 vereadores o número de membros que a Câmara Municipal de Sorocaba poderia ter na próxima legislatura. Em recurso de apelação, ainda não julgado à época pelo Tribunal de Justiça do Estado de São Paulo a parte reclamante alegou a usurpação de competência do Supremo Tribunal Federal, sustentando que a pretensão do Ministério Público local, que havia sido inteiramente acolhida pelo ato setencial impugnado não era apenas uma declaração incidental de inconstitucionalidade, que valeria tão somente para as partes litigantes, mas uma declaração de inconstitucionalidade que atingiria efeitos *erga omnes* sobre toda a coletividade e que a ação intentada.

Dessa forma, argumentou-se que, por conseguinte, não poderia prosperar o pedido por representar disfarçada utilização de ação direta de inconstitucionalidade pelo Ministério Público, em sede de ação civil pública, com o objetivo de reduzir o número de vereadores, em ofensa à autonomia municipal de auto legislar.

O reclamante, após afirmar o não cabimento ao Ministério Público, no caso, de ação proposta para os fins nela objetivados por usurpação de competência para julgamento da real ação a ser proposta, requereu a suspensão da liminar da eficácia da sentença de primeira instância até o julgamento final da reclamação e a extinção do processo de ação civil pública instaurado.

A Corte argumentou a decisão afirmando que se é certo que o remédio constitucional da reclamação revela-se cabível, quando se evidenciam as situações previstas no art. 102, I, da Carta Política que nem mesmo a Suprema Corte dispunha de atribuição jurisdicional, para, em sede de controle normativo abstrato, efetuar a fiscalização concentrada de constitucionalidade de leis municipais em face da Constituição.

Fundamentou, ainda, que, na realidade, a jurisprudência do Supremo Tribunal Federal, apoiando-se na doutrina, tem advertido que o único controle possível de constitucionalidade de lei ou ato normativo municipal, em face da Carta da República, é aquele que se exerce *incidenter tantum*, pelo método difuso, por todos os órgãos do Poder Judiciário, quando do julgamento de cada caso concreto concorrente.

Afirmou a Corte ser inquestionável que a utilização da ação civil pública como sucedâneo da ação direta de inconstitucionalidade, além de traduzir situação configuradora de abuso de poder de demandar, também caracterizaria hipótese de usurpação da competência do STF.

Porém, se o ajuizamento da ação civil pública visar, não à apreciação da validade constitucional da lei em tese, mas a objetivar o julgamento de específica e concreta relação jurídica, aí, então, tornar-se-ia lícita a promoção, *incidenter tantum*, do controle difuso de constitucionalidade de qualquer ato emanado do Poder Público.

Assim, argumentou por final a Corte, que nada impede que, por meio de ação civil pública da Lei nº 7.347/1985, se faça, não o controle concentrado e abstrato de constitucionalidade da lei, mas seu controle difuso ou incidental.

Por essa razão o magistério jurisprudencial dos Tribunais – inclusive o do Supremo Tribunal Federal (RECL 554/MG) tem reconhecido a legitimidade da utilização da ação civil pública como instrumento idôneo de fiscalização incidental de constitucionalidade, desde que, neste processo coletivo, a controvérsia constitucional, longe de identificar-se como objeto único da demanda, qualifique-se como simples questão prejudicial indispensável à resolução do litígio principal.

Nesse ponto, além de revelar-se plenamente cabível o controle incidental de constitucionalidade das leis municipais em face da Constituição da República, assiste, ao magistrado, singular competência para, após resolução de questão prejudicial, declarar, monocraticamente, a inconstitucionalidade de quaisquer atos do Poder Público.

A alegação de inconstitucionalidade da norma legal em referência foi invocada como fundamento jurídico (*causa patendi*) do pedido, qualificando-se como elemento causal da ação civil pública, destinado a provocar a instauração de questão prejudicial, que, decidida incidentemente pelo magistrado local, viabilizou o acolhimento da postulação principal deduzida pelo Ministério Público, consistente na redução do número de vereadores à Câmara Municipal.

Por outro lado, que sentença proferida pelo magistrado local poderia vincular, no que se refere à declaração de inconstitucionalidade, todas as pessoas e instituições impedindo fosse renovada a discussão da controvérsia constitucional em outras ações, ajuizadas com pedidos diversos ou promovidas entre partes distintas?

Como sabido, não faz coisa julgada, em sentido material, a apreciação da questão prejudicial, decidida incidentemente no processo, conforme art. 469 do CPC. Os elementos de individualização da ação civil pública em causa não permitem que venha a ser qualificada como sucedâneo de ação direta de inconstitucionalidade, pois, ao contrário das consequências que derivam do processo de controle normativo abstrato, não se operará, por efeito da autoridade da sentença proferida pelo magistrado local, a exclusão definitiva, do sistema de Direito Positivo, da regra legal mencionada, pelo fato de esta haver sido declarada inconstitucional, em sede de controle meramente difuso.

Concluindo o tema "ação civil pública", temos que o prof. Hely Lopes Meirelles, ao discorrer sobre sua evolução, uso e abusos, deduz que:

- A ação civil pública não deve substituir outras ações, só devendo ser utilizada na ausência de outro instrumento processual adequado que atinja o mesmo fim;
- os efeitos de decisão proferida em ação civil pública deve estar restrito á área de jurisdição referente a competência de quem a julga;
- atenção especial deve ser despendida no que toca ao deferimento ou indeferimento da petição inicial da ação civil pública, ocasião na qual devem ser de imediato apreciadas, numa visão preliminar, a competência do juízo, a possibilidade jurídica do pedido, a impropriedade da ação e a legitimação das partes, em razão dos prejuízos irreparáveis ou de difícil reparação que podem advir da simples propositura da ação;
- sempre que houver interesse público federal, a ação deve correr na justiça federal.

Ação popular:

A ação popular encontra previsão no art. 5º, LXXII da Constituição Federal, que estabelece:

> *LXXIII – qualquer cidadão é parte legítima para propor ação popular que vise a anular ato lesivo ao patrimônio público ou de entidade que o Estado participe, à moralidade administrativa, ao meio ambiente e ao patrimônio histórico ou cultural, ficando o autor, salvo comprovada a má-fé, isento das custas judiciais e do ônus da sucumbência.*

Esse instrumento, regulamentado por meio da Lei nº 4.717/1965, ainda no período da Constituição de 1946, difere-se da ação civil pública por poder ser utilizada por qualquer cidadão e, como anteriormente mencionado no art. 5º, LXIII, tem como fim a anulação de atos danosos ao patrimônio público.

Como se percebe, não se presta tal ação a amparar direitos individuais, mas apenas interesses da comunidade. É assim considerado patrimônio público, nos termos do art. 1º, § 1º, da Lei nº 4.717/1965 os bens e direitos de valor econômico, artístico, estético histórico ou turístico.

É, dessa forma, legitimado para propor ação popular qualquer cidadão do povo em razão da existência de ato lesivo ao patrimônio público, abrangendo, para estes efeitos até a moralidade administrativa que afronte interesses sociais. Exige-se, apenas desde o título de eleitor ("prova da cidadania"), conforme § 3º do art. 1º da Lei de Ação Civil Pública. É entendimento jurisprudencial, consolidado por meio da Súmula nº 365 do Supremo Tribunal Federal, que pessoa jurídica não tem legitimidade para propor ação popular.

O art. 1º da Lei nº 4.717/1965 determina que:

> *qualquer cidadão será parte legitima para pleitear a anulação ou a declaração de nulidade de atos lesivos ao patrimônio da União, do Distrito Federal, dos Estados, dos Municípios, de entidades autárquicas, de sociedades de economia mista (Constituição, art. 141, § 38), de sociedades mútuas de seguro nas quais a União represente os segurados ausentes, de empresas públicas, de serviços sociais autônomos, de instituições ou fundações para cuja criação ou custeio o tesouro público haja concorrido ou concorra com mais de cinquenta por cento*

do patrimônio ou da receita ânua, de empresas incorporadas ao patrimônio da União, do Distrito Federal dos Estados e dos Municípios e de quaisquer pessoas jurídicas ou entidades subvencionadas pelos cofres públicos.

Ao indagar se o menor eleitor pode ser autor popular ou idoso que tenha devolvido o título eleitoral, por não estar mais obrigado a votar, entendemos que como estabelece a lei que só pode ser autor de ação popular cidadão portador do título de eleitor, apenas o menor seria legalmente autorizado a figurar no polo ativo dessa relação processual, desde que assistido na forma da lei civil. O idoso, como abdicou da condição, que figura como requisito essencial à propositura da ação popular, não pode ingressar em juízo com este intuito.

A ilegalidade do ato pode ter por base a ação ou omissão de agente público, porém, para ensejar a propositura de ação popular não basta ser o ato ilegal[231], deve ser, obrigatoriamente, também lesivo ao patrimônio público[232].

Estabelece o art. 21 da Lei de Ação Civil Pública que a tal ação prescreve em cinco anos, porém tal prazo não é aplicado quando a ação ajuizada tem por escopo atacar omissão de pessoa jurídica de Direito Público na defesa de seu patrimônio, como demonstrado pelo Recurso Especial nº 36490, oriundo do estado de São Paulo, em que figurou como relator o ministro Ari Pargendler:

> REsp nº 36490/SP; Recurso Especial 1993/0018240-4; fonte DJ 30/09/1996, p. 36612; RSTJ, v. 00090, p. 00107; Rel. Min. Ari Pargendler (1104). Ementa processo civil. Ação popular. Omissão na defesa do patrimônio público. Termo inicial da prescrição. *A ação popular, na sua modalidade típica, supõe ato ilegal e lesivo ao patrimônio público, já praticado, que exija anulação ou declaração de nulidade (Lei nº 4.717/1965, art. 1,* caput), *e prescreve em cinco anos (art. 21); não se aplica esse prazo, quando a ação popular e ajuizada para atacar omissão de pessoa jurídica de Direito Público na defesa de seu patrimônio*, à míngua de ato formal e ostensivo do comprometimento deste. Hipótese em que, ademais, entre a data na qual a omissão ficou caracterizada e aquela em que a ação foi ajuizada, não decorreram cinco anos. Recurso especial não conhecido.

A ilegalidade do ato, que é requisito essencial à propositura da ação civil pública, conforme art. 2º da Lei de Ação Civil Pública, dá-se nas seguintes hipóteses:

- incompetência, que se caracteriza quando o ato não se inclui nas atribuições legais do agente que o praticou;
- vício de forma, que consiste na omissão ou na observância incompleta ou irregular de formalidades indispensáveis à existência ou seriedade do ato;
- ilegalidade do objeto, que é consubstanciada quando o resultado do ato importa em violação de lei, regulamento ou outro ato normativo;
- inexistência dos motivos; que se verifica quando a matéria de fato ou de direito em que se fundamenta o ato é materialmente inexistente ou juridicamente inadequada ao resultado obtido;
- desvio de finalidade, que se verifica quando o agente pratica o ato visando ao fim diverso daquele previsto, explícita ou implicitamente, na regra de competência.

A compreensão de tal preceito normativo é claramente demonstrada por meio do Recurso Especial nº 14868, oriundo do Estado do Rio de Janeiro, em que figurou como relator o ministro Antônio de Pádua Ribeiro:

> Ação popular. Contrato de risco firmado entre Petróleo Brasileiro S.A. – Petrobras e Paulipetro. Consórcio Cesp/IPT. Nulidade. 1. É nulo de pleno direito o contrato supracitado, porquanto o negócio premeditado, engendrado e, afinal, realizado pelo estado de São Paulo visando à exploração de petróleo na bacia do Paraná, e que lhe deu colossal prejuízo sobre ter sido efetivado com evidente atentado à "moralidade administrativa", decorre de ato administrativo, em que falta, um a um, todos os elementos para a sua caracterização, já que praticado a) com "desvio de finalidade"; b) adotando "forma imprópria", pois não prevista em lei; c) praticado por "agente incapaz"; d) "sem competência"; e) faltando ainda o "consentimento" do Estado visto só ser tido como tal quando manifestado nos limites estabelecidos pela lei. Ação popular. Procedência. 2. Ofensa ao art. 2. da Lei nº 4.717, de 29/06/1965, caracterizada. 3. Recurso Especial conhecido e provido.

---

[231] Conforme ensina o prof. Hely Lopes MEIRELLES (*op cit.*, p. 118), "o ato tem que ser contrário ao Direito por infringir as normas específicas que regem a sua prática ou por se desviar dos princípios gerais que norteiam a Administração Pública. Não se exige a ilicitude do ato na sua origem, mas sim a ilegalidade na sua formação ou no seu objeto. Isto não significa que a Constituição vigente tenha dispensado a ilegitimidade do ato. Não. O que o constituinte de 1988 deixou claro é que a ação popular destina-se a invalidar atos praticados com ilegalidade de que resultou lesão ao patrimônio público."

[232] REsp nº 111527DF; Recurso Especial 1996/0067240-7; fonte DJ 20/04/1998, p. 00023; RDR v. 00014, p. 00226; Rel. Min. Garcia Vieira (1082). Ement. Ação popular. Lesividade. Ilegalidade. Para ensejar a propositura de ação popular, não basta ser o ato ilegal, deve ser ele lesivo ao patrimônio público. Recursos improvidos.

A lesividade ao patrimônio público é igualmente pressuposto para que a ação popular seja proposta. É esta, nas palavras do professor Hely Lopes Meirelles:

> na conceituação atual, lesivo é todo ato ou omissão administrativa que desfalca o erário ou prejudica a Administração, assim como o que ofende bens ou valores artísticos, cívicos, culturais, ambientais ou históricos da comunidade.

A lesão, conforme lição do mestre, pode ser efetiva quanto legalmente presumida, visto que a lei regulamentar estabelece casos de presunção de lesividade, como preceitua o art. 4º da Lei de Ação Civil Pública[233]: Dessa maneira, pode prestar-se a ação civil pública como meio preventivo ou repressivo para obstar a lesão ao patrimônio público, como demonstrado por meio da decisão, abaixo transcrita, proferida nos autos do Recurso Especial nº 406516, oriundo do Estado de São Paulo, em que figurou como relator o Ministro José Arnaldo da Fonseca:

> REsp nº 406516/SP; Recurso Especial 2002/0007223-4; fonte DJ 21/10/2002, p. 00386; Rel. Min. José Arnaldo da Fonseca (1106). Ementa recurso especial. Processual civil e administrativo. Ação popular. Servidores admitidos sem concurso público. Prefeito. Responsabilidade. Indenização ao erário. Objeto da ação popular. Possibilidade. Violação ao art. 4º, I, da Lei nº 4.717/1965 não caracterizada. A ação popular é remédio jurídico que pode ser utilizado como meio preventivo ou repressivo e, nesta segunda forma, possível é a decretação da indenização para reparação do dano causado ao erário. Violação ao art. 4º, I, da Lei nº 4.717/1965 não caracterizada. Previsão de indenização: art. 11 da mesma lei. Recurso desprovido.

A ação popular reclama como requisitos de procedência, assim, além da condição do autor a ilegalidade e a lesividade do ato oriundo do Poder Público. A lesividade presumida admite a contra-prova, máxime no âmbito pecuniário, mercê da "lesividade à ordem jurídica". A lesividade que impõe o ressarcimento é aquela que onera, sem benefícios, o erário público.

A ação popular pode ser utilizada até para atacar ato administrativo de mudança de rua. Em decisão proferida pelo Tribunal de Justiça do Rio de Janeiro, foi anulado o ato administrativo que mudou o nome de rua conhecida, que, no primeiro momento, homenageava uma personalidade histórica e, após o ato, adquiriu nome pouco significativo para a comunidade. Compreendeu a Corte pelo cabimento da Ação Popular na proteção do patrimônio cultural da cidade, consequentemente, por resgatar o nome original, que fazia parte do cotidiano da comunidade local.

A fim de facilitar o acesso ao Judiciário, o autor da ação não deve arcar com os ônus processuais, excetuando-se os casos de má-fé. A ação popular, com assentamento constitucional, está sob a iluminura de superiores interesses públicos coletivos, legitimando o cidadão para reprimir atividade comissiva ou omissiva da Administração Pública. O direito subjetivo do cidadão, movido pelo caráter cívico – administrativo da ação popular, com a primordial finalidade de defender o patrimônio público não pode ser coibido por meio da obrigatoriedade do pagamento dos ônus processuais.

---

[233] "Art. 4º. São também nulos os seguintes atos ou contratos, praticados ou celebrados por quaisquer das pessoas ou entidades referidas no art. 1º. I – A admissão ao serviço público remunerado, com desobediência, quanto às condições de habilitação, das normas legais, regulamentares ou constantes de instruções gerais. II – A operação bancária ou de crédito real, quando: a) for realizada com desobediência a normas legais, regulamentares, estatutárias, regimentais ou internas; b) o valor real do bem dado em hipoteca ou penhor for inferior ao constante de escritura, contrato ou avaliação. III – A empreitada, a tarefa e a concessão do serviço público, quando: a) o respectivo contrato houver sido celebrado sem prévia concorrência pública ou administrativa, sem que essa condição seja estabelecida em lei, regulamento ou norma geral; b) no edital de concorrência forem incluídas cláusulas ou condições, que comprometam o seu caráter competitivo; c) a concorrência administrativa for processada em condições que impliquem na limitação das possibilidades normais de competição. IV – As modificações ou vantagens, inclusive prorrogações que forem admitidas, em favor do adjudicatário, durante a execução dos contratos de empreitada, tarefa e concessão de serviço público, sem que estejam previstas em lei ou nos respectivos instrumentos. V – A compra e venda de bens móveis ou imóveis, nos casos em que não cabível concorrência pública ou administrativa, quando: a) for realizada com desobediência a normas legais, regulamentares, ou constantes de instruções gerais; b) o preço de compra dos bens for superior ao corrente no mercado, na época da operação; c) o preço de venda dos bens for inferior ao corrente no mercado, na época da operação. VI – A concessão de licença de exportação ou importação, qualquer que seja a sua modalidade, quando: a) houver sido praticada com violação das normas legais e regulamentares ou de instruções e ordens de serviço; b) resultar em exceção ou privilégio, em favor de exportador ou importador. VII – A operação de redesconto quando sob qualquer aspecto, inclusive o limite de valor, desobedecer a normas legais, regulamentares ou constantes de instruções gerais. VIII – O empréstimo concedido pelo Banco Central da República, quando: a) concedido com desobediência de quaisquer normas legais, regulamentares, regimentais ou constantes de instruções gerias: b) o valor dos bens dados em garantia, na época da operação, for inferior ao da avaliação. IX – A emissão, quando efetuada sem observância das normas constitucionais, legais e regulamentadoras que regem a espécie."

Assim, penalizar o autor popular com os ônus das custas processuais é impedir, quando não dificultar, a sua ação, sendo entrave à utilização do instrumento que a própria Carta política lhe assegurou. Tal compreensão é, inclusive, firmada pelas Cortes Superiores, como exemplificado por meio da decisão proferida nos autos do Recurso Especial nº 5881, oriundo do estado de São Paulo, em que figurou como relator o ministro Adhemar Maciel:

> Processual civil. Ação popular. Processo extinto sem julgamento do mérito. Imposição da pena prevista no art. 13 da Lei nº 4.717/1965: impossibilidade. Recurso provido. 1. À luz do art. 13 da Lei nº 4.717/1965, o autor da ação popular não pode ser condenado no pagamento do décuplo das custas, se o processo for extinto sem julgamento do mérito. 2. Antes do advento da Constituição Federal de 1988, o autor da ação popular não podia ser condenado no pagamento de honorários advocatícios, mesmo se agisse de má-fé, propondo lide temerária. 3. Recurso especial conhecido e provido para excluir a condenação do autor no pagamento do décuplo das custas e dos honorários advocatícios.

Muito embora seja bastante habitual a lesão de caráter pecuniário, a lesividade pode abranger tanto o patrimônio material quanto o estético, moral e histórico. O art. 5º, LXXIII, cogita a lesão ao patrimônio público ou àquele equiparado.

Percebe-se dessa maneira o patrimônio público como a universalidade de bens e direitos de valores econômico, artístico, estético, histórico, turístico ou paisagístico da União, Estados, Municípios, Distrito Federal e autarquias.

Equipara-se a patrimônio público o conjunto desses direitos e bens das empresas públicas, sociedades de economia mista e de outras entidades de que o Estado participe, no capital, na Administração ou no funcionamento. Estende-se ao patrimônio público[234]:

- o patrimônio de entidade de que o Estado participe;
- a moralidade administrativa, que é dever da Administração Pública (art. 37 da Constituição Federal);
- meio ambiente (art. 225 da Constituição Federal);
- patrimônio histórico e cultural.

Ainda sobre a legitimidade passiva, na hipótese de desistência da ação o polo ativo pode ser assumido pelo Ministério Público, conforme estabelecido pelo art. 9º da Lei nº 4717/1965:

> *Art. 9º. Se o autor desistir da ação ou der motivo à absolvição da instância, serão publicados editais nos prazos e condições previstos no art. 7º, inciso II, ficando assegurado a qualquer cidadão, bem como ao representante do Ministério Público, dentro do prazo de 90 (noventa) dias da última publicação feita, promover o prosseguimento da ação.*

Nesse caso, como demonstra o REsp nº 65367/SP, não cabe ao Ministério Público postular em sentido contrário ao autor:

> REsp 65367/SP; Recurso especial 1995/0022040-7 fonte; DJ 11/12/1995, p. 43180; Rel. Min. Cesar Asfor Rocha (1098). Ementa processual civil. Ação popular. Inércia do autor. Arquivamento requerido pelo Ministério Público. Efeitos. Tendo o Ministério Público requerido explicitamente o arquivamento da ação popular, quando instado a assumir a autoria do feito em face da inércia do autor, não deve ser acolhida posterior postulação sua em sentido contrário. Recurso provido.

Ao Ministério Público cabe o acompanhamento da ação, bem como agilizar a produção de provas e promover a responsabilidade civil ou criminal dos que nela incidirem (§ 4º, art. 6º da Lei nº 4.717/1965)[235].

---

[234] Ensina o prof. Hely Lopes MEIRELLES que: " na verdade, tanto é lesiva ao patrimônio público a alienação de um imóvel por um preço vil, realizada pelo favoritismo, quanto a destruição de um recanto ou objetos sem valor econômico, mas de alto valor histórico, cultural, ecológico ou artístico para a coletividade local. Por igual, tanto lesa o patrimônio público o ato de uma autoridade que abre mão de um privilégio do Estado, ou deixa de perecer um direito por incúria administrativa, como o daquela que, sem vantagem para a Administração, contrai empréstimos ilegais e onerosos para a Administração Pública. Tais exemplos estão a evidenciar que a ação popular é meio idôneo para o cidadão pleitear a invalidação desses atos, em defesa do patrimônio público, desde que ilegais e lesivos de bens corpóreos ou dos valores éticos das entidades estatais, autárquica ou paraestatais, ou a elas equiparadas." Ensina, ainda, que "entender-se restritamente, que a ação popular só protege o patrimônio público material é relegar os valores espirituais a plano secundário e admitir que a nossa Constituição os desconhece ou os julga indignos da tutela jurídica, quando, na realidade, ela própria os coloca sob sua égide (CF, arts. 23, IV, 24, VI, 170, VI e 225). Esta proteção constitucional não deve ser apenas nominal, mas real, traduzindo-se em meios concretos de defesa, tais como a ação popular para invalidação de atos lesivos desses valores. Se ao Estado incumbe proteger o patrimônio público, constituído tanto de bens corpóreos como de valores espirituais, de irrecusável lógica é que o cidadão possa compeli-lo, pelos meios processuais, a não lesar estes valores por atos ilegais da Administração."

[235] Ensina o prof. Hely Lopes MEIRELLES que " como parte pública autônomo, o Ministério Público tem liberdade para manifestar-se, afinal, a favor ou contra a procedência da ação, pois o que a lei veda (6º, § 4º) é que assuma a defesa do ato impugnado ou dos réus, isto é, contradite a inicial, promova provas ou pratique outros atos processuais contra os autores. Mas, na manifestação final, deverá opinar no sentido em que a prova indicar, pela procedência ou improcedência da ação por se tratar de conduta característica da Instituição. Se houver abandono da

É facultado, também, a qualquer cidadão habilitar-se como litisconsorte ou assistente do autor da ação popular (art. 6º, § 5º, da Lei nº 4.717/1965).

Na hipótese de desistência da ação pode o ente público assumir o polo ativo, conforme consolidado por meio da Súmula nº 7 do STJ. Como sabido, qualquer cidadão está legitimado para propor ação popular.

Tendo sido homologado o pedido de desistência da ação pelo autor popular, cumpridos os preceitos do art. 9º da Lei de Ação Popular e não assumindo a demanda o Ministério Público ou outro popular, inexiste óbice em que o ente público assuma o polo passivo da demanda.

Deverão ser obrigatoriamente citadas para figurar no polo passivo as pessoas públicas ou privadas em nome das quais foi praticado o ato a ser anulado bem como as autoridades, funcionários ou administradores que houverem autorizado, aprovado, ratificado ou praticado o ato impugnado ou que, por omissão, houverem dado oportunidade à lesão e contra os beneficiários diretos do mesmo, o que é demonstrado por meio do REsp nº 85910/SP:

> Processual civil. Administrativo. Ação popular. aquisição de terras pelo Município. Avaliação incorreta. Empresa avaliadora. Litisconsórcio necessário. *A empresa que avaliou terreno adquirido pelo município, por valor muito superior ao real, deve integrar a relação processual, para responder pelo dano provocado ao erário público*. Recurso provido.

Na ação popular, a pessoa jurídica de Direito Público é litisconsorte necessário, assim a falta de citação desta acarreta a nulidade do processo. Na hipótese de ato aprovado pelo Tribunal de Contas, por exemplo, há litisconsórcio passivo obrigatório entre este e o ente público correspondente (federal, estadual ou municipal).

Ainda, a pessoa jurídica de Direito Público ou privado, cujo ato seja objeto de impugnação, poderá atuar ao lado do autor ou abster-se de contestar o pedido, desde que isso se afigure útil ao interesse público, a juízo do respectivo representante legal ou dirigente (art. 6º, § 3º, da Lei de Ação Popular).

É, assim, possível a retratabilidade da posição da pessoa jurídica na ação popular, quando esta, tendo atuado no feito no polo passivo, se convence da ilegalidade e lesividade do ato de seu preposto, podendo o ente, inclusive, promover a execução da sentença condenatória, conforme art. 17 da Lei de Ação Popular:

> *Art. 17. É sempre permitida às pessoas ou entidades referidas no art. 1º, ainda que hajam contestado a ação, promover, em qualquer tempo, e no que as beneficiar a execução da sentença contra os demais réus.*

Ainda no que toca ao polo passivo da ação popular, segundo jurisprudência:

- Referendar ato administrativo é fazer constar sua existência, porém não constituí-lo, nem dar autoridade, que ele a tem por si mesmo. Assim, não é pelo fato do secretário do Estado referendar decreto do governador que acarreta lesão aos cofres públicos e que surge, *ipso facto*, corresponsabilidade objetiva, envolvendo sua sujeição no polo passivo da ação popular, uma vez que a deliberação é exclusiva da autoridade superior, mediante decisão tomada em procedimento administrativo de que não participou o agente de categoria hierarquicamente inferior (E.I. 62365-1, Quarta Câmara Cível do TJSP; Rel. Des. Márcio Bonilha).
- Desde que o ato legislativo editado pela Câmara Municipal imputado de lesivo ao patrimônio tenha efeitos concretos, possui esta Casa legitimidade *passiva ad causam* para a ação popular, conforme o art. 6º da Lei nº 4.717/1965. (Ap. 120.041-1; Primeira Câmara Cível do TJSP; Rel. Des Luiz de Azevedo)
- É legitimado passivo o prefeito que se afirma responsável pela autorização, aprovação e prática do ato impugnado. O texto legal objetivou alcançar todos os que, por qualquer forma, hajam participado do ato impugnado. (RE 113.821; Primeira Turma; Rel. Min. Oscar Correa)

O art. 11 da Lei nº 4.717/1965 estabelece ainda que:

> *Art. 11. A sentença que, julgando procedente a ação popular, decretar a invalidade do ato impugnado, condenará ao pagamento de perdas e danos os responsáveis pela sua prática e os beneficiários dele, ressalvada a ação regressiva contra os funcionários causadores de dano, quando incorrerem em culpa.*

Podemos exemplificar questão da legitimidade passiva em ação popular por meio do processo que tramitou no Tribunal de Justiça do Estado do Rio de Janeiro visando à anulação de contrato celebrado com o Poder Público municipal de transporte urbano de superfície. À época do contrato a legitimidade passiva cabia ao ex-

ação, caber-lhe-á promover seu prosseguimento, em lugar do autor omisso, se reputar de interesse público seu julgamento (art. 9º). Isso não impede que o autor popular desista expressamente da ação e com isso concorde o Ministério Público, para sua homologação regular, se ambos se convencerem da inexistência de fundamento para seu prosseguimento e houver concordância dos réus".

secretário de Urbanismo, que se elegeu posteriormente como prefeito, ratificando o ato impugado.

A parte municipal entendeu por desistir do recurso de apelação, bem como a instituição financeira responsável pela captação dos valores, prejudicando, dessa forma, o recurso interposto pelo então prefeito para a manutenção da validade do contrato, ante a desistência do ente municipal.

O recurso adesivo que seguia a sorte do principal não foi conhecido, sendo mantida sentença. Tratando-se de ação popular em que se objetiva a anulação de contrato celebrado com o Poder Público municipal para a exploração de serviço de transporte urbano de superfície, em que o ente municipal e a instituição financeira responsável pela captação dos recurso desistem de seus apelos, fica prejudicada a apelação do então chefe do Executivo, o qual buscava a manutenção da validade do contrato de concessão, ante a ausência de interesse manifestada pelo Município.

Assim, o ex-secretário de Urbanismo municipal, chamado a compor o polo passivo dessa ação popular, na qualidade, ao tempo, de exercente da defesa da chefia do Poder Executivo do Município do Rio de Janeiro e, por via de consequência, a autoridade competente para a execução do contrato celebrado, seria parte legítima para figurar no polo passivo da demanda, uma vez que ratificou a legalidade do contrato, não exercendo, como chefe do Executivo municipal, a faculdade inerente ao direito que possuía, de revogar e anular o ato administrativo em causa, inclusive manifestando-se no sentido de continuar na implementação do projeto.

Diante de tal quadro, entendeu a Corte não ser cabível o conhecimento de recurso adesivo interposto pelos autores, não apenas pelo fato de ter o Município desistido de seu apelo, ao qual se subordinava diretamente, mas também por ter a instituição financeira captadora de recursos desistido de sua irresignação.

Ficou, assim, prejudicado o recurso do chefe do Executivo à época da celebração do contrato e, por tal, o apelo do então secretário de Urbanismo à questão preliminar de ilegitimidade passiva.

No que toca à invalidade do ato impugnado, sabe-se que só anulável por ação civil popular o ato que fere à legalidade. O ponto que se faz necessário distinguir ao momento é a distinção entre revogação e anulação do ato. A revogação é a desconstituição do ato em razão de avaliações de oportunidade, conveniência e interesse pelo Poder Público, já a anulação denota expressão para a desconstituição de ato viciado (o que em sede de ação popular, é o vício de legalidade).

Ainda que posteriormente revogado o ato impugnado na ação popular, nem assim o respectivo objeto fica prejudicado, subsiste este em razão de sua finalidade, qual seja, a anulação do ato administrativo. A mera revogação pela Administração Pública do ato lesivo, conforme entendimento do Superior Tribunal de Justiça, é insuficiente para esvaziar o objeto da ação popular, pois o escopo desta é combater a ilegalidade do ato. Por essa razão, inobstante a revogação, a ação popular não perde o objeto.

Determina-se a competência para processar e julgar ação popular em razão da origem do ato que se vislumbra anular. Se o ato foi realização por entidade vinculada à União, é competente a Jutiça federal. Se o ato impugnado foi realizado por entidade vinculada ao Estado, é competente a Justiça Estadual e, por fim, se entidade vinculada ao Município, a competência é a do juízo da comarca a que o Município interessado pertence.

Na hipótese de interposição de mais de uma ação, considera-se prevento o juízo em que foi proposta em primeiro lugar, de acordo com o § 3º do art. 5º da Lei nº 4.717/1965, como demonstrado pelo Recurso Especial nº 178230, oriundo do Distrito Federal, em que figurou como relator o ministro Garcia Vieira:

> Processual. Ação popular. Prevenção. Distribuição. Extinção. Conexão. É a propositura da ação que previne a jurisdição. Havendo mais de uma vara, a ação considera-se proposta com a distribuição. Porém, não existindo ação correndo perante à vara cuja ação foi considerada proposta em primeiro lugar, por ter sido esta julgada extinta, não teria sentido alegar conexão entre esta (ação julgada extinta) e as demais (propostas posteriormente). O objetivo da prevenção é evitar decisões contraditórias. Recurso improvido.

A Carta de 1988 ampliou a esfera da abrangência da ação popular, como dito, para, conforme art. 5º, LXXIII, anular ato lesivo ao patrimônio público, à moralidade administrativa, ao meio ambiente e ao patrimônio histórico e cultural. Assim, onde há lesividade há dano. Tal dano é passível de ressarcimento à população e comportam interesses difusos.

Existe a tese de que a competência prevista no art. 93 da Lei nº 8.078/1990, que estabelece que ressalvada a competência da Justiça federal, é competente para a causa a justiça local no foro do lugar onde ocorreu ou deva ocorrer o dano, quando de âmbito local e no foro da Capital do Estado ou do Distrito Federal para os danos de âmbito nacional ou regional, é igualmente aplicável à ação popular.

Indubitável é que o critério de competência estabelecido em tal artigo é também funcional, espécie de competência absoluta, cabendo ao juízo a declaração, de ofício, a qualquer tempo (art. 113 do CPC). Explicita, ainda, a Lei nº 8.078/190 que se aplicam as ações coletivas nele previstas as normas da Lei de Ação Civil Pública, cujo art. 2º determina que "as ações previstas nesta lei serão propostas no foro do local onde ocorrer o dano, cujo juízo terá competência funcional para processar e julgar a causa."

Para quem filia-se a esta corrente de pensamento, se o dano for de ocorrência local, também a ação popular terá competência do juízo estadual e deverá ser proposta no foro do local do dano (I); se de âmbito regional, será o foro o da capital do respectivo Estado (II); se de âmbito nacional, a competência territorial será a do Distrito Federal para facilitar o acesso à Justiça e o próprio exercício de defesa do réu que seria obrigado a litigar na Capital de um Estado, longínquo talvez de sua sede, pela mera opção do autor coletivo. Argumenta-se, por tal, que as regras de competência devem ser interpretadas de modo a não vulnerar a plenitude da defesa e o devido processo legal.

Na Justiça federal há algumas peculiariedades, pois em cada Estado e no Distrito Federal existe uma seção Judiciário, cujo foro abrange, como estabelecido pelo art. 110 da Constituição Federal: "Art. 110. Cada Estado, bem como o Distrito Federal, constituirá uma seção judiciária que terá por sede a respectiva Capital, e varas localizadas segundo o estabelecido por lei."

Dessa maneira, se o dano for de âmbito local, a ação popular de competência do juízo federal deve ser ajuizada no foro do local do dano se neste houver vara federal. Na hipótese de ausência desta ou se o dano for de âmbito estadual, deverá a ação ser ajuizada no foro da capital do Estado, e sendo o dano de âmbito nacional ou que transcenda o território de mais de um Estado causa deverá ser ajuizada no Distrito Federal.

Fundamenta-se que as regras de competência funcional previstas no art. 93 da Lei de Defesa do Consumidor são especiais, devendo, pelo critério da especialidade, prevalecer sobre as regras processuais comuns.

Entende tal corrente que uma ação popular de competência do juízo federal proposta contra autarquia federal, referente a um dano provocado ao meio ambiente em município de um estado qualquer, não pode ser ajuizada em Brasília, pois há de prevalecer o foro da capital do Estado em cujo território ocorreu o dano, caso no Município não exista vara federal.

Compreende tal linha de pensamento que como a ação popular é também espécie de ação coletiva destinada à defesa de direitos difusos e coletivos, deveriam as regras de competência estabelecidas para a propositura de ação civil pública serem a ela estendidas.

No que tange à competência para a proposição de ação popular, estabelece o art. 5º da Lei nº 4.717/1965 que conforme a origem do ato impugnado, é competente para conhecer a ação, processá-la e julgá-la o juiz que, de acordo com a organização judiciária de cada Estado, o for para as causas que interessem à União, ao Distrito Federal, ao Estado ou ao Município.

Ressalta-se que, conforme § 1º do mesmo artigo, para fins de designação de competência, equiparam-se atos da União, do Distrito Federal, do Estado ou dos Municípios os atos das pessoas criadas ou mantidas por essas pessoas jurídicas de Direito Público, bem como os atos das sociedades de que elas sejam acionistas e os das pessoas ou entidades por elas subvencionadas ou em relação às quais tenham interesse patrimonial.

Por fim, quando o pleito interessar simultaneamente à União e a qualquer outra pessoa ou entidade, será competente o juiz das causas da União, se houver, quando interessar simultaneamente ao Estado e ao Município, será competente o juiz das causas do Estado, se houver (art. 5º, § 2º).

Como a ação popular é proposta pelo cidadão, que denota a intenção do legislador na Carta de 1988 de dar ao cidadão brasileiro a possibilidade de participar do controle dos atos da Administração Pública, e não pelo Ministério Público ou associação, que possui representantes em todos os Estados, condicionar a propositura da ação ao local de ocorrência do dano seria dificultar o acesso do cidadão ao instrumento constitucional a ele destinado.

Ainda sobre o tema da competência para o julgamento de ação popular, alguns casos merecem especial análise. Pode haver, por exemplo, um conflito entre a Justiça do Trabalho e a Ação Popular. O Conflito de Competência nº 17040 (STJ), oriundo do estado de Rondônia teve como objeto tal questão.

Foi interposta ação popular para anular contratações feitas por figura da Administração indireta sem concurso público e, paralelamente, reclamação trabalhista ajuizada pelos empregados que tiveram seus contratos suspensos (competência *ratione materiae* que não comporta prorrogação).

Compreendeu a Corte que a competência para conhecer e julgar reclamação trabalhista ajuizada por empregado contra o empregador, pleiteando verbas deferidas pela CLT é da justiça do Trabalho, consoante delimitação prevista pela Constituição Federal.

Por sua vez, à Justiça estadual cabe o julgamento de ação popular cujo escopo é a anulação de contrato pretensamente avençado à revelia da normatização administrativa aplicável. Dessa forma não há prevenção, devendo cada qual tramitar, respectivamente, na justiça a que compete o julgamento de uma e de outra.

É igualmente possível, como demonstrado por meio da ementa de acórdão proferido nos autos do Recurso Especial nº 500, oriundo do estado de São Paulo, em que figurou como relator o ministro Assis Toledo, que o réu possa ser condenado em ação penal e absolvido, no civil, em ação popular pelo mesmo fato. Não litispendência nesse caso ou coisa julgada oponíveis a sentença criminal:

> Penal e processual penal. Reabilitação. Ressarcimento do dano. Exigência essencial. Réu condenado em ação penal e absolvido, no cível, em ação popular, pelo mesmo fato. Decisão de juízo cível que considera não provada a participação de alguém na trama fraudulenta, excluindo-o da obrigação de indenizar, não colide com sentença criminal condenatória, que reputou provada aquela participação, já que a prova que não foi feita pelo particular, no juízo cível, foi produzida pelo Ministério Público no juízo penal. Inexistência de questão prejudicial, litispendência ou coisa julgada oponíveis a sentença criminal. Independência das instâncias civil e penal, com prevalência desta quando decide sobre a prova do fato e da autoria. Recurso especial conhecido e provido para restabelecimento do acórdão, na apelação, que cassou a reabilitação, concedida independentemente da obrigação de reparar o dano.

Neste sentido, dispõe o art. 15 da Lei de Ação Popular que se no curso da ação ficar provada a infringência da lei penal ou a prática de falta disciplinar a que a lei comine a pena de demissão ou a de rescisão de contrato de trabalho, o juiz *ex officio,* determinará a remessa de cópia autenticada das peças necessárias às autoridades ou aos administradores a quem competir aplicar a sanção.

Tal verifica-se, pois a sentença em ação popular não poderá impor qualquer outra sanção aos vencidos. Em razão da natureza civil deste instrumento, não é possível sua utilização para condenações criminais ou administrativas.

Há, ainda, os seguintes entendimentos jurisprudenciais acerca da competência para o julgamento de ação popular:

- Em ação popular requerida contra a Petrobras, em se tratando de obra executada em convênio como o Ministério da Marinha e intervindo a União na lide, o foro da justiça federal é o competente para conhecer e julgar a ação.
- A competência para processar e julgar ação popular contra ato de qualquer autoridade, inclusive daquelas que, em mandado de segurança estão sob a jurisdição do STF originariamente, é do juízo competente de primeiro grau de jurisdição (ARG 194).

Assim o Supremo Tribunal Federal não dispõe de competência originária para processar e julgar ação popular ajuizada contra o presidente da República. Em ação popular constitucional, com pedido de liminar, ajuizada contra o presidente da República, promovida por vereador à Câmara Municipal do Rio de Janeiro, com o objetivo de resguardar a integridade do Parque Nacional da Tijuca, alegadamente exposta a "crescente processo de degradação", concluiu a Corte Suprema que falece de competência ao STF processar e julgar originariamente tal causa.

Argumentou-se, por tal, que a Constituição Federal de 1988 observando uma tradição que se inaugurou com a Carta Política de 1934, não incluiu o julgamento da ação popular na esfera das atribuições jurisdicionais originárias da Suprema Corte, mesmo naquelas hipóteses em que figure como sujeito passivo da relação processual o próprio presidente da República.

Dessa forma, não se deu trânsito na Corte Suprema, à ação popular visto que a causa em questão não se subsumia a qualquer das hipóteses taxativamente enunciadas no rol inscrito no art. 102, I da Carta Política (que trata da competência do Supremo Tribunal Federal).

Atentou o julgador que não de pode perder de perspectiva que a competência originária do Supremo Tribunal Federal, por qualificar-se com um complexo de atribuições jurisdicionais de extração essencialmente constitucional – e ante o regime de direito escrito a que se acha submetida, não comporta a possibilidade de ser estendida a situações que extravasem os rígidos limites fixados em *numeros clausus*, inscritos no art. 102, I, da Carta Política, consoante adverte a doutrina e proclama a jurisprudência.

Argumentou, assim, que a *ratio subjacente* a esse entendimento, que acentua o caráter absolutamente estrito da competência constitucional do STF, vincular-se a necessidade de inibir indevidas ampliações descaracterizadoras da esfera de atribuições institucionais da Suprema Corte.

A ação popular, ainda que ajuizada contra o presidente da República, o presidente do Senado, o presidente da Câmara dos Deputados, o governador ou o prefeito será processada e julgada perante a Justiça de primeiro grau (federal ou comum).

Concluindo, a ação pode ser proposta em qualquer comarca. Na Capital, o interesse da União deverá levar o feito a uma das varas da seção judiciária ou da Justiça federal. É igualmente ajuizada contra a União, Estados ou Municípios quem recebe subvenção do governo e o beneficiado das irregularidades, objetos da ação.

O rito da ação popular é o ordinário com algumas modificações previstas pela Lei nº 4.717/1965, são estas:

Ao despachar a inicial ordenará o juízo:

- requisição às entidades indicadas na petição inicial dos documentos que se afigurem necessários ao esclarecimento dos fatos (fixando prazos de 15 a trinta dias para que estas cumpram com o requerido);
- A intimação do representante do Ministério Público (inobstante a citação dos réus) para que tal órgão providencie que tais requisições sejam atendidas dentro dos prazos fixados pelo juiz.

Se não puderem ser oferecidos nos prazos previstos, poderá o juízo autorizar a prorrogação do mesmo. É opcional ao juiz, igualmente, a citação dos beneficiários por edital com prazo de trinta dias, afixado na sede do juízo e publicado três vezes no jornal oficial do Distrito Federal ou da Capital do Estado ou Território em que seja ajuizada a ação (§ 2º, I e II do art. 7º da Lei nº 7.417/1965).

Como demonstrado por meio do REsp nº 152925, oriundo do estado de São Paulo, uma vez postulada de forma expressa pelo autor a requisição de documento essencial à propositura da ação, não há falar em inépcia da inicial em razão da ausência de documentação necessária:

> REsp nº 152925/SP; Recurso Especial 1997/0076097-9, fonte DJ 13/10/1998, p. 00021; Rel. Min. Garcia Vieira (1082) Rel. p/ acórdão ministro Demócrito Reinaldo (1095). Ementa processual civil. Ação popular. Ausência da documentação essencial ao exercício da ação. Requerimento do autor que o juiz do feito requisitasse a documentação necessária. Inexistência de inépcia da inicial. Ao ajuizar a ação popular, o autor poderá, até mesmo no contexto da inicial, requerer que o juiz processante requisite, de órgãos públicos, documentos necessários a instruir o pedido inaugural, podendo, o magistrado, fazê-lo "de ofício". Uma vez postulada, pelo autor, de forma expressa, a requisição de documento essencial à propositura da ação, não há falar em inépcia da inicial, por ausência da documentação necessária. Recurso improvido. Voto vencido.

É obrigada a autoridade a fornecer a documentação necessária, requerida pelo autor, para instruir a ação popular. O não cumprimento da ordem judicial acarretará em pena de desobediência, nos termos do art. 8º da Lei nº 4.717/1965.

> *Art. 8º. Ficará sujeita à pena de desobediência, salvo motivo justo devidamente comprovado, a autoridade, o administrador ou o dirigente, que deixar de fornecer, no prazo fixado no art. 1º, § 5º, ou naquele que tiver sido estipulado pelo juiz (art. 7º, nº I, letra "b"), informações e certidão ou fotocópia de documento necessários à instrução da causa.*

Como anteriormente mencionado, uma vez citada a pessoa jurídica interessada na demanda, poderá esta abster-se de confessar ou encampar expressamente o pedido da inicial, conforme art. 6º, § 3º[236]. Alerta o prof. Hely Lopes Meirelles que:

> Tomada qualquer destas posições, define-se a lide, não podendo mais alterar-se a defesa, mesmo que mude o governante ou a direção da entidade. Se assim não fosse, a cada mudança de governo ou substituição de diretoria abrir-se-ia nova oportunidade de defesa, incompatível com a fixação da lide. A Administração Pública é una e perene, daí por que a mudança de seus agentes não modifica a situação processual assumida por seus antecessores.

Também qualquer pessoa, beneficiada ou responsável pelo ato impugnado, cuja existência ou identidade se torne conhecida no curso do processo e antes de proferida a sentença final de primeira instância, deverá ser citada para a integração do contraditório, sendo-lhe restituído o prazo para contestação e produção de provas.

O prazo para apresentar contestação é de vinte dias, sendo prorrogável por mais vinte a requerimento do interessado, se houver dificuldade de promoção de prova documental. Será também tal prazo comum a todos os interessados, correndo da entrega em cartório do mandado cumprido ou do decurso de prazo assinado em edital.

[236] REsp 9669/SP; Recurso especial 1991/0006200-6; fonte DJ data:27/04/1998 p. 00071 LEXSTJ, v. 00109, p. 00036; RSTJ, v. 00106 p. 00067, Rel. Min. Garcia Vieira (1082). Agravo. Renúncia. Julgamento. Pedido. Ação popular. Pessoa jurídica. Contestação. Concessão. Licitação. Reexame de prova. Não havendo pedido expresso da parte para seu julgamento, não se conhece do agravo retido. Pode a pessoa jurídica, ré na ação popular, pleitear pela procedência da mesma. A transferência de parte da concessão da Vasp dependia de licitação, o que inocorreu. Questões de prova não podem ser revistas na via especial. Recursos improvidos.

Na hipótese de não ser requerida, até despacho saneador, produção de prova testemunhal ou pericial, o juiz ordenará vista às partes por dez dias, para alegações, sendo-lhe os autos conclusos para sentença 48 horas após a expiração desse prazo, havendo requerimento de prova o processo tomará o rito ordinário.

A liminar na ação popular encontra previsão no § 4º do art. 5º, que dispõe que na defesa do patrimônio público caberá a suspensão liminar do ato lesivo impugnado. A lei de ação popular, não fez, porém, nenhuma previsão quanto ao prazo de vigência ou o recurso cabível desse despacho.

A Lei nº 8.347/1992, que dispõe sobre a concessão de medidas cautelares contra atos do Poder Público estabeleceu, posteriormente, ante a ausência de previsão acerca da concessão de liminar a que a Lei nº 4.717/1965 fazia previsão, em seu art. 1º que:

> *Art. 1º. Não será cabível medida liminar contra atos do Poder Público, no procedimento cautelar ou em quaisquer outras ações de natureza cautelar ou preventiva, toda vez que providência semelhante não puder ser concedida em ações de mandado de segurança, em virtude de vedação legal.*
>
> *§ 1º Não será cabível, no juízo de primeiro grau, medida cautelar inominada ou a sua liminar, quando impugnado ato de autoridade sujeita, na via de mandado segurança, à competência originária de tribunal.*
>
> *§ 2º O disposto no parágrafo anterior não se aplica aos processos de ação popular e de ação civil pública.*
>
> *§ 3º Não será cabível medida liminar que esgote, no todo ou em qualquer parte, o objeto da ação.*

Como se percebe pela leitura do § 2º do artigo acima transcrito, só é aplicável à ação popular o § 3º da lei que limita a concessão de medida liminar caso esta venha a esgotar o objeto da ação.

Convém a descrição, por ilustração, do seguinte caso concreto: foi concedida liminar na Terceira Vara Cível da Comarca de Resende em ação civil pública contra a Câmara Municipal de Resende.

A medida suspendeu os efeitos de ato administrativo editado pela Câmara de Vereadores do Município de Resende que resultou na criação de cargos de assessoramento para os vereadores, onerando os cofres públicos.

O juízo entendeu pela violação das regras da eficiência e necessidade administrativas e do atendimento ao interesse público, próprias da Administração Pública, afigurando-se ofensa à moralidade administrativa e a Lei Maior, que impõe tal observância.

Em sede de Agravo de Instrumento, a Décima Sétima Câmara Cível do Tribunal de Justiça do Rio de Janeiro manteve a decisão proferida em primeira instância, compreendendo igualmente pela não razoabilidade do ato expedido, e conservou a medida liminar sob o argumento de que esta não criaria qualquer dano, pois o que se havia criado pela resolução não tratava de matéria de urgência que não pudesse aguardar o julgamento do mérito do pedido formulado na ação popular.

Como exemplificado por meio de decisão proferida nos autos do Recurso Especial nº 73083, oriundo do Distrito Federal, a Corte Superior de Justiça também vem firmando entendimento no sentido de que o art. 1º da Lei nº 8.437/1992, com audiência ou não do Poder Público, não se aplicam as ações populares:

> Processual civil. Ação popular. Liminar. Art. 1º, da Lei nº 8.437/1992. 1. O autor popular não litiga contra o Estado, mas, ao contrário, como seu substituto processual, razão pela qual a vedação de concessão de liminares, contida no art. 1º, da Lei nº 8.437/1992, com audiência ou não do Poder Público, não se aplicam as ações populares. Precedentes da Corte. 2. Recurso especial não conhecido.

O prof. Hely Lopes Meirelles. Entende que quanto aos efeitos cautelares hão de aplicar-se, por analogia, as mesmas regras processuais que regem a concessão da liminar em mandado de segurança, os mesmos fundamentos justificadores da medida, o mesmo prazo de vigência e os mesmos recursos (pedido de cassação ao presidente do Tribunal competente para julgar o recurso de mérito e, subsequentemente, agravo regimental para o Plenário, se cassada a liminar).

Os tribunais têm admitido o pedido de cassação pelo Presidente, entendendo cabível o agravo de instrumento, o mandado de segurança e até mesmo a correição parcial[237].

Estabelece, ainda, o art. 4º da Lei nº 8.437/1992 que, conforme já demonstrado pelo exemplo acima descrito, compete ao Presidente do Tribunal, ao qual couber o conhecimento do respectivo recurso, suspender, em despacho fundamentado, a execução da liminar nas ações movidas contra o Poder Público ou seus agentes, a requerimento do Ministério Público ou da pessoa jurídi-

[237] O prof. Hely Lopes MEIRELLES atentou que "é contrária à índole do Estado de direito e do sistema Judiciário de duplo grau de jurisdição a decisão única e irrecorrível. Assim sendo, não se pode conceber um despacho de tal gravidade e com tal repercussão na vida administrativa do País sem limites, sem prazo e ser recurso algum".

ca de Direito Público interessada, em caso de manifesto interesse público ou de flagrante ilegitimidade, e para evitar grave lesão à ordem, à saúde, à segurança e à economia públicas.

Antes de estudarmos a sentença da ação popular, convém acrescentar que a ação civil pública não veicula bem jurídico mais relevante para a coletividade que a ação popular, relembrando que legitima-se o Ministério Público a toda e qualquer demanda que vise à defesa do patrimônio público sob o ângulo material (perdas e danos) ou imaterial (lesão à moralidade) e que a nova ordem constitucional erigiu um autêntico concurso de ações entre os instrumento de tutela dos interesses transindividuais.

Atualmente, ambas as ações fazem parte de um microssistema de tutela dos direitos difusos onde se encartam a moralidade administrativa sob seus vários ângulos e facetas. Assim, à míngua de previsão do prazo prescricional para a propositura da ação civil pública, inafastável a incidência da analogia *legis*, recomentando o prazo quinquenal para a prescrição das Ações Civis Públicas, tal como ocorre com a prescribilidade da Ação Popular (prazo estabelecido no art. 21 da Lei de Ação Popular).

Como demonstrado a seguir, por meio do Recurso Especial nº 151811, oriundo do estado de Minas Gerais, em que figurou como relatora a ministra Eliana Calmon, a ação popular pode subsumir-se no bojo da ação civil pública caso haja abrangência da demanda. É a ementa:

> Processo civil. Ação civil pública. Legitimidade do Ministério Público. Dano ao erário. 1. A ação popular subsumiu-se no bojo da ação civil pública, pela abrangência da segunda demanda. 2. Também expandiu-se a legitimidade do Ministério Público com o advento da CF/1988, na defesa dos interesses patrimoniais ou materiais.

A sentença, quando não prolatada em audiência de instrução e julgamento, deverá ser proferida dentro de 15 dias do recebimento dos autos pelo juiz. Se procedente a ação, nos termos do art. 11 da Lei nº 4.717/1965, decretará o juízo a invalidade do ato impugnado, condenando ao pagamento de perdas e danos os responsáveis pela sua prática e os beneficiários dele, ressalvada a ação regressiva contra os funcionários causadores de dano, quando incorrerem em culpa. Na ação regressiva restará, portanto, somente a responsabilidade dos funcionários culpados.

O parágrafo único do art. 7º da Lei nº 4.717/1965 estabelece, ainda, que o proferimento da sentença além do prazo estabelecido privará o juiz da inclusão da lista de merecimento para promoção, durante dois anos, e acarretará a perda, para efeito de promoção por antiguidade, de tantos dias quantos forem os do retardamento: salvo justo motivo, declinado nos autos e comprovado perante o órgão disciplinar competente.

Quanto ao valor da lesão, estabelece o art. 14 da Lei de Ação Civil Pública, que:

> *Art. 14. Se o valor da lesão ficar provado no curso da causa, será indicado na sentença; se depender de avaliação ou perícia, será apurado na execução.*
> *§ 1º Quando a lesão resultar da falta ou isenção de qualquer pagamento, a condenação imporá o pagamento devido, com acréscimo de juros de mora e multa legal ou contratual, se houver.*
> *§ 2º Quando a lesão resultar da execução fraudulenta, simulada ou irreal de contratos, a condenação versará sobre a reposição do débito, com juros de mora.*

Quanto à liquidação do valor, entendeu a Corte Superior, quando do julgamento do Recurso Especial nº 23113, oriundo do estado do Paraná que a análise da lesividade não pode ser deslocada para a fase de liquidação, senão para fixar o *quantum* exato:

> Ação popular. Requisitos de acordo com os arts. 1º e 2º da Lei nº 4.717/1965. Invalidade do ato. Lesividade. Nexo de causalidade. A ação popular, nos termos dos arts. 1º e 2º da Lei nº 4.717/1965, exige a invalidade do ato (por nulidade ou anulabilidade) e a lesividade daí decorrente, sendo imprópria para acertar inexecução contratual culposa, eis que esta exige pacto valido. Não se pode apurar a ilegalidade na fase de conhecimento e deslocar a análise da lesividade para a fase de liquidação, a não ser para fixar o seu valor exato, se admitida sua configuração. Recurso especial não conhecido.

Ainda, sobre a correção monetária, decidiu a Corte Superior, em trecho do acórdão proferido nos autos do Recurso Especial nº 1831, oriundo do estado de Santa Catarina que:

> [...] 3. A correção monetária plena, na atualização de valores defasados, máxime na ação popular, incide como meio hábil para recompor o patrimônio público lesado, contrapondo-se a tormentosa inflação, corrosiva da moeda, constituindo-se em instrumento, não só econômico e jurídico, mas ético, evitando o enriquecimento sem causa.

Ensina o professor Hely Lopes Meirelles que

> só a invalidação do ato impugnado não acarreta automaticamente a condenação de todos os que subscreveram, ou dele participaram com manifestações técnicas ou administrativas, em razão do cargo ou da função que exerciam. Necessário é que tenham agido com culpa ou dolo, pois os que cumpriram ordens superiores ou atuaram no

desempenho regular de suas atribuições funcionais, não ficam sujeitos a indenizações ou reparações pelo ato invalidado. A condenação, neste caso, será apenas do superior que ordenou ou praticou o ato ilegal e lesivo e de seus beneficiários[238].

Enquanto não transitada em julgado, a sentença proferida em processo de ação cautelar inominada, no processo de ação popular poderá ser suspensa a requerimento do Ministério Público ou da pessoa jurídica de Direito Público interessada, assim como previsto para a execução de medida liminar, em caso de manifesto interesse público ou de flagrante ilegitimidade e para evitar grave lesão à ordem, à saúde, à segurança e à economia públicas, conforme § 1º, do art. 4º, da Lei nº 8.437/1992.

Poderá também, dessa forma, o presidente do Tribunal ouvir, previamente, o autor e o Ministério Público e de sua decisão caberá agravo, no prazo de cinco dias, para o órgão do tribunal, para o conhecimento do mesmo.

Estabelece o art. 19 da Lei nº 8.437/192 que:

> *Art. 19. A sentença que concluir pela carência ou pela improcedência da ação está sujeita ao duplo grau de jurisdição, não produzindo efeito senão depois de confirmada pelo tribunal; da que julgar a ação procedente, caberá apelação, com efeito suspensivo.*
>
> *§ 1º Das decisões interlocutórias cabe agravo de instrumento.*
>
> *§ 2º Das sentenças e decisões proferidas contra o autor da ação e suscetíveis de recurso, poderá recorrer qualquer cidadão e também o Ministério Público.*

Como demonstrado por meio do art. 19, realizar-se-á o duplo grau de jurisdição obrigatório na hipótese da sentença concluir pela carência ou pela improcedência da ação. Tal mecanismo foi invertido, pois, geralmente, a procedência da ação é que gera o recurso de ofício, a fim de preservar o interesse público, visto que a ação popular tem por escopo a proteção do patrimônio coletivo.

Já a apelação voluntária, nos termos do § 2º do mesmo artigo seguirá, conforme estabelecido no art. 22 da Lei ("Aplicam-se à ação popular as regras do Código de Processo Civil, naquilo em que não contrariem os dispositivos desta lei, nem a natureza específica da ação") a tramitação prevista no CPC, sendo legitimado para recorrer qualquer cidadão ou o Ministério Público.

Quanto a contagem do prazo para recurso quando os litisconsortes tiverem diferentes procuradores, é entendimento da Corte Superior de Justiça, conforme ilustrado por meio da ementa de acórdão, abaixo transcrita, proferido nos autos do Recurso Especial nº 230142, oriundo do Estado do Rio de Janeiro, em que figurou como relator o ministro Garcia Vieira:

> Processual civil. Ação popular. Prazo para recurso. Litisconsortes com procuradores diferentes. Inexistindo na lei de ação popular norma sobre a contagem do prazo para recurso quando os litisconsortes tiverem diferentes procuradores, deve ser aplicado o CPC, art. 191, contando-se o prazo em dobro. Recurso provido.

Quando o réu condenado perceber dos cofres públicos, a execução far-se-á por desconto em folha até o integral ressarcimento do dano causado, se assim mais convier ao interesse público. A parte condenada a restituir bens ou valores ficará sujeita a sequestro e penhora, desde a prolação da sentença condenatória.

Em relação à coisa julgada, estabelece o art. 18 da Lei nº 4.717/1965 que:

> *Art. 18. A sentença terá eficácia de coisa julgada oponível* erga omnes, *exceto no caso de haver sido a ação julgada improcedente por deficiência de prova; neste caso, qualquer cidadão poderá intentar outra ação com idêntico fundamento, valendo-se de nova prova.*

Dessa forma existirá coisa julgada somente se o julgador adentrar o mérito da ação, isto é se a sentença entende pela procedência da ação ou, então pela improcedência, por considerar esta infundada[239].

---

[238] Por beneficiários entende-se aqueles funcionários que auferiram vantagens diretas e imediatas do ato invalidado, e não os que, posteriormente, contrataram regularmente obras ou serviços decorrentes daquele ano.

[239] O prof. Hely Lopes MEIRELLES compreende que considerando que a sentença de procedência da ação tem efeitos *erga omnes* que: "entendemos que não cabe a declaração de inconstitucionalidade de lei ou ato normativo em sede de ação popular. O controle concentrado de constitucionalidade é da competência exclusiva do Supremo Tribunal Federal, na forma do art. 102, I, *a*, da Constituição Federal. Não se pode dizer que o juiz, na ação popular, poderia exercer o controle difuso de constitucionalidade. O controle difuso tem como sua característica essencial a restrição dos efeitos da eventual declaração de inconstitucionalidade apenas às partes litigantes. Como a sentença de procedência da ação popular é oponível *erga omnes*, uma declaração de inconstitucionalidade nela embutida implicaria em usurpação da competência do Supremo Tribunal Federal. O problema tem sido mais analisado em termos de ações civis, públicas, nas quais as sentenças também podem ser oponíveis *erga omnes*, e a mesmo questão tem se colocado com frequência. A jurisprudência, em especial do Supremo Tribunal Federal, tem reconhecido que a ação civil pública não pode se tornar uma forma paralela de declaração de inconstitucionalidade, e o mesmo raciocínio, pelas mesmas razões, se aplica a ação popular."

Caso decorridos sessenta dias da publicação da sentença condenatória de segunda instância, sem que o autor ou terceiro promova a respectiva execução, o representante do Ministério Público a promoverá nos trinta dias seguintes, sob pena de falta grave.

Embora não expresso de forma clara, caso o Ministério Público acompanhe a ação, nos termos do § 4º do art. 6º da Lei nº 4.717/1965, deverá este órgão executar a sentença no lugar do autor.

Ainda, nos termos dos §§ 1º e 2º do art. 14 da Lei nº 4.717/1965, quando o réu condenado perceber dos cofres públicos, a execução far-se-á por desconto em folha até o integral ressarcimento do dano causado, se assim mais convier ao interesse público. A parte condenada a restituir os bens ou valores ficará sujeita ao sequestro e penhora, desde a prolação da sentença condenatória.

O *habeas data* foi introduzido no ordenamento jurídico por meio do art. 5º, LXXII da Constituição Federal, que assim estabeleceu:

> *LXXII – conceder-se-á* habeas data*:*
> *a) para assegurar o conhecimento de informações relativas à pessoa do impetrante, constantes de registros ou bancos de dados de entidades governamentais ou de caráter público;*
> *b) para retificação de dados, quando não se prefira fazê-lo por processo sigiloso, judicial ou administrativo.*

Trata-se o instrumento constitucional de meio para a obtenção de informações constantes em bancos de dados ou registros de entidades da Administração Pública. Conforme alínea *b*, tal mecanismo possibilita igualmente a correção de dados.

O mecanismo foi inspirado nas Constituições da Espanha (1978) e de Portugal (1976), art. 105, b e 35[240]. Embora fosse o direito auto-aplicável, foi imprescindível a edição de lei específica sobre o tema, que foi aprovada em 12/11/1997 e sancionada pelo Presidente Fernando Henrique Cardoso.

A Lei nº 9.507/1997 regulamentou o *habeas data*, estabelecendo como de caráter público todo registro ou banco de dados contendo informações que sejam ou que possam ser transmitidas a terceiros que não sejam de uso privativo do órgão ou entidade produtora ou depositária das informações[241].

É pressuposto para a impetração do *habeas data* a recusa de informações por parte da autoridade administrativa. Tal compreensão, consolidada por meio da Súmula nº 2, do STJ, pode ser ilustrada por meio do acórdão proferido pela Corte Superior de Justiça nos autos do Habeas Data nº 9, oriundo do Distrito Federal:

> *Habeas data.* Pedido de informações. 1. A jurisprudência firmou-se no sentido de que a postulação do *habeas data* nasce com a negativa, por parte da administração publica, em fornecer informações de interesse particular em geral, que lhe forem solicitadas. Hipótese em que não houve, propriamente, recusa da autoridade, mas sim o fornecimento de mera certidão, que não atendeu a pretensão do interessado.

O prof. Arnaldo Wald ensina que inúmeros registros tipicamente comerciais, como serviços de proteção ao crédito, listagens de mala direita, ou até mesmo agências de notícias, estarão englobados na definição legal, na medida em que normalmente são idealizados justamente para a transmissão de informações a terceiros. O Serviço de Proteção ao Crédito – SPC é um exemplo disto.

Por envolver a definição legal uma enorme gama de situações, entende-se que deva ser verificado contextualmente a procedência das informações prestadas e o seu conteúdo, a fim de analisar a sua possível lesividade.

O *habeas data* é um instrumento primordialmente político, criado pelos constituintes visando sobretudo a

---

[240] Conforme lição de Arnaldo WALD (*Habeas Data*, Teresa Arruda Alvim WAMBIER (coord.), São Paulo: Revista dos Tribunais, 2003, p. 13), "embora sem o nome específico de *habeas data*, instrumentos semelhantes constaram da Constituição de Portugal de 1976 e da Espanha de 1978. Nos Estados Unidos o *Freedom of Information Reform Act* de 1978, permite o acesso de particulares às informações de registros e bancos de dados públicos. Na França, a Lei sobre Informática e Liberdades, de 06/01/1978, garante o direito de acesso e retificação de dados pessoais constantes de registros de caráter público. Mais recentemente, o *habeas data* foi introduzido no Direito argentino, na revisão constitucional de 1994, como uma das modalidades do *acción expedita y rápida de amparo*".

[241] Arnaldo WALD, ensina, ainda que "A Constituição de 1988, ao criar o *habeas data* no inciso LXXII do art. 5º, assegurou às pessoas em geral o acesso às informações sobre elas constantes de registros ou bancos de dados de entidades governamentais ou de caráter público. Do texto constitucional pode-se extrair que, em princípio, todos os registros ou bancos de dados oficiais – de entidades governamentais – estão sujeitos à regra (ressalvadas as informações sigilosas por questão de segurança da sociedade e do Estado, como restringido pelo inciso XXXIII do mesmo art. 5º da Constituição). Mas também os registros ou bancos de dados particulares poderão ser acessados pelos interessados, desde que sejam caracterizados como de caráter público. Logo no parágrafo único do art. 1º da Lei nº 9.507/1997 são definidos como de caráter público todo o registro ou banco de dados contendo informações que sejam ou que possam ser transmitidas a terceiros ou que não sejam do uso privativo do órgão ou entidade produtora ou depositária das informações. Assim, se os registros forem de uso privativo da própria entidade coletora dos dados, não estará configurado o caráter público, e não será cabível o ajuizamento do *habeas data*."

acessar os registros do antigo Serviço Nacional de Informações – SNI. A obtenção de documentos retidos pelo governo durante o período da ditadura foi essencial para que se pudesse esclarecer as situações ocorridas durante o regime militar. É o que demonstra o acórdão proferido nos autos do Habeas Data nº 12, em que figurou como relator o ministro Ilmar Galvão (STJ) oriundo do Distrito Federal:

> *Habeas data*. Informações relativas às causas que determinaram a despedida sumária do impetrante do quadro de pessoal do Banco do Brasil e a cassação do mandato de diretor da federação dos empregados em estabelecimentos bancários dos estados de São Paulo e Mato Grosso, em 1965. Omissões que teriam sido verificadas nas informações prestadas por via administrativa. peremptória negativa da autoridade impetrada, quanto à existência de quaisquer outros informes pessoais do impetrante, nos arquivos do SNI, além dos já fornecidos, inexistindo razão para que a assertiva não seja aceita. Hipótese em que a pretendida ordem de *habeas data* se torna descabida. Impetração denegada.

A Carta Federal, ao proclamar os direitos e deveres individuais e coletivos, enunciou os preceitos básicos, cuja compreensão é essencial à caracterização da ordem democrática como um regime do poder visível. O modelo político-jurídico, plasmado na nova ordem constitucional, rejeita o poder que oculta e o poder que se oculta. Com essa vedação, pretendeu o constituinte tornar efetivamente legítima, em face dos destinatários do poder, a prática das instituições do Estado.

O remédio jurídico processual, de natureza constitucional, destina-se a garantir, em favor da pessoa interessada, o exercício de pretensão jurídica discernível em tríplice aspecto:

a) direito de acesso aos registros;
b) direito de retificação dos registros;
c) direito de complementação dos registros.

Trata-se de relevante instrumento de ativação da jurisdição constitucional das liberdades, a qual representa, no plano institucional, a mais expressiva reação jurídica do Estado às situações que lesem, efetiva ou potencialmente, os direitos fundamentais da pessoa, quaisquer que sejam as dimensões em que estes se projetem.

O acesso ao *habeas data* pressupõe, dentre outras condições de admissibilidade, a existência do interesse de agir. Ausente o interesse legitimador da ação, torna-se inviável o exercício desse remédio constitucional.

As Cortes superiores compreendem que a prova do anterior indeferimento do pedido de informação de dados pessoais, ou da omissão em atendê-lo, constitui requisito indispensável para que se concretize o interesse de agir no *habeas data*.

Neste sentido, é exemplo o acórdão proferido pelo STF no Recurso em *Habeas Data* nº 24, oriundo do Distrito Federal:

> Recurso de *habeas-data*. Carência de ação: interesse de agir. 1. A Lei nº 9.507, de 12/11/1997, que regula o direito de acesso a informações e disciplina o rito processual do *habeas-data*, acolheu os princípios gerais já proclamados por construção pretoriana. 2. É princípio axiomático do nosso Direito que só pode postular em juízo quem tem interesse de agir (CPC, arts. 3º e 267, VI), traduzido pela exigência de que só se pode invocar a prestação da tutela jurisdicional diante de uma pretensão resistida, salvo as exceções expressamente previstas. 3. Recurso de *habeas-data* não provido.

Sem que se configure situação prévia de pretensão resistida, há carência da ação constitucional do instrumento. Sobre o acesso extrajudicial de informações, estabelece o art. 2º da Lei nº 9.507/1997 que:

> *Art. 2º. O requerimento será apresentado ao órgão ou entidade depositária do registro ou banco de dados e será deferido ou indeferido no prazo de quarenta e oito horas.*
> *Parágrafo único. A decisão será comunicada ao requerente em vinte e quatro horas.*

A lei, porém nada estipulou quanto à penalidade à autoridade administrativa que não observasse tais prazos. Desta forma, em se tratando de órgão público, o funcionário que não comunique ao requerente a decisão tomada em vinte e quatro horas poderá sofrer a punição cabível em razão da desobediência à obrigação legal. Contudo, em se tratando de entidades privadas (em exercício de atividade pública) não há o que possa ser feito para que o prazo estabelecido no artigo acima sejam cumprido com rigor.

Ao deferir o pedido, o depositário do registro ou do banco de dados marcará dia e hora para que o requerente tome conhecimento das informações. Constatada a inexatidão de qualquer dado a seu respeito, o interessado, em petição acompanhada de documentos comprobatórios, poderá requerer sua retificação.

Feita a sua retificação em, no máximo, dez dias após a entrada do requerimento, a entidade ou órgão depositário do registro ou da informação dará ciência ao interessado. Ainda que não se constate a inexatidão do dado, caso o interessado apresente explicação ou contestação sobre o mesmo, justificando possível pendência sobre o fato objeto do dado, tal explicação será anotada no cadastro do interessado[242].

Em relação à concessão do *habeas data*, estabelece o art. 7º da Lei nº 9.507/1997 que tal instrumento será cebível:

- para assegurar o conhecimento de informações relativas à pessoa do impetrante, constantes de registro ou banco de dados de entidades governamentais ou de caráter público;
- para a retificação de dados, quando não se prefira fazê-lo por processo sigiloso, judicial ou administrativo;
- para a anotação no assentamento do interessado, de contestação ou explicação sobre dado verdadeiro mas justificável e que esteja sob pendência judicial ou amigável.

O *habeas data* não é garantia constitucional para de obtenção de certidões. Originando-se, o *writ* of *habeas data*, como salvaguarda dos direitos individuais, ausentes em determinado período que antecedeu a Carta de 1988, quando as autoridades arquivavam a seu critério e de forma sigilosa dados relativos à convicção filosófica, política, religiosa e de conduta pessoal dos cidadão, sem lhes dar a oportunidade de defesa ou conhecimento dos mesmos, a disciplina legal do instituto exige que haja prova da recusa por parte da autoridade no fornecimento das informações, não sendo substituto do Direito Constitucional à certidão, e com ele não se confunde (Ap. 8188, Tribunal de Justiça do Estado do Rio de Janeiro)[243].

Ensina o prof. Arnaldo Wald que o *habeas data* poderá ser impetrado tanto pela pessoa física quanto pela pessoa jurídica. Segundo o mestre

> não há motivos para excluir as pessoas jurídicas se a Constituição não o fez. Assim, da mesma forma como podem impetrar mandado de segurança, as pessoas físicas também podem impetrar *habeas data*.

Acrescenta, ainda, o autor que

> vale lembrar que a jurisprudência recente do Superior Tribunal de Justiça vem aceitando a reparabilidade do dano exclusivamente moral causado à pessoa jurídica, e o *habeas data* (especialmente para a ratificação de dados) pode ser um importante instrumento na defesa do patrimônio moral, evitando a difusão de informações inexatas ou deturpadas.

Como visto, o ordenamento constitucional, ao dispor sobre as liberdades individuais, assegura o direito da pessoa conhecer as informações a ela relativas e constantes de registros ou bancos de dados de entidades governamentais e indica que o *habeas data* como o meio adequado de obtê-las. Essa norma regulamenta-se pelo ordenamento infraconstitucional que disciplinar o processo do *habeas data* e institui a existência de prévio procedimento administrativo, com a respectiva recusa ou omissão de fornecer a informação, como requisito essencial do direito de impetrá-lo.

O art. 8º da Lei nº 9.507/1997 estabelece que a petição inicial deverá preencher os requisitos dos arts. 282 a 285 do Código de Processo Civil será apresentada em suas vias e os documentos que instruírem a primeira se-

---

[242] Ensina o professor Arnaldo WALD que: "é verdade que o art. 6º estabelecia multas para o descumprimento das obrigações impostas às entidades depositárias dos dados ainda na fase extrajudicial, mas a falta de especificação quanto à destinação e à gestão das verbas arrecadadas, além de uma anômala intervenção do Ministério Público, prevista no §§ 1º e 2º, levaram o presidente da República a vetar a norma. O art. 4º da Lei do *Habeas Data* disciplina a retificação de dados inexatos. O interessado deverá pedir a retificação em petição acompanhada de documentos comprobatórios da inexatidão (art 4º, *caput*) a qual deverá ser efetuada e comunicada ao requerente em 10 dias (art. 4º, § 1º). Há, ainda, uma situação intermediária, quando não se constatar propriamente uma inexatidão, mas houver alguma pendência sobre o fato objeto do dado registrado. Nesta hipótese, o interessado poderá apresentar explicação ou contestação, que deverá ser anotada no cadastro (art. 4º, § 2º). Entendemos que, em toda fase extrajudicial, quando o banco de dados ou o registro for de órgão ou entidade integrante da Administração Pública, serão cabíveis os recursos administrativos ordinários, às autoridades hierarquicamente superiores, em caso de indeferimento de quaisquer requerimentos. Não obstante, embora o recurso administrativo possa ser cabível, não se poderá exigir do interessado a prévia exaustão das vias administrativas para que ajuíze o seu pedido de *habeas data* perante o Poder Judiciário, em virtude da expressa vedação constitucional (CF, art. 5º, XXXV)."

[243] Como leciona o professor Arnaldo WALD, "O *habeas data* para anotação de contestação ou explicação de dados sujeito a pendência deve ser empregado com parcimônia, pois não pode servir para a satisfação de meros caprichos particulares. A explicação não só deverá ser devidamente instruída e justificada, com o requerente deverá provar o seu interesse processual (CPC, art. 3º), consistente na necessidade de fazer constar a anotação para evitar algum tipo de prejuízo material ou moral. Como regra geral do processo civil, o autor de uma ação deve provar a necessidade que tem de recorrer ao Poder Judiciário e, portanto, não bastará a mera vontade do impetrante para justificar o cabimento do *habeas data* para simples anotação. Neste sentido, mesmo antes da edição da Lei nº 9.507/1997, o Superior Tribunal de Justiça já decidiu que a retificação a que a Constituição Federal se refere só é permitida quando se tratar de informações não verazes e demonstrar, o requerente, o seu cabal interesse em que sejam canceladas, ou reiteradas, demonstrando, com a inicial, a sua existência até mesmo para propiciar à autoridade coatora a formulação de sua resposta."

rão reproduzidos por cópia na segunda. A petição inicial deverá ser instruída com prova:

- da recusa do acesso às informações ou do decurso de mais de dez dias sem decisão;
- da recusa em fazer-se a retificação ou do decurso de mais de quinze dias sem decisão, ou
- da recusa em fazer-se a anotação a que se refere o § 2º do art. 4º ou do decurso de mais de quinze dias sem decisão.

O pedido de retificação de assentamentos, em *habeas data*, só tem cabimento quando o requerente já dispõe dos dados que, por inverossímeis (ou outro motivo previsto em lei), pretenda a devida alteração no registro do órgão administrativo respectivo.

A retificação a que a Constituição Federal faz referência só é permitida quando se tratar de informações não verazes, e demonstrar o requerente o seu cabal interesse em que sejam canceladas (ou retiradas), demonstrando, com a inicial, a sua existência, até mesmo para propiciar à autoridade coatora a formulação de sua resposta[244].

Ao despachar a inicial, o juiz ordenará que se notifique o coator do conteúdo da petição, entregando-lhe a segunda via apresentada pelo impetrante, com as cópias dos documentos, a fim de que, no prazo de dez dias, preste as informações que julgarem necessárias.

A técnica utilizada pelo legislador para a elaboração dos arts. 8º e 9º da Lei nº 9.507/1997 é similar ao utilizado nos arts. 6º e 7º da Lei nº 1.533/1961, pois estabelece que o *habeas data* deverá atender os requisitos do CPC para as demais petições iniciais e será apresentada em duas vias.

Conforme art. 9º da Lei nº 9.507/1997 o coator (mesma terminologia utilizada pelo *mandamus*) deverá prestar informações em 10 dias, recebendo uma das vias da petição instruída com documentos.

A adoção de rito assemelhado o mandado de segurança obstou a fase probatória no bojo do *habeas data*. Tal opção demonstrou inconvenientes, pois caso a pretensão do impetrante dependa de comprovação por perícia ou prova testemunhal, terá este de recorrer à via ordinária[245].

Não é possível vislumbrar um *habeas data* preventivo, em oposição ao mandado de segurança preventivo, pois, conforme estabelecido no art. 8º, é indispensável, sob pena de indeferimento da petição inicial, a prova de que a entidade depositária do registro ou banco de dados recusou-se a prestar informações, ou que este deixou de decidir a matéria no prazo de quinze dias.

É entendimento jurisprudencial que o *habeas data* não é substituto da ação declaratória e não pode ser impetrado quando a matéria é controversa. Também a correção dos dados pressupõe liquidez e certeza, analogamente ao mandado de segurança.

Quanto à similitude entre os dois institutos (o mandado de segurança e o *habeas data*) faz-se pertinente a análise do acórdão proferido nos autos da Apelação Civil nº 38.036 (TJRJ), em que figuraram como partes Devanir Ribeiro do Prado e o presidente da Câmara de Vereadores de Itaperuna:

> Constitucional. *Habeas data* e "mandado de segurança". Dicotomia dos institutos. Pretensão deduzida por vereda incomportável. Indeferimento consequente da medida

---

[244] HD39/DF – STJ. Min. Rel. Demócrito Reinaldo.

[245] Ensina o professor Arnaldo WALD que, "com efeito, um problema que pode surgir para o impetrante é a identificação de quem é o responsável pelo registro das informações sobre a sua pessoa, dentro de uma entidade depositária de registros ou bancos de dados (que pode ser pública ou privada). A jurisprudência do Supremo Tribunal Federal e do Superior Tribunal de Justiça se consolidou no sentido de que a indicação errônea da autoridade coatora no mandado de segurança, leva à extinção do processo sem julgamento do mérito, por carência de ação e ilegitimidade passiva *ad caysam*, posição esta que deve ser mantida em matéria de *habeas data*. Para que se facilite a impetração do *habeas data*, e considerando que no âmbito administrativo o requerimento deve ser feito ao órgão depositário da entidade depositária do registro ou banco de dados (Lei nº 9.507/1997, art. 3º), o coator deve ser considerado, sempre, este órgão ou entidade, e não uma pessoa que ocupe um determinado cargo. Assim, será legitimado passivo para o *habeas data* o próprio órgão ou entidade depositária do registro ou banco de dados, que poderá ter personalidade jurídica independente ou não, e que será representada em juízo por que de direito, de acordo com seus atos constitutivos, estatutos ou regimentos." Anteriormente à edição da lei a compreensão já era esta. É o que se demonstra por meio do acórdão proferido nos autos da Apelação Civil nº 5301 (TJRJ): "*Habeas data*. Informações alegadamente falsas. Acesso às mesmas e posterior pedido de retificação. O *habeas data* tem dupla finalidade: permitir o acesso do impetrante às informações pessoais, até então desconhecidas, constantes dos registros ou bancos de dados de entidades governamentais e, após conhecidas, ensejar sua posterior retificação, se comprovadamente falsas. Ambos esses pedidos devem vir expressos na inicial, pois é com eles que se delimita o *thema decidendum* – embora inexista ainda lei, que lhe regule o procedimento, mas tendo aplicação imediata, por ser garantia fundamental do cidadão, nada impede que se lhe imprima o rito procedimental do mandado de segurança, dada a similitude desses dois institutos. Exige-se, portanto, prova pré-constituída, para a hipótese de retificação dos dados, reputados falsos, pois inviável. Dilação probatória nesse pleito. Sem tal prova, descabe o *habeas data*, justificando-se a extinção do processo, sem exame do mérito respectivo. Desprovimento do recurso."

rogada. O *habeas data* não se enfileira na perspectiva do objetivo primário, próprio do "mandado de segurança", de se obter certidão junto à secretaria da edilidade. Conquanto acasalados no mesmo preceptivo constitucional (art. 5º, CF/1988), diversos são, similares embora, *habeas data* do "mandado de segurança", em nítida linha divisória (incisos LXXII, alíneas *a* e *b* e LXIX), certo que para obtenção de certidões junto aos órgãos públicos, quaisquer que sejam, para defesa de direitos e esclarecimentos de situações de interesse pessoal, deparando com resistência ou recalcitrância pela angularidade de omissão da autoridade instada, o *writ* apropriado é o *mandamus*, no pódio de outro predicado consubstanciado na *lex mater* (art. 5º, inciso XXIV, alínea *b*). A propósito, bem precisa é a observação de Michel Temer, nos seus *Elementos de Direito Constitucional*, 5ª ed., São Paulo: Revista dos Tribunais, p. 212-22 "ressalve-se que só se pode pleitear, por *habeas data*, informações relativas ao impetrante [...] o *habeas data* também não pode ser confundido com o direito à obtenção de certidões em repartições públicas. Ao pleitear certidão, o solicitante deve demonstrar que o faz para defesa de direitos e esclarecimentos de situações de interesse pessoal (art. 5º, XXXIV, *b*), no *habeas data* basta o simples desejo de conhecimento de informações relativas à sua pessoa, independentemente de demonstração de que se prestarão à defesa de direitos". Apelo desprovido.

Também é compreendido que o instrumento é cabível para alcançar a ficha cadastral empregatícia de ex-funcionário. Houve também julgamento no sentido de que é inadmissível para obtenção de informações com relação a meras investigações de caráter interno, sem veiculação ou registro que perpetue os dados apurados. (Apelação Cível nº 196.209-1/TJSP e Apelação Cível nº 119.527-7/TJMG)

As instituições financeiras, depositárias dos dados e registros das contas do FGTS, como entidade de caráter público são destinatárias também da Lei nº 9.507/1997 e do preceito constitucional, devendo dar completo cumprimento à determinação contida na ordem constitucional e legal. (Apelação Cível nº 5541/2002 – TJRJ, figuraram como partes o Banco Bradesco S/A e Aroldo de Oliveira Gomes).

O titular do FGTS tem o direito de obter todos os registros sobre a movimentação e saldo de sua conta. E se esses registros, anteriores à Lei nº 9.507/1997, se encontram em poder do banco que ao tempo recebia os depósitos patronais, a ele cabe fornecer os extratos de que necessita o titular da conta, sendo a instituição financeira parte legítima para fornecer extratos.

Também é provável a dúvida sobre quem deve figurar no polo passivo do *habeas data*, assim como existe dúvida semelhante no mandado de segurança. Neste sentido, a jurisprudência consolidou entendimento no sentido de que da mesma maneira que a errônea indicação da autoridade coatora no *mandamus* causa a extinção do processo sem julgamento do mérito, por carência da ação e ilegitimidade passiva, no *habeas data* a incorreta figuração no polo passivo processual deverá acarretar a mesma consequência para o impetrante. Desta maneira é de primordial importância a precisa identificação do responsável pelo registro das informações objeto do instrumento constitucional[246].

Estabelece o art. 10 da Lei nº 9.507/1997, que:

> *Art. 10. A inicial será desde logo indeferida, quando não for o caso de* habeas data, *ou se lhe faltar algum dos requisitos previstos nesta Lei.*
> *Parágrafo único. Do despacho de indeferimento caberá recurso previsto no art. 15.*

Embora a lei não faça previsão sobre a emenda da inicial, entende-se que esta, por medida de economia, poderá ser autorizada pelo juízo, nos termos do art. 284 do CPC. Antes da citação, nos termos do art. 294 do CPC, o autor poderá aditar o pedido, correndo à usa conta as custas acrescidas em razão desta iniciativa.

O art. 18 da Lei nº 9.507/1997 determina, ainda, neste sentido, que o pedido de *habeas data* poderá ser renovado se a decisão denegatória não lhe houver apreciado o mérito, ou seja, nada obsta que a impetrante, caso a inicial seja indeferida por ilegitimidade passiva da autoridade coatora, renove o pedido com a correção necessária.

As informações poderão contestar o *habeas data* por faltar algum documento à peça exordial, por faltar cará-

---

[246] Ensina o professor Arnaldo WALD que "para que se facilite a impetração do *habeas data*, e considerando que no âmbito administrativo o requerimento deve ser feito ao órgão ou entidade depositária do registro ou banco de dados (Lei nº 9.507/1997, art. 3º), o coator deve ser considerado, sempre, este órgão ou entidade, e não uma pessoa que ocupe determinado cargo. Assim, será legitimado passivo para o *habeas data* o próprio órgão ou entidade depositária do registro ou banco de dados, que poderá ter personalidade jurídica independente ou não, e que será representada em juízo por que de direito de acordo com os seus atos constitutivos, estatutos ou regimentos. É indispensável, sob pena de indeferimento da inicial, a prova de que a entidade depositária do registro ou banco de dados se recusou a prestar as informações (ou deixou de decidir sobre a matéria em dez dias) ou se recusou a fazer as retificações ou as anotações cabíveis (ou deixou de decidir sobre a matéria em 15 dias) ".

ter público ao banco de dados e em razão das informações requeridas serem sigilosas, conforme art. 5º, XXXIII da Constituição Federal:

> *XXXIII – todos têm direito a receber dos órgãos públicos informações de seu interesse particular, ou de interesse coletivo ou geral, que serão prestadas no prazo da lei, sob pena de responsabilidade, ressalvadas aquelas cujo sigilo seja imprescindível à segurança da sociedade e do Estado.*

Analogamente ao *mandamus*, caso as informações não sejam prestadas em dez dias, deverão os autos ser encaminhados ao Ministério Público para a emissão de parecer dentro do prazo de cinco dias, findo os quais serão conclusos ao juízo para que decisão seja proferida em igual período, nos termos do art. 12 da Lei nº 9.507/1997:

> *Art. 12. Findo o prazo a que se refere o art. 9º, e ouvido o representante do Ministério Público dentro de cinco dias, os autos serão conclusos ao juiz para decisão a ser proferida em cinco dias.*

A lei do *habeas data* foi inovadora ao permitir, nos termos do art. 14, que a decisão será comunicada ao coator por correio, com aviso de recebimento, ou por telegrama, radiograma o telefonema, conforme requerer o impetrante. Os originais, no caso de transmissão telegráfica, radiográfica ou telefônica deverão ser apresentados à agência expedidora, com a firma do juiz devidamente reconhecida.

Os processos de *habeas data* terão prioridade sobre todos os atos judiciais, exceto *habeas corpus* e mandado de segurança. Na instância superior, deverão ser levados a julgamento na primeira sessão que se seguir à data em que, feita a distribuição, forem conclusos ao relator. Em razão de seu caráter preferencial, deverá o *habeas data*, assim como o mandado de segurança tramitar nas férias forenses.

Estabelece, ainda o art. 21 da Lei nº 9.507/1997 que são gratuitos o procedimento administrativo para acesso a informações e retificação de dados e para a anotação de justificação, bem com a ação de *habeas data*. Neste sentido, faz-se válida a análise do acórdão preferido nos autos do Processo nº 5541- TJRJ:

> *Habeas data*. Acesso de informação com procedimento administrativo gratuito. O inciso LXXVII, da Constituição da República, entre outros direitos e garantias individuais estabeleceu a gratuidade dos atos necessários ao exercício da cidadania, no *habeas data*. A Lei nº 9.507/1997, em sintonia com o preceito constitucional, em seu art. 21 prevê a referida gratuidade dos serviços decorrentes do procedimento administrativo, provocado pela solicitação de informações.

São também gratuitos os atos processuais da respectiva ação, em analogia ao mandado de segurança, conforme restou-se evidenciado por meio do acórdão proferido nos autos da Apelação Civil nº 13906, em que figuraram como partes Serasa – Centralização de serviços dos bancos S.A. e Armazém das Letras Gráficas e Editora Ltda, que tramitou perante a Quinta Câmara Cível do Tribunal de Justiça do Estado do Rio de Janeiro:

> *Habeas data*. Conhecimento, retificações e anotações de dados de devedora junto ao Serasa. Pedido acolhido, após afastamento de preliminares. Recurso que, embora tecendo considerações sobre o mérito, limita-se a pleitear a exclusão de custas e honorários. Dada a similitude, de natureza e origem entre o mandado de segurança e o *habeas data* é de aplicar-se a este último as Súmulas nº 512 e nº 105 do STF e STJ, respectivamente. não há, pois, condenação em honorários advocatícios em *habeas data*. São gratuitos os atos processuais da ação respectiva. Inteligência do art. 21 da Lei nº 9507/1997. Provimento do recurso. (MGS)

Quanto à competência do juízo, estabelece o art. 102, I, *d*, da Constituição Federal que compete ao Supremo Tribunal Federal, precipuamente a guarda da Constituição, cabendo-lhe processar e julgar originariamente o *habeas data* contra atos do presidente da República, das Mesas da Câmara dos Deputados e do Senado Federal, do Tribunal de Contas da União, do Procurador-geral da República e do próprio Supremo Tribunal Federal.

Determina, por conseguinte, o art. 105, I, *b,* da Carta Magna que é competente o Superior Tribunal de Justiça para processar e julgar originariamente os mandados de segurança e os *habeas data* contra ato de ministro de Estado, dos Comandantes da Marinha, do Exército e da Aeronáutica e do próprio Tribunal.

No que tange à justiça estadual, designa o art. 125 § 1º da Constituição que

> a competência dos tribunais será definida na Constituição do Estado, sendo a lei de organização judiciária de iniciativa do Tribunal de Justiça.

O art. 20 da Lei nº 9.507/1997, em consonância com os dispositivos constitucionais acima descritos estabeleceu que o julgamento do *habeas data* compete:

- Ao Supremo Tribunal Federal, contra atos do presidente da República, das Mesas da Câmara dos Deputados e do Senado Federal, do Tribunal de Contas da União, do Procurador-Geral da República e do próprio Supremo Tribunal Federal;

- Ao Superior Tribunal de Justiça, contra atos de ministro de Estado ou do próprio Tribunal[247];
- Aos Tribunais Regionais Federais contra atos do próprio Tribunal ou de juiz federal;
- A juiz federal, contra ato de autoridade federal, excetuados os casos de competência dos tribunais federais;
- A juiz estadual nos demais casos.

Em grau de recurso, é competente:

- ao Supremo Tribunal Federal, quando a decisão denegatória for proferida em única instância pelos Tribunais Superiores;
- ao Superior Tribunal de Justiça, quando a decisão for proferida em única instância pelos Tribunais Regionais Federais;
- aos Tribunais Regionais Federais, quando a decisão for proferida por juiz federal;
- aos Tribunais Estaduais e ao Distrito Federal e Territórios, conforme dispuserem a respectiva Constituição e a lei que organizar a justiça do Distrito Federal

Por fim, estabelece a lei que é competente o Supremo Tribunal Federal, mediante recurso extraordinário ao Supremo Tribunal Federal, nos casos previstos na Constituição Federal.

A legitimação passiva para o requerimento do *habeas data* é exclusivamente a pessoa física ou jurídica imediatamente interessada nos registros referidos no art. 5º, inciso LXXII, *a* e *b* da Constituição Federal.

Como exemplificado por meio do Recurso Especial nº 141391, oriundo do Distrito Federal, em que figurou como relator o ministro Anselmo Santiago nada impede o litisconsórcio passivo na espécie:

> Constitucional e processual. *Habeas data*. Legitimidade passiva. Recusa no fornecimento das informações. Ausência de comprovação. Súmula nº 02/ STJ. 1. Evidente a comunhão de interesses entre o governador e o Distrito Federal, nada impede o litisconsórcio passivo na espécie. 2. Não cabe *habeas data* (CF, art. 5º, LXXI, letra *a*) se não houver a recusa de informações por parte da autoridade administrativa. (Súmula nº 02/ STJ) 3. Recurso conhecido e provido.

E assim, pois, ao *habeas data* aplicam-se as regras do Código de Processo Civil relativas ao litisconsórcio e à assistência quando as informações em voga referirem-se também a interesse jurídico de terceiros.

Caso o juízo perceba situação de litisconsórcio passivo necessário como, por exemplo, a possibilidade de informação não puder ser retificada sem afetar informação sobre terceiro, deverá determinar que o impetrante o certifique para que venha a integrar a lide, analogamente ao procedimento utilizado para o mandado de segurança

O procedimento do *habeas data* poderá ser ordinário ou especial, pois no curso da ação, por vezes, deverá ser necessária a produção de provas (inexatidão dos registros), o que permitirá a retificação dos dados.

Conforme lição do professor Hely Lopes Meirelles[248],

> O procedimento no *habeas data* deverá se aproximar, de certa maneira, ao rito da ação de prestação de contas, regulada nos arts. 914 e seguintes do Código de Processo Civil. Aquela também é dividida em duas etapas: na primeira o juiz deve decidir se existe ou não a obrigação de prestar as contas; se a resposta for positiva, abre-se a segunda fase, na qual as contas são prestadas e sua retidão é analisada. No *habeas data* há um primeiro julgamento com relação à pertinência da requisição das informações; se o pedido for cabível, as informações deverão ser prestadas, e poderão ser retificadas, em caso de incorreção comprovada.

Determina o art. 15 da Lei nº 9.507/1997 que da sentença que conceder ou negar o *habeas data* cabe apelação, sendo que quando a sentença conceder o *habeas data*, o recurso terá efeito meramente devolutivo. Na

[247] Como evidenciado pelo acórdão proferido nos autos do HD 1, oriundo do Distrito Federal, em que figurou como relator o ministro Neri da Silveira:" *habeas data* requerido contra ministro de Estado. Competência do Superior Tribunal de Justiça. Tendo em vista o disposto no art. 105, *i*, letra b, da nova Carta política, a competência para julgar *habeas data* requerido contra o Serviço Nacional de Informações, cujo titular possui o *status* de ministro de Estado e contra o ministro da Marinha e do Superior Tribunal de Justiça. Questão de ordem que se resolve, dando-se pela competência do Superior Tribunal de Justiça para apreciar e julgar o *habeas data* como for de direito, sendo-lhe, em consequência, encaminhados os autos".

[248] Hely Lopes MEIRELLES (*Mandado de Segurança, Ação Popular, Ação Civil Pública, Mandado de Injunção,* Habeas Data, *Ação Direita de Inconstitucionalidade e Ação Declaratória de Constitucionalidade.* 22ª ed., São Paulo: Malheiros, p. 239) ensina, ainda, o mestre que "relembre-se que a Constituição da República só concede o *habeas data* para assegurar o conhecimento de informações relativas à pessoa do impetrante, constantes de registros ou bancos de dados de entidades governamentais ou de caráter público para possibilitar a retificação destes dados, quando o postulante não prefira fazê-lo por processo administrativo sigiloso (art. 5º, LXXII, *a* e *b*). Entendemos que se aplicam ao *habeas data* as regras do Código de Processo Civil relativas ao litisconsórcio e à assistência, sempre que as informações em foco disserem respeito também a interesse jurídico de terceiros."

omissão do legislador quanto ao prazo, dever-se-á aplicar a lei processual que estabelece o período de 15 dias, conforme art. 508 do Código de Processo Civil.

Ainda, do despacho que deferir a suspensão, caberá agravo para o tribunal, de acordo com o art. 16:

> *Quando o* habeas data *for concedido e o presidente do Tribunal ao qual competir o conhecimento do recurso ordenar ao juiz a suspensão da execução da sentença, desse seu ato caberá agravo para o Tribunal a que presida*[249].

É cabível também medida cautelar em *habeas data* uma vez preenchidos os requisitos indispensáveis à concessão desta, quais sejam, o *periculum in mora* e o *fumo boni iuris*, explicitados por meio da lesão grave e de difícil reparação.

É lição do prof. Celso Scarpinella Bueno[250] que entrosa-se como parágrafo único do art. 15 da Lei nº 9.507/1997 a questão da viabilidade da concessão de liminar em *habeas data*. Isto principalmente pelo que restou dito no tópico anterior: uma vez concedida liminar em sede de *habeas data* o eventual proferimento de sentença denegatória não poderá significar a imediata paralisação de seus efeitos, desde que interposto recurso munido de efeito suspensivo ou, para os que venham a entender este efeito como inexistente, pela obtenção deste efeito "artificialmente" pela aplicação do parágrafo único do art. 558 do CPC ou por meio da ação cautelar referida no parágrafo único do art. 800 do mesmo estatuto, na espécie. Em síntese a liminar perdura em prol do impetrante, mercê deste efeito suspensivo casuístico durante todo o segmento recursal, malgrado a decisão não reconhecer, a final, o direito afirmado na petição inicial.

É possível ilustrar tal questão por meio do acórdão proferido nos autos do Agravo de Instrumento nº 5.924/2001 que tramitou no Tribunal de Justiça do Estado do Rio de Janeiro a instituição bancária pretendeu a concessão da medida liminar que proibiu a inscrição do nome do devedor em cadastros de inadimplentes em virtude de ação em que se alegou cobrança de juros em desacordo com o limite constitucional em contrato bancário de mútuo.

A instituição bancária credora, demandada em ação onde devedor pretendeu impedir a inscrição de seu nome em cadastros de inadimplência creditícia, é parte interessada para agravar de decisão liminar concessiva de tutela provisória, precedente no Recurso Especial nº 192.134/MS, Quarta Turma, Aldir Passarinho Jr.

Mostrou-se, como concluiu o julgador, legítimo o procedimento adotado pela instituição financeira em inscrever o devedor inadimplente em cadastro de proteção ao crédito, por que autorizado na legislação pertinente. E assim, é pelo caráter público dos cadastros dos inadimplentes, cuja existência vincula-se ao direito de informação que também acoberta as pessoas jurídicas no regime de livre-mercado que a Constituição albergou como fundamento da ordem econômica (art. 170).

Tal natureza transcende ao interesse individual do credor e também é afirmada pelo Código de Defesa do Consumidor, art. 43, §§ 3º e 4º, e pela Lei nº 9.507/1997, art. 1º, parágrafo único, esta a dispor sobre a garantia constitucional do *habeas data*. A medida cautelar tem a sua necessidade justificada pela possibilidade de ocorrerem situações em que a ordem jurídica se vê posta em perigo iminente, de tal sorte que o emprego de outras formas de atividade jurisdicional provavelmente não se mostraria eficaz, seja para impedir a consumação da ofensa, seja mesmo para repará-la de modo satisfatório.

O poder geral de acautelamento é inerente ao exercício da função jurisdicional, e tem por fonte a soberania popular expressa na Constituição originária, a procla-

---

[249] Conforme lição do professor Arnaldo WALD "como a lei só previu o agravo para a hipóteses de deferimento do pedido de suspensão, resta saber se, indeferido o pedido pelo presidente do tribunal, o apelante terá algum outro remédio para impedir a execução provisória da sentença. A questão é especialmente delicada nos *habeas data* em que se pedir o fornecimento das informações. Se o coator entender que não pode divulgá-las ao impetrante (em razão de sigilo constitucional, por exemplo, o provimento da apelação poderá não servir de nada se as informações já tiverem sido fornecidas e o sigilo quebrado. Em tais situações excepcionais, entendemos que também poderá ser cabível o agravo contra o indeferimento do pedido de suspensão (até mesmo em respeito à isonomia e ao devido processo legal – CF, art. 5º, *caput*, LIV e LV). Se não houver tempo hábil para o julgamento do agravo, também entendemos cabível o mandado de segurança para atribuir efeito suspensivo à apelação. Qualquer coator – entidade governamental ou privada – tem legitimidade para requerer ao presidente do tribunal a suspensão da execução da sentença, pois a lei não fez qualquer distinção entre os coatores oficiais e os privados de caráter público. Nos casos de competência originária dos tribunais, caberá ao relator a instrução do processo (lei do *habeas data*, art. 17) Entendemos que nesses processos por analogia, também serão cabíveis os pedidos de suspensão de execução do acórdão ao presidente do tribunal superior ao qual couber o eventual recurso. Tanto no *habeas data* de competência originária dos tribunais quanto naqueles que lá chegarem por meio de recursos será obrigatório o parecer do Ministério Público, tal como nos mandados de segurança".

[250] *Habeas Data*. São Paulo: Revista dos Tribunais, 2003, p. 45.

mar o direito fundamental de acesso à jurisdição e o princípio da separação dos Poderes da República.

A verificação da existência da plausibilidade do alegado direito a ser garantido pelo provimento cautelar não afasta – antes exige – a apreciação não exauriente, mas com suficiente densidade, das questões atinentes ao mérito da causa principal, para que não se inviabilize nem demore o julgamento definitivo.

A plausibilidade jurídica constitui requisito cautelar cuja cognição exige do juiz adentrar na cognição definitiva, ainda que sumariamente, pois a força da lógica e do senso da realidade induzem a não se consentir na antecipação de tutela que se vislumbra, no momento de apreciação cautelar, improvável de ser concedida afinal.

Quanto ao limite constitucional dos juros reais, o Supremo Tribunal federal reiteradamente tem proclamado a exigência de *interpositio legislatoris* para a eficácia da norma decorrente do disposto no art. 192, § 3º, dependente que se encontra na edição da lei complementar, prometida no *caput* do mesmo dispositivo que regulará o sistema financeiro nacional. Foi, assim, provido o recurso da instituição financeira.

É sabido que os cadastros dos inadimplentes têm caráter público e, por tal, podem sofrer *habeas data*. O protesto tem a finalidade de tornar certo o inadimplemento e é instrumento legal do credor na defesa de seus interesses, incidindo também nas dívidas decorrentes da relação de consumo como a prestação de serviço público.

O poder cautelar do juiz, nos casos que lhe são submetidos a julgamento, é indicado nas normas de patamar inferior à Lei Maior, mas por elas não pode ser suprimido ou limitado, em atenção ao princípio da supremacia da Constituição.

Na decisão, se julgar procedente o pedido, o juiz marcará data e horário para que o coator:

- apresente ao impetrante as informações a seu respeito, constantes de registros ou bancos de dados, ou;
- apresente em juízo a prova da retificação ou da anotação feita nos assentamentos do impetrante

A execução do *habeas data*, por tratar-se de ação civil comum, deve ser feita por meio de mandado judicial simplificado em ofício ao responsável pelo arquivo, transcrevendo-se o inteiro teor do julgado, com as determinações do judiciário.

Quanto ao valor da causa, em razão da gratuidade da ação e a isenção de honorários, faz-se irrelevante a sua fixação, devendo o autor estimar algum valor a ser atribuído à causa. Apesar disto, em razão da divisão de competência estabelecida no art. 20 da Lei nº 9.507/1997 não é possível o julgamento de *habeas data* pelos juizados especiais.

O ordenamento constitucional, ao discorrer a respeito das liberdades individuais, garantiu o direito da pessoa obter informações à ela referentes que integrassem os registros ou bancos de dados de entidades do governo. É o *habeas data* o instrumento ideal para alcançá-las e pode o impetrante dele desistir a qualquer momento, independentemente do consentimento do coator.

Em regra, não haverá prevenção entre uma impetração e outra, ainda que haja equivalência entre as partes, aplicando-se a mesma regra do mandado de segurança, vislumbrando-se cada impetração como um feito processual independente.

No que toca à coisa julgada, ensina o professor Hely Lopes Meirelles que considerando-se a dinâmica e mutante dos bancos de dados, os efeitos da coisa julgada material serão limitados e raros, pois uma determinação da informação poderá ser exata num momento e incorreta em outro[251].

Por ilustração do presente trabalho, tem-se a seguinte jurisprudência da Corte Superior de Justiça:

- não é atribuição do ministro de Estado do exército fornecer Segunda via de certificado de reservista, cópia de assentamentos de militar e tampouco ficha sanitária de reservista (HD 19 / DF);

[251] Prof. Hely Lopes MEIRELLES, em obra anteriormente citada, p. 257. Acrescenta o mestre que "não obstante caso o pedido de fornecimento de informações seja negado com julgamento de mérito (com base no sigilo da informação ou no caráter privado do registro, por exemplo), a coisa julgada impedirá a renovação do pedido. A coisa julgada no caso de procedência do pedido para retificação de dados ou anotação de justificativa não impedirá a entidade depositária das informações de fazer novos registros, desde que baseados em novas informações devidamente comprovadas. Aliás, nos casos de procedência do pedido seria recomendável a fixação de certas regras para uma nova impetração entre as mesmas partes. Se um *habeas data* para fornecimento de informações for deferido, não fará sentido que poucos dias depois a parte impetre uma nova ação, sem que haja qualquer indício de que as informações tenham sido alteradas. É necessária a demonstração de interesse processual, e os potenciais coatores – as entidades depositárias de informações de caráter público – não podem ficar sujeitos aos caprichos de particulares que impetrem uma ação atrás da outra. Assim, caso o primeiro *habeas data* tenha sido deferido, entendemos que uma nova impetração só se justificará na medida em que a parte demonstrar, pelo decurso de um prazo razoável, ou por algum fato concreto, que tem fundados receios de que as informações anteriormente prestadas e /ou corrigidas foram alteradas ou aditadas."

- o *habeas data* é ação constitucional, submete-se, por isso, as respectivas condições, entre as quais o interesse de agir. Processualmente, significa necessidade de ingresso em juízo, dada a resistência da contraparte. Faltará, entretanto, essa condição se quem deveria prestar as informações ou promover a retificação de dados não as negou, porque nada lhe fora requerido.(HD 4/ DF).

Como lição da profª Flávia Piovesan em uma era marcada pelo processo de globalização e pelos avanços tecnológicos, ampliam-se e sofisticam-se enormemente as redes de informações, os bancos de dados e os registros. À luz destas transformações, cresce a importância do *habeas data*, como garantia que permite ao indivíduo o acesso às informações pertinentes à sua pessoa, bem como a correção e a atualização dos dados.

Neste contexto, o *habeas data* passa a consolidar-se como relevante garantia de tutela dos direitos da personalidade. Trata-se de um mecanismo de proteção da pessoa em face da informatização, cada vez maior e mais veloz, dos dados, armazenados em bancos e registros governamentais e de caráter público[252].

Processo: 2003.001.00999

Concurso para Provimento de Cargo Público
Exame Psicotécnico
Reprovação
Apelação Provida
Habeas data. Concurso Público para ingresso nos quadros da Policia Militar. Reprovação nos exames psicotécnicos. Sentença de extinção reconhecendo a existência de coisa julgada em ação anulatória. Diversos os pedidos e as vias processuais, inexistente a preliminar, decide-se desde logo o mérito, em que se requer apenas a exibição dos testes de avaliação psicológica. Provimento.
Data de Registro: 07/10/2003
Órgão Julgador: Primeira Câmara Cível
Des. Valeria Maron

Processo: 2002.002.15981

Direito do Consumidor
Sustação de Protesto de Titulo
Caução
Exigência
Juridicidade
Direito do Consumidor. Sustação de protesto de título. Exigência de caução pela decisão agravada. Juridicidade. O protesto tem a finalidade de tornar certo o inadimplemento e é instrumento legal do credor na defesa de seus interesses, incidindo também nas dívidas decorrentes relação de consumo como a prestação de serviço público de telefonia. E assim é também pelo caráter público dos cadastros dos inadimplentes, cuja existência vincula-se ao direito de informação que também acoberta as pessoas jurídicas no regime de livre mercado que a Constituição alegou como fundamento da ordem econômica (art. 170). Tal natureza transcende ao interesse individual do credor e também é afirmada pelo Código de Defesa do Consumidor, art. 43, §§ 3º e 4º, e pela Lei nº 9.507/1997, art. 1º, parágrafo único, esta a dispor sobre a garantia constitucional do *habeas data*. A medida cautelar tem a sua necessidade justificada pela possibilidade de ocorrerem situações em que a ordem jurídica se vê posta em perigo iminente, de tal sorte que o emprego de outras formas de atividade jurisdicional. Provavelmente não se mostraria eficaz, seja para impedir a consumação da ofensa, seja mesmo para repará-la de modo satisfatório. O poder geral de acautelamento é inerente ao exercício da função jurisdicional, e tem por fonte a soberania popular expressa na Constituição originária, a proclamar o direito fundamental de acesso à jurisdição e o principal da separação dos Poderes da República. O poder cautelar do juiz, nos casos que lhe são submetidos a julgamento, é indicado nas normas de patamar inferior à Lei Maior, mas por elas não pode ser suprimido ou limitado, em atenção ao princípio da supremacia da Constituição. Medida Cautelar Vinculação do requisito de sua plausibilidade com a juridicidade da pretensão. Precedentes da Suprema Corte. A verificação de existência da plausibilidade do alegado direito a ser garantido pelo provimento cautelar não afaste – antes exige – a apreciação não exauriente, mas com suficiente densidade, das questões atinentes ao mérito da causa

[252] Flávia PIOVESAN (*Habeas Data*. Teresa Arruda Alvim WAMBIER (coord.), São Paulo: Revista dos Tribunais, p. 106) acrescenta, ainda que "De um lado o *habeas data* assegura a publicidade e a transparência dos dados constantes de bancos de dados governamentais ou de caráter público, que devem estar sob o controle estrito dos titulares dos dados, a fim de que se evitem abusos e o arbítrio. Por outro lado, tutela o respeito à intimidade e à vida privada da pessoa a que as informações se referem. Esta é a principiologia constitucional que traz a marca da garantia do *habeas data*. Instituído imeditamente pela Carta de 1988, o *habeas data* passa a ter seus contornos detalhados pela Lei nº 9.507, de 12/11/1997, que introduz significativas "Inovações, ao regular o direito de acesso a informações e o rito processual da garantia. Intensificam-se assim os debates doutrinários a respeito do *habeas data*. Mas, não há dúvida também de que o sucesso desta garantia dependerá fundamentalmente do exercício da consciência constitucional, que se mede pela capacidade ativa e persistente dos indivíduos, na qualidade de titulares de direitos constitucionais, e pela resposta dos poderes públicos, enquanto agentes constitucionalmente comprometidos com a implementação de uma ordem jurídica renovada, aberta e sobretudo democrática."

principal, para que não se inviabilize nem demore o julgamento definitivo. A plausibilidade jurídica constitui requisito cautelar cuja cognição exige do juiz adentrar na cognição definitiva, ainda que sumariamente, pois a força da lógica e o senso da realidade induzem a não se consentir na antecipação de tutela que se vislumbra, no momento da apreciação cautelar, improvável de ser concedida a final. Incontroversa a existência do crédito, ainda que em extensão menor que o tirado pelo protesto, mostra-se razoável e compatível com o disposto no art. 804 do Código de Processo Civil a exigência judicial de caução para a suspensão dos efeitos do mesmo protesto de título. Desprovimento do recurso.
Tipo da Ação: Agravo de Instrumento
Número do Processo: 2002.002.15981
Data de Registro: 22/05/2003
Órgão Julgador: Sexta Câmara Cível
Des. Nagib Slaibi Filho
Julgado em 01/04/2003

Processo: 2002.001.25441

Habeas Data
Histórico Escolar
Desistência
Extinção do Processo Sem Julgamento do Mérito
Habeas Data. Requerimento de histórico escolar condicionado à aquisição de diploma, cujo valor é de R$ 179,00 (cento e setenta e nove reais). Desistência da pretensão, homologada pelo Juiz, daí a extinção do processo sem julgamento do mérito, com base no art. 267, inciso VIII do CPC. Recurso de Apelação. Alegação de que existiu violação do art. 267, § 4º do CPC. Manutenção, pois o dispositivo refere-se a prazo de resposta, que não existe no *Habeas Data* por se tratar de simples pedido de informações. Ademais, a desistência ocorreu antes de consumado o prazo citado. Finalmente, o objetivo seria para condenação na sucumbência, inexistente no caso presente, já que a autora beneficiária da justiça gratuita. Desprovimento do Recurso.
Tipo da Ação: Apelação Cível
Número do Processo: 2002.001.25441
Data de Registro: 18/03/2003
Órgão Julgador: Décima Primeira Câmara Cível
Des. Otavio Rodrigues
Julgado em 18/12/2002

Processo: 2002.001.17006

Habeas Data
Concurso para Provimento de Cargo Público
Exame Médico
Reprovação
Procedimento Administrativo
Acesso a Informação
Recusa
Deferimento do Pedido
Sentença Confirmada
Habeas Data. Requisitos. 1. O ordenamento constitucional, ao dispor sobre as liberdades individuais, assegura o direito da pessoa conhecer as informações à ela relativas e constantes de registros ou bancos de dados de entidades governamentais e indica o *habeas data* como o meio adequado de obtê-las. 2. Essa norma regulamenta-se pelo ordenamento infraconstitucional que disciplina o processo do *habeas data* e institui a existência de prévio procedimento administrativo, com a respectiva recusa ou omissão de fornecer a informação, como requisito essencial do direito de impetrá-lo. 3. Neste aspecto, a recusa em informar o motivo de inaptidão médica constatada em concurso, o constante do registro de órgão público, caracteriza a presença do seu requisito essencial e enseja o acolhimento do pedido formulado em *habeas data*.
Tipo de Ação: Apelação Cível
Número do Processo: 2002.001.17006
Data de Registro: 06/12/2002
Órgão Julgador: Quinta Câmara Cível
Des. Milton Fernandes de Souza
Julgado em 08/10/2002

Processo: 2002.001.05541

Habeas Data
FGTS
Instituição Financeira
Acesso a Informação
Fornecimento Gratuito
Art. 21
Lei nº 9.507, de 1997
Recurso Desprovido
Habeas data. Acesso de informação com procedimento administrativo gratuito. O inciso LXXVII, da Constituição da República, entre outros direitos e garantias individuais estabeleceu a gratuidade dos atos necessários ao exercício da cidadania, no *habeas data*. A Lei nº 9.507/1997, em sintonia com o preceito constitucional, em seu art. 21 prevê a referida gratuidade dos servicos decorrentes do procedimento administrativo, provocado pela solicitação de informações.
Julgado em 29/05/2002
Pesquisa: *Habeas Data*

Processo: 2001.002.05924

Mútuo Bancário
Cobranca de Juros Ilegais
Limitação Constitucional

Lei Complementar
Necessidade
Medida Cautelar
Aponte do Nome Como Devedor Inadimplente
Cassação da Liminar

Direito do Consumidor. Contrato bancário de mútuo. Ação em que se alega cobrança de juros em desacordo com o limite constitucional previsto no art. 192, § 3º. Concessão de liminar proibindo a inscrição do nome do devedor em cadastros de inadimplentes. Agravo de instrumento em que o banco pretende a cassação da liminar. A instituição bancária credora, demandada em ação onde devedor pretende impedir a inscrição de seu nome em cadastros de inadimplência creditícia, é parte interessada para agravar de decisão liminar concessiva da tutela provisória. Precedente: REsp 192134-MS, Quarta Turma, Aldir Passarinho Jr., j. 6/12/1999. Mostra-se legítimo o procedimento adotado pela instituição financeira em inscrever o devedor inadimplente em cadastro de proteção ao crédito, porque autorizado na legislação pertinente. Precedente: REsp 290496-SP, Quarta Turma, Aldir Passarinho Jr., 20/02/01. E assim é pelo caráter público dos cadastros dos inadimplentes, cuja existência vincula-se ao direito de informação que também acoberta as pessoas jurídicas no regime de livre-mercado que a Constituição albergou como fundamento da ordem econômica (art. 170). Tal natureza transcende ao interesse individual do credor e também é afirmada pelo Código de Defesa do Consumidor, art. 43, §§ 3º e 4º, e pela Lei nº 9.507/1997, art. 1º, parágrafo único, está a dispor sobre a garantia constitucional do *habeas data*. A medida cautelar tem a sua necessidade justificada pela possibilidade de ocorrerem situações em que a ordem jurídica se vê posta em perigo iminente, de tal sorte que o emprego de outras formas de atividade jurisdicional provavelmente não se mostraria eficaz, seja para impedir a consumação da ofensa, seja mesmo para repará-la de modo satisfatório. O poder geral de acautelamento é inerente ao exercício da função jurisdicional, e tem por fonte a soberania popular expressa na Constituição originária, a proclamar o direito fundamental de acesso à jurisdição e o princípio da separação dos Poderes da República. O poder cautelar do juiz, nos casos que lhe são submetidos a julgamento, é indicado nas normas de patamar inferior à Lei Maior, mas por elas não pode ser suprimido ou limitado, em atenção ao princípio da supremacia da Constituição. Medida Cautelar. Vinculação do requisito de sua plausibilidade com a juridicidade da pretensão. Precedentes da Suprema Corte. A verificação da existência da plausibilidade do alegado direito a ser garantido pelo provimento cautelar não afasta – antes exige – a apreciação não exauriente, mas com suficiente densidade, das questões atinentes ao mérito da causa principal, para que não se inviabilize nem demore o julgamento definitivo. A plausibilidade jurídica constitui requisito cautelar cuja cognição exige do juiz adentrar na cognição definitiva, ainda que sumariamente, pois a força da lógica e o senso da realidade induzem a não se consentir na antecipação de tutela que se vislumbra, no momento da apreciação cautelar, improvável de ser concedida afinal. Direito Constitucional. Limite constitucional dos juros reais. O Supremo Tribunal Federal reiteradamente tem proclamado a exigência da *interpositio legislatoris* para a eficácia da norma decorrente do disposto no art. 192, § 3º, dependente que se encontra da edição da lei complementar, prometida no *caput* do mesmo dispositivo, que regulará o sistema financeiro nacional. Provimento do recurso.

Tipo da Ação: Agravo de Instrumento
Número do Processo: 2001.002.05924
Data de Registro: 29/11/2001
Órgão Julgador: Décima Sexta Câmara Cível
Des. Nagib Slaibi Filho
Julgado em 30/10/2001

Processo: 2000.001.12751

Tipo da Ação: Apelação Cível
Número do Processo: 2000.001.12751
Data de Registro: 22/11/2000
Folhas: 112010/112014
Comarca de Origem: Capital
Órgão Julgador: Segunda Câmara Cível
Votação: Unânime
Des. Sergio Cavalieri Filho
Julgado em 10/10/2000
Pesquisa: *Habeas Data*

Processo: 1999.001.08188

Des. Ademir Pimentel
Julgado em 15/02/2000
Pesquisa: *Habeas Data*
Processo: 1998.001.13906
Habeas Data
Sucumbência
Inexistência
Interpretação Analógica

Habeas data. Conhecimento, retificações e anotações de dados de devedora junto ao Serasa. Pedido acolhido, após afastamento de preliminares. Recurso que, embora tecendo considerações sobre o mérito, limita-se a pleitear a exclusão de custas e honorários. Dada a similitude, de natureza e origem entre o mandado de segurança e o *habeas data* é de aplicar-se a este último as Súmulas nº 512 e nº 105 do STF e STJ, respectivamente. Não há, pois, condenação em honorários advocatícios em *habeas data*. São gratuitos os atos processuais da **ação** respectiva. Inteligência do Art. 21 da Lei nº 9.507/1997. Provimento do recurso. (MGS)

Partes: Serasa – Centralizacao de Servicos dos Bancos S/A Armazém das Letras Gráfica e Aditora Ltda.
Tipo da Ação: Apelação Cível
Número do Processo: 1998.001.13906
Data de Registro: 05/03/1999
Folhas: 11332/11341
Comarca de Origem: Capital
Órgão Julgador: Quinta Câmara Cível
Votação: Unânime
Des. Marcus Faver
Julgado em 04/02/1999

Processo: 1998.001.07127

Habeas data. Ensina a doutrina que tal remédio é o meio constitucional posto à disposição de pessoa física ou jurídica para lhe assegurar o conhecimento de registros concernentes ao postulante e constantes de repartições públicas ou particulares acessíveis ao público para retificação de seus dados pessoais (CF., art. 50, LXXII, *a* e *b* (Hely Lopes Meirelles, 14ª ed. São Paulo: Malheiros, p. 153). assim, se a sentença recorrida entende que o réu, ainda que ao tempo da recusa as informações pretendidas pelo autor, fosse sociedade de economia mista controlada pelo Estado do Rio de Janeiro, e parte ilegítima para figurar na lide por entendê-lo instituição financeira privada, não pode subsistir. Recurso provido.
Tipo da Ação: Apelação Cível
Número do Processo: 1998.001.07127
Data de Registro: 23/03/1999
Órgão Julgador: Décima Segunda Câmara Cível Des. Reginaldo de Carvalho
Julgado em 15/12/1998

Processo: 1997.001.05301

Des. Carlos C. Lavigne de Lemos
Julgado em 11/11/1997

Processo: 1996.001.03083
Lei nº 9.507, de 12/11/1997
Regula o direito de acesso a informações e disciplina o rito processual do *habeas data*.
O presidente da República
Faço saber que o Congresso Nacional decreta e eu sanciono a seguinte Lei:
Art. 1º (vetado)
Parágrafo único. Considera-se de caráter público todo registro ou banco de dados contendo informações que sejam ou que possam ser transmitidas a terceiros ou que não sejam de uso privativo do órgão ou entidade produtora ou depositária das informações.
Art. 2º. O requerimento será apresentado ao órgão ou entidade depositária do registro ou banco de dados e será deferido ou indeferido no prazo de quarenta e oito horas.
Parágrafo único. A decisão será comunicada ao requerente em vinte e quatro horas.
Art. 3º. Ao deferir o pedido, o depositário do registro ou do banco de dados marcará dia e hora para que o requerente tome conhecimento das informações.
Parágrafo único. (vetado)
Art. 4º. Constatada a inexatidão de qualquer dado a seu respeito, o interessado, em petição acompanhada de documentos comprobatórios, poderá requerer sua retificação.
§ 1º Feita a retificação em, no máximo, dez dias após a entrada do requerimento, a entidade ou órgão depositário do registro ou da informação dará ciência ao interessado.
§ 2º Ainda que não se constate a inexatidão do dado, se o interessado apresentar explicação ou contestação sobre o mesmo, justificando possível pendência sobre o fato objeto do dado, tal explicação será anotada no cadastro do interessado.
Art. 5º (vetado)
Art. 6º (vetado)
Art. 7º Conceder-se-á *habeas data*:
I – para assegurar o conhecimento de informações relativas à pessoa do impetrante, constantes de registro ou banco de dados de entidades governamentais ou de caráter público;
II – para a retificação de dados, quando não se prefira fazê-lo por processo sigiloso, judicial ou administrativo;
III – para a anotação nos assentamentos do interessado, de contestação ou explicação sobre dado verdadeiro mas justificável e que esteja sob pendência judicial ou amigável.
Art. 8º. A petição inicial, que deverá preencher os requisitos dos arts. 282 a 285 do Código de Processo Civil, será apresentada em duas vias, e os documentos que instruírem a primeira serão reproduzidos por cópia na segunda.
Parágrafo único. A petição inicial deverá ser instruída com prova:
I – da recusa ao acesso às informações ou do decurso de mais de dez dias sem decisão;
II – da recusa em fazer-se a retificação ou do decurso de mais de quinze dias, sem decisão; ou
III – da recusa em fazer-se a anotação a que se refere o § 2º do art. 4º ou do decurso de mais de quinze dias sem decisão.

Art. 9º. Ao despachar a inicial, o juiz ordenará que se notifique o coator do conteúdo da petição, entregando-lhe a segunda via apresentada pelo impetrante, com as cópias dos documentos, a fim de que, no prazo de dez dias, preste as informações que julgar necessárias.
Art. 10. A inicial será desde logo indeferida, quando não for o caso de *habeas data*, ou se lhe faltar algum dos requisitos previstos nesta Lei.
Parágrafo único. Do despacho de indeferimento caberá recurso previsto no art. 15.
Art. 11. Feita a notificação, o serventuário em cujo cartório corra o feito, juntará aos autos cópia autêntica do ofício endereçado ao coator, bem como a prova da sua entrega a este ou da recusa, seja de recebê-lo, seja de dar recibo.
Art. 12. Findo o prazo a que se refere o art. 9º, e ouvido o representante do Ministério Público dentro de cinco dias, os autos serão conclusos ao juiz para decisão a ser proferida em cinco dias.
Art. 13. Na decisão, se julgar procedente o pedido, o juiz marcará data e horário para que o coator:
I – apresente ao impetrante as informações a seu respeito, constantes de registros ou bancos de dados; ou
II – apresente em juízo a prova da retificação ou da anotação feita nos assentamentos do impetrante.
Art. 14. A decisão será comunicada ao coator, por correio, com aviso de recebimento, ou por telegrama, radiograma ou telefonema, conforme o requerer o impetrante.
Parágrafo único. Os originais, no caso de transmissão telegráfica, radiofônica ou telefônica deverão ser apresentados à agência expedidora, com a firma do juiz devidamente reconhecida.
Art. 15. Da sentença que conceder ou negar o *habeas data* cabe apelação.
Parágrafo único. Quando a sentença conceder o *habeas data*, o recurso terá efeito meramente devolutivo.
Art. 16. Quando o *habeas data* for concedido e o Presidente do Tribunal ao qual competir o conhecimento do recurso ordenar ao juiz a suspensão da execução da sentença, desse seu ato caberá agravo para o Tribunal a que presida.
Art. 17. Nos casos de competência do Supremo Tribunal Federal e dos demais Tribunais caberá ao relator a instrução do processo.
Art. 18. O pedido de *habeas data* poderá ser renovado se a decisão denegatória não lhe houver apreciado o mérito.
Art. 19. Os processos de *habeas data* terão prioridade sobre todos os atos judiciais, exceto *habeas-corpus* e mandado de segurança. Na instância superior, deverão ser levados a julgamento na primeira sessão que se seguir à data em que, feita a distribuição, forem conclusos ao relator.
Parágrafo único. O prazo para a conclusão não poderá exceder de vinte e quatro horas, a contar da distribuição.
Art. 20. O julgamento do *habeas data* compete:
I – originariamente:
a) ao Supremo Tribunal Federal, contra atos do presidente da República, das Mesas da Câmara dos Deputados e do Senado Federal, do Tribunal de Contas da União, do Procurador-Geral da República e do próprio Supremo Tribunal Federal;
b) ao Superior Tribunal de Justiça, contra atos de Ministro de Estado ou do próprio Tribunal;
c) aos Tribunais Regionais Federais contra atos do próprio Tribunal ou de juiz federal;
d) a juiz federal, contra ato de autoridade federal, excetuados os casos de competência dos tribunais federais;
e) a tribunais estaduais, segundo o disposto na Constituição do Estado;
f) a juiz estadual, nos demais casos;
II – em grau de recurso:
a) ao Supremo Tribunal Federal, quando a decisão denegatória for proferida em única instância pelos Tribunais Superiores;
b) ao Superior Tribunal de Justiça, quando a decisão for proferida em única instância pelos Tribunais Regionais Federais;
c) aos Tribunais Regionais Federais, quando a decisão for proferida por juiz federal;
d) aos Tribunais Estaduais e ao do Distrito Federal e Territórios, conforme dispuserem a respectiva Constituição e a lei que organizar a Justiça do Distrito Federal;
III – mediante recurso extraordinário ao Supremo Tribunal Federal, nos casos previstos na Constituição.
Art. 21. São gratuitos o procedimento administrativo para acesso a informações e retificação de dados e para anotação de justificação, bem como a ação de *habeas data*.
Art. 22. Esta Lei entra em vigor na data de sua publicação.
Art. 23. Revogam-se as disposições em contrário.
Brasília, 12 de novembro de 1997; 176º da Independência e 109º da República.
Fernando Henrique Cardoso

REsp 433471 / RJ; Recurso Especial
2001/0102644-6
Fonte
Dj Data:23/09/2002, p. 00388
Relator
Min. Gilson Dipp (1111)
Ementa
Constitucionalidade civil. *Habeas data*. Art. 5º, XXII, da CF/1988. Impulsionamento de processo administrativo. Inadequação da utilização da garantia constitucional. Súmula nº 02- STJ. 1. A infringência dos arts. 236, 243

e 1.244, do CPC não foi demonstrada além de resultar não prequestionada a matéria neles referidas. Súmulas n°s 282 e 356-STF. 2. Prestada a jurisdição, embora em contrário ao interesse da parte-embargante, descabe falar-se em ofensa ao art. 535 do CPC. 3. O *habeas data*, como garantia constitucional, tem seus contornos limitados pelo art. 5º, inciso LXXII, da CF/1988, não comportando sua utilização para impulsionar processo administrativo. 4. Caso, ademais, em que não consta negativa de informações, por parte do INSS, incidindo na vedação da Súmula nº 02- STF. 5. Recurso conhecido, mas desprovido.

Fonte

DJ Data: 03/11/1997, p. 56203
LEXSTJ VOL.: 00103, p. 00042
RSTJ VOL.: 00105, p. 00052
RTJE VOL.: 00162, p. 00233
RTRF3 VOL.: 00033, p. 00339
Relator

Ementa

Habeas Data. Ilegitimidade passiva do Banco do Brasil S.A. para a revelação, a ex-empregada, do conteúdo da ficha de pessoal, por não se tratar, no caso, de registro de caráter público, nem atuar o impetrado na condição de entidade Governamental (Constituição, art. 5º, LXXII, a e art. 173, § 1º, texto original).
RHD 24/DF – Distrito Federal
Recurso em *Habeas-Data*
Relator(a): Min. Mauricio Correa
Julgamento: 28/11/1996
Órgão Julgador: Segunda Turma
Publicação: DJ Data: 13/02/1998, p. 00031 EMENT VOL-01898-01, p. 00001

Ementa

Recurso de *Habeas-Data*. Carência de Ação: Interesse de Agir. 1. A Lei nº 9.507, de 12/11/1997, que regula o direito de acesso a informações e disciplina o rito processual do *habeas-data*, acolheu os princípios gerais já proclamados por construção pretoriana. 2. É princípio axiomático do nosso direito que só pode postular em juízo quem tem interesse de agir (CPC, arts. 3º e 267, VI), traduzido pela exigência de que só se pode invocar a prestação da tutela jurisdicional diante de uma pretensão resistida, salvo as exceções expressamente previstas. 3. Recurso de *habeas-data* não provido.
22/DF – Distrito Federal
Recurso em Habeas-Data
Relator(A): Min. Marco Aurélio
Rel. Acórdão
Min. Celso de Mello
Julgamento: 19/09/1991
Órgão Julgador: Tribunal Pleno
Publicação: DJ 01/09/1995, p. 27378 Ement Vol-01798-01, p. 00001

Ementa

Habeas data requerido contra ministro de Estado. Competência do Superior Tribunal de Justica. Tendo em vista o disposto no art. 105, *i*, letra *b*, da nova Carta política, a competência para julgar *habeas data* requerido contra o Serviço Nacional de Informações, cujo titular possui o *status* de ministro de Estado e contra o ministro da Marinha e do Superior Tribunal de Justiça. Questão de ordem que se resolve, dando-se pela competência do Superior Tribunal de Justiça para apreciar e julgar o *habeas data*, como for de direito, sendo-lhe, em consequência, encaminhados os autos
HD 1/DF – Distrito Federal
Habeas Data
Relator(a): Min. Neri da Silveira
Julgamento: 13/10/1988
Órgão Julgador: Tribunal Pleno
Publicação: DJ Data: 21/10/1988, p. 27313 EMENT VOL-01520-03, p. 00690

Ementa

Habea data. *Habeas data* contra ato de ministro de Estado. Competência originária, para o processo e julgamento, do Superior Tribunal de Justiça. Ao STF compete julgar, em recurso ordinario, o habeas data, decidido, em única instancia, pelos tribunais superiores, se denegatória a decisão. Constituição de 1988, arts. 102, II, letra 'a'; 105, *i*, letra 'b'. Normas transitórias e omissão no texto constitucional. Até a instalação do Superior Tribunal de Justiça, a competência para processar e julgar, originariamente, o *habeas data* contra ato de ministro de Estado deve ser atribuída ao Tribunal Federal de Recursos. Motivação. *Habeas data* não conhecido, determinando-se a remessa dos autos do Tribunal Federal de Recursos.
REsp 141391/DF; Recurso Especial
1997/0051471-4
Fonte
DJ Data: 18/12/1998, p.00422
LEXSTJ VOL.: 00118, p. 00393
Relator
Min. Anselmo Santiago (1100)

Ementa

Constitucional e Processual – *habeas data* – Legitimidade Passiva. Recusa no Fornecimento das Informações. Ausência de Comprovação. Súmula nº 02/ STJ. 1. Evidente a comunhão de interesses entre o Governador e o Distrito Federal, nada impede o litisconsórcio passivo na espécie. 2. Não cabe *habeas data* (CF, art. 5º, LXXII, letra *a*) se não houver a recusa de informações por parte da autoridade administrativa (Súmula nº 02/STJ). 3. Recurso conhecido e provido.
HD 8 / DF; *Habeas Data*
1989/0007742-2
Fonte
DJ Data: 28/08/1989, p. 13673
RSTJ VOL.: 00016,p. 00045
Relator
Min. Garcia Vieira (1082)
Relator p/ Acórdão
Min. Luiz Vicente Cernicchiaro (1084)

Ementa

Habeas data. Conhecimento. O *habeas data* e ação constitucional. submete-se, por isso, às respectivas condições, entre as quais o interesse de agir. Processualmente, significa necessidade de ingresso em juízo, dada a resistência da contraparte. Faltara, entretanto, essa condição, se quem deveria prestar as informações ou promover a retificação de dados não as negou, porque nada lhe foi solicitado.
HD 32 / DF; *Habeas Data*
1995/0064317-0
Fonte
DJ Data: 20/05/1996, p. 16661
LEXSTJ VOL.: 00087, p. 00041
Relator
Min. José Dantas (0086)

Ementa

Funcionário público. Registros funcionais. Conhecimento. *Habeas data*. Deferimento para determinar o pronto atendimento da postulação do requerente, de há tempo protocolizada, e ao qual não se opõe a própria autoridade impetrada.
HD 25 / DF; *Habeas Data*
1994/0012719-7
Fonte
DJ Data: 06/03/1995, p. 04287
LEXSTJ VOL.: 00074, p. 00378
Relator
Min. Anselmo Santiago (1100)

Ementa

Habeas data. Ausência de postulação administrativa. 1. A jurisprudência do STJ e no sentido de que face "a ausência de pleito administrativo, suficiente a configurar relutância da administração em atender o pedido, sofre o *habeas data* de "ausência de interesse de agir". 2. Pedido não conhecido.
HD 18 / DF; *Habeas Data*
1991/0024146-6
Fonte
DJ Data: 24/08/1992, p. 12968
Relator
Min. Garcia Vieira (1082)

Ementa

Habeas data – não cabimento. Não cabe *habeas data* (CF, art. 5º, LXXII, letra *a*) se não houver a recusa de informações por parte da autoridade administrativa. Entendimento da Sumúla nº 02 deste c. tribunal.
HD 19 / DF; *Habeas Data*
1992/0002696-6
Fonte
DJ Data: 10/08/1992, p. 11933
RT VOL.: 00700, p. 00172
Relator
Min. José de Jesus Filho (1040)

Ementa

Habeas Data. Não é atribuição do ministro de Estado do Exército fornecer segunda via de certificado de reservista, cópia de assentamentos de militar e tampouco ficha sanitária de reservista. *Habeas data* não conhecido.
Hd 14 / Df; *Habeas Data*
1990/0001589-8
Fonte
DJ Data: 28/05/1990, p. 04715
RSTJ VOL.: 00022, p. 00135
Relator
Min. Pedro Acioli (0264)

Ementa

Habeas data. Informações. Ausência de documentos. 1. Inexistente a documentação sobre o qual o impetrante

queira ter acesso, impossível a concessão deste, por falta de objeto. 2. *Habeas data* que se julga extinto.
HD 7/DF; *Habeas Data*
1989/0007677-9
Fonte
DJ Data: 16/10/1989, p. 15850
Relator
Min. Carlos Velloso (0140)

Ementa

Constitucional. Administrativo. *Habeas data*. Competência. CF, art. 105, *i*, *b*, e art. 109, VIII. 1. Ato praticado pelo diretor da academia nacional de polícia. Competência do juízo federal de primeiro grau. 2. *Habeas data* não conhecido. Remessa dos autos a Justiça federal de Primeiro Grau do Distrito Federal.
HD 05/DF; *Habeas Data*
1989/0007662-0
Fonte
DJ Data: 28/08/1989, p. 13672
RSTJ VOL.: 00002, p. 00474
RSTJ VOL.: 00016, p. 00042
RDA VOL.: 00178, p. 00082
Relator
Min. Américo Luz (272)

Ementa

Habeas-Data. CF, art. 5º, LXXII, *a* e *b* para exercer judicialmente o Direito postulativo e indispensável à prova de ter o impetrante requerido, na via administrativa, as informações pretendidas. *In casu*, inexistindo nos autos tal prova, não se conhece da impetração.
HD 4/DF; *Habeas Data*
1989/0007659-0
Fonte
DJ Data: 28/08/1989, p. 13672
JBCC VOL.: 00150, p. 00236
JTS VOL.: 00015, p. 00061
RDA VOL.: 00178, p. 00083
RSTJ VOL.: 00002, p. 00463
RSTJ VOL.: 00016 PG:00030
Relator
Min. Ilmar Galvao (1023)
Relator p/ Acórdão
Min. Luiz Vicente Cernicchiaro (1084)

Ementa

Habeas data. Conhecimento. O *habeas data* e ação constitucional. Submete-se, por isso, às respectivas condições, entre as quais o interesse de agir. Processualmente, significa necessidade de ingresso em juízo, dada a resistência da contraparte. Faltará, entretanto, essa condição, se quem deveria prestar as informações ou promover a retificação de dados não as negou, porque nada lhe fora requerido. Inexiste, pois, lesão ao direito do impetrante.

Mandado de Injunção:

O mandado de injunção é também uma novidade constitucional, inspirada no instituto de origem estrangeira "*writ of injuction*", oriundo da Inglaterra e Estados Unidos. Tal mecanismo denota uma inclinação do constituinte de 1988 em atribuir maior poder ao Judiciário como ocorre no direito anglo-americano[253].

Tal instrumento deve ser utilizado na hipótese de impossibilidade de exercício de direitos, liberdade e das prerrogativas constitucionais referentes à cidadania, nacionalidade e soberania em razão da ausência de norma regulamentadora para fazê-lo.

Desta forma, o remédio constitucional tem por escopo suprir a omissão do Estado por meio de pronunciamento judicial. Assim, é o art. 5º, LXXI da Constituição Federal:

> *LXXI – conceder-se-á mandado de injunção sempre que a falta de norma regulamentadora torne inviável o exercício dos direitos e liberdades constitucionais e da prerrogativas inerentes à nacionalidade, à soberania e à cidadania.*

Assemelha-se tal instituto à ação direita de inconstitucionalidade por omissão, pois ambos são instrumentos constitucionais que prestam à preencher normas constitucionais sem eficácia e são cabíveis na hipótese de omissão do Poder Público.

A diferença máxima entre estes institutos, tema que será aprofundado posteriormente, é que o que se busca por meio do mandado de injunção é o pronunciamento imediato de um órgão julgador acerca de caso concreto

[253] Atenta o professor Hely Lopes MEIRELLES, em obra anteriormente citada, p. 218 que o nosso mandado de injunção não é o mesmo *writ* dos ingleses e norte- americanos, assemelhando-se apenas na denominação. É o que se infere dos publicistas nacionais que já tratam do assunto. A referida ação, no Direito anglo-saxônico, tem objetivos muito mais amplos que no nosso, pois que na Inglaterra e nos Estados Unidos o *writ of injunction* presta-se a solucionar questões de Direito Público e Privado, sendo considerado um dos remédios extraordinários (*extraordinary writs: mandamus injustion ou prohibition, quo warranto e certiorari*, oriundos do *common law* e da *equity*).

em que o indivíduo perceba-se prejudicado em virtude do silêncio legal. A ação direta e inconstitucionalidade por omissão, em contrapartida, tem caráter genérico e objetiva prioritariamente a ciência ao poder competente para a adoção das medidas necessárias para corrigir a lacuna da lei.

Por exemplo, foi impetrado mandado de injunção, perante o STF em razão da insuficiente densidade normativa do art. 192, § 3º da Constituição Federal, que estabelece:

> as taxas de juros reais, nelas incluídas comissões e quaisquer outras remunerações direta ou indiretamente referidas à concessão de crédito, não poderão ser superiores a doze por cento ao ano; a cobrança acima deste limite será conceituada como crime de usura, punido, em todas as suas modalidades, nos termos que a lei determinar.

Reclamou-se, desta forma, para efeito de sua integral aplicabilidade, a necessária intervenção concretizadora do congresso nacional, cuja prolongada inércia sobre transgredir gravemente o direito dos devedores à prestação legislativa prevista na lei fundamental, também configura injustificável e inconstitucional situação de mora imputável ao poder legislativo da União[254].

A transgressão da ordem constitucional pode consumar-se mediante ação (violação positiva) ou mediante omissão (violação negativa). O desrespeito à Constituição tanto pode ocorrer mediante ação estatal quanto mediante inércia governamental. A situação de inconstitucionalidade pode derivar de um comportamento ativo do poder público, seja quando este vem a fazer o que o estatuto constitucional não lhe permite, seja, ainda, quando vem a editar normas em desacordo, formal ou material, com o que dispõe a Constituição.

Essa conduta estatal, que importa em um *facer* (atuação positiva) gera a inconstitucionalidade por ação, Se o Estado, no entanto, deixar de adotar as medidas necessárias à realização concreta dos preceitos da Constituição, abstendo-se, em consequência, de cumprir o dever de prestação que a própria carta política lhe impôs, incidirá em violação negativa do texto constitucional.

Desse *non facere* ou *non preaestare*, resultará a inconstitucionalidade por omissão, que poderá ser total (quando nenhuma providência é adotada), ou parcial (quando é insuficiente a medida efetivada pelo poder público).

O entendimento prevalecente na jurisprudência do Supremo Tribunal Federal (RTJ 162/877-879; Rel. Min. Celso de Mello; Pleno) é que a omissão do Estado, que deixa de cumprir, em maior ou menor extensão, a imposição ditada pelo texto constitucional, qualifica-se como comportamento revestido da maior gravidade político-jurídica, eis que, mediante inércia, o poder público também desrespeita a Constituição, também ofende os direitos que nela se fundam e também impede, por ausência ou insuficiência de medidas concretizadoras, a própria aplicabilidade dos postulados e princípios da lei fundamental.

Assim, é descumprimento de imposição constitucional legiferante e desvalorização funcional da constitucional escrita quando o poder público se abstém de cumprir, total ou parcialmente, o dever de legislar, imposto em cláusula constitucional, de caráter mandatório. Infringe, com esse comportamento negativo, a própria integridade da lei fundamental, estimulando, no âmbito do Estado, o preocupante fenômeno da erosão da consciência constitucional. (ADI 1484 – DF; Rel. Min. Celso de Mello)

A inércia estatal em adimplir as imposições constitucionais traduz inaceitável festa de desprezo pela autoridade da Constituição e configura, por tal, comportamento que deve ser evitado. Nada se revela mais nocivo, perigoso e ilegítimo do que elaborar uma Constituição sem o dever de fazê-la cumprir integralmente, ou en-

---

[254] Ensina a profª Regina QUARESMA (*O Mandado de Injunção e a ação de inconstitucionalidade por omissão*, 3ª ed., Rio de Janeiro: Forense, p. 101), que "após a promulgação da Constituição de 1988, o instituto do mandado de injunção suscitou profícuos debates doutrinários acerca de sua imediata aplicabilidade. A doutrina fracionou-se. Alguns autores declinavam a inviabilidade do ajuizamento da injunção enquanto o instituto não tivesse regulamentado ser procedimento pelo Congresso Nacional. Citamos o exemplo de Calmon de Passos que reputava inviável (*sic*) o ajuizamento do *writ* enquanto não regulamentado ser procedimento pelo Congresso Nacional. Voz solitária, calou-se o jurista diante dos fatos. Passou a prosperar o entendimento de que a ausência de norma regulamentadora não poderia obstar a imediata utilização do mandado de injunção. Esse entendimento foi o que mais angariou adeptos e sua tese fundamental calcava-se no próprio texto constitucional; precisamente no § 1º do art. 5º, que atribui às normas definidoras de direitos e garantias fundamentais aplicação imediata. Outro aspecto passível de análise refere-se ao paradoxo que é negar autoaplicabilidade a um dispositivo cuja função é fornecer aplicabilidade às normas, impregnando de eficácia o texto constitucional. Negar ao mandado de injunção pronta executoriedade é ir de encontro ao espírito de uma Constituição que expressamente se deseja eficaz, entregando o texto à sorte da inércia do legislador infraconstitucional. A questão da autoaplicabilidade encontra-se superada tanto na doutrina quanto na jurisprudência, reconhecendo ambos sua imediata aplicação, contando, inclusive, com previsão legal, referente ao procedimento."

tão, de apenas executá-la com o propósito subalterno de torná-la aplicável somente nos pontos que se mostrarem ajustados à conveniência e aos desígnios dos governantes em detrimento dos interesses maiores dos cidadãos (MI 626/SP; Min. Marco Aurélio).

O Direito Subjetivo à legislação e dever constitucional de legislar – a necessária existência do pertinente nexo de causalidade – só pode ser invocado pelo interessado, quando também existir, simultaneamente imposta pelo próprio texto constitucional, a previsão do dever estatal de emanar normas legais.

Isso significa que o direito individual à atividade legislativa do Estado apenas se evidenciará naquelas estritas hipóteses em que o desempenho da função de legislar refletir, por efeito da exclusiva determinação constitucional, uma obrigação jurídica indeclinável imposta ao poder público para que possa atuar a norma pertinente ao instituto do mandado de injunção.

Revela-se essencial que se estabeleça a necessária correlação entre a imposição constitucional de legislar, de um lado, e o consequente reconhecimento do Direito Público Subjetivo à legislação, de outro, de tal forma que, ausente a obrigação jurídico – constitucional de emanar provimentos legislativos, não se tornará possível imputar comportamento moroso ao Estado, nem pretender acesso legítimo à via injuncional.

Assim, considera a Corte Suprema que, no que toca à taxa de juros reais, o Estado de inércia legiferante do congresso nacional justifica a utilização do mandado de injunção, desde que resulte inviabilizado, ante a ocorrência de situação de lacuna técnica, o exercício de direitos, liberdades e prerrogativas constitucionais (CF, art. 5º, LXXI), de que seja titular a parte impetrante.

O objeto do mandado de injunção é, pois, a proteção de qualquer dos direitos e liberdades constitucionalmente garantidas, sejam estes individuais ou coletivos, de pessoa física ou jurídica, e de franquias relativas à nacionalidade, à soberania popular e á cidadania, que torne possível sua utilização pela ausência de ação do Poder Público em expedir normas regulamentadoras necessárias.

A profª Regina Quaresma[255], considerando o relevante posicionamento do prof. Barbosa Moreira, elencou os casos em que o mandado de injunção não pode ser utilizado:

- quando a lacuna legal pode ser suprida pelos processo de integração constantes do art. 4º da Lei de Introdução ao Código Civil, que dispõe *in verbis*: “Quando a lei for omissa, o juiz decidirá o caso de acordo com a analogia, os costumes e os princípios gerais de direito”;
- quando o órgão competente pela edição da norma regulamentadora não esgotou o prazo que lhe foi concedido, expressamente, pela Constituição para elaboração da norma faltante;
- quando a norma (que se pretende inexistente), se encontra na fase final do processo legislativo, aguardando em questão de dias sua sanção ou promulgação. A norma questionada, neste caso, está na iminência de ser editada pelo órgão competente;
- quando a norma é existente, porém, tida como insatisfatória aos interesses de determinada pessoa ou grupo. Situação diferente ocorre quando a norma existente é inconstitucional. Nesse caso o cabimento da injunção é assegurado, devendo o juiz enfrentar a questão da inconstitucionalidade da lei atacada e, caso a considere inconstitucional, há de emitir ordem para que seja suprida a lacuna legal;
- quando a norma cuja edição se objetiva, ainda que existisse ou fosse formulada, não seria bastante para tornar efetivos os direitos e prerrogativas do interessado;
- quando a norma, cuja edição se objetiva, ainda que existisse ou fosse formulgada, não seria bastante para tornar efetivos os direitos e prerrogativas do interessado;
- para obter regulamentação dos efeitos de medida provisória rejeitada (conforme decisão do STF – MI nº 415-4);
- para resolver controvérsias baseadas em normas em vigor, mas apenas a possibilitar o exercício de um direito constitucional frustrado pela omissão na edição da norma regulamentada competente (STF – MI nº 14/ DF e MI nº 388 – 2/SP);
- se a Constituição simplesmente faculta ao legislador a outorga do direito, sem ordená-lo (STF, MI nº 107/DF; MI nº 444- 7/MG; MI nº 425/DF).

Também difere-se tal instituto do mandado de segurança pois os propósitos de um e outro são distintos, visto que não podem ser livremente utilizados para atingir

[255] Profª Regina QUARESMA (*O Mandado de Injunção e a Ação de Inconstitucionalidade por Omissão.* 13ª ed., São Paulo: Forense, p. 100).

os objetivos de um ou de outro. Enquanto o *mandamus*, como se sabe, trata da proteção à lesão a direito individual ou coletivo, líquido e certo sempre que ilegalmente ou com abuso de poder alguém sofrer violação ou houver justo receio de sofrê-la por parte de autoridade; o mandado de injunção presta-se a à proteção das garantias fundamentais constitucionalmente elencadas no art. 5º, LXXI, referentes aos direitos e liberdades constitucionais, à, nacionalidade, à soberania e à cidadania. Atenta-se que a soberania a que faz menção o inciso do art. 5º é a soberania popular (art. 14), o que é deveras distante da soberania do Estado.

Por ilustração, faz-se pertinente a análise do Mandado de Injunção nº 485, oriundo do Estado do Mato Grosso, que tramitou no Supremo Tribunal Federal em razão da omissão do congresso nacional em regulamentar o direito público subjetivo de greve, previsto no art. 37, VII da Constituição Federal ("o direito de greve será exercido nos termos e nos limites definidos em lei específica")[256]:

> Mandado de injunção. Direito de greve do servidor público. Art. 37, VII, da Constituição Federal. Necessidade de integração legislativa. Omissão do Congresso Nacional. 1. Servidor público. Exercício do direito público subjetivo de greve. Necessidade de integralização da norma prevista no art. 37, VII, da Constituição Federal, mediante edição de lei complementar, para definir os termos e os limites do exercício do direito de greve no serviço público. Precedentes. 2. Observância às disposições da Lei nº 7.783/1989, ante a ausência de lei complementar, para regular o exercício do direito de greve dos serviços públicos. Aplicação dos métodos de integração da norma, em face da lacuna legislativa. Impossibilidade. A hipótese não é de existência de lei omissa, mas de ausência de norma reguladora específica. Mandado de injunção conhecido em parte e, nessa parte, deferido, para declarar a omissão legislativa.

Desta forma, como anteriormente dito, a principal finalidade do mandado de injunção é a de conferir aplicabilidade imediata à norma constitucional. São, por tal, requisitos para a concessão deste remédio constitucional:

- falta de norma regulamentadora do direito, liberdade ou prerrogativa reclamada e;
- ser ao impetrante beneficiário direto do direito, liberdade ou prerrogativas impossível o exercício dos mesmos.

Se utilizarmos o exemplo acima, sobre a taxa de juros reais – 12% ao ano – matéria do art. 192, § 3º da Constituição Federal, que depende da aprovação da lei regulamentadora do Sistema Financeiro Nacional perceberemos que os dois requisitos precisam estar integrados para viabilizar a utilização do mandado de injunção.

Não existe norma regulamentadora do direito previsto no art. 192, § 3º, resta apurar se o impetrante é beneficiário do direito, liberdade ou prerrogativa posta em juízo. Para isso é necessário adentrar a questão da legitimidade ativa[257]. É, pois, que a legitimidade ativa do mandado de injunção pertence a qualquer pessoa titular do direito.

Como aplica-se ao mandado de injunção, na ausência de regulamentação deste instituto, as normas referentes ao mandado de segurança, assim como cabe a este a impetração de *mandamus* coletivo por organização sindical, entidade de classe ou associação legalmente constituída e em funcionamento há pelo menos mais de um ano, em defesa do interesse de seus membros ou associados, é plausível concluir que seja igualmente viável a mesma espécie de legitimação ativa para a impetração do mandado de injunção coletivo

Assim, os sindicatos têm também legitimidade para a propositura de mandado de injunção coletivo, conforme demonstrado por meio do Mandado de Injunção nº 102, oriundo do estado de Pernambuco que tramitou no Supremo Tribunal Federal, figurando como relator deste o ministro Marco Aurélio:

> Constitucional. Mandado de injunção coletivo. Sindicato: legitimidade ativa. Participação nos lucros: CF, art. 7º, XI. 1. A jurisprudência do Supremo Tribunal Federal admite legitimidade ativa *ad causam* aos sindicatos para a instauração, em favor de seus membros ou associados, do mandado de injunção coletivo. 2. Precedentes: MMII 20, 73, 342, 361 e 363. 3. Participação nos lucros da empresa: CF, art. 7º, XI: mandado de injunção prejudicado em face da superveniência de medida provisória disciplinando o art. 7º, XI, da CF.

[256] É o art. 37, VII da Constituição Federal: "Art 37 – A administração pública direta e indireta de qualquer dos Poderes da União, dos Estados, do Distrito Federal e dos Municípios obedecerá aos princípios de legalidade, impessoalidade, moralidade, publicidade e eficiência e também o seguinte: (...)VII – o direito de greve será exercido nos termos e nos limites definidos em lei específica."

[257] Conforme lição do professor Hely Lopes MEIRELLES, o mandado de injunção não é remédio para qualquer tipo de omissão legislativa, mas apenas para aquela que afete o exercício de direitos constitucionais fundamentais. Não serve, por exemplo, para obter regulamentação dos efeitos da medida provisória rejeitada. Tampouco será cabível o mandado de injunção para discussão de constitucionalidade, ilegalidade ou descumprimento de norma em vigor, pois apenas a falta de norma regulamentadora é que enseja a impetração.

A Corte Suprema decidiu que só tem *legitimatio ad causam*, em se tratando de mandado de injunção, quem pertença à categoria a que a Constituição Federal haja outorgado abstratamente um direito, cujo exercício esteja obstado por omissão como mora na regulamentação[258]. Desta forma, possuem o direito de usufruir direitos constitucionais os titulares de direito individual, difuso ou coletivo.

No Mandado de Injunção nº 438, oriundo do Estado de Goiás que tramitou perante o Supremo Tribunal Federal e figurou como relator deste o ministro Neri da Silveira, Sindicato impetrou mandado de injunção, com base no art. 37, VII requerendo mandado de injunção visando a ser possibilitado o exercício não só de direito constitucional próprio, como dos integrantes da categoria que representava, inviabilizado por falta de norma regulamentadora.

Por meio de precedente já aberto por meio do Mandado de Injunção nº 347-5/SC reconheceu-se a legitimidade ativa, bem como a mora do Congresso Nacional quanto a elaboração de lei complementar a que refere-se o art. 37, VII da Constituição, razão pela qual foi comunicado a mora ao Congresso Nacional e ao presidente da República.

Atentou a Corte no mesmo acórdão que não é admissível, todavia, o mandado de injunção como sucedâneo do mandado de segurança, em ordem a anulação de ato judicial ou administrativo que respeita ao direito constitucional cujo exercício pende de regulamentação.

Neste sentido, não é cabível mandado de injunção para impugnar ato judicial que haja declarado a ilegalidade de greve no serviço público, nem por essa mesma via ser reconhecida a legitimidade de greve.

No que toca à legitimação passiva, ensina a profª Regina Quaresma[259] que

> o mandado de injunção dirige-se ao sujeito inibidor do exercício do direito, liberdade prerrogativa protegidos; aquele que obsta o exercício do direito subjetivo assegurado. Podemos dizer teoricamente que pode ser impetrado contra qualquer responsável pela incapacidade de uso do direito constitucionalmente previsto; qualquer pessoa ou entidade pode praticar a dita inibição do exercício pessoal do direito.

A doutrina ainda não estabeleceu entendimento pacífico sobre o polo passivo da relação processual do mandado de injunção; se for o órgão competente para editar a norma faltante ou contra o sujeito em face do qual será exercido o direito. Assim, tanto um quanto outro vêm sendo aceitos, sendo que conforme a designação sobre contra quem deve ser dirigido o remédio constitucional é também estabelecida a competência.

É o norte para a identificação do juízo a competência da elaboração da norma omissiva. Tem-se que o processo e julgamento do mandado de injunção compete ao STF quando a omissão na elaboração da norma regulamentadora for do presidente da República; Congresso Nacional; Câmara dos Deputados; Senado Federal; Mesa de uma dessas Casas Legislativas; Tribunal de Contas da União; Um dos Tribunais Superiores ou do Supremo Tribunal Federal (art. 102, I, *q*).

É também competente o Supremo Tribunal Federal, nos termos do art. 102, II, a da Carta Maior para julgar em recurso ordinário o mandado de injunção (bem como o mandado de segurança, *habeas corpus* e *habeas data*) decididos em única instância pelos tribunais superiores, se denegatória a decisão. O Supremo Tribunal Federal deverá comunicar ao responsável pela elaboração da lei que ele está "em mora legislativa", ou seja, que deixou de cumprir sua obrigação.

Excetuando-se os casos de competência do Supremo Tribunal Federal e dos órgãos da Justiça Militar, da Justiça Eleitoral, da Justiça do Trabalho e da Justiça Federal, de acordo com o art. 105, I, *h*, compete ao Superior Tribunal de Justiça processar e julgar originariamente o mandado de injunção quando a elaboração da norma regulamentadora for atribuição de órgão, entidade, ou autoridade federal, da Administração direta ou indireta.

Quanto à competência estadual, que é excludente, estabeleceu o art. 125 § 1º da Constituição Federal que os Estados organizarão sua Justiça. A competência dos

[258] É exemplo o Mandado de Injunção nº 188, oriundo do Estado do Rio de Janeiro, que tramitou perante o Supremo Tribunal Federal, figurando como relator o ministro Sepúlveda Pertence, como demonstrado: "Mandado de injunção. Condições da ação. Ilegitimidade *ad causam*. Suposta provisoriamente a veracidade dos fatos alegados pelo autor, a existência "em abstrato e em hipótese", do direito, afirmado como suporte da pretensão de mérito ou de relação jurídica prejudicial dele, ainda se comporta na questão preliminar da legitimação ativa para a causa: carece, pois, de legitimação "ad causam", no mandado de injunção, aquele a quem, ainda que aceita provisoriamente a situação de fato alegada, a Constituição não outorgou o Direito Subjetivo cujo exercício se diz inviabilizado pela omissão de norma regulamentadora. Advocacia-geral da União. Procuradores autárquicos federais. A Constituição não conferiu aos procuradores das autarquias federais direito subjetivo a integração no futuro quadro de advogados da advocacia-geral da União."

[259] Obra anteriormente citada, p. 103.

tribunais será definida na Constituição do Estado, sendo a lei de organização judiciária de iniciativa do Tribunal de Justiça.

No Estado do Rio de Janeiro, a competência, segundo o art. 158, IV, g é apenas para os mandados de injunção contra autoridades estaduais, sendo o juízo de primeira instância competente para julgar mandado de injunção quando autoridades municipais figuram no polo passivo da relação.

Há situações também em que as Cortes Superiores firmam entendimento no sentido de que o dispositivo constitucional, objeto do mandado de injunção é autoaplicável. É exemplo disto o § 5º do art. 40 da Constituição Federal. É o artigo e parágrafo:

> *Art. 40. Aos servidores titulares de cargos efetivos da União, dos Estados, do Distrito Federal e dos Municípios, incluindo as autarquias e fundações, é assegurado regime de previdência de caráter contributivo, observados critérios que preservem o equilíbrio financeiro e atuarial e o disposto neste artigo:*
> *[...] § 5º – Os requisitos de idade e de tempo de contribuição serão reduzidos em cinco anos, em relação ao disposto no § 1º, III, a, para o professor que comprove exclusivamente tempo de efetivo exercício das funções de magistério na educação infantil e no ensino fundamental e médio.*

É o que demonstra o Recurso Extraordinário nº 284.291, oriundo do estado do Ceará, em que figurou como relator o ministro Moreira Alves:

> Pensão. Valor correspondente à totalidade dos vencimentos do servidor falecido. autoaplicabilidade do art. 40, § 5º, da Constituição Federal. Esta Corte, desde o julgamento dos mandados de injunção nº 211 e nº 263, firmou o entendimento de que o § 5º do art. 40 da Constituição federal é autoaplicável, sendo que a lei nele referida não pode ser outra senão aquela que fixa o limite de remuneração dos servidores em geral, na forma do art. 37, XI, da Carta Magna. Dessa orientação não divergiu o acórdão recorrido. Por outro lado, no tocante à questão do risco de vida, não foi ela prequestionada (Súmula nº 282 e nº 356), e, nº concernente a relativa à indenização de representação, não há nos autos elementos suficientes para permitir sua análise. Recurso extraordinário não conhecido.

No que toca ao procedimento aplicável ao mandado de injunção, a Lei nº 8.038/1990 estabeleceu no art. 24, parágrafo único, que no mandado de injunção e no *habeas data*, serão observáveis, no que couber, as normas do mandado de segurança, enquanto não editada legislação específica[260].

No Mandado de Injunção nº 107 QO/DF – Questão de Ordem no mandado de injunção sobre a sua autoaplicabilidade ou não – em face dos textos da Constituição Federal relativos ao mandado de injunção – decidiu o Tribunal Pleno que é ele ação outorgada ao titular de direito, garantia ou prerrogativa a que alude o art. 5º, LXXI, dos quais o exercício estaria inviabilizado pela forma de norma regulamentadora.

É ação que visa a obter do Poder Judiciário a declaração de inconstitucionalidade dessa omissão se estiver caracterizada a mora em regulamentar por parte do poder, órgão, entidade ou autoridade de que ela dependa, com a finalidade de que se lhe dê ciência dessa declaração, para que adote as providências necessárias, a semelhança do que ocorre com a ação direta e inconstitucionalidade por omissão (art. 103, § 2º da Carta Maior) e que se determine, se se tratar de direito constitucional oponível contra o Estado, a suspensão dos processos judiciais ou administrativos de que possa advir para o impetrante, dano que não ocorreria se não houvesse a omissão constitucional.

Foi desta maneira, acordado que: assim fixada a natureza desse mandado, é ele, no âmbito da competência da Corte Suprema – devidamente definida pelo art. 102, I, *q* – *autoexecutável*, uma vez que para ser utilizado não depende de norma jurídica que o regulamente, inclusive quanto ao procedimento, pois é a ele analogicamente aplicável o procedimento do *mandado de segurança*, no

---

[260] A profª Regina QUARESMA cita o mestre Carlos Alberto Siqueira CASTRO que assevera que "tal instrumento, concebido para conferir proteção à aplicabilidade dos direitos e liberdades constitucionais de toda espécie, e destinado ao suprimento de lacuna de norma regulamentar [...] por meio da via pacificadora do direito [...] supera, em favor da efetivação do exercício dos direitos constitucionalmente consagrados, a inércia do legislador infraconstitucional, eventualmente refratário e resistente à consagração, pela Lei Maior, de novos direitos, especialmente os de natureza econômica e social". Prossegue ainda o mestre: "Como se sabe, há uma espécie de tradição institucional perversa em nossa história, consistente na sistemática sonegação das condições de exercício de direitos constitucionalmente consagrados, pelo expediente da paralisia das instâncias regulamentadoras –, ou, quando menos, da lentidão e da insuficiência da regulamentação congressual – cujo exemplo paradigmático é o da resistente ausência de regulamentação do direito à participação dos trabalhadores nos lucros das empresas [...] para evitar que tais estratégias conservadoras se perpetuassem a Assembléia Nacional Constituinte aprovou a criação do mandado de injunção, correspondendo, nesse passo, aos reclamos de que as abrisse um roteiro processual para a implantação de condições sólidas de exercício da cidadania."

que couber questão de ordem que se resolve no sentido da autoaplicabilidade do mandado de injunção.

Não é atribuição do mandado de injunção requerer a expedição de norma regulamentadora, visto que é esta finalidade da ação de inconstitucionalidade por omissão. Isto é, o mandado de injunção, caso almejasse a expedição normal e regulamentadora do dispositivo constitucional dependente de complementação, seria a própria ação de inconstitucionalidade por omissão subsidiária para o qual teria legitimidade qualquer cidadão, o que afrontaria o disposto na Constituição quanto à legitimação ativa para o exercício do controle abstrato de constitucionalidade.

Desta forma, o conteúdo da decisão proferida em mandado de injunção é consubstanciado na outorga do direito reclamado. O impetrante visa obter o direito constitucional em seu favor apesar da ausência de regulamentação, razão pela qual é necessário que este tenha interesse direto no resultado do julgamento, cabendo ao juiz precisar as condições para a satisfação imediata do direito reclamado e determiná-la imperativamente, caso persista a omissão.

É imprescindível aclarear, por tal, que o mandado de injunção tem função de reparar lesão aos direitos fundamentais, independentemente de não possuir expressamente a competência de impor condutas ao Legislativo ou Executivo, por meio da regulamentação *erga omnes* do direito ou liberdade padecedores de regulamentação.

O conteúdo da decisão judicial poderá ser[261]:

1 – meramente Declaratório: cabendo a comunicação ao órgão omisso que edite a norma regulamentadora;

2 – condenatório *erga omnes*: cabendo a edição de norma regulamentadora faltante com eficácia para todas as situações idênticas ou;

3 – condenatório *inter partes*: cabendo outorga direta e concreta do direito reclamado, sem edição de norma regulamentadora abstrata – Tese resolutiva.

Na opinião da profª Regina Quaresma é a tese resolutiva a mais adequada quanto às capacidades reguladoras do *writ*, devendo o juízo decidir o caso concreto e entre as partes. A sentença, desta forma, poderá apenas ter natureza satisfatória, constitutiva, condenatória, declaratória-mandamental.

O prof. Luis Roberto Barroso, ao tratar do tema, assevera que

> Afigura-se fora de dúvida que a melhor inteligência do dispositivo constitucional (art. 5º, LXXI) e de seu real alcance está em ver no mandado de injunção um instrumento de tutela efetiva de direitos que, por não terem sido suficiente e adequadamente regulamentados, careçam de um tratamento excepcional, qual seja, que o Judiciário supra a falta de regulamentação, criando a norma para que o caso concreto, com efeitos limitados às partes do processo.

De acordo com o artigo "Mandado de Injunção x Ação e Inconstitucionalidade por Omissão", publicado na *Revista da Procuradoria do Município do Ceará,* ano 4, v. 5, o assessor jurídico André de Oliveira Dantas ensina que o objeto da decisão não é uma ordem ou recomendação para a edição de uma norma. Ao contrário, o órgão jurisdicional substitui o órgão legislativo ou administrativo competentes para criar a regra, criando ele próprio, para os fins estritos e específicos do litígio que lhe cabe julgar, a norma necessária.

Como leciona o prof. José Rubens da Costa[262]:

> o mandado de injunção é medida satisfativa de um direito constitucional fundamental. O Judiciário, à falta de norma, deverá, por obrigação constitucional, viabilizar o exercício do direito carente de regulamentação, ao seu juízo e valor, consoante a hermenêutica constitucional, à luz dos princípios estruturantes do Estado Democrático de Direito.

É ao Judiciário permitido, atendidos determinados limites, legislar para o caso concreto, adotando, desta forma, a resolução que mais adequadamente atenda às circunstâncias perfilhadas, ao direito que o autor demonstrar inviabilizado pela ausência de norma regulamentadora. O Tribunal vai, assim, criar uma norma particular, individualizada, que viabilize o exercício do direito e a fruição do benefício postergado. Por tal previsão, tem-se atribuição ao Poder Judiciário que é imediatamente regulamentar e mediatamente jurisdicional.

O Supremo Tribunal Federal também já proferiu decisões declarando a mora do poder legislativo (Congresso Nacional), a fim de que, no prazo de seis meses adotasse as providências necessárias para o cumprimento da obrigação de legislar. O Mandado de Injunção nº 232, oriundo do Estado do Rio de Janeiro, em que figurou como relator o ministro Moreira Alves, ilustra tal questão:

[261] Conforme compreensão da prof. Regina QUARESMA.

[262] José Rubens da COSTA.

Mandado de injunção. Legitimidade ativa da requerente para impetrar mandado de injunção por falta de regulamentação do disposto no § 7º do art. 195 da Constituição Federal. Ocorrência, no caso, em face do disposto no art. 59 do ADCT, de mora, por parte do congresso, na regulamentação daquele preceito constitucional. mandado de injunção conhecido, em parte, e, nessa parte, deferido para declarar-se o Estado de mora em que se encontra o congresso nacional, a fim de que, no prazo de seis meses, adote ele as providencias legislativas que se impõem para o cumprimento da obrigação de legislar decorrente do art. 195, § 7º, da Constituição, sob pena de, vencido esse prazo sem que essa obrigação se cumpra, passar o requerente a gozar da imunidade requerida.

O art. 195, *caput*, da Constituição Federal dispõe que a seguridade social será financiada por toda a sociedade, de forma direta ou indireta, nos termos da Lei, mediante recursos provenientes dos orçamentos da União, dos Estados, do Distrito Federal e dos Municípios, e das contribuições sociais que prevê.

A Corte Suprema acolheu pedido determinando que a isenção da contribuição para a seguridade social garantida às entidades filantrópicas pela Constituição Federal, deveria atender aos mesmos requisitos estabelecidos pelo Código Tributário Nacional no que tange à imunidade relativa aos tributos, benefício aplicado as entidades mencionadas no referido dispositivo.

Desta maneira, o STF decidiu, por maioria dos votos a não restringir-se à declaração da omissão do legislador, instituiu que o Congresso Nacional se pronunciasse no prazo de 6 meses sob pena de supor-se imune a entidade impetrante. Os votos minoritários acolhiam de imediato a isenção, fixando o critério de analogia ao CTN.

Foi interessante passo dado pela Suprema Corte de Justiça visto que de um lado e de outro, a decisão sobrepôs-se a fase anterior no que toca aos resultados concretos visto que reconheceu-se que o resultado do mandado de injunção poderia ter efeitos concretos, sujeitos à condição e prazo, conforme a compreensão da maioria dos votantes ou imediatos, conforme a minoria.

Retornando à questão da distinção do mandado de injunção e da ação de inconstitucionalidade por omissão, por ser um tanto confusa, cabe esmiuçar e clarear o tema, por meio de alguns critérios de diferenciação, quais sejam: pressupostos; competência; legitimidade ativa e passiva; objeto e finalidade; natureza e efeitos da sentença, o que visa a garantir e os resultados práticos.

Enquanto é pressuposto ao mandado de injunção a ausência de norma regulamentadora e inviabilidade do exercício de direito constitucionalmente garantido, é requisito essencial à ação direta de inconstitucionalidade por omissão a ausência de norma regulamentadora inviabilizando a efetividade da Constituição.

A competência do primeiro instituto, como visto, é dos Tribunais Superiores (STJ e STF) e Tribunais de Justiça, conforme os arts. 125, § 1º, 102, I, *q* e 105, I, *h*, enquanto a competência do segundo instituto é exclusiva do STF, de acordo com o art. 102, I, *a*, da Constituição Federal (que estabelece que compete ao Supremo Tribunal Federal, precipuamente, a guarda da Constituição, cabendo-lhe processar e julgar originariamente a ação direta de inconstitucionalidade de lei ou ato normativo federal ou estadual e ação declaratória de constitucionalidade de lei ou ato normativo federal).

A legitimidade ativa para a impetração do mandado de injunção é bastante abrangente: indivíduo, grupos, partido político, organismos sindicais, entidades de classe etc. em contrapartida a legitimidade ativa para a propositura de ação de inconstitucionalidade por omissão é restrita às autoridades elencadas no art. 103 da Constituição Federal (presidente da República; mesa do Senado Federal; Mesa da Câmara dos Deputados; Mesa da Assembleia Legislativa; Governador de Estado; Procurador-geral da República; Conselho Federal da Ordem dos Advogados do Brasil; Partido Político com representação no Congresso Nacional; Confederação sindical o entidade de classe no âmbito nacional).

Já os legitimados a figurarem no polo passivo da relação processual oriunda do mandado de injunção são os sujeitos inibidores do exercício do direito: pessoa física ou jurídica; pública ou privada enquanto os legitimados para figurarem no polo passivo da relação processual oriunda da ação de inconstitucionalidade por omissão é a pessoa competente para elaborar a norma ou expedir o ato administrativo – Poder Público (Legislativo ou Executivo).

A finalidade do mandado de injunção é a satisfação de Direito, Liberdade ou Prerrogativa constitucional obstada pela falta de norma regulamentadora, conforme art. 5º, LXXI da Constituição Federal. Já a finalidade da Ação Direta de Inconstitucionalidade por omissão é a garantia da Constituição, impedida de ser efetivada por falta de norma regulamentadora (art. 103, § 2º).

A natureza do mandado de injunção é mandamental e satisfativa (constitutiva ou condenatória), com efeitos *incidenter tantum* e *inter partes*, porquanto a natureza da ação direta de inconstitucionalidade por omissão é sempre declaratória e com efeitos *erga omnes*.

O mandado de injunção visa a garantir a defesa do exercício de direito e o resultado prático do instrumento pelo esvaziamento pela tese da subsidiariedade da ação declaratória de inconstitucionalidade por omissão; porquanto a Ação direta de Inconstitucionalidade por omissão visa a garantir a defesa da efetividade constitucional. O resultado prático desta ação é mínimo, pois dar ciência da omissão não soluciona o silêncio legislativo.

No que toca ao recurso de decisão proferida em mandado de injunção, tem-se que, conforme art. 102, II, *a*, como anteriormente já mencionado que cabe ao Supremo Tribunal Federal julgar em recurso ordinário o *habeas corpus*, o mandado de segurança, o *habeas data* e o mandado de injunção decididos em única instância pelos Tribunais Superiores se denegatória a decisão.

Sendo, assim, de acordo como o art. 102, I, *q*, tal só é admissível quando a autoridade coatora for o presidente da República, O Congresso Nacional, a Câmara dos Deputados, o Senado Federal, as Mesas de uma dessas Casas Legislativas, do Tribunal de Contas da União, de um dos Tribunais Superiores ou do próprio STF.

Caso a parte entenda que a decisão de única ou última tenha contrariado dispositivo constitucional poderá interpor recurso extraordinário, com fulcro no art. 102, III, *a* e *c*:

> *Art. 102. Compete ao Supremo Tribunal Federal, precipuamente, a guarda da Constituição, cabendo-lhe:*
>
> *[...] III – julgar mediante recurso extraordinário, as causas decididas em única ou última instância, quando a decisão recorrida:*
>
> *a) contrariar dispositivo desta Constituição;*
>
> *b) declarar inconstitucionalidade de tratado ou lei federal;*
>
> *c) julgar válida lei ou ato de governo local contestado em face desta Constituição.*

Cabe também recurso especial para o STJ das decisões dos Tribunais Estaduais em mandado de injunção, de acordo com Petição nº 192 – 0/SP do STJ. Na ausência de legislação específica sobre o tema os prazos e a tramitação do recurso segue o Código de Processo Civil.

O mandado de injunção é executado por meio de comunicado ao poder, órgão ou autoridade competente para cumpri-la, nos termos indicados na decisão judicial. Segundo o prof. Hely Lopes Meirelles, essa comunicação equivale à ordem de execução do julgado, que é mandamental e poderá ser feita por ofício, com a transcrição completa da decisão a ser cumprida nos termos e condições do julgado.

Na execução, por tal, o sujeito passivo do mandado de injunção deverá cumprir o exigido, expedindo norma regulamentadora de acordo com o decidido pelo Poder Judiciário, permitindo ao impetrante o exercício do direito ou liberdade constitucional.

É importante recordar que a decisão proferida nos autos de mandado de injunção faz coisa julgada apenas entre as partes, não se alongando a situações análogas, pois ao judiciário não cabe a função legislativa, apenas a decisão sobre o caso concreto que lhe é apresentado a fim tornar efetivo o instrumento previsto no inciso LXXI do art. 5º da Constituição Federal.

Para finalizar o presente tema, faz-se interessante demonstrar alguns entendimentos jurisprudenciais pertinentes ao mandado de injunção.

No Mandado de Injunção nº 526, oriundo do Rio Grande do Sul e que tramitou perante o Supremo Tribunal Federal (relator ministro Carlos Veloso) o impetrante buscando exercer o direito previsto no art. 8º, § 3º, do ADCT[263].

No *writ* decidiu a Corte Suprema que na marcha do delineamento pretoriano do instituto do mandado de injunção, assentou-se que "a mera superação dos prazos constitucionalmente assinalados é bastante para qualificar, como omissão juridicamente relevante, a inércia estatal, apta a ensejar, como ordinário efeito consequencial, o reconhecimento, *hic et nunc*, de uma situação de inatividade institucional (MI 543, voto do ministro Celso de Mello).

Logo, entendeu-se por desnecessária a renovação da notificação ao órgão legislativo que, no caso, não apenas

---

[263] "Art. 8º – É concedida anistia aos que, no período de 18 de setembro de 1946 até a data da promulgação da Constituição, forem atingidos, em decorrência de motivação exclusivamente política, por atos de exceção, institucionais ou complementares, aos que foram abrangidos pelo Decreto legislativo nº 18, de 15/12/1961, e aos atingidos pelo Decreto-lei nº 864, de 12/09/1969, asseguradas as promoções de inatividade, ao cargo, emprego, posto ou graduação a que teriam direito se estivessem em serviço ativo, obedecidos os prazos de permanência em atividade previstos nas lei e regulamentos vigentes, respeitadas as características e peculiaridades das carreiras dos servidores públicos civis e militares e observados os respectivos regimes jurídicos. [...] § 3º Aos cidadãos que foram impedidos de exercer, na vida civil, atividade profissional específica, em decorrência das Portarias Reservadas ao Ministério da Aeronáutica nº s-50-GM5, de 19/06/1964, e S-285-GM5 será concedida reparação de natureza econômica, na forma que dispuser lei de iniciativa do Congresso Nacional e a entrar em vigor no prazo de doze meses a contar da promulgação da Constituição."

incidiu objetivamente na omissão do dever de legislar, passados quase 15 anos da promulgação da regra que lhe criava tal obrigação, mas que, também, já foi anteriormente cientificado por esta Corte, como resultado da decisão de outros mandados de injunção.

Neste mesmo precedente acolheu a Corte proposição do eminente ministro Nelson Jobim e assegurou

> aos impetrantes o imediato exercício do direito a esta indenização, nos termos do direito comum e assegurado pelo § 3º do art. 8 do ADCT, mediante ação de liquidação independentemente de sentença de condenação, para a fixação do valor da indenização.

O reconhecimento da mora legislativa do Congresso Nacional em editar a norma prevista no § 3º do art. 8 do ADCT assegurou aos impetrantes o exercício da ação de reparação patrimonial, nos termos do direito comum ou ordinário, sem prejuízo de que se venham, no futuro, a beneficiar de tudo quanto, na lei a ser editada, lhes possa ser mais favorável que o disposto na decisão judicial[264].

No Mandado de Injunção nº 628, oriundo do Estado do Rio de Janeiro, que tramitou no Supremo Tribunal Federal, figurando como relator deste o ministro Sydney Sanches decidiu a Corte, ao analisar pleito constitucional e trabalhista em mandado de injunção destinado a compelir o Congresso Nacional a elaborar a Lei Complementar a que se refere o inciso I do art. 7º da Constituição Federal, decidiu que tal pretensão era descabida.

Tal já fora decidido, pois na própria Constituição Federal, mais precisamente no art. 10, I do ADCT, está dispositivo que regula provisoriamente o direito previsto no inciso I do art. 7º da Constituição Federal, qual seja, é direito dos trabalhadores urbanos e rurais, além de outros que visem à melhoria de sua condição social:

> a relação de emprego protegida contra despedida arbitrária ou sem justa causa, nos termos de lei complementar, que preverá indenização compensatória, dentre outro direitos.

Existindo norma, na própria Constituição Federal, mais precisamente no art. 10, I do ADCT ("fica limitada a proteção nele referida – art. 7º, I – ao aumento, para quatro vezes, da porcentagem prevista no art. 6º, *caput* e no § 1º, da Lei nº 5.107, de 13/09/1966"), que regula, provisoriamente, o direito previsto no inciso I do art. 7º da Parte Permanente, enquanto não aprovada a lei complementar a que se refere, mostra-se descabido o mandado de injunção destinado a compelir o Congresso Nacional a elaborá-la.

No Mandado de Injunção nº 585, oriundo do Estado do Tocantins, foi impetrado mandado de injunção visando à obtenção do exercício do direito de greve dos servidores públicos, previsto no art. 37, VII da Constituição Federal. Configurada a mora do Congresso Nacional na regulamentação do direito sob enfoque, impôs-se parcial deferimento ao *writ* para que tal situação seja comunicada ao referido órgão.

No Mandado de Injunção nº 545, oriundo do Estado do Rio Grande do Sul, que tramitou no Supremo Tribunal Federal e que figurou como relator deste o ministro Ilmar Galvão, decidiu-se nos autos do mandado de injunção impetrado a fim de obter a regulamentação do art. 144, § 3º da Constituição Federal ("A polícia ferroviária federal, órgão permanente, organizado e mantido pela União e estruturado em carreira, destina-se, na forma da lei, ao patrulhamento ostensivo das ferrovias federais") a inexistência do direito a ensejar a impetração.

A previsão constitucional da criação da Polícia Ferroviária Federal, pelo dispositivo sob enfoque, não implica o direito dos mencionados empregados a serem investidos nos cargos de tal carreira, simplesmente por desenvolverem atividade similares às que serão atribuídas aos policiais ferroviários federais. O mandado de injunção não foi conhecido pois não se evidenciou direito cujo exercício esteja sendo obstado por falta de regulamentação.

A Corte Suprema proferiu decisão no Mandado de Injunção nº 605, oriundo do Estado do Rio de Janeiro

[264] Curiosamente decisão inversa foi proferida nos autos do Mandado de Injunção nº 626, oriundo do Estado de São Paulo, que tramitou perante o Supremo Tribunal Federal: "Anistia. Art. 8º do ato das disposições constitucionais transitórias. Extensão. A anistia de que cuida o art. 8º do ato das disposições transitórias da lei fundamental de 1988 beneficiou civis e militares, estando, entre os primeiros, servidores, empregados e profissionais liberais, assim, todo e qualquer cidadão qualificado como trabalhador. Anistia. Certidão. Decretos nº 1.500/1995 e nº 2.293/1997. Natureza. As normas insertas nos citados decretos sobre a competência da comissão especial de anistia, a par de não se mostrarem exaustivas quanto aos destinatários da certidão de anistiado, revelam simples disciplina organizacional, não tendo caráter normativo abstrato. Anistia. Extensão. Benefícios. Eficácia. Mandado de injunção. Impropriedade. À exceção do preceito do § 3º, o teor do art. 8º do ato das disposições transitórias da lei fundamental veio à baila com eficácia plena, sendo imprópria a impetração de mandado de injunção para alcançar-se o exercício de direito dele decorrente."

que não cabe mandado de injunção para tornar efetivo o exercício de imunidade prevista no art. 195, § 7º, da Carta Magna, com alegação de falta de norma regulamentadora do dispositivo, decorrente de suposta inconstitucionalidade formal da legislação ordinária que disciplinou a matéria.

Decidiu também o Tribunal de Justiça do Estado do Rio de Janeiro, nos autos do Processo nº 2581/1996 que não se presta o mandado de injunção para uniformizar possíveis preceitos contraditórios em determinada norma legal regulamentadora e nem suprir eventuais omissões do diploma legal disciplinador da questão, porquanto não visa, o remédio, obter a regulamentação prevista na norma constitucional.

Não é função do mandado de injunção pedir a expedição da norma regulamentadora, pois ele não é sucedâneo da ação de inconstitucionalidade por omissão, sobretudo quando, embora imperfeita sob o enfoque da parte impetrante, essa norma regulamentadora já não exista.

Firmou-se no STF o entendimento segundo o qual o mandado de injunção há de dirigir-se contra o Poder, órgão, entidade ou autoridade que tem o dever de regulamentar norma constitucional, não se legitimando "*ad causam*", passivamente, em princípio, que não estiver obrigado a editar regulamentação respectiva.

No MI nº 352 – Questão de Ordem – decidiu a corte suprema ao analisar pleito requerendo a regulamentaçao do art. 7º, XXI (direitos sociais) da Constituição Federal que não é viável dar curso a mandado de injunção na hipótese de ilegitimidade passiva *ad causam* de ex-empregador.

Por fim, cabe análise de interessante decisão da Suprema Corte de Justiça, proferida nos autos do Mandado de Injunção nº 444/MG, impetrado por Abílio Guimarães contra o presidente da República, com fulcro no art. 40, § 1º do Constituição Federal[265].

O impetrante era servidor autárquico da Escola Superior de Agricultura de Lavras – Esal (autarquia federal sediada em Lavras, Minas Gerais). Concluiu a Corte que o referido dispositivo apenas faculta ao legislador, mediante lei complementar, estabelecer exceções ao disposto no inciso III, *a* e *c*, ou seja, instituir outras hipóteses de aposentadoria especial, no caso de exercício de atividades consideradas penosas, insalubres ou perigosas.

Desta forma, por tratar-se de mera faculdade conferida ao legislador, que ainda não a exercitou, não há Direito constitucional há criado, e cujo exercício esteja dependendo de norma regulamentadora. Assim, considerou-se descabido o *writ* em questão por falta de possibilidade jurídica do pedido, em face do disposto no inciso LXXI do art. 5º da Constituição Federal, segundo o qual somente há de ser concedido mandado de injunção quando a falta de norma regulamentadora torne inviável o exercício de direitos e liberdades constitucionais e das prerrogativas inerentes a nacionalidade, a soberania e a cidadania.

O mandado de injunção não é cabível em razão de toda omissão do poder público, visto que sempre haverão lacunas no ordenamento jurídico, justamente porque não pode uma lei antever todas as situações jurídicas possíveis a fim de abarcá-las, pois a outras normas, mais minuciosas, cabe este papel.

A omissão prejudicial, por impedir a aplicabilidade da lei é que deve ser combatida por meio dos institutos processuais existente, dentre os quais é exemplo o mandado de injunção, para que a inércia do legislador não dê ensejo a injustiças e a ilegalidade.

Habeas Corpus

O *habeas corpus* é também instrumento posto a disposição do cidadão a fim de coibir a ilegalidade ou abuso de poder por parte da Administração Pública. Tal insti-

[265] "Art. 40. Aos servidores titulares de cargos efetivos da União, dos Estados, do Distrito Federal e dos Municípios, incluídas suas autarquias e fundações, é assegurado regime de previdência de caráter contributivo, observados critérios que preservem o equilíbrio financeiro e atuarial e o disposto neste artigo. § 1º Os servidores abrangidos pelo regime de previdência de que trata este artigo serão aposentados, calculados os seus proventos a partir dos valores fixados na forma do § 3º: I – por invalidez permanente, sendo os proventos proporcionais ao tempo de contribuição, exceto se decorrente de acidente em serviço, moléstia profissional ou doença grave, contagiosa ou incurável, especificadas em lei; II – compulsoriamente, aos setenta anos de idade, com proventos proporcionais ao tempo de contribuição; III – voluntariamente, desde que cumprido tempo mínimo de dez anos de efetivo exercício no serviço público e cinco anos no cargo efetivo em que se dará a aposentadoria, observadas as seguintes condições: a) sessenta anos de idade e trinta e cinco de contribuição, se homem, e cinquenta e cinco anos de idade e trinta de contribuição, se mulher; b) sessenta e cinco anos de idade, se homem, e sessenta anos de idade, se mulher, com proventos proporcionais ao tempo de contribuição. [...] § 3º Os proventos de aposentadoria, por ocasião da sua concessão, serão calculados com base na remuneração do servidor no cargo efetivo em que se der a aposentadoria e, na forma da lei, corresponderão à totalidade da remuneração. [...]."

tuto encontra previsão no art. 5º, LXVIII da Constituição Federal, conforme demonstrado a seguir:

> *LXVIII – conceder-se-á* habeas corpus *sempre que alguém sofrer ou se achar ameaçado de sofrer violência ou coação em sua liberdade de locomoção por ilegalidade ou abuso de poder.*

Trata-se de remédio constitucional que busca cessar a violência ou a coação à liberdade de locomoção decorrente de ilegalidade ou abuso de poder, é, assim, restrito à tutela da liberdade de locomoção.

Ressalta-se que no inciso XV do mesmo artigo da Carta Maior brasileira estabelece-se que é livre a locomoção no território nacional em tempo de paz, podendo qualquer pessoa, nos termos da lei, nele entrar, permanecer ou dele sair com os seus bens.

O mandado de Segurança tem competência residual a este instituto, visto que é destinado a amparar direitos não relacionados à liberdade de locomoção. O *habeas corpus* não poderá ser utilizado para qualquer correção que não coação ou iminência direta de coação à liberdade de ir e vir. Considerado o exposto, presta-se tal mecanismo à impugnação de:

- atos administrativos praticados por quaisquer agentes (independentemente da condição de autoridade);
- atos judiciários e,
- atos praticados por particulares.

O *habeas corpus* teve origem histórica na Carta Magna de 1215, outorgada por João Sem Terra na antiga Inglaterra. O instituto no Brasil surgiu no Código de Processo Criminal de 1832 e, desde então, passou a integrar todas as outras Cartas nacionais. Atualmente, o instrumento constitucional encontra previsão, como demonstrado, no art. 5º, LXVIII da Constituição Federal e é regulamentado pelos arts. 647 a 667 do Código de Processo Penal.

O *habeas corpus* é ação que se destina ao amparo da liberdade de locomoção, assume, por vezes, a feição de verdadeira ação penal cautelar, nos casos do art. 648, II, III, IV e V do CPP, pois de acordo com o art. 647 do mesmo código, dar-se-á *habeas corpus* sempre que alguém sofrer ou se achar na iminência de sofrer violência ou coação ilegal na sua liberdade de ir e vir, salvo nos casos de punição disciplinar. Desta forma, o *habeas corpus* tem também atuação preventiva.

O art. 648 do Código de Processo Penal elenca um rol de situações que se demonstram ilegais para efeito de *habeas corpus*, conforme demonstrado a seguir:

> *Art. 648. A coação considerar-se-á ilegal:*
> *I – quando não houver justa causa;*
> *II – quanto alguém estiver preso por mais tempo do que determina a lei;*
> *III – quando quem ordenar a coação não tiver competência para fazê-lo;*
> *IV – quando houver cessado o motivo que autorizou a coação;*
> *V – quando não for alguém admitido a prestar fiança, nos casos em que a lei a autoriza;*
> *VI – quando o processo for manifestamente nulo;*
> *VII – quando extinta a punibilidade.*

Nos casos do art. 648, II, III, IV e V do CPP o instrumento visa impedir que a mora no desenrolar do processo ou que qualquer providência de caráter processual acarrete maior restrição à liberdade do paciente (*status libertatis*).

Nas hipóteses previstas nos itens VI e VII do referido artigo, havendo sentença transitada em julgado, o remédio tem feição de ação penal constitutiva, posto que busca extinguir uma relação jurídica, possuindo "traços de ação rescisória".

Por fim, caso declare a inexistência de uma relação jurídico material, como na situação prevista pelo primeiro inciso do art. 648, o instrumento tem natureza declaratória

Desta maneira, de acordo com o caso concreto, o *habeas corpus* tem natureza de ação penal cautelar, de ação penal constitutiva ou até mesmo de ação declaratória. No ordenamento jurídico Nacional, tem-se que o *habeas corpus*, segundo ensinamento do professor Alexandre Morais tem natureza jurídica de ação constitucional de caráter penal.

O *habeas corpus* pode ser liberatório ou preventivo, de acordo com o tempo de sua concessão:

- O *habeas corpus* liberatório destina-se a afastar constrangimento ilegal à liberdade de locomoção já efetivo. É também denominado repressivo e materializa-se em ordem expedida pelo juízo competente determinando a imediata cessação do constrangimento;
- O *habeas corpus* preventivo é concedido somente na circunstância de ameaça à liberdade de locomoção. Neste caso, o juízo expede um "salvo conduto", conforme § 4º do art. 660 do Código de Processo Penal:

> *se a ordem de* habeas corpus *for concedida para evitar ameaça de violência ou coação ilegal, dar-se-á ao paciente salvo-conduto assinado pelo juiz.*

O *habeas Corpus* não admite dilação probatória a fim de reparar erro judiciário, pois segue rito sumário. Tal, é demonstrado por meio do HC nº 80199, oriundo do estado do Mato Grosso, que tramitou perante o Supremo Tribunal Federal, figurando como relator o ministro Celso de Mello:

> A jurisprudência do Supremo Tribunal Federal tem reconhecido a inadmissibilidade da ação de *habeas corpus*, nas hipóteses em que se registre o cumprimento integral da pena, por entender que, em tal situação, não mais se revela possível a concretização de qualquer ofensa ao direito de ir, vir e permanecer do paciente. Após a reforma constitucional de 1926, e com a cessação da doutrina brasileira do *habeas corpus*, esse remédio processual passou a ter pertinência somente nos casos em que ocorrer situação de risco efetivo ou de dano potencial à liberdade de locomoção física do paciente (*jus manendi, ambulandi, eundi ultro citroque*). Precedentes. Reexame da prova. Matéria estranha ao *habeas corpus*. Injustiça da decisão condenatória. Inidoneidade do *writ* constitucional. A ação penal de *habeas corpus* não constitui meio jurídico adequado para a apreciação da prova e nem se qualifica como instrumento próprio para o exame de questões pertinentes à eventual injustiça da decisão condenatória. Tais postulações encontram, na ação de revisão criminal – que admite e comporta dilação probatória – a sede processual juridicamente apropriada para a sua análise. Precedentes.

Conforme art. 654 do Código de Processo Penal o *habeas corpus* poderá ser impetrado por qualquer pessoa, em seu favor ou de outrem[266], bem como pelo Ministério Público. A petição deverá conter:

- o nome da pessoa que sofre ou está ameaçada de sofrer violência ou coação e o de quem exercer a violência, coação ou ameaça;
- a declaração da espécie de constrangimento ou, em caso de simples ameaça de coaçao, as razoes em que funda o seu temor;
- a assinatura do impetrante, ou de alguém a seu rogo, quando não sobre ou não puder escrever e a designação das respectivas residências.

Segundo Mirabele, o direito constitucional de impetrar *habeas corpus* é atributo da personalidade. Por tal, a impetração em favor de terceiro constitui hipótese de substituição processual. É dispensável a representação por advogado, qualquer indivíduo poder impetrá-lo diretamente, até mesmo o menor de idade, o estrangeiro.

Não é admissível, porém, visto que o instrumento constitucional tutela a liberdade de locomoção, vislumbrar a impetração de *habeas corpus* em favor de pessoa jurídica. A ordenação pode ser dada de ofício pelo juízo, isto é, sem que tenha sido requerida por qualquer pessoa, de acordo com o § 2º do art. 654 do Código de Processo Penal:

> *§ 2º Os juízes e os tribunais têm competência para expedir de ofício ordem de* habeas corpus, *quando no curso de processo verificarem que alguém sofre ou está na iminência de sofrer coação ilegal.*
>
> *Art. 648 – A coação considerar-se-á ilegal:*
>
> *I – quando não houver justa causa;*
>
> *II – quanto alguém estiver preso por mais tempo do que determina a lei;*
>
> *III – quando quem ordenar a coação não tiver competência para fazê-lo;*
>
> *IV – quando houver cessado o motivo que autorizou a coação;*
>
> *V – quando não for alguém admitido a prestar fiança, nos casos em que a lei a autoriza;*
>
> *VI – quando o processo for manifestamente nulo;*
>
> *VII – quando extinta a punibilidade.*

Nos casos do art. 648, II, III, IV e V do CPP o instrumento visa impedir que a mora no desenrolar do processo ou que qualquer providiência de caráter processual acarrete maior restrição à liberdade do paciente (*status libertatis*).

Nas hipóteses previstas nos itens VI e VII do referido artigo, havendo sentença transitada em julgado, o remédio tem feição de ação penal constitutiva, posto que busca extinguir uma relação jurídica, possuindo "traços de ação rescisória".

Por fim, caso declare a inexistência de uma relação jurídico material, como na situação prevista pelo primeiro inciso do art. 648, o instrumento tem natureza declaratória.

Desta maneira, de acordo com o caso concreto, o *habeas corpus* tem natureza de ação penal cautelar, de ação penal constitutiva ou até mesmo de ação declaratória. No ordenamento jurídico nacional, tem-se que o *habeas corpus*, segundo ensinamento do prof. Alexandre Morais tem natureza jurídica de ação constitucional de caráter penal.

O *habeas corpus* pode ser liberatório ou preventivo, de acordo com o tempo de sua concessão:

---

[266] HC 14123/PR: *Habeas corpus*. Incidente da execução. Competência. Execução penal. Resolução nº 13/1995 do TJPR. Legitimidade do Ministério Público para impetrar *habeas corpus*. 1. A legitimidade do Ministério Público para impetrar *habeas corpus* em favor de terceiros limita-se à hipótese do art. 5º, inciso LXVIII, da Constituição da República. Precedentes do Supremo Tribunal Federal. 2. Não se conhece do *habeas corpus* quando seus fundamentos são estranhos à motivação do acórdão impugnado. 3. Ordem não conhecida.

- O *habeas corpus* liberatório destina-se a afastar constrangimento ilegal à liberdade de locomoção já efetivo. É também denominado repressivo e materializa-se em ordem expedida pelo juízo competente determinando a imediata cessação do constrangimento;
- O *habeas corpus* preventivo é concedido somente na circunstância de ameaça à liberdade de locomoção. Neste caso, o juízo expede um "salvo conduto", conforme § 4º do art. 660 do Código de Processo Penal:

> *se a ordem de* habeas corpus *for concedida para evitar ameaça de violência ou coação ilegal, dar-se-á ao paciente salvo conduto assinado pelo juiz.*

O *habeas corpus* não admite dilação probatória a fim de reparar erro judiciário, pois segue rito sumário. Tal, é demonstrado por meio do HC nº 80199, oriundo do Estado do Mato Grosso, que tramitou perante o Supremo Tribunal Federal, figurando como relator o ministro Celso de Mello:

> A jurisprudência do Supremo Tribunal Federal tem reconhecido a inadmissibilidade da ação de *habeas corpus*, nas hipóteses em que se registre o cumprimento integral da pena, por entender que, em tal situação, não mais se revela possível a concretização de qualquer ofensa ao direito de ir, vir e permanecer do paciente. Após a reforma constitucional de 1926, e com a cessação da doutrina brasileira do *habeas corpus*, esse remédio processual passou a ter pertinência somente nos casos em que ocorrer situação de risco efetivo ou de dano potencial à liberdade de locomoção física do paciente (*jus manendi, ambulandi, eundi ultro citroque*). Precedentes. Reexame da prova. Matéria estranha ao *habeas corpus*. Injustiça da decisão condenatória. Inidoneidade do *writ* constitucional. A ação penal de *habeas corpus* não constitui meio jurídico adequado para a apreciação da prova e nem se qualifica como instrumento próprio para o exame de questões pertinentes à eventual injustiça da decisão condenatória. tais postulações encontram, na ação de revisão criminal – que admite e comporta dilação probatória – a sede processual juridicamente apropriada para a sua análise. Precedentes.

Conforme art. 654 do Código de Processo Penal o *habeas corpus* poderá ser impetrado por qualquer pessoa, em seu favor ou de outrem[267], bem como pelo Ministério Público. A petição deverá conter:

- o nome da pessoa que sofre ou está ameaçada de sofrer violência ou coação e o de quem exercer a violência, coação ou ameaça;
- a declaração da espécie de constrangimento ou, em caso de simples ameaça de coação, as razões em que funda o seu temor;
- a assinatura do impetrante, ou de alguém a seu rogo, quando não sobre ou não puder escrever e a designação das respectivas residências.

Segundo Mirabete, o direito constitucional de impetrar *habeas corpus* é atributo da personalidade. Por tal, a impetração em favor de terceiro constitui hipótese de substituição processual. É dispensável a representação por advogado, qualquer indivíduo poder impetrá-lo diretamente, até mesmo o menor de idade, o estrangeiro.

Não é admissível, porém, visto que o instrumento constitucional tutela a liberdade de locomoção, vislumbrar a impetração de *habeas corpus* em favor de pessoa jurídica. A ordenação pode ser dada de ofício pelo juízo, isto é, sem que tenha sido requerida por qualquer pessoa, de acordo com o § 2º do art. 654 do Código de Processo Penal:

> § 2º *Os juízes e os tribunais têm competência para expedir de ofício ordem de* habeas corpus, *quando no curso de processo verificarem que alguém sofre ou está na iminência de sofrer coação ilegal.*

A legitimidade passiva do Promotor de Justiça para impetrar *habeas corpus* é ainda determinada pelo art. 32 da Lei nº 8.625/199, conforme demonstrado a seguir:

> *Art. 32. Além de outras funções cometidas nas Constituições Federal e Estadual, na Lei Orgânica e demais leis, compete aos Promotores de Justiça, dentro de suas esferas de atribuições:*
> *I – impetrar* habeas-corpus *e mandado de segurança e requerer correição parcial, inclusive perante os Tribunais locais competentes.*

A impetração do *habeas corpus*, com desvio de sua finalidade jurídico – constitucional, objetivando satisfazer, ainda que, por via reflexa, porém de modo ilegítimo os interesses da acusação descaracteriza a essência deste instrumento exclusivamente vocacionado a proteção da liberdade individual. Como lição do ilustre jurista Evandro Lins e Silva, a finalidade do *habeas corpus* é proteger

[267] HC 14123/PR: *Habeas corpus*. Incidente da execução. Competência. Execução penal. Resolução nº 13/1995 do TJPR. Legitimidade do Ministério Público para impetrar *habeas corpus*. 1. A legitimidade do Ministério Público para impetrar *habeas corpus* em favor de terceiros limita-se à hipótese do art. 5º, inciso LXVIII, da Constituição da República. Precedentes do Supremo Tribunal Federal. 2. Não se conhece do *habeas corpus* quando seus fundamentos são estranhos à motivação do acórdão impugnado. 3. Ordem não conhecida.

a liberdade de locomoção. Fato estranho não há lugar ao *writ* (HC 40228/STF).

O paciente pode, a qualquer tempo, desistir da impetração, é o que demonstra o HC 69856/SP que tramitou perante o Supremo Tribunal Federal e em que figurou como relator o ministro Néri da Silveira:

> *Habeas corpus*. Expulsão. Desistência do *habeas corpus* manifestada pelo paciente e pelo impetrante. Hipótese em que, diante dos termos das petições, não é possível deixar de homologar a desistência da súplica inicial. Não há qualquer elemento nos autos a autorizar conclusão no sentido de a desistência se haver manifestado, sob coação ou algum constrangimento do paciente e do impetrante. Inexistem sequer elementos a possibilitar concessão, de ofício, de *habeas corpus*. Desistência homologada.

No que tange à legitimidade passiva, o Recurso em *habeas corpus* nº 4792, oriundo do Estado de Goiás, que tramitou perante o Superior Tribunal de Justiça, figurando como relator o ministro Luiz Vicente Cernicchiaro, esclarece que:

> RHC. Constitucional. *Habeas corpus*. Legitimidade passiva. O *hábeas corpus* visa a afastar, ou impedir ilegalidade ao direito de locomoção. Faltará legitimidade *passiva ad causam*, se a causa de pedir não menciona conduta (comissiva, ou omissiva) da autoridade indicada como coatora.

O *habeas corpus* poderá ser impetrado contra qualquer pessoa, seja por abuso de autoridade ou por ilegalidade. Desta forma, tanto o agente público (delegado de polícia, promotor de justiça etc.) quanto o particular podem figurar no polo passivo do *writ*.

É certamente pouco usual a coação à liberdade de locomoção por particular, mas é possível exemplificar tal situação considerando a retenção de paciente internado em hospital privado por particular (por dono ou funcionário do estabelecimento) sob condição do pagamento da conta.

Em suma, qualquer pessoa, autoridade pública ou particular, pode, para efeitos de impetração de *habeas corpus*, ser considerada autoridade coatora. O acórdão proferido o Recurso Especial em *habeas corpus* nº 10.896, oriundo do Estado de São Paulo, que tramitou perante o Superior Tribunal de Justiça, ilustra tal questão ao demonstrar que até mesmo o juiz que denega *habeas corpus* pode adquirir a condição de autoridade coatora:

> RHC. *Habeas corpus*. Autoridade coatora. Uso simultâneo do *writ* e do recurso próprio. 1. O magistrado de primeiro grau, ao denegar *habeas corpus* impetrado para trancar inquérito policial instaurado, assume a condição de autoridade coatora. 2. Não há impedimento do uso simultâneo do *habeas corpus* e do recurso próprio, mesmo quando articulados fatos e situações idênticas. 3. Precedentes do STJ. 4. Recurso parcialmente conhecido e, nesta extensão, provido.

Inexiste abuso ou ilegalidade, porém, no ato do juiz deprecado que se limita a cumprir ordem de prisão expedida pelo juiz deprecante, perante o qual tramita execução de dívida de alimentos, desde que não esteja presente qualquer das hipóteses do art. 209 do CPC (o juiz recusará cumprimento à carta precatória, devolvendo-a com despacho motivado quando não estiver revestida dos requisitos legais, quando carecer de competência, em razão da matéria ou da hierarquia, quando tiver dúvida acerca da sua autenticidade).

Assim, atendidos os limites da deprecação, o juiz deprecado é parte ilegítima para figurar no polo passivo do *writ*. O juiz deprecado somente pode recusar cumprimento a precatória e mandar devolvê-la nos casos acima explicitados ou quando entender ser competente o próprio juízo deprecado (HC 10151/DF, STJ).

Conforme anteriormente demonstrado, o art. 648 do Código de Processo Penal elenca situações em que se consubstancia a ilegalidade da coação praticada por autoridade pública ou privada – autoridade coatora.

O Tribunal de Justiça do Rio de Janeiro ao analisar, recentemente, o Habeas Corpus nº 3828 caracterizou o constrangimento ilegal da autoridade policial quando esta recolheu padrões gráficos do paciente (requerida pelo Ministério Público), em inquérito policial por roubo de talonários de cheques de mensageiro.

Entendeu a corte, desta forma, que sendo as características do autor do roubo dos talonários de cheques conhecidas da autoridade coatora e estando a autoria do crime de denunciação caluniosa determinada, a requisição para a autoridade policial colher material gráfico do paciente, visando apurar a responsabilidade criminal no crime de roubo, indiscutivelmente encerrou insuportável constrangimento ilegal a ser reparado por meio do *habeas corpus*.

O paciente em questão era possuidor de reputação ilibada e sobre ele não pairava suspeita quanto ao envolvimento do delito que pretendia desvendar a autoridade, razão pela qual foi concedida a ordem com a confirmação do salvo-conduto.

É também princípio consagrado doutrinária e jurisprudencialmente que a inobservância dos prazos para a formação da culpa, quando não justificada, que ultrapasse os limites da razoabilidade, configura constrangimento ilegal passível de reparação por meio de *habeas corpus*, o que ocorre quando a autoridade coatora não dá qualquer justificativa plausível para o excessivo retardamento da instrução criminal[268].

Também nos autos do Processo nº 5632, a Sétima Câmara Criminal do Tribunal de Justiça do Estado do Rio de Janeiro, a Corte acordou que se dois teriam sido os requisitos embasadores do decreto preventivo – garantia da ordem pública e necessidade de aplicação da lei penal. Embora a conveniência da instrução criminal haja sido mencionada como outro requisito para a custódia, foi repelida por ter a douta juíza entendido tratar-se de mera ilação.

Se o paciente se apresenta espontaneamente várias vezes diante da autoridade policial, e ainda é localizado para ciência da prisão, evidentemente que não está fugindo ou tentando evitar a marcha o processo, embora dispondo de tempo hábil para tanto. Considerou-se, desta maneira, manifestamente desnecessária a prisão e concedeu-se a ordem como expedição de alvará se soltura.

O § 2º do art. 142 da Constituição Federal determina que não caberá *habeas corpus* em relação a punições disciplinares militares. É incabível o remédio heróico nos casos de prisão por medida de disciplinar militar, uma vez que a punição disciplinar é legalmente resguardada por força do art. 647 do CPP.

O dispositivo constitucional deve ser interpretado no sentido de que não caberá *habeas corpus* com base no mérito das punições disciplinares militares. Nada obsta o exame por parte do Poder Judiciário quanto aos pressupostos de legalidade como a hierarquia, poder disciplinar etc.

No julgamento do HC nº 2699, a Segunda Câmara Criminal do Tribunal de Justiça do Estado do Rio de Janeiro decidiu que se o *habeas corpus* é inadequado para o controle judicial de penalidades disciplinares. É, contudo, hábil para a análise dos aspectos de legalidade da medida, o que inclui também a legitimidade passiva.

Assim, concluiu a Corte que se flagrante a ilegalidade da ordem de prisão como sanção disciplinar, pode o Tribunal de Justiça, em sendo apontada como autoridade coatora o juiz que não se reconheceu competente para apreciar o pedido de *habeas corpus* na primeira instância, conhecer e deferir a ordem, nos termos do art. 649 do CPP.

Acrescente-se que o militar reformado não está sujeito às sanções disciplinares, aplicando-se o verbete da Súmula nº 56 do STF, sobretudo quando a conduta tida como geradora de punição é de natureza exclusivamente civil.

O âmbito de atuação do instrumento constitucional pode sofrer restrições em virtude do Estado de Defesa (art. 136 da Constituição Federal) ou do Estado de Sítio (art. 139 da Constituição Federal), porém não poderá, em nenhuma hipótese ser suprimido do ordenamento jurídico, visto que, na condição de direito fundamental, é cláusula pétrea da Constituição da República[269].

Cabe, tanto no *writ* preventivo (salvo-conduto) quando no liberatório a medida liminar. A jurisprudência introduziu a figura da liminar em *habeas corpus* para atender casos em que a cassação da coação ilegal exigia

---

[268] Ensina o prof. Alexandre de Moraes que "não constitui constrangimento ilegal, sanável por meio de *habeas corpus* o razoável excesso de prazo ocorrido na instrução processual penal, por exigência da própria defesa em arrolar testemunhas residentes em comarcas diversas, ou em virtude do grande número de acusados, ainda mais quando a instrução teve curso regular. Igualmente não haverá excesso de prazo, sanável pelo referido *writ* quando a dúvida sobre a competência para o processo e julgamento houver sido dirimida. Também a greve de serventuários da justiça configura força maior não ensejando alegação de excesso de prazo em sede de *habeas corpus,* devendo os prazos recomeçarem a fluir na data em que é publicado o ato pelo qual o tribunal comunica às partes e os procuradores a cessação da situação de anormalidade e a retomada do andamento dos processos."

[269] Sobre o tema ensina o professor Alexandre de MORAIS, na obra *Direito Constitucional*, ensina que: "a Constituição Federal prevê a aplicação de duas medidas excepcionais para restauração da ordem em momentos de anormalidade – estado de defesa e estado de sítio, possibilitando, inclusive a suspensão de determinadas garantias constitucionais, em lugar específico e por tempo certo, possibilitando a ampliação do poder repressivo do Estado, justificado pela gravidade da perturbação da ordem pública. É o chamado sistema constitucional das crises, consistente em um conjunto de normas constitucionais, que, informadas pelos princípios da necessidade e da temporariedade, têm por objeto as situações de crises e por finalidade a mantença ou o restabelecimento da normalidade constitucional. A gravidade de ambas as medidas, cuja finalidade será sempre a superação da crise e o retorno ao *status quo ante*, exige irrestrito cumprimento de todas as hipóteses e requisitos constitucionais, sob pena de responsabilização política, criminal e civil dos agentes políticos usurpadores. O estado de defesa é uma modalidade mais branda de estado de sítio e corresponde às antigas medidas de emergência do direito constitucional anterior e não exige para sua decretação, por parte do presidente da República, autorização do Congresso Nacional. O decreto presidencial deverá determinar o prazo de sua duração; especificar as áreas abrangidas e indicar as medidas coercitivas, nos termos e limites constitucionais e legais. O estado de sítio corresponde a suspensão temporária e localizada de garantias constitucionais, apresentando maior gravidade do que o Estado de Defesa e obrigatoriamente o presidente da República deverá solicitar autorização da maioria absoluta dos membros da

pronta intervenção do Poder Judiciário. Desta forma, embora a legislação referente não faça menção à concessão de liminar para o remédio jurídico em questão, esta passou a ser mencionada nos regimentos internos dos tribunais.

O prof. Arnaldo Wald, no artigo "As Origens da Liminar em *Habeas Corpus* no Direito Brasileiro" ensina que não se concebia a concessão da medida liminar em *habeas corpus* até 1964, enquanto a mesma tinha se consolidado virtude de normas legais expressas na legislação do mandado de Segurança.

Assim, apesar de ser o *mandamus* fruto de uma extensão do *habeas corpus* e da idéia de formar no direito brasileiro um *habeas corpus* civil em matéria processual, a medida liminar foi prevista pelo legislador no mandado de segurança, sem que, por mais de meio século, a jurisprudência a tivesse estendido à defesa da liberdade de ir e vir.

Segundo o mestre, o saudoso ministro Evandro Lins e Silva assinalou que teria ocorrido no Supremo Tribunal Federal, no caso do *habeas corpus* impetrado, em 13/11/1964, por Sobral Pinto, em favor de Mauro Bor ges, o primeiro caso de concessão de medida liminar em *habeas corpus*:

> um fato inédito na história do *habeas corpus* em nosso país. Até aquele dia jamais se concedera medida liminar para evitar a ameaça de constrangimento ilegal por parte da autoridade. A decisão foi comunicada aos responsáveis pela arbitrariedade iminente e abortou a violência premeditada em andamento.

Desta forma, no caso do Governador Mauro Borges, o ministro Gonçalves de Oliveira concedeu a medida liminar no *habeas corpus* nº 41.296, em 14/11/1964, e, em 23/11/1964, levou o processo ao plenário que confirmou a medida liminar para que:

> não passa a Justiça Comum ou Militar processar o paciente sem o prévio pronunciamento da Assembléia Estadual, nos termos do art. 40 da Constituição do Estado de Goiás, decisão unânime.

O ministro Gonçalvez de Oliveira fundamentou a concessão da liminar invocando a jurisprudência já existente em mandado de segurança e lembrou a existência da decisão concessiva de liminar em *habeas corpus*, que acabava de ser proferida pelo Superior Tribunal Militar. E assim foi fundamentada:

> O *habeas corpus*, do ponto de vista da sua eficácia, é irmão gêmeo do mandado de segurança. Quando este último foi instituído na Carta Política de 1934, dispôs o art. 113, item 33, que seu processo será o mesmo do *habeas corpus*. O processo, como se vê, é o mesmo. A Constituição de 1946 trata do *habeas corpus* e do mandado de segurança num dispositivo junto ou outro, os §§ 23 e 24. Se o processo é o mesmo, e se no mandado de segurança pode o relator conceder a liminar até em casos de interesses patrimoniais, não se compreenderia que, em casos em que está em jogo a liberdade individual ou as liberdades públicas, a liminar, no *habeas corpus* preventivo, não pudesse ser concedida, principalmente, quando o fato ocorre em dia de Sábado, feriado forense, em que o Tribunal nem no dia seguinte abre suas portas. Se qualquer dúvida pudesse substituir ao propósito, V. Exª, Senhor Presidente, as dissipou na nota em que Supremo Tribunal distribuiu à imprensa redigida por V. Exª, nota amplamente divulgada em que V. Exª relembra precedente, a saber, liminar recentemente concedida pelo almirante Espíndola, do Superior Tribunal Militar em favor do Dr. Evandro Correia de Menezes, procurador da Caixa Econômica, para isentá-lo de injusto procedimento. Foi suspensa a investigação, diz a nota fornecida à imprensa, e a ordem deferida pelo Superior Tribunal Militar, unanimemente.

O ministro Espíndola proferiu no mesmo dia o seguinte despacho:

> À secretaria sejam solicitadas as informações necessárias ao Sr. Encarregado do Inquérito Policial Militar Tenente Coronel Paulo Ignácio Domingues, esclarecendo o mesmo qual o motivo da abertura do Inquérito. Como preliminar, determino que o Sr. Encarregado do Inquérito se abstenha de praticar qualquer ato contra o paciente até definitivo pronunciamento deste Egrégio Tribunal, telegrafando-se ao mesmo, com urgência, para o referido fim.

Posteriormente, o Superior Tribunal Militar ratificou a liminar e concedeu o *habeas corpus* por unanimidade[270], em acórdão cuja Ementa foi:

> *Habeas corpus* concedido. Incompetência da justiça militar para conhecer de fato ocorrido em repartição que

Câmara dos Deputados e do Senado Federal para decretá-lo. Em ambas as hipóteses serão ouvidos, sem caráter vinculativo, os Conselhos da República e da Defesa Nacional, para que aconselhem e opinem ao presidente da República".

[270] É o Acórdão "Relator: ministro almirante Esq. José Espíndola Paciente: Evandro Moniz Corrêa de Menezes, alegando, por seu advogado, que está sofrendo coação por parte do Encarregado do IPM junto à Caixa Econômica Federal do Paraná, pede liminarmente para não comparecer no dia marcado para o depoimento, bem como seja excluído do referido IPM. Vistos e relatados os presentes autos de *habeas corpus*, impetrado em favor de Evandro Moniz Corrêa de Menezes, civil, Consultor Jurídico do Conselho Superior das Caixas Econômicas Federais, por seu advogado Dr. Arnoldo Wald, deles se verifica o seguinte: Pede liminarmente o paciente, para não comparecer no dia

nenhuma relação tem com a administração militar. Não cabe o exame da matéria transitada em julgado, por falta de justa causa.

É importante ressaltar que não é admissível o *habeas corpus* contra pena de multa, visando o trancamento de inquérito policial quando se vislumbra crime em tese e contra o simples indiciamento em inquérito policial, pois o constrangimento ilegal, requisito essencial para legitimar a utilização do *writ*, não está presente em nenhum destes casos.

O Recurso Especial nº 192.837, oriundo do Estado do Rio de Janeiro, ilustra tal ponto:

> Processual penal. Denúncia. Alegação de inépcia. Ação penal. Trancamento. Fatos típicos. *Habeas corpus*. Inquérito instaurado pelo Ministério Público Federal. Impossibilidade. Constrangimento ilegal. Inexistência. [...] o *habeas corpus*, instrumento processual de assento constitucional destinado a assegurar o direito de locomoção, não se presta para a realização de longa incursão sobre fatos em exame no curso de ação penal, nem para a obtenção de absolvição sumária. O Ministério Público, como órgão de defesa dos interesses individuais e sociais indisponíveis (CF, art. 127), tem competência para instaurar inquérito policial para investigar a prática de atos abusivos, susceptíveis de causar lesão a tais interesses coletivos. A instauração de tal procedimento não provoca qualquer constrangimento ilegal ao direito de locomoção, revelando-se, por isso, impróprio o uso do para coibir eventuais irregularidades *habeas corpus* a ele atribuídos. Recurso ordinário desprovido.

A jurisprudência demonstra, ainda sobre o tema:

- As decisões de quaisquer das Turmas do Supremo Tribunal Federal são inatacáveis por *habeas corpus*, uma vez que a turma quando profere julgamento, em matéria de sua competência representa o próprio Supremo Tribunal Federal (HC 74507-5/MG);
- A alegação de ausência de demonstração da autoria do delito imputado ao paciente – ilegitimidade *passiva ad causam* – é insusceptível de apreciação na via angusta do *habeas corpus* por requisitar aprofundado reexame de prova (HC 13340/MT);
- A simples comunicação da ocorrência de graves fatos à Secretaria de Segurança Pública, solicitando a devida apuração, não convola o agente público em autoridade coatora para responder, em sede de *habeas corpus*, tanto e certo que não detém o poder de estancar o inquérito já instaurado e em curso (HC 4.982).

Reclamação:

O desenvolvimento histórico da reclamação assemelha-se com o da correição parcial, isto pois suas medidas têm em comum o objetivo de obstar o descumprimento de ordem do Tribunal, no primeiro caso do Supremo Tribunal Federal ou do Superior Tribunal de Justiça e, no segundo, dos órgãos julgadores de primeiro grau.

No Direito Romano havia forma de impugnação denominada *suplicatio* e era cabível contra decisões não recorríveis. O instrumento permitia ao indivíduo dar

marcado para o depoimento, como se vê do documento de fls. 10. A liminar foi concedida até o pronunciamento final deste Superior Tribunal. A petição é longa e está dividida em cinco partes, para o seu melhor entendimento. Consta do pedido abundante prova documentária em que se fundamenta o impetrante, para pedir a exclusão do paciente do Inquérito Policial Militar, em causa. Alega o impetrante que se verifica pelo Doc. nº 1 que se trata, especificamente, de um enquadramento no art. 227 do C.P.M., como crime de desobediência passível pela lei penal, decorrendo a competência do Superior Tribunal Militar, para conhecer do pedido. O impetrante aprecia à luz de dispositivos legais a incompetência da autoridade militar para determinar, como no caso, que se trata de ato do funcionário civil praticado em exercício de suas funções em repartição civil, e matéria que pela sua própria natureza escapa à competência da Justiça Militar, por não configurar a atuação do paciente crime militar, nem mesmo em tese. Diz o impetrante que o inquérito envolvendo a administração dos Drs. Evandro Menezes, paciente, e Manoel Franco, na Caixa Econômica Federal do Paraná, foi julgado e arquivado há cinco anos. Ambos foram punidos e demitidos da direção da Caixa. Talvez, jamais tenha havido no Brasil, um processo que haja ensejado tantos pronunciamentos definitivos das autoridades competentes, quer judiciais, quer administrativos. Espera a concessão da ordem a fim de excluir do Inquérito Policial Militar, em causa, o paciente, cuja atuação na Caixa Econômica Federal do Paraná, já foi definitivamente apreciada pelos órgãos administrativos e tribunais do país. Solicitadas informações, foram estas prestadas pelo tenente Coronel Paulo Domingues, encarregado do IPM, considerada autoridade coatora, por via telegráfica e por via postal, como se vê dos documentos de fls. 45 e 49. Isto posto: Considerando que da intimação feita pelo Encarregado do IPM (doc. de fls. 10) verifica-se ameaça à liberdade de locomoção do paciente; Considerando que a abundante prova documentária do processo, mostra à sociedade que o paciente foi devidamente julgado e demitido do cargo, pelos atos praticados durante a sua gestão na Caixa Econômica Federal do Paraná, quer administrativamente, quer judicialmente, e, posteriormente dado como inocente; Considerando que da informação prestada (fls. 49) se trata de apurar os mesmos atos da improbidade praticados pelo paciente quando Presidente da Caixa Econômica do Paraná, o que já foi conhecido pelo Supremo Tribunal Federal e considerado transitado em julgado; Considerando que não há como estender-se aos civis o foro especial da Justiça Militar, fora dos casos definidos em lei, acordam os ministros deste Superior Tribunal, a unanimidade de votos, em conceder a ordem, por incompetência da Justiça Militar, para o fim de ser o paciente excluído do IPM, por se tratar de matéria já transitada em julgado.

conhecimento ao imperador do descontentamento de irregularidade processual cometida por Juízes. Foi contemplado instituto similar, tempo depois, pelas Ordenações Filipinas – "agravo de ordenação não guardada" e "agravo por dano irreparável" e mais recentemente o "agravo por dano irreparável".

A reclamação, que já era aplicada jurisprudencialmente passou a ser regulamentada pelos Regimentos Internos do Supremo Tribunal Federal e do, Superior Tribunal de Justiça. A edição da Lei nº 8.038/1990, que instituiu normas procedimentais para processos interpostos perante as Cortes superiores abrangeu também o procedimento da reclamação.

Desta forma, a reclamação foi instituída no direito processual brasileiro para a preservação da competência do Supremo Tribunal Federal e do Superior Tribunal de Justiça e para garantir a autoridade dos seus julgados.

A Constituição Federal de 1988 instituiu, nos arts. 102, I, *l*, e 105, I, *f*, assim:

> *Art. 102. Compete ao Supremo Tribunal Federal, precipuamente, a guarda da Constituição, cabendo-lhe:*
> *I – processar e julgar originariamente:*
> *[...] l) a reclamação para a preservação de sua competência e garantia da autoridade de suas decisões"*
> *Art. 105 – Compete ao Superior Tribunal de Justiça:*
> *I – processar e julgar originariamente:*
> *[...] f) a reclamação para a preservação de sua competência e garantia da autoridade de suas decisões"*

A competência do Supremo Tribunal Federal e do Superior Tribunal de Justiça é definida pela Constituição Federal. Desta forma, a reclamação é cabível sempre que for afrontada a competência designada pela Carta Maior, ou quando a decisão de uma destas Cortes não for cumprida.

Por exemplo, se juiz de primeiro grau que julgasse infração penal de membro do Congresso Nacional, cuja competência cabe ao Supremo Tribunal Federal por força do art. 102, I, *b*, da Constituição Federal, tal decisão seria passível de reclamação pelo interessado para que o Supremo Tribunal Federal tivesse a competência constitucionalmente estabelecida preservada.

O objeto da Reclamação nº 1.644, oriundo do estado de Alagoas que tramitou perante o Supremo Tribunal Federal foi justamente este. No acórdão, preservou-se a competência da Corte:

> O Supremo Tribunal Federal é competente para julgar mandado de segurança contra ato do presidente do Tribunal de Contas da União. Art. 102, *i*, *d*, da Constituição federal.

Para exemplificar a Segunda situação que enseja a reclamação – a garantia da autoridade das decisões – é pertinente a análise da Reclamação nº 899, oriunda do Estado do Rio de Janeiro que tramitou perante o Supremo Tribunal Federal, figurando como relator o ministro Celso de Mello.

A Corte constitucional havia outorgado medida cautelar em sede de ação declaratória de constitucionalidade (ADC 4/DF), decisão plenária revestida de eficácia vinculante, conforme interpretação do art. 102, § 2º, da Constituição da República. Tal decisão não estava sendo cumprida perante o Juízo de Direito da Sétima Vara Federal da Seção Judiciária do Rio de Janeiro, razão pela qual a reclamada (Universidade Federal do Rio de Janeiro) utilizou-se do instrumento constitucional para garantir a efetividade da medida.

Desta forma, a inobservância por órgão de jurisdição inferior do efeito vinculante derivado desse julgamento plenário foi hipótese legitimadora do uso da reclamação (CF, art. 102, I, *l*). A reclamação foi considerada procedente, pois as decisões plenárias do Supremo Tribunal Federal que deferem medida cautelar em sede de ação declaratória de constitucionalidade revestem-se de eficácia vinculante.

Os provimentos de natureza cautelar acham-se instrumentalmente destinados a conferir efetividade ao julgamento final resultante do processo principal, assegurando, desse modo, *ex ante*, plena eficácia à tutela jurisdicional do Estado, inclusive no que concerne às decisões que, fundadas no poder cautelar geral, inerente a qualquer órgão do Poder Judiciário, emergem do processo de controle normativo abstrato, instaurado mediante ajuizamento da pertinente ação declaratória de constitucionalidade.

O desrespeito à eficácia vinculante, derivada de decisão emanada do plenário da Suprema Corte, autoriza o uso da reclamação. O descumprimento, por quaisquer juízes ou Tribunais, de decisões concessivas de medidas cautelares, outorgadas, com efeito vinculante, pelo Plenário do Supremo Tribunal Federal, em sede de ação declaratória de constitucionalidade, autoriza a utilização da via reclamatória, também vocacionada, em sua específica função processual, a resguardar e a fazer prevalecer, no que concerne à Suprema Corte, a integridade, a autoridade e a eficácia subordinante dos comandos que emergem de seu atos decisórios.

A desobediência à autoridade decisória dos julgados proferidos pelo Supremo Tribunal Federal importa na invalidação do ato que a houver praticado. Decidiu a Corte, assim, que a procedência da reclamação, quando promovida com o objetivo de fazer prevalecer o *imperium* inerente aos julgados proferidos pelo Supremo Tribunal Federal, importará em desconstituição do ato que houver desrespeitado a autoridade da decisão emanada da Suprema Corte.

Também o ministro Celso de Mello no julgamento de reclamação em 05/06/2002 sobre a não observância de órgão de jurisdição inferior dos efeitos da tutela jurisdicional concedida pelo STF em face do Poder Público (Lei nº 9.494/1997, art. 1º) em sede de ação declaratória de constitucionalidade (ADC 4/DF) – decisão plenária revestida de eficácia vinculante – discorreu:

> Os provimentos de natureza cautelar acham-se instrumentalmente destinados a conferir efetividade ao julgamento final resultante do processo principal, assegurando, desse modo, *ex ante*, pela eficácia à tutela jurisdicional do Estado, inclusive no que concerne às decisões, que, fundadas no poder cautelar geral – inerente a qualquer órgão do Poder Judiciário – emergem do processo de controle normativo abstrato, instaurado mediante ajuizamento da pertinente ação declaratória de constitucionalidade.

Complementou, ainda:

> A procedência da reclamação, quando promovida com o objetivo de fazer prevalecer o *imperium* inerente aos julgados proferidos pelo Supremo Tribunal Federal, importará em desconstituição do ato que houver desrespeitado a autoridade da decisão emanada da Suprema Corte.

Recentemente, foi julgada reclamação pelo Supremo Tribunal Federal apresentada pelo governador do estado do Pará contra o Tribunal Regional do Trabalho da Oitava Região em razão da não inclusão do débito no orçamento do ente público devedor. A Corte decidiu que há legitimidade ativa do governador do Estado para defender interesses de órgãos estatais da Administração Pública direta e indireta e entendeu como procedente o pedido do governador.

Argumentou a Corte que a não inclusão do débito judicial no orçamento do ente devedor é hipótese que não se equipara à preterição de ordem, sendo ilegítima a determinação de sequestro em tais casos. A presunção de existência de recursos financeiros não elide a ausência de previsão orçamentária, não consistindo motivo suficiente para a decretação de bloqueio de verbas públicas.

Similarmente apresentou reclamação perante a mesma Corte o governador do estado de Alagoas contra o presidente do Tribunal Regional do Trabalho da Décima Nona Região em razão de vencimento do prazo para o pagamento de precatório, sem embargo da existência de previsão orçamentária, hipótese que não se equipara a preterição de ordem, sendo ilegítima de determinação de sequestro em tais situações.

A consignação da despesa na lei de meios não implica automática e necessária disponibilização financeira, que depende de efetiva arrecadação pela Fazenda Pública. É responsável o presidente do Tribunal pelo pagamento dos precatórios, segundo as possibilidades do depósito, exegese dos §§ 2º e 5º do art. 100 da Constituição Federal.

O Tribunal havia decidido de forma expressa, no julgamento de mérito da ADI nº1662/SP, que a previsão de que trata o § 4º do art. 78 do ADCT – CF/1988[271], na redação dada pela EC nº 30/2000, refere-se exclusivamente à situação de parcelamento de que cuida o *caput*, sendo inaplicável aos débitos trabalhistas de natureza alimentícia.

Ratificando a exegese de que a única situação suficiente para motivar o sequestro de verbas públicas destinadas à satisfação de dívidas judiciais alimentares é a ocorrência de preterição de ordem de precedência, foi considerada procedente a reclamação.

Realizando um pequeno parêntese no tema, a constante ausência de quitação de precatórios de todas as espécies por parte dos Estados da Federação é situação alvo de várias reclamações apresentadas ao Poder Judiciário, visto que vários destes membros da Federação não cumprem com os compromissos que tangem às dívidas judiciais.

Em decisão recente, o Tribunal Regional do Trabalho (TRT) da Décima Quinta Região – Campinas – deferiu o sequestro das rendas do governo do estado de São Paulo, calcando-se na expiração do prazo legal para o pagamento dos créditos trabalhistas, conhecidos como de caráter alimentar.

O governador, então, ajuizou reclamação constitucional perante a Corte Suprema, a fim de obter, por meio de medida liminar, respaldo jurídico ao não cumprimento da decisão do TRT. Desta forma, o Estado,

[271] § 4º – O Presidente do Tribunal competente deverá, vencido o prazo ou em caso de omissão no orçamento, ou preterição ao direito de precedência, a requerimento do credor, requisitar ou determinar o sequestro de recursos financeiros da entidade executada, suficientes à satisfação da pretensão.

com base em liminares, concedidas pela Corte Suprema, permanece arrastando o pagamento de dívidas.

Anteriormente a edição da trigésima emenda constitucional, que permitiu período de dez anos para o pagamento de precatórios e fixou punição para o descumprimento da norma, o Supremo Tribunal Federal desautorizou o sequestro de verbas para satisfação de crédito de natureza alimentar fora dos casos em que não for obedecida estritamente a ordem cronológica dos requisitórios.

É importante considerar que o precatório é um instrumento de moralização dos atos administrativos no que toca ao cumprimento das obrigações judiciais, visto que impõe disciplinar pela ordem cronológica da sua apresentação, e é também recurso do Judiciário, buscando compelir aos órgãos públicos o cumprimento de suas decisões ao autorizar o sequestro de rendas, sempre que comprovada a preterição ao direito do credor.

Apesar da medida liminar concedida pelo ministro Maurício Corrêa tenha reduzido, na ADIn 1.662/SP proposta pelo governador do estado de São Paulo, a praticabilidade do deferimento de sequestro de verbas da Fazenda Pública, fato é que a Emenda Constitucional nº 30 de fato modificou dispositivos constitucionais sobre o tema.

O art. 100 da Constituição Federal teve sua redação alterada e foi acrescido ao Ato das Disposições Constitucionais Transitórias o art. 78[272]. Percebe-se, desta forma, que aos entes da Administração Pública, conforme § 1º do art. 100, é obrigatória a inclusão, em orçamento, de verba necessária ao pagamento de seus débitos oriundos de sentenças transitadas em julgado, constantes de precatórios judiciários, apresentados até 1º de julho, fazendo-se o pagamento até o final do exercício seguinte, quando terão seus valores atualizados monetariamente.

Ainda, o § 2º do citado artigo[273] demonstra a possibilidade do sequestro da quantia necessária à satisfação do débito em razão da não observância do direito de preferência. O art. 78, § 4º, prevê, ademais, que o Presidente do Tribunal competente deverá, vencido o prazo ou em caso de omissão no orçamento, ou preterição ao direito de precedência, a requerimento do credor, requisitar ou determinar o sequestro de recurso financeiros da entidade executada, suficientes à satisfação da pretensão.

Se o art. 78 autoriza o sequestro de rendas para a quitação de débitos judiciais de natureza comum, não pagas no período devido, seria razoável compreender que tal medida seria cabível, por maior razão, às dívidas trabalhistas não quitadas, visto que tais créditos devem ser privilegiados em virtude de sua natureza alimentícia.

A compreensão diversa da apresentada atribui maior privilégio aos créditos de natureza comum em detrimento dos créditos de natureza trabalhista, o que denota uma inversão de valores, até porque a Constituição Federal de 1988 sempre preferiu os créditos salariais e de natureza alimentar.

Estes créditos, oriundos das relações de trabalho, passam a suportar pacientemente a boa vontade do administrador público e a única medida, a partir desta compreensão, para obtê-los é a interposição de pedido de intervenção federal no Estado-membro ou estadual no município. Apenas no estado de São Paulo já mais de dois mil pedidos de intervenção federal estão aguardando decisão.

O STF dirimiu as dúvidas suscitadas a partir da publicação da Emenda Constitucional nº 30 ao julgar, por maioria de votos, parcialmente precedente as reclamações movidas pelos governadores de Estado, prevalecendo o entendimento de que mesmo em relação aos créditos de natureza alimentícia a Constituição somente prevê o sequestro se a ordem cronológica de pagamento for descumprida.

A natureza jurídica da reclamação é questão bastante controvertida na doutrina e jurisprudência pátrias. São três as principais correntes: a que compreende a reclamação como incidente processual, a que a compreende como recurso e, por fim a que a compreende como ação autônoma.

É argumento da corrente que percebe a reclamação como um incidente processual provocado pela parte ou pelo procurador-geral, buscando a afirmação da compe-

[272] Art. 78. Ressalvados os créditos definidos em lei como de pequeno valor, os de natureza alimentícia, os de que trata o art. 33 deste Ato das Disposições Constitucionais Transitórias e suas complementações e os que já tiverem os seus respectivos recursos liberados ou depositados em juízo, os precatórios pendentes na data de promulgação desta Emenda e os que decorreram de ações iniciais ajuizadas até 31 de dezembro de 1999 serão liquidados pelo seu valor real, em moeda corrente, acrescido de juros legais, em prestações anuais, iguais e sucessivas, no prazo máximo de dez anos, permitida a cessão de crédito.

[273] Art. 100 – [...] § 2º As dotações orçamentárias e os créditos abertos serão consignados diretamente ao Poder Judiciário, cabendo ao Presidente do Tribunal que proferir a decisão exequenda determinar o pagamento segundo as possibilidades do depósito, e autorizar, a requerimento do credor, e exclusivamente para o caso de preterimento de seu direito de precedência, o sequestro da quantia necessária à satisfação do débito.

tência dos Tribunais Superiores que esteja sendo usurpada por outro juízo, que a ação não visa à modificação de um julgado.

O ministro Amaral dos Santos, em acórdão proferido nos autos da Reclamação nº 831, oriunda do Distrito Federal, ensinou que a finalidade da reclamação é a de preservar a integridade da competência do Supremo Tribunal Federal ou assegurar a autoridade do seu julgado. Terminada a instância, isto é, entregue a prestação jurisdicional e posto termo a relação processual, não há como se falar em reclamação.

Assim, são pressupostos da reclamação para o ilustre julgador:

- a existência de uma relação processual em curso;
- um ato que se ponha contra a competência do Supremo Tribunal ou contrarie decisão deste proferida nessa relação processual ou em relação processual que daquela seja dependente.

A essencial distinção entre ação autônoma de impugnação e recurso é que este deve existir dentro da mesma relação jurídica processual até o trânsito em julgado da decisão que se pretenda impugnar, enquanto aquela deve ser proposta na mesma relação jurídica processual e contra decisão transitada em julgado. Essa diferença torna possível a identificação da natureza jurídica da reclamação.

Desta forma, percebe-se que a reclamação está mais próxima de uma ação autônoma de impugnação do que de recurso, visto que não exige o trânsito em julgado da decisão que afronta a competência do Superior Tribunal de Justiça ou do Supremo Tribunal Federal. Tem-se igualmente que é incabível reclamação contra decisão já transitada em julgado, pois, neste caso, estaria tal instrumento a substituir a ação rescisória.

Ademais, como dito, a reclamação não tem como finalidade a revisão ou a modificação do julgado, mas apenas que seja cumprida decisão do STJ ou STF ou preservar a competência destas Cortes.

Como argumento final, nota-se, ainda, que não há prazo para a propositura da reclamação perante os tribunais superiores, distanciando-se novamente tal instituto dos recursos por não exigir a tempestividade para que sejam admitidos.

Não obstante tais pontos, a questão continua bastante controvertida. Sobre o tema da natureza jurídica da Reclamação é interessante e pertinente o acórdão proferido nos autos da Reclamação nº 336, que tramitou perante o STF e figurou como relator o ministro Celso Mello:

> Reclamação. Natureza jurídica. Alegado desrespeito à autoridade de decisão emanada do STF. Inocorrência. Improcedência. A reclamação, qualquer que seja a qualificação que se lhe dê. Ação (Pontes de Miranda, *Comentários ao Código de Processo Civil*, t. V, p. 384, Rio de Janeiro: Forense), recurso ou sucedâneo recursal (Moacyr Amaral Santos, RTJ 56, p. 546-548; Alcides de Mendonça Lima, o *Poder Judiciário e a nova Constituição*, p. 80, Aide), remédio incomum (Orosimbo Nonato, *apud* Cordeiro de Melllo, *O Processo no Supremo Tribunal Federal*, v. 1, p. 280), incidente processual (Moniz de Aragão, *A Correição Parcial*, p. 110), medida de Direito Processual Constitucional (José Frederico Marques, *Manual de Direito Processual Civil*, v. 3, 2ª parte, p. 199, item nº 653, 9ª ed., São Paulo: Saraiva) ou medida processual de caráter excepcional (Min. Djaci Falcão, RTJ 112, p. 518-522). Configura, modernamente, instrumento de extração constitucional, inobstante a origem pretoriana de sua criação, destinado a viabilizar, na concretização de sua dupla função de ordem político-jurídica, a preservação da competência e a garantia da autoridade das decisões do Supremo Tribunal Federal (CF, art. 105, *i*, *f*). Não constitui ato ofensivo a autoridade de decisão emanada do Supremo Tribunal Federal o procedimento de magistrado inferior que, motivado pela existência de várias execuções penais ainda em curso, referente a outras condenações não desconstituídas pelo *writ*, deixa de ordenar a soltura imediata de paciente beneficiado por *habeas corpus* concedido, em caso diverso e específico, por esta corte.

Estabelece o art. 6º, I, *g*, do Regimento Interno do STF que compete ao Plenário processar e julgar originariamente reclamação que vise a preservar a competência do Tribunal ou garantir a autoridade de suas decisões e, ainda, estatui o art. 11 do Regimento Interno do STJ que compete à Corte Especial Processal e julgar as reclamações para a preservação de sua competência e garantia de suas decisões.

No Supremo Tribunal Federal, a ação de reclamação está sujeita a preparo, sendo este apenas dispensado nos casos de isenção legal (como a reclamação proposta pelo Procurador-geral da República). Sendo assim, nenhum processo será distribuído e nem nele serão praticados atos processuais, salvo os que forem ordenados de ofício pelo relator da turma ou pelo Tribunal, conforme instituído pelo Regimento Interno da Corte. Já no Superior Tribunal de Justiça não há cobrança de custas nos processos de sua competência originária ou recursal.

Logo após a distribuição da reclamação será designado um relator, sendo-lhe os autos conclusos. Tais ações têm prioridade de julgamento no plenário e deverão obedecer aos requisitos do art. 282 do Código de Processo Civil.

A reclamação deverá ser instruída com prova documental e dirigida ao Presidente do Tribunal. Requisitará o relator informações da autoridade a quem for imputada a prática do ato impugnado, que deverá prestá-las no período de dez dias. Ainda, se necessário, ordenará o relator a suspensão do processo ou do ato impugnado. No que toca à competência do STF, poderá a Corte, ainda, proceder à requisição dos respectivos autos ao Tribunal.

A qualquer interessado é possível impugnar o pedido do reclamante e o Ministério Público, nas reclamações que não houver proposto, terá vista dos autos por cinco dias logo após o decurso do prazo para informações.

No âmbito de competência do STF, se julgada procedente a reclamação poderá o Plenário avocar o conhecimento do processo em que se verifique a usurpação de sua competência; ordenar que lhe sejam remetidos, com urgência, os autos do recurso interposto; cessar a decisão exorbitante de seu julgado, ou determinar medida adequada à observância de sua jurisdição. No Superior Tribunal de Justiça, se julgada procedente a reclamação, o Tribunal cassará a decisão exorbitante de seu julgado ou determinará medida adequada à preservação de sua competência.

Conforme Súmula nº 368 do Supremo Tribunal Federal, "não há embargos infringentes no processo de reclamação". Assim sendo, é apenas possível a interposição de embargos declaratórios, previstos no art. 535 do Código de Processo Civil. O presidente do Tribunal determinará o imediato cumprimento da decisão, lavrando, em seguida o acórdão.

A procedimento da reclamação é previsto, como dito, nos Regimentos Internos de cada Corte (STF e STJ) e nos arts. 14 a 18 da Lei nº 8.038/1990, que institui normas procedimentais para os processos que especifica, perante o Superior Tribunal de Justiça e o Supremo Tribunal Federal.

Institui o art. 13 da Lei nº 8.038/1990 que para preservar a competência do Tribunal ou garantir a autoridade das suas decisões caberá reclamação da parte interessada ou do Ministério Público.

A legitimidade passiva é atribuída, como discorrido no início do trabalho à autoridade a quem foi imputada a prática do ato impugnado, ou seja, o julgador que, dentro da atividade jurisdicional, atentou contra a competência do Superior Tribunal de Justiça ou do Supremo Tribunal Federal ou que descumpriu os julgados proferidos por esta Corte.

A definição de parte interessada não está ainda esclarecida pela doutrina. A jurisprudência tem se inclinado no sentido de que os terceiros interessados deverão ser limitados aos órgãos ativa e passivamente legitimados à sua instauração, quais sejam: o presidente da República; a Mesa do Senado Federal; a Mesa da Câmara dos Deputados; a Mesa da Assembleia Legislativa; o governador de Estado; o procurador-geral da República; o Conselho Federal da Ordem dos Advogados do Brasil; Partido Político com representação no Congresso Nacional; Confederação Sindical ou entidade de classe em âmbito nacional.

No que toca à legitimidade ativa, faz-se pertinente o ensinamento presente na Reclamação nº 224, oriunda do estado de Alagoas, que tramitou perante o Supremo Tribunal Federal:

> Reclamação. Regimental. Representação de inconstitucionalidade, ilegitimidade ativa *ad causam*. Não sendo os reclamantes diretamente interessados na representação de inconstitucionalidade de lei em tese, carecem de legitimidade ativa para ajuizarem reclamação, medida específica prevista no art. 156 do RISTF para preservar a competência do Tribunal ou garantir a autoridade de suas decisões. precedentes do STF. Reclamação não conhecida.

Em questão de ordem na Reclamação nº 518, oriunda do estado da Bahia que tramitou perante o Supremo Tribunal Federal entendeu a Superior Corte de Justiça que:

> É firme a jurisprudência desta corte no sentido de que sendo objetivo o processo pelo qual se exerce o controle de constitucionalidade dos atos normativos em abstrato, não considera parte interessada, a que alude a Lei nº 8.038/1990, para efeito de legitimação ativa para propor reclamação sob o fundamento de não cumprimento de acórdão prolatado em ação direta e inconstitucionalidade, terceiros que tenham, subjetivamente, interesse jurídico ou econômico na observância desta decisão. Procedentes no STF. Reclamação não conhecida.

A intervenção do interessado em processo de reclamação é uma faculdade. Sendo assim, não se impõe o chamamento formal do interessado, visto que o ingresso na relação processual deverá ser espontâneo, devendo este receber a causa no estado em que se encontra. Uma vez admitido, tem o interessado o direito de ser intimado dos atos e termos processuais.

A reclamação é também via utilizada para reformar decisão que barra seguimento do agravo de instrumento interposto contra inadmissão do recurso especial ou do recurso extraordinário, sendo, nesta hipótese caso de usurpação da competência do STF e do STJ vez que aos tribunais regionais só é admitido proceder ao exame dos pressupostos de admissibilidade do recurso especial e do recurso extraordinário.

Indeferidos estes recursos em razão do juízo de admissibilidade realizado no tribunal local e interposto o agravo de instrumento do despacho denegatório, à instância ordinária não é permitido impedir a continuação do agravo, visto que é competência dos ministros do Superior Tribunal de Justiça e do Supremo Tribunal Federal apreciar o recurso.

Interposto agravo de instrumento contra decisão denegatória de recurso extraordinário, é obrigatória sua remessa ao STF, sendo procedente a reclamação ajuizada para que o agravo suba.

A aplicabilidade do instituto pode ser, por fim, bem ilustrada por meio da Reclamação nº 1728/DF, que tramitou perante o Supremo Tribunal Federal, figurando como relator o ministro Néri da Silveira:

Entendendo caracterizado o desrespeito à garantia de autoridade de decisão proferida pela Segunda Turma no julgamento do RMS 23.040/DF – acórdão já transitado em julgado – no qual se garantira aos recorrentes aprovados na primeira fase do concurso público para o cargo de fiscal do Trabalho, o direito à prioridade na convocação para a Segunda etapa sobre eventuais aprovados em novo concurso público – já que não houve cumprimento do que decidido pela autoridade responsável junto ao Ministério do Trabalho e Emprego, a turma julgou procedente reclamação para o fim de determinar que a autoridade reclamada, no prazo de trinta dias, sob penas da lei, procedesse à efetivação dos atos de nomeação dos reclamantes no cargo de auditor fiscal do Trabalho, decorrente da reestruturação no cargo de auditor fiscal do trabalho.

A turma afastou a alegada existência de "óbices intransponíveis de ordem legal" ao cumprimento de decisão reclamada – no sentido de que fora extinto o cargo de fiscal do Trabalho e de que o concurso para o cargo que o substituiu, de auditor fiscal do Trabalho é realizado em apenas uma etapa – porquanto as atribuições do novo cargo são exatamente as mesmas do cargo anterior e, havendo os reclamantes sido aprovados na primeira etapa do concurso, o fato de não mais haver segunda etapa não constitui obstáculo à sua nomeação, salientando-se, ademais, que a restruturação do cargo se daria após a comunicação do resultado do julgamento à autoridade reclamada.

Afastou-se, outrossim, a alegação de que o cumprimento da decisão reclamada acarretaria altíssimas despesas à Administração Pública em razão do elevado número de candidatos participantes do concurso, já que a decisão, de caráter subjetivo, limitava-se aos reclamantes:

> RISTF – art. 156. Caberá reclamação do Procurador-geral da República, ou do interessado da causa, para preservar a competência do Tribunal ou garantir a autoridade das suas decisões.

Controle de constitucionalidade

O controle da constitucionalidade está intimamente ligado à Supremacia da Constituição, bem como à rigidez constitucional. Assim, tem-se que nenhum ato normativo, decorrente da própria Carta, pode suprimi-la.

As constituições flexíveis não comportam um controle de constitucionalidade e, pela via inversa, o Estado no qual inexista controle de constitucionalidade têm constituição flexível, pois haverá um Poder constituinte ilimitado para o legislador ordinário.

Nosso país tem desenvolvido um complexo sistema de controle de constitucionalidade, aproveitado historicamente de outros Estados e aperfeiçoado de modo particular mecanismos do Direito Constitucional.

O controle da constitucionalidade implica na verificação da compatibilidade de um ato normativo com a Constituição Federal, o que envolve critérios formais e materiais. Os instrumentos de verificação da constitucionalidade têm como substrato as emendas à Constituição; as leis complementares; as leis ordinárias; as leis delegadas; as medidas provisórias e os decretos legislativos (espécies normativas elencadas no art. 59 da Carta Maior).

No que tange aos requisitos formais, são estes intimamente ligados ao princípio da legalidade. Tendo-se, conforme disposto no art. 5º, II, que ninguém será obrigado a fazer ou deixar de fazer alguma coisa senão em virtude da lei, em via de consequência, não gera obrigatoriedade lei que não elaborada de acordo com as regras do processo legislativo, comportadas entre os arts. 59 a 69 da Constituição.

O prof. Alexandre de Morais[274] subdivide os requisitos formais em:

- *requisitos formais subjetivos*: referem-se à fase introdutória do processo legislativo, ou seja, à questão

[274] MORAIS, Alexandre de. *Direito Constitucional*. 6ª ed., São Paulo: Atlas, p. 236.

de iniciativa. Qualquer espécie normativa editada em desrespeito ao processo legislativo, mais especificamente, inobservando àquele que detinha o poder de iniciativa legislativa para determinado assunto, apresentará flagrante vício de inconstitucionalidade;

- *requisitos formais objetivos*: referem-se às duas outras fases do processo legislativo, a constitutiva e a complementar. Desta forma, todas e quaisquer espécies normativas deverão respeitar o trâmite previstos nos arts. 60 a 69.

O acórdão proferido nos autos da Ação Declaratória de Inconstitucionalidade nº 2731, oriunda do Espírito Santo ilustra o tema, ao tratar da iniciativa legislativa para elaboração sobre servidores públicos da União e Territórios:

> Constitucional. Servidor público. Processo legislativo: iniciativa legislativa do chefe do Poder Executivo. CF, art. 61, § 1º, II, *c*. Iniciativa legislativa reservada a outro poder: princípio da separação dos poderes, CF, art. 2º. 1. As regras básicas do processo legislativo federal são de observância obrigatória pelos Estados-membros e municípios. Precedentes do Supremo Tribunal Federal. 2. Leis que disponham sobre servidores públicos são de iniciativa reservada ao chefe do Poder executivo (CF, art. 61, § 1º, II, *a*, *c*, *f*), à Câmara dos Deputados (CF, art. 51, IV), ao Senado Federal (CF, art. 52, XIII), ao Supremo Tribunal Federal, aos tribunais superiores e aos tribunais de justiça (CF, art. 92, II, *b*). 3. Lei de iniciativa reservada a outro poder: não observância: ofensa ao princípio da separação dos poderes (CF art. 2º). 4. Ação direta de constitucionalidade julgada procedente.

O desrespeito à cláusula de iniciativa reservada das leis, em qualquer das hipóteses taxativamente previstas no texto da Carta Política, traduz situação configuradora de inconstitucionalidade formal, insuscetível de produzir qualquer consequência válida de ordem jurídica. A usurpação da prerrogativa de iniciar o processo legislativo qualifica-se como ato destituído de qualquer eficácia jurídica, contaminando, por efeito de repercussão causal prospectiva, a própria validade constitucional da lei que dele resulte.

Também na Medida Cautelar na Ação Direta de Inconstitucionalidade nº 2.364, oriunda do Estado de Alagoas, sobre o mesmo tema, discutiu-se a ilegalidade de lei estadual, de iniciativa parlamentar, que interveio no regime jurídico de servidores públicos vinculados ao Poder Executivo, usurpando poder de iniciativa reservado ao governador do Estado.

Decidiu-se, desta maneira, pela inconstitucionalidade do conteúdo material do diploma legislativo impugnado (Lei nº 6.161/2000, art. 70) que tornou sem efeito ato administrativo editado pelo governador do Estado em razão da ofensa ao princípio constitucional da reserva de Administração[275]. Deferiu-se a medida cautelar, com eficácia *ex tunc* em razão da reserva do processo legislativo e iniciativa das leis.

O princípio constitucional da reserva de administração impede a ingerência normativa do Poder Legislativo em matérias sujeitas à exclusiva competência administrativa do Poder Executivo. É que, em tais matérias, o legislativo não se qualifica como instância de revisão dos atos administrativos emanados do Poder Executivo.

Não cabe, desta maneira, ao Poder Legislativo, sob pena de grave desrespeito ao postulado da separação de poderes, desconstituir, por lei, atos de caráter administrativo que tenham sido editados pelo Poder Executivo, no estrito desempenho de suas privativas atribuições institucionais.

Essa prática legislativa, quando efetivada, subverte a função primária da lei, transgride o princípio da divisão funcional do poder, representa comportamento heterodoxo da instituição parlamentar e importa em atuação *ultra vires* do Poder Legislativo, que não pode, em sua atuação político-jurídica, exorbitar dos limites que definem o exercício de suas prerrogativas institucionais.

No que toca aos requisitos formais objetivos, podemos exemplificá-los por meio do *quórum* necessário para a iniciativa popular, conforme previsão do art. 61, § 2º, da Constituição Federal. A iniciativa popular pode ser exercida pela apresentação à Câmara dos Deputados de projeto de lei subscrito por, no mínimo, um por cento do eleitorado nacional, distribuído pelo menos por cinco Estados, com não menos de três décimos por cento dos eleitores de cada um deles. Assim, caso apenas nove

---

[275] O referido acórdão teve como objeto concurso público e a garantia concretizadora do princípio da igualdade. "O respeito efetivo à exigência de prévia aprovação em concurso público qualifica-se, constitucionalmente, como paradigma de legitimação ético-jurídica da investidura de qualquer cidadão em cargos, funções ou empregos públicos, ressalvadas as hipóteses de nomeação para cargos em comissão (CF, art. 37, II). A razão subjacente ao postulado do concurso público traduz-se na necessidade essencial de o Estado conferir efetividade ao princípio constitucional de que todos são iguais perante a lei, sem distinção de qualquer natureza, vedando-se, desse modo, a prática inaceitável de o poder público conceder privilégios a alguns ou de dispensar tratamento discriminatório e arbitrário a outros."

por cento do eleitorado nacional ou caso a distribuição atinja apenas quatro Estados ou, ainda, se somente dois décimos do eleitorado de cada um dos Estados for abrangido pela iniciativa, esta estará carente de requisito formal objetivo para sua realização.

Os requisitos, além de formais, poderão ser materiais ou substanciais, que é a adequação da lei ou do ato normativo com a Constituição. O controle poderá ser preventivo ou repressivo conforme o momento de sua realização

O controle repressivo poderá ser realizado por meio das Comissões de Constituição e Justiça, cuja primordial função é a de compatibilizar projetos de lei à Constituição Federal. Estas comissões têm previsão no art. 58 da Constituição Federal:

> *O Congresso Nacional e suas Casas terão comissões permanentes e temporárias, constituídas na forma e com as atribuições previstas no respectivo regimento ou no ato de que resultar a sua criação.*

O art. 32, III, do Regimento Interno da Câmara dos Deputados e o art. 101 do Regimento Interno do Senado Federal regulamentam a existência das comissões de constituição e justiça e de redação (Câmara dos Deputados) e a de constituição, justiça e cidadania (Senado Federal).

Também é controle preventivo o veto jurídico, previsto no art. 66, § 1º:

> *Se o presidente da República considerar o projeto, no todo ou em parte, inconstitucional ou contrário ao interesse público, vetá-lo-á total ou parcialmente no prazo de quinze dias úteis, contados da data do recebimento, e comunicará, dentro de quarenta e oito horas, ao presidente do Senado Federal os motivos do veto.*

Não há, porém, controle judiciário preventivo abstrato pelo Judiciário no Direito brasileiro. Tal pode ser demonstrado por meio do agravo regimental na arguição de descumprimento de preceito fundamental de nº 43:

> Agravo regimental adversando decisão que negou seguimento à arguição de descumprimento de preceito fundamental, uma vez que, à luz da Lei nº 9.882/1999, esta deve recair sobre ato do Poder Público não mais suscetível de alterações. A proposta de emenda à Constituição não se insere na condição de ato do Poder Público pronto e acabado, porque ainda não ultimado o seu ciclo de formação. Ademais, o Supremo Tribunal Federal tem sinalizado no sentido de que a arguição de descumprimento de preceito fundamental veio a completar o sistema de controle objetivo de constitucionalidade. Assim, a impugnação de ato com tramitação ainda em aberto possui nítida feição de controle preventivo e abstrato de constitucionalidade, o qual não encontra suporte em norma constitucional-positiva. Agravo regimental desprovido.

Inexiste, desse modo, em nosso ordenamento jurídico, a possibilidade de fiscalização abstrata preventiva da legitimidade constitucional de meras proposições normativas pelo Supremo Tribunal Federal. Atos normativos *in fieri*, ainda em fase de formação, com tramitação procedimental não concluída não ensejam e nem dão margem ao controle concentrado em tese de constitucionalidade, que supõe, ressalvadas as situações configuradoras de omissão juridicamente relevante, da existência de espécies normativas definitivas, perfeitas e acabadas.

Ao contrário do ato normativo – que existe e que pode dispor de eficácia jurídica imediata, constituindo, por isso mesmo, uma realidade inovadora da ordem positiva –, a mera proposição legislativa nada mais encerra do que simples proposta de direito novo, a ser submetida à apreciação do órgão competente, para que de sua eventual aprovação possa derivar, então, a sua introdução formal no universo jurídico.

A jurisprudência do Supremo Tribunal Federal tem refletido claramente essa posição em tema de controle normativo abstrato, exigindo, nos termos do que prescreve o próprio texto constitucional, e ressalvada a hipótese de inconstitucionalidade por omissão, que a ação direta tenha e só possa ter, como objeto juridicamente idôneo, apenas leis e atos normativos, federais e estaduais, já promulgados, editados e publicados.

A impossibilidade jurídica de controle abstrato preventivo de meras propostas de emenda não obsta a sua fiscalização em tese quando transformadas em emendas à Constituição. Estas, que não são normas constitucionais originárias, não estão excluídas, por tal, do âmbito controle sucessivo ou repressivo de constitucionalidade.

A Ação Declaratória de Inconstitucionalidade nº 466, oriunda do Distrito Federal, tratou da constitucionalidade de proposta de Emenda à Constituição Federal de instituição da pena de morte mediante prévia consulta plebiscitária. Afirmou a Corte, quando do julgamento desta ação, a inexistência de controle preventivo abstrato (em tese) no ordenamento pátrio.

A ação não foi conhecida pois o direito constitucional brasileiro, ao longo de sua evolução histórica, jamais autorizou, como a nova Constituição promulgada em 1988 também não o admite, o sistema de controle jurisdicional preventivo de constitucionalidade, em abstrato.

O congresso nacional, no exercício de sua atividade constituinte derivada e no desempenho de sua função reformadora, está juridicamente subordinado a decisão do poder constituinte originário que, a par de restrições de ordem circunstancial, inibitórias do poder reformador (CF, art. 60, §1º), identificou, em nosso sistema constitucional, um núcleo temático intangível e imune a ação revisora da instituição parlamentar.

As limitações materiais explícitas, definidas no § 4º do art. 60 da Constituição da República, incidem diretamente sobre o poder de reforma conferido ao poder legislativo da união, inibindo-lhe o exercício nos pontos ali discriminados. A irreformabilidade desse núcleo temático, acaso desrespeitada, pode legitimar o controle normativo abstrato, e mesmo a fiscalização jurisdicional concreta de constitucionalidade.

O *controle repressivo* pode ser realizado pelo Poder Legislativo, conforme art. 49, V, da Constituição Federal (É da competência exclusiva do Congresso Nacional sustar os atos normativos do Poder Executivo que exorbitem do poder regulamentar ou dos limites de delegação legislativa) e 62 da Constituição (em caso de relevância ou urgência o presidente da República poderá adotar medidas provisórias, com força de lei, devendo submetê-las de imediato ao Congresso Nacional).

O Brasil tem controle repressivo misto realizado pelo Poder Judiciário, isto é, poderá ser exercido por meio da forma concentrada ou difusa. A forma direta (concentrada) encontra previsão no art. 102, I, *a*, da Constituição Federal, como abaixo transcrito:

> *Art. 102. Compete ao Supremo Tribunal Federal, precipuamente, a guarda da Constituição, cabendo-lhe:*
> *I – Processar e julgar originariamente:*
> *a) a ação direta de inconstitucionalidade de lei ou ato normativo federal ou estadual e ação declaratória de constitucionalidade de lei ou ato normativo federal.*

A via de exceção ou de *defesa* (via difusa) é caracterizada pela faculdade a todo e qualquer juízo ou tribunal realizar no caso concreto a análise sobre a compatibilidade do ordenamento jurídico com a Constituição. Neste sentido, estabelece o art. 97 da Carta Maior que somente pelo voto da maioria absoluta de seus membros ou dos membros do respectivo órgão especial poderão os tribunais declarar a inconstitucionalidade de lei ou ato normativo do Poder Público.

Tendo como exemplo a Apelação Cível nº 921, que tramitou perante a Décima Quarta Câmara Cível do Tribunal de Justiça do Rio de Janeiro, é possível ilustrar o tema de forma bastante clara. Tal recurso tratou do reexame necessário da decisão proferida pelo juízo de primeiro grau que reconheceu a inconstitucionalidade da taxa de iluminação pública cobrada pelo Município de São Gonçalo.

A taxa de iluminação pública foi cobrada em vários municípios, embora não possuísse os requisitos de especificidade e divisibilidade necessários à sua instituição, visto que o art. 145, II, é claro ao estabelecer que a União, os Estados, o Distrito Federal e os Municípios poderão instituir taxas em razão do exercício de poder de polícia ou pela utilização, efetiva ou potencial, de serviços públicos específicos e divisíveis, prestados ao contribuinte ou postos a sua disposição.

Muitos contribuintes indignaram-se por serem obrigados pela Administração Pública Municipal a arcarem com os custos de tributo inconstitucional e ingressaram em Juízo requerendo a repetição do indébito da quantia paga.

No caso apresentado, o juiz reconheceu a inconstitucionalidade manifesta na lei do Município de São Gonçalo ao estabelecer a cobrança de taxa de iluminação pública, porquanto ausentes os requisitos constitucionais da especificidade e divisibilidade. Pelo sistema brasileiro, de natureza jurisdicional, instituído pela Constituição de 1891, é permitido a qualquer juiz reconhecer, incidentalmente, a inconstitucionalidade das leis, dentro do denominado controle difuso de constitucionalidade, por via de exceção.

Em se tratando de ação de repetição de indébito fundada na inconstitucionalidade da lei que instituiu o tributo, a sua declaração incidental constitui etapa do julgamento que se impõe ao julgador, pelo simples fato de que não pode, a vista da inconstitucionalidade, aplicar a norma impugnada.

Como dito, é ilegítima a cobrança de taxa de iluminação pública municipal porque ausentes as características de especificidade de divisibilidade nos termos da Súmula nº 12 do antigo Tribunal de Alçada Cível do Rio de Janeiro, entendimento, inclusive ancorado na jurisprudência do Supremo Tribunal Federal.

Outra questão bastante corriqueira no Tribunal de Justiça do Estado do Rio de Janeiro é a cobrança do IPTU progressivo pelo Município do Rio de Janeiro (que alegou a Fazenda Pública ser "proporcional", o que nada mais é do que uma diferente nomenclatura para a mesma situação). A Corte vem reconhecendo igualmente a inconstitucionalidade desta arrecadação.

A cobrança do IPTU, com base em alíquotas diferenciadas, configura a progressividade fiscal. Sendo o IPTU um imposto de natureza real, não pode ser cobrado com alíquotas progressivas, fundadas na capacidade econômica do contribuinte. O IPTU progressivo só é admitido com natureza extrafiscal e, exclusivamente, nos casos previstos na Constituição Federal, em seus arts. 156 e 182, como instrumento para assegurar a realização do fim social da propriedade ou estimular a utilização adequada do solo urbano.

A duplicidade ou multiplicidade de alíquotas, com o tratamento diferenciado para os Imóveis residenciais e comerciais, não se confunde com a progressividade tributária que o STF tem por inconstitucional. Assim, igualmente a repetição de indébito requerida pelos contribuintes vem sendo concedida pelo Poder Judiciário local.

Não obstante a pretensão municipal contra a condenação relativa à restituição dos valores indevidamente pagos pelos proprietários de imóveis municipais que ingressaram em juízo, o Tribunal tem garantido efeito *ex nunc* da declaração de inconstitucionalidade da lei que determinou a cobrança do IPTU.

A restituição de indébito se assenta no princípio que repudia o enriquecimento sem causa, não se justificando que o Poder Público possa locupletar, em detrimento do contribuinte, se apropriando dos valores que deste foram cobrados indevidamente.

Desta forma, o fato de a cobrança ter sido efetuada em razão de diploma legislativo considerado inconstitucional, diante do controle difuso e incidental exercido pelo Judiciário, não isenta o Poder Público de restituir o contribuinte daquilo que dele recolheu sem causa legítima.

Os impostos, cobrados a maior, devem ser restituídos, para recompor o patrimônio daquele que se sujeitou à cobrança indevida e, portanto, sofreu prejuízo, cujo ressarcimento é impositivo e não podem ser exigidos daquele que não os pagou nas épocas próprias.

O efeito *ex nunc*[276] que a Corte vem atribuindo à declaração de inconstitucionalidade de uma lei ou de um ato administrativo, se presta, tão somente, a preservar as relações jurídicas constituídas, de boa-fé, sob a sua égide, garantindo a estabilidade das situações então nascidas, diante de elevadas razões de interesse público que o recomendam, mas não deve ser adotado para assegurar à Administração um salvo-conduto, para editar leis inconstitucionais, instituindo tributos indevidamente e cobrando-os dos cidadãos até que a inconstitucionalidade ou ilegalidade venha a ser proclamada.

O interesse público é, nessas condições, inverso, sendo exigido, no caso, a aplicação do efeito *ex tunc*, inclusive como fator inibidor, para que o administrador público atue de acordo com as regras constitucionais.

Como exemplificado acima, na via difusa, o pronunciamento do Judiciário sobre a inconstitucionalidade não é realizado em relação ao objeto principal da lide, mas em questão prévia, indispensável ao julgamento do mérito. Por ser inconstitucional a cobrança de IPTU progressivo (salvo as exceções previstas pela Constituição) e da Taxa de Iluminação Pública – questão prévia – é que a Corte deu procedência ao pedido de restituição de indébito – objeto principal da lide.

Assim, o que é permitido ao interessado é a obtenção da declaração da inconstitucionalidade apenas para obstar no caso concreto o ato realizado em desacordo com a Constituição. Porém, o ato normativo continua a vigorar, permanecendo válido no que tange à sua obrigatoriedade perante terceiros.

A inconstitucionalidade de lei federal, estadual, distrital ou municipal reconhecida por meio da via de exceção poderá atingir a Corte Suprema por recurso extraordinário, como estabelecido no art. 102, III, a, b e c da Constituição. Aceita incidentalmente por decisão definitiva do Supremo Tribunal Federal, a inconstitucionalidade deverá ser comunicada ao Senado, como determinado pelo art. 52, X da Carta Magna:

> *Art. 52. Compete privativamente ao Senado Federal:*
> *[...] X – suspender a execução, no todo ou em parte, de lei declarada inconstitucional por decisão definitiva do Supremo Tribunal Federal*

Prevê o regimento interno do Senado que será conhecida declaração, proferida por meio de decisão definitiva do Supremo Tribunal Federal, de inconstitucionalidade, total ou parcial de lei mediante: comunicação do

[276] Esclarece o prof. Alexandre MORAIS, em obra anteriormente citada, p. 545 sobre os efeitos da declaração de inconstitucionalidade no controle difuso que declarada *incidenter tantum* (*ex tunc*) a inconstitucionalidade da lei ou ato normativo pelo Supremo Tribunal Federal, desfaz-se, desde sua origem, o ato declarado inconstitucional, juntamente com todas as consequências dele derivadas, uma vez que os atos inconstitucionais são nulos e, portanto, destituídos de qualquer carga de eficácia jurídica, alcançando a declaração de inconstitucionalidade da lei ou do ato normativo, inclusive, os atos pretéritos com base nela praticados. Porém, tais efeitos *ex tunc* (retroativos) somente tem aplicação para as partes e no processo em que houve a citada declaração. Para os demais (*ex nunc*) a Constituição, porém, previu um mecanismo de ampliação dos efeitos da declaração incidental de inconstitucionalidade pelo Supremo Tribunal Federal (CF, art. 52, X). Assim, ocorrendo essa declaração, o Senado Federal poderá editar uma resolução suspendendo a execução, no todo ou em parte, de lei ou ato normativo declarado inconstitucional por decisão definitiva do Supremo Tribunal Federal, que terá efeitos *erga omnes*.

presidente do Tribunal; representação do procurador-geral da República; projeto de resolução de iniciativa da comissão de constituição, justiça e cidadania.

O Senado não está obrigado a suspender a execução da lei declarada inconstitucional por decisão definitiva da Corte Suprema, pois tal suspensão é ato discricionário do Poder Legislativo. Tal questão não é, porém, unânime, pois há quem compreenda ser a atribuição do Senado vinculada[277].

No Recurso em Mandado de Segurança nº 16907, oriundo do estado de São Paulo e no Mandado de Segurança nº 16.512, oriundo do Distrito Federal, sobre o tema, pode-se observar que o Senado não poderá alterar o entendimento ou modificar o sentido da resolução:

> Resolução do Senado Federal, suspensiva da execução de norma legal cuja inconstitucionalidade foi declarada pelo Supremo Tribunal Federal. Inconstitucionalidade de segunda resolução daquela casa do congresso, que interpretou a decisão judicial, modificando-lhe [...]
> Resolução do Senado Federal, suspensiva da execução de norma legal cuja inconstitucionalidade foi declarada pelo Supremo Tribunal Federal. Inconstitucionalidade da segunda resolução daquele órgão legislatório, para interpretar a decisão judicial, modificando-lhe o sentido ou lhe restringindo os efeitos. Pedido de segurança conhecido como representação, que se julga procedente.

Caso a declaração seja oriunda de Tribunal Estadual, a decisão será comunicada à Assembleia Legislativa, à Câmara Municipal respectiva ou ao órgão competente para suspender a execução da norma impugnada.

A declaração de Inconstitucionalidade de lei ou ato do Poder Público poderá ocorrer assim, pela via difusa, pelos juízos monocráticos ou pelos Tribunais. No último caso, haverá reserva de plenário, isto é, os tribunais somente poderão declarar a inconstitucionalidade pela decisão da maioria absoluta do Plenário. Assim, estabelece o art. 97 da Constituição Federal que:

> *Art. 97. Somente pelo voto da maioria absoluta de seus membros ou dos membros do respectivo órgão especial poderão os tribunais declarar a inconstitucionalidade de lei ou ato normativo do Poder Público.*

A cláusula de reserva de plenário funciona como condição de eficácia jurídica da declaração de inconstitucionalidade dos atos do Poder Público pelo Poder Judiciário, atuando por meio da via difusa (pelos tribunais) e pela via concentrada (pelo Supremo Tribunal Federal).

Entende o Supremo Tribunal que a decisão será cassada a fim de que a seja a questão de inconstitucionalidade submetida ao órgão competente caso não seja observada a reserva de plenário (RE 338691/SP).

No que tange a reserva de plenário, vem sendo firmado que:

- tem-se difundido, nos tribunais, a prática de aplicação aos casos concretos posteriores, pelos seus órgãos parciais, da precedente declaração de inconstitucionalidade, dispensando-se nova remessa da mesma questão ao Plenário; é inadmissível, porém, que a Turma de Tribunal Regional Federal, cujo Plenário ainda não se tenha pronunciado a respeito, substitua a remessa pela invocação de decisão plenária do extinto Tribunal Federal de Recursos (RE 353593/RS);
- se houve divergência de votos quanto à existência ou não de prejudicial de inconstitucionalidade de ato normativo e consequente aplicabilidade de "reserva de plenário" do art. 97 da Constituição, a questão não pode ser suscitada em recurso extraordinário antes de ser definitivamente solvida no Tribunal *a quo*, mediante embargos infringentes (RE 265261/PR);
- inaplicabilidade, em outros Tribunais, quando já declarada pelo supremo Tribunal, ainda que incidentemente, a inconstitucionalidade da norma questionada (RE 227018)[278];

---

[277] Ensina o prof. Alexandre MORAIS que "ao Senado Federal não só cumpre examinar o aspecto formal da decisão declaratória de inconstitucionalidade, verificando se ela foi tomada por *quorum* suficiente e é definitiva, mas também indagar a conveniência dessa suspensão. A declaração de inconstitucionalidade é do Supremo, mas a suspensão é função do Senado. Sem a declaração o Senado não se movimenta, pois não lhe é dado suspender a execução de lei ou decreto não declarado inconstitucional, porém a tarefa constitucional de ampliação desses efeitos é sua, no exercício de sua atividade legiferante. Porém, se o Senado Federal, repita-se, discricionariamente, editar a resolução suspendendo no todo ou em parte lei declarada incidentalmente inconstitucional pelo Supremo Tribunal Federal, terá exaurido sua competência constitucional, não havendo possibilidade, *a posteriori*, de alterar seu entendimento para tornar sem efeito ou mesmo modificar o sentido da resolução. Ressalte-se, por fim, que essa competência do Senado Federal, aplica-se à suspensão, no todo ou em parte, tanto de lei federal, quando de leis estaduais, distritais ou municipais, declaradas, incidentalmente, inconstitucionais pelo Supremo Tribunal Federal".

[278] Neste sentido, ensina o prof. Alexandre MORAIS que o julgamento de plano pelo órgão fracionado homenageia não só a racionalidade, como também implica na interpretação teleológica do art. 97 em comento, evitando a burocratização dos atos judiciais no que nefasta o princípio da economia e da celeridade. A razão de ser do preceito está na necessidade de evitar-se que os órgãos fracionados apreciem, pela primeira vez, a pecha de inconstitucionalidade arguida em relação a certo ato normativo.

- Assiste, à turma, no âmbito do Supremo Tribunal Federal, competência para apreciar recursos em matéria eleitoral, quando interpostos contra acórdãos emanados do Tribunal Superior Eleitoral ou quando deduzidos contra decisões monocráticas proferidas no STF pelo relator da causa. A exigência de reserva de plenário, tratando-se de processos oriundos do Tribunal Superior Eleitoral, incide, unicamente, nas hipóteses de declaração incidental de inconstitucionalidade (CF, art. 97) e nos casos de *habeas corpus* ou recurso ordinário em *habeas corpus*, quando a coação provier do próprio TSE (RISTF, art. 6º, incisos I, a, e III) – (AI 469699; AgR/MA);
- é dispensável a aplicação do art. 97 da Constituição Federal desde que haja, no âmbito do tribunal *a quo*, e em relação àquele mesmo ato do Poder Público, uma decisão plenária que haja apreciado a controvérsia constitucional, ainda que desse pronunciamento não tenha resultado o formal reconhecimento da inconstitucionalidade da regra estatal questionada (RE 190).

A cláusula de reserva de plenário não obsta a faculdade do juiz de primeiro grau declarar a inconstitucionalidade de lei ou ato normativo do Poder Público, mas estabelece regra especial aos Tribunais a fim de garantir maior segurança jurídica. Além disso, não se aplica para a declaração de constitucionalidade dos órgãos fracionários dos tribunais.

Arguida a inconstitucionalidade da lei ou ato normativo, o relator, após oitiva do MP, submeterá a matéria à Câmara. Se rejeitada a alegação ou não reconhecida a inconstitucionalidade pelo órgão fracionário, será lavrado o acórdão para que a questão seja submetida ao tribunal pleno ou órgão especial.

Caso o órgão especial já tenha se manifestado pela inconstitucionalidade da lei ou ato normativo, é dispensada nova manifestação, conforme previsão do art. 481 do Código de Processo Civil, acrescentado pela Lei nº 9.756/1998.

No que toca ao controle difuso em ação civil pública, vale lembrar que esta não pode atuar como substituição à ação direta de inconstitucionalidade. Em razão dos efeitos desta ação, até mesmo a declaração de inconstitucionalidade *incidenter tantum* de lei ou ato normativo federal ou local.

O efeito *erga omnes* da decisão, como visto neste trabalho, poderia implicar nos mesmos efeitos da ação direta. Há entendimento da Corte no sentido de que "nas ações coletivas", não se nega, à evidência, também, a possibilidade de declaração de inconstitucionalidade, *incidenter tantum* de lei ou ato normativo (RE227159/GO).

Há exceção quanto a persecução de bem jurídico, concreto, individual e perfeitamente definido, visto que tal efeito não poderia ser alcançado por meio do controle *in abstrato* de ato normativo. Como demonstra a Reclamação nº 602/SP:

> Reclamação. Decisão que, em ação civil pública, condenou instituição bancária a complementar os rendimentos de caderneta de poupança de seus correntistas, com base em índice até então vigente, após afastar a aplicação da norma que o havia reduzido, por considerá-la incompatível com a Constituição. Alegada usurpação da competência do Supremo Tribunal Federal, prevista no art. 102, i, *a*, da CF. Improcedência da alegação, tendo em vista tratar-se de ação ajuizada, entre partes contratantes, na persecução de bem jurídico concreto, individual e perfeitamente definido, de ordem patrimonial, objetivo que jamais poderia ser alcançado pelo reclamado em sede de controle *in abstrato* de ato normativo. Quadro em que não sobra espaço para falar em invasão, pela corte reclamada, da jurisdição concentrada privativa do Supremo Tribunal Federal. Improcedência da reclamação.

Ensina o prof. Alexandre Morais que o controle jurisdicional sobre a elaboração legiferante, inclusive sobre propostas de emendas constitucionais, sempre se dará de forma difusa, por meio do ajuizamento de mandado de segurança por parlamentares que se sentirem prejudicados durante o processo legislativo. Os únicos legitimados a fazê-los são os próprios parlamentares. Afirma, assim, que:

> Os parlamentares, portanto, poderão propiciar ao Poder Judiciário a análise difusa de eventuais inconstitucionalidades ou ilegalidades que estiverem ocorrendo durante o trâmite de projetos ou proposições por meio de ajuizamento de mandados de segurança contra atos concretos da autoridade coatora (Presidente ou Mesa da Casa Legislativa, por exemplo), de maneira a impedir o flagrante desrespeito às normas regimentais ao ordenamento jurídico e coação aos próprios parlamentares, consistente na obrigatoriedade de participação e votação em um procedimento inconstitucional ou ilegal.

A exemplo disto, foi impetrado mandado de segurança pelos parlamentares por imperfeição da Lei nº 3.708/2001, ficando suspensa até seu julgamento final. Não compete ao Judiciário no exame da constitucionalidade das leis, analisar o aspecto instrumental de aplicação da norma que se pretenda averiguar, sabido que tal dimensão da produção legislativa se situa no plano da legalidade formal, a qual pressupõe que a operação tendente ao cumprimento da norma se desenrole em conformidade com o esquema processual fixado pela própria norma.

Ressalte-se que a análise conformativa da lei com a Constituição, em primeira aproximação, deve privilegiar a opção pela constitucionalidade da norma jurídica, que constitui a regra, situando-se a inconstitucionalidade como ponto de exceção, pelo que a sua proclamação somente tem cabimento quando o vício se afigura incontestável, estreme de dúvidas.

Também o desrespeito às normas regimentais durante o processo legislativo demonstra a ilegalidade e é passível de controle judicial, pois, como estabelecido pelo art. 5º, XXXV, "a lei não excluirá da apreciação do Poder Judiciário lesão ou ameaça ao direito."

Dentre as espécies de controle contempladas pela Constituição Federal, por meio do qual busca-se a declaração de inconstitucionalidade de lei ou ato normativo em tese, independentemente da existência do caso concreto estão[279]:

- ação direta de inconstitucionalidade interventiva;
- ação direta de inconstitucionalidade genérica;
- ação direta de inconstitucionalidade por omissão;
- ação declaratória de constitucionalidade.

A ação direta de inconstitucionalidade interventiva encontra previsão no art. 36, III da Constituiçao da República, que estabelece:

> *Art. 36. A decretação da intervenção dependerá:*
> *[...] III – de provimento, pelo Supremo Tribunal Federal, de representação do Procurador-geral da República, na hipótese do art. 34, VII.*

A intervenção federal, que tem caráter excepcional, será na hipótese acima mencionada de acordo com o art. 34, VII da Constituição para assegurar a observância dos princípios instituídos. São os denominados princípios sensíveis:

- a forma republicana, sistema representativo e regime democrático;
- direitos da pessoa humana;
- autonomia municipal;
- prestação de contas da Administração Pública direta e indireta;
- aplicação do mínimo exigido da receita resultante de impostos estaduais, compreendida a proveniente de transferências, na manutenção e desenvolvimento do ensino e nas ações e serviços públicos de saúde.

Em acórdão proferido nos autos da Medida Cautelar na Ação Direta de Inconstitucionalidade nº 216, oriunda do estado da Paraíba, em que figurou como relator o ministro Célio Borja, mencionou-se a questão da observância compulsória, ou não dos princípios da União Federal, pelos Estados-Membros, no processo legislativo, em razão do novo perfil da federação brasileira e da nova concepção de federalismo consagrada na Constituição de 1988.

Entendeu o Magistrado que, embora aclamado por atribuir maior grau de autonomia dos Estados-membros, é visto com reserva por alguns doutrinadores, que consideram persistir no Brasil um federalismo ainda afetado por excessiva centralização espacial do poder em trono da União Federal.

Afirma-se, então, que se é certo que a nova Carta política contempla um elenco menos abrangente de prin-

[279] Ensina o professor Hely Lopes MEIRELLES, em obra anteriormente citada, p. 265 que: "A Constituição de 1988 reduziu o significado do controle de constitucionalidade incidental ou difuso, ao ampliar, de forma marcante, a legitimação para a propositura da ação direta de inconstitucionalidade (art. 103), permitindo que, praticamente, todas as controvérsias constitucionais relevantes sejam submetidas ao STF mediante processo de controle abstrato de normas. Convém assinalar que tal como já observado por Anscutz ainda no regime Weimar, toda vez que se outorga a um tribunal especial atribuição para decidir questões constitucionais limita-se explícita ou implicitamente, a competência da jurisdição ordinária para apreciar tais controvérsias. Portanto, parece quase intuitivo que ao ampliar, de forma significativa, o círculo de entes e órgãos legitimados a provocar o STF no processo de controle abstrato de normas acabou o constituinte por restringir de maneira radical, a amplitude do controle difuso de constitucionalidade. Assim, se se cogitava no período anterior a 1988 de um modelo misto de controle de constitucionalidade, é certo que o forte acento residia, ainda, no amplo e dominante sistema difuso de controle. O controle direto continuava a ser algo acidental e episódico dentro do sistema difuso. A Constituição de 1988 alterou, de maneira radical essa situação, conferindo ênfase não mais ao sistema difuso ou incidente, mas ao modelo concentrado, uma vez que as questões constitucionais passam a ser veiculadas, fundamentalmente, mediante ação direta de inconstitucionalidade perante o STF. Ressalte-se que essa alteração não se operou de forma ainda profunda porque o Supremo manteve a orientação anterior, que considerava inadmissível o ajuizamento de ação direta contra Direito pré-constitucional em face da nova Constituição. A ampla legitimação, a presteza e a celeridade desse modelo processual, dotado inclusive da possibilidade de se suspender imediatamente a eficácia do ato normativo questionado, mediante pedido de cautelar, fazem com que grandes questões constitucionais sejam solvida, na sua maioria, mediante a atualização da ação direta, típico instrumento do controle concentrado."

cípios constitucionais sensíveis, a denotar, com isso, a expansão de poderes jurídicos nas esferas das coletividades autônomas locais, o mesmo não se pode afirmar quanto aos princípios federais extensíveis e aos princípios constitucionais estabelecidos, os quais, embora disseminados pelo texto constitucional, posto que não é tópica a sua localização, configuram acervo expressivo de limitações dessa autonomia local, cuja identificação, até mesmo pelos efeitos restritivos que deles decorrem, impõe-se realizar.

A questão da necessária observância, ou não, pelos Estados-membros, das normas e princípios inerentes ao processo legislativo, provoca a discussão sobre o alcance do Poder Jurídico da União Federal de impor, ou não, as demais pessoas estatais que integram a estrutura da federação, o respeito incondicional a padrões por ela própria instituídos como fatores de compulsória aplicação. Sem aprofundar o tema, e restringindo à questão dos princípios sensíveis, a inobservância destes quando do exercício da competência legislativa dos Estados-membros ou do Distrito Federal acarreta a mais grave sanção política do Estado Federal: a intervenção Federal.

A intervenção normativa está vinculada ao provimento da ação direta de inconstitucionalidade interventiva pelo Supremo Tribunal Federal. Desta maneira, ao contrário da ação direta de inconstitucionalidade genérica, a ação direta interventiva trabalha sob duas égides, a jurídica e a política, conforme art. 36, III da Constituição[280].

A declaração de inconstitucionalidade material ou formal da lei ou ato normativo estadual é o objetivo jurídico da ação, enquanto a decretação de intervenção federal no Estado-membro ou Distrito Federal é o objetivo político da ação.

Após o trânsito em julgado da decisão favorável da ação direta de inconstitucionalidade interventiva, o Supremo Tribunal Federal comunicará à autoridade interessada e ao presidente da República para que estes adotem providências constitucionais cabíveis. Assim, estabelece o art. 175 do Regimento Interno do Supremo Tribunal Federal que:

> Art. 175. Julgada procedente a representação e declarada a Inconstitucionalidade total ou parcial de Constituição Estadual, de lei ou decreto federal ou estadual, de resolução de órgão judiciário ou legislativo, bem como de qualquer outro ato normativo federal ou estadual ou de autoridade da administração direta ou indireta, far-se-á comunicação à autoridade ou órgão responsável pela expedição do ato normativo impugnado.
> Parágrafo único. Se a declaração de inconstitucionalidade de lei ou ato estadual se fundar nos incisos VI e VII do art. 10 da Constituição, a comunicação será feita, logo após a decisão, à autoridade interessada, bem como, depois do trânsito em julgado, ao presidente da República, para os efeitos do § 2º do art. 11 da Constituição.

É atribuição exclusiva do presidente da República a decretação de intervenção federal, porém, na específica hipótese da ação direta de inconstitucionalidade interventiva, será o ato dependente de requisição do Supremo Tribunal Federal, cujo decreto apenas suspenderá a execução do ato impugnado, se tal bastar ao restabelecimento da normalidade. Caso não o seja, decretar-se-á a intervenção, rompendo-se provisoriamente a autonomia do Estado-membro ou do Distrito Federal.

Ensina o professor Alexandre Morais que se trata tal instituto de espécie de intervenção provocada por requisição:

> uma vez decretada a intervenção não haverá controle político, pois a Constituição Federal exclui a necessidade de apreciação pelo Congresso Nacional. Sua duração, bem como os limites são fixados no Decreto Presidencial, até que ocorra o retorno da normalidade do pacto federativo.

A função da ação direta de inconstitucionalidade é retirar do ordenamento jurídico lei ou ato normativo incompatível com a Constituição Federal. Desta forma, a ação não tem por escopo a defesa de um Direito Subjetivo ou interesse juridicamente protegido, mas a defesa da Lei Maior.

É instrumento da fiscalização abstrata de normas, inaugurando processo objetivo de defesa da Constituição. A ação direta de inconstitucionalidade genérica encontra previsão no art. 102, I, *a*, que estabelece:

> *Art. 102. Compete ao Supremo Tribunal Federal, precipuamente, a guarda da Constituição Federal, cabendo-lhe:*
> *I – processar e julgar originariamente:*
> *a) a ação direta de inconstitucionalidade de lei ou ato normativo federal ou estadual e ação declaratória de constitucionalidade de lei ou ato normativo federal.*

A ação direta de inconstitucionalidade é processo objetivo em que apenas se discute a validade, ou não do ato normativo impugnado (em tese), não podendo o STF, como legislador negativo, alterar o texto das nor-

[280] Art. 36. A decretação da intervenção dependerá: [...] III – de provimento pelo Supremo Tribunal Federal de representação do Procurador-Geral da República, no caso de recusa à execução de lei federal.

mas impugnadas, restando-lhe a declaração pura e simples da inconstitucionalidade (ADI696/DF).

Tratando-se de processo objetivo, dentro da ação direta de inconstitucionalidade não a lide ou partes (salvo no sentido formal) pois inexistem interesses concretos em jogo. Por tal razão, via de regra, as garantias processuais não são aplicáveis a esta ação.

Diferentemente do controle difuso, o controle concentrado de constitucionalidade tem como objetivo essencial da ação a declaração da inconstitucionalidade. Além dos objetos elencados no art. 59 da Constituição Federal (emendas à Constituição, leis ordinárias, leis delegadas e medidas provisórias, decretos legislativos e resoluções), há a possibilidade de controle de todos aos atos de incontestável conteúdo normativo.

Por exemplo, a Ação Direta de Inconstitucionalidade nº 1444, oriunda do estado do Paraná, teve como objeto Resolução do Tribunal de Justiça do Estado do Paraná. Foi declarada a inconstitucionalidade da Resolução nº 07, de 30/06/1995 que majorou custas judiciais e extrajudiciais.

A Constituição exige lei formal para o aumento do valor de custas judiciais e extrajudiciais que fuja à correção monetária dos valores anteriormente fixados. O Plenário do Supremo Tribunal já havia firmado entendimento no sentido de que as custas e os emolumentos judiciais ou extrajudiciais, por não serem preços público, mas sim, taxas, não podem ter seus valores fixados por decreto, sujeitos que estão ao princípio constitucional da legalidade.

Tal entendimento persistiu sob a vigência da Constituição atual, cujo art. 24 estabelece a competência, concorrente da União, dos Estados e do Distrito Federal, para legislar sobre custas dos serviços forenses (IV) e cujo art. 150, no inciso I, veda a estes entes da federação ou aumento de qualquer tributo sem lei anterior que o estabeleça.

O art. 145 admite a cobrança de taxas em razão do exercício do poder de polícia ou pela utilização, efetiva ou potencial, de serviços públicos específicos e divisíveis, prestados ao contribuinte ou postos a sua disposição. Tal conceito abrange, de tal maneira, não só as custas judiciais, mas, também, as extrajudiciais (emolumentos), pois estas resultam, igualmente, de serviço público, ainda que prestadas por particular, mas sempre fixadas em lei.

Pode também ser objeto de ação declaratória de inconstitucionalidade a lei de diretrizes orçamentárias, cuja natureza jurídica é de norma legal de vigência temporária. A lei de diretrizes orçamentárias possui destinação constitucional específica e veicula conteúdo material próprio que, definidos pelo art. 165, § 2º, da Carta Federal, compreendem as metas e prioridades da Administração Pública, inclusive as despesas de capital para o exercício financeiro subsequente.

Tal ato estatal tem por objetivo orientar a elaboração da lei orçamentária anual e dispor sobre as alterações na legislação tributária, além de estabelecer a política de aplicação das agências financeiras oficiais de fomento. A peculiaridade desta lei é a ordinária vinculação a um exercício financeiro determinado que lhe define a natureza essencialmente transitória e eficácia temporal limitada.

Esse ato legislativo, não obstante a provisoriedade de sua vigência, constitui um dos mais importantes instrumentos normativos do novo sistema orçamentário brasileiro. Porém, o objeto do controle concentrado de constitucionalidade somente pode ser ato estatal de conteúdo normativo em regime de plena vigência.

A cessação superveniente da vigência da norma estatal impugnada em sede de ação direta de inconstitucionalidade, como fato jurídico que se revela apto a gerar a extinção do processo de fiscalização abstrata, tanto pode decorrer da sua revogação pura e simples como do exaurimento de sua eficácia, tal como sucede nas hipóteses de normas legais de caráter temporário. (ADI 612 QO/RJ)

Em princípio, não é de se admitir, no processo de ação direta, a cumulação de arguições de inconstitucionalidade de atos normativos emanados de diferentes entes da Federação, ainda quando lhes seja comum o fundamento jurídico invocado. Há, no entanto, duas hipóteses pelo menos em que a cumulação objetiva considerada, mais que facultada, é necessária:

- na hipótese em que, dada a imbricação substancial entre a norma federal e a estadual, a cumulação é indispensável para viabilizar a eficácia do provimento judicial visado: assim, por exemplo, quando, na área da competência concorrente da União e dos Estados, a lei federal de normas gerais e a lei local contiverem preceitos normativos idênticos ou similares cuja eventual inconstitucionalidade haja de ser simultaneamente declarada, sob pena de fazer-se inócua a decisão que só a um deles alcançasse;
- na hipótese em que da relação material entre os dois diplomas resulta que a inconstitucionalidade

de um possa tornar-se questão prejudicial da invalidez do outro[281].

Considerando-se a abrangência de atuação da ação declaratória de inconstitucionalidade, é perfeitamente viável a análise da constitucionalidade de uma emenda constitucional de acordo com as cláusulas estatuídas no art. 60 da Constituição Federal[282].

Não é, porém, cabível ação declaratória de inconstitucionalidade contra ato de efeito concreto em razão da ausência de densidade de conteúdo normativo, o que é claramente ilustrado por meio da ADI 1555/RJ, em que figurou como relator o ministro Maurício Correa:

> Ação direta de inconstitucionalidade. Medida liminar. Decreto legislativo nº 08/1996, editado pela assembleia legislativa do Rio de Janeiro. Pertinência temática: requisito não configurado 1. O decreto legislativo nº 08/1996, editado pela assembleia legislativa do Estado do Rio de Janeiro, por ser um ato de efeitos concretos, despido de qualquer atributo de abstração, generalidade ou normatividade, não cabe ser questionado pela via da ação direta de inconstitucionalidade. Precedentes: RTJ 131/1007; RTJ 139/1973; RTJ 146/483 e RTJ 147/545. 2. Não conhecimento da ação, restando prejudicado o pedido de medida liminar.

Em interessante decisão, o Supremo Tribunal Federal na questão de ordem na medida cautelar na ação direta de inconstitucionalidade nº 1063 o Partido Social Cristão (PSC) promoveu a ação em questão a fim de suprimir parte da Lei nº 8.713/1993 (art. 8º, § 1º, e art. 9º[283]) – que estabeleceu normas para as eleições de outubro de 1994.

Tal declaração alteraria, porém o sentido da lei. Visto que é impossível ao Supremo Tribunal Federal agir como legislador positivo não lhe cabe definir legalmente órgão partidário competente para efeito de recusa da candidatura nata (art. 8, § 1º), o que acarretaria uma ingerência indevida na esfera de autonomia partidária.

Argumenta a Corte, assim, que ao proclamar os postulados básicos que informam o regime democrático, a Constituição, consagrou, em seu texto, o estatuto jurídico dos partidos políticos. O princípio constitucional da autonomia partidária, além de repelir qualquer possibilidade de controle ideológico do Estado sobre os partidos políticos.

O princípio constitucional da autonomia partidária, além de repelir qualquer possibilidade de controle ideológico do Estado sobre os partidos políticos cria, em favor desses corpos intermediários, sempre que se tratar da definição de sua estrutura, de sua organização ou de seu interno funcionamento, uma área de reserva estatutária absolutamente indevassável pela ação normativa do Poder Público, vedando, nesse domínio jurídico, qualquer ensaio de ingerência legislativa do aparelho estatal.

Compreendeu a Corte Suprema que ofende o princípio consagrado pelo art. 17 § 1º da Constituição (*"é assegurada aos partidos políticos autonomia para definir sua estrutura interna, organização e funcionamento, devendo seus estatutos estabelecer normas de fidelidade e disciplina partidária"*) a regra legal que, interferindo na esfera de autonomia partidária, estabelece, mediante específica designação, o órgão do Partido Político competente para recusar as candidaturas parlamentares natas.

Afirmou a Corte Suprema que a ação direta de inconstitucionalidade não pode ser utilizada com o objetivo de transformar o STF, indevidamente, em legislador positivo, eis que o poder de elaborar o sistema normativo, em caráter inaugural, constitui função típica da instituição parlamentar.

---

281 Conforme ADI 2844 QO/PR.

282 Neste caso, deverá ser abrangido não só o aspecto formal: proposta de um terço, no mínimo, dos membros da Câmara dos Deputados ou o Senado Federal; do presidente da República; de mais da metade das Assembleias Legislativas das unidades da Federação, manifestando-se, cada uma delas, pela maioria de seus membros, a proibição de emenda durante a vigência de intervenção federal, de estado de defesa ou de estado de sítio; a discussão da proposta e votação em cada Casa do Congresso deverá ser realizada em dois turnos, considerando-se aprovada se obtiver em ambos, três quintos dos votos dos respectivos membros; a promulgação pelas Mesas da Câmara dos Deputados e do Senado Federal, com o respectivo número de ordem, como o aspecto material: a forma federativa de Estado; o voto direto, secreto, universal e periódico; separação dos Poderes; direitos e garantias fundamentais.

283 São os artigos em questão: "Art. 8º – A escolha dos candidatos pelos partidos e a deliberação sobre coligações deverão ser feitas no período de 2 de abril a 31 de maio de 1994, lavrando-se a respectiva ata em livro aberto e rubricado pela Justiça Eleitoral, podendo ser utilizados os já existentes. 1º Aos que, na data de publicação desta lei, forem detentores de mandato de Deputado Federal, Estadual ou Distrital, é assegurado o registro de candidatura para o mesmo cargo pelo partido a que estejam filiados na data da convenção, independentemente de sua escolha nesta, salvo deliberação em contrário do órgão de direção nacional do partido [...] "Art. 9º Para concorrer às eleições, o candidato deverá: I – estar com a filiação deferida pelo respectivo partido até cem dias após a publicação desta lei; II – possuir domicílio eleitoral na circunscrição na qual pretende concorrer pelo menos desde 31 de dezembro de 1993. Parágrafo único. Havendo fusão ou incorporação de partidos após 31 de dezembro de 1993, será considerada, para efeito de filiação partidária, a data de filiação do candidato ao partido originário."

Desta forma, não se revela lícito pretender, em sede de controle normativo abstrato, que o Supremo Tribunal Federal, a partir da supressão seletiva de fragmentos do discurso normativo inscrito no ato estatal impugnado, proceda à virtual criação de outra regra legal, substancialmente divorciada do conteúdo material que lhe deu o próprio legislador.

Na mesma decisão, o magistrado ao analisar a relação entre *substantive due process of law* e função legislativa discorreu que a cláusula do devido processo legal – objeto da expressa proclamação pelo art. 5º, LIV, da Constituição – deve ser entendida, na abrangência de sua noção conceitual, não só sob o aspecto meramente formal, que impõe restrições de caráter ritual à atuação do Poder Público, mas, sobretudo, em sua dimensão material, que atua como decisivo obstáculo à edição de atos legislativos de conteúdo arbitrário.

A essência do *substantive due process of law* reside na necessidade de proteger os direitos e as liberdades das pessoas contra qualquer modalidade de legislação que se revele opressiva ou destituída do necessário coeficiente de razoabilidade.

Isso significa, dentro da perspectiva da extensão da teoria do desvio de poder ao plano das atividades legislativas do Estado, que este não dispõe da competência para legislar ilimitadamente, de forma imoderada e irresponsável, gerando, com o seu comportamento institucional, situações normativas de absoluta distorção e, até mesmo, de subversão dos fins que regem o desempenho da função estatal.

Em arguição da inconstitucionalidade dos §§ 1º e 2º do art. 45[284] da Constituição Federal (ADI 815/DF) afirmou a Corte Suprema que a tese de que há hierarquia entre normas constitucionais originárias dando azo a declaração de inconstitucionalidade de umas em face de outras é incompatível com o sistema de Constituição rígida.

Na atual Carta Magna "compete ao Supremo Tribunal Federal, precipuamente, a guarda da Constituição" (art. 102, *caput*), o que implica dizer que essa jurisdição é atribuída para impedir que se desrespeite a Constituição como um todo, e não para, com relação a ela, exercer o papel de fiscal do Poder Constituinte Originário, a fim de verificar se este teria, ou não, violado os princípios de direito suprapositivo que ele próprio havia incluído no texto da mesma Constituição.

Por outro lado, as cláusulas pétreas não podem ser invocadas para sustentação da tese da inconstitucionalidade de normas constitucionais inferiores em face de normas constitucionais superiores, porquanto a Constituição as prevê apenas como limites ao Poder Constituinte derivado ao rever ou ao emendar a Constituição elaborada pelo Poder Constituinte originário, e não abarcando normas cuja observância se impôs ao próprio Poder Constituinte originário com relação às outras que não sejam consideradas como cláusulas pétreas e, portanto, possam ser emendadas.

É competente o Tribunal de Justiça local processar e julgar originariamente, em relação a atos municipais frente às Constituições estaduais a representação por inconstitucionalidade. Assim, estabelece o art. 125 §§ 1º e 2º da Constituição Federal que:

> *Art. 125. Os Estados organizarão sua Justiça, observados por princípios estabelecidos nesta Constituição:*
> *§ 1º A competência dos tribunais será definida na Constituição do Estado, sendo a lei de organização judiciária de iniciativa do Tribunal de Justiça.*
> *§ 2º Cabe aos Estados a instituição de representação de inconstitucionalidade de leis ou atos normativos estaduais ou municipais em face da Constituição Estadual, vedada a atribuição da legitimação para agir a um único órgão.*

No Tribunal de Justiça do Estado do Rio de Janeiro, por exemplo, foi declarada procedente a representação por inconstitucionalidade, interposta pelo Ministério Público Estadual, em face de Decreto Municipal nº 20883, de 2001 do Município do Rio de Janeiro por violação aos arts. 183, 184, 188 e 189 da Constituição Estadual[285].

[284] Art. 45.A Câmara dos Deputados compõe-se de representantes do povo, eleitos, pelo sistema proporcional, em cada Estado e cada Território e no Distrito Federal. § 1º O número total de Deputados, bem como a representação por Estado e pelo Distrito Federal, será estabelecido por lei complementar, proporcionalmente à população, procedendo-se aos ajustes necessários, no ano anterior às eleições, para que nenhuma daquelas unidades da Federação tenha manos de oito ou mais de setenta Deputados. § 2º Cada território elegerá quatro deputados.

[285] É a íntegra do acórdão proferido nos autos do Processo nº 2002.007.00022, julgado em 15/05/2003: "representação por inconstitucionalidade. Decreto nº 20883 de 17/12/2001, do município do Rio de Janeiro. Dispositivos violados: arts. 183, 184, 188 e 189 da Constituição estadual. Por ultrapassar os limites do § 1º do art. 183 da Constituição estadual e, via de consequência, malferir as disposições dos arts. 183, *"caput"*, 184, 188 e 189, do mesmo diploma, é inconstitucional o Decreto nº 20.883, de 17/12/2001, do município do Rio de Janeiro, porque, ao obrigar os bancos e centros comerciais de grande porte – *shopping center's*, supermercados e hipermercados a enviarem mensalmente ao gabinete do prefeito os dados das ocorrências de sequestros relâmpagos, disponíveis em função das informações ligadas aos seus

Também decidiu-se, na Medida Cautelar em Ação Direta de Inconstitucionalidade nº 1423, oriunda do Estado de São Paulo que quando tramitam paralelamente duas ações diretas de inconstitucionalidade, uma no Tribunal de Justiça local e outra no Supremo Tribunal Federal, contra mesma lei estadual impugnada em face de princípios constitucionais estaduais que são reprodução de princípios da Constituição Federal, suspende-se o curso da ação direta proposta perante o Tribunal estadual até o julgamento final da ação direta proposta perante o Supremo Tribunal Federal.

Os arts. 103, I, *a* e 125 § 2º da Constituição Federal somente deixam em aberto a possibilidade ao Supremo Tribunal Federal de julgar as ações diretas de inconstitucionalidade de lei ou atos normativos municipais contrários à Constituição Federal.

Assim, neste caso, ensina o prof. Alexandre Moraes que:

> nestas hipóteses será inadmissível ação direta de inconstitucionalidade perante o Supremo Tribunal Federal ou perante o Tribunal de Justiça local, inexistindo, portanto, controle concentrado de constitucionalidade, pois o único controle de constitucionalidade de lei e de ato normativo municipal em face da Constituição Federal que se admite é o difuso, exercido, *incidenter tantum*, por todos os órgãos do Poder Judiciários quando do julgamento de cada caso concreto[286].

O art. 49 da Constituição Federal estabelece que é da competência exclusiva do Congresso Nacional resolver definitivamente sobre tratados, acordos ou atos internacionais que acarretem encargos ou compromissos gravosos ao patrimônio nacional. Os atos e tratados são incorporados via decreto legislativo e posterior edição de decreto presidencial que promulga e publica os atos. No momento em que é integrado ao ordenamento jurídico pátrio, tais atos são tidos como normas infraconstitucionais para efeito de controle de constitucionalidade[287].

---

cartões de crédito e comerciais, sob motivação de cumprir a função de "defesa do cidadão" através da presença ostensiva da guarda municipal nos locais de maior incidência, embora louvável, na verdade invade a parcela de segurança pública deferida ao Estado (CF, art. 144, *caput* e §§ 4º, 5º, 6º, e 8º da Carta Magna) e incorre em flagrante inconstitucionalidade frente à Carta Magna estadual. Procedência da ação direta ajuizada pela procuradoria-geral da justiça."

[286] Obra anteriormente citada, p. 562. Ensina também o professor não ser possível nessa hipótese o controle concentrado pelo Tribunal de Justiça, pois tendo as decisões efeitos *erga omnes*, no âmbito estadual, a elas estaria vinculado o próprio Supremo Tribunal Federal, que deixaria de exercer sua missão constitucional de guardião da Constituição. Em relação ao controle concentrado de lei ou ato normativo distrital em face da Constituição Federal ensina que: "Em relação ao Distrito Federal, a Constituição Federal não foi explícita na previsão do controle de constitucionalidade concentrado de suas leis ou atos normativos. Porém, em virtude do art. 32 da Carta, o Distrito Federal possui as competências administrativas e legislativas cumuladas dos Estados e dos Municípios. Nesta esteira, o Supremo Tribunal Federal entendeu possível, e de sua própria competência, a ação direta de inconstitucionalidade em face de lei ou ato normativo do Distrito Federal, desde que no exercício de competência estadual, que afrontar a Constituição Federal. Na hipótese, porém, de lei ou ato normativo distrital, no exercício de competência municipal, será inadmissível o controle concentrado, pois equivaleria à arguição de uma lei municipal em face da Constituição Federal.

[287] Conforme ADIn nº 1480 MC/DF, é na Constituição da República – e não na controvérsia doutrinária que antagoniza monistas e dualistas – que se deve buscar a solução normativa para a questão da incorporação dos atos internacionais ao sistema de Direito Positivo Interno brasileiro. O exame da vigente Constituição Federal permite constatar que a execução dos tratados internacionais e a sua incorporação à ordem jurídica interna decorrem, no sistema adotado pelo Brasil, de um ato subjetivamente complexo, resultante da conjugação de duas vontades homogêneas: a do Congresso Nacional, que resolve, definitivamente, mediante decreto legislativo, sobre tratados, acordos ou atos internacionais (CF, art. 49, I) e a do presidente da República, que, além de poder celebrar esses atos de direito internacional (CF, art. 84, VIII), também dispõe – enquanto Chefe de Estado que é – da competência para promulgá-los mediante decreto. O *iter* procedimental de incorporação dos tratados internacionais – superadas as fases prévias da celebração da convenção internacional, de sua aprovação congressional e da ratificação pelo chefe de Estado – conclui-se com a expedição, pelo presidente da República, de decreto, de cuja edição derivam três efeitos básicos que lhe são inerentes: (a) a promulgação do tratado internacional; (b) a publicação oficial de seu texto; e (c) a executoriedade do ato internacional, que passa, então, e somente então, a vincular e a obrigar no plano do Direito Positivo interno. Precedentes. Subordinação normativa dos tratados internacionais à Constituição da República. No sistema jurídico brasileiro, os tratados ou convenções internacionais estão hierarquicamente subordinados à autoridade normativa da Constituição da República. Em consequência, nenhum valor jurídico terá os tratados internacionais, que, incorporados ao sistema de Direito Positivo interno, transgredirem, formal ou materialmente, o texto da Carta Política. O exercício do *treaty-making power*, pelo Estado brasileiro – não obstante o polêmico art. 46 da Convenção de Viena sobre o Direito dos Tratados (ainda em curso de tramitação perante o Congresso Nacional) –, está sujeito à necessária observância das limitações jurídicas impostas pelo texto constitucional. Controle de constitucionalidade de tratados internacionais no sistema jurídico brasileiro. – O Poder Judiciário – fundado na supremacia da Constituição da República – dispõe de competência, para, quer em sede de fiscalização abstrata, quer no âmbito do controle difuso, efetuar o exame de constitucionalidade dos tratados ou convenções internacionais já incorporados ao sistema de direito positivo interno. Doutrina e Jurisprudência. Paridade normativa entre atos internacionais e normas infraconstitucionais de Direito

A ação direta de inconstitucionalidade não se revela, também, instrumento juridicamente idôneo ao exame da legitimidade constitucional de atos normativos do Poder Público que tenham sido editados em momento anterior ao da vigência da Constituição sob cuja égide foi instaurado o controle normativo abstrato.

Desta forma, a fiscalização concentrada de constitucionalidade supõe a necessária existência de uma relação de contemporaneidade entre o ato estatal impugnado e a carta política sob cujo domínio normativo veio ele a ser editado.

O entendimento de que leis pré-constitucionais não se predispõem, vigente uma nova Constituição, à tutela jurisdicional de constitucionalidade *in abstract* é orientação jurisprudencial já consagrada no regime anterior e reafirmado pelo Supremo Tribunal Federal. A incompatibilidade vertical superveniente de atos do Poder Público, em face de um novo ordenamento constitucional, traduz hipótese de pura e simples revogação dessas espécies jurídicas, posto que lhe são hierarquicamente inferiores.

O exame da revogação de lei ou atos normativos do poder público constitui matéria absolutamente estranha a função jurídico processual da ação direta de inconstitucionalidade (ADI 7 QO /DF).

De acordo com o art. 103 da Constituição Federal, são legitimados a propor ação de inconstitucionalidade:

- o presidente da República;
- a Mesa do Senado Federal;
- a Mesa da Câmara dos Deputados;
- a Mesa da Assembleia Legislativa e Mesa da Câmara Legislativa do DF;
- o governador de Estado ou Governador do Distrito Federal;
- o procurador-geral da República;
- o Conselho Federal da Ordem dos Advogados do Brasil;
- Partido Político de Representação Nacional;
- Confederação Sindical ou Entidade de Classe de âmbito nacional.

Interessante questão foi levantada pelo prof. Hely Lopes Meirelles no que tange à legitimidade ativa do presidente da República para interpor ação direta de inconstitucionalidade: se o presidente da República não exercer o poder de veto, nos termos do art. 66 da Constituição Federal, é de se indagar se poderia, posteriormente, arguir inconstitucionalidade de lei perante o STF, pois:

> *Art. 66. A Casa na qual tenha sido concluída a votação enviará o projeto de lei ao presidente da República, que, aquiescendo, o sancionará.*
>
> *§ 1º Se o presidente da República considerar o projeto, no todo ou em parte, inconstitucional ou contrário ao interesse público, vetá-lo-á, total ou parcialmente, no prazo de quinze dias contados da data do recebimento, e comunicará, dentro de quarenta e oito horas, ao Presidente do Senado Federal os motivos do veto.*

---

interno. – Os tratados ou convenções internacionais, uma vez regularmente incorporados ao Direito interno, situam-se, no sistema jurídico brasileiro, nos mesmos planos de validade, de eficácia e de autoridade em que se posicionam as leis ordinárias, havendo, em consequência, entre estas e os atos de Direito Internacional Público, mera relação de paridade normativa. Precedentes. No sistema jurídico brasileiro, os atos internacionais não dispõem de primazia hierárquica sobre as normas de Direito interno. A eventual precedência dos tratados ou convenções internacionais sobre as regras infraconstitucionais de Direito Interno somente se justificará quando a situação de antinomia com o ordenamento doméstico impuser, para a solução do conflito, a aplicação alternativa do critério cronológico (*lex posterior derogat priori*) ou, quando cabível, do critério da especialidade. Precedentes. Tratado internacional e reserva constitucional de lei complementar. O primado da Constituição, no sistema jurídico brasileiro, é oponível ao princípio *pacta sunt servanda*, inexistindo, por isso mesmo, no Direito Positivo nacional, o problema da concorrência entre tratados internacionais e a Lei Fundamental da República, cuja suprema autoridade normativa deverá sempre prevalecer sobre os atos de direito internacional público. Os tratados internacionais celebrados pelo Brasil – ou aos quais o Brasil venha a aderir – não podem, em consequência, versar matéria posta sob reserva constitucional de lei complementar. É que, em tal situação, a própria Carta Política subordina o tratamento legislativo de determinado tema ao exclusivo domínio normativo da lei complementar, que não pode ser substituída por qualquer outra espécie normativa infraconstitucional, inclusive pelos atos internacionais já incorporados ao Direito Positivo interno. Legitimidade constitucional da convenção nº 158/OIT, desde que observada a interpretação conforme fixada pelo Supremo Tribunal Federal. A Convenção nº 158/OIT, além de depender de necessária e ulterior intermediação legislativa para efeito de sua integral aplicabilidade no plano doméstico, configurando, sob tal aspecto, mera proposta de legislação dirigida ao legislador interno, não consagrou, como única consequência derivada da ruptura abusiva ou arbitrária do contrato de trabalho, o dever de os Estados-partes, como o Brasil, instituírem, em sua legislação nacional, apenas a garantia da reintegração no emprego. Pelo contrário, a Convenção nº 158/OIT expressamente permite a cada Estado-parte (art. 10), que, em função de seu próprio ordenamento positivo interno, opte pela solução normativa que se revelar mais consentânea e compatível com a legislação e a prática nacionais, adotando, em consequência, sempre com estrita observância do estatuto fundamental de cada País (a Constituição brasileira, no caso), a fórmula da reintegração no emprego e/ou da indenização compensatória. Análise de cada um dos Artigos impugnados da Convenção nº 158/OIT (arts. 4º a 10).

Acentua o autor que se o chefe do Poder Executivo sanciona, por equívoco ou inadvertência, projeto de lei juridicamente viciado não está ele compelido a insistir no erro, sob pena de, em homenagem a uma suposta coerência, agravar o desrespeito à Constituição.

Conclui o autor que se o presidente da República ou eventualmente o governador de Estado está legitimado a propor a ação direta de inconstitucionalidade perante o STF, inclusive com pedido de medida cautelar, não se afigura legítimo que deixe de utilizar esta faculdade ordinária. Ademais, é inegável que um juízo seguro sobre a inconstitucionalidade da lei pode vir a se formar somente após a sua promulgação, o que legitima a propositura da ação ainda que o chefe do Poder Executivo tenha aposto a sanção ao projeto de lei aprovado pelas Casas Legislativas.

A legitimação das mesas do Senado e da Câmara dos Deputados para propositura de ação direta de inconstitucionalidade privilegiou as maiorias parlamentares em detrimento das minorias, como já havia ocorrido no art. 58, § 1º da Constituição Federal[288]:

> *Art. 58. O Congresso nacional e suas Casas terão comissões permanentes e temporárias constituídas na forma e com as atribuições previstas no respectivo regimento ou no ato de que resultar sua criação;*
> *§ 1º Nas Constituição das mesas e de cada Comissão, é assegurada, tanto quanto possível, a representação proporcional dos partidos ou dos blocos parlamentares que participam da respectiva casa.*

Presente a necessidade de defesa de interesses do Estado, reconhece-se a legitimidade ativa do governador de Estado para a propositura de Ação Direta de Inconstitucionalidade. Na Medida Cautelar em Ação Direta de Inconstitucionalidade nº 2.396 o Supremo Tribunal Federal reconheceu, ante a perspectiva de que a lei impugnada fosse importar em fechamento de um mercado consumidor de produtos fabricados em seu território, com prejuízo à geração de empregos, ao desenvolvimento da economia local e à arrecadação tributária do Estado do Mato Grosso do Sul.

A legitimidade ativa do governador está vinculada à pertinência temática. No caso do acórdão em questão, a legislação estadual, por seu caráter suplementar que se espera preencher vazios ou lacunas deixados pela legislação federal, acabou por dispor em diametral objeção a esta, visto que tal lei proibiu a fabricação, ingresso, comercialização e estocagem de amianto ou produtos à base de amianto, em flagrante contraste com as disposições da Lei Federal nº 9.055/1995 que expressamente autoriza, nos seus termos, a extração, industrialização, utilização e comercialização da crisotila.

Tal decidiu-se, pois, no sistema da Constituição Federal de 1988, como no das anteriores, a competência legislativa geral pertence à União Federal. A residual ou implícita cabe aos Estado, que pode legislar sobre as matérias que não estão reservadas à União e que não digam respeito à administração própria dos Municípios, no que concerne ao seu peculiar interesse. O espaço de regramento pela legislação estadual, em casos de competência concorrente, abre-se: toda vez que não haja legislação federal, quando então, mesmo sobre princípios gerais, poderá a legislação estadual dispor; quando existente legislação federal que fixe os princípios gerais, caiba complementação ou suplementação para preenchimento de lacunas, para aquilo que não corresponda à generalidade; ou ainda para a definição de peculiaridades regionais.

No caso em questão, a justificação de urgência na consideração de prejuízo iminente à atividade produtiva que ocupa todo um município goiano e representa ponderável fonte de arrecadação tributária estadual denota o interesse do Estado e a legitimidade do Governador de Goiás para a interposição da ação declaratória de inconstitucionalidade.

A jurisprudência do Supremo Tribunal Federal tem imposto a demonstração do requisito pertinência para o reconhecimento da legitimidade ativa para a interposição de Ação Declaratória de Inconstitucionalidade dos Governadores de Estado.

[288] Ensina o professor Hely Lopes MEIRELLES que é fácil ver, outrossim, que esses órgãos não estão vocacionados a questionar a constitucionalidade de seus próprios atos. Assim, o direito de propositura a eles deferido somente ganha significado prático no que se refere à ação declaratória de constitucionalidade. A Constituição não assegura, expressamente, o direito de propositura à minoria parlamentar. Tal faculdade é garantida indiretamente com a legitimação dos partidos políticos com representação no Congresso Nacional. Com a outroga do direito de propositura aos partidos políticos consagrou o constituinte brasileiro modalidade peculiar, uma vez que, tradicionalmente, esse direito é assegurado a um número determinado de parlamentares. Existem, todavia, razões históricas que justificam essa ação. A outorga do direito de propositura da ação direta aos partidos representados no Congresso Nacional leva, inevitavelmente, ao reconhecimento de um direito de propositura da minoria parlamentar. Isto permite, efetivamente, que um partido com pequena representação no Congresso Nacional – partido com apenas um representante em uma das Casas do Congresso – esteja legitimado a propor ação direta de inconstitucionalidade.

Este quesito é também essencial à legitimação das entidades de classe. Na Questão de Ordem na Ação Direta de Inconstitucionalidade nº 1282, oriunda do estado de São Paulo, o Supremo Tribunal Federal entendeu pela legitimidade ativa da Confederação Nacional dos Trabalhadores e Indústria em razão da pertinência temática entre a finalidade da CNTE e o decreto questionado – que fixou limites à remuneração dos empregados das empresas estatais de determinado Estado, entre os quais é notório haver industriários.

Segundo a Corte, a pertinência temática, requisito implícito da legitimação das entidades de classe para a ação direta de inconstitucionalidade, não depende de que a categoria respectiva seja o único segmento social compreendido no âmbito normativo do diploma impugnado[289], o mesmo é válido para partidos políticos com representação no Congresso Nacional.

Caso o partido político perca a representação no Congresso Nacional no curso da Ação Direta de inconstitucionalidade, é descaracterizada a legitimidade ativa da agremiação partidária, devendo ser declarada extinta a ação sem julgamento do mérito por ilegitimidade, o que é ilustrado pela ementa de acórdão proferido nos autos do agravo regimental na ADI 2234, oriunda do estado de Goiás:

> Ação direta de inconstitucionalidade. Partido político que, no curso do processo, vem a perder a representação parlamentar no congresso nacional. Fato superveniente que descaracteriza a legitimidade ativa da agremiação partidária (CF, art. 103, VIII). Matéria de ordem pública. Possibilidade de reconhecimento, *ex officio*, pelo relator da causa. Ação direta prejudicada. 1. Precedentes: Agradi nº 2.202, nº 2.613, nº 2.735 e nº 2.826. 2. Adotados os respectivos fundamentos nega-se provimento a este agravo.

O órgão estatal que já figure no polo passivo da relação processual não pode ostentar, simultaneamente, a condição de litisconsorte ativo no processo de controle abstrato instaurado por iniciativa de terceiro. A circunstância de o governador de Estado poder questionar autonomamente a validade jurídica de uma espécie normativa local em sede de ação direta, fazendo instaurar, por iniciativa própria, o concernente controle concentrado de constitucionalidade, não lhe confere a prerrogativa de, uma vez iniciada a fiscalização abstrata por qualquer dos outros ativamente legitimados – e constando ele como órgão requerido não ação direta, buscar a sua inclusão no polo ativo.

O órgão do Poder Público que formalmente atue como sujeito passivo no processo de controle normativo abstrato não dispõe de legitimidade para requerer a suspensão cautelar do ato impugnado, ainda que tenha expressamente reconhecido a procedência do pedido. (ADI 807 QO/RS).

O Supremo não vem compreendendo como entidade de classe associação híbrida que congregue pessoas jurídicas e pessoas físicas de categorias diversas, o que é claramente ilustrado por meio do Agravo Regimental na Ação Direta de Inconstitucionalidade nº 1631[290]:

---

289 Vide acórdão proferido nos autos da ADI 1643/UF: "Ação direta de inconstitucionalidade. Sistema integrado de pagamento de impostos e contribuições das microempresas e empresas de pequeno porte. Confederação nacional das profissões liberais. Pertinência temática. Legitimidade ativa. Pessoas jurídicas impedidas de optar pelo regime. Constitucionalidade. 1. Há pertinência temática entre os objetivos institucionais da requerente e o inciso XIII do art. 9º da Lei nº 9.317/1996, uma vez que o pedido visa a defesa dos interesses de profissionais liberais, nada obstante a referência a pessoas jurídicas prestadoras de serviços. 2. Legitimidade ativa da confederação. O Decreto nº 27/05/1964 reconhece-a como entidade sindical de grau superior, coordenadora dos interesses das profissões liberais em todo o território nacional. Precedente. 3. Por disposição constitucional (CF, art. 179), as microempresas e as empresas de pequeno porte devem ser beneficiadas, nos termos da lei, pela 'simplificação de suas obrigações administrativas, tributárias, previdenciárias e creditícias, ou pela eliminação ou redução destas' (CF, art. 179). 4. Não há ofensa ao princípio da isonomia tributária se a lei, por motivos extrafiscais, imprime tratamento desigual a microempresas e empresas de pequeno porte de capacidade contributiva distinta, afastando do regime do simples aquelas cujos sócios têm condição de disputar o mercado de trabalho sem assistência do Estado. Ação direta de inconstitucionalidade julgada improcedente."

290 Ensina o prof. Hely Lopes MEIRELLES que não se reconhece natureza de entidade de classe àquelas organizações que, congregando pessoas jurídicas, apresentam-se como verdadeiras associações de associações, uma vez que, nesse caso, faltar-lhes-ia exatamente a qualidade de entidade de classe. Não se admite, igualmente, a legitimidade de pessoas jurídicas de Direito Privado que reúnam, como membros integrantes, associações de natureza civil e organismos de caráter sindical, exatamente em decorrência desse hibridismo, porquanto noção conceitual (de instituições de classe) reclama a participação, nelas, dos próprios indivíduos de determinada categoria e não apenas das entidades privadas constituídas para representá-los. Afirmou-se, também, que não constitui entidade de classe para legitimar-se à ação direta de inconstitucionalidade (CF, art. 103, IX), associação civil (Associação Brasileira de Defesa do Cidadão) voltada à finalidade altruísta de promoção e defesa de aspirações cívicas de toda cidadania. No conceito de entidade de classe na jurisprudência do Tribunal não se enquadra, igualmente, a associação que reúne, como associados, órgãos públicos sem personalidade jurídica e categorias diferenciadas de servidores (*v.g.*, Associação Brasileira de Conselhos de Tribunal de Contas dos Municípios – Abraccom). Quanto ao caráter nacional da

Ação direta de inconstitucionalidade. Heterogeneidade da composição social de entidade que congrega associações de classe e pessoas físicas, inclusive oriundas de sindicatos. Ausência de legitimidade ativa *ad causam*. 1. Tratando-se de associação de associações, visto que congrega pessoas jurídicas no seu quadro social, podendo ser admitidas pessoas físicas nas categorias de sócios beneméritos e honorários, e ter na diretoria membro oriundo de sindicato, por filiação direta, caracterizando-se assim a composição híbrida, falta-lhe legitimidade ativa *ad causam* para postular em sede de controle normativo abstrato. 2. Agravo regimental não provido.

No campo da organização sindical, só a Confederação, não a Federação (mesmo de âmbito nacional) é parte legítima para a propositura de ação direta de inconstitucionalidade, nos termos do art. 103, IX, da Constituição. (ADI 488 MC / DF).

Não se admite, outrossim, no conceito de entidade de classe de âmbito nacional, ente sindical, eis que, no mesmo dispositivo (art. 103, IX), há previsão específica de legitimidade à ação direta de inconstitucionalidade, para organizações sindicais, limitando a Constituição à abrangência do dispositivo, no ponto, tão só, as confederações sindicais, que possuem conceito específico em nosso direito (ADI 599 QO/DF).

Nos dizeres do professor Hely Lopes Meirelles, admitiu-se inicialmente a legitimação das federações, porquanto entidades nacionais de classe. Essa orientação foi superada por outra, mais restritiva, passando-se a considerar que apenas as organizações sindicais, cuja estrutura vem disciplinada no art. 535 da CLT, são dotadas de direito de propositura. Afasta-se, assim, a possibilidade de que associações, federações ou outras organizações de índole sindical assumam o lugar das confederações para os fins do art. 103, IX da CF, que segundo os termos dos arts. 533 e s. do texto consolidado, devem estar organizadas com um mínimo de três federações.

A legitimidade do Conselho Federal da OAB é conferida em razão da importância jurídica desta instituição. Embora afirme o prof. Hely Lopes Meirelles que a Ordem não necessita de demonstração da chamada pertinência temática para a legítima propositura da ação, alguns acórdãos demonstram o contrário[291]. É o caso da Medida Cautelar em Ação Direta de Inconstitucionalidade nº 1194, cujo acórdão segue, em parte, transcrito por ilustração, oriunda do Distrito Federal, em que figurou como relator o ministro Maurício Correa:

> [...] 1. Preliminar: legitimidade ativa *ad causam* art. 103, IX, da Constituição. 2. Preliminar: ilegitimidade ativa *ad causam*, por impertinência temática, com relação aos arts. 22, 23 e 78 da Lei nº 8.906/1994; ação direta não conhecida, nesta parte, mas conhecida quanto ao § 2º do art. 1º, ao art. 21 e seu parágrafo único e ao § 3º do art. 24. 3. Mérito do pedido cautelar: a) § 2º do art. 1º: liminar indeferida; b) art. 21 e seu parágrafo único: liminar deferida, em parte, para dar interpretação conforme a expressão "os honorários da sucumbência são devidos aos advogados dos empregados", contida no "caput" do artigo, no sentido de que é disposição supletiva da vontade das partes, podendo haver estipulação em contrário, por ser direito disponível; c) § 3º do art. 24: liminar deferida para suspender a sua eficácia até o final julgamento da ação

A legitimidade não é compartilhada pela Federação Nacional dos Advogados. Na questão de Ordem na Ação Direta de Inconstitucionalidade nº 599, oriunda do Distrito Federal, decidiu a Corte Suprema que:

> Cuidando-se, no caso, de entidade sindical, não possui a autora a condição de confederação sindical. Não basta o caráter da organização sindical, aos fins do art. 103, IX, da Constituição. Em se tratando de profissionais liberais, há a Confederação Nacional dos Profissionais Liberais, que reúne, em grau mais elevado, as entidades sindicais dessa área de profissionais.

O prof. Alexandre de Moraes define a pertinência temática como requisito objetivo da pertinência entre a defesa do interesse específico do legitimado e objeto da própria ação. E explica:

> enquanto se presume de forma absoluta a pertinência temática para o presidente da República, Mesa do Senado Federal e da Câmara dos Deputados, procurador-geral da República, Partido Político com representação no Congresso Nacional e Conselho Federal da Ordem dos Advogados do Brasil, em face de suas próprias atribuições

entidade, enfatiza-se que não basta simples declaração formal ou manifestação de intenção constante de seus atos constitutivos. Faz-se mister que, além de uma atuação transregional, tenha a entidade membros em pelo menos nove Estados da Federação, número que resulta da aplicação analógica da Lei Orgânica dos Partidos Políticos. Admitiu-se, inicialmente, a legitimação das federações, porquanto entidades nacionais de classe. Essa orientação foi superada por outra, mais restritiva, passando-se a considerar que apenas as organizações sindicais, cuja estrutura vem disciplinada no art. 535 da CLT, são dotadas de direito de propositura. Afasta-se, assim, a possibilidade de que associações, federações ou outras organizações de índole sindical assumam o lugar as confederações para os fins do art. 103, IX, da CF, que, segundo os termos dos arts. 533 e s.

[291] Também a ADI 1127 MC – QO / DF.

> institucionais, no que se denomina legitimação ativa universal, exige-se a prova da pertinência por parte da Mesa da Assembleia Legislativa ou da Câmara Legislativa do Distrito Federal, do Governador do Estado ou do Distrito Federal, das confederações sindicais ou entidades de âmbito nacional.

Como se pode perceber, também o mestre em Direito Constitucional, assim como o prof. Hely Lopes Meirelles, compreende que à Ordem dos Advogados do Brasil não é necessária a prova da pertinência temática para torná-la legítima para interpor ação direta de inconstitucionalidade. Conforme pesquisa realizada, a compreensão do Supremo Tribunal Federal é a de que a pertinência temática é necessária a esta instituição para a consubstanciação da legitimidade referida, o que torna evidente a controvérsia doutrinária e jurisprudencial.

No que toca ao procedimento da ação direta de inconstitucionalidade, este em muito se aproxima ao da ação direta de constitucionalidade e ambos estão regulados pela Lei nº 8.868/1999. Tem-se, assim, então, que a petição inicial:

- deverá indicar o dispositivo da lei ou do ato normativo impugnado e dos fundamentos jurídicos do pedido em relação a cada uma das impugnações, o pedido com suas especificações;
- deverá ser acompanhada de instrumento de procuração e, quando subscrita por advogado, deverá apresentar-se em duas vias, devendo conter cópias da lei ou do ato normativo impugnado e dos documentos necessários para comprovar a impugnação;
- se inepta, não fundamentada e manifestamente improcedente será liminarmente indeferida pelo relator. Da decisão que negar procedência à inicial do autor caberá agravo.

Proposta a ação direta, não se admitirá desistência, conforme art. 5º da Lei nº 8.868/1999. Também não é possível a redução do pleito inicial, o que é ilustrado por meio da Ação Direta de Inconstitucionalidade nº 2049/RJ:

> Ação direta de inconstitucionalidade. Lei nº 3.189, de 22/02/1999, que institui o fundo único de previdência social do Estado do Rio de Janeiro. Rioprevidência e dá outras providências. 2. Alegação de inconstitucionalidade dos arts. 1º ao 49 da Lei Ordinária nº 3.189, de 22/02/1999, do Rio de Janeiro. 3. Limitação do pleito de cautelar a expressões "inativos", "bem como dos beneficiários", do inciso I do art. 14 e "inativos, seus beneficiários" e "provento e pensão" do art. 18, todos da Lei nº 3.189, por ofensa aos arts. 40, § 12, e 195, II, da Constituição. 4. Pedido liminar que guarda correspondência com súplica deduzida na ADI 2188-5/600-RJ. 5. Não é possível atender à súplica de limitação do pleito liminar. Proposta a ação direta de inconstitucionalidade, é indisponível seu objeto, parcial ou totalmente [...]

O regimento Interno do Supremo Tribunal Federal faculta, porém, ao relator julgar prejudicado o pedido por perda do objeto (RISTF, art. 21, IX). Perde o objeto, por exemplo, pedido liminar que impugna dispositivo de vigência suspensa em cautelar já apreciada (ADI 2554 AgR/DF).

O relator pedirá informações aos órgãos ou às autoridades das quais emanou a lei ou o ato normativo impugnado. As informações deverão ser prestadas no prazo de trinta dias contados do recebimento do pedido.

Não é admissível a intervenção de terceiros no processo de ação direta de inconstitucionalidade. O relator, considerando a relevância da matéria e a representatividade dos postulantes, poderá, apenas, por despacho irrecorrível, admitir, observado o prazo de trinta dias para a manifestação de outros órgãos ou entidades. Tal questão pode ser exemplificada através da Questão de Ordem nos Embargos de Declaração na Ação Direta de Inconstitucionalidade nº 1105, oriunda do Distrito Federal, em que figurou como relator o ministro Maurício Correa:

> Ação direta de inconstitucionalidade. Embargos de declaração opostos pela Ordem dos Advogados do Brasil. Legitimidade. Questão de ordem. Intervenção de terceiros, de terceiro prejudicado e de assistente. Inadmissibilidade. Precedentes. 1. Ação direta de inconstitucionalidade. Intervenção de terceiros e assistência. Impossibilidade: Lei nº 9.868/1999, art. 7º, e RISTF, art. 169, § 2º. Recurso interposto por terceiro prejudicado. Não cabimento. Precedentes. 2. Embargos de declaração opostos pela ordem dos advogados do Brasil. Legitimidade. Questão de ordem resolvida no sentido de que é incabível a interposição de qualquer espécie de recurso por quem, embora legitimado para a propositura da ação direta, nela não figure como requerente ou requerido. Embargos de declaração não conhecidos.

Decorrido o prazo das informações, serão ouvidos, sucessivamente, o advogado-geral da União e o procurador-geral da República, que deverão manifestar-se, cada qual, no prazo de quinze dias. O Ministério Público não deixará de ser intimado nos casos de intervenção obrigatória (ADI 1936/PE).

Ultrapassadas as etapas anteriores, o relator lançará o relatório, com cópia a todos os ministros e pedirá dia para julgamento. Em caso de necessidade de esclarecimento de matéria ou circunstância de fato ou de notória insuficiência das informações existentes nos autos, poderá o relator requisitar informações adicionais, designar perito ou comissão de peritos para que emita parecer sobre a questão, ou fixar data para em audiência pública, ouvir depoimentos de pessoas com experiência e autoridade na matéria.

O relator poderá, ainda, solicitar informações aos Tribunais Superiores, aos Tribunais Federais e aos Tribunais Estaduais acerca da aplicação da norma impugnada no âmbito de sua jurisdição e aos Tribunais Estaduais acerca da aplicação da norma impugnada no âmbito de sua jurisdição.

As informações, perícias e audiências serão realizadas no prazo de trinta dias, contado da solicitação anterior. O Agravo Regimental em Ação Direta de Inconstitucionalidade nº 1496, em que figurou como relator o ministro Moreira Alves, decidiu-se que, nos autos do AR contra despacho que solicitou informações sobre o alegado em ADIn, salientando que, à vista delas, submeteria pedido de liminar à apreciação do Plenário da Corte:

> Não cabe Agravo Regimental contra despacho que não é decisório, mas simplesmente ordinário, como ocorre no caso, porquanto, segundo o disposto no art. 317, *caput*, do Regimento Interno desta Corte é requisito de cabimento do agravo regimental que o ato atacado se caracterize como decisão.

É necessário, em ação direta de inconstitucionalidade, que venham expostos os fundamentos jurídicos do pedido com relação às normas impugnadas, não sendo de admitir-se alegação genérica de inconstitucionalidade sem qualquer demonstração razoável, nem ataque a quase duas dezenas de medidas provisórias em sua totalidade com alegações por amostragem (ADI 259/DF).

O fim da ação direta de inconstitucionalidade é retirar do ordenamento jurídico lei ou ato normativo incompatível com a ordem constitucional, constituindo-se, pois, uma finalidade de legislador negativo do Supremo Tribunal Federal.

Ressalta-se que a Corte já firmou entendimento de que ocorrendo a revogação superveniente da norma atacada em ação direta, esta perde o seu objeto independentemente de a referida norma ter, ou não, produzido efeitos concretos (ADI 1952/QO/DF).

O art. 102, I, prevê a competência exclusiva do Supremo Tribunal Federal para apreciar o pedido de medida cautelar das ações diretas de inconstitucionalidade. Assim, estando satisfatoriamente demonstrados os requisitos da plausibilidade jurídica da ação – *fumus boni iuris* e do *periculum in mora*, a medida cautelar pode ser deferida, para suspensão da norma impugnada, visto a presunção de constitucionalidade das normas, tal medida tem caráter excepcional.

Salvo período de recesso, a medida cautelar na ação direta será concedida por decisão da maioria absoluta dos membros do Tribunal, após a audiência dos órgãos ou autoridades dos quais emanou a lei ou ato normativo impugnado, que deverão pronunciar-se no prazo de cinco dias.

O relator, julgando indispensável ouvirá o advogado-geral da União e o procurador-geral da República, no prazo de três dias. No julgamento do pedido de medida cautelar, será facultada sustentação oral aos representantes judiciais do requerente e das autoridades ou órgãos responsáveis pela expedição do ato, na forma estabelecida no regimento interno do Tribunal. Em caso de excepcional urgência, o Tribunal poderá deferir a medida cautelar sem a audiência dos órgãos ou das autoridades das quais emanou a lei ou o ato normativo impugnado.

Uma vez concedida a medida cautelar, o Supremo Tribunal Federal fará publicar em seção especial do Diário Oficial da União e do Diário de Justiça da União a parte dispositiva de decisão, no prazo de dez dias, devendo solicitar as informações à autoridade da qual tiver emanado o ato.

A medida cautelar, dotada de eficácia contra todos, será concedida com efeito *ex nunc*, salvo se o Tribunal entender que deva conceder-lhe eficácia retroativa. A concessão da medida cautelar torna aplicável a legislação anterior acaso existente, salvo expressa manifestação em sentido contrário.

Havendo pedido de medida cautelar, o relator, em face da relevância da matéria e de seu especial significado para a ordem social e a segurança jurídica, poderá, após a prestação das informações, no prazo de dez dias, e a manifestação do advogado-geral da União e do procurador-geral da República, sucessivamente, no prazo de cinco dias, submeter o processo diretamente ao Tribunal, que terá a faculdade de julgar definitivamente a ação.

Por exemplo, na Ação Direta de Inconstitucionalidade nº 2661, oriunda do estado do Maranhão deferiu-se medida cautelar com eficácia *ex tunc*. A ação visava anular lei estadual que autorizou a inclusão, no edital de venda do Banco do Estado do Maranhão S/A, da oferta do depósito das disponibilidades de caixa do tesouro estadual, afrontando o art. 164, § 3º, da Constituição Federal, que determina:

> *Art. 164. A competência da União para emitir moeda será exercida exclusivamente pelo Banco Central.*
> *[...] § 3º As disponibilidades de caixa da União serão depositadas no Banco Central; as dos Estados, do Distrito Federal e*

dos Municípios e dos órgãos ou entidades do Poder Público e das empresas por ele controladas, em instituições financeiras oficiais, ressalvados os casos previstos em lei.

Desta forma, as disponibilidades de caixa dos Estados-membros, dos órgãos ou entidades que os integram e das empresas por eles controladas deverão ser depositadas em instituições financeiras oficiais, cabendo, unicamente, à União federal, mediante lei de caráter nacional, definir as exceções autorizadas pelo art. 164, § 3º, da Constituição da República.

O Estado-membro não possui competência normativa, para, mediante ato legislativo próprio, estabelecer ressalvas à incidência da cláusula geral que lhe impõe a compulsória utilização de instituições financeiras oficias, para os fins referidos no artigo da Carta Política.

O desrespeito pelo Estado-membro dessa reserva de competência legislativa, instituída em favor da União federal, faz instaurar situação de inconstitucionalidade formal, que compromete a validade e eficácia jurídicas da lei local, que, desviando-se do modelo normativo inscrito no art. 164, § 3º, da Lei Fundamental, vem a permitir que as disponibilidades de caixa do Poder Público estadual sejam depositadas em entidades privadas integrantes do Sistema Financeiro Nacional.

O princípio da moralidade administrativa, enquanto valor constitucional revestido de caráter ético-jurídico, condiciona a legitimidade e a validade dos atos estatais. A atividade estatal, qualquer que seja, o domínio institucional de sua incidência, está necessariamente subordinada à observância de parâmetros ético jurídicos que se refletem na consagração constitucional do princípio da moralidade administrativa.

Este postulado fundamental, que rege a atuação do Poder Público, confere substância da impressão a uma pauta de valores éticos sobre os quais se funda a ordem positiva do Estado. O princípio constitucional da moralidade administrativa, ao impor limitações ao poder ao exercício do poder estatal, legitima o controle jurisdicional de todos os atos do Poder Público que transgridam os valores éticos que devem pautar o comportamento dos agentes e órgãos governamentais.

Assim, a *ratio subjacente* à cláusula de depósito compulsório, em instituições financeiras oficiais, das disponibilidades de caixa do Poder Público em geral (CF, art. 164, § 3º) reflete, na concreção do seu alcance, uma exigência fundada no valor essencial da moralidade administrativa, que representa verdadeiro pressuposto de legitimação constitucional dos atos emanados do Estado.

As exceções à regra geral constante do art. 164, § 3º, da Carta Política, apenas definíveis pela União Federal, hão de respeitar, igualmente, esse postulado básico, em ordem a impedir que eventuais desvios ético-jurídicos possam instituir situação de inaceitável privilégio, das quais resulte indevido favorecimento, destituído de causa legítima, outorgado a determinadas instituições financeiras de caráter privado.

A medida cautelar, em ação direta de inconstitucionalidade, reveste-se, ordinariamente, de eficácia *ex nunc*, operando, portanto, a partir do momento em que o Supremo Tribunal Federal a defere.

Excepcionalmente, no entanto, e para que não se frustrem os seus objetivos, a medida cautelar poderá projetar-se com eficácia *ex tunc*, em caráter retroativo, com repercussão sobre situações pretéritas. Para que se outorgue eficácia *ex tunc* ao provimento cautelar, em sede de ação direta de inconstitucionalidade, impõe-se que o Supremo Tribunal Federal assim o determine, expressamente, na decisão que conceder essa medida extraordinária, o que foi plausível no exemplo acima indicado.

Desta forma, a eficácia da medida liminar nas ações diretas de inconstitucionalidade, que suspende a vigência da lei ou do ato normativo tido como inconstitucional opera com efeitos *ex nunc*, isto é, não retroativos. A retroatividade é excepcional, pois a regra é a suspensão a partir do momento do deferimento pelo Supremo Tribunal Federal da medida (sendo, desde então incabível a realização do ato).

Se demonstrada a conveniência e declarando – a expressamente (visto que a presunção é a da não retroatividade) pode o Supremo Tribunal Federal conceder medida liminar com efeitos *ex tunc*. Ressalta-se que a jurisprudência do STF vem sendo firmada no sentido de que após a decorrência de período significativo, fica descaracterizado o *periculum in mora*, requisito essencial à concessão da liminar.

O pedido de concessão de liminar nas ações diretas de inconstitucionalidade pode ser reiterado caso fatos posteriores autorizem a suspensão da eficácia da lei ou do ato normativo impugnado[292].

[292] Sobre o tema, o prof. Alexandre de MORAES, em obra anteriormente citada, p. 569, citando Ives Gandra MARTINS ensina, sobre a concessão de medida cautelar na ação direta de inconstitucionalidade que: "ser da natureza dessa medida garantir os efeitos definitivos da ação – visto que no processo cautelar garante a liminar a utilidade do provimento decorrente de prestação jurisdicional principal, ao contrário da liminar em mandado de segurança, que garante o próprio direito lesado ou ameaçado – tem o STF entendido desde a Representação 1.391/CE

A decisão sobre a inconstitucionalidade da lei ou do ato normativo somente será tomada se presentes na sessão pelo menos oito ministros (art. 22 da Lei nº 9.868/1999). Efetuado o julgamento, será proclamada a inconstitucionalidade da disposição ou da norma impugnada se num ou noutro sentido se tiverem manifestado pelo menos seis ministros. Se não alcançada a maioria necessária à declaração da inconstitucionalidade, estando ausente ministros em número que possa influir no julgamento, será este suspenso para aguardar o comparecimento dos ministros ausentes, até que se atinja o número para a prolação da decisão.

Proclamada a inconstitucionalidade, será julgada procedente a ação direta, fazendo-se a comunicação à autoridade ou órgão responsável pela expedição do ato. A decisão que declara a inconstitucionalidade do ato normativo em ação direta é irrecorrível, ressalvada a interposição de embargos declaratórios, não podendo, igualmente, ser objeto de ação rescisória.

Declarada a inconstitucionalidade da lei ou ato normativo, e tendo em vista razões de segurança jurídica ou de excepcional interesse social, poderá o Supremo Tribunal Federal, por maioria de dois terços de seus membros, restringir os efeitos daquela ou decidir que ela só tenha eficácia a partir de seu trânsito em julgado ou de outro momento que venha a ser fixado.

Dentro do prazo de dez dias após o trânsito em julgado da decisão, o Supremo Tribunal Federal fará publicar em seção especial do Diário de Justiça e dos Diários Oficial da União a parte dispositiva do acórdão.

A ação direta de inconstitucionalidade não está sujeita a prazo decadencial. Na Medida Cautelar na Ação Direta de Inconstitucionalidade nº 1247, oriunda do estado do Pará, a Corte Suprema sobre a concessão de isenção e de outros benefícios fiscais – independentemente de prévia deliberação dos Estados-membros e do Distrito Federal, norma legal que veicula inadmissível delegação legislativa externa ao governador do Estado – deferiu em parte a medida cautelar e afirmou a inexistência do prazo decadencial em sede de ação direta de inconstitucionalidade.

O ajuizamento da ação direta de inconstitucionalidade não está sujeito à observância de qualquer prazo de natureza prescricional ou de caráter decadencial, eis que atos inconstitucionais jamais se convalidam pelo mero decurso do tempo (Súmula nº 360. Precedentes do STF: Direito de petição e ação direta).

O direito de petição, presente em todas as Constituições brasileiras, qualifica-se como importante prerrogativa de caráter democrático. Trata-se de instrumento jurídico-constitucional posto a disposição de qualquer interessado, mesmo aqueles destituídos de personalidade jurídica, com a explícita finalidade de viabilizar a defesa, perante as instituições estatais, de direitos ou valores revestidos tanto de natureza pessoal quanto de significação coletiva.

Sobre o tema de ICMS, entendeu a Corte Suprema, que o legislador constituinte republicano, com o propósito de impedir a guerra tributária entre os Estados Membros, enunciou postulados e prescreveu diretrizes gerais de caráter subordinante destinados a compor o estatuto constitucional do ICMS[293].

Ademais, a outorga de qualquer subsídio, isenção ou crédito presumido, a redução da base de cálculo e a

que os efeitos da liminar são *ex nunc* e não *ex tunc*... O que tem decidido a Suprema Corte, nas liminares concedidas contra o Poder Público no processo cautelar de ações diretas, é que a liminar suspende a eficácia e a vigência da norma, mas não desconstitui ainda as relações jurídicas constituídas e completadas. Em outras palavras, as relações jurídicas já constituídas, à luz de um direito tido por constitucional, não serão desconstituídas por força da medida liminar, mas apenas pela decisão definitiva ou pela discussão em sede de controle difuso."

[293] Assim: [...] Com a explicita finalidade de viabilizar a defesa, perante as instituições estatais, de direitos ou valores revestidos tanto de natureza pessoal quanto de significação coletiva. Entidade sindical que pede ao procurador-geral da Republica o ajuizamento de ação direta perante o STF. *Provocatio ad agendum*. Pleito que traduz o exercicio concreto do direito de petição. Legitimidade desse comportamento. ICMS e repulsa constitucional a guerra tributária entre os Estados-membros: O legislador constituinte republicano, com o propósito de impedir a "guerra tributária" entre os Estados-membros, enunciou postulados e prescreveu diretrizes gerais de caráter subordinante destinados a compor o estatuto constitucional do ICMS. Os princípios fundamentais consagrados pela Constituição da Republica, em tema de ICMS, (a) realçam o perfil nacional de que se reveste esse tributo, (b) legitimam a instituição, pelo poder central, de regramento normativo unitário destinado a disciplinar, de modo uniforme, essa espécie tributária, notadamente em face de seu caráter não-cumulativo, (c) justificam a edição de lei complementar nacional vocacionada a regular o modo e a forma como os Estados-membros e o Distrito Federal, sempre após deliberação conjunta, poderão, por ato próprio, conceder e/ou revogar isenções, incentivos e benefícios fiscais, convênios e concessão de isenção, incentivo e benefício fiscal em tema de ICMS: A celebração dos convênios interestaduais constitui pressuposto essencial a válida concessão, pelos Estados-membros ou Distrito Federal, de isenções, incentivos ou benefícios fiscais em tema de ICMS. Esses convênios – enquanto instrumentos de exteriorização formal do prévio consenso institucional entre as unidades federadas investidas de competência tributária em matéria de ICMS – destinam-se a compor os conflitos de interesses que necessariamente resultariam, uma vez ausente essa

concessão de anistia ou remissão em matéria tributária só podem ser deferidas mediante lei específica, sendo vedado ao Poder Legislativo conferir ao chefe do Executivo a prerrogativa extraordinária de dispor, normativamente, sobre tais categorias temáticas, sob pena de ofensa ao postulado nuclear da separação de poderes e transgressão aos princípios da reserva constitucional de competência legislativa.

Como já estudado, o Supremo Tribunal Federal admite a utilização da reclamação para garantir a autoridade de suas decisões proferidas em sede de ação declaratória de inconstitucionalidade, conforme art. 102, I, L,

> *[...] Ao Supremo Tribunal Federal cabe processar e julgar originariamente a reclamação para a preservação de sua competência e garantia da autoridade de suas decisões*[294].

A efetivação das normas constitucionais requer uma dogmática constitucional que confronte não só hipóteses de violação por meio de atos comissivos, mas igualmente a violação por meio de atos omissivos. Assim, caracteriza-se como inconstitucionais tantos os atos omissivos quanto os comissivos se conflitivos com dispositivos da Constituição.

A revisão do Estado Liberal – que pregava o agir mínimo do Estado – e o surgimento do Estado Social – participativo das questões social = Valor Liberdade para a coexistir com o valor igualdade (formal, substancial e até mesmo o direito à diferença).

Neste cenário, a criação dos mecanismos que combatam a abstenção legiferante ganha grande importância. Estabelece o art. 103, § 2º, que:

> *[...] § 2º Declarada a inconstitucionalidade por omissão de medida para tornar efetiva norma constitucional, será dada ciência ao Poder competente para a adoção das providências necessárias e, em se tratando de órgão administrativo, para fazê-lo em trinta dias.*

Almejou o legislador constituinte de 1988, por meio da ação direta de inconstitucionalidade por omissão, garantir eficácia plena às normas constitucionais que dependessem de complementação infraconstitucional. Desse modo, é cabível a ação direta de inconstitucionalidade por omissão sempre que o Poder Público se abstém de um dever que a Constituição o atribuiu.

Ensina o prof. Alexandre de Moraes que as hipóteses de ajuizamento da ação direta de inconstitucionalidade por omissão não decorrem de qualquer espécie de omissão do Poder Público, mas em relação às normas constitucionais de eficácia limitada de princípio institutivo e de caráter impositivo, em que a Constituição investe o legislador na obrigação de expedir comandos normativos.

O poder de inovar o sistema normativo é função tipicamente parlamentar. Assim, não é lícito pretender, em sede de controle normativo abstrato, que a Corte Suprema, a partir da supressão seletiva de fragmentos do discurso normativo inscrito no ato estatal impugnada, proceda à mascarada criação de outra regra legal, substancialmente divorciada do conteúdo material que lhe deu o próprio legislador.

Como dito, são as normas constitucionais de eficácia limitada de princípio institutivo e de caráter impositivo que obrigam o legislador. Por exemplo, o art. 37, X, da Constituição Federal estabelece que:

> *Art. 37.– A administração pública direta e indireta de qualquer dos Poderes da União, dos Estados, do Distrito Federal e dos Municípios obedecerá aos princípios da legalidade, impessoalidade, moralidade, publicidade e eficiência e também o seguinte:*
> *[...]*
> *X – remuneração dos servidores públicos e subsídio de que trata o § 4º do art. 39*[295] *somente poderão ser fixados ou alterados por lei específica, observada a iniciativa privada em*

---

deliberação intergovernamental, da concessão, pelos Estados-membros ou Distrito Federal, de isenções, incentivos e benefícios fiscais pertinentes ao imposto em questão. O pacto federativo, sustentando-se na harmonia que deve presidir as relações institucionais entre as comunidades políticas que compõem o Estado Federal, legitima as restrições de ordem constitucional que afetam o exercício, pelos Estados-membros e Distrito Federal, de sua competência normativa em tema de exoneração tributaria pertinente ao ICMS [...]

[294] Ensina o prof. Alexandre de MORAES que como acentua o Pretório Excelso, a necessidade de garantir-se a eficácia das decisões em sede de ações diretas de inconstitucionalidade, notadamente e face da notória insubmissão de alguns tribunais judiciários às teses jurídicas consagradas nas decisões proferidas pelo STF autoriza o reconhecimento de legitimidade aos órgãos ativa ou passivamente legitimados à instauração do controle abstrato de constitucionalidade (art. 103). Não é admitida a reclamação requerida por terceiros pretensamente interessados, cuja alegação seja eventual prejuízo pelo descumprimento da decisão.

[295] Art. 39. A União, os Estados, o Distrito Federal e os Municípios instituirão conselho de política de administração e remuneração de pessoal, integrado poder servidores designados pelos respectivos Poderes. § 4º O membro de Poder, o detentor de mandado eletivo, os ministros de Estados e os secretários Estaduais e Municipais serão remunerados exclusivamente por subsídio fixado, em parcela única, vedado o acréscimo de qualquer gratificação, adicional, abono, prêmio, verba de representação ou outra espécie remuneratória, obedecido, em qualquer caso, o disposto no art. 37, X e XI.

cada caso, assegurada a revisão geral anual, sempre na mesma data e sem distinção de índices.

A Ação Direta de Inconstitucionalidade por Omissão nº 2504, oriunda do estado de Minas Gerais, em similitude com vários outros Estados, teve como objeto a omissão legislativa no que se refere o art. 37, X – Norma constitucional que impõe ao governador do Estado o dever de desencadear o processo de elaboração de lei anual de revisão geral da remuneração dos servidores estaduais.

Na qualidade de titular exclusivo da competência para iniciativa da espécie, na forma do art. 61, § 1º, II, *a* (lei que disponha da criação de cargos, funções ou empregos públicos na administração direta e autárquica ou aumento de sua remuneração) ficou configurada a mora do chefe do Executivo que, no presente caso, se tem por verificada, quanto à observância do preceito constitucional, desde junho de 1999, quando transcorridos os primeiros 12 meses da data da edição da EC 19/1998.

O desrespeito à Constituição tanto pode emanar de ação estatal quanto de inércia governamental, como dito. A situação de inconstitucionalidade por deriva de um comportamento ativo do Poder Público, que age ou edita normas em desacordo com o que dispõe a Constituição, ofendendo-lhe, assim os preceitos e os princípios que nela se acham consignados. Essa conduta estatal, que importa em um *facere* (atuação positiva), gera a inconstitucionalidade por ação.

Se o Estado deixar de adotar as medidas necessárias à realização concreta dos preceitos da Constituição, em ordem a torná-los efetivos, operantes e exequíveis, obstando-se, em consequência, de cumprir o dever de prestação que a Constituição lhe impôs, incidirá em violação negativa do texto constitucional.

Desse *non facere* ou *non prestare*, resultará a inconstitucionalidade por omissão, que pode ser total quando é nenhuma a providência adotada ou parcial quando é suficiente a medida efetivada pelo Poder Público.

Compreendeu a Corte Suprema no julgamento da ADI 1459/MC/DF. A cláusula constitucional inscrita no art. 7º, IV – salário mínimo, fixado em lei, nacionalmente unificado, capaz de atender a suas necessidades vitais básicas e às de sua família com moradia, alimentação, educação, saúde e lazer, vestuário, higiene, transporte e previdência social, com reajustes periódicos que lhe preservem o poder aquisitivo, sendo vedada sua vinculação para qualquer fim – por exemplo, para além da proclamação da garantia social do salário-mínimo, configuraria uma imposição legiferante.

Assim, afirmou-se que esta imposição, dirigida ao Poder Público, tem por finalidade vinculá-lo à efetivação de uma prestação positiva destinada a satisfazer as necessidades essenciais do trabalhador e de sua família e da preservação, mediante reajustes periódicos, do valor intrínseco dessa remuneração básica, conservando-lhe o poder aquisitivo.

Na decisão compreendeu a Corte Maior que o legislador constituinte brasileiro delineou, no preceito consubstanciado no art. 7º, IV, da Carta Política, um nítido programa social destinado a ser desenvolvido pelo Estado, mediante atividade legislativa vinculada.

Desta forma, ao dever de legislar imposto ao Poder Público – e de legislar com estrita observância dos parâmetros constitucionais de índole jurídico-social e de caráter econômico-financeiro (CF, art. 7º, IV) – corresponderia o direito público subjetivo do trabalhador a uma legislação que lhe assegurasse, efetivamente, as necessidades vitais básicas individuais e familiares e que lhe garantisse a revisão periódica do valor salarial mínimo, em ordem a preservar, em caráter permanente, o poder aquisitivo desse piso remuneratório.

A insuficiência do valor correspondente ao salário-mínimo, definido em importância que se revele incapaz de atender as necessidades vitais básicas do trabalhador e dos membros de sua família foi considerado claro descumprimento, ainda que parcial, da Constituição da República, pois o legislador, em tal hipótese, longe de atuar como o sujeito concretizante do postulado constitucional que garante à classe trabalhadora um piso geral de remuneração estaria realizando, de modo imperfeito, o programa social assumido pelo Estado na ordem jurídica.

Entendeu-se que a omissão do Estado, que deixaria de cumprir, em maior ou em menor extensão, a imposição ditada pelo texto constitucional, qualificou-se como comportamento revestido da maior gravidade político-jurídica, eis que, mediante inércia, o Poder Público também estaria desrespeitando a Constituição e ofendendo direitos que nela se fundavam e igualmente estaria impedindo, por ausência de medidas concretizadoras, a própria aplicabilidade dos postulados e princípios da Lei Fundamental.

As situações configuradoras de omissão inconstitucional, ainda que se cuidasse de omissão parcial, derivada da insuficiente concretização, pelo Poder Público, do conteúdo material da norma impositiva fundada na Carta Política, de que é destinatário, refletiria comportamento estatal que deveria ser repelido, pois a inércia do Estado qualifica-se, perigosamente, como um dos processos informais de mudança da Constituição, expondo-se, por isso mesmo à censura do Poder Judiciário.

Como se pode perceber, até mesmo as normas programáticas estão vinculadas ao princípio da legalidade por dependerem de atuação normativa ulterior para garantir sua aplicabilidade, são suscetíveis de ação direta de inconstitucionalidade por omissão[296].

A jurisprudência do Supremo Tribunal Federal firmou-se no sentido de proclamar incabível a medida liminar nos casos de ação direta de inconstitucionalidade por omissão, eis que não se pode pretender que mero provimento cautelar antecipe efeitos positivos inalcançáveis pela própria decisão final emanada do STF.

A ação direta de inconstitucionalidade por omissão importa apenas no reconhecimento judicial do Estado de inércia do Poder Público e confere ao Supremo Tribunal Federal unicamente o poder de cientificar o legislador inadimplente, para que este adote as medidas necessárias à concretização do texto constitucional[297].

Desta forma, não assiste ao Supremo Tribunal Federal, em face dos próprios limites fixados pela Carta Maior, em tema de inconstitucionalidade por omissão, conforme art. 103, § 2º, da CF, a prerrogativa de expedir provimentos normativos com o objetivo de suprir inatividade do órgão legislativo inadimplente.

Não é possível obter resultado, igualmente, em sede de ação direta de inconstitucionalidade por omissão cujo objeto seja dispositivo constitucional autoaplicável (ADI MC / DF). Um exemplo de dispositivo constitucional autoaplicável é o art. 20 do ADCT, que determina:

> Dentro de cento e oitenta dias, proceder-se-á à revisão dos direitos dos servidores públicos inativos e pensionistas e à atualização dos proventos e pensões a eles devidos, a fim de ajustá-los ao disposto na Constituição.

Visto tratar-se ação de inconstitucionalidade por omissão também não cabe, em princípio liminar (ADI 1387 MC/DF).

A Medida Cautelar na Ação Direta de Inconstitucionalidade nº 1146, oriunda do Distrito Federal, teve como objeto os incisos, I, II, III, IV, V, VI. IX, XII. XIV e XV do art. 33 da Lei nº 7.729/1989.

A referida lei criou juntas de conciliação e julgamento nas Regiões da Justiça do Trabalho e definiu jurisdições:

> Art. 33. Ficam criados na Justiça do Trabalho:
> I – Na 1ª Região: dezoito cargos de Juiz do Trabalho Presidente de Junta; nove cargos de Juiz do Trabalho Substituto; trinta e seis funções de Vogal; dezoito cargos em comissão de Diretor de Secretaria; dezoito cargos de Técnico Judiciário; trinta e seis cargos de Oficial de Justiça Avaliador; trinta e seis cargos de Auxiliar Judiciário; dezoito cargos de Agente de Segurança Judiciária; dezoito cargos de Atendente Judiciário e um cargo em comissão de Distribuidor [...]

A Corte Suprema decidiu que a alegação de que houve omissão inconstitucional por não haver a citada lei fixado os vencimentos deste cargo em comissão (o que também ocorreu com o cargo em comissão do diretor de secretaria) teria relativa relevância jurídica em ação que não é de inconstitucionalidade por omissão, mas, sim, direta de inconstitucionalidade.

Isto o era porquanto, nesta, a alegação para se declarar a inconstitucionalidade da criação dos cargos por falta de fixação de vencimentos envolveria a questão de saber se a lei que cria cargo sem lhe fixar os vencimentos era apenas incompleta, e, portanto, inócua, enquanto não se fixava os vencimentos desse cargo, ou era inconstitucional por se haver omitido sobre elemento incindível da criação de cargo.

---

[296] Alexandre MORAIS, obra anteriormente citada, p. 576.

[297] Ensina o prof. Alexandre MORAIS, obra anteriormente citada, p. 577, que "na conduta negativa consiste a inconstitucionalidade. A Constituição determinou que o Poder Público tivesse uma conduta positiva, com a finalidade de garantir a aplicabilidade e eficácia da norma constitucional. O Poder Público omitiu-se, tendo, pois, uma conduta negativa. A incompatibilidade entre a conduta positiva exigida pela Constituição e a conduta negativa do Poder Público omisso, configura-se na chamada inconstitucionalidade por omissão. Portanto, só há o cabimento da presente ação quando a Constituição obriga o Poder Público a emitir um comando normativo e este queda-se inerte, pois, como ressalta CANOTILHO 'a omissão legislativa (e ampliamos o conceito também para administrativa) só é autônoma e juridicamente relevante quando se conexa com uma exigência constitucional de ação, não bastando o simples dever geral de legislador para dar fundamento a uma omissão constitucional. Um dever jurídico – constitucional de ação existirá quando as normas constitucionais tiverem a natureza de imposições concretamente impositivas'. Note-se que esta omissão poderá ser absoluta (total) ou relativa (parcial), como afirma Gilmar Mendes FERREIRA, pois a total ausência de normas, como também a omissão parcial, na hipótese de cumprimento imperfeito ou insatisfatório de dever constitucional de legislar. O que se pretende é preencher as lacunas inconstitucionais, para que todas as normas constitucionais obtenham eficácia plena. Para combater esta omissão, denominada doutrinariamente síndrome de inefetividade por acarretar a inaplicabilidade de algumas normas constitucionais, a Constituição federal trouxe-nos a ação direta de inconstitucionalidade por omissão. "

No caso em questão decidiu a Corte Suprema ser relativa a relevância jurídica da questão concernente à iniciativa da lei em causa, pois o vício formal ocorreu sob império da Constituição de 1969.

Os legitimados para a propositura da ação direta de inconstitucionalidade por omissão são os mesmos da ação direta de inconstitucionalidade genérica: O presidente da República; a Mesa do Senado Federal; a Mesa da Câmara dos Deputados; a Mesa da Assembleia Legislativa ou a Mesa da Câmara Legislativa do Distrito Federal; o governador do Estado ou do Distrito Federal; o procurador-geral da República; o Conselho Federal da Ordem dos Advogados do Brasil; Partido Político com representação nacional; confederação sindical ou entidade de classe de âmbito nacional.

O procedimento a ser seguido na ação direta de inconstitucionalidade por omissão é o mesmo da ação direta de inconstitucionalidade genérica. Ressalta-se que não existe prazo para a propositura desta ação, sendo necessária a análise do caso concreto e do transcurso de tempo razoável para que fosse editada a norma ausente.

O art. 8º da Lei nº 8.868/1999 determina que decorrido o prazo das informações, serão ouvidos sucessivamente, o advogado-geral da União e o procurador-geral da República que deverão manifestar-se, cada qual, no prazo de quinze dias em sede de ação direta de inconstitucionalidade genérica.

Também o estabelece o art. 103, § 3º, da Constituição:

> *Quando o Supremo Tribunal Federal apreciar a inconstitucionalidade, em tese, de norma legal ou ato normativo, citará, previamente, o advogado-geral da União, que defenderá o texto ou o ato impugnado.*

A manifestação a que se refere o dispositivo constitucional *supra* não é necessária em sede de ação direta de inconstitucionalidade por omissão, pois inexiste ato impugnado a ser defendido (ADI 4480/DF).

Declarada a inconstitucionalidade por omissão em razão do silêncio de medida legal que efetive norma constitucional, deverá o Supremo Tribunal Federal dar ciência ao Poder ou órgão competente para:

- adotar providências necessárias no período de trinta dias, responsabilizando-se o Poder Público na hipótese de permanência da omissão, se órgão administrativo ou;
- alertar o Poder Legislativo sobre a omissão legal sem prazo estabelecido. Ao Judiciário não é possível usurpar função precípua deste Poder, sendo, desta maneira, impedido de forçar a produção normativa do Legislativo em razão do princípio da separação dos poderes.

É possível, contudo, a responsabilização por perdas e danos, na qualidade de pessoa de direito público da União Federal se da omissão ocorrer qualquer prejuízo. Declarada a inconstitucionalidade e tomado ciência o Poder Legislativo é judicialmente fixada a ocorrência da omissão, com efeitos retroativos e eficácia *erga omnes*.

O art. 102, I, *a*, da Constituição Federal estabelece que o Supremo Tribunal Federal tem competência para processar e julgar originariamente a ação declaratória de constitucionalidade. O § 2º do artigo define os efeitos desta ação:

> *§ 2º As decisões definitivas de mérito proferidas pelo Supremo Tribunal Federal nas ações declaratórias de constitucionalidade de lei ou ato normativo federal, produzirão eficácia contra todos e efeito vinculante, relativamente aos demais órgãos do Poder Judiciário e do Poder Executivo.*

Trata-se tal ação em processo objetivo típico destinado a afastar a insegurança jurídica ou o estado de incerteza sobre a validade de lei ou ato normativo federal, busca preservar a ordem jurídica constitucional[298].

As normas sempre pressupõem-se constitucionais, mas tal presunção não é absoluta, pois pode ser afastada pelo Poder Judiciário, por meio do controle de constitucionalidade ou pelo Poder Executivo, que poderá recusar-se a cumprir determinada norma legal por considerá-la inconstitucional. Desta maneira, a ação declaratória de constitucionalidade transforma a presunção relativa de constitucionalidade em presunção absoluta, em virtude de seus efeitos vinculantes.

No que tange à legitimidade para a propositura desta ação, estabelece o art. 103, § 4º, quem pode propô-la, o que foi repetido no art. 13 da Lei nº 9.868/1999:

> *Art. 13. Podem propor a ação declaratória de constitucionalidade de lei ou ato normativo federal:*
> *I – o presidente da República;*
> *II – a Mesa da Câmara dos Deputados;*
> *III – a Mesa do Senado Federal;*
> *IV – o Procurador-Geral da República.*

O ajuizamento da ação declaratória de constitucionalidade, que faz instaurar processo objetivo de controle normativo abstrato, supõe, como dito a existência de efetiva controvérsia judicial em torno da legitimidade

[298] Alexandre MORAIS, obra anteriormente citada, p. 579.

constitucional de determinada lei ou ato normativo federal.

Sem a observância desse pressuposto de admissibilidade, torna-se inviável a instauração do processo de fiscalização normativa *in abstracto*, pois a inexistência de pronunciamentos judiciais antagônicos culminaria por converter, a ação declaratória de constitucionalidade, em um inadmissível instrumento de consulta sobre a validade constitucional de determinada lei ou ato normativo federal, descaracterizando, por completo, a própria natureza jurisdicional que qualifica a atividade desenvolvida pelo Supremo Tribunal Federal.

O Supremo Tribunal Federal firmou orientação que exige a comprovação liminar, pelo autor da ação declaratória de constitucionalidade, da ocorrência, em proporções relevantes, de interpretativo que dele resulta ou faça instaurar, ante a elevada incidência de decisões que consagram teses conflitantes, verdadeiro estado de insegurança jurídica, capaz de gerar um cenário de perplexidade social e de provocar grave incerteza quanto à validade constitucional de determinada lei ou ato normativo federal[299].

É o que demonstra a ementa do acórdão proferido nos autos da Ação Declaratória de Constitucionalidade nº 8, oriunda do Distrito Federal:

> Ação declaratória de constitucionalidade. Processo objetivo de controle normativo abstrato. A necessária existência de controvérsia judicial como pressuposto de admissibilidade da ação declaratória de constitucionalidade – ação conhecida.

Desta maneira, poderá ser objeto de ação declaratória de constitucionalidade somente lei ou ato normativo federal, porém, é requisito essencial ao seu ajuizamento a demonstração, anexada a petição inicial, de comprovada controvérsia judicial que ponha em risco a presunção de constitucionalidade do ato normativo sob exame.

A petição inicial deverá indicar, conforme art. 14 da Lei nº 9.868/1999:

- o dispositivo da lei ou do ato normativo questionado e os fundamentos jurídicos do pedido;
- o pedido com suas especificações;
- a existência de controvérsia judicial relevante sobre a aplicação da disposição objeto da ação declaratória.

A petição inicial, acompanhada de instrumento de procuração, quando subscrita por advogado, será apresentada em duas vias, devendo conter cópias do ato normativo questionado e dos documentos necessários para comprovar a procedência do pedido de declaração de constitucionalidade.

A petição inicial quando inepta, não fundamentada ou manifestamente improcedente, será liminarmente indeferida pelo relator. Desta decisão caberá agravo.

Em similitude com a ação direta de inconstitucionalidade não é admitida desistência da ação pela parte autora e também não é admitida a intervenção de terceiros. Será aberta vista ao procurador-geral da República que deverá pronunciar-se no prazo de quinze dias, após os quais o relator lançará o relatório com cópia a todos os ministros e pedirá dia para julgamento.

Na hipótese de necessidade de esclarecimento de matéria ou circunstância de fato ou notória insuficiência das informações existentes nos autos, poderá o relator requisitar informações adicionais, designar perito ou comissão de peritos para que emita parecer sobre a questão ou, então, fixar data para em audiência pública recolher depoimentos de especialistas na matéria.

Poderá, ainda, o relator, solicitar informações aos Tribunais Superiores, aos Tribunais Federais e aos Tribunais estaduais acerca da aplicação da norma questionada no âmbito de sua jurisdição. As informações, perícias e audiências a que se referem os parágrafos anteriores serão realizadas no prazo de trinta dias, contado da solicitação do relator.

A delimitação do objeto da ação declaratória de constitucionalidade não se adstringe aos limites do objeto fixado pelo autor, mas estes estão sujeitos aos lindes da controvérsia judicial que o autor tem que demonstrar (ADC 1/DF).

Sobre a medida cautelar em sede de ação declaratória de inconstitucionalidade, estabelece o art. 21 da Lei nº 9.868/1999:

> *Art. 21. O Supremo Tribunal Federal, por decisão da maioria absoluta de seus membros, poderá deferir pedido de medida cautelar na ação declaratória de constitucionalidade, consistente na determinação de que os juízes e os Tribunais suspendam o julgamento dos processos que envolvam a aplicação da lei ou do ato normativo objeto da ação até seu julgamento definitivo.*
>
> *Parágrafo único. Concedida a medida cautelar, o Supremo Tribunal Federal fará publicar em seção especial do Diário Oficial da União a parte dispositiva da decisão, no prazo de dez dias, devendo o Tribunal proceder ao julgamento da ação no prazo de cento e oitenta dias, sob pena de perda de sua eficácia.*

[299] ADC 8/DF.

O Supremo Tribunal Federal dispõe de competência para exercer, em sede de ação declaratória de constitucionalidade, o poder geral de cautela de que se acham investidos todos os órgãos judiciários, independentemente de expressa previsão constitucional.

A prática da jurisdição cautelar, nesse contexto, acha-se essencialmente vocacionada a conferir tutela efetiva e garantia plena ao resultado que deverá emanar da decisão final a ser proferida no processo objetivo de controle abstrato. O provimento cautelar deferido pelo Supremo Tribunal Federal, em sede de ação declaratória de constitucionalidade, além de produzir eficácia *erga omnes*, reveste-se de efeito vinculante, relativamente ao Poder Executivo e aos demais órgãos do Poder Judiciário.

A eficácia vinculante que qualifica tal decisão, precisamente por derivar do vinculo subordinante que lhe é inerente, legitima o sua da reclamação, se e quando a integridade e a autoridade desse julgamento forem desrespeitadas.

A Medida Cautelar em Ação Declaratória de Constitucionalidade nº 4 teve como objeto o art. 1º da Lei nº 9.494/1997 que disciplina a aplicação da tutela antecipada contra a Fazenda Pública.

Dispõe o art. 1º da Lei nº 9.494/1997:

> *Aplica-se à tutela antecipada prevista nos arts. 273 e 461 do Código de Processo Civil, o disposto nos arts. 5 e seu parágrafo único e 7º da Lei nº 4.348, de 26/06/1964, no art. 1º e seu § 4º da Lei nº 5.021, de 09/06/1966, e nos arts. 1º, 3º e 4º da Lei nº 8.437, de 30/06/1992.*

Algumas instâncias ordinárias da Justiça Federal e até mesmo o Superior Tribunal de Justiça estavam deferindo tutela antecipada contra a Fazenda Pública argumentando com a inconstitucionalidade de tal norma. Então, o presidente da República, a Mesa do Senado Federal e a Mesa da Câmara dos Deputados, figurando como requerentes nos autos da ADC em questão, solicitaram pedido cautelar para suspender a prolação de qualquer decisão sobre pedido de tutela antecipada, contra a fazenda pública que tivesse por pressuposto a Constituição ou a inconstitucionalidade do artigo em questão.

Diante deste quadro, tornou-se admissível a ação direta de constitucionalidade, prevista na segunda parte do inciso I do art. 102 da Constituição Federal, para que a Corte Suprema dirimisse a controvérsia sobre a questão prejudicial constitucional. Assim, vencidos, em parte, o ministro Néri da Silveira, que deferia a medida cautelar em menor extensão, e, integralmente os ministros Ilmar Galvão e Marco Aurélio que a indeferiam foi deferida, em parte, a medida cautelar, por maioria de votos, para se suspender *ex nunc* e com efeito vinculante, até o julgamento final da ação, a concessão de tutela antecipada contra a Fazenda Pública que tivesse por pressuposto a constitucionalidade ou inconstitucionalidade do art. 1º da Lei nº 9.494/1997, sustando-se, igualmente, *ex nunc*, os efeitos futuros das decisões já proferidas, nesse sentido.

Ficou configurado o *periculum in mora*, em face da alta conveniência da Administração Pública, pressionada por liminares que, apesar do disposto na norma impugnada, determinam a incorporação imediata de acréscimos de vencimentos, na folha de pagamento de grande número de servidores e até o pagamento imediato de diferenças atrasadas. E tudo sem o precatório exigido pelo art. 100 da Constituição Federal.

O Supremo Tribunal também reconheceu a plausibilidade jurídica na arguição de constitucionalidade, *fumus boni iuris*. Em ação dessa natureza, pode a Corte conceder medida cautelar que assegure, temporariamente, tal força e eficácia à futura decisão de mérito. E assim é, pois o poder de acautelar é imanente ao de julgar.

Assim como na ação direta de inconstitucionalidade, a decisão sobre a constitucionalidade da lei ou do ato normativo somente será tomada se presentes na sessão pelo menos oito ministros. Será proclamada a constitucionalidade da disposição ou da norma impugnada se num ou noutro sentido se tiverem manifestados pelo menos seis ministros, quer se trata de ação direta de inconstitucionalidade ou de ação declaratória de constitucionalidade.

Similarmente, se não foi alcançada a maioria necessária à declaração de constitucionalidade ou se ausente ministros em número que possa influir no julgamento, este será suspenso a fim de aguardar-se o comparecimento destes, até que se atinja o número necessário.

Proclamada a constitucionalidade, julgar-se-á procedente a ação declaratória e será a decisão comunicada à autoridade responsável para expedição do ato. Tal decisão é irrecorrível, sendo apenas admissível a interposição de embargos declaratórios.

Dentro do período de dez dias após o trânsito em julgado da decisão, o Supremo Tribunal Federal fará publicar em seção especial do Diário da Justiça e do Diário Oficial da União a parte dispositiva do acórdão.

A decisão tem eficácia contra todo efeito vinculante em relação aos órgãos do Poder Judiciário e à Administração Pública federal, estadual e municipal.

Questionou-se na ação declaratória de constitucionalidade a legitimidade constitucional da contribuição de seguridade social devida pelos servidores públicos civis em atividade (alíquota de 11%, art. 1º da Lei nº 9.738/1999). A grande argumentação da Corte sobre o tema demonstrou-se bastante interessante e ilustrativo, pela análise do caso concreto da declaração de constitucionalidade Sobre a reserva constitucional de lei complementar da hipótese prevista no art. 195, § 4º da Constituição Federal, tem-se que:

> *Art. 195. A seguridade social será financiada por toda sociedade, de forma direta e indireta, nos termos da lei, mediante recursos provenientes dos orçamentos da União, dos Estados, do Distrito Federal e dos Municípios, e das seguintes contribuições sociais:*
> *[...] II– do trabalhador e dos demais segurados da previdência social, não incidindo contribuição sobre aposentadoria e pensão concedidas pelo regime geral de previdência social de que trata o art. 201;*
> *III – sobre a receita de concursos prognósticos;*
> *[...] § 4º A lei poderá instituir outras fontes destinadas a garantir a manutenção ou expansão da seguridade social, obedecido o disposto no art. 154, I.*

O art. 154, I, por sua vez, estabelece que:

> *Art. 154. A União poderá instituir:*
> *I – mediante lei complementar, impostos não previstos no artigo anterior, desde que sejam não cumulativos e não tenham fato gerador ou base de cálculo próprios dos discriminados nesta Constituição.*

Assim, decidiu a Corte Suprema que não se presume a necessidade de edição de lei complementar, pois esta é somente exigível nos casos expressamente previstos na Constituição. O ordenamento constitucional brasileiro, ressalvada a hipótese prevista o art. 195, § 4º, da Constituição, não submeteu, ao domínio normativo da lei complementar, a instituição e a majoração das contribuições sociais a que se refere o art. 195 da Carta Política.

Tratando-se de contribuição incidente sobre servidores públicos federais em atividade, a cujo respeito existe expressa previsão inscrita no art. 40, *caput*:

> *Aos servidores titulares de cargos efetivos da União, dos Estados, do Distrito Federal e dos Municípios, incluídas suas autarquias e fundações, é assegurado regime de previdência de caráter contributivo, observados critérios que preservem o equilíbrio financeiro e atuarial [...]*

E, ainda, o § 12:

> *O regime de previdência dos servidores públicos titulares de cargo efetivo observará, no que couber, os requisitos e critérios fixados para o regime geral de previdência social [...] ambos cominados com o art. 195, II, da Constituição, na redação dada pela Emenda Constitucional nº 20/1998, revela-se legítima a disciplinação do tema mediante simples lei ordinária.*

As contribuições de seguridade social, inclusive as que incidem sobre os servidores públicos federais em atividade, embora sujeitas, como qualquer tributo, à normas gerais estabelecidas na lei complementar a que se refere o art. 146, III, da Constituição, não dependem, para o específico efeitos de sua instituição, da edição de nova lei complementar, eis que, precisamente por não se qualificarem como impostos, torna-se exigível, quanto a elas, a utilização dessa espécie normativa para os fins a que alude o art. 146, III, *a*, Segunda parte, da Carta Política, como transcrito:

> *Art. 146. Cabe à lei complementar:*
> *[...] II – regular as limitações constitucionais ao poder de tributar;*
> *III – estabelecer normas gerais em matéria de legislação tributária, especialmente sobre:*
> *a) definição de tributos e de suas espécies, bem como, em relação aos impostos discriminados nesta Constituição, a dos respectivos fatos geradores, bases de cálculo e contribuintes.*

A Lei nº 9.738/1999, ao dispor sobre a contribuição de seguridade social relativamente a pensionistas e a servidores inativos da União, regulou, indevidamente, matéria não autorizada pelo texto da Carta Política, eis que, não obstante as substanciais modificações introduzidas pela EC nº 20/1998 no regime de previdência dos servidores públicos, o Congresso Nacional absteve-se, conscientemente, no contexto da reforma do modelo previdenciário, de fixar a necessária matriz constitucional, cuja instituição se revelava indispensável para legitimar, em bases válidas, a criação e a incidência dessa exação tributária sobre o valor das aposentadorias e das pensões.

O regime de previdência de caráter contributivo, a que se refere o art. 40, *caput*, da Constituição, na redação dada pela Emenda Constitucional nº 20/1998, foi instituído, unicamente, em relação aos servidores titulares de cargos efetivos, inexistindo, dessa maneira, qualquer possibilidade jurídico-constitucional de se atribuir, a inativos e a pensionistas da União, a condição de contribuintes da exação prevista na Lei nº 9.738/1999, conforme interpretação do art. 40, §§ 8º e 12[300], combinados com o art. 195, II da Constituição Federal.

O regime contributivo é, por essência, um regime de caráter eminentemente retributivo. A questão do equilíbrio atuarial, previsto no § 5º do art. 195 da Constituição Federal: nenhum benefício ou serviço da seguridade social poderá ser criado, majorado ou estendido sem a correspondente fonte de custeio total.

Sem causa suficiente, não se justifica a instituição ou a majoração da contribuição de seguridade social, pois, no regime de previdência de caráter contributivo, deve haver, necessariamente, correlação entre custo e benefício. A existência de estrita vinculação causal entre contribuição e benefício põe em evidência a correção da fórmula segundo a qual não pode haver contribuição sem benefício, nem benefício sem contribuição.

A contribuição de seguridade social, devida por servidores públicos em atividade, configura modalidade de contribuição social, qualificando-se como espécie tributária de caráter vinculado, constitucionalmente destinada ao custeio e ao financiamento do regime de previdência dos servidores públicos titulares de cargo efetivo.

A garantia da irredutibilidade da remuneração não é oponível à instituição/majoração da contribuição de seguridade social relativamente aos servidores em atividade. A contribuição de seguridade social, como qualquer outro tributo, é passível de majoração, desde que o aumento dessa exação tributária observe padrões de razoabilidade e seja estabelecido em bases moderadas.

Não assiste ao contribuinte o direito de opor, ao Poder Público, pretensão que vise a obstar o aumento dos tributos, a cujo conceito se subsumem as contribuições de seguridade social, desde que respeitadas, pelo Estado, as diretrizes constitucionais que regem, formal e materialmente, o exercício da competência impositiva.

Assiste, ao contribuinte, quando transgredidas as limitações constitucionais ao poder de tributar, o direito de contestar, judicialmente, a tributação que tenha sentido discriminatório ou que se revele caráter confiscatório.

A garantia constitucional da irredutibilidade da remuneração devida aos servidores públicos em atividade não se reveste de caráter absoluto. Expõe-se, por isso mesmo, às derrogações instituídas pela própria Constituição da República, que prevê, relativamente ao subsídio e aos vencimentos dos ocupantes de cargos e empregos públicos, art. 37, XV[301], da Constituição Federal, a incidência de tributos, legitimando-se, desse modo, quanto aos servidores públicos ativos, a exigibilidade da contribuição de seguridade social, mesmo porque, em tema de tributação, há que se ter presente o que dispõe o art. 150, II, da Carta Política.

Tratando-se de matéria sujeita a estrita previsão constitucional – CF, art. 153, § 2º, I; art. 153, § 4º; art. 156, § 1º; art. 182, § 4º, II; art. 195, § 9º (contribuição social devida pelo empregador) –, inexiste espaço de liberdade decisória para o Congresso Nacional, em tema de progressividade tributária, instituir alíquotas progressivas em situações não autorizadas pelo texto da Constituição.

A inovação do quadro normativo resultante da promulgação da EC 20/1998 – que introduziu, na Carta Política, a regra consubstanciada no art. 195, § 9º (contribuição patronal) parece tornar insuscetível de invocação o precedente firmado da ADI 709/DF: A tributação confiscatória é vedada pela Constituição da República.

A jurisprudência do Supremo Tribunal Federal entende ser cabível, em sede de controle normativo abstrato, a possibilidade de a Corte examinar se determinado tributo ofende, ou não, o princípio constitucional da não confiscatoriedade, consagrado no art. 150, IV da Constituição (ADI 2.010- MC/DF).

A proibição constitucional do confisco em matéria tributária nada mais representa senão a interdição, para Carta Política, de qualquer pretensão governamental que possa conduzir, no campo da fiscalidade, à injusta apropriação estatal, no todo ou em parte, do patrimônio ou dos rendimentos dos contribuintes, comprometen-

---

[300] [...] § 8º Observado o disposto no art. 37, XI, os proventos de aposentadoria e as pensões serão revistos na mesma proporção e na mesma data, sempre que se modificar a remuneração dos servidores em atividade, sendo também estendidos aos aposentados e aos pensionistas quaisquer benefícios ou vantagens posteriormente concedidos aos servidores em atividade, inclusive quando decorrentes da transformação ou reclassificação do cargo ou função em que se deu a aposentados ou que serviu de referência para a concessão da pensão, na forma da lei; [...] § 12 Além do disposto neste artigo, o regime de previdência dos servidores públicos titulares de cargo efetivo observará, no que couber, os requisitos e critérios fixados para o regime geral de previdência social.

[301] [...] XV – o subsídio e os vencimentos dos ocupantes de cargos e empregos públicos são irredutíveis, ressalvado o disposto nos incisos XI e XIV deste artigo e nos arts. 39, § 4º, 150, II, 153, III, e 153, § 2º, I.

do-lhes, pela insuportabilidade da carga tributária, o exercício do direito a uma existência digna, ou a prática de atividade profissional lícita ou, ainda, regular satisfação de seus necessidades vitais (educação, saúde e habitação, por exemplo).

A identificação do efeito confiscatório deve ser feita em função da totalidade da carga tributária, mediante verificação da capacidade de que dispõe o contribuinte – considerado o montante de sua riqueza (renda e capital) – para suportar e sofrer a incidência de todos os tributos que ele deverá pagar, dentro de período determinado, à mesma pessoa política que os houver instituído (no caso, a União Federal), condicionando-se, ainda, a aferição do grau de insuportabilidade econômico-financeira à observância, pelo legislador, de padrões de razoabilidade destinados a neutralizar excessos de ordem fiscal eventualmente praticados pelo Poder Público.

Resulta configurado o caráter confiscatório de determinado tributo, sempre que o efeito cumulativo, resultante das múltiplas incidências tributárias estabelecidas pela mesma entidade estatal, afetar, substancialmente, de maneira irrazoável, o patrimônio e/ou os rendimentos do contribuinte.

O Poder Público, especialmente em sede de tributação (as contribuições de seguridade social revestem-se de caráter tributário), não pode agir imoderadamente, pois a atividade estatal acha-se essencialmente condicionada pelo princípio da razoabilidade.

A contribuição de seguridade social possui destinação constitucional específica. A contribuição de seguridade social não só se qualifica como modalidade autônoma de tributo, como também representa espécie tributária essencialmente vinculada ao financiamento da seguridade social, em função de específica destinação constitucional.

A vigência temporária das alíquotas progressivas (art. 2º da Lei nº 9.783/1999), além de não implicar concessão adicional de outras vantagens, benefícios ou serviços, rompendo, em consequência, a necessária vinculação causal que deve existir entre contribuições e benefícios.

Constitui expressiva evidência de que se buscou, unicamente, com a arrecadação desse plus, o aumento da receita da União, em ordem a viabilizar o pagamento de encargos (despesas de pessoal) cuja satisfação deve resultar, ordinariamente, da arrecadação de impostos.

Arguição de descumprimento de preceito fundamental

Estabelece o § 1º do art. 102 da Constituição Federal que:

> *§ 1º A arguição de descumprimento de preceito fundamental, decorrente desta Constituição, será apreciada pelo Supremo Tribunal Federal, na forma da lei.*

A lei que dispõe sobre o processo e julgamento da arguição de descumprimento de preceito fundamental, no termos do § 1º do art. 102 da Constituição Federal é a nº 9.882, editada em 03/12/1999.

A arguição, prevista no dispositivo constitucional supra, terá como objetivo evitar ou reparar lesão a preceito fundamental, resultante de ato do Poder Público. Caberá também o remédio constitucional quando for relevante o fundamento da controvérsia constitucional sobre lei ou ato normativo federal, estadual ou municipal, incluídos os anteriores à Constituição.

Anteriormente à edição da lei, não era possível utilizar-se deste instrumento Constitucional. O ex-presidente da República Fernando Collor de Mello ingressou com petição ao Supremo Tribunal Federal (1735/DF). Na decisão correspondente afirmou a Corte

> enquanto não se editar lei estabelecendo a forma pela qual será apreciada a arguição de descumprimento de preceito fundamental decorrente da Constituição, o Supremo Tribunal Federal não poderá processá-la e julgá-la. Regra não autoaplicável.

Após a renúncia do titular do cargo de presidente da República, no início do julgamento do Senado Federal, empossando-se, em seguida, o vice-presidente como sucessor, na mesma data, a Casa Legislativa prosseguiu no julgamento, vindo a aplicar ao denunciado por crimes de responsabilidade a pena de inabilitação por oito anos, para o exercício de função pública, prevista no parágrafo único do art. 52 da Constituição Federal[302].

[302] Art 52. Compete privativamente ao Senado Federal: I – processar e julgar o Presidente e o Vice-presidente da República nos crimes de responsabilidade, bem como os ministros de Estados e os Comandantes da Marinha, do Exército e da Aeronáutica nos crimes da mesma natureza conexos com aqueles; II – processar e julgar os ministros do Supremo Tribunal Federal, O Procurador-Geral da República e o Advogado Geral da União nos casos de responsabilidade; [...] Parágrafo único. Nos casos previstos nos incisos I e II, funcionará como Presidente o do Supremo Tribunal Federal, limitando-se à condenação, que somente será proferida por dois terços dos votos do Senado Federal, à perda do cargo, com inabilitação, por oito anos, para o exercício de função pública, sem prejuízo das demais decisões judiciais cabíveis."

Requereu o ex-presidente fosse adotado o rito da ação cível ordinária com pedido alternativo para que se conhecesse da súplica como revisão criminal da decisão proferida nos autos do Mandado de Segurança nº 21.689-1, na qual o Supremo Tribunal Federal, ao indeferir o *writ* manteve a condenação imposta pelo Senado Federal, como órgão judiciário anômalo.

Pleiteou, desta forma, o suplicante, em ambas as hipóteses tivesse como nula e de nenhum efeito a pena imposta pelo Senado Federal como órgão judiciário e fosse declarado, ainda, não caber a repetição dos atos processuais do *impeachment*, com o encerramento do processo, sem exame do mérito, em razão da anterior renúncia do arguente ao mandado de presidente da República.

A Corte não conheceu do pedido, visto que não havia lei que regulamentasse o instituto. Entendeu ser inviável processar a arguição de descumprimento de preceito fundamental como ação civil originária, com base nos dispositivos do Regimento Interno do STF. Incabível também foi a pretensão alternativa de processar o pedido como revisão criminal do acórdão do Supremo Tribunal Federal, no Mandado de Segurança nº 1689-1/DF.

São colegitimados a propor arguição de descumprimento de preceito fundamental os legitimados a propor ação direta de inconstitucionalidade: O presidente da República, a Mesa do Senado Federal; a Mesa da Câmara dos Deputados; a Mesa da Assembleia Legislativa; o governador de Estado, o procurador-geral da República; o Conselho Federal da Ordem dos Advogados do Brasil; Partido Político com representação no Congresso Nacional e Confederação Sindical ou entidade de classe de âmbito nacional.

Na ADPF 11/SP, conforme Informativo nº 216 do STF, tratou-se da arguição de descumprimento de preceito fundamental com pedido liminar proposta por Fábio Monteiro de Barros Filho, visando à suspensão do bloqueio de bens do requerente e suas empresas, para que pudesse desenvolver suas atividades, se necessário, para que o mesmo oferecesse garantia real nos autos da ação civil pública proporcional a sua responsabilidade, e a suspensão da sentença falimentar da Construtora Ikal Ltda., até ao final da decisão da ação civil pública, em face da indisponibilidade de seus bens, créditos e valores depositados em conta corrente.

Na decisão do ministro Carlos Velloso, em 30/01/2001, foi explicitado o seguinte:

> A arguição de descumprimento de preceito fundamental poderá ser proposta pelos legitimados para a ação direta de inconstitucionalidade (Lei nº 9.882/1999, art. 2º, I), mas qualquer outro interessado poderá solicitar ao procurador-geral da República a propositura da arguição (art. 2º, § 1º). Assim posta a questão, porque o autor não é titular da *legitimatio ad causam* ativa, nego seguimento ao pedido e determino o ser arquivamento.

Na ADCP 1/RJ, discorreu o ministro Néri da Silveira sobre o cabimento do instrumento e atentou para a necessidade de o requerente apontar a lesão ou ameaça de ofensa a preceito fundamental, e este, efetivamente, ser reconhecido como tal, pelo Supremo Tribunal Federal.

Desta maneira, compreendeu que o objeto da arguição de descumprimento de preceito fundamental há ser ato do Poder Público Federal, Estadual, Distrital ou Municipal, normativo ou não, sendo, também cabível a medida judicial quando for relevante o fundamento da controvérsia sobre lei ou ato normativo federal, estadual ou municipal, incluídos os anteriores à Constituição.

O caso concreto apontava como descumprido, por ato do Poder Executivo municipal do Rio da Janeiro, o preceito fundamental da separação dos poderes, previsto no art. 2º da Lei Magna de 1998. O ato do indicado Poder Executivo municipal é veto aposto a dispositivo constante de projeto de lei aprovado pela Câmara Municipal da Cidade do Rio de Janeiro, relativo ao IPTU.

No processo legislativo, o ato de vetar, por motivo de inconstitucionalidade ou de contrariedade ao interesse público, e a deliberação legislativa de manter ou recusar o veto, qualquer que seja o motivo desse juízo, compõe procedimentos que se hão de reservar à esfera de independência dos Poderes Políticos em apreço.

Desta forma, concluiu o julgador:

> Não é, assim, enquadrável, em princípio, o veto, devidamente fundamentado, pendente de deliberação política do Poder Legislativo, que pode, sempre, mantê-lo ou recusá-lo, no conceito de ato do Poder Público, para os fins do art. 1º da Lei nº 9.882/1999. Não há possibilidade de intervenção antecipada do Judiciário, eis que o projeto de lei, na parte vetada, não é lei, nem ato normativo, poder que a ordem jurídica, na espécie, não confere ao Supremo Tribunal Federal, em via de controle concentrado. Arguição de descumprimento não conhecida, porque não admissível, no caso concreto, em face da natureza do ato do Poder Público impugnado.

Conforme informativo 176 do STF, o Tribunal, examinando questão de ordem apresentada pelo ministro Néri da Silveira, relator, não conheceu da arguição de descumprimento de preceito fundamental ajuizada pelo Partido Comunista do Brasil (PC do B), contra ato do prefeito do Município do Rio de Janeiro que, ao vetar parcialmente, de forma imotivada, projeto de lei aprovado pela Câmara Municipal – que eleva o valor do IPTU para o exercício financeiro de 2000 –, teria violado o princípio constitucional da separação dos Poderes, como já acima esclarecido.

Considerou-se ser incabível na espécie a arguição de descumprimento de preceito fundamental, dado que o veto constitui ato político do Poder Executivo, insuscetível de ser enquadrado no conceito de ato do Poder Público, previsto no art. 1º da Lei nº 9.882/1999:

> *A arguição prevista no § 1º do art. 102 da Constituição Federal será proposta perante o Supremo Tribunal Federal, e terá por objeto evitar ou reparar lesão a preceito fundamental, resultante de ato do Poder Público.*

O art. 4º § 1º da Lei nº 9.882/1999 sobre a subsidiariedade do instrumento estudado, que:

> *Art. 4º. A petição inicial será indeferida liminarmente, pelo relator, quando não for o caso de arguição de descumprimento de preceito fundamental, faltar algum dos requisitos prescritos nesta Lei ou for inepta.*
> *§ 1º Não será admitida arguição de descumprimento de preceito fundamental quando houver qualquer outro meio eficaz de sanar a lesividade.*

Analisaremos em seguida os requisitos essenciais a que se refere o *caput* do artigo *supra*, logo após a análise do princípio da subsidiariedade que rege a arguição de descumprimento de preceito fundamental.

Este princípio significa que a ação não será admitida sempre que houver qualquer outro meio judicialmente idôneo apto a sanar, como efetividade real, o estado de lesividade emergente do ato impugnado.

A mera possibilidade de utilização de outros meios processuais, contudo, não basta, só por si, para justificar a invocação do princípio da subsidiariedade, pois, para que esse postulado possa legitimamente incidir, impedindo, desse modo, o acesso imediato à arguição de descumprimento de preceito fundamental, revela-se essencial que os instrumentos disponíveis mostrem-se capazes de neutralizar, de maneira eficaz, a situação de lesividade que se busca obstar com o ajuizamento do *writ* constitucional.

A norma inscrita no art. 4º, § 1º, da Lei nº 9.882/1999, que consagra o postulado da subsidiariedade, estabeleceu, validamente, sem qualquer ofensa ao texto da Constituição, pressuposto negativo de admissibilidade da arguição de descumprimento de preceito fundamental, pois condicionou, legitimamente, o ajuizamento dessa especial ação de índole constitucional, à observância de um inafastável requisito de procedibilidade, consistente na ausência de qualquer outro meio processual revestido de aptidão para fazer cessar, prontamente a situação de lesividade (ou de potencialidade danosa) decorrente do ato impugnado.

Em ação de arguição de descumprimento de preceito fundamental que visou desconstituir ato do governador do estado do Ceará que, concordando com a conclusão a que chegou a Comissão Processante da Procuradoria de Processo Administrativo Disciplinar (Propad), da Procuradoria-Geral do Estado (PGE), nos autos do Processo Administrativo-disciplinar nº 270/1997, determinou ato de demissão de policial civil.

A Corte Suprema decidiu negar seguimento à ação ao fundamento de que "não será admitida arguição de descumprimento de preceito fundamental quando houver outro meio eficaz de sanar a lesividade", nos termos da Lei nº 9.882, art. 4º, § 1º (ADPF 18 AgR/CE).

No caso em questão, os vícios do processo disciplinar e a nulidade do ato de demissão estavam sendo objeto de ação ordinária em curso na Justiça local cearense, ajuizada com pedido de antecipação de tutela, já deferida. Foi a decisão do Tribunal:

> Se ainda não ocorreu o cumprimento da decisão judicial de primeiro grau, não seria a medida judicial ora ajuizada no STF a via adequada a assegurar a imediata execução do *decisum*. Incabível discutir a alegada parcialidade da Corte de Justiça do Ceará para processar e julgar as medidas judiciais requeridas[303].

[303] Informativo nº 243 (ADPF-17): "O governador do Estado do Amapá ajuizou arguição de descumprimento de preceito fundamental, com pedido de medida liminar, com o objetivo de obter a declaração de nulidade dos atos de nomeação e de investidura de seis (6) Desembargadores do Tribunal de Justiça local, em ordem a viabilizar – segundo sustentou – a cessação de gravíssimas transgressões que teriam sido praticadas, naquela unidade da Federação, contra princípios constitucionais de valor essencial, consagrados nos arts. 1º, III, e 5º, XXXVII, LIII e LIV, todos da Carta Política (fls. 8/11). Pretendeu, ainda, em consequência da invalidação dos atos em questão, que se restaurasse o *status quo ante*, para permitir, ao Chefe do Poder Executivo local, a instalação, em bases legítimas, do Tribunal de Justiça do Estado do Amapá, com estrita observância do art. 235, incisos V e VI, da Constituição da República. Coube examinar, preliminarmente, a admissibilidade, no caso, da arguição de descumprimento de preceito fundamental, em face do que se contém no art. 4º, § 1º, da Lei nº 9.882/1999, que assim dispõe: "Não será admitida arguição de descumprimento de preceito fundamental quando houver qualquer outro meio eficaz de sanar a lesividade." Assim, arguição de descumprimento de preceito fundamental somente poderá ser utilizada, se se demonstrar que,

O julgamento da arguição de descumprimento de preceito fundamental ajuizada pelo Partido Democrático Trabalhista – PDT teve com objeto a MP nº 2.019/2000, que fixa valor do salário-mínimo. (Informativo nº 195 do STF) Após os votos dos ministros Octávio Gallotti, relator, Nelson Jobim, Maurício Corrêa, Sydney Sanches e Moreira Alves que, à vista do disposto no § 1º do art. 4º da Lei nº 9.882/1999, não conheciam da arguição, por entenderem que a medida judicial existente – ação direta de inconstitucionalidade por omissão – não seria, em princípios eficaz para sanar a alegada lesividade, o julgamento foi adiado à vista do empate à votação.

A petição inicial deverá conter, nos termos da Lei nº 9.882/1999:

- a indicação do preceito fundamental que se considera violado;
- a indicação do ato questionado;
- a prova da violação do precito fundamental;
- o pedido com suas espeficações;
- se for o caso, a comprovação de existência de controvérsia judicial relevante sobre a aplicação do preceito fundamental que se considera violado.

A petição inicial, acompanhada de instrumento de mandato, se for o caso, será apresentada em duas vias, devendo conter cópias do ato questionado e dos documentos necessários para comprovar a impugnação. Da decisão de indeferimento da petição inicial caberá agravo, no prazo de cinco dias[304].

O Supremo Tribunal Federal, por decisão da maioria absoluta de seus membros, poderá deferir pedido de medida liminar na arguição de descumprimento de preceito fundamental. Em caso de extrema urgência ou

---

por parte do interessado, houve o prévio exaurimento de outros mecanismos processuais, previstos em nosso ordenamento positivo, capazes de fazer cessar a situação de lesividade ou de potencialidade danosa resultante dos atos estatais questionados. Foi por essa razão que o Supremo Tribunal Federal, tendo em consideração o princípio da subsidiariedade, não conheceu, quer em sede plenária (ADPF 3-CE, Rel. Min. Sydney Sanches), quer, ainda, em decisões monocráticas (ADPF 12-DF, Rel. Min. Ilmar GALVÃO – ADPF 13-SP, Rel. Min. Ilmar GALVÃO), de arguições de descumprimento de preceito fundamental, precisamente por entender que existiam, no contexto delineado naquelas ações, outros meios processuais – tais como o mandado de segurança, a ação direta de inconstitucionalidade (por violação positiva da Carta Política), o agravo regimental e o recurso extraordinário (que admitem, excepcionalmente, a possibilidade de outorga cautelar de efeito suspensivo) e a reclamação –, todos eles aptos a neutralizar a suposta lesividade dos atos impugnados. Como precedentemente enfatizado, o princípio da subsidiariedade – que rege a instauração do processo de arguição de descumprimento de preceito fundamental – acha-se consagrado no art. 4º, § 1º, da Lei nº 9.882/1999, que condiciona, o ajuizamento dessa especial ação de índole constitucional, à ausência de qualquer outro meio processual apto a sanar, de modo eficaz, a situação de lesividade indicada pelo autor. O legislador, ao dispor sobre a disciplina formal desse novo instrumento processual, previsto no art. 102, § 1º, da Carta Política, estabeleceu, no art. 4º, § 1º, da Lei nº 9.882/1999, que não será admitida a arguição de descumprimento de preceito fundamental, "quando houver qualquer outro meio eficaz de sanar a lesividade". É claro que a mera possibilidade de utilização de outros meios processuais não basta, só por si, para justificar a invocação do princípio da subsidiariedade, pois, para que esse postulado possa legitimamente incidir, revelar-se-á essencial que os instrumentos disponíveis mostrem-se aptos a sanar, de modo eficaz, a situação de lesividade. Isso significa, portanto, que o princípio da subsidiariedade não pode – e não deve – ser invocado para impedir o exercício da ação constitucional de arguição de descumprimento de preceito fundamental, eis que esse instrumento está vocacionado a viabilizar, numa dimensão estritamente objetiva, a realização jurisdicional de direitos básicos, de valores essenciais e de preceitos fundamentais contemplados no texto da Constituição da República. Se assim não se entendesse, a indevida aplicação do princípio da subsidiariedade poderia afetar a utilização dessa relevantíssima ação de índole constitucional, o que representaria, em última análise, a inaceitável frustração do sistema de proteção, instituído na Carta Política, de valores essenciais, de preceitos fundamentais e de direitos básicos, com grave comprometimento da própria efetividade da Constituição. Daí a prudência com que o Supremo Tribunal Federal deve interpretar a regra inscrita no art. 4º, § 1º, da Lei nº 9.882/1999, em ordem a permitir que a utilização da nova ação constitucional possa efetivamente prevenir ou reparar lesão a preceito fundamental, causada por ato do Poder Público. "

[304] Ensina o prof. Alexandre MORAIS que: "A petição inicial será apresentada em duas vias, devendo conter cópias do ato questionado e dos documentos necessários para comprovar a impugnação e deverá conter a indicação do preceito fundamental que se considera violado; a indicação do ato questionado; a prova da violação do preceito fundamental e os pedido, com suas especificações. A arguição realizada na hipótese de controvérsia constitucional sobre lei ou ato normativo federal, estadual ou municipal, incluídos os anteriores à Constituição, deverá vir acompanhada de comprovação dessa controvérsia judicial. A petição inicial será indeferida liminarmente, pelo relator, quando não for caso de arguição de descumprimento de preceito fundamental, faltar algum requisito legal ou for inepta, cabendo dessa decisão agravo ao Plenário. Analisado o pedido de liminar, se houver, o relator solicitará as informações às autoridades responsáveis pela prática do ato questionado, no prazo de dez dias e, entendendo necessário, poderá ouvir as partes nos processos que ensejaram a arguição, requisitar informações adicionais, designar perito ou comissão de peritos para que emita parecer sobre a questão, ou ainda, fixar a data para declarações, em audiência pública, de pessoas com experiência e autoridade na matéria. Conforme estabelece a lei, poderão ser autorizadas, a critério do relator, sustentação oral e juntada de memoriais, por requerimento dos interessados no processo. Decorrido o prazo das informações, o relator lançará o relatório, com cópia a todos os ministros, e pedirá dia para o julgamento."

perigo de lesão grave, ou ainda, em período de recesso, poderá o relator conceder a liminar, *ad referendum* do Tribunal Pleno.

Poderá, igualmente, o relator ouvir os órgãos ou autoridades responsáveis pelo ato questionado, bem como o advogado-geral da União ou do procurador da República, no prazo comum de cinco dias a liminar poderá consistir na determinação de que juízes e tribunais suspendam o andamento de processo ou os efeitos de decisões judiciais, ou de qualquer outra medida que apresente relação com a matéria objeto da arguição de descumprimento de preceito fundamental, salvo se decorrentes da coisa julgada.

Apreciado o pedido de liminar, o relator solicitará as informações às autoridades responsáveis pela prática do ato questionado, no prazo de dez dias. Se entender necessário poderá, também o relator ouvir as partes nos processos que ensejaram a arguição, requisitar informações adicionais, designar perito ou comissão de perito para que emita parecer sobre a questão, ou ainda fixar data para declaração em audiência pública de pessoas com experiência e autoridade na matéria.

Conforme informativo 301 do STF, foi submetida ao referendo do Plenário a decisão do ministro Gilmar Mendes, relator, que ante o perigo de lesão grave às contas públicas do Estado do Pará deferira liminar para em ação de arguição de descumprimento de preceito fundamental para, até a decisão final, determinar a suspensão de todos o processos em curso e dos efeitos de decisões judiciais que versassem sobre a aplicação do art. 34 do Regulamento de Pessoal do Instituto de Desenvolvimento Econômico-Social do Pará (Edesp), adotado pela Resolução nº 8/1986 do Conselho de Administração e aprovado pelo Decreto Estadual nº 4.307/1986, que trata da remuneração do pessoal da autarquia, vinculando o quadro de salários ao salário-mínimo.

Foi a decisão do ministro Gilmar Mendes, relator, afastando a questão relativa à constitucionalidade da Lei nº 9.882/1999, na ação de descumprimento de preceito fundamental – ajuizada pelo governador do estado do Pará, em que se pretendeu ver declarada, com eficácia *erga omens*, a não recepção do referido art. 34 pela Constituição Federal de 1988, o qual, editado em 1986, teria se tornado incompatível com esta, em face da proibição de vinculação ao salário-mínimo para qualquer fim (CF/1988, art. 7º, IV) – a de referendar o despacho monocrático de concessão de liminar, acompanhado-o os ministros Ellen Gracie de Nelson Jobim.

Poderão ser autorizadas, a critério do relator, sustentação oral e juntada de memoriais, por requerimento dos interessados no processo. Decorrido o prazo das informações, o relator lançará o relatório, com cópia a todos os ministros e pedirá dia para o julgamento.

O Ministério Público terá vista do processo por cinco dias, após decorrido o prazo para informações, nas arguições que não houver formulado.

A decisão sobre a arguição de descumprimento de preceito fundamental somente será tomada se presentes na sessão pelo menos dois terços dos ministros. Julgada a ação, esta será comunicada às autoridades ou órgão responsáveis pela prática dos atos questionados, fixando-se as condições e modo de interpretação e aplicação do preceito fundamental.

O presidente do Tribunal determinará o imediato cumprimento da decisão, lavrando-se o acórdão posteriormente. Dentro do prazo de dez dias contado a partir do trânsito em julgado da decisão, sua parte dispositiva será publicada em seção especial do *Diário de Justiça* e do *Diário Oficial* da União e terá eficácia contra todos e efeito vinculante aos demais órgãos do Poder Público.

Ao declarar a inconstitucionalidade de lei ou ato normativo, dentro do processo da ADPF, e tendo em vista razões de segurança jurídica ou de excepcional interesse social, poderá o Supremo Tribunal Federal, por maioria de dois terços de seus membros restringir os efeitos daquela declaração ou decidir que ela só tenha eficácia a partir de seu trânsito em julgado ou de outro momento que venha a ser fixado.

O ministro Néri da Silveira, no que tange a esta questão, votou pelo indeferimento da medida cautelar na ADIn nº 2231/DF por considerar que:

> cuidando-se de processo de natureza objetiva, não há norma constitucional que impeça o legislador ordinário autorizar o STF a restringir, em casos excepcionais, por razões de segurança jurídica, os efeitos de suas decisões.

A decisão que julgar procedente ou improcedente o pedido em ADPF é irrecorrível, não podendo ser objeto de ação rescisória. Ressalta-se que na hipótese de ser esta decisão descumprida, na forma do regimento interno, caberá reclamação ao Supremo Tribunal Federal.

Está em trâmite no Supremo Tribunal Federal a Ação Direta de Inconstitucionalidade nº 2231, em que figuram como requerente o Conselho Federal da Ordem dos Advogados do Brasil e como requeridos o presidente da República e o Congresso Nacional.

Em 05/12/2001, o ministro Néri da Silveira, relator, em face da generalidade da formulação do parágrafo único do art. 1º da Lei nº 9.9882/1999:

> *Parágrafo único. Caberá também arguição de descumprimento de preceito fundamental: I – quando for relevante o fundamento da controvérsia constitucional sobre lei ou ato normativo federal, estadual ou municipal, incluídos os anteriores à Constituição [...]*

Considerou que esse dispositivo autorizaria, além da arguição autônoma de caráter abstrato, a arguição incidental em processos em curso, a qual não poderia ser criada pelo legislador ordinário, mas, tão só, por via de emenda constitucional e, portanto, proferiu voto no sentido de dar ao texto interpretação conforme à CF a fim de excluir de sua aplicação controvérsias constitucionais concretamente já postas em juízo.

Consequentemente, o ministro Néri da Silveira também votou pelo deferimento da liminar para suspender a eficácia do § 3º do art. 5º da mesma lei, por estar relacionado com a arguição incidental em processos em concreto

> A liminar poderá consistir na determinação de que juízes e tribunais suspendam o andamento de processo ou os efeitos de decisões judiciais, ou de qualquer outra medida que apresente relação com a matéria objeto da arguição de descumprimento de preceito fundamental, salvo se decorrentes da coisa julgada.

Qual(is) o(s) conteúdo(s) de seu interesse?

Jurídico - ☐ Livros Profissionais ☐ Livros Universitários ☐ OAB ☐ Teoria Geral e Filosofia do Direito

Educação & Referência - ☐ Comportamento ☐ Desenvolvimento Sustentável ☐ Dicionários e Enciclopédias ☐ Divulgação Científica ☐ Educação Familiar ☐ Finanças Pessoais ☐ Idiomas ☐ Interesse Geral ☐ Motivação ☐ Qualidade de Vida ☐ Sociedade e Política

Negócios - ☐ Administração/Gestão Empresarial ☐ Biografias ☐ Carreira e Liderança Empresariais ☐ E-Business ☐ Estratégia ☐ Light Business ☐ Marketing/Vendas ☐ RH/Gestão de Pessoas ☐ Tecnologia

Concursos - ☐ Administração Pública e Orçamento ☐ Ciências ☐ Contabilidade ☐ Dicas e Técnicas de Estudo ☐ Informática ☐ Jurídico Exatas ☐ Língua Estrangeira ☐ Língua Portuguesa ☐ Outros

Universitário - ☐ Administração ☐ Ciências Políticas ☐ Computação ☐ Comunicação ☐ Economia ☐ Engenharia ☐ Estatística ☐ Finanças ☐ Física ☐ História ☐ Psicologia ☐ Relações Internacionais ☐ Turismo

Áreas da Saúde - ☐ Anestesia ☐ Bioética ☐ Cardiologia ☐ Ciências Básicas ☐ Cirurgia ☐ Cirurgia Plástica ☐ Cirurgia Vascular e Endovascular ☐ Dermatologia ☐ Ecocardiologia ☐ Eletrocardiologia ☐ Emergência ☐ Enfermagem ☐ Fisioterapia ☐ Genética Médica ☐ Ginecologia e Obstetrícia ☐ Imunologia Clínica ☐ Medicina Baseada em Evidências ☐ Neurologia ☐ Odontologia ☐ Oftalmologia ☐ Ortopedia ☐ Pediatria ☐ Radiologia ☐ Terapia Intensiva ☐ Urologia ☐ Veterinária

Outras Áreas - ____________________

Tem algum comentário sobre este livro que deseja compartilhar conosco?

____

* A informação que você está fornecendo será usada apenas pela Elsevier e não será vendida, alugada ou distribuída por terceiros sem permissão preliminar.
* Para obter mais informações sobre nossos catálogos e livros por favor acesse **www.elsevier.com.br** ou ligue para **0800 026 53 40.**

GRÁFICA Universal
Impressão e acabamento
Rio de Janeiro - Brasil
(21) 3296-9302/3296-9308
atendimento@graficauniversal.com
www.graficauniversal.com